# Manual prático de CÁLCULOS PREVIDENCIÁRIOS

## Concessão e revisão de benefícios do Regime Geral

FREDERICO AMADO
CARLOS ANTÔNIO MACIEL MENESES

# Manual prático de CÁLCULOS PREVIDENCIÁRIOS

## Concessão e revisão de benefícios do Regime Geral

5.ª edição

revisada, atualizada e ampliada

2023

EDITORA JusPODIVM
www.editorajuspodivm.com.br

EDITORA *Jus*PODIVM
www.editorajuspodivm.com.br

Rua Canuto Saraiva, 131 – Mooca – CEP: 03113-010 – São Paulo – São Paulo
Tel: (11) 3582.5757
• Contato: https://www.editorajuspodivm.com.br/central-de-relacionamento



**Diagramação:** Ana Paula Lopes Corrêa *(aninha_lopescorrea@hotmail.com)*

**Capa:** Maitê Coelho

A481m Amado, Frederico.
Manual Prático de Cálculos Previdenciários - Concessão e Revisão de Benefícios do Regime Geral / Frederico Amado e Carlos Antônio Maciel Meneses – 5.ed., rev., atual. e ampl. - São Paulo: Editora JusPodivm, 2023.
1.184 p.

Inclui Bibliografia
ISBN: 978-85-442-4586-6

1. Direito Previdenciário. I. Amado, Frederico. II. Meneses, Carlos Antônio Maciel. III. Título.

CDD 341.6

BIBLIOTECÁRIA RESPONSÁVEL

Ana Carolina Ribeiro Mois – CRB7 – RJ 007348/0

# NOTA DOS AUTORES

O ***Manual Prático de Cálculos Previdenciários - Concessão e Revisão de Benefícios do Regime Geral*** é uma obra escrita a quatro mãos (e não poderia ser diferente nesta temática), contando com a autoria de um Procurador Federal representante do INSS e de um Contador da Previdência Social, que atuam na área há mais de uma década.

Isso porque o assunto exige a conjunção de conhecimentos jurídicos e contábeis para se tornar pleno, tendo a obra sido organizada dessa maneira. Ao longo do texto, o leitor irá perceber que será apresentada a parte jurídica e logo em seguida serão colacionados inúmeros cálculos previdenciários concretos oriundos de casos simulados idênticos aos casos reais.

Dessa forma, o leitor terá a instrução jurídica e contábil dos inúmeros temas que compõem a obra e que são indispensáveis para o exercício da prática administrativa e judicial previdenciária, sendo destacados os principais:

- Composição do salário de contribuição;
- Cálculos do salário de benefício: regras atuais e antigas;
- Cálculos do salário de benefício com e sem a incidência do fator previdenciário;
- Cálculo do salário de benefício em atividades concomitantes;
- Cálculo do salário de benefício com o divisor de 60% (Lei 9.876/99);
- **Cálculo do salário de benefício após a Emenda 103/2019;**
- **Cálculo do salário de benefício com o divisor de 108 salários de contribuição;**
- **Pontos controvertidos após a Reforma da Previdência de 2019 e do Novo Regulamento da Previdência Social de 2020;**
- **Agrupamento, descarte, complementação de transferência de salários de contribuição;**
- **Inovações na Instrução Normativa INSS 128/2022 e suas alterações posteriores;**
- Critérios de reajustamento de benefícios;
- Cálculos da renda mensal dos benefícios previdenciários: regras anteriores, de transição e atuais;
- Prescrição e decadência nos benefícios;
- Cálculo de juros de mora e de correção monetária;
- Cálculo de honorários advocatícios;
- Cálculo na desaposentação direta e indireta;
- Cálculo na readequação do salário de benefício pelos novos tetos fixados pelas Emendas 20/1998 e 41/2003;
- Cálculo na tese do melhor benefício (antecipação de data de início);
- **Cálculo do salário de benefício na revisão da "vida toda";**
- Cálculos em dezenas de pedidos revisionais (OTN/ORTN, IRSM, teses de fator previdenciário, decisão da Justiça do Trabalho, etc.);
- Cálculo do valor da causa e renúncia JEF.

**Esta quinta edição (2023) foi atualizada pela legislação e jurisprudência superveniente, em especial pela Instrução Normativa INSS 128/2022 e suas posteriores modificações, assim como pela Instrução Normativa RFB 2.110/2022, que rege as contribuições previdenciárias.**

Esperamos que apreciem o nosso trabalho e desejamos uma ótima leitura.

***Os Autores***

# SOBRE OS AUTORES

## FREDERICO AMADO

- Procurador Federal/Procuradoria-Geral do INSS. Mestre em Planejamento Ambiental pela Universidade Católica do Salvador. Professor de Direito Previdenciário e Ambiental do Especcial Jus (www.especcialjus.com.br). Instrutor da Escola da AGU. Coordenador da Pós-graduação EAD em Prática Previdenciária da Faculdade Verbo em parceria com o Especcial Jus. Coordenador da Pós-graduação presencial em Salvador em Prática Previdenciária da FBB em parceria com o Especcial Jus. Coordenador do Curso de Carreiras Jurídicas para Advocacia Pública da Verbo. Especialista em Direito do Estado pela Unyahna. Palestrante. Autor exclusivo da Ed. Juspodivm.

## CARLOS ANTÔNIO MACIEL MENESES

- Graduado em Ciências Contábeis pela Universidade Federal da Bahia. Pós-graduado em Contabilidade Gerencial com ênfase em Controladoria pela Universidade Federal da Bahia. Servidor de carreira do Instituto Nacional do Seguro Social – INSS – com atuação na área de benefícios de 1994 a 2003 e desde então, até a presente data, atuando na Procuradoria Federal Especializada – PFE/INSS – Advocacia Geral da União – onde integra a Equipe Regional de Cálculos e Pagamentos Previdenciários. Ex-integrante do Grupo de Trabalho Força-tarefa de combate a crimes contra a Previdência Social na cidade do Rio de Janeiro. Professor universitário em cursos de graduação e pós-graduação.

# SUMÁRIO

## CAPÍTULO IV

### BENEFÍCIOS PREVIDENCIÁRIOS: REGRAS BÁSICAS E CÁLCULO DA RENDA MENSAL .......... 473



## CAPÍTULO V

### TEMAS GERAIS SOBRE BENEFÍCIOS .......... 693

## CAPÍTULO VI



## CAPÍTULO VII



## CAPÍTULO VIII



## CAPÍTULO IX

Capítulo

I

# SALÁRIO DE CONTRIBUIÇÃO



## 1. NOÇÕES INICIAIS E DEFINIÇÃO

O salário de contribuição é um instituto exclusivo do Direito Previdenciário, regulado pelo artigo 28, da Lei 8.212/91, sendo utilizado para a fixação do salário de benefício e, por conseguinte, para o cálculo de todos os benefícios do RGPS, **exceto o salário-família e o salário-maternidade**, conforme será estudado no momento oportuno.

Outrossim, em algumas hipóteses previstas no artigo 73, da Lei 8.213/91, o salário-maternidade será calculado diretamente com base no salário de contribuição.

É um instituto imprescindível tanto para o Plano de Custeio quanto para o Plano de Benefícios do Regime Geral de Previdência Social, sendo estratégico para o bom estudo dominá-lo, sob pena de comprometimento dos demais Capítulos.

**É uma parcela normalmente composta por verbas remuneratórias do trabalho**, podendo também ser excepcionalmente formada por verbas teoricamente indenizatórias, nos casos expressos previstos pela norma previdenciária, em que o legislador entendeu se tratar de remuneração disfarçada.

Logo, se um trabalhador filiado ao RGPS recebe mensalmente um salário de R$ 2.000,00, este valor será considerado como o salário de contribuição do segurado e será a base de cálculo para a incidência da sua contribuição previdenciária, mediante a aplicação da alíquota legal.

Entretanto, como o segurado facultativo não exerce trabalho remunerado, o seu salário de contribuição será o valor que ele declarar, observados os limites legais.

Deveras, todos os segurados da previdência social contribuirão com fundamento no salário de contribuição, **exceto o segurado especial**, pois neste caso o cálculo do tributo incidirá sobre a receita bruta proveniente da comercialização dos seus produtos, em regra.

Por sua vez, **o salário-maternidade é (era) o único benefício previdenciário considerado como salário de contribuição**, pois sobre ele incidirá a contribuição previdenciária, o que não ocorrerá com os demais, previsão legal que não é tecnicamente justificável e decorre da herança trabalhista do benefício.

**IMPORTANTE:**

Em sede de Repercussão Geral, em 4 de agosto de 2020, no RE 576.967, **o STF declarou inconstitucional a incidência de contribuição previdenciária sobre o salário-maternidade**, não tendo havido modulação da eficácia da pronúncia de inconstitucionalidade, sendo possível a apresentação de embargos de declaração pela União.

Restou fixada a seguinte tese: **"É inconstitucional a incidência da contribuição previdenciária a cargo do empregador sobre o salário-maternidade"**:

"69. Diante do exposto, considerando os argumentos formal e material, dou provimento ao recurso extraordinário, para declarar, incidentalmente, a **inconstitucionalidade da incidência de contribuição previdenciária sobre o salário maternidade, prevista no art. 28, §2º, da Lei nº 8.212/91, e a parte final do seu §9º, alínea a**, em que se lê "salvo o salário-maternidade", e proponho a fixação da seguinte tese: "É inconstitucional a incidência da contribuição previdenciária a cargo do empregador sobre o salário maternidade".

A tese se aplica tanto à parte da empresa quanto à parte do segurado, conforme se depreende do voto vencedor acima transcrito, em que pese o fechamento tenha sido restritivo. A decisão é *inter partes*, pois não foi tomada em sede de ação abstrata, não tem efeitos *erga omnes*.

No entanto, na interpretação da União a pronúncia de inconstitucionalidade se limitou à contribuição previdenciária patronal, nos termos do Parecer SEI 18.361/2020/ME:

> *"Ante o exposto, propõe-se a inclusão do tema objeto da presente Nota Explicativa na lista de dispensa de contestação e recursos desta Procuradoria-Geral, com fulcro no art. 19, VI, "a" e § 9º, da Lei nº 10.522, de 2002, c/c o art. 2º, V, da Portaria PGFN nº 502, de 2016, nos termos seguintes: 1.8 – Contribuição Previdenciária xx) Inconstitucionalidade da contribuição previdenciária a cargo do empregador sobre o salário-maternidade. Resumo: O STF, julgando o tema 72 de repercussão geral, firmou a tese de que "É inconstitucional a incidência de contribuição previdenciária a cargo do empregador sobre o salário-maternidade". Observação 1. Os fundamentos determinantes do acórdão-paradigma podem ser estendidos às contribuições de terceiros a cargo do empregador e incidentes sobre a folha de salários, para reconhecer a inconstitucionalidade da sua incidência sobre o salário--maternidade.* ***Observação 2. Por sua vez, a ratio decidendi do tema nº 72 não se aplica à contribuição previdenciária devida pela empregada, na medida em que essa exação não foi objeto de julgamento do RE nº 576.967/RJ e possui contornos constitucionais e legais distintos do caso julgado, devendo-se defender a validade dessa exação em juízo.*** *Precedente: RE nº 576.967/RJ (tema 72 de repercussão geral)".*

A questão é que foram pronunciados inconstitucionais de modo incidental os dispositivos do artigo 28 da Lei 8.212/91 que lastreiam a incidência da contribuição previdenciária dos segurados sobre o salário-maternidade, não constando por expresso da tese aprovada por se tratar de recurso extraordinário da empresa.

Dessa forma, evidente que o argumento material também fulminou a contribuição previdenciária dos segurados, e não apenas a exigência de lei complementar, conforme fechamento do voto vencedor da lavra do Ministro Barroso:

> *"Diante do exposto, considerando os argumentos formal e material,* ***dou provimento ao recurso extraordinário, para declarar, incidentalmente, a inconstitucionalidade da incidência de contribuição previdenciária sobre o salário-maternidade, prevista no art. 28, §2º, da Lei nº 8.212/1991, e a parte final do seu §9º, alínea a, em que se lê "salvo o salário-maternidade"****, e proponho a fixação da seguinte tese: " É inconstitucional a incidência da contribuição previdenciária a cargo do empregador sobre o salário-maternidade."*

STF: 576.967 – inconstitucionalidade da contribuição no salário-maternidade

De fato, desde que passou a ser benefício previdenciário desde a Lei 6.136/74, não havia sentido em apenas o salário-maternidade sofrer a incidência da contribuição previdenciária em detrimento dos demais benefícios previdenciários.

Aduziu ainda o Ministro Relator, Roberto Barroso, que haveria discriminação contra as mulheres e que seria necessária uma lei complementar para criar esta contribuição, não prevista no artigo 195 da Constituição Federal, se constituindo em nova fonte de custeio para a seguridade social.

Com isso, observada a prescrição quinquenal, é pertinente o pedido de restituição da contribuição pelos segurados e empresas a partir de agora e a busca por tutela judicial que impeça os descontos perante a União.

Entrementes, por certo, o(a) segurado(a) que optar pelo pedido de restituição da contribuição previdenciária incidente sobre o salário-maternidade não terá o período considerado para fins previdenciários, por ausência voluntária de contributividade.

Para o segurado seria uma via de mão dupla, pois não havendo incidência de contribuição previdenciária o salário-maternidade não deveria ser considerado para fins previdenciários, pois passa a não mais compor o salário de contribuição.

No entanto, o STF determinou a consideração do salário-maternidade para fins previdenciários mesmo sem a incidência de contribuição previdenciária:

> "66. Afirmo, ainda, que **o tempo de afastamento da mulher no período da licença maternidade não pode ser deduzido da contagem do seu tempo de serviço para fins de cômputo para a aposentadoria**. Essa observação, mais que pertinente, serve para, de fato, efetivar o princípio da isonomia sobre o qual fundamento o presente voto. Ressalta-se que se trata de benefício previdenciário e, assim, o período de afastamento em que se recebe o benefício deve ser computado como tempo de serviço, do mesmo modo como ocorre no auxílio doença acidentário (art. 29, §5º, da Lei nº 8.213/91). Uma eventual dedução dos períodos de afastamento por licença maternidade, além de atingir frontalmente o núcleo do direito fundamental aqui debatido, de modo a, mais uma vez, colocar a mulher em situação de desvantagem por questões estritamente biológicas, consistiria em verdadeira intervenção inadequada do Estado na autonomia da vontade da mulher e na unidade familiar, sendo certo que serviria como desestímulo à opção pela gestação, posto que, a cada gravidez, a profissional teria que permanecer quatro meses a mais no mercado de trabalho para alcançar a aposentadoria".

O certo é que o RE 576.967 (Tema 72) transitou em julgado em 02/06/2021 e essa parte não foi esclarecida pelo STF, pois o julgamento dos Embargos de Declaração não a abordou.

**Desse modo, conquanto os argumentos firmados possam ser utilizados para afastar a incidência da contribuição previdenciária sobre o benefício salário--maternidade, a tese firmada no Tema 72 apenas afastou a incidência do tributo da parte patronal.**

Com o advento da **MP 905/2019**, o **seguro-desemprego chegou a ser colocado na composição do salário de contribuição. Essa regra foi revogada pela MP 955/2020, não chegando sequer a ser regulamentada.**

Outrossim, **a contribuição previdenciária devida pelo empregador doméstico também tomará por base o salário de contribuição do empregado.**

> Dito isto, é possível definir o *salário de contribuição* como a base de cálculo sobre a qual incidirá a contribuição previdenciária do segurado empregado, doméstico, avulso, contribuinte individual e facultativo, assim como da cota patronal do empregador doméstico e do microempreendedor individual[1], normalmente formado por parcelas remuneratórias do labor, ou, no caso do segurado facultativo, o valor por ele declarado, observados os limites mínimos e máximos legais.

Embora já fosse adotado pela Lei 8.212/91, a **Emenda 103/2019** passou a admitir expressamente a progressividade de alíquotas nas contribuições previdenciárias dos segurados do RGPS, ao modificar a redação do inciso II do artigo que passou a prever a contribuição "do trabalhador e dos demais segurados da previdência social, podendo ser adotadas **alíquotas progressivas** de acordo com o valor do salário de contribuição, não incidindo contribuição sobre aposentadoria e pensão concedidas pelo Regime Geral de Previdência Social".

## 2. LIMITES

O limite mínimo do salário de contribuição corresponde ao *piso salarial, legal ou normativo, da categoria ou, inexistindo este, ao salário mínimo,* tomado no seu valor mensal, diário ou horário, conforme o ajustado e o tempo de trabalho efetivo durante o mês.

O salário mínimo nacional para o ano de 2023 foi fixado em R$ 1.302,00 até abril e em R$ 1.320,00 a partir de maio/2023.

Deveras, se determinada categoria de trabalhadores teve a sua remuneração mensal mínima fixada mensalmente em R$ 1.800,00 por acordo coletivo, o menor salário de contribuição corresponderá a esse valor, e não ao salário mínimo vigente.

Outrossim, de acordo com o artigo 1º, da Lei Complementar 103/2000, os estados e o Distrito Federal ficam autorizados a instituir, mediante lei de iniciativa do Poder Executivo, o piso salarial de que trata o inciso V, do artigo 7º, da Constituição Federal, para os empregados que não tenham piso salarial definido em lei federal, convenção ou acordo coletivo de trabalho, podendo abarcar os empregados domésticos.

Sobre os estados que possuem um salário mínimo acima do nacional, colaciona-se notícia publicada no site G1 no dia 1 de janeiro de 2022:

**Veja os valores do salário mínimo por estado no exercício de 2022:**

- **Acre:** segue o valor do salário mínimo fixado pelo decreto federal.
- **Alagoas:** segue o valor do salário mínimo fixado pelo decreto federal.
- **Amapá:** segue o valor do salário mínimo fixado pelo decreto federal.
- **Amazonas:** segue o valor do salário mínimo fixado pelo decreto federal.
- **Bahia:** segue o valor do salário mínimo fixado pelo decreto federal.
- **Ceará:** segue o valor do salário mínimo fixado pelo decreto federal.
- **Distrito Federal:** segue o valor do salário mínimo fixado pelo decreto federal.
- **Espírito Santo:** segue o valor do salário mínimo fixado pelo decreto federal.
- **Goiás:** segue o valor do salário mínimo fixado pelo decreto federal.
- **Maranhão:** segue o valor do salário mínimo fixado pelo decreto federal.
- **Mato Grosso:** segue o valor do salário mínimo fixado pelo decreto federal.
- **Mato Grosso do Sul:** segue o valor do salário mínimo fixado pelo decreto federal.
- **Minas Gerais:** segue o valor do salário mínimo fixado pelo decreto federal.
- **Pará:** segue o valor do salário mínimo fixado pelo decreto federal.
- **Paraíba:** segue o valor do salário mínimo fixado pelo decreto federal.
- **Paraná:** não segue o valor do salário mínimo fixado pelo decreto federal. Para 2022, o mínimo no estado ainda não foi definido, mas seguirá o índice aplicado ao salário mínimo nacional, o INPC. A estimativa do governo é que o valor, que atualmente é de R$ 1.467,40 a R$ 1.696,20, passará para entre R$ 1.600 e R$ 1.870.
- **Pernambuco:** segue o valor do salário mínimo fixado pelo decreto federal.
- **Piauí:** segue o valor do salário mínimo fixado pelo decreto federal.
- **Rio de Janeiro:** não segue o valor do salário mínimo fixado pelo decreto federal. Ainda não

1. Artigo 18-C, §1º, III, da Lei Complementar 123/2006, inserido pela Lei Complementar 139/2011.

foi definido o piso estadual para 2022. Vigora atualmente o piso adotado em 2019, com faixas de rendimento que vão de R$ 1.238,11 a R$ 3.158,96.

- **Rio Grande do Norte:** segue o valor do salário mínimo fixado pelo decreto federal.
- **Rio Grande do Sul:** não segue o valor do salário mínimo fixado pelo decreto federal. O piso regional, que em 2021 foi de R$ 1.237,15 e R$ 1.567,81, já foi reajustado em dezembro de forma retroativa a outubro e **passou para as faixas entre R$ 1.305,56 e R$ 1.654,50.**
- **Rondônia:** segue o valor do salário mínimo fixado pelo decreto federal.
- **Roraima:** segue o valor do salário mínimo fixado pelo decreto federal.
- **Santa Catarina:** não segue o valor do salário mínimo fixado pelo decreto federal. O piso estadual de 2022 será definido em março e **terá reajuste**. Vigora atualmente no estado o valor adotado em 2021, com os pisos salariais entre R$ 1.281,00 e R$ 1.467,00.
- **São Paulo:** não segue o valor do salário mínimo fixado pelo decreto federal. Ainda não foi definido o piso estadual para 2022, mas o governo adiantou que **não há previsão de reajuste**. Vigora atualmente no estado o piso adotado em 2019, com faixas de rendimento que vão de R$ 1.163,55 a R$ 1.183,33.
- **Sergipe:** segue o valor do salário mínimo fixado pelo decreto federal.
- **Tocantins:** segue o valor do salário mínimo fixado pelo decreto federal.

No que tange ao ano de 2023, veja-se:

Além de São Paulo, Rio de Janeiro, Paraná, Santa Catarina, Rio Grande do Sul adotam valores próprios para categorias de trabalhadores domésticos. Veja os valores:[2]

> "**São Paulo:** De acordo com Projeto de Lei 704/2023, será retirada a diferença entre duas faixas de trabalhadores, que hoje recebem R$ 1.284 e R$ 1.306, e será fixado o mesmo valor salarial de R$ 1.550. A menor faixa salarial terá reajuste de 20,7% e a maior, 18,7%.
>
> **Paraná:** em fevereiro, o valor médio passou a ser de **R$ 1.871,74**. Para técnicos de nível médio é de 1.999.02. O cálculo do valor levou em conta a combinação de dois fatores. Na parte do piso regional correspondente ao salário mínimo nacional em vigor em 2022, R$ 1.212,00, foi aplicado o mesmo índice de reajuste definido pelo governo federal, que sinalizou para um aumento acima da inflação para 2023. A regra do reajuste salarial do Estado terá vigência até 2026 e determina que os pisos salariais deverão ser reajustados anualmente, sendo aplicados para o período de 1º de janeiro a 31 de dezembro de cada ano.
>
> **Rio Grande do Sul:** o menor salário previsto é de R$ 1.443,94, enquanto o maior é de R$ 1.829,87. A Assembleia Legislativa (AL) do Rio Grande do Sul aprovou, em dezembro, um reajuste de 10,6% no salário mínimo regional em relação ao praticado em 2022.
>
> **Santa Catarina:** no início de abril, foi sancionado o reajuste de 7,43%. O salário mínimo regiona de trabalhadores e empregadores variam entre R$ 1.521 e R$ 1.740".
>
> **Rio de Janeiro:** Ainda não foi definido o piso estadual para 2023. Vigora atualmente o piso adotado em 2019, com faixa de rendimento de **R$ 1.238,11.**

Quando a admissão, a dispensa, o afastamento ou a falta do empregado ocorrer no curso do mês, o salário-de-contribuição será proporcional ao número de dias de trabalho efetivo, pois proporcionalmente alcançará a um salário mínimo considerando a jornada integral no mês.

Até o advento da EC 103/2019, note-se que o salário mínimo se referia à jornada integral, podendo a remuneração mensal neste período ser inferior a um salário mínimo para o segurado empregado e o avulso, a exemplo do pagamento referente a meio expediente ou parcela do mês.

Logo, nada impedia que um empregado ou empregado doméstico recebesse de salário mensal o valor nominal inferior a um salário mínimo, desde que proporcionalmente às 44 horas semanais de jornada de trabalho seja atingido o piso legal ou convencional da categoria, ou, se inexistentes, o salário mínimo nacional.

Veja-se o entendimento do próprio Tribunal Superior do Trabalho em notícia publicada em agosto de 2015:

> **Empregador é absolvido de pagar diferenças a empregada doméstica com jornada reduzida**
>
> A Segunda Turma do Tribunal Superior do Trabalho reconheceu a legalidade do pagamento de salário mínimo proporcional a uma empregada doméstica que trabalhava em jornada reduzida, de três vezes por semana. Segundo o empregador paulista, o ajuste previa uma jornada diferenciada, com o salário proporcional aos dias trabalhados no mês. No total, eram 12 dias de trabalho mensais – correspondente a 24 horas semanais ou 96 mensais.
>
> A empregada, que afirmou na petição inicial que trabalhava três vezes por semana das 8h às 17h, com uma hora de intervalo, foi admitida em dezembro de 2007 e dispensada em julho de 2009. Ela alegou que seu salário mensal inicial era de R$ 350, quando o salário mínimo era de R$ 380.

2. https://valorinveste.globo.com/objetivo/organize-as-contas/noticia/2023/05/11/salario-minimo-estadual-2023-salario-minimo-paulista-1550-quando-sera-pago.ghtml

Em sua defesa, o empregador sustentou que é lícito o pagamento do salário mínimo proporcional ao tempo trabalhado, e que o salário mínimo integral é para quem trabalha oito horas diárias - 44 semanais ou 220 mensais. Antes da decisão do TST, a primeira e a segunda instâncias julgaram que a trabalhadora deveria receber o salário mínimo integral e determinaram o pagamento das diferenças.

O Tribunal Regional do Trabalho da 2ª Região (SP) entendeu que o inciso IV do artigo 7º da Constituição da República garante ao trabalhador, como menor contraprestação, o salário mínimo, pressupondo que seja o necessário para suprir as necessidades vitais básicas. Por isso, não admitiu o pagamento inferior ao mínimo nacional, ainda que a jornada de trabalho fosse em regime parcial.

**Mas a relatora do recurso de revista, ministra Delaíde Miranda Arantes, avaliou que a decisão regional contrariava a Orientação Jurisprudencial 358 da Subseção 1 Especializada em Dissídios Individuais (SDI-1), que considera lícito o pagamento do salário mínimo proporcional ao tempo trabalhado quando a jornada é inferior à previsão constitucional de oito horas diárias ou 44 semanais. Ela ressaltou que a jurisprudência do TST se firma no sentido de que essa OJ se aplica aos trabalhadores domésticos, citando julgados das Sexta, Sétima e Oitava Turmas com esse mesmo entendimento.**

Por unanimidade, a Segunda Turma proveu o recurso do empregador, absolvendo-o da condenação ao pagamento das diferenças salariais.

(Lourdes Tavares/CF)

Processo: RR-224300-21.2009.5.02.0010

No entanto, por força da reforma trabalhista (MP 808/2017), restou inserida regra previdenciária na CLT **que somente vigorou por alguns meses** direcionada ao segurado empregado que previu que, para fins previdenciários, o recolhimento sobre salário de contribuição com valor nominal inferior a um salário mínimo não era considerado para fins de manutenção da qualidade de segurado e para fins de cômputo de carência, acaso o empregado não promovesse o recolhimento da diferença para atingir a um salário mínimo.

Essa regra alcançou tanto os segurados empregados que laboram em regime de jornada parcial, assim como os contratos de trabalho intermitentes[3], nas situações de valor mensal nominal do salário de contribuição inferior a um salário mínimo nacional.

Cuida-se do novel artigo 911-A da CLT, que já teve vigência encerrada:

"Art. 911-A. O empregador efetuará o recolhimento das contribuições previdenciárias próprias e do trabalhador e o depósito do FGTS com base nos valores pagos no período mensal e fornecerá ao empregado comprovante do cumprimento dessas obrigações. *(Incluído pela Medida Provisória nº 808, de 2017)*

§ 1º Os segurados enquadrados como **empregados** que, no somatório de remunerações auferidas de um ou mais empregadores no período de um mês, independentemente do tipo de contrato de trabalho, receberem remuneração inferior ao salário mínimo mensal, **poderão recolher** ao Regime Geral de Previdência Social **a diferença** entre a remuneração recebida e o valor do salário mínimo mensal, em que incidirá a mesma alíquota aplicada à contribuição do trabalhador retida pelo empregador. *(Incluído pela Medida Provisória nº 808, de 2017)*

§ 2º Na hipótese de não ser feito o recolhimento complementar previsto no § 1º, o mês em que a remuneração total recebida pelo segurado de um ou mais empregadores for menor que o salário mínimo mensal **não será considerado para fins de aquisição e manutenção de qualidade de segurado do Regime Geral de Previdência Social nem para cumprimento dos períodos de carência para concessão dos benefícios previdenciários.** *(Incluído pela Medida Provisória nº 808, de 2017)*".

O dispositivo já foi regulamentado na época pela Secretaria da Receita Federal do Brasil:

**ATO DECLARATÓRIO INTERPRETATIVO RFB Nº 6, DE 24 DE NOVEMBRO DE 2017**

(Publicado(a) no DOU de 27/11/2017, seção 1, página 103)

Dispõe sobre a contribuição previdenciária complementar prevista no § 1º do art. 911-A da Consolidação das Leis do Trabalho (CLT), aprovada pelo Decreto-Lei nº 5.452, de 1º de maio de 1943.

O SECRETÁRIO DA RECEITA FEDERAL DO BRASIL, no uso da atribuição que lhe confere o inciso XXV do art. 327 do Regimento Interno da Secretaria da Receita Federal do Brasil, aprovado pela Portaria MF nº 430, de 9 de outubro de 2017, e tendo em vista o disposto no art. 911-A da Consolidação das Leis do Trabalho (CLT), aprovada pelo Decreto-Lei nº 5.452, de 1º de maio de 1943, declara:

Art. 1º A contribuição previdenciária complementar prevista no § 1º do art. 911-A da Consolidação das Leis do Trabalho (CLT), aprovada pelo Decreto-Lei nº 5.452, de 1º de maio de 1943, a ser recolhida pelo segurado empregado que receber no mês, de um ou mais empregadores, remuneração inferior ao salário mínimo mensal, será calculada mediante aplicação da alíquota de 8% (oito por cento) sobre a diferença entre a remuneração recebida e o valor do salário mínimo mensal.

§ 1º O recolhimento da contribuição previdenciária prevista no *caput* deverá ser efetuado pelo próprio segurado até o dia 20 (vinte) do mês seguinte ao da prestação do serviço.

3. Considera-se como intermitente o contrato de trabalho no qual a prestação de serviços, com subordinação, não é contínua, ocorrendo com alternância de períodos de prestação de serviços e de inatividade, determinados em horas, dias ou meses, independentemente do tipo de atividade do empregado e do empregador, exceto para os aeronautas, regidos por legislação própria (art. 443, §3º, da CLT).

§ 2º Não será computado como **tempo de contribuição para fins previdenciários**, inclusive para manutenção da condição de segurado do Regime Geral de Previdência Social (RGPS) e cumprimento de prazo de carência para concessão de benefícios previdenciários, o mês em que a remuneração recebida pelo segurado tenha sido inferior ao salário mínimo mensal e não tenha sido efetuado o recolhimento da contribuição previdenciária complementar prevista no *caput*.

JORGE ANTONIO DEHER RACHID

Dessa forma, se um segurado empregado recebeu salário mensal de R$ 600,00 em uma competência, este teve que recolher 8% sobre a diferença desse valor e do salário mínimo em vigor até o dia 20 do mês seguinte para considerá-la para fins de carência e manutenção da qualidade de segurado.

Vale registrar que essa regra somente se aplicou ao segurado empregado, não podendo ser estendida ao trabalhador avulso e ao empregado doméstico, por se tratar de regra restritiva de direitos.

Destarte, os empregados domésticos e os trabalhadores avulsos acabaram por ter um melhor tratamento previdenciário neste quesito, vez que não necessitaram promover o complemento da contribuição para atingir ao valor nominal de um salário mínimo para considerar a competência para fins previdenciários.

Outro ponto que merece registro é que o Ato Declaratório 6/2017 da RFB possui um ponto de inovação prejudicial ao empregado em relação ao artigo 911-A da CLT, o que coloca em dúvida a sua validade neste ponto.

É que o artigo 911-A da CLT não veda cômputo da competência com valor nominal abaixo de um salário mínimo para fins de tempo de contribuição, mas apenas para a manutenção da qualidade de segurado e tempo de carência quando o valor do salário de contribuição nominal for menor que um salário mínimo. Já o ato da Receita Federal traz a mencionada proibição de cômputo.

Uma questão importante não tratada pela CLT e pelo Ato Declaratório 6/2017 da RFB é a situação de perda do prazo pelo empregado para recolher o complemento (dia 20 do mês seguinte à competência).

Entende-se que, à semelhança do que já ocorre com o contribuinte individual e facultativo para complemento de alíquota, nos termos do artigo 21, §3º, da Lei 8.212/91, que poderá ser feito a qualquer tempo, observados os encargos normativos.

Por outro lado, são inválidos recolhimentos perpetrados após a morte do segurado para a atribuição da qualidade de segurado para fins de instituição da pensão por morte, pois o complemento é ato que deve partir do segurado em vida.

Para o segurado contribuinte individual e o segurado facultativo o piso do salário de contribuição equivalerá ao salário mínimo.

A MP 808/2017 vigorou somente até o dia 23 de abril de 2018, tendo decaído por ausência de votação no Congresso Nacional. Daí que as informações suso postas se limitam até essa data, restaurando-se o regime jurídico anterior. Deixamos o texto na obra pois é muito provável que essa alteração seja tentada novamente pelo Governo. Ademais, por ausência de decreto legislativo, os efeitos jurídicos foram conservados no período em que vigorou.

Em seguida, desde a competência setembro/2019, essa regra foi revigorada na CLT no artigo 832 através da Lei 13.876/2019:

"§ 3º As decisões cognitivas ou homologatórias deverão sempre indicar a natureza jurídica das parcelas constantes da condenação ou do acordo homologado, inclusive o limite de responsabilidade de cada parte pelo recolhimento da contribuição previdenciária, se for o caso. (Incluído pela Lei nº 10.035, de 2000)

§ 3º-A. *Para os fins do § 3º deste artigo, salvo na hipótese de o pedido da ação limitar-se expressamente ao reconhecimento de verbas de natureza exclusivamente indenizatória, **a parcela referente às verbas de natureza remuneratória não poderá ter como base de cálculo valor inferior:*** *(Incluído pela Lei nº 13.876, de 2019)*

*I - **ao salário-mínimo**, para as competências que integram o vínculo empregatício reconhecido na decisão cognitiva ou homologatória; ou (Incluído pela Lei nº 13.876, de 2019)*

*II - à diferença entre a remuneração reconhecida como devida na decisão cognitiva ou homologatória e a efetivamente paga pelo empregador, cujo valor total referente a cada competência não será inferior ao salário-mínimo. (Incluído pela Lei nº 13.876, de 2019)*

*§ 3º-B **Caso haja piso salarial da categoria definido por acordo ou convenção coletiva de trabalho, o seu valor deverá ser utilizado como base de cálculo para os fins do § 3º-A deste artigo**. (Incluído pela Lei nº 13.876, de 2019)*

**IMPORTANTE:**

Sucede que a Reforma Constitucional inseriu o §14 no artigo 195 da Constituição, que passou a prever que "o segurado somente terá reconhecida como tempo de contribuição ao Regime Geral de Previdência Social **a competência cuja contribuição seja igual ou superior à contribuição mínima mensal exigida para sua categoria**, assegurado o **agrupamento de contribuições**".

Art. 29. Até que entre em vigor lei que disponha sobre o § 14 do art. 195 da Constituição Federal, o segurado que, no somatório de remunerações auferidas no período de um mês receber remuneração **inferior ao limite mínimo mensal do salário de contribuição**, PODERÁ:

Evidente que esta nova regra demanda regulamentação para surtir efeitos, pois não há elementos para a sua aplicação antes da regulamentação por lei federal.

Por certo, a ideia é não gerar efeitos previdenciários para todos os segurados quando o salário de contribuição mensal for inferior a um salário mínimo (não se aplica ao segurado especial, que recolhe sem piso sobre produção rural), devendo ocorrer complementação para tanto.

Até lá será aplicada a regra de transição contida no artigo 29 da Emenda 103/2019:

> I - complementar a sua contribuição, de forma a alcançar o limite mínimo exigido;
>
> II - utilizar o valor da contribuição que exceder o limite mínimo de contribuição de uma competência em outra; ou
>
> III - agrupar contribuições inferiores ao limite mínimo de diferentes competências, para aproveitamento em contribuições mínimas mensais.
>
> Parágrafo único. Os ajustes de complementação ou agrupamento de contribuições previstos nos incisos I, II e III do *caput* somente poderão ser feitos ao **longo do mesmo ano civil**.

A regra de transição não restringe, de modo que vai se aplicar a todos os segurados que contribuem sobre o salário de contribuição (inclusive empregados, trabalhadores avulsos e empregados domésticos) a partir da vigência da reforma constitucional.

Interessante notar que, além da complementação da contribuição sobre o valor mínimo, passou a ser permitido o agrupamento de contribuições de competências distintas para se atingir o limite mínimo, desde que no mesmo ano civil dos recolhimentos.

Assim, agrupamento ou complementação de contribuições referentes ao ano de 2020 não poderão ser efetuadas a partir de 2021, mas apenas até 31/12/2020.

Um pecado da regra de transição é que não trata dos benefícios não programados (auxílio-doença, aposentadoria por incapacidade permanente, pensão por morte e auxílio-reclusão) e do salário-maternidade.

Dessa forma, o texto abre brecha para complementações após a incapacidade, óbito, prisão em regime fechado ou parto/adoção, desde que feitos dentro do mesmo ano civil, o que atenta contra a razão de ser do seguro social, podendo ser corrigido por norma infraconstitucional.

De acordo com o artigo 5º, da Lei 10.666/03, o contribuinte individual que prestar serviços à pessoa jurídica é obrigado a complementar, diretamente, a contribuição até o valor mínimo mensal do salário de contribuição, quando as remunerações recebidas no mês, por serviços prestados a pessoas jurídicas, forem inferiores a este, tendo em vista que o salário de contribuição desse segurado não poderá ser inferior a um salário mínimo.

Entende-se que artigo 5º da Lei 10.666/2003 é manifestamente inconstitucional, posto que afronta o Princípio da Capacidade Contributiva, ao determinar que haja a incidência da contribuição previdenciária sobre uma remuneração adicional que não existiu, tributando riqueza não auferida pelo segurado contribuinte individual.

A despeito da expressa previsão legal suso referida, entende-se que esse dispositivo carece de fundamento constitucional material, por violar o Princípio da Capacidade Contributiva e da Isonomia Tributária, ambos aplicáveis às contribuições destinadas ao custeio da seguridade social.

De efeito, apenas haverá a tributação sobre a riqueza que existe. Não é constitucional forçar o contribuinte individual a complementar a sua contribuição previdenciária sobre um salário de contribuição fictício, tributando uma renda mensal que não existe de fato.

Suponha-se que um contribuinte individual preste serviços a uma empresa sem vínculo empregatício e receba R$ 300,00 em um mês, tendo sido esta a única remuneração mensal que percebeu. Forçá-lo a pagar a contribuição previdenciária sobre um salário mínimo viola a Constituição Federal, pois deveria ser uma mera faculdade do contribuinte individual fazê-lo, sob pena de não consideração da contribuição previdenciária mensal.

Com base no art. 29 da Emenda 103/2019, a determinação contida no artigo 5º da Lei 10.666/2003 se torna uma faculdade, encerrando este ponto juridicamente controvertido.

De acordo com a TNU, "a qualidade de segurado do contribuinte individual que presta serviço a empresa depende da complementação pelo segurado prestador do serviço da contribuição vertida pela empresa tomadora do serviço, nos termos do artigo 5º da Lei n. 10.666/2003. Assim, as contribuições efetuadas abaixo do salário mínimo e não complementadas pelo segurado não podem ser consideradas a ponto de conferir qualidade de segurado ao contribuinte individual, isto porque essa caracterização exige o efetivo recolhimento das respectivas contribuições previdenciárias" (Informativo 27/2018 – PUIL n. 0002624-26.2011.4.02.5050/ES).

No que concerne ao contribuinte individual que trabalha por conta própria, o artigo 28, da Lei 8.212/91, é omisso a respeito, pois não prevê a situação daquelas pessoas que trabalham de maneira autônoma e sequer conseguem reunir um salário mínimo por mês.

Neste caso, entende-se da mesma forma, pois a lei não poderia obrigar o contribuinte individual a recolher a contribuição previdenciária mensal sobre um salário mínimo, se esta não é a renda mensal auferida pelo autônomo.

É preciso destacar que a lei parte de situações ideais que muitas vezes não se verificam na prática, sendo necessária muita sensibilidade do intérprete da norma jurídica para compatibilizá-la com a Lei Maior, pois o legislador ordinário nem tudo pode.

Sobre o limite mínimo do salário de contribuição o tema pode ser assim sintetizado[4]:

---

**4.** Artigo 30, §1º, da Instrução Normativa RFB 2.110/2022. adaptado à EC 103/2019.

I – para os segurados **empregado** e **trabalhador avulso**, ao piso salarial legal ou normativo da categoria ou ao piso estadual conforme definido na Lei Complementar nº 103, de 14 de julho de 2000, ou, inexistindo estes, ao salário mínimo, tomado no seu valor mensal, diário ou horário, conforme o ajustado, e o tempo de trabalho efetivo durante o mês, observado o limite mínimo de 1 salário mínimo após a Emenda 103/2019;

II – para o **empregado doméstico**, ao piso estadual conforme definido na Lei Complementar nº 103, de 2000, ou, inexistindo este, ao salário mínimo, tomados nos seus valores mensal, diário ou horário, conforme o ajustado, e o tempo de trabalho efetivo durante o mês, observado o limite mínimo de 1 salário mínimo após a Emenda 103/2019;

III – para os segurados **contribuinte individual** e **facultativo**, ao salário mínimo.

Originalmente, o artigo 28, §5º, da Lei 8.212/91, previu a quantia de Cr$ 170.000,00 (cento e setenta mil cruzeiros) como o limite máximo do salário de contribuição, reajustado na mesma época e com os mesmos índices que os do reajustamento dos benefícios de prestação continuada da Previdência Social.

O limite máximo fixado pela Emenda 20/1998 foi de R$ 1.200,00, posteriormente majorado pela Emenda 41/2003 para R$ 2.400,00. Após alguns reajustes, para o ano de 2010, foi fixado em R$ 3.467,40 pela Lei 12.254, de 15.06.2010, a partir de 1º de janeiro de 2010[5].

Já para o ano de 2011, a Portaria MPS/MF 568, de 31.12.2010, fixou o teto do salário de contribuição em R$ 3.689,66, fazendo incidir o INPC do ano anterior calculado em 6,41%. Ainda em 2011, em razão de ter sido subdimensionado o INPC de dezembro de 2010, a Portaria MPS/MF 407, de 14.07.2011, atualizou o teto para R$ 3.691,74.

Destarte, tomando por base o ano de 2011, se um segurado tiver uma remuneração mensal de R$ 10.000,00, será considerado como salário de contribuição a quantia de R$ 3.691,74, sendo esta a base de cálculo para a sua contribuição previdenciária, pois há um teto.

Para o ano de 2012, o valor máximo do salário de contribuição foi reajustado para R$ 3.916,20 por intermédio da publicação da Portaria MPS/MF 02/2012. Já para o ano de 2013, o valor foi reajustado para R$ 4.159,00 pela Portaria MPS/MF 15/2013.

Para o exercício de 2014, o teto do salário de contribuição foi reajustado para R$ 4.390,24 pela Portaria MPS/MF 19/2014. Já para o ano de 2015 o valor foi reajustado para R$ 4.663,75 pela Portaria MPS/MF 13/2015. Para o exercício de 2016, o valor foi reajustado para R$ 5.189,82, pela Portaria MTPS/MF 1/2016.

Por sua vez, para o exercício de 2017, o limite máximo do salário de contribuição foi fixado em R$ 5.531,31 pela Portaria MF 8/2017. Para o ano de 2018, o limite máximo do salário de contribuição foi fixado em R$ 5.645,80.

Para 2019, o limite máximo do salário de contribuição foi fixado em R$ 5.839,45 (valor atualizado para todo o ano de 2019 – Portaria ME nº 9, de 15/1/2019). Em 2020, o teto do salário de contribuição foi reajustado para R$ 6.101,06.

Por sua vez, para o exercício de 2021, o limite máximo do salário de contribuição foi reajustado para R$ 6.433,57 pela Portaria SEPRT/ME 477, de 12/01/2021. Para o ano de 2022 foi reajustado para R$ 7.087,22. Para o ano de 2023 foi reajustado para 7.507,49.

Eis o histórico de limites máximos dos tetos desde a Previdência Social urbana:

| Período | Mês | Maior Valor-Teto do Salário-de-Benefício |
|---|---|---|
| | | Valores Correntes |
| 1960 | Out | 48,00 |
| | Nov | 48,00 |
| | Dez | 48,00 |
| 1961 | Jan | 48,00 |
| | Fev | 48,00 |
| | Mar | 48,00 |
| | Abr | 48,00 |
| | Mai | 48,00 |
| | Jun | 48,00 |
| | Jul | 48,00 |
| | Ago | 48,00 |
| | Set | 48,00 |
| | Out | 67,20 |
| | Nov | 67,20 |
| | Dez | 67,20 |
| 1962 | Jan | 67,20 |
| | Fev | 67,20 |
| | Mar | 67,20 |
| | Abr | 67,20 |
| | Mai | 67,20 |
| | Jun | 67,20 |
| | Jul | 67,20 |
| | Ago | 67,20 |
| | Set | 67,20 |
| | Out | 67,20 |
| | Nov | 67,20 |
| | Dez | 67,20 |

5. Vide Portaria Interministerial MPS/MF 333, de 29.06.2010.

| Período | Mês | Maior Valor-Teto do Salário-de-Benefício |
|---|---|---|
| | | Valores Correntes |
| 1963 | Jan | 105,00 |
| | Fev | 105,00 |
| | Mar | 105,00 |
| | Abr | 105,00 |
| | Mai | 105,00 |
| | Jun | 105,00 |
| | Jul | 105,00 |
| | Ago | 105,00 |
| | Set | 105,00 |
| | Out | 105,00 |
| | Nov | 105,00 |
| | Dez | 105,00 |
| 1964 | Jan | 105,00 |
| | Fev | 105,00 |
| | Mar | 210,00 |
| | Abr | 210,00 |
| | Mai | 210,00 |
| | Jun | 210,00 |
| | Jul | 210,00 |
| | Ago | 210,00 |
| | Set | 210,00 |
| | Out | 210,00 |
| | Nov | 210,00 |
| | Dez | 210,00 |
| 1965 | Jan | 210,00 |
| | Fev | 210,00 |
| | Mar | 330,00 |
| | Abr | 330,00 |
| | Mai | 330,00 |
| | Jun | 330,00 |
| | Jul | 330,00 |
| | Ago | 330,00 |
| | Set | 330,00 |
| | Out | 330,00 |
| | Nov | 330,00 |
| | Dez | 330,00 |

| Período | Mês | Maior Valor-Teto do Salário-de-Benefício |
|---|---|---|
| | | Valores Correntes |
| 1966 | Jan | 330,00 |
| | Fev | 330,00 |
| | Mar | 420,00 |
| | Abr | 420,00 |
| | Mai | 420,00 |
| | Jun | 420,00 |
| | Jul | 420,00 |
| | Ago | 420,00 |
| | Set | 420,00 |
| | Out | 420,00 |
| | Nov | 420,00 |
| | Dez | 840,00 |
| 1967 | Jan | 840,00 |
| | Fev | 840,00 |
| | Mar | 1.050,00 |
| | Abr | 1.050,00 |
| | Mai | 1.050,00 |
| | Jun | 1.050,00 |
| | Jul | 1.050,00 |
| | Ago | 1.050,00 |
| | Set | 1.050,00 |
| | Out | 1.050,00 |
| | Nov | 1.050,00 |
| | Dez | 1.050,00 |
| 1968 | Jan | 1.050,00 |
| | Fev | 1.050,00 |
| | Mar | 1.296,00 |
| | Abr | 1.296,00 |
| | Mai | 1.296,00 |
| | Jun | 1.296,00 |
| | Jul | 1.296,00 |
| | Ago | 1.296,00 |
| | Set | 1.296,00 |
| | Out | 1.296,00 |
| | Nov | 1.296,00 |
| | Dez | 1.296,00 |

| | | |
|---|---|---|
| 1969 | Jan | 1.296,00 |
| | Fev | 1.296,00 |
| | Mar | 1.296,00 |
| | Abr | 1.296,00 |
| | Mai | 1.560,00 |
| | Jun | 1.560,00 |
| | Jul | 1.560,00 |
| | Ago | 1.560,00 |
| | Set | 1.560,00 |
| | Out | 1.560,00 |
| | Nov | 1.560,00 |
| | Dez | 1.560,00 |
| 1970 | Jan | 1.560,00 |
| | Fev | 1.560,00 |
| | Mar | 1.560,00 |
| | Abr | 1.560,00 |
| | Mai | 1.872,00 |
| | Jun | 1.872,00 |
| | Jul | 1.872,00 |
| | Ago | 1.872,00 |
| | Set | 1.872,00 |
| | Out | 1.872,00 |
| | Nov | 1.872,00 |
| | Dez | 1.872,00 |
| 1971 | Jan | 1.872,00 |
| | Fev | 1.872,00 |
| | Mar | 1.872,00 |
| | Abr | 1.872,00 |
| | Mai | 2.562,00 |
| | Jun | 2.562,00 |
| | Jul | 2.562,00 |
| | Ago | 2.562,00 |
| | Set | 2.562,00 |
| | Out | 2.562,00 |
| | Nov | 2.562,00 |
| | Dez | 2.562,00 |

| | | |
|---|---|---|
| 1972 | Jan | 2.562,00 |
| | Fev | 2.562,00 |
| | Mar | 2.562,00 |
| | Abr | 2.562,00 |
| | Mai | 2.688,00 |
| | Jun | 2.688,00 |
| | Jul | 2.688,00 |
| | Ago | 2.688,00 |
| | Set | 2.688,00 |
| | Out | 2.688,00 |
| | Nov | 2.688,00 |
| | Dez | 2.688,00 |
| 1973 | Jan | 2.688,00 |
| | Fev | 2.688,00 |
| | Mar | 2.688,00 |
| | Abr | 2.688,00 |
| | Mai | 3.120,00 |
| | Jun | 5.200,00 |
| | Jul | 6.240,00 |
| | Ago | 6.240,00 |
| | Set | 6.240,00 |
| | Out | 6.240,00 |
| | Nov | 6.240,00 |
| | Dez | 6.240,00 |
| 1974 | Jan | 6.240,00 |
| | Fev | 6.240,00 |
| | Mar | 6.240,00 |
| | Abr | 6.240,00 |
| | Mai | 7.536,00 |
| | Jun | 7.536,00 |
| | Jul | 7.536,00 |
| | Ago | 7.536,00 |
| | Set | 7.536,00 |
| | Out | 7.536,00 |
| | Nov | 7.536,00 |
| | Dez | 7.536,00 |

| | | |
|---|---|---|
| 1975 | Jan | 7.536,00 |
| | Fev | 7.536,00 |
| | Mar | 7.536,00 |
| | Abr | 7.536,00 |
| | Mai | 10.400,00 |
| | Jun | 10.400,00 |
| | Jul | 10.400,00 |
| | Ago | 10.400,00 |
| | Set | 10.400,00 |
| | Out | 10.400,00 |
| | Nov | 10.400,00 |
| | Dez | 10.400,00 |
| 1976 | Jan | 10.400,00 |
| | Fev | 10.400,00 |
| | Mar | 10.400,00 |
| | Abr | 10.400,00 |
| | Mai | 14.872,00 |
| | Jun | 14.872,00 |
| | Jul | 14.872,00 |
| | Ago | 14.872,00 |
| | Set | 14.872,00 |
| | Out | 14.872,00 |
| | Nov | 14.872,00 |
| | Dez | 14.872,00 |

| | | |
|---|---|---|
| 1977 | Jan | 14.872,00 |
| | Fev | 14.872,00 |
| | Mar | 14.872,00 |
| | Abr | 14.872,00 |
| | Mai | 20.820,00 |
| | Jun | 20.820,00 |
| | Jul | 20.820,00 |
| | Ago | 20.820,00 |
| | Set | 20.820,00 |
| | Out | 20.820,00 |
| | Nov | 20.820,00 |
| | Dez | 20.820,00 |

| | | |
|---|---|---|
| 1978 | Jan | 20.820,00 |
| | Fev | 20.820,00 |
| | Mar | 20.820,00 |
| | Abr | 20.820,00 |
| | Mai | 28.940,00 |
| | Jun | 28.940,00 |
| | Jul | 28.940,00 |
| | Ago | 28.940,00 |
| | Set | 28.940,00 |
| | Out | 28.940,00 |
| | Nov | 28.940,00 |
| | Dez | 28.940,00 |
| 1979 | Jan | 28.940,00 |
| | Fev | 28.940,00 |
| | Mar | 28.940,00 |
| | Abr | 28.940,00 |
| | Mai | 41.674,00 |
| | Jun | 41.674,00 |
| | Jul | 41.674,00 |
| | Ago | 41.674,00 |
| | Set | 41 674,00 |
| | Out | 41.674,00 |
| | Nov | 51.929,00 |
| | Dez | 51.929,00 |
| 1980 | Jan | 51.930,00 |
| | Fev | 51.930,00 |
| | Mar | 51.930,00 |
| | Abr | 51.930,00 |
| | Mai | 70.136,00 |
| | Jun | 70.136,00 |
| | Jul | 70.136,00 |
| | Ago | 70.136,00 |
| | Set | 70.136,00 |
| | Out | 70.136,00 |
| | Nov | 93.706,00 |
| | Dez | 93.706,00 |

| | | |
|---|---|---|
| **1981** | Jan | 93.706,00 |
| | Fev | 93.706,00 |
| | Mar | 93.706,00 |
| | Abr | 93.706,00 |
| | Mai | 133.540,00 |
| | Jun | 133.540,00 |
| | Jul | 133.540,00 |
| | Ago | 133.540,00 |
| | Set | 133.540,00 |
| | Out | 133.540,00 |
| | Nov | 184.390,00 |
| | Dez | 184.390,00 |
| **1982** | Jan | 184.390,00 |
| | Fev | 184.390,00 |
| | Mar | 184.390,00 |
| | Abr | 184.390,00 |
| | Mai | 282.900,00 |
| | Jun | 282.900,00 |
| | Jul | 282.900,00 |
| | Ago | 282.900,00 |
| | Set | 282.900,00 |
| | Out | 282.900,00 |
| | Nov | 401.152,00 |
| | Dez | 401.152,00 |
| **1983** | Jan | 401.152,00 |
| | Fev | 401.152,00 |
| | Mar | 401.152,00 |
| | Abr | 401.152,00 |
| | Mai | 591.699,00 |
| | Jun | 591.699,00 |
| | Jul | 591.699,00 |
| | Ago | 591.699,00 |
| | Set | 591.699,00 |
| | Out | 591.699,00 |
| | Nov | 971.570,00 |
| | Dez | 971.570,00 |
| **1984** | Jan | 971.570,00 |
| | Fev | 971.570,00 |
| | Mar | 971.570,00 |
| | Abr | 971.570,00 |
| | Mai | 1.652.640,00 |
| | Jun | 1.652.640,00 |
| | Jul | 1.652.640,00 |
| | Ago | 1.652.640,00 |
| | Set | 1.652.640,00 |
| | Out | 1.652.640,00 |
| | Nov | 2.830.980,00 |
| | Dez | 2.830.980,00 |
| **1985** | Jan | 2.830.980,00 |
| | Fev | 2.830.980,00 |
| | Mar | 2.830.980,00 |
| | Abr | 2.830.980,00 |
| | Mai | 5.350.560,00 |
| | Jun | 5.350.560,00 |
| | Jul | 5.350.560,00 |
| | Ago | 5.350.560,00 |
| | Set | 5.350.560,00 |
| | Out | 5.350.560,00 |
| | Nov | 9.112.000,00 |
| | Dez | 9.112.000,00 |
| **1986** | Jan | 9.112.000,00 |
| | Fev | 9.112.000,00 |
| | Mar | 12.220,00 |
| | Abr | 12.220,00 |
| | Mai | 12.220,00 |
| | Jun | 12.220,00 |
| | Jul | 12.220,00 |
| | Ago | 12.220,00 |
| | Set | 12.220,00 |
| | Out | 12.220,00 |
| | Nov | 12.220,00 |
| | Dez | 12.220,00 |

| Ano | Mês | Valor |
|---|---|---|
| 1987 | Jan | 14.664,00 |
| | Fev | 14.664,00 |
| | Mar | 20.800,00 |
| | Abr | 20.800,00 |
| | Mai | 24.960,00 |
| | Jun | 29.960,00 |
| | Jul | 29.960,00 |
| | Ago | 29.960,00 |
| | Set | 31.370,00 |
| | Out | 32.850,00 |
| | Nov | 34.400,00 |
| | Dez | 38.820,00 |
| 1988 | Jan | 46.600,00 |
| | Fev | 54.800,00 |
| | Mar | 64.660,00 |
| | Abr | 75.080,00 |
| | Mai | 90.100,00 |
| | Jun | 106.340,00 |
| | Jul | 127.540,00 |
| | Ago | 159.340,00 |
| | Set | 193.420,00 |
| | Out | 239.920,00 |
| | Nov | 311.800,00 |
| | Dez | 389.760,00 |
| 1989 | Jan | 485.260,00 |
| | Fev | 559,42 |
| | Mar | 559,42 |
| | Abr | 559,42 |
| | Mai | 720,00 |
| | Jun | 720,00 |
| | Jul | 1.500,00 |
| | Ago | 1.931,40 |
| | Set | 2.498,07 |
| | Out | 3.396,13 |
| | Nov | 4.673,75 |
| | Dez | 6.609,62 |

| Ano | Mês | Valor |
|---|---|---|
| 1990 | Jan | 10.149,07 |
| | Fev | 15.843,71 |
| | Mar | 27.374,76 |
| | Abr | 27.374,76 |
| | Mai | 27.374,76 |
| | Jun | 28.847,52 |
| | Jul | 36.676,74 |
| | Ago | 38.910,35 |
| | Set | 45.287,76 |
| | Out | 48.045,78 |
| | Nov | 62.286,55 |
| | Dez | 66.079,80 |
| 1991 | Jan | 92.168,11 |
| | Fev | 118.859,99 |
| | Mar | 127.120,76 |
| | Abr | 127.120,76 |
| | Mai | 127.120,76 |
| | Jun | 127.120,76 |
| | Jul | 127.120,76 |
| | Ago | 170.000,00 |
| | Set | 420.000,00 |
| | Out | 420.000,00 |
| | Nov | 420.000,00 |
| | Dez | 420.000,00 |
| 1992 | Jan | 923.262,76 |
| | Fev | 923.262,76 |
| | Mar | 923.262,76 |
| | Abr | 923.262,76 |
| | Mai | 2.126.842,49 |
| | Jun | 2.126.842,49 |
| | Jul | 2.126.842,49 |
| | Ago | 2.126.842,49 |
| | Set | 4.780.863,30 |
| | Out | 4.780.863,30 |
| | Nov | 4.780.863,30 |
| | Dez | 4.780.863,30 |

| Ano | Mês | Valor |
|---|---|---|
| 1993 | Jan | 11.532.054,23 |
| | Fev | 11.532.054,23 |
| | Mar | 15.760.858,52 |
| | Abr | 15.760.858,52 |
| | Mai | 30.214.732,09 |
| | Jun | 30.214.732,09 |
| | Jul | 42.439.310,55 |
| | Ago | 50.613,12 |
| | Set | 86.414,97 |
| | Out | 108.165,62 |
| | Nov | 135.120,49 |
| | Dez | 168.751,08 |
| 1994 | Jan | 295.795,39 |
| | Fev | 382.273,51 |
| | Mar | 582,86 |
| | Abr | 582,86 |
| | Mai | 582,86 |
| | Jun | 582,86 |
| | Jul | 582,86 |
| | Ago | 582,86 |
| | Set | 582,86 |
| | Out | 582,86 |
| | Nov | 582,86 |
| | Dez | 582,86 |
| 1995 | Jan | 582,86 |
| | Fev | 582,86 |
| | Mar | 582,86 |
| | Abr | 582,86 |
| | Mai | 832,66 |
| | Jun | 832,66 |
| | Jul | 832,66 |
| | Ago | 832,66 |
| | Set | 832,66 |
| | Out | 832,66 |
| | Nov | 832,66 |
| | Dez | 832,66 |

| Ano | Mês | Valor |
|---|---|---|
| 1996 | Jan | 832,66 |
| | Fev | 832,66 |
| | Mar | 832,66 |
| | Abr | 832,66 |
| | Mai | 957,56 |
| | Jun | 957,56 |
| | Jul | 957,56 |
| | Ago | 957,56 |
| | Set | 957,56 |
| | Out | 957,56 |
| | Nov | 957,56 |
| | Dez | 957,56 |
| 1997 | Jan | 957,56 |
| | Fev | 957,56 |
| | Mar | 957,56 |
| | Abr | 957,56 |
| | Mai | 957,56 |
| | Jun | 1.031,87 |
| | Jul | 1.031,87 |
| | Ago | 1.031,87 |
| | Set | 1.031,87 |
| | Out | 1.031,87 |
| | Nov | 1.031,87 |
| | Dez | 1.031,87 |
| 1998 | Jan | 1.031,87 |
| | Fev | 1.031,87 |
| | Mar | 1.031,87 |
| | Abr | 1.031,87 |
| | Mai | 1.031,87 |
| | Jun | 1.081,50 |
| | Jul | 1.081,50 |
| | Ago | 1.081,50 |
| | Set | 1.081,50 |
| | Out | 1.081,50 |
| | Nov | 1.081,50 |
| | Dez | 1.200,00 |

| Ano | Mês | Valor |
|---|---|---|
| 1999 | Jan | 1.200,00 |
| | Fev | 1.200,00 |
| | Mar | 1.200,00 |
| | Abr | 1.200,00 |
| | Mai | 1.200,00 |
| | Jun | 1.255,32 |
| | Jul | 1.255,32 |
| | Ago | 1.255,32 |
| | Set | 1.255,32 |
| | Out | 1.255,32 |
| | Nov | 1.255,32 |
| | Dez | 1.255,32 |
| 2000 | Jan | 1.255,32 |
| | Fev | 1.255,32 |
| | Mar | 1.255,32 |
| | Abr | 1.255,32 |
| | Mai | 1.255,32 |
| | Jun | 1.328,25 |
| | Jul | 1.328,25 |
| | Ago | 1.328,25 |
| | Set | 1.328,25 |
| | Out | 1.328,25 |
| | Nov | 1.328,25 |
| | Dez | 1.328,25 |
| 2001 | Jan | 1.328,25 |
| | Fev | 1.328,25 |
| | Mar | 1.328,25 |
| | Abr | 1.328,25 |
| | Mai | 1.328,25 |
| | Jun | 1.430,00 |
| | Jul | 1.430,00 |
| | Ago | 1.430,00 |
| | Set | 1.430,00 |
| | Out | 1.430,00 |
| | Nov | 1.430,00 |
| | Dez | 1.430,00 |

| Ano | Mês | Valor |
|---|---|---|
| 2002 | Jan | 1.430,00 |
| | Fev | 1.430,00 |
| | Mar | 1.430,00 |
| | Abr | 1.430,00 |
| | Mai | 1.430,00 |
| | Jun | 1.561,56 |
| | Jul | 1.561,56 |
| | Ago | 1.561,56 |
| | Set | 1.561,56 |
| | Out | 1.561,56 |
| | Nov | 1.561,56 |
| | Dez | 1.561,56 |
| 2003 | Jan | 1.561,56 |
| | Fev | 1.561,56 |
| | Mar | 1.561,56 |
| | Abr | 1.561,56 |
| | Mai | 1.561,56 |
| | Jun | 1.869,34 |
| | Jul | 1.869,34 |
| | Ago | 1.869,34 |
| | Set | 1.869,34 |
| | Out | 1.869,34 |
| | Nov | 1.869,34 |
| | Dez | 1.869,34 |
| 2004 | Jan | 2.400,00 |
| | Fev | 2.400,00 |
| | Mar | 2.400,00 |
| | Abr | 2.400,00 |
| | Mai | 2.508,72 |
| | Jun | 2.508,72 |
| | Jul | 2.508,72 |
| | Ago | 2.508,72 |
| | Set | 2.508,72 |
| | Out | 2.508,72 |
| | Nov | 2.508,72 |
| | Dez | 2.508,72 |

| | | |
|---|---|---|
| **2005** | Jan | 2.508,72 |
| | Fev | 2.508,72 |
| | Mar | 2.508,72 |
| | Abr | 2.508,72 |
| | Mai | 2.668,15 |
| | Jun | 2.668,15 |
| | Jul | 2.668,15 |
| | Ago | 2.668,15 |
| | Set | 2.668,15 |
| | Out | 2.668,15 |
| | Nov | 2.668,15 |
| | Dez | 2.668,15 |
| **2006** | Jan | 2.668,15 |
| | Fev | 2.668,15 |
| | Mar | 2.668,15 |
| | Abr | 2.801,56 |
| | Mai | 2.801,56 |
| | Jun | 2.801,56 |
| | Jul | 2.801,56 |
| | Ago | 2.801,82 |
| | Set | 2.801,82 |
| | Out | 2.801,82 |
| | Nov | 2.801,82 |
| | Dez | 2.801,82 |
| **2007** | Jan | 2.801,82 |
| | Fev | 2.801,82 |
| | Mar | 2.801,82 |
| | Abr | 2.894,28 |
| | Mai | 2.894,28 |
| | Jun | 2.894,28 |
| | Jul | 2.894,28 |
| | Ago | 2.894,28 |
| | Set | 2.894,28 |
| | Out | 2.894,28 |
| | Nov | 2.894,28 |
| | Dez | 2.894,28 |
| **2008** | Jan | 2.894,28 |
| | Fev | 2.894,28 |
| | Mar | 3.038,99 |
| | Abr | 3.038,99 |
| | Mai | 3.038,99 |
| | Jun | 3.038,99 |
| | Jul | 3.038,99 |
| | Ago | 3.038,99 |
| | Set | 3.038,99 |
| | Out | 3.038,99 |
| | Nov | 3.038,99 |
| | Dez | 3.038,99 |
| **2009** | Jan | 3.038,99 |
| | Fev | 3.218,90 |
| | Mar | 3.218,90 |
| | Abr | 3.218,90 |
| | Mai | 3.218,90 |
| | Jun | 3.218,90 |
| | Jul | 3.218,90 |
| | Ago | 3.218,90 |
| | Set | 3.218,90 |
| | Out | 3.218,90 |
| | Nov | 3.218,90 |
| | Dez | 3.218,90 |
| **2010** | Janeiro a dezembro | 3.467,40 |
| **2011** | Janeiro a dezembro | 3.691,74 |
| **2012** | Janeiro a dezembro | 3.916,20 |
| **2013** | Janeiro a dezembro | 4.159,00 |
| **2014** | Janeiro a dezembro | 4.390,24 |
| **2015** | Janeiro a dezembro | 4.663,75 |
| **2016** | Janeiro a dezembro | 5.189,82 |
| **2017** | Janeiro a dezembro | 5.531,31 |
| **2018** | Janeiro a dezembro | 5.645,80 |

| | | |
|---|---|---|
| **2019** | Janeiro a dezembro | 5.839,45 |
| **2020** | Janeiro a dezembro | 6.101,06 |
| **2021** | Janeiro a dezembro | 6.433,57 |
| **2022** | Janeiro a dezembro | 7.087,22 |

## 3. COMPLEMENTAÇÃO, AGRUPAMENTO E TRANSFERÊNCIA DO EXCEDENTE DOS SALÁRIOS DE CONTRIBUIÇÃO

Inicialmente, cumpre fazer uma distinção diante de enorme confusão que se verifica na prática profissional previdenciária. Existem duas espécies de complementações no que tange à contribuição previdenciária do segurado:

a) Complementação da base de cálculo do salário de contribuição para atingir ao mínimo legal, que pode ser o piso legal ou convencional da categoria ou ao salário mínimo;

b) Complementação da alíquota, a exemplo do contribuinte individual que recolheu à razão de 5% do salário mínimo e pretende complementar a alíquota para 11 ou mesmo para 20%.

Neste item trataremos da complementação da base de cálculo do salário de contribuição para atingir ao mínimo legal, que pode ser o piso legal ou convencional da categoria ou ao salário mínimo, consoante regulado pelo artigo 29 da EC 103/2019 e Decreto 10.410/2020.

Em decorrência do artigo 29[6] da EC 103/2019, a partir da competência 11/2019, o segurado empregado, trabalhador avulso e empregado doméstico que receber remuneração inferior ao limite mínimo mensal do salário de contribuição, somente manterá a qualidade de segurado se efetuar os ajustes de complementação, utilização e agrupamento de contribuições, nos termos do Decreto 10.410/2020, que regulamentou o artigo 29 da Emenda 103/2019, nos termos do § 1º do artigo 19-E e o § 27-A do artigo 216, ambos do Regulamento da Previdência Social.

A **Portaria DIRBEN/INSS 1005, de 11/04/2022** criou o requerimento de ajustes de complementação, utilização e agrupamento dos salários de contribuição deve ser realizado pelo segurado no Meu INSS (https://meu.inss.gov.br/), por meio do serviço denominado "Ajustes para Alcance do Salário Mínimo - Emenda Constitucional 103/2019 - Atendimento à distância", de acordo com as orientações contidas no Anexo III desta Portaria que será publicado exclusivamente no sítio eletrônico do INSS.

A regulamentação do complemento de contribuição se deu inicialmente na Portaria INSS 230, de 20/03/2020, devendo o DARF ser preenchido com o código de receita 1872. Posteriormente, foi editada a Portaria DIRBEN/INSS 1005, de 11/04/2022.

A regulamentação sobre agrupamento de excedente ainda não foi editada pelo INSS, sendo que o citado ato também não regula a complementação de que trata o artigo 21, §3º[7], da Lei 8.212/91 (recolhimento simplificado de 5% e 11% sobre um salário mínimo), pois é feita por outra sistemática por se tratar de complementação de alíquota (para 20%), e não de base de cálculo (salário de contribuição).

Eis os procedimentos indispensáveis para a prática previdenciária:

**Portaria INSS 230, de 20/03/2020, de 2020:**

Art. 1º A partir de 13 de novembro de 2019, data da publicação da Emenda Constitucional nº 103/2019, o segurado que, no somatório de remunerações auferidas no período de 1 (um) mês, receber remuneração inferior ao limite mínimo mensal do salário de contribuição poderá:

I - complementar a contribuição das competências, de forma a alcançar o limite mínimo do salário de contribuição exigido;

II - utilizar o excedente do salário de contribuição superior ao limite mínimo de uma ou mais competências para completar o salário de contribuição de uma ou mais competências, mesmo que em categoria distinta, até alcançar o limite mínimo; ou

III - agrupar os salários de contribuição inferiores ao limite mínimo de diferentes competências, para aproveitamento em uma ou mais competências até que alcancem o limite mínimo.

---

6. Art. 29. Até que entre em vigor lei que disponha sobre o § 14 do art. 195 da Constituição Federal, o segurado que, no somatório de remunerações auferidas no período de 1 (um) mês, receber remuneração inferior ao limite mínimo mensal do salário de contribuição poderá:
I - complementar a sua contribuição, de forma a alcançar o limite mínimo exigido;
II - utilizar o valor da contribuição que exceder o limite mínimo de contribuição de uma competência em outra; ou
III- agrupar contribuições inferiores ao limite mínimo de diferentes competências, para aproveitamento em contribuições mínimas mensais.
Parágrafo único. Os ajustes de complementação ou agrupamento de contribuições previstos nos incisos I, II e III do **caput** somente poderão ser feitos ao longo do mesmo ano civil.

7. § 3º O segurado que tenha contribuído na forma do § 2º deste artigo e pretenda contar o tempo de contribuição correspondente para fins de obtenção da aposentadoria por tempo de contribuição ou da contagem recíproca do tempo de contribuição a que se refere o art. 94 da Lei nº 8.213, de 24 de julho de 1991, deverá complementar a contribuição mensal mediante recolhimento, sobre o valor correspondente ao limite mínimo mensal do salário-de-contribuição em vigor na competência a ser complementada, da diferença entre o percentual pago e o de 20% (vinte por cento), acrescido dos juros moratórios de que trata o § 3º do art. 5º da Lei nº 9.430, de 27 de dezembro de 1996. (Redação dada pela Lei nº 12.470, de 2011)

Art. 2º Para fins do disposto no art. 1º, será considerada remuneração abaixo do mínimo aquela em que, consolidados os salários de contribuição apurados por categoria, não alcance o limite mínimo do salário de contribuição estabelecido para a competência.

**Art. 3º Encontram-se em desenvolvimento funcionalidades sistêmicas para contemplar a utilização ou agrupamento de que tratam os incisos II e III do art. 1º.**

Art. 4º A complementação de que trata o inciso I do art. 1º deverá ser realizada através do Documento de Arrecadação de Receitas Federais - DARF, com a utilização do número do CPF do segurado/contribuinte, no código de receita 1872 - Complemento de contribuição previdenciária, conforme Ato Declaratório Executivo CODAC/RFB nº 05, de 06.02.2020.

Art. 5º O cálculo e a geração do DARF poderão ser realizados no Sicalcweb - Programa para Cálculo e Impressão de Darf On Line, de gestão da Secretaria Especial da Receita Federal do Brasil, no endereço eletrônico http://servicos.receita.fazenda.gov.br/Servicos/sicalcweb/default. asp? TipTributo= 1& FormaPagto= 1

§ 1º Orientações para preenchimento do DARF:

I - Campo 01: Nome e telefone do contribuinte;

II - Campo 02: Data da ocorrência ou do encerramento do período base no formato DD/MM/AAAA;

III - Campo 03: Número de inscrição no Cadastro de Pessoas Físicas (CPF) ou no Cadastro Nacional da Pessoa Jurídica (CNPJ);

IV - Campo 04: Código da receita que está sendo paga. Os códigos de tributos administrados pela RFB podem ser obtidos na agenda Tributária, no endereço http://www.receita.fazenda.gov.br;

V - Campo 05: Preencher conforme orientações da RFB para receitas que exigem o preenchimento deste campo;

VI - Campo 06: Data de vencimento da receita no formato DD/MM/AAAA;

VII - Campo 07: Valor da receita principal que está sendo paga;

VIII - Campo 08: Valor da multa, quando devida;

IX - Campo 09: Valor dos juros de mora, ou encargos do DL - 1.025/1969 (PFN), quando devidos;

X - Campo 10: Soma dos campos 07 a 09; e

XI - Campo 11: Autenticação do Agente Arrecadador.

§ 2º O campo 07 do DARF (valor da receita principal que está sendo paga) deverá ser preenchido pelo segurado com o valor resultante da subtração do saláriomínimo mensal vigente à época e a remuneração naquele mesmo mês, multiplicado pela alíquota correspondente ao tipo de filiação:

I - **Alíquotas vigentes entre 11/2019 e 02/2020** (arts. 11 e 36 da EC 103/2019, Portaria nº 3.659, de 10.02.2020, Secretaria Especial de Previdência e Trabalho/ME):

a) Empregado - 8%;

b) Doméstico - 8%;

c) Trabalhador Avulso - 8%;

d) Prestador de Serviço - 11%;

e) CI/Plano Simplificado - 11%; e

f) CI/Mensal - 20%.

II - **Alíquotas vigentes a partir de março de 2020** (arts. 11 e 36 da EC 103/2019, Portaria nº 3.659, de 10.02.2020, Secretaria Especial de Previdência e Trabalho/ME):

a) Empregado - 7,5%;

b) Doméstico - 7,5%;

c) Trabalhador Avulso - 7,5%;

d) Prestador de Serviço - 11%;

e) CI/Plano Simplificado - 11%; e

f) CI/Mensal - 20%.

§ 3º Ocorrendo mais de uma forma de filiação no mês, o campo 07 do DARF deverá preenchido com o valor resultante da subtração do salário-mínimo mensal vigente à época e o somatório de remunerações naquele mesmo mês, multiplicado pela menor alíquota de contribuição entre os tipos de filiado no vinculo existentes na competência envolvida.

§ 4º Observações sobre o DARF:

I - O campo 02 - Período de Apuração deve ser preenchido com a data do último dia do mês da competência que se pretende complementar;

II - O campo 05 - Número de Referência não é de preenchimento obrigatório para **o código de receita 1872** (sem preenchimento); e

III - O valor mínimo para geração do DARF é de R$ 10,00 (dez reais).

Art. 6º A competência que possui somatório de remuneração inferior ao limite mínimo mensal do salário de contribuição é apresentada pelo Portal CNIS/Extrato CNIS com indicador PREC-MENOR-MIN Recolhimento abaixo do valor mínimo, sendo desconsiderada pelos sistemas de benefício

Art. 7º Encontram-se em desenvolvimento ajustes necessários à:

I - apropriação do DARF no Cadastro Nacional de Informações Sociais - CNIS;

II - disponibilização aos processos demandantes pela Extrato CNIS; e

III - procedimento de validação da informação de remuneração abaixo do mínimo com complementação por DARF nos sistemas de benefício.

Art. 8º A complementação tratada nesta portaria **não se aplica ao segurado Facultativo e ao Microempreendedor Individual.**

Art. 9º Caso o segurado necessite consultar DARF pago, deverá acessar o Portal eCAC (Receita Federal/ME), no endereço eletrônico http://receita.economia.gov.br/interface/atendimento-virtual e, em caso de dificuldade de acesso, procurar as unidades de atendimento daquele órgão.

Art. 10. Esta Portaria entra em vigor na data de sua publicação.

Em seguida, previu a Portaria DIRBEN/INSS 1005, de 11/04/2022:

- O requerimento de ajustes de complementação, utilização e agrupamento deve ser realizado pelo segurado no Meu INSS (https://meu.inss.gov.br/), por meio do serviço denominado "Ajustes para Alcance do Salário Mínimo - Emenda Constitucional 103/2019 - Atendimento à distância", de acordo com as orientações contidas no Anexo III desta Portaria que será publicado exclusivamente no sítio eletrônico do INSS;
- Os ajustes de utilização e agrupamento previstos serão realizados automaticamente e estarão disponíveis no Extrato do Cadastro Nacional de Informações Sociais - CNIS disponível no Meu INSS (https://meu.inss.gov.br/), a partir da aceitação do segurado;
- Até que os sistemas do INSS estejam adaptados o segurado deverá apresentar ao INSS o comprovante do recolhimento do Darf referente à complementação para fins de reconhecimento de direitos;
- Os ajustes de complementação, utilização e agrupamento serão exibidos no Extrato do CNIS com seus respectivos indicadores;
- O Extrato de Ano Civil, que apresenta o somatório dos salários de contribuição, por competência, a partir de novembro de 2019, encontra-se disponível nos canais de atendimento do INSS previstos na Carta de Serviços ao Usuário de que trata o art. 11 do Decreto nº 9.094, de 2017;
- A complementação deverá ser feita por meio de Darf, a ser efetuada até o dia quinze do mês seguinte ao da competência de referência e, após essa data, com os acréscimos legais previstos no art. 35 da Lei nº 8.212, de 24 de julho de 1991;
- O pagamento da complementação deverá ser antecipado para o dia útil imediatamente anterior quando a data de validade do Darf recair em dia que não houver expediente bancário;
- O Darf deverá ser emitido com o código de receita estabelecido no Ato Declaratório Executivo CODAC nº 5, de 6 de fevereiro de 2020, publicado no DOU de 7 de fevereiro de 2020;
- O Darf não se aplica às situações abaixo relacionadas para as quais deverá ser utilizada a Guia da Previdência Social (GPS): I - complementação da contribuição do Plano Simplificado de Previdência Social previsto no art. 199-A do RPS; II - contribuição do Segurado Facultativo e do Segurado Especial; e III - diferença de contribuição para valor superior ao salário-mínimo do segurado que exercer exclusivamente atividade de contribuinte individual, decorrente de remuneração comprovada superior ao valor anteriormente pago;
- O Darf da complementação deverá ser liquidado com acréscimos legais previstos no art. 35 da Lei nº 8.212, de 1991, quando envolver competência vencida.

**As orientações sobre o requerimento do ajustamento dos salários de contribuição foram publicadas pelo INSS no Anexo III da Portaria 990/2022, inserido pela Portaria 1.005/2022:**

**INSTITUTO NACIONAL DO SEGURO SOCIAL**
**Diretoria de Benefícios**

**ANEXO III**

**PORTARIA DIRBEN/INSS Nº 990, DE 28 DE MARÇO DE 2022**
**(incluído pela PORTARIA DIRBEN/INSS nº 1.005, 11 de abril de 2022)**

**ORIENTAÇÕES SOBRE O REQUERIMENTO DE AJUSTES DE COMPLEMENTAÇÃO, UTILIZAÇÃO E AGRUPAMENTO PARA FINS DO ALCANCE DO LIMITE MÍNIMO DO SALÁRIO DE CONTRIBUIÇÃO, INSTITUÍDOS PELO ART. 29 DA EMENDA CONSTITUCIONAL Nº 103/2019**

**1. DO REQUERIMENTO DE AJUSTES PARA ALCANCE DO SALÁRIO MÍNIMO - EMENDA CONSTITUCIONAL 103/2019**

1.1. O segurado pode efetuar os ajustes de complementação, utilização e agrupamento previstos no art. 29 da Emenda Constitucional n° 103, de 12 de novembro de 2019 mediante acesso ao Meu INSS no endereço eletrônico https://meu.inss.gov.br/, via requerimento do serviço AJUSTES PARA ALCANCE DO SALÁRIO MÍNIMO - EMENDA CONSTITUCIONAL 103/2019.

1.2. Trata-se de serviço realizado e concluído exclusivamente de forma remota, por meio do Meu INSS, não havendo agendamento ou necessidade de comparecimento nas Unidades de Atendimento do INSS.

1.3 Para acessar esse serviço é necessário ter senha de acesso ao Meu INSS. Caso o segurado não possua senha de acesso deverá criá-la conforme orientações contidas no endereço eletrônico: http://faq-login-unico.servicos.gov.br/en/latest/_perguntasdafaq/contaacesso.html

1.4 Com a senha de acesso, o segurado deverá efetuar **login** no Meu INSS.

INSTITUTO NACIONAL DO SEGURO SOCIAL
Diretoria de Benefícios

1.5. Após **login** no Meu INSS, escolher a opção "**Novo Pedido**":

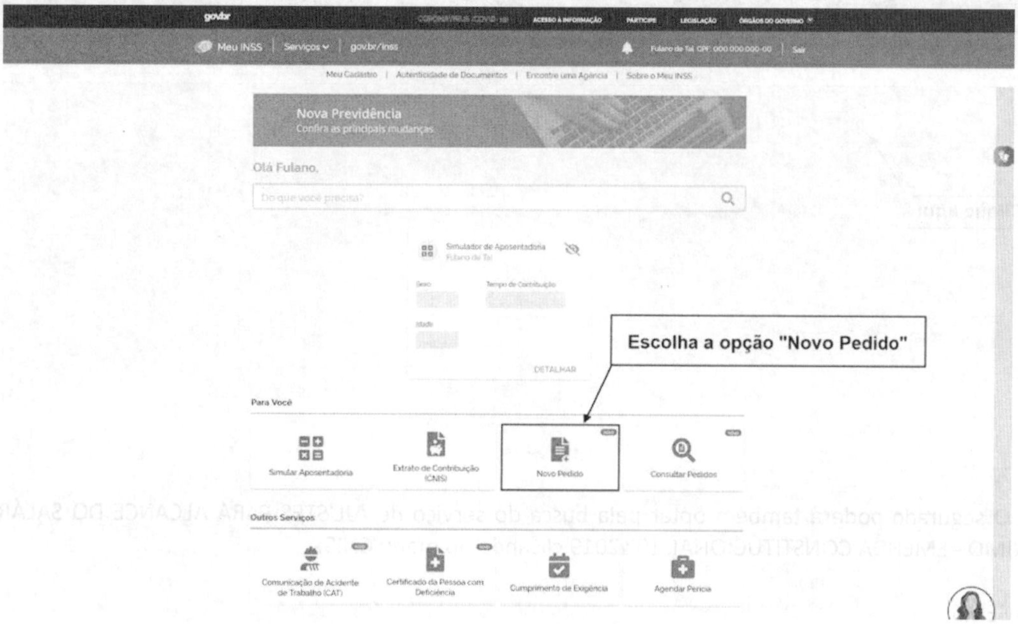


1.6. O segurado poderá fazer a busca do serviço respondendo à pergunta "Que atendimento você deseja?", digitando AJUSTES PARA ALCANCE DO SALÁRIO MÍNIMO - EMENDA CONSTITUCIONAL 103/2019:

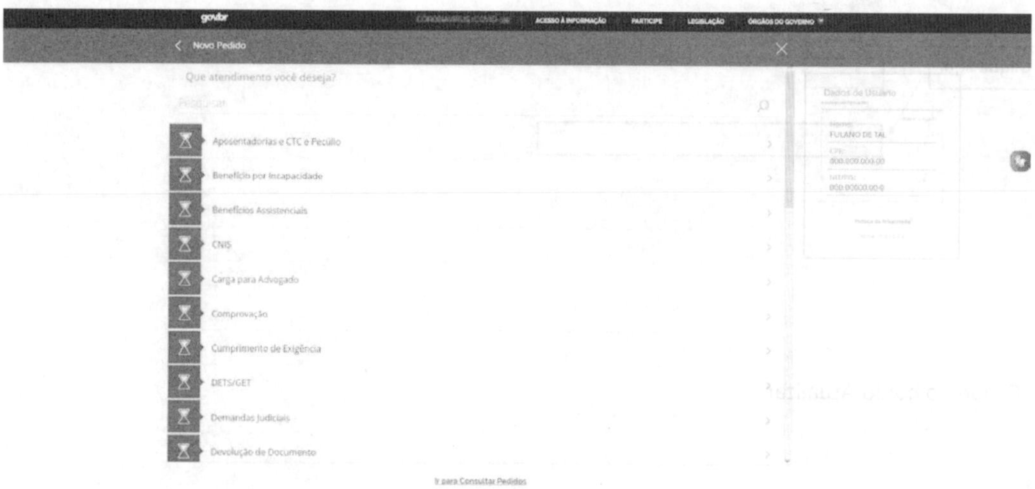

INSTITUTO NACIONAL DO SEGURO SOCIAL
Diretoria de Benefícios

1.7. Clique na opção AJUSTES PARA ALCANCE DO SALÁRIO MÍNIMO - EMENDA CONSTITUCIONAL 103/2019:

1.8. O segurado poderá também optar pela busca do serviço de AJUSTES PARA ALCANCE DO SALÁRIO MÍNIMO - EMENDA CONSTITUCIONAL 103/2019 clicando no menu CNIS:

IMAGEM5

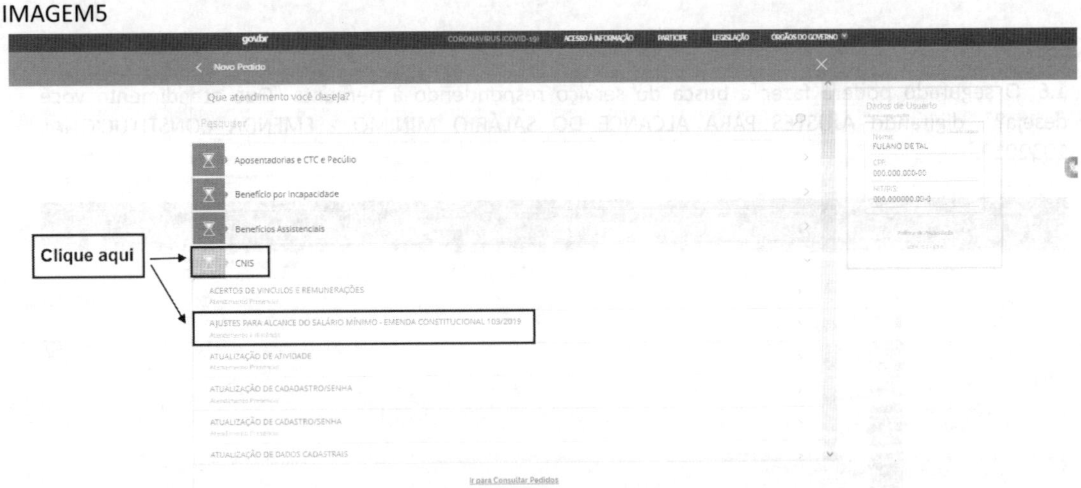


1.9. Clique no botão Atualizar:

INSTITUTO NACIONAL DO SEGURO SOCIAL
Diretoria de Benefícios

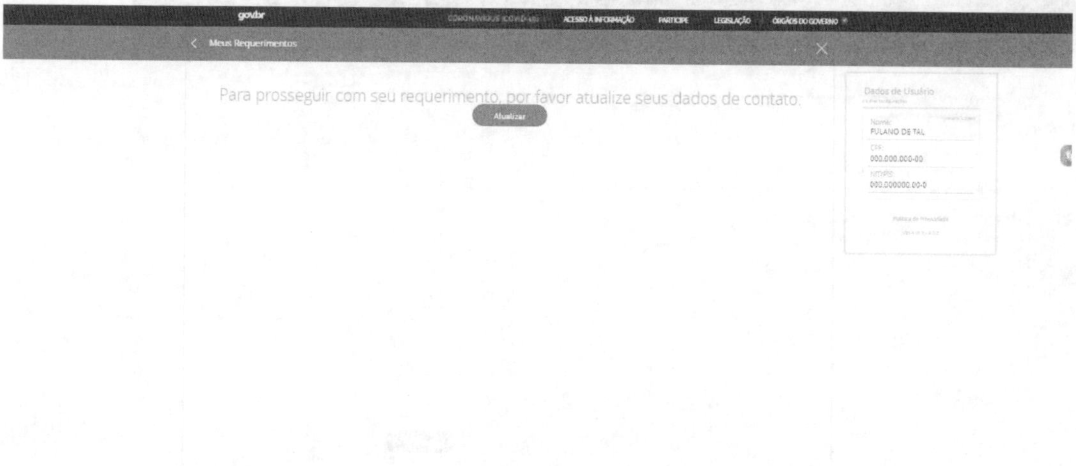


1.10. Caso seja necessário atualizar algum dado cadastral preencha os campos com os dados e clique no botão "Atualizar", caso não seja necessário atualização clique no botão "Avançar":

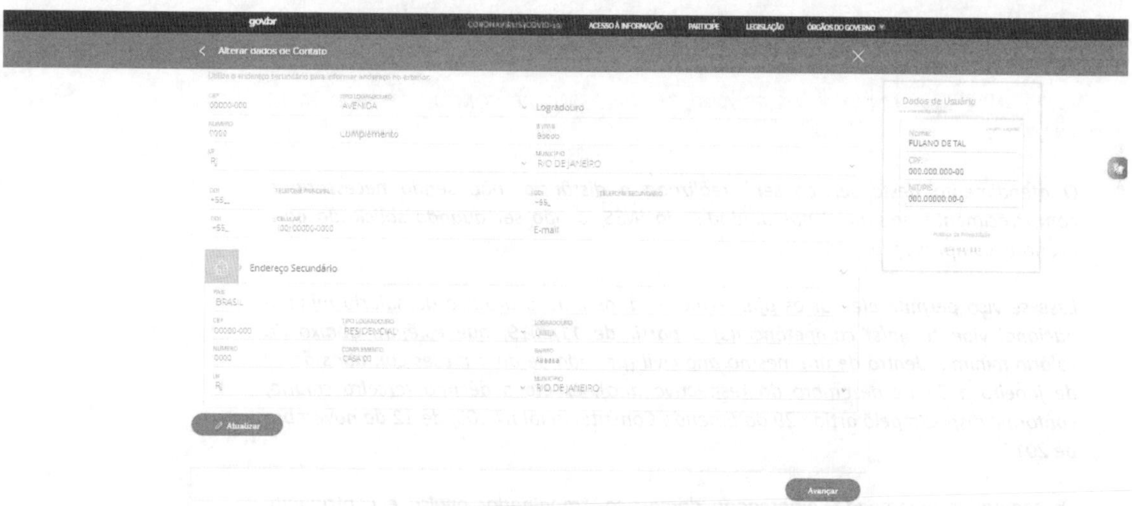


1.11. Leia com atenção o texto de "Informações do Serviço" acessando o link "Clique aqui":

INSTITUTO NACIONAL DO SEGURO SOCIAL
Diretoria de Benefícios

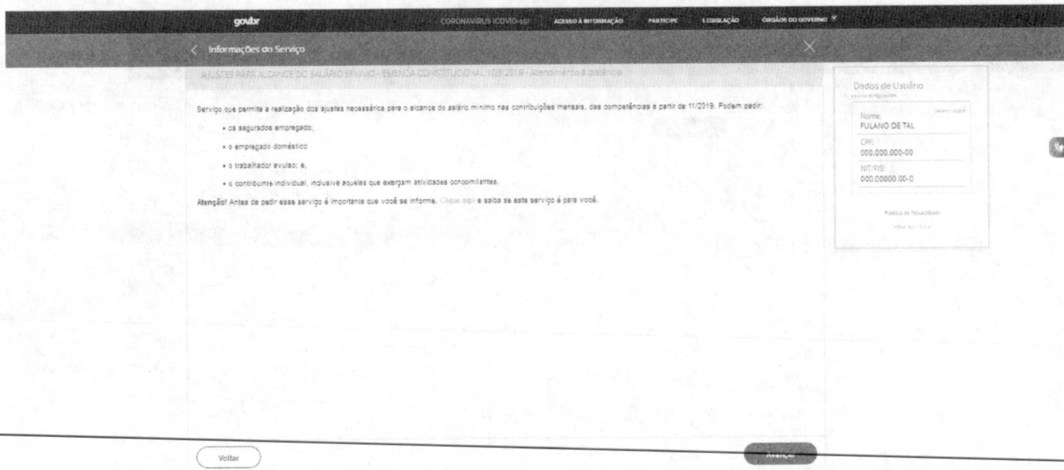


**Texto de Informações do Serviço:**

> *"AJUSTES PARA ALCANCE DO SALÁRIO MÍNIMO - EMENDA CONSTITUCIONAL 103/2019 - Atendimento à distância*
>
> *ATENÇÃO! LEIA O TEXTO A SEGUIR ANTES DE PROSSEGUIR COM OS AJUSTES DA EC 103/2019:*
>
> *O atendimento deste serviço será realizado à distância, não sendo necessário o comparecimento presencial nas unidades do INSS, a não ser quando solicitado para eventual comprovação.*
>
> *Esse serviço permite efetuar os ajustes necessários para o alcance do salário mínimo nacional vigente na(s) competência(s) a partir de 11/2019, que estejam abaixo do salário mínimo, dentro de um mesmo ano civil (período de doze meses contados de 1º de janeiro a 31 de dezembro do respectivo ano), exceto o décimo terceiro salário, conforme disposto pelo artigo 29 da Emenda Constitucional nº 103, de 12 de novembro de 2019.*
>
> *Os segurados empregado, empregado doméstico, trabalhador avulso e contribuinte individual, inclusive aqueles que exerçam atividades concomitantes, que no somatório de remunerações auferidas na competência, receber remuneração inferior ao limite mínimo mensal do salário de contribuição, poderão efetuar os seguintes ajustes:*
>
> ***1°** - complementação da contribuição das competências por Documento de Arrecadação de Receitas Federais - Darf;*
>
> ***2°** - utilização do valor do salário de contribuição que exceder ao limite mínimo, de uma ou mais competências, para completar o salário de contribuição de uma ou mais competências;*
>
> ***3°** - agrupamento dos salários de contribuição inferiores ao limite mínimo, de diferentes competências, para aproveitamento em uma ou mais competências, de forma que o resultado do agrupamento não ultrapasse o valor mínimo do salário de contribuição.*

INSTITUTO NACIONAL DO SEGURO SOCIAL
Diretoria de Benefícios

*Cabe ao segurado solicitar a qualquer tempo os ajustes de complementação, utilização e agrupamento, que serão irreversíveis e irrenunciáveis após processados.*

*A complementação corresponderá ao valor resultante da diferença entre o salário mínimo nacional vigente no mês e a remuneração consolidada inferior ao limite mínimo do salário de contribuição da competência, multiplicado pela alíquota correspondente à categoria de segurado.*

*A complementação por meio de Darf prevista neste serviço não poderá ser realizada nas situações abaixo relacionadas, devendo, neste caso, ser utilizada a Guia da Previdência Social GPS obtida nas Unidades de Atendimento do INSS:*

*1) complementação da contribuição do Plano Simplificado da Previdência, do contribuinte individual que exerça exclusivamente atividade por conta própria na alíquota de 11% (GPS cód. 1163) e MEI (DASMEI), para o plano normal na alíquota de 20%;*

*2) qualquer contribuição de Facultativo (GPS cód. 1406, 1473 e 1929) ou de Segurado Especial (GPS cód. 1503); e*

*3) diferença de contribuição na alíquota de 20% (GPS cód. 1007) para valor superior ao salário-mínimo do segurado que exercer exclusivamente atividade de contribuinte individual, decorrente de remuneração comprovada superior ao valor anteriormente pago."*

1.12. Clicando no botão "Avançar" da tela anterior é apresentada a tela a seguir. Caso não tenha atualizado os dados de contato conforme subitem 1.10, preencha pelo menos um dos campos "Celular" ou "Telefone fixo", informe se aceita acompanhar o andamento do processo pelo Meu INSS, Central 135 ou e-mail, selecione o ano civil para realização dos ajustes e clique em "Avançar":

INSTITUTO NACIONAL DO SEGURO SOCIAL
Diretoria de Benefícios

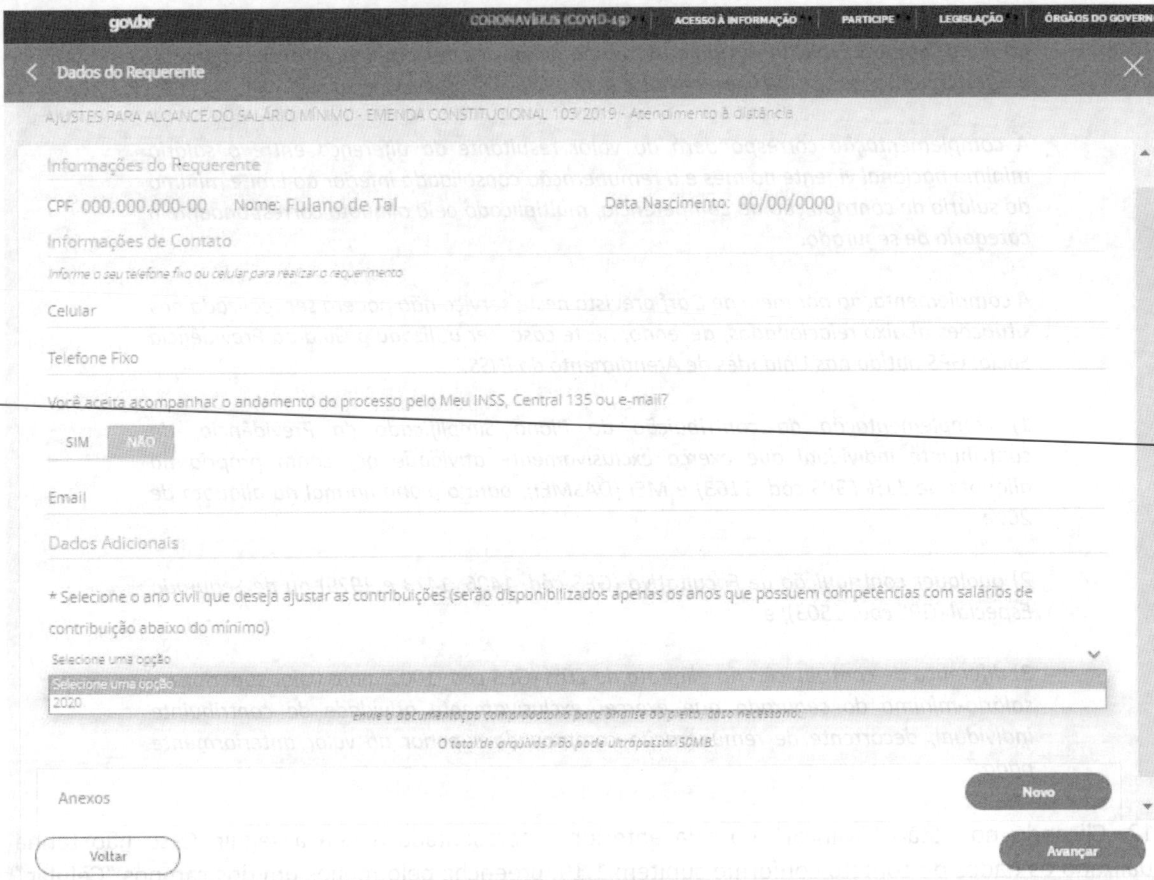


1.13. Selecionado o ano civil desejado, o sistema apresenta, na tela seguinte, os quadros "**Situação Atual**", "**Sugestão de Ajustes de Utilização, Agrupamento e Complementação**" e "**Sugestão de Complementação sem os Ajustes de Utilização e Agrupamento**".

1.13.1. Clicando no botão "Detalhar" de qualquer um dos quadros o segurado poderá visualizar as informações específicas de cada um.

INSTITUTO NACIONAL DO SEGURO SOCIAL
Diretoria de Benefícios

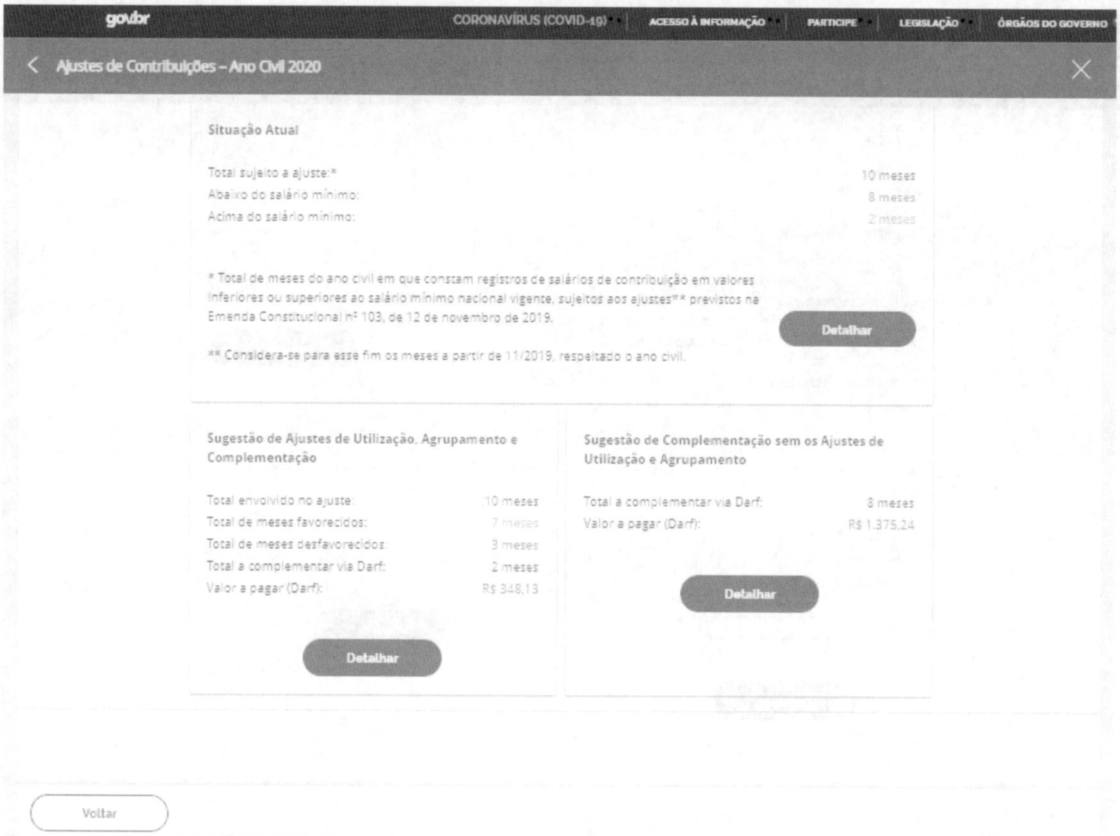


1.13.2. Observe que existem dois quadros com sugestões de ajustes, que possibilitam visualizar o valor de Darf resultante da operação a ser escolhida. Veja que no exemplo abaixo, o quadro de "**Sugestão de Ajustes de Utilização, Agrupamento e Complementação**" apresentou um valor consolidado de Darf de R$ 348,13, enquanto que o quadro de "**Sugestão de Complementação sem os Ajustes de Utilização e Agrupamento**" apresentou um valor consolidado de Darf de R$ 1.375,24. O segurado poderá optar pela sugestão que mais se adequar à sua necessidade e intenção. Detalhando os quadros o segurado pode observar com mais precisão as sugestões disponibilizadas:

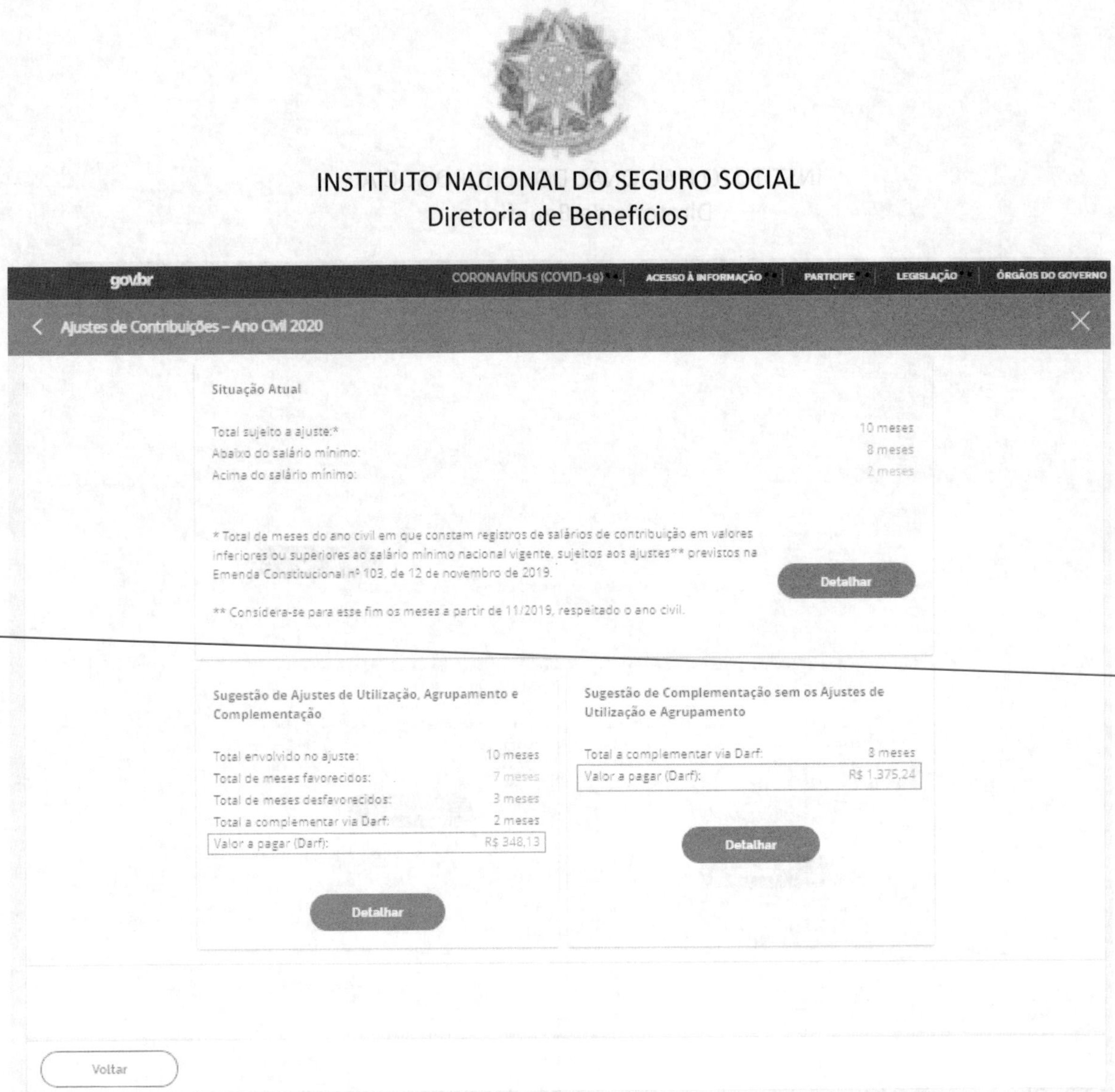

INSTITUTO NACIONAL DO SEGURO SOCIAL
Diretoria de Benefícios

gov.br — CORONAVÍRUS (COVID-19) | ACESSO À INFORMAÇÃO | PARTICIPE | LEGISLAÇÃO | ÓRGÃOS DO GOVERNO

< Ajustes de Contribuições – Ano Civil 2020

**Situação Atual**

| | |
|---|---|
| Total sujeito a ajuste:* | 10 meses |
| Abaixo do salário mínimo: | 8 meses |
| Acima do salário mínimo: | 2 meses |

* Total de meses do ano civil em que constam registros de salários de contribuição em valores inferiores ou superiores ao salário mínimo nacional vigente, sujeitos aos ajustes** previstos na Emenda Constitucional nº 103, de 12 de novembro de 2019.

** Considera-se para esse fim os meses a partir de 11/2019, respeitado o ano civil.

Detalhar

**Sugestão de Ajustes de Utilização, Agrupamento e Complementação**

| | |
|---|---|
| Total envolvido no ajuste: | 10 meses |
| Total de meses favorecidos: | 7 meses |
| Total de meses desfavorecidos: | 3 meses |
| Total a complementar via Darf: | 2 meses |
| Valor a pagar (Darf): | R$ 348,13 |

Detalhar

**Sugestão de Complementação sem os Ajustes de Utilização e Agrupamento**

| | |
|---|---|
| Total a complementar via Darf: | 8 meses |
| Valor a pagar (Darf): | R$ 1.375,24 |

Detalhar

Voltar

1.13.3. O **Quadro "Situação Atual"** indica a quantidade de meses do Ano Civil selecionado para os quais podem ser feitos os ajustes de utilização, agrupamento e complementação. Ao clicar no botão detalhar serão disponibilizadas as informações conforme exemplo a seguir. Visualize na coluna "Salário de Contribuição Consolidado" as remunerações que alcançaram ou superaram o salário mínimo nacional vigente (em cor verde), bem como as remunerações abaixo do valor mínimo (em cor vermelha). Vejamos a tela abaixo:

INSTITUTO NACIONAL DO SEGURO SOCIAL
Diretoria de Benefícios

gov.br CORONAVÍRUS (COVID-19) | ACESSO À INFORMAÇÃO | PARTICIPE | LEGISLAÇÃO | ÓRGÃOS DO GOVERNO

< Situação Atual - Salários de contribuição - Ano Civil 2020

| Mês/Ano | Remuneração Apurada | Remuneração Bloqueada | Salário de Contribuição Consolidado | Salário Mínimo vigente |
|---|---|---|---|---|
| JAN/2020 | R$ 77,74 | - | R$ 77,74 | R$ 1.039,00 |
| FEV/2020 | R$ 480,28 | - | R$ 480,28 | R$ 1.045,00 |
| MAR/2020 | R$ 562,58 | - | R$ 562,58 | R$ 1.045,00 |
| ABR/2020 | - | - | - | - |
| MAI/2020 | R$ 71,65 | - | R$ 71,65 | R$ 1.045,00 |
| JUN/2020 | R$ 509,19 | - | R$ 509,19 | R$ 1.045,00 |
| JUL/2020 | R$ 523,19 | - | R$ 523,19 | R$ 1.045,00 |
| AGO/2020 | R$ 49,39 | - | R$ 49,39 | R$ 1.045,00 |
| SET/2020 | - | - | - | - |
| OUT/2020 | R$ 704,91 | - | R$ 704,91 | R$ 1.045,00 |
| NOV/2020 | R$ 3.317,32 | - | R$ 3.317,32 | R$ 1.045,00 |
| DEZ/2020 | R$ 2.777,94 | - | R$ 2.777,94 | R$ 1.045,00 |

Remuneração Apurada - corresponde à soma dos salários de todas as atividades laborais da competência que não estejam bloqueadas.

Remuneração Bloqueada - corresponde à soma dos salários de todas as atividades laborais da competência que não foram consideradas na Remuneração Apurada por apresentarem alguma pendência, o que pode ser identificado no Extrato de Contribuições do MEU INSS.

Valores pagos com códigos 1066, 1163, 1180, 1236 e 1252 constantes na coluna "bloqueados", deverão ser complementados, por meio de GPS, para aproveitamento nos ajustes da EC nº 103/2019.

Salário de Contribuição Consolidado - corresponde à soma dos salários, limitado ao teto previdenciário, de todas as atividades laborais das competências que não estejam bloqueadas.

Voltar

1.13.4. O Quadro **"Sugestão de Ajustes de Utilização, Agrupamento e Complementação"** indica os ajustes de utilização e agrupamento sugeridos, automaticamente, de forma que o valor a complementar por meio de Documento de Arrecadação de Receitas Federais - Darf, caso exista, seja o menor possível. Ao clicar no botão detalhar serão disponibilizadas as informações conforme exemplo a seguir:

INSTITUTO NACIONAL DO SEGURO SOCIAL
Diretoria de Benefícios

gov.br · CORONAVÍRUS (COVID-19) · ACESSO À INFORMAÇÃO · PARTICIPE · LEGISLAÇÃO · ÓRGÃOS DO GOVERNO

Sugestão de Ajustes de Utilização, Agrupamento e Complementação de Contribuições - Ano Civil 2020

| Mês/Ano | Salário de Contribuição Consolidado | Sugestão de Utilização e Agrupamento | Sugestão de Complementação | Previsão de Salário Ajustado |
|---|---|---|---|---|
| JAN/2020 | R$ 77,74 | + R$ 961,26 | - | R$ 1.039,00 |
| FEV/2020 | R$ 480,28 | + R$ 564,72 | - | R$ 1.045,00 |
| MAR/2020 | R$ 562,58 | + R$ 482,42 | - | R$ 1.045,00 |
| ABR/2020 | - | | - | - |
| MAI/2020 | R$ 71,65 | + R$ 973,35 | - | R$ 1.045,00 |
| JUN/2020 | R$ 509,19 | + R$ 535,81 | - | R$ 1.045,00 |
| JUL/2020 | R$ 523,19 | + R$ 521,81 | - | R$ 1.045,00 |
| AGO/2020 | R$ 49,39 | + R$ 670,80 | R$ 82,70 | R$ 1.045,00 |
| SET/2020 | - | | - | - |
| OUT/2020 | R$ 704,91 | — R$ 704,91 | R$ 265,43 | R$ 1.045,00 |
| NOV/2020 | R$ 3.317,32 | — R$ 2.272,32 | - | R$ 1.045,00 |
| DEZ/2020 | R$ 2.777,94 | — R$ 1.732,94 | - | R$ 1.045,00 |

Atenção: Após clicar no botão "Aceitar", você poderá, na tela de conclusão do requerimento, gerar todos o(s) Darf(s) de complementação ou somente o(s) que deseja pagar, podendo realizar novo requerimento caso deseje pagar os demais Darf(s) com validade vencida.

Voltar · Aceitar

1.13.5. O Quadro **"Sugestão de Complementação sem os Ajustes de Utilização e Agrupamento"** indica a possibilidade de complementar por meio de Darf todas as competências em que o somatório dos salários de contribuição estiver menor que o salário mínimo, sem aplicação de ajustes de utilização e agrupamento. Ao clicar no botão detalhar serão disponibilizadas as informações conforme exemplo a seguir.

Por padrão, todas as competências em que existem sugestões de complementação são selecionadas para geração do Darf, mas o segurado poderá desmarcar as que não deseja pagar a complementação. Após definir as competências para as quais deseja gerar Darf, clicar no botão "Aceitar".

INSTITUTO NACIONAL DO SEGURO SOCIAL
Diretoria de Benefícios

gov.br CORONAVÍRUS (COVID-19) | ACESSO À INFORMAÇÃO | PARTICIPE | LEGISLAÇÃO | ÓRGÃOS DO GOVERNO

Sugestão de Complementação sem os Ajustes de Utilização e Agrupamento de Contribuições - Ano Civil 2020

| Mês/Ano | Salário de Contribuição Consolidado | Diferença Salário de Contribuição | Alíquota | Contribuição | Juros | Multa | Total a Pagar |
|---|---|---|---|---|---|---|---|
| JAN/2020 | R$ 77,74 | R$ 961,26 | 20.0% | R$ 192,26 | R$ 17,09 | R$ 38,45 | R$ 247,80 |
| FEV/2020 | R$ 480,28 | R$ 564,72 | 20.0% | R$ 112,95 | R$ 9,65 | R$ 22,59 | R$ 145,19 |
| MAR/2020 | R$ 562,58 | R$ 482,42 | 20.0% | R$ 96,49 | R$ 7,97 | R$ 19,29 | R$ 123,75 |
| ABR/2020 | - | - | - | - | - | - | - |
| MAI/2020 | R$ 71,65 | R$ 973,35 | 20.0% | R$ 194,67 | R$ 15,22 | R$ 38,93 | R$ 248,82 |
| JUN/2020 | R$ 509,19 | R$ 535,81 | 20.0% | R$ 107,17 | R$ 8,17 | R$ 21,43 | R$ 136,77 |
| JUL/2020 | R$ 523,19 | R$ 521,81 | 20.0% | R$ 104,37 | R$ 7,79 | R$ 20,87 | R$ 133,03 |
| AGO/2020 | R$ 49,39 | R$ 995,61 | 20.0% | R$ 199,13 | R$ 14,55 | R$ 39,82 | R$ 253,50 |
| SET/2020 | - | - | - | - | - | - | - |
| OUT/2020 | R$ 704,91 | R$ 340,09 | 20.0% | R$ 68,02 | R$ 4,76 | R$ 13,60 | R$ 86,38 |
| NOV/2020 | R$ 3.317,32 | - | - | - | - | - | - |
| DEZ/2020 | R$ 2.777,94 | - | - | - | - | - | - |

Voltar Aceitar

1.14. Ao clicar no botão "Aceitar" para quaisquer das escolhas, seja a proposta do Quadro previsto no subitem 1.13.4 ou a proposta do Quadro previsto no subitem 1.13.5, embora o requerimento seja realizado e concluído exclusivamente de forma remota, o sistema, por padrão, na próxima tela, exige que seja escolhida uma localidade de atendimento, informando o CEP, o Município ou a sua Localização para consultar uma unidade de relacionamento do segurado.

Após preencher o CEP, o Município ou a sua Localização, o segurado deve selecionar a Unidade de Atendimento à distância e clicar em "Avançar". Caso o sistema não encontre nenhuma Unidade disponível e dê a mensagem "Nenhuma unidade disponível para este tipo de atendimento", tente outro CEP ou Município para encontrar.

Importante: Lembre-se que essa informação não significa nenhum tipo de agendamento, pois esse serviço é automático e concluído no ato do requerimento. Como informado no início deste Anexo, trata-se de serviço realizado e concluído exclusivamente de forma remota, por meio do Meu INSS, não havendo agendamento ou necessidade de comparecimento nas Unidades de Atendimento do INSS.

Vejamos o exemplo das telas de informação dos dados de atendimento à distância:

INSTITUTO NACIONAL DO SEGURO SOCIAL
Diretoria de Benefícios

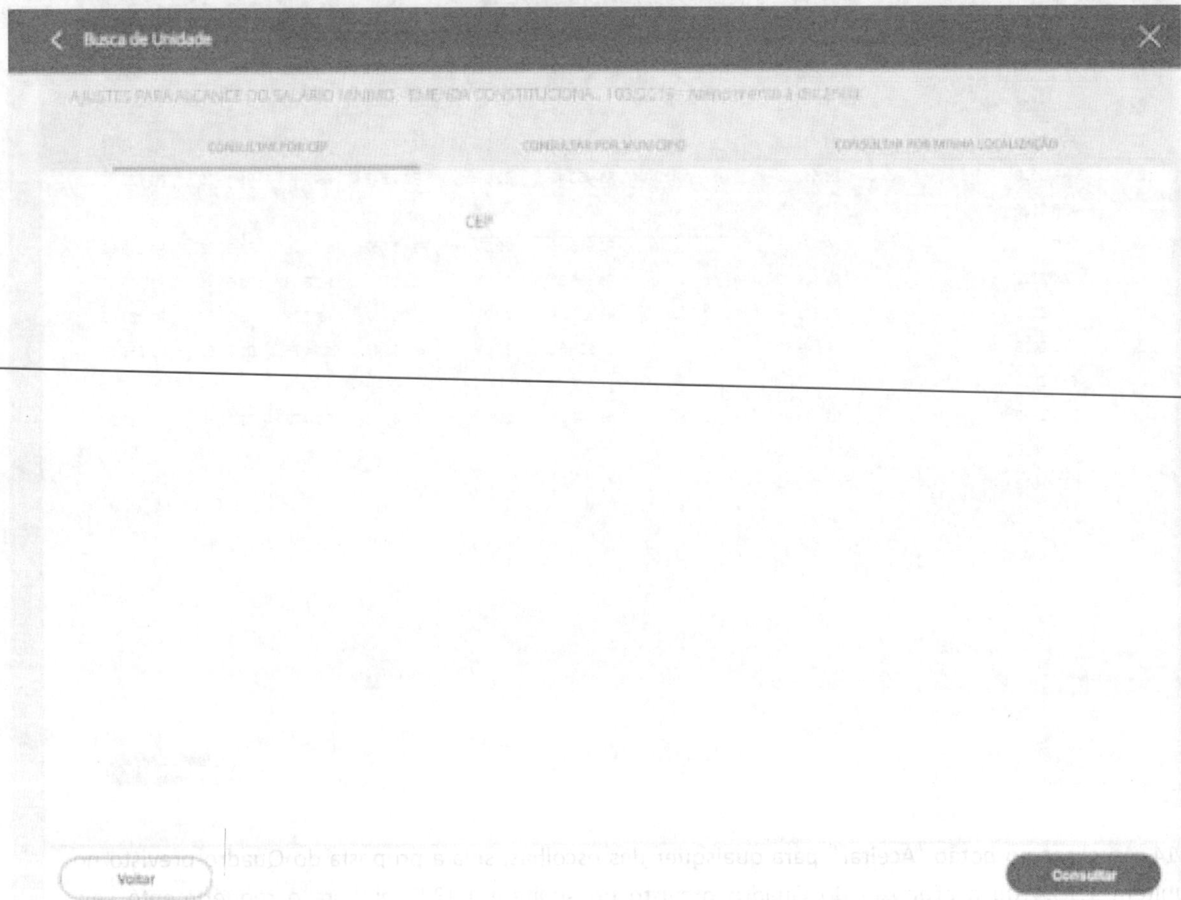

INSTITUTO NACIONAL DO SEGURO SOCIAL
Diretoria de Benefícios

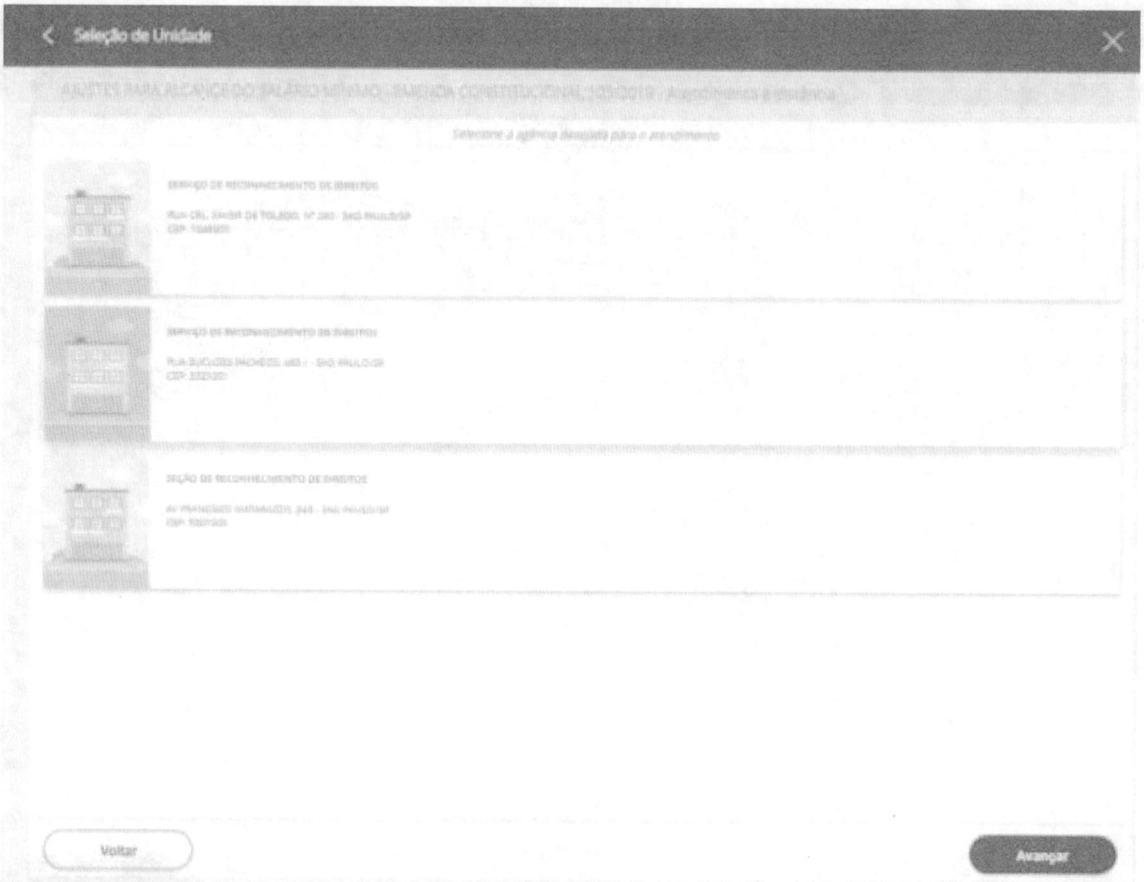


1.15. Na próxima tela, o segurado será informado dos dados básicos do requerimento e das Informações Adicionais, devendo clicar em "Declaro que li e concordo com as informações acima" e em seguida no botão "Avançar", para concluir o requerimento e o sistema efetuar o(s) ajuste(s) solicitado(s):

1.16. Conforme visto nas telas acima, o segurado pode escolher entre a proposta do **Quadro "Sugestão de Ajustes de Utilização, Agrupamento e Complementação"** previsto no subitem 1.13.4 ou do **Quadro "Sugestão de Complementação sem os Ajustes de Utilização e Agrupamento"** previsto no subitem 1.13.5 para os ajustes do ano civil escolhido. Sendo quaisquer das duas opções aceitas, o Requerimento do ano civil será concluído e apresentada a mensagem "Requerimento realizado com sucesso" na parte superior da tela. Nesta mesma tela serão apresentados os botões:

- "**Gerar todos os Darfs**" caso, após os ajustes efetuados, existam competências para pagamento;
- "**Gerar comprovante**" do Requerimento Concluído;
- "**Solicitações**" para ser direcionado para a tela onde constam os requerimentos existentes no Meu INSS.

Vejamos o exemplo da tela:

INSTITUTO NACIONAL DO SEGURO SOCIAL

Diretoria de Benefícios

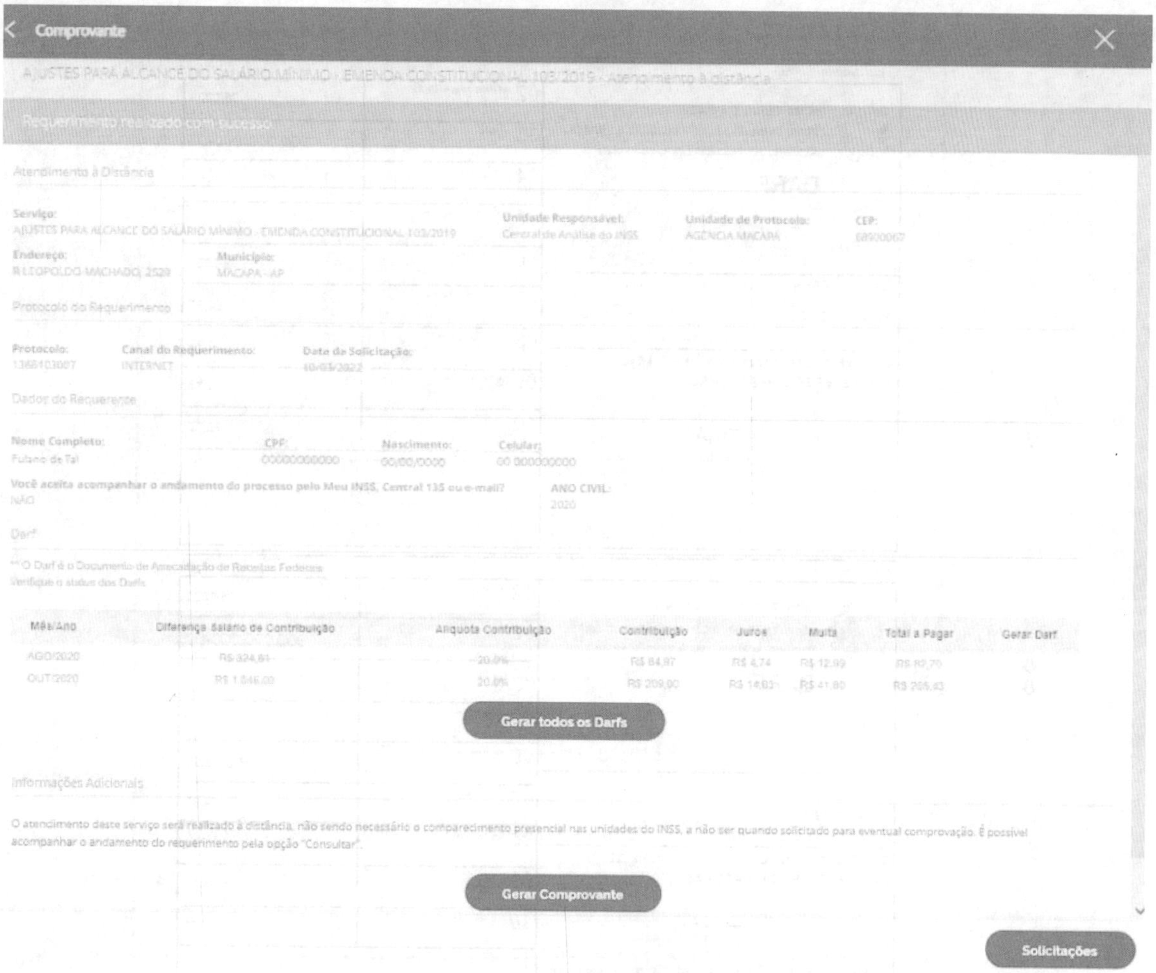

Comprovante

AJUSTES PARA ALCANCE DO SALÁRIO MÍNIMO - EMENDA CONSTITUCIONAL 103/2019 - Atendimento à distância

Requerimento realizado com sucesso

Atendimento à Distância

**Serviço:** AJUSTES PARA ALCANCE DO SALÁRIO MÍNIMO - EMENDA CONSTITUCIONAL 103/2019

**Unidade Responsável:** Central de Análise do INSS

**Unidade de Protocolo:** AGÊNCIA MACAPÁ

**CEP:** 68900067

**Endereço:** R LEOPOLDO MACHADO, 2529

**Município:** MACAPA - AP

Protocolo do Requerimento

**Protocolo:** 1366103007

**Canal do Requerimento:** INTERNET

**Data da Solicitação:** 10/03/2022

Dados do Requerente

**Nome Completo:** Fulano de Tal

**CPF:** 00000000000

**Nascimento:** 00/00/0000

**Celular:** 00 000000000

**Você aceita acompanhar o andamento do processo pelo Meu INSS, Central 135 ou e-mail?** NÃO

**ANO CIVIL:** 2020

Darf

**O Darf é o Documento de Arrecadação de Receitas Federais

Verifique o status dos Darfs

| Mês/Ano | Diferença Salário de Contribuição | Alíquota Contribuição | Contribuição | Juros | Multa | Total a Pagar | Gerar Darf |
|---|---|---|---|---|---|---|---|
| AGO/2020 | R$ 324,81 | 20.0% | R$ 64,97 | R$ 4,74 | R$ 12,99 | R$ 82,70 | |
| OUT/2020 | R$ 1.046,00 | 20.0% | R$ 209,00 | R$ 14,63 | R$ 41,80 | R$ 265,43 | |

Gerar todos os Darfs

Informações Adicionais

O atendimento deste serviço será realizado à distância, não sendo necessário o comparecimento presencial nas unidades do INSS, a não ser quando solicitado para eventual comprovação. É possível acompanhar o andamento do requerimento pela opção "Consultar".

Gerar Comprovante

Solicitações

1.16.1. Clicando no ícone ⇩ ou no botão "Gerar todos os Darfs", o segurado poderá gerar o(s) Darf(s) que deseja pagar, conforme exemplo abaixo relativo ao Darf da competência agosto de 2020:

INSTITUTO NACIONAL DO SEGURO SOCIAL
Diretoria de Benefícios

Aprovado pela IN/RFB nº 736/07 — 1ª via

| MINISTÉRIO DA FAZENDA<br>SECRETARIA DA RECEITA FEDERAL DO BRASIL<br>Documento de Arrecadação de Receitas Federais<br>**DARF** | | |
|---|---|---|
| | 02 PERÍODO DE APURAÇÃO | 08/2020 |
| | 03 NÚMERO DO CPF OU CNPJ | 000.000.000-00 |
| | 04 CÓDIGO DA RECEITA | 1872 |
| | 05 NÚMERO DE REFERÊNCIA | |
| | 06 DATA DE VENCIMENTO | 15/09/2020 |
| 01 NOME / TELEFONE<br>FULANO DE TAL | 07 VALOR DO PRINCIPAL | 64,97 |
| DARF válido para pagamento até 31/03/2022<br>NÃO RECEBER COM RASURAS | 08 VALOR DA MULTA | 12,99 |
| | 09 VALOR DOS JUROS E / OU ENCARGOS DL - 1.025/69 | 4,74 |
| | 10 VALOR TOTAL | 82,70 |
| **ATENÇÃO**<br>É vedado o recolhimento de tributos administrados pela Secretaria da Receita Federal do Brasil (RFB) cujo valor total seja inferior a R$ 10,00.<br>10/03/2022 17:42:42 | 11 AUTENTICAÇÃO BANCÁRIA (Somente nas 1ª e 2ª vias) | |

Aprovado pela IN/RFB nº 736/07 — 2ª via

| MINISTÉRIO DA FAZENDA<br>SECRETARIA DA RECEITA FEDERAL DO BRASIL<br>Documento de Arrecadação de Receitas Federais<br>**DARF** | | |
|---|---|---|
| | 02 PERÍODO DE APURAÇÃO | 08/2020 |
| | 03 NÚMERO DO CPF OU CNPJ | 000.000.000-00 |
| | 04 CÓDIGO DA RECEITA | 1872 |
| | 05 NÚMERO DE REFERÊNCIA | |
| | 06 DATA DE VENCIMENTO | 15/09/2020 |
| 01 NOME / TELEFONE<br>FULANO DE TAL | 07 VALOR DO PRINCIPAL | 64,97 |
| DARF válido para pagamento até 31/03/2022<br>NÃO RECEBER COM RASURAS | 08 VALOR DA MULTA | 12,99 |
| | 09 VALOR DOS JUROS E / OU ENCARGOS DL - 1.025/69 | 4,74 |
| | 10 VALOR TOTAL | 82,70 |
| **ATENÇÃO**<br>É vedado o recolhimento de tributos administrados pela Secretaria da Receita Federal do Brasil (RFB) cujo valor total seja inferior a R$ 10,00.<br>10/03/2022 17:42:42 | 11 AUTENTICAÇÃO BANCÁRIA (Somente nas 1ª e 2ª vias) | |

DARF emitido em duas vias. Recorte nas linhas tracejadas e efetue o pagamento na rede bancária autorizada.

DARF impresso sem código de barras por conter número de referência ou acréscimo de multa e/ou juros ou ano do período de apuração e/ou vencimento anterior a 2014 ou posterior a 2023.

1.16.2. O Comprovante do Requerimento gerado será equivalente ao seguinte modelo:

INSTITUTO NACIONAL DO SEGURO SOCIAL
Diretoria de Benefícios

Página 1 de 4

PROTOCOLO DE REQUERIMENTO
1366103007
Data de Entrada do Requerimento: 10/03/2022 17:41 - Central de Serviços - Internet

COMPROVANTE DO PROTOCOLO DE REQUERIMENTO

Requerente
FULANO DE TAL
Serviço
AJUSTES PARA ALCANCE DO SALÁRIO MÍNIMO - EMENDA CONSTITUCIONAL 103/2019

Unidade de Protocolo
25001010 - AGÊNCIA DA PREVIDÊNCIA SOCIAL MACAPÁ

Protocolo realizado em
10 MAR 2022
QUINTA-FEIRA

Dados do Requerente
**CPF:** 000.000.000-00
**Nascimento:** 00/00/0000
**Mãe:** FULANO DE TAL
**E-mail:** N/D
**Telefone:** (61) 9999-55555

**Requerente aceita acompanhar o andamento do processo pelo Meu INSS, Central 135 ou e-mail:** NÃO

Campos Adicionais
**ANO CIVIL:** 2020

Informações Adicionais
Quando houver complementação, o recolhimento por meio do Documento de Arrecadação de Receitas Federais - Darf poderá ser feito até o dia 15 (quinze) do mês subsequente ao da prestação do serviço, sem acréscimos legais e, após essa data, com os acréscimos previstos no art. 35 da Lei nº 8.212, de 24 de julho de 1991.
Para reemissão de Darf não pago até a data do vencimento será necessário realizar novo requerimento.
Não emitir novamente Darf pago relativo a requerimento anterior, evitando duplicidade de pagamento.
Para complementação ou diferença de contribuição do segurado facultativo e do segurado especial, que não se enquadram na regra de ajuste para alcance do salário mínimo previsto no art. 29 da EC nº 103/2019, deve ser utilizada Guia da Previdência Social - GPS obtida nas Unidades de Atendimento do INSS.
O segurado facultativo e o segurado especial não participam dos ajustes previstos nos incisos I a III do art. 29 da EC nº 103/2019, devendo recolher a complementação ou diferença de contribuição para alcance do salário mínimo vigente por meio de GPS obtida nas Unidades de Atendimento do INSS.

Página 2 de 4

CPF DO REQUERENTE
000.000.000-00
Data de Entrada do Requerimento: 10/03/2022 17:41 - Central de Serviços - Internet

AJUSTES DE CONTRIBUIÇÕES REALIZADOS - ANO CIVIL 2020

| Mês/Ano | Salário de Contribuição | Utilização e Agrupamento | Complementação | Previsão de Salário Ajustado |
|---|---|---|---|---|
| JAN/2020 | R$ 77,74 | R$ 961,26 | - | R$ 1.039,00 |
| FEV/2020 | R$ 480,28 | R$ 564,72 | - | R$ 1.045,00 |
| MAR/2020 | R$ 562,58 | R$ 482,42 | - | R$ 1.045,00 |
| ABR/2020 | - | - | - | - |
| MAI/2020 | R$ 71,65 | R$ 973,35 | - | R$ 1.045,00 |
| JUN/2020 | R$ 509,19 | R$ 535,81 | - | R$ 1.045,00 |
| JUL/2020 | R$ 523,19 | R$ 521,81 | - | R$ 1.045,00 |
| AGO/2020 | R$ 49,39 | R$ 670,80 | R$ 82,70 | R$ 1.045,00 |
| SET/2020 | - | - | - | - |
| OUT/2020 | R$ 704,91 | -R$ 704,91 | R$ 265,43 | R$ 1.045,00 |
| NOV/2020 | R$ 3.317,32 | -R$ 2.272,32 | - | R$ 1.045,00 |
| DEZ/2020 | R$ 2.777,94 | -R$ 1.732,94 | - | R$ 1.045,00 |

Página 3 de 4

CPF DO REQUERENTE
000.000.000-00
Data de Entrada do Requerimento: 10/03/2022 17:41 - Central de Serviços - Internet

Darfs GERADOS - ANO CIVIL 2020

| Mês/Ano | Diferença Salário de Contribuição | Alíquota Contribuição | Contribuição | Juros | Multa | Total a Pagar |
|---|---|---|---|---|---|---|
| AGO/2020 | R$ 324,81 | 20% | R$ 64,97 | R$ 4,74 | R$ 12,99 | R$ 82,70 |
| OUT/2020 | R$ 1.045,00 | 20% | R$ 209,00 | R$ 14,63 | R$ 41,80 | R$ 265,43 |

Página 4 de 4

PROTOCOLO DE REQUERIMENTO
1366103007
Data de Entrada do Requerimento: 10/03/2022 17:41 - Central de Serviços - Internet

SITUAÇÃO DO REQUERIMENTO

Requerente
FULANO DE TAL
Serviço
AJUSTES PARA ALCANCE DO SALÁRIO MÍNIMO - EMENDA CONSTITUCIONAL 103/2019

Situação: Concluído

10 MAR 2022
QUINTA-FEIRA

Dados do Requerente
**CPF:** 000.000.000-00
**Nascimento:** 00/00/0000
**Mãe:** FULANO DE TAL
**E-mail:** N/D
**Telefone:** (61) 9999-55555

**Requerente aceita acompanhar o andamento do processo pelo Meu INSS, Central 135 ou e-mail:** NÃO

Campos Adicionais
**ANO CIVIL:** 2020

Informações Adicionais
Quando houver complementação, o recolhimento por meio do Documento de Arrecadação de Receitas Federais - Darf poderá ser feito até o dia 15 (quinze) do mês subsequente ao da prestação do serviço, sem acréscimos legais e, após essa data, com os acréscimos previstos no art. 35 da Lei nº 8.212, de 24 de julho de 1991.
Para reemissão de Darf não pago até a data do vencimento será necessário realizar novo requerimento.
Não emitir novamente Darf pago relativo a requerimento anterior, evitando duplicidade de pagamento.
Para complementação ou diferença de contribuição do segurado facultativo e do segurado especial, que não se enquadram na regra de ajuste para alcance do salário mínimo previsto no art. 29 da EC nº 103/2019, deve ser utilizada Guia da Previdência Social - GPS obtida nas Unidades de Atendimento do INSS.
O segurado facultativo e o segurado especial não participam dos ajustes previstos nos incisos I a III do art. 29 da EC nº 103/2019, devendo recolher a complementação ou diferença de contribuição para alcance do salário mínimo vigente por meio de GPS obtida nas Unidades de Atendimento do INSS.

Você pode conferir a autenticidade do documento em https://hosinss.inss.gov.br/central/autenticidade.html com o código 220310TD14LM05

INSTITUTO NACIONAL DO SEGURO SOCIAL
Diretoria de Benefícios

1.17. Ao finalizar o requerimento o segurado poderá consultá-lo clicando no botão "Solicitações" da tela do subitem 1.16. Ou poderá consultar seus requerimentos acessando "Consulta Pedidos" conforme tela a seguir:

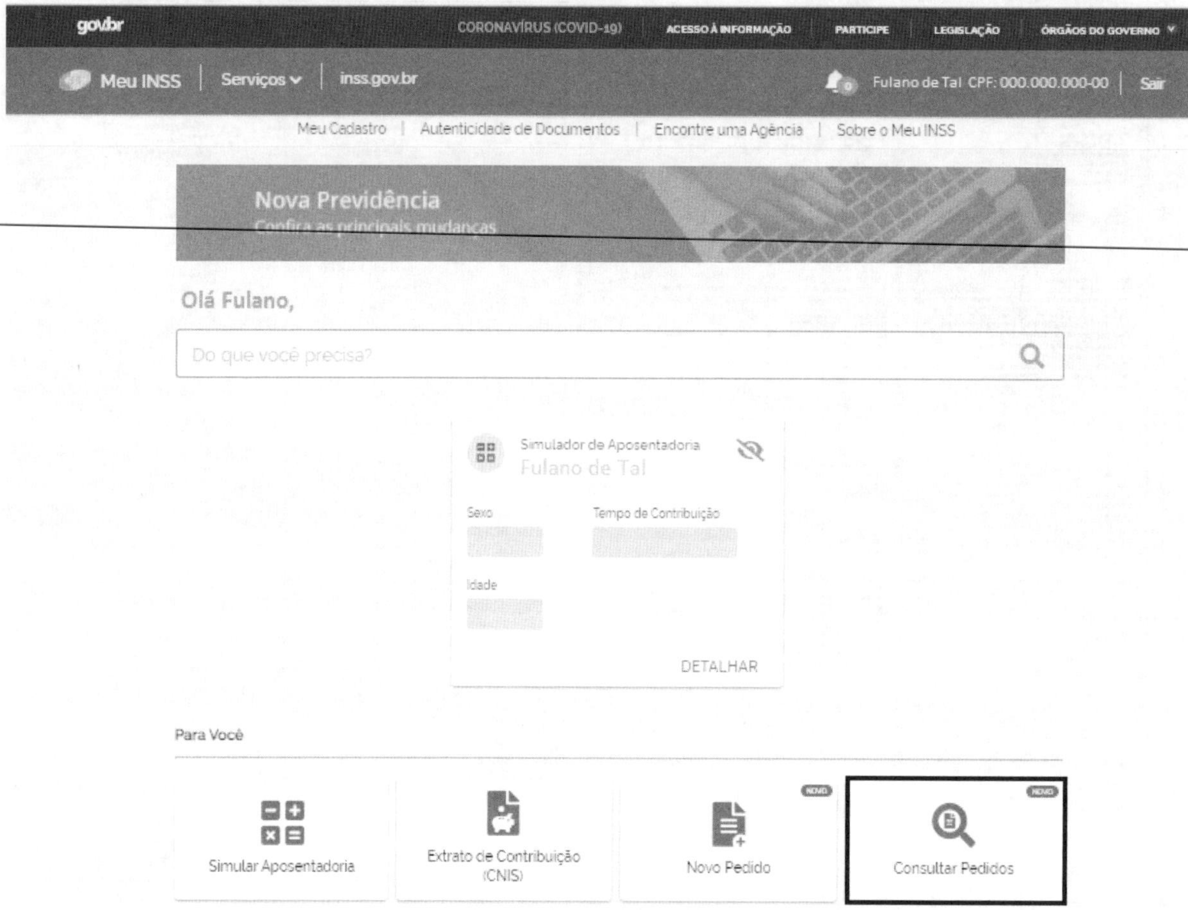


1.18. Na "Consulta a pedidos" os requerimentos são apresentados conforme tela a seguir:

INSTITUTO NACIONAL DO SEGURO SOCIAL
Diretoria de Benefícios

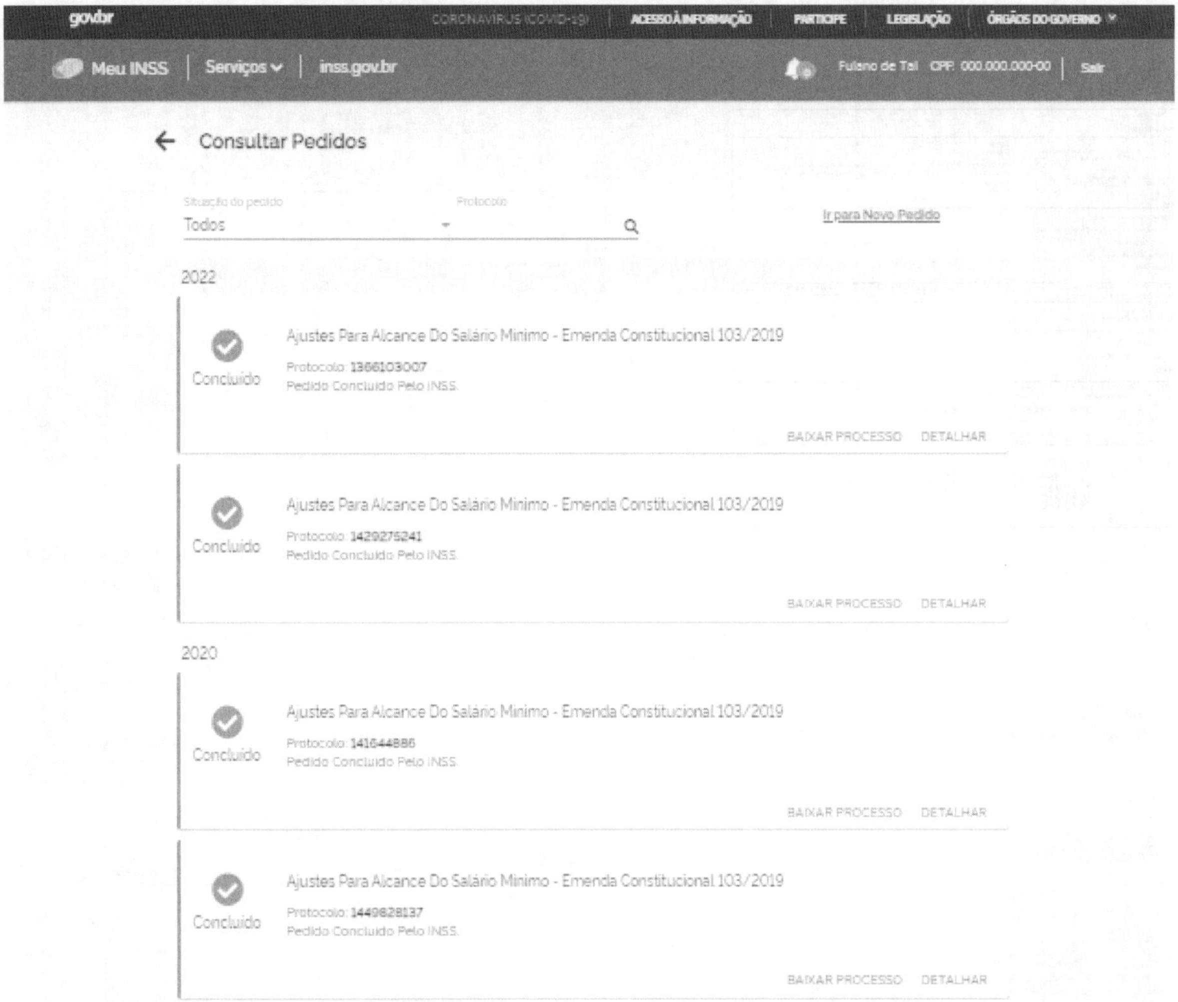


1.18.1. Clicando na opção "BAIXAR PROCESSO" no requerimento que deseja consultar, o segurado pode gerar o processo completo e concluído, em PDF, conforme exemplo a seguir:

# INSTITUTO NACIONAL DO SEGURO SOCIAL

## Diretoria de Benefícios

Pagina 1 de 4

INSS

PROTOCOLO DE REQUERIMENTO
1366103007

Dados Básicos

| Serviço | Status | Prioridade |
|---|---|---|
| AJUSTES PARA ALCANCE DO SALÁRIO MÍNIMO - EMENDA CONSTITUCIONAL 103/2019 | Concluída | Normal |
| Unidade de Protocolo | Data de entrada do requerimento | Canal de atendimento |
| AGÊNCIA DA PREVIDÊNCIA SOCIAL DE AUTOMATIZAÇÃO DE PROCESSOS | 10/03/2022 17:41 | Central de Serviços - Internet |
| | Última atualização | |
| | 10/03/2022 17:41 | |

Endereço para atendimento:

A tarefa não possui endereço para atendimento externo.

Campos adicionais:

A tarefa não possui campos adicionais.

Interessados

| CPF | Nome Completo | Data Nascimento | Nome Completo da Mãe |
|---|---|---|---|
| 000.000.000-00 | FULANO DE TAL | 00/00/0000 | FULANO DE TAL |

Procuradores / Representantes Legais

A tarefa não possui procuradores / representantes legais.

Instituidores

A tarefa não possui instituidores.

Anexos

| ID | Nome do Arquivo | Descrição do Arquivo | Tamanho | Enviado Por | Autenticado? |
|---|---|---|---|---|---|
| [illegible] | [illegible].pdf | Resultado das movimentações | 19,3KB | 100.677.338-08 - 10/03/2022 17:41 | Não |
| 1366103007 - AJUSTES PARA ALCANCE DO SALÁRIO MÍNIMO - EMENDA CONSTITUCIONAL 103/2019 (Tarefa principal) | | | | | |
| 776798 | darf.pdf | Resultado do DARF | 19,3KB | 100.677.338-08 - 10/03/2022 17:41 | Não |
| 1366103007 - AJUSTES PARA ALCANCE DO SALÁRIO MÍNIMO - EMENDA CONSTITUCIONAL 103/2019 (Tarefa principal) | | | | | |

Você pode conferir a autenticidade do documento em https://hcsinss.inss.gov.br/central/autenticidade.html com o código 000000000000000

Pagina 2 de 4
Anexo ID: 776797

CPF DO REQUERENTE
100.677.338-08

AJUSTES DE CONTRIBUIÇÕES REALIZADOS - ANO CIVIL 2020

| Mês/Ano | Salário de Contribuição | Utilização e Agrupamento | Complementação | Previsão de Salário Ajustado |
|---|---|---|---|---|
| JAN/2020 | R$ 77,74 | R$ 961,26 | - | R$ 1.039,00 |
| FEV/2020 | R$ 480,28 | R$ 564,72 | - | R$ 1.045,00 |
| MAR/2020 | R$ 562,58 | R$ 482,42 | - | R$ 1.045,00 |
| ABR/2020 | - | - | - | - |
| MAI/2020 | R$ 71,65 | R$ 973,35 | - | R$ 1.045,00 |
| JUN/2020 | R$ 509,19 | R$ 535,81 | - | R$ 1.045,00 |
| JUL/2020 | R$ 523,19 | R$ 521,81 | - | R$ 1.045,00 |
| AGO/2020 | R$ 49,39 | R$ 670,80 | R$ 82,70 | R$ 1.045,00 |
| SET/2020 | - | - | - | - |
| OUT/2020 | R$ 704,91 | -R$ 704,91 | R$ 266,43 | R$ 1.045,00 |
| NOV/2020 | R$ 3.317,32 | -R$ 2.272,32 | - | R$ 1.045,00 |
| DEZ/2020 | R$ 2.777,84 | -R$ 1.732,84 | - | R$ 1.045,00 |

Página 3 de 4
Anexo ID: 776798

CPF DO REQUERENTE
000.000.000-00

Data de Entrada do Requerimento: 10/03/2022 17:41 - Central de Serviços - Internet

Darfs GERADOS - ANO CIVIL 2020

| Mês/Ano | Diferença Salário de Contribuição | Alíquota Contribuição | Contribuição | Juros | Multa | Total a Pagar |
|---|---|---|---|---|---|---|
| AGO/2020 | R$ 324,61 | 20% | R$ 64,97 | R$ 4,74 | R$ 12,99 | R$ 82,70 |
| OUT/2020 | R$ 1.045,00 | 20% | R$ 209,00 | R$ 14,63 | R$ 41,80 | R$ 266,43 |

Página 4 de 4

Despacho (2704660)
Enviado em 10/03/2022 17:41
1366103007 - AJUSTES PARA ALCANCE DO SALÁRIO MÍNIMO - EMENDA CONSTITUCIONAL 103/2019 (Tarefa principa

O requerimento foi habilitado automaticamente no sistema CNIS.

INSTITUTO NACIONAL DO SEGURO SOCIAL
Diretoria de Benefícios

1.18.2. Clicando na opção "DETALHAR" no requerimento que deseja consultar, é disponibilizada a tela a seguir, na qual o segurado pode realizar as seguintes ações: gerar todos os Darfs, gerar comprovante e baixar processo:

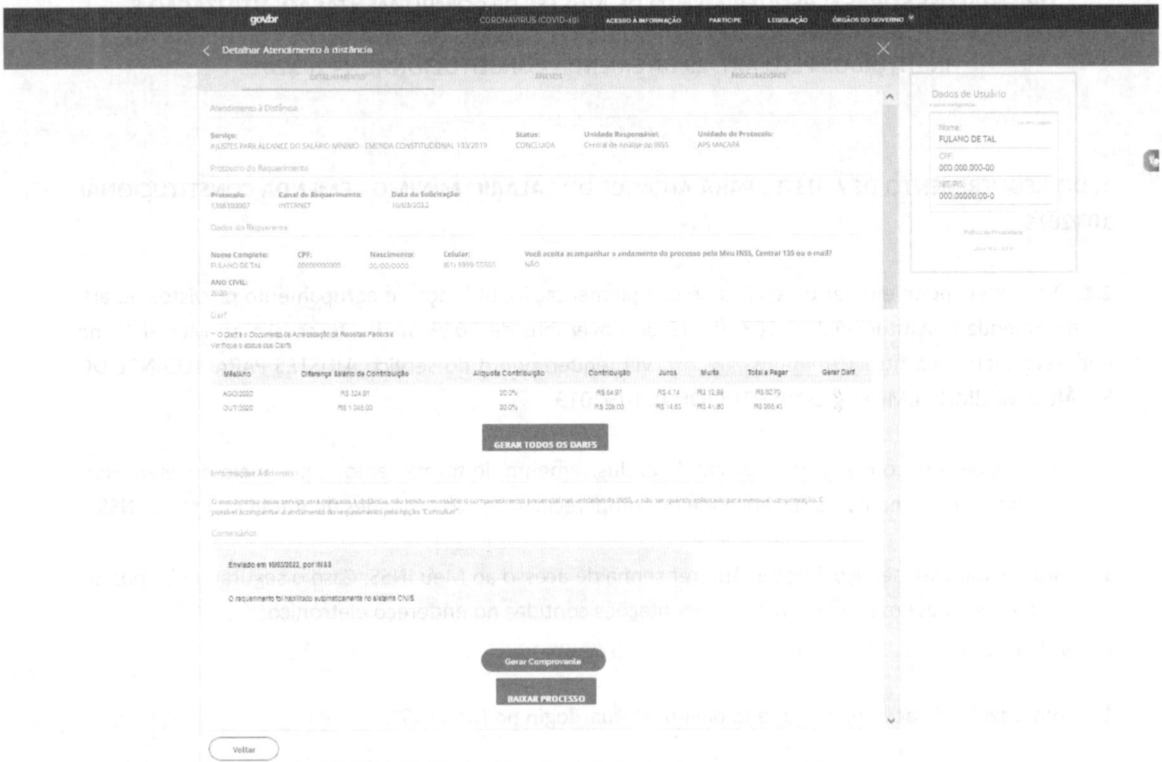


## 2. CONSULTA AOS AJUSTES REALIZADOS PARA ALCANCE DO SALÁRIO MÍNIMO - EMENDA CONSTITUCIONAL 103/2019 NO EXTRATO DE CONTRIBUIÇÕES DO MEU INSS

2.1. É importante saber que a partir da aceitação do segurado os ajustes de utilização e agrupamento serão realizados automaticamente e o requerimento concluído. Dessa forma, os dados do Ano Civil ajustado estarão disponíveis no Extrato do CNIS no Meu INSS (https://meu.inss.gov.br/), bem como os respectivos indicadores.

2.2 Os sistemas do INSS estão em fase de adequação para exibir automaticamente no Extrato do CNIS o salário de contribuição relativo ao Darf liquidado, sendo que todos os recolhimentos efetuados antes e depois da adequação serão apropriados no CNIS. Até que referida adequação sistêmica seja concluída o segurado poderá apresentar ao INSS o comprovante do recolhimento do Darf referente à complementação para fins de reconhecimento de direitos.

INSTITUTO NACIONAL DO SEGURO SOCIAL
Diretoria de Benefícios

**ANEXO III**
**PORTARIA DIRBEN/INSS Nº 990, DE 28 DE MARÇO DE 2022**
**(incluído pela PORTARIA DIRBEN/INSS nº 1.005, 11 de abril de 2022)**

**ORIENTAÇÕES SOBRE O REQUERIMENTO DE AJUSTES DE COMPLEMENTAÇÃO, UTILIZAÇÃO E AGRUPAMENTO PARA FINS DO ALCANCE DO LIMITE MÍNIMO DO SALÁRIO DE CONTRIBUIÇÃO, INSTITUÍDOS PELO ART. 29 DA EMENDA CONSTITUCIONAL Nº 103/2019**

**1. DO REQUERIMENTO DE AJUSTES PARA ALCANCE DO SALÁRIO MÍNIMO - EMENDA CONSTITUCIONAL 103/2019**

1.1. O segurado pode efetuar os ajustes de complementação, utilização e agrupamento previstos no art. 29 da Emenda Constitucional n° 103, de 12 de novembro de 2019 mediante acesso ao Meu INSS no endereço eletrônico https://meu.inss.gov.br/, via requerimento do serviço AJUSTES PARA ALCANCE DO SALÁRIO MÍNIMO - EMENDA CONSTITUCIONAL 103/2019.

1.2. Trata-se de serviço realizado e concluído exclusivamente de forma remota, por meio do Meu INSS, não havendo agendamento ou necessidade de comparecimento nas Unidades de Atendimento do INSS.

1.3 Para acessar esse serviço é necessário ter senha de acesso ao Meu INSS. Caso o segurado não possua senha de acesso deverá criá-la conforme orientações contidas no endereço eletrônico: http://faq-login-unico.servicos.gov.br/en/latest/_perguntasdafaq/contaacesso.html

1.4 Com a senha de acesso, o segurado deverá efetuar **login** no Meu INSS.

INSTITUTO NACIONAL DO SEGURO SOCIAL
Diretoria de Benefícios

1.5. Após **login** no Meu INSS, escolher a opção **"Novo Pedido"**:

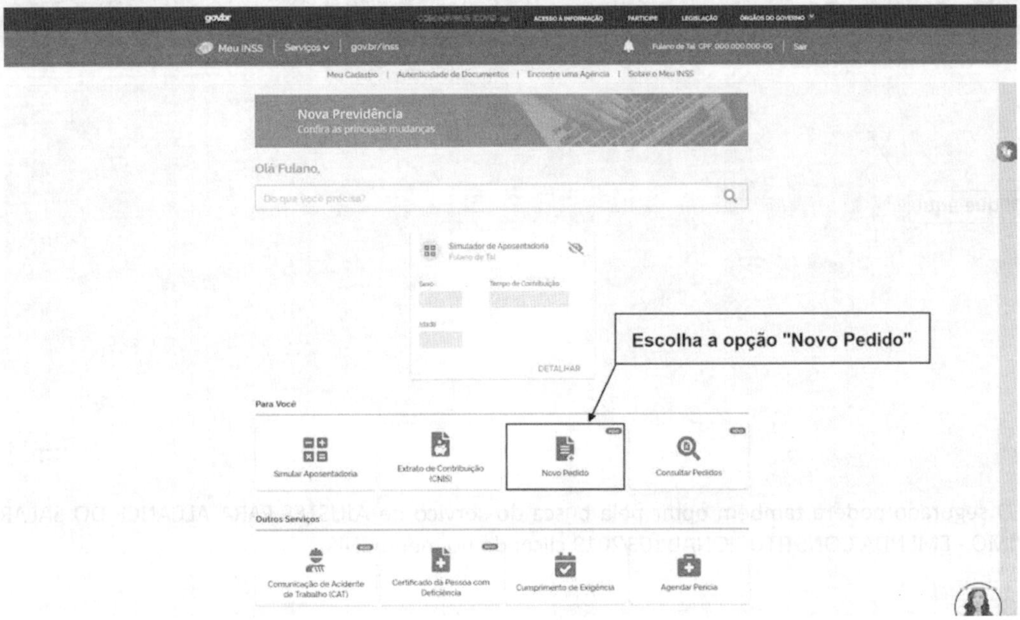


1.6. O segurado poderá fazer a busca do serviço respondendo à pergunta "Que atendimento você deseja?", digitando AJUSTES PARA ALCANCE DO SALÁRIO MÍNIMO - EMENDA CONSTITUCIONAL 103/2019:

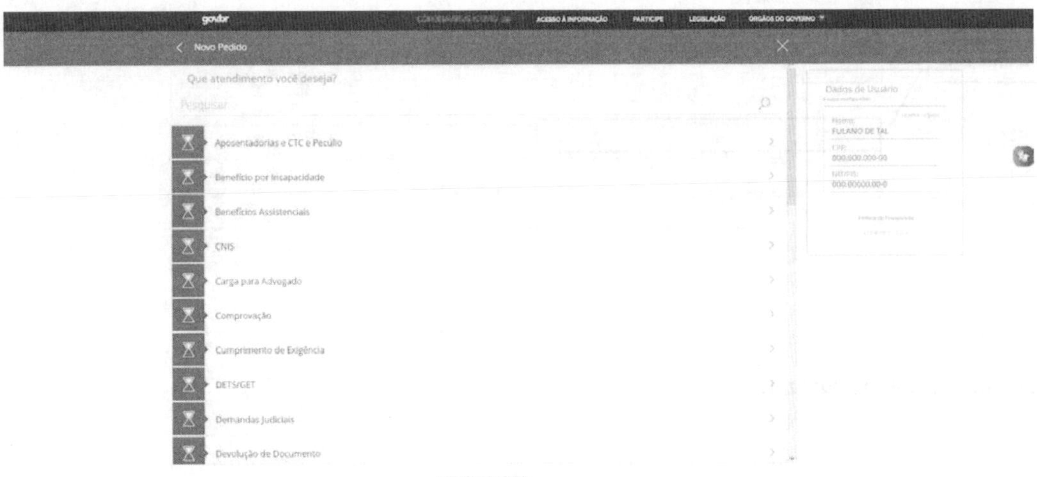

INSTITUTO NACIONAL DO SEGURO SOCIAL
Diretoria de Benefícios

1.7. Clique na opção AJUSTES PARA ALCANCE DO SALÁRIO MÍNIMO - EMENDA CONSTITUCIONAL 103/2019:

1.8. O segurado poderá também optar pela busca do serviço de AJUSTES PARA ALCANCE DO SALÁRIO MÍNIMO - EMENDA CONSTITUCIONAL 103/2019 clicando no menu CNIS:

IMAGEM5

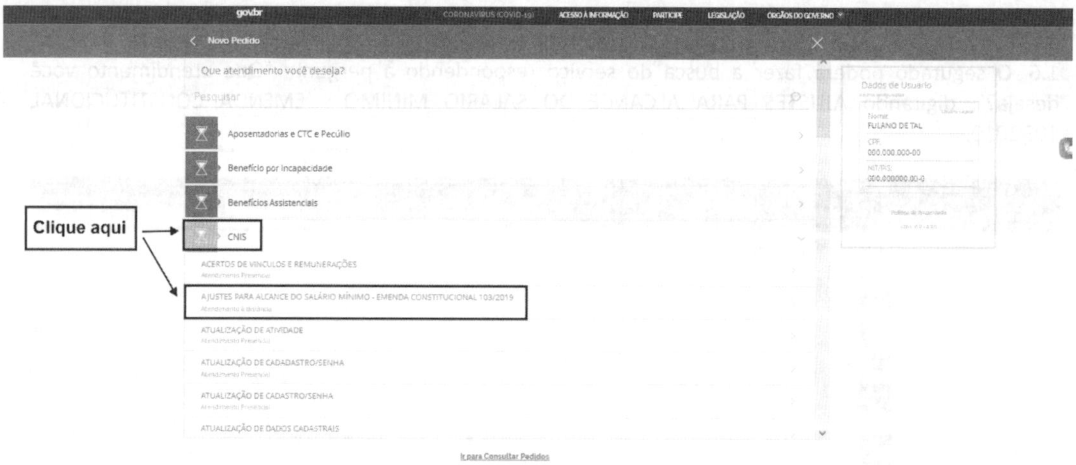


1.9. Clique no botão Atualizar:

INSTITUTO NACIONAL DO SEGURO SOCIAL
Diretoria de Benefícios

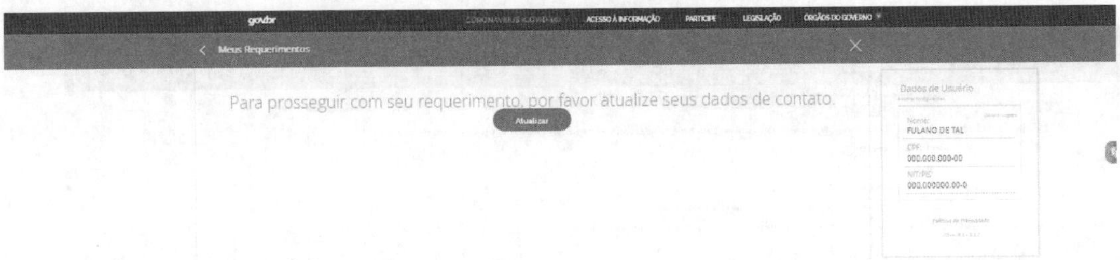


1.10. Caso seja necessário atualizar algum dado cadastral preencha os campos com os dados e clique no botão "Atualizar", caso não seja necessário atualização clique no botão "Avançar":

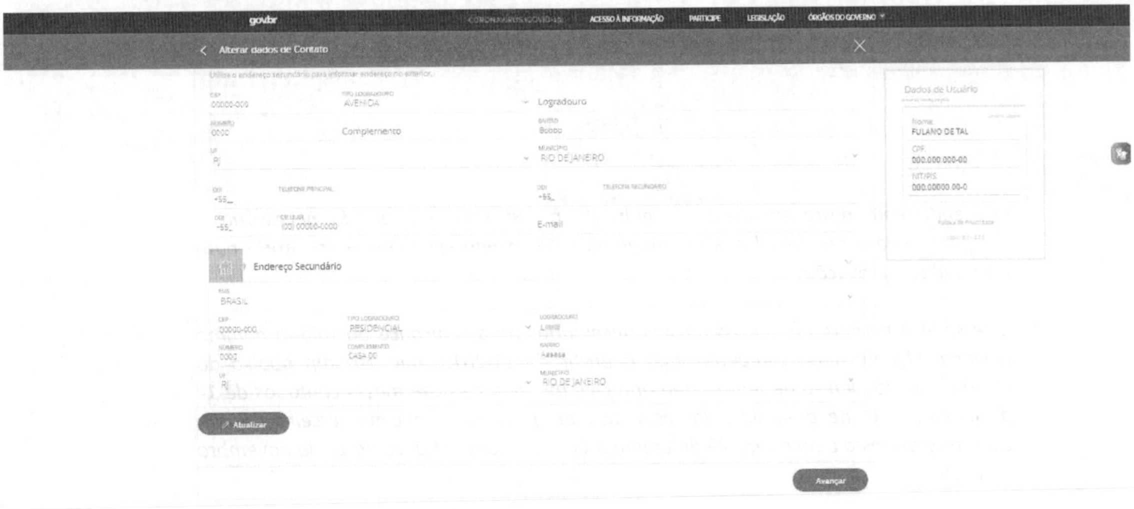


1.11. Leia com atenção o texto de "Informações do Serviço" acessando o link "Clique aqui":

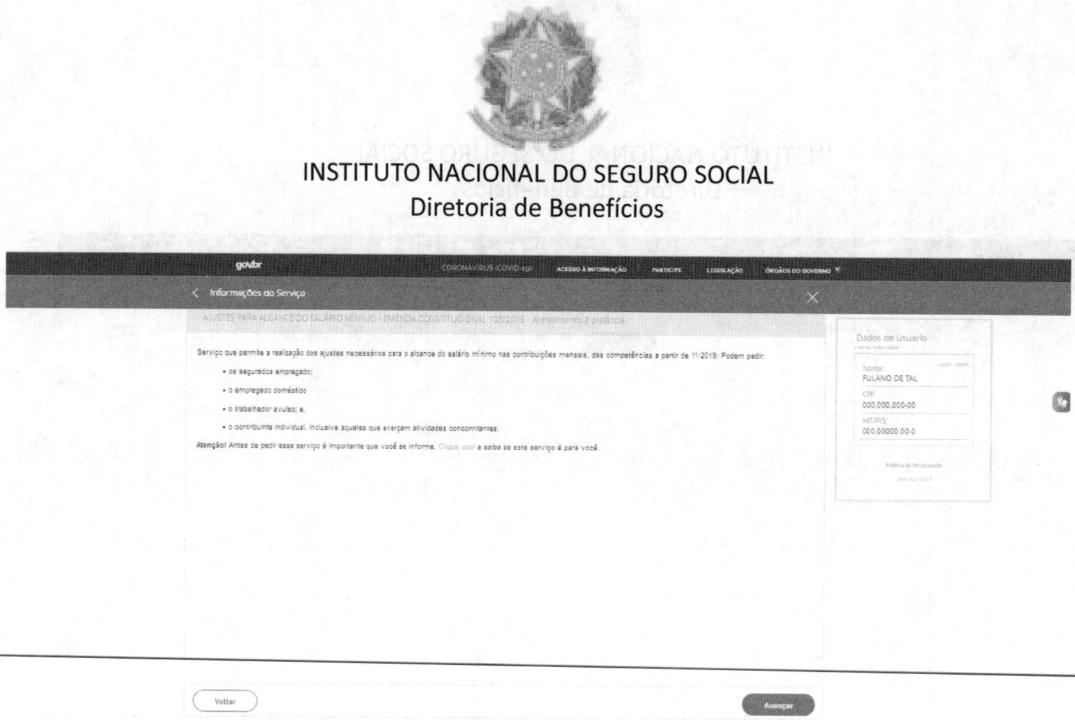


**Texto de Informações do Serviço:**

*"AJUSTES PARA ALCANCE DO SALÁRIO MÍNIMO - EMENDA CONSTITUCIONAL 103/2019 - Atendimento à distância*

*ATENÇÃO! LEIA O TEXTO A SEGUIR ANTES DE PROSSEGUIR COM OS AJUSTES DA EC 103/2019:*

*O atendimento deste serviço será realizado à distância, não sendo necessário o comparecimento presencial nas unidades do INSS, a não ser quando solicitado para eventual comprovação.*

*Esse serviço permite efetuar os ajustes necessários para o alcance do salário mínimo nacional vigente na(s) competência(s) a partir de 11/2019, que estejam abaixo do salário mínimo, dentro de um mesmo ano civil (período de doze meses contados de 1º de janeiro a 31 de dezembro do respectivo ano), exceto o décimo terceiro salário, conforme disposto pelo artigo 29 da Emenda Constitucional nº 103, de 12 de novembro de 2019.*

*Os segurados empregado, empregado doméstico, trabalhador avulso e contribuinte individual, inclusive aqueles que exerçam atividades concomitantes, que no somatório de remunerações auferidas na competência, receber remuneração inferior ao limite mínimo mensal do salário de contribuição, poderão efetuar os seguintes ajustes:*

***1°** - complementação da contribuição das competências por Documento de Arrecadação de Receitas Federais - Darf;*

***2°** - utilização do valor do salário de contribuição que exceder ao limite mínimo, de uma ou mais competências, para completar o salário de contribuição de uma ou mais competências;*

***3°** - agrupamento dos salários de contribuição inferiores ao limite mínimo, de diferentes competências, para aproveitamento em uma ou mais competências, de forma que o resultado do agrupamento não ultrapasse o valor mínimo do salário de contribuição.*

INSTITUTO NACIONAL DO SEGURO SOCIAL
Diretoria de Benefícios

*Cabe ao segurado solicitar a qualquer tempo os ajustes de complementação, utilização e agrupamento, que serão irreversíveis e irrenunciáveis após processados.*

*A complementação corresponderá ao valor resultante da diferença entre o salário mínimo nacional vigente no mês e a remuneração consolidada inferior ao limite mínimo do salário de contribuição da competência, multiplicado pela alíquota correspondente à categoria de segurado.*

*A complementação por meio de Darf prevista neste serviço não poderá ser realizada nas situações abaixo relacionadas, devendo, neste caso, ser utilizada a Guia da Previdência Social GPS obtida nas Unidades de Atendimento do INSS:*

*1) complementação da contribuição do Plano Simplificado da Previdência, do contribuinte individual que exerça exclusivamente atividade por conta própria na alíquota de 11% (GPS cód. 1163) e MEI (DASMEI), para o plano normal na alíquota de 20%;*

*2) qualquer contribuição de Facultativo (GPS cód. 1406, 1473 e 1929) ou de Segurado Especial (GPS cód. 1503); e*

*3) diferença de contribuição na alíquota de 20% (GPS cód. 1007) para valor superior ao salário-mínimo do segurado que exercer exclusivamente atividade de contribuinte individual, decorrente de remuneração comprovada superior ao valor anteriormente pago."*

1.12. Clicando no botão "Avançar" da tela anterior é apresentada a tela a seguir. Caso não tenha atualizado os dados de contato conforme subitem 1.10, preencha pelo menos um dos campos "Celular" ou "Telefone fixo", informe se aceita acompanhar o andamento do processo pelo Meu INSS, Central 135 ou e-mail, selecione o ano civil para realização dos ajustes e clique em "Avançar":

INSTITUTO NACIONAL DO SEGURO SOCIAL
Diretoria de Benefícios

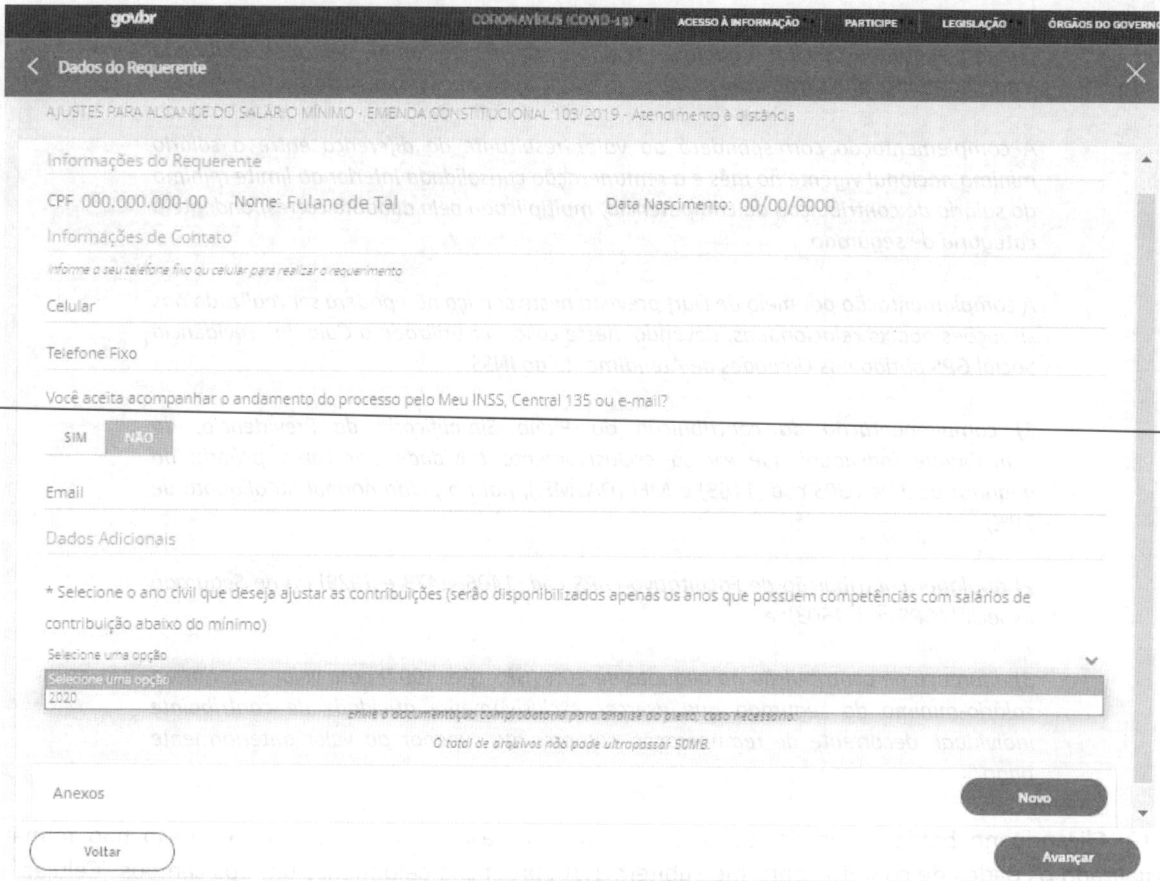
gov.br CORONAVÍRUS (COVID-19) ACESSO À INFORMAÇÃO PARTICIPE LEGISLAÇÃO ÓRGÃOS DO GOVERNO

Dados do Requerente

AJUSTES PARA ALCANCE DO SALÁRIO MÍNIMO - EMENDA CONSTITUCIONAL 103/2019 - Atendimento à distância

Informações do Requerente

CPF 000.000.000-00 Nome: Fulano de Tal Data Nascimento: 00/00/0000

Informações de Contato

Informe o seu telefone fixo ou celular para realizar o requerimento

Celular

Telefone Fixo

Você aceita acompanhar o andamento do processo pelo Meu INSS, Central 135 ou e-mail?

SIM NÃO

Email

Dados Adicionais

* Selecione o ano civil que deseja ajustar as contribuições (serão disponibilizados apenas os anos que possuem competências com salários de contribuição abaixo do mínimo)

Selecione uma opção

Selecione uma opção

2020

Envie a documentação comprobatória para análise do pleito, caso necessário.

O total de arquivos não pode ultrapassar 50MB.

Anexos Novo

Voltar Avançar

1.13. Selecionado o ano civil desejado, o sistema apresenta, na tela seguinte, os quadros "**Situação Atual**", "**Sugestão de Ajustes de Utilização, Agrupamento e Complementação**" e "**Sugestão de Complementação sem os Ajustes de Utilização e Agrupamento**".

1.13.1. Clicando no botão "Detalhar" de qualquer um dos quadros o segurado poderá visualizar as informações específicas de cada um.

INSTITUTO NACIONAL DO SEGURO SOCIAL
Diretoria de Benefícios

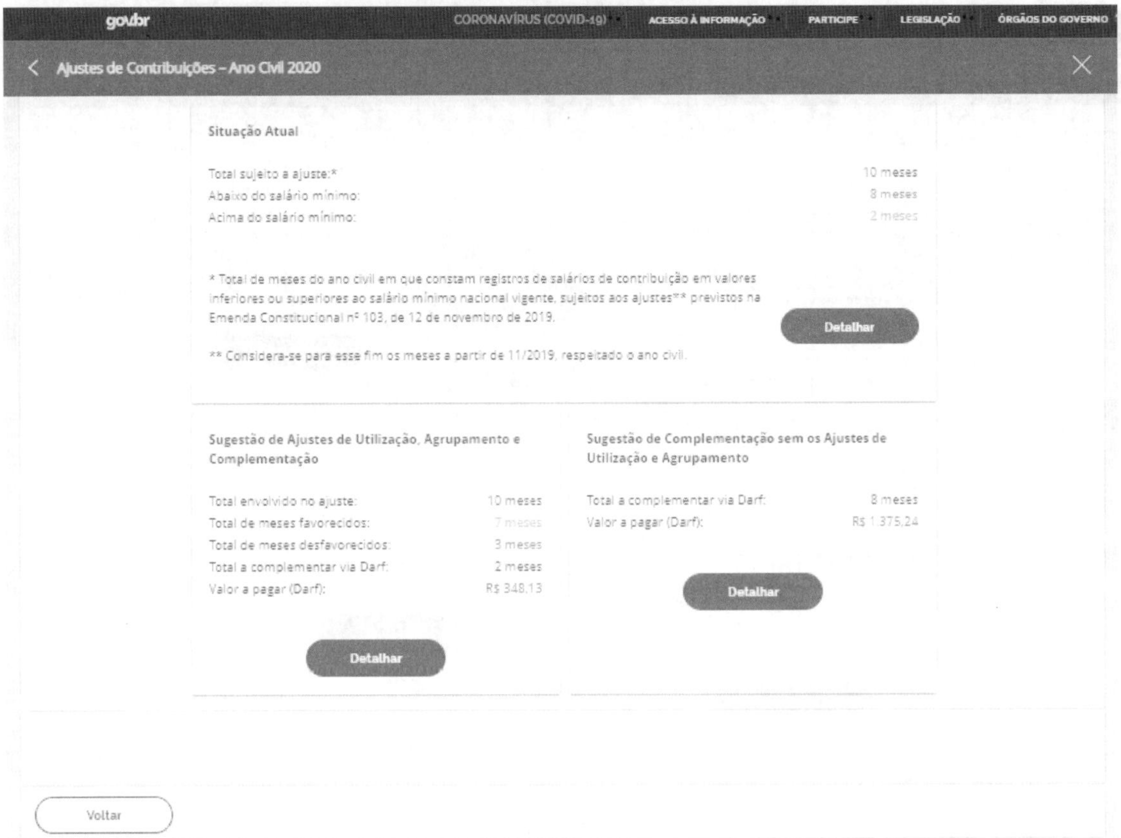

gov.br CORONAVÍRUS (COVID-19) ACESSO À INFORMAÇÃO PARTICIPE LEGISLAÇÃO ÓRGÃOS DO GOVERNO

< Ajustes de Contribuições – Ano Civil 2020

**Situação Atual**

| | |
|---|---|
| Total sujeito a ajuste:* | 10 meses |
| Abaixo do salário mínimo: | 8 meses |
| Acima do salário mínimo: | 2 meses |

* Total de meses do ano civil em que constam registros de salários de contribuição em valores inferiores ou superiores ao salário mínimo nacional vigente, sujeitos aos ajustes** previstos na Emenda Constitucional nº 103, de 12 de novembro de 2019.

** Considera-se para esse fim os meses a partir de 11/2019, respeitado o ano civil.

Detalhar

**Sugestão de Ajustes de Utilização, Agrupamento e Complementação**

| | |
|---|---|
| Total envolvido no ajuste: | 10 meses |
| Total de meses favorecidos: | 7 meses |
| Total de meses desfavorecidos: | 3 meses |
| Total a complementar via Darf: | 2 meses |
| Valor a pagar (Darf): | R$ 348,13 |

Detalhar

**Sugestão de Complementação sem os Ajustes de Utilização e Agrupamento**

| | |
|---|---|
| Total a complementar via Darf: | 8 meses |
| Valor a pagar (Darf): | R$ 1.375,24 |

Detalhar

Voltar

1.13.2. Observe que existem dois quadros com sugestões de ajustes, que possibilitam visualizar o valor de Darf resultante da operação a ser escolhida. Veja que no exemplo abaixo, o quadro de "**Sugestão de Ajustes de Utilização, Agrupamento e Complementação**" apresentou um valor consolidado de Darf de R$ 348,13, enquanto que o quadro de "**Sugestão de Complementação sem os Ajustes de Utilização e Agrupamento**" apresentou um valor consolidado de Darf de R$ 1.375,24. O segurado poderá optar pela sugestão que mais se adequar à sua necessidade e intenção. Detalhando os quadros o segurado pode observar com mais precisão as sugestões disponibilizadas:

INSTITUTO NACIONAL DO SEGURO SOCIAL
Diretoria de Benefícios

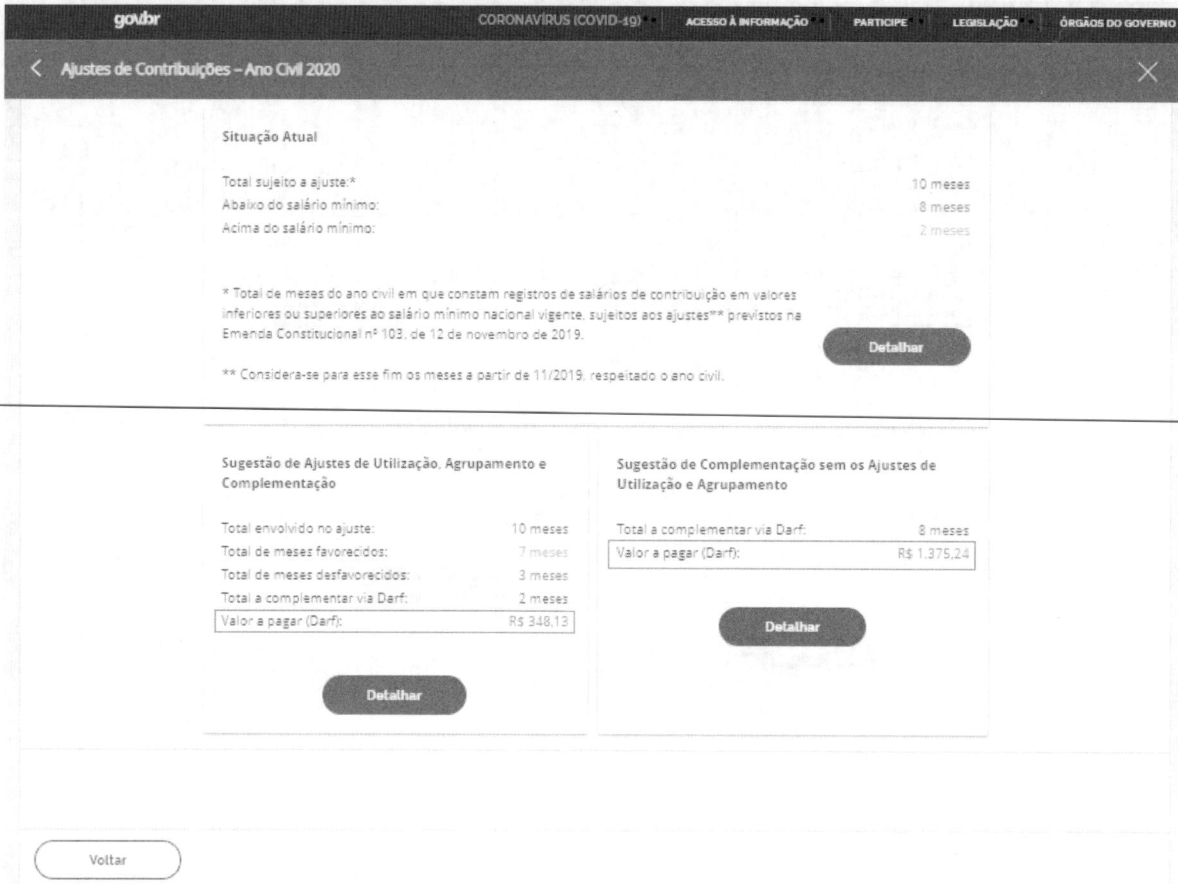
gov.br
CORONAVÍRUS (COVID-19) | ACESSO À INFORMAÇÃO | PARTICIPE | LEGISLAÇÃO | ÓRGÃOS DO GOVERNO

Ajustes de Contribuições – Ano Civil 2020

**Situação Atual**

| | |
|---|---|
| Total sujeito a ajuste:* | 10 meses |
| Abaixo do salário mínimo: | 8 meses |
| Acima do salário mínimo: | 2 meses |

* Total de meses do ano civil em que constam registros de salários de contribuição em valores inferiores ou superiores ao salário mínimo nacional vigente, sujeitos aos ajustes** previstos na Emenda Constitucional nº 103, de 12 de novembro de 2019.

** Considera-se para esse fim os meses a partir de 11/2019, respeitado o ano civil.

Detalhar

**Sugestão de Ajustes de Utilização, Agrupamento e Complementação**

| | |
|---|---|
| Total envolvido no ajuste: | 10 meses |
| Total de meses favorecidos: | 7 meses |
| Total de meses desfavorecidos: | 3 meses |
| Total a complementar via Darf: | 2 meses |
| Valor a pagar (Darf): | R$ 348,13 |

Detalhar

**Sugestão de Complementação sem os Ajustes de Utilização e Agrupamento**

| | |
|---|---|
| Total a complementar via Darf: | 8 meses |
| Valor a pagar (Darf): | R$ 1.375,24 |

Detalhar

Voltar

1.13.3. O **Quadro "Situação Atual"** indica a quantidade de meses do Ano Civil selecionado para os quais podem ser feitos os ajustes de utilização, agrupamento e complementação. Ao clicar no botão detalhar serão disponibilizadas as informações conforme exemplo a seguir. Visualize na coluna "Salário de Contribuição Consolidado" as remunerações que alcançaram ou superaram o salário mínimo nacional vigente (em cor verde), bem como as remunerações abaixo do valor mínimo (em cor vermelha). Vejamos a tela abaixo:

INSTITUTO NACIONAL DO SEGURO SOCIAL
Diretoria de Benefícios

gov.br | CORONAVÍRUS (COVID-19) | ACESSO À INFORMAÇÃO | PARTICIPE | LEGISLAÇÃO | ÓRGÃOS DO GOVERNO

< Situação Atual - Salários de contribuição - Ano Civil 2020

| Mês/Ano | Remuneração Apurada | Remuneração Bloqueada | Salário de Contribuição Consolidado | Salário Mínimo vigente |
|---|---|---|---|---|
| JAN/2020 | R$ 77,74 | - | R$ 77,74 | R$ 1.039,00 |
| FEV/2020 | R$ 480,28 | - | R$ 480,28 | R$ 1.045,00 |
| MAR/2020 | R$ 562,58 | - | R$ 562,58 | R$ 1.045,00 |
| ABR/2020 | - | - | - | - |
| MAI/2020 | R$ 71,65 | - | R$ 71,65 | R$ 1.045,00 |
| JUN/2020 | R$ 509,19 | - | R$ 509,19 | R$ 1.045,00 |
| JUL/2020 | R$ 523,19 | - | R$ 523,19 | R$ 1.045,00 |
| AGO/2020 | R$ 49,39 | - | R$ 49,39 | R$ 1.045,00 |
| SET/2020 | - | - | - | - |
| OUT/2020 | R$ 704,91 | - | R$ 704,91 | R$ 1.045,00 |
| NOV/2020 | R$ 3.317,32 | - | R$ 3.317,32 | R$ 1.045,00 |
| DEZ/2020 | R$ 2.777,94 | - | R$ 2.777,94 | R$ 1.045,00 |

Remuneração Apurada - corresponde à soma dos salários de todas as atividades laborais da competência que não estejam bloqueadas.

Remuneração Bloqueada - corresponde à soma dos salários de todas as atividades laborais da competência que não foram consideradas na Remuneração Apurada por apresentarem alguma pendência, o que pode ser identificado no Extrato de Contribuições do MEU INSS.

Valores pagos com códigos 1066, 1163, 1180, 1236 e 1252 constantes na coluna "bloqueados", deverão ser complementados, por meio de GPS, para aproveitamento nos ajustes da EC nº 103/2019.

Salário de Contribuição Consolidado - corresponde à soma dos salários, limitado ao teto previdenciário, de todas as atividades laborais das competências que não estejam bloqueadas.

Voltar

1.13.4. O Quadro **"Sugestão de Ajustes de Utilização, Agrupamento e Complementação"** indica os ajustes de utilização e agrupamento sugeridos, automaticamente, de forma que o valor a complementar por meio de Documento de Arrecadação de Receitas Federais - Darf, caso exista, seja o menor possível. Ao clicar no botão detalhar serão disponibilizadas as informações conforme exemplo a seguir:

INSTITUTO NACIONAL DO SEGURO SOCIAL
Diretoria de Benefícios

gov.br CORONAVÍRUS (COVID-19) ACESSO À INFORMAÇÃO PARTICIPE LEGISLAÇÃO ÓRGÃOS DO GOVERNO

Sugestão de Ajustes de Utilização, Agrupamento e Complementação de Contribuições - Ano Civil 2020

| Mês/Ano | Salário de Contribuição Consolidado | Sugestão de Utilização e Agrupamento | Sugestão de Complementação | Previsão de Salário Ajustado |
|---|---|---|---|---|
| JAN/2020 | R$ 77,74 | + R$ 961,26 | - | R$ 1.039,00 |
| FEV/2020 | R$ 480,28 | + R$ 564,72 | - | R$ 1.045,00 |
| MAR/2020 | R$ 562,58 | + R$ 482,42 | - | R$ 1.045,00 |
| ABR/2020 | - | | - | - |
| MAI/2020 | R$ 71,65 | + R$ 973,35 | - | R$ 1.045,00 |
| JUN/2020 | R$ 509,19 | + R$ 535,81 | - | R$ 1.045,00 |
| JUL/2020 | R$ 523,19 | + R$ 521,81 | - | R$ 1.045,00 |
| AGO/2020 | R$ 49,39 | + R$ 670,80 | R$ 82,70 | R$ 1.045,00 |
| SET/2020 | - | | - | - |
| OUT/2020 | R$ 704,91 | — R$ 704,91 | R$ 265,43 | R$ 1.045,00 |
| NOV/2020 | R$ 3.317,32 | — R$ 2.272,32 | - | R$ 1.045,00 |
| DEZ/2020 | R$ 2.777,94 | — R$ 1.732,94 | - | R$ 1.045,00 |

Atenção: Após clicar no botão "Aceitar", você poderá, na tela de conclusão do requerimento, gerar todos o(s) Darf(s) de complementação ou somente o(s) que deseja pagar, podendo realizar novo requerimento caso deseje pagar os demais Darf(s) com validade vencida.

Voltar Aceitar

1.13.5. O Quadro **"Sugestão de Complementação sem os Ajustes de Utilização e Agrupamento"** indica a possibilidade de complementar por meio de Darf todas as competências em que o somatório dos salários de contribuição estiver menor que o salário mínimo, sem aplicação de ajustes de utilização e agrupamento. Ao clicar no botão detalhar serão disponibilizadas as informações conforme exemplo a seguir.

Por padrão, todas as competências em que existem sugestões de complementação são selecionadas para geração do Darf, mas o segurado poderá desmarcar as que não deseja pagar a complementação. Após definir as competências para as quais deseja gerar Darf, clicar no botão "Aceitar".

INSTITUTO NACIONAL DO SEGURO SOCIAL
Diretoria de Benefícios

gov.br CORONAVÍRUS (COVID-19) | ACESSO À INFORMAÇÃO | PARTICIPE | LEGISLAÇÃO | ÓRGÃOS DO GOVERNO

Sugestão de Complementação sem os Ajustes de Utilização e Agrupamento de Contribuições - Ano Civil 2020

| ☑ | Mês/Ano | Salário de Contribuição Consolidado | Diferença Salário de Contribuição | Alíquota | Contribuição | Juros | Multa | Total a Pagar |
|---|---|---|---|---|---|---|---|---|
| ☑ | JAN/2020 | R$ 77,74 | R$ 961,26 | 20.0% | R$ 192,26 | R$ 17,09 | R$ 38,45 | R$ 247,80 |
| ☑ | FEV/2020 | R$ 480,28 | R$ 564,72 | 20.0% | R$ 112,95 | R$ 9,65 | R$ 22,59 | R$ 145,19 |
| ☑ | MAR/2020 | R$ 562,58 | R$ 482,42 | 20.0% | R$ 96,49 | R$ 7,97 | R$ 19,29 | R$ 123,75 |
| ☐ | ABR/2020 | - | - | - | - | - | - | - |
| ☑ | MAI/2020 | R$ 71,65 | R$ 973,35 | 20.0% | R$ 194,67 | R$ 15,22 | R$ 38,93 | R$ 248,82 |
| ☑ | JUN/2020 | R$ 509,19 | R$ 535,81 | 20.0% | R$ 107,17 | R$ 8,17 | R$ 21,43 | R$ 136,77 |
| ☑ | JUL/2020 | R$ 523,19 | R$ 521,81 | 20.0% | R$ 104,37 | R$ 7,79 | R$ 20,87 | R$ 133,03 |
| ☑ | AGO/2020 | R$ 49,39 | R$ 995,61 | 20.0% | R$ 199,13 | R$ 14,55 | R$ 39,82 | R$ 253,50 |
| ☐ | SET/2020 | - | - | - | - | - | - | - |
| ☑ | OUT/2020 | R$ 704,91 | R$ 340,09 | 20.0% | R$ 68,02 | R$ 4,76 | R$ 13,60 | R$ 86,38 |
| ☐ | NOV/2020 | R$ 3.317,32 | - | - | - | - | - | - |
| ☐ | DEZ/2020 | R$ 2.777,94 | - | - | - | - | - | - |

Voltar Aceitar

1.14. Ao clicar no botão "Aceitar" para quaisquer das escolhas, seja a proposta do Quadro previsto no subitem 1.13.4 ou a proposta do Quadro previsto no subitem 1.13.5, embora o requerimento seja realizado e concluído exclusivamente de forma remota, o sistema, por padrão, na próxima tela, exige que seja escolhida uma localidade de atendimento, informando o CEP, o Município ou a sua Localização para consultar uma unidade de relacionamento do segurado.

Após preencher o CEP, o Município ou a sua Localização, o segurado deve selecionar a Unidade de Atendimento à distância e clicar em "Avançar". Caso o sistema não encontre nenhuma Unidade disponível e dê a mensagem "Nenhuma unidade disponível para este tipo de atendimento", tente outro CEP ou Município para encontrar.

Importante: Lembre-se que essa informação não significa nenhum tipo de agendamento, pois esse serviço é automático e concluído no ato do requerimento. Como informado no início deste Anexo, trata-se de serviço realizado e concluído exclusivamente de forma remota, por meio do Meu INSS, não havendo agendamento ou necessidade de comparecimento nas Unidades de Atendimento do INSS.

Vejamos o exemplo das telas de informação dos dados de atendimento à distância:

INSTITUTO NACIONAL DO SEGURO SOCIAL

Diretoria de Benefícios

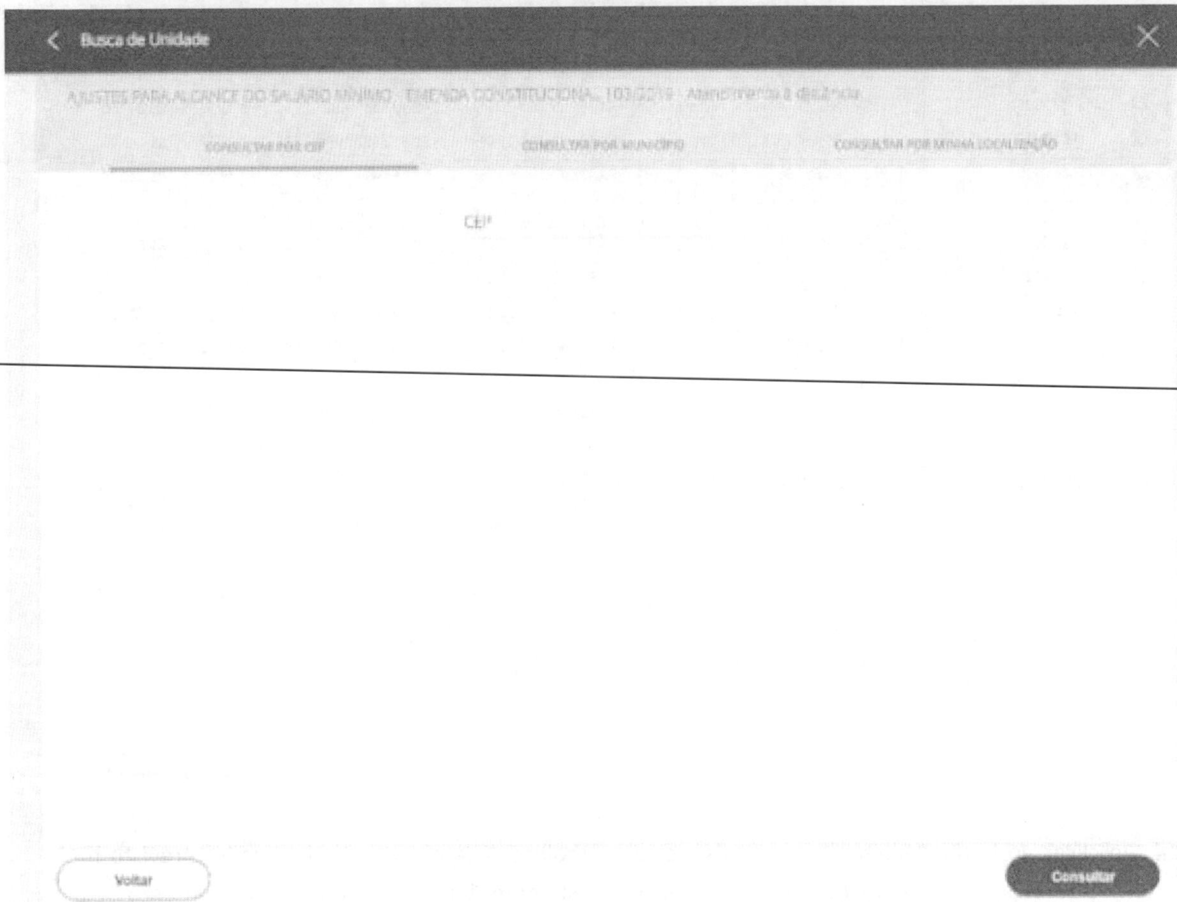

INSTITUTO NACIONAL DO SEGURO SOCIAL
Diretoria de Benefícios

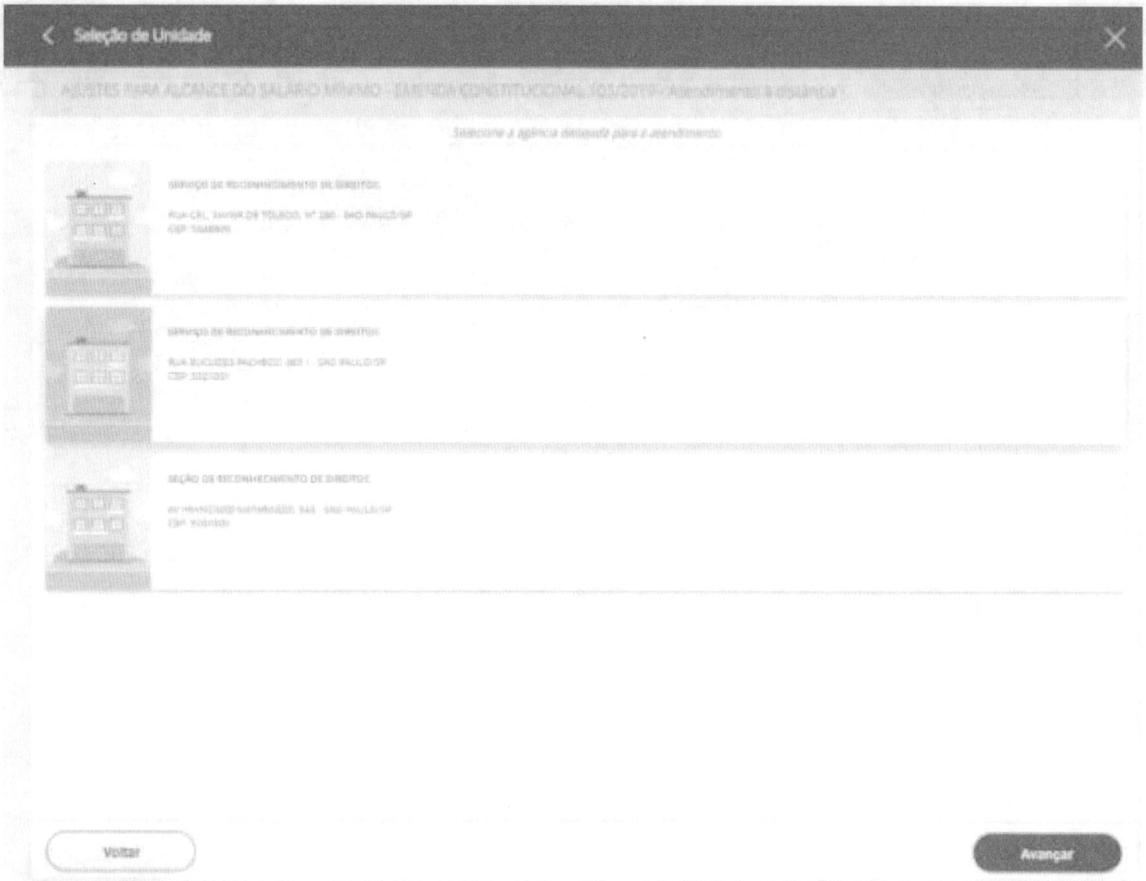


1.15. Na próxima tela, o segurado será informado dos dados básicos do requerimento e das Informações Adicionais, devendo clicar em "Declaro que li e concordo com as informações acima" e em seguida no botão "Avançar", para concluir o requerimento e o sistema efetuar o(s) ajuste(s) solicitado(s):

INSTITUTO NACIONAL DO SEGURO SOCIAL
Diretoria de Benefícios

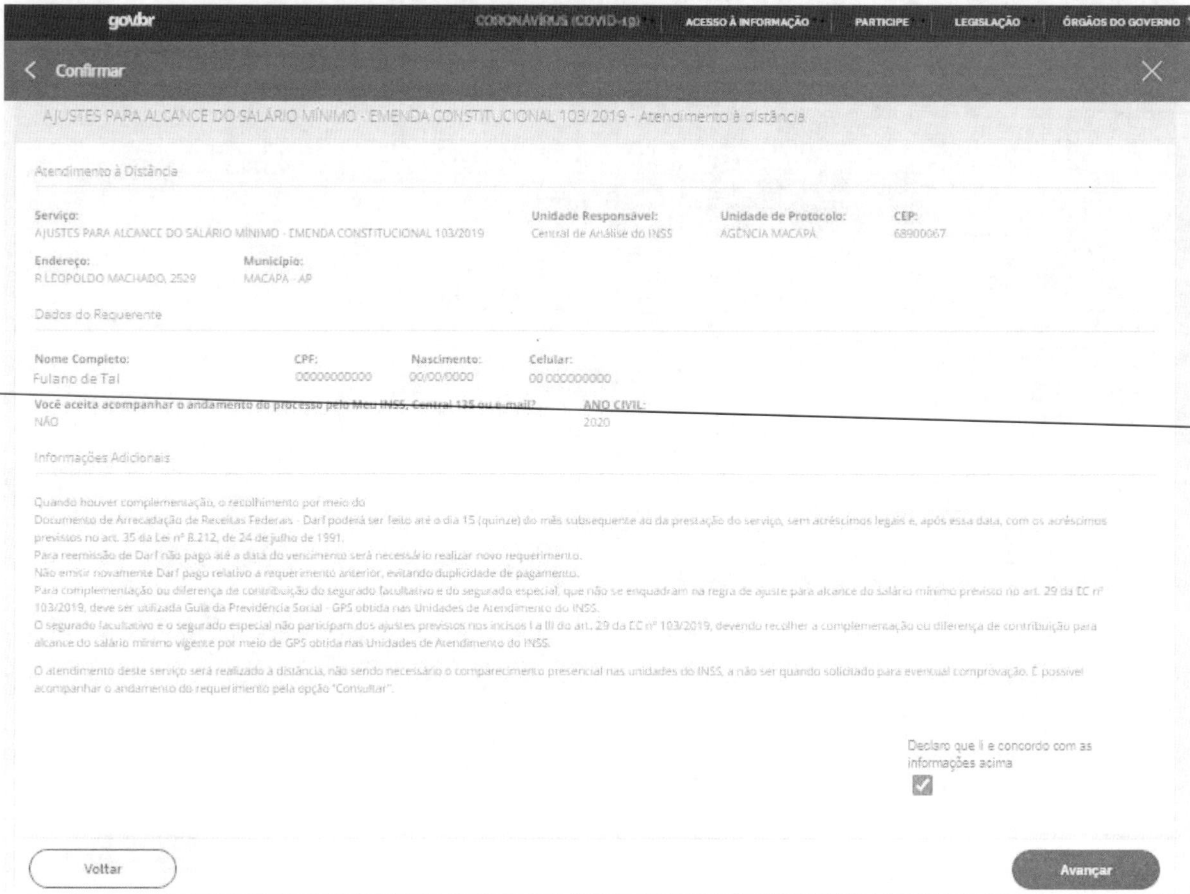


1.16. Conforme visto nas telas acima, o segurado pode escolher entre a proposta do **Quadro "Sugestão de Ajustes de Utilização, Agrupamento e Complementação"** previsto no subitem 1.13.4 ou do **Quadro "Sugestão de Complementação sem os Ajustes de Utilização e Agrupamento"** previsto no subitem 1.13.5 para os ajustes do ano civil escolhido. Sendo quaisquer das duas opções aceitas, o Requerimento do ano civil será concluído e apresentada a mensagem "Requerimento realizado com sucesso" na parte superior da tela. Nesta mesma tela serão apresentados os botões:

- "**Gerar todos os Darfs**" caso, após os ajustes efetuados, existam competências para pagamento;
- "**Gerar comprovante**" do Requerimento Concluído;
- "**Solicitações**" para ser direcionado para a tela onde constam os requerimentos existentes no Meu INSS.

Vejamos o exemplo da tela:

INSTITUTO NACIONAL DO SEGURO SOCIAL
Diretoria de Benefícios

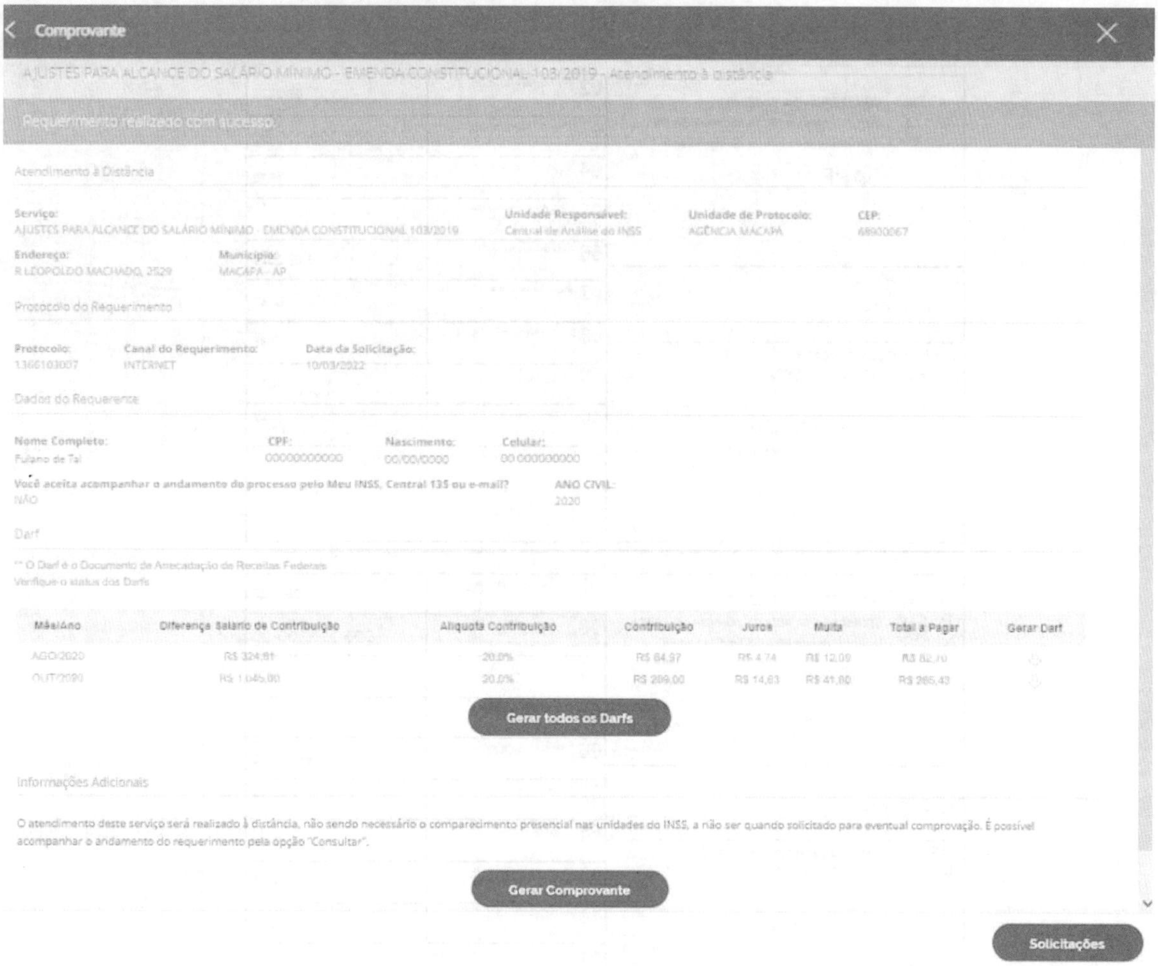

Comprovante

AJUSTES PARA ALCANCE DO SALÁRIO MÍNIMO - EMENDA CONSTITUCIONAL 103/2019 - Atendimento à distância

Requerimento realizado com sucesso.

Atendimento à Distância

| Serviço: | Unidade Responsável: | Unidade de Protocolo: | CEP: |
|---|---|---|---|
| AJUSTES PARA ALCANCE DO SALÁRIO MÍNIMO - EMENDA CONSTITUCIONAL 103/2019 | Central de Análise do INSS | AGÊNCIA MACAPÁ | 68900067 |

| Endereço: | Município: |
|---|---|
| R LEOPOLDO MACHADO, 2529 | MACAPÁ - AP |

Protocolo do Requerimento

| Protocolo: | Canal do Requerimento: | Data da Solicitação: |
|---|---|---|
| 1366103007 | INTERNET | 10/03/2022 |

Dados do Requerente

| Nome Completo: | CPF: | Nascimento: | Celular: |
|---|---|---|---|
| Fulano de Tal | 00000000000 | 00/00/0000 | 00 000000000 |

| Você aceita acompanhar o andamento do processo pelo Meu INSS, Central 135 ou e-mail? | ANO CIVIL: |
|---|---|
| NÃO | 2020 |

Darf

** O Darf é o Documento de Arrecadação de Receitas Federais
Verifique o status dos Darfs

| Mês/Ano | Diferença Salário de Contribuição | Alíquota Contribuição | Contribuição | Juros | Multa | Total a Pagar | Gerar Darf |
|---|---|---|---|---|---|---|---|
| AGO/2020 | R$ 324,81 | 20,0% | R$ 64,97 | R$ 4,74 | R$ 12,09 | R$ 82,70 | |
| OUT/2020 | R$ 1.045,00 | 20,0% | R$ 209,00 | R$ 14,63 | R$ 41,80 | R$ 265,43 | |

Gerar todos os Darfs

Informações Adicionais

O atendimento deste serviço será realizado à distância, não sendo necessário o comparecimento presencial nas unidades do INSS, a não ser quando solicitado para eventual comprovação. É possível acompanhar o andamento do requerimento pela opção "Consultar".

Gerar Comprovante

Solicitações

1.16.1. Clicando no ícone ou no botão "Gerar todos os Darfs", o segurado poderá gerar o(s) Darf(s) que deseja pagar, conforme exemplo abaixo relativo ao Darf da competência agosto de 2020:

INSTITUTO NACIONAL DO SEGURO SOCIAL
Diretoria de Benefícios

Aprovado pela IN/RFB nº 736/07 — 1ª via

**MINISTÉRIO DA FAZENDA**
**SECRETARIA DA RECEITA FEDERAL DO BRASIL**
Documento de Arrecadação de Receitas Federais

DARF

| Campo | Valor |
|---|---|
| 02 PERÍODO DE APURAÇÃO | 08/2020 |
| 03 NÚMERO DO CPF OU CNPJ | 000.000.000-00 |
| 04 CÓDIGO DA RECEITA | 1872 |
| 05 NÚMERO DE REFERÊNCIA | |
| 06 DATA DE VENCIMENTO | 15/09/2020 |
| 07 VALOR DO PRINCIPAL | 64,97 |
| 08 VALOR DA MULTA | 12,99 |
| 09 VALOR DOS JUROS E/OU ENCARGOS DL - 1.025/69 | 4,74 |
| 10 VALOR TOTAL | 82,70 |
| 11 AUTENTICAÇÃO BANCÁRIA (Somente nas 1ª e 2ª vias) | |

01 NOME / TELEFONE
FULANO DE TAL

**DARF válido para pagamento até 31/08/2022**
**NÃO RECEBER COM RASURAS**

**ATENÇÃO**
É vedado o recolhimento de tributos administrados pela Secretaria da Receita Federal do Brasil (RFB) cujo valor total seja inferior a R$ 10,00.

10/03/2022 17:40:42

Aprovado pela IN/RFB nº 736/07 — 2ª via

**MINISTÉRIO DA FAZENDA**
**SECRETARIA DA RECEITA FEDERAL DO BRASIL**
Documento de Arrecadação de Receitas Federais

DARF

| Campo | Valor |
|---|---|
| 02 PERÍODO DE APURAÇÃO | 08/2020 |
| 03 NÚMERO DO CPF OU CNPJ | 000.000.000-00 |
| 04 CÓDIGO DA RECEITA | 1872 |
| 05 NÚMERO DE REFERÊNCIA | |
| 06 DATA DE VENCIMENTO | 15/09/2020 |
| 07 VALOR DO PRINCIPAL | 64,97 |
| 08 VALOR DA MULTA | 12,99 |
| 09 VALOR DOS JUROS E/OU ENCARGOS DL - 1.025/69 | 4,74 |
| 10 VALOR TOTAL | 82,70 |
| 11 AUTENTICAÇÃO BANCÁRIA (Somente nas 1ª e 2ª vias) | |

01 NOME / TELEFONE
FULANO DE TAL

**DARF válido para pagamento até 31/08/2022**
**NÃO RECEBER COM RASURAS**

**ATENÇÃO**
É vedado o recolhimento de tributos administrados pela Secretaria da Receita Federal do Brasil (RFB) cujo valor total seja inferior a R$ 10,00.

10/03/2022 17:40:42

DARF emitido em duas vias. Recorte nas linhas tracejadas e efetue o pagamento na rede bancária autorizada.

DARF impresso sem código de barras por conter número de referência ou acréscimo de multa e/ou juros ou ano do período de apuração e/ou vencimento anterior a 2014 ou posterior a 2023.

ʌante do Requerimento gerado será equivalente ao seguinte modelo:

INSTITUTO NACIONAL DO SEGURO SOCIAL
Diretoria de Benefícios

Página 1 de 4

PROTOCOLO DE REQUERIMENTO
1366103007
Data de Entrada do Requerimento: 10/03/2022 17:41 - Central de Serviços - Internet

COMPROVANTE DO PROTOCOLO DE REQUERIMENTO

Requerente
**FULANO DE TAL**
Serviço
AJUSTES PARA ALCANCE DO SALÁRIO MÍNIMO - EMENDA CONSTITUCIONAL 103/2019

Unidade do Protocolo
25001010 - AGÊNCIA DA PREVIDÊNCIA SOCIAL MACAPÁ

Protocolo realizado em
10 MAR 2022
QUINTA-FEIRA

Dados do Requerente
**CPF:** 000.000.000-00
**Nascimento:** 00/00/0000
**Mãe:** FULANO DE TAL
**E-mail:** N/D
**Telefone:** (61) 9999-55555

**Requerente aceita acompanhar o andamento do processo pelo Meu INSS, Central 135 ou e-mail:** NÃO

Campos Adicionais
**ANO CIVIL:** 2020

Informações Adicionais
Quando houver complementação, o recolhimento por meio do Documento de Arrecadação de Receitas Federais - Darf poderá ser feito até o dia 15 (quinze) do mês subsequente ao da prestação do serviço, sem acréscimos legais e, após essa data, com os acréscimos previstos no art. 35 da Lei nº 8.212, de 24 de julho de 1991.
Para reemissão de Darf não pago até a data do vencimento será necessário realizar novo requerimento.
Não emitir novamente Darf pago relativo a requerimento anterior, evitando duplicidade de pagamento.
Para complementação ou diferença de contribuição do segurado facultativo e do segurado especial, que não se enquadram na regra de ajuste para alcance do salário mínimo previsto no art. 29 da EC nº 103/2019, deve ser utilizada Guia da Previdência Social - GPS obtida nas Unidades de Atendimento do INSS.
O segurado facultativo e o segurado especial não participam dos ajustes previstos nos incisos I a III do art. 29 da EC nº 103/2019, devendo recolher a complementação ou diferença de contribuição para alcance do salário mínimo vigente por meio de GPS obtida nas Unidades de Atendimento do INSS.

Página 2 de 4

CPF DO REQUERENTE
000.000.000-00
Data de Entrada do Requerimento: 10/03/2022 17:41 - Central de Serviços - Internet

AJUSTES DE CONTRIBUIÇÕES REALIZADOS - ANO CIVIL 2020

| Mês/Ano | Salário de Contribuição | Utilização e Agrupamento | Complementação | Previsão de Salário Ajustado |
|---|---|---|---|---|
| JAN/2020 | R$ 77,74 | R$ 961,26 | - | R$ 1.039,00 |
| FEV/2020 | R$ 460,28 | R$ 584,72 | - | R$ 1.045,00 |
| MAR/2020 | R$ 562,58 | R$ 482,42 | - | R$ 1.045,00 |
| ABR/2020 | - | - | - | - |
| MAI/2020 | R$ 71,65 | R$ 973,35 | - | R$ 1.045,00 |
| JUN/2020 | R$ 509,19 | R$ 535,81 | - | R$ 1.045,00 |
| JUL/2020 | R$ 523,19 | R$ 521,81 | - | R$ 1.045,00 |
| AGO/2020 | R$ 49,39 | R$ 670,80 | R$ 82,70 | R$ 1.045,00 |
| SET/2020 | - | - | - | - |
| OUT/2020 | R$ 704,91 | -R$ 704,91 | R$ 265,43 | R$ 1.045,00 |
| NOV/2020 | R$ 3.317,32 | -R$ 2.272,32 | - | R$ 1.045,00 |
| DEZ/2020 | R$ 2.777,94 | -R$ 1.732,94 | - | R$ 1.045,00 |

Página 3 de 4

CPF DO REQUERENTE
000.000.000-00
Data de Entrada do Requerimento: 10/03/2022 17:41 - Central de Serviços - Internet

Darfs GERADOS - ANO CIVIL 2020

| Mês/Ano | Diferença Salário de Contribuição | Alíquota Contribuição | Contribuição | Juros | Multa | Total a Pagar |
|---|---|---|---|---|---|---|
| AGO/2020 | R$ 324,81 | 20% | R$ 64,97 | R$ 4,74 | R$ 12,99 | R$ 82,70 |
| OUT/2020 | R$ 1.045,00 | 20% | R$ 209,00 | R$ 14,63 | R$ 41,80 | R$ 265,43 |

Página 4 de 4

PROTOCOLO DE REQUERIMENTO
1366103007
Data de Entrada do Requerimento: 10/03/2022 17:41 - Central de Serviços - Internet

SITUAÇÃO DO REQUERIMENTO

Requerente
**FULANO DE TAL**
Serviço
AJUSTES PARA ALCANCE DO SALÁRIO MÍNIMO - EMENDA CONSTITUCIONAL 103/2019

Situação: Concluído

10 MAR 2022
QUINTA-FEIRA

Dados do Requerente
**CPF:** 000.000.000-00
**Nascimento:** 00/00/0000
**Mãe:** FULANO DE TAL
**E-mail:** N/D
**Telefone:** (61) 9999-55555

**Requerente aceita acompanhar o andamento do processo pelo Meu INSS, Central 135 ou e-mail:** NÃO

Campos Adicionais
**ANO CIVIL:** 2020

Informações Adicionais
Quando houver complementação, o recolhimento por meio do Documento de Arrecadação de Receitas Federais - Darf poderá ser feito até o dia 15 (quinze) do mês subsequente ao da prestação do serviço, sem acréscimos legais e, após essa data, com os acréscimos previstos no art. 35 da Lei nº 8.212, de 24 de julho de 1991.
Para reemissão de Darf não pago até a data do vencimento será necessário realizar novo requerimento.
Não emitir novamente Darf pago relativo a requerimento anterior, evitando duplicidade de pagamento.
Para complementação ou diferença de contribuição do segurado facultativo e do segurado especial, que não se enquadram na regra de ajuste para alcance do salário mínimo previsto no art. 29 da EC nº 103/2019, deve ser utilizada Guia da Previdência Social - GPS obtida nas Unidades de Atendimento do INSS.
O segurado facultativo e o segurado especial não participam dos ajustes previstos nos incisos I a III do art. 29 da EC nº 103/2019, devendo recolher a complementação ou diferença de contribuição para alcance do salário mínimo vigente por meio de GPS obtida nas Unidades de Atendimento do INSS.

Você pode conferir a autenticidade do documento em https://hosinss.inss.gov.br/central/autenticidade.html com o código 220310TD14LM05

INSTITUTO NACIONAL DO SEGURO SOCIAL
Diretoria de Benefícios

1.17. Ao finalizar o requerimento o segurado poderá consultá-lo clicando no botão "Solicitações" da tela do subitem 1.16. Ou poderá consultar seus requerimentos acessando "Consulta Pedidos" conforme tela a seguir:

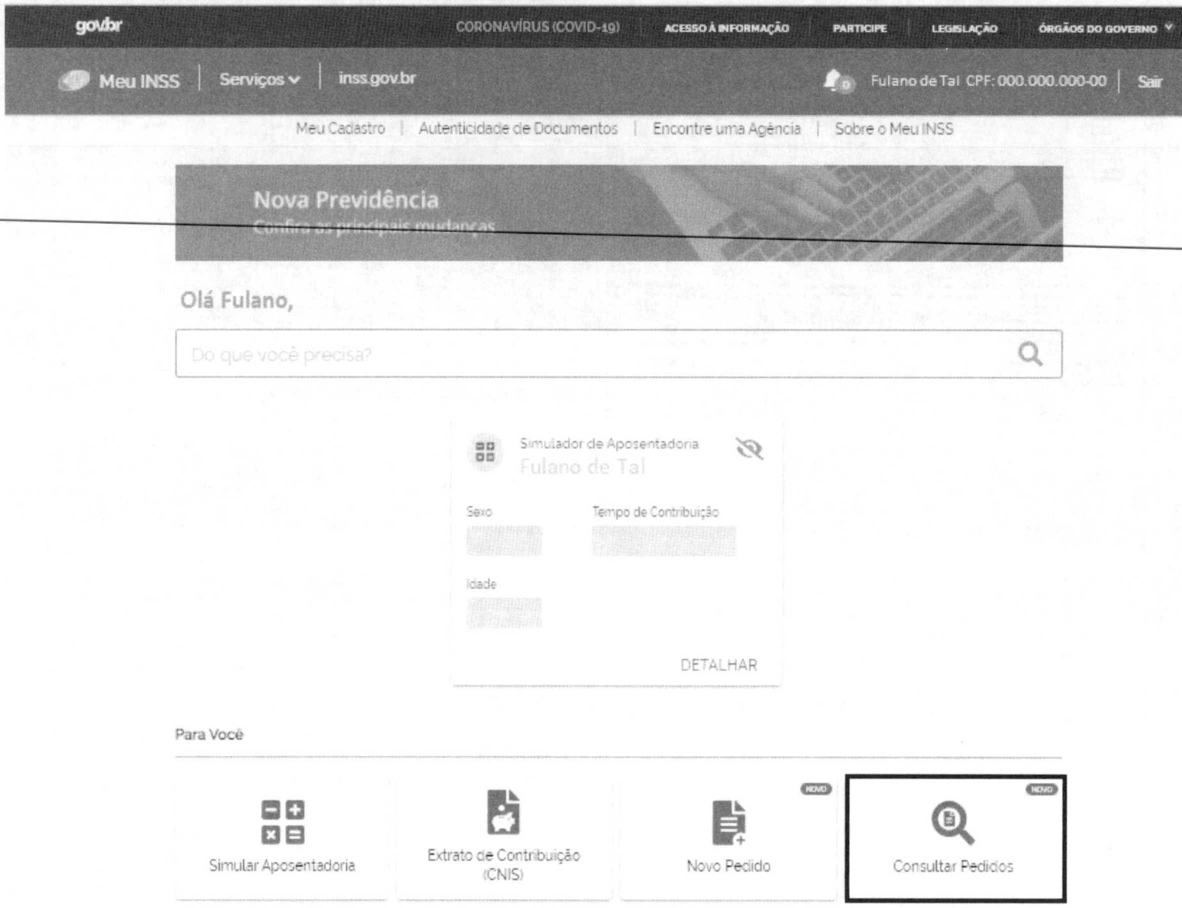


1.18. Na "Consulta a pedidos" os requerimentos são apresentados conforme tela a seguir:

INSTITUTO NACIONAL DO SEGURO SOCIAL
Diretoria de Benefícios

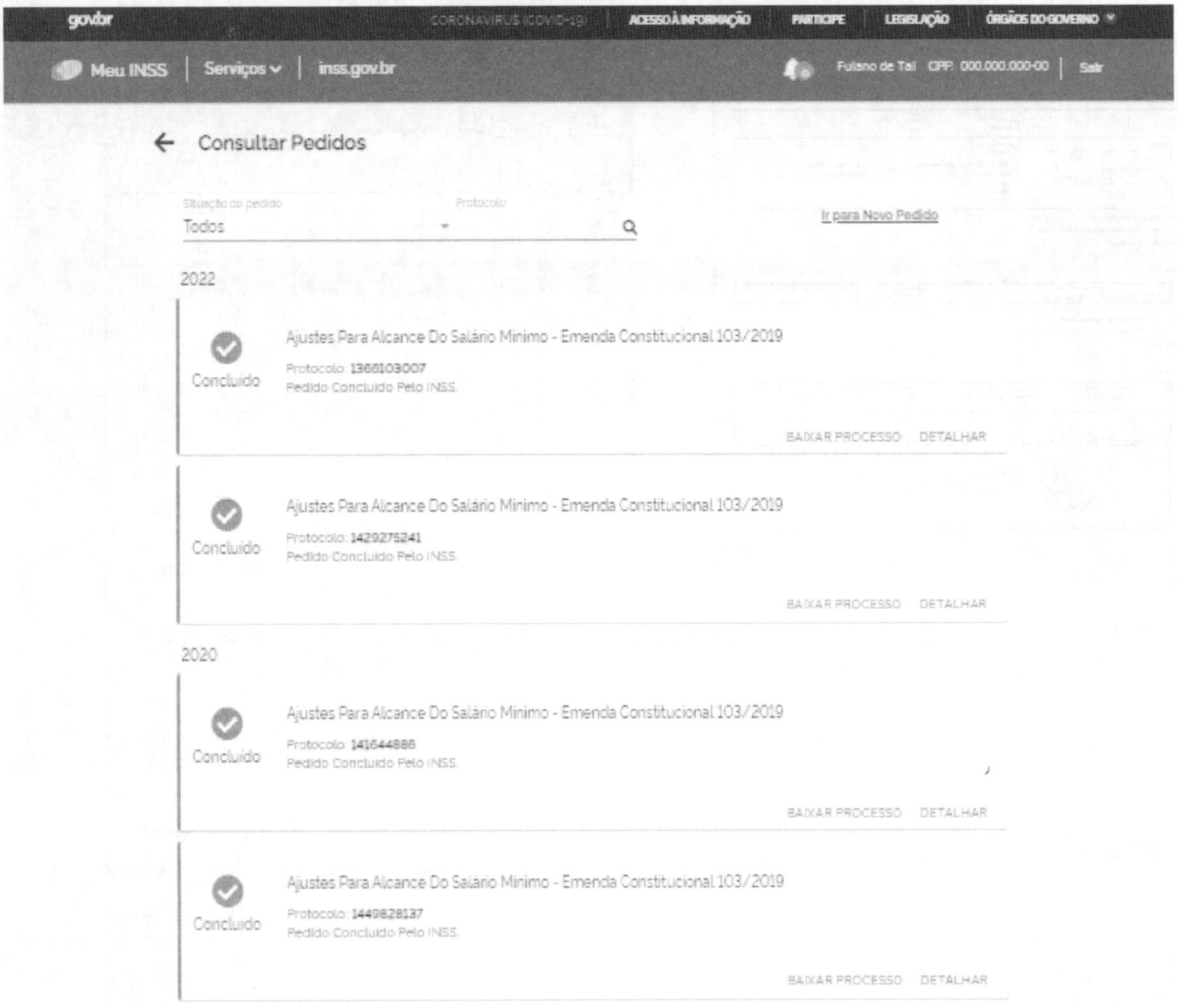


1.18.1. Clicando na opção “BAIXAR PROCESSO” no requerimento que deseja consultar, o segurado pode gerar o processo completo e concluído, em PDF, conforme exemplo a seguir:

## INSTITUTO NACIONAL DO SEGURO SOCIAL
### Diretoria de Benefícios

Pagina 1 de 4

INSS

Protocolo de requerimento: 1366103007

**Dados Básicos**

| Serviço | Status | Prioridade |
|---|---|---|
| AJUSTES PARA ALCANCE DO SALÁRIO MÍNIMO - EMENDA CONSTITUCIONAL 103/2019 | Concluída | Normal |
| **Unidade de Protocolo** | **Data de entrada do requerimento** | **Canal de atendimento** |
| AGÊNCIA DA PREVIDÊNCIA SOCIAL DE AUTOMATIZAÇÃO DE PROCESSOS | 10/03/2022 17:41 | Central de Serviços - Internet |
| | **Última atualização** | |
| | 10/03/2022 17:41 | |

**Endereço para atendimento:**

A tarefa não possui endereço para atendimento externo.

**Campos adicionais:**

A tarefa não possui campos adicionais.

**Interessados**

| CPF | Nome Completo | Data Nascimento | Nome Completo da Mãe |
|---|---|---|---|
| 000.000.000-00 | FULANO DE TAL | 00/00/0000 | FULANO DE TAL |

**Procuradores / Representantes Legais**

A tarefa não possui procuradores / representantes legais.

**Instituidores**

A tarefa não possui instituidores.

**Anexos**

| ID | Nome do Arquivo | Descrição do Arquivo | Tamanho | Enviado Por | Autenticado? |
|---|---|---|---|---|---|
| 776797 | movimentacoes.pdf | Resultado das movimentações | 19,36kB | 100.677.338-08 - 10/03/2022 17:41 | Não |
| 1366103007 - AJUSTES PARA ALCANCE DO SALÁRIO MÍNIMO - EMENDA CONSTITUCIONAL 103/2019 (Tarefa principal) | | | | | |
| 776798 | darf.pdf | Resultado de DARF | 19,34kB | 100.677.338-08 - 10/03/2022 17:41 | Não |
| 1366103007 - AJUSTES PARA ALCANCE DO SALÁRIO MÍNIMO - EMENDA CONSTITUCIONAL 103/2019 (Tarefa principal) | | | | | |

Você pode conferir a autenticidade do documento em https://hcsinss.inss.gov.br/central/autenticidade.html com o código 0000000X000000

Página 2 de 4
Anexo ID: 776797

PREVIDÊNCIA SOCIAL

CPF DO REQUERENTE
100.677.338-08
Data de Entrada do Requerimento: 10/03/2022 17:41 - Central de Serviços - Internet

AJUSTES DE CONTRIBUIÇÕES REALIZADOS - ANO CIVIL 2020

| Mês/Ano | Salário de Contribuição | Utilização e Agrupamento | Complementação | Previsão de Salário Ajustado |
|---|---|---|---|---|
| JAN/2020 | R$ 77,74 | R$ 981,26 | - | R$ 1.039,00 |
| FEV/2020 | R$ 480,28 | R$ 564,72 | - | R$ 1.045,00 |
| MAR/2020 | R$ 562,58 | R$ 482,42 | - | R$ 1.045,00 |
| ABR/2020 | - | - | - | - |
| MAI/2020 | R$ 71,65 | R$ 973,35 | - | R$ 1.045,00 |
| JUN/2020 | R$ 509,19 | R$ 535,81 | - | R$ 1.045,00 |
| JUL/2020 | R$ 523,19 | R$ 521,81 | - | R$ 1.045,00 |
| AGO/2020 | R$ 49,39 | R$ 670,80 | R$ 82,70 | R$ 1.045,00 |
| SET/2020 | - | - | - | - |
| OUT/2020 | R$ 704,91 | -R$ 704,91 | R$ 265,43 | R$ 1.045,00 |
| NOV/2020 | R$ 3.317,32 | -R$ 2.272,32 | - | R$ 1.045,00 |
| DEZ/2020 | R$ 2.777,94 | -R$ 1.732,94 | - | R$ 1.045,00 |

Página 3 de 4
Anexo ID: 776798

PREVIDÊNCIA SOCIAL

CPF DO REQUERENTE
000.000.000-00
Data de Entrada do Requerimento: 10/03/2022 17:41 - Central de Serviços - Internet

Darfs GERADOS - ANO CIVIL 2020

| Mês/Ano | Diferença Salário de Contribuição | Alíquota Contribuição | Contribuição | Juros | Multa | Total a Pagar |
|---|---|---|---|---|---|---|
| AGO/2020 | R$ 324,81 | 20% | R$ 64,97 | R$ 4,74 | R$ 12,99 | R$ 82,70 |
| OUT/2020 | R$ 1.045,00 | 20% | R$ 209,00 | R$ 14,63 | R$ 41,80 | R$ 265,43 |

Página 4 de 4

Despacho (2704660)
Enviado em 10/03/2022 17:41
1366103007 - AJUSTES PARA ALCANCE DO SALÁRIO MÍNIMO - EMENDA CONSTITUCIONAL 103/2019 (Tarefa principal)

O requerimento foi habilitado automaticamente no sistema CNIS.

INSTITUTO NACIONAL DO SEGURO SOCIAL
Diretoria de Benefícios

1.18.2. Clicando na opção "DETALHAR" no requerimento que deseja consultar, é disponibilizada a tela a seguir, na qual o segurado pode realizar as seguintes ações: gerar todos os Darfs, gerar comprovante e baixar processo:

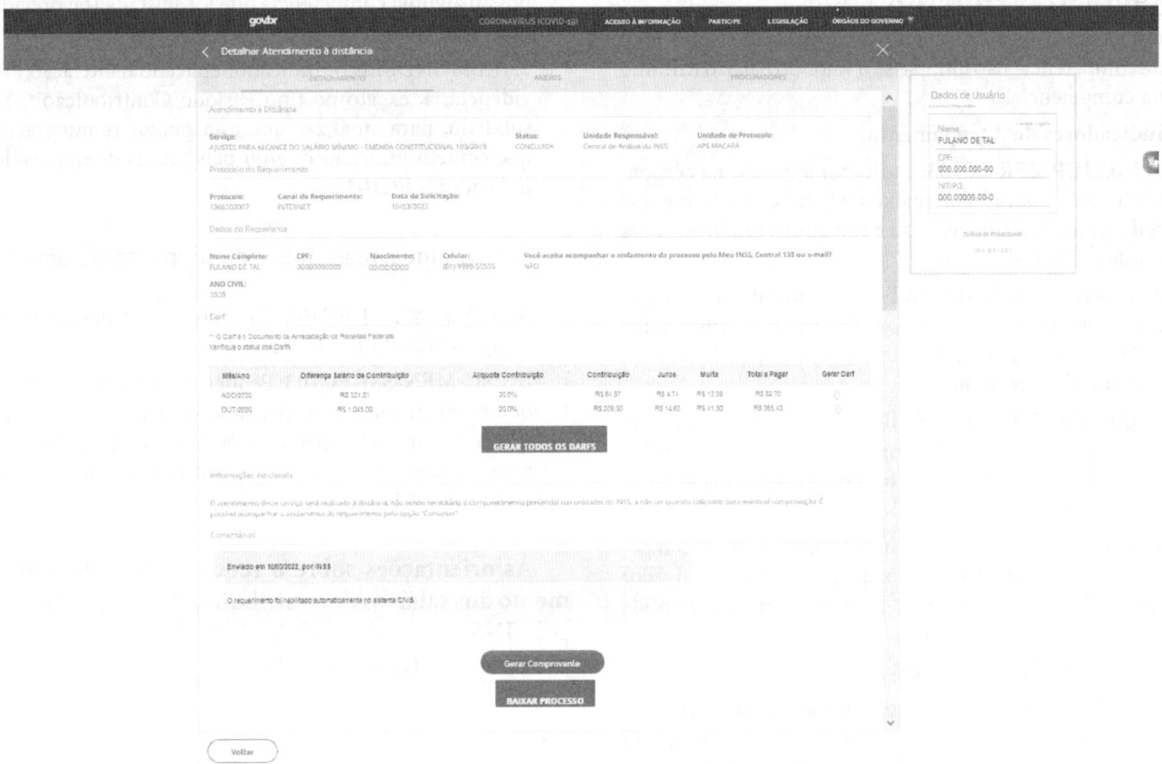


**2. CONSULTA AOS AJUSTES REALIZADOS PARA ALCANCE DO SALÁRIO MÍNIMO - EMENDA CONSTITUCIONAL 103/2019 NO EXTRATO DE CONTRIBUIÇÕES DO MEU INSS**

2.1. É importante saber que a partir da aceitação do segurado os ajustes de utilização e agrupamento serão realizados automaticamente e o requerimento concluído. Dessa forma, os dados do Ano Civil ajustado estarão disponíveis no Extrato do CNIS no Meu INSS (https://meu.inss.gov.br/), bem como os respectivos indicadores.

2.2 Os sistemas do INSS estão em fase de adequação para exibir automaticamente no Extrato do CNIS o salário de contribuição relativo ao Darf liquidado, sendo que todos os recolhimentos efetuados antes e depois da adequação serão apropriados no CNIS. Até que referida adequação sistêmica seja concluída o segurado poderá apresentar ao INSS o comprovante do recolhimento do Darf referente à complementação para fins de reconhecimento de direitos.

Coube ainda à Portaria INSS/DIRBEN 1.005/2022 constituir novos indicadores no CNIS a respeito dos ajustes no salário de contribuição:

> **ANEXO IV PORTARIA DIRBEN/INSS Nº 990, DE 28 DE MARÇO DE 2022 (incluído pela PORTARIA DIRBEN/INSS nº 1.005, 11 de abril de 2022)**
>
> **INDICADORES DOS AJUSTES DE COMPLEMENTAÇÃO, UTILIZAÇÃO E AGRUPAMENTO**
>
> **Indicadores de Complementação:**
>
> **1. ICOMPL-VR-SM-EC103:** Indicador que sinaliza se a competência possui recolhimento de complementação Darf para o valor mínimo.
>
> **2. IVLR-DARF-LIMITADO:** Indicador que sinaliza que um valor de Darf foi limitado de forma que o valor total da competência não ultrapasse o valor do Salário Mínimo na competência.
>
> **Indicadores de Agrupamento:**
>
> **1. IAGRUP-ZER-EC103:** Indicador aplicado na competência que possui valor abaixo de Salário Mínimo e que cede para outra competência e restando a cedente zerada (desfavorecida);
>
> 2. IAGRUP-VR-EC103: Indicador aplicado na competência que possui valor abaixo de Salário Mínimo e que cede para outra competência e restando a cedente com resíduo (desfavorecida).
>
> 3. IAGRUP-SM-EC103: Indicador aplicado na competência que recebe de outra competência, que possui valor abaixo de Salário Mínimo e ficando a favorecida igual ao Salário Mínimo (favorecida).
>
> 4. IAGRUP-MN-SM-EC103: Indicador aplicado na competência que recebe de outra competência, que possui valor abaixo de Salário Mínimo e permanecendo a favorecida abaixo do Salário Mínimo (favorecida).
>
> **Indicadores de Utilização:**
>
> 1. IUTILIZ-EXC-EC103: Indicador aplicado na competência que receber valor de competências que possuam valores excedentes ao Salário Mínimo e ficando a favorecida igual ao Salário Mínimo (favorecida).
>
> 2. IUTILIZ-EXC-MN-SM-EC103: Indicador aplicado na competência que receber valor de competências que possuam valores excedentes ao Salário Mínimo e permanecendo a favorecida abaixo do Salário Mínimo (favorecida).
>
> 3. ICED-VR-EXC-EC103: Indicador aplicado na competência com que possui valor excedente ao Salário Mínimo e que cede valor para outra competência (desfavorecida).
>
> **Outros indicadores:**
>
> 1. IREL-PREV-POSSUI-COMP-AJUST: Indicador aplicado na Relação Previdenciária para sinalizar que esta possui alguma competência que foi ajustada (favorecida/ desfavorecida).
>
> 2. IREM-INDPEND: Indicador aplicado na Relação Previdenciária, exceto no tipo Período Contribuição Consolidado, para sinalizar que esta possui remunerações que contém indicadores e/ou pendencias diferentes dos indicadores EC103.

Temos, ainda, mais dois indicadores de pendências:

> **A. PDESFAZ-AJ-EC103**: Pendência por desfazimento de agrupamento ou utilização;
>
> B. **PSC-MEN-SM-EC103**: Pendência na competência em que o somatório dos salários de contribuição é menor que o mínimo. Competência pode ser passível de complementação, utilização ou agrupamento, de acordo com a EC 103/2019.

**As orientações sobre o requerimento do ajustamento dos salários de contribuição foram publicadas pelo INSS no Anexo III da Portaria 990/2022, inserido pela Portaria 1.005/2022:**

INSTITUTO NACIONAL DO SEGURO SOCIAL
Diretoria de Benefícios

**ANEXO III**
**PORTARIA DIRBEN/INSS Nº 990, DE 28 DE MARÇO DE 2022**
**(incluído pela PORTARIA DIRBEN/INSS nº 1.005, 11 de abril de 2022)**

**ORIENTAÇÕES SOBRE O REQUERIMENTO DE AJUSTES DE COMPLEMENTAÇÃO, UTILIZAÇÃO E AGRUPAMENTO PARA FINS DO ALCANCE DO LIMITE MÍNIMO DO SALÁRIO DE CONTRIBUIÇÃO, INSTITUÍDOS PELO ART. 29 DA EMENDA CONSTITUCIONAL Nº 103/2019**

**1. DO REQUERIMENTO DE AJUSTES PARA ALCANCE DO SALÁRIO MÍNIMO - EMENDA CONSTITUCIONAL 103/2019**

1.1. O segurado pode efetuar os ajustes de complementação, utilização e agrupamento previstos no art. 29 da Emenda Constitucional n° 103, de 12 de novembro de 2019 mediante acesso ao Meu INSS no endereço eletrônico https://meu.inss.gov.br/, via requerimento do serviço AJUSTES PARA ALCANCE DO SALÁRIO MÍNIMO - EMENDA CONSTITUCIONAL 103/2019.

1.2. Trata-se de serviço realizado e concluído exclusivamente de forma remota, por meio do Meu INSS, não havendo agendamento ou necessidade de comparecimento nas Unidades de Atendimento do INSS.

1.3 Para acessar esse serviço é necessário ter senha de acesso ao Meu INSS. Caso o segurado não possua senha de acesso deverá criá-la conforme orientações contidas no endereço eletrônico: http://faq-login-unico.servicos.gov.br/en/latest/_perguntasdafaq/contaacesso.html

1.4 Com a senha de acesso, o segurado deverá efetuar **login** no Meu INSS.

INSTITUTO NACIONAL DO SEGURO SOCIAL
Diretoria de Benefícios

1.5. Após **login** no Meu INSS, escolher a opção "**Novo Pedido**":

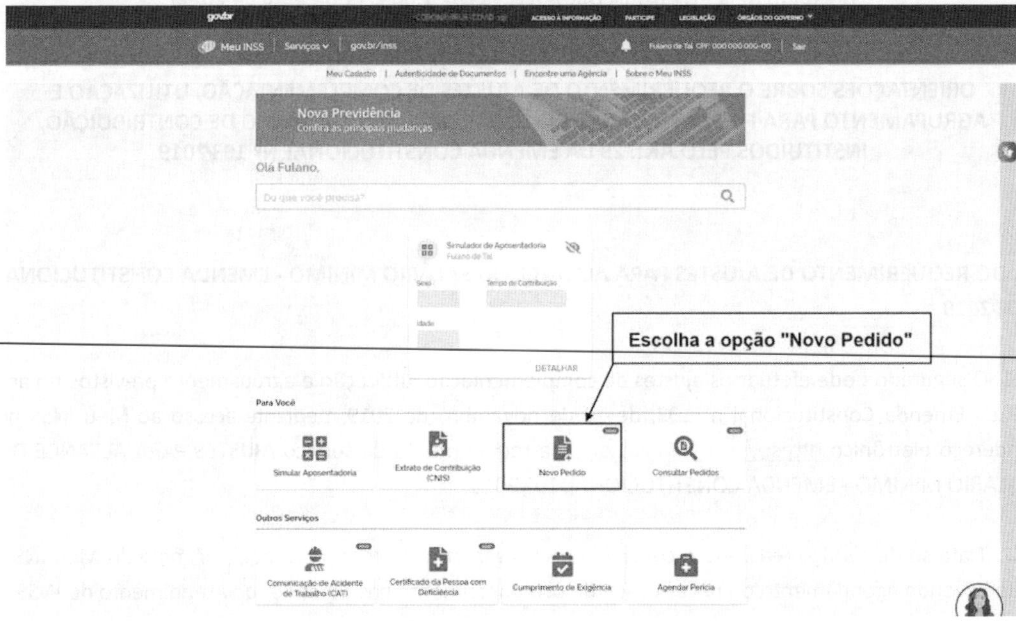


1.6. O segurado poderá fazer a busca do serviço respondendo à pergunta "Que atendimento você deseja?", digitando AJUSTES PARA ALCANCE DO SALÁRIO MÍNIMO - EMENDA CONSTITUCIONAL 103/2019:

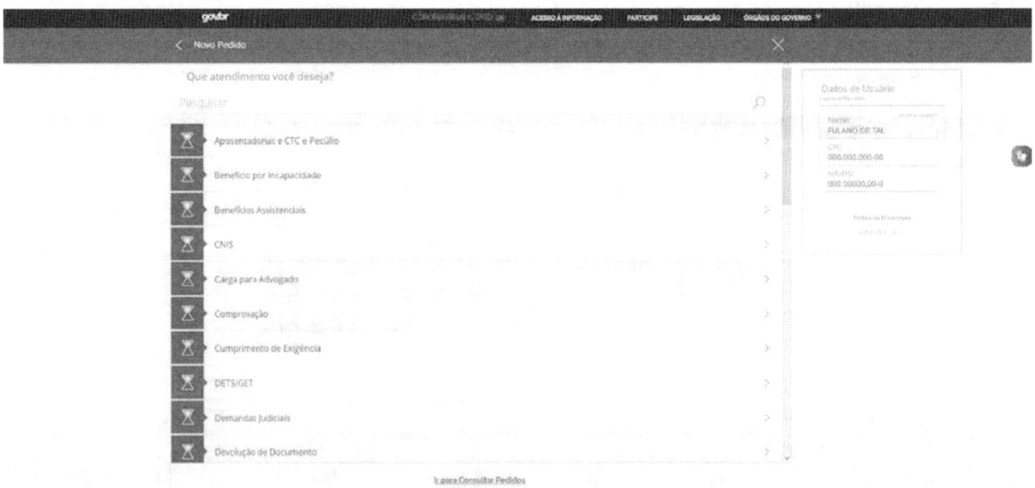

INSTITUTO NACIONAL DO SEGURO SOCIAL
Diretoria de Benefícios

1.7. Clique na opção AJUSTES PARA ALCANCE DO SALÁRIO MÍNIMO - EMENDA CONSTITUCIONAL 103/2019:

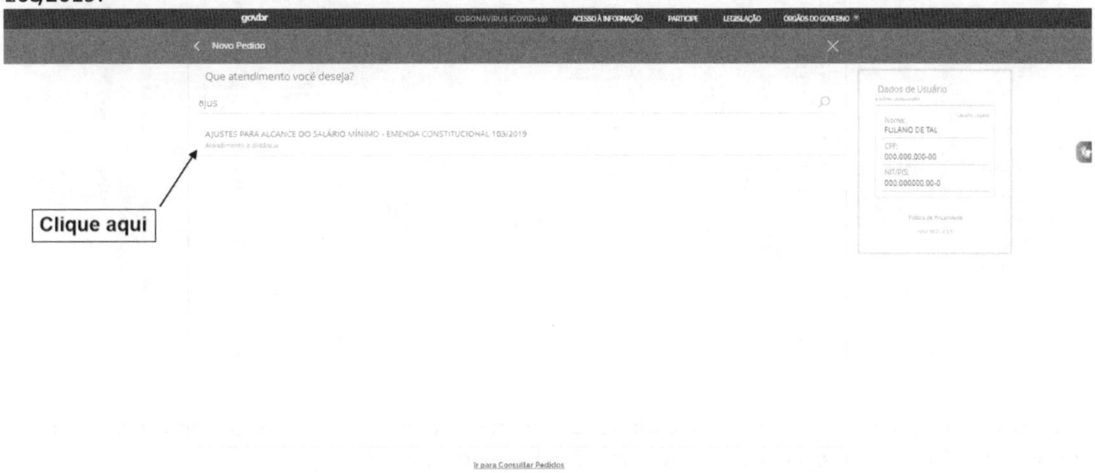


1.8. O segurado poderá também optar pela busca do serviço de AJUSTES PARA ALCANCE DO SALÁRIO MÍNIMO - EMENDA CONSTITUCIONAL 103/2019 clicando no menu CNIS:

IMAGEM5

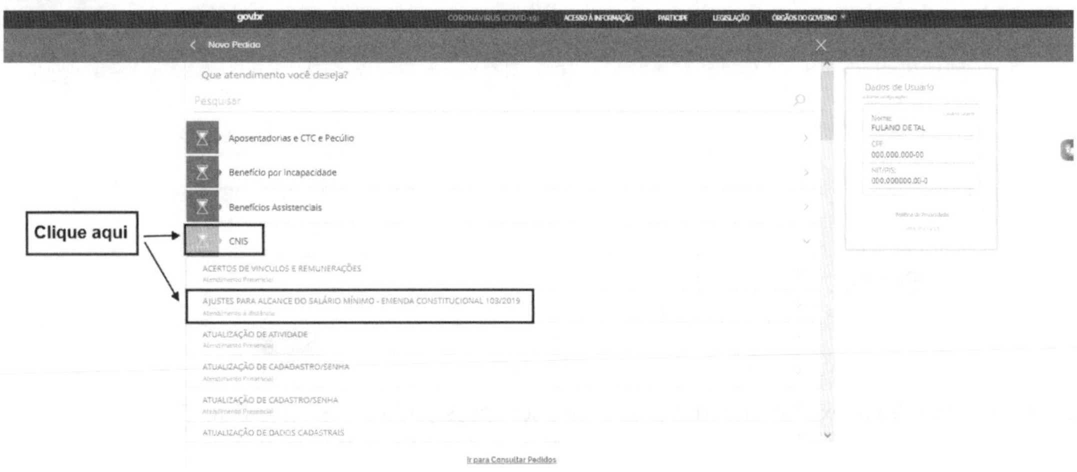


1.9. Clique no botão Atualizar:

INSTITUTO NACIONAL DO SEGURO SOCIAL
Diretoria de Benefícios

1.10. Caso seja necessário atualizar algum dado cadastral preencha os campos com os dados e clique no botão "Atualizar", caso não seja necessário atualização clique no botão "Avançar":

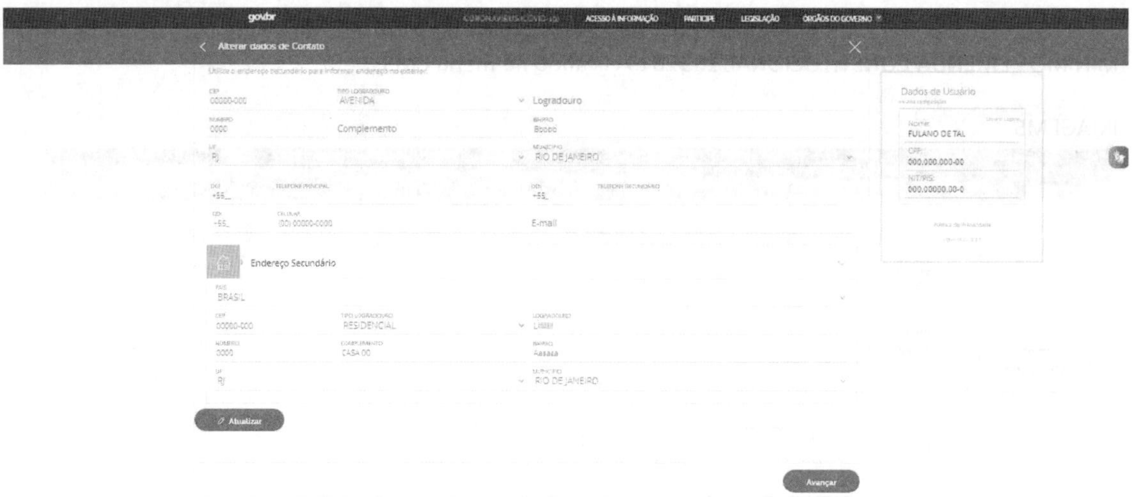


1.11. Leia com atenção o texto de "Informações do Serviço" acessando o link "Clique aqui":

INSTITUTO NACIONAL DO SEGURO SOCIAL
Diretoria de Benefícios

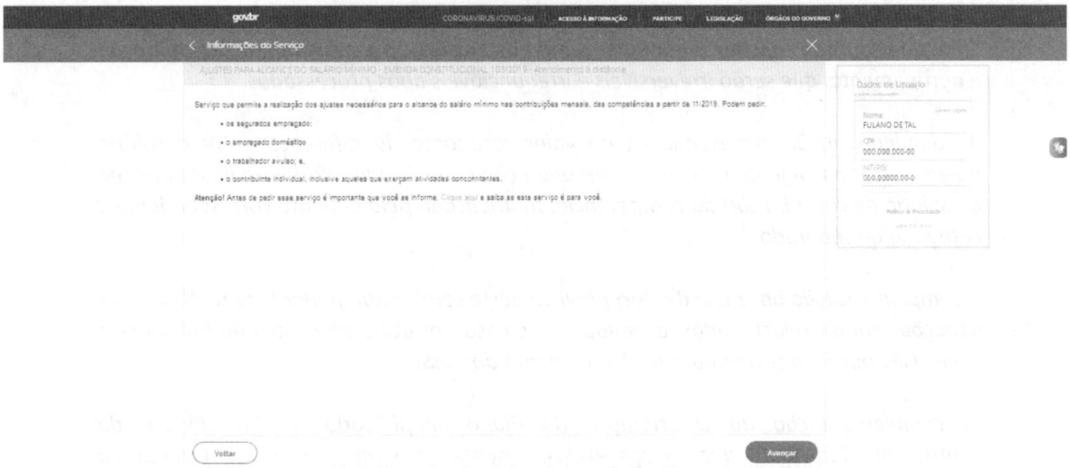


**Texto de Informações do Serviço:**

*"AJUSTES PARA ALCANCE DO SALÁRIO MÍNIMO - EMENDA CONSTITUCIONAL 103/2019 - Atendimento à distância*

*ATENÇÃO! LEIA O TEXTO A SEGUIR ANTES DE PROSSEGUIR COM OS AJUSTES DA EC 103/2019:*

*O atendimento deste serviço será realizado à distância, não sendo necessário o comparecimento presencial nas unidades do INSS, a não ser quando solicitado para eventual comprovação.*

*Esse serviço permite efetuar os ajustes necessários para o alcance do salário mínimo nacional vigente na(s) competência(s) a partir de 11/2019, que estejam abaixo do salário mínimo, dentro de um mesmo ano civil (período de doze meses contados de 1º de janeiro a 31 de dezembro do respectivo ano), exceto o décimo terceiro salário, conforme disposto pelo artigo 29 da Emenda Constitucional nº 103, de 12 de novembro de 2019.*

*Os segurados empregado, empregado doméstico, trabalhador avulso e contribuinte individual, inclusive aqueles que exerçam atividades concomitantes, que no somatório de remunerações auferidas na competência, receber remuneração inferior ao limite mínimo mensal do salário de contribuição, poderão efetuar os seguintes ajustes:*

***1°** - complementação da contribuição das competências por Documento de Arrecadação de Receitas Federais - Darf;*

***2°** - utilização do valor do salário de contribuição que exceder ao limite mínimo, de uma ou mais competências, para completar o salário de contribuição de uma ou mais competências;*

***3°** - agrupamento dos salários de contribuição inferiores ao limite mínimo, de diferentes competências, para aproveitamento em uma ou mais competências, de forma que o resultado do agrupamento não ultrapasse o valor mínimo do salário de contribuição.*

INSTITUTO NACIONAL DO SEGURO SOCIAL
Diretoria de Benefícios

*Cabe ao segurado solicitar a qualquer tempo os ajustes de complementação, utilização e agrupamento, que serão irreversíveis e irrenunciáveis após processados.*

*A complementação corresponderá ao valor resultante da diferença entre o salário mínimo nacional vigente no mês e a remuneração consolidada inferior ao limite mínimo do salário de contribuição da competência, multiplicado pela alíquota correspondente à categoria de segurado.*

*A complementação por meio de Darf prevista neste serviço não poderá ser realizada nas situações abaixo relacionadas, devendo, neste caso, ser utilizada a Guia da Previdência Social GPS obtida nas Unidades de Atendimento do INSS:*

*1) complementação da contribuição do Plano Simplificado da Previdência, do contribuinte individual que exerça exclusivamente atividade por conta própria na alíquota de 11% (GPS cód. 1163) e MEI (DASMEI), para o plano normal na alíquota de 20%;*

*2) qualquer contribuição de Facultativo (GPS cód. 1406, 1473 e 1929) ou de Segurado Especial (GPS cód. 1503); e*

*3) diferença de contribuição na alíquota de 20% (GPS cód. 1007) para valor superior ao salário-mínimo do segurado que exercer exclusivamente atividade de contribuinte individual, decorrente de remuneração comprovada superior ao valor anteriormente pago."*

1.12. Clicando no botão "Avançar" da tela anterior é apresentada a tela a seguir. Caso não tenha atualizado os dados de contato conforme subitem 1.10, preencha pelo menos um dos campos "Celular" ou "Telefone fixo", informe se aceita acompanhar o andamento do processo pelo Meu INSS, Central 135 ou e-mail, selecione o ano civil para realização dos ajustes e clique em "Avançar":

INSTITUTO NACIONAL DO SEGURO SOCIAL
Diretoria de Benefícios

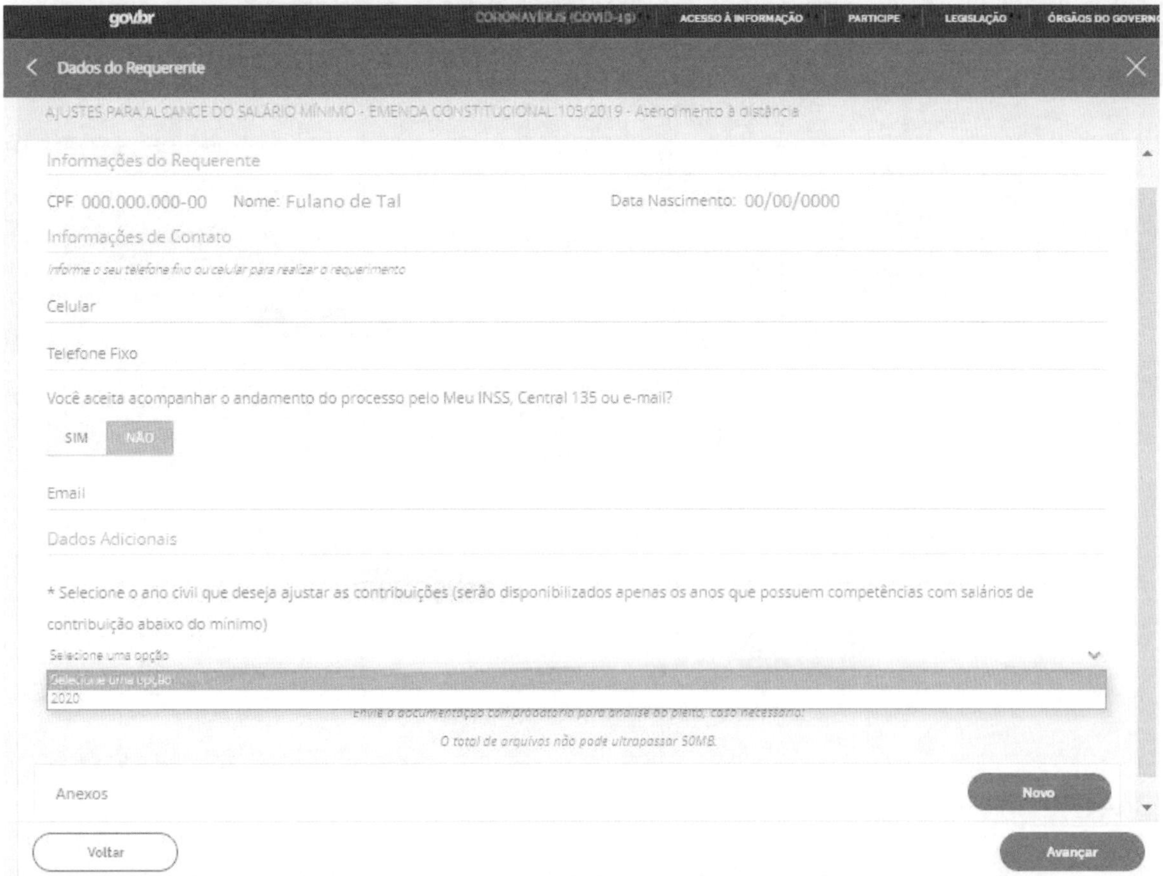


1.13. Selecionado o ano civil desejado, o sistema apresenta, na tela seguinte, os quadros "**Situação Atual**", "**Sugestão de Ajustes de Utilização, Agrupamento e Complementação**" e "**Sugestão de Complementação sem os Ajustes de Utilização e Agrupamento**".

1.13.1. Clicando no botão "Detalhar" de qualquer um dos quadros o segurado poderá visualizar as informações específicas de cada um.

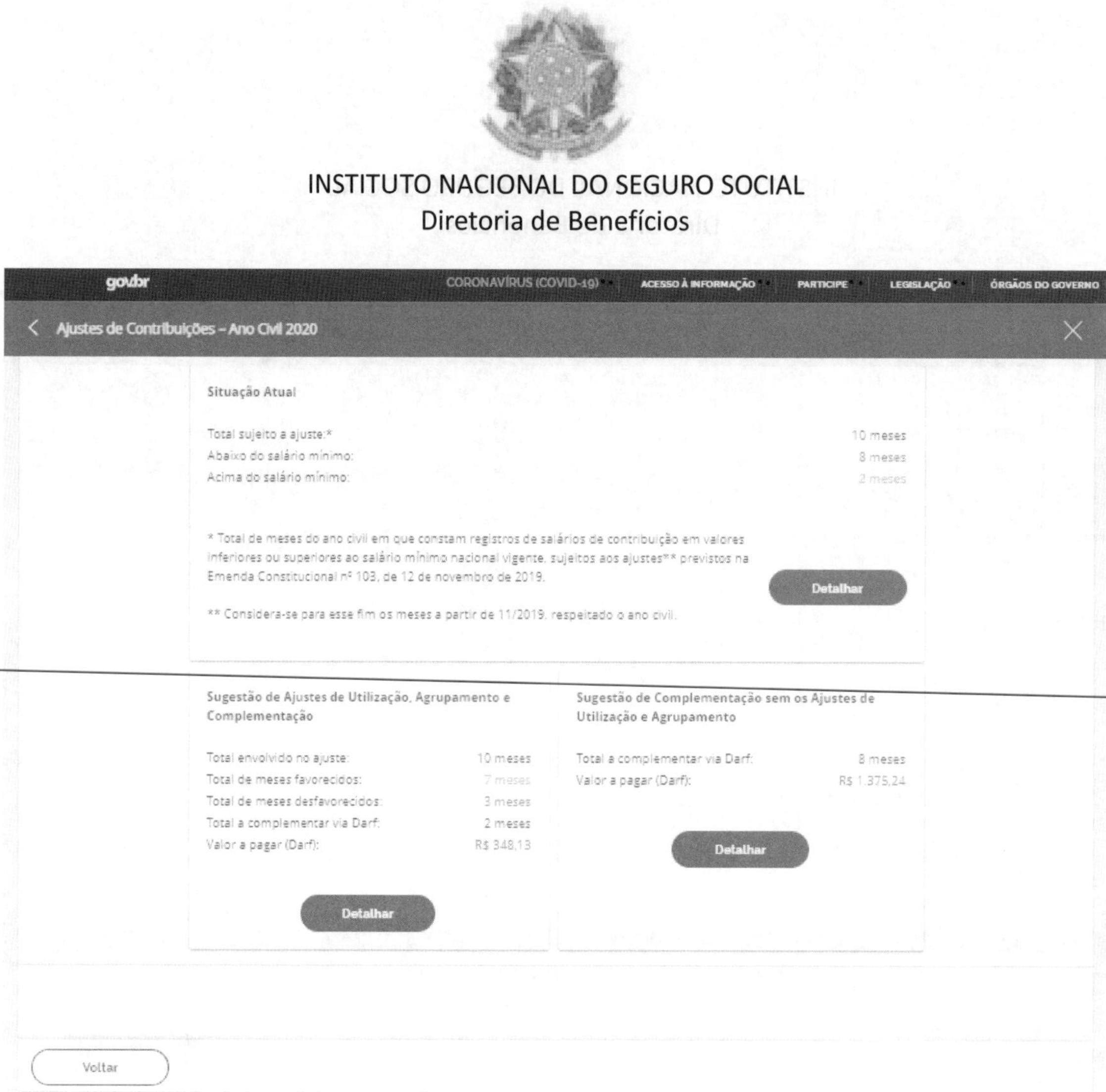


1.13.2. Observe que existem dois quadros com sugestões de ajustes, que possibilitam visualizar o valor de Darf resultante da operação a ser escolhida. Veja que no exemplo abaixo, o quadro de "**Sugestão de Ajustes de Utilização, Agrupamento e Complementação**" apresentou um valor consolidado de Darf de R$ 348,13, enquanto que o quadro de "**Sugestão de Complementação sem os Ajustes de Utilização e Agrupamento**" apresentou um valor consolidado de Darf de R$ 1.375,24. O segurado poderá optar pela sugestão que mais se adequar à sua necessidade e intenção. Detalhando os quadros o segurado pode observar com mais precisão as sugestões disponibilizadas:

INSTITUTO NACIONAL DO SEGURO SOCIAL
Diretoria de Benefícios

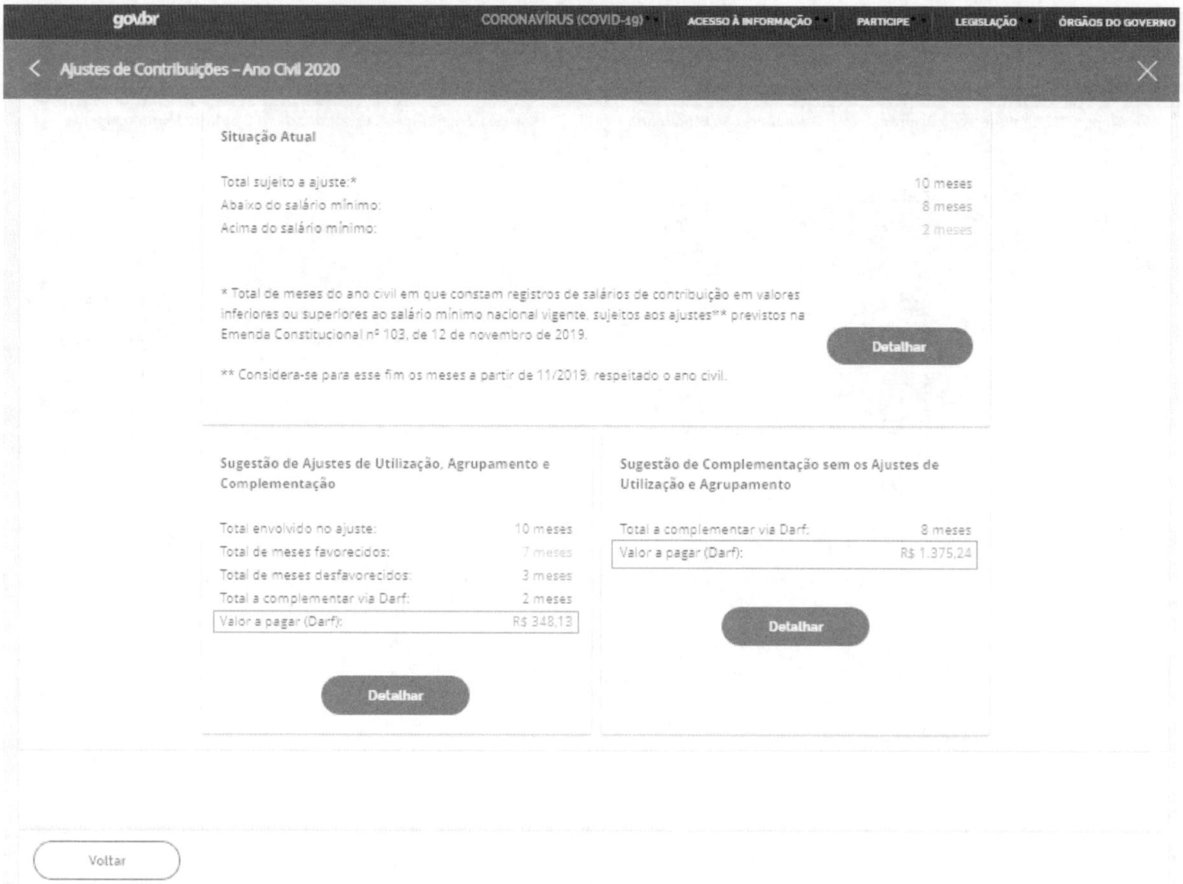


1.13.3. O **Quadro "Situação Atual"** indica a quantidade de meses do Ano Civil selecionado para os quais podem ser feitos os ajustes de utilização, agrupamento e complementação. Ao clicar no botão detalhar serão disponibilizadas as informações conforme exemplo a seguir. Visualize na coluna "Salário de Contribuição Consolidado" as remunerações que alcançaram ou superaram o salário mínimo nacional vigente (em cor verde), bem como as remunerações abaixo do valor mínimo (em cor vermelha). Vejamos a tela abaixo:

INSTITUTO NACIONAL DO SEGURO SOCIAL
Diretoria de Benefícios

gov.br CORONAVÍRUS (COVID-19) ACESSO À INFORMAÇÃO PARTICIPE LEGISLAÇÃO ÓRGÃOS DO GOVERNO

Situação Atual - Salários de contribuição - Ano Civil 2020

| Mês/Ano | Remuneração Apurada | Remuneração Bloqueada | Salário de Contribuição Consolidado | Salário Mínimo vigente |
|---|---|---|---|---|
| JAN/2020 | R$ 77,74 | - | R$ 77,74 | R$ 1.039,00 |
| FEV/2020 | R$ 480,28 | - | R$ 480,28 | R$ 1.045,00 |
| MAR/2020 | R$ 562,58 | - | R$ 562,58 | R$ 1.045,00 |
| ABR/2020 | - | - | - | - |
| MAI/2020 | R$ 71,65 | - | R$ 71,65 | R$ 1.045,00 |
| JUN/2020 | R$ 509,19 | - | R$ 509,19 | R$ 1.045,00 |
| JUL/2020 | R$ 523,19 | - | R$ 523,19 | R$ 1.045,00 |
| AGO/2020 | R$ 49,39 | - | R$ 49,39 | R$ 1.045,00 |
| SET/2020 | - | - | - | - |
| OUT/2020 | R$ 704,91 | - | R$ 704,91 | R$ 1.045,00 |
| NOV/2020 | R$ 3.317,32 | - | R$ 3.317,32 | R$ 1.045,00 |
| DEZ/2020 | R$ 2.777,94 | - | R$ 2.777,94 | R$ 1.045,00 |

Remuneração Apurada - corresponde à soma dos salários de todas as atividades laborais da competência que não estejam bloqueadas.

Remuneração Bloqueada - corresponde à soma dos salários de todas as atividades laborais da competência que não foram consideradas na Remuneração Apurada por apresentarem alguma pendência, o que pode ser identificado no Extrato de Contribuições do MEU INSS.

Valores pagos com códigos 1066, 1163, 1180, 1236 e 1252 constantes na coluna "bloqueados", deverão ser complementados, por meio de GPS, para aproveitamento nos ajustes da EC nº 103/2019.

Salário de Contribuição Consolidado - corresponde à soma dos salários, limitado ao teto previdenciário, de todas as atividades laborais das competências que não estejam bloqueadas.

Voltar

1.13.4. O Quadro **"Sugestão de Ajustes de Utilização, Agrupamento e Complementação"** indica os ajustes de utilização e agrupamento sugeridos, automaticamente, de forma que o valor a complementar por meio de Documento de Arrecadação de Receitas Federais - Darf, caso exista, seja o menor possível. Ao clicar no botão detalhar serão disponibilizadas as informações conforme exemplo a seguir:

INSTITUTO NACIONAL DO SEGURO SOCIAL
Diretoria de Benefícios

gov.br CORONAVÍRUS (COVID-19) ACESSO À INFORMAÇÃO PARTICIPE LEGISLAÇÃO ÓRGÃOS DO GOVERNO

Sugestão de Ajustes de Utilização, Agrupamento e Complementação de Contribuições - Ano Civil 2020

| Mês/Ano | Salário de Contribuição Consolidado | Sugestão de Utilização e Agrupamento | Sugestão de Complementação | Previsão de Salário Ajustado |
|---|---|---|---|---|
| JAN/2020 | R$ 77,74 | + R$ 961,26 | - | R$ 1.039,00 |
| FEV/2020 | R$ 480,28 | + R$ 564,72 | - | R$ 1.045,00 |
| MAR/2020 | R$ 562,58 | + R$ 482,42 | - | R$ 1.045,00 |
| ABR/2020 | - | | - | - |
| MAI/2020 | R$ 71,65 | + R$ 973,35 | - | R$ 1.045,00 |
| JUN/2020 | R$ 509,19 | + R$ 535,81 | - | R$ 1.045,00 |
| JUL/2020 | R$ 523,19 | + R$ 521,81 | - | R$ 1.045,00 |
| AGO/2020 | R$ 49,39 | + R$ 670,80 | R$ 82,70 | R$ 1.045,00 |
| SET/2020 | - | | - | - |
| OUT/2020 | R$ 704,91 | — R$ 704,91 | R$ 265,43 | R$ 1.045,00 |
| NOV/2020 | R$ 3.317,32 | — R$ 2.272,32 | - | R$ 1.045,00 |
| DEZ/2020 | R$ 2.777,94 | — R$ 1.732,94 | - | R$ 1.045,00 |

Atenção: Após clicar no botão "Aceitar", você poderá, na tela de conclusão do requerimento, gerar todos o(s) Darf(s) de complementação ou somente o(s) que deseja pagar, podendo realizar novo requerimento caso deseje pagar os demais Darf(s) com validade vencida.

Voltar Aceitar

1.13.5. O Quadro **"Sugestão de Complementação sem os Ajustes de Utilização e Agrupamento"** indica a possibilidade de complementar por meio de Darf todas as competências em que o somatório dos salários de contribuição estiver menor que o salário mínimo, sem aplicação de ajustes de utilização e agrupamento. Ao clicar no botão detalhar serão disponibilizadas as informações conforme exemplo a seguir.

Por padrão, todas as competências em que existem sugestões de complementação são selecionadas para geração do Darf, mas o segurado poderá desmarcar as que não deseja pagar a complementação. Após definir as competências para as quais deseja gerar Darf, clicar no botão "Aceitar".

INSTITUTO NACIONAL DO SEGURO SOCIAL
Diretoria de Benefícios

govbr CORONAVÍRUS (COVID-19) ACESSO À INFORMAÇÃO PARTICIPE LEGISLAÇÃO ÓRGÃOS DO GOVERNO

Sugestão de Complementação sem os Ajustes de Utilização e Agrupamento de Contribuições - Ano Civil 2020

| Mês/Ano | Salário de Contribuição Consolidado | Diferença Salário de Contribuição | Alíquota | Contribuição | Juros | Multa | Total a Pagar |
|---|---|---|---|---|---|---|---|
| JAN/2020 | R$ 77,74 | R$ 961,26 | 20.0% | R$ 192,26 | R$ 17,09 | R$ 38,45 | R$ 247,80 |
| FEV/2020 | R$ 480,28 | R$ 564,72 | 20.0% | R$ 112,95 | R$ 9,65 | R$ 22,59 | R$ 145,19 |
| MAR/2020 | R$ 562,58 | R$ 482,42 | 20.0% | R$ 96,49 | R$ 7,97 | R$ 19,29 | R$ 123,75 |
| ABR/2020 | - | - | - | - | - | - | - |
| MAI/2020 | R$ 71,65 | R$ 973,35 | 20.0% | R$ 194,67 | R$ 15,22 | R$ 38,93 | R$ 248,82 |
| JUN/2020 | R$ 509,19 | R$ 535,81 | 20.0% | R$ 107,17 | R$ 8,17 | R$ 21,43 | R$ 136,77 |
| JUL/2020 | R$ 523,19 | R$ 521,81 | 20.0% | R$ 104,37 | R$ 7,79 | R$ 20,87 | R$ 133,03 |
| AGO/2020 | R$ 49,39 | R$ 995,61 | 20.0% | R$ 199,13 | R$ 14,55 | R$ 39,82 | R$ 253,50 |
| SET/2020 | - | - | - | - | - | - | - |
| OUT/2020 | R$ 704,91 | R$ 340,09 | 20.0% | R$ 68,02 | R$ 4,76 | R$ 13,60 | R$ 86,38 |
| NOV/2020 | R$ 3.317,32 | - | - | - | - | - | - |
| DEZ/2020 | R$ 2.777,94 | - | - | - | - | - | - |

Voltar    Aceitar

1.14. Ao clicar no botão "Aceitar" para quaisquer das escolhas, seja a proposta do Quadro previsto no subitem 1.13.4 ou a proposta do Quadro previsto no subitem 1.13.5, embora o requerimento seja realizado e concluído exclusivamente de forma remota, o sistema, por padrão, na próxima tela, exige que seja escolhida uma localidade de atendimento, informando o CEP, o Município ou a sua Localização para consultar uma unidade de relacionamento do segurado.

Após preencher o CEP, o Município ou a sua Localização, o segurado deve selecionar a Unidade de Atendimento à distância e clicar em "Avançar". Caso o sistema não encontre nenhuma Unidade disponível e dê a mensagem "Nenhuma unidade disponível para este tipo de atendimento", tente outro CEP ou Município para encontrar.

Importante: Lembre-se que essa informação não significa nenhum tipo de agendamento, pois esse serviço é automático e concluído no ato do requerimento. Como informado no início deste Anexo, trata-se de serviço realizado e concluído exclusivamente de forma remota, por meio do Meu INSS, não havendo agendamento ou necessidade de comparecimento nas Unidades de Atendimento do INSS.

Vejamos o exemplo das telas de informação dos dados de atendimento à distância:

INSTITUTO NACIONAL DO SEGURO SOCIAL
Diretoria de Benefícios

INSTITUTO NACIONAL DO SEGURO SOCIAL
Diretoria de Benefícios

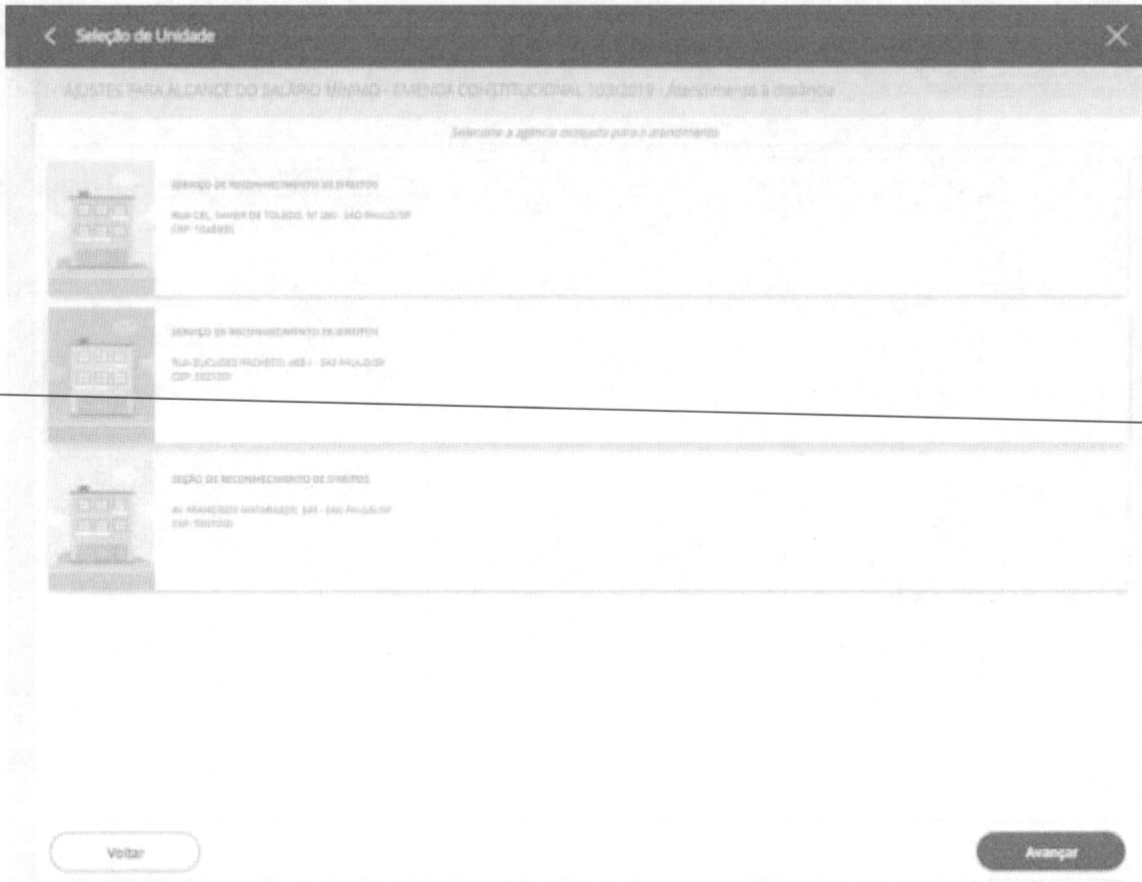


1.15. Na próxima tela, o segurado será informado dos dados básicos do requerimento e das Informações Adicionais, devendo clicar em "Declaro que li e concordo com as informações acima" e em seguida no botão "Avançar", para concluir o requerimento e o sistema efetuar o(s) ajuste(s) solicitado(s):

INSTITUTO NACIONAL DO SEGURO SOCIAL
Diretoria de Benefícios

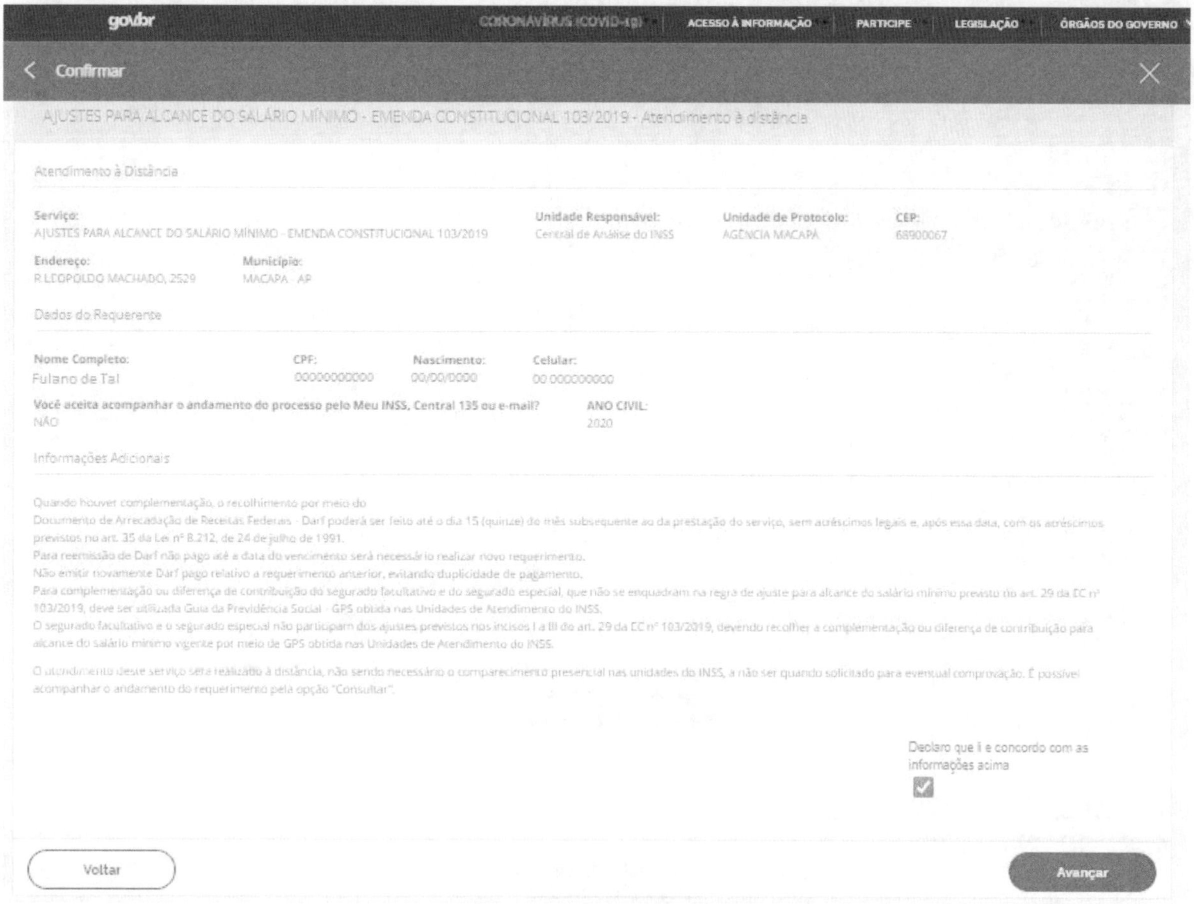
gov.br CORONAVÍRUS (COVID-19) ACESSO À INFORMAÇÃO PARTICIPE LEGISLAÇÃO ÓRGÃOS DO GOVERNO

< Confirmar

AJUSTES PARA ALCANCE DO SALÁRIO MÍNIMO - EMENDA CONSTITUCIONAL 103/2019 - Atendimento à distância

Atendimento à Distância

**Serviço:** AJUSTES PARA ALCANCE DO SALÁRIO MÍNIMO - EMENDA CONSTITUCIONAL 103/2019
**Unidade Responsável:** Central de Análise do INSS
**Unidade de Protocolo:** AGÊNCIA MACAPÁ
**CEP:** 68900067
**Endereço:** R LEOPOLDO MACHADO, 2529
**Município:** MACAPA - AP

Dados do Requerente

**Nome Completo:** Fulano de Tal
**CPF:** 00000000000
**Nascimento:** 00/00/0000
**Celular:** 00 000000000
**Você aceita acompanhar o andamento do processo pelo Meu INSS, Central 135 ou e-mail?** NÃO
**ANO CIVIL:** 2020

Informações Adicionais

Quando houver complementação, o recolhimento por meio do
Documento de Arrecadação de Receitas Federais - Darf poderá ser feito até o dia 15 (quinze) do mês subsequente ao da prestação do serviço, sem acréscimos legais e, após essa data, com os acréscimos previstos no art. 35 da Lei nº 8.212, de 24 de julho de 1991.
Para reemissão de Darf não pago até a data do vencimento será necessário realizar novo requerimento.
Não emitir novamente Darf pago relativo a requerimento anterior, evitando duplicidade de pagamento.
Para complementação ou diferença de contribuição do segurado facultativo e do segurado especial, que não se enquadram na regra de ajuste para alcance do salário mínimo previsto no art. 29 da EC nº 103/2019, deve ser utilizada Guia da Previdência Social - GPS obtida nas Unidades de Atendimento do INSS.
O segurado facultativo e o segurado especial não participam dos ajustes previstos nos incisos I a III do art. 29 da EC nº 103/2019, devendo recolher a complementação ou diferença de contribuição para alcance do salário mínimo vigente por meio de GPS obtida nas Unidades de Atendimento do INSS.

O atendimento deste serviço será realizado à distância, não sendo necessário o comparecimento presencial nas unidades do INSS, a não ser quando solicitado para eventual comprovação. É possível acompanhar o andamento do requerimento pela opção "Consultar".

Declaro que li e concordo com as informações acima ☑

Voltar | Avançar

1.16. Conforme visto nas telas acima, o segurado pode escolher entre a proposta do **Quadro "Sugestão de Ajustes de Utilização, Agrupamento e Complementação"** previsto no subitem 1.13.4 ou do **Quadro "Sugestão de Complementação sem os Ajustes de Utilização e Agrupamento"** previsto no subitem 1.13.5 para os ajustes do ano civil escolhido. Sendo quaisquer das duas opções aceitas, o Requerimento do ano civil será concluído e apresentada a mensagem "Requerimento realizado com sucesso" na parte superior da tela. Nesta mesma tela serão apresentados os botões:

- "**Gerar todos os Darfs**" caso, após os ajustes efetuados, existam competências para pagamento;
- "**Gerar comprovante**" do Requerimento Concluído;
- "**Solicitações**" para ser direcionado para a tela onde constam os requerimentos existentes no Meu INSS.

Vejamos o exemplo da tela:

INSTITUTO NACIONAL DO SEGURO SOCIAL

Diretoria de Benefícios

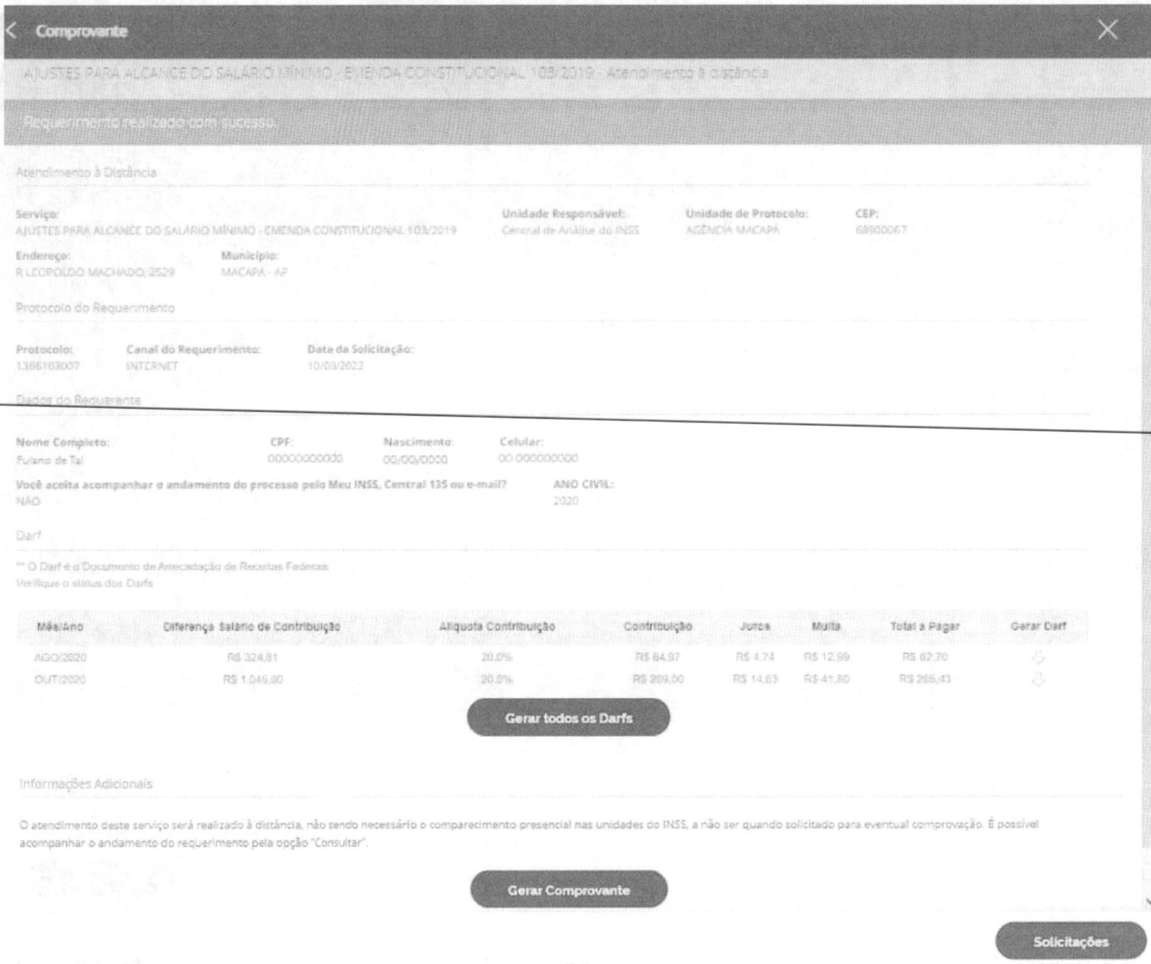

Comprovante

AJUSTES PARA ALCANCE DO SALÁRIO MÍNIMO - EMENDA CONSTITUCIONAL 103/2019 - Atendimento à distância

Requerimento realizado com sucesso.

Atendimento à Distância

**Serviço:** AJUSTES PARA ALCANCE DO SALÁRIO MÍNIMO - EMENDA CONSTITUCIONAL 103/2019
**Unidade Responsável:** Central de Análise do INSS
**Unidade de Protocolo:** AGÊNCIA MACAPÁ
**CEP:** 68900067

**Endereço:** R LEOPOLDO MACHADO, 2529
**Município:** MACAPÁ - AP

Protocolo do Requerimento

**Protocolo:** 1386103007
**Canal do Requerimento:** INTERNET
**Data da Solicitação:** 10/03/2022

Dados do Requerente

**Nome Completo:** Fulano de Tal
**CPF:** 00000000000
**Nascimento:** 00/00/0000
**Celular:** 00 000000000

**Você aceita acompanhar o andamento do processo pelo Meu INSS, Central 135 ou e-mail?** NÃO
**ANO CIVIL:** 2020

Darf

** O Darf é o Documento de Arrecadação de Receitas Federais

Verifique o status dos Darfs

| Mês/Ano | Diferença Salário de Contribuição | Alíquota Contribuição | Contribuição | Juros | Multa | Total a Pagar | Gerar Darf |
|---|---|---|---|---|---|---|---|
| AGO/2020 | R$ 324,81 | 20,0% | R$ 64,97 | R$ 4,74 | R$ 12,99 | R$ 82,70 | ⇩ |
| OUT/2020 | R$ 1.045,00 | 20,0% | R$ 209,00 | R$ 14,63 | R$ 41,80 | R$ 265,43 | ⇩ |

Gerar todos os Darfs

Informações Adicionais

O atendimento deste serviço será realizado à distância, não sendo necessário o comparecimento presencial nas unidades do INSS, a não ser quando solicitado para eventual comprovação. É possível acompanhar o andamento do requerimento pela opção "Consultar".

Gerar Comprovante

Solicitações

1.16.1. Clicando no ícone ⇩ ou no botão "Gerar todos os Darfs", o segurado poderá gerar o(s) Darf(s) que deseja pagar, conforme exemplo abaixo relativo ao Darf da competência agosto de 2020:

INSTITUTO NACIONAL DO SEGURO SOCIAL
Diretoria de Benefícios

Aprovado pela INRFB nº 736/07 — 1ª via

**MINISTÉRIO DA FAZENDA**
**SECRETARIA DA RECEITA FEDERAL DO BRASIL**
Documento de Arrecadação de Receitas Federais

DARF

01 NOME / TELEFONE
FULANO DE TAL

| Campo | Valor |
|---|---|
| 02 PERÍODO DE APURAÇÃO | 08/2020 |
| 03 NÚMERO DO CPF OU CNPJ | 000.000.000-00 |
| 04 CÓDIGO DA RECEITA | 1872 |
| 05 NÚMERO DE REFERÊNCIA | |
| 06 DATA DE VENCIMENTO | 15/09/2020 |
| 07 VALOR DO PRINCIPAL | 64,97 |
| 08 VALOR DA MULTA | 12,99 |
| 09 VALOR DOS JUROS E / OU ENCARGOS DL - 1.025/69 | 4,74 |
| 10 VALOR TOTAL | 82,70 |
| 11 AUTENTICAÇÃO BANCÁRIA (Somente nas 1ª e 2ª vias) | |

**DARF válido para pagamento até 31/03/2022**
**NÃO RECEBER COM RASURAS**

**ATENÇÃO**
É vedado o recolhimento de tributos administrados pela Secretaria da Receita Federal do Brasil (RFB) cujo valor total seja inferior a R$ 10,00.

10/03/2022 17:42:42

Aprovado pela INRFB nº 736/07 — 2ª via

**MINISTÉRIO DA FAZENDA**
**SECRETARIA DA RECEITA FEDERAL DO BRASIL**
Documento de Arrecadação de Receitas Federais

DARF

01 NOME / TELEFONE
FULANO DE TAL

| Campo | Valor |
|---|---|
| 02 PERÍODO DE APURAÇÃO | 08/2020 |
| 03 NÚMERO DO CPF OU CNPJ | 000.000.000-00 |
| 04 CÓDIGO DA RECEITA | 1872 |
| 05 NÚMERO DE REFERÊNCIA | |
| 06 DATA DE VENCIMENTO | 15/09/2020 |
| 07 VALOR DO PRINCIPAL | 64,97 |
| 08 VALOR DA MULTA | 12,99 |
| 09 VALOR DOS JUROS E / OU ENCARGOS DL - 1.025/69 | 4,74 |
| 10 VALOR TOTAL | 82,70 |
| 11 AUTENTICAÇÃO BANCÁRIA (Somente nas 1ª e 2ª vias) | |

**DARF válido para pagamento até 31/03/2022**
**NÃO RECEBER COM RASURAS**

**ATENÇÃO**
É vedado o recolhimento de tributos administrados pela Secretaria da Receita Federal do Brasil (RFB) cujo valor total seja inferior a R$ 10,00.

10/03/2022 17:42:42

DARF emitido em duas vias. Recorte nas linhas tracejadas e efetue o pagamento na rede bancária autorizada.

DARF impresso sem código de barras por conter número de referência ou acréscimo de multa e/ou juros ou ano do período de apuração e/ou vencimento anterior a 2014 ou posterior a 2023.

1.16.2. O Comprovante do Requerimento gerado será equivalente ao seguinte modelo:

# INSTITUTO NACIONAL DO SEGURO SOCIAL

## Diretoria de Benefícios

Pagina 1 de 4

PREVIDÊNCIA SOCIAL

PROTOCOLO DE REQUERIMENTO
1366103007
Data de Entrada do Requerimento: 10/03/2022 17:41 - Central de Serviços - Internet

COMPROVANTE DO PROTOCOLO DE REQUERIMENTO

Requerente
FULANO DE TAL
Serviço
AJUSTES PARA ALCANCE DO SALÁRIO MÍNIMO - EMENDA CONSTITUCIONAL 103/2019

Unidade de Protocolo
25001010 - AGÊNCIA DA PREVIDÊNCIA SOCIAL MACAPÁ

Protocolo realizado em
10 MAR 2022 QUINTA-FEIRA

Dados do Requerente
CPF: 000.000.000-00
Nascimento: 00/00/0000
Mãe: FULANO DE TAL
E-mail: N/D
Telefone: (61) 9999-55555

Requerente aceita acompanhar o andamento do processo pelo Meu INSS, Central 135 ou e-mail: NÃO

Campos Adicionais
ANO CIVIL: 2020

Informações Adicionais
Quando houver complementação, o recolhimento por meio do Documento de Arrecadação de Receitas Federais - Darf poderá ser feito até o dia 15 (quinze) do mês subsequente ao da prestação do serviço, sem acréscimos legais e, após essa data, com os acréscimos previstos no art. 35 da Lei nº 8.212, de 24 de julho de 1991.
Para reemissão de Darf não pago até a data do vencimento será necessário realizar novo requerimento.
Não emitir novamente Darf pago relativo a requerimento anterior, evitando duplicidade de pagamento.
Para complementação ou diferença de contribuição do segurado facultativo e do segurado especial, que não se enquadram na regra de ajuste para alcance do salário mínimo previsto no art. 29 da EC nº 103/2019, deve ser utilizada Guia da Previdência Social - GPS obtida nas Unidades de Atendimento do INSS.
O segurado facultativo e o segurado especial não participam dos ajustes previstos nos incisos I a III do art. 29 da EC nº 103/2019, devendo recolher a complementação ou diferença de contribuição para alcance do salário mínimo vigente por meio de GPS obtida nas Unidades de Atendimento do INSS.

Pagina 2 de 4

PREVIDÊNCIA SOCIAL

CPF DO REQUERENTE
000.000.000-00
Data de Entrada do Requerimento: 10/03/2022 17:41 - Central de Serviços - Internet

AJUSTES DE CONTRIBUIÇÕES REALIZADOS - ANO CIVIL 2020

| Mês/Ano | Salário de Contribuição | Utilização e Agrupamento | Complementação | Previsão de Salário Ajustado |
|---|---|---|---|---|
| JAN/2020 | R$ 77,74 | R$ 961,26 | - | R$ 1.039,00 |
| FEV/2020 | R$ 480,28 | R$ 564,72 | - | R$ 1.045,00 |
| MAR/2020 | R$ 562,58 | R$ 482,42 | - | R$ 1.045,00 |
| ABR/2020 | - | - | - | - |
| MAI/2020 | R$ 71,65 | R$ 973,35 | - | R$ 1.045,00 |
| JUN/2020 | R$ 509,19 | R$ 535,81 | - | R$ 1.045,00 |
| JUL/2020 | R$ 523,19 | R$ 521,81 | - | R$ 1.045,00 |
| AGO/2020 | R$ 49,39 | R$ 670,80 | R$ 82,70 | R$ 1.045,00 |
| SET/2020 | - | - | - | - |
| OUT/2020 | R$ 704,91 | -R$ 704,91 | R$ 265,43 | R$ 1.045,00 |
| NOV/2020 | R$ 3.317,32 | -R$ 2.272,32 | - | R$ 1.045,00 |
| DEZ/2020 | R$ 2.777,94 | -R$ 1.732,94 | - | R$ 1.045,00 |

Pagina 3 de 4

PREVIDÊNCIA SOCIAL

CPF DO REQUERENTE
000.000.000-00
Data de Entrada do Requerimento: 10/03/2022 17:41 - Central de Serviços - Internet

Darfs GERADOS - ANO CIVIL 2020

| Mês/Ano | Diferença Salário de Contribuição | Alíquota Contribuição | Contribuição | Juros | Multa | Total a Pagar |
|---|---|---|---|---|---|---|
| AGO/2020 | R$ 324,81 | 20% | R$ 64,97 | R$ 4,74 | R$ 12,99 | R$ 82,70 |
| OUT/2020 | R$ 1.045,00 | 20% | R$ 209,00 | R$ 14,83 | R$ 41,80 | R$ 265,43 |

Pagina 4 de 4

PREVIDÊNCIA SOCIAL

PROTOCOLO DE REQUERIMENTO
1366103007
Data de Entrada do Requerimento: 10/03/2022 17:41 - Central de Serviços - Internet

SITUAÇÃO DO REQUERIMENTO

Requerente
FULANO DE TAL
Serviço
AJUSTES PARA ALCANCE DO SALÁRIO MÍNIMO - EMENDA CONSTITUCIONAL 103/2019

Situação: Concluído

10 MAR 2022 QUINTA-FEIRA

Dados do Requerente
CPF: 000.000.000-00
Nascimento: 00/00/0000
Mãe: FULANO DE TAL
E-mail: N/D
Telefone: (61) 9999-55555

Requerente aceita acompanhar o andamento do processo pelo Meu INSS, Central 135 ou e-mail: NÃO

Campos Adicionais
ANO CIVIL: 2020

Informações Adicionais
Quando houver complementação, o recolhimento por meio do Documento de Arrecadação de Receitas Federais - Darf poderá ser feito até o dia 15 (quinze) do mês subsequente ao da prestação do serviço, sem acréscimos legais e, após essa data, com os acréscimos previstos no art. 35 da Lei nº 8.212, de 24 de julho de 1991.
Para reemissão de Darf não pago até a data do vencimento será necessário realizar novo requerimento.
Não emitir novamente Darf pago relativo a requerimento anterior, evitando duplicidade de pagamento.
Para complementação ou diferença de contribuição do segurado facultativo e do segurado especial, que não se enquadram na regra de ajuste para alcance do salário mínimo previsto no art. 29 da EC nº 103/2019, deve ser utilizada Guia da Previdência Social - GPS obtida nas Unidades de Atendimento do INSS.
O segurado facultativo e o segurado especial não participam dos ajustes previstos nos incisos I a III do art. 29 da EC nº 103/2019, devendo recolher a complementação ou diferença de contribuição para alcance do salário mínimo vigente por meio de GPS obtida nas Unidades de Atendimento do INSS.

Você pode conferir a autenticidade do documento em https://hcsinss.inss.gov.br/central/autenticidade.html com o código 220310TD14LM05

INSTITUTO NACIONAL DO SEGURO SOCIAL
Diretoria de Benefícios

1.17. Ao finalizar o requerimento o segurado poderá consultá-lo clicando no botão "Solicitações" da tela do subitem 1.16. Ou poderá consultar seus requerimentos acessando "Consulta Pedidos" conforme tela a seguir:

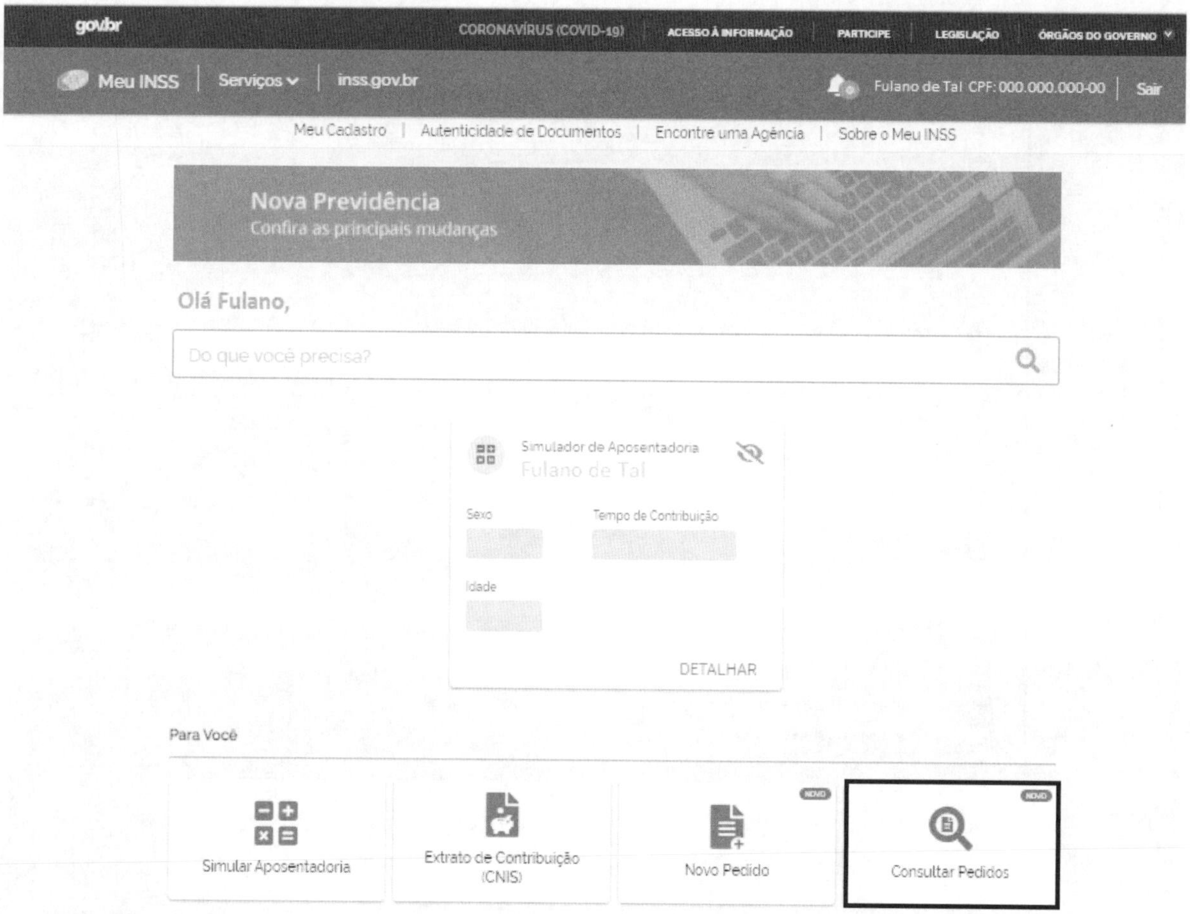


1.18. Na "Consulta a pedidos" os requerimentos são apresentados conforme tela a seguir:

1.18.1. Clicando na opção “BAIXAR PROCESSO” no requerimento que deseja consultar, o segurado pode gerar o processo completo e concluído, em PDF, conforme exemplo a seguir:

INSTITUTO NACIONAL DO SEGURO SOCIAL
Diretoria de Benefícios

Página 1 de 4

INSS

PROTOCOLO DE REQUERIMENTO
1366103007

**Dados Básicos**

| Serviço | Status | Prioridade |
|---|---|---|
| AJUSTES PARA ALCANCE DO SALÁRIO MÍNIMO - EMENDA CONSTITUCIONAL 103/2019 | Concluída | Normal |
| **Unidade de Protocolo** | **Data de entrada do requerimento** | **Canal de atendimento** |
| AGÊNCIA DA PREVIDÊNCIA SOCIAL DE AUTOMATIZAÇÃO DE PROCESSOS | 10/03/2022 17:41 | Central de Serviços - Internet |
| | **Última atualização** | |
| | 10/03/2022 17:41 | |

**Endereço para atendimento:**

A tarefa não possui endereço para atendimento externo.

**Campos adicionais:**

A tarefa não possui campos adicionais.

**Interessados**

| CPF | Nome Completo | Data Nascimento | Nome Completo da Mãe |
|---|---|---|---|
| 000.000.000-00 | FULANO DE TAL | 00/00/0000 | FULANO DE TAL |

**Procuradores / Representantes Legais**

A tarefa não possui procuradores / representantes legais.

**Instituidores**

A tarefa não possui instituidores.

**Anexos**

| ID | Nome do Arquivo | Descrição do Arquivo | Tamanho | Enviado Por | Autenticado? |
|---|---|---|---|---|---|
| 776797 | movimentacoes.pdf | Resultado das movimentações | | 100.677.338-08 - 10/03/2022 17:41 | Não |
| 1366103007 - AJUSTES PARA ALCANCE DO SALÁRIO MÍNIMO - EMENDA CONSTITUCIONAL 103/2019 (Tarefa principal) | | | | | |
| 776798 | darf.pdf | Resultado de DARF | | 100.677.338-08 - 10/03/2022 17:41 | Não |
| 1366103007 - AJUSTES PARA ALCANCE DO SALÁRIO MÍNIMO - EMENDA CONSTITUCIONAL 103/2019 (Tarefa principal) | | | | | |

Você pode conferir a autenticidade do documento em https://hcsinss.inss.gov.br/central/autenticidade.html com o código 0000000/000000

Página 2 de 4
Anexo ID: 776797

PREVIDÊNCIA SOCIAL

CPF DO REQUERENTE
100.677.338-08
Data de Entrada do Requerimento: 10/03/2022 17:41 - Central de Serviços - Internet

AJUSTES DE CONTRIBUIÇÕES REALIZADOS - ANO CIVIL 2020

| Mês/Ano | Salário de Contribuição | Utilização e Agrupamento | Complementação | Previsão de Salário Ajustado |
|---|---|---|---|---|
| JAN/2020 | R$ 77,74 | R$ 961,26 | - | R$ 1.039,00 |
| FEV/2020 | R$ 480,28 | R$ 564,72 | - | R$ 1.045,00 |
| MAR/2020 | R$ 562,58 | R$ 482,42 | - | R$ 1.045,00 |
| ABR/2020 | - | - | - | - |
| MAI/2020 | R$ 71,65 | R$ 973,35 | - | R$ 1.045,00 |
| JUN/2020 | R$ 509,19 | R$ 535,81 | - | R$ 1.045,00 |
| JUL/2020 | R$ 523,19 | R$ 521,81 | - | R$ 1.045,00 |
| AGO/2020 | R$ 49,39 | R$ 670,80 | R$ 82,70 | R$ 1.045,00 |
| SET/2020 | - | - | - | - |
| OUT/2020 | R$ 704,91 | -R$ 704,91 | R$ 265,43 | R$ 1.045,00 |
| NOV/2020 | R$ 3.317,32 | -R$ 2.272,32 | - | R$ 1.045,00 |
| DEZ/2020 | R$ 2.777,94 | -R$ 1.732,94 | - | R$ 1.045,00 |

Página 3 de 4
Anexo ID: 776798

PREVIDÊNCIA SOCIAL

CPF DO REQUERENTE
000.000.000-00
Data de Entrada do Requerimento: 10/03/2022 17:41 - Central de Serviços - Internet

Darfs GERADOS - ANO CIVIL 2020

| Mês/Ano | Diferença Salário de Contribuição | Alíquota Contribuição | Contribuição | Juros | Multa | Total a Pagar |
|---|---|---|---|---|---|---|
| AGO/2020 | R$ 324,61 | 20% | R$ 64,97 | R$ 4,74 | R$ 12,99 | R$ 82,70 |
| OUT/2020 | R$ 1.045,00 | 20% | R$ 209,00 | R$ 14,63 | R$ 41,80 | R$ 265,43 |

Página 4 de 4

Despacho (2704660)
Enviado em 10/03/2022 17:41
1366103007 - AJUSTES PARA ALCANCE DO SALÁRIO MÍNIMO - EMENDA CONSTITUCIONAL 103/2019 (Tarefa principal

O requerimento foi habilitado automaticamente no sistema CNIS.

INSTITUTO NACIONAL DO SEGURO SOCIAL
Diretoria de Benefícios

1.18.2. Clicando na opção "DETALHAR" no requerimento que deseja consultar, é disponibilizada a tela a seguir, na qual o segurado pode realizar as seguintes ações: gerar todos os Darfs, gerar comprovante e baixar processo:

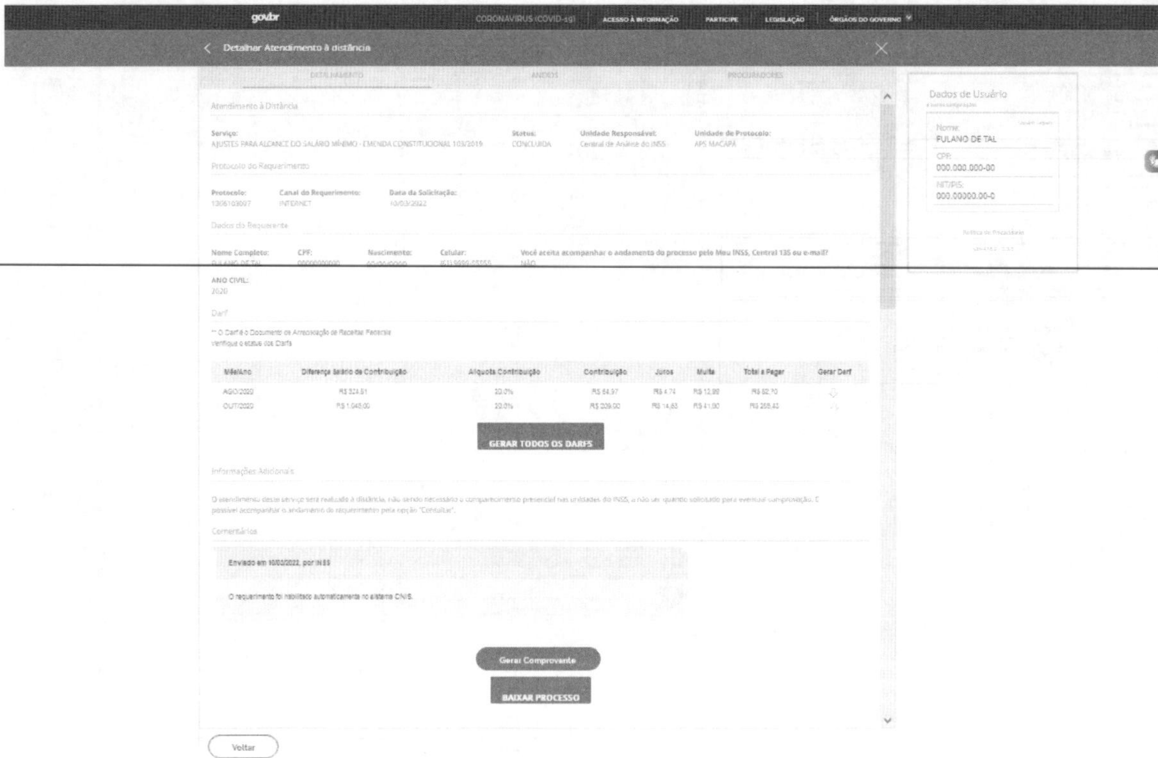


**2. CONSULTA AOS AJUSTES REALIZADOS PARA ALCANCE DO SALÁRIO MÍNIMO - EMENDA CONSTITUCIONAL 103/2019 NO EXTRATO DE CONTRIBUIÇÕES DO MEU INSS**

2.1. É importante saber que a partir da aceitação do segurado os ajustes de utilização e agrupamento serão realizados automaticamente e o requerimento concluído. Dessa forma, os dados do Ano Civil ajustado estarão disponíveis no Extrato do CNIS no Meu INSS (https://meu.inss.gov.br/), bem como os respectivos indicadores.

2.2 Os sistemas do INSS estão em fase de adequação para exibir automaticamente no Extrato do CNIS o salário de contribuição relativo ao Darf liquidado, sendo que todos os recolhimentos efetuados antes e depois da adequação serão apropriados no CNIS. Até que referida adequação sistêmica seja concluída o segurado poderá apresentar ao INSS o comprovante do recolhimento do Darf referente à complementação para fins de reconhecimento de direitos.

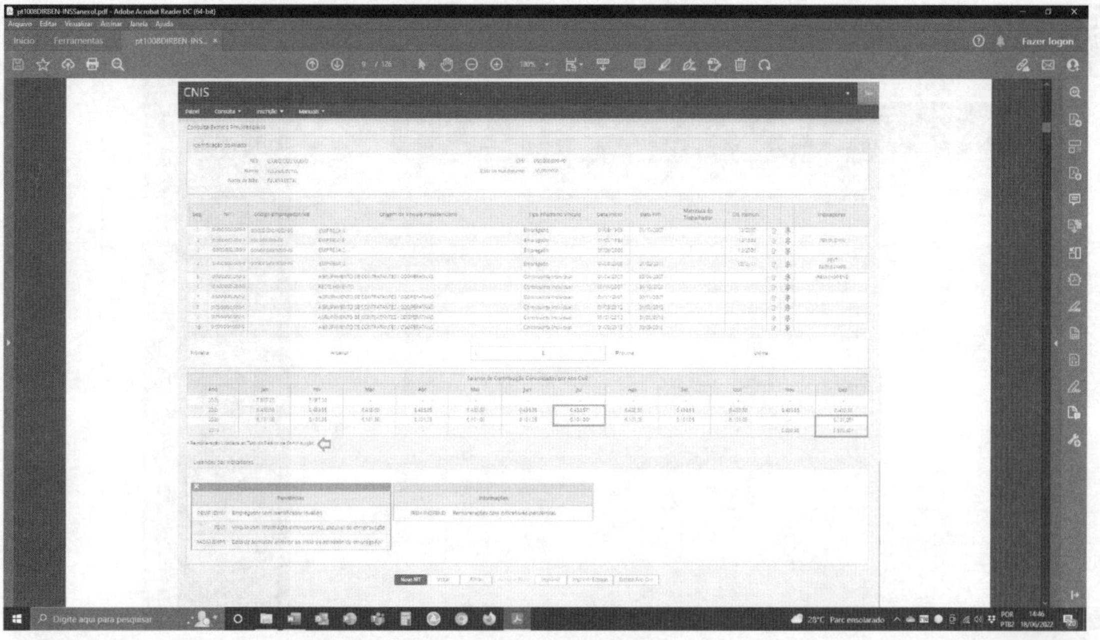
CNIS

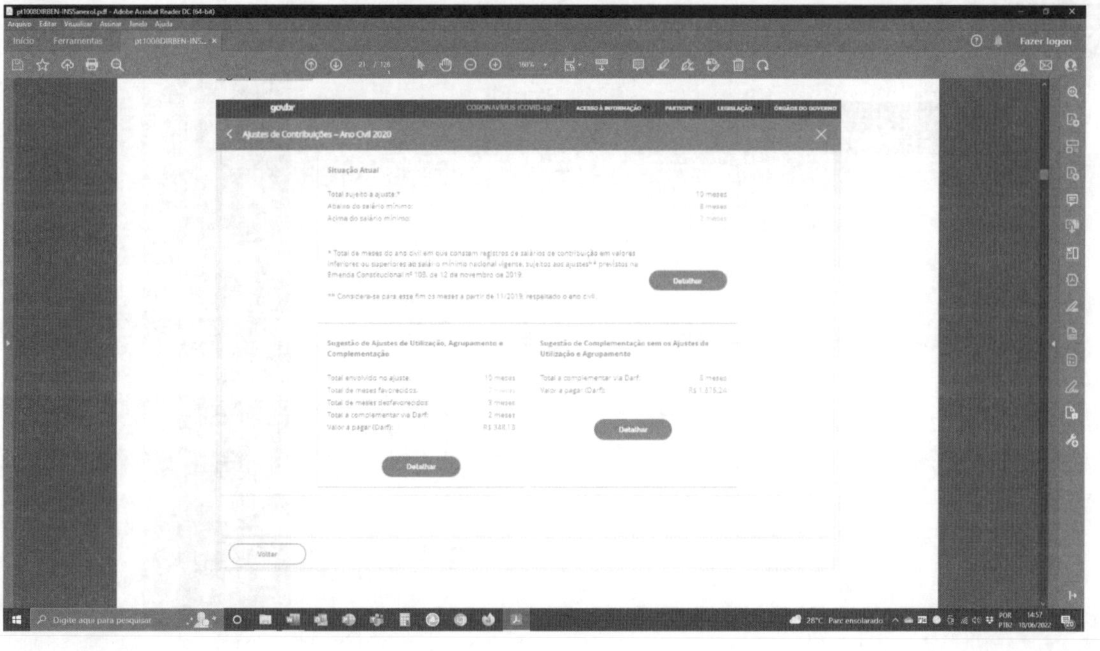
Ajustes de Contribuições – Ano Civil 2020
Situação Atual
Detalhar
Detalhar
Detalhar
Voltar

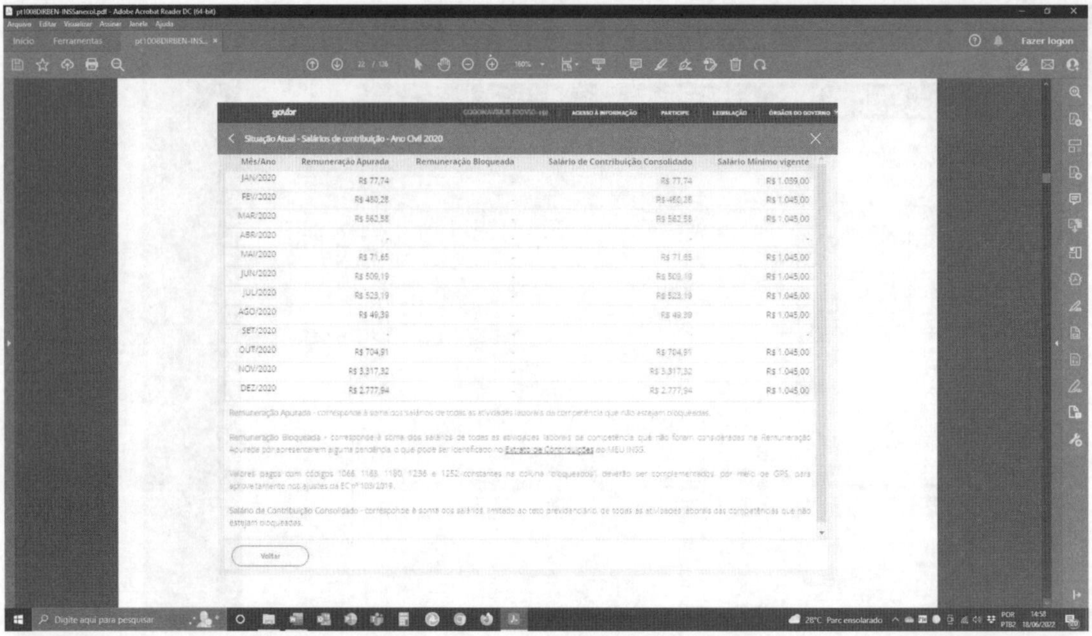

Situação Atual - Salários de contribuição - Ano Civil 2020

| Mês/Ano | Remuneração Apurada | Remuneração Bloqueada | Salário de Contribuição Consolidado | Salário Mínimo vigente |
|---|---|---|---|---|
| JAN/2020 | R$ 77,74 | - | R$ 77,74 | R$ 1.039,00 |
| FEV/2020 | R$ 480,28 | - | R$ 480,28 | R$ 1.045,00 |
| MAR/2020 | R$ 562,58 | - | R$ 562,58 | R$ 1.045,00 |
| ABR/2020 | - | - | - | - |
| MAI/2020 | R$ 71,65 | - | R$ 71,65 | R$ 1.045,00 |
| JUN/2020 | R$ 509,19 | - | R$ 509,19 | R$ 1.045,00 |
| JUL/2020 | R$ 523,19 | - | R$ 523,19 | R$ 1.045,00 |
| AGO/2020 | R$ 49,39 | - | R$ 49,39 | R$ 1.045,00 |
| SET/2020 | - | - | - | - |
| OUT/2020 | R$ 704,91 | - | R$ 704,91 | R$ 1.045,00 |
| NOV/2020 | R$ 3.317,32 | - | R$ 3.317,32 | R$ 1.045,00 |
| DEZ/2020 | R$ 2.777,94 | - | R$ 2.777,94 | R$ 1.045,00 |

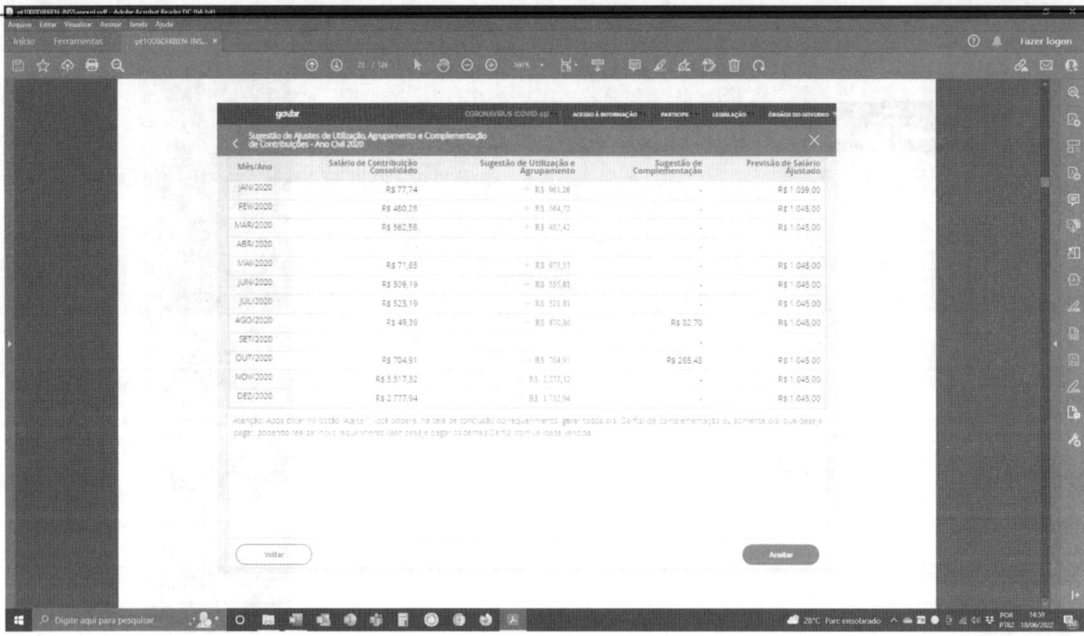

Sugestão de Ajustes de Utilização, Agrupamento e Complementação de Contribuições - Ano Civil 2020

| Mês/Ano | Salário de Contribuição Consolidado | Sugestão de Utilização e Agrupamento | Sugestão de Complementação | Previsão de Salário Ajustado |
|---|---|---|---|---|
| JAN/2020 | R$ 77,74 | + R$ 961,26 | - | R$ 1.039,00 |
| FEV/2020 | R$ 480,28 | + R$ 564,72 | - | R$ 1.045,00 |
| MAR/2020 | R$ 562,58 | + R$ 482,42 | - | R$ 1.045,00 |
| ABR/2020 | - | | - | - |
| MAI/2020 | R$ 71,65 | + R$ 973,35 | - | R$ 1.045,00 |
| JUN/2020 | R$ 509,19 | + R$ 535,81 | - | R$ 1.045,00 |
| JUL/2020 | R$ 523,19 | + R$ 521,81 | - | R$ 1.045,00 |
| AGO/2020 | R$ 49,39 | + R$ 670,80 | R$ 82,70 | R$ 1.045,00 |
| SET/2020 | - | | - | - |
| OUT/2020 | R$ 704,91 | − R$ 704,91 | R$ 265,43 | R$ 1.045,00 |
| NOV/2020 | R$ 3.317,32 | − R$ 2.272,32 | - | R$ 1.045,00 |
| DEZ/2020 | R$ 2.777,94 | − R$ 1.732,94 | - | R$ 1.045,00 |

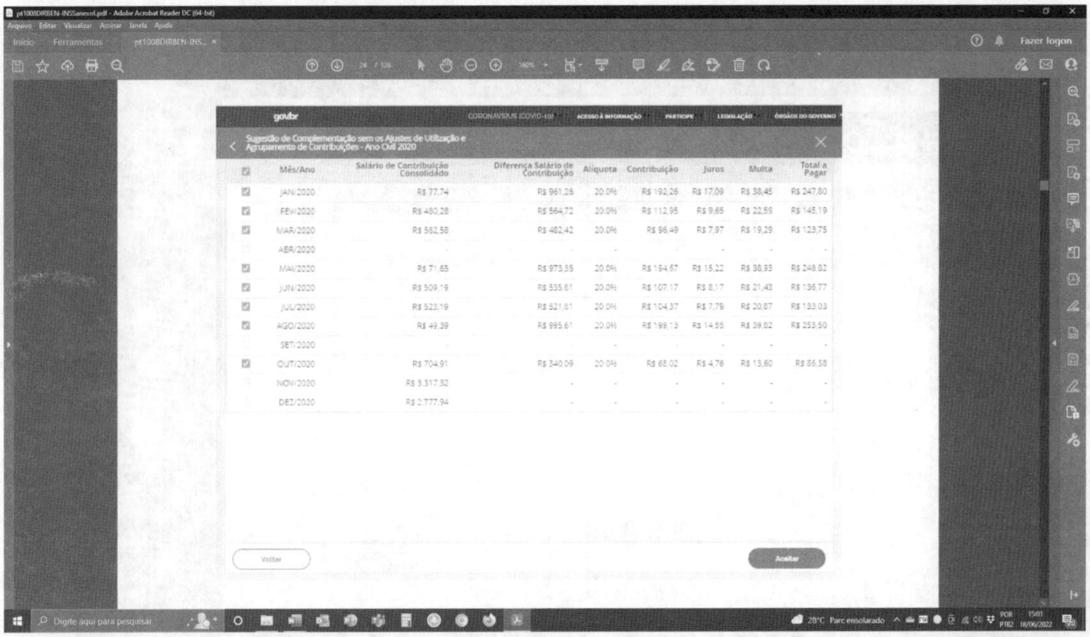

Sugestão de Complementação sem os Ajustes de Utilização e Agrupamento de Contribuições - Ano Civil 2020

| Mês/Ano | Salário de Contribuição Consolidado | Diferença Salário de Contribuição | Alíquota | Contribuição | Juros | Multa | Total a Pagar |
|---|---|---|---|---|---|---|---|
| JAN/2020 | R$ 77,74 | R$ 961,26 | 20.0% | R$ 192,26 | R$ 17,09 | R$ 38,45 | R$ 247,80 |
| FEV/2020 | R$ 480,28 | R$ 564,72 | 20.0% | R$ 112,95 | R$ 9,65 | R$ 22,59 | R$ 145,19 |
| MAR/2020 | R$ 562,58 | R$ 482,42 | 20.0% | R$ 96,49 | R$ 7,97 | R$ 19,29 | R$ 123,75 |
| ABR/2020 | - | - | - | - | - | - | - |
| MAI/2020 | R$ 71,65 | R$ 973,35 | 20.0% | R$ 194,67 | R$ 15,22 | R$ 38,93 | R$ 248,82 |
| JUN/2020 | R$ 509,19 | R$ 535,81 | 20.0% | R$ 107,17 | R$ 8,17 | R$ 21,43 | R$ 136,77 |
| JUL/2020 | R$ 523,19 | R$ 521,81 | 20.0% | R$ 104,37 | R$ 7,79 | R$ 20,87 | R$ 133,03 |
| AGO/2020 | R$ 49,39 | R$ 995,61 | 20.0% | R$ 199,13 | R$ 14,55 | R$ 39,82 | R$ 253,50 |
| SET/2020 | - | - | - | - | - | - | - |
| OUT/2020 | R$ 704,91 | R$ 340,09 | 20.0% | R$ 68,02 | R$ 4,76 | R$ 13,60 | R$ 86,38 |
| NOV/2020 | R$ 3.317,32 | - | - | - | - | - | - |
| DEZ/2020 | R$ 2.777,94 | - | - | - | - | - | - |

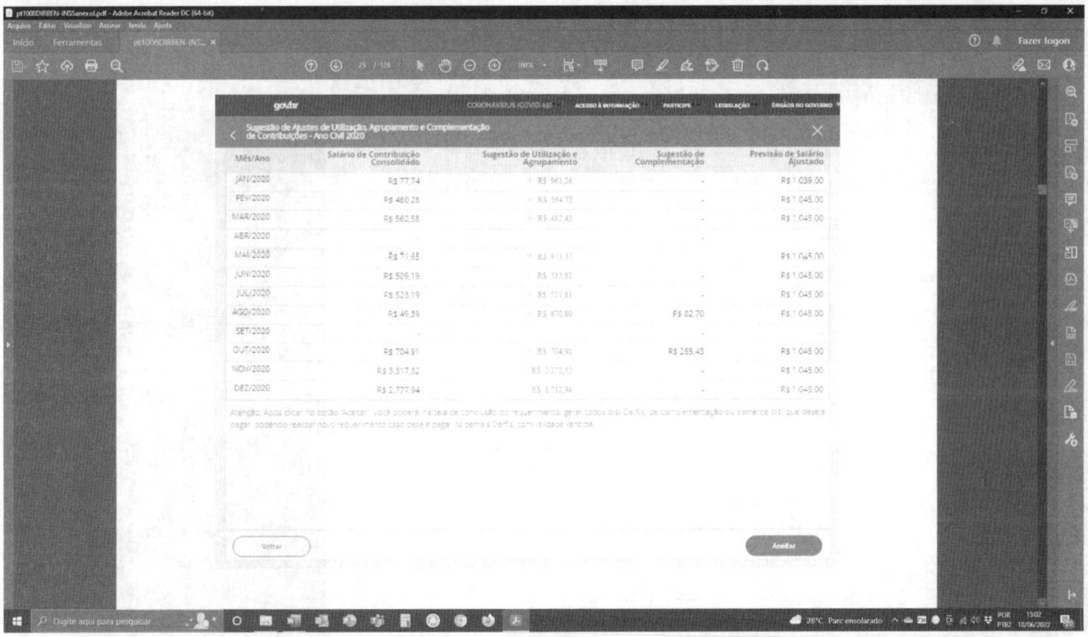

Sugestão de Ajustes de Utilização, Agrupamento e Complementação de Contribuições - Ano Civil 2020

| Mês/Ano | Salário de Contribuição Consolidado | Sugestão de Utilização e Agrupamento | Sugestão de Complementação | Previsão de Salário Ajustado |
|---|---|---|---|---|
| JAN/2020 | R$ 77,74 | R$ 961,26 | - | R$ 1.039,00 |
| FEV/2020 | R$ 480,28 | R$ 564,72 | - | R$ 1.045,00 |
| MAR/2020 | R$ 562,58 | R$ 482,42 | - | R$ 1.045,00 |
| ABR/2020 | - | | - | - |
| MAI/2020 | R$ 71,65 | R$ 973,35 | | R$ 1.045,00 |
| JUN/2020 | R$ 509,19 | R$ 535,81 | - | R$ 1.045,00 |
| JUL/2020 | R$ 523,19 | R$ 521,81 | - | R$ 1.045,00 |
| AGO/2020 | R$ 49,39 | R$ 670,80 | R$ 82,70 | R$ 1.045,00 |
| SET/2020 | - | | - | - |
| OUT/2020 | R$ 704,91 | R$ 704,91 | R$ 265,43 | R$ 1.045,00 |
| NOV/2020 | R$ 3.317,32 | R$ 2.272,32 | - | R$ 1.045,00 |
| DEZ/2020 | R$ 2.777,94 | R$ 1.732,94 | - | R$ 1.045,00 |

Atenção: Após clicar no botão "Aceitar" você poderá, na tela de conclusão do requerimento, gerar todos o(s) Darf(s) de complementação ou somente o(s) que deseja pagar, podendo realizar novo requerimento caso deseje pagar o(s) demais Darf(s) com validade vencida.

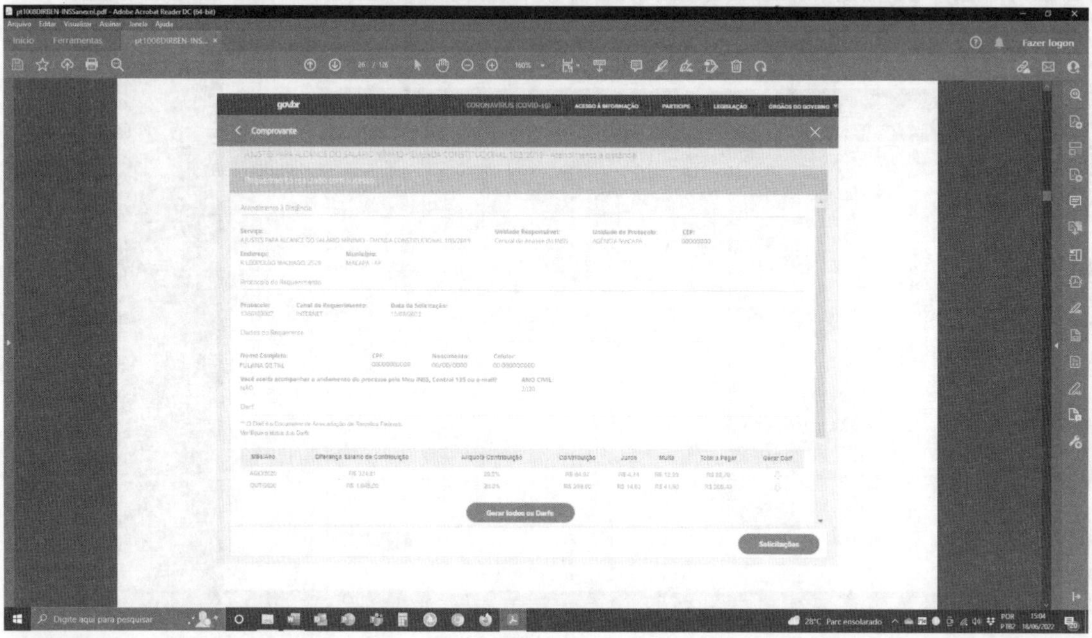


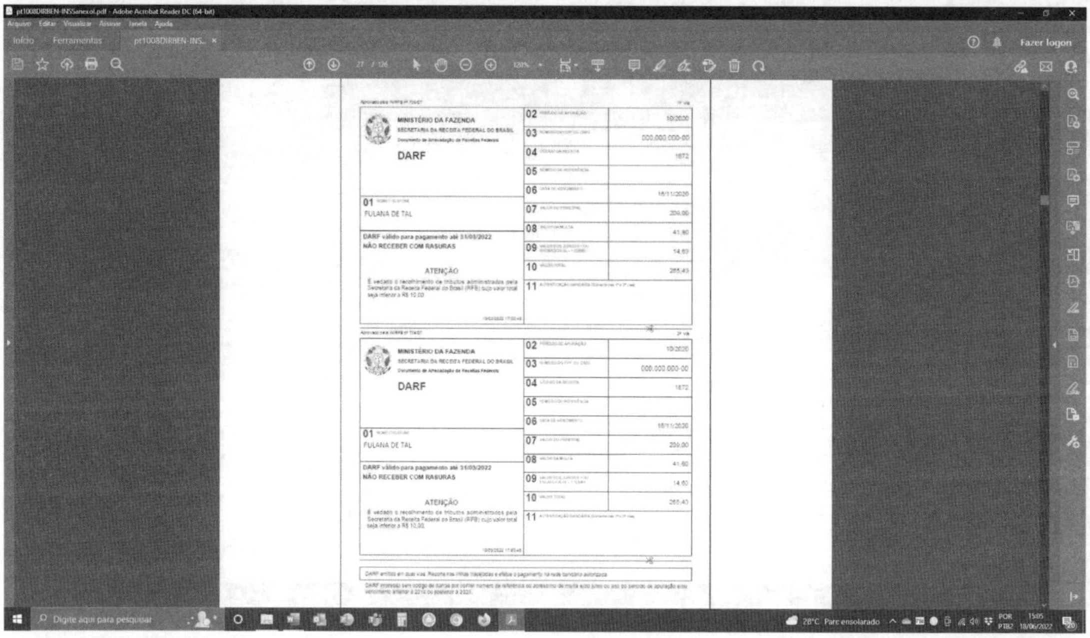


O Extrato do CNIS passa a apresentar o quadro "Salários de Contribuição Consolidados por Ano Civil", conforme tela a seguir. Nesse quadro, as remunerações consolidadas mensalmente exibirão "*" (asterisco) indicando limitação ao teto máximo do salário de contribuição, quando for o caso.

Passa a ser disponibilizado o Extrato de Ano Civil, que apresenta o somatório dos salários de contribuição, por competência, a partir de novembro de 2019 com detalhamento dos ajustes de complementação, utilização e agrupamento e respectivos indicadores.

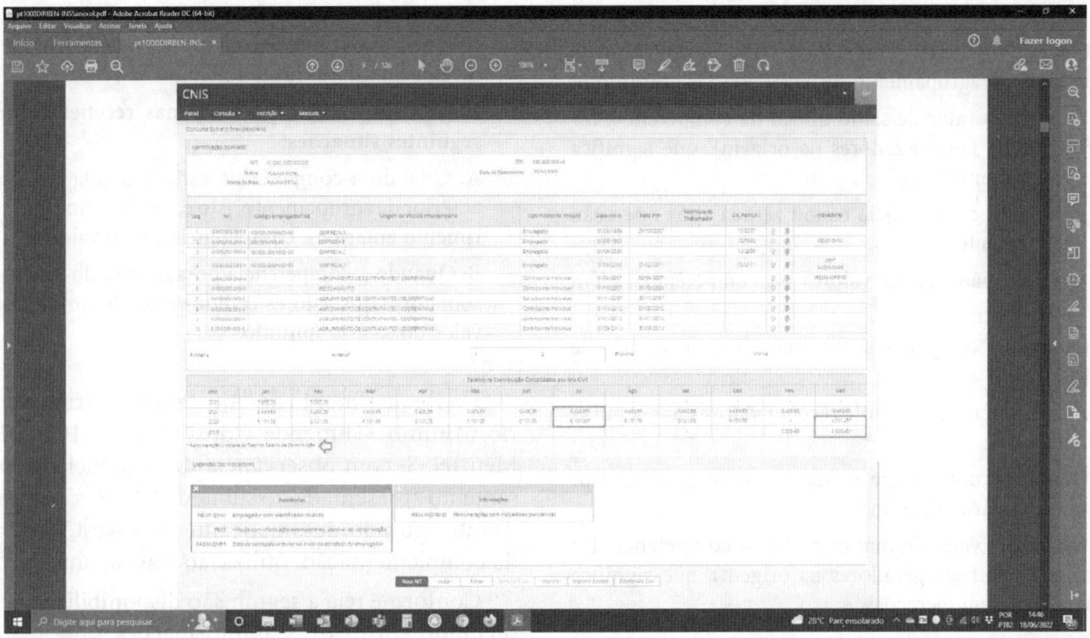


Foram previstas regras importantes no sistema da Autarquia para utilização de excedente, agrupamento e complementação de remunerações/contribuições, as quais destacamos a seguir:

I. Não pode haver operações de utilização de excedente, agrupamento e complementação para competências anteriores a novembro de 2019;

II. As operações de utilização de excedente, agrupamento e complementação devem ser realizadas até o mês corrente;

III. Competências com saldo inicial igual a zero (sem remunerações/contribuições - fato gerador - na origem) não poderão participar das operações de utilização de excedente, agrupamento e complementação;

IV. O saldo inicial da competência precisa ser diferente do valor do salário mínimo para permitir a realização de operações. Para utilização de excedente o valor da competência precisa ser maior do que o valor do salário mínimo e para o agrupamento o saldo inicial precisa ser menor do que o valor do salário mínimo. Saldo inicial é o total de remunerações (fatos geradores) na competência;

V. Os valores devem ser utilizados em operações de utilização de excedente, agrupamento e complementação para que se atinja aos valores do salário mínimo, não sendo permitido exceder esse limite;

VI. A quantidade de competências para a realização das operações de utilização de excedente e agrupamento, deverá ter pelo menos duas competências, caso não se verifique essa situação, será possível apenas a ocorrência de complementação;

VII. Valores complementados por Darf não poderão fazer parte das operações de utilização de excedente e agrupamento;

VIII. A utilização de excedente pode ser feita, até que a competência com valor acima do salário mínimo esteja no valor do salário mínimo e nunca abaixo do valor do salário mínimo;

IX. Competências que já receberam algum valor, seja por utilização de excedente ou agrupamento não poderão ceder valores;

X. Não poderão ocorrer operações de utilização de excedente, agrupamento e complementação num ano civil que possua qualquer competência que apresente a pendência: PDESFAZ-AJ-EC103.

Com o intuito de facilitar ao segurado, foram aplicadas pelo INSS algumas regras que sugerem a possibilidade de diminuir o valor de complementação. A sequência de processamento é a seguinte conforme a posição da Autarquia:

I. Primeiramente, processar as competências que possuírem valores excedentes, sendo realizado o processamento a partir das competências que possuem o maior valor de excedente, distribuindo esses valores na ordem cronológica;

II. Após realizado esse processamento, serão realizadas operações de agrupamento de competências da seguinte forma: da competência mais recente para a competência mais antiga; e

III. Após realizados os processamentos citados acima, as competências que permanecerem abaixo do valor do salário mínimo serão sugeridas para serem complementadas.

Eis, agora, algumas regras quanto às formas de utilização, agrupamento e complementação de valores de acordo com a posição do INSS:

I. **A competência não pode doar valores nas seguintes situações:**

A. Quando a competência já tiver recebido valor;

B. Quando o valor da competência + Darf + utilização de excedente ou agrupamento for igual ao salário mínimo;

C. Quando o valor de saldo inicial da competência for zero (não há fatos geradores na origem), que significa que não há remunerações;

D. Quando a competência restou zerada após operação de agrupamento;

E. Quando não houver valores na competência, além do Darf;

F. Quando a competência for anterior a novembro de 2019.

II. **A competência não pode receber valores nas seguintes situações:**

A. Quando a competência estiver com valor igual ou valor acima do salário mínimo;

B. Quando o valor de remuneração da competência for zero (não há fatos geradores na origem), que significa que não há remunerações;

C. Quando a competência for anterior a novembro de 2019.

III. **A competência pode apenas doar valores na seguinte situação:**

A. Quando a competência possuir o valor de remunerações menos o somatório de valores cedidos maior do que o valor do salário mínimo.

IV. **A competência pode apenas receber valores nas seguintes situações:**

A. Quando a competência estiver zerada por operação anterior de agrupamento, isto é, quando em algum requerimento anterior a competência cedeu valor;

B. Quando a competência possuir o saldo inicial mais o somatório dos valores cedidos e recebidos menor que o valor do salário mínimo.

No Requerimento de "Ajustes para Alcance do Salário Mínimo – Emenda Constitucional 103/2019" no Meu INSS, com observância da sequência de processamento apresentada no subitem 2.2.2.2, são apresentadas ao segurado, automaticamente, sugestões de ajustes de complementação, utilização e agrupamento.

Conforme tela a seguir, são disponibilizadas para o segurado, em quadros, as informações sobre a "Situação Atual", "Sugestão de Ajustes de Utilização, Agrupamento e Complementação" e "Sugestão de Complementação sem os Ajustes de Utilização e Agrupamento:

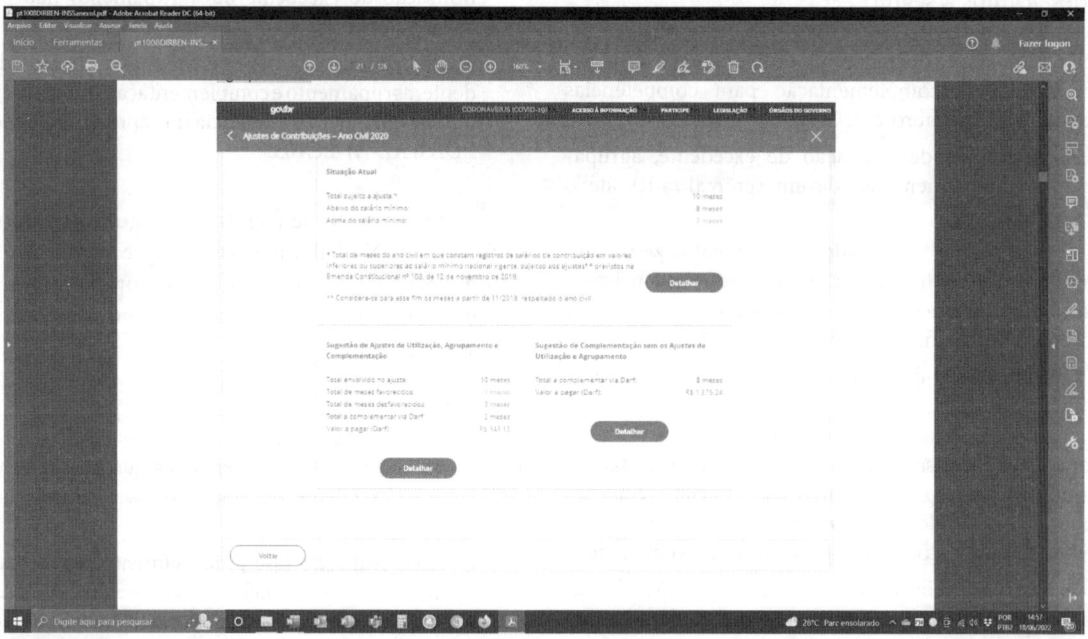


Clicando no botão "Detalhar" do quadro "Situação Atual" o segurado tem um panorama das competências que possui valores que estão abaixo e as que estão acima do salário mínimo, conforme representado na coluna "Salário de Contribuição Consolidado" os valores nas cores vermelha e verde, respectivamente:

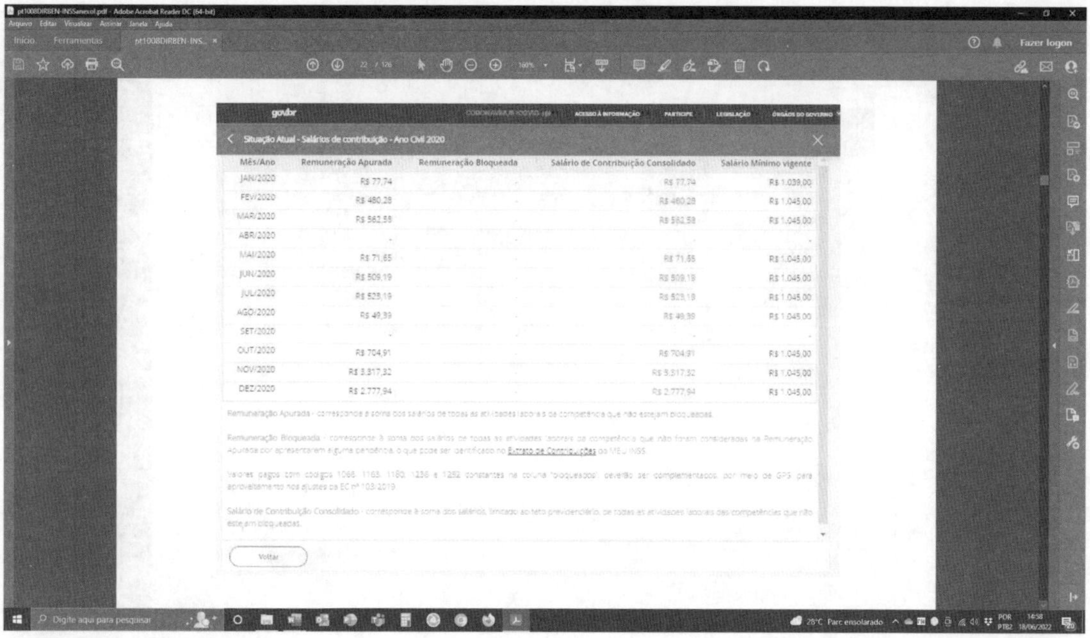

Clicando no botão “Detalhar” do quadro “Sugestão de Ajustes de Utilização, Agrupamento e Complementação de Contribuições” o segurado tem a opção de ajustes, sobrando somente duas competências para complementar no Ano civil 2020:

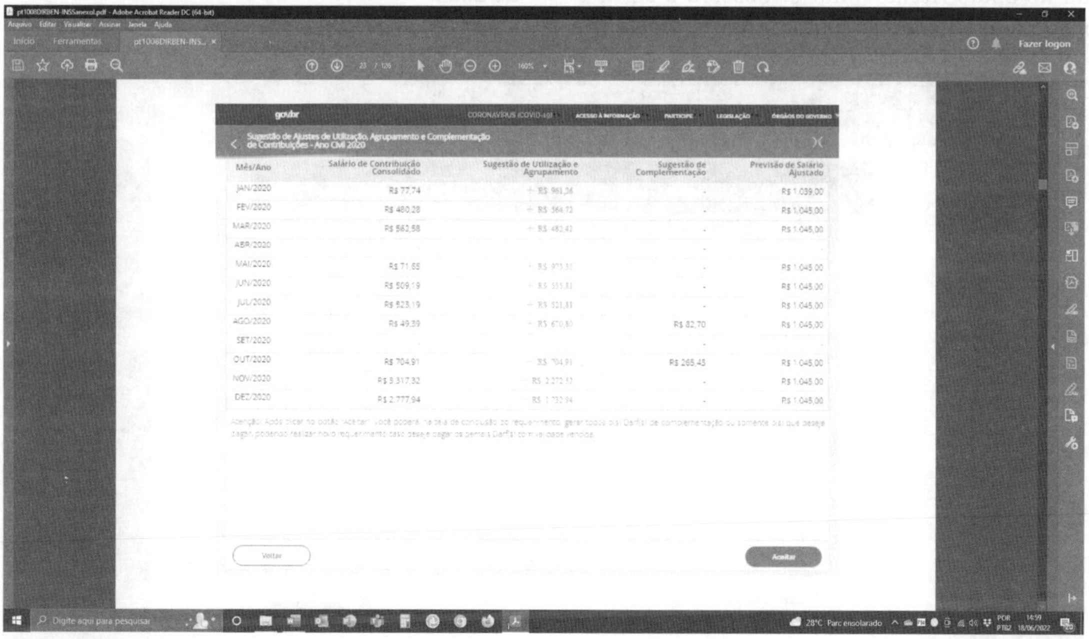

Clicando no botão “Detalhar” do quadro “Sugestão de Complementação sem os Ajustes de Utilização e Agrupamento de Contribuições” o segurado tem a opção de complementar as contribuições em todas as competências que possuem valores de salários de contribuição consolidados menores que o salário mínimo sem aproveitar dos ajustes de utilização e/ou agrupamento para o Ano Civil 2020:

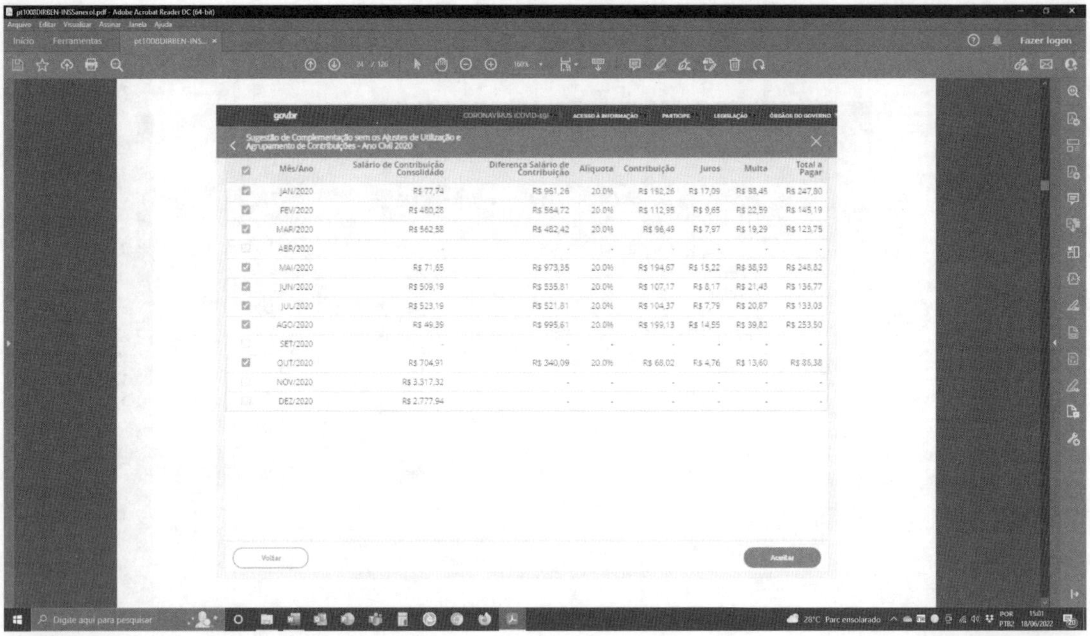

No exemplo dado, foi aceita a sugestão do quadro "Sugestão de Ajustes de Utilização, Agrupamento e Complementação de Contribuições - Ano Civil 2020", clicando no botão Aceitar, onde se observa o agrupamento do valor inferior ao mínimo da competência outubro de 2020 e a utilização do excedente das competências novembro e dezembro de 2020 nas competências de janeiro a março de 2020 e de maio a agosto de 2020:

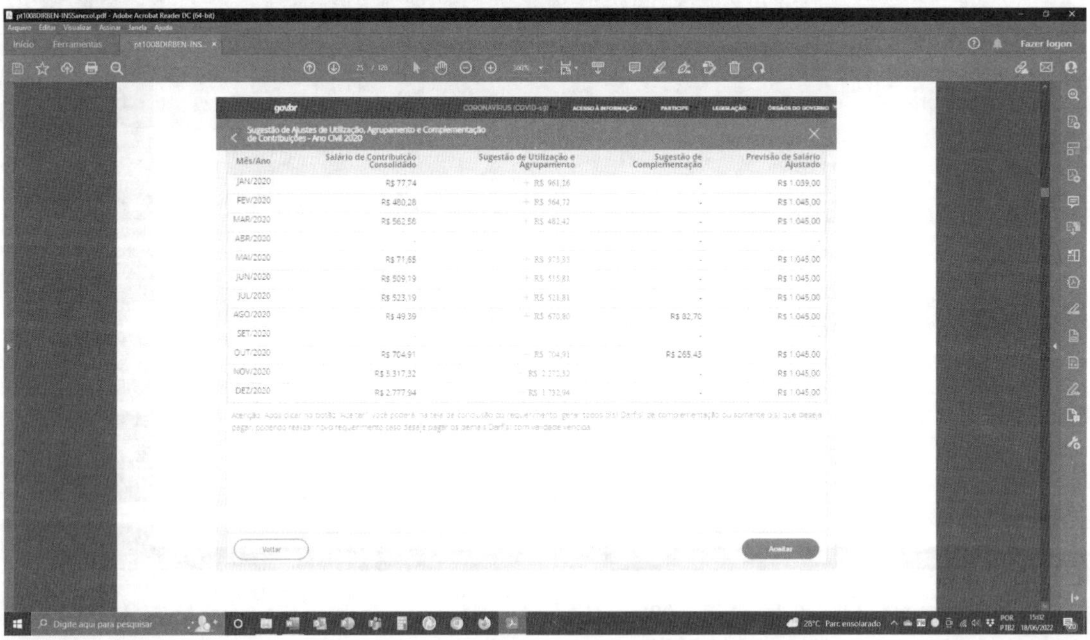

Observe na tela acima que na coluna "Sugestão de Utilização e Agrupamento" as competências de janeiro a março e de maio a agosto de 2020, que receberam valores, estão em cor verde, enquanto as competências outubro, novembro e dezembro de 2020, que cederam valores, estão em cor vermelha.

Quanto à competência Agosto de 2020, observa-se que mesmo tendo recebido valor de outra competência, permaneceu abaixo do mínimo, sendo necessária complementação por Darf, conforme coluna "Sugestão de Complementação".

Após o ajuste de agrupamento, observa-se que a competência outubro de 2020 ficou zerada, sendo permitida a complementação por Darf para alcance do valor mínimo, conforme coluna "Sugestão de Complementação".

Na tela a seguir observa-se o cálculo do Darf com alíquota correspondente ao tipo de filiado no vínculo existente nas competências agosto e outubro - CI prestador de serviço (20%), incidente sobre a diferença que falta para alcance do salário mínimo vigente nas competências:

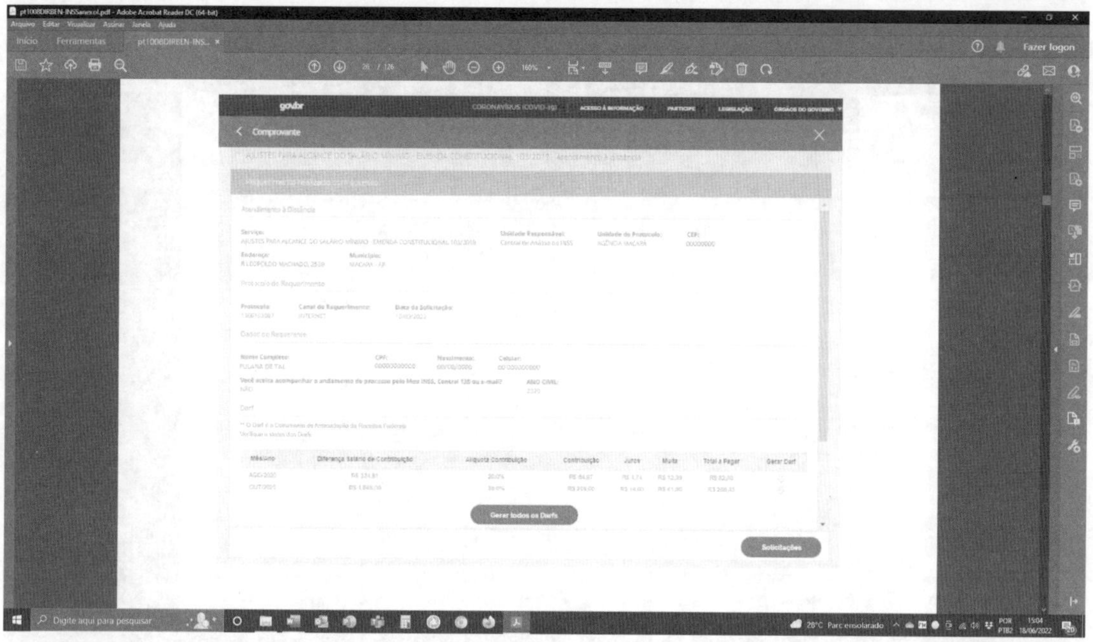

Para exemplificar (conforme orientações do INSS), apresentamos a seguir o Darf gerado no Meu INSS para a competência outubro de 2020:

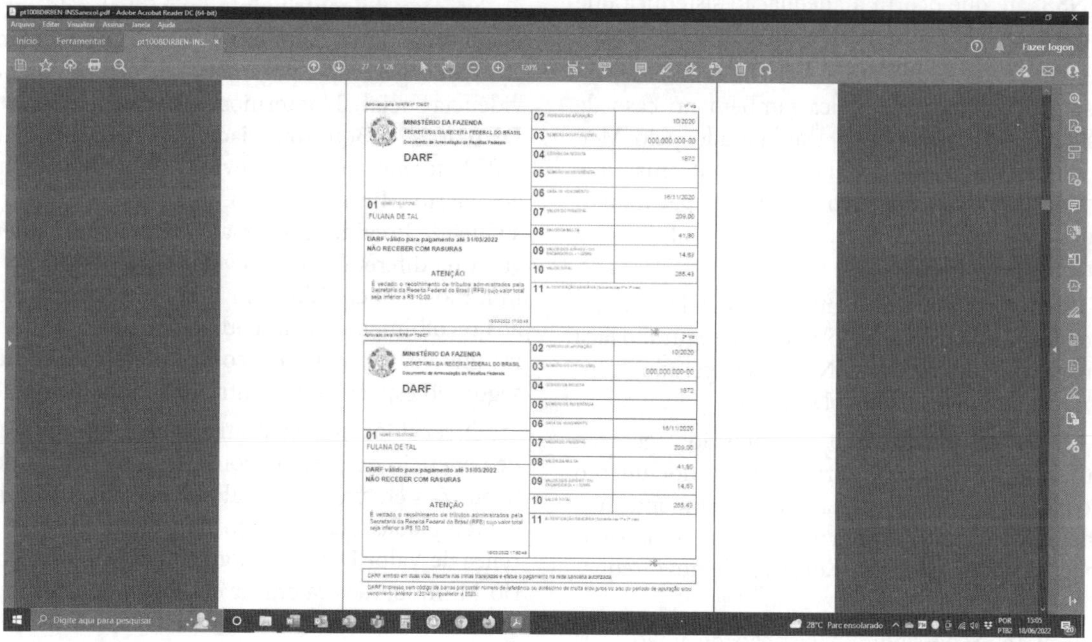

Os sistemas do INSS estão em fase de adequação para exibir automaticamente no Extrato do CNIS o salário de contribuição relativo ao Darf liquidado, sendo que todos os recolhimentos efetuados antes e depois da adequação serão apropriados no CNIS. **<u>Até que referida adequação sistêmica seja concluída, o segurado poderá apresentar ao INSS o comprovante do recolhimento do Darf referente à complementação prevista no inciso I do art. 29 da EC nº 103/2019 para fins de reconhecimento de direitos.</u>**

Na tela a seguir, do Extrato para SIBE, no quadro "Salários de Contribuição Consolidados por Ano Civil", observa-se que após ajustes de complementação, utilização e agrupamento, bem como a inclusão do Darf liquidado, as competências já apresentam salário de contribuição no valor do salário mínimo:

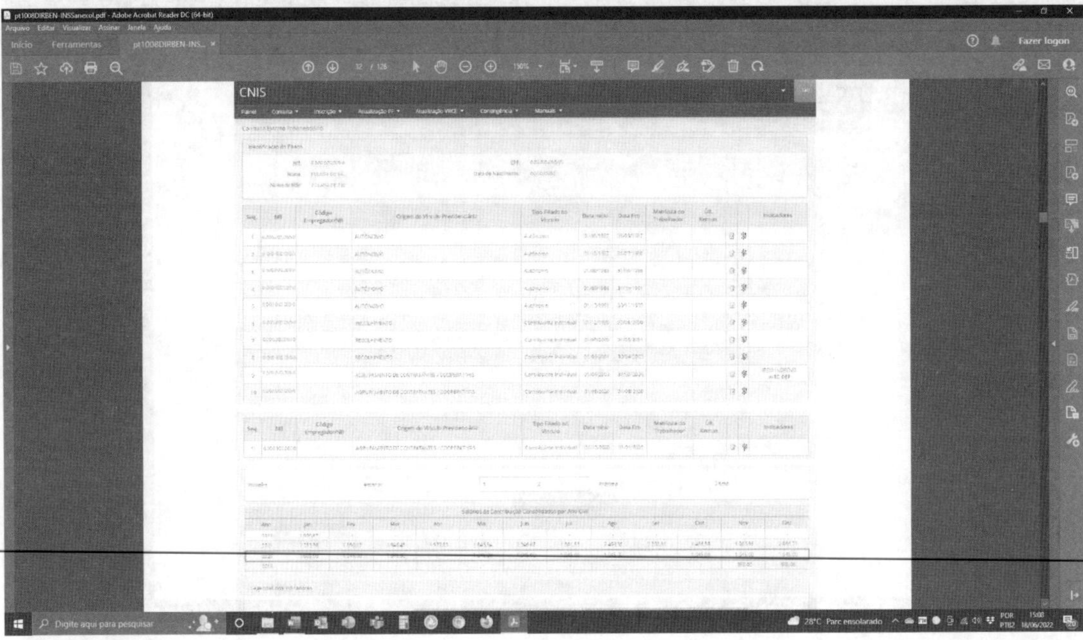

Caso o segurado apresente um Darf liquidado, com código de receita 1872, **<u>que não tenha sido gerado pelo Meu INSS</u>**, até que ocorra a adequação sistêmica que permitirá a exibição automática do salário de contribuição no CNIS, será possível a sua inclusão no CNIS.

Esse procedimento se aplica também no caso de necessidade de reinclusão de Darf gerado pelo Meu INSS, que já tenha sido incluído no CNIS, mas que tenha sido cancelado por erro na data de pagamento informada na inclusão. Caberá ao segurado fazer esse requerimento no Meu INSS.

O sistema excluirá automaticamente o Darf anteriormente emitido pelo Meu INSS caso o segurado faça novo requerimento no Meu INSS e seja gerado outro Darf para a competência envolvida.

O Meu INSS possibilita a reimpressão / geração de Darf com as mesmas informações do documento anterior, caso a data de validade do documento não seja alterada por perda do prazo de pagamento. Nesse caso não há necessidade de realização de novo requerimento.

O Meu INSS possibilita a geração de novo Darf com informações atualizadas (acréscimos legais), caso o prazo de pagamento / data de validade seja perdido pelo segurado. Nesse caso há necessidade de realização de novo requerimento.

No caso do contribuinte individual e do segurado facultativo, outro caminho é fazer a complementação através da geração e pagamento de GPS (Guia da Previdência Social). Nos termos da **Portaria INSS Nº 1553 DE 01/02/2023**, restou criado o Serviço de Cálculo de GPS Diferença de Valor Devido - Contribuição Inferior ao Salário-Mínimo, com o objetivo de permitir gerar a Guia da Previdência Social - GPS correspondente ao valor da diferença entre o valor já recolhido e o limite mínimo estabelecido para a competência, destinado aos recolhimentos com código de receita de segurado facultativo, de segurado contribuinte individual e de segurado especial que contribui facultativamente.

O servidor administrativo que, durante a análise de benefício ou serviço, constatar a existência de contribuições efetuadas em valores inferiores ao mínimo, contempladas pelo Serviço de Cálculo de GPS Diferença de Valor Devido - Contribuição Inferior ao Salário Mínimo, deverá emitir exigência oportunizando e orientando o segurado a emitir a GPS, com a diferença dos valores devidos, diretamente no "Meu INSS", conforme orientações constantes no Anexo da Portaria:

**ANEXO**

**PORTARIA PRES/INSS Nº 1.553, DE 1º DE FEVEREIRO DE 2023**

**ORIENTAÇÕES SOBRE O SERVIÇO DE CÁLCULO DE GPS DIFERENÇA DE VALOR DEVIDO – CONTRIBUIÇÃO INFERIOR AO SALÁRIO MÍNIMO**

**1. DO SERVIÇO DE CÁLCULO DE GPS DIFERENÇA DE VALOR DEVIDO – CONTRIBUIÇÃO INFERIOR AO SALÁRIO MÍNIMO**

1.1 Esse serviço é destinado ao segurado facultativo, ao segurado contribuinte individual e ao segurado especial que contribui facultativamente.

1.2 O segurado pode gerar Guia da Previdência Social - GPS correspondente ao valor da diferença entre o valor já recolhido e o limite mínimo estabelecido para a competência mediante acesso ao Meu INSS, no endereço eletrônico https://meu.inss.gov.br/, por meio do "SERVIÇO DE CÁLCULO DE GPS DIFERENÇA DE VALOR DEVIDO – CONTRIBUIÇÃO INFERIOR AO SALÁRIO MÍNIMO".

1.3 Esse serviço é realizado e concluído exclusivamente de forma remota, pelo Meu INSS, não havendo agendamento ou necessidade de comparecimento nas Unidades de Atendimento do INSS.

1.4 Para acessar esse serviço é necessário ter senha de acesso ao Meu INSS. Caso o segurado não possua senha de acesso deverá criá-la conforme orientações contidas no endereço eletrônico http://faq-login-unico.servicos.gov.br/en/latest/_perguntasdafaq/contaacesso.html.

1.5 Com a senha de acesso, o segurado deverá efetuar **login** no Meu INSS.

1.6 Após **login** no Meu INSS, no menu "Serviços", escolher a opção "Cálculo de GPS Diferença de Valor Devido - Contribuição Inferior ao Salário Mínimo":

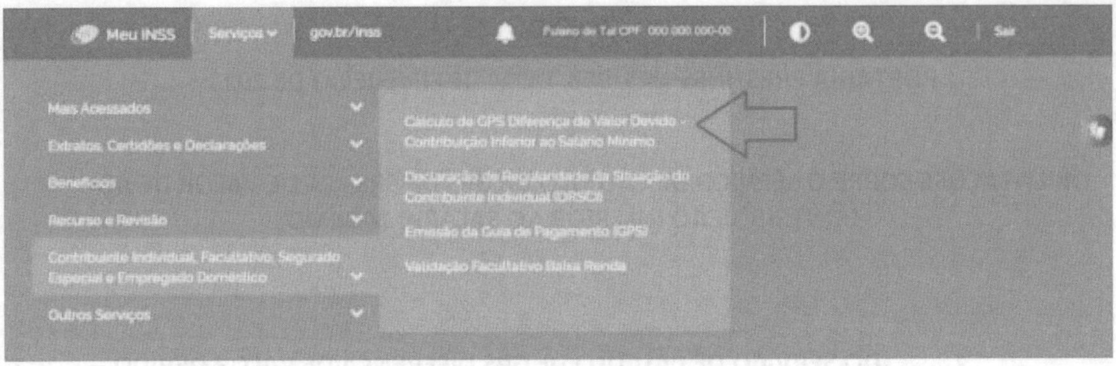

1.7 Esse serviço calcula automaticamente a diferença entre a contribuição devida e a realizada, com a aplicação dos acréscimos legais, para que o salário de contribuição correspondente alcance o valor do salário mínimo da época.

1.8 Na tela a seguir, deverá selecionar o ano, informar a data em que o pagamento será realizado, manter selecionada (s) apenas a (s) competência (s) que pretende pagar e depois clicar no botão "Gerar Guia de Pagamento":

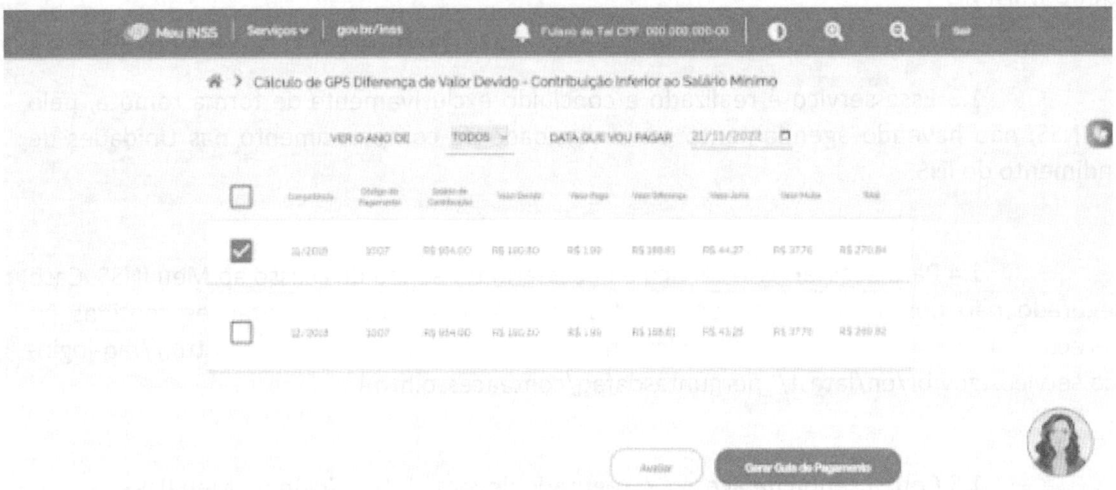

1.8.1 Na tela acima:

I - a coluna "Valor Diferença" se refere à diferença de contribuição para atingir o valor mínimo na competência, sem os acréscimos legais;

II - a coluna "Total" se refere à diferença de contribuição para atingir o valor mínimo na competência, com os acréscimos legais;

III - o Sistema apresenta na linha "VER O ANO DE" o ano mais recente em que existem diferenças a serem recolhidas. Também será possível selecionar outro ano ou "todos" os anos;

IV - o Sistema apresenta na linha "DATA QUE VOU PAGAR" a data atual, mas poderá ser escolhida outra data válida e o Sistema realizará o cálculo dos acréscimos legais; e

V - na caixa de seleção ao lado da coluna "competência" o segurado poderá desmarcar aquela (s) competência (s) que não deseja recolher.

1.9 Após clicar no botão "Gerar Guia de Pagamento", a GPS é gerada com o seu respectivo discriminativo de cálculo, conforme exemplo a seguir:

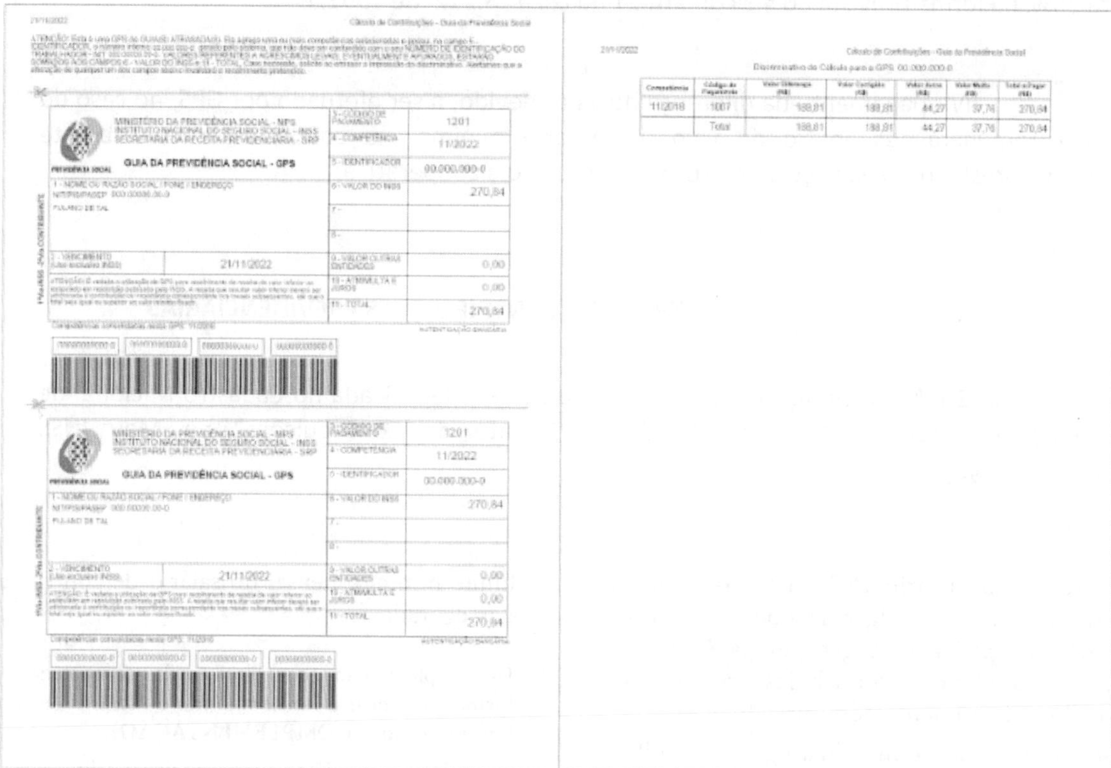
MINISTÉRIO DA PREVIDÊNCIA SOCIAL - MPS
INSTITUTO NACIONAL DO SEGURO SOCIAL - INSS
SECRETARIA DA RECEITA PREVIDENCIÁRIA - SRP
GUIA DA PREVIDÊNCIA SOCIAL - GPS

| | |
|---|---|
| 3 - CÓDIGO DE PAGAMENTO | 1201 |
| 4 - COMPETÊNCIA | 11/2022 |
| 5 - IDENTIFICADOR | 00.000.000-0 |
| 6 - VALOR DO INSS | 270,84 |
| 2 - VENCIMENTO | 21/11/2022 |
| 9 - VALOR OUTRAS ENTIDADES | 0,00 |
| 10 - ATM/MULTA E JUROS | 0,00 |
| 11 - TOTAL | 270,84 |

FULANO DE TAL

| | | | | | | |
|---|---|---|---|---|---|---|
| 11/2018 | 1007 | 188,81 | 188,81 | 44,27 | 37,76 | 270,84 |
| | Total | 188,81 | 188,81 | 44,27 | 37,76 | 270,84 |

1.10 Caso o total da diferença a ser paga seja inferior a R$ 10,00 (dez reais), será gerada GPS nesse valor, conforme disposto no art. 238 da Instrução Normativa RFB nº 2110, de 17 de outubro de 2022.

1.11 O pagamento da GPS deve ser feito em um dos bancos da Rede Arrecadadora de Receitas Federais, conforme lista disponível no sítio eletrônico da Secretaria Especial da Receita Federal do Brasil - RFB.

1.12 Nas situações não contempladas por esse serviço, o segurado deve ligar na Central 135 para requerer o serviço denominado "Solicitar Cálculo de Complementação de Contribuição ou Cálculo de Diferenças de Valor Devido" visando regularizar o período, nos seguintes casos:

I - contribuições abaixo do salário mínimo realizadas há mais de 5 (cinco) anos;

II - complementação relativa ao Plano Simplificado da Previdência do Segurado Facultativo pertencente a família de baixa renda, de 5% para 11%, quando não caracterizada essa condição e houver intenção de manter a opção pela exclusão do direito ao benefício de aposentadoria por tempo de contribuição, na forma prevista no inciso I do § 2º do art. 21 da Lei nº 8.212, de 24 de julho de 1991;

III - complementação relativa ao Plano Simplificado da Previdência (5% ou 11%) para 20%, na forma prevista no § 3º do art. 21 da Lei nº 8.212, de 1991; e

IV - pagamento da diferença do valor devido, a ser efetuado por GPS, no caso de possuir remunerações abaixo do valor do salário mínimo, na condição de contribuinte individual prestador de serviço à empresa ou associado à cooperativa.

**2. CONSULTA AO EXTRATO DE CONTRIBUIÇÕES PREVIDENCIÁRIAS**

2.1 A contribuição regularizada poderá ser identificada no Cadastro Nacional de Informações Sociais - CNIS, consultando o "Extrato de Contribuições" no Meu INSS (https://meu.inss.gov.br/).

Note-se que o próprio INSS torna obrigatório que o servidor abra a exigência oportunizando a opção pelo beneficiário de geração da GPS para ajustamento do salário de contribuição, sob pena de nulidade do indeferimento administrativo.

Posteriormente, nos termos do artigo 19-E do RPS, introduzido pelo Decreto 10.410/2020, a partir de 13 de novembro de 2019, para fins de aquisição e manutenção da qualidade de segurado, de carência, de tempo de contribuição e de cálculo do salário de benefício exigidos para o reconhecimento do direito aos benefícios do RGPS e para fins de contagem recíproca, somente serão consideradas as competências cujo salário de contribuição seja igual ou superior ao limite mínimo mensal do salário de contribuição.

Nesse sentido, a contar da competência 11/2019, ao segurado que, no somatório de remunerações auferidas no período de um mês, receber remuneração inferior ao limite mínimo mensal do salário de contribuição será assegurado:

> I - complementar a contribuição das competências, de forma a alcançar o limite mínimo do salário de contribuição exigido **(COMPLEMENTAÇÃO);**
>
> II - utilizar o excedente do salário de contribuição superior ao limite mínimo de uma competência para completar o salário de contribuição de outra competência até atingir o limite mínimo **(EXCEDENTE TRANSFERÍVEL)**; ou
>
> III - agrupar os salários de contribuição inferiores ao limite mínimo de diferentes competências para aproveitamento em uma ou mais competências até que estas atinjam o limite mínimo **(AGRUPAMENTO).**

Os ajustes de complementação, excedente transferível e agrupamento poderão ser efetivados, a qualquer tempo, por iniciativa do segurado, hipótese em que se tornarão **irreversíveis e irrenunciáveis após processados.**

A complementação citada poderá ser recolhida até o dia quinze do mês subsequente ao da prestação do serviço e, a partir dessa data, com os acréscimos de juros e multa previstos no artigo 35[8] da Lei nº 8.212, de 1991.

Os ajustes para o excedente transferível e o agrupamento de contribuições serão efetuados na forma indicada ou autorizada pelo segurado, **desde que utilizadas as competências do mesmo ano civil**, assim considerado o período de doze meses contados de 1º de janeiro a 31 de dezembro do respectivo ano.

A efetivação do agrupamento não impede o recolhimento da contribuição referente à competência que tenha o salário de contribuição transferido, em todo ou em parte, para agrupamento com outra competência a fim de atingir o limite mínimo mensal do salário de contribuição.

Para complementação ou recolhimento da competência que tenha o salário de contribuição transferido, em todo ou em parte será observado o prazo de até o dia quinze do mês subsequente ao da prestação do serviço e, a partir dessa data, com os acréscimos previstos no art. 35 da Lei nº 8.212, de 1991.

Para fins de **pensão por morte**, na hipótese de falecimento do segurado, os ajustes citados poderão ser solicitados por seus dependentes para fins de reconhecimento de direito para benefício a eles devidos até o dia quinze do mês de janeiro subsequente ao do ano civil correspondente.

Dessa forma, o Decreto 10.410/2020 permitiu a **complementação de contribuição após a morte**, desde que seja feita pelo dependente até o dia 15 de janeiro do ano seguinte.

Veja-se, nesse sentido, o §7º do artigo 19-E do Regulamento:

> "§ 7º Na hipótese de **falecimento do segurado**, os ajustes previstos no § 1º poderão ser solicitados por seus dependentes para fins de reconhecimento de direito para benefício a eles devidos **até o dia quinze do mês de janeiro subsequente ao do ano civil correspondente**, observado o disposto no § 4º. (Incluído pelo Decreto nº 10.410, de 2020)"

Suponha-se que um segurado faleceu em setembro de 2020 e que possua salário de contribuição referente à competência abril de 2020 no valor de R$ 500,00, pois se tratou de contrato de emprego intermitente.

Suponha-se, ainda, que essa competência abril é necessária para a manutenção da qualidade de segurado na data do óbito. Nesta situação, o dependente poderá complementar a competência abril de 2020 até 15/01/2021 para fins de concessão da pensão por morte.

**Curioso notar que para os demais benefícios não programados, a exemplo da aposentadoria por incapacidade permanente e do auxílio por incapacidade temporária, o Decreto 10.410/2020 parece permitir o pagamento do complemento após a ocorrência do risco social**, pois prevê que o recolhimento da complementação deverá ser efetuado pelo próprio segurado até o dia quinze do mês seguinte ao da competência de referência e, após essa data, com incidência dos acréscimos legais de que tratam os art. 238 e art. 239 (juros e multa).

Por sua vez, eis o dispositivo do artigo 216 do RPS:

> "§ 27-A. O segurado que, no somatório de remunerações auferidas no período de um mês, receber remuneração inferior ao limite mínimo mensal do salário de contribuição poderá solicitar o ajuste das competências pertencentes ao mesmo ano civil, na forma por ele indicada, ou autorizar que os ajustes sejam feitos automaticamente, para que o limite mínimo mensal do salário de contribuição seja alcançado, por meio da opção por:
>
> **I - complementar a sua contribuição, observado que:**
>
> a) o recolhimento da complementação deverá ser efetuado pelo próprio segurado até o dia quinze do mês seguinte ao da competência de referência e, após essa data, com incidência dos acréscimos legais de que tratam os art. 238 e art. 239;
>
> b) para o empregado, o empregado doméstico e o trabalhador avulso, a complementação será efetuada por meio da aplicação da alíquota de sete inteiros e cinco décimos por cento, inclusive para o mês em que exista contribuição concomitante na condição de contribuinte individual; e
>
> c) para o contribuinte individual que preste serviço a empresa, de que trata o § 26, e que contribua exclusivamente nessa condição, a complementação será efetuada por meio da aplicação da alíquota de vinte por cento;
>
> **II - utilizar o valor da contribuição que exceder o limite mínimo de uma competência em outra, observado que:**
>
> a) para efeito de utilização da contribuição, serão considerados os salários de contribuição apurados por categoria, consolidados na competência de origem;
>
> b) o salário de contribuição poderá ser utilizado para complementar uma ou mais competências com valor inferior ao limite mínimo, mesmo que em categoria distinta;
>
> c) poderão ser utilizados valores excedentes ao limite mínimo do salário de contribuição de mais de uma competência para compor o salário de contribuição de apenas uma competência; e
>
> d) utilizado o valor excedente, caso o salário de contribuição da competência favorecida ainda permaneça inferior

8. Art. 35. Os débitos com a União decorrentes das contribuições sociais previstas nas alíneas *a*, *b* e *c* do parágrafo único do art. 11 desta Lei, das contribuições instituídas a título de substituição e das contribuições devidas a terceiros, assim entendidas outras entidades e fundos, não pagos nos prazos previstos em legislação, serão acrescidos de multa de mora e juros de mora, nos termos do art. 61 da Lei nº 9.430, de 27 de dezembro de 1996. (Redação dada pela Lei nº 11.941, de 2009).

ao limite mínimo, esse valor poderá ser complementado nos termos do disposto no inciso I; ou

**III - agrupar contribuições inferiores ao limite mínimo de diferentes competências, para aproveitamento em contribuições mínimas mensais, observado que:**

a) as competências que não atingirem o valor mínimo do salário de contribuição poderão ser agrupadas desde que o resultado do agrupamento não ultrapasse o valor mínimo do salário de contribuição;

b) na hipótese de o resultado do agrupamento ser inferior ao limite mínimo do salário de contribuição, o segurado poderá complementar na forma prevista no inciso I ou utilizar valores excedentes na forma prevista no inciso II; e

c) as competências em que tenha havido exercício de atividade e tenham sido zeradas em decorrência do agrupamento poderão ser objeto de recolhimento pelo segurado, respeitado o limite mínimo".

**Registre-se que para o contribuinte individual e o segurado facultativo, mesmo antes da EC 103/2019, o valor nominal do salário de contribuição não poderia ser inferior a um salário mínimo e que já existia o instituto da complementação.**

**Nesse sentido, o artigo 5º da Lei 10.66/2003:**

"Art. 5º O contribuinte individual a que se refere o art. 4º é **obrigado a complementar**, diretamente, a contribuição até o valor mínimo mensal do salário-de-contribuição, quando as remunerações recebidas no mês, por serviços prestados a pessoas jurídicas, forem inferiores a este".

Mas note-se que **de obrigatória a complementação passa a ser facultativa** com o advento do artigo 29 da EC 103/2019, pois ninguém pode ser compelido a recolher contribuição sobre salário de contribuição que não auferiu remuneração por labor, sob pena de confisco e violação ao Princípio da Capacidade Contributiva.

No entanto, se não o fizer, a competência não terá efeitos previdenciários para todos os segurados desde 13/11/2019, sendo que já não o tinha para contribuintes individuais e segurados facultativos antes da Reforma Constitucional de 2019.

COVID-19:

Em caso de adesão ao **Programa Emergencial de Manutenção do Emprego e da Renda** de que trata a Lei 14.020/2020 (COVID-19) poderá se dar a redução da jornada de trabalho com a consequente diminuição proporcional do salário do empregado ou do empregado doméstico.

Nesta situação, durante o período de redução proporcional de jornada de trabalho e de salário, a contribuição do segurado **poderá ser complementada.**

Isso porque, após 13/11/2019, por força do artigo 29 da Emenda 103, os salários de contribuição dos empregados e empregados domésticos abaixo do limite mínimo do salário de contribuição não surtirão efeitos previdenciários.

Nesse sentido, nos termos do artigo 20 da Lei 14.020/2020, as **alíquotas das contribuições facultativas** serão de:

**I - 7,5%** (sete inteiros e cinco décimos por cento), para valores de até 1 (um) salário-mínimo;

**II - 9%** (nove por cento), para valores acima de 1 (um) salário-mínimo até R$ 2.089,60 (dois mil e oitenta e nove reais e sessenta centavos);

**III - 12%** (doze por cento), para valores de R$ 2.089,61 (dois mil e oitenta e nove reais e sessenta e um centavos) até R$ 3.134,40 (três mil, cento e trinta e quatro reais e quarenta centavos); e

**IV - 14%** (quatorze por cento), para valores de R$ 3.134,41 (três mil, cento e trinta e quatro reais e quarenta e um centavos) até o limite de R$ 6.101,06 (seis mil, cento e um reais e seis centavos).

Esse regramento também se aplica na situação de **suspensão do contrato de trabalho** em que o empregado ou empregado doméstico não estará recebendo salário do empregador, situação na qual as alíquotas previstas serão aplicadas de forma progressiva sobre o valor declarado pelo segurado, observados os limites mínimo e máximo do salário de contribuição, incidindo cada alíquota sobre a faixa de valores compreendida nos respectivos limites.

Na hipótese de redução proporcional de jornada de trabalho e de salário e na hipótese do **empregado intermitente em gozo do auxílio emergencial** de R$ 600,00, as alíquotas citadas serão aplicadas de forma progressiva sobre a faixa de valores compreendida nos respectivos limites, incidindo sobre o somatório da remuneração declarada na GFIP, e do valor declarado pelo segurado, observados:

I - os limites mínimo (piso salarial, legal ou normativo, da categoria ou, inexistindo este, ao salário mínimo) e máximo (R$ 6.101,06) do salário de contribuição;

II - a incidência das citadas primeiramente sobre a remuneração e, em seguida, sobre o valor declarado;

III - o recolhimento apenas das alíquotas incidentes sobre o valor declarado pelo segurado, sem prejuízo da contribuição obrigatória sobre o valor do salário recebido.

Não recebida a informação da GFIP a tempo de ser calculada e paga a contribuição no prazo legal (até o dia 15 do mês seguinte ao da competência), será considerado provisoriamente como remuneração o valor da remuneração anterior à redução proporcional de jornada de trabalho menos o valor da redução remuneratória pactuada ou, no caso do empregado com contrato de trabalho intermitente, será considerado que não houve remuneração.

Posteriormente, para o ano de 2021, foi editada a **MP 1.045, de 27/04/2021,** que criou o **Novo Programa Emergencial de Manutenção do Emprego e da Renda.**

Na hipótese de **suspensão temporária do contrato de trabalho**, o segurado ficou autorizado a recolher para o Regime Geral de Previdência Social na qualidade de **segurado facultativo**.

A MP 1.045/2021 não possui regras específicas de **ajustamento do salário de contribuição** na situação da redução da jornada de trabalho em 25%, 50% ou 75%, se aplicando as regras do Decreto 10.410/2020 na situação de salário de contribuição abaixo do mínimo legal (complementação pelo código 1872).

A sua vigência se deu até 01/09/2021, tendo os seus efeitos jurídicos sido conservados, embora não tenha sido convertida em lei.

Por uma nítida falha do Decreto 10.410/2020, os ajustes citados tinham sido vetados aos contribuintes individuais autônomos com a inserção do §37[9] no artigo 216 do Regulamento. Em setembro de 2020, coube ao Decreto 10.491 revogar o citado parágrafo realizando a correção necessária.

### 3.1. Cálculos

De acordo com o Art. 28 da Emenda Constitucional n.º 103/2019, as alíquotas incidentes sobre o salário de contribuição dos segurados empregados, inclusive o doméstico, e trabalhadores avulsos, de que trata a Lei 8.212/91 – Lei de Custeio da Seguridade Social – terão a seguinte composição:

| Salário de Contribuição | Alíquota de incidência |
|---|---|
| Até um salário mínimo | 7,5% |
| Mais de um salário mínimo até R$ 2.000,00 | 9,0% |
| De R$ 2.000,01 até R$ 3.000,00 | 12,0% |
| De R$ 3.000,01 até o limite máximo | 14,0% |

As alíquotas acima previstas serão aplicadas de forma progressiva sobre o salário de contribuição dos segurados, incidindo cada alíquota sobre a faixa de valores compreendida nos respectivos limites. Os valores relativos às faixas de salários de contribuição serão reajustados, a partir da data de vigência da Emenda Constitucional 103/2019, na mesma data e com o mesmo índice em que se der o reajuste dos benefícios do Regime Geral de Previdência Social, ressalvados aqueles vinculados ao salário-mínimo, aos quais se aplica a legislação específica.

Em janeiro de 2020, foi publicada a Portaria ME n.º 914, de 13 de janeiro de 2020 que fixou o novo salário mínimo no valor de **R$ 1.039,00**; o novo teto previdenciário no valor de **R$ 6.101,06**, dentre outras deliberações. As faixas de salários de contribuição e suas respectivas alíquotas de incidência tiveram a seguinte composição:

**TABELA DE CONTRIBUIÇÃO DOS SEGURADOS EMPREGADO, EMPREGADO DOMÉSTICO E TRABALHADOR AVULSO DE 01/01/2020 A 29/02/2020**

| Salário de Contribuição | Alíquota de incidência |
|---|---|
| Até R$ 1.830,29 | 8,0% |
| De R$ 1.830,30 a R$ 3.050,52 | 9,0% |
| De R$ 3.050,53 a R$ 6.101,06 | 11,0% |

**TABELA DE CONTRIBUIÇÃO DOS SEGURADOS EMPREGADO, EMPREGADO DOMÉSTICO E TRABALHADOR AVULSO A PARTIR DE 01/03/2020**

| Salário de Contribuição | Alíquota de incidência |
|---|---|
| Até R$ 1.039,00 | 7,5% |
| De R$ 1.039,01 a R$ 2.089,60 | 9,0% |
| De R$ 2.089,61 a R$ 3.134,40 | 12,0% |
| De R$ 3.134,41 a R$ 6.101,06 | 14,0% |

Posteriormente, em 10 de fevereiro de 2020, foi publicada a Portaria ME n.º 3.659, que fixou o novo salário mínimo a partir de fevereiro de 2020 no valor de **R$ 1.045,00**; o novo teto previdenciário permaneceu no mesmo valor de **R$ 6.101,06**. As faixas de salários de contribuição e suas respectivas alíquotas de incidência tiveram a seguinte composição:

**TABELA DE CONTRIBUIÇÃO DOS SEGURADOS EMPREGADO, EMPREGADO DOMÉSTICO E TRABALHADOR AVULSO A PARTIR DE 01/03/2020**

| Contribuição Previdenciária - 03/2020 | | |
|---|---|---|
| **Faixa Salarial - R$** | **Alíquota - %** | **Parcela a deduzir** |
| até 1.045,00 | 7,50% | 0,00 |
| de 1.045,01 a 2.089,60 | 9,00% | 15,67 |
| de 2.089,61 a 3.134,40 | 12,00% | 78,36 |
| de 3.134,41 a 6.101,06 | 14,00% | 141,05 |

9. ~~§ 37. A complementação, o agrupamento e a utilização a que se refere o § 27-A não se aplicam ao contribuinte individual de que tratam os art. 199 e art. 199-A, cujo salário de contribuição não poderá ser inferior ao seu limite mínimo mensal. (Incluído pelo Decreto nº 10.410, de 2020)~~ (Revogado pelo Decreto nº 10.491, de 2020)

Com a vigência da da Portaria SEPRT/ME n.º 477, de 12 de janeiro de 2021, foi fixado o novo salário mínimo a partir de janeiro de 2021, no valor de **R$ 1.100,00**; o novo teto previdenciário foi fixado no valor de **R$ 6.433,57**. As faixas de salários de contribuição e suas respectivas alíquotas de incidência tiveram a seguinte composição:

### TABELA DE CONTRIBUIÇÃO DOS SEGURADOS EMPREGADO, EMPREGADO DOMÉSTICO E TRABALHADOR AVULSO A PARTIR DE 01/01/2021

| Contribuição Previdenciária - 2021 | | |
|---|---|---|
| **Faixa Salarial - R$** | **Alíquota - %** | **Parcela a deduzir** |
| até 1.100,00 | 7,50% | 0,00 |
| de 1.100,01 a 2.203,48 | 9,00% | 16,50 |
| de 2.203,49 a 3.305,22 | 12,00% | 82,60 |
| de 3.305,23 a 6.433,57 | 14,00% | 148,71 |

Com a vigência da da Portaria Interministerial MTP/ME n.º 12, de 17 de janeiro de 2022, foi fixado o novo salário mínimo a partir de janeiro de 2022, no valor de **R$ 1.212,00**; o novo teto previdenciário foi fixado no valor de **R$ 7.087,22**. As faixas de salários de contribuição e suas respectivas alíquotas de incidência tiveram a seguinte composição:

### TABELA DE CONTRIBUIÇÃO DOS SEGURADOS EMPREGADO, EMPREGADO DOMÉSTICO E TRABALHADOR AVULSO A PARTIR DE 01/01/2022

| Contribuição Previdenciária - 2022 | | |
|---|---|---|
| **Faixa Salarial - R$** | **Alíquota - %** | **Parcela a deduzir** |
| até 1.212,00 | 7,50% | 0,00 |
| de 1.212,01 a 2.427,35 | 9,00% | 18,18 |
| de 2.427,36 a 3.641,03 | 12,00% | 91,00 |
| de 3.641,04 a 7.087,22 | 14,00% | 163,82 |

Para melhor compreensão da aplicação das alíquotas por faixa de valores, tomemos os dois exemplos a seguir:

| Exemplo 1 | |
|---|---|
| Forma de filiação: | Empregado |
| mês de referência: | jan/22 |
| Valor do salário de contribuição: | 5.500,00 |

| Contribuição Previdenciária | | Acumulado | Alíquota | Contribuição |
|---|---|---|---|---|
| Faixa 1 | 1.212,00 | 1.212,00 | 7,50% | 90,90 |
| Faixa 2 | 1.215,35 | 2.427,35 | 9,00% | 109,38 |
| Faixa 3 | 1.213,68 | 3.641,03 | 12,00% | 145,64 |
| Faixa 4 | 1.858,97 | 5.500,00 | 14,00% | 260,26 |
| | | | TOTAL | 606,18 |
| | **Alíquota efetiva** | | 11,02% | |
| | **Alíquota teórica** | | 14,00% | 770,00 |
| | | | Diferença | 163,82 |

| Contribuição Previdenciária - 2022 | | |
|---|---|---|
| **Faixa Salarial - R$** | **Alíquota - %** | **Parcela a deduzir** |
| até 1.212,00 | 7,50% | 0,00 |
| de 1.212,01 a 2.427,35 | 9,00% | 18,18 |
| de 2.427,36 a 3.641,03 | 12,00% | 91,00 |
| de 3.641,04 a 7.087,22 | 14,00% | 163,82 |

O exemplo 1 acima trata-se de um segurado empregado cuja remuneração no mês de janeiro de 2022 foi de R$ 5.500,00. Aplicando a tributação por faixa salarial e de forma progressiva, conforme determinado pelo Art. 28 da EC 103/2019 e Portaria Interministerial MTP/ME n.º 12, de 17 de janeiro de 2022, temos a aplicação da alíquota de 7,5% na faixa de um salário mínimo; de 9,0% do que exceder um salário mínimo até R$ 2.427,35; de 12,0% do que exceder R$ 2.427,35 até o limite do salário de contribuição de R$ 3.641,03 e de 14% do que exceder R$ 3.641,03 a R$ 5.500,00. Aplicando a referida sistemática de tributação, a contribuição previdenciária é fixada no valor de R$ 606,18, representando uma alíquota efetiva de 11,02%. Pela sistemática anteriormente vigente, bastava situar o salário de contribuição na faixa de tributação aplicar a alíquota correspondente, que no caso seria de 14%, obtendo uma contribuição previdenciária no valor de R$ 770,00, superior à obtida pela atual sistemática.

De forma objetiva, para obter o valor da contribuição previdenciária, basta aplicar a alíquota de contribuição de 14% e deduzir o valor de R$ 163,82, conforme planilha abaixo:

| | |
|---|---|
| Salário Bruto | 5.500,00 |
| Alíquota - 14% | 770,00 |
| Dedução | -163,82 |
| Valor da contribuição | 606,18 |

| **Exemplo 2** | |
|---|---|
| Forma de filiação: | Empregado |
| mês de referência: | jan/22 |
| Valor do salário de contribuição: | **3.600,00** |

| **Contribuição Previdenciária** | | **Acumulado** | **Alíquota** | **Contribuição** |
|---|---|---|---|---|
| Faixa 1 | 1.212,00 | 1.212,00 | 7,50% | 90,90 |
| Faixa 2 | 1.215,35 | 2.427,35 | 9,00% | 109,38 |
| Faixa 3 | 1.172,65 | 3.600,00 | 12,00% | 140,72 |
| | | | TOTAL | 341,00 |
| | **Alíquota efetiva** | | 9,47% | |
| | **Alíquota teórica** | | 12,00% | 432,00 |
| | | | Diferença | 91,00 |

| **Contribuição Previdenciária - 2022** | | |
|---|---|---|
| **Faixa Salarial - R$** | **Alíquota - %** | **Parcela a deduzir** |
| até 1.212,00 | 7,50% | 0,00 |
| de 1.212,01 a 2.427,35 | 9,00% | 18,18 |
| de 2.427,36 a 3.641,03 | 12,00% | 91,00 |
| de 3.641,04 a 7.087,22 | 14,00% | 163,82 |

O exemplo 2 acima trata-se de um segurado empregado cuja remuneração no mês de janeiro de 2022 foi de R$ 3.600,00. Aplicando a tributação por faixa salarial e de forma progressiva, conforme determinado pelo Art. 28 da EC 103/2019 e Portaria Interministerial MTP/ME n.º 12, de 17 de janeiro de 2022, temos a aplicação da alíquota de 7,5% na faixa de um salário mínimo; de 9,0% do que exceder um salário mínimo até R$ 2.427,35; e de 12,0% do que exceder R$ 2.427,35 até o limite do salário de contribuição de R$ 3.600,00. Aplicando a referida sistemática de tributação, a contribuição previdenciária é fixada no valor de R$ 341,00, representando uma alíquota efetiva de 9,47%. Pela sistemática anteriormente vigente, bastava situar o salário de contribuição na faixa de tributação aplicar a alíquota correspondente, que no caso seria de 12%, obtendo uma contribuição previdenciária no valor de R$ 432,00, superior à obtida pela atual sistemática.

De forma objetiva, para obter o valor da contribuição previdenciária, basta aplicar a alíquota de contribuição de 12% e deduzir o valor de R$ 91,00, conforme planilha abaixo:

| Salário Bruto | 3.600,00 |
|---|---|
| Alíquota - 12% | 432,00 |
| Dedução | -91,00 |
| Valor da contribuição | 341,00 |

| Exemplo 3 | |
|---|---|
| Forma de filiação: | Doméstico |
| mês de referência: | jan/22 |
| Valor do salário de contribuição: | 2.350,00 |

| Contribuição Previdenciária | | Acumulado | Alíquota | Contribuição |
|---|---|---|---|---|
| Faixa 1 | 1.212,00 | 1.212,00 | 7,50% | 90,90 |
| Faixa 2 | 1.138,00 | 2.350,00 | 9,00% | 102,42 |
| | | | TOTAL | 193,32 |
| | **Alíquota efetiva** | | 8,23% | |
| | **Alíquota teórica** | | 9,00% | 211,50 |
| | | | Diferença | 18,18 |

| Contribuição Previdenciária - 2022 | | |
|---|---|---|
| **Faixa Salarial - R$** | **Alíquota - %** | **Parcela a deduzir** |
| até 1.212,00 | 7,50% | 0,00 |
| de 1.212,01 a 2.427,35 | 9,00% | 18,18 |
| de 2.427,36 a 3.641,03 | 12,00% | 91,00 |
| de 3.641,04 a 7.087,22 | 14,00% | 163,82 |

O exemplo 3 acima trata-se de um segurado empregado cuja remuneração no mês de janeiro de 2022 foi de R$ 2.350,00. Aplicando a tributação por faixa salarial e de forma progressiva, conforme determinado pelo Art. 28 da EC 103/2019 e Portaria Interministerial MTP/ME n.º 12, de 17 de janeiro de 2022, temos a aplicação da alíquota de 7,5% na faixa de um salário mínimo; e de 9,0% do que exceder um salário mínimo até o limite do salário de contribuição de R$ 2.350,00. Aplicando a referida sistemática de tributação, a contribuição previdenciária é fixada no valor de R$ 193,32, representando uma alíquota efetiva de 8,23%. Pela sistemática anteriormente vigente, bastava situar o salário de contribuição na faixa de tributação aplicar a alíquota correspondente, que no caso seria de 9%, obtendo uma contribuição previdenciária no valor de R$ 211,50, superior à obtida pela atual sistemática.

De forma objetiva, para obter o valor da contribuição previdenciária, basta aplicar a alíquota de contribuição de 9% e deduzir o valor de R$ 18,18, conforme planilha abaixo:

| Salário Bruto | 2.350,00 |
|---|---|
| Alíquota - 9% | 211,50 |
| Dedução | -18,18 |
| Valor da contribuição | 193,32 |

## 4. DELIMITAÇÃO

Conforme afirmado, em regra o salário de contribuição será composto por parcelas remuneratórias decorrentes do labor, *observados os limites mínimos e máximos acima expostos*, da seguinte forma:

A) **Para o segurado empregado e o trabalhador avulso** – a remuneração auferida em uma ou mais empresas, assim entendida **a totalidade dos rendimentos pagos, devidos ou creditados** a qualquer título, durante o mês, destinados a retribuir o trabalho, qualquer que seja a sua forma, **inclusive as gorjetas, os ganhos habituais sob a forma de utilidades e os adiantamentos decorrentes de reajuste salarial**, quer pelos serviços efetivamente prestados, quer pelo tempo à disposição do empregador ou tomador de serviços nos termos da lei ou do contrato ou, ainda, de convenção ou acordo coletivo de trabalho ou sentença normativa.

Para o empregado e o avulso, o salário de contribuição será formado pela remuneração mensal total, devida ou creditada, pela empresa que preste serviço, incluindo-se na definição de remuneração as **gorjetas**[10], tal qual o faz o artigo 457, da CLT, bem como as **utilidades habituais** pagas ao trabalhador.

Considera-se **gorjeta** não só a importância espontaneamente dada pelo cliente ao empregado, como também o valor cobrado pela empresa, como serviço ou adicional, a qualquer título, e destinado à distribuição aos empregados (Lei 13.419/2017).

Em regra, as utilidades habituais comporão o salário de contribuição, exceto se houver regra de isenção, como nas situações elencadas no §9º do artigo 28 da Lei 8.212/91. Como a moradia não se situação na regra de isenção, esta comporá o salário de contribuição.

Eis a posição do STJ:

> "PROCESSUAL CIVIL E TRIBUTÁRIO. PROGRAMA DE RESIDÊNCIA DE GERENTES DE AGÊNCIAS. **AUXÍLIO-MORADIA. HABITUALIDADE. CONTRIBUIÇÃO PREVIDENCIÁRIA. INCIDÊNCIA. NATUREZA REMUNERATÓRIA**. SÚMULA 7/STJ. 1. O Tribunal regional, com base na análise acurada do "Programa de Residência de Gerentes de Agências" e das provas dos autos, consignou que a parcela paga a título de auxílio-moradia na espécie tem notadamente natureza remuneratória. Rever tal premissa esbarra no óbice da Súmula 7/STJ. 2. Incide contribuição previdenciária sobre o "total da remuneração" paga ou creditada aos trabalhadores, a qualquer título, exceto as verbas listadas no art. 28, § 9º, da Lei 8.212/1991. Precedentes: AgRg nos EDcl no REsp 1.098.218/SP, Rel. Min. Herman Benjamin, Segunda Turma, DJe 09/11/2009; REsp 486.697/PR, Rel. Min. Denise Arruda, DJ 17/12/2004. **3. A hipótese em apreço - pagamento de auxílio-moradia -, não está arrolada dentre as exceções legais.** 4. Agravo regimental não provido" **(STJ, AgRg no AREsp 42673, de 14/2/2012).**

Na forma do artigo 458, da CLT, além do pagamento em dinheiro, compreende-se no salário, para todos os efeitos legais, a alimentação, habitação, vestuário ou outras prestações "in natura" que a empresa, por força do contrato ou do costume, fornecer habitualmente ao empregado, não sendo permitido em caso algum o pagamento com bebidas alcoólicas ou drogas nocivas[11].

De efeito, mesmo que a pessoa jurídica não pague a remuneração no mês, a quantia devida será considerada como salário de contribuição e deverá ser paga a respectiva contribuição previdenciária.

Da mesma forma, o adiantamento de remuneração referente aos meses subsequentes também integrará o salário de contribuição, se creditado antecipadamente (popularmente conhecido como "vale").

Por força da Medida Provisória 680, publicada em 7 de julho de 2015, posteriormente convertida na Lei 13.189/2015, **irá incidir contribuição previdenciária sobre o valor da compensação pecuniária a ser paga no âmbito do Programa de Proteção ao Emprego (PPE), INTEGRANDO O SALÁRIO DE CONTRIBUIÇÃO.** Este programa foi redesignado para Programa Seguro-Emprego pela Medida Provisória 761/2016.

Trata-se de compensação pecuniária equivalente a 50% do valor da redução salarial e limitada a 65% do valor máximo da parcela do seguro-desemprego, enquanto perdurar o período de redução temporária da jornada de trabalho, para as empresas que aderiram ao Programa de Proteção ao Emprego, que será custeada pelo Fundo de Amparo ao Trabalhador (FAP). Com base do Princípio da Noventena, esta disposição entrou em vigor a partir de 1º de novembro de 2015.

Vale registrar que o **adicional noturno**, o **adicional de insalubridade** e de **periculosidade** pagos pela empresa são verbas que possuem natureza remuneratória em decorrência do trabalho à noite, nocivo à saúde e periculoso, devendo, destarte, incidir contribuição previdenciária.

Nesse sentido, o STJ:

> "PROCESSUAL CIVIL E TRIBUTÁRIO. OMISSÃO. ALEGAÇÕES GENÉRICAS. CONTRIBUIÇÃO PREVIDENCIÁRIA. BASE DE CÁLCULO. TERÇO CONSTITUCIONAL DE FÉRIAS, HORAS-EXTRAS E ADICIONAIS PERMANENTES.
>
> 1. Não se conhece de recurso especial por suposta violação do art. 535 do CPC se a parte não especifica o vício que inquina o aresto recorrido, limitando-se a alegações genéricas de omissão no julgado, sob pena de tornar-se insuficiente a tutela jurisdicional.
>
> **2. Integram o conceito de remuneração, sujeitando-se, portanto, à contribuição previdenciária o adicional de horas-extras, adicional noturno, salário-maternidade, adicionais de insalubridade e de periculosidade.** Precedentes (AgRg no AREsp 69958, de 12/06/2012).

---

**10.** Considera-se **gorjeta** não só a importância espontaneamente dada pelo cliente ao empregado, como também aquela que for cobrada pela empresa ao cliente, como adicional nas contas, a qualquer título, e destinada à distribuição aos empregados, na forma do artigo 457, §3º, da CLT.

**11.** § 2º Para os efeitos previstos neste artigo, não serão consideradas como salário as seguintes utilidades concedidas pelo empregador:

I – vestuários, equipamentos e outros acessórios fornecidos aos empregados e utilizados no local de trabalho, para a prestação do serviço;

II – educação, em estabelecimento de ensino próprio ou de terceiros, compreendendo os valores relativos a matrícula, mensalidade, anuidade, livros e material didático;

III – transporte destinado ao deslocamento para o trabalho e retorno, em percurso servido ou não por transporte público;

IV – assistência médica, hospitalar e odontológica, prestada diretamente ou mediante seguro-saúde;

V – seguros de vida e de acidentes pessoais;

VI – previdência privada.

A verba conhecida como **Hora Repouso Alimentação (HRA)**, integrava a composição do salário de contribuição do segurado empregado pelo tempo que ficasse à disposição da empresa. O tema era divergente no STJ:

**1ª Turma – INDENIZATÓRIO: "TRIBUTÁRIO. PROCESSUAL CIVIL. RECURSO ESPECIAL. CÓDIGO DE PROCESSO CIVIL DE 1973. APLICABILIDADE. OFENSA AO ART. 535 DO CPC/73. DEFICIÊNCIA DE FUNDAMENTAÇÃO. APLICAÇÃO, POR ANALOGIA, DO VERBETE SUMULAR N. 284/STF. CONTRIBUIÇÃO PREVIDENCIÁRIA SOBRE A DENOMINADA HORA REPOUSO ALIMENTAÇÃO – HRA, PREVISTA NO ART. 3º, II, DA LEI N. 5.811/72. HIPÓTESE DE INCIDÊNCIA NÃO CARACTERIZADA. VERBA QUE OSTENTA CARÁTER INDENIZATÓRIO. DISSÍDIO JURISPRUDENCIAL NÃO CARACTERIZADO.** I – Consoante o decidido pelo Plenário desta Corte na sessão realizada em 09.03.2016, o regime recursal será determinado pela data da publicação do provimento jurisdicional impugnado. Aplica-se, in casu, o Código de Processo Civil de 1973. II – A jurisprudência desta Corte considera que, quando a arguição de ofensa ao dispositivo de lei federal é genérica, sem demonstração efetiva da contrariedade, aplica-se, por analogia, o óbice do verbete sumular n. 284/STF. III – A Lei n. 5.811/72 assegura ao empregado sujeito ao regime de revezamento de oito horas o direito ao pagamento em dobro da hora de repouso e alimentação suprimida em decorrência da necessidade de garantir-se a normalidade das operações ou de atender a imperativos de segurança industrial, referentes à prestação de serviços nas atividades que relaciona em seu art. 1º. IV – A seu turno, a CLT estabelece que, no trabalho contínuo, cuja duração exceda de seis horas, é obrigatória a concessão de intervalo para repouso ou alimentação de, no mínimo, uma hora (art. 71, *caput*), cabendo ao empregador remunerar o empregado, por eventual descumprimento dessa determinação, com acréscimo de 50% (cinquenta por cento) sobre o valor da hora normal de trabalho (art. 71, § 4º). V – A HRA reveste natureza jurídica autenticamente indenizatória, pois seu escopo é recompor direito legítimo do empregado suprimido em virtude das vicissitudes da atividade laboral, assumindo perfil de genuína compensação, de verdadeira contrapartida a que o empregador está obrigado, por lei, a disponibilizar ao obreiro, em virtude da não fruição do direito ao intervalo para refeição e repouso que lhe é garantido, imprescindível ao restabelecimento do seu vigor físico e mental. VI – As atividades listadas no art. 1º da Lei n. 5.811/72 denotam elevado grau de agressão à integridade física do empregado, de modo que a perpetuação da jornada laboral sem a pausa necessária constitui, ipso facto, prejuízo e/ou dano ao trabalhador, ordinariamente recomposto por prestação de insígnia indenizatória. VII – Não se pode negar que o propósito da lei, ao onerar o empregador pela supressão do intervalo para descanso e nutrição do seu empregado, seja justamente desencorajá-lo de tornar essa prática perene ou reincidente. Isso considerado, seria rematado contrassenso admitir que o Estado pudesse auferir vantagem, consistente no incremento da sua arrecadação, mediante alargamento da base de cálculo do tributo, oriunda, exatamente, de conduta que busca desestimular e coibir, em clara ofensa ao princípio da confiança nos atos estatais que predica, dentre outras questões, o impedimento de atos contraditórios. VIII – O emprego do verbo "remunerar", na anterior redação do § 4º, do art. 71, da CLT, não credenciava a conclusão segundo a qual a HRA ostentaria índole salarial, guardando, com mais rigor técnico, correlação semântica à forma coloquial "pagar". IX – O Recurso Especial não pode ser conhecido com fundamento na alínea c, do permissivo constitucional. Isso porque a parte recorrente, além de ter deixado de proceder ao cotejo analítico entre os arestos confrontados, com o escopo de demonstrar que partiram de situações fático-jurídicas idênticas e adotaram conclusões discrepantes, limitando-se a transcrever ementa de julgado, não indicou os dispositivos legais que teriam sido interpretados de forma divergente pelos acórdãos contrapostos, atraindo a aplicação, neste último caso, do enunciado sumular n. 284/STF. X – Recurso Especial conhecido em parte e, nessa extensão, improvido" (RECURSO ESPECIAL – 1619117, de 19/6/2018).

**2ª Turma – REMUNERATÓRIO: "TRIBUTÁRIO. DECISÃO DE ORIGEM EM CONSONÂNCIA COM O ENTENDIMENTO DESTA CORTE. HORA REPOUSO ALIMENTAÇÃO. INCIDÊNCIA DE CONTRIBUIÇÃO**

**PREVIDENCIÁRIA. PRECEDENTES.** I – O entendimento do Tribunal de origem está em consonância com a orientação do Superior Tribunal de Justiça. II – Na esteira do entendimento firmado na Segunda Turma do STJ, "a 'Hora Repouso Alimentação – HRA (...) é paga como única e direta retribuição pela hora em que o empregado fica à disposição do empregador", configurando, assim "retribuição pelo trabalho ou pelo tempo à disposição da empresa e se submete à contribuição previdenciária, nos termos do art. 28 da Lei 8.212/1991" (STJ, EDcl no REsp 1.157.849/RS, Rel. Ministro HERMAN BENJAMIN, SEGUNDA TURMA, DJe de 26/05/2011). III – No mesmo sentido: AgRg no REsp 1.536.286/BA, Rel. Ministro HUMBERTO MARTINS, SEGUNDA TURMA, DJe de 22/10/2015; REsp 1.144.750/RS, Rel. Ministro HUMBERTO MARTINS, SEGUNDA TURMA, DJe de 25/05/2011; AgRg no REsp 1449331/SP, Rel. Ministra ASSUSETE MAGALHÃES, SEGUNDA TURMA, julgado em 05/05/2016, DJe 13/05/2016; AgInt nos EDcl no REsp 1531301/PE, Rel. Ministro HERMAN BENJAMIN, SEGUNDA TURMA, julgado em 15/09/2016, DJe 11/10/2016) IV – Agravo interno improvido" (AINTARESP – AGRAVO INTERNO NO AGRAVO EM RECURSO ESPECIAL – 1122223, de 7/8/2018).

Ao que parece, a HRA é indenizatória por força da Lei 13.467/2017 (reforma trabalhista), que modificou o §4º do artigo 71 da CLT: "A não concessão ou a concessão parcial do intervalo intrajornada mínimo, para repouso e alimentação, a empregados urbanos e rurais, **implica o pagamento, de natureza indenizatória**, apenas do período suprimido, com acréscimo de 50% (cinquenta por cento) sobre o valor da remuneração da hora normal de trabalho".

Por isso, em 27/11/2019, a 1º Seção do STJ fixou tese de que a HRA é remuneratória até o advento da Lei 13.467/2017 e, após essa norma, alterou a natureza jurídica para parcela indenizatória:

**Processo**

EREsp 1619117 / BA

EMBARGOS DE DIVERGÊNCIA EM RECURSO ESPECIAL

2016/0209321-1

**Relator(a)**

Ministro HERMAN BENJAMIN (1132)

**Órgão Julgador**

S1 - PRIMEIRA SEÇÃO

**Data do Julgamento**

27/11/2019

**Data da Publicação/Fonte**

DJe 08/05/2020

**Ementa**

PROCESSUAL CIVIL E TRIBUTÁRIO. EMBARGOS DE DIVERGÊNCIA. HORA REPOUSO ALIMENTAÇÃO (HRA). NATUREZA REMUNERATÓRIA. INCIDÊNCIA DA CONTRIBUIÇÃO PREVIDENCIÁRIA PATRONAL. SIMILITUDE FÁTICA ENTRE OS CASOS CONFRONTADOS.

1. Cinge-se a controvérsia à possibilidade de incidência da contribuição previdenciária patronal sobre os valores pagos a título de Hora Repouso Alimentação - HRA, prevista nos arts. 3º, II, da Lei 5.811/1972 e 71, § 4º, da CLT.

2. O acórdão embargado consignou que tal verba "[...] reveste natureza jurídica autenticamente indenizatória, pois seu escopo é recompor direito legítimo do empregado suprimido em virtude das vicissitudes da atividade laborai, assumindo perfil de genuína compensação, de verdadeira contrapartida a que o empregador está obrigado, por lei, a disponibilizar ao obreiro, em virtude da não fruição do direito ao intervalo para refeição e repouso que lhe é garantido, imprescindível ao restabelecimento do seu vigor físico e mental".

3. Partindo da premissa de que a Hora Repouso Alimentação – HRA possui natureza indenizatória, concluiu que sobre ela não deve incidir a contribuição previdenciária patronal (art. 22, I, da Lei 8.212/1991).

4. O julgado apontado como paradigma, por sua vez, assentou: "a 'Hora Repouso Alimentação - HRA' [...] é paga como única e direta retribuição pela hora em que o empregado fica à disposição do empregador", configurando, assim, "retribuição pelo trabalho ou pelo tempo à disposição da empresa e se submete à contribuição previdenciária, nos termos do art. 28 da Lei 8.212/1991".

5. É patente a similitude fática entre os acórdãos confrontados, bem como a divergência entre as soluções jurídicas adotadas em cada caso.

PRECEDENTES DA PRIMEIRA E DA SEGUNDA TURMA DO STJ

6. A Primeira Turma reconheceu que a HRA reveste natureza jurídica autenticamente indenizatória em mais um precedente: REsp 1.328.326/BA, Rel. Min. Gurgel de Faria, Rel. p./ acórdão Min. Regina Helena Costa, Primeira Turma, DJe 26.5.2017.

7. Na Segunda Turma, prevalece a compreensão de que a Hora Repouso Alimentação - HRA possui natureza remuneratória, devendo incidir sobre ela a contribuição previdenciária patronal. Precedentes: AgInt no REsp 1.727.114/BA, Rel. Min. Francisco Falcão, Segunda Turma, DJe 14.5.2019; AgInt no AREsp 1.122.223/SP, Rel. Min. Francisco Falcão, Segunda Turma, DJe 13.8.2019; AgRg no REsp 1.449.331/SP, Rel. Min. Assusete Magalhães, Segunda Turma, DJe 13.5.2016; REsp 1.144.750/RS, Rel. Min. Humberto Martins, Segunda Turma, DJe 25.5.2011; EDcl no REsp 1.157.849/RS, Rel. Min. Herman Benjamin, Segunda Turma, DJe 26.5.2011.

NATUREZA JURÍDICA DA HORA REPOUSO ALIMENTAÇÃO

8. A Hora Repouso Alimentação - HRA constitui verba paga ao trabalhador pela disponibilidade do empregado no local de trabalho, ou nas suas proximidades, durante o intervalo destinado a repouso e alimentação, conforme o art. 2º, § 2º, da Lei 5.811/1972.

9. O pagamento por essa "disponibilidade do empregado" é feito nos termos dos arts. 3º, II, da Lei 5.811/1972 e 71, § 4º, da CLT.

10. A Hora Repouso Alimentação - HRA é paga como única e direta retribuição pela hora em que o empregado fica à disposição do empregador. Ou seja, o trabalhador recebe salário normal pelas oito horas regulares e HRA pela 9ª (nona) hora, em que ficou à disposição da empresa.

11. Inexiste simplesmente supressão da hora de descanso, hipótese em que o empregado ficaria 8 horas contínuas à disposição da empresa e receberia por 9 horas (haveria "indenização" pela hora de descanso suprimida).

12. O empregado fica efetivamente 9 (nove) horas contínuas trabalhando ou à disposição da empresa e recebe exatamente por esse período, embora uma dessas horas seja paga em dobro, a título de HRA. Trata-se de situação análoga à hora extra: remuneração pelo tempo efetivamente trabalhado ou à disposição do empregador e sujeita à contribuição previdenciária.

13. Ao contrário do afirmado no acórdão embargado, a HRA possui nítida natureza remuneratória, submetendo-se à tributação pela contribuição previdenciária patronal, nos termos dos arts. 22, I, e 28 da Lei 8.212/1991.

14. Tratando da incidência da contribuição previdenciária sobre a HRA, a Segunda Turma do Supremo Tribunal Federal, no julgamento do Agravo Regimental no Recurso Extraordinário 1.039.689/RS (Rel. Min. Dias Toffoli, DJe 11.9.2017), afirmou: "Desse modo, não diverge o Tribunal a quo do entendimento da Corte no sentido da incidência de contribuição previdenciária patronal sobre verbas remuneratórias, conforme ficou deliberado no julgamento do RE nº 565.160/SC (Tema 20 da Gestão por Temas da Repercussão Geral do portal do STF na internet). Verifico que, nessa decisão, a Corte se debruçou sobre o alcance da expressão 'folha de salários', contida no art. 195, I, 'a', da Constituição Federal, que é base de cálculo da exação em tela".

15. Em obiter dictum, impende ressaltar que a redação do art. 71, § 4º, da CLT foi alterada pela Lei 13.467/2017: "A não concessão ou a concessão parcial do intervalo intrajornada mínimo, para repouso e alimentação, a empregados urbanos e rurais, implica o pagamento, de natureza indenizatória, apenas do período suprimido, com acréscimo de 50% (cinquenta por cento) sobre o valor da remuneração da hora normal de trabalho".

16. A compreensão esposada abrange apenas os pagamentos e recolhimentos realizados antes da entrada em vigor da Lei 13.467/2017, uma vez que a nova redação do art. 71, § 4º, da CLT não foi objeto de discussão no presente caso.

CONCLUSÃO

**17. Embargos de Divergência providos, para reconhecer a incidência da contribuição previdenciária patronal sobre a Hora Repouso Alimentação - HRA, até a entrada em vigor da Lei 13.467/2017.**

A verba denominada "**quebra de caixa**" possui natureza remuneratório, compondo o salário de contribuição. Cuida-se de quantia em análise servir para "compensar" eventuais diferenças de caixas, nos termos do artigo 462, *caput*, e § 1º, da CLT.

Nesse sentido, a posição firmada pelo STJ:

> "Registre-se, por oportuno, que a verba "quebra de caixa" não consta do rol do § 9º do art. 28 da Lei n. 8.212/1991, ou de qualquer outra norma apta a lhe excluir do conceito de salário de contribuição. Por fim, registre-se que a Justiça Trabalhista, cuja competência jurisdicional compreende também a execução, de ofício, das contribuições previdenciárias patronais (CF, art. 114, VIII), firmou, nos termos da Súmula 247 do TST, a seguinte compreensão: "A parcela paga aos bancários sob a denominação 'quebra de caixa' possui natureza salarial, integrando o salário do prestador de serviços, para todos os efeitos legais". **1ª Seção do STJ, EREsp 1.467.095-PR, Rel. Min. Mauro Campbell Marques, Rel. para acórdão Min. Og Fernandes, por maioria, julgado em 10/5/2017, DJe 6/9/2017".**

No que concerne à verba trabalhista popularmente conhecida como "salário-paternidade", que não ostenta a natureza jurídica de benefício previdenciário, sendo na verdade o salário pago ao empregado pela empresa durante cinco dias após o nascimento de seu filho (artigo 10, §1º, do ADCT da Constituição de 1988), esta integra o salário de contribuição, devendo incidir contribuição previdenciária nos termos da jurisprudência do STJ (passagem do julgamento do Recurso Especial 1.230.957, de 26/02/2014):

> "**1.4 Salário paternidade.**
>
> O salário paternidade refere-se ao valor recebido pelo empregado durante os cinco dias de afastamento em razão do nascimento de filho (art. 7º, XIX, da CF/88, c/c o art. 473, III, da CLT e o art. 10, § 1º, do ADCT).
>
> Ao contrário do que ocorre com o salário maternidade, o salário paternidade constitui ônus da empresa, ou seja, não se trata de benefício previdenciário. Desse modo, em se tratando de verba de natureza salarial, é legítima a incidência de contribuição previdenciária sobre o salário paternidade. Ressalte-se que "o salário-paternidade deve ser tributado, por se tratar de licença remunerada prevista constitucionalmente, não se incluindo no rol dos benefícios previdenciários" (AgRg nos EDcl no REsp 1.098.218/SP, 2ª Turma, Rel. Min. Herman Benjamin, DJe de 9.11.2009).

Após rever o seu posicionamento firmado em 2013, no ano de 2014 o STJ voltou a entender que a parcela recebida a título de férias gozadas integra o salário de contribuição:

> "PROCESSUAL CIVIL. AGRAVO REGIMENTAL NO RECURSO ESPECIAL. TRIBUTÁRIO. LC 118/2005. APLICAÇÃO DO PRAZO REDUZIDO EM RELAÇÃO ÀS AÇÕES AJUIZADAS A PARTIR DE 9 DE JUNHO DE 2005. ENTENDIMENTO DO STF FIRMADO EM SEDE DE REPERCUSSÃO GERAL. CONTRIBUIÇÃO PREVIDENCIÁRIA A CARGO DA EMPRESA. REGIME GERAL DA PREVIDÊNCIA SOCIAL. INCIDÊNCIA SOBRE A VERBA PAGA A TÍTULO DE SALÁRIO MATERNIDADE. ESPECIAL EFICÁCIA VINCULATIVA DO ACÓRDÃO PROFERIDO NO RESP 1.230.957/RS. FÉRIAS GOZADAS. INCIDÊNCIA. PRECEDENTES.
>
> 1. O Supremo Tribunal Federal ao apreciar o RE 566.621/RS, Tribunal Pleno, Rel. Min. Ellen Gracie, DJe de 11.10.2011), no regime dos arts. 543-A e 543-B do CPC (repercussão geral), pacificou entendimento no sentido de que, "reconhecida a inconstitucionalidade art. 4º, segunda parte, da LC 118/05, considerando-se válida a aplicação do novo prazo de 5 anos tão-somente às ações ajuizadas após o decurso da vacatio legis de 120 dias, ou seja, a partir de 9 de junho de 2005". Cumpre registrar que, no âmbito desta Corte, a questão em comento foi apreciada no REsp 1.269.570/MG (1ª Seção, Rel. Min. Mauro Campbell Marques, DJe de 4.6.2012), submetido ao regime do art. 543-C do CPC.
>
> 2. A Primeira Seção/STJ, ao apreciar o REsp 1.230.957/RS (Rel. Min. Mauro Campbell Marques, DJe de 18.3.2014), aplicando a sistemática prevista no art. 543-C do CPC, pacificou orientação no sentido de que incide contribuição previdenciária (RGPS) sobre o salário maternidade.
>
> **3. O pagamento de férias gozadas possui natureza remuneratória e salarial, nos termos do art. 148 da CLT, e integra o salário de contribuição" (STJ,** AgRg nos EDcl no REsp 1205592, de 12/08/2014).

Ainda de acordo com o STJ, a verba para pela empresa a título de licença-casamento e de licença para prestação de serviços eleitorais irão integrar o salário de contribuição por possuírem natureza remuneratória, sendo irrelevante o afastamento do empregado neste período:

> **Informativo 548 – "DIREITO PREVIDENCIÁRIO E TRIBUTÁRIO. CONTRIBUIÇÃO PREVIDENCIÁRIA SOBRE LICENÇA CASAMENTO E LICENÇA PARA PRESTAÇÃO DE SERVIÇO ELEITORAL.**
>
> **Incide contribuição previdenciária a cargo da empresa sobre os valores pagos a título de licença casamento (art. 473, II, da CLT) e de licença para prestação de serviço eleitoral (art. 98 da Lei 9.504/1997).** Consoante a jurisprudência do STJ, o parâmetro para incidência da contribuição previdenciária é o caráter salarial da verba, já a não incidência ocorre nas verbas de natureza indenizatória. Posto isso, cumpre esclarecer que a licença para prestação do serviço eleitoral e a licença casamento não ostentam caráter indenizatório. Sua natureza estrutural remete ao inafastável caráter remuneratório, integrando parcela salarial cujo ônus é do empregador, sendo irrelevante a inexistência da efetiva prestação laboral no período, porquanto mantido o vínculo de trabalho, o que atrai a incidência tributária sobre as indigitadas verbas. Ademais, não se sustenta, e não encontra albergue na jurisprudência do STJ o parâmetro de que qualquer afastamento ao serviço justificaria o não pagamento de contribuição previdenciária. Assim, há hipóteses em que ocorre o efetivo afastamento do empregado, ou seja, não há a efetiva prestação do serviço ou o efetivo tempo à disposição do empregador, mas ainda assim é devida a incidência tributária, tal como ocorre quanto ao salário-maternidade, situação na qual a mãe se ausenta para cuidar do filho e nem por isso a contribuição é indevida. No mesmo caminho estão as férias gozadas, situação em que o empregado se ausenta por, em regra, 30 dias – período muito maior do que as vinculadas à licença TRE eleição e à licença casamento –, e ainda assim a incidência da contribuição previdenciária se faz presente. REsp 1.455.089-RS, **Rel. Min. Humberto Martins, julgado em 16/9/2014".**

Para o empregado e o avulso, quando no mandato de **dirigente sindical**, o seu salário de contribuição será a remuneração paga pela entidade sindical ou empresa de origem.

O empregado ou o trabalhador avulso investido no mandato de dirigente sindical poderá ser remunerado pela empresa de origem ou mesmo pelo sindicato, a depender de cada situação concreta. Neste caso, a remuneração recebida pelo dirigente sindical da empresa ou sindicato será o seu salário de contribuição, observados os limites legais.

B) **Para o empregado doméstico** – a remuneração registrada na Carteira de Trabalho e Previdência Social.

Conquanto haja esta previsão legal expressa, entende-se que no caso da anotação feita pelo empregador doméstico constar um valor inferior ao realmente pago ao segurado, deverá prevalecer a importância real, apesar de normalmente ser exigida a literalidade do texto legal.

C) **Para o contribuinte individual** – a remuneração auferida em uma ou mais empresas ou pelo exercício de sua atividade por conta própria, durante o mês.

Antes da vigência da Lei 9.876/99, o contribuinte individual (na época eram chamados de empresários, autônomos e equiparados) recolhia a sua contribuição previdenciária sobre o antigo *salário-base*, ficção legal desvinculada da remuneração real, dividido em 10 classes, partindo de um salário mínimo, onde o segurado progredia com o transcorrer do tempo, se estivesse em dia com as suas contribuições, até chegar à última classe, no período estimado em 27 anos.

A Lei 9.876/99 ainda manteve o salário-base para os antigos segurados como regra de transição, tendo sido definitivamente extinto com o advento da Lei 10.666/2003, pois hoje os contribuintes individuais também recolherão sobre a sua remuneração real, sem a ficção legal do salário-base.

A partir de 1º de abril de 2003, independentemente da data de filiação, o salário de contribuição para o **ministro de confissão religiosa ou membro de instituto de vida consagrada, de congregação ou de ordem religiosa**, desde que o valor despendido pela entidade religiosa ou pela instituição de ensino vocacional, em face do seu mister religioso ou para a sua subsistência, independa da natureza e da quantidade do trabalho executado, **é o valor por ele declarado, observados os limites mínimo e máximo do salário de contribuição**[12].

Já o salário de contribuição do **condutor autônomo de veículo rodoviário** (inclusive o taxista), **do auxiliar de condutor autônomo e do operador de máquinas**, bem como do **cooperado filiado a cooperativa de transportadores autônomos**, conforme estabelecido no § 4º, do artigo 201, do RPS, corresponde a **20% (vinte por cento) do valor bruto auferido pelo frete, carreto, transporte**, não se admitindo a dedução de qualquer valor relativo aos dispêndios com combustível e manutenção do veículo, ainda que parcelas a este título figurem discriminadas no documento.

Outrossim, por força do §11 do artigo 28 da Lei 8.212/91, inserido pela Lei 13.202, de 8/12/2015, considera-se **remuneração** do contribuinte individual que trabalha como condutor autônomo de veículo rodoviário, como auxiliar de **condutor autônomo de veículo rodoviário**, em automóvel cedido em regime de colaboração, nos termos da Lei nº 6.094, de 30 de agosto de 1974, como operador de trator, máquina de terraplenagem, colheitadeira e assemelhados, o montante correspondente a 20% (vinte por cento) do valor bruto do frete, carreto, transporte de passageiros ou do serviço prestado, observado o limite máximo do salário de contribuição (esta disposição já era prevista na revogada IN RFB 971/2009, artigo 55, §2º).

D) **Para o segurado facultativo** – o valor por ele declarado, tendo também sido adotado o salário-base antes da Lei 9.876/99.

## 5. COMPOSIÇÃO

**Em regra, o salário de contribuição será composto pelas parcelas remuneratórias decorrentes do labor, inclusive abarcando a gratificação natalina (13º salário)**, conforme referendado pela Súmula 688 do STF[13], que apenas não será considerada para o cálculo do benefício.

Inclusive, após a Lei 8.620/93, é válida a incidência da contribuição previdenciária em separado sobre a gratificação natalina, conforme entendimento pacificado pelo STJ[14]:

"TRIBUTÁRIO. RECURSO ESPECIAL REPRESENTATIVO DE CONTROVÉRSIA. ART. 543-C, DO CPC. CONTRIBUIÇÃO PREVIDENCIÁRIA SOBRE O DÉCIMO-TERCEIRO SALÁRIO. DECRETO Nº 612/92. LEI FEDERAL Nº 8.212/91. CÁLCULO EM SEPARADO. LEGALIDADE APÓS EDIÇÃO DA LEI FEDERAL Nº 8.620/93.

**1. A Lei n.º 8.620/93, em seu art. 7.º, § 2.º autorizou expressamente a incidência da contribuição previdenciária sobre o valor bruto do 13.º salário, cuja base de cálculo deve ser calculada em separado do salário-de-remuneração do respectivo mês de dezembro** (Precedentes: REsp 868.242/RN, DJe 12/06/2008; EREsp 442.781/PR, DJ 10/12/2007; REsp n.º 853.409/PE, DJU de 29.08.2006; REsp n.º 788.479/SC, DJU de 06.02.2006; REsp n.º 813.215/SC, DJU de 17.08.2006).

2. Sob a égide da Lei n.º 8.212/91, o E. STJ firmou o entendimento de ser ilegal o cálculo, em separado, da contribuição previdenciária sobre a gratificação natalina em relação ao salário do mês de dezembro, tese que restou superada com a edição da Lei n.º 8.620/93, que estabeleceu expressamente essa forma de cálculo em separado".

Outrossim, conforme afirmado, por expressa determinação legal, o **salário-maternidade é (era) considerado como salário de contribuição**, conquanto se trate de benefício previdenciário.

**IMPORTANTE:**

Em sede de Repercussão Geral, em 4 de agosto de 2020, no RE 576.967, **o STF declarou inconstitucional a incidência de contribuição previdenciária sobre o salário-maternidade**, não tendo havido modulação da eficácia da pronúncia de inconstitucionalidade, sendo possível a apresentação de embargos de declaração pela União.

Restou fixada a seguinte tese: **"É inconstitucional a incidência da contribuição previdenciária a cargo do empregador sobre o salário-maternidade"**:

"69. Diante do exposto, considerando os argumentos formal e material, dou provimento ao recurso extraordinário, para declarar, incidentalmente, a **inconstitucionalidade da incidência de contribuição previdenciária sobre o salário maternidade, prevista no art. 28, §2º, da Lei nº 8.212/91, e a parte final do seu §9º, alínea a**, em que se lê " salvo

12. Artigo 31, §7º, da Instrução Normativa RFB 2.110/2022.

13. É legítima a incidência da contribuição previdenciária sobre o 13º salário.

14. REsp 1066682, de 09.12.2009.

o salário-maternidade" , e proponho a fixação da seguinte tese: " É inconstitucional a incidência da contribuição previdenciária a cargo do empregador sobre o salário maternidade".

O certo é que o RE 576.967 (Tema 72) transitou em julgado em 02/06/2021 e essa parte não foi esclarecida pelo STF, pois o julgamento dos Embargos de Declaração não a abordou.

Desse modo, conquanto os argumentos firmados possam ser utilizados para afastar a incidência da contribuição previdenciária sobre o benefício salário-maternidade, a tese firmada no Tema 72 apenas afastou a incidência do tributo da parte patronal.

De acordo com a Súmula 458, do STJ, "a contribuição previdenciária incide sobre a comissão paga ao corretor de seguros", por se tratar de verba remuneratória do labor, devendo compor o salário de contribuição.

Havia se formado uma controvérsia sobre a legalidade ou não da contribuição previdenciária incidente sobre a quantia paga a título de terço de férias gozadas, se posicionando o STF[15] e o STJ[16] pela impossibilidade da cobrança, haja vista não serem incorporadas na aposentadoria do trabalhador.

"O Supremo Tribunal Federal, em sucessivos julgamentos, firmou entendimento no sentido da não incidência de contribuição social sobre o adicional de um terço (1/3), a que se refere o art. 7º, XVII, da Constituição Federal" (RE 587.941 AgR, de 30.09.2008).

"As Turmas que compõem a Primeira Seção do STJ consolidaram o entendimento no sentido de afastar a contribuição previdenciária do terço de férias também de empregados celetistas" (EDcl no AgRg no AREsp 85.096, de 26.06.2012).

Em 26 de fevereiro de 2014 este entendimento do STJ se consolidou na 1ª Seção no julgamento do Recurso Especial 1.230.957 com o rito dos recursos repetitivos:

"**1.2 Terço constitucional de férias.**

No que se refere ao adicional de férias relativo às férias indenizadas, a não incidência de contribuição previdenciária Decorre de expressa previsão legal (art. 28, § 9º, "d", da Lei 8.212/91 - redação dada pela Lei 9.528/97). Em relação ao adicional de férias concernente às férias gozadas, tal importância possui natureza indenizatória/compensatória, e não constitui ganho habitual do empregado, razão pela qual sobre ela não é possível a incidência de contribuição previdenciária (a cargo da empresa). A Primeira Seção/STJ, no julgamento do AgRg nos EREsp 957.719/SC (Rel. Min. Cesar Asfor Rocha, DJe de 16.11.2010), ratificando entendimento das Turmas de Direito Público deste Tribunal, adotou a seguinte orientação: "Jurisprudência das Turmas que compõem a Primeira Seção desta Corte consolidada no sentido de afastar a contribuição previdenciária do terço de férias também de empregados celetistas contratados por empresas privadas".

No entanto, o tema ganhou uma reviravolta no STF em agosto de 2020 no julgamento do RE 1.072.485 (Tema 985 em repercussão geral), posto que a Suprema Corte pronunciou a constitucionalidade da incidência de contribuição previdenciária sobre o terço de férias gozadas no RGPS:

"O Tribunal, por maioria, apreciando o tema 985 da repercussão geral, deu parcial provimento ao recurso extraordinário interposto pela União, assentando a incidência de contribuição previdenciária sobre valores pagos pelo empregador a título de terço constitucional de férias gozadas, nos termos do voto do Relator. Foi fixada a seguinte tese: "É legítima a incidência de contribuição social sobre o valor satisfeito a título de terço constitucional de férias", nos termos do voto do Relator, vencido o Ministro Edson Fachin, que conhecia do recurso da União apenas em relação ao capítulo do acórdão referente ao terço constitucional de férias, para negar provimento e fixava tese diversa. Falaram: pela recorrente, a Dra. Flávia Palmeira de Moura Coelho, Procuradora Geral da Fazenda Nacional; e, pela interessada, o Dr. Halley Henares Neto e Dr. Nelson Mannrich. Não participou deste julgamento, por motivo de licença médica, o Ministro Celso de Mello. Plenário, Sessão Virtual de 21.8.2020 a 28.8.2020".

Prevaleceu o voto do Ministro Marco Aurélio destacando-se os seguintes fundamentos, vencido o Ministro Fachin:

"Atentem para a natureza do terço constitucional de férias, cuja previsão está no artigo 7º, inciso XVII, da Constituição Federal. Trata-se de verba auferida, periodicamente, como complemento à remuneração.

Adquire-se o direito, conforme o decurso do ciclo de trabalho, sendo um adiantamento em reforço ao que pago, ordinariamente, ao empregado, quando do descanso. Surge irrelevante a ausência de prestação de serviço no período de férias. Configura afastamento temporário. O vínculo permanece e o pagamento é indissociável do trabalho realizado durante o ano.

15. STF, AI 712.880 AgR, de 26.05.2009.
16. STJ, Pet 7.296 / PE, de 28.10.2009.

> ...
>
> Ante a habitualidade e o caráter remuneratório da totalidade do que percebido no mês de gozo das férias, é devida a contribuição".

Curioso notar que **o STF adotou dois pesos e duas medidas**. Isso porque, ao julgar o Tema 163 em 2018, que envolve o terço de férias do servidor público no RPPS, a Corte Suprema aduziu que não deve incidir contribuição previdenciária justamente porque se trata de parcela que não será considerada na aposentadoria, o que igualmente ocorre no âmbito do RGPS para os trabalhadores do setor privado.

Aliás, esse argumento que lastreou a decisão no Tema 163 sequer foi mencionado no voto vencedor da lavra do Ministro Marco Aurélio, que ao menos manteve a congruência, pois lacrou voto vencido no Tema 163:

> "Decisão: O Tribunal, por maioria, apreciando o tema 163 da repercussão geral, deu parcial provimento ao recurso extraordinário para determinar a restituição das parcelas não prescritas, nos termos do voto do Relator, vencidos os Ministros Teori Zavascki, Dias Toffoli (Presidente), Marco Aurélio e Gilmar Mendes. Em seguida, por maioria, fixou-se a seguinte tese: **"Não incide contribuição previdenciária sobre verba não incorporável aos proventos de aposentadoria do servidor público, tais como 'terço de férias', 'serviços extraordinários', 'adicional noturno' e 'adicional de insalubridade'", vencido o Ministro Marco Aurélio**. Não votou o Ministro Alexandre de Moraes, sucessor do Ministro Teori Zavascki. Ausente, justificadamente, o Ministro Celso de Mello. Plenário, 11.10.2018".

*STF, RE 1.072.485 (Tema 985 em repercussão geral) – constitucionalidade da incidência da contribuição previdenciária sobre o terço de férias gozadas no RGPS;*

Mas deve ser registrado que no RGPS o INSS considera o valor do terço de férias na composição do salário de contribuição do respetivo mês, somando-o com o salário, de modo que repercute no cálculo do salário de benefício.

As horas extras pagas aos empregados e domésticos que ultrapassam a jornada diária de trabalho possuem natureza remuneratória, razão pela qual integram o salário de contribuição. Nesse sentido, passagem do Informativo 514 do STJ:

> **"DIREITO PREVIDENCIÁRIO. INCIDÊNCIA DE CONTRIBUIÇÃO PREVIDENCIÁRIA SOBRE O ADICIONAL DE HORAS EXTRAS.**
>
> Incide contribuição previdenciária sobre os valores pagos a título de horas extras. **A incidência decorre do fato de que o adicional de horas extras integra o conceito de remuneração.** Precedentes citados: AgRg no REsp 1.311.474-PE, DJe 17/9/2012, e AgRg no AREsp 69.958-DF, DJe 20/6/2012. AgRg no REsp 1.222.246-SC, Rel. Min. Humberto Martins, julgado em 6/12/2012".

Questão que vem trazendo polêmica é saber se a verba **"quebra de caixa"** integra ou não o salário de contribuição, assim considerada o rendimento adicional pago mensalmente ao trabalhador encarregado do controle sobre ativos do empregador e que tem a responsabilidade de prestar contas de eventual diferença a menor detectada no caixa que opera, normalmente prevista em acordo coletivo.

A dificuldade é saber se a "quebra de caixa" possui natureza remuneratória ou indenizatória. O Superior Tribunal de Justiça, através da sua 1ª Turma, no julgamento do recurso especial 942.365, de 26.04.2011, entendeu que se cuida de parcela indenizatória, razão pela qual não integra o salário de contribuição.

Por outro lado, para a 2ª Turma do STJ, a "quebra de caixa" possui natureza remuneratória, compondo o salário de contribuição (EDcl no REsp 733.362, de 03.04.2008), sendo este o melhor entendimento.

> De acordo com a Súmula 241, do STF, editada ainda no regime previdenciário anterior, mas que ainda possui aplicabilidade, "a contribuição previdenciária incide sobre o abono incorporado ao salário", vez que se trata de parcela remuneratória do labor.

| Parcelas incluídas na composição do salário de contribuição |
|---|
| – Parcelas remuneratórias do labor, a exemplo dos salários, do décimo terceiro salário e da comissão paga ao corretor de seguros. |
| – Férias gozadas. |
| – Salário-paternidade. |
| – Horas extras. |
| – Adicional noturno. |
| – Adicional de insalubridade. |
| – Adicional de periculosidade. |
| – Aviso prévio gozado. |

Por sua vez, ***não integram o salário de contribuição***:

A) **Os benefícios da previdência social;**

Assim, não haverá desconto de contribuição previdenciária sobre nenhum benefício pago no âmbito do RGPS, exceto o salário-maternidade, único benefício considerado como salário de contribuição em razão de herança do tempo em que era uma prestação trabalhista. Inclusive, o artigo 195, inciso II, da Constituição Federal, instituiu uma imunidade, ao prever que as contribuições previdenciárias não incidirão sobre as aposentadorias e pensões pagas no Regime Geral de Previdência Social.

Revendo posicionamento de 2013, em 26 de fevereiro de 2014 a 1ª Seção do STJ no julgamento em Recurso Especial 1.230.957 restaurou a sua tradicional jurisprudência no sentido de que **o salário-maternidade integra o salário de contribuição**:

> "**1.3 Salário maternidade.**
>
> O salário maternidade tem natureza salarial e a transferência do encargo à Previdência Social (pela Lei 6.136/74) não tem o condão de mudar sua natureza. Nos termos do art. 3º da Lei 8.212/91, "a Previdência Social tem por fim assegurar aos seus beneficiários meios indispensáveis de manutenção, por motivo de incapacidade, idade avançada, tempo de serviço, desemprego involuntário, encargos de família e reclusão ou morte daqueles de quem dependiam economicamente".
>
> O fato de não haver prestação de trabalho durante o período de afastamento da segurada empregada, associado à circunstância de a maternidade ser amparada por um benefício previdenciário, não autoriza conclusão no sentido de que o valor recebido tenha natureza indenizatória ou compensatória, ou seja, em razão de uma contingência (maternidade), paga-se à segurada empregada benefício previdenciário correspondente ao seu salário, possuindo a verba evidente natureza salarial. Não é por outra razão que, atualmente, o art. 28, § 2º, da Lei 8.212/91 dispõe expressamente que o salário maternidade é considerado salário de contribuição. Nesse contexto, a incidência de contribuição previdenciária sobre o salário maternidade, no Regime Geral da Previdência Social, decorre de expressa previsão legal.
>
> Sem embargo das posições em sentido contrário, não há indício de incompatibilidade entre a incidência da contribuição previdenciária sobre o salário maternidade e a Constituição Federal. A Constituição Federal, em seus termos, assegura a igualdade entre homens e mulheres em direitos e obrigações (art. 5º, I). O art. 7º, XX, da CF/88 assegura proteção do mercado de trabalho da mulher, mediante incentivos específicos, nos termos da lei. No que se refere ao salário maternidade, por opção do legislador infraconstitucional, a transferência do ônus referente ao pagamento dos salários, durante o período de afastamento, constitui incentivo suficiente para assegurar a proteção ao mercado de trabalho da mulher.
>
> Não é dado ao Poder Judiciário, a título de interpretação, atuar como legislador positivo, a fim estabelecer política protetiva mais ampla e, desse modo, desincumbir o empregador do ônus referente à contribuição previdenciária incidente sobre o salário maternidade, quando não foi esta a política legislativa.
>
> A incidência de contribuição previdenciária sobre salário maternidade encontra sólido amparo na jurisprudência deste Tribunal, sendo oportuna a citação dos seguintes precedentes: REsp 572.626/BA, 1ª Turma, Rel. Min. José Delgado, DJ de 20.9.2004; REsp 641.227/SC, 1ª Turma, Rel. Min. Luiz Fux, DJ de 29.11.2004; REsp 803.708/CE, 2ª Turma, Rel. Min. Eliana Calmon, DJ de 2.10.2007; REsp 886.954/RS, 1ª Turma, Rel. Min. Denise Arruda, DJ de 29.6.2007; AgRg no REsp 901.398/SC, 2ª Turma, Rel. Min. Herman Benjamin, DJe de 19.12.2008; REsp 891.602/PR, 1ª Turma, Rel. Min. Teori Albino Zavascki, DJe de 21.8.2008; AgRg no REsp 1.115.172/RS, 2ª Turma, Rel. Min. Humberto Martins, DJe de 25.9.2009; AgRg no Ag 1.424.039/DF, 2ª Turma, Rel. Min. Castro Meira, DJe de 21.10.2011; AgRg nos EDcl no REsp 1.040.653/SC, 1ª Turma, Rel. Min. Arnaldo Esteves Lima, DJe de 15.9.2011; AgRg no REsp 1.107.898/PR, 1ª Turma, Rel. Min. Benedito Gonçalves, DJe de 17.3.2010".

**IMPORTANTE:**

Em sede de Repercussão Geral, em 4 de agosto de 2020, no RE 576.967, **o STF declarou inconstitucional a incidência de contribuição previdenciária sobre o salário-maternidade**, não tendo havido modulação da eficácia da pronúncia de inconstitucionalidade, sendo possível a apresentação de embargos de declaração pela União.

Restou fixada a seguinte tese: **"É inconstitucional a incidência da contribuição previdenciária a cargo do empregador sobre o salário-maternidade"**:

"69. Diante do exposto, considerando os argumentos formal e material, dou provimento ao recurso extraordinário, para declarar, incidentalmente, a **inconstitucionalidade da incidência de contribuição previdenciária sobre o salário maternidade, prevista no art. 28, §2º, da Lei nº 8.212/91, e a parte final do seu §9º, alínea a**, em que se lê " salvo o salário-maternidade" , e proponho a fixação da seguinte tese: " É inconstitucional a incidência da contribuição previdenciária a cargo do empregador sobre o salário maternidade".

O certo é que o RE 576.967 (Tema 72) transitou em julgado em 02/06/2021 e essa parte não foi esclarecida pelo STF, pois o julgamento dos Embargos de Declaração não a abordou.

**Desse modo, conquanto os argumentos firmados possam ser utilizados para afastar a incidência da contribuição previdenciária sobre o benefício salário-maternidade, a tese firmada no Tema 72 apenas afastou a incidência do tributo da parte patronal.**

Insta salientar que **o auxílio-acidente não compõe o salário de contribuição para efeito de custeio da Previdência Social**, pois inexiste desconto de contribuição previdenciária sobre o seu valor.

A TNU fixou a seguinte tese: o período de fruição de auxílio-acidente sem salário de contribuição não integra o cálculo do salário de benefício ou da renda mensal inicial da aposentadoria. PUIL n. 0048144-70.2015.4.03.6301/SP/2019.

De acordo com o STJ (Informativo 568), "**não incide contribuição previdenciária sobre salário--família.** A doutrina aponta que a natureza jurídica do salário-família não é de salário, em que pese o nome, na medida em que não é pago como contraprestação de serviços prestados pelo empregado. Realizando-se uma interpretação sistemática da legislação de regência (art. 70 da Lei 8.213/1991 e art. 28, § 9º, "a", da Lei 8.212/1991), verifica-se que se trata de benefício de natureza previdenciária não incorporável ao cômputo dos rendimentos que integrarão a aposentadoria do trabalhador. REsp 1.275.695-ES, **Rel. Min. Mauro Campbell Marques, julgado em 20/8/2015, DJe 31/8/2015**".

Apenas para efeito do cálculo da aposentadoria é que o valor do auxílio-acidente é considerado como salário de contribuição, nos termos do artigo 31, da Lei 8.213/91[17], pois a partir da Lei 9.528/97 o auxílio--acidente não mais pôde ser acumulado com qualquer espécie de aposentadoria.

B) As ajudas de custo e o adicional mensal recebidos pelo aeronauta nos termos da Lei nº 5.929, de 30 de outubro de 1973 (**hipóteses de transferência provisória ou permanente**);

No caso de transferência provisória, o empregador é obrigado a pagar ao aeronauta, além do salário, um adicional mensal, nunca inferior a vinte e cinco por cento do salário recebido na base.

Na transferência permanente, o aeronauta, além do salário, terá assegurado o pagamento de uma ajuda de custo, nunca inferior ao valor de quatro meses de salário, para indenização de despesas de mudança e instalação na nova base, bem como o seu transporte, por conta da empresa, nele compreendidas a passagem e a translação da respectiva bagagem.

C) **A parcela "in natura" recebida de acordo com os programas de alimentação aprovados pelo Ministério do Trabalho e Previdência,** nos termos da Lei nº 6.321, de 14 de abril de 1976;

O Programa de Alimentação ao Trabalhador (PAT) é aquele aprovado e gerido pela área trabalhista, nos termos da Lei nº 6.321/1976. Não integra a remuneração, a parcela *in natura*, sob forma de utilidade alimentação, fornecida pela empresa regularmente inscrita no PAT aos trabalhadores por ela diretamente contratados, de conformidade com os requisitos estabelecidos pelo órgão gestor competente.

Todavia, **se for paga em dinheiro, integrará o salário de contribuição, conforme o antigo entendimento do STJ (REsp 895.146, de 27.03.2007) e o atual da própria Receita Federal do Brasil na Instrução Normativa 2.110/2022:**

> "Art. 34. Não integram a base de cálculo para fins de incidência das contribuições sociais previdenciárias: (Lei nº 8.212, de 1991, art. 28, § 9º; e Regulamento da Previdência Social, de 1999, art. 214, § 9º)
>
> III - o auxílio-alimentação, inclusive na forma de tíquetes ou congêneres, mesmo antes do advento do § 2º do art. 457 da CLT, vedado seu pagamento em dinheiro; (CLT, art. 457, § 2º; Lei nº 8.212, de 1991, art. 28, § 9º, alínea "c"; e Regulamento da Previdência Social, de 1999, art. 214, § 9º, inciso III, e inciso V, alínea "m"; Parecer nº 1/2022/CONSUNIAO/CGU/AGU aprovado, em 23 de fevereiro de 2022, pelo Presidente da República, para os fins do disposto no art. 40, § 1º, da Lei Complementar nº 73, de 10 de fevereiro de 1993)".

Sucede que no final de 2010 o Superior Tribunal de Justiça alterou integralmente o seu posicionamento, a exemplo do julgamento do recurso especial 1.185.685, de 17.12.2010, 1ª Turma, passando a decidir que **mesmo o vale alimentação pago em dinheiro não integra o salário de contribuição (antiga posição):**

> PROCESSUAL CIVIL. RECURSO ESPECIAL. ART. 105, III, A, DA CF/88. TRIBUTÁRIO E ADMINISTRATIVO. VALE-ALIMENTAÇÃO. PROGRAMA DE ALIMENTAÇÃO DO TRABALHADOR – PAT. CONTRIBUIÇÃO PREVIDENCIÁRIA. NÃO-INCIDÊNCIA.
>
> **1. O valor concedido pelo empregador a título de vale--alimentação não se sujeita à contribuição previdenciária, mesmo nas hipóteses em que o referido benefício é pago em dinheiro.**
>
> 2. A exegese hodierna, consoante a jurisprudência desta Corte e da Excelsa Corte, assenta que o contribuinte é sujeito de direito, e não mais objeto de tributação.
>
> 3. O Supremo Tribunal Federal, em situação análoga, concluiu pela inconstitucionalidade da incidência de contribuição previdenciária sobre o valor pago em espécie sobre o vale-transporte do trabalhador, mercê de o benefício ostentar nítido caráter indenizatório. (STF – RE 478.410/SP, Rel. Min. Eros Grau, Tribunal Pleno, julgado em 10.03.2010, DJe 14.05.2010)
>
> 4. Mutatis mutandis, a empresa oferece o ticket refeição antecipadamente para que o trabalhador se alimente antes e ir ao trabalho, e não como uma base integrativa do salário, porquanto este é decorrente do vínculo laboral do trabalhador com o seu empregador, e é pago como contraprestação pelo trabalho efetivado.
>
> **5. É que: (a) "o pagamento in natura do auxílio-alimentação, vale dizer, quando a própria alimentação é fornecida pela empresa, não sofre a incidência da contribuição previdenciária, por não possuir natureza salarial, esteja o empregador inscrito, ou não, no Programa de Alimentação do Trabalhador – PAT, ou**

---

17. Art. 31. O valor mensal do auxílio-acidente integra o salário-de--contribuição, para fins de cálculo do salário-de-benefício de qualquer aposentadoria, observado, no que couber, o disposto no art. 29 e no art. 86, § 5º. (Restabelecido com nova redação pela Lei nº 9.528, de 1997).

**decorra o pagamento de acordo ou convenção coletiva de trabalho" (REsp 1.180.562/RJ, Rel. Ministro Castro Meira, Segunda Turma, julgado em 17/08/2010, DJe 26/08/2010)**; (b) o entendimento do Supremo Tribunal Federal é no sentido de que pago o benefício de que se cuida em moeda, não afeta o seu caráter não salarial; (c) 'o Supremo Tribunal Federal, na assentada de 10.03.2003, em caso análogo (...), concluiu que é inconstitucional a incidência da contribuição previdenciária sobre o vale--transporte pago em pecúnia, já que, qualquer que seja a forma de pagamento, detém o benefício natureza indenizatória'; (d) "a remuneração para o trabalho não se confunde com o conceito de salário, seja direto (em moeda), seja indireto (in natura). Suas causas não são remuneratórias, ou seja, não representam contraprestações, ainda que em bens ou serviços, do trabalho, por mútuo consenso das partes. As vantagens atribuídas aos beneficiários, longe de tipificarem compensações pelo trabalho realizado, são concedidas no interesse e de acordo com as conveniências do empregador. (...) Os benefícios do trabalhador, que não correspondem a contraprestações sinalagmáticas da relação existente entre ele e a empresa não representam remuneração do trabalho, circunstância que nos reconduz à proposição, acima formulada, de que não integram a base de cálculo in concreto das contribuições previdenciárias". (CARRAZZA, Roque Antônio. fls. 2583/2585, e-STJ).

6. Recurso especial provido".

**Se for posta na mesa, mesmo sem inscrição no Programa de Alimentação do Trabalhador, não será considerada salário de contribuição (STJ, REsp 1.051.294, de 10.02.2009).**

Entretanto, a TNU possui entendimento oposto ao do STJ. Em 29 de setembro de 2012 a Turma Nacional publicou a Súmula 67:

> "Súmula 67- O auxílio-alimentação recebido em pecúnia por segurado filiado ao Regime Geral da Previdência Social integra o salário de contribuição e sujeita-se à incidência de contribuição previdenciária".

Entende-se que o melhor posicionamento é o da TNU, pois permitir que a verba paga pela empresa com a rubrica "vale-alimentação" não integre o salário de contribuição será uma grande abertura para a sonegação das contribuições previdenciárias, haja vista ser uma brecha para encobrir verdadeiras parcelas remuneratórias disfarçadas pagas pelas empresas.

Ademais, a Lei 8.212/91 foi expressa ao prever que apenas a parcela "in natura" recebida de acordo com os programas de alimentação aprovados pelo Ministério do Trabalho não irá compor o salário de contribuição.

Posteriormente, o STJ restaurou o seu posicionamento anterior, fixando a tese que a alimentação paga habitualmente em dinheiro integra o salário de contribuição em ambas as Turmas da 1ª Seção:

> "O auxílio-alimentação, quando pago habitualmente e em pecúnia, integra a base de cálculo da contribuição previdenciária. Precedentes: AgRg no REsp 1562484/PR, Rel. MINISTRO MAURO CAMPBELL MARQUES, SEGUNDA TURMA, DJe 18/12/2015; e AgRg no REsp 1493587/RS, Rel. Ministro BENEDITO GONÇALVES, PRIMEIRA TURMA, DJe 23/02/2015".

A questão será julgada em sede de repetitivo no **tema 1164:**

**PROCESSO**

ProAfR no REsp **1995437** / CE

PROPOSTA DE AFETAÇÃO NO RECURSO ESPECIAL

2022/0096974-3

**RELATOR**

Ministro GURGEL DE FARIA (1160)

**ÓRGÃO JULGADOR**

S1 - PRIMEIRA SEÇÃO

**DATA DO JULGAMENTO**

06/09/2022

**DATA DA PUBLICAÇÃO/FONTE**

DJe 13/09/2022

**EMENTA**

TRIBUTÁRIO. RECURSO ESPECIAL REPRESENTATIVO DA CONTROVÉRSIA. CONTRIBUIÇÃO PREVIDENCIÁRIA PATRONAL. BASE DE CÁLCULO. AUXÍLIO-ALIMENTAÇÃO PAGO EM PECÚNIA.

1. A questão submetida ao Superior Tribunal de Justiça refere-se à possibilidade de incidência da contribuição previdenciária devida pelo empregador sobre os valores pagos em pecúnia aos empregados a título de auxílio--alimentação.

2. Tese controvertida: definir se incide contribuição previdenciária patronal sobre o auxílio-alimentação pago em pecúnia.

3. Afetação do recurso especial como representativo da controvérsia repetitiva para que seja julgado na Primeira Seção.

**ACÓRDÃO**

Vistos, relatados e discutidos os autos em que são partes as acima indicadas, acordam os Ministros da Primeira Seção do Superior Tribunal de Justiça, por unanimidade, afetar o processo ao rito dos recursos repetitivos (RISTJ, art. 257-C) para delimitar a seguinte tese controvertida: "Definir se incide contribuição previdenciária patronal sobre o auxílio-alimentação pago em pecúnia." e, igualmente por unanimidade, determinou a suspensão dos recursos especiais ou agravos em recursos especiais em segunda instância e/ou no STJ fundados em idêntica questão de direito (observada a orientação do art. 256-L do RISTJ), conforme proposta do Sr. Ministro Relator. Os Srs. Ministros Manoel Erhardt (Desembargador convocado do TRF-5ª Região), Herman Benjamin, Mauro Campbell Marques, Benedito Gonçalves, Assusete Magalhães e Regina Helena Costa votaram com o Sr. Ministro Relator.

Não participaram do julgamento os Srs. Ministros Francisco Falcão e Humberto Martins.

**Vale registrar, inclusive, que a CLT veda que a empresa pague a verba de alimentação em dinheiro (art. 457, §2º, modificado pela Lei 13.467/2017).**

A atual posição da RFB consta atualmente da Consula COSIT 35/2019:

> *"Solução de Consulta nº 35 - Cosit Data 23 de janeiro de 2019*
>
> *a) a parcela paga em pecúnia aos segurados empregados a título de auxílio-alimentação integra a base de cálculo para fins de incidência das contribuições sociais previdenciárias a cargo da empresa e dos segurados empregados;*
>
> *b) a parcela in natura do auxílio-alimentação, a que se refere o inciso III do art. 58 da Instrução Normativa RFB nº 971, de 2009, abrange tanto a cesta básica quanto as refeições fornecidas pelo empregador aos seus empregados, e não integra a base de cálculo das contribuições sociais previdenciárias a cargo da empresa e dos segurados empregados;*
>
> ***c) o auxílio-alimentação pago mediante tíquetes-alimentação ou cartão-alimentação não integra a base de cálculo das contribuições sociais previdenciárias a cargo da empresa e dos segurados empregados a partir de 11 de novembro de 2017".***

Outrossim, a Receita Federal alterou o artigo 58 da revogada IN 971/2009 para se alinhar à Lei 13.467/2017:

> *Art. 58. Não integram a base de cálculo para fins de incidência de contribuições:*
>
> *III - o auxílio-alimentação, vedado seu pagamento em dinheiro, observado o disposto no § 2º; (Redação dada pelo(a) Instrução Normativa RFB nº 1867, de 25 de janeiro de 2019)*
>
> *§ 2º Até 10 de novembro de 2017 deverá ser observado, em relação às parcelas a que se referem os incisos III, VII, VIII e XVI, que a não incidência prevista no caput aplica-se apenas: (Incluído(a) pelo(a) Instrução Normativa RFB nº 1867, de 25 de janeiro de 2019)*
>
> *I - à parcela in natura do auxílio alimentação; (Incluído(a) pelo(a) Instrução Normativa RFB nº 1867, de 25 de janeiro de 2019)*

No mesmo sentido a IN RFB 2.110/2022:

> "Art. 34. **Não integram a base de cálculo para fins de incidência das contribuições sociais previdenciárias**: (Lei nº 8.212, de 1991, art. 28, § 9º; e Regulamento da Previdência Social, de 1999, art. 214, § 9º)
>
> III - **o auxílio-alimentação, inclusive na forma de tíquetes ou congêneres, mesmo antes do advento do § 2º do art. 457 da CLT, vedado seu pagamento em dinheiro**; (CLT, art. 457, § 2º; Lei nº 8.212, de 1991, art. 28, § 9º, alínea "c"; e Regulamento da Previdência Social, de 1999, art. 214, § 9º, inciso III, e inciso V, alínea "m"; Parecer nº 1/2022/CONSUNIAO/CGU/AGU aprovado, em 23 de fevereiro de 2022, pelo Presidente da República, para os fins do disposto no art. 40, § 1º, da Lei Complementar nº 73, de 10 de fevereiro de 1993)".

O Superior Tribunal de Justiça, no âmbito da 1ª Turma, possui entendimento recente firmado pela incidência de contribuição previdenciária sobre o auxílio-alimentação pago habitualmente em pecúnia, assim como na modalidade de **tíquetes e cartões-alimentação**:

> **Processo**
>
> AgInt nos EDcl no REsp 1724339 / GO
>
> AGRAVO INTERNO NOS EMBARGOS DE DECLARAÇÃO NO RECURSO ESPECIAL
>
> 2018/0033712-7
>
> **Relator(a)**
>
> Ministra REGINA HELENA COSTA (1157)
>
> **Órgão Julgador**
>
> T1 - PRIMEIRA TURMA
>
> **Data do Julgamento**
>
> 18/09/2018
>
> **Data da Publicação/Fonte**
>
> DJe 21/09/2018
>
> **Ementa**
>
> TRIBUTÁRIO. PROCESSUAL CIVIL. AGRAVO INTERNO NOS EMBARGOS DE DECLARAÇÃO NO RECURSO ESPECIAL. CÓDIGO DE PROCESSO CIVIL DE 2015. APLICABILIDADE. VIOLAÇÃO AOS ARTS. 458 E 535 DO CPC. INOCORRÊNCIA. CONTRIBUIÇÃO PREVIDENCIÁRIA. AUXÍLIO-ALIMENTAÇÃO. PAGAMENTO EM ESPÉCIE, COM HABITUALIDADE. VALE-ALIMENTAÇÃO OU TICKETS. INCIDÊNCIA. ARGUMENTOS INSUFICIENTES PARA DESCONSTITUIR A DECISÃO ATACADA. APLICAÇÃO DE MULTA. ART. 1.021, § 4º, DO CÓDIGO DE PROCESSO CIVIL DE 2015. DESCABIMENTO.
>
> I - Consoante o decidido pelo Plenário desta Corte na sessão realizada em 09.03.2016, o regime recursal será determinado pela data da publicação do provimento jurisdicional impugnado. In casu, aplica-se o Código de Processo Civil de 2015 para o presente Agravo Interno, embora o Recurso Especial estivesse sujeito ao Código de Processo Civil de 1973.
>
> II - A Corte de origem apreciou todas as questões relevantes apresentadas com fundamentos suficientes, mediante apreciação da disciplina normativa e cotejo ao posicionamento jurisprudencial aplicável à hipótese. Inexistência de omissão, contradição ou obscuridade.
>
> **III - O auxílio-alimentação, pago em espécie e com habitualidade, por meio de vale-alimentação ou na forma de tickets, tem natureza salarial, integrando a base de cálculo da contribuição previdenciária. Precedentes.**
>
> IV - O Agravante não apresentou argumentos suficientes para desconstituir a decisão recorrida.

V - Em regra, descabe a imposição da multa, prevista no art. 1.021, § 4º, do Código de Processo Civil de 2015, em razão do mero improvimento do Agravo Interno em votação unânime, sendo necessária a configuração da manifesta inadmissibilidade ou improcedência do recurso a autorizar sua aplicação, o que não ocorreu no caso.

VI - Agravo Interno improvido.

**Processo**

AgInt no REsp 1453569 / SC

AGRAVO INTERNO NO RECURSO ESPECIAL

2014/0110648-9

**Relator(a)**

Ministro NAPOLEÃO NUNES MAIA FILHO (1133)

**Órgão Julgador**

T1 - PRIMEIRA TURMA

**Data do Julgamento**

21/02/2017

**Data da Publicação/Fonte**

DJe 09/03/2017

**Ementa**

TRIBUTÁRIO. AGRAVO INTERNO NO RECURSO ESPECIAL. CONTRIBUIÇÃO PREVIDENCIÁRIA. INCIDÊNCIA SOBRE O AUXÍLIO-ALIMENTAÇÃO PAGO EM PECÚNIA. AGRAVO INTERNO DESPROVIDO.

**1. O auxílio-alimentação, pago em espécie e com habitualidade, tem natureza salarial, integrando a base de cálculo da contribuição previdenciária.** Precedentes: AgInt no REsp. 1.617.204/RS, Rel. Min. BENEDITO GONÇALVES, DJe 3.2.2017; AgInt no REsp. 1.621.787/RS, Rel. Min. MAURO CAMPBELL MARQUES, DJe 19.12.2016; AgInt no REsp. 1.617.204/RS, Rel. Min. BENEDITO GONÇALVES, DJe 3.2.2017; AgInt no REsp. 1.420.078/SC, Rel. Min. GURGEL DE FARIA, DJe 12.12.2016; REsp. 1.072.245/SP, Rel. Min. OG FERNANDES, DJe 14.11.2016.

2. Agravo Interno do ESTADO DE SANTA CATARINA desprovido.

No entanto, ao analisar os acórdãos e seus votos, nota-se que há mera repetição da jurisprudência firmada anteriormente à vigência da Lei 13.467/2017.

Assim, ao menos da decisão de 18/9/2019, **o STJ não percebeu a alteração normativa na CLT, que determinou a não incidência de contribuição previdenciário sobre o auxílio-alimentação, exceto pago em dinheiro, prática que se tornou ilícita.**

Dessa forma, assim que a Corte Superior estudar a alteração normativa, por certo irá se alinhar ao posicionamento do órgão de arrecadação da União, que sequer cobra contribuição previdenciária a contar de 11/11/2017 sobre o auxílio-alimentação pago mediante tíquetes-alimentação ou cartão-alimentação.

De efeito, o artigo 28, §9º, letra C, da Lei 8.212/91 prevê que não integra o salário de contribuição a parcela "in natura" recebida de acordo com os programas de alimentação aprovados pelo Ministério do Trabalho e da Previdência Social, nos termos da Lei nº 6.321, de 14 de abril de 1976.

Nesse sentido, a regulamentação do PAT permite o fornecimento de ticket ao empregado pela empresa inscrita na condição de prestadora de serviço de alimentação coletiva:

**Portaria SIT/DSST Nº 3 DE 01/03/2002**

**Art. 10.** Quando a pessoa jurídica beneficiária fornecer a seus trabalhadores documentos de legitimação (**impressos, cartões eletrônicos, magnéticos ou outros oriundos de tecnologia adequada)** que permitam a aquisição de refeições ou de gêneros alimentícios em estabelecimentos comerciais, o valor do documento deverá ser suficiente para atender às exigências nutricionais do PAT.

**Art. 12.** A pessoa jurídica será registrada no PAT nas seguintes categorias:

I - fornecedora de alimentação coletiva:

a) operadora de cozinha industrial e fornecedora de refeições preparadas transportadas;

b) administradora de cozinha da contratante;

c) fornecedora de cestas de alimento e similares, para transporte individual.

**II - prestadora de serviço de alimentação coletiva:**

**a) administradora de documentos de legitimação para aquisição de refeições em restaurantes e estabelecimentos similares (refeição-convênio);**

**b) administradora de documentos de legitimação para aquisição de gêneros alimentícios em estabelecimentos comerciais (alimentação-convênio).**

Isso porque a disponibilização da alimentação em tickets e vale alimentação equivale à sua disponibilização *in natura*, na medida em que o empregado não recebe pagamento pecuniário e o utiliza exclusivamente para a aquisição de alimentos.

A partir de 11/11/2017, com o advento da Lei 13.467/2017, ficou dispensada a inscrição da empresa no PAT para gozo da isenção em razão da alteração do artigo 457 da CLT, que apenas manteve a vedação do pagamento habitual em dinheiro:

*"§ 2º As importâncias, ainda que habituais, pagas a título de ajuda de custo, **auxílio-alimentação, vedado seu pagamento em dinheiro**, diárias para viagem, prêmios e abonos não integram a remuneração do empregado, não se incorporam ao contrato de trabalho e não constituem base de incidência de qualquer encargo trabalhista e previdenciário". (Redação dada pela Lei nº 13.467, de 2017)*

Veja-se a Consulta COSIT 35/2019:

***"Solução de Consulta nº 35 - Cosit Data 23 de janeiro de 2019***

*a) a parcela paga em pecúnia aos segurados empregados a título de auxílio-alimentação integra a base de cálculo para fins de incidência das contribuições sociais previdenciárias a cargo da empresa e dos segurados empregados;*

*b) a parcela in natura do auxílio-alimentação, a que se refere o inciso III do art. 58 da Instrução Normativa RFB nº 971, de 2009, abrange tanto a cesta básica quanto as refeições fornecidas pelo empregador aos seus empregados, e não integra a base de cálculo das contribuições sociais previdenciárias a cargo da empresa e dos segurados empregados;*

***c) o auxílio-alimentação pago mediante tíquetes-alimentação ou cartão-alimentação não integra a base de cálculo das contribuições sociais previdenciárias a cargo da empresa e dos segurados empregados a partir de 11 de novembro de 2017".***

No âmbito da União, veja-se a posição atual do CARF, contrária à SRFB:

Processo nº 15586.001127/2008-45

Recurso Voluntário Acórdão nº 2002-006.518 –

2ª Seção de Julgamento / 2ª Turma Extraordinária Sessão de 24 de agosto de 2021

Recorrente SMS CORRETORA LTDA E OUTROS Interessado FAZENDA NACIONAL

ASSUNTO: CONTRIBUIÇÕES SOCIAIS PREVIDENCIÁRIAS

Período de apuração: 01/01/2004 a 31/12/2004

GRUPO ECONÔMICO Pessoas jurídicas que integram grupo econômico de qualquer natureza respondem entre si, solidariamente, pelas obrigações decorrentes da Lei nº 8.212/91, no seu art. 30, IX. AUXÍLIO-ALIMENTAÇÃO FORNECIMENTO POR MEIO DE VALEREFEIÇÃO, CARTÃO OU TICKET. FALTA DE ADESÃO AO PAT. INCIDÊNCIA DE CONTRIBUIÇÕES PREVIDENCIÁRIAS. INAPLICABILIDADE DO ATO DECLARATÓRIO PGFN N.º 03/2011. **Para o gozo da isenção prevista na legislação previdenciária, no caso do pagamento de auxílio alimentação por meio de vale-refeição, cartão ou ticket, a empresa deverá comprovar a sua regularidade perante o Programa de Alimentação do Trabalhador - PAT**. Inaplicável o Ato Declaratório PGFN nº 03/2011, considerando não se tratar de fornecimento de alimentação in natura.

**Inclusive, este posicionamento foi firmado desde 2019 pela Câmara Superior de Recursos Fiscais (CSRF) do CARF em sede de Recurso Especial:**

Processo nº 18050.008668/2008-31

Recurso nº Especial do Contribuinte

Acórdão nº 9202-008.210 – CSRF / 2ª Turma Sessão de 25 de setembro de 2019

Recorrente SERVIÇO NACIONAL DE APRENDIZAGEM INDUSTRIAL Interessado FAZENDA NACIONAL ASSUNTO: CONTRIBUIÇÕES SOCIAIS PREVIDENCIÁRIAS Período de apuração: 01/01/2004 a 31/12/2004 ALIMENTAÇÃO FORNECIDA POR MEIO DE VALE REFEIÇÃO/ALIMENTAÇÃO. FALTA DE ADESÃO AO PAT. INCIDÊNCIA DE CONTRIBUIÇÕES PREVIDENCIÁRIAS. INAPLICABILIDADE DO ATO DECLARATÓRIO PGFN N.º 03/2011. **Para o gozo da isenção prevista na legislação previdenciária, no caso do pagamento de auxílio alimentação por meio de vale refeição/alimentação, a empresa deverá comprovar a sua regularidade perante o Programa de Alimentação do Trabalhador - PAT.** Inaplicável o Ato Declaratório PGFN nº 03/2011, considerando não se tratar de fornecimento de alimentação "in natura". CONVENÇÃO COLETIVA DE TRABALHO. PREVALÊNCIA SOBRE NORMA TRIBUTÁRIA. IMPOSSIBILIDADE. A previsão de determinado benefício em acordo/convenção coletiva de trabalho não exclui a incidência das contribuições previdenciárias a ele relativas, a menos que exista previsão legal nesse sentido.

Processo nº 15586.001368/201017

**Recurso nº Especial** do Procurador Acórdão nº 9202-007.863 – 2ª Turma Sessão de 21 de maio de 2019 Matéria CONTRIBUIÇÕES SOCIAIS PREVIDENCIÁRIAS Recorrente FAZENDA NACIONAL Interessado ASTEM ASSESSORIA TÉCNICA EMPRESARIAL LTDA ASSUNTO: CONTRIBUIÇÕES SOCIAIS PREVIDENCIÁRIAS Período de apuração: 01/01/2006 a 31/12/2006 RECURSO ESPECIAL. PREQUESTIONAMENTO. EXISTÊNCIA. DIVERGÊNCIA JURISPRUDENCIAL CONFIGURADA. CONHECIMENTO. O recurso interposto merece ser conhecido, pois houve o devido prequestionamento da matéria, e, por conseqüência, identificase a divergência suscitada pela Recorrente.

ALIMENTAÇÃO NA FORMA DE TICKET. PAGAMENTO IN NATURA. EQUIPARAÇÃO. CARÁTER INDENIZATÓRIO. NÃO INCIDÊNCIA DE CONTRIBUIÇÃO PREVIDENCIÁRIA. O ticketrefeição mais se aproxima do fornecimento de alimentação in natura que propriamente do pagamento em dinheiro, não havendo diferença relevante entre a empresa fornecer os alimentos aos empregados diretamente nas suas instalações ou entregarlhes ticket-refeição para que possam se alimentar nos restaurantes conveniados. Diante da máxima hermenêutica no sentido de que "onde há a mesma razão de ser, deve prevalecer a mesma razão de decidir", deve ser mantido o entendimento acerca da não incidência das contribuições previdenciárias sobre a alimentação paga na forma de ticket, em razão do caráter indenizatório.

**Logo, a atual posição pacífica do CARF é no sentido de que o pagamento de alimentação em vales e tickets antes da Lei 13.467/2017 não integra o salário de contribuição no caso de empresas inscritas no PAT.**

Não se desconhece a existência de decisões colegiadas atuais do STJ envolvendo a parte tributária, e não o reflexo no salário de benefício, com casos concretos anteriores à Lei 13.467/2017, em que a Corte Superior reconheceu que vales e tickets alimentação comporão o salário de contribuição.

De efeito, os precedentes das Turmas do STJ a respeito são tributários apenas julgando a composição no salário de contribuição, não tratando da reflexão no salário de benefício e renda mensal.

Não obstante isso, essas decisões tributárias devem ser aplicadas às situações anteriores à Reforma Trabalhista de 2017 em que a empresa não possuía inscrição no PAT ou que tenha havido efetivo recolhimento de contribuição previdenciária da empresa e do segurado sobre o vale e ticket alimentação.

Veja-se o TST:

"RECURSO DE REVISTA. RECURSO DE REVISTA. ACORDO HOMOLOGADO. **VALE-REFEIÇÃO. NATUREZA JURÍDICA INDENIZATÓRIA. PREVISÃO EM NORMA COLETIVA** . NÃO-INCIDÊNCIA DE CONTRIBUIÇÃO PREVIDENCIÁRIA. A parcela alimentação, em suas diversas modalidades (in natura, ticket alimentação, vale refeição, cesta básica, etc.), tem natureza salarial, de maneira geral, por ser um acréscimo econômico aos pagamentos resultantes do contrato empregatício (art. 458, *caput*, CLT e Súmula 241/TST). Porém, não terá esse caráter se for instrumental à prestação de serviços, tais como refeições em locais de trabalho inóspitos ou longínquos (art. 214, § 9º, XII, Decreto 3048/99 - Regulamento da LOPS); **ou se for entregue como parte do programa legalmente tipificado denominado Programa de Alimentação do Trabalhador - PAT** (art. 214, § 9º, III, Decreto 3048/99 e OJ 133/SBDI-1/TST); ou, finalmente, se for obrigação derivada de CCT ou ACT, cuja regra instituidora elimine sua natureza remuneratória, hipótese dos autos. Recurso de revista conhecido e provido." (RR- 130200-07.2007.5.02.0443, Relator Ministro Mauricio Godinho Delgado, 6ª Turma, DEJT 12/11/2010).

"RECURSO DE EMBARGOS REGIDO PELA LEI 13.015/2014. AUXÍLIO-ALIMENTAÇÃO. NATUREZA JURÍDICA. PARTICIPAÇÃO DO EMPREGADO. A Turma desta Corte não conheceu do recurso de revista interposto pelo reclamante, ao entendimento que o acórdão do Tribunal Regional está em consonância com a jurisprudência deste Tribunal Superior, no sentido de que **não tem natureza salarial o auxílio-alimentação quando há participação do empregado no custeio.** Diante do quadro fático descrito pelo Tribunal Regional, especialmente na parte em que fez constar que não há "qualquer notícia de que o benefício estivesse desassociado de descontos a título de refeições subsidiadas", entende-se que, mesmo havendo a participação do empregado no importe de 2% do seu salário, o que pode corresponder a pequenos valores, está caracterizada a natureza indenizatória da parcela auxílio alimentação, consoante julgados de todas as Turmas deste Tribunal e desta Subseção. Recurso de embargos conhecido e desprovido." (E-RR-1643-68.2012.5.04.0023, Rel. Min. Augusto César Leite de Carvalho, SDI-1, DEJT 17/2/2017).

## Notícias do TST

### Auxílio-alimentação com coparticipação do empregado não tem natureza salarial[18]

**Nesse caso, fica configurado o caráter indenizatório do benefício.**

A Oitava Turma do Tribunal Superior do Trabalho afastou a natureza salarial do auxílio-alimentação recebido por um operador de triagem e transbordo da Empresa Brasileira de Correios e Telégrafos (ECT). No entendimento do colegiado, ficou comprovada a participação do empregado no custeio do benefício alimentar, o que configura a natureza indenizatória, e não salarial, dos valores recebidos.

### Integração ao salário

Na reclamação trabalhista, o operador afirmou que havia recebido o auxílio-alimentação desde a admissão, em 1986, mas que a empresa jamais havia considerado tais parcelas como salário, argumentando ter aderido ao Programa de Alimentação do Trabalhador (PAT). Segundo o empregado, porém, como sua contratação fora anterior à adesão da empresa ao PAT, a natureza salarial do auxílio deveria ter sido mantida. Também sustentou que, por força do artigo 458 da CLT, a habitualidade do recebimento permitiria a integração do benefício ao salário.

Com esses fundamentos, ele pediu a integração do auxílio-alimentação, do vale-cesta e do ticket-refeição ao salário e, por consequência, o pagamento das diferenças e das repercussões nas demais parcelas.

### PAT

O **Programa de Alimentação do Trabalhador**, criado em 1976, é um programa governamental de adesão voluntária que busca estimular o empregador a fornecer alimentação nutricionalmente adequada aos empregados por meio da concessão de incentivos fiscais. Segundo a regulamentação do programa, as parcelas custeadas pelo empregador não têm natureza salarial, não se incorporam à remuneração, não constituem base de incidência de contribuição previdenciária ou do FGTS, nem se configuram rendimento tributável dos empregados.

### Natureza salarial

O juízo de primeiro grau julgou o pedido improcedente, mas o Tribunal Regional do Trabalho da 4ª Região (RS) entendeu que o fato de o empregado ter tido coparticipação de 2% no custeio do benefício de alimentação fornecido pela empresa desde o início da sua concessão não descaracteriza a natureza salarial da parcela. Com isso, condenou a ECT ao pagamento das parcelas pedidas pelo empregado.

### Coparticipação

No julgamento do recurso de revista da ECT, a relatora, ministra Dora Maria da Costa, explicou que, de acordo com o artigo 458 da CLT, o chamado salário in natura constitui a contraprestação paga pelo empregador em razão do trabalho prestado, mediante o fornecimento habitual de utilidades que complementam o salário do

18. https://www.tst.jus.br/noticias/-/asset_publisher/89Dk/content/auxilio-alimentacao-com-coparticipacao-do-empregado-nao-tem-natureza-salarial.

empregado. " Logo, o fato de haver contribuição do empregado no custeio do benefício alimentar, instituído por meio de norma interna desde o início de sua concessão, afasta a natureza salarial da utilidade, uma vez que não é fornecida exclusiva e gratuitamente pelo empregador como contraprestação do serviço prestado pelo empregado", ressaltou.

Segundo a ministra, o TST consolidou o entendimento de que a alimentação fornecida de forma não gratuita pelo empregador, mediante contribuição do empregado no custeio da parcela, descaracteriza a sua natureza salarial.

A decisão foi unânime.

(AB/CF)

Processo: **ARR-20925-70.2016.5.04.0664**

Veja-se a jurisprudência no âmbito da 3ª e 1ª Região:

Tipo

Acórdão

Número

5006260-83.2018.4.03.6102 ..PROCESSO_ANTIGO: ..PROCESSO_ANTIGO_FORMATADO: 50062608320184036102

Classe

APELAÇÃO CÍVEL ..SIGLA_CLASSE: ApCiv

Relator(a)

Desembargador Federal SERGIO DO NASCIMENTO

Relator para Acórdão

RELATOR:

Origem

TRF - TERCEIRA REGIÃO

Órgão julgador

10ª Turma

Data

26/03/2020

Data da publicação

30/03/2020

Fonte da publicação

e - DJF3 Judicial 1 DATA: 30/03/2020 ..FONTE_PUBLICACAO1: ..FONTE_PUBLICACAO2: ..FONTE_PUBLICACAO3:

Ementa

EMENTA PREVIDENCIÁRIO. PROCESSUAL CIVIL. **AÇÃO REVISIONAL. APOSENTADORIA ESPECIAL. INCLUSÃO DE VALORES RECEBIDOS A TÍTULO DE AUXÍLIO-ALIMENTAÇÃO NO PERÍODO BÁSICO DE CÁLCULO. IMPOSSIBILIDADE. VERBA INDENIZATÓRIA**. HONORÁRIOS ADVOCATÍCIOS. JUSTIÇA GRATUITA. **I - Os valores recebidos a título auxílio-alimentação (ticket refeição), face à natureza indenizatória de que se revestem, já que destinados aos gastos do trabalhador em atividade, não se incorporam à remuneração ou aos proventos de aposentadoria/pensão.** II - A parte autora não foi onerada com a cobrança de contribuição previdenciária incidente sobre a parcela indenizatória em discussão (auxílio-alimentação), de forma que, ainda que paga em pecúnia, não pode ser considerada para fins de cálculo de benefício previdenciário. III - Honorários advocatícios fixados em R$1.000,00 (um mil reais), conforme previsto no artigo 85, §§ 4º, III, e 8º, do CPC. A exigibilidade da verba honorária ficará suspensa por 05 (cinco) anos, desde que inalterada a situação de insuficiência de recursos que fundamentou a concessão dos benefícios da assistência judiciária gratuita, nos termos do artigo 98, §3º, do mesmo estatuto processual. IV - Apelação da parte autora improvida.

Tipo

Acórdão

Número

5003609-10.2020.4.03.6102 ..PROCESSO_ANTIGO: ..PROCESSO_ANTIGO_FORMATADO: 50036091020204036102

Classe

APELAÇÃO CÍVEL ..SIGLA_CLASSE: ApCiv

Relator(a)

Desembargador Federal SERGIO DO NASCIMENTO

Relator para Acórdão

..RELATOR:

Origem

TRF - TERCEIRA REGIÃO

Órgão julgador

10ª Turma

Data

06/10/2021

Data da publicação

08/10/2021

Fonte da publicação

Intimação via sistema DATA: 08/10/2021 ..FONTE_PUBLICACAO1: ..FONTE_PUBLICACAO2: ..FONTE_PUBLICACAO3:

Ementa

EMENTA PREVIDENCIÁRIO. PROCESSUAL CIVIL. AGRAVO. ART. 1.021 DO CPC. **AÇÃO REVISIONAL. APOSENTADORIA POR TEMPO DE CONTRIBUIÇÃO. INCLUSÃO DE VALORES RECEBIDOS A TÍTULO DE AUXÍLIO-ALIMENTAÇÃO NO PERÍODO BÁSICO DE CÁLCULO. IMPOSSIBILIDADE. VERBA INDENIZATÓRIA. I - Os valores recebidos a título auxílio-alimentação, face à natureza indenizatória de que se revestem, já que destinados aos gastos do trabalhador em atividade, não se incorporam à remuneração ou aos proventos de aposentadoria/pensão. II - A parte autora não foi onerada com a cobrança de contribuição previdenciária incidente sobre a parcela indenizatória em discussão (auxílio-alimentação), de forma que, ainda que paga em pecúnia, não pode ser considerada para fins de cálculo de benefício previdenciário.** III - Agravo da parte autora (art. 1.021 do CPC) improvido.

Tipo

Acórdão

Número

0014992-37.2006.4.01.3800

00149923720064013800

Classe

APELAÇÃO CIVEL (AC)

Relator(a)

JUIZ FEDERAL JOSÉ ALEXANDRE FRANCO

Origem

TRF - PRIMEIRA REGIÃO

Órgão julgador

1ª CÂMARA REGIONAL PREVIDENCIÁRIA DE JUIZ DE FORA

Data

25/04/2017

Data da publicação

09/05/2017

Fonte da publicação

e-DJF1 09/05/2017 PAG

e-DJF1 09/05/2017 PAG

Ementa

PREVIDENCIÁRIO. REVISÃO. AUXÍLIO-ALIMENTAÇÃO. VERBA INDENIZATÓRIA. SÚMULAS 680 E 339 DO STF. SALÁRIO-DE-CONTRIBUIÇÃO. LEGITIMIDADE PASSIVA. SENTEÇA EXTRA PETITA. PROVIMENTO. 1. O acolhimento de pedido extraído da interpretação lógico-sistemática da argumentação desenvolvida na peça inicial, e não apenas do pleito formulado no fecho da petição, não implica julgamento extra petita (AgRg no Ag 1.351.484/RJ, Rel. Ministro Gilson Dipp, Quinta Turma, DJe 26.3.2012). **2. Os autores, ex-funcionários da Empresa Brasileira de Correios e Telégrafos - ECT, aposentados pelo Regime Geral de Previdência Social - RGPS, postulam a incorporação dos valores de vale-alimentação nos salários-de-contribuição utilizados no cálculo de suas aposentadorias, evidenciando a legitimidade passiva do INSS. 3. Os valores recebidos a título de auxílio-alimentação (ticket refeição), por se tratar de verba destinada aos gastos do trabalhador/servidor em atividade, com sua alimentação, não se incorporam à remuneração ou aos proventos de aposentadoria/pensão.** 4. Precedentes do STJ e desta Corte: (AgRg no REsp. 639.289/PR, Rel. Min. LAURITA VAZ, DJU 12.11.2007; AgRg no Ag 1076490/PR, Rel. Ministro NAPOLEÃO NUNES MAIA FILHO, QUINTA TURMA, julgado em 19/03/2009, DJe 27/04/2009; AC 2005.38.00.015467-0/ MG, Rel. Desembargadora Federal Neuza Maria Alves Da Silva, Segunda Turma,e-DJF1 p.35 de 14/08/2009 e AC 0033336-13.1999.4.01.3800 / MG, Rel. JUIZ FEDERAL MIGUEL ÂNGELO DE ALVARENGA LOPES, 3ª TURMA SUPLEMENTAR, e-DJF1 p.530 de 26/10/2012). **5. Os autores não foram onerados com a cobrança de contribuição previdenciária incidente sobre a parcela indenizatória em discussão (auxílio-alimentação), de forma que, ainda que paga em pecúnia, não pode ser considerada para fins de cálculo de benefício previdenciário** (AC 0044700-69.2005.4.01.3800 / MG, Rel. JUIZ FEDERAL UBIRAJARA TEIXEIRA, 1ª CÂMARA REGIONAL PREVIDENCIÁRIA DE JUIZ DE FORA, e-DJF1 de 04/07/2016). 6. Provimento da apelação do INSS para reformar a sentença e julgar improcedente o pedido. Prejudicada a remessa. Inversão da sucumbência, devendo os apelados arcar com custas e honorários de advogado, estes fixados em 10% sobre o valor da causa, com execução suspensa em razão da assistência judiciária (NCPC, art. 98, §3º).

Em relação ao STF, não temos um posicionamento do tema, pois entende que se trata de matéria infraconstitucional (RE 814.204/RG).

Com base na fundamentação retro posta, diante da extrema complexidade deste assunto, com oscilações de posicionamento e confronto entre a SRFB e o CARF, é possível apresentar as seguintes conclusões doutrinárias:

**A)** O auxílio-alimentação pago mediante **tíquetes-alimentação ou cartão-alimentação** NÃO integra a base de cálculo das contribuições sociais previdenciárias a cargo da empresa e dos segurados empregados até 10 de novembro de 2017, SE A EMPRESA ESTAVA INSCRITA NO PAT;

**B)** O auxílio-alimentação pago mediante **tíquetes-alimentação ou cartão-alimentação** NÃO integra a base de cálculo das contribuições sociais previdenciárias a cargo da empresa e dos segurados empregados a partir de 11 de novembro de 2017, INDEPENDENTEMENTE DE A EMPRESA ESTAR OU NÃO INSCRITA NO PAT;

**C)** A parcela paga em pecúnia HABITUALMENTE aos segurados empregados a título de auxílio-alimentação integra a base de cálculo para fins de incidência das contribuições sociais previdenciárias a cargo da empresa e dos segurados empregados, quer antes ou depois da vigência da Lei 13.467/2017;

**D)** A alimentação paga em pecúnia é prática ilícita após o advento da Lei 13.467/2017;

**E)** A alimentação *in natura* não compõe o salário de contribuição, quer antes ou depois da vigência da Lei 13.467/2017, esteja ou não a empresa inscrita no PAT;

**F)** O auxílio-alimentação pago mediante tíquetes-alimentação ou cartão-alimentação até 10/11/2017 apenas irá repercutir no salário de benefício se for demonstrado o efetivo recolhimento de contribuição previdenciária da parte patronal e da contribuição do empregado sobre essa parcela, desde que não tenha havido restituição da contribuição previdenciária vertida ao RGPS.

Registre-se que as cobranças feitas antes da Lei 13.467/2017 pela SRFB do ticket alimentação têm sido desconstituídas pelo CARF, de modo que na situação de pagamento efetivo e não restituição devem ser consideradas no salário de benefício.

Após isto, conforme DOU de 23/02/2022, o Excelentísimo Presidente da República aprovou Despacho do AGU, pacificando posição no âmbito do Poder Executivo da União pela não incidência de contribuição previdenciária sobre o ticket ou vale alimentação, que a empresa esteja inscrita ou não no PAT, vinculando a SRFB e a PGFN:

> *"Publicado em: 23/02/2022* | Edição: *38* | *Seção: 1* | *Página: 15*
>
> ***Órgão: Presidência da República***
>
> **DESPACHO DO PRESIDENTE DA REPÚBLICA**
>
> ADVOCACIA-GERAL DA UNIÃO
>
> Processo nº 00695.001437/2019-16. Parecer nº BBL - 04, de 16 de fevereiro de 2022, do Advogado-Geral da União, que adotou, nos termos estabelecidos no Despacho do Consultor-Geral da União nº 00041/2022/GAB/CGU/AGU, o Parecer nº 00001/2022/CONSUNIAO/CGU/AGU da Consultoria-Geral da União. Aprovo. Publique-se para os fins do disposto no art. 40, § 1º, da Lei Complementar nº 73, de 10 de fevereiro de 1993. Em 22 de fevereiro de 2022".

Não obstante isto, ao julgar o Tema 244, por 6 x 5, prevaleceu o voto-vista do Juiz Federal Francisco Glauber que considerou como remuneratórios os pagamentos de tickets ou valores alimentação antes da Lei 13.467/2017 por todas as empresas, quer as inscritas ou mesmo as não inscritas no PAT.

<table>
<tr><td>Tema</td><td>244</td><td>Situação do tema</td><td>Julgado</td><td>Ramo do direito</td><td>DIREITO PREVIDENCIÁRIO</td></tr>
<tr><td colspan="2">Questão submetida a julgamento</td><td colspan="4">Saber se o auxílio-alimentação, pago em espécie e com habitualidade, por meio de vale-alimentação ou na forma de tickets, tem natureza salarial e integra o salário de contribuição para fins de cálculo da renda mensal inicial (RMI).</td></tr>
<tr><td colspan="2">Tese firmada</td><td colspan="4">I) Anteriormente à vigência da Lei n. 13.416/2017, o auxílio-alimentação, pago em espécie e com habitualidade ou por meio de vale-alimentação/cartão ou tíquete-refeição/alimentação ou equivalente, integra a remuneração, constitui base de incidência da contribuição previdenciária patronal e do segurado, refletindo no cálculo da renda mensal inicial do benefício, esteja a empresa inscrita ou não no Programa de Alimentação do Trabalhador- PAT; II) A partir de 11/11/2017, com a vigência da Lei n. 13.416/2017, que conferiu nova redação ao § 2º do art. 457 da CLT, somente o pagamento do auxílio-alimentação em dinheiro integra a remuneração, constitui base de incidência da contribuição previdenciária patronal e do segurado, refletindo no cálculo da renda mensal inicial do benefício, esteja a empresa inscrita ou não no Programa de Alimentação do Trabalhador- PAT.</td></tr>
<tr><td>Processo</td><td>Decisão de afetação</td><td>Relator (a)</td><td>Julgado em</td><td>Acórdão publicado em</td><td>Trânsito em julgado</td></tr>
<tr><td>PEDILEF 5002880-91.2016.4.04.7105/RS</td><td>06/11/2019</td><td>Juiz Federal Ivanir César Ireno Júnior - para acórdão: Juiz Federal Glauber Pessoa Alves</td><td>07/04/2022</td><td>18/04/2022</td><td>ED opostos</td></tr>
</table>

Em seguida, por certo para fins de prequestionamento do Recurso Extraordinário, pois as instâncias inferiores negaram a tese do segurado com base em argumentos constitucionais (regra de contrapartida e equilíbrio financeiro e atuarial), o INSS apresentou embargos de declaração contra o acórdão da TNU, em tema que certamente será definido pela Suprema Corte.

D) As importâncias recebidas a guisa de **aviso prévio indenizado, férias e terço indenizados, licença-prêmio indenizada, incentivo à demissão e multa de 40% sobre o FGTS**, pois ostentam natureza indenizatória;

A Lei 8.212/91 é silente no que concerne ao **aviso prévio indenizado** integrar ou não o salário de contribuição. Até o advento do Decreto 6.727/2009, o Regulamento previa que o aviso prévio indenizado não compunha o salário de contribuição. No entanto, o citado dispositivo foi revogado (artigo 214, §9º, inciso V, **letra F**), passando o Regulamento a também silenciar a respeito, em uma tentativa frustrada de o Poder Executivo da União de fazer incidir contribuição previdenciária sobre o aviso prévio indenizado.

Vale frisar que o aviso prévio indenizado possui natureza não remuneratória, razão pela qual não comporá o salário de contribuição, não podendo o Regulamento da Previdência Social, por ser ato legal secundário, dispor em sentido contrário.

> **"A revogação da alínea "f" do inciso V, § 9º, artigo 214, do Decreto nº 3.048/99, nos termos em que promovida pelo artigo 1º do Decreto 6.727/09, não tem o condão de autorizar a cobrança de contribuições previdenciárias**

**calculadas sobre o valor do aviso prévio indenizado"** (AI 2009.30.00.203908, Des. Federal Cotrim Guimarães, TRF3, Segunda Turma, 11/03/2010).

Nesse caminho, o STJ[19]:

**"CONTRIBUIÇÃO PREVIDENCIÁRIA. AVISO PRÉVIO INDENIZADO.**

O valor pago a título de indenização em razão da ausência de aviso prévio tem o intuito de reparar o dano causado ao trabalhador que não fora comunicado sobre a futura rescisão de seu contrato de trabalho com a antecedência mínima estipulada na CLT, bem como não pôde usufruir da redução na jornada de trabalho a que teria direito (arts. 487 e seguintes da CLT). **Assim, por não se tratar de verba salarial, não incide contribuição previdenciária sobre os valores pagos a título de aviso prévio indenizado.** REsp 1.198.964-PR, Rel. Min. Mauro Campbell Marques, julgado em **2/9/2010**".

**"AVISO PRÉVIO INDENIZADO. CONTRIBUIÇÃO PREVIDENCIÁRIA.**

A Turma reafirmou que não há incidência de contribuição previdenciária sobre a verba paga ao trabalhador a título de aviso prévio indenizado, tendo em vista sua natureza indenizatória. Ressaltou-se que o salário de contribuição é o valor da remuneração, considerados os rendimentos destinados a retribuir o trabalho (art. 28 da Lei n. 8.212/1991), o que não se verifica na verba em questão, pois, durante o período que corresponde ao aviso prévio indenizado, o empregado não presta trabalho algum, nem fica à disposição do empregador. Logo, por não se tratar de parcela destinada a retribuir trabalho, mas revestida de nítido caráter indenizatório, é incabível a incidência de contribuição previdenciária sobre os valores pagos a título do referido aviso prévio. Precedentes citados: REsp 812.871-SC, DJe 25/10/2010, e REsp 1.198.964-PR, DJe 4/10/2010. REsp 1.221.665-PR, Rel. Min. Teori Albino Zavascki, julgado em 8/2/2011".

"PROCESSUAL CIVIL E TRIBUTÁRIO. CONTRIBUIÇÃO PREVIDENCIÁRIA. SALÁRIO-MATERNIDADE. REMUNERAÇÃO DE FÉRIAS GOZADAS. NATUREZA SALARIAL. INCIDÊNCIA. AVISO PRÉVIO INDENIZADO. NATUREZA INDENIZATÓRIA. NÃO INCIDÊNCIA. PRECEDENTES.

1. É pacífico no STJ o entendimento de que o salário-maternidade não tem natureza indenizatória, mas sim remuneratória, razão pela qual integra a base de cálculo da contribuição previdenciária.

2. O pagamento de férias gozadas possui natureza remuneratória e salarial, nos termos do art. 148 da CLT, e integra o salário de contribuição. Saliente-se que não se discute, no apelo, a incidência da contribuição sobre o terço constitucional.

3. **O valor pago ao trabalhador a título de aviso prévio indenizado, por não se destinar a retribuir o trabalho e possuir cunho indenizatório, não está sujeito à incidência da contribuição previdenciária sobre a folha de salários.** Precedentes do STJ" (AgRg nos EDcl no AREsp 135682, 2ª Turma, de 29/05/2012).

Em 26 de fevereiro de 2014, a 1ª Seção do STJ no julgamento em Recurso Especial 1.230.957 confirmou o entendimento de que **o aviso prévio indenizado não integra o salário de contribuição:**

**"2.2 Aviso prévio indenizado.**

A despeito da atual moldura legislativa (Lei 9.528/97 e Decreto 6.727/2009), as importâncias pagas a título de indenização, que não correspondam a serviços prestados nem a tempo à disposição do empregador, não ensejam a incidência de contribuição previdenciária.

A CLT estabelece que, em se tratando de contrato de trabalho por prazo indeterminado, a parte que, sem justo motivo, quiser a sua rescisão, deverá comunicar a outra a sua intenção com a devida antecedência. Não concedido o aviso prévio pelo empregador, nasce para o empregado o direito aos salários correspondentes ao prazo do aviso, garantida sempre a integração desse período no seu tempo de serviço (art. 487, § 1º, da CLT). Desse modo, o pagamento decorrente da falta de aviso prévio, isto é, o aviso prévio indenizado, visa a reparar o dano causado ao trabalhador que não fora alertado sobre a futura rescisão contratual com a antecedência mínima estipulada na Constituição Federal (atualmente regulamentada pela Lei 12.506/2011).

Dessarte, não há como se conferir à referida verba o caráter remuneratório pretendido pela Fazenda Nacional, por não retribuir o trabalho, mas sim reparar um dano. Ressalte-se que, "se o aviso prévio é indenizado, no período que lhe corresponderia o empregado não presta trabalho algum, nem fica à disposição do empregador. Assim, por ser ela estranha à hipótese de incidência, é irrelevante a circunstância de não haver previsão legal de isenção em relação a tal verba" (REsp 1.221.665/PR, 1ª Turma, Rel. Min. Teori Albino Zavascki, DJe de 23.2.2011).

A corroborar a tese sobre a natureza indenizatória do aviso prévio indenizado, destacam-se, na doutrina, as lições de Maurício Godinho Delgado e Amauri Mascaro Nascimento. Precedentes: REsp 1.198.964/PR, 2ª Turma, Rel. Min. Mauro Campbell Marques, DJe de 4.10.2010; REsp 1.213.133/SC, 2ª Turma, Rel. Min. Castro Meira, DJe de 1º.12.2010; AgRg no REsp 1.205.593/PR, 2ª Turma, Rel. Min. Herman Benjamin, DJe de 4.2.2011; AgRg no REsp 1.218.883/SC, 1ª Turma, Rel. Min. Benedito Gonçalves, DJe de 22.2.2011; AgRg no REsp 1.220.119/RS, 2ª Turma, Rel. Min. Cesar Asfor Rocha, DJe de 29.11.2011."

Finalmente, a Receita Federal passou a adotar a posição do STJ, no sentido da não incidência de contribuição previdenciária sobre o aviso prévio indenizado

19. Passagem do Informativo 445 e 462.

(Instrução Normativa RFB 1.730/2017[20] combinada com a Consulta COSIT 362/2017):

> SOLUÇÃO DE CONSULTA COSIT Nº 362, DE 10 DE AGOSTO DE 2017
>
> CONSULTA N.º 137 - COSIT, DE 2 DE JUNHO DE 2014.
>
> CONTRIBUIÇÕES SOCIAIS PREVIDENCIÁRIAS. AVISO PRÉVIO INDENIZADO.
>
> Nos termos da NOTA PGFN/CRJ/Nº 485/2016, de 30 de maio de 2016 (aprovada em 2 de junho de 2016), e com esteio no artigo 19, inciso V, parágrafos 4º, 5º e 7º da Lei n.º 10.522, de 2002, e no artigo 3º, parágrafo 3º da Portaria Conjunta PGFN/RFB n.º 1, de 2014, o aviso prévio indenizado, **exceto seu reflexo no 13º salário**, não integra a base de cálculo para fins de incidência das contribuições sociais previdenciárias incidentes sobre a folha de salários.

Curiosamente, apenas a RFB irá cobrar a contribuição sobre o aviso prévio indenizado no que concerne ao seu reflexo no décimo terceiro salário, o que passou a ser admitida pelo STJ:

> "É pacífico no STJ o entendimento quanto à incidência da contribuição previdenciária sobre o décimo terceiro salário proporcional ao aviso prévio indenizado" (REsp 1810236 / CE, de 25/6/2019).

De efeito, "é firme no Superior Tribunal de Justiça o entendimento de que não incide Contribuição Previdenciária sobre abono-assiduidade e licença-prêmio não gozada convertida em pecúnia." (AgRg no AREsp 464.314/SC, Rel. Ministro HERMAN BENJAMIN, SEGUNDA TURMA, julgado em 6/5/2014, DJe 18/6/2014.)

E) As importâncias referentes aos ganhos eventuais e os abonos expressamente desvinculados do salário; indenização por tempo de serviço, anterior a 05 de outubro de 1988, do empregado não optante pelo Fundo de Garantia do Tempo de Serviço - FGTS;

De acordo com a Secretaria da Receita Federal do Brasil, o abono único previsto em Convenção Coletiva de Trabalho, desde que desvinculado do salário e pago sem habitualidade não irá integrar o salário de contribuição (Instrução Normativa RFB nº 1.453, de 24 de fevereiro de 2014).

Nesse sentido, para o STJ (Informativo 568), "**não incide contribuição previdenciária sobre prêmios e gratificações de caráter eventual.** A fim de verificar a sua inclusão ou não no salário-de-contribuição, uma das principais características a ser aferida sobre as gratificações e os prêmios é a habitualidade ou não de seu pagamento. Havendo pagamento com habitualidade, manifesto o caráter salarial, implicando ajuste tácito entre as partes, razão pela qual incide contribuição previdenciária. A propósito, o STF possui entendimento firmado pela Súmula 207 ("As gratificações habituais, inclusive a de natal, consideram-se tacitamente convencionadas, integrando o salário"). Tratando-se de prêmio ou gratificação eventual, fica afastada a incidência da contribuição, conforme o art. 28, § 9º, "e", 7, da Lei 8.212/1991. REsp 1.275.695-ES, **Rel. Min. Mauro Campbell Marques, julgado em 20/8/2015, DJe 31/8/2015**".

**Por força da Lei 13.467/2017, que alterou a CLT (art. 457, §2º), a legislação passou a prever expressamente a não incidência de contribuições previdenciárias sobre os prêmios ainda que habituais.**

**Nos termos da Lei 13.467/2017**, consideram-se **prêmios** as liberalidades concedidas pelo empregador em forma de bens, serviços ou valor em dinheiro a empregado ou a grupo de empregados, em razão de desempenho superior ao ordinariamente esperado no exercício de suas atividades.

F) A parcela recebida a título de vale-transporte, na forma da legislação própria (Lei 7.418/85). Contudo, de acordo com o antigo posicionamento tradicional do STJ (AgRg no REsp 1.079.978, de 20.10.2008), se fosse pago em dinheiro, integrava o salário de contribuição;

> Entrementes, em 10.03.2010, ao julgar o RE 478.410 (Informativo 578), **o STF tomou posição diversa da do STJ, afirmando que mesmo o vale-transporte pago em dinheiro não integrará o salário de contribuição, por não afetar o caráter não salarial da verba, sendo esta a posição a ser adotada atualmente:**

> "EMENTA: RECURSO EXTRAORDINÁRIO. CONTRIBUIÇÃO PREVIDENCIÁRIA. INCIDÊNCIA. VALE-TRANSPORTE. MOEDA. CURSO LEGAL E CURSO FORÇADO. CARÁTER NÃO SALARIAL DO BENEFÍCIO. ARTIGO 150, I, DA CONSTITUIÇÃO DO BRASIL. CONSTITUIÇÃO COMO TOTALIDADE NORMATIVA. **1. Pago o benefício de que se cuida neste recurso extraordinário em vale-transporte ou em moeda, isso não afeta o caráter não salarial do benefício.** 2. A admitirmos não possa esse benefício ser pago em dinheiro sem que seu caráter seja afetado, estaríamos a relativizar o curso legal da moeda nacional. 3. A funcionalidade do conceito de moeda revela-se em sua utilização no plano das relações jurídicas. O instrumento monetário

---

**20.** A partir da competência junho de 2016, o valor do aviso prévio indenizado não deve ser computado para fins de preenchimento da GPS, podendo ser utilizada a GPS gerada pelo Sefip.

válido é padrão de valor, enquanto instrumento de pagamento sendo dotado de poder liberatório: sua entrega ao credor libera o devedor. Poder liberatório é qualidade, da moeda enquanto instrumento de pagamento, que se manifesta exclusivamente no plano jurídico: somente ela permite essa liberação indiscriminada, a todo sujeito de direito, no que tange a débitos de caráter patrimonial. 4. A aptidão da moeda para o cumprimento dessas funções decorre da circunstância de ser ela tocada pelos atributos do curso legal e do curso forçado. 5. A exclusividade de circulação da moeda está relacionada ao curso legal, que respeita ao instrumento monetário enquanto em circulação; não decorre do curso forçado, dado que este atinge o instrumento monetário enquanto valor e a sua instituição [do curso forçado] importa apenas em que não possa ser exigida do poder emissor sua conversão em outro valor. **6. A cobrança de contribuição previdenciária sobre o valor pago, em dinheiro, a título de vales-transporte, pelo recorrente aos seus empregados afronta a Constituição, sim, em sua totalidade normativa. Recurso Extraordinário a que se dá provimento".**

Em 15 de dezembro de 2011, julgando Embargos de Declaração neste mesmo processo, o STF restringiu a sua decisão para apenas afastar a incidência da contribuição previdenciária sobre o vale-transporte pago em dinheiro, mantendo-se para os demais fins a legislação que regula o vale-transporte:

"A compreensão da fundamentação dos votos da maioria vencedora revela a necessária restrição dos efeitos da declaração de inconstitucionalidade do art. 4º da Lei nº 7.418/85 e do art. 5º do Decreto nº 95.247/87 exclusivamente no que concerne ao domínio tributário, para afastar a incidência de contribuição previdenciária pelo só pagamento da verba em dinheiro, mantendo-se hígida, no mais, a sistemática do vale-transporte para os demais fins, notadamente à luz dos domínios remanescentes do direito positivo".

No julgamento dos aclaratórios, a Suprema Corte ainda reforçou a sua decisão, ao afirmar que "descabe arguir omissão quanto aos dispositivos constitucionais reputados violados se o acórdão embargado considera, de forma expressa e categórica, ofensiva ao princípio da legalidade tributária (CF, art. 150, I) a interpretação que chancela a incidência de contribuição previdenciária sobre os valores pagos em pecúnia a título de vale-transporte sem lei complementar que o permita, notadamente à luz dos art. 195, I, 'a' e § 4º, da CF".

Por conseguinte, o STJ passou a seguir o entendimento do STF:

"TRIBUTÁRIO. CONTRIBUIÇÃO SOBRE A FOLHA DE SALÁRIOS. AUXÍLIO-CRECHE. MATÉRIA FÁTICO-PROBATÓRIA. INCIDÊNCIA DA SÚMULA 7/STJ. **AUXÍLIO-TRANSPORTE PAGO EM PECÚNIA. NÃO-INCIDÊNCIA**. ENTENDIMENTO DO STF. REALINHAMENTO DA JURISPRUDÊNCIA DO STJ.

1. A solução integral da controvérsia, com fundamento suficiente, não caracteriza ofensa ao art. 535 do CPC.

2. O acórdão de origem consignou que a parte não comprovou os gastos com o auxílio-creche nem a idade dos beneficiários. Rever tal entendimento demanda reexame da matéria fático-probatória, vedado em Recurso Especial (Súmula 7/STJ).

**3. Em razão do pronunciamento do Plenário do STF, declarando a inconstitucionalidade da incidência da contribuição previdenciária sobre as verbas referentes a auxílio-transporte, mesmo que pagas em pecúnia, faz-se necessária a revisão da jurisprudência do STJ para alinhar-se à posição do Pretório Excelso.**

4. Recurso Especial parcialmente conhecido e, em parte, provido" (REsp 1.194.788, de 19.08.2010).

Por sua vez, a **Advocacia-Geral da União**, cujo entendimento vincula a Administração Pública federal no Poder Executivo, aderiu ao STF e fez publicar a **Súmula 60:**

**SÚMULA Nº 60, DE 8 DE DEZEMBRO DE 2011**

Publicada no DOU Seção I, de 09/12/2011

**"Não há incidência de contribuição previdenciária sobre o vale transporte pago em pecúnia, considerando o caráter indenizatório da verba".**

G) A ajuda de custo, **em parcela única**, recebida exclusivamente em decorrência de mudança de local de trabalho do empregado, na forma do art. 470[21] da CLT;

Logo, fazendo uma interpretação *a contrario sensu*, se a ajuda de custo fosse em mais de uma parcela, integraria o salário de contribuição.

"TRIBUTÁRIO. AGRAVO REGIMENTAL NO RECURSO ESPECIAL. CONTRIBUIÇÃO PREVIDENCIÁRIA. ADICIONAL DE TRANSFERÊNCIA. INCIDÊNCIA. PRECEDENTES.

**1. A jurisprudência desta Corte é firme no sentido de que incide a contribuição previdenciária sobre adicional de transferência em razão de sua natureza salarial.**

2. Precedentes: AgRg no AREsp 619.415/AL, Rel. Ministra Assusete Magalhães, Segunda Turma, DJe 02/06/2015 e AgRg no REsp 1422102/SC, Rel. Ministro Benedito Gonçalves, Primeira Turma, DJe 07/04/2015. 3. Agravo regimental a que se nega provimento" (1ª Turma, AgRg no REsp 1511255, de 6/8/2015).

"A jurisprudência do STJ, firmou-se no sentido de que o adicional de transferência (ajuda de custo) possui natureza salarial, conforme firme jurisprudência do Tribunal Superior do Trabalho, pois, da leitura do § 3º do art. 463 da CLT, extrai-se que a transferência do empregado é um direito do empregador, sendo que do exercício regular

21. Art. 470 – As despesas resultantes da transferência correrão por conta do empregador.

desse direito decorre para o empregado transferido, em contrapartida, o direito de receber o correspondente adicional de transferência (2ª Turma, REsp 1494371, de 16/6/2015).

De acordo com a Lei 13.467/2017, que modificou o artigo 457, § 2º, da CLT, "as importâncias, ainda que habituais, pagas a título de ajuda de custo, auxílio-alimentação, vedado seu pagamento em dinheiro, diárias para viagem, prêmios e abonos não integram a remuneração do empregado, não se incorporam ao contrato de trabalho e não constituem base de incidência de qualquer encargo trabalhista e previdenciário".

Nesse sentido, nos termos da Instrução Normativa RFB nº 1.867, de 25 de janeiro de 2019, desde 11/11/2017, não mais incide contribuição previdenciária sobre a ajuda de custo citada, mesmo que paga em múltiplas parcelas.

H) **As diárias para viagens no seu valor total;**

**Até o advento da Lei 13.467/2017, que alterou o artigo 457, §2º, da CLT, as diárias acima de 50% da remuneração mensal do empregado incidiam contribuição previdenciária. Com a mudança normativa, independentemente do valor, as diárias para a viagem não sofrem a incidência da contribuição previdenciária.**

I) A importância recebida a título de **bolsa** de complementação educacional de **estagiário**, quando paga nos termos da Lei nº 6.494, de 07 de dezembro de 1977 (a referida norma foi substituída pela Lei 11.788/2008);

Assim, a bolsa paga pelo estágio regular não possui natureza remuneratória, tanto que o estagiário não é segurado obrigatório do RGPS.

J) A **participação nos lucros ou resultados da empresa**, quando paga ou creditada de acordo com lei específica;

Vale ressaltar que o artigo 2º, da Lei 10.101/2000, exige que a participação nos lucros ou resultados seja objeto de negociação entre a empresa e seus empregados, através de comissão ou acordo/convenção coletiva.

De acordo com o entendimento do STJ, a ausência da intervenção do sindicato ou mesmo do registro do acordo não tem o condão de alterar a natureza da participação dos lucros da empresa, que não deverá compor o salário de contribuição[22]:

**"CONTRIBUIÇÃO PREVIDENCIÁRIA. PARTICIPAÇÃO. LUCROS.**

A *quaestio juris* consiste em determinar a incidência da contribuição previdenciária sobre valores pagos pela empresa recorrida a seus funcionários a título de participação nos lucros, no mês de janeiro dos anos de 1995 a 2000. O INSS (recorrente) sustentou que a não incidência da mencionada contribuição depende da observância da legislação que determina o arquivamento, no sindicato dos trabalhadores, de acordo celebrado entre eles e a empresa. Aduziu que, no caso dos autos, a regulamentação da participação nos lucros foi feita de modo unilateral pela empregadora, inexistindo instrumento de acordo entre as partes. **Conforme destacou o Min. Relator, a intervenção do sindicato na negociação tem por finalidade tutelar os interesses dos empregados. Ressaltou que, uma vez atendidos os demais requisitos da legislação que tornem possível a caracterização dos pagamentos como participação nos resultados, a ausência de intervenção do sindicato nas negociações e a falta de registro do acordo apenas afastam a vinculação dos empregados a seus termos.** Assim, o registro do acordo no sindicato é modo de comprovar as formas de participação, possibilitando a exigência do cumprimento nos termos acordados. **Explicitou, ainda, que a ausência de homologação de acordo no sindicato, por si só, não descaracteriza a participação nos lucros da empresa, a ensejar a incidência da contribuição previdenciária, pois não afeta a natureza dos pagamentos, mas pode interferir na forma de participação e no montante a ser distribuído, fatos irrelevantes para a tributação sobre a folha de salários.** No caso dos autos, o tribunal *a quo* entendeu que a natureza dos pagamentos aos empregados foi caracterizada como participação nos resultados, que não integra a remuneração e, por isso, não incide contribuição previdenciária. No entanto, neste Superior Tribunal, o recurso não foi conhecido, pois, para examinar se os pagamentos aos empregados correspondem à participação nos lucros da empresa, seria necessário o reexame do conjunto fático-probatório constante dos autos, o que é inviável, tendo em vista o óbice da Súm. n. 7-STJ. Precedentes citados: AgRg no REsp 1.180.167-RS, DJe 7/6/2010; AgRg no REsp 675.114-RS, DJe 21/10/2008; AgRg no Ag 733.398-RS, DJ 25/4/2007, e REsp 675.433-RS, DJ 26/10/2006. **REsp 865.489-RS, Rel. Min. Luiz Fux, julgado em 26/10/2010".**

Outrossim, é vedado o pagamento de qualquer antecipação ou distribuição de valores a título de participação nos lucros ou resultados da empresa em mais de 2 (duas) vezes no mesmo ano civil e em periodicidade inferior a 1 (um) trimestre civil (Lei 12.832/2013).

Ou seja, se os ditames da Lei 10.101/2000 forem desrespeitados, a quantia paga a título de participação nos lucros da empresa comporá o salário de contribuição.

De acordo com o STF, até o advento da Medida Provisória 794/1994, convertida na Lei 10.101/2000, havia a incidência de contribuição previdenciária sobre a participação nos lucros, vez que a aludida medida provisória teria estabelecido hipótese de isenção e não de não incidência, razão pela qual não poderia abranger período pretérito[23].

22. Passagem do Informativo 453.

23. RE 569441/RS, rel. orig. Min. Dias Toffoli, red. p/ o acórdão Min. Teori Zavascki, 30.10.2014.

L) O **abono** do Programa de Integração Social--**PIS** e do Programa de Assistência ao Servidor Público-**PASEP**;

M) Os valores correspondentes a transporte, alimentação e habitação fornecidos pela empresa ao empregado contratado para trabalhar em localidade distante da de sua residência, em canteiro de obras ou local que, por força da atividade, exija deslocamento e estada, observadas as normas de proteção estabelecidas pelo Ministério do Trabalho;

Isso porque as referidas parcelas não se destinam a remunerar o trabalho, sendo gastos extraordinários da empresa em razão do labor prestado em local distante.

**Dica importante:**

Em vários casos abaixo, o legislador valeu-se da seguinte premissa: se a parcela paga é extensível a todos os empregados e dirigentes da empresa, não irá compor o salário de contribuição. Caso limitada a alguns, *a contrario sensu*, irá integrar o salário de contribuição, pois será uma remuneração disfarçada.

N) A importância paga ao empregado a título de **complementação ao valor do auxílio-doença, desde que este direito seja extensivo à totalidade dos empregados da empresa**;

É que, de acordo com o artigo 63, parágrafo único, da Lei 8.213/91, a empresa que garantir ao segurado licença remunerada ficará obrigada a pagar-lhe durante o período de auxílio-doença a eventual diferença entre o valor deste e a importância garantida pela licença.

O) As parcelas destinadas à assistência ao trabalhador da agroindústria canavieira, de que trata o art. 36[24] da Lei nº 4.870, de 1º de dezembro de 1965;

No entanto, essa parcela foi extinta desde o advento da Lei 12.865/2013, que expressamente revogou o artigo 36 da Lei 4.870/65.

P) O valor das **contribuições efetivamente pago pela pessoa jurídica relativo a programa de previdência complementar**, aberto ou fechado, desde que **disponível à totalidade de seus empregados e dirigentes**, observados, no que couber, os arts. 9º e 468 da CLT;

Trata-se do patrocínio promovido voluntariamente pela empresa em favor dos seus empregados e dirigentes para entidade de previdência privada. De acordo com a Lei Complementar 109/2001[25], a normatização atual determina que esse direito seja oferecido pela empresa em favor de todos os seus empregados e dirigentes, sem restrições.

Q) O valor relativo à assistência prestada por serviço médico ou odontológico, próprio da empresa ou por ela conveniado, inclusive o reembolso de despesas com medicamentos, óculos, aparelhos ortopédicos, próteses, órteses, despesas médico-hospitalares e outras similares;

Com o advento da Lei 13.467/2017, foram inseridos no texto as próteses e órteses, assim como foi retirada a necessidade de que a cobertura abranja a totalidade dos empregados e dirigentes da empresa para a exclusão do salário de contribuição.

De acordo com o STJ, "**não incide contribuição social sobre o valor dos medicamentos adquiridos pelo empregado e pagos pelo empregador ao estabelecimento comercial de forma direta, mesmo que o montante não conste na folha de pagamento.** De fato, o art. 28, § 9º, **q**, da Lei 8.212/1991 estabelece que não integra o salário de contribuição "o valor relativo à assistência prestada por serviço médico ou odontológico, próprio da empresa ou por ela conveniado, inclusive o reembolso de despesas com medicamentos, óculos, aparelhos ortopédicos, despesas médico-hospitalares e outras similares, desde que a cobertura abranja a totalidade dos empregados e dirigentes da empresa". Ademais, embora não conste na folha de pagamento, trata-se em verdade de forma de reembolso dos valores despendidos pelos empregados com medicamentos, sendo que esse sistema apenas evita etapas do moroso procedimento interno de reembolso via folha de pagamento que, com certeza, seria prejudicial ao empregado" (REsp 1.430.043-PR, **Rel. Min. Mauro Campbell Marques, julgado em 25/2/2014).**

R) O valor correspondente a vestuários, equipamentos e outros acessórios fornecidos ao empregado e utilizados no local do trabalho para prestação dos respectivos serviços;

---

**24.** Art. 36. Ficam os produtores de cana, açúcar e álcool obrigados a aplicar, em benefício dos trabalhadores industriais e agrícolas das usinas, destilarias e fornecedores, em serviços de **assistências médica, hospitalar, farmacêutica e social**, importância correspondente no mínimo, às seguintes percentagens:

a) de 1% (um por cento) sôbre preço oficial de saco de açúcar de 60 (sessenta) quilos, de qualquer tipo, revogado o disposto no art. 8º do Decreto-lei nº 9.827, de 10 de setembro de 1946;

b) de 1% (um por cento) sôbre o valor oficial da tonelada de cana entregue, a qualquer título, às usinas, destilarias anexas ou autônomas, pelos fornecedores ou lavradores da referida matéria;

c) de 2% (dois por cento) sôbre o valor oficial do litro de álcool de qualquer tipo produzido nas destilarias.

**25.** Art. 16. Os planos de benefícios devem ser, obrigatoriamente, oferecidos a todos os empregados dos patrocinadores ou associados dos instituidores.

§ 1º Para os efeitos desta Lei Complementar, são equiparáveis aos empregados e associados a que se refere o *caput* os gerentes, diretores, conselheiros ocupantes de cargo eletivo e outros dirigentes de patrocinadores e instituidores.

§ 2º É facultativa a adesão aos planos a que se refere o *caput* deste artigo.

S) O ressarcimento de despesas pelo uso de veículo do empregado **e o reembolso creche pago em conformidade com a legislação trabalhista, observado o limite máximo de seis anos de idade**, quando devidamente comprovadas as despesas realizadas;

Todavia, a Emenda Constitucional 53/2006 alterou o artigo 7º, XXV, da Constituição, reduzindo a idade da assistência gratuita para os filhos para até 05 anos de idade, havendo controvérsia sobre a recepção desta hipótese que ainda prevê a idade de até 06 anos.

> Vale ressaltar que, na forma da Súmula 310, do STJ, "o auxílio--creche não integra o salário de contribuição".

T) O valor relativo a **plano educacional, ou bolsa de estudo,** que vise à educação básica[26] de **empregados e seus dependentes** e, desde que vinculada às atividades desenvolvidas pela empresa, à educação profissional e tecnológica de empregados, nos termos da Lei 9.394, de 20 de dezembro de 1996, desde que não seja utilizado em substituição de parcela salarial.

> Este dispositivo da Lei 8.212/91 (artigo 28, §9º, letra T) teve a sua redação alterada pela Lei 12.513/2011, pois, para ser excluído da composição do salário de contribuição, o valor mensal do plano educacional ou bolsa de estudo, considerado individualmente, não poderá agora ultrapassar a 5% da remuneração do segurado a que se destina ou o valor correspondente a uma vez e meia o valor do limite mínimo mensal do salário de contribuição, **valendo o que for maior.**

Antes da Lei 12.513/2011, não existia um valor máximo das despesas com o plano educacional para a sua exclusão do cômputo do salário de contribuição, bastando que não fosse utilizado como substituição de parcela salarial e acessível a todos os empregados e dirigentes da empresa.

> Logo, atualmente não mais se exige que o plano educacional ou a bolsa de estudo seja acessível a todos os empregados e dirigentes da empresa para a exclusão dos seus valores do salário de contribuição.

Ademais, com o novo regramento, passou a ser previsto expressamente que as referidas despesas educacionais também podem aproveitar os dependentes dos segurados. Outrossim, também as despesas com as **bolsas de estudo** passaram a ser excluídas da composição do salário de contribuição, observadas as exigências acima referidas, vez que anteriormente eram previstos apenas os gastos com o plano educacional.

U) A importância recebida a título de **bolsa de aprendizagem** garantida ao adolescente até quatorze anos de idade, de acordo com o disposto no art. 64 da Lei nº 8.069, de 13 de julho de 1990;

Esta disposição que consta no artigo 28, §9º, letra U, da Lei 8.212/91, está em desacordo com a Emenda 20/1998, pois a idade mínima do menor aprendiz passou dos 12 para os 14 anos de idade, de acordo com a atual redação do artigo 7º, XXXIII, da Constituição. É que, antigamente, era assegurada bolsa de aprendizagem ao adolescente até quatorze anos de idade.

V) Os valores recebidos em decorrência da cessão de **direitos autorais**;

Nem mesmo sobre a receita dos direitos autorais haverá a incidência de contribuição previdenciária, pois a sua natureza jurídica revela um direito real e da personalidade simultaneamente.

W) O valor da multa prevista no § 8º do art. 477 da CLT (inobservância do prazo legal para o pagamento das verbas rescisórias);

X) O valor correspondente ao vale-cultura[27];

Y) os prêmios e os abonos.

Por força da Lei 13.467/2017, os prêmios não sofrerão a incidência da contribuição previdenciária, o que não constitui nenhuma novidade.

Outrossim, não haverá a incidência de contribuição previdenciária sobre abonos. Os eventuais já não havia a incidência de contribuição previdenciária, sendo a novidade a não incidência de contribuição mesmo em abono habituais percebidos pelo empregado.

Isso porque, com a mudança do artigo 457 da CLT pela reforma trabalhista, os abonos mesmo que habituais não mais integram o salário do empregado, que a partir de agora é formado apenas pela importância fixa estipulada, as gratificações legais e de função e as comissões pagas pelo empregador.

Z) bolsa-atleta

Outrossim, também não incide contribuição sobre os valores recebidos a título de bolsa-atleta, em conformidade com a Lei no 10.891, de 9 de julho de 2004, por força da Lei 13.756/2018.

Trata-se de verba INDENIZATÓRIA destinada prioritariamente aos atletas praticantes do esporte de alto rendimento em modalidades olímpicas e paraolímpicas.

O rol acima referenciado é meramente **exemplificativo**, podendo ser composto por outras parcelas indenizatórias não previstas no artigo 28, §9º, da Lei 8.212/91, pois a legislação não teria como prever todas

---

**26.** A educação básica abarca o ensino infantil, fundamental e médio.

**27.** Nos termos da Lei 12.761/2012, fica criado o vale-cultura, de caráter pessoal e intransferível, válido em todo o território nacional, para acesso e fruição de produtos e serviços culturais, no âmbito do Programa de Cultura do Trabalhador, no valor mensal de R$ 50,00.

as parcelas de cunho indenizatório percebidas pelos segurados.

De acordo com a Secretaria da Receita Federal do Brasil, não integram a base de cálculo da contribuição previdenciária da empresa os valores pagos aos serviços notariais e de registro (cartórios), judiciais e extrajudiciais, pelos atos por estes realizados, contudo, tais valores integram a base de cálculo da contribuição do respectivo titular quando enquadrado no RGPS como contribuinte individual. (Instrução Normativa RFB nº 1.453, de 24 de fevereiro de 2014).

Por fim, de acordo com o STJ, a parcela prevista no artigo 60, §3º[28], da Lei 8.213/91, que determina que a empresa arque com os primeiros quinze dias de "salário" do empregado incapaz para o exercício do seu trabalho habitual possui natureza indenizatória, não devendo incidir contribuição previdenciária (passagem do julgamento do Recurso Especial 1.230.957, de 26/02/2014):

> "**2.3 Importância paga nos quinze dias que antecedem o auxílio-doença.**
>
> No que se refere ao segurado empregado, durante os primeiros quinze dias consecutivos ao do afastamento da atividade por motivo de doença, incumbe ao empregador efetuar o pagamento do seu salário integral (art. 60, § 3º, da Lei 8.213/91 com redação dada pela Lei 9.876/99). Não obstante nesse período haja o pagamento efetuado pelo empregador, a importância paga não é destinada a retribuir o trabalho, sobretudo porque no intervalo dos quinze dias consecutivos ocorre a interrupção do contrato de trabalho, ou seja, nenhum serviço é prestado pelo empregado. Nesse contexto, a orientação das Turmas que integram a Primeira Seção/STJ firmou-se no sentido de que sobre a importância paga pelo empregador ao empregado durante os primeiros quinze dias de afastamento por motivo de doença não incide a contribuição previdenciária, por não se enquadrar na hipótese de incidência da exação, que exige verba de natureza remuneratória. Nesse sentido: AgRg no REsp 1.100.424/PR, 2ª Turma, Rel. Min. Herman Benjamin, DJe 18.3.2010; AgRg no REsp 1074103/SP, 2ª Turma, Rel. Min. Castro Meira, DJe 16.4.2009; AgRg no REsp 957.719/SC, 1ª Turma, Rel. Min. Luiz Fux, DJe 2.12.2009; REsp 836.531/SC, 1ª Turma, Rel. Min. Teori Albino Zavascki, DJ de 17.8.2006".

Esta obrigação legal da empresa chegou a ser elevada para trinta dias por força da MP 664/2014, mas a Lei 13.135/2015 restabeleceu a obrigação de a empresa pagar o "salário" do empregado incapaz por apenas quinze dias.

| Parcelas excluídas da composição do salário de contribuição Presumidas por lei como indenizatórias |
|---|
| – Os benefícios da previdência social, exceto o salário-maternidade, nos termos e limites legais. |
| – As ajudas de custo e o adicional mensal recebidos pelo aeronauta nos termos da Lei nº 5.929, de 30 de outubro de 1973 (hipóteses de transferência provisória ou permanente). |
| – A parcela "in natura" recebida de acordo com os programas de alimentação aprovados pelo extinto Ministério do Trabalho (Programa de Alimentação do Trabalhador). |
| – As importâncias recebidas a guisa de aviso prévio indenizado, férias e terço indenizados, licença-prêmio indenizada, incentivo à demissão e multa de 40% sobre o FGTS. |
| – As importâncias referentes aos ganhos eventuais e os abonos expressamente desvinculados do salário; indenização por tempo de serviço, anterior a 05 de outubro de 1988, do empregado não optante pelo Fundo de Garantia do Tempo de Serviço. |
| – A parcela recebida a título de vale-transporte, na forma da legislação própria. |
| – A ajuda de custo, recebida exclusivamente em decorrência de mudança de local de trabalho do empregado, na forma do art. 470 da CLT. |
| – As diárias para viagens. |
| – A importância recebida a título de bolsa de complementação educacional de estagiário para de acordo com a Lei 11.788/2008. |
| – A participação nos lucros ou resultados da empresa, quando paga ou creditada de acordo com lei específica (Lei 10.101/2000). |
| – O abono do Programa de Integração Social-PIS e do Programa de Assistência ao Servidor Público-PASEP. |
| – Os valores correspondentes a transporte, alimentação e habitação fornecidos pela empresa ao empregado contratado para trabalhar em localidade distante da de sua residência, em canteiro de obras ou local que, por força da atividade, exija deslocamento e estada, observadas as normas de proteção estabelecidas pelo extinto Ministério do Trabalho. |
| – A importância paga ao empregado a título de complementação ao valor do auxílio-doença, desde que este direito seja extensivo à totalidade dos empregados da empresa. |
| – As parcelas destinadas à assistência ao trabalhador da agroindústria canavieira, de que trata o art. 36 da Lei nº 4.870, de 1º de dezembro de 1965. |
| – O valor das contribuições efetivamente pago pela pessoa jurídica relativo a programa de previdência complementar, aberto ou fechado, desde que disponível à totalidade de seus empregados e dirigentes. |

**28.** § 3º Durante os primeiros trinta dias consecutivos ao do afastamento da atividade por motivo de doença ou de acidente de trabalho ou de qualquer natureza, caberá à empresa pagar ao segurado empregado o seu salário integral.

| **Parcelas excluídas da composição do salário de contribuição Presumidas por lei como indenizatórias** |
|---|
| – o valor relativo a plano educacional, ou bolsa de estudo, que vise à educação básica de empregados e seus dependentes e, desde que vinculada às atividades desenvolvidas pela empresa, à educação profissional e tecnológica de empregados, nos termos da Lei no 9.394, de 20 de dezembro de 1996, desde que não seja utilizado em substituição de parcela salarial e que o valor mensal do plano educacional ou bolsa de estudo, considerado individualmente, não ultrapasse 5% (cinco por cento) da remuneração do segurado a que se destina ou o valor correspondente a uma vez e meia o valor do limite mínimo mensal do salário-de-contribuição, o que for maior. |
| – O valor correspondente a vestuários, equipamentos e outros acessórios fornecidos ao empregado e utilizados no local do trabalho para prestação dos respectivos serviços. |
| – O ressarcimento de despesas pelo uso de veículo do empregado e o reembolso creche pago em conformidade com a legislação trabalhista, observado o limite máximo de seis anos de idade, quando devidamente comprovadas as despesas realizadas. |
| – O valor relativo à assistência prestada por serviço médico ou odontológico, próprio da empresa ou por ela conveniado, inclusive o reembolso de despesas com medicamentos, óculos, aparelhos ortopédicos, próteses, órteses, despesas médico-hospitalares e outras similares. |

| **Parcelas excluídas da composição do salário de contribuição Presumidas por lei como indenizatórias** |
|---|
| – A importância recebida a título de bolsa de aprendizagem garantida ao adolescente até quatorze anos de idade, de acordo com o disposto no art. 64 da Lei nº 8.069, de 13 de julho de 1990. |
| – Os valores recebidos em decorrência da cessão de direitos autorais. |
| – O valor da multa prevista no § 8º do art. 477 da CLT (inobservância do prazo legal para o pagamento das verbas rescisórias). |
| – O valor correspondente ao vale-cultura. |
| – Abonos e prêmios. |
| – Bolsa-atleta. |

| **Parcelas excluídas da composição do salário de contribuiçãopela jurisprudência do Superior Tribunal de Justiça ou STF** |
|---|
| – Aviso prévio indenizado; |
| – Transporte pago em dinheiro; |
| – "Salário" para pela empresa pelos primeiros 15 (quinze) dias de afastamento do empregado incapaz para o trabalho. |

CAPÍTULO II

# CONTRIBUIÇÕES PREVIDENCIÁRIAS

**Sumário** • **1.** Introdução – **2.** Natureza jurídica – **3.** Aspecto material e temporal do fato gerador – **4.** Contribuições previdenciárias dos trabalhadores e demais segurados do RGPS – **5.** Contribuições previdenciárias da empresa e do equiparado a empresa – **6.** Contribuição previdenciária do empregador doméstico – **7.** Contribuições previdenciárias substitutivas da parte patronal – **8.** Substituição da contribuição previdenciária sobre as remunerações pela contribuição sobre a receita ou faturamento das empresas – **9.** Arrecadação – **10.** Parcelamento – **11.** Encargos decorrentes do atraso no pagamento – **12.** A retenção feita pelo contratante de serviços de cessão de mão de obra – **13.** Hipóteses de responsabilização solidária – **14.** Restituição e compensação das contribuições previdenciárias – **15.** Certidão negativa de débito – **16.** Obrigações acessórias da empresa – **17.** Das infrações administrativas – **18.** Códigos de receita de contribuição previdenciária (GPS).

## 1. INTRODUÇÃO

As contribuições previdenciárias constituem modalidade de contribuição para o custeio da seguridade social, afetadas ao pagamento dos benefícios do Regime Geral de Previdência Social, conforme determina o artigo 167, inciso XI[1], da CRFB.

De efeito, o pagamento das contribuições previdenciárias provém de duas fontes constitucionais:

1) **do trabalhador e demais segurados da previdência social,** podendo ser adotadas alíquotas progressivas de acordo com o valor do salário de contribuição, não incidindo contribuição sobre as aposentadorias e pensões do RGPS (imunidade tributária), na forma do artigo 195, inciso II, da CRFB;
2) **do empregador, da empresa e da entidade equiparada na forma da lei**, incidente sobre a folha de salários, e demais rendimentos do trabalho pagos ou creditados, a qualquer título, à pessoa física que lhe preste serviço, mesmo sem vínculo empregatício, consoante previsão do artigo 195, inciso I, "a", da CRFB.

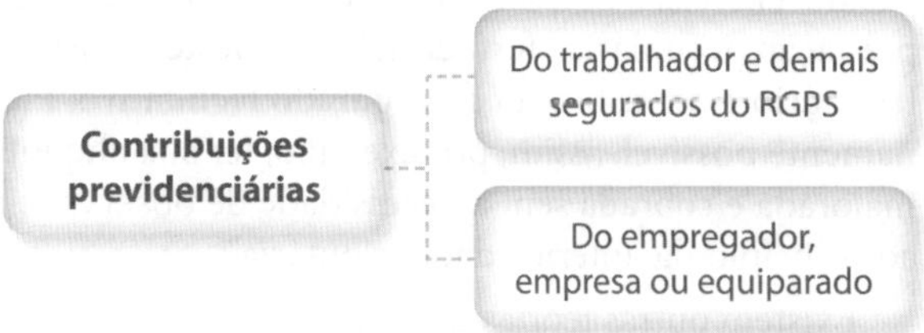


Esses recursos ingressarão no fundo previsto no artigo 250, da CRFB[2], instituído pelo artigo 68, da Lei Complementar 101/2000, sendo denominado de **Fundo do Regime Geral de Previdência Social**, vinculado ao Ministério da Previdência Social e gerido pelo INSS, com a finalidade de prover recursos para o pagamento dos benefícios desse regime previdenciário.

Ressalte-se que a União é a responsável pelo complemento dos recursos financeiros para o pagamento dos benefícios previdenciários do RGPS, na hipótese de insuficiência de fundos[3].

## 2. NATUREZA JURÍDICA

Conforme visto no Capítulo 02, do Título I, desta obra, é prevalente na doutrina a natureza tributária das contribuições para a seguridade social, entendimento

**1.** Art. 167. São vedados: XI – a utilização dos recursos provenientes das contribuições sociais de que trata o art. 195, I, a, e II, para a realização de despesas distintas do pagamento de benefícios do regime geral de previdência social de que trata o art. 201.

**2.** Art. 250. Com o objetivo de assegurar recursos para o pagamento dos benefícios concedidos pelo regime geral de previdência social, em adição aos recursos de sua arrecadação, a União poderá constituir fundo integrado por bens, direitos e ativos de qualquer natureza, mediante lei que disporá sobre a natureza e administração desse fundo.

**3.** Artigo 16, parágrafo único, da Lei 8.212/91.

ratificado pelo Supremo Tribunal Federal em inúmeros julgados, sendo esta a posição adotada neste trabalho.

Entrementes, **é cabível uma ressalva no que concerne à *contribuição previdenciária dos segurados facultativos*, pois se entende pela sua *natureza não fiscal*, tendo em conta o seu caráter facultativo.**

Com propriedade, a filiação ao RGPS é apenas compulsória aos trabalhadores em geral, sendo facultativa às pessoas naturais que não desenvolvem atividade laborativa remunerada, consoante permissivo do artigo 13, da Lei 8.213/91, a exemplo do estagiário que exerce as suas atividades conforme a legislação de regência[4].

Logo, a contribuição previdenciária do segurado facultativo não se amolda à definição de tributo contida no artigo 3º, do CTN[5], haja vista a sua natureza não compulsória, pois a filiação desse segurado é mera faculdade legal a fim de não excluir da proteção previdenciária as pessoas que não estão trabalhando por qualquer motivo e desejam gozar da sua tutela.

Trata-se de questão de grande importância prática, vez que, não sendo tributo, resta afastado todo o regime jurídico tributário para regular as contribuições previdenciárias em questão.

Sobre o tema, esse também é o sentir do colega procurador federal Hermes Arrais Alencar, para quem, "tendo em vista a ausência da 'compulsoriedade' da prestação pecuniária ofertada, não se reveste de caráter tributário a contribuição do segurado facultativo. Plenamente possível, assim, por exemplo, ter sua alíquota majorada e cobrada sem a necessidade de observância ao princípio da anterioridade tributária"[6].

Existem outras teorias que buscam explicar a natureza jurídica não tributária das contribuições previdenciárias, que podem ser assim sintetizadas:

A) **Teoria do Prêmio de Seguro** – Coloca a contribuição previdenciária como um prêmio pago pelo segurado à seguradora, em razão da ocorrência de um infortúnio, similarmente ao que ocorre na esfera do Direito Civil.

Rejeita-se esta Teoria no regime previdenciário brasileiro em razão das peculiaridades que marcam a previdência social, notadamente o RGPS, em que a filiação é obrigatória aos trabalhadores em geral, existindo um regime jurídico de direito público.

Ademais, o objetivo de um tradicional contrato de seguro é bastante restrito, sendo a relação previdenciária decorrente de lei, com o amplo objetivo de proteger os segurados e seus dependentes dos riscos sociais previstos em lei.

B) **Teoria do Salário Diferido** – Caracteriza a contribuição previdenciária como uma parte do salário do trabalhador guardado para o futuro, quando concretizado um risco social que gere a concessão de um benefício ou serviço.

Esta Teoria não se adéqua ao regime previdenciário brasileiro, pois existem inúmeros segurados que trabalham por conta própria e não recebem remuneração de empresa.

Ademais, acaba confundindo a relação de trabalho entre a empresa e o empregado com a previdenciária, que se opera entre o segurado e a entidade previdenciária, vínculos que são independentes, embora muitas vezes conexos.

C) **Teoria do Salário Social** – Insere a contribuição previdenciária como uma contraprestação devida pela sociedade ao trabalhador, um salário socializado, em decorrência do contrato de trabalho.

Para afastar esta Teoria valem as mesmas críticas à Teoria do Salário Diferido.

D) **Teoria da Exação *Sui Generis*** – Enquadra a contribuição previdenciária como uma exação determinada por lei com regime jurídico diferenciado, não se inserindo em nenhuma outra categoria fiscal ou não tributária existente.

**Conforme dito, entende-se pela natureza tributária das contribuições previdenciárias – exceto as pagas pelos segurados facultativos – dentro da categoria das contribuições sociais, pois se amoldam ao conceito de tributo fixado pelo artigo 3º, do CTN.**

Vale colacionar julgado que resume o entendimento remansoso do STF a respeito:

> "EMENTA: PRESCRIÇÃO E DECADÊNCIA TRIBUTÁRIAS. MATÉRIAS RESERVADAS A LEI COMPLEMENTAR. DISCIPLINA NO CÓDIGO TRIBUTÁRIO NACIONAL. NATUREZA TRIBUTÁRIA DAS CONTRIBUIÇÕES PARA A SEGURIDADE SOCIAL. INCONSTITUCIONALIDADE DOS ARTS. 45 E 46 DA LEI 8.212/91 E DO PARÁGRAFO ÚNICO DO ART. 5º DO DECRETO-LEI 1.569/77. RECURSO EXTRAORDINÁRIO NÃO PROVIDO. MODULAÇÃO DOS EFEITOS DA DECLARAÇÃO DE INCONSTITUCIONALIDADE. I. PRESCRIÇÃO E DECADÊNCIA TRIBUTÁRIAS. RESERVA DE LEI COMPLEMENTAR. As normas relativas à prescrição e à decadência tributárias têm natureza de normas gerais de direito tributário, cuja disciplina é reservada a lei complementar, tanto sob a Constituição pretérita (art. 18, § 1º, da CF de 1967/69) quanto sob a Constituição atual (art. 146, b, III, da CF de 1988). Interpretação que preserva a força normativa da Constituição, que prevê disciplina homogênea, em âmbito nacional, da prescrição, decadência, obrigação

4. Lei 11.788/2008.

5. Art. 3º Tributo é toda prestação pecuniária compulsória, em moeda ou cujo valor nela se possa exprimir, que não constitua sanção de ato ilícito, instituída em lei e cobrada mediante atividade administrativa plenamente vinculada.

6. Benefícios Previdenciários, p. 215, 4ª edição, Ed. Leud.

e crédito tributários. Permitir regulação distinta sobre esses temas, pelos diversos entes da federação, implicaria prejuízo à vedação de tratamento desigual entre contribuintes em situação equivalente e à segurança jurídica. II. DISCIPLINA PREVISTA NO CÓDIGO TRIBUTÁRIO NACIONAL. O Código Tributário Nacional (Lei 5.172/1966), promulgado como lei ordinária e recebido como lei complementar pelas Constituições de 1967/69 e 1988, disciplina a prescrição e a decadência tributárias. **III. NATUREZA TRIBUTÁRIA DAS CONTRIBUIÇÕES. As contribuições, inclusive as previdenciárias, têm natureza tributária e se submetem ao regime jurídico-tributário previsto na Constituição. Interpretação do art. 149 da CF de 1988. Precedentes** ..." (RE 556.664, de 12.06.2008).

De arremate, vale frisar que existem autores que colocam as contribuições previdenciárias em uma nova categoria tributária em razão de suas especificidades.

## 3. ASPECTO MATERIAL E TEMPORAL DO FATO GERADOR

De acordo com artigo 43, §2º, da Lei 8.212/91, inserido pela Lei 11.941/2009, artigo que trata das contribuições previdenciárias a serem arrecadadas na Justiça do Trabalho, **considera-se ocorrido o fato gerador das contribuições sociais na data da prestação do serviço.**

Assim sendo, se ainda havia qualquer dúvida acerca do momento da ocorrência do fato gerador em concreto das contribuições previdenciárias patronais e dos trabalhadores em geral, agora é indene de dúvida que **a hipótese de incidência tributária se realiza na data da prestação do serviço, e não do seu pagamento ou de outro marco qualquer**.

O que ocorre é que a legislação previdenciária concede um prazo para o pagamento da contribuição previdenciária, após o nascimento da obrigação tributária verificado na data da prestação do serviço, normalmente no mês subsequente ao da respectiva competência.

Nesse sentido, "a jurisprudência do STJ é firme no sentido de que as contribuições previdenciárias incidentes sobre remuneração dos empregados, em razão dos serviços prestados, devem ser recolhidas pelas empresas no mês seguinte ao efetivamente trabalhado, e não no mês subseqüente ao pagamento"[7].

Assim sendo, o ***aspecto material*** da hipótese de incidência das contribuições previdenciárias é a prestação do serviço remunerado pelos trabalhadores (exceto para os segurados facultativos), enquanto o ***aspecto temporal*** se realiza na data da prestação da atividade, apuradas mês a mês, concedendo-se um prazo para pagamento.

Na forma do entendimento do STF, "**aplica-se à tributação da pessoa jurídica, para as contribuições destinadas ao custeio da seguridade social, calculadas com base na remuneração, o regime de competência. Assim, o tributo incide no momento em que surge a obrigação legal de pagamento, independentemente se este irá ocorrer em oportunidade posterior.**" (RE 419.612-AgR, Rel. Min. Joaquim Barbosa, julgamento em 1º-3-2011, Segunda Turma, *DJE* de 6-4-2011).

De acordo com a Secretaria da Receita Federal do Brasil, constitui fato gerador da obrigação previdenciária principal[8]:

I - em relação ao **segurado empregado, empregado doméstico, trabalhador avulso e contribuinte individual**, o exercício de atividade remunerada; (Regulamento da Previdência Social, de 1999, art. 9º, § 12)

II - em relação ao **empregador doméstico**, a prestação de serviços pelo segurado empregado doméstico, a título oneroso;

III - em relação à **empresa ou ao equiparado à empresa**:

a) a prestação de serviços remunerados realizados por segurado empregado, trabalhador avulso e contribuinte individual; (Lei nº 8.212, de 1991, art. 22, caput, incisos I e III; e Regulamento da Previdência Social, de 1999, art. 201, caput, incisos I e II)

b) a comercialização da produção rural própria, se produtor rural pessoa jurídica, ou a comercialização da produção própria ou da produção própria e da adquirida de terceiros, se agroindústria, observado o disposto nos incisos II e III do caput do art. 147; (Lei nº 8.212, de 1991, art. 22-A; Lei nº 8.870, de 15 de abril de 1994, art. 25; e Regulamento da Previdência Social, de 1999, art. 201, caput, inciso IV, e art. 201-A)

c) a realização de espetáculo desportivo gerador de receita, no território nacional, se associação desportiva que mantém equipe de futebol profissional; e (Lei nº 8.212, de 1991, art. 22, §§ 6º e 7º; e Regulamento da Previdência Social, de 1999, art. 205, caput e § 1º)

d) o licenciamento de uso de marcas e símbolos, patrocínio, publicidade, propaganda e transmissão de espetáculos desportivos, a título oneroso, se associação desportiva que mantém equipe de futebol profissional, inclusive a cessão de direitos de uso de denominações, marcas, emblemas, hinos ou símbolos para divulgação e execução de concurso de prognóstico citados na Lei nº 11.345, de 14 de setembro de 2006; (Lei nº 8.212, de 1991, art. 22, § 6º e 9º; e Regulamento da Previdência Social, de 1999, art. 205, caput e § 3º)

IV - em relação ao segurado especial e ao produtor rural pessoa física, a comercialização da sua produção rural, na

7. REsp 712.185, de 01.09.2009.

8. Artigo 28, da Instrução Normativa RFB 2.110/2022.

forma do art. 147; e (Lei nº 8.212, de 1991, art. 25, caput, incisos I e II; e Regulamento da Previdência Social, de 1999, art. 200, caput, incisos I e II)

V - em relação à obra de construção civil de responsabilidade de pessoa física, a prestação de serviços remunerados por segurados que edificam a obra. (Lei nº 8.212, de 1991, art. 15, parágrafo único, e art. 22, caput, incisos I e III; e Regulamento da Previdência Social, de 1999, art. 12, parágrafo único, inciso IV, e art. 201, caput, incisos I e II)

Todos estes casos serão vistos detalhadamente neste Capítulo V, nos tópicos seguintes.

## 4. CONTRIBUIÇÕES PREVIDENCIÁRIAS DOS TRABALHADORES E DEMAIS SEGURADOS DO RGPS

A contribuição previdenciária dos trabalhadores incidirá sobre o salário de contribuição, este considerado como a base de cálculo para o recolhimento do tributo, *exceto para o segurado especial*, pois neste caso a sua contribuição incidirá sobre a receita decorrente da comercialização dos seus produtos, sendo descabido se falar em salário de contribuição nesta hipótese.

Insta lembrar que o salário de contribuição terá como *limite mínimo* o piso salarial, legal ou normativo da categoria ou, inexistindo este, o salário mínimo, e como *teto* a quantia de R$ 7.507,49 (teto 2023), pois atualizada ou majorada anualmente a quantia de R$ 2.400,00, fixada pela Emenda 41/2003.

**Destaque-se que os segurados deverão estar matriculados mediante a sua inscrição, recebendo um NIT – Número de Identificação do Trabalhador perante a Previdência Social.** A inscrição dos segurados contribuinte individual, empregado doméstico, segurado especial e facultativo no NIT será feita uma única vez e deverá ser utilizada para o recolhimento de suas contribuições. Após a cessação das atividades, os segurados contribuinte individual, empregado doméstico ou segurado especial deverão solicitar a suspensão de suas inscrições no NIT, nos termos do artigo 18 da IN RFB 2.110/2022.

Vale frisar que, por força do Princípio da Solidariedade e da regra do artigo 12, §4º, da Lei 8.212/91, **o aposentado pelo Regime Geral de Previdência Social que estiver exercendo ou que voltar a exercer atividade abrangida por este Regime é segurado obrigatório em relação a essa atividade**, ficando sujeito às contribuições previdenciárias para fins de custeio da Seguridade Social, mesmo sem poder gozar de nova aposentadoria neste regime previdenciário.

Essa regra é constitucional de acordo com o posicionamento do STF:

"**RE 447923 AgR-segundo/RS** – RIO GRANDE DO SUL SEGUNDO AG.REG. NO RECURSO EXTRAORDINÁRIO Relator(a): Min. CELSO DE MELLO Julgamento: 26/05/2017 Órgão Julgador: Segunda Turma. E M E N T A: RECURSO EXTRAORDINÁRIO – **EXIGIBILIDADE DA CONTRIBUIÇÃO PREVIDENCIÁRIA DO TRABALHADOR APOSENTADO QUE RETORNA À ATIVIDADE (LEI Nº 8.212/91, ART. 12, § 4º, NA REDAÇÃO DADA PELA LEI Nº 9.032/95) – CONSTITUCIONALIDADE – DECISÃO QUE SE AJUSTA À JURISPRUDÊNCIA PREVALECENTE NO SUPREMO TRIBUNAL FEDERAL** – CONSEQUENTE INVIABILIDADE DO RECURSO QUE A IMPUGNA – SUBSISTÊNCIA DOS FUNDAMENTOS QUE DÃO SUPORTE À DECISÃO RECORRIDA – AGRAVO INTERNO IMPROVIDO".

**STF - Tese em repercussão geral:** É constitucional a contribuição previdenciária devida por aposentado pelo Regime Geral de Previdência Social (RGPS) que permaneça em atividade ou a essa retorne (ARE) 1224327/2019.

### 4.1. Empregado, trabalhador avulso e empregado doméstico

Na forma do quanto previsto no artigo 20, da Lei 8.212/91, a contribuição previdenciária desses segurados tinha *alíquotas progressivas*, que variavam em faixas de acordo com o salário de contribuição, *de forma não cumulativa*, conforme a seguinte tabela com valores atualizados para o ano de **2020:**

| Salário-de-contribuição (R$) | Alíquota para fins de recolhimento ao INSS Até FEVEREIRO/2020 |
|---|---|
| até 1.830,29 | 8% |
| de 1.830,30 até 3.050,52 | 9% |
| de 3.050,53 até 6.101,06 | 11% |

Sucede que o artigo 28 da Emenda 103/2019 modificou a sistemática de contribuição previdenciária dos segurados empregados, trabalhadores avulsos e empregados domésticos, de modo que **o artigo 20 da Lei 8.212/91 não foi recebido pela Reforma Constitucional.**

Dessa forma, respeitado o Princípio da Anterioridade Nonagesimal nas situações em que houver elevação da carga tributária (para os maiores salários de contribuição), restaram abandonadas as alíquotas lineares de 8%, 9% e 11% do salário de contribuição, limitadas ao teto do RGPS.

O cálculo do valor das contribuições previdenciárias desses segurados deverá ser feito em faixas (valores 2020):

| Salário-de-contribuição (R$) | Alíquota para fins de recolhimento ao INSS<br>A PARTIR DE MARÇO/2020 |
|---|---|
| até 1.045,00 | 7,5% |
| de 1.045,01 até 2.089,60 | 9% |
| de 2.089,61 até 3.134,40 | 12% |
| de 3.134,41 até 6.101,06 | 14% |

Dessa forma, o segurado empregado, trabalhador avulso ou empregado doméstico que possui salário de contribuição de **1 salário mínimo** teve **redução de 0,5% na alíquota**, caindo de 8% para 7,5% desde março de 2020.

Já o segurado que recolhe sobre teto do salário de contribuição teve aumento de contribuição previdenciária comparando o cenário anterior com o atual desde a competência março de 2020.

A vigência do artigo 28 da EC 103/2019 foi fixada em **1/3/2020** pelo artigo 36 da Emenda Constitucional 103/2019.

Os valores das faixas serão reajustados anualmente pelo INPC, nos termos do artigo 41-A da Lei 8.213/91, respeitada a faixa mínima de um salário mínimo.

**Eis a tabela atualizada para o exercício de 2023:**

TABELA DE CONTRIBUIÇÃO DOS SEGURADOS EMPREGADO, EMPREGADO DOMÉSTICO E TRABALHADOR AVULSO, PARA PAGAMENTO DE REMUNERAÇÃO A PARTIR DE 1º DE JANEIRO DE 2023

| SALÁRIO-DE-CONTRIBUIÇÃO (R$) | ALÍQUOTA PROGRESSIVA PARA FINS DE RECOLHIMENTO AO INSS |
|---|---|
| até 1.302,00 | 7,5% |
| de 1.302,01 até 2.571,29 | 9% |
| de 2.571,30 até 3.856,94 | 12 % |
| de 3.856,95 até 7.507,49 | 14% |

A previsão normativa das alíquotas não cumulativas era injusta e desproporcional. Significava que se o segurado mudasse para a faixa de 8% para 9 ou 11% era aplicada a alíquota maior pelo total do salário de contribuição, e não apenas sobre o que exceder a faixa anterior. Deveria o artigo 20 da Lei 8.212/91 ter adotado o sistema de faixas. Agora não mais vigora após a EC 103/2019.

Mesmo assim, foi validado pelo STF ao julgar o Tema 833:

DIREITO TRIBUTÁRIO - CONTRIBUIÇÕES PREVIDENCIÁRIAS DIREITO TRIBUTÁRIO - CONTRIBUIÇÕES SOCIAIS

***Contribuição previdenciária do empregado e do trabalhador avulso: progressividade e não cumulação de alíquotas***- RE 852796/RS (Tema 833 RG).

Tese fixada:

**"É constitucional a expressão 'de forma não cumulativa' constante do 'caput' do art. 20 da Lei 8.212/1991."**

Resumo:

**É compatível com a Constituição Federal (CF) a progressividade simples estipulada no art. 20 da Lei 8.212/1991 (1), ou seja, a apuração das contribuições previdenciárias devidas pelo segurado empregado, inclusive o doméstico, e pelo trabalhador avulso mediante a incidência de apenas uma alíquota — aquela correspondente à faixa de tributação — sobre a íntegra do salário de contribuição mensal.**

O preceito questionado não incidiu em inconstitucionalidade ao utilizar-se da progressividade tributária no âmbito das contribuições previdenciárias devidas pelo empregado, inclusive o doméstico, e pelo trabalhador avulso. Além de a progressividade ser compatível com a aludida exação, não se vislumbra, no texto constitucional, qualquer restrição a seu uso na disciplina do tributo. A expressão "de forma não cumulativa" traduz a opção do legislador pela progressividade simples, portanto, não foi eleita a progressividade gradual, tradicionalmente presente, por exemplo, na tabela adotada para a apuração do imposto de renda.

Ademais, não há que se falar que o aumento na contribuição previdenciária seja inconstitucional por eventualmente acarretar "decréscimo remuneratório". De um lado, a cláusula da irredutibilidade não se estende aos tributos, porque não implica imunidade tributária. Do outro, os aumentos da carga tributária resultantes da passagem de uma faixa para outra podem ser suportados pelo contribuinte, haja vista o aumento de sua capacidade contributiva — não há efeito confiscatório, tampouco os aumentos são irrazoáveis ou desproporcionais.

Ao apreciar o Tema 833 da repercussão geral, o Plenário deu provimento a recurso extraordinário, declarando, incidentalmente, a constitucionalidade da expressão "de forma não cumulativa" constante do **caput** art. 20 da Lei 8.212/1991. **RE 852796/RS, relator Min. Dias Toffoli, julgamento virtual finalizado em 14.5.2021(sexta-feira), às 23:59**

Nestes casos (segurado empregado, trabalhador avulso e empregado doméstico), **a responsabilidade tributária pelo recolhimento da contribuição previdenciária não será dos segurados e sim das empresas, empregadores e equiparados**, que deverão perpetrar os descontos e repassar à Secretaria da Receita Federal do Brasil as respectivas quantias, sendo uma hipótese de *substituição tributária originária*, na forma do artigo 30, incisos I e V, da Lei 8.212/91.

Excepcionalmente, durante o período de licença-maternidade da segurada empregada e da empregada doméstica, caberá ao empregador apenas recolher a parcela da contribuição a seu cargo, pois será a segurada a responsável pelo recolhimento de sua cota[9].

No entanto, no que concerne à segurada empregada, este dispositivo perdeu parcialmente a sua aplicabilidade desde o advento da Lei 10.710/2003, pois desde então a empresa passou a ser responsável pelo pagamento do salário-maternidade da sua empregada gestante, sendo a responsável tributária pelo desconto da contribuição previdenciária sobre o salário-maternidade e repassá-lo à Previdência Social, a exceção dos casos em que o INSS deverá pagar diretamente o benefício à empregada (empregada de microempreendedor individual, adoção de criança e salário-maternidade derivado).

**IMPORTANTE:**

Em sede de Repercussão Geral, em 4 de agosto de 2020, no RE 576.967, **o STF declarou inconstitucional a incidência de contribuição previdenciária sobre o salário-maternidade**, não tendo havido modulação da eficácia da pronúncia de inconstitucionalidade, sendo possível a apresentação de embargos de declaração pela União.

Restou fixada a seguinte tese: **"É inconstitucional a incidência da contribuição previdenciária a cargo do empregador sobre o salário-maternidade":**

"69. Diante do exposto, considerando os argumentos formal e material, dou provimento ao recurso extraordinário, para declarar, incidentalmente, a **inconstitucionalidade da incidência de contribuição previdenciária sobre o salário maternidade, prevista no art. 28, §2º, da Lei nº 8.212/91, e a parte final do seu §9º, alínea a**, em que se lê " salvo o salário-maternidade" , e proponho a fixação da seguinte tese: " É inconstitucional a incidência da contribuição previdenciária a cargo do empregador sobre o salário maternidade".

O certo é que o RE 576.967 (Tema 72) transitou em julgado em 02/06/2021 e essa parte não foi esclarecida pelo STF, pois o julgamento dos Embargos de Declaração não a abordou.

**Desse modo, conquanto os argumentos firmados possam ser utilizados para afastar a incidência da contribuição previdenciária sobre o benefício salário-maternidade, a tese firmada no Tema 72 apenas afastou a incidência do tributo da parte patronal.**

Existia uma regra especial para o trabalhador rural, contratado para o exercício de atividades de natureza temporária para produtor rural pessoa física, enquadrado como empregado, pois existe um vínculo de emprego temporário. De acordo com o artigo 14-A, da Lei 5.889/73, alterada pela Lei 11.718/08, "a contribuição do segurado trabalhador rural contratado para prestar serviço na forma deste artigo é de 8% (oito por cento) sobre o respectivo salário-de-contribuição". No entanto, este dispositivo não foi recepcionado pelo artigo 28 da EC 103/2019.

Com relação ao **segurado empregado** e ao **trabalhador avulso**, haverá *presunção absoluta de desconto* das suas contribuições previdenciárias pelo empregador, empresa ou equiparado, que deverá responder exclusivamente pelo pagamento, caso não tenha retido os valores ou não os repassados à União, na forma do artigo 33, §5º, da Lei 8.212/91:

"§ 5º. **O desconto de contribuição e de consignação legalmente autorizadas sempre se presume feito oportuna e regularmente pela empresa a isso obrigada**, não lhe sendo lícito alegar omissão para se eximir do recolhimento, ficando diretamente responsável pela importância que deixou de receber ou arrecadou em desacordo com o disposto nesta Lei" (g.n.).

Destarte, os segurados empregados e os trabalhadores avulsos não sofrerão prejuízo na concessão dos benefícios previdenciários nem poderão ser posteriormente cobrados pela União, caso a empresa não repasse ao Fisco as contribuições previdenciárias dos referidos trabalhadores, mesmo que não tenham sido descontadas, **bastando aos segurados comprovar o vínculo laboral e o valor da remuneração percebida.**

Nesse caminho, prevê a Súmula 18, do Conselho de Recursos da Previdência Social, que "não se indefere benefício sob fundamento de falta de recolhimento de contribuição previdenciária quando esta obrigação for devida pelo empregador".

Nos termos do artigo 35, da Lei 8.213/91 (antiga redação, anterior ao advento da LC 150/2015), ao segurado empregado e ao trabalhador avulso que tenham cumprido todas as condições para a concessão do benefício pleiteado, mas não possam comprovar o valor dos seus salários de contribuição no período básico de cálculo, será concedido o benefício de valor mínimo, devendo esta renda ser recalculada, quando da apresentação de prova dos salários-de-contribuição.

O mesmo não ocorria com os empregados domésticos, que eram discriminados pela legislação previdenciária, pois não gozavam da mencionada presunção absoluta de recolhimento das suas contribuições

9. Artigo 216, "c", VIII e XIII, do RPS.

previdenciárias, apesar de ser de responsabilidade dos empregadores domésticos.

A comprovação de contribuição do empregado doméstico far-se-á por meio do comprovante ou guia de recolhimento e a comprovação de vínculo, inclusive para fins de filiação, por meio de um dos seguintes documentos:

I - registro contemporâneo com as anotações regulares em CP ou em CTPS;

II - contrato de trabalho registrado em época própria;

III - recibos de pagamento emitidos em época própria; ou

IV - na inexistência dos documentos acima citados, as informações de recolhimentos efetuados em época própria constantes no CNIS, quando for possível identificar a categoria de doméstico através do código de recolhimento ou de categoria nos casos de microfichas, comprovam o vínculo, desde que acompanhada da declaração do empregador.

Coube à **Lei 13.874/2019** criar a ***Carteira de Trabalho Digital***, autorizando o Ministério do Trabalho e Previdência a emitir a CTPS preferencialmente em meio eletrônico. Excepcionalmente, poderá ser emitida em meio físico, desde que:

I - nas unidades descentralizadas do Ministério do Trabalho e Previdência que forem habilitadas para a emissão;

II - mediante convênio, por órgãos federais, estaduais e municipais da administração direta ou indireta;

III - mediante convênio com serviços notariais e de registro, sem custos para a administração, garantidas as condições de segurança das informações.

**O empregador terá o prazo de 5 (cinco) dias úteis para anotar na CTPS**, em relação aos trabalhadores que admitir, a data de admissão, a remuneração e as condições especiais, se houver, facultada a adoção de sistema manual, mecânico ou eletrônico.

Ademais, a Lei 13.874/2019 ainda previu que o Sistema de Escrituração Digital das Obrigações Fiscais, Previdenciárias e Trabalhistas (eSocial) será substituído, em nível federal, por sistema simplificado de escrituração digital de obrigações previdenciárias, trabalhistas e fiscais.

São exemplos de dúvidas que devem ser levantadas e investigadas pelo INSS quanto à regularidade do contrato de trabalho do empregado doméstico:

I - contrato de trabalho doméstico, entre ou após contrato de trabalho em outras profissões, cujas funções sejam totalmente discrepantes;

II - contrato onde se perceba que a intenção foi apenas para garantir a qualidade de segurado, inclusive para percepção de salário-maternidade;

III - contrato em que não se pode atestar a contemporaneidade das datas de admissão ou demissão; ou

IV - contrato de trabalho doméstico em que o valor correspondente ao seu último salário de contribuição tenha sido discrepante em relação aos meses imediatamente anteriores, de forma que se perceba que a intenção foi garantir à segurada o recebimento de valores elevados durante a percepção do salário-maternidade.

Para compensar essa situação, por força do artigo 36, da Lei 8.213/91, se satisfeitas as condições para a concessão do benefício, caso não comprovado o recolhimento das contribuições previdenciárias pelo empregador doméstico, será concedido o benefício previdenciário no valor mínimo, o que poderá prejudicar os empregados domésticos que poderiam fazer jus a um benefício acima desse valor.

Neste ponto, o § 5º, do artigo 216, do RPS[10], entrava em choque com o artigo 36, da Lei 8.213/91, porquanto previu em favor do empregado doméstico a referida presunção de recolhimento, sendo razoável, apesar de desprovido de fundamento de validade.

Embora não analisando de maneira pormenorizada a questão, a Turma Nacional de Uniformização de Jurisprudência dos Juizados Especiais Federais seguiu o RPS e considerou como salário de contribuição a verdadeira remuneração do empregado doméstico para fins de cálculo de benefício previdenciário, e não a anotada da Carteira de Trabalho, no valor de um salário mínimo:

> "É fato público e notório que o empregador doméstico é responsável de fato pelo recolhimento de suas próprias contribuições previdenciárias e daquelas devidas pelos empregados domésticos que lhe prestem serviços, nos termos da Lei nº 8.212/91. **No caso presente, os recolhimentos foram efetuados com base em um salário-mínimo. Mas, consoante se verifica da carteira profissional, que goza de presunção de legitimidade, a autora vinha recebendo valores superiores ao mínimo legal. Estamos diante de uma prática muito comum, qual seja, a recolher contribuições previdenciárias em valores muito menores do que o efetivamente pago ao empregado. Lamentavelmente, a empregada só toma conhecimento deste fato no momento em que necessita de benefícios previdenciários, pois não acesso a seus próprios carnês de recolhimento, em poder de seu empregador**. Ressalto que estamos diante da figura do responsável tributário. Da mesma forma que a empresa, o empregador doméstico é o responsável tributário pelo recolhimento da contribuição previdenciária do empregado doméstico a seu serviço. O

---

10. §5º **O desconto da contribuição e da consignação legalmente determinado sempre se presumirá feito, oportuna e regularmente**, pela empresa, **pelo empregador doméstico**, pelo adquirente, consignatário e cooperativa a isso obrigados, não lhes sendo lícito alegarem qualquer omissão para se eximirem do recolhimento, ficando os mesmos diretamente responsáveis pelas importâncias que deixarem de descontar ou tiverem descontado em desacordo com este Regulamento (g.n.).

Plano de Custeio da Previdência Social aprovado pela Lei nº 8.212/91 é bastante claro em seu artigo 30, inciso V, ' in verbis' "Art 30 – A arrecadação e o recolhimento das contribuições ou demais importâncias devidas à Seguridade Social obedecem às seguintes normas: (...) V – o empregador doméstico está obrigado a arrecadar a contribuição do segurado empregado a seu serviço e a recolhê-la, assim como a parcela a seu cargo, no prazo referido no inciso II deste artigo." **Não se pode imputar ao empregado doméstico as conseqüências do erro ou má-fé de seu empregador e da ausência de fiscalização por parte da fiscalização da autarquia. Por fim, ressalto que as diferenças devidas devem ser objeto de constituição de crédito tributário e devida cobrança em face do empregador da autora, ora recorrida** É o voto" (g.n).[11]

No entanto, com o advento da Lei Complementar 150/2015, entende-se que os empregados domésticos passaram a gozar de presunção de recolhimento da sua contribuição previdenciária, mesmo nos casos de salário de contribuição acima de um salário mínimo.

Isso porque o artigo 35, da Lei 8.213/91, foi modificado, passando a prever que "o segurado empregado, **inclusive o doméstico**, e ao trabalhador avulso que tenham cumprido todas as condições para a concessão do benefício pleiteado, mas não possam comprovar o valor de seus salários de contribuição no período básico de cálculo, será concedido o benefício de valor mínimo, **devendo esta renda ser recalculada quando da apresentação de prova dos salários de contribuição**".

Ademais, a modificação promovida no artigo 34 da Lei 8.213/91 pela LC 150/2015 deixou ainda mais nítida a novidade, pontificando que no cálculo do valor da renda mensal do benefício, inclusive o decorrente de acidente do trabalho, serão computados para o segurado empregado, **inclusive o doméstico**, e o trabalhador avulso, os salários de contribuição referentes aos meses de contribuições devidas, **ainda que não recolhidas** pela empresa ou **pelo empregador doméstico**, sem prejuízo da respectiva cobrança e da aplicação das penalidades cabíveis.

Logo, se o empregado doméstico demonstrar que possuía salários de contribuição de R$ 1.500,00, mas o seu empregador nunca recolheu a contribuição, após a LC 150/2015 deverá o INSS considerar os salários de contribuição de R$ 1.500,00 no cálculo do salário de benefício, e não mais conceder o benefício mínimo, tendo havido **revogação tácita do artigo 36 da Lei 8.213/91.**

A Lei Complementar 150 entrou em vigor no dia 2 de junho de 2015, data da sua publicação. Entende-se ser constitucional sustentar que a presunção de recolhimento das contribuições previdenciárias em favor do empregado doméstico deve ser retroativa, alcançando as competências anteriores a junho de 2015.

Isso porque mesmo antes da LC 150/2015 a responsabilidade tributária de recolher a contribuição do empregado doméstico já era do patrão doméstico, tendo apenas sido corrigida uma inconstitucionalidade por omissão injustificável que discriminava negativamente o empregado doméstico.

No entanto, na interpretação administrativa da Previdência Social, a presunção de recolhimento em favor do empregado doméstico não irá retroagir, operando-se somente a partir da vigência da LC 150, em 2 de junho de 2015, devendo ser considerado o salário de contribuição de um salário mínimo para as competências anteriores a junho de 2015, acaso não comprovado o efetivo recolhimento da contribuição previdenciária[12].

No caso dos *empregados e avulsos*, as empresas deverão fazer o recolhimento até o *dia 20* ao do mês subsequente ao da competência ou, se não for dia útil bancário, no imediatamente anterior, conforme inovação da Lei 11.933/2009[13], ao passo que o *empregador doméstico* terá até o *dia 15* do mês seguinte ao da competência para recolher a contribuição descontada do empregado doméstico, ou o dia útil imediatamente posterior.

No entanto, o prazo para recolhimento da contribuição previdenciária do empregador doméstico foi antecipado para o dia 7 (sete) pela LC 150/2015, que será **antecipado** se no dia 7 não for um dia útil, nos termos da Portaria Interministerial 822, de 30 de setembro de 2015[14], que disciplina o regime unificado de pagamento de tributos, de contribuições e dos demais encargos do empregador doméstico (Simples Doméstico).

Também nesse sentido a Lei 13.202/2015 alterou o artigo 30 da Lei 8.212/91, prevendo que quando no dia 7 não houver expediente bancário, a data do pagamento será antecipada para o primeiro dia útil anterior.

**Com o advento da MP 1.110/2022, o prazo de recolhimento foi alterado do dia 7 para o dia 20, devendo ser antecipado para o primeiro dia útil anterior, se no dia 20 não for expediente bancário. Essa citada MP caducou, mas seu conteúdo foi inserido na Lei 14.438/2022, restaurando-se a alteração de prazo para o dia 20.**

Isso porque pontifica o artigo 34 da LC 150/2015 que o Simples Doméstico assegurará o recolhimento mensal, mediante documento único de arrecadação, dos seguintes valores:

11. PEDILEF 2002.61.84.001.529-8, de 10.02.2004.

12. Memorando-Circular nº 38/DIRBEN/INSS, de 5/11/2015.

13. Nova redação do artigo 30, inciso I, da Lei 8.212/91.

14. Art. 6º. Antecipam-se os prazos de recolhimentos de tributos e depósitos para o dia útil imediatamente anterior quando não houver expediente bancário nas datas de vencimentos.

**I - 8% (oito por cento) a 11% (onze por cento) de contribuição previdenciária, a cargo do segurado empregado doméstico, nos termos do art. 20 da Lei nº 8.212, de 24 de julho de 1991;**

II - 8% (oito por cento) de contribuição patronal previdenciária para a seguridade social, a cargo do empregador doméstico, nos termos do art. 24 da Lei no 8.212, de 24 de julho de 1991;

III - 0,8% (oito décimos por cento) de contribuição social para financiamento do seguro contra acidentes do trabalho;

IV - 8% (oito por cento) de recolhimento para o FGTS;

V - 3,2% (três inteiros e dois décimos por cento), na forma do art. 22 desta Lei; e

VI - imposto sobre a renda retido na fonte de que trata o inciso I do art. 7º da Lei nº 7.713, de 22 de dezembro de 1988, se incidente.

A aplicabilidade do Simples Doméstico se deu a partir da competência Outubro de 2015, com recolhimento até 7 de novembro, que foi antecipado para 6 de novembro de 2015 em razão do dia 7 ser dia não útil[15].

A inscrição do empregador e a entrada única de dados cadastrais e de informações trabalhistas, previdenciárias e fiscais no âmbito do Simples Doméstico dar-se-á mediante registro no Sistema de Escrituração Digital das Obrigações Fiscais, Previdenciárias e Trabalhistas - eSocial, instituído pelo Decreto 8.373, de 11 de dezembro de 2014.

Note-se que não foi modificado o regime de contribuição previdenciária do empregado doméstico nas alíquotas, tendo sido mantido o artigo 20, da Lei 8.212/91. A mudança se deu em relação ao empregador doméstico, conforme visto em tópico subsequente.

Por força da Lei 13.202, de 4/12/2015, foi expressamente revogado o §6º do artigo 30 da Lei 8.212/91, que autorizava o *empregador doméstico* a recolher a contribuição do segurado empregado a seu serviço e a parcela a seu cargo relativas à *competência novembro até o **dia 20 de dezembro***, juntamente com a contribuição referente à gratificação natalina - décimo terceiro salário - utilizando-se de um único documento de arrecadação. Esta exceção havia sido mantida pela Portaria Interministerial 822, de 30 de setembro de 2015 (art. 4º), mas diante da revogação da Lei 13.202/2015, **foi eliminada.**

### *4.1.1. Cálculos*

Para evidenciar a aplicação prática das retenções das contribuições previdenciárias sobre o salário de contribuição dos segurados empregado, trabalhador avulso e empregado doméstico, passemos a analisar dois exemplos a seguir. Também será explorada a retenção do imposto de renda da pessoa física. As tabelas de retenções da contribuição previdenciária e do imposto de renda atualmente vigente são as seguintes:

15. Art. 7º O Simples Doméstico passa a vigorar a partir da competência outubro de 2015, com vencimento dia 06 de novembro de 2015.

| Contribuição Previdenciária - 2022 | | |
|---|---|---|
| **Faixa Salarial - R$** | **Alíquota - %** | **Parcela a deduzir** |
| até 1.212,00 | 7,50% | 0,00 |
| de 1.212,01 a 2.427,35 | 9,00% | 18,18 |
| de 2.427,36 a 3.641,03 | 12,00% | 91,00 |
| de 3.641,04 a 7.087,22 | 14,00% | 163,82 |

| Contribuição para o Imposto de Renda - Pessoa Física - 2022 | | |
|---|---|---|
| **Base de Cálculo - R$** | **Alíquota - %** | **Dedução - R$** |
| até 1.903,98 | 0,00% | |
| de 1.903,99 a 2.826,65 | 7,50% | 142,80 |
| de 2.826,66 a 3.751,05 | 15,00% | 354,80 |
| de 3.751,06 a 4.664,68 | 22,50% | 636,13 |
| acima de 4.664,68 | 27,50% | 869,36 |
| **Dedução por dependente** | | 189,59 |

| Exemplo 1 | |
|---|---|
| Forma de filiação: | Empregado |
| mês de referência: | jan/22 |
| Valor do salário de contribuição: | 5.500,00 |
| Dependentes | 2 |

No exemplo 1, o segurado empregado teve remuneração bruta no valor de R$ 5.500,00 no mês de janeiro de 2022 e possui 2 dependentes para fins de cálculo da retenção do imposto de renda da pessoa física. A contribuição previdenciária foi fixada no valor de **R$ 606,18**, conforme cálculos a seguir:

| Contribuição Previdenciária | | Acumulado | Alíquota | Contribuição |
|---|---|---|---|---|
| Faixa 1 | 1.212,00 | 1.212,00 | 7,50% | 90,90 |
| Faixa 2 | 1.215,35 | 2.427,35 | 9,00% | 109,38 |
| Faixa 3 | 1.213,68 | 3.641,03 | 12,00% | 145,64 |
| Faixa 4 | 1.858,97 | 5.500,00 | 14,00% | 260,26 |
| | | | TOTAL | 606,18 |
| | | **Alíquota efetiva** | 11,02% | |
| | | **Alíquota teórica** | 14,00% | 770,00 |
| | | | Diferença | 163,82 |

De forma mais objetiva, teríamos o seguinte cálculo da contribuição previdenciária:

| Salário Bruto | 5.500,00 |
|---|---|
| Alíquota - 14% | 770,00 |
| Dedução | -163,82 |
| Valor da contribuição | 606,18 |

Aplicando a tributação por faixa salarial e de forma progressiva, conforme determinado pelo Art. 28 da EC 103/2019 e Portaria Interministerial MTP/ME n.º 12, de 17 de janeiro de 2022, temos a aplicação da alíquota de 7,5% na faixa de um salário mínimo; de 9,0% do que exceder um salário mínimo até R$ 2.427,35; de 12,0% do que exceder R$ 2.427,35 até R$ 3.641,03; e de 14% do que exceder R$ 3.641,03 até o limite do salário de contribuição de R$ 5.500,00. Aplicando a referida sistemática de tributação, a contribuição previdenciária é fixada no valor de **R$ 606,18**, representando uma alíquota efetiva de 11,02%. Pela sistemática anteriormente vigente, bastava situar o salário de contribuição na faixa de tributação aplicar a alíquota correspondente, que no caso seria de 14%, obtendo uma contribuição previdenciária no valor de R$ 770,00, superior à obtida pela atual sistemática.

A retenção do imposto de renda da pessoa física foi fixada no valor de **R$ 379,66**, conforme cálculos a seguir:

| Salário Bruto | Deduções | | Base de cálculo | Alíquota | IR - Bruto | Dedução | IR - Líquido |
|---|---|---|---|---|---|---|---|
| | INSS | Dependentes | | | | | |
| 5.500,00 | 606,18 | 379,18 | 4.514,64 | 22,50% | 1.015,79 | 636,13 | 379,66 |

Para encontrar a base de cálculo do imposto de renda da pessoa física, do salário bruto poderão ser deduzidos os valore relativos à contribuição previdenciária e **R$ 189,59** por dependente, conforme tabela do imposto de renda mencionada na página anterior. Como o segurado possui dois dependentes, poderá ser abatido o valor total de **R$ 379,18** para se chegar à base de cálculo de incidência do imposto de renda. Abatendo-se a contribuição previdenciária e **R$ 379,18** referente aos dependentes, chega-se à base de incidência do imposto de renda, de **R$ 4.514,64**. Situando a base de cálculo na faixa de tributação da tabela do imposto de renda, encontra-se a alíquota de 22,50% que, aplicada sobre a referida base de cálculo, encontra-se o imposto de renda bruto, no valor de **R$ 1.015,79**. Com base na tabela do imposto de renda constante da página anterior, do valor do IR bruto poderá ser deduzido o valor de **R$ 636,13**, encontrando o valor do imposto de renda a ser retido, fixado em **R$ 379,66**. Após a dedução da contribuição previdenciária e do imposto de renda da pessoa física, o salário líquido do segurado é fixado no valor de **R$ 4.514,16**, conforme planilha abaixo. Nos cálculos foram desconsiderados os descontos de vale-transporte, plano de saúde e alimentação do trabalhador.

| Salário Bruto | 5.500,00 |
|---|---|
| (-) INSS | -606,18 |
| (-) IRPF | -379,66 |
| Salário Líquido | 4.514,16 |

| **Exemplo 2** | |
|---|---|
| Forma de filiação: | Doméstico |
| mês de referência: | jan/22 |
| Valor do salário de contribuição: | **2.000,00** |
| Dependentes | 1 |

| **Contribuição Previdenciária - 2022** | | |
|---|---|---|
| **Faixa Salarial - R$** | **Alíquota - %** | **Parcela a deduzir** |
| até 1.212,00 | 7,50% | 0,00 |
| de 1.212,01 a 2.427,35 | 9,00% | 18,18 |
| de 2.427,36 a 3.641,03 | 12,00% | 91,00 |
| de 3.641,04 a 7.087,22 | 14,00% | 163,82 |

| **Contribuição para o Imposto de Renda - Pessoa Física - 2022** | | |
|---|---|---|
| **Base de Cálculo - R$** | **Alíquota - %** | **Dedução - R$** |
| até 1.903,98 | 0,00% | |
| de 1.903,99 a 2.826,65 | 7,50% | 142,80 |
| de 2.826,66 a 3.751,05 | 15,00% | 354,80 |
| de 3.751,06 a 4.664,68 | 22,50% | 636,13 |
| acima de 4.664,68 | 27,50% | 869,36 |
| **Dedução por dependente** | | 189,59 |

No exemplo 2, será explorado um estudo de caso de um segurado empregado doméstico bem como as obrigações relativas ao empregador doméstico. A remuneração bruta do segurado empregado doméstico foi de R$ 2.000,00 no mês de janeiro de 2022 e o mesmo possui 1 dependente para fins de cálculo da retenção do imposto de renda da pessoa física, se for o caso. A contribuição previdenciária foi fixada no valor de **R$ 161,82**, conforme cálculos a seguir:

| **Contribuição Previdenciária** | | **Acumulado** | **Alíquota** | **Contribuição** |
|---|---|---|---|---|
| Faixa 1 | 1.212,00 | 1.212,00 | 7,50% | 90,90 |
| Faixa 2 | 788,00 | 2.000,00 | 9,00% | 70,92 |
| | | | TOTAL | 161,82 |
| | **Alíquota efetiva** | | 8,09% | |
| | **Alíquota teórica** | | 9,00% | 180,00 |
| | | | Diferença | 18,18 |

De forma mais objetiva, teríamos o seguinte cálculo da contribuição previdenciária:

| Salário Bruto | 2.000,00 |
|---|---|
| Alíquota - 9% | 180,00 |
| Dedução | -18,18 |
| Valor da contribuição | **161,82** |

Aplicando a tributação por faixa salarial e de forma progressiva, conforme determinado pelo Art. 28 da EC 103/2019 e Portaria Interministerial MTP/ME n.º 12, de 17 de janeiro de 2022, temos a aplicação da alíquota de 7,5% na faixa de um salário mínimo; e de 9,0% do que exceder um salário mínimo até o limite do salário de contribuição de R$ 2.000,00. Aplicando a referida sistemática de tributação, a contribuição previdenciária é fixada no valor de **R$ 161,82**, representando uma alíquota efetiva de 8,09%. Pela sistemática anteriormente vigente, bastava situar o salário de contribuição na faixa de tributação aplicar a alíquota correspondente, que no caso seria de 9,00%, obtendo uma contribuição previdenciária no valor de R$ 180,00, superior à obtida pela atual sistemática.

Não houve retenção do imposto de renda da pessoa física pelo fato do segurado está dentro do limite de isenção, conforme tabela do imposto de renda e memória de cálculo abaixo:

| Salário Bruto | Deduções | | Base de cálculo | Alíquota | IR - Bruto | Dedução | IR - Líquido |
|---|---|---|---|---|---|---|---|
| | INSS | Dependentes | | | | | |
| 2.000,00 | 161,82 | 189,59 | 1.648,59 | 0,00% | 0,00 | 0,00 | 0,00 |

Após a dedução da contribuição previdenciária, o salário líquido do segurado é fixado no valor de **R$ 1.838,18**, conforme tabela abaixo.

| Salário Bruto | 2.000,00 |
|---|---|
| (-) INSS | -161,82 |
| (-) IRPF | 0,00 |
| Salário Líquido | **1.838,18** |

Os encargos do empregador doméstico encontram-se abaixo discriminados, sem levar em consideração os custos com vale-transporte:

| **Encargos do Empregador Doméstico** | |
|---|---|
| Base de Cálculo | 2.000,00 |
| INSS - Empregador 8% | 160,00 |
| Seguro de Acidente de Trabalho - 0,8% | 16,00 |
| FGTS - 8% | 160,00 |
| Multa do FGTS - 3,2% | 64,00 |
| Total de Encargos | **400,00** |

## 4.2. Contribuinte individual e segurado facultativo

No caso destes segurados, **em regra, a alíquota da contribuição previdenciária foi fixada em 20% sobre o salário de contribuição, cabendo ao próprio segurado promover diretamente o recolhimento tempestivo do tributo, sob pena de não se filiar ao RGPS**[16], até o dia 15 ao do mês seguinte ao da competência, ou no dia útil imediatamente posterior.

Excepcionalmente, caso o salário de contribuição seja de um salário mínimo, será possível o recolhimento trimestral das contribuições previdenciárias, com vencimento no dia 15 do mês seguinte ao de cada trimestre civil[17].

O artigo 30, §4º, da Lei 8.212/91, incluído pela Lei 9.876/99, prevê que o contribuinte individual prestador de serviços à(s) empresa(s) poderá deduzir de sua contribuição mensal 45% da contribuição paga pela empresa, a fim de reduzir a contribuição do segurado para 11% do salário de contribuição, pois neste caso ainda existirá a contribuição previdenciária da pessoa jurídica.

Este dispositivo surgiu para reduzir de 20% para 11% (diminuição de 45%) a alíquota da contribuição previdenciária do contribuinte individual prestador de serviços à pessoa jurídica, vez que, neste caso, a empresa passou a pagar uma contribuição previdenciária de 20% sobre as remunerações dos contribuintes individuais prestadores de serviços, instituída pela mesma Lei 9.876/99, que inseriu o inciso III do artigo 22 da Lei 8.212/91.

16. Artigo 21, da Lei 8.212/91.
17. Artigo 216, §15, do RPS.

Posteriormente, por força do artigo 4º, da Medida Provisória 83/2002, convertida na Lei 10.666/03, a partir da *competência de abril de 2003*, o contribuinte individual prestador de serviços à pessoa jurídica deixou de ser o responsável tributário pelo recolhimento da sua contribuição previdenciária, que passou a ser de responsabilidade da pessoa jurídica tomadora do serviço, à razão de 11% sobre o salário de contribuição, e não mais de 20%, conforme explicitado no artigo 216, §26, do RPS, dispositivo também aplicável às cooperativas de trabalho.

Nesse caminho, dispõe o artigo 216, §26, do Regulamento que a alíquota de contribuição a ser descontada pela empresa da remuneração paga, devida ou creditada ao contribuinte individual a seu serviço, observado o limite máximo do salário-de-contribuição, é de onze por cento no caso das empresas em geral e de vinte por cento quando se tratar de entidade beneficente de assistência social isenta das contribuições sociais patronais.

**Apenas neste caso o contribuinte individual também gozará da presunção absoluta de recolhimento, tal qual o segurado empregado e o trabalhador avulso**, devendo a pessoa jurídica responder exclusivamente pelo pagamento, caso não tenha retido os valores ou não os repassado à União, na forma do artigo 33, §5º, da Lei 8.212/91.

Veja-se o CRPS:

JR/CRPS – ENUNCIADO Nº 2 – Alterado: Publicado no DOU de 12.11.2019

**Não se indefere benefício sob fundamento de falta de recolhimento de contribuição previdenciária quando a responsabilidade tributária não competir ao segurado.**

I - Considera-se presumido o recolhimento das contribuições do segurado empregado, inclusive o doméstico, do trabalhador avulso e, a partir da competência abril de 2003, do contribuinte individual prestador de serviço **(A UMA PESSOA JURÍDICA – FALHA DO ENUNCIADO).**

II - Não é absoluto o valor probatório da Carteira de Trabalho e Previdência Social (CTPS), mas é possível formar prova suficiente para fins previdenciários se esta não tiver defeito formal que lhe comprometa a fidedignidade, salvo existência de dúvida devidamente fundamentada.

III - A concessão de benefícios no valor mínimo ao segurado empregado doméstico independe de prova do recolhimento das contribuições, inclusive a primeira sem atraso, desde que atendidos os demais requisitos legais exigidos, exceto para fins de contagem recíproca.

IV - O vínculo do segurado como empregado doméstico será computado para fins de carência, ainda que esteja filiado ao Regime Geral de Previdência Social (RGPS) em categoria diversa na Data de Entrada do Requerimento (DER).

V - É permitida a contagem, como tempo de contribuição, do tempo exercido na condição de aluno-aprendiz, exceto para fins de contagem recíproca, referente ao período de aprendizado profissional realizado em escolas técnicas, desde que comprovada a remuneração, mesmo que indireta, à conta do orçamento público e o vínculo empregatício, admitindo-se, como confirmação deste, o trabalho prestado na execução de atividades com vistas a atender encomendas de terceiros.

Para fins de comprovação das remunerações do contribuinte individual prestador de serviço, a partir de abril de 2003, no que couber, poderão ser considerados entre outros, os seguintes documentos:

I - comprovantes de retirada de pró-labore, que demonstre a remuneração decorrente do seu trabalho, nas situações de empresário;

II - comprovante de pagamento do serviço prestado, onde conste a identificação completa da empresa, inclusive com o número do CNPJ/CEI, o valor da remuneração paga, o desconto da contribuição efetuado e o número de inscrição do segurado no RGPS;

III - declaração de Imposto de Renda Pessoa Física – IRPF, relativa ao ano-base objeto da comprovação, que possam formar convicção das remunerações auferidas; ou

IV - declaração fornecida pela empresa, devidamente assinada e identificada por seu responsável, onde conste a identificação completa da mesma, inclusive com o número do CNPJ/CEI, o valor da remuneração paga, o desconto da contribuição efetuado e o número de inscrição do segurado no RGPS.

Considerando que não se deve locupletar da própria torpeza, a presunção de recolhimento deve ser afastada do **sócio-administrator/gerente/cotista da pessoa jurídica para a qual presta serviços, por se confundir a figura do segurado com o gestor/dono da pessoa jurídica.**

**Veja-se a TNU:**

**TNU. PEDIDO DE UNIFORMIZAÇÃO DE INTERPRETAÇÃO DE LEI (TURMA) Nº 0023473-93.2018.4.01.3500/GO (sessão de outubro/2021)**

"De seu turno, consoante disposto no art. 4º, *caput*, da Lei nº 10.666/2003, a obrigação de efetuar o recolhimento previdenciário é da empresa para a qual o contribuinte individual esteve a serviço, de modo que, a princípio e em certas situações, eventual extemporaneidade do pagamento não poderia prejudicá-lo, já que este não era ônus a ele imputável.

**Sucede que, nas hipóteses em que contribuinte individual é o sócio-administrator/gerente/cotista da pessoa jurídica para a qual presta serviços, impõe-se o reconhecimento de que o segurado é o verdadeiro responsável pelos recolhimentos previdenciários, de modo que o atraso, nesse caso, é a ele atribuível**".

No mesmo sentido o CRPS através do Enunciado 5, item V, alterado em 06/12/2021:

*"ENUNCIADO Nº 5.*

*O recolhimento em atraso de contribuições previdenciárias devidas pelo contribuinte individual exige a comprovação*

*do efetivo exercício de atividade remunerada, na forma do art. 55, §3º da Lei nº 8.213/91.*

*I - A concessão de prestações ao contribuinte individual em débito ou aos seus dependentes é condicionada ao recolhimento prévio, pelo segurado, das contribuições necessárias à reaquisição da qualidade de segurado, salvo em relação ao prestador de serviço à empresa, a partir da competência abril de 2003.*

*II - Perde a qualidade de segurado o contribuinte individual que, embora em exercício de atividade remunerada, deixa de recolher suas respectivas contribuições por tempo superior ao período de graça (art. 15, §4º da Lei nº 8.213/91), salvo quando não for o responsável pelo seu recolhimento.*

*III - As contribuições recolhidas em atraso pelo contribuinte individual após o período de graça não serão computadas como carência, nem para fins de manutenção da qualidade de segurado, mas apenas como tempo de contribuição.*

*IV - Havendo perda da qualidade de segurado, somente serão consideradas para fins de carência as contribuições efetivadas sem atraso, após nova filiação do contribuinte individual ao Regime Geral de Previdência Social.*

***V - As contribuições do contribuinte individual empresário não se presumem descontadas e recolhidas, nos termos do art. 4º da Lei nº 10.666/03, quando exercida atividade na empresa da qual seja titular, diretor não empregado, membro de conselho de administração, sócio ou administrador não empregado.***

*VI - A carência do segurado empresário até 24/07/1991, véspera da publicação da Lei nº 8.213/91, será computada a partir da data de sua filiação, podendo ser reconhecidas como carência as contribuições referentes até esta data, mesmo recolhidas em atraso, desde que comprovado o efetivo exercício de atividade nessa categoria".*

Estas disposições do artigo 4º, da Lei 10.666/03, não se aplicam ao contribuinte individual, quando contratado por outro contribuinte individual equiparado a empresa, por produtor rural pessoa física, ou ainda por missão diplomática e repartição consular de carreira estrangeiras, e nem ao brasileiro civil que trabalha no exterior para organismo oficial internacional do qual o Brasil é membro efetivo.

Logo, nestes casos, deverá o contribuinte individual continuar a se valer da autorização do artigo 30, §4º, da Lei 8.212/91, deduzindo de sua contribuição mensal 45% da contribuição paga pelo equiparado a empresa.

Nesse sentido, um médico integrante de uma cooperativa de trabalho terá a sua contribuição previdenciária recolhida pela cooperativa, que funcionará como responsável tributária.

De acordo com o STJ, "é indispensável que se distinga a situação das cooperativas médicas das empresas operacionalizadoras de planos de saúde. Em relação à primeira hipótese - COOPERATIVAS MÉDICAS, verifico que a jurisprudência desta Corte é uníssona no sentido de equipará-las às sociedades comerciais, incidindo a contribuição previdenciária sobre os honorários pagos pela cooperativa aos médicos cooperados. Na segunda hipótese - EMPRESAS OPERACIONALIZADORAS DE PLANOS DE SAÚDE, diferentemente, não é devida a contribuição previdenciária sobre os valores pagos por serviços médico-hospitalares utilizados pelos segurados das referidas empresas, considerando-se não ser possível aplicar-se a elas o art. 1º da LC 84/96, sem vulnerar o disposto nos arts. 110 e 108, § 1º, do CTN. Nesse caso, o pagamento da contribuição previdenciária é ônus do profissional ou da empresa que recebe pela prestação do serviço" (passagem do voto da Ministra Eliana Calmon no julgamento do Recurso Especial 633.134, de 26/08/2008).

Logo, um médico que recebe a sua remuneração diretamente de uma operadora de saúde deverá ele próprio recolher a sua contribuição previdenciária, não existindo responsabilidade tributária de desconto pela operadora.

Este posicionamento foi pacificado no STJ:

"TRIBUTÁRIO. RECURSO ESPECIAL. CONTRIBUIÇÃO PREVIDENCIÁRIA. OPERADORA DE PLANO DE SAÚDE. VALORES REPASSADOS AOS MÉDICOS CREDENCIADOS. NÃO INCIDÊNCIA. PRECEDENTES DE AMBAS AS TURMAS DA PRIMEIRA SEÇÃO. COMPENSAÇÃO. LIMITE. RECURSO ESPECIAL CONHECIDO E PARCIALMENTE PROVIDO.

1. **Segundo entendimento do Superior Tribunal de Justiça, não incide contribuição previdenciária sobre os valores repassados aos médicos pelas operadoras de plano de saúde"** (AgRg no AREsp 176.420/MG, Rel. Min. NAPOLEÃO NUNES MAIA FILHO, Primeira Turma, DJe 22/11/2012).

2. "Os limites à compensação tributária (introduzidos pelas Leis 9.032/95 e 9.129/92, que, sucessivamente, alteraram o disposto no artigo 89, § 3º, da Lei 8.212/91) são de observância obrigatória, mercê da inexistência de declaração de inconstitucionalidade (em sede de controle difuso ou concentrado) dos aludidos diplomas normativos" (EREsp 919.373/SP, Rel. Min. LUIZ FUX, Primeira Seção, DJ de 26/04/11).

3. Recurso especial conhecido e parcialmente provido para restabelecer a sentença" (STJ, REsp 987342, de 14/05/2013).

Com base no discutível artigo 5º, da Lei 10.666/03, caso o contribuinte individual contratado por pessoa jurídica obrigada a proceder à arrecadação e ao recolhimento da contribuição por ele devida, cuja remuneração recebida ou creditada no mês, por serviços prestados a ela, for inferior ao limite mínimo do salário de contribuição, é obrigado a complementar sua contribuição mensal, diretamente, à razão de 20% sobre o valor resultante da subtração do valor das remunerações recebidas das pessoas jurídicas do valor mínimo do salário de contribuição mensal[18].

**18.** Artigo 216, §27, do RPS.

Se o contribuinte individual prestar serviços a entidade beneficente de assistência social, a alíquota de retenção será de 20%, e não de 11%, ante a inexistência de cota patronal pela incidência da imunidade, na esteia do previsto no artigo 216, §26, do RPS, incluído pelo Decreto 4.729/03, dispositivo de duvidosa validade, pois um mero ato regulamentar acabou transferindo o ônus da imunidade ao contribuinte individual.

Contudo, há precedentes contrários do TRF 4ª Região, a exemplo do abaixo colacionado:

> "Processo: 2003.71.00.034766-2 UF: RS Órgão Julgador: SEGUNDA TURMA, Data da decisão: 26/04/2005 TRIBUTÁRIO - CONTRIBUIÇÃO PREVIDENCIÁRIA - MÉDICO RESIDENTE - CONTRIBUINTE INDIVIDUAL - PRESTAÇÃO DE SERVIÇOS PARA ENTIDADES BENEFICENTES DE ASSISTÊNCIA SOCIAL - DIREITO DE DEDUZIR, DE SUA CONTRIBUIÇÃO MENSAL, ATÉ 45% DA CONTRIBUIÇÃO RECOLHIDA OU DECLARADA PELA EMPRESA.
>
> 1 - O contribuinte individual que prestar serviços a uma ou mais empresas poderá deduzir, de sua contribuição mensal, até 45% da contribuição recolhida ou declarada pela empresa, limitada essa redução a 9% do respectivo salário de contribuição (art. 30, § 4º, da Lei nº 8.212/91).
>
> 2 - Esse mecanismo praticamente equipara o contribuinte individual, que presta serviços a empresas, ao segurado empregado, porquanto a contribuição deste (art. 20, idem) oscila entre um mínimo de 8% e um máximo de 11% sobre o salário de contribuição. Implícito nessa equiparação está o princípio da isonomia. Equiparam-se em ônus e benefícios os prestadores de serviços, independentemente da categoria jurídica sob a qual os serviços são prestados.
>
> **3 - A orientação administrativa, consolidada no art. 20, § 4º, da Instrução Normativa INSS/DC nº 89, de 11/06/2003, não é compatível com a interpretação sistemática das normas previdenciárias de custeio. Primeiro, porque a alíquota da contribuição do contribuinte individual, que presta serviços a empresa, é de 11% (art. 20, § 1º, da IN 89/2003). Segundo porque é evidente que essa alíquota foi fixada para harmonizar o encargo do contribuinte individual com aquele do trabalhador assalariado. Terceiro, porque não há motivo razoável para discriminar o contribuinte individual, que presta serviços às entidades imunes, fazendo-o arcar com encargo muito superior àquele dos demais contribuintes individuais, que se encontram em situação absolutamente idêntica.**
>
> 4 - A única diferença entre tais contribuintes se encontra na condição da empresa tomadora de seus serviços. **O fato de a tomadora dos serviços ser imune às contribuições previdenciárias não pode servir de motivo de discrímen contra o trabalhador. Cobrar do trabalhador a contribuição que, em regra, seria da empresa, significa, na prática, fazê-lo arcar com os ônus financeiros da anistia constitucional. Isso seria tão absurdo quanto cobrar dos empregados da empresa imune a contribuição patronal de cujo pagamento é ela dispensada.**
>
> 5 - A cláusula "efetivamente recolhida ou declarada", prevista no § 4º do art. 30 da Lei nº 8.212/91, tinha como objetivo era impedir a fraude, obrigando o prestador de serviços a exigir do tomador a comprovação de que recolhera sua quota.
>
> 6 - Apelação provida, reconhecendo-se o direito dos médicos residentes filiados ao Sindicato impetrante de recolher sua contribuição pela alíquota de 11%, em igualdade de condições com os demais contribuintes individuais que prestam serviços a empresas não abrangidas por imunidade ou isenção" (g.n.).

Na hipótese de o contribuinte individual prestar serviços a mais de uma pessoa jurídica e, uma vez somadas, as remunerações extrapolarem o teto do salário de contribuição, poderá o segurado escolher uma empresa para que esta faça a retenção e se responsabilize pessoalmente pelo recolhimento da quantia faltante, na forma do artigo 216, §29, do RPS, conquanto inexista previsão legal em sentido estrito.

Veja-se o Anexo VIII da Instrução Normativa RFB 2.110/2022:

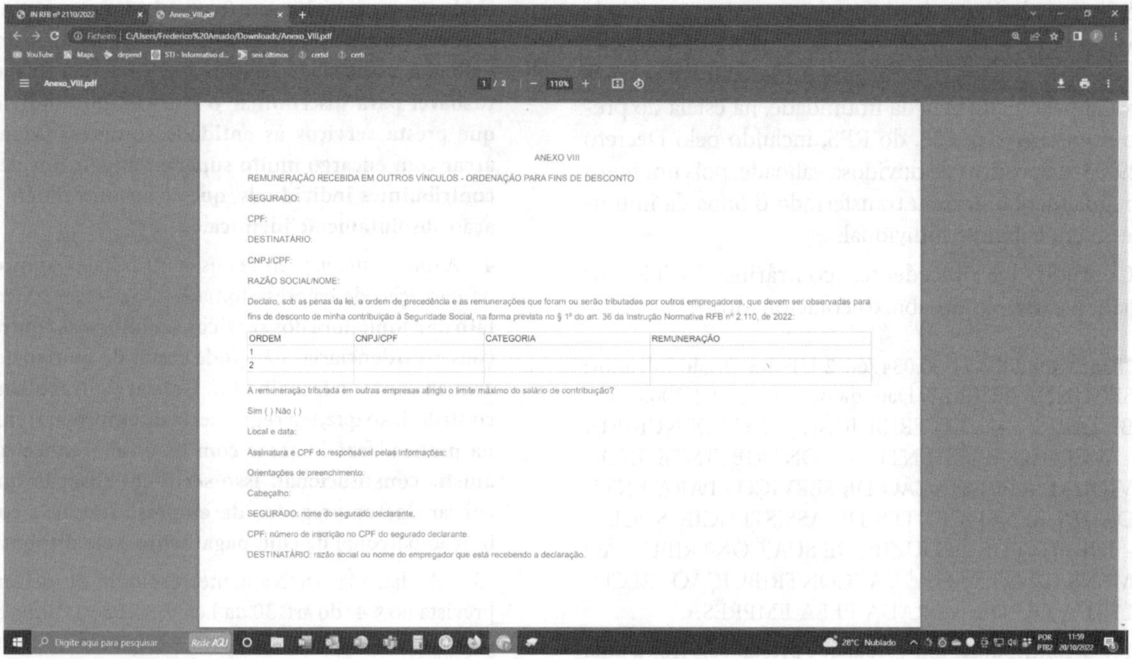

ANEXO VIII

REMUNERAÇÃO RECEBIDA EM OUTROS VÍNCULOS - ORDENAÇÃO PARA FINS DE DESCONTO

SEGURADO:

CPF:

DESTINATÁRIO:

CNPJ/CPF:

RAZÃO SOCIAL/NOME:

Declaro, sob as penas da lei, a ordem de precedência e as remunerações que foram ou serão tributadas por outros empregadores, que devem ser observadas para fins de desconto de minha contribuição à Seguridade Social, na forma prevista no § 1º do art. 36 da Instrução Normativa RFB nº 2.110, de 2022:

| ORDEM | CNPJ/CPF | CATEGORIA | REMUNERAÇÃO |
|---|---|---|---|
| 1 | | | |
| 2 | | | |
| | | | |

A remuneração tributada em outras empresas atingiu o limite máximo do salário de contribuição?

Sim ( ) Não ( )

Local e data:

Assinatura e CPF do responsável pelas informações:

Orientações de preenchimento:

Cabeçalho:

SEGURADO: nome do segurado declarante.

CPF: número de inscrição no CPF do segurado declarante.

DESTINATÁRIO: razão social ou nome do empregador que está recebendo a declaração.

Uma importante inovação foi promovida pela **Lei Complementar 123/2006**, em regulamentação aos §§12 e 13, do artigo 201, da Constituição Federal, insertos pela Emenda 47/2005, que tratam da *inclusão previdenciária dos trabalhadores de baixa renda*.

Com efeito, a contribuição previdenciária do contribuinte individual que trabalhe por conta própria sem relação de trabalho com empresa e equiparado, bem como do segurado facultativo, poderá ser de 11% sobre o salário mínimo, ao invés do tradicional desconto de 20%, mas esses segurados não terão direito à aposentadoria por tempo de contribuição, só podendo se aposentar por idade ou invalidez.

Posteriomente, adveio a EC 103/2019 prevendo que lei instituirá **sistema especial de inclusão previdenciária**, com **alíquotas diferenciadas**, para atender aos **trabalhadores de baixa renda**, inclusive os que se encontram em situação de informalidade, e àqueles **sem renda própria** que se dediquem exclusivamente ao trabalho doméstico no âmbito de sua residência, desde que pertencentes a famílias de baixa renda com **aposentadoria com renda de um salário mínimo**.

Decorre do Princípio da Isonomia Fiscal, Capacidade Contributiva e Equidade do Custeio da Seguridade Social, pois reduziu a alíquota para as pessoas com menor riqueza buscando a sua inclusão previdenciária, à luz do Princípio da Universalidade de Participação nos Planos Previdenciários.

Nesta hipótese, caso queira se aposentar por tempo de contribuição posteriormente, ou levar o tempo de contribuição para algum Regime Próprio de Previdência Social (contagem recíproca), o contribuinte individual e o segurado facultativo deverão fazer o recolhimento retroativo dos 9% faltantes para integralizar os 20% sobre o salário de contribuição, com a incidência dos juros legais, sendo exigível o complemento a qualquer tempo (imprescritível), sob pena de indeferimento do benefício[19].

No entanto, o artigo 21, da Lei 8.212/91, foi alterado pela Medida Provisória 529/2011, que veio facilitar a inclusão previdenciária do microempreendedor individual, pois a sua contribuição previdenciária simplificada passou a ser de apenas 5% sobre o salário mínimo, e não mais de 11%, sem direito à aposentadoria por tempo de contribuição.

Eis a atual redação do artigo 21, §§2º, 3º, 4º e 5º da Lei 8.212/91:

> *"§ 2º No caso de opção pela exclusão do direito ao benefício de aposentadoria por tempo de contribuição, a alíquota de contribuição incidente sobre o* ***limite mínimo mensal do salário de contribuição*** *será de: (Redação dada pela Lei nº 12.470, de 2011)*
>
> *I -* ***11%*** *(onze por cento), no caso do segurado contribuinte individual, ressalvado o disposto no inciso II, que trabalhe*

19. Artigo 21, §§ 3º e 4º, da Lei 8.212/91.

*por conta própria, sem relação de trabalho com empresa ou equiparado e do segurado facultativo, observado o disposto na alínea b do inciso II deste parágrafo;* (Incluído pela Lei nº 12.470, de 2011)

*II - 5% (cinco por cento):* (Incluído pela Lei nº 12.470, de 2011)

a) no caso do microempreendedor individual, de que trata o art. 18-A da Lei Complementar nº 123, de 14 de dezembro de 2006; e (Incluído pela Lei nº 12.470, de 2011) (Produção de efeito)

b) do segurado facultativo sem renda própria que se dedique exclusivamente ao trabalho doméstico no âmbito de sua residência, desde que pertencente a família de baixa renda. (Incluído pela Lei nº 12.470, de 2011)

§ 3º O segurado que tenha contribuído na forma do § 2º deste artigo e pretenda contar o tempo de contribuição correspondente para fins de obtenção da aposentadoria por tempo de contribuição ou da contagem recíproca do tempo de contribuição a que se refere o art. 94 da Lei nº 8.213, de 24 de julho de 1991, deverá complementar a contribuição mensal mediante recolhimento, sobre o valor correspondente ao limite mínimo mensal do salário-de-contribuição em vigor na competência a ser complementada, da diferença entre o percentual pago e o de 20% (vinte por cento), acrescido dos juros moratórios de que trata o § 3º do art. 5º da Lei nº 9.430, de 27 de dezembro de 1996. (Redação dada pela Lei nº 12.470, de 2011) (Produção de efeito)

§ 4º Considera-se de baixa renda, para os fins do disposto na alínea b do inciso II do § 2º deste artigo, a família inscrita no Cadastro Único para Programas Sociais do Governo Federal - CadÚnico cuja renda mensal seja de até 2 (dois) salários mínimos. (Redação dada pela Lei nº 12.470, de 2011)

*§ 5º A contribuição complementar a que se refere o § 3º deste artigo será exigida a qualquer tempo, sob pena de indeferimento do benefício.* (Incluído pela Lei nº 12.507, de 2011)

Trata-se de recolhimento social com alíquota reduzida sobre o salário de contribuição de um salário mínimo. A meu ver, por exemplo, se o contribuinte individual autônomo recebe por mês de remuneração média o valor de R$ 20.000,00 essa regra não se aplica, devendo pagar 20% sobre o salário de contribuição.

Isso porque o artigo 21 deve ser interpretado juntamente com o artigo 28 da Lei 8.212/91, que trata do salário de contribuição do contribuinte individual, que será a remuneração real mensal, observado o teto e o piso do salário de contribuição.

No entanto, a meu ver de modo equivocado, a própria Secretaria da Receita Federal do Brasil entende de modo diverso:

**SOLUÇÃO DE CONSULTA COSIT Nº 230, DE 09 DE JULHO DE 2019**

(Publicado(a) no DOU de 05/08/2019, seção 1, página 18)

Assunto: Contribuições Sociais Previdenciárias CONTRIBUIÇÕES SOCIAIS PREVIDENCIÁRIAS. SEGURADO CONTRIBUINTE INDIVIDUAL. OPÇÃO PELO REGIME DE TRIBUTAÇÃO. CABIMENTO. FORMALIZAÇÃO. DIREITOS PREVIDENCIÁRIOS. **O segurado contribuinte individual que trabalhe por conta própria, sem relação de trabalho com empresa ou equiparada, pode optar pela forma de recolhimento prevista no parágrafo 2º do artigo 21 da Lei n.º 8.212, de 1991, independentemente do valor do seu salário-de-contribuição, ou seja, do valor que possa auferir no mês a título de remuneração**, todavia, exercendo essa opção, não será titular do direito ao benefício da aposentadoria por tempo de contribuição, salvo se efetuar a complementação de recolhimento prevista no parágrafo 3º do artigo 21 da Lei n.º 8.212, de 1991. A opção é formalizada pelo recolhimento da contribuição sob o código de pagamento específico para a "opção: aposentadoria apenas por idade". Enquanto tal opção não for exercida, o contribuinte individual estará sujeito à contribuição de 20% sobre o respectivo salário-de-contribuição. Sendo assim, não há fundamento para deferimento de pedido que intente restituição dos valores pagos sob a alíquota de 20% no período anterior à opção pela exclusão do direito ao benefício da aposentadoria por tempo de contribuição. SOLUÇÃO DE CONSULTA PARCIALMENTE VINCULADA À SOLUÇÃO DE CONSULTA N.º 133 - COSIT, DE 1 DE JUNHO DE 2015.

Dispositivos Legais: Constituição Federal, de 1988, art. 201, §§ 12 e 13; Lei Complementar nº 123, de 2006, art. 80; Lei nº 8.212, de 1991, art. 12, inciso V, alínea "h" e parágrafo 4º, art. 18, parágrafo 2º, art. 21, §§ 2º e 3º, e art. 28, inciso III, § 3º; Lei n.º 8.213, de 14 de julho de 1991, artigo 18, parágrafo 2º; Lei nº 12.470, de 2011, art. 1º; Decreto nº 3.048, de 1999, art. 9º, §1º, inciso V, alínea "l", art. 173 e art. 199-A, inciso I, §§ 1º e 2º; Instrução Normativa RFB nº 971, de 2009, art. 54, § 1º, inciso III, e art. 65, §§ 6º, 7º e 9º; Instrução Normativa RFB nº 1.265, de 2012, art. 4º, inciso XIII; e Ato Declaratório Executivo Codac n.º 46, de 11 de julho de 2013 (retificado no DOU de 14 de novembro de 2014).

Nos termos do artigo 18-A, da Lei Complementar 123/2006, alterado pela LC 155/2016, será contribuinte individual o **Microempreendedor Individual – MEI**, assim considerado o empresário individual a que se refere o artigo 966 do Código Civil[20], ou o empreendedor que exerça as atividades de industrialização, comercialização e prestação de serviços no âmbito rural, que tenha auferido receita bruta, no ano-calendário anterior, de até **R$ 81.000,00**, que seja optante pelo Simples Nacional e que não esteja impedido de optar pelo Simples Nacional.

20. Art. 966. Considera-se empresário quem exerce profissionalmente atividade econômica organizada para a produção ou a circulação de bens ou de serviços.

No caso do **MEI**, o prazo para o recolhimento da sua contribuição previdenciária será o **dia 20** do mês seguinte à respectiva competência, ou o primeiro dia útil **posterior**, se no dia 20 não houver expediente bancário.

É que o artigo 18-C, §3º, inciso II, da Lei Complementar 123/2006, prevê que o CGSN - Comitê Gestor do Simples Nacional poderá determinar, com relação ao MEI, a forma, a periodicidade e o prazo do recolhimento da sua contribuição previdenciária na condição de contribuinte individual.

Nesse sentido, de acordo com o artigo 18, da Resolução CGSN 51/2008, alterada pela Resolução CGSN 56/2009, o prazo para o recolhimento da contribuição previdenciária do MEI passou para o dia 20, sendo prorrogado para o primeiro dia útil seguinte se não for dia útil. **No mesmo sentido, o artigo 38[21], da Resolução CGSN 94/2011.**

Com a conversão da MP 529/2011 na Lei 12.470, de 31/08/2011, o segurado facultativo **sem renda própria** que se dedique exclusivamente ao trabalho doméstico no âmbito de sua residência, desde que pertencente a família de baixa renda, também passou a ser beneficiário do regime "simplificadíssimo" de arrecadação de apenas 5% sobre o salário de contribuição no valor de um salário mínimo.

O recolhimento da contribuição previdenciária simplificada de 5% sobre um salário mínimo pelo segurado facultativo de baixa renda exige a inscrição no CADÚNICO para ser válida.

De acordo com o **Parecer 22/2014 CONJUR-MPS/CGU/AGU**, que conta com homologação ministerial (vincula das decisões do CRPS), a existência de renda própria descaracteriza o direito ao recolhimento de 5% do salário mínimo para o segurado facultativo de baixa renda com inscrição no CadÚnico, deixando claro que a expressão "renda" é mais ampla que a expressão "renda do labor", pois abarca receitas não decorrentes de atividades laborais.

Dessa forma, o INSS vem negando a validação do CádÚnico quando constatada a declaração de renda pelo segurado facultativo nesta situação. Ademais, a percepção de renda assistencial do BPC/LOAS, por ser continuada, é caracterizada como renda familiar.

Nesse sentido, os itens 13, 16, 17, 18 e 19 do **Parecer Vinculante 22/2014 CONJUR-MPS/CGU/AGU:**

21. **Art. 38**. Os tributos devidos, apurados na forma desta Resolução, deverão ser pagos **até o dia 20 (vinte)** do mês subsequente àquele em que houver sido auferida a receita bruta. (Lei Complementar nº 123, de 2006, art. 21, inciso III)

§ 1º Na hipótese de a ME ou EPP possuir filiais, o recolhimento dos tributos do Simples Nacional dar-se-á por intermédio da matriz. (Lei Complementar nº 123, de 2006, art. 21, § 1º)

§ 2º O valor não pago até a data do vencimento sujeitar-se-á à incidência de encargos legais na forma prevista na legislação do imposto sobre a renda. (Lei Complementar nº 123, de 2006, art. 21, § 3º)

§ 3º Quando não houver expediente bancário no prazo estabelecido no **caput**, os tributos deverão ser pagos até o **dia útil imediatamente posterior.** (Lei Complementar nº 123, de 2006, art. 21, inciso III)

13. Desse modo, os destinatários do plano simplificado com alíquota subsidiada de 5% devem ser apenas aquelas pessoas de baixa renda que não aufiram renda própria. É que a dedicação aos afazeres domésticos não lhes permite auferir renda e por isso lhes impede de contribuir sob alíquotas maiores. Nesse sentido, os beneficiários da norma não podem auferir nenhum tipo de renda ***decorrente do trabalho,*** nem tampouco outras rendas como ***aluguéis, pensão por morte,*** ou ***benefícios mensais de caráter indenizatório,*** pois caso o legislador quisesse apenas excluir *rendas decorrentes do trabalho,* teria utilizado esse termo específico e não expressão mais ampla, adotada pelo constituinte - e que não foi ampliada pelo legislador infraconstitucional, que a adotou em sua literalidade.

14. De outra parte, as rendas provenientes de programas assistenciais não devem ser considerados como renda para fins de exclusão do sistema de inclusão previdenciária pois a Lei n° 12.470/2011 quer alcançar justamente as pessoas cadastradas no CadÚnico[2] do Ministério do Desenvolvimento Social e Combate à Fome-MDS, ou seja, pessoas de baixa renda que são o público- alvo de programas assistenciais.

16. Os benefícios assistenciais podem ser classificados em três espécies: (i) o Benefício de Prestação Continuada- BPC destinado a idosos e deficientes, que consiste em uma renda mensal de um salário mínimo, (ii) os Benefícios Eventuais e os (iii) Benefícios de Transferência de Renda.

17. Os benefícios assistenciais **eventuais** têm caráter suplementar e provisório e são prestados aos cidadãos e às famílias hipossuficientes em virtude de nascimento, morte, situações de vulnerabilidade temporária e de calamidade pública, nos termos do art. 22 da Lei Orgânica da Assistência Social (Lei n° 8.742/1993)[3].

18. Já os benefícios de **transferência de renda** têm o objetivo de combater a pobreza, a exemplo do Bolsa Família previsto na Lei n° 10.836/2004.

19. Desse modo, caso se pretenda permitir que a dona-de-casa deficiente que recebe renda proveniente do **BPC/LOAS** possa também ser destinatária do plano simplificado, para se filiar ao RGPS recolhendo alíquota de 5%, seria necessário adequar a redação do §5º proposto ao art. 199-A. Caso contrário, parece-nos que essa renda assistencial poderia caracterizar "renda própria", uma vez que apenas os auxílios assistenciais eventuais/temporários e os valores relativos a programas de transferência de renda foram excepcionados.

Eis as regras de regularidade firmadas pelo INSS:

> **Anexo Ofício-Circular nº 14/DIRBEN/INSS, de 13 de março de 2019.**
>
> **Orientação do Departamento do Cadastro Único/SAGI/MC sobre a atualização cadastral no CadÚnico**
>
> Para o Cadastro Único, um **cadastro atualizado** é aquele que teve alguma das informações específicas, abaixo relacionadas, alteradas nos últimos 24 meses, contados a partir de sua inclusão ou da última atualização cadastral:
>
> Endereço domiciliar; Renda familiar; Composição familiar, com inclusão ou exclusão de membros da família; CPF ou Título de Eleitor para o RF; Para as famílias quilombolas e indígenas, qualquer outro documento de identificação previsto no Formulário Principal, inclusive o RANI para os indígenas; Substituição do RF; Código INEP; e Ano/Série escolar Qualquer alteração em outros campos do cadastro da família, mesmo na data da entrevista, não resultará em atualização cadastral no Cadastro Único, porque as informações específicas acima não foram atualizadas.
>
> Ou seja, a data de atualização do cadastro da família **não** será alterada. Caso em uma entrevista com uma família já cadastrada nenhuma de suas informações específicas tenha mudado desde a inclusão ou última atualização cadastral, a gestão municipal do Cadastro Único pode utilizar a funcionalidade **"Confirmar Cadastro Familiar"** do Sistema de Cadastro Único, confirmando junto ao Responsável pela Unidade Familiar se os dados permanecem inalterados. Dessa forma, o município efetivará a atualização cadastral por confirmação, ou seja, a data de atualização do cadastro da família será alterada.

Em seguida foi publicado o **Decreto 11.016/2022**, que regulamenta o Cadastro Único para Programas Sociais do Governo Federal, instituído pelo art. 6º-F da Lei nº 8.742, de 7 de dezembro de 1993.

O CadÚnico é **definido** como o instrumento de coleta, processamento, sistematização e disseminação de informações, com a finalidade de realizar a identificação e a caracterização socioeconômica das famílias de baixa renda que residem no território nacional, tendo a seguinte constituição:

I - base de dados;

II - instrumentos;

III - procedimentos;

IV - rede de atendimento;

V - rede de programas usuários; e

VI - sistemas.

São **diretrizes** do CadÚnico:

I - a responsabilidade do responsável pela unidade familiar pela declaração dos dados referentes a todos os membros da sua família;

II - a utilização, pelo Poder Público, de dados sobre a identificação da pessoa e a situação socioeconômica da família, por meio da integração do CadÚnico com outros registros administrativos;

III - o uso para a articulação e a integração de políticas públicas, em todas as esferas de Governo;

IV - o uso de tecnologia e inovação para alcance de seus objetivos;

V - a proteção de dados pessoais, observado o disposto na Lei nº 13.709, de 14 de agosto de 2018;

VI - o zelo pela segurança da informação; e

VII - o georreferenciamento dos dados.

São **objetivos** do CadÚnico:

I - reunir, armazenar e processar os registros administrativos dos indivíduos e das famílias de baixa renda;

II - servir como base de dados para o acesso a programas sociais do Governo federal; e

III - ser utilizado como repositório de dados para a realização de estudos sobre seu público, com vistas à análise de alternativas de políticas públicas para a superação da situação de vulnerabilidade econômica e social.

Devem ser considerados os seguintes conceitos:

**I - família** - a unidade composta por um ou mais indivíduos que contribuam para o rendimento ou tenham suas despesas atendidas pela unidade familiar e que sejam moradores em um mesmo domicílio;

**II - família de baixa renda - família com renda familiar mensal per capita de até meio salário mínimo;**

**III - domicílio** - local que serve de moradia à família;

**IV - responsável pela unidade familiar** - pessoa responsável por prestar as informações ao CadÚnico em nome da família, que pode ser:

a) responsável familiar - indivíduo membro da família, morador do domicílio, com idade mínima de dezesseis anos e, preferencialmente, do sexo feminino; ou

b) representante legal - indivíduo não membro da família e que não seja morador do domicílio, legalmente responsável por pessoas menores de dezesseis anos ou incapazes e responsável por prestar as informações ao CadÚnico, quando não houver morador caracterizado como responsável familiar;

**V - grupos populacionais tradicionais e específicos** - grupos, organizados ou não, identificados pelas características socioculturais, econômicas ou conjunturais particulares e que demandam estratégias diferenciadas de cadastramento no CadÚnico;

**VI - renda familiar mensal** - soma dos rendimentos brutos auferidos por todos os membros da família, **exceto:**

a) benefícios e auxílios assistenciais de natureza eventual e temporária;

b) valores oriundos de programas assistenciais de transferência de renda, com exceção do Benefício de Prestação Continuada de que trata o art. 20 da Lei nº 8.742, de 1993;

c) rendas de natureza eventual ou sazonal, na forma a ser estabelecida em ato do Ministro de Estado da Cidadania; e

d) outros rendimentos, na forma a ser estabelecida em ato do Ministro de Estado da Cidadania; e

**VII - renda familiar per capita**- razão entre a renda familiar mensal e o total de indivíduos da família.

De sua vez, as famílias com renda familiar mensal per capita superior a ½ do salário mínimo poderão ser incluídas no CadÚnico, desde que:

I - a inclusão esteja vinculada à seleção de programas sociais implementados por quaisquer das esferas de Governo; e

II - o órgão ou a entidade executora do programa tenha firmado o termo de uso do CadÚnico.

O **cadastramento das famílias** será realizado pelos Municípios que tenham aderido ao CadÚnico ou pelas famílias, por meio eletrônico, na forma a ser estabelecida em ato do Ministro de Estado da Cidadania, observados os seguintes critérios:

I - preenchimento de formulário;

II - cadastramento de cada cidadão em somente uma família;

III - cadastramento de cada família vinculado a seu domicílio e ao responsável pela unidade familiar; e

IV - registro das informações declaradas pelo responsável pela unidade familiar no ato de cadastramento, por meio do formulário a que se refere o inciso I, preferencialmente em meio eletrônico, com as seguintes informações, sem prejuízo de outras a serem estabelecidas em ato do Ministro de Estado da Cidadania:

a) identificação e caracterização do domicílio;

b) identificação e documentação civil de cada membro da família; e

c) escolaridade, participação no mercado de trabalho e rendimento de cada membro da família.

O **cadastramento** no CadÚnico é uma **atividade contínua**, que engloba:

I - a identificação das famílias a serem cadastradas;

II - a inclusão e a exclusão das famílias no CadÚnico; e

III - a atualização dos registros cadastrais.

As informações constantes do CadÚnico devem ser atualizadas ou revalidadas pela família a cada dois anos, contados da data de inclusão ou da última atualização ou revalidação, na forma estabelecida em ato do Ministro de Estado da Cidadania.

Os dados de identificação das famílias do CadÚnico são sigilosos, de acordo com a definição estabelecida pela Lei nº 12.527, de 18 de novembro de 2011, e pela Lei nº 13.709, de 2018, e de compartilhamento específico, nos termos do disposto no Decreto nº 10.046, de 2019, e somente poderão ser utilizados para a gestão de políticas públicas e realização de estudos e pesquisas, podendo ser utilizados pela União, Estados, Municípios e Distrito Federal para as finalidades no âmbito de sua competência.

No entanto, por desconhecimento e muitas vezes de boa-fé, os segurados facultativos promovem o recolhimento sem a inscrição no CadÚnico, pois o recolhimento tributário é feito pelo próprio segurado, não sendo exigido pelo sistema a prévia inscrição no CadÚnico.

Outras vezes existe a inscrição no CadÚnico que não foi validada na via administrativa pelo INSS. Ainda não há validação automática, que deve ser implantada com urgência pela autarquia previdenciária por óbvia questão de praticidade.

As validações das contribuições ainda estão sendo feitas de forma pontual, através de mensagem eletrônica à caixa de e-mail destinada a essa finalidade (baixarenda@previdencia.gov.br), conforme prevê o Memorando-Circular Conjunto nº 04 CGAIS/CGRD/DIRBEN/INSS, de 19 de dezembro de 2011.

Anteriormente, o INSS somente procedia à validação quando do requerimento do benefício, posicionamento absurdo, pois desprovido de segurança jurídica, sendo direito do segurado ter um posicionamento prévio para poder continuar contribuindo.

Felizmente, com o advento do Memorando-Circular Conjunto nº 43 /DIRBEN/DIRAT/INSS, de 22/11/2017, a autarquia passou a admitir a validação a qualquer momento quando solicitada pelo segurado.

Já existem inúmeras demandas judiciais em que o INSS rejeitou a validação dos recolhimentos perpetrados por segurados facultativos à razão de 5% sobre um salário mínimo por inexistência de inscrição no CadÚnico ou então pela percepção de remuneração do segurado no período.

A TNU, tem tese representativa de controvérsia, não concedeu efeitos retroativos à inscrição no CadÚnico, mas apenas prospectivos:

> EMENTA. DIREITO PREVIDENCIÁRIO. PEDIDO DE UNIFORMIZAÇÃO DE INTERPRETAÇÃO DE LEI FEDERAL. INCIDENTE DE UNIFORMIZAÇÃO JULGADO COMO REPRESENTATIVO DA CONTROVÉRSIA (TEMA 181). SEGURADO FACULTATIVO DE BAIXA RENDA. COMPROVAÇÃO DA CONDIÇÃO DE BAIXA RENDA. INSCRIÇÃO NO CADÚNICO. REDUÇÃO DA ALÍQUOTA DE CONTRIBUIÇÃO PREVIDENCIÁRIA. IMPOSSIBILIDADE DE VALIDAÇÃO DE CONTRIBUIÇÕES VERTIDAS ANTES DA INSCRIÇÃO. INCIDENTE CONHECIDO E NÃO PROVIDO.
>
> 1. O OBJETO EM DISCUSSÃO CINGE-SE À ANÁLISE DO DIREITO À VALIDAÇÃO DAS CONTRIBUIÇÕES EFETUADAS PELA SEGURADA, NA MODALIDADE

FACULTATIVO DE BAIXA RENDA, ANTES DA DATA DO REGISTRO NO CADASTRO ÚNICO DE PROGRAMAS SOCIAIS DO GOVERNO FEDERAL.

2. O CONTRIBUINTE FACULTATIVO BAIXA RENDA, DESTINATÁRIO DA ALÍQUOTA DE 5%, É AQUELE QUE SE DEDICA AO TRABALHO DOMÉSTICO EM SUA RESIDÊNCIA, PERTENCENTE À FAMÍLIA DE BAIXA RENDA E INSCRITO NO CADASTRO ÚNICO PARA PROGRAMAS SOCIAIS DO GOVERNO FEDERAL - CADÚNICO, CUJA RENDA MENSAL SEJA DE ATÉ 2 (DOIS) SALÁRIOS MÍNIMOS, ART. 21, §2º, II "B", E §4º, DA LEI Nº 8.212/91.

3. AS CONDIÇÕES SOCIECONÔMICAS, QUE INTERFEREM NO CUMPRIMENTO DOS REQUISITOS E, DE CONSEQUÊNCIA, NO DIREITO À ALÍQUOTA DIFERENCIADA, PODEM SOFRER ALTERAÇÕES COM O PASSAR DO TEMPO, RAZÃO POR QUE O CADASTRO REPRESENTA UM CRITÉRIO SEGURO PARA SUA AFERIÇÃO, NO MOMENTO EM QUE É FEITO.

4. DAÍ PORQUE A OBRIGAÇÃO ACESSÓRIA DE INSCREVER-SE PREVIAMENTE NO CADASTRO ÚNICO NÃO PODE SER INTERPRETADA COMO UMA MERA EXIGÊNCIA DE ORDEM BUROCRÁTICA. E MAIS, NÃO PODE OPERAR EFEITOS RETROATIVOS.

**5. FIXADA TESE JURÍDICA REPRESENTATIVA DA CONTROVÉRSIA (TEMA 181): "A PRÉVIA INSCRIÇÃO NO CADASTRO ÚNICO, PARA PROGRAMAS SOCIAIS DO GOVERNO FEDERAL - CADÚNICO, É REQUISITO ESSENCIAL PARA VALIDAÇÃO DAS CONTRIBUIÇÕES PREVIDENCIÁRIAS VERTIDAS NA ALÍQUOTA DE 5% (ART. 21, § 2º, INCISO II, ALÍNEA "B", E § 4º, DA LEI 8.212/91), E OS EFEITOS DESSA INSCRIÇÃO NÃO ALCANÇAM AS CONTRIBUIÇÕES FEITAS ANTERIORMENTE".**

A Turma Nacional de Uniformização, por maioria, decidiu CONHECER E NEGAR PROVIMENTO ao incidente de uniformização, nos termos do voto do Juiz Federal Erivaldo dos Santos. Incidente de Uniformização julgado como representativo da controvérsia, conforme art. 17, VII, do RITNU (Tema 181).

**Brasília, 21 de novembro de 2018.**

O que a TNU não decidiu é se o INSS deve ou não facultar ao segurado (especialmente de boa-fé) a complementação da alíquota de 5% para 11% com efeitos retroativos, o que pode ser a diferença entre conceder ou negar um benefício por incapacidade ou mesmo uma pensão por morte quando o risco social (incapacidade ou morte) se operou durante o pagamento da contribuição de 5% do salário-mínimo sem que o segurado facultativo possuísse inscrição no CadÚnico.

Entende-se ser razoável essa abertura de complemento com efeitos retroativos, exceto nas situações em que restar demonstrada a má-fé do segurado.

Por sua vez, as validações são perpetradas somente no momento do requerimento do benefício, de modo que a análise do atendimento dos requisitos legais para enquadramento como facultativo de baixa renda tem sido posterior aos recolhimentos já realizados nessa categoria, o que gera enorme insegurança jurídica, pois após anos de recolhimento o segurado corre o risco de ter invalidados os recolhimentos, o que reforça a necessidade de urgente alteração da atual sistemática.

O maior problema que se coloca é para o benefício de pensão por morte, pois a complementação de contribuições *post mortem* não vem sendo admitida pela jurisprudência dominante.

Nesse sentido, a 10ª Turma Recursal de São Paulo:

"RELATÓRIO: Trata-se de recurso interposto pela parte autora, VANESSA ALVES ROCHA, da sentença que julgou IMPROCEDENTE o pedido de concessão por morte formulado na inicial, na condição de filha menor de João da Costa Rocha, falecido em 13/03/2013. Diz a fundamentação: [...] **No caso presente, dos elementos contidos nos autos, verifica-se que entre a última contribuição à Previdência Social, como facultativo se deu em fev/2013. No entanto, tal recolhimento por si só não se presta ao fim pretendido. Isto porque os recolhimentos feitos como facultativo de baixa renda passam por uma validação escalonada de vários órgãos da Administração Pública. A primeira forma de validação é a verificação objetiva da inscrição do beneficiário no denominado CadÚnico Cadastro Único para Programas Sociais CadÚnico que é o instrumento de identificação e caracterização socioeconômica das famílias brasileiras de baixa renda, obrigatoriamente utilizado para seleção de beneficiários e integração de programas sociais do Governo Federal voltados ao atendimento desse público. Os recolhimentos efetuados na condição de baixa renda só são validados após a checagem da inscrição do beneficiário no CadÚnico. Cumprida as duas etapas - confirmação de inscrição no CadÚnico e efetivo recolhimento da contribuição pós inscrição - os recolhimentos passam a constar no Cadastro Nacional de Informações Sociais - CNIS.** Quando o segurado facultativo de baixa renda requer algum dos benefícios a que faz jus essa classe de segurados, iniciam-se as verificações relativas à questão da aferição da renda pessoal e familiar do interessado, bem como a configuração do mesmo como Do Lar. Essas verificações são feitas levando em conta as informações repassadas ao INSS por empresas e pelos próprios contribuintes, mais especificamente por declarações de cunho tributário entregues às autoridades fazendárias. **No caso dos autos, não houve a validação - conforme consta das informações prestadas pela Seção de Administração de Informações do Segurados - SAIS (fls. 32/36) - o que significa dizer que o recolhimento não alcançou o fim pretendido, qual seja o de atribuir a(o) falecida(o) a qualidade de segurado.** Observo que a perda da qualidade de segurado constitui óbice à concessão do benefício, conforme disposição do artigo 102, §2º, da Lei 8.213/91: [...]Consigno, por fim, que não restou demonstrado o direito do(a) falecido(a) à concessão de aposentadoria. **Assim, considerando que na data do óbito o segurado havia perdido a qualidade de segurado, bem como que não foram comprovados**

**os requisitos para a aposentadoria do falecido, a autora não demonstrou o implemento das condições do artigo 74 da Lei 8.213/91, pelo que não faz jus à concessão do benefício de pensão por morte.** Nas razões recursais, a autora argumenta que seu pai inscreveu-se no programa das Leis nº 10.836/2004 e 12.470/2011 e contribuiu no período de 07/2012 a 02/2013, tornando-se assim, segurado da Previdência Social, qualidade mantida até a data do óbito em 14/03/2013. Sustenta que a convalidação da inscrição do segurado no CadÚnico pode ser feita quando do requerimento de benefício previdenciário. Ademais, uma vez verificado que o segurado não mais se enquadra na condição de segurado de baixa renda, a solução jurídica não é desconsiderar os recolhimentos efetuados, mas dar ao segurado e a seus familiares a opção de complementar as contribuições já recolhidas com o valor necessário para atingir a alíquota normal de recolhimento. É o relatório. II VOTO Não assiste razão à recorrente. Nos termos do art. 21, §§ 2º e 3º, da Lei nº 8.212/91, na redação da Lei nº 12.470/2011, pode contribuir como segurado facultativo de baixa renda somente a pessoa sem renda própria que se dedique exclusivamente ao trabalho doméstico no âmbito de sua residência, desde que pertencente a família de baixa renda, assim considerada a família inscrita no Cadastro Único para Programas Sociais do Governo Federal - CadÚnico cuja renda mensal seja de até 2 (dois) salários mínimos. No presente caso, a validação das contribuições do falecido ocorreu - tal como defendido no recurso - no bojo do requerimento de pensão por morte formulado pela autora (cf. fls. 21-28 e 32 do PA, págs. 31-36 e 40 da inicial). Verificou-se na ocasião que o falecido não se enquadrava no preceito legal que autoriza o recolhimento em valor menor, porque possui renda no CadÚnico (cf. pág. 36). Em outras palavras, não se tratava de pessoa sem renda, dedicada exclusivamente ao trabalho doméstico. Assim, sendo inválida a inscrição, não restou comprovada a qualidade de segurado do de cujus na data do óbito. Inviável a regularização das contribuições *post mortem*, visto que a jurisprudência não tem admitido essa possibilidade nem mesmo ao contribuinte individual, segurado obrigatório da Previdência Social. Confira-se, nesse sentido, o enunciado da Súmula nº 52 da Turma Nacional de Uniformização: Súmula 52 - Para fins de concessão de pensão por morte, é incabível a regularização do recolhimento de contribuições de segurado contribuinte individual posteriormente a seu óbito, exceto quando as contribuições devam ser arrecadadas por empresa tomadora de serviços. Voto. Ante o exposto, nego provimento ao recurso da parte autora" **(RI 00070049420144036332, de 25/7/2016).**

**IMPORTANTE!**

O tema foi enfrentado pela Secretaria de Previdência do Ministério do Economia através **da Nota Técnica SEI nº 44843/2020/ME**, que tratou do *"recolhimento complementar do segurado facultativo sem renda própria que se dedique exclusivamente ao trabalho doméstico no âmbito de sua residência em face da não validação dessa condição"*, apresentando a seguinte conclusão:

I- o segurado facultativo sem renda própria que se dedique exclusivamente ao trabalho doméstico no âmbito de sua residência, em face da não validação desta condição, pode complementar a sua contribuição **após o fato gerador do benefício**, inclusive dos benefícios por incapacidade; e,

II- o INSS deve acompanhar os efeitos da linha de interpretação ora adotada, avaliando e mensurando os riscos e os impactos para o RGPS.

Dessa forma, o órgão que define a política pública previdenciária admitiu a complementação de alíquota de 5% para 11% mesmo após a ocorrência do fato gerador do benefício.

Eis os códigos de recolhimento da complementação:

| | |
|---|---|
| **1830** | Facultativo Baixa Renda – Mensal – Complemento 6% (para plano simplificado 11%) |
| **1848** | Facultativo Baixa Renda – Trimestral – Complemento 6% (para plano simplificado 11%) |
| **1945** | Facultativo Baixa Renda – Mensal – Complemento 15% (para plano normal) |
| **1953** | Facultativo Baixa Renda – Trimestral – Complemento 15% (para plano normal) |

Dessa forma, o segurado facultativo com recolhimento não validado sobre 5% do salário mínimo terá o direito de complementar as competências para a alíquota de 11% com o código 1830 (recolhimento mensal) ou 1848 (recolhimento trimestral).

Ao julgar o **Tema 286**, a TNU admitiu a complementação de alíquota após o óbito do segurado, no caso de não validação do recolhimento de 5% sobre um salário mínimo:

> Tema 286 Situação do tema Julgado Ramo do direito DIREITO PREVIDENCIÁRIO
>
> **Questão submetida a julgamento** Saber se para fins de aquisição/manutenção da qualidade de segurado e pensão por morte, é possível a complementação, após o óbito, pelos dependentes, das contribuições recolhidas em vida pelo segurado facultativo de baixa renda do art. 21, §2º, II, 'b', da Lei 8.212/91, da alíquota de 5% para as de 11% ou 20%, no caso de não validação dos recolhimentos.
>
> **Tese firmada** Para fins de pensão por morte, é possível a complementação, após o óbito, pelos dependentes, das contribuições recolhidas em vida, a tempo e modo, pelo segurado facultativo de baixa renda do art. 21, §2º, II, 'b', da Lei 8.212/91, da alíquota de 5% para as de 11% ou 20%, no caso de não validação dos recolhimentos.

**Processo Decisão de afetação Relator (a) Julgado em Acórdão publicado em Trânsito em julgado**

PEDILEF 5007366-70.2017.4.04.7110/RS 25/2/2021 Juiz Federal Ivanir César Ireno Júnior 23/06/2022 24/06/2022

Prevaleceu o fundamentado voto do Juiz Federal Ivanir Ireno, que pode ser sintetizado no seu **item 57**, devendo ser destacado que o INSS apresentou memoriais a favor da complementação de alíquota:

"57. Resumo, aqui, os **fundamentos que entendo suficientes para ratificar a posição do INSS a favor da complementação:**

(i) a complementação para acréscimo de alíquota após o fato gerador do benefício previdenciário não se confunde com o pagamento integral e extemporâneo da contribuição, que não é admitido pelo INSS e pela jurisprudência;

(ii) pressupõe contribuição prévia, recolhida em época própria, que por alguma irregularidade deixou de ser validada, exigindo somente um acréscimo para a sua regularização. Essa diferenciação é essencial para demonstrar que, em alguma medida, mantém-se hígido o caráter securitário e contributivo do RGPS, que não perde a sua essência;

(iii) o caso envolve seguro social, em que o aspecto protetivo tem que ter papel relevante. Nesse contexto, não parece adequado retirar a proteção social da pessoa que pagou a contribuição no momento correto, mas em valor inferior ao devido, sem lhe permitir, com alguns efeitos retroativos, a complementação desse pagamento, ainda que após o fato gerador;

(iv) não se pode presumir ou concluir, antecipadamente e de forma genérica, que a irregularidade que gerou a não validação das contribuições seja fruto de comportamento desonesto ou implique deliberada e ilegal intenção de reduzir o valor da contribuição previdenciária;

(v) a complementação será paga com os devidos encargos legais (multa e juros), por todo tempo de recolhimento com alíquota equivocada/reduzida, recompondo as perdas financeiras do RGPS;

(vi) segundo a DIRBEN/INSS, a complementação de contribuição, quer na hipótese da alteração da alíquota de 5% para 11% ou 20%, quer na hipótese da complementação de que trata o art. 5º da Lei nº 10.666, de 8 de maio de 2003 (contribuinte individual que presta serviço à empresa), já era anteriormente admitida administrativamente após a ocorrência do fato gerador do benefício para todos os efeitos, inclusive para fins de carência e para os benefícios por incapacidade (menos para o óbito);

(vii) para hipótese mais relevante e representativa numericamente (ver item 24 da NT da SPREV), envolvendo complementação de base de cálculo, o Decreto 3.048/99, na redação do Decreto 10.410/2020, autorizou a complementação após o fato gerador (ver itens 43 a 48 retros), não se justificando tratamento diverso no presente caso, que envolve complementação para acréscimo de alíquota. Como frisou a SPREV:

***12. De se destacar que embora os ajustes trazidos pela Emenda Constitucional nº 103, de 2019, tenham por premissa uma remuneração inferior ao limite mínimo mensal do salário de contribuição, ao passo que a complementação objeto da consulta trata de um acréscimo de alíquota, a rigor inexiste diferença substancial entre tais pressupostos fáticos, uma vez que os resultados práticos são semelhantes: tanto em um quanto em outro caso tem-se uma situação em que a contribuição efetuada na competência está abaixo do limite mínimo mensal, hipótese em que precisa ser ajustada, de forma a que esse limite seja alcançado.***

***13. De se ressaltar, igualmente, que os ajustes em referência atendem à mesma finalidade - permitir que a contribuição de uma determinada competência atinja o limite mínimo requerido - razão pela qual devem possuir, na medida do possível, o mesmo regramento e terem tratamento uniforme. Não se justifica, assim, que se atribua à complementação determinados efeitos e ao agrupamento e ao remanejamento, efeitos diversos.***

(viii) não existe risco de abuso ou ampliação dessa escolha hermenêutica no âmbito do Poder Judiciário (é o que acredito), ou mesmo de "sinalização para que a TNU reviste o tema e revogue a súmula 52", uma vez que as situações de pagamento integral e extemporâneo e de mera complementação estão bem caracterizadas e extremadas, sendo admissível somente a segunda".

Outrossim, **registre-se que a TNU admitiu a complementação de alíquota a qualquer tempo, não a limitando a 15 de janeiro do ano seguinte ao óbito:**

*"60. **Quanto ao termo final da possibilidade de complementação**, o questionamento tem origem na parte final do §7º do art. 19-E do Decreto 3.048/99, na redação do Decreto 10.410/2020, já transcrito em mais de uma passagem desse voto, que, **no caso específico da complementação de base de cálculo decorrente do art. 29 da EC 103/2019**, feita pelos dependentes do segurado falecido, **exige que a solicitação seja feita até o dia 15 do mês de janeiro subsequente ao ano civil correspondente**. Registre-se previsão do citado art. 29: "Parágrafo único. Os ajustes de complementação ou agrupamento de contribuições previstos nos incisos I, II e III do caput somente poderão ser feitos ao longo do mesmo ano civil.".*

61. A restrição temporal em questão foi imposta para o caso de complementação de base de cálculo, introduzida pela EC 103/2019. Para o caso de complementação de alíquota não existe termo final imposto por lei ou ato normativo infralegal. Como o caso não comporta analogia, que seria prejudicial, é forçoso reconhecer que não existe termo final para o complemento".

Por sua vez, **a TNU exigiu que a complementação recaia sobre todo o período não validado, inclusive períodos alcançados pela decadência:**

*"62. **Quanto ao período que deve ser objeto de complementação**, o questionamento decorre da possibilidade de se exigir o pagamento de todo o período não validado, ou,*

*exclusivamente, do período necessário para se adquirir, recuperar ou manter a qualidade de segurado, implementar a carência necessária à concessão do benefício ou o número de contribuições mínimo para que a pensão por morte supere 04 meses.*

*63. Imagine-se, por exemplo, o segurado facultativo que vinha pagando contribuições com alíquota equivocada durante 03 anos consecutivos. Falecido, tendo deixado somente o cônjuge como dependente, este pode complementar somente uma contribuição para fazer jus à pensão por morte por quatro meses, ou apenas dezoito, para ter o benefício pela duração correspondente à sua idade. Se o dependente fosse um filho, por exemplo, bastaria complementar uma contribuição para fazer jus à pensão até os 21 anos? Por fim, no caso de um benefício por incapacidade, bastaria complementar doze ou seis (recuperação da carência) contribuições para implementar ou recuperar a carência? Em todos esses exemplos, certamente, o beneficiário vai optar pela complementação mais barata (01, 18, 12 ou 06 ao invés de 36), trazendo prejuízo ao RGPS e se beneficiando de seu erro originário.*

*64. Por uma série de fundamentos, tenho que o correto é exigir o pagamento **por todo o período não validado**:*

*(i) em regra, como já dito, o RGPS exige que todas as contribuições estejam devidamente pagas antes da ocorrência do fato gerador do benefício;*

*(ii) nesse contexto, **a complementação após o fato gerador, inegavelmente um substancial favor previdenciário,** não pode ir ao extremo de colocar em risco o caráter contributivo e o equilíbrio financeiro e atuarial do sistema, desincentivar o esforço de regularidade contributivo e colocar em vantagem segurado/dependente que recolheu equivocadamente as suas contribuições, em detrimento dos que recolheram corretamente, a tempo, modo e montante;*

*(iii) também não pode colocar o segurado facultativo em condições mais favoráveis do que o segurado obrigatório, sendo certo que o segundo, caso recolha contribuições com alíquota inferior à devida, pode ter a diferença lançada e cobrada compulsoriamente (tributo), o que não pode ocorrer com o segurado facultativo (falta de natureza tributária das contribuições);*

*(iv) embora não se possa afirmar que a complementação após o evento social protegido incentivará comportamentos desonestos, ela não pode, com certeza, incentivar comportamentos oportunistas (e manipuláveis) "**10** em detrimento do erário;*

*(v) no caso dos autos, o acórdão recorrido determinou o complemento de todo o período:* "Nos termos da fundamentação, voto por dar parcial provimento ao recurso da parte autora para declarar que o benefício de pensão por morte seja pago ***após a complementação das contribuições previdenciárias do período de 6-2013 a 2-2015, com termo inicial a contar do pagamento das contribuições***.

65. Por fim, é importante frisar que devem ser complementados períodos alcançados e não alcançados pela decadência/prescrição, na forma dos arts. 21, §3º e 45-A, ambos da Lei 8.212/91, não devendo ser confundido o "direito da Administração de cobrar a contribuição previdenciária" (que para o facultativo não tem natureza tributária)" e o "direito da Administração de condicionar o deferimento do benefício à regularização de um débito".

**Registre-se que o pagamento da complementação é constitutivo, exsurgindo o direito à pensão por morte na data do seu pagamento, o que certamente atrairá a aplicação da reafirmação da DER quando o pagamento se der no curso do processo administrativo ou do judicial:**

*66. **Quanto ao termo inicial dos efeitos financeiros do benefício**, a controvérsia é saber se a complementação extemporânea tem efeito constitutivo ou não do direito ao benefício, sendo que, em caso positivo, os efeitos financeiros não podem retroagir a momento anterior.*

*67. No caso, **não se está diante da clássica situação em que o direito está configurado em uma determinada data, mas só é comprovado ou evidenciado em momento futuro, seja na via administrativa ou judicial, autorizando os efeitos financeiros desde a DER/DIB original.** Na hipótese de segurados contribuinte individual por conta própria e facultativo, a efetivação da contribuição tem, sempre, caráter constitutivo do direito, seja para fins de obtenção da qualidade de segurado (ver súmula 52 da TNU), seja para fins de carência (ver art. 27, II, da Lei 8.213/91).*

*68. Assim sendo, na hipótese da complementação de contribuição para fins da pensão por morte, **o direito somente se configura quando da própria complementação, razão pela qual os efeitos financeiros devem ser fixados nesta data**, mesmo que o requerimento do benefício tenha ocorrido dentro dos prazos a que se refere o artigo 74 da Lei nº 8.213/91. Nesse sentido, inclusive, foi a decisão da TR de origem.*

No entanto, **no dia da votação o Colegiado entrou em acordo com o Relator para excluir os itens 62 a 68 do seu voto**, ao argumento de que o caso concreto em julgamento não exigia esse detalhamento. Desse modo, **nesta tese a TNU deixou em aberto a questão dos efeitos da complementação (se constitutiva ou não) e se a complementação deve recair ou não sobre todo o período validado.**

Mas registre-se que há precedentes da TNU pela **natureza constitutiva do pagamento da complementação:**

**Tipo**

Acórdão

Precedente Relevante

**Número**

5008508-13.2020.4.04.7108

50085081320204047108

**Classe**

Pedido de Uniformização de Interpretação de Lei (Turma)

**Relator(a)**

GUSTAVO MELO BARBOSA

**Origem**

TNU

**Órgão julgador**

TURMA NACIONAL DE UNIFORMIZAÇÃO

**Data**

23/06/2022

**Data da publicação**

27/06/2022

**Fonte da publicação**

27/06/2022

**Ementa**

PEDIDO DE UNIFORMIZAÇÃO DE INTERPRETAÇÃO DE LEI FEDERAL. PREVIDENCIÁRIO. APOSENTADORIA POR TEMPO DE CONTRIBUIÇÃO. NECESSIDADE DE COMPLEMENTAÇÃO DE CONTRIBUIÇÕES PREVIDENCIÁRIAS. NATUREZA CONSTITUTIVA DO DIREITO. FIXAÇÃO DO TERMO INICIAL DO BENEFÍCIO APENAS APÓS O SEU PAGAMENTO. INCIDENTE CONHECIDO E DESPROVIDO. 1. **A complementação é a obrigação do segurado do Regime Geral da Previdência Social - RGPS de complementar a alíquota ou a base de cálculo do seu salário de contribuição para que aquela contribuição mensal alcance o limite mínimo exigido por lei para gerar efeitos previdenciários, como carência e tempo de contribuição.** 2. **O ato de recolhimento complementar não tem caráter declaratório, mas constitutivo do direito, motivo pelo qual é inviável a fixação do termo inicial do benefício pretendido em momento anterior ao pagamento. 3. Tese fixada: "Havendo necessidade de complementação de contribuições previdenciárias para fins de tempo de contribuição e carência, o termo inicial do benefício está condicionado ao seu pagamento".** 4. Incidente conhecido e desprovido.

**Decisão**

A Turma Nacional de Uniformização decidiu, por unanimidade, CONHECER e NEGAR PROVIMENTO ao incidente de uniformização interposto pela parte autora.

PEDIDO DE UNIFORMIZAÇÃO DE INTERPRETAÇÃO DE LEI FEDERAL. PREVIDENCIÁRIO. COMPLEMENTAÇÃO DE CONTRIBUIÇÕES PREVIDENCIÁRIAS. NATUREZA CONSTITUTIVA DO DIREITO. FIXAÇÃO DO TERMO INICIAL DO BENEFÍCIO APENAS APÓS O SEU PAGAMENTO. INCIDENTE CONHECIDO E PROVIDO. 1. A complementação é a obrigação do segurado do Regime Geral da Previdência Social - RGPS de complementar a alíquota ou a base de cálculo do seu salário de contribuição para que aquela contribuição mensal alcance o limite mínimo exigido por lei para gerar efeitos previdenciários, como carência e tempo de contribuição. 2. O ato de recolhimento complementar não tem caráter declaratório, mas constitutivo do direito, motivo pelo qual é inviável a fixação do termo inicial do benefício pretendido em momento anterior ao pagamento. **3. Tese fixada: "Havendo necessidade de complementação de contribuições previdenciárias, o termo inicial do benefício está condicionado ao seu pagamento".** 4. Incidente conhecido e provido (TNU, processo 0005635-02.2016.4.01.3600, de 15/12/2022).

Registre-se, inclusive, que essa é a lógica que orientou o STJ no tema 995, referente à reafirmação da DER, **para alterar a DIB para quando os requisitos de acesso ao benefício estivessem cumpridos.** Nesse sentido: "É possível a reafirmação da DER (Data de Entrada do Requerimento) para o momento em que implementados os requisitos para a concessão do benefício, mesmo que isso se dê no interstício entre o ajuizamento da ação e a entrega da prestação jurisdicional nas instâncias ordinárias, nos termos dos arts. 493 e 933 do CPC/2015, observada a causa de pedir."

Sobre o tema foi editado o PARECER REFERENCIAL n. 00015/2022/DEPPREV/PGF/AGU:

> PREVIDENCIÁRIO. CONTENCIOSO. PEDILEF Nº 5007366-70.2017.4.04.7110/RS DECIDIDO COMO **TEMA REPRESENTATIVO DE CONTROVÉRSIA nº 286 DA TURMA NACIONAL DE UNIFORMIZAÇÃO (TNU).** FIRMADA A TESE DE QUE "PARA FINS DE PENSÃO POR MORTE, É POSSÍVEL A COMPLEMENTAÇÃO, APÓS O ÓBITO, PELOS DEPENDENTES, DAS CONTRIBUIÇÕES RECOLHIDAS EM VIDA, A TEMPO E MODO, PELO SEGURADO FACULTATIVO DE BAIXA RENDA DO ART. 21, §2º, II, 'B', DA LEI 8.212/91, DA ALÍQUOTA DE 5% PARA AS DE 11% OU 20%, NO CASO DE NÃO VALIDAÇÃO DOS RECOLHIMENTOS". COISA JULGADA. AUSÊNCIA DE QUESTÃO CONSTITUCIONAL. **PRECEDENTE CONVERGENTE COM O ENTENDIMENTO DA ADMINISTRAÇÃO.** APLICAÇÃO DO ARTIGO 3º, INCISO IX, E ART. 9ª-A, DA PORTARIA AGU Nº 488, DE 2016. ABSTENÇÃO DE ATUAÇÃO NA JUSTIÇA COMUM E ESPECIAL, OBSERVADAS AS RESSALVAS E ORIENTAÇÕES DESTE PARECER.

É considerada como baixa renda, neste caso, a família inscrita no Cadastro Único para Programas Sociais do Governo Federal (CadÚnico), cuja renda mensal seja de até 02 salários mínimos.

De acordo com a interpretação do INSS, firmada no Memorando-Circular nº 26 DIRBEN/INSS, de 7 de agosto de 2014, "a expressão 'renda própria' contida na alínea 'b" do inciso II do § 2º do art. 21 da Lei nº 8.212/91, abrange qualquer renda auferida, não apenas as rendas provenientes do trabalho. Dessa forma, o cidadão que auferir renda proveniente de aluguéis, pensões, benefícios indenizatórios, não poderá se inscrever como segurado facultativo para contribuir com a alíquota reduzida de 5%".

Entende-se que esse posicionamento do INSS é excessivo em certos casos de **ínfimas receitas.** Isso porque **rendas mínimas eventuais** não forçam o segurado a recolher como contribuinte individual, se inferiores a um salário mínimo percebido mensalmente, que é o menor valor do salário de contribuição, pois a contribuição previdenciária possui natureza tributária e ninguém é obrigado a recolher contribuição sobre um salário mínimo quando não aufere essa riqueza com o seu trabalho mensal.

Se uma pessoa tem uma renda como vendedor ambulante de R$ 100,00 por mês não será segurada obrigatória, vez que não atingiu a um salário mínimo mensal. Neste caso, por outro lado, a autarquia previdenciária acaba não validando os recolhimentos de 5% do segurado facultativo de baixa renda, exigindo o seu complemento para 11% do salário mínimo, não sendo uma postura adequada.

Nesse sentido a melhor jurisprudência.

"PREVIDENCIÁRIO. AUXÍLIO-DOENÇA. QUALIDADE DE SEGURADO. SEGURADO FACULTATIVO DE BAIXA RENDA. RECURSO DO INSS IMPROVIDO. - Trata-se de recurso inominado interposto pelo INSS contra sentença que julgou procedente o pedido de concessão de auxílio-doença a segurada facultativa de baixa renda. - Alega o INSS que a autora possui renda própria declarada, não podendo verter contribuições na qualidade de segurado facultativo de baixa renda. Pede reforma da sentença. - Nos termos do *caput* do art. 59 da Lei 8.213/91, "o auxílio-doença será devido ao segurado que, havendo, cumprido, quando for o caso, o período de carência de 12 meses exigido nesta Lei, ficar incapacitado para o seu trabalho ou para a sua atividade habitual por mais de 15 (quinze) dias consecutivos". - Por outro lado, o segurado facultativo de baixa renda é aquele que preenche os seguintes requisitos: a) não ter renda própria; b) dedicar-se exclusivamente ao trabalho doméstico no âmbito de sua residência; e c) pertencer à família de baixa renda, ou seja, aquela inscrita no Cadastro Único para Programas Sociais do Governo Federal - CadÚnico, cuja renda mensal seja de até 2 (dois) salários mínimos (art. 21, II, §2º, "b", e §4º da Lei SEGURADO FACULTATIVO nº 8.212/91). - As expressões "sem renda própria" e "exclusivamente" devem ser interpretados sistemática e teleologicamente, sob pena de criar-se um paradoxo. O contribuinte facultativo de baixa renda é o único responsável pelo recolhimento da sua contribuição. Se não possuir "renda nenhuma", como poderá contribuir para a Previdência Social? **Impor a necessidade de recolher sua contribuição, mas ao mesmo tempo dizer que "não deve possuir renda própria" é criar um paradoxo. O significado "renda própria", portanto, deve ser compreendido como não exercer atividade remunerada que enseje a sua filiação obrigatória ao RGPS. A legislação criou o contribuinte facultativo de baixa renda, o que não significa não possuir renda. É forçoso reconhecer que não se pode excluir aquele que possui uma "renda marginal", que muitas vezes nem chega a um salário mínimo.** - A sentença não merece reparos. Os valores declarados como renda mensal pessoal (anexo 18) são irrisórios, não tendo esse fato o condão de desqualificar a autora como segurada facultativa de baixa renda. - Nesse sentido invoco o seguinte trecho da sentença recorrida: "Quanto à qualidade de segurada da demandante, o INSS afirma que, a despeito de a autora ter efetuado os recolhimentos referentes às competências 05/2012 a 10/2012 e de 04/2013 a 05/2015, esses não foram validados, uma vez que a autora não logrou comprovar a sua qualidade de segurada facultativa de baixa renda. **Esclareceu que a demandante não comprovou tal qualidade por ter apresentado renda própria registrada no CadÚnico no valor de R$80,00 (oitenta reais) e de R$ 50,00 (cinquenta reais) no CECAD - Consulta, Seleção e Extração de Informações do CadÚnico.** Ressalte-se que, nos termos do art. 21, §4º, da Lei 8.212/91, considera-se como de baixa renda, para fins de incidência do sistema especial de inclusão previdenciária, "a família inscrita no Cadastro Único para Programas Sociais do Governo Federal - CadÚnico cuja renda mensal seja de até 2 (dois) salários mínimos". Pois bem. Da análise da documentação acostada aos autos, entendo que restou demonstrado que a autora se enquadra no conceito de segurada facultativa de baixa renda. Segundo documento acostado pelo próprio INSS consta a inscrição da autora no CadÚnico, com data de atualização da família em 04/02/2015, bem como com renda familiar de até 01 salário-mínimo e per capita de até R$77,00 (pág. 03 do doc. 12). Assim, a despeito de constar valor da renda pessoal mensal de R$80,00 (oitenta reais - pág. 01 do doc. 12) e de R$ 50,00 (cinquenta reais, pág. 05 do doc. 12) no CECAD - tal como argumentado pelo INSS - entendo que esse valor não compromete a situação de vulnerabilidade social da demandante, uma vez que a renda familiar desta continua muito inferior ao mínimo legal de dois salários-mínimos exigido para a qualidade segurado facultativo de baixa renda." - Recurso do INSS improvido. Sentença mantida" (3ª Turma Recursal, TRF 3, Recurso 05000816520164058305, de 1/4/2016).

Ao julgar o **tema 241** em outubro de 2021, entendeu a TNU que "***o exercício de atividade remunerada, ainda que informal e de baixa expressão econômica, obsta o enquadramento como segurado facultativo de baixa renda, na forma do art. 21, §2º, II, alínea 'b', da Lei 8.212/91, impedindo a validação das contribuições recolhidas sob a alíquota de 5%.***"

O caminho, portanto, será buscar a complementação de alíquota na Autarquia de Previdência, posicionamento acatado administrativamente, conforme anteriormente visto.

Outrossim, aduz a Autarquia Previdenciária que "os auxílios assistenciais de natureza eventual, prestados aos cidadãos e famílias hipossuficientes em virtude de nascimento, morte, vulnerabilidade temporária e de calamidade pública, estão excluídos do conceito de renda própria. Os auxílios assistenciais oriundos de programas sociais de transferência de renda, como o bolsa família também estão excluídos do conceito de renda própria. Conforme entendimento expresso nos itens 19 e 20, do inciso III do Parecer nº 22/2014/CONJUR-MPS/CGU/AGU e no item 5 da NOTA CGLEN nº 44/2014 (anexo II) o recebimento de Benefício de Prestação Continuada BPC (87 ou 88) constitui impedimento para o enquadramento na condição de segurado facultativo pertencente a família de baixa renda".

Por fim, "nos casos em que as contribuições não são validadas, poderão ser complementadas por contribuições no código 1830 (complementação de 6%) ou 1945 (complementação de 15%), conforme a opção do contribuinte. O processamento dessas complementações se dá semanalmente, sempre às terças-feiras, ocasionando, assim, o envio da contribuição principal efetuada sob o código 1929 e de sua complementação para a extrato, disponibilizando sua visualização no conta-corrente".

No mesmo sentido pontifica o **Memorando Circular Conjunto 57/2019 DIRBEN/DIRSAT/INSS** ao prever que, nos casos de as contribuições não serem validadas, poderão ser complementadas por contribuições no código 1830 (complementação de 6%) ou 1945 (complementação de 15%), conforme a opção do contribuinte.

Sobre os **efeitos previdenciários da falta de atualização do Cadúnico** a TNU afetou o Tema 285:

| Tema | 285 | Situação do tema | Em Julgamento - eproc | Ramo do direito | DIREITO PREVIDENCIÁRIO |
|---|---|---|---|---|---|
| **Questão submetida a julgamento** | Quais são os efeitos previdenciários da falta de atualização do Cadúnico? | | | | |
| **Tese firmada** | - | | | | |
| **Processo** | **Decisão de afetação** | **Relator (a)** | **Julgado em** | **Acórdão publicado em** | **Trânsito em julgado** |
| PEDILEF 5018761-55.2018.4.04.7100/RS | 25/2/2021 | Juiz Federal Luis Eduardo Bianchi Cerqueira | - | - | - |

Na sessão de 12/11/2021, foi firmada a seguinte tese representativa de controvérsia no **Tema 285**: *"A atualização/revalidação extemporânea das informações do CadÚnico, realizada antes da exclusão do cadastro na forma regulamentar, autoriza a validação retroativa das contribuições pela alíquota de 5%, desde que comprovados os requisitos de enquadramento como segurado facultativo, na forma do art. 21, §2º, II, alínea b', da Lei 8.212/91"*.

Dessa forma, **a Turma Nacional permitiu a revalidação do CadÚnico extemporânea, desde que anterior à exclusão do cadastro e observados os requisitos de enquadramento do segurado facultativo sem renda própria.**

Considera-se **cadastro atualizado** o registro familiar que, no prazo máximo de dois anos contados da data de sua inclusão ou última atualização no CadÚnico, foi objeto de alteração de informações específicas.

Já o **cadastro revalidado** é o registro familiar que, no prazo máximo de dois anos contados da data de sua inclusão ou última atualização no CadÚnico, foi objeto de confirmação de que as informações específicas de todas as pessoas da família mantiveram-se inalteradas.

Quando as informações específicas das famílias, previstas nas Instruções Normativas relativas a cada versão do Sistema de Cadastro Único se mantiverem inalteradas, mesmo transcorridos mais de dois anos da data de sua inclusão ou última atualização, o município e o Distrito Federal deverão realizar o procedimento da Revalidação Cadastral, que constitui a confirmação das informações específicas em relação a todas as pessoas da família.

Nos termos do artigo 17 da Portaria MDS PORTARIA 177, de 16/06/2011, o município e o Distrito Federal efetuarão a **exclusão lógica de pessoa da base do CadÚnico** quando ocorrer quaisquer das seguintes situações:

I – falecimento da pessoa;

II – desligamento da pessoa da família em que está cadastrada;

III – solicitação da pessoa; e

IV – decisão judicial.

Outrossim, nos termos do artigo 18 do citado ato regulamentar, o município e o Distrito Federal apenas efetuarão a exclusão lógica do cadastro da família da base do CadÚnico quando ocorrer quaisquer das seguintes situações:

I – falecimento de toda a família;

II – recusa da família em prestar informações;

III – omissão ou prestação de informações inverídicas pela família, por comprovada má-fé;

IV – solicitação da família;

V – decisão judicial; ou

VI – não localização da família para atualização ou revalidação cadastral, por período igual ou superior a quatro anos contados da inclusão ou da última atualização cadastral.

Em novembro de 2022 a PGF, que representa o INSS judicialmente, editou a respeito o seguinte Parecer Referencial:

PARECER REFERENCIAL n.º 00013/2022/COEJ-PR--OJ/DEPPREV/PGF/AGU

NUP: 00424.174003/2020-50 (REF. 5018761-55.2018.4.04.7100)

INTERESSADOS: INSTITUTO NACIONAL DO SEGURO SOCIAL - INSS E OUTROS

ASSUNTOS: AUXÍLIO-DOENÇA PREVIDENCIÁRIO

PREVIDENCIÁRIO. CONTENCIOSO. PEDILEF 5018761-55.2018.4.04.7100/RS DECIDIDO COMO TEMA REPRESENTATIVO DE CONTROVÉRSIA nº 285 DA TURMA NACIONAL DE UNIFORMIZAÇÃO (TNU). FIRMADA A TESE DE QUE "A ATUALIZAÇÃO/REVALIDAÇÃO EXTEMPORÂNEA DAS INFORMAÇÕES DO CADÚNICO, REALIZADA ANTES DA EXCLUSÃO DO CADASTRO NA FORMA REGULAMENTAR, AUTORIZA A VALIDAÇÃO RETROATIVA DAS CONTRIBUIÇÕES PELA ALÍQUOTA DE 5%, DESDE QUE COMPROVADOS OS REQUISITOS DE ENQUADRAMENTO COMO SEGURADO FACULTATIVO, NA FORMA DO ART. 21, §2º, II, ALÍNEA B', DA LEI 8.212/91". FORMAÇÃO DE COISA JULGADA. DISTINÇÃO COM O TEMA 181 DA TNU QUE TRATA DOS EFEITOS DAS CONTRIBUIÇÕES VERTIDAS POR SEGURADO FACULTATIVO DE BAIXA RENDA NÃO INSCRITO NO CADASTRO ÚNICO, PARA PROGRAMAS SOCIAIS DO GOVERNO FEDERAL - CADÚNICO, POIS A PRÉVIA INSCRIÇÃO É REQUISITO ESSENCIAL PARA VALIDAÇÃO DAS CONTRIBUIÇÕES. APLICAÇÃO DO ARTIGO 3º, INCISO IX, DA PORTARIA AGU Nº 488, DE 2016. DISPENSA DE ATUAÇÃO APENAS PARA OS PROCESSOS QUE TRAMITAM NO ÂMBITO DOS JUIZADOS ESPECIAIS FEDERAIS. NECESSIDADE DE IRRESIGNAÇÃO COM RELAÇÃO AO TEMA NO ÂMBITO DOS PROCESSOS EM TRAMITAÇÃO PELO PROCEDIMENTO COMUM.

| TABELA SIMPLIFICADA DAS CONTRIBUIÇÕES PREVIDENCIÁRIAS DO CONTRIBUINTE INDIVIDUAL E SEGURADO FACULTATIVO | | | | | |
|---|---|---|---|---|---|
| **Segurado** | **Alíquota** | **Base de cálculo** | **Responsabilidade pelo recolhimento** | **Presunção de recolhimento** | **Prazo** |
| **Contribuinte individual e segurado facultativo (regra)** | 20% | Salário de contribuição | O próprio | Não | Até o dia 15 do mês seguinte |
| **Contribuinte individual que presta serviços à pessoa jurídica não imune e nem isenta** | 11% | Salário de contribuição | Empresa | Sim | Até o dia 20 do mês seguinte |
| **Contribuinte individual que presta serviços à pessoa jurídica imune ou isenta** | 20% | Salário de contribuição | Empresa | Sim | Até o dia 20 do mês seguinte |
| **Contribuinte individual que trabalhe por conta própria e segurado facultativo** | 11% | Salário de contribuição no valor de um salário mínimo | O próprio | Não. Obs.: Não terá direito à aposentadoria por tempo de contribuição | Até o dia 15 do mês seguinte |
| **Contribuinte individual enquadrado como MEI ou segurado facultativo de baixa renda que se dedique ao trabalho doméstico em sua residência** | 5% | Salário de contribuição no valor de um salário mínimo | O próprio | Não. Obs.: Não terá direito à aposentadoria por tempo de contribuição | Até o dia 20 (MEI) ou dia 15 (facultativo) do mês seguinte |

### *4.2.1. Cálculos*

O exemplo a seguir trata do cálculo da contribuição de segurado contribuinte individual ou facultativo com adoção do regime normal, cuja alíquota é de 20% sobre o salário de contribuição. É facultado ao segurado escolher qualquer valor de salário de contribuição entre o limite mínimo e máximo. A contribuição mínima é de R$ 242,40 e a máxima é de R$ 1.417,44, para o ano de 2022, conforme tabela abaixo.

| **Contribuinte individual ou facultativo** | | | |
|---|---|---|---|
| **Regime Normal** | | Alíquota | Contribuição |
| Salário Mínimo | 1.212,00 | 20% | 242,40 |
| Teto Máximo | 7.087,22 | 20% | 1.417,44 |

O próximo exemplo trata do cálculo da retenção da contribuição do segurado contribuinte individual, prestador de serviços à pessoa jurídica não imune e nem isenta, que terá a responsabilidade pela retenção e recolhimento da contribuição previdenciária, cuja alíquota será de 11% sobre o salário de contribuição. A contribuição mínima atual para o ano de 2022 é de R$ 133,32 e a máxima é de R$ 779,59, conforme tabela abaixo.

| **Contribuinte individual - Prestador de serviços** | | | |
|---|---|---|---|
| **Pessoa Jurídida não imune e nem isenta** | | Alíquota | Contribuição |
| Salário Mínimo | 1.212,00 | 11% | 133,32 |
| Teto Máximo | 7.087,22 | 11% | 779,59 |

Nos meses em que o prestador receber remunerações inferiores ao salário mínimo, terá que complementar até o limite do salário mínimo, diretamente, à razão de 20% sobre o valor remanescente entre valor da remuneração e o salário mínimo vigente, para fins de cômputo do referido período como carência e tempo de contribuição.

Com relação ao contribuinte individual, prestador de serviços à pessoa jurídica imune ou isenta, a alíquota de retenção será de 20% sobre o salário de contribuição. A contribuição mínima atual para o ano de 2022 é de R$ 242,40 e a máxima é de R$ 1.417,44, idêntica à do contribuinte individual ou facultativo que adota o regime normal, conforme tabela abaixo.

| **Contribuinte individual - Prestador de serviços** | | | |
|---|---|---|---|
| **Pessoa Jurídida imune ou isenta** | | Alíquota | Contribuição |
| Salário Mínimo | 1.212,00 | 20% | 242,40 |
| Teto Máximo | 7.087,22 | 20% | 1.417,44 |

O segurado contribuinte individual por conta própria ou segurado facultativo que adotar o regime simplificado de 11% só poderá contribuir sobre o salário mínimo, cuja contribuição atual para o ano de 2022 é de R$ 133,32, conforme tabela abaixo.

| **Contribuinte individual por conta própria** | | | |
|---|---|---|---|
| **Segurado Facultativo** | | Alíquota | Contribuição |
| Salário Mínimo | 1.212,00 | 11% | 133,32 |

O segurado contribuinte individual enquadrado como MEI ou segurado facultativo de baixa renda que se dedique ao trabalho doméstico em sua residência, poderão optar pelo regime simplificado de 5%, que também terá o salário mínimo como referência, cuja contribuição atual para o ano de 2022 é de R$ 60,60, conforme tabela abaixo.

| **Contribuinte individual - MEI** | | | |
|---|---|---|---|
| **Segurado Facultativo de baixa renda** | | Alíquota | Contribuição |
| Salário Mínimo | 1.212,00 | 5% | 60,60 |

## 4.3. Segurado especial

A contribuição do segurado especial é diferenciada por força do artigo 195, §8º, da Constituição Federal, que determina que "o produtor, o parceiro, o meeiro e o arrendatário rurais e o pescador artesanal, bem como os respectivos cônjuges, que exerçam suas atividades em regime de economia familiar, sem empregados permanentes, **contribuirão para a seguridade social mediante a aplicação de uma alíquota sobre o resultado da comercialização da produção** e farão jus aos benefícios nos termos da lei".

De efeito, a matéria foi regulamentada pelo artigo 25, da Lei 8.212/91, que **determinava** que a contribuição previdenciária do segurado especial tinha a alíquota total de **2,1% sobre a receita proveniente da comercialização de sua produção**, sendo 2,0% de contribuição básica e 0,1% para o custeio dos benefícios decorrentes dos acidentes de trabalho.

No entanto, coube à Lei 13.606/2018 reduzir a alíquota da contribuição previdenciária do segurado especial, inserindo a seguinte redação ao artigo 25 da Lei 8.212/91:

> I - 1,2% (um inteiro e dois décimos por cento) da receita bruta proveniente da comercialização da sua produção (*redação dada pela Lei 13.606/2018*);
>
> II - 0,1% da receita bruta proveniente da comercialização da sua produção para financiamento das prestações por acidente do trabalho.

Assim, a alíquota total da contribuição previdenciária do segurado especial (básica + SAT) foi reduzida de 2,1% para 1,3% da produção rural comercializada.

Ou seja, em regra, **os segurados especiais não contribuem com base no salário de contribuição e sim sobre a receita proveniente da comercialização de sua produção.** Há ainda uma contribuição social geral de 0,2% para o SENAR - Serviço Nacional de Aprendizagem Rural (entidade do terceiro setor, integrante do Sistema "S"), mas não se trata de contribuição previdenciária.

**Em regra, não caberá ao segurado especial a responsabilidade pelo recolhimento da sua contribuição previdenciária, e sim ao adquirente da produção,** salvo se comercializada no exterior, diretamente no varejo a pessoa física, a produtor rural pessoa física ou a outro segurado especial, até o dia 20 do mês subsequente ao da competência ou no dia útil imediatamente anterior se não houver expediente bancário.

Outrossim, será o segurado especial responsável pelo recolhimento da contribuição previdenciária incidente sobre a receita bruta da comercialização dos artigos de artesanato elaborados com matéria-prima produzida pelo respectivo grupo familiar, de atividade artística, bem como de serviços prestados, de equipamentos utilizados e de produtos comercializados no imóvel rural, desde que em atividades turística e de entretenimento desenvolvidas no próprio imóvel, inclusive hospedagem, alimentação, recepção, recreação e atividades pedagógicas, bem como taxa de visitação e serviços especiais.

Quando, no ano, o grupo familiar do segurado especial não tiver obtido renda decorrente da comercialização dos seus produtos e serviços, deverá proceder à comunicação à Previdência Social.

Com efeito, além da contribuição acima referida, **o segurado especial terá a faculdade de contribuir como contribuinte individual sem perder o seu enquadramento**, na forma do artigo 25, §1º, da Lei 8.212/91[22], caso queira usufruir de um benefício com valor acima de um salário mínimo ou ter direito à aposentadoria por tempo de contribuição.

Conforme facultado pela Lei 11.718/2008, se o segurado especial contratar trabalhadores até 120 dias pessoas/dia no ano civil, será obrigado a recolher as contribuições previdenciárias dessas pessoas até o dia 20 do mês subsequente ao da competência. Após a Lei 12.873/2013 (art. 32-C, §3º, da Lei 8.212/91), o prazo passou para o dia 7. Com o advento da Lei 14.438/2022, o prazo de recolhimento foi alterado do dia 7 para o dia 20, devendo ser antecipado para o primeiro dia útil anterior, se no dia 20 não for expediente bancário.

No mais, **se o segurado especial laborar por até 120 dias por ano**, conforme facultado pela Lei 11.718/2008, ou exercer mandato de vereador, **esta atividade não provocará a alteração da sua qualidade de segurado especial, mas deverão ser vertidas as contribuições como se estivesse enquadrado em outra categoria**, na forma do §13, do artigo 12, da Lei 8.212/91.

22. § 1º O segurado especial de que trata este artigo, além da contribuição obrigatória referida no ***caput***, poderá contribuir, facultativamente, na forma do art. 21 desta Lei.

| TABELA SIMPLIFICADA DAS CONTRIBUIÇÕES PREVIDENCIÁRIAS DOS segurados | | | | | |
|---|---|---|---|---|---|
| **Segurado** | **Alíquota** | **Base de cálculo** | **Responsabilidade pelo recolhimento** | **Presunção de recolhimento** | **Prazo** |
| **Empregado e avulso** | 7,5%, 9%, 12% e 14% por faixas | Salário de contribuição | Empresa, empregador ou equiparado | Sim | Até o dia 20 do mês seguinte |

| TABELA SIMPLIFICADA DAS CONTRIBUIÇÕES PREVIDENCIÁRIAS DOS segurados | | | | | |
|---|---|---|---|---|---|
| **Segurado** | **Alíquota** | **Base de cálculo** | **Responsabilidade pelo recolhimento** | **Presunção de recolhimento** | **Prazo** |
| **Empregado doméstico** | 7,5%, 9%, 12% e 14% por faixas | Salário de contribuição | Empregador doméstico | Sim | Até o dia 20 do mês seguinte |
| **Contribuinte individual (regra)** | 20% | Salário de contribuição | O próprio | Não | Até o dia 15 do mês seguinte |
| **Contribuinte individual que presta serviços à pessoa jurídica não imune e nem isenta** | 11% | Salário de contribuição | Empresa | Sim | Até o dia 20 do mês seguinte |
| **Contribuinte individual que presta serviços à pessoa jurídica imune ou isenta** | 20% | Salário de contribuição | Empresa | Sim | Até o dia 20 do mês seguinte |
| **Contribuinte individual que trabalhe por conta própria e segurado facultativo** | 11% | Salário de contribuição no valor de um salário mínimo | O próprio | Não. Obs.: Não terá direito à aposentadoria por tempo de contribuição | Até o dia 15 do mês seguinte |
| **Contribuinte individual enquadrado como MEI ou segurado facultativo de baixa renda que se dedique ao trabalho doméstico em sua residência** | 5% | Salário de contribuição no valor de um salário mínimo | O próprio | Não. Obs.: Não terá direito à aposentadoria por tempo de contribuição | Até o dia 20 (MEI) ou dia 15 (facultativo) do mês seguinte |
| **Segurado especial** | 1,3% | Receita do produto da comercialização da produção | Em regra, dos adquirentes | Sim | Até o dia 20 do mês seguinte ao da operação |
| **Segurado facultativo (regra)** | 20% | Salário de contribuição | O próprio | Não | Até o dia 15 do mês seguinte |

| Relação de Códigos de Receita (Contribuições Previdenciárias – GPS) | |
|---|---|
| **Código de Receita (GPS)** | **Especificação da Receita** |
| **1007** | Contribuinte Individual- Recolhimento Mensal NIT/PIS/PASEP |
| **1104** | Contribuinte Individual- Recolhimento Trimestral- NIT/PIS/PASEP |
| **1120** | Contribuinte Individual- Recolhimento Mensal- Com dedução de 45% (Lei nº 9.876/99)- NIT/PIS/PASEP |
| **1147** | Contribuinte Individual- Recolhimento Trimestral- Com dedução de 45% (Lei nº 9.876/99)- NIT/PIS/PASEP |
| **1163** | Contribuinte Individual (autônomo que não presta serviço à empresa)- Opção: Aposentadoria apenas por idade (art. 80 da LC 123 de 14/12/2006)- Recolhimento Mensal – NIT/PIS/PASEP |
| **1180** | Contribuinte Individual (autônomo que não presta serviço à empresa)- Opção: Aposentadoria apenas por idade (art. 80 da LC 123 de 14/12/2006)- Recolhimento Trimestral – NIT/PIS/PASEP |
| **1198** | CI Optante LC 123 Trimestral Compl |

| **Relação de Códigos de Receita (Contribuições Previdenciárias – GPS)** | |
|---|---|
| **Código de Receita (GPS)** | **Especificação da Receita** |
| **1201** | GRC Trabalhador Pessoa Física (Contribuinte Individual, Facultativo, Empregado Doméstico, Segurado Especial) - DEBCAD (Preenchimento exclusivo pela Previdência Social) |
| **1228** | CI Trimestral Rural |
| **1236** | CI Optante LC 123 Mensal Rural |
| **1244** | CI Optante LC 123 Mensal Rural Complementação |
| **1252** | CI Optante LC 123 Trimestral Rural |
| **1260** | CI Optante LC 123 Trimestral Rural Complementação |
| **1287** | CI Mensal - Rural |
| **1295** | CI Optante LC 123 Mensal Compl |
| **1406** | Facultativo Mensal - NIT/PIS/PASEP |
| **1457** | Facultativo Trimestral - NIT/PIS/PASEP |
| **1473** | Facultativo - Opção: Aposentadoria apenas por idade (art. 80 da LC 123 de 14/12/2006) - Recolhimento Mensal - NIT/PIS/PASEP |
| **1490** | Facultativo - Opção: Aposentadoria apenas por idade (art. 80 da LC 123 de 14/12/2006) - Recolhimento Trimestral - NIT/PIS/PASEP |
| **1503** | Segurado Especial Mensal - NIT/PIS/PASEP |
| **1554** | Segurado Especial Trimestral - NIT/PIS/PASEP |
| **1600** | Empregado Doméstico Mensal - NIT/PIS/PASEP |
| **1619** | Empr. Domest. Patronal 12% Mensal Afast/Sal. Maternidade |
| **1651** | Empregado Doméstico Trimestral - NIT/PIS/PASEP - (que recebe até um salário mínimo) |
| **1678** | Empr. Domest. Patronal 12% Trimestral Afast/Sal. Maternidade |
| **1686** | Facultativo - Optante Lc 123/2006 - Recolhimento Mensal - Compl. |
| **1694** | Facultativo - Optante Lc 123/2006 - Recolhimento Trimestral - Compl. |
| **1708** | Reclamatória Trabalhista - NIT/PIS/PASEP |
| **1759** | Acréscimos Legais de Contribuinte Individual, Doméstico, Facultativo e Segurado Especial - Lei nº 8212/91 - NIT/PIS/PASEP |
| **1805** | CI com Direito a Dedução Mensal - Rural |
| **1813** | CI com Direito a Dedução Trimestral - Rural |
| **1821** | Facultativo / Exercente de Mandato Eletivo / Recolhimento Complementar |
| **1830** | Facultativo Baixa Renda - Recolhimento Mensal - Complemento Para Plano Simplificado da Previdência Social - PSPS - Lei 12470/11 |
| **1848** | Facultativo Baixa Renda - Recolhimento Trimestral - Complemento Para Plano Simplificado da Previdência Social - PSPS - Lei 12470/11 |
| **1902** | Diferenças de valor de contribuição/NIT/PIS/PASEP |
| **1910** | MEI - Complementação Mensal |
| **1929** | Facultativo Baixa Renda - Recolhimento Mensal - NIT/PIS/PASEP |
| **1937** | Facultativo Baixa Renda - Recolhimento Trimestral - NIT/PIS/PASEP |
| **1945** | Facultativo Baixa Renda - Recolhimento Mensal - Complemento |
| **1953** | Facultativo Baixa Renda - Recolhimento Trimestral - Complemento |

## Modelo de GPS – Guia da Previdência Social:

| | | | |
|---|---|---|---|
| PREVIDÊNCIA SOCIAL | **MINISTÉRIO DA PREVIDÊNCIA SOCIAL – MPS**<br>**INSTITUTONACIONALDOSEGUROSOCIAL-INSS**<br>**GUIA DA PREVIDÊNCIA SOCIAL - GPS** | 3 CÓDIGO DE PAGAMENTO | 2100 |
| | | 4 COMPETÊNCIA | 01/2015 |
| | | 5 IDENTIFICADOR | |
| 1 NOME OU RAZÃO SOCIAL/FONE/ENDEREÇO: | | 6 VALOR DO INSS | |
| .............. LTDA<br>RUA................- VILA ............................<br>SALVADOR-BA<br>CEP:.................. TEL(0714) | | 7 | |
| | | 8 | |
| | | 9 VALOR DE OUTRAS ENTIDADES | |
| 2 vencimento (uso do INSS) | | 10 ATM, MULTA E JUROS | |
| ATENÇÃO: É vedada a utilização de GPS para recolhimento de receita de valor inferior ao estipulado em Resolução publicada pelo INSS. A receita que resultar valor inferior deverá ser adicionada à contribuição ou importância correspondente nos meses subseqüentes, até que o total seja igual ou superior ao valor mínimo fixado. | | 11 TOTAL | |
| | | 12 AUTENTICAÇÃO BANCÁRIA | |
| Instruções para Preenchimento | | | |

### 4.3.1. Cálculos

Suponhamos que um segurado especial, comercialize o excedente de sua produção no mês de janeiro de 2022 para pessoas físicas, auferindo uma renda total de R$ 1.200,00. O total de encargos atinge o montante de R$ 18,00, conforme tabela abaixo.

| Segurado Especial | |
|---|---|
| Receita auferida em 01/2022 | **1.200,00** |
| Contribuição Básica - 1,2% | 14,40 |
| Seguro de Acidente de Trabalho - 0,1% | 1,20 |
| SENAR - 0,2% | 2,40 |
| Total de Encargos | **18,00** |

## 5. CONTRIBUIÇÕES PREVIDENCIÁRIAS DA EMPRESA E DO EQUIPARADO A EMPRESA

Inicialmente, deverão ser analisados os conceitos legais de empresa e de equiparado a empresa para fins previdenciários, contemplados no artigo 15, da Lei 8.212/91.

Considera-se **empresa** a firma individual ou sociedade que assume o risco de atividade econômica urbana ou rural, com fins lucrativos ou não, bem como os órgãos e entidades da administração pública direta, indireta e fundacional.

Com propriedade, se cuida de definição bastante abrangente, pois abarca as pessoas jurídicas com ou sem finalidades lucrativas, a firma individual ou mesmo os entes da Administração Pública Direta e Indireta, a exemplo dos municípios que não instituíram RPPS em favor dos seus servidores públicos efetivos e das empresas estatais.

Ademais, **equipara-se a empresa** o contribuinte individual em relação a segurado que lhe presta serviço, bem como a cooperativa, *a associação ou entidade de qualquer natureza ou finalidade*, a missão diplomática e a repartição consular de carreira estrangeiras.

Ou seja, mesmo os contribuintes individuais, se contratarem a prestação de serviços de outro segurado, serão tratados pela legislação previdenciária como equiparados à empresa, a exemplo do dentista que trabalha por conta própria e emprega uma atendente.

Outrossim, equipara-se a empresa para fins previdenciários a pessoa física na condição de proprietário ou dono de obra de construção civil, em relação a segurado que lhe presta serviço. Esta previsão já constava do Decreto 3.048/99 (art. 12, parágrafo único, IV) e foi inserida no artigo 15, parágrafo único, da Lei 8.212/91 pela Lei 13.202, de 8/12/2015.

Sequer escaparam as missões diplomáticas e as repartições consulares, que deverão arcar com o pagamento das contribuições previdenciárias que forem devidas, não gozando de qualquer imunidade ou isenção.

Também são equiparados a empresa, dentro da categoria de entidade de qualquer natureza ou finalidade, o operador portuário, o órgão gestor de mão de obra e o proprietário do imóvel, o incorporador ou o dono de obra de construção civil, quando pessoa física, em relação a segurado que lhe presta serviços.

Essa contribuição previdenciária é *incidente sobre a folha de salários, e demais rendimentos do trabalho* ***pagos ou creditados****, a qualquer título, à pessoa física que lhe preste serviço, mesmo sem vínculo empregatício*, na forma da previsão do artigo 195, I, "a", da CRFB.

O **aspecto material do fato gerador** é realizado pelo **crédito jurídico** decorrente do labor dos prestadores de serviço, com ou sem vínculo empregatício, *e não o crédito contábil*, pois independe do efetivo pagamento das verbas.

**Incluem-se na base de cálculo da contribuição previdenciária da empresa e equiparada as parcelas remuneratórias do trabalho, excluindo-se as de cunho indenizatório**, a exemplo das listadas no §9º, do artigo 28, da Lei 8.212/91.

Por sua vez, **não se considera como remuneração direta ou indireta, os valores despendidos pelas entidades religiosas e instituições de ensino vocacional com ministro de confissão religiosa, membros de instituto de vida consagrada, de congregação ou de ordem religiosa em face do seu mister religioso ou para sua subsistência** *desde que fornecidos em condições que independam da natureza e da quantidade do trabalho executado*[23].

Assim, por exemplo, a quantia paga por uma entidade religiosa a um pastor não será considerada remuneração e, por conseguinte, não incidirá a contribuição previdenciária patronal sobre essa quantia.

Contudo, se a quantia puder sofrer variação de acordo com a natureza e quantidade de trabalho, é possível que seja considerada como remuneração, a exemplo da igreja que vincule essa quantia proporcionalmente ao montante total dos dízimos arrecadados no mês.

Nesse sentido, já decidiu o TRF da 4ª Região: "Para que tais valores não fossem caracterizados como remuneração era necessário que a apelante comprovasse que as verbas serviam apenas para subsistência dos pastores, e que não dependiam da natureza ou da quantidade do trabalho prestado. Os demonstrativos apresentados indicam exatamente o contrário, pois verifica-se a existência de grandes disparidades entre valores pagos"[24].

Essa disposição que veio beneficiar as entidades religiosas foi inserida pela Lei 10.170/2000 (§13). Existia uma disposição similar no §12[25] para beneficiar os ministros de confissão religiosa, membros de instituto de vida consagrada, de congregação ou de ordem religiosa, mas que foi vetada pelo Presidente da República.

O fundamento do veto foi à imediata exclusão que ocorreria dos padres, pastores e equiparados do rol de segurados obrigatórios contribuintes individuais, ante a ausência de contribuição previdenciária, tendo o ato do Presidente o objetivo de manter a cobertura previdenciária dos mesmos.

Neste ponto o veto foi pertinente. Todavia, deveria ter sido total, abarcando também o §13. Isso porque a parcela paga aos ministros de confissão religiosa, membros de instituto de vida consagrada, de congregação ou de ordem religiosa é única, não existindo fundamento jurídico para considerá-la como remuneração do ponto de vista dos religiosos e como parcela não remuneratória do lado das igrejas, máxime em um Estado teoricamente laico.

Nesse sentido, de maneira pertinente, a Secretaria da Receita Federal do Brasil considera que, "a partir de 1º de abril de 2003, independentemente da data de filiação, o salário-de-contribuição para o ministro de confissão religiosa ou membro de instituto de vida consagrada, de congregação ou de ordem religiosa, desde que o valor despendido pela entidade religiosa ou pela instituição de ensino vocacional, em face do seu mister religioso ou para a sua subsistência, independa da natureza e da quantidade do trabalho executado, é o valor por ele declarado, observados os limites mínimo e máximo do salário-de-contribuição"[26].

Por força da **Lei 13.137/2015**, os critérios informadores dos valores despendidos pelas entidades religiosas e instituições de ensino vocacional aos ministros de confissão religiosa, membros de vida consagrada, de congregação ou de ordem religiosa não são taxativos e sim exemplificativos. Por sua vez os valores despendidos, ainda que pagos de forma e montante diferenciados, em pecúnia ou a título de ajuda de custo de moradia, transporte, formação educacional, vinculados exclusivamente à atividade religiosa não configuram remuneração direta ou indireta.

---

**23.** Artigo 22, § 13, da Lei 8.212/91.

**24.** AC 2000.04.01.113.292-9, de 19.09.2007.

**25.** §12 (VETADO) – Para os fins desta Lei, não se considera como prestação se serviço e nem constitui vínculo empregatício o trabalho religioso de ministro de confissão religiosa, membros de instituto de vida consagrada, de congregação ou de ordem religiosa e não se considera como remuneração os valores recebidos em razão dos serviços religiosos que prestar a fiel ou comunidade de fiéis da instituição que o congrega.

**26.** Artigo 31, §7º, da IN RFB 2.110/2022.

Em seguida, ainda adveio um novo parágrafo introduzido pela Lei 14.057/2020 para beneficiar as igrejas retroagindo a aplicação do §14:

"§ 16. Conforme previsto nos arts. 106 e 110 da Lei nº 5.172, de 25 de outubro de 1966 (Código Tributário Nacional), o disposto no § 14 deste artigo aplica-se aos fatos geradores anteriores à data de vigência da Lei nº 13.137, de 19 de junho de 2015, consideradas nulas as autuações emitidas em desrespeito ao previsto no respectivo diploma legal".

Vale frisar que as empresas deverão ser identificadas na Secretaria da Receita Federal do Brasil e no INSS por um número de matrícula, sendo utilizada a numeração do Cadastro Nacional de Pessoas Jurídicas.

Já os equiparados a empresa que não tem inscrição do CNPJ, deverão elaborar o CEI – Cadastro Específico do INSS, bem como obra de construção civil, produtor rural contribuinte individual, segurado especial, consórcio de produtores rurais, titular de cartório, adquirente de produção rural e empregador doméstico.

Registre-se que a base de cálculo da contribuição previdenciária da empresa é o total da remuneração paga ou creditada aos segurados a seu serviço e do segurado o valor do salário de contribuição **em valor bruto, não devendo ser descontados da base de cálculo do tributo, por ausência de previsão legal, os valores abatidos a título de Imposto de Renda e Contribuição Previdenciária.**

Nesse sentido a firma posição do STJ:

**PROCESSO**

AgInt no REsp **1951995** / RS

AGRAVO INTERNO NO RECURSO ESPECIAL

2021/0239398-4

**RELATOR**

Ministro MANOEL ERHARDT (DESEMBARGADOR CONVOCADO DO TRF5) (8410)

**ÓRGÃO JULGADOR**

T1 - PRIMEIRA TURMA

**DATA DO JULGAMENTO**

17/05/2022

**DATA DA PUBLICAÇÃO/FONTE**

DJe 26/05/2022

**EMENTA**

TRIBUTÁRIO. AGRAVO INTERNO NO RECURSO ESPECIAL. CONTRIBUIÇÃO PREVIDENCIÁRIA PATRONAL. BASE DE CÁLCULO. IMPOSSIBILIDADE DE EXCLUSÃO DOS VALORES RETIDOS A TÍTULO DE IMPOSTO DE RENDA E DE CONTRIBUIÇÃO PREVIDENCIÁRIA A CARGO DO EMPREGADO. AGRAVO INTERNO DESPROVIDO. 1. Inicialmente, é importante ressaltar que o presente recurso atrai a incidência do Enunciado Administrativo 3 do STJ, segundo o qual aos recursos interpostos com fundamento no CPC/2015 (relativos a decisões publicadas a partir de 18 de março de 2016) serão exigidos os requisitos de admissibilidade recursal na forma do novo CPC. 2. Ainda em caráter preliminar, inexiste a alegada violação do art. 1.022 do CPC/2015, pois a prestação jurisdicional foi dada na medida da pretensão deduzida, conforme se depreende da análise do acórdão recorrido. O Tribunal de origem apreciou fundamentadamente a controvérsia, não padecendo o julgado de nenhum erro, omissão, contradição ou obscuridade. Observe-se, ademais, que julgamento diverso do pretendido, como na espécie, não implica ofensa ao dispositivo de lei invocado. 3. Na origem, a contribuinte impetrou mandado de segurança com vistas a "excluir da base de cálculo das Contribuições Sociais (Patronal, RAT e Terceiros), exigidas nos moldes do art. 22, incs. I a III, da Lei nº 8.212/91, os tributos retidos a título de Contribuição Previdenciária do empregado/trabalhador avulso/contribuinte individual e de IRRF".4. A Primeira Seção do STJ, com base no quadro normativo que rege o tributo em questão, pacificou a orientação de que não incide contribuição previdenciária patronal sobre verbas de caráter indenizatório; por outro lado, "se a verba possuir natureza remuneratória, destinando-se a retribuir o trabalho, qualquer que seja a sua forma, ela deve integrar a base de cálculo" da referida exação (REsp 1358281/SP, Rel. Ministro HERMAN BENJAMIN, julgado em 23/04/2014, DJe 05/12/2014). **5. Seguindo a mesma linha de raciocínio, esta Corte Superior de Justiça concluiu que os valores descontados a título de contribuição previdenciária e de imposto de renda retido na fonte integram a remuneração do empregado e, por conseguinte, compõem a base de cálculo da contribuição previdenciária patronal e das contribuições destinadas a terceiros e ao RAT. Precedentes: REsp 1902565/PR, Rel. Ministra ASSUSETE MAGALHÃES, SEGUNDA TURMA, julgado em 23/03/2021, DJe 07/04/2021; AgInt no REsp 1959729/SC, Rel. Ministro FRANCISCO FALCÃO, SEGUNDA TURMA, julgado em 28/03/2022, DJe 31/03/2022; e AgInt no REsp 1967591/RS, Rel. Ministro OG FERNANDES, SEGUNDA TURMA, julgado em 19/04/2022, DJe 28/04/2022.** 6. Acrescenta-se, em acatamento ao voto-vogal proferido pela Ministra REGINA HELENA COSTA na sessão de julgamento, que a retenção do tributo pela fonte pagadora, tal como ocorre no imposto de renda retido na fonte e na contribuição previdenciária a cargo do empregado, representa autêntico instrumento de praticidade, expediente garantidor do cumprimento da obrigação tributária. 7. Agravo interno da contribuinte a que se nega provimento.

## 5.1. Incidentes sobre as remunerações dos empregados e avulsos

Conforme previsto no artigo 22, I, da Lei 8.212/91, será de **20% sobre o total das remunerações *pagas* mensalmente**, inclusive as gorjetas (remuneração variável) e as utilidades na forma de ganhos habituais, assim como sobre as ***devidas*** (dívidas) **ou *creditadas*** (adiantamentos) **aos segurados empregados e trabalhadores avulsos** pelos serviços prestados durante o mês.

De acordo com o artigo 458 da CLT, além do pagamento em dinheiro, compreende-se no salário, para todos os efeitos legais, a alimentação, habitação, vestuário ou outras prestações "in natura" que a empresa, por força do contrato ou do costume, fornecer habitualmente ao empregado.

Somente não haverá a incidência de contribuição previdenciária sobre essas parcelas na situação de isenção legal, tal qual as situações descritas no §9º do artigo 28 da Lei 8.212/91, a exemplo da alimentação *in natura*.

Note-se que a Lei 8.212/91 foi mais longe do que o artigo 195, I, "a", da CRFB, ao prever não apenas a incidência da contribuição previdenciária patronal sobre as remunerações pagas ou creditadas pelas empresas, **mas também as *devidas*.**

Ou seja, se a empresa não pagar as remunerações mensais ou adiantá-las, mesmo assim incidirá a contribuição previdenciária patronal, pois se realiza a sua hipótese de incidência não só com as parcelas pagas, mas também com as devidas ou creditadas.

De acordo com o STJ, ***"o valor correspondente à participação do trabalhador no auxílio alimentação ou auxílio transporte, descontado do salário do trabalhador, deve integrar a base de cálculo da contribuição previdenciária patronal"***. REsp 1.928.591-RS, Rel. Min. Herman Benjamin, Segunda Turma, por unanimidade, julgado em 05/10/2021.

Isso porque "os valores descontados aos empregados correspondentes à participação deles no custeio do vale-transporte, auxílio-alimentação e auxílio- saúde/odontológico não constam no rol das verbas que não integram o conceito de salário-de-contribuição, listadas no § 9º do art. 28 da Lei n. 8.212/1991. Por consequência, e por possuir natureza remuneratória, devem constituir a base de cálculo da contribuição previdenciária e da RAT a cargo da empresa".

Ademais, a *"pretensão de exclusão da cota do empregado da base de cálculo da contribuição do empregador levaria, necessariamente, à exclusão do imposto de renda retido na fonte e, posteriormente, à degeneração do conceito de remuneração bruta em remuneração líquida, ao arrepio da legislação de regência"*.

Por força da Lei 13.189/2015, **irá incidir contribuição previdenciária sobre o valor da compensação pecuniária a ser paga no âmbito do Programa de Proteção ao Emprego (PPE).** Este programa foi redesignado para Programa Seguro-Emprego pela Medida Provisória 761/2016.

Trata-se de compensação pecuniária equivalente a 50% do valor da redução salarial e limitada a 65% do valor máximo da parcela do seguro-desemprego, enquanto perdurar o período de redução temporária da jornada de trabalho, para as empresas que aderiram ao Programa de Proteção ao Emprego, que será custeada pelo Fundo de Amparo ao Trabalhador (FAP). Por força do Princípio da Noventena, esta disposição entrou em vigor a partir de 1º de novembro de 2015.

De seu turno, ao contrário do que ocorre com o salário de contribuição, que limita o valor das contribuições previdenciárias dos segurados do RGPS, **inexiste teto para o pagamento das contribuições previdenciárias devidas pelas empresas e equiparadas.**

No caso de requisição de mão de obra de trabalhadores avulsos em conformidade com as Leis 8.630/93 e 9.719/98, caberá ao operador portuário ou o titular da instalação de uso privativo (responsáveis tributários)[27] repassar a quantia referente à contribuição previdenciária patronal ao órgão gestor de mão de obra até 24 horas após a realização dos serviços, cabendo a este perpetrar a arrecadação dos referidos tributos.

Caso a atividade não esteja abarcada pelas referidas normas, competirá à empresa tomadora ou requisitante dos serviços, a responsabilidade tributária pelo adimplemento dos referidos tributos[28].

Com o advento da Medida Provisória 540, de 02.08.2011, convertida na Lei 12.546/2011, que instituiu o Regime Especial de Reintegração de Valores Tributários para as Empresas Exportadoras – REINTEGRA, até 31 de dezembro de 2014 as contribuições previdenciárias sobre as remunerações de empregados e trabalhadores avulsos pagas pelas empresas que prestam exclusivamente os serviços de tecnologia da informação e tecnologia da informação e comunicação, bem como pelas empresas que fabriquem os produtos classificados na Tabela de Incidência do Imposto sobre Produtos Industrializados, foram substituídas integralmente pela COFINS, que foi acrescida em 2,5% e 1,5%, respectivamente.

Entretanto, a União compensava o Fundo do Regime Geral de Previdência Social no valor correspondente à estimativa de renúncia previdenciária decorrente da desoneração, de forma a não afetar a apuração do resultado financeiro do Regime Geral de Previdência Social.

Por força da **MP 1.093, de 31 de dezembro de 2021,** convertida na Lei 14.360/2022, restou revogada a necessidade de compensação pela União ao Fundo do Regime Geral de Previdência Social (FRGPS), pela desoneração da folha de pagamentos, de que tratam os arts. 7º a 9º da Lei nº 12.546/2011.

Ademais, restou pontificado que o Ministério da Previdência divulgará, mensalmente, o resultado financeiro do Regime Geral de Previdência Social, no qual considerará:

> I - para fins de aferição do equilíbrio financeiro do regime, as renúncias previdenciárias em adição às receitas realizadas; e

27. Artigo 217, do RPS.
28. Artigo 218, do RPS.

II - para os demais fins, apenas as receitas efetivamente arrecadadas e as despesas orçamentárias e financeiras efetivamente liquidadas e pagas.

**As *instituições financeiras* deverão ainda pagar um *adicional de 2,5%***, perfazendo um total de 22,5%, em razão do maior lucro e automação do setor, na forma do artigo 22, §1º, da Lei 8.212/91, discrímen validado pelo STF no julgamento da medida cautelar na ação cível 1.109, de 31.05.2007, com fulcro no artigo 195, §9º, da CRFB, que admite a progressividade das alíquotas das contribuições para a seguridade social:

"EMENTA: PROCESSO CIVIL. MEDIDA CAUTELAR. EFEITO SUSPENSIVO A RECURSO EXTRAORDINÁRIO. INSTITUIÇÃO FINANCEIRA. CONTRIBUIÇÃO PREVIDENCIÁRIA SOBRE A FOLHA DE SALÁRIOS. ADICIONAL. § 1º DO ART. 22 DA LEI Nº 8.212/91. **A sobrecarga imposta aos bancos comerciais e às entidades financeiras, no tocante à contribuição previdenciária sobre a folha de salários, não fere, à primeira vista, o princípio da isonomia tributária, ante a expressa previsão constitucional (Emenda de Revisão nº 1/94 e Emenda Constitucional nº 20/98, que inseriu o § 9º no art. 195 do Texto permanente)**. Liminar a que se nega referendo. Processo extinto".

O mesmo posicionamento foi confirmado pelo STF em março de 2016:

Informativo 819 – "**É constitucional a previsão legal de diferenciação de alíquotas em relação às contribuições previdenciárias incidentes sobre a folha de salários de instituições financeiras ou de entidades a elas legalmente equiparáveis, após a edição da EC 20/1998**. Essa a conclusão do Plenário, que negou provimento a recurso extraordinário em que discutida a constitucionalidade do art. 22, § 1º, da Lei 8.212/1991. O preceito impugnado dispõe sobre a contribuição adicional de 2,5% sobre a folha de salários a ser paga por bancos comerciais, bancos de investimentos, bancos de desenvolvimento, caixas econômicas, sociedades de crédito, financiamento e investimento, sociedades de crédito imobiliário, sociedades corretoras, distribuidoras de títulos e valores mobiliários, empresas de arrendamento mercantil, cooperativas de crédito, empresas de seguros privados e de capitalização, agentes autônomos de seguros privados e de crédito e entidades de previdência privada abertas e fechadas, considerado o período posterior à aludida emenda constitucional. O Colegiado assinalou que a jurisprudência do STF é firme no sentido de que a lei complementar, para instituição de contribuição social, exigida para os tributos não descritos conforme o disposto no § 4º do art. 195 da CF, não se aplica ao caso, pois a contribuição incidente sobre a folha de salários está expressamente prevista na Constituição (art. 195, I). O art. 22, § 1º, da Lei 8.212/1991 não prevê nova contribuição ou fonte de custeio, mas mera diferenciação de alíquotas. É, portanto, formalmente constitucional. Quanto à constitucionalidade material, a redação do dispositivo em questão traduz o princípio da igualdade tributária, consubstanciado nos subprincípios da capacidade contributiva, aplicável a todos os tributos, e da equidade no custeio da seguridade social. Esses princípios destinam-se preponderantemente ao legislador, pois apenas a lei pode criar distinções entre os cidadãos, dentro dos limites constitucionais. Assim, a escolha legislativa em onerar as instituições financeiras e entidades equiparáveis com alíquota diferenciada, para fins de custeio da seguridade social, revela-se compatível com a Constituição, tendo em vista que as ECs 20/1998 e 47/2005 apenas explicitaram o conteúdo do art. 145, § 1º, da CF, ao indicar critérios pelos quais poderiam ser estabelecidas distinções entre contribuintes. Ademais, não compete ao Judiciário substituir-se ao legislador na escolha das atividades que terão alíquotas diferenciadas relativamente à contribuição indicada no art. 195, I, da CF. RE 598572/SP, rel. Min. Edson Fachin, 30.3.2016. (RE-598572)".

**No mesmo sentido, o julgamento do** RE 599309/SP, rel. Min. Ricardo Lewandowski, julgamento em 6.6.2018.

**De acordo com a Súmula 584, do STJ, "as sociedades corretoras de seguros, que não se confundem com as sociedades de valores mobiliários ou com os agentes autônomos de seguro privado, estão fora do rol de entidades constantes do art. 22, § 1º, da Lei n. 8.212/1991, não se sujeitando à majoração da alíquota da Cofins prevista no art. 18 da Lei n. 10.684/2003".**

Deverá a empresa promover o recolhimento até o dia 20 do mês subsequente ao da competência respectiva, conforme inovação da Lei 11.933/2009, ou no dia útil imediatamente anterior, se não houver expediente bancário, pois antes o prazo era até o dia 10 (Lei 11.488/2007) ou o dia 02 (Lei 9.063/95) no regime mais antigo.

Com base no inciso II, do artigo 22, da Lei 8.212/91, sobre o total das remunerações pagas, devidas ou creditadas aos segurados empregados e trabalhadores avulsos, ainda incidirá um **adicional de 1%, 2% ou 3% para o custeio da aposentadoria especial e dos benefícios decorrentes de acidente de trabalho.**

Deveras, esses percentuais variarão a depender do nível de risco de acidentes de trabalho cuja atividade da empresa se enquadrar, sendo classificado em leve (1%), médio (2%) ou grave (3%), o que atende ao Princípio na Equidade na Forma de Participação no Custeio, pois o percentual é proporcional à probabilidade de acidentes de trabalho.

Conquanto atualmente não se destine apenas ao custeio do seguro de acidentes de trabalho (SAT), esta exação previdenciária adicional é tradicionalmente conhecida na doutrina como **contribuição SAT.**

Ressalte-se que a Constituição assegura aos trabalhadores um seguro contra acidentes de trabalho, a cargo do empregador[29], atividade que foi aberta à iniciativa privada pela Emenda 20/1998, que inseriu o §10, no artigo 201, da Constituição Federal, ainda pendente de regulamentação.

O enquadramento do risco será de acordo com a *atividade preponderante da empresa*, assim considerada a que ocupa na empresa o maior número de segurados empregados e trabalhadores avulsos[30], devendo-se verificar os graus de risco constantes do anexo V, do RPS, critério validado pelo STF, ao julgar o RE 343.446, de 20.03.2003, entendendo a Suprema Corte que "o fato de a lei deixar para o regulamento a complementação dos conceitos de 'atividade preponderante' e 'grau de risco leve, médio e grave', não implica ofensa ao princípio da legalidade genérica".

Eis alguns exemplos extraídos do anexo V do Decreto 3.048/99 **alterado pelo Decreto 10.410/2020:**

**REGULAMENTO DA PREVIDÊNCIA SOCIAL** (Redações anteriores)

**ANEXO V**

(Redação dada pelo Decreto nº 10.410, de 2020

RELAÇÃO DE ATIVIDADES PREPONDERANTES E CORRESPONDENTES GRAUS DE RISCO CONFORME A CLASSIFICAÇÃO NACIONAL DE ATIVIDADES ECONÔMICAS

| CNAE 2.3 | Descrição | Alíquota (%) |
|---|---|---|
| 0111-3/01 | Cultivo de arroz | 3 |
| 0111-3/02 | Cultivo de milho | 3 |
| 0111-3/03 | Cultivo de trigo | 2 |
| 0111-3/99 | Cultivo de outros cereais não especificados anteriormente | 3 |
| 0112-1/01 | Cultivo de algodão herbáceo | 3 |
| 0112-1/02 | Cultivo de juta | 3 |
| 0112-1/99 | Cultivo de outras fibras de lavoura temporária não especificadas anteriormente | 3 |
| 0113-0/00 | Cultivo de cana-de-açúcar | 3 |
| 0114-8/00 | Cultivo de fumo | 3 |
| 0115-6/00 | Cultivo de soja | 3 |
| 0116-4/01 | Cultivo de amendoim | 2 |
| 0116-4/02 | Cultivo de girassol | 2 |
| 0116-4/03 | Cultivo de mamona | 3 |
| 0116-4/99 | Cultivo de outras oleaginosas de lavoura temporária não especificadas anteriormente | 3 |
| 0119-9/01 | Cultivo de abacaxi | 2 |
| 0119-9/02 | Cultivo de alho | 2 |
| 0119-9/03 | Cultivo de batata-inglesa | 3 |
| 0119-9/04 | Cultivo de cebola | 2 |
| 0119-9/05 | Cultivo de feijão | 3 |
| 0119-9/06 | Cultivo de mandioca | 3 |
| 0119-9/07 | Cultivo de melão | 3 |
| 0119-9/08 | Cultivo de melancia | 2 |
| 0119-9/09 | Cultivo de tomate rasteiro | 2 |
| 0119-9/99 | Cultivo de outras plantas de lavoura temporária não especificadas anteriormente | 2 |
| 0121-1/01 | Horticultura, exceto morango | 3 |
| 0121-1/02 | Cultivo de morango | 3 |
| 0122-9/00 | Cultivo de flores e plantas ornamentais | 3 |
| 0131-8/00 | Cultivo de laranja | 3 |
| 0132-6/00 | Cultivo de uva | 3 |
| 0133-4/01 | Cultivo de açaí | 1 |

**Por sua vez, no site do IBGE,[31] é possível promover a pesquisa do CNAE da empresa:**

**29.** Artigo 7º, inciso XXXVIII.

**30.** Artigo 202, §3º, do RPS.

31. https://concla.ibge.gov.br/busca-online-cnae.html.

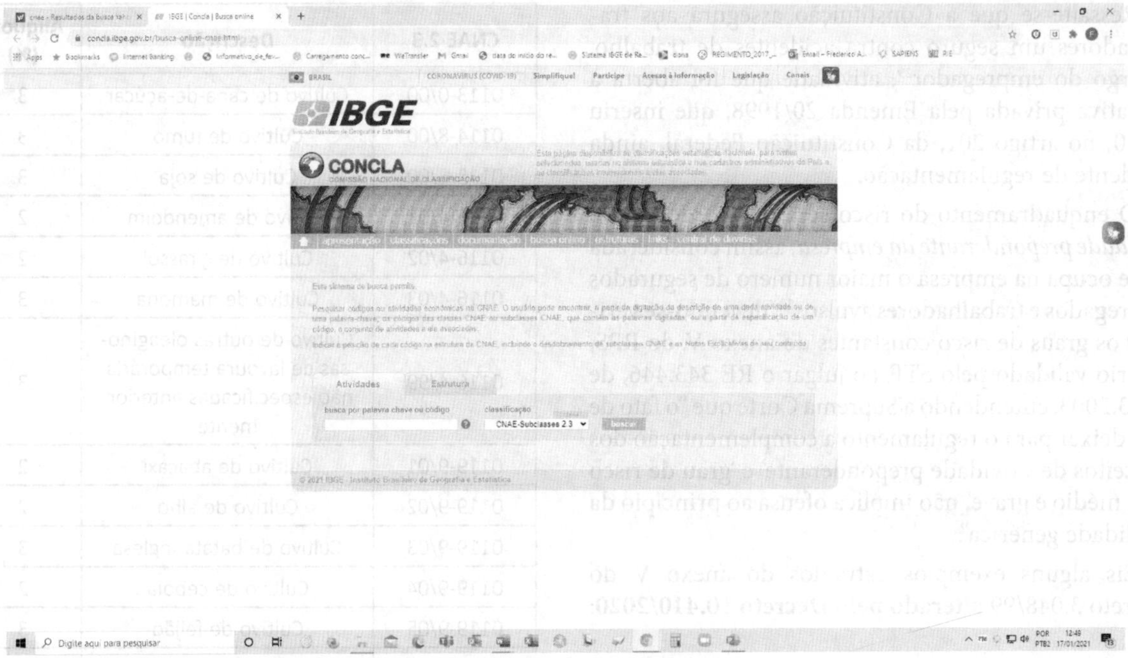


Contudo, o STJ vem decidindo que não deve se adotar o critério da atividade preponderante da empresa como um todo, devendo ser calculada a contribuição SAT em cada estabelecimento da pessoa jurídica (por cada CNPJ), caso possua mais de uma unidade[32]:

"TRIBUTÁRIO. EMBARGOS DE DIVERGÊNCIA. SEGURO DE ACIDENTE DO TRABALHO – SAT. GRAU DE RISCO. APURAÇÃO EM CADA ESTABELECIMENTO DA EMPRESA IDENTIFICADO PELO SEU CNPJ.

**1. A alíquota da contribuição para o Seguro de Acidente do Trabalho (SAT) deve corresponder ao grau de risco da atividade desenvolvida em cada estabelecimento da empresa, individualizado pelo seu CNPJ (antigo CGC)".**

Ratificando este entendimento, em 11.06.2008, o **STJ** aprovou a **Súmula 351**, que determina que "a alíquota de contribuição para o Seguro de Acidente do Trabalho – SAT é aferida pelo grau de risco desenvolvido em cada empresa, individualizada pelo seu CNPJ, ou pelo grau de risco a atividade preponderante quando houver apenas um registro", utilizando a expressão "empresa" como sinônimo de estabelecimento.

Entretanto, frise-se que a Secretaria da Receita Federal do Brasil mantinha posicionamento contrário ao do Superior Tribunal de Justiça, pois pontificava que "a empresa com mais de 1 (um) estabelecimento e diversas atividades econômicas deverá somar o número de segurados alocados na mesma atividade em todos os estabelecimentos, prevalecendo como preponderante a atividade que ocupa o maior número de segurados empregados e trabalhadores avulsos, considerados todos os estabelecimentos"[33].

Mas, por força da Instrução Normativa RFB nº 1.453, de 24 de fevereiro de 2014, a Receita Federal aderiu ao posicionamento do STJ, aduzindo que "a empresa com mais de 1 (um) estabelecimento e com mais de 1 (uma) atividade econômica deverá apurar a atividade preponderante em cada estabelecimento", posição preservada pelo artigo 43, §1º, I, letra C, da IN RFB 2.110/2022.

Considera-se preponderante a atividade econômica que ocupa, no estabelecimento, o maior número de segurados empregados e trabalhadores avulsos, observado que na ocorrência de mesmo número de segurados empregados e trabalhadores avulsos em atividades econômicas distintas, será considerada como preponderante aquela que corresponder ao maior grau de risco.

Posteriormente, por força do artigo 10, da Lei 10.666/2003, tornou-se possível que a alíquota de 1%, 2% ou 3% da contribuição SAT sofra redução de até 50% ou majoração de até 100%, em razão do desempenho da empresa em relação à respectiva atividade

**32.** EREsp 476.885, de 14.09.2005.

**33.** Redação anterior do Artigo 72, §1º, I, "c", da revogada Instrução Normativa RFB 971/2009, com redação dada pela Instrução Normativa RFB 1.080/2010.

> econômica, apurado em conformidade com os resultados obtidos a partir dos *índices de frequência*[34], *gravidade*[35] *e custo*[36], calculados segundo metodologia aprovada pelo Conselho Nacional de Previdência Social.

A matéria vem regulada pelo *artigo 202-A, do RPS*, com redação alterada pelo Decreto 6.957/2009 e pelo Decreto 10.410/2020, que criou o **FAP – Fator Acidentário de Prevenção**, consistente em multiplicador variável (entre 0,5000 e 2,0000) que procederá à discriminação do desempenho da empresa, dentro da respectiva atividade econômica, a partir da criação de um índice composto pelos índices de gravidade, de frequência e de custo dos valores dos benefícios acidentários.

Logo, o FAP é composto pelos seguintes índices ligados aos custos de concessão de benefícios previdenciários decorrentes de acidentes de trabalho (aposentadoria por incapacidade permanente (antiga invalidez até a EC 103/2019), pensão por morte, auxílio-acidente e auxílio-doença/auxílio por incapacidade temporária):

> **I. FREQUÊNCIA** – os registros de acidentes ou benefícios de natureza acidentária;
>
> **II. GRAVIDADE** – as hipóteses de auxílio por incapacidade temporária, auxílio-acidente, aposentadoria por incapacidade permanente, pensão por morte e morte de natureza acidentária, aos quais são atribuídos pesos diferentes em razão da gravidade da ocorrência, da seguinte forma: a) pensão por morte e morte de natureza acidentária - peso de cinquenta por cento; b) aposentadoria por incapacidade permanente - peso de trinta por cento; e c) auxílio por incapacidade temporária e auxílio-acidente - peso de dez por cento para cada.
>
> **III. CUSTO** – os valores dos benefícios de natureza acidentária pagos ou devidos pela previdência social.

Na realidade, o que se busca é estimular as empresas a investirem em prevenção a acidentes de trabalho, através da extrafiscalidade, pois as que apresentarem um maior número de eventos dessa natureza pagarão um acréscimo à contribuição SAT, sendo também considerada a gravidade do acidente e o custo do pagamento dos benefícios previdenciários.

O Ministério da Previdência e o Ministério da Economia publicarão, anualmente, no Diário Oficial da União, portaria para disponibilizar consulta ao FAP e aos róis dos percentis de frequência, gravidade e custo por subclasse da Classificação Nacional de Atividades Econômicas, produzindo efeitos tributários a partir do primeiro dia do quarto mês subsequente ao de sua divulgação.

Para o cálculo anual do FAP, serão utilizados os dados de janeiro a dezembro de cada ano, até completar o período de dois anos, a partir do qual os dados do ano inicial serão substituídos pelos novos dados anuais incorporados, sendo calculado a partir de 1º de janeiro do ano seguinte àquele ano em que o estabelecimento completar dois anos de sua constituição.

A metodologia aprovada pelo Conselho Nacional de Previdência indicará a sistemática de cálculo e a forma de aplicação de índices e critérios acessórios à composição do índice composto do FAP.

Vale registrar que atualmente compete ao CRPS processar e julgar as contestações e os recursos relativos à atribuição, pelo Ministério da Economia, do FAP aos estabelecimentos das empresas.

A posição do STJ é que, diante da inexistência da exclusão legal, **os acidentes de trajeto devem ser considerados na composição do FAP:**

> **PROCESSO**
>
> REsp 2032185 / SP
>
> RECURSO ESPECIAL
>
> 2022/0322239-4
>
> **RELATOR**
>
> Ministro HERMAN BENJAMIN (1132)
>
> ÓRGÃO JULGADOR
>
> T2 - SEGUNDA TURMA
>
> DATA DO JULGAMENTO
>
> 07/02/2023
>
> DATA DA PUBLICAÇÃO/FONTE
>
> DJe 28/03/2023
>
> **EMENTA**
>
> PROCESSO CIVIL E TRIBUTÁRIO. RECURSO ESPECIAL. OFENSA AO ART.1.022 DO CPC/2015 NÃO CONFIGURADA. LITISPENDÊNCIA. SÚMULA 7/STJ.

**34.** Os registros de acidentes e doenças do trabalho informados ao INSS por meio de Comunicação de Acidente do Trabalho – CAT e de benefícios acidentários estabelecidos por nexos técnicos pela perícia médica do INSS, ainda que sem CAT a eles vinculados.

**35.** Todos os casos de auxílio-doença, auxílio-acidente, aposentadoria por invalidez e pensão por morte, todos de natureza acidentária, aos quais são atribuídos pesos diferentes em razão da gravidade da ocorrência, como segue: a) pensão por morte: peso de cinquenta por cento; b) aposentadoria por invalidez: peso de trinta por cento; c) auxílio-doença e auxílio-acidente: peso de dez por cento para cada um.

**36.** Os valores dos benefícios de natureza acidentária pagos ou devidos pela Previdência Social, apurados da seguinte forma: a) nos casos de auxílio-doença, com base no tempo de afastamento do trabalhador, em meses e fração de mês; b) nos casos de morte ou de invalidez, parcial ou total, mediante projeção da expectativa de sobrevida do segurado, na data de início do benefício, a partir da tábua de mortalidade construída pela Fundação Instituto Brasileiro de Geografia e Estatística – IBGE para toda a população brasileira, considerando-se a média nacional única para ambos os sexos.

INCLUSÃO DO ACIDENTE DE TRAJETO NO CÁLCULO DO FAP. POSSIBILIDADE.

1. Não há a ofensa ao art. 1.022 do CPC/2015, porque o Tribunal de origem julgou integralmente a lide e solucionou a controvérsia, embora contrariamente aos interesses da pare ora recorrente, observando as questões relevantes e imprescindíveis à sua resolução.

2. O aresto vergastado decidiu existir litispendência e não prejudicialidade externa. Além disso, conclui pela regularidade dos elementos que compuseram o índice do FAP, dentre os quais os acidentes de trajeto. Ademais, anotou não haver prova de que o auxílio-doença previdenciário tenha sido incluído indevidamente no citado cálculo do FAP. Finalmente, julgou inviável examinar a alegada impossibilidade de inclusão de benefício previdenciário contestado administrativamente, por entender que tal tese configura inovação recursal.

3. É inviável analisar a tese defendida no Recurso Especial de que há litispendência, pois inarredável a revisão do conjunto probatório dos autos para afastar as premissas fáticas estabelecidas pelo acórdão recorrido em sentido contrário. Aplica-se, portanto, o óbice da Súmula 7/STJ.

4. O óbice da Súmula 7/STJ também incide em relação às teses de que o título exequendo contempla indevida inclusão do auxílio-doença previdenciário no cálculo do Fator Acidentário de Prevenção e de que o benefício previdenciário não poderia ser incluído no aludido cálculo, por estar em fase de contestação administrativa. O aresto vergastado, com fulcro no contexto fático-probatório, concluiu faltar prova da inclusão indevida do auxílio-doença previdenciário e que houve inadmissível inovação recursal quanto ao argumento de que o benefício administrativo estaria sendo questionado administrativamente.

**5. Os acidentes ocorridos no trajeto para o trabalho devem compor as estatísticas para a obtenção do multiplicador do FAP. A interpretação dos arts. 19 e 21, IV, da Lei 8.213/1991 não faz exceção a tais eventos, caracteriza os acidentes de trabalho ocorridos no trajeto percorrido pelo trabalhador, inequivocamente como acidentes de trabalho, já que os equipara a estes últimos.**

6. Os acidentes de trabalho ocorridos no trajeto percorrido pelo trabalhador são enquadrados pela legislação como acidentes de trabalho, sofrendo todos os efeitos daí decorrentes, inexistindo motivos para que sejam descartadas do cálculo do FAP.
7. Recurso Especial parcialmente conhecido e não provido.

O FAP para o **exercício de 2020** foi regulado pela **Portaria 1.079/2019,** da lavra da Secretaria Especial de Previdência e Trabalho do Ministério da Economia.

"Art. 1º Divulgar, na forma do Anexo Único, os róis dos percentis de frequência, gravidade e custo, por Subclasse da Classificação Nacional de Atividades Econômicas - CNAE, calculados em 2019, considerando informações dos bancos de dados da previdência social relativas aos anos de 2017 e 2018.

Art. 2º O Fator Acidentário de Prevenção - FAP calculado em 2019 e vigente para o ano de 2020, juntamente com as respectivas ordens de frequência, gravidade, custo e demais elementos que possibilitem ao estabelecimento (CNPJ completo) verificar o respectivo desempenho dentro da sua Subclasse da CNAE, serão disponibilizados pelo Ministério da Economia - ME, no dia 30 de setembro de 2019, podendo ser acessados nos sítios da Previdência (http://www.previdencia.gov.br) e da Secretaria da Receita Federal do Brasil - RFB (www.receita.economia.gov.br).

Parágrafo único. O valor do FAP de todos os estabelecimentos (CNPJ completo), juntamente com as respectivas ordens de frequência, gravidade, custo e demais elementos que compuseram o processo de cálculo, serão de conhecimento restrito do estabelecimento mediante acesso por senha pessoal.

Art. 3º O FAP atribuído aos estabelecimentos (CNPJ completo) pelo Ministério da Economia poderá ser contestado perante o Conselho de Recursos da Previdência Social da Secretaria de Previdência, exclusivamente por meio eletrônico, através de formulário que será disponibilizado nos sítios da Previdência e da RFB.

§ 1º A contestação de que trata o *caput* deverá versar, exclusivamente, sobre razões relativas a divergências quanto aos elementos previdenciários que compõem o cálculo do FAP.

§ 2º Os elementos previdenciários que compõem o cálculo do FAP contestados deverão ser devidamente identificados, conforme incisos abaixo, sob pena de não conhecimento da contestação:

I - Comunicação de Acidentes do Trabalho - CAT - seleção das CATs relacionadas para contestação.

II - Benefícios - seleção dos Benefícios relacionados para contestação.

III - Massa Salarial - seleção da(s) competência (s) do período-base, inclusive o 13º salário, informando o valor da massa salarial (campo "REMUNERAÇÃO" - GFIP/eSocial) que o estabelecimento (CNPJ completo) considera correto ter declarado em GFIP/eSocial para cada competência selecionada.

IV - Número Médio de Vínculos - seleção da(s) competência(s) do período-base, informando a quantidade de vínculos (campo "EMPREGADOS E TRABALHADORES AVULSOS" - GFIP/eSocial) que o estabelecimento (CNPJ completo) considera correta ter declarado em GFIP/eSocial para cada competência selecionada.

V - Taxa Média de Rotatividade - seleção do(s) ano(s) do período-base, informando as quantidades de rescisões (campo "MOVIMENTAÇÕES"* - GFIP / e no eSocial), admissões (campo "ADMISSÃO"** - GFIP / e no eSocial) e de vínculos no início do ano (campo X GFIP/eSocial competência) que o estabelecimento (CNPJ completo) considera corretas ter declarado em GFIP/eSocial para cada ano do período-base selecionado.

§ 3º Ainda sob pena de não conhecimento, qualquer referência aos elementos impugnados deverá identificá-los pelos seus respectivos números: CAT (número da CAT), benefícios, trabalhador (número do NIT).

§ 4º O formulário eletrônico de contestação deverá ser preenchido e transmitido no período de 01 de novembro de 2019 a 30 de novembro de 2019.

§ 5º O resultado do julgamento proferido pelo Conselho de Recursos da Previdência Social será divulgado no sítio da Previdência, e o inteiro teor da decisão será divulgado nos sítios da Previdência e da RFB, com acesso restrito ao estabelecimento (CNPJ completo).

§ 6º O processo administrativo de que trata este artigo tem efeito suspensivo, que cessará com o esgotamento do prazo para o recurso previsto no art. 4º sem que este tenha sido interposto.

Art. 4º Da decisão proferida pelo Conselho de Recursos da Previdência Social caberá recurso, exclusivamente por meio eletrônico, no prazo de trinta dias, contado da data da publicação do resultado no DOU.

§ 1º O recurso deverá ser encaminhado através de formulário eletrônico, que será disponibilizado nos sítios da Previdência e da RFB, e será examinado em caráter terminativo pelo Conselho de Recursos da Previdência Social.

§ 2º Não será conhecido o recurso sobre matérias que não tenham sido objeto de contestação em primeira instância administrativa.

§ 3º O resultado do julgamento proferido pelo Conselho de Recursos da Previdência Social será publicado no DOU, e o inteiro teor da decisão será divulgado nos sítios da Previdência e da RFB, com acesso restrito ao estabelecimento (CNPJ completo).

§ 4º O efeito suspensivo cessará na data da publicação do resultado do julgamento proferido pelo Conselho de Recursos da Previdência Social.

Art. 5º A propositura, pelo contribuinte, de ação judicial que tenha por objeto idêntico pedido sobre o qual versa o processo administrativo de que trata esta Portaria, importa em renúncia ao direito de recorrer à esfera administrativa e desistência da contestação interposta".

O **FAP para o exercício de 2021** foi regulado pela PORTARIA INTERMINISTERIAL MTP/ME Nº 2, DE 10 DE SETEMBRO DE 2021:

"Art. 1º Serão disponibilizados pelo Ministério do Trabalho e Previdência - MTP, no dia 30 de setembro de 2021, podendo ser acessados nos sítios da Previdência (https://www.gov.br/previdencia) e da Secretaria Especial da Receita Federal do Brasil - RFB (https://www.gov.br/receitafederal):

I - Os róis dos percentis de frequência, gravidade e custo, por Subclasse da Classificação Nacional de Atividades Econômicas - CNAE, calculados em 2021, considerando informações dos bancos de dados da previdência social relativas aos anos de 2019 e 2020.

II - O Fator Acidentário de Prevenção - FAP calculado em 2021 e vigente para o ano de 2022, juntamente com as respectivas ordens de frequência, gravidade, custo e demais elementos que possibilitem ao estabelecimento (CNPJ completo) verificar o respectivo desempenho dentro da sua Subclasse da CNAE.

Parágrafo único. O valor do FAP de todos os estabelecimentos (CNPJ completo), juntamente com as respectivas ordens de frequência, gravidade, custo e demais elementos que compuseram o processo de cálculo, serão de conhecimento restrito do estabelecimento mediante acesso por senha pessoal.

Art. 2º O FAP atribuído aos estabelecimentos (CNPJ completo) pelo Ministério do Trabalho e Previdência poderá ser contestado perante o Conselho de Recursos da Previdência Social, exclusivamente por meio eletrônico, através de formulário que será disponibilizado nos sítios da Previdência e da RFB.

§ 1º A contestação de que trata o *caput* deverá versar, exclusivamente, sobre razões relativas a divergências quanto aos elementos que compõem o cálculo do FAP.

§ 2º Os elementos que compõem o cálculo do FAP contestados deverão ser devidamente identificados, conforme incisos abaixo, sob pena de não conhecimento da contestação:

I - Comunicação de Acidentes do Trabalho - CAT - seleção das CATs relacionadas para contestação.

II - Benefícios - seleção dos Benefícios relacionados para contestação.

III - Massa Salarial - seleção da(s) competência (s) do período-base, inclusive o 13º salário, informando o valor da massa salarial (campo "REMUNERAÇÃO" - GFIP/eSocial) que o estabelecimento (CNPJ completo) considera correto ter declarado em GFIP/eSocial para cada competência selecionada.

IV - Número Médio de Vínculos - seleção da(s) competência(s) do período-base, informando a quantidade de vínculos (campo "EMPREGADOS E TRABALHADORES AVULSOS" - GFIP/eSocial) que o estabelecimento (CNPJ completo) considera correta ter declarado em GFIP/eSocial para cada competência selecionada.

V - Taxa Média de Rotatividade - seleção do(s) ano(s) do período-base, informando as quantidades de rescisões (campo "MOVIMENTAÇÕES"* - GFIP / e no eSocial), admissões (campo "ADMISSÃO"** - GFIP / e no eSocial) e de vínculos no início do ano (campo X GFIP/eSocial competência) que o estabelecimento (CNPJ completo) considera corretas ter declarado em GFIP/eSocial para cada ano do período-base selecionado.

(*) Códigos das MOVIMENTAÇÕES considerados no cálculo: I1 e I3 (GFIP) e motivos 2, 3 e 6 (eSocial).

(**) Códigos das ADMISSÕES das categorias considerados no cálculo: 1, 2, 4, 7, 12, 19, 20, 21 e 26 (GFIP) e 101, 102, 103, 105, 106, 107, 108, 111, 201, 202, 301, 302, 303, 306, 309, 401 e 410 (eSocial), excetuados os vinculados a Regimes Próprios de Previdência.

§ 3º Ainda sob pena de não conhecimento, qualquer referência aos elementos impugnados deverá identificá-los pelos seus respectivos números: CAT (número da CAT), benefícios, trabalhador (número do NIT).

§ 4º O formulário eletrônico de contestação deverá ser preenchido e transmitido no período de 01 de novembro de 2021 a 30 de novembro de 2021.

§ 5º O resultado do julgamento proferido pelo Conselho de Recursos da Previdência Social será divulgado no sítio da Previdência, e o inteiro teor da decisão será divulgado nos sítios da Previdência e da RFB, com acesso restrito ao estabelecimento (CNPJ completo).

§ 6º O processo administrativo de que trata este artigo tem efeito suspensivo, que cessará com o esgotamento do prazo para o recurso previsto no art. 3º sem que este tenha sido interposto.

Art. 3º Da decisão proferida pelo Conselho de Recursos da Previdência Social caberá recurso, exclusivamente por meio eletrônico, no prazo de trinta dias, contado da data da publicação do resultado no DOU.

§ 1º O recurso deverá ser encaminhado através de formulário eletrônico, que será disponibilizado nos sítios da Previdência e da RFB, e será examinado em caráter terminativo pelo Conselho de Recursos da Previdência Social.

§ 2º Não será conhecido o recurso sobre matérias que não tenham sido objeto de contestação em primeira instância administrativa.

§ 3º O resultado do julgamento proferido pelo Conselho de Recursos da Previdência Social será publicado no DOU, e o inteiro teor da decisão será divulgado nos sítios da Previdência e da RFB, com acesso restrito ao estabelecimento (CNPJ completo).

§ 4º O efeito suspensivo cessará na data da publicação do resultado do julgamento proferido pelo Conselho de Recursos da Previdência Social.

Art. 4º A propositura, pelo contribuinte, de ação judicial que tenha por objeto idêntico pedido sobre o qual versa o processo administrativo de que trata esta Portaria, importa em renúncia ao direito de recorrer à esfera administrativa e desistência da contestação interposta.

Art. 5º Esta Portaria entra em vigor no dia 30 de setembro de 2021".

O FAP para o exercício de 2022 foi regulado pela Portaria Interministerial MTP/ME 2, de 02/09/2021:

"Art. 1º Serão disponibilizados pelo Ministério do Trabalho e Previdência - MTP, no dia 30 de setembro de 2021, podendo ser acessados nos sítios da Previdência (https://www.gov.br/previdencia) e da Secretaria Especial da Receita Federal do Brasil - RFB (https://www.gov.br/receitafederal):

I - Os róis dos percentis de frequência, gravidade e custo, por Subclasse da Classificação Nacional de Atividades Econômicas - CNAE, calculados em 2021, considerando informações dos bancos de dados da previdência social relativas aos anos de 2019 e 2020.

II - O Fator Acidentário de Prevenção - FAP calculado em 2021 e vigente para o ano de 2022, juntamente com as respectivas ordens de frequência, gravidade, custo e demais elementos que possibilitem ao estabelecimento (CNPJ completo) verificar o respectivo desempenho dentro da sua Subclasse da CNAE.

Parágrafo único. O valor do FAP de todos os estabelecimentos (CNPJ completo), juntamente com as respectivas ordens de frequência, gravidade, custo e demais elementos que compuseram o processo de cálculo, serão de conhecimento restrito do estabelecimento mediante acesso por senha pessoal.

Art. 2º O FAP atribuído aos estabelecimentos (CNPJ completo) pelo Ministério do Trabalho e Previdência poderá ser contestado perante o Conselho de Recursos da Previdência Social, exclusivamente por meio eletrônico, através de formulário que será disponibilizado nos sítios da Previdência e da RFB.

§ 1º A contestação de que trata o caput deverá versar, exclusivamente, sobre razões relativas a divergências quanto aos elementos que compõem o cálculo do FAP.

§ 2º Os elementos que compõem o cálculo do FAP contestados deverão ser devidamente identificados, conforme incisos abaixo, sob pena de não conhecimento da contestação:

I - Comunicação de Acidentes do Trabalho - CAT - seleção das CATs relacionadas para contestação.

II - Benefícios - seleção dos Benefícios relacionados para contestação.

III - Massa Salarial - seleção da(s) competência (s) do período-base, inclusive o 13º salário, informando o valor da massa salarial (campo "REMUNERAÇÃO" - GFIP/eSocial) que o estabelecimento (CNPJ completo) considera correto ter declarado em GFIP/eSocial para cada competência selecionada.

IV - Número Médio de Vínculos - seleção da(s) competência(s) do período-base, informando a quantidade de vínculos (campo "EMPREGADOS E TRABALHADORES AVULSOS" - GFIP/eSocial) que o estabelecimento (CNPJ completo) considera correta ter declarado em GFIP/eSocial para cada competência selecionada.

V - Taxa Média de Rotatividade - seleção do(s) ano(s) do período-base, informando as quantidades de rescisões (campo "MOVIMENTAÇÕES"* - GFIP / e no eSocial), admissões (campo "ADMISSÃO"** - GFIP / e no eSocial) e de vínculos no início do ano (campo X GFIP/eSocial competência) que o estabelecimento (CNPJ completo) considera corretas ter declarado em GFIP/eSocial para cada ano do período-base selecionado.

(*) Códigos das MOVIMENTAÇÕES considerados no cálculo: I1 e I3 (GFIP) e motivos 2, 3 e 6 (eSocial).

(**) Códigos das ADMISSÕES das categorias considerados no cálculo: 1, 2, 4, 7, 12, 19, 20, 21 e 26 (GFIP) e 101, 102, 103, 105, 106, 107, 108, 111, 201, 202, 301, 302, 303, 306, 309, 401 e 410 (eSocial), excetuados os vinculados a Regimes Próprios de Previdência.

§ 3º Ainda sob pena de não conhecimento, qualquer referência aos elementos impugnados deverá identificá-los pelos seus respectivos números: CAT (número da CAT), benefícios, trabalhador (número do NIT).

§ 4º O formulário eletrônico de contestação deverá ser preenchido e transmitido no período de 01 de novembro de 2021 a 30 de novembro de 2021.

§ 5º O resultado do julgamento proferido pelo Conselho de Recursos da Previdência Social será divulgado no sítio da Previdência, e o inteiro teor da decisão será divulgado nos sítios da Previdência e da RFB, com acesso restrito ao estabelecimento (CNPJ completo).

§ 6º O processo administrativo de que trata este artigo tem efeito suspensivo, que cessará com o esgotamento do prazo para o recurso previsto no art. 3º sem que este tenha sido interposto.

Art. 3º Da decisão proferida pelo Conselho de Recursos da Previdência Social caberá recurso, exclusivamente por meio eletrônico, no prazo de trinta dias, contado da data da publicação do resultado no DOU.

§ 1º O recurso deverá ser encaminhado através de formulário eletrônico, que será disponibilizado nos sítios da Previdência e da RFB, e será examinado em caráter terminativo pelo Conselho de Recursos da Previdência Social.

§ 2º Não será conhecido o recurso sobre matérias que não tenham sido objeto de contestação em primeira instância administrativa.

§ 3º O resultado do julgamento proferido pelo Conselho de Recursos da Previdência Social será publicado no DOU, e o inteiro teor da decisão será divulgado nos sítios da Previdência e da RFB, com acesso restrito ao estabelecimento (CNPJ completo).

§ 4º O efeito suspensivo cessará na data da publicação do resultado do julgamento proferido pelo Conselho de Recursos da Previdência Social.

Art. 4º A propositura, pelo contribuinte, de ação judicial que tenha por objeto idêntico pedido sobre o qual versa o processo administrativo de que trata esta Portaria, importa em renúncia ao direito de recorrer à esfera administrativa e desistência da contestação interposta.

*Art. 5º Esta Portaria entra em vigor no dia 30 de setembro de 2021."*

O FAP para o exercício de 2023 foi regulado Portaria Interministerial MTP/ME 21, de 03/08/2022:

> *"Art. 1º Serão disponibilizados pelo Ministério do Trabalho e Previdência - MTP, no dia 30 de setembro de 2022, podendo ser acessados nos sítios da Previdência (https://www.gov.br/trabalho-e-previdencia/pt-br) e da Secretaria Especial da Receita Federal do Brasil - RFB (https://www.gov.br/receitafederal):*
>
> *I - Os róis dos percentis de frequência, gravidade e custo, por Subclasse da Classificação Nacional de Atividades Econômicas - CNAE, calculados em 2022, considerando informações dos bancos de dados da previdência social relativas aos anos de 2020 e 2021.*
>
> *II - O Fator Acidentário de Prevenção - FAP calculado em 2022 e vigente para o ano de 2023, juntamente com as respectivas ordens de frequência, gravidade, custo e demais elementos que possibilitem ao estabelecimento (CNPJ completo) verificar o respectivo desempenho dentro da sua Subclasse da CNAE.*
>
> *Parágrafo único. O valor do FAP de todos os estabelecimentos (CNPJ completo), juntamente com as respectivas ordens de frequência, gravidade, custo e demais elementos que compuseram o processo de cálculo, serão de conhecimento restrito do estabelecimento mediante acesso por senha pessoal.*
>
> *Art. 2º O FAP atribuído aos estabelecimentos (CNPJ completo) pelo Ministério do Trabalho e Previdência poderá ser contestado perante o Conselho de Recursos da Previdência Social, exclusivamente por meio eletrônico, através de formulário que será disponibilizado nos sítios da Previdência e da RFB.*
>
> *§ 1º A contestação de que trata o caput deverá versar, exclusivamente, sobre razões relativas a divergências quanto aos elementos que compõem o cálculo do FAP.*
>
> *§ 2º Os elementos que compõem o cálculo do FAP contestados deverão ser devidamente identificados, conforme incisos abaixo, sob pena de não conhecimento da contestação:*
>
> *I - Comunicação de Acidentes do Trabalho - CAT - seleção das CATs relacionadas para contestação.*
>
> *II - Benefícios - seleção dos Benefícios relacionados para contestação.*
>
> *III - Massa Salarial - seleção da(s) competência(s) do período-base, inclusive o 13º salário, informando o valor da massa salarial (campo "REMUNERAÇÃO" - GFIP/eSocial) que o estabelecimento (CNPJ completo) considera correto ter declarado em GFIP/eSocial para cada competência selecionada.*
>
> *IV - Número Médio de Vínculos - seleção da(s) competência(s) do períodobase, informando a quantidade de vínculos (campo "EMPREGADOS E TRABALHADORES AVULSOS" - GFIP/eSocial) que o estabelecimento (CNPJ completo) considera correta ter declarado em GFIP/eSocial para cada competência selecionada.*
>
> *V - Taxa Média de Rotatividade - seleção do(s) ano(s) do período-base, informando as quantidades de rescisões (campo "MOVIMENTAÇÕES"* - GFIP/e no eSocial), admissões (campo "ADMISSÃO"** - GFIP/e no eSocial) e de vínculos no início do ano (campo X GFIP/eSocial competência) que o estabelecimento (CNPJ completo) considera corretas ter declarado em GFIP/eSocial para cada ano do períodobase selecionado.(*) Códigos das MOVIMENTAÇÕES considerados no cálculo: I1 e I3 (GFIP) e motivos 2, 3 e 6 (eSocial).(**) Códigos das ADMISSÕES das categorias considerados no cálculo: 1, 2, 4, 7, 12, 19, 20, 21 e 26 (GFIP) e 101, 102, 103, 105, 106, 107, 108, 111, 201, 202, 301, 302, 303, 306, 309, 401 e 410 (eSocial), excetuados os vinculados a Regimes Próprios de Previdência.*
>
> *§ 3º Ainda sob pena de não conhecimento, qualquer referência aos elementos impugnados deverá identificá-los pelos seus respectivos números: CAT(número da CAT), benefícios, trabalhador (número do NIT).*
>
> *§ 4º O formulário eletrônico de contestação deverá ser preenchido e transmitido no período de 1º de novembro de 2022 a 30 de novembro de 2022.*
>
> *§ 5º O resultado do julgamento proferido pelo Conselho de Recursos da Previdência Social será divulgado no sítio da Previdência, e o inteiro teor da decisão será divulgado nos sítios da Previdência e da RFB, com acesso restrito ao estabelecimento (CNPJ completo).*
>
> *§ 6º O processo administrativo de que trata este artigo tem efeito suspensivo, que cessará com o esgotamento do prazo*

*para o recurso previsto no art. 3º sem que este tenha sido interposto.*

*Art. 3º Da decisão proferida pelo Conselho de Recursos da Previdência Social caberá recurso, exclusivamente por meio eletrônico, no prazo de trinta dias, contado da data da publicação do resultado no DOU.*

*§ 1º O recurso deverá ser encaminhado através de formulário eletrônico, que será disponibilizado nos sítios da Previdência e da RFB, e será examinado em caráter terminativo pelo Conselho de Recursos da Previdência Social.*

*§ 2º Não será conhecido o recurso sobre matérias que não tenham sido objeto de contestação em primeira instância administrativa.*

*§ 3º O resultado do julgamento proferido pelo Conselho de Recursos da Previdência Social será publicado no DOU, e o inteiro teor da decisão será divulgado nos sítios da Previdência e da RFB, com acesso restrito ao estabelecimento (CNPJ completo).*

*§ 4º O efeito suspensivo cessará na data da publicação do resultado do julgamento proferido pelo Conselho de Recursos da Previdência Social.*

*Art. 4º A propositura, pelo contribuinte, de ação judicial que tenha por objeto idêntico pedido sobre o qual versa o processo administrativo de que trata esta Portaria, importa em renúncia ao direito de recorrer à esfera administrativa e desistência da contestação interposta.*

*Art. 5º Esta Portaria entra em vigor no dia 30 de setembro de 2022".*

Registre-se que, em 22.11.2021, no julgamento do Tema 554 e da ADI 4397, definiu o STF que é constitucional a regulamentação do FAP por decreto presidencial:

**STF decide que definição de alíquotas do Seguro Acidente de Trabalho por decreto é constitucional**

Para o Plenário, não há incompatibilidade com o princípio constitucional da legalidade tributária.

22/11/2021 17h17 - Atualizado há 213 pessoas já viram isso

Por unanimidade, o Supremo Tribunal Federal (STF) decidiu que a regulamentação, por meio de decreto, do Fator Acidentário de Prevenção (FAP) é compatível com o princípio constitucional da legalidade tributária. A questão foi discutida em duas ações: o Recurso Extraordinário (RE) 677725, com repercussão geral (Tema 554) e a Ação Direta de Inconstitucionalidade (ADI) 4397, julgadas na sessão virtual encerrada em 10/11.

O FAP, previsto no artigo 10 da Lei 10.666/2003, é o multiplicador que define o aumento ou a redução da alíquota de contribuição das empresas para o Seguro Acidente de Trabalho (SAT), destinado ao financiamento da aposentadoria especial, devida ao segurado que tiver trabalhado em condições especiais que prejudiquem sua saúde ou sua integridade física. As alíquotas do SAT são de 1%, 2% e 3%, e a lei autoriza sua redução de até 50% ou sua majoração em até 100%, segundo o desempenho da empresa em relação ao grau de risco de sua atividade econômica.

**Necessidade de lei**

No RE 677725, de relatoria do ministro Luiz Fux, presidente do STF, o Sindicato das Indústrias Têxteis do Rio Grande do Sul questiona decisão do Tribunal Regional Federal da 4ª Região (TRF-4), que validou a definição, por decreto, dos critérios para redução ou majoração das alíquotas segundo o grau de risco (leve, médio ou alto) da atividade econômica preponderante da empresa. De acordo com o sindicato, a Constituição (artigo 150, inciso I) veda o aumento de tributos sem a aprovação de lei específica para esta finalidade.

**Função arrecadatória**

Na ADI 4397, relatada pelo ministro Dias Toffoli, a Confederação Nacional do Comércio de Bens, Serviços e Turismo (CNC) afirma que, ao atribuir a decretos a possibilidade de fixação de alíquotas de tributos, a lei viola o princípio da razoabilidade. Argumenta, ainda, que a norma não visa à redução do risco ambiental do trabalho, mas à arrecadação.

**Elementos essenciais**

Em seu voto, o ministro Fux observou que a delegação legislativa para que o Executivo fixe os critérios para a redução ou a majoração das alíquotas se refere apenas à definição dos critérios extrajurídicos, técnicos, de natureza objetiva, e não aos elementos essenciais à sua cobrança, como fato gerador, base de cálculo e alíquotas, previstos na Lei 8.212/1991 (artigo 22, inciso II).

Ele explicou que, de acordo com o entendimento consolidado do STF, no julgamento do RE 343446, o fato de a lei remeter ao regulamento a complementação dos conceitos de "atividade preponderante" e "grau de risco leve, médio e grave" não implica ofensa aos princípios constitucionais da legalidade genérica (artigo 5º, inciso II) e da legalidade tributária (artigo 150, incisos I e IV).

**Tese**

A tese de repercussão geral fixada no RE 677725 é a seguinte: "O Fator Acidentário de Prevenção (FAP), previsto no artigo 10 da Lei 10.666/2003, nos moldes do regulamento promovido pelo Decreto 3.048/1999 (RPS) atende ao princípio da legalidade tributária (artigo 150, inciso I, da Constituição Federal de 1988)".

**Redução de acidentes de trabalho**

Em seu voto na ADI 4397, o ministro Toffoli destaca que a norma questionada é condizente com o sistema jurídico de tutela do meio ambiente do trabalho e, em última análise, com a proteção do trabalhador contra acidentes. Nesse sentido, a lei deixou para o Poder Executivo o tratamento de matérias ligadas à estatística, à atuária e à pesquisa de campo, dada sua maior capacidade para tratar desses assuntos. Ele considera que a utilização simultânea do poder de fiscalização do Estado e do instrumento tributário tem como objetivo redução dos acidentes de trabalho.

Segundo Toffoli, a eventual declaração de inconstitucionalidade do dispositivo faria com que os contribuintes passassem a recolher o tributo apenas com base nas alíquotas coletivas, o que acarretaria majoração da contribuição para muitos. Ele citou levantamento da Secretaria de Previdência, relativamente ao FAP 2020, vigência 2021, que mostra que 92,08% dos estabelecimentos tiveram a alíquota reduzida. "A invalidação da norma resultaria, ainda, na perda de mecanismo jurídico que otimiza a função extrafiscal da exação, reduzindo, assim, o âmbito de proteção do trabalhador e do meio ambiente de trabalho", concluiu.

A teor do artigo 57, §6º, da Lei 8.213/91, as alíquotas da contribuição SAT ainda poderão ser acrescidas de 6%, 9% ou 12% (adicional SAT), se o segurado empregado ou trabalhador avulso desenvolver atividade enquadrada como *especial*, que leva a uma aposentadoria diferenciada com apenas 25, 20 ou 15 anos de contribuição, respectivamente.

Logo, se o empregado ou avulso se encontra exposto a agentes físicos, químicos, biológicos ou outros prejudiciais à sua saúde ou integridade física, ele fará jus ao benefício denominado de aposentadoria especial, que exige um menor tempo de contribuição para a aposentação, a depender do enquadramento regulamentar.

A justificativa para o adicional SAT é que o segurado empregado e o trabalhador avulso se aposentarão mais cedo e naturalmente permanecerão recebendo aposentadoria por mais tempo que os demais segurados, o que gerará um maior ônus à previdência social.

Nos casos de suposto EPI ou EPC eficazes em que haja o reconhecimento do tempo especial, notadamente por ordem judicial, a Receita Federal deve ser notificada para cobrar a contribuição previdenciária devida (adicional para custeio do benefício), respeitando, por óbvio, a decadência quinquenal para a constituição do crédito tributário:

**ATO DECLARATÓRIO INTERPRETATIVO RFB Nº 2, DE 18 DE SETEMBRO DE 2019**

(Publicado(a) no DOU de 23/09/2019, seção 1, página 47)

Dispõe sobre a contribuição adicional para o custeio da aposentadoria especial de que trata o art. 292 da Instrução Normativa RFB nº 971, de 13 de novembro de 2009.

O SUBSECRETÁRIO-GERAL DA RECEITA FEDERAL DO BRASIL, no uso da atribuição que lhe confere o Anexo I da Portaria RFB nº 1.098, de 8 de agosto de 2013, e tendo em vista o disposto no art. 292 da Instrução Normativa RFB nº 971, de 13 de novembro de 2009, declara:

Art. 1º **Ainda que haja adoção de medidas de proteção coletiva ou individual que neutralizem ou reduzam o grau de exposição do trabalhador a níveis legais de tolerância**, a contribuição social adicional para o custeio da aposentadoria especial de que trata o art. 292 da Instrução Normativa RFB nº 971, de 13 de novembro de 2009, é devida pela empresa, ou a ela equiparado, em relação à remuneração paga, devida ou creditada ao segurado empregado, trabalhador avulso ou cooperado de cooperativa de produção, sujeito a condições especiais, **nos casos em que não puder ser afastada a concessão da aposentadoria especial**, conforme dispõe o § 2º do art. 293 da referida Instrução Normativa.*

Art. 2º Ficam modificadas as conclusões em contrário constantes em Soluções de Consulta ou em Soluções de Divergência, emitidas antes da publicação deste ato, independentemente de comunicação aos consulentes.

Art. 3º Publique-se no Diário Oficial da União.

JOSÉ DE ASSIS FERRAZ NETO

Excepcionalmente, **caso o empregador seja um microempreendedor individual,** que é equiparado à empresa para fins previdenciários, a sua cota previdenciária patronal será de apenas 3% **(três por cento) sobre o salário de contribuição** do seu empregado, a teor do artigo 18-C, §1º, III, da Lei Complementar 123/2006, inserido pela Lei Complementar 139/2011. Vale salientar que o MEI apenas poderá ter um único empregado que receba exclusivamente um salário mínimo ou o piso salarial da categoria profissional.

## 5.2. Incidentes sobre as remunerações dos contribuintes individuais

Esta contribuição previdenciária das empresas será de **20% sobre o total das remunerações pagas ou creditadas a qualquer título, no decorrer do mês, aos segurados contribuintes individuais que lhe prestem serviços**, na forma do artigo 22, inciso III, da Lei 8.212/91, inserido pela Lei 9.876/99, até o dia 20 do mês subsequente ao da competência, ou, se não for dia útil, no imediatamente anterior.

Atualmente, esta previsão legal é válida, pois a Emenda 20/1998 alterou a redação do artigo 195, I, "a", da CRFB, que agora prevê a incidência da contribuição previdenciária patronal sobre todas as remunerações pagas pelas empresas, não mais se limitando aos pagamentos dos trabalhadores com vínculo empregatício.

Por esse motivo, no passado, o STF chegou a pronunciar a inconstitucionalidade do artigo 3º, I, da Lei 7.787/89, que estendeu a contribuição previdenciária das empresas sobre as remunerações pagas aos antigos autônomos, cuja fonte de custeio não contava com previsão constitucional, o que demandaria lei complementar[37], vício que posteriormente foi solucionado com a promulgação da Lei Complementar 84/1996.

Também neste caso as **instituições financeiras** deverão ainda pagar um **adicional de 2,5%**, em razão

37. RE 177.296, de 15.09.1994.

do maior lucro e automação, com base no artigo 22, §1º, da Lei 8.212/91.

No caso das **cooperativas de produção**[38], estas deverão recolher uma contribuição adicional de 6%, 9%, ou 12% (adicional SAT) para o custeio da aposentadoria especial de **25, 20 ou 15** anos, respectivamente, caso se trate de atividade enquadrada como especial desenvolvida pelo cooperado (contribuinte individual) e que gere a citada aposentadoria com menos anos de contribuição, como prevê o artigo 1º, §2º, da Lei 10.666/2003.

Vale salientar que a bolsa de estudos paga ou creditada ao médico-residente participante do programa de residência médica[39] de que trata o artigo 4º, da Lei nº 6.932/81, é considerada remuneração, incidindo a contribuição previdenciária, haja vista o enquadramento do residente como contribuinte individual[40].

Por força do artigo 22, §15, da Lei 8.212/91, inserido pela Lei 13.202, de 8/11/2015, na contratação de serviços de transporte rodoviário de carga ou de passageiro, de serviços prestados com a utilização de trator, máquina de terraplenagem, colheitadeira e assemelhados, **a base de cálculo da contribuição da empresa corresponde a 20% (vinte por cento) do valor da nota fiscal, fatura ou recibo**, quando esses serviços forem prestados por condutor autônomo de veículo rodoviário, auxiliar de condutor autônomo de veículo rodoviário, bem como por operador de máquinas (esta disposição já era prevista na revogada IN RFB 971/2009, artigo 55, §2º).

Antes da inserção desta regra na Lei 8.212/91 pela Lei 13.202/2015, o STF entendeu que a alteração da base de cálculo do tributo por ato infralegal afronta a Constituição Federal de 1988. Nesse sentido, o Tema 1.223 em Repercussão Geral, de 06/08/2022:

> Tema 1.223 - "São inconstitucionais o Decreto nº 3.048/99 e a Portaria MPAS nº 1.135/01 no que alteraram a base de cálculo da contribuição previdenciária incidente sobre a remuneração paga ou creditada a transportadores autônomos, devendo o reconhecimento da inconstitucionalidade observar os princípios da congruência e da devolutividade".

Veja-se o contexto julgado pelo STF:

> "De início, em razão do provimento do recurso especial interposto pela União, julgo que estão prejudicados os recursos extraordinários manejados por ambas as partes em face do acórdão do Tribunal Regional Federal da 4ª Região.
>
> Ultrapassado esse ponto, verifica-se que está em discussão a constitucionalidade da cobrança da contribuição previdenciária incidente sobre a remuneração paga a transportadores autônomos com base no Decreto nº 3.048/99 e na Portaria MPAS nº 1.135/01.
>
> O tema debatido nos autos apresenta relevância jurídica, econômica e social e ultrapassa os interesses subjetivos da causa. Atente-se que o Plenário da Corte possui entendimento sobre o assunto, sendo que o Superior Tribunal de Justiça deixou de aplicar esse entendimento por não ter sido ele proferido em caso com força vinculante. De mais a mais, é certo que a tributação questionada abrangeu a contratação de transportadores autônomos, cujos serviços são deveras importantes para a economia. Como se sabe, muito do transporte de cargas no país é feita por esses profissionais. A tributação inconstitucional de valores vertidos a eles contribui, ao cabo, para o encarecimento do transporte por eles realizados, prejudicando a economia.
>
> Pois bem. Cumpre lembrar que, consoante a redação da Lei nº 8.212/91 vigente à época da edição daqueles dois diplomas (Decreto nº 3.048/99 e Portaria MPAS nº 1.135/01), a contribuição social a cargo da empresa seria de 20% sobre a remuneração paga ou creditada aos transportadores autônomos.
>
> O decreto em questão estabeleceu que essa remuneração corresponderia ao resultado de um percentual incidente sobre valor bruto do frete, carreto ou transporte de passageiros, para determinação do valor mínimo da remuneração. A fixação do percentual seria feita pelo Ministério da Previdência e Assistência Social.
>
> Até que essa pasta fixasse esse percentual, foi previsto pelo Decreto nº 3.265/99, a título provisório, o percentual de 11,71%.
>
> Com a Portaria MPAS nº 1.135/01, o Ministério da Previdência e Assistência Social fixou o percentual de 20%. Posteriormente, o Decreto nº 4.032/01 fixou esse percentual no art. 201, § 4º, do Decreto nº 3.048/99.
>
> Como se sabe, o Plenário do Supremo Tribunal Federal, no julgamento do RMS nº 25.476/DF, assentou a inconstitucionalidade da mencionada portaria, no que versou sobre aquele percentual.
>
> Na ocasião, o Ministro **Eros Grau** relembrou que a base de cálculo do tributo estava prevista em lei, sendo o total das remunerações pagas ou creditadas, no decorrer do mês, aos segurados contribuintes individuais que prestem serviços a qualquer título. Disse, no entanto, Sua Excelência que a portaria em tela não se limitou a explicitar o conceito de remuneração, alteando a base de cálculo legalmente definida.
>
> O Ministro **Marco Aurélio** também apontou ter havido violação do princípio da legalidade. Disse que a base de cálculo legalmente prevista tem relação com a

38. Considera-se cooperativa de produção aquela em que seus associados contribuem com serviços laborativos ou profissionais para a produção em comum de bens, quando a cooperativa detenha por qualquer forma os meios de produção.

39. A Residência Médica constitui modalidade de ensino de pós-graduação, destinada a médicos, sob a forma de cursos de especialização, caracterizada por treinamento em serviço, funcionando sob a responsabilidade de instituições de saúde, universitárias ou não, sob a orientação de profissionais médicos de elevada qualificação ética e profissional.

40. Artigo 201, §2º, do RPS.

contraprestação devida pelo tomador em razão dos serviços prestados pelo transportador. Já aqueles percentuais previstos no decreto e na portaria incidiriam, **v.g.**, sobre o valor bruto do frete (ou do carreto ou transporte de passageiros), o qual visa não somente a remunerar o transportador (contraprestação) mas também a fazer frente aos ônus com combustível, desgaste do veículo e outros.

Em voto-vista, o Ministro **Gilmar Mendes**, após discorrer sobre o histórico normativo da contribuição e sobre o princípio da legalidade tributária, assentou terem o decreto e a portaria em comento violado esse princípio:

"[V]erifico que a Lei 8.212/1991 exigiu contribuição patronal das empresas que contratam contribuintes individuais para lhes prestarem serviços com todos os elementos essenciais para a instituição do tributo, nos seguintes termos:

'Art. 22. A contribuição a cargo da empresa, destinada à Seguridade Social, além do disposto no art. 23, é de:

III - vinte por cento sobre o total das remunerações pagas ou creditadas a qualquer título, no decorrer do mês, aos segurados contribuintes individuais que lhe prestem serviços'. (grifei)

Em relação ao elemento quantitativo, a alíquota da contribuição foi fixada no patamar de 20% incidente sobre a remuneração, que é a base de cálculo do tributo.

Assim, a base de cálculo da contribuição patronal em relação à contratação de transportadores autônomos, segundo a Lei 8.212/1991, é a remuneração.

(...) Ocorre que, nesse tipo de serviço, o valor bruto do frete ou carreto é composto por uma série de parcelas que não estão abrangidas no conceito de remuneração, como combustível, seguros, desgaste do equipamento e outras.

(...)

A rigor, remuneração é a contraprestação pecuniária que o prestador de serviço recebe pela realização do frete, carreto ou transporte de passageiros.

Diante desse modelo, portanto, a Administração Federal viu-se compelida a encontrar algum tipo de parâmetro para evitar distorções graves decorrentes das peculiaridades que a prestação de serviço de frete, carreto ou transporte de passageiros possui em relação aos demais serviços.

Foi nesse contexto que os atos normativos acima referidos tentaram definir o que se deve entender por remuneração.

Inicialmente, o Decreto nº 3.048/1999 previu que remuneração corresponde a 11,71% do rendimento bruto dos trabalhadores autônomos de fretes, carretos ou transporte de passageiros; em seguida, a Portaria 1.135/2001 majorou esse patamar para 20%.

Não obstante o justo motivo que levou a Administração a editar esses atos normativos infralegais para definir o que deve ser considerado efetivamente remuneração percebida pelos trabalhadores autônomos por fretes, carretos e transporte de passageiros, é imperioso perceber que houve alteração da base de cálculo da contribuição, em manifesta afronta ao princípio da legalidade.

Assim, tanto o Decreto nº 3.048/1999 como a Portaria 1.135/2001 são inconstitucionais".

Note-se que a inconstitucionalidade foi superada com o advento da Lei 13.202, de 8/11/2015, observada a Noventena, que deve ser o termo final da pronúncia de inconstitucionalidade tomada no Tema 1.223.

Integra a remuneração da empresa (condomínio), o valor da taxa de condomínio da qual é isento de pagamento o síndico ou o administrador eleito para exercer atividade de administração condominial[41].

Ademais, integra a remuneração da empresa (hospital), para fins do disposto no inciso II do *caput*, a bolsa de estudos paga ou creditada ao médico-residente ou ao residente em área profissional da saúde, participantes dos programas de que tratam, respectivamente, o art. 4º da Lei nº 6.932, de 7 de julho de 1981, com a redação dada pela Lei nº 10.405, de 9 de janeiro de 2002, e o art. 13 da Lei nº 11.129, de 30 de junho de 2005[42].

Conforme já estudado, o médico-residente e o síndico de condomínio que perceba remuneração direta ou indireta são considerados segurados obrigatórios do RGPS na condição de contribuintes individuais.

### 5.3. Incidentes sobre o valor bruto da nota fiscal ou fatura da prestação de serviços das cooperativas de trabalho

Trata-se de contribuição atualmente extinta, que é mantida na obra para fins históricos, conforme será visto.

No caso das **empresas que contratassem trabalhadores cooperados por intermédio de cooperativa de trabalho, a contribuição previdenciária patronal era de 15% sobre o valor bruto da nota fiscal ou fatura de prestação de serviços**, na forma do artigo 22, IV, da Lei 8.212/91, disposição que afastava a regra geral dos 20% sobre o total das remunerações pagas ou creditadas[43].

Entende-se como cooperativa de trabalho a sociedade constituída por trabalhadores para o exercício de suas atividades laborativas ou profissionais e que, na qualidade de associados, prestam serviços a terceiros por seu intermédio[44].

A empresa tomadora dos serviços era contribuinte e responsável tributária pelo seu recolhimento até o dia

---

**41.** Artigo 31, §4º, da Instrução Normativa RFB 2.110/2022.

**42.** Artigo 33, §1º, I , da Instrução Normativa RFB 2.110/2022.

**43.** Artigo 201, §19, do RPS.

**44.** Artigo 181, II, da IN RFB 2.110/2022.

20 do mês subsequente ao da competência, ou até o dia útil imediatamente anterior, se não houver expediente bancário naquele dia.

Note-se que a base de cálculo desta contribuição previdenciária das empresas era o valor bruto da nota fiscal ou fatura de prestação de serviços, mas decorre da remuneração paga aos trabalhadores cooperados, e não às cooperativas, sendo fonte de custeio prevista no artigo 195, I, "a", da CRFB, razão pela qual a jurisprudência vinha validando esta previsão que não demandaria lei complementar[45]:

"AGRAVO REGIMENTAL. TRIBUTÁRIO. CONTRIBUIÇÃO SOCIAL. RETENÇÃO DE 15% INCIDENTE SOBRE O VALOR BRUTO DA NOTA FISCAL OU FATURA, DOS SERVIÇOS PRESTADOS POR COOPERATIVAS. LEI 8.212/91, ART. 22, IV, NA REDAÇÃO DADA PELA LEI Nº 9.876/99. AUSÊNCIA DE INCONSTITUCIONALIDADE E ILEGALIDADE.

**1 - Não há ofensa à Constituição Federal, consubstanciada na exigência de retenção de 15% do valor bruto da fatura ou nota fiscal, a título de contribuição social, a cargo das empresas que contratam serviços de entidades cooperativas, porquanto não se trata de nova contribuição, mas simples transferência do encargo de seu recolhimento para os tomadores do serviço.**

2 - A participação da cooperativa de trabalho (que distingue-se da tomadora de serviços, ora agravante na causa) na relação de prestação de serviços é apenas de intermediação entre os pólos da empresa tomadora dos serviços e o cooperado contratado, razão pela qual a contribuição em tela possui fundamento no art. 195, I, "a", da Constituição, afastada a necessidade de lei complementar, que é prescindível, no caso de contribuições instituídas com base nos incisos do art. 195 da Constituição.

3 - A interpretação jurisprudencial que tem sido dada ao art. 146, III, "c" da Constituição Federal, rejeita a concepção de que as cooperativas gozem de isenção ampla e irrestrita ou de imunidade tributária. Tal entendimento decorre, dentre outras circunstâncias, dos princípios da universalidade e da solidariedade social (nos quais se fundamentam os artigos 194 e 195 da Constituição), que estabelecem que a seguridade social será financiada por toda a sociedade, direta ou indiretamente.

4 - Tendo em vista autorização expressa do § 9º, do art. 195 da CF, o art. 22 da Lei nº 8.212/91 definiu alíquotas e base de cálculo diferenciada para determinadas empresas, sendo certo que a alíquota da contribuição foi fixada em 15%, para as tomadoras de serviços prestados por profissionais reunidos em cooperativa, enquanto que aquela incidente sobre o trabalho de empregado, avulsos que lhe prestam serviço ou contribuinte individual é de 20%, não havendo que se falar em isenção, mas em tratamento diferenciado como forma de incentiva esse espécie de regime.

5 - Agravo regimental improvido" (g.n.).

No entanto, a posição se inverteu em 2014. **É que o Supremo Tribunal Federal, em 23 de abril, no julgamento do RE 595.838, pronunciou a inconstitucionalidade do inciso IV do artigo 22 da Lei 8.212/91,** com base em quatro fundamentos:

- Desconsideração inconstitucional da personalidade jurídica das cooperativas de trabalho, que deveriam ser as responsáveis tributárias pelo recolhimento da contribuição, e não o terceiro (tomador de serviços);
- Ausência de lei complementar, pois a base de cálculo desta contribuição não é prevista no artigo 195, da Constituição Federal;
- Afronta ao Princípio da Capacidade Contributiva, vez que os pagamentos efetuados por terceiros às cooperativas de trabalho, em face de serviços prestados por seus associados, não se confundiriam com os valores efetivamente pagos ou creditados aos cooperados;
- Ocorrência de *bis in idem* na tributação do faturamento da cooperativa de trabalho.

Nesse sentido, colaciona-se passagem do Informativo 743:

"REPERCUSSÃO GERAL

**Contribuição sobre serviços prestados por cooperados por intermédio de cooperativas**

É inconstitucional a contribuição a cargo de empresa, destinada à seguridade social, no montante de "quinze por cento sobre o valor bruto da nota fiscal ou fatura de prestação de serviços, relativamente a serviços que lhe são prestados por cooperados por intermédio de cooperativas de trabalho", prevista no art. 22, IV, da Lei 8.212/1991, com a redação dada pela Lei 9.876/1999. Com base nessa orientação, o Plenário deu provimento a recurso extraordinário no qual se discutia a obrigação de recolhimento da exação. Na espécie, o tribunal "a quo" entendera ser possível a fixação da mencionada alíquota via lei ordinária. Decidira, ainda, pela validade da equiparação da cooperativa à empresa mercantil, que ampliara o rol dos sujeitos passivos das contribuições sociais. A Corte, de início, salientou que a Lei 9.876/1999 transferira a sujeição passiva da obrigação tributária para as empresas tomadoras dos serviços. Em seguida, assentou que, embora os sócios/usuários pudessem prestar seus serviços no âmbito dos respectivos locais de trabalho, com seus equipamentos e técnicas próprios, a prestação dos serviços não seria dos sócios/usuários, mas da sociedade cooperativa. Apontou que os terceiros interessados nesses serviços efetuariam os pagamentos diretamente à cooperativa, que se ocuparia,

45. TRF 2ª Região, AMS 2000.51.01.011.264-7, de 13.07.2008.

posteriormente, de repassar aos sócios/usuários as parcelas relativas às respectivas remunerações. O colegiado aduziu que a tributação de empresas, na forma delineada na Lei 9.876/1999, mediante desconsideração legal da personalidade jurídica das sociedades cooperativas, subverteria os conceitos de pessoa física e de pessoa jurídica estabelecidos pelo direito privado. Reconheceu que a norma teria extrapolado a base econômica delineada no art. 195, I, a, da CF, ou seja, a regra sobre a competência para se instituir contribuição sobre a folha de salários ou sobre outros rendimentos do trabalho. Reputou afrontado o princípio da capacidade contributiva (CF, art. 145, § 1º), porque os pagamentos efetuados por terceiros às cooperativas de trabalho, em face de serviços prestados por seus associados, não se confundiriam com os valores efetivamente pagos ou creditados aos cooperados. Sublinhou que o legislador ordinário, ao tributar o faturamento da cooperativa, descaracterizara a contribuição hipoteticamente incidente sobre os rendimentos do trabalho dos cooperados, com evidente "bis in idem". Assim, o Tribunal concluiu que contribuição destinada a financiar a seguridade social, que tivesse base econômica estranha àquelas indicadas no art. 195 da CF, somente poderia ser legitimamente instituída por lei complementar, nos termos do art. 195, § 4º, da CF. **RE 595838/SP, rel. Min. Dias Toffoli, 23.4.2014. (RE-595838)".**

Esta contribuição poderia sofrer ainda um acréscimo de 5, 7 ou 9% para o custeio da aposentadoria especial de 25, 20 ou 15 anos, respectivamente, no caso de cooperado exposto a agentes nocivos à sua saúde, cuja atividade se enquadrasse como especial, a cargo da empresa tomadora de serviços[46].

Este dispositivo não foi apreciado expressamente pelo STF no julgamento do RE 595.838, mas contém os mesmos vícios apontados pela Suprema Corte constantes do inciso IV do artigo 22 da Lei 8.212/91.

Neste caso, será emitida nota fiscal ou fatura de prestação de serviços específica para a atividade exercida pelo cooperado que permita a concessão de aposentadoria especial[47], exceto se todos os cooperados desenvolverem atividade especial com mesmo período para a aposentação.

Por sua vez, a cooperativa de trabalho é obrigada a descontar 11% do valor da quota distribuída ao cooperado por serviços por ele prestados, por seu intermédio, a empresas, assim como 20% em relação aos serviços prestados a outras pessoas físicas[48].

No entanto, em razão da decisão tomada pelo STF no RE 595.838, que afastou a contribuição de 15% da cooperativa de trabalho sobre o valor bruto da nota fiscal ou fatura de prestação de serviços, a Secretaria da Receita Federal do Brasil editou o Ato Declaratório Interpretativo 5, de 25 de maio de 2015, elevando a contribuição do cooperado do trabalho para 20% do salário de contribuição, haja vista a inexistência de contribuição da cooperativa, pronunciada inconstitucional e acatada pela Receita Federal:

**"ATO DECLARATÓRIO INTERPRETATIVO RFB Nº 5, DE 25 DE MAIO DE 2015**

DOU de 26/05/2015, seção 1, pág. 15

Dispõe sobre a contribuição previdenciária devida pelo contribuinte individual que presta serviço a empresa por intermédio de cooperativa de trabalho.

O SECRETÁRIO DA RECEITA FEDERAL DO BRASIL, no uso das atribuições que lhe conferem os incisos III e XXVI do art. 280 do Regimento Interno da Secretaria da Receita Federal do Brasil, aprovado pela Portaria MF nº 203, de 14 de maio de 2012, e tendo em vista o disposto no art. 21 da Lei nº 8.212, de 24 de julho de 1991, bem como a declaração de inconstitucionalidade, pelo Supremo Tribunal Federal, nos autos do Recurso Extraordinário nº 595.838 - São Paulo, com repercussão geral reconhecida, da contribuição prevista no inciso IV do art. 22 da mesma Lei, recurso no qual, com base no art. 19, inciso IV e § 4º da Lei nº 10.522, de 19 de julho de 2002, a Procuradoria-Geral da Fazenda Nacional não mais contestará e recorrerá, conforme Nota/PGFN/CASTF nº 174, de 2015,

DECLARA:

**Art. 1º O contribuinte individual que presta serviço a empresa por intermédio de cooperativa de trabalho deve recolher a contribuição previdenciária de 20% (vinte por cento) sobre o montante da remuneração recebida ou creditada em decorrência do serviço, observados os limites mínimo e máximo do salário de contribuição.**

**Art. 2º A Secretaria da Receita Federal do Brasil não constituirá crédito tributário decorrente da contribuição de que trata o § 1º do art. 1º da Lei nº 10.666, de 8 de maio de 2003, que instituiu contribuição adicional àquela prevista no inciso IV do art. 22 da Lei nº 8.212, de 1991, para fins de custeio de aposentadoria especial para cooperados filiados a cooperativas de trabalho.**

Art. 3º Ficam modificadas as conclusões em contrário constantes em Soluções de Consulta ou em Soluções de Divergência emitidas antes da publicação deste ato, independentemente de comunicação aos consulentes.

Art. 4º Publique-se no Diário Oficial da União.

JORGE ANTONIO DEHER RACHID

Logo, a Secretaria da Receita Federal do Brasil na via administrativa deixou de cobrar a contribuição de 15% sobre a nota fiscal das cooperativas de trabalho, inclusive o adicional para o custeio da aposentadoria especial do cooperado previsto na Lei 10.666/2003.

Deste modo, inexistindo contribuição da empresa (cooperativa de trabalho), não mais se aplica o artigo

**46.** Artigo 1º, §1º, da Lei 10.666/2003.

**47.** Artigo 202, §12, do RPS.

**48.** Artigo 216, §31, do RPS.

30, §4º, da Lei 8.212/91, elevando a contribuição do cooperado de 11% para 20%, figurando a cooperativa como responsável tributária em descontar e recolher a contribuição do cooperado:

> **"ATO DECLARATÓRIO EXECUTIVO CODAC Nº 14, DE 02 DE JUNHO DE 2015**
>
> DOU de 05/06/2015, seção 1, pág. 24
>
> Dispõe sobre os procedimentos a serem observados para o preenchimento da Guia de Recolhimento do Fundo de Garantia do Tempo de Serviço e Informações à Previdência Social (GFIP), pelas cooperativas de trabalho, referente a contribuição previdenciária sobre montante da remuneração recebida em decorrência de serviço prestado a pessoas físicas ou jurídicas.
>
> O COORDENADOR-GERAL DE ARRECADAÇÃO E COBRANÇA, no uso da atribuição que lhe confere o inciso III do art. 312 do Regimento Interno da Secretaria da Receita Federal do Brasil, aprovado pela Portaria MF nº 203, de 14 de maio de 2012, e tendo em vista o disposto no art. 21 da Lei nº 8.212, de 24 de julho de 1991, e no Anexo Único da Instrução Normativa RFB nº 880, de 16 de outubro de 2008:
>
> DECLARA:
>
> Art. 1º A contribuição previdenciária devida pelo cooperado sobre o montante de remuneração recebida ou creditada em decorrência de serviço prestado a contratante por intermédio de cooperativa de trabalho, de que trata o art. 1º do Ato Declaratório Interpretativo RFB nº 5, de 25 de maio de 2015, será retida e arrecadada por essa cooperativa em consonância ao § 1º do art. 4º da Lei nº 10.666, de 8 de maio de 2003, e ao inciso III do art. 216 da Instrução Normativa RFB nº 971, de 13 de novembro de 2009.
>
> § 1º A cooperativa de trabalho preencherá a Guia de Recolhimento do Fundo de Garantia do Tempo de Serviço e Informações à Previdência Social (GFIP) relativa a seus cooperados com indicação das categorias abaixo, para as quais o Sistema Empresa de Recolhimento do Fundo de Garantia do Tempo de Serviço e Informações à Previdência Social (Sefip) utiliza a alíquota de 20% (vinte por cento) para cálculo do desconto da contribuição previdenciária devida:
>
> I - código 24: Contribuinte individual – Cooperado que presta serviços a entidade beneficente de assistência social isenta da cota patronal ou a pessoa física, por intermédio da cooperativa de trabalho; ou
>
> II - código 25: Contribuinte individual – Transportador cooperado que presta serviços a entidade beneficente de assistência social isenta da cota patronal ou a pessoa física, por intermédio da cooperativa de trabalho.
>
> § 2º O procedimento descrito neste artigo aplica-se à contribuição previdenciária sobre a remuneração dos cooperados pelos serviços prestados a quaisquer pessoas, físicas ou jurídicas, isentas ou não da cota patronal.
>
> Art. 2º Este Ato Declaratório Executivo entra em vigor na data de sua publicação no Diário Oficial da União, produzindo efeitos desde a publicação do Ato Declaratório Interpretativo RFB nº 5, de 25 de maio de 2015.
>
> JOÃO PAULO R. F. MARTINS DA SILVA"

A Receita Federal não optou pela repristinação da LC 84/1996, que previa a contribuição previdenciária a cargo das cooperativas de trabalho, no valor de quinze por cento do total das importâncias pagas, distribuídas ou creditadas a seus cooperados, a título de remuneração ou retribuição pelos serviços que prestem a pessoas jurídicas por intermédio delas, tendo em vista que toda a LC 84 foi revogada pela Lei 9.876/99, muito embora haja argumentação razoável para restaurá-la.

Posteriormente, o Senado suspendeu a execução do inciso IV do artigo 22, da Lei 8.212/91, dando eficácia *erga omnes* à decisão do STF:

> "RESOLUÇÃO Nº 10, DE 2016
>
> Art. 1º. É suspensa, nos termos do art. 52, inciso X, da Constituição Federal, a execução do inciso IV do art. 22 da Lei nº 8.212, de 24 de julho de 1991, declarado inconstitucional por decisão definitiva proferida pelo Supremo Tribunal Federal nos autos do Recurso Extraordinário nº 595.838.
>
> Senado Federal, em 30 de março de 2016".

Urge que o Congresso Nacional aprove nova lei que verse a respeito da contribuição previdenciária das cooperativas de trabalho, pois a inexistência de custeio dessas empresas prejudica ainda mais o combalido cofre previdenciário.

## 5.4. Regra especial – Empresas optantes do Simples Nacional

A microempresa (ME) e a empresa de pequeno porte (EPP) optantes pelo Regime Especial Unificado de Arrecadação de Tributos e Contribuições devidos pelas Microempresas e Empresas de Pequeno Porte (Simples Nacional) contribuem na forma estabelecida nos artigos 13 e 18 da Lei Complementar nº 123, de 14 de dezembro de 2006, em substituição às contribuições de que tratam os artigos 22 e 22-A da Lei nº 8.212, de 1991, o § 6º do art. 57 da Lei nº 8.213, de 1991, o art. 25 da Lei nº 8.870, de 15 de abril de 1994, e o § 1º do art. 1º da Lei nº 10.666, de 2003[49].

Isso porque a Contribuição Patronal Previdenciária para a Seguridade Social, a cargo da pessoa jurídica, de que trata o art. 22 da Lei nº 8.212, de 24 de julho de 1991, foi inserida no Simples Nacional, exceto no caso da microempresa e da empresa de pequeno porte que se dedique às seguintes atividades de prestação de serviços:

49. Artigo 164, da Instrução Normativa RFB 2.110/2022.

I - construção de imóveis e obras de engenharia em geral, inclusive sob a forma de subempreitada, execução de projetos e serviços de paisagismo, bem como decoração de interiores;

II - serviço de vigilância, limpeza ou conservação;

III - serviços advocatícios.

Logo, para as MEs e EPPs que desenvolvem atividade de construção de imóveis e obras de engenharia em geral, serviço de vigilância, limpeza ou conservação e serviços advocatícios continua sendo aplicável as contribuições previstas na Lei 8.212/91.

Assim, salvo nas três situações excepcionais acima previstas, a microempresa (ME) e a empresa de pequeno porte (EPP) optantes pelo Simples Nacional pagarão contribuição previdenciária patronal com alíquotas fixadas nas seguintes tabelas:

## ANEXO I DA LEI COMPLEMENTAR Nº 123, DE 14 DE DEZEMBRO DE 2006

## (vigência: 01/01/2012)

## Alíquotas e Partilha do Simples Nacional - Comércio

| Receita Bruta em 12 meses (em R$) | Alíquota | IRPJ | CSLL | COFINS | PIS/PASEP | CPP | ICMS |
|---|---|---|---|---|---|---|---|
| Até 180.000,00 | 4,00% | 0,00% | 0,00% | 0,00% | 0,00% | 2,75% | 1,25% |
| De 180.000,01 a 360.000,00 | 5,47% | 0,00% | 0,00% | 0,86% | 0,00% | 2,75% | 1,86% |
| De 360.000,01 a 540.000,00 | 6,84% | 0,27% | 0,31% | 0,95% | 0,23% | 2,75% | 2,33% |
| De 540.000,01 a 720.000,00 | 7,54% | 0,35% | 0,35% | 1,04% | 0,25% | 2,99% | 2,56% |
| De 720.000,01 a 900.000,00 | 7,60% | 0,35% | 0,35% | 1,05% | 0,25% | 3,02% | 2,58% |
| De 900.000,01 a 1.080.000,00 | 8,28% | 0,38% | 0,38% | 1,15% | 0,27% | 3,28% | 2,82% |
| De 1.080.000,01 a 1.260.000,00 | 8,36% | 0,39% | 0,39% | 1,16% | 0,28% | 3,30% | 2,84% |
| De 1.260.000,01 a 1.440.000,00 | 8,45% | 0,39% | 0,39% | 1,17% | 0,28% | 3,35% | 2,87% |
| De 1.440.000,01 a 1.620.000,00 | 9,03% | 0,42% | 0,42% | 1,25% | 0,30% | 3,57% | 3,07% |
| De 1.620.000,01 a 1.800.000,00 | 9,12% | 0,43% | 0,43% | 1,26% | 0,30% | 3,60% | 3,10% |
| De 1.800.000,01 a 1.980.000,00 | 9,95% | 0,46% | 0,46% | 1,38% | 0,33% | 3,94% | 3,38% |
| De 1.980.000,01 a 2.160.000,00 | 10,04% | 0,46% | 0,46% | 1,39% | 0,33% | 3,99% | 3,41% |
| De 2.160.000,01 a 2.340.000,00 | 10,13% | 0,47% | 0,47% | 1,40% | 0,33% | 4,01% | 3,45% |
| De 2.340.000,01 a 2.520.000,00 | 10,23% | 0,47% | 0,47% | 1,42% | 0,34% | 4,05% | 3,48% |
| De 2.520.000,01 a 2.700.000,00 | 10,32% | 0,48% | 0,48% | 1,43% | 0,34% | 4,08% | 3,51% |
| De 2.700.000,01 a 2.880.000,00 | 11,23% | 0,52% | 0,52% | 1,56% | 0,37% | 4,44% | 3,82% |
| De 2.880.000,01 a 3.060.000,00 | 11,32% | 0,52% | 0,52% | 1,57% | 0,37% | 4,49% | 3,85% |
| De 3.060.000,01 a 3.240.000,00 | 11,42% | 0,53% | 0,53% | 1,58% | 0,38% | 4,52% | 3,88% |
| De 3.240.000,01 a 3.420.000,00 | 11,51% | 0,53% | 0,53% | 1,60% | 0,38% | 4,56% | 3,91% |
| De 3.420.000,01 a 3.600.000,00 | 11,61% | 0,54% | 0,54% | 1,60% | 0,38% | 4,60% | 3,95% |

## ANEXO II DA LEI COMPLEMENTAR Nº 123, DE 14 DE DEZEMBRO DE 2006 (vigência: 01/01/2012)

### Alíquotas e Partilha do Simples Nacional – Indústria

| Receita Bruta em 12 meses (em R$) | Alíquota | IRPJ | CSLL | COFINS | PIS/ PASEP | CPP | ICMS | IPI |
|---|---|---|---|---|---|---|---|---|
| Até 180.000,00 | 4,50% | 0,00% | 0,00% | 0,00% | 0,00% | 2,75% | 1,25% | 0,50% |
| De 180.000,01 a 360.000,00 | 5,97% | 0,00% | 0,00% | 0,86% | 0,00% | 2,75% | 1,86% | 0,50% |
| De 360.000,01 a 540.000,00 | 7,34% | 0,27% | 0,31% | 0,95% | 0,23% | 2,75% | 2,33% | 0,50% |
| De 540.000,01 a 720.000,00 | 8,04% | 0,35% | 0,35% | 1,04% | 0,25% | 2,99% | 2,56% | 0,50% |
| De 720.000,01 a 900.000,00 | 8,10% | 0,35% | 0,35% | 1,05% | 0,25% | 3,02% | 2,58% | 0,50% |
| De 900.000,01 a 1.080.000,00 | 8,78% | 0,38% | 0,38% | 1,15% | 0,27% | 3,28% | 2,82% | 0,50% |
| De 1.080.000,01 a 1.260.000,00 | 8,86% | 0,39% | 0,39% | 1,16% | 0,28% | 3,30% | 2,84% | 0,50% |
| De 1.260.000,01 a 1.440.000,00 | 8,95% | 0,39% | 0,39% | 1,17% | 0,28% | 3,35% | 2,87% | 0,50% |
| De 1.440.000,01 a 1.620.000,00 | 9,53% | 0,42% | 0,42% | 1,25% | 0,30% | 3,57% | 3,07% | 0,50% |
| De 1.620.000,01 a 1.800.000,00 | 9,62% | 0,42% | 0,42% | 1,26% | 0,30% | 3,62% | 3,10% | 0,50% |
| De 1.800.000,01 a 1.980.000,00 | 10,45% | 0,46% | 0,46% | 1,38% | 0,33% | 3,94% | 3,38% | 0,50% |
| De 1.980.000,01 a 2.160.000,00 | 10,54% | 0,46% | 0,46% | 1,39% | 0,33% | 3,99% | 3,41% | 0,50% |
| De 2.160.000,01 a 2.340.000,00 | 10,63% | 0,47% | 0,47% | 1,40% | 0,33% | 4,01% | 3,45% | 0,50% |
| De 2.340.000,01 a 2.520.000,00 | 10,73% | 0,47% | 0,47% | 1,42% | 0,34% | 4,05% | 3,48% | 0,50% |
| De 2.520.000,01 a 2.700.000,00 | 10,82% | 0,48% | 0,48% | 1,43% | 0,34% | 4,08% | 3,51% | 0,50% |
| De 2.700.000,01 a 2.880.000,00 | 11,73% | 0,52% | 0,52% | 1,56% | 0,37% | 4,44% | 3,82% | 0,50% |
| De 2.880.000,01 a 3.060.000,00 | 11,82% | 0,52% | 0,52% | 1,57% | 0,37% | 4,49% | 3,85% | 0,50% |
| De 3.060.000,01 a 3.240.000,00 | 11,92% | 0,53% | 0,53% | 1,58% | 0,38% | 4,52% | 3,88% | 0,50% |
| De 3.240.000,01 a 3.420.000,00 | 12,01% | 0,53% | 0,53% | 1,60% | 0,38% | 4,56% | 3,91% | 0,50% |
| De 3.420.000,01 a 3.600.000,00 | 12,11% | 0,54% | 0,54% | 1,60% | 0,38% | 4,60% | 3,95% | 0,50% |

## ANEXO III DA LEI COMPLEMENTAR Nº 123, DE 14 DE DEZEMBRO DE 2006 (vigência: 01/01/2012)

### Alíquotas e Partilha do Simples Nacional - Receitas de Locação de Bens Móveis e de Prestação de Serviços não relacionados nos §§ 5º-C e 5º-D do art. 18 desta Lei Complementar.

| Receita Bruta em 12 meses (em R$) | Alíquota | IRPJ | CSLL | COFINS | PIS/ PASEP | CPP | ISS |
|---|---|---|---|---|---|---|---|
| Até 180.000,00 | 6,00% | 0,00% | 0,00% | 0,00% | 0,00% | 4,00% | 2,00% |
| De 180.000,01 a 360.000,00 | 8,21% | 0,00% | 0,00% | 1,42% | 0,00% | 4,00% | 2,79% |
| De 360.000,01 a 540.000,00 | 10,26% | 0,48% | 0,43% | 1,43% | 0,35% | 4,07% | 3,50% |
| De 540.000,01 a 720.000,00 | 11,31% | 0,53% | 0,53% | 1,56% | 0,38% | 4,47% | 3,84% |
| De 720.000,01 a 900.000,00 | 11,40% | 0,53% | 0,52% | 1,58% | 0,38% | 4,52% | 3,87% |
| De 900.000,01 a 1.080.000,00 | 12,42% | 0,57% | 0,57% | 1,73% | 0,40% | 4,92% | 4,23% |
| De 1.080.000,01 a 1.260.000,00 | 12,54% | 0,59% | 0,56% | 1,74% | 0,42% | 4,97% | 4,26% |
| De 1.260.000,01 a 1.440.000,00 | 12,68% | 0,59% | 0,57% | 1,76% | 0,42% | 5,03% | 4,31% |
| De 1.440.000,01 a 1.620.000,00 | 13,55% | 0,63% | 0,61% | 1,88% | 0,45% | 5,37% | 4,61% |

| Receita Bruta em 12 meses (em R$) | Alíquota | IRPJ | CSLL | COFINS | PIS/ PASEP | CPP | ISS |
|---|---|---|---|---|---|---|---|
| De 1.620.000,01 a 1.800.000,00 | 13,68% | 0,63% | 0,64% | 1,89% | 0,45% | 5,42% | 4,65% |
| De 1.800.000,01 a 1.980.000,00 | 14,93% | 0,69% | 0,69% | 2,07% | 0,50% | 5,98% | 5,00% |
| De 1.980.000,01 a 2.160.000,00 | 15,06% | 0,69% | 0,69% | 2,09% | 0,50% | 6,09% | 5,00% |
| De 2.160.000,01 a 2.340.000,00 | 15,20% | 0,71% | 0,70% | 2,10% | 0,50% | 6,19% | 5,00% |
| De 2.340.000,01 a 2.520.000,00 | 15,35% | 0,71% | 0,70% | 2,13% | 0,51% | 6,30% | 5,00% |
| De 2.520.000,01 a 2.700.000,00 | 15,48% | 0,72% | 0,70% | 2,15% | 0,51% | 6,40% | 5,00% |
| De 2.700.000,01 a 2.880.000,00 | 16,85% | 0,78% | 0,76% | 2,34% | 0,56% | 7,41% | 5,00% |
| De 2.880.000,01 a 3.060.000,00 | 16,98% | 0,78% | 0,78% | 2,36% | 0,56% | 7,50% | 5,00% |
| De 3.060.000,01 a 3.240.000,00 | 17,13% | 0,80% | 0,79% | 2,37% | 0,57% | 7,60% | 5,00% |
| De 3.240.000,01 a 3.420.000,00 | 17,27% | 0,80% | 0,79% | 2,40% | 0,57% | 7,71% | 5,00% |
| De 3.420.000,01 a 3.600.000,00 | 17,42% | 0,81% | 0,79% | 2,42% | 0,57% | 7,83% | 5,00% |

Em relação às contribuições dos segurados, foram mantidas as regras da Lei 8.212/91, sendo as ME e EPP optantes pelo Simples Nacional são obrigadas a arrecadar e recolher, mediante desconto ou retenção, as contribuições devidas:

I - pelo segurado empregado, trabalhador avulso e contribuinte individual, podendo deduzir, no ato do recolhimento, os valores pagos a título de salário-família e salário-maternidade no caso de segurado empregado e trabalhador avulso; (Lei nº 8.212, de 1991, art. 30, caput, inciso I, alíneas "a" e "b"; Lei nº 10.666, de 2003, art. 4º; e Regulamento da Previdência Social, de 1999, art. 216, caput, inciso I, alíneas "a" e "b")

II - pelo segurado, destinadas ao Sest e ao Senat, no caso de contratação de contribuinte individual condutor autônomo de veículo rodoviário, inclusive o taxista e o motorista de transporte remunerado privado individual de passageiros, auxiliar de condutor autônomo, transportador autônomo de cargas e transportador autônomo de cargas auxiliar; (Lei nº 8.706, de 1993, art. 7º, § 2º; e Decreto nº 1.007, de 1993, art. 2º, § 3º, alínea "a")

III - pelo produtor rural pessoa física ou pelo segurado especial, incidentes sobre o valor bruto da comercialização de produto rural, na condição de sub-rogadas; (Lei nº 8.212, de 1991, art. 30, caput, incisos III e IV; e Regulamento da Previdência Social, de 1999, art. 216, caput, inciso III)

IV - pela associação desportiva, incidente sobre a receita bruta decorrente de contrato de patrocínio, de licenciamento de uso de marcas e símbolos, de publicidade, de propaganda e de transmissão de espetáculos desportivos, quando forem as patrocinadoras; e (Lei nº 8.212, de 1991, art. 22, § 9º; e Regulamento da Previdência Social, de 1999, art. 205, § 3º)

V - pela empresa contratada, incidentes sobre o valor bruto da nota fiscal, da fatura ou do recibo de prestação de serviço mediante cessão de mão de obra ou empreitada, na forma do Capítulo VIII do Título II. (Lei nº 8.212, de 1991, art. 31, caput; e Regulamento da Previdência Social, de 1999, art. 219, caput)[50]

## 6. CONTRIBUIÇÃO PREVIDENCIÁRIA DO EMPREGADOR DOMÉSTICO

Será enquadrado como **empregador doméstico** *a pessoa ou família que admite a seu serviço, sem finalidade lucrativa, empregado doméstico*, na forma do artigo 15, inciso II, da Lei 8.212/91.

Esta contribuição era de **12% sobre o salário de contribuição do empregado doméstico**, que deveria ser recolhida até o dia 15 do mês subsequente ao da competência, ou, se não for dia útil, no primeiro imediatamente posterior, juntamente com a contribuição descontada do salário do empregado, valendo ressaltar que se cuida da **única contribuição patronal que incidirá sobre o salário de contribuição, tendo, destarte, um teto, assim como ocorre com a empresa enquadrada como MEI.**

Era possível o **recolhimento trimestral** das contribuições previdenciárias pelo empregador doméstico, caso o salário de contribuição seja de um salário mínimo (art. 216, §16, do Decreto 3.048/99), disposição que parece ter sido revogada , antes a não reprodução na LC 150/2015. Vale frisar que a Portaria Interministerial 822, de 30 de setembro de 2015, que disciplina o Simples Doméstico, não prevê o recolhimento trimestral.

Vale frisar que a Portaria Interministerial 822, de 30 de setembro de 2015, que disciplina o Simples Doméstico, não prevê o recolhimento trimestral.

Eis notícia pública no sítio da Previdência Social em 5 de outubro de 2015:

> EMPREGADO DOMÉSTICO: Recolhimento da contribuição de outubro vence na próxima quarta (7)
>
> Publicado: 05/10/2015 15:38
>
> Última modificação: 05/10/2015 16:27
>
> **Após essa data, será cobrada multa 0,33%, por dia de atraso**
>
> Da Redação (Brasília) – O prazo para o pagamento da contribuição previdenciária do empregado doméstico

50. Artigo 165 da IN RFB 2.110/2022.

referente à competência setembro termina na próxima quarta-feira (7). Após essa data, será cobrada multa de 0,33%, por dia de atraso. A multa incide somente sobre o valor da contribuição.

O código para recolhimento mensal da contribuição do empregado doméstico é o 1600. **O cidadão deve ficar atento porque a partir de outubro não será mais possível realizar o recolhimento trimestral. Portanto, o empregador deve iniciar o recolhimento mensal a partir de outubro.**

A partir do próximo mês, o recolhimento da contribuição previdenciária do empregado doméstico deverá ser realizado em uma guia única junto com os demais encargos trabalhistas, por meio do Simples Doméstico. Para saber mais informações acesse a página do E-Social (www.esocial.gov.br)

A Lei Complementar nº 150/2015 alterou a alíquota de contribuição do empregador doméstico que passará de 12% para 8%, mas somente entrará em vigor em novembro, quando for realizado o pagamento dos encargos referente a outubro. No recolhimento da contribuição de setembro que vence nesta quarta, continua valendo a alíquota atualmente em vigor: 12% para o empregador e 8%, 9% ou 11% do trabalhador.

Com o recolhimento em guia única, a partir da competência em outubro que é paga em novembro, a data de vencimento para recolher os encargos trabalhistas do empregado doméstico e a contribuição previdenciária dos empregados domésticos será sempre o dia 7 de cada mês. Quando a data coincide com sábados, domingos e feriados, é antecipada para dia útil anterior. Em novembro, o recolhimento sem multa deve ser realizado até o dia 6.

Por força da Lei 13.202, de 4/12/2015, foi expressamente revogado o §6º do artigo 30 da Lei 8.212/91, que autorizava o *empregador doméstico* a recolher a contribuição do segurado empregado a seu serviço e a parcela a seu cargo relativas à *competência novembro até o **dia 20 de dezembro***, juntamente com a contribuição referente à gratificação natalina - décimo terceiro salário - utilizando-se de um único documento de arrecadação. Esta exceção havia sido mantida pela Portaria Interministerial 822, de 30 de setembro de 2015 (art. 4º), mas diante da revogação da Lei 13.202/2015, **foi eliminada.**

**Logo, desde 9 de dezembro de 2015 caiu o recolhimento da competência novembro até o dia 20 de dezembro, passando para o dia 7 de dezembro** (somente aplicável para o ano de 2016, pois a alteração se deu tardiamente). Com o advento da Lei 14.438/2022, o prazo de recolhimento foi alterado do dia 7 para o dia 20, devendo ser antecipado para o primeiro dia útil anterior, se no dia 20 não for expediente bancário.

De acordo com o artigo 216, §1º, do RPS, o desconto da contribuição do segurado incidente sobre o valor bruto da gratificação natalina – décimo terceiro salário – é devido quando do pagamento **ou crédito da última parcela** e deverá ser calculado em separado.

Vale frisar que a **Emenda Constitucional 72/2013** previu o pagamento da contribuição SAT pelos **empregadores domésticos**, sendo exigível somente com a regulamentação legal, o que permite a percepção de benefícios por acidente de trabalho pelos empregados domésticos.

Nesse sentido, foi editada a LC 150, publicada em 2 de junho de 2015, com vigência imediata, que previu no seu o artigo 34 da LC 150/2015 que o **Simples Doméstico** assegurará o recolhimento mensal, mediante documento único de arrecadação, dos seguintes valores:

I - 8% (oito por cento) a 11% (onze por cento) de contribuição previdenciária, a cargo do segurado empregado doméstico, nos termos do art. 20 da Lei nº 8.212, de 24 de julho de 1991;

**II - 8% (oito por cento) de contribuição patronal previdenciária para a seguridade social, a cargo do empregador doméstico, nos termos do art. 24 da Lei no 8.212, de 24 de julho de 1991;**

**III - 0,8% (oito décimos por cento) de contribuição social para financiamento do seguro contra acidentes do trabalho;**

IV - 8% (oito por cento) de recolhimento para o FGTS;

V - 3,2% (três inteiros e dois décimos por cento), na forma do art. 22 desta Lei; e

VI - imposto sobre a renda retido na fonte de que trata o inciso I do art. 7º da Lei no 7.713, de 22 de dezembro de 1988, se incidente.

Esta passagem da LC 150/2015, embora em vigor, demandou regulamentação através Portaria Interministerial 822, de 30 de setembro de 2015 para a instituição do Simples Doméstico, tendo havido a redução da contribuição previdenciária de 12% do salário de contribuição, **para 8,8% no total, sendo 8% de contribuição básica e 0,8% de seguro acidente do trabalho, permitindo ao empregado doméstico receber benefícios previdenciários por acidente do trabalho.**

É certo que o artigo 24, da Lei 8.212/91 foi parcial e tacitamente revogado pela LC 150/2015, ante a redução da alíquota (de 12% para 8,8%), sendo um ponto obscuro se a base de cálculo ainda é o salário de contribuição, pois a LC 150/2015 previu que a contribuição do empregador doméstico incide sobre a remuneração paga ou devida no mês anterior, a cada empregado, incluída na remuneração a gratificação de Natal, não mencionando o salário de contribuição.

Para espancar qualquer dúvida, a Lei 13.202, de 8/12/2015 ainda alterou o artigo 24 da Lei 8.212/91 que passou a sem compatibilizar com a LC 150/2015, passando a prever que "A contribuição do empregador doméstico incidente sobre o **salário de contribuição** do empregado doméstico a seu serviço é de: I - **8%** (oito por cento); e II - **0,8%** (oito décimos por cento) para o financiamento do seguro contra acidentes de trabalho".

Por sua vez, o prazo para recolhimento da contribuição previdenciária do empregador doméstico foi antecipado para o **dia 7 (sete)** pela LC 150/2015, sendo antecipado se o dia 7 não for dia útil. Com o advento da MP 1.110/2022, o prazo de recolhimento foi alterado do dia 7 para o dia 20, devendo ser antecipado para o primeiro dia útil anterior, se no dia 20 não for expediente bancário. Essa citada MP caducou, mas seu conteúdo foi inserido na **Lei 14.438/2022,** restaurando-se a alteração de prazo para o **dia 20.**

| TABELA SIMPLIFICADA DAS CONTRIBUIÇÕES PREVIDENCIÁRIAS PATRONAIS | | | |
|---|---|---|---|
| **Contribuintes** | **Alíquota** | **Base de cálculo** | **Prazo** |
| **Empresas ou equiparados** | 20% + 1, 2 ou 3% de contribuição SAT, que poderá ser acrescida de 6, 9 ou 12%, no caso de atividade especial | Sobre o total das remunerações pagas mensalmente, inclusive as gorjetas e as utilidades na forma de ganhos habituais, assim como sobre as devidas ou creditadas aos *segurados empregados* e *trabalhadores avulsos* | Até o dia 20 do mês subsequente ao da competência, ou, se não for dia útil, no imediatamente anterior |
| **Empresas ou equiparados** | 20%, que poderá ser acrescida de 6, 9 ou 12%, apenas no caso da cooperativa de produção, para o custeio da aposentadoria especial | Sobre o total das remunerações pagas ou creditadas a qualquer título, no decorrer do mês, aos segurados *contribuintes individuais* que lhe prestem serviços | Até o dia 20 do mês subsequente ao da competência, ou, se não for dia útil, no imediatamente anterior |
| **Empresas que contratem trabalhadores cooperados por intermédio de cooperativa** | **Era** de 15%, que poderá ser acrescida de 5, 7 ou 9%, para o custeio da aposentadoria especial.<br>Mas foi declarada inconstitucional e suspensa pelo Senado | Sobre o valor bruto da nota fiscal ou fatura de prestação de serviços | Até o dia 20 do mês subsequente ao da competência, ou, se não for dia útil, no imediatamente anterior |
| **Empregador doméstico** | 8,8% (8% básica e 0,8% de SAT) | Salário de contribuição | Até o dia 20 do mês subsequente ao da competência ou dia anterior, se não houver expediente bancário |
| **MEI** | 3% | Salário de contribuição | Até o dia 20 do mês subsequente ao da competência, ou, se não for dia útil, no imediatamente posterior |

## 7. CONTRIBUIÇÕES PREVIDENCIÁRIAS SUBSTITUTIVAS DA PARTE PATRONAL

### 7.1. Associações desportivas que mantêm equipe de futebol profissional

Em substituição à contribuição previdenciária de 20% incidente sobre o total das remunerações pagas, devidas ou creditadas aos **segurados empregados** e **avulsos** que lhe prestam serviços, bem como à contribuição SAT de 1, 2 ou 3%, a legislação instituiu em favor das associações desportivas que mantém times de futebol profissional uma contribuição substitutiva para beneficiá-las.

Com efeito, essa contribuição corresponderá a 5% **da receita bruta decorrente dos espetáculos desportivos** de que participem em todo *território nacional* em qualquer modalidade desportiva, inclusive jogos internacionais, **e de qualquer forma de patrocínio, licenciamento de uso de marcas e símbolos, publicidade, propaganda e de transmissão de espetáculos desportivos.**

Contudo, **esta forma diferenciada de contribuição previdenciária apenas será aplicada às atividades diretamente relacionadas com a manutenção e administração de equipe profissional de futebol,** não se estendendo às outras atividades econômicas exercidas pelas referidas pessoas jurídicas.

Frise-se que **esta contribuição não substituirá a incidente sobre as remunerações dos contribuintes individuais prestadores de serviços à associação desportiva**, mas apenas no que concerne aos empregados e avulsos.

Por sua vez, caberá à entidade promotora do espetáculo[51] a responsabilidade tributária de efetuar os descontos e repassar à União os recursos até 02 dias úteis após a realização do evento esportivo.

Por sua vez, a Confederação Brasileira de Futebol fica sujeita ao recolhimento da contribuição previdenciária incidente sobre a receita bruta decorrente da realização do evento desportivo que não possa ser realizado sem a sua participação, na condição de responsável subsidiária, quando a entidade local promotora do evento descumprir a obrigação tributária prevista neste artigo[52].

No caso de a associação desportiva receber recursos a título de patrocínio, licenciamento de uso de marcas e símbolos, publicidade, propaganda e transmissão de espetáculos, caberá à empresa pagadora a responsabilidade de reter e recolher o percentual de 5% da receita bruta decorrente do evento, inadmitida qualquer dedução, até o dia 20 do mês subsequente ao da competência.

De acordo com o atual regramento, **esta contribuição substitutiva beneficiará as associações desportivas que mantenham equipe de futebol profissional e atividade econômica organizada para a produção e circulação de bens e serviços e que se organize regularmente, segundo um dos tipos disciplinados nos artigos 1.039 a 1.092, do Código Civil.**

Antes, por força da Medida Provisória 358/2007, que alterou a redação do §11, do artigo 22, da Lei 8.212/91, era preciso que se tratasse de sociedade empresarial para gozar desta contribuição substitutiva, mas este dispositivo foi excluído da Lei de conversão (11.505/2007).

## 7.2. Produtor rural pessoa física (PRPF)

Em favor dos produtores rurais pessoas físicas, que são equiparados a empresa para fins previdenciários, para substituir a contribuição previdenciária sobre as remunerações dos seus empregados e avulsos e a respectiva contribuição SAT, a legislação previdenciária instituiu uma forma substitutiva de custeio.

Considera-se **produtor rural pessoa física**[53]:

1. o segurado especial que, na condição de proprietário, parceiro, meeiro, comodatário ou arrendatário, pescador artesanal ou a ele assemelhado, exerce a atividade individualmente ou em regime de economia familiar, ainda que com o auxílio eventual de terceiros, bem como seus respectivos cônjuges ou companheiros e filhos maiores de 16 (dezesseis) anos ou a eles equiparados, desde que trabalhem comprovadamente com o grupo familiar, conforme definido no art. 9º; e (Constituição Federal, art. 195, § 8º; Lei nº 8.212, de 1991, art. 12, caput, inciso VII; e Regulamento da Previdência Social, de 1999, art. 9º, caput, inciso VII)
2. a pessoa física, proprietária ou não, que explora atividade agropecuária ou pesqueira, em caráter permanente ou temporário, diretamente ou por intermédio de prepostos e com auxílio de empregados, utilizados a qualquer título, ainda que de forma não contínua; (Lei nº 8.212, de 1991, art. 12, caput, inciso V, alínea "a"; e Regulamento da Previdência Social, de 1999, art. 9º, caput, inciso V, alínea "a")

Assim, se o segurado especial (contratação por até 120 pessoas/dia/ano civil) ou o contribuinte individual rural contratam empregados ou avulsos, a sua contribuição previdenciária patronal será substitutiva, não incidindo a regra geral de 20% sobre o total das remunerações.

A produção rural é considerada como os produtos de origem animal ou vegetal, em estado natural ou submetidos a processos de beneficiamento ou de industrialização rudimentar, bem como os subprodutos e os resíduos obtidos por esses processos.

Com propriedade, a alíquota da contribuição era de **2,0% sobre a receita bruta proveniente da comercialização da sua produção[54], sofrendo um acréscimo de 0,1% para financiamento das prestações por acidente do trabalho (contribuição SAT), o que perfazia um total de 2,1%.**

No entanto, coube à Lei 13.606/2018 reduzir a alíquota da contribuição previdenciária do empregador rural pessoa física, inserindo a seguinte redação ao artigo 25 da Lei 8.212/91:

> I – 1,2% (um inteiro e dois décimos por cento) da receita bruta proveniente da comercialização da sua produção (*redação dada pela Lei 13.606/2018*);
>
> II – 0,1% da receita bruta proveniente da comercialização da sua produção para financiamento das prestações por acidente do trabalho.

**51.** A federação, a confederação ou a liga responsável pela organização do evento, assim entendido o jogo ou a partida, isoladamente considerado.

**52.** Artigo 198, §3º , da Instrução Normativa RFB 2.110/2022.

**53.** Artigo 146, I, "a", da Instrução Normativa RFB 2.110/2022.

**54.** Integram a produção os produtos de origem animal ou vegetal, em estado natural ou submetidos a processos de beneficiamento ou industrialização rudimentar, assim compreendidos, entre outros, os processos de lavagem, limpeza, descaroçamento, pilhagem, descascamento, lenhamento, pasteurização, resfriamento, secagem, fermentação, embalagem, cristalização, fundição, carvoejamento, cozimento, destilação, moagem, torrefação, bem como os subprodutos e os resíduos obtidos através desses processos.

Assim, a alíquota total da contribuição previdenciária do empregador rural pessoa física (básica + SAT) foi reduzida de 2,1% para 1,3% da produção rural comercializada.

Vale registrar que, com o advento da Lei 13.606/2018, o empregador rural pessoa física poderá escolher a forma de contribuição previdenciária patronal, podendo optar entre o recolhimento sobre produção (art. 25, Lei 8.212/91) ou seguinte a contribuição sobre a folha de remuneração (art. 22, I e II, da Lei 8.212/91), considerando o novel §13[55] inserido ao artigo 25 da Lei 8.212/91 (esta regra inicia a vigência em 1/1/2019).

A opção será manifestada mediante o pagamento da contribuição incidente sobre a folha de salários relativa a janeiro de cada ano, ou à primeira competência subsequente ao início da atividade rural, e será irretratável para todo o ano-calendário.

Veja-se o Anexo VII da Instrução Normativa RFB 2.110/2022:

55. § 13. O produtor rural pessoa física poderá optar por contribuir na forma prevista no *caput* deste artigo ou na forma dos incisos I e II do *caput* do art. 22 desta Lei, manifestando sua opção mediante o pagamento da contribuição incidente sobre a folha de salários relativa a janeiro de cada ano, ou à primeira competência subsequente ao início da atividade rural, e será irretratável para todo o ano-calendário.

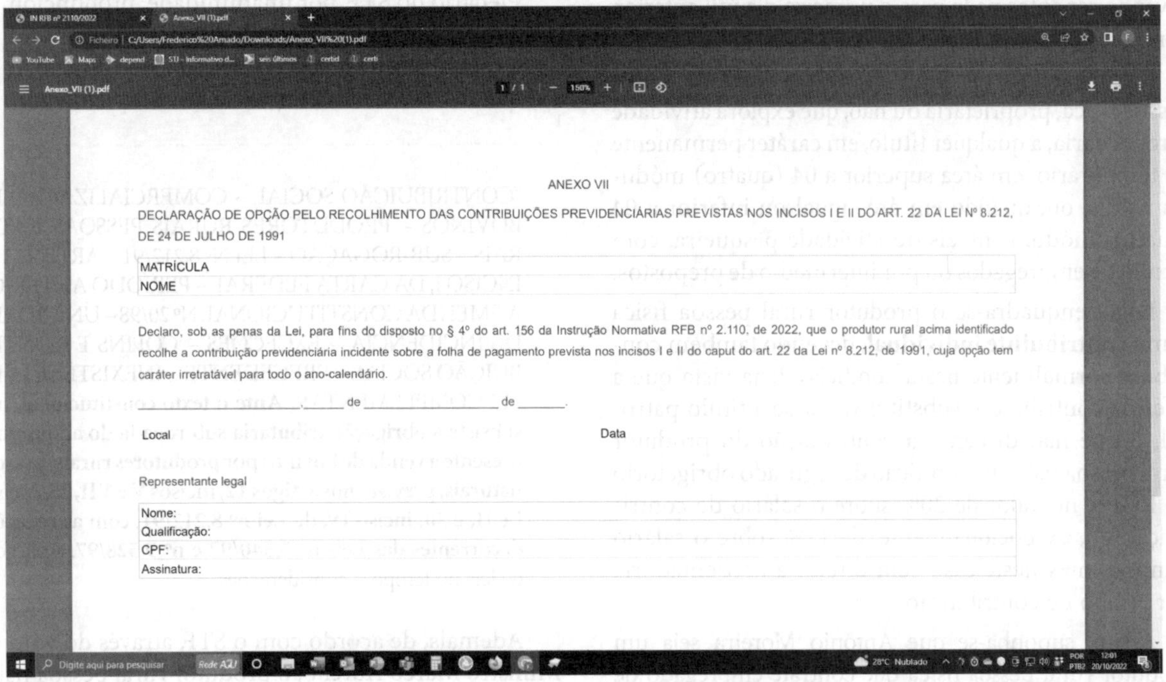

ANEXO VII

DECLARAÇÃO DE OPÇÃO PELO RECOLHIMENTO DAS CONTRIBUIÇÕES PREVIDENCIÁRIAS PREVISTAS NOS INCISOS I E II DO ART. 22 DA LEI Nº 8.212, DE 24 DE JULHO DE 1991

| MATRÍCULA |
|---|
| NOME |

Declaro, sob as penas da Lei, para fins do disposto no § 4º do art. 156 da Instrução Normativa RFB nº 2.110, de 2022, que o produtor rural acima identificado recolhe a contribuição previdenciária incidente sobre a folha de pagamento prevista nos incisos I e II do caput do art. 22 da Lei nº 8.212, de 1991, cuja opção tem caráter irretratável para todo o ano-calendário.

______________, ____ de ______________ de ______.

Local Data

Representante legal

| Nome: |
|---|
| Qualificação: |
| CPF: |
| Assinatura: |

Por força da Lei 13.606/2018, não integra a base de cálculo da contribuição a produção rural destinada ao plantio ou reflorestamento, nem o produto animal destinado à reprodução ou criação pecuária ou granjeira e à utilização como cobaia para fins de pesquisas científicas, quando vendido pelo próprio produtor e por quem a utilize diretamente com essas finalidades e, no caso de produto vegetal, por pessoa ou entidade registrada no Ministério da Agricultura, Pecuária e Abastecimento que se dedique ao comércio de sementes e mudas no País.

Em regra, a responsabilidade tributária pelo recolhimento desta contribuição será do adquirente da produção, e não do produtor rural pessoa física, exceto nas hipóteses do artigo 30, incisos X[56] e XII[57], da Lei 8.212/91, até o dia 20 do mês subsequente ao da ope-

56. X – a pessoa física de que trata a alínea "a" do inciso V do art. 12 e o segurado especial são obrigados a recolher a contribuição de que trata o art. 25 desta Lei no prazo estabelecido no inciso III deste artigo, caso comercializem a sua produção:

a) no exterior;

b) diretamente, no varejo, ao consumidor pessoa física;

c) à pessoa física de que trata a alínea "a" do inciso V do art. 12;

d) ao segurado especial.

57. XII – sem prejuízo do disposto no inciso X do *caput* deste artigo, o produtor rural pessoa física e o segurado especial são obrigados a recolher, diretamente, a contribuição incidente sobre a receita bruta proveniente:

a) da comercialização de artigos de artesanato elaborados com matéria-prima produzida pelo respectivo grupo familiar;

b) de comercialização de artesanato ou do exercício de atividade artística, observado o disposto nos incisos VII e VIII do § 10 do art. 12 desta Lei; e

ração ou consignação, ou, se não for dia útil bancário, no imediatamente anterior.

No entanto, quando o segurado especial contratar trabalhadores temporários na condição de produtor rural pessoa física, por força do artigo 32-C, §3º, da Lei 8.212/91, inserido pela Lei 12.873/2013, está obrigado a arrecadar as contribuições previstas nos incisos X, XII e XIII do *caput* do artigo 30 da Lei 8.212/91, os valores referentes ao FGTS e os encargos trabalhistas sob sua responsabilidade, **até o dia 7 (sete) do mês seguinte ao da competência**, ou no dia útil imediatamente anterior, se no dia 07 não houver expediente bancário, sendo uma regra especial que afasta o recolhimento até o dia 20 enquanto contribuição na condição de segurado. Com o advento da Lei 14.438/2022, o prazo de recolhimento foi alterado do dia 7 para o dia 20, devendo ser antecipado para o primeiro dia útil anterior, se no dia 20 não for expediente bancário.

Na forma do artigo 12, V, "a", da Lei 8.212/91, será a pessoa física, proprietária ou não, que explora atividade agropecuária, a qualquer título, em caráter permanente ou temporário, em área superior a 04 (quatro) módulos fiscais; ou, quando em área igual ou inferior a 04 (quatro) módulos fiscais ou atividade pesqueira, com auxílio de empregados ou por intermédio de prepostos.

Logo, enquadra-se o produtor rural pessoa física como **contribuinte individual**, devendo também contribuir normalmente nesta condição, haja vista que a referida contribuição substitutiva dá-se a título patronal, o que não dispensa a contribuição do produtor rural pessoa física na condição de segurado obrigatório do RGPS, no valor de 20% sobre o salário de contribuição ou, excepcionalmente, de 11% sobre o salário mínimo, mas neste caso sem direito à aposentadoria por tempo de contribuição.

Assim, suponha-se que Antônio Moreira seja um produtor rural pessoa física que contrate empregado de maneira permanente, auferindo uma receita bruta de R$ 3.000,00 por mês com a comercialização de sua produção.

Neste caso, ele deverá recolher a título de contribuição previdenciária patronal substitutiva a quantia mensal de R$ 63,00, equivalente a 1,3% da sua receita bruta mensal de R$ 3.000,00.

Ademais, como Antônio Moreira desenvolve atividade laborativa remunerada, sendo enquadrado obrigatoriamente como contribuinte individual, deverá ainda recolher a sua contribuição previdenciária no importe de 20% sobre o valor do seu salário de contribuição.

Outrossim, o **segurado especial** também se enquadra como produtor rural pessoa física, mas neste caso a contribuição será única (como segurado e como patrão), diferentemente do que ocorre com o contribuinte individual também enquadrado como PRPF, sendo de 1,3% sobre a receita decorrente da comercialização da sua produção.

Esta contribuição substitutiva está prevista no artigo 25, da Lei 8.212/91, com redação dada pelo artigo 1º, da Lei 8.540/92. Ou seja, foi editada antes da reforma constitucional promovida pela Emenda 20/98, que apenas previa o faturamento como fonte de custeio, e não a receita bruta (expressão mais ampla), a teor do artigo 195, I, da CRFB, em sua redação originária.

Por esse motivo, em 03.02.2010, no julgamento do RE 363.852 (ANTIGO POSICIONAMENTO), o Plenário do STF, por unanimidade, pronunciou a sua inconstitucionalidade incidental, em razão de se caracterizar como nova fonte de custeio, o que demandaria a edição de lei complementar:

"CONTRIBUIÇÃO SOCIAL – COMERCIALIZAÇÃO DE BOVINOS – PRODUTORES RURAIS PESSOAS NATURAIS – SUB-ROGAÇÃO – LEI Nº 8.212/91 – ARTIGO 195, INCISO I, DA CARTA FEDERAL – PERÍODO ANTERIOR À EMENDA CONSTITUCIONAL Nº 20/98 – UNICIDADE DE INCIDÊNCIA – EXCEÇÕES – COFINS E CONTRIBUIÇÃO SOCIAL – PRECEDENTE – INEXISTÊNCIA DE LEI COMPLEMENTAR. **Ante o texto constitucional, não subsiste a obrigação tributária sub-rogada do adquirente, presente a venda de bovinos por produtores rurais, pessoas naturais, prevista nos artigos 12, incisos V e VII, 25, incisos I e II, e 30, inciso IV, da Lei nº 8.212/91, com as redações decorrentes das Leis nº 8.540/92 e nº 9.528/97.** Aplicação de leis no tempo – considerações".

Ademais, de acordo com o STF, através do voto do Ministro Marco Aurélio, o produtor rural pessoa física que contratar empregados estará sujeito ao pagamento da COFINS, cuja base de cálculo é a sua receita bruta, bem como a contribuição previdenciária de 2,1% (atualmente 1,3%) sobre a receita decorrente de sua comercialização, entendendo o STF ter havido *bis in idem*.

Também se pronunciou o STF no sentido de ter havido violação ao Princípio da Isonomia, por ocorrência de discriminação negativa dos empregadores rurais pessoas físicas, vez que os urbanos contribuem sobre a folha de salários.

Outrossim, para a Suprema Corte, com base no artigo 195, §8º, da Constituição Federal, apenas os produtores rurais e pescadores artesanais sem empregados permanentes (segurados especiais) tem suporte constitucional para pagar as suas contribuições previdenciárias mediante a aplicação de uma alíquota sobre o resultado da comercialização da sua produção.

De efeito, "o Tribunal, por unanimidade e nos termos do voto do Relator, conheceu e deu provi-

---

c) de serviços prestados, de equipamentos utilizados e de produtos comercializados no imóvel rural, desde que em atividades turística e de entretenimento desenvolvidas no próprio imóvel, inclusive hospedagem, alimentação, recepção, recreação e atividades pedagógicas, bem como taxa de visitação e serviços especiais.

mento ao recurso extraordinário para desobrigar os recorrentes da retenção e do recolhimento da contribuição social ou do seu recolhimento por subrrogação sobre a receita bruta proveniente da comercialização da produção rural de empregadores, pessoas naturais, fornecedores de bovinos para abate, **declarando a inconstitucionalidade do artigo 1º da Lei nº 8.540/92, que deu nova redação aos artigos 12, incisos V e VII, 25, incisos I e II, e 30, inciso IV, da Lei nº 8.212/91, com a redação atualizada até a Lei nº 9.528/97, até que legislação nova, arrimada na Emenda Constitucional nº 20/98**".

Após o julgamento, em que pese se tratar de decisão tomada em recurso extraordinário e não em ação direta de inconstitucionalidade, a União tentou modular a declaração de inconstitucionalidade, a fim de impedir a restituição do indébito tributário, tendo o pedido sido denegado.

Essa decisão do STF abre caminho para a restituição de bilhões de reais em ações individuais a serem propostas pelos contribuintes produtores rurais pessoas físicas, o que poderá gerar uma restituição de cerca de 11 bilhões de reais, que sairão do Fundo do RGPS, agravando o déficit da previdência rural.

No dia 1º de agosto de 2011, a Suprema Corte confirmou o entendimento acima detalhado, no julgamento do recurso extraordinário 596.177, conforme noticiado no Informativo 634:

> **"Contribuição previdenciária do empregador rural pessoa física e "bis in idem"**
>
> É inconstitucional o art. 1º da Lei 8.540/92, que, ao alterar a redação dos artigos 12, V e VII; 25, I e II; e 30, IV, da Lei 8.212/91, instituiu contribuição a ser recolhida pelo empregador rural, pessoa física, sobre receita bruta proveniente da venda de sua produção. Ao ratificar essa orientação, firmada no julgamento do RE 363852/MG (DJe de 6.6.2011), o Plenário proveu recurso extraordinário e determinou adoção da sistemática do art. 543-B do CPC. Na mesma linha do precedente acima citado, entendeu-se ter ocorrido bitributação e ofensa aos princípios da eqüidade, da isonomia e da legalidade tributária. Acrescentou-se que, ainda que se afastasse o argumento de inexistência de cumulação de contribuições para essa modalidade de produtor rural por falta de previsão legal para sua sujeição ao pagamento da COFINS, não se alteraria a conclusão já aplicada pelo Supremo. Isso porque não se poderia desconsiderar a ausência de previsão constitucional para a base de incidência daqueloutra contribuição social, cuja instituição deveria se efetivar por meio de lei complementar. Por fim, rejeitou-se o pedido de modulação dos efeitos da decisão, porquanto não configurada circunstância excepcional para justificá-lo."

O mesmo entendimento foi mantido pelo STF em 17/10/2013 (Informativo 714):

> **"ED e contribuição previdenciária do empregador rural pessoa física**
>
> O Plenário acolheu, parcialmente, embargos de declaração, apenas para retificar a ementa do acórdão embargado de modo a suprimir o seu item I ("Ofensa ao art. 150, II, da CF em virtude da exigência de dupla contribuição caso o produtor rural seja empregador"), sem, contudo, alterar o resultado do julgamento. No caso, o Tribunal declarara a inconstitucionalidade do art. 1º da Lei 8.540/92, que alterou a redação dos artigos 12, V e VII; 25, I e II; e 30, IV, da Lei 8.212/91 e instituiu contribuição a ser recolhida pelo empregador rural, pessoa física, sobre receita bruta proveniente da venda de sua produção. Reputou-se que a declaração de inconstitucionalidade formal a envolver a necessidade de lei complementar para a instituição de nova fonte de custeio para a seguridade social seria suficiente. Rejeitaram-se, porém, os embargos, quanto ao pedido de declaração de constitucionalidade da Lei 10.256/2001. Ressaltou-se que essa matéria não teria sido discutida e seria objeto do RE 718874/RS, com repercussão geral reconhecida (DJe de 11.9.2013).RE 596177 ED/RS, rel. Min. Ricardo Lewandowski, 17.10.2013. (RE-596177)."

No mesmo sentido o STJ:

> **Informativo 548 – "DIREITO TRIBUTÁRIO. CONTRIBUIÇÃO SOCIAL AO FUNRURAL.**
>
> **A despeito dos arts. 1º da Lei 8.540/1992, 1º da Lei 9.528/1997 e 1º da Lei 10.256/2001, desde a vigência da Lei 8.212/1991, não é possível exigir a contribuição social ao FUNRURAL, a cargo do empregador rural pessoa física, incidente sobre o valor comercial dos produtos rurais.** A contribuição social incidente sobre a produção rural foi extinta pela Lei 8.213/1991 para os produtores rurais empregadores pessoas físicas, que passaram a recolher contribuições sobre a folha de salários de seus empregados. Todavia, a referida contribuição foi mantida para os segurados especiais (produtores rurais em regime de economia familiar). Dessa forma, com a criação do Plano de Custeio da Previdência Social pela Lei 8.212/1991, os produtores rurais passaram a contribuir para a Previdência Social, ou sobre o resultado da comercialização (segurados especiais), ou sobre a folha de salários (caso dos empregadores rurais pessoas físicas). Com o advento da Lei 8.540/1992, que deu nova redação ao art. 25 da Lei 8.212/1991, voltou-se a exigir dos produtores rurais empregadores pessoas físicas o recolhimento de contribuição social sobre a comercialização de produtos. Entretanto, o STF, sob o rito do art. 543-B do CPC (RE 596.177-RS, Tribunal Pleno, DJe 29/8/2011), declarou a inconstitucionalidade do art. 1º da Lei 8.540/1992, com base nos seguintes fundamentos: (I) referido dispositivo teria criado nova hipótese de incidência de contribuição social não prevista no art. 195, I, da CF; (II) os empregadores rurais pessoa física estariam sujeitos a dupla tributação ao recolher a Contribuição para Financiamento da Seguridade Social – COFINS, além daquela instituída pela Lei 8.540/1992, ferindo, portanto, o princípio da isonomia; e (III) a lei é formalmente inconstitucional, em razão de que nova fonte de custeio da Seguridade Social só poderia ser criada por meio de Lei Complementar. Saliente-se que as posteriores alterações legislativas impostas ao art. 25 da Lei 8.212/1991 por

meio dos arts. 1º da Lei 9.528/1997 e 1º da Lei 10.256/2001 não alteram a conclusão em torno da mesma inconstitucionalidade, haja vista padecerem, por igual, de vício semelhante ao do art. 1º da Lei 8.540/1992, marcadamente no ponto em que havia determinado o restabelecimento da contribuição ao FUNRURAL". REsp 1.070.441-SC, **Rel. Min. Sérgio Kukina, julgado em 2/9/2014.**

Vale registrar que o Senado da República chegou a dar eficácia erga omnes à decisão do STF, suspendendo a execução do artigo 25 da Lei 8.212/91 através da Resolução 15, de 12/9/2017.

Mas o Senado cometeu um "erro material" grosseiro e constrangedor, pois suspendeu por equívoco a execução de outros dispositivos da Lei 8.212/91 que apenas foram citados pelo STF, e não declarados inconstitucionais pela Corte Suprema:

**Resolução do Senado Federal nº 15 de 12/09/2017**

| **Ementa** | Suspende, nos termos do art. 52, inciso X, da Constituição Federal, a execução do **inciso VII do art. 12** da Lei nº 8.212, de 24 de julho de 1991, **e a execução do art. 1º da Lei nº 8.540, de 22 de dezembro de 1992, que deu nova redação ao art. 12, inciso V**, ao art. 25, incisos I e II, **e ao art. 30, inciso IV**, da Lei nº 8.212, de 24 de julho de 1991, todos com a redação atualizada até a Lei nº 9.528, de 10 de dezembro de 1997. |
|---|---|

No entanto, com o falecimento do Ministro Teori Zavascki e a entrada do Ministro Alexandre de Moraes no STF, o suso posicionamento foi revertido, tendo o STF por 6 x 5 validado a regra do artigo 25 da Lei 8.212/91 (da inconstitucionalidade à constitucionalidade):

**Informativo 859 - Contribuição social do empregador rural sobre a receita da comercialização da produção**

**É constitucional formal e materialmente a contribuição social do empregador rural pessoa física, instituída pela Lei 10.256/2001, incidente sobre a receita bruta obtida com a comercialização de sua produção.**

Com base nesse entendimento, o Plenário, por maioria, deu provimento a recurso extraordinário em que se discutia a constitucionalidade do art. 25 da Lei 8.212/1991, com a redação dada pelo art. 1º da Lei 10.256/2001, que reintroduziu, após a Emenda Constitucional 20/1998, a contribuição a ser recolhida pelo empregador rural pessoa física sobre a receita bruta proveniente da comercialização de sua produção, mantendo a alíquota e a base de cálculo instituídas por leis ordinárias declaradas inconstitucionais em controle difuso pelo Supremo Tribunal Federal (STF).

O Colegiado observou que a Lei 9.528/1997 incluiu no "*caput*" do art. 25 da Lei 8.212/1991 a contribuição do empregador rural pessoa física, cuja base de cálculo é a receita bruta proveniente da comercialização da produção. Como a receita bruta não figurava no elenco do art. 195, I, da Constituição Federal (CF) como uma base de cálculo possível para a incidência de contribuições sociais, o STF, em dois precedentes, concluiu pela inconstitucionalidade do emprego dessa base de cálculo, a qual somente poderia ser instituída por lei complementar, nos termos do art. 195, § 4º, da CF.

Entretanto, com a Emenda Constitucional 20/1998, que incluiu a receita ao lado do faturamento como uma materialidade passível de ser tributada para fins de financiamento da seguridade social (CF, art. 195, I), passou a ser possível a instituição de contribuição patronal do empregador rural pessoa física com base na receita bruta proveniente da comercialização da produção. Assim, a Lei 10.256/2001 reincluiu a figura do empregador rural pessoa física na disciplina já existente e em vigor para o segurado especial — produtor rural que não tem empregados.

A Corte ressaltou que a norma impugnada, ao incluir um novo sujeito passivo no dispositivo de uma lei que já existia e já definia claramente os elementos do fato gerador, a base de cálculo e a alíquota, violou o princípio da legalidade.

Ademais, ao dar tratamento diferenciado para o produtor rural, o empregador rural pessoa física e o empregador urbano pessoa física, a lei em questão não ofendeu o princípio da isonomia, pois, se assim fosse, em nenhuma hipótese seria possível desonerar a folha de salários como política tributária.

**Vencidos os ministros Edson Fachin (relator), Rosa Weber, Ricardo Lewandowski, Marco Aurélio e Celso de Mello, que negavam provimento ao recurso.**

Pontuavam que o art. 1º da Lei 10.256/2001, ao recolocar o empregador rural pessoa física na condição de contribuinte do tributo, sem dispor expressamente sobre os demais elementos da regra-matriz de incidência tributária, de modo a aproveitar do binômio base de cálculo/fato gerador e da alíquota já prevista para a figura do segurado especial, teria vulnerado a CF.

Não seria possível conceber técnica legislativa que permitisse o aproveitamento das alíquotas e bases de cálculo de contribuição social com inconstitucionalidade reconhecida pelo STF.

Consignavam que a Emenda Constitucional 20/1998 em nada teria alterado essa conclusão, pois inviável reputar a validade de uma norma legal anteriormente considerada inconstitucional, em decorrência de uma alteração formal da CF.

Além disso, haveria inconstitucionalidade material da norma impugnada também por patente violação ao princípio da isonomia, em virtude de injustificado tratamento diferenciado conferido aos empregadores pessoa física, a depender da ambiência do labor, se urbano ou rural.

Frisavam que também procederia a afirmação de que o empregador rural pessoa física seria duplamente tributado, em razão da incidência simultânea de contribuições sociais, o que atrairia a vedação ao "bis in idem". **RE 718874/RS, rel. orig. Min. Edson Fachin, red. p/ o ac. Min. Alexandre de Moraes, julgamento em 29 e 30.3.2017. (RE-718874).**

**"Informativo 903 – DIREITO TRIBUTÁRIO – LIMITAÇÃO AO PODER DE TRIBUTAR**

**ED e contribuição social do empregador rural pessoa física**

**O Plenário, por maioria, ao concluir julgamentos iniciados por meio eletrônico, rejeitou oito embargos de**

**declaração opostos do acórdão no qual fixada a seguinte tese de repercussão geral (Tema 669): "É constitucional formal e materialmente a contribuição social do empregador rural pessoa física, instituída pela Lei 10.256/2001, incidente sobre a receita bruta obtida com a comercialização de sua produção" (Informativo 859).**

Os embargantes alegavam não terem sido observados os precedentes firmados nos Recursos Extraordinários 363.852/MG e 596.177/RS e haver fato superveniente apto a alterar o que resolvido, consubstanciado na edição da Resolução 15/2017 (1) pelo Senado Federal, com base no art. 52, X (2), da Constituição Federal (CF).

Na hipótese do não acolhimento, requeriam a modulação temporal da eficácia da decisão embargada, sob o argumento de ter havido superação de jurisprudência desta Corte e existir impactos econômico e social, ressalvando-se da aplicação dos seus efeitos os fatos anteriores aos declaratórios ou, ao menos, anteriores a 30.3.2017, quando finalizada a apreciação do recurso extraordinário.

O Colegiado assentou inexistir obscuridade, dúvida, contradição ou omissão no pronunciamento embargado. Os recorrentes pretendiam, com os embargos, um novo julgamento do mérito do recurso extraordinário.

Lembrou que os precedentes referidos foram afastados e isso, amplamente discutido. Ambos tinham como premissa básica a necessidade de edição de lei complementar, porque fixados por interpretação e análise de casos anteriores à Emenda Constitucional (EC) 20/1998. Com o advento da EC, a obrigatoriedade foi alterada e, com fundamento nela, editada a Lei 10.256/2001.

Ocorreu a mudança da legislação, e não da jurisprudência. A possibilidade de cobrança com apoio no novo ordenamento jurídico construído a partir da EC 20/1998 e da Lei 10.256/2001 não havia sido analisada antes. O Supremo Tribunal Federal (STF) expressamente repeliu a alegação de inconstitucionalidade superveniente por serem quadros normativos diversos.

Ademais, a Corte negou pedido de aplicação de fato superveniente. A Resolução 15/2017 foi editada sem qualquer nexo de causalidade com o que resolvido neste recurso extraordinário. O Senado Federal embasou-se no RE 363.852/MG, em que declarada a inconstitucionalidade incidental da legislação anterior. Não se aplica o fato à situação dos autos, até porque o art. 52, X, somente permite a suspensão pelo Senado do que declarado incidentalmente inconstitucional pelo Supremo. No julgado atual, houve declaração de constitucionalidade.

O Plenário considerou incabível a modulação requerida. Isso porque não houve alteração jurisprudencial nem declaração de inconstitucionalidade a ensejá-la. O STF reconheceu a constitucionalidade de lei vigente e eficaz desde 2001. Sem a modulação, tem-se o respeito à igualdade dos contribuintes e à legislação. Prestigia-se a boa-fé e a segurança jurídica. Eventual modulação — sem a declaração de inconstitucionalidade e sem a alteração jurisprudencial — estaria a incentivar o contribuinte, a partir de qualquer modificação legislativa, a tentar obter liminar em vez de pagar seus tributos. Além disso, feriria a boa-fé e a segurança jurídica daqueles que há 17 anos contribuem e cumprem a lei. Os poucos que obtiveram liminares teriam anistia total de uma lei jamais declarada inconstitucional.

Os eventuais reflexos de decisão do STF a reafirmar a constitucionalidade podem ser discutidos no campo político-normativo. Quanto aos reflexos deste recurso extraordinário, o próprio Congresso Nacional editou a Lei 13.606/2018, que disciplinou detalhadamente o Programa de Regularização Tributária Rural (PRR), inclusive dando uma ampla e parcial anistia a todos os devedores. A modulação pretendida, além de não ser possível juridicamente, via reflexa, afastaria a incidência da Lei 13.606/2018.

Vencidos os ministros Edson Fachin, Rosa Weber e Marco Aurélio, que acolheram os embargos para modular os efeitos da decisão de constitucionalidade. Reputaram ser hipótese de mudança da orientação jurisprudencial do STF [CPC, art. 927, § 3º (3)]. A ministra Rosa Weber concluiu ter havido a alteração pelo menos na percepção da sociedade. **RE 718874 ED-primeiros a oitavos/ RS, rel. Min. Alexandre de Moraes, julgamento em 23.5.2018. (RE-718874).**"

No mais, **equipara-se ao empregador rural pessoa física o consórcio simplificado de produtores rurais**, formado pela união de produtores rurais pessoas físicas, que outorgar a um deles poderes para contratar, gerir e demitir trabalhadores para prestação de serviços, exclusivamente, aos seus integrantes, mediante documento registrado em cartório de títulos e documentos.

### 7.3. Produtor rural pessoa jurídica (PRPJ)

De acordo com o artigo 25, da Lei 8.870/94, o empregador rural pessoa jurídica terá também uma contribuição previdenciária patronal substitutiva à incidente sobre as remunerações dos empregados e avulsos que contrate e a respectiva contribuição SAT.

Considera-se **produtor rural pessoa jurídica**[58]:

1. o empregador rural que, constituído sob a forma de empresário individual, ou sociedade empresária, tem como fim apenas a atividade de produção rural, observado o disposto no inciso III do § 2º do art. 153; (Lei nº 8.870, de 1994, art. 25; e Regulamento da Previdência Social, de 1999, art. 201, caput, inciso IV)
2. a agroindústria que desenvolve as atividades de produção rural e de industrialização da produção rural própria ou da produção rural própria e da adquirida de terceiros, observado o disposto no inciso IV do § 2º do art. 153 e nos §§ 1º e 2º deste artigo; (Lei nº 8.212, de 1991, art. 22-A, caput; e Regulamento da Previdência Social, de 1999, art. 201-A, caput)

A alíquota da contribuição era de **2,5% sobre a receita bruta proveniente da comercialização da sua**

58. Artigo 146, I, "b", da Instrução Normativa RFB 2.110/2022.

**produção[59], sofrendo um acréscimo de 0,1% para financiamento das prestações por acidente do trabalho (contribuição SAT), o que perfazia um total de 2,6%**, sendo do próprio produtor rural pessoa jurídica a responsabilidade pelo seu recolhimento.

**No entanto, a Lei 13.606/2018 alterou o artigo 25, da Lei 8.870/94. Após veto presidencial à alteração, o Congresso Nacional derrubou o veto e reduziu a contribuição do empregador rural pessoa jurídica de 2,6% para 1,8% no total:**

> Art. 25. A contribuição devida à seguridade social pelo empregador, pessoa jurídica, que se dedique à produção rural, em substituição à prevista nos incisos I e II do art. 22 da Lei nº 8.212, de 24 de julho de 1991, passa a ser a seguinte: (Redação dada pela Lei nº 10.256, de 9.7.2001)
>
> **I – 1,7% (um inteiro e sete décimos por cento) da receita bruta proveniente da comercialização da sua produção; (Redação dada pela Lei nº 13.606, de 2018)**
>
> II – um décimo por cento da receita bruta proveniente da comercialização de sua produção, para o financiamento da complementação das prestações por acidente de trabalho.

Ademais, não integra a base de cálculo da contribuição citada a produção rural destinada ao plantio ou reflorestamento, nem o produto animal destinado à reprodução ou criação pecuária ou granjeira e à utilização como cobaia para fins de pesquisas científicas, quando vendido pelo próprio produtor e por quem a utilize diretamente com essas finalidades e, no caso de produto vegetal, por pessoa ou entidade registrada no Ministério da Agricultura, Pecuária e Abastecimento que se dedique ao comércio de sementes e mudas no País.

Tal qual o produtor rural pessoa física, o empregador rural pessoa jurídica enquadra-se como **contribuinte individual**, devendo também verter as suas contribuições previdenciárias como segurado obrigatório do RGPS.

Por sua vez, por força do artigo 22-A, da Lei 8.212/91, essa contribuição de 2,6% também beneficiará a **agroindústria**, considerada como o produtor rural pessoa jurídica cuja atividade econômica seja a industrialização de produção própria ou de produção própria e adquirida de terceiros, **não se aplicando às operações relativas à prestação de serviços a terceiros, bem como às sociedades cooperativas e às agroindústrias de piscicultura, carcinicultura, suinocultura e avicultura[60]**.

**Este dispositivo não foi atualizado pela Lei 13.606/2018, mas está tacitamente modificado para 1,8%.**

No entanto, a meu ver ilegalmente, pois a agroindústria é uma espécie de PRPJ, a Receita Federal manteve a alíquota em 2,6%, conforme Anexo IV da Instrução Normativa RFB 2.110/2022:

59. De acordo com o artigo 151, I, da Instrução Normativa 2.210/2022, considera-se receita bruta o valor recebido ou creditado ao produtor rural pela comercialização da sua produção rural com adquirente ou consumidor, pessoas físicas ou jurídicas, com cooperativa ou por meio de consignatário, podendo, ainda, ser resultante de permuta, compensação, dação em pagamento ou ressarcimento que represente valor, preço ou complemento de preço.

60. Artigo 22-A, da Lei 8.212/91.

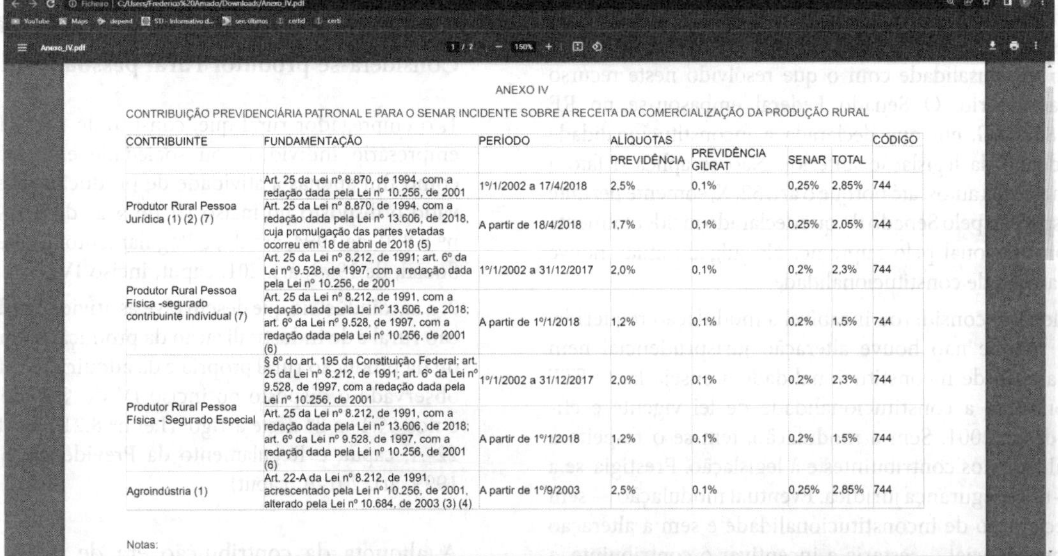

ANEXO IV

CONTRIBUIÇÃO PREVIDENCIÁRIA PATRONAL E PARA O SENAR INCIDENTE SOBRE A RECEITA DA COMERCIALIZAÇÃO DA PRODUÇÃO RURAL

| CONTRIBUINTE | FUNDAMENTAÇÃO | PERÍODO | ALÍQUOTAS | | | | CÓDIGO |
|---|---|---|---|---|---|---|---|
| | | | PREVIDÊNCIA | PREVIDÊNCIA GILRAT | SENAR | TOTAL | |
| Produtor Rural Pessoa Jurídica (1) (2) (7) | Art. 25 da Lei nº 8.870, de 1994, com a redação dada pela Lei nº 10.256, de 2001 | 1º/1/2002 a 17/4/2018 | 2,5% | 0,1% | 0,25% | 2,85% | 744 |
| | Art. 25 da Lei nº 8.870, de 1994, com a redação dada pela Lei nº 13.606, de 2018, cuja promulgação das partes vetadas ocorreu em 18 de abril de 2018 (5) | A partir de 18/4/2018 | 1,7% | 0,1% | 0,25% | 2,05% | 744 |
| Produtor Rural Pessoa Física -segurado contribuinte individual (7) | Art. 25 da Lei nº 8.212, de 1991; art. 6º da Lei nº 9.528, de 1997, com a redação dada pela Lei nº 10.256, de 2001 | 1º/1/2002 a 31/12/2017 | 2,0% | 0,1% | 0,2% | 2,3% | 744 |
| | Art. 25 da Lei nº 8.212, de 1991, com a redação dada pela Lei nº 13.606, de 2018; art. 6º da Lei nº 9.528, de 1997, com a redação dada pela Lei nº 10.256, de 2001 (6) | A partir de 1º/1/2018 | 1,2% | 0,1% | 0,2% | 1,5% | 744 |
| Produtor Rural Pessoa Física - Segurado Especial | § 8º do art. 195 da Constituição Federal; art. 25 da Lei nº 8.212, de 1991; art. 6º da Lei nº 9.528, de 1997, com a redação dada pela Lei nº 10.256, de 2001 | 1º/1/2002 a 31/12/2017 | 2,0% | 0,1% | 0,2% | 2,3% | 744 |
| | Art. 25 da Lei nº 8.212, de 1991, com a redação dada pela Lei nº 13.606, de 2018; art. 6º da Lei nº 9.528, de 1997, com a redação dada pela Lei nº 10.256, de 2001 (6) | A partir de 1º/1/2018 | 1,2% | 0,1% | 0,2% | 1,5% | 744 |
| Agroindústria (1) | Art. 22-A da Lei nº 8.212, de 1991, acrescentado pela Lei nº 10.256, de 2001, alterado pela Lei nº 10.684, de 2003 (3) (4) | A partir de 1º/9/2003 | 2,5% | 0,1% | 0,25% | 2,85% | 744 |

Notas:

Outrossim, este regime substitutivo **não se aplica** à pessoa jurídica que, relativamente à atividade rural, se dedique apenas ao **florestamento e reflorestamento** como fonte de matéria-prima para industrialização própria, mediante a utilização de processo industrial que modifique a natureza química da madeira ou a transforme em pasta celulósica[61].

Vale registrar que, com o advento da Lei 13.606/2018, o **empregador rural pessoa jurídica** poderá escolher a forma de contribuição previdenciária patronal, podendo optar entre o recolhimento sobre produção (art. 25, Lei 8.212/91) ou seguinte a contribuição sobre a folha de remuneração (art. 22, I e II, da Lei 8.212/91), considerando o novel § 7º[62] inserido ao artigo 15 da Lei 8.870/94 (**esta regra inicia a vigência em 1/1/2019**).

A opção será manifestada mediante o pagamento da contribuição incidente sobre a folha de salários relativa a janeiro de cada ano, ou à primeira competência subsequente ao início da atividade rural, e será irretratável para todo o ano-calendário.

De acordo com o **Tema 281 em Repercussão Geral**, *"é constitucional o art. 22A da Lei 8.212/1991, com a redação da Lei 10.256/2001, no que instituiu contribuição previdenciária incidente sobre a receita bruta proveniente da comercialização da produção, em substituição ao regime anterior da contribuição incidente sobre a folha de salários."* HYPERLINK "https://portal.stf.jus.br/processos/detalhe.asp?incidente=3860301"RE 611.601/RS, relator Ministro Dias Toffoli, julgamento virtual finalizado em 16.12.2022 (sexta-feira), às 23:59.

**61.** Entende-se que ocorre a modificação da natureza química da madeira quando, por processo químico, uma ou mais substâncias que a compõem se transformam em nova substância, tais como pasta celulósica, papel, álcool de madeira, ácidos, óleos que são utilizados como insumos energéticos em combustíveis industriais, produtos empregados na indústria farmacêutica, de cosméticos e alimentícia, e os produtos que resultam dos processos de carbonização, gaseificação ou hidrólise.

**62.** § 7º O empregador pessoa jurídica poderá optar por contribuir na forma prevista no *caput* deste artigo ou na forma dos incisos I e II do *caput* do art. 22 da Lei nº 8.212, de 24 de julho de 1991, manifestando sua opção mediante o pagamento da contribuição incidente sobre a folha de salários relativa a janeiro de cada ano, ou à primeira competência subsequente ao início da atividade rural, e será irretratável para todo o ano- calendário.

**TABELA SIMPLIFICADA DAS CONTRIBUIÇÕES SUBSTITUTIVAS DA PARTE PATRONAL INCIDENTES SOBRE AS REMUNERAÇÕES DOS EMPREGADOS E AVULSOS**

| Beneficiários | Alíquota | Base de cálculo | Responsabilidade pelo recolhimento | Prazo |
|---|---|---|---|---|
| **Associações desportivas que mantém times de futebol profissional** | 5% | Receita bruta decorrente dos espetáculos desportivos de que participem em todo território nacional; qualquer forma de patrocínio, licenciamento de uso de marcas e símbolos, publicidade, propaganda e de transmissão de espetáculos desportivos | Entidade promotora do espetáculo; empresa pagadora | Até 02 dias úteis após a realização do evento esportivo; até o dia 20 do mês subsequente ao da competência |
| **Produtor rural pessoa física** | 1,3% | Receita bruta proveniente da comercialização da sua produção | Em regra, a responsabilidade tributária pelo recolhimento será do adquirente da produção | Até o dia 20 do mês subsequente ao da operação ou consignação |
| **Produtor rural pessoa jurídica** | 1,8% | Receita bruta proveniente da comercialização da sua produção | Será do próprio produtor rural | Até o dia 20 do mês subsequente ao da operação ou consignação |

## 8. SUBSTITUIÇÃO DA CONTRIBUIÇÃO PREVIDENCIÁRIA SOBRE AS REMUNERAÇÕES PELA CONTRIBUIÇÃO SOBRE A RECEITA OU FATURAMENTO DAS EMPRESAS

Conforme estudado no Título I, a teor do artigo 195, §13, da Constituição, **era possível que haja a substituição gradativa da contribuição previdenciária patronal pela COFINS, total ou parcialmente, observada a não cumulatividade**, com o propósito de desonerar as folhas de salários das empresas.

Esta disposição constitucional, **atualmente revogada pela EC 103/2019**, fruto da Emenda 42/2003, já foi parcialmente regulamentada em alguns segmentos por normas especiais, muito embora não tenha alterado as regras da Lei 8.212/91.

Na atualidade os artigos 7º e 8º da Lei 12.546/2011, alterada pela Lei 13.161/2015 tratam do tema, tendo as alíquotas sido majoradas e a **substituição se tornado facultativa** cabendo à Instrução Normativa 1.436, da lavra da Secretaria da Receita Federal do Brasil, de 30 de dezembro de 2013, alterada em 05 de dezembro de 2014 e em 1º de dezembro de 2015, regulamentá-la.

Posteriormente, nova alteração foi perpetrada pela IN RFB 1.812/2018.

Houve a redução a zero das contribuições de 20% previstas nos incisos I e III do artigo 22 da Lei 8.212/91, compensada pela majoração da contribuição sobre a receita ou faturamento em 1,0%, 2,5%, 3,0% e 4,5%, a depender do segmento.

Agora com a revogação da autorização constitucional não há mais base constitucional para a substituição da folha de remuneração das empresas em **legislação futura**.

Mas existe a **regra de transição do artigo 30 da Emenda 103/2019** que aduz que "a vedação de diferenciação ou substituição de base de cálculo decorrente do disposto no § 9º do art. 195 da Constituição Federal não se aplica a contribuições que substituam a contribuição de que trata a alínea "a" do inciso I do *caput* do art. 195 da Constituição Federal instituídas **antes da data de entrada em vigor desta Emenda Constitucional**".

**Daí que este estudo se limita aos casos constituídos antes da Emenda 103/2019, por força da regra de transição do artigo 30 da Reforma Constitucional.**

Por força da **Lei 14.288/2021, que alterou a Lei nº 12.546, de 14 de dezembro de 2011, foi prorrogado até 31/12/2023 o prazo referente à contribuição previdenciária sobre a receita bruta anteriormente estatuída:**

> Art. 2º Os arts. 7º e 8º da Lei nº 12.546, de 14 de dezembro de 2011, passam a vigorar com as seguintes alterações:
>
> *"Art. 7º Até 31 de dezembro de 2023, poderão contribuir sobre o valor da receita bruta, excluídos as vendas canceladas e os descontos incondicionais concedidos, em substituição às contribuições previstas nos incisos I e III do **caput** do art. 22 da Lei nº 8.212, de 24 de julho de 1991:*
>
> ...
>
> *Art. 8º Até 31 de dezembro de 2023, poderão contribuir sobre o valor da receita bruta, excluídos as vendas canceladas e os descontos incondicionais concedidos, em substituição às contribuições previstas nos incisos I e III do **caput** do art. 22 da Lei nº 8.212, de 24 de julho de 1991":*

Houve a redução a zero das contribuições de 20% previstas nos incisos I e III do artigo 22 da Lei 8.212/91, compensada pela majoração da contribuição sobre a receita ou faturamento em 1,0%, 2,5%, 3,0% e 4,5%, a depender do segmento.

A opção pela mencionada tributação substitutiva será manifestada mediante o pagamento da contribuição incidente sobre a receita bruta relativa a janeiro de cada ano, ou à primeira competência subsequente para a qual haja receita bruta apurada, e será irretratável para todo o ano calendário.

De efeito, "as contribuições previdenciárias das empresas que desenvolvem as atividades relacionadas no **Anexo I** ou produzem os itens listados no **Anexo II** incidirão sobre o valor da receita bruta, em substituição às contribuições previdenciárias incidentes sobre a folha de pagamento, previstas nos incisos I e III do *caput* do art. 22 da Lei nº 8.212, de 24 de julho de 1991, considerando-se os períodos e as alíquotas definidos nos Anexos I e II, e observado o disposto nesta Instrução Normativa", nos termos do artigo 1º da IN RFB 1.436/2013, já atualizada.

Eis os anexos:

# ANEXO I
## Relação de Atividades Sujeitas à CPRB (Anexo I da IN RFB nº 1.436, de 2013)

| SETOR | Data de Ingresso | Alíquotas | |
|---|---|---|---|
| 1. Serviços de Tecnologia da Informação (TI) e de Tecnologia da Informação e Comunicação (TIC) | | | |
| Análise e desenvolvimento de sistemas | | Até 31/07/2012 | 2,5% |
| Programação | | | |
| Análise e desenvolvimento de sistemas | | | |
| Programação | | De 1º/08/2012 a 30/11/2015 | 2,0% |
| Processamento de dados e congêneres | | | |
| Elaboração de programas de computadores, inclusive de jogos eletrônicos | 1º/12/2011 | | |
| Licenciamento ou cessão de direito de uso de programas de computação | | A partir de 1º/12/2015 | 4,5% |
| Assessoria e consultoria em informática | | | |
| Suporte técnico em informática, inclusive instalação, configuração e manutenção de programas de computação e bancos de dados | | | |
| Planejamento, confecção, manutenção e atualização de páginas eletrônicas | | | |
| Atividades de concepção, desenvolvimento ou projeto de circuitos integrados | 1º/08/2012 | Até 30/11/2015 | 2,0% |
| | | A partir de 1º/12/2015 | 4,5% |
| Suporte técnico em informática, inclusive instalação, configuração e manutenção de programas de computação e bancos de dados, bem como serviços de suporte técnico em equipamentos de informática em geral. | 1º/04/2013 | Até 31/05/2013 E | 2,0% |
| | 1º/11/2013 | Até 30/11/2015 | 2,0% |
| | | A partir de 1º/12/2015 | 4,5% |
| Execução continuada de procedimentos de preparação ou processamento de dados de gestão empresarial, pública ou privada, e gerenciamento de processos de clientes, com o uso combinado de mão de obra e sistemas computacionais (BPO) | 1º/03/2015 | Até 30/11/2015 | 2,0% |
| | | a partir de 1º/12/2015 | 4,5% |
| 2. Teleatendimento | | | |
| Call center | 1º/04/2012 | Até 31/07/2012 | 2,5% |
| | | De 1º/08/2012 Até 30/11/2015 | 2,0% |
| | | A partir de 1º/12/2015 | 3,0% |
| 3. Setor Hoteleiro | | | |
| Empresas enquadradas na subclasse 5510-8/01 da Classificação Nacional de Atividades Econômicas - CNAE 2.0 | 1º/08/2012 | Até 30/11/2015 | 2,0% |
| | | A partir de 1º/12/2015 | 4,5% |
| 4. Setor de Transportes e Serviços Relacionados | | | |
| Transporte rodoviário coletivo de passageiros, com itinerário fixo, municipal, intermunicipal em região metropolitana, intermunicipal, interestadual e internacional enquadradas nas classes 4921-3 e 4922-1 da CNAE 2.0 | 1º/01/2013 | até 30/11/2015 | 2,0% |
| | | a partir de 1º/12/2015 | 3,0% |
| Manutenção e reparação de aeronaves, motores, componentes e equipamentos correlatos | 1º/01/2013 | até 30/11/2015 | 1,0% |
| | | a partir de 1º/12/2015 | 2,5% |
| Transporte aéreo de carga | | Até 30/11/2015 | 1,0% |
| Transporte aéreo de passageiros regular | | | |
| Transporte marítimo de carga na navegação de cabotagem | | | |
| Transporte marítimo de passageiros na navegação de cabotagem | | | |
| Transporte marítimo de carga na navegação de longo curso | 1º/01/2013 | A partir de 1º/12/2015 | 1,5% |
| Transporte marítimo de passageiros na navegação de longo curso | | | |
| Transporte por navegação interior de carga | | | |
| Transporte por navegação interior de passageiros em linhas regulares | | | |
| Navegação de apoio marítimo e de apoio portuário | 1º/01/2013 | Até 30/11/2015 | 1,0% |
| | | A partir de 1º/12/2015 | 2,5% |
| Manutenção e reparação de embarcações1 | 1º/04/2013 | Até 03/06/2013 E | 1,0% |
| | 1º/11/2013 | Até 30/11/2015 | 1,0% |
| | | A partir de 1º/12/2015 | 2,5% |
| Transporte ferroviário de passageiros, enquadradas nas subclasses 4912-4/01 e 4912-4/02 da CNAE 2.0 | 1º/01/2014 | até 30/11/2015 | 2,0% |
| Transporte metroferroviário de passageiros, enquadradas na subclasse 4912-4/03 da CNAE 2.0 | | a partir de 1º/12/2015 | 3,0% |
| Empresas que realizam operações de carga, descarga e armazenagem de contâineres em portos organizados, enquadrados nas classes 5212-5 e 5231-1 da CNAE 2.0 | | Até 30/11/2015 | 1,0% |
| Transporte rodoviário de cargas, enquadradas na classe 4930-2 da CNAE 2.0 | 1º/01/2014 | A partir de 1º/12/2015 | 1,5% |
| Transporte ferroviário de cargas, enquadradas na classe 4911-6 da CNAE 2.0 | | | |
| Serviços auxiliares ao transporte aéreo de carga | 1º/12/2015 | 1,5% | |
| Serviços auxiliares ao transporte aéreo de passageiros regular | | | |
| 5. Construção Civil | | | |
| Empresas do setor de construção civil, enquadradas nos grupos 412, 432, 433 e 439 da CNAE 2.01 | 1º/01/2014 | Até 03/06./2013 E | 2,0% |
| | 1º/11/2013 | Até 30/11/2013 | 2,0% |
| | | A partir de 1º/12/20152 | 4,5% |
| Empresas de construção civil de obras de infraestrutura, enquadradas nos grupos 421, 422, 429 e 431 da CNAE 2.0 | 1º/01/2014 | Até 30/11/2015 | 2,0% |
| | | A partir de 1º/12/2015 | 4,5% |
| 6. Comércio Varejista | | | |
| Lojas de departamentos ou magazines, enquadradas na Subclasse CNAE 4713-0/011 | | Até 03/06/2013 | 1,0% |
| Comércio varejista de materiais de construção, enquadrado na Subclasse CNAE 4744-0/051 | | | |
| Comércio varejista de materiais de construção em geral, enquadrado na Subclasse CNAE 4744-0/991 | | | |
| Comércio varejista especializado de equipamentos e suprimentos de informática, enquadrado na Classe CNAE 4751-21 | | | |
| Comércio varejista especializado de equipamentos de telefonia e comunicação, enquadrado na Classe CNAE 4752-11 | | | |
| Comércio varejista especializado de eletrodomésticos e equipamentos de áudio e vídeo, enquadrado na Classe CNAE 4753-91 | 1º/04/2013 e 1º/11/2013 | De 1º/11/2013 até 30/11/2015 | 1,0% |
| Comércio varejista de móveis, enquadrado na Subclasse CNAE 4754-7/011 | | | |
| Comércio varejista especializado de tecidos e artigos de cama, mesa e banho, enquadrado na Classe CNAE 4755-51 | | | |
| Comércio varejista de outros artigos de uso doméstico, enquadrado na Classe CNAE 4759-81 | | | |
| Comércio varejista de livros, jornais, revistas e papelaria, enquadrado na Classe CNAE 4761-01 | | | |
| Comércio varejista de discos, CDs, DVDs e fitas, enquadrado na Classe CNAE 4762-81 | | | |
| Comércio varejista de brinquedos e artigos recreativos, enquadrado na Subclasse CNAE 4763-6/011 | | A partir de 1º/12/2015 | 2,5% |
| Comércio varejista de artigos esportivos, enquadrado na Subclasse CNAE 4763-6/021 | | | |
| Comércio varejista de cosméticos, itens de perfumaria e de higiene pessoal, enquadrado na Classe CNAE 4772-51 | | | |
| Comércio varejista de artigos do vestuário e acessórios, enquadrado na Classe CNAE 4781-41 | | | |
| Comércio varejista de calçados e artigos de viagem, enquadrado na Classe CNAE 4782-21 | | | |
| Comércio varejista de itens saneantes domissanitários, enquadrado na Subclasse CNAE 4789-0/051 | | | |
| Comércio varejista de artigos fotográficos e para filmagem, enquadrado na Subclasse CNAE 4789-0/081 | | | |
| Comércio varejista de itens farmacêuticos, sem manipulação de fórmulas, enquadrado na Subclasse CNAE 4771-7/01 | 1º/04/2013 | Até 03/06/2013 | 1,0% |
| 7. Setor Industrial (Enquadradas na Tabela de Incidência do Imposto sobre Itens Industrializados - TIPI, aprovada pelo Decreto nº 7.660, de 23 de dezembro de 2011, nos códigos indicados) | | | |
| 3926.20.00, 40.15, 4202.11.00, 4202.21.00, 4202.31.00, 4202.91.00, 4205.00.00, 42.03, 43.03, 4818.50.00, capítulos 61 e 62, 63.01 a 63.05, 6812.91.00, 9404.90.00 | 1º/12/2011 | Até 31/07/2012 | 1,5% |
| | | A partir de 1º/08/2012 | Ver Anexo II |
| 41.04 a 41.07, 41.14, 8308.10.00, 8308.20.00, 9506.62.00, 96.06.10.00, 9606.21.00, 9606.22.00 | 1º/04/2012 | Até 31/07/2012 | 1,5% |
| | | A partir de 1º/08/2012 | Ver Anexo II |
| 6309.00, 64.01 a 64.063 | 1º/12/2011 | Até 31/07/2012 | 1,5% |
| | | De 1º/08/2012 a 30/11/2015 | 1,0% |
| | | A partir de 1º/12/2015 | 1,5% |
| 87.02 (exceto código 8702.90.10)4 | 1º/08/2012 | Até 30/11/2015 | 1,0% |
| | | A partir de 1º/12/2015 | 1,5% |
| 02.03, 02.10.14 | 1º/08/2012 | 1,0% | |
| 0206.30.00, 0206.4, 02.07, 02.09, 0210.99.00, 03.02 (exceto 0302.90.00), 03.03, 03.04, 0504.00, 05.05, 1601.00.00, 16.02, 1905.90.90 Ex 014 | 1º/01/2013 | 1,0% | |
| 1901.20.00 Ex 015 | 1º/01/2013 | Até 28/02/2015 E | 1,0% |
| | 1º/12/2015 | 1,0% | |
| Empresas que produzem os itens classificados na TIPI nos códigos referidos no Anexo II | Ver Anexo II | Até 30/11/2015 | 1,0% |
| | | A partir de 1º/12/2015 | 2,5% |
| 8. Jornalismo | | | |
| Empresas jornalísticas e de radiodifusão sonora e de sons e imagens de que trata a Lei nº 10.610, de 20 de dezembro de 2002, enquadradas nas classes 1811-3, 5811-5, 5812-3, 5813-1, 5822-1, 5823-9, 6010-1, 6021-7 e 6319-4 da CNAE 2.0. | 1º/01/2014 | Até 30/11/2015 | 1,0% |
| | | A partir de 1º/12/2015 | 1,5% |

1- Pode antecipar para 4 de junho sua inclusão na tributação substitutiva prevista no art. 1º desta Instrução Normativa, mediante o recolhimento, até o prazo de vencimento, da contribuição substitutiva relativa a junho de 2013.

2 - A alíquota permanecerá 2% (dois por cento) até o encerramento das obras matriculadas no Cadastro Específico do INSS - CEI nos períodos compreendidos entre 1o de abril de 2013 e 31 de maio de 2013, entre 1o de junho de 2013 e 31 de outubro de 2013 (nos casos em que houve opção pela CPRB) e entre 1º de novembro de 2013 e 30 de novembro de 2015.

3 - Vigência restabelecida pela Lei nº 13.161, de 2015, a partir de 1º de dezembro de 2015.

4 - Retirados do Anexo II porque passaram a ter alíquota diferenciada dos demais a partir de 1º de dezembro de 2015, em razão da Lei nº 13.161, de 31 de agosto de 2015.

5 - O Capítulo 19 foi incluído pela Lei nº 12.715, de 12 de setembro de 2012, com vigência a partir de 1º de janeiro de 2013. A Lei nº 13.043, de 13 de novembro de 2014, excluiu os códigos 1901.20.00 e 1901.90.90 da Contribuição Previdenciária sobre a Receita Bruta (CPRB) a partir de 1º de março de 2015. A Lei nº 13.161, de 31 de agosto de 2015, reincluiu o código 1901.20.00 a partir de 1º de dezembro de 2015 com alíquota de 1%.

# ANEXO II
## Relação de produtos sujeitos a CPRB (Anexo II da IN RFB nº 1.436, de 2013)

| NCM | Datas de Início/Período de Vigência |
|---|---|
| 02.03 | Ver Anexo I |
| 02.06 | 1º/01/2013 |
| 0206.30.00 | Ver Anexo I |
| 0206.4 | Ver Anexo I |
| 02.07 | Ver Anexo I |
| 02.09 | Ver Anexo I |
| 02.10.1 | Ver Anexo I |
| 0210.99.00 | Ver Anexo I |
| 03.01 | 1º/01/2013 |
| 03.02 | Ver Anexo I |
| 0302.90.00 | 1º/01/2013 |
| 03.03 | Ver Anexo I |
| 03.04 | Ver Anexo I |
| 03.06 | 1º/01/2013 |
| 03.07 | 1º/01/2013 |
| 05.04 | Ver Anexo I |
| 05.05 | Ver Anexo I |
| 05.07 | 1º/01/2013 |
| 05.10 | 1º/01/2013 |
| 05.11 | 1º/01/2013 |
| 1211.90.90 | 1º/01/2013 |
|  | 1º/01/2013 |
| Capítulo 16 | Ver Anexo I |
| 1601.00.00 | Ver Anexo |
| 16.02 | Ver Anexo I |
| Capítulo 19 | 1º/01/2013 |
| 1901.20.001 | 1º/01/2013 a 28/02/2015 |
| 1901.90.901 | 1º/01/2013 a 28/02/2015 |
| 1905.90.90 Ex 01 | Ver Anexo I |
| 2106.90.30 | 1º/01/2013 |
| 2106.90.90 | 1º/01/2013 |
| 2202.90.00 | 1º/01/2013 |
| 2501.00.90 | 1º/01/2013 |
| 2515.11.00 | 1º/01/2013 |
| 2515.12.10 | 1º/01/2013 |
| 2516.11.00 | 1º/01/2013 |
| 2516.12.00 | 1º/01/2013 |
| 2520.20.10 | 1º/01/2013 |
| 2520.20.90 | 1º/01/2013 |
| 2707.91.00 | 1º/01/2013 |
| 30.01 | 1º/01/2013 |
| 30.02 | 1º/01/2013 |
| 30.03 | 1º/01/2013 |
| 30.04 | 1º/01/2013 |
| 30.05 | 1º/01/2013 |
| 3005.90.90 | 1º/08/2012 |
| 30.06 | 1º/01/2013 |
| 3006.30.112 | 1º/01/2013 a 31/03/2013 |
| 3006.30.192 | 1º/01/2013 a 31/03/2013 |
| 32.08 | 1º/01/2013 |
| 32.09 | 1º/01/2013 |
| 32.14 | 1º/01/2013 |
| 3303.00.20 | 1º/01/2013 |
| 33.04 | 1º/01/2013 |
| 33.05 | 1º/01/2013 |
| 33.06 | 1º/01/2013 |
| 33.07 | 1º/01/2013 |
| 34.01 | 1º/01/2013 |
| 3407.00.10 | 1º/01/2013 |
| 3407.00.20 | 1º/01/2013 |
| 3407.00.90 | 1º/01/2013 |
| 3701.10.10 | 1º/01/2013 |
| 3701.10.21 | 1º/01/2013 |
| 3701.10.29 | 1º/01/2013 |
| 3702.10.10 | 1º/01/2013 |
| 3702.10.20 | 1º/01/2013 |
| 38.08 | 1º/01/2013 |

| | |
|---|---|
| 3814.00 | 1º/01/2013 |
| 3815.12.10 | 1º/08/2012 |
| 3819.00.00 | 1º/08/2012 |
| 3822.00.10 | 1º/01/2013 |
| 3822.00.90 | 1º/01/2013 |
| 39.15 | 1º/08/2012 |
| 39.16 | 1º/08/2012 |
| 39.17 | 1º/08/2012 |
| 39.18 | 1º/08/2012 |
| 39.19 | 1º/08/2012 |
| 39.20 | 1º/08/2012 |
| 39.21 | 1º/08/2012 |
| 39.22 | 1º/08/2012 |
| 39.23 | 1º/08/2012 |
| 3923.10 | 1º/08/2012 |
| 3923.2 | 1º/08/2012 |
| 3923.30.003 | 1º/08/2012 a 31/12/2012<br>1º/04/2013 a 03/06/2013<br>04/06/2013 a 31/10/2013<br>01/11/2013 |
| 3923.30.00 Ex 013 | 1º/08/2012 a 31/12/2012 |
| 3923.40.00 | 1º/08/2012 |
| 3923.50.00 | 1º/08/2012 |
| 3923.90.00 | 1º/08/2012 |
| 39.24 | 1º/08/2012 |
| 39.25 | 1º/08/2012 |
| 39.26 | 1º/08/2012 |
| 4006.10.00 | 1º/01/2013 |
| 4009.11.00 | 1º/08/2012 |
| 4009.12.10 | 1º/08/2012 |
| 4009.12.90 | 1º/08/2012 |
| 4009.31.00 | 1º/08/2012 |
| 4009.32.10 | 1º/08/2012 |
| 4009.32.90 | 1º/08/2012 |
| 4009.41.004 | 1º/04/2013 a 03/06/2013<br>1º/11/2013 |
| 4009.42.10 | 1º/08/2012 |
| 4009.42.90 | 1º/08/2012 |
| 4010.31.00 | 1º/08/2012 |
| 4010.32.00 | 1º/08/2012 |
| 4010.33.00 | 1º/08/2012 |
| 4010.34.00 | 1º/08/2012 |
| 4010.35.00 | 1º/08/2012 |
| 4010.36.00 | 1º/08/2012 |
| 4010.39.00 | 1º/08/2012 |
| 40.11 | 1º/01/2013 |
| 4012.90.90 | 1º/01/2013 |
| 40.13 | 1º/01/2013 |
| 4014.10.00 | 1º/01/2013 |
| 4014.90.10 | 1º/01/2013 |
| 4014.90.90 | 1º/01/2013 |
| 40.15 | 1º/08/2012 |
| 4016.10.10 | 1º/08/2012 |
| 4016.91.00 | 1º/08/2012 |
| 4016.93.00 | 1º/08/2012 |
| 4016.99.90 | 1º/08/2012 |
| 41.04 | 1º/08/2012 |
| 41.05 | 1º/08/2012 |
| 41.06 | 1º/08/2012 |
| 41.07 | 1º/08/2012 |
| 41.14 | 1º/08/2012 |
| 4202.11.00 | 1º/08/2012 |
| 4202.12.20 | 1º/08/2012 |
| 4202.21.00 | 1º/08/2012 |
| 4202.22.20 | 1º/08/2012 |
| 4202.31.00 | 1º/08/2012 |
| 4202.32.00 | 1º/08/2012 |
| 4202.91.00 | 1º/08/2012 |
| 4202.92.00 | 1º/08/2012 |
| 42.03 | 1º/08/2012 |
| 4205.00.00 | 1º/08/2012 |
| 43.03 | 1º/08/2012 |
| 4415.20.00 | 1º/01/2013 |
| 4421.90.00 | 1º/08/2012 |
| 4504.90.00 | 1º/08/2012 |
| 4701.00.00 | 1º/01/2013 |
| 4702.00.00 | 1º/01/2013 |
| 47.03 | 1º/01/2013 |
| 47.04 | 1º/01/2013 |
| 4705.00.00 | 1º/01/2013 |
| 47.06 | 1º/01/2013 |
| 4801.00 | 1º/01/2013 |
| 48.02 | 1º/01/2013 |
| 4803.00 | 1º/01/2013 |
| 48.04 | 1º/01/2013 |
| 48.05 | 1º/01/2013 |
| 48.06 | 1º/01/2013 |
| 48.08 | 1º/01/2013 |
| 48.09 | 1º/01/2013 |
| 48.10 | 1º/01/2013 |
| 4811.494 | 1º/04/2013 a 03/06/2013<br>1º/11/2013 |
| 4812.00.00 | 1º/01/2013 |
| 48.13 | 1º/01/2013 |
| 48.16 | 1º/01/2013 |

| | |
|---|---|
| 48.18 | 1º/01/2013 |
| 4818.50.00 | 1º/08/2012 |
| 48.19 | 1º/01/2013 |
| 4823.40.004 | 1º/04/2013 a 03/06/2013<br>1º/11/2013 |
| 5004.00.00 | 1º/08/2012 |
| 5005.00.00 | 1º/08/2012 |
| 5006.00.00 | 1º/08/2012 |
| 50.07 | 1º/08/2012 |
| 5104.00.00 | 1º/08/2012 |
| 51.05 | 1º/08/2012 |
| 51.06 | 1º/08/2012 |
| 51.07 | 1º/08/2012 |
| 51.08 | 1º/08/2012 |
| 51.09 | 1º/08/2012 |
| 5110.00.00 | 1º/08/2012 |
| 51.11 | 1º/08/2012 |
| 51.12 | 1º/08/2012 |
| 5113.00 | 1º/08/2012 |
| 5203.00.00 | 1º/08/2012 |
| 52.04 | 1º/08/2012 |
| 52.05 | 1º/08/2012 |
| 52.06 | 1º/08/2012 |
| 52.07 | 1º/08/2012 |
| 52.08 | 1º/08/2012 |
| 52.09 | 1º/08/2012 |
| 52.10 | 1º/08/2012 |
| 52.11 | 1º/08/2012 |
| 52.12 | 1º/08/2012 |
| 53.06 | 1º/08/2012 |
| 53.07 | 1º/08/2012 |
| 53.08 | 1º/08/2012 |
| 53.09 | 1º/08/2012 |
| 53.10 | 1º/08/2012 |
| 5311.00.00 | 1º/08/2012 |
| Capítulo 54 | 1º/08/2012 |
| 5402.33.105 | 1º/08/2012 a 28/02/2015 |
| 5402.46.005 | 1º/08/2012 a 28/02/2015 |
| 5402.47.005 | 1º/08/2012 a 28/02/2015 |
| Capítulo 55 | 1º/08/2012 |
| Capítulo 56 | 1º/08/2012 |
| Capítulo 57 | 1º/08/2012 |
| Capítulo 58 | 1º/08/2012 |
| Capítulo 59 | 1º/08/2012 |
| Capítulo 60 | 1º/08/2012 |
| Capítulo 61 | 1º/08/2012 |
| Capítulo 62 | 1º/08/2012 |
| Capítulo 63 | 1º/08/2012 |
| Capítulo 64 | 1º/08/2012 |
| Capítulo 65 (exceto código 6506.10.00) | 1º/08/2012 |
| 6801.00.00 | 1º/01/2013 |
| 6802.10.00 | 1º/01/2013 |
| 6802.21.00 | 1º/01/2013 |
| 6802.23.00 | 1º/01/2013 |
| 6802.29.00 | 1º/01/2013 |
| 6802.91.00 | 1º/01/2013 |
| 6802.92.00 | 1º/01/2013 |
| 6802.93.10 | 1º/01/2013 |
| 6802.93.90 | 1º/01/2013 |
| 6802.99.90 | 1º/01/2013 |
| 6803.00.00 | 1º/01/2013 |
| 6807.90.00 | 1º/08/2012 |
| 6810.19.004 | 1º/04/2013 a 03/06/2013<br>1º/11/2013 |
| 6810.91.004 | 1º/04/2013 a 03/06/2013<br>1º/11/2013 |
| 6810.99.00 | 1º/01/2013 |
| 6812.80.00 | 1º/08/2012 |
| 6812.90.106 | 1º/08/2012 |
| 6812.91.00 | 1º/08/2012 |
| 6812.99.10 | 1º/08/2012 |
| 6813.10.106 | 1º/08/2012 |
| 6813.10.906 | 1º/08/2012 |
| 6813.20.00 | 1º/08/2012 |
| 6813.81.10 | 1º/08/2012 |
| 6813.81.90 | 1º/08/2012 |
| 6813.89.10 | 1º/08/2012 |
| 6813.89.90 | 1º/08/2012 |
| 6813.90.106 | 1º/08/2012 |
| 6813.90.906 | 1º/08/2012 |
| 6901.00.00 | 1º/01/2013 |
| 69.02 | 1º/01/2013 |
| 69.04 | 1º/01/2013 |
| 69.05 | 1º/01/2013 |
| 6906.00.00 | 1º/01/2013 |
| 69.074 | 1º/04/2013 a 03/06/2013<br>1º/11/2013 |
| 69.084 | 1º/04/2013 a 03/06/2013<br>1º/11/2013 |
| 6909.19.30 | 1º/08/2012 |
| 6910.90.00 | 1º/01/2013 |
| 69.11 | 1º/01/2013 |
| 6912.00.00 | 1º/01/2013 |
| 69.13 | 1º/01/2013 |
| 69.14 | 1º/01/2013 |
| 7001.00.00 | 1º/01/2013 |

| 7001.00.00 | 1º/01/2013 |
|---|---|
| 70.02 | 1º/01/2013 |
| 70.03 | 1º/01/2013 |
| 70.04 | 1º/01/2013 |
| 70.05 | 1º/01/2013 |
| 7006.00.00 | 1º/01/2013 |
| 70.07 | 1º/01/2013 |
| 7007.11.00 | 1º/08/2012 |
| 7007.21.00 | 1º/08/2012 |
| 7008.00.00 | 1º/01/2013 |
| 70.09 | 1º/01/2013 |
| 7009.10.00 | 1º/08/2012 |
| 70.10 | 1º/01/2013 |
| 70.11 | 1º/01/2013 |
| 70.13 | 1º/01/2013 |
| 7014.00.00 | 1º/01/2013 |
| 70.15 | 1º/01/2013 |
| 70.16 | 1º/01/2013 |
| 70.17 | 1º/01/2013 |
| 70.18 | 1º/01/2013 |
| 70.19 | 1º/01/2013 |
| 7020.00 | 1º/01/2013 |
| 7201.10.00 | 1º/01/2013 |
| 7204.29.00 | 1º/01/2013 |
| 7207.11.107 | 1º/01/2013 a 31/03/2013 |
| 7208.52.007 | 1º/01/2013 a 31/03/2013 |
| 7208.54.007 | 1º/01/2013 a 31/03/2013 |
| 7214.10.907 | 1º/01/2013 a 31/03/2013 |
| 7214.99.107 | 1º/01/2013 a 31/03/2013 |
| 7228.30.007 | 1º/01/2013 a 31/03/2013 |
| 7228.50.007 | 1º/01/2013 a 31/03/2013 |
| 7302.40.00 | 1º/01/2013 |
| 7303.00.00 | 1º/08/2012 |
| 7306.50.00 | 1º/01/2013 |
| 7307.19.104 | 1º/04/2013 a 03/06/2013 |
| | 1º/11/2013 |
| 7307.19.904 | 1º/04/2013 a 03/06/2013 |
| | 1º/11/2013 |
| 7307.21.00 | 1º/01/2013 |
| 7307.22.00 | 1º/01/2013 |
| 7307.23.004 | 1º/04/2013 a 03/06/2013 |
| | 1º/11/2013 |
| 7307.91.00 | 1º/01/2013 |
| 7307.93.00 | 1º/01/2013 |
| 7307.99.00 | 1º/01/2013 |
| 7308.10.00 | 1º/08/2012 |
| 7308.20.00 | 1º/08/2012 |
| 7308.40.008 | 1º/08/2012 a 17/09/2012 |
| 7308.90.10 | 1º/01/2013 |
| 7309.00.10 | 1º/08/2012 |
| 7309.00.90 | 1º/08/2012 |
| 7310.10.90 | 1º/08/2012 |
| 7310.29.10 | 1º/08/2012 |
| 7310.29.90 | 1º/08/2012 |
| 7311.00.00 | 1º/08/2012 |
| 7315.11.00 | 1º/08/2012 |
| 7315.12.10 | 1º/08/2012 |
| 7315.12.90 | 1º/08/2012 |
| 7315.19.00 | 1º/08/2012 |
| 7315.20.00 | 1º/08/2012 |
| 7315.81.00 | 1º/08/2012 |
| 7315.82.00 | 1º/08/2012 |
| 7315.89.00 | 1º/08/2012 |
| 7315.90.00 | 1º/08/2012 |
| 7316.00.00 | 1º/08/2012 |
| 7318.12.00 | 1º/01/2013 |
| 7318.14.00 | 1º/01/2013 |
| 7318.15.00 | 1º/01/2013 |
| 7318.16.00 | 1º/01/2013 |
| 7318.19.00 | 1º/01/2013 |
| 7318.21.00 | 1º/01/2013 |
| 7318.22.00 | 1º/01/2013 |
| 7318.23.00 | 1º/01/2013 |
| 7318.24.00 | 1º/01/2013 |
| 7318.29.00 | 1º/01/2013 |
| 7320.10.00 | 1º/08/2012 |
| 7320.20.10 | 1º/08/2012 |
| 7320.20.90 | 1º/08/2012 |
| 7320.90.00 | 1º/08/2012 |
| 7321.11.00 | 1º/01/2013 |
| 7323.93.004 | 1º/04/2013 a 03/06/2013 |
| | 1º/11/2013 |
| 7325.10.00 | 1º/01/2013 |
| 7325.99.10 | 1º/01/2013 |
| 73.264 | 1º/04/2013 a 03/06/2013 |
| | 1º/11/2013 |
| 7326.19.00 | 1º/01/2013 |
| 7326.90.90 | 1º/08/2012 |
| 7403.21.009 | 1º/04/2013 a 03/06/2013 |
| 7407.21.109 | 1º/04/2013 a 03/06/2013 |
| 7407.21.209 | 1º/04/2013 a 03/06/2013 |
| 7409.21.009 | 1º/04/2013 a 03/06/2013 |
| 7411.10.109 | 1º/04/2013 a 03/06/2013 |
| 7411.21.109 | 1º/04/2013 a 03/06/2013 |
| 74.129 | 1º/04/2013 a 03/06/2013 |
| 7415.29.00 | 1º/01/2013 |
| 74.129 | 1º/04/2013 a 03/06/2013 |
| 7415.29.00 | 1º/01/2013 |
| 7415.39.00 | 1º /01/2013 |
| 74.18.20.004 | 1º/04/2013 a 03/06/2013 |

| | 1º/11/2013 |
|---|---|
| 7419.99.90 | 1º/08/2012 |
| 7612.90.90 | 1º/08/2012 |
| 76.154 | 1º/04/2013 a 03/06/2013 |
| | 1º/11/2013 |
| 7616.10.00 | 1º/01/2013 |
| 7616.99.00 | 1º/01/2013 |
| 8201.40.00 | 1º/01/2013 |
| 8203.20.10 | 1º/01/2013 |
| 8203.20.90 | 1º/01/2013 |
| 8203.40.00 | 1º/01/2013 |
| 8204.11.00 | 1º/01/2013 |
| 8204.12.00 | 1º/01/2013 |
| 8205.20.00 | 1º/01/2013 |
| 8205.40.00 | 1º/08/2012 |
| 8205.59.00 | 1º/01/2013 |
| 8205.70.00 | 1º/01/2013 |
| 8207.30.00 | 1º/08/2012 |
| 82.12 | 1º/01/2013 |
| 8301.10.00 | 1º/01/2013 |
| 8301.20.00 | 1º/08/2012 |
| 8301.40.004 | 1º/04/2013 a 03/06/2013 |
| | 1º/11/2013 |
| 8301.60.004 | 1º/04/2013 a 03/06/2013 |
| | 1º/11/2013 |
| 8301.70.004 | 1º/04/2013 a 03/06/2013 |
| | 1º/11/2013 |
| 8302.10.004 | 1º/04/2013 a 03/06/2013 |
| | 1º/11/2013 |
| 8302.30.00 | 1º/08/2012 |
| 8302.41.004 | 1º/04/2013 a 03/06/2013 |
| | 1º/11/2013 |
| 8307.90.004 | 1º/04/2013 a 03/06/2013 |
| | 1º/11/2013 |
| 8308.10.00 | 1º/08/2012 |
| 8308.20.00 | 1º/08/2012 |
| 8308.90.104 | 1º/04/2013 a 03/06/2013 |
| | 1º/11/2013 |
| 8308.90.904 | 1º/04/2013 a 03/06/2013 |
| | 1º/11/2013 |
| 8310.00.00 | 1º/08/2012 |
| 8401.10.00 | 1º/08/2012 |
| 8401.20.00 | 1º/08/2012 |
| 8401.40.00 | 1º/08/2012 |
| 84.02 | 1º/08/2012 |
| 84.03 | 1º/08/2012 |
| 84.04 | 1º/08/2012 |
| 84.05 | 1º/08/2012 |
| 84.06 | 1º/08/2012 |
| 84.07 | 1º/08/2012 |
| 84.08 | 1º/08/2012 |
| 84.09 (exceto código 8409.10.00) | 1º/08/2012 |
| 84.10 | 1º/08/2012 |
| 84.11 | 1º/08/2012 |
| 84.12 | 1º/08/2012 |
| 84.13 | 1º/08/2012 |
| 8414.10.00 | 1º/08/2012 |
| 8414.20.00 | 1º/08/2012 |
| 8414.30.11 | 1º/08/2012 |
| 8414.30.19 | 1º/08/2012 |
| 8414.30.91 | 1º/08/2012 |
| 8414.30.99 | 1º/08/2012 |
| 8414.40.10 | 1º/08/2012 |
| 8414.40.20 | 1º/08/2012 |
| 8414.40.90 | 1º/08/2012 |
| 8414.59.10 | 1º/08/2012 |
| 8414.59.90 | 1º/08/2012 |
| 8414.80.11 | 1º/08/2012 |
| 8414.80.12 | 1º/08/2012 |
| 8414.80.13 | 1º/08/2012 |
| 8414.80.19 | 1º/08/2012 |
| 8414.80.21 | 1º/08/2012 |
| 8414.80.22 | 1º/08/2012 |
| 8414.80.29 | 1º/08/2012 |
| 8414.80.31 | 1º/08/2012 |
| 8414.80.32 | 1º/08/2012 |
| 8414.80.33 | 1º/08/2012 |
| 8414.80.38 | 1º/08/2012 |
| 8414.80.39 | 1º/08/2012 |
| 8414.80.90 | 1º/08/2012 |
| 8414.90.10 | 1º/08/2012 |
| 8414.90.20 | 1º/08/2012 |
| 8414.90.31 | 1º/08/2012 |
| 8414.90.32 | 1º/08/2012 |
| 8414.90.33 | 1º/08/2012 |
| 8414.90.34 | 1º/08/2012 |
| 8414.90.39 | 1º/08/2012 |
| 8415.10.90 | 1º/08/2012 |
| 8415.20.10 | 1º/08/2012 |
| 8415.20.90 | 1º/08/2012 |
| 8415.81.10 | 1º/08/2012 |
| 8415.81.90 | 1º/08/2012 |

| | |
|---|---|
| 8415.82.10 | 1º/08/2012 |
| 8415.82.90 | 1º/08/2012 |
| 8415.83.00 | 1º/08/2012 |
| 8415.90.006 | 1º/08/2012 |
| 84.16 | 1º/08/2012 |
| 84.17 | 1º/08/2012 |
| 8418.10.00 | 1º/01/2013 |
| 8418.21.00 | 1º/01/2013 |
| 8418.30.00 | 1º/01/2013 |
| 8418.40.00 | 1º/01/2013 |
| 8418.50.10 | 1º/08/2012 |
| 8418.50.90 | 1º/08/2012 |
| 8418.61.00 | 1º/08/2012 |
| 8418.69.10 | 1º/08/2012 |
| 8418.69.20 | 1º/08/2012 |
| 8418.69.31 | 1º/08/2012 |
| 8418.69.32 | 1º/08/2012 |
| 8418.69.40 | 1º/08/2012 |
| 8418.69.91 | 1º/08/2012 |
| 8418.69.99 | 1º/08/2012 |
| 8418.99.00 | 1º/08/2012 |
| 84.19 | 1º/08/2012 |
| 84.20 | 1º/08/2012 |
| 8421.11.10 | 1º/08/2012 |
| 8421.11.90 | 1º/08/2012 |
| 8421.12.90 | 1º/08/2012 |
| 8421.19.10 | 1º/08/2012 |
| 8421.19.90 | 1º/08/2012 |
| 8421.21.00 | 1º/08/2012 |
| 8421.22.00 | 1º/08/2012 |
| 8421.23.00 | 1º/08/2012 |
| 8421.29.11 | 1º/01/2013 |
| 8421.29.19 | 1º/01/2013 |
| 8421.29.20 | 1º/08/2012 |
| 8421.29.30 | 1º/08/2012 |
| 8421.29.90 | 1º/08/2012 |
| 8421.31.00 | 1º/08/2012 |
| 8421.39.10 | 1º/08/2012 |
| 8421.39.20 | 1º/08/2012 |
| 8421.39.30 | 1º/08/2012 |
| 8421.39.90 | 1º/08/2012 |
| 8421.91.91 | 1º/08/2012 |
| 8421.91.99 | 1º/08/2012 |
| 8421.99.10 | 1º/08/2012 |
| 8421.99.20 | 1º/08/2012 |
| 8421.99.91 | 1º/08/2012 |
| 8421.99.99 | 1º/08/2012 |
| 84.22 (exceto código 8422.11.10) | 1º/08/2012 |
| 84.23 (exceto código 8423.10.00) | 1º/08/2012 |
| 84.24 | 1º/08/2012 |
| 84.25 | 1º/08/2012 |
| 84.26 | 1º/08/2012 |
| 84.27 | 1º/08/2012 |
| 84.28 | 1º/08/2012 |
| 84.29 | 1º/08/2012 |
| 84.30 | 1º/08/2012 |
| 84.31 | 1º/08/2012 |
| 84.32 | 1º/08/2012 |
| 84.33 | 1º/08/2012 |
| 84.34 | 1º/08/2012 |
| 84.35 | 1º/08/2012 |
| 84.36 | 1º/08/2012 |
| 84.37 | 1º/08/2012 |
| 84.38 | 1º/08/2012 |
| 84.39 | 1º/08/2012 |
| 84.40 | 1º/08/2012 |
| 84.41 | 1º/08/2012 |
| 84.42 | 1º/08/2012 |
| 8443.11.10 | 1º/08/2012 |
| 8443.11.90 | 1º/08/2012 |
| 8443.12.00 | 1º/08/2012 |
| 8443.13.10 | 1º/08/2012 |
| 8443.13.21 | 1º/08/2012 |
| 8443.13.29 | 1º/08/2012 |
| 8443.13.90 | 1º/08/2012 |
| 8443.14.00 | 1º/08/2012 |
| 8443.15.00 | 1º/08/2012 |
| 8443.16.00 | 1º/08/2012 |
| 8443.17.10 | 1º/08/2012 |
| 8443.17.90 | 1º/08/2012 |
| 8443.19.10 | 1º/08/2012 |
| 8443.19.90 | 1º/08/2012 |
| 8443.32.23 | 1º/01/2013 |
| 8443.39.10 | 1º/08/2012 |
| 8443.39.21 | 1º/08/2012 |
| 8443.39.28 | 1º/08/2012 |
| 8443.39.29 | 1º/08/2012 |
| 8443.39.30 | 1º/08/2012 |
| 8443.39.90 | 1º/08/2012 |
| 8443.91.10 | 1º/08/2012 |
| 8443.91.91 | 1º/08/2012 |
| 8443.91.92 | 1º/08/2012 |
| 8443.91.99 | 1º/08/2012 |
| 84.44 | 1º/08/2012 |
| 84.45 | 1º/08/2012 |
| 84.46 | 1º/08/2012 |

| | |
|---|---|
| 84.47 | 1º/08/2012 |
| 84.48 | 1º/08/2012 |
| 84.49 | 1º/08/2012 |
| 8450.11.00 | 1º/01/2013 |
| 8450.19.00 | 1º/01/2013 |
| 84.50.20 | 1º/08/2012 |
| 8450.90.904 | 1º/04/2013 a 03/06/2013 |
| | 1º/11/2013 |
| 84.51 (exceto código 8451.21.00) | 1º/08/2012 |
| 84.52 (exceto códigos 8452.90.20 e 8452.10.00) | 1º/08/2012 |
| 84.53 | 1º/08/2012 |
| 84.54 | 1º/08/2012 |
| 84.55 | 1º/08/2012 |
| 84.56 | 1º/08/2012 |
| 84.57 | 1º/08/2012 |
| 84.58 | 1º/08/2012 |
| 84.59 | 1º/08/2012 |
| 84.60 | 1º/08/2012 |
| 84.61 | 1º/08/2012 |
| 84.62 | 1º/08/2012 |
| 84.63 | 1º/08/2012 |
| 84.64 | 1º/08/2012 |
| 84.65 | 1º/08/2012 |
| 84.66 | 1º/08/2012 |
| 8467.11.10 | 1º/08/2012 |
| 8467.11.90 | 1º/08/2012 |
| 8467.19.00 | 1º/08/2012 |
| 8467.29.91 | 1º/08/2012 |
| 8467.29.93 | 1º/08/2012 |
| 8467.81.00 | 1º/08/2012 |
| 8467.89.00 | 1º/08/2012 |
| 8467.91.00 | 1º/08/2012 |
| 8467.92.00 | 1º/08/2012 |
| 8467.99.00 | 1º/08/2012 |
| 8468.10.00 | 1º/08/2012 |
| 8468.20.00 | 1º/08/2012 |
| 8468.80.10 | 1º/08/2012 |
| 8468.80.90 | 1º/08/2012 |
| 8468.90.10 | 1º/08/2012 |
| 8468.90.20 | 1º/08/2012 |
| 8468.90.90 | 1º/08/2012 |
| 8469.00.10 | 1º/08/2012 |
| 8470.90.10 | 1º/08/2012 |
| 8470.90.90 | 1º/08/2012 |
| 8471.307 | 1º/01/2013 a 31/03/2013 |
| 8471.60.804 | 1º/04/2013 a 03/06/2013 |
| | 1º/11/2013 |
| 8471.80.00 | 1º/08/2012 |
| 8471.90.19 | 1º/08/2012 |
| 8471.90.90 | 1º/08/2012 |
| 8472.10.00 | 1º/08/2012 |
| 8472.30.90 | 1º/08/2012 |
| 8472.90.10 | 1º/08/2012 |
| 8472.90.29 | 1º/08/2012 |
| 8472.90.30 | 1º/08/2012 |
| 8472.90.40 | 1º/08/2012 |
| 8472.90.91 | 1º/08/2012 |
| 8472.90.99 | 1º/08/2012 |
| 8473.10.10 | 1º/08/2012 |
| 8473.30.49 | 1º/01/2013 |
| 8473.30.99 | 1º/01/2013 |
| 8473.40.90 | 1º/01/2013 |
| 84.74 | 1º/08/2012 |
| 84.75 | 1º/08/2012 |
| 84.76 | 1º/08/2012 |
| 84.77 | 1º/08/2012 |
| 8478.10.10 | 1º/08/2012 |
| 8478.10.90 | 1º/08/2012 |
| 8478.90.00 | 1º/08/2012 |
| 84.79 | 1º/08/2012 |
| 84.80 | 1º/08/2012 |
| 8481.10.00 | 1º/08/2012 |
| 8481.20.106 | 1º/08/2012 |
| 8481.20.11 | 1º/08/2012 |
| 8481.20.19 | 1º/08/2012 |
| 8481.20.90 | 1º/08/2012 |
| 8481.30.00 | 1º/08/2012 |
| 8481.40.00 | 1º/08/2012 |
| 8481.80.114 | 1º/04/2013 a 03/06/2013 |
| | 1º/11/2013 |
| 8481.80.194 | 1º/04/2013 a 03/06/2013 |
| | 1º/11/2013 |
| 8481.80.21 | 1º/08/2012 |
| 8481.80.29 | 1º/08/2012 |
| 8481.80.39 | 1º/08/2012 |
| 8481.80.914 | 1º/04/2013 a 03/06/2013 |
| | 1º/11/2013 |
| 8481.80.92 | 1º/08/2012 |
| 8481.80.93 | 1º/08/2012 |
| 8481.80.94 | 1º/08/2012 |
| 8481.80.95 | 1º/08/2012 |
| 8481.80.96 | 1º/08/2012 |
| 8481.80.97 | 1º/08/2012 |
| 8481.80.99 | 1º/08/2012 |
| 8481.90.104 | 1º/04/2013 a 03/06/2013 |
| | 1º/11/2013 |
| 8481.90.90 | 1º/08/2012 |
| 8482.10.10 | 1º/01/2013 |
| 8482.10.904 | 1º/04/2013 a 03/06/2013 |
| | 1º/11/2013 |

| | |
|---|---|
| 8482.20.104 | 1º/04/2013 a 03/06/2013 |
| | 1º/11/2013 |
| 8482.20.904 | 1º/04/2013 a 03/06/2013 |
| | 1º/11/2013 |
| 8482.30.00 | 1º/08/2012 |
| 8482.40.004 | 1º/04/2013 a 03/06/2013 |
| | 1º/11/2013 |
| 8482.50.104 | 1º/04/2013 a 03/06/2013 |
| | 1º/11/2013 |
| 8482.50.90 | 1º/08/2012 |
| 8482.80.00 | 1º/08/2012 |
| 8482.91.194 | 1º/04/2013 a 03/06/2013 |
| | 1º/11/2013 |
| 8482.91.20 | 1º/08/2012 |
| 8482.91.30 | 1º/08/2012 |
| 8482.91.90 | 1º/08/2012 |
| 8482.99.104 | 1º/04/2013 a 03/06/2013 |
| | 1º/11/2013 |
| 8482.99.116 | 1º/08/2012 |
| 8482.99.196 | 1º/08/2012 |
| 8482.99.90 | 1º/01/2013 |
| 84.83 | 1º/08/2012 |
| 8483.10.1 | 1º/08/2012 |
| 84.84 | 1º/08/2012 |
| 84.86 | 1º/08/2012 |
| 84.87 | 1º/08/2012 |
| 85.01 | 1º/08/2012 |
| 85.02 | 1º/08/2012 |
| 8503.00.10 | 1º/08/2012 |
| 8503.00.90 | 1º/08/2012 |
| 8504.10.00 | 1º/01/2013 |
| 8504.21.00 | 1º/08/2012 |
| 8504.22.00 | 1º/08/2012 |
| 8504.23.00 | 1º/08/2012 |
| 8504.31.11 | 1º/08/2012 |
| 8504.31.19 | 1º/08/2012 |
| 8504.32.11 | 1º/08/2012 |
| 8504.32.19 | 1º/08/2012 |
| 8504.32.21 | 1º/08/2012 |
| 8504.33.00 | 1º/08/2012 |
| 8504.34.00 | 1º/08/2012 |
| 8504.40.10 | 1º/01/2013 |
| 8504.40.21 | 1º/01/2013 |
| 8504.40.22 | 1º/08/2012 |
| 8504.40.29 | 1º/01/2013 |
| 8504.40.30 | 1º/08/2012 |
| 8504.40.404 | 1º/04/2013 a 03/06/2013 |
| | 1º/11/2013 |
| 8504.40.50 | 1º/08/2012 |
| 8504.40.90 | 1º/08/2012 |
| 8505.19.10 | 1º/08/2012 |
| 8505.20.90 | 1º/08/2012 |
| 8505.90.10 | 1º/08/2012 |
| 8504.90.30 | 1º/01/2013 |
| 8504.90.40 | 1º/01/2013 |
| 8504.90.90 | 1º/01/2013 |
| 8505.90.80 | 1º/08/2012 |
| 8505.90.90 | 1º/08/2012 |
| 8507.10.006 | 1º/08/2012 |
| 8507.10.10 | 1º/08/2012 |
| 8507.10.90 | 1º/08/2012 |
| 8507.20.10 | 1º/08/2012 |
| 8507.20.90 | 1º/08/2012 |
| 8507.30.114 | 1º/04/2013 a 03/06/2013 |
| | 1º/11/2013 |
| 8507.30.194 | 1º/04/2013 a 03/06/2013 |
| | 1º/11/2013 |
| 8507.30.904 | 1º/04/2013 a 03/06/2013 |
| | 1º/11/2013 |
| 8507.40.004 | 1º/04/2013 a 03/06/2013 |
| | 1º/11/2013 |
| 8507.50.004 | 1º/04/2013 a 03/06/2013 |
| | 1º/11/2013 |
| 8507.60.004 | 1º/04/2013 a 03/06/2013 |
| | 1º/11/2013 |
| 8507.80.00 | 1º/01/2013 |
| 8507.90.10 | 1º/08/2012 |
| 8507.90.204 | 1º/04/2013 a 03/06/2013 |
| | 1º/11/2013 |
| 8507.90.90 | 1º/08/2012 |
| 8508.60.00 | 1º/08/2012 |
| 8508.70.00 | 1º/08/2012 |
| 85.11 (exceto código 8511.50.90) | 1º/08/2012 |
| 85.12 (exceto código 8512.10.00) | 1º/08/2012 |
| 85.13 | 1º/08/2012 |
| 8514.10.10 | 1º/08/2012 |
| 8514.10.90 | 1º/08/2012 |
| 8514.20.11 | 1º/08/2012 |
| 8514.20.19 | 1º/08/2012 |
| 8514.20.20 | 1º/08/2012 |

| | |
|---|---|
| 8514.20.20 | 1º/08/2012 |
| 8514.30.11 | 1º/08/2012 |
| 8514.30.19 | 1º/08/2012 |
| 8514.30.21 | 1º/08/2012 |
| 8514.30.29 | 1º/08/2012 |
| 8514.30.90 | 1º/08/2012 |
| 8514.40.00 | 1º/08/2012 |
| 8514.90.00 | 1º/08/2012 |
| 8515.11.00 | 1º/08/2012 |
| 8515.19.00 | 1º/08/2012 |
| 8515.21.00 | 1º/08/2012 |
| 8515.29.00 | 1º/08/2012 |
| 8515.31.10 | 1º/08/2012 |
| 8515.31.90 | 1º/08/2012 |
| 8515.39.00 | 1º/08/2012 |
| 8515.80.10 | 1º/08/2012 |
| 8515.80.90 | 1º/08/2012 |
| 8515.90.00 | 1º/08/2012 |
| 8516.10.00 | 1º/08/2012 |
| 8516.71.00 | 1º/08/2012 |
| 8516.79.20 | 1º/08/2012 |
| 8516.79.90 | 1º/08/2012 |
| 8516.80.10 | 1º/08/2012 |
| 8516.90.00 | 1º/08/2012 |
| 8517.18.10 | 1º/01/2013 |
| 8517.18.91 | 1º/08/2012 |
| 8517.18.99 | 1º/08/2012 |
| 8517.61.30 | 1º/08/2012 |
| 8517.61.99 | 1º/01/2013 |
| 8517.62.12 | 1º/08/2012 |
| 8517.62.13 | 1º/01/2013 |
| 8517.62.14 | 1º/01/2013 |
| 8517.62.21 | 1º/08/2012 |
| 8517.62.22 | 1º/08/2012 |
| 8517.62.23 | 1º/08/2012 |
| 8517.62.24 | 1º/08/2012 |
| 8517.62.29 | 1º/08/2012 |
| 8517.62.32 | 1º/08/2012 |
| 8517.62.39 | 1º/08/2012 |
| 8517.62.41 | 1º/08/2012 |
| 8517.62.48 | 1º/08/2012 |
| 8517.62.51 | 1º/08/2012 |
| 8517.62.54 | 1º/08/2012 |
| 8517.62.55 | 1º/08/2012 |
| 8517.62.59 | 1º/08/2012 |
| 8517.62.62 | 1º/08/2012 |
| 8517.62.72 | 1º/08/2012 |
| 8517.62.77 | 1º/08/2012 |
| 8517.62.78 | 1º/08/2012 |
| 8517.62.79 | 1º/08/2012 |
| 8517.62.94 | 1º/08/2012 |
| 8517.62.99 | 1º/08/2012 |
| 8517.69.00 | 1º/08/2012 |
| 8517.70.10 | 1º/08/2012 |
| 8517.70.91 | 1º/01/2013 |
| 8518.21.00 | 1º/08/2012 |
| 8518.22.00 | 1º/08/2012 |
| 8518.29.90 | 1º/08/2012 |
| 8518.90.10 | 1º/01/2013 |
| 8518.90.90 | 1º/01/2013 |
| 8522.90.20 | 1º/01/2013 |
| 8525.50.19 | 1º/01/2013 |
| 8525.60.90 | 1º/01/2013 |
| 8526.91.004 | 1º/04/2013 a 03/06/2013 |
| | 1º/11/2013 |
| 8526.92.0010 | 1º/08/2012 a 31/07/2013 |
| 8527.21.10 | 1º/08/2012 |
| 8527.21.90 | 1º/08/2012 |
| 8527.29.00 | 1º/08/2012 |
| 8527.29.906 | 1º/08/2012 |
| 8528.71.11 | 1º/08/2012 |
| 8529.10.11 | 1º/01/2013 |
| 8529.10.19 | 1º/01/2013 |
| 8529.10.90 | 1º/01/2013 |
| 8529.90.208 | 1º/08/2012 a 17/09/2012 |
| 8529.90.40 | 1º/01/2013 |
| 8530.10.90 | 1º/01/2013 |
| 8531.10.90 | 1º/08/2012 |
| 8531.20.00 | 1º/01/2013 |
| 8531.80.00 | 1º/01/2013 |
| 8531.90.00 | 1º/01/2013 |
| 8532.10.00 | 1º/08/2012 |
| 8532.22.00 | 1º/01/2013 |
| 8532.25.90 | 1º/01/2013 |
| 8532.29.90 | 1º/08/2012 |
| 8533.21.104 | 1º/04/2013 a 03/06/2013 |
| | 1º/11/2013 |
| 8533.21.904 | 1º/04/2013 a 03/06/2013 |
| | 1º/11/2013 |
| 8533.29.004 | 1º/04/2013 a 03/06/2013 |
| | 1º/11/2013 |
| 8533.31.104 | 1º/04/2013 a 03/06/2013 |
| | 1º/11/2013 |
| 8533.40.12 | 1º/01/2013 |
| 8534.00.14 | 1º/04/2013 a 03/06/2013 |
| | 1º/11/2013 |

| 8534.00.204 | 1º/04/2013 a 03/06/2013<br>1º/11/2013 |
|---|---|
| 8534.00.34 | 1º/04/2013 a 03/06/2013<br>1º/11/2013 |
| 8534.00.39 | 1º/01/2013 |
| 8534.00.54 | 1º/04/2013 a 03/06/2013<br>1º/11/2013 |
| 8535.21.00 | 1º/08/2012 |
| 8535.29.00 | 1º/01/2013 |
| 8535.30.17 | 1º/08/2012 |
| 8535.30.18 | 1º/08/2012 |
| 8535.30.27 | 1º/08/2012 |
| 8535.30.28 | 1º/08/2012 |
| 8535.40.10 | 1º/01/2013 |
| 8536.10.00 | 1º/08/2012 |
| 8536.20.00 | 1º/08/2012 |
| 8536.30.00 | 1º/08/2012 |
| 8536.41.00 | 1º/08/2012 |
| 8536.49.00 | 1º/08/2012 |
| 8536.50.90 | 1º/08/2012 |
| 8536.61.00 | 1º/08/2012 |
| 8536.69.10 | 1º/08/2012 |
| 8536.69.90 | 1º/08/2012 |
| 8536.90.10 | 1º/08/2012 |
| 8536.90.40 | 1º/08/2012 |
| 8536.90.90 | 1º/08/2012 |
| 8537.10.20 | 1º/08/2012 |
| 8537.10.90 | 1º/08/2012 |
| 8537.20.90 | 1º/08/2012 |
| 8538.10.00 | 1º/08/2012 |
| 8538.90.10 | 1º/01/2013 |
| 8538.90.20 | 1º/01/2013 |
| 8538.90.90 | 1º/08/2012 |
| 8539.29.10 | 1º/08/2012 |
| 8539.29.90 | 1º/08/2012 |
| 8540.89.90 | 1º/08/2012 |
| 85.41 | 1º/08/2012 |
| 8543.10.00 | 1º/08/2012 |
| 8543.20.00 | 1º/08/2012 |
| 8543.30.00 | 1º/08/2012 |
| 8543.70.13 | 1º/08/2012 |
| 8543.70.39 | 1º/08/2012 |
| 8543.70.40 | 1º/08/2012 |
| 8543.70.92 | 1º/01/2013 |
| 8543.70.99 | 1º/08/2012 |
| 8543.90.90 | 1º/08/2012 |
| 8544.20.004 | 1º/04/2013 a 03/06/2013<br>1º/11/2013 |
| 8544.30.00 | 1º/08/2012 |
| 8544.42.00 | 1º/08/2012 |
| 8544.49.0011 | 1º/08/2012 a 17/09/2012 |
| 85.46 (exceto código 8546.10.00) | 1º/08/2012 |
| 85.47 (exceto código 8547.2010) | 1º/08/2012 |
| 8548.90.90 | 1º/08/2012 |
| 8601.10.00 | 1º/08/2012 |
| 8602.10.00 | 1º/01/2013 |
| 8603.10.00 | 1º/01/2013 |
| 8604.00.90 | 1º/01/2013 |
| 8605.00.10 | 1º/01/2013 |
| 8606.10.00 | 1º/01/2013 |
| 8606.30.00 | 1º/01/2013 |
| 8606.91.00 | 1º/01/2013 |
| 8606.92.00 | 1º/01/2013 |
| 8606.99.00 | 1º/01/2013 |
| 8607.11.10 | 1º/01/2013 |
| 8607.19.114 | 1º/04/2013 a 03/06/2013<br>1º/11/2013 |
| 8607.19.19 | 1º/08/2012 |
| 8607.19.90 | 1º/01/2013 |
| 8607.21.00 | 1º/01/2013 |
| 8607.29.004 | 1º/04/2013 a 03/06/2013<br>1º/11/2013 |
| 8607.30.00 | 1º/01/2013 |
| 8607.91.00 | 1º/01/2013 |
| 8607.99.00 | 1º/01/2013 |
| 8608.00.12 | 1º/01/2013 |
| 8701.10.00 | 1º/08/2012 |
| 8701.20.008 | 1º/08/2012 a 17/09/2012 |
| 8701.30.00 | 1º/08/2012 |
| 8701.90.10 | 1º/08/2012 |
| 8701.90.90 | 1º/08/2012 |
| 87.02 (exceto código 8702.90.10) | Ver Anexo I |
| 8703.22.908 | 1º/08/2012 a 17/09/2012 |
| 8703.23.908 | 1º/08/2012 a 17/09/2012 |
| 8704.10.10 | 1º/08/2012 |
| 8704.10.90 | 1º/08/2012 |
| 8705.10.10 | 1º/08/2012 |
| 8705.10.90 | 1º/08/2012 |
| 8705.20.00 | 1º/08/2012 |
| 8705.30.00 | 1º/08/2012 |
| 8705.40.00 | 1º/08/2012 |
| 8705.90.10 | 1º/08/2012 |
| 8705.90.90 | 1º/08/2012 |
| 8706.00.20 | 1º/08/2012 |
| 87.07 | 1º/08/2012 |
| 8707.10.00 | 1º/08/2012 |
| 8707.90.10 | 1º/08/2012 |
| 8707.90.90 | 1º/08/2012 |
| 8708.10.00 | 1º/08/2012 |
| 8708.21.00 | 1º/08/2012 |
| 8708.29.11 | 1º/08/2012 |
| 8708.29.12 | 1º/08/2012 |
| 8708.29.13 | 1º/08/2012 |

| 8708.29.14 | 1º/08/2012 |
|---|---|
| 8708.29.19 | 1º/08/2012 |
| 8708.29.91 | 1º/08/2012 |
| 8708.29.92 | 1º/08/2012 |
| 8708.29.93 | 1º/08/2012 |
| 8708.29.94 | 1º/08/2012 |
| 8708.29.95 | 1º/08/2012 |
| 8708.29.966 | 1º/08/2012 |
| 8708.29.99 | 1º/08/2012 |
| 8708.30.11 | 1º/08/2012 |
| 8708.30.19 | 1º/08/2012 |
| 8708.30.90 | 1º/08/2012 |
| 8708.31.106 | 1º/08/2012 |
| 8708.31.906 | 1º/08/2012 |
| 8708.39.006 | 1º/08/2012 |
| 8708.40.11 | 1º/08/2012 |
| 8708.40.19 | 1º/08/2012 |
| 8708.40.80 | 1º/08/2012 |
| 8708.40.90 | 1º/08/2012 |
| 8708.50.11 | 1º/08/2012 |
| 8708.50.12 | 1º/08/2012 |
| 8708.50.19 | 1º/08/2012 |
| 8708.50.80 | 1º/08/2012 |
| 8708.50.906 | 1º/08/2012 |
| 8708.50.91 | 1º/08/2012 |
| 8708.50.99 | 1º/08/2012 |
| 8708.60.106 | 1º/08/2012 |
| 8708.60.906 | 1º/08/2012 |
| 8708.70.10 | 1º/08/2012 |
| 8708.70.90 | 1º/08/2012 |
| 8708.80.00 | 1º/08/2012 |
| 8708.91.00 | 1º/08/2012 |
| 8708.92.00 | 1º/08/2012 |
| 8708.93.00 | 1º/08/2012 |
| 8708.94.11 | 1º/08/2012 |
| 8708.94.12 | 1º/08/2012 |
| 8708.94.13 | 1º/08/2012 |
| 8708.94.81 | 1º/08/2012 |
| 8708.94.82 | 1º/08/2012 |
| 8708.94.83 | 1º/08/2012 |
| 8708.94.90 | 1º/08/2012 |
| 8708.94.916 | 1º/08/2012 |
| 8708.94.926 | 1º/08/2012 |
| 8708.94.936 | 1º/08/2012 |
| 8708.95.10 | 1º/08/2012 |
| 8708.95.21 | 1º/08/2012 |
| 8708.95.22 | 1º/08/2012 |
| 8708.95.29 | 1º/08/2012 |
| 8708.99.10 | 1º/08/2012 |
| 8708.99.90 | 1º/08/2012 |
| 8709.11.00 | 1º/08/2012 |
| 8709.19.00 | 1º/08/2012 |
| 8709.90.00 | 1º/08/2012 |
| 8710.00.00 | 1º/08/2012 |
| 8712.00.10 | 1º/01/2013 |
| 8713.10.00 | 1º/01/2013 |
| 8713.90.00 | 1º/01/2013 |
| 87.14 | 1º/01/2013 |
| 8714.10.00 | 1º/08/2012 |
| 8714.19.006 | 1º/08/2012 |
| 8714.94.90 | 1º/08/2012 |
| 8714.99.90 | 1º/08/2012 |
| 8716.20.00 | 1º/08/2012 |
| 8716.31.00 | 1º/08/2012 |
| 8716.39.00 | 1º/08/2012 |
| 8716.90.90 | 1º/01/2013 |
| 88.02 | 1º/08/2012 |
| 88.03 | 1º/08/2012 |
| 8804.00.00 | 1º/08/2012 |
| Capítulo 89 | 1º/08/2012 |
| 9001.30.00 | 1º/01/2013 |
| 9001.40.00 | 1º/01/2013 |
| 9001.50.00 | 1º/01/2013 |
| 9002.90.00 | 1º/01/2013 |
| 9003.11.00 | 1º/01/2013 |
| 9003.19.10 | 1º/01/2013 |
| 9003.19.90 | 1º/01/2013 |
| 9003.90.10 | 1º/01/2013 |
| 9003.90.90 | 1º/01/2013 |
| 9004.10.00 | 1º/01/2013 |
| 9004.90.10 | 1º/01/2013 |
| 9004.90.20 | 1º/01/2013 |
| 9004.90.90 | 1º/01/2013 |
| 9005.80.00 | 1º/08/2012 |
| 9005.90.90 | 1º/08/2012 |
| 9006.10.10 | 1º/08/2012 |
| 9006.10.90 | 1º/08/2012 |
| 9007.20.90 | 1º/08/2012 |

| 9007.20.916 | 1º/08/2012 | |
|---|---|---|
| 9007.20.996 | 1º/08/2012 | |
| 9007.92.00 | 1º/08/2012 | |
| 9008.50.00 | 1º/08/2012 | |
| 9008.90.00 | 1º/08/2012 | |
| 9010.10.10 | 1º/08/2012 | |
| 9010.10.20 | 1º/08/2012 | |
| 9010.10.90 | 1º/08/2012 | |
| 9010.90.10 | 1º/08/2012 | |
| 9011.10.00 | 1º/08/2012 | |
| 9011.20.10 | 1º/01/2013 | |
| 9011.80.10 | 1º/08/2012 | |
| 9011.80.90 | 1º/08/2012 | |
| 9011.90.10 | 1º/01/2013 | |
| 9011.90.90 | 1º/08/2012 | |
| 9013.10.90 | 1º/08/2012 | |
| 9015.10.00 | 1º/08/2012 | |
| 9015.20.10 | 1º/08/2012 | |
| 9015.20.90 | 1º/08/2012 | |
| 9015.30.00 | 1º/08/2012 | |
| 9015.40.00 | 1º/08/2012 | |
| 9015.80.10 | 1º/08/2012 | |
| 9015.80.90 | 1º/08/2012 | |
| 9015.90.10 | 1º/08/2012 | |
| 9015.90.90 | 1º/08/2012 | |
| 9016.00.10 | 1º/08/2012 | |
| 9016.00.90 | 1º/08/2012 | |
| 9017.10.10 | 1º/08/2012 | |
| 9017.10.90 | 1º/08/2012 | |
| 9017.30.10 | 1º/08/2012 | |
| 9017.30.20 | 1º/08/2012 | |
| 9017.30.90 | 1º/08/2012 | |
| 9017.90.10 | 1º/08/2012 | |
| 9017.90.90 | 1º/08/2012 | |
| 9018.11.00 | 1º/01/2013 | |
| 9018.12.10 | 1º/01/2013 | |
| 9018.12.90 | 1º/01/2013 | |
| 9018.13.00 | 1º/01/2013 | |
| 9018.14.10 | 1º/01/2013 | |
| 9018.14.90 | 1º/01/2013 | |
| 9018.19.10 | 1º/01/2013 | |
| 9018.19.20 | 1º/01/2013 | |
| 9018.19.80 | 1º/01/2013 | |
| 9018.19.90 | 1º/01/2013 | |
| 9018.20.10 | 1º/01/2013 | |
| 9018.20.20 | 1º/01/2013 | |
| 9018.20.90 | 1º/01/2013 | |
| 9018.31.11 | 1º/01/2013 | |
| 9018.31.19 | 1º/01/2013 | |
| 9018.31.90 | 1º/01/2013 | |
| 9018.32.11 | 1º/01/2013 | |
| 9018.32.12 | 1º/01/2013 | |
| 9018.32.19 | 1º/01/2013 | |
| 9018.32.20 | 1º/01/2013 | |
| 9018.39.10 | 1º/01/2013 | |
| 9018.39.21 | 1º/01/2013 | |
| 9018.39.22 | 1º/01/2013 | |
| 9018.39.23 | 1º/01/2013 | |
| 9018.39.24 | 1º/01/2013 | |
| 9018.39.29 | 1º/01/2013 | |
| 9018.39.30 | 1º/01/2013 | |
| 9018.39.91 | 1º/01/2013 | |
| 9018.39.99 | 1º/01/2013 | |
| 9018.41.00 | 1º/01/2013 | |
| 9018.49.11 | 1º/01/2013 | |
| 9018.49.12 | 1º/01/2013 | |
| 9018.49.19 | 1º/01/2013 | |
| 9018.49.20 | 1º/01/2013 | |
| 9018.49.40 | 1º/01/2013 | |
| 9018.49.91 | 1º/01/2013 | |
| 9018.49.99 | 1º/01/2013 | |
| 9018.50.10 | 1º/01/2013 | |
| 9018.50.90 | 1º/01/2013 | |
| 9018.90.10 | 1º/01/2013 | |
| 9018.90.21 | 1º/01/2013 | |
| 9018.90.29 | 1º/01/2013 | |
| 9018.90.31 | 1º/01/2013 | |
| 9018.90.39 | 1º/01/2013 | |
| 9018.90.40 | 1º/01/2013 | |
| 9018.90.50 | 1º/01/2013 | |
| 9018.90.91 | 1º/08/2012 | |
| 9018.90.92 | 1º/01/2013 | |
| 9018.90.93 | 1º/01/2013 | |
| 9018.90.94 | 1º/01/2013 | |
| 9018.90.95 | 1º/01/2013 | |
| 9018.90.96 | 1º/01/2013 | |
| 9018.90.99 | 1º/01/2013 | |
| 9019.10.00 | 1º/08/2012 | |
| 9019.20.10 | 1º/01/2013 | |
| 9019.20.20 | 1º/01/2013 | |
| 9019.20.30 | 1º/01/2013 | |
| 9019.20.40 | 1º/01/2013 | |
| 9019.20.90 | 1º/01/2013 | |
| 9020.00.10 | 1º/01/2013 | |
| 9020.00.90 | 1º/01/2013 | |
| 9021.10.10 | 1º/01/2013 | |

| 9021.10.20 | 1º/01/2013 |
|---|---|
| 9021.10.91 | 1º/01/2013 |
| 9021.10.99 | 1º/01/2013 |
| 9021.21.10 | 1º/01/2013 |
| 9021.21.90 | 1º/01/2013 |
| 9021.29.00 | 1º/01/2013 |
| 9021.31.10 | 1º/01/2013 |
| 9021.31.20 | 1º/01/2013 |
| 9021.31.90 | 1º/01/2013 |
| 9021.39.11 | 1º/01/2013 |
| 9021.39.19 | 1º/01/2013 |
| 9021.39.20 | 1º/01/2013 |
| 9021.39.30 | 1º/01/2013 |
| 9021.39.40 | 1º/01/2013 |
| 9021.39.80 | 1º/01/2013 |
| 9021.39.91 | 1º/01/2013 |
| 9021.39.99 | 1º/01/2013 |
| 9021.40.00 | 1º/01/2013 |
| 9021.50.00 | 1º/01/2013 |
| 9021.90.11 | 1º/01/2013 |
| 9021.90.19 | 1º/01/2013 |
| 9021.90.81 | 1º/01/2013 |
| 9021.90.82 | 1º/01/2013 |
| 9021.90.89 | 1º/01/2013 |
| 9021.90.91 | 1º/01/2013 |
| 9021.90.92 | 1º/01/2013 |
| 9021.90.99 | 1º/01/2013 |
| 9022.12.00 | 1º/01/2013 |
| 9022.13.11 | 1º/01/2013 |
| 9022.13.19 | 1º/01/2013 |
| 9022.13.90 | 1º/01/2013 |
| 9022.14.11 | 1º/01/2013 |
| 9022.14.12 | 1º/01/2013 |
| 9022.14.1312 | 1º/01/2013 a 31/03/2013 |
| 9022.14.19 | 1º/01/2013 |
| 9022.14.90 | 1º/01/2013 |
| 9022.19.10 | 1º/08/2012 |
| 9022.19.91 | 1º/08/2012 |
| 9022.19.99 | 1º/08/2012 |
| 9022.21.10 | 1º/01/2013 |
| 9022.21.20 | 1º/01/2013 |
| 9022.21.90 | 1º/01/2013 |
| 9022.29.10 | 1º/08/2012 |
| 9022.29.90 | 1º/08/2012 |
| 9022.30.0012 | 1º/01/2013 a 31/03/2013 |
| 9022.90.11 | 1º/01/2013 |
| 9022.90.12 | 1º/01/2013 |
| 9022.90.19 | 1º/01/2013 |
| 9022.90.80 | 1º/01/2013 |
| 9022.90.90 | 1º/01/2013 |
| 9024.10.10 | 1º/08/2012 |
| 9024.10.20 | 1º/08/2012 |
| 9024.10.90 | 1º/08/2012 |
| 9024.80.11 | 1º/08/2012 |
| 9024.80.19 | 1º/08/2012 |
| 9024.80.21 | 1º/08/2012 |
| 9024.80.29 | 1º/08/2012 |
| 9024.80.90 | 1º/08/2012 |
| 9024.90.00 | 1º/08/2012 |
| 9025.11.10 | 1º/01/2013 |
| 9025.11.90 | 1º/08/2012 |
| 9025.19.10 | 1º/08/2012 |
| 9025.19.90 | 1º/08/2012 |
| 9025.80.00 | 1º/08/2012 |
| 9025.90.10 | 1º/08/2012 |
| 9025.90.90 | 1º/08/2012 |
| 9026.10.19 | 1º/08/2012 |
| 9026.10.21 | 1º/08/2012 |
| 9026.10.29 | 1º/08/2012 |
| 9026.20.10 | 1º/08/2012 |
| 9026.20.90 | 1º/08/2012 |
| 9026.80.00 | 1º/08/2012 |
| 9026.90.10 | 1º/08/2012 |
| 9026.90.20 | 1º/08/2012 |
| 9026.90.90 | 1º/08/2012 |
| 9027.10.00 | 1º/08/2012 |
| 9027.20.11 | 1º/08/2012 |
| 9027.20.12 | 1º/08/2012 |
| 9027.20.19 | 1º/08/2012 |
| 9027.20.21 | 1º/08/2012 |
| 9027.20.29 | 1º/08/2012 |
| 9027.30.11 | 1º/08/2012 |
| 9027.30.19 | 1º/08/2012 |
| 9027.30.20 | 1º/08/2012 |
| 9027.50.10 | 1º/08/2012 |
| 9027.50.20 | 1º/08/2012 |
| 9027.50.30 | 1º/08/2012 |
| 9027.50.40 | 1º/08/2012 |
| 9027.50.50 | 1º/08/2012 |
| 9027.50.90 | 1º/08/2012 |
| 9027.80.11 | 1º/08/2012 |
| 9027.80.12 | 1º/08/2012 |
| 9027.80.13 | 1º/08/2012 |
| 9027.80.14 | 1º/08/2012 |
| 9027.80.20 | 1º/08/2012 |
| 9027.80.30 | 1º/08/2012 |
| 9027.80.91 | 1º/08/2012 |
| 9027.80.99 | 1º/08/2012 |
| 9027.90.10 | 1º/08/2012 |
| 9027.90.91 | 1º/08/2012 |
| 9027.90.93 | 1º/08/2012 |
| 9027.90.99 | 1º/08/2012 |
| 9028.30.11 | 1º/08/2012 |
| 9028.30.19 | 1º/08/2012 |

| 9028.30.21 | | 1º/08/2012 |
|---|---|---|
| 9028.30.29 | | 1º/08/2012 |
| 9028.30.31 | | 1º/08/2012 |
| 9028.30.39 | | 1º/08/2012 |
| 9028.30.90 | | 1º/08/2012 |
| 9028.90.10 | | 1º/08/2012 |
| 9028.90.90 | | 1º/08/2012 |
| 9028.10.11 | | 1º/08/2012 |
| 9028.10.19 | | 1º/08/2012 |
| 9028.10.90 | | 1º/08/2012 |
| 9028.20.10 | | 1º/08/2012 |
| 9028.20.20 | | 1º/08/2012 |
| 9028.90.90 | | 1º/08/2012 |
| 9029.10.10 | | 1º/08/2012 |
| 9029.20.10 | | 1º/08/2012 |
| 9029.90.10 | | 1º/08/2012 |
| 9029.90.904 | | 1º/04/2013 a 03/06/2013 |
| | | 1º/11/2013 |
| 9030.33.21 | | 1º/08/2012 |
| 9030.39.216 | | 1º/08/2012 |
| 9030.39.90 | | 1º/08/2012 |
| 9030.40.30 | | 1º/08/2012 |
| 9030.40.90 | | 1º/08/2012 |
| 9030.84.90 | | 1º/08/2012 |
| 9030.89.90 | | 1º/08/2012 |
| 9030.90.90 | | 1º/08/2012 |
| 9031.10.00 | | 1º/08/2012 |
| 9031.20.10 | | 1º/08/2012 |
| 9031.20.90 | | 1º/08/2012 |
| 9031.41.00 | | 1º/08/2012 |
| 9031.49.10 | | 1º/08/2012 |
| 9031.49.20 | | 1º/08/2012 |
| 9031.49.90 | | 1º/08/2012 |
| 9031.80.11 | | 1º/08/2012 |
| 9031.80.12 | | 1º/08/2012 |
| 9031.80.20 | | 1º/08/2012 |
| 9031.80.30 | | 1º/08/2012 |
| 9031.80.40 | | 1º/08/2012 |
| 9031.80.50 | | 1º/08/2012 |
| 9031.80.60 | | 1º/08/2012 |
| 9031.80.91 | | 1º/08/2012 |
| 9031.80.99 | | 1º/08/2012 |
| 9031.90.10 | | 1º/08/2012 |
| 9031.90.90 | | 1º/08/2012 |
| 9032.10.10 | | 1º/08/2012 |
| 9032.10.90 | | 1º/08/2012 |
| 9032.20.00 | | 1º/08/2012 |
| 9032.81.00 | | 1º/08/2012 |
| 9032.89.11 | | 1º/08/2012 |
| 9032.89.2 | | 1º/08/2012 |
| 9032.89.8 | | 1º/08/2012 |
| 9032.89.904 | | 1º/04/2013 a 03/06/2013 |
| | | 1º/11/2013 |
| 9032.90.10 | | 1º/08/2012 |
| 9032.90.99 | | 1º/08/2012 |
| 9033.00.00 | | 1º/08/2012 |
| 9104.00.00 | | 1º/08/2012 |
| 9107.00.10 | | 1º/08/2012 |
| 9109.10.00 | | 1º/08/2012 |
| 9401.20.00 | | 1º/08/2012 |
| 9401.30 | | 1º/08/2012 |
| 9401.40 | | 1º/08/2012 |
| 9401.5 | | 1º/08/2012 |
| 9401.6 | | 1º/08/2012 |
| 9401.7 | | 1º/08/2012 |
| 9401.80.00 | | 1º/08/2012 |
| 9401.90 | | 1º/08/2012 |
| 94.02 | | 1º/08/2012 |
| 94.03 | | 1º/08/2012 |
| 9404.2 | | 1º/08/2012 |
| 9404.10.0013 | | 04/04/2013 |
| 9404.90.00 | | 1º/08/2012 |
| 9405.10.93 | | 1º/08/2012 |
| 9405.10.99 | | 1º/08/2012 |
| 9405.20.00 | | 1º/08/2012 |
| 9405.91.00 | | 1º/08/2012 |
| 9406.00.10 | | 1º/08/2012 |
| 9406.00.92 | | 1º/08/2012 |
| 9406.00.99 | | 1º/01/2013 |
| 9503.00.10 | | 1º/01/2013 |
| 9503.00.21 | | 1º/01/2013 |
| 9503.00.22 | | 1º/01/2013 |
| 9503.00.29 | | 1º/01/2013 |
| 9503.00.31 | | 1º/01/2013 |
| 9503.00.39 | | 1º/01/2013 |
| 9503.00.40 | | 1º/01/2013 |
| 9503.00.50 | | 1º/01/2013 |
| 9503.00.60 | | 1º/01/2013 |
| 9503.00.70 | | 1º/01/2013 |
| 9503.00.80 | | 1º/01/2013 |
| 9503.00.91 | | 1º/01/2013 |
| 9503.00.97 | | 1º/01/2013 |
| 9503.00.98 | | 1º/01/2013 |
| 9503.00.99 | | 1º/01/2013 |
| 95.06.62.00 | | 1º/08/2012 |
| 9506.91.00 | | 1º/08/2012 |
| 9603.21.00 | | 1º/01/2013 |
| 96.06 | | 1º/08/2012 |
| 96.07 | | 1º/08/2012 |
| 9613.80.00 | | 1º/08/2012 |
| 96.16 | | 1º/01/2013 |
| 9619.00.00 | | 1º/08/2013 |

**Nota Explicativa:**

1 - Códigos 1901.20.00 e 1901.90.90

O Capítulo 19 foi incluído pela Lei nº 12.715, de 12 de setembro de 2012, com vigência a partir de 1º de janeiro de 2013.

A Lei nº 13.043, de 13 de novembro de 2014, excluiu os códigos 1901.20.00 e 1901.90.90 da Contribuição Previdenciária sobre a Receita Bruta (CPRB) a partir de 1º de março de 2015. A Lei nº 13.161, de 31 de agosto de 2015, reincluiu o código 1901.20.00 Ex 01 a partir de 1º/12/2015 com alíquota de 1% (ver Anexo I).

2 - Códigos 3006.30.11 e 3006.30.19

Esses códigos foram incluídos pelo art. 2º, inciso I, da Medida Provisória nº 582, de 20 de setembro de 2012, com vigência a partir de 1º de janeiro de 2013, que incluiu no Anexo I da Lei nº 12.546, de 14 de dezembro de 2011, o código 30.06.

Posteriormente, foram excluídos pelo art. 2º, inciso II, da Medida Provisória nº 601, de 28 de dezembro de 2012, com vigência a partir de 1º de abril de 2013.

A Lei nº 12.794, de 2 de abril de 2013, conferiu tratamento de exclusão ao incluir o código de subposição 30.06 (exceto os códigos 3006.30.11 e 3006.30.19) com vigência a partir de 1º de janeiro de 2013, segundo art. 21, inciso I.

Dessa forma, é permitida a exclusão desses códigos da tributação substitutiva prevista no art. 1º desta Instrução Normativa a partir de 1º de janeiro de 2013.

3 - Código 3923.30.00 e 3923.30.00 Ex. 01

O código 39.23 foi incluído pela Medida Provisória nº 563, de 03 de abril de 2012, com vigência a partir de 1º de agosto de 2012. A Medida Provisória nº 582, de 2012, excluiu o código 3923.30.00, a partir de 1º de janeiro de 2013.

O código 39.23 (com exceção do código 3923.30.00 Ex. 01) foi reincluído pela Medida Provisória nº 601, de 2012, com vigência a partir de 1º de abril de 2013 e encerramento em 3 de junho de 2013, por força do Ato do Presidente da mesa do Congresso Nacional nº 36, de 5 de junho de 2013.

Dessa forma, o código 3923.30.00, por estar contido no código 39.23, também foi reincluído na CPRB com vigência a partir de 1º de abril de 2013 e encerramento em 3 de junho de 2013.

A Lei nº 12.844, de 19 de julho de 2013, confirma o código 39.23 excetuando apenas o 39.23.30.00 Ex. 01, de modo que o código 39.23.30.00 passa, portanto, a ser reincluído com vigência a partir de 1º de novembro de 2013.

As empresas que produzem os produtos classificados no código 3923.30.00 podem, no entanto, antecipar para 4 de junho de 2013 sua inclusão na tributação substitutiva prevista no art. 1º desta Instrução Normativa, mediante o recolhimento, até o prazo de vencimento, da contribuição substitutiva relativa a junho de 2013, conforme art. 14, § 1º da Lei nº 12.844, de 2013.

4 - Códigos 4009.41.00, 4811.49, 4823.40.00, 6810.19.00, 6810.91.00, 69.07, 69.08, 7307.19.10, 73.07.19.90, 7307.23.00, 7323.93.00, 73.26, 7418.20.00, 76.15, 8301.40.00, 8301.60.00, 8301.70.00, 8302.10.00, 8302.41.00, 8307.90.00, 8308.90.10, 8308.90.90, 8450.90.90, 8471.60.80, 8481.80.11, 8481.80.19, 8481.80.91, 8481.90.10, 8482.10.90, 8482.20.10, 8482.20.90, 8482.40.00, 8482.50.10, 8482.91.19, 8482.99.10, 8504.40.40, 8507.30.11, 8507.30.19, 8507.30.90, 8507.40.00, 8507.50.00, 8507.60.00, 8507.90.20, 8526.91.00, 8533.21.10, 8533.21.90, 8533.29.00, 8533.31.10, 8534.00.1, 8534.00.20, 8534.00.3, 8534.00.5, 8544.20.00, 8607.19.11, 8607.29.00, 9029.90.90, 9032.89.90.

Esses códigos foram incluídos pelo art. 2º, inciso I, da Medida Provisória nº 601, de 2012, com vigência a partir de 1º de abril de 2013, e encerramento em 3 de junho de 2013, por força do Ato do Presidente da mesa do Congresso Nacional nº 36, de 5 de junho de 2013.

Posteriormente, foram reincluídos pelo art. 14, inciso I, da Lei nº 12.844, de 2013, com vigência a partir de 1º de novembro de 2013, conforme art. 49, inciso II, alínea "b".

Podem, no entanto, antecipar para 4 de junho de 2013 sua inclusão na tributação substitutiva prevista no art. 1º desta Instrução Normativa, mediante o recolhimento, até o prazo de vencimento, da contribuição substitutiva relativa a junho de 2013, conforme art. 14, § 1º da Lei nº 12.844, de 2013.

5 - Códigos 5402.33.10, 5402.46.00 e 5402.47.00

O Capítulo 54 foi incluído pela Medida Provisória nº 563, de 2012, com vigência a partir de 1º de agosto de 2012.

A Lei nº 13.043, de 2014, excluiu os códigos 5402.33.10, 5402.46.00 e 5402.47.00 da Contribuição Previdenciária sobre a Receita Bruta (CPRB) a partir de 1º de março de 2015.

6 - Códigos 6812.90.10, 6813.10.10, 6813.10.90, 6813.90.10, 6813.90.90, 8415.90.00, 8481.20.10, 8482.99.11, 8482.99.19, 8507.10.00, 8527.29.90, 8708.29.96, 8708.31.10, 8708.31.90, 8708.39.00, 8708.50.90, 8708.60.10, 8708.60.90, 8708.94.91, 8708.94.92, 8708.94.93, 8714.19.00, 9007.20.91, 9007.20.99, 9030.39.21

Esses códigos foram incluídos pelo art. 46 da Medida Provisória nº 582, de 2012, com vigência a partir de 1º de agosto de 2012. Não obstante constarem no Anexo I da Lei nº 12.546, de 2011, não constam na Tabela de Incidência do Imposto sobre Produtos Industrializados - TIPI, aprovada pelo Decreto nº 7.660, de 23 de dezembro de 2011.

7 - Códigos 7207.11.10, 7208.52.00, 7208.54.00, 7214.10.90, 7214.99.10, 7228.30.00, 7228.50.00 e 8471.30.

Esses códigos foram incluídos pelo art. 2º, inciso I, da Medida Provisória nº 582, de 2012, com vigência a partir de 1º de janeiro de 2013. Foram excluídos pelo art. 2º, inciso II, da Medida Provisória nº 601, de 28 de dezembro de 2012, com vigência a partir de 1º de abril de 2013.

8 - Códigos 7308.40.00, 8529.90.20, 8701.20.00, 8703.22.90 e 8703.23.90

Esses códigos foram incluídos pelo art. 46 da Medida Provisória nº 563, de 2012, com vigência a partir de 1º de agosto de 2012, mas não foram confirmados pela Lei de conversão, a Lei nº 12.715, de 17 de setembro de 2012.

9 - Códigos 7403.21.00, 7407.21.10, 7407.21.20, 7409.21.00, 7411.10.10, 7411.21.10 e 7412

Esses códigos foram incluídos pelo art. 2º, inciso I, da Medida Provisória nº 601, de 2012, com vigência a partir de 1º de abril de 2013, e encerramento em 3 de junho de 2013, por força do Ato do Presidente da mesa do Congresso Nacional nº 36, de 5 de junho de 2013.

Posteriormente, foram reincluídos pelo art. 14, inciso I, da Lei nº 12.844, de 2013, com vigência a partir de 1º de novembro de 2013, conforme art. 49, inciso II, alínea "b".

Podem, no entanto, antecipar para 1º de abril de 2013 sua exclusão da tributação substitutiva prevista no art. 1º desta Instrução Normativa, mediante o recolhimento, até o prazo de vencimento, da contribuição previdenciária prevista nos incisos I e III do *caput* do art. 22 da Lei nº 8.212, de 24 de julho de 1991, relativa a abril de 2013, conforme estabelece o art. 14, § 3º da Lei nº 12.844, de 2013.

10 - Código 8526.92.00

Esse código foi incluído pelo art. 56 da Lei nº 12.715, de 2012, com vigência a partir de agosto de 2012. Posteriormente, foi excluído pelo art. 14, inciso IV da Lei nº 12.844, de 2013, com vigência a partir de 31 de julho de 2013, conforme art. 49, inciso III dessa lei.

11 - Código 8544.49.00

Esse código foi incluído pelo art. 46 da Medida Provisória nº 563, de 2012, com vigência a partir de 1º de agosto de 2012, mas não foi confirmado pela Lei de conversão, a Lei nº 12.715, de 2012, publicada em 18 de setembro de 2012. Foi excluído expressamente pelo art. 2º, inciso II, da Medida Provisória nº 582, de 2012, com vigência a partir de 1º de janeiro de 2013, entende-se, todavia, que, já na conversão da Medida Provisória nº 563, de 2012, pela Lei nº 12.715, de 2012, esse código foi excluído do regime de desoneração.

O Anexo do Decreto nº 7.877, de 27 de dezembro de 2012, que deu nova redação ao Anexo II do Decreto nº 7.828, de 16 de outubro de 2012, ao reproduzir o Anexo da Medida Provisória nº 582, de 2012, inseriu equivocadamente o referido código dentre aqueles sujeitos à CPRB, repetindo erro material ocorrido no Anexo daquela Medida Provisória.

12 - Códigos 9022.14.13 e 9022.30.00

Esses códigos foram incluídos pelo art. 2º, inciso I, da Medida Provisória nº 582, de 2012, com vigência a partir de 1º de janeiro de 2013, mas foram subtraídos pelo art. 2º, II, da Medida Provisória 601, de 2012, com vigência em 1º de abril de 2013, sendo posteriormente confirmada a subtração pelo art. 14, inciso VI, c/c art. 49, inciso V, da Lei nº 12.844, de 2013.

13 - Código 9404.10.00

Esse código foi incluído pelo art. 26, inciso I, alínea "t" da Medida Provisória nº 612, de 2013, com vigência a partir de 4 de abril de 2013, conforme art. 28, inciso III, sendo posteriormente confirmada sua inclusão pelo art. 14, inciso III da Lei nº 12.844, de 2013.

As empresas indicadas nos Anexos I e II estão sujeitas à contribuição previdenciária sobre a receita bruta:

I - obrigatoriamente, até o dia 30 de novembro de 2015; e

II - facultativamente, a partir de 1º de dezembro de 2015

A opção pela contribuição previdenciária sobre a receita bruta será manifestada, no ano de 2015, mediante o pagamento da contribuição incidente sobre a receita bruta relativa à competência dezembro de 2015; e, a partir de 2016, mediante o pagamento da contribuição incidente sobre a receita bruta relativa a janeiro de cada ano ou à 1ª (primeira) competência para a qual haja receita bruta apurada, e será irretratável para todo o ano-calendário.

Na determinação da base de cálculo da contribuição previdenciária sobre a receita bruta, serão excluídas:

I - a receita bruta decorrente de:

a) exportações diretas; e

b) transporte internacional de cargas;

II - as vendas canceladas e os descontos incondicionais concedidos;

III - o Imposto sobre Itens Industrializados (IPI), se incluído na receita bruta;

IV - o Imposto sobre Operações relativas à Circulação de Mercadorias e sobre Prestações de Serviços de Transporte Interestadual e Intermunicipal e de Comunicação (ICMS), quando cobrado pelo vendedor dos bens ou prestador dos serviços na condição de substituto tributário.

V - a receita bruta reconhecida pela construção, recuperação, reforma, ampliação ou melhoramento da infraestrutura, cuja contrapartida seja ativo intangível representativo de direito de exploração, no caso de contratos de concessão de serviços públicos;

VI - o valor do aporte de recursos realizado nos termos do § 2º do art. 6º da Lei nº 11.079, de 30 de dezembro de 2004;

A contribuição previdenciária sobre a receita bruta deverá apurada e paga de forma centralizada pelo estabelecimento matriz da pessoa jurídica, bem como ser informada na Declaração de Débitos e Créditos Tributários Federais e recolhida em Documento de Arrecadação de Receitas Federais (DARF) até o dia 20 (vinte) do mês subsequente ao da competência em que se tornar devida.

Não se sujeitam à contribuição previdenciária sobre a receita bruta:

I - a partir de 1º de agosto de 2012:

a) as empresas de TI e TIC que exerçam as atividades de representação, distribuição ou revenda de programas de computador, cuja receita bruta decorrente dessas atividades seja igual ou superior a 95% (noventa e cinco por cento) da receita bruta total;

b) as empresas do setor industrial que produzam itens diversos dos listados no Anexo II cuja receita bruta decorrente da produção desses itens seja igual ou superior a 95% (noventa e cinco por cento) da receita bruta total; e

c) os fabricantes de automóveis, comerciais leves - camionetas, picapes, utilitários, vans e furgões - caminhões e chassis com motor para caminhões, chassis com motor para ônibus, caminhões-tratores, tratores agrícolas e colheitadeiras agrícolas auto propelidas;

II - a partir de 28 de dezembro de 2012, as empresas aéreas internacionais de bandeira estrangeira de países que estabeleçam, em regime de reciprocidade de tratamento, isenção tributária às receitas geradas por empresas aéreas brasileiras; e

III - a partir de 25 de outubro de 2013:

a) as empresas de varejo dedicadas exclusivamente ao comércio fora de lojas físicas, realizado via Internet, telefone, catálogo ou outro meio similar; e

b) as lojas ou rede de lojas com características similares a supermercados, cuja receita bruta de venda de itens alimentícios, no ano calendário anterior, represente mais de 10% (dez por cento) da receita bruta total.

A partir da competência setembro de 2018 e até 31 de dezembro de 2020, as contribuições previdenciárias das empresas que desenvolvem as atividades relacionadas nos Anexos abaixo incidirão sobre o valor da receita bruta, em substituição às contribuições previdenciárias incidentes sobre a folha de pagamento, previstas nos incisos I e III do *caput* do art. 22 da Lei nº 8.212, de 24 de julho de 1991:

ANEXO I

Relação de Atividades Sujeitas à CPRB a partir de 1º de setembro de 2018
(Anexo IV da Instrução Normativa RFB nº 1.436, de 30 de dezembro de 2013)

| SETOR | Alíquota |
|---|---|
| 1. Serviços de Tecnologia da Informação (TI) e de Tecnologia da Informação e Comunicação (TIC) | |
| Análise e desenvolvimento de sistemas | |
| Programação | |
| Processamento de dados e congêneres | |
| Elaboração de programas de computadores, inclusive de jogos eletrônicos | |
| Licenciamento ou cessão de direito de uso de programas de computação | |
| Assessoria e consultoria em informática | |
| Suporte técnico em informática, inclusive instalação, configuração e manutenção de programas de computação e bancos de dados | 4,5% |
| Planejamento, confecção, manutenção e atualização de páginas eletrônicas | |
| Atividades de concepção, desenvolvimento ou projeto de circuitos integrados | |
| Suporte técnico em informática, inclusive instalação, configuração e manutenção de programas de computação e bancos de dados, bem como serviços de suporte técnico em equipamentos de informática em geral. | |
| Execução continuada de procedimentos de preparação ou processamento de dados de gestão empresarial, pública ou privada, e gerenciamento de processos de clientes, com o uso combinado de mão de obra e sistemas computacionais (BPO) | |
| 2. Teleatendimento | |
| Call center | 3% |
| 3. Setor de Transportes e Serviços Relacionados | |
| Transporte rodoviário coletivo de passageiros, com itinerário fixo, municipal, intermunicipal em região metropolitana, intermunicipal, interestadual e internacional enquadradas nas classes 4921-3 e 4922-1 da CNAE 2.0 | |
| Transporte ferroviário de passageiros, enquadradas nas subclasses 4912-4/01 e 4912-4/02 da CNAE 2.0 | 2% |
| Transporte metroferroviário de passageiros, enquadradas na subclasse 4912-4/03 da CNAE 2.0 | |
| Transporte rodoviário de cargas, enquadradas na classe 4930-2 da CNAE 2.0 | 1,5% |
| 4. Construção Civil | |
| Empresas do setor de construção civil, enquadradas nos grupos 412, 432, 433 e 439 da CNAE 2.01 | 4,5% |
| Empresas de construção civil de obras de infraestrutura, enquadradas nos grupos 421, 422, 429 e 431 da CNAE 2.0 | |
| 5. Jornalismo | |
| Empresas jornalísticas e de radiodifusão sonora e de sons e imagens de que trata a Lei nº 10.610, de 20 de dezembro de 2002, enquadradas nas classes 1811-3, 5811-5, 5812-3, 5813-1, 5822-1, 5823-9, 6010-1, 6021-7 e 6319-4 da CNAE 2.0. | 1,5% |
| 6. Setor Industrial (Enquadradas na Tabela de Incidência do Imposto sobre Itens Industrializados - TIPI, aprovada pelo Decreto nº 7.660, de 23 de dezembro de 2011) | |
| Empresas que produzem os itens classificados na TIPI nos códigos referidos no Anexo V | Ver Anexo V |

ANEXO II

Relação de Itens cuja Fabricação Faculta a CPRB a partir de 1º de setembro de 2018
(Anexo V da Instrução Normativa RFB nº 1.436, de 30 de dezembro de 2013)

| NCM | ALÍQUOTA |
|---|---|
| 02.03 | 1% |
| 0206.30.00 | 1% |
| 0206.4 | 1% |
| 02.07 | 1% |
| 02.09 | 1% |
| 0210.1 | 1% |
| 0210.99.00 | 1% |
| 03.02<br>(exceto 03.02.90.00) | 2,5% |
| 03.03 | 1% |
| 03.04 | 1% |
| 1601.00.00 | 1% |
| 1602.3 | 1% |
| 1602.4 | 1% |
| 3926.20.00 | 2,5% |
| 40.15 | 2,5% |
| 4016.93.00 | 2,5% |
| 41.04 | 2,5% |
| 41.05 | 2,5% |
| 41.06 | 2,5% |
| 41.07 | 2,5% |
| 41.14 | 2,5% |
| 42.03 | 2,5% |
| 43.03 | 2,5% |
| 4818.50.00 | 2,5% |
| 5004.00.00 | 2,5% |
| 5005.00.00 | 2,5% |
| 5006.00.00 | 2,5% |
| 50.07 | 2,5% |
| 5104.00.00 | 2,5% |
| 51.05 | 2,5% |
| 51.06 | 2,5% |
| 51.07 | 2,5% |
| 51.08 | 2,5% |
| 51.09 | 2,5% |
| 5110.00.00 | 2,5% |
| 51.11 | 2,5% |
| 51.12 | 2,5% |
| 5113.00 | 2,5% |
| 5203.00.00 | 2,5% |
| 52.04 | 2,5% |
| 52.05 | 2,5% |
| 52.06 | 2,5% |
| 52.07 | 2,5% |
| 52.08 | 2,5% |
| 52.09 | 2,5% |
| 52.10 | 2,5% |
| 52.11 | 2,5% |
| 52.12 | 2,5% |

| | |
|---|---|
| 53.06 | 2,5% |
| 53.07 | 2,5% |
| 53.08 | 2,5% |
| 53.09 | 2,5% |
| 53.10 | 2,5% |
| 5311.00.00 | 2,5% |
| Capítulo 54 (exceto 5402.46.00; 5402.47.00; e 5402.33.10) | 2,5% |
| Capítulo 55 | 2,5% |
| Capítulo 56 | 2,5% |
| Capítulo 57 | 2,5% |
| Capítulo 58 | 2,5% |
| Capítulo 59 | 2,5% |
| Capítulo 60 | 2,5% |
| Capítulo 61 | 2,5% |
| Capítulo 62 | 2,5% |
| Capítulo 63 | 2,5% (exceto 6309.00, que contribui com 1,5%) |
| 64.01 | 1,5% |
| 64.02 | 1,5% |
| 64.03 | 1,5% |
| 64.04 | 1,5% |
| 64.05 | 1,5% |
| 64.06 | 1,5% |
| 6505.00 | 2,5% |
| 6812.91.00 | 2,5% |
| 7303.00.00 | 2,5% |
| 7304.11.00 | 2,5% |
| 7304.19.00 | 2,5% |
| 7304.22.00 | 2,5% |
| 7304.23.10 | 2,5% |
| 7304.23.90 | 2,5% |
| 7304.24.00 | 2,5% |
| 7304.29.10 | 2,5% |
| 7304.29.31 | 2,5% |
| 7304.29.39 | 2,5% |
| 7304.29.90 | 2,5% |
| 7305.11.00 | 2,5% |
| 7305.12.00 | 2,5% |
| 7305.19.00 | 2,5% |
| 7305.20.00 | 2,5% |
| 7306.11.00 | 2,5% |
| 7306.19.00 | 2,5% |
| 7306.21.00 | 2,5% |
| 7306.29.00 | 2,5% |
| 7308.20.00 | 2,5% |
| 7308.40.00 | 2,5% |
| 7309.00.10 | 2,5% |
| 7309.00.90 | 2,5% |
| 7311.00.00 | 2,5% |
| 7315.11.00 | 2,5% |
| 7315.12.10 | 2,5% |
| 7315.12.90 | 2,5% |
| 7315.19.00 | 2,5% |

| | |
|---|---|
| 7315.20.00 | 2,5% |
| 7315.81.00 | 2,5% |
| 7315.82.00 | 2,5% |
| 7315.89.00 | 2,5% |
| 7315.90.00 | 2,5% |
| 8307.10.10 | 2,5% |
| 8308.10.00 | 2,5% |
| 8308.20.00 | 2,5% |
| 8401 | 2,5% |
| 8402 | 2,5% |
| 8403 | 2,5% |
| 8404 | 2,5% |
| 8405 | 2,5% |
| 8406 | 2,5% |
| 8407 | 2,5% |
| 8408 | 2,5% |
| 8410 | 2,5% |
| 8412 (exceto 8412.2, 8412.30.00, 8412.40 e 8412.50) | 2,5% |
| 8413 | 2,5% |
| 8414 | 2,5% |
| 8415 | 2,5% |
| 8416 | 2,5% |
| 8417 | 2,5% |
| 8418 (exceto 8418.69.30, 8418.69.40) | 2,5% |
| 8419 | 2,5% |
| 8420 | 2,5% |
| 8421 | 2,5% |
| 8422 (exceto 8422.11.90 e 8422.19.00) | 2,5% |
| 8423 | 2,5% |
| 8424 | 2,5% |
| 8425 | 2,5% |
| 8426 | 2,5% |
| 8427 | 2,5% |
| 8428 | 2,5% |
| 8429 | 2,5% |
| 8430 | 2,5% |
| 8431 | 2,5% |
| 8432 | 2,5% |
| 8433 | 2,5% |
| 8434 | 2,5% |
| 8435 | 2,5% |
| 8436 | 2,5% |
| 8437 | 2,5% |
| 8438 | 2,5% |
| 8439 | 2,5% |
| 8440 | 2,5% |
| 8441 | 2,5% |
| 8442 | 2,5% |
| 8443 | 2,5% |
| 8444 | 2,5% |
| 8445 | 2,5% |

| | |
|---|---|
| 8446 | 2,5% |
| 8447 | 2,5% |
| 8448 | 2,5% |
| 8449 | 2,5% |
| 8452 | 2,5% |
| 8453 | 2,5% |
| 8454 | 2,5% |
| 8455 | 2,5% |
| 8456 | 2,5% |
| 8457 | 2,5% |
| 8458 | 2,5% |
| 8459 | 2,5% |
| 8460 | 2,5% |
| 8461 | 2,5% |
| 8462 | 2,5% |
| 8463 | 2,5% |
| 8464 | 2,5% |
| 8465 | 2,5% |
| 8466 | 2,5% |
| 8467 | 2,5% |
| 8468 | 2,5% |
| 8470.50.90 | 2,5% |
| 8470.90.10 | 2,5% |
| 8470.90.90 | 2,5% |
| 8472 | 2,5% |
| 8474 | 2,5% |
| 8475 | 2,5% |
| 8476 | 2,5% |
| 8477 | 2,5% |
| 8478 | 2,5% |
| 8479 | 2,5% |
| 8480 | 2,5% |
| 8481 | 2,5% |
| 8482 | 2,5% |
| 8483 | 2,5% |
| 8484 | 2,5% |
| 8485 | 2,5% |
| 8486 | 2,5% |
| 8487 | 2,5% |
| 8501 | 2,5% |
| 8502 | 2,5% |
| 8503 | 2,5% |
| 8505 | 2,5% |
| 8514 | 2,5% |
| 8515 | 2,5% |
| 8543 | 2,5% |
| 8701.10.00 | 2,5% |
| 8701.30.00 | 2,5% |
| 8701.94.10 | 2,5% |
| 8701.95.10 | 2,5% |
| 87.02<br>(exceto 8702.90.10) | 1,5% |
| 8704.10.10 | 2,5% |
| 8704.10.90 | 2,5% |

| | |
|---|---|
| 8705.10.10 | 2,5% |
| 8705.10.90 | 2,5% |
| 8705.20.00 | 2,5% |
| 8705.30.00 | 2,5% |
| 8705.40.00 | 2,5% |
| 8705.90.10 | 2,5% |
| 8705.90.90 | 2,5% |
| 8706.00.20 | 2,5% |
| 87.07 | 2,5% |
| 8707.90.10 | 2,5% |
| 8708.29.11 | 2,5% |
| 8708.29.12 | 2,5% |
| 8708.29.13 | 2,5% |
| 8708.29.14 | 2,5% |
| 8708.29.19 | 2,5% |
| 8708.30.11 | 2,5% |
| 8708.40.11 | 2,5% |
| 8708.40.19 | 2,5% |
| 8708.50.11 | 2,5% |
| 8708.50.12 | 2,5% |
| 8708.50.19 | 2,5% |
| 8708.50.91 | 2,5% |
| 8708.70.10 | 2,5% |
| 8708.94.11 | 2,5% |
| 8708.94.12 | 2,5% |
| 8708.94.13 | 2,5% |
| 8709.11.00 | 2,5% |
| 8709.19.00 | 2,5% |
| 8709.90.00 | 2,5% |
| 8716.20.00 | 2,5% |
| 8716.31.00 | 2,5% |
| 8716.39.00 | 2,5% |
| 8804.00.00 | 2,5% |
| 9015 | 2,5% |
| 9016 | 2,5% |
| 9017 | 2,5% |
| 9022 | 2,5% |
| 9024 | 2,5% |
| 9025 | 2,5% |
| 9026 | 2,5% |
| 9027 | 2,5% |
| 9028 | 2,5% |
| 9029 | 2,5% |
| 9031 | 2,5% |
| 9032 | 2,5% |
| 9506.91.00 | 2,5% |
| 96.06 | 2,5% |
| 96.07 | 2,5% |
| 9620.00.00 | 2,5% |

Fonte: **IN RFB 1.812/2018**

## 9. ARRECADAÇÃO

**Desde o advento da Lei 11.457/2007, a tributação, a fiscalização, a arrecadação, a cobrança e o recolhimento de todas as contribuições para a seguridade social passaram a ser da competência da Secretaria da Receita Federal do Brasil**, órgão da União, integrante da estrutura do Ministério da Fazenda, nova denominação dada à antiga Secretaria da Receita Federal, após a extinção da Secretaria de Receita Previdenciária, que integrava o extinto Ministério da Previdência Social, na forma do artigo 39, da Lei 8.212/91, na antiga redação dada pela Lei 11.098/2005.

Vale frisar que a Secretaria da Receita Federal do Brasil ainda tem competência para arrecadar, tributar, cobrar e fiscalizar contribuições sociais gerais em favor de terceiros, a exemplo de entidades privadas de serviço social e de formação profissional a que se refere o artigo 240 da Constituição Federal de 1988, criadas por lei federal e vinculadas ao sistema sindical; do Fundo Aeroviário; do Fundo de Desenvolvimento do Ensino Profissional Marítimo; do INCRA e do Fundo Nacional de Desenvolvimento da Educação.

As regras gerais de tributação e arrecadação das contribuições previdenciárias foram regulamentadas por intermédio da revogada **Instrução Normativa 971, de 17.11.2009**, da lavra Secretaria da Receita Federal do Brasil, constando atualmente da IN RFB 2.110/2022.

Antes, as contribuições previdenciárias eram arrecadadas pela Secretaria de Receita Previdenciária em nome do INSS, integrando a Dívida Ativa da autarquia previdenciária. Com o advento do novo regramento, observada a regra de transição do artigo 16, da Lei 11.457/2007, **a Dívida Ativa passou a ser da União**, pois revogada a capacidade tributária ativa delegada ao INSS, encerrando a parafiscalidade, cabendo à Procuradoria-Geral da Fazenda Nacional a representação judicial da União na cobrança desses créditos.

Felizmente, em razão do veto presidencial[63] do texto que buscava inserir o §4º, no artigo 6º, da Lei nº 10.593/02, acrescentado pelo artigo 9º, do projeto de lei que ensejou a promulgação da Lei 11.457/2007, **a fiscalização tributária continua podendo desconsiderar pessoa, ato ou negócio jurídico que implique reconhecimento de relação de trabalho, com ou sem vínculo empregatício, independentemente de decisão judicial.**

Logo, se o Auditor Fiscal da Receita Federal do Brasil constatar que o segurado contratado como contribuinte individual, trabalhador avulso, ou sob qualquer outra denominação, de fato tem relação de emprego ou outra prevista no artigo 9º, inciso I, do RPS, deverá desconsiderar o vínculo pactuado e efetuar o enquadramento como segurado empregado.

De seu turno, é facultado à União, antes de ajuizar a cobrança dos débitos previdenciários inscritos em Dívida Ativa, promover o **protesto do título dado em garantia**, que será recebido *pro solvendo*[64].

Vale registrar que o posicionamento da 1º Seção do STJ em julgamento de recurso repetitivo é pela impossibilidade de inscrição em Dívida Ativa de débito de benefício previdenciário a ser restituído para a Previdência Social, ante a inexistência de previsão legal.

> **"INFORMATIVO 522 - DIREITO TRIBUTÁRIO E PREVIDENCIÁRIO. IMPOSSIBILIDADE DE INSCRIÇÃO EM DÍVIDA ATIVA DE VALOR INDEVIDAMENTE RECEBIDO A TÍTULO DE BENEFÍCIO PREVIDENCIÁRIO. RECURSO REPETITIVO (ART. 543-C DO CPC E RES. 8/2008-STJ).**
>
> Não é possível a inscrição em dívida ativa de valor correspondente a benefício previdenciário indevidamente recebido e não devolvido ao INSS. Isso porque a inscrição em dívida ativa de valor decorrente de ilícito extracontratual deve ser fundamentada em dispositivo legal específico que a autorize expressamente. Ocorre que, nas leis próprias do INSS (Lei 8.212/1991 e Lei 8.213/1991), não há dispositivo legal semelhante ao disposto no parágrafo único do art. 47 da Lei 8.112/1990 – o qual prevê a inscrição em dívida ativa de valores não pagos pelo servidor público federal que tiver sido demitido, exonerado ou tiver sua aposentadoria ou disponibilidade cassada. Se o legislador quisesse que o recebimento indevido de benefício previdenciário ensejasse a inscrição em dívida ativa, teria previsto expressamente na Lei 8.212/1991 ou na Lei 8.213/1991, o que não fez. Incabível, assim, por se tratar de restrição de direitos, qualquer analogia com o que dispõe o art. 47 da Lei 8.112/1990. **Isso significa que, recebido o valor a maior pelo beneficiário, a forma prevista em lei para o INSS reavê-lo se dá através de desconto do próprio benefício a ser pago em períodos posteriores e, nos casos de dolo, fraude ou má-fé, a lei prevê a restituição de uma só vez (descontando-se do benefício) ou mediante acordo de parcelamento (art. 115, II e § 1º, da Lei 8.213/1991 e art. 154, II e § 2º, do Dec. 3.048/1999).** Na impossibilidade da realização desses descontos, seja porque o beneficiário deixou de sê-lo (suspensão ou cessação), seja porque seu benefício é insuficiente para a realização da restituição de uma só vez ou, ainda, porque a pessoa que recebeu os valores o fez indevidamente jamais tendo sido a real beneficiária, a lei não prevê a inscrição em dívida ativa. Nessas situações, por falta de lei específica que determine a inscrição em dívida ativa, torna-se imperativo que seu ressarcimento

63. Razões do veto: "As legislações tributária e previdenciária, para incidirem sobre o fato gerador cominado em lei, independem da existência de relação de trabalho entre o tomador do serviço e o prestador do serviço. Condicionar a ocorrência do fato gerador à existência de decisão judicial não atende ao princípio constitucional da separação dos Poderes."

64. Significa que o título foi recebido em caráter condicional, como representação da dívida, não se operando uma novação, devendo ser resgatado para haver o pagamento.

seja precedido de processo judicial para o reconhecimento do direito do INSS à repetição. De ressaltar, ademais, que os benefícios previdenciários indevidamente recebidos, qualificados como enriquecimento ilícito, não se enquadram no conceito de crédito tributário ou não tributário previsto no art. 39, § 2º, da Lei 4.320/1964, a justificar sua inscrição em dívida ativa. Sendo assim, o art. 154, § 4º, II, do Dec. 3.048/99, que determina a inscrição em dívida ativa de benefício previdenciário pago indevidamente, não encontra amparo legal. Precedentes citados: AgRg no AREsp. 225.034-BA, Segunda Turma, DJe 19/2/2013; e AgRg no AREsp 188.047-AM, Primeira Turma, DJe 10/10/2012". **REsp 1.350.804-PR**, Rel. Min. Mauro Campbell Marques, julgado em 12/6/2013.

Ademais, com a promulgação da Emenda 20/98[65] e posteriormente da Emenda 45/2004, que incluiu o inciso VIII, no artigo 114, da CRFB, **a Justiça do Trabalho passou a ter competência para executar, de ofício, as contribuições previdenciárias patronais e dos trabalhadores**, inclusive os respectivos acréscimos legais, **decorrentes das sentenças que proferir**[66].

Evidentemente, a competência da Justiça do Trabalho também abarca a contribuição SAT (artigo 22, inciso II, da Lei 8.212/91) em razão da sua nítida natureza previdenciária. Nesse sentido, a **Súmula 454 do TST:**

**Súmula 454/TST - 11/07/2017. Competência. Justiça do Trabalho. Execução de ofício. Contribuição social referente ao Seguro de Acidente de Trabalho SAT. CF/88, arts. 114, VIII, e 195, I, "a". Lei 8.212/1991, arts. 11 e 22.**

"Compete à Justiça do Trabalho a execução, de ofício, da contribuição referente ao Seguro de Acidente de Trabalho - SAT, que tem natureza de contribuição para a seguridade social (CF/88, arts. 114, VIII e 195, I, "a"), pois se destina ao financiamento de benefícios relativos à incapacidade do empregado decorrente de infortúnio no trabalho (Lei 8.212/1991, arts. 11 e 22)."

De acordo com o STF, a mencionada competência da Justiça do Trabalho restringe-se às decisões condenatórias de verbas trabalhistas, **não devendo haver arrecadação das contribuições previdenciárias caso a sentença seja meramente declaratória do vínculo de emprego**:

"EMENTA: AGRAVO REGIMENTAL NO AGRAVO DE INSTRUMENTO. DIREITO DO TRABALHO. ACORDO HOMOLOGADO APÓS TRÂNSITO EM JULGADO. CONTRIBUIÇÕES PREVIDENCIÁRIAS. ART. 114, VIII, DA CONSTITUIÇÃO DO BRASIL. 1. **O Supremo Tribunal Federal fixou entendimento no sentido de que a competência da Justiça do Trabalho restringe-se à execução, de ofício, das contribuições previdenciárias decorrentes de sentenças condenatórias e não alcança, assim, aquela relativa ao vínculo empregatício reconhecido na sentença, mas sem condenação ou acordo sobre o pagamento das verbas trabalhistas que possam servir como base de cálculo.** [RE n. 569.056, Plenário, Relator o Ministro Menezes Direito, DJ de 12.12.08]. 2. As alegações de desrespeito aos postulados da legalidade, do devido processo legal, da motivação dos atos decisórios, do contraditório, dos limites da coisa julgada e da prestação jurisdicional, se dependentes de reexame prévio de normas inferiores, podem configurar, quando muito, situações de ofensa meramente reflexa ao texto da Constituição. Agravo regimental a que se nega provimento" (AI 760.826 AgR, de 15.12.2009).

**Súmula Vinculante 53** – "A competência da Justiça do Trabalho prevista no art. 114, VIII, da Constituição Federal alcança a execução de ofício das contribuições previdenciárias relativas ao objeto da condenação constante das sentenças que proferir e acordos por ela homologados".

O tema vem regulamentado pelo artigo 43, da Lei 8.212/91, que determina a atuação do juiz trabalhista de ofício visando o recolhimento das contribuições previdenciárias, que deverão obrigatoriamente ter o seu valor fixado na sentença, sob pena de responsabilidade funcional do magistrado, **regramento também aplicável às Comissões de Conciliação Prévia**[67].

Caso a sentença trabalhista seja omissa e não discrimine as parcelas devidas a guisa de contribuição previdenciária, mesmo assim deverão ser perpetrados os descontos em favor da União. Nesse sentido, o **enunciado de súmula 401, do TST**:

"SUM-401. AÇÃO RESCISÓRIA. DESCONTOS LEGAIS. FASE DE EXECUÇÃO. SENTENÇA EXEQUENDA OMISSA. INEXISTÊNCIA DE OFENSA À COISA JULGADA (conversão da Orientação Jurisprudencial nº 81 da SBDI-2) - Res. 137/2005 - DJ 22, 23 e 24.08.2005

**Os descontos previdenciários e fiscais devem ser efetuados pelo juízo executório, ainda que a sentença exequenda tenha sido omissa sobre a questão, dado o caráter de ordem pública ostentado pela norma que os disciplina**. A ofensa à coisa julgada somente poderá ser caracterizada na hipótese de o título exeqüendo,

---

**65.** A Emenda 20/98 incluiu o §3º, no artigo 114, da CRFB, posteriormente alterado pela Emenda 45/04.

**66.** Desde o advento da Lei 8.620/93, que alterou a redação dos artigos 43 e 44, da Lei 8.212/91, já existia a previsão legal da execução das contribuições previdenciárias pela Justiça do Trabalho, embora de duvidosa validade, pois não prevista constitucionalmente na época.

**67.** Comissão de Conciliação Prévia é aquela instituída na forma da Lei nº 9.958, de 12 de janeiro de 2000, no âmbito da empresa ou do sindicato representativo da categoria, podendo ser constituída por grupos de empresas ou ter caráter intersindical, com o objetivo de promover a conciliação preventiva do ajuizamento de demandas de natureza trabalhista.

expressamente, afastar a dedução dos valores a título de imposto de renda e de contribuição previdenciária. (ex-OJ nº 81 da SBDI-2 – inserida em 13.03.2002)".

No caso de condenação de empresa ao pagamento de verbas trabalhistas devidas ao prestador de serviços sem vínculo de emprego (contribuinte individual), a condenação deverá ser de 20% referente à cota da empresa e de 11% da parte do segurado.

Nesse sentido, a Orientação Jurisprudencial 398, da Seção de Dissídios Individuais 1 do TST:

"OJ-SDI1-398. CONTRIBUIÇÃO PREVIDENCIÁRIA. ACORDO HOMOLOGADO EM JUÍZO SEM RECONHECIMENTO DE VÍNCULO DE EMPREGO. CONTRIBUINTE INDIVIDUAL. RECOLHIMENTO DA ALÍQUOTA DE 20% A CARGO DO TOMADOR E 11% A CARGO DO PRESTADOR DE SERVIÇOS. (DEJT divulgado em 02, 03 e 04.08.2010)

Nos acordos homologados em juízo em que não haja o reconhecimento de vínculo empregatício, é devido o recolhimento da contribuição previdenciária, mediante a alíquota de 20% a cargo do tomador de serviços e de 11% por parte do prestador de serviços, na qualidade de contribuinte individual, sobre o valor total do acordo, respeitado o teto de contribuição. Inteligência do § 4º do art. 30 e do inciso III do art. 22, todos da Lei n.º 8.212, de 24.07.1991".

**As parcelas a título de contribuição previdenciária do trabalhador e do empregador, empresa ou equiparado, deverão ser discriminadas na sentença ou no acordo a ser homologado, sob pena de incidência sobre o valor total apurado na liquidação ou da avença,** devendo o recolhimento ser efetuado no mesmo prazo em que devam ser pagos os créditos encontrados em liquidação de sentença ou em acordo homologado, sendo que neste último caso o recolhimento será feito em tantas parcelas quantas as previstas no acordo, nas mesmas datas em que sejam exigíveis e proporcionalmente a cada uma delas.

**IMPORTANTE:**

Por força da **Lei 13.876/2019**, que inseriu o §3º-A no artigo 832 da CLT, a parcela referente às verbas de natureza remuneratória nas decisões trabalhistas não poderá ter como base de cálculo valor inferior: I - **ao salário-mínimo**, para as competências que integram o vínculo empregatício reconhecido na decisão cognitiva ou homologatória; ou II - à diferença entre a remuneração reconhecida como devida na decisão cognitiva ou homologatória e a efetivamente paga pelo empregador, cujo valor total referente a cada competência **não será inferior ao salário-mínimo**.

Dessa forma, desde 23 de setembro de 2019, o menor valor do salário de contribuição para fins de arrecadação de contribuição previdência no âmbito da Justiça do Trabalho é de 1 salário mínimo, inclusive no caso do segurado empregado.

O valor calculado deverá ainda ter a incidência de correção monetária e juros, sendo devidos desde o inadimplemento após a Lei 11.941/2009 (observada a noventena), que tornou clara a adoção do regime de competência, pois o fato gerador da contribuição previdenciária dar-se-á como o exercício do labor remunerado, e não com o pagamento da remuneração.

Este posicionamento foi firmado pelo TST no julgamento do E-RR nº 1125-36.2010.5.06.0171 em outubro de 2015, conforme noticiado no site da AGU:

**"Vitória obtida pela AGU deve garantir mais R$ 1,5 bilhão por ano para a Previdência**

**Publicado em: 21/10/15**

A Advocacia-Geral da União (AGU) obteve nesta terça-feira (20/10), no Tribunal Superior do Trabalho (TST), decisão favorável que deve assegurar mais R$ 1,5 bilhão por ano para os cofres da Previdência Social. Os advogados públicos convenceram o plenário do tribunal de que a empresa condenada no âmbito de ação trabalhista deve pagar juros sobre as contribuições previdenciárias não recolhidas desde o período da prestação dos serviços pelo trabalhador, e não somente a partir da liquidação de sentença, como entendia a jurisprudência até então.

A decisão favorável foi obtida por meio de embargos de divergência apresentados contra acórdão da 1ª Turma do TST que manteve o entendimento de que, como as contribuições só deveriam ser pagas após a condenação da empresa, a incidência dos juros só ocorreria após a liquidação da sentença. A decisão divergiu da posição adotada por outras turmas do tribunal e até da própria 1ª Turma, que já haviam reconhecido, durante o julgamento de outros casos, que os juros e a correção monetária deveriam ser aplicados em todo o período transcorrido entre a efetiva prestação do serviço por parte do trabalhador e a determinação judicial para o pagamento de dívidas trabalhistas.

A Advocacia-Geral lembrou que a redação dada pela Lei nº 11.941/09 ao artigo 43 da Lei nº 8.212/91 diz expressamente que os juros devem incidir a partir da efetiva prestação de serviço. "Se o atraso ocorreu, as penas incidem. Não importa quando nem como vai ocorrer o pagamento: se voluntariamente, se no curso de uma atuação fiscal ou em processo judicial", destacou a AGU em memorial encaminhado aos ministros do tribunal. "A norma aplicável ao cálculo da contribuição previdenciária é aquela em vigor no momento em que foi prestado o serviço, não importando se o pagamento se deu a posteriori por qualquer motivo, uma vez que o fato gerador já se consumara quando a remuneração passou a ser devida", completaram os advogados públicos.

Em sustentação oral realizada durante o julgamento, o diretor do Departamento de Contencioso da Procuradoria-Geral Federal, procurador federal Gustavo Augusto, argumentou, ainda, que manter o entendimento do acórdão recorrido beneficiaria indevidamente as empresas infratoras que não cumprem a legislação trabalhista em detrimento das que o fazem. Segundo o advogado público, a decisão possibilitaria a elas pagar anos depois da prestação do serviço, somente após o trânsito em julgado e liquidação de sentença, as verbas indevidamente sonegadas, como se a obrigação tivesse nascido apenas naquele momento. "Mas a sentença não cria o direito, apenas reconhece a violação da lei por aquele que deixou de pagar a contribuição previdenciária no prazo", afirmou.

Segundo a PGF, a tese não só tornaria muito mais vantajoso para as empresas sonegar as contribuições sociais obrigatórias como também estimularia a litigiosidade.

Os procuradores federais defenderam, também, que os valores correspondentes aos juros e à correção monetária das contribuições sociais não recolhidas aos cofres do INSS deveriam ser arcados somente pelo empregador irregular, e não pelo trabalhador, que também é vítima e não poderia ser responsabilizado pelo atraso.

Após empate em 12 a 12 nos votos do plenário, o vice-presidente do TST, ministro Ives Gandra da Silva Martins Filho, acolheu as teses apresentadas pela AGU e votou pela reforma do acórdão da 1ª Turma, inclusive no que diz respeito à responsabilidade exclusiva das empresas em relação aos juros devidos. O novo entendimento do tribunal tem impacto direto em grande parte das ações trabalhistas em curso no país. Além disso, a estimativa da PGF é de que o montante referente a contribuições recolhidas para a Previdência após sentenças da Justiça do Trabalho salte dos atuais R$ 4 bilhões para R$ 5,5 bilhões por ano.

Ref.: E-RR nº 1125-36.2010.5.06.0171 – TST".

**Na hipótese de o acordo ter sido celebrado depois de proferida a decisão de mérito, a contribuição será calculada com base no valor do acordo**, a teor do artigo 43, §5º, da Lei 8.212/91, incluído pela Lei 11.941/2009.

De acordo com entendimento do TST, este §5º abarca, inclusive, os **acordos homologados após o trânsito em julgado de sentença condenatória trabalhista**, pois a conciliação é objetivo a ser buscado pelo Poder Judiciário (CPC, art. 125, IV, e 448; CLT, art. 846), cabendo, no processo trabalhista, a qualquer momento (PROCESSO Nº TST-AIRR-9741-66.2007.5.03.0016, 3ª Turma, de 28/04/2010).

No entanto, **o acordo deverá respeitar a proporcionalidade entre as parcelas remuneratórias e as indenizatórias fixadas na decisão condenatória**, nos termos da **Orientação Jurisprudencial 376 do TST**, publicada em 19/04/2010:

> "OJ 376. CONTRIBUIÇÃO PREVIDENCIÁRIA. ACORDO HOMOLOGADO EM JUÍZO APÓS O TRÂNSITO EM JULGADO DA SENTENÇA CONDENATÓRIA. INCIDÊNCIA SOBRE O VALOR HOMOLOGADO. É devida a contribuição previdenciária sobre o valor do acordo celebrado e homologado após o trânsito em julgado de decisão judicial, respeitada a proporcionalidade de valores entre as parcelas de natureza salarial e indenizatória deferidas na decisão condenatória e as parcelas objeto do acordo".

Suponha-se que a sentença trabalhista condenou a empresa a pagar R$ 200.000,00 ao empregado, sendo R$ 100.000,00 de parcelas remuneratórias (sobre as quais incidem as contribuições previdenciárias) e R$ 100.000,00 de parcelas indenizatórias (que não integram o salário de contribuição). Neste caso, a proporcionalidade foi de 50% de verbas remuneratórias e de 50% de indenizatórias.

Nesse sentido, a Súmula 74 da AGU, de 21 de março de 2014:

> Súmula 74 – "Na Reclamação Trabalhista, quando o acordo for celebrado e homologado após o trânsito em julgado, a contribuição previdenciária incidirá sobre o valor do ajuste, respeitada a proporcionalidade das parcelas de natureza salarial e indenizatória deferidas na decisão condenatória."

Posteriormente, na execução, as partes entram em acordo para acelerar o processo e obtém homologação judicial da avença. O valor foi reduzido de R$ 200.000,00 para R$ 150.000,00. Neste caso, deverá ser mantida a proporção da sentença condenatória, incidindo a contribuição previdenciária sobre 50% do valor do acordo ulterior (R$ 75.000,00).

Contudo, neste caso, o termo que for lavrado não valerá como decisão irrecorrível para a Previdência Social quanto às contribuições que lhe forem devidas, na forma do artigo 831, parágrafo único, da CLT, pois os créditos tributários não poderão ser transacionados livremente por particulares à margem da primazia do interesse público.

A União será intimada pessoalmente (mediante a entrega dos autos com vista) das decisões homologatórias de acordos que contenham **parcela indenizatória**, facultada a interposição de recurso relativo aos tributos que lhe forem devidos[68], sendo representada pela Procuradoria-Geral Federal, órgão vinculado à Advocacia-Geral da União, que será intimado dos cálculos para concordância, impugnação ou recurso no prazo de 10 dias, sob pena de preclusão, a teor do artigo 879, §3º, da CLT, **não sendo necessária a inscrição do crédito em Dívida Ativa, entendimento ratificado pelo STJ**[69].

Inclusive, não será necessária a Certidão de Dívida Ativa para a habilitação do crédito previdenciário reconhecido pela Justiça do Trabalho em juízo falimentar:

---

**68.** Artigo 832, §4º, da CLT.

**69.** STJ, CAT 119, de 12.12.2001.

**"INFORMATIVO 530- DIREITO PROCESSUAL CIVIL. HABILITAÇÃO DE CRÉDITO PREVIDENCIÁRIO EM PROCESSO DE FALÊNCIA.**

**É desnecessária a apresentação de Certidão de Dívida Ativa (CDA) para habilitação, em processo de falência, de crédito previdenciário resultante de decisão judicial trabalhista.** Com efeito, a constituição do crédito tributário pela via administrativa do lançamento, da qual resulta a CDA, título executivo extrajudicial conforme o art. 585, VII, do CPC, não se confunde com o crédito materializado no título executivo judicial no qual foi reconhecida uma obrigação tributária, nascida com o fato gerador, cuja ocorrência se dá "na data da prestação do serviço" (art. 43, § 2º, da Lei n. 8.212/1991). Efetivamente, a sentença da justiça laboral que condena o empregador a uma obrigação de caráter trabalhista e, por consequência, reconhece a existência do fato gerador da obrigação tributária insere-se na categoria geral de sentença proferida no processo civil que reconhece a existência de obrigação de fazer, não fazer, entregar coisa ou pagar quantia (art. 475-N, CPC). Desse modo, a sentença consubstancia, ela própria, título executivo judicial no qual subjaz o crédito para a Fazenda Pública. REsp 1.170.750-SP, Rel. Min. Luis Felipe Salomão, julgado em 27/08/2013".

De acordo com a Secretaria da Receita Federal do Brasil, decorrem créditos previdenciários das decisões proferidas pelos Juízes e Tribunais do Trabalho que[70]:

"I – condenem o empregador ou tomador de serviços ao pagamento de remunerações devidas ao trabalhador, por direito decorrente dos serviços prestados ou de disposição especial de lei;

II – reconheçam a existência de vínculo empregatício entre as partes, declarando a prestação de serviços de natureza não eventual, pelo empregado ao empregador, sob a dependência deste e mediante remuneração devida, ainda que já paga à época, no todo ou em parte, e determinando o respectivo registro em CTPS;

III – homologuem acordo celebrado entre as partes antes do julgamento da reclamatória trabalhista, pelo qual fique convencionado o pagamento de parcelas com incidência de contribuições sociais para quitação dos pedidos que a originaram, ou o reconhecimento de vínculo empregatício em período determinado, com anotação do mesmo em CTPS;

IV – reconheçam a existência de remunerações pagas no curso da relação de trabalho, ainda que não determinem o registro em CTPS ou o lançamento em folha de pagamento".

De acordo com o TST, em decisão que se discorda inteiramente e que reflete a jurisprudência consolidada da Corte, as partes poderão definir a natureza indenizatória das parcelas discutidas em juízo, mesmo que postuladas na petição inicial parcelas remuneratórias:

**"RECURSO DE EMBARGOS INTERPOSTO DEPOIS DA EDIÇÃO DA LEI Nº 11.496/2007 – ACORDO HOMOLOGADO EM JUÍZO – DISCRIMINAÇÃO DAS PARCELAS INDENIZATÓRIAS – PARCELA CONTRIBUIÇÃO PREVIDENCIÁRIA INDEVIDA.** A jurisprudência desta Corte sedimentou o entendimento de que, havendo acordo entre as partes, com homologação em juízo, e sendo declarada a natureza indenizatória das parcelas, não se há de falar em incidência sobre estas de contribuição previdenciária. Não se pode vetar às partes a prerrogativa de transacionarem o pagamento de parcelas de natureza exclusivamente indenizatória, sobre as quais, reitere-se, não se há de falar em contribuição previdenciária, mesmo que, na petição inicial, se tenha postulado parcelas de caráter salarial, na forma do art. 584, inciso III, do CPC, com a redação emprestada pela Lei nº 10.358/2001, no qual consta a chancela da conciliação de, até mesmo, matéria não colocada em juízo. Assim, no acordo homologado não há a incidência das contribuições previdenciárias". E-RR- 246100-72.2004.5.02.0013, Relator Ministro Luiz Philippe Vieira de Mello Filho, DEJT de 21/05/2010 (Subseção I Especializada em Dissídios Individuais).

A Advocacia-Geral da União, por sua vez, editou em 03 de dezembro de 2012 súmula com o mesmo entendimento:

"**Súmula 67** – Na Reclamação Trabalhista, até o trânsito em julgado, as partes são livres para discriminar a natureza das verbas objeto do acordo judicial para efeito do cálculo da contribuição previdenciária, mesmo que tais valores não correspondam aos pedidos ou à proporção das verbas salariais constantes da petição inicial.[71]"

Ora, não poderiam as partes em processo trabalhista ter a prerrogativa de definir a natureza jurídica de uma parcela postulada. Se a verba é remuneratória não poderiam os litigantes tomá-la como indenizatória, a fim de elidir ilegalmente a incidência da contribuição

**70.** Artigo 72, da Instrução Normativa RFB 2.110/2022.

**71.** Legislação Pertinente: Art. 43, § 1º da Lei nº 8.212, de 24 de julho de 1991, com a redação da Lei nº 11.941, de 27 de maio de 2009, e art. 475N, do Código de Processo Civil. Precedentes: Tribunal Superior do Trabalho: E-RR – 3021/2003-005-12-00, Relator Ministro Carlos Alberto Reis de Paulo, DEJT de 07/11/2008; E-RR- 246100-72.2004.5.02.0013, Relator Ministro Luiz Philippe Vieira de Mello Filho, DEJT de 21/05/2010 (Subseção I Especializada em Dissídios Individuais); RR – 946/2003-003-22-00, Relator Ministro Lélio Bentes Corrêa, DEJT de 29/05/2009 (1ª Turma); RR – 880/1997-244-01-00, Relator Ministro Vantuil Abdalla, DEJT de 07/08/2009 (2ª Turma); RR – 1043/2006-451-01-00, Relator Ministro Douglas Alencar Rodrigues, DEJT de 14/08/2009 (3ª Turma); RR – 3355/2002-241-01-00, Relator Ministro Barros Levenhagen, DEJT de 14/08/2009 (4ª Turma); AIRR – 687/2005-01-04-40, Relatora Ministra Kátia Magalhães Arruda, DEJT de 13/02/2009 (5ª Turma); RR – 766/2004-451-01-00, Relator Ministro Aloysio Corrêa da Veiga, DEJT de 22/05/2009 e RR 1460/1994-023-02-40, Relator Ministro Maurício Godinho Delgado, DEJT de 16/10/2009 (6ª Turma); RR – 819/2008-002-18-00, Relatora Ministra Maria Cristina Irigoyen Peduzzi, DEJT de 13/11/2009 e RR – 1496/2005-332-02-00, Relatora Ministra Dora Maria da Costa, DEJT de 13/11/2009 (8ª Turma).

previdenciária, transacionando com os tributos que não lhe pertencem.

Entendimentos dessa natureza viabilizam os acordos com o sacrifício ilegítimo das contribuições previdenciárias necessárias ao abastecimento do Fundo do Regime Geral de Previdência Social.

Entende-se que a própria Advocacia-Geral da União, se não o fez, deveria ter forçado a manifestação do STF a respeito, pois os precedentes que ensejaram a Súmula 67 são apenas da lavra do TST.

Conquanto a responsabilidade pelo pagamento das contribuições previdenciárias do trabalhador seja do empregador, ante a presunção de recolhimento que milita em favor dos empregados, avulsos e contribuintes individuais prestadores de serviços, a orientação jurisprudencial do **TST**, cristalizada na **Súmula 368**:

***Súmula nº 368 do TST***

**DESCONTOS PREVIDENCIÁRIOS. IMPOSTO DE RENDA. COMPETÊNCIA. RESPONSABILIDADE PELO RECOLHIMENTO. FORMA DE CÁLCULO. FATO GERADOR (aglutinada a parte final da Orientação Jurisprudencial nº 363 da SBDI-I à redação do item II e incluídos os itens IV, V e VI em sessão do Tribunal Pleno realizada em 26.06.2017) - Res. 219/2017, republicada em razão de erro material - DEJT divulgado em 12, 13 e 14.07.2017**

I - A Justiça do Trabalho é competente para determinar o recolhimento das contribuições fiscais. A competência da Justiça do Trabalho, quanto à execução das contribuições previdenciárias, limita-se às sentenças condenatórias em pecúnia que proferir e aos valores, objeto de acordo homologado, que integrem o salário de contribuição. (ex-OJ nº 141 da SBDI-1 - inserida em 27.11.1998).

II - É do empregador a responsabilidade pelo recolhimento das contribuições previdenciárias e fiscais, resultantes de crédito do empregado oriundo de condenação judicial. A culpa do empregador pelo inadimplemento das verbas remuneratórias, contudo, não exime a responsabilidade do empregado pelos pagamentos do imposto de renda devido e da contribuição previdenciária que recaia sobre sua quota-parte. (ex-OJ nº 363 da SBDI-1, parte final)

III – Os descontos previdenciários relativos à contribuição do empregado, no caso de ações trabalhistas, devem ser calculados mês a mês, de conformidade com o art. 276, § 4º, do Decreto n º 3.048/1999 que regulamentou a Lei nº 8.212/1991, aplicando-se as alíquotas previstas no art. 198, observado o limite máximo do salário de contribuição (ex-OJs nºs 32 e 228 da SBDI-1 – inseridas, respectivamente, em 14.03.1994 e 20.06.2001).

IV - Considera-se fato gerador das contribuições previdenciárias decorrentes de créditos trabalhistas reconhecidos ou homologados em juízo, para os serviços prestados até 4.3.2009, inclusive, o efetivo pagamento das verbas, configurando-se a mora a partir do dia dois do mês seguinte ao da liquidação (art. 276, "*caput*", do Decreto nº 3.048/1999). Eficácia não retroativa da alteração legislativa promovida pela Medida Provisória nº 449/2008, posteriormente convertida na Lei nº 11.941/2009, que deu nova redação ao art. 43 da Lei nº 8.212/91.

V - Para o labor realizado a partir de 5.3.2009, considera-se fato gerador das contribuições previdenciárias decorrentes de créditos trabalhistas reconhecidos ou homologados em juízo a data da efetiva prestação dos serviços. Sobre as contribuições previdenciárias não recolhidas a partir da prestação dos serviços incidem juros de mora e, uma vez apurados os créditos previdenciários, aplica-se multa a partir do exaurimento do prazo de citação para pagamento, se descumprida a obrigação, observado o limite legal de 20% (art. 61, § 2º, da Lei nº 9.430/96).

VI – O imposto de renda decorrente de crédito do empregado recebido acumuladamente deve ser calculado sobre o montante dos rendimentos pagos, mediante a utilização de tabela progressiva resultante da multiplicação da quantidade de meses a que se refiram os rendimentos pelos valores constantes da tabela progressiva mensal correspondente ao mês do recebimento ou crédito, nos termos do art. 12-A da Lei nº 7.713, de 22/12/1988, com a redação conferida pela Lei nº 13.149/2015, observado o procedimento previsto nas Instruções Normativas da Receita Federal do Brasil.

Caso a sentença trabalhista tenha discriminado o recolhimento de contribuições previdenciárias indevidas ou além do valor correto, **a Justiça Laboral não detém competência para julgar a ação de repetição do indébito tributário, e sim a Justiça Federal, conforme vários entendimentos do STJ**[72], incidindo a regra geral do artigo 109, inciso I, da Constituição Federal.

Este também é o entendimento do TST:

"AGRAVO DE INSTRUMENTO – VIOLAÇÃO DO ART. 109, I, DA CF – PROVIMENTO. Diante da constatação de violação do art. 109, I, da CF, dá-se provimento ao agravo de instrumento para determinar o processamento do recurso de revista. Agravo de instrumento provido. II) RECURSO DE REVISTA – AÇÃO DE REPETIÇÃO DE INDÉBITO – ART. 109, I, DA CF – INCOMPETÊNCIA DA JUSTIÇA DO TRABALHO. 1. O art. 114 da Constituição Federal, alterado com a Emenda Constitucional 45/04, que promoveu a reforma do Poder Judiciário e ampliou a competência da Justiça do Trabalho, atribui à referida Justiça Especializada a competência para processar e julgar, entre outras questões, as -ações oriundas – e -outras controvérsias decorrentes da relação de trabalho-. **2. No entanto, consoante o disposto no art. 109, I, da Constituição Federal, verifica-se que esta Justiça Especializada não tem competência para atuar como instância julgadora sobre a contribuição previdenciária, não podendo processar, muito menos julgar, ação de repetição do indébito movida contra a autarquia previdenciária, cuja competência jurisdicional é da Justiça Federal.** 3. Nesse contexto, o recurso alcança conhecimento, por violação do art. 109, I, da CF, e consequente provimento, tendo em vista que a decisão

**72.** CC 98.476, de 26.11.2008 – CC 56.946, de 08.08.2007.

regional entendeu que a Justiça do Trabalho era competente para apreciar a ação de repetição de indébito referente a contribuição previdenciária. Recurso de revista parcialmente conhecido e provido. (Processo: RR – 558-97.2010.5.18.0000 Data de Julgamento: 10/08/2010, Relatora Juíza Convocada: Maria Doralice Novaes, 7ª **Turma**, Data de Publicação: **DEJT 13/08/2010**".

Apesar da omissão legal, é possível que a sentença trabalhista fixe o pagamento de contribuições previdenciárias já objeto de cobrança pela Secretaria da Receita Federal no Brasil em sede administrativa, ou mesmo em executivo fiscal ajuizado pela União na Justiça Federal, devendo naturalmente se operar o respectivo abatimento das parcelas pagas na Justiça do Trabalho.

Frise-se que **a arrecadação trabalhista das contribuições previdenciárias, por si só, não vinculará o INSS a reconhecer o tempo de contribuição respectivo**, pois algumas vezes trata-se de acordo fruto de lide simulada homologado em Juízo, com o propósito de gerar a concessão de benefícios previdenciários irregulares.

Ademais, a coisa julgada é ineficaz perante o INSS, que não foi parte no processo, sendo necessário o início de prova material não suprível com meros testemunhos, razão pela qual a sentença trabalhista apenas valerá como começo de prova para o INSS quando fundamentada em documentos, conforme determina o artigo 55, §3º, da Lei 8.213/91.

Nesse sentido, o STJ:

"AGRAVO REGIMENTAL. PREVIDENCIÁRIO. RECONHECIMENTO DE TEMPO DE SERVIÇO. SENTENÇA TRABALHISTA DESACOMPANHADA DE DOCUMENTAÇÃO A EVIDENCIAR A ATIVIDADE LABORATIVA. INÍCIO DE PROVA MATERIAL NÃO CARACTERIZADA. MATÉRIA PACÍFICA.

1. A jurisprudência desta Corte é pacífica no sentido de que a sentença trabalhista pode ser considerada como início de prova material, mostrando-se hábil para a determinação do tempo de serviço previsto no artigo 55, § 3º, da Lei nº 8.213/1991, desde que fundada em elementos que evidenciem o exercício da atividade laborativa na função e períodos alegados na ação previdenciária, ainda que o INSS não tenha integrado a respectiva lide.

**2. *In casu*, a decisão da Justiça do Trabalho não serve como prova apta a autorizar o reconhecimento do alegado tempo de serviço, pois inexistentes quaisquer documentos a evidenciar o exercício da atividade laborativa** (AgRg no **REsp 1.053.909, de 19.08.2008**)."

"PROCESSUAL CIVIL E PREVIDENCIÁRIO. AGRAVO REGIMENTAL NO RECURSO ESPECIAL. VIOLAÇÃO DO ART. 472 DO CPC. SÚMULA 282/STF. PENSÃO POR MORTE. REVISÃO DA RMI. CÁLCULO COM BASE NA REMUNERAÇÃO DO SEGURADO RECONHECIDA EM RECLAMAÇÃO TRABALHISTA. POSSIBILIDADE. PRECEDENTES DO STJ. AGRAVO REGIMENTAL A QUE SE NEGA PROVIMENTO.

1. Cinge-se a controvérsia em saber se as anotações na CTPS, obtidas mediante sentença da Justiça Trabalhista, constituem ou não início de prova material, apta a legitimar a revisão da RMI da pensão por morte recebida pelos recorridos.

2. No tocante à alegada violação do art. 472 do CPC, o tema não foi prequestionado, o Tribunal a quo sequer enfrentou o artigo, implicitamente. Recai ao ponto a Súmula 282/STF.

**3. A jurisprudência do STJ é firme no sentido de que a sentença trabalhista pode ser considerada como início de prova material, sendo apta a comprovar o tempo de serviço prescrito no artigo 55, §3º da Lei 8.213/91, desde que fundamentada em elementos que demonstrem o exercício da atividade laborativa nos períodos alegados, como no caso**" (STJ, 2ª Turma, AgRg no REsp 1307703, de 03/05/2012).

Logo, a **Súmula 31 da TNU**, ao dispor que "a anotação na CTPS decorrente de sentença trabalhista homologatória constitui início de prova material para fins previdenciários", deverá ser interpretada de acordo com a legislação previdenciária, pois deverá estar lastreada em início de prova material.

Mas se verificou, a partir do ano de 2016, que o STJ vem promovendo uma distinção nas decisões trabalhistas, passando a acatar como prova material para subsidiar as revisionais previdenciárias as sentenças fruto de instrução probatória.

"1. É firme a orientação desta Corte de que a sentença trabalhista será admitida como início de prova material, caso ela tenha sido fundada em outros elementos de prova que evidenciem o labor exercido na função e período alegado pelo segurado. Precedentes: AgRg no AREsp. 789.620/PE, Rel. Min. DIVA MALERBI, DJe 26.2.2016; AgRg no AREsp. 359.425/PE, Rel. Min. REGINA HELENA COSTA, DJe 5.8.2015; AgRg no REsp. 1.427.277/PR, Rel. Min. HERMAN BENJAMIN, DJe 15.4.2014; REsp. 1.427.988/PR, Rel. Min. SÉRGIO KUKINA, DJe 9.4.2014. **2. Como visto, no caso dos autos, o tempo de trabalho reconhecido na Justiça do Trabalho, foi confirmado pela prova testemunhal colhida em juízo, o direito ao benefício na maneira como requerido; neste caso, impende frisar que, na instância Trabalhista o tempo de trabalho averbado ao Trabalhador foi apoiado em prova judicial** (AgRg no AREsp 833569, 1ª Turma, de 22/9/2016).

Por outro lado, meras sentenças trabalhistas homologatórias de acordo em que inexiste prova material contemporânea no processo trabalhista não vêm sendo aceitas:

"1. 'A jurisprudência desta Corte é firme no sentido de que a sentença trabalhista homologatória de acordo só pode ser considerada como início de prova material se fundada em elementos que demonstrem o labor exercido na função e os períodos alegados pelo trabalhador, sendo, dessa forma, apta a comprovar o tempo de serviço enunciado no art. 55, § 3º, da Lei n. 8.213/91. Na hipótese dos autos, contudo, segundo consta no acórdão recorrido, não houve instrução probatória, nem exame de mérito da demanda trabalhista que demonstre o efetivo exercício da atividade laboral". (STJ, AgRg no REsp 1.402.671/PE, Rel. Ministro Humberto Martins, Segunda Turma, DJe de 25.10.2013). 2. O Tribunal a quo decidiu de acordo com jurisprudência do STJ, de modo que se aplica à espécie o enunciado da Súmula 83/STJ. 3. Agravo Regimental não provido (AgRg no AREsp 817763, 2ª Turma, de 1/3/2016).

No julgamento do **PUIL 293, em 14/12/2022**, a 1ª Seção do STJ consolidou posição no sentido de que a sentença trabalhista meramente homologatória de acordo, por si só, não configura prova material contemporânea para fins do artigo 55, §3º, da Lei 8.213/91 com o objetivo de reconhecimento de vínculo de emprego, quando desacompanhada de documento produzindo durante a relação de emprego: ***"A sentença trabalhista homologatória de acordo somente será considerada início válido de prova material, para os fins do art. 55, § 3º, da Lei 8.213/91, quando fundada em elementos probatórios contemporâneos dos fatos alegados, aptos a evidenciar o exercício da atividade laboral, o trabalho desempenhado e o respectivo período que se pretende ter reconhecido, em ação previdenciária."***

Veja-se o acórdão integral:

**PROCESSO**

**PUIL 293** / PR

**PEDIDO DE UNIFORMIZAÇÃO DE INTERPRETAÇÃO DE LEI**

2014/0052438-6

**RELATOR**

Ministro OG FERNANDES (1139)

**RELATORA PARA ACÓRDÃO**

Ministra ASSUSETE MAGALHÃES (1151)

**ÓRGÃO JULGADOR**

S1 - PRIMEIRA SEÇÃO

**DATA DO JULGAMENTO**

14/12/2022

**DATA DA PUBLICAÇÃO/FONTE**

DJe 20/12/2022

**EMENTA**

PREVIDENCIÁRIO. PEDIDO DE UNIFORMIZAÇÃO DE INTERPRETAÇÃO DE LEI FEDERAL, DIRIGIDO AO STJ. JUIZADO ESPECIAL FEDERAL. ART. 14, § 4º, DA LEI 10.259/2001. PENSÃO POR MORTE. SENTENÇA TRABALHISTA MERAMENTE HOMOLOGATÓRIA DE ACORDO. ART. 55, § 3º, DA LEI 8.213/91. INÍCIO DE PROVA MATERIAL CONTEMPORÂNEA DOS FATOS ALEGADOS. NECESSIDADE. PRECEDENTES DO STJ. TESE JURÍDICA FIRMADA. PEDIDO DE UNIFORMIZAÇÃO DE INTERPRETAÇÃO DE LEI ACOLHIDO.

I. Trata-se de Pedido de Uniformização de Interpretação de Lei, fundamentado no art. 14, § 4º, da Lei 10.259/2001, apresentado pelo Instituto Nacional do Seguro Social - INSS, em face de acórdão da Turma Nacional de Uniformização dos Juizados Especiais Federais, no qual se discute a validade da sentença trabalhista, meramente homologatória de acordo, como início de prova material, na forma do art. 55, § 3º, da Lei 8.213/91.

II. A jurisprudência do Superior Tribunal de Justiça, no âmbito da Primeira e da Segunda Turmas, é firme no sentido de que "a sentença trabalhista somente será admitida como início de prova material caso ela tenha sido fundada em outros elementos de prova que evidenciem o labor exercido na função e no período alegado pelo Segurado. (...) Nos termos do art. 55, § 3º, da Lei 8.213/1991, a comprovação do tempo de serviço, para os efeitos dessa lei, inclusive mediante justificação administrativa ou judicial, só produzirá efeito quando baseada em indício de prova material, não sendo admitida prova exclusivamente testemunhal, salvo na ocorrência de motivo de força maior ou caso fortuito" (STJ, AgInt no AREsp 1.078.726/PE, Rel. Ministro NAPOLEÃO NUNES MAIA FILHO, PRIMEIRA TURMA, DJe de 01/10/2020). Em igual sentido: "A jurisprudência desta Corte está firmada no sentido de que a sentença trabalhista pode ser considerada como início de prova material, desde que prolatada com base em elementos probatórios capazes de demonstrar o exercício da atividade laborativa, durante o período que se pretende ter reconhecido na ação previdenciária. Na espécie, ao que se tem dos autos, a sentença trabalhista está fundada apenas nos depoimentos das partes, motivo pelo qual não se revela possível a sua consideração como início de prova material para fins de reconhecimento da qualidade de segurado do instituidor do benefício e, por conseguinte, como direito da parte autora à pensão por morte" (STJ, AgInt no AREsp 1.405.520/SP, Rel. Ministro SÉRGIO KUKINA, PRIMEIRA TURMA, DJe de 12/11/2019). Adotando igual orientação: "Ação Trabalhista. Homologação de acordo. Necessidade de início de prova material. (...) O uso de sentença trabalhista homologatória de acordo como início de prova material somente é aceito por este Superior Tribunal quando referida decisão estiver fundamentada em elementos de prova" (STJ, AgInt no REsp 1.411.870/PR, Rel. Ministro OG FERNANDES, SEGUNDA TURMA, DJe de 11/09/2017); "Pensão por morte. Art. 55, § 3º, da Lei n. 8.213/1991. Sentença homologatória de acordo trabalhista. Inexistência, no caso, de elementos que evidenciem o período trabalhado e a função exercida. Ausência de outra prova material. A sentença homologatória de acordo trabalhista é admitida como início de prova material para fins previdenciários, mesmo que o INSS não tenha participado da lide laboral, desde que contenha elementos que evidenciem o período trabalhado e a função exercida pelo trabalhador, o que não ocorreu no caso dos autos" (STJ, AgInt no AREsp 529.963/RS, Rel. Ministro BENEDITO GONÇALVES, PRIMEIRA TURMA, DJe de 28/02/2019). Outros precedentes, inter plures: STJ, AgInt nos EDcl no AREsp 1.917.056/SP, Rel. Ministro MANOEL ERHARDT (Desembargador Federal convocado do TRF/5ª Região), PRIMEIRA TURMA, DJe de 25/05/2022; RCD no AREsp 886.650/SP, Rel. Ministro HUMBERTO MARTINS, SEGUNDA TURMA, DJe de 25/05/2016; EREsp 616.242/RN, Rel. Ministra LAURITA VAZ, TERCEIRA SEÇÃO, DJU de 24/10/2005.

III. O entendimento firmado no STJ está fundamentado na circunstância de que, não havendo instrução probatória, com início de prova material, tampouco exame de mérito da demanda trabalhista - a demonstrar, efetivamente, o exercício da atividade laboral, apontando o trabalho desempenhado, no período correspondente -, não haverá início válido de prova material, apto à comprovação de tempo de serviço, na forma do art. 55, § 3º, da Lei 8.213/91.

IV. A Súmula 149/STJ dispõe que "a prova exclusivamente testemunhal não basta a comprovação da atividade rurícola, para efeito da obtenção de benefício previdenciário".

V. O art. 55, § 3º, da Lei 8.213/91 - que estabelece norma especial, com regramento específico para a prova do tempo de serviço no RGPS - teve a sua constitucionalidade reconhecida pelo STF: "A teor do disposto no § 3º do artigo 55 da Lei nº 8.213/91, o tempo de serviço há de ser relevado mediante início de prova documental, não sendo admitida, exceto ante motivo de força maior ou caso fortuito, a exclusivamente testemunhal. Decisão em tal sentido não vulnera os preceitos do artigo 5º, incisos LV e LVI, 6º e 7º, inciso XXIV, da Constituição Federal" (STF, RE 226.772-4/SP, Rel. Ministro MARCO AURÉLIO, SEGUNDA TURMA, DJU de 06/10/2000).

VI. O § 3º do art. 55 da Lei 8.213/91 - que exige início de prova material para comprovação do tempo de serviço, não admitindo, para tal fim, a prova exclusivamente testemunhal, "exceto na ocorrência de motivo de força maior ou caso fortuito, na forma prevista no regulamento" - teve a sua redação alterada pela Lei 13.846/2019, que acrescentou a exigência de início de prova material contemporânea dos fatos.

VII. A jurisprudência desta Corte, embora não exija que o documento apresentado como início de prova material abranja todo o lapso controvertido, considera indispensável a sua contemporaneidade com os fatos alegados, devendo, assim, corresponder, pelo menos, a uma fração do período alegado, corroborado por idônea e robusta prova testemunhal, que amplie sua eficácia probatória. Nesse sentido: STJ, AgInt no AREsp 1.562.302/AM, Rel. Ministro NAPOLEÃO NUNES MAIA FILHO, PRIMEIRA TURMA, DJe de 04/06/2020; AREsp 1.550.603/PR, Rel. Ministro HERMAN BENJAMIN, SEGUNDA TURMA, DJe de 11/10/2019; REsp 1.768.801/PR, Rel. Ministro HERMAN BENJAMIN, SEGUNDA TURMA, DJe de 16/11/2018.

VIII. Em regra, a sentença trabalhista homologatória de acordo não é, por si só, contemporânea dos fatos que provariam o tempo de serviço, referindo-se ela a fatos pretéritos, anteriores à sua prolação, e, nessa medida, não atende ao art. 55, § 3º, da Lei 8.213/91, que exige início de prova material contemporânea dos fatos, e não posterior a eles.

IX. Tese jurídica firmada: "A sentença trabalhista homologatória de acordo somente será considerada início válido de prova material, para os fins do art. 55, § 3º, da Lei 8.213/91, quando fundada em elementos probatórios contemporâneos dos fatos alegados, aptos a evidenciar o exercício da atividade laboral, o trabalho desempenhado e o respectivo período que se pretende ter reconhecido, em ação previdenciária."

X. Caso concreto em que a Turma Nacional de Uniformização, ao manter o reconhecimento do direito à pensão por morte, com fundamento, ao que se infere dos autos, em sentença trabalhista meramente homologatória de acordo, divergiu da tese e do entendimento ora firmados. Nesse contexto, devem os autos retornar à origem, para que se prossiga na análise do pedido da parte autora, à luz da tese ora firmada, mesmo porque não consta do processo a sentença trabalhista homologatória de acordo, não se podendo afirmar, com certeza, que nela não se produziu "início de prova material contemporânea dos fatos" alegados, na forma do art. 55, § 3º, da Lei 8.213/91.

XI. Pedido de Uniformização de Interpretação de Lei acolhido, devendo os autos retornar à origem, para que se prossiga na análise do pedido da parte autora, à luz da tese ora firmada.

A questão foi afetada como repetitivo pelo E. STJ no **Tema 1188**, mas com maior abrangência, pois inclui as decisões trabalhistas em que não houve acordo entre as partes, sendo determinada a **suspensão da tramitação de todos os processos que versem sobre a mesma matéria e tramitem no território nacional**, nos termos do art. 1.037, II, do CPC/2015:

**Tema Repetitivo 1188**

**Situação**

**Afetado**

**Órgão julgador**

PRIMEIRA SEÇÃO

**Ramo do direito**

DIREITO PREVIDENCIÁRIO

**Questão submetida a julgamento**

Definir se a sentença trabalhista, assim como a anotação na CTPS e demais documentos dela decorrentes, constitui início de prova material para fins de reconhecimento de tempo de serviço.

**Anotações NUGEPNAC**

Dados parcialmente recuperados via sistema Athos - AGU.

Afetação na sessão eletrônica iniciada em 12/4/2023 e finalizada em 18/4/2023 (Primeira Seção).

**Vide Controvérsia n. 411/STJ.**

**Informações Complementares**

Há determinação de suspensão da tramitação de todos os processos que versem sobre a mesma matéria e tramitem no território nacional, nos termos do art. 1.037, II, do CPC/2015.

?

REsp 1938265/MG

**Tribunal de Origem**

TRF1

**RRC**

Sim

**Relator**

BENEDITO GONÇALVES

**Embargos de Declaração**

-

**Afetação**

26/04/2023

**Julgado em**

-

**Trânsito em Julgado**

-

**Acórdão publicado em**

-

REsp 2056866/SP

**Tribunal de Origem**

TRF3

**RRC**

Sim

**Relator**

BENEDITO GONÇALVES

**Embargos de Declaração**

-

**Afetação**

26/04/2023

De acordo com a atual posição da TNU, "em suma a reclamatória trabalhista será válida como início de prova material em duas situações: (1) fundada em documentos que sinalizem o exercício da atividade laborativa na função e períodos alegados, ou (2) ajuizada imediatamente após o término do labor, antes da ocorrência da prescrição que impede ao reclamante obter direitos trabalhistas perante o empregador, consoante o art. 7º, inciso XXIX da CF/88" (processo 2012.50.50.002501-9, de 17/8/2016).

A apresentação pelo filiado da decisão judicial em inteiro teor, com informação do trânsito em julgado e a planilha de cálculos dos valores devidos homologada pelo Juízo que levaram a Justiça do Trabalho a reconhecer o tempo de contribuição ou homologar o acordo realizado não exime o INSS de confrontar tais informações com aquelas existentes nos sistemas corporativos disponíveis na Previdência Social para fins de validação do tempo de contribuição.

Todavia, na hipótese de ação trabalhista que busque apenas a complementação de remuneração do empregado, o INSS vem dispensando administrativamente que a sentença trabalhista seja fundamentada em início de prova material.

De efeito, tratando-se de ação trabalhista transitada em julgado envolvendo apenas a complementação de salários de contribuição de vínculo empregatício devidamente comprovado, não será exigido início de prova material, independente de existência de recolhimentos correspondentes.

Da mesma forma, tratando-se de reclamatória trabalhista que determine a reintegração do empregado, para a contagem do tempo de contribuição e o reconhecimento de direitos para os fins previstos no RGPS, não será exigido início de prova material, caso comprovada a existência do vínculo anteriormente.

Nesse sentido, eis a transcrição da Instrução Normativa INSS 128/2022:

> Art. 172. A reclamatória trabalhista transitada em julgado restringe-se à garantia dos direitos trabalhistas e, por si só, não produz efeitos para fins previdenciários, sendo que para a contagem do tempo de contribuição e o reconhecimento de direitos para os fins previstos no RGPS, considerando o disposto na Seção XVII deste Capítulo, a análise do processo pelo INSS deverá observar:
>
> I - a existência de início de prova material, observado o disposto no art. 571;
>
> II - o início de prova referido no inciso I deve constituir-se de documentos contemporâneos juntados ao processo judicial trabalhista ou no requerimento administrativo e que possibilitem a comprovação dos fatos alegados;
>
> III - observado o disposto no inciso I, os valores de remunerações constantes da reclamatória trabalhista transitada em julgado, salvo o disposto no § 4º deste artigo, serão computados, **independentemente de início de prova material**, ainda que não tenha havido o recolhimento das contribuições devidas à Previdência Social, respeitados os limites máximo e mínimo de contribuição; e
>
> IV - tratando-se de reclamatória trabalhista transitada em julgado envolvendo apenas a complementação de remuneração de vínculo empregatício devidamente comprovado, **não será exigido início de prova material**, independentemente de existência de recolhimentos correspondentes.
>
> § 1º A apresentação pelo filiado da decisão judicial em inteiro teor, com informação do trânsito em julgado e a planilha de cálculos dos valores devidos homologada pelo Juízo que levaram a Justiça do Trabalho a reconhecer o tempo de contribuição ou homologar o acordo realizado, na forma do inciso I, não exime o INSS de confrontar

tais informações com aquelas existentes nos sistemas corporativos disponíveis na Previdência Social para fins de validação do tempo de contribuição.

§ 2º O cálculo de recolhimento de contribuições devidas por empregador doméstico em razão de determinação judicial em reclamatória trabalhista, bem como as contribuições efetuadas por Guia da Previdência Social - GPS, no código "1708 - Recolhimento de Reclamatória Trabalhista - NIT/PIS/PASEP/NIS", não dispensam a obrigatoriedade de solicitação ao INSS, pelo empregado doméstico, de inclusão de vínculo com vistas à atualização de informações no CNIS até setembro de 2015, já que as informações a partir de 1º de outubro de 2015 devem ser oriundas do sistema eSocial, mediante registros de eventos eletrônicos determinados pela Justiça Trabalhista ao empregador doméstico.

§ 3º Os recolhimentos efetuados indevidamente pelos empregadores, salvo os empregadores domésticos, por GPS, no código "1708 - Recolhimento de Reclamatória Trabalhista - NIT/PIS/PASEP/NIS", não são considerados pelo INSS, tendo em vista que os empregadores estão obrigados às informações de GFIP, com código e característica específica relativa à reclamatória trabalhista, conforme previsto no Manual da GFIP, sendo que os recolhimentos previdenciários são efetuados por GPS no código "2909 - Reclamatória Trabalhista - CNPJ" ou "2801 - Reclamatória Trabalhista - CEI".

§ 4º O disposto nos incisos III e IV não se aplica ao contribuinte individual, para período até a competência março de 2003 e, a partir da competência abril de 2003, nos casos de prestação de serviço o contratante fica desobrigado de efetuar o desconto da contribuição, nem ao empregado doméstico, para competências anteriores a junho de 2015.

§ 5º O período de remuneração anterior a junho de 2015 relativo ao vínculo de empregado doméstico será considerado no CNIS somente quando existir efetivo recolhimento da contribuição por meio de GPS no código "1708 - Recolhimento de Reclamatória Trabalhista - NIT/PIS/PASEP/NIS", conforme § 2º e observado o § 3º, motivo pelo qual não há possibilidade de inserção de remuneração pelo INSS no CNIS nessa situação.

Art. 173. Tratando-se de reclamatória trabalhista que determine a reintegração do empregado, para a contagem do tempo de contribuição e o reconhecimento de direitos para os fins previstos no RGPS, considerando o disposto na Seção XVII deste Capítulo, deverá ser observado:

I - apresentação de cópia do processo de reintegração com trânsito em julgado ou certidão de inteiro teor emitida pelo órgão onde tramitou o processo judicial; e

II - não será exigido início de prova material, caso comprovada a existência do vínculo anteriormente.

Parágrafo único. Sem prejuízo do disposto neste artigo, a partir do eSocial as informações relativas à reintegração deverão ser efetuadas pelos empregadores nesse sistema.

Vale salientar que inexiste competência para a Justiça do Trabalho determinar que o INSS averbe tempo de serviço ou de contribuição, conforme decidido pelo TST:

> "RECURSO DE REVISTA. INCOMPETÊNCIA DA JUSTIÇA DO TRABALHO. AVERBAÇÃO DE TEMPO DE SERVIÇO DE PERÍODO DE TRABALHO RECONHECIDO EM JUÍZO PARA EFEITOS PREVIDENCIÁRIOS. **É da competência da Justiça Federal, nos termos do artigo 109, I e § 3º, da CF, a averbação do tempo de serviço relativo a vínculo empregatício reconhecido em juízo, para fins previdenciários, visto que tal competência não se encontra taxativamente prevista no artigo 114 da CF, tampouco existe legislação em vigor que fixe a competência desta Justiça Especializada para determinar tal averbação.** Recurso de revista conhecido e provido. (Processo: RR – 138700-43.2007.5.15.0009 Data de Julgamento: 24/11/2010, Relatora Ministra: Dora Maria da Costa, 8ª Turma, Data de Publicação: **DEJT 26/11/2010**)."

De efeito, quando se tratar de ofício da Justiça do Trabalho determinando a inclusão, exclusão, alteração ou ratificação de vínculos e remunerações e a averbação de tempo de contribuição ou outra determinação decorrente de reclamatória trabalhista, o documento deverá ser encaminhado à Procuradoria do INSS local para conhecimento e adoção das medidas cabíveis[73], ante a manifesta incompetência da Justiça Laboral para fazê-lo.

## 10. PARCELAMENTO

As regras de parcelamento das contribuições previdenciárias (e das contribuições para a seguridade social como um todo) constavam do artigo 38, da Lei 8.212/91, que foi revogado pela Lei 11.941/2009.

Agora, incidirão as regras gerais para os tributos da União trazidas pelos artigos 10 a 16, da Lei 10.522/2002, sendo possível o parcelamento em até 60 parcelas mensais, condicionado ao pagamento da primeira parcela, com previsão de garantia real ou fidejussória, caso o débito esteja inscrito em Dívida Ativa, sendo admitida a fiança bancária.

**O pedido de parcelamento deferido constitui confissão de dívida e instrumento hábil e suficiente para a exigência do crédito tributário**, podendo a exatidão dos valores parcelados ser objeto de verificação, cabendo ao devedor, enquanto o pedido estiver pendente de deferimento, recolher, a cada mês, como antecipação, valor correspondente a uma parcela.

O valor de cada prestação mensal, por ocasião do pagamento, será acrescido de **juros equivalentes à taxa referencial do Sistema Especial de Liquidação e de**

73. Artigo 176, da Instrução Normativa INSS 128/2022.

**Custódia - SELIC** para títulos federais, acumulada mensalmente, calculados a partir do mês subsequente ao da consolidação até o mês anterior ao do pagamento, **e de 1% relativamente ao mês em que o pagamento estiver sendo efetuado.**

É **proibido o parcelamento** das contribuições previdenciárias passíveis de retenção na fonte, de desconto de terceiros ou de sub-rogação, assim como os valores recebidos pelos agentes arrecadadores não recolhidos aos cofres públicos.

Outrossim, **a pessoa jurídica com falência ou com insolvência civil decretada não poderá parcelar o pagamento das contribuições previdenciárias devidas à União.**

Será possível o reparcelamento dos débitos, condicionado ao pagamento da primeira parcela, no valor equivalente a 10% do total dos débitos consolidados ou de 20% do total dos débitos consolidados, caso haja débito com histórico de reparcelamentos anteriores.

**O que chama a atenção é que não mais subsiste a proibição de parcelamento para os condenados por crime contra a Previdência Social, como era previsto no revogado artigo 38, §3º, da Lei 8.212/91.**

Da mesma forma, as contribuições dos segurados e das empresas passíveis de retenção na fonte, se esta não for perpetrada, também não mais poderão ser parceladas, pois a legislação revogada apenas vedava o parcelamento das contribuições retidas de terceiros e não repassadas ao Fisco, o que inclusive poderá configurar o delito de apropriação indébita previdenciária.

Por força do Decreto 10.410/2020, serão realizados **exclusivamente** pela Secretaria Especial da Receita Federal do Brasil do Ministério da Economia os acertos de:

> **"I - inclusão de recolhimento, alterações de valor autenticado ou data de pagamento da Guia da Previdência Social ou do documento que venha a substituí-la;**
>
> **II - transferência de contribuição com identificador de pessoa jurídica ou equiparada para o CNIS; e**
>
> **III - inclusão da contribuição liquidada por meio de parcelamento."**

Dessa forma, o parcelamento de contribuições previdenciárias deve ser requerido exclusivamente na RFB, não cabendo a atuação do INSS neste procedimento.

De efeito, a regra constante no §3º do artigo 19-C do RPS, inserido pelo Decreto 10.410/2020 deve ser interpretada de forma sistêmica e conforme a Lei 8.212/91:

> *"§ 3º Na hipótese de o débito ser objeto de parcelamento, o período correspondente ao parcelamento somente será computado para fins de concessão de benefício no RGPS e de emissão de certidão de tempo de contribuição para fins de contagem recíproca após a comprovação da quitação dos valores devidos". (Incluído pelo Decreto nº 10.410, de 2020)*

**Evidente que essa regra apenas impede que as competências ainda não quitadas no acordo de parcelamento surtam efeitos previdenciários.** Suponha-se que foi celebrado um acordo de parcelamento de contribuições previdenciárias ou de indenização em 60 (sessenta) parcelas mensais e que o segurado tenha honrado com o pagamento de 59 (cinquenta e nove) parcelas, estando inadimplente em apenas 1 (uma) parcela porque está sem recursos financeiros para honrá-la no momento.

Não há base legal ou constitucional para impedir que as competências inerentes às parcelas honradas sejam consideradas pela Autarquia para fins previdenciários.

Logo, quando o RPS aduz que "*na hipótese de o débito ser objeto de parcelamento, o período correspondente ao parcelamento somente será computado para fins de concessão de benefício no RGPS e de emissão de certidão de tempo de contribuição para fins de contagem recíproca após a comprovação da quitação dos valores devidos*" o Decreto está se referindo às parcelas em aberto, jamais às quitadas.

Por fim, permanece em vigor o artigo 7º, da Lei 10.666/03, que preceitua que **não poderão ser objeto de parcelamento** as contribuições descontadas dos empregados, inclusive dos domésticos, dos trabalhadores avulsos, dos contribuintes individuais, as decorrentes da sub-rogação e as demais importâncias descontadas na forma da legislação previdenciária.

## 11. ENCARGOS DECORRENTES DO ATRASO NO PAGAMENTO

O tema era tratado pelo artigo 34, da Lei 8.212/91, que foi revogado pela Lei 11.941/2009, sendo disciplinado atualmente pelo artigo 30, da Lei 10.522/02.

Com efeito, **sobre os débitos vencidos e não pagos incidirão juros de mora equivalentes à taxa referencial do Sistema Especial de Liquidação e de Custódia - SELIC para títulos federais, acumulada mensalmente, até o último dia do mês anterior ao do pagamento, e de 1% no mês de pagamento.** Na hipótese de restituição judicial mediante uma ação de repetição do indébito tributário, o termo inicial dos juros de mora será a coisa julgada.

Nesse sentido, o STF:

> "Contribuição previdenciária - Natureza tributária - Incidência de juros de mora a partir do trânsito em julgado de decisão que determina a devolução de valores indevidamente recolhidos (CTN, art. 167, parágrafo único)." (AI 650.107, Rel. Min. Celso de Mello, julgamento em 26-8-2008, Segunda Turma, *DJE* de 3-10-2008).

Anteriormente, havia a incidência de 1% de juros no mês do vencimento e de 1% no mês do pagamento do débito, ao passo que agora somente será cobrado no mês do pagamento.

Por sua vez, as multas decorrentes do inadimplemento eram fixadas pelo artigo 35, da Lei 8.212/91, também revogado pela Lei 11.941/2009, sendo aplicável agora o artigo 61, da Lei 9.430/96, que fixa a **multa de mora à razão de 0,33% por dia de atraso, limitada a 20% ao mês.**

Entretanto, nas hipóteses de lançamento de ofício, as multas serão mais pesadas, devendo ser observado o regramento do artigo 44, da Lei 9.430/96[74].

Vale advertir que o artigo 41, da Lei 8.212/91, previa a responsabilidade pessoal dos gestores públicos pelo pagamento de multa aplicada por infrações aos dispositivos da Lei de Custeio, inclusive prevendo a obrigatoriedade do desconto na folha de pagamento, tendo sido revogado pela Lei 11.941/2009.

## 12. A RETENÇÃO FEITA PELO CONTRATANTE DE SERVIÇOS DE CESSÃO DE MÃO DE OBRA

Com o intuito de otimizar a arrecadação das contribuições previdenciárias, inibindo a sonegação fiscal, o artigo 31, da Lei 8.212/91,[75] prevê que a **empresa que contrate outra para a prestação de serviços de cessão de mão de obra,** mesmo que em regime de trabalho temporário, **terá a responsabilidade tributária de reter a quantia equivalente a 11% do valor bruto da nota fiscal ou fatura de prestação de serviços em nome da pessoa jurídica cedente de mão de obra** ("RETENÇÃO PARA A PREVIDÊNCIA SOCIAL"), até o dia 20 do mês subsequente ao da emissão da nota ou fatura, ou no dia útil imediatamente anterior, se não houver expediente bancário, a partir da competência 02.1999.

Não se trata diretamente de pagamento das contribuições previdenciárias patronais, e sim da técnica legal da **antecipação compensável,** pois posteriormente a quantia retida será utilizada para o pagamento das contribuições previdenciárias devidas pela prestadora de serviços de mão de obra.

Assim, esse procedimento foi validado pelo STF:

"EMENTA: CONSTITUCIONAL. TRIBUTÁRIO. PREVIDENCIÁRIO. CONTRIBUIÇÃO SOCIAL: SEGURIDADE. RETENÇÃO DE 11% SOBRE O VALOR BRUTO DA NOTA FISCAL OU DA FATURA DE PRESTAÇÃO DE SERVIÇO. Lei 8.212/91, art. 31, com a redação da Lei 9.711/98. I. – Empresa contratante de serviços executados mediante cessão de mão de obra: obrigação de reter onze por cento do valor bruto da nota fiscal ou fatura de prestação de serviços e recolher a importância retida até o dia 2 do mês subseqüente ao da emissão da respectiva nota fiscal ou fatura, em nome da empresa cedente da mão de obra: inocorrência de ofensa ao disposto no art. 150, § 7º, art. 150, IV, art. 195, § 4º, art. 154, I, e art. 148 da CF. II. – R.E. conhecido e improvido" (RE 393.946, de 03.11.2004).

No dia 1º de agosto de 2011, a Suprema Corte corroborou a validade do artigo 31, da Lei 8.212/91, no julgamento do recurso extraordinário 603.191, consoante noticiado no Informativo 634, se mantendo este entendimento até a atualidade:

> **"Contribuição previdenciária de prestadoras de serviço**
>
> **É constitucional a retenção de 11% sobre o valor bruto da nota fiscal ou fatura de prestação de serviços por parte das empresas tomadoras de serviço, a título de contribuição previdenciária. Ao reafirmar esse entendimento, o Plenário, por maioria, desproveu recurso extraordinário em que pretendida a declaração incidental de inconstitucionalidade do art. 31 da Lei 8.212/91.** Asseverou que o instituto da substituição tributária seria necessário nas sociedades complexas atuais, as quais exigiriam a participação de terceiros para adimplemento de todas as obrigações e para maior facilidade tanto na arrecadação quanto na fiscalização, além de impedir o prejuízo aos trabalhadores nos contratos de terceirizados. Vencido o Min. Marco Aurélio, que provia o recurso ao fundamento de não se tratar de substituição tributária, mas de obrigação acessória, criada por medida provisória posteriormente transformada em lei, contribuição essa estranha ao rol do art. 195, I, da CF, porque passara a incidir não sobre a folha de salários, porém sobre a nota fiscal, presente a prestação de serviços".

"CONTRIBUIÇÃO SOCIAL – EMPRESA CONTRATANTE DE SERVIÇOS EXECUTADOS MEDIANTE CESSÃO DE MÃO DE OBRA – RETENÇÃO DE 11% DO VALOR BRUTO DA NOTA FISCAL OU FATURA – ARTIGO 31 DA LEI Nº 8.212/91, NA REDAÇÃO DA LEI Nº 9.711/98 – PRECEDENTE DE PLENÁRIO. O Pleno, no julgamento do Recurso Extraordinário 603.191/MT, reiterou a conclusão em torno da constitucionalidade do artigo 31 da Lei nº 8.212/91. AGRAVO - ARTIGO 557, § 2º, DO CÓDIGO DE PROCESSO CIVIL - MULTA. Se o agravo é manifestamente infundado, impõe-se a aplicação

---

**74.** Art. 44. Nos casos de lançamento de ofício, serão aplicadas as seguintes multas:

I – de 75% (setenta e cinco por cento) sobre a totalidade ou diferença de imposto ou contribuição nos casos de falta de pagamento ou recolhimento, de falta de declaração e nos de declaração inexata;

II – de 50% (cinqüenta por cento), exigida isoladamente, sobre o valor do pagamento mensal:

a) na forma do art. 8º da Lei nº 7.713, de 22 de dezembro de 1988, que deixar de ser efetuado, ainda que não tenha sido apurado imposto a pagar na declaração de ajuste, no caso de pessoa física;

b) na forma do art. 2º desta Lei, que deixar de ser efetuado, ainda que tenha sido apurado prejuízo fiscal ou base de cálculo negativa para a contribuição social sobre o lucro líquido, no ano-calendário correspondente, no caso de pessoa jurídica.

§ 1º O percentual de multa de que trata o inciso I do *caput* deste artigo será duplicado nos casos previstos nos arts. 71, 72 e 73 da Lei nº 4.502, de 30 de novembro de 1964, independentemente de outras penalidades administrativas ou criminais cabíveis.

**75.** Artigo reformulado pelas Leis 9.711/98 e 11.933/2009.

da multa prevista no § 2º do artigo 557 do Código de Processo Civil, arcando a parte com o ônus decorrente da litigância de má-fé" (RE 427872 AgR, de 30/10/2012).

Posteriormente, será feito um confronto entre o valor retido e o devido pela empresa prestadora de serviços de mão de obra a guisa de contribuição previdenciária patronal, operando-se uma **compensação**, que poderá gerar o direito à restituição do que eventualmente sobre ou o pagamento do remanescente pela pessoa jurídica.

**O desconto se presume feito pela empresa tomadora dos serviços de cessão de mão de obra**, de modo que, se esta for omissa e não promover o desconto destacado na nota fiscal, será responsabilizada exclusivamente pelo pagamento.

Nesse sentido, o STJ[76]:

> **"REPETITIVO. CONTRIBUIÇÃO PREVIDENCIÁRIA. RESPONSABILIDADE.**
> Em julgamento de recurso especial submetido ao regime do art. 543-C do CPC c/c a Res. n. 8/2008-STJ, a Seção assentou que, a partir da vigência da Lei n. 9.711/1998, que conferiu nova redação ao art. 31 da Lei n. 8.212/1991, a responsabilidade pelo recolhimento da contribuição previdenciária retida na fonte incidente sobre a mão de obra utilizada na prestação de serviços contratados **é exclusiva do tomador do serviço, nos termos do art. 33, § 5º, da Lei n. 8.212/1991, não havendo falar em responsabilidade supletiva da empresa cedente**. Precedentes citados: EREsp 446.955-SC, DJe 19/5/2008; REsp 1.068.362-PR, DJe 24/2/2010; AgRg nos EDcl no REsp 1.177.895-RS, DJe 17/8/2010; MC 15.410-RJ, DJe 8/10/2009, e AgRg no REsp 916.914-RS, DJe 6/8/2009. **REsp 1.131.047-MA, Rel. Min. Teori Albino Zavascki, julgado em 24/11/2010".**

As hipóteses de aplicação desta regra constam em um rol enunciado no artigo 219, §2º, do RPS[77], sendo também prevista a retenção nas hipóteses dos incisos I ao V, quando a prestação se der sob o regime de empreitada.

Será considerada como **cessão de mão de obra** a colocação à disposição do contratante, **em suas dependências ou nas de terceiros**[78], de segurados que realizem serviços contínuos, relacionados ou não com a atividade-fim da empresa, quaisquer que sejam a natureza e a forma de contratação.

Entrementes, **no contrato de empreitada de mão de obra**[79], após a Lei 9.711/98, mesmo não havendo tecnicamente cessão de mão de obra, aplica-se a retenção do artigo 31, da Lei 8.212/91, por força de expressa previsão do inciso III, do §4º, do referido artigo.

Nesse sentido, colaciona-se passagem de julgado do STJ[80]:

> [...] 20. A Lei 9.711, de 20 de novembro de 1998, por seu turno, reformulou inteiramente o artigo 31, prescrevendo forma diferenciada de recolhimento das contribuições sociais destinadas ao custeio da Seguridade Social, **e caracterizando, como serviço executado mediante cessão de mão de obra, a "empreitada de mão de obra"**. 21. **A doutrina do tema afirma que: "Relativamente aos contratos de empreitada de mão de obra, a Lei 9.711/98 submete expressamente ao regime de substituição tributária do art. 31, da Lei 8.212/91, de modo que, mesmo que não se trate, efetivamente, de um contrato típico de cessão de mão de obra, resta abrangido pelo novo regime.** Quanto aos demais contratos atinentes à construção civil, apenas haverá submissão à retenção se configurada efetiva cessão de mão de obra. Do contrário, aplicável será apenas a solidariedade prevista no art. 30, VI, da Lei 8.212/91" (Leandro Paulsen, in "Direito Tributário – Constituição e Código Tributário à Luz da Doutrina e da Jurisprudência", 8ª ed., Ed. Livraria do Advogado e Escola Superior da Magistratura Federal do Rio Grande do Sul, Porto Alegre, 2006, pág. 1.033) [...]"

Ou seja, em regra, para a caracterização da cessão de mão de obra, **a legislação previdenciária exige efetivo deslocamento dos trabalhadores que prestam serviços**, seja para as instalações do tomador, seja para a de terceiros, a exemplo dos serviços de telemarketing.

**O STJ, revendo posicionamentos anteriores, passou a entender que esta retenção não é compatível com regime simplificado de pagamento de tributos das micro e pequenas empresas**[81]:

---

**76.** Passagem do Informativo 457.

**77.** I – limpeza, conservação e zeladoria; II – vigilância e segurança; III – construção civil; IV – serviços rurais; V- digitação e preparação de dados para processamento; VI- acabamento, embalagem e acondicionamento de produtos; VII- cobrança; VIII- coleta e reciclagem de lixo e resíduos; IX- copa e hotelaria; X- corte e ligação de serviços públicos; XI- distribuição; XII- treinamento e ensino; XIII- entrega de contas e documentos; XIV- ligação e leitura de medidores; XV- manutenção de instalações, de máquinas e de equipamentos; XVI- montagem; XVII- operação de máquinas, equipamentos e veículos; XVIII- operação de pedágio e de terminais de transporte; XIX- operação de transporte de passageiros, inclusive nos casos de concessão ou sub-concessão; XX- portaria, recepção e ascensorista; XXI- recepção, triagem e movimentação de materiais; XXII- promoção de vendas e eventos; XXIII- secretaria e expediente; XXIV- saúde; e XXV- telefonia, inclusive **telemarketing**.

**78.** Dependências de terceiros são aquelas indicadas pela empresa contratante, que não sejam as suas próprias e que não pertençam à empresa prestadora dos serviços.

**79.** Empreitada é a execução, contratualmente estabelecida, de tarefa, de obra ou de serviço, por preço ajustado, com ou sem fornecimento de material ou uso de equipamentos, que podem ou não ser utilizados, realizada nas dependências da empresa contratante, nas de terceiros ou nas da empresa contratada, tendo como objeto um resultado pretendido.

**80.** ERESP 200500769896, de 09.04.2008.

**81.** REsp 1.112.467, de 12.08.2009.

"TRIBUTÁRIO. CONTRIBUIÇÃO PREVIDENCIÁRIA. EMPRESAS PRESTADORAS DE SERVIÇO OPTANTES PELO SIMPLES. RETENÇÃO DE 11% SOBRE FATURAS. ILEGITIMIDADE DA EXIGÊNCIA. PRECEDENTE DA 1ª SEÇÃO (ERESP 511.001/MG).

1. A Lei 9.317/96 instituiu tratamento diferenciado às microempresas e empresas de pequeno porte, simplificando o cumprimento de suas obrigações administrativas, tributárias e previdenciárias mediante opção pelo SIMPLES – Sistema Integrado de Pagamento de Impostos e Contribuições. Por este regime de arrecadação, é efetuado um pagamento único relativo a vários tributos federais, cuja base de cálculo é o faturamento, sobre a qual incide uma alíquota única, ficando a empresa optante dispensada do pagamento das demais contribuições instituídas pela União (art. 3º, § 4º).

**2. O sistema de arrecadação destinado aos optantes do SIMPLES não é compatível com o regime de substituição tributária imposto pelo art. 31 da Lei 8.212/91, que constitui "nova sistemática de recolhimento" daquela mesma contribuição destinada à Seguridade Social. A retenção, pelo tomador de serviços, de contribuição sobre o mesmo título e com a mesma finalidade, na forma imposta pelo art. 31 da Lei 8.212/91 e no percentual de 11%, implica supressão do benefício de pagamento unificado destinado às pequenas e microempresas.**

3. Aplica-se, na espécie, o princípio da especialidade, visto que há incompatibilidade técnica entre a sistemática de arrecadação da contribuição previdenciária instituída pela Lei 9.711/98, que elegeu as empresas tomadoras de serviço como responsáveis tributários pela retenção de 11% sobre o valor bruto da nota fiscal, e o regime de unificação de tributos do SIMPLES, adotado pelas pequenas e microempresas (Lei 9.317/96)."

Por conseguinte, em 10.03.2010, o STJ editou a **Súmula 425**:

> "Súmula: 425 – A retenção da contribuição para a seguridade social pelo tomador do serviço não se aplica às empresas optantes pelo Simples."

O atual entendimento da Secretaria da Receita Federal do Brasil é de que as ME e EPP optantes pelo Simples Nacional que prestarem serviços mediante cessão de mão de obra ou empreitada não estão sujeitas à retenção referida no art. 31 da Lei nº 8.212, de 1991, sobre o valor bruto da nota fiscal, da fatura ou do recibo de prestação de serviços emitidos, exceto no caso da microempresa e da empresa de pequeno porte que se dedique às seguintes atividades de prestação de serviços[82]:

**I – construção de imóveis e obras de engenharia em geral, inclusive sob a forma de subempreitada, execução de projetos e serviços de paisagismo, bem como decoração de interiores;**

**II – serviço de vigilância, limpeza ou conservação;**

III – serviços advocatícios.

Por força do artigo 224-A, do RPS, esta antecipação compensável não se aplica à contratação de serviços por intermédio de cooperativa de trabalho, justamente porque neste caso já existe uma contribuição previdenciária patronal diferenciada, consistente em 15% sobre o valor bruto da nota fiscal ou fatura de prestação de serviços.

Nos termos do artigo 117 da IN RFB 2.110/2022, os valores de materiais ou de equipamentos, próprios ou de terceiros, exceto os equipamentos manuais, cujo fornecimento esteja previsto em contrato, sem a respectiva discriminação de valores, contanto que estejam discriminados na nota fiscal ou fatura, não integram a base de cálculo da retenção, que deve corresponder no mínimo aos seguintes percentuais do valor bruto da nota fiscal ou fatura: (Regulamento da Previdência Social, de 1999, art. 219, § 8º)

I - 30% (trinta por cento), para os serviços de transporte de passageiros, cujas despesas de combustível e de manutenção dos veículos corram por conta da contratada;

II - 65% (sessenta e cinco por cento), quando se referir a limpeza hospitalar;

III - 80% (oitenta por cento), quando se referir a serviço de limpeza não mencionado no inciso II; e

IV - 50% (cinquenta por cento), nos demais casos.

Nos termos do artigo 118 da citada Normativa Fiscal, se a utilização de equipamento for inerente à execução dos serviços contratados, desde que haja a discriminação de valores na nota fiscal ou fatura, adota-se o seguinte procedimento:

I - se houver o fornecimento de equipamento e os respectivos valores constarem em contrato, aplica-se o disposto no art. 116; ou

II - se não houver a discriminação de valores em contrato, independentemente da previsão contratual do fornecimento de equipamento, a base de cálculo da retenção de que trata o art. 110 corresponderá, no mínimo, aos seguintes percentuais do valor bruto da nota fiscal ou fatura:

a) 50% (cinquenta por cento), para a prestação de serviços em geral; e

b) no caso da prestação de serviços na área da construção civil:

1. 10% (dez por cento), para pavimentação asfáltica;

2. 15% (quinze por cento), para terraplenagem, aterro sanitário e dragagem;

82. Artigo 164, §1º, da Instrução Normativa RFB 2.110/2022.

3. 45% (quarenta e cinco por cento), para obras de arte (pontes ou viadutos);

4. 50% (cinquenta por cento), para drenagem; e

5. 35% (trinta e cinco por cento), para os demais serviços realizados com a utilização de equipamentos, exceto os manuais.

Poderão ser deduzidas da base de cálculo da retenção as parcelas que estiverem discriminadas na nota fiscal ou fatura, que correspondam:

I - ao custo da alimentação in natura fornecida pela contratada e, a partir de 11 de novembro de 2017, ao custo do auxílio alimentação, desde que este não seja pago em dinheiro; e

II - ao fornecimento de vale-transporte, ainda que pago em dinheiro, limitado ao valor equivalente ao necessário para o custeio do deslocamento em transporte coletivo de passageiros. (Solução de Consulta Cosit nº 245, de 20 de agosto de 2019)

O RPS ainda prevê que a **retenção de 11% será acrescida de quatro, três ou dois pontos percentuais**, relativamente aos serviços prestados pelos segurados empregado, cuja atividade permita a concessão de **aposentadoria especial**, após quinze, vinte ou vinte e cinco anos de contribuição, respectivamente, na forma do seu §12, do artigo 219, em regulamentação ao artigo 6º, da Lei 10.666/2003.

Em situações excepcionais, a Secretaria da Receita Federal do Brasil dispensou a contratante de efetuar a retenção, e a contratada, de registrar o destaque da retenção na nota fiscal, na fatura ou no recibo, quando[83]:

I - o valor correspondente a 11% (onze por cento) dos serviços contidos em cada nota fiscal ou fatura de prestação de serviços for inferior ao limite mínimo estabelecido pela RFB para recolhimento em documento de arrecadação;

II - a contratada não possuir empregados, o serviço for prestado pessoalmente pelo titular ou sócio e o seu faturamento do mês anterior for igual ou inferior a 2 (duas) vezes o limite máximo do salário de contribuição, cumulativamente; ou

III - a contratação envolver somente serviços profissionais relativos ao exercício de profissão regulamentada por legislação federal, ou serviços de treinamento e ensino definidos no inciso X do caput do art. 112, desde que prestados pessoalmente pelos sócios, sem o concurso de empregados ou de outros contribuintes individuais.

83. Artigo 115 da Instrução Normativa RFB 2.110/2022.

## 13. HIPÓTESES DE RESPONSABILIZAÇÃO SOLIDÁRIA

Com o desiderato de aumentar as possibilidades de arrecadação das contribuições previdenciárias, alguns casos de responsabilidade solidária por seu adimplemento foram instituídos pela legislação.

De efeito, a solidariedade tributária não comporta benefício de ordem, respondendo cada devedor pela totalidade do débito perante a Secretaria da Receita Federal do Brasil.

> Vale salientar que o artigo 13, da Lei 8.620/93, previa a solidariedade do titular de firma individual e dos sócios das empresas com cotas de responsabilidade limitada pelos débitos à seguridade social da pessoa jurídica, tendo sido revogado pela Lei 11.941/2009.

Aliás, antes da revogação, o STJ já vinha afastando a referida solidariedade, sob o argumento de ser tema afeto à lei complementar, por força do artigo 146, III, "b", da CRFB, bem como da exigência de culpa para a responsabilização dos sócios de sociedade limitada, a teor do artigo 1.016, do Código Civil[84].

Em 03.11.2010, ao julgar o RE 562.276, o STF pronunciou a inconstitucionalidade do referido dispositivo:

"DIREITO TRIBUTÁRIO. RESPONSABILIDADE TRIBUTÁRIA. **NORMAS GERAIS DE DIREITO TRIBUTÁRIO. ART 146, III, DA CF. ART. 135, III, DO CTN. SÓCIOS DE SOCIEDADE LIMITADA. ART. 13 DA LEI 8.620/93. INCONSTITUCIONALIDADES FORMAL E MATERIAL**. REPERCUSSÃO GERAL. APLICAÇÃO DA DECISÃO PELOS DEMAIS TRIBUNAIS. 1. Todas as espécies tributárias, entre as quais as contribuições de seguridade social, estão sujeitas às normas gerais de direito tributário. 2. O Código Tributário Nacional estabelece algumas regras matrizes de responsabilidade tributária, como a do art. 135, III, bem como diretrizes para que o legislador de cada ente político estabeleça outras regras específicas de responsabilidade tributária relativamente aos tributos da sua competência, conforme seu art. 128. 3. O preceito do art. 124, II, no sentido de que são solidariamente obrigadas "as pessoas expressamente designadas por lei", não autoriza o legislador a criar novos casos de responsabilidade tributária sem a observância dos requisitos exigidos pelo art. 128 do CTN, tampouco a desconsiderar as regras matrizes de responsabilidade de terceiros estabelecidas em caráter geral pelos arts. 134 e 135 do mesmo diploma. A previsão legal de solidariedade entre devedores – de modo que o pagamento efetuado por um aproveite aos demais, que a interrupção da prescrição, em favor ou contra um

84. AGRESP 200700948767, de 20.09.2007.

dos obrigados, também lhes tenha efeitos comuns e que a isenção ou remissão de crédito exonere a todos os obrigados quando não seja pessoal (art. 125 do CTN) – pressupõe que a própria condição de devedor tenha sido estabelecida validamente. 4. A responsabilidade tributária pressupõe duas normas autônomas: a regra matriz de incidência tributária e a regra matriz de responsabilidade tributária, cada uma com seu pressuposto de fato e seus sujeitos próprios. A referência ao responsável enquanto terceiro (dritter Persone, terzo ou tercero) evidencia que não participa da relação contributiva, mas de uma relação específica de responsabilidade tributária, inconfundível com aquela. O "terceiro" só pode ser chamado responsabilizado na hipótese de descumprimento de deveres próprios de colaboração para com a Administração Tributária, estabelecidos, ainda que a contrario sensu, na regra matriz de responsabilidade tributária, e desde que tenha contribuído para a situação de inadimplemento pelo contribuinte. 5. O art. 135, III, do CTN responsabiliza apenas aqueles que estejam na direção, gerência ou representação da pessoa jurídica e tão-somente quando pratiquem atos com excesso de poder ou infração à lei, contrato social ou estatutos. Desse modo, apenas o sócio com poderes de gestão ou representação da sociedade é que pode ser responsabilizado, o que resguarda a pessoalidade entre o ilícito (mal gestão ou representação) e a conseqüência de ter de responder pelo tributo devido pela sociedade. **6. O art. 13 da Lei 8.620/93 não se limitou a repetir ou detalhar a regra de responsabilidade constante do art. 135 do CTN, tampouco cuidou de uma nova hipótese específica e distinta. Ao vincular à simples condição de sócio a obrigação de responder solidariamente pelos débitos da sociedade limitada perante a Seguridade Social, tratou a mesma situação genérica regulada pelo art. 135, III, do CTN, mas de modo diverso, incorrendo em inconstitucionalidade por violação ao art. 146, III, da CF. 7. O art. 13 da Lei 8.620/93 também se reveste de inconstitucionalidade material, porquanto não é dado ao legislador estabelecer confusão entre os patrimônios das pessoas física e jurídica, o que, além de impor desconsideração ex lege e objetiva da personalidade jurídica, descaracterizando as sociedades limitadas, implica irrazoabilidade e inibe a iniciativa privada, afrontando os arts. 5º, XIII, e 170, parágrafo único, da Constituição. 8. Reconhecida a inconstitucionalidade do art. 13 da Lei 8.620/93 na parte em que determinou que os sócios das empresas por cotas de responsabilidade limitada responderiam solidariamente, com seus bens pessoais, pelos débitos junto à Seguridade Social.** 9. Recurso extraordinário da União desprovido. 10. Aos recursos sobrestados, que aguardavam a análise da matéria por este STF, aplica-se o art. 543-B, § 3º, do CPC (RE 562.276, de 03/11/2010)".

A questão é que os demais casos em vigor de responsabilidade solidária pelo recolhimento das contribuições previdenciárias possuem previsão em leis ordinárias, e não em leis complementares, fato que pode ensejar futuramente a sua arguição de inconstitucionalidade pelos mesmos argumentos acatados pelo STF no julgamento do RE 562.276.

Assim, para a responsabilização desses sócios, será preciso que o Fisco demonstre a prática de atos realizados com excesso de poderes ou infração de lei, contrato social ou estatutos, na forma do exigido pelo artigo 135[85], do CTN.

## 13.1. Construção civil

Inicialmente, no ramo da **construção civil**, a legislação previdenciária[86] coloca o *proprietário*, o *incorporador*, o *dono da obra* ou *condômino da unidade imobiliária*, qualquer que seja a forma de contratação da construção, reforma ou acréscimo que *não envolva cessão de mão de obra*, como **responsáveis solidários com o construtor, e estes com a subempreiteira**, pelo cumprimento das obrigações para com a seguridade social.

Entende-se como **obra de construção civil** a construção, demolição, reforma ou ampliação de edificação ou outra benfeitoria agregada ao solo ou ao subsolo[87].

Já o **incorporador** é a pessoa física ou jurídica, comerciante ou não, que embora não efetuando a construção, compromisse ou efetive a venda de frações ideais de terreno objetivando a vinculação de tais frações a unidades autônomas, em edificações a serem construídas ou em construção sob regime condominial, ou que meramente aceite propostas para efetivação de tais transações, coordenando e levando a termo a incorporação e responsabilizando-se, conforme o caso, pela entrega, a certo prazo, preço e determinadas condições, das obras concluídas[88].

Posteriormente, restou ressalvado o seu **direito regressivo** contra o executor ou contratante da obra e **admitida a retenção** de importância a este devida para garantia do cumprimento dessas obrigações, não se aplicando, em qualquer hipótese, o benefício de ordem.

**Esta hipótese de responsabilidade solidária apenas terá aplicabilidade quando não ocorrer cessão ou empreitada de mão de obra**, conforme previsto no artigo 220, do RPS, **pois nestes casos incidirá a retenção de 11% sobre o valor bruto da nota fiscal ou fatura de prestação de serviços em nome da pessoa jurídica cedente de mão de obra**, na forma do artigo 31, da Lei 8.212/91.

Deveras, **não se considera cessão de mão de obra** a contratação de construção civil em que a empresa

---

**85.** Art. 135. São pessoalmente responsáveis pelos créditos correspondentes a obrigações tributárias resultantes de atos praticados com excesso de poderes ou infração de lei, contrato social ou estatutos:

I – as pessoas referidas no artigo anterior;

II – os mandatários, prepostos e empregados;

III – os diretores, gerentes ou representantes de pessoas jurídicas de direito privado.

**86.** Artigo 30, inciso VI, da Lei 8.212/91.

**87.** Artigo 257, §13, do RPS.

**88.** Artigo 29, da Lei 4.591/64.

construtora assuma a responsabilidade direta e total pela obra ou repasse o contrato integralmente[89].

A pessoa física, dona da obra ou executora da obra de construção civil, é responsável pelo pagamento de contribuições em relação à remuneração paga, devida ou creditada aos segurados que lhe prestam serviços na obra, na mesma forma e prazos aplicados às empresas em geral.

**Restou excluído da responsabilidade solidária perante a seguridade social o adquirente de prédio ou unidade imobiliária que realizar a operação com empresa de comercialização ou incorporador de imóveis**, ficando estes solidariamente responsáveis com o construtor.

De acordo com o STJ (Informativo 554), "na hipótese de paralisação de edificação de condomínio residencial, em razão da falência da incorporadora imobiliária, e tendo a obra sido retomada posteriormente pelos adquirentes das unidades imobiliárias comercializadas - condôminos –, estes não podem ser responsabilizados pelo pagamento de contribuições previdenciárias referentes à etapa da edificação que se encontrava sob a responsabilidade exclusiva da incorporadora falida. Nos termos do art. 30, II, da Lei 8.212/1991, "exclui-se da responsabilidade solidária perante a Seguridade Social o adquirente de prédio ou unidade imobiliária que realizar a operação com empresa de comercialização ou incorporador de imóveis, ficando estes solidariamente responsáveis com o construtor". Vale dizer, o construtor é responsável pelas dívidas previdenciárias, mas não o é o adquirente de unidade imobiliária que realizar a operação com empresa de comercialização ou incorporador de imóveis. Nota-se que a lei protege a boa-fé dos adquirentes que comercializam com empresas construtoras, não só como mecanismo de justiça, mas também como instrumento de garantia, de forma que as relações contratuais na área da construção civil se desenvolvam em um sistema de segurança. No caso, até o momento em que a obra estava sob a responsabilidade da pessoa jurídica, é inegável que os condôminos encontravam-se na condição de adquirentes das unidades comercializadas pela construtora, e não como construtores, não sendo possível, portanto, imputar aos condôminos a responsabilidade tributária, já que estariam acobertados pela exceção prevista no inciso VII do art. 30 da Lei 8.212/1991. Precedente citado: REsp 961.246-SC, Primeira Turma, DJe 10/12/2009. **REsp 1.485.379-SC**, Rel. Min. Og Fernandes, julgado em 16/12/2014, DJe 4/2/2015".

Por fim, frise-se que a legislação previdenciária instituiu uma hipótese de não incidência das contribuições para a seguridade social, no caso de **construção residencial unifamiliar**, desde que destinada ao uso próprio, do tipo econômico, se executada sem mão de obra assalariada[90], se a área total não superar 70 metros quadrados[91].

Se a área construída do imóvel ultrapassar o limite legal para a isenção, será devida contribuição à seguridade social incidente sobre toda a construção e não apenas sobre a parte acrescida, por ausência de previsão legal[92].

Por força do artigo 224-A, do RPS, **esta hipótese de solidariedade não se aplica à contratação de serviços por intermédio de cooperativa de trabalho**, certamente em razão da regra do artigo 22, IV, da Lei 8.212/91.

### 13.2. Empresas do mesmo grupo econômico

As empresas que integram o mesmo grupo econômico são solidariamente responsáveis pelo pagamento das contribuições para a seguridade social, a teor do artigo 30, inciso IX, da Lei 8.212/91.

Na forma do artigo 2º, §2º, da CLT, "sempre que uma ou mais empresas, tendo, embora, cada uma delas, personalidade jurídica própria, estiverem sob a direção, controle ou administração de outra, constituindo grupo industrial, comercial ou de qualquer outra atividade econômica, serão, para os efeitos da relação de emprego, solidariamente responsáveis a empresa principal e cada uma das subordinadas", sendo essa definição compatível com o Direito Previdenciário.

Inclusive, este é o conceito adotado no artigo 275, na Instrução Normativa 2.110/2022, da lavra da Secretaria da Receita Federal do Brasil.

Por outro lado, conforme a posição da SRFB, **não caracteriza grupo econômico** a mera identidade de sócios, sendo necessárias, para a configuração do grupo, a demonstração do interesse integrado, a efetiva comunhão de interesses e a atuação conjunta das empresas dele integrantes. (CLT, art. 2º, § 3º).

### 13.3. Gestores dos entes da Administração Pública Indireta

Os administradores das autarquias, fundações públicas, empresas públicas e sociedades de economia mista de todas as esferas poderão ser responsabilizados solidariamente pelo pagamento das contribuições para a seguridade social, caso se encontrem em mora por mais de 30 dias no seu recolhimento[93], limitado

89. Artigo 220, §1º, do RPS.

90. Artigo 30, VIII, da Lei 8.212/91.

91. Artigo 278, do RPS.

92. TRF 3ª Região, AC 802.334, de 12.01.2010.

93. Artigo 42, da Lei 8.212/91.

ao período em que já tinham poder de gestão, pois se cuida de responsabilidade pessoal[94].

Ante a ausência de previsão legal, esse dispositivo não poderá ser aplicado aos gestores públicos dos entes políticos, pois limitado à Administração Pública Indireta.

## 13.4. Administração Pública

De acordo com o artigo 71, §2º, da Lei 8.666/93, com redação dada pela Lei 9.032/95, **a Administração Pública responde solidariamente com o contratado pelos encargos previdenciários resultantes da execução do contrato**, *nos termos do artigo 31 da Lei nº 8.212, de 24 de julho de 1991.*

Logo, a responsabilidade solidária do Poder Público será elidida se ele efetuou a retenção de 11% sobre o valor bruto da nota ou fatura de prestação de serviços, conforme determina o artigo 31, da Lei 8.212/91.

Nesse sentido, a jurisprudência:

> "[...] 3. Aliás, o Poder Público quando contrata obra responde solidariamente pelos encargos previdenciários das empresas contratadas para a sua realização também em face do disposto no artigo 71 da Lei 8.666/93, com a redação da Lei 9.032/95.
> 4. **No entanto, a responsabilidade solidária do município pode ser afastada quando este procede à retenção do valor devido a título das contribuições em questão, ou exige da empresa contratada os comprovantes dos recolhimentos devidos no momento do pagamento da fatura dos serviços prestados, nos termos do contrato firmado com a Administração Pública, pois assim agindo, o ente público terá como comprovar perante o fisco o cumprimento da obrigação tributária.** Ademais, o fato de o município exigir da empresa contratada o pagamento das contribuições previdenciárias, decorre da sua condição de gestor de recursos públicos, sendo isso dever do administrador, sob pena de incorrer em conduta de improbidade administrativa [...]" (TRF da 3ª Região, APELREE 2005.61.10.010.963-8, de 30.07.2009).

Vale destacar que o artigo 71, §2º, da Lei 8.666/93, apenas atribui responsabilidade solidária ao Poder Público para o pagamento das contribuições previdenciárias juntamente com o contratado no caso de cessão de mão de obra, pois o dispositivo faz remissão ao artigo 31, da Lei 8.212/91.

Esse, inclusive, é o posicionamento do **STJ**, para quem "seja do ponto de vista da literalidade do disposto no art. 71, § 2º, na redação dada pela Lei 9.032/95, que faz expressa remissão ao art. 31, da Lei 8.212/91, seja do ponto de vista da interpretação histórica e teleológica deste dispositivo, combinado com o disposto no art. 30, inciso VI, da mesma lei, a única conclusão possível é aquela segundo a qual **a atribuição da responsabilidade por débitos previdenciários ao Poder Público restringiu-se aos contratos de prestação de serviços mediante cessão de mão de obra, de sorte que é incabível a responsabilização da Administração Pública nas hipóteses de contratos que tiverem por objeto a realização de obra pública, cuja previsão encontra-se no art. 30, inciso VI, da Lei 8.212/91**" (passagem do julgamento da medida cautelar 15.410, de 03/09/2009).

Por outro lado, após o advento do projeto da Nova Lei de Licitações (art. 120, *caput*), **somente o contratado** será responsável pelos encargos trabalhistas, **previdenciários**, fiscais e comerciais resultantes da execução do contrato.

Excepcionalmente, (art. 120, §2º e §5º), **exclusivamente nas contratações de serviços contínuos com regime de dedicação exclusiva de mão de obra**, a Administração responderá **solidariamente pelos encargos previdenciários** e subsidiariamente pelos encargos trabalhistas se comprovada falha na fiscalização do cumprimento das obrigações do contratado, observada a regra do artigo 321 da Lei 8.212/91.

## 13.5. Operador portuário e órgão gestor de mão de obra

O artigo 2º, §4º, da Lei 9.719/98, determina que **o operador portuário e o órgão gestor de mão de obra são responsáveis solidários pelo pagamento das contribuições para a seguridade social**, relativas à requisição de mão de obra dos trabalhadores avulsos, vedada a invocação do benefício de ordem.

Contudo, na hipótese de o órgão gestor de mão de obra não elaborar a escalação dos trabalhadores avulsos, o operador portuário restará excluído da responsabilização solidária, devendo o OGMO responder sozinho pelo cumprimento das obrigações previdenciárias, pois inviabilizou a fiscalização a ser exercida pelo operador portuário, conforme entendimento do STJ:

> "ADMINISTRATIVO. TRABALHADOR PORTUÁRIO. ÓRGÃO GESTOR DE MÃO DE OBRA E OPERADOR PORTUÁRIO. RESPONSABILIDADE SOLIDÁRIA. INTERPRETAÇÃO DOS ARTS. 5º E 6º DA LEI 9.719/1998. 1. Hipótese em que o Órgão Gestor de Mão de obra – OGMO não realizou a escalação dos trabalhadores portuários, e a União quer impor ao operador portuário responsabilidade solidária pela inexistência da escala, com fundamento nos arts. 5º e 6º da Lei 9.719/1998. 2. A interpretação conjunta dos arts. 5º e 6º da Lei 9.719/1998 determina que: a) o Órgão Gestor de Mão de obra é o responsável pela escalação dos trabalhadores portuários; b) nos casos em que essa escala é feita, há responsabilidade solidária do OGMO e do operador portuário pela fiscalização do seu cumprimento; **c) caso inexistente o rodízio, o OGMO é o único responsável pelo não-cumprimento**

94. TRF 5ª Região, AG 2000.05.00.035433-0, de 18.10.2002.

**da obrigação, rompendo-se a responsabilidade solidária pela fiscalização, uma vez que o operador portuário só pode fiscalizar o que foi previamente estabelecido.** 3. No caso dos autos, pelo fato de o referido Órgão não ter formulado a escalação dos trabalhadores portuários, é ilegítima a imposição de multa ao operador portuário sob o fundamento de que a ele também cabe a fiscalização. 4. Recurso Especial não provido" (g.n.)[95].

### 13.6. Produtores rurais integrantes de consórcios simplificados

O artigo 25-A, da Lei 8.212/91, prevê o consórcio simplificado de produtores rurais, que é equiparado ao produtor rural pessoa física, formado pela união de produtores rurais pessoas físicas, que outorgar a um deles poderes para contratar, gerir e demitir trabalhadores para prestação de serviços, exclusivamente, aos seus integrantes, mediante documento registrado em cartório de títulos e documentos.

De efeito, os produtores rurais integrantes do referido consórcio serão responsáveis solidários em relação às obrigações previdenciárias.

### 13.7. Oficial de Cartório e contratantes

Caso o Oficial de Cartório lavrar ou registrar instrumento para o qual se exige Certidão Negativa de Débito da Seguridade Social em descumprimento ao artigo 47, da Lei 8.212/91, o ato é nulo para todos os efeitos, acarretando a **responsabilidade solidária dos contratantes e do oficial**, nos termos do artigo 48, da Lei 8.212/91.

### 13.8. Trabalho temporário

Nos termos da Lei 6.019/74, trabalho temporário é aquele prestado por pessoa física contratada por uma empresa de trabalho temporário que a coloca à disposição de uma empresa tomadora de serviços, para atender à necessidade de substituição transitória de pessoal permanente ou à demanda complementar de serviços.

O contrato de trabalho temporário, com relação ao mesmo empregador, não poderá exceder ao prazo de cento e oitenta dias, consecutivos ou não, podendo ser prorrogado por até noventa dias, consecutivos ou não, quando comprovada a manutenção das condições que o ensejaram.

Por força do artigo 16, da Lei 6.019/74, no caso de **falência da empresa de trabalho temporário**, a empresa tomadora ou cliente é **solidariamente responsável** pelo recolhimento das contribuições previdenciárias, no tocante ao tempo em que o trabalhador esteve sob suas ordens.

95. RESP 200200165643, de 18.08.2009.

## 14. RESTITUIÇÃO E COMPENSAÇÃO DAS CONTRIBUIÇÕES PREVIDENCIÁRIAS

De acordo com o artigo 89, da Lei 8.212/91, com redação dada pela Lei 11.941/2009, o pagamento indevido ou a maior das contribuições previdenciárias faz com que o sujeito passivo da obrigação tributária tenha o direito à restituição do indébito perante a União, através da Secretaria da Receita Federal do Brasil, sendo aplicáveis as disposições do Decreto 70.235/72.

Julgando processo em que se discutia a existência de direito a restituição de contribuições previdenciárias pagas por segurado facultativo por indicação do INSS, quando já preenchidos os requisitos para a aposentadoria, o STJ decidiu que há direito à restituição, aduzindo que "ainda que a adesão da parte contrária à previdência social como segurada facultativa caracterize nitidamente um ato espontâneo e revestido de manifesta liberdade de escolha, não é menos verdadeiro que sua ação decorreu justamente do equivocado indeferimento de seu pedido de aposentadoria pelo INSS e teve como escopo acautelar-se dos prejuízos que poderiam advir de sua eventual inércia após a prolação da questionada decisão administrativa, como a perda da condição de segurada e a sujeição a novo período de carência, entre outros"[96].

Mas não motivo para a obtenção de restituição o mero pagamento em atraso de contribuições que por este motivo não foram consideradas para fins de carência, pois não se trata de recolhimento indevido do contribuinte individual autônomo.

Nesse sentido, notícia sobre decisão da TNU publicada no sítio da Justiça Federal:

> **TNU fixa tese sobre repetição de recolhimento de segurados obrigatórios**
>
> **Decisão**
>
> Publicado: 16/12/2016 17h42
>
> Última modificação: 16/12/2016 17h42
>
> O Colegiado analisou o tema na última sessão ordinária do ano, realizada na quinta-feira (15)
>
> A Turma Nacional de Uniformização dos Juizados Especiais Federais (TNU) fixou a tese de que os recolhimentos de contribuição previdenciária de segurados obrigatórios não são repetíveis no caso de não cumprimento de carência previdenciária. O processo foi julgado na sessão desta quinta-feira (15), na sede do Conselho da Justiça Federal (CJF). A Turma, por unanimidade, conheceu do incidente e negou provimento nos termos do voto do relator, juiz federal Douglas Camarinha Gonzales.
>
> **A autora da ação pretendia ser restituída de valores recolhidos a título de contribuição previdenciária que pagou com atraso e que, por isso, não foram considerados para o requerimento de aposentadoria por**

96. Passagem do REsp 1.179.729, de 04.03.2010.

**idade (urbana).** Ela recorreu à TNU contra o acórdão da Seção Judiciária de Santa Catarina, que entendeu que "as contribuições vertidas ao sistema na qualidade de segurado obrigatório são irrepetíveis, pois tidas como tributos para todos os fins".

A requerente alegou à Turma Nacional que não angariou as necessárias contribuições para auferir o benefício previdenciário, já que necessitava de mais contribuições para a carência, não tendo sido computada as parcelas atrasadas para o fim desejado. Declarou ainda a necessária assertiva de contraprestação para a tributação, de sorte que considerava legítima a repetição. Ela apontou julgados do Superior Tribunal de Justiça como paradigmas STJ (AgRg no REsp 1251056/DF).

**Em seu voto, Douglas Camarinha Gonzales afirmou que "a necessária contraprestação previdenciária exige requisitos próprios que não ofusca a legitimidade tributária da contribuição previdenciária do segurado obrigatório".** O magistrado ressaltou que a ausência de contraprestação previdenciária das contribuições recolhidas pelo segurado não implica em qualquer inconstitucionalidade ou ilegalidade.

"A necessária contraprestação encontra-se presente ao caso em tela, contudo, requer o preenchimento de requisitos próprios, de sorte que o não preenchimento desse não induz a repetição, sob pena da ruína dos princípios da solidariedade da Previdência e do caráter contributivo da Previdência e seu respectivo caráter tributário", concluiu o relator.

Processo 5003320-37.2014.4.04.7209".

A quantia a ser restituída será acrescida de juros pela taxa SELIC acumulada mensalmente até o mês anterior à restituição, bem como de 1% no mês da sua efetivação.

Outrossim, caso o titular do direito de restituição possua débitos exigíveis perante a União, o valor a ser restituído será compensado total ou parcialmente, a fim de extingui-lo.

De seu turno, **o prazo prescricional para a postulação da restituição será de cinco anos**, a contar do pagamento, ou então da data em que se tornar definitiva a decisão administrativa ou passar em julgado a sentença judicial que tenha reformado, anulado ou revogado a decisão condenatória[97], que não correrá contra os absolutamente incapazes e ausentes elencados no Código Civil, na forma do artigo 103, parágrafo único, da Lei 8.213/91.

Vale ressaltar que no caso das restituições dos pagamentos perpetrados até 09.06.2005, data da vigência da Lei Complementar 118/2005, aplica-se a **tese dos "cinco mais cinco"** para a contagem do prazo, conforme sedimentado no STJ:

"REsp 916.558, de 03.04.2008 -1. **A Primeira Seção do Superior Tribunal de Justiça, no julgamento dos embargos de divergência no REsp 435.835/SC em 24.3.2004, adotou o entendimento segundo o qual, para as hipóteses de devolução de tributos sujeitos à homologação, declarados inconstitucionais pelo Supremo Tribunal Federal, a prescrição do direito de pleitear a restituição ocorre após expirado o prazo de cinco anos, contado do fato gerador, acrescido de mais cinco anos, a partir da homologação tácita (consolidação da tese dos 'cinco mais cinco').**

REsp 1.073.622, 18.08.2008. 2. A Corte Especial, na sessão de 6 de junho de 2007, ao julgar a Argüição de Inconstitucionalidade nos EREsp 644.736/PE, declarou, por unanimidade, a inconstitucionalidade da expressão "observado, quanto ao art. 3º, o disposto no art. 106, inciso I, da Lei nº 5.172, de 25 de outubro de 1966 – Código Tributário Nacional", constante do art. 4º, segunda parte, da Lei Complementar 118/2005. **Dessa forma, prevalece a tese dos "cinco mais cinco" para as ações de repetição e compensação de valores indevidamente recolhidos a título de tributo sujeito a lançamento por homologação, desde que se refiram a situações ocorridas até 9 de junho de 2005.**

AgRg no Ag 1005104, de 02.02.2010. 2. Quanto à discussão sobre prescrição, a Primeira Seção, em sede de recurso especial representativo de controvérsia (REsp n. 1.103.752-RS), **ratificou o entendimento no sentido de que o princípio da irretroatividade impõe a aplicação da LC 118/05 aos pagamentos indevidos realizados após a sua vigência e não às ações propostas posteriormente ao referido diploma legal**, porquanto norma referente à extinção da obrigação e não ao aspecto processual da ação correspondente".

Entretanto, este entendimento do STJ poderia ter sido revisto pelo STF, pois se aguardava o julgamento final pela Suprema Corte do RE 566.621, suspenso no dia 05.05.2010 (Informativo 585). Até aquele momento, os votos dos Ministros Ellen Gracie, Ricardo Lewandowski, Ayres Britto, Celso de Mello e Cezar Peluso seguiram o entendimento do STJ, no sentido da irretroatividade da Lei Complementar 118/2005. Entretanto, divergiram os Ministros Marco Aurélio, Dias Toffoli, Cármen Lúcia e Gilmar Mendes, para quem o artigo 3º, da Lei Complementar 118/2005 não inovou no mundo jurídico.

Finalmente, no dia 04/08/2011, o julgamento foi finalizado, seguindo-se o posicionamento do Superior Tribunal de Justiça, conforme noticiado no Informativo 634:

"É inconstitucional o art. 4º, segunda parte, da Lei Complementar 118/2005 ["Art. 3º Para efeito de interpretação do inciso I do art. 168 da Lei nº 5.172, de 25 de outubro de 1966 – Código Tributário Nacional, a extinção do crédito tributário ocorre, no caso de tributo sujeito a lançamento por homologação, no momento do pagamento antecipado de que trata o § 1º do art. 150 da referida Lei. Art.

---

97. Artigo 253, do RPS.

4º Esta Lei entra em vigor 120 (cento e vinte) dias após sua publicação, observado, quanto ao art. 3º, o disposto no art. 106, inciso I, da Lei nº 5.172, de 25 de outubro de 1966 - Código Tributário Nacional"; CTN: "Art. 106. A lei aplica-se a ato ou fato pretérito: I - em qualquer caso, quando seja expressamente interpretativa, excluída a aplicação de penalidade à infração dos dispositivos interpretados"]. Esse o consenso do Plenário que, em conclusão de julgamento, desproveu, por maioria, recurso extraordinário interposto de decisão que reputara inconstitucional o citado preceito - v. Informativo 585. Prevaleceu o voto proferido pela Min. Ellen Gracie, relatora, que, em suma, assentara a ofensa ao princípio da segurança jurídica - nos seus conteúdos de proteção da confiança e de acesso à Justiça, com suporte implícito e expresso nos artigos 1º e 5º, XXXV, da CF - e considerara válida a aplicação do novo prazo de 5 anos tão-somente às ações ajuizadas após o decurso da vacatio legis de 120 dias, ou seja, a partir de 9.6.2005. Os Ministros Celso de Mello e Luiz Fux, por sua vez, dissentiram apenas no tocante ao art. 3º da LC 118/2005 e afirmaram que ele seria aplicável aos próprios fatos (pagamento indevido) ocorridos após o término do período de vacatio legis. Vencidos os Ministros Marco Aurélio, Dias Toffoli, Cármen Lúcia e Gilmar Mendes, que davam provimento ao recurso".

O artigo 248, do RPS, em consonância com o artigo 166, do CTN, pontifica que a restituição de contribuição ou de outra importância recolhida indevidamente, que comporte, por sua natureza, a transferência de encargo financeiro, somente será feita àquele que provar ter assumido esse encargo ou, no caso de tê-lo transferido a terceiro, estar por este expressamente autorizado a recebê-la.

> Com o advento da Lei 11.941/2009, foi revogada a regra constante do §3º, do artigo 89, da Lei 8.212/91, que limitava a compensação das contribuições previdenciárias a 30% do valor a ser recolhido em cada competência.

Outrossim, para a compensação de créditos decorrentes de pagamento a maior de contribuições previdenciárias, entende-se não ser mais obrigatório que se trate de contribuições da mesma espécie, ou seja, passou a ser possível compensar créditos de contribuições previdenciárias com débitos de outros tributos devidos à União. **Ressalte-se que é um de tema polêmico!**

Contudo, nesta hipótese, a União deverá repassar a quantia compensada ao Fundo do Regime Geral de Previdência Social, no máximo dois dias úteis após a data em que ela for promovida de ofício ou em que for deferido o respectivo requerimento, na forma do artigo 26, da Lei 11.457/2007.

Logo, **entende-se que não mais subsiste base legal para a referida vedação, implicitamente autorizada pelo artigo 26, da Lei 11.457/2007, pois se este dispositivo busca restringir a compensação apenas entre contribuições previdenciárias, não haveria qualquer compensação ao fundo do RGPS, que não sofreria prejuízo.**

Veja-se o dispositivo legal:

> "Art. 26. O valor correspondente à compensação de débitos relativos às contribuições de que trata o art. 2º desta Lei será repassado ao Fundo do Regime Geral de Previdência Social no máximo 2 (dois) dias úteis após a data em que ela for promovida de ofício ou em que for deferido o respectivo requerimento.
>
> Parágrafo único. O disposto no art. 74[98] da Lei nº 9.430, de 27 de dezembro de 1996, não se aplica às contribuições sociais a que se refere o art. 2º desta Lei".

Pela possibilidade da compensação do pagamento das contribuições previdenciárias pagas a maior com tributos federais de outra natureza, já se pronunciou o *Tribunal Regional Federal da 3ª Região*, ao afirmar que, **"não obstante a unificação da administração tributária na Receita Federal do Brasil pela Lei nº 11.457/07, somente com a publicação da IN 900, de 30/12/2008, da SRB, que regulamentou a MP 449, de 03/12/2008 (artigo 66), convertida na Lei 11.941, de 27/05/2009, é que se tornou possível a compensação das contribuições previdenciárias com tributos de natureza distinta"**[99].

Ademais, não merece guarida a tese que nega a compensação das contribuições previdenciárias com outros débitos fiscais federais com base no parágrafo único, do artigo 26, da Lei 11.457/2007, ao determinar que "o disposto no art. 74 da Lei nº 9.430, de 27 de dezembro de 1996, não se aplica às contribuições sociais a que se refere o art. 2º desta Lei".

No entanto, no entendimento da Secretaria da Receita Federal do Brasil esta compensação é indevida, tendo o STJ seguido este posicionamento ao interpretar o artigo 26 da Lei 11.457/2007:

> "TRIBUTÁRIO. RECURSO ESPECIAL. AUSÊNCIA DE VIOLAÇÃO DO ART. 535 DO CPC. DEFICIÊNCIA DE FUNDAMENTAÇÃO QUANTO AOS ARTS. 96, 97, E 99 DO CTN. INCIDÊNCIA DA SÚMULA 284/STF. COMPENSAÇÃO. TRIBUTOS ADMINISTRADOS PELA ANTIGA RECEITA FEDERAL COM CONTRIBUIÇÕES PREVIDENCIÁRIAS. IMPOSSIBILIDADE. EXEGESE ORIUNDA DA VEDAÇÃO

**98.** Art. 74. O sujeito passivo que apurar crédito, inclusive os judiciais com trânsito em julgado, relativo a tributo ou contribuição administrado pela Secretaria da Receita Federal, passível de restituição ou de ressarcimento, poderá utilizá-lo na compensação de débitos próprios relativos a quaisquer tributos e contribuições administrados por aquele Órgão.

**99.** AMS 313.807, de 26.08.2009.

DO PARÁGRAFO ÚNICO DO ART. 26 DA LEI Nº 11.457/07.

1. Não se verifica ofensa ao art. 535 do CPC quando o Tribunal de origem dirime, fundamentadamente, as questões que lhe foram submetidas, apreciando integralmente a controvérsia posta nos presentes autos. Ressalte-se que não se pode confundir julgamento desfavorável ao interesse da parte com negativa ou ausência de prestação jurisdicional.

2. A mera indicação dos arts. 96, 97 e 99 do CTN como violados, sem que haja demonstração clara e objetiva de como o acórdão recorrido os teria malferido, não enseja a abertura da via especial, devendo a parte recorrente demonstrar os motivos de sua insurgência, o que não ocorreu no caso em exame. Desse modo, a deficiência na fundamentação recursal inviabiliza a abertura da instância especial e atrai a incidência, por simetria, do disposto na Súmula 284/STF.

3. "É ilegítima a compensação de créditos tributários administrados pela antiga Receita Federal (PIS e COFINS decorrentes de exportação) com débitos de natureza previdenciária antes administrados pelo INSS (art. 11 da Lei n. 8.212/91), ante a vedação legal estabelecida no art. 26 da Lei n. 11.457/07. Precedentes." (REsp 1.243.162/PR, Rel. Ministro Castro Meira, Segunda Turma, DJe 28/03/2012)

4. Recurso especial a que se nega provimento **(RECURSO ESPECIAL Nº 1.449.713 - SC (2014/0091542-2)"**

De efeito, o artigo 74, da Lei 9.430/96, trata do procedimento de restituição dos tributos federais em geral. Ao vedar a sua aplicação, o legislador não proibiu a compensação entre créditos previdenciários e débitos fiscais federais de outra natureza, e sim proibiu porque já existe um regramento específico da compensação no artigo 89, da Lei 8.212/91.

Apesar disso, o TRF da 5ª Região não vem admitindo a compensação de créditos de contribuições previdenciárias patronais com tributos federais de outra natureza, aduzindo que "os valores recolhidos indevidamente, a título de contribuição previdenciária patronal, apenas poderão ser compensados com débitos alusivos a tributos dessa mesma espécie, face à previsão constante no parágrafo único do art. 26 da Lei nº. 11.457/07, que veda a aplicação da autorização prevista no art. 74, da Lei nº. 9.430/96 às contribuições previstas no art. 11, parágrafo único, alíneas 'a', 'b' e 'c', da Lei nº. 8.212/91"[100].

O tema restou pacificado com o advento da revogação do parágrafo único do artigo 26 da Lei 11.457/2007 pela Lei 13.670/2018, **passando a ser possível a aludida compensação tributária**. Nesse sentido, **a Instrução Normativa 1.810/2018 da Receita Federal passou a permitir a compensação de créditos tributários federais com débitos de contribuição previdenciária.**

No mais, por força do artigo 170-A, do CTN, é vedada a compensação mediante o aproveitamento de tributo, objeto de contestação judicial pelo sujeito passivo, antes do trânsito em julgado da respectiva decisão judicial.

Por fim, frise-se que a empresa será **reembolsada** pelo pagamento do valor bruto do **salário-maternidade**, até o valor do subsídio dos Ministros do STF, incluída a gratificação natalina proporcional ao período da correspondente licença e das cotas do **salário-família** pagas aos segurados a seu serviço, mediante dedução do respectivo valor, no ato do recolhimento das contribuições devidas.

## 15. CERTIDÃO NEGATIVA DE DÉBITO

A Certidão Negativa de Débito - CND da seguridade social é um ato administrativo que comprova a inexistência de débitos perante a União, tendo sido unificada para todos os tributos federais arrecadados pela Secretaria da Receita Federal do Brasil e exigível da empresa e do proprietário nas hipóteses do artigo 47, da Lei 8.212/91:

**I - da empresa:**

a) na contratação com o Poder Público e no recebimento de benefícios ou incentivo fiscal ou creditício concedido por ele;

b) na alienação ou oneração, a qualquer título, de bem imóvel ou direito a ele relativo;

c) na alienação ou oneração, a qualquer título, de bem móvel de valor superior a R$ 77.500,38 (valor atualizado para ao ano de 2023) incorporado ao ativo permanente da empresa;

d) no registro ou arquivamento, no órgão próprio, de ato relativo a baixa ou redução de capital de firma individual, redução de capital social, cisão total ou parcial, transformação ou extinção de entidade ou sociedade comercial ou civil e transferência de controle de cotas de sociedades de responsabilidade limitada;

**II - do proprietário**, pessoa física ou jurídica, de obra de construção civil, quando de sua averbação no registro de imóveis, salvo no caso do inciso VIII do art. 30.

De acordo com o TCU (Acórdão 2743/2017 Plenário), salvo na aquisição de bens e serviços de pequeno valor, nos termos definidos em seus regulamentos, os serviços sociais autônomos deverão exigir comprovação de regularidade com a seguridade social tanto nas contratações decorrentes de licitação quanto nas contratações diretas, realizadas mediante dispensa ou inexigibilidade de licitação.

Contudo, por força do artigo 9º, §1º, da Lei Complementar 123/2006, o arquivamento, nos órgãos de registro, dos atos constitutivos de empresários, de sociedades empresárias e de demais equiparados que

100. Passagem do julgamento da APELREEX 8.703, de 14.01.2010.

se enquadrarem como microempresa ou empresa de pequeno porte, bem como o arquivamento de suas alterações, independe de prova de quitação, regularidade ou inexistência de débito referente a tributo ou contribuição de qualquer natureza, o que excepciona o artigo 47, I, "d", da Lei 8.212/91.

Também será exigida a CND nos seguintes casos[101]:

A) **do incorporador**, na ocasião da inscrição de memorial de incorporação no Registro de Imóveis;

B) **do produtor rural pessoa física (contribuinte individual) e do segurado especial**, quando da constituição de garantia para concessão de crédito rural e qualquer de suas modalidades, por instituição de créditos pública ou privada, desde que comercializem a sua produção com o adquirente domiciliado no exterior ou diretamente no varejo a consumidor pessoa física, a outro produtor rural pessoa física ou a outro segurado especial;

C) **na contratação de operações de crédito com instituições financeiras**, assim entendidas as pessoas jurídicas públicas ou privadas que tenham como atividade principal ou acessória a intermediação ou aplicação de recursos financeiros próprios ou de terceiros, em moeda nacional ou estrangeira, autorizadas pelo Banco Central do Brasil ou por decreto do Poder Executivo a funcionar no Território Nacional, que envolvam:

I) *recursos públicos*, inclusive os provenientes de fundos constitucionais e de incentivo ao desenvolvimento regional (Fundo Constitucional de Financiamento do Norte, Fundo Constitucional de Financiamento do Nordeste, Fundo Constitucional de Financiamento do Centro Oeste, Fundo de Desenvolvimento da Amazônia e Fundo de Desenvolvimento do Nordeste);

II) *recursos do Fundo de Garantia do Tempo de Serviço*, do Fundo de Amparo ao Trabalhador e do Fundo Nacional de Desenvolvimento da Educação; ou

III) *recursos captados através de Caderneta de Poupança*; e

D) **na liberação de eventuais parcelas previstas nos contratos a que se refere o inciso anterior.**

> Vale lembrar que a própria Constituição Federal proíbe o Poder Público de contratar ou conceder benefícios e incentivos fiscais ou creditícios à pessoa jurídica em débito com o sistema da seguridade social, a teor do seu artigo 195, §3º.

Deverá ser expedida *CND positiva com efeitos de negativa* quando o débito não esteja constituído em decisão definitiva; haja garantia do depósito integral ou parcelamento; tenha sido operada penhora suficiente para a satisfação do débito ou ocorrido outra forma de suspensão da exigibilidade do crédito securitário.

Caso o negócio jurídico celebrado exija a prévia apresentação da certidão negativa de débito e seja violado o artigo 47, da Lei 8.212/91, o ato praticado ou o seu registro acarretará a **responsabilidade solidária** dos contratantes e do oficial que lavrar ou registrar o instrumento, sendo o **ato nulo para todos os efeitos.**

Nesse sentido, o STJ:

"TRIBUTÁRIO. RECURSO ESPECIAL. EXECUÇÃO FISCAL. EMPRESA CONCESSIONÁRIA DE SERVIÇO DE TRANSPORTE COLETIVO URBANO. CONTRATO. REDIRECIONAMENTO CONTRA AUTARQUIA MUNICIPAL. OMISSÃO DE DEVER LEGAL DE EXIGÊNCIA DE CERTIDÃO NEGATIVA DE DÉBITOS. ARTS. 47 E 48 DA LEI N.º 8.212/91.

1. **O contratante que não exige a CND do contratado torna-se solidariamente responsável para com o mesmo face o cumprimento das obrigações tributárias inerentes à seguridade social** (arts. 47 e 48 da Lei n.º 8.212/91). (Precedente: Resp 819.023/BA, Rel. Ministro Luiz Fux, DJ 01/10/2007).

2. Incide, de fato, o disposto no art. 48 da Lei n.º 8.212/91, a saber: A prática de ato com inobservância do disposto no artigo anterior, ou o seu registro, acarretará a responsabilidade solidária dos contratantes e do oficial ou registrar o instrumento, **sendo o ato nulo para todos os efeitos.**" **(STJ**, REsp 800685, de 15/10/2009).

No entanto, a Receita Federal do Brasil poderá autorizar a prática do ato, desde que o débito seja pago no ato ou o seu pagamento fique assegurado mediante confissão de dívida fiscal com o oferecimento de garantias reais suficientes.

Da mesma forma, o servidor, o serventuário da Justiça, o titular de serventia extrajudicial e a autoridade ou órgão que infringirem o disposto no artigo anterior incorrerão em multa calculada com base no artigo 92, da Lei 8.212/91.

A CND era disciplinada pelo Decreto 3.048/99 (Regulamento da Previdência Social) até o advento do Decreto 8.302/2014, que revogou os dispositivos a respeito do tema. Desde então, coube à Portaria Conjunta RFB/PGFN nº 1.751, de 2 de outubro de 2014 disciplinar a Certidão Negativa de Débito.

De efeito, a prova de regularidade fiscal perante a Fazenda Nacional será efetuada mediante apresentação de certidão expedida conjuntamente pela Secretaria da Receita Federal do Brasil (RFB) e pela Procuradoria-Geral da Fazenda Nacional (PGFN), referente a todos os créditos tributários federais e à Dívida Ativa da União (DAU) por elas administrados, tendo prazo de validade de 180 dias, contado a partir da sua emissão.

A regularidade fiscal do Distrito Federal, dos estados e dos municípios é comprovada pela *CRP – Certificado*

---

**101.** Novas hipóteses previstas no artigo 257, do RPS, que têm fundamento de validade no artigo 47, da Lei 8.212/91 e em outros dispositivos legais ou mesmo na Constituição Federal.

*de Regularidade Previdenciária*, regido pelo Decreto 3.788/2001, a ser emitido pelo Ministério da Previdência Social, sendo exigível para a realização de transferências voluntárias de recursos da União e celebração de ajustes, empréstimos e financiamentos, conforme exigência do artigo 56, da Lei 8.212/91.

No entanto, por força do artigo 47, §6º, da Lei 8.212/91, independe de prova de inexistência de débito o recebimento pelos Municípios de transferência de recursos destinados a ações de assistência social, educação, saúde e em caso de calamidade pública.

Por força da Lei 12.810/2013, os recursos do FPE e do FPM não transferidos em decorrência da não obtenção do CRP poderão ser utilizados para quitação, total ou parcial, dos débitos relativos às contribuições previdenciárias, a pedido do representante legal do Estado, Distrito Federal ou Município.

Por sua vez, ante a revogação parcial do artigo 52, da Lei 8.212/91, pela Lei 11.941/2009, aplica-se às contribuições para a seguridade social o disposto no artigo 32, da Lei 4.357/64, que determina que **as empresas em débito não garantido com a União por falta de recolhimento tempestivo de tributo, não poderão distribuir quaisquer bonificações a seus acionistas.**

**Outrossim, não poderão dar ou atribuir participação de lucros a seus sócios ou quotistas, bem como a seus diretores e demais membros de órgãos dirigentes, fiscais ou consultivos, sob pena de multa.**

Por fim, insta afirmar que **a não apresentação da GFIP – Guia de Recolhimento do FGTS e de Informações Previdenciárias pelas empresas impede a expedição da CND**, na forma do §10, do artigo 32, da Lei 8.212/91, inserto pela Lei 11.941/2009.

Não é outra a posição do STJ, noticiada através do Informativo 434:

> "REPETITIVO. CND. GFIP.
>
> **A Seção, ao julgar recurso repetitivo (art. 543-C do CPC), entendeu que a recusa de fornecer certidão negativa de débito (CND) porque descumprida a obrigação acessória de entregar a guia de recolhimento do FGTS e informações à Previdência Social (GFIP) deriva do art. 32, IV e § 10, da Lei n. 8.212/1991 (na redação que lhe deu a Lei n. 9.528/1997).** Considerou, ainda, que afastar essa lei violaria a Súmula vinculante n. 10 do STF. Na hipótese, segundo a Seção, também impediu conceder a referida certidão a divergência constatada nas instâncias ordinárias entre os valores declarados em várias GFIPs e os efetivamente recolhidos, pois já estavam constituídos os créditos tributários, bastando inscrevê-los na dívida ativa. REsp 1.042.585-RJ, Rel. Min. Luiz Fux, julgado em 12/5/2010".

Nesse sentido, pontifica a **Súmula 446, do STJ**, que "declarado e não pago o débito tributário pelo contribuinte, é legítima a recusa de expedição de certidão negativa ou positiva com efeito de negativa".

Aliás, mesmo que a empresa apresente a GFIP, mas não pague integralmente as contribuições previdenciárias declaradas, após o confronto com a GP – Guia de Pagamento, será legítima a recusa do Fisco em expedir a CND, conforme entende o Superior Tribunal de Justiça[102].

Por outro lado, nos termos do artigo 47, §6º, da Lei 8.212/91, **independe de prova de inexistência de débito perante a seguridade social** a prática dos seguintes atos jurídicos:

> a) a lavratura ou assinatura de instrumento, ato ou contrato que constitua retificação, ratificação ou efetivação de outro anterior para o qual já foi feita a prova;
>
> b) a constituição de garantia para concessão de crédito rural, em qualquer de suas modalidades, por instituição de crédito pública ou privada, desde que o contribuinte referido no art. 25 (segurado especial), não seja responsável direto pelo recolhimento de contribuições sobre a sua produção para a Seguridade Social;
>
> c) a averbação do proprietário, pessoa física ou jurídica, de obra de construção civil, quando de sua averbação no registro de imóveis, relativa a imóvel cuja construção tenha sido concluída antes de 22 de novembro de 1966;
>
> d) **o recebimento pelos Municípios de transferência de recursos destinados a ações de assistência social, educação, saúde e em caso de calamidade pública**;
>
> e) a averbação da construção civil localizada em área objeto de regularização fundiária de interesse social, na forma da Lei nº 11.977, de 7 de julho de 2009.

De acordo com a **Lei 14.128/2021**, o prazo de validade da certidão expedida conjuntamente pela Secretaria Especial da Receita Federal do Brasil e pela Procuradoria-Geral da Fazenda Nacional do Ministério da Economia, referente aos tributos federais e à dívida ativa da União por elas administrados, será de até 180 (cento e oitenta) dias, contado da data de emissão da certidão, prorrogável, excepcionalmente, pelo prazo determinado em ato conjunto dos referidos órgãos.

Por fim, ainda existe a **Certidão Negativa de Débitos Trabalhistas (CNDT)**, expedida gratuita e eletronicamente, para comprovar a inexistência de débitos inadimplidos perante a Justiça do Trabalho, que também abarca os recolhimentos dos créditos previdenciários alvo de condenação na Justiça do Trabalho, nos termos do artigo 642-A da CLT.

102. REsp 1.143.094, de 09.12.2009.

## 16. OBRIGAÇÕES ACESSÓRIAS DA EMPRESA

Além da previsão do cumprimento da obrigação tributária principal consistente na arrecadação das contribuições previdenciárias e respectivos consectários, a legislação previdenciária cominou às empresas obrigações acessórias, cujo objeto são prestações positivas e negativas em prol da arrecadação e fiscalização dos referidos tributos.

De acordo com o artigo 32, da Lei 8.212/91, a empresa é também obrigada a **preparar folhas de pagamento das remunerações pagas ou creditadas a todos os segurados a seu serviço**, de acordo com os padrões e normas estabelecidos pelo órgão competente da seguridade social.

Esta obrigação acessória visa quantificar todas as remunerações pagas pela empresa a fim de calcular a contribuição previdenciária patronal que incidirá à razão de 20 % sobre o total pago aos empregados, avulsos e contribuintes individuais prestadores de serviços.

Da mesma forma, **caberá à empresa lançar mensalmente em títulos próprios de sua contabilidade, de forma discriminada, os fatos geradores de todas as contribuições, o montante das quantias descontadas, as contribuições da empresa e os totais recolhidos**, devendo prestar à Secretaria da Receita Federal do Brasil todas as informações cadastrais, financeiras e contábeis de seu interesse, na forma por ela estabelecida, bem como os esclarecimentos necessários à fiscalização.

Excepcionalmente, estão dispensados da apresentação de escrituração contábil o pequeno comerciante, a pessoa jurídica tributada com base no lucro presumido, bem como a pessoa jurídica optante do sistema simplificado de arrecadação de tributos, desde que mantenha a escrituração do Livro Caixa e do Livro de Registro de Inventário[103].

Por fim, a empresa é obrigada a declarar à Secretaria da Receita Federal do Brasil e ao Conselho Curador do Fundo de Garantia do Tempo de Serviço – FGTS, na forma, prazo e condições estabelecidos por esses órgãos, dados relacionados a fatos geradores, base de cálculo e valores devidos da contribuição previdenciária e outras informações de interesse do INSS ou do Conselho Curador do FGTS.

De efeito, essa declaração se realiza através da GFIP – **Guia de Recolhimento do Fundo de Garantia por Tempo de Serviço e Informações à Previdência Social,** introduzida no nosso ordenamento jurídico por intermédio da Lei 9.528/97, obrigatória para todas as pessoas físicas ou jurídicas sujeitas ao recolhimento do FGTS, bem como às contribuições e/ou informações à Previdência Social.

Mesmo que não tenha se concretizado a hipótese de incidência de contribuições previdenciárias em determinado mês, a empresa será obrigada a apresentar a GFIP, sendo denominada de "GFIP sem movimento".

A GFIP deverá ser entregue na rede bancária até o dia 7 do mês seguinte àquele em que a remuneração foi paga, creditada ou se tornou devida ao trabalhador e/ou tenha ocorrido outro fato gerador de contribuição previdenciária.

Por se tratar de uma confissão de débito, caso a empresa declare a ocorrência da obrigação tributária principal, **a GFIP equivale ao lançamento por homologação e constitui instrumento hábil e suficiente para a exigência do crédito tributário.**

Ademais, as suas informações comporão a base de dados para fins de cálculo e concessão dos benefícios previdenciários do RGPS.

Estão desobrigados da apresentação da GFIP: o contribuinte individual sem segurado que lhe preste serviço; o segurado especial; os órgãos públicos em relação aos servidores estatutários filiados a regime próprio de previdência social; o empregador doméstico e o segurado facultativo.

Vale salientar que a não apresentação da GFIP ou a declaração com incorreções sujeitará a empresa às penalidades pecuniárias previstas no artigo 32-A[104], da Lei 8.212/91.

---

**103.** Artigo 225, §16, do RPS.

**104.** Art. 32-A. O contribuinte que deixar de apresentar a declaração de que trata o inciso IV do *caput* do art. 32 desta Lei no prazo fixado ou que a apresentar com incorreções ou omissões será intimado a apresentá-la ou a prestar esclarecimentos e sujeitar-se-á às seguintes multas:

I – de R$ 20,00 (vinte reais) para cada grupo de 10 (dez) informações incorretas ou omitidas; e

II – de 2% (dois por cento) ao mês-calendário ou fração, incidentes sobre o montante das contribuições informadas, ainda que integralmente pagas, no caso de falta de entrega da declaração ou entrega após o prazo, limitada a 20% (vinte por cento), observado o disposto no § 3º deste artigo.

Segue, abaixo, um modelo de GFIP:

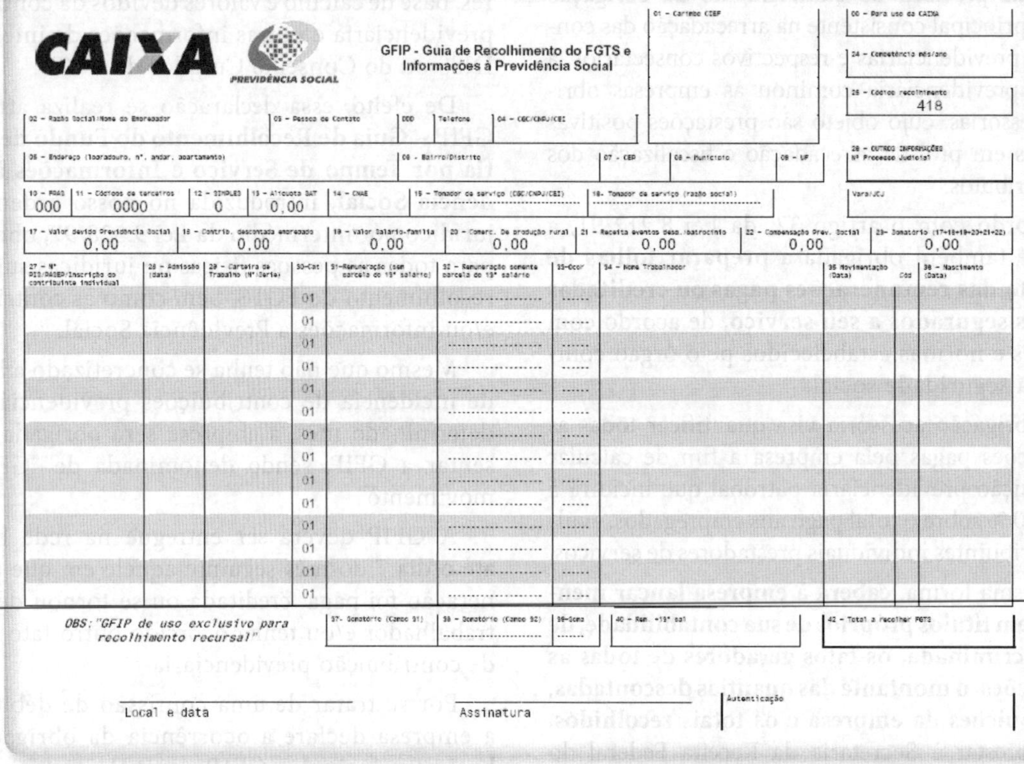
CAIXA
PREVIDÊNCIA SOCIAL
GFIP - Guia de Recolhimento do FGTS e Informações à Previdência Social
418
OBS: "GFIP de uso exclusivo para recolhimento recursal"
Local e data
Assinatura
Autenticação

Também se enquadra como acessória a obrigação de fornecimento, pelos municípios, à Secretaria da Receita Federal do Brasil, da relação de alvarás para construção civil e documentos de "habite-se" concedidos, visando auxiliar na fiscalização[105].

Por força da **Lei 13.846/2019**, que modificou o artigo 68 da Lei 8.212/91, o **Titular do Cartório de Registro Civil de Pessoas Naturais** remeterá ao INSS, **em até 1 dia útil**, pelo Sistema Nacional de Informações de Registro Civil (Sirc) ou por outro meio que venha a substituí-lo, a relação dos nascimentos, dos natimortos, dos casamentos, dos óbitos, das averbações, das anotações e das retificações registradas na serventia (para os Municípios que não dispõem de provedor de conexão à internet ou de qualquer meio de acesso à internet, fica autorizada a remessa da relação em até 5 dias úteis), sob pena de incidência da sanção penalidade prevista no artigo 92 (multa) e à ação regressiva proposta pelo INSS, em razão dos danos sofridos.

Coube à Instrução Normativa PRES/INSS nº 116/2021 disciplinar o procedimento relativo à apuração de descumprimento de qualquer obrigação imposta pelo art. 68 da Lei nº 8.212, de 24 de julho de 1991, assim como o fornecimento de informação inexata pelos Titulares de Cartórios de Registro Civil de Pessoas Naturais, para fins de aplicação de **multa** e propositura de **ação regressiva**.

De efeito, o Município ou o Distrito Federal, por intermédio de seu órgão competente, deverá fornecer à RFB, mensalmente, até o dia 10 (dez) do mês seguinte, a relação de todos os alvarás, dos habite-se ou dos Certificados de Conclusão de Obra (CCO) expedidos no mês, por disposição expressa do art. 50 da Lei nº 8.212, de 1991. A relação mensal de que trata o *caput* será apresentada em arquivo digital e atenderá aos critérios estabelecidos pela RFB. O arquivo digital será gerado com os dados do órgão responsável da prefeitura e deverá ser transmitido à RFB mesmo que nenhum documento de alvará ou carta de "habite-se" tenha sido emitido no mês.

Uma nova obrigação acessória para as empresas restou instituída pela **Lei 12.692/2012**, que inseriu o inciso VI, no artigo 32, da Lei 8.212/91. **Passou a ser dever das empresas comunicar, mensalmente, aos empregados, por intermédio de documento a ser definido em regulamento, os valores recolhidos sobre o total de sua remuneração ao INSS.**

O objetivo desta nova obrigação acessória é facilitar a fiscalização do recolhimento das contribuições previdenciárias, pois os empregados terão acesso mensal aos valores recolhidos sobre as suas remunerações, que se inexistir ou for inferior ao devido certamente ensejará uma atuação do próprio segurado perante a Receita Federal do Brasil, além de inibir a sonegação das contribuições previdenciárias pelas empresas.

Por sua vez, a Medida Provisória 589, de 13 de novembro de 2012, convertida na Lei 12.810/2013,

105. Artigo 50, da Lei 8.212/91.

inseriu o artigo 32-B na Lei 8.212/91, passando a exigir que os órgãos da administração direta, autarquias, fundações e empresas públicas da União, dos Estados, do Distrito Federal e dos Municípios, na forma estabelecida pela Secretaria da Receita Federal do Brasil do Ministério da Economia, apresentem a folha de pagamento até o dia 30 de abril do ano seguinte ao encerramento do exercício.

Este dispositivo objetiva controlar o recolhimento das contribuições para a seguridade social devidas pelo Poder Público, sendo mais um instrumento de fiscalização que a Receita Federal irá dispor. Na prática previdenciária, infelizmente, é comum que principalmente os municípios não recolham as contribuições previdenciárias do RGPS.

Já a Lei 12.873/2013 previu obrigações tributárias acessórias ao segurado especial que contrate temporariamente (até 120 pessoas/dia no ano civil) trabalhadores para auxiliá-lo na atividade campesina, equiparando-se a empresa para fins previdenciários nesta situação, inserindo o artigo 32-C na Lei 8.212/91, disposições com vigência a partir de 1º de maio de 2014.

De efeito, o segurado especial responsável pelo grupo familiar que contratar trabalhadores temporários apresentará as informações relacionadas ao registro de trabalhadores, aos fatos geradores, à base de cálculo e aos valores das contribuições devidas à Previdência Social e ao Fundo de Garantia do Tempo de Serviço e outras informações de interesse da Secretaria da Receita Federal do Brasil, da Secretaria de Previdência e Trabalho, e do Conselho Curador do FGTS, por meio de **sistema eletrônico com entrada única de dados**, e efetuará os recolhimentos por meio de documento único de arrecadação.

Será uma espécie de **GFIP do segurado especial**. No entanto, será necessária uma portaria conjunta do MF, MPS e MTE para regulamentar este novel dispositivo legal. Como se cuida de uma declaração de dívida tributária pelo segurado especial, a GFIP do segurado especial equivalerá a um lançamento tributário por homologação, permitindo a inscrição em Dívida Ativa e execução fiscal em caso de inadimplemento.

Por força do artigo 125-A, da Lei 8.213/91, ao INSS caberá a fiscalização do cumprimento das obrigações previdenciárias não tributárias, possuindo os seus agentes o poder de multar pelo descumprimento. No exercício doa fiscalização, a empresa deverá apresentar a documentação exigida pelo fiscal do INSS.

O artigo 126, por sua vez, que prevê que caberá recurso para o Conselho de Recursos da Previdência Social das decisões do INSS aplicar-se-á a este artigo.

No entanto, frise-se que constituir, mediante lançamento, o crédito tributário e de contribuições previdenciária é ato privativo da União, através dos Auditores da Receita.

De acordo com a exposição de motivos da MP 449/2008, convertida na Lei 11.941/09, "o art. 25 acrescenta o art. 125-A à Lei nº 8.213, de 1991, para possibilitar ao INSS efetuar diligências a fim de verificar o atendimento das obrigações não tributárias impostas pela legislação previdenciária e impor multa por seu eventual descumprimento. Essa medida visa dotar o INSS de instrumentos necessários ao regular reconhecimento, manutenção, revisão ou extinção de direitos previdenciários, a exemplo das diligências destinadas à comprovação de vínculo empregatício".

## 17. DAS INFRAÇÕES ADMINISTRATIVAS

De acordo com o artigo 92, da Lei 8.212/91, a infração de qualquer dispositivo desta Lei para a qual não haja penalidade expressamente cominada sujeita o responsável, conforme a gravidade da infração, a multa variável de Cr$ 100.000,00 (cem mil cruzeiros) a Cr$ 10.000.000,00 (dez milhões de cruzeiros), conforme dispuser o regulamento.

**Este artigo é regulamentado pelos artigos 282 e 283 do Decreto 3.048/99, já com os valores atualizados para o ano de 2021 pela Portaria anual do Ministério da Economia:**

"**Art. 282.** A seguridade social, por meio de seus órgãos competentes, promoverá a apreensão de comprovantes de arrecadação e de pagamento de benefícios, bem como de quaisquer documentos pertinentes, inclusive contábeis, mediante lavratura do competente termo, com a finalidade de apurar administrativamente a ocorrência dos crimes previstos em lei.

Parágrafo único. O Instituto Nacional do Seguro Social e a Secretaria da Receita Federal estabelecerão normas específicas para:

I - apreensão de comprovantes e demais documentos;

II - apuração administrativa da ocorrência de crimes;

III - devolução de comprovantes e demais documentos;

IV - instrução do processo administrativo de apuração;

V - encaminhamento do resultado da apuração referida no inciso IV à autoridade competente; e

VI - acompanhamento de processo judicial.

**Art. 283.** Por infração a qualquer dispositivo das Leis nºs 8.212 e 8.213, ambas de 1991, e 10.666, de 8 de maio de 2003, para a qual não haja penalidade expressamente cominada neste Regulamento, fica o responsável sujeito a multa variável de R$ 3.100,06 a R$ 310.004,70 (valor atualizado para 2023), conforme a gravidade da infração, aplicando-se-lhe o disposto nos arts. 290 a 292, e de acordo com os seguintes valores:

**I - a partir de R$ 3.100,06 (valor atualizado para 2023) nas seguintes infrações:**

a) deixar a empresa de preparar folha de pagamento das remunerações pagas, devidas ou creditadas a todos os segurados a seu serviço, de acordo com este

Regulamento e com os demais padrões e normas estabelecidos pelo Instituto Nacional do Seguro Social;

b) deixar a empresa de se matricular no Instituto Nacional do Seguro Social, dentro de trinta dias contados da data do início de suas atividades, quando não sujeita a inscrição no Cadastro Nacional da Pessoa Jurídica;

c) deixar a empresa de descontar da remuneração paga aos segurados a seu serviço importância proveniente de dívida ou responsabilidade por eles contraída junto à seguridade social, relativa a benefícios pagos indevidamente;

d) deixar a empresa de matricular no Instituto Nacional do Seguro Social obra de construção civil de sua propriedade ou executada sob sua responsabilidade no prazo de trinta dias do início das respectivas atividades;

e) deixar o Titular de Cartório de Registro Civil de Pessoas Naturais de comunicar ao Instituto Nacional do Seguro Social, até o dia dez de cada mês, a ocorrência ou a não-ocorrência de óbitos, no mês imediatamente anterior, bem como enviar informações inexatas, conforme o disposto no art. 228;

f) deixar o dirigente dos órgãos municipais competentes de prestar ao Instituto Nacional do Seguro Social as informações concernentes aos alvarás, "**habite-se**" ou documento equivalente, relativos a construção civil, na forma do art. 226; e

g) deixar a empresa de efetuar os descontos das contribuições devidas pelos segurados a seu serviço;

h) deixar a empresa de elaborar e manter atualizado perfil profissiográfico abrangendo as atividades desenvolvidas pelo trabalhador e de fornecer a este, quando da rescisão do contrato de trabalho, cópia autêntica deste documento; e

**II - a partir de R$ 31.000,41 (valor atualizado para 2023) nas seguintes infrações:**

a) deixar a empresa de lançar mensalmente, em títulos próprios de sua contabilidade, de forma discriminada, os fatos geradores de todas as contribuições, o montante das quantias descontadas, as contribuições da empresa e os totais recolhidos;

b) deixar a empresa de apresentar ao Instituto Nacional do Seguro Social e à Secretaria da Receita Federal os documentos que contenham as informações cadastrais, financeiras e contábeis de interesse dos mesmos, na forma por eles estabelecida, ou os esclarecimentos necessários à fiscalização;

c) deixar o servidor, o serventuário da Justiça ou o titular de serventia extrajudicial de exigir documento comprobatório de inexistência de débito, quando da contratação com o poder público ou no recebimento de benefício ou de incentivo fiscal ou creditício;

d) deixar o servidor, o serventuário da Justiça ou o titular de serventia extrajudicial de exigir o documento comprobatório de inexistência de débito, quando da alienação ou oneração, a qualquer título, de bem imóvel ou direito a ele relativo;

e) deixar o servidor, o serventuário da Justiça ou o titular de serventia extrajudicial de exigir a apresentação do documento comprobatório de inexistência de débito na alienação ou oneração, a qualquer título, de bem móvel incorporado ao ativo permanente da empresa, de valor superior a R$ 73.161,88 (valor atualizado para 2022);

f) deixar o servidor, o serventuário da Justiça ou o titular de serventia extrajudicial de exigir documento comprobatório de inexistência de débito no registro ou arquivamento, no órgão próprio, de ato relativo a baixa ou redução de capital de firma individual, redução de capital social, cisão total ou parcial, transformação ou extinção de entidade ou sociedade comercial ou civil e transferência de controle de cotas de sociedades de responsabilidade limitada;

g) deixar o servidor, o serventuário da Justiça ou o titular de serventia extrajudicial de exigir documento comprobatório de inexistência de débito do proprietário, pessoa física ou jurídica, de obra de construção civil, quando da averbação de obra no Registro de Imóveis;

h) deixar o servidor, o serventuário da Justiça ou o titular de serventia extrajudicial de exigir documento comprobatório de inexistência de débito do incorporador, quando da averbação de obra no Registro de Imóveis, independentemente do documento apresentado por ocasião da inscrição do memorial de incorporação;

i) deixar o dirigente da entidade da administração pública direta ou indireta de consignar as dotações necessárias ao pagamento das contribuições devidas à seguridade social, de modo a assegurar a sua regular liquidação dentro do exercício;

j) deixar a empresa, o servidor de órgão público da administração direta e indireta, o segurado da previdência social, o serventuário da Justiça ou o titular de serventia extrajudicial, o síndico ou seu representante, o comissário ou o liquidante de empresa em liquidação judicial ou extrajudicial, de exibir os documentos e livros relacionados com as contribuições previstas neste Regulamento ou apresentá-los sem atender às formalidades legais exigidas ou contendo informação diversa da realidade ou, ainda, com omissão de informação verdadeira;

l) deixar a entidade promotora do espetáculo desportivo de efetuar o desconto da contribuição prevista no § 1º do art. 205;

m) deixar a empresa ou entidade de reter e recolher a contribuição prevista no § 3º do art. 205;

n) deixar a empresa de manter laudo técnico atualizado com referência aos agentes nocivos existentes no ambiente de trabalho de seus trabalhadores ou emitir documento de comprovação de efetiva exposição em desacordo com o respectivo laudo; e

§ 1º Considera-se dirigente, para os fins do disposto neste Capítulo, aquele que tem a competência funcional para decidir a prática ou não do ato que constitua infração à legislação da seguridade social.

§ 2º A falta de inscrição do segurado sujeita o responsável à multa de R$ 3.100,06 **(valor atualizado para 2023)**, por segurado não inscrito.

§ 3º As demais infrações a dispositivos da legislação, para as quais não haja penalidade expressamente cominada, sujeitam o infrator à multa de R$ 3.100,06 **(valor atualizado para 2023)**".

## 18. CÓDIGOS DE RECEITA DE CONTRIBUIÇÃO PREVIDENCIÁRIA (GPS)

Para fechar este Capítulo da obra, apresentamos aos leitores a listagem oficial de todos os códigos GPS:

# Códigos de Receita de Contribuição Previdenciária (GPS)

Publicado em 10/02/2015 15h56 Atualizado em 06/07/2017 16h24



| Item | Código de Receita (GPS) | Especificação da Receita |
|---|---|---|
| 1 | 1007 | Contribuinte Individual - Recolhimento Mensal - NIT/PIS/PASEP |
| 2 | 1104 | Contribuinte Individual - Recolhimento Trimestral - NIT/PIS/PASEP |
| 3 | 1120 | Contribuinte Individual - Recolhimento Mensal - Com dedução de 45% (Lei nº 9.876/99) - NIT/PIS/PASEP |
| 4 | 1147 | Contribuinte Individual - Recolhimento Trimestral - Com dedução de 45% (Lei nº 9.876/99) - NIT/PIS/PASEP |
| 5 | 1163 | Contribuinte Individual (autônomo que não presta serviço à empresa) - Opção: Aposentadoria apenas por idade (art. 80 da LC 123 de 14/12/2006) - Recolhimento Mensal - NIT/PIS/PASEP |
| 6 | 1180 | Contribuinte Individual (autônomo que não presta serviço à empresa) - Opção: Aposentadoria apenas por idade (art. 80 da LC 123 de 14/12/2006) - Recolhimento Trimestral - NIT/PIS/PASEP |
| 7 | 1198 | CI Optante LC 123 Trimestral Compl |
| 8 | 1201 | GRC Trabalhador Pessoa Física (Contribuinte Individual, Facultativo, Empregado Doméstico, Segurado Especial) - DEBCAD (Preenchimento exclusivo pela Previdência Social) |



11/04/23, 22:51 Códigos de Receita de Contribuição Previdenciária (GPS) — Receita Federal

| | | |
|---|---|---|
| 9 | 1228 | CI Trimestral Rural |
| 10 | 1236 | CI Optante LC 123 Mensal Rural |
| 11 | 1244 | CI Optante LC 123 Mensal Rural Complementação |
| 12 | 1252 | CI Optante LC 123 Trimestral Rural |
| 13 | 1260 | CI Optante LC 123 Trimestral Rural Complementação |
| 14 | 1287 | CI Mensal - Rural |
| 15 | 1295 | CI Optante LC 123 Mensal Compl |
| 16 | 1406 | Facultativo Mensal - NIT/PIS/PASEP |
| 17 | 1457 | Facultativo Trimestral - NIT/PIS/PASEP |



11/04/23, 22:51 Códigos de Receita de Contribuição Previdenciária (GPS) — Receita Federal

| | | |
|---|---|---|
| 18 | 1473 | Facultativo - Opção: Aposentadoria apenas por idade (art. 80 da LC 123 de 14/12/2006) - Recolhimento Mensal - NIT/PIS/PASEP |
| 19 | 1490 | Facultativo - Opção: Aposentadoria apenas por idade (art. 80 da LC 123 de 14/12/2006) - Recolhimento Trimestral - NIT/PIS/PASEP |
| 20 | 1503 | Segurado Especial Mensal - NIT/PIS/PASEP |
| 21 | 1554 | Segurado Especial Trimestral - NIT/PIS/PASEP |
| 22 | 1600 | Empregado Doméstico Mensal - NIT/PIS/PASEP |
| 23 | 1619 | Empr. Domest. Patronal 12% Mensal Afast/Sal. Maternidade |
| 24 | 1651 | Empregado Doméstico Trimestral - NIT/PIS/PASEP - (que recebe até um salário mínimo) |
| 25 | 1678 | Empr. Domest. Patronal 12% Trimestral Afast/Sal. Maternidade |

CONTEÚDO 1 PÁGINA INICIAL 2 NAVEGAÇÃO 3 BUSCA 4 MAPA DO SITE ×

11/04/23, 22:51 Códigos de Receita de Contribuição Previdenciária (GPS) — Receita Federal

| | | |
|---|---|---|
| 26 | 1686 | Facultativo - Optante Lc 123/2006 - Recolhimento Mensal - Compl. |
| 27 | 1694 | Facultativo - Optante Lc 123/2006 - Recolhimento Trimestral - Compl. |
| 28 | 1708 | Reclamatória Trabalhista - NIT/PIS/PASEP |
| 29 | 1759 | Acréscimos Legais de Contribuinte Individual, Doméstico, Facultativo e Segurado Especial - Lei nº 8212/91 - NIT/PIS/PASEP |
| 30 | 1805 | CI com Direito a Dedução Mensal - Rural |
| 31 | 1813 | CI com Direito a Dedução Trimestral - Rural |
| 32 | 1821 | Facultativo / Exercente de Mandato Eletivo / Recolhimento Complementar |
| 33 | 1830 | Facultativo Baixa Renda - Recolhimento Mensal - Complemento Para Plano Simplificado da Previdência Social - PSPS - Lei 12470/11 |



11/04/23, 22:51 Códigos de Receita de Contribuição Previdenciária (GPS) — Receita Federal

| | | |
|---|---|---|
| 34 | 1848 | Facultativo Baixa Renda - Recolhimento Trimestral - Complemento Para Plano Simplificado da Previdência Social - PSPS - Lei 12470/11 |
| 35 | 1902 | Diferenças de valor de contribuição/NIT/PIS/PASEP |
| 36 | 1910 | MEI - Complementação Mensal |
| 37 | 1929 | Facultativo Baixa Renda - Recolhimento Mensal - NIT/PIS/PASEP |
| 38 | 1937 | Facultativo Baixa Renda - Recolhimento Trimestral - NIT/PIS/PASEP |
| 39 | 1945 | Facultativo Baixa Renda - Recolhimento Mensal - Complemento |
| 40 | 1953 | Facultativo Baixa Renda - Recolhimento Trimestral - Complemento |
| 41 | 2003 | Simples - CNPJ |
| 42 | 2011 | Empresas Optantes pelo Simples - CNPJ - Recolhimento sobre Aquisição |

PERGUNTA PRO LEO!
CONTEÚDO 1 PÁGINA INICIAL 2 NAVEGAÇÃO 3 BUSCA 4 MAPA DO SITE ×

| | | |
|---|---|---|
| 43 | 2020 | Empresas Optantes pelo Simples - CNPJ - Recolhimento sobre Contratação de Transportador Rodoviário Autônomo |
| 44 | 2100 | Empresas em Geral - CNPJ |
| 45 | 2119 | Empresas em Geral - CNPJ - Pagamento exclusivo para Outras Entidades (SESC, SESI, SENAI, etc.) |
| 46 | 2127 | Cooperativa de trabalho - CNPJ - Contribuição descontada do cooperado - Lei 10.666/2003 |
| 47 | 2143 | Empresas em Geral - CNPJ - Pagamento Exclusivo de empresas conveniadas com o FNDE - Competências anteriores a 01/2007 (Dec. 6.003/2006) |
| 48 | 2208 | Empresas em Geral - CEI |
| 49 | 2216 | Empresas em Geral - CEI - Pagamento exclusivo para Outras Entidades |



| | | |
|---|---|---|
| | | (SESC, SESI, SENAI, etc.) |
| 50 | 2240 | Empresas em Geral - CEI - Pagamento Exclusivo de empresas conveniadas com o FNDE para competências anteriores a 01/2007 (Dec. 6.003/2006) |
| 51 | 2305 | Filantrópicas com Isenção - CNPJ |
| 52 | 2321 | Filantrópicas com Isenção - CEI |
| 53 | 2402 | Órgãos do Poder Público - CNPJ |
| 54 | 2429 | Órgãos do Poder Público - CEI |
| 55 | 2437 | Órgãos do Poder Público - CNPJ - Recolhimento sobre Aquisição de Produto Rural do Produtor Rural Pessoa Física |
| 56 | 2445 | Órgão do Poder Público - CNPJ - Recolhimento sobre Contratação de Transportador Rodoviário Autônomo |

| | | |
|---|---|---|
| 57 | 2500 | Associação Desportiva que Mantém Equipe de Futebol Profissional - Receita Bruta a Título de Patrocínio, Licenciamento de Uso de Marcas e Símbolos, Publicidade, Propaganda e Transmissão de Espetáculo - CNPJ - Retenção e recolhimento efetuado por empresa patrocinadora em seu próprio nome |
| 58 | 2550 | Associação Desportiva que Mantém Equipe de Futebol Profissional - Receita Bruta de Espetáculos Desportivos - CNPJ - Retenção e recolhimento efetuado por entidade promotora do espetáculo (Federação ou Confederação), em seu próprio nome |
| 59 | 2607 | Comercialização da Produção Rural - CNPJ |
| 60 | 2615 | Comercialização da Produção Rural - CNPJ- Pagamento exclusivo para Outras Entidades (SENAR) |
| 61 | 2631 | Contribuição Retida sobre a NF/Fatura da Empresa Prestadora de Serviço - CNPJ |



11/04/23, 22:51 Códigos de Receita de Contribuição Previdenciária (GPS) — Receita Federal

| | | |
|---|---|---|
| 62 | 2640 | Contribuição Retida sobre NF/Fatura da Prestadora de Serviço - CNPJ - Uso Exclusivo do Órgão do Poder Público - Administração Direta, Autarquia e Fundação Federal, Estadual, do Distrito Federal ou Municipal (contratante do serviço). |
| 63 | 2658 | Contribuição Retida sobre a NF/Fatura da Empresa Prestadora de Serviço - CEI |
| 64 | 2682 | Contribuição Retida sobre NF/Fatura da Prestadora de Serviço - CEI (Uso Exclusivo do Órgão do Poder Público - Administração Direta, Autarquia e Fundação Federal, Estadual, do Distrito Federal ou Municipal (contratante do serviço). |
| 65 | 2704 | Comercialização da Produção Rural - CEI |
| 66 | 2712 | Comercialização da Produção Rural - CEI - Pagamento exclusivo para Outras Entidades (SENAR) |
| 67 | 2801 | Reclamatória Trabalhista - CEI |

CONTEÚDO 1 PÁGINA INICIAL 2 NAVEGAÇÃO 3 BUSCA 4 MAPA DO SITE ×

| | | |
|---|---|---|
| 68 | 2810 | Reclamatória Trabalhista - CEI - Pagamento exclusivo para Outras Entidades (SESC, SESI, SENAI, etc). |
| 69 | 2852 | Acordo Perante Comissão de Conciliação Prévia, Dissídio ou Acordo Coletivo e Convenção Coletiva - CEI |
| 70 | 2879 | Acordo Perante Comissão de Conciliação Prévia, Dissídio ou Acordo Coletivo e Convenção Coletiva - CEI - Pagamento exclusivo para Outras Entidades (SESC, SESI, SENAI, etc). |
| 71 | 2909 | Reclamatória Trabalhista - CNPJ |
| 72 | 2917 | Reclamatória Trabalhista - CNPJ Pagamento exclusivo para Outras Entidades (SESC, SESI, SENAI, etc.) |
| 73 | 2950 | Acordo Perante Comissão de Conciliação Prévia, Dissídio ou Acordo Coletivo e Convenção Coletiva - CNPJ |
| 74 | 2976 | Acordo Perante Comissão de Conciliação Prévia, Dissídio ou Acordo |



11/04/23, 22:51 Códigos de Receita de Contribuição Previdenciária (GPS) — Receita Federal

| | | |
|---|---|---|
| | | Entidades (SESC, SESI, SENAI, etc.) |
| 75 | 3000 | ACAL - CNPJ |
| 76 | 3107 | ACAL - CEI |
| 77 | 3204 | GRC Contribuição de Empresa Normal - DEBCAD (Preenchimento exclusivo pelo órgão emissor) |
| 78 | 4006 | Pagamento de Débito - DEBCAD (Preenchimento exclusivo pelo órgão emissor) |
| 79 | 4103 | Pagamento de Débito - CNPJ (Preenchimento exclusivo pelo órgão emissor) |
| 80 | 4141 | PERT - Previdenciário - Pessoa Jurídica |
| 81 | 4142 | PERT - Previdenciário - Pessoa Física |

CONTEÚDO 1 PÁGINA INICIAL 2 NAVEGAÇÃO 3 BUSCA 4 MAPA DO SITE ×

| | | |
|---|---|---|
| 82 | 4135 | PRT - Previdenciário - Pessoa Jurídica |
| 83 | 4136 | PRT - Previdenciário - Pessoa Física |
| 84 | 4105 | Parcelamento - CEI |
| 85 | 4200 | Pagamento de Débito Administrativo - Número do Título de Cobrança (Preenchimento exclusivo pelo órgão emissor) |
| 86 | 4308 | Pagamento de Parcelamento Administrativo - Número do Título de Cobrança (Preenchimento exclusivo pelo órgão emissor) |
| 87 | 4316 | Pagamento de Parcelamento de Clube de Futebol - CNPJ - (5% da Receita Bruta destinada ao Clube de Futebol) - Art 2º da Lei nº 8.641/1993 |
| 88 | 4324 | Parcelamento Super Simples - Lei Complementar 123/06 - Título de Cobrança |



11/04/23, 22:51 Códigos de Receita de Contribuição Previdenciária (GPS) — Receita Federal

| | | |
|---|---|---|
| 89 | 4332 | Parcelamento Timemania |
| 90 | 4340 | Parcelamento IES |
| 91 | 4359 | Parcelamento Super Simples - Lei Complementar 123/06 - Título de Cobrança (PLC 128) |
| 92 | 4367 | Parcelamento Órgãos do Poder Público |
| 93 | 5037 | Recuperação de Despesas de Exercícios Anteriores - CNPJ - Uso exclusivo no SIAF |
| 94 | 5045 | Repasse da Secretaria do Tesouro Nacional - STN - das Contribuições Previdenciárias Relativas ao SIMPLES - CNPJ - Uso exclusivo no SIAFI |
| 95 | 5053 | Custas Judiciais - Sucumbência - CNPJ - Uso exclusivo no SIAFI |
| 96 | 5061 | Repasse da Secretaria do Tesouro Nacional - STN - das Receitas |

PERGUNTA PRO LEO!
CONTEÚDO 1 PÁGINA INICIAL 2 NAVEGAÇÃO 3 BUSCA 4 MAPA DO SITE ×

| | | |
|---|---|---|
| | | Previdenciárias - CNPJ - Uso exclusivo no SIAFI |
| 97 | 5070 | Repasse da Secretaria do Tesouro Nacional - STN - das Contribuições Previdenciárias Relativas ao SIMPLES/PAES - CNPJ - Uso exclusivo no SIAFI |
| 98 | 5088 | Contribuição da Rede Hospitalar Repassada pelo Fundo Nacional de Saúde - CNPJ - Uso exclusivo no SIAFI |
| 99 | 5096 | Multas Contratuais - CNPJ - Uso exclusivo no SIAFI ou via STN0018, por determinação expressa do INSS |
| 100 | 5100 | REFIS - Repasse de Contribuições Previdenciárias Efetuado pela STN de Parcela sobre Faturamento - CNPJ - Uso exclusivo no SIAFI |
| 101 | 5118 | REFIS - Repasse de Contribuições Previdenciárias Efetuado pela STN de Parcela Fixa - CNPJ - Uso exclusivo no SIAFI |
| 102 | 5126 | FIES - Repasse de Contribuições Previdenciárias Efetuadas pela STN |





| | | |
|---|---|---|
| | | Referente à Conversão de Títulos - CNPJ - Uso exclusivo no SIAFI |
| 103 | 5134 | CDP - Repasse de Contribuições Previdenciárias Efetuado pela STN Referente à Conversão de Títulos - CNPJ - Uso exclusivo no SIAFI |
| 104 | 5304 | Auxiliares Locais |
| 105 | 6009 | Pagamento de Dívida Ativa Débito - Referência (Preenchimento exclusivo pelo órgão emissor) |
| 106 | 6106 | Pagamento de Dívida Ativa Parcelamento - Referência (Preenchimento exclusivo pelo órgão emissor) |
| 107 | 6203 | Pagamento de Dívida Ativa Ação Judicial - Referência (Preenchimento exclusivo pelo órgão emissor) |
| 108 | 6300 | Pagamento de Dívida Ativa Cobrança Amigável - Referência (Preenchimento exclusivo pelo órgão emissor) |

| | | |
|---|---|---|
| 109 | 6408 | Conversão em receita de depósito judicial - casos anteriores à Lei n° 9.703/98 - CNPJ |
| 110 | 6432 | Conversão em Receita de Depósito Judicial - Casos Anteriores à Lei n° 9.703/98 - CEI |
| 111 | 6440 | Conversão em Receita de Depósito Judicial - Casos Anteriores à Lei nº 9.703/98 - DEBCAD |
| 112 | 6459 | Conversão em Receita de Depósito Judicial - Casos Anteriores à Lei nº 9.703/98 - NB |
| 113 | 6467 | Conversão em Receita de Depósito Judicial - Casos Anteriores à Lei nº 9.703/98 - NIT/PIS/PASEP |
| 114 | 6505 | COMPREV - Pagamento de Dívida Ativa - Parcelamento de Regime Próprio de Previdência Social RPPS - Órgão do Poder Público - Referência |





| | | |
|---|---|---|
| 115 | 6513 | COMPREV - Pagamento de Dívida Ativa - Não Parcelada de Regime Próprio de Previdência Social RPPS - Órgão do Poder Público - Referência |
| 116 | 6602 | Levantamento Recebimento de Sucumbência/Honorário Advocatício - Divida Ativa - CNPJ |
| 117 | 6610 | Levantamento Recebimento de Sucumbência/Honorário Advocatício - Divida Ativa - CPF |
| 118 | 6629 | Levantamento Recebimento de Sucumbência/Honorário Advocatício - Divida Ativa - CEI |
| 119 | 6670 | Reembolso de 1% do FNDE - Dívida Ativa - CNPJ |
| 120 | 6700 | Devolução/Restituição ao INSS de Valores Pagos por Precatórios e RPV - CNPJ |
| 121 | 6718 | Devolução/Restituição ao INSS de Valores Pagos por Precatórios e RPV - |

| | | |
|---|---|---|
| 122 | 6742 | Valores Devidos por Prefeituras ao INSS Referente a Precatórios e RPV - CNPJ |
| 123 | 6750 | Valores Devidos por Prefeituras ao INSS Referente a Precatórios e RPV - CPF |
| 124 | 7307 | COMPREV - Recolhimento Efetuado por RPPS - Órgão do Poder Público - CNPJ |
| 125 | 7315 | COMPREV - Recolhimento Efetuado por RPPS - Órgão do Poder Público - Estoque - CNPJ |
| 126 | 8001 | Financiamento Imobiliário - Referência (Preenchimento exclusivo pelo órgão emissor) |
| 127 | 8109 | Aluguéis - Referência (Preenchimento exclusivo pelo órgão emissor) |
| 128 | 8133 | Condomínio a Título de Reembolso - Referência (Preenchimento exclusivo |





| | | |
|---|---|---|
| | | pelo órgão emissor) |
| 129 | 8141 | Parcelamento de Financiamento Imobiliário - Referência (Preenchimento exclusivo pelo órgão emissor) |
| 130 | 8150 | Parcelamento de Aluguéis - Referência (Preenchimento exclusivo pelo órgão emissor) |
| 131 | 8168 | Taxa de Ocupação - Referência (Preenchimento exclusivo pelo órgão emissor) |
| 132 | 8176 | Impostos e Taxas a Título de Reembolso - Referência (Preenchimento exclusivo pelo órgão emissor) |
| 133 | 8206 | Alienação de Bens Imóveis - Referência (Preenchimento exclusivo pelo órgão emissor) |
| 134 | 8214 | Alienação de Bens Imóveis - CNPJ |
| 135 | 82 | |

11/04/23, 22:51 Códigos de Receita de Contribuição Previdenciária (GPS) — Receita Federal

| | | |
|---|---|---|
| 136 | 8249 | Alienação de Bens Móveis - CPF |
| 137 | 8257 | Alienação de Bens Móveis - Referência (Preenchimento exclusivo pelo órgão emissor) |
| 138 | 8273 | Alienação de Bens Móveis - CNPJ |
| 139 | 8303 | Aluguéis de Bens de Uso Especial - CNPJ |
| 140 | 8311 | Aluguéis de Bens de Uso Especial - CPF |
| 141 | 8346 | Aluguéis de Bens Dominicais - CNPJ |
| 142 | 8354 | Aluguéis de Bens Dominicais - CPF |
| 143 | 8362 | Taxa de Ocupação de Bens Dominicais - CNPJ |

CONTEÚDO 1 PÁGINA INICIAL 2 NAVEGAÇÃO 3 BUSCA 4 MAPA DO SITE

11/04/23, 22:51 Códigos de Receita de Contribuição Previdenciária (GPS) — Receita Federal

| | | |
|---|---|---|
| 144 | 8370 | Taxa de Ocupação de Bens Dominicais - CPF |
| 145 | 8400 | Parcelamento de Aluguéis de Bens de Uso Especial - CNPJ |
| 146 | 8419 | Parcelamento de Aluguéis de Bens de Uso Especial - CPF |
| 147 | 8443 | Parcelamento de Aluguéis de Bens Dominicais - CNPJ |
| 148 | 8451 | Parcelamento de Aluguéis de Bens Dominicais - CPF |
| 149 | 8605 | Dividendos - Patrimônio - CNPJ |
| 150 | 8907 | Recuperação de Despesas de Exercícios Anteriores - CNPJ |
| 151 | 8915 | Recuperação de Despesas de Exercícios Anteriores - CPF |
| 152 | 8940 | Multas Contratuais - CNPJ |

CONTEÚDO 1 PÁGINA INICIAL 2 NAVEGAÇÃO 3 BUSCA 4 MAPA DO SITE

| | | |
|---|---|---|
| 153 | 8958 | Multas Contratuais - CPF |
| 154 | 9008 | Benefício - NB (Preenchimento exclusivo pelo órgão emissor) |
| 155 | 9016 | Devolução de Pagamento de Benefício Referente a Depósito Judicial Efetuado pelo INSS - NB (Preenchimento exclusivo pelo órgão emissor) |
| 156 | 9024 | Devoluções de Valores Referentes a Benefícios Pagos Indevidamente pelo Agente Pagador - Exercícios Anteriores - NB |
| 157 | 9040 | Devoluções de Valores Referentes a Benefícios Pagos Indevidamente pelo Agente Pagador - Dentro do Exercício - NB |
| 158 | 9105 | Devolução de Benefícios não Pagos - CONVÊNIOS - CNPJ |
| 159 | 9113 | Devolução de Benefícios não Pagos - CONVÊNIOS - NB |
| 160 | 9202 | Devolução de Benefícios não Pagos - ACORDOS INTERNACIONAIS - CNPJ |



11/04/23, 22:51 Códigos de Receita de Contribuição Previdenciária (GPS) — Receita Federal

| | | |
|---|---|---|
| 161 | 9210 | Devolução de Benefícios não Pagos - ACORDOS INTERNACIONAIS - NB |
| 162 | 9601 | Recebimento de Valores Referentes a Penas Alternativas FRGPS - CNPJ |
| 163 | 9610 | Recebimento de Valores Referentes a Penas Alternativas FRGPS - CPF |
| 164 | 9636 | Recebimento Valores em Ações Regressivas Acidentárias do INSS - CNPJ |
| 165 | 9652 | Recebimento Valores Ações Regressivas Acidentárias do INSS - CPF |



## Serviços que você acessou

CAPÍTULO

III

# SALÁRIO DE BENEFÍCIO, FATOR PREVIDENCIÁRIO E RENDA MENSAL INICIAL DOS BENEFÍCIOS PREVIDENCIÁRIOS



## 1. INDENIZAÇÃO PARA A CONTAGEM DE TEMPO DE SERVIÇO OU DE CONTRIBUIÇÃO

É comum que os segurados do RGPS, para cômputo do tempo de serviço (antes da Emenda 20/98) ou de contribuição, queiram considerar períodos no qual exerceram atividade laborativa remunerada, mas encontram obstáculo em razão da inexistência do pagamento das contribuições previdenciárias, **nas hipóteses em que a responsabilidade tributária pelo recolhimento lhes é atribuída**.

Esse fato poderá ocorrer por diversas hipóteses, a exemplo do contribuinte individual que desenvolvia atividade laborativa remunerada e não honrou com o pagamento das respectivas contribuições previdenciárias em razão da sua falta de cautela com o futuro ou por carência de recursos disponíveis.

Outrossim, é possível que determinada categoria, conquanto desenvolvesse trabalho remunerado no período a ser reconhecido, não era enquadrada como segurada obrigatória da Previdência Social, sendo a adesão apenas facultativa na época, a exemplo dos empregados domésticos antes da edição do Decreto 71.785/73.

Entende-se como **reconhecimento de filiação** o direito de o segurado ter reconhecido, em qualquer época, o tempo de exercício de atividade anteriormente abrangida pela previdência social[1].

O tema vem disciplinado genericamente pelo artigo 96, inciso IV, da Lei 8.213/91, ao dispor que **o tempo de serviço anterior ou posterior à obrigatoriedade de filiação à Previdência Social** ***só será contado mediante indenização da contribuição correspondente ao período respectivo*****, com acréscimo de juros moratórios de 0,5% ao mês, capitalizados anualmente, e multa de 10%.**

Vale destacar que a indenização ao INSS é uma espécie de ressarcimento pelo não pagamento da contribuição previdenciária, tendo necessariamente **caráter subsidiário**, ou seja, se ainda for juridicamente possível o adimplemento da contribuição previdenciária, não se admitirá a indenização previdenciária.

A filiação ao RGPS de contribuinte individual que trabalhe por conta própria é condicionada ao recolhimento tempestivo das contribuições previdenciárias, que se forem sonegadas pelo trabalhador forçarão a Secretaria da Receita Federal do Brasil a lançá-las de ofício, aplicando as penalidades respectivas e os juros de mora.

Caso o segurado contribuinte individual manifeste interesse em recolher contribuições relativas a período anterior à sua inscrição, a retroação da data do início das contribuições será autorizada, desde que comprovado o exercício de atividade remunerada no respectivo período.

A **retroação da DIC** é a antecipação da data de inscrição do contribuinte individual autônomo, se demonstrado o exercício de labor remunerado em data anterior, a fim de permitir o pagamento em atraso com os encargos legais de contribuições previdenciárias que ainda não foram fulminadas pela decadência tributária quinquenal.

1. Artigo 121, do RPS.

A retroação da DIC é prevista no artigo 124 do RPS:

***"Subseção II***
***Da Retroação da Data do Início das Contribuições***

Art. 124. Caso o segurado contribuinte individual manifeste interesse em recolher contribuições relativas a período anterior à sua inscrição, a retroação da data do início das contribuições será autorizada, desde que comprovado o exercício de atividade remunerada no respectivo período, observado o disposto no § 7º e nos § 9º ao § 14 do art. 216 e nos § 8º e § 8º-A do art. 239. (Redação dada pelo Decreto nº 10.410, de 2020)

*Parágrafo único. O valor do débito poderá ser objeto de parcelamento desde que solicitado pelo segurado à Secretaria Especial da Receita Federal do Brasil do Ministério da Economia. (Redação dada pelo Decreto nº 10.410, de 2020)".*

O período será contado como tempo de contribuição mas não será considerado para fins de carência por não ser pagamento tempestivo.

Todavia, é comum que não haja essa atuação do órgão de arrecadação, em razão das dificuldades de fiscalização desses segurados, operando-se a decadência quinquenal para o lançamento das contribuições previdenciárias.

Logo, **uma vez consumada a decadência**, o contribuinte individual apenas contará esse tempo de serviço ou de contribuição para a percepção de benefício previdenciário se indenizar o INSS (retroação da data de início das contribuições), **exceto para fins de carência**, pois esta pressupõe o recolhimento tempestivo do tributo, conforme previsto no artigo 45-A, da Lei 8.212/91, inserido pela Lei Complementar 128/2008:

"Art. 45-A. O contribuinte individual que pretenda contar como tempo de contribuição, para fins de obtenção de benefício no Regime Geral de Previdência Social ou de contagem recíproca do tempo de contribuição, período de atividade remunerada alcançada pela decadência deverá indenizar o INSS".

O período indenizado será computado como tempo de contribuição, mas não será considerado para fins de período de carência, nos termos do artigo 194, inciso IV, da Instrução Normativa INSS 128/2022.

Isso porque a autorização legal do artigo 45-A da Lei 8.212/91 somente considera a autorização de consideração como tempo de contribuição, sendo a indenização imprestável para fins de período de carência, que pressupõe o pagamento tempestivo de contribuições previdenciárias, à luz do artigo 27, inciso II, da Lei 8.213/91.

Deveras, se não houve o recolhimento a bom tempo da contribuição previdenciária, é evidente que a incompatibilidade do período de carência com o instituto da indenização previdenciária.

Veja-se, a respeito, a jurisprudência remansosa:

"O presente caso, entendo acertado o posicionamento do INSS ao indeferir a expedição da CTC para o período pretendido. Explico. **Nos termos do art. 45-A da Lei nº 8.212/1991, a indenização do tempo de serviço é condição imprescindível para o cômputo de período de atividade laborativa remunerada, exceto para fins de carência, visando à concessão de benefício no RGPS ou consideração em outro regime previdenciário, quer pelo não pagamento de contribuições previdenciárias já decaídas, quer pela atividade na época não se enquadrar como de filiação obrigatória"** (Processo 0005597-67.2015.4.01.4200 – PRIMEIRA TURMA RECURSAL – AM/RR – 20/02/2017)[2].

"Foi homologada transação judicial celebrada entre a Autarquia Federal e o autor, para promover a averbação de tempo de serviço rural relativo ao período de 05/08/1982 a 31/05/1988, ficando estabelecido que o autor deverá indenizar o RGPS para obter a certidão para contagem recíproca do tempo de contribuição, **com a ressalva de que esse tempo não poderá ser utilizado para fins de carência**, no caso de requerimento de benefício previdenciário" **(TRF 3ª REGIÃO – AGRAVO DE INSTRUMENTO – 499324 (AI) – 12/8/2013).**

"APELAÇÃO CÍVEL – DIREITO PREVIDENCIÁRIO – APOSENTADORIA POR IDADE URBANA - CARÊNCIA NÃO COMPLETADA – LIMITAÇÃO LEGAL DO RECOLHIMENTO DE CONTRIBUIÇÕES EM ATRASO – INDEFERIMENTO DO BENEFÍCIO – HONORÁRIOS ADVOCATÍCIOS – SISTEMÁTICA DO NOVO CPC. I – Analisando os recolhimentos constantes do Cadastro Nacional de Informações Sociais – CNIS e do resumo elaborado pelo INSS, constata-se que, com a exclusão das contribuições consideradas irregulares pela Autarquia Previdenciária, a autora não perfaz as 180 necessárias ao deferimento do benefício almejado. Registre-se, ainda, que ela não logrou desconstituir as alegações do INSS, quanto aos recolhimentos inferiores ao mínimo, as quais gozam de presunção de legitimidade. II – A indenização pleiteada, nos termos do art. 45-A da Lei nº 8.212/91, refere-se a período de atividade remunerada alcançada pela decadência, que não é o caso dos autos. **Acrescente-se que há limitação legal quanto ao recolhimento em atraso de contribuições previdenciárias, para fins de carência (art. 27, II, da Lei nº 8.213/91).** III – Fixação da verba honorária em 10% do valor atualizado da causa, nos termos do art. 85, § 2º, do Código de Processo Civil de 2015, considerando que não houve condenação pecuniária, observada a condição suspensiva do art. 98, § 3º, do mesmo diploma, já que foi deferida a gratuidade de justiça. IV – Apelação desprovida" **(TRF 2ª Região, Processo 01517205420144025101, de 06/10/2016).**

2. Este julgado, lavrado em 2017, é muito similar ao nosso conceito de indenização previdenciária que será apresentado ao final deste item e que consta desde a primeira edição desta obra no ano de 2010, quando se chamava Direito Previdenciário Sistematizado.

Estão sujeitas à legislação de regência e não ao cálculo na forma de indenização, o recolhimento de contribuições devidas à Previdência Social conforme abaixo:

I – as contribuições em atraso do segurado contribuinte individual, passíveis de cálculo no período não alcançado pela decadência;

II – as contribuições em atraso do segurado facultativo;

III – as contribuições em atraso do empregado doméstico a partir de 8 de abril de 1973, data de vigência do Decreto nº 71.885, de 1973; e

IV – as diferenças apuradas do contribuinte individual quando provenientes de recolhimentos a menor.

V – os períodos de atividade remunerada não alcançados pela decadência, para fins de contagem recíproca, de acordo com o § 3º do art. 45-A da Lei nº 8.212, de 1991.

Ora, se não se operou a decadência quinquenal, cabe o recolhimento da contribuição pelo contribuinte individual, sendo descabida a indenização. Em relação ao segurado facultativo, como inexiste obrigatoriedade de recolhimento da sua contribuição, pois a sua filiação previdenciária é sempre discricionária, não se há de falar em indenização.

No caso de mero complemento de contribuição a ser feita por contribuinte individual, cabe o efetivo recolhimento do *plus* a qualquer tempo, não havendo indenização a ser paga.

Essa indenização, que poderá ter pagamento facilitado em até 60 parcelas, observado o disposto no artigo 244, do RPS, também será necessária para a contagem recíproca do tempo de contribuição, ou seja, quando o segurado quiser aproveitar o período de filiação do RGPS no RPPS, e vice-versa.

Outrossim, há hipóteses de pessoas que hoje estão enquadradas como contribuintes individuais ou outras categorias, mas, no passado, não eram consideradas como seguradas obrigatórias do RGPS, a exemplo dos ministros de confissão religiosa (antes da Lei 6.696/79), devendo indenizar o INSS para o cômputo desse período, na forma do artigo 96, inciso IV, da Lei 8.213/91.

O valor dessa indenização corresponderá a **20%** (por mês a ser reconhecido):

I – da média aritmética simples dos maiores salários-de-contribuição, reajustados, correspondentes a 80% (oitenta por cento) de todo o período contributivo decorrido desde a competência julho de 1994; ou

II – da remuneração sobre a qual incidem as contribuições para o regime próprio de previdência social a que estiver filiado o interessado, no caso de indenização para fins da contagem recíproca de que tratam os arts. 94 a 99 da Lei nº 8.213, de 24 de julho de 1991, observados o limite máximo previsto no art. 28 e o disposto em regulamento.

Destarte, quando cabível, a indenização ao INSS é condição inafastável ao reconhecimento do tempo de serviço ou de contribuição, conforme pacífica jurisprudência:

"MANDADO DE SEGURANÇA. CONTRIBUINTE INDIVIDUAL. CONTRIBUIÇÕES PREVIDENCIÁRIAS NÃO RECOLHIDAS. INDENIZAÇÃO NECESSÁRIA PARA CONTAGEM DE TEMPO DE SERVIÇO. – **A ocorrência de decadência do prazo para o INSS apurar e constituir o crédito tributário, ou de prescrição, não liberam o segurado do ônus de recolher contribuições caso queira ver reconhecida a contagem recíproca do tempo de serviço. – O INSS não é obrigado a reconhecer tempo de serviço àqueles que não contribuíram. – Indenização necessária de modo a repor o patrimônio da autarquia, na exata dimensão do que deixou de receber na época própria.** – Aplicação do artigo 45 da Lei nº 8.212/91 e parágrafos apenas na hipótese de inexistência de elementos suficientes à comprovação dos valores percebidos pela prestação laboral. – Manutenção da sentença que determinou o recolhimento das contribuições atrasadas conforme a lei vigente à época do exercício da atividade, com o acréscimo de multa, juros e correção monetária de acordo com a legislação atual, mais o desconto de eventual quantia já recolhida. – Apelação e remessa oficial não providas" (TRF 3ª Região, AMS 283.954, de 18.02.2008).

Sobre a indenização ainda incidirão **juros moratórios de 0,5% ao mês, capitalizados anualmente, limitados ao percentual máximo de 50%, e multa de 10%**, não sendo exigíveis esses encargos nos períodos anteriores a 11.10.1996, ante a inexistência de previsão legal, conforme entende o STJ[3].

Deveras, de acordo com a Corte Superior, "para se apurar os valores da indenização, devem ser considerados os critérios legais existentes ao momento sobre o qual se refere a contribuição" (AgRg no REsp. 760.592 – RS, DJU de 02.05.2006), em decorrência do Princípio do *Tempus Regit Actum*.

Com o advento do Decreto 10.410/2020, finalmente a jurisprudência do STJ pela vedação da aplicação de encargos antes da MP 1.523/1996 (que os criou) restou inserida no Regulamento da Previdência Social no artigo 239:

"§ 8º Sobre as contribuições devidas e apuradas com fundamento no inciso IV[4] do **caput** do art. 127 e no § 1º do art. 348 incidirão juros moratórios de cinco déci-

**3.** REsp 774.126, de 11.10.2005.

**4.** IV – o tempo de contribuição anterior ou posterior à obrigatoriedade de filiação à previdência social só será contado por meio de indenização da contribuição correspondente ao período respectivo, com acréscimo de juros moratórios de cinco décimos por cento ao mês, capitalizados anualmente, e multa de dez por cento, observado o disposto nos § 8º e § 8º-A do art. 239. (Redação dada pelo Decreto nº 10.410, de 2020)

mos por cento ao mês, capitalizados anualmente, limitados ao percentual máximo de cinquenta por cento, e multa de dez por cento. (Redação dada pelo Decreto nº 10.410, de 2020)

**§ 8º-A A incidência de juros moratórios e multa de que trata o § 8º será estabelecida para fatos geradores ocorridos a partir de 14 de outubro de 1996.** (Incluído pelo Decreto nº 10.410, de 2020)"

Em seguida a clássica posição do STJ foi confirmada no **Tema 1.103:**

**PROCESSO**

REsp 1929631 / PR

RECURSO ESPECIAL

2020/0243752-1

**RECURSO REPETITIVO**

Pesquisa de tema: Tema Repetitivo 1103

Situação do tema: Acórdão Publicado

Pesquisa de Repetitivos e IACs Anotados

**RELATOR**

Ministro OG FERNANDES (1139)

**ÓRGÃO JULGADOR**

S1 - PRIMEIRA SEÇÃO

**DATA DO JULGAMENTO**

11/05/2022

**DATA DA PUBLICAÇÃO/FONTE**

DJe 20/05/2022

**EMENTA**

PROCESSUAL CIVIL. RECURSO ESPECIAL SOB O RITO DOS RECURSOS REPETITIVOS. CONTRIBUIÇÕES PREVIDENCIÁRIAS NÃO RECOLHIDAS NO MOMENTO OPORTUNO. ACRÉSCIMO DE MULTA E DE JUROS. INCIDÊNCIA APENAS QUANDO O PERÍODO A SER INDENIZADO FOR POSTERIOR À EDIÇÃO DA MP Nº 1.523/1996. ART. 1º DA MP Nº 1.523/1996 (CONVERTIDA NA LEI Nº 9.528/1997). INCLUSÃO DO § 4º NO ART. 45 DA LEI Nº 8.212/19 91. RECURSO ESPECIAL CONHECIDO E IMPROVIDO. RECURSO JULGADO SOB A SISTEMÁTICA DOS ARTS. 1.036 E SEGUINTES DO CPC/2015, C/C OS ARTS. 256-N E SEGUINTES DO REGIMENTO INTERNO DO STJ. 1. O objeto da presente demanda é definir se as contribuições previdenciárias não recolhidas no momento oportuno sofrerão o acréscimo de multa e de juros quando o período a ser indenizado for anterior à edição da Medida Provisória n.º 1.523/1996 (convertida na Lei n.º 9.528/1997). 2. A indenização pelo contribuinte dos períodos não recolhidos à época devida para usufruir de benefícios previdenciários já era possível desde o art. 32, § 3º, da Lei n.º 3.807/1960 (antiga LOPS), faculdade essa reafirmada no art. 96, IV, da Lei n.º 8.213/1991 e no Decreto n.º 611/1991 (que a regulamentou), e posteriormente na Lei n.º 9.032/1995, a qual acrescentou o § 2º ao art. 45 da Lei n.º 8.212/1991. 3. No entanto, apenas a partir de 11/10/1996, quando foi editada a Medida Provisória n.º 1.523/1996 (posteriormente convertida na Lei n.º 9.528/1997), é que foi acrescentado o § 4º ao art. 45 da Lei n.º 8.212/1991, determinando expressamente a incidência de juros moratórios de 1% (um por cento) ao mês e multa de 10% (dez por cento) sobre os valores apurados. Somente a partir de então é que podem ser cobrados juros moratórios e multa, uma vez que não é possível realizar, como pretende o INSS, a cobrança de tais encargos sem previsão na legislação. Também descabe cogitar de cobrança dos encargos em caráter retroativo, devendo haver a incidência apenas quando o período a ser indenizado for posterior à edição da Medida Provisória n.º 1.523/1996. Precedentes do STJ. 4. Como se vê, a jurisprudência do STJ tratando do caso concreto é pacífica há bastante tempo. Mais recentemente, inclusive, é rotineiro o proferimento de decisões monocráticas aplicando o entendimento dominante, como se pode conferir em rápida pesquisa na jurisprudência da Corte. A necessidade de afetar o tema como repetitivo se deve à insistência do INSS na interposição de recursos trazendo a mesma temática repetidas vezes a esta Corte. Após firmar-se o precedente vinculante em recurso repetitivo, os tribunais locais terão o instrumental para evitar a subida de recursos ao STJ, e o Poder Judiciário deverá considerar como litigância de má-fé a eventual postulação contra precedente vinculante. 5. Não se configura presente a necessidade de modulação dos efeitos do julgado, tendo em vista que tal instituto visa assegurar a efetivação do princípio da segurança jurídica, impedindo que o jurisdicionado de boa-fé seja prejudicado por seguir entendimento dominante que terminou sendo superado em momento posterior, o que, como se vê claramente, não ocorreu no caso concreto. **6. Tese jurídica firmada: "As contribuições previdenciárias não recolhidas no momento oportuno sofrerão o acréscimo de multa e de juros apenas quando o período a ser indenizado for posterior à edição da Medida Provisória n.º 1.523/1996 (convertida na Lei n.º 9.528/1997)".** 7. Recurso especial conhecido e improvido, nos termos da fundamentação. 8. Recurso julgado sob a sistemática do art. 1.036 e seguintes do CPC/2015 e art. 256-N e seguintes do Regimento Interno deste STJ.

De acordo com a Portaria **240/DIRBEN/INSS, de 30/03/2020,** em razão da diferença na obtenção da base de cálculo, quando do requerimento, o segurado deverá indicar a finalidade do cálculo de indenização, se o tempo de contribuição a ser indenizado será destinado para contagem no Regime Geral de Previdência Social – RGPS ou para aproveitamento em Regime Próprio de Previdência Social – RPPS.

Sendo identificado, posteriormente, que o tempo de contribuição, indenizado de acordo com a base de cálculo própria para fins contagem no RGPS, for indicado para aproveitamento em RPPS, o segurado será comunicado da necessidade de retificação do cálculo, ainda que a escolha pela finalidade diversa tenha sido por erro administrativo.

Também haverá necessidade de regularização quando o cálculo de contribuições em atraso tiver sido realizado em desacordo com a legislação aplicável, como na hipótese de erro na apuração da base de cálculo ou na escolha da modalidade do cálculo (legislação de regência ou indenização).

Ainda de acordo com a Portaria **240/DIRBEN/INSS, de 30/03/2020 não haverá retificação do cálculo da indenização previdenciária:**

> I – Decorridos mais de 10 anos entre a data do pagamento ou do pedido de parcelamento do valor apurado e a data do pedido de emissão ou de revisão da Certidão de Tempo de Contribuição;
>
> II – A data de ingresso no RPPS de designação do tempo de contribuição for posterior à data do requerimento para cálculo da indenização;
>
> III – O valor da base de cálculo for igual para ambas as finalidades; ou
>
> IV – A data do requerimento do cálculo de indenização for anterior à publicação do Memorando- Circular Conjunto nº 33/INSS/DIRBEN/DIRAT, de 04 de dezembro de 2009.

Nesse sentido, para fins de concessão dos benefícios do RGPS, **o tempo de serviço prestado pelo trabalhador rural anteriormente à competência novembro de 1991 será reconhecido, desde que devidamente comprovado[5], independentemente de indenização**, pois é respeitado o regramento da época, **salvo para fins de carência**, a teor do §2º, do artigo 55, da Lei 8.213/91:

> "2º O tempo de serviço do segurado trabalhador rural, anterior à data de início de vigência desta Lei, será computado independentemente do recolhimento das contribuições a ele correspondentes, **exceto para efeito de carência**, conforme dispuser o Regulamento".

Esse é o entendimento uniforme do STJ[6] e da **Súmula 24 da TNU**:

> "**Súmula 24** – O tempo de serviço do segurado trabalhador rural anterior ao advento da Lei nº 8.213/91, sem o recolhimento de contribuições previdenciárias, pode ser considerado para a concessão de benefício previdenciário do Regime Geral de Previdência Social (RGPS), exceto para efeito de carência, conforme a regra do art. 55, §2º, da Lei nº 8.213/91".

Isto porque se trata do tempo de serviço prestado à Previdência Social Rural, regulada pela revogada Lei Complementar 11/1971, em que não era necessário o efetivo recolhimento da contribuição ao FUNRURAL, optando o legislador em considerar esse período como tempo de serviço para fins de concessão da aposentadoria por tempo de contribuição, ressalvada a sua não contagem no período de carência.

No entanto, para o STJ, que flexibiliza a vedação legal, **no caso do empregado rural a situação jurídica é diversa.** Isso porque, mesmo no regime previdenciário anterior, a teor do artigo 15[7], da LC 11/1971, cabia ao empregador rural o recolhimento da contribuição previdenciária ou ao adquirente da produção fazê-lo, de modo que o tempo rural anterior à competência de novembro de 1991 do empregado rural será computado para fins de carência, haja vista a restrição do mencionado §2º se voltar apenas ao produtor rural, e não ao empregado rural.

Logo, entende-se ser razoável excluir ao menos o segurado empregado rural da dura restrição contida no §2º do artigo 55, da Lei 8.213/91, que veda o uso do antigo tempo de serviço rural para fins de carência, conquanto exista vedação legal direta.

Nesse sentido, o STJ:

> "INFORMATIVO 532- DIREITO PREVIDENCIÁRIO. TEMPO DE SERVIÇO/CONTRIBUIÇÃO ANTERIOR À LEI 8.213/1991. RECURSO REPETITIVO (ART. 543-C DO CPC E RES. 8/2008-STJ).
>
> É possível a concessão de aposentadoria por tempo de serviço/contribuição mediante o cômputo de atividade rural com registro em carteira profissional em período anterior ao advento da Lei 8.213/1991 para efeito da carência exigida pela Lei de Benefícios. De fato, estabelece o § 2º do art. 55 da Lei 8.213/1991 que "o tempo de serviço do segurado trabalhador rural, anterior à data de início de vigência desta Lei, será computado independentemente do recolhimento das contribuições a ele correspondentes, exceto para efeito de carência, conforme dispuser o Regulamento". **Entretanto, não ofende o citado dispositivo o reconhecimento do tempo de serviço exercido por trabalhador rural registrado em carteira profissional para efeito de carência, tendo em vista que o empregador rural, juntamente com as demais fontes previstas na legislação de regência, eram os responsáveis pelo custeio do fundo de assistência e previdência rural (FUNRURAL). Assim, o trabalhador rural não pode ser responsabilizado pela comprovação do recolhimento das contribuições vertidas ao fundo.** Ademais, na atual legislação, o parágrafo único do art. 138 da Lei 8.213/1991 expressamente considera o tempo de contribuição devido aos regimes anteriores a sua vigência. Por fim, o art. 63 da Lei 4.214/1963 (Estatuto do Trabalhador Rural) determinava que os contratos de

---

**5.** Artigo 123, do RPS.

**6.** AR 3.629, de 23.06.2008.

**7.** Art. 15. Os recursos para o custeio do Programa de Assistência ao Trabalho Rural provirão das seguintes fontes:

I – Da contribuição de 2% (dois por cento) devida pelo produtor, sôbre o valor comercial dos produtos rurais, e recolhida:

a) pelo adquirente, consignatário ou cooperativa que ficam sub-rogados, para êsse fim, em todas as obrigações do produtor;

b) pelo produtor, quando êle próprio industrializar seus produtos ou vendê-los, no varejo, diretamente ao consumidor.

trabalhos, se constantes de anotações em carteira profissional, não poderiam ser contestados. Precedente citado: REsp 554.068-SP, Quinta Turma, DJ 17/11/2003. REsp 1.352.791-SP, Rel. Min. Arnaldo Esteves Lima, julgado em 27/11/2013".

Nesse mesmo sentido, a TNU não vem aplicando a sua Súmula 24 ao empregado rural do Pró-Rural, conforme notícia publicada no sítio da Justiça Federal:

**Tempo de serviço do segurado empregado rural antes de 1991 deve ser reconhecido para fins de carência**
**Decisão TNU**
por publicado: 30/11/2017 10h23 última modificação: 30/11/2017 10h25
A Turma Nacional de Uniformização dos Juizados Especiais Federais (TNU) reafirmou a tese que permite, para efeito de carência, o reconhecimento do tempo de serviço exercido por trabalhador rural, com registro na carteira profissional, em período anterior à Lei nº 8.213/91. O julgamento foi realizado no dia 22 de novembro, em Fortaleza, na sede da Seção Judiciária do Ceará. Em razão de tal entendimento, entendeu ainda o Colegiado ser necessária uma nova interpretação da Súmula 24 da TNU, de modo a excluir de seu escopo o trabalhador empregado rural com registro em CTPS, permitindo, neste caso, que o tempo de serviço de anterior ao advento da Lei nº 8.213/91 seja considerado para efeito de carência, independente da comprovação do recolhimento das contribuições previdenciárias.

A decisão ocorreu durante o julgamento de um recurso apresentado pelo Instituto Nacional do Seguro Social (INSS) contra um acórdão da Terceira Turma Recursal de Minas Gerais, que reconheceu, para fins de carência, o tempo em que o autor da ação manteve a condição de trabalhador rural empregado antes do advento da Lei nº 8.213/91. No pedido de uniformização de jurisprudência, o INSS defendia que a decisão estaria em desconformidade ao disposto no art. 55, §2º da referida Lei, que diz que "O tempo de serviço do segurado trabalhador rural, anterior à data de início de vigência desta Lei, será computado independentemente do recolhimento das contribuições a ele correspondentes, exceto para efeito de carência, conforme dispuser o Regulamento".

A relatora do processo na TNU, juíza federal Gisele Chaves Sampaio Alcântara, reconheceu o incidente de uniformização, mas negou a pretensão da autarquia previdenciária. Para a magistrada, a interpretação literal da legislação, conforme apontado pelo INSS, foi afastada após o julgamento pela Primeira Seção do Superior Tribunal de Justiça (STJ) do REsp 1352791/SP, que passou a nortear os julgados da TNU.

"Nos autos daquele repetitivo, firmou a Corte o entendimento de que não ofende o § 2º do art. 55 da Lei nº 8.213/91 o reconhecimento do tempo de serviço exercido por trabalhador rural registrado em carteira profissional para efeito de carência, tendo em vista que o empregador rural, juntamente com as demais fontes previstas na legislação de regência, eram os responsáveis pelo custeio do fundo de assistência e previdência rural (FUNRURAL)", afirmou a relatora em seu voto.

O entendimento da juíza federal foi acompanhado à unanimidade pelo Colegiado da TNU. O processo foi julgado como representativo da controvérsia, para que o mesmo entendimento seja aplicado a casos semelhantes.

**Processo nº 0000804-14.2012.4.01.3805**

A PGF editou o Parecer Referencial **n. 00002/2019/DEPCONT/PGF/AGU:**

**PROCESSUAL CIVIL. PREVIDENCIÁRIO. APLICAÇÃO DO ARTIGO 3º, INCISOS I E IX, DA PORTARIA AGU Nº 488, DE 2016. RECURSO ESPECIAL REPETITIVO Nº 1.352.791/SP. PEDIDO DE UNIFORMIZAÇÃO DE JURISPRUDÊNCIA N.º 0000804-14.2012.4.01.3805, JULGADO PELA TURMA NACIONAL DE UNIFORMIZAÇÃO, COMO REPRESENTATIVO DE CONTROVÉRSIA. APOSENTADORIA POR TEMPO DE SERVIÇO/CONTRIBUIÇÃO. AVERBAÇÃO DE TEMPO DE SERVIÇO RURAL COM REGISTRO EM CARTEIRA DE TRABALHO. DESNECESSIDADE DE RECOLHIMENTO, PARA EFEITO DE CARÊNCIA.**

Vale frisar que a nova jurisprudência do STJ e da TNU vem subvertendo as tradicionais regras sobre a necessidade de indenização do empregado doméstico para reconhecimento do tempo de serviço prestado anteriormente à Lei 5.859/72, que inseriu o empregado doméstico na Previdência Urbana.

Entendia-se que o cômputo do tempo de serviço do empregado doméstico anterior à Lei 5.859/72 dependia do recolhimento da indenização previdenciária, vez que na época não existia a obrigação do recolhimento da contribuição previdenciária.

Sucede que o STJ e a TNU dispensaram a prova do recolhimento da contribuição previdenciária por parte do empregado doméstico ou da indenização para fins de consideração para fins de período de carência, o que, em tese, nem mesmo o pagamento da indenização supriria:

> "PREVIDENCIÁRIO. APOSENTADORIA POR IDADE. TRABALHADORA DOMÉSTICA. ART. 55, § 1º, DA LEI 8.213/91. RECOLHIMENTO DAS CONTRIBUIÇÕES PREVIDENCIÁRIAS PARA O PERÍODO ANTERIOR À VIGÊNCIA DA LEI 5.859/72. DESNECESSIDADE. **1. A jurisprudência do Superior Tribunal de Justiça tem se firmado no sentido da desobrigação do trabalhador doméstico de efetuar o recolhimento das contribuições previdenciárias para fins de aposentadoria no período que antecedeu a vigência da Lei 5.859/72, porquanto, à época da prestação do serviço, não havia previsão legal de seu registro, tampouco obrigatoriedade de filiação à Previdência.** Precedentes. 2. Acórdão da Corte de origem em consonância com o entendimento deste Tribunal. Incidência da Súmula 83/STJ que se aplica também à alínea "a", do

permissivo constitucional. Recurso especial improvido" **(STJ, 2ª Turma, REsp 1479250, de 18/09/2014).**

"PEDIDO DE UNIFORMIZAÇÃO SUSCITADO PELA PARTE AUTORA. PREVIDENCIÁRIO. **APOSENTADORIA POR IDADE. EMPREGADA DOMÉSTICA. TRABALHO ANTERIOR À VIGÊNCIA DA LEI Nº 5.859/72. FLEXIBILIZAÇÃO DO INÍCIO DE PROVA MATERIAL. DISPENSA DE REGISTRO NA CTPS E DE FILIAÇÃO AO RGPS. DESNECESSIDADE DE CONTRIBUIÇÕES À PREVIDÊNCIA PARA FINS DE CARÊNCIA.** INCIDENTE CONHECIDO E PARCIALMENTE PROVIDO. 1. Pedido de Uniformização interposto pela parte autora contra acórdão proferido pela Segunda Turma Recursal da Seção Judiciária de São Paulo, que manteve sentença de improcedência do pedido de concessão de aposentadoria por idade, mediante contagem de tempo de serviço na condição de empregada doméstica. 2. Alega, em síntese, que o r. acórdão incorreu em inconstitucionalidade e ilegalidade ao exigir que a prova documental seja plena ou exaustiva. Suscita divergência com precedentes do STJ e do Tribunal Regional Federal da 3ªRegião, no sentido de não ser necessária a exigência de prova documental para atividades de empregada doméstica anteriores à regulamentação trazida pela Lei nº 5.859/1972, uma vez que não havia previsão legal para registro do trabalhador doméstico, nem obrigatoriedade de filiação ao RGPS. 3. Incidente inadmitido na origem por não ter o recorrente se desincumbido da demonstração analítica da divergência. 4. O incidente de uniformização, contudo, merece ser conhecido. 5. Os acórdãos de Tribunal Regional Federal não servem de paradigma para o incidente conforme precedentes deste Colegiado: "1. Acórdãos paradigmas oriundos de Tribunais Regionais Federais não se prestam a autorizar caracterização de divergência apta a autorizar o conhecimento do incidente de uniformização. [...]." (TNU, PEDILEF 200772510014642, Rel. Juíza Federal Simone dos Santos Lemes Fernandes, DOU 01/06/2012), razão pela qual apenas admito como paradigma o julgado do STJ. 6. Como se verifica, a sentença impugnada considerou incabível a concessão de aposentadoria por idade à recorrente, tendo em vista o não cumprimento da carência, ante a ausência de documentos que comprovassem o exercício da atividade de empregada doméstica, sem registro em CTPS, no período de fevereiro de 1962 a julho de 1988, tempo que resultaria no atendimento da carência exigida. Ressaltou o magistrado que a recorrente somente efetuou o recolhimento de 70 (setenta) contribuições. Não obstante, a sentença proferida em sede de embargos, ao analisar a prova testemunhal produzida nos autos, acabou por reconhecer como comprovado o trabalho doméstico da parte autora no período declinado na inicial, ou seja, de 02/1962 a 07/1988 (evento 025). Tal tempo de serviço foi corroborado pela declaração da empregadora, anexa à petição inicial, de que a recorrente trabalhara em sua residência no período de 1962 a 1988. 7. O acórdão recorrido, a seu tempo, alertou para a impossibilidade de computar o prazo de carência de 60 meses (conforme legislação vigente quando de sua filiação), uma vez que o implemento do requisito etário ocorreu já na vigência da Lei 8.213/91, não sendo conferido à parte direito adquirido a regime jurídico. Acrescentou que a carência exigida deve ser aquela do ano em que ela implementou o requisito etário, mas que no caso não teria sido cumprida, não sendo possível, por isso, a concessão do benefício requerido. 8. Por sua vez, o acórdão paradigma do STJ se refere à flexibilização da exigência de razoável início de prova documental para fins de comprovação da relação de emprego dos trabalhadores domésticos no período anterior à vigência da Lei nº 5.859/72, bem como à desnecessidade de verter contribuições concernentes ao referido período, em virtude da ausência de previsão legal para registro em CTPS e filiação ao RGPS. Considerando que a controvérsia dos autos cinge-se ao cumprimento do período de carência e levando-se em conta a existência de tempo laborado antes da entrada em vigor da citada lei, instaurada está a divergência. 9. O STJ, com efeito, já possui entendimento consolidado no sentido de que "Não tem qualquer amparo exigir-se o pagamento de contribuições previdenciárias referentes a trabalho como empregada doméstica sem registro porque até a Lei 5.859/72 as mesmas não eram exigíveis e ainda porque a partir dessa norma os recolhimentos eram atribuídos ao empregador (art. 5º)". (AREsp 545814, Ministro Herman Benjamin, publicado em 08/09/2014). 10. Pois bem, considerando que já consta do CNIS (evento 015) contribuições individuais de 05/1990 a 05/1995, 12/1996, 02/1997 e de 09/2004 a 03/2005, num total de 70 contribuições e considerando, também, que até a entrada em vigor da Lei 5.859/72 os empregados domésticos não estavam obrigados a comprovar que efetuaram contribuições à previdência para fins de carência, verifico que o acórdão recorrido merece reforma. **11. Incidente de uniformização de jurisprudência conhecido e provido em parte para: a) estabelecer a premissa jurídica de que não é exigível que o trabalhador doméstico recolha contribuições à Previdência social para os períodos laborados antes da entrada em vigor da lei 5.859/72; b) estando devidamente comprovado e reconhecido que a recorrente exerceu atividade doméstica desde fevereiro de 1962, a partir daquela data até o início da vigência da aludida Lei, o tempo de labor deverá ser contado como período de carência, independentemente de comprovação dos recolhimentos;** c) determinar o retorno dos autos à Turma de origem para adequação do julgado à premissa acima fixada. 12. Julgamento realizado de acordo com o art. 7º, VII, a), do RITNU, servindo como representativo de controvérsia" **(TNU, PEDILEF 00082231420094036302, de 08/10/2014).**

Muito embora se tratem de julgados que beneficiaram a parte hipossuficiente da relação previdenciária, é certo que são desprovidos de base jurídica, pois a indenização é sempre facultativa e nesta situação busca suprir recolhimentos previdenciários não realizados pelo fato de o empregado doméstico não ser segurado obrigatório anteriormente à Lei 5.859/72, não se destinando a suprir carência, e sim tempo de serviço. Desta forma, esses julgados fizeram tábula rasa do §1º do artigo 55 da Lei 8.213/91, que sequer foi debatido nas decisões:

"§ 1º A averbação de tempo de serviço durante o qual o exercício da atividade não determinava filiação obrigatória ao anterior Regime de Previdência Social Urbana só será admitida mediante o recolhimento das contribuições correspondentes, conforme dispuser o Regulamento, observado o disposto no § 2º."

É importante ressaltar que a indenização era tratada nos §§3º, 4º e 5º, do artigo 45, da Lei 8.212/91, que foi declarado inconstitucional pelo STF juntamente com o artigo 46, por preverem a decadência e a prescrição em 10 anos, tema afeto apenas à lei complementar[8].

Ao que parece, ele foi reputado inconstitucional por indevido arrastamento, pois não se exige que a indenização seja tema tratado por lei complementar, vez que a Suprema Corte não apreciou expressamente a sua incompatibilidade vertical, mas apenas dos prazos decenais de prescrição para cobrança e de decadência para o lançamento das contribuições para a seguridade social.

Por isso, plenamente válido é o novel artigo 45-A, da Lei 8.212/91, trazido, por cautela, pela Lei Complementar 128/2008, que grosso modo manteve as mesmas regras de antes.

De arremate, **impende aduzir que a indenização não será devida pelo contribuinte individual que preste serviço à pessoa jurídica a partir da competência 04/2003, pois desde então a responsabilidade pelo recolhimento da sua contribuição previdenciária passou a ser exclusivamente da empresa tomadora**, por força do artigo 4º, da Lei 10.666/2003.

Nesse caminho, o Enunciado 27 do Conselho de Recursos da Previdência Social:

> "Cabe ao contribuinte individual comprovar a interrupção ou o encerramento da atividade pela qual vinha contribuindo, sob pena de ser considerado em débito no período sem contribuição. A concessão de benefícios previdenciários, requeridos pelo contribuinte individual em débito, é condicionada ao recolhimento prévio das contribuições em atraso, ressalvada a alteração introduzida pelo Decreto nº 4.729/2003, no artigo 26, § 4º e no artigo 216, I, a, do Decreto 3.048/99, que, a partir da competência Abril/2003, torna presumido o recolhimento das contribuições descontadas dos contribuintes individuais pela empresa contratante de seus serviços".

Da mesma forma, não se há de falar em indenização a ser paga pelo empregado ou trabalhador avulso, visto que existe um regime de presunção de recolhimento por parte da empresa, na forma do artigo 33, §5º, da Lei 8.212/91.

Com o advento da Secretaria da Receita Federal do Brasil com a Lei 11.457/2007, que transferiu a competência para a arrecadação, fiscalização e cobrança das contribuições previdenciárias para o referido órgão da União, a Dívida Ativa deixou de ser do INSS e passou para o ente político central.

Nesse sentido, considerando que a indenização busca suprir a contribuição previdenciária que não foi paga, o STJ corretamente reconheceu a legitimidade passiva de a União/Fazenda Nacional para responder ação judicial em que se questiona a incidência de juros de mora e multa sobre a indenização previdenciária:

> "RECURSO ESPECIAL. PROCESSUAL CIVIL. **LEGITIMIDADE DA FAZENDA NACIONAL PARA FIGURAR NO PÓLO PASSIVO DA DEMANDA. LEI 11.457/2007.** TRANSFERÊNCIA DA RESPONSABILIDADE PELAS CONTRIBUIÇÕES PREVIDENCIÁRIAS DO INSS PARA A SECRETARIA DA RECEITA FEDERAL DO BRASIL. APOSENTADORIA. RECOLHIMENTO EXTEMPORÂNEO DAS CONTRIBUIÇÕES. INCIDÊNCIA DE JUROS MORATÓRIOS E MULTA SOMENTE A PARTIR DA EDIÇÃO DA MP 1.523/96. RECURSO ESPECIAL DESPROVIDO.
>
> 1. **Trata-se, na origem, de ação ordinária que objetiva o reconhecimento da inexigibilidade de multa e juros de mora no cálculo de indenização necessária à expedição de certidão de tempo de serviço para contagem recíproca.** Tal indenização relaciona-se com o recolhimento de contribuições previdenciárias devidas pelo recorrido, ora agravado.
>
> 2. O recolhimento dessas contribuições previdenciárias foi transferido à Secretaria da Receita Federal do Brasil pelo art. 2º da Lei 11.457/07, que previu, por outro lado, em seus arts. 16 e 23, a transferência da responsabilidade pela sua cobrança judicial para a Fazenda Nacional, de modo que à Procuradoria-Geral Federal compete apenas a representação judicial e extrajudicial do INSS.
>
> 3. Em outras palavras, da mesma forma que se atribui à Fazenda Nacional a legitimidade ativa para a cobrança judicial da dívida ativa da União Federal, atribui-se-lhe também a legitimidade, no caso, passiva, para a sua defesa em processos como o presente, em que se pleiteia a inexigibilidade de multa e juros de mora incidentes sobre o montante relativo ao recolhimento, em atraso, das contribuições previdenciárias mencionadas no art. 2º da Lei 11.457/07.
>
> **4. Esta Corte firmou entendimento de que a obrigatoriedade imposta pelo § 4º. do art. 45 da Lei 8.212/91 quanto à incidência de juros moratórios e multa no cálculo da indenização das contribuições previdenciárias somente opera a partir da edição da MP 1.523/96 que, conferindo nova redação à Lei de Organização da Seguridade Social acrescentou tal parágrafo ao referido art. 45**" (RECURSO ESPECIAL Nº 1.325.977 – SC, DJ de 24.09.2012).

Pelo exposto, fica fácil definir a *indenização de tempo de serviço ou contribuição* como a quantia devida ao INSS como **condição inafastável** para o cômputo de período de exercício de atividade laborativa remunerada, **exceto para fins de carência**, visando à concessão de benefício

8. Súmula vinculante nº 08.

do RGPS ou consideração em outro regime previdenciário (contagem recíproca), quer pelo não pagamento de contribuições previdenciárias já **decaídas**, quer pela atividade na época não se enquadrar como de filiação obrigatória.

Em síntese, eis um rol exemplificativo de situações em que é cabível o pagamento de indenização previdenciária para a consideração do período como tempo de contribuição:

- **Contribuinte individual autônomo com dívida de contribuições antigas (mais de 5 anos);**
- **Contribuinte individual que trabalha para pessoa jurídica até a competência março de 2003[9];**
- **Titular de mandato eletivo antes da Lei 9.506/97[10];**
- **Trabalhador rural antes de novembro de 1991 para emissão de CTC[11];**
- **Empregado doméstico antes da sua inclusão previdenciária (STJ em sentido contrário, conforme visto);**
- **Segurado especial para emissão de CTC[12], salvo se contribuiu facultativamente sobre 20% do salário de contribuição, a teor do artigo 25, §1º, da Lei 8.212/91.**

**INDENIZAÇÃO E REFORMA DA PREVIDÊNCIA – EMENDA 103/2019**

Muitos segurados do RGPS vêm buscando o pagamento de **indenização previdenciária** à luz do artigo 45-A da Lei 8.212/91 de períodos de labor autônomo sem o devido recolhimento de contribuição previdenciária na época da prestação.

Isso é plenamente possível para o cômputo de tempo de contribuição em que o tributo já decaiu em razão do decurso de prazo superior a 5 anos do fato gerador, desde que demonstrada a atividade remunerada autônoma na época por início de prova material contemporâneo aos fatos ou inscrição ativa no INSS no período.

**No entanto, para a formação do direito** adquirido, conquanto o artigo 3º da Emenda 103/2019 não trate do tema de modo expresso, entende-se que **o pagamento da indenização previdenciária deve ocorrer até o dia da publicação da Emenda (13/11/2019)**, sob pena de não consideração para fins de aquisição de direito pré-reforma, pois o direito ao tempo de contribuição respectivo só é adquirido com o efetivo pagamento, conquanto se refira a período remoto.

Isso porque o direito adquirido é assegurado somente para os casos do direito formado no dia da publicação da Emenda 103/2019 ("desde que tenham sido cumpridos os requisitos para obtenção destes benefícios até a data de entrada em vigor desta Emenda Constitucional"), o que não ocorre se o pagamento da indenização se der a *posteriori*, pois nesta hipótese não havia o direito de aposentadoria na data de mudança de regime jurídico.

**Por exceção**, acaso o segurado tenha requerido ao INSS o pagamento de indenização em prazo razoável para a duração do processo administrativo previdenciário, com requerimento em data anterior ao advento da alteração constitucional em comento, entende-se que o pagamento deve ser admitido para a formação do direito adquirido, mesmo que efetuado posteriormente à reforma constitucional, pois o segurado não poderá se prejudicar pela mora da Autarquia Federal.

Tomando como parâmetro o julgamento do RE 631.240[13], entende-se que somente o requerimento de cálculo de indenização perpetrado antes de 90 dias do dia da publicação da Emenda Reformadora se amolda na situação citada.

Nesse sentido, a TNU também entende pela **natureza constitutiva do pagamento da indenização previdenciária:**

**Tipo**

9. Somente a partir da competência abril de 2003, a responsabilidade tributária passou para a empresa tomadora do serviço, a teor do artigo 4º da Lei 10.666/2003.

10. Somente foi colocado como segurado obrigatório do RGPS com a Lei 9.506/97.

11. Artigos 123 e 127 do Decreto 3.048/99.

12. A contribuição previdenciária sobre a produção rural não é considerada como tempo de contribuição – Vide Súmula 272 do STJ.

13. 7. Nas ações sobrestadas, o autor será intimado a dar entrada no pedido administrativo em 30 dias, sob pena de extinção do processo. **Comprovada a postulação administrativa, o INSS será intimado a se manifestar acerca do pedido em até 90 dias, prazo dentro do qual a Autarquia deverá colher todas as provas eventualmente necessárias e proferir decisão.** Se o pedido for acolhido administrativamente ou não puder ter o seu mérito analisado devido a razões imputáveis ao próprio requerente, extingue-se a ação. Do contrário, estará caracterizado o interesse em agir e o feito deverá prosseguir.

Acórdão
Precedente Relevante
**Número**
5001844-45.2020.4.04.7114
50018444520204047114
**Classe**
Pedido de Uniformização de Interpretação de Lei (Turma)
**Relator(a)**
GUSTAVO MELO BARBOSA
**Origem**
TNU
**Órgão julgador**
TURMA NACIONAL DE UNIFORMIZAÇÃO
**Data**
23/06/2022
**Data da publicação**
27/06/2022
**Fonte da publicação**
27/06/2022
Ementa

PEDIDO DE UNIFORMIZAÇÃO DE INTERPRETAÇÃO DE LEI FEDERAL. PREVIDENCIÁRIO. INDENIZAÇÃO DE CONTRIBUIÇÕES PREVIDENCIÁRIAS. NATUREZA CONSTITUTIVA DO DIREITO À CONTAGEM DO TEMPO DE CONTRIBUIÇÃO. FIXAÇÃO DO TERMO INICIAL DO BENEFÍCIO APENAS APÓS O SEU PAGAMENTO. INCIDENTE CONHECIDO E DESPROVIDO. 1. A indenização de contribuições previdenciárias não tem caráter declaratório, mas constitutivo do direito, motivo pelo qual é inviável a fixação do termo inicial do benefício pretendido em momento anterior ao pagamento. 2. É bem verdade que o(a) autora traz uma particularidade muito relevante do caso concreto, qual seja, de que solicitou a emissão das guias necessárias ao pagamento da indenização ainda no curso do processo administrativo, pedido este solenemente ignorado pela autarquia previdenciária. 3. Não obstante a extrema relevância do argumento, o que me parece incontornável é que o(a) promovente, antes do pagamento da indenização, simplesmente não tinha direito adquirido ao benefício, pois não reunia tempo de contribuição suficiente. 4. Ademais, a indenização só se fez necessária porque o(a) segurado(a), em primeiríssimo lugar, não cumpriu com sua obrigação a tempo e modo, de maneira que o INSS não errou sozinho. **5. Tese fixada: "Havendo necessidade de indenização de contribuições previdenciárias para fins de contagem de tempo de contribuição, o termo inicial do benefício está condicionado ao seu pagamento"**. 6. Incidente conhecido e desprovido.

Decisão

A Turma Nacional de Uniformização decidiu, por maioria, vencidos os Juízes Federais JAIRO DA SILVA PINTO e FABIO DE SOUZA SILVA, CONHECER e NEGAR PROVIMENTO ao incidente de uniformização, nos termos do voto do Juiz Relator. O Juiz Federal DAVID WILSON DE ABREU PARDO apresentou declaração de voto.

*"PUIL n. 5002282-04.2020.4.04.7104 / RS*

*Relator(a): JUIZ FEDERAL FRANCISCO GLAUBER PESSOA ALVES Assunto: APOSENTADORIA POR TEMPO DE CONTRIBUIÇÃO. RECOLHIMENTO COMPLEMENTAR DE CONTRIBUIÇÕES PREVIDENCIÁRIAS. EFEITOS FINANCEIROS. Ementa: PEDIDO DE UNIFORMIZAÇÃO DE INTERPRETAÇÃO DE LEI FEDERAL. PREVIDENCIÁRIO. APOSENTADORIA POR TEMPO DE CONTRIBUIÇÃO. RECOLHIMENTO COMPLEMENTAR DE CONTRIBUIÇÕES PREVIDENCIÁRIAS. **CONSTITUTIVO DE DIREITO.** RECONHECIMENTO DOS PERÍODOS COMPLEMENTADOS NA CONTAGEM DO TEMPO DE CONTRIBUIÇÃO. **TERMO INICIAL DO BENEFÍCIO E EFEITOS FINANCEIROS APENAS A PARTIR DO EFETIVO PAGAMENTO.** REAFIRMAÇÃO DE TESE: "HAVENDO NECESSIDADE DE INDENIZAÇÃO DE CONTRIBUIÇÕES PREVIDENCIÁRIAS PARA FINS DE CONTAGEM DE TEMPO DE CONTRIBUIÇÃO, O TERMO INICIAL DO BENEFÍCIO ESTÁ CONDICIONADO AO SEU PAGAMENTO". QUESTÃO DE ORDEM Nº 20. INCIDENTE PROVIDO.*

***Tese reafirmada: "Havendo necessidade de indenização de contribuições previdenciárias para fins de contagem de tempo de contribuição, o termo inicial do benefício está condicionado ao seu pagamento".***

*Julgado em 19/04/2023.*

## 1.1. Cálculos

A situação a seguir trata do cálculo de indenização referente a segurado contribuinte individual que manifestou interesse em recolher contribuições relativas a período anterior à inscrição.

O segurado em questão inscreveu-se como contribuinte individual em 04/01/2013, recolhendo regularmente até a presente data, e pretende comprovar que exercia atividade por conta própria desde 05/2009. No período básico de cálculo de 07/1994 em diante, o segurado teve os seguintes períodos contributivos: 10/1994 a 02/1998; 11/1998 a 03/2003; 07/2004 a 01/2009; 01/2013 até a presente data. A retroação da data de início das contribuições foi autorizada pelo INSS, após a comprovação do exercício de atividade remunerada por conta própria no período alegado, de 05/2009 a 12/2012. Abaixo encontra-se a situação contributiva do segurado.

**CARLOS MACIEL DA SILVA**

| | |
|---|---|
| Data de nascimento: | **04/09/1962** |
| Data da contagem: | **25/01/2022** |

| IDADE | |
|---|---|
| **INÍCIO** | **FIM** |
| **04/09/1962** | **25/01/2022** |

| IDADE | | |
|---|---|---|
| **ANOS** | **MESES** | **DIAS** |
| **59** | **4** | **22** |
| **59,39** | | |

| | CONTRATOS DE TRABALHO | | TEMPO MÍNIMO | TEMPO DE CONTRIBUIÇÃO | | |
|---|---|---|---|---|---|---|
| | **INÍCIO** | **FIM** | | **ANOS** | **MESES** | **DIAS** |
| 1 | **15/06/1984** | **09/06/1986** | 35 | 1 | 11 | 25 |
| 2 | **01/08/1986** | **02/04/1993** | 35 | 6 | 8 | 2 |
| 3 | **01/10/1994** | **28/02/1998** | 35 | 3 | 4 | 28 |
| 4 | **07/11/1998** | **31/03/2003** | 35 | 4 | 4 | 25 |
| 5 | **15/07/2004** | **31/01/2009** | 35 | 4 | 6 | 17 |
| 6 | **01/01/2013** | **31/12/2021** | 35 | 9 | 0 | 1 |

| VÍNCULOS | |
|---|---|
| 1 | Empresa A |
| 2 | Empresa B |
| 3 | Empresa C |
| 4 | Empresa D |
| 5 | Empresa E |
| 6 | Contribuinte Individual |

| TEMPO TOTAL APURADO | | |
|---|---|---|
| **Anos** | **Meses** | **Dias** |
| **30** | **0** | **8** |
| **30,02** | | |

De acordo com o § 7º do Art. 216 do Decreto 3.048/99, para apuração e constituição dos créditos referente à comprovação de atividade remunerada, a seguridade social utilizará como base de incidência o valor da média aritmética simples dos maiores salários de contribuição correspondentes a oitenta por cento de todo o período contributivo decorrido desde a competência julho de 1994, corrigidos mês a mês pelos mesmos índices utilizados para a obtenção do salário de benefício, observado o limite máximo do salário de contribuição vigente. Na mesma toada, o Art. 45-A da Lei 8.213/91 dispõe:

> Art. 45-A. O contribuinte individual que pretenda contar como tempo de contribuição, para fins de obtenção de benefício no Regime Geral de Previdência Social ou de contagem recíproca do tempo de contribuição, período de atividade remunerada alcançada pela decadência deverá indenizar o INSS. (Incluído pela Lei Complementar nº 128, de 2008).
>
> § 1º O valor da indenização a que se refere o caput deste artigo e o § 1º do art. 55 da Lei nº 8.213, de 24 de julho de 1991, corresponderá a 20% (vinte por cento): (Incluído pela Lei Complementar nº 128, de 2008)
>
> I – da média aritmética simples dos maiores salários-de-contribuição, reajustados, correspondentes a 80%(oitenta por cento) de todo o período contributivo decorrido desde a competência julho de 1994; ou (Incluído pela Lei Complementar nº 128, de 2008);
>
> II – da remuneração sobre a qual incidem as contribuições para o regime próprio de previdência social a que estiver filiado o interessado, no caso de indenização para fins da contagem recíproca de que tratam os arts. 94 a 99 da Lei nº 8.213, de 24 de julho de 1991, observados o limite máximo previsto no art. 28 e o disposto em regulamento. (Incluído pela Lei Complementar nº 128, de 2008).

Abaixo encontra-se detalhado o cálculo da média aritmética simples dos maiores salários de contribuição para fins de fixação da base de cálculo.

| Sequência | Mês/ano | Valor teto | Salário | Índice | Salário atualizado | Desconsiderados |
|---|---|---|---|---|---|---|
| 47 | abr/99 | 1.200,00 | 900,00 | 5,035487 | 4.531,94 | |
| 48 | mai/99 | 1.200,00 | 950,00 | 5,033978 | 4.782,28 | |
| 49 | jun/99 | 1.255,32 | 950,00 | 5,033978 | 4.782,28 | |
| 50 | jul/99 | 1.255,32 | 950,00 | 4,983149 | 4.733,99 | |
| 51 | ago/99 | 1.255,32 | 950,00 | 4,905160 | 4.659,90 | |
| 52 | set/99 | 1.255,32 | 950,00 | 4,835050 | 4.593,30 | |
| 53 | out/99 | 1.255,32 | 950,00 | 4,765000 | 4.526,75 | |
| 54 | nov/99 | 1.255,32 | 950,00 | 4,676617 | 4.442,79 | |
| 55 | dez/99 | 1.255,32 | 950,00 | 4,561217 | 4.333,16 | |
| 56 | jan/00 | 1.255,32 | 950,00 | 4,505796 | 4.280,51 | |
| 57 | fev/00 | 1.255,32 | 950,00 | 4,460300 | 4.237,29 | |
| 58 | mar/00 | 1.255,32 | 950,00 | 4,451843 | 4.229,25 | |
| 59 | abr/00 | 1.255,32 | 950,00 | 4,443845 | 4.221,65 | |
| 60 | mai/00 | 1.255,32 | 1.000,00 | 4,438074 | 4.438,07 | |
| 61 | jun/00 | 1.328,25 | 1.000,00 | 4,408535 | 4.408,54 | |
| 62 | jul/00 | 1.328,25 | 1.000,00 | 4,367915 | 4.367,92 | |
| 63 | ago/00 | 1.328,25 | 1.000,00 | 4,271387 | 4.271,39 | |
| 64 | set/00 | 1.328,25 | 1.000,00 | 4,195032 | 4.195,03 | |
| 65 | out/00 | 1.328,25 | 1.000,00 | 4,166287 | 4.166,29 | |
| 66 | nov/00 | 1.328,25 | 1.000,00 | 4,150928 | 4.150,93 | |
| 67 | dez/00 | 1.328,25 | 1.000,00 | 4,134798 | 4.134,80 | |
| 68 | jan/01 | 1.328,25 | 1.000,00 | 4,103612 | 4.103,61 | |
| 69 | fev/01 | 1.328,25 | 1.000,00 | 4,083609 | 4.083,61 | |
| 70 | mar/01 | 1.328,25 | 1.000,00 | 4,069766 | 4.069,77 | |
| 71 | abr/01 | 1.328,25 | 1.000,00 | 4,037465 | 4.037,47 | |
| 72 | mai/01 | 1.328,25 | 1.150,00 | 3,992353 | 4.591,21 | |
| 73 | jun/01 | 1.430,00 | 1.150,00 | 3,974865 | 4.571,09 | |
| 74 | jul/01 | 1.430,00 | 1.150,00 | 3,917669 | 4.505,32 | |
| 75 | ago/01 | 1.430,00 | 1.150,00 | 3,855213 | 4.433,49 | |
| 76 | set/01 | 1.430,00 | 1.150,00 | 3,820822 | 4.393,95 | |
| 77 | out/01 | 1.430,00 | 1.150,00 | 3,806361 | 4.377,32 | |

| Sequência | Mês/ano | Valor teto | Salário | Índice | Salário atualizado | Desconsiderados |
|---|---|---|---|---|---|---|
| 78 | nov/01 | 1.430,00 | 1.150,00 | 3,751957 | 4.314,75 | |
| 79 | dez/01 | 1.430,00 | 1.150,00 | 3,723654 | 4.282,20 | |
| 80 | jan/02 | 1.430,00 | 1.150,00 | 3,716969 | 4.274,51 | |
| 81 | fev/02 | 1.430,00 | 1.150,00 | 3,709923 | 4.266,41 | |
| 82 | mar/02 | 1.430,00 | 1.150,00 | 3,703252 | 4.258,74 | |
| 83 | abr/02 | 1.430,00 | 1.150,00 | 3,699183 | 4.254,06 | |
| 84 | mai/02 | 1.430,00 | 1.150,00 | 3,673470 | 4.224,49 | |
| 85 | jun/02 | 1.561,56 | 1.300,00 | 3,633142 | 4.723,08 | |
| 86 | jul/02 | 1.561,56 | 1.300,00 | 3,571000 | 4.642,30 | |
| 87 | ago/02 | 1.561,56 | 1.300,00 | 3,499273 | 4.549,05 | |
| 88 | set/02 | 1.561,56 | 1.300,00 | 3,418593 | 4.444,17 | |
| 89 | out/02 | 1.561,56 | 1.300,00 | 3,330664 | 4.329,86 | |

| Sequência | Mês/ano | Valor teto | Salário | Índice | Salário atualizado | Desconsiderados |
|---|---|---|---|---|---|---|
| 90 | nov/02 | 1.561,56 | 1.300,00 | 3,196106 | 4.154,94 | |
| 91 | dez/02 | 1.561,56 | 1.300,00 | 3,019748 | 3.925,67 | desconsiderado |
| 92 | jan/03 | 1.561,56 | 1.300,00 | 2,940361 | 3.822,47 | desconsiderado |
| 93 | fev/03 | 1.561,56 | 1.300,00 | 2,877908 | 3.741,28 | desconsiderado |
| 94 | mar/03 | 1.561,56 | 1.300,00 | 2,832870 | 3.682,73 | desconsiderado |
| 95 | jul/04 | 2.508,72 | 880,00 | 2,648739 | 2.330,89 | desconsiderado |
| 96 | ago/04 | 2.508,72 | 1.650,00 | 2,629538 | 4.338,74 | |
| 97 | set/04 | 2.508,72 | 1.650,00 | 2,616455 | 4.317,15 | |
| 98 | out/04 | 2.508,72 | 1.650,00 | 2,612016 | 4.309,83 | |
| 99 | nov/04 | 2.508,72 | 1.650,00 | 2,607585 | 4.302,52 | |
| 100 | dez/04 | 2.508,72 | 1.650,00 | 2,596157 | 4.283,66 | |
| 101 | jan/05 | 2.508,72 | 1.650,00 | 2,574020 | 4.247,13 | |

| Sequência | Mês/ano | Valor teto | Salário | Índice | Salário atualizado | Desconsiderados |
|---|---|---|---|---|---|---|
| 102 | fev/05 | 2.508,72 | 1.650,00 | 2,559433 | 4.223,06 | |
| 103 | mar/05 | 2.508,72 | 1.650,00 | 2,548221 | 4.204,56 | |
| 104 | abr/05 | 2.508,72 | 1.650,00 | 2,529752 | 4.174,09 | |
| 105 | mai/05 | 2.668,15 | 1.650,00 | 2,506940 | 4.136,45 | |
| 106 | jun/05 | 2.668,15 | 1.920,00 | 2,489513 | 4.779,86 | |
| 107 | jul/05 | 2.668,15 | 1.920,00 | 2,492254 | 4.785,13 | |
| 108 | ago/05 | 2.668,15 | 1.920,00 | 2,491506 | 4.783,69 | |
| 109 | set/05 | 2.668,15 | 1.920,00 | 2,491506 | 4.783,69 | |
| 110 | out/05 | 2.668,15 | 1.920,00 | 2,487775 | 4.776,53 | |
| 111 | nov/05 | 2.668,15 | 1.920,00 | 2,473434 | 4.748,99 | |
| 112 | dez/05 | 2.668,15 | 1.920,00 | 2,460144 | 4.723,48 | |
| 113 | jan/06 | 2.668,15 | 1.920,00 | 2,450346 | 4.704,66 | |
| 114 | fev/06 | 2.668,15 | 1.920,00 | 2,441070 | 4.686,85 | |
| 115 | mar/06 | 2.668,15 | 1.920,00 | 2,435470 | 4.676,10 | |
| 116 | abr/06 | 2.801,56 | 1.920,00 | 2,428908 | 4.663,50 | |
| 117 | mai/06 | 2.801,56 | 2.000,00 | 2,425999 | 4.852,00 | |
| 118 | jun/06 | 2.801,56 | 2.000,00 | 2,422851 | 4.845,70 | |
| 119 | jul/06 | 2.801,56 | 2.000,00 | 2,424543 | 4.849,09 | |
| 120 | ago/06 | 2.801,82 | 2.000,00 | 2,421881 | 4.843,76 | |
| 121 | set/06 | 2.801,82 | 2.000,00 | 2,422362 | 4.844,72 | |
| 122 | out/06 | 2.801,82 | 2.000,00 | 2,418495 | 4.836,99 | |
| 123 | nov/06 | 2.801,82 | 2.000,00 | 2,408141 | 4.816,28 | |
| 124 | dez/06 | 2.801,82 | 2.000,00 | 2,398066 | 4.796,13 | |
| 125 | jan/07 | 2.801,82 | 2.000,00 | 2,383288 | 4.766,58 | |
| 126 | fev/07 | 2.801,82 | 2.000,00 | 2,371674 | 4.743,35 | |
| 127 | mar/07 | 2.801,82 | 2.000,00 | 2,361752 | 4.723,50 | |
| 128 | abr/07 | 2.894,28 | 2.000,00 | 2,351402 | 4.702,80 | |
| 129 | mai/07 | 2.894,28 | 2.150,00 | 2,345309 | 5.042,41 | |
| 130 | jun/07 | 2.894,28 | 2.150,00 | 2,339224 | 5.029,33 | |
| 131 | jul/07 | 2.894,28 | 2.150,00 | 2,332000 | 5.013,80 | |
| 132 | ago/07 | 2.894,28 | 2.150,00 | 2,324557 | 4.997,80 | |

| Sequência | Mês/ano | Valor teto | Salário | Índice | Salário atualizado | Desconsiderados |
|---|---|---|---|---|---|---|
| 133 | set/07 | 2.894,28 | 2.150,00 | 2,310921 | 4.968,48 | |
| 134 | out/07 | 2.894,28 | 2.150,00 | 2,305162 | 4.956,10 | |
| 135 | nov/07 | 2.894,28 | 2.150,00 | 2,298270 | 4.941,28 | |
| 136 | dez/07 | 2.894,28 | 2.150,00 | 2,288423 | 4.920,11 | |
| 137 | jan/08 | 2.894,28 | 2.150,00 | 2,266440 | 4.872,85 | |
| 138 | fev/08 | 2.894,28 | 2.150,00 | 2,250909 | 4.839,45 | |
| 139 | mar/08 | 3.038,99 | 2.150,00 | 2,239488 | 4.814,90 | |
| 140 | abr/08 | 3.038,99 | 2.150,00 | 2,228122 | 4.790,46 | |
| 141 | mai/08 | 3.038,99 | 2.280,00 | 2,213955 | 5.047,82 | |
| 142 | jun/08 | 3.038,99 | 2.280,00 | 2,192907 | 4.999,83 | |
| 143 | jul/08 | 3.038,99 | 2.280,00 | 2,173133 | 4.954,74 | |
| 144 | ago/08 | 3.038,99 | 2.280,00 | 2,160597 | 4.926,16 | |
| 145 | set/08 | 3.038,99 | 2.280,00 | 2,156067 | 4.915,83 | |
| 146 | out/08 | 3.038,99 | 2.280,00 | 2,152837 | 4.908,47 | |
| 147 | nov/08 | 3.038,99 | 2.280,00 | 2,142129 | 4.884,05 | |
| 148 | dez/08 | 3.038,99 | 2.280,00 | 2,134019 | 4.865,56 | |
| 149 | jan/09 | 3.038,99 | 2.280,00 | 2,127853 | 4.851,50 | |
| 150 | jan/13 | 4.159,00 | 2.000,00 | 1,704025 | 3.408,05 | desconsiderado |
| 151 | fev/13 | 4.159,00 | 2.000,00 | 1,688493 | 3.376,99 | desconsiderado |
| 152 | mar/13 | 4.159,00 | 2.000,00 | 1,679759 | 3.359,52 | desconsiderado |
| 153 | abr/13 | 4.159,00 | 2.000,00 | 1,669739 | 3.339,48 | desconsiderado |
| 154 | mai/13 | 4.159,00 | 2.000,00 | 1,659942 | 3.319,88 | desconsiderado |
| 155 | jun/13 | 4.159,00 | 2.000,00 | 1,654154 | 3.308,31 | desconsiderado |
| 156 | jul/13 | 4.159,00 | 2.000,00 | 1,649539 | 3.299,08 | Desconsiderado |

| Sequência | Mês/ano | Valor teto | Salário | Índice | Salário atualizado | Desconsiderados |
|---|---|---|---|---|---|---|
| 157 | ago/13 | 4.159,00 | 2.000,00 | 1,651685 | 3.303,37 | desconsiderado |
| 158 | set/13 | 4.159,00 | 2.000,00 | 1,649045 | 3.298,09 | desconsiderado |
| 159 | out/13 | 4.159,00 | 2.000,00 | 1,644606 | 3.289,21 | desconsiderado |
| 160 | nov/13 | 4.159,00 | 2.000,00 | 1,634638 | 3.269,28 | desconsiderado |
| 161 | dez/13 | 4.159,00 | 2.000,00 | 1,625852 | 3.251,70 | desconsiderado |
| 162 | jan/14 | 4.390,24 | 2.200,00 | 1,614230 | 3.551,31 | desconsiderado |
| 163 | fev/14 | 4.390,24 | 2.200,00 | 1,604128 | 3.529,08 | desconsiderado |
| 164 | mar/14 | 4.390,24 | 2.200,00 | 1,593926 | 3.506,64 | desconsiderado |
| 165 | abr/14 | 4.390,24 | 2.200,00 | 1,580963 | 3.478,12 | desconsiderado |
| 166 | mai/14 | 4.390,24 | 2.200,00 | 1,568723 | 3.451,19 | desconsiderado |
| 167 | jun/14 | 4.390,24 | 2.200,00 | 1,559365 | 3.430,60 | desconsiderado |
| 168 | jul/14 | 4.390,24 | 2.200,00 | 1,555322 | 3.421,71 | desconsiderado |
| 169 | ago/14 | 4.390,24 | 2.200,00 | 1,553304 | 3.417,27 | desconsiderado |
| 170 | set/14 | 4.390,24 | 2.200,00 | 1,550512 | 3.411,13 | desconsiderado |
| 171 | out/14 | 4.390,24 | 2.200,00 | 1,542953 | 3.394,50 | desconsiderado |
| 172 | nov/14 | 4.390,24 | 2.200,00 | 1,537114 | 3.381,65 | desconsiderado |
| 173 | dez/14 | 4.390,24 | 2.200,00 | 1,529008 | 3.363,82 | desconsiderado |
| 174 | jan/15 | 4.663,75 | 2.500,00 | 1,519586 | 3.798,97 | desconsiderado |
| 175 | fev/15 | 4.663,75 | 2.500,00 | 1,497426 | 3.743,57 | desconsiderado |

| Sequência | Mês/ano | Valor teto | Salário | Índice | Salário atualizado | Desconsiderados |
|---|---|---|---|---|---|---|
| 176 | mar/15 | 4.663,75 | 2.500,00 | 1,480253 | 3.700,63 | desconsiderado |
| 177 | abr/15 | 4.663,75 | 2.500,00 | 1,458236 | 3.645,59 | desconsiderado |
| 178 | mai/15 | 4.663,75 | 2.500,00 | 1,447955 | 3.619,89 | desconsiderado |
| 179 | jun/15 | 4.663,75 | 2.500,00 | 1,433762 | 3.584,41 | desconsiderado |
| 180 | jul/15 | 4.663,75 | 2.500,00 | 1,422806 | 3.557,02 | desconsiderado |
| 181 | ago/15 | 4.663,75 | 2.500,00 | 1,414602 | 3.536,51 | desconsiderado |
| 182 | set/15 | 4.663,75 | 2.500,00 | 1,411070 | 3.527,68 | desconsiderado |
| 183 | out/15 | 4.663,75 | 2.500,00 | 1,403914 | 3.509,79 | desconsiderado |
| 184 | nov/15 | 4.663,75 | 2.500,00 | 1,393187 | 3.482,97 | desconsiderado |
| 185 | dez/15 | 4.663,75 | 2.500,00 | 1,377888 | 3.444,72 | desconsiderado |
| 186 | jan/16 | 5.189,82 | 3.000,00 | 1,365601 | 4.096,80 | |
| 187 | fev/16 | 5.189,82 | 3.000,00 | 1,345287 | 4.035,86 | |
| 188 | mar/16 | 5.189,82 | 3.000,00 | 1,332624 | 3.997,87 | |
| 189 | abr/16 | 5.189,82 | 3.000,00 | 1,326789 | 3.980,37 | desconsiderado |
| 190 | mai/16 | 5.189,82 | 3.000,00 | 1,318351 | 3.955,05 | desconsiderado |
| 191 | jun/16 | 5.189,82 | 3.000,00 | 1,305560 | 3.916,68 | desconsiderado |
| 192 | jul/16 | 5.189,82 | 3.000,00 | 1,299448 | 3.898,34 | desconsiderado |
| 193 | ago/16 | 5.189,82 | 3.000,00 | 1,291183 | 3.873,55 | desconsiderado |
| 194 | set/16 | 5.189,82 | 3.000,00 | 1,287196 | 3.861,59 | desconsiderado |
| 195 | out/16 | 5.189,82 | 3.000,00 | 1,286169 | 3.858,51 | desconsiderado |
| 196 | nov/16 | 5.189,82 | 3.000,00 | 1,283981 | 3.851,94 | desconsiderado |
| 197 | dez/16 | 5.189,82 | 3.000,00 | 1,283087 | 3.849,26 | desconsiderado |
| 198 | jan/17 | 5.531,31 | 3.500,00 | 1,281294 | 4.484,53 | |
| 199 | fev/17 | 5.531,31 | 3.500,00 | 1,275931 | 4.465,76 | |
| 200 | mar/17 | 5.531,31 | 3.500,00 | 1,272879 | 4.455,08 | |
| 201 | abr/17 | 5.531,31 | 3.500,00 | 1,268821 | 4.440,87 | |
| 202 | mai/17 | 5.531,31 | 3.500,00 | 1,267806 | 4.437,32 | |
| 203 | jun/17 | 5.531,31 | 3.500,00 | 1,263255 | 4.421,39 | |
| 204 | jul/17 | 5.531,31 | 3.500,00 | 1,267057 | 4.434,70 | |
| 205 | ago/17 | 5.531,31 | 3.500,00 | 1,264909 | 4.427,18 | |
| 206 | set/17 | 5.531,31 | 3.500,00 | 1,265286 | 4.428,50 | |
| 207 | out/17 | 5.531,31 | 3.500,00 | 1,265543 | 4.429,40 | |
| 208 | nov/17 | 5.531,31 | 3.500,00 | 1,260873 | 4.413,06 | |
| 209 | dez/17 | 5.531,31 | 3.500,00 | 1,258607 | 4.405,12 | |
| 210 | jan/18 | 5.645,80 | 3.500,00 | 1,255347 | 4.393,71 | |
| 211 | fev/18 | 5.645,80 | 3.500,00 | 1,252466 | 4.383,63 | |

| Sequência | Mês/ano | Valor teto | Salário | Índice | Salário atualizado | Desconsiderados |
|---|---|---|---|---|---|---|
| 212 | mar/18 | 5.645,80 | 3.500,00 | 1,250213 | 4.375,75 | |
| 213 | abr/18 | 5.645,80 | 3.500,00 | 1,249340 | 4.372,69 | |
| 214 | mai/18 | 5.645,80 | 3.500,00 | 1,246721 | 4.363,52 | |
| 215 | jun/18 | 5.645,80 | 3.500,00 | 1,241386 | 4.344,85 | |
| 216 | jul/18 | 5.645,80 | 3.500,00 | 1,223883 | 4.283,59 | |
| 217 | ago/18 | 5.645,80 | 3.500,00 | 1,220829 | 4.272,90 | |
| 218 | set/18 | 5.645,80 | 3.500,00 | 1,220829 | 4.272,90 | |
| 219 | out/18 | 5.645,80 | 3.500,00 | 1,217176 | 4.260,12 | |

| 220 | nov/18 | 5.645,80 | 3.500,00 | 1,212329 | 4.243,15 | |
|---|---|---|---|---|---|---|
| 221 | dez/18 | 5.645,80 | 3.500,00 | 1,215367 | 4.253,78 | |
| 222 | jan/19 | 5.839,45 | 3.800,00 | 1,213671 | 4.611,95 | |
| 223 | fev/19 | 5.839,45 | 3.800,00 | 1,209315 | 4.595,40 | |
| 224 | mar/19 | 5.839,45 | 3.800,00 | 1,202821 | 4.570,72 | |
| 225 | abr/19 | 5.839,45 | 3.800,00 | 1,193629 | 4.535,79 | |
| 226 | mai/19 | 5.839,45 | 3.800,00 | 1,186510 | 4.508,74 | |
| 227 | jun/19 | 5.839,45 | 3.800,00 | 1,184734 | 4.501,99 | |
| 228 | jul/19 | 5.839,45 | 3.800,00 | 1,184614 | 4.501,53 | |
| 229 | ago/19 | 5.839,45 | 3.800,00 | 1,183429 | 4.497,03 | |
| 230 | set/19 | 5.839,45 | 3.800,00 | 1,182010 | 4.491,64 | |
| 231 | out/19 | 5.839,45 | 3.800,00 | 1,182603 | 4.493,89 | |
| 232 | nov/19 | 5.839,45 | 3.800,00 | 1,182131 | 4.492,10 | |
| 233 | dez/19 | 5.839,45 | 3.800,00 | 1,175780 | 4.467,96 | |
| 234 | jan/20 | 6.101,06 | 3.800,00 | 1,161610 | 4.414,12 | |
| 235 | fev/20 | 6.101,06 | 3.800,00 | 1,159407 | 4.405,75 | |
| 236 | mar/20 | 6.101,06 | 3.800,00 | 1,157440 | 4.398,27 | |
| 237 | abr/20 | 6.101,06 | 3.800,00 | 1,155359 | 4.390,36 | |
| 238 | mai/20 | 6.101,06 | 3.800,00 | 1,158021 | 4.400,48 | |
| 239 | jun/20 | 6.101,06 | 3.800,00 | 1,160926 | 4.411,52 | |
| 240 | jul/20 | 6.101,06 | 3.800,00 | 1,157454 | 4.398,33 | |
| 241 | ago/20 | 6.101,06 | 3.800,00 | 1,152381 | 4.379,05 | |
| 242 | set/20 | 6.101,06 | 3.800,00 | 1,148248 | 4.363,34 | |
| 243 | out/20 | 6.101,06 | 3.800,00 | 1,138346 | 4.325,71 | |
| 244 | nov/20 | 6.101,06 | 3.800,00 | 1,128302 | 4.287,55 | |
| 245 | dez/20 | 6.101,06 | 3.800,00 | 1,117685 | 4.247,20 | |
| 246 | jan/21 | 6.101,06 | 4.000,00 | 1,101602 | 4.406,41 | |
| 247 | fev/21 | 6.101,06 | 4.000,00 | 1,098636 | 4.394,54 | |
| 248 | mar/21 | 6.101,06 | 4.000,00 | 1,089700 | 4.358,80 | |
| 249 | abr/21 | 6.101,06 | 4.000,00 | 1,080409 | 4.321,64 | |
| 250 | mai/21 | 6.101,06 | 4.000,00 | 1,076320 | 4.305,28 | |
| 251 | jun/21 | 6.101,06 | 4.000,00 | 1,066083 | 4.264,33 | |
| 252 | jul/21 | 6.101,06 | 4.000,00 | 1,059726 | 4.238,90 | |
| 253 | ago/21 | 6.101,06 | 4.000,00 | 1,049026 | 4.196,10 | |
| 254 | set/21 | 6.101,06 | 4.000,00 | 1,039874 | 4.159,50 | |
| 255 | out/21 | 6.101,06 | 4.000,00 | 1,027544 | 4.110,18 | |
| 256 | nov/21 | 6.101,06 | 4.000,00 | 1,015761 | 4.063,04 | |
| 257 | dez/21 | 6.101,06 | 4.000,00 | 1,007300 | 4.029,20 | |

| **SOMA GERAL DE SALÁRIOS** | **1.138.055,49** |
|---|---|

| **MÉDIA GERAL DE SALÁRIOS =** 1.138.055,49 / 257 | **4.428,23** |
|---|---|

| Período Básico de Cálculos - 07/1994 a 12/2021 | 330 |
|---|---|
| Quantidade de salários no período básico de cálculo | **257** |
| Salários considerados (80% dos maiores salários) | **206** |
| Salários desprezados | **51** |

| **SOMA DE SALÁRIOS** - 80% dos maiores | **957.251,30** |
|---|---|

| **MÉDIA DE 80% DOS MAIORES SALÁRIOS** = 957.251,30 / 206 | **4.646,85** |
|---|---|

Conforme planilha de cálculo, a média de 80% dos maiores salários de contribuição, no período contributivo de 07/1994 até o mês anterior à data do cálculo, atualizados monetariamente, é fixada no valor de **R$ 4.646,85** e será a base de cálculo para fins de indenização.

A seguir serão demonstrados os cálculos para fins de indenização do período de 05/2009 a 12/2012.

## CÁLCULO DE INDENIZAÇÃO

### CARLOS MACIEL DA SILVA

Inscrição: **1.111.111.111-1** Base de Cálculo: **4.646,85**

Atualização: **01/2022**

| Competência | Base de Cálculo | Alíquota | Contribuição | Juros | Valor dos juros | Multa - 10% | Total |
|---|---|---|---|---|---|---|---|
| mai/09 | 4.646,85 | 20% | 929,37 | 50,00% | 464,69 | 92,94 | 1.486,99 |
| jun/09 | 4.646,85 | 20% | 929,37 | 50,00% | 464,69 | 92,94 | 1.486,99 |
| jul/09 | 4.646,85 | 20% | 929,37 | 50,00% | 464,69 | 92,94 | 1.486,99 |
| ago/09 | 4.646,85 | 20% | 929,37 | 50,00% | 464,69 | 92,94 | 1.486,99 |
| set/09 | 4.646,85 | 20% | 929,37 | 50,00% | 464,69 | 92,94 | 1.486,99 |
| out/09 | 4.646,85 | 20% | 929,37 | 50,00% | 464,69 | 92,94 | 1.486,99 |
| nov/09 | 4.646,85 | 20% | 929,37 | 50,00% | 464,69 | 92,94 | 1.486,99 |
| dez/09 | 4.646,85 | 20% | 929,37 | 50,00% | 464,69 | 92,94 | 1.486,99 |
| jan/10 | 4.646,85 | 20% | 929,37 | 50,00% | 464,69 | 92,94 | 1.486,99 |
| fev/10 | 4.646,85 | 20% | 929,37 | 50,00% | 464,69 | 92,94 | 1.486,99 |
| mar/10 | 4.646,85 | 20% | 929,37 | 50,00% | 464,69 | 92,94 | 1.486,99 |
| abr/10 | 4.646,85 | 20% | 929,37 | 50,00% | 464,69 | 92,94 | 1.486,99 |
| mai/10 | 4.646,85 | 20% | 929,37 | 50,00% | 464,69 | 92,94 | 1.486,99 |
| jun/10 | 4.646,85 | 20% | 929,37 | 50,00% | 464,69 | 92,94 | 1.486,99 |
| jul/10 | 4.646,85 | 20% | 929,37 | 50,00% | 464,69 | 92,94 | 1.486,99 |
| ago/10 | 4.646,85 | 20% | 929,37 | 50,00% | 464,69 | 92,94 | 1.486,99 |
| set/10 | 4.646,85 | 20% | 929,37 | 50,00% | 464,69 | 92,94 | 1.486,99 |
| out/10 | 4.646,85 | 20% | 929,37 | 50,00% | 464,69 | 92,94 | 1.486,99 |
| nov/10 | 4.646,85 | 20% | 929,37 | 50,00% | 464,69 | 92,94 | 1.486,99 |
| dez/10 | 4.646,85 | 20% | 929,37 | 50,00% | 464,69 | 92,94 | 1.486,99 |
| jan/11 | 4.646,85 | 20% | 929,37 | 50,00% | 464,69 | 92,94 | 1.486,99 |
| fev/11 | 4.646,85 | 20% | 929,37 | 50,00% | 464,69 | 92,94 | 1.486,99 |
| mar/11 | 4.646,85 | 20% | 929,37 | 50,00% | 464,69 | 92,94 | 1.486,99 |
| abr/11 | 4.646,85 | 20% | 929,37 | 50,00% | 464,69 | 92,94 | 1.486,99 |
| mai/11 | 4.646,85 | 20% | 929,37 | 50,00% | 464,69 | 92,94 | 1.486,99 |
| jun/11 | 4.646,85 | 20% | 929,37 | 50,00% | 464,69 | 92,94 | 1.486,99 |
| jul/11 | 4.646,85 | 20% | 929,37 | 50,00% | 464,69 | 92,94 | 1.486,99 |
| ago/11 | 4.646,85 | 20% | 929,37 | 50,00% | 464,69 | 92,94 | 1.486,99 |
| set/11 | 4.646,85 | 20% | 929,37 | 50,00% | 464,69 | 92,94 | 1.486,99 |
| out/11 | 4.646,85 | 20% | 929,37 | 50,00% | 464,69 | 92,94 | 1.486,99 |
| nov/11 | 4.646,85 | 20% | 929,37 | 50,00% | 464,69 | 92,94 | 1.486,99 |

| | | | | | | | |
|---|---|---|---|---|---|---|---|
| dez/11 | 4.646,85 | 20% | 929,37 | 50,00% | 464,69 | 92,94 | 1.486,99 |
| jan/12 | 4.646,85 | 20% | 929,37 | 50,00% | 464,69 | 92,94 | 1.486,99 |
| fev/12 | 4.646,85 | 20% | 929,37 | 50,00% | 464,69 | 92,94 | 1.486,99 |
| mar/12 | 4.646,85 | 20% | 929,37 | 50,00% | 464,69 | 92,94 | 1.486,99 |
| abr/12 | 4.646,85 | 20% | 929,37 | 50,00% | 464,69 | 92,94 | 1.486,99 |
| mai/12 | 4.646,85 | 20% | 929,37 | 50,00% | 464,69 | 92,94 | 1.486,99 |
| jun/12 | 4.646,85 | 20% | 929,37 | 50,00% | 464,69 | 92,94 | 1.486,99 |
| jul/12 | 4.646,85 | 20% | 929,37 | 50,00% | 464,69 | 92,94 | 1.486,99 |
| ago/12 | 4.646,85 | 20% | 929,37 | 50,00% | 464,69 | 92,94 | 1.486,99 |
| set/12 | 4.646,85 | 20% | 929,37 | 50,00% | 464,69 | 92,94 | 1.486,99 |
| out/12 | 4.646,85 | 20% | 929,37 | 50,00% | 464,69 | 92,94 | 1.486,99 |
| nov/12 | 4.646,85 | 20% | 929,37 | 50,00% | 464,69 | 92,94 | 1.486,99 |
| dez/12 | 4.646,85 | 20% | 929,37 | 50,00% | 464,69 | 92,94 | 1.486,99 |
| | | **TOTAL** | **40.892,29** | | **20.446,14** | **4.089,23** | **65.427,66** |

A coluna base de cálculo refere-se ao salário de contribuição que servirá de base para a incidência da contribuição previdenciária, fixado no valor de **R$ 4.646,85**, obtido com base na média aritmética simples dos maiores salários de contribuição correspondentes a 80% de todo o período contributivo a partir de 07/1994, cujo cálculo foi demonstrado nas páginas anteriores.

A coluna alíquota, refere-se à alíquota básica a ser aplicada sobre a base de cálculo, que no caso foi de 20% obtendo-se a contribuição no valor de **R$ 929,37**.

A coluna juros, refere-se aos juros moratórios de que trata o § 2º do Art. 45-A da Lei 8.212/91, equivalentes a 0,5% ao mês, capitalizados anualmente, limitados ao percentual máximo de 50%. Em todo o período de cálculo os juros foram limitados a 50%.

A coluna multa refere-se ao percentual da multa a ser aplicada sobre o valor da contribuição devida, também em conformidade com o disposto no § 2º do Art. 45-A da Lei 8.212/91.

A coluna total, refere-se ao somatório dos seguintes itens: contribuição, valor dos juros e multa.

A indenização referente ao período de 05/2009 a 12/2012, correspondente a apuração e constituição dos créditos referente à comprovação de atividade remunerada pelo segurado contribuinte individual, atingiu o montante de **R$ 65.427,66** a ser paga à vista. Em caso de parcelamento, o montante sofrerá alterações dos juros que incidirão sobre o valor consolidado.

O valor do salário de contribuição mensal, sofrerá desindexação para apropriação no CNIS, conforme critérios definidos pelo INSS, em conformidade com o disposto no § 7º-A do Art. 216 do Decreto 3.048/99.

Após o pagamento da indenização referente ao período de 05/2009 a 12/2012, o tempo de contribuição do segurado passa a ser de **33 anos, 08 meses e 09 dias**, conforme planilha abaixo.

**CARLOS MACIEL DA SILVA**

| | |
|---|---|
| Data de nascimento: | **04/09/1962** |
| Data da contagem: | **25/01/2022** |

| **IDADE** | |
|---|---|
| **INÍCIO** | **FIM** |
| **04/09/1962** | **25/01/2022** |

| **IDADE** | | |
|---|---|---|
| **ANOS** | **MESES** | **DIAS** |
| **59** | **4** | **22** |
| **59,39** | | |

| | CONTRATOS DE TRABALHO | | TEMPO MÍNIMO | TEMPO DE CONTRIBUIÇÃO | | |
|---|---|---|---|---|---|---|
| | INÍCIO | FIM | | ANOS | MESES | DIAS |
| 1 | 15/06/1984 | 09/06/1986 | 35 | 1 | 11 | 25 |
| 2 | 01/08/1986 | 02/04/1993 | 35 | 6 | 8 | 2 |
| 3 | 01/10/1994 | 28/02/1998 | 35 | 3 | 4 | 28 |
| 4 | 07/11/1998 | 31/03/2003 | 35 | 4 | 4 | 25 |
| 5 | 15/07/2004 | 31/01/2009 | 35 | 4 | 6 | 17 |
| 6 | 01/05/2009 | 31/12/2012 | 35 | 3 | 8 | 1 |
| 7 | 01/01/2013 | 31/12/2021 | 35 | 9 | 0 | 1 |

| VÍNCULOS | |
|---|---|
| 1 | Empresa A |
| 2 | Empresa B |
| 3 | Empresa C |
| 4 | Empresa D |
| 5 | Empresa E |
| 6 | Período Indenizado |
| 7 | Contribuinte Individual |

| TEMPO TOTAL APURADO | | |
|---|---|---|
| Anos | Meses | Dias |
| 33 | 8 | 9 |
| 33,69 | | |

## 2. FATOR PREVIDENCIÁRIO

Ao contrário do que ocorreu nos Regimes Próprios de Previdência Social com o advento da promulgação da Emenda 20/98, no RGPS continuou sendo possível à concessão de aposentadoria sem a exigência de idade mínima do segurado, a exemplo da aposentadoria por tempo de contribuição, vez que não restou aprovada a reforma constitucional integral pretendida no final dos anos 90. Isto só foi modificado com a Emenda 103/2019, que extinguiu a aposentadoria apenas por tempo de contribuição sem idade mínima.

Até a EC 103/2019, a aposentadoria por tempo de contribuição que, em regra, era deferida ao homem com 35 anos de contribuição e à mulher com 30 anos de contribuição, observada a carência de 180 contribuições mensais, era um benefício que ameaçava o equilíbrio financeiro e atuarial do sistema previdenciário, haja vista a possibilidade de os segurados se aposentarem muito cedo, inclusive abaixo dos cinquenta anos de idade.

Inclusive, nessas aposentações precoces, pregava-se que inexistia risco social a ser coberto, pois antes dos sessenta anos de idade o segurado ainda não é sequer considerada pessoa idosa, havendo casos em que se percebia a aposentadoria por mais anos do que se verteu contribuições previdenciárias.

Esse fato é agravado com a maior expectativa de vida que progressivamente vem sendo alcançada diante das melhores condições sociais, que chegou à média de 73 anos de idade em 2008, girando em torno de 69 anos de idade para os homens e de 77 para as mulheres, sendo atualmente 73,3 para os homens e 80,3 para as mulheres, de acordo com dados estatísticos do IBGE para o ano de 2021.

Diante desse preocupante quadro previdenciário, a Lei 9.876/99, publicada em 29.11.1999, instituiu o fator previdenciário, agora previsto no artigo 29, da Lei 8.213/91, que objetivava inibir aposentadorias precoces, **sendo obrigatório no cálculo da aposentadoria por tempo de contribuição e facultativo** para a definição da renda mensal inicial da **aposentadoria por idade no regime anterior à EC 103/2019**.

Ou seja, fora a aposentadoria por tempo de contribuição (obrigatório) e por idade (facultativo), o fator previdenciário não era utilizado diretamente no cálculo da renda de nenhum outro benefício previdenciário. Contudo, indiretamente, a pensão por morte poderia ter a sua renda mensal calculada com base no fator previdenciário, se na apuração da renda da aposentadoria do instituidor da pensão o fator tivesse sido aplicado.

Pelas **regras anteriores à EC 103/2019**, existia apenas um caso em que o fator previdenciário era facultativo no cálculo do salário de benefício da aposentadoria por tempo de contribuição. Tratava-se da "regra 85/95" (86/96 desde 31/12/2018) para mulheres e homens, respectivamente, atualmente disciplinada pela Lei 13.183, de 4/11/2015.

No entanto, coube à **Medida Provisória 676**, publicada em 18 de junho de 2015, instituir a regra alternativa 85 (mulher)/95 (homem) para tornar facultativo o fator previdenciário nesta aposentadoria. **Posteriormente esta regra foi modificada pela Lei 13.183, de 4/11/2015.**

O segurado que preencher o requisito para a aposentadoria por tempo de contribuição poderá optar pela não incidência do fator previdenciário no cálculo de sua aposentadoria, quando o total resultante da soma de sua idade e de seu tempo de contribuição, incluídas as frações, na data de requerimento da aposentadoria, for: I - igual ou superior a noventa e cinco pontos, se homem, observando o tempo mínimo de contribuição de trinta e cinco anos; ou II - igual ou superior a oitenta e cinco pontos, se mulher, observado o tempo mínimo de contribuição de trinta anos.

De acordo com a literalidade do texto normativo, "as somas de idade e de tempo de contribuição previstas no caput serão majoradas em um ponto em:

I - 31 de dezembro de 2018;

II - 31 de dezembro de 2020;

III - 31 de dezembro de 2022;

IV - 31 de dezembro de 2024; e

V - 31 de dezembro de 2026".

Assim, para quem reuniu todos os requisitos até 30/12/2018 será aplicada a regra 85/95, mesmo que o requerimento administrativo se dê após essa data. Já para os que não preencheram a pontuação até 30 de Dezembro de 2018, serão aplicada a regra 86/96.

De acordo com a literalidade do texto normativo, as somas de idade e de tempo de contribuição previstas no caput serão majoradas em um ponto em:

I - 31 de dezembro de 2018 (86/96);

II - 31 de dezembro de 2020 (87/97);

III - 31 de dezembro de 2022 (88/98);

IV - 31 de dezembro de 2024 (89/99); e

V - 31 de dezembro de 2026 (90/100).

Logo, sem revogar a regra ordinária da aposentadoria por tempo de contribuição sem idade mínima e com aplicação compulsória do fator previdenciário, foi criada regra progressiva para a concessão de aposentadoria por tempo de contribuição com aplicação facultativa do fator previdenciário, observado o tempo mínimo de contribuição (30 anos - mulher e 35 anos - homem), desde que a soma com a idade do segurado atinja à pontuação acima enumerada.

À luz do direito adquirido, ao segurado que alcançar o requisito necessário ao exercício da opção com base na tabela acima e deixar de requerer aposentadoria será assegurado o direito à opção com a aplicação da pontuação exigida na data do cumprimento dos requisitos.

Como exemplo, suponha-se que um segurado homem que em 2015, 2016, 2017 ou 2018 (até 30/12) conte com 37 anos de tempo de contribuição e idade de 58 anos (37 + 58 = 95). Neste caso ele preencherá esta regra e poderá se aposentar sem o fator previdenciário (não se aplicará o fator quando for para reduzir a renda, mas apenas para majorar).

Suponha-se que uma mulher em 2023 ou 2024 tenha 30 anos de tempo de contribuição e 58 anos de idade (30 + 58 = 88). Ela preencherá a regra aludida.

Para o segurado que adquiriu o direito a partir de 31/12/2018, a pontuação restou modificada para 86 (mulheres) e 96 (homens), incluindo frações. Eis alguns exemplos da regra 86/96 (aquisição do direito entre 31/12/2018 e 30/12/2020):

| MULHERES | | |
|---|---|---|
| IDADE | TEMPO DE CONTRIBUIÇÃO | PONTUAÇÃO TOTAL |
| 56 anos | 30 anos | 86 |
| 55,5 anos | 30,5 anos | 86 |
| 55 anos | 31 anos | 86 |
| 54,5 anos | 31,5 anos | 86 |
| 54 anos | 32 anos | 86 |

| HOMENS | | |
|---|---|---|
| IDADE | TEMPO DE CONTRIBUIÇÃO | PONTUAÇÃO TOTAL |
| 61 anos | 35 anos | 96 |
| 60,5 anos | 35,5 anos | 96 |
| 60 anos | 36 anos | 96 |
| 59,5 anos | 36,5 anos | 96 |
| 59 anos | 37 anos | 96 |

No entanto, há uma regra especial para o **professor exclusivo do ensino básico**. O tempo mínimo de contribuição do professor e da professora que comprovarem exclusivamente tempo de efetivo exercício de magistério na educação infantil e no ensino fundamental e médio será de, respectivamente, **trinta e vinte e cinco anos**, e serão **acrescidos cinco pontos à soma da idade com o tempo de contribuição.**

Suponha-se que em 2015, 2016, 2017 ou 2018 um professor do sexo masculino do ensino básico possua 30 anos de tempo de contribuição exclusivamente como professor e 60 anos de idade. Neste caso, ele terá direito à regra 95 (30+60+5) com a aplicação facultativa do fator previdenciário.

Nota-se que a tabela foi esticada pela Lei 13.183/2015 em comparação ao texto originário da MP 676/2015, assim como houve a redução do tempo de contribuição em 5 anos em favor do professor exclusivo do ensino básico, o que não acontecia no texto da MP 676/2015.

**Esse regramento do artigo 29-C da Lei 8.213/91 não foi recebido pela EC 103/2019**. Isso porque a sistemática de cálculo das aposentadorias voluntárias passou a ter outras fórmulas de cálculo disciplinas no texto constitucional.

Assim, quem não atingiu a pontuação 86/96 até 13 de novembro de 2019 não mais terá como fazer jus ao regramento do artigo 29-C da Lei 8.213/91.

No entanto, o seu estudo é deveras importante em razão da formação do direito adquirido. Isso porque o segurado que atingiu a citada pontuação até a data da publicação da EC 103/2019, faz jus ao benefício de aposentadoria por tempo de contribuição com fator facultativo mesmo que o requeria após a reforma constitucional, nos termos do artigo 3º da Emenda citada.

Em 4 de junho de 2020, ao julgar o tema 1.091 (RE 1221630), o Plenário do STF reafirmou a constitucionalidade do fator previdenciário, inclusive no salário de benefício da aposentadoria do professor de ensino básico:

Tema:

**1091 - Constitucionalidade do fator previdenciário, previsto no art. 29, caput, incisos e parágrafos, da Lei nº 8.213/91, com a redação dada pelo art. 2º da Lei nº 9.876/99.**

Relator: **MINISTRO PRESIDENTE**

Leading Case: RE 1221630

Há Repercussão?

**Sim**

Ver descrição [+]

Recurso extraordinário em que se discute, à luz dos arts. 5º, caput; 6º; 102, § 2º; 195, § 5º; e 201, §§ 1º, 7º e 8º, da Constituição Federal, a constitucionalidade do fator previdenciário, previsto no art. 29, caput, incisos e parágrafos, da Lei nº 8.213/91, com a redação dada pelo art. 2º da Lei nº 9.876/99, bem como se é devida sua incidência no cálculo dos proventos de aposentadoria de professor. [-]

**Ver tese [+]**

**É constitucional o fator previdenciário previsto no art. 29, caput, incisos e parágrafos, da Lei nº 8.213/91, com a redação dada pelo art. 2º da Lei nº 9.876/99.[-]**

**RE 1221630 RG / SC - SANTA CATARINA**
**REPERCUSSÃO GERAL NO RECURSO EXTRAORDINÁRIO**
**Relator(a): MINISTRO PRESIDENTE**
**Julgamento: 04/06/2020**
**Publicação: 19/06/2020**
**Órgão julgador: Tribunal Pleno**
Repercussão Geral - Mérito

**Publicação**

PROCESSO ELETRÔNICO REPERCUSSÃO GERAL – MÉRITO DJe-154 DIVULG 18-06-2020 PUBLIC 19-06-2020

**Partes**

RECTE.(S): INSTITUTO NACIONAL DO SEGURO SOCIAL - INSS ADV.(A/S): PROCURADOR-GERAL FEDERAL RECDO.(A/S): RAQUEL TELEMBERG CORDEIRO ADV.(A/S): VINICIOS SORGATTO COLLACO ADV.(A/S): FABIANO FRETTA DA ROSA

**Ementa**

EMENTA Recurso extraordinário. Direito Previdenciário. Benefício previdenciário. Fator Previdenciário. Constitucionalidade. Existência de repercussão geral. Reafirmação da jurisprudência do Supremo Tribunal Federal sobre o tema. Recurso extraordinário provido para cassar o acórdão recorrido e determinar de que a Corte de origem profira novo julgamento observando a orientação jurisprudencial emanada do Plenário do STF. Tese de repercussão geral: É constitucional o fator previdenciário previsto no art. 29, caput, incisos e parágrafos, da Lei nº 8.213/91, com a redação dada pelo art. 2º da Lei nº 9.876/99.

Vale registrar que, por força da LC 142/2013, que aprovou as regras para a aposentadoria especial do segurado deficiente, para este benefício será possível a incidência do fator previdenciário, desde que seja favorável ao segurado. Esta sistemática foi conservada pela EC 103/2019 em favor da pessoa com deficiência.

Desta forma, vamos continuar apresentando o FATOR PREVIDENCIÁRIO nesta obra pelos seguintes motivos:

A) Será aplicado aos segurados que tiverem direito adquirido à aposentadoria por tempo de contribuição com incidência obrigatória pelo direito adquirido formado até a publicação da EC 103/2019;

B) Tem incidência facultativa na aposentadoria por tempo de contribuição da pessoa com deficiência mesmo com o advento da EC 103/2019;

**C) Terá aplicação compulsória em uma regra de transição da EC 103/2019 para segurados que faltavam menos de dois anos para se aposentar por tempo de contribuição até a data da publicação da reforma, conforme será estudado no próximo capítulo.**

Vale registrar que **a Emenda 103/2019 não extinguiu o fator previdenciário**. Ao revés, o **constitucionalizou** na regra de transição do artigo 17, parágrafo único[14].

O que ocorre é que a aposentadoria por idade e tempo de contribuição (estudada no próximo capítulo), bem como a aposentadoria por incapacidade permanente terão outra fórmula de cálculo (art. 26 da Emenda) que não utilizará o artigo 29 da Lei 8.213/91, que somente será aplicado com o fator previdenciário na regra de transição do artigo 17, parágrafo único da Emenda 103/2019 e na aposentadoria por tempo de contribuição da pessoa com deficiência, neste caso se benéfico ao segurado.

Isso porque o artigo 22 da Emenda 103/2019 previu que, "até que lei discipline o § 4º-A do art. 40 e o inciso I do § 1° do art. 201 da Constituição Federal, a aposentadoria da **pessoa com deficiência segurada do Regime Geral de Previdência Social** ou do servidor público federal com deficiência vinculado a regime próprio de previdência social, desde que cumpridos, no caso do servidor, o tempo mínimo de dez anos de efetivo exercício no serviço público e de cinco anos no cargo efetivo em que for concedida a aposentadoria, será concedida na forma da **Lei Complementar n° 142, de 8 de maio de 2013, inclusive quanto aos critérios de cálculo dos benefícios**".

Dessa forma, as regras de fator previdenciário continuam em vigor após a EC 103/2019, mas agora com aplicação restrita às duas situações acima apontadas (regras de transição dos artigos 17 e 22 da Emenda 103/2019).

**O fator previdenciário é um coeficiente que considera a idade da pessoa, o seu tempo de serviço/contribuição e a sua expectativa de vida, de acordo com a tábua completa de mortalidade do IBGE, considerando-se a média nacional para ambos os sexos.**

Ou seja, mesmo as mulheres tendo uma maior expectativa de vida, não haverá nenhum prejuízo para elas, porquanto será considerada a média entre homens e mulheres.

Caso fosse legalmente adotada **em separado** a média de expectativa de vida entre homens e mulheres aqueles serão beneficiados, pois a sua expectativa de vida é cerca de seis anos menos, o que aumentaria o fator previdenciário.

No entanto, deve-se seguir a previsão legal da média unificada, até para não discriminar negativamente as mulheres, nos termos do artigo 29, § 8º, da Lei 8.213/91:

> "§ 8º Para efeito do disposto no § 7º, a expectativa de sobrevida do segurado na idade da aposentadoria será obtida a partir da tábua completa de mortalidade construída pela Fundação Instituto Brasileiro de Geografia e Estatística – IBGE, **considerando-se a média nacional única para ambos os sexos**".

Muitos segurados do sexo masculino questionam essa previsão legal, buscando judicialmente a adoção apenas da expectativa de vida dos homens. No entanto, este pedido não vem encontrando amparo na jurisprudência:

> "PODER JUDICIÁRIO JUIZADO ESPECIAL FEDERAL DA 3ª REGIÃO Turmas Recursais dos Juizados Especiais Federais de São Paulo Avenida Paulista, 1912 – Bela Vista – CEP 01310-924 São Paulo/SP Fone: (11) 3012-2046 TERMO Nr: 9301028639/2013 SENTENÇA TIPO: M PROCESSO Nr: 0002206-57.2012.4.03.6301 AUTUADO EM 13/01/2012 ASSUNTO: 040201 – RENDA MENSAL INICIAL – REVISÃO DE BENEFÍCIOS CLASSE: 1 – PROCEDIMENTO DO JUIZADO ESPECIAL CÍVEL AUTOR (Segurado): ODILON COELHO ADVOGADO(A)/DEFENSOR(A) PÚBLICO(A): SP304970 – ANTÔNIO JOSÉ DE VASCONCELOS SARMENTO RÉU: INSTITUTO NACIONAL DO SEGURO SOCIAL – I.N.S.S. (PREVID) ADVOGADO(A): SP999999 – SEM ADVOGADO DISTRIBUIÇÃO POR SORTEIO EM 19/01/2012 16:14:43 JUIZ(A) FEDERAL: LUCIANA ORTIZ TAVARES COSTA ZANONI I – RELATÓRIO Trata-se de embargos de declaração opostos ao acórdão que negou provimento ao recurso do autor e manteve a sentença que julgou improcedente o pedido de revisão de benefício previdenciário com o afastamento do fator previdenciário. O embargante fundamenta que o acórdão é omisso quanto a questão da adoção da expectativa de vida masculina para ambos os sexos. É o relatório. II – VOTO Conheço dos embargos declaratórios, dado que cumpridos seus requisitos de admissibilidade. **A tabela do IBGE considera a média da população, em obediência ao § 8º do art. 29 da Lei de Benefícios determina a utilização da média**

14. Parágrafo único. O benefício concedido nos termos deste artigo terá seu valor apurado de acordo com a média aritmética simples dos salários de contribuição e das remunerações calculada na forma da lei, **multiplicada pelo fator previdenciário**, calculado na forma do disposto nos **§§ 7º a 9º do art. 29 da Lei nº 8.213, de 24 de julho de 1991**.

> **nacional única para ambos os sexos, assim não havendo distinção da tábua de mortalidade entre homens e mulheres conforme a legislação, não há que se discutir se houve favorecimento de um dos sexos.** Ante todo o exposto, acolho os embargos de declaração para aclarar a fundamentação, mantendo o aresto embargado. É o voto. III - EMENTA EMBARGOS DE DECLARAÇÃO. OMISSÃO OU CONTRADIÇÃO. PREVIDENCIARIO. FATOR PREVIDENCIÁRIO. TÁBUA DE MORTALIDADE. NÃO HÁ DISTINÇÃO ENTRE OS SEXOS. EMBARGOS ACOLHIDOS APENAS PARA ACLARAR O ACÓRDÃO IV - ACÓRDÃO Vistos, relatados e discutidos estes autos eletrônicos, em que são partes as acima indicadas, decide a Quinta Turma Recursal do Juizado Especial Federal da 3ª Região - Seção Judiciária do Estado de São Paulo, por unanimidade, acolher os embargos de declaração, nos termos do voto do Juiz Federal Relator. Participaram do julgamento o(a)s Meritíssimo(a)s Juíze(a)s Federais Luciana Ortiz Tavares Costa Zanoni, Kyu Soon Lee e Omar Chamon. São Paulo, 10 de maio de 2013. (data do julgamento)". **(5ª Turma Recursal de São Paulo, Processo 00022065720124036301, de 24/05/2013).**

Compete ao IBGE publicar, anualmente, até o dia primeiro de dezembro, no Diário Oficial da União, a tábua completa de mortalidade para o total da população brasileira referente ao ano anterior[15]. Uma vez publicada a tábua de mortalidade, os benefícios previdenciários requeridos a partir dessa data considerarão a nova expectativa de sobrevida.

O comum é que os segurados corram às Agências do INSS para requerer a aposentadoria por tempo de contribuição antes de 1º de dezembro, quando começa a valer a nova tábua, pois a tendência tem sido a expectativa de sobrevida aumentar ano a ano, o que acaba reduzindo o fator previdenciário e, via de consequência, o valor do salário de benefício.

Contudo, curiosamente, para o ano de 2013, para as pessoas entre 52 e 82 anos de idade, a expectativa de sobrevida foi reduzida em razão de ajustes na tábua do IBGE (redução média de 83 dias), o que beneficiou o cálculo do fator previdenciário das aposentadorias por tempo de contribuição e por idade requeridas a partir de 1º de dezembro de 2012, conforme publicado no site da Previdência Social:

> **"APOSENTADORIA: Previdência divulga nova tabela do Fator Previdenciário**
>
> **Índice é utilizado no cálculo das aposentadorias por tempo de contribuição**
>
> 29/11/2012 - 18:38:00
>
> Da Redação (Brasília)- Uma nova tabela do fator previdenciário foi divulgada para o cálculo das aposentadorias por tempo de contribuição. Os índices têm como base a nova tábua de expectativa de vida, apresentada pelo Instituto Brasileiro de Geografia e Estatística (IBGE), nesta quinta-feira (29), e começam a valer assim que forem publicados no Diário Oficial da União. De acordo com a legislação, a Previdência Social deve considerar a expectativa de sobrevida do segurado na data do pedido do benefício para o cálculo do Fator Previdenciário.
>
> A expectativa de vida ao nascer, segundo o IBGE, subiu de 73,8, em 2010, para 74,1, em 2011. Mas, diferente da tendência dos últimos anos, as projeções do IBGE revelaram que, na faixa de idade que vai de 52 até 80 anos, a expectativa de sobrevida caiu, o que vai beneficiar os segurados. Um homem com 55 anos de idade e 35 anos de contribuição, por exemplo, poderia ter 17 dias a menos de tempo de contribuição para receber um benefício de mesmo valor. O fator previdenciário, neste caso, teve uma pequena alteração. Passou de 0,715 para 0,716.
>
> Já um homem de 60 anos de idade e 35 anos de contribuição teria o fator aumentado de 0,867 para 0,873 e poderia trabalhar 71 dias a menos para receber o mesmo benefício. Uma mulher de 58 anos de idade e 30 de contribuição teria o fator aumentado de 0,801 para 0,805 e poderia ter 45 dias a menos de contribuição para ter um benefício de mesmo valor.
>
> Dados da Previdência Social mostram que, de janeiro a outubro de 2012, das 254 mil aposentadorias concedidas por tempo de contribuição, 175 mil foram para pessoas com 52 anos ou mais.
>
> O Fator Previdenciário é utilizado somente no cálculo do valor da aposentadoria por tempo de contribuição. Na aposentadoria por invalidez e na aposentadoria especial não há utilização do fator. Na aposentadoria por idade, a fórmula é utilizada opcionalmente, apenas quando aumentar o valor do benefício.
>
> Pelas regras da aposentadoria por tempo de contribuição, se o fator for menor do que 1, haverá redução do valor do benefício. Se o fator for maior que 1, há acréscimo no valor e, se o fator for igual a 1, não há alteração.
>
> O novo Fator Previdenciário será aplicado apenas às aposentadorias solicitadas a partir da publicação dos índices pelo IBGE. Os benefícios já concedidos não sofrerão qualquer alteração em função da divulgação da nova tábua. A utilização dos dados do IBGE, como uma das variáveis da fórmula de cálculo do fator, foi determinada pela Lei 9.876, de 1999, quando se criou o mecanismo".

Deveras, com a incidência do fator previdenciário, é comum que os segurados que se aposentem por tempo de contribuição muito jovens possam perder por volta de metade do benefício previdenciário, pois certamente ele será bem inferior a 1,0.

Apenas as pessoas com idade mais avançada e com grande tempo de contribuição se favorecerão do fator previdenciário, pois neste caso ele tende a ser superior a 1,0.

Eis a fórmula para o cálculo do fator previdenciário:

15. Artigo 2º, do Decreto 3.266/99.

$$FP = \frac{TC \times A \times}{ES} \times \left( 1 + \frac{(Id + TC \times A)}{100} \right)$$

Onde:

*FP* = fator previdenciário;

*Es* = expectativa de sobrevida no momento da aposentadoria;

*Tc* = tempo de contribuição até o momento da aposentadoria;

*Id* = idade no momento da aposentadoria; e

*a* = alíquota de contribuição correspondente a 0,31.

Para efeito da aplicação do fator previdenciário ao tempo de contribuição do segurado serão adicionados:

I – cinco anos, quando se tratar de mulher; ou

II – cinco ou dez anos, quando se tratar, respectivamente, de professor ou professora, que comprovem exclusivamente tempo de efetivo exercício das funções de magistério na educação infantil e no ensino fundamental e médio.

Quanto maior o fator previdenciário melhor para o segurado. O fator superior a 1,0 irá aumentar o salário de benefício, ao passo que o fator inferior a 1,0 irá reduzi-lo. Ademais, quanto maior a idade e o tempo de contribuição maior será o fator previdenciário.

Tomando por base a tabela de 2011 do fator previdenciário, um homem que conte com 35 anos de contribuição e 53 anos de idade terá um fator previdenciário de 0,668, ou seja, o seu salário de benefício sofrerá uma redução de 33,2%.

Já outro segurado com 65 anos de idade e 35 anos de contribuição terá um fator previdenciário de 1,072, tendo um acréscimo de 7,2% no cálculo do seu salário de benefício.

**Colaciona-se a seguir a tabela 2021 do fator previdenciário** (requerimentos a partir de 01/12/2021), lembrando que o tempo de contribuição da mulher terá um acréscimo de cinco anos e de cinco ou dez anos, quando se tratar, respectivamente, de professor ou professora, que comprovem exclusivamente tempo de efetivo exercício das funções de magistério na educação infantil e no ensino fundamental e médio:

Tabela utilizada nos benefícios concedidos a partir de 01 de dezembro de 2021.

| TABELA DE EXPECTATIVA DE SOBREVIDA - Ambos os Sexos - 2020* | | | | | | | | | | | |
|---|---|---|---|---|---|---|---|---|---|---|---|
| Idade | Expectativa de Sobrevida | Idade | Expectativa de Sobrevida | Idade | Expectativa de Sobrevida | Idade | Expectativa de Sobrevida | Idade | Expectativa de Sobrevida | Idade | Expectativa de Sobrevida |
| 0 | 76,8 | 14 | 64,0 | 28 | 50,9 | 42 | 38,0 | 56 | 26,0 | 70 | 15,6 |
| 1 | 76,7 | 15 | 63,0 | 29 | 50,0 | 43 | 37,1 | 57 | 25,2 | 71 | 14,9 |
| 2 | 75,7 | 16 | 62,1 | 30 | 49,1 | 44 | 36,2 | 58 | 24,4 | 72 | 14,3 |
| 3 | 74,8 | 17 | 61,1 | 31 | 48,1 | 45 | 35,4 | 59 | 23,6 | 73 | 13,7 |
| 4 | 73,8 | 18 | 60,2 | 32 | 47,2 | 46 | 34,5 | 60 | 22,8 | 74 | 13,0 |
| 5 | 72,8 | 19 | 59,2 | 33 | 46,3 | 47 | 33,6 | 61 | 22,0 | 75 | 12,5 |
| 6 | 71,9 | 20 | 58,3 | 34 | 45,4 | 48 | 32,7 | 62 | 21,3 | 76 | 11,9 |
| 7 | 70,9 | 21 | 57,4 | 35 | 44,4 | 49 | 31,9 | 63 | 20,5 | 77 | 11,3 |
| 8 | 69,9 | 22 | 56,4 | 36 | 43,5 | 50 | 31,0 | 64 | 19,8 | 78 | 10,8 |
| 9 | 68,9 | 23 | 55,5 | 37 | 42,6 | 51 | 30,1 | 65 | 19,0 | 79 | 10,3 |
| 10 | 67,9 | 24 | 54,6 | 38 | 41,7 | 52 | 29,3 | 66 | 18,3 | 80+ | 9,8 |
| 11 | 66,9 | 25 | 53,7 | 39 | 40,8 | 53 | 28,5 | 67 | 17,6 | | |
| 12 | 66,0 | 26 | 52,8 | 40 | 39,9 | 54 | 27,6 | 68 | 16,9 | | |
| 13 | 65,0 | 27 | 51,8 | 41 | 38,9 | 55 | 26,8 | 69 | 16,2 | | |
| * Fonte: IBGE - Diretoria de Pesquisas (DPE), Coordenação de População e Indicadores Sociais (COPIS). | | | | | | | | | | | |

Por força do artigo 5º, da Lei 9.876/99, observando o Princípio da Segurança Jurídica, a aplicação do fator previdenciário foi progressiva ao longo de cinco anos, incidindo sobre um sessenta avos por mês que se seguir à sua publicação, expirando-se para os benefícios com data de início a partir de 01.12.2004.

Foi assegurado o direito adquirido de todos os segurados que preencheram os requisitos para a aposentadoria por tempo de contribuição até 28.11.1999, dia anterior ao da publicação da Lei 9.876/99, ao cálculo da sua aposentadoria por tempo de contribuição sem a incidência do fator previdenciário.

No entanto, **não poderá o segurado obter um sistema híbrido, extraindo do regime anterior e do atual o que melhor lhe aprouver**. Logo, caso opte pela utilização de tempo de contribuição após 28/11/1999, o salário de benefício deverá ser calculado com base nas novas regras com 80% dos maiores salários de contribuição e com a incidência obrigatória do fator previdenciário, no caso da aposentadoria por tempo de contribuição, não podendo haver a criação de um terceiro regime jurídico com as melhores regras em favor do segurado.

Nesse sentido, a TNU:

> "PREVIDENCIÁRIO. DIREITO ADQUIRIDO A APOSENTADORIA POR TEMPO DE SERVIÇO NA MODALIDADE PROPORCIONAL EM DATA ANTERIOR À EMENDA

CONSTITUCIONAL 20/1998, NÃO DÁ AO SEGURADO O DIREITO DE COMPUTAR TEMPO DE CONTRIBUIÇÃO POSTERIOR A 15/12/1998 PARA APOSENTAR-SE NA MODALIDADE INTEGRAL. A CONSIDERAÇÃO DE TEMPO DE CONTRIBUIÇÃO POSTERIOR A 05/12/1999 IMPEDE A DESCONSIDERAÇÃO DO FATOR PREVIDENCIÁRIO, INTRODUZIDO PELA LEI 9.876, PUBLICADA EM RETIFICAÇÃO EM 06/12/1999. TEMPO DE CONTRIBUIÇÃO E FORMA DE CÁLCULO DEVEM SER COMPATÍVEIS COM AS EXIGÊNCIAS EM VIGOR AO TEMPO DA SATISFAÇÃO DE TODOS OS REQUISITOS PARA A APOSENTADORIA NA MODALIDADE REQUERIDA. IMPOSSIBILIDADE DE APLICAÇÃO DE SISTEMA HÍBRIDO DE ELEIÇÃO PELO SEGURADO. ALTERAÇÃO DE POSICIONAMENTO DA TNU. PEDILEF CONHECIDO E NÃO PROVIDO. O requerente pretende a reforma do Acórdão da Turma Recursal gaúcha, para que lhe seja assegurado o que denomina "direito adquirido" a aposentar-se com tempo de contribuição considerado até 28/11/2003, mesma data da entrada de seu requerimento administrativo (DER), com cálculo da renda mensal inicial (RMI) pela média das 36 últimas contribuições entre as 48 últimas competências, afastando-se a incidência do fator previdenciário e também da utilização dos 80% maiores salários-de-contribuição a contar de julho de 1994. O requerente entende que, por ter ao menos 30 anos de tempo de serviço e contribuição computados até 16/12/1998, data da entrada em vigor da Emenda Constitucional 20, adquiriu o direito à aposentadoria naquela sistemática anterior, o que não afasta seu direito a computar as novas contribuições que se sucederam. A Sentença, digna de elogios por sua clareza, concisão e percuciência, foi confirmada pelos próprios fundamentos pelo Acórdão do colegiado gaúcho. Firma a divergência jurisprudencial com aquele Acórdão apresentando o Acórdão do Pedilef 200538007379111, em que por maioria a TNU, sendo relatora para aquele a Juíza Federal Maria Divina Vitória, entendeu da mesma forma que apresenta sua pretensão. Entendo presentes a similitude fática e jurídica da hipótese destes autos com aquela tratada no Pedilef supracitado. Em minhas pesquisas de jurisprudência nos acervos da TNU, STJ e STF nada mais encontrei com tamanha similitude fática e jurídica. Contudo, penso que seja o caso de revermos aquele posicionamento. O requerente não pretendeu a percepção de aposentadoria proporcional por tempo de serviço, a que tinha direito segundo as regras vigentes até a entrada em vigor da Emenda Constitucional 20/1998, considerando o tempo total naquela data e forma de cálculo da RMI segundo as normas vigentes ao tempo da aquisição de seu direito. O requerente tampouco pretendeu a percepção de aposentadoria proporcional ou integral, considerando as regras de transição da Emenda Constitucional 20, de 15/12/1998, publicada e vigendo desde 16/12/1998, que lhe exigiam 53 anos de idade mínima e tempo de contribuição de 35 anos ou um período adicional (pedágio) de 20% sobre o tempo que lhe faltava para completar os 35 anos em 16/12/1998. **O requerente deseja que lhe seja reconhecido o direito adquirido a um sistema híbrido. Em afronta ao entendimento clássico do que seja o direito adquirido e da Jurisprudência consagrada do STF sobre o tema, que é a Corte a quem cabe a última palavra sobre os direitos adquiridos, já que se trata de assunto inserido em nosso texto constitucional, o requerente pretende o reconhecimento de um direito mesmo sem ter satisfeito todas as condições de exercício desse direito ao tempo da modificação constitucional do sistema de previdência pública e geral dado pela supracitada Emenda Constitucional. O autor pretende congelar as exigências para a sua aposentadoria por tempo de serviço em 15/12/1998, quando possuía condição de se aposentar proporcionalmente por tempo de serviço, logo, tendo direito adquirido a este específico benefício previdenciário, para que em 28/11/2003, quase cinco anos depois, possa se aposentar, não mais proporcionalmente, mas integralmente, não mais considerando o tempo de contribuição em 15/12/1998, inclusive, mas sim até a DER, em 28/11/2003, não pelas novas regras de cálculo da RMI de seu benefício, mas pelas anteriores, afastando-se o fator previdenciário e o cômputo de todas as contribuições desde julho de 1994. Logo, o que o autor pretende é mais que o direito adquirido a um regime jurídico, mais que um direito adquirido, pretende a criação de um sistema híbrido de previdência social que se amolde ao melhor dos mundos para cada beneficiário individualmente considerando, pouco se importando com um sistema geral ou com os benefícios de toda a sociedade e do universo de segurados e beneficiários da previdência social.** O que o artigo 3º da Emenda Constitucional 20/1998 assegurou, inclusive ao autor, ele não quer, em verdade, porque seria apenas o direito adquirido à aposentadoria por tempo de serviço com tempo mínimo de 30 anos, inexigibilidade de idade mínima e cálculo da RMI pela média aritmética dos últimos 36 salários-de-contribuição, entre os 48 últimos meses anteriores à DIB, atualizados monetariamente até a data da concessão. Em 28/11/2003, para que pudesse considerar as regras vigentes antes de 16/12/1998, teria que se enquadrar nas exigências do artigo 9º da Emenda Constitucional 20/1998, que inconvenientemente omite, e que lhe exigiriam 53 anos de idade, que só completaria mais tarde, em 16/02/2010, e, caso seu tempo de contribuição fosse inferior a 35 anos, deveria pagar um adicional de tempo de atividade de 20% sobre o tempo restante naquela data de 16/12/1998. A existência de único precedente da TNU, por maioria, nos idos de 2007, não parecem firmar o entendimento definitivo deste colegiado, a ser prestigiado em detrimento de todos os demais precedentes que tratam de sistemas análogos de direito adquirido e de alterações de regime jurídico e possibilidade de estabelecimento de regras de transição, ante a inexistência de garantia em nosso sistema legal das expectativas de direito. Ou bem o requerente se aposentava, ainda com 41 anos de idade, por tempo de serviço na modalidade proporcional, já que tinha mais de 30 anos de tempo em 15/12/1998, inclusive, ou lhe cabe simplesmente ser tratado como todos os demais que se encontravam na mesma situação em 16/12/1998, passando a ter de contar com 53 anos de idade para poder se aposentar proporcionalmente com cômputo de tempo posterior àquela data, ou sem a exigência de idade, na modalidade integral, com 35 anos, mas ao tempo em que completou o período exigido e não em data pretérita ao próprio tempo de serviço que pretende ver computado. O mesmo cabe para a questão da modificação do período básico de cálculo da renda mensal inicial do benefício, que passou a considerar os 80% maiores salários-de-contribuição desde julho de 1994, atualizados monetariamente até a concessão, e a aplicar o fator previdenciário a quem não tinha completado as exigências para a sua aposentadoria em data de 06/12/1999, data da publicação da retificação da Lei 9.876, anteriormente publicada em 29/11/1999. Veja-se que tampouco o requerente tinha condições de se aposentar pela modalidade integral em 29/11/1999, pois não possuía 35 anos de tempo de contribuição, logo, não lhe cabe o direito de exigir a não incidência do fator previdenciário, que prestigia as pessoas de maior tempo de contribuição e idade em detrimento daqueles que possuem menor idade e tempo de contribuição, criado justamente para desestimular as aposentadorias precoces como a do autor da demanda. Ante o exposto, voto por conhecer do Pedido de Uniformização da Interpretação de Lei Federal e negar-lhe provimento, firmando a tese de que àqueles que possuíam direito adquirido a aposentadoria por tempo de serviço na modalidade proporcional em 15/12/1998, inclusive, não é permitido que computem tempo de contribuição a partir de 16/12/1998, data da publicação da Emenda Constitucional 20 e nem que se utilizem da forma de cálculo da renda mensal inicial anteriormente vigente, sem que satisfaça os requisitos exigidos na norma de transição do seu artigo 9º. Julgamento realizado de acordo com o art. 7º, VII, a), do RITNU, servindo como representativo de controvérsia **(PEDILEF 50052947020134 047104, de 07/05/2014).**

Vale registrar que o fator previdenciário irá incidir no salário de benefício das aposentadorias por tempo de contribuição proporcionais concedidas para os antigos segurados com base em regramento de transição da Emenda 20/1998, vez que a Constituição não exaure os requisitos de concessão, sendo que a Lei 9.876/99 é posterior e não afastou a aplicação do fator nesta hipótese.

Nesse sentido, a jurisprudência:

"APELAÇÃO. **APOSENTADORIA. CÁLCULO DA RENDA MENSAL INICIAL. LEI 9.876/99. APLICAÇÃO DO FATOR PREVIDENCIÁRIO. REGRA VIGENTE AO TEMPO DO IMPLEMENTO DOS REQUISITOS. NÃO PROVIMENTO.** 1 – Os benefícios previdenciários são regidos segundo a legislação em vigor ao tempo do implemento dos requisitos exigidos para sua fruição. **2 – No caso, não poderia a autarquia previdenciária deixar de observar o art. 29 da Lei 8.213/91, com a redação dada pela Lei 9.876/99, que instituiu para o cálculo da renda mensal inicial o fator previdenciário, uma vez que o apelante implementou os requisitos para aposentadoria somente em 2005. 3 – A idade mínima para usufruir da aposentadoria proporcional por tempo de contribuição, prevista na regra de transição criada pelo art. 9º da Emenda Constitucional 20/98, não tem relação com o requisito etário estabelecido no cálculo do fator previdenciário, cuja fórmula atuarial considera além da idade, o tempo de contribuição e a expectativa de vida (segundo tabela divulgada pelo IBGE), além de uma alíquota de contribuição, o qual está em consonância com a regra do art. 201, caput, e parágrafo 7º, da Constituição Federal, no sentido de que seja**

**observado o equilíbrio financeiro e atuarial do sistema quando da concessão do benefício previdenciário.** 4 – No mais, o art. 2º da Lei 9.876/99, contra o qual se insurge o apelante, teve sua constitucionalidade reconhecida pelo Supremo Tribunal Federal, quando do julgamento da Medida Cautelar na ADI 2.111 (rel. Min. SYDNEY SANCHES) e RE 635824 AgR (rel. Min. CARMEN LÚCIA). 5 – Não provimento da apelação" (TRF 5ª Região, AC 534.821, de 28/02/2012).

"PREVIDENCIÁRIO. APOSENTADORIA POR TEMPO DE SERVIÇO PROPORCIONAL. PROFESSOR. CONVERSÃO. CONCESSÃO. CORREÇÃO. JUROS. HONORÁRIOS. 1. Como o enquadramento das atividades por insalubridade, penosidade ou periculosidade, deve ser feito conforme a legislação vigente à época da prestação laboral, mediante os meios de prova legalmente então exigidos, é possível reconhecer a atividade especial de professor até 09/07/81, data da publicação da EC nº 18/81, que criou forma especial de aposentadoria aos professores. 2. Parcialmente reformada a sentença para limitar o reconhecimento da especialidade do labor como professor até a publicação da Emenda Constitucional nº 18/81 (DOU 09/07/1981), sendo possível o reconhecimento da especialidade apenas entre 13-9-1975 e 9-7-1981. 3. **O autor cumpriu os requisitos para a concessão de aposentadoria por tempo de serviço proporcional pelas regras de transição (art. 9º da EC nº 20/98), com RMI de 70% do salário-de-benefício, incidindo a Lei n.º 9.876/99 no cálculo do salário-de-benefício (art. 29, inciso I, da Lei n.º 8.213/91 – redação da Lei n.º 9.876/99), mediante a apuração da média aritmética simples dos maiores salários-de-contribuição correspondente a 80% (oitenta por cento) de todo o período contributivo (desde 07-94), multiplicada pelo fator previdenciário, a partir da DER".**(TRF 4ª Região, APELREEX 200670040032600, de 22/09/2009).

Por fim, esse instituto teve a sua validade constitucional questionada no STF por intermédio das ADI's 2.110 e 2.111, por suposta inserção indevida de mais um requisito no cálculo da aposentadoria não previsto no artigo 201, da CRFB, tendo **medida cautelar denegada pela Suprema Corte**. Vale transcrever a principal passagem do julgado:

[...] "Quanto à alegação de inconstitucionalidade material do art. 2º da Lei nº 9.876/99, na parte em que deu nova redação ao art. 29, "caput", incisos e parágrafos, da Lei nº 8.213/91, a um primeiro exame, parecem corretas as objeções da Presidência da República e do Congresso Nacional. É que o art. 201, §§ 1º e 7º, d a C.F., com a redação dada pela E.C. nº 20, de 15.12.1998, cuidaram apenas, no que aqui interessa, dos requisitos para a obtenção do benefício da aposentadoria. No que tange ao montante do benefício, ou seja, quanto aos proventos da aposentadoria, propriamente ditos, a Constituição Federal de 5.10.1988, em seu texto originário, dele cuidava no art. 202. O texto atual da Constituição, porém, com o advento da E.C. nº 20/98, já não trata dessa matéria, que, assim, fica remetida "aos termos da lei", a que se referem o "caput" e o § 7º do novo art. 201. **Ora, se a Constituição, em seu texto em vigor, já não trata do cálculo do montante do benefício da aposentadoria, ou melhor, dos respectivos proventos, não pode ter sido violada pelo art. 2º da Lei nº 9.876, de 26.11.1999, que, dando nova redação ao art. 29 da Lei nº 8.213/91, cuidou exatamente disso.** E em cumprimento, aliás, ao "caput" e ao parágrafo 7º do novo art. 201. 3. **Aliás, com essa nova redação, não deixaram de ser adotados, na Lei, critérios destinados a preservar o equilíbrio financeiro e atuarial, como determinado no "caput" do novo art. 201.** O equilíbrio financeiro é o previsto no orçamento geral da União. E o equilíbrio atuarial foi buscado, pela Lei, com critérios relacionados com a expectativa de sobrevida no momento da aposentadoria, com o tempo de contribuição e com a idade, até esse momento, e, ainda, com a alíquota de contribuição correspondente a 0,31. 4. Fica, pois, indeferida a medida cautelar de suspensão do art. 2º da Lei nº 9.876/99, na parte em que deu nova redação ao art. 29, "caput", incisos e parágrafos, da Lei nº 8.213/91. 5. Também não parece caracterizada violação do inciso XXXVI do art. 5º da C.F., pelo art. 3º da Lei impugnada. É que se trata, aí, de norma de transição, para os que, filiados à Previdência Social até o dia anterior ao da publicação da Lei, só depois vieram ou vierem a cumprir as condições exigidas para a concessão dos benefícios do Regime Geral da Previdência Social. 6. Enfim, a Ação Direta de Inconstitucionalidade não é conhecida, no ponto em que impugna toda a Lei nº 9.876/99, ao argumento de inconstitucionalidade formal (art. 65, parágrafo único, da Constituição Federal). É conhecida, porém, quanto à impugnação dos artigos 2º (na parte em que deu nova redação ao art. 29, seus incisos e parágrafos da Lei nº 8.213/91) e 3º daquele diploma. Mas, nessa parte, **resta indeferida a medida cautelar**" (g.n.).

Cuida-se de instituto que é concretização do Princípio do Equilíbrio Financeiro e Atuarial da Previdência Social, na medida em que inibe aposentadorias precoces, pois inexistente risco social a ser coberto.

Entende-se que o melhor caminho é a instituição de idade mínima para a aposentadoria por tempo de contribuição (60 anos e 55 anos de idade para homens e mulheres, respectivamente), com a consequente extinção do fator previdenciário. **E isso foi feito pela EC 103/2019, conforme será estudado.**

## 2.1. Cálculos

A seguir serão explorados quatro casos de aplicação do fator previdenciário até 13/11/2019, véspera da vigência do novo Regime Jurídico, aprovado pela EC 103/2019:

a) Cálculo do fator previdenciário para homens;
b) Cálculo do fator previdenciário para mulheres;
c) Cálculo do fator previdenciário para professores;
d) Cálculo do fator previdenciário para professoras.

Para evidenciar a aplicação do fator previdenciário nos quatro exemplos a seguir, vamos partir de uma média de salários já pré-fixada, no valor de **R$ 5.080,00** em 01/10/2019.

## CÁLCULO DO FATOR PREVIDENCIÁRIO PARA HOMENS

FREDERICO DA SILVA SAURO
ESPÉCIE: **42** (APOSENTADORIA POR TEMPO DE CONTRIBUIÇÃO)
DATA DE NASCIMENTO: **09/01/1963**
DATA DE INÍCIO DO BENEFÍCIO: **01/10/2019**

| IDADE | | |
|---|---|---|
| anos | meses | dias |
| 56 | 8 | 23 |
| 56,7306 | | |

| TEMPO DE CONTRIBUIÇÃO | | |
|---|---|---|
| anos | meses | dias |
| 35 | 6 | 0 |
| 35,5000 | | |

| Idade | 56,7306 |
|---|---|
| TC | 35,5000 |
| ES | 25,6 |
| Aliquota | 0,31 |

| Idade | Expectativa de Sobrevida |
|---|---|
| 56 | 25,6 |
| 57 | 24,8 |
| 58 | 24,0 |
| 59 | 23,2 |

$$FP = \frac{TC \times A}{ES} \times \left(1 + \frac{(Id + TC \times A)}{100}\right)$$

$$\frac{35{,}50 \times 0{,}31}{25{,}6} \times \left(1 + \frac{(56{,}7306 + 35{,}50 \times 0{,}31)}{100}\right)$$

| Fator Previdenciário | 0,72107 | Favorável | Desfavorável |
|---|---|---|---|
| | | | X |

| REGRA 86/96 | 92,23 | Aplicável | Não aplicável |
|---|---|---|---|
| | | | X |

| | |
|---|---|
| TETO PREVIDENCIÁRIO | 5.839,45 |
| MÉDIA de 80% DOS MAIORES SALÁRIOS | 5.080,00 |
| FATOR PREVIDENCIÁRIO | 0,72107 |
| SALÁRIO DE BENEFÍCIO | 3.663,02 |
| Coeficiente | 100% |
| **Renda Mensal Inicial** = SB x Coeficiente | 3.663,02 |

| | |
|---|---|
| **Perda mensal com a aplicação do fator previdenciário** | 1.416,98 |
| **Perda anual com a aplicação do fator previdenciário** | 18.420,74 |

Com um pouco mais 56 anos de idade e de 35 anos de contribuição, o fator previdenciário é fixado em 0,721, representando uma perda em torno de 27,9%. Como o segurado não atingiu o total de 96 pontos (regra de pontos), foi aplicado o fator previdenciário no cálculo do salário de benefício.

Aplicando o fator previdenciário sobre a média de salários, encontra-se o salário de benefício, no valor de **R$ 3.663,02**. A Renda Mensal Inicial equivale a 100% desse valor por se tratar de aposentadoria integral. A perda mensal com a aplicação do fator previdenciário fica em torno de **R$ 1.416,98** e a perda anual, incluindo o 13º salário, é de **R$ 18.420,74**.

## CÁLCULO DO FATOR PREVIDENCIÁRIO PARA MULHERES

MARIA DA SILVA SAURO
ESPÉCIE: **42** (APOSENTADORIA POR TEMPO DE CONTRIBUIÇÃO)
DATA DE NASCIMENTO: **09/01/1968**
DATA DE INÍCIO DO BENEFÍCIO: **01/10/2019**

| IDADE | | |
|---|---|---|
| anos | meses | dias |
| 51 | 8 | 23 |
| 51,7306 | | |

| TEMPO DE CONTRIBUIÇÃO | | |
|---|---|---|
| anos | meses | dias |
| 30 | 6 | 0 |
| 30,5000 | | |

| Idade | Expectativa de Sobrevida |
|---|---|
| 51 | 29,7 |
| 52 | 28,8 |
| 53 | 28,0 |
| 54 | 27,2 |

| | |
|---|---|
| Idade | 51,7306 |
| TC + 5 anos | 35,5000 |
| ES | 29,7 |
| Alíquota | 0,31 |

$$\text{Fator Previdenciário} = \frac{TC \times A}{ES} \times \left(1 + \frac{(Id + TC \times A)}{100}\right)$$

$$\frac{35{,}50 \times 0{,}31}{29{,}7} \times \left(1 + \frac{(51{,}7306 + 35{,}50 \times 0{,}31)}{100}\right)$$

| Fator Previdenciário | 0,60300 | Favorável | Desfavorável |
|---|---|---|---|
| | | | X |

| REGRA 86/96 | 82,23 | Aplicável | Não aplicável |
|---|---|---|---|
| | | | X |

| | |
|---|---|
| TETO PREVIDENCIÁRIO | 5.839,45 |
| MÉDIA de 80% DOS MAIORES SALÁRIOS | 5.080,00 |
| FATOR PREVIDENCIÁRIO | 0,60300 |
| SALÁRIO DE BENEFÍCIO | 3.063,23 |
| Coeficiente | 100% |
| Renda Mensal Inicial = SB x Coeficiente | 3.063,23 |

| | |
|---|---|
| Perda mensal com a aplicação do fator previdenciário | 2.016,77 |
| Perda anual com a aplicação do fator previdenciário | 26.218,01 |

Com um pouco mais 51 anos de idade e de 30 anos de contribuição, o fator previdenciário é fixado em 0,603, representando uma perda em torno de 39,7%. Como a segurada não atingiu o total de 86 pontos (regra de pontos), foi aplicado o fator previdenciário no cálculo do salário de benefício. Foram adicionados 5 anos ao tempo de contribuição, em conformidade com o disposto no Art. 29, § 9º da Lei 8.213/91, por se tratar de mulher.

Aplicando o fator previdenciário sobre a média de salários, encontra-se o salário de benefício, no valor de **R$ 3.063,23**. A Renda Mensal Inicial equivale a 100% desse valor por se tratar de aposentadoria integral. A perda mensal com a aplicação do fator previdenciário fica em torno de **R$ 2.016,77** e a perda anual, incluindo o 13º salário, é de **R$ 26.218,01**. Nota-se uma perda maior para as mulheres, justamente porque só adiciona-se 5 anos ao tempo de contribuição, comparativamente ao tempo de contribuição exigidos para os homens, porém não se acrescenta 5 anos à idade, causando essa distorção..

## CÁLCULO DO FATOR PREVIDENCIÁRIO PARA PROFESSORES

FREDERICO DA SILVA SAURO
ESPÉCIE: 57 (APOSENTADORIA POR TEMPO DE CONTRIBUIÇÃO DO PROFESSOR)
DATA DE NASCIMENTO: 09/01/1965
DATA DE INÍCIO DO BENEFÍCIO: 01/10/2019

| IDADE | | |
|---|---|---|
| anos | meses | dias |
| 54 | 8 | 23 |
| 54,7306 | | |

| TEMPO DE CONTRIBUIÇÃO | | |
|---|---|---|
| anos | meses | dias |
| 30 | 6 | 0 |
| 30,5000 | | |

| Idade | 54,7306 |
|---|---|
| TC + 5 anos | 35,5000 |
| ES | 27,2 |
| Alíquota | 0,31 |

| Idade | Expectativa de Sobrevida |
|---|---|
| 52 | 28,8 |
| 53 | 28,0 |
| 54 | 27,2 |
| 55 | 26,4 |

$$\text{Fator Previdenciário} = \frac{TC \times A}{ES} \times \left(1 + \frac{(Id + TC \times A)}{100}\right)$$

$$\frac{35,50 \times 0,31}{27,2} \times \left(1 + \frac{(54,7306 + 35,50 \times 0,31)}{100}\right)$$

| Fator Previdenciário | 0,67056 | Favorável | Desfavorável |
|---|---|---|---|
| | | | X |

| REGRA 81/91 | 85,23 | Aplicável | Não aplicável |
|---|---|---|---|
| | | | X |

| TETO PREVIDENCIÁRIO | 5.839,45 |
|---|---|
| MÉDIA de 80% DOS MAIORES SALÁRIOS | 5.080,00 |
| FATOR PREVIDENCIÁRIO | 0,67056 |
| SALÁRIO DE BENEFÍCIO | 3.406,44 |
| Coeficiente | 100% |
| Renda Mensal Inicial = SB x Coeficiente | 3.406,44 |

| Perda mensal com a aplicação do fator previdenciário | 1.673,56 |
|---|---|
| Perda anual com a aplicação do fator previdenciário | 21.756,28 |

Com um pouco mais 54 anos de idade e de 30 anos de contribuição, o fator previdenciário é fixado em 0,671, representando uma perda em torno de 32,9%. Como o segurado não atingiu o total de 91 pontos (regra de pontos para professores), foi aplicado o fator previdenciário no cálculo do salário de benefício. Foram adicionados 5 anos ao tempo de contribuição, em conformidade com o disposto no Art. 29, § 9º da Lei 8.213/91, por se tratar de professor.

Aplicando o fator previdenciário sobre a média de salários, encontra-se o salário de benefício, no valor de **R$ 3.406,44**. A Renda Mensal Inicial equivale a 100% desse valor por se tratar de aposentadoria integral de professor. A perda mensal com a aplicação do fator previdenciário fica em torno de **R$ 1.673,56** e a perda anual, incluindo o 13º salário, é de **R$ 21.756,28**.

## CÁLCULO DO FATOR PREVIDENCIÁRIO PARA PROFESSORAS

MARIA DA SILVA SAURO
ESPÉCIE: 57 (APOSENTADORIA POR TEMPO DE CONTRIBUIÇÃO DO PROFESSOR)
DATA DE NASCIMENTO: **09/01/1970**
DATA DE INÍCIO DO BENEFÍCIO: **01/10/2019**

| IDADE | | |
|---|---|---|
| anos | meses | dias |
| 49 | 8 | 23 |
| 49,7306 | | |

| TEMPO DE CONTRIBUIÇÃO | | |
|---|---|---|
| anos | meses | dias |
| 25 | 6 | 0 |
| 25,5000 | | |

| Idade | 49,7306 |
|---|---|
| TC + 10 anos | 35,5000 |
| ES | 31,4 |
| Alíquota | 0,31 |

| Idade | Expectativa de Sobrevida |
|---|---|
| 49 | 31,4 |
| 50 | 30,5 |
| 51 | 29,7 |
| 52 | 28,8 |

$$\text{Fator Previdenciário} = \frac{TC \times A}{ES} \times \left(1 + \frac{(Id + TC \times A)}{100}\right)$$

$$\frac{35{,}50 \times 0{,}31}{31{,}4} \times \left(1 + \frac{(49{,}7306 + 35{,}50 \times 0{,}31)}{100}\right)$$

| Fator Previdenciário | 0,56334 | Favorável | Desfavorável |
|---|---|---|---|
| | | | X |

| REGRA 81/91 | 75,23 | Aplicável | Não aplicável |
|---|---|---|---|
| | | | X |

| TETO PREVIDENCIÁRIO | 5.839,45 |
|---|---|
| MÉDIA de 80% DOS MAIORES SALÁRIOS | 5.080,00 |
| FATOR PREVIDENCIÁRIO | 0,56334 |
| SALÁRIO DE BENEFÍCIO | 2.861,78 |
| Coeficiente | 100% |
| Renda Mensal Inicial = SB x Coeficiente | 2.861,78 |

| Perda mensal com a aplicação do fator previdenciário | 2.218,22 |
|---|---|
| Perda anual com a aplicação do fator previdenciário | 28.836,86 |

Com um pouco mais 49 anos de idade e de 25 anos de contribuição, o fator previdenciário é fixado em 0,563, representando uma perda em torno de 43,7%. Como a segurada não atingiu o total de 81 pontos (regra de pontos para professoras), foi aplicado o fator previdenciário no cálculo do salário de benefício. Foram adicionados 10 anos ao tempo de contribuição, em conformidade com o disposto no Art. 29, § 9º da Lei 8.213/91, por se tratar de professora.

Aplicando o fator previdenciário sobre a média de salários, encontra-se o salário de benefício, no valor de **R$ 2.861,78**. A Renda Mensal Inicial equivale a 100% desse valor por se tratar de aposentadoria integral. A perda mensal com a aplicação do fator previdenciário fica em torno de **R$ 2.218,22** e a perda anual, incluindo o 13º salário, é de **R$ 28.836,86**. Nota-se uma perda maior para as professoras, justamente porque só adiciona-se 10 anos ao tempo de contribuição, comparativamente ao tempo de contribuição exigidos para os professores, porém não se acrescenta 10 anos à idade, causando essa distorção.

## 3. SALÁRIO DE BENEFÍCIO NA LEI 8.213/91 E CADASTRO NACIONAL DE INFORMAÇÕES SOCIAIS (CNIS)

O salário de benefício é um instituto exclusivo do Direito Previdenciário, regulado pelos artigos 28 a 32 da Lei 8.213/91, sendo utilizado para o cálculo da maioria dos benefícios do RGPS. Mesmo após a EC 103/2019, a nosso ver ele continua em vigor, pois existem benefícios previstos na Lei 8.213/91 que não foram modificados pela Emenda 103/2019, a exemplo do auxílio-doença e do auxílio-acidente.

No entanto, veremos no item seguinte que essa não é a posição do Governo federal, que estendeu a regra do artigo 26 da Emenda 103/2019 para todo o Plano de Benefícios.

**IMPORTANTE:**

De efeito, na forma do artigo 28, da Lei 8.213/91, o valor do benefício de prestação continuada, *inclusive o regido por norma especial e o decorrente de acidente do trabalho*, **exceto o salário-família e o salário-maternidade**, será calculado com base no salário de benefício.

No entanto, essa regra não mais se aplica aos benefícios de aposentadorias e pensão por morte calculados pelo artigo 26 da Emenda 103/2019, conforme será estudado no próximo capítulo.

Conforme dito, esses dois benefícios serão calculados sem o manejo do salário de benefício, haja vista o **salário-família** possuir dois valores fixos (artigo 66, da Lei 8.213/91), bem como o **salário-maternidade** tomar como base de cálculo o salário de contribuição, a remuneração ou a receita proveniente da comercialização da produção, a depender do enquadramento da segurada (artigos 72 e 73, da Lei 8.213/91).

**Ademais, as aposentadorias e pensão por morte calculadas pelo artigo 26 da Emenda 103/2019 terão outra sistemática de renda mensal.**

Equivocadamente, aduz o artigo 31, do RPS, que a pensão por morte não é calculada com o manejo do salário de benefício. Conforme será visto mais adiante, a renda mensal inicial da pensão por morte será cem por cento do valor da aposentadoria que o segurado recebia ou daquela a que teria direito se estivesse aposentado por invalidez na data de seu falecimento.

Assim, **indiretamente, a renda da pensão por morte também era calculada com a utilização do salário de benefício**, pois este instituto será utilizado para o cálculo da aposentadoria, até o advento da EC 103/2019.

Outrossim, o artigo 31 do RPS pontifica que os benefícios regidos por norma especial não serão calculados com base no salário de benefício, afrontando o artigo 28, da Lei 8.213/91, em que pese a lei especial poder dispor de maneira diversa sem qualquer invalidade.

De acordo com o artigo 29, da Lei 8.213/91, com redação dada pela Lei 9.876/99, em regra, **o salário de benefício corresponderá à média aritmética simples dos maiores salários de contribuição correspondentes a 80% de todo o período contributivo.**

No caso da **extinta (EC 103/2019) aposentadoria por tempo de contribuição,** para o cálculo do salário de benefício, essa média aritmética dos 80% maiores salários de contribuição do PBC (período básico de cálculo) ainda era **obrigatoriamente multiplicada pelo fator previdenciário (salvo no caso da regra 85/95) ou 86/96 a contar de 31/12/2018, que era facultativo** para o cálculo do salário de benefício da **aposentadoria por idade,** pois neste caso só incidiria se benéfico ao segurado a se aposentar por idade, na forma do artigo 7º, da Lei 9.876/99. O mesmo ocorre com a **aposentadoria do deficiente**, por força da Lei Complementar 142/2013, sendo facultativa a incidência do fator previdenciário, sendo esta regra recepcionada pelo artigo 22 da EC 103/2019.

Logo, no cálculo da extinta aposentadoria por tempo de contribuição necessariamente era manejado o fator previdenciário salvo no caso da regra 85/95 (vide próximo Capítulo), que tinha aplicação facultativa na aposentadoria por idade e do deficiente, pois só incidiria se fosse mais vantajoso para o segurado.

Ademais, indiretamente, até a EC 103/2019, o fator previdenciário também tinha influência na renda da pensão por morte, se o segurado instituidor estivesse aposentado por tempo de contribuição ou por idade, pois o valor da pensão era de cem por cento do valor da aposentadoria que o segurado recebia ou daquela a que teria direito se estivesse aposentado por invalidez na data de seu falecimento.

Toda essa nova sistemática de cálculo dos benefícios previdenciários de aposentadorias e pensão por morte inaugura pela Emenda 103/2019 será estudada em detalhes no capítulo seguinte.

Conforme regra de transição contida artigo 3º, da Lei 9.876/99, para os segurados com filiação anterior a 29.11.1999, apenas serão utilizados os salários de contribuição a partir da competência de **julho de 1994**, ou seja, após a criação da atual moeda, sistemática conservada pela EC 103/2019.

Na hipótese de segurado em gozo do auxílio-acidente, desde o advento da Lei 9.528/97, o valor do referido benefício integrará o salário de contribuição para o cálculo do salário de benefício da aposentadoria. No regime anterior, era possível a percepção conjunta da aposentadoria com o auxílio-acidente, restando apenas resguardados os direitos adquiridos.

Esta é a inteligência da Súmula 44, da Advocacia-Geral da União:

"**Súmula 44** - Para a acumulação do auxílio-acidente com proventos de aposentadoria, a lesão incapacitante e a concessão da aposentadoria devem ser anteriores as alterações inseridas no art. 86 § 2º, da Lei 8.213/91, pela Medida Provisória nº 1.596-14, convertida na Lei nº 9.528/97."

Os **salários de contribuição** considerados no cálculo do valor do benefício serão **corrigidos** mês a mês de acordo com a variação integral do Índice Nacional de Preços ao Consumidor - INPC, calculado pela Fundação Instituto Brasileiro de Geografia e Estatística - IBGE, **até o mês anterior ao do início do benefício**[16].

Trata-se de conquista do atual ordenamento constitucional, na forma do previsto no artigo 201, §3º, pois anteriormente nem todos os salários de contribuição eram atualizados, o que gerava uma defasagem na renda mensal inicial em tempos de altíssima inflação.

Desta forma, antes e depois da Lei 9.876/99, o PBC (período básico de cálculo) se inicia no Plano Real (7/1994) ou no mês da filiação, se após esse marco legal. E se estende até o mês anterior da data de início do benefício ou da concretização do fato gerador do benefício não programado.

É um conceito histórico e consolidado no Direito Previdenciário brasileiro que se mantém inclusive após a Emenda Constitucional 103/2019. Nesse sentido, o artigo 29 da Lei 8.213/91, antes da sua alteração pela Lei 9.876/99:

*"Art. 29. O salário-de-benefício consiste na média aritmética simples de todos os últimos salários-de-contribuição **dos meses imediatamente anteriores ao do afastamento da atividade ou da data da entrada do requerimento**, até o máximo de 36 (trinta e seis), apurados em período não superior a 48 (quarenta e oito) meses".*

No mesmo sentido o Decreto 3.048/99:

*"Art. 33. Todos os salários-de-contribuição utilizados no cálculo do salário-de-benefício serão corrigidos, mês a mês, de acordo com a variação integral do Índice Nacional de Preço ao Consumidor - INPC, referente ao período decorrido a partir da primeira competência do salário--de-contribuição que compõe o período básico de cálculo* **até o mês anterior ao do início do benefício**, *de modo a preservar o seu valor real".* (Redação dada pelo Decreto nº 5.545, de 2005)

No entanto, por casuísmo, a 1ª Turma do STJ resolver destruir esse pilar do Direito Previdenciário, inserindo no PBC o mês da ocorrência do fato gerador de uma pensão por morte, rasgando o texto expresso do artigo 29 da Lei 8.213/91 (texto anterior à Lei 9.876/99, que vigorava na época do óbito do segurado), regra aplicada de modo equivocado pela Corte Superior.

Note-se que o dispositivo era expresso ao apontar a composição do PBC "***dos meses imediatamente anteriores ao do afastamento da atividade ou da data da entrada do requerimento***", o que, obviamente, exclui o mês do fato gerador do benefício.

Veja-se a atécnica decisão:

**Processo**

REsp 1577666 / SP

RECURSO ESPECIAL

2016/0010001-5

**Relator(a)**

Ministro NAPOLEÃO NUNES MAIA FILHO (1133)

**Órgão Julgador**

T1 - PRIMEIRA TURMA

**Data do Julgamento**

11/02/2020

**Data da Publicação/Fonte**

DJe 14/02/2020

**Ementa**

PREVIDENCIÁRIO E PROCESSUAL CIVIL. RECURSO ESPECIAL. EXECUÇÃO. PENSÃO POR MORTE. APURAÇÃO DO SALÁRIO DE BENEFÍCIO. LEGISLAÇÃO VIGENTE À ÉPOCA DO ÓBITO. ART. 29 DA LEI 8.213/1991, EM SUA REDAÇÃO ORIGINAL. INCLUSÃO DA CONTRIBUIÇÃO REFERENTE AO MÊS DO ÓBITO DO SEGURADO. RMI DEVE REFLETIR A CONTRIBUIÇÃO EFETIVAMENTE RECOLHIDA, NÃO HAVENDO QUE SE FALAR EM UTILIZAÇÃO DO SALÁRIO-MÍNIMO. RECURSO ESPECIAL DA PENSIONISTA PROVIDO.

1. Cinge-se a controvérsia em determinar a forma de cálculo do salário de benefício, para fins de concessão de pensão por morte, no caso de o Segurado, falecido em outubro de 1998, vitimado por acidente de trabalho, ter realizado apenas uma contribuição nos 48 meses que antecedem o óbito, ou seja, a primeira e única contribuição ao INSS, pois o Segurado faleceu no mês inicial de sua atividade laboral.

2. A pensão por morte é regulada pela legislação em vigor no momento do óbito do instituidor do benefício. No caso dos autos, a legislação vigente estabelecia que o valor da pensão por morte equivaleria ao do valor da aposentadoria a que o Segurado teria direito se estivesse aposentado por invalidez na data do seu falecimento (art. 75 da Lei 8.213/1991), correspondente a 100% do seu salário de benefício (art. 44 da Lei 8.213/1991).

3. A apuração do salário de benefício, por sua vez, estava disposta no art. 29 da Lei 8.213/1991, em sua redação original, determinando que o cálculo do benefício seria realizado a partir da média aritmética simples dos últimos salários de contribuição dos meses imediatamente anteriores ao do afastamento da atividade.

16. Artigo 33, do RPS.

4. No caso dos autos, o Tribunal de origem, considerando que o Segurado não tinha qualquer contribuição nos 48 meses que antecederam o óbito, determinou o cálculo da pensão com base no salário mínimo, consignando não ser possível a utilização do salário de contribuição do mês do óbito no cálculo da RMI da pensão, ao fundamento de que só poderiam ser utilizadas as contribuições efetivamente recolhidas até o momento imediatamente anterior ao afastamento da atividade, que seu deu no óbito do Segurado.

5. O acórdão, contudo, merece reforma.

6. De início, deve-se destacar que o art. 29 da Lei 8.213/1991, em sua redação original, determinava a limitação dos cálculos aos salários de contribuição referentes ao período imediatamente anterior ao afastamento do trabalhador, **a lei não fala que a limitação deveria ocorrer até a competência anterior ao afastamento do trabalhador**. Sendo certo que o recolhimento da contribuição sempre se dará no mês posterior ao exercício da atividade.

7. Assim, se o óbito do trabalhador aconteceu em outubro, este é o mês que antecede seu afastamento, este é o período imediatamente anterior ao seu afastamento, de tal modo, o cálculo do benefício deve utilizar o salário de contribuição referente ao mês de outubro de 1998, ainda que o recolhimento a tal competência só tenha se efetivado após o óbito do Segurado.

8. Posicionamento em sentido diverso fere o princípio da contrapartida que norteia o sistema previdenciário. O óbito do Segurado não exime seu empregador do recolhimento da contribuição devida no mês subsequente. Pela mesma razão, não se revela razoável desconsiderar no cálculo do benefício a contribuição recolhida.

9. Ao contrário, se levada a cabo a tese defendida pelo Tribunal, nem mesmo se poderia admitir a qualidade de Segurado do instituidor da pensão, vez que não tinha qualquer contribuição nos 48 meses que antecederam seu óbito. É justamente o exercício da atividade, na qualidade de Segurado empregado, no mês de seu óbito que justifica a concessão da pensão, não se podendo deixar de considerar o valor da remuneração devidamente comprovado, reformando o acórdão que estabelece o cálculo do benefício com base no salário mínimo vigente à época.

10. Impõe-se, assim, reconhecer que ocorrendo o óbito do Segurado na vigência da redação original do art. 29 da Lei 8.213/1991, o cálculo do salário de benefício do Segurado deve seguir seus exatos termos, abrangendo todas as contribuições do Segurado no período limite de 48 meses, incluindo neste cálculo a última contribuição paga referente ao mês do óbito.

11. Recurso Especial da Pensionista provido".

Assim, para em apenas um caso concreto elevar a renda mensal de uma pensão por morte ao arrepio da lei, pois o segurado não possuía nenhum salário de contribuição nos meses anteriores ao acidente que infelizmente o vitimou, sendo concedida a renda mínima pelo INSS por ausência de salário de contribuição no PBC, a Corte Superior destruiu a delimitação do PBC para inserir a competência da DER ou do fato gerador do benefício.

Esse entendimento, se se consolidar, faz com que todas as concessões de benefícios previdenciários deferidas pelo INSS com renda mensal calculada sobre o salário de benefício devam ser revistas para inserir no PBC a última competência da DER ou do fato gerador do benefício não programado, o que poderá ocasionar a elevação ou redução da renda mensal, a depender do recálculo do caso concreto.

O pior é que o texto legal é nitidamente claro no sentido de que o PBC deve ser formados pelas competências anteriores ao do afastamento da atividade ou da data da entrada do requerimento, o que obviamente exclui essa última competência.

Com fulcro no artigo 29-A, da Lei 8.213/91, o INSS utilizará as informações constantes no Cadastro Nacional de Informações Sociais – CNIS sobre os vínculos e as remunerações dos segurados, para fins de cálculo do salário de benefício, comprovação de filiação ao Regime Geral de Previdência Social, tempo de contribuição e relação de emprego.

O CNIS é um banco de dados previdenciários mantidos pela DATAPREV[17], sendo abastecido pela GFIP – Guia de Recolhimento do FGTS e de Informações Previdenciárias e pelo RAIS – Relatório Anual de Informações Sociais, dentre outras fontes. É uma ferramenta indispensável para boa presentação judicial do INSS promovida pelos Procuradores Federais, pois traz subsídios para a defesa.

Havendo dúvida sobre a regularidade do vínculo incluído no CNIS e inexistência de informações sobre remunerações e contribuições, o INSS exigirá a apresentação dos documentos que serviram de base à anotação, sob pena de exclusão do período.

O segurado poderá solicitar, a qualquer tempo, a inclusão, a exclusão, a ratificação ou a retificação de suas informações constantes do CNIS, com a apresentação de documentos comprobatórios dos dados divergentes, conforme critérios definidos pelo INSS, **independentemente de requerimento de benefício**, nos termos do artigo 19, §1º, do RPS.

Contudo, **somente as informações validadas no CNIS serão utilizadas pelo INSS**, pois o referido cadastro possui **marcas** sobre os vínculos (modelo antigo de indicadores do CNIS Cidadão), a saber:

**Marca Amarela ou EXT-NT:** para vínculo que foi registrado no sistema em momento ulterior estabelecido pela legislação e que deverá ser confirmado após a apresentação de documentos pelo segurado;

**17.** A Empresa de Tecnologia e Informações da Previdência Social é uma empresa pública federal instituída pela Lei 6.125/74.

**Marca Amarela em Vínculos de Segurado Especial ou PEND:** período do segurado especial registrado, mas que ainda depende de confirmação;

**Marca Verde ou EXT-DT:** para vínculo extemporâneo analisado e confirmado pela autarquia previdenciária;

**Marca Laranja ou EXT-IT:** para vínculo extemporâneo analisado e não confirmado pela autarquia previdenciária;

**Marca Roxa ou EXT-DP:** para vínculo extemporâneo analisado e parcialmente confirmado pela autarquia previdenciária;

**Marca Vermelha com texto amarelo em Vínculos de Segurado Especial ou NEGAT:** o tempo registrado como segurado especial é negativo;

**Marca Vermelha com "X" amarelo ou IRREG:** vínculo considerado irregular;

**Marca Vermelha com "S" em amarelo abaixo do menu RT:** atesta a existência de reclamatória trabalhista;

**Marca Azul:** vínculo referente a Regime Próprio de Previdência Social;

**Letra "R" em azul ao lado direito do vínculo:** remuneração pendente de acerto;

**Letra "A" azul ao lado direito do Vínculo:** vínculo alterado pela Previdência Social;

**Asterisco Verde ao Lado Esquerdo do Vínculo:** vínculo com faixa crítica, ou seja, há mais de um segurado com o mesmo número de inscrição ou outras situações análogas.

Logo, é necessário que o usuário do CNIS saiba interpretar as suas informações, para que não sejam utilizados indevidamente vínculos não confirmados ou irregulares.

A pesquisa pode ser promovida pelo nome do segurado, CPF ou PIS. Na página inaugural do CNIS estão listados os vínculos previdenciários do segurado com empresas, na condição de segurado especial, como contribuinte individual por conta própria ou na condição de segurado facultativo, com indicação do termo inicial e final, caso esteja cessado. Veja-se um exemplo real:

24/09/2012 - 17:50:15
Pág.: 1 de 1

PREVIDÊNCIA SOCIAL

I N S S
C N I S - Cadastro Nacional de Informações Sociais
Períodos de Contribuição

Inscrição Principal: 1.706.641.974-8 Inscrição Informada: 1.706.641.974-8

Nome: FREDERICO AUGUSTO DI TRINDADE AMADO -
*** O INSS poderá rever a qualquer tempo as informações constantes deste extrato, art. 19, §3 Decr. Nr. 3.048/99. ***

| Seq Tipo Recl Trab | Empregador/ Informações SE | Inscrição Cadastrada | Admissão/ Comp. Inicial | Rescisão/ Comp. Final | Comp. Ult Remun | Tipo Vínculo | CBO | Identificação da Obra | Acerto Pendente |
|---|---|---|---|---|---|---|---|---|---|
| 001 CNPJ »(EXT-NT) | 00.401.376/0001-08 SECRETARIA DE CULTURA - SECULT | 1.706.641.974-8 | 23/01/1998 | | 02/2001 | | 1114 | | |
| 002 CNPJ »(RPPS) | 03.489.410/0001-61 PROCURADORIA-GERAL FEDERAL | 1.706.641.974-8 | 06/05/2003 | | 12/2006 | CLT | 2412 | | |
| 003 CNPJ »(RPPS) | 26.994.558/0003-95 ADVOCACIA GERAL DA UNIAO | 1.706.641.974-8 | 06/05/2003 | | 12/2008 | CLT | 2412 | | |
| 004 CNPJ | 01.188.034/0001-14 SOCIEDADE TECNOPOLITANA DA BAHIA LTDA | 1.706.641.974-8 | 01/06/2007 | 02/02/2009 | | CLT | 2341 | | |
| 005 CNPJ | 01.221.872/0001-42 ASSOCIACAO EDUCACIONAL UNYAHNA S/C | 1.706.641.974-8 | 01/04/2009 | | 08/2009 | CLT | 2347 | | |
| 006 CI | | 1.706.641.974-8 | 02/2010 | | 02/2010 | | | | |

*** Fim da pesquisa de Vínculos ***

Também existe uma página com todas as informações cadastrais do segurado:

PREVIDÊNCIA SOCIAL

I N S S
C N I S - Cadastro Nacional de Informações Sociais
Dados Cadastrais do Trabalhador

Inscrição Principal: 1.706.641.974-8 Inscrição Informada: 1.706.641.974-8
Dt Cadastramento: 01/01/1998
Nome: FREDERICO AUGUSTO DI TRINDADE AMADO
Sexo: Masculino

Dt Nascimento: 16/08/1979 Dt Óbito: 00/00/0000 CPF: 929.018.835-91
Nome da Mãe: GILDA PIMENTEL AMADO
Título Eleitor: 00000000000-00
Identidade: Emissor: UF:
CPTS: 2279159 / 00200 / SE
Certidão Civil: Folha: Livro: Termo:
Nacionalidade: BRASILEIRA
Município Nasc.: Nao Informado

Endereço:
Bairro:
Município:
UF:
CEP: 00.000.000

Ainda será possível o detalhamento dos salários de contribuição do segurado registrados por cada vínculo por cada ano contributivo, conforme a consulta abaixo:

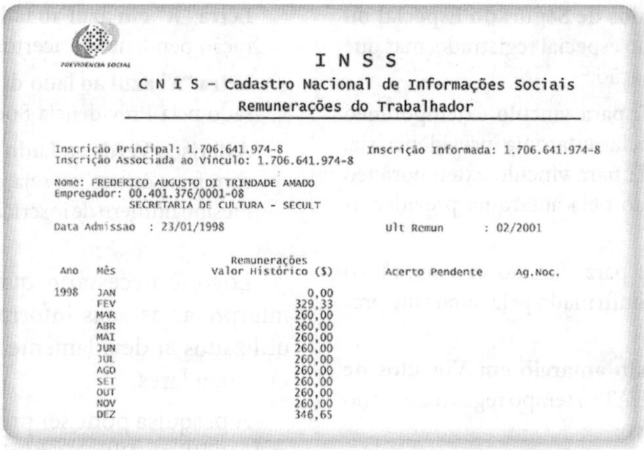

PREVIDÊNCIA SOCIAL

I N S S

C N I S - Cadastro Nacional de Informações Sociais

Remunerações do Trabalhador

Inscrição Principal: 1.706.641.974-8 Inscrição Informada: 1.706.641.974-8
Inscrição Associada ao Vínculo: 1.706.641.974-8

Nome: FREDERICO AUGUSTO DI TRINDADE AMADO
Empregador: 00.401.376/0001-08
SECRETARIA DE CULTURA - SECULT

Data Admissao : 23/01/1998 Ult Remun : 02/2001

| Ano | Mês | Remunerações Valor Histórico ($) | Acerto Pendente | Ag.Noc. |
|---|---|---|---|---|
| 1998 | JAN | 0,00 | | |
| | FEV | 329,33 | | |
| | MAR | 260,00 | | |
| | ABR | 260,00 | | |
| | MAI | 260,00 | | |
| | JUN | 260,00 | | |
| | JUL | 260,00 | | |
| | AGO | 260,00 | | |
| | SET | 260,00 | | |
| | OUT | 260,00 | | |
| | NOV | 260,00 | | |
| | DEZ | 346,65 | | |

O novo modelo de CNIS (Portal CNIS) já apresenta o significado das marcas, se houver, possuindo um novo formato, conforme tela abaixo:

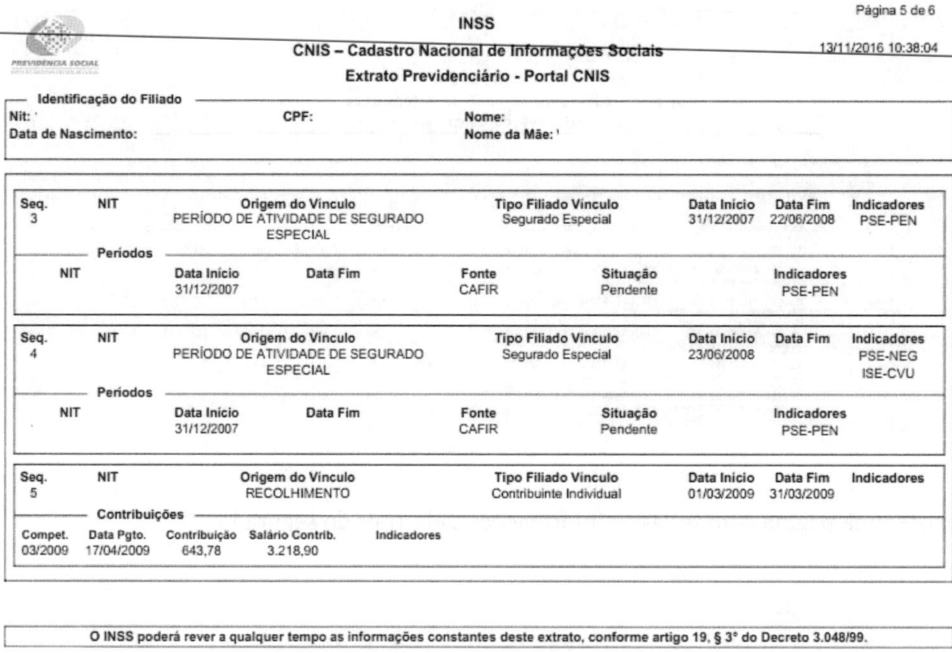

Página 5 de 6

INSS

CNIS – Cadastro Nacional de Informações Sociais 13/11/2016 10:38:04

Extrato Previdenciário - Portal CNIS

Identificação do Filiado

Nit: CPF: Nome:
Data de Nascimento: Nome da Mãe:

| Seq. | NIT | Origem do Vínculo | Tipo Filiado Vínculo | Data Início | Data Fim | Indicadores |
|---|---|---|---|---|---|---|
| 3 | | PERÍODO DE ATIVIDADE DE SEGURADO ESPECIAL | Segurado Especial | 31/12/2007 | 22/06/2008 | PSE-PEN |

Períodos

| NIT | Data Início | Data Fim | Fonte | Situação | Indicadores |
|---|---|---|---|---|---|
| | 31/12/2007 | | CAFIR | Pendente | PSE-PEN |

| Seq. | NIT | Origem do Vínculo | Tipo Filiado Vínculo | Data Início | Data Fim | Indicadores |
|---|---|---|---|---|---|---|
| 4 | | PERÍODO DE ATIVIDADE DE SEGURADO ESPECIAL | Segurado Especial | 23/06/2008 | | PSE-NEG ISE-CVU |

Períodos

| NIT | Data Início | Data Fim | Fonte | Situação | Indicadores |
|---|---|---|---|---|---|
| | 31/12/2007 | | CAFIR | Pendente | PSE-PEN |

| Seq. | NIT | Origem do Vínculo | Tipo Filiado Vínculo | Data Início | Data Fim | Indicadores |
|---|---|---|---|---|---|---|
| 5 | | RECOLHIMENTO | Contribuinte Individual | 01/03/2009 | 31/03/2009 | |

Contribuições

| Compet. | Data Pgto. | Contribuição | Salário Contrib. | Indicadores |
|---|---|---|---|---|
| 03/2009 | 17/04/2009 | 643,78 | 3.218,90 | |

O INSS poderá rever a qualquer tempo as informações constantes deste extrato, conforme artigo 19, § 3° do Decreto 3.048/99.

Neste exemplo acima, o **indicador PSE-PEN** no vínculo de segurado especial entre 31.12.2007 e 22.6.2008 indica que os períodos obtidos de bases governamentais com marcador pendente de confirmação para o segurado especial.

Atualmente, em ordem alfabética crescente, é possível apontar a existência dos seguintes indicadores mais importantes de vínculos no CNIS (listagem exemplificativa) extraídos da prática previdenciária:

| INDICADOR DO CNIS | SIGNIFICADO |
|---|---|
| **AEXT-IND** | ACERTO DE VÍNCULO EXTEMPORÂNEO INDEFERIDO |
| **AEXT-VP** | ACERTO DE VÍNCULO EXTEMPORÂNEO DEFERIDO PARCIALMENTE |
| **AEXT-VT** | ACERTO DE VÍNCULO EXTEMPORÂNEO DEFERIDO TOTALMENTE |
| **ASEF-DEF** | PERÍODO DE SEGURADO ESPECIAL INDÍGENA |
| **GFIP** | INDICADOR DE REMUNERAÇÃO DE CI PRESTADOR DE SERVIÇO DECLARADA EM GFIP |

| INDICADOR DO CNIS | SIGNIFICADO |
|---|---|
| **IEAN (15), IEAN (20) ou IEAN (25)** | INDICADOR DE REMUNERAÇÕES QUE POSSUEM INDICAÇÃO DE EXPOSIÇÃO A AGENTE NOCIVO |
| **IGFIP-INF** | Indicador de GFIP meramente informativa (depende de comprovação da atividade) |
| **ILEI123** | Indicador de contribuição recolhida com fundamento na Lei Complementar 123 |
| **IMEI** | RECOLHIMENTO DE CONTRIBUIÇÃO PREVIDENCIÁRIA NA CONDIÇÃO DE MICRO EMPREENDEDOR INDIVIDUAL |
| **IREC-CIRURAL** | Recolhimento com código de Contribuinte Individual Rural sem homologação |
| **IREC-FBR** | Recolhimento de segurado facultativo de baixa renda |
| **IREC-INDPEND** | Recolhimentos com indicadores e/ou pendências |
| **IREC-LC123 ou IRECOL (ILEI123)** | RECOLHIMENTO PELA LEI COMPLEMENTAR 123 |
| **IREC-LC 123-SUP** | RECOLHIMENTO PELA LEI COMPLEMENTAR 123 EM VALOR SUPERIOR AO SALÁRIO MÍNIMO |
| **IRECOL/GFIP** | INDICADOR DE SOMATÓRIO DE CONTRIBUIÇÕES FEITAS EM GUIA DE RECOLHIMENTO E GUIA GFIP |
| **IRECOI** | RECOLHIMENTO DE CONTRIBUIÇÃO PREVIDENCIÁRIA POR MEIO DA GUIA DE RECOLHIMENTO |
| **ISALMIN** | CONTRIBUIÇÃO LIMITADA AO SALÁRIO MÍNIMO |
| **PADM-EMPR** | VÍNCULO COM DATA DE ADMISSÃO ANTERIOR AO INÍCIO DA ATIVIDADE DO EMPREGADOR |
| **PDT-NASC-FIL-INV** | IDADE DO FILIADO MENOR QUE A PERMITIDA E PDT-NASC-FIL-MENOR-INV – IDADE DO FILIADO MENOR APRENDIZ MENOR QUE A PERMITIDA |
| **PEMP-IDINV** | TIPO EMPREGADOR INVÁLIDO |
| **PEMP-CAD** | FALTA DE INFORMAÇÕES CADASTRAIS DO CNPJ OU CEI |
| **PREC-COD1821** | Recolhimento com código de pagamento 1821 – Titular de Mandato Eletivo |
| **PREC-CSE** | Recolhimento GPS de Segurado Especial Pendente Comprovação |
| **PREC-FACULTCONC** | RECOLHIMENTO OU ATIVIDADE DE CONTRIBUINTE FACULTATIVO CONCOMITANTE COM OUTRO TIPO DE FILIAÇÃO |
| **PREC-FBR** | RECOLHIMENTO FACULTATIVO BAIXA RENDA NÃO VALIDADO |
| **PREC-FBR-ANT** | Recolhimento facultativo baixa renda anterior a comp. 09/2011 |
| **PREC-LC123-ANT** | Recolhimento com código da LC 123 anterior à competência 04/2007 |
| **PREC-MENOR-MIN** | RECOLHIMENTO ABAIXO DO VALOR MÍNIMO |
| **PREC-PMIG-DOM** | RECOLHIMENTO DE EMPREGADO DOMÉSTICO SEM REGISTRO DE VÍNCULO |
| **PREM-EMPR** | Remuneração antes do início da atividade do empregador |
| **PREM-EXT** | REMUNERAÇÃO DE CONTRIBUINTE INDIVIDUAL PRESTADOR DE SERVIÇO INFORMADA EXTEMPORANEAMENTE |
| **PREM-FVIN** | Remunerações posteriores ao fim do vínculo de trabalho |
| **PREM-RET** | Remuneração de prestador de serviço declarada em GFIP mas que não é considerada para previdência por ser anterior a 04/2003 ou não possui a declaração do campo "valor retido" se posterior a esse período |
| **PRES-EMPR** | DATA DE RESCISÃO ANTERIOR AO INÍCIO DA ATIVIDADE DO EMPREGADOR |
| **PEXT** | PENDÊNCIA DE VÍNCULO EXTEMPORÂNEO NÃO TRATADO |
| **PRPPS** | REGIME PREVIDENCIÁRIO RPPS |
| **PSE-NEG** | PERÍODO NEGATIVO DE SEGURADO ESPECIAL |
| **PSE-PEN** | PERÍODO PENDENTE DE SEGURADO ESPECIAL |
| **PSE-POS** | PERÍODO POSITIVO DE SEGURADO ESPECIAL |
| **PVIN-IRREG** | VÍNCULO IRREGULAR |
| **PVIN-MIL** | VÍNCULO COM AFASTAMENTO PARA PRESTAÇÃO DE SERVIÇO MILITAR |
| **PVIN-OBITO** | DATA DE INICIO DO VINCULO EMPREGATÍCIO POSTERIOR À DATA DE ÓBITO DO SEGURADO |

**Coube ainda à Portaria INSS/DIRBEN 1.005/2022 constituir novos indicadores no CNIS a respeito dos ajustes no salário de contribuição:**

**ANEXO IV PORTARIA DIRBEN/INSS Nº 990, DE 28 DE MARÇO DE 2022 (incluído pela PORTARIA DIRBEN/INSS nº 1.005, 11 de abril de 2022)**

**INDICADORES DOS AJUSTES DE COMPLEMENTAÇÃO, UTILIZAÇÃO E AGRUPAMENTO**

**Indicadores de Complementação:**

1. **ICOMPL-VR-SM-EC103:** Indicador que sinaliza se a competência possui recolhimento de complementação Darf para o valor mínimo.

2. **IVLR-DARF-LIMITADO:** Indicador que sinaliza que um valor de Darf foi limitado de forma que o valor total da competência não ultrapasse o valor do Salário Mínimo na competência.

**Indicadores de Agrupamento:**

1. **IAGRUP-ZER-EC103:** Indicador aplicado na competência que possui valor abaixo de Salário Mínimo e que cede para outra competência e restando a cedente zerada (desfavorecida);

2. IAGRUP-VR-EC103: Indicador aplicado na competência que possui valor abaixo de Salário Mínimo e que cede para outra competência e restando a cedente com resíduo (desfavorecida).

3. IAGRUP-SM-EC103: Indicador aplicado na competência que recebe de outra competência, que possui valor abaixo de Salário Mínimo e ficando a favorecida igual ao Salário Mínimo (favorecida).

4. IAGRUP-MN-SM-EC103: Indicador aplicado na competência que recebe de outra competência, que possui valor abaixo de Salário Mínimo e permanecendo a favorecida abaixo do Salário Mínimo (favorecida).

**Indicadores de Utilização:**

1. IUTILIZ-EXC-EC103: Indicador aplicado na competência que receber valor de competências que possuam valores excedentes ao Salário Mínimo e ficando a favorecida igual ao Salário Mínimo (favorecida).

2. IUTILIZ-EXC-MN-SM-EC103: Indicador aplicado na competência que receber valor de competências que possuam valores excedentes ao Salário Mínimo e permanecendo a favorecida abaixo do Salário Mínimo (favorecida).

3. ICED-VR-EXC-EC103: Indicador aplicado na competência com que possui valor excedente ao Salário Mínimo e que cede valor para outra competência (desfavorecida).

**Outros indicadores:**

1. IREL-PREV-POSSUI-COMP-AJUST: Indicador aplicado na Relação Previdenciária para sinalizar que esta possui alguma competência que foi ajustada (favorecida/desfavorecida).

2. IREM-INDPEND: Indicador aplicado na Relação Previdenciária, exceto no tipo Período Contribuição Consolidado, para sinalizar que esta possui remunerações que contém indicadores e/ou pendencias diferentes dos indicadores EC103.

Temos, ainda, mais dois indicadores de pendências:

| |
|---|
| A. **PDESFAZ-AJ-EC103**: Pendência por desfazimento de agrupamento ou utilização; |
| B. **PSC-MEN-SM-EC103**: Pendência na competência em que o somatório dos salários de contribuição é menor que o mínimo. Competência pode ser passível de complementação, utilização ou agrupamento, de acordo com a EC 103/2019. |

Tivemos uma especificação de novas regras do CNIS com o advento da Portaria INSS/DIRBEN 1.121/2023, com a previsão de **3 (três) tipos de indicadores no Portal CNIS:**

**I – Indicador de Pendência (CsPendencia):** identifica a informação que possui alguma pendência, sendo necessária a atualização dessa informação no Portal CNIS para que ocorra a sua liberação e utilização pelos sistemas de benefícios. Geralmente informado com "P" na primeira letra da sigla do indicador;

**II – Indicador de Alerta (CsIndicador):** identifica a informação com a aplicação de um alerta, podendo ou não ser demandada uma ação pelo INSS, a exemplo do indicador Exposição Agentes Nocivos – IEAN que, aplicado a um período de vínculo empregatício, norteia um possível enquadramento do período como especial, para fins de cômputo em benefício, de forma que o período será computado como comum caso não seja efetuado o seu enquadramento como especial. Geralmente é informado com "I" na primeira letra da sigla do indicador; e

**III – Indicador de Acerto já efetuado (CsAcerto):** apenas indica que um acerto foi efetuado anteriormente em determinado vínculo, remuneração, contribuição ou período de atividade, para que seja observada, quando necessária nova alteração, a existência do acerto anterior e as possíveis implicações que isso trará. Geralmente é informado com "A" na primeira letra da sigla do indicador.

**Outrossim, restou aprovado o Anexo V – Relação dos Indicadores Disponibilizados no CNIS (SEI 11137035), que passará a compor a Portaria Dirben/INSS nº 990, de 28 de março de 2022, que serão disponibilizados no Portal-INSS, na intraprev:**

**INSTITUTO NACIONAL DO SEGURO SOCIAL**

**Diretoria de Benefícios e Relacionamento com o Cidadão**

**ANEXO V**
**RELAÇÃO DOS INDICADORES DISPONIBILIZADOS NO CNIS**

**I - INDICADORES DE PENDÊNCIA (CsPendencia):**

| TIPO | GRUPO | SIGLA | DESCRIÇÃO | ESCLARECIMENTOS |
|---|---|---|---|---|
| CsPendencia | AJUSTES EC103 - OUTROS INDICADORES | **PDESFAZ-AJ-EC103** | **Pendência por desfazimento de agrupamento ou utilização** | Trata-se de um indicador de pendência por desfazimento de agrupamento ou utilização.<br>Indica que não poderão ocorrer operações de utilização de excedente, agrupamento e complementação num ano civil que possua qualquer competência que apresente a pendência: PDESFAZ-AJ-EC103. |
| CsPendencia | AJUSTES EC103 - OUTROS INDICADORES | **PMOV-INCONSIST** | **Pendência de registro inconsistente de movimentação entre competências** | Trata-se de um indicador de pendência que verifica a consistência dos dados de créditos e débitos, ocorridos entre competências, no processo de elaboração dos ajustes de agrupamento, utilização e complementação de valores entre competências de um mesmo ano civil. O indicador somente será aplicado quando detectada a |

| TIPO | GRUPO | SIGLA | DESCRIÇÃO | ESCLARECIMENTOS |
|---|---|---|---|---|
| | | | | inconsistência. |
| CsPendencia | AJUSTES EC103 - OUTROS INDICADORES | **PREM-BLOQ-EC103** | **Pendência de bloqueio de remuneração/contribuição para ajuste entre competências** | Pendência para sinalização de bloqueio, aplicada quando a remuneração/contribuição possui algum tipo de pendência que não permite sua participação em ajuste entre competências.<br>Aplicada na remuneração/contribuição bloqueada. A competência do ano civil poderá possuir esta pendência caso todos os recolhimentos envolvidos na competência estejam bloqueados.<br>Esse indicador de pendência é exibido quando existir:<br>A. vínculo extemporâneo;<br>B. remuneração extemporânea de CI prestador de serviço;<br>C. contribuição pelo Plano Simplificado (inclusive o MEI), quando essa contribuição for concomitante com vínculo de empregado e empregado doméstico/período de trabalhador avulso, sem complementação para 20%;<br>D. inconsistências no cadastro de Pessoa Jurídica;<br>E. período de vínculo |

| TIPO | GRUPO | SIGLA | DESCRIÇÃO | ESCLARECIMENTOS |
|---|---|---|---|---|
| | | | | ou remuneração fora do período de atividade da empresa. |
| CsPendencia | AJUSTES EC103 - OUTROS INDICADORES | **PSC-MEN-SM-EC103** | **Pendência que sinaliza que a competência possui salário de contribuição menor do que o mínimo. Competência não tratada, passível de complementação, utilização ou agrupamento** | Pendência na competência em que o somatório dos salários de contribuição é menor que o mínimo. Competência pode ser passível de complementação, utilização ou agrupamento, de acordo com a Emenda Constitucional - EC nº 103, de 2019. Esta pendência é mutuamente exclusiva em relação a pendência PREM-BLOQ-EC103, ou seja, caso exista PREM-BLOQ-EC103, PSCMEN-SM-EC103 não será verificada. A partir da competência novembro de 2019, esse indicador substitui o indicador PREC-MENOR-MIN quando se tratar de situações alcançadas pelo art. 29 da EC 103, de 2019. É em "Detalhamento da Relação Previdenciária por Competência" onde pode ser observada a aplicação do novo indicador PSC-MEN-SM-EC103 envolvendo competências que se encontram abaixo do valor mínimo |

| TIPO | GRUPO | SIGLA | DESCRIÇÃO | ESCLARECIMENTOS |
|---|---|---|---|---|
| | | | | permitido, sendo necessários os Ajustes do art. 29 da EC 103, de 2019, a serem requeridos pelo segurado via canal de atendimento remoto do Meu INSS. Após a realização de Ajustes de complementação, utilização e agrupamento, bem como o processamento do Documento de Arrecadação de Receitas Federais - Darf liquidado, já não é mais apresentado o indicador PSC-MEN-SM-EC103 nas competências ajustadas. |
| CsPendencia | CONTRIBUIÇÕES | IREC-FBR-IND | **Recolhimento facultativo baixa renda indeferido/inválido** | Indica que o período de contribuição efetuado como facultativo de baixa renda da Lei nº 12.470, de 2011, já foi analisado e indeferido/invalidado. |
| CsPendencia | CONTRIBUIÇÕES | PREC-CDCONC | **Recolhimento ou periodo atividade de contribuinte em dobro concomitante com outro TFV (Tipo de Filiado no Vínculo)** | Indicador de pendência para guias de contribuição ou período atividade de contribuinte em dobro concomitante com outro Tipo de Filiado no Vínculo - TFV.<br>Para a retirada da pendência, deverá ser analisada a situação do CNIS em relação aos |

| TIPO | GRUPO | SIGLA | DESCRIÇÃO | ESCLARECIMENTOS |
|---|---|---|---|---|
| | | | | recolhimentos/vínculos apresentados, a fim de identificar qual o tratamento a ser dispensado para o caso concreto, se devido. Poderá ser identificado que não há tratamento a ser aplicado em razão da contribuição ter sido realizada indevidamente e já ter sido ultrapassado o prazo para solicitar restituição à Secretaria Especial da Receita Federal do Brasil - RFB. |
| CsPendencia | CONTRIBUIÇÕES | **PREC-COD1821** | **Recolhimento com código de pagamento 1821 - Mandato Eletivo** | O indicador PREC-COD1821 sinaliza pendência no recolhimento de complementação dos valores devidos à alíquota de 20%, aplicada para o interstício entre 01/02/1998 e 18/09/2004, em que o exercente de mandato eletivo optou pela filiação como segurado facultativo, para fins de validação e cômputo do período. |
| CsPendencia | CONTRIBUIÇÕES | **PREC-CSE** | **Recolhimento de segurado especial pendente de comprovação da atividade** | Guia diferente de Guia da Previdência Social - GPS, sem código de pagamento e com registro de Segurado Especial no banco de atividade do CNIS: apresenta |

| TIPO | GRUPO | SIGLA | DESCRIÇÃO | ESCLARECIMENTOS |
|---|---|---|---|---|
| | | | | pendência.<br>GPS com código de pagamento 1503 (SE - Segurado Especial) com ou sem registro de segurado especial no banco de atividade do CNIS: apresenta pendência.<br>Requerimento de SE no CNIS homologando a atividade corresponde ao período de contribuição da guia não GPS ou GPS: retira a pendência da contribuição.<br>Dessa forma, o indicador de pendência do recolhimento facultado ao segurado especial, em GPS ou por guia diferente de GPS sem código de pagamento (Carnê, Guia de Recolhimento Simplificada - GRS) deverá ser tratado para que o período recolhido seja considerado.<br>Deve-se fazer a ratificação na categoria de segurado especial por meio de requerimento no Portal CNIS, conforme procedimentos previstos na legislação vigente.<br>Se constatado que não se trata de segurado especial, pode ser realizado o reconhecimento de |

| TIPO | GRUPO | SIGLA | DESCRIÇÃO | ESCLARECIMENTOS |
|---|---|---|---|---|
| | | | | filiação em outra atividade obrigatória, demandando alteração do código de pagamento, ou ainda para a categoria de "facultativo", desde que atendidas as disposições legais. |
| CsPendencia | CONTRIBUIÇÕES | **PREC-FACULTCONC** | **Recolhimento ou período de contribuinte facultativo concomitante com outros vínculos** | Pendência em recolhimentos efetuados nos códigos relativos a facultativo, a partir da implantação da GPS, e/ou recolhimentos anteriores à implantação da GPS que tenham correspondente período declarado de atividade como facultativo concomitantes com outro Tipo de Filiado no Vínculo - TFV. Não há impacto no reconhecimento de direitos nos casos em que os vínculos do segurado estejam corretos e a concomitância com filiação obrigatória no RGPS seja confirmada, pois apesar da disponibilização dos recolhimentos indevidos aos sistemas de benefícios, esses recolhimentos estão marcados como pendentes e não serão considerados. Contudo, pode haver impacto no |

| TIPO | GRUPO | SIGLA | DESCRIÇÃO | ESCLARECIMENTOS |
|---|---|---|---|---|
| | | | | reconhecimento do direito nos casos em que a concomitância indevida decorrer de vínculos sem data de rescisão ou recolhimentos com códigos de pagamento equivocado, sendo necessário realizar os ajustes devidos no CNIS a fim de que o indicador seja retirado do recolhimento. |
| CsPendencia | CONTRIBUIÇÕES | **PREC-FBR** | **Recolhimento facultativo baixa renda pendente de análise** | Pendência atribuída aos períodos de contribuições de facultativo baixa renda - FBR para os quais não houve validação automática das contribuições ou foram validadas através do Sistema de Acertos de Recolhimentos de Contribuinte Individual - SARCI e, posteriormente, invalidadas em virtude da concomitância com contribuições em outras categorias, vínculos em aberto, benefícios ativos (espécies 31 e 91), períodos de Contribuinte Individual - CI Rural e Segurado Especial. |
| CsPendencia | CONTRIBUIÇÕES | **PREC-FBR-ANT** | **Recolhimento de contribuinte facultativo baixa renda anterior a** | O PREC-FBR-ANT indica recolhimento de facultativo baixa renda - FBR anterior à |

| TIPO | GRUPO | SIGLA | DESCRIÇÃO | ESCLARECIMENTOS |
|---|---|---|---|---|
| | | | **09/2011 (inválido)** | competência 09/2011. Esta pendência é atribuída às contribuições recolhidas com código de pagamento de FBR em competências anteriores à publicação da Lei nº 12.470, de 2011, instituidora dessa modalidade de contribuição previdenciária. O filiado pode solicitar a alteração do recolhimento para o código correspondente ao Plano Simplificado - PS da Lei Complementar nº 123, de 2006 (11%) ou para o plano convencional (20%) e recolher a diferença, caso necessário. Nos casos de recolhimentos em atraso fora das condições exigidas para o segurado facultativo, caberá a avaliação pelo servidor da validade do recolhimento e/ou possível orientação quanto ao direito de restituição. |
| CsPendencia | CONTRIBUIÇÕES | **PREC-LC150-DOM** | **Pagamento de doméstica em GPS em período de remuneração de fonte INSS/eSocial** | Toda contribuição de empregado doméstico efetuada em GPS para a competência 10/2015 em diante é indevida e receberá o indicador de pendência PREC- |

| TIPO | GRUPO | SIGLA | DESCRIÇÃO | ESCLARECIMENTOS |
|---|---|---|---|---|
| | | | | LC150-DOM, para que não seja utilizada pelos sistemas de benefícios. Caso identificado recolhimento indevido do empregado doméstico em GPS após 09/2015, poderá ser solicitada a restituição dos valores junto à RFB, observada a prescrição. |
| CsPendencia | CONTRIBUIÇÕES | PREC-MENOR-MIN | **Recolhimento abaixo do valor mínimo** | Indicador de Pendência disponibilizado para as contribuições de segurado especial, facultativo e contribuinte individual, incluindo o prestador de serviço, efetuadas a partir de 07/1994, a fim de identificar as competências nas quais houve recolhimentos inferiores ao salário mínimo, e que não são qualificadas a compor os benefícios previdenciários, na forma do § 3º do artigo 214 do Decreto nº 3.048, de 1999 (RPS). Há impacto no reconhecimento do direito. A não complementação da contribuição inferior ao limite mínimo impede o seu aproveitamento para fins de tempo de |

| TIPO | GRUPO | SIGLA | DESCRIÇÃO | ESCLARECIMENTOS |
|---|---|---|---|---|
| | | | | contribuição, carência e cálculo do valor dos benefícios. O valor da contribuição considerada para fins de exibição, ou não, do indicador PREC-MENOR-MIN, será apurado de acordo com a alíquota de contribuição correspondente ao Tipo de Filiado no Vínculo - TFV e espécie de filiação. Se ocorrer complementação da contribuição pendente, o indicador PREC-MENOR-MIN será automaticamente retirado. Observação: As contribuições do empregado doméstico em GPS não recebem marcação do indicador PREC-MENOR-MIN nos casos de contribuição abaixo do valor mínimo até 09/2015, considerando que a remuneração para esse tipo de filiado era proporcional ao tempo de trabalho efetivo durante o mês, conforme disposto no RPS, em seu art. 214, § 3º, inciso II. Salientamos que a partir da competência 10/2015, o |

| TIPO | GRUPO | SIGLA | DESCRIÇÃO | ESCLARECIMENTOS |
|---|---|---|---|---|
| | | | | recolhimento da contribuição de empregado doméstico passou a ser efetuado por Documento de Arrecadação do eSocial - DAE, sendo que para o CNIS são utilizadas as remunerações lançadas no evento S-1200 (folha de pagamento) no Sistema de Escrituração Digital das Obrigações Fiscais, Previdenciárias e Trabalhistas - eSocial e não os valores de remuneração referentes ao recolhimento do DAE. |
| CsPendencia | CONTRIBUIÇÕES | **PREC-PMIG-DOM** | **Recolhimento de empregado doméstico sem comprovação de vínculo** | Este indicador é normalmente aplicado às contribuições de empregado doméstico por falta do vínculo correspondente no Portal CNIS. A contribuição também fica com o indicador de pendência PREC-PMIG-DOM se não estiver associada a um vínculo contemporâneo. Ao tratar a extemporaneidade do vínculo, a pendência da contribuição desaparece, pois passa a estar associada a um vínculo |

| TIPO | GRUPO | SIGLA | DESCRIÇÃO | ESCLARECIMENTOS |
|---|---|---|---|---|
| | | | | contemporâneo. Também é aplicado aos recolhimentos da parte do empregador referente à salário-maternidade do empregado doméstico e/ou recolhimentos anteriores à implantação da GPS que tenham correspondente período declarado de atividade como empregado doméstico. Procedimento: inclusão do vínculo de empregado doméstico no Portal CNIS – módulo VRE. Se constatado que não se trata de empregado doméstico poderá ser realizado reconhecimento de filiação em outra atividade obrigatória, demandando alteração do código de pagamento para a filiação obrigatória correspondente ou alteração do código para facultativo, a pedido do filiado e desde que atendidas as disposições legais. A partir da competência 10/2015, somente as remunerações que constarem no vínculo serão válidas. Eventuais contribuições recolhidas por meio |

| TIPO | GRUPO | SIGLA | DESCRIÇÃO | ESCLARECIMENTOS |
|---|---|---|---|---|
| | | | | de GPS a partir desta competência não serão consideradas e receberão o indicador de pendência PREC-LC150-DOM. |
| CsPendencia | CONTRIBUIÇÕES | **PREM-EXT** | **Remuneração informada fora do prazo, passível de comprovação** | O indicador é apresentado em vínculos de contribuinte individual prestador de serviço em que o contratante presta a informação extemporaneamente a partir da competência 04/2003. Dessa forma, o indicador só é apresentado na Extrato do CNIS, para o CI prestador de serviço a empresa, a partir da competência 04/2003, quando o contratante passou a ser responsável pelo recolhimento, conforme a Lei nº 10.666, de 2003. Na consulta aos dados da GFIP/eSocial, disponíveis no Portal CNIS, é apresentada a informação se a contribuição é extemporânea ou não.<br>O não tratamento da remuneração impede o cômputo do período no reconhecimento de direitos. A pendência da remuneração do CI prestador de serviço pode ser retirada |

| TIPO | GRUPO | SIGLA | DESCRIÇÃO | ESCLARECIMENTOS |
|---|---|---|---|---|
| | | | | através de tratamento via requerimento específico no Portal CNIS, desde que apresentada documentação comprobatória dos dados divergentes na forma do art. 29-A da Lei nº 8.213, de 1991. |
| CsPendencia | CONTRIBUIÇÕES/VÍNCULOS E REMUNERAÇÕES | **PDT-NASC-FIL-INV** | **Idade do filiado menor que a permitida pela legislação** | Indica existência de vínculos ou contribuições em períodos em que o titular do NIT/PIS/PASEP não possuía a idade mínima permitida pela legislação previdenciária (12, 14 e 16 anos). Procedimento: confirmar se a data de nascimento está correta. Se verificada a necessidade de alteração, utilizar o módulo de Pessoa Física CNIS-PF. Se não houver alteração, não serão considerados pelos sistemas de benefícios os períodos e as remunerações anteriores à idade mínima permitida, salvo quando haja análise do caso pontual e o tratamento específico seja efetuado. |
| CsPendencia | CONTRIBUIÇÕES/VÍNCULOS E REMUNERAÇÕES | **PDT-NASC-FIL-MENOR-INV** | **Idade do filiado menor aprendiz menor que a permitida pela** | Indica existência de vínculos ou contribuições em períodos em que o |

| TIPO | GRUPO | SIGLA | DESCRIÇÃO | ESCLARECIMENTOS |
|---|---|---|---|---|
| | | | **legislação** | titular do NIT/PIS/PASEP não possuía a idade mínima permitida pela legislação previdenciária na condição de menor aprendiz (12 e 14 anos). Procedimento: confirmar se a data de nascimento está correta. Se verificada a necessidade de alteração, utilizar o módulo de Pessoa Física CNIS-PF. Se não houver alteração, não serão considerados pelos sistemas de benefícios os períodos e as remunerações anteriores à idade mínima permitida, salvo quando haja análise do caso pontual e o tratamento específico seja efetuado. |
| CsPendencia | CONTRIBUIÇÕES/VÍNCULOS E REMUNERAÇÕES | **PREM-NASC** | **Remuneração antes da data de nascimento do Filiado** | Indicador aplicado na remuneração quando a competência for anterior à data de nascimento do filiado. Este indicador é aplicado para remunerações de todos os tipos de filiado, seja empregado, contribuinte individual, trabalhador avulso, empregado doméstico, etc. Deverá ser analisado se há erro na |

| TIPO | GRUPO | SIGLA | DESCRIÇÃO | ESCLARECIMENTOS |
|---|---|---|---|---|
| | | | | informação da competência de remuneração ou do dado cadastral do filiado. Sendo devida a retificação de alguma das informações existentes no CNIS, deverão ser seguidos os procedimentos previstos nos normativos. |
| CsPendencia | GERAIS DO NIT OU DE DADOS CADASTRAIS | **PNIT-CRIT** | **NIT em faixa crítica** | Trata-se de indicador que serve para informar a situação do Número de Identificação do Trabalhador - NIT no cadastro da Pessoa Física - PF, de forma que o campo "Situação" apresenta a informação [NIT Faixa Crítica], nos casos em que foi atribuído, indevidamente, o mesmo NIT para mais de uma pessoa na ocasião do cadastramento. |
| CsPendencia | GERAIS DO NIT OU DE DADOS CADASTRAIS | **PNIT-IND** | **NIT Indeterminado** | Trata-se de indicador que serve para informar a situação do NIT no cadastro da Pessoa Física - PF, de forma que o campo "Situação" apresenta a informação [NIT Indeterminado], no caso de registro sem nenhum dado cadastral ou, no qual não conste, na base de dados, o Nome do Trabalhador e/ou a |

| TIPO | GRUPO | SIGLA | DESCRIÇÃO | ESCLARECIMENTOS |
|---|---|---|---|---|
| | | | | Data de Nascimento. Havendo comprovação da titularidade do cadastro, nos termos da legislação previdenciária, caberá a complementação dos dados do cidadão no CNIS. |
| CsPendencia | GERAIS DO NIT OU DE DADOS CADASTRAIS | **PNIT-O094** | **NIT invalidado pertencente à faixa crítica do tipo Ofício INSS 094** | Trata-se de indicador que serve para informar a situação do NIT no cadastro da Pessoa Física - PF, de forma que o campo "Situação" apresenta a informação [NIT Ofício 094]. Não há tratamento para o NIT da Faixa 094, visto que eram 7 (sete) números fictícios de NIT, exclusivos para uso interno da Caixa Econômica Federal - CAIXA, para recepcionar Guia de Recolhimento do Fundo de Garantia do Tempo de Serviço e Informações à Previdência Social - GFIP que era entregue em papel, para trabalhadores sem NIT. Foram utilizados em testes quando da implantação da GFIP. |
| CsPendencia | GERAIS DO NIT OU DE DADOS CADASTRAIS | **PNIT-SC** | **NIT não encontrado cadastrado/inexistente** | Trata-se de indicador da situação do NIT no cadastro da Pessoa Física - PF, que ocorre quando não constam, na base de dados do CNIS, informações da |

| TIPO | GRUPO | SIGLA | DESCRIÇÃO | ESCLARECIMENTOS |
|---|---|---|---|---|
| | | | | pessoa física associadas ao NIT consultado. Havendo comprovação da titularidade do cadastro, nos termos da legislação previdenciária, caberá a inclusão dos dados do cidadão no CNIS. |
| CsPendencia | GERAIS DO NIT OU DE DADOS CADASTRAIS | **PNIT-SUP** | **NIT com indício de superposição de dados** | Trata-se de indicador que serve para informar a situação do NIT no cadastro da Pessoa Física - PF, de modo que o campo "Situação" apresenta a informação [NIT com indício de Superposição de dados], considerando que é um NIT em que o aplicativo Cadastro da Pessoa Física - CADPF causou superposição de registros com gravação incorreta na base de PF no período de 08/04 a 01/05/2002. Deverá ser avaliado o caso concreto antes da adoção das providências devidas. |
| CsPendencia | SEGURADO ESPECIAL | **PSE-NEG** | **Período Segurado Especial Negativo** | Indica período migrado de base governamental CAFIR ou RGP de segurado especial negativo, ainda não ratificado. CAFIR: para proprietários de um ou mais imóveis rurais com área total |

| TIPO | GRUPO | SIGLA | DESCRIÇÃO | ESCLARECIMENTOS |
|---|---|---|---|---|
| | | | | superior a 4 módulos fiscais e data de registro à partir de 23/06/2008, data da publicação da Lei nº 11.718, de 2008. RGP: se pescador industrial. É um período pendente, pois necessita de tratamento no CNIS (exclusão ou ratificação). Procedimento: Ratificação ou exclusão do período, conforme declarado e solicitado pelo filiado através do Portal CNIS. |
| CsPendencia | SEGURADO ESPECIAL | **PSE-PEN** | **Período Segurado Especial Pendente** | Indica período migrado de base governamental CAFIR ou RGP de segurado especial pendente, ainda não ratificado. CAFIR: para proprietários de um ou mais imóveis rurais com área total superior a 4 módulos fiscais e data de registro anterior à 23/06/2008, data da publicação da Lei nº 11.718, de 2008. RGP: se pescador artesanal embarcado. É um período pendente, pois necessita de tratamento (exclusão). Procedimento: exclusão do período caso declarado e solicitado pelo filiado |

| TIPO | GRUPO | SIGLA | DESCRIÇÃO | ESCLARECIMENTOS |
|---|---|---|---|---|
| | | | | através do Portal CNIS. Até que o Módulo de Comprovação do Portal CNIS esteja em produção, caso o segurado comprove que exerceu atividade, o período poderá ser ratificado e incluído no Portal CNIS. |
| CsPendencia | SEGURADO ESPECIAL | **PSE-POS** | **Período Segurado Especial Positivo** | Indica período migrado de base governamental CAFIR ou RGP de segurado especial positivo, ainda não ratificado. CAFIR: para proprietários de um ou mais imóveis rurais com área total de até 4 módulos fiscais. RGP: se pescador artesanal não embarcado. Mesmo se tratando de um indicador "positivo", trata-se de um período pendente, pois necessita de tratamento no CNIS (exclusão ou ratificação). Procedimento: ratificação ou exclusão do período, conforme declarado e solicitado pelo filiado através do Portal CNIS. |
| CsPendencia | VÍNCULOS E REMUNERAÇÕES | PADM-EMPR | **Data de admissão anterior ao início da atividade do empregador** | Trata-se de indicador de pendência que indica que a data de admissão do vínculo é anterior à data de |

| TIPO | GRUPO | SIGLA | DESCRIÇÃO | ESCLARECIMENTOS |
|---|---|---|---|---|
| | | | | existência da empresa registrada no cadastro de Pessoas Jurídicas da RFB. Pode ocorrer pelo fato de o início da atividade da empresa ser anterior à data de sua formalização. A data de início de atividade do Empregador a ser considerada, para efeito de levantamento da pendência, será a data mais antiga entre às datas de início de atividade do Empregador existentes em cada vínculo agrupado. Esta regra não se aplica sobre vínculos de fonte INSS e eSocial. Não há impacto no reconhecimento de direitos, uma vez que esse indicador não impede o cômputo do vínculo para todos os fins, desde que comprovado e feito o tratamento de validação do vínculo de acordo com a normatização vigente. |
| CsPendencia | VÍNCULOS E REMUNERAÇÕES | PADM-EMPR | **Data de admissão** posterior à **data de encerramento** da **atividade do empregador** | Trata-se de indicador de pendência que indica que a data de admissão do vínculo é posterior à data de encerramento da empresa registrada no cadastro de Pessoas Jurídicas da RFB. A data de |

| TIPO | GRUPO | SIGLA | DESCRIÇÃO | ESCLARECIMENTOS |
|---|---|---|---|---|
| | | | | encerramento da atividades do Empregador a ser considerada, para efeito de levantamento da pendência, será a data mais recente entre às datas de encerramento de atividade do Empregador existentes em cada vínculo agrupado. Esta regra não se aplica sobre vínculos de fonte INSS e eSocial. Não há impacto no reconhecimento de direitos, uma vez que esse indicador não impede o cômputo do vínculo para todos os fins, desde que comprovado e feito o tratamento de validação do vínculo de acordo com a normatização vigente. |
| CsPendencia | VÍNCULOS E REMUNERAÇÕES | **PCEI-EQP-INV** | **Empregador com identificador inválido** | Indicador aplicado na relação previdenciária quando o identificador do empregador for inválido.<br>Essa situação ocorre nos casos em que a matrícula CEI (Cadastro Específico do INSS) do empregador tiver o dígito verificador diferente de /0 (pessoa física equiparada a empresa) e /8 (produtor rural |

| TIPO | GRUPO | SIGLA | DESCRIÇÃO | ESCLARECIMENTOS |
|---|---|---|---|---|
| | | | | equiparado a empresa). Vínculos com empregador CEI /6 e /7 são considerados válidos e não apresentam essa crítica. |
| CsPendencia | VÍNCULOS E REMUNERAÇÕES | **PEMP-CAD** | **Faltam dados cadastrais do empregador (CNPJ ou CEI)** | Trata-se de indicador de pendência exibido nos casos em que o identificador do empregador é válido, porém faltam dados cadastrais na base de Pessoas Jurídicas CNIS-PJ. Não há impacto no reconhecimento de direitos, uma vez que esse indicador não impede o cômputo do vínculo para todos os fins, desde que comprovado e feito o tratamento de validação do vínculo de acordo com a normatização vigente. |
| CsPendencia | VÍNCULOS E REMUNERAÇÕES | **PEMP-IDINV** | **Empregador com identificador inválido** | O indicador é aplicado em vínculo que possui identificador do empregador inválido. Existe vínculo no CNIS que possui identificador do empregador inválido, ou seja, não se determina se é CGC, CNPJ ou CEI, que eram os identificadores válidos à época. Geralmente, esses vínculos são das décadas de 1970 ou 1980. |

| TIPO | GRUPO | SIGLA | DESCRIÇÃO | ESCLARECIMENTOS |
|---|---|---|---|---|
| | | | | Essa situação ocorreu no período em que a RAIS ou o FGTS Informativo (fontes do CNIS) permitia que fosse informado o empregador com identificador CPF, INCRA, Entidade PASEP, CI Empregador e Ignorado, enquanto não possuía o CGC/CNPJ ou o CEI, o que não ocorre mais. Cabe reforçar que o CPF como identificador do empregador só era permitido para empregador doméstico, nas situações em que o servidor do INSS insere o vínculo no CNIS (fonte INSS) com base no documento comprobatório do vínculo. Posteriormente, passou a ser possível pela fonte eSocial, a partir de 10/2015, com o SIMPLES DOMÉSTICO, e recentemente passou a ser permitido também para o empregador pessoa física equiparada, de acordo com a implantação do eSocial, conforme cronograma. Logo, quando falamos sobre identificador do empregador CPF como inválido, |

| TIPO | GRUPO | SIGLA | DESCRIÇÃO | ESCLARECIMENTOS |
|---|---|---|---|---|
| | | | | estamos falando de vínculos de empregado e referentes a períodos antigos, geralmente da década de 1970/1980. Os tipos de identificadores dos empregadores considerados inválidos estão registrados na base de dados com os seguintes domínios: 3 – CPF; 4 – INCRA; 6 – Entidade PASEP; 7 – CI Empregador; e 9 – Ignorado. Os tipos de identificadores dos empregadores considerados válidos são os seguintes: 1 – CNPJ; 2 – CEI; 3 – CPF (se de fonte INSS – válido para o vínculo de empregado doméstico, ou se for fonte eSocial - válido tanto para vínculo de empregado doméstico como para vínculo de empregado com empregador pessoa física equiparada); 5 – Indeterminado (se de fonte INSS); e 8 – CGC de 8 dígitos (se de fonte INSS). |
| CsPendencia | VÍNCULOS E REMUNERAÇÕES | **PEXT** | **Vínculo com informação extemporânea, passível de** | O indicador de pendência aponta que o vínculo empregatício, ou parte dele, foi |

| TIPO | GRUPO | SIGLA | DESCRIÇÃO | ESCLARECIMENTOS |
|---|---|---|---|---|
| | | | **comprovação** | inserido fora do prazo legal, nos termos do artigo 19, § 3º do RPS, aprovado pelo Decreto nº 3.048, de 1999. Para o tratamento da extemporaneidade é exigido que o segurado apresente documentos que comprovem a regularidade do vínculo, devendo para tanto ser utilizado o requerimento de vínculo extemporâneo no CNIS. Há impacto no reconhecimento do direito. Caso não seja comprovada a regularidade, o período (ou o vínculo integral) informado extemporaneamente não será considerado para fins de tempo de contribuição e para fins de cálculo da renda mensal inicial. |
| CsPendencia | VÍNCULOS E REMUNERAÇÕES | PREM-EMPR | **Remunerações após a data de encerramento da atividade do empregador** | Trata-se de indicador de pendência que indica que a remuneração de determinada competência é posterior à competência da data de encerramento da empresa registrada no cadastro de Pessoas Jurídicas da RFB. A data de encerramento da atividades do Empregador a ser |

| TIPO | GRUPO | SIGLA | DESCRIÇÃO | ESCLARECIMENTOS |
|---|---|---|---|---|
| | | | | considerada, para efeito de levantamento da pendência, será a data mais recente entre às datas de encerramento de atividade do Empregador existentes em cada vínculo agrupado. Há impacto no reconhecimento de direitos, uma vez que esse indicador impede o cômputo da competência nos sistemas de benefícios. Não há tratamento a ser aplicado para esse indicador no CNIS, devendo, se for o caso, ser retificada a data de encerramento da atividade do empregador na RFB. |
| CsPendencia | VÍNCULOS E REMUNERAÇÕES | PREM-EMPR | **Remunerações antes da data de início de atividade do empregador** | Trata-se de indicador de pendência que indica que a remuneração de determinada competência é anterior à competência da data de início de atividade da empresa registrada no cadastro de Pessoas Jurídicas da RFB. A data de inicio de atividade do Empregador a ser considerada, para efeito de levantamento da pendência, será a data |

| TIPO | GRUPO | SIGLA | DESCRIÇÃO | ESCLARECIMENTOS |
|---|---|---|---|---|
| | | | | mais antiga entre às datas de início de atividade do Empregador existentes em cada vínculo agrupado. Há impacto no reconhecimento de direitos, uma vez que esse indicador impede o cômputo da competência nos sistemas de benefícios.<br>Não há tratamento a ser aplicado para esse indicador no CNIS, devendo, se for o caso, ser retificada a data de início da atividade do empregador na RFB. |
| CsPendencia | VÍNCULOS E REMUNERAÇÕES | **PREM-FORA-CONVOC** | **Remuneração de trabalho intermitente não coberta por Convocatória** | Indicador aplicado na remuneração do vínculo com contrato de trabalho intermitente para demonstrar que a competência de remuneração não está coberta por convocatória. |
| CsPendencia | VÍNCULOS E REMUNERAÇÕES | **PREM-FVIN** | **Remuneração após o fim do vínculo** | Indicador de pendência que aponta as remunerações informadas posteriores ao encerramento do vínculo empregatício. O vínculo apresentará o indicador "IREM-INDPEND - Remunerações com indicadores/pendências" pelo fato de existir remunerações |

| TIPO | GRUPO | SIGLA | DESCRIÇÃO | ESCLARECIMENTOS |
|---|---|---|---|---|
| | | | | posteriores ao encerramento do vínculo. Ao detalharmos o vínculo, todas as remunerações posteriores à data de desligamento apresentarão indicador de pendência "PREM-FVIN - Remuneração após o fim do vínculo". As remunerações com esta pendência não são computadas para fins de reconhecimento de direitos por estarem fora do período do vínculo. Caberá ser verificado se há um possível erro na data de rescisão informada pelo empregador, que ensejaria a retificação da data fim e, em havendo, deverão ser seguidos os procedimentos previstos nos normativos aplicáveis. |
| CsPendencia | VÍNCULOS E REMUNERAÇÕES | **PREM-IVIN** | **Remuneração antes do início do vínculo** | Indicador de pendência que aponta as remunerações informadas anteriores ao início do vínculo empregatício. O vínculo apresentará o indicador "IREM-INDPEND - Remunerações com indicadores/pendências" pelo fato de existir remunerações |

| TIPO | GRUPO | SIGLA | DESCRIÇÃO | ESCLARECIMENTOS |
|---|---|---|---|---|
| | | | | anteriores ao início do vínculo. Ao detalharmos o vínculo todas as remunerações anteriores à data de admissão apresentarão indicador de pendência "PREM-IVIN - Remuneração antes do início do vínculo". As remunerações com esta pendência não são computadas para fins de reconhecimento de direitos por estarem fora do período do vínculo. Caberá ser verificado se há um possível erro na data de admissão informada pelo empregador, que ensejaria a retificação da data início e, em havendo, deverão ser seguidos os procedimentos previstos nos normativos aplicáveis. |
| CsPendencia | VÍNCULOS E REMUNERAÇÕES | **PREM-OBITO** | **Remuneração após óbito** | Indicador aplicado em competência com remuneração posterior à competência referente à data do óbito do filiado. |
| CsPendencia | VÍNCULOS E REMUNERAÇÕES | **PREM-POSQRT** | **Remuneração posterior ao período de quarentena** | Indicador de pendência que aponta as remunerações informadas posteriores ao fim do vínculo e ao período |

| TIPO | GRUPO | SIGLA | DESCRIÇÃO | ESCLARECIMENTOS |
|---|---|---|---|---|
| | | | | de quarentena (após a data limite de quarentena informada caso o vínculo seja de fonte eSocial). O vínculo apresentará o indicador "IREM-INDPEND - Remunerações com indicadores/pendências" pelo fato de existir remunerações posteriores ao fim do vínculo e ao período de quarentena. Ao detalharmos o vínculo, todas as remunerações posteriores à data fim da quarentena apresentarão indicador de pendência "PREM-POSQRT", que sempre virá acompanhada da pendência "PREM-FVIN - Remuneração após o fim do vínculo". As remunerações com esta pendência não são computadas para fins de reconhecimento de direitos. Caberá ser verificado se há um possível erro na informação do período de quarentena após a data de rescisão informada pelo empregador, que ensejaria a retificação dos dados por meio do eSocial, tendo em vista que não há |

| TIPO | GRUPO | SIGLA | DESCRIÇÃO | ESCLARECIMENTOS |
|---|---|---|---|---|
| | | | | tratamento para este indicador pelo INSS. |
| CsPendencia | VÍNCULOS E REMUNERAÇÕES | PRES-EMPR | **Data de rescisão posterior à data de encerramento da atividade do empregador** | Trata-se de indicador de pendência que indica que a data de rescisão do vínculo é posterior à data de encerramento da empresa registrada no cadastro de Pessoas Jurídicas da RFB. A data de encerramento da atividades do Empregador a ser considerada, para efeito de levantamento da pendência, será a data mais recente entre às datas de encerramento de atividade do Empregador existentes em cada vínculo agrupado. Esta regra não se aplica sobre vínculos de fonte INSS e eSocial. Não há impacto no reconhecimento de direitos, uma vez que esse indicador não impede o cômputo do vínculo para todos os fins, desde que comprovado e feito o tratamento de validação do vínculo de acordo com a normatização vigente. |
| CsPendencia | VÍNCULOS E REMUNERAÇÕES | PRES-EMPR | **Data de rescisão anterior à data de início da Atividade do Empregador** | Trata-se de indicador de pendência que indica que a data de rescisão do vínculo é anterior à data de |

| TIPO | GRUPO | SIGLA | DESCRIÇÃO | ESCLARECIMENTOS |
|---|---|---|---|---|
| | | | | existência da empresa registrada no cadastro de Pessoas Jurídicas da RFB. Pode ocorrer pelo fato de o início da atividade da empresa ser anterior à data de sua formalização.<br>A data de início de atividade do Empregador a ser considerada, para efeito de levantamento da pendência, será a data mais antiga entre às datas de início de atividade do Empregador existentes em cada vínculo agrupado. Esta regra não se aplica sobre vínculos de fonte INSS e eSocial. Não há impacto no reconhecimento de direitos, uma vez que esse indicador não impede o cômputo do vínculo para todos os fins, desde que comprovado e feito o tratamento de validação do vínculo de acordo com a normatização vigente. |
| CsPendencia | VÍNCULOS E REMUNERAÇÕES | **PRPPS** | **Vínculo de empregado com informações de Regime Próprio (Servidor Público)** | Indicador de pendência que sinaliza a existência de período de Regime Próprio de Previdência Social - RPPS em parte ou na totalidade do vínculo empregatício.<br>O vínculo de agente |

| TIPO | GRUPO | SIGLA | DESCRIÇÃO | ESCLARECIMENTOS |
|---|---|---|---|---|
| | | | | público no CNIS pode conter um único ou vários períodos intercalados de regime(s) previdenciário(s) (RGPS/RPPS), a depender das mudanças de regimes efetuadas pelo ente federativo no decorrer do tempo. Pode haver impacto no reconhecimento de direitos para os casos em que for necessário realizar ajuste(s) do(s) período(s) de regime(s) previdenciário(s) (RGPS ou RPPS) no vínculo, constante do CNIS, de acordo com a análise da documentação comprobatória apresentada. Esse indicador também é apresentado para vínculos de trabalhadores não vinculados ao Regime Geral de Previdência Social - RGPS, mas com direito ao Fundo de Garantia por Tempo de Serviço - FGTS, informados na Guia de Recolhimento do FGTS e de Informações à Previdência Social - GFIP com a categoria 03 – trabalhador não vinculado ao RGPS, |

| TIPO | GRUPO | SIGLA | DESCRIÇÃO | ESCLARECIMENTOS |
|---|---|---|---|---|
| | | | | mas com direito ao FGTS. Um exemplo dessa situação é o empregado estrangeiro que presta serviço no Brasil, vinculado ao regime previdenciário do país de origem, mas com direito ao FGTS. |
| CsPendencia | VÍNCULOS E REMUNERAÇÕES | **PRPSE** | **Vínculo de empregado do Regime de Previdência no Exterior** | Indicador de pendência aplicado em vínculo oriundo de evento S-2200, do eSocial, com informação de tipo de regime previdenciário "3 - Regime de Previdência Social no Exterior – RPSE". Nesse caso, o vínculo aparece na consulta com indicador de pendência "PRPSE - Vínculo de empregado do Regime de Previdência no Exterior" e não é disponibilizado para os sistemas de benefícios. Serve somente para visualização da existência desse tipo de vínculo, mas não possui nenhum reflexo de utilização pelo RGPS. Ao ser detalhado o vínculo, é possível verificar na tabela "Regimes Previdenciários" que consta na coluna "Descrição" o tipo "Regime de |

| TIPO | GRUPO | SIGLA | DESCRIÇÃO | ESCLARECIMENTOS |
|---|---|---|---|---|
| | | | | Previdência Social no Exterior". Cabe ressaltar que para esse tipo de vínculo não deve ser feito nenhum tipo de atualização via requerimento no CNIS, visto não ser possível qualquer ação cadastral relacionada a vínculos que possuam regime previdenciário RPSE. Ou seja, não há qualquer ação pelo INSS a ser feita de tratamento desse tipo de vínculo (que não é da previdência no Brasil). Caso seja constatado em um vínculo que o tipo de regime previdenciário está RPSE no CNIS, advindo do eSocial, e que na verdade houve equívoco por parte do empregador em informar o tipo de regime previdenciário do trabalhador, cabe ao próprio empregador corrigir a informação no eSocial. |
| CsPendencia | VÍNCULOS E REMUNERAÇÕES | **PVIN-AGRUP-INC** | **Pendência que sinaliza inconsistência em Vínculo agrupador quando não foi possível encontrar todos os seus vínculos agrupados relacionados** | Indicador de pendência apresentado quando, eventualmente, ocorrer de um dos vínculos participantes do agrupamento ter sido excluído pelo empregador, deixando o |

| TIPO | GRUPO | SIGLA | DESCRIÇÃO | ESCLARECIMENTOS |
|---|---|---|---|---|
| | | | | agrupamento "incompleto". Outra situação que pode deixar o agrupamento "incompleto" é quando ocorre um desfazimento automático de elos. Esse indicador impede a disponibilização do vínculo para os sistemas de benefícios, evitando a utilização de uma informação que foi excluída ou desmembrada.<br>A forma de tratar a pendência é fazer um desagrupamento e um novo agrupamento, sem o vínculo excluído pela empresa ou pelo desfazimento de elos. |
| CsPendencia | VÍNCULOS E REMUNERAÇÕES | **PVIN-IRREG** | **Vínculo em situação de irregularidade** | Indicador de pendência apresentado no vínculo de empregado ou na competência de remuneração de trabalhador avulso ou de contribuinte individual prestador de serviço a empresa, do CNIS, resultante de apuração de indício de fraude pelas áreas competentes.<br>No caso de desmarcação da irregularidade, o indicador deixará de ser apresentado no CNIS, contudo as ações efetuadas, da marcação e |

| TIPO | GRUPO | SIGLA | DESCRIÇÃO | ESCLARECIMENTOS |
|---|---|---|---|---|
| | | | | desmarcação estarão disponíveis para consulta no detalhamento do vínculo de empregado ou na competência de remuneração de trabalhador avulso ou de contribuinte individual prestador de serviço a empresa. |
| CsPendencia | VÍNCULOS E REMUNERAÇÕES | PVIN-ME | **Vínculo de mandato eletivo, passível de comprovação** | Trata-se de indicador de pendência em vínculo de exercente de mandato eletivo oriundo de fonte GFIP, em razão da declaração de inconstitucionalidade da alínea "h", do inciso I, do artigo 12, da Lei nº 8.212, de 1991, cujo período do vínculo comporte o interstício entre 01/02/1998 a 18/09/2004, período para o qual o exercente de mandato eletivo poderá optar pela filiação como facultativo, conforme procedimento descrito na Instrução Normativa PRES/INSS nº 128, de 2022. Atualmente, não está sendo realizado tratamento do indicador no CNIS. Caso necessária a exclusão, no vínculo, do período reconhecido como facultativo, deverá ser alterado o vínculo por |

| TIPO | GRUPO | SIGLA | DESCRIÇÃO | ESCLARECIMENTOS |
|---|---|---|---|---|
| | | | | meio de requerimento no VRE. |
| CsPendencia | VÍNCULOS E REMUNERAÇÕES | **PVIN-OBITO** | **Data de admissão posterior ao óbito** | Indicador aplicado em vínculo com data de admissão posterior à data do óbito do filiado.<br>Procedimento: confirmar se realmente existe o óbito e se a data foi informada corretamente no CNIS. Se verificada a necessidade de exclusão ou alteração da data de óbito, utilizar o módulo de Pessoa Física CNIS-PF. Verificar ainda se a data de admissão do vínculo está correta. Se não houver nenhuma alteração, só serão disponibilizadas para o reconhecimento de direitos os vínculos e as remunerações anteriores à data do óbito. |
| CsPendencia | VÍNCULOS E REMUNERAÇÕES | **PVIN-RE** | **Causa de rescisão estimada por não ter sido informada pela fonte (RAIS/FGTS/GRE)** | Indicador de pendência que sinaliza que a causa de rescisão no vínculo foi estimada por não ter sido informada pelas fontes RAIS ou FGTS/GRE.<br>A aplicação desse indicador foi necessária à época em que houve a migração do banco de dados de vínculos da Plataforma Alta para a |

| TIPO | GRUPO | SIGLA | DESCRIÇÃO | ESCLARECIMENTOS |
|---|---|---|---|---|
| | | | | Plataforma Baixa, que hoje é o Portal CNIS, por conta de que o banco de dados não permitia o campo "causa de rescisão" sem preenchimento. No caso da fonte GFIP, essa pendência não ocorre. Para tratamento, se necessário, deverá ser realizado o acerto no vínculo, pelo módulo VRE do CNIS, ajustando a causa de rescisão para aquela comprovada pelo segurado. |
| CsPendencia | VÍNCULOS E REMUNERAÇÕES | PVIN-SUBSTIT-INC | **Pendência que sinaliza inconsistência em Vínculo prevalente quando não foi possível encontrar todos os seus vínculos relacionados** | Trata-se de indicador de pendência apresentado no vínculo substituto quando o vínculo substituído sofre alguma alteração que impossibilite a localização deste entre os vínculos relacionados do substituidor. |
| CsPendencia | VÍNCULOS E REMUNERAÇÕES | PVIN-TRAB-INTERM | **Pendência relacionada a Vínculo que possui informações de trabalho intermitente** | Indicador de pendência aplicado no vínculo que demonstra que a relação previdenciária possui informações de contrato de trabalho intermitente. Esse indicador de pendência foi criado para atender solicitação da área de reconhecimento de direitos, com objetivo de não disponibilizar |

| TIPO | GRUPO | SIGLA | DESCRIÇÃO | ESCLARECIMENTOS |
|---|---|---|---|---|
| | | | | esses vínculos para os sistemas de benefícios, até que sejam definidas regras para sua utilização. Não há tratamento no CNIS das informações referentes ao período de atividade exercida no vínculo com contrato de trabalho intermitente. Dessa forma, se verificado eventual erro de informação para o referido vínculo e/ou remunerações, cabe ao empregador providenciar a retificação dos dados por meio do eSocial. |
| CsPendencia | VÍNCULOS E REMUNERAÇÕES | **PVIN-CAGED** | **Vínculo Oriundo da fonte CAGED** | Indicador utilizado em vínculos com fonte de origem Cadastro Geral de Empregados e Desempregados - CAGED. Esse indicador serve para que a Extrato CNIS não disponibilize vínculos oriundos exclusivamente de fonte CAGED. Para os casos em que houver mais fontes de informação do vínculo (RAIS, FGTS/GRE, GFIP) além do CAGED, o vínculo é consolidado e apresentado no CNIS. Neste caso, a fonte CAGED será apresentada, quando do detalhamento do vínculo, no quadro "Vínculos |

| TIPO | GRUPO | SIGLA | DESCRIÇÃO | ESCLARECIMENTOS |
|---|---|---|---|---|
| | | | | Previdenciários Relacionados", com o indicador PVIN-CAGED.<br>Cabe ressaltar que o CAGED nunca foi uma fonte prevalente para fins previdenciários, em razão de conter muitas inconsistências/divergências quando confrontada às demais fontes de dados. |

**II - INDICADORES DE ALERTA (CsIndicador):**

| TIPO | GRUPO | SIGLA | DESCRIÇÃO | ESCLARECIMENTOS |
|---|---|---|---|---|
| CsIndicador | AJUSTES EC103 - AGRUPAMENTO | IAGRUP-MN-SM-EC103 | **Indicador de competência objeto de agrupamento que recebeu de outra competência mas permaneceu abaixo do mínimo (favorecida)** | Indicador aplicado na competência, que possui valor abaixo do Salário Mínimo e que após ter recebido valores de outra competência, permaneceu abaixo do Salário Mínimo (favorecida).<br>Por meio do botão "Extrato Ano Civil" da tela inicial do Extrato para SIBE o servidor pode consultar o Extrato de Ano Civil, onde é disponibilizada a consulta por Ano Civil. Após a realização de Ajustes de complementação, utilização e agrupamento, bem como o processamento do Darf liquidado, será possível ao servidor observar as competências ajustadas e seus respectivos |

| TIPO | GRUPO | SIGLA | DESCRIÇÃO | ESCLARECIMENTOS |
|---|---|---|---|---|
| | | | | indicadores ao se consultar o Ano Civil ou detalhando as remunerações da relação previdenciária. |
| CsIndicador | AJUSTES EC103 - AGRUPAMENTO | **IAGRUP-SM-EC103** | **Indicador de competência objeto de agrupamento que resultou em salário de contribuição igual ao valor mínimo (favorecida)** | Indicador aplicado na competência, que possui valor abaixo do Salário Mínimo e que após ter recebido valores de outra competência, ficou com valor igual ao do Salário Mínimo (favorecida). Por meio do botão "Extrato Ano Civil" da tela inicial do Extrato para SIBE o servidor pode consultar o Extrato de Ano Civil, onde é disponibilizada a consulta por Ano Civil. Após a realização de Ajustes de complementação, utilização e agrupamento, bem como o processamento do Darf liquidado, será possível ao servidor observar as competências ajustadas e seus respectivos indicadores ao se consultar o Ano Civil ou detalhando as remunerações da relação previdenciária. |
| CsIndicador | AJUSTES EC103 - AGRUPAMENTO | **IAGRUP-VR-EC103** | **Indicador de competência objeto de agrupamento onde restou valor residual (desfavorecida)** | Indicador aplicado na competência que possui valor abaixo de Salário Mínimo e que cede valor para outra competência, restando a cedente com resíduo (desfavorecida). Por meio do botão "Extrato Ano Civil" da tela inicial do Extrato para SIBE o servidor pode consultar |

| TIPO | GRUPO | SIGLA | DESCRIÇÃO | ESCLARECIMENTOS |
|---|---|---|---|---|
| | | | | o Extrato de Ano Civil, onde é disponibilizada a consulta por Ano Civil. Após a realização de Ajustes de complementação, utilização e agrupamento, bem como o processamento do Darf liquidado, será possível ao servidor observar as competências ajustadas e seus respectivos indicadores ao se consultar o Ano Civil ou detalhando as remunerações da relação previdenciária. |
| CsIndicador | AJUSTES EC103 - AGRUPAMENTO | IAGRUP-ZER-EC103 | **Indicador de competência objeto de agrupamento que restou zerada (desfavorecida)** | Indicador aplicado na competência que possui valor abaixo de Salário Mínimo e que cede para outra competência, restando a cedente zerada (desfavorecida).<br>Por meio do botão "Extrato Ano Civil" da tela inicial do Extrato para SIBE o servidor pode consultar o Extrato de Ano Civil, onde é disponibilizada a consulta por Ano Civil. Após a realização de Ajustes de complementação, utilização e agrupamento, bem como o processamento do Darf liquidado, será possível ao servidor observar as competências ajustadas e seus respectivos indicadores ao se consultar o Ano Civil ou detalhando as remunerações da relação |

| TIPO | GRUPO | SIGLA | DESCRIÇÃO | ESCLARECIMENTOS |
|---|---|---|---|---|
| | | | | previdenciária. |
| CsIndicador | AJUSTES EC103 - COMPLEMENTAÇÃO | **ICOMPL-VR-SM-EC103** | **Indicador de competência que possui recolhimento de complementação para o valor mínimo** | Indicador que sinaliza se a competência possui recolhimento de complementação Darf para o valor mínimo. Por meio do botão "Extrato Ano Civil" da tela inicial do Extrato para SIBE o servidor pode consultar o Extrato de Ano Civil, onde é disponibilizada a consulta por Ano Civil. Após a realização de Ajustes de complementação, utilização e agrupamento, bem como o processamento do Darf liquidado, será possível ao servidor observar as competências ajustadas e seus respectivos indicadores ao se consultar o Ano Civil ou detalhando as remunerações da relação previdenciária. |
| CsIndicador | AJUSTES EC103 - COMPLEMENTAÇÃO | **IVLR-DARF-LIMITADO** | **Valor de DARF foi limitado de forma que o valor total da competência não ultrapasse o valor do Salário Mínimo na competência** | Indicador que sinaliza que um valor de Darf foi limitado, de forma que o valor total da competência não ultrapasse o valor do Salário Mínimo na competência.<br>Por meio do botão "Extrato Ano Civil" da tela inicial do Extrato para SIBE o servidor pode consultar o Extrato de Ano Civil, onde é disponibilizada a consulta por Ano Civil. Após a realização de Ajustes de complementação, utilização e agrupamento, |

| TIPO | GRUPO | SIGLA | DESCRIÇÃO | ESCLARECIMENTOS |
|---|---|---|---|---|
| | | | | bem como o processamento do Darf liquidado, será possível ao servidor observar as competências ajustadas e seus respectivos indicadores ao se consultar o Ano Civil ou detalhando as remunerações da relação previdenciária.<br>O indicador IVLR-DARF-LIMITADO é aplicado em conjunto com o indicador ICOMPL-VR-SM-EC103, de forma que o valor total da competência não ultrapasse o valor do Salário Mínimo na competência. |
| CsIndicador | AJUSTES EC103 - OUTROS INDICADORES | **IREL-PREV-POSSUI-COMP-AJUST** | **Relação Previdenciária possui alguma competência que foi ajustada (favorecida/desfavorecida)** | Indicador aplicado na Relação Previdenciária para sinalizar que esta possui alguma competência que foi ajustada (favorecida/desfavorecida). |
| CsIndicador | AJUSTES EC103 - UTILIZAÇÃO | **ICED-VR-EXC-EC103** | **Indicador de competência que cedeu valor excedente para outra competência** | Indicador aplicado na competência que possui valor excedente ao Salário Mínimo e que cede valor para outra competência (desfavorecida).<br>Por meio do botão "Extrato Ano Civil" da tela inicial do Extrato para SIBE o servidor pode consultar o Extrato de Ano Civil, onde é disponibilizada a consulta por Ano Civil. Após a realização de Ajustes de complementação, utilização e agrupamento, bem como o |

| TIPO | GRUPO | SIGLA | DESCRIÇÃO | ESCLARECIMENTOS |
|---|---|---|---|---|
| | | | | processamento do Darf liquidado, será possível ao servidor observar as competências ajustadas e seus respectivos indicadores ao se consultar o Ano Civil ou detalhando as remunerações da relação previdenciária. |
| CsIndicador | AJUSTES EC103 - UTILIZAÇÃO | IUTILIZ-EXC-EC103 | **Indicador de competência que foi favorecida por valor de remuneração(-ões) excedente(s) de outra(s) competência(s)** | Indicador aplicado na competência que recebeu valor de competências que possuam valores excedentes ao Salário Mínimo, ficando a favorecida igual ao Salário Mínimo (favorecida). Por meio do botão "Extrato Ano Civil" da tela inicial do Extrato para SIBE o servidor pode consultar o Extrato de Ano Civil, onde é disponibilizada a consulta por Ano Civil. Após a realização de Ajustes de complementação, utilização e agrupamento, bem como o processamento do Darf liquidado, será possível ao servidor observar as competências ajustadas e seus respectivos indicadores ao se consultar o Ano Civil ou detalhando as remunerações da relação previdenciária. |
| CsIndicador | AJUSTES EC103 - UTILIZAÇÃO | IUTILIZ-EXC-MN-SM-EC103 | **Indicador de competência que foi favorecida por valor de remuneração(-ões) excedente(s) de outra(s)** | Indicador aplicado na competência que recebeu valor de competências que possuam valores excedentes ao Salário Mínimo, permanecendo a |

| TIPO | GRUPO | SIGLA | DESCRIÇÃO | ESCLARECIMENTOS |
|---|---|---|---|---|
| | | | **competência(s), mas permaneceu inferior ao mínimo** | favorecida abaixo do Salário Mínimo (favorecida).<br>Por meio do botão "Extrato Ano Civil" da tela inicial do Extrato para SIBE o servidor pode consultar o Extrato de Ano Civil, onde é disponibilizada a consulta por Ano Civil. Após a realização de Ajustes de complementação, utilização e agrupamento, bem como o processamento do Darf liquidado, será possível ao servidor observar as competências ajustadas e seus respectivos indicadores ao se consultar o Ano Civil ou detalhando as remunerações da relação previdenciária. |
| CsIndicador | CONTRIBUIÇÕES | **GFIP** | **Indica que remuneração da competência foi declarada em GFIP** | É apresentado na Extrato para PRISMA/SABI. Indica que a remuneração da competência foi declarada em GFIP, sendo aplicado ao Contribuinte Individual - CI prestador de serviço. |
| CsIndicador | CONTRIBUIÇÕES | **IREC-DESINDEXA** | **Indica que a contribuição da competência foi desindexada** | Alerta que houve a desindexação na competência que foi objeto de indenização, seja para fins de cômputo no Regime Geral da Previdência Social - RGPS ou de contagem recíproca. A desindexação consiste em apurar o salário de contribuição da época, na competência paga por meio de cálculo de indenização, de forma |

| TIPO | GRUPO | SIGLA | DESCRIÇÃO | ESCLARECIMENTOS |
|---|---|---|---|---|
| | | | | que, quando do requerimento do benefício ou emissão de Certidão de Tempo de Contribuição - CTC, o referido salário seja disponibilizado sem distorção do seu valor. A desindexação visa evitar a utilização de um salário de contribuição superior ao devido, visto que para fins de concessão de benefícios, é aplicado o índice de correção sobre o salário de contribuição, sem levar em conta que já houve correção na data do cálculo da contribuição em atraso. Não é necessário ao servidor efetuar qualquer tratamento na competência que apresenta este indicador. |
| CsIndicador | CONTRIBUIÇÕES | **IREC-FBR** | **Recolhimentos de Contribuinte Facultativo de Baixa Renda (L 12470/2011)** | O IREC-FBR é o indicador de recolhimentos efetuados como contribuinte facultativo de baixa renda da Lei nº 12.470, de 2011, que já foram validados. Atualmente, quando o recolhimento está pendente de validação, após o processamento desta, poderá receber os indicadores IREC-FBR-DEF, para o deferido, e IREC-FBR-IND, para o indeferido. |
| CsIndicador | CONTRIBUIÇÕES | **IREC-FBR-DEF** | **Recolhimento facultativo baixa renda deferido/válido** | Indica que o período de contribuição efetuado como facultativo de baixa renda da Lei nº 12.470, de 2011, já foi analisado e |

| TIPO | GRUPO | SIGLA | DESCRIÇÃO | ESCLARECIMENTOS |
|---|---|---|---|---|
| | | | | deferido/validado. |
| CsIndicador | CONTRIBUIÇÕES | IREC-INDPEND | **Recolhimentos com indicadores/pendências** | Trata-se de indicador padrão sinalizando a existência de indicadores e/ou pendências em uma ou mais competências do período de contribuição e, portanto, deve ser detalhado.<br>No detalhamento de cada salário de contribuição é que se verificará o indicador específico, o qual poderá ou não necessitar de tratamento. |
| CsIndicador | CONTRIBUIÇÕES | IREC-LC123 | **Recolhimento no Plano Simplificado de Previdência Social (LC 123/2006)** | Indica que o recolhimento foi efetuado com código da Lei Complementar nº 123, de 2006 (Plano Simplificado com alíquotas reduzidas de 11% e 5%). É apresentado na Extrato para SIBE.<br>Caso os sistemas de benefícios identifiquem na competência o indicador IREC-LC123, não será possível o cômputo desta em aposentadoria por tempo de contribuição ou CTC sem a devida complementação para a alíquota de 20%. |
| CsIndicador | CONTRIBUIÇÕES | IREC-LC123-SUP | **Recolhimento no Plano Simplificado de Previdência Social (LC 123/2006) superior ao salário mínimo** | Indica que o valor recolhido no plano simplificado da Lei Complementar nº 123, de 2006, superou o limite de contribuição para o salário mínimo vigente na competência.<br>A aplicação desse indicador visa limitar o salário de contribuição da competência ao salário |

| TIPO | GRUPO | SIGLA | DESCRIÇÃO | ESCLARECIMENTOS |
|---|---|---|---|---|
| | | | | mínimo vigente. O segurado poderá solicitar junto à Secretaria Especial da Receita Federal do Brasil - RFB a restituição do excedente da contribuição, desde que não alcançado pela prescrição. |
| CsIndica dor | CONTRIBUIÇÕE S | IREC-LIM-SM | **Indica que a contribuição da competência foi limitada ao salário mínimo** | É apresentado na extrato para SIBE. Na extrato para PRISMA/SABI corresponde ao indicador ISALMIN. Indica que o recolhimento apropriado na competência foi superior ao limite mínimo estabelecido na Lei Complementar nº 123, de 2006. É exibido na competência o salário de contribuição corresponde ao limite mínimo. O segurado poderá solicitar junto à RFB a restituição do excedente da contribuição, desde que não alcançado pela prescrição. |
| CsIndica dor | CONTRIBUIÇÕE S | IREC-MEI | **Indica que a contribuição da competência foi recolhida com código MEI** | Está sendo apresentado somente na Extrato SIBE. Demonstra que a contribuição da competência foi recolhida com código de Microempreendedor Individual - MEI. No Extrato para PRISMA/SABI é exibido o indicador IRECOL (IMEI), que corresponderia à mesma situação do IREC-MEI. O indicador IREC-MEI é apresentado em conjunto na Extrato para SIBE com |

| TIPO | GRUPO | SIGLA | DESCRIÇÃO | ESCLARECIMENTOS |
|---|---|---|---|---|
| | | | | o IREC-LC123. Já na Extrato para SABI só é apresentado o IRECOL (IMEI). Caso os sistemas de benefícios identifiquem na competência o presente indicador, não será possível o cômputo desta em aposentadoria por tempo de contribuição ou CTC sem a devida complementação para a alíquota de 20%. |
| CsIndica dor | CONTRIBUIÇÕE S | IRECOL | **Indica que a contribuição da competência é recolhimento** | É apresentado no Extrato para PRISMA/SABI. Indica que a contribuição da competência consiste em recolhimento realizado por meio de documento de arrecadação (Exemplo: GPS). |
| CsIndica dor | CONTRIBUIÇÕE S | IRECOL (ILEI123) | **Indica que a contribuição da competência foi recolhida com código da Lei Complementar 123** | Está sendo apresentado somente na Extrato PRISMA/SABI. Demonstra que a contribuição da competência foi recolhida com alíquota reduzida de 11%, conforme previsto na Lei Complementar nº 123, de 2006. Caso os sistemas de benefícios identifiquem na competência o indicador IRECOL (ILEI123), não será possível o cômputo desta em aposentadoria por tempo de contribuição ou CTC sem a devida complementação para a alíquota de 20%. No Extrato para SIBE é exibido o indicador IREC-LC123, que corresponderia à mesma situação do IRECOL |

| TIPO | GRUPO | SIGLA | DESCRIÇÃO | ESCLARECIMENTOS |
|---|---|---|---|---|
| | | | | (ILEI123). |
| CsIndica dor | CONTRIBUIÇÕE S | IRECOL (IMEI) | **Indica que a contribuição da competência foi recolhida com código MEI** | Está sendo apresentado somente na Extrato PRISMA/SABI. Demonstra que a contribuição da competência foi recolhida com código de Microempreendedor Individual - MEI. Já no Extrato para SIBE é exibido o indicador IREC-MEI que corresponderia à mesma situação do IRECOL (IMEI). Caso os sistemas de benefícios identifiquem na competência o presente indicador, não será possível o cômputo desta em aposentadoria por tempo de contribuição ou CTC sem a devida complementação para a alíquota de 20%. |
| CsIndica dor | CONTRIBUIÇÕE S | ISALMIN | **Indica que a contribuição da competência foi limitada ao salário mínimo** | É apresentado na Extrato para PRISMA/SABI. Na Extrato para SIBE corresponde ao indicador IREC-LIM-SM. Indica que o recolhimento apropriado na competência foi superior ao limite mínimo estabelecido na Lei Complementar nº 123, de 2006. É exibido na competência o salário de contribuição corresponde ao limite mínimo. O segurado poderá solicitar junto à RFB a restituição do excedente da contribuição, desde que não alcançado pela prescrição. |

| TIPO | GRUPO | SIGLA | DESCRIÇÃO | ESCLARECIMENTOS |
|---|---|---|---|---|
| CsIndicador | GERAIS DO NIT OU DE DADOS CADASTRAIS | **PCTC-NTR** | **Certidão de Tempo de Contribuição pendente de análise do INSS** | Indicador no Extrato Previdenciário quando existe Certidão de Tempo de Contribuição - CTC cadastrada no banco de dados para o filiado consultado.<br>Não é devida a adoção de nenhuma providência no Portal CNIS para tratar este indicador, que tem caráter apenas informativo para os sistemas de benefícios. |
| CsIndicador | SEGURADO ESPECIAL | **ISE-CVU** | **Período de segurado especial concomitante com outro período urbano** | Indica a existência de período de segurado especial que possui concomitância com períodos em outra categoria de segurado (vínculos empregatícios urbanos ou rurais, contribuições) ou filiação a outro regime de previdência (RPPS).<br>Tratar-se apenas de informação para que o período na condição de segurado especial não seja computado automaticamente no sistema de benefícios. Não há tratamento a ser efetuado no período referente a condição de segurado especial. Dessa forma, o tratamento no CNIS, caso devido, deverá ser realizado nos outros períodos. |
| CsIndicador | VÍNCULOS E REMUNERAÇÕES | **ACNISVR** | **Acerto realizado pelo INSS** | Demonstra que foi efetuado acerto do vínculo pelo INSS no sistema CNISVR, sistema este que foi descontinuado. |

| TIPO | GRUPO | SIGLA | DESCRIÇÃO | ESCLARECIMENTOS |
|---|---|---|---|---|
| CsIndicador | VÍNCULOS E REMUNERAÇÕES | IDT | **Indicador de Demanda de Natureza Trabalhista** | O indicador IDT, atualmente, é disponibilizado no vínculo e nas parcelas de remunerações oriundas de GFIP 650 com tipo "MOVIMENTO", com características 0 e 3: Característica 0 - Indica que a GFIP 650 foi emitida em versão anterior à SEFIP 8.4 (10/2008), não sendo possível identificar o tipo de declaração a que se refere, se de reclamatória trabalhista, acordo, dissídio, convenção, etc. Característica 3 - É utilizada em GFIP 650 a partir da versão do SEFIP 8.4 (10/2008) para declaração à Previdência referente às verbas pagas em decorrência de Reclamatórias Trabalhistas, cujo objeto da ação, refere-se apenas a diferenças remuneratórias, ou seja, a ação não trata de reconhecimento de vínculo empregatício. Não há impacto no reconhecimento do direito, uma vez que as remunerações com esse indicador não dependem de comprovação e apesar de serem apresentadas em parcelas distintas da parcela salarial normal no CNIS, são disponibilizadas somadas para os sistemas de benefícios. Observações: 1) As remunerações informadas por GFIP 650 |

| TIPO | GRUPO | SIGLA | DESCRIÇÃO | ESCLARECIMENTOS |
|---|---|---|---|---|
| | | | | com as características 5 (Declaração à Previdência referente às verbas pagas em decorrência de Acordos Coletivos), 6 (Declaração à Previdência referente às verbas pagas em decorrência de Dissídios Coletivos), e 7 (Declaração à Previdência referente às verbas pagas em decorrência de Convenções Coletivas) passaram a ser apresentadas com indicador específico IREM-ACD (Remuneração possui parcela de Acordo, Convenção ou Dissídio Coletivo).<br>2) As informações constantes da GFIP 650 com características iguais a 1 (verbas pagas em decorrência de Leis de Anistia), 4 (verbas pagas em decorrência de Reclamatórias Trabalhistas, cujo objeto da ação, trata, também, de reconhecimento de vínculo empregatício) e 8 (às verbas pagas em decorrência de conciliação resultante da mediação pela Comissão de Conciliação Prévia ou pelo Núcleo Intersindical de Conciliação Trabalhista) são marcadas como GFIP INFORMATIVA e não são consideradas automaticamente, pois pressupõem reconhecimento de vínculo ou outro tipo de ação e comprovação por |

| TIPO | GRUPO | SIGLA | DESCRIÇÃO | ESCLARECIMENTOS |
|---|---|---|---|---|
| | | | | parte do INSS. |
| CsIndicador | VÍNCULOS E REMUNERAÇÕES | IEAN | **Exposição a agente nocivo informada pelo empregador, passível de comprovação** | Indica um possível enquadramento para fins de aposentadoria especial, em razão da informação pelo empregador da contribuição a que se refere o art. 22, inciso II, da Lei nº 8.212, de 1991. O fato de exibir o indicador não implica em conversão automática, nem dispensa a análise administrativa e técnica da atividade especial. |
| CsIndicador | VÍNCULOS E REMUNERAÇÕES | IREM-TRAB-VERDE-AMARELO | **Indicador remunerações pertencentes aos Vínculo que possua algum período de categoria relacionada a carteira verde amarela** | Indicador na remuneração que esteja contida em período de vínculo com Contrato de Trabalho Verde Amarelo. Observação: o Contrato de Trabalho Verde Amarelo foi instituído pela Medida Provisória nº 905, de 11 de novembro de 2019, que vigorou até 18 de agosto de 2020, de acordo com Ato Declaratório do Presidente da Mesa do Congresso Nacional nº 127, de 28 de setembro de 2020. |
| CsIndicador | VÍNCULOS E REMUNERAÇÕES | IREM-ACD | **Remuneração possui parcela de Acordo, Convenção ou Dissídio Coletivo** | Em consulta ao Painel do Cidadão verifica-se, na relação previdenciária, que será apresentado o indicador "IREM-INDPEND", sendo que ao clicar no ícone "Detalhar", e em sequencia na aba "Parcelas de Remunerações", é apresentado o indicador "IREM-ACD" na remuneração proveniente |

| TIPO | GRUPO | SIGLA | DESCRIÇÃO | ESCLARECIMENTOS |
|---|---|---|---|---|
| | | | | de Acordo, Convenção ou Dissídio Coletivo. Já na aba "Remunerações" do Painel do Cidadão, o valor da remuneração proveniente de Acordo, Convenção ou Dissídio Coletivo já aparece somado ao da remuneração normal, visto que as remunerações com o indicador "IREM-ACD" não dependem de comprovação para fins de disponibilização ao sistema de benefícios. Na consulta "Extrato para SIBE", da mesma forma, na relação previdenciária será apresentado o indicador "IREM-INDPEND" e clicando no ícone de "Remunerações" é possível observar as parcelas que compõem a remuneração, sendo que a parcela proveniente de Acordo, Convenção ou Dissídio Coletivo apresentará o indicador "IREM-ACD". |
| CsIndicador | VÍNCULOS E REMUNERAÇÕES | **IREM-INDPEND** | **Remunerações com indicadores/pendência** | Seria um indicador aplicado na Relação Previdenciária, exceto no tipo Período Contribuição Consolidado, que tem a finalidade de sinalizar que existe remuneração que contém indicador de alerta ou pendência diferente dos indicadores da Emenda constitucional nº 103, de 2019. A remuneração que contém indicador de alerta não necessita de tratamento e é |

| TIPO | GRUPO | SIGLA | DESCRIÇÃO | ESCLARECIMENTOS |
|---|---|---|---|---|
| | | | | disponibilizada automaticamente para os sistemas de benefícios. Para a remuneração que possui indicador de pendência será possível verificar, no detalhamento desta, o indicador correspondente à inconsistência detectada, cujo tratamento deverá observar a respectiva previsão normativa. |
| CsIndicador | VÍNCULOS E REMUNERAÇÕES | **IREM-PARC-CEDIDO** | **Remuneração possui parcela de remuneração decorrente de Trabalhador Cedido** | É um indicador aplicado na remuneração, para demonstrar que esta é oriunda de cessão/requisição de trabalhador, visualizado quando são detalhadas as remunerações atreladas ao vínculo de origem do trabalhador cedido. De forma semelhante ao que ocorre nos vínculos com admissão por transferência, no detalhamento do vínculo é possível visualizar os períodos em que o trabalhador esteve à serviço da empresa cedente ou da empresa cessionária. |
| CsIndicador | VÍNCULOS E REMUNERAÇÕES | **IREM-PARC-DIR-SIND** | **Remuneração possui parcela de remuneração decorrente de Dirigente Sindical** | É um indicador aplicado na remuneração, para demonstrar que esta é oriunda de exercício de mandato sindical, visualizado quando detalhamos as remunerações atreladas ao vínculo de origem do trabalhador afastado. De forma semelhante ao que ocorre nos vínculos |

| TIPO | GRUPO | SIGLA | DESCRIÇÃO | ESCLARECIMENTOS |
|---|---|---|---|---|
| | | | | com admissão por transferência, no detalhamento do vínculo é possível visualizar os períodos em que o trabalhador esteve à serviço do sindicato. |
| CsIndicador | VÍNCULOS E REMUNERAÇÕES | **IREM-PERQRT** | **Remuneração em período de quarentena** | É um indicador aplicado na remuneração de uma relação trabalhista para demonstrar que se trata de competência de quarentena remunerada de trabalhador desligado. |
| CsIndicador | VÍNCULOS E REMUNERAÇÕES | **IREM-RECL-TRAB** | **Remuneração possui parcela de reclamatória trabalhista** | Indicador aplicado na remuneração para demonstrar que a parcela é oriunda de reclamatória trabalhista.<br>Não há impacto no reconhecimento de direito, uma vez a reclamatória trabalhista que versa exclusivamente sobre verbas remuneratórias não necessita de documentos comprobatórios. |
| CsIndicador | VÍNCULOS E REMUNERAÇÕES | **IREM-TRAB-INTERM** | **Remuneração relacionada a Trabalho Intermitente** | Indicador aplicado na remuneração da relação trabalhista para demonstrar que a parcela se refere a trabalho intermitente. |
| CsIndicador | VÍNCULOS E REMUNERAÇÕES | **IVIN-TRAB-VERDE-AMARELO** | **Indicador de Vínculo que possua algum período de categoria (eSocial ou GFIP) relacionada a carteira verde amarela** | Indicador que o vínculo possui período com Contrato de Trabalho Verde Amarelo. Observação: o Contrato de Trabalho Verde Amarelo foi instituído pela Medida Provisória nº 905, de 11 de novembro de 2019, que vigorou até 18 de agosto de 2020, de acordo |

| TIPO | GRUPO | SIGLA | DESCRIÇÃO | ESCLARECIMENTOS |
|---|---|---|---|---|
| | | | | com Ato Declaratório do Presidente da Mesa do Congresso Nacional nº 127, de 28 de setembro de 2020. |
| CsIndicador | VÍNCULOS E REMUNERAÇÕES | **IVIN-AGRUP-VINC** | **Indicador de Vínculo Trabalhista gerado pelo Serviço de agrupamento de vínculos** | Indicador aplicado na relação trabalhista para demonstrar que o vínculo é resultado de agrupamento de vínculos efetuado pelo INSS por meio do SERVIÇO CNIS no GET. |
| CsIndicador | VÍNCULOS E REMUNERAÇÕES | **IVIN-AGRUP-VINC-PART** | **Indicador que marca o vínculo que foi alvo do Serviço de agrupamento de vínculos** | Este indicador é visualizado em vínculo que tenha participado de agrupamento ao detalhar o vínculo agrupador (resultante do agrupamento). O vínculo agrupador recebe o indicador IVIN-AGRUP-VINC. |
| CsIndicador | VÍNCULOS E REMUNERAÇÕES | **IVIN-JORN-DIFERENCIADA** | **Vínculo possui regime de jornada diferenciada** | O indicador é aplicado na relação previdenciária quando o vínculo possui jornada de trabalho menor que 44 (quarenta e quatro) horas semanais, conforme informação contratual do campo "qtdHrsSem" do evento S-2200 ou S-2206 enviado pelo empregador no eSocial.<br>O indicador IVIN-JORN-DIFERENCIADA é somente um alerta no vínculo e não exige nenhum tratamento no CNIS. |
| CsIndicador | VÍNCULOS E REMUNERAÇÕES | **IVIN-POSSUI-REG-PRELIM** | **Indicador que informa que a Relação Trabalhista possui um registro preliminar informado** | Indicador aplicado na relação previdenciária para demonstrar que o vínculo existente no CNIS possuiu anteriormente um |

| TIPO | GRUPO | SIGLA | DESCRIÇÃO | ESCLARECIMENTOS |
|---|---|---|---|---|
| | | | **anteriormente em eSocial** | evento S-2190 do eSocial (Registro Preliminar de Trabalhador) e que agora possui evento S-2200 ou S-2300 informado para o vínculo. Esse indicador tem o objetivo de diferenciar os vínculos que tiveram o registro preliminar daqueles que somente tiveram o evento de registro normal (S-2200 ou S-2300).<br>O indicador IVIN-POSSUI-REG-PRELIM é somente um alerta no vínculo e não exige nenhum tratamento no CNIS. |
| CsIndicador | VÍNCULOS E REMUNERAÇÕES | **IVIN-POSSUI-REM-TRAB-INTERM** | **Relação Trabalhista possui Remunerações de Trabalho Intermitente** | Indicador de que a relação trabalhista possui remunerações de trabalho intermitente. |
| CsIndicador | VÍNCULOS E REMUNERAÇÕES | **IVIN-POSSUI-REM-TRANS** | **Vínculo possui remuneração que foi transferida para este por Cessionário de Dirigente Sindical ou Trabalhador Cedido** | Trata-se de indicador que demonstra a presença de remuneração informada por cessionário na composição do período remuneratório do vínculo de origem (cedente). Isso não altera em nada a composição das informações do vínculo e das remunerações, mas somente esclarece em qual estabelecimento/empresa/órgão a remuneração está sendo informada, com a vinculação da contribuição ao regime de origem do trabalhador. |
| CsIndicador | VÍNCULOS E REMUNERAÇÕES | **IVIN-REG-PRELIM** | **Indicador que informa que a Relação Trabalhista é um registro** | Indicador aplicado na relação previdenciária para demonstrar que o vínculo existente no CNIS |

| TIPO | GRUPO | SIGLA | DESCRIÇÃO | ESCLARECIMENTOS |
|---|---|---|---|---|
| | | | **preliminar de vínculo informado eSocial** | é oriundo de um registro trabalhista preliminar informado por meio do evento S-2190 do eSocial. Quando o empregador/contratante transmitir o evento S-2200 ou S-2300, a relação previdenciária no Extrato CNIS passará a apresentar o indicador IVIN-POSSUI-REG-PRELIM, que aponta que a relação trabalhista existente no CNIS já possuiu um evento S-2190 (Registro Preliminar de Trabalhador) anterior e agora a relação previdenciária possui evento S-2200 ou S-2300. Esse indicador tem o objetivo de diferenciar os vínculos que tiveram o registro preliminar daqueles que somente tiveram o evento de registro normal (S-2200 ou S-2300). É importante lembrar que enquanto o vínculo possuir somente o registro preliminar, ou seja, enquanto apresentar o indicador IVIN-REG-PRELIM no CNIS, o vínculo não conterá, por exemplo, informações de afastamento, o que impacta no reconhecimento de direitos a benefícios por incapacidade temporária. Portanto, neste caso, deve ser solicitado que o empregador regularize a situação, enviando o evento S-2200, bem como |

| TIPO | GRUPO | SIGLA | DESCRIÇÃO | ESCLARECIMENTOS |
|---|---|---|---|---|
| | | | | o evento S-2230 (Afastamento Temporário) referente ao afastamento do trabalhador. Dessa forma, o vínculo será atualizado com o indicador IVIN-POSSUI-REG-PRELIM e com a informação do afastamento no detalhe da Relação Previdenciária no CNIS. Por fim, cabe salientar que os indicadores IVIN-REG-PRELIM e IVIN-POSSUI-REG-PRELIM são somente informações de atenção no vínculo e não exigem nenhum tratamento no CNIS. |
| CsIndicador | VÍNCULOS E REMUNERAÇÕES | IVIN-REINTEG | **Vínculo possui reintegração no último desligamento por 1- Reintegração por decisão judicial ou 3- Reversão de servidor público ou 4- Recondução de servidor público ou 5- Reinclusão de militar** | Indicador aplicado para demonstrar que existe reintegração no último desligamento por:<br>1- Reintegração por decisão judicial ou<br>3- Reversão de servidor público ou<br>4- Recondução de servidor público ou<br>5- Reinclusão de militar. Ao ser detalhado o vínculo, na tabela "Períodos de Reintegração", são apresentadas informações da data de rescisão, motivo da rescisão, data da reintegração, motivo da reintegração e data do efetivo retorno da reintegração.<br>Ainda, na tabela "Detalhe do Vínculo", os campos "Data de Rescisão" e "Causa de Rescisão" somente deverão constar |

| TIPO | GRUPO | SIGLA | DESCRIÇÃO | ESCLARECIMENTOS |
|---|---|---|---|---|
| | | | | preenchidos, quando for informado pelo empregador uma nova data e o motivo de desligamento do referido trabalhador.<br>Observação: os vínculos com o indicador IVIN-REINTEG não serão disponibilizados para os sistemas legados PRISMA e SABI, até que sejam realizados os ajustes necessários para que então sejam considerados somente os períodos devidos do vínculo. |
| CsIndicador | VÍNCULOS E REMUNERAÇÕES | **IVIN-REINTEG-ANISTIA** | **Indicador de Reintegração por Anistia Legal** | Indicador aplicado para demonstrar que existe reintegração por anistia legal no vínculo. Os períodos de Anistiados (Leis de Anistias) informados pelo eSocial, apesar de serem tratados como reintegração, possuem características próprias de acordo com cada tipo de Anistia a ser aplicada.<br>Observação: os vínculos com o indicador IVIN-REINTEG-ANISTIA não serão disponibilizados para os sistemas legados PRISMA e SABI, até que sejam realizados os ajustes necessários para que então sejam considerados somente os períodos devidos do vínculo. |
| CsIndicador | VÍNCULOS E REMUNERAÇÕES | **IVIN-REINTEG-PARC** | **Sentença trabalhista determinando reintegração do trabalhador e** | Indicador aplicado na relação trabalhista quando a reintegração é parcial. Nesse caso a data |

| TIPO | GRUPO | SIGLA | DESCRIÇÃO | ESCLARECIMENTOS |
|---|---|---|---|---|
| | | | **pagamento de remunerações de período parcial** | do efeito da reintegração não será o dia imediatamente posterior à data do desligamento informado anteriormente, podendo corresponder até/inclusive à data do efetivo retorno do trabalhador. |
| CsIndicador | VÍNCULOS E REMUNERAÇÕES | **IVIN-REINTEG-TOT** | **Sentença trabalhista determinando reintegração e pagamento de remunerações retroativas do período total** | Indicador aplicado na relação trabalhista quando a reintegração é total. Nesse caso a data do efeito da reintegração será o dia imediatamente posterior à data do desligamento informado anteriormente. |
| CsIndicador | VÍNCULOS E REMUNERAÇÕES | **IVIN-TRAB-INTERM** | **Indicador de Vínculo que possui informações de trabalho intermitente** | Indicador aplicado à relação previdenciária para demonstrar que o vínculo possui informações de contrato de trabalho intermitente. |

**III - Indicadores de Acerto (CsAcerto):**

| TIPO | GRUPO | SIGLA | DESCRIÇÃO | ESCLARECIMENTOS |
|---|---|---|---|---|
| CsAcerto | SEGURADO ESPECIAL | **ASE-DEF** | **Acerto Período Segurado Especial Deferido** | Trata-se de indicador que demonstra o período de atividade de segurado especial autodeclarado, que foi ratificado e incluído no CNIS. Considerando o resultado da análise dos instrumentos ratificadores existentes, o período ratificado que foi cadastrado no CNIS pode não corresponder ao período total informado na autodeclaração. |
| CsAcerto | SEGURADO ESPECIAL | **ASE-DEFJ** | **Acerto Período Segurado Especial** | Trata de indicador que demonstra o período de atividade de segurado especial, que foi |

| TIPO | GRUPO | SIGLA | DESCRIÇÃO | ESCLARECIMENTOS |
|---|---|---|---|---|
| | | | **Deferido Judicial** | incluído no CNIS em cumprimento a uma determinação judicial. |
| CsAcerto | SEGURADO ESPECIAL | **ASE-DEFR** | **Acerto Período Segurado Especial Deferido Recursal** | Trata de indicador que demonstra o período de atividade de segurado especial, que foi incluído no CNIS em cumprimento a uma determinação emanada em Acórdão do Conselho de Recursos da Previdência Social - CRPS. O período cadastrado por decisão recursal pode ser diferente do objeto do recurso, uma vez que este poderá ser reconhecido parcialmente. |
| CsAcerto | SEGURADO ESPECIAL | **ASEF-DEF** | **Acerto Período Segurado Especial FUNAI Deferido** | Trata-se de indicador que demonstra o período de atividade de segurado especial do indígena certificado pela Fundação Nacional do Índio - FUNAI, que foi incluído no CNIS através da funcionalidade CNISSEINTRENET. |
| CsAcerto | SEGURADO ESPECIAL | **ASEF-DEFJ** | **Acerto Período Segurado Especial FUNAI Deferido Judicial** | Trata-se de indicador que demonstra o período de atividade de segurado especial do indígena, que foi incluído no CNIS através da funcionalidade CNISSEINTRENET, em cumprimento de determinação judicial. |
| CsAcerto | SEGURADO ESPECIAL | **ASE-IND** | **Acerto Período Segurado Especial Indeferido** | Trata-se de indicador que demonstra o período de atividade de segurado especial autodeclarado e não ratificado, que foi incluído no CNIS. Este indicador também será apresentado para o período migrado de base governamental Cadastros de Imóveis Rurais - CAFIR ou Registro Geral da Atividade Pesqueira - RGP, que foi excluído em razão do segurado declarar não ser segurado especial. |

| TIPO | GRUPO | SIGLA | DESCRIÇÃO | ESCLARECIMENTOS |
|---|---|---|---|---|
| | | | | Em se tratando de período autodeclarado, o período não ratificado, que foi cadastrado no CNIS, pode não corresponder ao período total informado na autodeclaração. |
| CsAcerto | SEGURADO ESPECIAL | **ASE-INDR** | **Acerto Periodo Segurado Especial Indeferido Recursal** | Trata de indicador que demonstra o período de atividade de segurado especial autodeclarado e anteriormente não ratificado, que foi incluído no CNIS em cumprimento de determinação emanada em Acórdão do CRPS. O período cadastrado por decisão recursal pode ser diferente do objeto do recurso, uma vez que este poderá ser reconhecido parcialmente. |
| CsAcerto | SEGURADO ESPECIAL | **ASE-NSE** | **Acerto Período Não Segurado Especial** | Trata de indicador que demonstra o período migrado de base governamental CAFIR ou RGP, que foi excluído por meio de Requerimento no CNIS, após análise e conclusão quanto à descaracterização da condição de segurado especial. Períodos excluídos com esse motivo só poderão ser comprovados posteriormente, mediante decisão judicial ou recursal. |
| CsAcerto | SEGURADO ESPECIAL | **ASE-RNEG** | **Acerto Período Segurado Especial Negativo Ratificado** | Trata de indicador que demonstra o período migrado de base governamental CAFIR ou RGP negativo (descaracterizado como segurado especial), que teve essa condição confirmada pelo segurado, de modo que o acerto foi realizado pelo servidor do INSS via Requerimento no CNIS. |
| CsAcerto | SEGURADO ESPECIAL | **ASE-RPOS** | **Acerto Período Segurado Especial Positivo** | Trata de indicador que demonstra o período migrado de base governamental CAFIR ou |

| TIPO | GRUPO | SIGLA | DESCRIÇÃO | ESCLARECIMENTOS |
|---|---|---|---|---|
| | | | **Ratificado** | RGP positivo (caracterizado como segurado especial), que teve essa condição confirmada pelo segurado, de modo que o acerto foi realizado pelo servidor do INSS via Requerimento no CNIS. |
| CsAcerto | VÍNCULOS E REMUNERAÇÕES | AEXT-IND | **Vínculo extemporâneo não confirmado pelo INSS** | Demonstra que o requerimento de acerto de vínculo extemporâneo foi indeferido pelo INSS no Portal CNIS – Atualização VRCE/Requerimento/VRE. |
| CsAcerto | VÍNCULOS E REMUNERAÇÕES | AEXT-INDJ | **Vínculo extemporâneo não confirmado por decisão judicial** | Demonstra que o requerimento de acerto de vínculo extemporâneo foi indeferido por decisão judicial no Portal CNIS – Atualização VRCE/Requerimento/VRE. |
| CsAcerto | VÍNCULOS E REMUNERAÇÕES | AEXT-INDR | **Vínculo extemporâneo não confirmado por decisão recursal** | Demonstra que o requerimento de acerto de vínculo extemporâneo foi indeferido por decisão recursal no Portal CNIS – Atualização VRCE/Requerimento/VRE. |
| CsAcerto | VÍNCULOS E REMUNERAÇÕES | AEXT-VP | **Vínculo extemporâneo confirmado parcialmente pelo INSS** | Demonstra que o requerimento de acerto de vínculo extemporâneo foi parcialmente deferido pelo INSS no Portal CNIS – Atualização VRCE/Requerimento/VRE. |
| CsAcerto | VÍNCULOS E REMUNERAÇÕES | AEXT-VPR | **Vínculo extemporâneo confirmado parcialmente por decisão recursal** | Demonstra que o requerimento de acerto de vínculo extemporâneo foi parcialmente deferido por decisão recursal no Portal CNIS – Atualização VRCE/Requerimento/VRE. |
| CsAcerto | VÍNCULOS E REMUNERAÇÕES | AEXT-VPT | **Vínculo extemporâneo confirmado parcialmente por decisão judicial** | Demonstra que o requerimento de acerto de vínculo extemporâneo foi parcialmente deferido por decisão judicial no Portal CNIS – Atualização VRCE/Requerimento/VRE. |
| CsAcerto | VÍNCULOS E REMUNERAÇÕES | AEXT-VT | **Vínculo extemporâneo** | Demonstra que o requerimento de acerto de vínculo |

| TIPO | GRUPO | SIGLA | DESCRIÇÃO | ESCLARECIMENTOS |
|---|---|---|---|---|
| | | | **confirmado pelo INSS** | extemporâneo foi totalmente deferido pelo INSS no Portal CNIS – Atualização VRCE/Requerimento/VRE. |
| CsAcerto | VÍNCULOS E REMUNERAÇÕES | **AEXT-VTJ** | **Vínculo extemporâneo confirmado por decisão judicial** | Demonstra que o requerimento de acerto de vínculo extemporâneo foi totalmente deferido por decisão judicial no Portal CNIS – Atualização VRCE/Requerimento/VRE. |
| CsAcerto | VÍNCULOS E REMUNERAÇÕES | **AEXT-VTR** | **Vínculo extemporâneo confirmado por decisão recursal** | Demonstra que o requerimento de acerto de vínculo extemporâneo foi totalmente deferido por decisão recursal no Portal CNIS – Atualização VRCE/Requerimento/VRE. |
| CsAcerto | VÍNCULOS E REMUNERAÇÕES | **AVRC-AGPVINC** | **Acerto de Agrupamento de Vínculos** | Demonstra que foi executado o agrupamento de vínculos por meio do CNIS Serviços na interface com o Gerenciador de Tarefas - GET. |
| CsAcerto | VÍNCULOS E REMUNERAÇÕES | **AVRC-DEF** | **Acerto confirmado pelo INSS** | Demonstra que o requerimento de acerto de vínculos foi deferido pelo INSS no Portal CNIS - Atualização VRCE/Requerimento/VRE. |
| CsAcerto | VÍNCULOS E REMUNERAÇÕES | **AVRC-DEFJ** | **Acerto confirmado por decisão judicial** | Demonstra que o requerimento de acerto de vínculos foi deferido por decisão judicial no Portal CNIS - Atualização VRCE/Requerimento/VRE. |
| CsAcerto | VÍNCULOS E REMUNERAÇÕES | **AVRC-DEFR** | **Acerto confirmado por decisão recursal** | Demonstra que o requerimento de acerto de vínculos foi deferido por decisão recursal no Portal CNIS - Atualização VRCE/Requerimento/VRE. |
| CsAcerto | VÍNCULOS E REMUNERAÇÕES | **AVRC-DGPVINC** | **Acerto de Desagrupamento de Vínculos** | Demonstra que foi desfeito, por meio do CNIS Serviços na interface com o GET, o agrupamento de vínculos anteriormente realizado. |
| CsAcerto | VÍNCULOS E | **AVRC-** | **Acerto negado** | Demonstra que o requerimento |

| TIPO | GRUPO | SIGLA | DESCRIÇÃO | ESCLARECIMENTOS |
|---|---|---|---|---|
| | REMUNERAÇÕES | **DGPVINC** | **pelo INSS** | de acerto de vínculos foi indeferido pelo INSS no Portal CNIS - Atualização VRCE/Requerimento/VRE. |
| CsAcerto | VÍNCULOS E REMUNERAÇÕES | **AVRC-INDJ** | **Acerto negado por decisão judicial** | Demonstra que o requerimento de acerto de vínculos foi indeferido por decisão judicial no Portal CNIS - Atualização VRCE/Requerimento/VRE. |
| CsAcerto | VÍNCULOS E REMUNERAÇÕES | **AVRC-INDR** | **Acerto negado por decisão recursal** | Demonstra que o requerimento de acerto de vínculos foi indeferido por decisão recursal no Portal CNIS - Atualização VRCE/Requerimento/VRE. |

Foi implantada em 26/01/2023 as adequações necessárias à atualização do Portal CNIS Baseline 4.18.0 da Versão 4.18 do Portal CNIS, com as seguintes inovações:

A) os indicadores **"IVIN-TRAB-VERDE-AMARELO** - Indicador de Vínculo de contrato em carteira verde amarela" aplicado ao vínculo e **"IREMTRAB- VERDE-AMARELO** - Indicador de Remuneração de contrato em carteira verde amarela" aplicado à remuneração, foram implementados na Extrato CNIS (no escopo da versão 7.1.10+371 em 09/04/2022);

B) **foram observadas as mesmas regras para a aplicação da pendência "PSC-MEN-SM-EC103" e demais indicadores referentes à Reforma Previdenciária de que trata o Art. 29 da EC nº 103, de 2019**. Os indicadores "IVIN-TRAB-VERDE-AMARELO" (para Vínculo) e "IREM-TRAB-VERDE-AMARELO" (para remuneração) estão mantidos a título de informação, não gerando nenhuma pendência no vínculo ou remuneração.

Vale registrar que os vínculos marcados com o indicar PEXT até 31/12/2008 tiveram a marca retirada do CNIS de modo automático, se a fonte de informação foi a GFIP ou RAIS, considerando o objetivo de facilitar as concessões eletrônicas seguras:

| | |
|---|---|
| **Vínculo criado por fonte RAIS ou FGTS entregue até 31/12/1998** | O vínculo será contemporâneo |
| **Vínculo criado por fonte RAIS entregue a partir de 01/01/1999 (sem fonte GFIP)** | O vínculo será totalmente extemporâneo, exceto se possuir RPPS. |
| **Vínculo criado por fonte GFIP entregue entre 01/01/1999 e 31/12/2008** | O vínculo será contemporâneo |
| **Vínculo criado por GFIP entregue após 31 de dezembro de 2008** | São mantidas as mesmas regras para o cálculo da extemporaneidade |
| **Vínculo com extemporaneidade tratada pelo INSS antes das novas regras (confirmada, parcialmente confirmada ou não confirmada)** | O tratamento feito pelo INSS prevalece sobre as novas regras |

Isso porque os novos critérios levam em consideração o entendimento de que as alterações promovidas no Decreto nº 3.048, de 6 de maio de 1999, por meio do Decreto nº 6.722 de 30 de dezembro de 2008, produzem efeitos para informações inseridas no CNIS após a sua publicação, sendo sua aplicação pelo INSS, para informações anteriores a essa data, de caráter discricionário, respaldado por consulta efetuada à PFE/INSS em processo próprio.[18]

18. Memorando-Circular nº 20-2018/DIRBEN/INSS.

Nos termos do artigo 19, §3º, do RPS, **considera-se extemporânea a inserção de dados (indicador PEXT)**:

I - relativos à data de início de vínculo empregatício, após o último dia do quinto mês subsequente ao mês da data da admissão do segurado;

II - relativos à remuneração de trabalhador avulso ou contribuinte individual que preste serviços a empresa ou equiparado, após o último dia do quinto mês subsequente ao mês da data da prestação de serviço pelo segurado; ou

III - relativos à contribuição, sempre que o recolhimento tiver sido feito sem observância ao disposto em lei.

Assim, se um empregado foi admitido em 15/01/2021 a empresa deverá apresentar a GFIP indicando a contratação até 30/06/2021, sob pena de o vínculo de emprego migrar para o CNIS com o indicador de extemporaneidade (PEXT).

Nos termos do Decreto 10.410/2020, a extemporaneidade citada **poderá** ser desconsiderada depois de decorrido o prazo de um ano, contado da data de inserção das informações relativas a vínculos e remunerações, **conforme critérios definidos pelo INSS.**

Constarão do CNIS as informações dos segurados e beneficiários dos regimes próprios de previdência social para fins de mera verificação das situações previstas que impactem no reconhecimento de direitos e na concessão e no pagamento de benefícios pelo RGPS, pois o período de RPPS depende da apresentação de CTC para o cômputo no Regime Geral.

**O empregado com contrato de trabalho intermitente** terá identificação específica em instrumento de prestação de informações à previdência social, de forma a permitir a identificação dos períodos de prestação serviços e dos períodos de inatividade.

Os documentos necessários à atualização do CNIS e à análise de requerimentos de benefícios e serviços poderão ser apresentados em **cópias simples**, em meio físico ou eletrônico, dispensada a sua autenticação, exceto nas hipóteses em que haja previsão legal expressa e de dúvida fundada quanto à autenticidade ou à integridade do documento, ressalvada a possibilidade de o INSS exigir, a qualquer tempo, os documentos originais, situação em que o responsável pela apresentação das cópias ficará sujeito às sanções administrativas, civis e penais aplicáveis.

Caso os documentos apresentados não sejam suficientes para a comprovação de atividade, vínculo ou remunerações, estes poderão ser corroborados por **pesquisa externa ou justificação administrativa**, conforme o caso.

Na falta de documento contemporâneo, podem ser aceitos declaração do empregador ou de seu preposto, atestado de empresa ainda existente ou certificado ou certidão de entidade oficial dos quais constem os dados comprobatórios, **desde que extraídos de registros existentes**, que serão confirmados pelo INSS, exceto se fornecidas por órgão público, que gozam de fé pública.

Mediante o disposto no art. 29-A da Lei nº 8.213, de 1991, e nos arts. 19, 19-A e 19-B do RPS e manifestação da Consultoria Jurídica do Ministério da Previdência Social - MPS por meio do Parecer/Conjur/MPS nº 57, de 5 de fevereiro de 2009, serão consideradas quitadas em tempo hábil as contribuições previdenciárias devidas pelos contribuintes individuais, contribuintes em dobro, facultativos, equiparados a autônomos, empresários e empregados domésticos, relativas ao período compreendido entre abril de 1973 e fevereiro de 1994, quitadas até essa data, **dispensando-se a exigência da respectiva comprovação por parte do contribuinte quando estejam no CNIS e microficha.**

Nos termos do artigo 119 da Instrução INSS 128/2022, entende-se por ajuste de Guia, as operações de inclusão, alteração, exclusão, transferência ou desmembramento de recolhimentos a serem realizadas em sistema próprio, a fim de corrigir no CNIS as informações divergentes dos comprovantes de recolhimentos apresentados pelo contribuinte individual, empregado doméstico, facultativo e segurado especial que contribui facultativamente, sendo que:

I - **inclusão** é a operação a ser realizada para inserir contribuições inexistentes no CNIS e na Área Disponível para Acerto – ADA, mas comprovadas em documentos próprios de arrecadação, sendo permitida inserção de contribuições efetivadas em Guias de Recolhimento (GR, GR1 e GR2), Carnês de Contribuição, Guias de Recolhimento de Contribuinte Individual (GRCI), Guias de Recolhimento da Previdência Social (GRPS 3) e microficha;

II - alteração é a operação a ser realizada para o mesmo NIT, a fim de corrigir as informações constantes no CNIS, que estão divergentes das comprovadas em documento próprio de arrecadação, ou decorrentes de erro de preenchimento do mesmo, sendo permitido, nessa situação, alterar competência, data de pagamento, valor autenticado, valor de contribuição e código de pagamento, desde que obedecidos os critérios definidos;

III - **exclusão** é a operação a ser realizada para excluir contribuições quando estas forem incluídas indevidamente por fraude ou erro do servidor e não for possível desfazer a operação de inclusão;

IV - **transferência** é a operação a ser realizada:

a) de um NIT para outro, em razão de recolhimento em:

1. NIT de terceiro;

2. NIT indeterminado; ou

3. NIT pertencente à faixa crítica;

b) de um NIT para a ADA, a pedido do contribuinte, quando algum recolhimento constar indevidamente em sua conta corrente ou a pedido dos órgãos de controle;

c) de um NIT para o CNPJ ou o CEI, em razão de recolhimento efetuado indevidamente no NIT; e

d) da ADA para o NIT ou CNPJ/CEI em razão de recolhimento constante no "banco de inválidos";

V - **desmembramento** é a operação a ser realizada para distribuição de valores recolhidos de forma consolidada em uma só competência ou nos recolhimentos trimestrais, que não foram desmembrados automaticamente para as demais competências incluídas no recolhimento, sendo que:

a) os recolhimentos devem ser comprovados em documento próprio de arrecadação;

b) o desmembramento é permitido para contribuições efetivadas em Guias de Recolhimento (GR, GR1 e GR2), Carnês de Contribuição, Guias de Recolhimento de Contribuinte Individual (GRCI), Guias de Recolhimento da Previdência Social (GRPS 3) e Guia da Previdência Social (GPS).

Nos recolhimentos efetuados pelo filiado de forma indevida ou quando não comprovada a atividade como segurado obrigatório, **caberá a convalidação destes para o código de facultativo**, observada a tempestividade dos recolhimentos e a concordância expressa do segurado.

Considerando que os dados constantes do CNIS relativos a contribuições valem como tempo de contribuição e prova de filiação à Previdência Social, os recolhimentos constantes em **microfichas**, a partir de abril de 1973 para os empregados domésticos, e a partir de setembro de 1973 para os autônomos, equiparados a autônomo e empresário, **poderão ser incluídos a pedido do filiado**, observando-se a titularidade do NIT, bem como os procedimentos definidos em manuais.

Os acertos de recolhimento de contribuinte individual, empregado doméstico, facultativo e segurado especial que contribui facultativamente, identificados no requerimento de benefício ou de atualização de dados do CNIS, são de **responsabilidade do INSS**, conforme estabelece a Portaria Conjunta RFB/INSS nº 273, de 19 de janeiro de 2009.

Por outro lado, os acertos de GPS que envolvam solicitação do filiado para inclusão de recolhimento, alteração da data de pagamento e alteração de valor autenticado, bem como a operação de transferência de CNPJ/CEI para NIT serão realizadas, **exclusivamente, pela Secretaria da Receita Federal do Brasil.**

O tratamento dos ajustes de GPS e de demais guias de recolhimento previdenciário que a antecederam, de contribuinte individual, empregado doméstico, facultativo e segurado especial que contribui facultativamente, bem como o tratamento dos registros em duplicidade, quando solicitado pelo agente arrecadador, em qualquer situação, serão de responsabilidade da RFB, conforme Portaria Conjunta RFB/INSS nº 273, de 19 de janeiro de 2009.

O acesso ao CNIS para o público externo é fornecido atualmente por meio do sistema Meu INSS, disponível em http://servicos.inss.gov.br/. Esta plataforma disponibiliza o acesso a vários serviços do INSS, através de uma senha de uso pessoal.

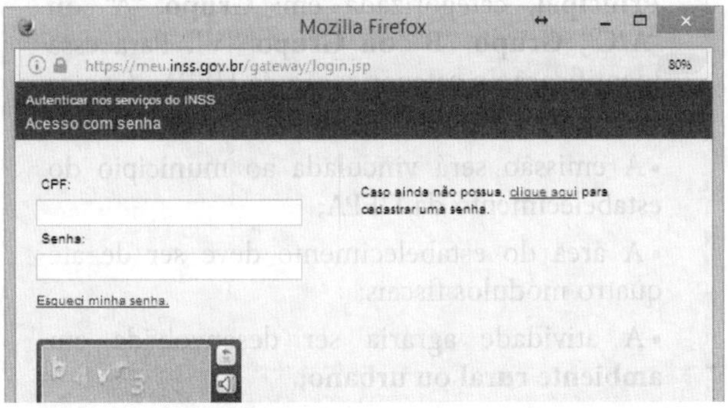


A senha do site Meu Inss permite acesso restrito às informações de interesse do segurado, não permitindo acesso às informações de terceiros. Ademais, a senha só é fornecida caso inexistam pendências cadastrais em nome do segurado. Caso haja incorreções cadastrais como erro no nome, data de nascimento ou CPF, o segurado deve realizar a retificação presencialmente no INSS.

O fornecimento da senha do Meu INSS é realizado presencialmente, nas agências do INSS, bem como nos canais remotos, como internet e central 135. Para fornecimento da senha via internet, o usuário deve usar a funcionalidade "fazer login":

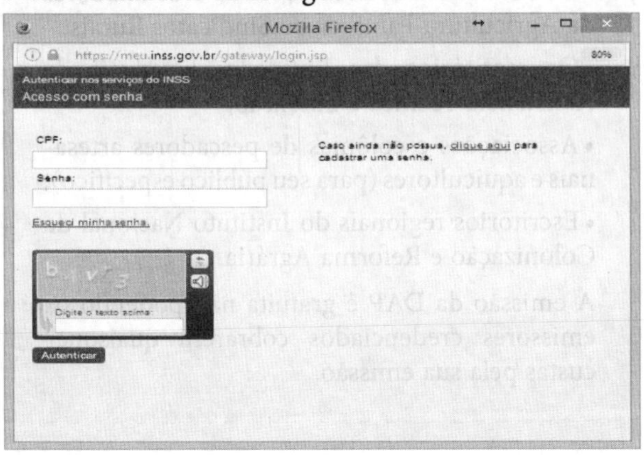


É direito dos segurados o acesso às informações do CNIS, o que pode ser feito diretamente pela internet, no sítio da DATAPREV, após o cadastramento de uma senha pessoal[19].

A Lei 13.846/2019 previu que o Ministério da Economia manterá sistema de cadastro dos segurados especiais no Cadastro Nacional de Informações Sociais – CNIS e poderá firmar acordo de cooperação com o Ministério da Agricultura, Pecuária e Abastecimento e com outros órgãos da administração pública federal, estadual, distrital e municipal para a manutenção e a gestão do sistema de cadastro (inserção dos arts. 38-A e 38-B na Lei 8.213/91).

**IMPORTANTE:**

A novidade é que o sistema preverá a manutenção e a atualização **anual** do cadastro do **segurado especial** e conterá as informações necessárias à caracterização da condição de segurado especial, devendo ser feita **até 30 de junho do ano subsequente, vedada a atualização após 5 anos, exceto se** o segurado especial demonstrar em época própria a comercialização da produção e o recolhimento da contribuição efetivo da contribuição prevista no art. 25 da Lei 8.212/91.

**No entanto, essa sistemática de atualização anual cadastral do segurado especial no CNIS só será aplicada a partir de 1/1/2023.**

**IMPORTANTE**

Mas existe uma novidade inaugurada pela Emenda 103/2019. É que, para **fins de comprovação de atividade rural** exercida até a data de entrada em vigor da Emenda Constitucional, o prazo de que tratam os §§ 1º e 2º do art. 38-B da Lei nº 8.213, de 24 de julho de 1991, será **prorrogado** até a data em que o Cadastro Nacional de Informações Sociais – **CNIS atingir a cobertura mínima de 50% dos trabalhadores** de que trata o § 8º do art. 195 da Constituição Federal, apurada conforme quantitativo da **Pesquisa Nacional por Amostra de Domicílios Contínua – PNAD**.

Para o período anterior a 1º de janeiro de 2023, o segurado especial comprovará o tempo de exercício da atividade rural por meio de **autodeclaração** ratificada por entidades públicas credenciadas, nos termos do art. 13 da Lei nº 12.188, de 11 de janeiro de 2010, e por outros órgãos públicos, na forma prevista no regulamento.

São entidades públicas credenciadas para ratificar a autodeclaração do segurado especial as **Entidades Executoras do Pronater ou órgãos públicos, inclusive o INSS.** Na hipótese de haver divergência de informações, para fins de reconhecimento de direito com vistas à concessão de benefício, o INSS poderá exigir a apresentação dos documentos que atestem o exercício da atividade rural ou pesqueira.

19. http://www1.dataprev.gov.br/conweb/sp2cgi.exe?sp2application=conweb.

De efeito, **são requisitos para obter o credenciamento como Entidade Executora do Pronater:**

I – contemplar em seu objeto social a execução de serviços de assistência técnica e extensão rural;

II – estar legalmente constituída há mais de 5 (cinco) anos, exceto entidades públicas;

III – possuir base geográfica de atuação no Estado em que solicitar o credenciamento;

IV – contar com corpo técnico multidisciplinar, abrangendo as áreas de especialidade exigidas para a atividade;

V – dispor de profissionais registrados em suas respectivas entidades profissionais competentes, quando for o caso;

VI – atender a outras exigências estipuladas em regulamento.

Com propriedade, de acordo com o artigo 106, da Lei 8.213/91, a comprovação do exercício de atividade rural será feita, alternativamente, por meio de diversos documentos, tendo sido alterado o inciso IV e revogado o inciso III:

"~~III – declaração fundamentada de sindicato que represente o trabalhador rural ou, quando for o caso, de sindicato ou colônia de pescadores, desde que homologada pelo Instituto Nacional do Seguro Social – INSS~~ **(revogado pela Lei 13.846/19)**;

IV – Declaração de Aptidão ao Programa Nacional de Fortalecimento da Agricultura Familiar, de que trata o inciso II do *caput* do art. 2º da Lei nº 12.188, de 11 de janeiro de 2010, ou por documento que a substitua, emitidas apenas por instituições ou organizações públicas *(redação dada pela Lei 13.846/19)*";

O objetivo normativo foi retirar a atribuição dos sindicatos rurais de declarar a condição de segurado especial, passando a tarefa a ser desempenhada pelas instituições do PRONATER, mediante declaração de aptidão ao Programa Nacional de Fortalecimento da Agricultura Familiar.

A Declaração de Aptidão ao Programa Nacional de Fortalecimento da Agricultura Familiar (DAP) é o documento que identifica os beneficiários do Programa Nacional de Fortalecimento da Agricultura Familiar (PRONAF).

Eis as informações governamentais a respeito da DAP[20]:

*Declaração de Aptidão ao Pronaf (DAP)*

A Declaração de Aptidão ao Programa Nacional de Fortalecimento da Agricultura Familiar (DAP) é o instrumento utilizado para identificar e qualificar as Unidades Familiares de Produção Agrária (UFPA) da Agricultura Familiar e suas formas associativas organizadas em pessoas jurídicas.

Consideram-se beneficiários de DAP a UFPA composta por: agricultores/as familiares, pescadores artesanais, aquicultores, maricultores, silvicultores, extrativistas, quilombolas, indígenas, assentados da reforma agrária e beneficiários do Programa Nacional de Crédito Fundiário.

A UFPA será identificada por uma única **DAP Principal,** categorizada em: **Grupo "A" ou "A/C", Grupo "B" ou Grupo "V".** Para essa identificação e categorização da UFPA, deve-se observar os seguintes critérios:

- A emissão será vinculada ao município do estabelecimento da UFPA;
- A área do estabelecimento deve ser de até quatro módulos fiscais;
- A atividade agrária ser desenvolvida em **ambiente rural ou urbano;**
- A gestão do estabelecimento deve ser estritamente familiar;
- A renda proveniente da exploração do estabelecimento deve ser igual ou superior àquela auferida fora do estabelecimento;
- A UFPA deve utilizar, no mínimo, metade da força de trabalho familiar no processo produtivo e de geração de renda.

**As DAP emitidas a partir de 27 de agosto de 2018 terão validade de 1 ano.** Para emissão da DAP, o/a beneficiário/a deverá juntar a documentação pertinente e procurar:

- Os Sindicados e Associações de Trabalhadores da Agricultura Familiar ou Sindicatos Rurais;
- Os escritórios das Entidades Estaduais de Assistência Técnica e Extensão;
- Associações e colônias de pescadores artesanais e aquicultores (para seu público específico);
- Escritórios regionais do Instituto Nacional de Colonização e Reforma Agrária.

A emissão da DAP é gratuita não podendo os emissores credenciados cobrarem quaisquer custas pela sua emissão.

Coube à Portaria 1, de 13/4/2017, da lavra da Secretaria Especial de Agricultura dispor sobre as competências, condições e procedimentos específicos para a emissão, validação, suspensão, cancelamento e exercício do controle social da DAP – Declaração de Aptidão ao Pronaf (Programa Nacional de Fortalecimento da Agricultura Familiar).

Eis as modalidades de DAPs:

– **DAP principal** – utilizada para identificação e qualificação da Unidade Familiar de Produção Rural;

20. http://www.mda.gov.br/sitemda/saf/dap.

– **DAP acessória** – utilizada para identificação dos filhos(as), dos(as) jovens e das mulheres agregadas à uma Unidade Familiar de Produção Rural e devem, obrigatoriamente, estar vinculadas a uma DAP Principal;

– **DAP jurídica** – utilizada para identificar e qualificar as Formas Associativas da Agricultura Familiar organizadas em pessoas jurídicas;

– **DAP última versão** – a DAP mais recente emitida e registrada na base de dados da SAF;

– **DAP válida** – aquela cujos dados utilizados no processo de identificação e qualificação das Unidades Familiares de Produção Rural passaram por análise de consistência, garantindo a condição de agricultores(as) familiares e não sofreram qualquer impugnação posterior que motivasse sua suspensão ou cancelamento;

– **DAP ativa** – a que possibilita o acesso dos(as) agricultores(as) familiares às políticas públicas dirigidas a essa categoria de produtores(as) rurais e, é assim denominada, desde que combine dois atributos: DAP última versão e DAP válida;

– **DAP suspensa** – aquela temporariamente desabilitada na base de dados da SAF para fins de acesso às políticas públicas destinadas à agricultura familiar devido a necessidade de atualização cadastral ou para verificação/conferência das informações declaradas;

– **DAP cancelada** – aquela que foi efetivamente cancelada na base de dados da SAF por solicitação do próprio beneficiário, do Agente Emissor da DAP, indicação do Controle Social da DAP, dos próprios órgãos de controle externo e interno e demais casos. O cancelamento da DAP pode ser efetuado com ou sem o bloqueio do CPF dos titulares, conforme o caso.

> O salário de benefício possui limites mínimos e máximos, não podendo ser inferior a um salário mínimo nem superior ao teto do salário de contribuição da data de início do benefício, atualizado para R$ 7.507,49 (valor atualizado para todo o ano de 2023), desde 01.01.2023.

No entanto, caso o salário de benefício seja limitado em um caso concreto ao teto legal, na hipótese de a média aritmética dos salários de contribuição superar o limite máximo, deverá ser promovida a sua readequação no primeiro reajuste pelo INSS, observado o novo valor máximo, como ocorreu com os novos tetos inaugurados pelas Emendas 20/1998 (R$ 1.200,00) e 41/2003 (R$ 2.400,00).

De acordo com a Suprema Corte, no julgamento do recurso extraordinário 564.354, de 08.09.2010, "não ofende o ato jurídico perfeito a aplicação imediata do art. 14 da Emenda Constitucional n. 20/1998 e do art. 5º da Emenda Constitucional n. 41/2003 aos benefícios previdenciários limitados a teto do regime geral de previdência estabelecido antes da vigência dessas normas, de modo a que passem a observar o novo teto constitucional", conforme será detidamente estudado no Capítulo 13.

No caso do **segurado especial**, desde a vigência da Lei 11.718/2008, **o salário de benefício é fixado em um salário mínimo**, exceto se ele adotou o regime de recolhimento do contribuinte individual, consoante facultado pelo artigo 25, §1º, da Lei 8.212/91, ou ainda se recolheu durante o prazo de até 120 dias por ano que pôde trabalhar durante a entressafra ou o defeso, ou sobre a remuneração que auferiu com o artesanato ou atividade artística, rendimentos permitidos pelo artigo 11, §9º, da Lei 8.213/91.

Ademais, lembrando-se das parcelas integrantes do salário de contribuição, serão considerados para cálculo do salário de benefício os ganhos habituais do segurado empregado, a qualquer título, sob forma de moeda corrente ou de utilidades, sobre os quais tenha incidido contribuições previdenciárias, **exceto o décimo terceiro salário (gratificação natalina).**

> Ou seja, atualmente, apesar de incidir contribuição previdenciária em separado sobre a parcela paga a título de décimo terceiro salário para o empregado e o doméstico, a legislação previdenciária excluiu essa verba do cálculo do salário de benefício.

Essa clara posição legal do artigo 29, §3º, da Lei 8.213/91, com redação dada pela Lei 8.870/94, é chancelada pela jurisprudência amplamente dominante nos Tribunais Regionais Federais, que apenas ressalva os benefícios concedidos até o advento da Lei 8.870/94, em aplicação ao Princípio do *Tempus Regit Actum*.

Isso porque, até o advento da Lei 8.620/93, a tributação previdenciária sobre o salário de dezembro era feita juntamente com o décimo terceiro salário, passando desde então a ser feita em separado. Em seguida, veio a Lei 8.870/94 prevendo expressamente que a contribuição sobre a gratificação de natal não seria mais utilizada no cálculo do salário de benefício.

Nesse sentido, a jurisprudência:

> "PREVIDENCIÁRIO – PROCESSUAL CIVIL – AGRAVO LEGAL – REVISÃO DA RENDA MENSAL INICIAL DE BENEFÍCIO – SOMA DO DÉCIMO TERCEIRO SALÁRIO AOS SALÁRIOS-DE-CONTRIBUIÇÃO DO PERÍODO BÁSICO DE CÁLCULO. Inaplicável à espécie o prazo decadencial instituído pelas alterações procedidas no artigo 103 da Lei 8213/91 pela nona reedição da Medida Provisória n.º 1.523, de 27 de junho de 1997, posteriormente convertida na Lei n.º 9.598/97, pela Lei n.º 9.711/1998 e pelo artigo 1.º da Medida Provisória n.º 138/2.003, uma vez que se trata de benefício concedido anteriormente a elas. **Os benefícios cujas datas de início inserem-se no período**

**entre 24.07.1991 e 15.04.1994 fazem jus à revisão para que sejam computados os valores relativos ao décimo terceiro salário nos meses de dezembro que estiverem no período básico de cálculo, respeitado o teto dos salários-de-contribuição vigente no período, nos termos do § 5º do artigo 29 da Lei 8213/91. Os benefícios concedidos na vigência da Lei 8870/94 devem observar a restrição imposta em seu artigo 28, § 7º, ainda que haja salários-de-contribuição dos meses de dezembro de 1991, 1992 e 1993 integrantes do período básico de cálculo. Nesse caso, aplica-se a legislação de regência, à época da data de início do benefício, em observância ao princípio "tempus regit actum"**. Ao manejar o agravo de que trata o artigo 557, § 1º, do CPC, deve a parte demonstrar que a decisão recorrida não se encontra em consonância com precedentes dos Tribunais Superiores ou do próprio Tribunal, o que não se evidenciou "in casu". A fundamentação apresentada não trouxe argumentos que demonstrassem a necessidade de reforma da decisão agravada. Agravo não provido" (TRF 3ª Região, APELAÇÃO/REEXAME NECESSÁRIO – 1.497.466, de 02.04.2012).

"PREVIDENCIÁRIO. REVISÃO DE RMI. CÔMPUTO DO 13º SALÁRIO NO SALÁRIO DE CONTRIBUIÇÃO. **1. No período em que a contribuição previdenciária do mês de dezembro incidia sobre o somatório da remuneração de dezembro e a gratificação natalina, limitada ao teto do salário de contribuição, o 13º salário deveria ser considerado no cálculo do salário de benefício, não como um 13º salário de contribuição, mas integrando o salário de contribuição do mês de dezembro, como, aliás, previa o art. 29, § 3º da Lei 8.213/91 (redação original)** e os §§ 4º e 6º do Decreto 611/92. 2. Com a alteração no cálculo da contribuição previdenciária incidente sobre a gratificação natalina, feita através da Lei 8.620/93, houve a necessidade de compatibilizar a legislação atinente à concessão de benefícios com a referente ao custeio da seguridade social. **Surge, assim, a proibição da utilização da gratificação natalina para fins de cálculo de benefício com o advento da Lei nº 8.870, de 15 de abril de 1994, que alterou a redação do § 7º do artigo 28 da Lei 8.212/91 (Lei de Custeio) e do § 3º do artigo 29 da Lei 8.213/91 (Lei de Benefícios), dispondo expressamente que a parcela relativa ao décimo terceiro salário integra o salário de contribuição, exceto para efeito de cálculo dos proventos**" (TRF 4ª Região, APELREEX 2009.72.99.001285-0, de 15.12.2010).

Este posicionamento passou a ser adotado pelo STJ:

"AGRAVO REGIMENTAL NO RECURSO ESPECIAL. PREVIDENCIÁRIO. REVISÃO DE RMI. CÔMPUTO DO 13º SALÁRIO. REDAÇÃO DO ART. 28, § 7º, DA LEI 8.212/1991. DIB ANTERIOR À ALTERAÇÃO DADA PELA LEI 8.870/1994.

1. O art. 28, § 7º, da Lei nº 8.212/1991 (Lei de Custeio) dispunha que a gratificação natalina integrava o salário de contribuição para fins de apuração do salário de benefício, de sorte que a utilização da referida verba para fins de cálculo de benefício foi vedada apenas a partir da vigência da Lei nº 8.870/1994, que alterou a redação da citada norma e do § 3º do art. 29 da Lei nº 8.213/1991 (Lei de Benefícios), dispondo expressamente que a parcela relativa ao décimo terceiro salário integra o salário de contribuição, exceto para efeito de cálculo dos proventos.

**2. Do acurado exame da legislação pertinente, esta Corte firmou o entendimento segundo o qual, o cômputo dos décimos terceiros salários para fins de cálculo da renda mensal inicial de benefício previdenciário foi autorizado pela legislação previdenciária, até a edição da Lei nº 8.870, de 15 de abril de 1994, que alterou a redação dos arts. 28, § 7º da Lei de nº 8.212/1991 (Lei de Custeio) e 29, § 3º, da Lei nº 8.213/1991 (Lei de Benefícios).** 3. Agravo regimental a que se nega provimento" (STJ, AgRg no REsp 1179432, de 28/08/2012).

O STJ confirmou este posicionamento em tese repetitiva (informativo 603):

| | |
|---|---|
| **PROCESSO** | **REsp 1.546.680-RS, Rel. Min. Og Fernandes, Primeira Seção, por unanimidade, julgado em 10/5/2017, DJe 17/5/2017. (Tema 904)** |
| **RAMO DO DIREITO** | DIREITO PREVIDENCIÁRIO |
| **TEMA** | Revisão do cálculo da Renda Mensal Inicial (RMI). Cômputo do 13º salário. Redação do art. 28, § 7º, da Lei n. 8.212/1991 e do art. 29, § 3º, da Lei n. 8.213/1991. Alteração legislativa. Data de Início do Benefício (DIB) posterior à modificação processada pela Lei n. 8.870/1994. |

| **DESTAQUE** |
|---|
| O décimo terceiro salário (gratificação natalina) somente integra o cálculo do salário de benefício, nos termos da redação original do § 7º do art. 28 da Lei n. 8.212/1991 e § 3º do art. 29 da Lei n. 8.213/1991, quando os requisitos para a concessão do benefício forem preenchidos em data anterior à publicação da Lei n. 8.870/1994, que expressamente excluiu o décimo terceiro salário do cálculo da Renda Mensal Inicial (RMI), independentemente de o Período Básico de Cálculo (PBC) do benefício estar, parcialmente, dentro do período de vigência da legislação revogada. |

Contudo, a TNU não admitia a revisão do benefício previdenciário para inserir a contribuição previdenciária sobre o 13º salário nem mesmo para os benefícios concedidos anteriormente à Lei 8.870/94, a exemplo do julgamento do PEDILEF 2009.72.51.008649-2, de 29.03.2012:

"EMENTA VOTO PREVIDENCIÁRIO. REVISÃO DE BENEFÍCIO. PRETENSÃO DE CÔMPUTO DO 13º SALÁRIO NO PERÍODO BÁSICO DE CÁLCULO. IMPOSSIBILIDADE. INCIDENTE IMPROVIDO. 1. Incidente conhecido, já que presentes as condições de admissibilidade. 2. Pretende-se a normatização da matéria com base em acórdão que acolhe a pretensão de consideração do 13º salário no período básico de cálculo de benefício previdenciário. A pretensão não merece guarida, eis que esta Turma Nacional de Uniformização possui entendimento pacificado sobre o tema, rechaçando essa possibilidade, tanto no período anterior quanto no posterior à promulgação da Lei n.º 8.870/94 (Cf. Pedilef n.º2008.72.53.000258-3/SC, Relator Élio Wanderley Filho, DJ 28/07/2009). **3. Afigura-se absolutamente irrelevante a data de concessão de aposentadoria dos segurados para o enfrentamento do tema, já que nunca houve, no ordenamento jurídico, norma que autorizasse o pretendido cômputo da gratificação natalina no cálculo da renda mensal inicial do benefício. Nem a redação original da Lei n.º 8.213/91, nem a redação que lhe foi conferida pela Lei n.º 8.870/94 permitem essa ilação.** A legislação de regência é clara ao estatuir que o décimo terceiro salário, embora se considere salário-de-contribuição para fins de incidência de contribuição previdenciária, não deve ser computado quando por ocasião do cálculo da renda mensal inicial dos benefícios previdenciários. 4. A modificação trazida pela Lei n.º 8.870/94 na redação da Lei n.º 8.213/91, vedando expressamente a inclusão da gratificação natalina no cálculo do salário-de-benefício, tem função explicativa, interpretativa, não tendo provocado alteração alguma na forma de cálculo do benefício. A previsão de tributação do décimo terceiro salário justifica-se pela necessidade de custeio do abono anual pago aos segurados e seus dependentes. Indevida, pois, a inclusão da gratificação natalina nos salários-de-contribuição observados para cálculo de benefício previdenciário, mesmo que concedido antes de 1994. 5. Incidente improvido. Sugiro ao em. Presidente desta Turma que imprima, ao resultado deste julgamento, a sistemática prevista no art. 7º letra "a" do Regimento desta Turma, devolvendo às Turmas de origem todos os outros incidentes que versem sobre o mesmo objeto, a fim de que mantenham ou promovam a adequação da decisão recorrida às premissas jurídicas firmadas, já que reflete entendimento consolidado nesta Corte".

Nesse sentido, em 03 de julho de 2012, a TNU publicou a Súmula 60:

"Súmula 60 – O décimo terceiro salário não integra o salário de contribuição para fins de cálculo do salário de benefício, independentemente da data da concessão do benefício previdenciário".

Mas a TNU reviu o seu posicionamento, alinhando-se ao STJ, ao cancelar a Súmula 60 e publicar a Súmula 83, em 21 de março de 2016:

Súmula 83 – A partir da entrada em vigor da Lei n. 8.870/94, o décimo terceiro salário não integra o salário de contribuição para fins de cálculo do salário de benefício.

De acordo com o **texto originário** do artigo 32, da Lei 8.213/91, **antes da Lei 13.846/2019**, na hipótese do segurado que contribui em razão de **atividades concomitantes**, o salário de benefício será calculado com base na soma dos salários de contribuição das atividades exercidas até a data do requerimento ou do óbito ou no período básico de cálculo.

De efeito, quando o segurado satisfizer, em relação a cada atividade, as condições para obtenção do benefício requerido, o salário de benefício será calculado com base na soma dos respectivos salários de contribuição.

Logo, suponha-se que *Alfredão* tenha tido dois vínculos empregatícios durante a sua vida de trabalho. Em ambos os vínculos, ele possui mais de 35 anos de contribuição, já tendo satisfeito simultaneamente os requisitos para a concessão da aposentadoria por tempo de contribuição, razão pela qual os salários de contribuição de ambas as atividades deverão ser somados para o cálculo do salário de benefício[21], tendo em conta que no RGPS só é possível ter uma aposentadoria.

Ao revés, quando não se verificava a hipótese anterior, o salário de benefício correspondia à soma das seguintes parcelas:

a) o salário de benefício calculado com base nos salários de contribuição das atividades em relação às quais são atendidas as condições do benefício requerido; e
b) um percentual da média do salário de contribuição de cada uma das demais atividades, equivalente à relação entre o número de meses completos de contribuição e os do período da carência do benefício requerido; e, quando se tratar de benefício por tempo de contribuição, este percentual será o resultante da relação entre os anos completos de atividade e o número de anos de contribuição considerado para a concessão do benefício.

**Neste caso anterior à vigência da Lei 13.846/2019**, o segurado possui atividades concomitantes, mas apenas em uma delas preencheu os requisitos legais para o gozo de benefício previdenciário. Aqui o cálculo do salário de benefício não será alcançado com a soma dos salários de contribuição de ambas as atividades, porque em apenas uma delas o segurado preencheu os pressupostos para o gozo do benefício.

Hipoteticamente, suponha-se que *César* tenha dois empregos simultâneos há muitos anos. No primeiro deles, ele alcançou 35 anos de contribuição, mas, no segundo, ele conta apenas com 17,5 anos.

Neste caso, na hipótese da aposentadoria por tempo de contribuição, o salário de benefício será formado com a soma integral dos salários de contribuição da primeira atividade, com metade do valor dos salários de contribuição da segunda, pois nesta *César* apenas

---

**21.** Parte-se da premissa que foi realizada a carência de 180 contribuições mensais.

alcançou metade do tempo de contribuição exigido pela legislação previdenciária.

Demais disso, não serão perpetradas as somas acima referidas quando o segurado, em obediência ao limite máximo do salário de contribuição, contribuiu apenas para uma das atividades concomitantes.

De acordo com o STJ, "o segurado que tenha preenchido os requisitos para aposentadoria pelo RGPS e que tiver desenvolvido concomitante atividade secundária por regime Próprio da Previdência Social (RPPS), sem, no entanto, preencher os requisitos para concessão do benefício neste regime, tem direito que seu salário de benefício seja calculado com base na soma dos salários de contribuição da atividade principal, acrescido de percentual da média do salário de contribuição da atividade concomitante, nos termos do art. 32, II, "a" e "b", e III, da Lei 8.213/1991. Nos termos do art. 32 da Lei 8.213/1991, o desempenho de atividades concomitantes por parte do segurado pode lhe garantir que o salário de benefício seja (a) o resultado da soma dos salários de contribuição efetivados em cada atividade cujas condições foram totalmente satisfeitas (inciso I), ou (b) será a soma do salário de contribuição da atividade cuja condição foi totalmente satisfeita (atividade principal) acrescido de um percentual decorrente dos valores recolhidos das demais atividades (incisos II, "a" e "b", e III). **Nesse contexto, o fato de o segurado ao RGPS ter prestado atividade concomitante secundária vinculada a regime próprio não afasta o direito à soma do percentual estipulado para efetivação do cálculo do salário de benefício de aposentadoria vinculada àquele regime, visto que a norma contida no art. 32 da Lei de Benefícios Previdenciários não se restringe às atividades concomitantes exercidas exclusivamente no RGPS.** Ressalte-se, ainda, que o art. 94 da referida lei garante a compensação financeira entre os sistemas existentes. REsp 1.428.981-PR, Rel. Min. Humberto Martins, julgado em 2/6/2015, DJe 6/8/2015".

Em todas as hipóteses, **deverá ser observado o teto do salário de contribuição, pois a soma não poderá ultrapassar esta quantia.**

Vale frisar que o artigo 32 da Lei 8.213/91 não definia qual a atividade que deverá ser considerada como a principal, devendo ser considerada àquela em que o segurado reuniu as condições para a concessão do benefício, sendo esta a posição do STJ.

No entanto, no caso de aposentadoria proporcional por tempo de contribuição, entende a Corte Superior que a atividade principal será àquela que gerar a maior renda mensal para o benefício:

"PREVIDENCIÁRIO. RECURSO ESPECIAL. REGIME GERAL DA PREVIDÊNCIA SOCIAL. APOSENTADORIA POR TEMPO DE SERVIÇO. PROVENTOS PROPORCIONAIS. EMBARGOS À EXECUÇÃO. CRITÉRIO DE CÁLCULO DA RENDA MENSAL INICIAL. ATIVIDADES CONCOMITANTES. ATIVIDADE PRINCIPAL. MELHOR PROVEITO ECONÔMICO. VALOR DA TRABALHO E DA LIVRE INICIATIVA. ART. 32 DA LEI 8.213/1991. INAPLICABILIDADE AO CASO. ART. 29 DA LEI 8.213/1991 EM SUA REDAÇÃO ORIGINAL. OBSERVÂNCIA NO CASO. DISSÍDIO JURISPRUDENCIAL. FALTA DE SIMILITUDE FÁTICA. RECURSO ESPECIAL CONHECIDO EM PARTE E NESSA PARTE NÃO PROVIDO.

**1. Na hipótese de desempenho pelo segurado de atividades laborais concomitantes, a jurisprudência do STJ é assente no sentido de que, nos termos do art. 32 da Lei 8.213/1991, será considerada atividade principal, para fins de cálculo do valor do salário de benefício, aquela na qual o segurado reuniu condições para concessão do benefício.**

**2. A peculiaridade do caso concreto consiste no fato de que o segurado não completou tempo de serviço suficiente para se aposentar em nenhuma das atividades concomitantes, tendo o título exequendo reconhecido o direito à aposentadoria por tempo de serviço com proventos proporcionais, apurando-se o período básico de cálculo nos termos do art. 29 da Lei 8.213/1991, em sua redação original.**

**3. Considerando que o segurado não completou tempo de serviço suficiente para se aposentar em nenhuma das atividades concomitantes, deve ser considerada como atividade principal, para fins de apuração do salário de benefício, aquela que gerar maior proveito econômico no cálculo da renda mensal inicial.**

4. Não se mostra configurada afronta ao art. 32 da Lei 8.213/1991, na espécie, porque o segurado, no desempenho de atividades concomitantes, não preencheu em nenhuma delas todos os requisitos para obtenção da aposentadoria por tempo de serviço.

5. A lacuna deixada pelo legislador no art. 32 da Lei 8.213/1991 deve ser integrada pelos princípios que envolvem a ordem econômica e social previstas na Constituição, ambas fundadas na valorização e no primado do trabalho humano e na livre iniciativa, a fim de assegurar a todos existência digna, conforme os ditames da justiça social. 6. Relativamente ao dissídio jurisprudencial, o recurso especial não pode ser conhecido pela alínea "c" em decorrência da ausência de similitude fática entre os acórdãos confrontados". (RECURSO ESPECIAL – 1311963, DJE DATA:06/03/2014).

Nos termos do artigo 201 da Portaria INSS/DIRBEN 991/2022, **não será considerada múltipla atividade quando:**

I - o segurado satisfizer todos os requisitos exigidos ao benefício em todas as atividades concomitantes;

II - nos meses em que o segurado contribuiu apenas por uma das atividades concomitantes, em obediência ao limite máximo do salário de contribuição;

III - nos meses em que o segurado tenha sofrido redução dos salários de contribuição das atividades concomitantes em respeito ao limite máximo desse salário;

IV - se tratar de mesmo grupo empresarial, ou seja, quando uma ou mais empresas tenham, cada uma delas, personalidade jurídica própria e estiverem sob a direção, controle ou administração de outra, constituindo grupo industrial, comercial ou de qualquer outra atividade econômica, sendo, para efeito da relação de emprego, solidariamente responsáveis a empresa principal e cada uma das subordinadas; e

V - se tratar de auxílio-doença ou aposentadoria por invalidez isentos de carência ou decorrentes de acidente de qualquer natureza, inclusive por acidente do trabalho.

Saliente-se que o artigo 32, da Lei 8.213/91, possuía redação originária, não tendo sido atualizado pela Lei 9.876/99, que criou o fator previdenciário e que alargou o período básico de cálculo para 80% do lapso temporal contributivo do segurado, razão pela qual o seu texto não considera a existência do citado coeficiente obrigatório no salário de benefício das aposentadorias por tempo de contribuição.

Ademais, **a redação do artigo antes da Lei 13.846/19 perdeu a sua razão de ser, pois em 1991 o salário de benefício correspondia à média dos 36 últimos salários de contribuição em período não superior a 48 meses.**

Já com o advento da Lei 9.876/99, com o alargamento do período básico de cálculo, passou a ser a média aritmética simples dos 80% maiores salários de contribuição do segurado.

Como o objetivo do artigo 32 da Lei 8.213/91 era evitar que o segurado recolhesse pelos últimos 36 meses na atividade concomitante secundária e aumentasse o valor do salário de benefício, este artigo estabeleceu uma regra de proporção, que, após a Lei 9.876/99, não mais se justifica.

Em razão desta defasagem legislativa, na sua interpretação administrativa o INSS faz incidir separadamente o fator previdenciário sobre as atividades principais e secundárias antes da confecção da média ponderada.

Entende-se que esta sistemática é inadequada por não estar amparada na Lei 8.213/91, pois acabam sendo apurados dois salários de benefício em separado (com dois fatores previdenciários), para, ao final, se chegar à média final, havendo uma duplicidade sem amparo normativo, gerando uma redução excessiva do salário de benefício quando o fator previdenciário da atividade principal e da secundária for inferior a 1,0.

Era necessário que o artigo 32 da Lei 8.213/91 fosse reformado para que sejam inseridas as regras do cálculo do salário de benefício e do fator previdenciário no que concerne às atividades concomitantes à luz da Lei 9.876/99.

A Lei 13.135/2015 iria alterar com acerto a redação do artigo 32 da Lei 8.213/91, mas lamentavelmente a modificação sofreu um equivocado veto presidencial:

"Art. 32. O salário-de-benefício do segurado que contribuir em razão de atividades concomitantes será calculado com base na soma dos salários-de-contribuição das atividades exercidas no período básico de cálculo, observado o disposto no art. 29" (VETADO).

**Razões do veto**

"A alteração realizada pelo dispositivo poderia trazer impacto ao equilíbrio financeiro e atuarial da previdência social, tratado pelo art. 201 da Constituição. Além disso, da forma prevista, a medida poderia gerar desincentivos para os segurados que contribuem sobre atividades concomitantes."

Vale frisar que a Lei 9.876/99 não revogou expressamente o artigo 32 da Lei 8.213/91, conquanto este artigo precise ser atualizado para definir com precisão as regras de incidência do fator previdenciário.

Isso porque o alargamento do período básico das 36 últimas contribuições (em período não superior a 48 meses) para os 80% maiores salários de contribuição a partir da competência de julho de 1994 não é incompatível com o artigo 32 da Lei 8.213/91.

O TRF da 4ª Região nega vigência ao artigo 32 da Lei 8.213/91 após a vigência da Lei 10.666/2003:

**"PREVIDENCIÁRIO. REVISÃO DE BENEFÍCIO. RENDA MENSAL INICIAL. SALÁRIO-DE-BENEFÍCIO. ATIVIDADES CONCOMITANTES. DERROGAÇÃO DO ARTIGO 32 DA LEI 8.213/91 A PARTIR DE 01/04/2003. LEI 9.876/99. MP 83/02 (LEI 10.666/03). IN INSS/DC Nº 89/2003. IN RFB Nº 971/2009**

1. Segundo estabelece o artigo 32 da Lei de Benefícios (Lei 8.213/91), o salário-de-benefício do segurado que contribuir em razão de atividades concomitantes deve ser calculado com base na soma dos salários-de-contribuição das atividades exercidas, ou no período básico de cálculo, quando satisfizer, em relação a cada atividade, as condições do benefício requerido. 2. Não satisfeitas as condições em relação a cada atividade, o salário-de-benefício corresponderá à soma do salário-de-benefício da atividade principal, esta considerada aquela em relação à qual preenchidos os requisitos ou, não tendo havido preenchimento dos requisitos em relação a nenhuma delas, a mais benéfica para o segurado, e de um percentual da média do salário-de-contribuição da atividade secundária, conforme dispõe o inciso II do artigo 32 da Lei 8.213/91. 3. A Lei 9.876/99 estabeleceu a extinção gradativa da escala de salário-base (art. 4º), e modificou o artigo 29 da LB (art. 2º), determinando que o salário-de-benefício seja calculado com base na média aritmética simples dos maiores salários-de-contribuição correspondentes a oitenta por cento de todo o período contributivo, multiplicada pelo fator previdenciário(assegurada para quem já era filiado à

Previdência Social antes da Lei 9.876/96 a consideração da média aritmética de oitenta por cento do período contributivo decorrido desde a competência julho/94 – art. 3º).4. A Medida Provisória 83, de 12/12/2002 extinguiu, a partir de 1º de abril de 2003, a escala de salário-base (artigos 9º e 14), determinação depois ratificada por ocasião da sua conversão na Lei 10.666, de 08/05/2003 (artigos 9º e 15). 5. Extinta a escala de salário-base a partir de abril de 2003, deixou de haver restrições ao recolhimento por parte dos contribuintes individual e facultativo. Eles passaram a poder iniciar a contribuir para a previdência com base em qualquer valor. Mais do que isso, foram autorizados a modificar os valores de seus salários-de-contribuição sem respeitar qualquer interstício. Os únicos limites passaram a ser o mínimo (salário mínimo) e o máximo (este reajustado regularmente). Nesse sentido estabeleceram a IN INSS/DC nº 89, de 11/06/2003 e a Instrução Normativa RFB nº 971, de 13/11/de 2009. 6. O que inspirou o artigo 32 da Lei 8.213/91, e bem assim as normas que disciplinavam a escala de salário-base, foi o objetivo de evitar, por exemplo, que nos últimos anos de contribuição o segurado empregado passasse a contribuir em valores significativos como autônomo/contribuinte individual, ou mesmo que o autônomo/contribuinte individual majorasse significativamente suas contribuições. Com efeito, como o salário-de-benefício era calculado com base na média aritmética simples de todos os últimos salários-de-contribuição dos meses imediatamente anteriores ao do afastamento da atividade ou da data da entrada do requerimento, até o máximo de 36 (trinta e seis), apurados em período não superior a 48 (quarenta e oito) meses, o aumento de contribuições no final da vida laboral poderia acarretar um benefício mais alto, a despeito de ter o segurado contribuído na maior parte de seu histórico contributivo com valores modestos. 7. Extinta a escala de salário-base, o segurado empregado que tem seu vínculo cessado pode passar a contribuir como contribuinte individual, ou mesmo como facultativo, pelo teto. Por outro lado, o contribuinte individual, ou mesmo o facultativo, pode majorar sua contribuição até o teto no momento que desejar. Inviável a adoção, diante da situação posta, de interpretação que acarrete tratamento detrimentoso para o segurado empregado que também é contribuinte individual, ou mesmo que tem dois vínculos como empregado, sob pena de ofensa à isonomia. 8. Não há sentido em se considerar válido possa o contribuinte individual recolher pelo teto sem qualquer restrição e, por vias transversas, vedar isso ao segurado empregado que desempenha concomitantemente atividade como contribuinte individual, ou mesmo que tem dois vínculos empregatícios. E é isso, na prática, que ocorreria se se reputasse vigente o disposto no artigo 32 da Lei 8.213/91. **9. A conclusão, portanto, é de que, na linha do que estatui a Lei de Introdução às Normas do Direito Brasileiro (antiga LICC), ocorreu, a partir de 1º de abril de 2003, a derrogação do artigo 32 das Lei 8.213/91, de modo que a todo segurado que tenha mais de um vínculo deve ser admitida, a partir da competência abril/2003, a soma dos salários-de-contribuição, respeitado o teto**". (AC 50064475820104047100, de 05/09/2012).

De modo razoável, **a TNU entende que após o advento da Lei 10.666/2003 houve a alteração implícita do artigo 32 da Lei 8.213/91**, determinando a extinção da escala base para o salário de contribuição.

Daí que, **a partir de 4/2003**, o órgão de cúpula do JEF determinou a **soma dos salários de contribuição em atividades concomitantes**, posicionamento adequado:

**PROCESSO Nº 0000159-29.2011.4.03.6307 REQUERENTE: MARIA ELISABETE BENTIVENHA REQUERIDO(A): INSS**

VOTO-EMENTA

"PEDIDO DE UNIFORMIZAÇÃO. PREVIDENCIÁRIO. REVISÃO. ARTIGO 32 DA LEI 8.213/91. ATIVIDADES CONCOMITANTES. DERROGAÇÃO DO ARTIGO 32 DA LEI 8.213/91 A PARTIR DE 01/04/2003. IMPLEMENTAÇÃO DOS REQUISITOS NECESSÁRIOS À CONCESSÃO DO BENEFÍCIO APÓS 01/04/2003: SOMA DOS SALÁRIOS-DE-CONTRIBUIÇÃO CONCOMITANTES (ANTERIORES E POSTERIORES A 01/04/2003) E LIMITAÇÃO AO TETO. PRECEDENTE DESTA TNU. INCIDENTE CONHECIDO E PROVIDO. Trata-se de Incidente de Uniformização de Jurisprudência interposto pela parte Autora em face de acórdão de Turma Recursal que manteve sentença que julgou improcedente o seu pedido de revisão de aposentadoria para que, no período do exercício de atividades concomitantes, para aplicação da regra do Art.32, incisos I e II da Lei 8213/91, seja considerada como atividade principal aquele que aludir maior proveito econômico em seu favor. A parte recorrente alega divergência jurisprudencial apontando paradigmas que bem caracterizam a divergência e a similitude fático-jurídica em relação ao acórdão recorrido. Acerca da matéria em controvérsia, esta TNU possui precedentes no sentido de que: a) no caso de segurado que contribuiu em razão de atividades concomitantes, implementados os requisitos ao benefício em data posterior a 01/04/2003, os salários-de-contribuição concomitantes (anteriores e posteriores a 04/2003) serão somados e limitados ao teto; b) no caso de segurado que tenha preenchido os requisitos e requerido o benefício até 01/04/2003, aplica-se o art. 32 da Lei n. 8.213/1991, observando-se que se o requerente não satisfizer, em relação a cada atividade, as condições do benefício requerido, a atividade principal será aquela com salários-de-contribuição economicamente mais vantajosos. Note-se o seguinte PEDILEF: PEDIDO DE UNIFORMIZAÇÃO. PREVIDENCIÁRIO. REVISÃO. ARTIGO 32 DA LEI 8.213/91. ATIVIDADES CONCOMITANTES. DERROGAÇÃO DO ARTIGO 32 DA LEI 8.213/91 A PARTIR DE 01/04/2003. LEI 9.876/99. MP 83/02 (LEI 10.666/03). 1. Trata-se de pedido de uniformização interposto contra acórdão proferido pela 3ª Turma Recursal dos Juizados Especiais Federais do Rio Grande do Sul que aplicou o entendimento de que para o cálculo da RMI do benefício, no caso de atividades concomitantes, deve ser considerada como preponderante a que for mais vantajosa economicamente ao segurado. (...) 5. Com efeito, a jurisprudência do STJ consolidou-se no sentido de que o art. 32 da Lei 8.213/91 dispõe que será considerada atividade principal, para fins de cálculo do valor do salário-de-benefício, aquela na qual o segurado reuniu todas as condições para concessão da prestação. Isso significa que apenas o cumprimento de um dos requisitos não torna a atividade principal, sendo indispensável que o segurado preencha, além da carência, o tempo de contribuição necessário à concessão do benefício em apenas uma das atividades para que, então, seja esta atribuída como principal. 6. Quando o segurado que contribui em razão de atividades concomitantes não satisfizer, em relação a cada atividade, as condições do benefício requerido, a atividade principal será aquela com salários-de-contribuição economicamente mais vantajosos. Essa é a orientação atual desta Turma Nacional, aprovada à unanimidade quando do julgamento do Pedilef 5001611-95.2013.4.04.7113, de minha relatoria (DOU 21/03/2014). Na mesma época, o STJ julgou a matéria nos seguintes termos: PROCESSUAL CIVIL E PREVIDENCIÁRIO. AGRAVO REGIMENTAL NO RECURSO ESPECIAL. REGIME GERAL DA PREVIDÊNCIA SOCIAL. APOSENTADORIA POR TEMPO DE SERVIÇO. PROVENTOS PROPORCIONAIS. EMBARGOS À EXECUÇÃO. CRITÉRIO DE CÁLCULO DA RENDA MENSAL INICIAL. ATIVIDADES CONCOMITANTES. ATIVIDADE PRINCIPAL. MELHOR PROVEITO ECONÔMICO. VALOR DA TRABALHO E DA LIVRE INICIATIVA. ART. 32 DA LEI 8.213/1991. INAPLICABILIDADE AO CASO. ART. 29 DA LEI 8.213/1991 EM SUA REDAÇÃO ORIGINAL. OBSERVÂNCIA NO CASO. DISSÍDIO JURISPRUDENCIAL. FALTA DE SIMILITUDE FÁTICA. RECURSO ESPECIAL CONHECIDO EM PARTE E NESSA PARTE NÃO PROVIDO. 1. Na hipótese de desempenho pelo segurado de atividades laborais concomitantes, a jurisprudência do STJ é assente no sentido de que, nos termos do art. 32 da Lei 8.213/1991, será considerada atividade principal, para fins de cálculo do valor do salário de benefício, aquela na qual o segurado reuniu condições para concessão do benefício. 2. A peculiaridade do caso concreto consiste no fato de que o segurado não completou tempo de serviço suficiente para se aposentar em nenhuma das atividades concomitantes. Por isso que deve ser considerada como atividade principal, para fins de apuração do salário de benefício, aquela que gerar maior proveito econômico no cálculo da renda mensal inicial. Observância do julgamento em caso análogo ao presente, proferido no Recurso Especial 1.311.963/SC. 3. Agravo regimental não provido. (AgRg no REsp 1412064/RS, Rel. Ministro MAURO CAMPBELL MARQUES, SEGUNDA TURMA, julgado em 20/03/2014, DJe 26/03/2014) (grifei) 6.1 Portanto, a jurisprudência atual desta Turma Nacional está alinhada à do Superior Tribunal de Justiça. Entendo, contudo, que a matéria uniformizada não pode ser aplicada ao caso dos autos. Explico. 7. A análise detida do processo permite concluir que os salários-de-contribuição concomitantes referem-se ao período de janeiro de 2005 a setembro de 2008, época em que já vigorava a Lei 10.666, de 08/05/2003, decorrente da conversão da Medida Provisória 83, de 12/12/2002, que determinou a extinção, a partir de abril de 2003, da escala de salário-base (artigos 9º e 14). Com essa extinção, deixou de existir restrição quanto ao valor dos recolhimentos efetuados pelos segurados contribuinte individual e segurado facultativo. Isso significa dizer que tais segurados puderam, a partir de então, contribuir para a Previdência Social com base em qualquer valor e foram autorizados a modificar os salários-de-contribuição sem observar qualquer interstício, respeitando apenas os limites mínimo e máximo. 8. À vista desse quadro, entendo que com relação a atividades exercidas concomitantemente em período posterior a março de 2003 não mais se justifica a aplicação do artigo 32 da Lei 8.213/91, que deve ser interpretado como regra de proteção, que objetiva justamente evitar que o segurado, nos últimos anos de contribuição, passe a recolher valores elevados com o intuito de obter um benefício mais alto. Registro que no regime anterior à Lei 9.876/99, o salário-de-benefício era calculado com base na média aritmética simples de todos os últimos salários-de-contribuição dos meses imediatamente anteriores ao do afastamento da atividade ou da data da entrada do requerimento, até o máximo de 36 (trinta e seis), apurados em período não superior a 48 (quarenta e oito) meses. A partir da Lei 9.876/99, que trouxe modificações quanto ao cálculo para apuração do salário-de-benefício, conferindo nova redação ao artigo 29 da Lei 8.213/91, o recolhimento de contribuições em valores superiores apenas nos últimos anos de contribuição passou a ter pouca importância para a fixação da renda mensal inicial do benefício. Foi exatamente essa mudança da sistemática de cálculo do salário-de-benefício que justificou a extinção da escala de salário-base. 9. Como bem ponderado pelo Desembargador Ricardo Teixeira do Vale Pereira (TRF4, APELREEX 0004632-08.2014.404.9999, Quinta Turma, Relator Ricardo Teixeira do Valle Pereira, D.E. 03/06/2015), que compõe o Tribunal Regional Federal da 4ª Região, "extinta a escala de salário-base, o segurado empregado que tem seu vínculo cessado pode passar a contribuir como contribuinte individual, ou mesmo como facultativo, pelo teto. Por outro lado, o contribuinte individual, ou mesmo o facultativo, pode majorar sua contribuição até o teto no momento que desejar. Não pode, diante da situação posta, ser adotada interpretação que acarrete tratamento detrimentoso para o segurado empregado que também é contribuinte individual, ou mesmo que tem dois vínculos como empregado, sob pena de ofensa à isonomia. Não há sentido em se considerar válido possa o contribuinte individual recolher pelo teto sem qualquer restrição e, por vias transversas, vedar isso ao segurado empregado que desempenha concomitantemente atividade como contribuinte individual, ou mesmo que tem dois vínculos empregatícios. E é isso, na prática, que ocorreria se se reputasse vigente o disposto no artigo 32 da Lei 8.213/91. A conclusão, portanto, é de que, na linha do que estatui a Lei de Introdução às Normas do Direito

Brasileiro (antiga LICC), ocorreu, a partir de 1º de abril de 2003, a derrogação do artigo 32 das Lei 8.213/91. **Deste modo, assim como o contribuinte individual e o segurado facultativo podem simplesmente passar a recolher pelo teto a partir da competência abril/2003, a todo segurado que tenha mais de um vínculo deve ser admitida, a partir da competência abril/2003, a soma dos salários-de-contribuição, respeitado o teto.". 10. Dessa forma, o art. 32 da Lei n. 8.213/91 deixou de ter vigência a partir de 01/04/2003, pois, com a extinção da escala de salário-base (arts. 9º e 14 da MP 83/2002, convertida na Lei n. 10.666/2003), a regra deixou de produzir o efeito pretendido, tendo ocorrido sua derrogação, motivo pelo qual proponho a uniformização do entendimento de que: a) tendo o segurado que contribuiu em razão de atividades concomitantes implementados os requisitos ao benefício em data posterior a 01/04/2003, os salários-de-contribuição concomitantes (anteriores e posteriores a 04/2003) serão somados e limitados ao teto; e b) no caso de segurado que tenha preenchido os requisitos e requerido o benefício até 01/04/2003, aplica-se o art. 32 da Lei n. 8.213/1991, observando-se que se o requerente não satisfizer, em relação a cada atividade, as condições do benefício requerido, a atividade principal será aquela com salários-de-contribuição economicamente mais vantajosos, na linha do entendimento uniformizado no âmbito desta TNU (Pedilef 500161195.2013. 4.04.7113)**. 11. Seria o caso de reformar o acórdão para restabelecer a sentença, a qual, embora por motivos diversos, determinou a soma dos salários-de-contribuição, observado o teto. Todavia, como não houve pedido de uniformização da parte autora com relação ao ponto, nego provimento ao incidente do INSS, pois, determinar a adequação do acórdão para aplicação do entendimento acima expendido implicaria reformatio in pejus. (grifos não originais)

(PEDILEF 50077235420114047112. Relator: João Batista Lazzari. DOU: 09/10/2015).

Diante do exposto, em estando o acórdão recorrido dissonante do entendimento desta Corte Uniformizadora, deve ser DADO PROVIMENTO ao incidente de uniformização, determina-se o retorno do processo à Turma de origem para que promova a adequação do julgado à premissa jurídica fixada, porém dentro dos contornos do pedido efetuado no incidente de uniformização. Incidente de Uniformização de Jurisprudência CONHECIDO E PROVIDO. É como voto.

Acordam os membros da Turma Nacional de Uniformização por DAR PROVIMENTO ao incidente de uniformização de jurisprudência, nos termos do voto-ementa da Juíza Federal Relatora.

**Brasília, 25 de maio de 2017.**

MARIA LÚCIA GOMES DE SOUZA

Juíza Federal Relatora".

Posteriormente, este entendimento se tornou **tese representativa de controvérsia na TNU**: "Entendendo pela **derrogação do art. 32 da Lei 8.213/91**, diante de legislação superveniente (notadamente, as Leis n. 9.876/99 e n. 10.666/03), a TNU ratificou a tese, agora em representativo da controvérsia, no sentido de que, tendo o segurado que contribuiu em razão de atividades concomitantes implementado os requisitos ao benefício em data posterior a 01/04/2003, os salários-de-contribuição concomitantes (anteriores e posteriores a 04/2003) serão somados e limitados ao teto" **(Informativo 23/2018 – Processo n. 5003449-95.2016.4.04.7201)**.

No entanto, embora nitidamente desatualizado o artigo 32 pela reforma no cálculo no salário de benefício, em julgado recente o STJ reafirmou a aplicação do seu texto:

*Superior Tribunal de Justiça*

**RECURSO ESPECIAL Nº 1.632.219 - RS (2016/0270781-9)**

**RELATOR : MINISTRO BENEDITO GONÇALVES**
RECORRENTE : INSTITUTO NACIONAL DO SEGURO SOCIAL
RECORRIDO : CARLA MARIA DANI BEDIN
ADVOGADO : PRISCILA RODRIGUES BEZZI E OUTRO(S) - RS087091

**EMENTA**

**PREVIDENCIÁRIO. RECURSO ESPECIAL. VIOLAÇÃO DO ART. 32 DA LEI N. 8.213/1991. EXERCÍCIO DE ATIVIDADES CONCOMITANTES. NÃO PREENCHIMENTO DOS REQUISITOS NECESSÁRIOS À CONCESSÃO DO BENEFÍCIO EM QUALQUER DAS ATIVIDADES DESENVOLVIDAS. ATIVIDADE PRINCIPAL. CRITÉRIO DO MAIOR PROVEITO ECONÔMICO. RECURSO ESPECIAL PROVIDO.**

**DECISÃO**

Trata-se de recurso especial interposto com fundamento no artigo 105, III, "a", da Constituição Federal, contra acórdão proferido pelo TRF da 4ª Região, assim ementado (fl. 260-261, e-STJ):

> PREVIDENCIÁRIO. REVISÃO. ATIVIDADES CONCOMITANTES. ART. 32 DA LEI 8213/91. INAPLICABILIDADE.
>
> 1. Segundo estabelece o artigo 32 da Lei de Benefícios (Lei 8.213/91), o salário-de-benefício do segurado que contribuir em razão de atividades concomitantes deve ser calculado com base na soma dos salários-de-contribuição das atividades exercidas, ou no período básico de cálculo, quando satisfizer, em relação a cada atividade, as condições do benefício requerido.
>
> 2. Não satisfeitas as condições em relação a cada atividade, o salário-de-benefício corresponderá à soma do salário-de-benefício da atividade principal, esta considerada aquela em relação à qual preenchidos os requisitos ou, não tendo havido preenchimento dos requisitos em relação a nenhuma delas, a mais benéfica para o segurado, e de um percentual da média do salário-de-contribuição da atividade secundária, conforme dispõe o inciso II do artigo 32 da Lei 8.213/91.
>
> 3. No entanto, a Lei 9.876/99 estabeleceu a extinção gradativa da escala de salário-base (art. 4º), e modificou o artigo 29 da LB (art. 2º), determinando que o salário-de-benefício seja c alculado com base na média aritmética simples dos maiores salários-de-contribuição correspondentes a oitenta por cento de todo o período contributivo, multiplicada pelo fator previdenciário (assegurada para quem já era filiado à Previdência Social antes da Lei 9.876/96 a consideração da média aritmética de oitenta por cento do período contributivo decorrido desde a competência julho/94 - art. 3º).
>
> 4. Já a Medida Provisória 83, de 12/12/2002 extinguiu, a partir de 1º de abril de 2003, a escala de salário-base (artigos 9º e 14), determinação depois ratificada por ocasião da sua conversão na Lei 10.666, de 08/05/2003 (artigos 9º e 15).
>
> 5. Assim, com a extinção da escala de salário-base a partir de abril de 2003, deixou de haver restrições ao recolhimento por parte dos contribuintes individual e facultativo. Eles passaram a poder iniciar a contribuir para a previdência com base em qualquer valor. Mais do que isso, foram autorizados a modificar os valores de seus salários-de-contribuição sem respeitar qualquer int erstício. Os únicos limites passaram a ser o mínimo (salário mínimo) e o máximo (este reajustado regularmente). Nesse sentido estabeleceram a IN INSS/DC nº 89, de 11/06/2003 e a Instrução Normativa RFB nº 971, de 13/11/de 2009.

*Superior Tribunal de Justiça*

6. O que inspirou o artigo 32 da Lei 8.213/91, e bem assim as normas que disciplinavam a escala de salário-base, foi o objetivo de evitar, por exemplo, que nos últimos anos de contribuição o segurado empregado passasse a contribuir em valores significativos como autônomo/contribuinte individual, ou mesmo que o autônomo/contribuinte individual majorasse significativamente suas contribuições. Com efeito, como o salário-de-benefício era calculado com base na média aritmética simples de todos os últimos salários-de-contribuição dos meses imediatamente anteriores ao do afastamento da atividade ou da data da entrada do requerimento, até o máximo de 36 (trinta e seis), apurados em período não superior a 48 (quarenta e oito) meses, o aumento de contribuições no final da vida laboral poderia acarretar um benefício mais alto, a despeito de ter o segurado contribuído na maior parte de seu histórico contributivo com valores modestos.
7. Extinta a escala de salário-base, o segurado empregado que tem seu vínculo cessado pode passar a contribuir como contribuinte individual, ou mesmo como facultativo, pelo teto. Por outro lado, o contribuinte individual, ou mesmo o facultativo, pode majorar sua contribuição até o teto no momento que desejar. Inviável a adoção, diante da situação posta, de interpretação que acarrete tratamento detrimentoso para o segurado empregado que também é contribuinte individual, ou mesmo que tem dois vínculos como empregado, sob pena de ofensa à isonomia.
8. Não há sentido em se considerar válido possa o contribuinte individual recolher pelo teto sem qualquer restrição e, por vias transversas, vedar isso ao segurado empregado que desempenha concomitantemente atividade como contribuinte individual, ou mesmo que tem dois vínculos empregatícios. E é isso, na prática, que ocorreria se se reputasse vigente o disposto no artigo 32 da Lei 8.213/91.
9. A conclusão, portanto, é de que, na linha do que estatui a Lei de Introdução às Normas do Direito Brasileiro (antiga LICC), ocorreu, a partir de 1º de abril de 2003, a derrogação do artigo 32 das Lei 8.213/91, de modo que a todo segurado que tenha mais de um vínculo deve ser admitida, independentemente da época da competência, a soma dos salários-de-contribuição, respeitado o teto.
10. É que concedido o benefício segundo as novas regras da Lei nº 10.666/2003 não mais cabe aplicar restrição de legislação anterior, mesmo para períodos anteriores, quanto à forma de cálculo da renda mensal inicial dos benefícios.

A parte recorrente alega violação do artigo 32 da Lei n. 8.213/1991, ao argumento de que, tendo o autor exercido atividades concomitantes, submete-se ao regramento previsto na Lei de Benefícios acerca da forma de cômputo do tempo de serviço em ambas as atividades e para fins de integração e formação da renda mensal do benefício, não havendo que ser falar em revogação implícita.

Aduz (fl. 270-271, e-STJ):

Não é possível apenas somar os salários-de-contribuição, pois conforme dispõe o artigo supratranscrito, se a autora não preencheu o tempo necessário para se aposentar nas duas atividades em que trabalhou, há que ser considerada uma atividade principal, em que o salário de benefício será calculado com base na soma dos salários-de-contribuição, e uma secundária, em que o salário-de-benefício corresponderá a um percentual da média dos salários-de-contribuição equivalente à relação entre os anos completos de atividade e o número de anos exigidos para a percepção do benefício.

O que impende analisar nos casos em que o segurado exerce atividades concomitantes é a efetiva satisfação dos requisitos imprescindíveis ao gozo da aposentadoria em todas as atividades. Se este fosse caso, estaria autorizada a simples soma dos salários-de-contribuição para fins de cálculo do benefício, na forma

*Superior Tribunal de Justiça*

prevista no artigo 32, inciso I, da Lei 8.213/91.

(...)

Não há como concluir que o artigo 32 da LB foi revogado de forma implícita.

Pelo contrário, ele continua em plena aplicação, seja administrativamente (a IN 77-2015 do INSS mantém aplicação do mecanismo do dispositivo), seja judicialmente, pois este Superior Tribunal de Justiça vem aplicando normalmente a referida norma legal, conforme se verifica das ementas dos acórdãos a seguir:

Sem contrarrazões.

Juízo positivo de admissibilidade às fls. 285, e-STJ.

É o relatório. Passo a decidir.

O Tribunal de origem decidiu que a renda mensal deve ser calculada através da soma de todos os salários-de-contribuição, sob o fundamento de que o art. 32 da Lei n. 8.213/1991 deixou de ter vigência a partir de 01/04/2003, conforme extrai-se dos seguintes excertos do acórdão recorrido (fls. 256-257, e-STJ):

> Pois bem, ao avaliarmos o cálculo de concomitância proposto pelo art. 32 da Lei 8.213/91, veremos que, a partir da extinção da escala de salários-base (ou seja, da extinção dessa regra de segurança) ele fere o princípio da isonomia, inserto na Constituição Federal. Isso porque dois segurados com o mesmo valor de contribuição vão receber contraprestação estatal diversa pelo simples fato de um deles ter contribuído em mais de uma atividade, e o outro, não. A prestação é a mesma; a contraprestação, não.
>
> Na prática, duas são as consequências. A primeira, igualando os iguais. Nos benefícios de aposentadoria por tempo de contribuição, especial e por idade, normalmente o cálculo do art. 32 é prejudicial aos segurados, e nos benefícios de auxílio-doença, aposentadoria por invalidez, pensão por morte e auxílio-reclusão, muitas vezes o cálculo do art. 32 é favorável aos segurados. A segunda, em termos de simplificação dos cálculos e de facilidade no entendimento por parte dos humildes segurados. Ora, o cálculo do art. 32 é complexo, cheio de regrinhas, e com frequentes discussões judiciais.
>
> Retomando, temos que até o momento em que o legislador entendeu presente a escala de salários-base, salutar para a segurança financeira do sistema, há um fundamento para esse tratamento anti-isonômico; a partir de então, não há mais justificativa. Considero, assim, que o art. 32 foi revogado na vigência dessas normas acima citadas, ou seja, em 01/04/2003 (vide o disposto no art. 15 da Lei 10.666/03). Na mesma linha, além da pioneira decisão nesse sentido (TRF4,5ª Turma, AC 5006447- 58.2010.404.7100/RS, relator Desembargador Federal Ricardo Teixeira do Valle Pereira, julgado em 29/08/2012), destaco o julgamento realizado pela 3º Seção, nos Embargos Infringentes n.º 5007039-68.2011.4.04.7003:
>
> > PROCESSUAL CIVIL. EMBARGOS INFRINGENTES. LIMITES DA INFRINGÊNCIA. PREVIDENCIÁRIO. REVISÃO DE BENEFÍCIO. ATIVIDADES CONCOMITANTES. ART. 32 DA LEI Nº 8.213/91.
> >
> > 1. O salário de benefício do segurado que contribuía em razão de atividades concomitantes era calculado nos termos do art. 32 da Lei 8.213/91, somando-se os respectivos salários-de-contribuição quando satisfizesse, em relação a cada atividade, as condições do benefício requerido. No caso de o segurado não haver preenchido as condições para a concessão do benefício em relação a ambas as atividades, o salário-de-benefício correspondia à soma do salário-de-benefício da atividade principal e de um percentual da média do salário-de-contribuição da atividade secundária.

*Superior Tribunal de Justiça*

> 2. O sentido da regra contida no art. 32 da Lei 8.213/91 era o de evitar que, nos últimos anos antes de se aposentar, o segurado pudesse engendrar artificial incremento dos salários-de-contribuição que compõem o período básico de cálculo(PBC), 36 meses dentro de um conjunto de 48 meses, e assim elevar indevidamente o valor da renda mensal inicial da prestação.
>
> 3. Todavia, modificado o período básico de cálculo pela Lei 9.876/1999, apurado sobre todas as contribuições a partir de 1994 (as 80% melhores), já não haveria sentido na norma, pois inócua seria uma deliberada elevação dos salários-de- contribuição, uma vez ampliado, em bases tão abrangentes, o período a ser considerado.
>
> 4. No cálculo de benefícios previdenciários concedidos após abril de 2003, devem ser somados os salários-de-contribuição das atividades exercidas concomitantemente, sem aplicação do art. 32, inclusive para períodos anteriores a 1º de abril de 2003, e com observação, por óbvio, do teto do salário-de- contribuição (art. 28, §5º, da Lei 8.212/91).
>
> 5. No caso concreto, em face dos limites da infringência, fica assegurado o direito da parte autora, de adicionar os salários-de-contribuição das atividades concomitantes, a partir da competência abril/2003, inclusive.

Assim, para benefícios concedidos a partir de 01/04/2003, portanto, não cabe mais o cálculo de atividade concomitante. A revogação gera efeitos para todos os benefícios concedidos posteriormente porque se trata de regra de cálculo do benefício, a ser aplicada a partir de sua vigência, da mesma forma que o fator previdenciário, por exemplo. Em suma, há de se fazer a soma dos salários-de-contribuição.

## *Superior Tribunal de Justiça*

A jurisprudência do STJ, por seu turno, aplica o art. 32 da Lei n. 8.213/1991. Nesse sentido, firmou o entendimento de que o critério utilizado para definir qual é a atividade principal, para fins de apuração do salário de benefício de segurado que exerceu atividades profissionais concomitantes e não preencheu os requisitos para o gozo do benefício em nenhuma das atividades exercidas, é o do maior proveito econômico no cálculo da renda mensal inicial.

A propósito:

> PREVIDENCIÁRIO. RECURSO ESPECIAL. REVISÃO DE RMI. EXERCÍCIO DE ATIVIDADES CONCOMITANTES. NÃO PREENCHIMENTO DOS REQUISITOS NECESSÁRIOS À CONCESSÃO DO BENEFÍCIO EM QUALQUER DAS ATIVIDADES DESENVOLVIDAS. CRITÉRIO DO CÁLCULO DA RENDA MENSAL INICIAL.
>
> ATIVIDADE PRINCIPAL É AQUELA QUE REPRESENTA MAIOR PROVEITO ECONÔMICO. RECURSO ESPECIAL DO INSS A QUE SE NEGA PROVIMENTO.
>
> 1. Nos termos do art. 32 da Lei 8.213/1991, será considerada como atividade principal, para fins de cálculo do valor do salário de benefício, aquela na qual o Segurado reuniu todas as condições para a concessão do benefício.
>
> **2. Nas hipóteses em que o Segurado não completou tempo de contribuição suficiente para aposentar em nenhuma das atividades concomitantes, será considerada como atividade principal, para fins de cálculo do benefício, aquela que detém o maior proveito econômico, pois, por óbvio, é a que garante a subsistência do Segurado e, portanto, atinge o objetivo primordial do benefício previdenciário, que é a substituição da renda do trabalhador.**
>
> 3. Precedentes: REsp. 1.664.015/RS, Rel. Min. HERMAN BENJAMIN, DJe 29.6.2017; REsp. 1.419.667/PR, Rel. Min. REGINA HELENA COSTA, DJe 23.8..2016; REsp. 1.523.803/SC, Rel. Min. HERMAN BENJAMIN, DJe 4.9.2015; AgRg no REsp. 1.412.064/RS, Rel. Min. MAURO CAMPBELL MARQUES, DJe 26.3.2014.
>
> 4. Recurso Especial do INSS a que se nega provimento.
>
> (REsp 1390046/RS, Rel. Ministro Napoleão Nunes Maia Filho, Primeira Turma, DJe 06/12/2017)

> PREVIDENCIÁRIO. RECURSO ESPECIAL. CÁLCULO DE BENEFÍCIO. ATIVIDADES CONCOMITANTES. ATIVIDADE PRINCIPAL PARA CÁLCULO DA RENDA MENSAL INICIAL. CRITÉRIO DO MAIOR PROVEITO ECONÔMICO. ACÓRDÃO RECORRIDO EM SINTONIA COM A JURISPRUDÊNCIA DO STJ.
>
> 1. O Tribunal a quo, ao interpretar o art. 32 da Lei 8.213/1991, aplicou entendimento no sentido de que a atividade considerada principal é a que resulta em maior proveito econômico ao segurado. Com efeito, o acórdão recorrido se encontra em sintonia com a jurisprudência do STJ.
>
> **2. Deve ser considerada como atividade principal, para fins de apuração do salário de benefício, aquela que gerará maior proveito econômico no cálculo da renda mensal inicial, tratando-se de hipótese em que o segurado não completou tempo de serviço suficiente para se aposentar em nenhuma das atividades concomitantes. Isto porque, diante da lacuna deixada pelo artigo 32 da Lei 8.213/1991, que não prevê, de forma expressa, a fórmula de cálculo dessa situação jurídica, devem ser observados os princípios que envolvem a ordem econômica e social previstas na Constituição, ambas fundadas na valorização e no primado do trabalho humano e na livre iniciativa, a fim de**

*Superior Tribunal de Justiça*

**assegurar a todos a existência digna, conforme os ditames da justiça social.**
3. Recurso Especial não provido.
(REsp 1.664.015/SC, Rel. Ministro Herman Benjamin, Segunda Turma, DJe 20/6/2017)

PREVIDENCIÁRIO. CÓDIGO DE PROCESSO CIVIL DE 1973. APLICABILIDADE. ATIVIDADES CONCOMITANTES. AUSÊNCIA DO PREENCHIMENTO DOS REQUISITOS NECESSÁRIOS À CONCESSÃO DO BENEFÍCIO NAS ATIVIDADES DESENVOLVIDAS. CÁLCULO DA RENDA MENSAL INICIAL. ATIVIDADE PRINCIPAL. MAIOR PROVEITO ECONÔMICO. PRECEDENTES.
I - Consoante o decidido pelo Plenário desta Corte na sessão realizada em 09.03.2016, o regime recursal será determinado pela data da publicação do provimento jurisdicional impugnado. Assim sendo, in casu, aplica-se o Código de Processo Civil de 1973.
**II - Considerando que o art. 32 da Lei n. 8.213/1991 não prevê, de forma expressa, a fórmula de cálculo do salário de benefício na hipótese em que o segurado não preencheu os requisitos para a concessão de aposentadoria em nenhuma das atividades concomitantes, deve ser considerada como atividade principal aquela que proporcionar o maior proveito econômico no cálculo da renda mensal inicial. Precedentes.**
III - Recurso especial improvido.
(REsp 1419667/PR, Rel. Ministra Regina Helena Costa, Primeira Turma, DJe 23/08/2016).

PREVIDENCIÁRIO E PROCESSUAL CIVIL. REGIME GERAL DA PREVIDÊNCIA SOCIAL. CRITÉRIO DE CÁLCULO DA RENDA MENSAL INICIAL. ATIVIDADES CONCOMITANTES. ATIVIDADE PRINCIPAL. MELHOR PROVEITO ECONÔMICO. SÚMULA 83/STJ.
1. Cinge-se a controvérsia a saber quais salários de contribuição devem ser utilizados no cálculo do salário de benefício, no período em que o recorrido exerceu atividades concomitantes abrangidas pelo Regime Geral de Previdência Social, ou seja, qual a atividade principal a ser considerada nos períodos de exercício de atividades concomitantes.
2. No presente caso, em nenhuma das atividades concomitantes o segurado completou a carência exigida para a concessão do benefício.
**3. O Tribunal a quo, ao interpretar o art. 32 da Lei 8.213/1991, aplicou entendimento no sentido de que a atividade considerada principal é a que resulta em maior proveito econômico ao segurado.**
**4. Com efeito, o acórdão recorrido se encontra em sintonia com a jurisprudência do STJ. Aplica-se o óbice da Súmula 83/STJ. Precedentes do STJ: AgRg no REsp 1.412.064/RS, Relator Ministro Mauro Campbell Marques, Segunda Turma, DJe 26.3.2014; REsp 1.311.963/SC, Rel. Ministro Mauro Campbell Marques, Segunda Turma , julgado em 20.2.2014, DJe 6.3.2014; AgRg no REsp 772.745/RS, Rel. Ministro Nefi Cordeiro, Sexta Turma, julgado em 27.6.2014, DJe 5.8.2014 5. Recurso Especial não provido.**
(REsp 1523803/SC, Rel. Ministro Herman Benjamin, Segunda Turma, DJe 04/09/2015).

PREVIDENCIÁRIO. RECURSO ESPECIAL. REGIME GERAL DA PREVIDÊNCIA

*Superior Tribunal de Justiça*

> SOCIAL. APOSENTADORIA POR TEMPO DE SERVIÇO. PROVENTOS PROPORCIONAIS. EMBARGOS À EXECUÇÃO. CRITÉRIO DE CÁLCULO DA RENDA MENSAL INICIAL. ATIVIDADES CONCOMITANTES. ATIVIDADE PRINCIPAL. MELHOR PROVEITO ECONÔMICO. VALOR DA TRABALHO E DA LIVRE INICIATIVA. ART. 32 DA LEI 8.213/1991. INAPLICABILIDADE AO CASO. ART. 29 DA LEI 8.213/1991 EM SUA REDAÇÃO ORIGINAL. OBSERVÂNCIA NO CASO. DISSÍDIO JURISPRUDENCIAL. FALTA DE SIMILITUDE FÁTICA. RECURSO ESPECIAL CONHECIDO EM PARTE E NESSA PARTE NÃO PROVIDO.
>
> 1. Na hipótese de desempenho pelo segurado de atividades laborais concomitantes, a jurisprudência do STJ é assente no sentido de que, nos termos do art. 32 da Lei 8.213/1991, será considerada atividade principal, para fins de cálculo do valor do salário de benefício, aquela na qual o segurado reuniu condições para concessão do benefício.
>
> 2. A peculiaridade do caso concreto consiste no fato de que o segurado não completou tempo de serviço suficiente para se aposentar em nenhuma das atividades concomitantes, tendo o título exequendo reconhecido o direito à aposentadoria por tempo de serviço com proventos proporcionais, apurando-se o período básico de cálculo nos termos do art. 29 da Lei 8.213/1991, em sua redação original.
>
> **3. Considerando que o segurado não completou tempo de serviço suficiente para se aposentar em nenhuma das atividades concomitantes, deve ser considerada como atividade principal, para fins de apuração do salário de benefício, aquela que gerar maior proveito econômico no cálculo da renda mensal inicial.**
>
> 4. Não se mostra configurada afronta ao art. 32 da Lei 8.213/1991, na espécie, porque o segurado, no desempenho de atividades concomitantes, não preencheu em nenhuma delas todos os requisitos para obtenção da aposentadoria por tempo de serviço.
>
> 5. A lacuna deixada pelo legislador no art. 32 da Lei 8.213/1991 deve ser integrada pelos princípios que envolvem a ordem econômica e social previstas na Constituição, ambas fundadas na valorização e no primado do trabalho humano e na livre iniciativa, a fim de assegurar a todos existência digna, conforme os ditames da justiça social.
>
> 6. Relativamente ao dissídio jurisprudencial, o recurso especial não pode ser conhecido pela alínea "c" em decorrência da ausência de similitude fática entre os acórdãos confrontados.
>
> 7. Recurso especial conhecido em parte e nessa parte não provido.
>
> (REsp 1311963/SC, Rel. Ministro Mauro Campbell Marques, Segunda Turma, DJe 06/03/2014).

Em sendo assim, tendo o Tribunal de origem, analisando as provas dos autos, asseverado que a autora não preencheu o tempo necessário para se aposentar em nenhuma das atividades em que trabalhou, deve ser aplicada a regra do art. 32 da Lei n. 8.213/1991, considerando-se como atividade principal aquela em que apurado melhor proveito econômico.

*Superior Tribunal de Justiça*

Ante o exposto, dou provimento ao recurso especial, para determinar que no cálculo da renda mensal inicial do benefício seja aplicado o art. 32 da Lei n. 8.213/1991, nos termos da fundamentação acima.

Publique-se. Intimem-se.

Brasília (DF), 18 de outubro de 2018.

MINISTRO BENEDITO GONÇALVES
Relator

Mas existe precedente mais recente do STJ da 1ª Turma se alinhando ao posicionamento da TNU:

**Processo**

REsp 1670818 / PR

RECURSO ESPECIAL

2017/0107590-6

**Relator(a)**

Ministro NAPOLEÃO NUNES MAIA FILHO (1133)

**Órgão Julgador**

T1 – PRIMEIRA TURMA

**Data do Julgamento**

19/11/2019

**Data da Publicação/Fonte**

DJe 27/11/2019

**Ementa**

PREVIDENCIÁRIO. RECURSO ESPECIAL. ATIVIDADES CONCOMITANTES. CÁLCULO DO SALÁRIO DE BENEFÍCIO. INAPLICABILIDADE DA REGRA ORIGINAL DO ART. 32 DA LEI 8.213/1991 EM FACE DA AMPLIAÇÃO DO PBC PROMOVIDA PELA LEI 9.876/1999. PRINCÍPIO CONTRIBUTIVO. CONCRETIZAÇÃO DO DIREITO AO MELHOR BENEFÍCIO. POSSIBILIDADE DE SOMA DOS SALÁRIOS DE CONTRIBUIÇÃO. TEXTO ATUAL DO ART. 32 DA LEI 8.213/1991. RECURSO ESPECIAL DO INSS A QUE SE NEGA PROVIMENTO.

1. O art. 32 da Lei 8.213/1991, em sua redação original, estabelecia que o Segurado que exerce mais de uma atividade vinculada do RGPS, simultaneamente, só faria jus à soma dos salários de contribuição na hipótese de implementar todos os requisitos para aposentadoria em cada uma das atividades.

2. Caso contrário, será considerada atividade principal, para fins de cálculo do valor do salário de benefício, aquela na qual o Segurado reuniu condições para concessão do benefício; ou, tratando-se de hipótese em que o Segurado não completou tempo de serviço/contribuição suficiente para se aposentar em nenhuma das atividades, deve ser considerada como atividade principal aquela que gerará maior proveito econômico no cálculo da renda mensal inicial, porquanto o art. 32 da Lei 8.213/1991 não determina que deva ser considerada como principal a atividade mais antiga, dentre as que foram exercidas simultaneamente no PBC.

3. O regramento previsto no art. 32 da Lei 8.213/1991 foi fixado para evitar que o Segurado passasse a contribuir concomitantemente como contribuinte individual somente nos últimos 36 meses que antecediam sua aposentadoria, impossibilitando, por exemplo, que um Segurado que teve todo um histórico contributivo de baixos valores pudesse elevar suas contribuições até o teto do salário de contribuição, nos últimos 36 meses de atividade, e, com isso, aumentar indevidamente a renda mensal inicial de seu benefício.

4. É de se lembrar que o art. 29 da Lei 8.213/1991, em sua redação original, consignava que o salário de benefício seria calculado a partir da média aritmética simples de todos os últimos salários de contribuição dos meses anteriores ao do afastamento do Segurado da atividade ou da data da entrada do requerimento administrativo, até o máximo de 36 meses, apurados em período não superior a 48 meses.

5. Ocorre que tal regra de cálculo foi alterada com a edição da Lei 9.876/1999, que implementou nova regra ampliando gradualmente a base de cálculo dos benefícios, base que passou a corresponder aos maiores salários de contribuição correspondentes a 80% de todo o período contributivo do Segurado.

**6. Tendo em vista a ampliação do período básico de cálculo – o qual passou a corresponder a toda a vida contributiva do Segurado -, não se afigura mais razoável impedir a soma dos salários de contribuição em cada competência, vez que são recolhidas as contribuições previdenciárias sobre cada uma delas.**

7. É certo que o sistema de Previdência Social é regido pelo princípio contributivo, decorrendo de tal princípio a consequência de haver, necessariamente, uma relação entre custeio e benefício, não se afigurando razoável que o Segurado realize contribuições e não possa se utilizar delas no cálculo de seu benefício.

8. A concessão do benefício previdenciário deve ser regida pela regra da prevalência da condição mais vantajosa ou mais benéfica ao Segurado, nos termos da orientação do STF e do STJ. Assim, é direito do Segurado o recebimento de prestação previdenciária mais vantajosa dentre aquelas cujos requisitos cumpre, assegurando, consequentemente, a prevalência do critério de cálculo que lhe proporcione a maior renda mensal possível, a partir do histórico de suas contribuições.

**9. Admite-se, assim, que o salário de benefício do Segurado que contribuir em razão de atividades concomitantes seja calculado com base na soma dos salários de contribuição, nos termos do atual texto do art. 32 da Lei 8.213/1991, de modo a lhe conferir o direito ao melhor benefício possível com base no seu histórico contributivo.**

10. Recurso Especial do INSS a que se nega provimento.

**IMPORTANTE!**

Por tudo isso, o artigo 32 da Lei 8.213 foi modificado pela Lei 13.846/2019, que agora prevê sempre a soma dos salários de contribuição de atividades concomitantes, mesmo quando o segurado só tenha preenchido os requisitos do benefício em apenas uma atividade.

De efeito, o salário de benefício do segurado que contribuir em razão de atividades concomitantes será calculado com base na soma dos salários de contribuição das atividades exercidas na data do requerimento ou do óbito, ou no período básico de cálculo, observado o disposto no artigo 29 da Lei 8.213/91, **exceto se o segurado contribuiu apenas por uma das atividades concomitantes em razão do teto do salário de contribuição**.

**Desta forma, ressalvadas as disputas judiciais para concessões anteriores, os requerimentos perpetrados a partir de 18/6/2019 já contam com as somas dos salários de contribuição concomitantes, resolvendo o problema para todos os deferimentos a partir desta data.**

O tema 1.070 foi afetado em 16/10/2020 pelo STJ e será julgado pela 1ª Seção:

| Tema/ Repetitivo | 1070 | Situação do Tema | Afetado | Órgão Julgador | PRIMEIRA SEÇÃO | Assuntos |
|---|---|---|---|---|---|---|
| Questão submetida a julgamento | Possibilidade, ou não, de sempre se somar as contribuições previdenciárias para integrar o salário-de-contribuição, nos casos de atividades concomitantes (artigo 32 da Lei n. 8.213/91), após o advento da Lei 9.876/99, que extinguiu as escalas de salário-base. | | | | | |
| Anotações Nugep | Afetação na sessão eletrônica iniciada em 30/9/2020 e finalizada em 6/10/2020 (Primeira Seção). **Vide Controvérsia n. 198/STJ.** | | | | | |
| Informações Complementares | Há determinação de suspensão do processamento de todos os processos pendentes, individuais ou coletivos, que versem acerca da questão ora afetada e tramitem no território nacional (art. 1.037, II, do CPC/2015). (acórdão publicado no DJe de 16/10/2020). | | | | | |
| Ramo do Direito | DIREITO PREVIDENCIÁRIO | | | | | |

| Processo | Tribunal de Origem | RRC | Relator | Data de Afetação | Julgado em | Acórdão Publicado em | Embargos de Declaração | Trânsito em Julgado |
|---|---|---|---|---|---|---|---|---|
| REsp 1870793/RS | TRF4 | Sim | SÉRGIO KUKINA | 16/10/2020 | - | - | - | - |
| REsp 1870815/PR | TRF4 | Sim | SÉRGIO KUKINA | 16/10/2020 | | | | |
| REsp 1870891/PR | TRF4 | Sim | SÉRGIO KUKINA | 16/10/2020 | - | - | - | - |

Ao julgar o **Tema 1.070**, o STJ aderiu ao posicionamento da TNU, no sentido que a alteração do artigo 32 da Lei 8.213/91 ocorreu tacitamente com o advento da Lei 9.876/99, sendo a alteração da Lei 13.846/2019 meramente declaratória:

> **PROCESSO**
> REsp 1870891 / PR
> RECURSO ESPECIAL
> 2020/0088257-0
> **RELATOR**
> Ministro SÉRGIO KUKINA (1155)
> **ÓRGÃO JULGADOR**
> S1 - PRIMEIRA SEÇÃO
> **DATA DO JULGAMENTO**
> 11/05/2022
> **DATA DA PUBLICAÇÃO/FONTE**
> DJe 24/05/2022
> **EMENTA**
> PREVIDENCIÁRIO. RECURSO ESPECIAL REPRESENTATIVO DA CONTROVÉRSIA. TEMA 1.070. APOSENTADORIA NO RGPS. EXERCÍCIO DE ATIVIDADES CONCOMITANTES. CÁLCULO DO SALÁRIO-DE-BENEFÍCIO. SOMA DE TODOS OS SALÁRIOS-DE-CONTRIBUIÇÃO VERTIDOS PELO SEGURADO EM SUAS SIMULTÂNEAS ATIVIDADES. POSSIBILIDADE. EXEGESE DA LEI N. 9.876/99. INAPLICABILIDADE DOS INCISOS DO ART. 32 DA LEI 8.213/91 EM SUA REDAÇÃO ORIGINAL. 1. Segundo a redação original dos incisos I, II e III do art. 32 da Lei 8.213/91, que tratavam do cálculo dos benefícios previdenciários devidos no caso de atividades concomitantes, a soma integral dos salários-de-contribuição, para fins de apuração do salário-de-benefício, somente seria possível nas hipóteses em que o segurado reunisse todas as condições para a individual concessão do benefício em cada uma das atividades por ele exercida. 2. O espírito do referido art. 32 da Lei 8.213/91, mormente no que tocava ao disposto em seus incisos II e III, era o de impedir que, às vésperas de implementar os requisitos necessários à obtenção do benefício, viesse o segurado a exercer uma segunda e simultânea atividade laborativa para fins de obter uma renda mensal inicial mais vantajosa, já que seriam considerados os últimos salários-de-contribuição no cômputo de seu salário-de-benefício. **3. No entanto, a subsequente Lei 9.876/99 alterou a metodologia do cálculo dos benefícios e passou a considerar todo o histórico contributivo do segurado, com a ampliação do período básico de cálculo; a renda mensal inicial, com isso, veio a refletir, de forma mais fiel, a contrapartida financeira por ele suportada ao longo de sua vida produtiva, além de melhor atender ao caráter retributivo do Regime Geral da Previdência Social. 4. A substancial ampliação do período básico de cálculo - PBC, como promovida pela Lei 9.876/99, possibilitou a compreensão de que, respeitado o teto previdenciário, as contribuições vertidas no exercício de atividades concomitantes podem, sim, ser somadas para se estabelecer o efetivo e correto salário-de-benefício, não mais existindo espaço para aplicação dos incisos do art. 32 da Lei 8.213/91, garantindo-se, com isso, o pagamento de benefício que melhor retrate o histórico contributivo do segurado.** 5. Acórdão submetido ao regime dos arts. 1.036 e seguintes do CPC/2015 e art. 256-I do RISTJ, com a fixação da seguinte TESE: **"Após o advento da Lei 9.876/99, e para fins de cálculo do benefício de aposentadoria, no caso do exercício de atividades concomitantes pelo segurado, o salário-de-contribuição deverá ser composto da soma de todas as contribuições previdenciárias por ele vertidas ao sistema, respeitado o teto previdenciário".** 6. SOLUÇÃO DO CASO CONCRETO: hipótese em que a pretensão do INSS vai na contramão do enunciado acima, por isso que seu recurso especial resulta desprovido.

De acordo com o artigo 29, §5º, da Lei 8.213/91, se, no período básico de cálculo, o segurado tiver recebido benefício por incapacidade, sua duração será contada, considerando-se como salário de contribuição, no período, o salário de benefício que serviu de base para o cálculo da renda mensal, reajustado nas mesmas épocas e bases dos benefícios em geral, não podendo ser inferior ao valor de um salário mínimo.

Se esse dispositivo for aplicado na sua literalidade, dissociado dos demais dispositivos previdenciários, fará com que o período de gozo de um benefício por incapacidade, como o auxílio-doença, tenha o seu salário de benefício considerado como salário de contribuição futuramente, a exemplo da concessão de aposentadoria por incapacidade permanente.

O STJ determina que sejam considerados apenas os salários de contribuição sobre os quais incidiram contribuição previdenciária, e não o período de gozo do benefício por incapacidade:

AGRAVO INTERNO. RECURSO ESPECIAL. PREVIDENCIÁRIO. REVISÃO DO VALOR DO BENEFÍCIO DE APOSENTADORIA. RENDA MENSAL INICIAL. SEGURADO BENEFICIÁRIO DE APOSENTADORIA POR INVALIDEZ, ORIGINADA DE AUXÍLIO-DOENÇA E A ELE IMEDIATAMENTE SUBSEQÜENTE. **1. Aposentadoria por invalidez precedida de auxílio-doença deve ser calculada com base no salário-de-benefício do auxílio-doença, que, por sua vez, é calculado utilizando-se os salários-de-contribuição anteriores ao seu recebimento. 2. Hipótese em que incide o art. 36, § 7º, do Decreto 3.048/1999, que determina que o salário-de-benefício da aposentadoria por invalidez será de 100% do valor do salário-de-benefício do auxílio-doença anteriormente recebido, reajustado pelos índices de correção dos benefícios previdenciários.** 3. Agravo interno a que se nega provimento (AGRESP 200802366191, de 03.02.2009).

**"INFORMATIVO 527 – DIREITO PREVIDENCIÁRIO. CÁLCULO DA RENDA MENSAL INICIAL NO CASO DE CONVERSÃO DO AUXÍLIO-DOENÇA EM APOSENTADORIA POR INVALIDEZ.**

No caso de benefício de aposentadoria por invalidez precedido de auxílio-doença, a renda mensal inicial será calculada de acordo com o disposto no art. 36, § 7º, do Dec. 3.048/1999, exceto quando o período de afastamento tenha sido intercalado com períodos de atividade laborativa, hipótese em que incidirá o art. 29, § 5º, da Lei 8.213/1991. Precedentes citados: AgRg no REsp 1.153.905-SC, Sexta Turma, DJe 7/2/2013; AgRg no REsp 1.024.748-MG, Quinta Turma, DJe 21/8/2012; AgRg no Ag 1270670-PR, Sexta Turma, DJe 23/5/2012. AgRg nos EREsp 909.274-MG, Rel. Min. Alderita Ramos de Oliveira (Desembargadora convocada do TJ-PE), julgado em 12/6/2013".

O STF também seguiu a posição do INSS e do STJ:

"CONSTITUCIONAL. PREVIDENCIÁRIO. REGIME GERAL DA PREVIDÊNCIA SOCIAL. CARÁTER CONTRIBUTIVO. APOSENTADORIA POR INVALIDEZ. AUXÍLIO-DOENÇA. COMPETÊNCIA REGULAMENTAR. LIMITES. 1. O caráter contributivo do regime geral da previdência social (*caput* do art. 201 da CF) a princípio impede a contagem de tempo ficto de contribuição. **2. O § 5º do art. 29 da Lei nº 8.213/1991 (Lei de Benefícios da Previdência Social – LBPS) é exceção razoável à regra proibitiva de tempo de contribuição ficto com apoio no inciso II do art. 55 da mesma Lei. E é aplicável somente às situações em que a aposentadoria por invalidez seja precedida do recebimento de auxílio-doença durante período de afastamento intercalado com atividade laborativa, em que há recolhimento da contribuição previdenciária. Entendimento, esse, que não foi modificado pela Lei nº 9.876/99.** 3. O § 7º do art. 36 do Decreto nº 3.048/1999 não ultrapassou os limites da competência regulamentar porque apenas explicitou a adequada interpretação do inciso II e do § 5º do art. 29 em combinação com o inciso II do art. 55 e com os arts. 44 e 61, todos da Lei nº 8.213/1991. 4. A extensão de efeitos financeiros de lei nova a benefício previdenciário anterior à respectiva vigência ofende tanto o inciso XXXVI do art. 5º quanto o § 5º do art. 195 da Constituição Federal. Precedentes: REs 416.827 e 415.454, ambos da relatoria do Ministro Gilmar Mendes. 5. Recurso extraordinário com repercussão geral a que se dá provimento" (RE 583834 / SC, de 21.09.2011).

Logo, se um segurado gozou de auxílio-doença posteriormente convertido em aposentadoria por incapacidade permanente, será considerado o salário de benefício do auxílio-doença, automaticamente majorado de 91% para 100%, não sendo feito um novo cálculo computando-se o período do auxílio-doença, em que não houve contribuição (sistemática anterior ao advento da EC 103/2019, que alterou a sistemática de cálculo da aposentadoria por incapacidade permanente).

Posteriormente, o STJ aprovou a Súmula 557:

**Súmula 557** – A renda mensal inicial (RMI) alusiva ao benefício de aposentadoria por invalidez precedido de auxílio-doença será apurada na forma do art. 36, § 7º, do Decreto n. 3.048/1999, observando-se, porém, os critérios previstos no art. 29, § 5º, da Lei n. 8.213/1991, quando intercalados períodos de afastamento e de atividade laboral.

Em 01/12/2022, por 6 x 5, o Recurso Extraordinário do INSS foi desprovido, tendo sido fixada a seguinte tese de repercussão geral no Tema 1102 (revisão da "vida toda"):

"Decisão: O Tribunal, por maioria, apreciando o tema 1.102 da repercussão geral, negou provimento ao recurso extraordinário, vencidos os Ministros Nunes Marques, Roberto Barroso, Luiz Fux, Dias Toffoli e Gilmar Mendes. Em seguida, por unanimidade, foi fixada a seguinte tese: "O segurado que implementou as condições para o benefício previdenciário após a vigência da Lei 9.876, de 26.11.1999, e antes da vigência das novas regras constitucionais, introduzidas pela EC 103/2019, tem o direito de optar pela regra definitiva, caso esta lhe seja mais favorável", nos termos do voto do Ministro Alexandre de Moraes (Redator para o acórdão). Não votou o Ministro André Mendonça, sucessor do Ministro Marco Aurélio (Relator). Ausente, justificadamente, o Ministro Nunes Marques. Presidência da Ministra Rosa Weber. Plenário, 1º.12.2022".

Assim, para o STF é direito do segurado utilizar os salários anteriores ao Plano Real, se houver elevação do salário de benefício. É possível sintetizar os parâmetros judiciais para a implementação da revisão da "vida toda", considerando que a tese não é adotada na via administrativa:

- Recálculo do salário de benefício utilizando todos os salários de contribuição da vida contributiva do segurado;

- Quando o salário não estiver registrado no CNIS e não houver prova documental contemporânea, será considerado um salário mínimo com lastro no artigo 35 da Lei 8.213/91;

- A tese afasta o divisor mínimo de 60% do PBC, pois não há mais limitação temporal a Julho/1994;

- Incidência da prescrição quinquenal de trato sucessivo;

- Incidência da decadência decenal revisional nos termos do artigo 103, *caput*, da Lei 8.213/91, computada do benefício originário no caso de benefício derivado que utilizou o mesmo salário de benefício, a exemplo de pensão por morte derivada de aposentadoria;

- Incidência da tese sobre todos os benefícios cuja renda seja calculada sobre o salário de benefício;

- Necessidade de cálculo para aferir o interesse de agir, pois na maioria dos casos o salário de benefício será reduzido;

- Incidência da tese apenas nas concessões com lastro na Lei 9.876/99, afastando-se a tese nas concessões baseadas no artigo 26 da EC 103/2019, pois na Reforma Constitucional existe um único regramento limitando o PBC à Julho/1994;

- Dispensa de prévio requerimento administrativo, por ser pedido de revisão e pela tese ser notoriamente rejeitada pela Autarquia.

Eis o Acórdão publicado:

RE 1276977

Repercussão Geral – Mérito (Tema 1102)

**Órgão julgador:** Tribunal Pleno

**Relator(a):** Min. MARCO AURÉLIO

**Redator(a) do acórdão:** Min. ALEXANDRE DE MORAES

**Julgamento:** 01/12/2022

**Publicação:** 13/04/2023

Ementa

Ementa: RECURSO EXTRAORDINÁRIO. TRIBUTÁRIO. TEMA 1102 DA REPERCUSSÃO GERAL. POSSIBILIDADE DE REVISÃO DE BENEFÍCIO PREVIDENCIÁRIO MEDIANTE A APLICAÇÃO DA REGRA DEFINITIVA DO ARTIGO 29, INCISOS I E II, DA LEI 8.213/1991, QUANDO MAIS FAVORÁVEL DO QUE A REGRA DE TRANSIÇÃO CONTIDA NO ARTIGO 3º DA LEI 9.876/1999, AOS SEGURADOS QUE INGRESSARAM NO REGIME GERAL DE PREVIDÊNCIA SOCIAL ANTES DA PUBLICAÇÃO DA REFERIDA LEI 9.876/1999, OCORRIDA EM 26/11/1999. DIREITO DE OPÇÃO GARANTIDO AO SEGURADO. 1. A controvérsia colocada neste precedente com repercussão geral reconhecida consiste em definir se o segurado do INSS que ingressou no sistema previdenciário até o dia anterior à publicação da Lei 9.876, em 26 de novembro de 1999, pode optar, para o cálculo do seu salário de benefício, pela regra definitiva prevista no art. 29, I e II, da Lei 8.213/1991 quando essa lhe for mais favorável do que a previsão da lei, no art. 3º, de uma regra transitória, por lhe assegurar um benefício mais elevado. 2. O INSS argumenta que a única regra legal aplicável ao cálculo de todos os segurados, sejam eles filiados ao RGPS antes ou após a vigência da Lei 9.876/1999, é aquela que limita o cômputo para aposentadoria apenas às contribuições vertidas a partir de julho de 1994, "os primeiros, por expresso imperativo legal; os últimos, por consequência lógica da filiação ocorrida após 1999". Desse modo, não haveria que se falar em inclusão do período contributivo anterior a tal marco temporal. 3. A partir da leitura da exposição de motivos do Projeto de Lei que originou a Lei 9.876/1999 e os argumentos aduzidos no acórdão recorrido, depreende-se que a regra definitiva veio para privilegiar no cálculo da renda inicial do benefício a integralidade do histórico contributivo. A limitação imposta pela regra transitória a julho de 1994 teve escopo de minimizar eventuais distorções causadas pelo processo inflacionário nos rendimentos dos trabalhadores. 4. A regra transitória, portanto, era favorecer os trabalhadores com menor escolaridade, inserção menos favorável no mercado de trabalho, que tenham uma trajetória salarial mais ou menos linear, só que, em alguns casos, isso se mostrou pior para o segurado, e não favorável como pretendia o legislador na aplicação específica de alguns casos concretos. 5. A regra transitória acabou aumentando o fosso entre aqueles que ganham mais e vão progredindo e, ao longo do tempo, ganhando mais, daqueles que têm mais dificuldades em virtude da menor escolaridade e a sua média salarial vai diminuindo. Acabou-se ampliando a desigualdade social e a distribuição de renda, que não era essa hipótese prevista, inclusive, pelo legislador. 6. Admitir-se que norma transitória importe em tratamento mais gravoso ao segurado mais antigo em comparação ao novo segurado contraria o princípio da isonomia, que enuncia dever-se tratar desigualmente os desiguais, na medida de sua desigualdade, a fim de conferir-lhes igualdade material, nunca de prejudicá-los. 7. Efetivamente, os segurados que reuniram os requisitos para obtenção do benefício na vigência do art. 29 da Lei 8.213/1991, com a redação da Lei 9.876/1999, podem ter a sua aposentadoria calculada tomando em consideração todo o período contributivo, ou seja, abarcando as contribuições desde o seu início, as quais podem ter sido muito maiores do que aquelas vertidas após 1994, em decorrência da redução salarial com a consequente diminuição do valor recolhido à Previdência. 8. Recurso Extraordinário a que se nega provimento. Tese de julgamento: "O segurado que implementou as condições para o benefício previdenciário após a vigência da Lei 9.876, de 26 de novembro de 1999, e antes da vigência das novas regras constitucionais introduzidas pela EC em 103/2019, que tornou a regra transitória definitiva, tem o direito de optar pela regra definitiva, acaso esta lhe seja mais favorável".

**Tema**

1102 - Possibilidade de revisão de benefício previdenciário mediante a aplicação da regra definitiva do artigo 29, incisos I e II, da Lei nº 8.213/91, quando mais favorável do que a regra de transição contida no artigo 3º da Lei nº 9.876/99, aos segurados que ingressaram no Regime Geral de Previdência Social antes da publicação da referida Lei nº 9.876/99, ocorrida em 26/11/99.

**Tese**

O segurado que implementou as condições para o benefício previdenciário após a vigência da Lei 9.876, de 26.11.1999, e antes da vigência das novas regras constitucionais, introduzidas pela EC 103/2019, tem o direito de optar pela regra definitiva, caso esta lhe seja mais favorável.

**Regra especial – Benefícios por totalização (tratados internacionais)**

De acordo com o artigo 32, §18, do RPS, na sistemática anterior à Emenda 103/2019 e ao Decreto 10.410/2020, o salário de benefício, para fins de cálculo da prestação teórica dos benefícios por totalização, no âmbito dos acordos internacionais, do segurado com contribuição para a previdência social brasileira, era apurado:

I – quando houver contribuído, no Brasil, em número igual ou superior a sessenta por cento do número de meses decorridos desde a competência julho de 1994, mediante a aplicação do disposto no art. 188-A e seus §§ 1º e 2º;

II – quando houver contribuído, no Brasil, em número inferior ao indicado no inciso I, com base no valor da média aritmética simples de todos os salários de contribuição correspondentes a todo o período contributivo contado desde julho de 1994, multiplicado pelo fator previdenciário, observados o § 2º do art. 188-A, o § 19 e, quando for o caso, o § 14, ambos deste artigo; e

III – sem contribuição, no Brasil, a partir da competência julho de 1994, com base na média aritmética simples de todo o período contributivo, multiplicado pelo fator previdenciário, observados o disposto no § 2º do art. 188-A e, quando for o caso, no § 14 deste artigo.

Após o advento da Emenda 103/2019, além da alteração do salário de benefício para a média de todos os salários de contribuição do segurado a partir de 7/1994, não temos mais fator previdenciário que não foi previsto no cálculo da renda mensal do artigo 26 da Emenda 103/2019.

Com o advento do Decreto 10.410/2020 essas regras foram revogadas a fim de se alinhar o artigo 26 da Emenda 103/2019, que prevê o salário de benefício com a média de todos os salários de contribuição a partir do Plano Real, regra de descarte e inexistência de divisor mínimo de 60% do PBC.

O benefício concedido no âmbito dos Acordos Internacionais, calculado por totalização de períodos de seguro ou de contribuição prestados nos dois países, será constituído de duas parcelas, quando gerar direito em ambas as partes contratantes.

Verificado o direito ao benefício, cada país calculará o valor do benefício como se todos os períodos de seguros tivessem sido cumpridos sob sua própria legislação sendo que, para a base de cálculo (PBC) do benefício brasileiro, serão considerados os salários-de-contribuição que deram origem a recolhimentos no Brasil, prestação teórica.

Já a parcela a cargo de cada parte contratante será calculada utilizando-se a seguinte fórmula:

Onde:

*RMI (1)* = prestação proporcional;
*RMI (2)* = prestação teórica;
*TS* = tempo de serviço no Brasil;
*TT* = totalidade dos períodos de seguro cumpridos em ambos os países (observado o limite máximo, conforme legislação vigente).

Por sua vez, a renda mensal dos benefícios por totalização, concedidos com base nos Acordos Internacionais de Previdência Social, pode ter valor inferior ao do salário mínimo, exceto para os benefícios concedidos por totalização, no âmbito do Acordo da Espanha, conforme determina o item 2, alínea "b", art. 21 do Acordo Brasil e Espanha.

**Regras de transição que vigoraram até a Emenda 103/2019**

Conforme regra de transição contida artigo 3º, da Lei 9.876/99, **para os segurados com filiação anterior a 29.11.1999, apenas serão utilizados os salários de contribuição a partir da competência de julho de 1994, ou seja, após a criação da atual moeda:**

> "Art. 3º **Para o segurado filiado à Previdência Social até o dia anterior à data de publicação desta Lei**, que vier a cumprir as condições exigidas para a concessão dos benefícios do Regime Geral de Previdência Social, **no cálculo do salário-de-benefício será considerada a média aritmética simples dos maiores salários-de-contribuição, correspondentes a, no mínimo, oitenta por cento de todo o período contributivo decorrido desde a competência julho de 1994**, observado o disposto nos incisos I e II do *caput* do art. 29 da Lei nº 8.213, de 1991, com a redação dada por esta Lei".

Esse dispositivo transitório considerou a dificuldade de conversão das moedas anteriores, mas em determinados casos concretos poderá gerar enormes prejuízos no cálculo das aposentadorias, na hipótese de o segurado possuir as maiores contribuições previdenciárias justamente antes de julho de 1994.

Se inexistirem contribuições previdenciárias a partir da competência de julho de 1994, deverá ser concedido o benefício no valor mínimo, conforme determina o artigo 188-E, do RPS.

Há ainda outra regra de transição no §2º[22], do artigo 3º, da Lei 9.876/99, que interferirá no cálculo do salário de benefício das aposentadorias por tempo de contribuição, especial e por idade.

Para os segurados já filiados anteriormente à vigência dessa Lei, o divisor considerado no cálculo da média aritmética dos 80% maiores salários de contribuição (no mínimo) não poderá ser inferior a 60% do período decorrido da competência julho de 1994 até a data de início do benefício, limitado a 100% de todo o período contributivo.

Como exemplo, suponha-se que um segurado tenha requerido uma aposentadoria por idade em julho de 2004. Neste caso, entre julho de 1994 e julho de 2004, o período básico de cálculo contaria com 10 anos (120 contribuições mensais). Logo, o divisor equivaleria a, pelo menos, 60% de 120 contribuições, chegando-se 72 contribuições mensais.

Destarte, mesmo que o segurado não conte com 72 contribuições mensais, o divisor da média aritmética simples dos, no mínimo, 80% maiores salários de contribuição, será o número 72.

Ainda neste caso, se o segurado apenas contar com 60 contribuições ao longo dos referidos 10 anos, essas 60 contribuições serão somadas e divididas por 72, e não por 60.

Essa regra de transição já foi acatada pelo STJ, que aduziu que "não há qualquer referência a que o divisor mínimo para apuração da média seja limitado ao número de contribuições"[23].

Vale registrar que nesta regra de transição do §2º, a Lei 9.876/99 não fixa o salário de benefício nos 80% maiores salários de contribuição, e sim arbitra os 80% maiores salários de contribuição desde a competência de julho/1994 como um mínimo.

22. § 2º No caso das aposentadorias de que tratam as alíneas ***b***, ***c*** e ***d*** do inciso I do art. 18, o divisor considerado no cálculo da média a que se refere o ***caput*** e o § 1º não poderá ser inferior a sessenta por cento do período decorrido da competência julho de 1994 até a data de início do benefício, limitado a cem por cento de todo o período contributivo.

23. REsp 929.032, de 24.03.2009.

**Regras de transição que vigoraram até a Emenda 103/2019**

O aludido divisor é legalmente incorporado à antiga fórmula dos 80% maiores salários de contribuição, não possuindo vida jurídica autônoma. Isso porque é previsto no §2º do artigo 3º da Lei 9.876/99:

Art. 3º Para o segurado filiado à Previdência Social até o dia anterior à data de publicação desta Lei, que vier a cumprir as condições exigidas para a concessão dos benefícios do Regime Geral de Previdência Social, no cálculo do salário-de-benefício será considerada a média aritmética simples dos maiores salários-de-contribuição, correspondentes a, no mínimo, oitenta por cento de todo o período contributivo decorrido desde a competência julho de 1994, observado o disposto nos HYPERLINK "http://www.planalto.gov.br/ccivil_03/ leis/L8213cons.htm" \l "art29i" incisos I e II do *caput* do art. 29 da Lei no 8.213, de 1991, com a redação dada por esta Lei.

§ 2º No caso das aposentadorias de que tratam as alíneas b, c e d do inciso I do art. 18, o divisor considerado no cálculo da média a que se refere o *caput* e o § 1o não poderá ser inferior a sessenta por cento do período decorrido da competência julho de 1994 até a data de início do benefício, limitado a cem por cento de todo o período contributivo.

Considerando que o acessório segue o principal, evidente que com a alteração da fórmula de 80% para 100% da média pelo artigo 26 da Emenda de Reforma da Previdência o divisor não foi recebido pela EC 103/2019. Ideal seria a previsão constitucional de um divisor mínimo.

No caso de inexistência de divisor mínimo para o salário de benefício, bastará que o segurado que possua os requisitos à luz da Emenda 103/2019 que possuir largo período contributivo antes de 7/1994 ter uma contribuição após o Plano Real no teto para que o valor base da aposentadoria estar no teto para, em seguida, aplicar o coeficiente de 60 a 100%. Antes, com o divisor de 60%, haveria redução para salário mínimo.

Entre o Plano Real e 2019 são cerca de 25 anos. 60% disso são 15 anos de divisor. Daí ele ficou largo demais. Já cumpriu a sua missão e está tendo judicialização por isso. Daí já se exauriu, devendo ser substituído pelo novel divisor. Ficou desproporcional.

O divisor mínimo de 60% do PBC foi preservado no Tema 203 TNU:

| Tema | 203 | Situação do tema | Julgado | Ramo do direito | DIREITO PREVIDENCIÁRIO |
|---|---|---|---|---|---|
| Questão submetida a julgamento | **Saber, para fins de interpretação da regra constante do art. 3.º, §2.º, da Lei n.º 9.876/98, aplicável aos segurados filiados à Previdência Social até o dia anterior à data de sua publicação, qual o divisor mínimo a ser utilizado para o cálculo do salário-de-benefício.** | | | | |
| Tese firmada | Para fins de interpretação da regra constante do art. 3.º, §2.º, da Lei n.º 9.876/98, aplicável aos segurados filiados à previdência social até o dia anterior à data de sua publicação, o divisor a ser utilizado para o cálculo do salário-de-benefício não precisa corresponder a um percentual, no mínimo, equivalente ao número de contribuições vertidas. | | | | |
| Processo | Decisão de afetação | Relator (a) | Julgado em | Acórdão publicado em | Trânsito em julgado |
| PEDILEF 0004024-81.2011.4.01.3311/BA | 21/02/2019 | Juiz Federal Gustavo Melo Barbosa | 16/10/2020 | - | - |

**Regras de transição**

Contando o segurado com menos de sessenta por cento de contribuições no período decorrido de julho de 1994 até a data do início do benefício – DIB, o divisor a ser considerado no cálculo da média aritmética simples dos oitenta por cento maiores salários de contribuição de todo o período contributivo desde julho de 1994, não poderá ser inferior a sessenta por cento desse mesmo período (art. 3º, §2º, da Lei 9.876/99).

Por outro lado, contando o segurado com sessenta por cento a oitenta por cento de contribuições no período decorrido de julho de 1994 até a DIB, aplicar-se-á a média aritmética simples.

Esta sistemática regulamentar vem sendo referendada pela jurisprudência:

> "PREVIDENCIÁRIO. APOSENTADORIA POR IDADE. MÉDIA DOS MAIORES SALÁRIOS-DE-CONTRIBUIÇÃO. ÍNDICE DIVISOR. APLICAÇÃO DO § 2º DO ART. 3º DA LEI Nº 9.876/99. 1. O fato gerador para a concessão do benefício previdenciário deve ser regido pela lei vigente à época de sua concessão. 2. A Lei nº 9.876/99, alterando o art. 29, e revogando seu § 1º, da Lei nº 8.213/91, ampliou o período de apuração dos salários-de-contribuição para abranger todo o período contributivo do segurado. Assim, em obediência ao § 2º do art. 3º da referida Lei, deve-se apurar todos os salários-de-contribuição compreendido no período contributivo de julho de 1994 ao mês imediatamente anterior ao requerimento, multiplicando-se por divisor não inferior a 60% (sessenta por cento) e nem superior a 100% (cem por cento). 3. Apelação da parte autora não provida" (TRF 3ª Região, AC 1272515, de 27/05/2008).

Na via administrativa, por força da Nota Técnica nº 0014/2015/DIV/CONS/PFE-INSS/PGF/AGU, a Nota CGLEN nº 18/2016 e o Parecer nº 50/2016/CONJUR-MPS/CGU/AGU, ficou estabelecido que os recolhimentos nas categorias de contribuinte individual, facultativo, empregado doméstico, empregador rural, segurado especial que contribui facultativamente, contribuinte em dobro, equiparado a autônomo e empresário, anteriores a 07/1994 e recolhidos à época com valores abaixo do limite mínimo legal, na forma do §3º do art. 28, da Lei nº 8.212/1991, não estão contemplados pelo indicador de recolhimentos a menor PREC-MENORMIN, não sendo necessária a complementação para o salário de contribuição de um salário mínimo para fins de consideração de carência e tempo de contribuição, pois não são utilizados no cálculo do salário de benefício e que a apuração de diferenças referentes a esse período resulta em valores irrelevantes.

**Regras revogadas**

**Antes do advento da Emenda 20/1998 e da Lei 9.876/99, o salário de benefício consistia na média aritmética simples de todos os últimos salários de contribuição dos meses imediatamente anteriores ao do afastamento da atividade ou data de entrada do requerimento, até o máximo de 36, apurados em período não superior a 48 meses.**

No caso da aposentadoria por tempo de serviço, especial ou por idade, caso o segurado contasse com menos de 24 contribuições no referido período, o salário de benefício correspondia a 1/24 da soma dos salários de contribuição apurados.

**Outrossim, antes da Lei 9.032/95, o cálculo dos benefícios decorrentes de acidente de trabalho era diferenciado, se mais vantajoso ao segurado, pois era considerado o salário de contribuição do dia do acidente.**

Essas regras, apesar de revogadas, são ultrativas, pois em razão do Princípio do *Tempus Regit Actum* os benefícios concedidos na sua vigência deverão ser revisados de acordo com essas regras, caso caiba alguma majoração.

Da mesma forma, os segurados que preencheram todos os requisitos legais para o deferimento de algum benefício ainda na vigência do regramento antigo, têm direito adquirido a sua observância, se mais vantajoso, não sendo admitida a cisão de normas para que o segurado extraia apenas o que lhe é mais favorável em cada regime jurídico.

Conforme narrado pelo STJ, "segundo o entendimento firmado pelo Supremo Tribunal Federal, no julgamento dos Recursos Extraordinários 415.454/SC e 416.827/SC, relatados pelo Ministro Gilmar Mendes, a revisão dos benefícios previdenciários obedecem ao princípio do *tempus regitactum*. **Se o direito ao benefício foi adquirido anteriormente à edição da nova lei, o seu cálculo deverá se efetuar de acordo com a legislação vigente à época em que preenchidos os requisitos a ele necessários" (g.n.).**[24]

De resto, o §4º, do artigo 188-A, do RPS, previa ilegalmente que nos casos de auxílio-doença e de aposentadoria por incapacidade permanente, contando o segurado com salários de contribuição em número inferior a 60% do número de meses desde a competência de julho de 1994 até a data do início do benefício, o salário de benefício corresponderia à soma dos salários de contribuição divididos pelo número de contribuições mensais apurada.

Essa irregularidade regulamentar foi corrigida com a publicação do Decreto 6.939/2009, passando o salário de benefício a corresponder a média aritmética simples dos maiores salários de contribuição correspondentes a 80% do período contributivo, decorrido desde a competência de julho de 1994 até a data do início do benefício, conforme determina o artigo 29, da Lei 8.213/91.

Houve uma tentativa frustrada de alteração do cálculo do salário de benefício para determinadas prestações por acidente de trabalho pela **Medida Provisória 242, de 28/03/2005**, barrada pelo Senado, que rejeitou a sua conversão em lei por carência de relevância e urgência.

De efeito, por essa MP, o cálculo do salário de benefício do auxílio-doença e do auxílio-acidente por acidente de trabalho passou a corresponder a média aritmética simples dos trinta e seis últimos salários de contribuição ou, não alcançando esse limite, na média aritmética simples dos salários de contribuição existentes, não podendo exceder a remuneração do trabalhador, considerada em seu valor mensal, ou seu último salário de contribuição no caso de remuneração variável.

Na época foram propostas três ADIs no STF contra a MP 242/2005 (3.647, 3.473 e 3.505), mas que perderam o seu objeto pela rejeição da Medida Provisória pelo Senado Federal. Questionava-se, dentre outros fundamentos, a violação ao artigo 246, da Constituição Federal[25], pois a mencionada MP buscava regulamentar o artigo 201, da Constituição, alterado pela Emenda 20/1998, tendo o Ministro Marco Aurélio deferido a medida cautelar para determinar a suspensão da eficácia da MP 242/2005.

Com a rejeição da MP 242/2005, resta analisar a questão dos benefícios de auxílio-doença e auxílio-acidente acidentários deferidos sob a sua vigência, cuja renda mensal foi calculada de acordo com o citado ato normativo.

Considerando que não foi editado pelo Congresso Nacional o decreto legislativo de que trata o artigo 60, §11, da Lei Maior, forçoso concluir que restaram conservadas as relações jurídicas constituídas sob a MP 242/2005, não sendo devida a revisão dos mencionados benefícios por acidente de trabalho (benefícios com DIB entre 28.03.2005 e 03.07.2005), conforme o próprio entendimento do INSS.

Entretanto, a TNU possui posição diversa (PEDILEF 2007.70.66.000523-0, de 29.02.2012):

> "AUXÍLIO-DOENÇA - MP 242/05 - REJEIÇÃO PELO SENADO FEDERAL NACIONAL - NÃO APROVAÇÃO DO PROJETO DE DECRETO LEGISLATIVO 403/2005- IRRELEVÂNCIA - LIMINARES DO STF NAS ADIs 3.467, 3.473, 3.505 - PERDA DA EFICÁCIA DA MEDIDA PROVISÓRIA 242/05 NO PERÍODO POR INCONSTITUCIONALIDADE MATERIAL E FORMAL - MEMORANDO-CIRCULAR CONJUNTO Nº 13 PFEINSS/DIRBEN -VIOLAÇÃO DO PRINCÍPIO DA ISONOMIA - RECÁLCULO DA RMI DOS BENEFÍCIOS CONCEDIDOS NO PERÍODO DE 28/03/2005 a 20/07/2005 - INCIDENTE CONHECIDO E NÃO PROVIDO **Os benefícios concedidos no período de 28/03/2005 a 20/07/2005 devem ser calculados nos termos da Lei 8.213/91 em sua redação anterior a Medida Provisória 242/2005".**

24. AR 2927, de 14.10.2009.

25. Art. 246. É vedada a adoção de medida provisória na regulamentação de artigo da Constituição cuja redação tenha sido alterada por meio de emenda promulgada entre 1º de janeiro de 1995 até a promulgação desta emenda, inclusive. (Redação dada pela Emenda Constitucional nº 32, de 2001).

**Regras revogadas**

Em 2012, inclusive, a TNU sumulou este posicionamento:

**Súmula 65** – Os benefícios de auxílio-doença, auxílio-acidente e aposentadoria por invalidez concedidos no período de 28/3/2005 a 20/7/2005 devem ser calculados nos termos da Lei n. 8.213/1991, em sua redação anterior à vigência da Medida Provisória n. 242/2005.

Em razão do Princípio do *Tempus Regit Actum* e de ações de revisão de benefícios previdenciários mais antigas, não raro é curial na prática administrativa e judicial previdenciária conhecer o cálculo do salário de benefício nos regimes previdenciários pretéritos (pré-1991).

**Esse regramento vigorou até 13/11/2019**, podendo ser aplicado atualmente para fins do artigo 3º da EC 103/2019 (direito adquirido), **não tendo sido recepcionado pela Reforma Previdenciária de 2019**, pois a sistemática adotada a partir de 14/11/2019 prevê o salário de benefício com a média de todos os salários de contribuição a partir do Plano Real, regra de descarte e inexistência de divisor mínimo de 60% do PBC.

Nesse sentido, sem o objetivo de exaurir o tema, colaciona-se tabela que demonstra a evolução legislativa do salário de benefício (fórmula de calcular e teto) desde a época dos Institutos de Previdência:

| Norma | Fórmula de cálculo | Valor máximo |
|---|---|---|
| **Decreto 35.448/54 (Regulamento dos Institutos de Previdência) – Artigo 21** | Média dos salários de contribuição sobre os quais o segurado haja realizado as últimas 36 (trinta e seis) contribuições mensais. Quando de valor igual até a 5 vezes o maior salário mínimo vigente no país, o "salário de benefício" será tomado integralmente para efeito do cálculo. Da parte que exceder a 5 salários mínimos, até valor igual a 10 vezes o maior salário mínimo vigente no país, tomar-se-ão 2/3 (dois terços), que serão adicionados à primeira parte, para efeito de cálculo. Da parte que ultrapassar o limite estabelecido de 10 salários mínimos, tomar-se-á 1/3 que será igualmente adicionado às duas primeiras parcelas, para os efeitos do cálculo do benefício. | Deve ser elaborado concretamente, em razão dos redutores de 2/3 e de 1/3 e da variação do maior salário mínimo. Não havia um teto genérico. |
| **Lei 3.807/60 (Lei Orgânica da Previdência Social) – Art. 23** | Média dos salários sobre os quais o segurado haja realizado as últimas 12 contribuições mensais, no período básico de cálculo de 24 meses. | 10 vezes o maior salário mínimo vigente no país. |
| **Lei 5.890/73 – Artigos 3º e 5º** | I – Para o auxílio-doença, a aposentadoria por invalidez, a pensão e o auxílio-reclusão, 1/12 da soma dos salários-de-contribuição imediatamente anteriores ao mês do afastamento da atividade, até o máximo de 12, apurados em período não superior a 18 meses;<br>II – Para as demais espécies de aposentadoria, 1/48 da soma dos salários-de-contribuição imediatamente anteriores ao mês do afastamento da atividade, até o máximo de 48 apurados em período não superior a 60 meses;<br>III – Para o abono de permanência em serviço, 1/48 a soma dos salários-de-contribuição imediatamente anteriores ao mês da entrada do requerimento, até o máximo de 48, apurados em período não superior a 60 meses. | 20 vezes o maior salário mínimo vigente no país (maior valor teto).<br>10 vezes o maior salário mínimo vigente no país (menor valor teto). |

| Norma | Fórmula de cálculo | Valor máximo |
|---|---|---|
| **Lei 5.890/73 – Artigos 3º e 5º** | Quando o salário de benefício for igual ou inferior a 10 vezes o maior salário mínimo vigente no País aplicar-se-lhe-ão os coeficientes previstos nesta e na Lei nº 3.807, de 26 de agosto de 1960. Quando o salário de benefício for superior a 10 salários mínimos, será ele dividido em duas parcelas: a primeira igual a 10 vezes o maior salário mínimo vigente no País; a segunda, será o valor excedentes ao da primeira. A) sobre a primeira parcela aplicar-se-ão os coeficientes previstos no item anterior; B) sobre a segunda, aplicar-se-á um coeficiente igual a tantos 1/30 (um trinta avos) quantos forem os grupos de 12 (doze) contribuições acima de 10 (dez) salários mínimos, respeitado, em cada caso, o limite máximo de 80% (oitenta por cento) do valor da parcela. | |
| **Lei 6.210/75 – Artigo 4º** | Foram alteradas as regras da Lei 5.890/73, com as seguintes inovações:<br>II – para as demais espécies de aposentadoria, 1/36 da soma dos salários-de-contribuição imediatamente anteriores ao mês do afastamento da atividade, até o máximo de 36, apurados em período não superior a 48 meses;<br>III – para o abono de permanência em serviço, 1/36 da soma dos salários-de-contribuição imediatamente anteriores ao mês da entrada do requerimento, até o máximo de 36, apurados em período não superior a 48 meses. | 20 vezes o maior salário mínimo vigente no país (maior valor teto).<br>10 vezes o maior salário mínimo vigente no país (menor valor teto).<br>OBS – Com o advento da Lei 6.205/75, o maior e menor valor teto foram desvinculados do salário mínimo, pois passaram a ser reajustados pelos índices da política salarial da época. |
| **Constituição de 1988 – Artigo 202 (redação original)** | É assegurada aposentadoria, nos termos da lei, calculando-se o benefício sobre a média dos trinta e seis últimos salários de contribuição, corrigidos monetariamente mês a mês, e comprovada a regularidade dos reajustes dos salários de contribuição de modo a preservar seus valores reais. | A Constituição de 1988 não tratou do teto. Nessa época vigorava como teto o equivalente a vinte salários mínimos de referência (Decreto-lei 2.351/87). |
| **Lei 8.213/91 – Artigos 28 e 29 (redação original)** | O salário de benefício consiste na média aritmética simples de todos os últimos salários de contribuição dos meses imediatamente anteriores ao do afastamento da atividade ou da data da entrada do requerimento, até o máximo de 36, apurados em período não superior a 48 meses, todos corrigidos monetariamente pelo INPC. | Cr$ 170.000,00. De acordo com o artigo 136, da Lei 8.213/91, ficam eliminados o menor e o maior valor-teto para cálculo do salário-de-benefício. |
| **Emenda 20/1998** | Com a Emenda 20 foram revogadas as normas constitucionais de cálculo do salário de benefício das aposentadorias sobre os 36 últimos salários de contribuição. | R$ 1.200,00. |
| **Lei 9.876/99 (alterou a redação do artigo 29, da Lei 8.213/91)** | O salário de benefício consiste na média aritmética simples dos 80% maiores salários de contribuição do segurado corrigidos monetariamente, a partir da competência 07/1994 (Plano Real). Para a aposentadoria por tempo de contribuição (obrigatório) e para a aposentadoria por idade, é preciso ainda multiplicar a referida média pelo fator previdenciário. | – |
| **Emenda 41/03** | – | R$ 2.400,00 |
| **Emenda 103/2019** | O salário de benefício passou a considerar a média aritmética simples de todos os salários de contribuição do segurado corrigidos monetariamente, a partir da competência 07/1994 (Plano Real), observada a regra de descarte, se favorável. Não foi constituído divisor mínimo. | – |
| **Lei 14.331/2022** | Criou um **divisor mínimo de 108 salários de contribuição** para os segurados com salários anteriores à competência Julho/1994. | – |

Vale frisar que apenas com o advento da Constituição Federal de 1988 passou a existir previsão normativa para que **todos** os salários de contribuição utilizados no cálculo do salário de benefício sofressem atualização monetária.

Deveras, na vigência da Lei 6.210/75, dos 36 salários de contribuição utilizados no cálculo do salário de benefício, apenas os 24 primeiros sofreram correção monetária, ficando os 12 últimos desatualizados, o que gerava perda do poder aquisitivo no cálculo da renda mensal inicial em razão da inflação.

Frise-se que a correção monetária dos salários de contribuição utilizados no período básico de cálculo surgiu pela primeira vez na Lei 5.890/73, mas apenas para os benefícios cuja renda era calculada com base nos 48 últimos salários de contribuição.

### 3.1. Microfichas do antigo INPS

**DICA:** Na situação da inexistência de recolhimentos mais antigos registrados no CNIS, em que o segurado contribuinte individual não possua a prova do recolhimento, deve ser tentado no INSS o acesso às microfichas do segurado que foram digitalizadas pela DATAPREV. As microfichas podem conter imagens dos recolhimentos previdenciários dos autônomos nas décadas de 1970 e 1980 ainda sob a égide do antigo INPS.

Existem, ainda, microfichas que registraram o recolhimento previdenciários dos empregadores domésticos no período.

De acordo com o **artigo 11, §7º, da OI INSS 174/2007**, será permitida a inclusão de competências a partir de abril de 1973, para os empregados domésticos, e a partir de setembro de 1973, para os contribuintes individuais, inclusive as contribuições constantes em microfichas.

**Eis o regramento do INSS a respeito das microfichas:**

I - as contribuições efetivadas pelo contribuinte, anteriores a janeiro/85 estão somente em microfilme (microficha) e possuem duas formas de classificação:

a) numéricas: pelo NIT;

b) alfanuméricas: pelo nome do trabalhador;

II - o processo de consulta era bastante moroso, pois com o passar dos anos, alguns estados deixaram de ter disponível o equipamento que permitia a leitura das mesmas, ficando o serviço centralizado na Dataprev e em algumas regiões específicas, razão pelo qual, a solicitação de pesquisas enviadas pelas APS para o período anterior a 1985, demandava aproximadamente sessenta dias para o retorno da informação;

III - as microfichas foram disponibilizadas de forma *on-line* e integradas às consultas do CNIS, para agilizar o reconhecimento automático de direito aos benefícios da Previdência Social, reduzindo o tempo de consulta efetuada por meio de Pedidos de Informação-PI;

IV - a consulta permite disponibilização da imagem relativa ao período de contribuição do segurado e existem dois tipos:

a) cada microficha no período de 1974 a 1978, contém as seguintes informações:

1. inscrição;

2. pagamento acumulado: quantidade e valor;

3. ano;

4. competências pagas e valores;

b) cada microficha a partir de 1978 contém as seguintes informações:

1. inscrição;

2. UF;

3. data de nascimento;

4. CT (Categoria);

| CS-CATEGORIA-CI | |
|---|---|
| Autônomo | 1 |
| Contribuinte em dobro | 2 |
| Facultativo | 3 |
| Empregador | 4 |
| Doméstico | 5 |
| Estudante | 6 |
| Indeterminado | 9 |

Ainda de acordo com o INSS, quanto aos empregados domésticos, cumpre ressaltar que, de início, quando o pagamento era efetuado no 1º carnê implantado em 1973, não se fazia registro de mês de competência e nem do valor pago, computando-se apenas, a quantidade de recolhimentos, observando-se que a partir de janeiro de 1979, com a implantação do carnê único para todas as categorias, inclusive as domésticas, estas passaram a ter em seus registros o mês de competência e o valor."

De acordo com o artigo 45 da OI INSS 174/2007[26], eis o histórico das microfichas:

26. As microfichas ainda não foram totalmente digitalizadas, faltando o período de março/84 a dezembro/84. Após consulta por meio do aplicativo CNIS Cidadão, caso o servidor perceba que estão faltando contribuições, considerando o total apresentado ou o segurado alegue ter feito as contribuições, deverá ser feita solicitação à Dataprev pelo endereço eletrônico: www-sartweb, solicitando a pesquisa e o envio

I - a emissão das microfichas não era feita ao concluir um exercício e sim no meio do exercício (normalmente entre abril e agosto);

II - conforme Ordem de Serviço nº INPS/SB 055.9, de 5 de dezembro de 1985, realizasse a análise da informação constante na microficha. Quando os dados estiverem corretos, a transcrição será feita de imediato. Quando incorretos, como por exemplo: valores registrados com deslocamento de posição, duplicidade de recolhimentos numa competência e falta daquela que seria a correta, entre outros, serão corrigidos e transcritos;

**Exemplo:**

NIT XXXXXXXX

- Na competência julho/78 aparece o valor 464 e a competência junho/78 está em branco. Assim, como 2 x 232 = 464, podemos dividir 464 em 2 e colocar 232 para cada competência (junho/78 e julho/78);

III - observado o exemplo contido no inciso anterior, somente podemos fazer esta divisão quando o resultado dá exatamente o valor que consta na tabela de contribuição para aquela competência, caso contrário, esses valores somados aparecem em apenas uma competência, e no campo *"Quantidade"* será acrescido de um recolhimento (é possível encontrar nas microfichas uma quantidade de valores discriminados menor do que o valor constante no campo *"Quantidade")*;

IV - com a implantação do Banco de Dados em 1985, o procedimento mencionado no inciso anterior continuou ocorrendo, porém, a partir de 1994, as contribuições para uma mesma competência passaram a ser armazenadas separadamente;

V - quando o NIT for pertencente a uma Faixa Crítica, há dois contribuintes recolhendo com o mesmo número de inscrição. Então, cada competência pode estar com valor dobrado e a quantidade total de recolhimentos do período também dobrada. Estes casos devem ser verificados e adotados os procedimentos para NIT Faixa Crítica;

VI - quando um recolhimento era efetuado com a competência inválida, o valor do recolhimento era desprezado e era somado um na quantidade de contribuições efetuadas. Neste caso, é possível encontrarmos uma inscrição com informação de *"Quantidade de Contribuições"* maior do que as contribuições discriminadas. Cada caso deverá ser analisado;

VII - sempre que houver competências com recolhimentos maiores do que as demais competências no período devem ser verificadas se houve aumento da tabela de contribuição ou se é pagamento em duplicidade referente a alguma competência que estará em branco;

VIII - em algumas emissões somente foram geradas microfichas por UF. Os contribuintes eram classificados (para efeito de organização nas microfichas) pela UF do último pagamento (caso não houvesse esta informação pela UF de Inscrição);

IX - quando não encontramos um contribuinte em uma das microfichas por UF, para ter certeza que ele não possui recolhimentos, temos que pesquisar em outra UF, ou por nome (caso tenha havido microficha alfa nesta emissão), é um trabalho de *"garimpo"* da informação. Na época essa forma de apresentar os Contribuintes Individuais-CI foi definida pelo INSS, que considerava que na maioria dos casos estaria acertando, pois o pagamento em outra UF significaria que o CI havia se transferido para outro endereço;

X - as microfichas alfanuméricas contêm as mesmas informações das numéricas. As alfabéticas eram geradas apenas para auxiliar na localização daqueles contribuintes que perdiam o número de inscrição (NIT). Com a implantação da consulta *on-line* (por nome) deixaram de ter finalidade;

XI - quando um contribuinte não possuía dados cadastrais (sem nome), a microficha alfabética apresentava no campo nome o NIT. Portanto, em toda emissão da microficha alfabética vamos encontrar, nas primeiras microfichas, contribuintes sem nome, com o NIT no lugar do nome;

XII - os recolhimentos efetuados com a competência inválida serão somados na quantidade e não serão detalhados na microficha. Nestes casos o segurado deverá apresentar os comprovantes de recolhimento;

XIII - entende-se por competência inválida aquela com mês maior que 13, ano inválido ou sem informação de mês ou ano;

XIV - quantidade de pagamentos não significa quantidade de competências. O contribuinte pode efetuar mais de um pagamento para uma mesma competência (pagamento complementar).

Eis um exemplo de microfichas de diversos segurados (coluna da esquerda constando os NIT's foi excluída para preservar dados dos segurados) no período de 1974/1978:

das fotocópias das microfichas, devendo ser informado o nome do segurado, DN, CPF, documento de identidade, NIT e o período a ser pesquisado.

S - CIS CONTRIBUINTES INDIVIDUAIS * EXTRATO DE RECOLHIMENTOS - PERÍODO 01/74 A 12/78

| | PAGAMENTOS ACUMULADOS | | | COMPETÊNCIAS PAGAS E VALORES | | | | | | | | | | | |
|---|---|---|---|---|---|---|---|---|---|---|---|---|---|---|---|
| | QUANTIDADE | VALORES | ANO | JAN. | FEV. | MAR. | ABR. | MAI. | JUN. | JUL. | AGO. | SET. | OUT. | NOV. | DEZ. |
| :34 | 2 | | | | | | | | | | | | | | |
| :42 | 1 | | | | | | | | | | | | | | |
| :50 | 7 | 232 | 78 | | | | | | | | | | | 232 | |
| :69 | 3 | | | | | | | | | | | | | | |
| '77 | 4 | 464 | 78 | | | | | | | | | | | 464 | |
| :85 | 3 | | | | | | | | | | | | | | |
| :07 | 14 | 1.160 | 78 | | | | | | | | | | | 464 | 464 |
| 20 | 7 | | | | | | | | | | | | | | |
| 39 | 6 | | | | | | | | | | | | | | |
| 47 | 19 | | | | | | | | | | | | | | |
| 55 | 18 | | | | | | | | | | | | | | |
| 52 | 10 | | | | | | | | | | | | | | |
| 60 | 2 | | | | | | | | | | | | | | |
| 79 | 22 | 1.856 | 78 | | | | | | | 464 | 232 | | 232 | 464 | 464 |
| 95 | 1 | | | | | | | | | | | | | | |
| 09 | 8 | | | | | | | | | | | | | | |
| 17 | 1 | | | | | | | | | | | | | | |
| 25 | 1 | | | | | | | | | | | | | | |
| 33 | 14 | | | | | | | | | | | | | | |
| 57 | 24 | | | | | | | | | | | | | | |
| 65 | 67 | 500 | 78 | | | | | | | | | | | 250 | 250 |
| 73 | 28 | | | | | | | | | | | | | | |
| 81 | 14 | | | | | | | | | | | | | | |
| 03 | 20 | | | | | | | | | | | | | | |
| 11 | 15 | | | | | | | | | | | | | | |
| 38 | 10 | | | | | | | | | | | | | | |

Nesta segunda imagem são apresentadas as microfichas de 17 seguradas, todas de prenome Raquel, cujos dados pessoais da primeira coluna da esquerda foram excluídos, até a competência 05/1982:

EXTRATO DE RECOLHIMENTOS DE CONTRIBUINTE INDIVIDUAL *** DATAPREV

| PAGAMENTOS ACUMULADOS | | PERÍODOS | COMPETÊNCIAS PAGAS E VALORES 21 EMITIDO EM 19/05/82 | | | | | | | | | | | |
|---|---|---|---|---|---|---|---|---|---|---|---|---|---|---|
| QUAN. | VALOR | DE/ATÉ | MAI. | JUN. | JUL. | AGO. | SET. | OUT. | NOV. | DEZ. | JAN. | FEV. | MAR | ABR. |
| 31 | 17514 | 0578/0479<br>0579/0480<br>0580/0481<br>0581/0581 | ***<br>***<br>664<br>926 | 250<br>***<br>664 | 250<br>***<br>664 | 250<br>363<br>664 | 250<br>363<br>664 | 250<br>363<br>664 | 250<br>469<br>926 | 250<br>469<br>926 | ***<br>469<br>1852 | ***<br>469<br>926 | ***<br>469<br>926 | ***<br>469<br>*** |
| 2 | *** | ****/0582 | | | | | | | | | | | | |
| 1 | *** | ****/0582 | | | | | | | | | | | | |
| 3 | 4062 | 0581/1081 | *** | *** | *** | 1354 | 1354 | 1354 | | | | | | |
| 18 | 16738 | 0580/0481<br>0581/0881 | ***<br>*** | ***<br>1562 | ***<br>1461 | ***<br>1503 | *** | 664 | 926 | 926 | 926 | 926 | 2280 | 916 |
| 10 | 2500 | 0578/0479 | *** | *** | *** | 250 | 500 | 250 | 250 | 250 | 250 | 250 | 250 | 250 |
| 7 | 7402 | 0580/0481<br>0581/1081 | ***<br>1354 | ***<br>2708 | ***<br>*** | ***<br>1354 | ***<br>*** | ***<br>134 | *** | *** | *** | *** | 926 | 926 |
| 3 | 750 | 0578/0878 | 250 | 250 | 250 | *** | | | | | | | | |
| 65 | 21877 | 0578/0479<br>0579/0480<br>0580/0481<br>0581/1081 | ***<br>363<br>664<br>1354 | ***<br>363<br>664<br>1354 | ***<br>363<br>664<br>1354 | ***<br>***<br>664<br>1354 | ***<br>***<br>664<br>1354 | ***<br>363<br>664<br>1354 | 250<br>1407<br>926 | 250<br>***<br>926 | 250<br>***<br>926 | 250<br>469<br>926 | 250<br>469<br>926 | ***<br>***<br>92 |
| 3 | 750 | 0578/0179 | *** | *** | *** | *** | *** | 250 | 250 | 250 | *** | | | |
| 4 | 1000 | 0578/1278 | *** | *** | 250 | *** | 250 | 250 | 250 | *** | | | | |
| 24 | *** | ****/0582 | | | | | | | | | | | | |
| 6 | 3384 | 0580/1080 | 664 | 664 | 664 | 664 | 664 | 64 | | | | | | |
| 6 | 17634 | 0581/1081 | 2939 | 2939 | 2939 | 2939 | 2939 | 2939 | | | | | | |
| 41 | 11157 | 0578/0479<br>0579/0280 | 250<br>363 | 250<br>363 | 250<br>363 | 500<br>363 | 250<br>363 | 250<br>363 | 250<br>*** | 250<br>469 | 250<br>469 | 250<br>*** | 250 | 250 |
| 13 | 2081 | ****/0582 | | | | | | | | | | | | |
| 19 | *** | ****/0582 | | | | | | | | | | | | |

### 3.2. Cálculos

O exemplo a seguir trata do cálculo da média de salários de uma aposentadoria com início em 02/06/1983, em que, de acordo com a legislação da época, os 12 últimos salários de contribuição não eram atualizados monetariamente. A legislação em vigor era o Decreto 83.080/79 cujos artigos que tratam do cálculo do salário de benefício e da renda mensal encontram-se abaixo reproduzidos.

Art. 37. O salário de benefício corresponde:

I – para o auxílio-doença, a aposentadoria por invalidez, a pensão e o auxílio-reclusão, a 1/12 (um doze avos) da soma dos salários de contribuição imediatamente anteriores ao mês do afastamento da atividade, até o máximo de 12 (doze), apurados em período não superior a 18 (dezoito) meses;

II – para as demais espécies de aposentadoria, 1/36 (um trinta e seis avos) da soma dos salários-de-contribuição imediatamente anteriores ao mês da entrada do requerimento ou do afastamento da atividade, até o máximo de 36 (trinta e seis), apurados em período não superior a 48 (quarenta e oito) meses. (alterado pelo DECRETO Nº 87.374 - DE 8 DE JULHO DE 1982 - DOU DE 9/07/82 - Republicação).

III – para o abandono de permanência em serviço a 1/36 (um trinta e seis avos) da soma dos salários-de-contribuição Imediatamente anteriores ao mês da entrada do requerimento até o máximo de 36 (trinta e seis), apurados em período não superior a 48 (quarenta e oito) meses.

§ 1º Nos casos dos itens II e III, os salários de contribuição anteriores aos 12 (doze) últimos meses são previamente corrigidos, de acordo com coeficientes de reajustamento periodicamente indicados pelo órgão próprio do MPAS.

Art. 40. O cálculo da renda mensal do benefício de prestação continuada obedece às normas seguintes:

I - se o salário-de-benefício apurado na forma da Seção I, é igual ou inferior a 10 (dez), vezes a maior unidade-salarial (artigo 430) do País, o cálculo da renda mensal é feita na forma do artigo 41 e seus parágrafos;

II - se é superior a 10 (dez) vezes a maior unidade-salarial do País, o salário-de-benefício deve ser dividido em duas partes, a primeira igual àquele valor e a segunda igual ao valor excedente procedendo-se da forma seguinte:

a) a primeira parte é utilizada para o cálculo da parcela básica da renda mensal, na forma do artigo 41 e seus parágrafos;

b) a segunda parte é utilizada, até o máximo de 80% (oitenta por cento) do seu valor, para o cálculo da parcela adicional de renda mensal, multiplicando-se o valor dessa parte por tantos 1/30 (um trinta avos) quantos sejam os grupos de 12 (doze) contribuições, consecutivas ou não, acima de 10 (dez) vezes a maior unidade-salarial (artigo 430) do país;

c) a renda mensal do benefício é a soma da parcela básica (letra "a") com a parcela adicional (letra "b").

Art. 41. O valor da renda mensal do benefício de prestação continuada, ou o da sua parcela básica mencionada na letra "a" do item II do artigo 40, é calculado mediante a aplicação dos coeficientes seguintes;

I - auxílio-doença - 70% (setenta por cento) do salário-de-benefício, mais 1% (um por cento) desse salário completo de atividade abrangida pela previdência social urbana até a máximo de 20% (vinte por cento);

II - aposentadoria por invalidez - 70% (setenta por cento) do salário-de-benefício, mais 1% (um por cento) desse por ano completo de atividade abrangida pela previdência social urbana, até o máximo de 30% (trinta por cento);

III - aposentadoria por velhice ou especial - 70% (setenta por cento) do salário-de-benefício, mais 1% (um por cento) desse salário por ano completo de atividade abrangida pela previdência social urbana até o máximo de 25% (vinte a cinco por cento).

IV - aposentadoria por tempo de serviço:

a) 80% (oitenta por cento) ou 95% (noventa e cinco por cento) do salário-de-benefício, conforme, respectivamente sexo masculino ou feminino do segurado que comprova 30 (trinta) anos de serviço;

b) para o segurado do sexo masculino que em atividade após 30 (trinta) anos de serviço, 80% (oitenta por cento) do salário-de-benefício, mais 3% (três por cento) de cada novo ano completo de atividade abrangida pela previdência social urbana até o máximo de 95% (noventa e cinco por cento) 35 (trinta e cinco) anos de serviço:

| **AILTON BARRETO DOS SANTOS** |
|---|
| ESPÉCIE: **42** (APOSENTADORIA POR TEMPO DE CONTRIBUIÇÃO) **111.222.333-4** |
| DATA DE INÍCIO DO BENEFÍCIO: **02/06/1983** |
| TEMPO DE CONTRIBUIÇÃO: **35 anos 03 meses e 16 dias** |
| BASE LEGAL: Decreto 83.080/79 |
| PERÍODO BÁSICO DE CÁLCULO: **06/1980 a 05/1983** |

| | | | Índices Administrativos | |
|---|---|---|---|---|
| **Sequência** | **Mês/ano** | **Salário** | **Índice** | **Salário atualizado** |
| 1 | jun/80 | 70.136,00 | 5,100000 | 357.693,60 |
| 2 | jul/80 | 70.136,00 | 5,100000 | 357.693,60 |
| 3 | ago/80 | 70.136,00 | 5,100000 | 357.693,60 |
| 4 | set/80 | 70.136,00 | 5,100000 | 357.693,60 |
| 5 | out/80 | 70.136,00 | 5,100000 | 357.693,60 |
| 6 | nov/80 | 73.980,70 | 5,100000 | 377.301,57 |
| 7 | dez/80 | 93.706,00 | 5,100000 | 477.900,60 |
| 8 | jan/81 | 93.706,00 | 3,020000 | 282.992,12 |
| 9 | fev/81 | 93.706,00 | 3,020000 | 282.992,12 |
| 10 | mar/81 | 93.706,00 | 3,020000 | 282.992,12 |
| 11 | abr/81 | 93.706,00 | 3,020000 | 282.992,12 |
| 12 | mai/81 | 110.004,00 | 3,020000 | 332.212,08 |
| 13 | jun/81 | 133.540,00 | 3,020000 | 403.290,80 |
| 14 | jul/81 | 133.540,00 | 3,020000 | 403.290,80 |
| 15 | ago/81 | 133.540,00 | 3,020000 | 403.290,80 |
| 16 | set/81 | 133.540,00 | 3,020000 | 403.290,80 |
| 17 | out/81 | 133.540,00 | 3,020000 | 403.290,80 |
| 18 | nov/81 | 184.390,00 | 3,020000 | 556.857,80 |
| 19 | dez/81 | 238.560,00 | 3,020000 | 720.451,20 |
| 20 | jan/82 | 238.560,00 | 1,820000 | 434.179,20 |
| 21 | fev/82 | 238.560,00 | 1,820000 | 434.179,20 |
| 22 | mar/82 | 236.459,00 | 1,820000 | 430.355,38 |
| 23 | abr/82 | 238.560,00 | 1,820000 | 434.179,20 |
| 24 | mai/82 | 260.266,00 | 1,820000 | 473.684,12 |
| 25 | jun/82 | 332.160,00 | 1,000000 | 332.160,00 |
| 26 | jul/82 | 332.160,00 | 1,000000 | 332.160,00 |
| 27 | ago/82 | 332.160,00 | 1,000000 | 332.160,00 |
| 28 | set/82 | 332.160,00 | 1,000000 | 332.160,00 |
| 29 | out/82 | 332.160,00 | 1,000000 | 332.160,00 |
| 30 | nov/82 | 335.267,00 | 1,000000 | 335.267,00 |
| 31 | dez/82 | 471.360,00 | 1,000000 | 471.360,00 |
| 32 | jan/83 | 471.360,00 | 1,000000 | 471.360,00 |
| 33 | fev/83 | 471.360,00 | 1,000000 | 471.360,00 |
| 34 | mar/83 | 471.360,00 | 1,000000 | 471.360,00 |
| 35 | abr/83 | 471.360,00 | 1,000000 | 471.360,00 |
| 36 | mai/83 | 480.973,00 | 1,000000 | 480.973,00 |

| **SOMA DE SALÁRIOS** | **14.442.030,83** |
|---|---|

| **Média de Salários** | **401.167,52** |
|---|---|

| TETO MENOR: | 295.849,50 |
|---|---|
| COEFICIENTE: | 95% |
| PARCELA BÁSICA: | **281.057,03** |
| MÉDIA DE SALÁRIOS: | 401.167,52 |

| | | | Índices Administrativos | |
|---|---|---|---|---|
| **Sequência** | **Mês/ano** | **Salário** | **Índice** | **Salário atualizado** |
| TETO MAIOR: | | | | **591.699,00** |
| Grupo de contribuições acima do menor valor teto | | | | 9 |
| PARCELA ADICIONAL **(401.167,52 - 295.849,50) X 9/30** | | | | **31.595,41** |
| RENDA MENSAL INICIAL (281.057,03 + 31.595,41) | | | | 312.652,43 |
| SALÁRIO MÍNIMO EM 06/1983 | | | | **30.600,00** |
| EQUIVALÊNCIA SALARIAL | | | | 10,22 |

A partir da Constituição Federal de 1988 passou a existir a previsão legal de que todos os salários de contribuição utilizados no cálculo do salário de benefício, fossem atualizados monetariamente, que só foi regulamentado com a vigência da Lei 8.213/91. De acordo com essa Lei, o cálculo do salário de benefício estava assim disciplinado:

Art. 29. O salário-de-benefício consiste na média aritmética simples de todos os últimos salários-de-contribuição dos meses imediatamente anteriores ao do afastamento da atividade ou da data da entrada do requerimento, até o máximo de 36 (trinta e seis), apurados em período não superior a 48 (quarenta e oito) meses.

(...)

Art. 31. Todos os salários-de-contribuição computados no cálculo do valor do benefício serão ajustados, mês a mês, de acordo com a variação integral do Índice Nacional de Preços ao Consumidor (INPC), calculado pela Fundação Instituto Brasileiro de Geografia e Estatística (IBGE), referente ao período decorrido a partir da data de competência do salário de contribuição até a do início do benefício, de modo a preservar os seus valores reais.

**ANNY CRISTINA NASCIMENTO DOS ANJOS**
ESPÉCIE: **42** (APOSENTADORIA POR TEMPO DE SERVIÇO)
DATA DE INÍCIO DO BENEFÍCIO: **01/03/1996**
TEMPO DE CONTRIBUIÇÃO: **31 anos 07 meses e 23 dias**
PERÍODO BÁSICO DE CÁLCULO: **03/1993 a 02/1996**

| **Sequência** | **Mês/ano** | **Salário** | **Índices** | **Salário atualizado** |
|---|---|---|---|---|
| 1 | mar/93 | 15.760.858,52 | 0,00005238 | 825,55 |
| 2 | abr/93 | 15.760.858,52 | 0,00004129 | 650,77 |
| 3 | mai/93 | 30.214.732,09 | 0,00003219 | 972,61 |
| 4 | jun/93 | 30.214.732,09 | 0,00002508 | 757,79 |
| 5 | jul/93 | 42.439.310,55 | 0,00001924 | 816,53 |
| 6 | ago/93 | 50.613,12 | 0,01488353 | 753,30 |
| 7 | set/93 | 86.414,97 | 0,01125664 | 972,74 |
| 8 | out/93 | 108.165,62 | 0,00832776 | 900,78 |
| 9 | nov/93 | 135.120,49 | 0,00617237 | 834,01 |
| 10 | dez/93 | 168.751,08 | 0,00457586 | 772,18 |
| 11 | jan/94 | 295.795,39 | 0,00333153 | 985,45 |
| 12 | fev/94 | 385.273,50 | 0,00237542 | 915,19 |
| 13 | mar/94 | 582,86 | 1,51466392 | 882,84 |
| 14 | abr/94 | 582,86 | 1,51466392 | 882,84 |
| 15 | mai/94 | 582,86 | 1,51466392 | 882,84 |
| 16 | jun/94 | 582,86 | 1,51466392 | 882,84 |
| 17 | jul/94 | 582,86 | 1,51466392 | 882,84 |
| 18 | ago/94 | 582,86 | 1,42785060 | 832,24 |
| 19 | set/94 | 582,86 | 1,35392623 | 789,15 |
| 20 | out/94 | 582,86 | 1,33378606 | 777,41 |
| 21 | nov/94 | 582,86 | 1,30943065 | 763,21 |

| Sequência | Mês/ano | Salário | Índices | Salário atualizado |
|---|---|---|---|---|
| 22 | dez/94 | 582,86 | 1,26796810 | 739,05 |
| 23 | jan/95 | 582,86 | 1,24079469 | 723,21 |
| 24 | fev/95 | 582,86 | 1,22041378 | 711,33 |
| 25 | mar/95 | 582,86 | 1,20845013 | 704,36 |
| 26 | abr/95 | 582,86 | 1,19164789 | 694,56 |
| 27 | mai/95 | 832,66 | 1,16919926 | 973,55 |
| 28 | jun/95 | 832,66 | 1,13990374 | 949,15 |
| 29 | jul/95 | 832,66 | 1,11952832 | 932,19 |
| 30 | ago/95 | 832,66 | 1,09264915 | 909,81 |
| 31 | set/95 | 832,66 | 1,08161666 | 900,62 |
| 32 | out/95 | 832,66 | 1,06910810 | 890,20 |
| 33 | nov/95 | 832,66 | 1,05434724 | 877,91 |
| 34 | dez/95 | 832,66 | 1,03866342 | 864,85 |
| 35 | jan/96 | 832,66 | 1,02180366 | 850,82 |
| 36 | fev/96 | 832,66 | 1,00710000 | 838,57 |

| | |
|---|---|
| **SOMA DE SALÁRIOS** | **30.293,27** |
| **MÉDIA DE SALÁRIOS** | **841,48** |
| **TETO MÁXIMO** | **832,66** |
| **SALÁRIO DE BENEFÍCIO - limitado ao teto** | **832,66** |
| **COEFICIENTE** | **100%** |
| **RENDA MENSAL INICIAL** | **832,66** |
| **ÍNDICE TETO - Art. 21 da Lei 8.880/94** | **1,0106** |

A partir da vigência da Lei 9.876/99, de 29/11/1999, o período básico de cálculo foi ampliado drasticamente. O cálculo do salário de benefício, que até 28/11/1999 era calculado com base na média aritmética simples dos 36 últimos salários de contribuição, apurados no período não superior a 48 meses, a partir de 29/11/1999, passou a ser calculado com base na média aritmética simples dos maiores salários de contribuição correspondentes a 80% do período contributivo de julho de 1994 em diante, conforme exemplo a seguir.

**FREDERICO AUGUSTO DI TRINDADE AMADO**
DATA DE NASCIMENTO: **19/01/1950**
ESPÉCIE: **42** (APOSENTADORIA POR TEMPO DE CONTRIBUIÇÃO)
DATA DE INÍCIO DO BENEFÍCIO: **01/10/2003**
TEMPO DE CONTRIBUIÇÃO: **35 anos 00 meses e 03 dias**
BASE LEGAL: LEI 9.876 DE 29 DE NOVEMBRO DE 1999
PERÍODO BÁSICO DE CÁLCULO: **07/1994 a 09/2003**

| Sequência | Mês/ano | Salário | Índice | Salário corrigido | Desconsiderados |
|---|---|---|---|---|---|
| 1 | jul/94 | 582,86 | 3,488951 | 2.033,57 | |
| 2 | ago/94 | 582,86 | 3,288981 | 1.917,02 | |
| 3 | set/94 | 582,86 | 3,118700 | 1.817,77 | desconsiderado |
| 4 | out/94 | 582,86 | 3,072308 | 1.790,73 | desconsiderado |
| 5 | nov/94 | 582,86 | 3,016207 | 1.758,03 | desconsiderado |

| Sequência | Mês/ano | Salário | Índice | Salário corrigido | Desconsiderados |
|---|---|---|---|---|---|
| 6 | dez/94 | 582,86 | 2,920700 | 1.702,36 | desconsiderado |
| 7 | jan/95 | 582,86 | 2,858107 | 1.665,88 | desconsiderado |
| 8 | fev/95 | 582,86 | 2,811161 | 1.638,51 | desconsiderado |
| 9 | mar/95 | 582,86 | 2,783603 | 1.622,45 | desconsiderado |
| 10 | abr/95 | 582,86 | 2,744900 | 1.599,89 | desconsiderado |
| 11 | mai/95 | 832,66 | 2,693191 | 2.242,51 | |
| 12 | jun/95 | 832,66 | 2,625710 | 2.186,32 | |
| 13 | jul/95 | 832,66 | 2,578776 | 2.147,24 | |
| 14 | ago/95 | 832,66 | 2,516862 | 2.095,69 | |
| 15 | set/95 | 832,66 | 2,491449 | 2.074,53 | |
| 16 | out/95 | 832,66 | 2,462636 | 2.050,54 | |
| 17 | nov/95 | 832,66 | 2,428635 | 2.022,23 | |
| 18 | dez/95 | 832,66 | 2,392508 | 1.992,15 | |
| 19 | jan/96 | 832,66 | 2,353673 | 1.959,81 | |
| 20 | fev/96 | 832,66 | 2,319803 | 1.931,61 | |
| 21 | mar/96 | 832,66 | 2,303449 | 1.917,99 | |
| 22 | abr/96 | 832,66 | 2,296788 | 1.912,44 | |
| 23 | mai/96 | 957,56 | 2,280822 | 2.184,02 | |
| 24 | jun/96 | 957,56 | 2,243138 | 2.147,94 | |
| 25 | jul/96 | 957,56 | 2,216101 | 2.122,05 | |
| 26 | ago/96 | 957,56 | 2,192206 | 2.099,17 | |
| 27 | set/96 | 957,56 | 2,192119 | 2.099,09 | |
| 28 | out/96 | 957,56 | 2,189273 | 2.096,36 | |
| 29 | nov/96 | 957,56 | 2,184467 | 2.091,76 | |
| 30 | dez/96 | 957,56 | 2,178367 | 2.085,92 | |
| 31 | jan/97 | 957,56 | 2,159365 | 2.067,72 | |
| 32 | fev/97 | 957,56 | 2,125778 | 2.035,56 | |
| 33 | mar/97 | 957,56 | 2,116887 | 2.027,05 | |
| 34 | abr/97 | 957,56 | 2,092612 | 2.003,80 | |
| 35 | mai/97 | 957,56 | 2,080338 | 1.992,05 | |
| 36 | jun/97 | 1.031,87 | 2,074116 | 2.140,22 | |
| 37 | jul/97 | 1.031,87 | 2,059698 | 2.125,34 | |
| 38 | ago/97 | 1.031,87 | 2,057846 | 2.123,43 | |
| 39 | set/97 | 1.031,87 | 2,057846 | 2.123,43 | |
| 40 | out/97 | 1.031,87 | 2,045776 | 2.110,97 | |
| 41 | nov/97 | 1.031,87 | 2,038844 | 2.103,82 | |
| 42 | dez/97 | 1.031,87 | 2,022061 | 2.086,50 | |
| 43 | jan/98 | 1.031,87 | 2,008204 | 2.072,21 | |
| 44 | fev/98 | 1.031,87 | 1,990686 | 2.054,13 | |
| 45 | mar/98 | 1.031,87 | 1,990288 | 2.053,72 | |
| 46 | abr/98 | 1.031,87 | 1,985721 | 2.049,01 | |
| 47 | mai/98 | 1.031,87 | 1,985721 | 2.049,01 | |
| 48 | jun/98 | 1.081,50 | 1,981164 | 2.142,63 | |
| 49 | jul/98 | 1.081,50 | 1,975633 | 2.136,65 | |

| Sequência | Mês/ano | Salário | Índice | Salário corrigido | Desconsiderados |
|---|---|---|---|---|---|
| 50 | ago/98 | 1.081,50 | 1,975633 | 2.136,65 | |
| 51 | set/98 | 1.081,50 | 1,975633 | 2.136,65 | |
| 52 | out/98 | 1.081,50 | 1,975633 | 2.136,65 | |
| 53 | nov/98 | 1.081,50 | 1,975633 | 2.136,65 | |
| 54 | dez/98 | 1.200,00 | 1,975633 | 2.370,76 | |
| 55 | jan/99 | 1.200,00 | 1,956459 | 2.347,75 | |
| 56 | fev/99 | 1.200,00 | 1,934216 | 2.321,06 | |
| 57 | mar/99 | 1.200,00 | 1,851987 | 2.222,38 | |
| 58 | abr/99 | 1.200,00 | 1,816030 | 2.179,24 | |
| 59 | mai/99 | 1.200,00 | 1,815485 | 2.178,58 | |
| 60 | jun/99 | 1.255,32 | 1,815485 | 2.279,01 | |
| 61 | jul/99 | 1.255,32 | 1,797154 | 2.256,00 | |
| 62 | ago/99 | 1.255,32 | 1,769027 | 2.220,69 | |
| 63 | set/99 | 1.255,32 | 1,743743 | 2.188,96 | |
| 64 | out/99 | 1.255,32 | 1,718481 | 2.157,24 | |
| 65 | nov/99 | 1.255,32 | 1,686604 | 2.117,23 | |
| 66 | dez/99 | 1.255,32 | 1,644986 | 2.064,98 | |
| 67 | jan/00 | 1.255,32 | 1,624999 | 2.039,89 | |
| 68 | fev/00 | 1.255,32 | 1,608591 | 2.019,30 | |
| 69 | mar/00 | 1.255,32 | 1,605540 | 2.015,47 | |
| 70 | abr/00 | 1.255,32 | 1,602656 | 2.011,85 | |
| 71 | mai/00 | 1.255,32 | 1,600575 | 2.009,23 | |
| 72 | jun/00 | 1.328,25 | 1,589922 | 2.111,81 | |
| 73 | jul/00 | 1.328,25 | 1,575272 | 2.092,36 | |
| 74 | ago/00 | 1.328,25 | 1,540458 | 2.046,11 | |
| 75 | set/00 | 1.328,25 | 1,512923 | 2.009,54 | |
| 76 | out/00 | 1.328,25 | 1,502555 | 1.995,77 | |
| 77 | nov/00 | 1.328,25 | 1,497016 | 1.988,41 | |
| 78 | dez/00 | 1.328,25 | 1,491201 | 1.980,69 | |
| 79 | jan/01 | 1.328,25 | 1,479953 | 1.965,75 | |
| 80 | fev/01 | 1.328,25 | 1,472736 | 1.956,16 | |
| 81 | mar/01 | 1.328,25 | 1,467746 | 1.949,53 | |
| 82 | abr/01 | 1.328,25 | 1,456097 | 1.934,06 | |
| 83 | mai/01 | 1.328,25 | 1,439827 | 1.912,45 | |
| 84 | jun/01 | 1.430,00 | 1,433520 | 2.049,93 | |
| 85 | jul/01 | 1.430,00 | 1,412892 | 2.020,44 | |
| 86 | ago/01 | 1.430,00 | 1,390368 | 1.988,23 | |
| 87 | set/01 | 1.430,00 | 1,377966 | 1.970,49 | |
| 88 | out/01 | 1.430,00 | 1,372750 | 1.963,03 | |
| 89 | nov/01 | 1.430,00 | 1,353129 | 1.934,97 | |
| 90 | dez/01 | 1.430,00 | 1,342923 | 1.920,38 | |
| 91 | jan/02 | 1.430,00 | 1,340510 | 1.916,93 | |
| 92 | fev/02 | 1.430,00 | 1,337968 | 1.913,29 | |
| 93 | mar/02 | 1.430,00 | 1,335564 | 1.909,86 | |

| Sequência | Mês/ano | Salário | Índice | Salário corrigido | Desconsiderados |
|---|---|---|---|---|---|
| 94 | abr/02 | 1.430,00 | 1,334096 | 1.907,76 | desconsiderado |
| 95 | mai/02 | 1.430,00 | 1,324823 | 1.894,50 | desconsiderado |
| 96 | jun/02 | 1.561,56 | 1,310279 | 2.046,08 | |
| 97 | jul/02 | 1.561,56 | 1,287870 | 2.011,09 | |
| 98 | ago/02 | 1.561,56 | 1,261999 | 1.970,69 | |
| 99 | set/02 | 1.561,56 | 1,232902 | 1.925,25 | |
| 100 | out/02 | 1.561,56 | 1,201191 | 1.875,73 | desconsiderado |
| 101 | nov/02 | 1.561,56 | 1,152664 | 1.799,95 | desconsiderado |
| 102 | dez/02 | 1.561,56 | 1,089062 | 1.700,64 | desconsiderado |
| 103 | jan/03 | 1.561,56 | 1,060431 | 1.655,93 | desconsiderado |
| 104 | fev/03 | 1.561,56 | 1,037908 | 1.620,76 | desconsiderado |
| 105 | mar/03 | 1.561,56 | 1,021664 | 1.595,39 | desconsiderado |
| 106 | abr/03 | 1.561,56 | 1,004981 | 1.569,34 | desconsiderado |
| 107 | mai/03 | 1.561,56 | 1,000877 | 1.562,93 | desconsiderado |
| 108 | jun/03 | 1.869,34 | 1,007628 | 1.883,60 | desconsiderado |
| 109 | jul/03 | 1.869,34 | 1,014732 | 1.896,88 | desconsiderado |
| 110 | ago/03 | 1.869,34 | 1,016765 | 1.900,68 | desconsiderado |
| 111 | set/03 | 1.869,34 | 1,010500 | 1.888,97 | desconsiderado |

| **SOMA GERAL DE SALÁRIOS** | **222.285,36** |
|---|---|

| **MÉDIA GERAL DE SALÁRIOS = 222.285,36 / 111** | **2.002,57** |
|---|---|

| Período Básico de Cálculos- 07/1994 a 09/2003 | **111** |
|---|---|
| Quantidade de salários no PBC | **111** |
| Salários desprezados | **22** |
| Art. 29, Inciso I (80% dos maiores salários) | **89** |

| **SOMA DE SALÁRIOS** - 80% dos maiores | **183.936,71** |
|---|---|

| **Média de 80% dos maiores salários =** 183.936,71 / 89 | **2.066,70** |
|---|---|

## 4. SALÁRIO DE BENEFÍCIO NA EMENDA 103/2019 E DIVISOR MÍNIMO DE 108 SALÁRIOS

O artigo 26 da Emenda 103/2019 trouxe regra transitória para regular o cálculo da renda mensal dos benefícios que regulou, até a ulterior edição de lei federal para reger o tema:

> "Art. 26. **Até que lei discipline o cálculo dos benefícios do** regime próprio de previdência social da União e do **Regime Geral de Previdência Social**, será utilizada a média aritmética simples dos salários de contribuição e das remunerações adotados como base para contribuições a regime próprio de previdência social e ao Regime Geral de Previdência Social, ou como base para contribuições decorrentes das atividades militares de que tratam os arts. 42 e 142 da Constituição Federal, atualizados monetariamente, **correspondentes a 100% (cem por cento) do período contributivo desde a competência julho de 1994 ou desde o início da contribuição, se posterior àquela competência.**
>
> § 1º A média a que se refere o *caput* será limitada ao valor máximo do salário de contribuição do Regime Geral de Previdência Social para os segurados desse regime e para o servidor que ingressou no serviço público em cargo efetivo após a implantação do regime de previdência complementar ou que tenha exercido a opção correspondente, nos termos do disposto nos §§ 14 a 16 do art. 40 da Constituição Federal.

§ 2º O valor do benefício de aposentadoria corresponderá a 60% **(sessenta por cento)** da média aritmética definida na forma prevista no **caput** e no § 1º, com **acréscimo de 2 (dois) pontos percentuais para cada ano de contribuição que exceder o tempo de 20 (vinte) anos de contribuição nos casos:**

I – do inciso II do § 6º do art. 4º, do § 4º do art. 15, do § 3º do art. 16 e do § 2º do art. 18;

II – do § 4º do art. 10, ressalvado o disposto no inciso II do § 3º e no § 4º deste artigo;

III – de aposentadoria por incapacidade permanente aos segurados do Regime Geral de Previdência Social, ressalvado o disposto no inciso II do § 3º deste artigo; e

IV – do § 2º do art. 19 e do § 2º do art. 21, ressalvado o disposto no § 5º deste artigo.

§ 3º O valor do benefício de aposentadoria corresponderá a **100% (cem por cento) da média aritmética** definida na forma prevista no **caput** e no § 1º:

I – no caso do inciso II do § 2º do art. 20;

II – no caso de aposentadoria por incapacidade permanente, quando decorrer de acidente de trabalho, de doença profissional e de doença do trabalho.

§ 4º O valor do benefício da aposentadoria de que trata o inciso III do § 1º do art. 10 corresponderá ao resultado do tempo de contribuição dividido por 20 (vinte) anos, limitado a um inteiro, multiplicado pelo valor apurado na forma do **caput** do § 2º deste artigo, ressalvado o caso de cumprimento de critérios de acesso para aposentadoria voluntária que resulte em situação mais favorável.

§ 5º O acréscimo a que se refere o **caput** do § 2º será aplicado para cada ano que **exceder 15 (quinze) anos de tempo de contribuição** para os segurados de que tratam a alínea "a" do inciso I do § 1º do art. 19 e o inciso I do art. 21 e para as **mulheres** filiadas ao Regime Geral de Previdência Social.

§ 6º **Poderão ser excluídas da média as contribuições que resultem em redução do valor do benefício, desde que mantido o tempo mínimo de contribuição exigido**, vedada a utilização do tempo excluído para qualquer finalidade, inclusive para o acréscimo a que se referem os §§ 2º e 5º, para a averbação em outro regime previdenciário ou para a obtenção dos proventos de inatividade das atividades de que tratam os arts. 42 e 142 da Constituição Federal.

§ 7º Os benefícios calculados nos termos do disposto neste artigo serão reajustados nos termos estabelecidos para o Regime Geral de Previdência Social".

A nosso ver, esse dispositivo apenas deveria regular a renda mensal dos benefícios trazidos pela EC 103/2019, não podendo ser ampliado para todos os benefícios previdenciários com renda calculada com arrimo no salário de benefício.

Contudo, o INSS, através da Portaria 450/2020, com o nosso "voto vencido" registrado, aplicou a fórmula do artigo 26 da Emenda 103 para todos os salários de benefício, mesmo situações não reguladas pela Reforma Constitucional, como auxílio por incapacidade temporária, benefícios rurais e auxílio-acidente:

"Seção I Do Período Básico de Cálculo e do Salário-de--benefício

Art. 35. Nos termos do art. 26 da EC nº 103, de 2019, o PBC é composto por 100% (cem por cento) dos salários de contribuição a partir de julho de 1994 ou desde o início das contribuições, se posterior a esta competência, observado o disposto no art. 27".

No mesmo sentido o Decreto 3.048/99, atualizado pelo Decreto 10.410/2020:

"Art. 32. O salário de benefício a ser utilizado para o cálculo dos benefícios de que trata este Regulamento, inclusive aqueles previstos em acordo internacional, consiste no resultado da média aritmética simples dos salários de contribuição e das remunerações adotadas como base para contribuições a regime próprio de previdência social ou como base para contribuições decorrentes das atividades militares de que tratam os art. 42 e art. 142 da Constituição, considerados para a concessão do benefício, atualizados monetariamente, correspondentes a cem por cento do período contributivo desde a competência julho de 1994 ou desde o início da contribuição, se posterior a essa competência". (Redação dada pelo Decreto nº 10.410, de 2020).

Dessa forma, na visão do Poder Executivo da União, para direitos formados a partir de 14/11/2019, o salário de benefício de todos (100% deles a contar de 7/1994) os benefícios do RGPS deverá ser apurado pelo média de todos os salários de contribuição a contar do Plano Real, com a incidência de correção monetária pelo INPC.

Ademais, apontamos as seguintes inovações:

**a) Não incidência do fator previdenciária no cálculo de artigo com o artigo 26 da EC 103/2019;**

**b) Inexistência de divisor mínimo no período básico de cálculo;**

**c) Possibilidade de descarte de salários de contribuição para benefícios programados, acaso seja favorável ao segurado e haja tempo de contribuição excedente ao mínimo legal.**

Por outro lado, para direito adquirido formado até 13/11/2019, garante-se a aplicação da antiga fórmula do salário de benefício, desde que seja mais favorável ao segurado.

Por uma falha inescusável do artigo 26 da Emenda 103/2019, não restou inserido um divisor mínimo no período básico de cálculo, não sendo compatível a aplicação do divisor de 60% de que trata o artigo 3º, §2º, da Lei 9.876/99, pois é vinculado à fórmula de 80%.

Nesse sentido, o próprio sistema da previdência elaborado pelo DATAPREV não faz incidir divisor mínimo na fórmula do artigo 26 da EC 103/2019, pois necessita de lei para a sua criação.

Aliás, o próprio RPS, atualizado pelo Decreto 10.410/2020, somente prevê o divisor mínimo de 60% para a antiga fórmula do salário de benefício pela média dos 80% maiores salários de contribuição:

> "Art. 188-E. O salário de benefício a ser utilizado para apuração do valor da renda mensal dos benefícios concedidos com base em **direito adquirido até 13 de novembro de 2019** consistirá: (Redação dada pelo Decreto nº 10.410, de 2020)
>
> I – para as aposentadorias por idade e por tempo de contribuição, na média aritmética simples dos maiores salários de contribuição correspondentes a oitenta por cento de todo o período contributivo, multiplicada pelo fator previdenciário; e (Incluído pelo Decreto nº 10.410, de 2020)
>
> II – para as aposentadorias por invalidez e especial, auxílio-doença e auxílio-acidente, na média aritmética simples dos maiores salários de contribuição correspondentes a oitenta por cento de todo o período contributivo. (Incluído pelo Decreto nº 10.410, de 2020)
>
> **§ 1º No caso das aposentadorias por idade, por tempo de contribuição e especial, o divisor considerado no cálculo da média a que se referem os incisos I e II do caput não poderá ser inferior a sessenta por cento do período decorrido da competência julho de 1994 até a data de início do benefício, limitado a cem por cento de todo o período contributivo.** (Incluído pelo Decreto nº 10.410, de 2020)"

Indubitavelmente isso não foi projetado, sendo uma grave falha do texto da EC 103/2019 que exige lei para a correção, demonstrando uma falta de técnica na elaboração do texto constitucional nessa passagem sem a devida apreciação jurídica e contábil por verdadeiros especialistas.

Já existem casos reais que apreciei em que o salário de benefício do segurado dobrou ou mesmo triplicou diante da inexistência de divisor mínimo no cálculo do salário de benefício, fazendo com que a EC 103/2019 tenha sido generosa para esses segurados.

Uma outra novidade que vem sendo benéfica para muitos segurados é a REGRA DE DESCARTE. De efeito, prevê o artigo 26 da EC 103/2019 que **poderão ser excluídas da média as contribuições que resultem em redução do valor do benefício, desde que mantido o tempo mínimo de contribuição exigido**, vedada a utilização do tempo excluído para qualquer finalidade, para a averbação em outro regime previdenciário ou para a obtenção dos proventos de inatividade das atividades militares.

Suponha-se que determinado benefício previdenciário exija 25 anos de tempo de contribuição e que o segurado possua 30 anos de tempo de contribuição. Nesse caso, se for benéfico no caso concreto, devendo ser feitas as simulações, o sistema da previdência que roda com inteligência artificial irá descartar até 5 anos se tempo de contribuição, se a renda mensal for melhor para o segurado.

Isso porque o descarte poderá aumentar o salário de benefício, mas irá reduzir o coeficiente do benefício (cada ano descartado reduz 2%), devendo ser simulado no caso concreto a melhor renda mensal em prol do segurado, o que é feito com perfeição pelo sistema do INSS que utiliza a inteligência artificial.

A regra de descarte somada à inexistência de divisor mínimo no salário de benefício é algo que por certo não entrou nas contas da reforma da previdência. Identifiquei um caso de concessão no início de 2020 em que a renda mensal inicial do segurado subiu 143%, em comparação com o regramento anterior à EC 103/2019.

Vale frisar que a regra de descarte somente é compatível com os benefícios programados, pois se refere ao tempo de contribuição, inexistindo descarte de período de carência, de modo que somente é pertinente fazê-lo em aposentadorias programadas.

Nesse sentido a Portaria INSS 450/2020, alterada pelo 528/2020, que acolheu nota técnica jurídica da lavra da PFE INSS de nossa autoria:

> "Art. 37. Na apuração do SB das aposentadorias programáveis poderão ser excluídas quaisquer contribuições que resultem em redução do valor do benefício, desde que mantida a quantidade de contribuições equivalentes ao período de carência e observado o tempo mínimo de contribuição exigidos.
>
> § 1º É vedada a utilização das contribuições excluídas na forma do *caput* para qualquer finalidade, inclusive para acréscimo do percentual da renda mensal, para o somatório de pontos das aposentadorias por tempo de contribuição e especial ou para atingir o período adicional exigido para as aposentadorias por tempo de contribuição, bem como para averbação em outro regime previdenciário, ou para a obtenção dos proventos de inatividade das atividades de que tratam os arts. 42 e 142 da Constituição Federal, por força do § 6º do art. 26 da EC nº 103, de 2019. (Redação do parágrafo dada pela Portaria INSS Nº 528 DE 22/04/2020).
>
> **§ 2º Não se aplica a previsão do caput deste artigo aos benefícios previdenciários não programáveis.** (Parágrafo acrescentado pela Portaria INSS Nº 528 DE 22/04/2020)".

No mesmo sentido o artigo 32 do RPS, atualizado pelo Decreto 10.410/2020:

> § 24. Para fins do cálculo das **aposentadorias programadas** para as quais seja exigido tempo mínimo de contribuição, poderão ser excluídas do cálculo da média dos salários de contribuição e das remunerações adotadas como base para contribuições a regime próprio de previdência social ou como base para contribuições

decorrentes das atividades militares de que tratam os art. 42 e art. 142 da Constituição, utilizado para definição do salário de benefício, as contribuições que resultem em redução do valor do benefício, observado o disposto nos § 25 e § 26. (Redação dada pelo Decreto nº 10.410, de 2020).

§ 25. Para fins da exclusão a que se refere o § 24, **consideram-se programadas** as aposentadorias programada, especial e por idade do trabalhador rural e as aposentadorias transitórias por idade e por tempo de contribuição, para as quais se exige tempo mínimo de contribuição. (Incluído pelo Decreto nº 10.410, de 2020)

§ 26. A exclusão das contribuições de que trata o § 24 não altera o direito à aposentadoria previamente reconhecido, desde que mantida a quantidade de contribuições equivalentes ao período de carência e observado o tempo mínimo de contribuição necessário à elegibilidade da aposentadoria requerida. (Incluído pelo Decreto nº 10.410, de 2020)

§ 27. É vedada a utilização das contribuições excluídas na forma prevista no § 24 para qualquer finalidade, inclusive para: (Incluído pelo Decreto nº 10.410, de 2020)

I – o acréscimo do percentual da renda mensal; (Incluído pelo Decreto nº 10.410, de 2020)

II – o somatório de pontos das aposentadorias por tempo de contribuição e especial; (Incluído pelo Decreto nº 10.410, de 2020)

III – o cumprimento de período adicional exigido para as aposentadorias por tempo de contribuição; (Incluído pelo Decreto nº 10.410, de 2020)

IV – a averbação em outro regime previdenciário; ou (Incluído pelo Decreto nº 10.410, de 2020)

V – a obtenção dos proventos de inatividade de que tratam os art. 42 e art. 142 da Constituição. (Incluído pelo Decreto nº 10.410, de 2020)"

Coube à **Lei 14.331/2022** inserir o artigo 135-A na Lei 8.213/91, suprindo omissão do artigo 26 da Emenda 103/2019 que se esqueceu de constituir divisor mínimo no cálculo do salário de benefício, o que oportunizou a concretização de brecha constitucional que permitiu o **"milagre da contribuição única"** até 03 de maio de 2022, véspera da sua publicação:

*"Art. 135-A. Para o segurado filiado à Previdência Social até julho de 1994, no cálculo do salário de benefício das aposentadorias, exceto a aposentadoria por incapacidade permanente, o divisor considerado no cálculo da média dos salários de contribuição não poderá ser inferior a **108 (cento e oito) meses**."*

Dessa forma, para os segurados que possuam salários de contribuição antes do Plano Real (Julho/1994), o divisor mínimo no cálculo do salário de benefício calculado com lastro no artigo 26 da EC 103/2019 será de 108 salários de contribuição.

Suponha-se que um segurado possua apenas 80 salários de contribuição a contar de 7/1994. Neste caso, teremos a soma dos 80 salários divididos por 108, o que reduzirá o valor do salário de benefício.

Com efeito, 108 salários de contribuição correspondem a 9 anos. Desse modo, todos os segurados que não possuam ao menos 9 anos de salários de contribuição registrados a partir da competência Julho/1994 terão uma redução no salário de benefício.

Por outro lado, se cabível e proveitoso ao segurado, **segue em vigor a regra de descarte** contemplada no §6º do artigo 26 da Emenda 103/2019, não afetada pela criação do divisor mínimo inaugurado pela Lei 14.331/2022.

**Para as situações de direito adquirido formado até 03 de maio de 2022, o cálculo do salário de benefício à luz do artigo 26 da Emenda 103/2019 deverá ser feito sem a incidência de divisor mínimo, em respeito ao *Tempus Regit Actum*.**

## 4.1. Cálculos

O estudo de caso a seguir trata-se de um segurado com mais de 35 anos de contribuição, com requisitos para obtenção da aposentadoria por tempo de contribuição com base no direito adquirido em 13/11/2019 e com base na nova norma jurídica. O Requerimento foi feito em 01/04/2020. Serão elaborados dois cálculos: um com base no direito adquirido em 13/11/2019 e outro com base na data do requerimento, em 01/04/2020, prevalecendo o de maior valor.

As regras de transição para os homens, que serão abordadas com mais profundidade posteriormente, são as seguintes:

a) Aposentadoria por tempo de contribuição com pontuação (soma da idade com o tempo de contribuição com 96 pontos);

b) Aposentadoria por tempo de contribuição com idade mínima de 61 anos;

c) Aposentadoria por tempo de contribuição com período adicional de 50% (não aplicável ao caso por não possuir pedágio); e

d) Aposentadoria por tempo de contribuição com idade mínima de 60 anos e período adicional de 100% (não aplicável por não possuir pedágio).

De acordo com as informações abaixo detalhadas, o segurado possuía a idade de 61 anos, 01 mês e 16 dias na data do requerimento, ocorrido em 01/04/2020, e o tempo de contribuição total de 37 anos, 01 mês e 07 dias. Em 13/11/2019, data do direito adquirido, possuía a idade de 60 anos, 08 meses e 28 dias e o tempo de contribuição de 36 anos, 08 meses e 19 dias.

| Espécie do benefício: | **Aposentadoria por tempo de contribuição** |
|---|---|
| Nome: | **ANTÔNIO DOS SANTOS MENESES** |
| Data de nascimento: | **16/02/1959** |
| Data do requerimento: | **01/04/2020** |
| Data do direito adquirido: | **13/11/2019** |

| IDADE | |
|---|---|
| **INÍCIO** | **FIM** |
| **16/02/1959** | **01/04/2020** |

| IDADE | | |
|---|---|---|
| **ANOS** | **MESES** | **DIAS** |
| **61** | **1** | **16** |
| **61,13** | | |

| | CONTRATOS DE TRABALHO | | TEMPO MÍNIMO | TEMPO DE CONTRIBUIÇÃO | | |
|---|---|---|---|---|---|---|
| | **INÍCIO** | **FIM** | | **ANOS** | **MESES** | **DIAS** |
| 1 | **01/03/1982** | **05/08/1997** | 35 | 15 | 5 | 5 |
| 2 | **01/02/1998** | **31/10/2010** | 35 | 12 | 9 | 1 |
| 3 | **01/05/2011** | **01/04/2020** | 35 | 8 | 11 | 1 |

| TEMPO TOTAL APURADO | | |
|---|---|---|
| **Anos** | **Meses** | **Dias** |
| **37** | **1** | **7** |
| **37,10** | | |

| Regras do novo regime Jurídico | | | |
|---|---|---|---|
| **Regras de transição** | **Regra de pontos: 97** | **98,23** | Com direito ao benefício |
| | **Regra da idade mínima: 61,5** | **61,13** | Sem direito ao benefício |

| IDADE | |
|---|---|
| **INÍCIO** | **FIM** |
| **16/02/1959** | **13/11/2019** |

| IDADE | | |
|---|---|---|
| **ANOS** | **MESES** | **DIAS** |
| **60** | **8** | **28** |
| **60,74** | | |

| | CONTRATOS DE TRABALHO | | TEMPO MÍNIMO | TEMPO DE CONTRIBUIÇÃO | | |
|---|---|---|---|---|---|---|
| | **INÍCIO** | **FIM** | | **ANOS** | **MESES** | **DIAS** |
| 1 | **01/03/1982** | **05/08/1997** | 35 | 15 | 5 | 5 |
| 2 | **01/02/1998** | **31/10/2010** | 35 | 12 | 9 | 1 |
| 3 | **01/05/2011** | **13/11/2019** | 35 | 8 | 6 | 13 |

| TEMPO TOTAL APURADO | | |
|---|---|---|
| **Anos** | **Meses** | **Dias** |
| **36** | **8** | **19** |
| **36,72** | | |

| Regras do Direito Adquirido | | | |
|---|---|---|---|
| **Regras de cálculos** | **Regra de pontos: 96** | **97,46** | Aplicável |
| | **Fator Previdenciário** | **0,87426** | Não aplicável |

No referido estudo de caso o segurado terá direito à aposentadoria por tempo de contribuição, calculada com base no direito adquirido em 13/11/2019, véspera da vigência do novo regime jurídico, e com base nas regras de transição do novo regime jurídico. Com relação ao direito adquirido, o salário de benefício será calculado com base na média aritmética simples de 80% dos maiores salários de contribuição apurado no período de 07/1994 até 10/2019, conforme disciplinado no Art. 29, I da Lei 8.213/91; Art. 32, I do Decreto 3.049/99 e Art. 188-A também do Decreto 3.048/99.

Abaixo encontram-se as informações de cálculos referente ao direito adquirido em 13/11/2019.

**APOSENTADORIA POR TEMPO DE CONTRIBUIÇÃO – HOMEM – DIREITO ADQUIRIDO**

**ANTÔNIO DOS SANTOS MENESES**

DATA DE NASCIMENTO: **16/02/1959**

ESPÉCIE: **42** (APOSENTADORIA POR POR TEMPO DE CONTRIBUIÇÃO)

DATA DO REQUERIMENTO: **01/04/2020**

DATA DO DIREITO ADQUIRIDO: **13/11/2019**

TEMPO DE CONTRIBUIÇÃO EM 13/11/2019: **36 anos 08 meses e 19 dias**

BASE LEGAL: LEI 9.876 DE 29 DE NOVEMBRO DE 1999

PERÍODO BÁSICO DE CÁLCULO: **07/1994 a 10/2019**

| Sequência | Mês/ano | Valor teto | Salário | Índice | Salário atualizado | Desconsiderados |
|---|---|---|---|---|---|---|
| 1 | jul/94 | 582,86 | 537,00 | 8,183670 | 4.394,63 | Desconsiderado |
| 2 | ago/94 | 582,86 | 537,00 | 7,714618 | 4.142,75 | Desconsiderado |
| 3 | set/94 | 582,86 | 537,00 | 7,315208 | 3.928,27 | Desconsiderado |
| 4 | out/94 | 582,86 | 537,00 | 7,206392 | 3.869,83 | Desconsiderado |
| 5 | nov/94 | 582,86 | 537,00 | 7,074803 | 3.799,17 | Desconsiderado |
| 6 | dez/94 | 582,86 | 582,86 | 6,850782 | 3.993,05 | Desconsiderado |
| 7 | jan/95 | 582,86 | 537,00 | 6,703966 | 3.600,03 | Desconsiderado |
| 8 | fev/95 | 582,86 | 537,00 | 6,593843 | 3.540,89 | Desconsiderado |
| 9 | mar/95 | 582,86 | 537,00 | 6,529208 | 3.506,18 | Desconsiderado |
| 10 | abr/95 | 582,86 | 537,00 | 6,438423 | 3.457,43 | Desconsiderado |
| 11 | mai/95 | 832,66 | 820,00 | 6,317137 | 5.180,05 | |
| 12 | jun/95 | 832,66 | 820,00 | 6,158854 | 5.050,26 | |
| 13 | jul/95 | 832,66 | 820,00 | 6,048768 | 4.959,99 | |
| 14 | ago/95 | 832,66 | 820,00 | 5,903537 | 4.840,90 | |
| 15 | set/95 | 832,66 | 820,00 | 5,843931 | 4.792,02 | |
| 16 | out/95 | 832,66 | 832,66 | 5,776348 | 4.809,73 | |
| 17 | nov/95 | 832,66 | 832,66 | 5,696592 | 4.743,32 | |
| 18 | dez/95 | 832,66 | 832,66 | 5,611857 | 4.672,77 | Desconsiderado |
| 19 | jan/96 | 832,66 | 820,00 | 5,520763 | 4.527,03 | Desconsiderado |
| 20 | fev/96 | 832,66 | 820,00 | 5,441323 | 4.461,88 | Desconsiderado |
| 21 | mar/96 | 832,66 | 820,00 | 5,402958 | 4.430,43 | Desconsiderado |
| 22 | abr/96 | 832,66 | 820,00 | 5,387338 | 4.417,62 | Desconsiderado |
| 23 | mai/96 | 957,56 | 935,00 | 5,349886 | 5.002,14 | |
| 24 | jun/96 | 957,56 | 935,00 | 5,261494 | 4.919,50 | |
| 25 | jul/96 | 957,56 | 935,00 | 5,198080 | 4.860,20 | |
| 26 | ago/96 | 957,56 | 935,00 | 5,142030 | 4.807,80 | |
| 27 | set/96 | 957,56 | 935,00 | 5,141822 | 4.807,60 | |
| 28 | out/96 | 957,56 | 935,00 | 5,135147 | 4.801,36 | |
| 29 | nov/96 | 957,56 | 935,00 | 5,123874 | 4.790,82 | |
| 30 | dez/96 | 957,56 | 957,56 | 5,109570 | 4.892,72 | |
| 31 | jan/97 | 957,56 | 935,00 | 5,064994 | 4.735,77 | |
| 32 | fev/97 | 957,56 | 935,00 | 4,986214 | 4.662,11 | Desconsiderado |
| 33 | mar/97 | 957,56 | 935,00 | 4,965358 | 4.642,61 | Desconsiderado |
| 34 | abr/97 | 957,56 | 935,00 | 4,908422 | 4.589,37 | Desconsiderado |

| Sequência | Mês/ano | Valor teto | Salário | Índice | Salário atualizado | Desconsiderados |
|---|---|---|---|---|---|---|
| 35 | mai/97 | 957,56 | 935,00 | 4,879633 | 4.562,46 | Desconsiderado |
| 36 | jun/97 | 1.031,87 | 1.031,87 | 4,865036 | 5.020,08 | |
| 37 | jul/97 | 1.031,87 | 1.031,87 | 4,831219 | 4.985,19 | |
| 38 | ago/97 | 1.031,87 | 235,00 | 4,826875 | 1.134,32 | Desconsiderado |
| 39 | fev/98 | 1.031,87 | 1.031,87 | 4,669346 | 4.818,16 | |
| 40 | mar/98 | 1.031,87 | 1.031,87 | 4,668412 | 4.817,19 | |
| 41 | abr/98 | 1.031,87 | 1.031,87 | 4,657696 | 4.806,14 | |
| 42 | mai/98 | 1.031,87 | 1.031,87 | 4,657696 | 4.806,14 | |
| 43 | jun/98 | 1.081,50 | 1.081,50 | 4,647011 | 5.025,74 | |
| 44 | jul/98 | 1.081,50 | 1.081,50 | 4,634032 | 5.011,71 | |
| 45 | ago/98 | 1.081,50 | 1.081,50 | 4,634032 | 5.011,71 | |
| 46 | set/98 | 1.081,50 | 1.081,50 | 4,634032 | 5.011,71 | |
| 47 | out/98 | 1.081,50 | 1.081,50 | 4,634032 | 5.011,71 | |
| 48 | nov/98 | 1.081,50 | 1.081,50 | 4,634032 | 5.011,71 | |
| 49 | dez/98 | 1.200,00 | 1.150,00 | 4,634032 | 5.329,14 | |
| 50 | jan/99 | 1.200,00 | 1.150,00 | 4,589061 | 5.277,42 | |
| 51 | fev/99 | 1.200,00 | 1.150,00 | 4,536885 | 5.217,42 | |
| 52 | mar/99 | 1.200,00 | 1.150,00 | 4,344014 | 4.995,62 | |
| 53 | abr/99 | 1.200,00 | 1.150,00 | 4,259672 | 4.898,62 | |
| 54 | mai/99 | 1.200,00 | 1.150,00 | 4,258394 | 4.897,15 | |
| 55 | jun/99 | 1.255,32 | 1.255,32 | 4,258394 | 5.345,65 | |
| 56 | jul/99 | 1.255,32 | 1.255,32 | 4,215397 | 5.291,67 | |
| 57 | ago/99 | 1.255,32 | 1.255,32 | 4,149424 | 5.208,85 | |
| 58 | set/99 | 1.255,32 | 1.255,32 | 4,090114 | 5.134,40 | |
| 59 | out/99 | 1.255,32 | 1.255,32 | 4,030859 | 5.060,02 | |
| 60 | nov/99 | 1.255,32 | 1.255,32 | 3,956092 | 4.966,16 | |
| 61 | dez/99 | 1.255,32 | 1.255,32 | 3,858471 | 4.843,62 | |
| 62 | jan/00 | 1.255,32 | 1.255,32 | 3,811588 | 4.784,76 | |
| 63 | fev/00 | 1.255,32 | 1.255,32 | 3,773102 | 4.736,45 | |
| 64 | mar/00 | 1.255,32 | 1.255,32 | 3,765950 | 4.727,47 | |
| 65 | abr/00 | 1.255,32 | 1.255,32 | 3,759181 | 4.718,98 | |
| 66 | mai/00 | 1.255,32 | 1.255,32 | 3,754302 | 4.712,85 | Desconsiderado |
| 67 | jun/00 | 1.328,25 | 1.328,25 | 3,729313 | 4.953,46 | |
| 68 | jul/00 | 1.328,25 | 1.328,25 | 3,694950 | 4.907,82 | |
| 69 | ago/00 | 1.328,25 | 1.328,25 | 3,613294 | 4.799,36 | |
| 70 | set/00 | 1.328,25 | 1.328,25 | 3,548703 | 4.713,56 | Desconsiderado |
| 71 | out/00 | 1.328,25 | 1.328,25 | 3,524389 | 4.681,27 | Desconsiderado |
| 72 | nov/00 | 1.328,25 | 1.328,25 | 3,511395 | 4.664,01 | Desconsiderado |
| 73 | dez/00 | 1.328,25 | 1.328,25 | 3,497752 | 4.645,89 | Desconsiderado |
| 74 | jan/01 | 1.328,25 | 1.328,25 | 3,471371 | 4.610,85 | Desconsiderado |
| 75 | fev/01 | 1.328,25 | 1.328,25 | 3,454448 | 4.588,37 | Desconsiderado |
| 76 | mar/01 | 1.328,25 | 1.328,25 | 3,442739 | 4.572,82 | Desconsiderado |
| 77 | abr/01 | 1.328,25 | 1.328,25 | 3,415415 | 4.536,52 | Desconsiderado |
| 78 | mai/01 | 1.328,25 | 1.328,25 | 3,377252 | 4.485,83 | Desconsiderado |
| 79 | jun/01 | 1.430,00 | 1.400,00 | 3,362458 | 4.707,44 | Desconsiderado |
| 80 | jul/01 | 1.430,00 | 1.400,00 | 3,314074 | 4.639,70 | Desconsiderado |
| 81 | ago/01 | 1.430,00 | 1.400,00 | 3,261241 | 4.565,74 | Desconsiderado |
| 82 | set/01 | 1.430,00 | 1.400,00 | 3,232148 | 4.525,01 | Desconsiderado |
| 83 | out/01 | 1.430,00 | 1.400,00 | 3,219915 | 4.507,88 | Desconsiderado |

| Sequência | Mês/ano | Valor teto | Salário | Índice | Salário atualizado | Desconsiderados |
|---|---|---|---|---|---|---|
| 84 | nov/01 | 1.430,00 | 1.400,00 | 3,173894 | 4.443,45 | Desconsiderado |
| 85 | dez/01 | 1.430,00 | 1.400,00 | 3,149951 | 4.409,93 | Desconsiderado |
| 86 | jan/02 | 1.430,00 | 1.400,00 | 3,144295 | 4.402,01 | Desconsiderado |
| 87 | fev/02 | 1.430,00 | 1.400,00 | 3,138334 | 4.393,67 | Desconsiderado |
| 88 | mar/02 | 1.430,00 | 1.400,00 | 3,132693 | 4.385,77 | Desconsiderado |
| 89 | abr/02 | 1.430,00 | 1.400,00 | 3,129252 | 4.380,95 | Desconsiderado |
| 90 | mai/02 | 1.430,00 | 1.400,00 | 3,107498 | 4.350,50 | Desconsiderado |
| 91 | jun/02 | 1.561,56 | 1.561,56 | 3,073385 | 4.799,28 | |
| 92 | jul/02 | 1.561,56 | 1.561,56 | 3,020818 | 4.717,19 | |
| 93 | ago/02 | 1.561,56 | 1.561,56 | 2,960138 | 4.622,43 | Desconsiderado |
| 94 | set/02 | 1.561,56 | 1.561,56 | 2,891888 | 4.515,86 | Desconsiderado |
| 95 | out/02 | 1.561,56 | 1.561,56 | 2,817509 | 4.399,71 | Desconsiderado |
| 96 | nov/02 | 1.561,56 | 1.561,56 | 2,703684 | 4.221,96 | Desconsiderado |
| 97 | dez/02 | 1.561,56 | 1.561,56 | 2,554499 | 3.989,00 | Desconsiderado |
| 98 | jan/03 | 1.561,56 | 1.561,56 | 2,487340 | 3.884,13 | Desconsiderado |
| 99 | fev/03 | 1.561,56 | 1.561,56 | 2,434511 | 3.801,63 | Desconsiderado |
| 100 | mar/03 | 1.561,56 | 1.561,56 | 2,396409 | 3.742,14 | Desconsiderado |
| 101 | abr/03 | 1.561,56 | 1.561,56 | 2,357280 | 3.681,03 | Desconsiderado |
| 102 | mai/03 | 1.561,56 | 1.561,56 | 2,347653 | 3.666,00 | Desconsiderado |
| 103 | jun/03 | 1.869,34 | 1.869,34 | 2,363488 | 4.418,16 | Desconsiderado |
| 104 | jul/03 | 1.869,34 | 1.869,34 | 2,380148 | 4.449,31 | Desconsiderado |
| 105 | ago/03 | 1.869,34 | 1.869,34 | 2,384922 | 4.458,23 | Desconsiderado |
| 106 | set/03 | 1.869,34 | 1.869,34 | 2,370224 | 4.430,75 | Desconsiderado |
| 107 | out/03 | 1.869,34 | 1.869,34 | 2,345596 | 4.384,72 | Desconsiderado |
| 108 | nov/03 | 1.869,34 | 1.869,34 | 2,335320 | 4.365,51 | Desconsiderado |
| 109 | dez/03 | 1.869,34 | 1.869,34 | 2,324163 | 4.344,65 | Desconsiderado |
| 110 | jan/04 | 2.400,00 | 2.150,00 | 2,310303 | 4.967,15 | |
| 111 | fev/04 | 2.400,00 | 2.150,00 | 2,291966 | 4.927,73 | |
| 112 | mar/04 | 2.400,00 | 2.150,00 | 2,283062 | 4.908,58 | |
| 113 | abr/04 | 2.400,00 | 2.150,00 | 2,270125 | 4.880,77 | |
| 114 | mai/04 | 2.508,72 | 2.350,00 | 2,260853 | 5.313,00 | |
| 115 | jun/04 | 2.508,72 | 2.350,00 | 2,251844 | 5.291,83 | |
| 116 | jul/04 | 2.508,72 | 2.350,00 | 2,240647 | 5.265,52 | |
| 117 | ago/04 | 2.508,72 | 2.350,00 | 2,224405 | 5.227,35 | |
| 118 | set/04 | 2.508,72 | 2.350,00 | 2,213338 | 5.201,34 | |
| 119 | out/04 | 2.508,72 | 2.350,00 | 2,209584 | 5.192,52 | |
| 120 | nov/04 | 2.508,72 | 2.350,00 | 2,205836 | 5.183,71 | |
| 121 | dez/04 | 2.508,72 | 2.350,00 | 2,196171 | 5.161,00 | |
| 122 | jan/05 | 2.508,72 | 2.350,00 | 2,177442 | 5.116,99 | |
| 123 | fev/05 | 2.508,72 | 2.350,00 | 2,165101 | 5.087,99 | |
| 124 | mar/05 | 2.508,72 | 2.350,00 | 2,155617 | 5.065,70 | |
| 125 | abr/05 | 2.508,72 | 2.350,00 | 2,139993 | 5.028,98 | |
| 126 | mai/05 | 2.668,15 | 2.600,00 | 2,120697 | 5.513,81 | |
| 127 | jun/05 | 2.668,15 | 2.600,00 | 2,105955 | 5.475,48 | |
| 128 | jul/05 | 2.668,15 | 2.600,00 | 2,108273 | 5.481,51 | |
| 129 | ago/05 | 2.668,15 | 2.600,00 | 2,107641 | 5.479,87 | |
| 130 | set/05 | 2.668,15 | 2.600,00 | 2,107641 | 5.479,87 | |
| 131 | out/05 | 2.668,15 | 2.600,00 | 2,104486 | 5.471,66 | |
| 132 | nov/05 | 2.668,15 | 2.600,00 | 2,092350 | 5.440,11 | |

| Sequência | Mês/ano | Valor teto | Salário | Índice | Salário atualizado | Desconsiderados |
|---|---|---|---|---|---|---|
| 133 | dez/05 | 2.668,15 | 2.600,00 | 2,081109 | 5.410,88 | |
| 134 | jan/06 | 2.668,15 | 2.600,00 | 2,072821 | 5.389,33 | |
| 135 | fev/06 | 2.668,15 | 2.600,00 | 2,064973 | 5.368,93 | |
| 136 | mar/06 | 2.668,15 | 2.600,00 | 2,060236 | 5.356,61 | |
| 137 | abr/06 | 2.801,56 | 2.600,00 | 2,054688 | 5.342,19 | |
| 138 | mai/06 | 2.801,56 | 2.750,00 | 2,052227 | 5.643,62 | |
| 139 | jun/06 | 2.801,56 | 2.750,00 | 2,049562 | 5.636,30 | |
| 140 | jul/06 | 2.801,56 | 2.750,00 | 2,050994 | 5.640,23 | |
| 141 | ago/06 | 2.801,82 | 2.750,00 | 2,048742 | 5.634,04 | |
| 142 | set/06 | 2.801,82 | 2.750,00 | 2,049149 | 5.635,16 | |
| 143 | out/06 | 2.801,82 | 2.750,00 | 2,045879 | 5.626,17 | |
| 144 | nov/06 | 2.801,82 | 2.750,00 | 2,037119 | 5.602,08 | |
| 145 | dez/06 | 2.801,82 | 2.750,00 | 2,028598 | 5.578,64 | |
| 146 | jan/07 | 2.801,82 | 2.750,00 | 2,016097 | 5.544,27 | |
| 147 | fev/07 | 2.801,82 | 2.750,00 | 2,006268 | 5.517,24 | |
| 148 | mar/07 | 2.801,82 | 2.750,00 | 1,997878 | 5.494,16 | |
| 149 | abr/07 | 2.894,28 | 2.750,00 | 1,989123 | 5.470,09 | |
| 150 | mai/07 | 2.894,28 | 2.894,28 | 1,983968 | 5.742,16 | |
| 151 | jun/07 | 2.894,28 | 2.894,28 | 1,978820 | 5.727,26 | |
| 152 | jul/07 | 2.894,28 | 2.894,28 | 1,972708 | 5.709,57 | |
| 153 | ago/07 | 2.894,28 | 2.894,28 | 1,966414 | 5.691,35 | |
| 154 | set/07 | 2.894,28 | 2.894,28 | 1,954878 | 5.657,96 | |
| 155 | out/07 | 2.894,28 | 2.894,28 | 1,950006 | 5.643,86 | |
| 156 | nov/07 | 2.894,28 | 2.894,28 | 1,944175 | 5.626,99 | |
| 157 | dez/07 | 2.894,28 | 2.894,28 | 1,935848 | 5.602,89 | |
| 158 | jan/08 | 2.894,28 | 2.894,28 | 1,917250 | 5.549,06 | |
| 159 | fev/08 | 2.894,28 | 2.894,28 | 1,904111 | 5.511,03 | |
| 160 | mar/08 | 3.038,99 | 3.038,99 | 1,894451 | 5.757,22 | |
| 161 | abr/08 | 3.038,99 | 3.038,99 | 1,884838 | 5.728,00 | |
| 162 | mai/08 | 3.038,99 | 3.038,99 | 1,872852 | 5.691,58 | |
| 163 | jun/08 | 3.038,99 | 3.038,99 | 1,855045 | 5.637,46 | |
| 164 | jul/08 | 3.038,99 | 3.038,99 | 1,838316 | 5.586,62 | |
| 165 | ago/08 | 3.038,99 | 3.038,99 | 1,827714 | 5.554,40 | |
| 166 | set/08 | 3.038,99 | 3.038,99 | 1,823883 | 5.542,76 | |
| 167 | out/08 | 3.038,99 | 3.038,99 | 1,821152 | 5.534,46 | |
| 168 | nov/08 | 3.038,99 | 3.038,99 | 1,812093 | 5.506,93 | |
| 169 | dez/08 | 3.038,99 | 3.038,99 | 1,805230 | 5.486,08 | |
| 170 | jan/09 | 3.038,99 | 3.038,99 | 1,800016 | 5.470,23 | |
| 171 | fev/09 | 3.218,90 | 3.200,00 | 1,788567 | 5.723,41 | |
| 172 | mar/09 | 3.218,90 | 3.200,00 | 1,783037 | 5.705,72 | |
| 173 | abr/09 | 3.218,90 | 3.200,00 | 1,779479 | 5.694,33 | |
| 174 | mai/09 | 3.218,90 | 3.218,90 | 1,769747 | 5.696,64 | |
| 175 | jun/09 | 3.218,90 | 3.218,90 | 1,759192 | 5.662,66 | |
| 176 | jul/09 | 3.218,90 | 3.218,90 | 1,751832 | 5.638,97 | |
| 177 | ago/09 | 3.218,90 | 3.218,90 | 1,747812 | 5.626,03 | |
| 178 | set/09 | 3.218,90 | 3.218,90 | 1,746416 | 5.621,54 | |
| 179 | out/09 | 3.218,90 | 3.218,90 | 1,743626 | 5.612,56 | |
| 180 | nov/09 | 3.218,90 | 3.218,90 | 1,739450 | 5.599,12 | |
| 181 | dez/09 | 3.218,90 | 3.218,90 | 1,733039 | 5.578,48 | |

| Sequência | Mês/ano | Valor teto | Salário | Índice | Salário atualizado | Desconsiderados |
|---|---|---|---|---|---|---|
| 182 | jan/10 | 3.467,40 | 3.467,40 | 1,728886 | 5.994,74 | |
| 183 | fev/10 | 3.467,40 | 3.467,40 | 1,713806 | 5.942,45 | |
| 184 | mar/10 | 3.467,40 | 3.467,40 | 1,701893 | 5.901,14 | |
| 185 | abr/10 | 3.467,40 | 3.467,40 | 1,689897 | 5.859,55 | |
| 186 | mai/10 | 3.467,40 | 3.467,40 | 1,677648 | 5.817,08 | |
| 187 | jun/10 | 3.467,40 | 3.467,40 | 1,670466 | 5.792,17 | |
| 188 | jul/10 | 3.467,40 | 3.467,40 | 1,672306 | 5.798,55 | |
| 189 | ago/10 | 3.467,40 | 3.467,40 | 1,673477 | 5.802,61 | |
| 190 | set/10 | 3.467,40 | 3.467,40 | 1,674650 | 5.806,68 | |
| 191 | out/10 | 3.467,40 | 3.467,40 | 1,665657 | 5.775,50 | |
| 192 | mai/11 | 3.691,74 | 3.500,00 | 1,578280 | 5.523,98 | |
| 193 | jun/11 | 3.691,74 | 3.500,00 | 1,569336 | 5.492,68 | |
| 194 | jul/11 | 3.691,74 | 3.500,00 | 1,565891 | 5.480,62 | |
| 195 | ago/11 | 3.691,74 | 3.500,00 | 1,565891 | 5.480,62 | |
| 196 | set/11 | 3.691,74 | 3.500,00 | 1,559341 | 5.457,69 | |
| 197 | out/11 | 3.691,74 | 3.500,00 | 1,552356 | 5.433,25 | |
| 198 | nov/11 | 3.691,74 | 3.500,00 | 1,547405 | 5.415,92 | |
| 199 | dez/11 | 3.691,74 | 3.500,00 | 1,538633 | 5.385,22 | |
| 200 | jan/12 | 3.916,20 | 3.500,00 | 1,530832 | 5.357,91 | |
| 201 | fev/12 | 3.916,20 | 3.500,00 | 1,523060 | 5.330,71 | |
| 202 | mar/12 | 3.916,20 | 3.500,00 | 1,517144 | 5.310,00 | |
| 203 | abr/12 | 3.916,20 | 3.500,00 | 1,514415 | 5.300,45 | |
| 204 | mai/12 | 3.916,20 | 3.750,00 | 1,504788 | 5.642,96 | |
| 205 | jun/12 | 3.916,20 | 3.750,00 | 1,496558 | 5.612,09 | |
| 206 | jul/12 | 3.916,20 | 3.750,00 | 1,492676 | 5.597,54 | |
| 207 | ago/12 | 3.916,20 | 3.750,00 | 1,486286 | 5.573,57 | |
| 208 | set/12 | 3.916,20 | 3.750,00 | 1,479626 | 5.548,60 | |
| 209 | out/12 | 3.916,20 | 3.750,00 | 1,470362 | 5.513,86 | |
| 210 | nov/12 | 3.916,20 | 3.750,00 | 1,459996 | 5.474,99 | |
| 211 | dez/12 | 3.916,20 | 3.750,00 | 1,452154 | 5.445,58 | |
| 212 | jan/13 | 4.159,00 | 3.750,00 | 1,441487 | 5.405,58 | |
| 213 | fev/13 | 4.159,00 | 3.750,00 | 1,428347 | 5.356,30 | |
| 214 | mar/13 | 4.159,00 | 3.750,00 | 1,420959 | 5.328,60 | |
| 215 | abr/13 | 4.159,00 | 3.750,00 | 1,412484 | 5.296,82 | |
| 216 | mai/13 | 4.159,00 | 4.000,00 | 1,404197 | 5.616,79 | |
| 217 | jun/13 | 4.159,00 | 4.000,00 | 1,399298 | 5.597,19 | |
| 218 | jul/13 | 4.159,00 | 4.000,00 | 1,395394 | 5.581,58 | |
| 219 | ago/13 | 4.159,00 | 4.000,00 | 1,397210 | 5.588,84 | |
| 220 | set/13 | 4.159,00 | 4.000,00 | 1,394977 | 5.579,91 | |
| 221 | out/13 | 4.159,00 | 4.000,00 | 1,391220 | 5.564,88 | |
| 222 | nov/13 | 4.159,00 | 4.000,00 | 1,382789 | 5.531,16 | |
| 223 | dez/13 | 4.159,00 | 4.000,00 | 1,375360 | 5.501,44 | |
| 224 | jan/14 | 4.390,24 | 4.000,00 | 1,365528 | 5.462,11 | |
| 225 | fev/14 | 4.390,24 | 4.000,00 | 1,356979 | 5.427,92 | |
| 226 | mar/14 | 4.390,24 | 4.000,00 | 1,348350 | 5.393,40 | |
| 227 | abr/14 | 4.390,24 | 4.000,00 | 1,337383 | 5.349,53 | |
| 228 | mai/14 | 4.390,24 | 4.300,00 | 1,327030 | 5.706,23 | |
| 229 | jun/14 | 4.390,24 | 4.300,00 | 1,319113 | 5.672,19 | |
| 230 | jul/14 | 4.390,24 | 4.300,00 | 1,315695 | 5.657,49 | |

| Sequência | Mês/ano | Valor teto | Salário | Índice | Salário atualizado | Desconsiderados |
|---|---|---|---|---|---|---|
| 231 | ago/14 | 4.390,24 | 4.300,00 | 1,313987 | 5.650,14 | |
| 232 | set/14 | 4.390,24 | 4.300,00 | 1,311626 | 5.639,99 | |
| 233 | out/14 | 4.390,24 | 4.300,00 | 1,305233 | 5.612,50 | |
| 234 | nov/14 | 4.390,24 | 4.300,00 | 1,300292 | 5.591,26 | |
| 235 | dez/14 | 4.390,24 | 4.300,00 | 1,293434 | 5.561,77 | |
| 236 | jan/15 | 4.663,75 | 4.300,00 | 1,285463 | 5.527,49 | |
| 237 | fev/15 | 4.663,75 | 4.300,00 | 1,266718 | 5.446,89 | |
| 238 | mar/15 | 4.663,75 | 4.300,00 | 1,252193 | 5.384,43 | |
| 239 | abr/15 | 4.663,75 | 4.300,00 | 1,233566 | 5.304,33 | |
| 240 | mai/15 | 4.663,75 | 4.500,00 | 1,224870 | 5.511,92 | |
| 241 | jun/15 | 4.663,75 | 4.500,00 | 1,212864 | 5.457,89 | |
| 242 | jul/15 | 4.663,75 | 4.500,00 | 1,203594 | 5.416,17 | |
| 243 | ago/15 | 4.663,75 | 4.500,00 | 1,196654 | 5.384,94 | |
| 244 | set/15 | 4.663,75 | 4.500,00 | 1,193668 | 5.371,51 | |
| 245 | out/15 | 4.663,75 | 4.500,00 | 1,187613 | 5.344,26 | |
| 246 | nov/15 | 4.663,75 | 4.500,00 | 1,178539 | 5.303,43 | |
| 247 | dez/15 | 4.663,75 | 4.500,00 | 1,165598 | 5.245,19 | |
| 248 | jan/16 | 5.189,82 | 4.500,00 | 1,155203 | 5.198,41 | |
| 249 | fev/16 | 5.189,82 | 4.500,00 | 1,138020 | 5.121,09 | |
| 250 | mar/16 | 5.189,82 | 4.500,00 | 1,127309 | 5.072,89 | |
| 251 | abr/16 | 5.189,82 | 4.500,00 | 1,122371 | 5.050,67 | |
| 252 | mai/16 | 5.189,82 | 4.850,00 | 1,115234 | 5.408,88 | |
| 253 | jun/16 | 5.189,82 | 4.850,00 | 1,104412 | 5.356,40 | |
| 254 | jul/16 | 5.189,82 | 4.850,00 | 1,099244 | 5.331,33 | |
| 255 | ago/16 | 5.189,82 | 4.850,00 | 1,092252 | 5.297,42 | |
| 256 | set/16 | 5.189,82 | 4.850,00 | 1,088880 | 5.281,07 | |
| 257 | out/16 | 5.189,82 | 4.850,00 | 1,088008 | 5.276,84 | |
| 258 | nov/16 | 5.189,82 | 4.850,00 | 1,086160 | 5.267,88 | |
| 259 | dez/16 | 5.189,82 | 4.850,00 | 1,085401 | 5.264,19 | |
| 260 | jan/17 | 5.531,31 | 4.850,00 | 1,083884 | 5.256,84 | |
| 261 | fev/17 | 5.531,31 | 4.850,00 | 1,079351 | 5.234,85 | |
| 262 | mar/17 | 5.531,31 | 4.850,00 | 1,076766 | 5.222,32 | |
| 263 | abr/17 | 5.531,31 | 4.850,00 | 1,073334 | 5.205,67 | |
| 264 | mai/17 | 5.531,31 | 5.200,00 | 1,072475 | 5.576,87 | |
| 265 | jun/17 | 5.531,31 | 5.200,00 | 1,068625 | 5.556,85 | |
| 266 | jul/17 | 5.531,31 | 5.200,00 | 1,071843 | 5.573,58 | |
| 267 | ago/17 | 5.531,31 | 5.200,00 | 1,070024 | 5.564,12 | |
| 268 | set/17 | 5.531,31 | 5.200,00 | 1,070344 | 5.565,79 | |
| 269 | out/17 | 5.531,31 | 5.200,00 | 1,070559 | 5.566,91 | |
| 270 | nov/17 | 5.531,31 | 5.200,00 | 1,066612 | 5.546,38 | |
| 271 | dez/17 | 5.531,31 | 5.200,00 | 1,064696 | 5.536,42 | |
| 272 | jan/18 | 5.645,80 | 5.200,00 | 1,061935 | 5.522,06 | |
| 273 | fev/18 | 5.645,80 | 5.200,00 | 1,059498 | 5.509,39 | |
| 274 | mar/18 | 5.645,80 | 5.200,00 | 1,057594 | 5.499,49 | |
| 275 | abr/18 | 5.645,80 | 5.200,00 | 1,056856 | 5.495,65 | |
| 276 | mai/18 | 5.645,80 | 5.450,00 | 1,054639 | 5.747,78 | |
| 277 | jun/18 | 5.645,80 | 5.450,00 | 1,050125 | 5.723,18 | |
| 278 | jul/18 | 5.645,80 | 5.450,00 | 1,035318 | 5.642,48 | |
| 279 | ago/18 | 5.645,80 | 5.450,00 | 1,032736 | 5.628,41 | |

| Sequência | Mês/ano | Valor teto | Salário | Índice | Salário atualizado | Desconsiderados |
|---|---|---|---|---|---|---|
| 280 | set/18 | 5.645,80 | 5.450,00 | 1,032736 | 5.628,41 | |
| 281 | out/18 | 5.645,80 | 5.450,00 | 1,029647 | 5.611,58 | |
| 282 | nov/18 | 5.645,80 | 5.450,00 | 1,025545 | 5.589,22 | |
| 283 | dez/18 | 5.645,80 | 5.450,00 | 1,028115 | 5.603,23 | |
| 284 | jan/19 | 5.839,45 | 5.450,00 | 1,026679 | 5.595,40 | |
| 285 | fev/19 | 5.839,45 | 5.450,00 | 1,022996 | 5.575,33 | |
| 286 | mar/19 | 5.839,45 | 5.450,00 | 1,017502 | 5.545,39 | |
| 287 | abr/19 | 5.839,45 | 5.450,00 | 1,009727 | 5.503,01 | |
| 288 | mai/19 | 5.839,45 | 5.600,00 | 1,003704 | 5.620,74 | |
| 289 | jun/19 | 5.839,45 | 5.600,00 | 1,002201 | 5.612,33 | |
| 290 | jul/19 | 5.839,45 | 5.600,00 | 1,002101 | 5.611,77 | |
| 291 | ago/19 | 5.839,45 | 5.600,00 | 1,001099 | 5.606,15 | |
| 292 | set/19 | 5.839,45 | 5.600,00 | 0,999900 | 5.599,44 | |
| 293 | out/19 | 5.839,45 | 5.600,00 | 1,000400 | 5.602,24 | |

| **SOMA GERAL DE SALÁRIOS** | **1.509.390,85** |
|---|---|

| **MÉDIA GERAL DE SALÁRIOS =** 1.509.390,85 / 293 | **5.151,50** |
|---|---|

| Período Básico de Cálculos- 07/1994 a 10/2019 | **304** |
|---|---|
| Quantidade de salários no período básico de cálculo | **293** |
| Salários considerados (80% dos maiores salários) | **234** |
| Salários desprezados | **59** |

| **SOMA DE SALÁRIOS -** 80% dos maiores | **1.257.758,76** |
|---|---|

| **MÉDIA DE 80% DOS MAIORES SALÁRIOS =** 1.257.758,76 / 234 | **5.375,04** |
|---|---|

| **TETO PREVIDENCIÁRIO** | **5.839,45** |
|---|---|

**ANTÔNIO DOS SANTOS MENESES**

DATA DE INÍCIO DO BENEFÍCIO: **13/11/2019**

TEMPO DE CONTRIBUIÇÃO EM 13/11/2019: **36 anos 08 meses e 19 dias**

| **IDADE** | | |
|---|---|---|
| **anos** | **meses** | **dias** |
| **60** | **8** | **28** |
| **60,7444** | | |

| **TEMPO DE CONTRIBUIÇÃO** | | |
|---|---|---|
| **anos** | **meses** | **dias** |
| **36** | **8** | **19** |
| **36,7194** | | |

| **Idade** | 60,7444 |
|---|---|

| | |
|---|---|
| **TC** | 36,7194 |
| **ES** | 22,4 |
| **Alíquota** | 0,31 |

| Idade | Expectativa de Sobrevida |
|---|---|
| 56 | 25,6 |
| 57 | 24,8 |
| 58 | 24,0 |
| 59 | 23,2 |
| 60 | 22,4 |

$$\text{Fator Previdenciário} = \frac{TC \times A}{ES} \times \left(1 + \frac{(Id + TC \times A)}{100}\right)$$

$$\frac{36{,}7194 \times 0{,}31}{22{,}4} \; X \left(1 + \frac{(60{,}7444 + 36{,}7194 \times 0{,}31)}{100}\right)$$

| **Fator Previdenciário** | **0,87426** | Favorável | Desfavorável |
|---|---|---|---|
| | | | X |

| **REGRA 86/96** | **97,46** | Aplicável | Não aplicável |
|---|---|---|---|
| | | X | |

| | |
|---|---|
| **MÉDIA de 80% DOS MAIORES SALÁRIOS** | **5.375,04** |
| **FATOR PREVIDENCIÁRIO** | **1,0000** |
| **SALÁRIO DE BENEFÍCIO** | **5.375,04** |
| Coeficiente | **100%** |
| **Renda Mensal Inicial** = SB x Coeficiente | **5.375,04** |

| | |
|---|---|
| **Perda mensal com a aplicação do fator previdenciário** | - |
| **Perda anual com a aplicação do fator previdenciário** | - |

**REAJUSTES DO BENEFÍCIO**

**ANTÔNIO DOS SANTOS MENESES**

ESPÉCIE: **Aposentadoria por tempo de contribuição**

TEMPO DE CONTRIBUIÇÃO: **36 anos 08 meses e 19 dias**

DATA DO DIREITO ADQUIRIDO: **13/11/2019**

| | |
|---|---|
| SALÁRIO DE BENEFÍCIO | **5.375,04** |
| COEFICIENTE | **100%** |
| RENDA MENSAL INICIAL | **5.375,04** |

| Data | Renda Mensal | Índices de reajustes | Renda Mensal Reajustada |
|---|---|---|---|
| jan/20 | 5.375,04 | 1,017700 | 5.470,18 |
| jan/21 | 5.470,18 | 1,054500 | 5.768,30 |
| **jan/22** | **5.768,30** | **1,101600** | **6.354,36** |

Conforme resumo dos cálculos acima, percebe-se que o fator previdenciário foi totalmente desfavorável, fixado em 0,8743, representando uma perda de 12,57% na renda mensal do benefício. A regra de cálculo do fator previdenciário foi implementada pela Lei n.º 9.876/99 e leva em consideração o tempo de contribuição, a idade e a expectativa de sobrevida do segurado no momento da aposentadoria, conforme fórmula discriminada no cálculo. A tabela de expectativa de sobrevida aplicada no cálculo indica que, com a idade de 60 anos, a expectativa de sobrevida é de 22,4 anos.

A regra de pontos, conhecida como regra 85/95 (soma da idade com o tempo de contribuição), instituída pela Lei n.º 13.183/2015, acrescentou o Art. 29-C à Lei 8.213/91, como alternativa ao cálculo do salário de benefício sem a aplicação do fator previdenciário. Caso a mulher atingisse 85 pontos ou mais (soma da idade com o tempo de contribuição) e o homem atingisse 95 pontos ou mais, o salário de benefício seria calculado sem a incidência do fator previdenciário. A partir de 31/12/2018 a regra de pontos passou a exigir 86 pontos para as mulheres e 96 pontos para os homens. Como o segurado objeto de nosso estudo de caso atingiu 97,46 pontos, superior aos 96 pontos exigidos na data do direito adquirido, o salário de benefício foi calculado sem a incidência do fator previdenciário. A renda mensal inicial foi fixada em 100% do salário de benefício, no valor de R$ 5.375,04, que, reajustada para 01/04/2020, data do requerimento, é fixada no valor de R$ 5.470,18 e reajustada para o ano de 2022 é de R$ 6.354,36.

Com base nas regras de transição, o salário de benefício será calculado levando em consideração a média aritmética simples de 100% dos salários de contribuição apurado no período de 07/1994 a 03/2020 (mês anterior ao requerimento), conforme disciplinado no Art. 26 da Emenda Constitucional 103/2019.

Abaixo encontram-se as informações de cálculos baseadas nas regras de transição do novo regime jurídico, cujo requerimento do benefício se deu em 01/04/2020.

**APOSENTADORIA POR TEMPO DE CONTRIBUIÇÃO – HOMEM – NOVO REGIME JURÍDICO**

**REGRA DE TRANSIÇÃO 1 – APOSENTADORIA COM PONTUAÇÃO**

**ANTÔNIO DOS SANTOS MENESES**

DATA DE NASCIMENTO: **16/02/1959**

ESPÉCIE: **42** (APOSENTADORIA POR POR TEMPO DE CONTRIBUIÇÃO)

DATA DO REQUERIMENTO: **01/04/2020**

TEMPO DE CONTRIBUIÇÃO: **37 anos 01 mês e 07 dias**

BASE LEGAL: EMENDA CONSTITUCIONAL 103/2019

PERÍODO BÁSICO DE CÁLCULO: **07/1994 a 03/2020**

| Sequência | Mês/ano | Valor teto | Salário | Índice | Salário atualizado | Desconsiderados |
|---|---|---|---|---|---|---|
| 1 | jul/94 | 582,86 | 537,00 | 8,373296 | 4.496,46 | |
| 2 | ago/94 | 582,86 | 537,00 | 7,893376 | 4.238,74 | |
| 3 | set/94 | 582,86 | 537,00 | 7,484709 | 4.019,29 | |
| 4 | out/94 | 582,86 | 537,00 | 7,373373 | 3.959,50 | |
| 5 | nov/94 | 582,86 | 537,00 | 7,238735 | 3.887,20 | |
| 6 | dez/94 | 582,86 | 582,86 | 7,009522 | 4.085,57 | |
| 7 | jan/95 | 582,86 | 537,00 | 6,859305 | 3.683,45 | |
| 8 | fev/95 | 582,86 | 537,00 | 6,746630 | 3.622,94 | |
| 9 | mar/95 | 582,86 | 537,00 | 6,680497 | 3.587,43 | |
| 10 | abr/95 | 582,86 | 537,00 | 6,587608 | 3.537,55 | |
| 11 | mai/95 | 832,66 | 820,00 | 6,463513 | 5.300,08 | |
| 12 | jun/95 | 832,66 | 820,00 | 6,301562 | 5.167,28 | |
| 13 | jul/95 | 832,66 | 820,00 | 6,188924 | 5.074,92 | |
| 14 | ago/95 | 832,66 | 820,00 | 6,040329 | 4.953,07 | |
| 15 | set/95 | 832,66 | 820,00 | 5,979341 | 4.903,06 | |
| 16 | out/95 | 832,66 | 832,66 | 5,910192 | 4.921,18 | |
| 17 | nov/95 | 832,66 | 832,66 | 5,828590 | 4.853,23 | |
| 18 | dez/95 | 832,66 | 832,66 | 5,741890 | 4.781,04 | |

| Sequência | Mês/ano | Valor teto | Salário | Índice | Salário atualizado | Desconsiderados |
|---|---|---|---|---|---|---|
| 19 | jan/96 | 832,66 | 820,00 | 5,648685 | 4.631,92 | |
| 20 | fev/96 | 832,66 | 820,00 | 5,567405 | 4.565,27 | |
| 21 | mar/96 | 832,66 | 820,00 | 5,528151 | 4.533,08 | |
| 22 | abr/96 | 832,66 | 820,00 | 5,512169 | 4.519,98 | |
| 23 | mai/96 | 957,56 | 935,00 | 5,473848 | 5.118,05 | |
| 24 | jun/96 | 957,56 | 935,00 | 5,383409 | 5.033,49 | |
| 25 | jul/96 | 957,56 | 935,00 | 5,318526 | 4.972,82 | |
| 26 | ago/96 | 957,56 | 935,00 | 5,261177 | 4.919,20 | |
| 27 | set/96 | 957,56 | 935,00 | 5,260964 | 4.919,00 | |
| 28 | out/96 | 957,56 | 935,00 | 5,254134 | 4.912,62 | |
| 29 | nov/96 | 957,56 | 935,00 | 5,242600 | 4.901,83 | |
| 30 | dez/96 | 957,56 | 957,56 | 5,227965 | 5.006,09 | |
| 31 | jan/97 | 957,56 | 935,00 | 5,182355 | 4.845,50 | |
| 32 | fev/97 | 957,56 | 935,00 | 5,101751 | 4.770,14 | |
| 33 | mar/97 | 957,56 | 935,00 | 5,080411 | 4.750,18 | |
| 34 | abr/97 | 957,56 | 935,00 | 5,022156 | 4.695,72 | |
| 35 | mai/97 | 957,56 | 935,00 | 4,992700 | 4.668,17 | |
| 36 | jun/97 | 1.031,87 | 1.031,87 | 4,977765 | 5.136,41 | |
| 37 | jul/97 | 1.031,87 | 1.031,87 | 4,943164 | 5.100,70 | |
| 38 | ago/97 | 1.031,87 | 235,00 | 4,938720 | 1.160,60 | |
| 39 | fev/98 | 1.031,87 | 1.031,87 | 4,777539 | 4.929,80 | |
| 40 | mar/98 | 1.031,87 | 1.031,87 | 4,776584 | 4.928,81 | |
| 41 | abr/98 | 1.031,87 | 1.031,87 | 4,765621 | 4.917,50 | |
| 42 | mai/98 | 1.031,87 | 1.031,87 | 4,765621 | 4.917,50 | |
| 43 | jun/98 | 1.081,50 | 1.081,50 | 4,754688 | 5.142,20 | |
| 44 | jul/98 | 1.081,50 | 1.081,50 | 4,741407 | 5.127,83 | |
| 45 | ago/98 | 1.081,50 | 1.081,50 | 4,741407 | 5.127,83 | |
| 46 | set/98 | 1.081,50 | 1.081,50 | 4,741407 | 5.127,83 | |
| 47 | out/98 | 1.081,50 | 1.081,50 | 4,741407 | 5.127,83 | |
| 48 | nov/98 | 1.081,50 | 1.081,50 | 4,741407 | 5.127,83 | |
| 49 | dez/98 | 1.200,00 | 1.150,00 | 4,741407 | 5.452,62 | |
| 50 | jan/99 | 1.200,00 | 1.150,00 | 4,695395 | 5.399,70 | |
| 51 | fev/99 | 1.200,00 | 1.150,00 | 4,642010 | 5.338,31 | |
| 52 | mar/99 | 1.200,00 | 1.150,00 | 4,444670 | 5.111,37 | |
| 53 | abr/99 | 1.200,00 | 1.150,00 | 4,358373 | 5.012,13 | |
| 54 | mai/99 | 1.200,00 | 1.150,00 | 4,357066 | 5.010,63 | |
| 55 | jun/99 | 1.255,32 | 1.255,32 | 4,357066 | 5.469,51 | |
| 56 | jul/99 | 1.255,32 | 1.255,32 | 4,313074 | 5.414,29 | |
| 57 | ago/99 | 1.255,32 | 1.255,32 | 4,245570 | 5.329,55 | |
| 58 | set/99 | 1.255,32 | 1.255,32 | 4,184887 | 5.253,37 | |
| 59 | out/99 | 1.255,32 | 1.255,32 | 4,124259 | 5.177,26 | |
| 60 | nov/99 | 1.255,32 | 1.255,32 | 4,047759 | 5.081,23 | |
| 61 | dez/99 | 1.255,32 | 1.255,32 | 3,947877 | 4.955,85 | |
| 62 | jan/00 | 1.255,32 | 1.255,32 | 3,899907 | 4.895,63 | |
| 63 | fev/00 | 1.255,32 | 1.255,32 | 3,860529 | 4.846,20 | |
| 64 | mar/00 | 1.255,32 | 1.255,32 | 3,853212 | 4.837,01 | |
| 65 | abr/00 | 1.255,32 | 1.255,32 | 3,846287 | 4.828,32 | |
| 66 | mai/00 | 1.255,32 | 1.255,32 | 3,841293 | 4.822,05 | |

| Sequência | Mês/ano | Valor teto | Salário | Índice | Salário atualizado | Desconsiderados |
|---|---|---|---|---|---|---|
| 67 | jun/00 | 1.328,25 | 1.328,25 | 3,815725 | 5.068,24 | |
| 68 | jul/00 | 1.328,25 | 1.328,25 | 3,780567 | 5.021,54 | |
| 69 | ago/00 | 1.328,25 | 1.328,25 | 3,697019 | 4.910,57 | |
| 70 | set/00 | 1.328,25 | 1.328,25 | 3,630931 | 4.822,78 | |
| 71 | out/00 | 1.328,25 | 1.328,25 | 3,606054 | 4.789,74 | |
| 72 | nov/00 | 1.328,25 | 1.328,25 | 3,592758 | 4.772,08 | |
| 73 | dez/00 | 1.328,25 | 1.328,25 | 3,578799 | 4.753,54 | |
| 74 | jan/01 | 1.328,25 | 1.328,25 | 3,551806 | 4.717,69 | |
| 75 | fev/01 | 1.328,25 | 1.328,25 | 3,534492 | 4.694,69 | |
| 76 | mar/01 | 1.328,25 | 1.328,25 | 3,522511 | 4.678,78 | |
| 77 | abr/01 | 1.328,25 | 1.328,25 | 3,494554 | 4.641,64 | |
| 78 | mai/01 | 1.328,25 | 1.328,25 | 3,455507 | 4.589,78 | |
| 79 | jun/01 | 1.430,00 | 1.400,00 | 3,440371 | 4.816,52 | |
| 80 | jul/01 | 1.430,00 | 1.400,00 | 3,390865 | 4.747,21 | |
| 81 | ago/01 | 1.430,00 | 1.400,00 | 3,336808 | 4.671,53 | |
| 82 | set/01 | 1.430,00 | 1.400,00 | 3,307041 | 4.629,86 | |
| 83 | out/01 | 1.430,00 | 1.400,00 | 3,294524 | 4.612,33 | |
| 84 | nov/01 | 1.430,00 | 1.400,00 | 3,247437 | 4.546,41 | |
| 85 | dez/01 | 1.430,00 | 1.400,00 | 3,222940 | 4.512,12 | |
| 86 | jan/02 | 1.430,00 | 1.400,00 | 3,217152 | 4.504,01 | |
| 87 | fev/02 | 1.430,00 | 1.400,00 | 3,211053 | 4.495,47 | |
| 88 | mar/02 | 1.430,00 | 1.400,00 | 3,205281 | 4.487,39 | |
| 89 | abr/02 | 1.430,00 | 1.400,00 | 3,201761 | 4.482,47 | |
| 90 | mai/02 | 1.430,00 | 1.400,00 | 3,179502 | 4.451,30 | |
| 91 | jun/02 | 1.561,56 | 1.561,56 | 3,144599 | 4.910,48 | |
| 92 | jul/02 | 1.561,56 | 1.561,56 | 3,090813 | 4.826,49 | |
| 93 | ago/02 | 1.561,56 | 1.561,56 | 3,028729 | 4.729,54 | |
| 94 | set/02 | 1.561,56 | 1.561,56 | 2,958897 | 4.620,50 | |
| 95 | out/02 | 1.561,56 | 1.561,56 | 2,882795 | 4.501,66 | |
| 96 | nov/02 | 1.561,56 | 1.561,56 | 2,766331 | 4.319,79 | |
| 97 | dez/02 | 1.561,56 | 1.561,56 | 2,613689 | 4.081,43 | |
| 98 | jan/03 | 1.561,56 | 1.561,56 | 2,544974 | 3.974,13 | |
| 99 | fev/03 | 1.561,56 | 1.561,56 | 2,490921 | 3.889,72 | |
| 100 | mar/03 | 1.561,56 | 1.561,56 | 2,451938 | 3.828,85 | |
| 101 | abr/03 | 1.561,56 | 1.561,56 | 2,411901 | 3.766,33 | |
| 102 | mai/03 | 1.561,56 | 1.561,56 | 2,402050 | 3.750,95 | |
| 103 | jun/03 | 1.869,34 | 1.869,34 | 2,418253 | 4.520,54 | |
| 104 | jul/03 | 1.869,34 | 1.869,34 | 2,435300 | 4.552,40 | |
| 105 | ago/03 | 1.869,34 | 1.869,34 | 2,440183 | 4.561,53 | |
| 106 | set/03 | 1.869,34 | 1.869,34 | 2,425144 | 4.533,42 | |
| 107 | out/03 | 1.869,34 | 1.869,34 | 2,399946 | 4.486,32 | |
| 108 | nov/03 | 1.869,34 | 1.869,34 | 2,389432 | 4.466,66 | |
| 109 | dez/03 | 1.869,34 | 1.869,34 | 2,378017 | 4.445,32 | |
| 110 | jan/04 | 2.400,00 | 2.150,00 | 2,363835 | 5.082,25 | |
| 111 | fev/04 | 2.400,00 | 2.150,00 | 2,345075 | 5.041,91 | |
| 112 | mar/04 | 2.400,00 | 2.150,00 | 2,335963 | 5.022,32 | |
| 113 | abr/04 | 2.400,00 | 2.150,00 | 2,322726 | 4.993,86 | |
| 114 | mai/04 | 2.508,72 | 2.350,00 | 2,313240 | 5.436,11 | |

| Sequência | Mês/ano | Valor teto | Salário | Índice | Salário atualizado | Desconsiderados |
|---|---|---|---|---|---|---|
| 115 | jun/04 | 2.508,72 | 2.350,00 | 2,304022 | 5.414,45 | |
| 116 | jul/04 | 2.508,72 | 2.350,00 | 2,292565 | 5.387,53 | |
| 117 | ago/04 | 2.508,72 | 2.350,00 | 2,275947 | 5.348,48 | |
| 118 | set/04 | 2.508,72 | 2.350,00 | 2,264624 | 5.321,87 | |
| 119 | out/04 | 2.508,72 | 2.350,00 | 2,260782 | 5.312,84 | |
| 120 | nov/04 | 2.508,72 | 2.350,00 | 2,256948 | 5.303,83 | |
| 121 | dez/04 | 2.508,72 | 2.350,00 | 2,247058 | 5.280,59 | |
| 122 | jan/05 | 2.508,72 | 2.350,00 | 2,227895 | 5.235,55 | |
| 123 | fev/05 | 2.508,72 | 2.350,00 | 2,215269 | 5.205,88 | |
| 124 | mar/05 | 2.508,72 | 2.350,00 | 2,205565 | 5.183,08 | |
| 125 | abr/05 | 2.508,72 | 2.350,00 | 2,189579 | 5.145,51 | |
| 126 | mai/05 | 2.668,15 | 2.600,00 | 2,169837 | 5.641,58 | |
| 127 | jun/05 | 2.668,15 | 2.600,00 | 2,154752 | 5.602,36 | |
| 128 | jul/05 | 2.668,15 | 2.600,00 | 2,157124 | 5.608,52 | |
| 129 | ago/05 | 2.668,15 | 2.600,00 | 2,156477 | 5.606,84 | |
| 130 | set/05 | 2.668,15 | 2.600,00 | 2,156477 | 5.606,84 | |
| 131 | out/05 | 2.668,15 | 2.600,00 | 2,153249 | 5.598,45 | |
| 132 | nov/05 | 2.668,15 | 2.600,00 | 2,140834 | 5.566,17 | |
| 133 | dez/05 | 2.668,15 | 2.600,00 | 2,129331 | 5.536,26 | |
| 134 | jan/06 | 2.668,15 | 2.600,00 | 2,120851 | 5.514,21 | |
| 135 | fev/06 | 2.668,15 | 2.600,00 | 2,112821 | 5.493,33 | |
| 136 | mar/06 | 2.668,15 | 2.600,00 | 2,107975 | 5.480,74 | |
| 137 | abr/06 | 2.801,56 | 2.600,00 | 2,102297 | 5.465,97 | |
| 138 | mai/06 | 2.801,56 | 2.750,00 | 2,099779 | 5.774,39 | |
| 139 | jun/06 | 2.801,56 | 2.750,00 | 2,097054 | 5.766,90 | |
| 140 | jul/06 | 2.801,56 | 2.750,00 | 2,098518 | 5.770,92 | |
| 141 | ago/06 | 2.801,82 | 2.750,00 | 2,096213 | 5.764,59 | |
| 142 | set/06 | 2.801,82 | 2.750,00 | 2,096630 | 5.765,73 | |
| 143 | out/06 | 2.801,82 | 2.750,00 | 2,093285 | 5.756,53 | |
| 144 | nov/06 | 2.801,82 | 2.750,00 | 2,084321 | 5.731,88 | |
| 145 | dez/06 | 2.801,82 | 2.750,00 | 2,075602 | 5.707,91 | |
| 146 | jan/07 | 2.801,82 | 2.750,00 | 2,062812 | 5.672,73 | |
| 147 | fev/07 | 2.801,82 | 2.750,00 | 2,052756 | 5.645,08 | |
| 148 | mar/07 | 2.801,82 | 2.750,00 | 2,044172 | 5.621,47 | |
| 149 | abr/07 | 2.894,28 | 2.750,00 | 2,035213 | 5.596,84 | |
| 150 | mai/07 | 2.894,28 | 2.894,28 | 2,029938 | 5.875,21 | |
| 151 | jun/07 | 2.894,28 | 2.894,28 | 2,024672 | 5.859,97 | |
| 152 | jul/07 | 2.894,28 | 2.894,28 | 2,018418 | 5.841,87 | |
| 153 | ago/07 | 2.894,28 | 2.894,28 | 2,011978 | 5.823,23 | |
| 154 | set/07 | 2.894,28 | 2.894,28 | 2,000174 | 5.789,06 | |
| 155 | out/07 | 2.894,28 | 2.894,28 | 1,995190 | 5.774,64 | |
| 156 | nov/07 | 2.894,28 | 2.894,28 | 1,989224 | 5.757,37 | |
| 157 | dez/07 | 2.894,28 | 2.894,28 | 1,980704 | 5.732,71 | |
| 158 | jan/08 | 2.894,28 | 2.894,28 | 1,961675 | 5.677,64 | |
| 159 | fev/08 | 2.894,28 | 2.894,28 | 1,948232 | 5.638,73 | |
| 160 | mar/08 | 3.038,99 | 3.038,99 | 1,938348 | 5.890,62 | |
| 161 | abr/08 | 3.038,99 | 3.038,99 | 1,928511 | 5.860,73 | |
| 162 | mai/08 | 3.038,99 | 3.038,99 | 1,916247 | 5.823,46 | |

| Sequência | Mês/ano | Valor teto | Salário | Índice | Salário atualizado | Desconsiderados |
|---|---|---|---|---|---|---|
| 163 | jun/08 | 3.038,99 | 3.038,99 | 1,898028 | 5.768,09 | |
| 164 | jul/08 | 3.038,99 | 3.038,99 | 1,880913 | 5.716,08 | |
| 165 | ago/08 | 3.038,99 | 3.038,99 | 1,870065 | 5.683,11 | |
| 166 | set/08 | 3.038,99 | 3.038,99 | 1,866145 | 5.671,20 | |
| 167 | out/08 | 3.038,99 | 3.038,99 | 1,863350 | 5.662,70 | |
| 168 | nov/08 | 3.038,99 | 3.038,99 | 1,854081 | 5.634,53 | |
| 169 | dez/08 | 3.038,99 | 3.038,99 | 1,847060 | 5.613,20 | |
| 170 | jan/09 | 3.038,99 | 3.038,99 | 1,841724 | 5.596,98 | |
| 171 | fev/09 | 3.218,90 | 3.200,00 | 1,830009 | 5.856,03 | |
| 172 | mar/09 | 3.218,90 | 3.200,00 | 1,824353 | 5.837,93 | |
| 173 | abr/09 | 3.218,90 | 3.200,00 | 1,820711 | 5.826,28 | |
| 174 | mai/09 | 3.218,90 | 3.218,90 | 1,810756 | 5.828,64 | |
| 175 | jun/09 | 3.218,90 | 3.218,90 | 1,799955 | 5.793,88 | |
| 176 | jul/09 | 3.218,90 | 3.218,90 | 1,792424 | 5.769,63 | |
| 177 | ago/09 | 3.218,90 | 3.218,90 | 1,788311 | 5.756,39 | |
| 178 | set/09 | 3.218,90 | 3.218,90 | 1,786883 | 5.751,80 | |
| 179 | out/09 | 3.218,90 | 3.218,90 | 1,784027 | 5.742,60 | |
| 180 | nov/09 | 3.218,90 | 3.218,90 | 1,779755 | 5.728,85 | |
| 181 | dez/09 | 3.218,90 | 3.218,90 | 1,773195 | 5.707,74 | |
| 182 | jan/10 | 3.467,40 | 3.467,40 | 1,768946 | 6.133,64 | |
| 183 | fev/10 | 3.467,40 | 3.467,40 | 1,753518 | 6.080,15 | |
| 184 | mar/10 | 3.467,40 | 3.467,40 | 1,741328 | 6.037,88 | |
| 185 | abr/10 | 3.467,40 | 3.467,40 | 1,729054 | 5.995,32 | |
| 186 | mai/10 | 3.467,40 | 3.467,40 | 1,716521 | 5.951,86 | |
| 187 | jun/10 | 3.467,40 | 3.467,40 | 1,709173 | 5.926,39 | |
| 188 | jul/10 | 3.467,40 | 3.467,40 | 1,711055 | 5.932,91 | |
| 189 | ago/10 | 3.467,40 | 3.467,40 | 1,712255 | 5.937,07 | |
| 190 | set/10 | 3.467,40 | 3.467,40 | 1,713454 | 5.941,23 | |
| 191 | out/10 | 3.467,40 | 3.467,40 | 1,704253 | 5.909,33 | |
| 192 | mai/11 | 3.691,74 | 3.500,00 | 1,614852 | 5.651,98 | |
| 193 | jun/11 | 3.691,74 | 3.500,00 | 1,605698 | 5.619,94 | |
| 194 | jul/11 | 3.691,74 | 3.500,00 | 1,602175 | 5.607,61 | |
| 195 | ago/11 | 3.691,74 | 3.500,00 | 1,602175 | 5.607,61 | |
| 196 | set/11 | 3.691,74 | 3.500,00 | 1,595473 | 5.584,16 | |
| 197 | out/11 | 3.691,74 | 3.500,00 | 1,588327 | 5.559,14 | |
| 198 | nov/11 | 3.691,74 | 3.500,00 | 1,583260 | 5.541,41 | |
| 199 | dez/11 | 3.691,74 | 3.500,00 | 1,574286 | 5.510,00 | |
| 200 | jan/12 | 3.916,20 | 3.500,00 | 1,566302 | 5.482,06 | |
| 201 | fev/12 | 3.916,20 | 3.500,00 | 1,558352 | 5.454,23 | |
| 202 | mar/12 | 3.916,20 | 3.500,00 | 1,552298 | 5.433,04 | |
| 203 | abr/12 | 3.916,20 | 3.500,00 | 1,549506 | 5.423,27 | |
| 204 | mai/12 | 3.916,20 | 3.750,00 | 1,539656 | 5.773,71 | |
| 205 | jun/12 | 3.916,20 | 3.750,00 | 1,531235 | 5.742,13 | |
| 206 | jul/12 | 3.916,20 | 3.750,00 | 1,527262 | 5.727,23 | |
| 207 | ago/12 | 3.916,20 | 3.750,00 | 1,520725 | 5.702,72 | |
| 208 | set/12 | 3.916,20 | 3.750,00 | 1,513911 | 5.677,17 | |
| 209 | out/12 | 3.916,20 | 3.750,00 | 1,504432 | 5.641,62 | |
| 210 | nov/12 | 3.916,20 | 3.750,00 | 1,493826 | 5.601,85 | |

| Sequência | Mês/ano | Valor teto | Salário | Índice | Salário atualizado | Desconsiderados |
|---|---|---|---|---|---|---|
| 211 | dez/12 | 3.916,20 | 3.750,00 | 1,485803 | 5.571,76 | |
| 212 | jan/13 | 4.159,00 | 3.750,00 | 1,474888 | 5.530,83 | |
| 213 | fev/13 | 4.159,00 | 3.750,00 | 1,461444 | 5.480,42 | |
| 214 | mar/13 | 4.159,00 | 3.750,00 | 1,453884 | 5.452,07 | |
| 215 | abr/13 | 4.159,00 | 3.750,00 | 1,445212 | 5.419,55 | |
| 216 | mai/13 | 4.159,00 | 4.000,00 | 1,436734 | 5.746,94 | |
| 217 | jun/13 | 4.159,00 | 4.000,00 | 1,431721 | 5.726,88 | |
| 218 | jul/13 | 4.159,00 | 4.000,00 | 1,427727 | 5.710,91 | |
| 219 | ago/13 | 4.159,00 | 4.000,00 | 1,429586 | 5.718,34 | |
| 220 | set/13 | 4.159,00 | 4.000,00 | 1,427301 | 5.709,20 | |
| 221 | out/13 | 4.159,00 | 4.000,00 | 1,423457 | 5.693,83 | |
| 222 | nov/13 | 4.159,00 | 4.000,00 | 1,414830 | 5.659,32 | |
| 223 | dez/13 | 4.159,00 | 4.000,00 | 1,407228 | 5.628,91 | |
| 224 | jan/14 | 4.390,24 | 4.000,00 | 1,397168 | 5.588,67 | |
| 225 | fev/14 | 4.390,24 | 4.000,00 | 1,388423 | 5.553,69 | |
| 226 | mar/14 | 4.390,24 | 4.000,00 | 1,379593 | 5.518,37 | |
| 227 | abr/14 | 4.390,24 | 4.000,00 | 1,368372 | 5.473,49 | |
| 228 | mai/14 | 4.390,24 | 4.300,00 | 1,357779 | 5.838,45 | |
| 229 | jun/14 | 4.390,24 | 4.300,00 | 1,349678 | 5.803,62 | |
| 230 | jul/14 | 4.390,24 | 4.300,00 | 1,346182 | 5.788,58 | |
| 231 | ago/14 | 4.390,24 | 4.300,00 | 1,344435 | 5.781,07 | |
| 232 | set/14 | 4.390,24 | 4.300,00 | 1,342017 | 5.770,67 | |
| 233 | out/14 | 4.390,24 | 4.300,00 | 1,335477 | 5.742,55 | |
| 234 | nov/14 | 4.390,24 | 4.300,00 | 1,330421 | 5.720,81 | |
| 235 | dez/14 | 4.390,24 | 4.300,00 | 1,323405 | 5.690,64 | |
| 236 | jan/15 | 4.663,75 | 4.300,00 | 1,315249 | 5.655,57 | |
| 237 | fev/15 | 4.663,75 | 4.300,00 | 1,296069 | 5.573,10 | |
| 238 | mar/15 | 4.663,75 | 4.300,00 | 1,281207 | 5.509,19 | |
| 239 | abr/15 | 4.663,75 | 4.300,00 | 1,262149 | 5.427,24 | |
| 240 | mai/15 | 4.663,75 | 4.500,00 | 1,253251 | 5.639,63 | |
| 241 | jun/15 | 4.663,75 | 4.500,00 | 1,240967 | 5.584,35 | |
| 242 | jul/15 | 4.663,75 | 4.500,00 | 1,231482 | 5.541,67 | |
| 243 | ago/15 | 4.663,75 | 4.500,00 | 1,224382 | 5.509,72 | |
| 244 | set/15 | 4.663,75 | 4.500,00 | 1,221326 | 5.495,97 | |
| 245 | out/15 | 4.663,75 | 4.500,00 | 1,215131 | 5.468,09 | |
| 246 | nov/15 | 4.663,75 | 4.500,00 | 1,205848 | 5.426,32 | |
| 247 | dez/15 | 4.663,75 | 4.500,00 | 1,192606 | 5.366,73 | |
| 248 | jan/16 | 5.189,82 | 4.500,00 | 1,181971 | 5.318,87 | |
| 249 | fev/16 | 5.189,82 | 4.500,00 | 1,164389 | 5.239,75 | |
| 250 | mar/16 | 5.189,82 | 4.500,00 | 1,153429 | 5.190,43 | |
| 251 | abr/16 | 5.189,82 | 4.500,00 | 1,148377 | 5.167,70 | |
| 252 | mai/16 | 5.189,82 | 4.850,00 | 1,141074 | 5.534,21 | |
| 253 | jun/16 | 5.189,82 | 4.850,00 | 1,130002 | 5.480,51 | |
| 254 | jul/16 | 5.189,82 | 4.850,00 | 1,124714 | 5.454,86 | |
| 255 | ago/16 | 5.189,82 | 4.850,00 | 1,117560 | 5.420,17 | |
| 256 | set/16 | 5.189,82 | 4.850,00 | 1,114110 | 5.403,43 | |
| 257 | out/16 | 5.189,82 | 4.850,00 | 1,113218 | 5.399,11 | |
| 258 | nov/16 | 5.189,82 | 4.850,00 | 1,111328 | 5.389,94 | |

| Sequência | Mês/ano | Valor teto | Salário | Índice | Salário atualizado | Desconsiderados |
|---|---|---|---|---|---|---|
| 259 | dez/16 | 5.189,82 | 4.850,00 | 1,110550 | 5.386,17 | |
| 260 | jan/17 | 5.531,31 | 4.850,00 | 1,109000 | 5.378,65 | |
| 261 | fev/17 | 5.531,31 | 4.850,00 | 1,104360 | 5.356,15 | |
| 262 | mar/17 | 5.531,31 | 4.850,00 | 1,101716 | 5.343,32 | |
| 263 | abr/17 | 5.531,31 | 4.850,00 | 1,098203 | 5.326,28 | |
| 264 | mai/17 | 5.531,31 | 5.200,00 | 1,097326 | 5.706,10 | |
| 265 | jun/17 | 5.531,31 | 5.200,00 | 1,093387 | 5.685,61 | |
| 266 | jul/17 | 5.531,31 | 5.200,00 | 1,096678 | 5.702,73 | |
| 267 | ago/17 | 5.531,31 | 5.200,00 | 1,094818 | 5.693,05 | |
| 268 | set/17 | 5.531,31 | 5.200,00 | 1,095146 | 5.694,76 | |
| 269 | out/17 | 5.531,31 | 5.200,00 | 1,095365 | 5.695,90 | |
| 270 | nov/17 | 5.531,31 | 5.200,00 | 1,091327 | 5.674,90 | |
| 271 | dez/17 | 5.531,31 | 5.200,00 | 1,089365 | 5.664,70 | |
| 272 | jan/18 | 5.645,80 | 5.200,00 | 1,086541 | 5.650,01 | |
| 273 | fev/18 | 5.645,80 | 5.200,00 | 1,084048 | 5.637,05 | |
| 274 | mar/18 | 5.645,80 | 5.200,00 | 1,082099 | 5.626,91 | |
| 275 | abr/18 | 5.645,80 | 5.200,00 | 1,081344 | 5.622,99 | |
| 276 | mai/18 | 5.645,80 | 5.450,00 | 1,079076 | 5.880,96 | |
| 277 | jun/18 | 5.645,80 | 5.450,00 | 1,074458 | 5.855,80 | |
| 278 | jul/18 | 5.645,80 | 5.450,00 | 1,059308 | 5.773,23 | |
| 279 | ago/18 | 5.645,80 | 5.450,00 | 1,056666 | 5.758,83 | |
| 280 | set/18 | 5.645,80 | 5.450,00 | 1,056666 | 5.758,83 | |
| 281 | out/18 | 5.645,80 | 5.450,00 | 1,053506 | 5.741,61 | |
| 282 | nov/18 | 5.645,80 | 5.450,00 | 1,049308 | 5.718,73 | |
| 283 | dez/18 | 5.645,80 | 5.450,00 | 1,051938 | 5.733,06 | |
| 284 | jan/19 | 5.839,45 | 5.450,00 | 1,050468 | 5.725,05 | |
| 285 | fev/19 | 5.839,45 | 5.450,00 | 1,046700 | 5.704,52 | |
| 286 | mar/19 | 5.839,45 | 5.450,00 | 1,041080 | 5.673,89 | |
| 287 | abr/19 | 5.839,45 | 5.450,00 | 1,033123 | 5.630,52 | |
| 288 | mai/19 | 5.839,45 | 5.600,00 | 1,026961 | 5.750,98 | |
| 289 | jun/19 | 5.839,45 | 5.600,00 | 1,025423 | 5.742,37 | |
| 290 | jul/19 | 5.839,45 | 5.600,00 | 1,025321 | 5.741,80 | |
| 291 | ago/19 | 5.839,45 | 5.600,00 | 1,024295 | 5.736,05 | |
| 292 | set/19 | 5.839,45 | 5.600,00 | 1,023068 | 5.729,18 | |
| 293 | out/19 | 5.839,45 | 5.600,00 | 1,023580 | 5.732,05 | |
| 294 | nov/19 | 5.839,45 | 5.600,00 | 1,023171 | 5.729,76 | |
| 295 | dez/19 | 5.839,45 | 5.600,00 | 1,017676 | 5.698,99 | |
| 296 | jan/20 | 6.101,06 | 5.600,00 | 1,005409 | 5.630,29 | |
| 297 | fev/20 | 6.101,06 | 5.600,00 | 1,003503 | 5.619,62 | |
| 298 | mar/20 | 6.101,06 | 5.600,00 | 1,001800 | 5.610,08 | |

| **SOMA GERAL DE SALÁRIOS** | **1.572.653,93** |
|---|---|

| **MÉDIA GERAL DE SALÁRIOS =** 1.572.653,93 / 298 | **5.277,36** |
|---|---|

| Período Básico de Cálculos - 07/1994 a 03/2020 | **309** |
|---|---|
| Quantidade de salários no período básico de cálculo | **298** |

| TETO PREVIDENCIÁRIO | 6.101,06 |
|---|---|

**ANTÔNIO DOS SANTOS MENESES**

DATA DE INÍCIO DO BENEFÍCIO: **01/04/2020**

TEMPO DE CONTRIBUIÇÃO: **37 anos 01 mês e 07 dias**

| IDADE | | |
|---|---|---|
| **anos** | **meses** | **dias** |
| **61** | **1** | **16** |
| **61,1278** | | |

| TEMPO DE CONTRIBUIÇÃO | | |
|---|---|---|
| **anos** | **meses** | **dias** |
| **37** | **1** | **7** |
| **37,1028** | | |

| REGRA 87/97 | 98,23 | Aplicável | Não aplicável |
|---|---|---|---|
| | | X | |

| MÉDIA DE 100% DOS SALÁRIOS DE CONTRIBUIÇÃO | 5.277,36 |
|---|---|
| COEFICIENTE | 94% |
| **RENDA MENSAL INICIAL** = SB x Coeficiente | **4.960,72** |

| RENDA MENSAL INICIAL - Com base no direito adquirido em 13/11/2019 | 5.470,18 |
|---|---|

De acordo com as informações acima detalhadas, o segurado possuía a idade de 61 anos, 01 mês e 16 dias na data do requerimento, ocorrido em 01/04/2020, e o tempo de contribuição total de 37 anos, 01 mês e 07 dias. Mais uma vez destacamos as regras de transição para os homens, que serão abordadas com mais profundidade posteriormente:

a) Aposentadoria por tempo de contribuição com pontuação (soma da idade com o tempo de contribuição com 97 pontos a partir de 01/01/2020);

b) Aposentadoria por tempo de contribuição com idade mínima de 61 anos (não aplicável por não possuir a idade mínima de 61 anos e 06 meses exigida a partir de 01/01/2020);

c) Aposentadoria por tempo de contribuição com período adicional de 50% (não aplicável por não possuir pedágio); e

d) Aposentadoria por tempo de contribuição com idade mínima de 60 anos e período adicional de 100% (não aplicável por não possuir pedágio).

Percebe-se que o segurado se encaixa na primeira regra de transição, pois a soma da idade com o tempo de contribuição atinge a pontuação de 97 pontos ou mais, exigida a partir de 01/01/2020, além do tempo mínimo de contribuição de 35 anos. De Acordo com o Art. 15, § 4º da Emenda Constitucional 103/2019, o valor da aposentadoria por tempo de contribuição com pontuação será apurado na forma da lei.

De acordo com o Art. 26 da Emenda Constitucional 103/2019, o valor do benefício de aposentadoria corresponderá a 60% (sessenta por cento) da média aritmética simples de 100% dos salários de contribuição de 07/1994 até o mês anterior ao início do benefício, com acréscimo de 2 (dois) pontos percentuais para cada ano de contribuição que exceder o tempo de 20 (vinte) anos para os homens e 15 (quinze) para as mulheres, conforme tabelas abaixo. No presente estudo de caso o coeficiente da RMI do benefício será equivalente a 94% do salário de benefício aos 37 anos de contribuição.

| HOMEM | |
|---|---|
| **Tempo de contribuição** | **Coeficiente de cálculo da Renda Mensal Inicial** |
| 20 | 60,00% |
| 21 | 62,00% |

| MULHER | |
|---|---|
| **Tempo de contribuição** | **Coeficiente de cálculo da Renda Mensal Inicial** |
| 15 | 60,00% |
| 16 | 62,00% |

| HOMEM | |
|---|---|
| **Tempo de contribuição** | **Coeficiente de cálculo da Renda Mensal Inicial** |
| 22 | 64,00% |
| 23 | 66,00% |
| 24 | 68,00% |
| 25 | 70,00% |
| 26 | 72,00% |
| 27 | 74,00% |
| 28 | 76,00% |
| 29 | 78,00% |
| 30 | 80,00% |
| 31 | 82,00% |
| 32 | 84,00% |
| 33 | 86,00% |
| 34 | 88,00% |
| 35 | 90,00% |
| 36 | 92,00% |
| 37 | 94,00% |
| 38 | 96,00% |
| 39 | 98,00% |
| 40 | 100,00% |

| MULHER | |
|---|---|
| **Tempo de contribuição** | **Coeficiente de cálculo da Renda Mensal Inicial** |
| 17 | 64,00% |
| 18 | 66,00% |
| 19 | 68,00% |
| 20 | 70,00% |
| 21 | 72,00% |
| 22 | 74,00% |
| 23 | 76,00% |
| 24 | 78,00% |
| 25 | 80,00% |
| 26 | 82,00% |
| 27 | 84,00% |
| 28 | 86,00% |
| 29 | 88,00% |
| 30 | 90,00% |
| 31 | 92,00% |
| 32 | 94,00% |
| 33 | 96,00% |
| 34 | 98,00% |
| 35 | 100,00% |

A segunda regra de transição, disciplinada no Art. 16 da Emenda Constitucional 103/2019, trata da aposentadoria por tempo de contribuição com idade mínima de 61 anos para os homens, sendo acrescida de 6 meses a cada ano a partir de 01/01/2020, até que seja atingida a idade de 65 anos da regra permanente. Dessa forma, a idade mínima exigida para os homens a partir de 01/01/2020 é de 61 anos e 06 meses, não aplicável ao segurado objeto do nosso estudo de caso por possuir 61 anos, 01 mês e 16 dias.

Com base nas regras de transição, o salário de benefício será calculado com base na média aritmética simples de 100% dos salários de contribuição apurado no período de 07/1994 a 03/2020 (mês anterior ao requerimento), conforme disciplinado no Art. 26 da Emenda Constitucional 103/2019.

Como o segurado atingiu mais de 97 pontos na data do requerimento, a Renda Mensal Inicial do benefício, de acordo com a tabela, foi fixada em 94% do salário de benefício, calculado com base na média de 100% dos salários de contribuição do período de 07/1994 a 03/2020. A RMI foi fixada no valor de R$ 4.960,72, em 01/04/2020, inferior ao valor da renda mensal reajustada calculada com base no direito adquirido em 13/11/2019, que foi fixada em R$ 5.470,18 (reajustada para o ano de 2020). Portanto, no estudo de caso em análise, a melhor alternativa foi o cálculo do benefício com base no direito adquirido em 13/11/2019. O valor menor para o benefício calculado com base no novo Regime Jurídico se deu em função de dois fatores:

a) A média de salários foi calculada com base em 100% dos salários de contribuição e não mais com base em 80% dos maiores salários de contribuição constantes do período básico de cálculo, ou seja, não foram descartados 20% dos menores salários;
b) O coeficiente de cálculo da Renda Mensal Inicial foi reduzido de 100% para 94%.

**CÁLCULO COMPARATIVO: DIVISOR DE 60% DO BPC X DIVISOR DE 108 SALÁRIOS DE CONTRIBUIÇÃO** - A Lei 14.331, de 04 de maio de 2022, acrescentou o Art. 135-A à Lei 8.213/91, inserindo nova metodologia de aplicação do divisor mínimo, abaixo reproduzido:

> *"Art. 135-A. Para o segurado filiado à Previdência Social até julho de 1994, no cálculo do salário de benefício das aposentadorias, exceto a aposentadoria por incapacidade permanente, o divisor considerado no cálculo da média dos salários de contribuição não poderá ser inferior a 108 (cento e oito) meses".*

A regra do divisor mínimo anteriormente vigente era disciplinada no § 1º do Art. 188-A do Decreto

3.048/99 que aduzia o seguinte: "No caso das aposentadorias por idade, tempo de contribuição e especial, o divisor considerado no cálculo da média a que se refere o caput não poderá ser inferior a sessenta por cento do período decorrido da competência julho de 1994 até a data de início do benefício, limitado a cem por cento de todo o período contributivo.

A seguir será abordado um estudo de caso onde será aplicada a metodologia anteriormente vigente, disciplinada no § 1º do Art. 188-A do Decreto 3.048/99, comparativamente com a metodologia atual, em conformidade com o Art. 135-A da Lei 8.213/91, acrescido pela Lei 14.331/2022.

**CONTAGEM DE TEMPO DE CONTRIBUIÇÃO**

| | |
|---|---|
| Espécie do benefício: | **Aposentadoria por idade** |
| Nome: | **CARLOS ANTÔNIO MACIEL MENESES** |
| Data de nascimento: | **07/05/1957** |
| Data do requerimento: | **07/05/2022** |

| IDADE | |
|---|---|
| **INÍCIO** | **FIM** |
| **07/05/1957** | **07/05/2022** |

| IDADE | | |
|---|---|---|
| **ANOS** | **MESES** | **DIAS** |
| **65** | **0** | **1** |
| **65,00** | | |

| | CONTRATOS DE TRABALHO | | TEMPO BASE | TEMPO DE CONTRIBUIÇÃO | | |
|---|---|---|---|---|---|---|
| | **INÍCIO** | **FIM** | | **ANOS** | **MESES** | **DIAS** |
| 1 | **01/01/1973** | **03/12/1975** | 35 | 2 | 11 | 3 |
| 2 | **21/01/1976** | **05/05/1976** | 35 | 0 | 3 | 15 |
| 3 | **01/07/1976** | **30/06/1978** | 35 | 2 | 0 | 0 |
| 4 | **06/12/1978** | **17/03/1980** | 35 | 1 | 3 | 12 |
| 5 | **01/04/1980** | **31/08/1982** | 35 | 2 | 5 | 1 |
| 6 | **01/10/1982** | **15/02/1984** | 35 | 1 | 4 | 15 |
| 7 | **01/06/1984** | **10/08/1990** | 35 | 6 | 2 | 10 |
| 8 | **01/11/1990** | **30/11/1990** | 35 | 0 | 1 | 0 |
| 9 | **01/02/1991** | **28/02/1991** | 35 | 0 | 0 | 28 |
| 10 | **01/09/1992** | **01/03/1994** | 35 | 1 | 6 | 1 |
| 11 | **01/06/1996** | **30/11/1998** | 35 | 2 | 6 | 0 |
| 12 | **01/01/1999** | **30/03/1999** | 35 | 0 | 3 | 0 |
| 13 | **01/09/2007** | **30/03/2010** | 35 | 2 | 7 | 0 |
| 14 | **01/12/2012** | **28/02/2013** | 35 | 0 | 2 | 28 |
| 15 | **01/07/2014** | **30/11/2015** | 35 | 1 | 5 | 0 |

| TEMPO TOTAL APURADO | | |
|---|---|---|
| **Anos** | **Meses** | **Dias** |
| **25** | **1** | **23** |
| **25,15** | | |

**CÁLCULO DA RENDA MENSAL**

**APOSENTADORIA POR IDADE - HOMEM - REGRA DO DIVISOR MÍNIMO - LEI 14.331/2022**

**CARLOS ANTÔNIO MACIEL MENESES**
DATA DE NASCIMENTO: **07/05/1957**
ESPÉCIE: **41** (APOSENTADORIA POR POR IDADE)
DATA DO REQUERIMENTO: **07/05/2022**

**IDADE**

| Anos | Meses | Dias |
|---|---|---|
| 65 | 0 | 1 |

**TEMPO DE CONTRIBUIÇÃO**

| Anos | Meses | Dias |
|---|---|---|
| 25 | 1 | 23 |

BASE LEGAL: Lei 8.213/91; Lei 14.331/2022
PERÍODO BÁSICO DE CÁLCULO: **07/1994 a 04/2022**

| Sequência | Mês/ano | Valor teto | Salário de contribuição | Valor-Base | Índice de atualização | Salário atualizado |
|---|---|---|---|---|---|---|
| 1 | jun/96 | 957,56 | 835,00 | 835,00 | 6,499092 | 5.426,74 |
| 2 | jul/96 | 957,56 | 1.000,00 | 957,56 | 6,420764 | 6.148,27 |
| 3 | ago/96 | 957,56 | 932,00 | 932,00 | 6,351530 | 5.919,63 |
| 4 | set/96 | 957,56 | 875,00 | 875,00 | 6,351272 | 5.557,36 |
| 5 | out/96 | 957,56 | 889,50 | 889,50 | 6,343030 | 5.642,13 |
| 6 | nov/96 | 957,56 | 1.000,00 | 957,56 | 6,329105 | 6.060,50 |
| 7 | dez/96 | 957,56 | 929,11 | 929,11 | 6,311436 | 5.864,02 |
| 8 | jan/97 | 957,56 | 937,80 | 937,80 | 6,256375 | 5.867,23 |
| 9 | fev/97 | 957,56 | 858,00 | 858,00 | 6,159064 | 5.284,48 |
| 10 | mar/97 | 957,56 | 875,00 | 875,00 | 6,133299 | 5.366,64 |
| 11 | abr/97 | 957,56 | 946,00 | 946,00 | 6,062976 | 5.735,58 |
| 12 | mai/97 | 957,56 | 957,56 | 957,56 | 6,027411 | 5.771,61 |
| 13 | jun/97 | 1.031,87 | 932,00 | 932,00 | 6,009385 | 5.600,75 |
| 14 | jul/97 | 1.031,87 | 895,30 | 895,30 | 5,967613 | 5.342,80 |
| 15 | ago/97 | 1.031,87 | 895,30 | 895,30 | 5,962246 | 5.338,00 |
| 16 | set/97 | 1.031,87 | 978,20 | 978,20 | 5,962246 | 5.832,27 |
| 17 | out/97 | 1.031,87 | 978,20 | 978,20 | 5,927273 | 5.798,06 |
| 18 | nov/97 | 1.031,87 | 1.150,00 | 1.031,87 | 5,907189 | 6.095,45 |
| 19 | dez/97 | 1.031,87 | 921,40 | 921,40 | 5,858560 | 5.398,08 |
| 20 | jan/98 | 1.031,87 | 921,40 | 921,40 | 5,818416 | 5.361,09 |
| 21 | fev/98 | 1.031,87 | 924,62 | 924,62 | 5,767666 | 5.332,90 |
| 22 | mar/98 | 1.031,87 | 975,00 | 975,00 | 5,766510 | 5.622,35 |
| 23 | abr/98 | 1.031,87 | 975,00 | 975,00 | 5,753274 | 5.609,44 |
| 24 | mai/98 | 1.031,87 | 975,00 | 975,00 | 5,753274 | 5.609,44 |
| 25 | jun/98 | 1.081,50 | 975,00 | 975,00 | 5,740074 | 5.596,57 |
| 26 | jul/98 | 1.081,50 | 975,00 | 975,00 | 5,724042 | 5.580,94 |
| 27 | ago/98 | 1.081,50 | 984,80 | 984,80 | 5,724042 | 5.637,04 |
| 28 | set/98 | 1.081,50 | 984,80 | 984,80 | 5,724042 | 5.637,04 |
| 29 | out/98 | 1.081,50 | 984,80 | 984,80 | 5,724042 | 5.637,04 |
| 30 | nov/98 | 1.081,50 | 984,80 | 984,80 | 5,724042 | 5.637,04 |
| 31 | jan/99 | 1.200,00 | 130,00 | 130,00 | 5,668498 | 736,90 |
| 32 | fev/99 | 1.200,00 | 130,00 | 130,00 | 5,604043 | 728,53 |
| 33 | mar/99 | 1.200,00 | 130,00 | 130,00 | 5,365805 | 697,55 |
| 34 | set/07 | 2.894,28 | 1.875,00 | 1.875,00 | 2,414701 | 4.527,56 |
| 35 | out/07 | 2.894,28 | 1.875,00 | 1.875,00 | 2,408684 | 4.516,28 |
| 36 | nov/07 | 2.894,28 | 1.875,00 | 1.875,00 | 2,401482 | 4.502,78 |

| Sequência | Mês/ano | Valor teto | Salário de contribuição | Valor-Base | Índice de atualização | Salário atualizado |
|---|---|---|---|---|---|---|
| 37 | dez/07 | 2.894,28 | 1.875,00 | 1.875,00 | 2,391193 | 4.483,49 |
| 38 | jan/08 | 2.894,28 | 1.950,00 | 1.950,00 | 2,368223 | 4.618,03 |
| 39 | fev/08 | 2.894,28 | 1.950,00 | 1.950,00 | 2,351995 | 4.586,39 |
| 40 | mar/08 | 3.038,99 | 1.950,00 | 1.950,00 | 2,340061 | 4.563,12 |
| 41 | abr/08 | 3.038,99 | 1.950,00 | 1.950,00 | 2,328185 | 4.539,96 |
| 42 | mai/08 | 3.038,99 | 1.950,00 | 1.950,00 | 2,313381 | 4.511,09 |
| 43 | jun/08 | 3.038,99 | 1.950,00 | 1.950,00 | 2,291387 | 4.468,20 |
| 44 | jul/08 | 3.038,99 | 1.950,00 | 1.950,00 | 2,270726 | 4.427,92 |
| 45 | ago/08 | 3.038,99 | 1.950,00 | 1.950,00 | 2,257628 | 4.402,37 |
| 46 | set/08 | 3.038,99 | 1.950,00 | 1.950,00 | 2,252894 | 4.393,14 |
| 47 | out/08 | 3.038,99 | 1.950,00 | 1.950,00 | 2,249519 | 4.386,56 |
| 48 | nov/08 | 3.038,99 | 1.950,00 | 1.950,00 | 2,238330 | 4.364,74 |
| 49 | dez/08 | 3.038,99 | 1.950,00 | 1.950,00 | 2,229856 | 4.348,22 |
| 50 | jan/09 | 3.038,99 | 2.260,00 | 2.260,00 | 2,223412 | 5.024,91 |
| 51 | fev/09 | 3.218,90 | 2.260,00 | 2.260,00 | 2,209272 | 4.992,95 |
| 52 | mar/09 | 3.218,90 | 2.260,00 | 2.260,00 | 2,202443 | 4.977,52 |
| 53 | abr/09 | 3.218,90 | 2.260,00 | 2.260,00 | 2,198045 | 4.967,58 |
| 54 | mai/09 | 3.218,90 | 2.260,00 | 2.260,00 | 2,186029 | 4.940,43 |
| 55 | jun/09 | 3.218,90 | 2.260,00 | 2.260,00 | 2,172986 | 4.910,95 |
| 56 | jul/09 | 3.218,90 | 2.260,00 | 2.260,00 | 2,163895 | 4.890,40 |
| 57 | ago/09 | 3.218,90 | 2.260,00 | 2.260,00 | 2,158930 | 4.879,18 |
| 58 | set/09 | 3.218,90 | 2.260,00 | 2.260,00 | 2,157205 | 4.875,28 |
| 59 | out/09 | 3.218,90 | 2.260,00 | 2.260,00 | 2,153759 | 4.867,50 |
| 60 | nov/09 | 3.218,90 | 2.260,00 | 2.260,00 | 2,148603 | 4.855,84 |
| 61 | dez/09 | 3.218,90 | 2.260,00 | 2.260,00 | 2,140681 | 4.837,94 |
| 62 | jan/10 | 3.467,40 | 2.500,00 | 2.500,00 | 2,135550 | 5.338,88 |
| 63 | fev/10 | 3.467,40 | 2.500,00 | 2.500,00 | 2,116927 | 5.292,32 |
| 64 | mar/10 | 3.467,40 | 2.500,00 | 2.500,00 | 2,102208 | 5.255,52 |
| 65 | dez/12 | 3.916,20 | 622,00 | 622,00 | 1,793730 | 1.115,70 |
| 66 | jan/13 | 4.159,00 | 678,00 | 678,00 | 1,780550 | 1.207,21 |
| 67 | fev/13 | 4.159,00 | 678,00 | 678,00 | 1,764321 | 1.196,21 |
| 68 | jul/14 | 4.390,24 | 2.500,00 | 2.500,00 | 1,625170 | 4.062,93 |
| 69 | ago/14 | 4.390,24 | 2.500,00 | 2.500,00 | 1,623061 | 4.057,65 |
| 70 | set/14 | 4.390,24 | 2.500,00 | 2.500,00 | 1,620143 | 4.050,36 |
| 71 | out/14 | 4.390,24 | 2.500,00 | 2.500,00 | 1,612246 | 4.030,62 |
| 72 | nov/14 | 4.390,24 | 2.500,00 | 2.500,00 | 1,606144 | 4.015,36 |
| 73 | dez/14 | 4.390,24 | 2.500,00 | 2.500,00 | 1,597674 | 3.994,19 |
| 74 | jan/15 | 4.663,75 | 2.650,00 | 2.650,00 | 1,587829 | 4.207,75 |
| 75 | fev/15 | 4.663,75 | 2.650,00 | 2.650,00 | 1,564674 | 4.146,39 |
| 76 | mar/15 | 4.663,75 | 2.650,00 | 2.650,00 | 1,546730 | 4.098,83 |
| 77 | abr/15 | 4.663,75 | 2.650,00 | 2.650,00 | 1,523724 | 4.037,87 |
| 78 | mai/15 | 4.663,75 | 2.650,00 | 2.650,00 | 1,512981 | 4.009,40 |
| 79 | jun/15 | 4.663,75 | 2.650,00 | 2.650,00 | 1,498150 | 3.970,10 |
| 80 | jul/15 | 4.663,75 | 2.650,00 | 2.650,00 | 1,486703 | 3.939,76 |
| 81 | ago/15 | 4.663,75 | 2.650,00 | 2.650,00 | 1,478130 | 3.917,04 |
| 82 | set/15 | 4.663,75 | 2.650,00 | 2.650,00 | 1,474439 | 3.907,26 |
| 83 | out/15 | 4.663,75 | 2.650,00 | 2.650,00 | 1,466961 | 3.887,45 |
| 84 | nov/15 | 4.663,75 | 2.650,00 | 2.650,00 | 1,455753 | 3.857,75 |

| SOMA GERAL DE SALÁRIOS | 389.730,32 |
|---|---|

| MÉDIA GERAL DE SALÁRIOS = 389.730,32 / 84 | 4.639,65 |
|---|---|

| Período Básico de Cálculo completo - 07/1994 a 04/2022 | 334 |
|---|---|
| Quantidade de salários no período básico de cálculo | 84 |
| Divisor Mínimo - § 1º do Art. 188-A do Decreto 3.048/99 - 60% | 200 |
| Divisor Mínimo - Art. 135-A da Lei 8.213/91 acrescido pela Lei 14.331/2022 | 108 |

| SALÁRIO DE BENEFÍCIO COM DIVISOR MÍNIMO - § 1º, Art. 188-A - Decreto 3.048/99 = 389.730,32 / 200 | 1.948,65 |
|---|---|

| SALÁRIO DE BENEFÍCIO COM DIVISOR MÍNIMO - Art. 135-A - Lei 8.213/91 = 389.730,32 / 108 | 3.608,61 |
|---|---|

| TETO PREVIDENCIÁRIO EM 05/2022 | 7.087,22 |
|---|---|

**CARLOS ANTÔNIO MACIEL MENESES**

DATA DE INÍCIO DO BENEFÍCIO: **07/05/2022**

| IDADE | | |
|---|---|---|
| anos | meses | dias |
| 65 | 0 | 1 |
| 65,0028 | | |

| TEMPO DE CONTRIBUIÇÃO | | |
|---|---|---|
| anos | meses | dias |
| 25 | 1 | 23 |
| 25,1472 | | |

| | Média de Salários sem divisor mínimo | Média com divisor mínimo - Art. 188-A Decreto 3.048/99 | Média com divisor mínimo - Art. 135-A Lei 8.213/91 |
|---|---|---|---|
| **SALÁRIO DE BENEFÍCIO** | 4.639,65 | 1.948,65 | 3.608,61 |
| Coeficiente | 70% | 70% | 70% |
| **Renda Mensal Inicial** = SB x Coeficiente | 3.247,75 | 1.364,06 | 2.526,03 |
| Perda mensal com o divisor | - | 1.883,69 | 721,72 |
| Perda mensal com o divisor | - | 24.487,97 | 9.382,36 |

| Tempo de contribuição | Coeficiente de cálculo da Renda Mensal Inicial |
|---|---|
| 20 | 60,00% |
| 21 | 62,00% |
| 22 | 64,00% |
| 23 | 66,00% |
| 24 | 68,00% |
| 25 | 70,00% |
| 26 | 72,00% |
| 27 | 74,00% |

Da análise do estudo de caso específico, percebe-se que o período básico de cálculo completo de 07/1994 a 04/2022 é formado por 334 contribuições mensais. Dentro desse período o beneficiário possui apenas 84 contribuições. A média de todos os salários de contribuição constantes do período básico de cálculo foi fixada no valor de **R$ 4.639,65**.

Com a aplicação da antiga regra do divisor mínimo, disciplinada no § 1º do Art. 188-A do Decreto 3.048/99, o divisor mínimo não poderia ser inferior a 60% de todo o período contributivo decorrido desde a competência 07/1994 a 04/2022, ou seja, o divisor não poderia ser inferior a 60% de 334 contribuições, fixado em 200 contribuições. Logo, a média de salários é reduzida de **R$ 4.639,65** para **R$ 1.948,65**. Aplicando o coeficiente de 70%, conforme tabela acima, a renda mensal inicial da aposentadoria por idade é fixada no valor de **R$ 1.364,06**. Com essa redução, a perda mensal no valor do benefício seria de **R$ 1.883,69** e a perda anual seria de **R$ 24.487,97**, incluindo o 13º salário.

Com a aplicação da nova regra do divisor mínimo, disciplinada no Art. 135-A da Lei 8.213/91, acrescido pela Lei 14.331/2022, o divisor mínimo passa a ser de 108 contribuições. Logo, a média de salários é reduzida de **R$ 4.639,65** para **R$ 3.608,61**. Aplicando o coeficiente de 70%, conforme tabela acima, a renda mensal inicial da aposentadoria por idade é fixada no valor de **R$ 2.526,03**, muito superior à obtida pela antiga sistemática. Com essa redução, a perda mensal no valor do benefício seria de **R$ 721,72** e a perda anual seria de **R$ 9.382,36**, incluindo o 13º salário.

## 5. RENDA MENSAL INICIAL DOS BENEFÍCIOS PREVIDENCIÁRIOS – REGRAS VIGENTES

*Exceto o salário-família e o salário-maternidade*, que têm outras fórmulas de cálculo, **todos os benefícios do RGPS eram calculados através da aplicação de um percentual sobre o salário de benefício.**

Apenas para ilustrar, pois os benefícios previdenciários em espécie serão estudados no próximo Capítulo, eis o valor das rendas mensais iniciais que ainda conservam o salário de benefício no seu cálculo:

A) **Auxílio-acidente**: 50% do salário de benefício;

B) **Aposentadoria por tempo de contribuição da pessoa com deficiência**: 100% do salário de benefício;

C) **Auxílio-doença (auxílio por incapacidade temporária)**: 91% do salário de benefício, limitada à média dos 12 últimos salários de contribuição.

Com efeito, **a renda mensal do benefício de prestação continuada que substituir o salário de contribuição ou o rendimento do trabalho do segurado não terá valor inferior ao do salário mínimo**, consoante determinação do artigo 201, §2º, da Constituição de 1988, que contempla um enorme avanço de proteção social no Brasil.

A pensão por morte no RGPS não poderá ser inferior a um salário mínimo, não tenho sido aprovada a regra da EC 103/2019 que permitia renda inferior se o dependente recebesse renda formal.

Assim sendo, **apenas o auxílio-acidente e o salário--família**, que não se destinam a substituir o rendimento do trabalho, **poderão ter valor inferior a um salário mínimo.**

Excepcionalmente, o auxílio-doença (auxílio por incapacidade temporária) poderá ser inferior a um salário mínimo, mas apenas na hipótese de segurado com atividades concomitantes. Nesse sentido, dispõe o artigo 73, §4º, do Decreto 3.048/99, que no caso de incapacidade para apenas uma atividade, o valor do auxílio-doença poderá ser inferior ao salário mínimo desde que somado às demais remunerações recebidas resultar valor superior a este.

Da mesma forma, **a renda mensal dos benefícios por totalização**, concedidos com base em acordos internacionais celebrados pelo Brasil no âmbito do RGPS, **poderá ter valor inferior ao do salário mínimo**[27].

Por outro lado, em regra, os benefícios do Regime Geral de Previdência Social não poderão ter valor superior ao teto do salário de contribuição, fixado originariamente em Cr$ 170.000,00 (cento e setenta mil cruzeiros) pela Lei 8.213/91. Esse valor vem sendo reajustado ao menos anualmente, a depender do exercício. A Emenda 20/1998 o fixou em R$ 1.200,00, ao passo que a Emenda 41/2003 em R$ 2.400,00. Desde 01.01.2012, foi atualizado para R$ 3.916,20 pela Portaria MPS/MF 02/2012. Para o ano de 2015, o valor foi atualizado para R$ 4.663,75 pela Portaria MPS/MF 13/2015. Por sua vez, para o exercício de 2016 foi fixado em R$ 5.189,82. Para 2017, foi fixado em R$ 5.531,31. *Em 2018, foi reajustado para R$ 5.645,80.* Para o exercício de 2019, o teto foi reajustado para R$ 5.839,45 (valor atualizado para todo o ano de 2019 – Portaria ME nº 9, de 15/1/2019). Em 2020 o teto do salário de contribuição foi reajustado para R$ 6.101,06. Para 2021 o teto do salário de contribuição e salário de benefício foi reajustado para R$ 6.433,57. Para 2022 foi reajustado para R$ 7.087,22. Para 2023 foi reajustado para R$ 7.507,49.

Colaciona-se abaixo uma tabela que demonstra a evolução do valor máximo do salário de contribuição/salário de benefício desde o ano de 1992:

| Mês | Teto do salário de contribuição e de benefício |
|---|---|
| Janeiro a Abril/1992 | 923.262,76 |
| Maio a Agosto/1992 | 2.126.842,49 |
| Setembro a Dezembro/1992 | 4.780.863,30 |
| Janeiro a Fevereiro/1993 | 11.532.054,23 |
| Março a Abril/1993 | 15.760.858,52 |
| Maio a Junho/1993 | 30.214.732,09 |
| Julho/1993 | 42.439.310,55 |
| Agosto/1993 | 50.613,12 |
| Setembro/1993 | 86.414,97 |
| Outubro/1993 | 108.165,62 |
| Novembro/1993 | 135.120,49 |
| Dezembro/1993 | 168.751,98 |
| Janeiro/1994 | 295.795,39 |
| Fevereiro/1994 | 385.273,50 |
| Março a Dezembro/1994 | 582,86 |
| Janeiro a Abril/1995 | 582,86 |
| Maio a Julho/ 1995 | 832,66 |
| Agosto/95 a Abril/1996 | 832,66 |
| Maio a Dezembro/1996 | 957,56 |
| Pagamentos efetuados até 22/01/97 inclusive | 957,56 |

27. Artigo 35, §1º, do RPS.

| Mês | Teto do salário de contribuição e de benefício |
|---|---|
| Pagamentos efetuados a contar de 23/01/97 até Abril/1997 | 957,56 |
| Maio/1997 | 957,56 |
| Junho/97 a Maio/1998 | 1.031,87 |
| Junho a Novembro/1998 | 1.081,50 |
| Dezembro/1998 | 1.200,00 |
| Janeiro a maio/1999 | 1.200,00 |
| Pagamentos efetuados até 16/06/99 inclusive | 1.255,32 |
| Pagamentos efetuados a contar de 17/06/99 | 1.255,32 |
| Junho/99 a Março/2000 | 1.255,32 |
| Abril/2000 | 1.255,32 |
| Maio/2000 | 1.255,32 |
| Pagamentos efetuados no período de 1 a 16 de Junho/2000 | 1.328,25 |
| Pagamentos a partir de 17/06/2000 | 1.328,25 |
| Julho/2000 a Fevereiro/2001 | 1.328,25 |
| Pagamentos efetuados no período de 1 a 17/03/2001 | 1.328,25 |
| Pagamentos efetuados a partir de 18/03/2001 | 1.328,25 |
| Abril e Maio/2001 | 1.328,25 |
| Junho/2001 a Março/2002 | 1.430,00 |
| Abril e Maio/2002 | 1.430,00 |
| Junho/2002 a Março/2003 | 1.561,56 |
| Junho a Dezembro/2003 | 1.869,34 |
| Janeiro a Abril/2004 | 2.400,00 |
| Maio/2004 a Abril/2005 | 2.508,72 |
| Maio/2005 a Março/2006 | 2.668,15 |
| Abril/2006 a 15/08/2006 | 2.801,56 |
| 16/08/2006 a Março/2007, houve um arredondamento. | 2.801,82 |
| Abril/2007 a Dezembro/2007 | 2.894,28 |
| Janeiro/2008 a Fevereiro/2008 | 2.894,28 |
| Março/2008 a Janeiro/2009 | 3.038,99 |
| Fevereiro/2009 a Dezembro/2009 | 3.218,90 |
| Junho/2010 a Dezembro/2010 | 3.467,40 |
| Janeiro/2011 | 3.691,74 |
| Janeiro/2012 | 3.916,20 |
| Janeiro/2013 | 4.159,00 |
| Janeiro/2014 | 4.390,24 |
| Janeiro/2015 | 4.663,75 |
| Janeiro/2016 | 5.189,82 |
| Janeiro/2017 | 5.531,31 |
| Janeiro/2018 | 5.645,80 |
| Janeiro/2019 | 5.839,45 |
| Janeiro/2020 | 6.101,06 |
| Janeiro/2021 | 6.433,57 |
| Janeiro/2022 | 7.087,22 |
| Janeiro/2023 | 7.507,49 |

Contudo, *esta regra comporta exceções*. A primeira se refere à **aposentadoria por incapacidade permanente (antiga invalidez)**, vez que, se o aposentado necessitar de assistência permanente de outra pessoa, ele terá direito a um acréscimo fixo de 25% sobre a renda mensal inicial do benefício, podendo esse *plus* superar o teto, a teor do artigo 45, da Lei 8.213/91.

Em regra, o pagamento dos benefícios de prestação continuada não poderá ser antecipado, devendo ser pagos no período compreendido entre o quinto dia útil que anteceder o final do mês de sua competência e o quinto dia útil do mês subsequente (até um salário mínimo) ou do primeiro ao quinto dia útil do mês subsequente ao de sua competência, caso a renda mensal seja superior a um salário mínimo.

Entretanto, em razão das fortes chuvas ocorridas no Nordeste em meados de 2010, foi editado o Decreto 7.223, de 29.06.2010, que alterou a redação do artigo

169, do RPS, ao prever que, excepcionalmente, nos casos de estado de calamidade pública decorrente de desastres naturais, reconhecidos por ato do Governo Federal, o INSS poderá, nos termos de ato do Ministro de Estado da Previdência Social, antecipar aos beneficiários domiciliados nos respectivos municípios.

Vale registrar que empresas, sindicatos e entidades fechadas de previdência complementar poderão realizar o pagamento integral dos benefícios previdenciários devidos a seus beneficiários, mediante celebração de contrato com o INSS, dispensada a licitação, nos termos do artigo 117-A da Lei 8.213/91, introduzido pela Lei 14.020/2020.

Também poderá superar o teto do salário de contribuição o **salário-maternidade pago às seguradas empregadas e trabalhadoras avulsas**, desde que não ultrapasse o teto do funcionalismo público, a teor do artigo 248[28], da CRFB, que é o subsídio dos Ministros do STF.

Neste caso, a exceção decorre de julgamento do STF, na ADI/MC 1.946, de 29.04.99, confirmado em 03.04.2003, em aplicação ao Princípio da Isonomia, haja vista que a limitação ao teto do RGPS geraria a discriminação negativa das mulheres no mercado de trabalho, porquanto os empregadores não iriam admitir trabalhadoras que ganhassem acima do teto do salário de contribuição, pois ficariam responsáveis pelo pagamento da diferença entre o limite máximo e a sua remuneração.

Também poderão ultrapassar o teto do RGPS **benefícios previstos em legislação especial**, como os pagos aos anistiados e ex-combatentes da 2ª Guerra Mundial.

Considerando que o salário de benefício se sujeita ao teto do salário de contribuição, caso supere esse valor no mês de início do benefício, a diferença percentual entre esta média e o referido limite será incorporada ao valor do benefício juntamente com o primeiro reajuste do mesmo após a concessão, observado que nenhum benefício assim reajustado poderá superar o limite máximo do salário de contribuição vigente na competência em que ocorrer o reajuste[29].

Vale salientar que o segurado empregado, o trabalhador avulso e o contribuinte individual que preste serviço à pessoa jurídica (este a partir da competência 04.2003) têm a seu favor a presunção absoluta de recolhimento das suas contribuições previdenciárias pela empresa, que é a responsável tributária originária. O mesmo se aplica ao empregado doméstico após a LC 150/2015.

Neste caso, em não havendo recolhimento, basta que esses segurados comprovem o vínculo e o valor da sua remuneração para serem considerados no cálculo da renda mensal inicial dos benefícios.

Todavia, se não puderem comprovar o valor dos seus salários de contribuição no período básico de cálculo, será concedido o benefício de valor mínimo, devendo esta renda ser recalculada, quando da apresentação de prova dos salários de contribuição[30].

Eis os artigos da Lei 8.213/91 que disciplinam o tema, modificados pela LC 150/2015:

> "Art. 34. No cálculo do valor da renda mensal do benefício, inclusive o decorrente de acidente do trabalho, serão computados:
>
> I – para o segurado empregado, inclusive o doméstico, e o trabalhador avulso, os salários de contribuição referentes aos meses de contribuições devidas, ainda que não recolhidas pela empresa ou pelo empregador doméstico, sem prejuízo da respectiva cobrança e da aplicação das penalidades cabíveis, observado o disposto no § 5º do art. 29-A;
>
> II – para o segurado empregado, inclusive o doméstico, o trabalhador avulso e o segurado especial, o valor mensal do auxílio-acidente, considerado como salário de contribuição para fins de concessão de qualquer aposentadoria, nos termos do art. 31;
>
> III – para os demais segurados, os salários-de-contribuição referentes aos meses de contribuições efetivamente recolhidas.
>
> Art. 35. Ao segurado empregado, inclusive o doméstico, e ao trabalhador avulso que tenham cumprido todas as condições para a concessão do benefício pleiteado, mas não possam comprovar o valor de seus salários de contribuição no período básico de cálculo, será concedido o benefício de valor mínimo, devendo esta renda ser recalculada quando da apresentação de prova dos salários de contribuição".

No entanto, na interpretação administrativa da Previdência Social, a presunção de recolhimento em favor do empregado doméstico não irá retroagir, operando-se somente a partir da vigência da LC 150, em 2 de junho de 2015, devendo ser considerado o salário de contribuição de um salário mínimo para as competências anteriores a junho de 2015, acaso não

**28.** Art. 248. Os benefícios pagos, a qualquer título, pelo órgão responsável pelo regime geral de previdência social, ainda que à conta do Tesouro Nacional, e os não sujeitos ao limite máximo de valor fixado para os benefícios concedidos por esse regime observarão os limites fixados no art. 37, XI (Incluído pela Emenda Constitucional nº 20, de 1998).

**29.** Artigo 35, §3º, do RPS.

**30.** Artigo 35, da Lei 8.213/91.

comprovado o efetivo recolhimento da contribuição previdenciária[31].

Reputa-se equivocado tal entendimento. Conquanto a Lei Complementar 150 tenha entrado em vigor no dia 2 de junho de 2015, data da sua publicação, entende-se ser constitucional sustentar que a presunção de recolhimento das contribuições previdenciárias em favor do empregado doméstico deve ser retroativa, alcançando as competências anteriores a junho de 2015.

Isso porque mesmo antes da LC 150/2015 a responsabilidade tributária de recolher a contribuição do empregado doméstico já era do patrão doméstico, tendo apenas sido corrigida uma inconstitucionalidade por omissão injustificável que discriminava negativamente o empregado doméstico.

Com base no Princípio do *Tempus Regit Actum* e da Precedência da Fonte de Custeio, novos critérios de cálculo dos benefícios não se aplicam aos concedidos anteriormente, mesmo que sejam mais benéficos. Nesse sentido, o STF:

> "EMENTA: RECURSO EXTRAORDINÁRIO. PREVIDENCIÁRIO. BENEFÍCIO DA PENSÃO POR MORTE. CONCESSÃO ANTERIOR À LEI N. 9.032/95. IMPOSSIBILIDADE DE RETROAÇÃO. SÚMULA 359 DO SUPREMO TRIBUNAL FEDERAL. RECURSO PROVIDO. 1. Em matéria previdenciária, a jurisprudência do Supremo Tribunal Federal firmou-se no sentido de que a lei de regência é a vigente no tempo de concessão do benefício (*tempus regit actum*). 2. Lei nova (Lei n. 9.032/95 para os beneficiados antes do seu advento e Lei n. 8.213 para aqueles que obtiveram a concessão em data anterior a 1991), que não tenha fixado a retroatividade de seus efeitos para os casos anteriormente aperfeiçoados, submete-se à exigência normativa estabelecida no art. 195, § 5º, da Constituição: "Nenhum benefício ou serviço da seguridade social poderá ser criado, majorado ou estendido sem a correspondente fonte de custeio total." (RE 320.179, de 09.02.2007).

Vale registrar que é possível simular no site da Previdência Social[32] a renda mensal inicial do benefício previdenciário. Basta acessar www.previdencia.gov.br e clicar no serviço do segurado (Simulação de Cálculo da Renda Mensal de Benefício Previdenciário).

Bastará ao segurado indicar o benefício que deseja e abastecer os campos em aberto com o valor dos salários de contribuição. Veja-se abaixo a simulação para um auxílio-doença que possui renda mensal de 91% do salário de benefício feita para o **ano de 2015**:

**DEMONSTRATIVO DO RESULTADO DA SIMULAÇÃO DO CÁLCULO DA RENDA MENSAL**

**Prezado(a) Sr(a). FREDERICO AMADO,**

Agradecemos a sua participação e esperamos ter proporcionado um serviço à altura do beneficiário da Previdência Social.

Abaixo encontram-se os seus dados e os resultados obtidos a partir dos valores informados.

31. Memorando-Circular nº 38/DIRBEN/INSS, de 5/11/2015.

32. http://www010.dataprev.gov.br/cws/contexto/conrmi/index.html.

| **Nome:** FREDERICO AMADO | **Data de Nascimento:** 16/08/1979 | **Sexo:** Masculino | **Espécie de benefício:** 31 – Auxílio Doença |
|---|---|---|---|

**Cálculo de Benefícios segundo a Lei 9876, de 29/11/1999**

| NR | DATA | SALÁRIO | ÍNDICE | SAL. CORRIGIDO | NR | DATA | SALÁRIO | ÍNDICE | SAL. CORRIGIDO |
|---|---|---|---|---|---|---|---|---|---|
| 001 | 03/2014 | 1.000,00 | 1,0160 | 1.016,06 | 001 | 03/2014 | 1.000,00 | 1,0160 | 1.016,06 |
| 002 | 02/2014 | 750,00 | 1,0225 | 766,92 ** | 002 | 02/2014 | 750,00 | 1,0225 | 766,92 ** |
| 003 | 01/2014 | 1.000,00 | 1,0290 | 1.029,00 | 003 | 01/2014 | 1.000,00 | 1,0290 | 1.029,00 |

** Valor Desconsiderado

Tempo de contribuição: 2,0 grupos de 12 contribuições

Somatório dos salários corrigidos = 4.030,60

Salário de Benefício = 4.030,60 ÷ 4 = 1.007,65

**Renda Mensal Inicial** = 1.007,65 X coeficiente = **916,96**.

Onde,
Coeficiente = 0,910

## 5.1. Cálculos

A seguir será explorado o cálculo do salário de benefício e da renda mensal inicial do benefício de auxílio por incapacidade temporária, antigo auxílio-doença, de um segurado empregado.

**AUXÍLIO POR INCAPACIDADE TEMPORÁRIA**

Espécie do benefício: **Auxílio por incapacidade Temporária**

Nome: **LEANDERSON CALIPSO LEVINO DA SILVA**

Categoria: **Empregado**

Data de nascimento: **16/02/1975**

Data do último dia de trabalho: **05/08/2020**

Data de início do benefício: **21/08/2020**

| IDADE | |
|---|---|
| **INÍCIO** | **FIM** |
| **16/02/1975** | **05/08/2020** |

| IDADE | | |
|---|---|---|
| **ANOS** | **MESES** | **DIAS** |
| **45** | **5** | **20** |

| | CONTRATOS DE TRABALHO | |
|---|---|---|
| | **INÍCIO** | **FIM** |
| 1 | **01/03/1995** | **05/08/1997** |
| 2 | **01/02/1999** | **31/10/2010** |
| 3 | **01/05/2013** | **05/08/2020** |

| TEMPO DE CONTRIBUIÇÃO | | |
|---|---|---|
| **ANOS** | **MESES** | **DIAS** |
| 2 | 5 | 5 |
| 11 | 9 | 1 |
| 7 | 3 | 5 |

| TEMPO TOTAL APURADO | | |
|---|---|---|
| **Anos** | **Meses** | **Dias** |
| **21** | **5** | **11** |

**AUXÍLIO POR INCAPACIDADE TEMPORÁRIA**

CÁLCULO DA RENDA MENSAL INICIAL

**LEANDERSON CALIPSO LEVINO DA SILVA**

DATA DE NASCIMENTO: **16/02/1975**

ESPÉCIE: 31 (AUXÍLIO POR INCAPACIDADE TEMPORÁRIA)

DATA DE INÍCIO DO BENEFÍCIO: **21/08/2020**

TEMPO DE CONTRIBUIÇÃO: **21 anos 05 meses e 11 dias**

BASE LEGAL: EMENDA CONSTITUCIONAL 103/2019

PERÍODO BÁSICO DE CÁLCULO: **03/1995 a 07/2020**

| Sequência | Mês/ano | Valor teto | Salário | Índice | Salário atualizado |
|---|---|---|---|---|---|
| 1 | mar/95 | 582,86 | 395,00 | 6,697755 | 2.645,61 |
| 2 | abr/95 | 582,86 | 395,00 | 6,604627 | 2.608,83 |
| 3 | mai/95 | 832,66 | 395,00 | 6,480211 | 2.559,68 |
| 4 | jun/95 | 832,66 | 395,00 | 6,317841 | 2.495,55 |
| 5 | jul/95 | 832,66 | 395,00 | 6,204912 | 2.450,94 |
| 6 | ago/95 | 832,66 | 395,00 | 6,055933 | 2.392,09 |
| 7 | set/95 | 832,66 | 395,00 | 5,994789 | 2.367,94 |
| 8 | out/95 | 832,66 | 395,00 | 5,925462 | 2.340,56 |
| 9 | nov/95 | 832,66 | 395,00 | 5,843647 | 2.308,24 |
| 10 | dez/95 | 832,66 | 395,00 | 5,756724 | 2.273,91 |

| Sequência | Mês/ano | Valor teto | Salário | Índice | Salário atualizado |
|---|---|---|---|---|---|
| 11 | jan/96 | 832,66 | 395,00 | 5,663278 | 2.236,99 |
| 12 | fev/96 | 832,66 | 395,00 | 5,581788 | 2.204,81 |
| 13 | mar/96 | 832,66 | 475,00 | 5,542432 | 2.632,66 |
| 14 | abr/96 | 832,66 | 475,00 | 5,526409 | 2.625,04 |
| 15 | mai/96 | 957,56 | 475,00 | 5,487989 | 2.606,79 |
| 16 | jun/96 | 957,56 | 475,00 | 5,397316 | 2.563,73 |
| 17 | jul/96 | 957,56 | 475,00 | 5,332265 | 2.532,83 |
| 18 | ago/96 | 957,56 | 475,00 | 5,274768 | 2.505,51 |
| 19 | set/96 | 957,56 | 475,00 | 5,274555 | 2.505,41 |
| 20 | out/96 | 957,56 | 475,00 | 5,267707 | 2.502,16 |
| 21 | nov/96 | 957,56 | 475,00 | 5,256144 | 2.496,67 |
| 22 | dez/96 | 957,56 | 475,00 | 5,241471 | 2.489,70 |
| 23 | jan/97 | 957,56 | 475,00 | 5,195744 | 2.467,98 |
| 24 | fev/97 | 957,56 | 475,00 | 5,114931 | 2.429,59 |
| 25 | mar/97 | 957,56 | 520,00 | 5,093535 | 2.648,64 |
| 26 | abr/97 | 957,56 | 520,00 | 5,035130 | 2.618,27 |
| 27 | mai/97 | 957,56 | 520,00 | 5,005598 | 2.602,91 |
| 28 | jun/97 | 1.031,87 | 520,00 | 4,990625 | 2.595,13 |
| 29 | jul/97 | 1.031,87 | 520,00 | 4,955935 | 2.577,09 |
| 30 | ago/97 | 1.031,87 | 86,67 | 4,951479 | 429,13 |
| 31 | fev/99 | 1.200,00 | 785,00 | 4,654002 | 3.653,39 |
| 32 | mar/99 | 1.200,00 | 785,00 | 4,456152 | 3.498,08 |
| 33 | abr/99 | 1.200,00 | 785,00 | 4,369632 | 3.430,16 |
| 34 | mai/99 | 1.200,00 | 785,00 | 4,368322 | 3.429,13 |
| 35 | jun/99 | 1.255,32 | 825,00 | 4,368322 | 3.603,87 |
| 36 | jul/99 | 1.255,32 | 825,00 | 4,324216 | 3.567,48 |
| 37 | ago/99 | 1.255,32 | 825,00 | 4,256538 | 3.511,64 |
| 38 | set/99 | 1.255,32 | 825,00 | 4,195698 | 3.461,45 |
| 39 | out/99 | 1.255,32 | 825,00 | 4,134913 | 3.411,30 |
| 40 | nov/99 | 1.255,32 | 825,00 | 4,058216 | 3.348,03 |
| 41 | dez/99 | 1.255,32 | 825,00 | 3,958076 | 3.265,41 |
| 42 | jan/00 | 1.255,32 | 825,00 | 3,909983 | 3.225,74 |
| 43 | fev/00 | 1.255,32 | 825,00 | 3,870503 | 3.193,16 |
| 44 | mar/00 | 1.255,32 | 825,00 | 3,863166 | 3.187,11 |
| 45 | abr/00 | 1.255,32 | 825,00 | 3,856224 | 3.181,38 |
| 46 | mai/00 | 1.255,32 | 825,00 | 3,851217 | 3.177,25 |
| 47 | jun/00 | 1.328,25 | 935,00 | 3,825583 | 3.576,92 |
| 48 | jul/00 | 1.328,25 | 935,00 | 3,790333 | 3.543,96 |
| 49 | ago/00 | 1.328,25 | 935,00 | 3,706570 | 3.465,64 |
| 50 | set/00 | 1.328,25 | 935,00 | 3,640312 | 3.403,69 |
| 51 | out/00 | 1.328,25 | 935,00 | 3,615370 | 3.380,37 |
| 52 | nov/00 | 1.328,25 | 935,00 | 3,602041 | 3.367,91 |
| 53 | dez/00 | 1.328,25 | 935,00 | 3,588045 | 3.354,82 |
| 54 | jan/01 | 1.328,25 | 935,00 | 3,560982 | 3.329,52 |
| 55 | fev/01 | 1.328,25 | 935,00 | 3,543624 | 3.313,29 |
| 56 | mar/01 | 1.328,25 | 935,00 | 3,531611 | 3.302,06 |
| 57 | abr/01 | 1.328,25 | 935,00 | 3,503582 | 3.275,85 |
| 58 | mai/01 | 1.328,25 | 935,00 | 3,464434 | 3.239,25 |
| 59 | jun/01 | 1.430,00 | 985,00 | 3,449259 | 3.397,52 |

| Sequência | Mês/ano | Valor teto | Salário | Índice | Salário atualizado |
|---|---|---|---|---|---|
| 60 | jul/01 | 1.430,00 | 985,00 | 3,399625 | 3.348,63 |
| 61 | ago/01 | 1.430,00 | 985,00 | 3,345427 | 3.295,25 |
| 62 | set/01 | 1.430,00 | 985,00 | 3,315585 | 3.265,85 |
| 63 | out/01 | 1.430,00 | 985,00 | 3,303036 | 3.253,49 |
| 64 | nov/01 | 1.430,00 | 985,00 | 3,255827 | 3.206,99 |
| 65 | dez/01 | 1.430,00 | 985,00 | 3,231265 | 3.182,80 |
| 66 | jan/02 | 1.430,00 | 985,00 | 3,225464 | 3.177,08 |
| 67 | fev/02 | 1.430,00 | 985,00 | 3,219349 | 3.171,06 |
| 68 | mar/02 | 1.430,00 | 985,00 | 3,213562 | 3.165,36 |
| 69 | abr/02 | 1.430,00 | 985,00 | 3,210032 | 3.161,88 |
| 70 | mai/02 | 1.430,00 | 985,00 | 3,187717 | 3.139,90 |
| 71 | jun/02 | 1.561,56 | 1.020,00 | 3,152723 | 3.215,78 |
| 72 | jul/02 | 1.561,56 | 1.020,00 | 3,098798 | 3.160,77 |
| 73 | ago/02 | 1.561,56 | 1.020,00 | 3,036554 | 3.097,29 |
| 74 | set/02 | 1.561,56 | 1.020,00 | 2,966542 | 3.025,87 |
| 75 | out/02 | 1.561,56 | 1.020,00 | 2,890243 | 2.948,05 |
| 76 | nov/02 | 1.561,56 | 1.020,00 | 2,773477 | 2.828,95 |
| 77 | dez/02 | 1.561,56 | 1.020,00 | 2,620441 | 2.672,85 |
| 78 | jan/03 | 1.561,56 | 1.020,00 | 2,551549 | 2.602,58 |
| 79 | fev/03 | 1.561,56 | 1.020,00 | 2,497356 | 2.547,30 |
| 80 | mar/03 | 1.561,56 | 1.020,00 | 2,458273 | 2.507,44 |
| 81 | abr/03 | 1.561,56 | 1.020,00 | 2,418132 | 2.466,49 |
| 82 | mai/03 | 1.561,56 | 1.020,00 | 2,408256 | 2.456,42 |
| 83 | jun/03 | 1.869,34 | 1.185,00 | 2,424500 | 2.873,03 |
| 84 | jul/03 | 1.869,34 | 1.185,00 | 2,441592 | 2.893,29 |
| 85 | ago/03 | 1.869,34 | 1.185,00 | 2,446487 | 2.899,09 |
| 86 | set/03 | 1.869,34 | 1.185,00 | 2,431409 | 2.881,22 |
| 87 | out/03 | 1.869,34 | 1.185,00 | 2,406146 | 2.851,28 |
| 88 | nov/03 | 1.869,34 | 1.185,00 | 2,395604 | 2.838,79 |
| 89 | dez/03 | 1.869,34 | 1.185,00 | 2,384161 | 2.825,23 |
| 90 | jan/04 | 2.400,00 | 1.185,00 | 2,369942 | 2.808,38 |
| 91 | fev/04 | 2.400,00 | 1.185,00 | 2,351133 | 2.786,09 |
| 92 | mar/04 | 2.400,00 | 1.185,00 | 2,341998 | 2.775,27 |
| 93 | abr/04 | 2.400,00 | 1.185,00 | 2,328728 | 2.759,54 |
| 94 | mai/04 | 2.508,72 | 1.185,00 | 2,319216 | 2.748,27 |
| 95 | jun/04 | 2.508,72 | 1.375,00 | 2,309974 | 3.176,21 |
| 96 | jul/04 | 2.508,72 | 1.375,00 | 2,298488 | 3.160,42 |
| 97 | ago/04 | 2.508,72 | 1.375,00 | 2,281826 | 3.137,51 |
| 98 | set/04 | 2.508,72 | 1.375,00 | 2,270473 | 3.121,90 |
| 99 | out/04 | 2.508,72 | 1.375,00 | 2,266622 | 3.116,61 |
| 100 | nov/04 | 2.508,72 | 1.375,00 | 2,262779 | 3.111,32 |
| 101 | dez/04 | 2.508,72 | 1.375,00 | 2,252863 | 3.097,69 |
| 102 | jan/05 | 2.508,72 | 1.375,00 | 2,233651 | 3.071,27 |
| 103 | fev/05 | 2.508,72 | 1.375,00 | 2,220993 | 3.053,87 |
| 104 | mar/05 | 2.508,72 | 1.375,00 | 2,211263 | 3.040,49 |
| 105 | abr/05 | 2.508,72 | 1.375,00 | 2,195236 | 3.018,45 |
| 106 | mai/05 | 2.668,15 | 1.375,00 | 2,175442 | 2.991,23 |
| 107 | jun/05 | 2.668,15 | 1.575,00 | 2,160319 | 3.402,50 |
| 108 | jul/05 | 2.668,15 | 1.575,00 | 2,162697 | 3.406,25 |

| Sequência | Mês/ano | Valor teto | Salário | Índice | Salário atualizado |
|---|---|---|---|---|---|
| 109 | ago/05 | 2.668,15 | 1.575,00 | 2,162047 | 3.405,22 |
| 110 | set/05 | 2.668,15 | 1.575,00 | 2,162047 | 3.405,22 |
| 111 | out/05 | 2.668,15 | 1.575,00 | 2,158812 | 3.400,13 |
| 112 | nov/05 | 2.668,15 | 1.575,00 | 2,146365 | 3.380,52 |
| 113 | dez/05 | 2.668,15 | 1.575,00 | 2,134832 | 3.362,36 |
| 114 | jan/06 | 2.668,15 | 1.575,00 | 2,126330 | 3.348,97 |
| 115 | fev/06 | 2.668,15 | 1.575,00 | 2,118280 | 3.336,29 |
| 116 | mar/06 | 2.668,15 | 1.575,00 | 2,113421 | 3.328,64 |
| 117 | abr/06 | 2.801,56 | 1.575,00 | 2,107728 | 3.319,67 |
| 118 | mai/06 | 2.801,56 | 1.575,00 | 2,105204 | 3.315,70 |
| 119 | jun/06 | 2.801,56 | 1.750,00 | 2,102471 | 3.679,32 |
| 120 | jul/06 | 2.801,56 | 1.750,00 | 2,103939 | 3.681,89 |
| 121 | ago/06 | 2.801,82 | 1.750,00 | 2,101629 | 3.677,85 |
| 122 | set/06 | 2.801,82 | 1.750,00 | 2,102046 | 3.678,58 |
| 123 | out/06 | 2.801,82 | 1.750,00 | 2,098693 | 3.672,71 |
| 124 | nov/06 | 2.801,82 | 1.750,00 | 2,089705 | 3.656,98 |
| 125 | dez/06 | 2.801,82 | 1.750,00 | 2,080964 | 3.641,69 |
| 126 | jan/07 | 2.801,82 | 1.750,00 | 2,068142 | 3.619,25 |
| 127 | fev/07 | 2.801,82 | 1.750,00 | 2,058060 | 3.601,61 |
| 128 | mar/07 | 2.801,82 | 1.750,00 | 2,049452 | 3.586,54 |
| 129 | abr/07 | 2.894,28 | 1.750,00 | 2,040471 | 3.570,82 |
| 130 | mai/07 | 2.894,28 | 1.750,00 | 2,035183 | 3.561,57 |
| 131 | jun/07 | 2.894,28 | 1.930,00 | 2,029902 | 3.917,71 |
| 132 | jul/07 | 2.894,28 | 1.930,00 | 2,023633 | 3.905,61 |
| 133 | ago/07 | 2.894,28 | 1.930,00 | 2,017176 | 3.893,15 |
| 134 | set/07 | 2.894,28 | 1.930,00 | 2,005342 | 3.870,31 |
| 135 | out/07 | 2.894,28 | 1.930,00 | 2,000344 | 3.860,66 |
| 136 | nov/07 | 2.894,28 | 1.930,00 | 1,994363 | 3.849,12 |
| 137 | dez/07 | 2.894,28 | 1.930,00 | 1,985821 | 3.832,63 |
| 138 | jan/08 | 2.894,28 | 1.930,00 | 1,966743 | 3.795,81 |
| 139 | fev/08 | 2.894,28 | 1.930,00 | 1,953266 | 3.769,80 |
| 140 | mar/08 | 3.038,99 | 1.930,00 | 1,943355 | 3.750,68 |
| 141 | abr/08 | 3.038,99 | 1.930,00 | 1,933493 | 3.731,64 |
| 142 | mai/08 | 3.038,99 | 1.930,00 | 1,921197 | 3.707,91 |
| 143 | jun/08 | 3.038,99 | 2.230,00 | 1,902932 | 4.243,54 |
| 144 | jul/08 | 3.038,99 | 2.230,00 | 1,885773 | 4.205,27 |
| 145 | ago/08 | 3.038,99 | 2.230,00 | 1,874896 | 4.181,02 |
| 146 | set/08 | 3.038,99 | 2.230,00 | 1,870966 | 4.172,25 |
| 147 | out/08 | 3.038,99 | 2.230,00 | 1,868163 | 4.166,00 |
| 148 | nov/08 | 3.038,99 | 2.230,00 | 1,858871 | 4.145,28 |
| 149 | dez/08 | 3.038,99 | 2.230,00 | 1,851832 | 4.129,59 |
| 150 | jan/09 | 3.038,99 | 2.230,00 | 1,846482 | 4.117,65 |
| 151 | fev/09 | 3.218,90 | 2.230,00 | 1,834737 | 4.091,46 |
| 152 | mar/09 | 3.218,90 | 2.230,00 | 1,829067 | 4.078,82 |
| 153 | abr/09 | 3.218,90 | 2.230,00 | 1,825415 | 4.070,68 |
| 154 | mai/09 | 3.218,90 | 2.230,00 | 1,815434 | 4.048,42 |
| 155 | jun/09 | 3.218,90 | 2.300,00 | 1,804604 | 4.150,59 |
| 156 | jul/09 | 3.218,90 | 2.300,00 | 1,797053 | 4.133,22 |
| 157 | ago/09 | 3.218,90 | 2.300,00 | 1,792931 | 4.123,74 |

| Sequência | Mês/ano | Valor teto | Salário | Índice | Salário atualizado |
|---|---|---|---|---|---|
| 158 | set/09 | 3.218,90 | 2.300,00 | 1,791499 | 4.120,45 |
| 159 | out/09 | 3.218,90 | 2.300,00 | 1,788636 | 4.113,86 |
| 160 | nov/09 | 3.218,90 | 2.300,00 | 1,784354 | 4.104,01 |
| 161 | dez/09 | 3.218,90 | 2.300,00 | 1,777776 | 4.088,88 |
| 162 | jan/10 | 3.467,40 | 2.300,00 | 1,773515 | 4.079,08 |
| 163 | fev/10 | 3.467,40 | 2.300,00 | 1,758048 | 4.043,51 |
| 164 | mar/10 | 3.467,40 | 2.300,00 | 1,745827 | 4.015,40 |
| 165 | abr/10 | 3.467,40 | 2.300,00 | 1,733520 | 3.987,10 |
| 166 | mai/10 | 3.467,40 | 2.300,00 | 1,720956 | 3.958,20 |
| 167 | jun/10 | 3.467,40 | 2.580,00 | 1,713589 | 4.421,06 |
| 168 | jul/10 | 3.467,40 | 2.580,00 | 1,715476 | 4.425,93 |
| 169 | ago/10 | 3.467,40 | 2.580,00 | 1,716678 | 4.429,03 |
| 170 | set/10 | 3.467,40 | 2.580,00 | 1,717881 | 4.432,13 |
| 171 | out/10 | 3.467,40 | 2.580,00 | 1,708655 | 4.408,33 |
| 172 | mai/13 | 4.159,00 | 2.350,00 | 1,440446 | 3.385,05 |
| 173 | jun/13 | 4.159,00 | 2.350,00 | 1,435420 | 3.373,24 |
| 174 | jul/13 | 4.159,00 | 2.350,00 | 1,431416 | 3.363,83 |
| 175 | ago/13 | 4.159,00 | 2.350,00 | 1,433279 | 3.368,21 |
| 176 | set/13 | 4.159,00 | 2.350,00 | 1,430988 | 3.362,82 |
| 177 | out/13 | 4.159,00 | 2.350,00 | 1,427135 | 3.353,77 |
| 178 | nov/13 | 4.159,00 | 2.350,00 | 1,418485 | 3.333,44 |
| 179 | dez/13 | 4.159,00 | 2.350,00 | 1,410863 | 3.315,53 |
| 180 | jan/14 | 4.390,24 | 2.760,00 | 1,400777 | 3.866,14 |
| 181 | fev/14 | 4.390,24 | 2.760,00 | 1,392010 | 3.841,95 |
| 182 | mar/14 | 4.390,24 | 2.760,00 | 1,383157 | 3.817,51 |
| 183 | abr/14 | 4.390,24 | 2.760,00 | 1,371907 | 3.786,46 |
| 184 | mai/14 | 4.390,24 | 2.760,00 | 1,361286 | 3.757,15 |
| 185 | jun/14 | 4.390,24 | 2.760,00 | 1,353166 | 3.734,74 |
| 186 | jul/14 | 4.390,24 | 2.760,00 | 1,349659 | 3.725,06 |
| 187 | ago/14 | 4.390,24 | 2.760,00 | 1,347909 | 3.720,23 |
| 188 | set/14 | 4.390,24 | 2.760,00 | 1,345484 | 3.713,54 |
| 189 | out/14 | 4.390,24 | 2.760,00 | 1,338926 | 3.695,44 |
| 190 | nov/14 | 4.390,24 | 2.760,00 | 1,333858 | 3.681,45 |
| 191 | dez/14 | 4.390,24 | 2.760,00 | 1,326823 | 3.662,03 |
| 192 | jan/15 | 4.663,75 | 2.900,00 | 1,318647 | 3.824,08 |
| 193 | fev/15 | 4.663,75 | 2.900,00 | 1,299417 | 3.768,31 |
| 194 | mar/15 | 4.663,75 | 2.900,00 | 1,284516 | 3.725,10 |
| 195 | abr/15 | 4.663,75 | 2.900,00 | 1,265409 | 3.669,69 |
| 196 | mai/15 | 4.663,75 | 2.900,00 | 1,256489 | 3.643,82 |
| 197 | jun/15 | 4.663,75 | 2.900,00 | 1,244173 | 3.608,10 |
| 198 | jul/15 | 4.663,75 | 2.900,00 | 1,234664 | 3.580,53 |
| 199 | ago/15 | 4.663,75 | 2.900,00 | 1,227546 | 3.559,88 |
| 200 | set/15 | 4.663,75 | 2.900,00 | 1,224481 | 3.550,99 |
| 201 | out/15 | 4.663,75 | 2.900,00 | 1,218270 | 3.532,98 |
| 202 | nov/15 | 4.663,75 | 2.900,00 | 1,208963 | 3.505,99 |
| 203 | dez/15 | 4.663,75 | 2.900,00 | 1,195687 | 3.467,49 |
| 204 | jan/16 | 5.189,82 | 3.150,00 | 1,185024 | 3.732,83 |
| 205 | fev/16 | 5.189,82 | 3.150,00 | 1,167397 | 3.677,30 |
| 206 | mar/16 | 5.189,82 | 3.150,00 | 1,156409 | 3.642,69 |

| Sequência | Mês/ano | Valor teto | Salário | Índice | Salário atualizado |
|---|---|---|---|---|---|
| 207 | abr/16 | 5.189,82 | 3.150,00 | 1,151345 | 3.626,74 |
| 208 | mai/16 | 5.189,82 | 3.150,00 | 1,144023 | 3.603,67 |
| 209 | jun/16 | 5.189,82 | 3.150,00 | 1,132921 | 3.568,70 |
| 210 | jul/16 | 5.189,82 | 3.150,00 | 1,127620 | 3.552,00 |
| 211 | ago/16 | 5.189,82 | 3.150,00 | 1,120448 | 3.529,41 |
| 212 | set/16 | 5.189,82 | 3.150,00 | 1,116988 | 3.518,51 |
| 213 | out/16 | 5.189,82 | 3.150,00 | 1,116094 | 3.515,70 |
| 214 | nov/16 | 5.189,82 | 3.150,00 | 1,114199 | 3.509,73 |
| 215 | dez/16 | 5.189,82 | 3.150,00 | 1,113420 | 3.507,27 |
| 216 | jan/17 | 5.531,31 | 3.280,00 | 1,111865 | 3.646,92 |
| 217 | fev/17 | 5.531,31 | 3.280,00 | 1,107212 | 3.631,66 |
| 218 | mar/17 | 5.531,31 | 3.280,00 | 1,104562 | 3.622,96 |
| 219 | abr/17 | 5.531,31 | 3.280,00 | 1,101040 | 3.611,41 |
| 220 | mai/17 | 5.531,31 | 3.280,00 | 1,100161 | 3.608,53 |
| 221 | jun/17 | 5.531,31 | 3.280,00 | 1,096211 | 3.595,57 |
| 222 | jul/17 | 5.531,31 | 3.280,00 | 1,099512 | 3.606,40 |
| 223 | ago/17 | 5.531,31 | 3.280,00 | 1,097646 | 3.600,28 |
| 224 | set/17 | 5.531,31 | 3.280,00 | 1,097975 | 3.601,36 |
| 225 | out/17 | 5.531,31 | 3.280,00 | 1,098195 | 3.602,08 |
| 226 | nov/17 | 5.531,31 | 3.280,00 | 1,094146 | 3.588,80 |
| 227 | dez/17 | 5.531,31 | 3.280,00 | 1,092179 | 3.582,35 |
| 228 | jan/18 | 5.645,80 | 3.375,00 | 1,089348 | 3.676,55 |
| 229 | fev/18 | 5.645,80 | 3.375,00 | 1,086849 | 3.668,12 |
| 230 | mar/18 | 5.645,80 | 3.375,00 | 1,084895 | 3.661,52 |
| 231 | abr/18 | 5.645,80 | 3.375,00 | 1,084137 | 3.658,96 |
| 232 | mai/18 | 5.645,80 | 3.375,00 | 1,081864 | 3.651,29 |
| 233 | jun/18 | 5.645,80 | 3.375,00 | 1,077234 | 3.635,66 |
| 234 | jul/18 | 5.645,80 | 3.375,00 | 1,062046 | 3.584,41 |
| 235 | ago/18 | 5.645,80 | 3.375,00 | 1,059396 | 3.575,46 |
| 236 | set/18 | 5.645,80 | 3.375,00 | 1,059396 | 3.575,46 |
| 237 | out/18 | 5.645,80 | 3.375,00 | 1,056227 | 3.564,77 |
| 238 | nov/18 | 5.645,80 | 3.375,00 | 1,052020 | 3.550,57 |
| 239 | dez/18 | 5.645,80 | 3.375,00 | 1,054656 | 3.559,46 |
| 240 | jan/19 | 5.839,45 | 3.420,00 | 1,053182 | 3.601,88 |
| 241 | fev/19 | 5.839,45 | 3.420,00 | 1,049404 | 3.588,96 |
| 242 | mar/19 | 5.839,45 | 3.420,00 | 1,043769 | 3.569,69 |
| 243 | abr/19 | 5.839,45 | 3.420,00 | 1,035793 | 3.542,41 |
| 244 | mai/19 | 5.839,45 | 3.420,00 | 1,029614 | 3.521,28 |
| 245 | jun/19 | 5.839,45 | 3.420,00 | 1,028073 | 3.516,01 |
| 246 | jul/19 | 5.839,45 | 3.420,00 | 1,027970 | 3.515,66 |
| 247 | ago/19 | 5.839,45 | 3.420,00 | 1,026941 | 3.512,14 |
| 248 | set/19 | 5.839,45 | 3.420,00 | 1,025710 | 3.507,93 |
| 249 | out/19 | 5.839,45 | 3.420,00 | 1,026225 | 3.509,69 |
| 250 | nov/19 | 5.839,45 | 3.420,00 | 1,025815 | 3.508,29 |
| 251 | dez/19 | 5.839,45 | 3.420,00 | 1,020305 | 3.489,44 |
| 252 | jan/20 | 6.101,06 | 3.500,00 | 1,008007 | 3.528,02 |
| 253 | fev/20 | 6.101,06 | 3.500,00 | 1,006095 | 3.521,33 |
| 254 | mar/20 | 6.101,06 | 3.500,00 | 1,004388 | 3.515,36 |
| 255 | abr/20 | 6.101,06 | 3.500,00 | 1,002584 | 3.509,04 |

| Sequência | Mês/ano | Valor teto | Salário | Índice | Salário atualizado |
|---|---|---|---|---|---|
| 256 | mai/20 | 6.101,06 | 3.500,00 | 1,004895 | 3.517,13 |
| 257 | jun/20 | 6.101,06 | 3.500,00 | 1,007413 | 3.525,95 |
| 258 | jul/20 | 6.101,06 | 3.500,00 | 1,004400 | 3.515,40 |

| | |
|---|---|
| **SOMA GERAL DE SALÁRIOS** | **873.309,40** |

| | |
|---|---|
| **MÉDIA GERAL DE SALÁRIOS** = 873.309,40 / 258 | **3.384,92** |

| | |
|---|---|
| Período Básico de Cálculos- 03/1995 a 07/2020 | **305** |
| Quantidade de salários no período básico de cálculo | **258** |

**LEANDERSON CALIPSO LEVINO DA SILVA**

DATA DE INÍCIO DO BENEFÍCIO: **21/08/2020** TRIBUIÇÃO: **21 anos 05 meses e 11 dias**

TEMPO DE CON-

| | |
|---|---|
| **MÉDIA DE 100% DOS SALÁRIOS DE CONTRIBUIÇÃO** | **3.384,92** |
| COEFICIENTE | **91%** |
| **RENDA MENSAL INICIAL** = SB x Coeficiente | **3.080,28** |

| **MÉDIA DOS 12 ÚLTIMOS SALÁRIOS - ART. 29, § 10 - LEI 8.213/91** | | | | | |
|---|---|---|---|---|---|
| **Sequência** | **Mês/ano** | **Valor teto** | **Salário** | **Índice** | **Salário atualizado** |
| 1 | ago/19 | 5.839,45 | 3.420,00 | 1,026941 | 3.512,14 |
| 2 | set/19 | 5.839,45 | 3.420,00 | 1,025710 | 3.507,93 |
| 3 | out/19 | 5.839,45 | 3.420,00 | 1,026225 | 3.509,69 |
| 4 | nov/19 | 5.839,45 | 3.420,00 | 1,025815 | 3.508,29 |
| 5 | dez/19 | 5.839,45 | 3.420,00 | 1,020305 | 3.489,44 |
| 6 | jan/20 | 6.101,06 | 3.500,00 | 1,008007 | 3.528,02 |
| 7 | fev/20 | 6.101,06 | 3.500,00 | 1,006095 | 3.521,33 |
| 8 | mar/20 | 6.101,06 | 3.500,00 | 1,004388 | 3.515,36 |
| 9 | abr/20 | 6.101,06 | 3.500,00 | 1,002584 | 3.509,04 |
| 10 | mai/20 | 6.101,06 | 3.500,00 | 1,004895 | 3.517,13 |
| 11 | jun/20 | 6.101,06 | 3.500,00 | 1,007413 | 3.525,95 |
| 12 | jul/20 | 6.101,06 | 3.500,00 | 1,004400 | 3.515,40 |

| | |
|---|---|
| **SOMA DOS 12 ÚLTIMOS SALÁRIOS** | **42.159,72** |

| | |
|---|---|
| **MÉDIA DOS 12 ÚLTIMOS SALÁRIOS** = 42.159,72 / 12 | **3.513,31** |

De acordo com as informações acima detalhadas, percebe-se que trata-se de segurado empregado, cujo último dia de trabalho foi em 05/08/2020 e o benefício será devido a partir do 16º dia do afastamento, ou seja, 21/08/2020. Os 15 primeiros dias do afastamento é de obrigação da empresa. A média de 100% de todos os salários de contribuição constantes do período básico de cálculo foi fixada no valor de **R$ 3.384,92**. A Renda Mensal Inicial foi fixada em 91% do salário de benefício, no valor de **R$ 3.080,28**, e não poderá superar a média aritmética simples dos 12 últimos salários de contribuição, em atendimento ao disposto no § 10 do Art. 29 da Lei 8.213/91. Como a média dos 12 últimos salários foi fixada no valor de **R$ 3.513,31**, não haverá limitação na renda mensal inicial do benefício, que ficou em patamar inferior à essa média.

## 6. RENDA MENSAL INICIAL DOS BENEFÍCIOS PREVIDENCIÁRIOS – REGRAMENTO ANTIGO E EVOLUÇÃO HISTÓRICA

Além de conhecer o atual regramento do cálculo da renda mensal inicial dos benefícios pagos pela Previdência Social, é curial conhecer a evolução histórica da legislação previdenciária em função do Princípio do *Tempus Regit Actum*, pois a lei em vigor no momento da data de início do benefício ou do direito adquirido forma o seu estatuto de regência, sendo necessário conhecer as normas antigas, que, apesar de revogadas, continuam a gerar efeitos jurídicos em razão de sua ultratividade, situação típica em uma relação jurídica continuada por muitos anos que chega a atravessar décadas.

Assim, uma aposentadoria concedida na década de 1960, se ainda ativa, é regulada pela lei em vigor no momento da sua concessão (estatuto de regência do benefício), razão pela qual não se cuida de mero estudo histórico.

## 6.1. Decreto 35.448/54 (Regulamento Geral dos Institutos de Aposentadorias e Pensões)

O valor das aposentadorias sofreu grandes variações ao longo dessas últimas décadas. Ainda na época dos Institutos de Previdência por categoria profissional, o Regulamento Geral (Decreto 35.448/54) previa três espécies de aposentadorias: por invalidez, por velhice e ordinária.

A **aposentadoria por invalidez** era concedida ao segurado que, após haver percebido auxílio-doença pelo prazo de 24 (vinte e quatro) meses, continuasse incapaz para o seu trabalho e ainda não estivesse habilitado para o exercício de outro, compatível com suas aptidões físicas ou intelectuais, com renda equivalente a 70% (setenta por cento) do salário de benefício, acrescida de mais 1% (um por cento) desse salário, para cada grupo de 12 (doze) contribuições mensais realizadas pelo segurado, até o máximo de 30% (trinta por cento), consideradas como uma única todas as contribuições realizadas em um mesmo mês.

Já a **aposentadoria por velhice** era concedida ao segurado que, após haver realizado 60 (sessenta) contribuições mensais, completasse 65 (sessenta e cinco) ou mais anos de idade e consistia numa renda mensal também correspondente a 70% (setenta por cento) do salário de benefício, acrescida de mais 1% (um por cento) desse salário, para cada grupo de 12 (doze) contribuições mensais realizadas pelo segurado, até o máximo de 30% (trinta por cento), consideradas como uma única todas as contribuições realizadas em um mesmo mês.

De seu turno, a **aposentadoria ordinária** era concedida ao segurado que, contando, no mínimo, com 55 (cinquenta e cinco) anos de idade e 15 (quinze) anos de contribuição, tivesse trabalhado durante 15 (quinze) anos, pelo menos, em serviços que, para esse efeito, fossem, por decreto, considerados penosos ou insalubres, sendo calculada da mesma forma que as aposentadorias por velhice e invalidez.

O Decreto 35.448/54 ainda previa outros benefícios previdenciários. Para os segurados, foram elencados o auxílio-doença, o auxílio-maternidade e o auxílio-funeral. Já os dependentes tinham direito à pensão por morte e o pecúlio.

Deveras, o **auxílio-doença** consistia em uma renda mensal correspondente a 70% (setenta por cento) do salário de benefício ao segurado que, após haver realizado 12 (doze) contribuições mensais, ficasse incapacitado para o seu trabalho por prazo superior a 15 (quinze) dias.

Já o **auxílio-maternidade** garantia à segurada gestante ou ao segurado, pelo parto de sua esposa não segurada, após a realização de 12 (doze) contribuições mensais, uma quantia, paga de uma só vez, igual ao salário mínimo vigente na sede de trabalho do segurado.

Ou seja, naquela época os segurados do sexo masculino percebiam o auxílio-maternidade (atualmente chamado de salário-maternidade), em razão do parto de sua esposa, se esta não fosse segurada.

O **auxílio-funeral** garantia a quem custeasse o funeral do segurado a indenização das despesas comprovadamente feitas para esse fim, até o valor do salário mínimo de adulto vigente na localidade onde se realizasse o enterro.

Equivocadamente foi colocado como benefício do segurado, mas como o fato gerador desta prestação era posterior ao óbito, se conclui que o legislador foi atécnico nessa classificação, pois com a morte extingue-se a personalidade jurídica.

Os dependentes também tinham direito à **pensão por morte**, em razão do falecimento de segurado, aposentado ou não, após haver realizado 12 (doze) contribuições mensais uma importância mensal.

A pensão era calculada da seguinte forma: uma parcela familiar, igual a 30% (trinta por cento) do valor da aposentadoria que o segurado estava percebendo, ou daquela a que teria direito se na data de seu falecimento fosse aposentado, e mais tantas parcelas iguais, cada uma, a 10% (dez por cento) do valor da mesma aposentadoria quantos forem os dependentes do segurado, não podendo ser inferior a 50% do valor da aposentadoria ou superior a esta.

Os dependentes que não tinham direito à pensão por morte, pois não integralizada a carência, tinham direito a um **pecúlio** em dinheiro, igual ao dobro das contribuições realizadas pelo segurado, acrescidas da taxa de 4% (quatro por cento) ao ano.

## 6.2. Lei 3.807/1960 (Lei Orgânica da Previdência Social – LOPS)

A LOPS inaugurou um novo regime previdenciário do Brasil, sofrendo dezenas de alterações até a sua revogação tácita pela Lei 8.213/91.

Em seu texto original, foram previstos os seguintes benefícios para os segurados: a) auxílio-doença; b) aposentadoria por invalidez; c) aposentadoria por velhice; d) aposentadoria especial; e) aposentadoria por tempo de serviço; f) auxílio-natalidade; g) pecúlio; h) assistência financeira.

Já os dependentes tinham direito aos seguintes benefícios: a) pensão; b) auxílio-reclusão; c) auxílio-funeral; d) pecúlio.

Ainda foram arrolados serviços previdenciários a serem prestados aos segurados e aos seus dependentes: a) assistência médica; b) assistência alimentar; c) assistência habitacional; d) assistência complementar; e) assistência reeducativa e de readaptação profissional.

O **auxílio-doença** era concedido ao segurado que, após haver realizado 12 (doze) contribuições mensais, ficasse incapacitado para o seu trabalho por prazo superior a 15 (quinze) dias, com renda mensal correspondente a 70% (setenta por cento) do salário de benefício, acrescida de 1% (um por cento) desse salário para cada grupo de 12 (doze) contribuições mensais realizadas pelo segurado até o máximo de 20% (vinte por cento), consideradas, como uma única, todas as contribuições realizadas em um mesmo mês.

A **aposentadoria por invalidez** era concedida ao segurado que, após haver percebido auxílio-doença pelo prazo de 24 (vinte e quatro) meses, continuasse incapaz para o seu trabalho e não estivesse habilitado para o exercício de outro, compatível com as suas aptidões, calculada à razão 70% (setenta por cento) do salário de benefício, acrescida de mais 1% (um por cento) deste salário, para cada grupo de 12 (doze) contribuições mensais realizadas pelo segurado, até o máximo de 30% (trinta por cento), consideradas como uma única todas as contribuições realizadas em um mesmo mês.

Em seguida era prevista a **aposentadoria por velhice**, que era concedida ao segurado que, após realizar 60 (sessenta) contribuições mensais, tivesse completado 65 (sessenta e cinco) ou mais anos de idade, quando do sexo masculino, e 60 (sessenta) anos de idade, quando do feminino, com renda mensal idêntica à aposentadoria por invalidez.

Já a **aposentadoria especial** era concedida ao segurado que, contando no mínimo 50 (cinquenta) anos de idade e 15 (quinze) anos de contribuições tivesse trabalhado durante 15 (quinze), 20 (vinte) ou 25 (vinte e cinco) anos pelo menos, conforme a atividade profissional, em serviços, que, para esse efeito, fossem considerados penosos, insalubres ou perigosos, por Decreto do Poder Executivo, com renda mensal calculada da mesma forma que a aposentadoria por invalidez e por velhice.

A **aposentadoria por tempo de serviço** era concedida ao segurado que completasse 30 (trinta) e 35 (trinta e cinco) anos de serviço, respectivamente, com 80% (oitenta por cento) do salário de benefício no primeiro caso, e, integralmente, no segundo, exigindo-se em ambos os casos a idade mínima de 55 anos de idade, inexistindo diferenciação entre homens e mulheres.

Ou seja, no Brasil, já existiu idade mínima para a concessão da aposentadoria por tempo de serviço, mas que durou poucos anos, pois a Lei 4.130, de 21.05.1962, promulgada pelo então Presidente João Goulart, revogou essa exigência para a concessão da aposentadoria por tempo de serviço integral e proporcional.

A redação original da LOPS também previa o **auxílio-natalidade** à segurada gestante, ou ao segurado pelo parto de sua esposa não segurada ou de pessoa designada, desde que inscrita esta pelo menos 300 (trezentos) dias antes do parto, após a realização de 12 (doze) contribuições mensais, uma quantia, paga de uma só vez igual ao salário mínimo vigente na sede do trabalho do segurado.

O **pecúlio** era um benefício pago por invalidez ou morte do segurado antes de completar o período de carência, sendo-lhe restituída ou aos seus beneficiários, em dobro, a importância das contribuições realizadas, acrescidas dos juros de 4% (quatro por cento).

Existia um benefício *sui generis* chamado de assistência financeira ao segurado e seus dependentes, concedido para empréstimos simples; para construção ou aquisição de imóvel destinado, exclusivamente à sua moradia; ou para fiança de garantia de aluguel da própria residência.

A **pensão por morte** era garantida aos dependentes do segurado, aposentado ou não, que falecesse, após haver realizado 12 (doze) contribuições mensais, sendo constituída de uma parcela familiar, igual a 50% (cinquenta por cento) do valor da aposentadoria que o segurado percebia ou daquela a que teria direito se na data do seu falecimento fosse aposentado, e mais tantas parcelas iguais, cada uma, a 10% (dez por cento) do valor da mesma aposentadoria quantos fossem os dependentes do segurado, até o máximo de 5 (cinco), não podendo ser inferior a 50% (cinquenta por cento) da aposentadoria que o segurado percebia ou a que teria direito.

Nesta época apenas o marido inválido era dependente da segurada, razão pela qual era a única hipótese do homem perceber a pensão por morte.

Os dependentes do segurado detento ou recluso ainda tinham direito ao **auxílio-reclusão**, desde que o segurado não percebesse qualquer espécie de remuneração da empresa, e que tivesse realizado no mínimo 12 (doze) contribuições mensais, com renda calculada da mesma forma que a pensão por morte.

Por fim, a LOPS previa o **auxílio-funeral**, cuja importância não excedia duas vezes o salário-mínimo da sede do trabalho do segurado, sendo devido ao executor do funeral para cobrir as despesas, dobrado o valor se o executor do funeral fosse dependente do segurado.

## 6.3. Lei 5.316/1967 (integrou o seguro de acidentes de trabalho na previdência social)

Com o advento da Lei 5.316/67, o seguro de acidente de trabalho saiu da iniciativa privada e passou a ser gerenciado pela Previdência Social, pois até então as empresas eram obrigadas a contratar seguradoras privadas para cobrir o risco social "acidente de trabalho", nos termos do Decreto-lei 7.036/1944 e do Decreto-lei 237/1967.

De efeito, passou a existir o benefício do **auxílio-acidente**, a ser concedido em caso de redução permanente da capacidade para o trabalho em percentagem superior a 25% (vinte e cinco por cento), independentemente de qualquer remuneração ou outro entendimento, reajustável na forma da legislação previdenciária, calculado com base no salário de contribuição devido ao empregado no dia do acidente.

Por sua vez, o **auxílio-doença**, a aposentadoria por invalidez e a pensão por morte por acidente de trabalho passaram a ter uma fórmula de cálculo diferenciada. De efeito, o auxílio-doença passou a corresponder ao valor mensal igual ao do salário de contribuição devido ao empregado no dia do acidente, deduzida a contribuição previdenciária, não podendo ser inferior ao seu salário de benefício, com a mesma dedução.

Já a **aposentadoria por invalidez** e a **pensão por morte** equivaliam ao valor mensal igual ao do salário de contribuição devido ao empregado no dia do acidente, não podendo ser inferior ao seu salário de benefício.

## 6.4. Lei Complementar 11/1971

A Lei Complementar 11/1971 promoveu a inserção previdenciária dos trabalhadores rurais, que passaram a contar com um regime previdenciário específico, diverso do regime urbano.

Deveras, foi criado o Programa de Assistência ao Trabalhador Rural (PRO-RURAL), bem como o Fundo de Assistência ao Trabalhador Rural - FUNRURAL, diretamente subordinado ao Ministro do Trabalho e Previdência Social, ao qual foi atribuída personalidade jurídica de natureza autárquica, a ele cabendo a execução do Programa de Assistência ao Trabalhador Rural.

Aos trabalhadores rurais eram devidos os seguintes benefícios: aposentadoria por velhice, aposentadoria por invalidez e auxílio-funeral. Já os seus dependentes tinham direito à pensão por morte e ao auxílio-funeral.

A **aposentadoria por velhice** correspondia a uma prestação mensal equivalente a 50% (cinquenta por cento) do salário-mínimo de maior valor no País, e era devida ao trabalhador rural que tivesse completado 65 (sessenta e cinco) anos de idade.

Já a **aposentadoria por invalidez** era paga no mesmo valor da aposentadoria por velhice, devida na hipótese de trabalhador rural vítima de enfermidade ou lesão orgânica, total ou definitivamente incapaz para o trabalho.

De seu turno, a **pensão por morte** era paga no valor equivalente a 30% do maior salário mínimo vigente no Brasil, ao passo que o **auxílio-funeral** equivalia a um salário-mínimo de maior valor vigente no País, sendo devido por morte do trabalhador rural, chefe ou arrimo da unidade familiar, ou de seu cônjuge dependente, e pago a quem dependente ou não, houvesse, comprovadamente, promovido, às suas expensas, o sepultamento.

Como se viu, as aposentadorias e pensões tinham o valor inferior a um salário mínimo, o que vigorou até o advento da Constituição de 1988, quando esses benefícios foram elevados a um salário mínimo, sendo extinto o PRO-RURAL com o advento da Lei 8.213/91, pois unificados os regimes previdenciários da zona urbana e rural.

## 6.5. Lei 5.890/1973

A Lei 5.890/73 promoveu modificações da LOPS, com a revogação de alguns artigos e a reforma de outros.

Foi corretamente extinto o benefício da assistência financeira e criado o salário-família, bem como passou a existir o serviço previdenciário de assistência farmacêutica e odontológica, sendo extintos os serviços de assistência alimentar e educacional.

Pelo artigo 3º, § 5º, da Lei 5.890/73, foram instituídos valores mínimos para os benefícios previdenciários, tomando por base o salário mínimo mensal de adulto vigente na localidade de trabalho do segurado: 90% (noventa por cento) para os casos de aposentadoria; 75% (setenta e cinco por cento), para os casos de auxílio-doença; 60% (sessenta por cento), para os casos de pensão.

Essa norma promoveu alterações no cálculo da aposentadoria por tempo de serviço. Aos 30 anos de serviço, as mulheres passaram a ter direito à aposentadoria calculada em 100% do salário de benefício, ao passo que os homens à razão de 80% do salário de benefício, até a importância do menor valor teto (10 salários mínimos), sendo integral para os homens apenas aos 35 anos de serviço, pois a cada ano acima dos 35 somava-se 4% na renda.

Assim, as mulheres passaram a ter melhores regras para se aposentar por tempo de serviço integralmente aos 30 anos de serviço, o que se mantém até a atualidade.

## 6.6. Lei 6.179/1974

A Lei 6.179/74 instituiu a renda mensal vitalícia, benefício previdenciário para o maior de 70 anos ou inválido que não tivesse atividade remunerada, não sendo mantido por pessoa que dependesse obrigatoriamente e não tivesse como prover o sustento, no valor de um salário mínimo, desde que o segurado tivesse se filiado à Previdência por, no mínimo, 12 meses; tivesse exercido atividade remunerada, por, no mínimo, 05 anos, posteriormente abarcada pelo FUNRURAL ou regime previdenciário urbano; se filiasse à antiga Previdência Urbana após os 60 anos de idade, sem direito aos benefícios regulamentares.

Não podia ser acumulado com nenhum benefício do RGPS, da antiga Previdência Urbana ou Rural, ou mesmo de outro regime.

## 6.7. Lei 6.210/1975

A Lei 6.210/75 alterou mais uma vez a cálculo da aposentadoria por tempo de serviço para os homens. De acordo com o seu artigo 5º, para o segurado do sexo masculino que continuasse em atividade após 30 (trinta) anos de serviço, o valor da aposentadoria seria acrescido de 3% (três por cento) do salário de benefício para cada novo ano completo de atividade abrangida pela Previdência Social, **até o máximo de 95% (noventa e cinco por cento) desse salário aos 35 (trinta e cinco) anos de serviço.**

Ou seja, os homens não mais tiveram direito a uma aposentadoria por tempo de serviço integral (100% do salário de benefício), pois o máximo que perceberam foi 95% do salário de benefício, o que também foi estendido às mulheres, pois o artigo 5º, da Lei 6.210/75, previu que as aposentadorias por tempo de serviço não ultrapassavam a 95% do salário de benefício.

## 6.8. Lei 6.260/1975

Coube à Lei 6.260/75 instituir regime previdenciário específico em favor dos empregadores rurais e os seus dependentes, cabendo ao FUNRURAL a sua gestão, com vigência a contar de 1º de janeiro de 1976 e com aplicação supletiva, no que for compatível, da LC 11/1971, a exemplo do rol de dependentes do segurado.

Era considerada como empregadora rural a pessoa física, proprietário ou não, que, em estabelecimento rural ou prédio rústico, explore, com o concurso de empregados, em caráter permanente, diretamente ou através de prepostos, atividade agroeconômica, assim entendidas as atividades agrícolas, pastoris, hortigranjeiras ou a indústria rural, bem como a extração de produtos primários, vegetais ou animais.

Por outro lado, não era considerada como empregadora rural para fins previdenciários a pessoa física ou jurídica que, habitualmente, em caráter profissional, e por conta de terceiros, execute serviços de natureza agrária, mediante utilização do trabalho de outrem.

Mas era exigido o efetivo recolhimento da contribuição previdenciária para a filiação do empregador rural como segurado do FUNRURAL, mediante o pagamento de uma contribuição anual obrigatória, a cargo do empregador rural, pagável até 31 de março de cada ano, e correspondente a 12% (doze por cento):

> I – de um décimo do valor da produção rural do ano anterior, já vendida ou avaliada segundo as cotações do mercado; e
>
> II – de um vigésimo do valor da parte da propriedade rural porventura mantida sem cultivo, segundo a última avaliação efetuada pelo INCRA.

O valor total que servirá de base de cálculo para a contribuição anual devida pelo empregador rural não será inferior a 12 (doze) nem superior a 120 (cento e vinte) salários mínimos de maior valor vigente no País, arredondando-se as frações para o milhar de cruzeiros imediatamente superior.

Ademais, o empregador rural que entrar em gozo de aposentadoria continuará obrigado à contribuição que lhe couber, se prosseguir na exploração da respectiva atividade ou voltar a explorá-la em decorrência do Princípio da Solidariedade.

O empregador rural que perder essa qualidade e não estiver obrigado a ingressar em outro regime de previdência social poderá permanecer filiado ao FUNRURAL mediante o continuado pagamento da contribuição anual, prevalecendo, para tanto, o valor da última que haja recolhido, que não poderá ser inferior à contribuição mínima acima referida (espécie de segurado facultativo).

Demais disso, não será beneficiário do FUNRURAL, ficando desobrigado de pagar a contribuição nessa qualidade, o empregador rural que exercer, também, atividade diversa, em virtude da qual seja segurado obrigatório de outra entidade de previdência Social, sendo filiado à Previdência Urbana.

Outrossim, o diretor, sócio-gerente, sócio solidário, sócio cotista que receba *pro labore* e sócio de indústria em empresa de natureza agrária ou que preste serviços dessa natureza, são segurados obrigatórios do INPS.

Sobre o tema, veja-se o STJ:

> "TRIBUTÁRIO. AGRAVO REGIMENTAL. SEGURIDADE SOCIAL. CONTRIBUIÇÃO. LEI Nº 8.212/91. ART. 25, I. VALOR DE COMERCIALIZAÇÃO DOS PRODUTOS RURAIS. LC 11/71, ART. 15, II. INCIDÊNCIA. 1. A contribuição previdenciária instituída pela Lei Complementar 11/71, PRO-RURAL, foi recepcionada pela Constituição Federal de 1988. 2. A edição da Lei 7.787/89 consignou a substituição da alíquota fracionada de 18,2% para a alíquota única de 20%, especificando-se no artigo 3º, § 1º, que a unificação implicava a extinção do PRO-RURAL como entidade isolada a partir de 1º de setembro de 1989. 3. Deveras, o PRO-RURAL era

custeado por contribuição devida pelas empresas, sobre a folha de salários, bem como pelo produtor rural, sobre o valor comercial dos produtos rurais. 4. Consectariamente, a Lei7.789/89 extinguiu a contribuição ao PRO-RURAL relativa à folha de salários, subsistindo a contribuição sobre a comercialização dos produtos rurais (art. 15, II da LC nº 11/71). 5. A extinção da contribuição sobre o valor comercial dos produtos rurais sobreviveu à Lei 7.787/89, tendo sido extinta, expressamente, pela Lei 8.213/91, nos termos do art. 138, verbis: "Ficam extintos os regimes de Previdência Social instituídos pela Lei Complementar nº 11, de 25 de maio de 1971, e pela Lei nº 6.260, de 6 de novembro de 1975, sendo mantidos, com valor não inferior ao do salário mínimo, os benefícios concedidos até a vigência desta Lei". 6. A instituição do novo Plano de Custeio da Previdência Social (Lei 8.212/91), com a unificação dos regimes de previdência urbana e rural, também não importou na extinção total dessa forma de contribuição. Nesse sentido, a norma, em sua redação original (art. 25), manteve a contribuição incidente sobre o resultado da comercialização, imputada, verbi gratia, aos então denominados segurados especiais (produtor rural individual, sem empregados, ou que exerce a atividade rural em regime de economia familiar). 7. Os produtores rurais empregadores, pessoas físicas equiparadas a autônomos pela legislação previdenciária (Lei 8.212/91, art. 12, V, "a"), bem como pessoas jurídicas (empresas rurais), passaram a recolher contribuições sobre a folha de salários de seus empregados (idem, art. 15, I e par. único, c/c art. 22), sistemática que se manteve até a edição das Leis 8.540/92 e 8.870/94, respectivamente. 8. Posteriormente, o legislador entendeu por alargar a base de incidência das contribuições sobre a produção, em detrimento da incidente sobre a folha de salários. Os produtores rurais empregadores pessoas físicas voltaram a recolher sobre o resultado das vendas a partir da Lei 8.540/92, que deu nova redação ao art. 25 da Lei 8.212/91, atribuindo-lhes a obrigação de contribuir da mesma forma que os segurados especiais, e exonerando-os da contribuição sobre a folha de salários de seus empregados (§ 5º do art. 22 da Lei 8.212/91, acrescido pela Lei 8.540/92). Finalmente, a Lei nº 10.256/2001 regulou a contribuição sobre a produção rural em substituição àquela incidente sobre a remuneração dos empregados e trabalhadores avulsos. **9. Assim, tem-se, para o produtor rural pessoa física empregador, que: a) a contribuição ao PRORURAL que incidia sobre a comercialização de produtos agrícolas (art. 15, I 'a' e 'b', da LC n.º 11/71) permaneceu incólume até a edição da Lei n.º 8.213/91, quando foi suprimida;** b) a Lei N.º 8.212/91 equiparou o empregador rural pessoa física à empresa, sujeitando-o a contribuir sobre a folha de salários, exigível a partir de 24/10/91; c) a Lei n.º 8.540/92 o incluiu entre os obrigados a contribuir sobre a comercialização de sua produção rural, exação que passou a ser exigível em 23/03/93, em razão do princípio da anterioridade nonagesimal. d) a Lei nº 10.256/2001 fixou que a contribuição sobre a produção rural substitui apenas aquela incidente sobre a remuneração dos empregados e trabalhadores avulsos. 10. A Lei n.º 8.213/91, no que se refere à revogação das contribuições previstas em seu art. 138, somente entrou em vigor em novembro de 1991, nos termos do Parágrafo Único, do art. 161, do Decreto n.º 356, de 07/12/1991, verbis:"Art. 161. As contribuições devidas à Previdência Social que tenham sido criadas, majoradas ou estendidas pela Lei nº 8.212, de 24 de julho de 1991, serão exigíveis a partir da competência novembro de 1991. Parágrafo único. Às contribuições devidas à Seguridade Social até a competência outubro de 1991 são regidas pela legislação anterior à Lei nº 8.212, de 24 de julho de 1991." 11. A corroborar referido entendimento o RESP n.º 332..663/SC, Rel. Ministro JOSÉ DELGADO, PRIMEIRA TURMA, julgado em 20.06.2002, DJ 16.09.2002 p. 148, verbis: TRIBUTÁRIO. FUNRURAL. 1. A contribuição para o FUNRURAL, incidente sobre as operações econômicas de aquisição de produtos rurais pelas empresas, é devida até o advento da Lei nº 8.213/91, de novembro do mesmo ano. 2. O art. 138, da Lei nº 8.213/91, na expressão cogente de sua mensagem, unificou o regime de custeio da previdência social. 3. O art. 3º, I, da Lei nº 7.787/89, conforme claramente explicita, não suprimiu a contribuição do FUNRURAL sobre as transações de aquisição de produtos rurais. Tal só ocorreu com o art. 138, da Lei 8.213/91. 4. Recurso provido para reconhecer devido o FUNRURAL sobre o valor comercial dos produtos rurais até novembro de 1991 (art. 138, da Lei 8.213/91). 12. In casu, os recorrentes, produtores rurais empregadores, consoante consignado no acórdão recorrido (fls. 164/167), limitaram a sua pretensão aos fatos ocorridos a partir de maio de 1997, após a entrada em vigor da Lei 8.540/92 (23/03/93), que obrigava ao recolhimento da contribuição sobre o valor comercial dos produtos rurais, razão pela qual não merece qualquer reforma o aresto recorrido. 13. Agravo regimental desprovido" (AGRESP 1098545, de 18/6/2009).

Foram previstas as seguintes prestações previdenciárias:

I – quanto ao empregador rural:

a) **aposentadoria por invalidez – renda mensal correspondente a 90% de 1/12 da média dos três últimos valores sobre os quais tenha incidido a contribuição anual, arredondando-se o resultado para a unidade de cruzeiro imediatamente superior – carência de 12 meses após o pagamento da primeira contribuição, anual, desde que efetuado o recolhimento da segunda;**

b) **aposentadoria por velhice – renda mensal correspondente a 90% de 1/12 da média dos três últimos valores sobre os quais tenha incidido a contribuição anual, arredondando-se o resultado para a unidade de cruzeiro imediatamente superior – carência de 12 meses após o pagamento da primeira contribuição, anual, desde que efetuado o recolhimento da segunda;**

II – quanto aos dependentes do empregador rural:

a) **pensão – valor correspondente a 70% (setenta por cento) da aposentadoria – carência de 12**

**meses após o pagamento da primeira contribuição, anual, desde que efetuado o recolhimento da segunda;**

b) **auxílio-funeral - concedido e pago nas mesmas bases e condições vigorantes no instituto Nacional de Previdência Social (INPS) - carência de 12 meses após o pagamento da primeira contribuição, anual, desde que efetuado o recolhimento da segunda.**

III - quanto aos benefícios em geral:

a) **serviços de saúde - carência de 30 (trinta) dias após o pagamento da primeira contribuição anual;**

b) **readaptação profissional - carência de 30 (trinta) dias após o pagamento da primeira contribuição anual;**

c) **serviço social - carência de 30 (trinta) dias após o pagamento da primeira contribuição anual.**

Esta Lei 6.260/1975 acabou sendo revogada pelo artigo 138, Lei 8.213/91[33], tendo aplicabilidade até a vigência do RGPS à luz do Princípio do *Tempus Regit Actum*, pois o empregador rural passou a se enquadrar como contribuinte individual (expressão da Lei 9.876/99) ou segurado especial, quando a contratação não ultrapassa a 120 pessoas/dia/ano civil e o imóvel rural mede até 4 módulos fiscais.

## 6.9. Lei 6.367/1976

Esta norma alterou o valor do auxílio-doença por acidente de trabalho, que passou a corresponder a 92% (noventa e dois por cento) do salário de contribuição do empregado, vigente no dia do acidente, não podendo ser inferior a 92% (noventa e dois por cento) de seu salário de benefício.

Outrossim, o auxílio-acidente foi fixado em 40% da média dos doze últimos salários de contribuição anteriores ao acidente, a teor do artigo 6º, da Lei 6.367/76[34], que era concedido na hipótese de sequela que impossibilitasse o segurado de exercer a atividade habitual, mas não outra atividade.

Se não houvesse impedimento para o exercício da atividade habitual em razão da sequela, era concedido um auxílio mensal equivalente a 20% do salário de contribuição do dia do acidente[35], que passou a ser chamado de **auxílio-suplementar** pelo artigo 240, do Decreto 83.080/79.

A Lei 6.367/76 ainda previu **dois pecúlios** a serem pagos nos casos de morte do segurado por acidente de trabalho[36] ou em razão da concessão de aposentadoria por invalidez por acidente laboral[37].

## 6.10. Constituição Federal de 1988 (texto original)

Com o novo regime constitucional, assegurou-se aposentadoria aos sessenta e cinco anos de idade, para o homem, e aos sessenta, para a mulher, reduzido em cinco anos o limite de idade para os trabalhadores rurais de ambos os sexos e para os que exerçam suas atividades em regime de economia familiar, neste incluídos o produtor rural, o garimpeiro e o pescador artesanal.

Ou seja, os trabalhadores rurais e equiparados passaram a se aposentar por idade com redução em cinco anos em razão da penosidade do labor campesino, pesqueiro e garimpeiro.

Ademais, a pensão por morte foi assegurada aos homens, casados ou conviventes, que não mais precisavam ser inválidos para percebê-la, como ocorreu anteriormente.

---

33. Art. 138. Ficam extintos os regimes de Previdência Social instituídos pela Lei Complementar nº 11, de 25 de maio de 1971, e pela Lei nº 6.260, de 6 de novembro de 1975, sendo mantidos, com valor não inferior ao do salário mínimo, os benefícios concedidos até a vigência desta Lei.

34. Art. 6º O acidentado do trabalho que, após a consolidação das lesões resultantes do acidente, permanecer incapacitado para o exercício da atividade que exercia habitualmente, na época do acidente, mas não para o exercício de outra, fará jus, a partir da cessação do auxílio-doença, a auxílio-acidente.

§ 1º O auxílio-acidente, mensal, vitalício e independente de qualquer remuneração ou outro benefício não relacionado ao mesmo acidente, será concedido, mantido e reajustado na forma do regime de Previdência Social do INPS e corresponderá a 40% (quarenta por cento) do valor de que trata o inciso II do artigo 5º desta Lei, observado o disposto no § 4º do mesmo artigo.

§ 2º A metade do valor do auxílio-acidente será incorporada ao valor da pensão quando a morte do seu titular não resultar de acidente do trabalho.

3º O titular do auxílio-acidente terá direito ao abono anual.

35. Art. 9º O acidentado do trabalho que, após a consolidação das lesões resultantes do acidente, apresentar, como seqüelas definitivas, perdas anatômica ou redução da capacidade funcional, constantes de relação previamente elaborada pelo Ministério da Previdência e Assistência Social – MPAS, as quais, embora não impedindo o desempenho da mesma atividade, demandem, permanentemente, maior esforço na realização do trabalho, fará jus, a partir da cessação do auxílio-doença, a um auxílio mensal que corresponderá a 20% (vinte por cento) do valor de que trata o inciso II do artigo 5º desta Lei, observado o disposto no § 4º do mesmo artigo.

36. **Art. 7º** Em caso de morte decorrente de acidente do trabalho, será também devido aos dependentes do acidentado um pecúlio no valor de 30 (trinta) vezes o valor de referência, fixado nos termos da Lei nº 6.205, de 29 de abril de 1975, vigente na localidade de trabalho do acidentado.

37. **Art. 8º** Em caso de aposentadoria por invalidez, decorrente de acidente de trabalho, será devido, também, ao acidentado, um pecúlio de 15 (quinze) vezes o valor de referência, fixado nos termos da Lei nº 6.205, de 29 de abril de 1975, vigente na localidade de trabalho do acidentado.

Foram previstas regras para a aposentadoria integral e proporcional. De efeito, garantiu-se a aposentadoria após trinta e cinco anos de trabalho, ao homem, e, após trinta, à mulher, ou em tempo inferior, se sujeitos a trabalho sob condições especiais, que prejudiquem a saúde ou a integridade física, definidas em lei, facultando-se aposentadoria proporcional, após trinta anos de trabalho, ao homem, e, após vinte e cinco, à mulher (texto original).

Da mesma forma, previu-se a aposentadoria após trinta anos de serviço em favor do professor, e, após vinte e cinco anos de serviço para a professora, por efetivo exercício de função de magistério (texto original).

## 6.11. Lei 8.213/91 (redação original) e alterações posteriores

Com a Lei 8.213/91, que teve lastro de validade na Constituição Federal de 1988, inaugurou-se de vez um novo regime jurídico previdenciário, pois algumas normas constitucionais dependiam de regulamentação para ter plena eficácia, bem como coube ao legislador ordinário estruturar a nova Previdência Social, através de um Regime Geral, selando o fim da divisão dos Regimes Previdenciários em Urbano e Rural.

Em sua redação originária, foram previstos os seguintes benefícios para os segurados: aposentadoria por idade, por invalidez, por tempo de serviço e especial; auxílio-doença; salário-família; salário-maternidade; auxílio-acidente e abono de permanência em serviço.

Atualmente não mais existe o abono de permanência em serviço. Era devido ao segurado que satisfizesse os requisitos para a aposentadoria por tempo de serviço integral (35 anos, homem, ou 30 anos, se mulher) e optassem não se aposentar, sendo correspondente a 25% do valor da aposentadoria, não se incorporando à aposentadoria ou pensão. Era previsto no artigo 87, da Lei 8.213/91, tendo sido extinto pela Lei 8.870/94.

Já para os dependentes foram previstos os benefícios do auxílio-reclusão e da pensão por morte, que continuam presentes até a atualidade.

De maneira transitória, foram previstos o **auxílio-funeral** e o **auxílio-natalidade**. Este último era devido ao segurado em razão do nascimento do filho, desde que a sua remuneração fosse inferior ao limite legal, com carência de 12 contribuições mensais. Tinha previsão no artigo 140, da Lei 8.213/91, mas foi extinto pelo Decreto 1.744/95, a partir de 1º de janeiro de 1996, que regulamentou a Lei 8.742/93.

Já o auxílio-funeral era devido por morte de segurado empregado, avulso, contribuinte individual e segurado especial, cuja remuneração no óbito fosse inferior ao limite legal, sem carência, visando assegurar o pagamento das despesas de sepultamento, até o teto. Foi previsto no artigo 141, da Lei 8.213/91, mas foi extinto pelo Decreto 1.744/95, a partir de 1º de janeiro de 1996, que regulamentou a Lei 8.742/93.

Ainda existia o **pecúlio**, previsto no artigo 81, da Lei 8.213/91, em uma prestação única paga ao segurado, correspondente à devolução daquilo que tivesse sido pago a título de contribuição previdenciária, nas seguintes hipóteses: segurado incapacitado para o trabalho antes da carência (extinto pela Lei 9.129/95); ao segurado aposentado por idade ou por tempo de serviço pelo RGPS que voltasse a exercer atividade (extinto pela Lei 8.870/94); ao segurado e dependentes, em caso de invalidez ou morte decorrente de acidente de trabalho (extinto pela Lei 9.129/95).

A **renda mensal vitalícia** foi revogada pelo Decreto 1.744/95, a partir de 01.01.1996, que regulamentou a Lei 8.742/93, pois substituído pelo amparo assistencial do idoso (benefício previdenciário substituído por assistencial).

O **auxílio-suplementar**, previsto no artigo 240, do Decreto 83.080/79, foi extinto com o advento da Lei 8.213/91 que não o previu, coexistindo na época com o auxílio-acidente.

Na época na promulgação da Lei 8.213/91, o auxílio-doença correspondia a 80% (oitenta por cento) do salário de benefício, mais 1% (um por cento) deste, por grupo de 12 (doze) contribuições, não podendo ultrapassar 92% (noventa e dois por cento) do salário de benefício; ou 92% (noventa e dois por cento) do salário de benefício ou do salário de contribuição vigente no dia do acidente, o que for mais vantajoso, caso o benefício seja decorrente de acidente do trabalho.

Com o advento da Lei 9.032/95, foi fixado em valor único equivalente a 91% do salário de benefício, independentemente de decorrer de acidente de trabalho.

Na redação originária do artigo 86, da Lei 8.213/91, o auxílio-acidente só era cabível por acidente de trabalho, à razão de 30%[38], 40%[39] ou 60%[40] do salário de contribuição do segurado vigente no dia do acidente, não podendo ser inferior a esse percentual do seu salário de benefício.

Destarte, o percentual do auxílio-acidente variava de acordo com a gravidade da sequela do segurado, tendo por base de cálculo o salário de contribuição do dia do acidente.

---

38. Redução da capacidade laborativa que exija maior esforço ou necessidade de adaptação para exercer a mesma atividade, independentemente de reabilitação profissional.

39. Redução da capacidade laborativa que impeça, por si só, o desempenho da atividade que exercia à época do acidente, porém, não o de outra, do mesmo nível de complexidade, após reabilitação profissional.

40. Redução da capacidade laborativa que impeça, por si só, o desempenho da atividade que exercia à época do acidente, porém não o de outra, de nível inferior de complexidade, após reabilitação profissional.

Contudo, o auxílio-acidente teve o valor alterado com o advento da Lei 9.032/95, tendo o seu percentual e base de cálculo modificados, pois passou a corresponder a 50% (e não mais 30%, 40% ou 60%) do salário de benefício (e não mais do salário de contribuição do dia do acidente).

Com o advento da Lei 8.213/91, a redação original do artigo 75 previa que o valor mensal da pensão por morte era constituído de uma parcela, relativa à família, de 80% (oitenta por cento) do valor da aposentadoria que o segurado recebia ou a que teria direito, se estivesse aposentado na data do seu falecimento, mais tantas parcelas de 10% (dez por cento) do valor da mesma aposentadoria quantos forem os seus dependentes, até o máximo de 2 (duas); ou de 100% (cem por cento) do salário de benefício ou do salário de contribuição vigente no dia do acidente, o que for mais vantajoso, caso o falecimento seja consequência de acidente do trabalho.

Apenas com o advento da Lei 9.032/95 a pensão por morte passou a ser paga à razão de 100% do salário de benefício. Em seguida, surgiu a Lei 9.528/97 que mais uma vez alterou o valor da renda mensal da pensão por morte, que passou a ser de 100% do valor da aposentadoria que o segurado recebia ou daquela a que teria direito se estivesse aposentado por invalidez na data de seu falecimento.

Com o advento da Medida Provisória 664/2014, o valor da pensão por morte foi reduzido para 50% do valor da aposentadoria que o segurado recebia ou daquela a que teria direito se estivesse aposentado por invalidez na data de seu falecimento, acrescido de tantas cotas individuais de dez por cento do valor da mesma aposentadoria, quantos forem os dependentes do segurado, até o máximo de cinco. No entanto, esta redução não prosperou, sendo restaurada a pensão por morte integral com a advento da Lei 13.135/2015.

## 6.12. Emenda 20/1998

Por sua vez, com o advento da Emenda 20/1998, foram extintas as aposentadorias por tempo de serviço proporcional e integral, entrando em cena a aposentadoria por tempo de contribuição, que pelas regras atuais terá a renda mensal de 100% do salário de benefício, com a incidência obrigatória do fator previdenciário após a Lei 9.876/99.

A aposentadoria por tempo de serviço proporcional era devida aos segurados homem ou mulher, que contassem com 30 e 25 anos de serviço, respectivamente, e carência de 180 contribuições mensais (observada à regra de transição do artigo 142, da Lei 8.213/91), à razão de 70% do salário de benefício, acrescida de 6% por ano que ultrapassasse o período citado, até o máximo de 100% do salário de benefício.

Para as pessoas que eram seguradas do RGPS em 16.12.1998, data de vigência da Emenda 20, a aposentadoria por tempo de contribuição proporcional foi mantida em regra de transição, à razão de 70% do salário de benefício, somado a 5% por ano de contribuição que supere a soma de 30 anos (homem) ou 25 anos de contribuição (mulher) com o "pedágio", até o limite de 100% do salário de benefício.

Mas o artigo 9º, da Emenda 20/1998, exige dois pressupostos para a concessão da aposentadoria por tempo de contribuição proporcional para os antigos segurados:

a) **contar no mínimo com 53 anos de idade, se homem, e 48 anos de idade, se mulher;**

b) **um período adicional de contribuição equivalente a 40% do tempo que, na data da publicação da Emenda, faltaria para atingir o limite de tempo constante da alínea anterior ("pedágio").**

Assim, suponha-se que uma mulher contava com 20 anos de serviço em 16.12.1998. Para se beneficiar da regra de transição, além de atingir a idade mínima de 48 anos de idade na data de requerimento do benefício, ele teria que pagar um "pedágio" de 02 anos de contribuição, que equivale a 40% do que faltava para atingir 25 anos de serviço, totalizando 27 anos de contribuição, com renda mensal inicial de 70% do salário de benefício.

De acordo com o entendimento administrativo do INSS, mais favorável aos segurados, esta regra de transição também será aplicável ao segurado filiado ao RGPS até 16 de dezembro de 1998, que perder a qualidade de segurado e vier a reingressar no respectivo regime a partir de 17 de dezembro de 1998, inclusive na hipótese de haver filiação para outro regime de Previdência Social, conquanto teoricamente a perda da qualidade de segurado exclua o direito de gozar da regra de transição, pois rompida a relação previdenciária.

Para os professores em geral, a regra de transição para a aposentadoria por tempo de contribuição proporcional foi diferenciada. Com propriedade, eles terão o tempo de serviço exercido até a publicação da Emenda 20/98 contado com o acréscimo de 17%, se homem, e de 20%, se mulher, desde que se aposentem, exclusivamente, com tempo de efetivo exercício de atividade de magistério.

Ressalte-se que as regras de transição para a aposentadoria integral são inócuas, pois mais rígidas que as vigentes, em razão de não ter sido aprovada a idade mínima para a aposentadoria por tempo de contribuição na votação da Emenda 20/98.

A Emenda 20/98 ainda criou novos requisitos para a concessão do salário-família e do auxílio-reclusão, sendo necessário que o segurado se enquadre como baixa renda. De maneira transitória, o artigo 13, da

Emenda 20/98, fixou a caracterização de baixa renda com a percepção de até R$ 360,00 por mês de remuneração bruta, quantia que vem sendo atualizada anualmente.

## 6.13. Emenda 103/2019

A Reforma Constitucional de 2019 alterou as regras de cálculo da renda mensal das aposentadorias e pensões por morte com uma sistemática provisória inaugurada pelo artigo 26, até que uma lei específica venha disciplinar a matéria. Em seguida o Decreto 10.410/2020 estendeu essa regra para todos os benefícios.

A média aritmética simples passa a ser de todos os salários de contribuição desde 7/1994, e não mais dos 80% maiores, partindo de 60% da média para os homens que tenham até 20 anos de tempo de contribuição e para as mulheres que possuam até 15 anos de contribuição, com acréscimo de 2% por ano excedente, salvo exceções de proventos integrais, a exemplo da aposentadoria por incapacidade permanente decorrente de acidente de trabalho.

Tal sistemática não deveria alcançar o auxílio-doença, o auxílio-acidente, o salário-família e o salário-maternidade, mas a posição governamental foi extensiva.

Ademais, a pensão por morte do segurado ativo passa a ser calculada com base nos proventos da aposentadoria por incapacidade permanente, com a incidência de coeficiente entre 60% e 100%, a depender do número de dependentes habilitados.

Já a renda do auxílio-reclusão foi fixada em um salário mínimo. A sistemática detalhada será apreciada ao longo da obra, tanto em regras permanentes quanto em regras de transição para os antigos segurados.

CAPÍTULO

IV

# BENEFÍCIOS PREVIDENCIÁRIOS: REGRAS BÁSICAS E CÁLCULO DA RENDA MENSAL



Neste Capítulo serão estudadas as prestações previdenciárias, formadas pelos benefícios (obrigações de pagar quantia certa) e pelos serviços (obrigações de fazer) do RGPS devidos aos segurados e aos seus dependentes.

**O objetivo da obra são os cálculos previdenciários. Dessa forma o enfoque será sobre renda mensal e demais cálculos previdenciários, não tendo o desiderato de tratar de todos os temas dos benefícios previdenciários.**

Com relação aos **segurados**, são previstos *oito benefícios previdenciários*:

| Benefícios dos segurados |
|---|
| Aposentadoria por idade e tempo de contribuição (programada – EC 103/2019) |
| Aposentadoria por idade e tempo de contribuição (EC 103/2019) |
| Aposentadoria especial |
| Auxílio-doença (auxílio por incapacidade temporária) |
| Salário-família |
| Salário-maternidade |
| Auxílio-acidente |

Já para os **dependentes** dos segurados são previstos *apenas dois benefícios*:

| Benefícios dos dependentes |
|---|
| Pensão por morte |
| Auxílio-reclusão |

De seu turno, vários benefícios previstos na Lei 8.213/91 foram posteriormente extintos, como o auxílio-natalidade, o auxílio-funeral, o pecúlio, do abono de permanência em serviço e as aposentadorias especiais do jornalista profissional, do jogador de futebol profissional, do telefonista, do juiz classista e do aeronauta.

Outrossim, **a Emenda 103/2019 extinguiu a aposentadoria por tempo de contribuição sem idade mínima**.

Demais disso, **existem dois serviços devidos tanto aos segurados quanto aos seus dependentes**: *serviço social e reabilitação profissional.*

O artigo 25 do Decreto 3.048/99 foi atualizado pelo Decreto 10.410/2020:

> Art. 25. O Regime Geral de Previdência Social compreende as seguintes prestações, expressas em benefícios e serviços:
>
> **I – quanto ao segurado:**
>
> a) aposentadoria por incapacidade permanente; (Redação dada pelo Decreto nº 10.410, de 2020).
>
> b) aposentadoria programada; (Redação dada pelo Decreto nº 10.410, de 2020).
>
> c) aposentadoria por idade do trabalhador rural; (Redação dada pelo Decreto nº 10.410, de 2020).
>
> d) aposentadoria especial;
>
> e) auxílio por incapacidade temporária; (Redação dada pelo Decreto nº 10.410, de 2020).
>
> f) salário-família;
>
> g) salário-maternidade; e
>
> h) auxílio-acidente;
>
> **II – quanto ao dependente:**
>
> a) pensão por morte; e
>
> b) auxílio-reclusão; e
>
> **III – quanto ao segurado e dependente: reabilitação profissional.**

Por um lapso, faltou a inserção do serviço social, que voltou a ser um serviço previdenciário após a revogação da MP 905/2019.

A aposentadoria por tempo de contribuição sem idade mínima foi extinta pela EC 103/2019, respeitado o direito adquirido formado até 13/11/2019. Por sua vez, para quem era segurado do RGPS em 13/11/2019, a EC 103/2019 constituiu quatro regras de transição, nos termos da Portaria INSS 450/2020:

"Subseção II Aposentadoria por tempo de contribuição

Art. 10. A aposentadoria por tempo de contribuição, ressalvado o direito adquirido, poderá ser concedida aos segurados filiados ao RGPS até 13 de novembro de 2019, mediante os requisitos fixados em quatro regras distintas de transição:

I – aposentadoria por tempo de contribuição com pontuação, conforme art. 15 da EC nº 103, de 2019;

II – aposentadoria por tempo de contribuição com idade mínima, conforme art. 16 da EC nº 103, de 2019;

III – aposentadoria por tempo de contribuição com período adicional de 50% (cinquenta por cento), conforme art. 17 da EC nº 103, de 2019; e

IV – aposentadoria por tempo de contribuição com idade mínima e período adicional de 100% (cem por cento), conforme art. 20 da EC nº 103, de 2019".

A aposentadoria por idade, que apenas exigia idade mínima e período de carência, foi substituída pela **aposentadoria programada**, que exige idade mínima (65 anos para os homens e 62 anos para as mulheres em regra permanente, ressalvado o regramento de transição), tempo de contribuição e período de carência, que se subdivide em comum e do professor do ensino básico.

Nesse sentido, a Portaria INSS 450/2020:

"Seção I Da aposentadoria programada (art. 201 da Constituição Federal)

Art. 6º A aposentadoria programada é devida aos segurados filiados ao RGPS a partir de 13 de novembro de 2019, ou, se mais vantajosa, aos demais.

Art. 7º São requisitos para concessão da aposentadoria programada, cumulativamente:

I - 62 (sessenta e dois) anos de idade, se mulher, e 65 (sessenta e cinco) anos, se homem;

II – 15 (quinze) anos de tempo de contribuição, se mulher, e 20 (vinte) anos, se homem; e

III - 180 (cento e oitenta) contribuições mensais de carência. (Redação do inciso dada pela Portaria INSS Nº 528 DE 22/04/2020).

Seção II Das Regras de Transição da Aposentadoria por Idade e da aposentadoria por tempo de contribuição

Subseção I Aposentadoria por idade (art. 18 da EC nº 103, de 2019)

Art. 8º Para a concessão da aposentadoria por idade, conforme regra de transição fixada pela EC nº 103, de 2019, exige-se, cumulativamente:

I - 60 (sessenta) anos de idade da mulher e 65 (sessenta e cinco) do homem;

II - 15 (quinze) anos de tempo de contribuição; e

III - 180 (cento e oitenta) meses de carência".

Uma crítica é que a aposentadoria do trabalhador rural e a aposentadoria especial também são aposentadorias programadas, pois não decorrem de infortúnio.

No entanto, a **aposentadoria por idade dos trabalhadores rurais**, garimpeiros e pescadores artesanais foi preservada, pois o Congresso Nacional rejeitou a sua reforma constitucional, mantendo os requisitos de idade mínima (60 anos para os homens e 55 para as mulheres).

Não foi citada a aposentadoria da pessoa com deficiência regulada na LC 142/2013, que é uma aposentadoria por tempo de contribuição sem idade mínima que foi preservada pela EC 103/2019.

Uma outra crítica é a utilização da expressão "auxílio por incapacidade temporária" em substituição ao "auxílio-doença", pois a incapacidade permanente também é fato gerador do benefício, nos termos do artigo 62[1] da Lei 8.213/91, quando cabível a reabilitação profissional.

Por certo, teria sido mais adequada a expressão "auxílio temporário por incapacidade", pois demonstraria o caráter temporário do benefício e abarcaria tanto a incapacidade temporária quanto a permanente.

Ao longo da obra, o benefício continuará sendo chamado de auxílio-doença em muitas situações, tanto por uma questão histórica em respeito ao *Tempus Regit Actum* quanto pelos atos normativos e decisões judiciais ainda citarem essa expressão.

Ficou uma confusão danada. A nosso ver, excluídas as regras de transição, **as regras permanentes contemplam os seguintes benefícios previdenciários:**

**BENEFÍCIOS EM VIGOR – REGRAS PERMANENTES –RGPS**

**Aposentadoria programada** (idade, tempo de contribuição e período de carência): comum e professor do ensino básico

Aposentadoria especial (idade, tempo especial e período de carência): agentes nocivos à saúde

1. Art. 62. O segurado em gozo de auxílio-doença, insuscetível de recuperação para sua atividade habitual, deverá submeter-se a processo de reabilitação profissional para o exercício de outra atividade. (Redação dada pela Lei nº 13.457, de 2017)

Aposentadoria da LC 142/2013 (tempo de deficiente e período de carência): pessoas com deficiência leve, média ou grave

Aposentadoria por incapacidade permanente (antiga invalidez)

Aposentadoria do trabalhador rural, garimpeiro e pescador artesanal (idade mínima e período de carência)

Auxílio por incapacidade temporária (antigo auxílio-doença)

Auxílio-acidente

Salário-família

Salário-maternidade

Pensão por morte

**Auxílio-reclusão**

Muito embora sejam comuns as queixas sociais contra a Previdência Social brasileira, é fato técnico que este país oferece no Regime Geral de Previdência Social aposentadoria de "primeiro mundo" no que concerne à **taxa de reposição**, pois, **em média, se aposentam com 85,9% da renda que tinham quando trabalhavam**, estando à frente de Japão, EUA, China, Alemanha e outros. Nesse sentido, notícia publicada no site do UOL em 25 de outubro de 2013[2]:

> **"Brasileiro recebe aposentadoria de primeiro mundo, dizem especialistas**
>
> O Brasil paga aposentadorias dignas do primeiro mundo. E essa afirmação vale não só para os funcionários públicos e políticos, mas também para os aposentados pelo INSS.
>
> "Parece uma afirmação absurda, mas é até modesta. Em termos relativos, o Brasil paga aposentadorias até maiores que as do primeiro mundo", diz Marcelo Caetano, economista e pesquisador do Instituto de Pesquisa Econômica Aplicada (Ipea).
>
> A afirmação é embasada em dados da OCDE (Organização para a Cooperação e Desenvolvimento Econômico) apresentados no Fórum Internacional de Seguros para Jornalistas, promovido pela seguradora Allianz, em São Paulo.
>
> Segundo o alemão Michael Heise, economista-chefe da empresa, a taxa de reposição da previdência no Brasil é das mais generosas do mundo, ficando à frente de países ricos como Japão, Estados Unidos, Alemanha, Suécia, e também entre os maiores emergentes – Rússia, China e Índia.
>
> Pelos dados, os brasileiros se aposentam, na média, com 85,9% da renda que tinham quando trabalhavam. Nos Estados Unidos, esse número cai para 42,3% e, no Japão, para 36,3% quando o trabalhador se aposenta.
>
> Marcelo Caetano, do Ipea, lembra que, para quem recebe um salário mínimo no Brasil, a taxa de reposição é de 100%. A média da taxa de reposição nos países da OCDE é de 60,8%.

**QUANTO O TRABALHADOR MANTÉM DA SUA RENDA QUANDO SE APOSENTA**

|  |  |
|---|---|
| Japão | 36,3% |
| Alemanha | 42,0% |
| Estados Unidos | 42,3% |
| Coreia do Sul | 46,9% |
| Suécia | 58,4% |
| Rússia | 65,1% |
| Índia | 72,4% |
| Argentina | 81,1% |
| China | 82,5% |
| Brasil | 85,9% |
| Média dos países da OCDE | 60,8% |

FONTE: Panorama de Previdência da OCDE-2012 (dados compilados por Michael Heise/Allianz)

> O indicador é baseado em termos relativos, comparando o valor que o trabalhador recebia antes de se aposentar e o que obtém após a aposentadoria. Isso significa que, em termos nominais, um trabalhador dos Estados Unidos, cuja renda per capita é mais alta, irá receber mais dinheiro do que um trabalhador brasileiro. Mas, na proporção, o Brasil paga uma aposentadoria melhor.
>
> Em reportagem recente da revista britânica "The Economist", que estampou o Brasil na capa de sua edição para a América Latina e a Ásia com a manchete "Será que o Brasil estragou tudo?", em meio a crítica à política econômica do país, a revista também apontou como solução para o país as reformas e reestruturação de gastos públicos, especialmente com aposentadorias.
>
> **Brasil pode levar 52 anos para ter renda per capita de 1º mundo**
>
> Esse é um dos fatores de preocupação dos especialistas com o futuro da população do país, que está envelhecendo de forma rápida, já que a transição demográfica dos países em desenvolvimento tem ocorrido de forma mais acelerada que na Europa.
>
> Segundo Caetano, enquanto a Europa levou mais de 40 anos para ver a população com mais de 60 anos passar de 10% para 20%, o Brasil deve atingir esse nível em 25 anos. "E o pior, sem atingir o mesmo padrão de renda elevado dos países europeus", diz. A renda per capita do

---

2. http://economia.uol.com.br/noticias/redacao/2013/10/25/brasileiro-recebe-aposentadoria-de-1-mundo-dizem-especialistas.htm.

brasileiro está em cerca de US$ 12 mil, enquanto a renda per capita da Europa é de cerca de US$ 35 mil.

"Se crescesse a uma taxa per capita média superior de 2% à dos países ricos, o Brasil levaria 52 anos para igualar a sua renda à dos países desenvolvidos."

"A verdade inconveniente é que o Brasil terá que diminuir o nível de serviço da previdência para as pessoas mais velhas", diz Heise.

Trabalhadores vão ter que se aposentar mais tarde

O pesquisador André Portela, coordenador do Centro de Microeconomia Aplicada e Microeconometria da Fundação Getúlio Vargas (FGV-SP), afirma que, para diminuir os impactos do aumento da população idosa no crescimento do país e na geração de renda, será necessário aumentar a produtividade do trabalhador brasileiro.

"Com uma parcela menor de pessoas aptas a trabalhar, uma renda de país médio e uma estrutura etária de nação rica, o aumento na produtividade precisa ser brutal para garantir o crescimento econômico", diz.

O presidente da seguradora Allianz, Edward Lange, declara que hoje há 5 aposentados para cada 10 brasileiros economicamente ativos e que, em breve, essa proporção será de 7 para 10. "Isso vai trazer uma pressão no sistema de previdência que precisa ser solucionada logo."

Além do aumento da produtividade, que seria obtida com uma melhora da educação e qualificação do trabalhador, os economistas concordam que é necessário aumentar também a quantidade de anos trabalhados pelas pessoas.

"Aqui, as pessoas se aposentam aos 50, 55 anos, e isso não se sustenta no longo prazo", diz Portela. "Se a idade mínima para aposentadoria fosse de 60 anos para a mulher e 65 para o homem, isso já traria um enorme alívio para o sistema", diz Portela.

**Aumentar a participação dos jovens no mercado de trabalho é necessário**

Outra medida apontada é aumentar a participação da mão de obra do mercado de trabalho. "Hoje muitos jovens de 17 a 25 anos estão fora do mercado de trabalho e da escola. São a geração nem-nem", diz Portela. "Políticas direcionadas a este segmento poderiam integrá-los no mercado de trabalho e aumentar a população economicamente ativa."

Marcelo Caetano diz, ainda, que é preciso considerar bem-vinda a mão de obra especializada que venha de outros países, já que há muito tempo o Brasil não é mais um país de imigrantes. "Enquanto em 1900 o Brasil tinha 7,3% da sua população formada por imigrantes de primeira geração, hoje esse número é de apenas 0,3%."

**Empresas precisam incorporar trabalhadores mais velhos**

O economista Michael Heise afirma que a Alemanha solucionou o problema ao aumentar a idade mínima para aposentadoria, além de promover outras reformas no sistema.

"Mas percebemos tarde demais, quando os trabalhadores economicamente ativos já estavam sendo supertaxados para poder sustentar os aposentados."

Ele diz que, além disso, a Alemanha errou ao incentivar a aposentadoria dos mais velhos para abrigar os mais jovens no mercado de trabalho. "Isso se mostrou um equívoco. Os mais velhos precisam ser absorvidos pelas empresas, pois o tempo de vida aumentou e vai continuar aumentando."

Logo, se a Previdência brasileira é internamente criticada nos meios sociais cotidianamente, é necessário ver além das fronteiras deste país que outras nações muito mais desenvolvidas não garantem uma aposentadoria média com 85,9% da remuneração na ativa, como ocorre aqui.

Nos Estados Unidos da América, por exemplo, a média das aposentadorias equivale a apenas 42,3% da remuneração, ao passo que no Japão a 36,3%.

## 1. APOSENTADORIA POR INCAPACIDADE PERMANENTE (ANTIGA INVALIDEZ)

**Regulamentação básica**: artigos 42/47, da Lei 8.213/91; artigos 43/50, do RPS (Decreto 3.048/99).

**Códigos de concessão**: 92 – Aposentadoria por incapacidade permanente por acidente do trabalho e 32 – Aposentadoria por incapacidade permanente invalidez previdenciária (não decorrente de acidente de trabalho).

Este benefício passou a se chamar **aposentadoria por incapacidade permanente**, nos termos da Emenda 103/2019, a exemplo da citação feita no seu artigo 26 "aposentadoria por incapacidade permanente aos segurados do Regime Geral de Previdência Social".

Outrossim, a modificação no **inciso I** no artigo 201 da Constituição perpetrada pela EC 103/2019 é para se alinhar ao *nomem iuris* da **aposentadoria por incapacidade permanente**, antiga aposentadoria por invalidez.

Dessa forma, a Lei 8.213/91 deve ser reinterpretada à luz da novel terminologia constitucional para este benefício.

Outro ponto alterado foi a sua **renda mensal**, tendo em vista que **o artigo 44 da Lei 8.213/91 não restou recebido pela Emenda 103/2019**.

**REGRA GERAL** – Para os homens, a teor do artigo 26 da Emenda 103/2019, o valor do benefício de aposentadoria por incapacidade permanente corresponderá a **sessenta por cento da média aritmética das 100% das remunerações/salários de contribuição, com acréscimo de 2% para cada ano que ultrapassar os 20 anos de contribuição**:

| HOMENS<br>TEMPO DE CONTRIBUIÇÃO | COEFICIENTE |
|---|---|
| Até 20 anos | 60% |
| 21 anos | 62% |
| 22 anos | 64% |
| 23 anos | 66% |
| 24 anos | 68% |
| 25 anos | 70% |
| 26 anos | 72% |
| 27 anos | 74% |
| 28 anos | 76% |
| 29 anos | 78% |
| 30 anos | 80% |
| 31 anos | 82% |
| 32 anos | 84% |
| 33 anos | 86% |
| 34 anos | 88% |
| 35 anos | 90% |
| 36 anos | 92% |
| 37 anos | 94% |
| 38 anos | 96% |
| 39 anos | 98% |
| 40 anos | 100% |

Assim, se um segurado (homem) do RGPS ficar incapacitado de modo permanente com até 20 anos de tempo de contribuição, o valor da aposentadoria por incapacidade permanente será de 60% da média de todas as remunerações desde julho de 1994, observada a renda mínima de um salário mínimo.

Curioso notar que, **intencionalmente**, o artigo 26 da Emenda 103/2019 não limita a média de todos os salários de contribuição do segurado a 100%, de modo que o segurado incapacitado de modo permanente que possuir mais de 40 anos de tempo de contribuição poderá fazer jus a uma aposentadoria por incapacidade que ultrapasse a 100% da média de salários de contribuição desde o Plano Real (competência 7/1994), a exemplo:

| HOMENS<br>TEMPO DE CONTRIBUIÇÃO | COEFICIENTE |
|---|---|
| 41 Anos | 102% |
| 42 Anos | 104% |
| 43 Anos | 106% |
| 44 Anos | 108% |
| 45 Anos | 110% |
| **E assim sucessivamente** | **E assim sucessivamente** |

Para **a aposentadoria por incapacidade da mulher** existe uma regra especial de cálculo da renda mensal no artigo 26, § 5º, da Emenda 103/2019, que prevê a **progressão a contar de 15 anos**, e não de 20 anos de contribuição:

| MULHERES<br>TEMPO DE CONTRIBUIÇÃO | COEFICIENTE |
|---|---|
| 15 anos | 60% |
| 16 anos | 62% |
| 17 anos | 64% |
| 18 anos | 66% |
| 19 anos | 68% |
| 20 anos | 70% |
| 21 anos | 72% |
| 22 anos | 74% |
| 23 anos | 76% |
| 24 anos | 78% |
| 25 anos | 80% |
| 26 anos | 82% |
| 27 anos | 84% |
| 28 anos | 86% |
| 29 anos | 88% |
| 30 anos | 90% |
| 31 anos | 92% |
| 32 anos | 94% |
| 33 anos | 96% |
| 34 anos | 98% |
| 35 anos | 100% |
| **E assim sucessivamente** | **E assim sucessivamente** |

Suponha-se que uma mulher segurada no RGPS ficou incapacitada com 21 anos de tempo de contribuição. Neste caso, a renda do benefício será de 72% da média de todos os salários de contribuição desde o Plano Real, somente chegando a 100% se a segurada tiver 35 anos de tempo de contribuição.

Dessa forma, o coeficiente mínimo será de 60% e o máximo não está limitado pela legislação constitucional transitória.

Como se trata de benefício não programado e que exige carência (salvo casos de dispensa), não se aplica a regra de destarte de que trata o artigo 26 da EC 103/2019, que se limita às aposentadorias programadas.

Veja-se, a respeito, a Portaria INSS 450/2020:

> "Art. 37. Na apuração do SB das **aposentadorias programáveis** poderão ser excluídas quaisquer contribuições que resultem em redução do valor do benefício, desde que mantida a quantidade de contribuições equivalentes ao período de carência e observado o tempo mínimo de contribuição exigidos".

Assim, NÃO poderão ser **excluídas da média as contribuições que resultem em redução do valor do benefício**, desde que mantido o tempo mínimo de contribuição exigido, vedada a utilização do tempo excluído para qualquer finalidade, para a averbação em outro regime previdenciário ou para a obtenção dos proventos de inatividade dos militares.

No mesmo sentido o artigo 32, § 24, do Regulamento:

> "§ 24. Para fins do cálculo das **aposentadorias programadas** para as quais seja exigido tempo mínimo de contribuição, poderão ser excluídas do cálculo da média dos salários de contribuição e das remunerações adotadas como base para contribuições a regime próprio de previdência social ou como base para contribuições decorrentes das atividades militares de que tratam os art. 42 e art. 142 da Constituição, utilizado para definição do salário de benefício, as contribuições que resultem em redução do valor do benefício, observado o disposto nos § 25 e § 26. (Redação dada pelo Decreto nº 10.410, de 2020)".

Vale registrar que este novo regramento somente será aplicável para a DII (data de início da incapacidade) a partir da publicação da Emenda 103/2019 (*tempus regit actum*), devendo ser aplicado o artigo 44 da Lei 8.213/91 nos casos antigos.

Forçoso concluir que o artigo 44 da Lei 8.213/91 não foi recebido pela Emenda para as novas incapacidades:

> ~~Art. 44. A aposentadoria por invalidez, inclusive a decorrente de acidente do trabalho, consistirá numa renda mensal correspondente a 100% (cem por cento) do salário-de-benefício, observado o disposto na Seção III, especialmente no art. 33 desta Lei. (Redação dada pela Lei nº 9.032, de 1995)~~

Achei ruim esta alteração, pois se trata de um benefício não programado, podendo ter uma perda de até 40% de coeficiente (era sempre de 100% e pode cair para até 60%) em uma situação de infortúnio. Ninguém em sã consciência pretende ficar inválido (agora chamada de incapacidade permanente).

Ademais, há também perda de valor na base de cálculo, pois não mais teremos a exclusão dos 20% menores salários de contribuição quando for feita a média aritmética simples desde o Plano Real.

Uma situação esdrúxula é que **a Emenda 103/2019 não alterou a renda do auxílio-doença**, que continua sendo de 91% do salário de benefício, limitado à média dos 12 últimos salários de contribuição, nos termos dos artigos 61 e 29, § 10, da Lei 8.213/91.

Isso porque o artigo 26, *caput*, da Emenda 103/2019 somente se aplica aos benefícios com regulação constitucional de requisitos enquanto não há lei de regulamentação ("até que lei discipline o cálculo dos benefícios do Regime Geral de Previdência Social"), o que não ocorre com o auxílio-doença, não regulado pela reforma constitucional.

Ademais, o parágrafo segundo do artigo 26 da Emenda 103/2019 somente se refere às aposentadorias ("o valor do benefício de aposentadoria corresponderá a sessenta por cento da média aritmética"), não abarcando o auxílio-doença.

Dessa forma, será comum ver a renda do auxílio-doença superior à renda da aposentadoria por incapacidade permanente dos segurados que não possuírem largo tempo de contribuição, o que é um contrassenso, até que haja uma possível alteração na Lei 8.213/91.

**REGRA ESPECIAL** – Ao menos no caso de aposentadoria por incapacidade permanente quando decorrer de acidente de trabalho, de doença profissional e de doença do trabalho (artigos 19, 20 e 21 da Lei 8.213/91), os proventos da aposentadoria por incapacidade permanente serão integrais, correspondendo a 100% da média de todos os salários de contribuição do segurado desde o Plano Real, independentemente do tempo de contribuição vertido ao RGPS.

Desta forma, de modo lastimável se volta a uma sistemática anterior à Lei 9.032/95, em que os benefícios por incapacidade laboral por acidente do trabalho possuíam uma sistemática de cálculo mais favorável.

Nesse sentido o artigo 44 do Regulamento da Previdência Social:

> "Art. 44. A aposentadoria por incapacidade permanente será devida a partir do dia imediato ao da cessação do auxílio por incapacidade temporária, ressalvado o disposto no § 1º, e consistirá em renda mensal decorrente da aplicação dos seguintes percentuais incidentes sobre o salário de benefício, definido na forma do disposto no art. 32: (Redação dada pelo Decreto nº 10.410, de 2020).
>
> I – sessenta por cento, com acréscimo de dois pontos percentuais para cada ano de contribuição que exceder o

tempo de vinte anos de contribuição, para os homens, ou quinze anos de contribuição, para as mulheres; ou (Incluído pelo Decreto nº 10.410, de 2020)

II – cem por cento, quando a aposentadoria decorrer de: (Incluído pelo Decreto nº 10.410, de 2020)

a) acidente de trabalho; (Incluído pelo Decreto nº 10.410, de 2020)

b) doença profissional; ou (Incluído pelo Decreto nº 10.410, de 2020)

c) doença do trabalho. (Incluído pelo Decreto nº 10.410, de 2020)"

Para **fatos geradores até 13/11/2019**, a renda da aposentadoria por incapacidade permanente deverá ser de 100% do salário de benefício, correspondendo este à média aritmética simples dos 80% maiores salários de contribuição a contar de Julho de 1994.

De outro giro, quando a incapacidade permanente *omni* profissional for fixada a contar de 14/11/2019, a renda da aposentadoria por incapacidade permanente deve ser calculada com lastro no artigo 26 da EC 103/2019.

O fato gerador da aposentadoria por incapacidade permanente (incapacidade total e permanente para o labor sem possibilidade de reabilitação) é distinto da hipótese de concessão do auxílio-doença/auxílio por incapacidade temporária (incapacidade temporária para o labor habitual por mais de 15 dias consecutivos OU incapacidade permanente com possibilidade de reabilitação profissional).

Dessa forma, mesmo com a mesma DII, na hipótese de conversão de auxílio-doença em aposentadoria por incapacidade permanente em decorrência do agravamento da doença ou lesão, **é necessário estimar a data em que a incapacidade se tornou total e permanente sem a possibilidade de uma reabilitação profissional para a fixação da data do direito à aposentadoria incapacidade permanente a fim de identificar a lei aplicável ao benefício**, que não será necessariamente a mesma legislação do auxílio-doença.

Nesta hipótese, se o fato gerador do auxílio-doença for até 13/11/2019, mas o fato gerador da aposentadoria por incapacidade permanente fruto de conversão for a contar de 14/11/2019, a renda mensal da aposentadoria por incapacidade permanente deverá observar o novo regramento do artigo 26 da EC 103/2019, tanto em relação ao cálculo do salário de benefício (média de 100% a partir de 7/1994) quanto ao coeficiente, em que pese o direito ao auxílio-doença ter se formado na vigência da legislação anterior.

Há previsão de concessão da aposentadoria por incapacidade permanente a **todas as classes de segurados** do RGPS, uma vez realizados os requisitos legais.

O valor da aposentadoria por incapacidade permanente do segurado que necessitar da assistência permanente de outra pessoa será acrescido de 25% (auxílio-acompanhante), se assim comprovado em perícia médica do INSS.

**Vale lembrar que esse acréscimo poderá extrapolar o teto de pagamento dos benefícios do RGPS**, sendo um valor fixo recalculado juntamente com o reajuste da aposentadoria por incapacidade permanente, tendo índole personalíssima, vez que o seu valor não será incorporado na pensão por morte eventualmente instituída pelo aposentado.

A justificativa da criação legal desde acréscimo é que o aposentado por incapacidade permanente terá maiores custos, pois precisará contratar alguém para assisti-lo, ou algum familiar deixará de trabalhar para fazê-lo.

Esse acréscimo deverá ser pago desde a data de início do benefício, caso o aposentado por incapacidade permanente já necessitasse do auxílio permanente de outra pessoa naquele momento **ou, sendo superveniente, a partir da data de entrada do requerimento administrativo**, não gerando efeitos financeiros antes da provocação administrativa.

Aliás, esse foi o entendimento adotado pelo STJ, conforme noticiado no Informativo 483:

"APOSENTADORIA. INVALIDEZ. ACRÉSCIMO. 25%. TERMO INICIAL.

O recorrente pleiteia, à luz do art. 45 da Lei n. 8.213/1991, a retroação dos efeitos da decisão que lhe conferiu o direito ao acréscimo de 25% sobre o benefício de aposentadoria por invalidez, em virtude de sua necessidade de assistência permanente, à data do agravamento de sua incapacitação, decorrente de um derrame cerebral. É que tanto o juízo de primeiro grau quanto o tribunal *a quo* entenderam que ocorreu o devido preenchimento dos requisitos necessários à concessão do benefício ao segurado, destoando os julgados apenas no que se refere ao *dies a quo* do pagamento. O primeiro admitiu a retroação **e o segundo posicionou-se de modo diverso, no sentido de que a concessão do acréscimo legal depende da provocação ao INSS mediante requerimento administrativo.** Diante disso, a Turma assentiu com o último entendimento. É que, de acordo com o art. 42, § 1º, da lei já mencionada, a concessão da aposentadoria por invalidez depende da verificação da condição de incapacidade do segurado mediante exame médico-pericial a cargo da Previdência Social. **A jurisprudência do STJ é pacífica no sentido de que, quanto ao *dies a quo* da aposentadoria por invalidez, os efeitos financeiros do reconhecimento da moléstia devem retroagir à data do requerimento administrativo. Do mesmo modo, a percepção do acréscimo previsto no art. 45 da lei supradita pressupõe a demonstração da necessidade de assistência permanente, aferível**

**somente com a postulação administrativa do próprio interessado e o consequente exame médico-pericial do INSS.** Com essas, entre outras considerações, a Turma negou provimento ao recurso. Precedentes citados: AgRg no Ag 1.107.008-MG, DJe 15/3/2010; REsp 475.388-ES, DJ 7/4/2003, e REsp 1.104.004-RS, DJe 1º/2/2010. REsp 897.824-RS, Rel. Min. Sebastião Reis Júnior, julgado em 20/9/2011".

Sobre o tema, apresenta-se o enunciado 201 FONAJEF aprovado em 2018:

**Enunciado nº 201**

Na hipótese de aposentadoria por invalidez, é possível a concessão de ofício do adicional de 25%, no caso de necessidade de assistência permanente de terceiro.

O anexo I, do RPS, traz um rol das situações que ensejam o acréscimo:

"1 – Cegueira total.

2 – Perda de nove dedos das mãos ou superior a esta.

3 – Paralisia dos dois membros superiores ou inferiores.

4 – Perda dos membros inferiores, acima dos pés, quando a prótese for impossível.

5 – Perda de uma das mãos e de dois pés, ainda que a prótese seja possível.

6 – Perda de um membro superior e outro inferior, quando a prótese for impossível.

7 – Alteração das faculdades mentais com grave perturbação da vida orgânica e social.

8 – Doença que exija permanência contínua no leito.

9 – Incapacidade permanente para as atividades da vida diária".

Considerando que o artigo 45, da Lei 8.213/91, não lista as hipóteses em que o aposentado por incapacidade permanente fará jus ao acréscimo, entende-se que o referido rol é exemplificativo, pois não poderá o Regulamento prever todas as hipóteses que ensejem a necessidade de assistência permanente de outra pessoa.

Vale frisar que, antes do advento da Lei 8.213/91, o auxílio-acompanhante apenas era pago na hipótese de acidente de trabalho, conforme previsto na legislação previdenciária pretérita.

Impende ressaltar que o auxílio-acompanhante poderá ser cancelado mesmo após o aposentado por incapacidade permanente atingir os 60 anos de idade ou 55 anos com 15 anos de percepção do benefício, sendo possível a realização de perícia médica para esse fim por força do artigo 103, § 2º, inciso I, da Lei 8.213/91, alterada pela Lei 13.063/2014.

Inexiste previsão legal de concessão do acréscimo de 25% nas outras aposentadorias (por idade, especial e por tempo de contribuição), mesmo que o aposentado em algum momento passe a necessitar da assistência permanente de outra pessoa.

Entende-se que não cabe a extensão do auxílio-acompanhante para as demais aposentadorias sem expressa previsão legal, pois, à luz do Princípio da Precedência da Fonte de Custeio, a extensão de benefício da seguridade social reclama prévia fonte de custeio total.

Nesse sentido, decisões da 2ª Turma Recursal de São Paulo, do TRF da 3ª Região, da 5ª Região e da 1ª Região:

"O acréscimo ao salário de benefício pretendido está previsto no artigo 45 da Lei 8.213/91: Art. 45. O valor da aposentadoria por invalidez do segurado que necessitar da assistência permanente de outra pessoa será acrescido de 25% (vinte e cinco por cento). Parágrafo único. O acréscimo de que trata este artigo: a) será devido ainda que o valor da aposentadoria atinja o limite máximo legal; b) será recalculado quando o benefício que lhe deu origem for reajustado; c) cessará com a morte do aposentado, não sendo incorporável ao valor da pensão. Na mesma senda, dispõe o Decreto 3.048/99: Artigo 45. O valor da aposentadoria por invalidez do segurado que necessitar da assistência permanente de outra pessoa será acrescido de vinte e cinco por cento, observada a relação constante do Anexo I, e: I – devido ainda que o valor da aposentadoria atinja o limite máximo legal; e II – recalculado quando o benefício que lhe deu origem for reajustado. Parágrafo único. O acréscimo de que trata o caput cessará com a morte do aposentado, não sendo incorporado ao valor da pensão por morte. A N E X O I RELAÇÃO DAS SITUAÇÕES EM QUE O APOSENTADO POR INVALIDEZ TERÁ DIREITO À MAJORAÇÃO DE VINTE E CINCO POR CENTO PREVISTA NO ART. 45 DESTE REGULAMENTO. 1 – Cegueira total. 2 – Perda de nove dedos das mãos ou superior a esta. 3 – Paralisia dos dois membros superiores ou inferiores. 4 – Perda dos membros inferiores, acima dos pés, quando a prótese for impossível. 5 – Perda de uma das mãos e de dois pés, ainda que a prótese seja possível. 6 – Perda de um membro superior e outro inferior, quando a prótese for impossível. 7 – Alteração das faculdades mentais com grave perturbação da vida orgânica e social. 8 – Doença que exija permanência contínua no leito. 9 – Incapacidade permanente para as atividades da vida diária. Assim, deve ser analisado o preenchimento dos requisitos necessários à fruição do acréscimo pleiteado, a saber: a) estar a parte autora recebendo o benefício de aposentadoria por invalidez; b) necessitar da assistência permanente de outra pessoa em razão das moléstias descritas no Anexo I do Decreto 3.048/99, devidamente reconhecida por médico perito. **No caso proposto, não está preenchido o primeiro requisito, eis que a parte autora, desde 10/08/1992, está em gozo de benefício de aposentadoria por idade, sendo que não há previsão legal de acréscimo de adicional de 25% (vinte e cinco por cento) sobre referido benefício, mas tão somente sobre o salário do benefício de aposentadoria por invalidez. Pelo acima exposto, constato que a parte autora não se enquadra no artigo 45 da Lei 8.213/91, razão pela qual não faz jus ao acréscimo de 25% sobre o salário de benefício de aposentadoria por idade. Com relação ao argumento de que a concessão do adicional somente aos beneficiários de aposentadoria por invalidez contraria os princípios constitucionais da isonomia e da universalidade da**

**cobertura do atendimento, tenho que as vicissitudes da vida podem realmente atingir qualquer cidadão e este vir a necessitar da assistência permanente de outra pessoa. Todavia, admitir a extensão do adicional a outros tipos de benefício sem a devida fonte de custeio, conflita com o artigo 195, § 5º, da Constituição Federal, que assim dispõe: nenhum benefício ou serviço da seguridade social será criado, majorado ou estendido sem a correspondente fonte de custeio total. Portanto, cuida-se de situação não contemplada pela legislação, que não comporta acolhimento"** (2ª TR de São Paulo, Processo 00050072920114036317, de 05/06/2012).

"PREVIDENCIÁRIO. APOSENTADORIA POR IDADE. TERMO INICIAL. ADICIONAL DE ASSISTÊNCIA PERMANENTE. 1) EM NÃO HAVENDO REQUERIMENTO ADMINISTRATIVO, O QUAL DEFINIRIA O "DIES A QUO" DA PERCEPÇÃO DO BENEFÍCIO, O TERMO INICIAL É A DATA DA CITAÇÃO, ART. 21 DO CPC. 2) **O ADICIONAL DE ASSISTÊNCIA PERMANENTE PREVISTO NO ARTIGO 45 DA LEI N 8.213/91 SÓ PODE SER CONCEDIDO AOS BENEFICIÁRIOS DE APOSENTADORIA. POR INVALIDEZ.** 3) APELAÇÃO PARCIALMENTE PROVIDA" (TRF 3ª Região, 280.625, de 14/04/1998).

"PREVIDENCIÁRIO. APOSENTADORIA POR TEMPO DE CONTRIBUIÇÃO. ASSISTÊNCIA PERMANENTE DE OUTRA PESSOA. ACRÉSCIMO DE 25%. ART. 45 DA LEI 8.213/91. IMPOSSIBILIDADE. CONVERSÃO EM APOSENTADORIA POR INVALIDEZ. DOENÇA SUPERVENIENTE. IMPOSSIBILIDADE. ATO JURÍDICO PERFEITO. 1. Segundo o art. 45 da Lei nº 8.213/91, o aposentado por invalidez que necessitar da assistência permanente de outra pessoa fará jus a um acréscimo de 25% no valor do benefício. **O mesmo acréscimo não foi previsto para os outros tipos de aposentadoria. Daí porque não pode o Judiciário estender a vantagem a outros casos, sob pena de comprometer o equilíbrio atuarial e financeiro do sistema previdenciário.** 2. Tampouco é possível converter a aposentadoria por tempo de contribuição em aposentadoria por invalidez para, em seguida, conceder o acréscimo. Afinal, a concessão de aposentadoria se constitui em ato jurídico perfeito, de forma que a autarquia previdenciária não pode ser compelida a rever tal ato sem que seja apontada nenhuma irregularidade. 3. Apelação a que se nega provimento (TRF 5ª Região, 553.536, de 19/02/2013).

"PREVIDENCIÁRIO. APOSENTADORIA POR TEMPO DE CONTRIBUIÇÃO. ART. 45 DA LEI Nº 8.213/91. ASSISTÊNCIA PERMANENTE. INCABÍVEL O ACRÉSCIMO DE 25% (VINTE E CINCO POR CENTO) SOBRE O BENEFÍCIO. AUSÊNCIA DE PREVISÃO LEGAL. **1. A pretensão de recebimento do percentual de 25% (vinte e cinco por cento) previsto no art. 45 da Lei nº 8.213/91 a incidir sobre o valor da aposentadoria por tempo de serviço não encontra guarida no ordenamento jurídico por inexistência de previsão normativa.** 2. A análise sistemática e teleológica da lei previdenciária não favorece a interpretação da parte requerente de ampliar a tutela do Estado a todos os segurados da previdência social que, por deficiência, são dependentes da assistência permanente de terceiros. 3. Como a hipótese em comento não se amolda a qualquer equívoco da Administração no ato de deferimento do tipo de aposentadoria, mas, ao contrário, trata-se da concessão do direito assegurado ao trabalhador que satisfez o período contributivo exigido ao RGPS, sem qualquer discussão acerca da higidez física ao momento do ingresso na inatividade, nada a reparar na sentença que julgou improcedente o pedido. 4. Recurso de apelação a que se nega provimento" (TRF 1ª Região, AC 200333000071536, de 15/03/20111).

No entanto, registre-se que o TRF da 4ª Região estendeu o auxílio-acompanhante a um aposentado por idade rural, conforme notícia publicada no site do Tribunal em 27/08/2013:

**"TRF4 estende o adicional de 25% a aposentado por idade que precisa de cuidador 24h**
27/08/2013 18:18:04

O Tribunal Regional Federal da 4ª Região (TRF4) concedeu hoje (27/8) adicional de 25% no valor do benefício de um aposentado rural de 76 anos, que está inválido e necessitando de cuidador permanente. O relator da decisão, desembargador federal Rogério Favreto, considerou que o idoso tem o mesmo direito daqueles que se aposentam por invalidez e ganham o adicional quando necessitam de cuidadores.

Atualmente, a Lei 8.213/91 prevê, em seu artigo 45 que o valor da aposentadoria por invalidez do segurado que necessitar da assistência permanente de outra pessoa será acrescido de 25%.

Favreto ressaltou que o mesmo acréscimo deve ser concedido neste caso pelo princípio da isonomia. Apesar de o autor da ação ter se aposentado normalmente em 1993, hoje encontra-se em dificuldades, devendo ser beneficiado pela lei.

"O fato de a invalidez ser decorrente de episódio posterior à aposentadoria, não pode excluir a proteção adicional ao segurado que passa a ser inválido e necessitante de auxílio de terceiro, como forma de garantir o direito à vida, à saúde e à dignidade humana", declarou Favreto.

Para o desembargador, a Justiça não deve fazer diferença entre o aposentado por invalidez que necessita de auxílio permanente de terceiro e outro aposentado por qualquer modalidade de aposentadoria que passe a sofrer de doença que lhe torne incapaz de cuidar-se sozinho.

"Compreender de forma diversa seria criar uma situação absurda, exigindo que o cidadão peça a conversão ou transformação da sua condição de aposentado por idade e/ou tempo de contribuição por invalidez, com o objetivo posterior de pleitear o adicional de acompanhamento de terceiro", argumentou.

Favreto afirmou em seu voto que "o julgador deve ter a sensibilidade social para se antecipar à evolução legislativa quando em descompasso com o contexto social, como forma de aproximá-la da realidade e conferir efetividade aos direitos fundamentais".

O aposentado deverá receber o acréscimo retroativamente desde o requerimento administrativo, que foi em abril de 2011, com juros e correção monetária".

Mas, no segundo semestre de 2014, no julgamento dos embargos infringentes 0017373-51.2012.404.9999/RS, o TRF da 4ª Região reviu o posicionamento anterior, negando a extensão do auxílio-acompanhante para as outras modalidades de aposentadoria.

Por outro lado, por 6 votos a 5, a TNU estendeu o auxílio-acompanhante à aposentadoria por idade:

> "**TNU fixa tese para concessão de 25% aos aposentados por idade que dependem de assistência permanente de outra pessoa**
>
> Publicação: 17/03/2015 14:10
>
> Previsto no artigo 45 da Lei nº 8.213/91, o adicional de 25% para beneficiários que se aposentaram por invalidez é extensível a quem se aposenta por idade. De acordo com a norma, o percentual é destinado aos segurados que necessitam de assistência permanente de outra pessoa. A tese foi fixada pela Turma Nacional de Uniformização de Jurisprudência dos Juizados Especiais Federais (TNU), na sessão do dia 11 de março, durante a análise de um recurso de uma segurada de Sergipe.
>
> De acordo com os autos, a autora da ação se aposentou por idade e começou a receber seu benefício do INSS em julho de 2000. Quase dez anos depois, a segurada sofreu um Acidente Vascular Cerebral (AVC), que a teria deixado com sequelas irreversíveis e a tornaram incapaz. No processo, ela alegou que necessita tomar remédios de forma contínua e realizar sessões de fisioterapia. Argumentou ainda que, por morar sozinha e ser detentora de doença grave, demanda o auxílio diário de outras pessoas.
>
> Ao solicitar à Justiça Federal o acréscimo de 25% sobre o valor do benefício – conforme previsto para aposentados por invalidez que necessitam de assistência permanente de outra pessoa, a autora da ação teve seu pedido negado na primeira e na segunda instâncias. A Turma Recursal da Seção Judiciária de Sergipe considerou que não havia amparo legal para concessão do adicional a benefícios previdenciários que não aquele expressamente mencionado na Lei nº 8.213/91.
>
> Em seu recurso à TNU, a segurada apresentou como paradigma de divergência desse entendimento um acórdão da 1ª Turma Recursal de Santa Catarina, que concedeu o adicional em questão ainda que a parte autora do caso fosse titular de aposentadoria por tempo de contribuição. Para o relator do processo na Turma Nacional, juiz federal Sérgio Murilo Wanderley Queiroga, a controvérsia está centrada no cabimento da extensão do adicional previsto na lei sobre Planos de Benefícios da Previdência Social para segurados que não se aposentaram por invalidez.
>
> Segundo o magistrado, nessas situações, deve ser aplicado o princípio da isonomia. Ao analisar a norma, o relator concluiu que o percentual, na verdade, é um adicional previsto para assistir aqueles que necessitam de auxílio de outra pessoa, não importando se a invalidez é decorrente de fato anterior ou posterior à aposentadoria. "O seu objetivo é dar cobertura econômica ao auxílio de um terceiro contratado ou familiar para apoiar o segurado nos atos diários que necessitem de guarida, quando sua condição de saúde não suportar a realização de forma autônoma", defendeu.
>
> Na fundamentação de seu voto, Queiroga citou que o Estado brasileiro é signatário e um dos principais artífices da Convenção Internacional sobre os Direitos das Pessoas com Deficiência, promulgado pelo Decreto Presidencial n. 6.949/2009. Segundo ele, a convenção tem por propósito "promover, proteger e assegurar o exercício pleno e equitativo de todos os direitos humanos e liberdades fundamentais por todas as pessoas com deficiência e promover o respeito pela sua dignidade inerente". Acrescentou que a convenção reconhece expressamente a necessidade de garantir os direitos humanos de todas as pessoas com deficiência, inclusive daquelas que requerem maior apoio. E concluiu "ser consectário lógico encampar sob o mesmo amparo previdenciário o segurado aposentado por idade que se encontra em idêntica condição de deficiência".
>
> **Colegiado dividido**
>
> Nesse sentido, o juiz federal Sérgio Murilo Wanderley Queiroga votou pela concessão do adicional de 25% se comprovada a incapacidade total e definitiva do segurado e a necessidade de contar com a assistência permanente de outra pessoa. Após pedir vistas do processo, o juiz federal José Henrique Guaracy Rebelo, votou por acompanhar integralmente os fundamentos do relator: "Ora, se ambos os segurados aposentados apresentam as mesmas condições (invalidez e necessidade de ajuda de terceiros) a isonomia se faz presente quando se defere o benefício a ambos os grupos", sustentou.
>
> Contrária ao entendimento do relator, a juíza federal Susana Sbrogio Galia apresentou voto divergente que acabou por provocar um empate na votação do Colegiado. Conforme a magistrada, qualquer tentativa de estender os efeitos da norma ultrapassa a mera interpretação para realizar uma redução parcial do texto, o que depende de reconhecimento de constitucionalidade. "Não se pode equiparar a situação daquele segurado que prematuramente se aposenta por incapacidade total e permanente àquele que teve sua jubilação na época própria após completar a idade e/ou o tempo exigido", declarou.
>
> No entanto, a tese da concessão do adicional de 25% prevaleceu com o voto de desempate proferido pelo presidente da TNU, ministro Humberto Martins, que acompanhou o entendimento do relator do caso, juiz federal Sérgio Murilo Wanderley Queiroga. Na opinião do ministro, a norma tem finalidade protetiva e o acréscimo reveste-se de natureza assistencial.
>
> "Assim, preenchidos os requisitos 'invalidez' e 'necessidade de assistência permanente de outra pessoa', ainda que tais eventos ocorram em momento posterior à aposentadoria e, por óbvio, não justifiquem sua concessão na modalidade invalidez, vale dizer, na hipótese, ainda que tenha sido concedida a aposentadoria por idade, entendo ser devido o acréscimo", concluiu o presidente da TNU em seu voto.
>
> **Processo nº 0501066-93.2014.4.05.8502".**

Este entendimento da TNU foi confirmado na sessão de 18 de fevereiro de 2016, no julgamento do processo 5000107-25.2015.4.04.7100.

Inicialmente, o STJ rejeitava a extensão do auxílio-acompanhante à aposentadoria por idade e tempo de contribuição (REsp 1.533.402-SC, Rel. Min. Sérgio Kukina, julgado em 1º/9/2015, DJe 14/9/2015 e REsp 1475512, de 15/12/2015) em ambas as Turmas da 1ª Seção.

**No entanto, o tema obteve uma enorme reviravolta na 1ª Seção do STJ que acolheu a tese em sede de recurso repetitivo (tema 982):**

| **Informativo 634 – RECURSOS REPETITIVOS** | |
|---|---|
| **PROCESSO** | REsp 1.648.305-RS, Rel. Min. Assusete Magalhães, Rel. Acd. Min. Regina Helena Costa, Primeira Seção, por maioria, julgado em 22/08/2018, DJe 26/09/2018 (Tema 982) |
| **RAMO DO DIREITO** | DIREITO CONSTITUCIONAL, DIREITO PREVIDENCIÁRIO |
| **TEMA** | **Aposentadoria por invalidez. "Auxílio-acompanhante". Adicional de 25%. Art. 45 da Lei n. 8.213/1991. Assistência permanente de terceiro. Comprovação. Necessidade. Extensão a outras espécies de aposentadoria. Possibilidade. Tema 982.** |
| **DESTAQUE** | |
| Comprovadas a invalidez e a necessidade de assistência permanente de terceiro, é devido o acréscimo de 25% (vinte e cinco por cento), previsto no art. 45 da Lei n. 8.213/1991, a todos os aposentados pelo RGPS, independentemente da modalidade de aposentadoria. | |
| **INFORMAÇÕES DO INTEIRO TEOR** | |
| Inicialmente, insta salientar que a melhor exegese do art. 45 da Lei n. 8.213/1991 autoriza o alcance do "auxílio-acompanhante" às demais modalidades de aposentadoria previstas no Regime Geral de Previdência Social, uma vez comprovadas a invalidez e a necessidade de ajuda permanente de outra pessoa para atividades cotidianas, tais como higiene ou alimentação. Sob o prisma da dignidade da pessoa humana, do tratamento isonômico e da garantia dos direitos sociais, previstos, respectivamente, nos arts. 1º, III, 5º, *caput*, e 6º, da Constituição da República, tanto o aposentado por invalidez, quanto o aposentado por idade, tempo de contribuição ou especial, são segurados que podem, igualmente, encontrar-se na condição de inválidos, a ponto de necessitar da assistência permanente de terceiro. Sublinhe-se, ademais, que o Brasil é signatário da Convenção Internacional de Nova Iorque sobre os Direitos das Pessoas com Deficiência, de 2007, admitida com ***status*** de emenda constitucional, promulgada pelo Decreto n. 6.949/2009, que em seu art. 1º ostenta o propósito de "(...) promover, proteger e assegurar o exercício pleno e equitativo de todos os direitos humanos e liberdades fundamentais por todas as pessoas com deficiência e promover o respeito pela sua dignidade inerente", garantindo, ainda, em seus arts. 5º e 28, tratamento isonômico e proteção da pessoa com deficiência, inclusive na seara previdenciária. Posto isso, ao instituir a possibilidade de acréscimo pecuniário de 25% (vinte e cinco por cento) sobre o valor do benefício, o qual pode vir, inclusive, a sobrepujar o teto de pagamento dos benefícios do Regime Geral de Previdência Social, o legislador ordinário não se orientou apenas pelo fato gerador da aposentadoria por invalidez, mas, precipuamente, pela proteção do risco social consubstanciado no indispensável amparo ao segurado, atribuindo-lhe o auxílio de terceira pessoa, buscando, assim, diminuir o impacto financeiro sobre o valor de seus proventos com a contratação de assistência permanente. O segurado que recebe aposentadoria por tempo de contribuição, por idade ou especial acometido de limitações físicas e/ou mentais e que recebe 1 (um) salário-mínimo, encontra-se em situação de risco social da mesma maneira que o aposentado por invalidez, porém com a circunstância agravante de que, como não recebe o adicional de "grande invalidez", terá que custear as despesas extras com a contratação de ajuda de terceiro, o que, por óbvio, será feito em detrimento de outras necessidades básicas como alimentação e moradia, e, em última análise, do chamado "mínimo existencial", um dos principais efeitos da aplicação do princípio da dignidade da pessoa humana. Ademais, ressalte-se que o art. 45 da Lei n. 8.213/1991 não exige que a ajuda de outra pessoa seja imprescindível desde o início da percepção do benefício, revelando que, na hipótese de o segurado ter se aposentado por invalidez e, apenas posteriormente, passar a necessitar desse socorro, o adicional será aplicável. Logo, em caso de invalidez superveniente do segurado aposentado com fundamento em outro fato gerador, o indivíduo tornar-se-á pessoa portadora de deficiência, devendo ser, igualmente, contemplado com o adicional do referido artigo, caso seja imprescindível o auxílio de outra pessoa. Remarque-se que o fato gerador do adicional em exame é a necessidade de assistência permanente de outra pessoa, a qual pode estar presente ou não no momento do requerimento administrativo da aposentadoria por invalidez, bem como sua concessão pode ter ou não relação com a moléstia que deu causa à concessão do benefício originário, o que reforça seu caráter assistencial. Da mesma maneira, consoante a alínea *"c"* do parágrafo único do art. 45 da Lei n. 8.213/1991, o pagamento do adicional cessará com a morte do aposentado, não sendo incorporado ao valor da pensão por morte, circunstância própria dos benefícios assistenciais que, pela ausência de contribuição prévia, são personalíssimos e, portanto, intransferíveis aos dependentes. Devido à sua natureza assistencial, outrossim, não há previsão legal de fonte de custeio específica para o "auxílio-acompanhante" recebido pelos aposentados por invalidez. Dessarte, não há falar, igualmente, em fonte específica para às demais modalidades de aposentadoria, porquanto tal benefício é garantido pelo Estado, independentemente de contribuição à Seguridade Social, nos termos do art. 203 da Constituição da República. | |

A tese não é acolhida na via administrativa pelo INSS, que objetiva a sua reforma no âmbito do STF com base na regra de contrapartida, considerando que se trata de extensão judicial e não legislativa.

STF

**A Primeira Turma do Supremo Tribunal Federal (STF) suspendeu o trâmite, em todo o território nacional, de ações judiciais individuais ou coletivas e em qualquer fase processual, que tratam sobre a extensão do pagamento do adicional de 25% não relacionada às aposentadorias por invalidez.** O benefício que foi mantido, previsto no artigo 45, da Lei 8.213/1991, é direcionado aos segurados que necessitam de assistência permanente de outra pessoa e contempla apenas as aposentadorias por invalidez. Por unanimidade dos votos, os ministros deram provimento a um recurso (agravo regimental) interposto pelo Instituto Nacional do Seguro Social (INSS) contra decisão do relator, ministro Luiz Fux, que havia negado pedido na Petição (Pet) 8002 para que fosse suspenso o pagamento do adicional a uma aposentada por idade. O Instituto solicitava a atribuição de efeito suspensivo cautelar a recurso extraordinário a ser remetido ao Supremo. Na ocasião, o ministro entendeu que a controvérsia implicaria a análise de legislação infraconstitucional, inviabilizando a discussão por meio de RE. **Pet 8.002, de 12/3/2019.**

A recuperação da capacidade laborativa pelo aposentado por incapacidade permanente poderá gerar o pagamento de um "prêmio" por seu esforço, pois o segurado ainda receberá algumas parcelas do benefício por alguns meses, sendo intitulado pela doutrina de **mensalidades de recuperação**.

De efeito, **quando a recuperação ocorrer dentro de 05 anos**, contado da data do início da aposentadoria por incapacidade permanente ou do auxílio-doença que a antecedeu sem interrupção, o benefício cessará após tantos meses quantos forem os anos de duração do auxílio-doença ou da aposentadoria por incapacidade permanente, para segurado empregado doméstico, trabalhador avulso, segurado especial, contribuinte individual e segurado facultativo.

No caso do segurado empregado, a cessação do pagamento será imediata, caso ele tenha direito a retornar à função que desempenhava na empresa quando se aposentou, na forma da legislação trabalhista.

Por outro lado, **quando a recuperação ocorrer após os referidos 05 anos, ou, mesmo antes, se for parcial ou se o segurado for declarado apto para o exercício de trabalho diverso do qual habitualmente exercia**, a aposentadoria será mantida, sem prejuízo da volta à atividade, da seguinte forma:

a) no seu valor integral, durante 06 meses contados da data em que for verificada a recuperação da capacidade;
b) com redução de 50%, no período seguinte de 06 meses;
c) com redução de 75%, também por igual período de 06 meses, ao término do qual cessará definitivamente.

Vale registrar que o ato administrativo do INSS que pronuncia a recuperação do aposentado por incapacidade permanente e fixa as parcelas das mensalidades de recuperação pode ser questionado judicialmente, de logo, acaso o segurado entenda que inexiste recuperação.

**Não se exige que o segurado aguarde a cessação de todas as parcelas da mensalidade de recuperação para ajuizar demanda, pois já existe um ato jurídico que pode ser alvo imediatamente de controle judicial, pois a espera pode se revelar prejudicial para o segurado, especialmente com a redução progressiva das parcelas.**

Considerando que a natureza jurídica do pagamento das mensalidades de recuperação é de aposentadoria por incapacidade permanente, deve incidir a regra do artigo 55, II, da Lei 8.213/91 para fins de cômputo como **tempo de contribuição.**

Nesse sentido, a acertada jurisprudência:

"PREVIDENCIÁRIO. APOSENTADORIA POR TEMPO DE CONTRIBUIÇÃO. RECONHECIMENTO DE TEMPO E SERVIÇO. CÔMPUTO DE PERÍODOS EM GOZO DE BENEFÍCIOS ACIDENTÁRIOS. MENSALIDADE DE RECUPERAÇÃO. PREENCHIDOS OS REQUISITOS PARA APOSENTAÇÃO. CORREÇÃO MONETÁRIA E JUROS DE MORA. APELO DO INSS PARCIALMENTE PROVIDO. – A questão em debate consiste na possibilidade de se reconhecer o tempo de serviço especificado na inicial, em que a parte autora esteve em gozo de benefícios da previdência social para, somados aos demais lapsos de trabalho incontroversos, propiciar a concessão da aposentadoria por tempo de contribuição. – Consta dos autos que a parte autora percebeu auxílio-doença por acidente de trabalho no período de 02/05/2001 a 19/01/2005 e aposentadoria por invalidez acidentária de 20/01/2005 a 14/08/2007. – Quanto aos períodos em que os segurados estiveram em gozo de auxílio-doença ou aposentadoria por invalidez acidentários, poderão ser computados como tempo de serviço sejam intercalados ou não com períodos de atividade laborativa, tal como se depreende do inciso IX, do artigo 60, do Decreto nº 3.048/99. – No que se refere ao direito ao recebimento e cômputo das chamadas mensalidades de recuperação, tem-se que no caso em tela deve ser aplicado o disposto no artigo 47, inciso II, da Lei nº 8.213/91, uma vez que a recuperação do autor ocorreu após o período de 05 (cinco) anos, contado após o início do auxílio-doença que antecedeu sem interrupção a aposentadoria por invalidez.

Dessa forma, evidente o direito da parte autora às mensalidades de recuperação. – **Considerando que durante o período de percepção da mensalidade de recuperação o segurado mantém a condição de aposentado, tal lapso também deve ser computado como tempo de contribuição.** – Feitos os cálculos, somando os lapsos em que esteve em gozo dos benefícios acidentários, incluídos os 18 meses referentes às mensalidades de recuperação, aos períodos de labor incontroversos constantes da contagem e resumo de documentos para cálculo de tempo de contribuição juntada aos autos em apenso, tendo como certo que somou mais de 35 anos de trabalho, faz jus à aposentadoria por tempo de contribuição, eis que respeitando as regras permanentes estatuídas no artigo 201, § 7º, da CF/88, deveria cumprir, pelo menos, 35 (trinta e cinco) anos de contribuição" **(TRF da 3ª Região, APELAÇÃO CÍVEL – 2287656, de 7/5/2018).**

Regra interessante a respeito das mensalidades de recuperação consta do artigo 50, parágrafo único[3], do Decreto 3.048/99. Esse dispositivo determinava que a aposentadoria por incapacidade permanente se mantivesse ativa pelo período em que as mensalidades de recuperação correspondam a 100% da renda do benefício, na hipótese de um segurado requerer neste período um outro benefício, a exemplo de uma aposentadoria por idade ou por tempo de contribuição.

Conquanto se trate de regra não prevista no artigo 47 da Lei 8.213/91, dificilmente irá trazer prejuízos ao segurado da previdência social, pois a aposentadoria por incapacidade permanente em cota integral possui renda mensal de 100% do salário de benefício sem a incidência de fator previdenciário.

Por outro lado, embora seja incomum, acaso o novo benefício requerido possua maior renda mensal, a exemplo de aposentadoria por tempo de contribuição com fator previdenciário acima de 1,0, deve o dispositivo regulamentar ser afastado por ausência de base legal, haja vista que o próprio INSS admite a renunciabilidade dos benefícios por incapacidade laborativa.

Com o advento do Decreto 10.410/2020 o dispositivo sofreu correto ajuste:

> "Art. 50. O segurado que retornar à atividade poderá requerer, a qualquer tempo, novo benefício, tendo este processamento normal.
>
> § 1º Observado o disposto no art. 167, caso haja requerimento de novo benefício durante os períodos a que se refere o art. 49, **caberá ao segurado optar por um dos benefícios, assegurada a opção pelo benefício mais vantajoso.** (Incluído pelo Decreto nº 10.410, de 2020)
>
> § 2º Na hipótese de opção pelo recebimento de novo benefício nos termos do disposto no § 1º, cuja duração se encerre antes da cessação do benefício decorrente do disposto no art. 49, o **pagamento deste poderá ser restabelecido pelo período remanescente**, respeitadas as reduções correspondentes. (Incluído pelo Decreto nº 10.410, de 2020)

Desse modo, desde 1/7/2020, passou a ser possível a renúncia administrativa das mensalidades de recuperação.

3. Art. 50. O segurado que retornar à atividade poderá requerer, a qualquer tempo, novo benefício, tendo este processamento normal.

**Parágrafo único. Se o segurado requerer qualquer benefício durante o período citado no artigo anterior, a aposentadoria por invalidez somente será cessada, para a concessão do novo benefício, após o cumprimento do período de que tratam as alíneas "b" do inciso I e "a" do inciso II do art. 49.**

| QUADRO SINTÉTICO – APOSENTADORIA POR INCAPACIDADE PERMANENTE | |
|---|---|
| **Cabimento** | Segurado incapaz e insusceptível de reabilitação para o exercício de atividade que lhe garanta a subsistência. |
| **Beneficiários** | Todos os segurados. |
| **Carência** | 12 contribuições mensais (segurado especial 12 meses de atividade rurícola ou pesqueira em regime de economia familiar para a subsistência), salvo acidente de qualquer natureza, doença profissional ou do trabalho e doenças graves listadas em ato regulamentar. |
| **Valor** | A partir de 60% da média de todos os salários de contribuição a contar de 7/1994 (art. 26, Emenda 103/2019). Por acidente de trabalho, fixa em 100% do salário de benefício. |
| **Outras informações** | **a)** não é definitiva, salvo para os maiores de 60 anos de idade, maiores de 55 anos com 15 anos do benefício ou portadores do HIV, se não voltarem a exercer atividade laboral;<br>**b)** é possível um acréscimo de 25%, inclusive extrapolando o teto, se o segurado necessitar de assistência permanente de outra pessoa;<br>**c)** o segurado é obrigado a se submeter a exames médicos periódicos (a cada 02 anos), salvo regra de isenção de perícia e reabilitação profissional, mas não a cirurgia e transfusão de sangue;<br>**d)** será devida desde a incapacidade (salvo empregado), se requerida até 30 dias. Se após, a data de início será a data do requerimento; no caso do segurado empregado, o empregador deve arcar com os salários por quinze dias antes da concessão da aposentadoria. |

## 1.1. Cálculos

O estudo de caso a seguir trata da concessão de aposentadoria por incapacidade permanente, reconhecida na primeira perícia realizada pelo INSS, de um segurado empregado, requerida em 01/09/2020. Abaixo encontram-se as informações laborais do segurado e o cálculo da renda mensal inicial. Como o último dia de trabalho foi em 05/08/2020, a data de início do benefício é a partir do 16º dia do afastamento, ou seja, 21/08/2020.

**APOSENTADORIA POR INCAPACIDADE PERMANENTE**

Espécie do benefício: Auxílio por incapacidade Temporária

Nome: **CARLOS FREDERICO DA SILVA**

Categoria: Empregado

Data de nascimento: **16/02/1975**

Data do último dia de trabalho: **05/08/2020**

Data do requerimento: **01/09/2020**

Data de início do benefício: **21/08/2020**

| IDADE | |
|---|---|
| **INÍCIO** | **FIM** |
| **16/02/1975** | **05/08/2020** |

| IDADE | | |
|---|---|---|
| **ANOS** | **MESES** | **DIAS** |
| **45** | **5** | **20** |

| | CONTRATOS DE TRABALHO | |
|---|---|---|
| | **INÍCIO** | **FIM** |
| 1 | **01/03/1995** | **05/08/1997** |
| 2 | **01/02/1999** | **31/10/2010** |
| 3 | **01/05/2013** | **05/08/2020** |

| TEMPO DE CONTRIBUIÇÃO | | |
|---|---|---|
| **ANOS** | **MESES** | **DIAS** |
| 2 | 5 | 5 |
| 11 | 9 | 1 |
| 7 | 3 | 5 |

| TEMPO TOTAL APURADO | | |
|---|---|---|
| **Anos** | **Meses** | **Dias** |
| **21** | **5** | **11** |

**APOSENTADORIA POR INCAPACIDADE PERMANENTE**

**CÁLCULO DA RENDA MENSAL INICIAL**

**CARLOS FREDERICO DA SILVA**

DATA DE NASCIMENTO: **16/02/1975**

ESPÉCIE: 31 (AUXÍLIO POR INCAPACIDADE TEMPORÁRIA)

DATA DE INÍCIO DO BENEFÍCIO: **21/08/2020**

TEMPO DE CONTRIBUIÇÃO: **21 anos 05 meses e 11 dias**

BASE LEGAL: EMENDA CONSTITUCIONAL 103/2019

PERÍODO BÁSICO DE CÁLCULO: **03/1995 a 07/2020**

| Sequência | Mês/ano | Valor teto | Salário | Índice | Salário atualizado |
|---|---|---|---|---|---|
| 1 | mar/95 | 582,86 | 395,00 | 6,697755 | 2.645,61 |
| 2 | abr/95 | 582,86 | 395,00 | 6,604627 | 2.608,83 |
| 3 | mai/95 | 832,66 | 395,00 | 6,480211 | 2.559,68 |
| 4 | jun/95 | 832,66 | 395,00 | 6,317841 | 2.495,55 |
| 5 | jul/95 | 832,66 | 395,00 | 6,204912 | 2.450,94 |
| 6 | ago/95 | 832,66 | 395,00 | 6,055933 | 2.392,09 |
| 7 | set/95 | 832,66 | 395,00 | 5,994789 | 2.367,94 |

| Sequência | Mês/ano | Valor teto | Salário | Índice | Salário atualizado |
|---|---|---|---|---|---|
| 8 | out/95 | 832,66 | 395,00 | 5,925462 | 2.340,56 |
| 9 | nov/95 | 832,66 | 395,00 | 5,843647 | 2.308,24 |
| 10 | dez/95 | 832,66 | 395,00 | 5,756724 | 2.273,91 |
| 11 | jan/96 | 832,66 | 395,00 | 5,663278 | 2.236,99 |
| 12 | fev/96 | 832,66 | 395,00 | 5,581788 | 2.204,81 |
| 13 | mar/96 | 832,66 | 475,00 | 5,542432 | 2.632,66 |
| 14 | abr/96 | 832,66 | 475,00 | 5,526409 | 2.625,04 |
| 15 | mai/96 | 957,56 | 475,00 | 5,487989 | 2.606,79 |
| 16 | jun/96 | 957,56 | 475,00 | 5,397316 | 2.563,73 |
| 17 | jul/96 | 957,56 | 475,00 | 5,332265 | 2.532,83 |
| 18 | ago/96 | 957,56 | 475,00 | 5,274768 | 2.505,51 |
| 19 | set/96 | 957,56 | 475,00 | 5,274555 | 2.505,41 |
| 20 | out/96 | 957,56 | 475,00 | 5,267707 | 2.502,16 |
| 21 | nov/96 | 957,56 | 475,00 | 5,256144 | 2.496,67 |
| 22 | dez/96 | 957,56 | 475,00 | 5,241471 | 2.489,70 |
| 23 | jan/97 | 957,56 | 475,00 | 5,195744 | 2.467,98 |
| 24 | fev/97 | 957,56 | 475,00 | 5,114931 | 2.429,59 |
| 25 | mar/97 | 957,56 | 520,00 | 5,093535 | 2.648,64 |
| 26 | abr/97 | 957,56 | 520,00 | 5,035130 | 2.618,27 |
| 27 | mai/97 | 957,56 | 520,00 | 5,005598 | 2.602,91 |
| 28 | jun/97 | 1.031,87 | 520,00 | 4,990625 | 2.595,13 |
| 29 | jul/97 | 1.031,87 | 520,00 | 4,955935 | 2.577,09 |
| 30 | ago/97 | 1.031,87 | 86,67 | 4,951479 | 429,13 |
| 31 | fev/99 | 1.200,00 | 785,00 | 4,654002 | 3.653,39 |
| 32 | mar/99 | 1.200,00 | 785,00 | 4,456152 | 3.498,08 |
| 33 | abr/99 | 1.200,00 | 785,00 | 4,369632 | 3.430,16 |
| 34 | mai/99 | 1.200,00 | 785,00 | 4,368322 | 3.429,13 |
| 35 | jun/99 | 1.255,32 | 825,00 | 4,368322 | 3.603,87 |
| 36 | jul/99 | 1.255,32 | 825,00 | 4,324216 | 3.567,48 |
| 37 | ago/99 | 1.255,32 | 825,00 | 4,256538 | 3.511,64 |
| 38 | set/99 | 1.255,32 | 825,00 | 4,195698 | 3.461,45 |
| 39 | out/99 | 1.255,32 | 825,00 | 4,134913 | 3.411,30 |
| 40 | nov/99 | 1.255,32 | 825,00 | 4,058216 | 3.348,03 |
| 41 | dez/99 | 1.255,32 | 825,00 | 3,958076 | 3.265,41 |
| 42 | jan/00 | 1.255,32 | 825,00 | 3,909983 | 3.225,74 |
| 43 | fev/00 | 1.255,32 | 825,00 | 3,870503 | 3.193,16 |
| 44 | mar/00 | 1.255,32 | 825,00 | 3,863166 | 3.187,11 |
| 45 | abr/00 | 1.255,32 | 825,00 | 3,856224 | 3.181,38 |
| 46 | mai/00 | 1.255,32 | 825,00 | 3,851217 | 3.177,25 |
| 47 | jun/00 | 1.328,25 | 935,00 | 3,825583 | 3.576,92 |
| 48 | jul/00 | 1.328,25 | 935,00 | 3,790333 | 3.543,96 |
| 49 | ago/00 | 1.328,25 | 935,00 | 3,706570 | 3.465,64 |
| 50 | set/00 | 1.328,25 | 935,00 | 3,640312 | 3.403,69 |
| 51 | out/00 | 1.328,25 | 935,00 | 3,615370 | 3.380,37 |
| 52 | nov/00 | 1.328,25 | 935,00 | 3,602041 | 3.367,91 |
| 53 | dez/00 | 1.328,25 | 935,00 | 3,588045 | 3.354,82 |
| 54 | jan/01 | 1.328,25 | 935,00 | 3,560982 | 3.329,52 |
| 55 | fev/01 | 1.328,25 | 935,00 | 3,543624 | 3.313,29 |
| 56 | mar/01 | 1.328,25 | 935,00 | 3,531611 | 3.302,06 |
| 57 | abr/01 | 1.328,25 | 935,00 | 3,503582 | 3.275,85 |
| 58 | mai/01 | 1.328,25 | 935,00 | 3,464434 | 3.239,25 |
| 59 | jun/01 | 1.430,00 | 985,00 | 3,449259 | 3.397,52 |
| 60 | jul/01 | 1.430,00 | 985,00 | 3,399625 | 3.348,63 |

| Sequência | Mês/ano | Valor teto | Salário | Índice | Salário atualizado |
|---|---|---|---|---|---|
| 61 | ago/01 | 1.430,00 | 985,00 | 3,345427 | 3.295,25 |
| 62 | set/01 | 1.430,00 | 985,00 | 3,315585 | 3.265,85 |
| 63 | out/01 | 1.430,00 | 985,00 | 3,303036 | 3.253,49 |
| 64 | nov/01 | 1.430,00 | 985,00 | 3,255827 | 3.206,99 |
| 65 | dez/01 | 1.430,00 | 985,00 | 3,231265 | 3.182,80 |
| 66 | jan/02 | 1.430,00 | 985,00 | 3,225464 | 3.177,08 |
| 67 | fev/02 | 1.430,00 | 985,00 | 3,219349 | 3.171,06 |
| 68 | mar/02 | 1.430,00 | 985,00 | 3,213562 | 3.165,36 |
| 69 | abr/02 | 1.430,00 | 985,00 | 3,210032 | 3.161,88 |
| 70 | mai/02 | 1.430,00 | 985,00 | 3,187717 | 3.139,90 |
| 71 | jun/02 | 1.561,56 | 1.020,00 | 3,152723 | 3.215,78 |
| 72 | jul/02 | 1.561,56 | 1.020,00 | 3,098798 | 3.160,77 |
| 73 | ago/02 | 1.561,56 | 1.020,00 | 3,036554 | 3.097,29 |
| 74 | set/02 | 1.561,56 | 1.020,00 | 2,966542 | 3.025,87 |
| 75 | out/02 | 1.561,56 | 1.020,00 | 2,890243 | 2.948,05 |
| 76 | nov/02 | 1.561,56 | 1.020,00 | 2,773477 | 2.828,95 |
| 77 | dez/02 | 1.561,56 | 1.020,00 | 2,620441 | 2.672,85 |
| 78 | jan/03 | 1.561,56 | 1.020,00 | 2,551549 | 2.602,58 |
| 79 | fev/03 | 1.561,56 | 1.020,00 | 2,497356 | 2.547,30 |
| 80 | mar/03 | 1.561,56 | 1.020,00 | 2,458273 | 2.507,44 |
| 81 | abr/03 | 1.561,56 | 1.020,00 | 2,418132 | 2.466,49 |
| 82 | mai/03 | 1.561,56 | 1.020,00 | 2,408256 | 2.456,42 |
| 83 | jun/03 | 1.869,34 | 1.185,00 | 2,424500 | 2.873,03 |
| 84 | jul/03 | 1.869,34 | 1.185,00 | 2,441592 | 2.893,29 |
| 85 | ago/03 | 1.869,34 | 1.185,00 | 2,446487 | 2.899,09 |
| 86 | set/03 | 1.869,34 | 1.185,00 | 2,431409 | 2.881,22 |
| 87 | out/03 | 1.869,34 | 1.185,00 | 2,406146 | 2.851,28 |
| 88 | nov/03 | 1.869,34 | 1.185,00 | 2,395604 | 2.838,79 |
| 89 | dez/03 | 1.869,34 | 1.185,00 | 2,384161 | 2.825,23 |
| 90 | jan/04 | 2.400,00 | 1.185,00 | 2,369942 | 2.808,38 |
| 91 | fev/04 | 2.400,00 | 1.185,00 | 2,351133 | 2.786,09 |
| 92 | mar/04 | 2.400,00 | 1.185,00 | 2,341998 | 2.775,27 |
| 93 | abr/04 | 2.400,00 | 1.185,00 | 2,328728 | 2.759,54 |
| 94 | mai/04 | 2.508,72 | 1.185,00 | 2,319216 | 2.748,27 |
| 95 | jun/04 | 2.508,72 | 1.375,00 | 2,309974 | 3.176,21 |
| 96 | jul/04 | 2.508,72 | 1.375,00 | 2,298488 | 3.160,42 |
| 97 | ago/04 | 2.508,72 | 1.375,00 | 2,281826 | 3.137,51 |
| 98 | set/04 | 2.508,72 | 1.375,00 | 2,270473 | 3.121,90 |
| 99 | out/04 | 2.508,72 | 1.375,00 | 2,266622 | 3.116,61 |
| 100 | nov/04 | 2.508,72 | 1.375,00 | 2,262779 | 3.111,32 |
| 101 | dez/04 | 2.508,72 | 1.375,00 | 2,252863 | 3.097,69 |
| 102 | jan/05 | 2.508,72 | 1.375,00 | 2,233651 | 3.071,27 |
| 103 | fev/05 | 2.508,72 | 1.375,00 | 2,220993 | 3.053,87 |
| 104 | mar/05 | 2.508,72 | 1.375,00 | 2,211263 | 3.040,49 |
| 105 | abr/05 | 2.508,72 | 1.375,00 | 2,195236 | 3.018,45 |
| 106 | mai/05 | 2.668,15 | 1.375,00 | 2,175442 | 2.991,23 |
| 107 | jun/05 | 2.668,15 | 1.575,00 | 2,160319 | 3.402,50 |
| 108 | jul/05 | 2.668,15 | 1.575,00 | 2,162697 | 3.406,25 |
| 109 | ago/05 | 2.668,15 | 1.575,00 | 2,162047 | 3.405,22 |
| 110 | set/05 | 2.668,15 | 1.575,00 | 2,162047 | 3.405,22 |
| 111 | out/05 | 2.668,15 | 1.575,00 | 2,158812 | 3.400,13 |
| 112 | nov/05 | 2.668,15 | 1.575,00 | 2,146365 | 3.380,52 |
| 113 | dez/05 | 2.668,15 | 1.575,00 | 2,134832 | 3.362,36 |

| Sequência | Mês/ano | Valor teto | Salário | Índice | Salário atualizado |
|---|---|---|---|---|---|
| 114 | jan/06 | 2.668,15 | 1.575,00 | 2,126330 | 3.348,97 |
| 115 | fev/06 | 2.668,15 | 1.575,00 | 2,118280 | 3.336,29 |
| 116 | mar/06 | 2.668,15 | 1.575,00 | 2,113421 | 3.328,64 |
| 117 | abr/06 | 2.801,56 | 1.575,00 | 2,107728 | 3.319,67 |
| 118 | mai/06 | 2.801,56 | 1.575,00 | 2,105204 | 3.315,70 |
| 119 | jun/06 | 2.801,56 | 1.750,00 | 2,102471 | 3.679,32 |
| 120 | jul/06 | 2.801,56 | 1.750,00 | 2,103939 | 3.681,89 |
| 121 | ago/06 | 2.801,82 | 1.750,00 | 2,101629 | 3.677,85 |
| 122 | set/06 | 2.801,82 | 1.750,00 | 2,102046 | 3.678,58 |
| 123 | out/06 | 2.801,82 | 1.750,00 | 2,098693 | 3.672,71 |
| 124 | nov/06 | 2.801,82 | 1.750,00 | 2,089705 | 3.656,98 |
| 125 | dez/06 | 2.801,82 | 1.750,00 | 2,080964 | 3.641,69 |
| 126 | jan/07 | 2.801,82 | 1.750,00 | 2,068142 | 3.619,25 |
| 127 | fev/07 | 2.801,82 | 1.750,00 | 2,058060 | 3.601,61 |
| 128 | mar/07 | 2.801,82 | 1.750,00 | 2,049452 | 3.586,54 |
| 129 | abr/07 | 2.894,28 | 1.750,00 | 2,040471 | 3.570,82 |
| 130 | mai/07 | 2.894,28 | 1.750,00 | 2,035183 | 3.561,57 |
| 131 | jun/07 | 2.894,28 | 1.930,00 | 2,029902 | 3.917,71 |
| 132 | jul/07 | 2.894,28 | 1.930,00 | 2,023633 | 3.905,61 |
| 133 | ago/07 | 2.894,28 | 1.930,00 | 2,017176 | 3.893,15 |
| 134 | set/07 | 2.894,28 | 1.930,00 | 2,005342 | 3.870,31 |
| 135 | out/07 | 2.894,28 | 1.930,00 | 2,000344 | 3.860,66 |
| 136 | nov/07 | 2.894,28 | 1.930,00 | 1,994363 | 3.849,12 |
| 137 | dez/07 | 2.894,28 | 1.930,00 | 1,985821 | 3.832,63 |
| 138 | jan/08 | 2.894,28 | 1.930,00 | 1,966743 | 3.795,81 |
| 139 | fev/08 | 2.894,28 | 1.930,00 | 1,953266 | 3.769,80 |
| 140 | mar/08 | 3.038,99 | 1.930,00 | 1,943355 | 3.750,68 |
| 141 | abr/08 | 3.038,99 | 1.930,00 | 1,933493 | 3.731,64 |
| 142 | mai/08 | 3.038,99 | 1.930,00 | 1,921197 | 3.707,91 |
| 143 | jun/08 | 3.038,99 | 2.230,00 | 1,902932 | 4.243,54 |
| 144 | jul/08 | 3.038,99 | 2.230,00 | 1,885773 | 4.205,27 |
| 145 | ago/08 | 3.038,99 | 2.230,00 | 1,874896 | 4.181,02 |
| 146 | set/08 | 3.038,99 | 2.230,00 | 1,870966 | 4.172,25 |
| 147 | out/08 | 3.038,99 | 2.230,00 | 1,868163 | 4.166,00 |
| 148 | nov/08 | 3.038,99 | 2.230,00 | 1,858871 | 4.145,28 |
| 149 | dez/08 | 3.038,99 | 2.230,00 | 1,851832 | 4.129,59 |
| 150 | jan/09 | 3.038,99 | 2.230,00 | 1,846482 | 4.117,65 |
| 151 | fev/09 | 3.218,90 | 2.230,00 | 1,834737 | 4.091,46 |
| 152 | mar/09 | 3.218,90 | 2.230,00 | 1,829067 | 4.078,82 |
| 153 | abr/09 | 3.218,90 | 2.230,00 | 1,825415 | 4.070,68 |
| 154 | mai/09 | 3.218,90 | 2.230,00 | 1,815434 | 4.048,42 |
| 155 | jun/09 | 3.218,90 | 2.300,00 | 1,804604 | 4.150,59 |
| 156 | jul/09 | 3.218,90 | 2.300,00 | 1,797053 | 4.133,22 |
| 157 | ago/09 | 3.218,90 | 2.300,00 | 1,792931 | 4.123,74 |
| 158 | set/09 | 3.218,90 | 2.300,00 | 1,791499 | 4.120,45 |
| 159 | out/09 | 3.218,90 | 2.300,00 | 1,788636 | 4.113,86 |
| 160 | nov/09 | 3.218,90 | 2.300,00 | 1,784354 | 4.104,01 |
| 161 | dez/09 | 3.218,90 | 2.300,00 | 1,777776 | 4.088,88 |
| 162 | jan/10 | 3.467,40 | 2.300,00 | 1,773515 | 4.079,08 |
| 163 | fev/10 | 3.467,40 | 2.300,00 | 1,758048 | 4.043,51 |
| 164 | mar/10 | 3.467,40 | 2.300,00 | 1,745827 | 4.015,40 |
| 165 | abr/10 | 3.467,40 | 2.300,00 | 1,733520 | 3.987,10 |
| 166 | mai/10 | 3.467,40 | 2.300,00 | 1,720956 | 3.958,20 |

| Sequência | Mês/ano | Valor teto | Salário | Índice | Salário atualizado |
|---|---|---|---|---|---|
| 167 | jun/10 | 3.467,40 | 2.580,00 | 1,713589 | 4.421,06 |
| 168 | jul/10 | 3.467,40 | 2.580,00 | 1,715476 | 4.425,93 |
| 169 | ago/10 | 3.467,40 | 2.580,00 | 1,716678 | 4.429,03 |
| 170 | set/10 | 3.467,40 | 2.580,00 | 1,717881 | 4.432,13 |
| 171 | out/10 | 3.467,40 | 2.580,00 | 1,708655 | 4.408,33 |
| 172 | mai/13 | 4.159,00 | 2.350,00 | 1,440446 | 3.385,05 |
| 173 | jun/13 | 4.159,00 | 2.350,00 | 1,435420 | 3.373,24 |
| 174 | jul/13 | 4.159,00 | 2.350,00 | 1,431416 | 3.363,83 |
| 175 | ago/13 | 4.159,00 | 2.350,00 | 1,433279 | 3.368,21 |
| 176 | set/13 | 4.159,00 | 2.350,00 | 1,430988 | 3.362,82 |
| 177 | out/13 | 4.159,00 | 2.350,00 | 1,427135 | 3.353,77 |
| 178 | nov/13 | 4.159,00 | 2.350,00 | 1,418485 | 3.333,44 |
| 179 | dez/13 | 4.159,00 | 2.350,00 | 1,410863 | 3.315,53 |
| 180 | jan/14 | 4.390,24 | 2.760,00 | 1,400777 | 3.866,14 |
| 181 | fev/14 | 4.390,24 | 2.760,00 | 1,392010 | 3.841,95 |
| 182 | mar/14 | 4.390,24 | 2.760,00 | 1,383157 | 3.817,51 |
| 183 | abr/14 | 4.390,24 | 2.760,00 | 1,371907 | 3.786,46 |
| 184 | mai/14 | 4.390,24 | 2.760,00 | 1,361286 | 3.757,15 |
| 185 | jun/14 | 4.390,24 | 2.760,00 | 1,353166 | 3.734,74 |
| 186 | jul/14 | 4.390,24 | 2.760,00 | 1,349659 | 3.725,06 |
| 187 | ago/14 | 4.390,24 | 2.760,00 | 1,347909 | 3.720,23 |
| 188 | set/14 | 4.390,24 | 2.760,00 | 1,345484 | 3.713,54 |
| 189 | out/14 | 4.390,24 | 2.760,00 | 1,338926 | 3.695,44 |
| 190 | nov/14 | 4.390,24 | 2.760,00 | 1,333858 | 3.681,45 |
| 191 | dez/14 | 4.390,24 | 2.760,00 | 1,326823 | 3.662,03 |
| 192 | jan/15 | 4.663,75 | 2.900,00 | 1,318647 | 3.824,08 |
| 193 | fev/15 | 4.663,75 | 2.900,00 | 1,299417 | 3.768,31 |
| 194 | mar/15 | 4.663,75 | 2.900,00 | 1,284516 | 3.725,10 |
| 195 | abr/15 | 4.663,75 | 2.900,00 | 1,265409 | 3.669,69 |
| 196 | mai/15 | 4.663,75 | 2.900,00 | 1,256489 | 3.643,82 |
| 197 | jun/15 | 4.663,75 | 2.900,00 | 1,244173 | 3.608,10 |
| 198 | jul/15 | 4.663,75 | 2.900,00 | 1,234664 | 3.580,53 |
| 199 | ago/15 | 4.663,75 | 2.900,00 | 1,227546 | 3.559,88 |
| 200 | set/15 | 4.663,75 | 2.900,00 | 1,224481 | 3.550,99 |
| 201 | out/15 | 4.663,75 | 2.900,00 | 1,218270 | 3.532,98 |
| 202 | nov/15 | 4.663,75 | 2.900,00 | 1,208963 | 3.505,99 |
| 203 | dez/15 | 4.663,75 | 2.900,00 | 1,195687 | 3.467,49 |
| 204 | jan/16 | 5.189,82 | 3.150,00 | 1,185024 | 3.732,83 |
| 205 | fev/16 | 5.189,82 | 3.150,00 | 1,167397 | 3.677,30 |
| 206 | mar/16 | 5.189,82 | 3.150,00 | 1,156409 | 3.642,69 |
| 207 | abr/16 | 5.189,82 | 3.150,00 | 1,151345 | 3.626,74 |
| 208 | mai/16 | 5.189,82 | 3.150,00 | 1,144023 | 3.603,67 |
| 209 | jun/16 | 5.189,82 | 3.150,00 | 1,132921 | 3.568,70 |
| 210 | jul/16 | 5.189,82 | 3.150,00 | 1,127620 | 3.552,00 |
| 211 | ago/16 | 5.189,82 | 3.150,00 | 1,120448 | 3.529,41 |
| 212 | set/16 | 5.189,82 | 3.150,00 | 1,116988 | 3.518,51 |
| 213 | out/16 | 5.189,82 | 3.150,00 | 1,116094 | 3.515,70 |
| 214 | nov/16 | 5.189,82 | 3.150,00 | 1,114199 | 3.509,73 |
| 215 | dez/16 | 5.189,82 | 3.150,00 | 1,113420 | 3.507,27 |
| 216 | jan/17 | 5.531,31 | 3.280,00 | 1,111865 | 3.646,92 |
| 217 | fev/17 | 5.531,31 | 3.280,00 | 1,107212 | 3.631,66 |
| 218 | mar/17 | 5.531,31 | 3.280,00 | 1,104562 | 3.622,96 |
| 219 | abr/17 | 5.531,31 | 3.280,00 | 1,101040 | 3.611,41 |

| Sequência | Mês/ano | Valor teto | Salário | Índice | Salário atualizado |
|---|---|---|---|---|---|
| 220 | mai/17 | 5.531,31 | 3.280,00 | 1,100161 | 3.608,53 |
| 221 | jun/17 | 5.531,31 | 3.280,00 | 1,096211 | 3.595,57 |
| 222 | jul/17 | 5.531,31 | 3.280,00 | 1,099512 | 3.606,40 |
| 223 | ago/17 | 5.531,31 | 3.280,00 | 1,097646 | 3.600,28 |
| 224 | set/17 | 5.531,31 | 3.280,00 | 1,097975 | 3.601,36 |
| 225 | out/17 | 5.531,31 | 3.280,00 | 1,098195 | 3.602,08 |
| 226 | nov/17 | 5.531,31 | 3.280,00 | 1,094146 | 3.588,80 |
| 227 | dez/17 | 5.531,31 | 3.280,00 | 1,092179 | 3.582,35 |
| 228 | jan/18 | 5.645,80 | 3.375,00 | 1,089348 | 3.676,55 |
| 229 | fev/18 | 5.645,80 | 3.375,00 | 1,086849 | 3.668,12 |
| 230 | mar/18 | 5.645,80 | 3.375,00 | 1,084895 | 3.661,52 |
| 231 | abr/18 | 5.645,80 | 3.375,00 | 1,084137 | 3.658,96 |
| 232 | mai/18 | 5.645,80 | 3.375,00 | 1,081864 | 3.651,29 |
| 233 | jun/18 | 5.645,80 | 3.375,00 | 1,077234 | 3.635,66 |
| 234 | jul/18 | 5.645,80 | 3.375,00 | 1,062046 | 3.584,41 |
| 235 | ago/18 | 5.645,80 | 3.375,00 | 1,059396 | 3.575,46 |
| 236 | set/18 | 5.645,80 | 3.375,00 | 1,059396 | 3.575,46 |
| 237 | out/18 | 5.645,80 | 3.375,00 | 1,056227 | 3.564,77 |
| 238 | nov/18 | 5.645,80 | 3.375,00 | 1,052020 | 3.550,57 |
| 239 | dez/18 | 5.645,80 | 3.375,00 | 1,054656 | 3.559,46 |
| 240 | jan/19 | 5.839,45 | 3.420,00 | 1,053182 | 3.601,88 |
| 241 | fev/19 | 5.839,45 | 3.420,00 | 1,049404 | 3.588,96 |
| 242 | mar/19 | 5.839,45 | 3.420,00 | 1,043769 | 3.569,69 |
| 243 | abr/19 | 5.839,45 | 3.420,00 | 1,035793 | 3.542,41 |
| 244 | mai/19 | 5.839,45 | 3.420,00 | 1,029614 | 3.521,28 |
| 245 | jun/19 | 5.839,45 | 3.420,00 | 1,028073 | 3.516,01 |
| 246 | jul/19 | 5.839,45 | 3.420,00 | 1,027970 | 3.515,66 |
| 247 | ago/19 | 5.839,45 | 3.420,00 | 1,026941 | 3.512,14 |
| 248 | set/19 | 5.839,45 | 3.420,00 | 1,025710 | 3.507,93 |
| 249 | out/19 | 5.839,45 | 3.420,00 | 1,026225 | 3.509,69 |
| 250 | nov/19 | 5.839,45 | 3.420,00 | 1,025815 | 3.508,29 |
| 251 | dez/19 | 5.839,45 | 3.420,00 | 1,020305 | 3.489,44 |
| 252 | jan/20 | 6.101,06 | 3.500,00 | 1,008007 | 3.528,02 |
| 253 | fev/20 | 6.101,06 | 3.500,00 | 1,006095 | 3.521,33 |
| 254 | mar/20 | 6.101,06 | 3.500,00 | 1,004388 | 3.515,36 |
| 255 | abr/20 | 6.101,06 | 3.500,00 | 1,002584 | 3.509,04 |
| 256 | mai/20 | 6.101,06 | 3.500,00 | 1,004895 | 3.517,13 |
| 257 | jun/20 | 6.101,06 | 3.500,00 | 1,007413 | 3.525,95 |
| 258 | jul/20 | 6.101,06 | 3.500,00 | 1,004400 | 3.515,40 |

| **SOMA GERAL DE SALÁRIOS** | **873.309,40** |
|---|---|

| **MÉDIA GERAL DE SALÁRIOS** = 873.309,40 / 258 | **3.384,92** |
|---|---|

| Período Básico de Cálculos - 03/1995 a 07/2020 | **305** |
|---|---|
| Quantidade de salários no período básico de cálculo | **258** |

**CARLOS FREDERICO DA SILVA**

DATA DE INÍCIO DO BENEFÍCIO: **21/08/2020**

TEMPO DE CONTRIBUIÇÃO: **21 anos 05 meses e 11 dias**

| **MÉDIA DE 100% DOS SALÁRIOS DE CONTRIBUIÇÃO** | **3.384,92** |
|---|---|

| | |
|---|---|
| COEFICIENTE | **62%** |
| **RENDA MENSAL INICIAL** = SB x Coeficiente | **2.098,65** |

A média de 100% dos salários de contribuição no período básico de cálculo, atualizados monetariamente pelo INPC, foi fixada no valor de **R$ 3.384,92**. De acordo com o Art. 26 da EC 103/2019, a renda mensal inicial foi fixada em 62%: 60% mais 2% para cada ano de contribuição que ultrapassar os 20 anos. Como o segurado possui 21 anos, ultrapassando apenas 1 ano dos 20 exigidos, o coeficiente da RMI foi fixado em 62% da média de salários, fixada no valor de **R$ 2.098,65**.

Se o benefício de aposentadoria por incapacidade permanente fosse decorrente de acidente de trabalho, doença ocupacional ou doença do trabalho, o coeficiente da RMI seria de 100% da média de salários, ou seja, R$ 3.384,92.

Caso o segurado precisasse da ajuda permanente de terceiros, a renda mensal seria acrescida do adicional de 25%, conforme descrito abaixo:

| **MÉDIA DE 100% DOS SALÁRIOS DE CONTRIBUIÇÃO** | **3.384,92** |
|---|---|
| COEFICIENTE | **62%** |
| **RENDA MENSAL INICIAL** = SB x Coeficiente | **2.098,65** |
| ADICIONAL DE ACOMPANHANTE | **25%** |
| VALOR DO ADICIONAL | **524,66** |
| **RENDA MENSAL TOTAL** | **2.623,31** |

Caso o segurado precisasse da ajuda permanente de terceiros e o benefício fosse decorrente de acidente de trabalho, doença ocupacional ou do trabalho, a renda mensal seria acrescida do adicional de 25%, conforme descrito abaixo:

| **MÉDIA DE 100% DOS SALÁRIOS DE CONTRIBUIÇÃO** | **3.384,92** |
|---|---|
| COEFICIENTE | **100%** |
| **RENDA MENSAL INICIAL** = SB x Coeficiente | **3.384,92** |
| ADICIONAL DE ACOMPANHANTE | **25%** |
| VALOR DO ADICIONAL | **846,23** |
| **RENDA MENSAL TOTAL** | **4.231,15** |

## 2. APOSENTADORIA PROGRAMADA

Até o advento da **Emenda 103/2019**, o artigo 201, § 7º da Constituição previa duas aposentadorias distintas:

a) Por tempo de contribuição (inciso I);

b) Por idade (inciso II).

Na época da votação da Emenda 20/1998, por apenas um voto, não restou aprovada a extinção de aposentadoria comum sem idade mínima do RGPS, conquanto tenha sido aprovada no RPPS.

Trata-se de **modificação necessária**, pois não existe risco social a ser tutelado com o tempo de contribuição sem a inserção de uma idade mínima, devendo ser compensado o largo tempo de contribuição com a majoração da renda mensal, e não com a dispensa da idade mínima.

Ademais, a expectativa média de sobrevida no Brasil cresce a cada ano, fazendo com que as aposentadorias fiquem ativas por mais tempo, o que eleva os gastos previdenciários.

Esta é a regra permanente que deverá ser aplicada aos novos segurados do RGPS, filiados após a publicação da Emenda 103/2019. **Extinguiu-se a aposentadoria sem idade mínima**, vinculando-se idade e tempo de contribuição mínimos:

> *§ 7º (...)*
>
> ***I - 65 (sessenta e cinco) anos de idade, se homem, e 62 (sessenta e dois) anos de idade, se mulher, observado tempo mínimo de contribuição;***
>
> ***II - 60 (sessenta) anos de idade, se homem, e 55 (cinquenta e cinco) anos de idade, se mulher, para os trabalhadores rurais e para os que exerçam suas atividades em regime de economia familiar, nestes incluídos o produtor rural, o garimpeiro e o pescador artesanal.***
>
> *§ 8º O requisito de idade a que se refere o inciso I do § 7º será **reduzido em 5 (cinco) anos**, para o **professor** que comprove tempo de efetivo exercício das funções de magistério na educação infantil e no ensino fundamental e médio fixado em **lei complementar**.*

Há previsão de concessão da **aposentadoria por idade e tempo de contribuição** a todas as classes de segurados do RGPS, uma vez realizados os requisitos legais.

O Congresso Nacional não aceitou as alterações propostas pelo Governo para a **aposentadoria**

**voluntária** dos **trabalhadores rurais, pescadores artesanais e garimpeiros.**

Daí acabou gerando **duas aposentadorias programadas**:

a) Aposentadoria programada por idade, tempo de contribuição e período de carência para trabalhadores urbanos, se subdividindo em comum e professor do ensino básico;

b) Aposentadoria por idade com período de carência para trabalhadores rurais, pescadores artesanais e garimpeiros, sem a exigência de tempo de contribuição.

Buscou-se a elevação da idade mínima para a aposentadoria e a inserção de um modelo contributivo efetivo com redução de alíquota, que o Congresso Nacional se negou em aprovar forçando a retirada destes pontos em negociação com o Governo.

Desta forma, o único ponto em que a Emenda 103/2019 abordou a aposentadoria voluntária dos trabalhadores rurais e similares foi para a manutenção da idade mínima de 60 anos para os homens e 55 anos para as mulheres (art. 201, § 7º, inciso II, da Constituição).

O dispositivo não cita período de carência, que pode ser inserido pela legislação infraconstitucional com a aplicação do artigo 25 da Lei 8.213/91, se referindo apenas a "tempo mínimo de contribuição".

Vale registrar que para período de carência não são consideradas contribuições em atraso antes da primeira paga em dia ou após perda da qualidade de segurado, nos termos do artigo 27, inciso II[4], da Lei 8.213/91, para os segurados sem presunção de recolhimento de contribuição previdenciária, vedação que inexiste atualmente para cômputo do tempo de contribuição.

Acredita-se que as regras de carência de 180 contribuições mensais do artigo 25 da lei 8.213/91 foram recebidas pela Emenda 103/2019.

Conforme determinação constitucional mantida na EC 103/2019, haverá redução de idade em 05 anos para os trabalhadores rurais de ambos os sexos e para os que exerçam suas atividades em regime de economia familiar, nestes incluídos o produtor rural, o garimpeiro e o pescador artesanal.

A regulamentação é dada pelo artigo 48, § 1º, da Lei 8.213/91, com redação dada pela Lei 9.876/99:

"§ 1º Os limites fixados no *caput* são reduzidos para sessenta e cinqüenta e cinco anos no caso de trabalhadores rurais, respectivamente homens e mulheres, referidos na alínea *a* do inciso I, na alínea *g* do inciso V e nos incisos VI e VII do art. 11".

Assim, pelo texto legal, são agraciados pela redução os seguintes segurados:

A) **(art. 11, I, letra A – empregado rural):** a) aquele que presta serviço de natureza urbana ou rural à empresa, em caráter não eventual, sob sua subordinação e mediante remuneração, inclusive como diretor empregado;

B) **(art. 11, V, letra G – contribuinte individual rural)**: g) quem presta serviço de natureza urbana ou rural, em caráter eventual, a uma ou mais empresas, sem relação de emprego;

C) **(art. 11, VI – trabalhador avulso rural)**: VI – como trabalhador avulso: quem presta, a diversas empresas, sem vínculo empregatício, serviço de natureza urbana ou rural definidos no Regulamento (intermediação do sindicato rural);

D) **(art. 11, VII – segurado especial)**: VII – como segurado especial: a pessoa física residente no imóvel rural ou em aglomerado urbano ou rural próximo a ele que, individualmente ou em regime de economia familiar, ainda que com o auxílio eventual de terceiros, na condição de: a) produtor, seja proprietário, usufrutuário, possuidor, assentado, parceiro ou meeiro outorgados, comodatário ou arrendatário rurais, que explore atividade: 1. agropecuária em área de até 4 (quatro) módulos fiscais; 2. de seringueiro ou extrativista vegetal que exerça suas atividades nos termos do inciso XII do caput do art. 2º da Lei nº 9.985, de 18 de julho de 2000, e faça dessas atividades o principal meio de vida; b) pescador artesanal ou a este assemelhado que faça da pesca profissão habitual ou principal meio de vida; e c) cônjuge ou companheiro, bem como filho maior de 16 (dezesseis) anos de idade ou a este equiparado, do segurado de que tratam as alíneas a e *b* deste inciso, que, comprovadamente, trabalhem com o grupo familiar respectivo.

Curioso notar que a regulamentação dada pelo artigo 48 da Lei 8.213/91 não contemplou o produtor rural contribuinte individual para a redução em cinco anos na redução da idade para o benefício da aposentadoria por idade, pois não há referência ao artigo 11, V, letra A, da Lei 8.213/91:

a) a pessoa física, proprietária ou não, que explora atividade agropecuária, a qualquer título, em caráter permanente ou temporário, em área superior a 4 (quatro)

---

4. Art. 27. Para cômputo do período de carência, serão consideradas as contribuições: (Redação dada pela Lei Complementar nº 150, de 2015) II – realizadas a contar da data de efetivo pagamento da primeira contribuição sem atraso, **não sendo consideradas para este fim as contribuições recolhidas com atraso referentes a competências anteriores**, no caso dos segurados contribuinte individual, especial e facultativo, referidos, respectivamente, nos incisos V e VII do art. 11 e no art. 13. (Redação dada pela Lei Complementar nº 150, de 2015)

módulos fiscais; ou, quando em área igual ou inferior a 4 (quatro) módulos fiscais ou atividade pesqueira, com auxílio de empregados ou por intermédio de prepostos; ou ainda nas hipóteses dos §§ 9º e 10 deste artigo;

Acredita-se que pela generalidade do texto constitucional na primeira parte do artigo 201, § 7º, II, que aduz "**reduzido em cinco anos o limite para os trabalhadores rurais de ambos os sexos** e para os que exerçam suas atividades em regime de economia familiar, nestes incluídos o produtor rural, o garimpeiro e o pescador artesanal", deveria a Lei 8.213/91 ter abarcado todos os trabalhadores rurais com a redução na idade, e não deixado de fora o produtor rural contribuinte individual.

Isso porque o objetivo da redução da idade constitucional foi compensar o trabalhador rural, o garimpeiro e o pescador artesanal com uma regra de aposentadoria precoce, decorrente do nítido desgaste físico gerado por essas atividades. Mas é certo que o texto constitucional é deveras confuso e deveria ter uma melhor redação.

Embora não seja um tema pacificado, a 1ª Turma do STJ admite o cômputo como período de carência da aposentadoria por idade período em que o segurado percebeu auxílio-acidente:

**STJ**

"1. O auxílio-acidente – e não apenas o auxílio-doença e a aposentadoria por invalidez – pode ser considerado como espécie de "benefício por incapacidade", apto a compor a carência necessária à concessão da aposentadoria por idade. 2. *In casu*, é de ser observada a vetusta regra de hermenêutica, segundo a qual "onde a lei não restringe, não cabe ao intérprete restringir" e, portanto, não havendo, nas normas que regem a matéria, a restrição imposta pelo Tribunal a quo, não subsiste o óbice imposto ao direito à pensão por morte" (REsp 1.243.760, de 02/04/2013).

A decisão tem um **erro técnico**, pois o auxílio-acidente não é benefício por incapacidade laboral, não cabendo a aplicação da regra do artigo 55, II, Lei 8.213/91, pois se trata de benefício indenizatório percebido juntamente com remuneração, não se exigindo afastamento do labor para o seu adimplemento.

Justamente por isso a TNU e a 2ª Turma do STJ vêm rejeitando a tese:

*"PEDILEF. PREVIDENCIÁRIO.* ***REGIME GERAL. CÔMPUTO, PARA EFEITO DE CARÊNCIA, DO PERÍODO DE RECEBIMENTO DO BENEFÍCIO DE AUXÍLIOACIDENTE.*** *JURISPRUDÊNCIA FIRMADA NA TURMA NACIONAL DE UNIFORMIZAÇÃO COM BASE EM JULGADO DO SUPREMO TRIBUNAL FEDERAL EM REPERCUSSÃO GERAL. APLICAÇÃO DA QUESTÃO DE ORDEM Nº 20.* ***IMPOSSIBILIDADE DE COMPUTAR PARA EFEITO DE CARÊNCIA O RECEBIMENTO DO REFERIDO BENEFÍCIO,*** *SEM O RECOLHIMENTO DE CONTRIBUIÇÕES. INCIDENTE DE UNIFORMIZAÇÃO CONHECIDO E PROVIDO". (Pedido de Uniformização de Interpretação de Lei (Turma) 0504317- 35.2017.4.05.8302, Rel. Juiz Federal GUILHERME BOLLORINI PEREIRA - TURMA NACIONAL DE UNIFORMIZAÇÃO, julgado em 27/6/2019)*

*"PREVIDENCIÁRIO. AUXÍLIO-ACIDENTE. NATUREZA INDENIZATÓRIA. CONTAGEM COMO TEMPO DE CONTRIBUIÇÃO E PARA FINS DE CARÊNCIA. IMPOSSIBILIDADE.*

*I - A apresentação genérica de ofensa ao art. 1.022 do CPC/2015 atrai o comando do Enunciado Sumular n. 284/STF, inviabilizando o conhecimento dessa parcela recursal.*

***II - O auxílio-acidente possui natureza indenizatória, por este motivo, o tempo em que o segurado esteve em gozo, exclusivamente, de auxílio-acidente, não vertendo contribuições ao sistema previdenciário, não deve ser considerado como tempo de contribuição ou para fins de carência, na forma do art. 55, inciso II, da Lei n. 8.213/91.***

*III - A indicação de dispositivo legal em torno do qual teria ocorrido interpretação divergente é requisito de admissibilidade do recurso especial previsto pelo art. 105, III, c, da CF, sob pena de incidência do óbice da Súmula n. 284/STF.*

*IV - Recurso especial parcialmente conhecido e, nesta extensão, improvido". (REsp 1752121/SC, Rel. Ministro FRANCISCO FALCÃO, SEGUNDA TURMA, julgado em 11/06/2019, DJe 14/06/2019).*

Em regra, restou fixada pela **Emenda 103/2019** a seguinte idade mínima para a aposentadoria por idade e tempo de contribuição:

a) **Homens: 65 anos;**

b) **Mulheres: 62 anos.**

Embora as mulheres vivam cerca de 7 anos a mais que os homens, a discriminação positiva se justifica pela discriminação negativa no mercado de trabalho, especialmente por receberem menos que os homens para exercer a mesma função e terem em média maior escolaridade.

Outro motivo que justifica a redução para as meninas é a dupla jornada e a maternidade. Mas note-se que essa redução caiu de 5 para apenas 3 anos.

Vale registrar que os contribuintes individuais e segurados facultativos que recolheram contribuições simplificadas com alíquota de 11% ou de 5% sobre salário mínimo, na forma do artigo 21, § 2º, da Lei 8.212/91, fazem jus à aposentadoria programada por idade, tempo de contribuição e carência.

Isso porque o impedimento normativo infraconstitucional se refere à aposentadoria por tempo de contribuição sem idade mínima que existiu no regime anterior à EC 103/2019, não havendo restrição no texto constitucional ou mesmo no Decreto 10.410/2020 para a novel aposentadoria programada.

Aliás, jamais poderia se pensar em vedar o acesso a este benefício, por se tratar da única aposentadoria programada que eles têm acesso após a Emenda 103/2019.

De seu turno, para o **professor do ensino básico**, garantiu-se apenas a redução em 5 anos na idade:

a) **Homens: 60 anos;**

b) **Mulheres: 57 anos.**

Não há garantia constitucional na regra permanente de redução do tempo de contribuição, sendo os requisitos afetados a uma lei complementar que deve ser futuramente editada.

Por sua vez, para trabalhadores rurais de ambos os sexos, garimpeiros e pescadores artesanais restou mantida a mesma idade anterior à reforma sem a exigência de tempo de contribuição:

a) **Homens: 60 anos;**

b) **Mulheres: 55 anos.**

Note-se que a diferença de idade mínima entre mulheres ficou ampla em 7 anos, comparando a regra geral com a regra especial (mulher urbana 62 anos e mulher rural 55 anos de idade).

A carência para os trabalhadores rurais de 180 contribuições mensais, mormente para os enquadrados como segurados especiais, será demonstrada pelo exercício da atividade campesina em regime de economia familiar para a subsistência, observada a tabela de transição.

De efeito, essa atividade deverá ser comprovada através do **início de prova material (documentos) produzido contemporaneamente ao período probando, mesmo que de maneira descontínua**, no período de 180 meses imediatamente anterior ao requerimento do benefício ou à data do implemento da idade mínima.

Tendo em vista que o regime jurídico anterior previa a carência de apenas 60 contribuições mensais, há uma regra de transição esculpida no artigo 142, da Lei 8.213/91, para o segurado "inscrito" na Previdência Social Urbana até 24 de julho de 1991, bem como para o trabalhador e o empregador rural cobertos pela Previdência Social Rural, pontificando que a carência da aposentadoria por idade obedecerá à seguinte tabela, **levando-se em conta o ano em que o segurado implementou todas as condições necessárias à obtenção do benefício**:

| Ano de implementação das condições | Meses de contribuição exigidos |
|---|---|
| 1991 | 60 meses |
| 1992 | 60 meses |
| 1993 | 66 meses |
| 1994 | 72 meses |
| 1995 | 78 meses |
| 1996 | 90 meses |
| 1997 | 96 meses |
| 1998 | 102 meses |
| 1999 | 108 meses |
| 2000 | 114 meses |
| 2001 | 120 meses |
| 2002 | 126 meses |
| 2003 | 132 meses |
| 2004 | 138 meses |
| 2005 | 144 meses |
| 2006 | 150 meses |
| 2007 | 156 meses |
| 2008 | 162 meses |
| 2009 | 168 meses |
| 2010 | 174 meses |
| 2011 | 180 meses |

A regra de transição do artigo 142, da Lei 8.213/91, é imperfeita. Ao se referir à inscrição, quis o legislador tratar da filiação, pois é com este instituto que a condição de segurado ocorrerá, vez que a inscrição é o mero ato de cadastro do segurado ou dependente no INSS.

Logo, para a incidência da tabela de transição, valerá a data da filiação, pois esse dispositivo deverá ser interpretado sistematicamente, consoante todo o ordenamento previdenciário.

Todavia, para a concessão da aposentadoria por idade, vale ressaltar que o entendimento da Previdência Social para a incidência da transcrita tabela tem sido mais favorável aos segurados, pois está sendo considerado o ano em que o segurado completou a idade mínima para o deferimento do benefício, mesmo que a carência tenha sido integralizada posteriormente (**"congelamento" da carência**), conforme explicitado na questão 21, do Parecer CONJUR/MPS 616/2010.

Logo, como a aposentadoria por idade para os homens será concedida aos 65 anos de idade, em regra, se um segurado completou essa idade em 1993 terá que realizar a carência de 66 contribuições mensais, mesmo que apenas em 1995 integralize a carência, não sendo necessário atingir 78 contribuições mensais.

Convém advertir que mesmo para os segurados filiados até o dia 24.07.1991, caso tenham perdido posteriormente a sua condição e se refiliado posteriormente, incidirá o novo regramento, que exige a carência de 180 contribuições mensais, vez que houve a extinção da relação jurídico-previdenciária, conforme já decidiu o próprio STJ[5].

A carência para os trabalhadores rurais de 180 contribuições mensais, mormente para os enquadrados como segurados especiais, será demonstrada pelo exercício da atividade campesina em regime de economia familiar para a subsistência, observada a tabela de transição.

Enquanto não editada a lei de regulamentação, deve ser aplicado o regramento para os novos segurados do RGPS do **artigo 19 da Emenda 103/2019**.

Vale registrar que ainda permanece válida a regra de redução da aposentadoria por idade da pessoa com deficiência (LC 142/2013, art. 3º), por força da manutenção deste regramento pelo artigo 22[6] da Emenda 103/2019 até a edição de nova lei complementar para regular o tema:

> Art. 3º É assegurada a concessão de aposentadoria pelo RGPS ao segurado com deficiência, observadas as seguintes condições:
>
> (...)
>
> IV – aos 60 (sessenta) anos de idade, se homem, e 55 (cinquenta e cinco) anos de idade, se mulher, independentemente do grau de deficiência, desde que cumprido tempo mínimo de contribuição de 15 (quinze) anos e comprovada a existência de deficiência durante igual período.

O artigo 19 da **Emenda 103/2019** trouxe uma regra de transição ao regramento permanente a que se refere o inciso I do § 7º do art. 201 da Constituição Federal, enquanto não editada lei de regulação do tempo de contribuição mínimo para a aposentadoria no RGPS, sendo aplicável a todos os novos segurados:

> Art. 19. Até que lei disponha sobre o tempo de contribuição a que se refere o inciso I do § 7º do art. 201 da Constituição Federal, o segurado filiado ao Regime Geral de Previdência Social após a data de entrada em vigor desta Emenda Constitucional será aposentado aos 62 (sessenta e dois) anos de idade, se mulher, 65 (sessenta e cinco) anos de idade, se homem, 15 (quinze) anos de tempo de contribuição, se mulher, e 20 (vinte) anos de tempo de contribuição, se homem.
>
> § 1º Até que lei complementar disponha sobre a redução de idade mínima ou tempo de contribuição prevista nos §§ 1º e 8º do art. 201 da Constituição Federal, será concedida aposentadoria:
>
> (...)
>
> II – ao professor que comprove 25 (vinte e cinco) anos de contribuição exclusivamente em efetivo exercício das funções de magistério na educação infantil e no ensino fundamental e médio e possua 57 (cinquenta e sete) anos de idade, se mulher, e 60 (sessenta) anos de idade, se homem.
>
> § 2º O valor das aposentadorias de que trata este artigo corresponderá ao valor apurado na forma da lei.

Para os **segurados filiados ao RGPS após a reforma constitucional em comento**, devem ser observados os seguintes requisitos:

a) **HOMENS: 65 anos de idade e tempo mínimo de contribuição de 20 anos;**

b) **MULHERES: 62 anos de idade e tempo mínimo de contribuição de 15 anos.**

O dispositivo não cita período de carência, se referindo apenas a "tempo de contribuição".

Vale registrar que para período de carência não são consideradas contribuições em atraso antes da primeira paga em dia ou após perda da qualidade de segurado, nos termos do artigo 27, inciso II[7], da Lei 8.213/91, para os segurados sem presunção de recolhimento de contribuição previdenciária, vedação que inexiste atualmente para cômputo do tempo de contribuição.

Considera-se tempo de contribuição o tempo, contado de data a data, desde o início até a data do requerimento ou do desligamento de atividade abrangida pela previdência social, descontados os períodos legalmente estabelecidos como de suspensão de contrato de trabalho, de interrupção de exercício e de desligamento da atividade.

---

5. AGREsp 794.128, de 21.03.2006.

6. **Art. 22.** Até que lei discipline o § 4º-A do art. 40 e o inciso I do § 1° do art. 201 da Constituição Federal, a aposentadoria da **pessoa com deficiência segurada do Regime Geral de Previdência Social** ou do servidor público federal com deficiência vinculado a regime próprio de previdência social, desde que cumpridos, no caso do servidor, o tempo mínimo de dez anos de efetivo exercício no serviço público e de cinco anos no cargo efetivo em que for concedida a aposentadoria, será concedida na forma da **Lei Complementar n° 142, de 8 de maio de 2013**, inclusive quanto aos critérios de cálculo dos benefícios.

7. Art. 27. Para cômputo do período de carência, serão consideradas as contribuições: (Redação dada pela Lei Complementar nº 150, de 2015) II – realizadas a contar da data de efetivo pagamento da primeira contribuição sem atraso, **não sendo consideradas para este fim as contribuições recolhidas com atraso referentes a competências anteriores**, no caso dos segurados contribuinte individual, especial e facultativo, referidos, respectivamente, nos incisos V e VII do art. 11 e no art. 13. (Redação dada pela Lei Complementar nº 150, de 2015)

Ademais, não será computado como tempo de contribuição o já considerado para concessão de qualquer aposentadoria prevista no RGPS ou por outro regime de previdência social.

Com o advento da EC 103/2019, agregou-se ao tempo de contribuição a exigência de idade mínima para a concessão. Desde a Emenda 20/1998, veda-se o cômputo de tempo de contribuição fictício. Por outro lado, em respeito ao direito adquirido, o tempo de serviço considerado pela legislação vigente para efeito de aposentadoria, cumprido até que a lei discipline a matéria, será contado como tempo de contribuição, **exceto as contagens de tempo fictícias**, a exemplo daquelas em dobro perpetradas no passado[8].

Apesar da ressalva feita pelo artigo 4º, da Emenda 20, a jurisprudência do STJ e o próprio INSS admitem o direito adquirido às contagens de tempo de serviço fictícias até o seu advento, a exemplo da decisão tomada no ROMS 20.855, de 14/06/2007:

> "CONSTITUCIONAL. ADMINISTRATIVO. RECURSO ORDINÁRIO EM MANDADO DE SEGURANÇA. SERVIDOR DO ESTADO DO RIO GRANDE DO SUL. LICENÇA-PRÊMIO NÃO GOZADA. **CONTAGEM EM DOBRO PARA FINS DE APOSENTADORIA. PREENCHIMENTO DOS REQUISITOS ANTES DA PUBLICAÇÃO DA EMENDA CONSTITUCIONAL 20/98. DIREITO RECONHECIDO**. PRECEDENTE. RECURSO ORDINÁRIO PROVIDO. 1. O servidor celetista estabilizado do Estado do Rio Grande do Sul que, por força do disposto no art. 276 da Lei Complementar 10.098/94, passou a ser submetido ao regime estatutário e preencheu os requisitos exigidos na legislação pertinente antes do advento da Emenda Constitucional 20/98 tem direito à contagem em dobro do período de licença-prêmio não gozada, para fins de aposentadoria. Precedente. 2. A decisão da Suprema Corte nos autos da ADI 1.150/RS (Rel. Min. MOREIRA ALVES, Tribunal Pleno) não albergou o disposto no art. 276, caput, da Lei Complementar Estadual 10.098/94, razão por que permanece válida a regra que determina a submissão ao regime estatutário dos estabilizados que foram contratados pelo Estado do Rio Grande do Sul sob o Regime da Consolidação das Leis do Trabalho – CLT. 3. **O disposto no art. 40, § 10, da Constituição Federal, que veda a contagem de tempo de contribuição fictício, não se aplica à recorrente. A conversão postulada refere-se a períodos de licença-prêmio adquiridos antes da promulgação da Emenda Constitucional 20/98, que acrescentou esse dispositivo, mas assegurou, em seus arts. 3º e 4º, a concessão de aposentadoria conforme a legislação pretérita para aqueles que, na sua vigência, cumpriram os requisitos exigidos.** 4. A decisão da Suprema Corte nos autos da ADI 872/RS (Rel. Min. ELLEN GRACIE, Tribunal Pleno) também não atinge o direito postulado no mandado de segurança. O pedido de contagem de tempo de serviço em dobro de período de licença-prêmio não gozada não é formulado com fundamento na inconstitucional Lei Estadual 9.868/93, mas na própria Lei Complementar Estadual 10.098/94, que trata do regime estatutário. 5. Recurso ordinário provido".

De sua vez, a EC 103/2019 novamente vedou o tempo de contribuição fictício ao inserir dispositivo no artigo 201 da Constituição:

> § 14. É vedada a contagem de tempo de contribuição fictício para efeito de concessão dos benefícios previdenciários e de contagem recíproca.

Não se trata de novidade constitucional. A vedação ao tempo de contribuição fictício foi introduzida no RGPS e RPPS pela Emenda 20/1998 (16/12/1998):

> "Art. 4º da EC 20/98 – Observado o disposto no art. 40, § 10, da Constituição Federal, o tempo de serviço considerado pela legislação vigente para efeito de aposentadoria, cumprido até que a lei discipline a matéria, será contado como tempo de contribuição".
>
> "Art. 40, CF: § 10 – A lei não poderá estabelecer qualquer forma de contagem de tempo de contribuição fictício. (Incluído pela Emenda Constitucional nº 20, de 15/12/98)"

A inovação foi a inserção da proibição dentro do texto permanente do artigo 201 da Constituição, seguindo o que já havia no artigo 40 da Constituição.

Aliás, a própria Portaria MPS 154/2008 (artigo 11, inciso III) admite a expedição de certidão de tempo de contribuição com tempo de serviço fictício prestado até o advento da Emenda 20/1998.

Entende-se como **tempo fictício** aquele considerado em lei como tempo de contribuição para fins de concessão de aposentadoria sem que tenha havido, por parte do servidor, a prestação de serviço ou a correspondente contribuição[9].

O **primeiro problema jurídico** é que esta é uma zona cinzenta no Direito Previdenciário, pois nenhuma lei até hoje foi editada para enunciar o que se caracteriza como tempo de contribuição fictício, especialmente no RGPS.

Por certo, o artigo 55, II, da Lei 8.213/91 consagra uma ficção de cômputo de tempo de contribuição, pois permite contar como tempo de contribuição o período de gozo de auxílio-doença e aposentadoria por invalidez, mesmo não havendo recolhimento efetivo ou presumido da contribuição previdenciária, se intercalados por recolhimentos.

8. Artigo 4º, da Emenda 20/1998.

9. Artigo 11, § 1º, da Portaria MPS 154/2008.

É no RPPS que se concentram os exemplos de ficção, como a vedação do cômputo e dobro de licença prêmio não gozada adquirida após 16/12/1998.

Outrossim, é forçoso reconhecer que o artigo 103, § 2º, da Lei 8.112/90, ao dispor que "será contado em dobro o tempo de serviço prestado às Forças Armadas em operações de guerra" não foi recepcionado pela EC 20/1998, não podendo ser aplicado para a contagem de tempo de contribuição em dobro em razão da participação do militar da União em potenciais, futuras e indesejáveis guerras.

Ademais, de acordo com o TCU (Acórdão 6105/2017 Primeira Câmara), não é possível computar o tempo de inatividade para fins de nova aposentadoria após o advento da EC 20/1998, a qual derrogou o § 1º[10] do art. 103 da Lei 8.112/1990, mesmo aquele decorrido sob a égide da EC 41/2003, uma vez que a contribuição do servidor inativo é inferior à do ativo e não há contribuição por parte da União, suas autarquias e fundações quando o servidor está na inatividade.

O **segundo problema** (e bem maior) é o texto do artigo 25 da Emenda 103/2019:

> Art. 25. Será assegurada a contagem de tempo de contribuição fictício no Regime Geral de Previdência Social decorrente de hipóteses descritas na legislação vigente até a data de entrada em vigor desta Emenda Constitucional, para fins de concessão de aposentadoria, observado, a partir da sua entrada em vigor, o disposto no § 14 do art. 201 da Constituição Federal.

Certamente quem escreveu esse dispositivo não tinha conhecimento de que a Emenda 20/1998 já havia vedado o cômputo do tempo de contribuição fictício.

Esse artigo constitucional simplesmente permite em sua literalidade que cerca de 21 anos de tempo de contribuição fictícios prestados entre 16/12/1998 e a data da publicação da Emenda 103/2019 sejam considerados no RGPS, inclusive vindos do RPPS via contagem recíproca com a emissão de CTC (Certidão de Tempo de Contribuição).

**IMPORTANTE:**

**Em decorrência do artigo 29[11] da EC 103/2019, a partir da competência 11/2019, o segurado empregado, trabalhador avulso e empregado doméstico** que receber remuneração inferior ao limite mínimo mensal do salário de contribuição, somente terá o período considerado para fins previdenciários se efetuar os ajustes de complementação, utilização e agrupamento de contribuições, nos termos do Decreto 10.410/2020, que regulamentou o artigo 29 da Emenda 103/2019, nos termos do § 1º do artigo 19-E e o § 27-A do artigo 216, ambos do Regulamento da Previdência Social.

De efeito, nos termos do artigo 19-E do RPS, introduzido pelo Decreto 10.410/2020, a partir de 13 de novembro de 2019, para fins de aquisição e manutenção da qualidade de segurado, de carência, de tempo de contribuição e de cálculo do salário de benefício exigidos para o reconhecimento do direito aos benefícios do RGPS e para fins de contagem recíproca, somente serão consideradas as competências cujo salário de contribuição seja igual ou superior ao limite mínimo mensal do salário de contribuição.

Nesse sentido, a contar da competência 11/2019, ao segurado que, no somatório de remunerações auferidas no período de um mês, receber remuneração inferior ao limite mínimo mensal do salário de contribuição será assegurado:

> I – complementar a contribuição das competências, de forma a alcançar o limite mínimo do salário de contribuição exigido (**COMPLEMENTAÇÃO**);
>
> II – utilizar o excedente do salário de contribuição superior ao limite mínimo de uma competência para completar o salário de contribuição de outra competência até atingir o limite mínimo (**EXCEDENTE TRANSFERÍVEL**); ou
>
> III – agrupar os salários de contribuição inferiores ao limite mínimo de diferentes competências para aproveitamento em uma ou mais competências até que estas atinjam o limite mínimo (**AGRUPAMENTO**).

Os ajustes de complementação, excedente transferível e agrupamento poderão ser efetivados, a qualquer tempo, por iniciativa do segurado, hipótese em que se tornarão **irreversíveis e irrenunciáveis após processados**.

---

10. § 1º O tempo em que o servidor esteve aposentado será contado apenas para nova aposentadoria.

11. Art. 29. Até que entre em vigor lei que disponha sobre o § 14 do art. 195 da Constituição Federal, o segurado que, no somatório de remunerações auferidas no período de 1 (um) mês, receber remuneração inferior ao limite mínimo mensal do salário de contribuição poderá:
I – complementar a sua contribuição, de forma a alcançar o limite mínimo exigido;
II – utilizar o valor da contribuição que exceder o limite mínimo de contribuição de uma competência em outra; ou
III – agrupar contribuições inferiores ao limite mínimo de diferentes competências, para aproveitamento em contribuições mínimas mensais.
Parágrafo único. Os ajustes de complementação ou agrupamento de contribuições previstos nos incisos I, II e III do caput somente poderão ser feitos ao longo do mesmo ano civil.

A complementação citada poderá ser recolhida até o dia quinze do mês subsequente ao da prestação do serviço e, a partir dessa data, com os acréscimos de juros e multa previstos no artigo 35[12] da Lei nº 8.212, de 1991.

Os ajustes para o excedente transferível e o agrupamento de contribuições serão efetuados na forma indicada ou autorizada pelo segurado, **desde que utilizadas as competências do mesmo ano** civil, assim considerado o período de doze meses contados de 1º de janeiro a 31 de dezembro do respectivo ano.

A efetivação do agrupamento não impede o recolhimento da contribuição referente à competência que tenha o salário de contribuição transferido, em todo ou em parte, para agrupamento com outra competência a fim de atingir o limite mínimo mensal do salário de contribuição.

Para complementação ou recolhimento da competência que tenha o salário de contribuição transferido, em todo ou em parte será observado o prazo de até o dia quinze do mês subsequente ao da prestação do serviço e, a partir dessa data, com os acréscimos previstos no art. 35 da Lei nº 8.212, de 1991.

Para fins de pensão por morte, na hipótese de falecimento do segurado, os ajustes citados poderão ser solicitados por seus dependentes para fins de reconhecimento de direito para benefício a eles devidos até o dia quinze do mês de janeiro subsequente ao do ano civil correspondente.

Dessa forma, o Decreto 10.410/2020 permitiu a complementação de contribuição após a morte, desde que seja feita pelo dependente até o dia 15 de janeiro do ano seguinte.

Veja-se, nesse sentido, o § 7º do artigo 19-E do Regulamento:

> "§ 7º Na hipótese de **falecimento do segurado**, os ajustes previstos no § 1º poderão ser solicitados por seus dependentes para fins de reconhecimento de direito para benefício a eles devidos **até o dia quinze do mês de janeiro subsequente ao do ano civil correspondente**, observado o disposto no § 4º. (Incluído pelo Decreto nº 10.410, de 2020)"

Suponha-se que um segurado faleceu em setembro de 2020 e que possua salário de contribuição referente à competência abril de 2020 no valor de R$ 500,00, pois se tratou de contrato de emprego intermitente.

Suponha-se, ainda, que essa competência abril é necessária para a manutenção da qualidade de segurado na data do óbito. Nesta situação, o dependente poderá complementar a competência abril de 2020 até 15/01/2021 para fins de concessão da pensão por morte.

Curioso notar que para os demais benefícios não programados, a exemplo da aposentadoria por incapacidade permanente e do auxílio por incapacidade temporária, o Decreto 10.410/2020 parece permitir o pagamento do complemento após a ocorrência do risco social, pois prevê que o recolhimento da complementação deverá ser efetuado pelo próprio segurado até o dia quinze do mês seguinte ao da competência de referência e, após essa data, com incidência dos acréscimos legais de que tratam os art. 238 e art. 239 (juros e multa).

Por sua vez, eis o dispositivo do artigo 216 do RPS:

> "§ 27-A. O segurado que, no somatório de remunerações auferidas no período de um mês, receber remuneração inferior ao limite mínimo mensal do salário de contribuição poderá solicitar o ajuste das competências pertencentes ao mesmo ano civil, na forma por ele indicada, ou autorizar que os ajustes sejam feitos automaticamente, para que o limite mínimo mensal do salário de contribuição seja alcançado, por meio da opção por:
>
> **I – complementar a sua contribuição, observado que:**
>
> a) o recolhimento da complementação deverá ser efetuado pelo próprio segurado até o dia quinze do mês seguinte ao da competência de referência e, após essa data, com incidência dos acréscimos legais de que tratam os art. 238 e art. 239;
>
> b) para o empregado, o empregado doméstico e o trabalhador avulso, a complementação será efetuada por meio da aplicação da alíquota de sete inteiros e cinco décimos por cento, inclusive para o mês em que exista contribuição concomitante na condição de contribuinte individual; e
>
> c) para o contribuinte individual que preste serviço a empresa, de que trata o § 26, e que contribua exclusivamente nessa condição, a complementação será efetuada por meio da aplicação da alíquota de vinte por cento;
>
> **II – utilizar o valor da contribuição que exceder o limite mínimo de uma competência em outra, observado que:**
>
> a) para efeito de utilização da contribuição, serão considerados os salários de contribuição apurados por categoria, consolidados na competência de origem;
>
> b) o salário de contribuição poderá ser utilizado para complementar uma ou mais competências com valor inferior ao limite mínimo, mesmo que em categoria distinta;
>
> c) poderão ser utilizados valores excedentes ao limite mínimo do salário de contribuição de mais de uma competência para compor o salário de contribuição de apenas uma competência; e
>
> d) utilizado o valor excedente, caso o salário de contribuição da competência favorecida ainda permaneça inferior ao limite mínimo, esse valor poderá ser complementado nos termos do disposto no inciso I; ou

---

12. Art. 35. Os débitos com a União decorrentes das contribuições sociais previstas nas alíneas a, b e c do parágrafo único do art. 11 desta Lei, das contribuições instituídas a título de substituição e das contribuições devidas a terceiros, assim entendidas outras entidades e fundos, não pagos nos prazos previstos em legislação, serão acrescidos de multa de mora e juros de mora, nos termos do art. 61 da Lei nº 9.430, de 27 de dezembro de 1996. (Redação dada pela Lei nº 11.941, de 2009).

**III - agrupar contribuições inferiores ao limite mínimo de diferentes competências, para aproveitamento em contribuições mínimas mensais, observado que:**

a) as competências que não atingirem o valor mínimo do salário de contribuição poderão ser agrupadas desde que o resultado do agrupamento não ultrapasse o valor mínimo do salário de contribuição;

b) na hipótese de o resultado do agrupamento ser inferior ao limite mínimo do salário de contribuição, o segurado poderá complementar na forma prevista no inciso I ou utilizar valores excedentes na forma prevista no inciso II; e

c) as competências em que tenha havido exercício de atividade e tenham sido zeradas em decorrência do agrupamento poderão ser objeto de recolhimento pelo segurado, respeitado o limite mínimo".

**Registre-se que para o contribuinte individual e o segurado facultativo, mesmo antes da EC 103/2019, o valor nominal do salário de contribuição não poderia ser inferior a um salário mínimo e que já existia o instituto da complementação.**

**Nesse sentido, o artigo 5º da Lei 10.66/2003:**

"Art. 5º O contribuinte individual a que se refere o art. 4º **é obrigado a complementar**, diretamente, a contribuição até o valor mínimo mensal do salário-de-contribuição, quando as remunerações recebidas no mês, por serviços prestados a pessoas jurídicas, forem inferiores a este".

Mas note-se que de obrigatória a complementação passa a ser facultativa com o advento do artigo 29 da EC 103/2019, pois ninguém pode ser compelido a recolher contribuição sobre salário de contribuição que não auferiu remuneração por labor, sob pena de confisco e violação ao Princípio da Capacidade Contributiva.

No entanto, se não o fizer, a competência não terá efeitos previdenciários para todos os segurados desde 13/11/2019, sendo que já não o tinha para contribuintes individuais e segurados facultativos antes da Reforma Constitucional de 2019.

De acordo com o entendimento do INSS, a aposentadoria do professor é uma espécie de aposentadoria por tempo de contribuição com redução em 05 anos no tempo de contribuição, não sendo uma espécie de aposentadoria especial, pois não se trata de exposição a agentes nocivos à saúde e nem de segurado deficiente (artigo 201, § 1º, da Constituição Federal).

Logo, por força do artigo 29, inciso I, da Lei 8.213/91, com redação dada pela Lei 9.876/99, a Previdência Social faz incidir obrigatoriamente o fator previdenciário no cálculo do salário de benefício da aposentadoria do professor (sistemática antes da EC 103/2019).

Posteriormente, as Turmas da 1ª Seção do STJ pacificaram o entendimento pela aplicação do fator previdenciário na aposentadoria do professor:

"A jurisprudência desta Corte firmou-se no sentido da incidência do fator previdenciário no cálculo do salário de benefício da aposentadoria por tempo de contribuição de professor nas situações em que o docente não completar o tempo suficiente para a concessão do benefício anteriormente à edição da Lei n. 9.876/1999 (1ª Turma, AgInt no REsp 1743040 / PR, de 4/10/2018).

"1. O STJ firmou entendimento pela aplicação do fator previdenciário no cálculo do salário de benefício da aposentadoria por tempo de serviço/contribuição de professor, quando o segurado não tiver tempo suficiente para a concessão do benefício anteriormente à edição da Lei 9.876, de 1999, como no presente caso (**2ª Turma, RE 1038116 AgR/RS - RIO GRANDE DO SUL, de 29/9/2017**).

O tema será decidido pela 1ª Seção em repetitivo:

| | |
|---|---|
| **PROCESSO** | ProAfR no REsp 1.799.305-PE, Rel. Min. Mauro Campbell Marques, Primeira Seção, por unanimidade, julgado em 14/05/2019, DJe 28/05/2019 |
| **RAMO DO DIREITO** | DIREITO PREVIDENCIÁRIO |
| **TEMA** | A Primeira Seção acolheu a proposta de afetação do recurso especial ao rito dos recursos repetitivos, conjuntamente com o REsp 1.808.156/SP, a fim de uniformizar o entendimento a respeito da seguinte controvérsia: incidência ou não do fator previdenciário no cálculo da renda mensal inicial da aposentadoria por tempo de contribuição de professor, quando a implementação dos requisitos necessários à obtenção do benefício se der após a edição da Lei 9.876/1999. |

A TNU afastava a aplicação do fator previdenciário da aposentadoria do professor. No entanto, em 20 de outubro de 2016, em incidente de uniformização representativo de controvérsia, a Turma Nacional reverteu a sua posição, firmando tese pela incidência do fator previdenciário na aposentadoria do professor:

PROCESSO: 0501512-65.2015.4.05.8307. ORIGEM: 1ª Turma Recursal Seção Judiciária de Pernambuco REQUERENTE: INSS PROC./ADV.: PROCURADORIA-GERAL FEDERAL REQUERIDO(A): EDILSON PAULO FERREIRA PROC./ADV.: CARLOS DIONÍZIO J. DE OLIVEIRA OAB: PE-34480 RELATOR(A): JUIZ(A) FEDERAL FREDERICO AUGUSTO LEOPOLDINO KOEHLER

EMENTA: PEDIDO DE UNIFORMIZAÇÃO REPRESENTATIVO DE CONTROVÉRSIA. PREVIDENCIÁRIO. APOSENTADORIA POR TEMPO DE

CONTRIBUIÇÃO DO PROFESSOR. FATOR PREVIDENCIÁRIO. INCIDÊNCIA, SALVO QUANDO O SEGURADO CUMPRIU OS REQUISITOS PARA APOSENTAÇÃO ANTERIORMENTE À EDIÇÃO DA LEI N. 9.876/99. PRECEDENTES DO STJ. INCIDENTE CONHECIDO E PARCIALMENTE PROVIDO.

É certo que o STF já possui precedentes no sentido de que a aposentadoria do professor deixou de ser especial com o advento da Emenda 18/1981, tanto que apenas admite a conversão de especial em comum até a citada Emenda (vide, por exemplo, ARE 789638 / RS - RIO GRANDE DO SUL RECURSO EXTRAORDINÁRIO COM AGRAVO Relator(a): Min. ROSA WEBER Julgamento: 07/03/2014).

Mas, por questões de equívoco terminológico, o STF ainda utilizada a expressão "aposentadoria especial do professor", muito embora não se enquadre no artigo 201, § 1º, da Constituição Federal, sendo apenas uma aposentadoria por tempo de contribuição com redução em 05 anos no tempo de contribuição.

Em 4 de junho de 2020, ao julgar o tema 1.091 (RE 1221630), o Plenário do STF reafirmou a constitucionalidade do fator previdenciário, inclusive no salário de benefício da aposentadoria do professor de ensino básico:

Tema:

**1091 - Constitucionalidade do fator previdenciário, previsto no art. 29, caput, incisos e parágrafos, da Lei nº 8.213/91, com a redação dada pelo art. 2º da Lei nº 9.876/99.**

Relator: MINISTRO PRESIDENTE

Leading Case: RE 1221630

Há Repercussão? Sim

Ver descrição [+]

Recurso extraordinário em que se discute, à luz dos arts. 5º, caput; 6º; 102, § 2º; 195, § 5º; e 201, §§ 1º, 7º e 8º, da Constituição Federal, a constitucionalidade do fator previdenciário, previsto no art. 29, caput, incisos e parágrafos, da Lei nº 8.213/91, com a redação dada pelo art. 2º da Lei nº 9.876/99, bem como se é devida sua incidência no cálculo dos proventos de aposentadoria de professor. [-]

Ver tese [+]

**É constitucional o fator previdenciário previsto no art. 29, caput, incisos e parágrafos, da Lei nº 8.213/91, com a redação dada pelo art. 2º da Lei nº 9.876/99.[-]**

O STF vem considerando como tempo de contribuição de professor, para fins de redução em 05 anos, o período de ensino como "professor leigo", ou seja, sem habilitação específica, pois não descaracterizado o magistério no ensino básico[13].

De acordo com o artigo 214 da Instrução Normativa INSS 128/2022, alterado pela IN INSS 141/2022, considera-se como **tempo de contribuição para aposentadoria de professor** os seguintes períodos:

I - os períodos desempenhados em entidade educacional de ensino básico em função de magistério:

**a) como docentes, a qualquer título;**

b) em funções de direção de unidade escolar, de coordenação e assessoramento pedagógico, desde que exercidos por professores admitidos ou contratados para esta função, **excluídos os especialistas em educação**; ou

c) em atividades de administração, planejamento, supervisão, inspeção e orientação educacional, desde que exercidos por professores admitidos ou contratados para esta função, excluídos os especialistas em educação;

II - de afastamento em decorrência de percepção de **benefício por incapacidade, entre períodos de atividade de magistério**, desde que à data do afastamento o segurado estivesse exercendo as atividades indicadas nas alíneas "a", "b" e "c" do inciso I;

III - de afastamento em decorrência de percepção de benefício por incapacidade decorrente de acidente do trabalho:

a) até 30 de junho de 2020, ainda que não seja intercalado com períodos de atividade de magistério, desde que à data do afastamento, o segurado estivesse exercendo as atividades indicadas nas alíneas "a", "b" e "c" do inciso I; e

b) a partir de 1º de julho de 2020, data da publicação do Decreto nº 10.410, de 2020, somente se intercalado com períodos de atividade indicadas, nas alíneas "a", "b" e "c" do inciso I;

IV - de **licença-prêmio no vínculo de professor**;

V - os períodos de descanso determinados pela legislação trabalhista, inclusive **férias e salário-maternidade**; e

VI - de professor auxiliar que exerce atividade docente, **nas mesmas condições do titular**.

De acordo com o entendimento do extinto Ministério da Previdência Social, não há previsão na legislação previdenciária de necessidade de habilitação do professor para a redução de cinco anos no seu tempo de contribuição, razão pela qual o INSS não poderá exigi-la[14].

De acordo com o artigo 214 da Instrução Normativa INSS 128/2022, alterado pela IN INSS 141/2022,

13. Vide AI 251058 / SP, Rel. Min. Marco Aurélio, de 18.10.1999.

14. Nesse sentido, o Parecer/CONJUR/MPS 616/2010, aprovado pelo Ministro da Previdência Social em 23.12.2010.

considera-se como **tempo de contribuição para aposentadoria de professor** os seguintes períodos:

I – os períodos desempenhados em entidade educacional de ensino básico em função de magistério:

**a) como docentes, a qualquer título;**

b) em funções de direção de unidade escolar, de coordenação e assessoramento pedagógico, desde que exercidos por professores admitidos ou contratados para esta função, **excluídos os especialistas em educação**; ou

c) em atividades de administração, planejamento, supervisão, inspeção e orientação educacional, desde que exercidos por professores admitidos ou contratados para esta função, excluídos os especialistas em educação;

II – de afastamento em decorrência de percepção de **benefício por incapacidade, entre períodos de atividade de magistério**, desde que à data do afastamento o segurado estivesse exercendo as atividades indicadas nas alíneas "a", "b" e "c" do inciso I;

III - de afastamento em decorrência de percepção de benefício por incapacidade decorrente de acidente do trabalho:

a) até 30 de junho de 2020, ainda que não seja intercalado com períodos de atividade de magistério, desde que à data do afastamento, o segurado estivesse exercendo as atividades indicadas nas alíneas "a", "b" e "c" do inciso I; e

b) a partir de 1º de julho de 2020, data da publicação do Decreto nº 10.410, de 2020, somente se intercalado com períodos de atividade indicadas, nas alíneas "a", "b" e "c" do inciso I;

IV – de **licença-prêmio no vínculo de professor;**

V – os períodos de descanso determinados pela legislação trabalhista, inclusive **férias e salário-maternidade**; e

VI – de professor auxiliar que exerce atividade docente, **nas mesmas condições do titular**.

Entende-se que a aposentadoria por tempo de contribuição do professor deveria contar com um custeio adicional das empresas, pois é antecipada em cinco anos de contribuição, em aplicação ao Princípio da Precedência da Fonte de Custeio e da Equidade do Custeio da Seguridade Social, assim como ocorre com a aposentadoria especial, posto que, em média, a Previdência Social irá permanecer pagando o benefício por mais anos do que aos demais segurados.

No que concerne à renda mensal, enquanto não editada a lei de regulamentação, deve ser aplicado o regramento do artigo 26 da Emenda 103/2019.

Para os HOMENS, o valor do benefício de aposentadoria corresponderá a sessenta por cento da média aritmética das 100% das remunerações/salários de contribuição, com acréscimo de 2% para cada ano que ultrapassar os 20 anos de contribuição:

| HOMENS<br>TEMPO DE CONTRIBUIÇÃO | COEFICIENTE |
|---|---|
| 20 anos | 60% |
| 21 anos | 62% |
| 22 anos | 64% |
| 23 anos | 66% |
| 24 anos | 68% |
| 25 anos | 70% |
| 26 anos | 72% |
| 27 anos | 74% |
| 28 anos | 76% |
| 29 anos | 78% |
| 30 anos | 80% |
| 31 anos | 82% |
| 32 anos | 84% |
| 33 anos | 86% |
| 34 anos | 88% |
| 35 anos | 90% |
| 36 anos | 92% |
| 37 anos | 94% |
| 38 anos | 96% |
| 39 anos | 98% |
| 40 anos | 100% |

Assim, se um segurado (homem) do RGPS tiver apenas 25 anos de tempo de contribuição, a renda do benefício será de 70% da média de todos os salários de contribuição desde o Plano Real (7/1994), respeitada a idade mínima referida e a renda não inferior a um salário mínimo.

Curioso notar que, intencionalmente, o artigo 26 da Emenda 103/2019 não limita a média de todos os salários de contribuição do segurado a 100%, de modo que o segurado que possuir mais de 40 anos de tempo de contribuição poderá fazer jus a uma aposentadoria por idade e tempo de contribuição que ultrapasse a 100% da média de salários de contribuição desde o Plano Real (competência 7/1994), a exemplo:

| HOMENS<br>TEMPO DE CONTRIBUIÇÃO | COEFICIENTE |
|---|---|
| 41 anos | 102% |
| 42 anos | 104% |
| 43 anos | 106% |
| 44 anos | 108% |
| 45 anos | 110% |
| E assim sucessivamente | E assim sucessivamente |

Para a aposentadoria da MULHER existe uma regra diferenciada de cálculo da renda mensal no artigo 26,

§ 5º[15], da Emenda 103/2019, que prevê a progressão a contar de 15 anos, e não de 20 anos de contribuição em todos os casos:

| MULHERES<br>TEMPO DE CONTRIBUIÇÃO | COEFICIENTE |
|---|---|
| 15 anos | 60% |
| 16 anos | 62% |
| 17 anos | 64% |
| 18 anos | 66% |
| 19 anos | 68% |
| 20 anos | 70% |
| 21 anos | 72% |
| 22 anos | 74% |
| 23 anos | 76% |
| 24 anos | 78% |
| 25 anos | 80% |
| 26 anos | 82% |
| 27 anos | 84% |
| 28 anos | 86% |
| 29 anos | 88% |
| 30 anos | 90% |
| 31 anos | 92% |
| 32 anos | 94% |
| 33 anos | 96% |
| 34 anos | 98% |
| 35 anos | 100% |
| E assim sucessivamente | E assim sucessivamente |

Dessa forma, o coeficiente mínimo será de 60% e o máximo não está limitado pela legislação constitucional transitória.

Poderão ser excluídas da média as contribuições que resultem em redução do valor do benefício, desde que mantido o tempo mínimo de contribuição exigido, vedada a utilização do tempo excluído para qualquer finalidade, para a averbação em outro regime previdenciário ou para a obtenção dos proventos de inatividade dos militares.

Até o advento da Lei 13.183/2015, o fator previdenciário era sempre compulsório no cálculo do salário de benefício da aposentadoria por tempo de contribuição.

Após essa regra, foi criada uma exceção consistente no sistema de pontuação 85/95 (mulheres/homens), que progrediu na pontuação 86/96 em 31.12.2018.

No entanto, com a extinção da aposentadoria por tempo de contribuição sem idade mínima pela ***Emenda 103/2019***, regra de pontuação 86/96, que consta(va) do artigo 29-C da Lei 8.213/91, tornando flexível o fator previdenciário no cálculo da aposentadoria por tempo de contribuição, não foi recebida pela reforma constitucional, que extinguiu a regra permanente da aposentadoria por tempo de contribuição sem idade mínima que consta(va) da Lei 8.213/91, ressalvada a formação do ***direito adquirido*** à mencionada pontuação até o dia da publicação da Emenda.

Daí que para os antigos segurados que no dia da publicação da Emenda 103/2019 não tinham ainda adquirido o direito à pontuação do artigo 29-C da Lei 8.213/91, resta o enquadramento nas regras de transição constitucionais.

**IMPORTANTE:**

No que concerne ao segurado especial, o valor da aposentadoria por idade é fixado em um salário mínimo pela Lei 8.213/91, exceto se ele fez os recolhimentos facultativos como se fosse contribuinte individual, conforme faculdade do artigo 25, § 1º, da Lei 8.212/91, quando haverá o cálculo de acordo com o artigo 29 da Lei 8.213/91, pois acreditamos que o artigo 26 da Emenda 103/2019 não se aplica aos trabalhadores rurais.

Uma questão controversa é saber se a averbação de tempo de serviço rural sem o recolhimento das contribuições previdenciárias prestado anteriormente à Lei 8.213/91 com base no artigo 55, § 2º[16], da citada norma, será considerado para fins de elevação da renda da aposentadoria por idade, à razão de 1% por ano de serviço rural prestado.

A despeito da controvérsia, entende-se que não, pois esse período é considerado apenas para fins de cômputo de tempo de serviço, inexistindo autorização legal para considerá-lo no cálculo da renda mensal da aposentadoria por idade, máxime porquanto não contributivo.

Isso no caso de incidência do artigo 48, § 3º, da Lei 8.213/91, que permite o cômputo de carência rural na concessão de aposentadoria por idade urbana, mas sem o redutor de cinco anos na idade do segurado.

Após divergência interna, este foi o posicionamento sumulado pela TNU:

**Súmula 76**– "A averbação de tempo de serviço rural não contributivo não permite majorar o coeficiente de

**15.** § 5º O acréscimo a que se refere o caput do § 2º será aplicado para cada ano que **exceder quinze anos** de tempo de contribuição para os segurados de que tratam a alínea "a" do inciso I do art. 19 e do inciso I do art. 21 e **para as mulheres filiadas ao Regime Geral de Previdência Social**.

**16.** § 2º O tempo de serviço do segurado trabalhador rural, anterior à data de início de vigência desta Lei, será computado independentemente do recolhimento das contribuições a ele correspondentes, exceto para efeito de carência, conforme dispuser o Regulamento.

cálculo da renda mensal inicial de aposentadoria por idade previsto no art. 50 da Lei nº 8.213/91".

Colaciona-se um dos precedentes da Súmula 76:

"PREVIDENCIÁRIO. **IMPOSSIBILIDADE DE APROVEITAMENTO DE ATIVIDADE RURAL NÃO-CONTRIBUTIVA ANTERIOR À LEI 8.213/91 PARA CÁLCULO DO COEFICIENTE DA APOSENTADORIA URBANA POR IDADE. RESTRIÇÃO DO ARTIGO 50 DA LEI 8.213/91.** JURISPRUDÊNCIA DO STJ E DA TNU NO MESMO SENTIDO. RECURSO CONHECIDO E PROVIDO. O autor da demanda buscava aproveitar 9 anos de atividades rurais não-contributivas anteriores à Lei 8.213/91 na revisão do coeficiente do salário-de-benefício de sua aposentadoria urbana por idade, que foi contemplada com 93%, quando, tendo um total de 32 anos de atividades em geral, esperava vê-lo majorado a 100%. Obteve êxito pela sentença do JEF, depois revertida na TR-SJPR, havendo pedido de uniformização à TRU da 4ª Região, onde foi novamente revista a decisão, retornando ao ditado na sentença, já que acompanhava a posição da TNU em precedente já superado, que acatava a possibilidade do tanto quanto pleiteado pelo autor da demanda, ora requerido. O requerente invoca o precedente do REsp 1.063.112, da 5ª Turma do STJ, relator o Ministro Jorge Mussi, também citado na decisão do Pedilef 5007085-45.2011.4.04.7201, da TNU, da relatoria da Juíza Federal Ana Beatriz Vieira da Luz Palumbo, do qual tive oportunidade de pedir vista, ao final concordando com suas conclusões, sendo concluído o julgamento em 17/04/2013, por unanimidade, inclusive com o voto do Juiz Federal Rogério Moreira Alves, que relatara aquele outro julgado citado pela TRU da 4ª Região, em sentido diverso. Tratou-se realmente de mudança de orientação da TNU para voltar a acompanhar a posição do STJ, e em momento posterior ao julgamento pela TRU da 4ª Região, o que os motivou à revisão de seu posicionamento, que, agora, espera-se volte ao anterior. Disse em minhas conclusões do voto-vista: "VOTO VISTA ACOMPANHANDO A RELATORA Pedi vista do presente processo, na última sessão desse nobre colegiado, porquanto a Excelentíssima Relatora apontava para uma linha de decisões do STJ e depois da TNU, que defendia fosse mantida, enquanto o Pedilef apontava para decisão não tão antiga, pois do ano de 2011 em sentido diverso, o que me levou à dúvida. Após estudar os autos e a matéria mais detidamente, não tenho dúvidas de que os argumentos da Relatora são mais fortes, especialmente por guardarem o respeito à norma escrita, à interpretação sistemática e porque em consonância com a Jurisprudência do STJ. **De fato, o § 3º do artigo 48 da Lei 8.213/91, em sua atual redação, permite que se aproveite o tempo em qualquer regime distinto do rural para completar a carência desse benefício, retirando-lhe o benefício da redução de 5 anos na idade do beneficiário. Porém, aqui se trata de aproveitar tempo com contribuição para regime não necessariamente contributivo e não o inverso, e mesmo assim com a penalidade do acréscimo de idade mínima para gozo do benefício. O § 4º se refere ao § 3º do artigo 48 da Lei 8.213/91, em sua atual redação, e, portanto, não se admite seja utilizado em situação distinta daquela, pois sua gênese guarda necessária relação de dependência com aquele outro dispositivo, que trata da aposentadoria por idade rural, em que o tempo considerado na carência terá o salário-de-contribuição fictício no equivalente ao salário-mínimo. Assim, não vejo como aplicar a analogia para inverter o benefício utilizando--se o período rural no urbano e com distorção do sistema e do método adotado pelo Legislador, que, se presume, se desejasse que fosse uma relação de mão dupla no aproveitamento de um tempo no outro para fim de carência e de cálculo da renda mensal inicial, assim teria dito. Portanto, quando o artigo 50 da Lei 8.213/91 fala do cálculo da renda mensal inicial, vinculando o acréscimo de cada 1% sobre a quota básica de 70% aos grupos de 12 contribuições existentes, não me parece se possa utilizar do conceito das contribuições fictas do artigo 48, § 4º, da mesma Lei, para esse fim.** Ante o exposto, voto com a Relatora integralmente, para conhecer e negar provimento ao Pedilef. Rio de Janeiro, 17 de abril de 2013. Luiz Claudio Flores da Cunha Juiz Federal Relator "Voto por conhecer do Pedido de Uniformização da Interpretação de Lei Federal e dar-lhe provimento, para reafirmar a tese do não aproveitamento de tempo de atividade rural não-contributiva anterior à Lei 8.213/91 para fim de contagem de tempo de contribuição no cálculo do coeficiente da aposentadoria urbana por idade, julgando improcedente a demanda" (PEDIDO 50045485420124047003, de 12.06.2013).

Também nesse sentido, o STJ:

"PREVIDENCIÁRIO. APOSENTADORIA URBANA POR IDADE. REVISÃO QUE OBJETIVA A MAJORAÇÃO DA RENDA MENSAL MEDIANTE O CÔMPUTO DE TEMPO DE SERVIÇO RURAL. ARTIGO 50 DA LEI N. 8.213/1991. EXIGÊNCIA DE EFETIVA CONTRIBUIÇÃO.

1. A aposentadoria por tempo de serviço difere da aposentadoria por idade. Aquela consistirá, para a mulher, numa renda mensal de setenta por cento do salário-de--benefício aos vinte e cinco anos de serviço, acrescidos de seis por cento deste para cada novo ano completo de atividade, até o máximo de cem por cento do salário-de--benefício aos trinta anos de serviço.

2. De acordo com a Lei n. 8.213/91, essa modalidade de aposentadoria aceita o cômputo do trabalho rural desempenhado antes de 1991 sem o recolhimento de contribuições, desde que não seja para efeito de carência (art. 55, § 2º).

3. A aposentadoria por idade urbana exige a efetiva contribuição para o aumento do coeficiente da renda mensal. Nos termos do art. 50 da Lei de Benefícios, a cada "grupos de 12 contribuições" vertidas à Previdência, o beneficiário da aposentadoria por idade urbana faz jus a um por cento do salário-de-benefício, além do percentual básico (70%).

4. A par da inexistência de contribuições correspondentes aos mencionados períodos de atividade rural, a pleiteada averbação desse tempo de serviço não trará reflexos financeiros capaz de propiciar a revisão almejada

pois refere-se a interregnos que não compõem o Período Básico de Cálculo - PBC do benefício em manutenção, iniciado em maio de 1992" (REsp 1063112, de 16/06/2009).

| QUADRO SINTÉTICO – APOSENTADORIA PROGRAMADA | |
|---|---|
| **Cabimento** | **Regra geral:** Homem 65 anos de idade e 20 anos de tempo de contribuição; mulheres 62 anos de idade e 15 anos de tempo de contribuição.<br>**Regra especial 1 (professores)**: 60 anos de idade para os homens e 57 anos de idade para as mulheres, com 25 anos de tempo de contribuição exclusivo no magistério do ensino básico para ambos.<br>**Regra especial 2 (rurais/afins)**: 60 anos de idade para os homens e 55 para as mulheres se forem trabalhadores rurais, garimpeiros, pescadores artesanais e pessoas com deficiência pelo período mínimo de carência. |
| **Beneficiários** | Todos os segurados |
| **Carência** | 180 contribuições mensais. |

| QUADRO SINTÉTICO – APOSENTADORIA PROGRAMADA | |
|---|---|
| **Valor** | A partir de 60% da média de todos os salários de contribuição a partir de 7/1994 (Plano Real).<br>1 salário mínimo para o segurado especial pela contribuição sobre produção rural. |

## 2.1. Cálculos

Considerando que as aposentadorias programadas são aquelas em que são aplicadas as regras permanentes, atinentes aos segurados que se filiaram à previdência a partir de 14/11/2019, ou aqueles que não se enquadravam nas regras de transição, seja por faltarem mais de 2 anos para completarem o tempo mínimo de contribuição exigido, seja por não possuírem a idade mínima e que, portanto, vão exigir a inserção de salários de contribuição após a presente data, não simularemos todo o período básico de cálculo, mas utilizaremos uma média de salários pré-calculada para fins de entendimento e aplicação das regras estudadas.

Passemos a analisar as nuances de cálculos da aposentadoria programada comum e do professor através de 4 exemplos: aposentadoria programada comum – homem; aposentadoria programada comum – mulher; aposentadoria programada do professor; aposentadoria programada da professora.

### APOSENTADORIA PROGRAMADA COMUM – HOMEM

**FREDERICO DA SILVA SAURO**

ESPÉCIE: APOSENTADORIA PROGRAMADA

| IDADE | | |
|---|---|---|
| **anos** | **meses** | **dias** |
| **65** | **3** | **0** |
| **65,2500** | | |

| TEMPO DE CONTRIBUIÇÃO | | |
|---|---|---|
| **anos** | **meses** | **dias** |
| **25** | **6** | **0** |
| **25,5000** | | |

| **MÉDIA DE SALÁRIOS** | **5.080,00** |
|---|---|
| Coeficiente | **70%** |
| **RENDA MENSAL INICIAL** = SB x Coeficiente | **3.556,00** |

| Tempo de contribuição | Coeficiente de cálculo da Renda Mensal Inicial |
|---|---|
| 20 | 60,00% |
| 21 | 62,00% |
| 22 | 64,00% |
| 23 | 66,00% |
| 24 | 68,00% |
| 25 | 70,00% |

Observa-se que o cálculo é relativamente simples, já que não há a aplicação do fator previdenciário. Para se chegar ao valor da RMI, basta aplicar o coeficiente, a partir de 60% mais 2% para cada ano que ultrapassar de 20 anos, se homem, ou 15 anos, se mulher, e encontrar o valor da renda mensal inicial.

## APOSENTADORIA PROGRAMADA COMUM – MULHER

**ANA DA SILVA SAURO**

ESPÉCIE: APOSENTADORIA PROGRAMADA

| IDADE | | |
|---|---|---|
| anos | meses | dias |
| 62 | 3 | 0 |
| 62,2500 | | |

| TEMPO DE CONTRIBUIÇÃO | | |
|---|---|---|
| anos | meses | dias |
| 23 | 6 | 0 |
| 23,5000 | | |

| MÉDIA DE SALÁRIOS | 5.080,00 |
|---|---|
| Coeficiente | 76% |
| **RENDA MENSAL INICIAL** = SB x Coeficiente | 3.860,80 |

| Tempo de contribuição | Coeficiente de cálculo da Renda Mensal Inicial |
|---|---|
| 15 | 60,00% |
| 16 | 62,00% |
| 17 | 64,00% |
| 18 | 66,00% |
| 19 | 68,00% |
| 20 | 70,00% |
| 21 | 72,00% |
| 22 | 74,00% |
| 23 | 76,00% |

## APOSENTADORIA PROGRAMADA DE PROFESSOR

**FREDERICO DA SILVA SAURO**

ESPÉCIE: APOSENTADORIA PROGRAMADA DE PROFESSOR

| IDADE | | |
|---|---|---|
| anos | meses | dias |
| 60 | 3 | 0 |
| 60,2500 | | |

| TEMPO DE CONTRIBUIÇÃO | | |
|---|---|---|
| anos | meses | dias |
| 30 | 6 | 0 |
| 30,5000 | | |

| MÉDIA DE SALÁRIOS | 5.080,00 |
|---|---|
| Coeficiente | 80% |
| **RENDA MENSAL INICIAL** = SB x Coeficiente | 4.064,00 |

| Tempo de contribuição | Coeficiente de cálculo da Renda Mensal Inicial |
|---|---|
| 20 | 60,00% |
| 21 | 62,00% |
| 22 | 64,00% |
| 23 | 66,00% |
| 24 | 68,00% |
| 25 | 70,00% |

| Tempo de contribuição | Coeficiente de cálculo da Renda Mensal Inicial |
|---|---|
| 26 | 72,00% |
| 27 | 75,00% |
| 28 | 76,00% |
| 29 | 78,00% |
| 30 | 80,00% |

## APOSENTADORIA PROGRAMADA DE PROFESSORA

**ANA DA SILVA SAURO**

ESPÉCIE: APOSENTADORIA PROGRAMADA DE PROFESSORA

| IDADE | | |
|---|---|---|
| **anos** | **meses** | **dias** |
| **57** | **3** | **0** |
| **57,2500** | | |

| TEMPO DE CONTRIBUIÇÃO | | |
|---|---|---|
| **anos** | **meses** | **dias** |
| **30** | **6** | **0** |
| **30,5000** | | |

| | |
|---|---|
| **MÉDIA DE SALÁRIOS** | **5.080,00** |
| Coeficiente | **90%** |
| **RENDA MENSAL INICIAL** = SB x Coeficiente | **4.572,00** |

| Tempo de contribuição | Coeficiente de cálculo da Renda Mensal Inicial |
|---|---|
| 15 | 60,00% |
| 16 | 62,00% |
| 17 | 64,00% |
| 18 | 66,00% |
| 19 | 68,00% |
| 20 | 70,00% |
| 21 | 72,00% |
| 22 | 75,00% |

| Tempo de contribuição | Coeficiente de cálculo da Renda Mensal Inicial |
|---|---|
| 23 | 76,00% |
| 24 | 78,00% |
| 25 | 80,00% |
| 26 | 82,00% |
| 27 | 84,00% |
| 28 | 86,00% |
| 29 | 88,00% |
| 30 | 90,00% |

## 3. REGRAS BÁSICAS DA EXTINTA APOSENTADORIA APENAS POR TEMPO DE CONTRIBUIÇÃO SEM IDADE MÍNIMA

Este tópico é necessário para o exercício profissional. Isso porque muitos segurados adquiriram o direito à aposentadoria por tempo de contribuição sem idade mínima antes do advento da Emenda 103/2019, sendo assegurado o direito adquirido pelo artigo 3º da Reforma Constitucional.

Mas não serão todos os segurados que tinham direito à EXTINTA aposentadoria por tempo de contribuição (sistemática anterior à EC 103/2019). Inicialmente, por falta de previsão legal em seu favor, o segurado especial não se aposentava por tempo de contribuição, exceto se optou pelo recolhimento das contribuições previdenciárias de acordo com o regime do contribuinte individual.

Eis o entendimento do STJ, consolidado na Súmula 272:

> "**Súmula: 272** – O trabalhador rural, na condição de segurado especial, sujeito à contribuição obrigatória sobre a produção rural comercializada, somente faz jus à aposentadoria por tempo de serviço, se recolher contribuições facultativas".

> Outrossim, o contribuinte individual que trabalhe por conta própria sem vinculação a pessoa jurídica e o segurado facultativo que optaram pelo regime simplificado de recolhimento, ou seja, arrecadaram 11% sobre o salário mínimo, ou 5% sobre um salário mínimo no caso do microempreendedor individual e do segurado facultativo de baixa renda com atividades domésticas em sua residência (inscrito no CadÚnico), ao invés de 20%, também não tinham direito a se aposentar por tempo de contribuição, na forma do artigo 21, § 2º, da Lei 8.212/91.

Todavia, caso esses segurados se arrependessem, poderiam complementar o recolhimento dos 9% ou dos 15% com os respectivos juros legais para que possam se aposentar por tempo de contribuição, sendo essa contribuição exigida a qualquer tempo, sob pena de indeferimento do benefício.

A respeito do tema, colaciona-se Enunciado aprovado no XII FONAJEF:

> **Grupo 4**
>
> **Enunciado nº 1 (ATUAL ENUNCIADO 161 FONAJEF)**
>
> Nos casos de pedido de concessão de benefício por segurado facultativo de baixa renda, a comprovação da inscrição da família no CadÚnico é documento indispensável para propositura da ação, sob pena de extinção sem exame do mérito (Aprovado no XII FONAJEF).

No mesmo sentido, a TNU em tese repetitiva:

> **EMENTA. DIREITO PREVIDENCIÁRIO. PEDIDO DE UNIFORMIZAÇÃO DE INTERPRETAÇÃO DE LEI FEDERAL. INCIDENTE DE UNIFORMIZAÇÃO JULGADO COMO REPRESENTATIVO DA CONTROVÉRSIA (TEMA 181). SEGURADO FACULTATIVO DE BAIXA RENDA. COMPROVAÇÃO DA CONDIÇÃO DE BAIXA RENDA. INSCRIÇÃO NO CADÚNICO. REDUÇÃO DA ALÍQUOTA DE CONTRIBUIÇÃO PREVIDENCIÁRIA. IMPOSSIBILIDADE DE VALIDAÇÃO DE CONTRIBUIÇÕES VERTIDAS ANTES DA INSCRIÇÃO. INCIDENTE CONHECIDO E NÃO PROVIDO.**
>
> 1. O OBJETO EM DISCUSSÃO CINGE-SE À ANÁLISE DO DIREITO À VALIDAÇÃO DAS CONTRIBUIÇÕES EFETUADAS PELA SEGURADA, NA MODALIDADE FACULTATIVO DE BAIXA RENDA, ANTES DA DATA

DO REGISTRO NO CADASTRO ÚNICO DE PROGRAMAS SOCIAIS DO GOVERNO FEDERAL.

2. O CONTRIBUINTE FACULTATIVO BAIXA RENDA, DESTINATÁRIO DA ALÍQUOTA DE 5%, É AQUELE QUE SE DEDICA AO TRABALHO DOMÉSTICO EM SUA RESIDÊNCIA, PERTENCENTE À FAMÍLIA DE BAIXA RENDA E INSCRITO NO CADASTRO ÚNICO PARA PROGRAMAS SOCIAIS DO GOVERNO FEDERAL – CADÚNICO, CUJA RENDA MENSAL SEJA DE ATÉ 2 (DOIS) SALÁRIOS MÍNIMOS, ART. 21, § 2, II "B", E § 4º, DA LEI Nº 8.212/91.

3. AS CONDIÇÕES SOCIECONÔMICAS, QUE INTERFEREM NO CUMPRIMENTO DOS REQUISITOS E, DE CONSEQUÊNCIA, NO DIREITO À ALÍQUOTA DIFERENCIADA, PODEM SOFRER ALTERAÇÕES COM O PASSAR DO TEMPO, RAZÃO POR QUE O CADASTRO REPRESENTA UM CRITÉRIO SEGURO PARA SUA AFERIÇÃO, NO MOMENTO EM QUE É FEITO.

4. DAÍ PORQUE A OBRIGAÇÃO ACESSÓRIA DE INSCREVER-SE PREVIAMENTE NO CADASTRO ÚNICO NÃO PODE SER INTERPRETADA COMO UMA MERA EXIGÊNCIA DE ORDEM BUROCRÁTICA. E MAIS, NÃO PODE OPERAR EFEITOS RETROATIVOS.

5. FIXADA TESE JURÍDICA REPRESENTATIVA DA CONTROVÉRSIA (TEMA 181): "A PRÉVIA INSCRIÇÃO NO CADASTRO ÚNICO, PARA PROGRAMAS SOCIAIS DO GOVERNO FEDERAL – CADÚNICO, É REQUISITO ESSENCIAL PARA VALIDAÇÃO DAS CONTRIBUIÇÕES PREVIDENCIÁRIAS VERTIDAS NA ALÍQUOTA DE 5% (ART. 21, § 2º, INCISO II, ALÍNEA "B", E § 4º, DA LEI 8.212/91), E OS EFEITOS DESSA INSCRIÇÃO NÃO ALCANÇAM AS CONTRIBUIÇÕES FEITAS ANTERIORMENTE".

A Turma Nacional de Uniformização, por maioria, decidiu CONHECER E NEGAR PROVIMENTO ao incidente de uniformização, nos termos do voto do Juiz Federal Erivaldo dos Santos. Incidente de Uniformização julgado como representativo da controvérsia, conforme art. 17, VII, do RITNU (Tema 181).

Brasília, 21 de novembro de 2018.

A aposentadoria por tempo de contribuição tinha renda de 100% do salário de benefício, lembrando que no cálculo do salário de benefício é obrigatório o manejo do fator previdenciário, o que acaba reduzindo bastante a renda mensal inicial dos benefícios das pessoas que se aposentam ainda muito jovens.

No entanto, coube à Medida Provisória 676, publicada em 18 de junho de 2015, instituir a regra alternativa 85 (mulher) / 95 (homem) para tornar facultativo o fator previdenciário nesta aposentadoria. Posteriormente esta regra foi modificada pela Lei 13.183, de 4/11/2015.

O segurado que preencher o requisito para a aposentadoria por tempo de contribuição poderá optar pela não incidência do fator previdenciário no cálculo de sua aposentadoria, quando o total resultante da soma de sua idade e de seu tempo de contribuição, incluídas as frações, na data de requerimento da aposentadoria, for: I – igual ou superior a noventa e cinco pontos, se homem, observando o tempo mínimo de contribuição de trinta e cinco anos; ou II – igual ou superior a oitenta e cinco pontos, se mulher, observado o tempo mínimo de contribuição de trinta anos.

De acordo com a literalidade do texto normativo, as somas de idade e de tempo de contribuição previstas no caput serão (seriam) majoradas em um ponto em:

I – 31 de dezembro de 2018 (86/96);

~~II – 31 de dezembro de 2020 (87/97);~~

~~III – 31 de dezembro de 2022 (88/98);~~

~~IV – 31 de dezembro de 2024 (89/99); e~~

~~V – 31 de dezembro de 2026 (90/100).~~

A última faixa foi 86/96, tendo em vista a não recepção do artigo 29-C da Lei 8.213/91 pela EC 103/2009.

Logo, sem revogar a regra ordinária da aposentadoria por tempo de contribuição sem idade mínima e com aplicação compulsória do fator previdenciário, foi criada regra progressiva para a concessão de aposentadoria por tempo de contribuição com aplicação facultativa do fator previdenciário, observado o tempo mínimo de contribuição (30 anos mulher e 35 anos homem), desde que a soma com a idade do segurado atinja à pontuação acima enumerada.

À luz do direito adquirido, ao segurado que alcançar o requisito necessário ao exercício da opção com base na tabela acima e deixar de requerer aposentadoria será assegurado o direito à opção com a aplicação da pontuação exigida na data do cumprimento dos requisitos.

Como exemplo, suponha-se que um segurado homem que em 2015, 2016, 2017 ou 2018 (até 30/12) conte com 37 anos de tempo de contribuição e idade de 58 anos (37 + 58=95). Neste caso ele preencherá esta regra e poderá se aposentar sem o fator previdenciário (não se aplicará o fator quando for para reduzir a renda, mas apenas para majorar).

Suponha-se que uma mulher em 2023 ou 2024 tenha 30 anos de tempo de contribuição e 58 anos de idade (30 + 58=88). Ela preencherá a regra aludida.

Para o segurado que adquiriu o direito a partir de 31/12/2018, a pontuação restou modificada para 86 (mulheres) e 96 (homens), incluindo frações. Eis alguns exemplos da regra 86/96 (aquisição do direito entre 31/12/2018 e 30/12/2020):

| **MULHERES** | | |
|---|---|---|
| **IDADE** | **TEMPO DE CONTRIBUIÇÃO** | **PONTUAÇÃO TOTAL** |
| 56 anos | 30 anos | 86 |

| MULHERES | | |
|---|---|---|
| **IDADE** | **TEMPO DE CONTRIBUIÇÃO** | **PONTUAÇÃO TOTAL** |
| 55,5 anos | 30,5 anos | 86 |
| 55 anos | 31 anos | 86 |
| 54,5 anos | 31,5 anos | 86 |
| 54 anos | 32 anos | 86 |

| HOMENS | | |
|---|---|---|
| **IDADE** | **TEMPO DE CONTRIBUIÇÃO** | **PONTUAÇÃO TOTAL** |
| 61 anos | 35 anos | 96 |
| 60,5 anos | 35,5 anos | 96 |
| 60 anos | 36 anos | 96 |
| 59,5 anos | 36,5 anos | 96 |
| 59 anos | 37 anos | 96 |

No entanto, há uma regra especial para o professor exclusivo do ensino básico. O tempo mínimo de contribuição do professor e da professora que comprovarem exclusivamente tempo de efetivo exercício de magistério na educação infantil e no ensino fundamental e médio será de, respectivamente, trinta e vinte e cinco anos, e serão acrescidos cinco pontos à soma da idade com o tempo de contribuição.

Suponha-se que em 2015, 2016, 2017 ou 2018 um professor do sexo masculino do ensino básico possua 30 anos de tempo de contribuição exclusivamente como professor e 60 anos de idade. Neste caso, ele terá direito à regra 95 (30+60+5) com a aplicação facultativa do fator previdenciário.

Nota-se que a tabela foi esticada pela Lei 13.183/2015 em comparação ao texto originário da MP 676/2015, assim como houve a redução do tempo de contribuição em 5 anos em favor do professor exclusivo do ensino básico, o que não acontecia no texto da MP 676/2015.

O benefício de aposentadoria por tempo de contribuição será devido aos segurados amparados pelos Acordos de Previdência Social bilateral que o Brasil mantém com Portugal, Espanha, Grécia, Argentina, Uruguai e Cabo Verde, desde que preencham todos os requisitos para concessão desse benefício, utilizando períodos cumpridos naquele outro Estado, sendo que, nos casos da Argentina e Uruguai, considerando que no Acordo Multilateral de Seguridade Social do Mercosul não há previsão expressa desse tipo de benefício, somente serão reconhecidos, por força do direito adquirido, aqueles que comprovarem a implementação dos requisitos necessários no período em que estiveram em vigência os acordos bilaterais dos dois países.

Logo, considerando que o Acordo Multilateral de Seguridade Social do Mercosul não prevê a contagem recíproca internacional para o benefício da aposentadoria por tempo de contribuição, que não possui paralelo na Argentina e Uruguai, esta não será cabível nesta hipótese, salvo direito adquirido consolidado no regime anterior, quando vigoravam os acordos bilaterais entre os referidos países.

A Emenda 20/1998 assegurou (artigo 3º) a concessão de aposentadoria e pensão, a qualquer tempo, aos servidores públicos e aos segurados do regime geral de previdência social, bem como aos seus dependentes, que, até a data da sua publicação (16/12/1998), tenham cumprido os requisitos para a obtenção destes benefícios, com base nos critérios da legislação então vigente.

Assim, o segurado que contasse com 30 anos de tempo de serviço até 16/12/98 e a segurada que contabilizasse 25 anos de serviço possuem direito adquirido à aposentadoria proporcional, mesmo que apenas tenham requerido a aposentação em data posterior.

Todavia, para tanto, evidentemente não podem ser considerados períodos contributivos prestados após a Emenda 20, consoante a jurisprudência pacificada do STF:

"AGRAVO REGIMENTAL NO RECURSO EXTRAORDINÁRIO. CONSTITUCIONAL. PREVIDENCIÁRIO. APOSENTADORIA POR TEMPO DE SERVIÇO. DIREITO ADQUIRIDO. ARTIGO 3º DA EC N. 20/98. CONTAGEM DE TEMPO DE SERVIÇO POSTERIOR A 16.12.1998. BENEFÍCIO CALCULADO NOS TERMOS DAS NORMAS VIGENTES ANTES DO ADVENTO DA REFERIDA EMENDA. IMPOSSIBILIDADE. ACÓRDÃO RECORRIDO EM CONSONÂNCIA COM O ENTENDIMENTO DESTA CORTE. 1. O segurando que queira incorporar tempo de serviço posterior ao advento da EC n. 20/98 para se aposentar, não pode se valer da legislação anterior para calcular o benefício previdenciário, devendo, sim, submeter-se ao novo ordenamento, com observância das regras de transição. Porquanto, de forma diversa, se criaria um regime misto de aposentadoria incompatível com a lógica do sistema. Nesse sentido, RE n. 575.089, Relator o Ministro Ricardo Lewandowski, Plenário, DJe 24.10.08, assim ementado: "EMENTA: INSS. APOSENTADORIA. CONTAGEM DE TEMPO. DIREITO ADQUIRIDO. ART. 3º DA EC 20/98. CONTAGEM DE TEMPO DE SERVIÇO POSTERIOR A 16.12.1998. POSSIBILIDADE. BENEFÍCIO CALCULADO EM CONFORMIDADE COM NORMAS VIGENTES ANTES DO ADVENTO DA REFERIDA EMENDA. INADMISSIBILIDADE. RE IMPROVIDO. **I – Embora tenha o recorrente direito adquirido à aposentadoria, nos termos do art. 3º da EC 20/98, não pode computar tempo de serviço posterior a ela, valendo-se das regras vigentes antes de sua edição. II -Inexiste direito adquirido a determinado regime jurídico, razão pela qual não é lícito ao segurado conjugar as vantagens do novo sistema com aquelas aplicáveis ao anterior. III – A superposição de vantagens caracteriza sistema híbrido, incompatível com a sistemática de cálculo dos benefícios previdenciários.** IV – Recurso extraordinário improvido." 2. In casu, o acórdão originariamente recorrido assentou: "APOSENTADORIA POR TEMPO DE SERVIÇO. EC Nº 20, DE 1998. TEMPO DE SERVIÇO POSTERIOR A 16-12-1998. Inviável a utilização de tempo de serviço posterior a 16-12-1998 e a aplicação do regramento anterior à EC nº 20/98, sem as alterações por ela estabelecidas." 3. Agravo regimental a que se nega provimento" **(RE 671.628, de 24.04.2012).**

Vale registrar também que o segurado não possui direito de postular a conversão de aposentadoria com proventos integrais em aposentadoria proporcional, consoante pacificado pelo STJ, a exemplo do julgamento do AgRg no REsp 1.309.258, de 05.06.2012:

"A jurisprudência desta Corte firmou entendimento de que não é possível a conversão de aposentadoria integral em proventos proporcionais, uma vez que tratam de benefícios distintos. Súmula 83/STJ. Precedentes desta Corte e do STF. AgRg no AREsp 74.966/GO, Rel. Min. Teori Albino Zavascki, Primeira Turma; AgRg no REsp 1242327/PR, Rel. Adilson Vieira Macabu (Desembargador convocado do TJ/RJ), Quinta Turma; AgRg no REsp 1233152/RS, Rel. Min. Jorge Mussi, Quinta Turma; AI 810744 AgR, Rel.(a): Min. Ricardo Lewandowski, Primeira Turma; RE 286508 AgR, Relator(a): Min. Celso de Mello, Segunda Turma; RE 286921 AgR, Relator(a): Min. Ellen Gracie, Segunda Turma; RE 352391 AgR, Rel.(a): Min. Carlos Velloso, Segunda Turma".

**Regras de transição – EXTINTA aposentadoria por tempo de contribuição proporcional**

Para as pessoas que eram seguradas do RGPS em 16.12.1998, data de vigência da Emenda 20, a aposentadoria por tempo de contribuição proporcional foi mantida em regra de transição, à razão de 70% do salário de benefício, somado a 5% por ano de contribuição que supere a soma de 30 anos (homem) ou 25 anos de contribuição (mulher) com o "pedágio", até o limite de 100% do salário de benefício.

Mas o artigo 9º, da Emenda 20/1998, exige dois pressupostos para a concessão da aposentadoria por tempo de contribuição proporcional para os antigos segurados:

A) contar no mínimo com 53 anos de idade, se homem, e 48 anos de idade, se mulher;

B) um período adicional de contribuição equivalente a 40% do tempo que, na data da publicação da Emenda, faltaria para atingir o limite de tempo constante da alínea anterior ("pedágio").

Assim, suponha-se que uma mulher contava com 20 anos de serviço em 16.12.1998. Para se beneficiar da regra de transição, além de atingir a idade mínima de 48 anos de idade na data de requerimento do benefício, ela teria que pagar um "pedágio" de 02 anos de contribuição, que equivale a 40% do que faltava para atingir 25 anos de serviço, totalizando 27 anos de contribuição, com renda mensal inicial de 70% do salário de benefício.

Vale frisar que esta regra de transição apenas vem beneficiando os segurados que, em 16.12.1998, faltavam menos de 12 anos de contribuição para se aposentar proporcionalmente, pois 40% de 12 anos equivalem a 05 anos de contribuição, já se aplicando a regra atual mais benéfica (35 ou 30 anos de contribuição, se homem ou mulher), sendo inócua a regra de transição.

De acordo com o entendimento administrativo do INSS, mais favorável aos segurados, esta regra de transição também será aplicável ao segurado filiado ao RGPS até 16 de dezembro de 1998, que perder a qualidade de segurado e vier a reingressar no respectivo regime a partir de 17 de dezembro de 1998, inclusive na hipótese de haver filiação para outro regime de Previdência Social[17], conquanto teoricamente a perda da qualidade de segurado exclua o direito de gozar da regra de transição, pois rompida a relação previdenciária.

Para os professores em geral, a regra de transição para a aposentadoria por tempo de contribuição proporcional foi diferenciada. Com propriedade, eles terão o tempo de serviço exercido até a publicação da Emenda 20/98 contado com o acréscimo de 17%, se homem, e de 20%, se mulher, desde que se aposentem, exclusivamente, com tempo de efetivo exercício de atividade de magistério.

Ressalte-se que as regras de transição para a aposentadoria integral são inócuas, pois mais rígidas que as vigentes, em razão de não ter sido aprovada a idade mínima para a aposentadoria por tempo de contribuição na votação da Emenda 20/98.

---

**17.** Artigo 237, da revogada Instrução Normativa INSS 77/2015, que curiosamente não consta da Instrução Normativa INSS 128/2022.

| QUADRO SINTÉTICO – EXTINTA APOSENTADORIA APENAS POR TEMPO DE CONTRIBUIÇÃO | |
|---|---|
| **Cabimento** | Homem com 35 anos de contribuição ou mulher com 30 anos de contribuição, com redução de cinco anos de contribuição para o professor que comprove exclusivo exercício em sala de aula na educação infantil, ensino fundamental e médio, incluídas as atividades de coordenação e assessoramento pedagógico (Lei 11.301/06). |
| **Beneficiários** | Todos os segurados, exceto o segurado especial (se não recolher sobre o salário de contribuição facultativamente) e o contribuinte individual que trabalha por conta própria ou o segurado facultativo que recolham de maneira simplificada (11% sobre o salário mínimo ou 5% sobre o salário mínimo no caso do MEI e do facultativo de baixa renda inscrito no CADÚNICO). |
| **Carência** | 180 contribuições mensais, observada a tabela de transição do artigo 142, da Lei 8.213/91. |
| **Valor** | 100% do salário de benefício, sendo obrigatório o manejo do fator previdenciário (salvo no caso da regra 86/86 – Lei 13.183/2015). |
| **Outras informações** | **A)** Apenas existe a aposentadoria por tempo de contribuição proporcional em regra de transição da EC 20/1998;<br>**B)** A comprovação do tempo de contribuição (antigo tempo de serviço) demanda início de prova material contemporânea aos fatos, nos termos do artigo 55, § 3º, da Lei 8.213/91. |

## 3.1. Cálculos

O estudo de caso a seguir trata-se de um segurado que não possui os requisitos exigidos pelas regras de transição estabelecidas pela EC 103/2019, mas que possui direito à aposentadoria por tempo de contribuição, sem exigência de idade mínima, antes do Novo Regime Jurídico. Abaixo encontram-se as informações de tempo de contribuição e idade.

Espécie do benefício: **Aposentadoria por tempo de contribuição**

Nome: **ANTÔNIO DOS SANTOS MENESES**

Data de nascimento: **16/02/1961**

Data do requerimento: **01/04/2020**

Data do direito adquirido: **13/11/2019**

| IDADE | |
|---|---|
| **INÍCIO** | **FIM** |
| **16/02/1961** | **01/04/2020** |

| IDADE | | |
|---|---|---|
| **ANOS** | **MESES** | **DIAS** |
| **59** | **1** | **16** |
| **59,13** | | |

| | CONTRATOS DE TRABALHO | | TEMPO MÍNIMO | TEMPO DE CONTRIBUIÇÃO | | |
|---|---|---|---|---|---|---|
| | **INÍCIO** | **FIM** | | **ANOS** | **MESES** | **DIAS** |
| 1 | **01/03/1983** | **05/08/1997** | 35 | 14 | 5 | 5 |
| 2 | **01/02/1998** | **31/10/2010** | 35 | 12 | 9 | 1 |
| 3 | **01/05/2011** | **01/04/2020** | 35 | 8 | 11 | 1 |

| TEMPO TOTAL APURADO | | |
|---|---|---|
| **Anos** | **Meses** | **Dias** |
| **36** | **1** | **7** |
| **36,10** | | |

| Regras do novo regime Jurídico | | | |
|---|---|---|---|
| **Regras de transição** | **Regra de pontos: 97** | **95,23** | Sem direito ao benefício |
| | **Regra da idade mínima: 61,5** | **59,13** | Sem direito ao benefício |

De acordo com a contagem de tempo até a data do requerimento, em 01/04/2020, verifica-se que o autor possui a idade de 59 anos, 01 mês e 16 dias e o tempo de contribuição total de 36 anos, 01 mês e 07 dias. Pelas regras de transição aplicáveis ao caso concreto, o segurado não possui a pontuação necessária para ter direito à aposentadoria por tempo de contribuição com pontuação, tendo em vista que não atingiu o total de 97 pontos exigíveis a partir do ano de 2020. Também não possui a idade mínima de 61 anos e 06 meses exigíveis a partir do ano de 2020. Portanto, não reúne os requisitos para se aposentar pelo Novo regime jurídico, aprovado pela EC 103/2019. Passemos a analisar o direito adquirido.

Espécie do benefício: **Aposentadoria por tempo de contribuição**

Nome: **ANTÔNIO DOS SANTOS MENESES**

Data de nascimento: **16/02/1961**

Data do requerimento: **01/04/2020**

Data do direito adquirido: **13/11/2019**

| IDADE | |
|---|---|
| **INÍCIO** | **FIM** |
| **16/02/1961** | **13/11/2019** |

| IDADE | | |
|---|---|---|
| **ANOS** | **MESES** | **DIAS** |
| **58** | **8** | **28** |
| **58,74** | | |

| | CONTRATOS DE TRABALHO | | TEMPO MÍNIMO | TEMPO DE CONTRIBUIÇÃO | | |
|---|---|---|---|---|---|---|
| | **INÍCIO** | **FIM** | | **ANOS** | **MESES** | **DIAS** |
| 1 | **01/03/1983** | **05/08/1997** | 35 | 14 | 5 | 5 |
| 2 | **01/02/1998** | **31/10/2010** | 35 | 12 | 9 | 1 |
| 3 | **01/05/2011** | **13/11/2019** | 35 | 8 | 6 | 13 |

| TEMPO TOTAL APURADO | | |
|---|---|---|
| **Anos** | **Meses** | **Dias** |
| **35** | **8** | **19** |
| **35,72** | | |

| Regras do Direito Adquirido | | | |
|---|---|---|---|
| **Regras de cálculos** | **Regra de pontos: 96** | **94,46** | Não aplicável |
| | **Fator Previdenciário** | **0,78447** | Aplicável |

De acordo com a contagem de tempo até 13/11/2019, véspera da vigência do Novo regime Jurídico, verifica-se que o autor possui a idade de 58 anos, 08 meses e 28 dias e o tempo de contribuição total de 35 anos, 08 meses e 19 dias, suficiente para fazer jus ao benefício de aposentadoria por tempo de contribuição sem exigência de idade mínima. Como não atingiu a pontuação de 96 pontos vigente à época, o salário de benefício será calculado com a aplicação do fator previdenciário, que, no caso, é desfavorável. Seguem os cálculos.

**APOSENTADORIA POR TEMPO DE CONTRIBUIÇÃO – HOMEM – SEM IDADE MÍNIMA**

**ANTÔNIO DOS SANTOS MENESES**

DATA DE NASCIMENTO: **16/02/1961**

ESPÉCIE: **42** (APOSENTADORIA POR POR TEMPO DE CONTRIBUIÇÃO)

DATA DO REQUERIMENTO: **01/04/2020**

DATA DO DIREITO ADQUIRIDO: **13/11/2019**

TEMPO DE CONTRIBUIÇÃO EM 13/11/2019: **35 anos 08 meses e 19 dias**

BASE LEGAL: LEI 9.876 DE 29 DE NOVEMBRO DE 1999

PERÍODO BÁSICO DE CÁLCULO: **07/1994 a 10/2019**

| Sequência | Mês/ano | Valor teto | Salário | Índice | Salário corrigido | Desconsiderados |
|---|---|---|---|---|---|---|
| 1 | jul/94 | 582,86 | 537,00 | 8,183670 | 4.394,63 | Desconsiderado |
| 2 | ago/94 | 582,86 | 537,00 | 7,714618 | 4.142,75 | Desconsiderado |
| 3 | set/94 | 582,86 | 537,00 | 7,315208 | 3.928,27 | Desconsiderado |
| 4 | out/94 | 582,86 | 537,00 | 7,206392 | 3.869,83 | Desconsiderado |
| 5 | nov/94 | 582,86 | 537,00 | 7,074803 | 3.799,17 | Desconsiderado |
| 6 | dez/94 | 582,86 | 582,86 | 6,850782 | 3.993,05 | Desconsiderado |
| 7 | jan/95 | 582,86 | 537,00 | 6,703966 | 3.600,03 | Desconsiderado |
| 8 | fev/95 | 582,86 | 537,00 | 6,593843 | 3.540,89 | Desconsiderado |
| 9 | mar/95 | 582,86 | 537,00 | 6,529208 | 3.506,18 | Desconsiderado |
| 10 | abr/95 | 582,86 | 537,00 | 6,438423 | 3.457,43 | Desconsiderado |
| 11 | mai/95 | 832,66 | 820,00 | 6,317137 | 5.180,05 | |
| 12 | jun/95 | 832,66 | 820,00 | 6,158854 | 5.050,26 | |
| 13 | jul/95 | 832,66 | 820,00 | 6,048768 | 4.959,99 | |
| 14 | ago/95 | 832,66 | 820,00 | 5,903537 | 4.840,90 | |
| 15 | set/95 | 832,66 | 820,00 | 5,843931 | 4.792,02 | |
| 16 | out/95 | 832,66 | 832,66 | 5,776348 | 4.809,73 | |
| 17 | nov/95 | 832,66 | 832,66 | 5,696592 | 4.743,32 | |
| 18 | dez/95 | 832,66 | 832,66 | 5,611857 | 4.672,77 | Desconsiderado |
| 19 | jan/96 | 832,66 | 820,00 | 5,520763 | 4.527,03 | Desconsiderado |
| 20 | fev/96 | 832,66 | 820,00 | 5,441323 | 4.461,88 | Desconsiderado |
| 21 | mar/96 | 832,66 | 820,00 | 5,402958 | 4.430,43 | Desconsiderado |
| 22 | abr/96 | 832,66 | 820,00 | 5,387338 | 4.417,62 | Desconsiderado |
| 23 | mai/96 | 957,56 | 935,00 | 5,349886 | 5.002,14 | |
| 24 | jun/96 | 957,56 | 935,00 | 5,261494 | 4.919,50 | |
| 25 | jul/96 | 957,56 | 935,00 | 5,198080 | 4.860,20 | |
| 26 | ago/96 | 957,56 | 935,00 | 5,142030 | 4.807,80 | |
| 27 | set/96 | 957,56 | 935,00 | 5,141822 | 4.807,60 | |
| 28 | out/96 | 957,56 | 935,00 | 5,135147 | 4.801,36 | |
| 29 | nov/96 | 957,56 | 935,00 | 5,123874 | 4.790,82 | |
| 30 | dez/96 | 957,56 | 957,56 | 5,109570 | 4.892,72 | |
| 31 | jan/97 | 957,56 | 935,00 | 5,064994 | 4.735,77 | |
| 32 | fev/97 | 957,56 | 935,00 | 4,986214 | 4.662,11 | Desconsiderado |
| 33 | mar/97 | 957,56 | 935,00 | 4,965358 | 4.642,61 | Desconsiderado |
| 34 | abr/97 | 957,56 | 935,00 | 4,908422 | 4.589,37 | Desconsiderado |
| 35 | mai/97 | 957,56 | 935,00 | 4,879633 | 4.562,46 | Desconsiderado |
| 36 | jun/97 | 1.031,87 | 1.031,87 | 4,865036 | 5.020,08 | |
| 37 | jul/97 | 1.031,87 | 1.031,87 | 4,831219 | 4.985,19 | |
| 38 | ago/97 | 1.031,87 | 235,00 | 4,826875 | 1.134,32 | Desconsiderado |
| 39 | fev/98 | 1.031,87 | 1.031,87 | 4,669346 | 4.818,16 | |
| 40 | mar/98 | 1.031,87 | 1.031,87 | 4,668412 | 4.817,19 | |
| 41 | abr/98 | 1.031,87 | 1.031,87 | 4,657696 | 4.806,14 | |
| 42 | mai/98 | 1.031,87 | 1.031,87 | 4,657696 | 4.806,14 | |
| 43 | jun/98 | 1.081,50 | 1.081,50 | 4,647011 | 5.025,74 | |
| 44 | jul/98 | 1.081,50 | 1.081,50 | 4,634032 | 5.011,71 | |
| 45 | ago/98 | 1.081,50 | 1.081,50 | 4,634032 | 5.011,71 | |
| 46 | set/98 | 1.081,50 | 1.081,50 | 4,634032 | 5.011,71 | |
| 47 | out/98 | 1.081,50 | 1.081,50 | 4,634032 | 5.011,71 | |
| 48 | nov/98 | 1.081,50 | 1.081,50 | 4,634032 | 5.011,71 | |
| 49 | dez/98 | 1.200,00 | 1.150,00 | 4,634032 | 5.329,14 | |
| 50 | jan/99 | 1.200,00 | 1.150,00 | 4,589061 | 5.277,42 | |
| 51 | fev/99 | 1.200,00 | 1.150,00 | 4,536885 | 5.217,42 | |
| 52 | mar/99 | 1.200,00 | 1.150,00 | 4,344014 | 4.995,62 | |
| 53 | abr/99 | 1.200,00 | 1.150,00 | 4,259672 | 4.898,62 | |

| Sequência | Mês/ano | Valor teto | Salário | Índice | Salário corrigido | Desconsiderados |
|---|---|---|---|---|---|---|
| 54 | mai/99 | 1.200,00 | 1.150,00 | 4,258394 | 4.897,15 | |
| 55 | jun/99 | 1.255,32 | 1.255,32 | 4,258394 | 5.345,65 | |
| 56 | jul/99 | 1.255,32 | 1.255,32 | 4,215397 | 5.291,67 | |
| 57 | ago/99 | 1.255,32 | 1.255,32 | 4,149424 | 5.208,85 | |
| 58 | set/99 | 1.255,32 | 1.255,32 | 4,090114 | 5.134,40 | |
| 59 | out/99 | 1.255,32 | 1.255,32 | 4,030859 | 5.060,02 | |
| 60 | nov/99 | 1.255,32 | 1.255,32 | 3,956092 | 4.966,16 | |
| 61 | dez/99 | 1.255,32 | 1.255,32 | 3,858471 | 4.843,62 | |
| 62 | jan/00 | 1.255,32 | 1.255,32 | 3,811588 | 4.784,76 | |
| 63 | fev/00 | 1.255,32 | 1.255,32 | 3,773102 | 4.736,45 | |
| 64 | mar/00 | 1.255,32 | 1.255,32 | 3,765950 | 4.727,47 | |
| 65 | abr/00 | 1.255,32 | 1.255,32 | 3,759181 | 4.718,98 | |
| 66 | mai/00 | 1.255,32 | 1.255,32 | 3,754302 | 4.712,85 | Desconsiderado |
| 67 | jun/00 | 1.328,25 | 1.328,25 | 3,729313 | 4.953,46 | |
| 68 | jul/00 | 1.328,25 | 1.328,25 | 3,694950 | 4.907,82 | |
| 69 | ago/00 | 1.328,25 | 1.328,25 | 3,613294 | 4.799,36 | |
| 70 | set/00 | 1.328,25 | 1.328,25 | 3,548703 | 4.713,56 | Desconsiderado |
| 71 | out/00 | 1.328,25 | 1.328,25 | 3,524389 | 4.681,27 | Desconsiderado |
| 72 | nov/00 | 1.328,25 | 1.328,25 | 3,511395 | 4.664,01 | Desconsiderado |
| 73 | dez/00 | 1.328,25 | 1.328,25 | 3,497752 | 4.645,89 | Desconsiderado |
| 74 | jan/01 | 1.328,25 | 1.328,25 | 3,471371 | 4.610,85 | Desconsiderado |
| 75 | fev/01 | 1.328,25 | 1.328,25 | 3,454448 | 4.588,37 | Desconsiderado |
| 76 | mar/01 | 1.328,25 | 1.328,25 | 3,442739 | 4.572,82 | Desconsiderado |
| 77 | abr/01 | 1.328,25 | 1.328,25 | 3,415415 | 4.536,52 | Desconsiderado |
| 78 | mai/01 | 1.328,25 | 1.328,25 | 3,377252 | 4.485,83 | Desconsiderado |
| 79 | jun/01 | 1.430,00 | 1.400,00 | 3,362458 | 4.707,44 | Desconsiderado |
| 80 | jul/01 | 1.430,00 | 1.400,00 | 3,314074 | 4.639,70 | Desconsiderado |
| 81 | ago/01 | 1.430,00 | 1.400,00 | 3,261241 | 4.565,74 | Desconsiderado |
| 82 | set/01 | 1.430,00 | 1.400,00 | 3,232148 | 4.525,01 | Desconsiderado |
| 83 | out/01 | 1.430,00 | 1.400,00 | 3,219915 | 4.507,88 | Desconsiderado |
| 84 | nov/01 | 1.430,00 | 1.400,00 | 3,173894 | 4.443,45 | Desconsiderado |
| 85 | dez/01 | 1.430,00 | 1.400,00 | 3,149951 | 4.409,93 | Desconsiderado |
| 86 | jan/02 | 1.430,00 | 1.400,00 | 3,144295 | 4.402,01 | Desconsiderado |
| 87 | fev/02 | 1.430,00 | 1.400,00 | 3,138334 | 4.393,67 | Desconsiderado |
| 88 | mar/02 | 1.430,00 | 1.400,00 | 3,132693 | 4.385,77 | Desconsiderado |
| 89 | abr/02 | 1.430,00 | 1.400,00 | 3,129252 | 4.380,95 | Desconsiderado |
| 90 | mai/02 | 1.430,00 | 1.400,00 | 3,107498 | 4.350,50 | Desconsiderado |
| 91 | jun/02 | 1.561,56 | 1.561,56 | 3,073385 | 4.799,28 | |
| 92 | jul/02 | 1.561,56 | 1.561,56 | 3,020818 | 4.717,19 | |
| 93 | ago/02 | 1.561,56 | 1.561,56 | 2,960138 | 4.622,43 | Desconsiderado |
| 94 | set/02 | 1.561,56 | 1.561,56 | 2,891888 | 4.515,86 | Desconsiderado |
| 95 | out/02 | 1.561,56 | 1.561,56 | 2,817509 | 4.399,71 | Desconsiderado |
| 96 | nov/02 | 1.561,56 | 1.561,56 | 2,703684 | 4.221,96 | Desconsiderado |
| 97 | dez/02 | 1.561,56 | 1.561,56 | 2,554499 | 3.989,00 | Desconsiderado |
| 98 | jan/03 | 1.561,56 | 1.561,56 | 2,487340 | 3.884,13 | Desconsiderado |
| 99 | fev/03 | 1.561,56 | 1.561,56 | 2,434511 | 3.801,63 | Desconsiderado |
| 100 | mar/03 | 1.561,56 | 1.561,56 | 2,396409 | 3.742,14 | Desconsiderado |
| 101 | abr/03 | 1.561,56 | 1.561,56 | 2,357280 | 3.681,03 | Desconsiderado |
| 102 | mai/03 | 1.561,56 | 1.561,56 | 2,347653 | 3.666,00 | Desconsiderado |
| 103 | jun/03 | 1.869,34 | 1.869,34 | 2,363488 | 4.418,16 | Desconsiderado |
| 104 | jul/03 | 1.869,34 | 1.869,34 | 2,380148 | 4.449,31 | Desconsiderado |
| 105 | ago/03 | 1.869,34 | 1.869,34 | 2,384922 | 4.458,23 | Desconsiderado |
| 106 | set/03 | 1.869,34 | 1.869,34 | 2,370224 | 4.430,75 | Desconsiderado |

| Sequência | Mês/ano | Valor teto | Salário | Índice | Salário corrigido | Desconsiderados |
|---|---|---|---|---|---|---|
| 107 | out/03 | 1.869,34 | 1.869,34 | 2,345596 | 4.384,72 | Desconsiderado |
| 108 | nov/03 | 1.869,34 | 1.869,34 | 2,335320 | 4.365,51 | Desconsiderado |
| 109 | dez/03 | 1.869,34 | 1.869,34 | 2,324163 | 4.344,65 | Desconsiderado |
| 110 | jan/04 | 2.400,00 | 2.150,00 | 2,310303 | 4.967,15 | |
| 111 | fev/04 | 2.400,00 | 2.150,00 | 2,291966 | 4.927,73 | |
| 112 | mar/04 | 2.400,00 | 2.150,00 | 2,283062 | 4.908,58 | |
| 113 | abr/04 | 2.400,00 | 2.150,00 | 2,270125 | 4.880,77 | |
| 114 | mai/04 | 2.508,72 | 2.350,00 | 2,260853 | 5.313,00 | |
| 115 | jun/04 | 2.508,72 | 2.350,00 | 2,251844 | 5.291,83 | |
| 116 | jul/04 | 2.508,72 | 2.350,00 | 2,240647 | 5.265,52 | |
| 117 | ago/04 | 2.508,72 | 2.350,00 | 2,224405 | 5.227,35 | |
| 118 | set/04 | 2.508,72 | 2.350,00 | 2,213338 | 5.201,34 | |
| 119 | out/04 | 2.508,72 | 2.350,00 | 2,209584 | 5.192,52 | |
| 120 | nov/04 | 2.508,72 | 2.350,00 | 2,205836 | 5.183,71 | |
| 121 | dez/04 | 2.508,72 | 2.350,00 | 2,196171 | 5.161,00 | |
| 122 | jan/05 | 2.508,72 | 2.350,00 | 2,177442 | 5.116,99 | |
| 123 | fev/05 | 2.508,72 | 2.350,00 | 2,165101 | 5.087,99 | |
| 124 | mar/05 | 2.508,72 | 2.350,00 | 2,155617 | 5.065,70 | |
| 125 | abr/05 | 2.508,72 | 2.350,00 | 2,139993 | 5.028,98 | |
| 126 | mai/05 | 2.668,15 | 2.600,00 | 2,120697 | 5.513,81 | |
| 127 | jun/05 | 2.668,15 | 2.600,00 | 2,105955 | 5.475,48 | |
| 128 | jul/05 | 2.668,15 | 2.600,00 | 2,108273 | 5.481,51 | |
| 129 | ago/05 | 2.668,15 | 2.600,00 | 2,107641 | 5.479,87 | |
| 130 | set/05 | 2.668,15 | 2.600,00 | 2,107641 | 5.479,87 | |
| 131 | out/05 | 2.668,15 | 2.600,00 | 2,104486 | 5.471,66 | |
| 132 | nov/05 | 2.668,15 | 2.600,00 | 2,092350 | 5.440,11 | |
| 133 | dez/05 | 2.668,15 | 2.600,00 | 2,081109 | 5.410,88 | |
| 134 | jan/06 | 2.668,15 | 2.600,00 | 2,072821 | 5.389,33 | |
| 135 | fev/06 | 2.668,15 | 2.600,00 | 2,064973 | 5.368,93 | |
| 136 | mar/06 | 2.668,15 | 2.600,00 | 2,060236 | 5.356,61 | |
| 137 | abr/06 | 2.801,56 | 2.600,00 | 2,054688 | 5.342,19 | |
| 138 | mai/06 | 2.801,56 | 2.750,00 | 2,052227 | 5.643,62 | |
| 139 | jun/06 | 2.801,56 | 2.750,00 | 2,049562 | 5.636,30 | |
| 140 | jul/06 | 2.801,56 | 2.750,00 | 2,050994 | 5.640,23 | |
| 141 | ago/06 | 2.801,82 | 2.750,00 | 2,048742 | 5.634,04 | |
| 142 | set/06 | 2.801,82 | 2.750,00 | 2,049149 | 5.635,16 | |
| 143 | out/06 | 2.801,82 | 2.750,00 | 2,045879 | 5.626,17 | |
| 144 | nov/06 | 2.801,82 | 2.750,00 | 2,037119 | 5.602,08 | |
| 145 | dez/06 | 2.801,82 | 2.750,00 | 2,028598 | 5.578,64 | |
| 146 | jan/07 | 2.801,82 | 2.750,00 | 2,016097 | 5.544,27 | |
| 147 | fev/07 | 2.801,82 | 2.750,00 | 2,006268 | 5.517,24 | |
| 148 | mar/07 | 2.801,82 | 2.750,00 | 1,997878 | 5.494,16 | |
| 149 | abr/07 | 2.894,28 | 2.750,00 | 1,989123 | 5.470,09 | |
| 150 | mai/07 | 2.894,28 | 2.894,28 | 1,983968 | 5.742,16 | |
| 151 | jun/07 | 2.894,28 | 2.894,28 | 1,978820 | 5.727,26 | |
| 152 | jul/07 | 2.894,28 | 2.894,28 | 1,972708 | 5.709,57 | |
| 153 | ago/07 | 2.894,28 | 2.894,28 | 1,966414 | 5.691,35 | |
| 154 | set/07 | 2.894,28 | 2.894,28 | 1,954878 | 5.657,96 | |
| 155 | out/07 | 2.894,28 | 2.894,28 | 1,950006 | 5.643,86 | |
| 156 | nov/07 | 2.894,28 | 2.894,28 | 1,944175 | 5.626,99 | |
| 157 | dez/07 | 2.894,28 | 2.894,28 | 1,935848 | 5.602,89 | |
| 158 | jan/08 | 2.894,28 | 2.894,28 | 1,917250 | 5.549,06 | |
| 159 | fev/08 | 2.894,28 | 2.894,28 | 1,904111 | 5.511,03 | |

| Sequência | Mês/ano | Valor teto | Salário | Índice | Salário corrigido | Desconsiderados |
|---|---|---|---|---|---|---|
| 160 | mar/08 | 3.038,99 | 3.038,99 | 1,894451 | 5.757,22 | |
| 161 | abr/08 | 3.038,99 | 3.038,99 | 1,884838 | 5.728,00 | |
| 162 | mai/08 | 3.038,99 | 3.038,99 | 1,872852 | 5.691,58 | |
| 163 | jun/08 | 3.038,99 | 3.038,99 | 1,855045 | 5.637,46 | |
| 164 | jul/08 | 3.038,99 | 3.038,99 | 1,838316 | 5.586,62 | |
| 165 | ago/08 | 3.038,99 | 3.038,99 | 1,827714 | 5.554,40 | |
| 166 | set/08 | 3.038,99 | 3.038,99 | 1,823883 | 5.542,76 | |
| 167 | out/08 | 3.038,99 | 3.038,99 | 1,821152 | 5.534,46 | |
| 168 | nov/08 | 3.038,99 | 3.038,99 | 1,812093 | 5.506,93 | |
| 169 | dez/08 | 3.038,99 | 3.038,99 | 1,805230 | 5.486,08 | |
| 170 | jan/09 | 3.038,99 | 3.038,99 | 1,800016 | 5.470,23 | |
| 171 | fev/09 | 3.218,90 | 3.200,00 | 1,788567 | 5.723,41 | |
| 172 | mar/09 | 3.218,90 | 3.200,00 | 1,783037 | 5.705,72 | |
| 173 | abr/09 | 3.218,90 | 3.200,00 | 1,779479 | 5.694,33 | |
| 174 | mai/09 | 3.218,90 | 3.218,90 | 1,769747 | 5.696,64 | |
| 175 | jun/09 | 3.218,90 | 3.218,90 | 1,759192 | 5.662,66 | |
| 176 | jul/09 | 3.218,90 | 3.218,90 | 1,751832 | 5.638,97 | |
| 177 | ago/09 | 3.218,90 | 3.218,90 | 1,747812 | 5.626,03 | |
| 178 | set/09 | 3.218,90 | 3.218,90 | 1,746416 | 5.621,54 | |
| 179 | out/09 | 3.218,90 | 3.218,90 | 1,743626 | 5.612,56 | |
| 180 | nov/09 | 3.218,90 | 3.218,90 | 1,739450 | 5.599,12 | |
| 181 | dez/09 | 3.218,90 | 3.218,90 | 1,733039 | 5.578,48 | |
| 182 | jan/10 | 3.467,40 | 3.467,40 | 1,728886 | 5.994,74 | |
| 183 | fev/10 | 3.467,40 | 3.467,40 | 1,713806 | 5.942,45 | |
| 184 | mar/10 | 3.467,40 | 3.467,40 | 1,701893 | 5.901,14 | |
| 185 | abr/10 | 3.467,40 | 3.467,40 | 1,689897 | 5.859,55 | |
| 186 | mai/10 | 3.467,40 | 3.467,40 | 1,677648 | 5.817,08 | |
| 187 | jun/10 | 3.467,40 | 3.467,40 | 1,670466 | 5.792,17 | |
| 188 | jul/10 | 3.467,40 | 3.467,40 | 1,672306 | 5.798,55 | |
| 189 | ago/10 | 3.467,40 | 3.467,40 | 1,673477 | 5.802,61 | |
| 190 | set/10 | 3.467,40 | 3.467,40 | 1,674650 | 5.806,68 | |
| 191 | out/10 | 3.467,40 | 3.467,40 | 1,665657 | 5.775,50 | |
| 192 | mai/11 | 3.691,74 | 3.500,00 | 1,578280 | 5.523,98 | |
| 193 | jun/11 | 3.691,74 | 3.500,00 | 1,569336 | 5.492,68 | |
| 194 | jul/11 | 3.691,74 | 3.500,00 | 1,565891 | 5.480,62 | |
| 195 | ago/11 | 3.691,74 | 3.500,00 | 1,565891 | 5.480,62 | |
| 196 | set/11 | 3.691,74 | 3.500,00 | 1,559341 | 5.457,69 | |
| 197 | out/11 | 3.691,74 | 3.500,00 | 1,552356 | 5.433,25 | |
| 198 | nov/11 | 3.691,74 | 3.500,00 | 1,547405 | 5.415,92 | |
| 199 | dez/11 | 3.691,74 | 3.500,00 | 1,538633 | 5.385,22 | |
| 200 | jan/12 | 3.916,20 | 3.500,00 | 1,530832 | 5.357,91 | |
| 201 | fev/12 | 3.916,20 | 3.500,00 | 1,523060 | 5.330,71 | |
| 202 | mar/12 | 3.916,20 | 3.500,00 | 1,517144 | 5.310,00 | |
| 203 | abr/12 | 3.916,20 | 3.500,00 | 1,514415 | 5.300,45 | |
| 204 | mai/12 | 3.916,20 | 3.750,00 | 1,504788 | 5.642,96 | |
| 205 | jun/12 | 3.916,20 | 3.750,00 | 1,496558 | 5.612,09 | |
| 206 | jul/12 | 3.916,20 | 3.750,00 | 1,492676 | 5.597,54 | |
| 207 | ago/12 | 3.916,20 | 3.750,00 | 1,486286 | 5.573,57 | |
| 208 | set/12 | 3.916,20 | 3.750,00 | 1,479626 | 5.548,60 | |
| 209 | out/12 | 3.916,20 | 3.750,00 | 1,470362 | 5.513,86 | |
| 210 | nov/12 | 3.916,20 | 3.750,00 | 1,459996 | 5.474,99 | |
| 211 | dez/12 | 3.916,20 | 3.750,00 | 1,452154 | 5.445,58 | |
| 212 | jan/13 | 4.159,00 | 3.750,00 | 1,441487 | 5.405,58 | |

| Sequência | Mês/ano | Valor teto | Salário | Índice | Salário corrigido | Desconsiderados |
|---|---|---|---|---|---|---|
| 213 | fev/13 | 4.159,00 | 3.750,00 | 1,428347 | 5.356,30 | |
| 214 | mar/13 | 4.159,00 | 3.750,00 | 1,420959 | 5.328,60 | |
| 215 | abr/13 | 4.159,00 | 3.750,00 | 1,412484 | 5.296,82 | |
| 216 | mai/13 | 4.159,00 | 4.000,00 | 1,404197 | 5.616,79 | |
| 217 | jun/13 | 4.159,00 | 4.000,00 | 1,399298 | 5.597,19 | |
| 218 | jul/13 | 4.159,00 | 4.000,00 | 1,395394 | 5.581,58 | |
| 219 | ago/13 | 4.159,00 | 4.000,00 | 1,397210 | 5.588,84 | |
| 220 | set/13 | 4.159,00 | 4.000,00 | 1,394977 | 5.579,91 | |
| 221 | out/13 | 4.159,00 | 4.000,00 | 1,391220 | 5.564,88 | |
| 222 | nov/13 | 4.159,00 | 4.000,00 | 1,382789 | 5.531,16 | |
| 223 | dez/13 | 4.159,00 | 4.000,00 | 1,375360 | 5.501,44 | |
| 224 | jan/14 | 4.390,24 | 4.000,00 | 1,365528 | 5.462,11 | |
| 225 | fev/14 | 4.390,24 | 4.000,00 | 1,356979 | 5.427,92 | |
| 226 | mar/14 | 4.390,24 | 4.000,00 | 1,348350 | 5.393,40 | |
| 227 | abr/14 | 4.390,24 | 4.000,00 | 1,337383 | 5.349,53 | |
| 228 | mai/14 | 4.390,24 | 4.300,00 | 1,327030 | 5.706,23 | |
| 229 | jun/14 | 4.390,24 | 4.300,00 | 1,319113 | 5.672,19 | |
| 230 | jul/14 | 4.390,24 | 4.300,00 | 1,315695 | 5.657,49 | |
| 231 | ago/14 | 4.390,24 | 4.300,00 | 1,313987 | 5.650,14 | |
| 232 | set/14 | 4.390,24 | 4.300,00 | 1,311626 | 5.639,99 | |
| 233 | out/14 | 4.390,24 | 4.300,00 | 1,305233 | 5.612,50 | |
| 234 | nov/14 | 4.390,24 | 4.300,00 | 1,300292 | 5.591,26 | |
| 235 | dez/14 | 4.390,24 | 4.300,00 | 1,293434 | 5.561,77 | |
| 236 | jan/15 | 4.663,75 | 4.300,00 | 1,285463 | 5.527,49 | |
| 237 | fev/15 | 4.663,75 | 4.300,00 | 1,266718 | 5.446,89 | |
| 238 | mar/15 | 4.663,75 | 4.300,00 | 1,252193 | 5.384,43 | |
| 239 | abr/15 | 4.663,75 | 4.300,00 | 1,233566 | 5.304,33 | |
| 240 | mai/15 | 4.663,75 | 4.500,00 | 1,224870 | 5.511,92 | |
| 241 | jun/15 | 4.663,75 | 4.500,00 | 1,212864 | 5.457,89 | |
| 242 | jul/15 | 4.663,75 | 4.500,00 | 1,203594 | 5.416,17 | |
| 243 | ago/15 | 4.663,75 | 4.500,00 | 1,196654 | 5.384,94 | |
| 244 | set/15 | 4.663,75 | 4.500,00 | 1,193668 | 5.371,51 | |
| 245 | out/15 | 4.663,75 | 4.500,00 | 1,187613 | 5.344,26 | |
| 246 | nov/15 | 4.663,75 | 4.500,00 | 1,178539 | 5.303,43 | |
| 247 | dez/15 | 4.663,75 | 4.500,00 | 1,165598 | 5.245,19 | |
| 248 | jan/16 | 5.189,82 | 4.500,00 | 1,155203 | 5.198,41 | |
| 249 | fev/16 | 5.189,82 | 4.500,00 | 1,138020 | 5.121,09 | |
| 250 | mar/16 | 5.189,82 | 4.500,00 | 1,127309 | 5.072,89 | |
| 251 | abr/16 | 5.189,82 | 4.500,00 | 1,122371 | 5.050,67 | |
| 252 | mai/16 | 5.189,82 | 4.850,00 | 1,115234 | 5.408,88 | |
| 253 | jun/16 | 5.189,82 | 4.850,00 | 1,104412 | 5.356,40 | |
| 254 | jul/16 | 5.189,82 | 4.850,00 | 1,099244 | 5.331,33 | |
| 255 | ago/16 | 5.189,82 | 4.850,00 | 1,092252 | 5.297,42 | |
| 256 | set/16 | 5.189,82 | 4.850,00 | 1,088880 | 5.281,07 | |
| 257 | out/16 | 5.189,82 | 4.850,00 | 1,088008 | 5.276,84 | |
| 258 | nov/16 | 5.189,82 | 4.850,00 | 1,086160 | 5.267,88 | |
| 259 | dez/16 | 5.189,82 | 4.850,00 | 1,085401 | 5.264,19 | |
| 260 | jan/17 | 5.531,31 | 4.850,00 | 1,083884 | 5.256,84 | |
| 261 | fev/17 | 5.531,31 | 4.850,00 | 1,079351 | 5.234,85 | |
| 262 | mar/17 | 5.531,31 | 4.850,00 | 1,076766 | 5.222,32 | |
| 263 | abr/17 | 5.531,31 | 4.850,00 | 1,073334 | 5.205,67 | |
| 264 | mai/17 | 5.531,31 | 5.200,00 | 1,072475 | 5.576,87 | |
| 265 | jun/17 | 5.531,31 | 5.200,00 | 1,068625 | 5.556,85 | |

| Sequência | Mês/ano | Valor teto | Salário | Índice | Salário corrigido | Desconsiderados |
|---|---|---|---|---|---|---|
| 266 | jul/17 | 5.531,31 | 5.200,00 | 1,071843 | 5.573,58 | |
| 267 | ago/17 | 5.531,31 | 5.200,00 | 1,070024 | 5.564,12 | |
| 268 | set/17 | 5.531,31 | 5.200,00 | 1,070344 | 5.565,79 | |
| 269 | out/17 | 5.531,31 | 5.200,00 | 1,070559 | 5.566,91 | |
| 270 | nov/17 | 5.531,31 | 5.200,00 | 1,066612 | 5.546,38 | |
| 271 | dez/17 | 5.531,31 | 5.200,00 | 1,064696 | 5.536,42 | |
| 272 | jan/18 | 5.645,80 | 5.200,00 | 1,061935 | 5.522,06 | |
| 273 | fev/18 | 5.645,80 | 5.200,00 | 1,059498 | 5.509,39 | |
| 274 | mar/18 | 5.645,80 | 5.200,00 | 1,057594 | 5.499,49 | |
| 275 | abr/18 | 5.645,80 | 5.200,00 | 1,056856 | 5.495,65 | |
| 276 | mai/18 | 5.645,80 | 5.450,00 | 1,054639 | 5.747,78 | |
| 277 | jun/18 | 5.645,80 | 5.450,00 | 1,050125 | 5.723,18 | |
| 278 | jul/18 | 5.645,80 | 5.450,00 | 1,035318 | 5.642,48 | |
| 279 | ago/18 | 5.645,80 | 5.450,00 | 1,032736 | 5.628,41 | |
| 280 | set/18 | 5.645,80 | 5.450,00 | 1,032736 | 5.628,41 | |
| 281 | out/18 | 5.645,80 | 5.450,00 | 1,029647 | 5.611,58 | |
| 282 | nov/18 | 5.645,80 | 5.450,00 | 1,025545 | 5.589,22 | |
| 283 | dez/18 | 5.645,80 | 5.450,00 | 1,028115 | 5.603,23 | |
| 284 | jan/19 | 5.839,45 | 5.450,00 | 1,026679 | 5.595,40 | |
| 285 | fev/19 | 5.839,45 | 5.450,00 | 1,022996 | 5.575,33 | |
| 286 | mar/19 | 5.839,45 | 5.450,00 | 1,017502 | 5.545,39 | |
| 287 | abr/19 | 5.839,45 | 5.450,00 | 1,009727 | 5.503,01 | |
| 288 | mai/19 | 5.839,45 | 5.600,00 | 1,003704 | 5.620,74 | |
| 289 | jun/19 | 5.839,45 | 5.600,00 | 1,002201 | 5.612,33 | |
| 290 | jul/19 | 5.839,45 | 5.600,00 | 1,002101 | 5.611,77 | |
| 291 | ago/19 | 5.839,45 | 5.600,00 | 1,001099 | 5.606,15 | |
| 292 | set/19 | 5.839,45 | 5.600,00 | 0,999900 | 5.599,44 | |
| 293 | out/19 | 5.839,45 | 5.600,00 | 1,000400 | 5.602,24 | |

| | |
|---|---|
| **SOMA GERAL DE SALÁRIOS** | **1.509.390,85** |

| | |
|---|---|
| **MÉDIA GERAL DE SALÁRIOS** = 1.509.390,85 / 293 | **5.151,50** |

| | |
|---|---|
| Período Básico de Cálculos- 07/1994 a 10/2019 | **304** |
| Quantidade de salários no período básico de cálculo | **293** |
| Salários considerados (80% dos maiores salários) | **234** |
| Salários desprezados | **59** |

| | |
|---|---|
| **SOMA DE SALÁRIOS** - 80% dos maiores | **1.257.758,76** |

| | |
|---|---|
| **MÉDIA DE 80% DOS MAIORES SALÁRIOS** = 1.257.758,76 / 234 | **5.375,04** |

| | |
|---|---|
| **TETO PREVIDENCIÁRIO** | **5.839,45** |

| |
|---|
| ANTÔNIO DOS SANTOS MENESES |
| DATA DO DIREITO ADQUIRIDO: 13/11/2019 |
| TEMPO DE CONTRIBUIÇÃO EM 13/11/2019: 35 anos 08 meses e 19 dias |
| DATA DO REQUERIMENTO: 01/04/2020 |

| IDADE | | |
|---|---|---|
| **anos** | **meses** | **dias** |
| **58** | **8** | **28** |
| **58,7444** | | |

| TEMPO DE CONTRIBUIÇÃO | | |
|---|---|---|
| **anos** | **meses** | **dias** |
| **35** | **8** | **19** |
| **35,7194** | | |

| | |
|---|---|
| **Idade** | 58,7444 |
| **TC** | 35,7194 |
| **ES** | 24,0 |
| **Alíquota** | 0,31 |

$$\text{Fator Previdenciário} = \frac{TC \times A}{ES} \times \left(1 + \frac{(Id + TC \times A)}{100}\right)$$

| Idade | Expectativa de Sobrevida |
|---|---|
| 56 | 25,6 |
| 57 | 24,8 |
| 58 | 24,0 |
| 59 | 23,2 |

$$\frac{35{,}7194 \times 0{,}31}{24{,}0} \times \left(1 + \frac{(58{,}7444 + 35{,}7194 \times 0{,}31)}{100}\right)$$

| **Fator Previdenciário** | **0,78447** | Favorável | Desfavorável |
|---|---|---|---|
| | | | X |

| **REGRA 86/96** | **94,46** | Aplicável | Não aplicável |
|---|---|---|---|
| | | | X |

| | |
|---|---|
| **MÉDIA de 80% DOS MAIORES SALÁRIOS** | **5.375,04** |
| **FATOR PREVIDENCIÁRIO** | **0,78447** |
| **SALÁRIO DE BENEFÍCIO** | **4.216,54** |
| Coeficiente | **100%** |
| **Renda Mensal Inicial** = SB x Coeficiente | **4.216,54** |

| | |
|---|---|
| **Perda mensal com a aplicação do fator previdenciário** | **1.158,49** |
| **Perda anual com a aplicação do fator previdenciário** | **15.060,41** |

**REAJUSTES DO BENEFÍCIO**

**ANTÔNIO DOS SANTOS MENESES**
ESPÉCIE: **Aposentadoria por tempo de contribuição**
TEMPO DE CONTRIBUIÇÃO: **35 anos 08 meses e 19 dias**
DATA DO DIREITO ADQUIRIDO: **13/11/2019**
DATA DO REQUERIMENTO: **01/04/2020**

| | |
|---|---|
| SALÁRIO DE BENEFÍCIO | **4.216,54** |
| COEFICIENTE | **100%** |
| RENDA MENSAL INICIAL | **4.216,54** |

| Data | Renda Mensal | Índices de reajustes | Renda Mensal Reajustada |
|---|---|---|---|
| jan/20 | 4.216,54 | 1,017700 | 4.291,18 |
| jan/21 | 4.291,18 | 1,054500 | 4.525,05 |
| **jan/22** | **4.525,05** | **1,101600** | **4.984,79** |

De acordo com os cálculos acima, osbserva-se que o fator previdenciário do segurado foi fixado em 0,78447, significando uma perda de 21,55% no valor do benefício. A média de 80% dos maiores salários de contribuição foi fixada no valor de R$ 5.375,04 em 13/11/2019 que, após a aplicação do fator previdenciário, encontra-se um salário de benefício no valor de R$ 4.216,54. A renda mensal inicial é equivalente a 100% do salário de benefício que, reajustada para abril de 2020, data do requerimento, é fixada em R$ 4.291,18. A perda mensal com a aplicação do fator previdenciário foi em torno de R$ 1.158,49 e a perda anual, incluindo o 13º salário, ficou em R$ 15.060,41. A renda mensal reajustada para o ano de 2022, equivale a R$ 4.984,79.

## 4. APOSENTADORIAS ESPECIAIS

> De acordo com o § 1º, do artigo 201, da Constituição, com redação dada pela Emenda 20/98 e posteriormente alterada pela Emenda 47/05, "é vedada a adoção de requisitos e critérios diferenciados para a concessão de aposentadoria aos beneficiários do regime geral de previdência social, ressalvados os casos de atividades exercidas sob condições especiais que prejudiquem a saúde ou a integridade física e quando se tratar de segurados portadores de deficiência, nos termos definidos em lei complementar".

Assim, em regra, o legislador constituinte reformador proibiu a adoção de requisitos diferenciados para a aposentadoria, salvo as atividades especiais prejudiciais à saúde ou integridade física do segurado, bem como no caso do trabalho prestado pelos portadores de deficiência física, em aplicação ao Princípio da Isonomia, pois se cuidam de situações diferenciadas que merecem um tratamento privilegiado.

Mas esse dispositivo foi reformado pela EC 103/2019, que passou a contar com a seguinte redação:

> § 1º É vedada a adoção de requisitos ou critérios diferenciados para concessão de benefícios, ressalvado, nos termos de lei complementar, a possibilidade de previsão de idade e tempo de contribuição distintos da regra geral para concessão de aposentadoria exclusivamente em favor dos segurados:
>
> I – com deficiência, previamente submetidos à avaliação biopsicossocial realizada por equipe multiprofissional e interdisciplinar;
>
> II – cujas atividades sejam exercidas com efetiva exposição a **agentes nocivos** químicos, físicos e biológicos prejudiciais à saúde, ou associação destes agentes, **vedada a caracterização por categoria profissional ou ocupação.**

Este parágrafo foi modificado para restringir as situações de concessão da aposentadoria especial por agentes nocivos à saúde, mantida a regulamentação por lei complementar.

Agora há vedação constitucional expressa à caracterização por categoria profissional ou ocupação.

Havia vedação para enquadramento por periculosidade, a exemplo de *vigilantes* e *eletricitários*, buscando barrar a jurisprudência do STJ no RGPS, mas após negociação no Senado a proibição foi retirada do texto.

Após um acordo no Senado na votação em segundo turno, a vedação de enquadramento de tempo especial por periculosidade foi retirada do texto da Emenda 103/2019, o que, em tese, conserva a jurisprudência do STJ pelo enquadramento.

Ficou acordado que haverá uma lei complementar para regulamentar o tema, a fim de beneficiar os vigilantes que laboram com o uso de arma de fogo. Não se sabe, por hora, se outras categorias que laboram com atividades de risco serão inseridas no texto final da citada lei complementar, a exemplo dos eletricitários com labor em altas tensões.

O enquadramento por categoria profissional já não era mais possível desde 28/4/1995, por força da Lei 9.032/95, que alterou o artigo 57[18] da Lei 8.213/91, passando a exigir exposição permanente a agentes nocivos para a concessão da aposentadoria especial, sendo novidade a constitucionalização da vedação.

Já a concessão de aposentadoria especial por periculosidade não é admitida pelo INSS pela legislação atual, pois, a rigor, inexiste exposição a agente nocivo de natureza física, química ou biológica, sendo deferida judicialmente pelo STJ.

O acordo foi a ulterior edição de uma lei complementar para regular a aposentadoria especial por periculosidade, ainda não editada.

Um ponto a destacar é a restrição do novo texto constitucional:

A) **Texto anterior:** "atividades exercidas sob condições especiais que prejudiquem a saúde ou a integridade física".

B) **Texto atual:** "cujas atividades sejam exercidas com efetiva exposição a agentes nocivos químicos, físicos e biológicos prejudiciais à saúde, ou associação destes agentes".

O texto da Emenda 103/2019 é mais restritivo, pois fecha a aposentadoria especial somente para a

---

**18.** § 3º A concessão da aposentadoria especial dependerá de comprovação pelo segurado, perante o Instituto Nacional do Seguro Social–INSS, do tempo de trabalho **permanente, não ocasional nem intermitente**, em condições especiais que prejudiquem a saúde ou a integridade física, durante o período mínimo fixado. (Redação dada pela Lei nº 9.032, de 1995)

efetiva exposição a agentes nocivos químicos, físicos e biológicos.

Já o texto anterior tinha grande amplitude, não se restringindo a agentes nocivos, pois citada atividades especiais que prejudicassem a saúde ou integridade física, o que ultrapassa as situações de nocividade por exposição a agentes físicos, químicos ou biológicos, abarcando qualquer atividade laboral com possibilidade de prejudicar a saúde ou a integridade física.

Restou mantida a previsão de aposentadoria especial para a pessoa com deficiência, previamente submetidos à avaliação biopsicossocial realizada por equipe multiprofissional e interdisciplinar, modelo pericial que já era previsto na LC 142/2013, mas que agora foi constitucionalizado.

O texto da Emenda traz uma sutileza: "a possibilidade de previsão de idade e tempo de contribuição distintos da regra geral para concessão de aposentadoria exclusivamente em favor dos segurados..."

Logo, tal qual foi feito no RPPS, a regra permanente da aposentadoria especial não gera direito a regras diferenciadas, deixando de modo discricionário ao legislador a aprovação de uma lei complementar de regulamentação para redução de idade e tempo de contribuição em favor.

Logo, de um direito subjetivo dos segurados que laboram expostos a agentes nocivos e pessoas com deficiência, passou a natureza jurídica de ato discricionário do legislador, o que é lastimável.

### 4.1. Aposentadoria especial por exposição a agentes nocivos à saúde

**Regulamentação básica**: artigos 57/58, da Lei 8.213/91; artigos 64/70, do RPS (Decreto 3.048/99).

**Código de concessão**: 46 – Aposentadoria especial.

Art. 19 (...)

§ 1º Até que lei complementar disponha sobre a redução de idade mínima ou tempo de contribuição prevista nos §§ 1º e 8º do art. 201 da Constituição Federal, será concedida aposentadoria:

I – aos segurados que comprovem o exercício de atividades com efetiva exposição a agentes nocivos químicos, físicos e biológicos prejudiciais à saúde, ou associação desses agentes, vedada a caracterização por categoria profissional ou ocupação, durante quinze, vinte ou vinte e cinco anos, nos termos do disposto nos arts. 57 e 58 da Lei nº 8.213, de 24 de julho de 1991, quando cumpridos:

**a) 55 (cinquenta e cinco) anos de idade, quando se tratar de atividade especial de 15 (quinze) anos de contribuição;**

**b) 58 (cinquenta e oito) anos de idade, quando se tratar de atividade especial de 20 (vinte) anos de contribuição; ou**

**c) 60 (sessenta) anos de idade, quando se tratar de atividade especial de 25 (vinte e cinco) anos de contribuição;**

(...)

§ 2º O valor das aposentadorias de que trata este artigo corresponderá ao valor apurado na forma da lei.

Esta é uma regra de transição ao regramento permanente, enquanto não editada a lei complementar de que trata do artigo 201, § 1º, da Constituição, sendo aplicável aos antigos e aos novos segurados.

Restou provisoriamente inserida uma idade mínima, conforme a espécie de aposentadoria especial:

| ESPÉCIE DE APOSENTADORIA ESPECIAL | IDADE MÍNIMA |
|---|---|
| 15 anos | 55 anos |
| 20 anos | 58 anos |
| 25 anos | 60 anos |

Assim como na regra permanente, vedou-se o enquadramento por categoria profissional.

Após um acordo no Senado na votação em segundo turno, a vedação de enquadramento de tempo especial por periculosidade foi retirada do texto da Emenda 103/2019, o que, em tese, conserva a jurisprudência do STJ pelo enquadramento.

Ficou acordado que haverá uma lei complementar para regulamentar o tema, a fim de beneficiar os vigilantes que laboram com o uso de arma de fogo. Não se sabe, por hora, se outras categorias que laboram com atividades de risco serão inseridas no texto final da citada lei complementar, a exemplo dos eletricitários com labor em altas tensões.

A preocupação é para os casos em que há efetivamente um dano à saúde, a exemplo do mineiro, em que o segurado deverá deixar o emprego antes de se aposentar em razão das idades elevadas postas, ou então entrar em gozo de benefício por incapacidade para complementar o tempo especial.

Dessa forma, exceto direito adquirido formado até o dia da publicação da Emenda 103/2019, forçoso concluir que o artigo 57, *caput*, da Lei 8.213/91 perdeu a vigência ao menos neste ponto, diante da necessidade de cumprimento de idade mínima:

A renda da aposentadoria especial deverá ser calculada com base no artigo 26 da Emenda 103/2019 até a edição de lei de regulamentação.

Para os homens com aposentadoria especial de 20 ou 25 anos, o valor do benefício de aposentadoria corresponderá a sessenta por cento da média aritmética das 100% das remunerações/salários de contribuição, com acréscimo de 2% para cada ano que ultrapassar os 20 anos de contribuição:

| HOMENS<br>TEMPO DE CONTRIBUIÇÃO<br>APOSENTADORIA ESPECIAL DE 20 OU 25 ANOS | COEFICIENTE |
|---|---|
| Até 20 anos | 60% |
| 21 anos | 62% |
| 22 anos | 64% |
| 23 anos | 66% |
| 24 anos | 68% |
| 25 anos | 70% |
| 26 anos | 72% |
| 27 anos | 74% |
| 28 anos | 76% |
| 29 anos | 78% |
| 30 anos | 80% |
| 31 anos | 82% |
| 32 anos | 84% |
| 33 anos | 86% |
| 34 anos | 88% |
| 35 anos | 90% |
| 36 anos | 92% |
| 37 anos | 94% |
| 38 anos | 96% |
| 39 anos | 98% |
| 40 anos | 100% |

Assim, se um segurado (homem) do RGPS tiver apenas 25 anos de tempo especial, a renda do benefício será de 70% da média de todos os salários de contribuição desde o Plano Real (7/1994), respeitada a idade mínima referida e a renda não inferior a um salário mínimo.

Curioso notar que, intencionalmente, o artigo 26 da Emenda 103/2019 não limita a média de todos os salários de contribuição do segurado a 100%, de modo que o segurado incapacitado de modo permanente que possuir mais de 40 anos de tempo de contribuição poderá fazer jus a uma aposentadoria por incapacidade que ultrapasse a 100% da média de salários de contribuição desde o Plano Real (competência 7/1994), a exemplo:

| HOMENS<br>TEMPO DE CONTRIBUIÇÃO<br>APOSENTADORIA ESPECIAL DE 20 OU 25 ANOS | COEFICIENTE |
|---|---|
| 41 anos | 102% |
| 42 anos | 104% |
| 43 anos | 106% |
| 44 anos | 108% |
| 45 anos | 110% |
| **E assim sucessivamente** | **E assim sucessivamente** |

No entanto, para a aposentadoria especial que exige apenas 15 anos de nocividade, existem uma regra especial de cálculo da renda mensal no artigo 26, § 5º[19], da Emenda 103/2019, que prevê a progressão a contar de 15 anos, e não de 20 anos de contribuição:

| TEMPO DE CONTRIBUIÇÃO<br>APOSENTADORIA ESPECIAL DE 15 ANOS | COEFICIENTE |
|---|---|
| 15 anos | 60% |
| 16 anos | 62% |
| 17 anos | 64% |
| 18 anos | 66% |
| 19 anos | 68% |
| 20 anos | 70% |
| 21 anos | 72% |
| 22 anos | 74% |
| 23 anos | 76% |
| 24 anos | 78% |
| 25 anos | 80% |
| 26 anos | 82% |

19. § 5º O acréscimo a que se refere o caput do § 2º será aplicado para cada ano que **exceder quinze anos** de tempo de contribuição para os segurados de que tratam a **alínea "a" do inciso I do art. 19** e do inciso I do art. 21 e para as mulheres filiadas ao Regime Geral de Previdência Social.

| TEMPO DE CONTRIBUIÇÃO APOSENTADORIA ESPECIAL DE 15 ANOS | COEFICIENTE |
|---|---|
| 27 anos | 84% |
| 28 anos | 86% |
| 29 anos | 88% |
| 30 anos | 90% |
| 31 anos | 92% |
| 32 anos | 94% |
| 33 anos | 96% |
| 34 anos | 98% |
| 35 anos | 100% |

Destarte, caso um segurado com aposentadoria especial de 15 anos (mineração dentro da mina) tenha apenas 15 anos de tempo especial, observada a idade mínima de 55 anos, a renda mensal será de 60% da média dos salários de contribuição.

Para a aposentadoria especial da MULHER existe uma regra diferenciada de cálculo da renda mensal no artigo 26, § 5º, da Emenda 103/2019, que prevê a progressão a contar de 15 anos, e não de 20 anos de contribuição em todos os casos:

| MULHERES TEMPO DE CONTRIBUIÇÃO APOSENTADORIA ESPECIAL DE 15, 20 OU 25 ANOS | COEFICIENTE |
|---|---|
| 15 anos | 60% |
| 16 anos | 62% |
| 17 anos | 64% |
| 18 anos | 66% |
| 19 anos | 68% |
| 20 anos | 70% |
| 21 anos | 72% |
| 22 anos | 74% |
| 23 anos | 76% |
| 24 anos | 78% |
| 25 anos | 80% |
| 26 anos | 82% |
| 27 anos | 84% |
| 28 anos | 86% |
| 29 anos | 88% |
| 30 anos | 90% |
| 31 anos | 92% |
| 32 anos | 94% |
| 33 anos | 96% |
| 34 anos | 98% |
| 35 anos | 100% |
| **E assim sucessivamente** | **E assim sucessivamente** |

Dessa forma, o coeficiente mínimo será de 60% e o máximo não está limitado pela legislação constitucional transitória.

Poderão ser excluídas da média as contribuições que resultem em redução do valor do benefício, desde que mantido o tempo mínimo de contribuição exigido, vedada a utilização do tempo excluído para qualquer finalidade, para a averbação em outro regime previdenciário ou para a obtenção dos proventos de inatividade dos militares.

Vale registrar que este novo regramento somente será aplicável para direitos formados após a data da publicação da Emenda 103/2019 (*tempus regit actum* e direito adquirido), devendo ser aplicado o artigo 57, § 1º, da Lei 8.213/91 aos casos antigos.

Forçoso concluir que o artigo 57, § 1º, da Lei 8.213/91 não foi recebido pela Emenda para o direito à aposentadoria especial formado após a data da publicação da Emenda 103/2019, respeitado o direito adquirido até a data de publicação da EC 103/2019:

> ~~§ 1º. A aposentadoria especial, observado o disposto no art. 33 desta Lei, consistirá numa renda mensal equivalente a 100% (cem por cento) do salário-de-benefício. (Redação dada pela Lei nº 9.032, de 1995)~~

O enquadramento das atividades especiais é feito pelo anexo IV, do RPS, que enumera os casos de aposentadoria especial com 15, 20 ou 25 anos de contribuição, conforme os agentes nocivos[20] a que estão expostos os segurados.

Para o segurado que houver exercido sucessivamente duas ou mais atividades sujeitas a condições especiais prejudiciais à saúde ou à integridade física,

20. **Nocividade:** situação combinada ou não de substâncias, energias e demais fatores de riscos reconhecidos, presentes no ambiente de trabalho, capazes de trazer ou ocasionar danos à saúde ou à integridade física do trabalhador.

sem completar em qualquer delas o prazo mínimo exigido para a aposentadoria especial, os respectivos períodos serão somados após conversão, conforme tabela abaixo, considerada a atividade preponderante[21]:

| Tempo a converter | Multiplicadores | | |
|---|---|---|---|
| | Para 15 | Para 20 | Para 25 |
| De 15 anos | - | 1,33 | 1,67 |
| De 20 anos | 0,75 | - | 1,25 |
| De 25 anos | 0,60 | 0,80 | - |

Suponha-se que *Allan* tenha trabalho por 10 anos em uma atividade especial sujeita à aposentadoria especial com 20 anos de contribuição. Posteriormente, ele se desligou desse emprego e passou a trabalhar em atividade especial que conduz à aposentadoria com 25 anos de contribuição.

Neste caso, conforme a tabela acima, os 10 anos trabalhados serão multiplicados pelo fator 1,25, sendo transformados em 12,5 anos. Logo, Allan precisará trabalhar mais 12,5 anos na atividade especial sujeita à aposentadoria com 25 anos de contribuição, e não mais 15 anos.

Outrossim, será possível a conversão de tempo de atividade sob condições especiais em tempo de atividade comum, conforme a seguinte tabela[22], até o advento da EC 103/2019:

| Tempo a converter | Multiplicadores | |
|---|---|---|
| | Mulher (para 30) | Homem (para 35) |
| De 15 anos | 2,00 | 2,33 |
| De 20 anos | 1,50 | 1,75 |
| De 25 anos | 1,20 | 1,40 |

Suponha-se que *Pedro* tenha trabalhado por 10 anos em atividade sujeita à aposentadoria especial de 25 anos de contribuição, tendo deixado o seu emprego. Em seguida, passou a trabalhar em atividade comum, em que a aposentadoria por tempo de contribuição ocorrerá em 35 anos.

Neste caso, observada a tabela acima colacionada, os 10 anos de contribuição deverão ser multiplicados pelo fator 1,4, transformando-se em 14 anos de contribuição. Consequentemente, Pedro deverá trabalhar em atividade comum por mais 21 anos, e não por mais 25 anos.

Vale registrar que esses fatores são extraídos por uma regra de três simples. Por exemplo, como 35 anos é 40% maior que 25 anos de contribuição, o fator de conversão será de 1,4.

Com o advento do Decreto 4.827/2003, que inseriu o § 2º, no artigo 70, do RPS, o INSS passou a admitir a conversão de tempo especial em comum a qualquer tempo, inclusive após 25.05.1998, pois continua em vigor o artigo 57, § 5º, da Lei 8.213/91 (até o advento da Emenda 103/2019).

É que a Lei 9.711/98 decorre de uma série de Medidas Provisórias reeditadas. Em 25.05.1998, foi publicada a MP 1.663-10, que expressamente revogou o § 5º, do artigo 57, da Lei 8.213/91, que previa a conversão do tempo especial em comum.

Sucede que após algumas reedições, a MP 1.663-13 não mais previu a revogação do § 5º, do artigo 57, da Lei 8.213/91, texto mantido pela Lei 9.711/98, permanecendo em vigor até hoje a autorização de conversão do tempo especial em comum.

Em razão disso, o INSS reviu o seu entendimento, admitindo a qualquer tempo a referida conversão (até a EC 103/2019), o que acabou constrangendo vários órgãos integrantes do Poder Judiciário, que restringiam a conversão até 25 de maio de 1998.

Logo, revendo o seu entendimento, em 27 de março de 2009, a TNU revogou a Súmula 16, que impedia a conversão do tempo de serviço especial em comum, para o trabalhador que tivesse exercido atividade especial em período posterior a 28 de maio de 1998, bem como o STJ[23]:

> "PREVIDENCIÁRIO. CONVERSÃO DE TEMPO DE SERVIÇO ESPECIAL EM COMUM. OBSERVÂNCIA DA LEI EM VIGOR POR OCASIÃO DO EXERCÍCIO DA ATIVIDADE. DECRETO N. 3.048/1991, ARTIGO 70, §§ 1º E 2º. FATOR DE CONVERSÃO. EXTENSÃO DAS REGRAS AO TRABALHO DESEMPENHADO EM QUALQUER ÉPOCA. DECRETO N. 4.827/2003. APLICABILIDADE.
>
> 1. O entendimento assente nos Tribunais pátrios tem sido o de que o tempo de serviço é regido pela legislação em vigor na ocasião em que efetivamente exercido. Essa compreensão jurisprudencial foi incluída no texto do próprio Regulamento da Previdência, em razão da modificação trazida pelo Decreto n. 4.827/2003 ao artigo 70. § 1º, Decreto n. 3.048/1999.
>
> 2. Pelo mesmo Decreto n. 4.827/2003 incluiu-se, também, o parágrafo 2º, o qual estendeu ao trabalho desempenhado em qualquer período as regras de conversão do artigo 70 do Decreto n. 3.048/1999.
>
> 3. Importa notar que a legislação em vigor na ocasião da prestação do serviço regula a caracterização e a comprovação do tempo de atividade sob condições especiais.

21. Artigo 66, do RPS.

22. Artigo 70, do RPS.

23. REsp 1096450, de 18.08.2009.

No entanto, diversa é a aplicação do fator de conversão, o qual nada mais é do que um critério matemático para a concessão do benefício.

4. A partir de 3/9/2003, com a alteração dada pelo Decreto n. 4.827 ao Decreto n. 3.048, a Previdência Social, na via administrativa, passou a converter os períodos de tempo especial desenvolvidos em qualquer época pelas novas regras da tabela definida no artigo 70, que, para o tempo de serviço especial correspondente a 25 anos, utiliza como fator de conversão, para homens, o multiplicador 1, 40 (art. 173 da Instrução Normativa n. 20/2007).

5. A Autarquia, embora possua orientação administrativa no sentido adotado pelo acórdão recorrido, na via judicial busca impugná-la, em desacordo com o determinado em seu Regulamento aprovado pelo Decreto n. 3.048/1999, ao qual está vinculada.

6. **A Terceira Seção desta Corte já decidiu no sentido de que, judicialmente, há de se dar a mesma solução administrativa, sob pena de tratar com desigualdade segurados que se encontram em situações idênticas (EREsp n. 412.351/RS)**" (g.n.).

Inclusive, em 2012, a TNU editou a Súmula 50:

**"Súmula 50- É possível a conversão do tempo de serviço especial em comum do trabalho prestado em qualquer período".**

A conversão do tempo especial em comum era garantida pelo artigo 57, § 6º, da Lei 8.213/91:

~~"§ 5º O tempo de trabalho exercido sob condições especiais que sejam ou venham a ser consideradas prejudiciais à saúde ou à integridade física será somado, **após a respectiva conversão ao tempo de trabalho exercido em atividade comum**, segundo critérios estabelecidos pelo Ministério da Previdência e Assistência Social, para efeito de concessão de qualquer benefício. (Parágrafo acrescentado pela Lei nº 9.032, de 28.4.95)".~~

**IMPORTANTE!**

Com a vedação do artigo 26, § 2º, da Emenda 103/2019, apenas dar-se-á a conversão do tempo especial em comum prestado até o dia da sua publicação, não tendo o § 5º do artigo 57 da Lei 8.213/91 sido recebido pela novel reforma constitucional.

Logo, é VEDADA A CONVERSÃO DO TEMPO ESPECIAL EM COMUM prestado após a data da publicação da reforma previdenciária, sendo um duro golpe nos segurados que REALMENTE exercem atividades nocivas, que não mais poderão ter cômputo diferenciado para uma aposentadoria comum acaso não preencham os requisitos para a aposentadoria especial.

Vale salientar que não **há mais previsão legal para a conversão do tempo comum em especial**, que inclusive era proibida pelo artigo 267, da Instrução Normativa INSS PRES 45/2010, tendo sido mantida a proibição no artigo 249, da revogada Instrução Normativa INSS 77/2015 e no artigo 267 da IN INSS 128/2022:

*"Art. 264. Para fins de concessão de aposentadoria especial somente serão considerados os períodos de atividade especial, sendo vedada a conversão de tempo comum em especial".*

Até o advento da Lei 9.032/95, era possível a conversão de tempo comum em especial, devendo ser respeitado este regramento para o tempo de serviço prestado até a sua vigência, em respeito ao Princípio do *Tempus Regit Actum*.

Anteriormente, a redação originária do § 3º, do artigo 57, da Lei 8.213/91, permitia tanto a conversão do tempo especial em comum quanto à conversão do tempo comum em especial. Nesse sentido, já decidiu o TRF da 1ª Região que, "registre-se, ainda, a possibilidade de conversão de tempo comum em especial até o advento da Lei 9.032/95, vez que a legislação à época admitia a conversão para obtenção de aposentadoria especial, nos termos do art. 57, § 3º da Lei 8.213/91"[24].

Este, inclusive, era o antigo posicionamento da TNU, sendo possível a conversão do tempo comum em especial até o advento da Lei 9.032/95, mesmo que os requisitos da aposentadoria fossem preenchidos posteriormente em aplicação ao Princípio do *Tempus Regit Actum*. Veja-se notícia publicada no site da Justiça Federal:

**"TNU altera entendimento sobre conversão de tempo de serviço para concessão de aposentadoria especial**

10/10/2014 14:20

A Turma Nacional de Uniformização dos Juizados Especiais Federais (TNU), na sessão realizada nesta quarta-feira (8/10), decidiu alterar o entendimento jurisprudencial sobre a conversão de tempo de serviço para fins de concessão de aposentadoria especial. **A partir de agora, se a prestação do serviço ocorreu antes da Lei 9.032/95, é possível converter o tempo comum em especial mesmo que o segurado só reúna as condições para obtenção do benefício após esse período.**

O posicionamento foi firmado pelo Colegiado durante o julgamento do recurso de um aposentado gaúcho que teve o pedido de revisão do benefício negado pela **Vara Federal de Caxias do Sul (RS)** e depois pela 3ª Turma Recursal dos Juizados Especiais Federais do Rio Grande do Sul. O autor da ação alegou à TNU que a conversão da atividade comum em especial deve ser disciplinada pela lei em vigor à época da prestação laboral.

Conforme informações dos autos, o aposentado trabalhou a maior parte do tempo como técnico operacional

24. Passagem do julgamento da AC 2001.33.00.001331-7, de 19/07/2010.

em empresas da região. O INSS somente reconheceu como especial o tempo de 7 anos, 2 meses e 21 dias. A revisão de benefício solicitada implicaria na análise da averbação dos seguintes intervalos: de 17/03/1978 a 12/07/1984, quando trabalhou na Ceval Agroindustrial S/A; e de 06/03/1997 a 31/08/2008, período em que prestou serviço para a Soprano Eletrometalúrgica Ltda.

A controvérsia diz respeito à possibilidade de aplicação de legislação anterior a de 1995 para conversão do tempo de serviço de quem se aposentou depois desse período. Segundo a relatora do processo, juíza federal Kyu Soon Lee, o recurso do aposentado deveria ser negado com base no atual entendimento da própria TNU e em julgados do Superior Tribunal de Justiça (STJ). A magistrada sustentou que não se poderia converter período anterior à Lei 9.032/95, se o beneficiário preencheu os requisitos para à concessão depois dessa lei.

No entanto, para o redator do voto vencedor na TNU, juiz federal João Batista Lazzari, a jurisprudência mais recente do STJ fixou a tese de que a configuração do tempo de serviço especial é regida pela legislação em vigor no momento da prestação do serviço. De acordo com ele, trata-se de um direito adquirido, que se constitui em patrimônio do trabalhador.

"Saliento, ainda, que, a prevalecer a tese de que a lei que incide para definir a possibilidade de conversão entre tempo de serviço especial e comum é a vigente quando do preenchimento dos requisitos para a aposentadoria, não se poderia mais converter os períodos de atividade por categoria profissional, considerando que a legislação atual não permite mais essa forma de conversão", ponderou o magistrado.

Em seu voto divergente, o juiz João Batista Lazzari explica que não se pode tratar de forma distinta a configuração do tempo de serviço, "pois, se à época do exercício da atividade se possibilitava a conversão, o segurado adquire esse direito, ainda que os requisitos necessários à aposentação venham a ser preenchidos em momento posterior, na vigência de legislação que não mais contemple tal possibilidade", concluiu.

**Pedilef 5011435-67.2011.4.04.7107"**

No entanto, o STJ vem considerando a data do requerimento administrativo como marco divisor de regimes jurídicos, admitindo, apenas, a conversão de tempo comum em especial se requerido antes da Lei 9.032/95:

"PREVIDENCIÁRIO. **APOSENTADORIA ESPECIAL. CONVERSÃO DE TEMPO COMUM EM ESPECIAL. REQUERIMENTO POSTERIOR À VIGÊNCIA DA LEI N. 9.032/95. INVIABILIDADE.** ENTENDIMENTO FIRMADO NO RESP 1.310.034/PR. CUNHO DECLARATÓRIO DA DEMANDA INCÓLUME. TEMPO DE SERVIÇO ESPECIAL.

SOBRESTAMENTO DO FEITO. DESCABIMENTO.

**1. Nos termos do decidido por ocasião do julgamento do Resp 1.310.034/PR, submetido ao regime dos recursos repetitivos, de relatoria do Ministro Herman Benjamin, quanto aos requerimentos efetivados após 28/4/1995 e cujos requisitos para o jubilamento somente tenham se implementado a partir de tal marco, fica inviabilizada a conversão de tempo comum em especial para fazer jus à aposentadoria especial, possibilitando, contudo, a conversão de especial para comum.**

2. O pedido de sobrestamento não tem cabimento, pois, conforme jurisprudência do STJ, a possibilidade de modificação de entendimento pela Primeira Seção não implica direito ao sobrestamento de recursos no âmbito desta Corte" (AgRg nos EDcl no REsp 1509189, de 7/5/2015).

Este posicionamento é lastimável, atentando contra o Princípio do *Tempus Regit Actum*, vez que deveria ser considerada a lei em vigor no momento da prestação do tempo de contribuição, e não a data do requerimento administrativo.

Assim, na linha do STJ, à luz do direito adquirido, somente se cogita em conversão de tempo comum em especial na atualidade em uma situação: se o segurado adquiriu o direito à aposentadoria antes da vigência da Lei 9.032/95:

**Processo**

AgInt no REsp 1623353 / RS

AGRAVO INTERNO NO RECURSO **ESPECIAL**

2016/0229242-0

**Relator(a)**

Ministro OG FERNANDES (1139)

**Órgão Julgador**

T2 – SEGUNDA TURMA

**Data do Julgamento**

16/08/2018

**Data da Publicação/Fonte**

DJe 22/08/2018

**Ementa**

PREVIDENCIÁRIO. PROCESSO CIVIL. AGRAVO INTERNO NO RECURSO ESPECIAL. CONVERSÃO DE TEMPO COMUM EM ESPECIAL. REQUISITOS DEVEM SER PREENCHIDOS ANTES DA LEI N. 9.032/1995. LIMITE DE TOLERÂNCIA DE RUÍDOS NA VIGÊNCIA DO DECRETO 2.172/1997. TESES FIRMADAS SOB O RITO DOS REPETITIVOS. REITERAÇÃO DAS ALEGAÇÕES DO RECURSO ESPECIAL. PRINCÍPIO DA DIALETICIDADE. INOBSERVÂNCIA. MULTA APLICADA.

**1. Faz jus à conversão de tempo de serviço comum em especial, aquele que tenha reunido os requisitos para o benefício pretendido antes da Lei n. 9.032/1995, de 28/4/1995.** (EDcl nos EDcl no REsp 1.310.034/PR, Rel. Ministro Herman Benjamin, Primeira Seção, julgado em 10/6/2015, DJe 16/11/2015).

Eis, nesse sentido, a Súmula 85 (publicada em 29/08/2018) que reflete a atual posição da TNU que se alinhou à tese repetitiva do STJ:

**TNU, Súmula 85** – É possível a conversão de tempo comum em especial de período(s) anterior(es) ao advento da Lei nº 9.032/95 (que alterou a redação do § 3º do art. 57 da Lei nº 8.213/91), desde que todas as condições legais para a concessão do benefício pleiteado tenham sido atendidas antes da publicação da referida lei, independentemente da data de entrada do requerimento (DER).

Vale frisar que somente existe previsão normativa de conversão para fins de tempo de contribuição, e não para fins de período de carência, que exige número mínimo de contribuições mensais.

Veja-se a correta posição da TNU:

Informativo 16/2017

Processo n. 0512612-09.2013.4.05.8300

Não é possível a conversão de tempo especial em comum para fins de carência do benefício previdenciário de aposentadoria por idade, uma vez que, para o preenchimento do referido requisito, exige-se efetiva contribuição pelo segurado.

Por sua vez, a partir da Emenda Constitucional nº 18, de 30 de junho de 1981, não é permitida a conversão do tempo de exercício de magistério para qualquer espécie de benefício, exceto se o segurado implementou todas as condições até 29 de junho de 1981.

De acordo com o Tribunal Regional Federal da 3ª Região, "é possível o enquadramento da atividade de professor como especial, para posterior conversão, apenas até a promulgação da Emenda 18/81, que estabeleceu normas específicas para a aposentação dessa categoria profissional"[25].

Outrossim, conforme decidido pelo Tribunal Regional Federal da 1ª Região, "a partir da EC 18/81, que disciplinou a aposentadoria dos professores e revogou neste pormenor o Decreto nº 53.831/64 (item 2.1.4), deixou de existir a possibilidade da conversão do tempo especial de serviço de magistério para tempo comum"[26].

Ou seja, desde 30.06.1981, o tempo de serviço ou de contribuição do professor não se caracteriza como especial, conquanto haja uma redução em 05 anos no tempo de contribuição para a sua aposentadoria (atuação exclusiva no ensino básico), razão pela qual não há direito a conversão.

Vale ressaltar que não é possível a utilização da conversão de tempo comum em especial para a aposentadoria do professor, que exige 30 anos de contribuição (homens) ou 25 anos de contribuição (mulheres) exclusivamente no ensino básico, inclusive direção escolar, coordenação e assessoramento pedagógico, conforme posicionamento da TNU:

"EMENTA CONSTITUCIONAL E PREVIDENCIÁRIO. PROFESSOR. CONVERSÃO DO TEMPO DE SERVIÇO PRESTADO SOB A ÉGIDE DA CLT. OPÇÃO POR APOSENTADORIA COMUM DO SERVIÇO PÚBLICO. **1. O Supremo Tribunal Federal, em diversos precedentes, tem entendido de maneira favorável à conversão do tempo de serviço especial prestado por professor, sob a égide da CLT, em tempo de serviço comum. 2. Entretanto, veda-se ao interessado usar este tempo para se aposentar como professor, aos 30 anos de tempo de serviço, haja vista que tal implicaria a fruição de duas benesses, de regimes diversos. Ele poderá apenas se aposentar como servidor estatutário comum, aos 35 anos.** 3. Pedido de Uniformização conhecido e provido, de modo a determinar ao Instituto réu a expedição de certidão de tempo de contribuição em que o tempo de serviço prestado como professor sob a égide da CLT seja convertido em comum, mediante multiplicação pelo fator de 1,4 (PEDIDO 200570530018690, de 16.02.2009)".

Questão interessante é saber qual o fator de conversão de atividade especial em comum deverá ser utilizado para os homens para o tempo de contribuição prestado no regime previdenciário anterior.

É que a Lei 5.890/73 previa a aposentadoria por tempo de serviço para os homens em apenas 30 anos de serviço, enquanto atualmente exige-se 35 anos. Assim, naquela época, o segurado que desenvolvia atividade especial com benefício garantido aos 25 anos deveria converter esse tempo pelo fator 1,2, pois apenas pelo regramento atual o fator é 1,4, tendo em vista que o tempo de contribuição da aposentadoria foi elevado para 35 anos.

No ano de 2010, as Turmas do STJ divergiram a respeito, entendendo a 6ª Turma que deveria ser utilizado o fator 1,2 até a edição do Decreto 611/1992:

"AGRAVO INTERNO. PREVIDENCIÁRIO. CONVERSÃO DO TEMPO DE SERVIÇO ESPECIAL EM COMUM. FATOR APLICÁVEL. "TEMPUS REGIT ACTUM".1,2 ATÉ A EDIÇÃO DO DECRETO 611/92 E, A PARTIR DE ENTÃO, 1,4.

**1. É firme nesta Corte o entendimento no sentido da aplicação, na conversão de tempo de serviço especial em comum, da lei vigente quando do labor desenvolvido, pelo que aplicável o fator de conversão 1,2 até a edição do Decreto 611/92 e, a partir de então, 1,4.**

2. Agravo ao qual se nega provimento" (AgRg no REsp 1148271, de 20.05.2010).

O entendimento da 6ª Turma é tecnicamente correto, pois decorre do Princípio do *Tempus Regit*

25. Passagem do julgamento da APELAÇÃO/REEXAME NECESSÁRIO 1.025.428, de 20.10.2008.

26. Passagem do julgamento da AC 200138000372364, de 21.11.2007.

*Actum*. Contudo, o próprio INSS tem um posicionamento administrativo mais favorável aos segurados, pois adota o fator 1,4 (e não 1,2) para os homens mesmo para o tempo especial anterior a 1992, em decorrência de artigo 70, § 2º, do RPS, que prevê que "as regras de conversão de tempo de atividade sob condições especiais em tempo de atividade comum constantes deste artigo aplicam-se ao trabalho prestado em qualquer período", entendimento seguido pela 5ª Turma do STJ (AGRAVO REGIMENTAL NO RECURSO ESPECIAL - 1.105.770, de 23.02.2010).

Finalmente, no dia 23 de março de 2011, a 3ª uniformizou o tema ao determinar aplicação do fator de conversão 1,4 por todo o período, no julgamento do REsp 1.151.363:

"PROCESSUAL CIVIL. RECURSO ESPECIAL REPRESENTATIVO DA CONTROVÉRSIA. RITO DO ART. 543-C, § 1º, DO CPC E RESOLUÇÃO N. 8/2008 - STJ. DIVERGÊNCIA JURISPRUDENCIAL NÃO COMPROVADA. AUSÊNCIA DE IDENTIDADE FÁTICA. DESCABIMENTO. COMPROVAÇÃO DE EXPOSIÇÃO PERMANENTE AOS AGENTES AGRESSIVOS. PRETENSÃO DE REEXAME DE MATÉRIA FÁTICA. ÓBICE DA SÚMULA N. 7/STJ.

1. Para a comprovação da divergência jurisprudencial é essencial a demonstração de identidade das situações fáticas postas nos julgados recorrido e paradigma.

2. Segundo asseverado pelo acórdão objurgado, o segurado esteve "exposto de modo habitual e permanente, não ocasional nem intermitente", ao frio e a níveis médios de ruído superiores ao limite regulamentar (e-STJ fl. 254). A modificação dessa conclusão importaria em revolvimento de matéria fática, não condizente com a natureza do recurso especial. Incidência, na espécie, do óbice da Súmula n. 7/STJ.

PREVIDENCIÁRIO. RECONHECIMENTO DE ATIVIDADE ESPECIAL APÓS 1998. MP N. 1.663-14, CONVERTIDA NA LEI N. 9.711/1998 SEM REVOGAÇÃO DA REGRA DE CONVERSÃO.

1. Permanece a possibilidade de conversão do tempo de serviço exercido em atividades especiais para comum após 1998, pois a partir da última reedição da MP n. 1.663, parcialmente convertida na Lei 9.711/1998, a norma tornou-se definitiva sem a parte do texto que revogava o referido § 5º do art. 57 da Lei n. 8.213/1991.

2. Precedentes do STF e do STJ.

CONVERSÃO DE TEMPO DE SERVIÇO ESPECIAL EM COMUM. OBSERVÂNCIA DA LEI EM VIGOR POR OCASIÃO DO EXERCÍCIO DA ATIVIDADE. DECRETO N. 3.048/1999, ARTIGO 70, §§ 1º E 2º. FATOR DE CONVERSÃO. EXTENSÃO DA REGRA AO TRABALHO DESEMPENHADO EM QUALQUER ÉPOCA.

1. A teor do § 1º do art. 70 do Decreto n. 3.048/99, a legislação em vigor na ocasião da prestação do serviço regula a caracterização e a comprovação do tempo de atividade sob condições especiais. Ou seja, observa-se o regramento da época do trabalho para a prova da exposição aos agentes agressivos à saúde: se pelo mero enquadramento da atividade nos anexos dos Regulamentos da Previdência, se mediante as anotações de formulários do INSS ou, ainda, pela existência de laudo assinado por médico do trabalho.

**2. O Decreto n. 4.827/2003, ao incluir o § 2º no art. 70 do Decreto n. 3.048/99, estendeu ao trabalho desempenhado em qualquer período a mesma regra de conversão. Assim, no tocante aos efeitos da prestação laboral vinculada ao Sistema Previdenciário, a obtenção de benefício fica submetida às regras da legislação em vigor na data do requerimento.**

3. A adoção deste ou daquele fator de conversão depende, tão somente, do tempo de contribuição total exigido em lei para a aposentadoria integral, ou seja, deve corresponder ao valor tomado como parâmetro, numa relação de proporcionalidade, o que corresponde a um mero cálculo matemático e não de regra previdenciária.

**4. Com a alteração dada pelo Decreto n. 4.827/2003 ao Decreto n. 3.048/1999, a Previdência Social, na via administrativa, passou a converter os períodos de tempo especial desenvolvidos em qualquer época pela regra da tabela definida no artigo 70 (art. 173 da Instrução Normativa n. 20/2007).**

**5. Descabe à autarquia utilizar da via judicial para impugnar orientação determinada em seu próprio regulamento, ao qual está vinculada.** Nesse compasso, a Terceira Seção desta Corte já decidiu no sentido de dar tratamento isonômico às situações análogas, como na espécie (EREsp n. 412.351/RS).

6. Recurso especial parcialmente conhecido e, nessa extensão, desprovido".

Nessa mesma linha de raciocínio da 3ª Seção do STJ, a TNU editou a Súmula 55:

**"Súmula 55- A conversão do tempo de atividade especial em comum deve ocorrer com aplicação do fator multiplicativo em vigor na data da concessão da aposentadoria".**

De acordo com o entendimento do extinto Ministério da Previdência Social, através do Parecer 282/2011/CONJUR-MPS/CGU/AGU, aprovado pela Portaria nº 264/2013/MPS, na conversão do tempo especial em comum deverá ser aplicado o fator de conversão vigente à época em que requerido o benefício.

Para a AGU, que possui o mesmo entendimento da TNU, "para concessão de aposentadoria no Regime Geral de Previdência Social - RGPS, a conversão de tempo de serviço/contribuição especial em comum deve observar o fator de conversão vigente à época em que requerido o benefício, devendo ser desconsiderado, para esta finalidade, o fator de conversão vigente à época da prestação da atividade laboral" (Enunciado AGU Nº 80, de 17 de novembro de 2015).

Eis o tema 41 da TNU:

| Tema | 41 | Situação do tema | Julgado | Ramo do direito | DIREITO PREVIDENCIÁRIO |
|---|---|---|---|---|---|
| Questão submetida a julgamento | | Saber se o fator 1,4 (um vírgula quatro) pode ser aplicado aos homens no período anterior ao advento da Lei n. 8.213/91. | | | |
| **Tese firmada** | | **Na aposentadoria por tempo de contribuição, o fator de conversão 1,4 (um vírgula quatro), para os homens, é aplicável em qualquer período.** | | | |
| Processo | | Relator (a) | Julgado em | Acórdão publicado em | Trânsito em julgado |
| PEDILEF 2007.72.95.003208-7/ SC | | Juíza Federal Vanessa Vieira de Mello | 29/03/2012 | 27/04/2012 | 15/05/2012 |

O principal objetivo da conversão do tempo especial em comum é a concessão da aposentadoria por tempo de contribuição, tendo em vista o segurado não completar os 15, 20 ou 25 anos para a aposentadoria especial.

| **QUADRO SINTÉTICO – APOSENTADORIA ESPECIAL POR AGENTES NOCIVOS** | |
|---|---|
| **Cabimento** | a) 55 (cinquenta e cinco) anos de idade, quando se tratar de atividade especial de 15 (quinze) anos de contribuição;<br>b) 58 (cinquenta e oito) anos de idade, quando se tratar de atividade especial de 20 (vinte) anos de contribuição; ou<br>c) 60 (sessenta) anos de idade, quando se tratar de atividade especial de 25 (vinte e cinco) anos de contribuição; |
| **Beneficiários** | A Lei 8.213/91 não restringe os segurados beneficiários. Contudo, o artigo 64 do Regulamento da Previdência Social aduz que apenas o empregado, o avulso e o contribuinte individual cooperado (cooperativa de produção ou trabalho) farão jus ao benefício, pois nestes casos há contribuição previdenciária para o seu custeio (adicional SAT). |
| **Carência** | 180 contribuições mensais, observada a tabela de transição do artigo 142, da Lei 8.213/91. |
| **Valor** | A partir de 60% da média de todos os salários de contribuição a contar da competência 7/1994. |
| **Outras informações** | **A)** a comprovação da efetiva exposição do segurado aos agentes nocivos será feita mediante formulário (perfil profissiográfico previdenciário), na forma estabelecida pelo Instituto Nacional do Seguro Social – INSS, emitido pela empresa ou seu preposto, com base em laudo técnico de condições ambientais do trabalho expedido por médico do trabalho ou engenheiro de segurança do trabalho, nos termos da legislação trabalhista;<br>**B)** O aposentado especial que retornar a atividade especial terá o benefício suspenso, mas a lei não veda o retorno à atividade comum com perda da aposentadoria;<br>**C)** De acordo com a Súmula 09, da TNU-JEF, "O uso de Equipamento de Proteção Individual (EPI), ainda que elimine a insalubridade, no caso de exposição a ruído, não descaracteriza o tempo de serviço especial prestado";<br>**D)** Antes da Lei 9.032/95 (24.09.95), o tempo especial era contado de acordo com a categoria profissional, independentemente de exposição aos agentes nocivos, havendo presunção absoluta (Decretos 53.831/64 e 83.080/79) das atividades listadas, ou então deveria haver efetiva comprovação, caso a atividade não fosse listada. No caso de ruído, era necessária perícia técnica para comprovar exposição acima de 80 DB;<br>**E)** Caso o segurado tenha laborado em condições especiais e passe a trabalhar em atividade comum, é plenamente possível a conversão do tempo especial em comum, proporcionalmente, conforme tabela constante no Regulamento;<br>**F)** A emenda 103/2019 vedou o enquadramento por categoria profissional a conversão do tempo especial em comum prestado após o seu advento. |

### 4.1.1. Cálculos

O estudo de caso a seguir trata-se de aposentadoria especial a ser calculada com base nas regras permanentes da EC 103/2019. O segurado desenvolveu atividades de mineração subterrânea afastada das frentes de produção, que enseja aposentadoria especial aos 20 anos de atividade, enquadrada no código 4.0.1 do Anexo IV ao Decreto 3048/99.

Torna-se necessário, no caso concreto, analisar se o segurado possui direito adquirido em 13/11/2019, após as conversões de tempo de contribuição pertinentes, para fins de comparação com o cálculo do benefício com base nas regras permanentes e de transição do Novo Regime jurídico a partir de 14/11/2019. Abaixo encontram-se as informações de tempo de contribuição e idade do segurado.

Espécie do benefício: **Aposentadoria por tempo de contribuição**

Nome: **CLÁUDIO MACIEL MENESES**

Data de nascimento: **01/03/1962**

Data do requerimento: **01/04/2020**

Data do direito adquirido: **13/11/2019**

| IDADE | |
|---|---|
| **INÍCIO** | **FIM** |
| **01/03/1962** | **13/11/2019** |

| IDADE | | |
|---|---|---|
| **ANOS** | **MESES** | **DIAS** |
| **57** | **8** | **13** |
| **57,70** | | |

| | CONTRATOS DE TRABALHO | | TEMPO MÍNIMO | TEMPO DE CONTRIBUIÇÃO | | | TEMPO DE CONTRIBUIÇÃO CONVERTIDO | | |
|---|---|---|---|---|---|---|---|---|---|
| | **INÍCIO** | **FIM** | | **ANOS** | **MESES** | **DIAS** | **ANOS** | **MESES** | **DIAS** |
| 1 | **01/06/1987** | **01/03/1991** | 35 | 3 | 9 | 1 | 3 | 9 | 1 |
| 2 | **01/05/1995** | **30/04/1998** | 35 | 3 | 0 | 0 | 3 | 0 | 0 |
| 3 | **01/04/2000** | **13/11/2019** | **20** | 19 | 7 | 13 | 34 | 4 | 0 |

| TEMPO TOTAL COMUM | | | TEMPO TOTAL CONVERTIDO | | |
|---|---|---|---|---|---|
| **Anos** | **Meses** | **Dias** | **Anos** | **Meses** | **Dias** |
| **26** | **4** | **14** | **41** | **1** | **1** |
| **26,37** | | | **41,09** | | |

| Regras do Direito Adquirido | | | |
|---|---|---|---|
| **Regras de cálculos** | **Regra de pontos: 96** | **98,79** | Aplicável |
| | **Aposentadoria Especial** | **19,62** | Sem direito |

Percebe-se que o segurado não completou os 20 anos de contribuição de efetivo exercício das atividades com exposição a agentes nocivos exigidos para ter direito à aposentadoria especial em 13/11/2019, véspera do Novo Regime jurídico. Porém, tem direito à conversão do referido período para fins de aposentadoria por tempo de contribuição, após a soma com os demais períodos comuns. Após a devida conversão de tempo do período com exposição a agentes nocivos, o segurado totaliza 41 anos, 01 mês e 01 dia em 13/11/2019, suficientes para ter direito à aposentadoria por tempo de contribuição sem exigência de idade mínima. Pela regra de pontos vigente à época, que totalizou mais de 98 pontos, terá direito ao cálculo do benefício sem a incidência do fator previdenciário.

Essas informações, por si só, já são suficientes para chegar à conclusão de que o cálculo da renda mensal do benefício com base no direito adquirido vai ser mais vantajosa, comparativamente com as regras permanente e de transição do Novo regime jurídico.

Seguem os cálculos do salário de benefício e da renda mensal inicial com base no direito adquirido.

| APOSENTADORIA POR TEMPO DE CONTRIBUIÇÃO – COM CONVERSÃO DE PERÍODO ESPECIAL – DIREITO ADQUIRIDO |
|---|
| CLÁUDIO MACIEL MENESES |
| DATA DE NASCIMENTO: 01/03/1962 |
| ESPÉCIE: 42 (APOSENTADORIA POR TEMPO DE CONTRIBUIÇÃO) |
| DATA DO DIREITO ADQUIRIDO: 13/11/2019 |
| TEMPO DE CONTRIBUIÇÃO: 41 anos 01 mês e 01 dia |
| DATA DO REQUERIMENTO: 01/04/2020 |
| BASE LEGAL: LEI 9.876 DE 29 DE NOVEMBRO DE 1999 |
| PERÍODO BÁSICO DE CÁLCULO: 07/1994 a 10/2019 |

| Sequência | Mês/ano | Valor teto | Salário | Índice | Salário corrigido | Desconsiderados |
|---|---|---|---|---|---|---|
| 1 | mai/95 | 832,66 | 832,66 | 6,317137 | 5.260,03 | |
| 2 | jun/95 | 832,66 | 832,66 | 6,158854 | 5.128,23 | |
| 3 | jul/95 | 832,66 | 832,66 | 6,048768 | 5.036,57 | |
| 4 | ago/95 | 832,66 | 832,66 | 5,903537 | 4.915,64 | |
| 5 | set/95 | 832,66 | 832,66 | 5,843931 | 4.866,01 | |
| 6 | out/95 | 832,66 | 832,66 | 5,776348 | 4.809,73 | |
| 7 | nov/95 | 832,66 | 832,66 | 5,696592 | 4.743,32 | desconsiderado |
| 8 | dez/95 | 832,66 | 832,66 | 5,611857 | 4.672,77 | desconsiderado |
| 9 | jan/96 | 832,66 | 832,66 | 5,520763 | 4.596,92 | desconsiderado |
| 10 | fev/96 | 832,66 | 832,66 | 5,441323 | 4.530,77 | desconsiderado |
| 11 | mar/96 | 832,66 | 832,66 | 5,402958 | 4.498,83 | desconsiderado |
| 12 | abr/96 | 832,66 | 832,66 | 5,387338 | 4.485,82 | desconsiderado |
| 13 | mai/96 | 957,56 | 957,56 | 5,349886 | 5.122,84 | |
| 14 | jun/96 | 957,56 | 957,56 | 5,261494 | 5.038,20 | |
| 15 | jul/96 | 957,56 | 957,56 | 5,198080 | 4.977,47 | |
| 16 | ago/96 | 957,56 | 957,56 | 5,142030 | 4.923,80 | |
| 17 | set/96 | 957,56 | 957,56 | 5,141822 | 4.923,60 | |
| 18 | out/96 | 957,56 | 957,56 | 5,135147 | 4.917,21 | |
| 19 | nov/96 | 957,56 | 957,56 | 5,123874 | 4.906,42 | |
| 20 | dez/96 | 957,56 | 957,56 | 5,109570 | 4.892,72 | |
| 21 | jan/97 | 957,56 | 957,56 | 5,064994 | 4.850,04 | |
| 22 | fev/97 | 957,56 | 957,56 | 4,986214 | 4.774,60 | desconsiderado |
| 23 | mar/97 | 957,56 | 957,56 | 4,965358 | 4.754,63 | desconsiderado |
| 24 | abr/97 | 957,56 | 957,56 | 4,908422 | 4.700,11 | desconsiderado |
| 25 | mai/97 | 957,56 | 957,56 | 4,879633 | 4.672,54 | desconsiderado |
| 26 | jun/97 | 1.031,87 | 1.031,87 | 4,865036 | 5.020,08 | |
| 27 | jul/97 | 1.031,87 | 1.031,87 | 4,831219 | 4.985,19 | |
| 28 | ago/97 | 1.031,87 | 1.031,87 | 4,826875 | 4.980,71 | |
| 29 | set/97 | 1.031,87 | 1.031,87 | 4,826875 | 4.980,71 | |
| 30 | out/97 | 1.031,87 | 1.031,87 | 4,798562 | 4.951,49 | |
| 31 | nov/97 | 1.031,87 | 1.031,87 | 4,782303 | 4.934,71 | |
| 32 | dez/97 | 1.031,87 | 1.031,87 | 4,742935 | 4.894,09 | |
| 33 | jan/98 | 1.031,87 | 1.031,87 | 4,710434 | 4.860,56 | |
| 34 | fev/98 | 1.031,87 | 1.031,87 | 4,669346 | 4.818,16 | |
| 35 | mar/98 | 1.031,87 | 1.031,87 | 4,668412 | 4.817,19 | |
| 36 | abr/98 | 1.031,87 | 1.031,87 | 4,657696 | 4.806,14 | desconsiderado |

| Sequência | Mês/ano | Valor teto | Salário | Índice | Salário corrigido | Desconsiderados |
|---|---|---|---|---|---|---|
| 37 | abr/00 | 1.255,32 | 1.255,32 | 3,759181 | 4.718,98 | desconsiderado |
| 38 | mai/00 | 1.255,32 | 1.255,32 | 3,754302 | 4.712,85 | desconsiderado |
| 39 | jun/00 | 1.328,25 | 1.328,25 | 3,729313 | 4.953,46 | |
| 40 | jul/00 | 1.328,25 | 1.328,25 | 3,694950 | 4.907,82 | |
| 41 | ago/00 | 1.328,25 | 1.328,25 | 3,613294 | 4.799,36 | desconsiderado |
| 42 | set/00 | 1.328,25 | 1.328,25 | 3,548703 | 4.713,56 | desconsiderado |
| 43 | out/00 | 1.328,25 | 1.328,25 | 3,524389 | 4.681,27 | desconsiderado |
| 44 | nov/00 | 1.328,25 | 1.328,25 | 3,511395 | 4.664,01 | desconsiderado |
| 45 | dez/00 | 1.328,25 | 1.328,25 | 3,497752 | 4.645,89 | desconsiderado |
| 46 | jan/01 | 1.328,25 | 1.328,25 | 3,471371 | 4.610,85 | desconsiderado |
| 47 | fev/01 | 1.328,25 | 1.328,25 | 3,454448 | 4.588,37 | desconsiderado |
| 48 | mar/01 | 1.328,25 | 1.328,25 | 3,442739 | 4.572,82 | desconsiderado |
| 49 | abr/01 | 1.328,25 | 1.328,25 | 3,415415 | 4.536,52 | desconsiderado |
| 50 | mai/01 | 1.328,25 | 1.328,25 | 3,377252 | 4.485,83 | desconsiderado |
| 51 | jun/01 | 1.430,00 | 1.430,00 | 3,362458 | 4.808,31 | desconsiderado |
| 52 | jul/01 | 1.430,00 | 1.430,00 | 3,314074 | 4.739,13 | desconsiderado |
| 53 | ago/01 | 1.430,00 | 1.430,00 | 3,261241 | 4.663,57 | desconsiderado |
| 54 | set/01 | 1.430,00 | 1.430,00 | 3,232148 | 4.621,97 | desconsiderado |
| 55 | out/01 | 1.430,00 | 1.430,00 | 3,219915 | 4.604,48 | desconsiderado |
| 56 | nov/01 | 1.430,00 | 1.430,00 | 3,173894 | 4.538,67 | desconsiderado |
| 57 | dez/01 | 1.430,00 | 1.430,00 | 3,149951 | 4.504,43 | desconsiderado |
| 58 | jan/02 | 1.430,00 | 1.430,00 | 3,144295 | 4.496,34 | desconsiderado |
| 59 | fev/02 | 1.430,00 | 1.430,00 | 3,138334 | 4.487,82 | desconsiderado |
| 60 | mar/02 | 1.430,00 | 1.430,00 | 3,132693 | 4.479,75 | desconsiderado |
| 61 | abr/02 | 1.430,00 | 1.430,00 | 3,129252 | 4.474,83 | desconsiderado |
| 62 | mai/02 | 1.430,00 | 1.430,00 | 3,107498 | 4.443,72 | desconsiderado |
| 63 | jun/02 | 1.561,56 | 1.561,56 | 3,073385 | 4.799,28 | desconsiderado |
| 64 | jul/02 | 1.561,56 | 1.561,56 | 3,020818 | 4.717,19 | desconsiderado |
| 65 | ago/02 | 1.561,56 | 1.561,56 | 2,960138 | 4.622,43 | desconsiderado |
| 66 | set/02 | 1.561,56 | 1.561,56 | 2,891888 | 4.515,86 | desconsiderado |
| 67 | out/02 | 1.561,56 | 1.561,56 | 2,817509 | 4.399,71 | desconsiderado |
| 68 | nov/02 | 1.561,56 | 1.561,56 | 2,703684 | 4.221,96 | desconsiderado |
| 69 | dez/02 | 1.561,56 | 1.561,56 | 2,554499 | 3.989,00 | desconsiderado |
| 70 | jan/03 | 1.561,56 | 1.561,56 | 2,487340 | 3.884,13 | desconsiderado |
| 71 | fev/03 | 1.561,56 | 1.561,56 | 2,434511 | 3.801,63 | desconsiderado |
| 72 | mar/03 | 1.561,56 | 1.561,56 | 2,396409 | 3.742,14 | desconsiderado |
| 73 | abr/03 | 1.561,56 | 1.561,56 | 2,357280 | 3.681,03 | desconsiderado |
| 74 | mai/03 | 1.561,56 | 1.561,56 | 2,347653 | 3.666,00 | desconsiderado |
| 75 | jun/03 | 1.869,34 | 1.869,34 | 2,363488 | 4.418,16 | desconsiderado |
| 76 | jul/03 | 1.869,34 | 1.869,34 | 2,380148 | 4.449,31 | desconsiderado |
| 77 | ago/03 | 1.869,34 | 1.869,34 | 2,384922 | 4.458,23 | desconsiderado |
| 78 | set/03 | 1.869,34 | 1.869,34 | 2,370224 | 4.430,75 | desconsiderado |
| 79 | out/03 | 1.869,34 | 1.869,34 | 2,345596 | 4.384,72 | desconsiderado |
| 80 | nov/03 | 1.869,34 | 1.869,34 | 2,335320 | 4.365,51 | desconsiderado |
| 81 | dez/03 | 1.869,34 | 1.869,34 | 2,324163 | 4.344,65 | desconsiderado |
| 82 | jan/04 | 2.400,00 | 2.400,00 | 2,310303 | 5.544,73 | |
| 83 | fev/04 | 2.400,00 | 2.400,00 | 2,291966 | 5.500,72 | |

| Sequência | Mês/ano | Valor teto | Salário | Índice | Salário corrigido | Desconsiderados |
|---|---|---|---|---|---|---|
| 84 | mar/04 | 2.400,00 | 2.400,00 | 2,283062 | 5.479,35 | |
| 85 | abr/04 | 2.400,00 | 2.400,00 | 2,270125 | 5.448,30 | |
| 86 | mai/04 | 2.508,72 | 2.508,72 | 2,260853 | 5.671,85 | |
| 87 | jun/04 | 2.508,72 | 2.508,72 | 2,251844 | 5.649,25 | |
| 88 | jul/04 | 2.508,72 | 2.508,72 | 2,240647 | 5.621,16 | |
| 89 | ago/04 | 2.508,72 | 2.508,72 | 2,224405 | 5.580,41 | |
| 90 | set/04 | 2.508,72 | 2.508,72 | 2,213338 | 5.552,65 | |
| 91 | out/04 | 2.508,72 | 2.508,72 | 2,209584 | 5.543,23 | |
| 92 | nov/04 | 2.508,72 | 2.508,72 | 2,205836 | 5.533,82 | |
| 93 | dez/04 | 2.508,72 | 2.508,72 | 2,196171 | 5.509,58 | |
| 94 | jan/05 | 2.508,72 | 2.508,72 | 2,177442 | 5.462,59 | |
| 95 | fev/05 | 2.508,72 | 2.508,72 | 2,165101 | 5.431,63 | |
| 96 | mar/05 | 2.508,72 | 2.508,72 | 2,155617 | 5.407,84 | |
| 97 | abr/05 | 2.508,72 | 2.508,72 | 2,139993 | 5.368,64 | |
| 98 | mai/05 | 2.668,15 | 2.668,15 | 2,120697 | 5.658,34 | |
| 99 | jun/05 | 2.668,15 | 2.668,15 | 2,105955 | 5.619,00 | |
| 100 | jul/05 | 2.668,15 | 2.668,15 | 2,108273 | 5.625,19 | |
| 101 | ago/05 | 2.668,15 | 2.668,15 | 2,107641 | 5.623,50 | |
| 102 | set/05 | 2.668,15 | 2.668,15 | 2,107641 | 5.623,50 | |
| 103 | out/05 | 2.668,15 | 2.668,15 | 2,104486 | 5.615,08 | |
| 104 | nov/05 | 2.668,15 | 2.668,15 | 2,092350 | 5.582,70 | |
| 105 | dez/05 | 2.668,15 | 2.668,15 | 2,081109 | 5.552,71 | |
| 106 | jan/06 | 2.668,15 | 2.668,15 | 2,072821 | 5.530,60 | |
| 107 | fev/06 | 2.668,15 | 2.668,15 | 2,064973 | 5.509,66 | |
| 108 | mar/06 | 2.668,15 | 2.668,15 | 2,060236 | 5.497,02 | |
| 109 | abr/06 | 2.801,56 | 2.801,56 | 2,054688 | 5.756,33 | |
| 110 | mai/06 | 2.801,56 | 2.801,56 | 2,052227 | 5.749,44 | |
| 111 | jun/06 | 2.801,56 | 2.801,56 | 2,049562 | 5.741,97 | |
| 112 | jul/06 | 2.801,56 | 2.801,56 | 2,050994 | 5.745,98 | |
| 113 | ago/06 | 2.801,82 | 2.801,82 | 2,048742 | 5.740,21 | |
| 114 | set/06 | 2.801,82 | 2.801,82 | 2,049149 | 5.741,35 | |
| 115 | out/06 | 2.801,82 | 2.801,82 | 2,045879 | 5.732,18 | |
| 116 | nov/06 | 2.801,82 | 2.801,82 | 2,037119 | 5.707,64 | |
| 117 | dez/06 | 2.801,82 | 2.801,82 | 2,028598 | 5.683,77 | |
| 118 | jan/07 | 2.801,82 | 2.801,82 | 2,016097 | 5.648,74 | |
| 119 | fev/07 | 2.801,82 | 2.801,82 | 2,006268 | 5.621,20 | |
| 120 | mar/07 | 2.801,82 | 2.801,82 | 1,997878 | 5.597,69 | |
| 121 | abr/07 | 2.894,28 | 2.894,28 | 1,989123 | 5.757,08 | |
| 122 | mai/07 | 2.894,28 | 2.894,28 | 1,983968 | 5.742,16 | |
| 123 | jun/07 | 2.894,28 | 2.894,28 | 1,978820 | 5.727,26 | |
| 124 | jul/07 | 2.894,28 | 2.894,28 | 1,972708 | 5.709,57 | |
| 125 | ago/07 | 2.894,28 | 2.894,28 | 1,966414 | 5.691,35 | |
| 126 | set/07 | 2.894,28 | 2.894,28 | 1,954878 | 5.657,96 | |
| 127 | out/07 | 2.894,28 | 2.894,28 | 1,950006 | 5.643,86 | |
| 128 | nov/07 | 2.894,28 | 2.894,28 | 1,944175 | 5.626,99 | |
| 129 | dez/07 | 2.894,28 | 2.894,28 | 1,935848 | 5.602,89 | |
| 130 | jan/08 | 2.894,28 | 2.894,28 | 1,917250 | 5.549,06 | |

| Sequência | Mês/ano | Valor teto | Salário | Índice | Salário corrigido | Desconsiderados |
|---|---|---|---|---|---|---|
| 131 | fev/08 | 2.894,28 | 2.894,28 | 1,904111 | 5.511,03 | |
| 132 | mar/08 | 3.038,99 | 3.038,99 | 1,894451 | 5.757,22 | |
| 133 | abr/08 | 3.038,99 | 3.038,99 | 1,884838 | 5.728,00 | |
| 134 | mai/08 | 3.038,99 | 3.038,99 | 1,872852 | 5.691,58 | |
| 135 | jun/08 | 3.038,99 | 3.038,99 | 1,855045 | 5.637,46 | |
| 136 | jul/08 | 3.038,99 | 3.038,99 | 1,838316 | 5.586,62 | |
| 137 | ago/08 | 3.038,99 | 3.038,99 | 1,827714 | 5.554,40 | |
| 138 | set/08 | 3.038,99 | 3.038,99 | 1,823883 | 5.542,76 | |
| 139 | out/08 | 3.038,99 | 3.038,99 | 1,821152 | 5.534,46 | |
| 140 | nov/08 | 3.038,99 | 3.038,99 | 1,812093 | 5.506,93 | |
| 141 | dez/08 | 3.038,99 | 3.038,99 | 1,805230 | 5.486,08 | |
| 142 | jan/09 | 3.038,99 | 3.038,99 | 1,800016 | 5.470,23 | |
| 143 | fev/09 | 3.218,90 | 3.218,90 | 1,788567 | 5.757,22 | |
| 144 | mar/09 | 3.218,90 | 3.218,90 | 1,783037 | 5.739,42 | |
| 145 | abr/09 | 3.218,90 | 3.218,90 | 1,779479 | 5.727,96 | |
| 146 | mai/09 | 3.218,90 | 3.218,90 | 1,769747 | 5.696,64 | |
| 147 | jun/09 | 3.218,90 | 3.218,90 | 1,759192 | 5.662,66 | |
| 148 | jul/09 | 3.218,90 | 3.218,90 | 1,751832 | 5.638,97 | |
| 149 | ago/09 | 3.218,90 | 3.218,90 | 1,747812 | 5.626,03 | |
| 150 | set/09 | 3.218,90 | 3.218,90 | 1,746416 | 5.621,54 | |
| 151 | out/09 | 3.218,90 | 3.218,90 | 1,743626 | 5.612,56 | |
| 152 | nov/09 | 3.218,90 | 3.218,90 | 1,739450 | 5.599,12 | |
| 153 | dez/09 | 3.218,90 | 3.218,90 | 1,733039 | 5.578,48 | |
| 154 | jan/10 | 3.467,40 | 3.467,40 | 1,728886 | 5.994,74 | |
| 155 | fev/10 | 3.467,40 | 3.467,40 | 1,713806 | 5.942,45 | |
| 156 | mar/10 | 3.467,40 | 3.467,40 | 1,701893 | 5.901,14 | |
| 157 | abr/10 | 3.467,40 | 3.467,40 | 1,689897 | 5.859,55 | |
| 158 | mai/10 | 3.467,40 | 3.467,40 | 1,677648 | 5.817,08 | |
| 159 | jun/10 | 3.467,40 | 3.467,40 | 1,670466 | 5.792,17 | |
| 160 | jul/10 | 3.467,40 | 3.467,40 | 1,672306 | 5.798,55 | |
| 161 | ago/10 | 3.467,40 | 3.467,40 | 1,673477 | 5.802,61 | |
| 162 | set/10 | 3.467,40 | 3.467,40 | 1,674650 | 5.806,68 | |
| 163 | out/10 | 3.467,40 | 3.467,40 | 1,665657 | 5.775,50 | |
| 164 | nov/10 | 3.467,40 | 3.467,40 | 1,650469 | 5.722,84 | |
| 165 | dez/10 | 3.467,40 | 3.467,40 | 1,633642 | 5.664,49 | |
| 166 | jan/11 | 3.691,74 | 3.691,74 | 1,623900 | 5.995,02 | |
| 167 | fev/11 | 3.691,74 | 3.691,74 | 1,608778 | 5.939,19 | |
| 168 | mar/11 | 3.691,74 | 3.691,74 | 1,600139 | 5.907,30 | |
| 169 | abr/11 | 3.691,74 | 3.691,74 | 1,589647 | 5.868,56 | |
| 170 | mai/11 | 3.691,74 | 3.691,74 | 1,578280 | 5.826,60 | |
| 171 | jun/11 | 3.691,74 | 3.691,74 | 1,569336 | 5.793,58 | |
| 172 | jul/11 | 3.691,74 | 3.691,74 | 1,565891 | 5.780,86 | |
| 173 | ago/11 | 3.691,74 | 3.691,74 | 1,565891 | 5.780,86 | |
| 174 | set/11 | 3.691,74 | 3.691,74 | 1,559341 | 5.756,68 | |
| 175 | out/11 | 3.691,74 | 3.691,74 | 1,552356 | 5.730,89 | |
| 176 | nov/11 | 3.691,74 | 3.691,74 | 1,547405 | 5.712,62 | |
| 177 | dez/11 | 3.691,74 | 3.691,74 | 1,538633 | 5.680,23 | |

| Sequência | Mês/ano | Valor teto | Salário | Índice | Salário corrigido | Desconsiderados |
|---|---|---|---|---|---|---|
| 178 | jan/12 | 3.916,20 | 3.916,20 | 1,530832 | 5.995,04 | |
| 179 | fev/12 | 3.916,20 | 3.916,20 | 1,523060 | 5.964,61 | |
| 180 | mar/12 | 3.916,20 | 3.916,20 | 1,517144 | 5.941,44 | |
| 181 | abr/12 | 3.916,20 | 3.916,20 | 1,514415 | 5.930,75 | |
| 182 | mai/12 | 3.916,20 | 3.916,20 | 1,504788 | 5.893,05 | |
| 183 | jun/12 | 3.916,20 | 3.916,20 | 1,496558 | 5.860,82 | |
| 184 | jul/12 | 3.916,20 | 3.916,20 | 1,492676 | 5.845,62 | |
| 185 | ago/12 | 3.916,20 | 3.916,20 | 1,486286 | 5.820,59 | |
| 186 | set/12 | 3.916,20 | 3.916,20 | 1,479626 | 5.794,51 | |
| 187 | out/12 | 3.916,20 | 3.916,20 | 1,470362 | 5.758,23 | |
| 188 | nov/12 | 3.916,20 | 3.916,20 | 1,459996 | 5.717,64 | |
| 189 | dez/12 | 3.916,20 | 3.916,20 | 1,452154 | 5.686,93 | |
| 190 | jan/13 | 4.159,00 | 4.159,00 | 1,441487 | 5.995,14 | |
| 191 | fev/13 | 4.159,00 | 4.159,00 | 1,428347 | 5.940,50 | |
| 192 | mar/13 | 4.159,00 | 4.159,00 | 1,420959 | 5.909,77 | |
| 193 | abr/13 | 4.159,00 | 4.159,00 | 1,412484 | 5.874,52 | |
| 194 | mai/13 | 4.159,00 | 4.159,00 | 1,404197 | 5.840,06 | |
| 195 | jun/13 | 4.159,00 | 4.159,00 | 1,399298 | 5.819,68 | |
| 196 | jul/13 | 4.159,00 | 4.159,00 | 1,395394 | 5.803,44 | |
| 197 | ago/13 | 4.159,00 | 4.159,00 | 1,397210 | 5.811,00 | |
| 198 | set/13 | 4.159,00 | 4.159,00 | 1,394977 | 5.801,71 | |
| 199 | out/13 | 4.159,00 | 4.159,00 | 1,391220 | 5.786,08 | |
| 200 | nov/13 | 4.159,00 | 4.159,00 | 1,382789 | 5.751,02 | |
| 201 | dez/13 | 4.159,00 | 4.159,00 | 1,375360 | 5.720,12 | |
| 202 | jan/14 | 4.390,24 | 4.390,24 | 1,365528 | 5.995,00 | |
| 203 | fev/14 | 4.390,24 | 4.390,24 | 1,356979 | 5.957,46 | |
| 204 | mar/14 | 4.390,24 | 4.390,24 | 1,348350 | 5.919,58 | |
| 205 | abr/14 | 4.390,24 | 4.390,24 | 1,337383 | 5.871,43 | |
| 206 | mai/14 | 4.390,24 | 4.390,24 | 1,327030 | 5.825,98 | |
| 207 | jun/14 | 4.390,24 | 4.390,24 | 1,319113 | 5.791,22 | |
| 208 | jul/14 | 4.390,24 | 4.390,24 | 1,315695 | 5.776,22 | |
| 209 | ago/14 | 4.390,24 | 4.390,24 | 1,313987 | 5.768,72 | |
| 210 | set/14 | 4.390,24 | 4.390,24 | 1,311626 | 5.758,35 | |
| 211 | out/14 | 4.390,24 | 4.390,24 | 1,305233 | 5.730,29 | |
| 212 | nov/14 | 4.390,24 | 4.390,24 | 1,300292 | 5.708,59 | |
| 213 | dez/14 | 4.390,24 | 4.390,24 | 1,293434 | 5.678,49 | |
| 214 | jan/15 | 4.663,75 | 4.663,75 | 1,285463 | 5.995,08 | |
| 215 | fev/15 | 4.663,75 | 4.663,75 | 1,266718 | 5.907,66 | |
| 216 | mar/15 | 4.663,75 | 4.663,75 | 1,252193 | 5.839,92 | |
| 217 | abr/15 | 4.663,75 | 4.663,75 | 1,233566 | 5.753,04 | |
| 218 | mai/15 | 4.663,75 | 4.663,75 | 1,224870 | 5.712,49 | |
| 219 | jun/15 | 4.663,75 | 4.663,75 | 1,212864 | 5.656,49 | |
| 220 | jul/15 | 4.663,75 | 4.663,75 | 1,203594 | 5.613,26 | |
| 221 | ago/15 | 4.663,75 | 4.663,75 | 1,196654 | 5.580,90 | |
| 222 | set/15 | 4.663,75 | 4.663,75 | 1,193668 | 5.566,97 | |
| 223 | out/15 | 4.663,75 | 4.663,75 | 1,187613 | 5.538,73 | |
| 224 | nov/15 | 4.663,75 | 4.663,75 | 1,178539 | 5.496,41 | |

| Sequência | Mês/ano | Valor teto | Salário | Índice | Salário corrigido | Desconsiderados |
|---|---|---|---|---|---|---|
| 225 | dez/15 | 4.663,75 | 4.663,75 | 1,165598 | 5.436,06 | |
| 226 | jan/16 | 5.189,82 | 5.189,82 | 1,155203 | 5.995,30 | |
| 227 | fev/16 | 5.189,82 | 5.189,82 | 1,138020 | 5.906,12 | |
| 228 | mar/16 | 5.189,82 | 5.189,82 | 1,127309 | 5.850,53 | |
| 229 | abr/16 | 5.189,82 | 5.189,82 | 1,122371 | 5.824,90 | |
| 230 | mai/16 | 5.189,82 | 5.189,82 | 1,115234 | 5.787,86 | |
| 231 | jun/16 | 5.189,82 | 5.189,82 | 1,104412 | 5.731,70 | |
| 232 | jul/16 | 5.189,82 | 5.189,82 | 1,099244 | 5.704,88 | |
| 233 | ago/16 | 5.189,82 | 5.189,82 | 1,092252 | 5.668,59 | |
| 234 | set/16 | 5.189,82 | 5.189,82 | 1,088880 | 5.651,09 | |
| 235 | out/16 | 5.189,82 | 5.189,82 | 1,088008 | 5.646,57 | |
| 236 | nov/16 | 5.189,82 | 5.189,82 | 1,086160 | 5.636,97 | |
| 237 | dez/16 | 5.189,82 | 5.189,82 | 1,085401 | 5.633,04 | |
| 238 | jan/17 | 5.531,31 | 5.531,31 | 1,083884 | 5.995,30 | |
| 239 | fev/17 | 5.531,31 | 5.531,31 | 1,079351 | 5.970,22 | |
| 240 | mar/17 | 5.531,31 | 5.531,31 | 1,076766 | 5.955,93 | |
| 241 | abr/17 | 5.531,31 | 5.531,31 | 1,073334 | 5.936,94 | |
| 242 | mai/17 | 5.531,31 | 5.531,31 | 1,072475 | 5.932,19 | |
| 243 | jun/17 | 5.531,31 | 5.531,31 | 1,068625 | 5.910,90 | |
| 244 | jul/17 | 5.531,31 | 5.531,31 | 1,071843 | 5.928,70 | |
| 245 | ago/17 | 5.531,31 | 5.531,31 | 1,070024 | 5.918,63 | |
| 246 | set/17 | 5.531,31 | 5.531,31 | 1,070344 | 5.920,40 | |
| 247 | out/17 | 5.531,31 | 5.531,31 | 1,070559 | 5.921,59 | |
| 248 | nov/17 | 5.531,31 | 5.531,31 | 1,066612 | 5.899,76 | |
| 249 | dez/17 | 5.531,31 | 5.531,31 | 1,064696 | 5.889,16 | |
| 250 | jan/18 | 5.645,80 | 5.645,80 | 1,061935 | 5.995,47 | |
| 251 | fev/18 | 5.645,80 | 5.645,80 | 1,059498 | 5.981,71 | |
| 252 | mar/18 | 5.645,80 | 5.645,80 | 1,057594 | 5.970,96 | |
| 253 | abr/18 | 5.645,80 | 5.645,80 | 1,056856 | 5.966,80 | |
| 254 | mai/18 | 5.645,80 | 5.645,80 | 1,054639 | 5.954,28 | |
| 255 | jun/18 | 5.645,80 | 5.645,80 | 1,050125 | 5.928,80 | |
| 256 | jul/18 | 5.645,80 | 5.645,80 | 1,035318 | 5.845,20 | |
| 257 | ago/18 | 5.645,80 | 5.645,80 | 1,032736 | 5.830,62 | |
| 258 | set/18 | 5.645,80 | 5.645,80 | 1,032736 | 5.830,62 | |
| 259 | out/18 | 5.645,80 | 5.645,80 | 1,029647 | 5.813,18 | |
| 260 | nov/18 | 5.645,80 | 5.645,80 | 1,025545 | 5.790,02 | |
| 261 | dez/18 | 5.645,80 | 5.645,80 | 1,028115 | 5.804,53 | |
| 262 | jan/19 | 5.839,45 | 5.839,45 | 1,026679 | 5.995,24 | |
| 263 | fev/19 | 5.839,45 | 5.839,45 | 1,022996 | 5.973,73 | |
| 264 | mar/19 | 5.839,45 | 5.839,45 | 1,017502 | 5.941,65 | |
| 265 | abr/19 | 5.839,45 | 5.839,45 | 1,009727 | 5.896,25 | |
| 266 | mai/19 | 5.839,45 | 5.839,45 | 1,003704 | 5.861,08 | |
| 267 | jun/19 | 5.839,45 | 5.839,45 | 1,002201 | 5.852,30 | |
| 268 | jul/19 | 5.839,45 | 5.839,45 | 1,002101 | 5.851,72 | |
| 269 | ago/19 | 5.839,45 | 5.839,45 | 1,001099 | 5.845,87 | |
| 270 | set/19 | 5.839,45 | 5.839,45 | 0,999900 | 5.838,87 | |
| 271 | out/19 | 5.839,45 | 5.839,45 | 1,000400 | 5.841,79 | |

| **SOMA GERAL DE SALÁRIOS** | **1.468.198,05** |
|---|---|

| **MÉDIA GERAL DE SALÁRIOS** = 1.468.198,05 / 271 | **5.417,70** |
|---|---|

| Período Básico de Cálculos - 07/1994 a 10/2019 | **304** |
|---|---|
| Quantidade de salários no período básico de cálculo | **271** |
| Salários considerados (80% dos maiores salários) | **217** |
| Salários desprezados | **54** |

| **SOMA DE SALÁRIOS** - 80% dos maiores | **1.225.476,57** |
|---|---|

| **MÉDIA DE 80% DOS MAIORES SALÁRIOS** = 1.225.476,57 / 217 | **5.647,36** |
|---|---|

| **TETO PREVIDENCIÁRIO** | **5.839,45** |
|---|---|

CLÁUDIO MACIEL MENESES
DATA DO DIREITO ADQUIRIDO: 13/11/2019
TEMPO DE CONTRIBUIÇÃO: 41 anos 01 mês e 01 dia
DATA DO REQUERIMENTO: 01/04/2020

| **IDADE** | | |
|---|---|---|
| **anos** | **meses** | **dias** |
| **57** | **8** | **13** |
| **57,7028** | | |

| **TEMPO DE CONTRIBUIÇÃO** | | |
|---|---|---|
| **anos** | **meses** | **dias** |
| **41** | **1** | **1** |
| **41,0868** | | |

| **dade** | 57,7028 |
|---|---|
| **TC** | 41,0868 |
| **ES** | 24,8 |
| **Alíquota** | 0,31 |

$$\text{Fator Previdenciário} = \frac{TC \times A}{ES} \times \left(1 + \frac{(Id + TC \times A)}{100}\right)$$

| Idade | Expectativa de Sobrevida |
|---|---|
| 56 | 25,6 |
| 57 | 24,8 |
| 58 | 24,0 |
| 59 | 23,2 |

$$\frac{41{,}0868 \times 0{,}31}{24{,}8} \times \left(1 + \frac{(57{,}7028 + 41{,}0868 \times 0{,}31)}{100}\right)$$

| **Fator Previdenciário** | **0,87670** | Favorável | Desfavorável |
|---|---|---|---|
| | | | X |

| **REGRA 86/96** | **98,79** | Aplicável | Não aplicável |
|---|---|---|---|
| | | X | |

| **MÉDIA de 80% DOS MAIORES SALÁRIOS** | **5.647,36** |
|---|---|
| **FATOR PREVIDENCIÁRIO** | **1,00000** |
| **SALÁRIO DE BENEFÍCIO** | **5.647,36** |
| Coeficiente | **100%** |

| **Renda Mensal Inicial** = SB x Coeficiente | **5.647,36** |
|---|---|

**REAJUSTES DO BENEFÍCIO**

**CLÁUDIO MACIEL MENESES**
ESPÉCIE: **Aposentadoria por tempo de contribuição**
TEMPO DE CONTRIBUIÇÃO: **41 anos 01 mês e 01 dia**
DATA DO DIREITO ADQUIRIDO: **13/11/2019**
DATA DO REQUERIMENTO: **01/04/2020**

| | |
|---|---|
| SALÁRIO DE BENEFÍCIO | **5.647,36** |
| COEFICIENTE | **100%** |
| RENDA MENSAL INICIAL | **5.647,36** |

| Data | Renda Mensal | Índices de reajustes | Renda Mensal Reajustada |
|---|---|---|---|
| jan/20 | 5.647,36 | 1,017700 | 5.747,32 |
| jan/21 | 5.747,32 | 1,054500 | 6.060,54 |
| **jan/22** | **6.060,54** | **1,101600** | **6.676,30** |

De acordo com os cálculos acima, observa-se que o fator previdenciário do segurado foi fixado em 0,8767, representando uma perda de 12,33% no valor do benefício, caso fosse aplicado. Como o segurado atingiu a pontuação mínima de 96 pontos exigidos a época, o fator previdenciário não foi aplicado no cálculo do salário de benefício, fixado no valor de R$ 5.647,36 em 13/11/2019. A renda mensal inicial é equivalente a 100% do salário de benefício que, reajustada para abril de 2020, data do requerimento, é fixada em R$ 5.747,32. A renda reajustada para o ano de 2022 é de R$ 6.676,30.

Passemos a analisar o cálculo da aposentadoria especial com base na regra de permanente.

**APOSENTADORIA ESPECIAL – 20 ANOS – REGRA PERMANENTE**

Espécie do benefício: **Aposentadoria especial**
Nome: **CLÁUDIO MACIEL MENESES**
Data de nascimento: **01/03/1962**
Data do requerimento: **01/04/2020**

| IDADE | |
|---|---|
| **INÍCIO** | **FIM** |
| **01/03/1962** | **01/04/2020** |

| IDADE | | |
|---|---|---|
| **ANOS** | **MESES** | **DIAS** |
| **58** | **1** | **1** |
| **58,09** | | |

| | CONTRATOS DE TRABALHO | | TEMPO MÍNIMO | TEMPO DE CONTRIBUIÇÃO | | | TEMPO DE CONTRIBUIÇÃO CONVERTIDO | | |
|---|---|---|---|---|---|---|---|---|---|
| | **INÍCIO** | **FIM** | | **ANOS** | **MESES** | **DIAS** | **ANOS** | **MESES** | **DIAS** |
| 1 | **01/06/1987** | **01/03/1991** | 35 | 3 | 9 | 1 | 3 | 9 | 1 |
| 2 | **01/05/1995** | **30/04/1998** | 35 | 3 | 0 | 0 | 3 | 0 | 0 |
| 3 | **01/04/2000** | **01/04/2020** | 20 | 20 | 0 | 1 | 20 | 0 | 1 |

| TEMPO TOTAL APURADO | | |
|---|---|---|
| **Anos** | **Meses** | **Dias** |

| | | | |
|---|---|---|---|
| | 26 | 9 | 2 |
| | 26,76 | | |
| **Regras do novo Regime Jurídico** | | | |
| **Regra de pontos: 76** | **84,84** | Aplicável | |

Percebe-se que o segurado completou os 20 anos de contribuição de efetivo exercício das atividades com exposição a agentes nocivos exigidos para ter direito à aposentadoria especial com base na regra permanente. Como já foi ressaltado, o segurado desenvolveu atividades de mineração subterrânea afastada das frentes de produção, que enseja aposentadoria especial aos 20 anos de atividade, enquadrada no código 4.0.1 do Anexo IV ao Decreto 3048/99. Os dois primeiros vínculos foram considerados comuns por não ter havido exposição a agentes nocivos.

Outra questão a ser analisada é se os demais vínculos comuns vão ser computados para fins de informação de salários de contribuição no período básico de cálculo, tendo em vista se tratar de aposentadoria especial, cujo vínculo considerado com exposição a agentes nocivos foi somente o relativo ao período de 01/04/2000 a 01/04/2020. Em nossa opinião, os demais vínculos comuns devem ser considerados apenas para fins de informação dos salários de contribuição no período básico de cálculo. Seguem os cálculos do salário de benefício e da renda mensal inicial com base na regra permanente da EC 103/2019.

**APOSENTADORIA ESPECIAL – REGRA PERMAMENTE**

**CLÁUDIO MACIEL MENESES**

DATA DE NASCIMENTO: **01/03/1962**

ESPÉCIE: 46 (APOSENTADORIA ESPECIAL)

DATA DE INÍCIO: **01/04/2020**

TEMPO DE CONTRIBUIÇÃO: 20 anos 00 meses e 01 dia

BASE LEGAL: LEI 9.876 DE 29 DE NOVEMBRO DE 1999

PERÍODO BÁSICO DE CÁLCULO: **07/1994 a 03/2020**

| Sequência | Mês/ano | Valor teto | Salário | Índice | Salário atualizado |
|---|---|---|---|---|---|
| 1 | mai/95 | 832,66 | 832,66 | 6,463513 | 5.381,91 |
| 2 | jun/95 | 832,66 | 832,66 | 6,301562 | 5.247,06 |
| 3 | jul/95 | 832,66 | 832,66 | 6,188924 | 5.153,27 |
| 4 | ago/95 | 832,66 | 832,66 | 6,040329 | 5.029,54 |
| 5 | set/95 | 832,66 | 832,66 | 5,979341 | 4.978,76 |
| 6 | out/95 | 832,66 | 832,66 | 5,910192 | 4.921,18 |
| 7 | nov/95 | 832,66 | 832,66 | 5,828590 | 4.853,23 |
| 8 | dez/95 | 832,66 | 832,66 | 5,741890 | 4.781,04 |
| 9 | jan/96 | 832,66 | 832,66 | 5,648685 | 4.703,43 |
| 10 | fev/96 | 832,66 | 832,66 | 5,567405 | 4.635,76 |
| 11 | mar/96 | 832,66 | 832,66 | 5,528151 | 4.603,07 |
| 12 | abr/96 | 832,66 | 832,66 | 5,512169 | 4.589,76 |
| 13 | mai/96 | 957,56 | 957,56 | 5,473848 | 5.241,54 |
| 14 | jun/96 | 957,56 | 957,56 | 5,383409 | 5.154,94 |
| 15 | jul/96 | 957,56 | 957,56 | 5,318526 | 5.092,81 |
| 16 | ago/96 | 957,56 | 957,56 | 5,261177 | 5.037,89 |
| 17 | set/96 | 957,56 | 957,56 | 5,260964 | 5.037,69 |
| 18 | out/96 | 957,56 | 957,56 | 5,254134 | 5.031,15 |
| 19 | nov/96 | 957,56 | 957,56 | 5,242600 | 5.020,10 |
| 20 | dez/96 | 957,56 | 957,56 | 5,227965 | 5.006,09 |
| 21 | jan/97 | 957,56 | 957,56 | 5,182355 | 4.962,42 |
| 22 | fev/97 | 957,56 | 957,56 | 5,101751 | 4.885,23 |
| 23 | mar/97 | 957,56 | 957,56 | 5,080411 | 4.864,80 |

| Sequência | Mês/ano | Valor teto | Salário | Índice | Salário atualizado |
|---|---|---|---|---|---|
| 24 | abr/97 | 957,56 | 957,56 | 5,022156 | 4.809,02 |
| 25 | mai/97 | 957,56 | 957,56 | 4,992700 | 4.780,81 |
| 26 | jun/97 | 1.031,87 | 1.031,87 | 4,977765 | 5.136,41 |
| 27 | jul/97 | 1.031,87 | 1.031,87 | 4,943164 | 5.100,70 |
| 28 | ago/97 | 1.031,87 | 1.031,87 | 4,938720 | 5.096,12 |
| 29 | set/97 | 1.031,87 | 1.031,87 | 4,938720 | 5.096,12 |
| 30 | out/97 | 1.031,87 | 1.031,87 | 4,909750 | 5.066,22 |
| 31 | nov/97 | 1.031,87 | 1.031,87 | 4,893114 | 5.049,06 |
| 32 | dez/97 | 1.031,87 | 1.031,87 | 4,852834 | 5.007,49 |
| 33 | jan/98 | 1.031,87 | 1.031,87 | 4,819581 | 4.973,18 |
| 34 | fev/98 | 1.031,87 | 1.031,87 | 4,777539 | 4.929,80 |
| 35 | mar/98 | 1.031,87 | 1.031,87 | 4,776584 | 4.928,81 |
| 36 | abr/98 | 1.031,87 | 1.031,87 | 4,765621 | 4.917,50 |
| 37 | abr/00 | 1.255,32 | 1.255,32 | 3,846287 | 4.828,32 |
| 38 | mai/00 | 1.255,32 | 1.255,32 | 3,841293 | 4.822,05 |
| 39 | jun/00 | 1.328,25 | 1.328,25 | 3,815725 | 5.068,24 |
| 40 | jul/00 | 1.328,25 | 1.328,25 | 3,780567 | 5.021,54 |
| 41 | ago/00 | 1.328,25 | 1.328,25 | 3,697019 | 4.910,57 |
| 42 | set/00 | 1.328,25 | 1.328,25 | 3,630931 | 4.822,78 |
| 43 | out/00 | 1.328,25 | 1.328,25 | 3,606054 | 4.789,74 |
| 44 | nov/00 | 1.328,25 | 1.328,25 | 3,592758 | 4.772,08 |
| 45 | dez/00 | 1.328,25 | 1.328,25 | 3,578799 | 4.753,54 |
| 46 | jan/01 | 1.328,25 | 1.328,25 | 3,551806 | 4.717,69 |
| 47 | fev/01 | 1.328,25 | 1.328,25 | 3,534492 | 4.694,69 |
| 48 | mar/01 | 1.328,25 | 1.328,25 | 3,522511 | 4.678,78 |
| 49 | abr/01 | 1.328,25 | 1.328,25 | 3,494554 | 4.641,64 |
| 50 | mai/01 | 1.328,25 | 1.328,25 | 3,455507 | 4.589,78 |
| 51 | jun/01 | 1.430,00 | 1.430,00 | 3,440371 | 4.919,73 |
| 52 | jul/01 | 1.430,00 | 1.430,00 | 3,390865 | 4.848,94 |
| 53 | ago/01 | 1.430,00 | 1.430,00 | 3,336808 | 4.771,64 |
| 54 | set/01 | 1.430,00 | 1.430,00 | 3,307041 | 4.729,07 |
| 55 | out/01 | 1.430,00 | 1.430,00 | 3,294524 | 4.711,17 |
| 56 | nov/01 | 1.430,00 | 1.430,00 | 3,247437 | 4.643,83 |
| 57 | dez/01 | 1.430,00 | 1.430,00 | 3,222940 | 4.608,80 |
| 58 | jan/02 | 1.430,00 | 1.430,00 | 3,217152 | 4.600,53 |
| 59 | fev/02 | 1.430,00 | 1.430,00 | 3,211053 | 4.591,81 |
| 60 | mar/02 | 1.430,00 | 1.430,00 | 3,205281 | 4.583,55 |
| 61 | abr/02 | 1.430,00 | 1.430,00 | 3,201761 | 4.578,52 |
| 62 | mai/02 | 1.430,00 | 1.430,00 | 3,179502 | 4.546,69 |
| 63 | jun/02 | 1.561,56 | 1.561,56 | 3,144599 | 4.910,48 |
| 64 | jul/02 | 1.561,56 | 1.561,56 | 3,090813 | 4.826,49 |
| 65 | ago/02 | 1.561,56 | 1.561,56 | 3,028729 | 4.729,54 |
| 66 | set/02 | 1.561,56 | 1.561,56 | 2,958897 | 4.620,50 |
| 67 | out/02 | 1.561,56 | 1.561,56 | 2,882795 | 4.501,66 |
| 68 | nov/02 | 1.561,56 | 1.561,56 | 2,766331 | 4.319,79 |
| 69 | dez/02 | 1.561,56 | 1.561,56 | 2,613689 | 4.081,43 |
| 70 | jan/03 | 1.561,56 | 1.561,56 | 2,544974 | 3.974,13 |
| 71 | fev/03 | 1.561,56 | 1.561,56 | 2,490921 | 3.889,72 |
| 72 | mar/03 | 1.561,56 | 1.561,56 | 2,451938 | 3.828,85 |

| Sequência | Mês/ano | Valor teto | Salário | Índice | Salário atualizado |
|---|---|---|---|---|---|
| 73 | abr/03 | 1.561,56 | 1.561,56 | 2,411901 | 3.766,33 |
| 74 | mai/03 | 1.561,56 | 1.561,56 | 2,402050 | 3.750,95 |
| 75 | jun/03 | 1.869,34 | 1.869,34 | 2,418253 | 4.520,54 |
| 76 | jul/03 | 1.869,34 | 1.869,34 | 2,435300 | 4.552,40 |
| 77 | ago/03 | 1.869,34 | 1.869,34 | 2,440183 | 4.561,53 |
| 78 | set/03 | 1.869,34 | 1.869,34 | 2,425144 | 4.533,42 |
| 79 | out/03 | 1.869,34 | 1.869,34 | 2,399946 | 4.486,32 |
| 80 | nov/03 | 1.869,34 | 1.869,34 | 2,389432 | 4.466,66 |
| 81 | dez/03 | 1.869,34 | 1.869,34 | 2,378017 | 4.445,32 |
| 82 | jan/04 | 2.400,00 | 2.400,00 | 2,363835 | 5.673,20 |
| 83 | fev/04 | 2.400,00 | 2.400,00 | 2,345075 | 5.628,18 |
| 84 | mar/04 | 2.400,00 | 2.400,00 | 2,335963 | 5.606,31 |
| 85 | abr/04 | 2.400,00 | 2.400,00 | 2,322726 | 5.574,54 |
| 86 | mai/04 | 2.508,72 | 2.508,72 | 2,313240 | 5.803,27 |
| 87 | jun/04 | 2.508,72 | 2.508,72 | 2,304022 | 5.780,15 |
| 88 | jul/04 | 2.508,72 | 2.508,72 | 2,292565 | 5.751,40 |
| 89 | ago/04 | 2.508,72 | 2.508,72 | 2,275947 | 5.709,71 |
| 90 | set/04 | 2.508,72 | 2.508,72 | 2,264624 | 5.681,31 |
| 91 | out/04 | 2.508,72 | 2.508,72 | 2,260782 | 5.671,67 |
| 92 | nov/04 | 2.508,72 | 2.508,72 | 2,256948 | 5.662,05 |
| 93 | dez/04 | 2.508,72 | 2.508,72 | 2,247058 | 5.637,24 |
| 94 | jan/05 | 2.508,72 | 2.508,72 | 2,227895 | 5.589,16 |
| 95 | fev/05 | 2.508,72 | 2.508,72 | 2,215269 | 5.557,49 |
| 96 | mar/05 | 2.508,72 | 2.508,72 | 2,205565 | 5.533,15 |
| 97 | abr/05 | 2.508,72 | 2.508,72 | 2,189579 | 5.493,04 |
| 98 | mai/05 | 2.668,15 | 2.668,15 | 2,169837 | 5.789,45 |
| 99 | jun/05 | 2.668,15 | 2.668,15 | 2,154752 | 5.749,20 |
| 100 | jul/05 | 2.668,15 | 2.668,15 | 2,157124 | 5.755,53 |
| 101 | ago/05 | 2.668,15 | 2.668,15 | 2,156477 | 5.753,80 |
| 102 | set/05 | 2.668,15 | 2.668,15 | 2,156477 | 5.753,80 |
| 103 | out/05 | 2.668,15 | 2.668,15 | 2,153249 | 5.745,19 |
| 104 | nov/05 | 2.668,15 | 2.668,15 | 2,140834 | 5.712,07 |
| 105 | dez/05 | 2.668,15 | 2.668,15 | 2,129331 | 5.681,37 |
| 106 | jan/06 | 2.668,15 | 2.668,15 | 2,120851 | 5.658,75 |
| 107 | fev/06 | 2.668,15 | 2.668,15 | 2,112821 | 5.637,32 |
| 108 | mar/06 | 2.668,15 | 2.668,15 | 2,107975 | 5.624,39 |
| 109 | abr/06 | 2.801,56 | 2.801,56 | 2,102297 | 5.889,71 |
| 110 | mai/06 | 2.801,56 | 2.801,56 | 2,099779 | 5.882,66 |
| 111 | jun/06 | 2.801,56 | 2.801,56 | 2,097054 | 5.875,02 |
| 112 | jul/06 | 2.801,56 | 2.801,56 | 2,098518 | 5.879,12 |
| 113 | ago/06 | 2.801,82 | 2.801,82 | 2,096213 | 5.873,21 |
| 114 | set/06 | 2.801,82 | 2.801,82 | 2,096630 | 5.874,38 |
| 115 | out/06 | 2.801,82 | 2.801,82 | 2,093285 | 5.865,01 |
| 116 | nov/06 | 2.801,82 | 2.801,82 | 2,084321 | 5.839,89 |
| 117 | dez/06 | 2.801,82 | 2.801,82 | 2,075602 | 5.815,46 |
| 118 | jan/07 | 2.801,82 | 2.801,82 | 2,062812 | 5.779,63 |
| 119 | fev/07 | 2.801,82 | 2.801,82 | 2,052756 | 5.751,45 |
| 120 | mar/07 | 2.801,82 | 2.801,82 | 2,044172 | 5.727,40 |
| 121 | abr/07 | 2.894,28 | 2.894,28 | 2,035213 | 5.890,48 |

| Sequência | Mês/ano | Valor teto | Salário | Índice | Salário atualizado |
|---|---|---|---|---|---|
| 122 | mai/07 | 2.894,28 | 2.894,28 | 2,029938 | 5.875,21 |
| 123 | jun/07 | 2.894,28 | 2.894,28 | 2,024672 | 5.859,97 |
| 124 | jul/07 | 2.894,28 | 2.894,28 | 2,018418 | 5.841,87 |
| 125 | ago/07 | 2.894,28 | 2.894,28 | 2,011978 | 5.823,23 |
| 126 | set/07 | 2.894,28 | 2.894,28 | 2,000174 | 5.789,06 |
| 127 | out/07 | 2.894,28 | 2.894,28 | 1,995190 | 5.774,64 |
| 128 | nov/07 | 2.894,28 | 2.894,28 | 1,989224 | 5.757,37 |
| 129 | dez/07 | 2.894,28 | 2.894,28 | 1,980704 | 5.732,71 |
| 130 | jan/08 | 2.894,28 | 2.894,28 | 1,961675 | 5.677,64 |
| 131 | fev/08 | 2.894,28 | 2.894,28 | 1,948232 | 5.638,73 |
| 132 | mar/08 | 3.038,99 | 3.038,99 | 1,938348 | 5.890,62 |
| 133 | abr/08 | 3.038,99 | 3.038,99 | 1,928511 | 5.860,73 |
| 134 | mai/08 | 3.038,99 | 3.038,99 | 1,916247 | 5.823,46 |
| 135 | jun/08 | 3.038,99 | 3.038,99 | 1,898028 | 5.768,09 |
| 136 | jul/08 | 3.038,99 | 3.038,99 | 1,880913 | 5.716,08 |
| 137 | ago/08 | 3.038,99 | 3.038,99 | 1,870065 | 5.683,11 |
| 138 | set/08 | 3.038,99 | 3.038,99 | 1,866145 | 5.671,20 |
| 139 | out/08 | 3.038,99 | 3.038,99 | 1,863350 | 5.662,70 |
| 140 | nov/08 | 3.038,99 | 3.038,99 | 1,854081 | 5.634,53 |
| 141 | dez/08 | 3.038,99 | 3.038,99 | 1,847060 | 5.613,20 |
| 142 | jan/09 | 3.038,99 | 3.038,99 | 1,841724 | 5.596,98 |
| 143 | fev/09 | 3.218,90 | 3.218,90 | 1,830009 | 5.890,62 |
| 144 | mar/09 | 3.218,90 | 3.218,90 | 1,824353 | 5.872,41 |
| 145 | abr/09 | 3.218,90 | 3.218,90 | 1,820711 | 5.860,69 |
| 146 | mai/09 | 3.218,90 | 3.218,90 | 1,810756 | 5.828,64 |
| 147 | jun/09 | 3.218,90 | 3.218,90 | 1,799955 | 5.793,88 |
| 148 | jul/09 | 3.218,90 | 3.218,90 | 1,792424 | 5.769,63 |
| 149 | ago/09 | 3.218,90 | 3.218,90 | 1,788311 | 5.756,39 |
| 150 | set/09 | 3.218,90 | 3.218,90 | 1,786883 | 5.751,80 |
| 151 | out/09 | 3.218,90 | 3.218,90 | 1,784027 | 5.742,60 |
| 152 | nov/09 | 3.218,90 | 3.218,90 | 1,779755 | 5.728,85 |
| 153 | dez/09 | 3.218,90 | 3.218,90 | 1,773195 | 5.707,74 |
| 154 | jan/10 | 3.467,40 | 3.467,40 | 1,768946 | 6.133,64 |
| 155 | fev/10 | 3.467,40 | 3.467,40 | 1,753518 | 6.080,15 |
| 156 | mar/10 | 3.467,40 | 3.467,40 | 1,741328 | 6.037,88 |
| 157 | abr/10 | 3.467,40 | 3.467,40 | 1,729054 | 5.995,32 |
| 158 | mai/10 | 3.467,40 | 3.467,40 | 1,716521 | 5.951,86 |
| 159 | jun/10 | 3.467,40 | 3.467,40 | 1,709173 | 5.926,39 |
| 160 | jul/10 | 3.467,40 | 3.467,40 | 1,711055 | 5.932,91 |
| 161 | ago/10 | 3.467,40 | 3.467,40 | 1,712255 | 5.937,07 |
| 162 | set/10 | 3.467,40 | 3.467,40 | 1,713454 | 5.941,23 |
| 163 | out/10 | 3.467,40 | 3.467,40 | 1,704253 | 5.909,33 |
| 164 | nov/10 | 3.467,40 | 3.467,40 | 1,688712 | 5.855,44 |
| 165 | dez/10 | 3.467,40 | 3.467,40 | 1,671496 | 5.795,75 |
| 166 | jan/11 | 3.691,74 | 3.691,74 | 1,661528 | 6.133,93 |
| 167 | fev/11 | 3.691,74 | 3.691,74 | 1,646056 | 6.076,81 |
| 168 | mar/11 | 3.691,74 | 3.691,74 | 1,637217 | 6.044,18 |
| 169 | abr/11 | 3.691,74 | 3.691,74 | 1,626480 | 6.004,54 |
| 170 | mai/11 | 3.691,74 | 3.691,74 | 1,614852 | 5.961,61 |

| Sequência | Mês/ano | Valor teto | Salário | Índice | Salário atualizado |
|---|---|---|---|---|---|
| 171 | jun/11 | 3.691,74 | 3.691,74 | 1,605698 | 5.927,82 |
| 172 | jul/11 | 3.691,74 | 3.691,74 | 1,602175 | 5.914,81 |
| 173 | ago/11 | 3.691,74 | 3.691,74 | 1,602175 | 5.914,81 |
| 174 | set/11 | 3.691,74 | 3.691,74 | 1,595473 | 5.890,07 |
| 175 | out/11 | 3.691,74 | 3.691,74 | 1,588327 | 5.863,69 |
| 176 | nov/11 | 3.691,74 | 3.691,74 | 1,583260 | 5.844,98 |
| 177 | dez/11 | 3.691,74 | 3.691,74 | 1,574286 | 5.811,85 |
| 178 | jan/12 | 3.916,20 | 3.916,20 | 1,566302 | 6.133,95 |
| 179 | fev/12 | 3.916,20 | 3.916,20 | 1,558352 | 6.102,82 |
| 180 | mar/12 | 3.916,20 | 3.916,20 | 1,552298 | 6.079,11 |
| 181 | abr/12 | 3.916,20 | 3.916,20 | 1,549506 | 6.068,18 |
| 182 | mai/12 | 3.916,20 | 3.916,20 | 1,539656 | 6.029,60 |
| 183 | jun/12 | 3.916,20 | 3.916,20 | 1,531235 | 5.996,62 |
| 184 | jul/12 | 3.916,20 | 3.916,20 | 1,527262 | 5.981,06 |
| 185 | ago/12 | 3.916,20 | 3.916,20 | 1,520725 | 5.955,46 |
| 186 | set/12 | 3.916,20 | 3.916,20 | 1,513911 | 5.928,78 |
| 187 | out/12 | 3.916,20 | 3.916,20 | 1,504432 | 5.891,66 |
| 188 | nov/12 | 3.916,20 | 3.916,20 | 1,493826 | 5.850,12 |
| 189 | dez/12 | 3.916,20 | 3.916,20 | 1,485803 | 5.818,70 |
| 190 | jan/13 | 4.159,00 | 4.159,00 | 1,474888 | 6.134,06 |
| 191 | fev/13 | 4.159,00 | 4.159,00 | 1,461444 | 6.078,15 |
| 192 | mar/13 | 4.159,00 | 4.159,00 | 1,453884 | 6.046,70 |
| 193 | abr/13 | 4.159,00 | 4.159,00 | 1,445212 | 6.010,64 |
| 194 | mai/13 | 4.159,00 | 4.159,00 | 1,436734 | 5.975,38 |
| 195 | jun/13 | 4.159,00 | 4.159,00 | 1,431721 | 5.954,53 |
| 196 | jul/13 | 4.159,00 | 4.159,00 | 1,427727 | 5.937,92 |
| 197 | ago/13 | 4.159,00 | 4.159,00 | 1,429586 | 5.945,65 |
| 198 | set/13 | 4.159,00 | 4.159,00 | 1,427301 | 5.936,14 |
| 199 | out/13 | 4.159,00 | 4.159,00 | 1,423457 | 5.920,16 |
| 200 | nov/13 | 4.159,00 | 4.159,00 | 1,414830 | 5.884,28 |
| 201 | dez/13 | 4.159,00 | 4.159,00 | 1,407228 | 5.852,66 |
| 202 | jan/14 | 4.390,24 | 4.390,24 | 1,397168 | 6.133,90 |
| 203 | fev/14 | 4.390,24 | 4.390,24 | 1,388423 | 6.095,51 |
| 204 | mar/14 | 4.390,24 | 4.390,24 | 1,379593 | 6.056,74 |
| 205 | abr/14 | 4.390,24 | 4.390,24 | 1,368372 | 6.007,48 |
| 206 | mai/14 | 4.390,24 | 4.390,24 | 1,357779 | 5.960,98 |
| 207 | jun/14 | 4.390,24 | 4.390,24 | 1,349678 | 5.925,41 |
| 208 | jul/14 | 4.390,24 | 4.390,24 | 1,346182 | 5.910,06 |
| 209 | ago/14 | 4.390,24 | 4.390,24 | 1,344435 | 5.902,39 |
| 210 | set/14 | 4.390,24 | 4.390,24 | 1,342017 | 5.891,78 |
| 211 | out/14 | 4.390,24 | 4.390,24 | 1,335477 | 5.863,06 |
| 212 | nov/14 | 4.390,24 | 4.390,24 | 1,330421 | 5.840,87 |
| 213 | dez/14 | 4.390,24 | 4.390,24 | 1,323405 | 5.810,07 |
| 214 | jan/15 | 4.663,75 | 4.663,75 | 1,315249 | 6.133,99 |
| 215 | fev/15 | 4.663,75 | 4.663,75 | 1,296069 | 6.044,54 |
| 216 | mar/15 | 4.663,75 | 4.663,75 | 1,281207 | 5.975,23 |
| 217 | abr/15 | 4.663,75 | 4.663,75 | 1,262149 | 5.886,35 |
| 218 | mai/15 | 4.663,75 | 4.663,75 | 1,253251 | 5.844,85 |
| 219 | jun/15 | 4.663,75 | 4.663,75 | 1,240967 | 5.787,56 |

| Sequência | Mês/ano | Valor teto | Salário | Índice | Salário atualizado |
|---|---|---|---|---|---|
| 220 | jul/15 | 4.663,75 | 4.663,75 | 1,231482 | 5.743,32 |
| 221 | ago/15 | 4.663,75 | 4.663,75 | 1,224382 | 5.710,21 |
| 222 | set/15 | 4.663,75 | 4.663,75 | 1,221326 | 5.695,96 |
| 223 | out/15 | 4.663,75 | 4.663,75 | 1,215131 | 5.667,07 |
| 224 | nov/15 | 4.663,75 | 4.663,75 | 1,205848 | 5.623,77 |
| 225 | dez/15 | 4.663,75 | 4.663,75 | 1,192606 | 5.562,02 |
| 226 | jan/16 | 5.189,82 | 5.189,82 | 1,181971 | 6.134,22 |
| 227 | fev/16 | 5.189,82 | 5.189,82 | 1,164389 | 6.042,97 |
| 228 | mar/16 | 5.189,82 | 5.189,82 | 1,153429 | 5.986,09 |
| 229 | abr/16 | 5.189,82 | 5.189,82 | 1,148377 | 5.959,87 |
| 230 | mai/16 | 5.189,82 | 5.189,82 | 1,141074 | 5.921,97 |
| 231 | jun/16 | 5.189,82 | 5.189,82 | 1,130002 | 5.864,51 |
| 232 | jul/16 | 5.189,82 | 5.189,82 | 1,124714 | 5.837,06 |
| 233 | ago/16 | 5.189,82 | 5.189,82 | 1,117560 | 5.799,94 |
| 234 | set/16 | 5.189,82 | 5.189,82 | 1,114110 | 5.782,03 |
| 235 | out/16 | 5.189,82 | 5.189,82 | 1,113218 | 5.777,40 |
| 236 | nov/16 | 5.189,82 | 5.189,82 | 1,111328 | 5.767,59 |
| 237 | dez/16 | 5.189,82 | 5.189,82 | 1,110550 | 5.763,55 |
| 238 | jan/17 | 5.531,31 | 5.531,31 | 1,109000 | 6.134,22 |
| 239 | fev/17 | 5.531,31 | 5.531,31 | 1,104360 | 6.108,56 |
| 240 | mar/17 | 5.531,31 | 5.531,31 | 1,101716 | 6.093,93 |
| 241 | abr/17 | 5.531,31 | 5.531,31 | 1,098203 | 6.074,50 |
| 242 | mai/17 | 5.531,31 | 5.531,31 | 1,097326 | 6.069,65 |
| 243 | jun/17 | 5.531,31 | 5.531,31 | 1,093387 | 6.047,86 |
| 244 | jul/17 | 5.531,31 | 5.531,31 | 1,096678 | 6.066,07 |
| 245 | ago/17 | 5.531,31 | 5.531,31 | 1,094818 | 6.055,78 |
| 246 | set/17 | 5.531,31 | 5.531,31 | 1,095146 | 6.057,59 |
| 247 | out/17 | 5.531,31 | 5.531,31 | 1,095365 | 6.058,80 |
| 248 | nov/17 | 5.531,31 | 5.531,31 | 1,091327 | 6.036,47 |
| 249 | dez/17 | 5.531,31 | 5.531,31 | 1,089365 | 6.025,62 |
| 250 | jan/18 | 5.645,80 | 5.645,80 | 1,086541 | 6.134,39 |
| 251 | fev/18 | 5.645,80 | 5.645,80 | 1,084048 | 6.120,32 |
| 252 | mar/18 | 5.645,80 | 5.645,80 | 1,082099 | 6.109,31 |
| 253 | abr/18 | 5.645,80 | 5.645,80 | 1,081344 | 6.105,05 |
| 254 | mai/18 | 5.645,80 | 5.645,80 | 1,079076 | 6.092,25 |
| 255 | jun/18 | 5.645,80 | 5.645,80 | 1,074458 | 6.066,17 |
| 256 | jul/18 | 5.645,80 | 5.645,80 | 1,059308 | 5.980,64 |
| 257 | ago/18 | 5.645,80 | 5.645,80 | 1,056666 | 5.965,72 |
| 258 | set/18 | 5.645,80 | 5.645,80 | 1,056666 | 5.965,72 |
| 259 | out/18 | 5.645,80 | 5.645,80 | 1,053506 | 5.947,88 |
| 260 | nov/18 | 5.645,80 | 5.645,80 | 1,049308 | 5.924,18 |
| 261 | dez/18 | 5.645,80 | 5.645,80 | 1,051938 | 5.939,03 |
| 262 | jan/19 | 5.839,45 | 5.839,45 | 1,050468 | 6.134,16 |
| 263 | fev/19 | 5.839,45 | 5.839,45 | 1,046700 | 6.112,15 |
| 264 | mar/19 | 5.839,45 | 5.839,45 | 1,041080 | 6.079,33 |
| 265 | abr/19 | 5.839,45 | 5.839,45 | 1,033123 | 6.032,87 |
| 266 | mai/19 | 5.839,45 | 5.839,45 | 1,026961 | 5.996,89 |
| 267 | jun/19 | 5.839,45 | 5.839,45 | 1,025423 | 5.987,91 |
| 268 | jul/19 | 5.839,45 | 5.839,45 | 1,025321 | 5.987,31 |

| Sequência | Mês/ano | Valor teto | Salário | Índice | Salário atualizado |
|---|---|---|---|---|---|
| 269 | ago/19 | 5.839,45 | 5.839,45 | 1,024295 | 5.981,32 |
| 270 | set/19 | 5.839,45 | 5.839,45 | 1,023068 | 5.974,15 |
| 271 | out/19 | 5.839,45 | 5.839,45 | 1,023580 | 5.977,14 |
| 272 | nov/19 | 5.839,45 | 5.839,45 | 1,023171 | 5.974,76 |
| 273 | dez/19 | 5.839,45 | 5.839,45 | 1,017676 | 5.942,67 |
| 274 | jan/20 | 6.101,06 | 6.101,06 | 1,005409 | 6.134,06 |
| 275 | fev/20 | 6.101,06 | 6.101,06 | 1,003503 | 6.122,43 |
| 276 | mar/20 | 6.101,06 | 6.101,06 | 1,001800 | 6.112,04 |

| | |
|---|---|
| **SOMA GERAL DE SALÁRIOS** | **1.532.503,88** |

| | |
|---|---|
| **MÉDIA GERAL DE SALÁRIOS** = 1.532.503,88 / 276 | **5.552,55** |

| | |
|---|---|
| Período Básico de Cálculos - 07/1994 a 03/2020 | **309** |
| Quantidade de salários no período básico de cálculo | **276** |

| | |
|---|---|
| **TETO PREVIDENCIÁRIO** | **6.101,06** |

**CLÁUDIO MACIEL MENESES**

DATA DE INÍCIO DO BENEFÍCIO: **01/04/2020**

ESPÉCIE: **46** (APOSENTADORIA ESPECIAL)

TEMPO DE CONTRIBUIÇÃO: **20 anos 00 meses e 01 dia**

| | |
|---|---|
| **MÉDIA DE 100% DOS SALÁRIOS DE CONTRIBUIÇÃO** | **5.552,55** |
| COEFICIENTE | **60%** |
| **RENDA MENSAL INICIAL** = SB x Coeficiente | **3.331,53** |

| | |
|---|---|
| **RENDA MENSAL - direito adquirido** | **5.747,32** |

| | |
|---|---|
| **Diferença** | **2.415,79** |

De acordo com as informações previdenciárias do estudo de caso, o segurado atende aos requisitos do Art. 19 da EC 103/2019 para fazer jus ao benefício de aposentadoria especial pelo Novo Regime Jurídico, tendo em vista que possui a idade mínima de 58 anos e o tempo de contribuição mínimo de 20 anos de comprovação de atividade especial de mineração subterrânea afastada das frentes de produção, que enseja aposentadoria aos 20 anos.

De acordo com os cálculos, na data do requerimento do benefício em 01/04/2020, a média de 100% dos salários de contribuição de 07/1994 a 03/2020 foi fixada no valor de R$ 5.552,55. A renda mensal inicial, por sua vez, foi fixada em 60% do salário de benefício, no valor de R$ 3.331,53, em conformidade com o Art. 26 da EC 103/2019.

Como o segurado possuía direito adquirido em 13/11/2019 à aposentadoria por tempo de contribuição integral, com conversão de tempo especial, a renda desse último benefício foi mais vantajosa, pois foi fixada em R$ 5.747,32, reajustada para o ano de 2020. Portanto o benefício mais vantajoso foi o calculado com base no direito adquirido antes da reforma da Previdência, conforme demonstrado.

O benefício calculado com base nas regras do direito adquirido foi mais vantajoso por dois motivos:

a) O salário de benefício foi calculado com base em 80% dos maiores salários de contribuição do período básico de cálculo;

b) O coeficiente foi de 100%, ao passo que o coeficiente da RMI pelas regras do Novo Regime Jurídico foi de 60%.

## 4.2. Aposentadoria especial dos deficientes

**Regulamentação básica:** Lei Complementar 142/2013 e Decreto 8.145/2013.

A aposentadoria com regras especiais em favor dos segurados deficientes passou a ter previsão na Constituição de 1988 somente com o advento da Emenda 47/2005. Coube à Lei Complementar 142, de 08 de maio de 2013, regulamentar a concessão de aposentadoria com critérios especiais aos referidos segurados, mas que apenas entrou em vigor após transcorridos seis meses da sua publicação, perpetrada no dia 09/05/2013.

**IMPORTANTE!**

De acordo com o artigo 22 da Emenda 103/2019, até que lei discipline o inciso I do § 1° do art. 201 da Constituição Federal, a aposentadoria da pessoa com deficiência segurada do Regime Geral de Previdência Social será concedida na forma da Lei Complementar n° 142, de 8 de maio de 2013, inclusive quanto aos critérios de cálculo dos benefícios. Desta forma, conservamos as informações deste item da obra, pois as regras foram recebidas pela Emenda 103/2019.

Por sua vez, o Decreto 8.145, de 03 de dezembro de 2013, publicado nesse mesmo dia, promoveu a sua regulamentação, através da inserção no Regulamento da Previdência Social dos artigos 70-A *usque* 70-I.

Inicialmente, há de se advertir que o INSS não instituiu um código de aposentadoria especial para este benefício, que é tratado como uma espécie de aposentadoria por tempo de contribuição com redutor do segurado com deficiência pelo Decreto 8.145/2013.

Reputa-se tal interpretação regulamentar como equivocada. Isso porque o artigo 201, § 1°, da Constituição, ressalvou duas hipóteses de regras especiais de aposentadoria no RGPS: segurados expostos a agentes nocivos à saúde e deficientes. Destarte, partindo de uma interpretação constitucional, entende-se que se cuida de uma segunda modalidade de aposentadoria especial.

A aposentadoria especial do deficiente (chamada pelo Decreto 3048/99 de aposentadoria por tempo de contribuição do deficiente) dependerá do grau de deficiência (grave, moderada ou leve), cabendo ao Regulamento da Previdência Social defini-las e ao INSS atestar o grau de deficiência por sua perícia médica, observada a seguinte tabela:

| | Deficiência grave | Deficiência moderada | Deficiência leve |
|---|---|---|---|
| **Homens** | 25 anos de contribuição | 29 anos de contribuição | 33 anos de contribuição |
| **Mulheres** | 20 anos de contribuição | 24 anos de contribuição | 28 anos de contribuição |

É possível que o grau de deficiência seja alterado ao longo do tempo. Uma deficiência leve pode progredir e se tornar moderada ou grave, ou vice-versa.

Neste caso, se o segurado, após a filiação ao RGPS, tornar-se pessoa com deficiência, ou tiver seu grau de deficiência alterado, os parâmetros serão proporcionalmente ajustados, considerando-se o número de anos em que o segurado exerceu atividade laboral sem deficiência e com deficiência, observado o grau de deficiência correspondente.

Certamente por um lapso do legislador, a LC 142/2013 não previu expressamente o período de carência da aposentadoria especial do deficiente, que deve ser considerada em 180 recolhimentos mensais por analogia às demais aposentadorias, conforme aduzido pelo Decreto 8.145/2013.

A existência de deficiência anterior à data da vigência da LC 142/2013 deverá ser certificada, inclusive quanto ao seu grau, por ocasião da primeira avaliação no INSS, sendo obrigatória a fixação da data provável do início da deficiência.

Esta aposentadoria especial terá a renda de 100% do salário de benefício, apenas havendo a incidência do fator previdenciário se for benéfico ao segurado.

Para direito formado a partir de 14/11/2019, o INSS está aplicando a regra do artigo 26 da Emenda 103/2019 para o cálculo do salário de benefício, sem a incidência do divisor mínimo e com a regra de descarte, nos termos da Portaria 450/2020:

> "Do Período Básico de Cálculo e do Salário-de-benefício
>
> Art. 35. Nos termos do art. 26 da EC n° 103, de 2019, o PBC é composto por 100% (cem por cento) dos salários de contribuição a partir de julho de 1994 ou desde o início das contribuições, se posterior a esta competência, observado o disposto no art. 27.
>
> Art. 36. O SB é a média aritmética dos valores de contribuições do PBC e será limitado ao valor máximo do salário de contribuição do RGPS, conforme § 1° do art. 26 da EC n° 103, de 2019".

Logo, ao contrário do que ocorre na aposentadoria especial por agentes nocivos, em que não há a aplicação do fator previdenciário em nenhuma hipótese, na aposentadoria especial dos deficientes será possível a sua incidência, desde que superior a 1,0, pois somente assim haverá elevação no valor do salário de benefício.

Por sua vez, a Lei Complementar 142/2013 abriu outro regramento diferenciado para os segurados deficientes, consistente na redução em cinco anos na idade para o deferimento do benefício de aposentadoria por idade.

Logo, independentemente do grau de deficiência, observada a carência de 180 recolhimentos mensais, o homem deficiente se aposentará por idade aos 60 anos e a mulher aos 55 anos de idade, com renda de 70% do salário de benefício, mais 1% por grupo de 12 contribuições mensais, até o máximo de 30%, sendo facultativa a incidência do fator previdenciário, que apenas será aplicado se benéfico ao segurado.

Para o segurado que, após a filiação ao RGPS, tornar-se pessoa com deficiência, ou tiver seu grau alterado, os parâmetros serão proporcionalmente ajustados e os respectivos períodos serão somados após conversão, conforme as tabelas abaixo, considerando o grau de deficiência preponderante:

| MULHER | | | | |
|---|---|---|---|---|
| **Tempo a converter** | **Multiplicadores** | | | |
| | **Para 20** | **Para 24** | **Para 28** | **Para 30** |
| **De 20 anos** | 1,00 | 1,20 | 1,40 | 1,50 |
| **De 24 anos** | 0,83 | 1,00 | 1,17 | 1,25 |
| **De 28 anos** | 0,71 | 0,86 | 1,00 | 1,07 |
| **De 30 anos** | 0,67 | 0,80 | 0,93 | 1,00 |
| **HOMEM** | | | | |
| **Tempo a converter** | **Multiplicadores** | | | |
| | **Para 25** | **Para 29** | **Para 33** | **Para 35** |
| **De 25 anos** | 1,00 | 1,16 | 1,32 | 1,40 |
| **De 29 anos** | 0,86 | 1,00 | 1,14 | 1,21 |
| **De 33 anos** | 0,76 | 0,88 | 1,00 | 1,06 |
| **De 35 anos** | 0,71 | 0,83 | 0,94 | 1,00 |

Assim, suponha-se que um segurado homem sem deficiência conte com 10 anos de contribuição, considerando que a aposentadoria por tempo de contribuição do homem se dá aos 35 anos de contribuição.

Posteriormente, esse segurado teve um acidente e passa para a condição de deficiente grave, com aposentadoria especial com 25 anos. Neste caso, os 10 anos serão convertidos pelo fator 0,71, equivalendo a 7,1 anos de contribuição para uma aposentadoria especial de 25 anos.

É garantida a conversão do tempo de contribuição cumprido em condições especiais que prejudiquem a saúde ou a integridade física do segurado, inclusive da pessoa com deficiência, para fins da aposentadoria especial do deficiente, se resultar mais favorável ao segurado, conforme tabela abaixo:

| MULHER | | | | | |
|---|---|---|---|---|---|
| **Tempo a converter** | **Multiplicadores** | | | | |
| | **Para 15** | **Para 20** | **Para 24** | **Para 25** | **Para 28** |
| **De 15 anos** | 1,00 | 1,33 | 1,60 | 1,67 | 1,87 |
| **De 20 anos** | 0,75 | 1,00 | 1,20 | 1,25 | 1,40 |
| **De 24 anos** | 0,63 | 0,83 | 1,00 | 1,04 | 1,17 |
| **De 25 anos** | 0,60 | 0,80 | 0,96 | 1,00 | 1,12 |
| **De 28 anos** | 0,54 | 0,71 | 0,86 | 0,89 | 1,00 |
| **HOMEM** | | | | | |
| **Tempo a converter** | **Multiplicadores** | | | | |
| | **Para 15** | **Para 20** | **Para 25** | **Para 29** | **Para 33** |
| **De 15 anos** | 1,00 | 1,33 | 1,67 | 1,93 | 2,20 |
| **De 20 anos** | 0,75 | 1,00 | 1,25 | 1,45 | 1,65 |
| **De 25 anos** | 0,60 | 0,80 | 1,00 | 1,16 | 1,32 |

| | | | | | |
|---|---|---|---|---|---|
| **De 29 anos** | 0,52 | 0,69 | 0,86 | 1,00 | 1,14 |
| **De 33 anos** | 0,45 | 0,61 | 0,76 | 0,88 | 1,00 |

Essa regra foi manutenida pelo Decreto 10.410/2020 (art. 70-F, § 1º, do RPS), mesmo após o advento da Emenda 103/2019, pois as regras das aposentadorias das pessoas com deficiência foram conservadas pela Reforma Constitucional Previdenciária.

No entanto, é vedada a conversão do tempo de contribuição da pessoa com deficiência para fins de concessão da aposentadoria especial por exposição aos agentes nocivos à saúde.

Assim sendo, tempo de contribuição especial por exposição a agentes nocivos à saúde converte-se em tempo de contribuição do deficiente. Todavia, a recíproca não é verdadeira.

Até 13/11/2019, é possível fins da aposentadoria por idade da pessoa com deficiência a conversão do período de exercício de atividade sujeita a condições especiais que prejudiquem a saúde ou a integridade física, cumprido na condição de pessoa com deficiência, exclusivamente para efeito de cálculo do valor da renda mensal, vedado o cômputo do tempo convertido para fins de carência.

| **Quadro sintético – aposentadoria especial dos deficientes** | |
|---|---|
| **Cabimento** | Segurado deficiente do sexo masculino aos 25 (deficiência grave), 29 (moderada) ou 33 (leve) anos de contribuição. Seria devida à segurada do sexo feminino aos 20 (deficiência grave), 24 (moderada) ou 28 (leve) anos de contribuição. POR TEMPO DE CONTRIBUIÇÃO<br>60 anos homem ou 65 anos mulher, com 15 anos de deficiências. POR IDADE |
| **Beneficiários** | Segurados com deficiência leve, moderada ou grave. |
| **Carência** | 180 recolhimentos mensais |
| **Valor** | Valor: 100% do salário de benefício, apenas com a incidência do fator previdenciário se benéfico ao segurado. Por idade, parte de 70%, com mais 1% por ano de contribuição, limitado a 100%. |
| **Outras informações** | a) se for benéfico ao deficiente, este poderá requerer a aposentadoria por idade com redução em cinco anos na sua idade, independentemente do grau de deficiência;<br>b) cabe à perícia médica do INSS ficar o grau de deficiência;<br>c) é possível converter tempo especial de exposição a agentes nocivos à saúde em tempo de contribuição do deficiente, mas a recíproca não é verdadeira;<br>d) O segurado especial apenas receberá este benefício se promover recolhimentos sobre o salário de contribuição. |

### *4.2.1. Cálculos*

O estudo de caso a seguir trata-se de aposentadoria especial do deficiente com redução no tempo de contribuição a ser calculada com base nas regras da EC 103/2019 e Lei Complementar 142/2013. A perícia médica do INSS constatou a deficiência leve no período de 01/04/1993 a 07/05/2014 que evoluiu para deficiência moderada a partir de 08/05/2014 até a data do requerimento do benefício, ocorrida em 21/09/2020. Segue abaixo a contagem de tempo para fins de análise.

**APOSENTADORIA ESPECIAL DO DEFICIENTE**

**CARLOS BAIANO MACIEL**

DATA DE NASCIMENTO: **30/11/1966**

ESPÉCIE: **46** (APOSENTADORIA ESPECIAL DO DEFICIENTE)

DATA DO REQUERIMENTO: **21/09/2020**

DEFICIÊNCIA GRAVE: **25 anos**

DEFICIÊNCIA MODERADA: **29 anos** – Período de 08/05/2014 em diante

DEFICIÊNCIA LEVE: **33 anos** – Período de 01/04/1993 a 07/05/2014

| IDADE | |
|---|---|
| **INÍCIO** | **FIM** |
| **30/11/1966** | **21/09/2020** |

| IDADE | | | IDADE EM DIAS | FATOR | IDADE EM DIAS |
|---|---|---|---|---|---|
| **ANOS** | **MESES** | **DIAS** | | | |
| 53 | 9 | 22 | 19372 | 1,00 | 19372 |
| | | | **TOTAL DE DIAS** | | **19372** |

| IDADE | | |
|---|---|---|
| **Anos** | **Meses** | **Dias** |
| **53** | **9** | **22** |

| CONTRATOS DE TRABALHO | | TEMPO MÍNIMO | TEMPO DE SERVIÇO | | | TEMPO EM DIAS | FATOR | TEMPO CONVERTIDO |
|---|---|---|---|---|---|---|---|---|
| **INÍCIO** | **FIM** | | **ANOS** | **MESES** | **DIAS** | | | |
| **01/03/1985** | **30/06/1988** | 35 | 3 | 4 | 0 | 1200 | 0,94 | 1128 |
| **01/04/1989** | **30/12/1990** | 35 | 1 | 9 | 0 | 630 | 0,94 | 592 |
| **01/04/1993** | **12/06/2001** | **33** | 8 | 2 | 12 | 2952 | 1 | 2952 |
| **01/08/2001** | **07/05/2014** | **33** | 12 | 9 | 7 | 4597 | 1 | 4597 |
| **08/05/2014** | **21/09/2020** | **29** | 6 | 4 | 14 | 2294 | 1,14 | 2615 |
| | | | | | | **TOTAL DE DIAS** | | **11884** |

| TEMPO TOTAL APURADO | | |
|---|---|---|
| **Anos** | **Meses** | **Dias** |
| **33** | **0** | **4** |

De acordo com a contagem de tempo, objeto de análise, o segurado conta com os seguintes períodos laborais: atividades sem deficiência no período de 03/1985 a 12/1990 (base 35 anos); atividades com deficiência de grau leve no período de 04/1993 a 05/2014 (base 33 anos); e atividades com deficiência de grau moderado de 05/2014 a 09/2020 (base 29 anos). É possível concluir que a atividade com deficiência preponderante, em que o segurado desempenhou por maior período foi de atividade com deficiência de grau leve. Portanto, essa atividade será a base das conversões de tempo.

O período de tempo comum (35 anos) em que o segurado desempenhou as atividades sem deficiência, foi convertido na base de 0,94 (33 / 35); o período preponderante de tempo de desempenho de atividades com deficiência de grau leve não sofreu conversão por ser a base (33 / 33); o período de desempenho de atividades com deficiência de grau moderado foi convertido na base de 1,14 (33 / 29). Após as devidas conversões, o segurado completa os 33 anos de contribuição necessários para fazer jus ao benefício de aposentadoria por tempo de contribuição do deficiente, com deficiência de grau leve de forma preponderante.

A seguir, serão evidenciados os cálculos da Renda Mensal inicial, com base nos salários de contribuição constantes no período básico de cálculo.

| CÁLCULO DA RENDA MENSAL – APOSENTADORIA ESPECIAL DO DEFICIENTE |
|---|
| **CARLOS BAIANO MACIEL** |
| DATA DE NASCIMENTO: **30/11/1966** |
| ESPÉCIE: **46** (APOSENTADORIA ESPECIAL DO DEFICIENTE) |
| DATA DE INÍCIO DO BENEFÍCIO: **21/09/2020** |
| TEMPO DE CONTRIBUIÇÃO: **33 anos 00 meses e 05 dias** |
| BASE LEGAL: LEI 9.876 DE 29 DE NOVEMBRO DE 1999 |
| PERÍODO BÁSICO DE CÁLCULO: **07/1994 a 08/2020** |

| Sequência | Mês/ano | Salário | Índice | Salário atualizado |
|---|---|---|---|---|
| 1 | jul/94 | 450,00 | 8,425149 | 3.791,32 |
| 2 | ago/94 | 450,00 | 7,942258 | 3.574,02 |
| 3 | set/94 | 450,00 | 7,531059 | 3.388,98 |

| Sequência | Mês/ano | Salário | Índice | Salário atualizado |
|---|---|---|---|---|
| 4 | out/94 | 450,00 | 7,419034 | 3.338,57 |
| 5 | nov/94 | 450,00 | 7,283563 | 3.277,60 |
| 6 | dez/94 | 450,00 | 7,052930 | 3.173,82 |
| 7 | jan/95 | 450,00 | 6,901782 | 3.105,80 |
| 8 | fev/95 | 450,00 | 6,788410 | 3.054,78 |
| 9 | mar/95 | 450,00 | 6,721867 | 3.024,84 |
| 10 | abr/95 | 450,00 | 6,628404 | 2.982,78 |
| 11 | mai/95 | 720,00 | 6,503540 | 4.682,55 |
| 12 | jun/95 | 720,00 | 6,340585 | 4.565,22 |
| 13 | jul/95 | 720,00 | 6,227250 | 4.483,62 |
| 14 | ago/95 | 720,00 | 6,077734 | 4.375,97 |
| 15 | set/95 | 720,00 | 6,016370 | 4.331,79 |
| 16 | out/95 | 720,00 | 5,946794 | 4.281,69 |
| 17 | nov/95 | 720,00 | 5,864684 | 4.222,57 |
| 18 | dez/95 | 720,00 | 5,777448 | 4.159,76 |
| 19 | jan/96 | 720,00 | 5,683666 | 4.092,24 |
| 20 | fev/96 | 720,00 | 5,601882 | 4.033,36 |
| 21 | mar/96 | 720,00 | 5,562385 | 4.004,92 |
| 22 | abr/96 | 720,00 | 5,546304 | 3.993,34 |
| 23 | mai/96 | 830,00 | 5,507746 | 4.571,43 |
| 24 | jun/96 | 830,00 | 5,416746 | 4.495,90 |
| 25 | jul/96 | 830,00 | 5,351461 | 4.441,71 |
| 26 | ago/96 | 830,00 | 5,293757 | 4.393,82 |
| 27 | set/96 | 830,00 | 5,293543 | 4.393,64 |
| 28 | out/96 | 830,00 | 5,286671 | 4.387,94 |
| 29 | nov/96 | 830,00 | 5,275066 | 4.378,30 |
| 30 | dez/96 | 830,00 | 5,260340 | 4.366,08 |
| 31 | jan/97 | 830,00 | 5,214449 | 4.327,99 |
| 32 | fev/97 | 830,00 | 5,133345 | 4.260,68 |
| 33 | mar/97 | 830,00 | 5,111872 | 4.242,85 |
| 34 | abr/97 | 830,00 | 5,053256 | 4.194,20 |
| 35 | mai/97 | 830,00 | 5,023618 | 4.169,60 |
| 36 | jun/97 | 887,00 | 5,008591 | 4.442,62 |
| 37 | jul/97 | 887,00 | 4,973776 | 4.411,74 |
| 38 | ago/97 | 887,00 | 4,969304 | 4.407,77 |
| 39 | set/97 | 887,00 | 4,969304 | 4.407,77 |
| 40 | out/97 | 887,00 | 4,940156 | 4.381,92 |
| 41 | nov/97 | 887,00 | 4,923416 | 4.367,07 |
| 42 | dez/97 | 887,00 | 4,882886 | 4.331,12 |
| 43 | jan/98 | 887,00 | 4,849427 | 4.301,44 |
| 44 | fev/98 | 887,00 | 4,807126 | 4.263,92 |
| 45 | mar/98 | 887,00 | 4,806164 | 4.263,07 |
| 46 | abr/98 | 887,00 | 4,795133 | 4.253,28 |
| 47 | mai/98 | 887,00 | 4,795133 | 4.253,28 |
| 48 | jun/98 | 920,00 | 4,784133 | 4.401,40 |
| 49 | jul/98 | 920,00 | 4,770769 | 4.389,11 |
| 50 | ago/98 | 920,00 | 4,770769 | 4.389,11 |
| 51 | set/98 | 920,00 | 4,770769 | 4.389,11 |
| 52 | out/98 | 920,00 | 4,770769 | 4.389,11 |
| 53 | nov/98 | 920,00 | 4,770769 | 4.389,11 |

| Sequência | Mês/ano | Salário | Índice | Salário atualizado |
|---|---|---|---|---|
| 54 | dez/98 | 920,00 | 4,770769 | 4.389,11 |
| 55 | jan/99 | 920,00 | 4,724473 | 4.346,52 |
| 56 | fev/99 | 920,00 | 4,670756 | 4.297,10 |
| 57 | mar/99 | 920,00 | 4,472194 | 4.114,42 |
| 58 | abr/99 | 920,00 | 4,385363 | 4.034,53 |
| 59 | mai/99 | 920,00 | 4,384048 | 4.033,32 |
| 60 | jun/99 | 1.000,00 | 4,384048 | 4.384,05 |
| 61 | jul/99 | 1.000,00 | 4,339783 | 4.339,78 |
| 62 | ago/99 | 1.000,00 | 4,271862 | 4.271,86 |
| 63 | set/99 | 1.000,00 | 4,210803 | 4.210,80 |
| 64 | out/99 | 1.000,00 | 4,149799 | 4.149,80 |
| 65 | nov/99 | 1.000,00 | 4,072826 | 4.072,83 |
| 66 | dez/99 | 1.000,00 | 3,972325 | 3.972,33 |
| 67 | jan/00 | 1.000,00 | 3,924059 | 3.924,06 |
| 68 | fev/00 | 1.000,00 | 3,884437 | 3.884,44 |
| 69 | mar/00 | 1.000,00 | 3,877073 | 3.877,07 |
| 70 | abr/00 | 1.000,00 | 3,870106 | 3.870,11 |
| 71 | mai/00 | 1.000,00 | 3,865081 | 3.865,08 |
| 72 | jun/00 | 1.150,00 | 3,839355 | 4.415,26 |
| 73 | jul/00 | 1.150,00 | 3,803978 | 4.374,57 |
| 74 | ago/00 | 1.150,00 | 3,719914 | 4.277,90 |
| 75 | set/00 | 1.150,00 | 3,653417 | 4.201,43 |
| 76 | out/00 | 1.150,00 | 3,628385 | 4.172,64 |
| 77 | nov/00 | 1.150,00 | 3,615008 | 4.157,26 |
| 78 | dez/00 | 1.150,00 | 3,600962 | 4.141,11 |
| 79 | jan/01 | 1.150,00 | 3,573802 | 4.109,87 |
| 80 | fev/01 | 1.150,00 | 3,556381 | 4.089,84 |
| 81 | mar/01 | 1.150,00 | 3,544325 | 4.075,97 |
| 82 | abr/01 | 1.150,00 | 3,516195 | 4.043,62 |
| 83 | mai/01 | 1.150,00 | 3,476906 | 3.998,44 |
| 84 | jun/01 | 460,00 | 3,461676 | 1.592,37 |
| 85 | ago/01 | 1.275,00 | 3,357471 | 4.280,78 |
| 86 | set/01 | 1.275,00 | 3,327521 | 4.242,59 |
| 87 | out/01 | 1.275,00 | 3,314927 | 4.226,53 |
| 88 | nov/01 | 1.275,00 | 3,267548 | 4.166,12 |
| 89 | dez/01 | 1.275,00 | 3,242898 | 4.134,69 |
| 90 | jan/02 | 1.275,00 | 3,237076 | 4.127,27 |
| 91 | fev/02 | 1.275,00 | 3,230939 | 4.119,45 |
| 92 | mar/02 | 1.275,00 | 3,225131 | 4.112,04 |
| 93 | abr/02 | 1.275,00 | 3,221588 | 4.107,52 |
| 94 | mai/02 | 1.275,00 | 3,199193 | 4.078,97 |
| 95 | jun/02 | 1.300,00 | 3,164073 | 4.113,29 |
| 96 | jul/02 | 1.300,00 | 3,109954 | 4.042,94 |
| 97 | ago/02 | 1.300,00 | 3,047486 | 3.961,73 |
| 98 | set/02 | 1.300,00 | 2,977222 | 3.870,39 |
| 99 | out/02 | 1.300,00 | 2,900648 | 3.770,84 |
| 100 | nov/02 | 1.300,00 | 2,783462 | 3.618,50 |
| 101 | dez/02 | 1.300,00 | 2,629875 | 3.418,84 |
| 102 | jan/03 | 1.300,00 | 2,560735 | 3.328,96 |
| 103 | fev/03 | 1.300,00 | 2,506346 | 3.258,25 |

| Sequência | Mês/ano | Salário | Índice | Salário atualizado |
|---|---|---|---|---|
| 104 | mar/03 | 1.300,00 | 2,467123 | 3.207,26 |
| 105 | abr/03 | 1.300,00 | 2,426837 | 3.154,89 |
| 106 | mai/03 | 1.300,00 | 2,416926 | 3.142,00 |
| 107 | jun/03 | 1.470,00 | 2,433228 | 3.576,85 |
| 108 | jul/03 | 1.470,00 | 2,450382 | 3.602,06 |
| 109 | ago/03 | 1.470,00 | 2,455294 | 3.609,28 |
| 110 | set/03 | 1.470,00 | 2,440162 | 3.587,04 |
| 111 | out/03 | 1.470,00 | 2,414808 | 3.549,77 |
| 112 | nov/03 | 1.470,00 | 2,404228 | 3.534,22 |
| 113 | dez/03 | 1.470,00 | 2,392744 | 3.517,33 |
| 114 | jan/04 | 1.470,00 | 2,378474 | 3.496,36 |
| 115 | fev/04 | 1.470,00 | 2,359597 | 3.468,61 |
| 116 | mar/04 | 1.470,00 | 2,350429 | 3.455,13 |
| 117 | abr/04 | 1.470,00 | 2,337111 | 3.435,55 |
| 118 | mai/04 | 1.470,00 | 2,327565 | 3.421,52 |
| 119 | jun/04 | 1.600,00 | 2,318290 | 3.709,26 |
| 120 | jul/04 | 1.600,00 | 2,306763 | 3.690,82 |
| 121 | ago/04 | 1.600,00 | 2,290041 | 3.664,07 |
| 122 | set/04 | 1.600,00 | 2,278647 | 3.645,84 |
| 123 | out/04 | 1.600,00 | 2,274782 | 3.639,65 |
| 124 | nov/04 | 1.600,00 | 2,270925 | 3.633,48 |
| 125 | dez/04 | 1.600,00 | 2,260973 | 3.617,56 |
| 126 | jan/05 | 1.600,00 | 2,241692 | 3.586,71 |
| 127 | fev/05 | 1.600,00 | 2,228989 | 3.566,38 |
| 128 | mar/05 | 1.600,00 | 2,219224 | 3.550,76 |
| 129 | abr/05 | 1.600,00 | 2,203139 | 3.525,02 |
| 130 | mai/05 | 1.875,00 | 2,183274 | 4.093,64 |
| 131 | jun/05 | 1.875,00 | 2,168096 | 4.065,18 |
| 132 | jul/05 | 1.875,00 | 2,170483 | 4.069,66 |
| 133 | ago/05 | 1.875,00 | 2,169830 | 4.068,43 |
| 134 | set/05 | 1.875,00 | 2,169830 | 4.068,43 |
| 135 | out/05 | 1.875,00 | 2,166584 | 4.062,35 |
| 136 | nov/05 | 1.875,00 | 2,154092 | 4.038,92 |
| 137 | dez/05 | 1.875,00 | 2,142517 | 4.017,22 |
| 138 | jan/06 | 1.875,00 | 2,133985 | 4.001,22 |
| 139 | fev/06 | 1.875,00 | 2,125906 | 3.986,07 |
| 140 | mar/06 | 1.875,00 | 2,121029 | 3.976,93 |
| 141 | abr/06 | 2.000,00 | 2,115316 | 4.230,63 |
| 142 | mai/06 | 2.000,00 | 2,112783 | 4.225,57 |
| 143 | jun/06 | 2.000,00 | 2,110040 | 4.220,08 |
| 144 | jul/06 | 2.000,00 | 2,111513 | 4.223,03 |
| 145 | ago/06 | 2.000,00 | 2,109195 | 4.218,39 |
| 146 | set/06 | 2.000,00 | 2,109613 | 4.219,23 |
| 147 | out/06 | 2.000,00 | 2,106248 | 4.212,50 |
| 148 | nov/06 | 2.000,00 | 2,097228 | 4.194,46 |
| 149 | dez/06 | 2.000,00 | 2,088455 | 4.176,91 |
| 150 | jan/07 | 2.000,00 | 2,075587 | 4.151,17 |
| 151 | fev/07 | 2.000,00 | 2,065469 | 4.130,94 |
| 152 | mar/07 | 2.000,00 | 2,056830 | 4.113,66 |
| 153 | abr/07 | 2.180,00 | 2,047817 | 4.464,24 |

| Sequência | Mês/ano | Salário | Índice | Salário atualizado |
|---|---|---|---|---|
| 154 | mai/07 | 2.180,00 | 2,042510 | 4.452,67 |
| 155 | jun/07 | 2.180,00 | 2,037210 | 4.441,12 |
| 156 | jul/07 | 2.180,00 | 2,030918 | 4.427,40 |
| 157 | ago/07 | 2.180,00 | 2,024438 | 4.413,27 |
| 158 | set/07 | 2.180,00 | 2,012561 | 4.387,38 |
| 159 | out/07 | 2.180,00 | 2,007545 | 4.376,45 |
| 160 | nov/07 | 2.180,00 | 2,001543 | 4.363,36 |
| 161 | dez/07 | 2.180,00 | 1,992970 | 4.344,67 |
| 162 | jan/08 | 2.180,00 | 1,973823 | 4.302,93 |
| 163 | fev/08 | 2.180,00 | 1,960298 | 4.273,45 |
| 164 | mar/08 | 2.250,00 | 1,950351 | 4.388,29 |
| 165 | abr/08 | 2.250,00 | 1,940454 | 4.366,02 |
| 166 | mai/08 | 2.250,00 | 1,928113 | 4.338,25 |
| 167 | jun/08 | 2.250,00 | 1,909783 | 4.297,01 |
| 168 | jul/08 | 2.250,00 | 1,892562 | 4.258,26 |
| 169 | ago/08 | 2.250,00 | 1,881646 | 4.233,70 |
| 170 | set/08 | 2.250,00 | 1,877701 | 4.224,83 |
| 171 | out/08 | 2.250,00 | 1,874888 | 4.218,50 |
| 172 | nov/08 | 2.250,00 | 1,865563 | 4.197,52 |
| 173 | dez/08 | 2.250,00 | 1,858499 | 4.181,62 |
| 174 | jan/09 | 2.250,00 | 1,853129 | 4.169,54 |
| 175 | fev/09 | 2.250,00 | 1,841342 | 4.143,02 |
| 176 | mar/09 | 2.275,00 | 1,835652 | 4.176,11 |
| 177 | abr/09 | 2.275,00 | 1,831986 | 4.167,77 |
| 178 | mai/09 | 2.275,00 | 1,821970 | 4.144,98 |
| 179 | jun/09 | 2.275,00 | 1,811101 | 4.120,25 |
| 180 | jul/09 | 2.275,00 | 1,803522 | 4.103,01 |
| 181 | ago/09 | 2.275,00 | 1,799386 | 4.093,60 |
| 182 | set/09 | 2.275,00 | 1,797948 | 4.090,33 |
| 183 | out/09 | 2.275,00 | 1,795075 | 4.083,80 |
| 184 | nov/09 | 2.275,00 | 1,790778 | 4.074,02 |
| 185 | dez/09 | 2.275,00 | 1,784176 | 4.059,00 |
| 186 | jan/10 | 2.570,00 | 1,779900 | 4.574,34 |
| 187 | fev/10 | 2.570,00 | 1,764377 | 4.534,45 |
| 188 | mar/10 | 2.570,00 | 1,752112 | 4.502,93 |
| 189 | abr/10 | 2.570,00 | 1,739761 | 4.471,19 |
| 190 | mai/10 | 2.570,00 | 1,727151 | 4.438,78 |
| 191 | jun/10 | 2.570,00 | 1,719758 | 4.419,78 |
| 192 | jul/10 | 2.570,00 | 1,721652 | 4.424,65 |
| 193 | ago/10 | 2.570,00 | 1,722858 | 4.427,75 |
| 194 | set/10 | 2.570,00 | 1,724065 | 4.430,85 |
| 195 | out/10 | 2.570,00 | 1,714806 | 4.407,05 |
| 196 | nov/10 | 2.570,00 | 1,699170 | 4.366,87 |
| 197 | dez/10 | 2.570,00 | 1,681847 | 4.322,35 |
| 198 | jan/11 | 2.800,00 | 1,671818 | 4.681,09 |
| 199 | fev/11 | 2.800,00 | 1,656249 | 4.637,50 |
| 200 | mar/11 | 2.800,00 | 1,647355 | 4.612,59 |
| 201 | abr/11 | 2.800,00 | 1,636552 | 4.582,35 |
| 202 | mai/11 | 2.800,00 | 1,624851 | 4.549,58 |
| 203 | jun/11 | 2.800,00 | 1,615641 | 4.523,79 |

| Sequência | Mês/ano | Salário | Índice | Salário atualizado |
|---|---|---|---|---|
| 204 | jul/11 | 2.800,00 | 1,612097 | 4.513,87 |
| 205 | ago/11 | 2.800,00 | 1,612097 | 4.513,87 |
| 206 | set/11 | 2.800,00 | 1,605352 | 4.494,99 |
| 207 | out/11 | 2.800,00 | 1,598163 | 4.474,86 |
| 208 | nov/11 | 2.800,00 | 1,593065 | 4.460,58 |
| 209 | dez/11 | 2.800,00 | 1,584034 | 4.435,30 |
| 210 | jan/12 | 2.870,00 | 1,576001 | 4.523,12 |
| 211 | fev/12 | 2.870,00 | 1,568003 | 4.500,17 |
| 212 | mar/12 | 2.870,00 | 1,561912 | 4.482,69 |
| 213 | abr/12 | 2.870,00 | 1,559101 | 4.474,62 |
| 214 | mai/12 | 2.870,00 | 1,549191 | 4.446,18 |
| 215 | jun/12 | 2.870,00 | 1,540718 | 4.421,86 |
| 216 | jul/12 | 2.870,00 | 1,536720 | 4.410,39 |
| 217 | ago/12 | 2.870,00 | 1,530142 | 4.391,51 |
| 218 | set/12 | 2.870,00 | 1,523286 | 4.371,83 |
| 219 | out/12 | 2.870,00 | 1,513750 | 4.344,46 |
| 220 | nov/12 | 2.870,00 | 1,503077 | 4.313,83 |
| 221 | dez/12 | 2.870,00 | 1,495005 | 4.290,66 |
| 222 | jan/13 | 3.000,00 | 1,484021 | 4.452,06 |
| 223 | fev/13 | 3.000,00 | 1,470495 | 4.411,49 |
| 224 | mar/13 | 3.000,00 | 1,462889 | 4.388,67 |
| 225 | abr/13 | 3.000,00 | 1,454161 | 4.362,48 |
| 226 | mai/13 | 3.000,00 | 1,445632 | 4.336,90 |
| 227 | jun/13 | 3.000,00 | 1,440588 | 4.321,76 |
| 228 | jul/13 | 3.000,00 | 1,436569 | 4.309,71 |
| 229 | ago/13 | 3.000,00 | 1,438439 | 4.315,32 |
| 230 | set/13 | 3.000,00 | 1,436140 | 4.308,42 |
| 231 | out/13 | 3.000,00 | 1,432273 | 4.296,82 |
| 232 | nov/13 | 3.000,00 | 1,423592 | 4.270,78 |
| 233 | dez/13 | 3.000,00 | 1,415942 | 4.247,83 |
| 234 | jan/14 | 3.150,00 | 1,405820 | 4.428,33 |
| 235 | fev/14 | 3.150,00 | 1,397021 | 4.400,62 |
| 236 | mar/14 | 3.150,00 | 1,388136 | 4.372,63 |
| 237 | abr/14 | 3.150,00 | 1,376846 | 4.337,06 |
| 238 | mai/14 | 3.150,00 | 1,366187 | 4.303,49 |
| 239 | jun/14 | 3.150,00 | 1,358037 | 4.277,82 |
| 240 | jul/14 | 3.150,00 | 1,354518 | 4.266,73 |
| 241 | ago/14 | 3.150,00 | 1,352761 | 4.261,20 |
| 242 | set/14 | 3.150,00 | 1,350328 | 4.253,53 |
| 243 | out/14 | 3.150,00 | 1,343746 | 4.232,80 |
| 244 | nov/14 | 3.150,00 | 1,338660 | 4.216,78 |
| 245 | dez/14 | 3.150,00 | 1,331600 | 4.194,54 |
| 246 | jan/15 | 3.500,00 | 1,323394 | 4.631,88 |
| 247 | fev/15 | 3.500,00 | 1,304095 | 4.564,33 |
| 248 | mar/15 | 3.500,00 | 1,289140 | 4.511,99 |
| 249 | abr/15 | 3.500,00 | 1,269964 | 4.444,87 |
| 250 | mai/15 | 3.500,00 | 1,261012 | 4.413,54 |
| 251 | jun/15 | 3.500,00 | 1,248652 | 4.370,28 |
| 252 | jul/15 | 3.500,00 | 1,239109 | 4.336,88 |
| 253 | ago/15 | 3.500,00 | 1,231965 | 4.311,88 |

| Sequência | Mês/ano | Salário | Índice | Salário atualizado |
|---|---|---|---|---|
| 254 | set/15 | 3.500,00 | 1,228889 | 4.301,11 |
| 255 | out/15 | 3.500,00 | 1,222656 | 4.279,30 |
| 256 | nov/15 | 3.500,00 | 1,213315 | 4.246,60 |
| 257 | dez/15 | 3.500,00 | 1,199991 | 4.199,97 |
| 258 | jan/16 | 3.720,00 | 1,189290 | 4.424,16 |
| 259 | fev/16 | 3.720,00 | 1,171600 | 4.358,35 |
| 260 | mar/16 | 3.720,00 | 1,160572 | 4.317,33 |
| 261 | abr/16 | 3.720,00 | 1,155490 | 4.298,42 |
| 262 | mai/16 | 3.720,00 | 1,148141 | 4.271,08 |
| 263 | jun/16 | 3.720,00 | 1,137000 | 4.229,64 |
| 264 | jul/16 | 3.720,00 | 1,131679 | 4.209,85 |
| 265 | ago/16 | 3.720,00 | 1,124482 | 4.183,07 |
| 266 | set/16 | 3.720,00 | 1,121009 | 4.170,15 |
| 267 | out/16 | 3.720,00 | 1,120112 | 4.166,82 |
| 268 | nov/16 | 3.720,00 | 1,118210 | 4.159,74 |
| 269 | dez/16 | 3.720,00 | 1,117428 | 4.156,83 |
| 270 | jan/17 | 3.950,00 | 1,115868 | 4.407,68 |
| 271 | fev/17 | 3.950,00 | 1,111198 | 4.389,23 |
| 272 | mar/17 | 3.950,00 | 1,108538 | 4.378,73 |
| 273 | abr/17 | 3.950,00 | 1,105004 | 4.364,77 |
| 274 | mai/17 | 3.950,00 | 1,104122 | 4.361,28 |
| 275 | jun/17 | 3.950,00 | 1,100157 | 4.345,62 |
| 276 | jul/17 | 3.950,00 | 1,103470 | 4.358,71 |
| 277 | ago/17 | 3.950,00 | 1,101598 | 4.351,31 |
| 278 | set/17 | 3.950,00 | 1,101928 | 4.352,62 |
| 279 | out/17 | 3.950,00 | 1,102149 | 4.353,49 |
| 280 | nov/17 | 3.950,00 | 1,098085 | 4.337,44 |
| 281 | dez/17 | 3.950,00 | 1,096111 | 4.329,64 |
| 282 | jan/18 | 4.150,00 | 1,093270 | 4.537,07 |
| 283 | fev/18 | 4.150,00 | 1,090762 | 4.526,66 |
| 284 | mar/18 | 4.150,00 | 1,088801 | 4.518,52 |
| 285 | abr/18 | 4.150,00 | 1,088040 | 4.515,37 |
| 286 | mai/18 | 4.150,00 | 1,085759 | 4.505,90 |
| 287 | jun/18 | 4.150,00 | 1,081112 | 4.486,61 |
| 288 | jul/18 | 4.150,00 | 1,065869 | 4.423,36 |
| 289 | ago/18 | 4.150,00 | 1,063210 | 4.412,32 |
| 290 | set/18 | 4.150,00 | 1,063210 | 4.412,32 |
| 291 | out/18 | 4.150,00 | 1,060029 | 4.399,12 |
| 292 | nov/18 | 4.150,00 | 1,055807 | 4.381,60 |
| 293 | dez/18 | 4.150,00 | 1,058453 | 4.392,58 |
| 294 | jan/19 | 4.300,00 | 1,056973 | 4.544,98 |
| 295 | fev/19 | 4.300,00 | 1,053182 | 4.528,68 |
| 296 | mar/19 | 4.300,00 | 1,047527 | 4.504,37 |
| 297 | abr/19 | 4.300,00 | 1,039522 | 4.469,94 |
| 298 | mai/19 | 4.300,00 | 1,033321 | 4.443,28 |
| 299 | jun/19 | 4.300,00 | 1,031774 | 4.436,63 |
| 300 | jul/19 | 4.300,00 | 1,031671 | 4.436,19 |
| 301 | ago/19 | 4.300,00 | 1,030638 | 4.431,74 |
| 302 | set/19 | 4.300,00 | 1,029403 | 4.426,43 |
| 303 | out/19 | 4.300,00 | 1,029919 | 4.428,65 |

| Sequência | Mês/ano | Salário | Índice | Salário atualizado |
|---|---|---|---|---|
| 304 | nov/19 | 4.300,00 | 1,029508 | 4.426,88 |
| 305 | dez/19 | 4.300,00 | 1,023978 | 4.403,11 |
| 306 | jan/20 | 4.300,00 | 1,011636 | 4.350,03 |
| 307 | fev/20 | 4.580,00 | 1,009717 | 4.624,50 |
| 308 | mar/20 | 4.580,00 | 1,008004 | 4.616,66 |
| 309 | abr/20 | 4.580,00 | 1,006193 | 4.608,36 |
| 310 | mai/20 | 4.580,00 | 1,008513 | 4.618,99 |
| 311 | jun/20 | 4.580,00 | 1,011040 | 4.630,56 |
| 312 | jul/20 | 4.580,00 | 1,008016 | 4.616,71 |
| 313 | ago/20 | 4.580,00 | 1,003600 | 4.596,49 |

| SOMA GERAL DE SALÁRIOS | 1.310.274,88 |
|---|---|

| MÉDIA GERAL DE SALÁRIOS = 1.310.274,88 / 313 | 4.186,18 |
|---|---|

| Período básico de cálculo - 07/1994 a 08/2020 | 314 |
|---|---|
| Quantidades de salários no período básico de cálculo | 313 |

**CARLOS BAIANO MACIEL**
DATA DE INÍCIO DO BENEFÍCIO: **21/09/2020**
ESPÉCIE: 46 (APOSENTADORIA ESPECIAL DO DEFICIENTE)
TEMPO DE CONTRIBUIÇÃO: **33 anos 00 meses e 04 dias**

| IDADE | | |
|---|---|---|
| **anos** | **meses** | **dias** |
| **53** | **9** | **22** |
| **53,8111** | | |

| TEMPO DE CONTRIBUIÇÃO | | |
|---|---|---|
| **anos** | **meses** | **dias** |
| **33** | **0** | **4** |
| **33,0121** | | |

| | |
|---|---|
| **Idade** | 53,8111 |
| **TC** | 33,0121 |
| **ES** | 28,2 |
| **Alíquota** | 0,31 |

$$\text{Fator Previdenciário} = \frac{TC \times A}{ES} \times \left(1 + \frac{(Id + TC \times A)}{100}\right)$$

$$\frac{33{,}0121 \times 0{,}31}{28{,}2} \times \left(1 + \frac{(53{,}8111 + 33{,}0121 \times 0{,}31)}{100}\right)$$

| **Fator Previdenciário** | **0,59532** | Favorável | Desfavorável |
|---|---|---|---|
| | | | X |

| Aplicável | Não aplicável |
|---|---|
| | X |

| **SALÁRIO DE BENEFÍCIO** | **4.186,18** |
|---|---|
| Coeficiente | **100%** |
| **Renda Mensal Inicial** = SB x Coeficiente | **4.186,18** |

**REAJUSTES DO BENEFÍCIO**

**CARLOS BAIANO MACIEL**

ESPÉCIE: **46** - Aposentadoria Especial do Deficiente

TEMPO DE CONTRIBUIÇÃO: **33 anos 00 meses e 04 dias**

DATA DO REQUERIMENTO: **21/09/2020**

| SALÁRIO DE BENEFÍCIO | **4.186,18** |
|---|---|
| COEFICIENTE | **100%** |
| RENDA MENSAL INICIAL | **4.186,18** |

| **Data** | **Renda Mensal** | **Índices de reajustes** | **Renda Mensal Reajustada** |
|---|---|---|---|
| jan/21 | 4.186,18 | 1,042300 | 4.363,26 |
| **jan/22** | **4.363,26** | **1,101600** | **4.806,56** |

De acordo com os cálculos, na data do requerimento do benefício em 21/09/2020, a média de 100% dos salários de contribuição de 07/1994 a 08/2020 foi fixada no valor de R$ 4.186,18. A renda mensal inicial foi fixada em 100% do salário de benefício, em conformidade com a Lei Complementar 142/2013. O fator previdenciário foi totalmente desfavorável, no valor de 0,595 e por esse motivo não foi aplicado no cálculo do salário de benefício. O valor da renda mensal reajustada para o ano de 2022 é de R$ 4.806,56.

A seguir será explorado um estudo de caso de uma aposentadoria por idade do deficiente. Para fins de simplificação, a média de 100% dos salários de contribuição do período básico de cálculo será previamente fixada.

**CÁLCULO DA RENDA MENSAL – APOSENTADORIA POR IDADE DO DEFICIENTE**

MARIA DA SILVA SAURO

DATA DE NASCIMENTO: 01/09/1965

ESPÉCIE: 41 (APOSENTADORIA POR IDADE DO DEFICIENTE)

DATA DE INÍCIO DO BENEFÍCIO: 21/09/2020

TEMPO DE CONTRIBUIÇÃO: 15 anos 00 meses e 05 dias

BASE LEGAL: LEI COMPLEMENTAR 142/2013 e EC 103/2019

PERÍODO BÁSICO DE CÁLCULO: 07/1994 a 08/2020

| **MÉDIA GERAL DE SALÁRIOS** | **2.755,00** |
|---|---|

| **IDADE** | | |
|---|---|---|
| **anos** | **meses** | **dias** |
| **55** | **0** | **21** |
| **55,0583** | | |

| TEMPO DE CONTRIBUIÇÃO | | |
|---|---|---|
| anos | meses | dias |
| 15 | 0 | 5 |
| 15,0139 | | |

| | |
|---|---|
| **Idade** | 55,0583 |
| **TC + 5 anos** | 20,0139 |
| **ES** | 26,5 |
| **Alíquota** | 0,31 |

$$\text{Fator Previdenciário} = \frac{TC \times A}{ES} \times \left(1 + \frac{(Id + TC \times A)}{100}\right)$$

$$\frac{20{,}0139 \times 0{,}31}{26{,}5} \times \left(1 + \frac{(55{,}0583 + 20{,}0139 \times 0{,}31)}{100}\right)$$

| **Fator Previdenciário** | **0,37724** |
|---|---|

| Favorável | Desfavorável |
|---|---|
| | X |

| Aplicável | Não aplicável |
|---|---|
| | X |

| | |
|---|---|
| **SALÁRIO DE BENEFÍCIO** | **2.755,00** |
| Coeficiente | **85%** |
| **Renda Mensal Inicial** = SB x Coeficiente | **2.341,75** |

**REAJUSTES DO BENEFÍCIO**

**MARIA DA SILVA SAURO**

ESPÉCIE: **41** - Aposentadoria por idade do Deficiente

TEMPO DE CONTRIBUIÇÃO: **15 anos 00 meses e 05 dias**

DATA DO REQUERIMENTO: **21/09/2020**

| | |
|---|---|
| SALÁRIO DE BENEFÍCIO | **2.755,00** |
| COEFICIENTE | **85%** |
| RENDA MENSAL INICIAL | **2.341,75** |

| Data | Renda Mensal | Índices de reajustes | Renda Mensal Reajustada |
|---|---|---|---|
| jan/21 | 2.341,75 | 1,042300 | 2.440,81 |
| **jan/22** | **2.440,81** | **1,101600** | **2.688,79** |

De acordo com os cálculos, na data do requerimento do benefício em 21/09/2020, a média de 100% dos salários de contribuição de 07/1994 a 08/2020 foi previamente fixada no valor de R$ 2.755,00. A renda mensal inicial foi equivalente a 85% do salário de benefício, em conformidade com o Art. 50 da Lei 8.213/91 (70% mais 1% para cada grupo de 12 contribuições). O fator previdenciário foi totalmente desfavorável, no valor de 0,3772 e por esse motivo não foi aplicado no cálculo do salário de benefício. O reduzido valor do fator previdenciário foi em função dos reduzidos tempo de contribuição e idade. A renda reajustada para o ano de 2022 é de R$ 2.688,79.

## 5. REGRAS DE TRANSIÇÃO DAS APOSENTADORIAS – EMENDA 103/2019

Neste item da obra vamos apresentar as regras de transição para os segurados filiados ao RGPS até da data da publicação da Emenda 103/2019 (13/11/2019).

Nos termos do artigo 10 da Portaria INSS 450/2020, a aposentadoria por tempo de contribuição, ressalvado o direito adquirido, poderá ser concedida aos segurados filiados ao RGPS até 13 de novembro de 2019, mediante os requisitos fixados em quatro regras distintas de transição:

> I – aposentadoria por tempo de contribuição com pontuação, conforme art. 15 da EC nº 103, de 2019;
>
> II – aposentadoria por tempo de contribuição com idade mínima, conforme art. 16 da EC nº 103, de 2019;
>
> III – aposentadoria por tempo de contribuição com período adicional de 50% (cinquenta por cento), conforme art. 17 da EC nº 103, de 2019; e
>
> IV – aposentadoria por tempo de contribuição com idade mínima e período adicional de 100% (cem por cento), conforme art. 20 da EC nº 103, de 2019.

Dessa forma, os artigos 15, 16, 17 e 20 da Emenda Constitucional 103/2019 veiculam regras de transição da aposentadoria por tempo de contribuição, não alcançando, portanto, os segurados que promoveram os recolhimentos simplificados de que trata o artigo 21, § 2º, da Lei 8.212/91.

Por outro lado, o artigo 18 da EC 103/2019 traz regra de transição da aposentadoria por idade, beneficiando o contribuinte individual autônomo e segurado facultativo que promoveram recolhimentos simplificados à razão de 5% ou de 11% sobre um salário mínimo.

### 5.1. Artigo 15 – aposentadorias – regras de transição para os segurados que ingressaram até a data da publicação da reforma constitucional

> Art. 15. Ao segurado filiado ao Regime Geral de Previdência Social até a data de entrada em vigor desta Emenda Constitucional, fica assegurado o direito à aposentadoria, quando preencher, cumulativamente, os seguintes requisitos:
>
> I - 30 (trinta anos) de contribuição, se mulher, e 35 (trinta e cinco) anos de contribuição, se homem; e
>
> II – somatório da idade e do tempo de contribuição, incluídas as frações, equivalente a 86 (oitenta e seis) pontos, se mulher, e 96 (noventa e seis) pontos, se homem, observado o disposto no § 1º.
>
> § 1º A partir de 1º de janeiro de 2020, a pontuação a que se refere o inciso II do caput será acrescida de um ponto a cada ano para o homem e para a mulher, até atingir o limite de 100 (cem) pontos, se mulher, e de 105 (cento e cinco) pontos, se homem.
>
> § 2º A idade e o tempo de contribuição serão apurados em dias para o cálculo do somatório de pontos a que se referem o inciso II do caput e o § 1º.
>
> § 3º Para o professor que comprovar exclusivamente 25 (vinte e cinco) anos de contribuição, se mulher, e 30 (trinta) anos de contribuição, se homem, em efetivo exercício das funções de magistério na educação infantil e no ensino fundamental e médio, o somatório da idade e do tempo de contribuição, incluídas as frações, será equivalente a 81 (oitenta e um) pontos, se mulher, e 91 (noventa e um) pontos, se homem, aos quais serão acrescentados, a partir de 1º de janeiro de 2020, um ponto a cada ano para o homem e para a mulher, até atingir o limite de 92 (noventa e dois) pontos, se mulher, e 100 (cem) pontos, se homem.
>
> § 4º O valor da aposentadoria concedida nos termos do disposto neste artigo será apurado na forma da lei.

Trata-se de regra de transição que somente beneficia aos segurados do RGPS filiados até o dia da publicação da Emenda 103/2019, considerando a extinção da aposentadoria por tempo de contribuição sem idade mínima.

Exigiu-se os seguintes requisitos para quem adquirir o direito até 31/12/2019:

a) HOMENS, 35 anos de tempo de contribuição e 96 pontos, considerando a soma da idade com o tempo de contribuição, inclusive com consideração de frações;

b) MULHERES, 30 anos de tempo de contribuição e 86 pontos, considerando a soma da idade com o tempo de contribuição, inclusive com consideração de frações.

A partir de 1/1/2020, haverá a seguinte progressão de pontuação até o homem atingir a 105 pontos e a mulher alcançar a 100 pontos:

| ANO | HOMENS | MULHERES |
|---|---|---|
| Até 31/12/2019 | 96 | 86 |
| 1/1/2020 | 97 | 87 |
| 1/1/2021 | 98 | 88 |
| 1/1/2022 | 99 | 89 |
| 1/1/2023 | 100 | 90 |
| 1/1/2024 | 101 | 91 |
| 1/1/2025 | 102 | 92 |
| 1/1/2026 | 103 | 93 |
| 1/1/2027 | 104 | 94 |
| 1/1/2028 | 105 | 95 |
| 1/1/2029 | 105 | 96 |
| 1/1/2030 | 105 | 97 |
| 1/1/2031 | 105 | 98 |
| 1/1/2032 | 105 | 99 |
| 1/1/2033 | 105 | 100 |

Dessa forma, o ápice da pontuação das mulheres dar-se-á em 1/1/2033 ao passo que para os homens em 1/1/2028.

No que concerne ao professor do ensino básico com tempo exclusivo nesta condição, há uma regra especial para quem adquirir o direito até 31/12/2019:

a) HOMENS PROFESSORES, 30 anos de tempo de contribuição e 91 pontos, considerando a soma da idade com o tempo de contribuição, inclusive com consideração de frações.

b) MULHERES PROFESSORAS, 25 anos de tempo de contribuição e 81 pontos, considerando a soma da idade com o tempo de contribuição, inclusive com consideração de frações.

A partir de 1/1/2020, haverá a seguinte progressão de pontuação até o homem atingir a 100 pontos e a mulher alcançar 92 pontos:

| ANO | HOMENS | MULHERES |
|---|---|---|
| Até 31/12/2019 | 91 | 81 |
| 1/1/2020 | 92 | 82 |
| 1/1/2021 | 93 | 83 |
| 1/1/2022 | 94 | 84 |
| 1/1/2023 | 95 | 85 |
| 1/1/2024 | 96 | 86 |
| 1/1/2025 | 97 | 87 |
| 1/1/2026 | 98 | 88 |
| 1/1/2027 | 99 | 89 |
| 1/1/2028 | 100 | 90 |
| 1/1/2029 | 100 | 91 |
| 1/1/2030 | 100 | 92 |

Dessa forma, o ápice da pontuação das mulheres dar-se-á em 1/1/2030 ao passo que para os homens em 1/1/2028.

Ao que parecia, havia um erro material na regra dos professores do ensino básico, o mesmo erro dos professores servidores federais outrora estudados.

Isso porque comparando com as idades da regra comum o professor acaba não tendo nenhum benefício de redução de idade, o que certamente não foi a intenção do legislador.

Veja-se que o escore do segurado homem não professor é de 96 pontos (35 anos de tempo de contribuição e 61 de idade, por exemplo).

Já para o segurado homem professor do ensino básico é de 91 pontos (30 anos de tempo de contribuição e os mesmos 61 anos de idade), sendo a mesma idade.

Mas a intenção foi realmente ter uma regra mais dura para os professores, tanto que foi preservado esse texto no Congresso Nacional.

Também serão beneficiados os professores do ensino infantil, fundamental e médio que estejam exercendo atividades de direção de unidade escolar, coordenação e assessoramento pedagógico, a teor do artigo 1º, da Lei 11.301/2006.

Contra a Lei 11.301/2006 foi proposta a ADI 3.772 pelo Procurador-Geral da República, sob o argumento de violação ao artigo 201, § 8º, da Constituição Federal. Por sua vez, em 29.10.2008, o STF declarou a validade da referida norma, mas determinou a sua interpretação conforme a Constituição:

> "I – A função de magistério não se circunscreve apenas ao trabalho em sala de aula, abrangendo também a preparação de aulas, a correção de provas, o atendimento aos pais e alunos, a coordenação e o assessoramento pedagógico e, ainda, a direção de unidade escolar. **II – As funções de direção, coordenação e assessoramento pedagógico integram a carreira do magistério, desde que exercidos, em estabelecimentos de ensino básico, por professores de carreira, excluídos os especialistas em educação**, fazendo jus aqueles que as desempenham

ao regime especial de aposentadoria estabelecido nos arts. 40, § 5º, e 201, § 8º, da Constituição Federal. III – Ação direta julgada parcialmente procedente, com interpretação conforme, nos termos supra" (g.n.)

Logo, para as atividades de direção de unidade escolar, coordenação e assessoramento pedagógico desenvolvidas por professor de carreira não têm mais aplicabilidade a Súmula 726, do STF:

"Súmula 726 – Para efeito de aposentadoria especial de professores, não se computa o tempo de serviço prestado fora da sala de aula".

Registre-se que o STF excluiu os especialistas em educação do direito à redução, pois não se tratam de professores, pois não habilitados a ministrar aulas, sendo uma espécie de carreira de apoio ao magistério ou mesmo gestores da atuação dos professores, caracterizando-se como profissionais de educação para administração, planejamento, inspeção, supervisão e orientação para a educação básica.

No que concerne à renda mensal, enquanto não editada a lei de regulamentação, deve ser aplicado o regramento do artigo 26 da Emenda 103/2019.

Para os HOMENS, o valor do benefício de aposentadoria corresponderá a sessenta por cento da média aritmética de 100% das remunerações/salários de contribuição, com acréscimo de 2% para cada ano que ultrapassar os 20 anos de contribuição:

| HOMENS<br>TEMPO DE CONTRIBUIÇÃO | COEFICIENTE |
|---|---|
| 20 anos | 60% |
| 21 anos | 62% |
| 22 anos | 64% |
| 23 anos | 66% |
| 24 anos | 68% |
| 25 anos | 70% |
| 26 anos | 72% |
| 27 anos | 74% |
| 28 anos | 76% |
| 29 anos | 78% |
| 30 anos | 80% |
| 31 anos | 82% |
| 32 anos | 84% |
| 33 anos | 86% |
| 34 anos | 88% |
| 35 anos | 90% |
| 36 anos | 92% |
| 37 anos | 94% |
| 38 anos | 96% |
| 39 anos | 98% |
| 40 anos | 100% |

Assim, se um segurado (homem) do RGPS tiver apenas 25 anos de tempo de contribuição, a renda do benefício será de 70% da média de todos os salários de contribuição desde o Plano Real (7/1994), respeitada a idade mínima referida e a renda não inferior a um salário mínimo.

Curioso notar que, intencionalmente, o artigo 26 da Emenda 103/2019 não limita a média de todos os salários de contribuição do segurado a 100%, de modo que o segurado que possuir mais de 40 anos de tempo de contribuição poderá fazer jus a uma aposentadoria por idade e tempo de contribuição que ultrapasse a 100% da média de salários de contribuição desde o Plano Real (competência 7/1994), a exemplo:

| HOMENS<br>TEMPO DE CONTRIBUIÇÃO | COEFICIENTE |
|---|---|
| 41 Anos | 102% |
| 42 Anos | 104% |
| 43 Anos | 106% |
| 44 Anos | 108% |
| 45 Anos | 110% |
| **E assim sucessivamente** | **E assim sucessivamente** |

Para a aposentadoria da MULHER existe uma regra diferenciada de cálculo da renda mensal no artigo 26, § 5º[27], da Emenda 103/2019, que prevê a progressão a

27. § 5º O acréscimo a que se refere o caput do § 2º será aplicado para cada ano que **exceder quinze anos** de tempo de contribuição para os segurados de que tratam a alínea "a" do inciso I do art. 19 e do inciso I do art. 21 e **para as mulheres filiadas ao Regime Geral de Previdência Social**.

contar de 15 anos, e não de 20 anos de contribuição em todos os casos:

| MULHERES<br>TEMPO DE CONTRIBUIÇÃO | COEFICIENTE |
|---|---|
| 15 anos | 60% |
| 16 anos | 62% |
| 17 anos | 64% |
| 18 anos | 66% |
| 19 anos | 68% |
| 20 anos | 70% |
| 21 anos | 72% |
| 22 anos | 74% |
| 23 anos | 76% |
| 24 anos | 78% |
| 25 anos | 80% |
| 26 anos | 82% |
| 27 anos | 84% |
| 28 anos | 86% |
| 29 anos | 88% |
| 30 anos | 90% |
| 31 anos | 92% |
| 32 anos | 94% |
| 33 anos | 96% |
| 34 anos | 98% |
| 35 anos | 100% |
| E assim sucessivamente | E assim sucessivamente |

Dessa forma, o coeficiente mínimo será de 60% e o máximo não está limitado pela legislação constitucional transitória.

Poderão ser excluídas da média as contribuições que resultem em redução do valor do benefício, desde que mantido o tempo mínimo de contribuição exigido, vedada a utilização do tempo excluído para qualquer finalidade, para a averbação em outro regime previdenciário ou para a obtenção dos proventos de inatividade dos militares.

### *5.1.1. Cálculos*

O estudo de caso a seguir trata de um segurado que possui direito adquirido em 13/11/2019, véspera da vigência do Novo Regime Jurídico, e em 01/04/2020, data do requerimento, com base na regra de transição da aposentadoria com pontuação, aprovada pela EC 103/2019. Nesses casos são elaborados dois cálculos: um com base na legislação vigente até 13/11/2019 e outro com base no Novo Regime Jurídico, prevalecendo a aposentadoria de maior valor, em atendimento ao princípio jurídico da tese do melhor benefício.

Analisemos primeiramente o cálculo da renda mensal inicial do benefício com base no direito adquirido. Em 13/11/2019 o segurado possuía 59 anos e 8 meses de idade; 36 anos e 08 meses de tempo de contribuição; total de 96 pontos exigidos pela legislação da época para a não incidência do fator previdenciário no cálculo do salário de benefício.

Espécie do benefício: **Aposentadoria por tempo de contribuição**
Nome: **ANTÔNIO DOS SANTOS MENESES**
Data de nascimento: **16/02/1960**
Data do requerimento: **01/04/2020**
Data do direito adquirido: **13/11/2019**

| IDADE | |
|---|---|
| **INÍCIO** | **FIM** |
| **16/02/1960** | **13/11/2019** |

| IDADE | | |
|---|---|---|
| **ANOS** | **MESES** | **DIAS** |
| **59** | **8** | **28** |
| **59,74** | | |

| | CONTRATOS DE TRABALHO | | TEMPO MÍNIMO | TEMPO DE CONTRIBUIÇÃO | | |
|---|---|---|---|---|---|---|
| | INÍCIO | FIM | | ANOS | MESES | DIAS |
| 1 | **01/03/1982** | **05/08/1997** | 35 | 15 | 5 | 5 |
| 2 | **01/02/1998** | **31/10/2010** | 35 | 12 | 9 | 1 |
| 3 | **01/05/2011** | **13/11/2019** | 35 | 8 | 6 | 13 |

| TEMPO TOTAL APURADO | | |
|---|---|---|
| Anos | Meses | Dias |
| 36 | 8 | 19 |
| 36,72 | | |

| Regras do Direito Adquirido | | | |
|---|---|---|---|
| Regras de cálculos | Regra de pontos: 96 | 96,46 | Aplicável |
| | Fator Previdenciário | 0,84011 | Não aplicável |

**ANTÔNIO DOS SANTOS MENESES**

DATA DE NASCIMENTO: **16/02/1960**

ESPÉCIE: **42** (APOSENTADORIA POR POR TEMPO DE CONTRIBUIÇÃO)

DATA DO REQUERIMENTO: **01/04/2020**

DATA DO DIREITO ADQUIRIDO: **13/11/2019**

TEMPO DE CONTRIBUIÇÃO EM 13/11/2019: **36 anos 08 meses e 19 dias**

BASE LEGAL: LEI 9.876 DE 29 DE NOVEMBRO DE 1999

PERÍODO BÁSICO DE CÁLCULO: **07/1994 a 10/2019**

| Sequência | Mês/ano | Valor teto | Salário | Índice | Salário corrigido | Desconsiderados |
|---|---|---|---|---|---|---|
| 1 | jul/94 | 582,86 | 537,00 | 8,183670 | 4.394,63 | Desconsiderado |
| 2 | ago/94 | 582,86 | 537,00 | 7,714618 | 4.142,75 | Desconsiderado |
| 3 | set/94 | 582,86 | 537,00 | 7,315208 | 3.928,27 | Desconsiderado |
| 4 | out/94 | 582,86 | 537,00 | 7,206392 | 3.869,83 | Desconsiderado |
| 5 | nov/94 | 582,86 | 537,00 | 7,074803 | 3.799,17 | Desconsiderado |
| 6 | dez/94 | 582,86 | 582,86 | 6,850782 | 3.993,05 | Desconsiderado |
| 7 | jan/95 | 582,86 | 537,00 | 6,703966 | 3.600,03 | Desconsiderado |
| 8 | fev/95 | 582,86 | 537,00 | 6,593843 | 3.540,89 | Desconsiderado |
| 9 | mar/95 | 582,86 | 537,00 | 6,529208 | 3.506,18 | Desconsiderado |
| 10 | abr/95 | 582,86 | 537,00 | 6,438423 | 3.457,43 | Desconsiderado |
| 11 | mai/95 | 832,66 | 820,00 | 6,317137 | 5.180,05 | |
| 12 | jun/95 | 832,66 | 820,00 | 6,158854 | 5.050,26 | |
| 13 | jul/95 | 832,66 | 820,00 | 6,048768 | 4.959,99 | |
| 14 | ago/95 | 832,66 | 820,00 | 5,903537 | 4.840,90 | |
| 15 | set/95 | 832,66 | 820,00 | 5,843931 | 4.792,02 | |
| 16 | out/95 | 832,66 | 832,66 | 5,776348 | 4.809,73 | |
| 17 | nov/95 | 832,66 | 832,66 | 5,696592 | 4.743,32 | |
| 18 | dez/95 | 832,66 | 832,66 | 5,611857 | 4.672,77 | Desconsiderado |
| 19 | jan/96 | 832,66 | 820,00 | 5,520763 | 4.527,03 | Desconsiderado |
| 20 | fev/96 | 832,66 | 820,00 | 5,441323 | 4.461,88 | Desconsiderado |
| 21 | mar/96 | 832,66 | 820,00 | 5,402958 | 4.430,43 | Desconsiderado |
| 22 | abr/96 | 832,66 | 820,00 | 5,387338 | 4.417,62 | Desconsiderado |
| 23 | mai/96 | 957,56 | 935,00 | 5,349886 | 5.002,14 | |

| Sequência | Mês/ano | Valor teto | Salário | Índice | Salário corrigido | Desconsiderados |
|---|---|---|---|---|---|---|
| 24 | jun/96 | 957,56 | 935,00 | 5,261494 | 4.919,50 | |
| 25 | jul/96 | 957,56 | 935,00 | 5,198080 | 4.860,20 | |
| 26 | ago/96 | 957,56 | 935,00 | 5,142030 | 4.807,80 | |
| 27 | set/96 | 957,56 | 935,00 | 5,141822 | 4.807,60 | |
| 28 | out/96 | 957,56 | 935,00 | 5,135147 | 4.801,36 | |
| 29 | nov/96 | 957,56 | 935,00 | 5,123874 | 4.790,82 | |
| 30 | dez/96 | 957,56 | 957,56 | 5,109570 | 4.892,72 | |
| 31 | jan/97 | 957,56 | 935,00 | 5,064994 | 4.735,77 | |
| 32 | fev/97 | 957,56 | 935,00 | 4,986214 | 4.662,11 | Desconsiderado |
| 33 | mar/97 | 957,56 | 935,00 | 4,965358 | 4.642,61 | Desconsiderado |
| 34 | abr/97 | 957,56 | 935,00 | 4,908422 | 4.589,37 | Desconsiderado |
| 35 | mai/97 | 957,56 | 935,00 | 4,879633 | 4.562,46 | Desconsiderado |
| 36 | jun/97 | 1.031,87 | 1.031,87 | 4,865036 | 5.020,08 | |
| 37 | jul/97 | 1.031,87 | 1.031,87 | 4,831219 | 4.985,19 | |
| 38 | ago/97 | 1.031,87 | 235,00 | 4,826875 | 1.134,32 | Desconsiderado |
| 39 | fev/98 | 1.031,87 | 1.031,87 | 4,669346 | 4.818,16 | |
| 40 | mar/98 | 1.031,87 | 1.031,87 | 4,668412 | 4.817,19 | |
| 41 | abr/98 | 1.031,87 | 1.031,87 | 4,657696 | 4.806,14 | |
| 42 | mai/98 | 1.031,87 | 1.031,87 | 4,657696 | 4.806,14 | |
| 43 | jun/98 | 1.081,50 | 1.081,50 | 4,647011 | 5.025,74 | |
| 44 | jul/98 | 1.081,50 | 1.081,50 | 4,634032 | 5.011,71 | |
| 45 | ago/98 | 1.081,50 | 1.081,50 | 4,634032 | 5.011,71 | |
| 46 | set/98 | 1.081,50 | 1.081,50 | 4,634032 | 5.011,71 | |
| 47 | out/98 | 1.081,50 | 1.081,50 | 4,634032 | 5.011,71 | |
| 48 | nov/98 | 1.081,50 | 1.081,50 | 4,634032 | 5.011,71 | |
| 49 | dez/98 | 1.200,00 | 1.150,00 | 4,634032 | 5.329,14 | |
| 50 | jan/99 | 1.200,00 | 1.150,00 | 4,589061 | 5.277,42 | |
| 51 | fev/99 | 1.200,00 | 1.150,00 | 4,536885 | 5.217,42 | |
| 52 | mar/99 | 1.200,00 | 1.150,00 | 4,344014 | 4.995,62 | |
| 53 | abr/99 | 1.200,00 | 1.150,00 | 4,259672 | 4.898,62 | |
| 54 | mai/99 | 1.200,00 | 1.150,00 | 4,258394 | 4.897,15 | |
| 55 | jun/99 | 1.255,32 | 1.255,32 | 4,258394 | 5.345,65 | |
| 56 | jul/99 | 1.255,32 | 1.255,32 | 4,215397 | 5.291,67 | |
| 57 | ago/99 | 1.255,32 | 1.255,32 | 4,149424 | 5.208,85 | |
| 58 | set/99 | 1.255,32 | 1.255,32 | 4,090114 | 5.134,40 | |
| 59 | out/99 | 1.255,32 | 1.255,32 | 4,030859 | 5.060,02 | |
| 60 | nov/99 | 1.255,32 | 1.255,32 | 3,956092 | 4.966,16 | |
| 61 | dez/99 | 1.255,32 | 1.255,32 | 3,858471 | 4.843,62 | |
| 62 | jan/00 | 1.255,32 | 1.255,32 | 3,811588 | 4.784,76 | |
| 63 | fev/00 | 1.255,32 | 1.255,32 | 3,773102 | 4.736,45 | |
| 64 | mar/00 | 1.255,32 | 1.255,32 | 3,765950 | 4.727,47 | |
| 65 | abr/00 | 1.255,32 | 1.255,32 | 3,759181 | 4.718,98 | |
| 66 | mai/00 | 1.255,32 | 1.255,32 | 3,754302 | 4.712,85 | Desconsiderado |
| 67 | jun/00 | 1.328,25 | 1.328,25 | 3,729313 | 4.953,46 | |
| 68 | jul/00 | 1.328,25 | 1.328,25 | 3,694950 | 4.907,82 | |
| 69 | ago/00 | 1.328,25 | 1.328,25 | 3,613294 | 4.799,36 | |
| 70 | set/00 | 1.328,25 | 1.328,25 | 3,548703 | 4.713,56 | Desconsiderado |
| 71 | out/00 | 1.328,25 | 1.328,25 | 3,524389 | 4.681,27 | Desconsiderado |

| Sequência | Mês/ano | Valor teto | Salário | Índice | Salário corrigido | Desconsiderados |
|---|---|---|---|---|---|---|
| 72 | nov/00 | 1.328,25 | 1.328,25 | 3,511395 | 4.664,01 | Desconsiderado |
| 73 | dez/00 | 1.328,25 | 1.328,25 | 3,497752 | 4.645,89 | Desconsiderado |
| 74 | jan/01 | 1.328,25 | 1.328,25 | 3,471371 | 4.610,85 | Desconsiderado |
| 75 | fev/01 | 1.328,25 | 1.328,25 | 3,454448 | 4.588,37 | Desconsiderado |
| 76 | mar/01 | 1.328,25 | 1.328,25 | 3,442739 | 4.572,82 | Desconsiderado |
| 77 | abr/01 | 1.328,25 | 1.328,25 | 3,415415 | 4.536,52 | Desconsiderado |
| 78 | mai/01 | 1.328,25 | 1.328,25 | 3,377252 | 4.485,83 | Desconsiderado |
| 79 | jun/01 | 1.430,00 | 1.400,00 | 3,362458 | 4.707,44 | Desconsiderado |
| 80 | jul/01 | 1.430,00 | 1.400,00 | 3,314074 | 4.639,70 | Desconsiderado |
| 81 | ago/01 | 1.430,00 | 1.400,00 | 3,261241 | 4.565,74 | Desconsiderado |
| 82 | set/01 | 1.430,00 | 1.400,00 | 3,232148 | 4.525,01 | Desconsiderado |
| 83 | out/01 | 1.430,00 | 1.400,00 | 3,219915 | 4.507,88 | Desconsiderado |
| 84 | nov/01 | 1.430,00 | 1.400,00 | 3,173894 | 4.443,45 | Desconsiderado |
| 85 | dez/01 | 1.430,00 | 1.400,00 | 3,149951 | 4.409,93 | Desconsiderado |
| 86 | jan/02 | 1.430,00 | 1.400,00 | 3,144295 | 4.402,01 | Desconsiderado |
| 87 | fev/02 | 1.430,00 | 1.400,00 | 3,138334 | 4.393,67 | Desconsiderado |
| 88 | mar/02 | 1.430,00 | 1.400,00 | 3,132693 | 4.385,77 | Desconsiderado |
| 89 | abr/02 | 1.430,00 | 1.400,00 | 3,129252 | 4.380,95 | Desconsiderado |
| 90 | mai/02 | 1.430,00 | 1.400,00 | 3,107498 | 4.350,50 | Desconsiderado |
| 91 | jun/02 | 1.561,56 | 1.561,56 | 3,073385 | 4.799,28 | |
| 92 | jul/02 | 1.561,56 | 1.561,56 | 3,020818 | 4.717,19 | |
| 93 | ago/02 | 1.561,56 | 1.561,56 | 2,960138 | 4.622,43 | Desconsiderado |
| 94 | set/02 | 1.561,56 | 1.561,56 | 2,891888 | 4.515,86 | Desconsiderado |
| 95 | out/02 | 1.561,56 | 1.561,56 | 2,817509 | 4.399,71 | Desconsiderado |
| 96 | nov/02 | 1.561,56 | 1.561,56 | 2,703684 | 4.221,96 | Desconsiderado |
| 97 | dez/02 | 1.561,56 | 1.561,56 | 2,554499 | 3.989,00 | Desconsiderado |
| 98 | jan/03 | 1.561,56 | 1.561,56 | 2,487340 | 3.884,13 | Desconsiderado |
| 99 | fev/03 | 1.561,56 | 1.561,56 | 2,434511 | 3.801,63 | Desconsiderado |
| 100 | mar/03 | 1.561,56 | 1.561,56 | 2,396409 | 3.742,14 | Desconsiderado |
| 101 | abr/03 | 1.561,56 | 1.561,56 | 2,357280 | 3.681,03 | Desconsiderado |
| 102 | mai/03 | 1.561,56 | 1.561,56 | 2,347653 | 3.666,00 | Desconsiderado |
| 103 | jun/03 | 1.869,34 | 1.869,34 | 2,363488 | 4.418,16 | Desconsiderado |
| 104 | jul/03 | 1.869,34 | 1.869,34 | 2,380148 | 4.449,31 | Desconsiderado |
| 105 | ago/03 | 1.869,34 | 1.869,34 | 2,384922 | 4.458,23 | Desconsiderado |
| 106 | set/03 | 1.869,34 | 1.869,34 | 2,370224 | 4.430,75 | Desconsiderado |
| 107 | out/03 | 1.869,34 | 1.869,34 | 2,345596 | 4.384,72 | Desconsiderado |
| 108 | nov/03 | 1.869,34 | 1.869,34 | 2,335320 | 4.365,51 | Desconsiderado |
| 109 | dez/03 | 1.869,34 | 1.869,34 | 2,324163 | 4.344,65 | Desconsiderado |
| 110 | jan/04 | 2.400,00 | 2.150,00 | 2,310303 | 4.967,15 | |
| 111 | fev/04 | 2.400,00 | 2.150,00 | 2,291966 | 4.927,73 | |
| 112 | mar/04 | 2.400,00 | 2.150,00 | 2,283062 | 4.908,58 | |
| 113 | abr/04 | 2.400,00 | 2.150,00 | 2,270125 | 4.880,77 | |
| 114 | mai/04 | 2.508,72 | 2.350,00 | 2,260853 | 5.313,00 | |
| 115 | jun/04 | 2.508,72 | 2.350,00 | 2,251844 | 5.291,83 | |
| 116 | jul/04 | 2.508,72 | 2.350,00 | 2,240647 | 5.265,52 | |
| 117 | ago/04 | 2.508,72 | 2.350,00 | 2,224405 | 5.227,35 | |
| 118 | set/04 | 2.508,72 | 2.350,00 | 2,213338 | 5.201,34 | |
| 119 | out/04 | 2.508,72 | 2.350,00 | 2,209584 | 5.192,52 | |

| Sequência | Mês/ano | Valor teto | Salário | Índice | Salário corrigido | Desconsiderados |
|---|---|---|---|---|---|---|
| 120 | nov/04 | 2.508,72 | 2.350,00 | 2,205836 | 5.183,71 | |
| 121 | dez/04 | 2.508,72 | 2.350,00 | 2,196171 | 5.161,00 | |
| 122 | jan/05 | 2.508,72 | 2.350,00 | 2,177442 | 5.116,99 | |
| 123 | fev/05 | 2.508,72 | 2.350,00 | 2,165101 | 5.087,99 | |
| 124 | mar/05 | 2.508,72 | 2.350,00 | 2,155617 | 5.065,70 | |
| 125 | abr/05 | 2.508,72 | 2.350,00 | 2,139993 | 5.028,98 | |
| 126 | mai/05 | 2.668,15 | 2.600,00 | 2,120697 | 5.513,81 | |
| 127 | jun/05 | 2.668,15 | 2.600,00 | 2,105955 | 5.475,48 | |
| 128 | jul/05 | 2.668,15 | 2.600,00 | 2,108273 | 5.481,51 | |
| 129 | ago/05 | 2.668,15 | 2.600,00 | 2,107641 | 5.479,87 | |
| 130 | set/05 | 2.668,15 | 2.600,00 | 2,107641 | 5.479,87 | |
| 131 | out/05 | 2.668,15 | 2.600,00 | 2,104486 | 5.471,66 | |
| 132 | nov/05 | 2.668,15 | 2.600,00 | 2,092350 | 5.440,11 | |
| 133 | dez/05 | 2.668,15 | 2.600,00 | 2,081109 | 5.410,88 | |
| 134 | jan/06 | 2.668,15 | 2.600,00 | 2,072821 | 5.389,33 | |
| 135 | fev/06 | 2.668,15 | 2.600,00 | 2,064973 | 5.368,93 | |
| 136 | mar/06 | 2.668,15 | 2.600,00 | 2,060236 | 5.356,61 | |
| 137 | abr/06 | 2.801,56 | 2.600,00 | 2,054688 | 5.342,19 | |
| 138 | mai/06 | 2.801,56 | 2.750,00 | 2,052227 | 5.643,62 | |
| 139 | jun/06 | 2.801,56 | 2.750,00 | 2,049562 | 5.636,30 | |
| 140 | jul/06 | 2.801,56 | 2.750,00 | 2,050994 | 5.640,23 | |
| 141 | ago/06 | 2.801,82 | 2.750,00 | 2,048742 | 5.634,04 | |
| 142 | set/06 | 2.801,82 | 2.750,00 | 2,049149 | 5.635,16 | |
| 143 | out/06 | 2.801,82 | 2.750,00 | 2,045879 | 5.626,17 | |
| 144 | nov/06 | 2.801,82 | 2.750,00 | 2,037119 | 5.602,08 | |
| 145 | dez/06 | 2.801,82 | 2.750,00 | 2,028598 | 5.578,64 | |
| 146 | jan/07 | 2.801,82 | 2.750,00 | 2,016097 | 5.544,27 | |
| 147 | fev/07 | 2.801,82 | 2.750,00 | 2,006268 | 5.517,24 | |
| 148 | mar/07 | 2.801,82 | 2.750,00 | 1,997878 | 5.494,16 | |
| 149 | abr/07 | 2.894,28 | 2.750,00 | 1,989123 | 5.470,09 | |
| 150 | mai/07 | 2.894,28 | 2.894,28 | 1,983968 | 5.742,16 | |
| 151 | jun/07 | 2.894,28 | 2.894,28 | 1,978820 | 5.727,26 | |
| 152 | jul/07 | 2.894,28 | 2.894,28 | 1,972708 | 5.709,57 | |
| 153 | ago/07 | 2.894,28 | 2.894,28 | 1,966414 | 5.691,35 | |
| 154 | set/07 | 2.894,28 | 2.894,28 | 1,954878 | 5.657,96 | |
| 155 | out/07 | 2.894,28 | 2.894,28 | 1,950006 | 5.643,86 | |
| 156 | nov/07 | 2.894,28 | 2.894,28 | 1,944175 | 5.626,99 | |
| 157 | dez/07 | 2.894,28 | 2.894,28 | 1,935848 | 5.602,89 | |
| 158 | jan/08 | 2.894,28 | 2.894,28 | 1,917250 | 5.549,06 | |
| 159 | fev/08 | 2.894,28 | 2.894,28 | 1,904111 | 5.511,03 | |
| 160 | mar/08 | 3.038,99 | 3.038,99 | 1,894451 | 5.757,22 | |
| 161 | abr/08 | 3.038,99 | 3.038,99 | 1,884838 | 5.728,00 | |
| 162 | mai/08 | 3.038,99 | 3.038,99 | 1,872852 | 5.691,58 | |
| 163 | jun/08 | 3.038,99 | 3.038,99 | 1,855045 | 5.637,46 | |
| 164 | jul/08 | 3.038,99 | 3.038,99 | 1,838316 | 5.586,62 | |
| 165 | ago/08 | 3.038,99 | 3.038,99 | 1,827714 | 5.554,40 | |
| 166 | set/08 | 3.038,99 | 3.038,99 | 1,823883 | 5.542,76 | |
| 167 | out/08 | 3.038,99 | 3.038,99 | 1,821152 | 5.534,46 | |

| Sequência | Mês/ano | Valor teto | Salário | Índice | Salário corrigido | Desconsiderados |
|---|---|---|---|---|---|---|
| 168 | nov/08 | 3.038,99 | 3.038,99 | 1,812093 | 5.506,93 | |
| 169 | dez/08 | 3.038,99 | 3.038,99 | 1,805230 | 5.486,08 | |
| 170 | jan/09 | 3.038,99 | 3.038,99 | 1,800016 | 5.470,23 | |
| 171 | fev/09 | 3.218,90 | 3.200,00 | 1,788567 | 5.723,41 | |
| 172 | mar/09 | 3.218,90 | 3.200,00 | 1,783037 | 5.705,72 | |
| 173 | abr/09 | 3.218,90 | 3.200,00 | 1,779479 | 5.694,33 | |
| 174 | mai/09 | 3.218,90 | 3.218,90 | 1,769747 | 5.696,64 | |
| 175 | jun/09 | 3.218,90 | 3.218,90 | 1,759192 | 5.662,66 | |
| 176 | jul/09 | 3.218,90 | 3.218,90 | 1,751832 | 5.638,97 | |
| 177 | ago/09 | 3.218,90 | 3.218,90 | 1,747812 | 5.626,03 | |
| 178 | set/09 | 3.218,90 | 3.218,90 | 1,746416 | 5.621,54 | |
| 179 | out/09 | 3.218,90 | 3.218,90 | 1,743626 | 5.612,56 | |
| 180 | nov/09 | 3.218,90 | 3.218,90 | 1,739450 | 5.599,12 | |
| 181 | dez/09 | 3.218,90 | 3.218,90 | 1,733039 | 5.578,48 | |
| 182 | jan/10 | 3.467,40 | 3.467,40 | 1,728886 | 5.994,74 | |
| 183 | fev/10 | 3.467,40 | 3.467,40 | 1,713806 | 5.942,45 | |
| 184 | mar/10 | 3.467,40 | 3.467,40 | 1,701893 | 5.901,14 | |
| 185 | abr/10 | 3.467,40 | 3.467,40 | 1,689897 | 5.859,55 | |
| 186 | mai/10 | 3.467,40 | 3.467,40 | 1,677648 | 5.817,08 | |
| 187 | jun/10 | 3.467,40 | 3.467,40 | 1,670466 | 5.792,17 | |
| 188 | jul/10 | 3.467,40 | 3.467,40 | 1,672306 | 5.798,55 | |
| 189 | ago/10 | 3.467,40 | 3.467,40 | 1,673477 | 5.802,61 | |
| 190 | set/10 | 3.467,40 | 3.467,40 | 1,674650 | 5.806,68 | |
| 191 | out/10 | 3.467,40 | 3.467,40 | 1,665657 | 5.775,50 | |
| 192 | mai/11 | 3.691,74 | 3.500,00 | 1,578280 | 5.523,98 | |
| 193 | jun/11 | 3.691,74 | 3.500,00 | 1,569336 | 5.492,68 | |
| 194 | jul/11 | 3.691,74 | 3.500,00 | 1,565891 | 5.480,62 | |
| 195 | ago/11 | 3.691,74 | 3.500,00 | 1,565891 | 5.480,62 | |
| 196 | set/11 | 3.691,74 | 3.500,00 | 1,559341 | 5.457,69 | |
| 197 | out/11 | 3.691,74 | 3.500,00 | 1,552356 | 5.433,25 | |
| 198 | nov/11 | 3.691,74 | 3.500,00 | 1,547405 | 5.415,92 | |
| 199 | dez/11 | 3.691,74 | 3.500,00 | 1,538633 | 5.385,22 | |
| 200 | jan/12 | 3.916,20 | 3.500,00 | 1,530832 | 5.357,91 | |
| 201 | fev/12 | 3.916,20 | 3.500,00 | 1,523060 | 5.330,71 | |
| 202 | mar/12 | 3.916,20 | 3.500,00 | 1,517144 | 5.310,00 | |
| 203 | abr/12 | 3.916,20 | 3.500,00 | 1,514415 | 5.300,45 | |
| 204 | mai/12 | 3.916,20 | 3.750,00 | 1,504788 | 5.642,96 | |
| 205 | jun/12 | 3.916,20 | 3.750,00 | 1,496558 | 5.612,09 | |
| 206 | jul/12 | 3.916,20 | 3.750,00 | 1,492676 | 5.597,54 | |
| 207 | ago/12 | 3.916,20 | 3.750,00 | 1,486286 | 5.573,57 | |
| 208 | set/12 | 3.916,20 | 3.750,00 | 1,479626 | 5.548,60 | |
| 209 | out/12 | 3.916,20 | 3.750,00 | 1,470362 | 5.513,86 | |
| 210 | nov/12 | 3.916,20 | 3.750,00 | 1,459996 | 5.474,99 | |
| 211 | dez/12 | 3.916,20 | 3.750,00 | 1,452154 | 5.445,58 | |
| 212 | jan/13 | 4.159,00 | 3.750,00 | 1,441487 | 5.405,58 | |
| 213 | fev/13 | 4.159,00 | 3.750,00 | 1,428347 | 5.356,30 | |
| 214 | mar/13 | 4.159,00 | 3.750,00 | 1,420959 | 5.328,60 | |
| 215 | abr/13 | 4.159,00 | 3.750,00 | 1,412484 | 5.296,82 | |

| Sequência | Mês/ano | Valor teto | Salário | Índice | Salário corrigido | Desconsiderados |
|---|---|---|---|---|---|---|
| 216 | mai/13 | 4.159,00 | 4.000,00 | 1,404197 | 5.616,79 | |
| 217 | jun/13 | 4.159,00 | 4.000,00 | 1,399298 | 5.597,19 | |
| 218 | jul/13 | 4.159,00 | 4.000,00 | 1,395394 | 5.581,58 | |
| 219 | ago/13 | 4.159,00 | 4.000,00 | 1,397210 | 5.588,84 | |
| 220 | set/13 | 4.159,00 | 4.000,00 | 1,394977 | 5.579,91 | |
| 221 | out/13 | 4.159,00 | 4.000,00 | 1,391220 | 5.564,88 | |
| 222 | nov/13 | 4.159,00 | 4.000,00 | 1,382789 | 5.531,16 | |
| 223 | dez/13 | 4.159,00 | 4.000,00 | 1,375360 | 5.501,44 | |
| 224 | jan/14 | 4.390,24 | 4.000,00 | 1,365528 | 5.462,11 | |
| 225 | fev/14 | 4.390,24 | 4.000,00 | 1,356979 | 5.427,92 | |
| 226 | mar/14 | 4.390,24 | 4.000,00 | 1,348350 | 5.393,40 | |
| 227 | abr/14 | 4.390,24 | 4.000,00 | 1,337383 | 5.349,53 | |
| 228 | mai/14 | 4.390,24 | 4.300,00 | 1,327030 | 5.706,23 | |
| 229 | jun/14 | 4.390,24 | 4.300,00 | 1,319113 | 5.672,19 | |
| 230 | jul/14 | 4.390,24 | 4.300,00 | 1,315695 | 5.657,49 | |
| 231 | ago/14 | 4.390,24 | 4.300,00 | 1,313987 | 5.650,14 | |
| 232 | set/14 | 4.390,24 | 4.300,00 | 1,311626 | 5.639,99 | |
| 233 | out/14 | 4.390,24 | 4.300,00 | 1,305233 | 5.612,50 | |
| 234 | nov/14 | 4.390,24 | 4.300,00 | 1,300292 | 5.591,26 | |
| 235 | dez/14 | 4.390,24 | 4.300,00 | 1,293434 | 5.561,77 | |
| 236 | jan/15 | 4.663,75 | 4.300,00 | 1,285463 | 5.527,49 | |
| 237 | fev/15 | 4.663,75 | 4.300,00 | 1,266718 | 5.446,89 | |
| 238 | mar/15 | 4.663,75 | 4.300,00 | 1,252193 | 5.384,43 | |
| 239 | abr/15 | 4.663,75 | 4.300,00 | 1,233566 | 5.304,33 | |
| 240 | mai/15 | 4.663,75 | 4.500,00 | 1,224870 | 5.511,92 | |
| 241 | jun/15 | 4.663,75 | 4.500,00 | 1,212864 | 5.457,89 | |
| 242 | jul/15 | 4.663,75 | 4.500,00 | 1,203594 | 5.416,17 | |
| 243 | ago/15 | 4.663,75 | 4.500,00 | 1,196654 | 5.384,94 | |
| 244 | set/15 | 4.663,75 | 4.500,00 | 1,193668 | 5.371,51 | |
| 245 | out/15 | 4.663,75 | 4.500,00 | 1,187613 | 5.344,26 | |
| 246 | nov/15 | 4.663,75 | 4.500,00 | 1,178539 | 5.303,43 | |
| 247 | dez/15 | 4.663,75 | 4.500,00 | 1,165598 | 5.245,19 | |
| 248 | jan/16 | 5.189,82 | 4.500,00 | 1,155203 | 5.198,41 | |
| 249 | fev/16 | 5.189,82 | 4.500,00 | 1,138020 | 5.121,09 | |
| 250 | mar/16 | 5.189,82 | 4.500,00 | 1,127309 | 5.072,89 | |
| 251 | abr/16 | 5.189,82 | 4.500,00 | 1,122371 | 5.050,67 | |
| 252 | mai/16 | 5.189,82 | 4.850,00 | 1,115234 | 5.408,88 | |
| 253 | jun/16 | 5.189,82 | 4.850,00 | 1,104412 | 5.356,40 | |
| 254 | jul/16 | 5.189,82 | 4.850,00 | 1,099244 | 5.331,33 | |
| 255 | ago/16 | 5.189,82 | 4.850,00 | 1,092252 | 5.297,42 | |
| 256 | set/16 | 5.189,82 | 4.850,00 | 1,088880 | 5.281,07 | |
| 257 | out/16 | 5.189,82 | 4.850,00 | 1,088008 | 5.276,84 | |
| 258 | nov/16 | 5.189,82 | 4.850,00 | 1,086160 | 5.267,88 | |
| 259 | dez/16 | 5.189,82 | 4.850,00 | 1,085401 | 5.264,19 | |
| 260 | jan/17 | 5.531,31 | 4.850,00 | 1,083884 | 5.256,84 | |
| 261 | fev/17 | 5.531,31 | 4.850,00 | 1,079351 | 5.234,85 | |
| 262 | mar/17 | 5.531,31 | 4.850,00 | 1,076766 | 5.222,32 | |
| 263 | abr/17 | 5.531,31 | 4.850,00 | 1,073334 | 5.205,67 | |

| Sequência | Mês/ano | Valor teto | Salário | Índice | Salário corrigido | Desconsiderados |
|---|---|---|---|---|---|---|
| 264 | mai/17 | 5.531,31 | 5.200,00 | 1,072475 | 5.576,87 | |
| 265 | jun/17 | 5.531,31 | 5.200,00 | 1,068625 | 5.556,85 | |
| 266 | jul/17 | 5.531,31 | 5.200,00 | 1,071843 | 5.573,58 | |
| 267 | ago/17 | 5.531,31 | 5.200,00 | 1,070024 | 5.564,12 | |
| 268 | set/17 | 5.531,31 | 5.200,00 | 1,070344 | 5.565,79 | |
| 269 | out/17 | 5.531,31 | 5.200,00 | 1,070559 | 5.566,91 | |
| 270 | nov/17 | 5.531,31 | 5.200,00 | 1,066612 | 5.546,38 | |
| 271 | dez/17 | 5.531,31 | 5.200,00 | 1,064696 | 5.536,42 | |
| 272 | jan/18 | 5.645,80 | 5.200,00 | 1,061935 | 5.522,06 | |
| 273 | fev/18 | 5.645,80 | 5.200,00 | 1,059498 | 5.509,39 | |
| 274 | mar/18 | 5.645,80 | 5.200,00 | 1,057594 | 5.499,49 | |
| 275 | abr/18 | 5.645,80 | 5.200,00 | 1,056856 | 5.495,65 | |
| 276 | mai/18 | 5.645,80 | 5.450,00 | 1,054639 | 5.747,78 | |
| 277 | jun/18 | 5.645,80 | 5.450,00 | 1,050125 | 5.723,18 | |
| 278 | jul/18 | 5.645,80 | 5.450,00 | 1,035318 | 5.642,48 | |
| 279 | ago/18 | 5.645,80 | 5.450,00 | 1,032736 | 5.628,41 | |
| 280 | set/18 | 5.645,80 | 5.450,00 | 1,032736 | 5.628,41 | |
| 281 | out/18 | 5.645,80 | 5.450,00 | 1,029647 | 5.611,58 | |
| 282 | nov/18 | 5.645,80 | 5.450,00 | 1,025545 | 5.589,22 | |
| 283 | dez/18 | 5.645,80 | 5.450,00 | 1,028115 | 5.603,23 | |
| 284 | jan/19 | 5.839,45 | 5.450,00 | 1,026679 | 5.595,40 | |
| 285 | fev/19 | 5.839,45 | 5.450,00 | 1,022996 | 5.575,33 | |
| 286 | mar/19 | 5.839,45 | 5.450,00 | 1,017502 | 5.545,39 | |
| 287 | abr/19 | 5.839,45 | 5.450,00 | 1,009727 | 5.503,01 | |
| 288 | mai/19 | 5.839,45 | 5.600,00 | 1,003704 | 5.620,74 | |
| 289 | jun/19 | 5.839,45 | 5.600,00 | 1,002201 | 5.612,33 | |
| 290 | jul/19 | 5.839,45 | 5.600,00 | 1,002101 | 5.611,77 | |
| 291 | ago/19 | 5.839,45 | 5.600,00 | 1,001099 | 5.606,15 | |
| 292 | set/19 | 5.839,45 | 5.600,00 | 0,999900 | 5.599,44 | |
| 293 | out/19 | 5.839,45 | 5.600,00 | 1,000400 | 5.602,24 | |

| | |
|---|---|
| **SOMA GERAL DE SALÁRIOS** | **1.509.390,85** |

| | |
|---|---|
| **MÉDIA GERAL DE SALÁRIOS** = 1.509.390,85 / 293 | **5.151,50** |

| | |
|---|---|
| Período Básico de Cálculos - 07/1994 a 10/2019 | **304** |
| Quantidade de salários no período básico de cálculo | **293** |
| Salários considerados (80% dos maiores salários) | **234** |
| Salários desprezados | **59** |

| | |
|---|---|
| **SOMA DE SALÁRIOS -** 80% dos maiores | **1.257.758,76** |

| | |
|---|---|
| **MÉDIA DE 80% DOS MAIORES SALÁRIOS** = 1.257.758,76 / 234 | **5.375,04** |

| | |
|---|---|
| **TETO PREVIDENCIÁRIO** | **5.839,45** |

**ANTÔNIO DOS SANTOS MENESES**

DATA DE INÍCIO DO BENEFÍCIO: **13/11/2019**

TEMPO DE CONTRIBUIÇÃO EM 13/11/2019: **36 anos 08 meses e 19 dias**

| IDADE | | |
|---|---|---|
| **anos** | **meses** | **dias** |
| **59** | **8** | **28** |
| **59,7444** | | |

| TEMPO DE CONTRIBUIÇÃO | | |
|---|---|---|
| **anos** | **meses** | **dias** |
| **36** | **8** | **19** |
| **36,7194** | | |

| | |
|---|---|
| **Idade** | 59,7444 |
| **TC** | 36,7194 |
| **ES** | 23,2 |
| **Alíquota** | 0,31 |

$$\text{Fator Previdenciário} = \frac{TC \times A}{ES} \times \left(1 + \frac{(Id + TC \times A)}{100}\right)$$

| Idade | Expectativa de Sobrevida |
|---|---|
| 56 | 25,6 |
| 57 | 24,8 |
| 58 | 24,0 |
| 59 | 23,2 |
| 60 | 22,4 |

$$\frac{36{,}7194 \times 0{,}31}{23{,}2} \times \left(1 + \frac{(59{,}7444 + 36{,}7194 \times 0{,}31)}{100}\right)$$

| | | Favorável | Desfavorável |
|---|---|---|---|
| **Fator Previdenciário** | **0,84011** | | X |

| | | Aplicável | Não aplicável |
|---|---|---|---|
| **REGRA 86/96** | **96,46** | X | |

| | |
|---|---|
| **MÉDIA de 80% DOS MAIORES SALÁRIOS** | **5.375,04** |
| **FATOR PREVIDENCIÁRIO** | **1,0000** |
| **SALÁRIO DE BENEFÍCIO** | **5.375,04** |
| Coeficiente | **100%** |
| **Renda Mensal Inicial** = SB x Coeficiente | **5.375,04** |

| | |
|---|---|
| **Perda mensal com a aplicação do fator previdenciário** | - |
| **Perda anual com a aplicação do fator previdenciário** | - |

| **REAJUSTES DO BENEFÍCIO** |
|---|
| ANTÔNIO DOS SANTOS MENESES |
| ESPÉCIE: Aposentadoria por tempo de contribuição |
| TEMPO DE CONTRIBUIÇÃO: 36 anos 08 meses e 19 dias |
| DATA DO DIREITO ADQUIRIDO: 13/11/2019 |
| DATA DO REQUERIMENTO: 01/04/2020 |

| | |
|---|---|
| SALÁRIO DE BENEFÍCIO | **5.375,04** |
| COEFICIENTE | **100%** |
| RENDA MENSAL INICIAL | **5.375,04** |

| Data | Renda Mensal | Índices de reajustes | Renda Mensal Reajustada |
|---|---|---|---|
| jan/20 | 5.375,04 | 1,017700 | 5.470,18 |
| jan/21 | 5.470,18 | 1,054500 | 5.768,30 |
| **jan/22** | **5.768,30** | **1,101600** | **6.354,36** |

De acordo com os cálculos, com base no direito adquirido em 13/11/2019, a média aritmética simples dos maiores salários de contribuição correspondentes a 80% do período contributivo de 07/1994 a 10/2019 foi fixada no valor de R$ 5.375,04. O fator previdenciário foi fixado em 0,8401, desfavorável, e não foi aplicado no cálculo do salário de benefício porque o segurado atingiu o total de 96 pontos exigidos pela Lei 13.183/2015. A renda mensal inicial foi equivalente a 100% do salário de benefício, aos 36 anos de contribuição. A renda mensal reajustada a partir de abril de 2020, data do requerimento, é fixada no valor de R$ 5.470,18. O valor da renda mensal reajustada para 2022, é fixado em R$ 6.354,36.

Passemos agora a analisar os cálculos elaborados com base no Novo Regime Jurídico, para fins de comparação com a renda mensal obtida pelas regras vigentes até 13/11/2019.

Espécie do benefício: Aposentadoria por tempo de contribuição
Nome: ANTÔNIO DOS SANTOS MENESES
Data de nascimento: 16/02/1960
Data do requerimento: 01/04/2020
Data do direito adquirido: 13/11/2019

| IDADE | |
|---|---|
| **INÍCIO** | **FIM** |
| **16/02/1960** | **01/04/2020** |

| IDADE | | |
|---|---|---|
| **ANOS** | **MESES** | **DIAS** |
| **60** | **1** | **16** |
| **60,13** | | |

| | CONTRATOS DE TRABALHO | | TEMPO MÍNIMO | TEMPO DE CONTRIBUIÇÃO | | |
|---|---|---|---|---|---|---|
| | **INÍCIO** | **FIM** | | **ANOS** | **MESES** | **DIAS** |
| 1 | **01/03/1982** | **05/08/1997** | 35 | 15 | 5 | 5 |
| 2 | **01/02/1998** | **31/10/2010** | 35 | 12 | 9 | 1 |
| 3 | **01/05/2011** | **01/04/2020** | 35 | 8 | 11 | 1 |

| TEMPO TOTAL APURADO | | |
|---|---|---|
| **Anos** | **Meses** | **Dias** |
| **37** | **1** | **7** |
| **37,10** | | |

| Regras do novo regime Jurídico | | | |
|---|---|---|---|
| **Regras de transição** | **Regra de pontos: 97** | **97,23** | Com direito ao benefício |
| | **Regra da idade mínima: 61,5** | **60,13** | Sem direito ao benefício |

**APOSENTADORIA POR TEMPO DE CONTRIBUIÇÃO – HOMEM – NOVO REGIME JURÍDICO**

**REGRA DE TRANSIÇÃO 1 – APOSENTADORIA COM PONTUAÇÃO**

**ANTÔNIO DOS SANTOS MENESES**

DATA DE NASCIMENTO: **16/2/1960**

ESPÉCIE: **42** (APOSENTADORIA POR POR TEMPO DE CONTRIBUIÇÃO)

DATA DO REQUERIMENTO: **01/04/2020**

TEMPO DE CONTRIBUIÇÃO: **37 anos 01 mês e 07 dias**

BASE LEGAL: EMENDA CONSTITUCIONAL 103/2019

PERÍODO BÁSICO DE CÁLCULO: **07/1994 a 03/2020**

| Sequência | Mês/ano | Valor teto | Salário | Índice | Salário corrigido | Desconsiderados |
|---|---|---|---|---|---|---|
| 1 | jul/94 | 582,86 | 537,00 | 8,373296 | 4.496,46 | |
| 2 | ago/94 | 582,86 | 537,00 | 7,893376 | 4.238,74 | |
| 3 | set/94 | 582,86 | 537,00 | 7,484709 | 4.019,29 | |
| 4 | out/94 | 582,86 | 537,00 | 7,373373 | 3.959,50 | |
| 5 | nov/94 | 582,86 | 537,00 | 7,238735 | 3.887,20 | |
| 6 | dez/94 | 582,86 | 582,86 | 7,009522 | 4.085,57 | |
| 7 | jan/95 | 582,86 | 537,00 | 6,859305 | 3.683,45 | |
| 8 | fev/95 | 582,86 | 537,00 | 6,746630 | 3.622,94 | |
| 9 | mar/95 | 582,86 | 537,00 | 6,680497 | 3.587,43 | |
| 10 | abr/95 | 582,86 | 537,00 | 6,587608 | 3.537,55 | |
| 11 | mai/95 | 832,66 | 820,00 | 6,463513 | 5.300,08 | |
| 12 | jun/95 | 832,66 | 820,00 | 6,301562 | 5.167,28 | |
| 13 | jul/95 | 832,66 | 820,00 | 6,188924 | 5.074,92 | |
| 14 | ago/95 | 832,66 | 820,00 | 6,040329 | 4.953,07 | |
| 15 | set/95 | 832,66 | 820,00 | 5,979341 | 4.903,06 | |
| 16 | out/95 | 832,66 | 832,66 | 5,910192 | 4.921,18 | |
| 17 | nov/95 | 832,66 | 832,66 | 5,828590 | 4.853,23 | |
| 18 | dez/95 | 832,66 | 832,66 | 5,741890 | 4.781,04 | |
| 19 | jan/96 | 832,66 | 820,00 | 5,648685 | 4.631,92 | |
| 20 | fev/96 | 832,66 | 820,00 | 5,567405 | 4.565,27 | |
| 21 | mar/96 | 832,66 | 820,00 | 5,528151 | 4.533,08 | |
| 22 | abr/96 | 832,66 | 820,00 | 5,512169 | 4.519,98 | |
| 23 | mai/96 | 957,56 | 935,00 | 5,473848 | 5.118,05 | |
| 24 | jun/96 | 957,56 | 935,00 | 5,383409 | 5.033,49 | |
| 25 | jul/96 | 957,56 | 935,00 | 5,318526 | 4.972,82 | |
| 26 | ago/96 | 957,56 | 935,00 | 5,261177 | 4.919,20 | |
| 27 | set/96 | 957,56 | 935,00 | 5,260964 | 4.919,00 | |
| 28 | out/96 | 957,56 | 935,00 | 5,254134 | 4.912,62 | |
| 29 | nov/96 | 957,56 | 935,00 | 5,242600 | 4.901,83 | |
| 30 | dez/96 | 957,56 | 957,56 | 5,227965 | 5.006,09 | |
| 31 | jan/97 | 957,56 | 935,00 | 5,182355 | 4.845,50 | |
| 32 | fev/97 | 957,56 | 935,00 | 5,101751 | 4.770,14 | |
| 33 | mar/97 | 957,56 | 935,00 | 5,080411 | 4.750,18 | |
| 34 | abr/97 | 957,56 | 935,00 | 5,022156 | 4.695,72 | |
| 35 | mai/97 | 957,56 | 935,00 | 4,992700 | 4.668,17 | |
| 36 | jun/97 | 1.031,87 | 1.031,87 | 4,977765 | 5.136,41 | |
| 37 | jul/97 | 1.031,87 | 1.031,87 | 4,943164 | 5.100,70 | |

| Sequência | Mês/ano | Valor teto | Salário | Índice | Salário corrigido | Desconsiderados |
|---|---|---|---|---|---|---|
| 38 | ago/97 | 1.031,87 | 235,00 | 4,938720 | 1.160,60 | |
| 39 | fev/98 | 1.031,87 | 1.031,87 | 4,777539 | 4.929,80 | |
| 40 | mar/98 | 1.031,87 | 1.031,87 | 4,776584 | 4.928,81 | |
| 41 | abr/98 | 1.031,87 | 1.031,87 | 4,765621 | 4.917,50 | |
| 42 | mai/98 | 1.031,87 | 1.031,87 | 4,765621 | 4.917,50 | |
| 43 | jun/98 | 1.081,50 | 1.081,50 | 4,754688 | 5.142,20 | |
| 44 | jul/98 | 1.081,50 | 1.081,50 | 4,741407 | 5.127,83 | |
| 45 | ago/98 | 1.081,50 | 1.081,50 | 4,741407 | 5.127,83 | |
| 46 | set/98 | 1.081,50 | 1.081,50 | 4,741407 | 5.127,83 | |
| 47 | out/98 | 1.081,50 | 1.081,50 | 4,741407 | 5.127,83 | |
| 48 | nov/98 | 1.081,50 | 1.081,50 | 4,741407 | 5.127,83 | |
| 49 | dez/98 | 1.200,00 | 1.150,00 | 4,741407 | 5.452,62 | |
| 50 | jan/99 | 1.200,00 | 1.150,00 | 4,695395 | 5.399,70 | |
| 51 | fev/99 | 1.200,00 | 1.150,00 | 4,642010 | 5.338,31 | |
| 52 | mar/99 | 1.200,00 | 1.150,00 | 4,444670 | 5.111,37 | |
| 53 | abr/99 | 1.200,00 | 1.150,00 | 4,358373 | 5.012,13 | |
| 54 | mai/99 | 1.200,00 | 1.150,00 | 4,357066 | 5.010,63 | |
| 55 | jun/99 | 1.255,32 | 1.255,32 | 4,357066 | 5.469,51 | |
| 56 | jul/99 | 1.255,32 | 1.255,32 | 4,313074 | 5.414,29 | |
| 57 | ago/99 | 1.255,32 | 1.255,32 | 4,245570 | 5.329,55 | |
| 58 | set/99 | 1.255,32 | 1.255,32 | 4,184887 | 5.253,37 | |
| 59 | out/99 | 1.255,32 | 1.255,32 | 4,124259 | 5.177,26 | |
| 60 | nov/99 | 1.255,32 | 1.255,32 | 4,047759 | 5.081,23 | |
| 61 | dez/99 | 1.255,32 | 1.255,32 | 3,947877 | 4.955,85 | |
| 62 | jan/00 | 1.255,32 | 1.255,32 | 3,899907 | 4.895,63 | |
| 63 | fev/00 | 1.255,32 | 1.255,32 | 3,860529 | 4.846,20 | |
| 64 | mar/00 | 1.255,32 | 1.255,32 | 3,853212 | 4.837,01 | |
| 65 | abr/00 | 1.255,32 | 1.255,32 | 3,846287 | 4.828,32 | |
| 66 | mai/00 | 1.255,32 | 1.255,32 | 3,841293 | 4.822,05 | |
| 67 | jun/00 | 1.328,25 | 1.328,25 | 3,815725 | 5.068,24 | |
| 68 | jul/00 | 1.328,25 | 1.328,25 | 3,780567 | 5.021,54 | |
| 69 | ago/00 | 1.328,25 | 1.328,25 | 3,697019 | 4.910,57 | |
| 70 | set/00 | 1.328,25 | 1.328,25 | 3,630931 | 4.822,78 | |
| 71 | out/00 | 1.328,25 | 1.328,25 | 3,606054 | 4.789,74 | |
| 72 | nov/00 | 1.328,25 | 1.328,25 | 3,592758 | 4.772,08 | |
| 73 | dez/00 | 1.328,25 | 1.328,25 | 3,578799 | 4.753,54 | |
| 74 | jan/01 | 1.328,25 | 1.328,25 | 3,551806 | 4.717,69 | |
| 75 | fev/01 | 1.328,25 | 1.328,25 | 3,534492 | 4.694,69 | |
| 76 | mar/01 | 1.328,25 | 1.328,25 | 3,522511 | 4.678,78 | |
| 77 | abr/01 | 1.328,25 | 1.328,25 | 3,494554 | 4.641,64 | |
| 78 | mai/01 | 1.328,25 | 1.328,25 | 3,455507 | 4.589,78 | |
| 79 | jun/01 | 1.430,00 | 1.400,00 | 3,440371 | 4.816,52 | |
| 80 | jul/01 | 1.430,00 | 1.400,00 | 3,390865 | 4.747,21 | |
| 81 | ago/01 | 1.430,00 | 1.400,00 | 3,336808 | 4.671,53 | |
| 82 | set/01 | 1.430,00 | 1.400,00 | 3,307041 | 4.629,86 | |
| 83 | out/01 | 1.430,00 | 1.400,00 | 3,294524 | 4.612,33 | |
| 84 | nov/01 | 1.430,00 | 1.400,00 | 3,247437 | 4.546,41 | |
| 85 | dez/01 | 1.430,00 | 1.400,00 | 3,222940 | 4.512,12 | |
| 86 | jan/02 | 1.430,00 | 1.400,00 | 3,217152 | 4.504,01 | |

| Sequência | Mês/ano | Valor teto | Salário | Índice | Salário corrigido | Desconsiderados |
|---|---|---|---|---|---|---|
| 87 | fev/02 | 1.430,00 | 1.400,00 | 3,211053 | 4.495,47 | |
| 88 | mar/02 | 1.430,00 | 1.400,00 | 3,205281 | 4.487,39 | |
| 89 | abr/02 | 1.430,00 | 1.400,00 | 3,201761 | 4.482,47 | |
| 90 | mai/02 | 1.430,00 | 1.400,00 | 3,179502 | 4.451,30 | |
| 91 | jun/02 | 1.561,56 | 1.561,56 | 3,144599 | 4.910,48 | |
| 92 | jul/02 | 1.561,56 | 1.561,56 | 3,090813 | 4.826,49 | |
| 93 | ago/02 | 1.561,56 | 1.561,56 | 3,028729 | 4.729,54 | |
| 94 | set/02 | 1.561,56 | 1.561,56 | 2,958897 | 4.620,50 | |
| 95 | out/02 | 1.561,56 | 1.561,56 | 2,882795 | 4.501,66 | |
| 96 | nov/02 | 1.561,56 | 1.561,56 | 2,766331 | 4.319,79 | |
| 97 | dez/02 | 1.561,56 | 1.561,56 | 2,613689 | 4.081,43 | |
| 98 | jan/03 | 1.561,56 | 1.561,56 | 2,544974 | 3.974,13 | |
| 99 | fev/03 | 1.561,56 | 1.561,56 | 2,490921 | 3.889,72 | |
| 100 | mar/03 | 1.561,56 | 1.561,56 | 2,451938 | 3.828,85 | |
| 101 | abr/03 | 1.561,56 | 1.561,56 | 2,411901 | 3.766,33 | |
| 102 | mai/03 | 1.561,56 | 1.561,56 | 2,402050 | 3.750,95 | |
| 103 | jun/03 | 1.869,34 | 1.869,34 | 2,418253 | 4.520,54 | |
| 104 | jul/03 | 1.869,34 | 1.869,34 | 2,435300 | 4.552,40 | |
| 105 | ago/03 | 1.869,34 | 1.869,34 | 2,440183 | 4.561,53 | |
| 106 | set/03 | 1.869,34 | 1.869,34 | 2,425144 | 4.533,42 | |
| 107 | out/03 | 1.869,34 | 1.869,34 | 2,399946 | 4.486,32 | |
| 108 | nov/03 | 1.869,34 | 1.869,34 | 2,389432 | 4.466,66 | |
| 109 | dez/03 | 1.869,34 | 1.869,34 | 2,378017 | 4.445,32 | |
| 110 | jan/04 | 2.400,00 | 2.150,00 | 2,363835 | 5.082,25 | |
| 111 | fev/04 | 2.400,00 | 2.150,00 | 2,345075 | 5.041,91 | |
| 112 | mar/04 | 2.400,00 | 2.150,00 | 2,335963 | 5.022,32 | |
| 113 | abr/04 | 2.400,00 | 2.150,00 | 2,322726 | 4.993,86 | |
| 114 | mai/04 | 2.508,72 | 2.350,00 | 2,313240 | 5.436,11 | |
| 115 | jun/04 | 2.508,72 | 2.350,00 | 2,304022 | 5.414,45 | |
| 116 | jul/04 | 2.508,72 | 2.350,00 | 2,292565 | 5.387,53 | |
| 117 | ago/04 | 2.508,72 | 2.350,00 | 2,275947 | 5.348,48 | |
| 118 | set/04 | 2.508,72 | 2.350,00 | 2,264624 | 5.321,87 | |
| 119 | out/04 | 2.508,72 | 2.350,00 | 2,260782 | 5.312,84 | |
| 120 | nov/04 | 2.508,72 | 2.350,00 | 2,256948 | 5.303,83 | |
| 121 | dez/04 | 2.508,72 | 2.350,00 | 2,247058 | 5.280,59 | |
| 122 | jan/05 | 2.508,72 | 2.350,00 | 2,227895 | 5.235,55 | |
| 123 | fev/05 | 2.508,72 | 2.350,00 | 2,215269 | 5.205,88 | |
| 124 | mar/05 | 2.508,72 | 2.350,00 | 2,205565 | 5.183,08 | |
| 125 | abr/05 | 2.508,72 | 2.350,00 | 2,189579 | 5.145,51 | |
| 126 | mai/05 | 2.668,15 | 2.600,00 | 2,169837 | 5.641,58 | |
| 127 | jun/05 | 2.668,15 | 2.600,00 | 2,154752 | 5.602,36 | |
| 128 | jul/05 | 2.668,15 | 2.600,00 | 2,157124 | 5.608,52 | |
| 129 | ago/05 | 2.668,15 | 2.600,00 | 2,156477 | 5.606,84 | |
| 130 | set/05 | 2.668,15 | 2.600,00 | 2,156477 | 5.606,84 | |
| 131 | out/05 | 2.668,15 | 2.600,00 | 2,153249 | 5.598,45 | |
| 132 | nov/05 | 2.668,15 | 2.600,00 | 2,140834 | 5.566,17 | |
| 133 | dez/05 | 2.668,15 | 2.600,00 | 2,129331 | 5.536,26 | |
| 134 | jan/06 | 2.668,15 | 2.600,00 | 2,120851 | 5.514,21 | |
| 135 | fev/06 | 2.668,15 | 2.600,00 | 2,112821 | 5.493,33 | |

| Sequência | Mês/ano | Valor teto | Salário | Índice | Salário corrigido | Desconsiderados |
|---|---|---|---|---|---|---|
| 136 | mar/06 | 2.668,15 | 2.600,00 | 2,107975 | 5.480,74 | |
| 137 | abr/06 | 2.801,56 | 2.600,00 | 2,102297 | 5.465,97 | |
| 138 | mai/06 | 2.801,56 | 2.750,00 | 2,099779 | 5.774,39 | |
| 139 | jun/06 | 2.801,56 | 2.750,00 | 2,097054 | 5.766,90 | |
| 140 | jul/06 | 2.801,56 | 2.750,00 | 2,098518 | 5.770,92 | |
| 141 | ago/06 | 2.801,82 | 2.750,00 | 2,096213 | 5.764,59 | |
| 142 | set/06 | 2.801,82 | 2.750,00 | 2,096630 | 5.765,73 | |
| 143 | out/06 | 2.801,82 | 2.750,00 | 2,093285 | 5.756,53 | |
| 144 | nov/06 | 2.801,82 | 2.750,00 | 2,084321 | 5.731,88 | |
| 145 | dez/06 | 2.801,82 | 2.750,00 | 2,075602 | 5.707,91 | |
| 146 | jan/07 | 2.801,82 | 2.750,00 | 2,062812 | 5.672,73 | |
| 147 | fev/07 | 2.801,82 | 2.750,00 | 2,052756 | 5.645,08 | |
| 148 | mar/07 | 2.801,82 | 2.750,00 | 2,044172 | 5.621,47 | |
| 149 | abr/07 | 2.894,28 | 2.750,00 | 2,035213 | 5.596,84 | |
| 150 | mai/07 | 2.894,28 | 2.894,28 | 2,029938 | 5.875,21 | |
| 151 | jun/07 | 2.894,28 | 2.894,28 | 2,024672 | 5.859,97 | |
| 152 | jul/07 | 2.894,28 | 2.894,28 | 2,018418 | 5.841,87 | |
| 153 | ago/07 | 2.894,28 | 2.894,28 | 2,011978 | 5.823,23 | |
| 154 | set/07 | 2.894,28 | 2.894,28 | 2,000174 | 5.789,06 | |
| 155 | out/07 | 2.894,28 | 2.894,28 | 1,995190 | 5.774,64 | |
| 156 | nov/07 | 2.894,28 | 2.894,28 | 1,989224 | 5.757,37 | |
| 157 | dez/07 | 2.894,28 | 2.894,28 | 1,980704 | 5.732,71 | |
| 158 | jan/08 | 2.894,28 | 2.894,28 | 1,961675 | 5.677,64 | |
| 159 | fev/08 | 2.894,28 | 2.894,28 | 1,948232 | 5.638,73 | |
| 160 | mar/08 | 3.038,99 | 3.038,99 | 1,938348 | 5.890,62 | |
| 161 | abr/08 | 3.038,99 | 3.038,99 | 1,928511 | 5.860,73 | |
| 162 | mai/08 | 3.038,99 | 3.038,99 | 1,916247 | 5.823,46 | |
| 163 | jun/08 | 3.038,99 | 3.038,99 | 1,898028 | 5.768,09 | |
| 164 | jul/08 | 3.038,99 | 3.038,99 | 1,880913 | 5.716,08 | |
| 165 | ago/08 | 3.038,99 | 3.038,99 | 1,870065 | 5.683,11 | |
| 166 | set/08 | 3.038,99 | 3.038,99 | 1,866145 | 5.671,20 | |
| 167 | out/08 | 3.038,99 | 3.038,99 | 1,863350 | 5.662,70 | |
| 168 | nov/08 | 3.038,99 | 3.038,99 | 1,854081 | 5.634,53 | |
| 169 | dez/08 | 3.038,99 | 3.038,99 | 1,847060 | 5.613,20 | |
| 170 | jan/09 | 3.038,99 | 3.038,99 | 1,841724 | 5.596,98 | |
| 171 | fev/09 | 3.218,90 | 3.200,00 | 1,830009 | 5.856,03 | |
| 172 | mar/09 | 3.218,90 | 3.200,00 | 1,824353 | 5.837,93 | |
| 173 | abr/09 | 3.218,90 | 3.200,00 | 1,820711 | 5.826,28 | |
| 174 | mai/09 | 3.218,90 | 3.218,90 | 1,810756 | 5.828,64 | |
| 175 | jun/09 | 3.218,90 | 3.218,90 | 1,799955 | 5.793,88 | |
| 176 | jul/09 | 3.218,90 | 3.218,90 | 1,792424 | 5.769,63 | |
| 177 | ago/09 | 3.218,90 | 3.218,90 | 1,788311 | 5.756,39 | |
| 178 | set/09 | 3.218,90 | 3.218,90 | 1,786883 | 5.751,80 | |
| 179 | out/09 | 3.218,90 | 3.218,90 | 1,784027 | 5.742,60 | |
| 180 | nov/09 | 3.218,90 | 3.218,90 | 1,779755 | 5.728,85 | |
| 181 | dez/09 | 3.218,90 | 3.218,90 | 1,773195 | 5.707,74 | |
| 182 | jan/10 | 3.467,40 | 3.467,40 | 1,768946 | 6.133,64 | |
| 183 | fev/10 | 3.467,40 | 3.467,40 | 1,753518 | 6.080,15 | |
| 184 | mar/10 | 3.467,40 | 3.467,40 | 1,741328 | 6.037,88 | |

| Sequência | Mês/ano | Valor teto | Salário | Índice | Salário corrigido | Desconsiderados |
|---|---|---|---|---|---|---|
| 185 | abr/10 | 3.467,40 | 3.467,40 | 1,729054 | 5.995,32 | |
| 186 | mai/10 | 3.467,40 | 3.467,40 | 1,716521 | 5.951,86 | |
| 187 | jun/10 | 3.467,40 | 3.467,40 | 1,709173 | 5.926,39 | |
| 188 | jul/10 | 3.467,40 | 3.467,40 | 1,711055 | 5.932,91 | |
| 189 | ago/10 | 3.467,40 | 3.467,40 | 1,712255 | 5.937,07 | |
| 190 | set/10 | 3.467,40 | 3.467,40 | 1,713454 | 5.941,23 | |
| 191 | out/10 | 3.467,40 | 3.467,40 | 1,704253 | 5.909,33 | |
| 192 | mai/11 | 3.691,74 | 3.500,00 | 1,614852 | 5.651,98 | |
| 193 | jun/11 | 3.691,74 | 3.500,00 | 1,605698 | 5.619,94 | |
| 194 | jul/11 | 3.691,74 | 3.500,00 | 1,602175 | 5.607,61 | |
| 195 | ago/11 | 3.691,74 | 3.500,00 | 1,602175 | 5.607,61 | |
| 196 | set/11 | 3.691,74 | 3.500,00 | 1,595473 | 5.584,16 | |
| 197 | out/11 | 3.691,74 | 3.500,00 | 1,588327 | 5.559,14 | |
| 198 | nov/11 | 3.691,74 | 3.500,00 | 1,583260 | 5.541,41 | |
| 199 | dez/11 | 3.691,74 | 3.500,00 | 1,574286 | 5.510,00 | |
| 200 | jan/12 | 3.916,20 | 3.500,00 | 1,566302 | 5.482,06 | |
| 201 | fev/12 | 3.916,20 | 3.500,00 | 1,558352 | 5.454,23 | |
| 202 | mar/12 | 3.916,20 | 3.500,00 | 1,552298 | 5.433,04 | |
| 203 | abr/12 | 3.916,20 | 3.500,00 | 1,549506 | 5.423,27 | |
| 204 | mai/12 | 3.916,20 | 3.750,00 | 1,539656 | 5.773,71 | |
| 205 | jun/12 | 3.916,20 | 3.750,00 | 1,531235 | 5.742,13 | |
| 206 | jul/12 | 3.916,20 | 3.750,00 | 1,527262 | 5.727,23 | |
| 207 | ago/12 | 3.916,20 | 3.750,00 | 1,520725 | 5.702,72 | |
| 208 | set/12 | 3.916,20 | 3.750,00 | 1,513911 | 5.677,17 | |
| 209 | out/12 | 3.916,20 | 3.750,00 | 1,504432 | 5.641,62 | |
| 210 | nov/12 | 3.916,20 | 3.750,00 | 1,493826 | 5.601,85 | |
| 211 | dez/12 | 3.916,20 | 3.750,00 | 1,485803 | 5.571,76 | |
| 212 | jan/13 | 4.159,00 | 3.750,00 | 1,474888 | 5.530,83 | |
| 213 | fev/13 | 4.159,00 | 3.750,00 | 1,461444 | 5.480,42 | |
| 214 | mar/13 | 4.159,00 | 3.750,00 | 1,453884 | 5.452,07 | |
| 215 | abr/13 | 4.159,00 | 3.750,00 | 1,445212 | 5.419,55 | |
| 216 | mai/13 | 4.159,00 | 4.000,00 | 1,436734 | 5.746,94 | |
| 217 | jun/13 | 4.159,00 | 4.000,00 | 1,431721 | 5.726,88 | |
| 218 | jul/13 | 4.159,00 | 4.000,00 | 1,427727 | 5.710,91 | |
| 219 | ago/13 | 4.159,00 | 4.000,00 | 1,429586 | 5.718,34 | |
| 220 | set/13 | 4.159,00 | 4.000,00 | 1,427301 | 5.709,20 | |
| 221 | out/13 | 4.159,00 | 4.000,00 | 1,423457 | 5.693,83 | |
| 222 | nov/13 | 4.159,00 | 4.000,00 | 1,414830 | 5.659,32 | |
| 223 | dez/13 | 4.159,00 | 4.000,00 | 1,407228 | 5.628,91 | |
| 224 | jan/14 | 4.390,24 | 4.000,00 | 1,397168 | 5.588,67 | |
| 225 | fev/14 | 4.390,24 | 4.000,00 | 1,388423 | 5.553,69 | |
| 226 | mar/14 | 4.390,24 | 4.000,00 | 1,379593 | 5.518,37 | |
| 227 | abr/14 | 4.390,24 | 4.000,00 | 1,368372 | 5.473,49 | |
| 228 | mai/14 | 4.390,24 | 4.300,00 | 1,357779 | 5.838,45 | |
| 229 | jun/14 | 4.390,24 | 4.300,00 | 1,349678 | 5.803,62 | |
| 230 | jul/14 | 4.390,24 | 4.300,00 | 1,346182 | 5.788,58 | |
| 231 | ago/14 | 4.390,24 | 4.300,00 | 1,344435 | 5.781,07 | |
| 232 | set/14 | 4.390,24 | 4.300,00 | 1,342017 | 5.770,67 | |
| 233 | out/14 | 4.390,24 | 4.300,00 | 1,335477 | 5.742,55 | |

| Sequência | Mês/ano | Valor teto | Salário | Índice | Salário corrigido | Desconsiderados |
|---|---|---|---|---|---|---|
| 234 | nov/14 | 4.390,24 | 4.300,00 | 1,330421 | 5.720,81 | |
| 235 | dez/14 | 4.390,24 | 4.300,00 | 1,323405 | 5.690,64 | |
| 236 | jan/15 | 4.663,75 | 4.300,00 | 1,315249 | 5.655,57 | |
| 237 | fev/15 | 4.663,75 | 4.300,00 | 1,296069 | 5.573,10 | |
| 238 | mar/15 | 4.663,75 | 4.300,00 | 1,281207 | 5.509,19 | |
| 239 | abr/15 | 4.663,75 | 4.300,00 | 1,262149 | 5.427,24 | |
| 240 | mai/15 | 4.663,75 | 4.500,00 | 1,253251 | 5.639,63 | |
| 241 | jun/15 | 4.663,75 | 4.500,00 | 1,240967 | 5.584,35 | |
| 242 | jul/15 | 4.663,75 | 4.500,00 | 1,231482 | 5.541,67 | |
| 243 | ago/15 | 4.663,75 | 4.500,00 | 1,224382 | 5.509,72 | |
| 244 | set/15 | 4.663,75 | 4.500,00 | 1,221326 | 5.495,97 | |
| 245 | out/15 | 4.663,75 | 4.500,00 | 1,215131 | 5.468,09 | |
| 246 | nov/15 | 4.663,75 | 4.500,00 | 1,205848 | 5.426,32 | |
| 247 | dez/15 | 4.663,75 | 4.500,00 | 1,192606 | 5.366,73 | |
| 248 | jan/16 | 5.189,82 | 4.500,00 | 1,181971 | 5.318,87 | |
| 249 | fev/16 | 5.189,82 | 4.500,00 | 1,164389 | 5.239,75 | |
| 250 | mar/16 | 5.189,82 | 4.500,00 | 1,153429 | 5.190,43 | |
| 251 | abr/16 | 5.189,82 | 4.500,00 | 1,148377 | 5.167,70 | |
| 252 | mai/16 | 5.189,82 | 4.850,00 | 1,141074 | 5.534,21 | |
| 253 | jun/16 | 5.189,82 | 4.850,00 | 1,130002 | 5.480,51 | |
| 254 | jul/16 | 5.189,82 | 4.850,00 | 1,124714 | 5.454,86 | |
| 255 | ago/16 | 5.189,82 | 4.850,00 | 1,117560 | 5.420,17 | |
| 256 | set/16 | 5.189,82 | 4.850,00 | 1,114110 | 5.403,43 | |
| 257 | out/16 | 5.189,82 | 4.850,00 | 1,113218 | 5.399,11 | |
| 258 | nov/16 | 5.189,82 | 4.850,00 | 1,111328 | 5.389,94 | |
| 259 | dez/16 | 5.189,82 | 4.850,00 | 1,110550 | 5.386,17 | |
| 260 | jan/17 | 5.531,31 | 4.850,00 | 1,109000 | 5.378,65 | |
| 261 | fev/17 | 5.531,31 | 4.850,00 | 1,104360 | 5.356,15 | |
| 262 | mar/17 | 5.531,31 | 4.850,00 | 1,101716 | 5.343,32 | |
| 263 | abr/17 | 5.531,31 | 4.850,00 | 1,098203 | 5.326,28 | |
| 264 | mai/17 | 5.531,31 | 5.200,00 | 1,097326 | 5.706,10 | |
| 265 | jun/17 | 5.531,31 | 5.200,00 | 1,093387 | 5.685,61 | |
| 266 | jul/17 | 5.531,31 | 5.200,00 | 1,096678 | 5.702,73 | |
| 267 | ago/17 | 5.531,31 | 5.200,00 | 1,094818 | 5.693,05 | |
| 268 | set/17 | 5.531,31 | 5.200,00 | 1,095146 | 5.694,76 | |
| 269 | out/17 | 5.531,31 | 5.200,00 | 1,095365 | 5.695,90 | |
| 270 | nov/17 | 5.531,31 | 5.200,00 | 1,091327 | 5.674,90 | |
| 271 | dez/17 | 5.531,31 | 5.200,00 | 1,089365 | 5.664,70 | |
| 272 | jan/18 | 5.645,80 | 5.200,00 | 1,086541 | 5.650,01 | |
| 273 | fev/18 | 5.645,80 | 5.200,00 | 1,084048 | 5.637,05 | |
| 274 | mar/18 | 5.645,80 | 5.200,00 | 1,082099 | 5.626,91 | |
| 275 | abr/18 | 5.645,80 | 5.200,00 | 1,081344 | 5.622,99 | |
| 276 | mai/18 | 5.645,80 | 5.450,00 | 1,079076 | 5.880,96 | |
| 277 | jun/18 | 5.645,80 | 5.450,00 | 1,074458 | 5.855,80 | |
| 278 | jul/18 | 5.645,80 | 5.450,00 | 1,059308 | 5.773,23 | |
| 279 | ago/18 | 5.645,80 | 5.450,00 | 1,056666 | 5.758,83 | |
| 280 | set/18 | 5.645,80 | 5.450,00 | 1,056666 | 5.758,83 | |
| 281 | out/18 | 5.645,80 | 5.450,00 | 1,053506 | 5.741,61 | |
| 282 | nov/18 | 5.645,80 | 5.450,00 | 1,049308 | 5.718,73 | |

| Sequência | Mês/ano | Valor teto | Salário | Índice | Salário corrigido | Desconsiderados |
|---|---|---|---|---|---|---|
| 283 | dez/18 | 5.645,80 | 5.450,00 | 1,051938 | 5.733,06 | |
| 284 | jan/19 | 5.839,45 | 5.450,00 | 1,050468 | 5.725,05 | |
| 285 | fev/19 | 5.839,45 | 5.450,00 | 1,046700 | 5.704,52 | |
| 286 | mar/19 | 5.839,45 | 5.450,00 | 1,041080 | 5.673,89 | |
| 287 | abr/19 | 5.839,45 | 5.450,00 | 1,033123 | 5.630,52 | |
| 288 | mai/19 | 5.839,45 | 5.600,00 | 1,026961 | 5.750,98 | |
| 289 | jun/19 | 5.839,45 | 5.600,00 | 1,025423 | 5.742,37 | |
| 290 | jul/19 | 5.839,45 | 5.600,00 | 1,025321 | 5.741,80 | |
| 291 | ago/19 | 5.839,45 | 5.600,00 | 1,024295 | 5.736,05 | |
| 292 | set/19 | 5.839,45 | 5.600,00 | 1,023068 | 5.729,18 | |
| 293 | out/19 | 5.839,45 | 5.600,00 | 1,023580 | 5.732,05 | |
| 294 | nov/19 | 5.839,45 | 5.600,00 | 1,023171 | 5.729,76 | |
| 295 | dez/19 | 5.839,45 | 5.600,00 | 1,017676 | 5.698,99 | |
| 296 | jan/20 | 6.101,06 | 5.600,00 | 1,005409 | 5.630,29 | |
| 297 | fev/20 | 6.101,06 | 5.600,00 | 1,003503 | 5.619,62 | |
| 298 | mar/20 | 6.101,06 | 5.600,00 | 1,001800 | 5.610,08 | |

| SOMA GERAL DE SALÁRIOS | 1.572.653,93 |
|---|---|

| MÉDIA GERAL DE SALÁRIOS = 1.572.653,93 / 298 | 5.277,36 |
|---|---|

| Período Básico de Cálculos - 07/1994 a 03/2020 | 309 |
|---|---|
| Quantidade de salários no período básico de cálculo | 298 |

| TETO PREVIDENCIÁRIO | 6.101,06 |
|---|---|

**ANTÔNIO DOS SANTOS MENESES**

DATA DE INÍCIO DO BENEFÍCIO: **01/04/2020**

TEMPO DE CONTRIBUIÇÃO: **37 anos 01 mês e 07 dias**

| IDADE | | |
|---|---|---|
| anos | meses | dias |
| 60 | 1 | 16 |
| 60,1278 | | |

| TEMPO DE CONTRIBUIÇÃO | | |
|---|---|---|
| anos | meses | dias |
| 37 | 1 | 7 |
| 37,1028 | | |

| REGRA 87/97 | 97,23 | Aplicável | Não aplicável |
|---|---|---|---|
| | | X | |

| MÉDIA DE 100% DOS SALÁRIOS DE CONTRIBUIÇÃO | 5.277,36 |
|---|---|
| COEFICIENTE | 94% |
| RENDA MENSAL INICIAL = SB x Coeficiente | 4.960,72 |

| RENDA MENSAL INICIAL - Com base no direito adquirido em 13/11/2019 | 5.470,18 |
|---|---|

| Tempo de contribuição | Coeficiente de cálculo da Renda Mensal Inicial |
|---|---|
| 20 | 60,00% |
| 21 | 62,00% |
| 22 | 64,00% |
| 23 | 66,00% |
| 24 | 68,00% |
| 25 | 70,00% |
| 26 | 72,00% |
| 27 | 74,00% |
| 28 | 76,00% |
| 29 | 78,00% |
| 30 | 80,00% |
| 31 | 82,00% |
| 32 | 84,00% |
| 33 | 86,00% |
| 34 | 88,00% |
| 35 | 90,00% |
| 36 | 92,00% |
| 37 | 94,00% |
| 38 | 96,00% |
| 39 | 98,00% |
| 40 | 100,00% |

De acordo com os cálculos, na data do requerimento, em 01/04/2020, com base nas regras do Novo Regime Jurídico, particularmente a regra da aposentadoria por tempo de contribuição com pontuação, a média aritmética simples dos salários de contribuição correspondentes a 100% do período contributivo de 07/1994 a 03/2020 foi fixada no valor de R$ 5.277,36. O segurado atingiu a pontuação de 97 pontos, exigidos a partir de janeiro de 2020. A renda mensal inicial foi equivalente a 94% do salário de benefício, com base na tabela de coeficientes da EC 103/2019, fixada no valor de R$ 4.960,72. A renda mensal obtida com base no direito adquirido em 13/11/2019, reajustada para o ano de 2020, foi fixada em R$ 5.470,18, superior à obtida com base no Novo Regime Jurídico por dois motivos:

a) O coeficiente de cálculo da RMI com base nas regras vigentes até 13/11/2019 é de 100%, ao passo que com base no Novo Regime Jurídico foi de 94%;

b) A média de salários com base nas regras vigentes até 13/11/2019 foi calculada levando em considerações os maiores salários correspondentes a 80% de todo o período contributivo, ao passo que o Novo Regime Jurídico leva em consideração 100% de todos os salários.

## 5.2. Artigo 16 – aposentadorias – regras de transição para os segurados que ingressaram até a data da publicação da reforma constitucional

**Art. 16.** Ao segurado filiado ao Regime Geral de Previdência Social até a data de entrada em vigor desta Emenda Constitucional fica assegurado o direito à aposentadoria quando preencher, cumulativamente, os seguintes requisitos:

I – 30 (trinta) anos de contribuição, se mulher, e 35 (trinta e cinco) anos de contribuição, se homem; e

II – idade de 56 (cinquenta e seis) anos, se mulher, e 61 (sessenta e um) anos, se homem.

§ 1º A partir de 1º de janeiro de 2020, a idade a que se refere o inciso II do caput será acrescida de seis meses a cada ano, até atingir 62 (sessenta e dois) anos de idade, se mulher, e 65 (sessenta e cinco) anos de idade, se homem.

§ 2º Para o professor que comprovar exclusivamente tempo de efetivo exercício das funções de magistério na educação infantil e no ensino fundamental e médio, o tempo de contribuição e a idade de que tratam os incisos I e II do *caput* deste artigo serão reduzidos em cinco anos, aos quais serão acrescentados, a partir de 1º de janeiro de 2020, 6 (seis) meses a cada ano nas idades de que trata o inciso II, até atingir 57 (cinquenta e sete) anos, se mulher, e 60 (sessenta) anos, se homem.

§ 3º O valor da aposentadoria concedida nos termos do disposto neste artigo corresponderá ao valor apurado na forma da lei.

Trata-se de regra de transição que somente beneficia aos segurados do RGPS filiados até o dia da publicação da Emenda 103/2019, considerando a extinção da aposentadoria por tempo de contribuição sem idade mínima.

Exigiu-se os seguintes requisitos para quem adquirir o direito até 31/12/2019:

a) HOMENS, 35 anos de tempo de contribuição e 61 anos de idade;

b) MULHERES, 30 anos de tempo de contribuição e 56 anos de idade.

A partir de 1/1/2020, as idades citadas serão acrescidas de 6 meses a cada ano, até atingir 62 anos de idade, se mulher, e 65 anos de idade, se homem:

| | HOMENS | MULHERES |
|---|---|---|
| **ATÉ 31/12/2019** | **61** | **56** |
| **1/1/2020** | 61,5 | 56,5 |
| **1/1/2021** | 62 | 57 |
| **1/1/2022** | 62,5 | 57,5 |
| **1/1/2023** | 63 | 58 |
| **1/1/2024** | 63,5 | 58,5 |
| **1/1/2025** | 64 | 59 |
| **1/1/2026** | 64,5 | 59,5 |
| **1/1/2027** | **65** | 60 |
| **1/1/2028** | 65 | 60,5 |
| **1/1/2029** | 65 | 61 |
| **1/1/2030** | 65 | 61,5 |
| **1/1/2031** | 65 | 62 |

Note-se que o ápice da idade para os homens dar-se-á em 1/1/2027 (65 anos) e para as mulheres em 1/1/2031 (62 anos).

No que concerne ao professor do ensino básico com tempo exclusivo nesta condição, há uma regra especial para quem adquirir o direito até 31/12/2019.

a) HOMENS PROFESSORES, 30 anos de tempo de contribuição e 56 anos de idade;

b) MULHERES PROFESSORAS, 25 anos de tempo de contribuição e 51 anos de idade.

A partir de 1/1/2020, as idades citadas serão acrescidas de 6 meses a cada ano, até atingir 57 anos de idade, se mulher, e 60 anos de idade, se homem:

| | HOMENS | MULHERES |
|---|---|---|
| **ATÉ 31/12/2019** | **56** | **51** |
| **1/1/2020** | 56,5 | 51,5 |
| **1/1/2021** | 57 | 52 |
| **1/1/2022** | 57,5 | 52,5 |
| **1/1/2023** | 58 | 53 |
| **1/1/2024** | 58,5 | 53,5 |
| **1/1/2025** | 59 | 54 |
| **1/1/2026** | 59,5 | 54,5 |
| **1/1/2027** | **60** | 55 |
| **1/1/2028** | 60 | 55,5 |
| **1/1/2029** | 60 | 56 |
| **1/1/2030** | 60 | 56,5 |
| **1/1/2031** | 60 | 57 |

Note-se que o ápice da idade para os homens dar-se-á em 1/1/2027 (60 anos) e para as mulheres em 1/1/2031 (57 anos).

Também serão beneficiados os professores do ensino infantil, fundamental e médio que estejam exercendo atividades de direção de unidade escolar, coordenação e assessoramento pedagógico, a teor do artigo 1º, da Lei 11.301/2006.

Contra a Lei 11.301/2006 foi proposta a ADI 3.772 pelo Procurador-Geral da República, sob o argumento de violação ao artigo 201, § 8º, da Constituição Federal. Por sua vez, em 29.10.2008, o STF declarou a validade da referida norma, mas determinou a sua interpretação conforme a Constituição:

> "I – A função de magistério não se circunscreve apenas ao trabalho em sala de aula, abrangendo também a preparação de aulas, a correção de provas, o atendimento aos pais e alunos, a coordenação e o assessoramento pedagógico e, ainda, a direção de unidade escolar. **II – As funções de direção, coordenação e assessoramento pedagógico integram a carreira do magistério, desde que exercidos, em estabelecimentos de ensino básico, por professores de carreira, excluídos os especialistas em educação**, fazendo jus aqueles que as desempenham ao regime especial de aposentadoria estabelecido nos arts. 40, § 5º, e 201, § 8º, da Constituição Federal. III – Ação direta julgada parcialmente procedente, com interpretação conforme, nos termos supra" (g.n.)

Logo, para as atividades de direção de unidade escolar, coordenação e assessoramento pedagógico desenvolvidas por professor de carreira não têm mais aplicabilidade a Súmula 726, do STF:

> "Súmula 726 – Para efeito de aposentadoria especial de professores, não se computa o tempo de serviço prestado fora da sala de aula".

Registre-se que o STF excluiu os especialistas em educação do direito à redução, pois não se tratam de professores, pois não habilitados a ministrar aulas, sendo uma espécie de carreira de apoio ao magistério ou mesmo gestores da atuação dos professore caracterizando-se como profissionais de educação para administração, planejamento, inspeção, supervisão e orientação para a educação básica.

No que concerne à renda mensal, enquanto não editada a lei de regulamentação, deve ser aplicado o regramento do artigo 26 da Emenda 103/2019.

Para os HOMENS, o valor do benefício de aposentadoria corresponderá a sessenta por cento da média aritmética das 100% das remunerações/salários de contribuição, com acréscimo de 2% para cada ano que ultrapassar os 20 anos de contribuição:

| HOMENS<br>TEMPO DE CONTRIBUIÇÃO | COEFICIENTE |
|---|---|
| 20 anos | 60% |
| 21 anos | 62% |
| 22 anos | 64% |
| 23 anos | 66% |
| 24 anos | 68% |
| 25 anos | 70% |
| 26 anos | 72% |
| 27 anos | 74% |
| 28 anos | 76% |
| 29 anos | 78% |
| 30 anos | 80% |
| 31 anos | 82% |
| 32 anos | 84% |
| 33 anos | 86% |
| 34 anos | 88% |
| 35 anos | 90% |
| 36 anos | 92% |
| 37 anos | 94% |
| 38 anos | 96% |
| 39 anos | 98% |
| 40 anos | 100% |

Assim, se um segurado (homem) do RGPS tiver apenas 25 anos de tempo de contribuição, a renda do benefício será de 70% da média de todos os salários de contribuição desde o Plano Real (7/1994), respeitada a idade mínima referida e a renda não inferior a um salário mínimo.

Curioso notar que, intencionalmente, o artigo 26 da Emenda 103/2019 não limita a média de todos os salários de contribuição do segurado a 100%, de modo que o segurado que possuir mais de 40 anos de tempo de contribuição poderá fazer jus a uma aposentadoria por idade e tempo de contribuição que ultrapasse a 100% da média de salários de contribuição desde o Plano Real (competência 7/1994), a exemplo:

| HOMENS<br>TEMPO DE CONTRIBUIÇÃO | COEFICIENTE |
|---|---|
| 41 anos | 102% |
| 42 anos | 104% |
| 43 anos | 106% |
| 44 anos | 108% |
| 45 anos | 110% |
| **E assim sucessivamente** | E assim sucessivamente |

Para a aposentadoria da MULHER existe uma regra diferenciada de cálculo da renda mensal no artigo 26, § 5º[28], da Emenda, que prevê a progressão a contar de 15 anos, e não de 20 anos de contribuição em todos os casos:

| MULHERES<br>TEMPO DE CONTRIBUIÇÃO | COEFICIENTE |
|---|---|
| 15 anos | 60% |
| 16 anos | 62% |
| 17 anos | 64% |
| 18 anos | 66% |
| 19 anos | 68% |
| 20 anos | 70% |
| 21 anos | 72% |
| 22 anos | 74% |
| 23 anos | 76% |
| 24 anos | 78% |
| 25 anos | 80% |
| 26 anos | 82% |
| 27 anos | 84% |
| 28 anos | 86% |
| 29 anos | 88% |
| 30 anos | 90% |
| 31 anos | 92% |
| 32 anos | 94% |
| 33 anos | 96% |
| 34 anos | 98% |
| 35 anos | 100% |
| **E assim sucessivamente** | E assim sucessivamente |

Dessa forma, o coeficiente mínimo será de 60% e o máximo não está limitado pela legislação constitucional transitória.

Poderão ser excluídas da média as contribuições que resultem em redução do valor do benefício, desde que mantido o tempo mínimo de contribuição exigido, vedada a utilização do tempo excluído para qualquer finalidade, para a averbação em outro regime previdenciário ou para a obtenção dos proventos de inatividade dos militares.

---

**28.** § 5º O acréscimo a que se refere o caput do § 2º será aplicado para cada ano que **exceder quinze anos** de tempo de contribuição para os segurados de que tratam a alínea "a" do inciso I do art. 19 e do inciso I do art. 21 e **para as mulheres filiadas ao Regime Geral de Previdência Social**.

### 5.2.1. *Cálculos*

Os estudos de casos a seguir tratam da segunda regra de transição: aposentadoria por tempo de contribuição com idade mínima, disciplinada no Art. 16 da EC 103/2019. Serão abordados dois estudos de caso: o primeiro de uma aposentadoria por tempo de contribuição e o segundo de uma aposentadoria de professor.

Espécie do benefício: **Aposentadoria por tempo de contribuição**
Nome: **MARILURDES RODRIGUES LOPES**
Data de nascimento: **01/10/1963**
Data do requerimento: **01/04/2020**
Data do direito adquirido: **13/11/2019**

| IDADE | |
|---|---|
| **INÍCIO** | **FIM** |
| **01/10/1963** | **01/04/2020** |

| IDADE | | |
|---|---|---|
| **ANOS** | **MESES** | **DIAS** |
| **56** | **6** | **1** |
| **56,50** | | |

| | CONTRATOS DE TRABALHO | | TEMPO MÍNIMO | TEMPO DE CONTRIBUIÇÃO | | |
|---|---|---|---|---|---|---|
| | **INÍCIO** | **FIM** | | **ANOS** | **MESES** | **DIAS** |
| 1 | **01/01/1989** | **05/08/1997** | 35 | 8 | 7 | 5 |
| 2 | **01/02/1998** | **31/10/2010** | 35 | 12 | 9 | 1 |
| 3 | **01/05/2011** | **01/04/2020** | 35 | 8 | 11 | 1 |

| TEMPO TOTAL APURADO | | |
|---|---|---|
| **Anos** | **Meses** | **Dias** |
| **30** | **3** | **7** |
| **30,27** | | |

| Regras do novo regime Jurídico | | | |
|---|---|---|---|
| **Regras de transição** | **Regra de pontos: 87** | **86,77** | Sem direito ao benefício |
| | **Regra da idade mínima: 56,5** | **56,50** | Com direito ao benefício |

Percebe-se que que a segurada em referência atende aos requisitos do Art. 16, quais sejam: idade mínima de 56, 5 anos e 30 anos de contribuição. Para fins de simplificação, vamos analisar os cálculos a partir da média de salários, pois a sistemática de atualização dos salários de contribuição constantes do período básico de cálculo já foi exaustivamente explorada.

| **SOMA GERAL DE SALÁRIOS** | **1.572.653,93** |
|---|---|

| **MÉDIA GERAL DE SALÁRIOS =** 1.572.653,93 / 298 | **5.277,36** |
|---|---|

| Período Básico de Cálculos - 07/1994 a 03/2020 | **309** |
|---|---|
| Quantidade de salários no período básico de cálculo | **298** |

| **TETO PREVIDENCIÁRIO** | **6.101,06** |
|---|---|

**MARILURDES RODRIGUES LOPES**
DATA DE INÍCIO DO BENEFÍCIO: **01/04/2020**
TEMPO DE CONTRIBUIÇÃO: **30 anos 03 meses e 07 dias**

| IDADE | | |
|---|---|---|
| **anos** | **meses** | **dias** |
| **56** | **6** | **1** |
| **56,5028** | | |

| TEMPO DE CONTRIBUIÇÃO | | |
|---|---|---|
| **anos** | **meses** | **dias** |
| **30** | **3** | **7** |
| **30,2694** | | |

| REGRA 87/97 | 86,77 | Aplicável | Não aplicável |
|---|---|---|---|
| | | | X |

| REGRA DA IDADE MÍNIMA | 56,50 | Aplicável | Não aplicável |
|---|---|---|---|
| | | X | |

| MÉDIA DE 100% DOS SALÁRIOS DE CONTRIBUIÇÃO | 5.277,36 |
|---|---|
| COEFICIENTE | 90% |
| **RENDA MENSAL INICIAL** = SB x Coeficiente | 4.749,63 |

| Tempo de contribuição | Coeficiente de cálculo da Renda Mensal Inicial |
|---|---|
| 15 | 60,00% |
| 16 | 62,00% |
| 17 | 64,00% |
| 18 | 66,00% |
| 19 | 68,00% |
| 20 | 70,00% |
| 21 | 72,00% |
| 22 | 74,00% |
| 23 | 76,00% |
| 24 | 78,00% |
| 25 | 80,00% |
| 26 | 82,00% |
| 27 | 84,00% |
| 28 | 86,00% |
| 29 | 88,00% |
| 30 | 90,00% |
| 31 | 92,00% |
| 32 | 94,00% |
| 33 | 96,00% |
| 34 | 98,00% |
| 35 | 100,00% |

De acordo com os cálculos, na data do requerimento, em 01/04/2020, com base nas regras do Novo Regime Jurídico, particularmente a regra da aposentadoria por tempo de contribuição com idade mínima, a média aritmética simples dos salários de contribuição correspondentes a 100% do período contributivo de 07/1994 a 03/2020 foi fixada no valor de R$ 5.277,36. Percebe-se que a segurada por pouco não atingiu a pontuação de 87 pontos (1ª regra de transição já estudada). A renda mensal inicial foi equivalente a 90% do salário de benefício, com base na tabela de coeficientes da EC 103/2019, fixada no valor de R$ 4.749,63.

O novo estudo de caso da regra de transição da aposentadoria por tempo de contribuição com idade mínima é de uma professora, cujos requisitos são: tempo mínimo de contribuição de 25 anos de efetivo exercício nas funções de magistério na educação infantil, ensino fundamental e médio; e 51 anos e 06 meses de idade a partir de janeiro de 2020.

Espécie do benefício: **Aposentadoria por tempo de contribuição - Professora**
Nome: **VALENTINA RODRIGUES MENESES**
Data de nascimento: **01/10/1968**
Data do requerimento: **01/04/2020**

| IDADE | |
|---|---|
| **INÍCIO** | **FIM** |
| **01/10/1968** | **01/04/2020** |

| IDADE | | |
|---|---|---|
| **ANOS** | **MESES** | **DIAS** |
| **51** | **6** | **1** |
| **51,50** | | |

| | CONTRATOS DE TRABALHO | | TEMPO MÍNIMO | TEMPO DE CONTRIBUIÇÃO | | |
|---|---|---|---|---|---|---|
| | **INÍCIO** | **FIM** | | **ANOS** | **MESES** | **DIAS** |
| 1 | **01/01/1994** | **05/08/1997** | 25 | 3 | 7 | 5 |
| 2 | **01/02/1998** | **31/10/2010** | 25 | 12 | 9 | 1 |
| 3 | **01/05/2011** | **01/04/2020** | 25 | 8 | 11 | 1 |

| TEMPO TOTAL APURADO | | |
|---|---|---|
| **Anos** | **Meses** | **Dias** |
| **25** | **3** | **7** |
| **25,27** | | |

| Regras do novo regime Jurídico | | | |
|---|---|---|---|
| **Regras de transição** | **Regra de pontos: 82** | **76,77** | Sem direito ao benefício |
| | **Regra da idade mínima: 51,5** | **51,50** | Com direito ao benefício |

Para fins de simplificação, vamos analisar os cálculos a partir da média de salários, pois a sistemática de atualização dos salários de contribuição constantes do período básico de cálculo já foi exaustivamente explorada.

| | |
|---|---|
| **SOMA GERAL DE SALÁRIOS** | **1.572.653,93** |

| | |
|---|---|
| **MÉDIA GERAL DE SALÁRIOS** = 1.572.653,93 / 298 | **5.277,36** |

| | |
|---|---|
| Período Básico de Cálculos - 07/1994 a 03/2020 | **309** |
| Quantidade de salários no período básico de cálculo | **298** |

| | |
|---|---|
| **TETO PREVIDENCIÁRIO** | **6.101,06** |

**VALENTINA RODRIGUES MENESES**

DATA DE INÍCIO DO BENEFÍCIO: **01/04/2020**

TEMPO DE CONTRIBUIÇÃO: **25 anos 03 meses e 07 dias**

| IDADE | | |
|---|---|---|
| **anos** | **meses** | **dias** |
| **51** | **6** | **1** |
| **51,5028** | | |

| TEMPO DE CONTRIBUIÇÃO | | |
|---|---|---|
| **anos** | **meses** | **dias** |
| **25** | **3** | **7** |
| **25,2694** | | |

| | | Aplicável | Não aplicável |
|---|---|---|---|
| **REGRA 82/92** | **76,77** | | X |

| | | Aplicável | Não aplicável |
|---|---|---|---|
| **REGRA DA IDADE MÍNIMA** | **51,50** | X | |

| | |
|---|---|
| **MÉDIA DE 100% DOS SALÁRIOS DE CONTRIBUIÇÃO** | **5.277,36** |
| COEFICIENTE | **80%** |
| **RENDA MENSAL INICIAL** = SB x Coeficiente | **4.221,89** |

| Tempo de contribuição | Coeficiente de cálculo da Renda Mensal Inicial |
|---|---|
| 15 | 60,00% |
| 16 | 62,00% |
| 17 | 64,00% |
| 18 | 66,00% |
| 19 | 68,00% |
| 20 | 70,00% |
| 21 | 72,00% |
| 22 | 74,00% |
| 23 | 76,00% |
| 24 | 78,00% |
| 25 | 80,00% |
| 26 | 82,00% |
| 27 | 84,00% |
| 28 | 86,00% |
| 29 | 88,00% |
| 30 | 90,00% |
| 31 | 92,00% |
| 32 | 94,00% |
| 33 | 96,00% |
| 34 | 98,00% |
| 35 | 100,00% |

De acordo com os cálculos, na data do requerimento, em 01/04/2020, com base nas regras do Novo Regime Jurídico, particularmente a regra da aposentadoria por tempo de contribuição de professora com idade mínima, a média aritmética simples dos salários de contribuição correspondentes a 100% do período contributivo de 07/1994 a 03/2020 foi fixada no valor de R$ 5.277,36. A renda mensal inicial foi equivalente a 80% do salário de benefício, com base na tabela de coeficientes da EC 103/2019, fixada no valor de R$ 4.221,89.

A sistemática de cálculos para as aposentadorias por tempo de contribuição dos professores, implantadas pela EC 103/2019, é mais favorável do que a regra anterior que incidia o fator previdenciário. Com base nas regras anteriores, com a incidência do fator previdenciário, o valor da RMI seria de R$ 3.145,17, cerca de R$ 1.076,72 a menor, representando uma perda de 25,50%, conforme cálculos exemplificativos a seguir. É importante ressaltar que, no caso de professoras, acrescenta-se 10 anos ao tempo de contribuição para fins do cálculo do fator previdenciário, em conformidade com o § 9º do Art. 29 da Lei 8.213/91.

VALENTINA RODRIGUES MENESES

ESPÉCIE: **57** (APOSENTADORIA POR TEMPO DE CONTRIBUIÇÃO - PROFESSORA)

DATA DE NASCIMENTO: **01/10/1968**

DATA DE INÍCIO DO BENEFÍCIO:**01/04/2020**

| IDADE | | |
|---|---|---|
| **anos** | **meses** | **dias** |
| **51** | **6** | **1** |
| **51,5028** | | |

| TEMPO DE CONTRIBUIÇÃO | | |
|---|---|---|
| **anos** | **meses** | **dias** |
| **25** | **3** | **7** |
| **25,2694** | | |

| **Idade** | 51,5028 |
|---|---|
| **TC + 10 anos** | 35,2694 |
| **ES** | 29,8 |
| **Alíquota** | 0,31 |

| Idade | Expectativa de Sobrevida |
|---|---|
| 42 | 37,7 |
| 43 | 36,8 |
| 44 | 35,9 |
| 45 | 35,0 |
| 46 | 34,1 |
| 47 | 33,3 |
| 48 | 32,4 |
| 49 | 31,5 |
| 50 | 30,7 |
| 51 | 29,8 |

$$\text{Fator Previdenciário} = \frac{TC \times A}{ES} \times \left(1 + \frac{(Id + TC \times A)}{100}\right)$$

$$\frac{35{,}2694 \times 0{,}31}{29{,}8} \times \left(1 + \frac{(51{,}5028 + 35{,}2694 \times 0{,}31)}{100}\right)$$

| **Fator Previdenciário** | **0,59597** | Favorável | Desfavorável |
|---|---|---|---|
| | | | X |

| **REGRA 86/96** | **76,77** | Aplicável | Não aplicável |
|---|---|---|---|
| | | | X |

| | |
|---|---|
| **TETO PREVIDENCIÁRIO** | **6.101,06** |
| **MÉDIA DE SALÁRIOS** | **5.277,36** |
| **FATOR PREVIDENCIÁRIO** | **0,59597** |
| **SALÁRIO DE BENEFÍCIO** | **3.145,17** |
| Coeficiente | **100%** |
| **Renda Mensal Inicial** = SB x Coeficiente | **3.145,17** |
| **RENDA MENSAL COM BASE NO NOVO REGIME** | **4.221,89** |
| **PERDA MENSAL COM O FATOR PREVIDENCIÁRIO** | **1.076,72** |

### 5.3. Artigo 17 – aposentadorias – regras de transição para os segurados que ingressaram até a data da publicação da reforma constitucional

Art. 17. Ao segurado filiado ao Regime Geral de Previdência Social até a data de entrada em vigor desta Emenda Constitucional e que na referida data contar com mais de 28 (vinte e oito anos) de contribuição, se mulher, e 33 (trinta e três) anos de contribuição, se homem, fica assegurado o direito à aposentadoria quando preencher, cumulativamente, os seguintes requisitos:

**I – 30 (trinta) anos de contribuição, se mulher, e 35 trinta e cinco anos de contribuição, se homem; e**

II – cumprimento de período adicional correspondente a 50% (cinquenta por cento) do tempo que, na data de entrada em vigor desta Emenda Constitucional, faltaria para atingir 30 (trinta) anos de contribuição, se mulher, e 35 (trinta e cinco) anos de contribuição, se homem.

Parágrafo único. O benefício concedido nos termos deste artigo terá seu valor apurado de acordo com a média aritmética simples dos salários de contribuição e das remunerações calculada na forma da lei, multiplicada pelo fator previdenciário, calculado na forma do disposto nos §§ 7º a 9º do art. 29 da Lei nº 8.213, de 24 de julho de 1991.

Trata-se de regra de transição que somente beneficia aos segurados do RGPS filiados até o dia da publicação da Emenda 103/2019 e que faltavam pouco tempo para se aposentar por tempo de contribuição (menos de dois anos), considerando a extinção da aposentadoria por tempo de contribuição sem idade mínima.

Esta regra dispensa idade mínima e somente beneficia o homem que possuía mais de 33 anos de tempo de contribuição no dia da publicação da Emenda, assim como a mulher que possuía mais de 28 anos de tempo de contribuição.

Eis os requisitos:

a) HOMENS: 35 anos de tempo de contribuição e "pedágio" de 50% do tempo em faltava para atingir a 35 anos de tempo de contribuição no dia da publicação da Emenda;

b) MULHERES: 30 anos de tempo de contribuição e "pedágio" de 50% do tempo em faltava para atingir a 30 anos de tempo de contribuição no dia da publicação da Emenda.

Vamos supor que no dia da publicação da Emenda 103/2019 um segurado do sexo masculino possuía exatos 34 anos de tempo de contribuição. Neste caso, ele terá que cumprir mais 1 anos de tempo de contribuição para chegar aos 35 anos, bem como um "pedágio de 50% sobre 1 ano, o que perfaz 6 meses, devendo integralizar no total 35,5 anos de tempo de contribuição.

O prejuízo dessa regra para os segurados mais jovens é que o cálculo da renda mensal dar-se-á pelo artigo 29 da Lei 8.213/91, com incidência obrigatória do fator previdenciário no cálculo do salário de benefício, instituto que foi inclusive constitucionalizado.

Como é feita expressão remissão ao artigo 29 da Lei 8.213/91 e ao fator previdenciário, assim como pelo fato de o artigo 26 da Emenda 103/2019 não tratar da renda do benefício previsto neste artigo 17, deverá ser calculado o salário de benefício do segurado pela média aritmética simples dos 80% maiores salários de contribuição a partir de 7/1994, com multiplicação obrigatória pelo fator previdenciário, para, em seguida, fazer incidir o coeficiente de 100% sobre o salário de benefício.

### 5.3.1. *Cálculos*

O estudo de caso a seguir trata da terceira regra de transição: aposentadoria por tempo de contribuição com pedágio de 50%, disciplinada no Art. 17 da EC 103/2019. É necessário elaborar uma contagem de tempo de contribuição até 13/11/2019, para fins de cálculo do pedágio, conforme demonstrado no estudo de caso a seguir, de um segurado do sexo masculino.

Em 13/11/2019 foi apurado o total de 34 anos, 08 meses e 19 dias, faltando, portanto, 03 meses e 11 dias para completar os 35 anos de contribuição exigidos. O pedágio é fixado com base nesse tempo faltante. De acordo com a contagem, o pedágio foi fixado em 01 mês e 21 dias, correspondente a 50% de 03 meses e 11 dias. Portanto, o segurado só poderá se aposentar com o tempo mínimo exigido mais o pedágio, ou seja, 35 anos, 01 mês e 21 dias.

Espécie do benefício: **Aposentadoria por tempo de contribuição**
Nome: **CRISTIANO MACIEL MENESES**
Data de nascimento: **01/10/1963**
Data do requerimento: **15/04/2020**
Data do direito adquirido: **13/11/2019**

| IDADE | |
|---|---|
| **INÍCIO** | **FIM** |
| **01/10/1963** | **13/11/2019** |

| IDADE | | |
|---|---|---|
| **ANOS** | **MESES** | **DIAS** |
| **56** | **1** | **13** |
| **56,12** | | |

| | CONTRATOS DE TRABALHO | | TEMPO MÍNIMO | TEMPO DE CONTRIBUIÇÃO | | |
|---|---|---|---|---|---|---|
| | **INÍCIO** | **FIM** | | **ANOS** | **MESES** | **DIAS** |
| 1 | **01/03/1984** | **05/08/1997** | 35 | 13 | 5 | 5 |
| 2 | **01/02/1998** | **31/10/2010** | 35 | 12 | 9 | 1 |
| 3 | **01/05/2011** | **13/11/2019** | 35 | 8 | 6 | 13 |

| TEMPO TOTAL APURADO | | |
|---|---|---|
| **Anos** | **Meses** | **Dias** |
| **34** | **8** | **19** |
| **34,72** | | |

| TEMPO FALTANTE | | |
|---|---|---|
| **Anos** | **Meses** | **Dias** |
| 0 | 3 | 11 |

| PEDÁGIO - 50% | | |
|---|---|---|
| **Anos** | **Meses** | **Dias** |
| 0 | 1 | 21 |

| TEMPO MÍNIMO DE CONTRIBUIÇÃO | | |
|---|---|---|
| **Anos** | **Meses** | **Dias** |
| 35 | 1 | 21 |

| IDADE | |
|---|---|
| **INÍCIO** | **FIM** |
| 01/10/1963 | 15/04/2020 |

| IDADE | | |
|---|---|---|
| **ANOS** | **MESES** | **DIAS** |
| 56 | 6 | 15 |
| 56,54 | | |

| | CONTRATOS DE TRABALHO | | TEMPO MÍNIMO | TEMPO DE CONTRIBUIÇÃO | | |
|---|---|---|---|---|---|---|
| | **INÍCIO** | **FIM** | | **ANOS** | **MESES** | **DIAS** |
| 1 | 01/03/1984 | 05/08/1997 | 35 | 13 | 5 | 5 |
| 2 | 01/02/1998 | 31/10/2010 | 35 | 12 | 9 | 1 |
| 3 | 01/05/2011 | 15/04/2020 | 35 | 8 | 11 | 15 |

| TEMPO TOTAL APURADO | | |
|---|---|---|
| **Anos** | **Meses** | **Dias** |
| 35 | 1 | 21 |
| 35,14 | | |

| Regras do novo Regime Jurídico | | | |
|---|---|---|---|
| **Regras de cálculos** | **Regra de pontos: 97** | **91,68** | Sem direito |
| | **Fator Previdenciário** | **0,70974** | Aplicável |

De acordo com a contagem, o segurado completou o tempo com o período de pedágio em 15/04/2020. O benefício de aposentadoria por tempo de contribuição integral terá o salário de benefício calculado com base na média aritmética simples dos maiores salários de contribuição correspondente a 80% do período contributivo de 07/1994 a 03/2020, multiplicada pelo fator previdenciário, conforme remissão feita à Lei 8.213/91 pelo Art. 17 da EC 103/2019. Abaixo seguem os cálculos.

**APOSENTADORIA POR TEMPO DE CONTRIBUIÇÃO - HOMEM - NOVO REGIME JURÍDICO**

**REGRA DE TRANSIÇÃO 3 - APOSENTADORIA COM PERÍODO ADICIONAL DE 50%**

**CRISTIANO MACIEL MENESES**

DATA DE NASCIMENTO: **01/10/1963**

ESPÉCIE: **42** (APOSENTADORIA POR POR TEMPO DE CONTRIBUIÇÃO)

DATA DO REQUERIMENTO: **15/04/2020**

TEMPO DE CONTRIBUIÇÃO: **35 anos 01 mês e 21 dias**

BASE LEGAL: EMENDA CONSTITUCIONAL 103/2019

PERÍODO BÁSICO DE CÁLCULO: **07/1994 a 03/2020**

| Sequência | Mês/ano | Valor teto | Salário | Índice | Salário corrigido | Desconsiderados |
|---|---|---|---|---|---|---|
| 1 | jul/94 | 582,86 | 537,00 | 8,373296 | 4.496,46 | desconsiderado |
| 2 | ago/94 | 582,86 | 537,00 | 7,893376 | 4.238,74 | desconsiderado |
| 3 | set/94 | 582,86 | 537,00 | 7,484709 | 4.019,29 | desconsiderado |
| 4 | out/94 | 582,86 | 537,00 | 7,373373 | 3.959,50 | desconsiderado |
| 5 | nov/94 | 582,86 | 537,00 | 7,238735 | 3.887,20 | desconsiderado |
| 6 | dez/94 | 582,86 | 582,86 | 7,009522 | 4.085,57 | desconsiderado |
| 7 | jan/95 | 582,86 | 537,00 | 6,859305 | 3.683,45 | desconsiderado |
| 8 | fev/95 | 582,86 | 537,00 | 6,746630 | 3.622,94 | desconsiderado |
| 9 | mar/95 | 582,86 | 537,00 | 6,680497 | 3.587,43 | desconsiderado |
| 10 | abr/95 | 582,86 | 537,00 | 6,587608 | 3.537,55 | desconsiderado |
| 11 | mai/95 | 832,66 | 820,00 | 6,463513 | 5.300,08 | |
| 12 | jun/95 | 832,66 | 820,00 | 6,301562 | 5.167,28 | |
| 13 | jul/95 | 832,66 | 820,00 | 6,188924 | 5.074,92 | |
| 14 | ago/95 | 832,66 | 820,00 | 6,040329 | 4.953,07 | |
| 15 | set/95 | 832,66 | 820,00 | 5,979341 | 4.903,06 | |
| 16 | out/95 | 832,66 | 832,66 | 5,910192 | 4.921,18 | |
| 17 | nov/95 | 832,66 | 832,66 | 5,828590 | 4.853,23 | |
| 18 | dez/95 | 832,66 | 832,66 | 5,741890 | 4.781,04 | desconsiderado |
| 19 | jan/96 | 832,66 | 820,00 | 5,648685 | 4.631,92 | desconsiderado |
| 20 | fev/96 | 832,66 | 820,00 | 5,567405 | 4.565,27 | desconsiderado |
| 21 | mar/96 | 832,66 | 820,00 | 5,528151 | 4.533,08 | desconsiderado |
| 22 | abr/96 | 832,66 | 820,00 | 5,512169 | 4.519,98 | desconsiderado |
| 23 | mai/96 | 957,56 | 935,00 | 5,473848 | 5.118,05 | |
| 24 | jun/96 | 957,56 | 935,00 | 5,383409 | 5.033,49 | |
| 25 | jul/96 | 957,56 | 935,00 | 5,318526 | 4.972,82 | |
| 26 | ago/96 | 957,56 | 935,00 | 5,261177 | 4.919,20 | |
| 27 | set/96 | 957,56 | 935,00 | 5,260964 | 4.919,00 | |
| 28 | out/96 | 957,56 | 935,00 | 5,254134 | 4.912,62 | |
| 29 | nov/96 | 957,56 | 935,00 | 5,242600 | 4.901,83 | |
| 30 | dez/96 | 957,56 | 957,56 | 5,227965 | 5.006,09 | |
| 31 | jan/97 | 957,56 | 935,00 | 5,182355 | 4.845,50 | |
| 32 | fev/97 | 957,56 | 935,00 | 5,101751 | 4.770,14 | desconsiderado |
| 33 | mar/97 | 957,56 | 935,00 | 5,080411 | 4.750,18 | desconsiderado |
| 34 | abr/97 | 957,56 | 935,00 | 5,022156 | 4.695,72 | desconsiderado |
| 35 | mai/97 | 957,56 | 935,00 | 4,992700 | 4.668,17 | desconsiderado |
| 36 | jun/97 | 1.031,87 | 1.031,87 | 4,977765 | 5.136,41 | |
| 37 | jul/97 | 1.031,87 | 1.031,87 | 4,943164 | 5.100,70 | |
| 38 | ago/97 | 1.031,87 | 235,00 | 4,938720 | 1.160,60 | desconsiderado |
| 39 | fev/98 | 1.031,87 | 1.031,87 | 4,777539 | 4.929,80 | |
| 40 | mar/98 | 1.031,87 | 1.031,87 | 4,776584 | 4.928,81 | |
| 41 | abr/98 | 1.031,87 | 1.031,87 | 4,765621 | 4.917,50 | |
| 42 | mai/98 | 1.031,87 | 1.031,87 | 4,765621 | 4.917,50 | |
| 43 | jun/98 | 1.081,50 | 1.081,50 | 4,754688 | 5.142,20 | |
| 44 | jul/98 | 1.081,50 | 1.081,50 | 4,741407 | 5.127,83 | |
| 45 | ago/98 | 1.081,50 | 1.081,50 | 4,741407 | 5.127,83 | |
| 46 | set/98 | 1.081,50 | 1.081,50 | 4,741407 | 5.127,83 | |
| 47 | out/98 | 1.081,50 | 1.081,50 | 4,741407 | 5.127,83 | |
| 48 | nov/98 | 1.081,50 | 1.081,50 | 4,741407 | 5.127,83 | |
| 49 | dez/98 | 1.200,00 | 1.150,00 | 4,741407 | 5.452,62 | |

| Sequência | Mês/ano | Valor teto | Salário | Índice | Salário corrigido | Desconsiderados |
|---|---|---|---|---|---|---|
| 50 | jan/99 | 1.200,00 | 1.150,00 | 4,695395 | 5.399,70 | |
| 51 | fev/99 | 1.200,00 | 1.150,00 | 4,642010 | 5.338,31 | |
| 52 | mar/99 | 1.200,00 | 1.150,00 | 4,444670 | 5.111,37 | |
| 53 | abr/99 | 1.200,00 | 1.150,00 | 4,358373 | 5.012,13 | |
| 54 | mai/99 | 1.200,00 | 1.150,00 | 4,357066 | 5.010,63 | |
| 55 | jun/99 | 1.255,32 | 1.255,32 | 4,357066 | 5.469,51 | |
| 56 | jul/99 | 1.255,32 | 1.255,32 | 4,313074 | 5.414,29 | |
| 57 | ago/99 | 1.255,32 | 1.255,32 | 4,245570 | 5.329,55 | |
| 58 | set/99 | 1.255,32 | 1.255,32 | 4,184887 | 5.253,37 | |
| 59 | out/99 | 1.255,32 | 1.255,32 | 4,124259 | 5.177,26 | |
| 60 | nov/99 | 1.255,32 | 1.255,32 | 4,047759 | 5.081,23 | |
| 61 | dez/99 | 1.255,32 | 1.255,32 | 3,947877 | 4.955,85 | |
| 62 | jan/00 | 1.255,32 | 1.255,32 | 3,899907 | 4.895,63 | |
| 63 | fev/00 | 1.255,32 | 1.255,32 | 3,860529 | 4.846,20 | |
| 64 | mar/00 | 1.255,32 | 1.255,32 | 3,853212 | 4.837,01 | |
| 65 | abr/00 | 1.255,32 | 1.255,32 | 3,846287 | 4.828,32 | |
| 66 | mai/00 | 1.255,32 | 1.255,32 | 3,841293 | 4.822,05 | desconsiderado |
| 67 | jun/00 | 1.328,25 | 1.328,25 | 3,815725 | 5.068,24 | |
| 68 | jul/00 | 1.328,25 | 1.328,25 | 3,780567 | 5.021,54 | |
| 69 | ago/00 | 1.328,25 | 1.328,25 | 3,697019 | 4.910,57 | |
| 70 | set/00 | 1.328,25 | 1.328,25 | 3,630931 | 4.822,78 | desconsiderado |
| 71 | out/00 | 1.328,25 | 1.328,25 | 3,606054 | 4.789,74 | desconsiderado |
| 72 | nov/00 | 1.328,25 | 1.328,25 | 3,592758 | 4.772,08 | desconsiderado |
| 73 | dez/00 | 1.328,25 | 1.328,25 | 3,578799 | 4.753,54 | desconsiderado |
| 74 | jan/01 | 1.328,25 | 1.328,25 | 3,551806 | 4.717,69 | desconsiderado |
| 75 | fev/01 | 1.328,25 | 1.328,25 | 3,534492 | 4.694,69 | desconsiderado |
| 76 | mar/01 | 1.328,25 | 1.328,25 | 3,522511 | 4.678,78 | desconsiderado |
| 77 | abr/01 | 1.328,25 | 1.328,25 | 3,494554 | 4.641,64 | desconsiderado |
| 78 | mai/01 | 1.328,25 | 1.328,25 | 3,455507 | 4.589,78 | desconsiderado |
| 79 | jun/01 | 1.430,00 | 1.400,00 | 3,440371 | 4.816,52 | desconsiderado |
| 80 | jul/01 | 1.430,00 | 1.400,00 | 3,390865 | 4.747,21 | desconsiderado |
| 81 | ago/01 | 1.430,00 | 1.400,00 | 3,336808 | 4.671,53 | desconsiderado |
| 82 | set/01 | 1.430,00 | 1.400,00 | 3,307041 | 4.629,86 | desconsiderado |
| 83 | out/01 | 1.430,00 | 1.400,00 | 3,294524 | 4.612,33 | desconsiderado |
| 84 | nov/01 | 1.430,00 | 1.400,00 | 3,247437 | 4.546,41 | desconsiderado |
| 85 | dez/01 | 1.430,00 | 1.400,00 | 3,222940 | 4.512,12 | desconsiderado |
| 86 | jan/02 | 1.430,00 | 1.400,00 | 3,217152 | 4.504,01 | desconsiderado |
| 87 | fev/02 | 1.430,00 | 1.400,00 | 3,211053 | 4.495,47 | desconsiderado |
| 88 | mar/02 | 1.430,00 | 1.400,00 | 3,205281 | 4.487,39 | desconsiderado |
| 89 | abr/02 | 1.430,00 | 1.400,00 | 3,201761 | 4.482,47 | desconsiderado |
| 90 | mai/02 | 1.430,00 | 1.400,00 | 3,179502 | 4.451,30 | desconsiderado |
| 91 | jun/02 | 1.561,56 | 1.561,56 | 3,144599 | 4.910,48 | |
| 92 | jul/02 | 1.561,56 | 1.561,56 | 3,090813 | 4.826,49 | desconsiderado |
| 93 | ago/02 | 1.561,56 | 1.561,56 | 3,028729 | 4.729,54 | desconsiderado |
| 94 | set/02 | 1.561,56 | 1.561,56 | 2,958897 | 4.620,50 | desconsiderado |
| 95 | out/02 | 1.561,56 | 1.561,56 | 2,882795 | 4.501,66 | desconsiderado |
| 96 | nov/02 | 1.561,56 | 1.561,56 | 2,766331 | 4.319,79 | desconsiderado |
| 97 | dez/02 | 1.561,56 | 1.561,56 | 2,613689 | 4.081,43 | desconsiderado |
| 98 | jan/03 | 1.561,56 | 1.561,56 | 2,544974 | 3.974,13 | desconsiderado |

| Sequência | Mês/ano | Valor teto | Salário | Índice | Salário corrigido | Desconsiderados |
|---|---|---|---|---|---|---|
| 99 | fev/03 | 1.561,56 | 1.561,56 | 2,490921 | 3.889,72 | desconsiderado |
| 100 | mar/03 | 1.561,56 | 1.561,56 | 2,451938 | 3.828,85 | desconsiderado |
| 101 | abr/03 | 1.561,56 | 1.561,56 | 2,411901 | 3.766,33 | desconsiderado |
| 102 | mai/03 | 1.561,56 | 1.561,56 | 2,402050 | 3.750,95 | desconsiderado |
| 103 | jun/03 | 1.869,34 | 1.869,34 | 2,418253 | 4.520,54 | desconsiderado |
| 104 | jul/03 | 1.869,34 | 1.869,34 | 2,435300 | 4.552,40 | desconsiderado |
| 105 | ago/03 | 1.869,34 | 1.869,34 | 2,440183 | 4.561,53 | desconsiderado |
| 106 | set/03 | 1.869,34 | 1.869,34 | 2,425144 | 4.533,42 | desconsiderado |
| 107 | out/03 | 1.869,34 | 1.869,34 | 2,399946 | 4.486,32 | desconsiderado |
| 108 | nov/03 | 1.869,34 | 1.869,34 | 2,389432 | 4.466,66 | desconsiderado |
| 109 | dez/03 | 1.869,34 | 1.869,34 | 2,378017 | 4.445,32 | desconsiderado |
| 110 | jan/04 | 2.400,00 | 2.150,00 | 2,363835 | 5.082,25 | |
| 111 | fev/04 | 2.400,00 | 2.150,00 | 2,345075 | 5.041,91 | |
| 112 | mar/04 | 2.400,00 | 2.150,00 | 2,335963 | 5.022,32 | |
| 113 | abr/04 | 2.400,00 | 2.150,00 | 2,322726 | 4.993,86 | |
| 114 | mai/04 | 2.508,72 | 2.350,00 | 2,313240 | 5.436,11 | |
| 115 | jun/04 | 2.508,72 | 2.350,00 | 2,304022 | 5.414,45 | |
| 116 | jul/04 | 2.508,72 | 2.350,00 | 2,292565 | 5.387,53 | |
| 117 | ago/04 | 2.508,72 | 2.350,00 | 2,275947 | 5.348,48 | |
| 118 | set/04 | 2.508,72 | 2.350,00 | 2,264624 | 5.321,87 | |
| 119 | out/04 | 2.508,72 | 2.350,00 | 2,260782 | 5.312,84 | |
| 120 | nov/04 | 2.508,72 | 2.350,00 | 2,256948 | 5.303,83 | |
| 121 | dez/04 | 2.508,72 | 2.350,00 | 2,247058 | 5.280,59 | |
| 122 | jan/05 | 2.508,72 | 2.350,00 | 2,227895 | 5.235,55 | |
| 123 | fev/05 | 2.508,72 | 2.350,00 | 2,215269 | 5.205,88 | |
| 124 | mar/05 | 2.508,72 | 2.350,00 | 2,205565 | 5.183,08 | |
| 125 | abr/05 | 2.508,72 | 2.350,00 | 2,189579 | 5.145,51 | |
| 126 | mai/05 | 2.668,15 | 2.600,00 | 2,169837 | 5.641,58 | |
| 127 | jun/05 | 2.668,15 | 2.600,00 | 2,154752 | 5.602,36 | |
| 128 | jul/05 | 2.668,15 | 2.600,00 | 2,157124 | 5.608,52 | |
| 129 | ago/05 | 2.668,15 | 2.600,00 | 2,156477 | 5.606,84 | |
| 130 | set/05 | 2.668,15 | 2.600,00 | 2,156477 | 5.606,84 | |
| 131 | out/05 | 2.668,15 | 2.600,00 | 2,153249 | 5.598,45 | |
| 132 | nov/05 | 2.668,15 | 2.600,00 | 2,140834 | 5.566,17 | |
| 133 | dez/05 | 2.668,15 | 2.600,00 | 2,129331 | 5.536,26 | |
| 134 | jan/06 | 2.668,15 | 2.600,00 | 2,120851 | 5.514,21 | |
| 135 | fev/06 | 2.668,15 | 2.600,00 | 2,112821 | 5.493,33 | |
| 136 | mar/06 | 2.668,15 | 2.600,00 | 2,107975 | 5.480,74 | |
| 137 | abr/06 | 2.801,56 | 2.600,00 | 2,102297 | 5.465,97 | |
| 138 | mai/06 | 2.801,56 | 2.750,00 | 2,099779 | 5.774,39 | |
| 139 | jun/06 | 2.801,56 | 2.750,00 | 2,097054 | 5.766,90 | |
| 140 | jul/06 | 2.801,56 | 2.750,00 | 2,098518 | 5.770,92 | |
| 141 | ago/06 | 2.801,82 | 2.750,00 | 2,096213 | 5.764,59 | |
| 142 | set/06 | 2.801,82 | 2.750,00 | 2,096630 | 5.765,73 | |
| 143 | out/06 | 2.801,82 | 2.750,00 | 2,093285 | 5.756,53 | |
| 144 | nov/06 | 2.801,82 | 2.750,00 | 2,084321 | 5.731,88 | |
| 145 | dez/06 | 2.801,82 | 2.750,00 | 2,075602 | 5.707,91 | |
| 146 | jan/07 | 2.801,82 | 2.750,00 | 2,062812 | 5.672,73 | |
| 147 | fev/07 | 2.801,82 | 2.750,00 | 2,052756 | 5.645,08 | |

| Sequência | Mês/ano | Valor teto | Salário | Índice | Salário corrigido | Desconsiderados |
|---|---|---|---|---|---|---|
| 148 | mar/07 | 2.801,82 | 2.750,00 | 2,044172 | 5.621,47 | |
| 149 | abr/07 | 2.894,28 | 2.750,00 | 2,035213 | 5.596,84 | |
| 150 | mai/07 | 2.894,28 | 2.894,28 | 2,029938 | 5.875,21 | |
| 151 | jun/07 | 2.894,28 | 2.894,28 | 2,024672 | 5.859,97 | |
| 152 | jul/07 | 2.894,28 | 2.894,28 | 2,018418 | 5.841,87 | |
| 153 | ago/07 | 2.894,28 | 2.894,28 | 2,011978 | 5.823,23 | |
| 154 | set/07 | 2.894,28 | 2.894,28 | 2,000174 | 5.789,06 | |
| 155 | out/07 | 2.894,28 | 2.894,28 | 1,995190 | 5.774,64 | |
| 156 | nov/07 | 2.894,28 | 2.894,28 | 1,989224 | 5.757,37 | |
| 157 | dez/07 | 2.894,28 | 2.894,28 | 1,980704 | 5.732,71 | |
| 158 | jan/08 | 2.894,28 | 2.894,28 | 1,961675 | 5.677,64 | |
| 159 | fev/08 | 2.894,28 | 2.894,28 | 1,948232 | 5.638,73 | |
| 160 | mar/08 | 3.038,99 | 3.038,99 | 1,938348 | 5.890,62 | |
| 161 | abr/08 | 3.038,99 | 3.038,99 | 1,928511 | 5.860,73 | |
| 162 | mai/08 | 3.038,99 | 3.038,99 | 1,916247 | 5.823,46 | |
| 163 | jun/08 | 3.038,99 | 3.038,99 | 1,898028 | 5.768,09 | |
| 164 | jul/08 | 3.038,99 | 3.038,99 | 1,880913 | 5.716,08 | |
| 165 | ago/08 | 3.038,99 | 3.038,99 | 1,870065 | 5.683,11 | |
| 166 | set/08 | 3.038,99 | 3.038,99 | 1,866145 | 5.671,20 | |
| 167 | out/08 | 3.038,99 | 3.038,99 | 1,863350 | 5.662,70 | |
| 168 | nov/08 | 3.038,99 | 3.038,99 | 1,854081 | 5.634,53 | |
| 169 | dez/08 | 3.038,99 | 3.038,99 | 1,847060 | 5.613,20 | |
| 170 | jan/09 | 3.038,99 | 3.038,99 | 1,841724 | 5.596,98 | |
| 171 | fev/09 | 3.218,90 | 3.200,00 | 1,830009 | 5.856,03 | |
| 172 | mar/09 | 3.218,90 | 3.200,00 | 1,824353 | 5.837,93 | |
| 173 | abr/09 | 3.218,90 | 3.200,00 | 1,820711 | 5.826,28 | |
| 174 | mai/09 | 3.218,90 | 3.218,90 | 1,810756 | 5.828,64 | |
| 175 | jun/09 | 3.218,90 | 3.218,90 | 1,799955 | 5.793,88 | |
| 176 | jul/09 | 3.218,90 | 3.218,90 | 1,792424 | 5.769,63 | |
| 177 | ago/09 | 3.218,90 | 3.218,90 | 1,788311 | 5.756,39 | |
| 178 | set/09 | 3.218,90 | 3.218,90 | 1,786883 | 5.751,80 | |
| 179 | out/09 | 3.218,90 | 3.218,90 | 1,784027 | 5.742,60 | |
| 180 | nov/09 | 3.218,90 | 3.218,90 | 1,779755 | 5.728,85 | |
| 181 | dez/09 | 3.218,90 | 3.218,90 | 1,773195 | 5.707,74 | |
| 182 | jan/10 | 3.467,40 | 3.467,40 | 1,768946 | 6.133,64 | |
| 183 | fev/10 | 3.467,40 | 3.467,40 | 1,753518 | 6.080,15 | |
| 184 | mar/10 | 3.467,40 | 3.467,40 | 1,741328 | 6.037,88 | |
| 185 | abr/10 | 3.467,40 | 3.467,40 | 1,729054 | 5.995,32 | |
| 186 | mai/10 | 3.467,40 | 3.467,40 | 1,716521 | 5.951,86 | |
| 187 | jun/10 | 3.467,40 | 3.467,40 | 1,709173 | 5.926,39 | |
| 188 | jul/10 | 3.467,40 | 3.467,40 | 1,711055 | 5.932,91 | |
| 189 | ago/10 | 3.467,40 | 3.467,40 | 1,712255 | 5.937,07 | |
| 190 | set/10 | 3.467,40 | 3.467,40 | 1,713454 | 5.941,23 | |
| 191 | out/10 | 3.467,40 | 3.467,40 | 1,704253 | 5.909,33 | |
| 192 | mai/11 | 3.691,74 | 3.500,00 | 1,614852 | 5.651,98 | |
| 193 | jun/11 | 3.691,74 | 3.500,00 | 1,605698 | 5.619,94 | |
| 194 | jul/11 | 3.691,74 | 3.500,00 | 1,602175 | 5.607,61 | |
| 195 | ago/11 | 3.691,74 | 3.500,00 | 1,602175 | 5.607,61 | |
| 196 | set/11 | 3.691,74 | 3.500,00 | 1,595473 | 5.584,16 | |

| Sequência | Mês/ano | Valor teto | Salário | Índice | Salário corrigido | Desconsiderados |
|---|---|---|---|---|---|---|
| 197 | out/11 | 3.691,74 | 3.500,00 | 1,588327 | 5.559,14 | |
| 198 | nov/11 | 3.691,74 | 3.500,00 | 1,583260 | 5.541,41 | |
| 199 | dez/11 | 3.691,74 | 3.500,00 | 1,574286 | 5.510,00 | |
| 200 | jan/12 | 3.916,20 | 3.500,00 | 1,566302 | 5.482,06 | |
| 201 | fev/12 | 3.916,20 | 3.500,00 | 1,558352 | 5.454,23 | |
| 202 | mar/12 | 3.916,20 | 3.500,00 | 1,552298 | 5.433,04 | |
| 203 | abr/12 | 3.916,20 | 3.500,00 | 1,549506 | 5.423,27 | |
| 204 | mai/12 | 3.916,20 | 3.750,00 | 1,539656 | 5.773,71 | |
| 205 | jun/12 | 3.916,20 | 3.750,00 | 1,531235 | 5.742,13 | |
| 206 | jul/12 | 3.916,20 | 3.750,00 | 1,527262 | 5.727,23 | |
| 207 | ago/12 | 3.916,20 | 3.750,00 | 1,520725 | 5.702,72 | |
| 208 | set/12 | 3.916,20 | 3.750,00 | 1,513911 | 5.677,17 | |
| 209 | out/12 | 3.916,20 | 3.750,00 | 1,504432 | 5.641,62 | |
| 210 | nov/12 | 3.916,20 | 3.750,00 | 1,493826 | 5.601,85 | |
| 211 | dez/12 | 3.916,20 | 3.750,00 | 1,485803 | 5.571,76 | |
| 212 | jan/13 | 4.159,00 | 3.750,00 | 1,474888 | 5.530,83 | |
| 213 | fev/13 | 4.159,00 | 3.750,00 | 1,461444 | 5.480,42 | |
| 214 | mar/13 | 4.159,00 | 3.750,00 | 1,453884 | 5.452,07 | |
| 215 | abr/13 | 4.159,00 | 3.750,00 | 1,445212 | 5.419,55 | |
| 216 | mai/13 | 4.159,00 | 4.000,00 | 1,436734 | 5.746,94 | |
| 217 | jun/13 | 4.159,00 | 4.000,00 | 1,431721 | 5.726,88 | |
| 218 | jul/13 | 4.159,00 | 4.000,00 | 1,427727 | 5.710,91 | |
| 219 | ago/13 | 4.159,00 | 4.000,00 | 1,429586 | 5.718,34 | |
| 220 | set/13 | 4.159,00 | 4.000,00 | 1,427301 | 5.709,20 | |
| 221 | out/13 | 4.159,00 | 4.000,00 | 1,423457 | 5.693,83 | |
| 222 | nov/13 | 4.159,00 | 4.000,00 | 1,414830 | 5.659,32 | |
| 223 | dez/13 | 4.159,00 | 4.000,00 | 1,407228 | 5.628,91 | |
| 224 | jan/14 | 4.390,24 | 4.000,00 | 1,397168 | 5.588,67 | |
| 225 | fev/14 | 4.390,24 | 4.000,00 | 1,388423 | 5.553,69 | |
| 226 | mar/14 | 4.390,24 | 4.000,00 | 1,379593 | 5.518,37 | |
| 227 | abr/14 | 4.390,24 | 4.000,00 | 1,368372 | 5.473,49 | |
| 228 | mai/14 | 4.390,24 | 4.300,00 | 1,357779 | 5.838,45 | |
| 229 | jun/14 | 4.390,24 | 4.300,00 | 1,349678 | 5.803,62 | |
| 230 | jul/14 | 4.390,24 | 4.300,00 | 1,346182 | 5.788,58 | |
| 231 | ago/14 | 4.390,24 | 4.300,00 | 1,344435 | 5.781,07 | |
| 232 | set/14 | 4.390,24 | 4.300,00 | 1,342017 | 5.770,67 | |
| 233 | out/14 | 4.390,24 | 4.300,00 | 1,335477 | 5.742,55 | |
| 234 | nov/14 | 4.390,24 | 4.300,00 | 1,330421 | 5.720,81 | |
| 235 | dez/14 | 4.390,24 | 4.300,00 | 1,323405 | 5.690,64 | |
| 236 | jan/15 | 4.663,75 | 4.300,00 | 1,315249 | 5.655,57 | |
| 237 | fev/15 | 4.663,75 | 4.300,00 | 1,296069 | 5.573,10 | |
| 238 | mar/15 | 4.663,75 | 4.300,00 | 1,281207 | 5.509,19 | |
| 239 | abr/15 | 4.663,75 | 4.300,00 | 1,262149 | 5.427,24 | |
| 240 | mai/15 | 4.663,75 | 4.500,00 | 1,253251 | 5.639,63 | |
| 241 | jun/15 | 4.663,75 | 4.500,00 | 1,240967 | 5.584,35 | |
| 242 | jul/15 | 4.663,75 | 4.500,00 | 1,231482 | 5.541,67 | |
| 243 | ago/15 | 4.663,75 | 4.500,00 | 1,224382 | 5.509,72 | |
| 244 | set/15 | 4.663,75 | 4.500,00 | 1,221326 | 5.495,97 | |
| 245 | out/15 | 4.663,75 | 4.500,00 | 1,215131 | 5.468,09 | |

| Sequência | Mês/ano | Valor teto | Salário | Índice | Salário corrigido | Desconsiderados |
|---|---|---|---|---|---|---|
| 246 | nov/15 | 4.663,75 | 4.500,00 | 1,205848 | 5.426,32 | |
| 247 | dez/15 | 4.663,75 | 4.500,00 | 1,192606 | 5.366,73 | |
| 248 | jan/16 | 5.189,82 | 4.500,00 | 1,181971 | 5.318,87 | |
| 249 | fev/16 | 5.189,82 | 4.500,00 | 1,164389 | 5.239,75 | |
| 250 | mar/16 | 5.189,82 | 4.500,00 | 1,153429 | 5.190,43 | |
| 251 | abr/16 | 5.189,82 | 4.500,00 | 1,148377 | 5.167,70 | |
| 252 | mai/16 | 5.189,82 | 4.850,00 | 1,141074 | 5.534,21 | |
| 253 | jun/16 | 5.189,82 | 4.850,00 | 1,130002 | 5.480,51 | |
| 254 | jul/16 | 5.189,82 | 4.850,00 | 1,124714 | 5.454,86 | |
| 255 | ago/16 | 5.189,82 | 4.850,00 | 1,117560 | 5.420,17 | |
| 256 | set/16 | 5.189,82 | 4.850,00 | 1,114110 | 5.403,43 | |
| 257 | out/16 | 5.189,82 | 4.850,00 | 1,113218 | 5.399,11 | |
| 258 | nov/16 | 5.189,82 | 4.850,00 | 1,111328 | 5.389,94 | |
| 259 | dez/16 | 5.189,82 | 4.850,00 | 1,110550 | 5.386,17 | |
| 260 | jan/17 | 5.531,31 | 4.850,00 | 1,109000 | 5.378,65 | |
| 261 | fev/17 | 5.531,31 | 4.850,00 | 1,104360 | 5.356,15 | |
| 262 | mar/17 | 5.531,31 | 4.850,00 | 1,101716 | 5.343,32 | |
| 263 | abr/17 | 5.531,31 | 4.850,00 | 1,098203 | 5.326,28 | |
| 264 | mai/17 | 5.531,31 | 5.200,00 | 1,097326 | 5.706,10 | |
| 265 | jun/17 | 5.531,31 | 5.200,00 | 1,093387 | 5.685,61 | |
| 266 | jul/17 | 5.531,31 | 5.200,00 | 1,096678 | 5.702,73 | |
| 267 | ago/17 | 5.531,31 | 5.200,00 | 1,094818 | 5.693,05 | |
| 268 | set/17 | 5.531,31 | 5.200,00 | 1,095146 | 5.694,76 | |
| 269 | out/17 | 5.531,31 | 5.200,00 | 1,095365 | 5.695,90 | |
| 270 | nov/17 | 5.531,31 | 5.200,00 | 1,091327 | 5.674,90 | |
| 271 | dez/17 | 5.531,31 | 5.200,00 | 1,089365 | 5.664,70 | |
| 272 | jan/18 | 5.645,80 | 5.200,00 | 1,086541 | 5.650,01 | |
| 273 | fev/18 | 5.645,80 | 5.200,00 | 1,084048 | 5.637,05 | |
| 274 | mar/18 | 5.645,80 | 5.200,00 | 1,082099 | 5.626,91 | |
| 275 | abr/18 | 5.645,80 | 5.200,00 | 1,081344 | 5.622,99 | |
| 276 | mai/18 | 5.645,80 | 5.450,00 | 1,079076 | 5.880,96 | |
| 277 | jun/18 | 5.645,80 | 5.450,00 | 1,074458 | 5.855,80 | |
| 278 | jul/18 | 5.645,80 | 5.450,00 | 1,059308 | 5.773,23 | |
| 279 | ago/18 | 5.645,80 | 5.450,00 | 1,056666 | 5.758,83 | |
| 280 | set/18 | 5.645,80 | 5.450,00 | 1,056666 | 5.758,83 | |
| 281 | out/18 | 5.645,80 | 5.450,00 | 1,053506 | 5.741,61 | |
| 282 | nov/18 | 5.645,80 | 5.450,00 | 1,049308 | 5.718,73 | |
| 283 | dez/18 | 5.645,80 | 5.450,00 | 1,051938 | 5.733,06 | |
| 284 | jan/19 | 5.839,45 | 5.450,00 | 1,050468 | 5.725,05 | |
| 285 | fev/19 | 5.839,45 | 5.450,00 | 1,046700 | 5.704,52 | |
| 286 | mar/19 | 5.839,45 | 5.450,00 | 1,041080 | 5.673,89 | |
| 287 | abr/19 | 5.839,45 | 5.450,00 | 1,033123 | 5.630,52 | |
| 288 | mai/19 | 5.839,45 | 5.600,00 | 1,026961 | 5.750,98 | |
| 289 | jun/19 | 5.839,45 | 5.600,00 | 1,025423 | 5.742,37 | |
| 290 | jul/19 | 5.839,45 | 5.600,00 | 1,025321 | 5.741,80 | |
| 291 | ago/19 | 5.839,45 | 5.600,00 | 1,024295 | 5.736,05 | |
| 292 | set/19 | 5.839,45 | 5.600,00 | 1,023068 | 5.729,18 | |
| 293 | out/19 | 5.839,45 | 5.600,00 | 1,023580 | 5.732,05 | |
| 294 | nov/19 | 5.839,45 | 5.600,00 | 1,023171 | 5.729,76 | |

| Sequência | Mês/ano | Valor teto | Salário | Índice | Salário corrigido | Desconsiderados |
|---|---|---|---|---|---|---|
| 295 | dez/19 | 5.839,45 | 5.600,00 | 1,017676 | 5.698,99 | |
| 296 | jan/20 | 6.101,06 | 5.600,00 | 1,005409 | 5.630,29 | |
| 297 | fev/20 | 6.101,06 | 5.600,00 | 1,003503 | 5.619,62 | |
| 298 | mar/20 | 6.101,06 | 5.600,00 | 1,001800 | 5.610,08 | |

| | |
|---|---|
| **SOMA GERAL DE SALÁRIOS** | **1.572.653,93** |

| | |
|---|---|
| **MÉDIA GERAL DE SALÁRIOS** = 1.572.653,93 / 298 | **5.277,36** |

| | |
|---|---|
| Período Básico de Cálculos - 07/1994 a 03/2020 | **309** |
| Quantidade de salários no período básico de cálculo | **298** |
| Salários considerados (80% dos maiores salários) | **238** |
| Salários desprezados | **60** |

| | |
|---|---|
| **SOMA DE SALÁRIOS** - 80% dos maiores | **1.310.364,73** |

| | |
|---|---|
| **MÉDIA DE 80% DOS MAIORES SALÁRIOS** = 1.310.364,73 / 238 | **5.505,73** |

| | |
|---|---|
| **TETO PREVIDENCIÁRIO** | **6.101,06** |

**CRISTIANO MACIEL MENESES**

DATA DE INÍCIO DO BENEFÍCIO: **15/04/2020**

TEMPO DE CONTRIBUIÇÃO: **35 anos 01 mês e 21 dias**

| IDADE | | |
|---|---|---|
| **anos** | **meses** | **dias** |
| **56** | **6** | **15** |
| **56,5417** | | |

| TEMPO DE CONTRIBUIÇÃO | | |
|---|---|---|
| **anos** | **meses** | **dias** |
| **35** | **1** | **21** |
| **35,1417** | | |

| | |
|---|---|
| **Idade** | 56,5417 |
| **TC** | 35,1417 |
| **ES** | 25,7 |
| **Alíquota** | 0,31 |

| Idade | Expectativa de Sobrevida |
|---|---|
| 56 | 25,7 |
| 57 | 24,9 |
| 58 | 24,1 |
| 59 | 23,3 |
| 60 | 22,6 |

$$\text{Fator Previdenciário} = \frac{TC \times A}{ES} \times \left(1 + \frac{(Id + TC \times A)}{100}\right)$$

$$\frac{35{,}1417 \times 0{,}31}{25{,}7} \times \left(1 + \frac{(56{,}5417 + 35{,}1417 \times 0{,}31)}{100}\right)$$

| Fator Previdenciário | 0,70974 | Favorável | Desfavorável |
|---|---|---|---|
| | | | X |

| REGRA 87/97 | 91,68 | Aplicável | Não aplicável |
|---|---|---|---|
| | | | X |

| MÉDIA de 80% DOS MAIORES SALÁRIOS | 5.505,73 |
|---|---|
| FATOR PREVIDENCIÁRIO | 0,70974 |
| SALÁRIO DE BENEFÍCIO | 3.907,63 |
| Coeficiente | 100% |
| Renda Mensal Inicial = SB x Coeficiente | 3.907,63 |

| Perda mensal com a aplicação do fator previdenciário | 1.598,10 |
|---|---|
| Perda anual com a aplicação do fator previdenciário | 20.775,30 |

De acordo com os cálculos, na data do requerimento, em 15/04/2020, com base nas regras disciplinadas no Art. 17 da EC 103/2019, particularmente a regra da aposentadoria por tempo de contribuição com pedágio de 50%, a média aritmética simples dos maiores salários de contribuição correspondentes a 80% do período contributivo de 07/1994 a 03/2020 foi fixada no valor de R$ 5.505,73. Levando em consideração a idade do segurado, o tempo de contribuição e a expectativa de sobrevida no momento da aposentadoria, o fator previdenciário foi fixado no valor de 0,70974, representado uma perda de 29,03% do valor do benefício. Após a aplicação do fator previdenciário, o salário de benefício é definido no valor de 3.907,63 e a renda mensal inicial equivalente a 100% do salário de benefício. A perda mensal com a aplicação do fator previdenciário foi de R$ 1.598,10 e a perda anual, incluindo o 13º salário, no valor de R$ 20.775,30.

## 5.4. Artigo 18 – aposentadorias – regras de transição para os segurados que ingressaram até a data da publicação da reforma constitucional

> Art. 18. O segurado de que trata o inciso I do § 7º do art. 201 da Constituição Federal filiado ao Regime Geral de Previdência Social até a data de entrada em vigor desta Emenda Constitucional poderá aposentar-se quando preencher, cumulativamente, os seguintes requisitos:
>
> I - 60 (sessenta) anos de idade, se mulher, e 65 (sessenta e cinco) anos de idade, se homem; e
>
> II - 15 (quinze) anos de contribuição, para ambos os sexos.
>
> § 1º A partir de 1º de janeiro de 2020, a idade de sessenta anos da mulher, prevista no inciso I do *caput*, será acrescida em seis meses a cada ano, até atingir 62 (sessenta e dois) anos de idade.
>
> § 2º O valor da aposentadoria de que trata este artigo corresponderá ao valor apurado na forma da lei.

Trata-se de regra de transição para o benefício de aposentadoria por idade que somente beneficia aos segurados do RGPS filiados até o dia da publicação da Emenda 103/2019.

Vale registrar que a regra permanente para a aposentadoria por idade introduzida pela Emenda 103/2019 no artigo 201 da Constituição contempla a idade de 65 anos para os homens e 62 para as mulheres, observado tempo mínimo de contribuição, que não restou fixada pela regra permanente constitucional, devendo ser aplicada provisoriamente para os novos segurados a regra de transição ao regramento permanente estatuída pelo artigo 17[29] da Emenda, outrora estudada.

Em relação às regras permanentes da aposentadoria por idade que vigoravam antes da Emenda, a inovação é o aumento progressivo da idade da mulher até chegar a 62 anos.

Eis a regra de transição do artigo 18 da Emenda:

29. Art. 19. Até que lei disponha sobre o tempo de contribuição a que se refere o inciso I do § 7º do art. 201 da Constituição Federal, o segurado filiado ao Regime Geral de Previdência Social **após a data de entrada em vigor desta Emenda Constitucional** será aposentado aos sessenta e dois anos de idade, se **mulher**, sessenta e cinco anos de idade, se **homem**, quinze anos de tempo de contribuição, se **mulher**, e vinte anos de tempo de contribuição, se **homem**.

a) HOMENS, 65 anos de idade e quinze anos de contribuição.

b) MULHERES, 60 anos de idade e quinze anos de contribuição.

Para as mulheres que não integralizarem ambos os requisitos até 31/12/2019, a idade de 60 anos será acrescida em 6 meses a cada 1 ano, até atingir 62 anos de idade:

| MULHERES | PONTUAÇÃO |
|---|---|
| **ATÉ 31/12/2019** | 60 |
| 1/1/2020 | 60,5 |
| 1/1/2021 | 61 |
| 1/1/2022 | 61,5 |
| 1/1/2023 | 62 |

Desse modo, a partir de 1/1/2023 a idade mínima para a mulher chegará aos 62 anos de idade.

**INTERESSANTE:**

Note-se que nesta regra de transição exige-se ao menos um período contributivo de 15 anos para o homem. Mas para o homem que se filiar ao RGPS após a publicação da Emenda 103/2019, o período mínimo contributivo do homem passa para 20 anos, nos termos do seu artigo 19[30].

O dispositivo não cita período de carência, se referindo apenas a "anos de contribuição". Mas a lógica impõe a regra de carência de 180 contribuições, presente em todos os benefícios de aposentadorias programadas, sendo este o posicionamento da Portaria INSS 450/2020:

"Seção II

Das Regras de Transição da aposentadoria por Idade e da aposentadoria por tempo de contribuição

Subseção I

Aposentadoria por idade (art. 18 da EC nº 103, de 2019)

Art. 8º Para a concessão da aposentadoria por idade, conforme regra de transição fixada pela EC nº 103, de 2019, exige-se, cumulativamente:

I – 60 (sessenta) anos de idade da mulher e 65 (sessenta e cinco) do homem;

II – 15 (quinze) anos de tempo de contribuição; e

**III – 180 (cento e oitenta) contribuições mensais de carência.**

Parágrafo único. Para definição da carência, deve ser verificado o direito à aplicação da tabela progressiva prevista no art. 142 da Lei nº 8.213, de 1991".

Vale registrar que para período de carência não são consideradas contribuições em atraso antes da primeira paga em dia ou após perda da qualidade de segurado, nos termos do artigo 27, inciso II[31], da Lei 8.213/91, para os segurados sem presunção de recolhimento de contribuição previdenciária, vedação que inexiste atualmente para cômputo do tempo de contribuição.

No que concerne à renda mensal, enquanto não editada a lei de regulamentação, deve ser aplicado o regramento do artigo 26 da Emenda 103/2019.

Para os HOMENS, o valor do benefício de aposentadoria corresponderá a sessenta por cento da média aritmética das 100% das remunerações/salários de contribuição, com acréscimo de 2% para cada ano que ultrapassar os 20 anos de contribuição:

| HOMENS TEMPO DE CONTRIBUIÇÃO | COEFICIENTE |
|---|---|
| De 15 até 20 anos | 60% |
| 21 anos | 62% |
| 22 anos | 64% |
| 23 anos | 66% |
| 24 anos | 68% |
| 25 anos | 70% |
| 26 anos | 72% |
| 27 anos | 74% |
| 28 anos | 76% |
| 29 anos | 78% |
| 30 anos | 80% |
| 31 anos | 82% |
| 32 anos | 84% |
| 33 anos | 86% |
| 34 anos | 88% |
| 35 anos | 90% |
| 36 anos | 92% |

30. **Art. 19.** Até que lei disponha sobre o tempo de contribuição a que se refere o inciso I do § 7º do art. 201 da Constituição Federal, o segurado filiado ao Regime Geral de Previdência Social após a data de entrada em vigor desta Emenda Constitucional será aposentado aos 62 (sessenta e dois) anos de idade, se mulher, 65 (sessenta e cinco) anos de idade, se homem, com 15 (quinze) anos de tempo de contribuição, se mulher, **e 20 (vinte) anos de tempo de contribuição, se homem.**

31. Art. 27. Para cômputo do período de carência, serão consideradas as contribuições: (Redação dada pela Lei Complementar nº 150, de 2015) II – realizadas a contar da data de efetivo pagamento da primeira contribuição sem atraso, **não sendo consideradas para este fim as contribuições recolhidas com atraso referentes a competências anteriores**, no caso dos segurados contribuinte individual, especial e facultativo, referidos, respectivamente, nos incisos V e VII do art. 11 e no art. 13. (Redação dada pela Lei Complementar nº 150, de 2015)

| HOMENS TEMPO DE CONTRIBUIÇÃO | COEFICIENTE |
|---|---|
| 37 anos | 94% |
| 38 anos | 96% |
| 39 anos | 98% |
| 40 anos | 100% |

Assim, se um segurado (homem) do RGPS tiver apenas 25 anos de tempo de contribuição, a renda do benefício será de 70% da média de todos os salários de contribuição desde o Plano Real (7/1994), respeitada a idade mínima referida e a renda não inferior a um salário mínimo.

A regra de renda mensal do artigo 26 da Emenda 103/2019 ficou esdrúxula para esta regra de transição para o segurado que possua entre 15 e 20 anos de contribuição, pois nesta situação o coeficiente será de 60% da média dos salários de contribuição, não sendo isonômico tratar da mesma forma um segurado que possua contribuição por 15 anos e outro que tenha 20 anos de contribuição ao RGPS.

Curioso notar que, intencionalmente, o artigo 26 da Emenda não limita a média de todos os salários de contribuição do segurado a 100%, de modo que o segurado que possuir mais de 40 anos de tempo de contribuição poderá fazer jus a uma aposentadoria por idade e tempo de contribuição que ultrapasse a 100% da média de salários de contribuição desde o Plano Real (competência 7/1994), a exemplo:

| HOMENS TEMPO DE CONTRIBUIÇÃO | COEFICIENTE |
|---|---|
| 41 anos | 102% |
| 42 anos | 104% |
| 43 anos | 106% |
| 44 anos | 108% |
| 45 anos | 110% |
| **E assim sucessivamente** | E assim sucessivamente |

Para a aposentadoria da MULHER existe uma regra diferenciada de cálculo da renda mensal no artigo 26, § 5º[32], da Emenda 103/2019, que prevê a progressão a contar de 15 anos, e não de 20 anos de contribuição em todos os casos:

| MULHERES TEMPO DE CONTRIBUIÇÃO | COEFICIENTE |
|---|---|
| 15 anos | 60% |
| 16 anos | 62% |
| 17 anos | 64% |
| 18 anos | 66% |
| 19 anos | 68% |
| 20 anos | 70% |
| 21 anos | 72% |
| 22 anos | 74% |
| 23 anos | 76% |
| 24 anos | 78% |
| 25 anos | 80% |
| 26 anos | 82% |
| 27 anos | 84% |
| 28 anos | 86% |
| 29 anos | 88% |
| 30 anos | 90% |
| 31 anos | 92% |
| 32 anos | 94% |
| 33 anos | 96% |
| 34 anos | 98% |
| 35 anos | 100% |
| **E assim sucessivamente** | E assim sucessivamente |

Dessa forma, o coeficiente mínimo será de 60% e o máximo não está limitado pela legislação constitucional transitória.

Poderão ser excluídas da média as contribuições que resultem em redução do valor do benefício, desde que mantido o tempo mínimo de contribuição exigido, vedada a utilização do tempo excluído para qualquer finalidade, para a averbação em outro regime previdenciário ou para a obtenção dos proventos de inatividade dos militares.

### *5.4.1. Cálculos*

O estudo de caso a seguir trata da quarta regra de transição: aposentadoria por idade, disciplinada no Art. 18 da EC 103/2019. A regra de transição se aplica apenas às mulheres, que terão o acréscimo de 6 meses na idade a partir de janeiro de 2020, até atingir 62 anos conforme já mencionado.

---

**32.** § 5º O acréscimo a que se refere o caput do § 2º será aplicado para cada ano que **exceder quinze anos** de tempo de contribuição para os segurados de que tratam a alínea "a" do inciso I do art. 19 e do inciso I do art. 21 e **para as mulheres filiadas ao Regime Geral de Previdência Social**.

Espécie do benefício: **Aposentadoria por idade**
Nome: **CATIANE MACIEL MENESES**
Data de nascimento: **18/11/1959**
Data do requerimento: **01/06/2020**

| IDADE | | IDADE | | |
|---|---|---|---|---|
| **INÍCIO** | **FIM** | **ANOS** | **MESES** | **DIAS** |
| **18/11/1959** | **01/06/2020** | **60** | **6** | **14** |
| | | **60,54** | | |

| | CONTRATOS DE TRABALHO | | TEMPO DE CONTRIBUIÇÃO | | |
|---|---|---|---|---|---|
| | **INÍCIO** | **FIM** | **ANOS** | **MESES** | **DIAS** |
| 1 | **01/03/1989** | **30/06/1994** | 5 | 4 | 0 |
| 2 | **01/03/1997** | **31/10/2010** | 13 | 8 | 1 |
| 3 | **01/05/2013** | **01/06/2020** | 7 | 1 | 1 |

| TEMPO TOTAL APURADO | | |
|---|---|---|
| **Anos** | **Meses** | **Dias** |
| **26** | **1** | **2** |
| **26,09** | | |

**APOSENTADORIA POR IDADE - MULHER - REGRA DE TRANSIÇÃO**

**CATIANE MACIEL MENESES**
DATA DE NASCIMENTO: **18/11/1959**
ESPÉCIE: **41** (APOSENTADORIA POR POR IDADE)
DATA DO REQUERIMENTO: **01/06/2020**
TEMPO DE CONTRIBUIÇÃO: **26 anos 01 mês e 02 dias**
BASE LEGAL: EMENDA CONSTITUCIONAL 103/2019
PERÍODO BÁSICO DE CÁLCULO: **07/1994 a 05/2020**

| Sequência | Mês/ano | Valor teto | Salário | Índice | Salário corrigido | Desconsiderados |
|---|---|---|---|---|---|---|
| 1 | mar/97 | 957,56 | 750,00 | 5,056054 | 3.792,04 | |
| 2 | abr/97 | 957,56 | 750,00 | 4,998078 | 3.748,56 | |
| 3 | mai/97 | 957,56 | 750,00 | 4,968764 | 3.726,57 | |
| 4 | jun/97 | 1.031,87 | 805,00 | 4,953900 | 3.987,89 | |
| 5 | jul/97 | 1.031,87 | 805,00 | 4,919466 | 3.960,17 | |
| 6 | ago/97 | 1.031,87 | 805,00 | 4,915043 | 3.956,61 | |
| 7 | set/97 | 1.031,87 | 805,00 | 4,915043 | 3.956,61 | |
| 8 | out/97 | 1.031,87 | 805,00 | 4,886212 | 3.933,40 | |
| 9 | nov/97 | 1.031,87 | 805,00 | 4,869655 | 3.920,07 | |
| 10 | dez/97 | 1.031,87 | 805,00 | 4,829568 | 3.887,80 | |
| 11 | jan/98 | 1.031,87 | 805,00 | 4,796475 | 3.861,16 | |
| 12 | fev/98 | 1.031,87 | 805,00 | 4,754635 | 3.827,48 | |
| 13 | mar/98 | 1.031,87 | 805,00 | 4,753684 | 3.826,72 | |
| 14 | abr/98 | 1.031,87 | 805,00 | 4,742773 | 3.817,93 | |
| 15 | mai/98 | 1.031,87 | 805,00 | 4,742773 | 3.817,93 | |

| Sequência | Mês/ano | Valor teto | Salário | Índice | Salário corrigido | Desconsiderados |
|---|---|---|---|---|---|---|
| 16 | jun/98 | 1.081,50 | 840,00 | 4,731893 | 3.974,79 | |
| 17 | jul/98 | 1.081,50 | 840,00 | 4,718676 | 3.963,69 | |
| 18 | ago/98 | 1.081,50 | 840,00 | 4,718676 | 3.963,69 | |
| 19 | set/98 | 1.081,50 | 840,00 | 4,718676 | 3.963,69 | |
| 20 | out/98 | 1.081,50 | 840,00 | 4,718676 | 3.963,69 | |
| 21 | nov/98 | 1.081,50 | 840,00 | 4,718676 | 3.963,69 | |
| 22 | dez/98 | 1.200,00 | 840,00 | 4,718676 | 3.963,69 | |
| 23 | jan/99 | 1.200,00 | 840,00 | 4,672885 | 3.925,22 | |
| 24 | fev/99 | 1.200,00 | 840,00 | 4,619755 | 3.880,59 | |
| 25 | mar/99 | 1.200,00 | 840,00 | 4,423361 | 3.715,62 | |
| 26 | abr/99 | 1.200,00 | 840,00 | 4,337478 | 3.643,48 | |
| 27 | mai/99 | 1.200,00 | 840,00 | 4,336177 | 3.642,39 | |
| 28 | jun/99 | 1.255,32 | 840,00 | 4,336177 | 3.642,39 | |
| 29 | jul/99 | 1.255,32 | 880,00 | 4,292396 | 3.777,31 | |
| 30 | ago/99 | 1.255,32 | 880,00 | 4,225215 | 3.718,19 | |
| 31 | set/99 | 1.255,32 | 880,00 | 4,164824 | 3.665,05 | |
| 32 | out/99 | 1.255,32 | 880,00 | 4,104486 | 3.611,95 | |
| 33 | nov/99 | 1.255,32 | 880,00 | 4,028353 | 3.544,95 | |
| 34 | dez/99 | 1.255,32 | 880,00 | 3,928950 | 3.457,48 | |
| 35 | jan/00 | 1.255,32 | 880,00 | 3,881210 | 3.415,46 | |
| 36 | fev/00 | 1.255,32 | 880,00 | 3,842021 | 3.380,98 | |
| 37 | mar/00 | 1.255,32 | 880,00 | 3,834739 | 3.374,57 | |
| 38 | abr/00 | 1.255,32 | 880,00 | 3,827847 | 3.368,51 | |
| 39 | mai/00 | 1.255,32 | 880,00 | 3,822877 | 3.364,13 | |
| 40 | jun/00 | 1.328,25 | 930,00 | 3,797432 | 3.531,61 | |
| 41 | jul/00 | 1.328,25 | 930,00 | 3,762442 | 3.499,07 | |
| 42 | ago/00 | 1.328,25 | 930,00 | 3,679295 | 3.421,74 | |
| 43 | set/00 | 1.328,25 | 930,00 | 3,613524 | 3.360,58 | |
| 44 | out/00 | 1.328,25 | 930,00 | 3,588766 | 3.337,55 | |
| 45 | nov/00 | 1.328,25 | 930,00 | 3,575534 | 3.325,25 | |
| 46 | dez/00 | 1.328,25 | 930,00 | 3,561642 | 3.312,33 | |
| 47 | jan/01 | 1.328,25 | 930,00 | 3,534778 | 3.287,34 | |
| 48 | fev/01 | 1.328,25 | 930,00 | 3,517547 | 3.271,32 | |
| 49 | mar/01 | 1.328,25 | 930,00 | 3,505623 | 3.260,23 | |
| 50 | abr/01 | 1.328,25 | 930,00 | 3,477801 | 3.234,35 | |
| 51 | mai/01 | 1.328,25 | 930,00 | 3,438940 | 3.198,21 | |
| 52 | jun/01 | 1.430,00 | 1.075,00 | 3,423877 | 3.680,67 | |
| 53 | jul/01 | 1.430,00 | 1.075,00 | 3,374608 | 3.627,70 | |
| 54 | ago/01 | 1.430,00 | 1.075,00 | 3,320810 | 3.569,87 | |
| 55 | set/01 | 1.430,00 | 1.075,00 | 3,291186 | 3.538,02 | |
| 56 | out/01 | 1.430,00 | 1.075,00 | 3,278730 | 3.524,63 | |
| 57 | nov/01 | 1.430,00 | 1.075,00 | 3,231868 | 3.474,26 | |
| 58 | dez/01 | 1.430,00 | 1.075,00 | 3,207488 | 3.448,05 | |
| 59 | jan/02 | 1.430,00 | 1.075,00 | 3,201729 | 3.441,86 | |
| 60 | fev/02 | 1.430,00 | 1.075,00 | 3,195659 | 3.435,33 | |
| 61 | mar/02 | 1.430,00 | 1.075,00 | 3,189914 | 3.429,16 | |
| 62 | abr/02 | 1.430,00 | 1.075,00 | 3,186411 | 3.425,39 | |
| 63 | mai/02 | 1.430,00 | 1.075,00 | 3,164259 | 3.401,58 | |
| 64 | jun/02 | 1.561,56 | 1.175,00 | 3,129523 | 3.677,19 | |

| Sequência | Mês/ano | Valor teto | Salário | Índice | Salário corrigido | Desconsiderados |
|---|---|---|---|---|---|---|
| 65 | jul/02 | 1.561,56 | 1.175,00 | 3,075995 | 3.614,29 | |
| 66 | ago/02 | 1.561,56 | 1.175,00 | 3,014209 | 3.541,70 | |
| 67 | set/02 | 1.561,56 | 1.175,00 | 2,944712 | 3.460,04 | |
| 68 | out/02 | 1.561,56 | 1.175,00 | 2,868975 | 3.371,05 | |
| 69 | nov/02 | 1.561,56 | 1.175,00 | 2,753068 | 3.234,85 | |
| 70 | dez/02 | 1.561,56 | 1.175,00 | 2,601159 | 3.056,36 | |
| 71 | jan/03 | 1.561,56 | 1.175,00 | 2,532773 | 2.976,01 | |
| 72 | fev/03 | 1.561,56 | 1.175,00 | 2,478979 | 2.912,80 | |
| 73 | mar/03 | 1.561,56 | 1.175,00 | 2,440183 | 2.867,22 | |
| 74 | abr/03 | 1.561,56 | 1.175,00 | 2,400338 | 2.820,40 | |
| 75 | mai/03 | 1.561,56 | 1.175,00 | 2,390534 | 2.808,88 | |
| 76 | jun/03 | 1.869,34 | 1.450,00 | 2,406659 | 3.489,66 | |
| 77 | jul/03 | 1.869,34 | 1.450,00 | 2,423625 | 3.514,26 | |
| 78 | ago/03 | 1.869,34 | 1.450,00 | 2,428485 | 3.521,30 | |
| 79 | set/03 | 1.869,34 | 1.450,00 | 2,413517 | 3.499,60 | |
| 80 | out/03 | 1.869,34 | 1.450,00 | 2,388440 | 3.463,24 | |
| 81 | nov/03 | 1.869,34 | 1.450,00 | 2,377976 | 3.448,07 | |
| 82 | dez/03 | 1.869,34 | 1.450,00 | 2,366617 | 3.431,59 | |
| 83 | jan/04 | 2.400,00 | 1.450,00 | 2,352502 | 3.411,13 | |
| 84 | fev/04 | 2.400,00 | 1.450,00 | 2,333832 | 3.384,06 | |
| 85 | mar/04 | 2.400,00 | 1.450,00 | 2,324764 | 3.370,91 | |
| 86 | abr/04 | 2.400,00 | 1.450,00 | 2,311591 | 3.351,81 | |
| 87 | mai/04 | 2.508,72 | 1.450,00 | 2,302150 | 3.338,12 | |
| 88 | jun/04 | 2.508,72 | 1.900,00 | 2,292976 | 4.356,65 | |
| 89 | jul/04 | 2.508,72 | 1.900,00 | 2,281574 | 4.334,99 | |
| 90 | ago/04 | 2.508,72 | 1.900,00 | 2,265035 | 4.303,57 | |
| 91 | set/04 | 2.508,72 | 1.900,00 | 2,253766 | 4.282,16 | |
| 92 | out/04 | 2.508,72 | 1.900,00 | 2,249943 | 4.274,89 | |
| 93 | nov/04 | 2.508,72 | 1.900,00 | 2,246128 | 4.267,64 | |
| 94 | dez/04 | 2.508,72 | 1.900,00 | 2,236285 | 4.248,94 | |
| 95 | jan/05 | 2.508,72 | 1.900,00 | 2,217214 | 4.212,71 | |
| 96 | fev/05 | 2.508,72 | 1.900,00 | 2,204649 | 4.188,83 | |
| 97 | mar/05 | 2.508,72 | 1.900,00 | 2,194991 | 4.170,48 | |
| 98 | abr/05 | 2.508,72 | 1.900,00 | 2,179082 | 4.140,26 | |
| 99 | mai/05 | 2.668,15 | 1.900,00 | 2,159434 | 4.102,92 | |
| 100 | jun/05 | 2.668,15 | 2.085,00 | 2,144422 | 4.471,12 | |
| 101 | jul/05 | 2.668,15 | 2.085,00 | 2,146783 | 4.476,04 | |
| 102 | ago/05 | 2.668,15 | 2.085,00 | 2,146138 | 4.474,70 | |
| 103 | set/05 | 2.668,15 | 2.085,00 | 2,146138 | 4.474,70 | |
| 104 | out/05 | 2.668,15 | 2.085,00 | 2,142926 | 4.468,00 | |
| 105 | nov/05 | 2.668,15 | 2.085,00 | 2,130570 | 4.442,24 | |
| 106 | dez/05 | 2.668,15 | 2.085,00 | 2,119123 | 4.418,37 | |
| 107 | jan/06 | 2.668,15 | 2.085,00 | 2,110683 | 4.400,77 | |
| 108 | fev/06 | 2.668,15 | 2.085,00 | 2,102692 | 4.384,11 | |
| 109 | mar/06 | 2.668,15 | 2.085,00 | 2,097869 | 4.374,06 | |
| 110 | abr/06 | 2.801,56 | 2.085,00 | 2,092218 | 4.362,27 | |
| 111 | mai/06 | 2.801,56 | 2.085,00 | 2,089713 | 4.357,05 | |
| 112 | jun/06 | 2.801,56 | 2.185,00 | 2,087000 | 4.560,10 | |
| 113 | jul/06 | 2.801,56 | 2.185,00 | 2,088457 | 4.563,28 | |

| Sequência | Mês/ano | Valor teto | Salário | Índice | Salário corrigido | Desconsiderados |
|---|---|---|---|---|---|---|
| 114 | ago/06 | 2.801,82 | 2.185,00 | 2,086164 | 4.558,27 | |
| 115 | set/06 | 2.801,82 | 2.185,00 | 2,086578 | 4.559,17 | |
| 116 | out/06 | 2.801,82 | 2.185,00 | 2,083249 | 4.551,90 | |
| 117 | nov/06 | 2.801,82 | 2.185,00 | 2,074328 | 4.532,41 | |
| 118 | dez/06 | 2.801,82 | 2.185,00 | 2,065651 | 4.513,45 | |
| 119 | jan/07 | 2.801,82 | 2.185,00 | 2,052923 | 4.485,64 | |
| 120 | fev/07 | 2.801,82 | 2.185,00 | 2,042915 | 4.463,77 | |
| 121 | mar/07 | 2.801,82 | 2.185,00 | 2,034371 | 4.445,10 | |
| 122 | abr/07 | 2.894,28 | 2.185,00 | 2,025456 | 4.425,62 | |
| 123 | mai/07 | 2.894,28 | 2.185,00 | 2,020206 | 4.414,15 | |
| 124 | jun/07 | 2.894,28 | 2.260,00 | 2,014965 | 4.553,82 | |
| 125 | jul/07 | 2.894,28 | 2.260,00 | 2,008742 | 4.539,76 | |
| 126 | ago/07 | 2.894,28 | 2.260,00 | 2,002332 | 4.525,27 | |
| 127 | set/07 | 2.894,28 | 2.260,00 | 1,990585 | 4.498,72 | |
| 128 | out/07 | 2.894,28 | 2.260,00 | 1,985624 | 4.487,51 | |
| 129 | nov/07 | 2.894,28 | 2.260,00 | 1,979687 | 4.474,09 | |
| 130 | dez/07 | 2.894,28 | 2.260,00 | 1,971208 | 4.454,93 | |
| 131 | jan/08 | 2.894,28 | 2.260,00 | 1,952270 | 4.412,13 | |
| 132 | fev/08 | 2.894,28 | 2.260,00 | 1,938892 | 4.381,90 | |
| 133 | mar/08 | 3.038,99 | 2.260,00 | 1,929055 | 4.359,66 | |
| 134 | abr/08 | 3.038,99 | 2.260,00 | 1,919265 | 4.337,54 | |
| 135 | mai/08 | 3.038,99 | 2.260,00 | 1,907060 | 4.309,96 | |
| 136 | jun/08 | 3.038,99 | 2.370,00 | 1,888929 | 4.476,76 | |
| 137 | jul/08 | 3.038,99 | 2.370,00 | 1,871896 | 4.436,39 | |
| 138 | ago/08 | 3.038,99 | 2.370,00 | 1,861100 | 4.410,81 | |
| 139 | set/08 | 3.038,99 | 2.370,00 | 1,857198 | 4.401,56 | |
| 140 | out/08 | 3.038,99 | 2.370,00 | 1,854416 | 4.394,97 | |
| 141 | nov/08 | 3.038,99 | 2.370,00 | 1,845192 | 4.373,11 | |
| 142 | dez/08 | 3.038,99 | 2.370,00 | 1,838205 | 4.356,55 | |
| 143 | jan/09 | 3.038,99 | 2.370,00 | 1,832894 | 4.343,96 | |
| 144 | fev/09 | 3.218,90 | 2.370,00 | 1,821236 | 4.316,33 | |
| 145 | mar/09 | 3.218,90 | 2.370,00 | 1,815607 | 4.302,99 | |
| 146 | abr/09 | 3.218,90 | 2.370,00 | 1,811982 | 4.294,40 | |
| 147 | mai/09 | 3.218,90 | 2.370,00 | 1,802075 | 4.270,92 | |
| 148 | jun/09 | 3.218,90 | 2.510,00 | 1,791325 | 4.496,23 | |
| 149 | jul/09 | 3.218,90 | 2.510,00 | 1,783830 | 4.477,41 | |
| 150 | ago/09 | 3.218,90 | 2.510,00 | 1,779738 | 4.467,14 | |
| 151 | set/09 | 3.218,90 | 2.510,00 | 1,778316 | 4.463,57 | |
| 152 | out/09 | 3.218,90 | 2.510,00 | 1,775474 | 4.456,44 | |
| 153 | nov/09 | 3.218,90 | 2.510,00 | 1,771223 | 4.445,77 | |
| 154 | dez/09 | 3.218,90 | 2.510,00 | 1,764694 | 4.429,38 | |
| 155 | jan/10 | 3.467,40 | 2.510,00 | 1,760465 | 4.418,77 | |
| 156 | fev/10 | 3.467,40 | 2.510,00 | 1,745111 | 4.380,23 | |
| 157 | mar/10 | 3.467,40 | 2.510,00 | 1,732980 | 4.349,78 | |
| 158 | abr/10 | 3.467,40 | 2.510,00 | 1,720764 | 4.319,12 | |
| 159 | mai/10 | 3.467,40 | 2.510,00 | 1,708292 | 4.287,81 | |
| 160 | jun/10 | 3.467,40 | 2.705,00 | 1,700979 | 4.601,15 | |
| 161 | jul/10 | 3.467,40 | 2.705,00 | 1,702852 | 4.606,21 | |
| 162 | ago/10 | 3.467,40 | 2.705,00 | 1,704046 | 4.609,44 | |

| Sequência | Mês/ano | Valor teto | Salário | Índice | Salário corrigido | Desconsiderados |
|---|---|---|---|---|---|---|
| 163 | set/10 | 3.467,40 | 2.705,00 | 1,705239 | 4.612,67 | |
| 164 | out/10 | 3.467,40 | 2.705,00 | 1,696082 | 4.587,90 | |
| 165 | mai/13 | 4.159,00 | 2.828,00 | 1,429846 | 4.043,60 | |
| 166 | jun/13 | 4.159,00 | 2.828,00 | 1,424857 | 4.029,50 | |
| 167 | jul/13 | 4.159,00 | 2.828,00 | 1,420882 | 4.018,25 | |
| 168 | ago/13 | 4.159,00 | 2.828,00 | 1,422732 | 4.023,49 | |
| 169 | set/13 | 4.159,00 | 2.828,00 | 1,420458 | 4.017,06 | |
| 170 | out/13 | 4.159,00 | 2.828,00 | 1,416633 | 4.006,24 | |
| 171 | nov/13 | 4.159,00 | 2.828,00 | 1,408047 | 3.981,96 | |
| 172 | dez/13 | 4.159,00 | 2.828,00 | 1,400481 | 3.960,56 | |
| 173 | jan/14 | 4.390,24 | 2.828,00 | 1,390470 | 3.932,25 | |
| 174 | fev/14 | 4.390,24 | 2.828,00 | 1,381767 | 3.907,64 | |
| 175 | mar/14 | 4.390,24 | 2.828,00 | 1,372979 | 3.882,78 | |
| 176 | abr/14 | 4.390,24 | 2.828,00 | 1,361812 | 3.851,20 | |
| 177 | mai/14 | 4.390,24 | 2.985,00 | 1,351269 | 4.033,54 | |
| 178 | jun/14 | 4.390,24 | 2.985,00 | 1,343208 | 4.009,48 | |
| 179 | jul/14 | 4.390,24 | 2.985,00 | 1,339728 | 3.999,09 | |
| 180 | ago/14 | 4.390,24 | 2.985,00 | 1,337990 | 3.993,90 | |
| 181 | set/14 | 4.390,24 | 2.985,00 | 1,335583 | 3.986,72 | |
| 182 | out/14 | 4.390,24 | 2.985,00 | 1,329074 | 3.967,29 | |
| 183 | nov/14 | 4.390,24 | 2.985,00 | 1,324043 | 3.952,27 | |
| 184 | dez/14 | 4.390,24 | 2.985,00 | 1,317060 | 3.931,42 | |
| 185 | jan/15 | 4.663,75 | 2.985,00 | 1,308943 | 3.907,19 | |
| 186 | fev/15 | 4.663,75 | 2.985,00 | 1,289855 | 3.850,22 | |
| 187 | mar/15 | 4.663,75 | 2.985,00 | 1,275064 | 3.806,07 | |
| 188 | abr/15 | 4.663,75 | 2.985,00 | 1,256098 | 3.749,45 | |
| 189 | mai/15 | 4.663,75 | 3.030,00 | 1,247243 | 3.779,15 | |
| 190 | jun/15 | 4.663,75 | 3.030,00 | 1,235018 | 3.742,10 | |
| 191 | jul/15 | 4.663,75 | 3.030,00 | 1,225578 | 3.713,50 | |
| 192 | ago/15 | 4.663,75 | 3.030,00 | 1,218512 | 3.692,09 | |
| 193 | set/15 | 4.663,75 | 3.030,00 | 1,215471 | 3.682,88 | |
| 194 | out/15 | 4.663,75 | 3.030,00 | 1,209305 | 3.664,19 | |
| 195 | nov/15 | 4.663,75 | 3.030,00 | 1,200067 | 3.636,20 | |
| 196 | dez/15 | 4.663,75 | 3.030,00 | 1,186888 | 3.596,27 | |
| 197 | jan/16 | 5.189,82 | 3.030,00 | 1,176304 | 3.564,20 | |
| 198 | fev/16 | 5.189,82 | 3.030,00 | 1,158807 | 3.511,19 | |
| 199 | mar/16 | 5.189,82 | 3.030,00 | 1,147899 | 3.478,13 | |
| 200 | abr/16 | 5.189,82 | 3.030,00 | 1,142872 | 3.462,90 | |
| 201 | mai/16 | 5.189,82 | 3.370,00 | 1,135604 | 3.826,99 | |
| 202 | jun/16 | 5.189,82 | 3.370,00 | 1,124584 | 3.789,85 | |
| 203 | jul/16 | 5.189,82 | 3.370,00 | 1,119322 | 3.772,12 | |
| 204 | ago/16 | 5.189,82 | 3.370,00 | 1,112203 | 3.748,12 | |
| 205 | set/16 | 5.189,82 | 3.370,00 | 1,108769 | 3.736,55 | |
| 206 | out/16 | 5.189,82 | 3.370,00 | 1,107881 | 3.733,56 | |
| 207 | nov/16 | 5.189,82 | 3.370,00 | 1,106000 | 3.727,22 | |
| 208 | dez/16 | 5.189,82 | 3.370,00 | 1,105226 | 3.724,61 | |
| 209 | jan/17 | 5.531,31 | 3.370,00 | 1,103683 | 3.719,41 | |
| 210 | fev/17 | 5.531,31 | 3.370,00 | 1,099065 | 3.703,85 | |
| 211 | mar/17 | 5.531,31 | 3.370,00 | 1,096434 | 3.694,98 | |

| Sequência | Mês/ano | Valor teto | Salário | Índice | Salário corrigido | Desconsiderados |
|---|---|---|---|---|---|---|
| 212 | abr/17 | 5.531,31 | 3.370,00 | 1,092938 | 3.683,20 | |
| 213 | mai/17 | 5.531,31 | 3.540,00 | 1,092065 | 3.865,91 | |
| 214 | jun/17 | 5.531,31 | 3.540,00 | 1,088145 | 3.852,03 | |
| 215 | jul/17 | 5.531,31 | 3.540,00 | 1,091421 | 3.863,63 | |
| 216 | ago/17 | 5.531,31 | 3.540,00 | 1,089569 | 3.857,07 | |
| 217 | set/17 | 5.531,31 | 3.540,00 | 1,089895 | 3.858,23 | |
| 218 | out/17 | 5.531,31 | 3.540,00 | 1,090114 | 3.859,00 | |
| 219 | nov/17 | 5.531,31 | 3.540,00 | 1,086095 | 3.844,78 | |
| 220 | dez/17 | 5.531,31 | 3.540,00 | 1,084142 | 3.837,86 | |
| 221 | jan/18 | 5.645,80 | 3.540,00 | 1,081332 | 3.827,92 | |
| 222 | fev/18 | 5.645,80 | 3.540,00 | 1,078851 | 3.819,13 | |
| 223 | mar/18 | 5.645,80 | 3.540,00 | 1,076911 | 3.812,26 | |
| 224 | abr/18 | 5.645,80 | 3.540,00 | 1,076160 | 3.809,61 | |
| 225 | mai/18 | 5.645,80 | 3.665,00 | 1,073903 | 3.935,85 | |
| 226 | jun/18 | 5.645,80 | 3.665,00 | 1,069307 | 3.919,01 | |
| 227 | jul/18 | 5.645,80 | 3.665,00 | 1,054230 | 3.863,75 | |
| 228 | ago/18 | 5.645,80 | 3.665,00 | 1,051600 | 3.854,11 | |
| 229 | set/18 | 5.645,80 | 3.665,00 | 1,051600 | 3.854,11 | |
| 230 | out/18 | 5.645,80 | 3.665,00 | 1,048455 | 3.842,59 | |
| 231 | nov/18 | 5.645,80 | 3.665,00 | 1,044278 | 3.827,28 | |
| 232 | dez/18 | 5.645,80 | 3.665,00 | 1,046895 | 3.836,87 | |
| 233 | jan/19 | 5.839,45 | 3.665,00 | 1,045432 | 3.831,51 | |
| 234 | fev/19 | 5.839,45 | 3.665,00 | 1,041682 | 3.817,76 | |
| 235 | mar/19 | 5.839,45 | 3.665,00 | 1,036089 | 3.797,27 | |
| 236 | abr/19 | 5.839,45 | 3.665,00 | 1,028170 | 3.768,24 | |
| 237 | mai/19 | 5.839,45 | 3.720,00 | 1,022038 | 3.801,98 | |
| 238 | jun/19 | 5.839,45 | 3.720,00 | 1,020507 | 3.796,29 | |
| 239 | jul/19 | 5.839,45 | 3.720,00 | 1,020406 | 3.795,91 | |
| 240 | ago/19 | 5.839,45 | 3.720,00 | 1,019384 | 3.792,11 | |
| 241 | set/19 | 5.839,45 | 3.720,00 | 1,018163 | 3.787,57 | |
| 242 | out/19 | 5.839,45 | 3.720,00 | 1,018673 | 3.789,46 | |
| 243 | nov/19 | 5.839,45 | 3.720,00 | 1,018266 | 3.787,95 | |
| 244 | dez/19 | 5.839,45 | 3.720,00 | 1,012797 | 3.767,60 | |
| 245 | jan/20 | 6.101,06 | 3.720,00 | 1,000589 | 3.722,19 | |
| 246 | fev/20 | 6.101,06 | 3.720,00 | 0,998692 | 3.715,13 | |
| 247 | mar/20 | 6.101,06 | 3.720,00 | 0,996997 | 3.708,83 | |
| 248 | abr/20 | 6.101,06 | 3.720,00 | 0,995206 | 3.702,17 | |
| 249 | mai/20 | 6.101,06 | 3.800,00 | 0,997500 | 3.790,50 | |

| **SOMA GERAL DE SALÁRIOS** | **972.728,06** |
|---|---|

| **MÉDIA GERAL DE SALÁRIOS** = 972.728,06 / 249 | **3.906,54** |
|---|---|

| Período Básico de Cálculos- 07/1994 a 05/2020 | **311** |
|---|---|
| Quantidade de salários no período básico de cálculo | **249** |

| **TETO PREVIDENCIÁRIO** | **6.101,06** |
|---|---|

CATIANE MACIEL MENESES
DATA DE INÍCIO DO BENEFÍCIO: **01/06/2020**
TEMPO DE CONTRIBUIÇÃO: **26 anos 01 mês e 02 dias**

| **SALÁRIO DE BENEFÍCIO** | **3.906,54** |
|---|---|
| Coeficiente | **82%** |
| **Renda Mensal Inicial** = SB x Coeficiente | **3.203,36** |

| MULHER | |
|---|---|
| **Tempo de contribuição** | **Coeficiente de cálculo da Renda Mensal Inicial** |
| 15 | 60,00% |
| 16 | 62,00% |
| 17 | 64,00% |
| 18 | 66,00% |
| 19 | 68,00% |
| 20 | 70,00% |
| 21 | 72,00% |
| 22 | 74,00% |
| 23 | 76,00% |
| 24 | 78,00% |
| 25 | 80,00% |
| 26 | 82,00% |
| 27 | 84,00% |
| 28 | 86,00% |
| 29 | 88,00% |
| 30 | 90,00% |
| 31 | 92,00% |
| 32 | 94,00% |
| 33 | 96,00% |
| 34 | 98,00% |
| 35 | 100,00% |

De acordo com os cálculos, na data do requerimento, em 01/06/2020, com base nas regras disciplinadas no Art. 18 da EC 103/2019, particularmente a regra da aposentadoria por idade para a mulher, a média aritmética simples dos salários de contribuição correspondentes a 100% do período contributivo de 07/1994 a 05/2020 foi fixada no valor de R$ 3.906,54. A renda mensal inicial foi fixada em 82% do salário de benefício, no valor de R$ 3.203,36, levando em consideração o tempo de contribuição de 26 anos.

## 5.5. Artigo 20 – aposentadorias – regras de transição para os segurados que ingressaram até a data da publicação da reforma constitucional

Art. 20. O segurado do Regime Geral de Previdência Social e o servidor público federal que tenham se filiado ao Regime Geral de Previdência Social ou ingressado no serviço público em cargo efetivo até a data de entrada em vigor desta Emenda à Constituição poderão aposentar-se voluntariamente quando preencherem, cumulativamente, os seguintes requisitos:

I – 57 (cinquenta e sete) anos de idade, se mulher, e 60 (sessenta) anos de idade, se homem;

II – 30 (trinta) anos de contribuição, se mulher, e 35 (trinta e cinco) anos de contribuição, se homem;

III – para os servidores públicos, 20 (vinte) anos de efetivo exercício no serviço público e 5 (cinco) anos no cargo efetivo em que se der a aposentadoria;

IV – período adicional de contribuição correspondente ao tempo que, na data de entrada em vigor desta Emenda Constitucional, faltaria para atingir o tempo mínimo de contribuição referido no inciso II.

§ 1º Para o professor que comprovar exclusivamente tempo de efetivo exercício das funções de magistério na educação infantil e no ensino fundamental e médio serão reduzidos, para ambos os sexos, os requisitos de idade e de tempo de contribuição em cinco anos, não se aplicando o disposto no § 5º do art. 40 e no § 8º do art. 201 da Constituição Federal.

§ 2º Os proventos das aposentadorias concedidas nos termos do disposto neste artigo corresponderão:

I – em relação ao servidor público que tenha ingressado no serviço público em cargo efetivo até 31 de dezembro de 2003 e que não tenha feito a opção de trata o § 16 do art. 40 da Constituição Federal, à totalidade da remuneração no cargo efetivo em que se der a aposentadoria, observado o disposto no § 8º do art. 4º; e (NÃO SE APLICA AO RGPS);

II – em relação aos demais servidores públicos e aos segurados do Regime Geral de Previdência Social, ao valor apurado na forma da lei.

§ 3º Os proventos das aposentadorias concedidas nos termos do disposto neste artigo não serão inferiores ao valor a que se refere o § 2º do art. 201 da Constituição Federal e serão reajustados:

I – de acordo com o disposto no art. 7º da Emenda Constitucional nº 41, de 19 de dezembro de 2003, se concedidas nos termos do disposto no inciso I do § 2º; (NÃO SE APLICA AO RGPS);

II – nos termos estabelecidos para o Regime Geral de Previdência Social, se concedidas na forma prevista no inciso II do § 2º.

§ 4º Aplicam-se às aposentadorias dos servidores dos Estados, do Distrito Federal e dos Municípios as normas constitucionais e infraconstitucionais anteriores à data de entrada em vigor desta Emenda Constitucional, enquanto não promovidas alterações na legislação interna relacionada ao respectivo regime próprio de previdência social.

Para o segurado que tenha ingressado no RGPS até a data da publicação da Emenda 103/2019, é assegurada a concessão de aposentadoria voluntária mediante o preenchimento dos seguintes requisitos cumulativos:

a) 60 anos de idade, se homem e 57 anos de idade, se mulher;
b) 35 anos de tempo de contribuição, se homem e 30 anos de contribuição, se mulher;
c) "Pedágio" (tempo de contribuição adicional) equivalente ao tempo em que faltava para atingir 35 anos de contribuição, se homem, e 30 anos se mulher, considerando o dia da promulgação da Emenda.

Assim, além da idade mínima, se no dia da promulgação da Emenda um homem possuía 34 anos de tempo de contribuição, terá que cumprir o 1 ano faltante mais um "pedágio" de 1 ano, totalizando 36 anos de tempo de contribuição.

No caso professor do ensino básico, devem ser observados os seguintes requisitos:

a) 55 anos de idade, se homem e 52 anos de idade, se mulher;
b) 30 anos de tempo de contribuição, se homem e 25 anos de contribuição, se mulher;
c) "Pedágio" (tempo de contribuição adicional) equivalente ao tempo em que faltava para atingir 30 anos de contribuição, se homem, e 25 anos se mulher, considerando o dia da promulgação da Emenda.

De efeito, os proventos de aposentadoria corresponderão cem por cento da média aritmética simples dos salários de contribuição e das remunerações adotados como base para contribuições a regime próprio de previdência social e ao Regime Geral de Previdência Social, ou como base para contribuições decorrentes das atividades militares de que tratam os arts. 42 e 142 da Constituição Federal, atualizados monetariamente, correspondentes a cem por cento do período contributivo desde a competência julho de 1994 ou desde o início da contribuição, se posterior àquela competência, nos termos do artigo 26, § 3º, inciso I da Emenda, com reajuste anual pelo INPC que é o índice do RGPS, nos termos do artigo 41-A da Lei 8.213/91.

Destarte, será aplicado o coeficiente de 100% sobre a referida média de todas as remunerações/salários de contribuição desde a competência Julho de 1994 (proventos integrais), conforme determina o artigo 26, § 3º, inciso I[33] da Emenda 103/2019.

### 5.5.1. *Cálculos*

O estudo de caso a seguir trata da quinta regra de transição: aposentadoria por tempo de contribuição com idade mínima e pedágio de 100%, disciplinada no Art. 20 da EC 103/2019. É necessário elaborar uma contagem de tempo de contribuição até 13/11/2019, para fins de cálculo do pedágio, conforme demonstrado no estudo de caso de uma segurada.

Em 13/11/2019 foi apurado o total de 29 anos, 09 meses e 19 dias, faltando, portanto, 02 meses e 11 dias para completar os 30 anos de contribuição, além da idade de 57 anos exigidos. O pedágio é fixado com base nesse tempo faltante. De acordo com a contagem, o pedágio foi fixado em 02 meses e 11 dias, correspondente a 100% do tempo que faltava para completar os 30 anos de contribuição. Portanto, a segurada só poderá se aposentar com o tempo mínimo exigido mais o pedágio, ou seja, 30 anos, 02 meses e 11 dias.

33. § 3º O valor do benefício de aposentadoria corresponderá a **cem por cento da média** aritmética definida na forma prevista no *caput* e no § 1º: I – no caso do inciso II do § 2º do art. 20.

Espécie do benefício: **Aposentadoria por tempo de contribuição**

Nome: **CÁTIA MACIEL MENESES**

Data de nascimento: **02/04/1963**

Data do requerimento: **01/05/2020**

Data do direito adquirido: **13/11/2019**

| IDADE | |
|---|---|
| **INÍCIO** | **FIM** |
| **02/04/1963** | **13/11/2019** |

| IDADE | | |
|---|---|---|
| **ANOS** | **MESES** | **DIAS** |
| **56** | **7** | **12** |
| **56,62** | | |

| | CONTRATOS DE TRABALHO | | TEMPO MÍNIMO |
|---|---|---|---|
| | **INÍCIO** | **FIM** | |
| 1 | **01/02/1989** | **05/08/1997** | **30** |
| 2 | **01/02/1998** | **31/10/2010** | **30** |
| 3 | **01/05/2011** | **13/11/2019** | **30** |

| TEMPO DE CONTRIBUIÇÃO | | |
|---|---|---|
| **ANOS** | **MESES** | **DIAS** |
| 8 | 6 | 5 |
| 12 | 9 | 1 |
| 8 | 6 | 13 |

| TEMPO TOTAL APURADO | | |
|---|---|---|
| **Anos** | **Meses** | **Dias** |
| **29** | **9** | **19** |
| **29,80** | | |

| TEMPO FALTANTE | | |
|---|---|---|
| **Anos** | **Meses** | **Dias** |
| **0** | **2** | **11** |

| PEDÁGIO - 100% | | |
|---|---|---|
| **Anos** | **Meses** | **Dias** |
| **0** | **2** | **11** |

| TEMPO MÍNIMO DE CONTRIBUIÇÃO | | |
|---|---|---|
| **Anos** | **Meses** | **Dias** |
| **30** | **2** | **11** |

| IDADE | |
|---|---|
| **INÍCIO** | **FIM** |
| **02/04/1963** | **01/05/2020** |

| IDADE | | |
|---|---|---|
| **ANOS** | **MESES** | **DIAS** |
| **57** | **1** | **0** |
| **57,08** | | |

| | CONTRATOS DE TRABALHO | | TEMPO MÍNIMO |
|---|---|---|---|
| | **INÍCIO** | **FIM** | |
| 1 | **01/02/1989** | **05/08/1997** | **30** |
| 2 | **01/02/1998** | **31/10/2010** | **30** |
| 3 | **01/05/2011** | **01/05/2020** | **30** |

| TEMPO DE CONTRIBUIÇÃO | | |
|---|---|---|
| **ANOS** | **MESES** | **DIAS** |
| 8 | 6 | 5 |
| 12 | 9 | 1 |
| 9 | 0 | 1 |

| TEMPO TOTAL APURADO |
|---|

| Anos | Meses | Dias |
|---|---|---|
| 30 | 3 | 7 |
| 30,27 | | |

| Regras do novo regime Jurídico | | | |
|---|---|---|---|
| Regras de transição | Regra de pontos: 87 | 87,35 | Com direito ao benefício |
| | Regra da idade mínima: 56,5 | 57,08 | Com direito ao benefício |
| | Período Adicional de 50% | | Com direito ao benefício |
| | Idade e Período Adicional de 100% | | Com direito ao benefício |

De acordo com a contagem, a segurada completou o tempo com o período de pedágio de 100% quando requereu o benefício em 01/05/2020, pois já contava com 30 nos 03 meses e 07 dias. O benefício de aposentadoria por tempo de contribuição integral, com idade mínima e pedágio de 100%, terá o salário de benefício calculado com base na média aritmética simples dos salários de contribuição correspondente a 100% do período contributivo de 07/1994 a 04/2020. A renda mensal inicial será de 100% do salário de benefício. Curiosamente, a segurada possui direito à aposentadoria com base nas seguintes regras de transição:

| Tempo de contribuição: **30 anos** | | **Salário de Benefício** | **Fator Previdenciário** | **Renda Mensal Inicial** |
|---|---|---|---|---|
| **Regras de transição** | Regra de pontos: 87 | 100% dos SC | Não | 90% do SB |
| | Regra da idade mínima: 56,5 | 100% dos SC | Não | 90% do SB |
| | Período Adicional de 50% | 80% dos maiores SC | Sim | 100% do SB |
| | Idade e Período Adicional de 100% | 100% dos SC | Não | 100% do SB |

De acordo com as informações do quadro acima, a regra mais benéfica para o cálculo da RMI do benefício é justamente a da aposentadoria por tempo de contribuição com idade mínima e pedágio de 100%. O fator previdenciário foi desfavorável, conforme demonstrado abaixo.

Nome: **CÁTIA MACIEL MENESES**
Espécie: **42** (APOSENTADORIA POR TEMPO DE CONTRIBUIÇÃO)
Data de nascimento: **02/04/1963**
Data de Início do Benefício: **01/05/2020**

**IDADE**

| anos | meses | dias |
|---|---|---|
| 57 | 1 | 0 |
| 57,0833 | | |

**TEMPO DE CONTRIBUIÇÃO**

| anos | meses | dias |
|---|---|---|
| 30 | 3 | 7 |
| 30,2694 | Tempo normal | |
| 35,2694 | Tempo para fins do FP | |

| Idade | 57,0833 |
|---|---|
| TC + 5 anos | 35,2694 |
| ES | 24,9 |
| Alíquota | 0,31 |

| Idade | Expectativa de Sobrevida |
|---|---|
| 56 | 25,7 |
| 57 | 24,9 |
| 58 | 24,1 |
| 59 | 23,3 |
| 60 | 22,6 |
| 61 | 21,8 |

Fator Previdenciário $\frac{TC \times A}{ES} \times \left(1 + \frac{(Id + TC \times A)}{100}\right)$

$$\frac{35{,}2694 \times 0{,}31}{24{,}9} \times \left(1 + \frac{(57{,}0833 + 35{,}2694 \times 0{,}31)}{100}\right)$$

| **Fator Previdenciário** | **0,7378** | Favorável | Desfavorável |
|---|---|---|---|
| | | | X |

Abaixo seguem os cálculos da aposentadoria por tempo de contribuição na modalidade com idade mínima de 57 anos e pedágio de 100%. Para fins de simplificação, partiremos da média de salários, pois as nuances dos salários de contribuição do período básico de cálculo, atualizados monetariamente, já foram explorados exaustivamente nos estudos de casos já abordados.

| **SOMA GERAL DE SALÁRIOS** | **1.574.624,01** |
|---|---|

| **MÉDIA GERAL DE SALÁRIOS =** 1.574.624,01 / 299 | **5.266,30** |
|---|---|

| Período Básico de Cálculos - 07/1994 a 04/2020 | **310** |
|---|---|
| Quantidade de salários no período básico de cálculo | **299** |

| **TETO PREVIDENCIÁRIO** | **6.101,06** |
|---|---|

CÁTIA MACIEL MENESES
DATA DE INÍCIO DO BENEFÍCIO: **01/05/2020**
TEMPO DE CONTRIBUIÇÃO: **30 anos 03 meses e 07 dias**

| **IDADE** | | |
|---|---|---|
| **anos** | **meses** | **dias** |
| **57** | **1** | **0** |
| **57,0833** | | |

| **TEMPO DE CONTRIBUIÇÃO** | | |
|---|---|---|
| **anos** | **meses** | **dias** |
| **30** | **3** | **7** |
| **30,2694** | | |

| **REGRA 87/97** | **87,35** | Aplicável | Não aplicável |
|---|---|---|---|
| | | X | |

| **MÉDIA DE 100% DOS SALÁRIOS DE CONTRIBUIÇÃO** | **5.266,30** |
|---|---|
| COEFICIENTE | **100%** |
| **RENDA MENSAL INICIAL** = SB x Coeficiente | **5.266,30** |

| **FATOR PREVIDENCIÁRIO CALCULADO** | **0,7378** |
|---|---|

De acordo com os cálculos, na data do requerimento, em 01/05/2020, com base nas regras disciplinadas no Art. 20 da EC 103/2019, particularmente a regra da aposentadoria por tempo de contribuição com idade mínima e pedágio de 100%, a média aritmética simples dos salários de contribuição correspondentes a 100% do período contributivo de 07/1994 a 04/2020 foi fixada no valor de R$ 5.266,30. A renda mensal inicial foi fixada em 100% do salário de benefício.

O estudo de caso a seguir, trata da mesma regra aplicada aos professores.

Espécie do benefício: **Aposentadoria por tempo de contribuição - Professora**
Nome: **AMANDA IVELISE DE ALMEIDA MENESES**
Data de nascimento: **02/04/1968**
Data do requerimento: **01/05/2020**
Data do direito adquirido: **13/11/2019**

| IDADE | |
|---|---|
| **INÍCIO** | **FIM** |
| **02/04/1968** | **13/11/2019** |

| IDADE | | |
|---|---|---|
| **ANOS** | **MESES** | **DIAS** |
| **51** | **7** | **12** |
| **51,62** | | |

| | CONTRATOS DE TRABALHO | | TEMPO MÍNIMO | TEMPO DE CONTRIBUIÇÃO | | |
|---|---|---|---|---|---|---|
| | **INÍCIO** | **FIM** | | **ANOS** | **MESES** | **DIAS** |
| 1 | **01/02/1994** | **05/08/1997** | **30** | 3 | 6 | 5 |
| 2 | **01/02/1998** | **31/10/2010** | **30** | 12 | 9 | 1 |
| 3 | **01/05/2011** | **13/11/2019** | **30** | 8 | 6 | 13 |

| TEMPO TOTAL APURADO | | |
|---|---|---|
| **Anos** | **Meses** | **Dias** |
| **24** | **9** | **19** |
| **24,80** | | |

| TEMPO FALTANTE | | |
|---|---|---|
| **Anos** | **Meses** | **Dias** |
| **0** | **2** | **11** |

| PEDÁGIO - 100% | | |
|---|---|---|
| **Anos** | **Meses** | **Dias** |
| **0** | **2** | **11** |

| TEMPO MÍNIMO DE CONTRIBUIÇÃO | | |
|---|---|---|
| **Anos** | **Meses** | **Dias** |
| **25** | **2** | **11** |

Espécie do benefício: **Aposentadoria por tempo de contribuição - Professora**
Nome: **AMANDA IVELISE DE ALMEIDA MENESES**
Data de nascimento: **02/04/1968**
Data do requerimento: **01/05/2020**

| IDADE | |
|---|---|
| **INÍCIO** | **FIM** |
| **02/04/1968** | **01/05/2020** |

| IDADE | | |
|---|---|---|
| **ANOS** | **MESES** | **DIAS** |
| **52** | **1** | **0** |
| **52,08** | | |

| | CONTRATOS DE TRABALHO | | TEMPO MÍNIMO | TEMPO DE CONTRIBUIÇÃO | | |
|---|---|---|---|---|---|---|
| | **INÍCIO** | **FIM** | | **ANOS** | **MESES** | **DIAS** |
| 1 | **01/02/1994** | **05/08/1997** | **30** | 3 | 6 | 5 |
| 2 | **01/02/1998** | **31/10/2010** | **30** | 12 | 9 | 1 |
| 3 | **01/05/2011** | **01/05/2020** | **30** | 9 | 0 | 1 |

| TEMPO TOTAL APURADO | | |
|---|---|---|
| **Anos** | **Meses** | **Dias** |
| **25** | **3** | **7** |
| **25,27** | | |

| **Regras do novo regime Jurídico** | | | |
|---|---|---|---|
| **Regras de transição** | Regra de pontos: 82 | **77,35** | Sem direito ao benefício |
| | Regra da idade mínima: 51,5 | **52,08** | Com direito ao benefício |
| | Período Adicional de 50% | | Com direito ao benefício |
| | Idade e Período Adicional de 100% | | Com direito ao benefício |

De acordo com a contagem, a segurada completou o tempo com o período de pedágio de 100% quando requereu o benefício em 01/05/2020, pois já contava com 25 nos 03 meses e 07 dias. O benefício de aposentadoria por tempo de contribuição integral da professora, com idade mínima e pedágio de 100%, terá o salário de benefício calculado com base na média aritmética simples dos salários de contribuição correspondente a 100% do período contributivo de 07/1994 a 04/2020. A renda mensal inicial será de 100% do salário de benefício. Curiosamente, a segurada possui direito à aposentadoria com base nas seguintes regras de transição:

| **Tempo de contribuição: 25 anos** | | **Salário de Benefício** | **Fator Previdenciário** | **Renda Mensal Inicial** |
|---|---|---|---|---|
| **Regras de transição** | Regra de pontos: 82 – sem direito | 100% dos SC | Não | 80% do SB |
| | Regra da idade mínima: 51,5 | 100% dos SC | Não | 80% do SB |
| | Período Adicional de 50% | 80% dos maiores SC | Sim | 100% do SB |
| | Idade e Período Adicional de 100% | 100% dos SC | Não | 100% do SB |

De acordo com as informações do quadro acima, a regra mais benéfica para o cálculo da RMI do benefício é justamente a da aposentadoria por tempo de contribuição com idade mínima e pedágio de 100%. O fator previdenciário foi desfavorável, conforme demonstrado abaixo.

Espécie do benefício: **Aposentadoria por tempo de contribuição - Professora**
Nome: **AMANDA IVELISE DE ALMEIDA MENESES**
Data de nascimento: **02/04/1968**
Data do requerimento: **01/05/2020**

**IDADE**

| anos | meses | dias |
|---|---|---|
| 52 | 1 | 0 |
| 52,0833 | | |

**TEMPO DE CONTRIBUIÇÃO**

| anos | meses | dias |
|---|---|---|
| 25 | 3 | 7 |
| 25,2694 | Tempo normal | |
| 35,2694 | Tempo para fins do FP | |

| Idade | Expectativa de Sobrevida |
|---|---|
| 50 | 30,7 |
| 51 | 29,8 |
| 52 | 29,0 |
| 53 | 28,2 |
| 54 | 27,3 |

| **Idade** | 52,0833 |
|---|---|
| **TC + 10 anos** | 35,2694 |
| **ES** | 29,0 |
| **Alíquota** | 0,31 |

$$\textbf{Fator Previdenciário} \quad \frac{TC \times A}{ES} \times \left(1 + \frac{(Id + TC \times A)}{100}\right)$$

$$\frac{35{,}2694 \times 0{,}31}{29{,}0} \times \left(1 + \frac{(57{,}0833 + 35{,}2694 \times 0{,}31)}{100}\right)$$

| **Fator Previdenciário** | **0,6146** | Favorável | Desfavorável |
|---|---|---|---|
| | | | X |

Abaixo seguem os cálculos da aposentadoria por tempo de contribuição do professor na modalidade com idade mínima de 52 anos e pedágio de 100%. Para fins de simplificação, partiremos da média de salários, pois as nuances dos salários de contribuição do período básico de cálculo, atualizados monetariamente, já foram explorados exaustivamente nos estudos de casos já abordados.

| **SOMA GERAL DE SALÁRIOS** | **1.574.624,01** |
|---|---|

| **MÉDIA GERAL DE SALÁRIOS** = 1.574.624,01 / 299 | **5.266,30** |
|---|---|

| Período Básico de Cálculos- 07/1994 a 04/2020 | **310** |
|---|---|
| Quantidade de salários no período básico de cálculo | **299** |

| **TETO PREVIDENCIÁRIO** | **6.101,06** |
|---|---|

AMANDA IVELISE DE ALMEIDA MENESES
DATA DE INÍCIO DO BENEFÍCIO: **01/05/2020**
TEMPO DE CONTRIBUIÇÃO: **25 anos 03 meses e 07 dias**

| **IDADE** | | |
|---|---|---|
| **anos** | **meses** | **dias** |
| **52** | **1** | **0** |
| **52,0833** | | |

| **TEMPO DE CONTRIBUIÇÃO** | | |
|---|---|---|
| **anos** | **meses** | **dias** |
| **25** | **3** | **7** |
| **25,2694** | | |

| **REGRA 82/92** | **77,35** | Aplicável | Não aplicável |
|---|---|---|---|
| | | | X |

| **MÉDIA DE 100% DOS SALÁRIOS DE CONTRIBUIÇÃO** | **5.266,30** |
|---|---|
| COEFICIENTE | **100%** |
| **RENDA MENSAL INICIAL** = SB x Coeficiente | **5.266,30** |

| **FATOR PREVIDENCIÁRIO CALCULADO** | **0,6146** |
|---|---|

De acordo com os cálculos, na data do requerimento, em 01/05/2020, com base nas regras disciplinadas no Art. 20 da EC 103/2019, particularmente a regra da aposentadoria por tempo de contribuição da professora com idade mínima de 52 anos e pedágio de 100%, a média aritmética simples dos salários de contribuição correspondentes a 100% do período contributivo de 07/1994 a 04/2020 foi fixada no valor de R$ 5.266,30. A renda mensal inicial foi fixada em 100% do salário de benefício. O fator previdenciário só foi calculado para fins didáticos, tendo em vista a sua não aplicação ao caso concreto.

## 5.6. Artigo 21 – aposentadorias especiais por agentes nocivos – regras de transição para os segurados que ingressaram até a data da publicação da reforma constitucional

> Art. 21. O segurado ou o servidor público federal que tenha se filiado ao Regime Geral de Previdência Social ou ingressado no serviço público em cargo efetivo até a data de entrada em vigor desta Emenda à Constituição, cujas atividades tenham sido exercidas com efetiva exposição a agentes nocivos químicos, físicos e biológicos prejudiciais à saúde, ou associação desses agentes, vedada a caracterização por categoria profissional ou ocupação, desde que cumpridos, no caso do servidor, o tempo mínimo de vinte anos de efetivo exercício no serviço público e de cinco anos no cargo efetivo em que for concedida a aposentadoria, na forma dos arts. 57 e 58 da Lei nº 8.213, de 24 de julho de 1991, poderá aposentar-se quando o total da soma resultante da sua idade e do tempo de contribuição e o tempo de efetiva exposição forem, respectivamente, de:
>
> **I - 66 (sessenta e seis) pontos e 15 (quinze) anos de efetiva exposição;**
>
> **II - 76 (setenta e seis) pontos e 20 (vinte) anos de efetiva exposição; e**
>
> **III - 86 (oitenta e seis) pontos e 25 (vinte e cinco) anos de efetiva exposição.**
>
> § 1º A idade e o tempo de contribuição serão apurados em dias para o cálculo do somatório de pontos a que se refere o *caput*.
>
> § 2º O valor da aposentadoria de que trata este artigo será apurado na forma da lei.
>
> § 3º Aplicam-se às aposentadorias dos servidores dos Estados, do Distrito Federal e dos Municípios cujas atividades sejam exercidas com efetiva exposição a agentes químicos, físicos e biológicos prejudiciais à saúde, ou associação desses agentes, vedados a caracterização por categoria profissional ou ocupação, na forma do § 4º-C do art. 40 da Constituição Federal, as normas constitucionais e infraconstitucionais anteriores à data de entrada em vigor desta Emenda Constitucional, enquanto não promovidas alterações na legislação interna relacionada ao respectivo regime próprio de previdência social.

Trata-se de regra de transição em favor do segurado filiado ao RGPS até a publicação da Emenda 103/2019 que labore exposto de modo permanente a agentes nocivos à saúde, físicos, químicos ou biológicos.

Esta regra de transição regula o tema, substituindo as regras da Lei 8.213/91, exceto na hipótese de enquadramento dos agentes nocivos, pois há fixação de idade mínima e pontuação.

A regra de transição possui dois pressupostos: 20 anos de efetivo exercício no serviço público e 5 anos no cargo efetivo em que for concedida a aposentadoria.

Ademais, é necessária uma pontuação mínima na soma da idade, tempo de contribuição e tempo de exposição:

**a) 15 anos de efetiva exposição: <u>66 pontos</u>;**

**b) 20 anos de efetiva exposição: <u>76 pontos</u>;**

**c) 25 anos de efetiva exposição: <u>86 pontos</u>.**

O texto constitucional contém uma má redação, pois afirma prevê "o total da soma resultante da sua idade e do tempo de contribuição e o tempo de efetiva exposição".

O tempo de exposição também é tempo de contribuição, o que permitiria uma contagem em duplicidade, o que certamente não é a intenção da reforma, pois a pontuação seria extremamente elevada.

A ideia do legislador, na verdade, pois permitir a soma de tempo especial com tempo comum para fins de atingir a pontuação citada.

Imagine que Frederico é servidor federal e possui 25 anos de exposição permanente a agente nocivo à saúde previsto na legislação do RGPS. Neste caso, para atingir a pontuação 86, ele deve contar com 61 anos de idade, sendo uma idade elevada para quem labora com agentes nocivos à saúde, de modo que a pontuação constituída pela regra de transição foi bem dura.

A partir de 1/1/2020, as pontuações citadas seriam acrescidas de um ponto a cada ano para o homem e para a mulher, até atingir, respectivamente, 81, 91 e 96 pontos, respectivamente, para ambos os sexos. No entanto, o Senado barrou esta alteração que não foi promulgada.

Ademais, há vedação expressa à caracterização por categoria profissional ou ocupação.

Após uma negociação no Senado, a vedação ao enquadramento por periculosidade foi retirada e o tema será em breve regulado por lei complementar, que irá descrever as situações de concessão por risco.

Os proventos de aposentadoria especial serão calculados com base no artigo 26, § 4º, inciso IV da Emenda.

Desta forma, para os segurados do RGPS que ingressaram até a data de publicação da Emenda 103/2019, será feita média aritmética simples de 100% do período contributivo desde a competência julho de 1994 ou desde o início da contribuição, se posterior àquela competência, não se aplicando mais a média aritmética simples dos 80% maiores.

Para a aposentadoria especial que exige nocividade pelo período mínimo de 20 ou 25 anos, o valor do benefício de aposentadoria corresponderá a sessenta por cento da média aritmética das 100% das remunerações/salários de contribuição desde julho de 1994, com acréscimo de 2% para cada ano que ultrapassar os 20 anos de contribuição:

| TEMPO DE CONTRIBUIÇÃO 20 OU 25 ANOS DE NOCIVIDADE | COEFICIENTE |
|---|---|
| 20 anos | 60% |
| 21 anos | 62% |
| 22 anos | 64% |
| 23 anos | 66% |
| 24 anos | 68% |
| 25 anos | 70% |
| 26 anos | 72% |
| 27 anos | 74% |
| 28 anos | 76% |
| 29 anos | 78% |
| 30 anos | 80% |
| 31 anos | 82% |
| 32 anos | 84% |
| 33 anos | 86% |
| 34 anos | 88% |
| 35 anos | 90% |
| 36 anos | 92% |
| 37 anos | 94% |
| 38 anos | 96% |
| 39 anos | 98% |
| 40 anos | 100% |

Desta forma, conforme tabela supra, para esta regra de transição, a aposentadoria do servidor federal variará 60% a 100% da média de todas as remunerações desde 7/1994, somente atingindo a 100% da média quando o servidor federal possuir 40 anos de tempo de contribuição.

No entanto, para a aposentadoria especial que exige apenas 15 anos de nocividade, existem uma regra especial de cálculo da renda mensal no artigo 26, § 5º[34], da Emenda 103/2019, que prevê a progressão a contar de 15 anos, e não de 20 anos de contribuição:

| TEMPO DE CONTRIBUIÇÃO 15 ANOS DE NOCIVIDADE | COEFICIENTE |
|---|---|
| 15 anos | 60% |
| 16 anos | 62% |
| 17 anos | 64% |
| 18 anos | 66% |
| 19 anos | 68% |
| 20 anos | 70% |
| 21 anos | 72% |
| 22 anos | 74% |
| 23 anos | 76% |
| 24 anos | 78% |
| 25 anos | 80% |
| 26 anos | 82% |
| 27 anos | 84% |
| 28 anos | 86% |
| 29 anos | 88% |
| 30 anos | 90% |
| 31 anos | 92% |
| 32 anos | 94% |
| 33 anos | 96% |
| 34 anos | 98% |
| 35 anos | 100% |

Curioso notar que, intencionalmente, o artigo 26 da Emenda 103/2019 não limita a média de todas as remunerações do segurado a 100%, de modo que o segurado do RGPS que possuir mais de 40 anos de tempo de contribuição (nocividade de 20 ou 25 anos) ou de 35 anos (nocividade de 15 anos) poderá ter proventos que ultrapassem a 100% (proventos ***ultra*** integrais).

Ademais, poderão ser excluídas da média as contribuições que resultem em redução do valor do benefício, desde que mantido o tempo mínimo de contribuição exigido, vedada a utilização do tempo excluído para qualquer finalidade, para a averbação em outro regime previdenciário ou para a obtenção dos proventos de inatividade dos militares.

O enquadramento dos agentes nocivos como especiais por exposição permanente deve obedecer ao complexo regramento dos artigos 57 e 58 da Lei 8.213/91.

### 5.6.1. *Cálculos*

O estudo de caso a seguir trata da sexta regra de transição: aposentadoria especial com pontuação, disciplinada no Art. 21 da EC 103/2019. É necessário

**34.** § 5º O acréscimo a que se refere o caput do § 2º será aplicado para cada ano que **exceder quinze anos** de tempo de contribuição para os segurados de que tratam a alínea "a" do inciso I do art. 19 **e do inciso I do art. 21** e para as mulheres filiadas ao Regime Geral de Previdência Social.

elaborar uma contagem de tempo de contribuição até 13/11/2019, para fins de apuração do direito adquirido, tendo em vista que o tempo de contribuição até aquela data poderá ser convertido e o segurado ter direito a um benefício mais vantajoso. Vejamos o estudo de caso a seguir, primeiramente analisando o direito adquirido em 13/11/2019.

| APOSENTADORIA POR TEMPO DE CONTRIBUIÇÃO - COM CONVERSÃO - DIREITO ADQUIRIDO |
|---|
| Espécie do benefício: **Aposentadoria por tempo de contribuição**<br>Nome: **LEANDERSON CALIPSO LEVINO DA SILVA**<br>Data de nascimento: **01/03/1964**<br>Data do requerimento: **01/05/2020**<br>Data do direito adquirido: **13/11/2019** |

| IDADE | |
|---|---|
| **INÍCIO** | **FIM** |
| **01/03/1964** | **13/11/2019** |

| IDADE | | |
|---|---|---|
| **ANOS** | **MESES** | **DIAS** |
| **55** | **8** | **13** |
| **55,70** | | |

| | CONTRATOS DE TRABALHO | | TEMPO MÍNIMO | TEMPO DE CONTRIBUIÇÃO | | | TEMPO DE CONTRIBUIÇÃO CONVERTIDO | | |
|---|---|---|---|---|---|---|---|---|---|
| | **INÍCIO** | **FIM** | | **ANOS** | **MESES** | **DIAS** | **ANOS** | **MESES** | **DIAS** |
| 1 | **01/01/1988** | **30/06/1991** | 35 | 3 | 6 | 0 | 3 | 6 | 0 |
| 2 | **01/02/1993** | **30/06/1994** | 35 | 1 | 5 | 0 | 1 | 5 | 0 |
| 3 | **01/05/1995** | **13/11/2019** | 25 | 24 | 6 | 13 | 34 | 4 | 6 |

| TEMPO TOTAL COMUM | | | TEMPO TOTAL CONVERTIDO | | |
|---|---|---|---|---|---|
| **Anos** | **Meses** | **Dias** | **Anos** | **Meses** | **Dias** |
| **29** | **5** | **13** | **39** | **3** | **6** |
| **29,45** | | | **39,27** | | |

| Regras do Direito Adquirido | | | |
|---|---|---|---|
| **Regras de cálculos** | Regra de pontos: 96 | **94,97** | Sem direito |
| | Aposentadoria Especial | **24,54** | Sem direito |
| | Fator Previdenciário | **0,77497** | Aplicável |

Vamos admitir que a atividade laborativa desempenhada pelo segurado no período de 01/05/1995 em diante seja considerada especial pela Perícia médica do INSS, com direito à aposentadoria aos 25 anos. Os demais vínculos foram considerados comum, sem exposição a agentes nocivos. De acordo com a contagem de tempo de contribuição até 13/11/2019, véspera da vigência do Novo Regime Jurídico, o segurado não atingiu o total de 25 anos na atividade especial. Para fins de apuração do direito adquirido, esse período pode ser convertido em comum. Convertendo o referido período e depois de somado aos períodos de atividade comum, o segurado alcança o total de **39 anos, 03 meses e 06 dias**.

O segurado não terá direito ao cálculo do salário de benefício sem a incidência do fator previdenciário, tendo em vista que não atingiu os 96 pontos exigidos à época. Obrigatoriamente será aplicado o fator previdenciário de **0,77497** no cálculo do salário de benefício. A seguir será explorado o cálculo da renda mensal do benefício com base no direito adquirido.

**APOSENTADORIA POR TEMPO DE CONTRIBUIÇÃO - COM CONVERSÃO DE TEMPO ESPECIAL DIREITO ADQUIRIDO**

LEANDERSON CALIPSO LEVINO DA SILVA
DATA DE NASCIMENTO: **01/03/1964**
ESPÉCIE: **42** (APOSENTADORIA POR TEMPO DE CONTRIBUIÇÃO)
DATA DO DIREITO ADQUIRIDO: **13/11/2019**
TEMPO DE CONTRIBUIÇÃO: **39 anos 03 meses e 06 dias**
DATA DO REQUERIMENTO: **01/05/2020**
BASE LEGAL: LEI 9.876 DE 29 DE NOVEMBRO DE 1999
PERÍODO BÁSICO DE CÁLCULO: **07/1994 a 10/2019**

| Sequência | Mês/ano | Valor teto | Salário | Índice | Salário atualizado | Desconsiderados |
|---|---|---|---|---|---|---|
| 1 | mai/95 | 832,66 | 832,66 | 6,317137 | 5.260,03 | |
| 2 | jun/95 | 832,66 | 832,66 | 6,158854 | 5.128,23 | |
| 3 | jul/95 | 832,66 | 832,66 | 6,048768 | 5.036,57 | |
| 4 | ago/95 | 832,66 | 832,66 | 5,903537 | 4.915,64 | |
| 5 | set/95 | 832,66 | 832,66 | 5,843931 | 4.866,01 | |
| 6 | out/95 | 832,66 | 832,66 | 5,776348 | 4.809,73 | desconsiderado |
| 7 | nov/95 | 832,66 | 832,66 | 5,696592 | 4.743,32 | desconsiderado |
| 8 | dez/95 | 832,66 | 832,66 | 5,611857 | 4.672,77 | desconsiderado |
| 9 | jan/96 | 832,66 | 832,66 | 5,520763 | 4.596,92 | desconsiderado |
| 10 | fev/96 | 832,66 | 832,66 | 5,441323 | 4.530,77 | desconsiderado |
| 11 | mar/96 | 832,66 | 832,66 | 5,402958 | 4.498,83 | desconsiderado |
| 12 | abr/96 | 832,66 | 832,66 | 5,387338 | 4.485,82 | desconsiderado |
| 13 | mai/96 | 957,56 | 957,56 | 5,349886 | 5.122,84 | |
| 14 | jun/96 | 957,56 | 957,56 | 5,261494 | 5.038,20 | |
| 15 | jul/96 | 957,56 | 957,56 | 5,198080 | 4.977,47 | |
| 16 | ago/96 | 957,56 | 957,56 | 5,142030 | 4.923,80 | |
| 17 | set/96 | 957,56 | 957,56 | 5,141822 | 4.923,60 | |
| 18 | out/96 | 957,56 | 957,56 | 5,135147 | 4.917,21 | |
| 19 | nov/96 | 957,56 | 957,56 | 5,123874 | 4.906,42 | |
| 20 | dez/96 | 957,56 | 957,56 | 5,109570 | 4.892,72 | |
| 21 | jan/97 | 957,56 | 957,56 | 5,064994 | 4.850,04 | |
| 22 | fev/97 | 957,56 | 957,56 | 4,986214 | 4.774,60 | desconsiderado |
| 23 | mar/97 | 957,56 | 957,56 | 4,965358 | 4.754,63 | desconsiderado |
| 24 | abr/97 | 957,56 | 957,56 | 4,908422 | 4.700,11 | desconsiderado |
| 25 | mai/97 | 957,56 | 957,56 | 4,879633 | 4.672,54 | desconsiderado |
| 26 | jun/97 | 1.031,87 | 1.031,87 | 4,865036 | 5.020,08 | |
| 27 | jul/97 | 1.031,87 | 1.031,87 | 4,831219 | 4.985,19 | |
| 28 | ago/97 | 1.031,87 | 1.031,87 | 4,826875 | 4.980,71 | |
| 29 | set/97 | 1.031,87 | 1.031,87 | 4,826875 | 4.980,71 | |
| 30 | out/97 | 1.031,87 | 1.031,87 | 4,798562 | 4.951,49 | |
| 31 | nov/97 | 1.031,87 | 1.031,87 | 4,782303 | 4.934,71 | |
| 32 | dez/97 | 1.031,87 | 1.031,87 | 4,742935 | 4.894,09 | |
| 33 | jan/98 | 1.031,87 | 1.031,87 | 4,710434 | 4.860,56 | |
| 34 | fev/98 | 1.031,87 | 1.031,87 | 4,669346 | 4.818,16 | |
| 35 | mar/98 | 1.031,87 | 1.031,87 | 4,668412 | 4.817,19 | |
| 36 | abr/98 | 1.031,87 | 1.031,87 | 4,657696 | 4.806,14 | desconsiderado |

| Sequência | Mês/ano | Valor teto | Salário | Índice | Salário atualizado | Desconsiderados |
|---|---|---|---|---|---|---|
| 37 | mai/98 | 1.031,87 | 1.031,87 | 4,657696 | 4.806,14 | desconsiderado |
| 38 | jun/98 | 1.081,50 | 1.081,50 | 4,647011 | 5.025,74 | |
| 39 | jul/98 | 1.081,50 | 1.081,50 | 4,634032 | 5.011,71 | |
| 40 | ago/98 | 1.081,50 | 1.081,50 | 4,634032 | 5.011,71 | |
| 41 | set/98 | 1.081,50 | 1.081,50 | 4,634032 | 5.011,71 | |
| 42 | out/98 | 1.081,50 | 1.081,50 | 4,634032 | 5.011,71 | |
| 43 | nov/98 | 1.081,50 | 1.081,50 | 4,634032 | 5.011,71 | |
| 44 | dez/98 | 1.200,00 | 1.200,00 | 4,634032 | 5.560,84 | |
| 45 | jan/99 | 1.200,00 | 1.200,00 | 4,589061 | 5.506,87 | |
| 46 | fev/99 | 1.200,00 | 1.200,00 | 4,536885 | 5.444,26 | |
| 47 | mar/99 | 1.200,00 | 1.200,00 | 4,344014 | 5.212,82 | |
| 48 | abr/99 | 1.200,00 | 1.200,00 | 4,259672 | 5.111,61 | |
| 49 | mai/99 | 1.200,00 | 1.200,00 | 4,258394 | 5.110,07 | |
| 50 | jun/99 | 1.255,32 | 1.255,32 | 4,258394 | 5.345,65 | |
| 51 | jul/99 | 1.255,32 | 1.255,32 | 4,215397 | 5.291,67 | |
| 52 | ago/99 | 1.255,32 | 1.255,32 | 4,149424 | 5.208,85 | |
| 53 | set/99 | 1.255,32 | 1.255,32 | 4,090114 | 5.134,40 | |
| 54 | out/99 | 1.255,32 | 1.255,32 | 4,030859 | 5.060,02 | |
| 55 | nov/99 | 1.255,32 | 1.255,32 | 3,956092 | 4.966,16 | |
| 56 | dez/99 | 1.255,32 | 1.255,32 | 3,858471 | 4.843,62 | |
| 57 | jan/00 | 1.255,32 | 1.255,32 | 3,811588 | 4.784,76 | desconsiderado |
| 58 | fev/00 | 1.255,32 | 1.255,32 | 3,773102 | 4.736,45 | desconsiderado |
| 59 | mar/00 | 1.255,32 | 1.255,32 | 3,765950 | 4.727,47 | desconsiderado |
| 60 | abr/00 | 1.255,32 | 1.255,32 | 3,759181 | 4.718,98 | desconsiderado |
| 61 | mai/00 | 1.255,32 | 1.255,32 | 3,754302 | 4.712,85 | desconsiderado |
| 62 | jun/00 | 1.328,25 | 1.328,25 | 3,729313 | 4.953,46 | |
| 63 | jul/00 | 1.328,25 | 1.328,25 | 3,694950 | 4.907,82 | |
| 64 | ago/00 | 1.328,25 | 1.328,25 | 3,613294 | 4.799,36 | desconsiderado |
| 65 | set/00 | 1.328,25 | 1.328,25 | 3,548703 | 4.713,56 | desconsiderado |
| 66 | out/00 | 1.328,25 | 1.328,25 | 3,524389 | 4.681,27 | desconsiderado |
| 67 | nov/00 | 1.328,25 | 1.328,25 | 3,511395 | 4.664,01 | desconsiderado |
| 68 | dez/00 | 1.328,25 | 1.328,25 | 3,497752 | 4.645,89 | desconsiderado |
| 69 | jan/01 | 1.328,25 | 1.328,25 | 3,471371 | 4.610,85 | desconsiderado |
| 70 | fev/01 | 1.328,25 | 1.328,25 | 3,454448 | 4.588,37 | desconsiderado |
| 71 | mar/01 | 1.328,25 | 1.328,25 | 3,442739 | 4.572,82 | desconsiderado |
| 72 | abr/01 | 1.328,25 | 1.328,25 | 3,415415 | 4.536,52 | desconsiderado |
| 73 | mai/01 | 1.328,25 | 1.328,25 | 3,377252 | 4.485,83 | desconsiderado |
| 74 | jun/01 | 1.430,00 | 1.430,00 | 3,362458 | 4.808,31 | desconsiderado |
| 75 | jul/01 | 1.430,00 | 1.430,00 | 3,314074 | 4.739,13 | desconsiderado |
| 76 | ago/01 | 1.430,00 | 1.430,00 | 3,261241 | 4.663,57 | desconsiderado |
| 77 | set/01 | 1.430,00 | 1.430,00 | 3,232148 | 4.621,97 | desconsiderado |
| 78 | out/01 | 1.430,00 | 1.430,00 | 3,219915 | 4.604,48 | desconsiderado |
| 79 | nov/01 | 1.430,00 | 1.430,00 | 3,173894 | 4.538,67 | desconsiderado |
| 80 | dez/01 | 1.430,00 | 1.430,00 | 3,149951 | 4.504,43 | desconsiderado |
| 81 | jan/02 | 1.430,00 | 1.430,00 | 3,144295 | 4.496,34 | desconsiderado |
| 82 | fev/02 | 1.430,00 | 1.430,00 | 3,138334 | 4.487,82 | desconsiderado |
| 83 | mar/02 | 1.430,00 | 1.430,00 | 3,132693 | 4.479,75 | desconsiderado |
| 84 | abr/02 | 1.430,00 | 1.430,00 | 3,129252 | 4.474,83 | desconsiderado |

| Sequência | Mês/ano | Valor teto | Salário | Índice | Salário atualizado | Desconsiderados |
|---|---|---|---|---|---|---|
| 85 | mai/02 | 1.430,00 | 1.430,00 | 3,107498 | 4.443,72 | desconsiderado |
| 86 | jun/02 | 1.561,56 | 1.561,56 | 3,073385 | 4.799,28 | desconsiderado |
| 87 | jul/02 | 1.561,56 | 1.561,56 | 3,020818 | 4.717,19 | desconsiderado |
| 88 | ago/02 | 1.561,56 | 1.561,56 | 2,960138 | 4.622,43 | desconsiderado |
| 89 | set/02 | 1.561,56 | 1.561,56 | 2,891888 | 4.515,86 | desconsiderado |
| 90 | out/02 | 1.561,56 | 1.561,56 | 2,817509 | 4.399,71 | desconsiderado |
| 91 | nov/02 | 1.561,56 | 1.561,56 | 2,703684 | 4.221,96 | desconsiderado |
| 92 | dez/02 | 1.561,56 | 1.561,56 | 2,554499 | 3.989,00 | desconsiderado |
| 93 | jan/03 | 1.561,56 | 1.561,56 | 2,487340 | 3.884,13 | desconsiderado |
| 94 | fev/03 | 1.561,56 | 1.561,56 | 2,434511 | 3.801,63 | desconsiderado |
| 95 | mar/03 | 1.561,56 | 1.561,56 | 2,396409 | 3.742,14 | desconsiderado |
| 96 | abr/03 | 1.561,56 | 1.561,56 | 2,357280 | 3.681,03 | desconsiderado |
| 97 | mai/03 | 1.561,56 | 1.561,56 | 2,347653 | 3.666,00 | desconsiderado |
| 98 | jun/03 | 1.869,34 | 1.869,34 | 2,363488 | 4.418,16 | desconsiderado |
| 99 | jul/03 | 1.869,34 | 1.869,34 | 2,380148 | 4.449,31 | desconsiderado |
| 100 | ago/03 | 1.869,34 | 1.869,34 | 2,384922 | 4.458,23 | desconsiderado |
| 101 | set/03 | 1.869,34 | 1.869,34 | 2,370224 | 4.430,75 | desconsiderado |
| 102 | out/03 | 1.869,34 | 1.869,34 | 2,345596 | 4.384,72 | desconsiderado |
| 103 | nov/03 | 1.869,34 | 1.869,34 | 2,335320 | 4.365,51 | desconsiderado |
| 104 | dez/03 | 1.869,34 | 1.869,34 | 2,324163 | 4.344,65 | desconsiderado |
| 105 | jan/04 | 2.400,00 | 2.400,00 | 2,310303 | 5.544,73 | |
| 106 | fev/04 | 2.400,00 | 2.400,00 | 2,291966 | 5.500,72 | |
| 107 | mar/04 | 2.400,00 | 2.400,00 | 2,283062 | 5.479,35 | |
| 108 | abr/04 | 2.400,00 | 2.400,00 | 2,270125 | 5.448,30 | |
| 109 | mai/04 | 2.508,72 | 2.508,72 | 2,260853 | 5.671,85 | |
| 110 | jun/04 | 2.508,72 | 2.508,72 | 2,251844 | 5.649,25 | |
| 111 | jul/04 | 2.508,72 | 2.508,72 | 2,240647 | 5.621,16 | |
| 112 | ago/04 | 2.508,72 | 2.508,72 | 2,224405 | 5.580,41 | |
| 113 | set/04 | 2.508,72 | 2.508,72 | 2,213338 | 5.552,65 | |
| 114 | out/04 | 2.508,72 | 2.508,72 | 2,209584 | 5.543,23 | |
| 115 | nov/04 | 2.508,72 | 2.508,72 | 2,205836 | 5.533,82 | |
| 116 | dez/04 | 2.508,72 | 2.508,72 | 2,196171 | 5.509,58 | |
| 117 | jan/05 | 2.508,72 | 2.508,72 | 2,177442 | 5.462,59 | |
| 118 | fev/05 | 2.508,72 | 2.508,72 | 2,165101 | 5.431,63 | |
| 119 | mar/05 | 2.508,72 | 2.508,72 | 2,155617 | 5.407,84 | |
| 120 | abr/05 | 2.508,72 | 2.508,72 | 2,139993 | 5.368,64 | |
| 121 | mai/05 | 2.668,15 | 2.668,15 | 2,120697 | 5.658,34 | |
| 122 | jun/05 | 2.668,15 | 2.668,15 | 2,105955 | 5.619,00 | |
| 123 | jul/05 | 2.668,15 | 2.668,15 | 2,108273 | 5.625,19 | |
| 124 | ago/05 | 2.668,15 | 2.668,15 | 2,107641 | 5.623,50 | |
| 125 | set/05 | 2.668,15 | 2.668,15 | 2,107641 | 5.623,50 | |
| 126 | out/05 | 2.668,15 | 2.668,15 | 2,104486 | 5.615,08 | |
| 127 | nov/05 | 2.668,15 | 2.668,15 | 2,092350 | 5.582,70 | |
| 128 | dez/05 | 2.668,15 | 2.668,15 | 2,081109 | 5.552,71 | |
| 129 | jan/06 | 2.668,15 | 2.668,15 | 2,072821 | 5.530,60 | |
| 130 | fev/06 | 2.668,15 | 2.668,15 | 2,064973 | 5.509,66 | |
| 131 | mar/06 | 2.668,15 | 2.668,15 | 2,060236 | 5.497,02 | |
| 132 | abr/06 | 2.801,56 | 2.801,56 | 2,054688 | 5.756,33 | |

| Sequência | Mês/ano | Valor teto | Salário | Índice | Salário atualizado | Desconsiderados |
|---|---|---|---|---|---|---|
| 133 | mai/06 | 2.801,56 | 2.801,56 | 2,052227 | 5.749,44 | |
| 134 | jun/06 | 2.801,56 | 2.801,56 | 2,049562 | 5.741,97 | |
| 135 | jul/06 | 2.801,56 | 2.801,56 | 2,050994 | 5.745,98 | |
| 136 | ago/06 | 2.801,82 | 2.801,82 | 2,048742 | 5.740,21 | |
| 137 | set/06 | 2.801,82 | 2.801,82 | 2,049149 | 5.741,35 | |
| 138 | out/06 | 2.801,82 | 2.801,82 | 2,045879 | 5.732,18 | |
| 139 | nov/06 | 2.801,82 | 2.801,82 | 2,037119 | 5.707,64 | |
| 140 | dez/06 | 2.801,82 | 2.801,82 | 2,028598 | 5.683,77 | |
| 141 | jan/07 | 2.801,82 | 2.801,82 | 2,016097 | 5.648,74 | |
| 142 | fev/07 | 2.801,82 | 2.801,82 | 2,006268 | 5.621,20 | |
| 143 | mar/07 | 2.801,82 | 2.801,82 | 1,997878 | 5.597,69 | |
| 144 | abr/07 | 2.894,28 | 2.894,28 | 1,989123 | 5.757,08 | |
| 145 | mai/07 | 2.894,28 | 2.894,28 | 1,983968 | 5.742,16 | |
| 146 | jun/07 | 2.894,28 | 2.894,28 | 1,978820 | 5.727,26 | |
| 147 | jul/07 | 2.894,28 | 2.894,28 | 1,972708 | 5.709,57 | |
| 148 | ago/07 | 2.894,28 | 2.894,28 | 1,966414 | 5.691,35 | |
| 149 | set/07 | 2.894,28 | 2.894,28 | 1,954878 | 5.657,96 | |
| 150 | out/07 | 2.894,28 | 2.894,28 | 1,950006 | 5.643,86 | |
| 151 | nov/07 | 2.894,28 | 2.894,28 | 1,944175 | 5.626,99 | |
| 152 | dez/07 | 2.894,28 | 2.894,28 | 1,935848 | 5.602,89 | |
| 153 | jan/08 | 2.894,28 | 2.894,28 | 1,917250 | 5.549,06 | |
| 154 | fev/08 | 2.894,28 | 2.894,28 | 1,904111 | 5.511,03 | |
| 155 | mar/08 | 3.038,99 | 3.038,99 | 1,894451 | 5.757,22 | |
| 156 | abr/08 | 3.038,99 | 3.038,99 | 1,884838 | 5.728,00 | |
| 157 | mai/08 | 3.038,99 | 3.038,99 | 1,872852 | 5.691,58 | |
| 158 | jun/08 | 3.038,99 | 3.038,99 | 1,855045 | 5.637,46 | |
| 159 | jul/08 | 3.038,99 | 3.038,99 | 1,838316 | 5.586,62 | |
| 160 | ago/08 | 3.038,99 | 3.038,99 | 1,827714 | 5.554,40 | |
| 161 | set/08 | 3.038,99 | 3.038,99 | 1,823883 | 5.542,76 | |
| 162 | out/08 | 3.038,99 | 3.038,99 | 1,821152 | 5.534,46 | |
| 163 | nov/08 | 3.038,99 | 3.038,99 | 1,812093 | 5.506,93 | |
| 164 | dez/08 | 3.038,99 | 3.038,99 | 1,805230 | 5.486,08 | |
| 165 | jan/09 | 3.038,99 | 3.038,99 | 1,800016 | 5.470,23 | |
| 166 | fev/09 | 3.218,90 | 3.218,90 | 1,788567 | 5.757,22 | |
| 167 | mar/09 | 3.218,90 | 3.218,90 | 1,783037 | 5.739,42 | |
| 168 | abr/09 | 3.218,90 | 3.218,90 | 1,779479 | 5.727,96 | |
| 169 | mai/09 | 3.218,90 | 3.218,90 | 1,769747 | 5.696,64 | |
| 170 | jun/09 | 3.218,90 | 3.218,90 | 1,759192 | 5.662,66 | |
| 171 | jul/09 | 3.218,90 | 3.218,90 | 1,751832 | 5.638,97 | |
| 172 | ago/09 | 3.218,90 | 3.218,90 | 1,747812 | 5.626,03 | |
| 173 | set/09 | 3.218,90 | 3.218,90 | 1,746416 | 5.621,54 | |
| 174 | out/09 | 3.218,90 | 3.218,90 | 1,743626 | 5.612,56 | |
| 175 | nov/09 | 3.218,90 | 3.218,90 | 1,739450 | 5.599,12 | |
| 176 | dez/09 | 3.218,90 | 3.218,90 | 1,733039 | 5.578,48 | |
| 177 | jan/10 | 3.467,40 | 3.467,40 | 1,728886 | 5.994,74 | |
| 178 | fev/10 | 3.467,40 | 3.467,40 | 1,713806 | 5.942,45 | |
| 179 | mar/10 | 3.467,40 | 3.467,40 | 1,701893 | 5.901,14 | |
| 180 | abr/10 | 3.467,40 | 3.467,40 | 1,689897 | 5.859,55 | |

| Sequência | Mês/ano | Valor teto | Salário | Índice | Salário atualizado | Desconsiderados |
|---|---|---|---|---|---|---|
| 181 | mai/10 | 3.467,40 | 3.467,40 | 1,677648 | 5.817,08 | |
| 182 | jun/10 | 3.467,40 | 3.467,40 | 1,670466 | 5.792,17 | |
| 183 | jul/10 | 3.467,40 | 3.467,40 | 1,672306 | 5.798,55 | |
| 184 | ago/10 | 3.467,40 | 3.467,40 | 1,673477 | 5.802,61 | |
| 185 | set/10 | 3.467,40 | 3.467,40 | 1,674650 | 5.806,68 | |
| 186 | out/10 | 3.467,40 | 3.467,40 | 1,665657 | 5.775,50 | |
| 187 | nov/10 | 3.467,40 | 3.467,40 | 1,650469 | 5.722,84 | |
| 188 | dez/10 | 3.467,40 | 3.467,40 | 1,633642 | 5.664,49 | |
| 189 | jan/11 | 3.691,74 | 3.691,74 | 1,623900 | 5.995,02 | |
| 190 | fev/11 | 3.691,74 | 3.691,74 | 1,608778 | 5.939,19 | |
| 191 | mar/11 | 3.691,74 | 3.691,74 | 1,600139 | 5.907,30 | |
| 192 | abr/11 | 3.691,74 | 3.691,74 | 1,589647 | 5.868,56 | |
| 193 | mai/11 | 3.691,74 | 3.691,74 | 1,578280 | 5.826,60 | |
| 194 | jun/11 | 3.691,74 | 3.691,74 | 1,569336 | 5.793,58 | |
| 195 | jul/11 | 3.691,74 | 3.691,74 | 1,565891 | 5.780,86 | |
| 196 | ago/11 | 3.691,74 | 3.691,74 | 1,565891 | 5.780,86 | |
| 197 | set/11 | 3.691,74 | 3.691,74 | 1,559341 | 5.756,68 | |
| 198 | out/11 | 3.691,74 | 3.691,74 | 1,552356 | 5.730,89 | |
| 199 | nov/11 | 3.691,74 | 3.691,74 | 1,547405 | 5.712,62 | |
| 200 | dez/11 | 3.691,74 | 3.691,74 | 1,538633 | 5.680,23 | |
| 201 | jan/12 | 3.916,20 | 3.916,20 | 1,530832 | 5.995,04 | |
| 202 | fev/12 | 3.916,20 | 3.916,20 | 1,523060 | 5.964,61 | |
| 203 | mar/12 | 3.916,20 | 3.916,20 | 1,517144 | 5.941,44 | |
| 204 | abr/12 | 3.916,20 | 3.916,20 | 1,514415 | 5.930,75 | |
| 205 | mai/12 | 3.916,20 | 3.916,20 | 1,504788 | 5.893,05 | |
| 206 | jun/12 | 3.916,20 | 3.916,20 | 1,496558 | 5.860,82 | |
| 207 | jul/12 | 3.916,20 | 3.916,20 | 1,492676 | 5.845,62 | |
| 208 | ago/12 | 3.916,20 | 3.916,20 | 1,486286 | 5.820,59 | |
| 209 | set/12 | 3.916,20 | 3.916,20 | 1,479626 | 5.794,51 | |
| 210 | out/12 | 3.916,20 | 3.916,20 | 1,470362 | 5.758,23 | |
| 211 | nov/12 | 3.916,20 | 3.916,20 | 1,459996 | 5.717,64 | |
| 212 | dez/12 | 3.916,20 | 3.916,20 | 1,452154 | 5.686,93 | |
| 213 | jan/13 | 4.159,00 | 4.159,00 | 1,441487 | 5.995,14 | |
| 214 | fev/13 | 4.159,00 | 4.159,00 | 1,428347 | 5.940,50 | |
| 215 | mar/13 | 4.159,00 | 4.159,00 | 1,420959 | 5.909,77 | |
| 216 | abr/13 | 4.159,00 | 4.159,00 | 1,412484 | 5.874,52 | |
| 217 | mai/13 | 4.159,00 | 4.159,00 | 1,404197 | 5.840,06 | |
| 218 | jun/13 | 4.159,00 | 4.159,00 | 1,399298 | 5.819,68 | |
| 219 | jul/13 | 4.159,00 | 4.159,00 | 1,395394 | 5.803,44 | |
| 220 | ago/13 | 4.159,00 | 4.159,00 | 1,397210 | 5.811,00 | |
| 221 | set/13 | 4.159,00 | 4.159,00 | 1,394977 | 5.801,71 | |
| 222 | out/13 | 4.159,00 | 4.159,00 | 1,391220 | 5.786,08 | |
| 223 | nov/13 | 4.159,00 | 4.159,00 | 1,382789 | 5.751,02 | |
| 224 | dez/13 | 4.159,00 | 4.159,00 | 1,375360 | 5.720,12 | |
| 225 | jan/14 | 4.390,24 | 4.390,24 | 1,365528 | 5.995,00 | |
| 226 | fev/14 | 4.390,24 | 4.390,24 | 1,356979 | 5.957,46 | |
| 227 | mar/14 | 4.390,24 | 4.390,24 | 1,348350 | 5.919,58 | |
| 228 | abr/14 | 4.390,24 | 4.390,24 | 1,337383 | 5.871,43 | |

| Sequência | Mês/ano | Valor teto | Salário | Índice | Salário atualizado | Desconsiderados |
|---|---|---|---|---|---|---|
| 229 | mai/14 | 4.390,24 | 4.390,24 | 1,327030 | 5.825,98 | |
| 230 | jun/14 | 4.390,24 | 4.390,24 | 1,319113 | 5.791,22 | |
| 231 | jul/14 | 4.390,24 | 4.390,24 | 1,315695 | 5.776,22 | |
| 232 | ago/14 | 4.390,24 | 4.390,24 | 1,313987 | 5.768,72 | |
| 233 | set/14 | 4.390,24 | 4.390,24 | 1,311626 | 5.758,35 | |
| 234 | out/14 | 4.390,24 | 4.390,24 | 1,305233 | 5.730,29 | |
| 235 | nov/14 | 4.390,24 | 4.390,24 | 1,300292 | 5.708,59 | |
| 236 | dez/14 | 4.390,24 | 4.390,24 | 1,293434 | 5.678,49 | |
| 237 | jan/15 | 4.663,75 | 4.663,75 | 1,285463 | 5.995,08 | |
| 238 | fev/15 | 4.663,75 | 4.663,75 | 1,266718 | 5.907,66 | |
| 239 | mar/15 | 4.663,75 | 4.663,75 | 1,252193 | 5.839,92 | |
| 240 | abr/15 | 4.663,75 | 4.663,75 | 1,233566 | 5.753,04 | |
| 241 | mai/15 | 4.663,75 | 4.663,75 | 1,224870 | 5.712,49 | |
| 242 | jun/15 | 4.663,75 | 4.663,75 | 1,212864 | 5.656,49 | |
| 243 | jul/15 | 4.663,75 | 4.663,75 | 1,203594 | 5.613,26 | |
| 244 | ago/15 | 4.663,75 | 4.663,75 | 1,196654 | 5.580,90 | |
| 245 | set/15 | 4.663,75 | 4.663,75 | 1,193668 | 5.566,97 | |
| 246 | out/15 | 4.663,75 | 4.663,75 | 1,187613 | 5.538,73 | |
| 247 | nov/15 | 4.663,75 | 4.663,75 | 1,178539 | 5.496,41 | |
| 248 | dez/15 | 4.663,75 | 4.663,75 | 1,165598 | 5.436,06 | |
| 249 | jan/16 | 5.189,82 | 5.189,82 | 1,155203 | 5.995,30 | |
| 250 | fev/16 | 5.189,82 | 5.189,82 | 1,138020 | 5.906,12 | |
| 251 | mar/16 | 5.189,82 | 5.189,82 | 1,127309 | 5.850,53 | |
| 252 | abr/16 | 5.189,82 | 5.189,82 | 1,122371 | 5.824,90 | |
| 253 | mai/16 | 5.189,82 | 5.189,82 | 1,115234 | 5.787,86 | |
| 254 | jun/16 | 5.189,82 | 5.189,82 | 1,104412 | 5.731,70 | |
| 255 | jul/16 | 5.189,82 | 5.189,82 | 1,099244 | 5.704,88 | |
| 256 | ago/16 | 5.189,82 | 5.189,82 | 1,092252 | 5.668,59 | |
| 257 | set/16 | 5.189,82 | 5.189,82 | 1,088880 | 5.651,09 | |
| 258 | out/16 | 5.189,82 | 5.189,82 | 1,088008 | 5.646,57 | |
| 259 | nov/16 | 5.189,82 | 5.189,82 | 1,086160 | 5.636,97 | |
| 260 | dez/16 | 5.189,82 | 5.189,82 | 1,085401 | 5.633,04 | |
| 261 | jan/17 | 5.531,31 | 5.531,31 | 1,083884 | 5.995,30 | |
| 262 | fev/17 | 5.531,31 | 5.531,31 | 1,079351 | 5.970,22 | |
| 263 | mar/17 | 5.531,31 | 5.531,31 | 1,076766 | 5.955,93 | |
| 264 | abr/17 | 5.531,31 | 5.531,31 | 1,073334 | 5.936,94 | |
| 265 | mai/17 | 5.531,31 | 5.531,31 | 1,072475 | 5.932,19 | |
| 266 | jun/17 | 5.531,31 | 5.531,31 | 1,068625 | 5.910,90 | |
| 267 | jul/17 | 5.531,31 | 5.531,31 | 1,071843 | 5.928,70 | |
| 268 | ago/17 | 5.531,31 | 5.531,31 | 1,070024 | 5.918,63 | |
| 269 | set/17 | 5.531,31 | 5.531,31 | 1,070344 | 5.920,40 | |
| 270 | out/17 | 5.531,31 | 5.531,31 | 1,070559 | 5.921,59 | |
| 271 | nov/17 | 5.531,31 | 5.531,31 | 1,066612 | 5.899,76 | |
| 272 | dez/17 | 5.531,31 | 5.531,31 | 1,064696 | 5.889,16 | |
| 273 | jan/18 | 5.645,80 | 5.645,80 | 1,061935 | 5.995,47 | |
| 274 | fev/18 | 5.645,80 | 5.645,80 | 1,059498 | 5.981,71 | |
| 275 | mar/18 | 5.645,80 | 5.645,80 | 1,057594 | 5.970,96 | |
| 276 | abr/18 | 5.645,80 | 5.645,80 | 1,056856 | 5.966,80 | |

| Sequência | Mês/ano | Valor teto | Salário | Índice | Salário atualizado | Desconsiderados |
|---|---|---|---|---|---|---|
| 277 | mai/18 | 5.645,80 | 5.645,80 | 1,054639 | 5.954,28 | |
| 278 | jun/18 | 5.645,80 | 5.645,80 | 1,050125 | 5.928,80 | |
| 279 | jul/18 | 5.645,80 | 5.645,80 | 1,035318 | 5.845,20 | |
| 280 | ago/18 | 5.645,80 | 5.645,80 | 1,032736 | 5.830,62 | |
| 281 | set/18 | 5.645,80 | 5.645,80 | 1,032736 | 5.830,62 | |
| 282 | out/18 | 5.645,80 | 5.645,80 | 1,029647 | 5.813,18 | |
| 283 | nov/18 | 5.645,80 | 5.645,80 | 1,025545 | 5.790,02 | |
| 284 | dez/18 | 5.645,80 | 5.645,80 | 1,028115 | 5.804,53 | |
| 285 | jan/19 | 5.839,45 | 5.839,45 | 1,026679 | 5.995,24 | |
| 286 | fev/19 | 5.839,45 | 5.839,45 | 1,022996 | 5.973,73 | |
| 287 | mar/19 | 5.839,45 | 5.839,45 | 1,017502 | 5.941,65 | |
| 288 | abr/19 | 5.839,45 | 5.839,45 | 1,009727 | 5.896,25 | |
| 289 | mai/19 | 5.839,45 | 5.839,45 | 1,003704 | 5.861,08 | |
| 290 | jun/19 | 5.839,45 | 5.839,45 | 1,002201 | 5.852,30 | |
| 291 | jul/19 | 5.839,45 | 5.839,45 | 1,002101 | 5.851,72 | |
| 292 | ago/19 | 5.839,45 | 5.839,45 | 1,001099 | 5.845,87 | |
| 293 | set/19 | 5.839,45 | 5.839,45 | 0,999900 | 5.838,87 | |
| 294 | out/19 | 5.839,45 | 5.839,45 | 1,000400 | 5.841,79 | |

| **SOMA GERAL DE SALÁRIOS** | **1.585.133,99** |
|---|---|

| **MÉDIA GERAL DE SALÁRIOS** = 1.585.133,99 / 294 | **5.391,61** |
|---|---|

| Período Básico de Cálculos- 07/1994 a 10/2019 | **304** |
|---|---|
| Quantidade de salários no período básico de cálculo | **294** |
| Salários considerados (80% dos maiores salários) | **235** |
| Salários desprezados | **59** |

| **SOMA DE SALÁRIOS** - 80% dos maiores | **1.318.547,95** |
|---|---|

| **MÉDIA DE 80% DOS MAIORES SALÁRIOS** = 1.318.547,95 / 235 | **5.610,84** |
|---|---|

| **TETO PREVIDENCIÁRIO** | **5.839,45** |
|---|---|

LEANDERSON CALIPSO LEVINO DA SILVA
DATA DO DIREITO ADQUIRIDO: **13/11/2019**
TEMPO DE CONTRIBUIÇÃO: **39 anos 03 meses e 06 dias**
DATA DO REQUERIMENTO: **01/05/2020**

| **IDADE** | | |
|---|---|---|
| **anos** | **meses** | **dias** |
| **55** | **8** | **13** |
| **55,7028** | | |

| **TEMPO DE CONTRIBUIÇÃO** | | |
|---|---|---|
| **anos** | **meses** | **dias** |
| **39** | **3** | **6** |
| **39,2672** | | |

| **Idade** | 55,7028 |
|---|---|
| **TC** | 39,2672 |
| **ES** | 26,4 |
| **Alíquota** | 0,31 |

| Idade | Expectativa de Sobrevida |
|---|---|
| 51 | 29,7 |
| 52 | 28,8 |
| 53 | 28,0 |
| 54 | 27,2 |
| 55 | 26,4 |

$$\text{Fator Previdenciário} = \frac{TC \times A}{ES} \times \left(1 + \frac{(Id + TC \times A)}{100}\right)$$

$$\frac{39{,}2672 \times 0{,}31}{26{,}4} \times \left(1 + \frac{(55{,}7028 + 39{,}2672 \times 0{,}31)}{100}\right)$$

| Fator Previdenciário | 0,77497 | Favorável | Desfavorável |
|---|---|---|---|
| | | | X |

| REGRA 86/96 | 94,97 | Aplicável | Não aplicável |
|---|---|---|---|
| | | | X |

| | |
|---|---|
| **MÉDIA de 80% DOS MAIORES SALÁRIOS** | **5.610,84** |
| **FATOR PREVIDENCIÁRIO** | **0,77497** |
| **SALÁRIO DE BENEFÍCIO** | **4.348,24** |
| Coeficiente | **100%** |
| **Renda Mensal Inicial** = SB x Coeficiente | **4.348,24** |

| | |
|---|---|
| **PERDA MENSAL COM O FATOR PREVIDENCIÁRIO** | **1.262,60** |
| **PERDA ANUAL COM O FATOR PREVIDENCIÁRIO** | **16.413,83** |

**REAJUSTES DO BENEFÍCIO**

**LEANDERSON CALIPSO LEVINO DA SILVA**

ESPÉCIE: **Aposentadoria por tempo de contribuição**

TEMPO DE CONTRIBUIÇÃO: **39 anos 03 meses e 06 dias**

DATA DO DIREITO ADQUIRIDO: **13/11/2019**

DATA DO REQUERIMENTO: **01/05/2020**

| | |
|---|---|
| SALÁRIO DE BENEFÍCIO | **4.348,24** |
| COEFICIENTE | **100%** |
| RENDA MENSAL INICIAL | **4.348,24** |

| Data | Renda Mensal | Índices de reajustes | Renda Mensal Reajustada |
|---|---|---|---|
| jan/20 | 4.348,24 | 1,017700 | 4.425,20 |
| jan/21 | 4.425,20 | 1,054500 | 4.666,38 |
| **jan/22** | **4.666,38** | **1,101600** | **5.140,48** |

De acordo com os cálculos do direito adquirido, a média dos maiores salários de contribuição correspondente a 80% do período contributivo de 07/1994 a 10/2019 foi fixada no valor de **R$ 5.610,84**. O fator previdenciário foi calculado em **0,77497** que, aplicado sobre a média de salários, encontra-se o salário de benefício no valor de **R$ 4.348,24**. A renda mensal inicial corresponde a 100% do salário de benefício que, reajustada para o 01/05/2020, data do requerimento, equivale a **R$ 4.425,20**. A renda reajustada para o ano de 2022 é de **R$ 5.140,48**.

A seguir será explorado o cálculo da renda mensal inicial da aposentadoria especial com pontuação, com base nas regras de transição do Novo Regime Jurídico, para fins de comparação com a renda mensal obtida pelas regras do direito adquirido.

**APOSENTADORIA ESPECIAL - REGRA DE TRANSIÇÃO COM PONTUAÇÃO**

| | |
|---|---|
| Espécie do benefício: | **Aposentadoria especial** |
| Nome: | **LEANDERSON CALIPSO LEVINO DA SILVA** |
| Data de nascimento: | **01/03/1964** |
| Data do requerimento: | **01/05/2020** |
| Data do direito adquirido: | **13/11/2019** |

| IDADE | |
|---|---|
| **INÍCIO** | **FIM** |
| **01/03/1964** | **01/05/2020** |

| IDADE | | |
|---|---|---|
| **ANOS** | **MESES** | **DIAS** |
| **56** | **2** | **1** |
| **56,17** | | |

| | CONTRATOS DE TRABALHO | | TEMPO MÍNIMO | TEMPO DE CONTRIBUIÇÃO | | | TEMPO DE CONTRIBUIÇÃO TOTAL | | |
|---|---|---|---|---|---|---|---|---|---|
| | **INÍCIO** | **FIM** | | **ANOS** | **MESES** | **DIAS** | **ANOS** | **MESES** | **DIAS** |
| 1 | **01/01/1988** | **30/06/1991** | 35 | 3 | 6 | 0 | 3 | 6 | 0 |
| 2 | **01/02/1993** | **30/06/1994** | 35 | 1 | 5 | 0 | 1 | 5 | 0 |
| 3 | **01/05/1995** | **01/05/2020** | 25 | 25 | 0 | 1 | 25 | 0 | 1 |

| TEMPO TOTAL COMUM | | | TEMPO TOTAL CONVERTIDO | | |
|---|---|---|---|---|---|
| **Anos** | **Meses** | **Dias** | **Anos** | **Meses** | **Dias** |
| **29** | **11** | **1** | **29** | **11** | **1** |
| **29,92** | | | **29,92** | | |

| Regras do Direito Adquirido | | | |
|---|---|---|---|
| **Regras de cálculos** | Regra de pontos: 86 | **86,09** | Com direito |
| | Aposentadoria Especial | **25,00** | Com direito |

Nota-se que o segurado completa os 25 anos de exercício de atividades sujeitas a agentes nocivos em 01/05/2020, já na vigência do Novo regime Jurídico. De acordo com as regras de transição da aposentadoria especial, o segurado terá que formar 86 pontos com a soma da idade, tempo de contribuição especial e tempo de contribuição comum. Esse requisito também é alcançado pelo segurado. Vejamos os cálculos do salário de benefício e da renda mensal inicial.

LEANDERSON CALIPSO LEVINO DA SILVA
DATA DE NASCIMENTO: **01/03/1964**
ESPÉCIE: **46** (APOSENTADORIA ESPECIAL)
DATA DO REQUERIMENTO: **01/05/2020**
TEMPO DE CONTRIBUIÇÃO: **25 anos 00 meses e 01 dia**
BASE LEGAL: EMENDA CONSTITUCIONAL 103/2019
PERÍODO BÁSICO DE CÁLCULO: **07/1994 a 04/2020**

| Sequência | Mês/ano | Valor teto | Salário | Índice | Salário atualizado | Desconsiderados |
|---|---|---|---|---|---|---|
| 1 | mai/95 | 832,66 | 832,66 | 6,448647 | 5.369,53 | |
| 2 | jun/95 | 832,66 | 832,66 | 6,287068 | 5.234,99 | |
| 3 | jul/95 | 832,66 | 832,66 | 6,174689 | 5.141,42 | |
| 4 | ago/95 | 832,66 | 832,66 | 6,026436 | 5.017,97 | |
| 5 | set/95 | 832,66 | 832,66 | 5,965589 | 4.967,31 | |
| 6 | out/95 | 832,66 | 832,66 | 5,896599 | 4.909,86 | |
| 7 | nov/95 | 832,66 | 832,66 | 5,815184 | 4.842,07 | |
| 8 | dez/95 | 832,66 | 832,66 | 5,728684 | 4.770,05 | |
| 9 | jan/96 | 832,66 | 832,66 | 5,635693 | 4.692,62 | |
| 10 | fev/96 | 832,66 | 832,66 | 5,554600 | 4.625,09 | |
| 11 | mar/96 | 832,66 | 832,66 | 5,515436 | 4.592,48 | |
| 12 | abr/96 | 832,66 | 832,66 | 5,499491 | 4.579,21 | |
| 13 | mai/96 | 957,56 | 957,56 | 5,461258 | 5.229,48 | |
| 14 | jun/96 | 957,56 | 957,56 | 5,371027 | 5.143,08 | |
| 15 | jul/96 | 957,56 | 957,56 | 5,306293 | 5.081,09 | |
| 16 | ago/96 | 957,56 | 957,56 | 5,249076 | 5.026,31 | |
| 17 | set/96 | 957,56 | 957,56 | 5,248864 | 5.026,10 | |
| 18 | out/96 | 957,56 | 957,56 | 5,242049 | 5.019,58 | |
| 19 | nov/96 | 957,56 | 957,56 | 5,230542 | 5.008,56 | |
| 20 | dez/96 | 957,56 | 957,56 | 5,215941 | 4.994,58 | |
| 21 | jan/97 | 957,56 | 957,56 | 5,170436 | 4.951,00 | |
| 22 | fev/97 | 957,56 | 957,56 | 5,090017 | 4.874,00 | |
| 23 | mar/97 | 957,56 | 957,56 | 5,068726 | 4.853,61 | |
| 24 | abr/97 | 957,56 | 957,56 | 5,010605 | 4.797,95 | |
| 25 | mai/97 | 957,56 | 957,56 | 4,981217 | 4.769,81 | |
| 26 | jun/97 | 1.031,87 | 1.031,87 | 4,966316 | 5.124,59 | |
| 27 | jul/97 | 1.031,87 | 1.031,87 | 4,931795 | 5.088,97 | |
| 28 | ago/97 | 1.031,87 | 1.031,87 | 4,927361 | 5.084,40 | |
| 29 | set/97 | 1.031,87 | 1.031,87 | 4,927361 | 5.084,40 | |
| 30 | out/97 | 1.031,87 | 1.031,87 | 4,898458 | 5.054,57 | |
| 31 | nov/97 | 1.031,87 | 1.031,87 | 4,881860 | 5.037,44 | |
| 32 | dez/97 | 1.031,87 | 1.031,87 | 4,841672 | 4.995,98 | |
| 33 | jan/98 | 1.031,87 | 1.031,87 | 4,808496 | 4.961,74 | |
| 34 | fev/98 | 1.031,87 | 1.031,87 | 4,766551 | 4.918,46 | |
| 35 | mar/98 | 1.031,87 | 1.031,87 | 4,765598 | 4.917,48 | |
| 36 | abr/98 | 1.031,87 | 1.031,87 | 4,754660 | 4.906,19 | |
| 37 | mai/98 | 1.031,87 | 1.031,87 | 4,754660 | 4.906,19 | |
| 38 | jun/98 | 1.081,50 | 1.081,50 | 4,743752 | 5.130,37 | |
| 39 | jul/98 | 1.081,50 | 1.081,50 | 4,730502 | 5.116,04 | |
| 40 | ago/98 | 1.081,50 | 1.081,50 | 4,730502 | 5.116,04 | |
| 41 | set/98 | 1.081,50 | 1.081,50 | 4,730502 | 5.116,04 | |
| 42 | out/98 | 1.081,50 | 1.081,50 | 4,730502 | 5.116,04 | |
| 43 | nov/98 | 1.081,50 | 1.081,50 | 4,730502 | 5.116,04 | |
| 44 | dez/98 | 1.200,00 | 1.200,00 | 4,730502 | 5.676,60 | |
| 45 | jan/99 | 1.200,00 | 1.200,00 | 4,684596 | 5.621,52 | |
| 46 | fev/99 | 1.200,00 | 1.200,00 | 4,631333 | 5.557,60 | |
| 47 | mar/99 | 1.200,00 | 1.200,00 | 4,434447 | 5.321,34 | |
| 48 | abr/99 | 1.200,00 | 1.200,00 | 4,348349 | 5.218,02 | |
| 49 | mai/99 | 1.200,00 | 1.200,00 | 4,347045 | 5.216,45 | |
| 50 | jun/99 | 1.255,32 | 1.255,32 | 4,347045 | 5.456,93 | |
| 51 | jul/99 | 1.255,32 | 1.255,32 | 4,303154 | 5.401,84 | |
| 52 | ago/99 | 1.255,32 | 1.255,32 | 4,235805 | 5.317,29 | |
| 53 | set/99 | 1.255,32 | 1.255,32 | 4,175262 | 5.241,29 | |
| 54 | out/99 | 1.255,32 | 1.255,32 | 4,114773 | 5.165,36 | |
| 55 | nov/99 | 1.255,32 | 1.255,32 | 4,038449 | 5.069,55 | |

| Sequência | Mês/ano | Valor teto | Salário | Índice | Salário atualizado | Desconsiderados |
|---|---|---|---|---|---|---|
| 56 | dez/99 | 1.255,32 | 1.255,32 | 3,938797 | 4.944,45 | |
| 57 | jan/00 | 1.255,32 | 1.255,32 | 3,890937 | 4.884,37 | |
| 58 | fev/00 | 1.255,32 | 1.255,32 | 3,851650 | 4.835,05 | |
| 59 | mar/00 | 1.255,32 | 1.255,32 | 3,844350 | 4.825,89 | |
| 60 | abr/00 | 1.255,32 | 1.255,32 | 3,837441 | 4.817,22 | |
| 61 | mai/00 | 1.255,32 | 1.255,32 | 3,832458 | 4.810,96 | |
| 62 | jun/00 | 1.328,25 | 1.328,25 | 3,806949 | 5.056,58 | |
| 63 | jul/00 | 1.328,25 | 1.328,25 | 3,771872 | 5.009,99 | |
| 64 | ago/00 | 1.328,25 | 1.328,25 | 3,688516 | 4.899,27 | |
| 65 | set/00 | 1.328,25 | 1.328,25 | 3,622580 | 4.811,69 | |
| 66 | out/00 | 1.328,25 | 1.328,25 | 3,597760 | 4.778,72 | |
| 67 | nov/00 | 1.328,25 | 1.328,25 | 3,584495 | 4.761,11 | |
| 68 | dez/00 | 1.328,25 | 1.328,25 | 3,570568 | 4.742,61 | |
| 69 | jan/01 | 1.328,25 | 1.328,25 | 3,543637 | 4.706,84 | |
| 70 | fev/01 | 1.328,25 | 1.328,25 | 3,526363 | 4.683,89 | |
| 71 | mar/01 | 1.328,25 | 1.328,25 | 3,514409 | 4.668,01 | |
| 72 | abr/01 | 1.328,25 | 1.328,25 | 3,486517 | 4.630,97 | |
| 73 | mai/01 | 1.328,25 | 1.328,25 | 3,447559 | 4.579,22 | |
| 74 | jun/01 | 1.430,00 | 1.430,00 | 3,432458 | 4.908,41 | |
| 75 | jul/01 | 1.430,00 | 1.430,00 | 3,383066 | 4.837,78 | |
| 76 | ago/01 | 1.430,00 | 1.430,00 | 3,329133 | 4.760,66 | |
| 77 | set/01 | 1.430,00 | 1.430,00 | 3,299435 | 4.718,19 | |
| 78 | out/01 | 1.430,00 | 1.430,00 | 3,286947 | 4.700,33 | |
| 79 | nov/01 | 1.430,00 | 1.430,00 | 3,239968 | 4.633,15 | |
| 80 | dez/01 | 1.430,00 | 1.430,00 | 3,215527 | 4.598,20 | |
| 81 | jan/02 | 1.430,00 | 1.430,00 | 3,209753 | 4.589,95 | |
| 82 | fev/02 | 1.430,00 | 1.430,00 | 3,203668 | 4.581,25 | |
| 83 | mar/02 | 1.430,00 | 1.430,00 | 3,197909 | 4.573,01 | |
| 84 | abr/02 | 1.430,00 | 1.430,00 | 3,194397 | 4.567,99 | |
| 85 | mai/02 | 1.430,00 | 1.430,00 | 3,172189 | 4.536,23 | |
| 86 | jun/02 | 1.561,56 | 1.561,56 | 3,137366 | 4.899,19 | |
| 87 | jul/02 | 1.561,56 | 1.561,56 | 3,083704 | 4.815,39 | |
| 88 | ago/02 | 1.561,56 | 1.561,56 | 3,021763 | 4.718,66 | |
| 89 | set/02 | 1.561,56 | 1.561,56 | 2,952092 | 4.609,87 | |
| 90 | out/02 | 1.561,56 | 1.561,56 | 2,876165 | 4.491,30 | |
| 91 | nov/02 | 1.561,56 | 1.561,56 | 2,759968 | 4.309,86 | |
| 92 | dez/02 | 1.561,56 | 1.561,56 | 2,607678 | 4.072,05 | |
| 93 | jan/03 | 1.561,56 | 1.561,56 | 2,539121 | 3.964,99 | |
| 94 | fev/03 | 1.561,56 | 1.561,56 | 2,485192 | 3.880,78 | |
| 95 | mar/03 | 1.561,56 | 1.561,56 | 2,446299 | 3.820,04 | |
| 96 | abr/03 | 1.561,56 | 1.561,56 | 2,406354 | 3.757,67 | |
| 97 | mai/03 | 1.561,56 | 1.561,56 | 2,396525 | 3.742,32 | |
| 98 | jun/03 | 1.869,34 | 1.869,34 | 2,412691 | 4.510,14 | |
| 99 | jul/03 | 1.869,34 | 1.869,34 | 2,429699 | 4.541,93 | |
| 100 | ago/03 | 1.869,34 | 1.869,34 | 2,434571 | 4.551,04 | |
| 101 | set/03 | 1.869,34 | 1.869,34 | 2,419566 | 4.522,99 | |
| 102 | out/03 | 1.869,34 | 1.869,34 | 2,394426 | 4.476,00 | |
| 103 | nov/03 | 1.869,34 | 1.869,34 | 2,383936 | 4.456,39 | |
| 104 | dez/03 | 1.869,34 | 1.869,34 | 2,372548 | 4.435,10 | |
| 105 | jan/04 | 2.400,00 | 2.400,00 | 2,358398 | 5.660,16 | |
| 106 | fev/04 | 2.400,00 | 2.400,00 | 2,339681 | 5.615,23 | |
| 107 | mar/04 | 2.400,00 | 2.400,00 | 2,330590 | 5.593,42 | |
| 108 | abr/04 | 2.400,00 | 2.400,00 | 2,317384 | 5.561,72 | |
| 109 | mai/04 | 2.508,72 | 2.508,72 | 2,307920 | 5.789,93 | |
| 110 | jun/04 | 2.508,72 | 2.508,72 | 2,298723 | 5.766,85 | |

| Sequência | Mês/ano | Valor teto | Salário | Índice | Salário atualizado | Desconsiderados |
|---|---|---|---|---|---|---|
| 111 | jul/04 | 2.508,72 | 2.508,72 | 2,287292 | 5.738,18 | |
| 112 | ago/04 | 2.508,72 | 2.508,72 | 2,270712 | 5.696,58 | |
| 113 | set/04 | 2.508,72 | 2.508,72 | 2,259415 | 5.668,24 | |
| 114 | out/04 | 2.508,72 | 2.508,72 | 2,255582 | 5.658,62 | |
| 115 | nov/04 | 2.508,72 | 2.508,72 | 2,251757 | 5.649,03 | |
| 116 | dez/04 | 2.508,72 | 2.508,72 | 2,241890 | 5.624,27 | |
| 117 | jan/05 | 2.508,72 | 2.508,72 | 2,222771 | 5.576,31 | |
| 118 | fev/05 | 2.508,72 | 2.508,72 | 2,210174 | 5.544,71 | |
| 119 | mar/05 | 2.508,72 | 2.508,72 | 2,200492 | 5.520,42 | |
| 120 | abr/05 | 2.508,72 | 2.508,72 | 2,184543 | 5.480,41 | |
| 121 | mai/05 | 2.668,15 | 2.668,15 | 2,164846 | 5.776,13 | |
| 122 | jun/05 | 2.668,15 | 2.668,15 | 2,149796 | 5.735,98 | |
| 123 | jul/05 | 2.668,15 | 2.668,15 | 2,152163 | 5.742,29 | |
| 124 | ago/05 | 2.668,15 | 2.668,15 | 2,151517 | 5.740,57 | |
| 125 | set/05 | 2.668,15 | 2.668,15 | 2,151517 | 5.740,57 | |
| 126 | out/05 | 2.668,15 | 2.668,15 | 2,148297 | 5.731,98 | |
| 127 | nov/05 | 2.668,15 | 2.668,15 | 2,135910 | 5.698,93 | |
| 128 | dez/05 | 2.668,15 | 2.668,15 | 2,124434 | 5.668,31 | |
| 129 | jan/06 | 2.668,15 | 2.668,15 | 2,115973 | 5.645,73 | |
| 130 | fev/06 | 2.668,15 | 2.668,15 | 2,107962 | 5.624,36 | |
| 131 | mar/06 | 2.668,15 | 2.668,15 | 2,103127 | 5.611,46 | |
| 132 | abr/06 | 2.801,56 | 2.801,56 | 2,097462 | 5.876,17 | |
| 133 | mai/06 | 2.801,56 | 2.801,56 | 2,094950 | 5.869,13 | |
| 134 | jun/06 | 2.801,56 | 2.801,56 | 2,092231 | 5.861,51 | |
| 135 | jul/06 | 2.801,56 | 2.801,56 | 2,093691 | 5.865,60 | |
| 136 | ago/06 | 2.801,82 | 2.801,82 | 2,091392 | 5.859,70 | |
| 137 | set/06 | 2.801,82 | 2.801,82 | 2,091808 | 5.860,87 | |
| 138 | out/06 | 2.801,82 | 2.801,82 | 2,088470 | 5.851,52 | |
| 139 | nov/06 | 2.801,82 | 2.801,82 | 2,079527 | 5.826,46 | |
| 140 | dez/06 | 2.801,82 | 2.801,82 | 2,070828 | 5.802,09 | |
| 141 | jan/07 | 2.801,82 | 2.801,82 | 2,058068 | 5.766,34 | |
| 142 | fev/07 | 2.801,82 | 2.801,82 | 2,048035 | 5.738,23 | |
| 143 | mar/07 | 2.801,82 | 2.801,82 | 2,039470 | 5.714,23 | |
| 144 | abr/07 | 2.894,28 | 2.894,28 | 2,030532 | 5.876,93 | |
| 145 | mai/07 | 2.894,28 | 2.894,28 | 2,025269 | 5.861,70 | |
| 146 | jun/07 | 2.894,28 | 2.894,28 | 2,020015 | 5.846,49 | |
| 147 | jul/07 | 2.894,28 | 2.894,28 | 2,013776 | 5.828,43 | |
| 148 | ago/07 | 2.894,28 | 2.894,28 | 2,007350 | 5.809,83 | |
| 149 | set/07 | 2.894,28 | 2.894,28 | 1,995574 | 5.775,75 | |
| 150 | out/07 | 2.894,28 | 2.894,28 | 1,990601 | 5.761,36 | |
| 151 | nov/07 | 2.894,28 | 2.894,28 | 1,984649 | 5.744,13 | |
| 152 | dez/07 | 2.894,28 | 2.894,28 | 1,976148 | 5.719,53 | |
| 153 | jan/08 | 2.894,28 | 2.894,28 | 1,957163 | 5.664,58 | |
| 154 | fev/08 | 2.894,28 | 2.894,28 | 1,943751 | 5.625,76 | |
| 155 | mar/08 | 3.038,99 | 3.038,99 | 1,933890 | 5.877,07 | |
| 156 | abr/08 | 3.038,99 | 3.038,99 | 1,924075 | 5.847,24 | |
| 157 | mai/08 | 3.038,99 | 3.038,99 | 1,911840 | 5.810,06 | |
| 158 | jun/08 | 3.038,99 | 3.038,99 | 1,893663 | 5.754,82 | |
| 159 | jul/08 | 3.038,99 | 3.038,99 | 1,876587 | 5.702,93 | |
| 160 | ago/08 | 3.038,99 | 3.038,99 | 1,865764 | 5.670,04 | |
| 161 | set/08 | 3.038,99 | 3.038,99 | 1,861853 | 5.658,15 | |
| 162 | out/08 | 3.038,99 | 3.038,99 | 1,859064 | 5.649,68 | |
| 163 | nov/08 | 3.038,99 | 3.038,99 | 1,849817 | 5.621,58 | |
| 164 | dez/08 | 3.038,99 | 3.038,99 | 1,842812 | 5.600,29 | |
| 165 | jan/09 | 3.038,99 | 3.038,99 | 1,837488 | 5.584,11 | |

| Sequência | Mês/ano | Valor teto | Salário | Índice | Salário atualizado | Desconsiderados |
|---|---|---|---|---|---|---|
| 166 | fev/09 | 3.218,90 | 3.218,90 | 1,825800 | 5.877,07 | |
| 167 | mar/09 | 3.218,90 | 3.218,90 | 1,820157 | 5.858,90 | |
| 168 | abr/09 | 3.218,90 | 3.218,90 | 1,816523 | 5.847,21 | |
| 169 | mai/09 | 3.218,90 | 3.218,90 | 1,806591 | 5.815,24 | |
| 170 | jun/09 | 3.218,90 | 3.218,90 | 1,795815 | 5.780,55 | |
| 171 | jul/09 | 3.218,90 | 3.218,90 | 1,788301 | 5.756,36 | |
| 172 | ago/09 | 3.218,90 | 3.218,90 | 1,784198 | 5.743,15 | |
| 173 | set/09 | 3.218,90 | 3.218,90 | 1,782773 | 5.738,57 | |
| 174 | out/09 | 3.218,90 | 3.218,90 | 1,779924 | 5.729,40 | |
| 175 | nov/09 | 3.218,90 | 3.218,90 | 1,775662 | 5.715,68 | |
| 176 | dez/09 | 3.218,90 | 3.218,90 | 1,769117 | 5.694,61 | |
| 177 | jan/10 | 3.467,40 | 3.467,40 | 1,764877 | 6.119,53 | |
| 178 | fev/10 | 3.467,40 | 3.467,40 | 1,749485 | 6.066,16 | |
| 179 | mar/10 | 3.467,40 | 3.467,40 | 1,737323 | 6.023,99 | |
| 180 | abr/10 | 3.467,40 | 3.467,40 | 1,725077 | 5.981,53 | |
| 181 | mai/10 | 3.467,40 | 3.467,40 | 1,712573 | 5.938,18 | |
| 182 | jun/10 | 3.467,40 | 3.467,40 | 1,705242 | 5.912,76 | |
| 183 | jul/10 | 3.467,40 | 3.467,40 | 1,707120 | 5.919,27 | |
| 184 | ago/10 | 3.467,40 | 3.467,40 | 1,708317 | 5.923,42 | |
| 185 | set/10 | 3.467,40 | 3.467,40 | 1,709513 | 5.927,57 | |
| 186 | out/10 | 3.467,40 | 3.467,40 | 1,700333 | 5.895,73 | |
| 187 | nov/10 | 3.467,40 | 3.467,40 | 1,684828 | 5.841,97 | |
| 188 | dez/10 | 3.467,40 | 3.467,40 | 1,667652 | 5.782,42 | |
| 189 | jan/11 | 3.691,74 | 3.691,74 | 1,657706 | 6.119,82 | |
| 190 | fev/11 | 3.691,74 | 3.691,74 | 1,642270 | 6.062,83 | |
| 191 | mar/11 | 3.691,74 | 3.691,74 | 1,633451 | 6.030,28 | |
| 192 | abr/11 | 3.691,74 | 3.691,74 | 1,622739 | 5.990,73 | |
| 193 | mai/11 | 3.691,74 | 3.691,74 | 1,611138 | 5.947,90 | |
| 194 | jun/11 | 3.691,74 | 3.691,74 | 1,602005 | 5.914,19 | |
| 195 | jul/11 | 3.691,74 | 3.691,74 | 1,598490 | 5.901,21 | |
| 196 | ago/11 | 3.691,74 | 3.691,74 | 1,598490 | 5.901,21 | |
| 197 | set/11 | 3.691,74 | 3.691,74 | 1,591803 | 5.876,52 | |
| 198 | out/11 | 3.691,74 | 3.691,74 | 1,584674 | 5.850,20 | |
| 199 | nov/11 | 3.691,74 | 3.691,74 | 1,579619 | 5.831,54 | |
| 200 | dez/11 | 3.691,74 | 3.691,74 | 1,570665 | 5.798,49 | |
| 201 | jan/12 | 3.916,20 | 3.916,20 | 1,562700 | 6.119,85 | |
| 202 | fev/12 | 3.916,20 | 3.916,20 | 1,554768 | 6.088,78 | |
| 203 | mar/12 | 3.916,20 | 3.916,20 | 1,548728 | 6.065,13 | |
| 204 | abr/12 | 3.916,20 | 3.916,20 | 1,545942 | 6.054,22 | |
| 205 | mai/12 | 3.916,20 | 3.916,20 | 1,536115 | 6.015,73 | |
| 206 | jun/12 | 3.916,20 | 3.916,20 | 1,527713 | 5.982,83 | |
| 207 | jul/12 | 3.916,20 | 3.916,20 | 1,523749 | 5.967,31 | |
| 208 | ago/12 | 3.916,20 | 3.916,20 | 1,517227 | 5.941,76 | |
| 209 | set/12 | 3.916,20 | 3.916,20 | 1,510429 | 5.915,14 | |
| 210 | out/12 | 3.916,20 | 3.916,20 | 1,500972 | 5.878,11 | |
| 211 | nov/12 | 3.916,20 | 3.916,20 | 1,490390 | 5.836,67 | |
| 212 | dez/12 | 3.916,20 | 3.916,20 | 1,482386 | 5.805,32 | |
| 213 | jan/13 | 4.159,00 | 4.159,00 | 1,471496 | 6.119,95 | |
| 214 | fev/13 | 4.159,00 | 4.159,00 | 1,458083 | 6.064,17 | |
| 215 | mar/13 | 4.159,00 | 4.159,00 | 1,450540 | 6.032,80 | |
| 216 | abr/13 | 4.159,00 | 4.159,00 | 1,441888 | 5.996,81 | |
| 217 | mai/13 | 4.159,00 | 4.159,00 | 1,433430 | 5.961,64 | |
| 218 | jun/13 | 4.159,00 | 4.159,00 | 1,428428 | 5.940,83 | |
| 219 | jul/13 | 4.159,00 | 4.159,00 | 1,424443 | 5.924,26 | |
| 220 | ago/13 | 4.159,00 | 4.159,00 | 1,426298 | 5.931,97 | |

| Sequência | Mês/ano | Valor teto | Salário | Índice | Salário atualizado | Desconsiderados |
|---|---|---|---|---|---|---|
| 221 | set/13 | 4.159,00 | 4.159,00 | 1,424018 | 5.922,49 | |
| 222 | out/13 | 4.159,00 | 4.159,00 | 1,420183 | 5.906,54 | |
| 223 | nov/13 | 4.159,00 | 4.159,00 | 1,411576 | 5.870,74 | |
| 224 | dez/13 | 4.159,00 | 4.159,00 | 1,403991 | 5.839,20 | |
| 225 | jan/14 | 4.390,24 | 4.390,24 | 1,393955 | 6.119,80 | |
| 226 | fev/14 | 4.390,24 | 4.390,24 | 1,385230 | 6.081,49 | |
| 227 | mar/14 | 4.390,24 | 4.390,24 | 1,376420 | 6.042,81 | |
| 228 | abr/14 | 4.390,24 | 4.390,24 | 1,365225 | 5.993,67 | |
| 229 | mai/14 | 4.390,24 | 4.390,24 | 1,354656 | 5.947,26 | |
| 230 | jun/14 | 4.390,24 | 4.390,24 | 1,346574 | 5.911,78 | |
| 231 | jul/14 | 4.390,24 | 4.390,24 | 1,343086 | 5.896,47 | |
| 232 | ago/14 | 4.390,24 | 4.390,24 | 1,341343 | 5.888,82 | |
| 233 | set/14 | 4.390,24 | 4.390,24 | 1,338930 | 5.878,22 | |
| 234 | out/14 | 4.390,24 | 4.390,24 | 1,332405 | 5.849,58 | |
| 235 | nov/14 | 4.390,24 | 4.390,24 | 1,327361 | 5.827,43 | |
| 236 | dez/14 | 4.390,24 | 4.390,24 | 1,320361 | 5.796,70 | |
| 237 | jan/15 | 4.663,75 | 4.663,75 | 1,312224 | 6.119,88 | |
| 238 | fev/15 | 4.663,75 | 4.663,75 | 1,293088 | 6.030,64 | |
| 239 | mar/15 | 4.663,75 | 4.663,75 | 1,278260 | 5.961,49 | |
| 240 | abr/15 | 4.663,75 | 4.663,75 | 1,259246 | 5.872,81 | |
| 241 | mai/15 | 4.663,75 | 4.663,75 | 1,250369 | 5.831,41 | |
| 242 | jun/15 | 4.663,75 | 4.663,75 | 1,238113 | 5.774,25 | |
| 243 | jul/15 | 4.663,75 | 4.663,75 | 1,228650 | 5.730,12 | |
| 244 | ago/15 | 4.663,75 | 4.663,75 | 1,221566 | 5.697,08 | |
| 245 | set/15 | 4.663,75 | 4.663,75 | 1,218517 | 5.682,86 | |
| 246 | out/15 | 4.663,75 | 4.663,75 | 1,212336 | 5.654,03 | |
| 247 | nov/15 | 4.663,75 | 4.663,75 | 1,203075 | 5.610,84 | |
| 248 | dez/15 | 4.663,75 | 4.663,75 | 1,189863 | 5.549,22 | |
| 249 | jan/16 | 5.189,82 | 5.189,82 | 1,179252 | 6.120,11 | |
| 250 | fev/16 | 5.189,82 | 5.189,82 | 1,161711 | 6.029,07 | |
| 251 | mar/16 | 5.189,82 | 5.189,82 | 1,150776 | 5.972,32 | |
| 252 | abr/16 | 5.189,82 | 5.189,82 | 1,145736 | 5.946,16 | |
| 253 | mai/16 | 5.189,82 | 5.189,82 | 1,138450 | 5.908,35 | |
| 254 | jun/16 | 5.189,82 | 5.189,82 | 1,127403 | 5.851,02 | |
| 255 | jul/16 | 5.189,82 | 5.189,82 | 1,122127 | 5.823,64 | |
| 256 | ago/16 | 5.189,82 | 5.189,82 | 1,114990 | 5.786,60 | |
| 257 | set/16 | 5.189,82 | 5.189,82 | 1,111548 | 5.768,73 | |
| 258 | out/16 | 5.189,82 | 5.189,82 | 1,110658 | 5.764,12 | |
| 259 | nov/16 | 5.189,82 | 5.189,82 | 1,108772 | 5.754,33 | |
| 260 | dez/16 | 5.189,82 | 5.189,82 | 1,107996 | 5.750,30 | |
| 261 | jan/17 | 5.531,31 | 5.531,31 | 1,106449 | 6.120,11 | |
| 262 | fev/17 | 5.531,31 | 5.531,31 | 1,101820 | 6.094,51 | |
| 263 | mar/17 | 5.531,31 | 5.531,31 | 1,099182 | 6.079,92 | |
| 264 | abr/17 | 5.531,31 | 5.531,31 | 1,095677 | 6.060,53 | |
| 265 | mai/17 | 5.531,31 | 5.531,31 | 1,094802 | 6.055,69 | |
| 266 | jun/17 | 5.531,31 | 5.531,31 | 1,090872 | 6.033,95 | |
| 267 | jul/17 | 5.531,31 | 5.531,31 | 1,094156 | 6.052,12 | |
| 268 | ago/17 | 5.531,31 | 5.531,31 | 1,092300 | 6.041,85 | |
| 269 | set/17 | 5.531,31 | 5.531,31 | 1,092627 | 6.043,66 | |
| 270 | out/17 | 5.531,31 | 5.531,31 | 1,092846 | 6.044,87 | |
| 271 | nov/17 | 5.531,31 | 5.531,31 | 1,088817 | 6.022,58 | |
| 272 | dez/17 | 5.531,31 | 5.531,31 | 1,086859 | 6.011,75 | |
| 273 | jan/18 | 5.645,80 | 5.645,80 | 1,084042 | 6.120,28 | |
| 274 | fev/18 | 5.645,80 | 5.645,80 | 1,081555 | 6.106,24 | |
| 275 | mar/18 | 5.645,80 | 5.645,80 | 1,079610 | 6.095,26 | |

| Sequência | Mês/ano | Valor teto | Salário | Índice | Salário atualizado | Desconsiderados |
|---|---|---|---|---|---|---|
| 276 | abr/18 | 5.645,80 | 5.645,80 | 1,078857 | 6.091,01 | |
| 277 | mai/18 | 5.645,80 | 5.645,80 | 1,076594 | 6.078,23 | |
| 278 | jun/18 | 5.645,80 | 5.645,80 | 1,071987 | 6.052,22 | |
| 279 | jul/18 | 5.645,80 | 5.645,80 | 1,056872 | 5.966,89 | |
| 280 | ago/18 | 5.645,80 | 5.645,80 | 1,054236 | 5.952,01 | |
| 281 | set/18 | 5.645,80 | 5.645,80 | 1,054236 | 5.952,01 | |
| 282 | out/18 | 5.645,80 | 5.645,80 | 1,051083 | 5.934,20 | |
| 283 | nov/18 | 5.645,80 | 5.645,80 | 1,046895 | 5.910,56 | |
| 284 | dez/18 | 5.645,80 | 5.645,80 | 1,049519 | 5.925,37 | |
| 285 | jan/19 | 5.839,45 | 5.839,45 | 1,048052 | 6.120,05 | |
| 286 | fev/19 | 5.839,45 | 5.839,45 | 1,044293 | 6.098,10 | |
| 287 | mar/19 | 5.839,45 | 5.839,45 | 1,038686 | 6.065,35 | |
| 288 | abr/19 | 5.839,45 | 5.839,45 | 1,030747 | 6.019,00 | |
| 289 | mai/19 | 5.839,45 | 5.839,45 | 1,024599 | 5.983,09 | |
| 290 | jun/19 | 5.839,45 | 5.839,45 | 1,023065 | 5.974,14 | |
| 291 | jul/19 | 5.839,45 | 5.839,45 | 1,022963 | 5.973,54 | |
| 292 | ago/19 | 5.839,45 | 5.839,45 | 1,021939 | 5.967,56 | |
| 293 | set/19 | 5.839,45 | 5.839,45 | 1,020715 | 5.960,41 | |
| 294 | out/19 | 5.839,45 | 5.839,45 | 1,021226 | 5.963,40 | |
| 295 | nov/19 | 5.839,45 | 5.839,45 | 1,020818 | 5.961,02 | |
| 296 | dez/19 | 5.839,45 | 5.839,45 | 1,015335 | 5.929,00 | |
| 297 | jan/20 | 6.101,06 | 6.101,06 | 1,003097 | 6.119,95 | |
| 298 | fev/20 | 6.101,06 | 6.101,06 | 1,001195 | 6.108,35 | |
| 299 | mar/20 | 6.101,06 | 6.101,06 | 0,999496 | 6.097,99 | |
| 300 | abr/20 | 6.101,06 | 6.101,06 | 0,997700 | 6.087,03 | |

| **SOMA GERAL DE SALÁRIOS** | **1.654.436,50** |
|---|---|

| **MÉDIA GERAL DE SALÁRIOS** = 1.654.436,50 / 300 | **5.514,79** |
|---|---|

| Período Básico de Cálculos - 07/1994 a 04/2020 | **310** |
|---|---|
| Quantidade de salários no período básico de cálculo | **300** |

| **TETO PREVIDENCIÁRIO** | **6.101,06** |
|---|---|

| **REGRA DE PONTOS** | **86,09** | Aplicável | Não aplicável |
|---|---|---|---|
| | | X | |

**HOMEM**

| Tempo de contribuição | Coeficiente de cálculo da Renda Mensal Inicial |
|---|---|
| 20 | 60,00% |
| 21 | 62,00% |
| 22 | 64,00% |
| 23 | 66,00% |
| 24 | 68,00% |
| 25 | 70,00% |

| **SALÁRIO DE BENEFÍCIO** | **5.514,79** |
|---|---|
| Coeficiente | **70%** |
| **RENDA MENSAL INICIAL** = SB x Coeficiente | **3.860,35** |
| **RENDA MENSAL COM BASE NO DIREITO ADQUIRIDO** | **4.425,20** |
| **DIFERENÇA** | **564,85** |

De acordo com os cálculos, na data do requerimento, em 01/05/2020, com base nas regras do Novo Regime Jurídico, particularmente a regra de transição da aposentadoria especial com pontuação, a média aritmética simples dos salários de contribuição correspondentes a 100% do período contributivo de 07/1994 a 04/2020 foi fixada no valor de R$ 5.514,79. O segurado atingiu a pontuação de 86 pontos, exigidos pela referida regra.

A renda mensal inicial foi equivalente a 70% do salário de benefício, com base na tabela de coeficientes da EC 103/2019, fixada no valor de R$ 3.860,35. A renda mensal obtida com base no direito adquirido em 13/11/2019, reajustada para o ano de 2020, foi fixada em R$ 4.425,20, superior à obtida com base no Novo Regime Jurídico por dois motivos:

a) O coeficiente de cálculo da RMI com base nas regras vigentes até 13/11/2019 é de 100%, ao passo que com base no Novo Regime Jurídico foi de 70%;

b) A média de salários com base nas regras vigentes até 13/11/2019 foi calculada levando em considerações os maiores salários correspondentes a 80% de todo o período contributivo, ao passo que o Novo Regime Jurídico leva em consideração 100% de todos os salários.

## 6. AUXÍLIO-DOENÇA (AUXÍLIO POR INCAPACIDADE TEMPORÁRIA)

**Regulamentação básica**: artigos 59/63, da Lei 8.213/91; artigos 71/80, do RPS (Decreto 3.048/99).

**Códigos de concessão**: 91 – Auxílio-doença por acidente do trabalho e 31 – Auxílio-doença previdenciário (sem decorrer de acidente de trabalho).

Considerando que a Emenda 103/2019 promoveu a exclusão da expressão "doença" do inciso I do artigo 201 da Constituição e inseriu a necessidade de incapacidade temporária ou permanente, posto que não basta estar doente para receber um benefício previdenciário por incapacidade laboral, por certo em breve este benefício passará a se chamar "auxílio-incapacidade".

Uma crítica ao Decreto 10.410/2020 é a utilização da expressão "auxílio por incapacidade temporária" em substituição ao "auxílio-doença", pois a incapacidade permanente também é fato gerador do benefício, nos termos do artigo 62[35] da Lei 8.213/91, quando cabível a reabilitação profissional.

Por certo, teria sido mais adequada a expressão "auxílio temporário por incapacidade", pois demonstraria o caráter temporário do benefício e abarcaria tanto a incapacidade temporária quanto a permanente.

Ao longo do texto manteremos a expressão auxílio-doença por questões históricas e em razão de a normatização e a jurisprudência citar essa nomenclatura, que progressivamente ao longo dos anos será substituída por auxílio por incapacidade temporária.

> Trata-se de benefício não programado devido ao segurado que ficar incapacitado para o seu trabalho ou para a sua atividade habitual por mais de 15 dias consecutivos, nos termos do artigo 59 da Lei 8.213/91.

Apenas no caso do segurado empregado, durante os primeiros 15 dias consecutivos ao do afastamento da atividade por motivo de doença, incumbirá à empresa pagar o seu salário integral.

> A reforma trabalhista (MP 808/2017) criou uma exceção que não mais vigora no caso de contrato de trabalho intermitente. Neste caso, a empresa pagava 15 primeiros dias de afastamento do empregado, sendo o auxílio-doença devido desde o afastamento, se requerido em até 30 dias (CLT, artigo 452-A, § 13).

A MP 808/2017 vigorou somente até o dia 23 de abril de 2018, tendo decaído por ausência de votação no Congresso Nacional. Daí que as informações *suso* postas se limitam até essa data, restaurando-se o regime jurídico anterior.

Considera-se como intermitente o contrato de trabalho no qual a prestação de serviços, com subordinação, não é contínua, ocorrendo com alternância de períodos de prestação de serviços e de inatividade, determinados em horas, dias ou meses, independentemente do tipo de atividade do empregado e do empregador, exceto para os aeronautas, regidos por legislação própria.

Se concedido novo benefício decorrente da mesma doença dentro de 60 dias contados da cessação do benefício anterior, a empresa fica desobrigada do pagamento relativo aos quinze primeiros dias de afastamento, prorrogando-se o benefício anterior e descontando-se os dias trabalhados, se for o caso.

A MP 664/2014 chegou a alterar a obrigação da empresa de pagamento do salário para 30 dias, mas a Lei 13.135/2015 restaurou os 15 dias.

De acordo com o artigo 5º da Lei 13.135/2015, "os atos praticados com base em dispositivos da Medida Provisória nº 664, de 30 de dezembro de 2014, serão revistos e adaptados ao disposto nesta Lei".

Desta forma, os efeitos da MP 664/2014 foram desconstituídos pela Lei de Conversão, cabendo à Previdência Social reembolsar as empresas pelos

---

**35.** Art. 62. O segurado em gozo de auxílio-doença, insuscetível de recuperação para sua atividade habitual, deverá submeter-se a processo de reabilitação profissional para o exercício de outra atividade. (Redação dada pela Lei nº 13.457, de 2017)

quinze dias a mais que desembolsaram o salário dos empregados afastados durante a vigência desta passagem da MP 664/2014 (de 1/3/2015 e 17/6/2015).

No entanto, este não foi o entendimento firmado pelo INSS, através do Memorando-Circular Conjunto nº 45 /DIRBEN/DIRAT/DIRSAT/PFE/INSS, de 4/9/2015:

> **"1. AUXÍLIO-DOENÇA (§ 10 art. 29, e §§ 3º e 4º do art. 60 e alínea "a" do § 1º e § 2º do art. 43 da Lei nº 8.213/1991– espécies 31/32 e 91/92)**
>
> **1.1 – Exigência de quinze dias de afastamento**
>
> A alteração introduzida no art. 60 da Lei nº 8.213/1991, pela Medida Provisória nº 664/2014, referente à exigência de trinta dias de afastamento do trabalho para o direito ao auxílio-doença pela Previdência Social, não foi acolhida na Lei nº 13.135/2015. Assim, para requerimentos de auxílio-doença (espécies 31 e 91) com Data de Afastamento do Trabalho-DAT a partir de 18/06/2015 (data de publicação da Lei nº 13.135/2015), volta a prevalecer a regra vigente antes da edição da MP nº 664/2014, segundo a qual o auxílio-doença é devido ao empregado com período de afastamento superior a quinze dias.
>
> Durante os quinze dias consecutivos ao afastamento da atividade laboral por motivo de doença ou de acidente do trabalho ou de qualquer natureza, a empresa será a responsável pelo pagamento da remuneração devida ao empregado afastado. Se o afastamento for superior a quinze dias, a partir do 16º (décimo sexto) o segurado terá direito ao benefício de auxílio-doença, observadas as regras de fixação de Data do Início do Benefício-DIB e Data do Início do Pagamento-DIP, expressas no subitem 1.2.
>
> **Os benefícios de auxílio-doença com DAT entre 1º/03/2015 e 17/6/2015, com a exigência de trinta dias de afastamento do trabalho, permanecerão inalterados, não se aplicando a revisão contida no art. 5º da Lei nº 13.135/2015".**

Se o segurado empregado, por motivo de doença, afastar-se do trabalho durante 15 dias, retornando à atividade no décimo sexto dia, e se dela voltar a se afastar dentro de 60 dias desse retorno, em decorrência da mesma doença, fará jus ao auxílio-doença a partir da data do novo afastamento.

> O auxílio-doença é um benefício previsto para todos os segurados, tendo a renda mensal inicial de 91% do salário de benefício, não podendo ser inferior a um salário mínimo, pois visa substituir a remuneração do beneficiário[36].

Excepcionalmente, o auxílio-doença poderá ser inferior a um salário mínimo, mas apenas na hipótese de segurado com atividades concomitantes. Nesse sentido, dispõe o artigo 73, § 4º, do Decreto 3.048/99, que no caso de incapacidade para apenas uma atividade, o valor do auxílio-doença poderá ser inferior ao salário mínimo desde que somado às demais remunerações recebidas resultar valor superior a este.

No entanto, a Lei 13.135/2015 instituiu um novo teto para o valor do auxílio-doença, ao inserir o § 10 no artigo 29 da Lei 8.213/91, que determina que "o auxílio-doença não poderá exceder a média aritmética simples dos últimos doze salários-de-contribuição, inclusive no caso de remuneração variável, ou, se não alcançado o número de doze, a média aritmética simples dos salários-de-contribuição existentes".

Isto posto, o auxílio-doença não poderá superar a média aritmética simples dos 12 últimos salários de contribuição do segurado ou, se inexistentes 12 salários de contribuição no período básico de cálculo (a partir de julho de 1994), deverá ser feita a média aritmética simples de todos os salários de contribuição existentes, sempre com a óbvia incidência da correção monetária (limitador externo de renda mensal).

Certamente o motivo desta nova regra é aproximar o valor do auxílio-doença da remuneração percebida pelo segurado nos 12 últimos meses, a fim de evitar que o benefício fique com renda superior se o segurado possuir altos salários de contribuição no passado, o que poderá gerar a acomodação do segurado, se o auxílio-doença superar a sua remuneração mensal habitual.

Eis os argumentos trazidos pela Exposição de Motivos da MP 664/2014 para justificar este novo dispositivo:

> "12. Além dos ajustes nas regras de pensões, outras espécies de benefícios também vêm apresentado um ritmo crescente das despesas. No caso do auxílio-doença, a despesa bruta cresceu de R$ 14,2 bilhões, em 2006, para cerca de R$ 22,9 bilhões, que representou uma alta relativa de 60,6% no período. O estoque de benefício passou de cerca de 1,2 milhão, no final de 2009, para o patamar de 1,7 milhão em outubro de 2014, reflexo, entre outros fatores, do incremento de contribuintes ou segurados que vem sendo observado desde 2004. Este benefício também possui distorções. Em primeiro lugar, o cálculo do valor deste benefício temporário é feito da mesma forma que aqueles de caráter permanente como, por exemplo, as aposentadorias, ou seja, se utilizando da média dos 80% maiores salários-de-contribuição desde julho de 1994 até o momento atual. Contudo, essa regra vem criando situações em que o valor do benefício fica acima do último salário do segurado, gerando um desincentivo para volta ao trabalho. Nesse sentido, torna-se recomendável o estabelecimento de um teto

36. Antes da Lei 9.032/95, o auxílio-doença por acidente de trabalho era de 92% do salário de benefício, ou então no valor do salário de contribuição do dia do acidente, se mais benéfico. Já o auxílio-doença comum era de 80% do salário de benefício, acrescido de 1% por cada grupo de 12 contribuições mensais, até o máximo de 100%.

para o valor de benefício, mais especificamente, a média dos 12 últimos salários-de-contribuição."

De acordo com o correto entendimento do INSS, firmado no Memorando-Circular Conjunto nº 45 / DIRBEN/DIRAT/DIRSAT/PFE/INSS, de 4/9/2015, apenas deverão ser considerados os salários de contribuição a contar do Plano Real (competência Julho de 1994):

**"1.4 – Apuração da Renda Mensal Inicial (§ 10 do art. 29 da Lei nº 8.213/1991)**

A Lei nº 13.135/2015 trouxe no § 10 do art. 29 a mesma disposição contida na MP nº 664/2014 sobre a Renda Mensal Inicial-RMI do auxílio-doença e a limitação desta ao valor da média aritmética simples dos últimos doze salários-de-contribuição, inclusive em caso de remuneração variável ou, se não alcançado o número de doze, a média aritmética simples dos salários-de-contribuição existentes a partir de 07/1994".

Uma situação esdrúxula é que a Emenda 103/2019 não alterou a renda do auxílio-doença, que continua sendo de 91% do salário de benefício, limitado à média dos 12 últimos salários de contribuição, nos termos dos artigos 61[37] e 29, § 10[38], da Lei 8.213/91.

Isso porque o artigo 26, *caput*, da Emenda 103/2019 somente se aplica aos benefícios com regulação constitucional de requisitos enquanto não há lei de regulamentação ("até que lei discipline o cálculo dos benefícios do Regime Geral de Previdência Social"), o que não ocorre com o auxílio-doença, não regulado pela reforma constitucional.

Ademais, o parágrafo segundo do artigo 26 da Emenda 103/2019 somente se refere às aposentadorias ("o valor do benefício de aposentadoria corresponderá a sessenta por cento da média aritmética"), não abarcando o auxílio-doença.

Dessa forma, será comum ver a renda do auxílio-doença superior à renda da aposentadoria por incapacidade permanente dos segurados que não possuírem largo tempo de contribuição, o que é um contrassenso, até que haja uma possível alteração na Lei 8.213/91.

Em regra, o auxílio-doença pressupõe a realização de carência de 12 contribuições mensais, que será excepcionalmente dispensada nas hipóteses de invalidez decorrente de acidente de qualquer natureza, doença profissional, do trabalho ou das moléstias graves listadas em ato regulamentar.

De acordo com o artigo 151, da Lei 8.213/91, com redação dada pela Lei 13.135/2015, "até que seja elaborada a lista de doenças mencionada no inciso II do art. 26, independe de carência a concessão de auxílio-doença e de aposentadoria por invalidez ao segurado que, após filiar-se ao RGPS, for acometido das seguintes doenças: tuberculose ativa, hanseníase, alienação mental, esclerose múltipla, hepatopatia grave, neoplasia maligna, cegueira, paralisia irreversível e incapacitante, cardiopatia grave, doença de Parkinson, espondiloartrose anquilosante, nefropatia grave, estado avançado da doença de Paget (osteíte deformante), síndrome da deficiência imunológica adquirida (aids) ou contaminação por radiação, com base em conclusão da medicina especializada", tendo a novidade sido a inserção de esclerose múltipla.

Registre-se que desde a vigência da **Portaria Interministerial MTP/MS 22**, em vigor desde 03/10/2022, o rol de doenças graves que dispensam a carência foi ampliado com a inserção do acidente vascular encefálico agudo e do abdome agudo cirúrgico. Por outro lado, para que haha dispensa de carência para DII desde 03/10/2022, o transtorno mental grave exige que esteja cursando com alienação mental:

> "Art. 1º A concessão dos benefícios auxílio por incapacidade temporária e aposentadoria por incapacidade permanente aos segurados do Regime Geral de Previdência Social - RGPS será isenta de carência quando a incapacidade laborativa for determinada pelas doenças e afecções listadas nesta Portaria.
>
> § 1º Para fins de aplicação desta Portaria, considera-se:
>
> I - quadro clínico de evolução aguda: doença ou afecção de instalação súbita, excluindo-se os episódios agudos de doenças crônicas; e
>
> II - critério de gravidade: risco iminente de morte ou de perda da função de órgão ou sistema que requer cuidado de natureza clínica ou cirúrgica, podendo apresentar instabilidade das funções vitais e necessidade de substituição artificial de funções.
>
> § 2º As doenças e afecções listadas nesta Portaria isentam o segurado do cumprimento da carência, se iniciadas após a filiação ao RGPS.
>
> Art. 2º As doenças ou afecções listadas a seguir excluem a exigência de carência para a concessão dos benefícios auxílio por incapacidade temporária e aposentadoria por incapacidade permanente aos segurados do RGPS:

37. Art. 61. O auxílio-doença, inclusive o decorrente de acidente do trabalho, consistirá numa renda mensal correspondente a 91% (noventa e um por cento) do salário-de-benefício, observado o disposto na Seção III, especialmente no art. 33 desta Lei. (Redação dada pela Lei nº 9.032, de 1995)

38. § 10. O auxílio-doença não poderá exceder a média aritmética simples dos últimos 12 (doze) salários-de-contribuição, inclusive em caso de remuneração variável, ou, se não alcançado o número de 12 (doze), a média aritmética simples dos salários-de-contribuição existentes. (Incluído pela Lei nº 13.135, de 2015)

I - tuberculose ativa;

II - hanseníase;

**III - transtorno mental grave, desde que esteja cursando com alienação mental;**

IV - neoplasia maligna;

V - cegueira;

VI - paralisia irreversível e incapacitante;

VII - cardiopatia grave;

VIII - doença de Parkinson;

IX - espondilite anquilosante;

X - nefropatia grave;

XI - estado avançado da doença de Paget (osteíte deformante);

XII - síndrome da deficiência imunológica adquirida (Aids);

XIII - contaminação por radiação, com base em conclusão da medicina especializada;

XIV - hepatopatia grave;

XV - esclerose múltipla;

**XVI - acidente vascular encefálico (agudo); e**

**XVII - abdome agudo cirúrgico.**

Parágrafo único. As doenças e afecções listadas nos incisos XVI e XVII do caput serão enquadradas como isentas de carência quando apresentarem quadro de evolução aguda e atenderem a critérios de gravidade.

Art. 3º Os procedimentos técnicos a serem considerados para comprovação das doenças e afecções listadas no art. 2º como isentas de carência serão dispostos e atualizados em manual específico a ser publicado pela Subsecretaria da Perícia Médica Federal da Secretaria de Previdência do Ministério do Trabalho e Previdência, no prazo de 90 (noventa) dias a contar da data de publicação desta Portaria.

Art. 4º Fica revogada a Portaria Interministerial MPAS/MS nº 2.998, de 23 de agosto de 2001.

Art. 5º Esta Portaria entra em vigor no dia 3 de outubro de 2022".

<table>
<tr><th colspan="2">QUADRO SINTÉTICO – AUXÍLIO-DOENÇA<br>(auxílio-incapacidade temporária)</th></tr>
<tr><td>Cabimento</td><td>Segurado que ficar incapacitado para o seu trabalho ou para a sua atividade habitual por mais de 15 dias consecutivos.</td></tr>
<tr><td>Beneficiários</td><td>Todos os segurados.</td></tr>
<tr><td>Carência</td><td>12 contribuições mensais (segurado especial 12 meses de atividade rurícola ou pesqueira em regime de economia familiar para a subsistência), salvo acidente de qualquer natureza, doença profissional ou do trabalho e doenças graves constantes de ato regulamentar.</td></tr>
<tr><td>Valor</td><td>91% do salário de benefício.</td></tr>
<tr><td>Outras informações</td><td>a) O auxílio-doença será considerado como acidentário, independentemente da expedição da CAT – Comunicação de Acidente de Trabalho, quando ocorrer o nexo epidemiológico entre o trabalho e o evento, gerando uma presunção relativa, podendo ser impugnada pela empresa ou pelo empregador doméstico (artigo 21-A, da Lei 8.213/91). Isso influenciará na fixação do FAP – Fator Acidentário de Prevenção para majorar a contribuição SAT – Seguro de Acidente do Trabalho (art. 202-A, do RPS).<br>b) Não será devido auxílio-doença ao segurado que se filiar ao Regime Geral de Previdência Social já portador da doença ou da lesão invocada como causa para o benefício, salvo quando a incapacidade sobrevier por motivo de progressão ou agravamento dessa doença ou lesão.<br>c) Para o empregado, a empresa deverá arcar com os primeiros quinze dias de incapacidade (o STJ entende que não incidirá contribuição previdenciária patronal nesse período – AGRESP 1039260, de 04.12.2008); para os demais, em regra, o benefício será devido desde a incapacidade, se requerido em até 30 dias.</td></tr>
<tr><td colspan="2">ANTECIPAÇÃO DO AUXÍLIO POR INCAPACIDADE TEMPORÁRIA – COVID 19<br>Em 2 de abril de 2020 restou publicada a Lei 13.982, que previu em seu artigo 4º:<br>"Art. 4º Fica o INSS autorizado a antecipar 1 (um) salário-mínimo mensal para os requerentes do benefício de auxílio-doença de que trata o <u>art. 59 da Lei nº 8.213, de 24 de julho de 1991</u>, durante o período de 3 (três) meses, a contar da publicação desta Lei, ou até a realização de perícia pela Perícia Médica Federal, o que ocorrer primeiro<br>II – à apresentação de atestado médico, cujos requisitos e forma de análise serão estabelecidos em ato conjunto da Secretaria Especial de Previdência e Trabalho do Ministério da Economia e do INSS".<br>A antecipação de até 3 parcelas do auxílio por incapacidade temporária, no valor de 1 salário mínimo, se justificou em razão do fechamento das Agências do INSS em razão da pandemia do Corona Vírus, o que impediu a realização das perícias médicas presenciais.</td></tr>
</table>

| **QUADRO SINTÉTICO – AUXÍLIO-DOENÇA (auxílio-incapacidade temporária)** |
|---|
| A regulamentação se deu através da edição da Portaria Conjunta SEPRT/INSS Nº 9.381, de 6/4/2020. O atestado médico deve ser anexado ao requerimento por meio do site ou aplicativo "Meu INSS", mediante declaração de responsabilidade pelo documento apresentado, e deve observar, cumulativamente, os seguintes requisitos:<br>I – estar legível e sem rasuras;<br>II – conter a assinatura do profissional emitente e carimbo de identificação, com registro do Conselho de Classe;<br>III – conter as informações sobre a doença ou CID; e<br>IV – conter o prazo estimado de repouso necessário.<br>Os atestados foram submetidos a análise preliminar, na forma definida em atos da Subsecretaria de Perícia Médica Federal da Secretaria de Previdência e do Instituto Nacional do Seguro Social.<br>Observados os demais requisitos necessários para a concessão do auxílio-doença, inclusive a carência, quando exigida, a antecipação de um salário mínimo mensal ao requerente, de que trata o art. 4º da Lei nº 13.982, de 2 de abril de 2020, foi devida a partir da data de início do benefício, determinada nos termos do art. 60 da Lei nº 8.213, de 24 de julho de 1991, com duração máxima de três meses e, uma vez reconhecido em definitivo o direito do segurado ao auxílio-doença, teve o seu valor será devido a partir da data de início do benefício, deduzindo-se as antecipações pagas na forma do caput.<br>***"Art. 6º O período de 3 (três) meses de que trata o caput dos arts. 2º, 3º, 4º e 5º poderá ser prorrogado por ato do Poder Executivo durante o período de enfrentamento da emergência de saúde pública de importância internacional da Covid-19, definida pela Lei nº 13.979, de 6 de fevereiro de 2020."*** |
| O beneficiário pôde requerer a prorrogação da antecipação do auxílio-doença, com base no prazo de afastamento da atividade informado no atestado médico anterior ou mediante apresentação de novo atestado médico.<br>Já o artigo 6º da Lei 13.982/2020 previu a possibilidade de prorrogação por até 3 meses:<br>De sua vez, em 2 de julho de 2020 foi publicado o Decreto 10.403/2020:<br>"Art. 1º Fica o Instituto Nacional do Seguro Social – INSS autorizado a conceder as antecipações de que tratam os art. 3º e art. 4º da Lei nº 13.982, de 2 de abril de 2020, até 31 de outubro de 2020.<br>Parágrafo único. Os efeitos orçamentários e financeiros das antecipações concedidas nos termos do disposto no caput deverão ficar limitados ao exercício de 2020.<br>Art. 2º A operacionalização das antecipações de que trata o art. 1º será disciplinada em ato conjunto:<br>I – do Ministério da Cidadania e do INSS, em relação à antecipação de que trata o art. 3º da Lei nº 13.982, de 2020; e<br>II – da Secretaria Especial de Previdência e Trabalho do Ministério da Economia e do INSS, em relação à antecipação de que trata o art. 4º da Lei nº 13.982, de 2020".<br>Por sua vez, a Portaria 552/PRES/INSS, de 27/4/2020, alterou, até o término da suspensão do atendimento presencial nas Agências da Previdência Social, para 6 (seis) o limite máximo de pedidos de prorrogação que, ao serem efetivados, geraram prorrogação automática do benefício – PMAN, definido no § 1º do art. 1º da Instrução Normativa – IN nº 90/PRES/INSS, de 17 de novembro de 2017.<br>Outrossim, restou editado o Ofício Circular SEI 1.217/2020, alterado pelo Ofício Circular SEI 2.062/2020, aduzindo que cabe ao Perito Médico Federal ao requerimento do benefício de auxílio período de enfrentamento da emergência de saúde pública de importância internacional decorrente da pandemia do Coronavírus:<br>"1.3. O Perito Médico Federal deverá verificar se cumulativamente<br>1.3.1 Estar legível, sem rasuras e sem erros grosseiros.<br>1.3.2 Informações referentes à doença ou CID.<br>1.3.3 Período de repouso proposto.<br>1.3.4 Assinatura, número do profissional emitente no respectivo Conselho de Classe (CRM ou CRO) ou Registro do Ministério da Saúde no caso de médicos intercambistas, nos termos do carimbo de identificação". |

## 6.1. Cálculos

O estudo de caso a seguir trata-se da concessão do benefício de auxílio por incapacidade temporária de um segurado empregado, afastado do trabalho a partir do dia 06/08/2020, com início em 21/08/2020. O atestado médico informa um período de afastamento por 180 dias.

| | |
|---|---|
| Espécie do benefício: | **Auxílio por incapacidade Temporária** |
| Nome: | **LEANDERSON CALIPSO LEVINO DA SILVA** |
| Categoria: | **Empregado** |
| Data de nascimento: | **16/02/1975** |
| Data do último dia de trabalho: | **05/08/2020** |
| Data de início do benefício:: | **21/08/2020** |

| IDADE | |
|---|---|
| **INÍCIO** | **FIM** |
| **16/02/1975** | **05/08/2020** |

| IDADE | | |
|---|---|---|
| **ANOS** | **MESES** | **DIAS** |
| **45** | **5** | **20** |

| | CONTRATOS DE TRABALHO | |
|---|---|---|
| | **INÍCIO** | **FIM** |
| 1 | **01/03/1995** | **05/08/1997** |
| 2 | **01/02/1999** | **31/10/2010** |
| 3 | **01/05/2013** | **05/08/2020** |

| TEMPO DE CONTRIBUIÇÃO | | |
|---|---|---|
| **ANOS** | **MESES** | **DIAS** |
| 2 | 5 | 5 |
| 11 | 9 | 1 |
| 7 | 3 | 5 |

| TEMPO TOTAL APURADO | | |
|---|---|---|
| **Anos** | **Meses** | **Dias** |
| **21** | **5** | **11** |

O salário de benefício será calculado com base na média de 100% dos salários de contribuição constantes do período básico de cálculo que inicia-se em 03/1995 (data da filiação ao RGPS) até 07/2020, mês anterior ao afastamento. Seguem os cálculos.

**AUXÍLIO POR INCAPACIDADE TEMPORÁRIA**

**CÁLCULO DA RENDA MENSAL INICIAL**

**LEANDERSON CALIPSO LEVINO DA SILVA**

DATA DE NASCIMENTO: **16/02/1975**

ESPÉCIE: 31 (AUXÍLIO POR INCAPACIDADE TEMPORÁRIA)

DATA DE INÍCIO DO BENEFÍCIO: **21/08/2020**

TEMPO DE CONTRIBUIÇÃO: **21 anos 05 meses e 11 dias**

BASE LEGAL: EMENDA CONSTITUCIONAL 103/2019

PERÍODO BÁSICO DE CÁLCULO: **03/1995 a 07/2020**

| Sequência | Mês/ano | Valor teto | Salário | Índice | Salário atualizado |
|---|---|---|---|---|---|
| 1 | mar/95 | 582,86 | 395,00 | 6,697755 | 2.645,61 |
| 2 | abr/95 | 582,86 | 395,00 | 6,604627 | 2.608,83 |
| 3 | mai/95 | 832,66 | 395,00 | 6,480211 | 2.559,68 |
| 4 | jun/95 | 832,66 | 395,00 | 6,317841 | 2.495,55 |
| 5 | jul/95 | 832,66 | 395,00 | 6,204912 | 2.450,94 |
| 6 | ago/95 | 832,66 | 395,00 | 6,055933 | 2.392,09 |
| 7 | set/95 | 832,66 | 395,00 | 5,994789 | 2.367,94 |
| 8 | out/95 | 832,66 | 395,00 | 5,925462 | 2.340,56 |
| 9 | nov/95 | 832,66 | 395,00 | 5,843647 | 2.308,24 |
| 10 | dez/95 | 832,66 | 395,00 | 5,756724 | 2.273,91 |
| 11 | jan/96 | 832,66 | 395,00 | 5,663278 | 2.236,99 |

| Sequência | Mês/ano | Valor teto | Salário | Índice | Salário atualizado |
|---|---|---|---|---|---|
| 12 | fev/96 | 832,66 | 395,00 | 5,581788 | 2.204,81 |
| 13 | mar/96 | 832,66 | 475,00 | 5,542432 | 2.632,66 |
| 14 | abr/96 | 832,66 | 475,00 | 5,526409 | 2.625,04 |
| 15 | mai/96 | 957,56 | 475,00 | 5,487989 | 2.606,79 |
| 16 | jun/96 | 957,56 | 475,00 | 5,397316 | 2.563,73 |
| 17 | jul/96 | 957,56 | 475,00 | 5,332265 | 2.532,83 |
| 18 | ago/96 | 957,56 | 475,00 | 5,274768 | 2.505,51 |
| 19 | set/96 | 957,56 | 475,00 | 5,274555 | 2.505,41 |
| 20 | out/96 | 957,56 | 475,00 | 5,267707 | 2.502,16 |
| 21 | nov/96 | 957,56 | 475,00 | 5,256144 | 2.496,67 |
| 22 | dez/96 | 957,56 | 475,00 | 5,241471 | 2.489,70 |
| 23 | jan/97 | 957,56 | 475,00 | 5,195744 | 2.467,98 |
| 24 | fev/97 | 957,56 | 475,00 | 5,114931 | 2.429,59 |
| 25 | mar/97 | 957,56 | 520,00 | 5,093535 | 2.648,64 |
| 26 | abr/97 | 957,56 | 520,00 | 5,035130 | 2.618,27 |
| 27 | mai/97 | 957,56 | 520,00 | 5,005598 | 2.602,91 |
| 28 | jun/97 | 1.031,87 | 520,00 | 4,990625 | 2.595,13 |
| 29 | jul/97 | 1.031,87 | 520,00 | 4,955935 | 2.577,09 |
| 30 | ago/97 | 1.031,87 | 86,67 | 4,951479 | 429,13 |
| 31 | fev/99 | 1.200,00 | 785,00 | 4,654002 | 3.653,39 |
| 32 | mar/99 | 1.200,00 | 785,00 | 4,456152 | 3.498,08 |
| 33 | abr/99 | 1.200,00 | 785,00 | 4,369632 | 3.430,16 |
| 34 | mai/99 | 1.200,00 | 785,00 | 4,368322 | 3.429,13 |
| 35 | jun/99 | 1.255,32 | 825,00 | 4,368322 | 3.603,87 |
| 36 | jul/99 | 1.255,32 | 825,00 | 4,324216 | 3.567,48 |
| 37 | ago/99 | 1.255,32 | 825,00 | 4,256538 | 3.511,64 |
| 38 | set/99 | 1.255,32 | 825,00 | 4,195698 | 3.461,45 |
| 39 | out/99 | 1.255,32 | 825,00 | 4,134913 | 3.411,30 |
| 40 | nov/99 | 1.255,32 | 825,00 | 4,058216 | 3.348,03 |
| 41 | dez/99 | 1.255,32 | 825,00 | 3,958076 | 3.265,41 |
| 42 | jan/00 | 1.255,32 | 825,00 | 3,909983 | 3.225,74 |
| 43 | fev/00 | 1.255,32 | 825,00 | 3,870503 | 3.193,16 |
| 44 | mar/00 | 1.255,32 | 825,00 | 3,863166 | 3.187,11 |
| 45 | abr/00 | 1.255,32 | 825,00 | 3,856224 | 3.181,38 |
| 46 | mai/00 | 1.255,32 | 825,00 | 3,851217 | 3.177,25 |
| 47 | jun/00 | 1.328,25 | 935,00 | 3,825583 | 3.576,92 |
| 48 | jul/00 | 1.328,25 | 935,00 | 3,790333 | 3.543,96 |
| 49 | ago/00 | 1.328,25 | 935,00 | 3,706570 | 3.465,64 |
| 50 | set/00 | 1.328,25 | 935,00 | 3,640312 | 3.403,69 |
| 51 | out/00 | 1.328,25 | 935,00 | 3,615370 | 3.380,37 |
| 52 | nov/00 | 1.328,25 | 935,00 | 3,602041 | 3.367,91 |
| 53 | dez/00 | 1.328,25 | 935,00 | 3,588045 | 3.354,82 |
| 54 | jan/01 | 1.328,25 | 935,00 | 3,560982 | 3.329,52 |
| 55 | fev/01 | 1.328,25 | 935,00 | 3,543624 | 3.313,29 |
| 56 | mar/01 | 1.328,25 | 935,00 | 3,531611 | 3.302,06 |
| 57 | abr/01 | 1.328,25 | 935,00 | 3,503582 | 3.275,85 |
| 58 | mai/01 | 1.328,25 | 935,00 | 3,464434 | 3.239,25 |
| 59 | jun/01 | 1.430,00 | 985,00 | 3,449259 | 3.397,52 |
| 60 | jul/01 | 1.430,00 | 985,00 | 3,399625 | 3.348,63 |
| 61 | ago/01 | 1.430,00 | 985,00 | 3,345427 | 3.295,25 |
| 62 | set/01 | 1.430,00 | 985,00 | 3,315585 | 3.265,85 |
| 63 | out/01 | 1.430,00 | 985,00 | 3,303036 | 3.253,49 |
| 64 | nov/01 | 1.430,00 | 985,00 | 3,255827 | 3.206,99 |
| 65 | dez/01 | 1.430,00 | 985,00 | 3,231265 | 3.182,80 |
| 66 | jan/02 | 1.430,00 | 985,00 | 3,225464 | 3.177,08 |

| Sequência | Mês/ano | Valor teto | Salário | Índice | Salário atualizado |
|---|---|---|---|---|---|
| 67 | fev/02 | 1.430,00 | 985,00 | 3,219349 | 3.171,06 |
| 68 | mar/02 | 1.430,00 | 985,00 | 3,213562 | 3.165,36 |
| 69 | abr/02 | 1.430,00 | 985,00 | 3,210032 | 3.161,88 |
| 70 | mai/02 | 1.430,00 | 985,00 | 3,187717 | 3.139,90 |
| 71 | jun/02 | 1.561,56 | 1.020,00 | 3,152723 | 3.215,78 |
| 72 | jul/02 | 1.561,56 | 1.020,00 | 3,098798 | 3.160,77 |
| 73 | ago/02 | 1.561,56 | 1.020,00 | 3,036554 | 3.097,29 |
| 74 | set/02 | 1.561,56 | 1.020,00 | 2,966542 | 3.025,87 |
| 75 | out/02 | 1.561,56 | 1.020,00 | 2,890243 | 2.948,05 |
| 76 | nov/02 | 1.561,56 | 1.020,00 | 2,773477 | 2.828,95 |
| 77 | dez/02 | 1.561,56 | 1.020,00 | 2,620441 | 2.672,85 |
| 78 | jan/03 | 1.561,56 | 1.020,00 | 2,551549 | 2.602,58 |
| 79 | fev/03 | 1.561,56 | 1.020,00 | 2,497356 | 2.547,30 |
| 80 | mar/03 | 1.561,56 | 1.020,00 | 2,458273 | 2.507,44 |
| 81 | abr/03 | 1.561,56 | 1.020,00 | 2,418132 | 2.466,49 |
| 82 | mai/03 | 1.561,56 | 1.020,00 | 2,408256 | 2.456,42 |
| 83 | jun/03 | 1.869,34 | 1.185,00 | 2,424500 | 2.873,03 |
| 84 | jul/03 | 1.869,34 | 1.185,00 | 2,441592 | 2.893,29 |
| 85 | ago/03 | 1.869,34 | 1.185,00 | 2,446487 | 2.899,09 |
| 86 | set/03 | 1.869,34 | 1.185,00 | 2,431409 | 2.881,22 |
| 87 | out/03 | 1.869,34 | 1.185,00 | 2,406146 | 2.851,28 |
| 88 | nov/03 | 1.869,34 | 1.185,00 | 2,395604 | 2.838,79 |
| 89 | dez/03 | 1.869,34 | 1.185,00 | 2,384161 | 2.825,23 |
| 90 | jan/04 | 2.400,00 | 1.185,00 | 2,369942 | 2.808,38 |
| 91 | fev/04 | 2.400,00 | 1.185,00 | 2,351133 | 2.786,09 |
| 92 | mar/04 | 2.400,00 | 1.185,00 | 2,341998 | 2.775,27 |
| 93 | abr/04 | 2.400,00 | 1.185,00 | 2,328728 | 2.759,54 |
| 94 | mai/04 | 2.508,72 | 1.185,00 | 2,319216 | 2.748,27 |
| 95 | jun/04 | 2.508,72 | 1.375,00 | 2,309974 | 3.176,21 |
| 96 | jul/04 | 2.508,72 | 1.375,00 | 2,298488 | 3.160,42 |
| 97 | ago/04 | 2.508,72 | 1.375,00 | 2,281826 | 3.137,51 |
| 98 | set/04 | 2.508,72 | 1.375,00 | 2,270473 | 3.121,90 |
| 99 | out/04 | 2.508,72 | 1.375,00 | 2,266622 | 3.116,61 |
| 100 | nov/04 | 2.508,72 | 1.375,00 | 2,262779 | 3.111,32 |
| 101 | dez/04 | 2.508,72 | 1.375,00 | 2,252863 | 3.097,69 |
| 102 | jan/05 | 2.508,72 | 1.375,00 | 2,233651 | 3.071,27 |
| 103 | fev/05 | 2.508,72 | 1.375,00 | 2,220993 | 3.053,87 |
| 104 | mar/05 | 2.508,72 | 1.375,00 | 2,211263 | 3.040,49 |
| 105 | abr/05 | 2.508,72 | 1.375,00 | 2,195236 | 3.018,45 |
| 106 | mai/05 | 2.668,15 | 1.375,00 | 2,175442 | 2.991,23 |
| 107 | jun/05 | 2.668,15 | 1.575,00 | 2,160319 | 3.402,50 |
| 108 | jul/05 | 2.668,15 | 1.575,00 | 2,162697 | 3.406,25 |
| 109 | ago/05 | 2.668,15 | 1.575,00 | 2,162047 | 3.405,22 |
| 110 | set/05 | 2.668,15 | 1.575,00 | 2,162047 | 3.405,22 |
| 111 | out/05 | 2.668,15 | 1.575,00 | 2,158812 | 3.400,13 |
| 112 | nov/05 | 2.668,15 | 1.575,00 | 2,146365 | 3.380,52 |
| 113 | dez/05 | 2.668,15 | 1.575,00 | 2,134832 | 3.362,36 |
| 114 | jan/06 | 2.668,15 | 1.575,00 | 2,126330 | 3.348,97 |
| 115 | fev/06 | 2.668,15 | 1.575,00 | 2,118280 | 3.336,29 |
| 116 | mar/06 | 2.668,15 | 1.575,00 | 2,113421 | 3.328,64 |
| 117 | abr/06 | 2.801,56 | 1.575,00 | 2,107728 | 3.319,67 |
| 118 | mai/06 | 2.801,56 | 1.575,00 | 2,105204 | 3.315,70 |
| 119 | jun/06 | 2.801,56 | 1.750,00 | 2,102471 | 3.679,32 |
| 120 | jul/06 | 2.801,56 | 1.750,00 | 2,103939 | 3.681,89 |
| 121 | ago/06 | 2.801,82 | 1.750,00 | 2,101629 | 3.677,85 |

| Sequência | Mês/ano | Valor teto | Salário | Índice | Salário atualizado |
|---|---|---|---|---|---|
| 122 | set/06 | 2.801,82 | 1.750,00 | 2,102046 | 3.678,58 |
| 123 | out/06 | 2.801,82 | 1.750,00 | 2,098693 | 3.672,71 |
| 124 | nov/06 | 2.801,82 | 1.750,00 | 2,089705 | 3.656,98 |
| 125 | dez/06 | 2.801,82 | 1.750,00 | 2,080964 | 3.641,69 |
| 126 | jan/07 | 2.801,82 | 1.750,00 | 2,068142 | 3.619,25 |
| 127 | fev/07 | 2.801,82 | 1.750,00 | 2,058060 | 3.601,61 |
| 128 | mar/07 | 2.801,82 | 1.750,00 | 2,049452 | 3.586,54 |
| 129 | abr/07 | 2.894,28 | 1.750,00 | 2,040471 | 3.570,82 |
| 130 | mai/07 | 2.894,28 | 1.750,00 | 2,035183 | 3.561,57 |
| 131 | jun/07 | 2.894,28 | 1.930,00 | 2,029902 | 3.917,71 |
| 132 | jul/07 | 2.894,28 | 1.930,00 | 2,023633 | 3.905,61 |
| 133 | ago/07 | 2.894,28 | 1.930,00 | 2,017176 | 3.893,15 |
| 134 | set/07 | 2.894,28 | 1.930,00 | 2,005342 | 3.870,31 |
| 135 | out/07 | 2.894,28 | 1.930,00 | 2,000344 | 3.860,66 |
| 136 | nov/07 | 2.894,28 | 1.930,00 | 1,994363 | 3.849,12 |
| 137 | dez/07 | 2.894,28 | 1.930,00 | 1,985821 | 3.832,63 |
| 138 | jan/08 | 2.894,28 | 1.930,00 | 1,966743 | 3.795,81 |
| 139 | fev/08 | 2.894,28 | 1.930,00 | 1,953266 | 3.769,80 |
| 140 | mar/08 | 3.038,99 | 1.930,00 | 1,943355 | 3.750,68 |
| 141 | abr/08 | 3.038,99 | 1.930,00 | 1,933493 | 3.731,64 |
| 142 | mai/08 | 3.038,99 | 1.930,00 | 1,921197 | 3.707,91 |
| 143 | jun/08 | 3.038,99 | 2.230,00 | 1,902932 | 4.243,54 |
| 144 | jul/08 | 3.038,99 | 2.230,00 | 1,885773 | 4.205,27 |
| 145 | ago/08 | 3.038,99 | 2.230,00 | 1,874896 | 4.181,02 |
| 146 | set/08 | 3.038,99 | 2.230,00 | 1,870966 | 4.172,25 |
| 147 | out/08 | 3.038,99 | 2.230,00 | 1,868163 | 4.166,00 |
| 148 | nov/08 | 3.038,99 | 2.230,00 | 1,858871 | 4.145,28 |
| 149 | dez/08 | 3.038,99 | 2.230,00 | 1,851832 | 4.129,59 |
| 150 | jan/09 | 3.038,99 | 2.230,00 | 1,846482 | 4.117,65 |
| 151 | fev/09 | 3.218,90 | 2.230,00 | 1,834737 | 4.091,46 |
| 152 | mar/09 | 3.218,90 | 2.230,00 | 1,829067 | 4.078,82 |
| 153 | abr/09 | 3.218,90 | 2.230,00 | 1,825415 | 4.070,68 |
| 154 | mai/09 | 3.218,90 | 2.230,00 | 1,815434 | 4.048,42 |
| 155 | jun/09 | 3.218,90 | 2.300,00 | 1,804604 | 4.150,59 |
| 156 | jul/09 | 3.218,90 | 2.300,00 | 1,797053 | 4.133,22 |
| 157 | ago/09 | 3.218,90 | 2.300,00 | 1,792931 | 4.123,74 |
| 158 | set/09 | 3.218,90 | 2.300,00 | 1,791499 | 4.120,45 |
| 159 | out/09 | 3.218,90 | 2.300,00 | 1,788636 | 4.113,86 |
| 160 | nov/09 | 3.218,90 | 2.300,00 | 1,784354 | 4.104,01 |
| 161 | dez/09 | 3.218,90 | 2.300,00 | 1,777776 | 4.088,88 |
| 162 | jan/10 | 3.467,40 | 2.300,00 | 1,773515 | 4.079,08 |
| 163 | fev/10 | 3.467,40 | 2.300,00 | 1,758048 | 4.043,51 |
| 164 | mar/10 | 3.467,40 | 2.300,00 | 1,745827 | 4.015,40 |
| 165 | abr/10 | 3.467,40 | 2.300,00 | 1,733520 | 3.987,10 |
| 166 | mai/10 | 3.467,40 | 2.300,00 | 1,720956 | 3.958,20 |
| 167 | jun/10 | 3.467,40 | 2.580,00 | 1,713589 | 4.421,06 |
| 168 | jul/10 | 3.467,40 | 2.580,00 | 1,715476 | 4.425,93 |
| 169 | ago/10 | 3.467,40 | 2.580,00 | 1,716678 | 4.429,03 |
| 170 | set/10 | 3.467,40 | 2.580,00 | 1,717881 | 4.432,13 |
| 171 | out/10 | 3.467,40 | 2.580,00 | 1,708655 | 4.408,33 |
| 172 | mai/13 | 4.159,00 | 2.350,00 | 1,440446 | 3.385,05 |
| 173 | jun/13 | 4.159,00 | 2.350,00 | 1,435420 | 3.373,24 |
| 174 | jul/13 | 4.159,00 | 2.350,00 | 1,431416 | 3.363,83 |
| 175 | ago/13 | 4.159,00 | 2.350,00 | 1,433279 | 3.368,21 |
| 176 | set/13 | 4.159,00 | 2.350,00 | 1,430988 | 3.362,82 |

| Sequência | Mês/ano | Valor teto | Salário | Índice | Salário atualizado |
|---|---|---|---|---|---|
| 177 | out/13 | 4.159,00 | 2.350,00 | 1,427135 | 3.353,77 |
| 178 | nov/13 | 4.159,00 | 2.350,00 | 1,418485 | 3.333,44 |
| 179 | dez/13 | 4.159,00 | 2.350,00 | 1,410863 | 3.315,53 |
| 180 | jan/14 | 4.390,24 | 2.760,00 | 1,400777 | 3.866,14 |
| 181 | fev/14 | 4.390,24 | 2.760,00 | 1,392010 | 3.841,95 |
| 182 | mar/14 | 4.390,24 | 2.760,00 | 1,383157 | 3.817,51 |
| 183 | abr/14 | 4.390,24 | 2.760,00 | 1,371907 | 3.786,46 |
| 184 | mai/14 | 4.390,24 | 2.760,00 | 1,361286 | 3.757,15 |
| 185 | jun/14 | 4.390,24 | 2.760,00 | 1,353166 | 3.734,74 |
| 186 | jul/14 | 4.390,24 | 2.760,00 | 1,349659 | 3.725,06 |
| 187 | ago/14 | 4.390,24 | 2.760,00 | 1,347909 | 3.720,23 |
| 188 | set/14 | 4.390,24 | 2.760,00 | 1,345484 | 3.713,54 |
| 189 | out/14 | 4.390,24 | 2.760,00 | 1,338926 | 3.695,44 |
| 190 | nov/14 | 4.390,24 | 2.760,00 | 1,333858 | 3.681,45 |
| 191 | dez/14 | 4.390,24 | 2.760,00 | 1,326823 | 3.662,03 |
| 192 | jan/15 | 4.663,75 | 2.900,00 | 1,318647 | 3.824,08 |
| 193 | fev/15 | 4.663,75 | 2.900,00 | 1,299417 | 3.768,31 |
| 194 | mar/15 | 4.663,75 | 2.900,00 | 1,284516 | 3.725,10 |
| 195 | abr/15 | 4.663,75 | 2.900,00 | 1,265409 | 3.669,69 |
| 196 | mai/15 | 4.663,75 | 2.900,00 | 1,256489 | 3.643,82 |
| 197 | jun/15 | 4.663,75 | 2.900,00 | 1,244173 | 3.608,10 |
| 198 | jul/15 | 4.663,75 | 2.900,00 | 1,234664 | 3.580,53 |
| 199 | ago/15 | 4.663,75 | 2.900,00 | 1,227546 | 3.559,88 |
| 200 | set/15 | 4.663,75 | 2.900,00 | 1,224481 | 3.550,99 |
| 201 | out/15 | 4.663,75 | 2.900,00 | 1,218270 | 3.532,98 |
| 202 | nov/15 | 4.663,75 | 2.900,00 | 1,208963 | 3.505,99 |
| 203 | dez/15 | 4.663,75 | 2.900,00 | 1,195687 | 3.467,49 |
| 204 | jan/16 | 5.189,82 | 3.150,00 | 1,185024 | 3.732,83 |
| 205 | fev/16 | 5.189,82 | 3.150,00 | 1,167397 | 3.677,30 |
| 206 | mar/16 | 5.189,82 | 3.150,00 | 1,156409 | 3.642,69 |
| 207 | abr/16 | 5.189,82 | 3.150,00 | 1,151345 | 3.626,74 |
| 208 | mai/16 | 5.189,82 | 3.150,00 | 1,144023 | 3.603,67 |
| 209 | jun/16 | 5.189,82 | 3.150,00 | 1,132921 | 3.568,70 |
| 210 | jul/16 | 5.189,82 | 3.150,00 | 1,127620 | 3.552,00 |
| 211 | ago/16 | 5.189,82 | 3.150,00 | 1,120448 | 3.529,41 |
| 212 | set/16 | 5.189,82 | 3.150,00 | 1,116988 | 3.518,51 |
| 213 | out/16 | 5.189,82 | 3.150,00 | 1,116094 | 3.515,70 |
| 214 | nov/16 | 5.189,82 | 3.150,00 | 1,114199 | 3.509,73 |
| 215 | dez/16 | 5.189,82 | 3.150,00 | 1,113420 | 3.507,27 |
| 216 | jan/17 | 5.531,31 | 3.280,00 | 1,111865 | 3.646,92 |
| 217 | fev/17 | 5.531,31 | 3.280,00 | 1,107212 | 3.631,66 |
| 218 | mar/17 | 5.531,31 | 3.280,00 | 1,104562 | 3.622,96 |
| 219 | abr/17 | 5.531,31 | 3.280,00 | 1,101040 | 3.611,41 |
| 220 | mai/17 | 5.531,31 | 3.280,00 | 1,100161 | 3.608,53 |
| 221 | jun/17 | 5.531,31 | 3.280,00 | 1,096211 | 3.595,57 |
| 222 | jul/17 | 5.531,31 | 3.280,00 | 1,099512 | 3.606,40 |
| 223 | ago/17 | 5.531,31 | 3.280,00 | 1,097646 | 3.600,28 |
| 224 | set/17 | 5.531,31 | 3.280,00 | 1,097975 | 3.601,36 |
| 225 | out/17 | 5.531,31 | 3.280,00 | 1,098195 | 3.602,08 |
| 226 | nov/17 | 5.531,31 | 3.280,00 | 1,094146 | 3.588,80 |
| 227 | dez/17 | 5.531,31 | 3.280,00 | 1,092179 | 3.582,35 |
| 228 | jan/18 | 5.645,80 | 3.375,00 | 1,089348 | 3.676,55 |
| 229 | fev/18 | 5.645,80 | 3.375,00 | 1,086849 | 3.668,12 |
| 230 | mar/18 | 5.645,80 | 3.375,00 | 1,084895 | 3.661,52 |
| 231 | abr/18 | 5.645,80 | 3.375,00 | 1,084137 | 3.658,96 |

| Sequência | Mês/ano | Valor teto | Salário | Índice | Salário atualizado |
|---|---|---|---|---|---|
| 232 | mai/18 | 5.645,80 | 3.375,00 | 1,081864 | 3.651,29 |
| 233 | jun/18 | 5.645,80 | 3.375,00 | 1,077234 | 3.635,66 |
| 234 | jul/18 | 5.645,80 | 3.375,00 | 1,062046 | 3.584,41 |
| 235 | ago/18 | 5.645,80 | 3.375,00 | 1,059396 | 3.575,46 |
| 236 | set/18 | 5.645,80 | 3.375,00 | 1,059396 | 3.575,46 |
| 237 | out/18 | 5.645,80 | 3.375,00 | 1,056227 | 3.564,77 |
| 238 | nov/18 | 5.645,80 | 3.375,00 | 1,052020 | 3.550,57 |
| 239 | dez/18 | 5.645,80 | 3.375,00 | 1,054656 | 3.559,46 |
| 240 | jan/19 | 5.839,45 | 3.420,00 | 1,053182 | 3.601,88 |
| 241 | fev/19 | 5.839,45 | 3.420,00 | 1,049404 | 3.588,96 |
| 242 | mar/19 | 5.839,45 | 3.420,00 | 1,043769 | 3.569,69 |
| 243 | abr/19 | 5.839,45 | 3.420,00 | 1,035793 | 3.542,41 |
| 244 | mai/19 | 5.839,45 | 3.420,00 | 1,029614 | 3.521,28 |
| 245 | jun/19 | 5.839,45 | 3.420,00 | 1,028073 | 3.516,01 |
| 246 | jul/19 | 5.839,45 | 3.420,00 | 1,027970 | 3.515,66 |
| 247 | ago/19 | 5.839,45 | 3.420,00 | 1,026941 | 3.512,14 |
| 248 | set/19 | 5.839,45 | 3.420,00 | 1,025710 | 3.507,93 |
| 249 | out/19 | 5.839,45 | 3.420,00 | 1,026225 | 3.509,69 |
| 250 | nov/19 | 5.839,45 | 3.420,00 | 1,025815 | 3.508,29 |
| 251 | dez/19 | 5.839,45 | 3.420,00 | 1,020305 | 3.489,44 |
| 252 | jan/20 | 6.101,06 | 3.500,00 | 1,008007 | 3.528,02 |
| 253 | fev/20 | 6.101,06 | 3.500,00 | 1,006095 | 3.521,33 |
| 254 | mar/20 | 6.101,06 | 3.500,00 | 1,004388 | 3.515,36 |
| 255 | abr/20 | 6.101,06 | 3.500,00 | 1,002584 | 3.509,04 |
| 256 | mai/20 | 6.101,06 | 3.500,00 | 1,004895 | 3.517,13 |
| 257 | jun/20 | 6.101,06 | 3.500,00 | 1,007413 | 3.525,95 |
| 258 | jul/20 | 6.101,06 | 3.500,00 | 1,004400 | 3.515,40 |

| **SOMA GERAL DE SALÁRIOS** | **873.309,40** |
|---|---|

| **MÉDIA GERAL DE SALÁRIOS** = 873.309,40 / 258 | **3.384,92** |
|---|---|

| Período Básico de Cálculos- 03/1995 a 07/2020 | **305** |
|---|---|
| Quantidade de salários no período básico de cálculo | **258** |

LEANDERSON CALIPSO LEVINO DA SILVA
DATA DE INÍCIO DO BENEFÍCIO: **21/08/2020**
TEMPO DE CONTRIBUIÇÃO: **21 anos 05 meses e 11 dias**

| **MÉDIA DE 100% DOS SALÁRIOS DE CONTRIBUIÇÃO** | **3.384,92** |
|---|---|
| COEFICIENTE | **91%** |
| **RENDA MENSAL INICIAL** = SB x Coeficiente | **3.080,28** |

| **MÉDIA DOS 12 ÚLTIMOS SALÁRIOS - ART. 29, § 10 - LEI 8.213/91** | | | | | |
|---|---|---|---|---|---|
| **Sequência** | **Mês/ano** | **Valor teto** | **Salário** | **Índice** | **Salário atualizado** |
| 1 | ago/19 | 5.839,45 | 3.420,00 | 1,026941 | 3.512,14 |
| 2 | set/19 | 5.839,45 | 3.420,00 | 1,025710 | 3.507,93 |
| 3 | out/19 | 5.839,45 | 3.420,00 | 1,026225 | 3.509,69 |
| 4 | nov/19 | 5.839,45 | 3.420,00 | 1,025815 | 3.508,29 |
| 5 | dez/19 | 5.839,45 | 3.420,00 | 1,020305 | 3.489,44 |

| | | | | | |
|---|---|---|---|---|---|
| 6 | jan/20 | 6.101,06 | 3.500,00 | 1,008007 | 3.528,02 |
| 7 | fev/20 | 6.101,06 | 3.500,00 | 1,006095 | 3.521,33 |
| 8 | mar/20 | 6.101,06 | 3.500,00 | 1,004388 | 3.515,36 |
| 9 | abr/20 | 6.101,06 | 3.500,00 | 1,002584 | 3.509,04 |
| 10 | mai/20 | 6.101,06 | 3.500,00 | 1,004895 | 3.517,13 |
| 11 | jun/20 | 6.101,06 | 3.500,00 | 1,007413 | 3.525,95 |
| 12 | jul/20 | 6.101,06 | 3.500,00 | 1,004400 | 3.515,40 |

| | |
|---|---|
| **SOMA DOS 12 ÚLTIMOS SALÁRIOS** | **42.159,72** |

| | |
|---|---|
| **MÉDIA DOS 12 ÚLTIMOS SALÁRIOS** = 42.159,72 / 12 | **3.513,31** |

O salário de benefício foi fixado no valor de **R$ 3.384,92**, correspondente à média aritmética simples de 100% dos salários de contribuição constantes no período básico de cálculo, atualizado monetariamente pelo INPC. A renda mensal inicial foi fixada em 91% do salário de benefício, no valor de **R$ 3.080,28** que não superou a média dos 12 últimos salários de contribuição (**R$ 3.513,31**).

## 7. SALÁRIO-FAMÍLIA

**Regulamentação básica**: artigos 65/70, da Lei 8.213/91; artigos 81/92, do RPS (Decreto 3.048/99).

> Cuida-se de benefício previdenciário que não visa substituir a remuneração dos segurados, mas apenas complementar as despesas domésticas com os filhos menores de 14 anos de idade ou inválidos de qualquer idade.

Ou seja, é benefício de segurado pago em razão da existência dos referidos dependentes, na respectiva proporção.

Também será devido o benefício se o segurado possuir como dependente um enteado ou tutelado menor de 14 anos ou inválido, pois equiparados a filho, sendo necessária a comprovação de dependência econômica que não é presumida, na forma do artigo 16, § 2º, da Lei 8.213/91.

Não serão todos os segurados que farão jus ao salário-família, mas apenas o empregado, o trabalhador avulso, o aposentado por invalidez ou por idade e os demais aposentados com 65 anos ou mais de idade, se do sexo masculino, ou com 60 anos ou mais, se do feminino. Por força da Lei Complementar 150/2015, o empregado doméstico passou a ter direito ao salário-família, regulamentando a Emenda Constitucional 72/2013.

O segurado empregado doméstico passou a ter direito ao pagamento do benefício de salário-família a partir da vigência da Lei Complementar nº 150, ou seja, em 2 de junho de 2015[39].

Impende esclarecer que a legislação previdenciária não deixa claro se apenas os aposentados que se filiaram como empregados, domésticos e trabalhadores avulsos terão direito ao salário-família, ou se todas as categorias terão direito.

Contudo, a despeito da obscuridade do artigo 65, da Lei 8.213/91, é forçoso concluir que **apenas os aposentados na condição de empregados, domésticos e trabalhadores avulsos recebem o salário- família**, conforme se depreende da análise do artigo 362 da IN INSS 128/2022, que, inclusive, **é pago durante a percepção do auxílio-doença e do salário-maternidade.**

> "Art. 362. Salário-família é o benefício pago mensalmente na proporção do respectivo número de filhos, enteados ou os menores tutelados, até a idade de 14 (quatorze) anos, ou inválidos de qualquer idade, independente de carência e observado que:
>
> I - será devido somente ao segurado **empregado, ao trabalhador avulso e, relativamente ao empregado doméstico**, para requerimentos a partir de 2 de junho de 2015, data da publicação da Lei Complementar nº 150, de 2015; e
>
> II - o salário de contribuição do segurado deverá ser inferior ou igual ao limite máximo previsto em Portaria Ministerial;
>
> III - o limite máximo do salário de contribuição será atualizado pelos mesmos índices aplicados aos benefícios do RGPS, fixados nos termos de Portaria Interministerial que dispõe ainda do valor mensal da cota do benefício.
>
> § 1º O enteado e o menor tutelado devem ter sua dependência econômica comprovada, nos termos do art. 180.
>
> § 2º **Observado o disposto no caput**, também terá direito ao salário-família o segurado em gozo de:
>
> **I - auxílio por incapacidade temporária;**
>
> **II - aposentadoria por incapacidade permanente;**
>
> **III - aposentadoria por idade rural; e**
>
> **IV - demais aposentadorias, desde que contem com 65 (sessenta e cinco) anos ou mais de idade, se homem, ou 60 (sessenta) anos ou mais de idade, se mulher.**

---

**39.** Memorando-Circular nº 38/DIRBEN/INSS, de 5/11/2015.

§ 3º Quando o pai e a mãe são segurados empregados, inclusive os domésticos, ou trabalhadores avulsos, ambos têm direito ao salário-família.

§ 4º O valor da cota do salário-família por dependente deve corresponder àquele estabelecido pela Portaria Ministerial vigente no mês do pagamento/fato gerador.

§ 5º Quando do reconhecimento do direito ao salário-família, tomar-se-á como parâmetro o salário de contribuição da competência em que o benefício será pago.

§ 6º As cotas do salário-família não serão incorporadas, para qualquer efeito, ao benefício.

§ 7º Só caberá o pagamento da cota de salário-família, referente ao menor sob guarda, ao segurado empregado ou trabalhador avulso detentor da guarda, exclusivamente para os termos de guarda e contratos de trabalho em vigor em 13 de outubro de 1996, data da vigência da Medida Provisória nº 1.523, de 1996, convertida na Lei nº 9.528, de 10 de dezembro de 1997.

§8º O salário-família devido à segurada empregada e trabalhadora avulsa em gozo de **salário-maternidade** será pago pela empresa, condicionada a apresentação pela segurada da documentação relacionada no art. 361".

Mas não basta ser segurado empregado, empregado doméstico, avulso ou aposentado (observada à espécie de aposentadoria ou idade mínima) e ter filhos ou equiparados menores de 14 anos ou inválidos de qualquer idade para a percepção do salário-família.

> Por força da Emenda 20/1998, apenas os segurados enquadrados como baixa renda perceberão o salário-família, a teor da nova redação do inciso IV, do artigo 201, da Constituição Federal.

De maneira transitória, o artigo 13, da Emenda 20/98, fixou a caracterização de baixa renda com a percepção de até R$ 360,00 por mês de remuneração bruta[40], quantia que vem sendo atualizada anualmente, fixada em **R$ 1.754,18** a partir de 01.01.2023.

Eis o histórico da tabela de baixa renda do salário-família desde a Emenda 20/1998:

40. Art. 13 – Até que a lei discipline o acesso ao salário-família e auxílio-reclusão para os servidores, segurados e seus dependentes, esses benefícios serão concedidos apenas àqueles que tenham renda bruta mensal igual ou inferior a R$ 360,00 (trezentos e sessenta reais), que, até a publicação da lei, serão corrigidos pelos mesmos índices aplicados aos benefícios do regime geral de previdência social.

| PERÍODO | SALÁRIO DE CONTRIBUIÇÃO TOMADO EM SEU VALOR MENSAL | NORMATIVO |
|---|---|---|
| A partir de 01/01/2023 | 1.754,18 | PORTARIA INTERMINISTERIAL MPS/MF 26, DE 10.01.2023 |
| A partir de 01/01/2022 | 1.655,98 | PORTARIA MTP/ME Nº 12, de 17/01/2022 |
| A partir de 01/01/2021 | 1.503,25 | PORTARIA SEPRT/ME Nº 477, de 12/01/2021 |
| A partir de 01/01/2020 | 1.425,56 | PORTARIA SEPRT Nº 3659, DE 10/02/2020 |
| A partir de 01/01/2019 | 1.364,43 | PORTARIA Nº 9, DE 15/01/2019 |
| A partir de 01/01/2018 | 1.319,18 | PORTARIA N°15, DE 16/01/2018 |
| A partir de 01/01/2017 | 1.292, 43 | PORTARIA N° 8, DE 13/01/2017 |
| A partir de 01/01/2016 | 1.212,64 | PORTARIA N° 1, DE 08/01/2016 |
| A partir de 01/01/2015 | 1.089,72 | PORTARIA N° 13, DE 09/01/2015 |
| A partir de 01/01/2014 | 1.025,81 | PORTARIA N° 19, DE 10/01/2014 |
| A partir de 01/01/2013 | 971,78 | PORTARIA N° 15, DE 10/01/2013 |
| A partir de 01/01/2012 | 915,05 | PORTARIA Nº 02, DE 06/01/2012 |
| A partir de 01/01/2011 | 862,60 | PORTARIA Nº 407, DE 14/07/2011 |
| A partir de 01/01/2010 | 810,18 | PORTARIA Nº 333, DE 29/06/2010 |
| A partir de 01/02/2009 | 752,12 | PORTARIA Nº 48, DE 12/02/2009 |
| A partir de 01/03/2008 | 710,08 | PORTARIA N° 77, DE 11/03/2008 |

| PERÍODO | SALÁRIO DE CONTRIBUIÇÃO TOMADO EM SEU VALOR MENSAL | NORMATIVO |
|---|---|---|
| A partir de 01/04/2007 | 676,27 | PORTARIA N° 142, DE 11/04/2007 |
| A partir de 01/08/2006 | 654,67 | PORTARIA N° 342, DE 17/08/2006 |
| A partir de 01/05/2005 | 623,44 | PORTARIA N° 822, DE 11/05/2005 |
| A partir de 01/05/2004 | 586,19 | PORTARIA N° 479, DE 07/05/2004 |
| A partir de 01/06/2003 | 560,81 | PORTARIA N° 727, DE 30/05/2003 |
| A partir de 01/06/2002 | 468,47 | PORTARIA N° 525, DE 29/05/2002 |
| A partir de 01/06/2001 | 429,00 | PORTARIA N° 1.987, DE 04/06/2001 |
| A partir de 01/06/2000 | 398,48 | PORTARIA N° 6.211, DE 25/05/2000 |
| A partir de 01/05/1999 | 376,60 | PORTARIA N° 5.188, DE 06/05/1999 |
| A partir de 16/12/1998 | 360,00 | PORTARIA N° 4.883, DE 16/12/1998 |

Vale registrar que a exigência de baixa renda para o deferimento do salário-família data de 16/12/1998, dada da publicação da Emenda 20, devendo ser preservado o direito adquirido formado anteriormente por segurados que não são de baixa renda (*Tempus Regit Actum*).

Desse modo, os segurados que faziam jus ao salário-família até 15/12/1998 possuem direito adquirido à manutenção do benefício enquanto perdurar os pressupostos legais de concessão, mesmo que não se enquadrem no critério constitucional de baixa renda a contar da publicação da Emenda 20 em 16/12/1998.

Nesse sentido, o acertado posicionamento do STF no julgamento do tema 543, noticiado no sítio oficial em 20 de junho de 2020, com tese firmada tanto no RGPS quanto no RPPS:

> **Salário-família é devido a trabalhadores que o recebiam até dezembro de 1998**
>
> 18/06/2020 18h12 – Atualizado há
>
> 1382 pessoas já viram isso
>
> O Plenário do Supremo Tribunal Federal (STF), por maioria, decidiu que os trabalhadores, incluindo os servidores públicos, que recebiam o salário-família até a promulgação da Emenda Constitucional (EC) 20/1998 continuam tendo direito ao benefício. A decisão se deu, em sessão virtual, no julgamento do Recurso Extraordinário (RE) 657989, com repercussão geral reconhecida (Tema 543).
>
> A redação originária do inciso XII do artigo 7º da Constituição Federal (CF) previa que todos os trabalhadores urbanos e rurais e os servidores públicos tinham direito ao salário-família para os seus dependentes. A EC 20/1998 restringiu o benefício aos trabalhadores de baixa renda.
>
> No RE 657989, uma servidora pública municipal questionava decisão do Tribunal de Justiça do Rio Grande do Sul (TJ-RS) que havia afastado o direito ao recebimento da parcela desde 1/1/1999, em razão da alteração promovida pela EC 20/1998. Segundo o Tribunal estadual, não há direito adquirido ao auxílio, pois a servidora se submete a regime estatutário próprio, nem obstáculo à mudança de situação jurídica anteriormente em vigor.
>
> **Direito adquirido**
>
> No julgamento do RE, prevaleceu o entendimento do relator, ministro Marco Aurélio, de que situações consolidadas não podem ser atingidas, por força da garantia do direito adquirido. Segundo ele, as novas regras instituídas pela EC 20/1998 não se aplicam a quem, na data da publicação da emenda, já estava em gozo do benefício.
>
> O ministro destacou ainda que o STF decidiu, no julgamento do RE 379199, que o salário-família é direito incorporado ao patrimônio do servidor público. "O salário-família integrava a remuneração da servidora até dezembro de 1998, quando inexistentes condicionantes ao recebimento. A sociedade não pode viver aos sobressaltos, aos solavancos", afirmou.
>
> **Tese**
>
> A tese de repercussão geral firmada no julgamento foi a seguinte: "A alteração de regência constitucional do salário-família não repercute nas relações jurídicas existentes na data em que promulgada a Emenda Constitucional 20/1998".
>
> Ficou vencido o ministro Luís Roberto Barroso.

Deveras, já com a atualização para este ano, o benefício tinha dois valores fixos, pago por filho ou equiparado menor de 14 anos de idade ou inválido de qualquer idade, de acordo com as referidas faixas de renda (valores 2019 – último ano das duas faixas):

| Faixa de renda | Valor do benefício |
|---|---|
| Até R$ 907,77 | R$ 46,54 |

Com o advento do artigo 27 da Emenda 103/2019, a cota menor de R$ 32,80 foi extinta ao menos até a edição de lei de regulação, sendo unificada em R$ 46,54 por filho ou equiparado menor de 14 anos ou inválido de qualquer idade, sendo uma elevação de proteção previdenciária, mesmo que pequena para o ano de 2019.

O valor da cota do salário-família por filho ou equiparado de qualquer condição, até 14 (quatorze) anos de idade, ou inválido de qualquer idade, a partir de 1º de janeiro de 2020, é de R$ 48,62 (quarenta e oito reais e sessenta e dois centavos) para o segurado com remuneração mensal não superior a R$ 1.425,56 (um mil, quatrocentos e vinte e cinco reais e cinquenta e seis centavos). A seguir estão discriminados os valores do salário-família dos anos de 2020 a 2022 e os limites de remuneração para fazer jus ao benefício:

| Salário-família - 2020 | |
|---|---|
| **Portaria ME 3.659/2020** | |
| **Faixa Salarial - R$** | **Valor** |
| até 1.425,56 | 48,62 |

| Salário-família - 2021 | |
|---|---|
| **Portaria SEPRT/ME 477/2021** | |
| **Faixa Salarial - R$** | **Valor** |
| até 1.503,25 | 51,27 |

| Salário-família - 2022 | |
|---|---|
| **Portaria Interministerial MTP/ME 12/2022** | |
| **Faixa Salarial - R$** | **Valor** |
| até 1.655,98 | 56,47 |

Logo, o cálculo da renda mensal inicial do salário-família não é feito com base no salário de benefício do segurado, ao tempo em que inexiste carência.

Vale salientar que é possível a percepção de dois salários-família em razão do mesmo filho, desde que ambos os pais sejam responsáveis pelo infante e se caracterizem separadamente como baixa renda.

| QUADRO SINTÉTICO – SALÁRIO-FAMÍLIA | |
|---|---|
| **Cabimento** | Determinados segurados que tenham filhos/equiparados menores de 14 anos ou inválidos, condicionado à apresentação do atestado anual de vacinação (até 06 anos de idade) ou semestral de frequência escolar (maiores de 07 anos). |
| **Beneficiários** | Será devido apenas aos segurados **baixa renda**, especificamente ao segurado empregado, empregado doméstico, ao avulso, ao aposentado por invalidez, ao aposentado por idade e aos demais aposentados com idade mínima de 65 anos (homem) ou 60 anos (mulher). |
| **Carência** | Não há. |

| QUADRO SINTÉTICO – SALÁRIO-FAMÍLIA | |
|---|---|
| **Valor** | R$ 59,82 (valor 2023)por filho ou equiparado menor de 14 anos ou inválido. |
| **Outras informações:** | **a)** É possível a percepção de dois salários-família por um filho, desde que ambos os pais sejam responsáveis pelo infante.<br>**b)** No caso de separação, divórcio ou abandono, o segurado não receberá o benefício se não ficar com a guarda.<br>**c)** A DIB – Data de Início do Benefício será a data da apresentação da certidão de nascimento (art. 84, RPS). |

## 8. SALÁRIO-MATERNIDADE

**Regulamentação básica**: artigos 71/73, da Lei 8.213/91; artigos 93/103, do RPS (Decreto 3.048/99).

Código de concessão: 80 – Salário-maternidade.

O salário-maternidade é um benefício previdenciário devido a todas as seguradas do RGPS, sem exceção, que visa substituir a sua remuneração em razão do nascimento do seu filho ou da adoção (ou guarda para fins de adoção) de uma criança, pois nesse período é preciso que a mulher ou o homem na adoção volte toda a sua atenção ao infante, sendo presumida legalmente a sua incapacidade temporária de trabalhar.

Por ausência de previsão legal, o INSS não pagava o salário-maternidade aos homens, mesmo no caso de falecimento das suas esposas por ocasião do parto. Nesses casos extremos, entendia-se que a legislação previdenciária deveria ser alterada, a fim de conceder o benefício ao segurado do sexo masculino, pois a criança precisa ser amparada em tempo integral por seu genitor, o que somente se verificou com o advento da Lei 12.873/2013, conforme será visto.

De acordo com o artigo 103, do RPS, a segurada aposentada que retornar à atividade fará jus ao pagamento do salário-maternidade, o que é bem factível na hipótese de adoção. Ou seja, será possível a acumulação da aposentadoria com o salário-maternidade. Essa regra se estende aos homens após o advento da Lei 12.873/2013.

Evidentemente, o Regulamento se refere apenas à aposentadoria por idade, especial e por tempo de contribuição, visto que a aposentadoria por invalidez não permite a sua manutenção concomitante com o desenvolvimento de atividade laboral remunerada, salvo nas situações temporárias das mensalidades de recuperação.

Trata-se de disposição regulamentar que transborda a Lei 8.213/91, pois o artigo 18, § 2º pontifica que "o aposentado pelo Regime Geral de Previdência Social–RGPS que permanecer em atividade sujeita a este Regime, ou a ele retornar, não fará jus a prestação alguma da Previdência Social em decorrência do exercício dessa atividade, exceto ao salário-família e à reabilitação profissional, quando empregado".

**Curiosamente o Decreto 10.410/2020 conservou o artigo 103 do RPS. Contudo, restringiu o salário-maternidade ao aposentado que seguir na ativa na condição de empregado e trabalhador avulso apenas:**

> "Art. 173. O segurado em gozo de aposentadoria, que voltar a exercer atividade abrangida pelo RGPS, somente terá direito ao salário-família, ao salário-maternidade e à reabilitação profissional, **quando empregado ou trabalhador avulso**, observados o disposto no art. 168 e, nos casos de aposentadoria especial, no parágrafo único do art. 69. (Redação dada pelo Decreto nº 10.410, de 2020)".

Por sua vez, nos moldes do artigo 361, da Instrução Normativa INSS PRES 128/2022, no caso de atividade simultânea na condição de segurada empregada com contribuinte individual ou doméstica, a segurada fará jus ao salário-maternidade relativo a cada atividade.

Contudo, de acordo com a referida normatização do INSS, corretamente, inexistindo contribuição na condição de segurada contribuinte individual ou empregada doméstica, em respeito ao limite máximo do salário de contribuição como segurada empregada, o benefício será devido apenas na condição de empregada.

Veja-se:

> "Art. 361. No caso de vínculos concomitantes ou de atividade simultânea, o segurado fará jus ao salário-maternidade relativo a cada emprego ou atividade, não sendo considerado para este fim os vínculos ou atividades em prazo de manutenção da qualidade de segurado decorrente de uma das atividades.
>
> § 1º O disposto no caput não se aplica a atividades simultâneas de contribuinte individual ou de empregos intermitentes concomitantes.
>
> § 2º Quando o segurado se desligar de apenas uma das atividades, o benefício será devido somente pela atividade que continuar exercendo.
>
> § 3º O cálculo dos salários-maternidade disposto no caput deverá observar o art. 241".

É forçoso concluir que existem duas disposições insertas no artigo 361, da Instrução Normativa INSS PRES 128/2022, que aparentemente se afiguram ilegais. De acordo com a autarquia previdenciária, quando o segurado se desligar de apenas uma das atividades, o benefício será devido somente pela atividade que continuar exercendo, ainda que em prazo de manutenção da qualidade de segurada na atividade encerrada.

Deveras, em regra, o salário-maternidade será pago pelo período de 120 dias, com data de início no 28º dia que anteceda o parto, até 91 dias após o referido evento.

Contudo, entende o INSS que o parto (e não o 28º dia anterior ao parto) é o fato gerador do salário maternidade, sendo a data de início do benefício.

Apesar disso, é preciso que a segurada demonstre a sua condição no 28º dia antes do parto, e não na data do parto, sendo irrelevante a perda posterior da qualidade de segurada, conforme reconhecido pelo Ministério da Previdência Social[41] e do artigo 419, §1º, da Portaria INSS/DIRBEN 991/2022.

Há uma regra especial no artigo 18, §§ 3º e 4º, da Lei 13.301/2016[42] para o salário-maternidade na gestação de crianças vítimas de microcefalia em decorrência de sequelas neurológicas decorrentes de doenças transmitidas pelo Aedes aegypti. Neste caso, a duração do salário-maternidade será de 180 dias.

Essa regra foi sucedida pelo artigo 5º da Lei 13.985/2020:

> "Art. 5º No caso de mães de crianças nascidas até 31 de dezembro de 2019 acometidas por sequelas neurológicas decorrentes da Síndrome Congênita do Zika Vírus, será observado o seguinte:
>
> I – a licença-maternidade de que trata o art. 392 da Consolidação das Leis do Trabalho (CLT), aprovada pelo Decreto-Lei nº 5.452, de 1º de maio de 1943, será de 180 (cento e oitenta) dias;
>
> **II – o salário-maternidade de que trata o art. 71 da Lei nº 8.213, de 24 de julho de 1991, será devido por 180 (cento e oitenta) dias."**

O salário-maternidade pode ser requerido no prazo de cinco anos, a contar da data do fator gerador (parto, adoção ou guarda judicial para fins de adoção), nos termos do artigo 357, §5º, da Instrução Normativa INSS 128/2022 , haja vista que ultrapassado o lapso de 05 anos se operava a prescrição quinquenal.

Isso porque, no caso de adoção ou parto, a Lei 8.213/91 originalmente não previu um prazo específico para que o benefício seja requerido (embora devesse), devendo ser aplicada a prescrição quinquenal.

Entretanto, por força da **MP 871/2019**, para partos e adoções a partir de **18/1/2019** (*Tempus Regit Actum*), restou inserido na Lei 8.213/91 o artigo 71-D, que dispõe: **"Art. 71-D. O direito ao salário-maternidade**

---

**41.** Nesse sentido, o Parecer/CONJUR/MPS 616/2010, aprovado pelo Ministro da Previdência Social em 23.12.2010.

**42.** § 3º A licença-maternidade prevista no art. 392 da Consolidação das Leis do Trabalho – CLT, aprovada pelo Decreto-Lei nº 5.452, de 1º de maio de 1943, será de cento e oitenta dias no caso das mães de crianças acometidas por sequelas neurológicas decorrentes de doenças transmitidas pelo *Aedes aegypti*, assegurado, nesse período, o recebimento de salário-maternidade previsto no art. 71 da Lei no 8.213, de 24 de julho de 1991.

§ 4º O disposto no § 3º aplica-se, no que couber, à segurada especial, contribuinte individual, facultativa e trabalhadora avulsa.

**decairá se não for requerido em até cento e oitenta dias da ocorrência do parto ou da adoção, exceto na ocorrência de motivo de força maior e ou caso fortuito, conforme disposto no Regulamento". NO ENTANTO, ESTE DISPOSITIVO FOI EXCLUÍDO DA LEI 13.846/19.**

Dessa forma, o salário-maternidade voltou a poder ser requerido no prazo de cinco anos, a contar da data do parto ou adoção, haja vista **a ausência de fixação de prazo máximo para o seu requerimento**, pois após esse período começará a se operar a prescrição quinquenal progressiva das parcelas. O mesmo se aplica à adoção ou guarda para fins de adoção.

Vale frisar que o requerimento administrativo do salário-maternidade terá o condão de suspender o curso do prazo de prescrição, que voltará a correr pelo prazo residual após a notificação do indeferimento administrativo definitivo do benefício.

Nesse sentido, a TNU:

"INCIDENTE DE UNIFORMIZAÇÃO. PREVIDENCIÁRIO. PRESCRIÇÃO QÜINQÜENAL. REQUERIMENTO ADMINISTRATIVO. SUSPENSÃO DO PRAZO. ART. 4º DO DECRETO N. 20.910/32. PRECEDENTE DO STJ. INCIDENTE CONHECIDO E NÃO PROVIDO. 1. Pedido de concessão de salário-maternidade. 2. Sentença de improcedência do pedido, sob fundamento de ocorrência da prescrição qüinqüenal entre a data do fato gerador do benefício (parto) e a data de ajuizamento da ação. 3. Manutenção da sentença pela Turma Recursal do Ceará, acrescentando, ainda, que o pedido administrativo do benefício apenas suspende o prazo prescricional enquanto perdurar a análise da autarquia até a comunicação do indeferimento. 4. Incidente de uniformização de jurisprudência, interposto pela parte autora, com fundamento no art. 14, § 2º, da Lei nº 10.259/2001. 5. Alegação de que o acórdão recorrido é divergente da posição adotada pela Turma Recursal da Bahia no julgamento do recurso nº 2005.33.00.765537-0, onde entendeu que a prescrição é interrompida pelo protocolo do requerimento administrativo, passando então a contar novo lustro prescricional. 6. Incidente não admitido pela Presidência da Turma Recursal do Ceará ao argumento de que seu seguimento importaria em reexame da matéria de fato. 7. Deve ser conhecido o presente incidente, vez que o cerne da controvérsia estabelecida, contagem de prazo prescricional, não guarda qualquer relação com matéria de fato. 8. Por outro lado, a questão não requer maiores digressões. O Decreto nº 20.910, de 06 de janeiro de 1932, que estabelece a prescrição qüinqüenal das dívidas, direitos ou ações contra a Fazenda federal, estadual ou municipal, previu em seu art. 4º que "não corre a prescrição durante a demora que, no estudo, no reconhecimento ou no pagamento da dívida, considerada líquida, tiver as repartições ou funcionários encarregados de estudar e apurá-la". Em que pese o caput não especifique se esse "não corre a prescrição" se refere à suspensão ou à interrupção, o parágrafo único sana eventuais dúvidas aos prescrever que "a suspensão da prescrição, neste caso verificar-se-á pela entrada do requerimento do titular do direito ou do credor nos livros ou protocolos das repartições públicas, com designação do dia, mês e ano" (grifei). Outrossim, o Superior Tribunal de Justiça, no julgamento do REsp 294032/PR, entendeu que o requerimento administrativo de benefício previdenciário suspende o prazo prescricional, e não o interrompe como pretende a parte autora. Transcrevo o aresto: "PREVIDENCIÁRIO. PENSÃO POR MORTE. PRESCRIÇÃO. REQUERIMENTO ADMINISTRATIVO. SUSPENSÃO DO PRAZO. Tendo havido, por parte da beneficiária, apresentação de requerimento administrativo pleiteando o pagamento de pensão por morte, permanece suspenso o prazo prescricional, até que a autarquia previdenciária comunique sua decisão à interessada. Recurso conhecido e provido. (REsp 294.032/PR, Rel. Ministro FELIX FISCHER, QUINTA TURMA, julgado em 20/02/2001, DJ 26/03/2001, p. 466)" (grifei). **9. Incidente de uniformização de jurisprudência conhecido e improvido, para manter o acórdão proferido pela Turma Recursal do Ceará que reconheceu a prescrição qüinqüenal, bem como que tal prazo é apenas suspenso pelo protocolo do requerimento administrativo do benefício, assim permanecendo enquanto perdurar a análise do pedido pela Administração, retomando-se a contagem com a comunicação do indeferimento, nos termos acima.** 10. Sugestão ao e. Presidente desta Turma Nacional de Uniformização para que imprima ao julgamento desde feito a sistemática do art. 7º, VII, 'a', do RITNU (PEDILEF 05022347920084058102, de 17/4/2013).

O salário-maternidade poderá ou não exigir carência, a depender do enquadramento da segurada. Para a empregada, empregada doméstica e trabalhadora avulsa não haverá carência.

**Ao revés**, a contribuinte individual, a segurada especial e a facultativa deverão comprovar a carência de 10 contribuições mensais anteriormente ao parto, **que se for antecipado será reduzido em número de contribuições equivalente ao número de meses do nascimento prematuro.**

**Considerando que o salário-maternidade é um benefício substitutivo da remuneração, não poderá ter valor inferior a um salário mínimo**. É importante ressaltar que a renda mensal inicial do salário-maternidade, da mesma forma que o salário-família, não é calculada com espeque no salário de benefício.

Com propriedade, o cálculo variará de acordo com o enquadramento da segurada:[43]

**43.** Não houve regulamentação da contribuição anual do segurado especial, tendo em conta a não aprovação do projeto de lei que veiculava o tema.

| SEGURADA | FÓRMULA DE CÁLCULO |
|---|---|
| **Empregada e avulsa** | O valor da sua remuneração mensal |
| **Empregada intermitente** | Média aritmética simples das remunerações apuradas no período referente aos doze meses que antecederem o parto, a adoção ou a obtenção da guarda para fins de adoção. |
| **Empregada doméstica** | O valor correspondente ao do seu último salário de contribuição |
| **Segurada especial** | Um doze avos do valor sobre o qual incidiu sua última contribuição anual[119], garantido, ao menos, um salário mínimo mensal |
| **Contribuinte individual, desempregada e segurada facultativa** | Um doze avos da soma dos doze últimos salários de contribuição, apurados em um período não superior a quinze meses |

A previsão da renda de um doze avos da soma dos doze últimos salários de contribuição, apurados em um período não superior a quinze meses para o salário-maternidade do desempregado decorreu da Lei 13.846/2019.

Antes disso, entendo que deveria ser a última remuneração integral, pois conservava a qualidade de segurada empregada. Mas a TNU deu ganho de causa ao INSS:

> REPRESENTATIVO DE CONTROVÉRSIA – DEFINIÇÃO DE TESE – TEMA N. 202 – PUIL n. 5075016-04.2016.4.04.7100/RS
>
> Apreciando o pedido sob o regime dos representativos de controvérsia, a TNU fixou a seguinte tese: O cálculo da renda mensal do salário-maternidade devido à segurada que, à época do fato gerador da benesse, se encontre no período de graça, com última vinculação ao RGPS na qualidade de segurada empregada, deve observar a regra contida no artigo 73, inciso III, da Lei nº 8.213/91.

Questão não tratada pela Lei 8.213/91 é a situação da desempregada, contribuinte individual e facultativa que, apesar de manter qualidade de segurada, não possui 12 salários de contribuição nos últimos 15 meses antes do fato gerador do benefício.

O sistema do INSS divide por 12, mesmo que inexistam 12 salários de contribuição nos últimos 15 meses antes do parto ou adoção. Creio que o correto seria dividir pelo número de salários de contribuição existentes, diante da inexistência legal de divisor mínimo de 12.

**No caso da segurada empregada e da trabalhadora avulsa, o valor do salário-maternidade poderá superar o teto do RGPS para o** pagamento dos demais benefícios previdenciários, por força de entendimento do STF, que aplicou o Princípio da Isonomia na época, a fim de excluir a referida prestação do teto de R$ 1.200,00, instituído pela Emenda 20/98, conforme trecho abaixo colacionado:

> [...] "E, na verdade, se se entender que a Previdência Social, doravante, responderá apenas por R$1.200,00 (hum mil e duzentos reais) por mês, durante a licença da gestante, e que o empregador responderá, sozinho, pelo restante, ficará sobremaneira, facilitada e estimulada a opção deste pelo trabalhador masculino, ao invés da mulher trabalhadora. Estará, então, propiciada a discriminação que a Constituição buscou combater, quando proibiu diferença de salários, de exercício de funções e de critérios de admissão, por motivo de sexo (art. 7º, inc. XXX, da C.F./88), proibição, que, em substância, é um desdobramento do princípio da igualdade de direitos, entre homens e mulheres, previsto no inciso I do art. 5º da Constituição Federal. Estará, ainda, conclamado o empregador a oferecer à mulher trabalhadora, quaisquer que sejam suas aptidões, salário nunca superior a R$ 1.200,00, para não ter de responder pela diferença. Não é crível que o constituinte derivado, de 1998, tenha chegado a esse ponto na chamada Reforma da Previdência Social, desatento a tais conseqüências. Ao menos não é de se presumir que o tenha feito, sem o dizer expressamente, assumindo a grave responsabilidade" (Passagem do julgamento da ADI/MC 1.946, de 29.04.1999)[44].

Por outro lado, o salário-maternidade da segurada empregada e da trabalhadora avulsa não poderá superar o teto do funcionalismo público, que é o subsídio dos Ministros do STF, na forma do artigo 248, da CRFB[45], cabendo à empresa arcar com a eventual diferença.

Para a Autarquia, deverá ser adotada para a segurada empregada uma renda mensal igual à sua remuneração no mês do seu afastamento, ou se for o caso de **salário total ou parcialmente variável**, na igualdade da **média aritmética simples dos seus seis últimos salários**, apurada de acordo com a lei salarial ou o dissídio coletivo da categoria, excetuando-se o décimo terceiro-salário, adiantamento de férias e as rubricas constantes do § 9º do art. 214 do RPS.

Vale registrar que a fórmula adotada pelo INSS no caso de salário variável, através da média aritmética simples

---

**44.** Em 03.04.2003, a Suprema Corte confirmou a liminar, julgando parcialmente procedente o pedido (ADI 1.946).

**45.** Art. 248. Os benefícios pagos, a qualquer título, pelo órgão responsável pelo regime geral de previdência social, ainda que à conta do Tesouro Nacional, e os não sujeitos ao limite máximo de valor fixado para os benefícios concedidos por esse regime observarão os limites fixados no art. 37, XI.

dos seus seis últimos salários, não encontra respaldo no texto do artigo 72, da Lei 8.213/91.

Excepcionalmente, por força do Decreto 10.410/2020, no caso da empregada com contrato de trabalho intermitente o salário-maternidade consistirá na média aritmética simples das remunerações apuradas no período referente aos doze meses que antecederem o parto, a adoção ou a obtenção da guarda para fins de adoção, observada a renda mínima de um salário mínimo nacional.

Para a trabalhadora avulsa o salário-maternidade corresponderá ao valor de sua última remuneração integral equivalente a um mês de trabalho, embora seja razoável. No caso de remuneração variável, consistirá na média aritmética simples das suas 6 (seis) últimas remunerações, nos termos da regulamentação da Autarquia, que também não encontra amparo no artigo 72 da Lei 8.213/91, que não possui fórmula especial de cálculo para a trabalhadora avulsa com remuneração variável, ofendendo o Princípio da Legalidade, pois o Regulamento extrapola a Lei 8.213/91.

Veja-se o artigo 240 da Instrução Normativa INSS 128/2022:

> **"Subseção IV**
>
> **Da Renda Mensal Inicial do Salário-Maternidade**
>
> **Art. 240.** A renda mensal do salário-maternidade será calculada, observado o disposto no art. 19-E do RPS, da seguinte forma:
>
> I - para a segurada **empregada**, consiste numa renda mensal igual à sua remuneração integral, ou em caso de salário total **ou parcialmente variável, na média aritmética simples dos seus 6 (seis) últimos salários;**
>
> II - para a segurada **trabalhadora avulsa**, corresponde ao valor de sua última remuneração integral equivalente a um mês de trabalho, **observado o disposto no inciso I em caso de salário variável;**
>
> III - para a segurada doméstica, corresponde ao valor do seu último salário de contribuição, ou em caso de salário total ou parcialmente variável, **na média aritmética simples dos seus 6 (seis) últimos salários de contribuição;**
>
> IV - para as seguradas contribuinte individual, facultativo, para a segurada especial que esteja contribuindo facultativamente e para os que mantenham qualidade de segurado corresponde a 1/12 (um doze avos) da soma dos doze últimos salários de contribuição, apurados em período não superior a quinze meses anteriores ao fato gerador;
>
> V - para a segurada especial que não esteja contribuindo facultativamente, corresponde ao valor de um salário mínimo;
>
> VI - para a segurada **empregada intermitente, corresponderá à média aritmética simples das remunerações apuradas no período referente aos doze meses anteriores ao fato gerador**; e
>
> VII - para a segurada empregada com jornada parcial, cujo salário de contribuição seja inferior ao seu limite mínimo mensal, o valor será de um salário mínimo, observado o disposto no art. 124.
>
> § 1º Para efeito de cálculo, devem ser observados os limites mínimo e máximo do salário de contribuição, ressalvado nos casos de segurada empregada e trabalhadora avulsa.
>
> **§ 2º Não se entende como salário variável, previsto no inciso I e III, a modificação do valor exclusivamente por aumento de salário por iniciativa do empregador, reajuste, dissídio ou acordo coletivo.**
>
> § 3º O benefício de salário-maternidade devido aos segurados trabalhador avulso e empregado, exceto o doméstico, terá a renda mensal sujeita ao teto do subsídio em espécie dos Ministros do Supremo Tribunal Federal (STF), em observância ao art. 248 da Constituição Federal.
>
> § 4º Aplicam-se as regras de cálculo previstas neste artigo ao benefício de salário-maternidade devido ao segurado sobrevivente de que trata o art. 360, de acordo com sua última categoria de filiação no fato gerador.
>
> § 5º Aplica-se o disposto neste artigo às situações em que o segurado estiver em gozo de auxílio por incapacidade temporária e requerer o salário-maternidade, observando quanto ao inciso I que, havendo reajuste salarial da categoria no período de gozo do auxílio por incapacidade temporária, caberá ao segurado comprovar o novo valor da parcela fixa.
>
> § 6º Na hipótese de o segurado ter feito o recolhimento complementar ou ter ocorrido agrupamento ou utilização de excedente, na forma do art. 19-E e no § 27-A do art. 216 do RPS, a base de cálculo da contribuição será somada à remuneração do correspondente mês.
>
> § 7º Na hipótese de empregos intermitentes concomitantes, a média aritmética a que se refere o inciso VI será calculada em relação a todos os empregos e será pago somente um salário-maternidade.
>
> § 8º Nos casos dos incisos IV e VI, caso a segurada não possua salário de contribuição no período indicado, o valor da RMI deverá ser fixado no salário mínimo".

De acordo com o artigo 241 da Instrução Normativa INSS 128/2022, para a segurada com **vínculos concomitantes ou atividades simultâneas**, serão observadas as seguintes situações:

> I - na hipótese de uma ou mais atividades ter remuneração ou salário de contribuição inferior ao salário mínimo mensal, o benefício somente será devido se o somatório dos valores auferidos em todas as atividades for igual ou superior a um salário mínimo mensal, observando que:
>
> a) o salário-maternidade relativo a uma ou mais atividades poderá ser inferior ao salário mínimo mensal; e
>
> b) o valor global do salário-maternidade, consideradas todas as atividades, não poderá ser inferior ao salário mínimo mensal;

II - inexistindo contribuição na atividade concomitante, em respeito ao limite máximo do salário de contribuição como segurada empregada, o benefício será devido apenas nesta condição, no valor correspondente à remuneração integral dela; e

III - o valor global do salário-maternidade, consideradas todas as atividades, não poderá ultrapassar limite máximo do salário de contribuição mensal, observando que:

a) sendo uma das atividades como trabalhadora avulsa ou empregada, exceto doméstica, o valor do salário-maternidade decorrente destas atividades poderá ser superior ao limite máximo do salário de contribuição mensal, observado o teto do Ministro do STF; e

b) na hipótese prevista na alínea "a" acima, sendo a remuneração da atividade de trabalhadora avulsa ou empregada, exceto doméstica, superior ao limite máximo do salário de contribuição mensal, não será devido o pagamento na condição de contribuinte individual ou doméstica concomitante.

Parágrafo único. Na hipótese de empregos intermitentes concomitantes, a média aritmética a que se refere o art. 240 será calculada em relação a todos os empregos, pagando-se um único salário-maternidade.

Se após a extinção do vínculo empregatício o segurado ou a segurada tiver se filiado como contribuinte individual, facultativo, ou segurado especial que esteja contribuindo facultativamente e, nessas condições, ainda que cumprida a carência, não contar com as doze contribuições necessárias para o cálculo da RMI (renda mensal inicial), serão consideradas para efeito do período de cálculo as contribuições como empregada, observado que:

I – a RMI consistirá em 1/12 (um doze avos) da soma dos doze últimos salários de contribuição, apurados em um período não superior a quinze meses, anterior ao fato gerador;

II – no cálculo, deverão ser incluídas as contribuições vertidas na condição de segurada empregada, limitado ao teto de contribuição, no extinto vínculo;

III – na hipótese da segurada contar com menos de doze contribuições, no período de quinze meses anteriores ao fato gerador, a soma dos salários de contribuição apurado será dividido por doze; e

IV – se o valor apurado for inferior ao salário mínimo, o benefício será concedido com o valor mínimo[46].

Nos termos do artigo 221 da Portaria INSS/DIRBEN 991/2022, nas situações em que a segurada estiver em gozo de auxílio incapacidade temporária e requerer o salário-maternidade, o valor deste corresponderá:

I - para a segurada empregada, observado o limite fixado no art. 37, XI da Constituição Federal, nos termos do art. 248 do mesmo diploma legal:

a) com remuneração fixa, ao valor da remuneração que estaria recebendo, como se em atividade estivesse; e

b) com remuneração variável, à média aritmética simples das seis últimas remunerações recebidas da empresa, anteriores ao auxílio incapacidade temporária, devidamente corrigidas.

II - para a segurada trabalhadora avulsa, o valor da sua última remuneração integral equivalente a um mês de trabalho, observado o disposto no inciso I;

III - para a segurada empregada doméstica, ao valor do seu último salário de contribuição;

IV - para a segurada especial que não contribui facultativamente, ao valor do salário mínimo; e

V - para a segurada contribuinte individual, facultativa, segurada especial que esteja contribuindo facultativamente e para as que mantenham a qualidade de segurada, à média aritmética dos doze últimos salários de contribuição apurados em período não superior a quinze meses, incluído o valor do salário de benefício do auxílio-doença, quando intercalado entre períodos de atividade, reajustado nas mesmas épocas e bases dos benefícios pagos pela Previdência Social.

Na hipótese da segurada estar em período de graça decorrente de vínculo como empregada, empregada doméstica ou avulsa, e passar a contribuir como facultativa ou contribuinte individual ou se vincular ao RGPS como segurada especial, sem cumprir o período de carência exigido para a concessão do salário-maternidade nesta condição, o cálculo do salário-maternidade deve ser realizado, nos termos do inciso IV do art. 217, com base nos últimos salários de contribuição apurados quando a segurada estava exercendo atividade de empregada, empregada doméstica ou avulsa, excluídas as contribuições vertidas posteriormente na qualidade de facultativa ou contribuinte individual[47].

Para efeito de salário maternidade, nos casos de pagamento a cargo do INSS, os eventuais valores decorrentes de aumentos salariais, dissídios coletivos, entre outros, serão pagos da seguinte forma:

I – se o aumento ocorreu desde a DIB, por meio de revisão do benefício;

II – se o aumento ocorreu após a DIB por meio de:

a) atualização especial – AE, se o benefício estiver ativo; ou

b) pagamento alternativo de benefício – PAB, de resíduo, se o benefício estiver cessado, observando-se quanto à contribuição previdenciária, calculada automaticamente pelo sistema próprio, o limite máximo de contribuição[48].

46. Artigo 219 da Portaria INSS/DIRBEN 991/2022.

47. Artigo 222 da Portaria INSS/DIRBEN 991/2022.

48. Artigo 223, da Portaria INSS/DIRBEN 991/2022.

| QUADRO SINTÉTICO – SALÁRIO-MATERNIDADE | |
|---|---|
| **Cabimento** | Será devido à segurada da Previdência Social, durante 120 dias, com início de vigência no 28º dia antes do parto, assim como ao segurado ou segurada no caso de adoção de criança. |
| **Beneficiárias** | Todos os segurados. |
| **Carência** | Para a segurada empregada, doméstica e trabalhadora avulsa não há carência; para as demais (contribuinte individual, facultativa e especial), será de 10 contribuições mensais ou 10 meses de atividade rurícola/pesqueira em regime de economia familiar para a subsistência (segurada especial). |
| **Valor** | Para a **empregada e a avulsa**, o valor equivalerá a uma remuneração mensal, não se sujeitando ao teto do RGPS (STF, ADI-MC 1.946), mas deve observar o teto federal (artigo 248, da CRFB), cabendo a empresa arcar com a eventual diferença; para a **empregada doméstica,** será o último salário de contribuição; no caso da **segurada especial**, equivalerá em um doze avos do valor sobre o qual incidiu sua última contribuição anual, ou 01 salário mínimo, ao menos; para a **contribuinte individual, desempregada e a facultativa**, consistirá na média aritmética dos 12 últimos salários de contribuição, apurados em período não superior a 15 meses. |

| QUADRO SINTÉTICO – SALÁRIO-MATERNIDADE | |
|---|---|
| **Outras Informações** | **a)** Para o segurado ou a segurada da Previdência Social que **adotar ou obtiver guarda judicial para fins de adoção de criança** é devido salário-maternidade pelo período de 120 (cento e vinte) dias. |
| **Outras Informações** | **d)** Em casos excepcionais, os períodos de repouso anterior e posterior ao parto podem ser aumentados de mais duas semanas, mediante atestado médico específico (RPS, 93, § 3º).<br>**e)** O salário-maternidade não pode ser acumulado com benefício por incapacidade (art. 102, RPS).<br>**f)** A segurada aposentada que retornar à atividade fará jus ao pagamento do salário-maternidade (art. 103, RPS). |

## 8.1. Cálculos

O cálculo da renda mensal inicial do benefício de salário-maternidade é relativamente simples para qualquer categoria de segurada. A particularidade fica por conta de seguradas empregada ou trabalhadora avulsa com salários total ou parcialmente variáveis, que no caso, será apurada a média dos 6 últimos salários de contribuição. No caso de segurada contribuinte individual, facultativa ou desempregada com salários de contribuição variáveis, a renda mensal será apurada com base na média dos 12 últimos salários de contribuição apurados num período não superior a 15 meses. Vejamos o cálculo da renda mensal de uma segurada emprega com salário variável.

SEGURADA: **MARILURDES RODRIGUES LOPES**
DATA DE NASCIMENTO: **22/03/1987**
FORMA DE FILIAÇÃO: **Empregada**
DATA DO PARTO: **05/08/2020**
DATA DE INÍCIO DO BENEFÍCIO: **05/08/2020**
DATA DE CESSAÇÃO: **02/12/2020**

| 12 últimos Salários de Contribuição | | | | | |
|---|---|---|---|---|---|
| **Período** | **Salário-base** | **Horas extras** | **Comissões** | **Total** | **Teto Previdenciário** |
| ago/19 | 2.500,00 | 182,30 | 650,00 | 3.332,30 | 5.839,45 |
| set/19 | 2.500,00 | 212,62 | 870,00 | 3.582,62 | 5.839,45 |
| out/19 | 2.500,00 | 356,50 | 637,00 | 3.493,50 | 5.839,45 |
| nov/19 | 2.500,00 | 287,80 | 650,00 | 3.437,80 | 5.839,45 |
| dez/19 | 2.500,00 | 265,35 | 586,00 | 3.351,35 | 5.839,45 |
| jan/20 | 2.500,00 | 273,00 | 725,00 | 3.498,00 | 6.101,06 |
| fev/20 | 2.500,00 | 197,50 | 870,00 | 3.567,50 | 6.101,06 |

| 12 últimos Salários de Contribuição | | | | | |
|---|---|---|---|---|---|
| Período | Salário-base | Horas extras | Comissões | Total | Teto Previden-ciário |
| mar/20 | 2.500,00 | 215,75 | 620,00 | 3.335,75 | 6.101,06 |
| abr/20 | 2.750,00 | 262,30 | 586,00 | 3.598,30 | 6.101,06 |
| mai/20 | 2.750,00 | 291,85 | 725,00 | 3.766,85 | 6.101,06 |
| jun/20 | 2.750,00 | 330,20 | 833,00 | 3.913,20 | 6.101,06 |
| jul/20 | 2.750,00 | 350,10 | 752,00 | 3.852,10 | 6.101,06 |

**CÁLCULO DA RENDA MENSAL - SALÁRIO-MATERNIDADE - RENDA VARIÁVEL**

SEGURADA: **MARILURDES RODRIGUES LOPES**
DATA DE NASCIMENTO: **22/03/1987**
ESPÉCIE: 80 (SALÁRIO-MATERNIDADE)
DATA DO PARTO: **05/08/2020**
DATA DE INÍCIO DO BENEFÍCIO: **05/08/2020**
DATA DE CESSAÇÃO: **02/12/2020**
PERÍODO BÁSICO DE CÁLCULO: **02/2020 a 07/2020**

| Sequência | Mês/ano | Salário | Índice | Salário atuali-zado |
|---|---|---|---|---|
| 1 | fev/20 | 3.567,50 | 1,006095 | 3.589,24 |
| 2 | mar/20 | 3.335,75 | 1,004388 | 3.350,39 |
| 3 | abr/20 | 3.598,30 | 1,002584 | 3.607,60 |
| 4 | mai/20 | 3.766,85 | 1,004895 | 3.785,29 |
| 5 | jun/20 | 3.913,20 | 1,007413 | 3.942,21 |
| 6 | jul/20 | 3.852,10 | 1,004400 | 3.869,05 |
| **SOMA GERAL DE SALÁRIOS** | | | | **22.143,78** |

| | |
|---|---|
| **MÉDIA GERAL DE SALÁRIOS** = 22.143,78 / 6 | **3.690,63** |

| | |
|---|---|
| **SALÁRIO DE BENEFÍCIO** | **3.690,63** |
| Coeficiente | **100%** |
| **RENDA MENSAL INICIAL** = SB x Coeficiente | **3.690,63** |

## 9. AUXÍLIO-ACIDENTE

**Regulamentação básica**: artigo 86, da Lei 8.213/91; artigo 104, do RPS (Decreto 3.048/99).

**Códigos de concessão**: 94 – Auxílio-acidente por acidente do trabalho e 36 Auxílio-acidente previdenciário.

Por força do artigo 18, § 1º, da Lei 8.213/91, apenas terão direito à percepção do auxílio-acidente o segurado empregado, o trabalhador avulso e o segurado especial. Por força da LC 150/2015, o empregado doméstico passou a ter direito ao auxílio-acidente.

Essa restrição legal justificava-se em 1991 na medida em que apenas para esses três segurados é prevista a contribuição para o custeio dos benefícios por incapacidade (chamada por parte da doutrina de contribuição SAT), a teor do artigo 22, II e 25, II, ambos da Lei 8.212/91. Para o doméstico, a LC 150 criou o SAT de 0,8%.

Veja-se o STJ:

"PREVIDENCIÁRIO. AGRAVO REGIMENTAL NO RECURSO ESPECIAL. AUXÍLIO-ACIDENTE. BENEFÍCIO INDEVIDO AO TRABALHADOR AUTÔNOMO. PROVIMENTO NEGADO. **1. Nos termos do art. 18, I, § 1º, da Lei n. 8.213/91, com a redação dada pela LC n. 150/2015, "somente poderão beneficiar-se do auxílio-acidente os segurados incluídos nos incisos I, II, VI e VII do art. 11 desta lei", ou seja, o segurado**

**empregado, o empregado doméstico, o trabalhador avulso e o segurado especial, não figurando nesse rol o trabalhador autônomo, atualmente classificado como contribuinte individual pela Lei n. 9.876/1999.** 2. Os trabalhadores autônomos assumem os riscos de sua atividade e, como não recolhem contribuições para custear o acidente de trabalho, não fazem jus ao auxílio-acidente. Precedente da Terceira Seção. 3. Agravo regimental não provido" (AgRg no REsp 1171779, de 10/11/2015).

No mesmo sentido a TNU:

**REPRESENTATIVO DE CONTROVÉRSIA – DEFINIÇÃO DE TESE TEMA N. 201 – PUIL n. 000224525.2016.4.03.6330/SP** – Apreciando o pedido sob o regime dos representativos de controvérsia, a TNU fixou a seguinte tese: O contribuinte individual não faz jus ao auxílio-acidente, diante de expressa exclusão legal.

A partir do momento que o auxílio-acidente passou a ser devido por acidente de qualquer natureza ou causa, desde o advento da Lei 9.032/95, e não apenas em razão de acidente de trabalho, passou a ser ilógico restringi-lo aos referidos segurados, posto que passou a existir o auxílio-acidente previdenciário.

O auxílio-acidente é o único benefício previdenciário com natureza exclusivamente indenizatória, não se destinando a substituir a remuneração do segurado, e sim servir de acréscimo aos seus rendimentos, em decorrência de um infortúnio que reduziu a sua capacidade laborativa.

Com efeito, será concedido ao segurado quando, após **consolidação das lesões** decorrentes de **acidente de qualquer natureza**, resultarem **sequelas** que impliquem **redução da capacidade para o trabalho que habitualmente exercia ou mesmo impossibilidade de desempenho dessa atividade**, uma vez possível a reabilitação profissional para outra que garanta a subsistência do segurado.

Assim, para o pagamento do auxílio-acidente, será preciso que:

a) Ocorra um acidente de qualquer natureza, independentemente de ser decorrente do trabalho[49];

b) Haja sequela;

c) Ocorra perda funcional para o trabalho que o segurado habitualmente desenvolvia ou impossibilidade de desempenho da atividade que exercia a época do acidente, porém permita o desempenho de outra, após processo de reabilitação profissional, nos casos indicados pela perícia médica do INSS.

Ocorre que com o advento do Decreto 10.410/2020 os incisos do artigo 104 do RPS foram revogados:

"Art. 104. O auxílio-acidente será concedido, como indenização, ao segurado empregado, inclusive o doméstico, ao trabalhador avulso e ao segurado especial quando, após a consolidação das lesões decorrentes de acidente de qualquer natureza, resultar sequela definitiva que, a exemplo das situações discriminadas no Anexo III, implique redução da capacidade para o trabalho que habitualmente exercia. (Redação dada pelo Decreto nº 10.410, de 2020)

I – (Revogado pelo Decreto nº 10.410, de 2020)

II – (Revogado pelo Decreto nº 10.410, de 2020)

III – (Revogado pelo Decreto nº 10.410, de 2020)"

Creio que a revogação regulamentar não teve o objetivo de eliminar esta segunda hipótese concessora de auxílio-acidente, pois muito mais gravosa (impedimento do labor habitual) que a situação descrita no artigo 86 da Lei 8.213/91 (redução da capacidade para o labor habitual), sendo razoável a proporcional a sua manutenção com lastro em ampliação interpretativa do artigo 86 da Lei 8.213/91.

Trata-se de benefício que independe de carência, tendo renda mensal inicial fixada em 50% do salário de benefício pela Lei 9.032/95 e antes da MP 905/2019, podendo ter valor inferior a um salário mínimo, pois não objetiva substituir a remuneração do empregado, empregado doméstico, trabalhador avulso ou segurado especial.

A renda mensal do auxílio-acidente restou temporariamente modificada pela MP 905/2019, que alterou o artigo 86 da Lei 8.213/91, não sendo mais de 50% do salário de benefício durante a sua vigência.

A fim de se alinhar ao artigo 26 da Emenda 103/2019, o auxílio-acidente correspondeu a 50% da renda do benefício de aposentadoria por invalidez (incapacidade permanente) a que o segurado teria direito enquanto vigorou a MP 905/2019.

Esse novo regramento foi válido para fatos geradores do auxílio-acidente (data da consolidação da sequela) ocorridos a partir de 12 de novembro de 2019 e antes da sua revogação pela MP 955/2020:

| FATO GERADOR | RENDA DO AUXÍLIO-ACIDENTE |
|---|---|
| Fato gerador até 12/11/2019 | 50% do salário de benefício |
| Fato gerador a partir de 13/11/2019 | 50% da renda da aposentadoria por incapacidade |

A justificativa foi fazer um alinhamento ao artigo 26 da Emenda 103/2019, que previu que a

49. Até o advento da Lei 9.032/95, o auxílio-acidente exigia que se tratasse de acidente de trabalho.

aposentadoria por incapacidade permanente partirá de 60% da média de todos os salários de contribuição do segurado desde julho de 1994, conforme estudado no item anterior.

Considerando que a MP 905/2019 vigorou entre 12/11/2019 e 19/04/2020 (véspera da publicação da MP 955/2020, que a revogou expressamente), os seus efeitos jurídicos foram conservados neste período.

Isso porque a revogação de uma medida provisória equivale à sua caducidade para fins do artigo 62 da Constituição Federal, conforme precedentes do STF (ADI 5.709, ADI 5.716, ADI 5.717 e ADI 5.727, rel. min. Rosa Weber, j. 27-3-2019, P, DJE de 28-6-2019).

Dessa forma, considerando que o Congresso Nacional não editou o decreto legislativo a que se refere o § 3º do artigo 62 da Constituição até sessenta dias após a rejeição ou perda de eficácia de medida provisória (no caso, revogação), as relações jurídicas constituídas e decorrentes de atos praticados durante sua vigência conservar-se-ão por ela regidas.

Logo, considerado a data da consolidação da sequela, em relação à renda mensal deve ser observado o seguinte regime intertemporal:

| FATO GERADOR | RENDA DO AUXÍLIO-ACIDENTE |
|---|---|
| Fato gerador até 28/04/1995 | 30% (trinta por cento), 40% (quarenta por cento) ou 60% (sessenta por cento) do salário-de-contribuição do segurado vigente no dia do acidente |
| Fato gerador de 29/04/1995 até 11/11/2019 | 50% do salário de benefício |
| Fato gerador de 12/11/2019 a 19/04/2020 | 50% da renda da aposentadoria por incapacidade |
| Fato gerador a partir de 20/04/2020 | 50% do salário de benefício |

Originariamente, o artigo 86 da Lei 8.213/91 previa o valor do auxílio-acidente em 30%, 40% ou 60% do salário de contribuição do dia do acidente de trabalho, a ser fixado proporcionalmente ao grau da sequela[50].

No regime previdenciário anterior, a renda mensal do auxílio-acidente era regulada pelo artigo 7º, da Lei 5.316/67[51] e posteriormente pelo artigo 6º, da Lei 6.367/76[52].

Sucede que, com o advento da Lei 9.032/95, a sua renda mensal inicial restou fixada em 50% do salário de benefício, razão pela qual os segurados que o percebiam em 30% ou 40% (do salário de contribuição do dia do acidente de trabalho, conforme regramento anterior) começaram a postular judicialmente a sua revisão para 50% do salário de benefício, pois o INSS passou a indeferir o pleito na via administrativa.

Vale salientar que a alteração perpetrada pela Lei 9.032/95 não foi apenas no percentual do auxílio-acidente, mas também na base de cálculo, que passou a ser o salário de benefício, e não o salário de contribuição do dia do acidente.

Entende-se que não é devida a referida revisão à luz do Princípio do *Tempus Regit Actum* e do Princípio da Precedência de Fonte de Custeio.

Inclusive, esse é o entendimento manifestado pelo STF, acolhendo a tese da Advocacia-Geral da União, em representação ao INSS, quando reconheceu repercussão geral no RE 597.389, em 22.04.2009 e praticamente já definiu o seu julgamento:

> "EMENTA: Questão de ordem. Recurso extraordinário. 2. **Previdência Social. Revisão de benefício previdenciário.** Pensão por morte. 3. **Lei nº 9.032, de 1995. Benefícios concedidos antes de sua vigência. Inaplicabilidade. 4. Aplicação retroativa. Ausência de autorização legal. 5. Cláusula indicativa de fonte de custeio correspondente à majoração do benefício previdenciário. Ausência.** 6. Jurisprudência pacificada na Corte. Regime da repercussão geral. Aplicabilidade. 7. Questão de ordem acolhida para reafirmar a jurisprudência do Tribunal e determinar a devolução aos tribunais de origem dos recursos extraordinários e agravos de instrumento que versem sobre o mesmo tema, para adoção do procedimento legal. 8. Recurso extraordinário a que se dá provimento.
>
> Decisão: O Tribunal, por unanimidade, resolveu a questão de ordem proposta pelo Relator, Ministro Gilmar Mendes

**50.** De acordo com o texto originário do artigo 86, da Lei 8.213/91, entende o STJ que "deve ser considerado, para fins de auxílio-acidente, o percentual estabelecido pela lei vigente no momento em que se dá o agravamento das lesões incapacitantes do beneficiário, e não o do momento em que o benefício foi concedido inicialmente. O agravamento da lesão incapacitante tem como consequência a alteração do auxílio-acidente, sendo considerado um novo fato gerador para a concessão do benefício. Dessa forma, o agravamento da lesão gera a concessão de um novo benefício, devendo-se aplicar a lei em vigor na data do fato agravador, por incidência do princípio tempus regitactum. AgRg no REsp 1.304.317-SP, Rel. Min. Ari Pargendler, julgado em 4/12/2012 (Informativo 512).

**51.** Art. 7º A redução permanente da capacidade para o trabalho em percentagem superior a 25% (vinte e cinco por cento) garantirá ao acidentado, quando não houver, direito a benefício por incapacidade ou após sua cessação, e independentemente de qualquer remuneração ou outro entendimento, um "auxílio-acidente, reajustável na forma da legislação previdenciária, calculado sobre o valor estabelecido no item II do artigo 6º e correspondente à redução verificada.

**52.** Art. 6º O acidentado do trabalho que, após a consolidação das lesões resultantes do acidente, permanecer incapacitado para o exercício da atividade que exercia habitualmente, na época do acidente, mas não para o exercício de outra, fará jus, a partir da cessação do auxílio-doença, a auxílio-acidente. § 1º O auxílio-acidente, mensal, vitalício e independente de qualquer remuneração ou outro benefício não relacionado ao mesmo acidente, será concedido, mantido e reajustado na forma do regime de Previdência Social do INPS e corresponderá a 40% (quarenta por cento) do valor de que trata o inciso II do artigo 5º desta Lei, observado o disposto no § 4º do mesmo artigo.

(Presidente), no sentido de: a) que se reconheça a repercussão geral da questão constitucional aqui analisada, pela inegável relevância jurídica e econômica do tema, com reflexos sobre uma multiplicidade de processos que ainda tramitam nas instâncias ordinárias e especial; **b) que seja reafirmada a jurisprudência da Corte no sentido de que a revisão de pensão por morte e demais benefícios, constituídos antes da entrada em vigor da Lei nº 9.032, de 1995, não pode ser realizada com base em novo coeficiente de cálculo estabelecido no referido diploma legal;** c) que seja provido o presente recurso extraordinário; [...]" (g.n.).

Entretanto, apesar da manifestação expressa do STF, a 3ª Seção do STJ (formada pela 5ª e 6ª Turma) reiterou a sua jurisprudência contrária, no sentido de ser cabível a revisão do auxílio-acidente de 30% ou 40% do salário de contribuição do dia do acidente para o percentual de 50% do salário de benefício, no julgamento do REsp 1.096.244, em 10.02.2010:

"QUESTÃO DE ORDEM SUSCITADA EM RECURSO ESPECIAL REPRESENTATIVO DA CONTROVÉRSIA. MAJORAÇÃO DO BENEFÍCIO DE AUXÍLIO-ACIDENTE. SUPREMO TRIBUNAL FEDERAL. REPERCUSSÃO GERAL. INTERPRETAÇÃO DIVERGENTE DA ADOTADA POR ESTA EGRÉGIA CORTE DE JUSTIÇA. AUTOS DEVOLVIDOS PARA OS EFEITOS DO ART. 543 - B, § 3º, DO CÓDIGO DE PROCESSO CIVIL. MANUTENÇÃO DO ENTENDIMENTO DA SEÇÃO ACERCA DO TEMA. 1. Esta Seção assentou o entendimento de que a majoração do auxílio-acidente, estabelecida pela Lei n.º 9.032/95 (lei nova mais benéfica), que alterou o § 1º, do art. 86, da Lei n.º 8.213/91, deve ser aplicada imediatamente, atingindo todos os segurados que estiverem na mesma situação, seja referente aos casos pendentes de concessão ou aos benefícios já concedidos. **2. O Supremo Tribunal Federal, em repercussão geral, ao apreciar questão de ordem no Recurso Extraordinário nº 597.389/SP, de relatoria do Min. Gilmar Mendes, decidiu que a revisão da pensão por morte e demais benefícios previdenciários, constituídos antes da entrada em vigor da Lei nº 9.032/95, não poderá ser realizada com base em novo coeficiente de cálculo estabelecido no referido diploma legal, divergindo, pois, da orientação deste Sodalício.** 3. O tema central objeto do Recurso Extraordinário foi a análise da majoração do benefício de pensão por morte, tendo sido proposta pelo Relator, para efeitos de repercussão geral, a aplicabilidade desse posicionamento aos demais benefícios previdenciários que tiveram modificação no coeficiente de cálculo, por efeito de entrada em vigor da Lei nº 9.032/95. **4. Ocorre, porém, que a análise da majoração do auxílio-acidente tem certas particularidades que demandam uma análise mais específica da questão. Enquanto na pensão por morte o segurado deixa de contribuir para a previdência a partir do seu recebimento, no auxílio-acidente o segurado permanece contribuindo, razão pela qual o princípio da preexistência de custeio não fica violado.** 5. A Lei nº 9.032/95 exerceu o papel de majorar o benefício, sendo certo que o fez para aqueles já em vigor na data da sua promulgação, e não para os que porventura venham a ser concedidos. Resta, pois, atendido o princípio da reserva legal. **6. De acordo com a interpretação do § 3º do art. 543-B do CPC, nada impede que esta Corte adote orientação interpretativa que entender mais correta à norma infraconstitucional, uma vez que as decisões proferidas em sede de repercussão geral não têm efeito vinculante.** 7. Manutenção do entendimento adotado por esta Corte por ocasião do julgado do mérito do presente Recurso Especial representativo da controvérsia". (g.n.)

Contudo, no dia 20 de outubro de 2011, a 5ª Turma do STJ passou a aderir ao posicionamento do STF, o que indica uma futura mudança de posicionamento da 3ª Seção, conforme narrado no Informativo 485:

**"485 - AUXÍLIO-ACIDENTE E APLICAÇÃO DA LEI NO TEMPO.**

A Turma, em questão de ordem, proferiu **juízo de retratação** para adotar entendimento firmado pelo Plenário do Supremo Tribunal Federal, em repercussão geral, no sentido de que os benefícios previdenciários devem ser regulados pela lei vigente ao tempo em que preenchidos os requisitos necessários à sua concessão. No aludido julgamento, conclui-se pela impossibilidade de aplicação da lei posterior para o cálculo ou majoração dos benefícios já concedidos pelo INSS, exceto quando expressamente previsto no novo diploma legal. Asseverou-se que, em razão do princípio *tempus regit actum*, a aplicação da lei mais benéfica só teria incidência quando o acidente ocorrer na sua vigência, pouco importando a data em que requerido. Revisto anterior posicionamento contrário do Superior Tribunal de Justiça sobre a matéria, com fundamento no art. 543-B, § 3º, do CPC, a Turma negou provimento a diversos recursos especiais. REsp 868.025-SP, Rel. Min. Laurita Vaz, julgado em 20/10/2011".

Vale ressaltar que a TNU, ao julgar o incidente no processo 2008.70.51.00.0495-8, no dia 02/12/2010, aderiu ao posicionamento do STF:

"PEDIDO DE UNIFORMIZAÇÃO NACIONAL. PREVIDENCIÁRIO. CONTRARIEDADE À JURISPRUDÊNCIA DOMINANTE DO STJ. DEMONSTRAÇÃO. AUXÍLIO SUPLEMENTAR POR ACIDENTE DO TRABALHO. CONCESSÃO SOB A ÉGIDE DA LEI 6.367/1976. MAJORAÇÃO NOS TERMOS DA LEI 8.213/91 E ALTERAÇÕES POSTERIORES. IMPOSSIBILIDADE. PRINCÍPIO TEMPUS REGIT ACTUM. APLICAÇÃO. ENTENDIMENTO PACIFICADO NO STF. IMPROVIMENTO. 1. Cabe Pedido de Uniformização quando demonstrado que o acórdão recorrido contraria jurisprudência dominante do Superior Tribunal de Justiça. 2. O STJ orienta que "o art. 86, § 1º, da Lei 8.213/91, alterado pela Lei 9.032/95, tem aplicação imediatamente, atingindo todos os segurados que estiverem na mesma situação seja referente aos benefícios pendentes de concessão ou aos já concedidos" (STJ, REsp 1.096.244, 3ª Seção, Rel. Min. Maria Thereza de Assis Moura, DJ 08.05.2009). **3. Deve prevalecer o entendimento exposto pelo acórdão recorrido, segundo o qual a concessão ou a**

**majoração de benefícios previdenciários deve obedecer ao princípio tempus regit actum, orientando-se pela lei vigente ao tempo em que cumpridos os requisitos legais para a concessão do benefício. 4. Decisão amparada pela firme orientação do STF no sentido de que "os benefícios previdenciários devem regular-se pela lei vigente ao tempo em que preenchidos os requisitos necessários à sua concessão."** (v.g.: STF, RE 597.389, Pleno, unanimidade, Rel. Min. Gilmar Mendes, DJ 21.08.2009). 5. Pedido de Uniformização conhecido e improvido".

> Desde o advento da Medida Provisória 1.596-14, convertida na Lei 9.528/97, o auxílio-acidente não mais será acumulado com a aposentadoria do segurado, passando a integrar o salário de contribuição para fins do cálculo do salário de benefício da aposentadoria, na forma do artigo 31[53], da Lei 8.213/91.

De acordo com a TNU, "fixada a tese no sentido de que o valor mensal do auxílio-acidente integra o salário de contribuição para fins de cálculo do salário de benefício de qualquer aposentadoria, quando não for possível a cumulação, nos termos da Súmula 507 do Superior Tribunal de Justiça" (Informativo 26/2018 - PEDILEF n. 0053181-78.2015.4.03.6301).

Nos termos do artigo 224, §6º, da IN INSS 128/2022, **inexistindo período de atividade ou gozo de benefício por incapacidade dentro do período básico de cálculo (PBC), o valor do auxílio-acidente não supre a falta do salário de contribuição.**

Outrossim, ainda de acordo com a autarquia de previdência, se, dentro do período básico de cálculo, o segurado tiver recebido auxílio-doença, inclusive decorrente de acidente de qualquer natureza, concomitantemente com auxílio-acidente de outra origem, **a renda mensal desse será somada, mês a mês, ao salário de benefício daquele, observado o teto de contribuição**, para fins de apuração do salário de benefício da aposentadoria.

Trata-se de regra administrativa que beneficia o segurado e que de certa forma contraria o artigo 31 da Lei 8.213/91, que não faz essa ressalva.

Isso porque, inexistindo remuneração mensal ou percepção de benefício por incapacidade laboral em parte do PBC, esse período de gozo de auxílio-acidente não será considerado como salário de contribuição para cálculo do salário de benefício da aposentadoria, impedindo a redução do valor da média aritmética simples, o que por certo ocorreria diante da renda não elevada dos auxílios-acidentes, que podem até ser inferiores a um salário mínimo porquanto são benefícios indenizatórios.

No mesmo sentido a TNU:

PUIL n. 0048144-70.2015.4.03.6301/SP "A TNU fixou a seguinte tese: o período de fruição de auxílio-acidente sem salário de contribuição não integra o cálculo do salário de benefício ou da renda mensal inicial da aposentadoria" (Boletim em 23.05.2019).

Diferentemente do INSS, o STJ estende a regra do artigo 31 da Lei 8.213/91 ao antigo auxílio-suplementar:

**Processo**

EREsp 501745 / SP

EMBARGOS DE DIVERGÊNCIA EM RECURSO ESPECIAL

2003/0222794-4

**Relator(a)**

Ministro HAMILTON CARVALHIDO (1112)

**Órgão Julgador**

S3 - TERCEIRA SEÇÃO

**Data do Julgamento**

27/02/2008

**Data da Publicação/Fonte**

DJe 30/06/2008

**Ementa**

EMBARGOS DE DIVERGÊNCIA. PREVIDENCIÁRIO. AUXÍLIO-SUPLEMENTAR. INCLUSÃO NO CÁLCULO DO SALÁRIO-DE-CONTRIBUIÇÃO DE APOSENTADORIA. POSSIBILIDADE. EMBARGOS ACOLHIDOS.

**1. "Afastada a acumulação, antecedendo o auxílio-suplementar à aposentadoria especial, o seu valor deve ser somado aos salários-de-contribuição formadores do salário-de-benefício da aposentadoria." (EREsp nº 197.037/SP, Relator Ministro Gilson Dipp, in DJ 29/5/2000).**

2. Embargos de divergência acolhidos.

---

**53.** Art. 31. O valor mensal do auxílio-acidente integra o salário-de-contribuição, para fins de cálculo do salário-de-benefício de qualquer aposentadoria, observado, no que couber, o disposto no art. 29 e no art. 86, § 5º. (Restabelecido com nova redação pela Lei nº 9.528, de 1997)

| QUADRO SINTÉTICO – AUXÍLIO-ACIDENTE | |
|---|---|
| **Cabimento** | Será devido, como indenização, ao segurado quando, após consolidação das lesões decorrentes de acidente de qualquer natureza, resultarem sequelas que impliquem redução da capacidade para o trabalho que habitualmente exercia **ou** impossibilidade de desempenho da atividade que exercia a época do acidente, porém permita o desempenho de outra, após processo de reabilitação profissional. |
| **Beneficiários** | Apenas o segurado empregado, o empregado doméstico, o trabalhador avulso e o segurado especial (art. 18, § 1º, da Lei 8.213/91). |
| **Carência** | Não há. |
| **Valor** | 50% do salário de benefício |
| **Outras informações** | **a)** É o único benefício previdenciário exclusivamente indenizatório.<br>**b)** O auxílio-acidente será devido a partir do dia seguinte ao da cessação do auxílio-doença, independentemente de qualquer remuneração ou rendimento auferido pelo acidentado, vedada sua acumulação com qualquer aposentadoria.<br>**c)** A perda da audição, em qualquer grau, somente proporcionará a concessão do auxílio-acidente, quando, além do reconhecimento de causalidade entre o trabalho e a doença, resultar, comprovadamente, na redução ou perda da capacidade para o trabalho que habitualmente exercia.<br>**d)** O STJ entende que não é imprescindível que a moléstia seja irreversível para a concessão deste benefício (REsp 1.112.866, de 25.11.09). |

## 9.1. Cálculos

O estudo de caso a seguir, trata-se da concessão de um auxílio por incapacidade temporária decorrente de acidente de trabalho, ocorrido em 04/05/2020, sendo convertido em auxílio-acidente a partir de 01/10/2020, após a consolidação das lesões. Abaixo encontram-se as informações trabalhistas e previdenciárias do segurado e os cálculos do salário de benefício e da renda mensal inicial.

**DADOS FUNCIONAIS**

EMPRESA: **INDÚSTRIA COSME E DAMIÃO LTDA.**
FUNCIONÁRIO: **CÁSSIO DA SILVA SAURO**
DATA DE NASCIMENTO: **10/01/1994**
DATA DE ADMISSÃO: **01/10/2015**
DATA DO ACIDENTE: **04/05/2020**
DATA DO AFASTAMENTO: **05/05/2020**
DATA DE INÍCIO DO BENEFÍCIO: **20/05/2020**
SALÁRIO CONTRATUAL: **R$ 1.800,00**
DATA-BASE: **dezembro**

| Reajustes Salariais | | Teto Previdenciário |
|---|---|---|
| **Mês** | **Valor** | |
| dez/15 | 1.970,00 | 4.663,75 |
| dez/16 | 2.100,00 | 5.189,82 |
| dez/17 | 2.350,00 | 5.531,31 |
| dez/18 | 2.500,00 | 5.645,80 |
| dez/19 | 2.800,00 | 5.839,45 |

| CÁLCULO DA RENDA MENSAL - AUXÍLIO POR INCAPACIDADE TEMPORÁRIA - ACIDENTÁRIO |
|---|
| CÁSSIO DA SILVA SAURO<br>DATA DE NASCIMENTO: 10/01/1994<br>ESPÉCIE: 91 (AUXÍLIO POR INCAPACIDADE TEMPORÁRIA- ACIDENTÁRIO)<br>DATA DO ACIDENTE: 04/05/2020<br>DATA DE INÍCIO DO BENEFÍCIO: 20/05/2020<br>DATA DE CESSAÇÃO DO BENEFÍCIO: 30/09/2020<br>TEMPO DE CONTRIBUIÇÃO: 04 anos 07 meses e 04 dias<br>BASE LEGAL: EC 103/2019<br>PERÍODO BÁSICO DE CÁLCULO: 10/2015 a 04/2020 |

| Sequência | Mês/ano | Salário | Índice | Salário atualizado |
|---|---|---|---|---|
| 1 | out/15 | 1.800,00 | 1,212336 | 2.182,20 |
| 2 | nov/15 | 1.800,00 | 1,203075 | 2.165,54 |
| 3 | dez/15 | 1.970,00 | 1,189863 | 2.344,03 |
| 4 | jan/16 | 1.970,00 | 1,179252 | 2.323,13 |
| 5 | fev/16 | 1.970,00 | 1,161711 | 2.288,57 |
| 6 | mar/16 | 1.970,00 | 1,150776 | 2.267,03 |
| 7 | abr/16 | 1.970,00 | 1,145736 | 2.257,10 |
| 8 | mai/16 | 1.970,00 | 1,138450 | 2.242,75 |
| 9 | jun/16 | 1.970,00 | 1,127403 | 2.220,98 |
| 10 | jul/16 | 1.970,00 | 1,122127 | 2.210,59 |
| 11 | ago/16 | 1.970,00 | 1,114990 | 2.196,53 |
| 12 | set/16 | 1.970,00 | 1,111548 | 2.189,75 |
| 13 | out/16 | 1.970,00 | 1,110658 | 2.188,00 |
| 14 | nov/16 | 1.970,00 | 1,108772 | 2.184,28 |
| 15 | dez/16 | 2.100,00 | 1,107996 | 2.326,79 |
| 16 | jan/17 | 2.100,00 | 1,106449 | 2.323,54 |
| 17 | fev/17 | 2.100,00 | 1,101820 | 2.313,82 |
| 18 | mar/17 | 2.100,00 | 1,099182 | 2.308,28 |
| 19 | abr/17 | 2.100,00 | 1,095677 | 2.300,92 |
| 20 | mai/17 | 2.100,00 | 1,094802 | 2.299,08 |
| 21 | jun/17 | 2.100,00 | 1,090872 | 2.290,83 |
| 22 | jul/17 | 2.100,00 | 1,094156 | 2.297,73 |
| 23 | ago/17 | 2.100,00 | 1,092300 | 2.293,83 |
| 24 | set/17 | 2.100,00 | 1,092627 | 2.294,52 |
| 25 | out/17 | 2.100,00 | 1,092846 | 2.294,98 |
| 26 | nov/17 | 2.100,00 | 1,088817 | 2.286,52 |
| 27 | dez/17 | 2.350,00 | 1,086859 | 2.554,12 |
| 28 | jan/18 | 2.350,00 | 1,084042 | 2.547,50 |
| 29 | fev/18 | 2.350,00 | 1,081555 | 2.541,65 |
| 30 | mar/18 | 2.350,00 | 1,079610 | 2.537,08 |
| 31 | abr/18 | 2.350,00 | 1,078857 | 2.535,31 |
| 32 | mai/18 | 2.350,00 | 1,076594 | 2.530,00 |
| 33 | jun/18 | 2.350,00 | 1,071987 | 2.519,17 |
| 34 | jul/18 | 2.350,00 | 1,056872 | 2.483,65 |
| 35 | ago/18 | 2.350,00 | 1,054236 | 2.477,45 |
| 36 | set/18 | 2.350,00 | 1,054236 | 2.477,45 |
| 37 | out/18 | 2.350,00 | 1,051083 | 2.470,05 |
| 38 | nov/18 | 2.350,00 | 1,046895 | 2.460,20 |

| Sequência | Mês/ano | Salário | Índice | Salário atualizado |
|---|---|---|---|---|
| 39 | dez/18 | 2.500,00 | 1,049519 | 2.623,80 |
| 40 | jan/19 | 2.500,00 | 1,048052 | 2.620,13 |
| 41 | fev/19 | 2.500,00 | 1,044293 | 2.610,73 |
| 42 | mar/19 | 2.500,00 | 1,038686 | 2.596,72 |
| 43 | abr/19 | 2.500,00 | 1,030747 | 2.576,87 |
| 44 | mai/19 | 2.500,00 | 1,024599 | 2.561,50 |
| 45 | jun/19 | 2.500,00 | 1,023065 | 2.557,66 |
| 46 | jul/19 | 2.500,00 | 1,022963 | 2.557,41 |
| 47 | ago/19 | 2.500,00 | 1,021939 | 2.554,85 |
| 48 | set/19 | 2.500,00 | 1,020715 | 2.551,79 |
| 49 | out/19 | 2.500,00 | 1,021226 | 2.553,07 |
| 50 | nov/19 | 2.500,00 | 1,020818 | 2.552,05 |
| 51 | dez/19 | 2.800,00 | 1,015335 | 2.842,94 |
| 52 | jan/20 | 2.800,00 | 1,003097 | 2.808,67 |
| 53 | fev/20 | 2.800,00 | 1,001195 | 2.803,35 |
| 54 | mar/20 | 2.800,00 | 0,999496 | 2.798,59 |
| 55 | abr/20 | 2.800,00 | 0,997700 | 2.793,56 |

| | |
|---|---|
| **SOMA GERAL DE SALÁRIOS** | **133.988,62** |

| | |
|---|---|
| **MÉDIA GERAL DE SALÁRIOS** = 133.988,62 / 55 | **2.436,16** |

| | |
|---|---|
| Período Básico de Cálculos- 10/2015 a 04/2020 | **55** |
| Quantidade de salários no período básico de cálculo | **55** |

| | |
|---|---|
| **SALÁRIO DE BENEFÍCIO** | **2.436,16** |
| Coeficiente | **91%** |
| **Renda Mensal Inicial** = SB x Coeficiente | **2.216,90** |

| **MÉDIA DOS 12 ÚLTIMOS SALÁRIOS - ART. 32, § 23 - Decreto 10.410/2020** | | | | |
|---|---|---|---|---|
| **Sequência** | **Mês/ano** | **Salário** | **Índice** | **Salário atualizado** |
| 1 | mai/19 | 2.500,00 | 1,024599 | 2.561,50 |
| 2 | jun/19 | 2.500,00 | 1,023065 | 2.557,66 |
| 3 | jul/19 | 2.500,00 | 1,022963 | 2.557,41 |
| 4 | ago/19 | 2.500,00 | 1,021939 | 2.554,85 |
| 5 | set/19 | 2.500,00 | 1,020715 | 2.551,79 |
| 6 | out/19 | 2.500,00 | 1,021226 | 2.553,07 |
| 7 | nov/19 | 2.500,00 | 1,020818 | 2.552,05 |
| 8 | dez/19 | 2.800,00 | 1,015335 | 2.842,94 |
| 9 | jan/20 | 2.800,00 | 1,003097 | 2.808,67 |
| 10 | fev/20 | 2.800,00 | 1,001195 | 2.803,35 |
| 11 | mar/20 | 2.800,00 | 0,999496 | 2.798,59 |
| 12 | abr/20 | 2.800,00 | 0,997700 | 2.793,56 |

| | |
|---|---|
| **SOMA DOS 12 ÚLTIMOS SALÁRIOS** | **31.935,42** |

| | |
|---|---|
| **MÉDIA DOS 12 ÚLTIMOS SALÁRIOS** = 31.935,42 / 12 | **2.661,28** |

| **CÁSSIO DA SILVA SAURO** | |
|---|---|
| ESPÉCIE: **94** (AUXÍLIO-ACIDENTE) | |
| DATA DE INÍCIO DO BENEFÍCIO ANTERIOR: **20/05/2020** | |
| DATA DE INÍCIO DO BENEFÍCIO: **01/10/2020** | |
| SALÁRIO DE BENEFÍCIO REAJUSTADO: | **2.436,16** |
| COEFICIENTE: | **50%** |
| RENDA MENSAL INICIAL: | **1.218,08** |

**REAJUSTES PREVIDENCIÁRIOS**

| Data | Renda Mensal | Índices de reajustes | Renda Mensal Reajustada |
|---|---|---|---|
| jan/21 | 1.218,08 | 1,051200 | 1.280,44 |
| **jan/22** | **1.280,44** | **1,101600** | **1.410,54** |

O salário de benefício do auxílio por incapacidade temporária foi fixado no valor de **R$ 2.436,16**, correspondente à média aritmética simples de 100% dos salários de contribuição constantes no período básico de cálculo, atualizado monetariamente pelo INPC. A renda mensal inicial foi fixada em 91% do salário de benefício, no valor de **R$ 2.216,90** que não superou a média dos 12 últimos salários de contribuição (**R$ 2.661,28**).

Considerando que o auxílio-acidente foi concedido dentro do próprio ano de concessão do auxílio por incapacidade temporária, não houve reajuste e a renda mensal inicial foi calculada na base de 50% do salário de benefício, fixada no valor de **R$ 1.218,08**. Reajustada para o ano de 2022, equivale a **R$ 1.410,54**.

## 10. PENSÃO POR MORTE

**Regulamentação básica**: artigos 74/79, da Lei 8.213/91; artigos 105/115, do RPS (Decreto 3.048/99).

Códigos de concessão: 93 – Pensão por morte por acidente do trabalho e 21 – Pensão por morte previdenciária.

A pensão por morte é um benefício previdenciário dos dependentes dos segurados, assim consideradas as pessoas listadas no artigo 16, da Lei 8.213/91, devendo a condição de dependente ser aferida no momento do óbito do instituidor, e não em outro marco, pois é com o falecimento que nasce o direito.

Todos os segurados poderão instituir pensão por morte se deixarem dependentes, sendo que o benefício independe sempre de carência. Frise-se que a MP 664/2014 chegou a inserir carência de 24 recolhimentos mensais (em regra), mas a Lei 13.135/2015 restabeleceu a dispensa de carência para a pensão por morte (art. 26, I, da Lei 8.213/91).

Em obediência ao Princípio do *Tempus Regit Actum*, "a lei aplicável à concessão de pensão previdenciária por morte é aquela vigente na data do óbito do segurado", na forma da Súmula 340, do STJ.

Desta forma, a lei em vigor no dia do óbito do segurado (e não a lei que vigora no dia do requerimento administrativo) formará o estatuto jurídico do benefício, a indicar as regras de concessão e manutenção, como a renda mensal e os dependentes.

A lei posterior ao óbito, para o bem ou para o mal, não será aplicada, salvo retroação benéfica expressamente autorizada e que respeite a regra de contrapartida.

**Até o advento da Emenda 103/2019**, a pensão por morte era paga no mesmo valor da aposentadoria que o segurado recebia ou daquela a que teria direito se estivesse aposentado por invalidez na data de seu falecimento (100% do salário de benefício), inexistindo carência. A MP 664/2014[54] chegou a reduzi-la, mas a Lei 13.135/2015 restabeleceu a redação do artigo 75, da Lei 8.213/91, voltando a pensão por morte a ser integral.

Destarte, indiretamente, a pensão por morte também era calculada com o manejo do salário de benefício. Essa regra é válida para óbitos ocorridos até 13/11/2019.

---

**54.** "Art. 75. O valor mensal da pensão por morte corresponde a cinquenta por cento do valor da aposentadoria que o segurado recebia ou daquela a que teria direito se estivesse aposentado por invalidez na data de seu falecimento, acrescido de tantas cotas individuais de dez por cento do valor da mesma aposentadoria, quantos forem os dependentes do segurado, até o máximo de cinco, observado o disposto no art. 33.

De acordo com o artigo 5º da Lei 13.135/2015, "os atos praticados com base em dispositivos da Medida Provisória nº 664, de 30 de dezembro de 2014, serão revistos e adaptados ao disposto nesta Lei".

Desta forma, o INSS reviu de ofício as pensões por morte concedidas em valor não integral no período de vigência desta regra da MP 664/2014 (óbitos de 1/3/2015 a 17/6/2015), pagando as parcelas vencidas respectivas.

O posicionamento pela revisão foi firmado pelo INSS no Memorando-Circular Conjunto nº 45 /DIRBEN/DIRAT/DIRSAT/PFE/INSS, de 4/9/2015:

> "**4.2- Renda mensal (art. 75 e § 1º do art. 77 da Lei nº 8.213/1991)**
>
> Até 1º/03/2015, quando entrou em vigor a nova redação do art. 75 da Lei 8.213/1991, dada pela MP nº 664/2014, a renda mensal da pensão por morte e do auxílio-reclusão correspondia a cem por cento do valor da aposentadoria que o segurado recebia ou daquela a que teria direito se estivesse aposentado por invalidez na data de seu falecimento, observado o disposto no art. 33 da Lei nº 8.213/1991, não podendo ser inferior a um salário mínimo.
>
> Com a referida alteração do art. 75 da Lei nº 8.213/1991, para óbito ou reclusão ocorrida a partir do dia 1º/03/2015, o valor mensal da pensão por morte correspondeu a cinquenta por cento do valor da aposentadoria que o segurado recebia ou daquela a que teria direito se estivesse aposentado por invalidez na data de seu falecimento, acrescido de tantas cotas individuais de dez por cento do valor da mesma forma, quantos fossem os dependentes do segurado, até o máximo de cinco, não podendo ser inferior a um salário mínimo.
>
> Esta alteração não foi acolhida na Lei nº 13.135/2015, voltando a prevalecer a regra vigente antes da edição da MP nº 664/2014, segundo a qual a renda mensal inicial corresponde a cem por cento do valor da aposentadoria que o segurado recebia ou daquela a que teria direito se estivesse aposentado por invalidez na data de seu falecimento, observado o disposto no art. 33 da Lei nº 8.213/1991, não podendo ser inferior a um salário mínimo.
>
> Da mesma forma, a regra contida no § 1º do art. 77 da MP nº 664/2014, sobre a reversão de cotas, não foi acolhida na Lei nº 13.135/2015. Assim, se houver cessação da cota de um dependente (por maioridade, emancipação, óbito, levantamento da interdição, cessação da invalidez ou decurso de prazo de recebimento, no caso de cônjuge), reverterá em favor dos demais a parte daquele cujo direito à pensão cessar.
>
> Os benefícios de pensão por morte e auxílio-reclusão com DIB a partir de 1º/03/2015, para os quais a RMI foi fixada na forma da MP nº 664/2014, bem como as cotas cessadas e não revertidas, foram revistos e tiveram a liberação dos créditos referentes à diferença dos valores recebidos entre a DIP e a competência 08/2015, de forma automática, pela Empresa de Tecnologia e Informações da Previdência Social-Dataprev, em atendimento ao disposto no art. 5º da Lei nº 13.135/2015.
>
> **Os benefícios de pensão por morte e auxílio-reclusão desdobrados, com DIB a partir de 1º/03/2015, para os quais a RMI foi fixada na forma da MP nº 664/2014, estão sendo revistos, em atendimento ao disposto no art. 5º da Lei nº 13.135/2015. As orientações relativas a esta revisão serão prestadas oportunamente".**

De acordo com o ***artigo 23 da Emenda 103/2019***, a pensão por morte concedida a dependente de segurado do Regime Geral de Previdência Social será equivalente a uma cota familiar de cinquenta por cento do valor da aposentadoria recebida pelo segurado ou servidor ou daquela a que teriam direito se fossem aposentados por incapacidade permanente na data do óbito, acrescida de cotas de dez pontos percentuais por dependente, até o máximo de cem por cento.

Trata-se de regra que veio reger a pensão por morte dos segurados do RGPS para óbitos a partir do dia seguinte à data de publicação da Emenda 103/2019. Isso porque as mortes até o dia da publicação da Emenda serão regidas pela legislação anterior prevista na Lei 8.213/91, nos termos do artigo 3º da Emenda.[55]

Por sua vez, a renda mensal da pensão por morte do segurado do RGPS cujo óbito foi posterior ao advento da Emenda 103/2019 (a partir de 14/11/2019) será calculada com arrimo no artigo 23, observada a renda se ao menos um salário mínimo.

Em regra, haverá um valor básico de 50% da aposentadoria recebida pelo inativo ou 50% da aposentadoria por incapacidade que teria direito na data do óbito, acrescido de 10% por dependente até o limite de 100%:

| COEFICIENTE | DEPENDENTES |
|---|---|
| 60% | 1 dependente |
| 70% | 2 dependentes |
| 80% | 3 dependentes |
| 90% | 4 dependentes |
| 100% | 5 ou mais dependentes |

55. Art. 3º A concessão de aposentadoria ao servidor público federal vinculado a regime próprio de previdência social e ao segurado do Regime Geral de Previdência Social e de pensão por morte aos respectivos dependentes será assegurada, a qualquer tempo, desde que tenham sido cumpridos os requisitos para obtenção destes benefícios até a data de entrada em vigor desta Emenda Constitucional, observados os critérios da legislação vigente na data em que foram atendidos os requisitos para a concessão da aposentadoria ou da pensão por morte.§ 1º Os proventos de aposentadoria a serem concedidos ao servidor público a que se refere o *caput* e as pensões por morte devidas aos seus dependentes serão calculados e reajustados de acordo com a legislação em vigor à época em que foram atendidos os requisitos nela estabelecidos para a concessão destes benefícios.

Dessa forma, para o segurado ativo que vem a óbito, será necessário calcular os proventos da aposentadoria por incapacidade permanente para em seguida calcular o valor da pensão por morte.

Nos termos do Decreto 10.410/2020, o valor da pensão por morte, no caso de morte de segurado recluso que tenha contribuído para a previdência social durante o período de reclusão, será calculado de modo a considerar o tempo de contribuição adicional e os correspondentes salários de contribuição.

Considerando que a pensão por morte é um benefício não programado e que não exige tempo de contribuição mínimo para a sua concessão, não será aplicada a regra de descarte de contribuições de que trata o artigo 26, § 6º[56], da EC 103/2019.

Nesse sentido, a Portaria INSS 450/2020, alterada pela 528/2020:

> "Art. 37. Na apuração do SB das aposentadorias programáveis poderão ser excluídas quaisquer contribuições que resultem em redução do valor do benefício, desde que mantida a quantidade de contribuições equivalentes ao período de carência e observado o tempo mínimo de contribuição exigidos.
>
> § 1º É vedada a utilização das contribuições excluídas na forma do caput para qualquer finalidade, inclusive para acréscimo do percentual da renda mensal, para o somatório de pontos das aposentadorias por tempo de contribuição e especial ou para atingir o período adicional exigido para as aposentadorias por tempo de contribuição, bem como para averbação em outro regime previdenciário, ou para a obtenção dos proventos de inatividade das atividades de que tratam os arts. 42 e 142 da Constituição Federal, por força do § 6º do art. 26 da EC nº 103, de 2019.
>
> **§ 2º Não se aplica a previsão do caput deste artigo aos benefícios previdenciários não programáveis."**

No mesmo sentido o artigo 32 do RPS:

> "§ 24. Para fins do cálculo das aposentadorias programadas para as quais seja exigido tempo mínimo de contribuição, poderão ser excluídas do cálculo da média dos salários de contribuição e das remunerações adotadas como base para contribuições a regime próprio de previdência social ou como base para contribuições decorrentes das atividades militares de que tratam os art. 42 e art. 142 da Constituição, utilizado para definição do salário de benefício, as contribuições que resultem em redução do valor do benefício, observado o disposto nos § 25 e § 26. (Redação dada pelo Decreto nº 10.410, de 2020)".

Para os homens, a teor do artigo 26[57] da Emenda 103/2019, o valor do benefício de aposentadoria por incapacidade permanente corresponderá a sessenta por cento da média aritmética das 100% das remunerações/salários de contribuição, com acréscimo de 2% para cada ano que ultrapassar os 20 anos de contribuição:

| HOMENS TEMPO DE CONTRIBUIÇÃO | COEFICIENTE |
|---|---|
| Até 20 anos | 60% |
| 21 anos | 62% |
| 22 anos | 64% |
| 23 anos | 66% |
| 24 anos | 68% |
| 25 anos | 70% |
| 26 anos | 72% |
| 27 anos | 74% |
| 28 anos | 76% |
| 29 anos | 78% |
| 30 anos | 80% |
| 31 anos | 82% |
| 32 anos | 84% |
| 33 anos | 86% |
| 34 anos | 88% |
| 35 anos | 90% |
| 36 anos | 92% |
| 37 anos | 94% |
| 38 anos | 96% |
| 39 anos | 98% |
| 40 anos | 100% |

Assim, se um segurado (homem) do RGPS morrer com 30 anos de tempo de contribuição, o valor da

56. § 6º Poderão ser excluídas da média as contribuições que resultem em redução do valor do benefício, desde que mantido o tempo mínimo de contribuição exigido, vedada a utilização do tempo excluído para qualquer finalidade, inclusive para o acréscimo a que se referem os §§ 2º e 5º, para a averbação em outro regime previdenciário ou para a obtenção dos proventos de inatividade das atividades de que tratam os arts. 42 e 142 da Constituição Federal.

57. Art. 26. Até que lei discipline o cálculo dos benefícios do regime próprio de previdência social da União e do Regime Geral de Previdência Social, será utilizada a média aritmética simples dos salários de contribuição e das remunerações adotados como base para contribuições a regime próprio de previdência social e ao Regime Geral de Previdência Social, ou como base para contribuições decorrentes das atividades militares de que tratam os arts. 42 e 142 da Constituição Federal, atualizados monetariamente, correspondentes a cem por cento do período contributivo desde a competência julho de 1994 ou desde o início da contribuição, se posterior àquela competência.§ 1° A média a que se refere o *caput* será limitada ao valor máximo do salário de contribuição do Regime Geral de Previdência Social para os segurados deste regime e para o servidor que ingressou no serviço público em cargo efetivo após a implantação do regime de previdência complementar ou que tenha exercido a opção correspondente, nos termos do disposto nos §§ 14 a 16 do art. 40 da Constituição Federal.

aposentadoria por incapacidade permanente será de 80% da média de todas as remunerações desde julho de 1994, sendo este o valor base para o cálculo da pensão por morte que será incidirá à razão de 60, 70, 80, 90 ou 100% sobre 80% de toda a média contributiva do servidor federal.

Suponha-se que um segurado do RGPS tenha morrido com 30 anos de tempo de contribuição, de modo que os proventos de aposentadoria por incapacidade que ele teria direito seriam de 80% da média das remunerações.

Se ele possuir dois dependentes habilitados, o valor da pensão por morte será de 70% multiplicado por 80% da média dos salários de contribuição a partir de 7/1994 (7 x 8 = 56) chegando a apenas 56% da média de todos os salários de contribuição desde o Plano Real (julho/1994).

A renda mensal da pensão por morte não poderá ser inferior a um salário mínimo.

Curioso notar que, intencionalmente, o artigo 26 da Emenda 103/2019 não limita a média de todos os salários de contribuição do segurado a 100%, de modo que o segurado falecido que possuir mais de 40 anos de tempo de contribuição poderá gerar pensão por morte com base de cálculo que ultrapasse a 100% da média de salários de contribuição desde o Plano Real (competência 7/1994), a exemplo:

| HOMENS TEMPO DE CONTRIBUIÇÃO | COEFICIENTE |
|---|---|
| 41 anos | 102% |
| 42 anos | 104% |
| 43 anos | 106% |
| 44 anos | 108% |
| 45 anos | 110% |
| **E assim sucessivamente** | **E assim sucessivamente** |

No entanto, para a aposentadoria por incapacidade da mulher existe uma regra especial de cálculo da renda mensal no artigo 26, § 5º[58], da Emenda 103/2019, que prevê a progressão a contar de 15 anos, e não de 20 anos de contribuição:

| MULHERES TEMPO DE CONTRIBUIÇÃO | COEFICIENTE |
|---|---|
| 15 anos | 60% |
| 16 anos | 62% |
| 17 anos | 64% |
| 18 anos | 66% |
| 19 anos | 68% |
| 20 anos | 70% |
| 21 anos | 72% |
| 22 anos | 74% |
| 23 anos | 76% |
| 24 anos | 78% |
| 25 anos | 80% |
| 26 anos | 82% |
| 27 anos | 84% |
| 28 anos | 86% |
| 29 anos | 88% |
| 30 anos | 90% |
| 31 anos | 92% |
| 32 anos | 94% |
| 33 anos | 96% |
| 34 anos | 98% |
| 35 anos | 100% |
| **E assim sucessivamente** | **E assim sucessivamente** |

Suponha-se que uma mulher segurada no RGPS faleceu sem estar aposentada após a vigência da Emenda 103/2019. Ela possuía 22 anos de tempo de contribuição no dia do óbito.

Neste caso, a base de cálculo da sua pensão por morte será de 74% da média de todos os salários de contribuição desde o Plano Real, multiplicado pelo coeficiente do número de dependentes habilitados:

| COEFICIENTE | DEPENDENTES |
|---|---|
| 60% | 1 dependente |
| 70% | 2 dependentes |
| 80% | 3 dependentes |
| 90% | 4 dependentes |
| 100% | 5 ou mais dependentes |

Se ela possuir apenas um dependente (74 x 60 = 44,4%), a renda da pensão por morte que vier a instituir será de 44,4% da média de todos os salários de contribuição desde o Plano Real, não podendo ser inferior a um salário mínimo.

**IMPORTANTE!**

Excepcionalmente, no caso de morte por acidente de trabalho do empregado, trabalhador avulso, empregado

**58.** § 5º O acréscimo a que se refere o caput do § 2º será aplicado para cada ano que **exceder quinze anos** de tempo de contribuição para os segurados de que tratam a alínea "a" do inciso I do art. 19 e do inciso I do art. 21 **e para as mulheres filiadas ao Regime Geral de Previdência Social.**

doméstico e segurado especial, se o segurado falecido não estava aposentado, o salário de benefício deve ser 100% da média, pois esse seria o salário de benefício da aposentadoria por incapacidade permanente decorrente de acidente de trabalho.

Essa regra não se aplica aos contribuintes individuais e segurados facultativos, pois não fazem jus a benefício decorrente do acidente de trabalho.

**IMPORTANTE!**

Por outro lado, existe uma regra especial muito justa em favor do dependente inválido ou com deficiência intelectual, mental ou grave (filhos, cônjuges/companheiros, pais e irmãos), pois neste caso a renda da pensão por morte será equivalente a:

I – 100% da aposentadoria recebida pelo segurado ou daquela a que teriam direito se fossem aposentados por incapacidade permanente na data do óbito, até o limite máximo de benefícios do Regime Geral de Previdência Social.

Quando não houver mais dependente inválido ou com deficiência intelectual, mental ou grave, o valor da pensão será recalculado na forma da regra geral. Para o dependente inválido ou com deficiência intelectual, mental ou grave, a condição de deficiente pode ser reconhecida previamente ao óbito do segurado, por meio de avaliação biopsicossocial realizada por equipe multiprofissional e interdisciplinar, observada revisão periódica na forma da legislação.

De sua vez, o artigo 75 da Lei 8.213/91 (que cuida da renda da pensão por morte) não foi recebido pela Emenda 103/2019 para novos óbitos (a contar de 14/11/2019):

> ~~"Art. 75. O valor mensal da pensão por morte será de cem por cento do valor da aposentadoria que o segurado recebia ou daquela a que teria direito se estivesse aposentado por invalidez na data de seu falecimento, observado o disposto no art. 33 desta lei.~~ (Redação dada pela Lei nº 9.528, de 1997)"

A sua aplicação será limitada no tempo, incidindo apenas para as mortes ocorridas até o dia da publicação da Emenda.

Ademais, é vedada a reversão de cotas de pensão entre dependentes. Dessa forma, o § 1º do artigo 77 da Lei 8.213/91 não foi recebido pela Emenda 103/2019 para os novos óbitos:

> ~~"§ 1º Reverterá em favor dos demais a parte daquele cujo direito à pensão cessar.~~ (Redação dada pela Lei nº 9.032, de 1995)"

Com efeito, à luz do Princípio Constitucional da **Separação dos Poderes**, que integra o núcleo intangível da Constituição Federal de 1988, somente deve o Poder Judiciário afastar regras que **manifestamente afrontem o texto constitucional (AUTOCONTENÇÃO JUDICIAL)**, máxime quando editado pelo Poder Constituinte Reformador, **sob pena de invasão do espaço de conformação do poder constituinte reformador.**

Nesse sentido, no julgamento da **ADI 7.051, de 26.06.2023**, com o placar de 8 x 2, o STF pronunciou a **validade da regra do artigo 23 da EC 103/2019**, que fixou a renda mensal da pensão por morte no RGPS e no RPPS dos servidores federais:

> *"O Tribunal, por maioria, julgou improcedente o pedido formulado na ação direta e fixou a seguinte tese de julgamento: **"É constitucional o art. 23, caput, da Emenda Constitucional nº 103/2019, que fixa novos critérios de cálculo para a pensão por morte no Regime Geral e nos Regimes Próprios de Previdência Social"**, nos termos do voto do Relator, vencidos parcialmente os Ministros Edson Fachin e Rosa Weber (Presidente). Plenário, Sessão Virtual de 16.6.2023 a 23.6.2023".*

Transcreve-se passagem do voto do Ministro Roberto Barroso no julgamento da **ADI 7.051:**

> *"**11.** No presente caso, busca-se a declaração de inconstitucionalidade de dispositivo da Emenda Constitucional nº 103/2019, que realizou uma nova reforma na Previdência Social, alterando aspectos essenciais dos regimes próprios e do regime geral. As questões abrangidas pela reforma são divisivas, de difícil obtenção de consenso. Fazem aflorar a tensão entre, de um lado, a proteção de direitos sociais – sobretudo o direito à previdência social – e, de outro, postulados de equilíbrio e responsabilidade fiscal. A atuação diligente e justificada de corporações, em defesa do status quo , traz um elemento de pressão a mais sobre o processo político, com o qual os parlamentares precisam lidar. O atingimento de um quórum qualificado de aprovação, nesse ambiente, não é tarefa simples. Por isso, considero que o primeiro vetor interpretativo a ser aplicado aqui é o da autocontenção judicial, que deve pautar o controle sobre a atuação do poder reformador.*
>
> ***12.** Conforme já assinalei em estudo doutrinário, nesse âmbito, não sendo evidente a inconstitucionalidade da emenda, deve o órgão competente abster-se de declará--la. Além disso, havendo alguma interpretação possível que permita afirmar a compatibilidade da norma com a Constituição, em meio a outras que carreavam para ela um juízo de invalidade, deve o intérprete optar pela interpretação legitimadora, mantendo o preceito em vigor. A cautela e deferência próprias da jurisdição constitucional acentuam-se aqui pelo fato de se tratar de uma emenda à Constituição, cuja aprovação tem o batismo da maioria de três quintos de cada Casa do Congresso Nacional. A declaração de inconstitucionalidade de uma emenda é possível, mas não fará parte da rotina da vida.*
>
> ***13.** O art. 60, § 4º, da Constituição, contém limitação material expressa ao poder constituinte derivado. Nos*

*seus termos, não será objeto de deliberação a proposta de emenda tendente a abolir: a forma federativa de Estado; o voto direto, secreto, universal e periódico; a separação dos Poderes; e os direitos e garantias individuais. A locução tendente a abolir deve ser interpretada com equilíbrio. Por um lado, ela deve servir para que se impeça a erosão do conteúdo substantivo das cláusulas protegidas. De outra parte, não deve prestar-se a ser uma inútil muralha contra o vento da história, petrificando determinado status quo. A Constituição não pode abdicar da salvaguarda de sua própria identidade, assim como da preservação e promoção de valores e direitos fundamentais. Mas não deve ter a pretensão de suprimir a deliberação majoritária legítima dos órgãos de representação popular, juridicizando além da conta o espaço próprio da política. O juiz constitucional não deve ser prisioneiro do passado, mas militante do presente e passageiro do futuro.*

*14. Há duas razões relevantes e complementares pelas quais a interpretação das cláusulas pétreas deve ser feita sem alargamento do seu sentido e alcance: a) para não sufocar o espaço de conformação reservado à deliberação democrática, exacerbando a atuação contramajoritária do Judiciário; e b) para não engessar o texto constitucional, o que obrigaria à convocação repetida e desestabilizadora do poder constituinte originário. A observação panorâmica das cláusulas pétreas abrigadas nas Constituições dos países democráticos revela que, em geral, elas veiculam princípios fundamentais e, menos frequentemente, regras que representem concretizações diretas desses princípios. Não é meramente casual que seja assim. Princípios, como se sabe, caracterizam-se pela relativa indeterminação de seu conteúdo. Trazem em si, porém, um núcleo de sentido, em cujo âmbito funcionam como regras, prescrevendo objetivamente determinadas condutas. Para além desse núcleo, existe um espaço de conformação, cujo preenchimento é atribuído prioritariamente aos órgãos de deliberação democrática, por força do princípio democrático. Aí não caberia mais ao Judiciário impor sua visão do que seria a concretização ideal de determinado princípio.*

*15. O vetor interpretativo proposto neste tópico é amplamente adotado por esta Corte. Nesse sentido, confiram-se os seguintes precedentes: ADI 2.024, Rel. Min. Sepúlveda Pertence, j. em 27.10.1999; ADI 3.128, Red. p/o acórdão Min. Cezar Peluso, j. em 18.08.2004; ADI 5.296 MC, Rel. Min. Rosa Weber, j. em 18.05.2016; MS 32.262-MC, Rel. Min. Luís Roberto Barroso, j. em 20.08.2013; e MS 34.448-MC, Rel. Min. Luís Roberto Barroso, j. Em 10.10.2016.*

*16. Portanto, em se tratando de controle de constitucionalidade de emenda à Constituição, adoto uma postura de deferência às escolhas políticas realizadas pelos Poderes Executivo e Legislativo, o que, por certo, não impedirá a declaração de inconstitucionalidade se realmente estiver presente contrariedade com a CF/1988".*

O real retrocesso, que por certo não ocorrerá justamente em razão dos ajustes previdenciários constitucionais perpetrados pela Emenda 103/2019, é a União não possuir recursos anuais para honrar a totalidade do pagamento dos benefícios no âmbito do RGPS ou RPPS, gerando um caos social e um verdadeiro e inconstitucional desamparo social.

**Foi uma Reforma dura, indesejável, mas infelizmente necessária quando se avalia a custeio.** No mesmo sentido transcreve-se passagem do voto do Ministro Roberto Barroso no julgamento da **ADI 7.051,** que se manifestou pela constitucionalidade pela nova fórmula de cálculo da pensão por morte (art. 23 da EC 103/2019):

*"38. Não vejo, por fim, ofensa ao princípio da vedação ao retrocesso social. O princípio da vedação ao retrocesso, que ainda desperta controvérsias na doutrina, não pode ser interpretado como uma proibição a qualquer atuação restritiva do legislador em matéria de direitos fundamentais, sob pena de violação ao princípio democrático. Só permitir que se modifique a regulamentação de um direito fundamental para ampliar o seu alcance, cristalizando-se tudo o mais, impõe amarras excessivas ao poder de conformação legislativa e limita exageradamente o espaço de deliberação democrática. E não se pode esquecer que muitas das escolhas feitas na Previdência Social tiveram como pano de fundo um quadro de abundância de recursos, que já não se põe mais. A mudança nas circunstâncias fáticas não pode ser desconsiderada na interpretação constitucional. O Direito tem, sim, a pretensão de conformar a realidade, mas também sofre a influência dos aspectos fáticos que se apresentam diante de cada caso.*

*39. Por todas essas razões, entendo não haver inconstitucionalidade no art. 23 da Emenda Constitucional nº 103/2019".*

Vale registrar que as despesas com o RGPS representavam 4,6% do PIB em 1995 para **8,6% do PIB em 2018**, conforme dado registrado na exposição de motivos da PEC 6.

Conforme dados oficiais do Governo federal divulgados em janeiro de 2021, o RGPS teve um déficit de 227,3 bilhões de Reais em 2019 e de 269,8 bilhões de Reais em 2020, de modo que mesmo após a reforma implementada pela Emenda 103/2019 vem aumentando acima da inflação oficial o complemento anual aportado pela União no Fundo do RGPS.

No mesmo sentido transcreve-se passagem do voto do Ministro Roberto Barroso no julgamento da **ADI 7.051:**

*"3. Vejamos, primeiramente, os dados sociais. A população brasileira está vivendo mais. Segundo o Instituto Brasileiro de Geografia e Estatística – IBGE, a expectativa de vida ao nascer , em 2018, alcançou 76,3 anos. Em 1940, era de apenas 45,5 anos. Um incremento, portanto, de mais de 30 anos nesse período. Em paralelo, os idosos também estão vivendo mais no Brasil. O tempo médio de vida para uma pessoa com certa idade – a chamada expectativa de sobrevida – costuma ser mais elevado do que para quem acabou de nascer. Isso se deve às taxas de*

*mortalidade infantil no país, que ainda são aterradoras. Alguém que hoje conte com 60 anos de idade deve viver até os 82,6 anos. E, de acordo com projeções da Organização das Nações Unidas - ONU, em 2100, o brasileiro que chegar aos 60 anos viverá, em média, até os 90. A essa altura, o Brasil será o 10º país do mundo em maior proporção de idosos, que representarão 39% do total da população. É a chamada inversão da pirâmide etária. Sem dúvida, esses são números a celebrar. Colocam, todavia, novos desafios, estando um deles na Previdência Social. Viver mais significa receber benefícios por um período maior, o que demanda ainda mais recursos financeiros.*

*4. Além disso, ao longo dos anos, as famílias brasileiras vêm encolhendo. As mulheres vêm decidindo ter menos filhos. Em 1940, a média de filhos por mulher era de 6,16. Em 2016, essa taxa caiu para 1,69. E, desde 2005, já era inferior à taxa de reposição da população, que é de 2,1. Dito de forma mais simples: se o cenário se mantiver assim, a população no Brasil parará de crescer em 2048. A expressiva queda na taxa de fecundidade impacta diretamente a Previdência Social. Como é intuitivo, quando essa taxa se reduz, a população em idade ativa também diminui. No Brasil, a Previdência Social segue o regime de financiamento de repartição simples, em que os mais jovens arcam com os benefícios dos mais idosos. O descompasso entre as contribuições dos mais novos, que decrescem, e os gastos com as aposentadorias, que só sobem, é uma das maiores causas de desequilíbrio.*

...

*"6. Esse conjunto de elementos sociais e jurídicos formam um cenário preocupante, que pode ser dimensionado pelos dados econômicos. O déficit da Previdência Social no Brasil é incontestável. Tanto o regime geral de previdência social (RGPS), relativo aos trabalhadores da iniciativa privada, quanto os regimes próprios (RPPS), dos servidores públicos efetivos, vêm enfrentando sérias dificuldades para manter ou restabelecer o equilíbrio financeiro e atuarial. De acordo com o Ministério da Economia, no final de 2019, o regime geral apresentou déficit de R$ 213,3 bilhões, os regimes dos servidores públicos civis da União, de R$ 53 bilhões, e o dos militares, de R$ 47 bilhões. Para fins de comparação, no final de 2004, após duas reformas abrangentes feitas pelas EC nº 20/1998 e 41/2003, esses números eram de R$ 28,5 bilhões, no RGPS, e de R$ 32,4 bilhões, nos regimes dos servidores públicos civis e militares da União. Como se vê, a piora foi significativa. As Emendas Constitucionais nº 20/1998 e 41/2003 se mostraram insuficientes para reverter esse quadro. A existência de inúmeras regras de transição, com uma disciplina mais favorável para servidores que ingressaram no serviço público até 2003, diluiu de forma excessiva no tempo os efeitos das mudanças na Constituição.*

*7. Em 2017, os dispêndios com benefícios previdenciários apenas na União consumiram 10% do PIB. Para traçar um paralelo, em 2015, a média de gasto com aposentadorias e pensões nos países da Organização para a Cooperação e Desenvolvimento Econômico - OCDE foi de 8%. O Brasil, que ainda tem uma população considerada jovem, gasta quase a mesma proporção do PIB que países como Alemanha e Japão, cujo número de idosos é significativamente superior. Nos anos de 2016 e 2017, nações como o México e o Chile, com patamar etário mais próximo ao da população brasileira, despenderam 2,6% e 2,8% do PIB, respectivamente.*

*8. Ademais, os gastos previdenciários constituem uma fatia expressiva do orçamento da União. Em 2018, representaram 31,91% do total das despesas liquidadas. De outra parte, os desembolsos com saúde e educação foram de 5,05% e 3,91%, respectivamente. Não obstante a relevância do direito à previdência social, a desproporção é muito acentuada. É preciso reconhecer que algo está errado nessa distribuição dos recursos públicos. Outra constatação fundamental é a de que o crescimento das despesas obrigatórias - que decorrem de obrigações constitucionais ou legais, como é o caso dos gastos com a Previdência Social - comprime, cada vez mais, o espaço das despesas discricionárias, isto é, aquelas que o Poder Executivo tem algum grau de liberdade decisória quanto a fazer ou não fazer. De acordo com o Ministério da Economia, entre 2010 e 2020, o valor das despesas discricionárias caiu quase 60%. A conclusão é que tem sobrado muito pouco para novos investimentos em obras, serviços e políticas públicas".*

Regra de grande impacto na Emenda 103/2019 é a que prevê que se equiparam a filho, para fins de recebimento da pensão por morte, exclusivamente o enteado e o menor tutelado, desde que comprovada a dependência econômica.

O objetivo desta regra foi reverter a posição repetitiva do STJ (tema 732) que equipara ao filho o menor sob guarda, nos termos do artigo 33, § 3º, do ECA. É aguardar para ver a reação da jurisprudência ao novel dispositivo, que corre o risco de ser afastado por inconstitucionalidade.

Em regra, a pensão por morte será paga a partir do óbito do segurado. Contudo, se postulada administrativamente após 90 (noventa) dias do falecimento, apenas serão pagas as parcelas a partir da data de entrada do requerimento administrativo[59].

Este prazo era de 30 dias até o advento da Lei 13.183, em vigor desde 5 de novembro de 2015 (aplicável às mortes a contar desta data), quando foi triplicado com razoabilidade para 90 dias, pois muitas vezes em um mês não há disposição emocional para se requerer o benefício previdenciário, em especial em falecimentos inesperados.

---

**59.** Para óbitos ocorridos até o dia 10 de novembro de 1997, véspera da publicação da Lei nº 9.528, de 1997, a pensão por morte será devida a contar da data do óbito, conforme o Parecer MPAS/CJ nº 2.630, publicado em 17 de dezembro de 2001, **tratando-se de dependente capaz ou incapaz**, observada a prescrição quinquenal de parcelas vencidas ou devidas, ressalvado o pagamento integral dessas parcelas aos dependentes menores de dezesseis anos e aos inválidos incapazes.

Vale ressaltar que, mesmo nos casos em que o requerimento do benefício é protocolizado após noventa dias do óbito, a data de início do benefício será o dia do falecimento, mas apenas serão devidas as parcelas a contar da data do requerimento.

É que no dia da morte é que nasce o direito, independentemente de quando foi requerido o benefício. Nesse sentido, dispõe o artigo 105, inciso I, do RPS, que no caso de requerimento após 30 dias (atuais 90 dias) do falecimento do segurado, a data de início do benefício será a data do óbito, aplicados os devidos reajustamentos até a data de início do pagamento, não sendo devida qualquer importância relativa ao período anterior à data de entrada do requerimento.

No caso dos absolutamente incapazes, pois contra eles não correrá a prescrição, a jurisprudência e o próprio INSS[60] vinham entendendo que o benefício era devido desde a data do falecimento, mesmo que o requerimento seja protocolizado após noventa dias do óbito (menor de 16 anos de idade), conforme o artigo 3º, do Código Civil.

No mesmo sentido a TNU:

"PREVIDÊNCIA SOCIAL. AUXÍLIO-RECLUSÃO. BENEFICIÁRIO MENOR IMPÚBERE À DATA DA ENTRADA DO REQUERIMENTO ADMINISTRATIVO. EFEITOS FINANCEIROS A CONTAR DA DATA DE ENCARCERAMENTO E NÃO DA DATA DE ENTRADA DO REQUERIMENTO. **INAPLICABILIDADE DO DISPOSTO NO INCISO II DO ARTIGO 74 DA LEI 8.213/1991 AOS MENORES ABSOLUTAMENTE INCAPAZES.** REPRESENTATIVO DA TNU NO PEDILEF 0508581-62.2007.4.05.8200/PB. RECURSO CONHECIDO E PROVIDO. O requerente pediu, em 15/09/2008, a concessão de auxílio-reclusão pelo encarceramento de seu pai, em 28/05/2005, sendo-lhe deferido da data do requerimento e não da data do fato gerador, aplicando-se ao caso o disposto no artigo 74, II, da Lei 8.213/1991, dada a sistemática aplicável do quanto disposto em questão de pensão por morte ao caso desta espécie de benefício. Acórdão da Turma Recursal paraense por maioria de votos. **A TNU consolidou seu entendimento no julgamento do representativo pedido de uniformização 0508581-62.2007.4.05.8200/PB, da lavra do Juiz Federal Antônio Fernando Schenkel do Amaral e Silva, em Sessão de 16/08/2012, determinando que não se aplica o dispositivo aos absolutamente incapazes, dada a sua natureza prescricional.** São devidas as prestações desde o encarceramento, em 28/05/2005. Ante o exposto, voto por conhecer do Pedido de Uniformização da Interpretação de Lei Federal e dar-lhe provimento para reafirmar a tese exposta no Pedilef 0508581-62.2007.4.05.8200/PB, aplicado aos casos de auxílio-reclusão, para julgar procedente a pretensão do jovem autor da demanda, devendo ser pagas as diferenças de 28/05/2005 a 15/09/2008, conforme apurado em liquidação" (PEDILEF 00241832920084013900, de 27/06/2014).

Após oscilação anterior, nesse sentido a atual posição do STJ:

"PREVIDENCIÁRIO. PENSÃO POR MORTE. **ABSOLUTAMENTE INCAPAZ. TERMO INICIAL. ÓBITO.** DUPLICIDADE DE PAGAMENTO. INOVAÇÃO RECURSAL. DESCABIMENTO.

1. A habilitação posterior de dependente somente produzirá efeitos a contar de seu respectivo requerimento, nos termos do art. 76 da Lei n. 8.213/1991, salvo direito de incapaz.

2. Não se conhece de alegação sobre eventual duplicidade no pagamento, ante a preclusão consumativa" (AgInt no REsp 1603894 / PR, de 15/8/2017).

Por outro lado, não havia retroação se algum dependente já houvesse se habilitado, pois o INSS não poderá pagar em duplicidade se não sabia da existência do menor que não se habilitou a bom tempo. Nesse sentido, o STJ:

**"Informativo 566– DIREITO PREVIDENCIÁRIO. HABILITAÇÃO TARDIA DE PENSIONISTA MENOR. Ainda que o beneficiário seja "pensionista menor", a pensão por morte terá como termo inicial a data do requerimento administrativo – e não a do óbito – na hipótese em que, postulado após trinta dias do óbito do segurado, o benefício já vinha sendo pago integralmente a outro dependente previamente habilitado.** A jurisprudência prevalente do STJ é no sentido de que, comprovada a absoluta incapacidade do requerente, faz ele jus ao pagamento das parcelas de pensão por morte desde a data do óbito do segurado, ainda que não haja postulação administrativa no prazo de trinta dias (REsp 1.405.909-AL, Primeira Turma, DJe 9/9/2014; REsp 1.354.689-PB, Segunda Turma, DJe 11/3/2014). Isso porque, nos termos do art. 79 da Lei 8.213/1991, está claro que tanto o prazo de decadência quanto o prazo de prescrição previstos no art. 103 da referida Lei são inaplicáveis ao pensionista menor, situação esta que só desaparece com a maioridade, nos termos do art. 5º do Código Civil. Contudo, o dependente menor que não pleiteie a pensão por morte no prazo de trinta dias a contar da data do óbito do segurado (art. 74 da Lei 8.213/1991) não tem direito ao recebimento do referido benefício a partir da data do falecimento do instituidor, na hipótese em que a pensão houver sido integralmente paga a outros dependentes que já estavam previamente habilitados perante o INSS. Com efeito, a habilitação posterior do dependente menor somente deverá produzir efeitos a contar desse episódio, de modo que não há que falar em efeitos financeiros para momento anterior à sua inclusão (art. 76 da Lei 8.213/1991). Ressalta-se, inclusive, que admitir o contrário implicaria em inevitável prejuízo à autarquia previdenciária, que seria condenada a pagar duplamente o valor da pensão. Precedente citado:

---

**60.** Nota Técnica CGMBEN/DIVCONS 112/2008 e artigo 364, § 4º, da Instrução Normativa INSS 77/2015.

REsp 1.377.720-SC, Segunda Turma, DJe 5/8/2013. **REsp 1.513.977-CE, Rel. Min. Herman Benjamin, julgado em 23/6/2015, DJe 5/8/2015".**

No mesmo sentido a TNU:

Informativo 16/2017
Processo n. 0504863-60.2012.4.05.8401
No caso de habilitação tardia, o menor impúbere tem direito às prestações vencidas desde o óbito do instituidor, se o benefício de pensão por morte não fora concedido a outro dependente integrante do mesmo núcleo familiar.

**ATENÇÃO!**

Mas o tema foi alvo de alteração normativa promovida no artigo 74, inciso I, da Lei 8.213/91 promovida pela MP 871/2019 convertida na Lei 13.846/2019: A pensão por morte será devida ao conjunto dos dependentes do segurado que falecer, aposentado ou não, a contar da data: I – do óbito, **quando requerida em até cento e oitenta dias após o óbito, para os filhos menores de dezesseis anos**, ou em até noventa dias após o óbito, para os demais dependentes.

Dessa forma, para os óbitos ocorridos a partir da vigência da MP 871 (18/1/2019), no caso de beneficiário absolutamente incapaz (menor de 16 anos de idade), acaso o seu representante legal não ofereça requerimento administrativo em até 180 dias do óbito, o INSS não pagará os atrasados, gerando efeitos financeiros somente a partir da data de entrada do requerimento administrativo.

Por outro lado, para as mortes ocorridas até 17/1/2019 (Princípio do *Tempus Regit Actum*) segue com validade o regramento de que os efeitos da pensão por morte em favor do absolutamente incapaz devem retroagir ao dia do óbito, desde que não haja outro dependente habilitado.

De acordo com as regras aprovadas na Lei 13.135, publicada em 18 de junho de 2015, fruto de conversão da MP 664/2014, com diversas alterações, exclusões e inserções, apresenta-se o regramento em vigor a partir deste ponto com as complexas e controversas regras de direito intertemporal.

Em regra, se o óbito ocorrer sem que o segurado tenha vertido 18 (dezoito) contribuições mensais ou se o casamento ou a união estável tiverem sido iniciados em menos de 2 (dois) anos antes do óbito do segurado, a pensão por morte será paga por apenas 4 (quatro) meses ao cônjuge, companheiro ou companheira, salvo se o óbito do segurado decorrer de acidente de qualquer natureza ou de doença profissional ou do trabalho.

Esta exigência de um mínimo 18 contribuições pagas pelo segurado para que a pensão por morte não se limite a quatro meses de pagamento é restrita ao cônjuge, companheiro e companheira, não sendo exigível para os demais dependentes (filhos e equiparados, pais e irmãos).

De acordo com o razoável entendimento do INSS[61], a quantidade de contribuições para efeito de manutenção do benefício corresponde ao total de meses dos períodos passíveis de cômputo no cálculo de tempo de contribuição, independentemente da quantidade de dias dentro do mês, desprezadas as concomitâncias.

Serão considerados para fins de apuração dos "18 meses", os seguintes períodos:

a) como empregado doméstico, com ou sem contribuições, observadas as regras relativas ao reconhecimento do tempo de filiação;

b) de atividade rural, independente da condição do instituidor (segurado urbano ou rural) na data do fato gerador;

c) de vinculação ao Regime Próprio de Previdência Social-RPPS, desde que apresentada a Certidão de Tempo de Contribuição-CTC e desde que tal período não tenha sido considerado para fins de benefício no RPPS;

d) em gozo de auxílio-doença ou aposentadoria por invalidez, **mesmo que não se trate de período intercalado entre atividades/períodos de contribuição**;

e) como contribuinte individual ou empregado doméstico, independente da primeira contribuição paga em dia, observadas as regras relativas ao reconhecimento do tempo de filiação.

Ainda de acordo com a Previdência Social, não será observada a perda de qualidade de segurado entre os períodos; será dispensada a apuração das dezoito contribuições caso, no momento do óbito, o instituidor esteja em gozo de aposentadoria, exceto por invalidez, considerando que para esses benefícios a carência mínima exigida supera dezoito contribuições/meses; não serão considerados, para fins da pensão por morte, os recolhimentos efetuados pelos dependentes após o óbito do instituidor; em se tratando de requerimento de auxílio-reclusão, o recolhimento de período de débito relativo a competências anteriores ao fato gerador será

61. Memorando-Circular Conjunto nº 54 DIRBEN/DIRAT/DIRSAT/PFE/INSS, de 6 de novembro de 2015, que complementou as orientações contidas no Memorando-Circular Conjunto nº 45/DIRBEN/DIRAT/DIRSAT/PFE/INSS, de 4 de setembro de 2015.

considerado, observadas as regras relativas ao reconhecimento do tempo de filiação.

Até este ponto reputa-se correta a interpretação da autarquia previdenciária, que inclusive inovou em favor dos dependentes, vez que permitiu para fins de cômputo das 18 contribuições o período de gozo em gozo de auxílio-doença ou aposentadoria por incapacidade permanente, mesmo que não se trate de período intercalado entre atividades/períodos de contribuição, o que, em tese, viola do artigo 55, inciso II, da Lei 8.213/91.

Ademais, a exigência das 18 contribuições não possui a natureza jurídica de período de carência, pois o benefício será concedido por quatro meses, e não negado, posto que período de carência é o número mínimo de contribuições mensais indispensáveis para que o beneficiário faça jus ao benefício. Logo, como há a concessão do benefício mesmo que por céleres quatro parcelas mensais, quando o segurado não verteu ao menos 18 contribuições mensais, conclui-se que não se trata de período de carência, e sim de tempo de contribuição específico para que a pensão por morte ultrapasse a faixa de 4 meses. Ademais, com a Lei 13.135/2015, a pensão por morte e o auxílio-reclusão voltaram a ter o período de carência sempre dispensado (com a MP 871/2019, convertida na Lei 13.846/2019, o auxílio-reclusão passou a exigir carência de 24 contribuições mensais para prisões a partir de 18/1/2019), tendo sido restaurado o inciso I do artigo 26 da Lei 8.213/91. Inclusive, este é o entendimento do próprio INSS veiculado no Memorando Circular Conjunto nº 39/DIRBEN/DIRAT/INSS:

> **"Memorando – Circular Conjunto nº 39/DIRBEN/DIRAT/INSS**
>
> Em 30 de julho de 2015.
>
> Aos Superintendentes-Regionais, Gerentes-Executivos, Gerentes de Agências da Previdência Social.
>
> Especialistas em Normas e Gestão de Benefícios, Chefes de Divisão/Serviço de Benefícios, Chefes de Divisão/Serviço/Seção de Atendimento e Chefes de Serviço/Seção de Reconhecimento Inicial.
>
> Assunto: **Adequação provisória do Sistema PRISMA. Lei nº 13.135/15.**
>
> 1. Com o objetivo de reduzir o represamento de benefícios de pensão por morte e auxílio-reclusão cuja decisão aguarda adequação dos sistemas às alterações decorrentes da Lei nº 13.135/15, informamos que será disponibilizada, nesta data, à noite, uma versão inicial, que visa liberar exigências atualmente existentes no Prisma, adequando parcialmente às regras previstas na Lei nº 13.135/15.
>
> 2. Dentre as adequações provisórias que serão disponibilizadas no PRISMA, ressaltamos:
>
> **a) para benefício com data de óbito/reclusão a partir de 1º/03/2015, não mais se exigirá a carência de vinte e quatro contribuições sem perda da qualidade de segurado".**

Logo, se o segurado morreu com apenas 5 contribuições vertidas ou com menos de 2 anos de casamento ou união estável, a pensão por morte durará por apenas 4 meses, a não ser que a morte decorra de acidente de qualquer natureza ou de doença profissional ou do trabalho, hipótese na qual serão aplicados os prazos a seguir vistos.

Sustenta corretamente a autarquia previdenciária que a apuração das dezoito contribuições utilizará o cálculo em contribuições, em meses de atividade rural ou em contribuições e meses de atividade do empregado doméstico, conforme a última atividade do segurado, não sendo exigido e o cumprimento de 1/3 após perda da qualidade de segurado (regra de ⅓ substituída pela regra de ½ – Lei 13.457/2017), quando for o caso, tendo em vista não se tratar de período de carência, não se havendo em sequer cogitar da aplicação da regra do artigo 24, parágrafo único, da Lei 8.213/91.

Ainda para a interpretação administrativa da Previdência Social, o período de vínculo de casamento/união estável deve ser de dois anos ininterruptos, anteriores ao óbito; pode ser somado o período de união estável ao período de casamento, quando este for imediatamente posterior àquele; em se tratando de requerente ex-cônjuge/ex-companheiro, que recebia pensão alimentícia ou ajuda econômica sob qualquer forma, deverá ser comprovado o período de pelo menos dois anos de casamento ou união estável iniciada antes da dissolução da união.

Por outro lado, esta interpretação administrativa inova em prejuízo do dependente, pois o artigo 77, § 2º, inciso V, da Lei 8.213 aduz que a pensão por morte não será limitada ao período de quatro meses *"se o casamento ou a união estável tiverem sido iniciados em menos de 2 (dois) anos antes do óbito do segurado"*, além do requisito do pagamento de dezoito contribuições mensais.

Ora, em nenhum momento a Lei de Benefícios exige que o casamento e principalmente a união estável possua dois anos ininterruptos, podendo ser alternados. Outro ponto é que a Lei 8.213/91 não tratou expressamente do ex-cônjuge ou companheiro que recebia pensão civil de alimentos do segurado, mas que o matrimônio ou a união estável não alcançou o lapso temporal de dois anos.

Neste caso, entende-se ser irrazoável a interpretação administrativa da Previdência Social, pois é certo que podem existir casos de alimentos civis pagos por anos e que a pensão por morte será limitada a apenas quatro parcelas mensais, devendo ser considerado o período de adimplemento dos alimentos de família para a integralização do prazo de dois anos, ante a lacuna normativa.

Ainda de acordo com o entendimento do INSS, para benefício com data de óbito/reclusão a partir de 14/01/2015, quando entre os dependentes constar cônjuge, companheiro(a),ex-cônjuge/ex-companheiro e não se tratar de óbito decorrente de acidente de qualquer natureza ou de doença profissional ou do trabalho, o Prisma observará a exigência de dezoito contribuições.

De acordo com o Princípio do *Tempus Regit Actum*, considerando que a MP 664/2014 exigiu, em regra, 24 recolhimentos mensais a título de carência para a pensão por morte, tendo sido a carência dispensada pela Lei 13.135/2015, assim como a exigência de 18 recolhimentos para que a pensão por morte ao cônjuge ou companheiro ultrapasse a faixa de 4 meses de duração não possui a natureza jurídica de período de carência, e sim de tempo de contribuição, entende-se que a sua vigência deveria se dar para o óbitos ocorridos a contar de 18 de junho de 2015, pois se trata de inovação da Lei 13.135/2015.

Logo, neste ponto o entendimento sustentado nesta obra diverge do posicionamento administrativo ainda preliminar e provisório firmado pelo Instituto Nacional do Seguro Social. Demais disso, a exigência de carência de 24 recolhimentos mensais instituída pela MP 664 (e que foi excluída da Lei 13.135/2015) se deu para óbitos a partir de 1/3/2015, e não de 14/1/2015, pois nesta data apenas estava em vigor a exigência de 2 anos de casamento ou de união estável.

A exigência de dois anos de casamento ou de união estável foi inserida pela MP 664/2014 e mantida na Lei 13.135/2015, iniciando vigência em 14 de janeiro de 2015, sendo aplicável aos óbitos a partir desta data à luz do Princípio do *Tempus Regit Actum*.

Eis o posicionamento firmado pelo INSS no Memorando-Circular Conjunto nº 45 /DIRBEN/DIRAT/DIRSAT/PFE/INSS, de 4/9/2015:

"**4.1 - Comprovação da união estável**

No período de 14/01/2015 a 17/06/2015, em decorrência do disposto no § 2º do art. 74 da Lei nº 8.213/1991, incluído pela MP nº 664/2014, exigiu-se para a concessão de pensão por morte e auxílio-reclusão a comprovação de, no mínimo, dois anos de casamento ou de união estável entre o instituidor e o dependente. A Lei nº 13.135/2015 não acolheu este dispositivo, retornando à regra anterior à MP nº 664/2014, na qual não se exigia o tempo mínimo de vínculo entre o instituidor e o dependente para fins de reconhecimento de direito.

Entretanto, o tempo de casamento/união estável passou a ser elemento essencial para fins de definição do prazo de duração do benefício.

Quando do reconhecimento do direito deve ser apurado o tempo de casamento ou de união estável antes do óbito/reclusão do segurado, a fim de definir, de imediato, o tempo de duração da cota do cônjuge/companheiro(a).

Para fins de comprovação do tempo de casamento/união estável devem ser observados os procedimentos constantes no item 1 do Anexo ao Memorando-Circular Conjunto nº 2 DIRBEN/ DIRAT/PFE/DIRSAT/INSS, de 13 de janeiro de 2015.

O Sistema Prisma calculará o tempo de casamento/união estável com base no dado informado no campo "DT. CASAMENTO/UNIAO", apurando se restou comprovado o vínculo por período igual ou superior a dois anos. Apurado tempo inferior, o sistema emitirá a mensagem informativa "O tempo de união é inferior a 02 anos" e exigirá confirmação dessa informação. Entretanto, não direcionará ao indeferimento.

**Os benefícios com fato gerador a partir de 14/01/2015, indeferidos por falta de comprovação de dois anos de casamento/união estável (Motivo 183 - Não cumprimento do tempo mínimo de união na pensão por morte e Motivo 186 - Não cumprimento do tempo mínimo de união no auxílio-reclusão) deverão ser revistos após adequação dos sistemas, considerando o disposto no art. 5º da Lei nº 13.135/2015.** As orientações relativas aos procedimentos de revisão serão prestadas oportunamente".

Nesse sentido, de acordo com Memorando-Circular nº 9 /DIRBEN/INSS, de 30/3/2017, deve ser observado o seguinte procedimento:

| Fato gerador ocorrido entre 14/01/2015 e 28/02/2015 | Fato gerador ocorrido a partir de 01/03/2015 |
|---|---|
| – Se comprova, no mínimo, dois anos de casamento/união estável – direito à pensão vitalícia<br>– Se comprova menos de dois anos de casamento/união estável – direito à pensão por quatro meses | – Se comprova dezoito meses de contribuição do instituidor e, no mínimo, dois anos de casamento/união estável – direito de manutenção da cota, conforme idade do dependente (tabela).<br>– Se comprova menos de dezoito meses de contribuição ou menos de dois anos de casamento/união estável – direito à pensão por morte por quatro meses. |

Na revisão dos benefícios cujo fato gerador esteja compreendido entre 14/01/2015 e 28/02/2015, deve ser observado se comprova o tempo mínimo de casamento/união estável e, naquela cujo o fato gerador seja a partir de 01/03/2015, deve ser observado, além do tempo mínimo de união, se possui os dezoito meses de contribuição.

8. Em ambos os casos, o resultado da revisão poder ser:

a) benefício mantido sem extinção de cota ou com data futura para extinção;

b) benefício mantido com extinção de cota com data de extinção retroativa;

c) benefício com indícios de irregularidade na concessão.

**Qual o entendimento da TNU sobre o assunto?**

**Súmula 63** – A comprovação de união estável para efeito de concessão de pensão por morte prescinde de início de prova material.

Isto foi modificado com o advento da Lei 13.846/2019, tornando a posição Regulamentar (Decreto 3.048/99) válida e afastando a jurisprudência citada. Isso porque restou inserido no artigo 16 da Lei 8.213/91 um quinto parágrafo com tarifação de prova com marca de temporariedade de 24 meses antes do fato gerador da pensão por morte ou do auxílio-reclusão.

De efeito, dispõe o novel § 5º do artigo 16 da Lei 8.213/91 que "as provas de união estável e de dependência econômica exigem início de prova material contemporânea dos fatos, produzido em período não superior a 24 (vinte e quatro) meses anterior à data do óbito ou do recolhimento à prisão do segurado, não admitida a prova exclusivamente testemunhal, exceto na ocorrência de motivo de força maior ou caso fortuito, conforme disposto no regulamento".

Dessa forma, se o segurado morreu em 8 de setembro de 2019, a sua companheira não poderá provar a união estável apenas com testemunhos, devendo apresentar ao menos um documento que indique a união estável produzido entre 8 de setembro de 2017 e 8 de setembro de 2019, exceto fortuito e força maior ainda não regulamentados.

Assim, resta afastando o Princípio do Livre Convencimento Motivado e adotada a tarifação de prova para dar mais segurança jurídica, considerando a existência de casos habituais de falsos testemunhos e para preservar o Erário contra algumas situações de fraude.

No entanto, acredito que a exigência temporal do documento foi excessiva nos últimos 24 meses antes do fato gerador do benefício, a exemplo da certidão de nascimento de dois filhos em comum de 3 e 4 anos de idade no dia da morte do segurado, pois a certidões foram emitidas há mais de 24 meses do dia do óbito.

A Lei 13.135/2015 admitiu expressamente que o tempo de contribuição a Regime Próprio de Previdência Social (RPPS) será considerado na contagem das 18 (dezoito) contribuições mensais, acaso o segurado não possua 18 recolhimentos no Regime Geral de Previdência Social.

Por sua vez, transcorridos os seguintes períodos, estabelecidos de acordo com a idade do beneficiário na data de óbito do segurado, se o óbito ocorrer depois de vertidas 18 (dezoito) contribuições mensais e pelo menos 2 (dois) anos após o início do casamento ou da união estável, ou se então o óbito do segurado decorrer de acidente de qualquer natureza ou de doença profissional ou do trabalho, a pensão terá a seguinte duração, sendo vitalícia apenas se o pensionista tiver 45 anos de idade no dia da morte:

| Portaria ME 424, de 29/12/2020 | |
|---|---|
| **ESCALONAMENTO DO PRAZO DE RECEBIMENTO DA PENSÃO POR MORTE** | |
| **Idade do (a) pensionista** | **Duração da pensão por morte em anos** |
| Menos de 22 anos | 3 |
| Entre 22 e 27 anos de idade | 6 |
| Entre 28 e 30 anos de idade | 10 |
| Entre 31 e 41 anos de idade | 15 |
| Entre 42 e 44 anos de idade | 20 |
| 45 anos de idade ou mais | Vitalício |

No entanto, há uma regra especial para o pensionista inválido ou com deficiência cônjuge ou companheiro(a), pois neste caso a pensão por morte apenas será cancelada pela cessação da invalidez ou pelo afastamento da deficiência. Se não houver recuperação do pensionista, portanto, será vitalícia, mesmo que o segurado não tenha vertido 18 (dezoito) contribuições mensais ou se o casamento ou a união estável tiverem menos de 2 (dois) anos antes do óbito do segurado. Caso o pensionista inválido ou deficiente se recupere, serão respeitados, ao menos, os prazos anteriores apresentados.

De acordo com o INSS, considera-se inválido o cônjuge, o companheiro ou a companheira que for considerada incapaz e insuscetível de reabilitação para o exercício de atividade remunerada que lhe garanta subsistência, comprovado mediante exame médico-pericial a cargo do INSS, desde que a Data do Início da Invalidez tenha ocorrido até a data prevista para a cessação da cota (quatro meses ou conforme a idade).

A autarquia previdenciária adotou uma interpretação mais favorável ao dependente, pois mesmo a invalidez ou deficiência do pensionista cônjuge ou companheiro após a morte do segurado e antes da cessação da pensão por morte temporária gerará a manutenção do benefício, enquanto persistir a invalidez ou deficiência, sendo o artigo 77, § 2º, inciso V, letra A da Lei 8.213/91 omisso a respeito.

Não há qualificação da natureza da deficiência para fins de proteção previdenciária nesta hipótese, cabendo ao Regulamento promover o seu estabelecimento, podendo ser adotado, por analogia, os critérios da Lei Orgânica de Assistência Social.

Acaso a invalidez ou deficiência seja superada algum dia, será aplicada a tabela de duração da pensão por morte pela idade do cônjuge ou companheiro no dia do óbito do segurado, podendo, portanto, haver cessação automática da pensão na perícia do INSS.

Suponha-se que uma esposa tenha 28 anos de idade no dia do óbito do segurado, que possuía ao menos 2 anos de casamento e haviam sido pagas ao menos 18 contribuições previdenciárias.

Neste caso, a pensão por morte terá duração de 10 anos, a contar do óbito do segurado. Se a viúva for inválida (a invalidez poderá se dar em até 10 anos a partir do dia da morte do segurado), será mantido benefício enquanto inválida for.

Acaso a invalidez seja revertida em 15 anos após a morte do segurado, a pensão será cessada de maneira imediata, pois já superado o prazo de 10 anos pela sua idade de 28 anos no dia da morte.

Se a invalidez for revertida em 5 anos após a morte do segurado, a pensão por morte ficará ativa por mais 5 anos, a fim de preservar a duração da cota por 10 anos.

Vale frisar que a partir de junho de 2018 existe a possibilidade de mudanças nas faixas da pensão temporária e vitalícia, por ato do Ministro da Economia, desde que haja o incremento mínimo de um ano inteiro na média nacional única, para ambos os sexos, correspondente à expectativa de sobrevida da população brasileira ao nascer, limitado o acréscimo na comparação com as idades anteriores ao referido incremento.

Notem que o assunto ficou bem mais complexo do que antes e que o texto do artigo 77, da Lei 8.213/91 não ajuda muito, pois é bastante confuso. Por tudo isto, vamos sintetizar as novas regras na tabela abaixo a respeito da pensão por morte para cônjuges, companheiros e companheiras:

| | |
|---|---|
| **Regra 1** | Se o óbito ocorrer sem que o segurado tenha vertido 18 (dezoito) contribuições mensais ou se o casamento ou a união estável tiverem sido iniciados em menos de 2 (dois) anos antes do óbito do segurado, a pensão por morte será paga por apenas 4 (quatro) meses **(regra geral).** |
| **Regra 2** | Se o óbito ocorrer depois de vertidas 18 (dezoito) contribuições mensais e pelo menos 2 (dois) anos após o início do casamento ou da união estável, a pensão terá a seguinte duração, sendo vitalícia apenas se o pensionista tiver 44 anos de idade no dia da morte: 1) 3 (três) anos, com menos de 21 (vinte e um) anos de idade; 2) 6 (seis) anos, entre 21 (vinte e um) e 26 (vinte e seis) anos de idade; 3) 10 (dez) anos, entre 27 (vinte e sete) e 29 (vinte e nove) anos de idade; 4) 15 (quinze) anos, entre 30 (trinta) e 40 (quarenta) anos de idade; 5) 20 (vinte) anos, entre 41 (quarenta e um) e 43 (quarenta e três) anos de idade; 6) vitalícia, com 44 (quarenta e quatro) ou mais anos de idade **(regra geral).** |
| **Regra 3** | Se o óbito decorrer de acidente de qualquer natureza ou de doença profissional ou do trabalho, mesmo que não haja 2 anos de casamento ou união estável ou não tenham sido recolhidas 18 (dezoito) contribuições mensais pelo segurado até o dia da morte, a pensão terá a seguinte duração, sendo vitalícia apenas se o pensionista tiver 44 anos de idade no dia da morte: 1) 3 (três) anos, com menos de 21 (vinte e um) anos de idade; 2) 6 (seis) anos, entre 21 (vinte e um) e 26 (vinte e seis) anos de idade; 3) 10 (dez) anos, entre 27 (vinte e sete) e 29 (vinte e nove) anos de idade; 4) 15 (quinze) anos, entre 30 (trinta) e 40 (quarenta) anos de idade; 5) 20 (vinte) anos, entre 41 (quarenta e um) e 43 (quarenta e três) anos de idade; 6) vitalícia, com 44 (quarenta e quatro) ou mais anos de idade. Logo, neste caso especial, a pensão não durará apenas 4 meses **(regra especial).** |
| **Regra 4** | Para o pensionista inválido ou com deficiência, a pensão por morte apenas será cancelada pela cessação da invalidez ou pelo afastamento da deficiência. Se não houver recuperação do pensionista, portanto, será vitalícia, mesmo que o segurado não tenha vertido 18 (dezoito) contribuições mensais ou se o casamento ou a união estável tiverem menos de 2 (dois) anos antes do óbito do segurado. Caso o pensionista inválido ou deficiente se recupere, serão respeitados, ao menos, os prazos anteriores apresentados **(regra especial).** |

Tivemos entre 2015 e 2020 uma elevação na expectativa de sobrevida ao nascer que atingiu 1,7 ano:

- Tábua do IBGE publicada em 01/12/2014 (referente ao de 2013) que vigorava quando do advento da Lei 13.135/2015: expectativa de sobrevida do brasileiro ao nascer em **74,9 ANOS.**

- Tábua do IBGE publicada em 01/12/2020 (referente ao ano de 2019) quando do advento da Portaria ME 424/2020: expectativa de sobrevida do brasileiro ao nascer em **76,6 ANOS.**

**Nesse sentido, PARA ÓBITOS OCORRIDOS A PARTIR DE 1/1/2021, as faixas etárias foram elevadas em 1 ano pela Portaria ME 424, de 29/12/2020:**

**"PORTARIA ME Nº 424, DE 29 DE DEZEMBRO DE 2020**

Fixa as novas idades de que tratam a alínea "b" do inciso VII do art. 222 da Lei nº 8.112, de 11 de dezembro de 1990, e a alínea "c" do inciso V do § 2º do art. 77 da Lei nº 8.213, de 24 de julho de 1991.

O MINISTRO DE ESTADO DA ECONOMIA, SUBSTITUTO, no uso da atribuição que lhe foi conferida pelo § 3º do art. 222 da Lei nº 8.112, de 11 de dezembro de 1990, e pelo § 2º-B do art. 77 da Lei nº 8.213, de 24 de julho de 1991, resolve:

Art. 1º O direito à percepção de cada cota individual da pensão por morte, nas hipóteses de que tratam a alínea "b" do inciso VII do art. 222 da Lei nº 8.112, de 11 de dezembro de 1990, e a alínea "c" do inciso V do § 2º do art. 77 da Lei nº 8.213, de 24 de julho de 1991, cessará, para o cônjuge ou companheiro, com o transcurso dos seguintes períodos, estabelecidos de acordo com a idade do beneficiário na data de óbito do segurado, se o óbito ocorrer depois de vertidas dezoito contribuições mensais e pelo menos dois anos após o início do casamento ou da união estável:

**I – três anos, com menos de vinte e dois anos de idade;**

**II – seis anos, entre vinte e dois e vinte e sete anos de idade;**

**III – dez anos, entre vinte e oito e trinta anos de idade;**

**IV – quinze anos, entre trinta e um e quarenta e um anos de idade;**

**V – vinte anos, entre quarenta e dois e quarenta e quatro anos de idade;**

**VI – vitalícia, com quarenta e cinco ou mais anos de idade.**

**Art. 2º Esta Portaria entra em vigor em 1º de janeiro de 2021".**

Logo, para fins de cumprimento da regra do **artigo 77, §2º-B, da Lei 8.213/91**, houve uma elevação de 1,7 ano na expectativa de sobrevida do brasileiro ao nascer comparado as tábuas do IBGE em vigor na data de publicação da Lei 13.135/2018 e da Portaria ME 424/2020.

Dessa forma, a concessão de pensão por morte vitalícia aos cônjuges e companheiros para a exigir deste a idade mínima de 45 anos de idade do dia do óbito do segurado, para as mortes ocorridas as partir do ano de 2021, conservando a idade de 44 anos apenas para os óbitos até 31/12/2020.

Curioso notar que é possível que no final de 2021 essa portaria precise ser revista para que as faixas anteriores sejam restabelecidas. É que as lamentáveis milhares de mortes por COVID-19 irão afetar a tábua a ser publicada em 01/12/2021, que considerada o ano de 2020.

Isso se a atual expectativa de sobrevida ao nascer, que é de 77,6 anos, caia para menos de 75,9 anos, pois a expectativa de sobrevida que vigorava na vigência da Lei 13.135/2015 era de 74,9 anos e a elevação da idade em um ano nas faixas exige que "se verifique o incremento mínimo de um ano inteiro na média nacional única, para ambos os sexos, correspondente à expectativa de sobrevida da população brasileira ao nascer", nos termos do artigo 77, §2º-B, da Lei 8.213/91, preservadas as faixas mínimas fixadas no citado artigo.

Dessa forma, **para óbitos a contar de 1/1/2021**, deve ser aplicada a seguinte tabela:

| | |
|---|---|
| **Regra 1** | Se o óbito ocorrer sem que o segurado tenha vertido 18 (dezoito) contribuições mensais ou se o casamento ou a união estável tiverem sido iniciados em menos de 2 (dois) anos antes do óbito do segurado, a pensão por morte será paga por apenas 4 (quatro) meses (regra geral). |
| **Regra 2** | Se o óbito ocorrer depois de vertidas 18 (dezoito) contribuições mensais e pelo menos 2 (dois) anos após o início do casamento ou da união estável, a pensão terá a seguinte duração, sendo vitalícia apenas se o pensionista tiver 44 anos de idade no dia da morte: 1) 3 (três) anos, com menos de 22 (vinte e dois) anos de idade; 2) 6 (seis) anos, entre 22 (vinte e dois) anos e 27 (vinte e sete) anos de idade; 3) 10 (dez) anos, entre 28 (vinte e oito) e 30 (trinta) anos de idade; 4) 15 (quinze) anos, entre 31 (trinta e um) e 41 (quarenta e um) anos de idade; 5) 20 (vinte) anos, entre 42 (quarenta e dois) e 44 (quarenta e quatro) anos de idade; 6) vitalícia, com 45 (quarenta e cinco) ou mais anos de idade (regra geral). |
| **Regra 3** | Se o óbito decorrer de acidente de qualquer natureza ou de doença profissional ou do trabalho, mesmo que não haja 2 anos de casamento ou união estável ou não tenham sido recolhidas 18 (dezoito) contribuições mensais pelo segurado até o dia da morte, a pensão terá a seguinte duração, sendo vitalícia apenas se o pensionista tiver 45 anos de idade no dia da morte: 1) 3 (três) anos, com menos de 22 (vinte e dois) anos de idade; 2) 6 (seis) anos, entre 22 (vinte e dois) anos e 27 (vinte e sete) anos de idade; 3) 10 (dez) anos, entre 28 (vinte e oito) e 30 (trinta) anos de idade; 4) 15 (quinze) anos, entre 31 (trinta e um) e 41 (quarenta e um) anos de idade; 5) 20 (vinte) anos, entre 42 (quarenta e dois) e 44 (quarenta e quatro) anos de idade; 6) vitalícia, com 45 (quarenta e cinco) ou mais anos de idade. Logo, neste caso especial, a pensão não durará apenas 4 meses (regra especial). |
| **Regra 4** | Para o pensionista inválido ou com deficiência, a pensão por morte apenas será cancelada pela cessação da invalidez ou pelo afastamento da deficiência. Se não houver recuperação do pensionista, portanto, será vitalícia, mesmo que o |

| | |
|---|---|
| **Regra 4** | segurado não tenha vertido 18 (dezoito) contribuições mensais ou se o casamento ou a união estável tiverem menos de 2 (dois) anos antes do óbito do segurado. Caso o pensionista inválido ou deficiente se recupere, serão respeitados, ao menos, os prazos anteriores apresentados (regra especial). |

Dessa forma, a regra geral da pensão vitalícia de cônjuges e companheiros passa dos 44 para os 45 anos de idade para óbitos a contar de 1/1/2021.

Conforme visto, uma importante novidade surgiu com o advento da Lei 13.846/2019 (art. 76, § 3º, da Lei 8.213/91). É que, na hipótese de o segurado falecido estar, na data de seu falecimento, obrigado por determinação judicial a pagar alimentos temporários a ex-cônjuge, ex-companheiro ou ex-companheira, a pensão por morte será devida pelo prazo remanescente na data do óbito, caso não incida outra hipótese de cancelamento anterior do benefício" (para óbitos a partir de 18/1/2019).

Dessa forma, na hipótese de sentença do juiz estadual que fixou alimentos de família com caráter temporário para cônjuges e companheiros, o período de pagamento da pensão por morte não ultrapassará o lapso final fixado na aludida decisão judicial, podendo ser cessada antes por outra causa de cancelamento do benefício.

Por outro lado, para os óbitos ocorridos até 17/1/2018, essa regra não será aplicável, pois o regime jurídico do benefício é formado pela lei em vigor no dia da morte do segurado.

Eis as confusas regras do artigo 77, §§ 2º e 2º-A, da Lei 8.213/91, com redação dada pela Lei 13.135/2015, que foram decifradas na tabela acima:

> § 2º O direito à percepção de cada cota individual cessará: (Redação dada pela Lei nº 13.135, de 2015)
>
> I – pela morte do pensionista;
>
> II – para o filho, a pessoa a ele equiparada ou o irmão, de ambos os sexos, ao completar vinte e um anos de idade, salvo se for inválido ou tiver deficiência intelectual ou mental ou deficiência grave; (*redação dada pela Lei 13.183/2015*)
>
> III – para filho ou irmão inválido, pela cessação da invalidez; (Redação dada pela Lei nº 13.135, de 2015)
>
> IV – pelo decurso do prazo de recebimento de pensão pelo cônjuge, companheiro ou companheira, nos termos do § 5º. (Incluído pela Medida Provisória nº 664, de 2014) (Vigência) (Vide Lei nº 13.135, de 2015)
>
> V – para cônjuge ou companheiro: (Incluído pela Lei nº 13.135, de 2015)
>
> a) se inválido ou com deficiência, pela cessação da invalidez ou pelo afastamento da deficiência, respeitados os períodos mínimos decorrentes da aplicação das alíneas "b" e "c"; (Incluído pela Lei nº 13.135, de 2015)
>
> b) em 4 (quatro) meses, se o óbito ocorrer sem que o segurado tenha vertido 18 (dezoito) contribuições mensais ou se o casamento ou a união estável tiverem sido iniciados em menos de 2 (dois) anos antes do óbito do segurado; (Incluído pela Lei nº 13.135, de 2015)
>
> c) transcorridos os seguintes períodos, estabelecidos de acordo com a idade do beneficiário na data de óbito do segurado, se o óbito ocorrer depois de vertidas 18 (dezoito) contribuições mensais e pelo menos 2 (dois) anos após o início do casamento ou da união estável: (Incluído pela Lei nº 13.135, de 2015)
>
> 1) 3 (três) anos, com menos de 21 (vinte e um) anos de idade; (Incluído pela Lei nº 13.135, de 2015)
>
> 2) 6 (seis) anos, entre 21 (vinte e um) e 26 (vinte e seis) anos de idade; (Incluído pela Lei nº 13.135, de 2015)
>
> 3) 10 (dez) anos, entre 27 (vinte e sete) e 29 (vinte e nove) anos de idade; (Incluído pela Lei nº 13.135, de 2015)
>
> 4) 15 (quinze) anos, entre 30 (trinta) e 40 (quarenta) anos de idade; (Incluído pela Lei nº 13.135, de 2015)
>
> 5) 20 (vinte) anos, entre 41 (quarenta e um) e 43 (quarenta e três) anos de idade; (Incluído pela Lei nº 13.135, de 2015)
>
> 6) vitalícia, com 44 (quarenta e quatro) ou mais anos de idade. (Incluído pela Lei nº 13.135, de 2015)
>
> § 2º-A. Serão aplicados, conforme o caso, a regra contida na alínea "a" ou os prazos previstos na alínea "c", ambas do inciso V do § 2º, se o óbito do segurado decorrer de acidente de qualquer natureza ou de doença profissional ou do trabalho, independentemente do recolhimento de 18 (dezoito) contribuições mensais ou da comprovação de 2 (dois) anos de casamento ou de união estável".

Uma questão tormentosa é a delimitação do conceito de acidente de qualquer natureza, pois neste caso restará afastada a faixa de 4 meses de pagamento da pensão por morte temporária para cônjuges e companheiros, mesmo que o matrimônio/união não tenha durado dois anos até a morte ou não tenham sido vertidas 18 contribuições previdenciárias até o dia que o segurado "abotoou o paletó".

Teremos que construir uma definição à luz do bom senso e do artigo 30 do Decreto 3.048/99:

> § 1º Entende-se como acidente de qualquer natureza ou causa aquele de origem traumática e por exposição a agentes exógenos, físicos, químicos ou biológicos, que acarrete lesão corporal ou perturbação funcional que cause a morte ou a perda ou a redução permanente ou temporária da capacidade laborativa. (Incluído pelo Decreto nº 10.410, de 2020)

Logo, a definição considera dois elementos cumulativos à configuração do acidente de qualquer natureza:

a) acidente com origem traumática;
b) Acidente decorrente de fatores externos (exógenos).

Evidente que o acidente é um acontecimento inesperado ou fortuito, que é danoso ao segurado da previdência social, pois poderá causar lesões com incapacitação ou mesmo a morte em casos mais graves.

**Daí que um segurado que recebeu um tiro de arma de fogo durante um assalto ou mesmo uma "bala perdida" e vem a óbito nos parece caracterizado um acidente de qualquer natureza. Isso porque a morte decorreu de um trauma exógeno, imprevisível e prejudicial ao segurado.**

Logo, é acertada a seguinte decisão da TNU (Informativo 27/2018):

> **PUIL n. 0508762-27.2016.4.05.8013/AL – "Fixada a tese no sentido de que a morte do segurado instituidor da pensão, vítima do crime de homicídio, caracteriza acidente de qualquer natureza para os fins do 77, § 2º-A, da LBPS, na redação que lhe foi conferida pela Lei n. 13.135/15".**

De acordo com o entendimento da Previdência Social, se a data do requerimento do benefício do cônjuge/companheiro(a) for posterior ao prazo final de duração da pensão por morte/auxílio-reclusão (04 meses ou 03, 06, 10, 15 ou 20 anos, conforme o caso), não fará jus ao benefício, em razão do início do pagamento ser fixado na data de entrada do requerimento, conforme inciso II do art. 74 da Lei nº 8.213/1991 e, consequentemente, posterior à data da cessação da cota/benefício (ressalvado o direito do incapaz), reputando-se correta esta posição do INSS.

Destarte, suponha-se que um segurado faleceu em 1º de dezembro de 2015 e que possui uma esposa que não é inválida ou deficiente com apenas um ano de casamento, não tendo morte sido decorrente de acidente ou de doença ocupacional. Neste caso, a pensão por morte terá duração de apenas quatro meses.

Acaso a viúva requeira o benefício após quatro meses do óbito, nada irá receber a título de pensão por morte, pois na data do requerimento administrativo já restará vendido o prazo de duração do benefício.

Outro aspecto complexo a ser analisado é o direito intertemporal. Isso porque a lei aplicável à pensão por morte será aquela em vigor no dia do óbito. Logo, para a prática previdenciária não basta estudar a lei em vigor na atualidade, pois é curial tratar a morte com a lei que vigorava no dia da sua ocorrência.

**Não deverá ser admitida a retroação da Lei 13.135/2015 em prejuízo do dependente por ofensa à Constituição, bem como não se admite a incidência de regras da Lei 13.135/2015 anteriores à vigência da MP 664/2014 prejudiciais ao segurado ou seu dependente:**

Com base no exposto, acredita-se que seja correto se adotar os seguintes regimes jurídicos intertemporais:

|  |  |
|---|---|
| **Regime antigo**<br>**Óbitos até 13/01/2015** | – Pensão por morte vitalícia para cônjuge ou companheiro, independentemente do tempo de casamento ou de união estável ou do tempo de contribuição do segurado. |
| **Regime híbrido 1**<br>**Óbitos entre 14/01/2015 e 28/02/2015** | – Exigência de tempo mínimo de casamento ou união estável de 2 anos no dia do óbito a fim de que a pensão por morte não se limite a 4 meses, salvo se o óbito do segurado decorrer de acidente de qualquer natureza ou de doença profissional ou do trabalho ou se o cônjuge ou companheiro for inválido. |
| **Regime híbrido 2**<br>**Óbitos entre 01/03/2015 e 17/06/2015** | – Exigência de tempo mínimo de casamento ou união estável de 2 anos no dia do óbito a fim de que a pensão por morte não se limite a 4 meses, salvo se o óbito do segurado decorrer de acidente de qualquer natureza ou de doença profissional ou do trabalho ou se o cônjuge ou companheiro for inválido.<br>– Em havendo tempo mínimo de casamento ou união estável de 2 anos no dia do óbito, a pensão por morte terá a seguinte duração, sendo vitalícia se o pensionista tiver 44 anos de idade no dia da morte: 1) 3 (três) anos, com menos de 21 (vinte e um) anos de idade; 2) 6 (seis) anos, entre 21 (vinte e um) e 26 (vinte e seis) anos de idade; 3) 10 (dez) anos, entre 27 (vinte e sete) e 29 (vinte e nove) anos de idade; 4) 15 (quinze) anos, entre 30 (trinta) e 40 (quarenta) anos de idade; 5) 20 (vinte) anos, entre 41 (quarenta e um) e 43 (quarenta e três) anos de idade; 6) vitalícia, com 44 (quarenta e quatro) ou mais anos de idade. |
| **Regime novo**<br>**Óbitos a partir de 18/06/2015** | – Exigência de tempo mínimo de casamento ou união estável de 2 anos no dia do óbito **e de 18 contribuições** pagas a fim de que a pensão por morte não se limite a 4 meses, salvo se o óbito do segurado decorrer de acidente de qualquer natureza ou de doença profissional ou do trabalho ou se o cônjuge ou companheiro for inválido.<br>– Em havendo tempo mínimo de casamento ou união estável de 2 anos no dia do óbito **e de 18 contribuições pagas**, a pensão por morte terá a seguinte duração, sendo vitalícia se o pensionista tiver 44 anos de idade no dia da morte: 1) 3 (três) anos, com menos de 21 (vinte e um) anos de idade; 2) 6 (seis) anos, entre 21 (vinte e um) e 26 (vinte e seis) anos de idade; 3) 10 (dez) anos, entre 27 (vinte e sete) e 29 (vinte e nove) anos de idade; 4) 15 (quinze) anos, entre 30 (trinta) e 40 (quarenta) anos de idade; 5) 20 (vinte) anos, entre 41 (quarenta e um) e 43 (quarenta e três) anos de idade; 6) vitalícia, com 44 (quarenta e quatro) ou mais anos de idade. |

Note-se que, diferentemente do entendimento da Previdência Social, entende-se que a exigência das 18 contribuições mensais, por ser inovação da Lei 13.183/2015, não poderá retroagir, somente sendo válida para os óbitos ocorridos a contar da sua vigência em 18 de junho de 2015.

Ademais, sustenta o autor que como a pensão por morte temporária por faixa etária somente entrou em vigor em 1º de março de 2015, conforme previsto na MP 664/2014, não poderia a interpretação administrativa fazer a sua antecipação para 14/1/2015, pois é uma retroação prejudicial que atenta contra a Constituição Federal, haja vista que nova lei vai retroagir à data da MP 664 para prejudicar o dependente, violando o Princípio do *Tempus Regit Actum*.

Isso porque a retroação prevista no artigo 5º, da Lei 13.135/2015, para ser válida, somente poderá ser benéfica, não podendo, outrossim, anteceder à vigência da MP 664/2014.

**IMPORTANTE:**

Sucede que a Reforma Constitucional inseriu o § 14 no artigo 195 da Constituição, que passou a prever que "o segurado somente terá reconhecida como tempo de contribuição ao Regime Geral de Previdência Social a competência cuja contribuição seja igual ou superior à contribuição mínima mensal exigida para sua categoria, assegurado o agrupamento de contribuições".

Evidente que esta nova regra demanda regulamentação para surtir efeitos, pois não há elementos para a sua aplicação antes da regulamentação por lei federal.

Por certo, a ideia é não gerar efeitos previdenciários para todos os segurados quando o salário de contribuição mensal for inferior a um salário mínimo (não se aplica ao segurado especial, que recolhe sem piso sobre produção rural), devendo ocorrer complementação para tanto.

Até lá será aplicada a regra de transição contida no artigo 29 da Emenda 103/2019:

> Art. 29. Até que entre em vigor lei que disponha sobre o § 14 do art. 195 da Constituição Federal, o segurado que, no somatório de remunerações auferidas no período de um mês receber remuneração **inferior ao limite mínimo mensal do salário de contribuição**, PODERÁ:
>
> I – complementar a sua contribuição, de forma a alcançar o limite mínimo exigido;
>
> II – utilizar o valor da contribuição que exceder o limite mínimo de contribuição de uma competência em outra; ou
>
> III – agrupar contribuições inferiores ao limite mínimo de diferentes competências, para aproveitamento em contribuições mínimas mensais.
>
> Parágrafo único. Os ajustes de complementação ou agrupamento de contribuições previstos nos incisos I, II e III do caput somente poderão ser feitos ao **longo do mesmo ano civil.**

A regra de transição não restringe, de modo que vai se aplicar a todos os segurados que contribuem sobre o salário de contribuição (inclusive empregados, trabalhadores avulsos e empregados domésticos) a partir da vigência da reforma constitucional.

Interessante notar que, além da complementação da contribuição sobre o valor mínimo, passou a ser permitido o agrupamento de contribuições de competências distintas para se atingir o limite mínimo, desde que no mesmo ano civil dos recolhimentos.

Assim, agrupamento ou complementação de contribuições referentes ao ano de 2020 não poderão ser efetuadas a partir de 2021, mas apenas até 31/12/2020.

Um pecado da regra de transição é que não trata dos benefícios não programados (auxílio-doença, aposentadoria por incapacidade permanente, pensão por morte e auxílio-reclusão) e do salário-maternidade.

Dessa forma, o texto abre brecha para complementações após a incapacidade, óbito, prisão em regime fechado ou parto/adoção, desde que feitos dentro do mesmo ano civil, o que atenta contra a razão de ser do seguro social, podendo ser corrigido por norma infraconstitucional.

Nesse sentido, o próprio Regulamento da Previdência Social alterado pelo Decreto 10.410/2020 no artigo 19-E, § 7º, permitiu a complementação post mortem até o dia 15 de janeiro do ano subsequente ao óbito:

> "Art. 19-E. A partir de 13 de novembro de 2019, para fins de aquisição e manutenção da qualidade de segurado, de carência, de tempo de contribuição e de cálculo do salário de benefício exigidos para o reconhecimento do direito aos benefícios do RGPS e para fins de contagem recíproca, somente serão consideradas as competências cujo salário de contribuição seja igual ou superior ao limite mínimo mensal do salário de contribuição. (Incluído pelo Decreto nº 10.410, de 2020)
>
> § 1º Para fins do disposto no caput, ao segurado que, no somatório de remunerações auferidas no período de um mês, receber remuneração inferior ao limite mínimo mensal do salário de contribuição será assegurado: (Incluído pelo Decreto nº 10.410, de 2020)
>
> I – complementar a contribuição das competências, de forma a alcançar o limite mínimo do salário de contribuição exigido; (Incluído pelo Decreto nº 10.410, de 2020)
>
> II – utilizar o excedente do salário de contribuição superior ao limite mínimo de uma competência para completar o salário de contribuição de outra competência até atingir o limite mínimo; ou (Incluído pelo Decreto nº 10.410, de 2020)
>
> III – agrupar os salários de contribuição inferiores ao limite mínimo de diferentes competências para

aproveitamento em uma ou mais competências até que estas atinjam o limite mínimo. (Incluído pelo Decreto nº 10.410, de 2020)

§ 2º Os ajustes de complementação, utilização e agrupamento previstos no § 1º poderão ser efetivados, a qualquer tempo, por iniciativa do segurado, hipótese em que se tornarão irreversíveis e irrenunciáveis após processados. (Incluído pelo Decreto nº 10.410, de 2020)

§ 3º A complementação de que trata o inciso I do § 1º poderá ser recolhida até o dia quinze do mês subsequente ao da prestação do serviço e, a partir dessa data, com os acréscimos previstos no art. 35 da Lei nº 8.212, de 1991. (Incluído pelo Decreto nº 10.410, de 2020)

§ 4º Os ajustes de que tratam os incisos II e III do § 1º serão efetuados na forma indicada ou autorizada pelo segurado, desde que utilizadas as competências do mesmo ano civil definido no art. 181-E, em conformidade com o disposto nos § 27-A ao § 27-D do art. 216. (Incluído pelo Decreto nº 10.410, de 2020)

§ 5º A efetivação do ajuste previsto no inciso III do § 1º não impede o recolhimento da contribuição referente à competência que tenha o salário de contribuição transferido, em todo ou em parte, para agrupamento com outra competência a fim de atingir o limite mínimo mensal do salário de contribuição. (Incluído pelo Decreto nº 10.410, de 2020)

§ 6º Para complementação ou recolhimento da competência que tenha o salário de contribuição transferido, em todo ou em parte, na forma prevista no § 5º, será observado o disposto no § 3º. (Incluído pelo Decreto nº 10.410, de 2020)

§ 7º **Na hipótese de falecimento do segurado, os ajustes previstos no § 1º poderão ser solicitados por seus dependentes para fins de reconhecimento de direito para benefício a eles devidos até o dia quinze do mês de janeiro subsequente ao do ano civil correspondente, observado o disposto no § 4º.** (Incluído pelo Decreto nº 10.410, de 2020)"

Até o advento da EC 103/2019, foi dito anteriormente que a renda mensal inicial da pensão por morte é no mesmo valor da aposentadoria percebida pelo segurado ou, se ativo, no montante da aposentadoria por invalidez que teria direito (100% do salário de benefício).

Mas nem sempre a pensão por morte era paga no valor integral no RGPS, sendo inovação da Lei 9.032/95, que alterou a redação do artigo 75, da Lei 8.213/91.

Na vigência da Lei 3.807/60 (Lei Orgânica da Previdência Social), o valor básico era 50% do valor da aposentadoria que o segurado percebia ou daquela a que teria direito se na data do seu falecimento fosse aposentado, e mais tantas parcelas iguais, cada uma, a 10% do valor da mesma aposentadoria quantos forem os dependentes do segurado, até o máximo de cinco.

Posteriormente, o originário artigo 75, da Lei 8.213/91, previu o valor da pensão por morte em 80% do valor da aposentadoria que o segurado recebia ou teria direito, mais 10% por dependente, até o máximo de 100%, exceto no que concerne ao falecimento decorrente de acidente de trabalho, cujo pagamento era integral.

Por conseguinte, os pensionistas que não recebiam a pensão por morte integral, pois com data de início anterior à vigência da Lei 9.032/95, começaram a propor as respectivas ações judiciais revisionais, tendo em conta o indeferimento administrativo perpetrado pelo INSS.

A jurisprudência se posicionava pacificamente pela possibilidade de revisão, inclusive o STJ. Mas o tratamento do tema mudou drasticamente com o posicionamento do STF, que acolheu os argumentos do INSS, que sustentava a impossibilidade jurídica da revisão, pois inexistente prévia fonte de custeio para a majoração, devendo também prevalecer o Princípio do *Tempus Regit Actum*, no julgamento do RE 415.454[62]:

"EMENTA: RECURSO EXTRAORDINÁRIO. INTERPOSTO PELO INSTITUTO NACIONAL DO SEGURO SOCIAL (INSS), COM FUNDAMENTO NO ART. 102, III, "A", DA CONSTITUIÇÃO FEDERAL, EM FACE DE ACÓRDÃO DE TURMA RECURSAL DOS JUIZADOS ESPECIAIS FEDERAIS. BENEFÍCIO PREVIDENCIÁRIO: PENSÃO POR MORTE (LEI Nº 9.032, DE 28 DE ABRIL DE 1995). 1. No caso concreto, a recorrida é pensionista do INSS desde 04/10/1994, recebendo através do benefício nº 055.419.615-8, aproximadamente o valor de R$ 948,68. Acórdão recorrido que determinou a revisão do benefício de pensão por morte, com efeitos financeiros correspondentes à integralidade do salário de benefícios da previdência geral, a partir da vigência da Lei nº 9.032/1995. 2. Concessão do referido benefício ocorrida em momento anterior à edição da Lei nº 9.032/1995. No caso concreto, ao momento da concessão, incidia a Lei nº 8.213, de 24 de julho de 1991. 3. Pedido de intervenção anômala formulado pela União Federal nos termos do art. 5º, caput e parágrafo único da Lei nº 9.469/1997. Pleito deferido monocraticamente por ocorrência, na espécie, de potencial efeito econômico para a peticionária (DJ 2.9.2005). 4. O recorrente (INSS) alegou: i) suposta violação ao art. 5º, XXXVI, da CF (ofensa ao ato jurídico perfeito e ao direito adquirido); e ii) desrespeito ao disposto no art. 195, § 5º, da CF (impossibilidade de majoração de benefício da seguridade social sem a correspondente indicação legislativa da fonte de custeio total). 5. Análise do prequestionamento do recurso: os dispositivos tidos por violados foram objeto de adequado prequestionamento. Recurso Extraordinário conhecido. 6. Referência a acórdãos e decisões monocráticas proferidos quanto ao tema perante o STF: RE (AgR) no 414.735/SC, 1ª Turma, unânime, Rel. Min. Eros Grau, DJ 29.4.2005; RE no 418.634/SC, Rel. Min. Cezar Peluso, decisão monocrática, DJ 15.4.2005; e RE no 451.244/SC, Rel. Min. Marco Aurélio, decisão

**62.** O mesmo posicionamento foi tomado conjuntamente no RE 416.827.

monocrática, DJ 8.4.2005. 7. Evolução do tratamento legislativo do benefício da pensão por morte desde a promulgação da CF/1988: arts. 201 e 202 na redação original da Constituição, edição da Lei nº 8.213/1991 (art. 75), alteração da redação do art. 75 pela Lei nº 9.032/1995, alteração redacional realizada pela Emenda Constitucional no 20, de 15 de dezembro de 1998. 8. Levantamento da jurisprudência do STF quanto à aplicação da lei previdenciária no tempo. Consagração da aplicação do princípio tempus regit actum quanto ao momento de referência para a concessão de benefícios nas relações previdenciárias. Precedentes citados: RE no 258.570/RS, 1ª Turma, unânime, Rel. Min. Moreira Alves, DJ 19.4.2002; RE (AgR) no 269.407/RS, 2ª Turma, unânime, Rel. Min. Carlos Velloso, DJ 2.8.2002; RE (AgR) no 310.159/RS, 2ª Turma, unânime, Rel. Min. Gilmar Mendes, DJ 6.8.2004; e MS no 24.958/DF, Pleno, unânime, Rel. Min. Marco Aurélio, DJ 1º.4.2005. 9. **Na espécie, ao reconhecer a configuração de direito adquirido, o acórdão recorrido violou frontalmente a Constituição, fazendo má aplicação dessa garantia (CF, art. 5º, XXXVI), conforme consolidado por esta Corte em diversos julgados**: RE no 226.855/RS, Plenário, maioria, Rel. Min. Moreira Alves, DJ 13.10.2000; RE no 206.048/RS, Plenário, maioria, Rel. Min. Marco Aurélio, Red. p/ acórdão Min. Nelson Jobim, DJ 19.10.2001; RE no 298.695/SP, Plenário, maioria, Rel. Min. Sepúlveda Pertence, DJ 24.10.2003; AI (AgR) no 450.268/MG, 1ª Turma, unânime, Rel. Min. Sepúlveda Pertence, DJ 27.5.2005; RE (AgR) no 287.261/MG, 2ª Turma, unânime, Rel. Min. Ellen Gracie, DJ 26.8.2005; e RE no 141.190/SP, Plenário, unânime, Rel. Ilmar Galvão, DJ 26.5.2006. 10. **De igual modo, ao estender a aplicação dos novos critérios de cálculo a todos os beneficiários sob o regime das leis anteriores, o acórdão recorrido negligenciou a imposição constitucional de que lei que majora benefício previdenciário deve, necessariamente e de modo expresso, indicar a fonte de custeio total (CF, art. 195, § 5º)**. Precedente citado: RE no 92.312/SP, 2ª Turma, unânime, Rel. Min. Moreira Alves, julgado em 11.4.1980. 11. Na espécie, o benefício da pensão por morte configura-se como direito previdenciário de perfil institucional cuja garantia corresponde à manutenção do valor real do benefício, conforme os critérios definidos em lei (CF, art. 201, § 4º). 12. **Ausência de violação ao princípio da isonomia (CF, art. 5º, caput) porque, na espécie, a exigência constitucional de prévia estipulação da fonte de custeio total consiste em exigência operacional do sistema previdenciário que, dada a realidade atuarial disponível, não pode ser simplesmente ignorada**. 13. **O cumprimento das políticas públicas previdenciárias, exatamente por estar calcado no princípio da solidariedade (CF, art. 3º, I), deve ter como fundamento o fato de que não é possível dissociar as bases contributivas de arrecadação da prévia indicação legislativa da dotação orçamentária exigida (CF, art. 195, § 5º)**. Precedente citado: julgamento conjunto das ADI´s no 3.105/DF e 3.128/DF, Rel. Min. Ellen Gracie, Red. p/ o acórdão, Min. Cezar Peluso, Plenário, maioria, DJ 18.2.2005. 14. Considerada a atuação da autarquia recorrente, aplica-se também o princípio da preservação do equilíbrio financeiro e atuarial (CF, art. 201, caput), o qual se demonstra em consonância com os princípios norteadores da Administração Pública (CF, art. 37). 15. **Salvo disposição legislativa expressa e que atenda à prévia indicação da fonte de custeio total, o benefício previdenciário deve ser calculado na forma prevista na legislação vigente à data da sua concessão**. A Lei nº 9.032/1995 somente pode ser aplicada às concessões ocorridas a partir de sua entrada em vigor. 16. No caso em apreço, aplica-se o teor do art 75 da Lei 8.213/1991 em sua redação ao momento da concessão do benefício à recorrida. 17. Recurso conhecido e provido para reformar o acórdão recorrido" (g.n.).

**Assim, a posição firmada pelo STF é pela ausência de direito dos dependentes dos segurados de revisar as pensões por morte concedidas antes da Lei 9.032/95.**

| QUADRO SINTÉTICO – PENSÃO POR MORTE | |
|---|---|
| **Cabimento** | Óbito do segurado da Previdência Social que deixar dependentes. |
| **Beneficiários** | Os dependentes, observada a ordem preferencial das classes do artigo 16, da Lei 8.213/91, ressaltando que a classe I tem presunção de dependência econômica. |
| **Carência** | Dispensada. |
| **Valor** | Em regra, 60%, 70%, 80%, 90% ou 100% da aposentadoria recebida pelo falecido ou da aposentadoria por incapacidade que o falecido teria direito, se morreu sem estar aposentado.<br>No caso de dependente inválido, com deficiência mental, intelectual ou grave, 100% da aposentadoria recebida pelo segurado ou daquela a que teria direito se fossem aposentados por incapacidade permanente na data do óbito, até o limite máximo de benefícios do Regime Geral de Previdência Social. |
| **Outras informações:** | **a)** A condição de dependente será aferida no momento do óbito, e não posteriormente.<br>**b)** Será devida do óbito, quando requerida em até cento e oitenta dias após o óbito, para os filhos menores de dezesseis anos, ou em até noventa dias após o óbito, para os demais dependente.<br>**c)** Havendo mais de um dependente da mesma classe, será dividida em partes iguais, excluídos os da classe inferior. |

| QUADRO SINTÉTICO – PENSÃO POR MORTE | |
|---|---|
| **Outras informações:** | **d)** Com a morte, a cessação da invalidez, a emancipação ou a maioridade, a cota da pensão será revertida para o outro dependente, não se transmitindo para os dependentes de classe inferior.<br>**e)** *Súmula 340, STJ*: A lei aplicável à concessão de pensão previdenciária por morte é aquela vigente na data do óbito do segurado.<br>**f)** *Súmula 336, STJ*: A mulher que renunciou aos alimentos na separação judicial tem direito à pensão previdenciária por morte do ex-marido, comprovada a necessidade econômica superveniente.<br>**g)** *Súmula 416, STJ*– É devida a pensão por morte aos dependentes do segurado que, apesar de ter perdido essa qualidade, preencheu os requisitos legais para a obtenção de aposentadoria até a data do seu óbito. |

## 10.1. Cálculos

O estudo de caso a seguir, trata-se de uma pensão por morte em que o instituidor estava empregado na data do óbito, ocorrido em **04/05/2020**, devido a complicações da Covid-19, fazendo parte das estatísticas de quase 146.000 mortos pela doença no país até o dia 02/10/2020. A pensão por morte foi requerida em **03/06/2020**. Seguem as informações de vínculos empregatícios e dependentes.

**VÍNCULOS EMPREGATÍCIOS DO INSTITUIDOR**

EMPRESA: **INDÚSTRIA COSME E DAMIÃO LTDA.**
FUNCIONÁRIO: **CÁSSIO DA SILVA SAURO**
DATA DE NASCIMENTO: **10/01/1994**
DATA DE ADMISSÃO: **01/10/2015**
DATA DO ÓBITO: **04/05/2020**
DATA DE INÍCIO DO BENEFÍCIO: **04/05/2020**
SALÁRIO CONTRATUAL: **R$ 1.800,00**
DATA-BASE: **dezembro**

| Reajustes Salariais | | Teto Previdenciário |
|---|---|---|
| **Mês** | **Valor** | |
| dez/15 | 1.970,00 | 4.663,75 |
| dez/16 | 2.100,00 | 5.189,82 |
| dez/17 | 2.350,00 | 5.531,31 |
| dez/18 | 2.500,00 | 5.645,80 |
| dez/19 | 2.800,00 | 5.839,45 |

| DEPENDENTES | | | | |
|---|---|---|---|---|
| **Nome** | **Qualificação** | **Data de nascimento** | **Idade em anos** | **Quota** |
| MARIA DA SILVA SAURO | CÔNJUGE | 27/09/1993 | 26,61 | 10% |
| LUZIA DA SILVA SAURO | FILHO | 05/08/2011 | 8,75 | 10% |
| CARLOS DA SILVA SAURO | FILHO | 10/01/2013 | 7,32 | 10% |
| | | | Quota básica | 50% |
| | | | Quota total | **80%** |

| Prazo de recebimento da pensão para cônjuge, companheiro, companheira até 31/12/2020 | |
|---|---|
| **Idade** | **Período de recebimento** |
| menos de 21 anos | 3 anos |
| entre 21 anos e 26 anos | 6 anos |

| Prazo de recebimento da pensão para cônjuge, companheiro, companheira a partir de 01/01/2021 | |
|---|---|
| **Idade** | **Período de recebimento** |
| menos de 22 anos | 3 anos |
| entre 22 anos e 27 anos | 6 anos |

| **Prazo de recebimento da pensão para cônjuge, companheiro, companheira até 31/12/2020** | |
|---|---|
| **Idade** | **Período de recebimento** |
| entre 27 anos e 29 anos | 10 anos |
| entre 30 anos e 40 anos | 15 anos |
| entre 41 anos e 43 anos | 20 anos |
| entre 44 anos em diante | Vitalício |

| **Prazo de recebimento da pensão para cônjuge, companheiro, companheira a partir de 01/01/2021** | |
|---|---|
| **Idade** | **Período de recebimento** |
| entre 28 anos e 30 anos | 10 anos |
| entre 31 anos e 41 anos | 15 anos |
| entre 42 anos e 44 anos | 20 anos |
| entre 45 anos em diante | Vitalício |

Foram comprovados os requisitos de mais de 2 anos de casamento e mais de 18 contribuições do instituidor. Não existem dependentes inválidos, com deficiência mental, intelectual ou grave. Como o cônjuge possui 26 anos de idade na data do óbito, receberá a pensão pelo período de 6 anos, enquanto os menores receberão sua quota-parte até completarem 21 anos. Não haverá a reversão da quota do cônjuge quando completar o período de recebimento. Seguem os cálculos.

| **CÁLCULO DA RENDA MENSAL - APOSENTADORIA POR INCAPACIDADE PERMANENTE** |
|---|
| INSTITUIDOR: CÁSSIO DA SILVA SAURO<br>DATA DE NASCIMENTO: 10/01/1994<br>ESPÉCIE: 32 (APOSENTADORIA POR INCAPACIDADE PERMANENTE)<br>DATA DO ÓBITO: 04/05/2020<br>DATA DE INÍCIO DO BENEFÍCIO: 04/05/2020<br>DATA DO REQUERIMENTO DA PENSÃO: 03/06/2020<br>TEMPO DE CONTRIBUIÇÃO: 04 anos 07 meses e 04 dias<br>BASE LEGAL: EC 103/2019<br>PERÍODO BÁSICO DE CÁLCULO: 10/2015 a 04/2020 |

| Sequência | Mês/ano | Salário | Índice | Salário atualizado |
|---|---|---|---|---|
| 1 | out/15 | 1.800,00 | 1,212336 | 2.182,20 |
| 2 | nov/15 | 1.800,00 | 1,203075 | 2.165,54 |
| 3 | dez/15 | 1.970,00 | 1,189863 | 2.344,03 |
| 4 | jan/16 | 1.970,00 | 1,179252 | 2.323,13 |
| 5 | fev/16 | 1.970,00 | 1,161711 | 2.288,57 |
| 6 | mar/16 | 1.970,00 | 1,150776 | 2.267,03 |
| 7 | abr/16 | 1.970,00 | 1,145736 | 2.257,10 |
| 8 | mai/16 | 1.970,00 | 1,138450 | 2.242,75 |
| 9 | jun/16 | 1.970,00 | 1,127403 | 2.220,98 |
| 10 | jul/16 | 1.970,00 | 1,122127 | 2.210,59 |
| 11 | ago/16 | 1.970,00 | 1,114990 | 2.196,53 |
| 12 | set/16 | 1.970,00 | 1,111548 | 2.189,75 |
| 13 | out/16 | 1.970,00 | 1,110658 | 2.188,00 |
| 14 | nov/16 | 1.970,00 | 1,108772 | 2.184,28 |
| 15 | dez/16 | 2.100,00 | 1,107996 | 2.326,79 |
| 16 | jan/17 | 2.100,00 | 1,106449 | 2.323,54 |
| 17 | fev/17 | 2.100,00 | 1,101820 | 2.313,82 |
| 18 | mar/17 | 2.100,00 | 1,099182 | 2.308,28 |
| 19 | abr/17 | 2.100,00 | 1,095677 | 2.300,92 |
| 20 | mai/17 | 2.100,00 | 1,094802 | 2.299,08 |
| 21 | jun/17 | 2.100,00 | 1,090872 | 2.290,83 |

| Sequência | Mês/ano | Salário | Índice | Salário atualizado |
|---|---|---|---|---|
| 22 | jul/17 | 2.100,00 | 1,094156 | 2.297,73 |
| 23 | ago/17 | 2.100,00 | 1,092300 | 2.293,83 |
| 24 | set/17 | 2.100,00 | 1,092627 | 2.294,52 |
| 25 | out/17 | 2.100,00 | 1,092846 | 2.294,98 |
| 26 | nov/17 | 2.100,00 | 1,088817 | 2.286,52 |
| 27 | dez/17 | 2.350,00 | 1,086859 | 2.554,12 |
| 28 | jan/18 | 2.350,00 | 1,084042 | 2.547,50 |
| 29 | fev/18 | 2.350,00 | 1,081555 | 2.541,65 |
| 30 | mar/18 | 2.350,00 | 1,079610 | 2.537,08 |
| 31 | abr/18 | 2.350,00 | 1,078857 | 2.535,31 |
| 32 | mai/18 | 2.350,00 | 1,076594 | 2.530,00 |
| 33 | jun/18 | 2.350,00 | 1,071987 | 2.519,17 |
| 34 | jul/18 | 2.350,00 | 1,056872 | 2.483,65 |
| 35 | ago/18 | 2.350,00 | 1,054236 | 2.477,45 |
| 36 | set/18 | 2.350,00 | 1,054236 | 2.477,45 |
| 37 | out/18 | 2.350,00 | 1,051083 | 2.470,05 |
| 38 | nov/18 | 2.350,00 | 1,046895 | 2.460,20 |
| 39 | dez/18 | 2.500,00 | 1,049519 | 2.623,80 |
| 40 | jan/19 | 2.500,00 | 1,048052 | 2.620,13 |
| 41 | fev/19 | 2.500,00 | 1,044293 | 2.610,73 |
| 42 | mar/19 | 2.500,00 | 1,038686 | 2.596,72 |
| 43 | abr/19 | 2.500,00 | 1,030747 | 2.576,87 |
| 44 | mai/19 | 2.500,00 | 1,024599 | 2.561,50 |
| 45 | jun/19 | 2.500,00 | 1,023065 | 2.557,66 |
| 46 | jul/19 | 2.500,00 | 1,022963 | 2.557,41 |
| 47 | ago/19 | 2.500,00 | 1,021939 | 2.554,85 |
| 48 | set/19 | 2.500,00 | 1,020715 | 2.551,79 |
| 49 | out/19 | 2.500,00 | 1,021226 | 2.553,07 |
| 50 | nov/19 | 2.500,00 | 1,020818 | 2.552,05 |
| 51 | dez/19 | 2.800,00 | 1,015335 | 2.842,94 |
| 52 | jan/20 | 2.800,00 | 1,003097 | 2.808,67 |
| 53 | fev/20 | 2.800,00 | 1,001195 | 2.803,35 |
| 54 | mar/20 | 2.800,00 | 0,999496 | 2.798,59 |
| 55 | abr/20 | 2.800,00 | 0,997700 | 2.793,56 |

| **SOMA GERAL DE SALÁRIOS** | **133.988,62** |
|---|---|

| **MÉDIA GERAL DE SALÁRIOS** = 133.988,62 / 55 | **2.436,16** |
|---|---|

| Período Básico de Cálculos- 10/2015 a 04/2020 | **55** |
|---|---|
| Quantidade de salários no período básico de cálculo | **55** |

| **SALÁRIO DE BENEFÍCIO** | **2.436,16** |
|---|---|
| Coeficiente | **60%** |
| **Aposentadoria-base** = SB x Coeficiente | **1.461,69** |
| Coeficiente da Pensão | **80%** |
| **Renda Mensal Inicial da Pensão** | **1.169,36** |

**REAJUSTES DO BENEFÍCIO**

PENSIONISTA: **MARIA DA SILVA SAURO**

ESPÉCIE: **21** (PENSÃO POR MORTE)

DATA DE INÍCIO DO BENEFÍCIO: **04/05/2020**

| | |
|---|---|
| APOSENTADORIA-BASE | **1.461,69** |
| COEFICIENTE: | **80%** |
| RENDA MENSAL INICIAL: | **1.169,36** |

| Data | Renda Mensal | Índices de reajustes | Renda Mensal Reajustada |
|---|---|---|---|
| jan/21 | 1.169,36 | 1,051200 | 1.229,23 |
| **jan/22** | **1.229,23** | **1,101600** | **1.354,12** |

O salário de benefício da aposentadoria por incapacidade permanente, devida ao instituidor da pensão, caso estivesse aposentado na data do óbito, foi fixado no valor de **R$ 2.436,16**, correspondente à média aritmética simples de 100% dos salários de contribuição constantes no período básico de cálculo, atualizado monetariamente pelo INPC. Devido ao tempo de contribuição de apenas 4 anos, a renda mensal inicial da aposentadoria-base foi fixada no patamar mínimo de 60% do salário de benefício, no valor de **R$ 1.461,69**. Como existem 3 dependentes, o coeficiente da pensão será de 80% do valor da aposentadoria-base (50% mais 10% para cada dependente), fixada em **1.169,36**. O valor reajustado para o ano de 2022 fica fixado em **R$ 1.354,12**.

## 11. AUXÍLIO-RECLUSÃO

**Regulamentação básica**: artigo 80, da Lei 8.213/91; artigos 116/119, do RPS (Decreto 3.048/99).

**Código de concessão:** 25 – Auxílio-reclusão.

> Trata-se de benefício previdenciário devido aos dependentes de segurado recolhido à prisão em regime fechado, desde que o segregado não esteja recebendo remuneração da empresa, aposentadoria de qualquer espécie, pensão por morte, salário-maternidade, abono de permanência em serviço (benefício extinto) ou auxílio-doença, nos termos do artigo 80 da Lei 8.213/91 modificado pela Lei 13.846/2019.

As novidades inseridas pela **MP 871/2019 convertida na Lei 13.846/19**, válidas para as prisões a partir de 18/1/2019 (a lei do tempo rege o ato jurídico), é que se o segurado preso estiver em gozo de **salário-maternidade** ou de **pensão por morte** o auxílio-reclusão não poderá ser instituído em favor dos seus dependentes.

Com o advento da Emenda 20/98, houve uma restrição da proteção social do auxílio-reclusão, passando a ser exigido que **o segurado preso seja enquadrado como baixa renda**, conforme nova redação do artigo 201, inciso IV, da CRFB.

Vale ressaltar que o STF ratificou que para a instituição deste benefício, **o baixa renda deverá ser o segurado, e não os seus dependentes**, pois existiam decisões da TNU[63] e dos TRFs da 3ª[64] e 4ª[65] Regiões em sentido contrário.

Eis o entendimento da Suprema Corte:

"EMENTA: PREVIDENCIÁRIO. CONSTITUCIONAL. RECURSO EXTRAORDINÁRIO. AUXÍLIO-RECLUSÃO. ART. 201, IV, DA CONSTITUIÇÃO DA REPÚBLICA. LIMITAÇÃO DO UNIVERSO DOS CONTEMPLADOS PELO AUXÍLIO-RECLUSÃO. BENEFÍCIO RESTRITO AOS SEGURADOS PRESOS DE BAIXA RENDA. RESTRIÇÃO INTRODUZIDA PELA EC 20/1998. SELETIVIDADE FUNDADA NA RENDA DO SEGURADO PRESO. RECURSO EXTRAORDINÁRIO PROVIDO. **I – Segundo decorre do art. 201, IV, da Constituição, a renda do segurado preso é que a deve ser utilizada como parâmetro para a concessão do benefício e não a de seus dependentes.** II – Tal compreensão se extrai da redação dada ao referido dispositivo pela EC 20/1998, que restringiu o universo daqueles alcançados pelo auxílio-reclusão, a qual adotou o critério da seletividade para apurar a efetiva necessidade dos beneficiários. III – Diante disso, o art. 116 do Decreto 3.048/1999 não padece do vício da inconstitucionalidade. IV – Recurso extraordinário conhecido e provido"[66] (g.n.).

Conforme atualização feita para o ano de **2023**, será instituidor do auxílio-reclusão o segurado que receber remuneração mensal de até **R$ 1.754,18**, na

**63.** Processo 2005.82.01.502497-7, de 06.07.2007.

**64.** Processo 2008.03.99.020762-3, de 15.12.2008.

**65.** Processo 2006.71.99002845-3, de 12.08.2008.

**66.** RE 587.365, de 25.03.2009.

forma do artigo 27, da EC 103/2019, sendo considerado antes do advento da MP 871/2019 convertida na Lei 13.846/2019 o seu último salário de contribuição antes do encarceramento.

Com lastro no Princípio do *Tempus Regit Actum*, o profissional previdenciarista deve promover a análise de acordo com o limite de baixa renda do ano da efetivação da prisão.

Eis o histórico dos anos anteriores:

| PERÍODO | SALÁRIO DE CONTRIBUIÇÃO TOMADO EM SEU VALOR MENSAL | NORMATIVO |
|---|---|---|
| A partir de 01/01/2023 | 1.754,18 | Portaria Interministerial MPS/MF 26, de 10.01.2023 |
| A partir de 01/01/2022 | 1.655,98 | PORTARIA MTP/ME nº 12, de 17/01/2022 |
| A partir de 01/01/2021 | 1.503,25 | PORTARIA SEPRT/ME nº 477, de 12/01/2021 |
| A partir de 01/01/2020 | 1.425,56 | PORTARIA SEPRT Nº 3.659, DE 10/02/2020 |
| A partir de 01/01/2019 | 1.364,43 | PORTARIA Nº 9, DE 15/01/2019 |
| A partir de 01/01/2018 | 1.319,18 | PORTARIA N° 15, DE 16/01/2018 |
| A partir de 01/01/2017 | 1.292, 43 | PORTARIA N° 8, DE 13/01/2017 |
| A partir de 01/01/2016 | 1.212,64 | PORTARIA N° 1, DE 08/01/2016 |
| A partir de 01/01/2015 | 1.089,72 | PORTARIA N° 13, DE 09/01/2015 |
| A partir de 01/01/2014 | 1.025,81 | PORTARIA N° 19, DE 10/01/2014 |
| A partir de 01/01/2013 | 971,78 | PORTARIA N° 15, DE 10/01/2013 |
| A partir de 01/01/2012 | 915,05 | PORTARIA Nº 02, DE 06/01/2012 |
| A partir de 01/01/2011 | 862,60 | PORTARIA Nº 407, DE 14/07/2011 |
| A partir de 01/01/2010 | 810,18 | PORTARIA Nº 333, DE 29/06/2010 |
| A partir de 01/02/2009 | 752,12 | PORTARIA Nº 48, DE 12/02/2009 |
| A partir de 01/03/2008 | 710,08 | PORTARIA N° 77, DE 11/03/2008 |
| A partir de 01/04/2007 | 676,27 | PORTARIA N° 142, DE 11/04/2007 |
| A partir de 01/08/2006 | 654,67 | PORTARIA N° 342, DE 17/08/2006 |
| A partir de 01/05/2005 | 623,44 | PORTARIA N° 822, DE 11/05/2005 |
| A partir de 01/05/2004 | 586,19 | PORTARIA N° 479, DE 07/05/2004 |
| A partir de 01/06/2003 | 560,81 | PORTARIA N° 727, DE 30/05/2003 |
| A partir de 01/06/2002 | 468,47 | PORTARIA N° 525, DE 29/05/2002 |
| A partir de 01/06/2001 | 429,00 | PORTARIA N° 1.987, DE 04/06/2001 |
| A partir de 01/06/2000 | 398,48 | PORTARIA N° 6.211, DE 25/05/2000 |
| A partir de 01/05/1999 | 376,60 | PORTARIA N° 5.188, DE 06/05/1999 |
| A partir de 16/12/1998 | 360,00 | PORTARIA N° 4.883, DE 16/12/1998 |

No entanto, **o STJ já flexibilizou o limite constitucional de baixa renda** no julgamento do Recurso Especial 1479564 pela 1ª Turma, julgado em 06/11/2014. No caso concreto, a segurada reclusa teve como último salário de contribuição uma remuneração de **R$ 10,82** acima do limite da baixa renda. Argumentou o STJ que a semelhança do caso com a jurisprudência firmada pelo STJ em relação ao Benefício de Prestação Continuada permite ao julgador flexibilizar também o critério econômico para deferimento do auxílio-reclusão, ainda que o salário de contribuição do segurado supere o valor legalmente fixado para configurar baixa renda:

> "RECURSO ESPECIAL. DIREITO PREVIDENCIÁRIO. AUXÍLIO-RECLUSÃO. POSSIBILIDADE DE FLEXIBILIZAÇÃO DO CRITÉRIO ECONÔMICO ABSOLUTO PREVISTO NA LEGISLAÇÃO PREVIDENCIÁRIA. PREVALÊNCIA DA FINALIDADE DE PROTEÇÃO SOCIAL DA PREVIDÊNCIA SOCIAL. RECURSO ESPECIAL DO INSS A QUE SE NEGA PROVIMENTO.

1. O benefício de auxílio-reclusão destina-se diretamente aos dependentes de segurado que contribuía para a Previdência Social no momento de sua reclusão, equiparável à pensão por morte; visa a prover o sustento dos dependentes, protegendo-os nesse estado de necessidade.

2. À semelhança do entendimento firmado por esta Corte, no julgamento do Recurso Especial 1.112.557/MG, Representativo da Controvérsia, onde se reconheceu a possibilidade de flexibilização do critério econômico definido legalmente para a concessão do Benefício Assistencial de Prestação Continuada, previsto na LOAS, é possível a concessão do auxílio-reclusão quando o caso concreto revela a necessidade de proteção social, permitindo ao Julgador a flexiblização do critério econômico para deferimento do benefício, ainda que o salário de contribuição do segurado supere o valor legalmente fixado como critério de baixa renda.

3. No caso dos autos, o limite de renda fixado pela Portaria Interministerial, vigente no momento de reclusão da segurada, para definir o Segurado de baixa-renda era de R$ 710,08, ao passo que, de acordo com os registros do CNIS, a renda mensal da segurada era de R$ 720,90, superior aquele limite 4. Nestas condições, é possível a flexibilização da análise do requisito de renda do instituidor do benefício, devendo ser mantida a procedência do pedido, reconhecida nas instâncias ordinárias" (REsp 1.479.564-SP, **Rel. Min. Napoleão Nunes Maia Filho, julgado em 6/11/2014).**

A Turma Nacional seguiu o mesmo posicionamento do STJ: **"A TNU fixou a tese, em sede de recurso representativos de controvérsia, no sentido de que é possível a flexibilização do conceito de "baixa-renda" para o fim de concessão do benefício previdenciário de auxílio-reclusão desde que se esteja diante de situações extremas e com valor do último salário-de-contribuição do segurado preso pouco acima do mínimo legal – "valor irrisório"** (Informativo 23/2018 – processo 0000713-30.2013.4.03.6327).

Conforme voto do Relator, "retomando o caso concreto, da leitura do voto condutor, que confirmou a sentença de improcedência, fundada no entendimento de legalidade estrita de que o último salário-de-contribuição do segurado, antes de ser recolhido ao sistema prisional, **ultrapassou em menos de R$ 70,00 (setenta reais)** o valor limite para ser considerado segurado de baixa renda".

O que a jurisprudência precisa definir é um limite de rompimento do limite de baixa renda, pois já existem decisões no JEF de primeiro grau flexibilizando valores em torno de R$ 300,00.

Na hipótese de inexistir salário de contribuição na data do recolhimento à prisão, será considerado o último salário de contribuição do segurado, conforme o entendimento do INSS que adota o texto do Regulamento da Previdência Social:

"Art. 116. O auxílio-reclusão será devido, nas mesmas condições da pensão por morte, aos dependentes do segurado recolhido à prisão que não receber remuneração da empresa nem estiver em gozo de auxílio-doença, aposentadoria ou abono de permanência em serviço, **desde que o seu último salário-de-contribuição seja inferior ou igual a R$ 360,00"** (valor originário quando do advento da Emenda 20/1998).

Ressalvado o posicionamento contrário da autarquia previdenciária, entende-se que se no momento da segregação prisional o segurado se encontrava no período de graça por ter deixado de exercer labor remunerado, deverá ser deferido o auxílio-reclusão, mesmo que o último salário de contribuição seja superior ao valor máximo de baixa renda.

Suponha-se que Manoel é segurado empregado que percebia salário mensal de R$ 3.000,00. Em janeiro de 2011, ele perdeu o emprego e consequentemente deixou de ter renda, mantendo a condição de segurado durante o período de graça. Se em junho de 2011 ele for preso, deverá ser instituído o auxílio-reclusão aos seus dependentes, pois Manoel não mais percebia renda alguma no momento do fato gerador do benefício.

Este também é o entendimento de parcela da jurisprudência:

"PREVIDENCIÁRIO. CONSTITUCIONAL. REMESSA TIDA POR INTERPOSTA. AUXÍLIO-RECLUSÃO. ART. 201, IV, DA CONSTITUIÇÃO DA REPÚBLICA. REMUNERAÇÃO DE ATÉ R$ 360,00. EC 20/98, ART. 13. SEGURADO DESEMPREGADO QUANDO DA PRISÃO. REMESSA TIDA POR INTERPOSTA E APELAÇÃO DESPROVIDAS. 1. Tenho como interposta a remessa oficial. Nos termos do que dispunha o art. 12 § único, da Lei 1.533, de 31/12/51, preceito reproduzido pelo art. 14, § 1º, da Lei 12.016, de 07/08/2009, é assegurado duplo grau obrigatório de jurisdição às sentenças concessivas de mandado de segurança. 2. Os seguintes requisitos são necessários para a concessão do benefício de auxílio-reclusão: a) que o preso seja segurado da Previdência Social, independentemente de carência; b) que o segurado seja recolhido à prisão e não perceba qualquer remuneração e nem esteja em gozo de auxílio-doença, de aposentadoria ou de abono de permanência em serviço; c) que os dependentes sejam aqueles assim considerados pelo art. 16 da Lei 8213/91, sendo que, para os indicados no inciso I do referido artigo legal a dependência econômica é presumida, devendo ser comprovada, em relação aos demais; d) por fim, o requisito relativo à baixa-renda. **3. Torna-se necessário contextualizar o ato coator em face de outras premissas igualmente relevantes, tais como a data em que adquirido o direito ao benefício, a legislação a ele aplicável e sua interpretação. 4. A prisão do segurado, conforme noticiam os autos, ocorreu em 21/08/2002 (fl. 23), data em que efetivou o fator determinante para o auxílio-reclusão. Nesta data, apesar de ainda ostentar a condição de segurado por força de disposição legal ao consagrar o período de graça (fl. 17), é fato incontroverso que o**

**pai da Impetrante não percebia remuneração alguma desde 19/01/2001 (fl. 25), por estar desempregado. 5. Estando o pai da impetrante, no momento em que foi recolhido à prisão, na condição de segurado, bem como desempregado, é notório o direito da impetrante ao benefício de auxílio reclusão, à luz dos dispositivos legais supracitados, em especial o parágrafo primeiro do artigo 116 do Decreto n.º 3.048/99.** 6. Apelação e remessa oficial, tida por interposta, desprovidas" (TRF da 1ª Região, AMS 2004.38.01.004047-1, de 06.07.2011).

Da mesma forma, ressalvado o entendimento contrário do INSS, entende-se que o segurado facultativo sempre irá instituir auxílio-reclusão aos seus dependentes, pois não exerce atividade laborativa remunerada e consequentemente não possui renda, mesmo que o seu último salário de contribuição supere o limite de baixa renda.

Mas vale frisar que este tema é polêmico na jurisprudência. A própria TNU possui precedente que referenda a posição do INSS, a exemplo do julgamento do processo 2007.70.59.003764-7, de 24 de novembro de 2011, cuja principal passagem se transcreve:

"5 – Verifica-se, assim, que o conceito de salário-de-contribuição está associado à remuneração efetivamente percebida pelo segurado, destinada à retribuição do seu trabalho. Logo, **se segurado não aufere renda em um determinado período, não há falar em salário-de-contribuição correspondente a esse interregno, tampouco em "salário-de-contribuição zero", consoante a tese adotada pelo acórdão recorrido.**

**6 – O último salário-de-contribuição do segurado – a ser considerado para efeito de enquadramento no conceito de baixa renda – corresponde, portanto, à última remuneração efetivamente auferida antes do encarceramento, por interpretação literal do art. 116 do Decreto nº. 3.048/99.**

7 – Ademais, dada a natureza contributiva do Regime Geral da Previdência Social, deve-se afastar interpretações que resultem em tempo ficto de contribuição, conforme decidiu, recentemente, o STF (RE 583.834/SC, Relator Min. Ayres Britto, julgado em 21.9.2011, Informativo 641). Pela mesma razão, não se pode considerar, na ausência de renda – decorrente de desemprego – salário-de-contribuição equivalente a zero, por tratar-se de salário-de-contribuição ficto".

Finalmente, em 23 de setembro de 2014, o entendimento sustentado nesta obra foi acolhido pelo Superior Tribunal de Justiça em aplicação ao Princípio do *Tempus Regit Actum*:

"PREVIDENCIÁRIO. **AUXÍLIO-RECLUSÃO. SEGURADO DESEMPREGADO OU SEM RENDA. CRITÉRIO ECONÔMICO. MOMENTO DA RECLUSÃO. ÚLTIMO SALÁRIO DE CONTRIBUIÇÃO. IMPOSSIBILIDADE.**

1. A questão jurídica controvertida consiste em definir o critério de rendimentos ao segurado recluso em situação de desemprego ou sem renda no momento do recolhimento à prisão. O acórdão recorrido e o INSS defendem que deve ser considerado o último salário de contribuição, enquanto os recorrentes apontam que a ausência de renda indica o atendimento ao critério econômico.

2. À luz dos arts. 201, IV, da Constituição Federal e 80 da Lei 8.213/1991 o benefício auxílio-reclusão consiste na prestação pecuniária previdenciária de amparo aos dependentes do segurado de baixa renda que se encontra em regime de reclusão prisional.

3. O Estado, através do Regime Geral de Previdência Social, no caso, entendeu por bem amparar os que dependem do segurado preso e definiu como critério para a concessão do benefício a "baixa renda".

4. Indubitavelmente que o critério econômico da renda deve ser constatado no momento da reclusão, pois nele é que os dependentes sofrem o baque da perda do seu provedor.

5. O art. 80 da Lei 8.213/1991 expressa que o auxílio-reclusão será devido quando o segurado recolhido à prisão "não receber remuneração da empresa".

6. Da mesma forma o § 1º do art. 116 do Decreto 3.048/1999 estipula que "é devido auxílio-reclusão aos dependentes do segurado quando não houver salário-de-contribuição na data do seu efetivo recolhimento à prisão, desde que mantida a qualidade de segurado", o que regula a situação fática ora deduzida, de forma que a ausência de renda deve ser considerada para o segurado que está em período de graça pela falta do exercício de atividade remunerada abrangida pela Previdência Social." (art. 15, II, da Lei 8.213/1991).

**7. Aliada a esses argumentos por si sós suficientes ao provimento dos Recursos Especiais, a jurisprudência do STJ assentou posição de que os requisitos para a concessão do benefício devem ser verificados no momento do recolhimento à prisão, em observância ao princípio *tempus regit actum*.** Nesse sentido: AgRg no Resp 831.251/RS, Rel. Ministro Celso Limongi (Desembargador convocado do TJ/SP), Sexta Turma, DJe 23.5.2011; REsp 760.767/SC, Rel. Ministro Gilson Dipp, Quinta Turma, DJ 24.10.2005, p. 377; e Resp 395.816/SP,

Rel. Ministro Fernando Gonçalves, Sexta Turma, DJ 2.9.2002, p. 260. 8. Recursos Especiais providos". **(REsp 1.480.461-SP, Rel. Min. Herman Benjamin, julgado em 23/9/2014).**

Posteriormente, a TNU passou a aderir ao posicionamento do STJ na sessão de 18/2/2016:

"PROCESSO: 0045092-42.2010.4.03.6301

Para fins de pedido de concessão de auxílio-reclusão, deve ser considerada a legislação vigente à época do evento prisão, sendo devido o benefício aos dependentes do segurado que na data do efetivo recolhimento não possuir salário de contribuição, desde que mantida a qualidade de segurado".

Em seguida o STJ firmou **tese repetitiva** a respeito:

**Informativo 623 – PRIMEIRA TURMA**

| | |
|---|---|
| **PROCESSO** | REsp 1.485.417-MS, Rel. Min. Herman Benjamin, Primeira Seção, por unanimidade, julgado em 22/11/2017, DJe 02/02/2018 |
| **RAMO DO DIREITO** | DIREITO PREVIDENCIÁRIO |
| **TEMA** | Auxílio-reclusão. Segurado desempregado ou sem renda. Critério econômico. Momento de reclusão. Ausência de renda. Último salário de contribuição afastado. |

**DESTAQUE**

Para a concessão de auxílio-reclusão (art. 80 da Lei n. 8.213/1991), o critério de aferição de renda do segurado que não exerce atividade laboral remunerada no momento do recolhimento à prisão é a ausência de renda, e não o último salário de contribuição.

**INFORMAÇÕES DO INTEIRO TEOR**

A questão jurídica controvertida consiste em definir qual o critério de rendimentos ao segurado recluso que está em situação de desemprego ou sem renda no momento do recolhimento à prisão. O INSS defende que deve ser considerado o último salário de contribuição, enquanto que os segurados apontam que a ausência de renda deve ser ponderada. De início, consigna-se que o benefício auxílio-reclusão consiste na prestação pecuniária previdenciária de amparo aos dependentes do segurado de baixa renda que se encontra em regime de reclusão prisional e tem previsão no art. 201, IV da Constituição Federal e no art. 80 da Lei n. 8.213/1991. O Estado, através do Regime Geral de Previdência Social, no caso, entendeu por bem amparar os que dependem do segurado preso, e definiu como base para a concessão do benefício a "baixa renda". Indubitavelmente o critério econômico da renda deve ser constatado no momento da reclusão, pois nele é que os dependentes sofrem o baque da perda do provedor. Nesse aspecto, observa-se que o art. 80 da Lei n. 8.213/1991 é claro ao assentar que o auxílio-reclusão será devido quando o segurado recolhido à prisão "não receber remuneração da empresa", o que abarca a situação do segurado que está em período de graça pelo desemprego (art. 15, II, da Lei n. 8.213/1991). Da mesma forma, o § 1º do art. 116 do Decreto 3.048/1999 estipula que "é devido auxílio-reclusão aos dependentes do segurado quando não houver salário-de-contribuição na data do seu efetivo recolhimento à prisão, desde que mantida a qualidade de segurado". Esse dispositivo legal deixa evidente que a qualidade de segurado é imprescindível, até porque não se trata de benefício assistencial, mas previdenciário. Aliado a esses argumentos, ressalta-se que a jurisprudência do STJ assentou posição de que os requisitos para a concessão do benefício devem ser verificados no momento do recolhimento à prisão, em observância ao princípio *tempus regit actum*.

O STF não apreciará o tema, pois negou a existência de repercussão geral:

**ARE 1163485 RG / SP - SÃO PAULO**

**REPERCUSSÃO GERAL NO RECURSO EXTRAORDINÁRIO COM AGRAVO**

**Relator(a): Min. MINISTRO PRESIDENTE**

**Julgamento: 15/11/2018 Órgão Julgador: Tribunal Pleno - meio eletrônico**

"EMENTA: **Recurso extraordinário com agravo. Previdenciário. Benefício de auxílio-reclusão. Requisitos legais para a concessão. Aferição de renda. Matéria infraconstitucional. Ausência de repercussão geral. É infraconstitucional, a ela se aplicando os efeitos da ausência de repercussão geral, a controvérsia sobre os critérios legais de aferição da renda do segurado, para fins de percepção do benefício do auxílio-reclusão**".

**Sobre o tema, foi editado o Parecer Referencial 0011/2019/DEPCONT/PGF/AGU:**

"I. RECURSO ESPECIAL REPETITIVO Nº 1.485.417/MS. TEMA 896 DO SUPERIOR TRIBUNAL DE JUSTIÇA.

II. AUXÍLIO-RECLUSÃO. FORMA DE ENQUADRAMENTO DO SEGURADO DESEMPREGADO QUANDO DO RECOLHIMENTO AO CÁRCERE.

III. AUSÊNCIA DE RENDA PARA AVALIAÇÃO DO CRITÉRIO "SEGURADO DE BAIXA RENDA".

IV. PROVIMENTO MONOCRÁTICO NO CASO CONCRETO PELO SUPREMO TRIBUNAL FEDERAL CONTRÁRIO À TESE DO SUPERIOR TRIBUNAL DE JUSTIÇA

V. PRONUNCIAMENTO POSTERIOR DO COLEGIADO DO SUPREMO TRIBUNAL FEDERAL NO TEMA DE REPERCUSSÃO GERAL 1.017. AUSÊNCIA DE REPERCUSSÃO GERAL. MATÉRIA INFRACONSTITUCIONAL.

VI. NÃO SUPERAÇÃO DA TESE REPETITIVA DO SUPERIOR TRIBUNAL DE JUSTIÇA. APLICAÇÃO APENAS AOS CASOS EM QUE A RECLUSÃO OCORREU EM DATA ANTERIOR À EDIÇÃO DA MP 871/2019.

VII. SUGESTÃO DE DIVULGAÇÃO DO PRESENTE PARECER REFERENCIAL POR MEIO DE OFÍCIO-CIRCULAR ORIENTANDO A ATUAÇÃO DOS ÓRGÃOS DE EXECUÇÃO DA PGF, NOS TERMOS DA PORTARIA AGU Nº 488, DE 2016.

**a) autorizar os Procuradores Federais a reconhecer a procedência do pedido, a abster de contestar e de recorrer e a desistir de recurso já interposto, nos termos da Portaria AGU nº 488, de 2016, diante do entendimento do Superior Tribunal de Justiça (Recurso Especial Repetitivo nº 1.485.417/MS – Tema Repetitivo nº 896)** que tem considerado, para a concessão de auxílio-reclusão (art. 80 da Lei 8.213/1991), a ausência de renda, em vez do último salário de contribuição, como critério de aferição de renda do segurado que não exerce atividade laboral remunerada no momento do recolhimento à prisão, desde que a reclusão tenha ocorrido em data anterior à edição da Medida Provisória nº 871/2019;

b) orientar os procuradores federais a, nos casos de reclusões (fato gerador do auxílio-reclusão) ocorridas após a edição da Medida Provisória nº 871/2019, contestar e recorrer nos processos judiciais em que se discuta a concessão de auxílio-reclusão que leve em consideração, como critério de aferição de renda do segurado que não exerce atividade laboral remunerada no momento do recolhimento à prisão, a ausência de renda, e não a média dos salários de contribuição apurados no período de doze meses anteriores ao mês do recolhimento à prisão".

ATENÇÃO:

Mas tudo isso foi modificado pela **MP 871/2019** convertida na Lei 13.846/2019, regramento que deve ser aplicado às prisões a contar de 18/1/2019. A regulamentação da caracterização da baixa renda do segurado preso passou a constar do artigo 80 da Lei 8.213/91, modificando a sistemática do Decreto 3.048/99, restando abandonado o critério do último salário de contribuição antes da prisão e **adotando a média dos 12 últimos salários de contribuição antes do recolhimento prisional nos últimos 12 meses antes da segregação prisional.**

Eis os dispositivos inseridos no artigo 80 da Lei 8.213/91:

"§ 3º Para fins do disposto nesta Lei, **considera-se segurado de baixa renda** aquele que, na competência de recolhimento à prisão tenha renda, apurada nos termos do disposto no § 4º, de valor igual ou inferior àquela prevista no art. 13 da Emenda Constitucional nº 20, de 15 de dezembro de 1998, corrigido pelos índices aplicados aos benefícios do RGPS.

§ 4º A aferição da renda mensal bruta para enquadramento do segurado como de baixa renda ocorrerá pela **média dos salários de contribuição apurados no período de doze meses anteriores ao mês do recolhimento à prisão**".

Assim, se nos últimos 12 meses antes da prisão do segurado este possuir 12 ou menos salários de contribuição, deve ser promovida a média aritmética simples de todos os existentes no período. Suponha-se que um segurado foi preso em fevereiro de 2019 e possua, nos últimos 12 meses, apenas 3 salários de contribuição nos seguintes valores:

a) R$ 1.200,00;

b) R$ 1.300,00;

c) R$ 1.450,00.

Neste caso, a média dos três salários de contribuição existentes nos 12 últimos meses que precederam a prisão em regime fechado foi de R$ 1.316,67, sendo abaixo do limite normativo estabelecido para o ano de 2019 para baixa renda (R$ 1.364,43).

Embora o critério de aferição de baixa renda seja mais justo, pois reflete a média dos salários de contribuição dos últimos 12 meses antes da prisão, ainda existem brechas que permitem manter a citada jurisprudência do STJ, pois não restou regulada a situação do segurado que não possui 12 salários de contribuição antes da prisão.

Isso porque é possível que o segurado esteja no período de graça de 24 ou 36 meses no momento da prisão ou mesmo esteja em gozo de auxílio-doença por mais de 12 meses (com a segregação prisional, o auxílio-doença será suspenso) ou mesmo se auxílio-acidente e não tenha salário de contribuição registrado no último ano antes da prisão.

Daí que, acaso o STJ mantenha a linha jurisprudencial, em inexistindo salário de contribuição nos últimos 12 meses antes da segregação prisional, certamente vai considerar o segurado sem renda e determinará a concessão do benefício do auxílio-reclusão aos seus dependentes. Não vai gerar judicialização porque o INSS está concedendo neste caso.

Se o segurado tiver recebido benefícios por incapacidade no período citado de 12 meses (auxílio-doença ou aposentadoria por invalidez), sua duração será contada considerando-se como salário de contribuição no período o salário de benefício que serviu de base para o cálculo da renda mensal, reajustado na mesma época e com a mesma base dos benefícios em geral, não podendo ser inferior ao valor de um salário mínimo.

**Aliás, diante do atual texto normativo inaugurado pela Lei 13.846/2019, o próprio INSS entende que, caso não haja salário de contribuição nos últimos 12 meses antes da prisão do segurado, deve ser caracterizada a baixa renda e concedido o auxílio-reclusão do segurado preso em regime fechado.**

O tema foi regulado no **Memorando-Circular Conjunto nº 2 /DIRBEN/PFE/DIRAT/INSS, de 28/1/2019** (item 3.6):

"Assunto: **Alterações nas regras dos benefícios de auxílio-reclusão, pensão por morte, auxílio-doença, aposentadoria por invalidez e salário-maternidade, previstas na Lei nº 8.213/91, decorrentes da Medida Provisória nº 871, de 18 de janeiro de 2019.**

1. As alterações contidas neste memorando-circular conjunto deverão ser aplicadas aos fatos geradores ocorridos a partir de 18 de janeiro de 2019, data da publicação da Medida Provisória nº 871.

3. Para o benefício **de auxílio-reclusão** concedido em razão de recolhimento à prisão posterior a 18 de janeiro de 2019, aplicam-se as seguintes regras:

a) somente gerará direito ao benefício quando o segurado estiver recluso em regime fechado;

b) será exigida a carência mínima de vinte e quatro meses do instituidor que possuir qualidade de segurado, conforme art. 25 da Lei nº 8.213/91;

c) inacumulável com benefícios recebidos pelo instituidor que esteja em gozo de pensão por morte e salário-maternidade, além dos benefícios de auxílio-doença, aposentadoria ou abono de permanência em serviço.

3.1. Para fins de comprovação do efetivo recolhimento à prisão, deverá ser apresentada certidão judicial que ateste o regime de reclusão, inclusive para os requerimentos realizados a partir de 18 de janeiro de 2019, cujo fato gerador tenha ocorrido antes da vigência da Medida Provisória nº 871.

3.2. Para a manutenção do benefício, permanece obrigatória a apresentação de prova de permanência na condição de presidiário, para tanto poderá ser apresentada a certidão judicial, de acordo com o subitem 3.1, ou atestado/declaração do estabelecimento prisional.

3.3. Há previsão de obtenção de informações sobre o recolhimento à prisão por meio de celebração de convênios com os órgãos públicos responsáveis pelo cadastro dos presos. Assim, quando houver, substituirá a necessidade de apresentação da certidão judicial e a prova de permanência na condição de presidiário.

3.4. A aferição da renda mensal bruta, para enquadramento do segurado como de baixa renda, ocorrerá pela média dos salários de contribuição apurados no período de doze meses anteriores ao mês do recolhimento à prisão.

3.5. A média apurada na forma descrita no subitem 3.4 deve ser igual ou inferior ao valor fixado como baixa renda por portaria interministerial, sendo considerada a portaria vigente no fato gerador.

**3.6. Quando não houver salário-de-contribuição no período de 12 meses anteriores à prisão será considerado segurado de baixa renda.**

3.7. Quando o recolhimento à prisão ocorrer antes de 18 de janeiro de 2019, o benefício de auxílio-reclusão deverá ser mantido nos casos de cumprimento de pena no regime semi-aberto, ainda que a progressão do regime fechado para o semi-aberto ocorra na vigência da Medida Provisória nº 871/2019.

3.8. Aplicam-se ao auxílio-reclusão as alterações relativas à pensão por morte".

Ressalte-se que o décimo terceiro salário e o terço de férias não deverão ser considerados no cômputo do último salário de contribuição do segurado preso, bem como a remuneração recebida em decorrência do pagamento de horas extraordinárias integrará o último salário de contribuição.

Vale ressaltar que o auxílio-reclusão apenas será pago nas condenações impostas sob regime fechado, **não sendo devido o benefício na hipótese de regime aberto**, na forma do artigo 116, § 5º, do RPS, haja vista a determinação do detento trabalhar fora do estabelecimento prisional, consoante o artigo 36, do Código Penal, apenas sendo recolhido no período noturno e durante os dias de folga.

**ATENÇÃO:**

Por força da MP 871/2019 convertida na Lei 13.846/19, regramento que deve ser aplicado às prisões a contar de 18/1/2019, **o regime prisional semiaberto não mais enseja a concessão do auxílio-reclusão** (regime aberto NUNCA gerou auxílio-reclusão).

| **Prisão até 17/1/2019** | Regime semi-aberto dá direito ao auxílio-reclusão |
|---|---|
| **Prisão a partir de 18/1/2019** | Regime semi-aberto não dá direito ao auxílio-reclusão |

**A renda mensal inicial do auxílio-reclusão era a mesma da pensão por morte.** Isso porque as regras da pensão por morte aplicam-se ao auxílio-reclusão, no que couber, vez que o artigo 80 da Lei 8.213/91 dispõe que o auxílio-reclusão será pago nas mesmas condições da pensão por morte. **Logo, o auxílio-reclusão será sempre de 100% do salário de benefício, mesmo valor da aposentadoria por invalidez** (incapacidade permanente), **tendo em vista que a redução instituída pela MP 664/2014 foi rejeitada pela Lei 13.135/2015.**

De acordo com o artigo 5º da Lei 13.135/2015, "os atos praticados com base em dispositivos da Medida Provisória nº 664, de 30 de dezembro de 2014, serão revistos e adaptados ao disposto nesta Lei".

Desta forma, o INSS deve rever de ofício os auxílios-reclusão concedidos em valor não integral no período de vigência desta regra da MP 664/2014 (prisões de 1/3/2015 a 17/6/2015), pagando as parcelas vencidas respectivas.

**IMPORTANTE:**

Mas isso mudou com a Emenda 103/2019 (prisões após a sua vigência). No entanto, o artigo 27, § 1º, da Emenda 103/2019 acabou limitando a um salário mínimo (não pode ser menor que este valor) o valor do auxílio-reclusão: "Até que lei discipline o valor do auxílio-reclusão de que trata o inciso IV do art. 201 da Constituição Federal, seu cálculo se dará na forma da pensão por morte, não podendo exceder o valor de um salário mínimo".

**ATENÇÃO:**

**A inserção de período de carência de 24 contribuições mensais para o auxílio-reclusão é fruto da MP 871/2019 convertida na Lei 13.846/2019** (essa tentativa já foi feita pela MP 664/2014 e foi derrubada no Congresso Nacional no ano de 2015 na lei de conversão 13.135), **operando-se somente para prisões a contar de 18/1/2019 (lei do tempo rege o ato jurídico).**

Eis a tabela intertemporal:

| Prisão até 17/1/2019 | Sem carência |
|---|---|
| **Prisão a partir de 18/1/2019** | Carência de 24 recolhimentos mensais |

| QUADRO SINTÉTICO – AUXÍLIO-RECLUSÃO | |
|---|---|
| **Cabimento** | Será devido aos dependentes do segurado baixa renda recolhido à prisão em regime fechado, que não receber remuneração da empresa nem estiver em gozo de auxílio-doença, pensão por morte, salário-maternidade, abono de permanência em serviço ou aposentadoria. |
| **Beneficiários** | Os dependentes do segurado baixa renda. |
| **Carência** | 24 contribuições mensais. |
| **Valor** | Um salário mínimo (Emenda 103/2019). |
| **Outras informações** | **a)** A DIB será a data do recolhimento, salvo se requerido após 90 (noventa) dias. Para o absolutamente incapaz, a DIB será a data do recolhimento, salvo se requerido após 180 dias. |
| **Outras informações** | **b)** O requerimento do auxílio-reclusão deverá ser instruído com certidão do efetivo recolhimento à prisão, sendo obrigatória, para a manutenção do benefício, a apresentação de declaração de permanência na condição de presidiário (atestado trimestral).<br>**c)** Só será cabível para o regime fechado, medida socioeducativa de internação e nas prisões cautelares (exclui o regime aberto, semiaberto e a prisão civil).<br>**d)** Art. 117, § 2º do RPS – no caso de fuga, o benefício será suspenso e, se houver recaptura do segurado, será restabelecido a contar da data em que esta ocorrer, desde que esteja ainda mantida a qualidade de segurado.<br>**e)** Art. 117, § 3º do RPS – se houver exercício de atividade dentro do período de fuga, o mesmo será considerado para a verificação da perda ou não da qualidade de segurado.<br>**f)** Art. 118, do RPS – falecendo o segurado detido ou recluso, o auxílio-reclusão que estiver sendo pago será automaticamente convertido em pensão por morte.<br>**g)** O baixa renda deverá ser o segurado, e não o dependente, conforme ratificado pelo STF, no RE 587.365, de 25.03.2009 (Informativo 540). |

## 11.1. Cálculos

O estudo de caso a seguir trata-se da concessão de auxílio reclusão aos dependentes de um segurado desempregado recolhido à prisão, em regime fechado, no dia 04/05/2022. Abaixo estão as informações previdenciárias do segurado para fins de verificação do direito ao benefício.

**CÁSSIO DA SILVA SAURO**

DATA DE NASCIMENTO: **15/01/1977**

DATA DA RECLUSÃO: **04/05/2022**

**TEMPO DE CONTRIBUIÇÃO**

| CONTRATOS DE TRABALHO | | TEMPO MÍNIMO | TEMPO DE SERVIÇO | | | TEMPO EM DIAS | FATOR | TEMPO CONVERTIDO |
|---|---|---|---|---|---|---|---|---|
| **INÍCIO** | **FIM** | | **ANOS** | **MESES** | **DIAS** | | | |
| **23/11/1997** | **20/08/1999** | 35 | 1 | 8 | 28 | 628 | 1 | 628 |
| **03/01/2000** | **01/11/2005** | 35 | 5 | 9 | 29 | 2099 | 1 | 2099 |
| **01/03/2006** | **30/12/2010** | 35 | 4 | 10 | 0 | 1740 | 1 | 1740 |
| **01/01/2013** | **30/06/2017** | 35 | 4 | 6 | 0 | 1620 | 1 | 1620 |
| **04/01/2018** | **30/09/2021** | 35 | 3 | 8 | 27 | 1347 | 1 | 1347 |
| | | | | | | **TOTAL DE DIAS** | | **7434** |

| TEMPO TOTAL APURADO | | |
|---|---|---|
| **Anos** | **Meses** | **Dias** |
| **20** | **7** | **24** |

**ÚLTIMO VÍNCULO EMPREGATÍCIO DO INSTITUIDOR**

EMPRESA: **INDÚSTRIA COSME E DAMIÃO LTDA.**

FUNCIONÁRIO: **CÁSSIO DA SILVA SAURO**

DATA DE ADMISSÃO: **04/01/2018**

DATA DE DEMISSÃO: **30/09/2021**

DATA DA RECLUSÃO: **04/05/2022**

DATA DE INÍCIO DO BENEFÍCIO: **04/05/2022**

SALÁRIO CONTRATUAL: **R$ 954,00**

VALOR CONSIDERADO DE BAIXA RENDA EM 05/2022: **R$ 1.655,98**

| Reajustes Salariais | |
|---|---|
| **Mês** | **Valor** |
| jan/19 | 1.000,00 |
| jan/20 | 1.200,00 |
| jan/21 | 1.300,00 |

De acordo com as informações acima, verifica-se que o segurado mantinha qualidade de segurado quando foi recolhido à prisão em regime fechado em 04/05/2022, tendo em vista que o último vínculo empregatício foi finalizado em 30/09/2021. Com base no último salário de contribuição, verifica-se que está dentro do patamar do conceito de baixa renda.

Diante do exposto no estudo de caso, os dependentes terão direito ao auxílio-reclusão, no valor de um salário mínimo, enquanto o segurado estiver recluso em regime fechado.

## 12. ABONO ANUAL

**Regulamentação básica**: artigo 40, da Lei 8.213/91; artigo 120, do RPS (Decreto 3.048/99).

Conquanto a Lei de Benefícios não o faça expressamente, o Regulamento da Previdência Social colocou o abono anual no rol dos benefícios previdenciários (Seção VI – Dos Benefícios – Subseção XI).

**Trata-se do direito anual dos beneficiários da Previdência Social de perceber uma quantia correspondente ao respectivo benefício previdenciário, tomando por base o valor pago no mês de dezembro**, sendo calculado, no que couber, da mesma forma que a gratificação natalina dos trabalhadores.

Todos os segurados e dependentes farão jus ao abono anual, **exceto no que concerne ao salário-família, que não gera o seu pagamento**, sendo o pagamento proporcional ao número de meses de percepção da aposentadoria, auxílio-acidente, auxílio-doença, auxílio-reclusão ou pensão por morte.

No caso do salário-maternidade, o abono anual será pago, em cada exercício, juntamente com a última parcela do benefício nele devida.

Assim, embora o artigo 40, da Lei 8.213/91, equivocadamente não tenha previsto o pagamento do abono anual para o salário-maternidade, o lapso foi corrigido pelo artigo 120, do RPS.

O abono anual será calculado, no que couber, da mesma forma que a gratificação natalina dos trabalhadores, tendo por base o valor da renda mensal do benefício do mês de dezembro de cada ano.

O valor do abono anual correspondente ao período de duração do salário-maternidade será pago, em cada exercício, juntamente com a última parcela do benefício nele devida.

Caso a aposentadoria por incapacidade permanente sofra o acréscimo de 25%, se o segurado necessitar da assistência permanente de outra pessoa, o abono anual será calculado considerando o valor do auxílio-acompanhante.

De acordo com o artigo 619, §1º, da Instrução Normativa INSS 128/2022, o período igual ou superior a quinze dias, dentro do mês, será considerado como mês integral para efeito de cálculo do abono anual.

Note-se que a MP 891, de 05/08/2019, fracionou o seu pagamento em duas parcelas de 50% do valor cada, pagas nos meses de agosto e novembro. No entanto, teve a sua vigência encerrada em 03/12/2019.

**COVID 19:**

Coube à MP 927, de 22/03/2020 reger o tema durante a pandemia da COVID 19 com <u>pagamento em duas parcelas em abril e maio de 2020:</u>

"CAPÍTULO XI

DA ANTECIPAÇÃO DO PAGAMENTO DO ABONO ANUAL EM 2020

Art. 34. No ano de 2020, o pagamento do abono anual de que trata o <u>art. 40 da Lei nº 8.213, de 24 de julho de 1991</u>, ao beneficiário da previdência social que, durante este ano, tenha recebido auxílio-doença, auxílio-acidente ou aposentadoria, pensão por morte ou auxílio-reclusão será efetuado em duas parcelas, excepcionalmente, da seguinte forma:

I – a primeira parcela corresponderá a cinquenta por cento do valor do benefício devido no mês de abril e será paga juntamente com os benefícios dessa competência; e

II – a segunda parcela corresponderá à diferença entre o valor total do abono anual e o valor da parcela antecipada e será paga juntamente com os benefício da competência maio.

Art. 35. Na hipótese de cessação programada do benefício prevista antes de 31 de dezembro de 2020, será pago o valor proporcional do abono anual ao beneficiário.

Parágrafo único. Sempre que ocorrer a cessação do benefício antes da data programada, para os benefícios temporários, ou antes de 31 de dezembro de 2020, para os benefícios permanentes, deverá ser providenciado o encontro de contas entre o valor pago ao beneficiário e o efetivamente devido".

A primeira parcela no valor de 50% da renda do benefício paga no mês de abril de 2020 e a segunda parcela equivalente à diferença entre o valor total do abono anual (calculado ***pro rata***) e o valor da parcela antecipada e paga juntamente com os benefícios da competência maio.

Na hipótese de auxílio por incapacidade temporária com alta programada antes de 31/12/2020 deve ser pago o valor proporcional.

Embora a MP 927/2020 não seja expressa, por óbvio o mesmo expediente deve ser verificado nas pensões por morte e auxílios-reclusão cessados antes de 31/12/2020, devendo o INSS checar as pensões por morte com previsão de cessação anterior, a exemplo de pensões temporárias de cônjuges ou de filhos que irão completar 21 anos em 2020.

O mesmo poderá ocorrer no caso de falecimento do titular do benefício antes de 31/12/2020.

Não há previsão legal de antecipação para o salário-maternidade, pois se trata de benefício que dura, em regra, 120 dias.

Caso se verifique ***a posteriori*** o pagamento a maior do abono anual, o INSS deve promover a cobrança ou, se conveniente, promover a compensação de valores no próximo benefício a ser recebido pelo beneficiário da previdência social.

O artigo 34 e 35 da MP 927 se refere a todos os benefícios ativos no ano de 2020, exceto salário--família (que não gera abono anual) e salário--maternidade, não existindo restrição de DIB até a competência abril.

Dessa forma, *pro rata*, mesmo os benefícios com DIB a partir de maio de 2020 estão amparados pela antecipação de que trata o artigo 34 e 35 da MP 927/2020, que objetiva capitalizar os beneficiários da previdência durante a pandemia da COVID 19, que permanece até a atualidade.

No entanto, se exige uma programação diferenciada. Isso porque haverá casos em que não haverá a segunda parcela e a primeira parcela não poderá ser de 50% do valor da renda do benefício, a exemplo de benefícios com DIB no segundo semestre de 2020 em que o valor total do abono anual será inferior à metade da renda mensal do benefício.

Vale registrar, por fim, que a MP 927 vigorou até 19/07/2020, não tendo sido votada pelo Senado da República (caducidade) em razão de divergências políticas em relação ao seu regramento, não tendo sido editado decreto legislativo até o momento para regular as relações jurídicas consolidadas durante a sua vigência, que devem ser preservadas, *a priori*.

Destarte, à luz do Princípio do ***Tempus Regit Actum***, **a antecipação citada se limitou aos benefícios com fato gerador até 19/07/2020.**

## 12.1. Cálculos

Excepcionalmente, em função da pandemia da COVID-19, o governo antecipou as duas parcelas do 13º salário para os meses de abril e maio de 2012 que foram pagas conforme demonstrado abaixo:

SEGURADO: CARLOS BAIANO DA SILVA
BENEFÍCIO: 42/111.111.111-1
ESPÉCIE: Aposentadoria por tempo de contribuição
DATA DE INÍCIO: 01/11/2013

| COMPETÊNCIA - 04/2020 | | |
|---|---|---|
| Rubrica | Descrição | Valor |
| 101 | Valor total de MR do período | 2.350,00 |
| 104 | Valor do 13º salário | 1.175,00 |
| | Total da remuneração | **3.525,00** |

| COMPETÊNCIA - 05/2020 | | |
|---|---|---|
| Rubrica | Descrição | Valor |
| 101 | Valor total de MR do período | 2.350,00 |
| 104 | Valor do 13º salário | 1.175,00 |
| | Total da remuneração | **3.525,00** |

Capítulo

V

# TEMAS GERAIS SOBRE BENEFÍCIOS

**Sumário • 1.** Hipóteses de suspensão e cancelamento dos benefícios e programas de revisão – **2.** Autotutela da administração pública previdenciária – **3.** Prescrição quinquenal da pretensão e decadência decenal para a revisão de benefício ou impugnação do ato de indeferimento – **4.** Reajustamento da renda mensal inicial – **5.** Acumulação – **6.** Descontos legalmente autorizados – **7.** Débito de contribuições previdenciárias e a concessão de benefícios – **8.** Direito adquirido – **9.** Complementação das aposentadorias dos ferroviários paga pela união – **10.** Complementação de aposentadorias pagas por entidades fechadas de previdência privada – **11.** Juros de mora e correção monetária nos processos previdenciários– **12.** Valor da causa em ações previdenciárias – **13.** Honorários advocatícios nas ações previdenciárias.

## 1. HIPÓTESES DE SUSPENSÃO E CANCELAMENTO DOS BENEFÍCIOS E PROGRAMAS DE REVISÃO

A legislação previdenciária prevê hipóteses específicas que autorizam o INSS a suspender ou mesmo cancelar benefícios previdenciários, uma vez observado o devido processo legal administrativo, em especial o Princípio do Contraditório.

De efeito, o segurado em gozo de auxílio-doença, aposentadoria por incapacidade permanente e o pensionista inválido estão obrigados, sob pena de suspensão do benefício, a submeter-se a exame médico a cargo da Previdência Social, processo de reabilitação profissional por ela prescrito e custeado e tratamento dispensado gratuitamente, exceto o cirúrgico e a transfusão de sangue, que são facultativos[1].

O segurado poderá solicitar a remarcação do exame médico pericial por uma vez, caso não possa comparecer, podendo se realizar no hospital ou na residência, caso haja impossibilidade de locomoção.

No entanto, o aposentado por invalidez maior de 60 anos de idade ficará isento da perícia bienal ou 55 anos de idade com 15 anos de percepção do benefício, exceto se voltar a exercer atividade laboral remunerada.

**IMPORTANTE!**

Ademais, coube à Lei 13.847/2019 isentar de perícia médica de revisão o **aposentado por incapacidade permanente com HIV/Aids**, desde que obviamente não haja o retorno ao labor remunerado, independentemente da sua idade.

Outrossim, o aposentado especial que retornar à atividade especial deverá ter o seu benefício suspenso, assim como o aposentado por invalidez que volte a desempenhar trabalho remunerado[2], sendo neste caso cancelado.

Demais disso, deverá o auxílio-reclusão ter o seu pagamento suspenso na hipótese de não apresentação do atestado trimestral de encarceramento, ou no caso de fuga do detento, voltando a ser pago na hipótese de recaptura, se ainda houver a manutenção da condição de segurado[3].

Entretanto, o exercício de atividade remunerada do segurado recluso em cumprimento de pena em regime fechado não acarreta a perda do direito ao recebimento do auxílio-reclusão para seus dependentes.

Também será suspenso o pagamento do salário-família se o segurado (empregado e avulso) não apresentar o atesto de vacinação (anual) ou de frequência

1. Artigo 101, da Lei 8.213/91.

2. Artigos 57, § 8º e 46 da Lei 8.213/91.

3. Artigo 117, do RPS.

escolar (semestral) do filho ou menor equiparado de 14 anos ou inválido de qualquer idade.

Da mesma forma, deverá ser cessado o pagamento da pensão por morte na hipótese de reaparecimento do segurado presumidamente morto, na forma do artigo 78, §2º, da Lei 8.213/91. Ainda há a situação da pensão por morte temporária para cônjuges e companheiros, nos casos estudados, assim como do filho e irmão maior de 21 anos não emancipado, salvo invalidez ou deficiência mental ou intelectual.

Por sua vez, o exercício de atividade laboral remunerada durante o recebimento do salário-maternidade implica na suspensão do benefício, tanto na gestação, na adoção de criança ou o salário-maternidade derivado, nos termos do artigo 71-C da Lei 8.213/1991[4].

Isso porque o benefício substituiu a remuneração do(a) segurado(a), em razão de ficção legal de incapacidade laboral temporária para cuidar da criança recém-nascida ou adotada durante o prazo do benefício por 120 dias.

Salvo direito adquirido formado antes do advento da Lei 9.528/97, o auxílio-acidente deverá ser cancelado quando da concessão de aposentadoria ao segurado, independentemente de sua espécie, nos moldes do artigo 86, §2º, da Lei 8.213/91[5].

Em decorrência do dever-poder de autotutela, há previsão no artigo 11, da Lei 10.666/03, para que a Previdência Social e o INSS mantenham programa permanente de revisão da concessão e da manutenção dos benefícios da previdência social, a fim de apurar irregularidades e falhas existentes.

Atualmente o procedimento é fixado no artigo 69 da Lei 8.212/91, alterado pela Lei 13.846/2019, que prevê que o INSS manterá programa permanente de revisão da concessão e da manutenção dos benefícios por ele administrados, a fim de apurar irregularidades ou erros materiais.

Vale frisar que, de acordo com o artigo 1º, da Lei 11.720/2008, o recadastramento de segurados da Previdência Social, por qualquer motivo, não poderá ser precedido de prévio bloqueio de pagamento de benefícios.

Coube à Lei 13.846/2019 instituir um **programa permanente** de revisão da concessão e da manutenção dos benefícios geridos pelo INSS, a fim de apurar **irregularidades ou erros materiais**, em decorrência do dever-poder de autotutela, modificando o artigo 69 da Lei 8.212/91.

O objetivo é identificar erros e fraudes passíveis de revisão administrativa em respeito ao Princípio da Legalidade, respeitado o prazo decadencial de 10 anos (art. 103-A da Lei 8.213/91), salvo comprovada má-fé do beneficiário.

Eis os procedimentos a serem observados pelos agentes do INSS:

a) Na hipótese de haver indícios de irregularidade ou erros materiais na concessão, na manutenção ou na revisão do benefício, o INSS notificará o beneficiário, o seu representante legal ou o seu procurador para, no prazo de **30 dias se for trabalhador urbano ou 60 de dias se for trabalhador rural**, apresentar defesa, provas ou documentos dos quais dispuser, preferencialmente por rede bancária ou notificação por meio eletrônico ou por via postal, por carta simples, considerado o endereço constante do cadastro do benefício, hipótese em que o aviso de recebimento será considerado prova suficiente da notificação;

b) A defesa poderá ser apresentada por canais de atendimento eletrônico definidos pelo INSS, podendo o benefício ser suspenso na hipótese de não apresentação da defesa nos prazos acima citados;

c) O benefício será suspenso na hipótese de a defesa ser considerada insuficiente ou improcedente pelo INSS, que deverá notificar o beneficiário quanto à suspensão do benefício e lhe conceder prazo de trinta dias para interposição de recurso ordinário perante a Junta do CRPS, que não terá efeito suspensivo;

d) Decorrido o prazo de trinta dias após a suspensão do benefício sem que o beneficiário, o seu representante legal ou o seu procurador apresente recurso administrativo junto aos canais de atendimento do INSS ou a outros canais autorizados, o benefício será cessado.

Excepcionalmente, por força do artigo 179-E do RPS, introduzido pelo Decreto 10.410/2020, os benefícios administrados pelo INSS que forem objeto de apuração de irregularidade ou fraude pela **Coordenação-Geral de Inteligência Previdenciária e Trabalhista da Secretaria Especial de Previdência e Trabalho do Ministério da Economia** poderão ter o respectivo **valor bloqueado cautelarmente pelo INSS**, por meio de decisão fundamentada, quando houver risco iminente de prejuízo ao erário e restarem evidenciados elementos suficientes que indiquem a existência de irregularidade ou fraude na sua concessão ou manutenção, hipótese em que será facultado ao titular a apresentação de defesa, nos termos do disposto neste Regulamento.

Neste caso, a tramitação do processo deverá ser concluída no prazo de trinta dias, contado da data de apresentação da defesa pelo titular do benefício.

---

4. Art. 71-C. A percepção do salário-maternidade, inclusive o previsto no art. 71-B, está condicionada ao afastamento do segurado do trabalho ou da atividade desempenhada, sob pena de suspensão do benefício.

5. § 2º O auxílio-acidente será devido a partir do dia seguinte ao da cessação do auxílio-doença, independentemente de qualquer remuneração ou rendimento auferido pelo acidentado, vedada sua acumulação com qualquer aposentadoria.

Cuida-se se situação excepcional de bloqueio cautelar do benefício não contemplada no artigo 69 da Lei 8.212/91, que somente prevê a suspensão do pagamento após decorrido o prazo de apresentação de defesa administrativa, razão pela qual a sua validade é deveras discutível, devendo ser restrita a situações gravíssimas de fraude oriundas da Coordenação-Geral de Inteligência Previdenciária e Trabalhista da Secretaria Especial de Previdência e Trabalho do Ministério da Economia.

Veja-se o RPS:

> "Art. 179-E. Os benefícios administrados pelo INSS que forem objeto de apuração de irregularidade ou fraude pela Coordenação-Geral de Inteligência Previdenciária e Trabalhista da Secretaria Especial de Previdência e Trabalho do Ministério da Economia poderão ter o respectivo valor bloqueado cautelarmente pelo INSS, por meio de decisão fundamentada, quando houver risco iminente de prejuízo ao erário e restarem evidenciados elementos suficientes que indiquem a existência de irregularidade ou fraude na sua concessão ou manutenção, hipótese em que será facultado ao titular a apresentação de defesa, nos termos do disposto neste Regulamento. (Incluído pelo Decreto nº 10.410, de 2020)
>
> § 1º Para fins do disposto neste artigo, o bloqueio do valor do benefício consiste no comando bancário que impossibilita temporariamente a movimentação do valor referente ao benefício. (Incluído pelo Decreto nº 10.410, de 2020)
>
> § 2º Será dada prioridade à tramitação de processo no qual seja requerido o bloqueio do valor do benefício. (Incluído pelo Decreto nº 10.410, de 2020)
>
> § 3º Na hipótese prevista no § 2º, a tramitação do processo deverá ser concluída no prazo de trinta dias, contado da data de apresentação da defesa pelo titular do benefício. (Incluído pelo Decreto nº 10.410, de 2020)
>
> § 4º Encerrado o prazo de que trata o § 3º, independentemente de concluída a tramitação do processo, o benefício será desbloqueado automaticamente, ressalvada a hipótese prevista no § 5º.
>
> § 5º Na hipótese de o titular do benefício não apresentar defesa, o bloqueio será convertido automaticamente em suspensão do benefício. (Incluído pelo Decreto nº 10.410, de 2020)
>
> § 6º Ato conjunto da Secretaria Especial de Previdência e Trabalho do Ministério da Economia e do INSS disciplinará os procedimentos, os requisitos e a forma de encaminhamento das apurações de irregularidade ou fraude e de efetivação do bloqueio de que trata este artigo. (Incluído pelo Decreto nº 10.410, de 2020)".

A regulamentação é dada pela **Portaria Conjunta MTP/INSS Nº 28 DE 27/09/2022** que disciplina os procedimentos, os requisitos e a forma de encaminhamento das apurações de irregularidade ou fraude e de efetivação do bloqueio de que trata o Art. 179-E do Regulamento da Previdência Social - RPS, aprovado pelo Decreto nº 3.048, de 6 de maio de 1999, e dá outras providências.

Enquadram-se nas hipóteses de aplicação da previsão do art. 179-E do RPS as apurações realizadas pela Coordenação-Geral de Inteligência Previdenciária e Trabalhista - CGINT do Ministério da Previdência, dedicadas à detecção e investigação de fraudes estruturadas em benefícios administrados pelo INSS.

Cabe à CGINT encaminhar ao Presidente do INSS a relação de benefícios que tenham sido objeto de apuração de irregularidade ou fraude em decorrência das ações sob sua competência, cientificando o Secretário Executivo do MTP previamente, sem prejuízo do envio tempestivo das informações.

O Presidente do INSS, ao receber as relações de benefícios que tenham sido objeto de apuração de irregularidades ou fraude citada, pode promover, considerando a capacidade operacional, a aplicação da medida cautelar prevista no art. 179-E do RPS.

Nos termos do Ofício SEI Circular nº 01/2020/DIRBEN/INSS, por analogia ao §2º do Art. 69 da Lei 8.212/91 e por sua razoabilidade, amplia-se para **30 (trinta) dias** o prazo para o titular de Benefício de Prestação Continuada – **BPC** – exercer o direito Ampla Defesa e Contraditório quando notificado a apresentar defesa de indícios de irregularidades identificados na concessão e/ou manutenção de seu benefício assistencial.

Conforme a Nota nº 00038/2019/DAADM/PFE-INSS-SEDE/PGF/AGU, de 18/09/2019, a ampliação respeitará a razoabilidade de conceder um prazo maior ao titular do BPC por presumir ser um cidadão em situação de vulnerabilidade social.

De efeito, apurada irregularidade recorrente ou fragilidade nos procedimentos reconhecidas pelo INSS ou pelos órgãos de controle (a exemplo do TCU), os procedimentos de análise e concessão de benefícios serão revistos, de modo a reduzir o risco de fraude e concessão irregular.

Coube à Resolução INSS 712/2019 instituir a **Estratégia Nacional Antifraude Previdenciária (ENAP)**, no âmbito do INSS, fundada:

> I - nos princípios constitucionais da administração pública;
>
> II - na preservação do patrimônio público, material e imaterial;
>
> III - na sustentabilidade do Regime Geral de Previdência Social;
>
> IV - no respeito aos direitos e às garantias do cidadão;
>
> V - no repúdio a fraudes e atos de corrupção;
>
> VI - na cooperação institucional; e
>
> VII - na ética e na integridade.

Devem ser desenvolvidas no âmbito da ENAP as seguintes ações:

> I - o desenvolvimento do Programa Especial para Análise de Benefícios com Indícios de Irregularidade - Programa Especial, de que trata a Lei nº 13.846, de 18 de junho de 2019;
>
> II - a execução das atividades no âmbito da Central Especializada de Alta Performance para Análise de Processos com Indícios de Irregularidade - CEAP - ANTIFRAUDE - MOB, de que trata a Resolução nº 681/PRES/INSS, de 24 de maio de 2019;
>
> a) do Sistema de Verificação de Conformidade da Folha de Pagamento de Benefícios -
>
> SVCBEN;
>
> b) do Painel de Qualidade de Dados do Pagamento de Benefícios - QDBEN; e
>
> c) do Sistema Monitoramento Operacional de Benefícios Digital - MOB Digital.
>
> IV - a reestruturação da Coordenação-Geral de Monitoramento e Controle de Benefícios -CGMOB;
>
> V - a qualificação dos dados de pessoas físicas constantes do Cadastro Nacional de Informações Sociais - CNIS;
>
> VI - a implantação de ferramenta eletrônica para a identificação dos beneficiários com o uso de biometria ou outro meio que assegure o seu reconhecimento, inclusive para a realização da comprovação anual de vida;
>
> VII - o monitoramento do tempo de comunicação dos registros de nascimentos, natimortos, casamentos, óbitos, averbações, anotações e retificações, encaminhadas ao INSS pelos cartórios de registro civil de pessoas naturais;
>
> VIII - a revisão de acordos de cooperação firmados para a intermediação de serviços a beneficiários do INSS que sejam objeto de elevados índices de reclamação por irregularidades ou condutas lesivas praticadas;
>
> IX - a instituição do programa de integridade;
>
> X - a reinstalação da comissão de ética do INSS;
>
> XI - a implementação da política de gestão de riscos; e
>
> XII - a instituição do sistema de governança do INSS.

Nos termos da Lei 14.199/2021, regulamentada pela Portaria INSS 1.366, DE 14 DE OUTUBRO DE 2021, aquele que receber benefício realizará **anualmente, no mês de aniversário do titular do benefício, a comprovação de vida**, preferencialmente por meio de atendimento eletrônico com uso de biometria, ou outro meio definido pelo INSS que assegure a identificação inequívoca do beneficiário, implementado pelas instituições financeiras pagadoras dos benefícios, observadas as seguintes disposições:

> I - a prova de vida e a renovação de senha serão efetuadas pelo beneficiário, preferencialmente no mesmo ato, mediante identificação **por funcionário da instituição financeira responsável pelo pagamento**, quando não realizadas por atendimento eletrônico com uso de biometria;
>
> II - a prova de vida poderá ser realizada por representante legal ou por procurador do beneficiário, legalmente cadastrado no INSS;
>
> III - os órgãos competentes deverão dispor de meios alternativos que garantam a realização da prova de vida do beneficiário com idade igual ou superior a **80 (oitenta) anos ou com dificuldade de locomoção**, inclusive por meio de atendimento domiciliar quando necessário;
>
> IV - as instituições financeiras deverão, obrigatoriamente, envidar esforços a fim de facilitar e auxiliar o beneficiário com idade igual ou superior a 80 (oitenta) anos ou com dificuldade de locomoção, de forma a evitar ao máximo o seu deslocamento até a agência bancária e, caso isso ocorra, dar-lhe preferência máxima de atendimento, para diminuir o tempo de permanência do idoso no recinto e evitar sua exposição a aglomeração;
>
> V- a instituição financeira, quando a prova de vida for nela realizada, deverá enviar as informações ao INSS, bem como divulgar aos beneficiários, de forma ampla, todos os meios existentes para efetuar o procedimento, especialmente os remotos, a fim de evitar o deslocamento dos beneficiários; e
>
> VI - o INSS poderá bloquear o **pagamento do benefício** encaminhado às instituições financeiras até que o beneficiário realize a prova de vida, permitida a liberação do pagamento automaticamente pela instituição financeira".

O segurado ou beneficiário que receber benefício nas modalidades de pagamento de cartão magnético, conta-corrente ou conta poupança realizará anualmente, no mês de aniversário do titular do benefício, a comprovação de vida, preferencialmente por meio de atendimento eletrônico com uso de biometria, ou outro meio definido pelo INSS que assegure a identificação inequívoca do beneficiário, implementado pelas instituições financeiras pagadoras dos benefícios, observando-se que:

> I - a prova de vida:
>
> a) bem como a renovação de senha, serão efetuadas pelo beneficiário, preferencialmente no mesmo ato, mediante identificação por funcionário da instituição financeira responsável pelo pagamento, quando não realizadas por atendimento eletrônico com uso de biometria;
>
> b) poderá ser realizada por representante legal ou por procurador do beneficiário, desde que esteja legalmente cadastrado no INSS; e
>
> c) deverá ser realizada em qualquer agente pagador da instituição financeira responsável pelo pagamento do benefício;
>
> II - as instituições financeiras deverão:
>
> a) obrigatoriamente, envidar esforços a fim de facilitar e auxiliar o beneficiário com idade igual ou superior a 80 (oitenta) anos ou com dificuldade de locomoção, de forma a evitar ao máximo o seu deslocamento até a agência bancária e, caso isso ocorra, dar-lhe preferência máxima de atendimento, para diminuir o tempo de

permanência do idoso no recinto e evitar sua exposição a aglomeração; e

b) enviar as informações ao INSS, quando a prova de vida for nelas realizada, bem como divulgar aos beneficiários, de forma ampla, todos os meios existentes para efetuar o procedimento, especialmente os remotos, a fim de evitar o deslocamento dos beneficiários;

III - o INSS poderá bloquear o pagamento do benefício encaminhado às instituições financeiras até que o beneficiário realize a prova de vida, permitida a liberação do pagamento automaticamente pela instituição financeira.

A possibilidade de realização de prova de vida por meio de pesquisa externa, para o maior de 80 (oitenta) anos ou titular com dificuldade de locomoção, sem procurador ou representante legal cadastrado junto ao INSS, não impede o titular de realizar o procedimento na instituição financeira responsável pelo pagamento de seu benefício, se assim desejar, salvo se o benefício já estiver cessado após 6 meses da suspensão.

A partir de janeiro de 2022, em caso de ausência de comprovação de vida no mês de aniversário do titular do benefício, os créditos mensais da primeira e da segunda competências subsequentes serão encaminhados à rede pagadora com marca de bloqueio.

Caso não seja realizada a comprovação de vida após o segundo bloqueio, o benefício será suspenso pelo motivo 65 - não apresentação de fé de vida. Após 6 (seis) meses de suspensão, o benefício será cessado pelo motivo 02 - não comprovação de fé de vida.

Neste caso, o benefício somente poderá ser reativado através da comprovação de vida por biometria realizada pelo aplicativo Meu INSS, ou por meio do serviço agendável Realizar Prova de Vida - Situações Excepcionais ou, ainda, através da pesquisa externa.

Havendo a comprovação de vida durante o período de bloqueio ou suspensão, os créditos serão desbloqueados e, se necessário, o benefício será reativado.

Comprovada a realização na instituição financeira de prova de vida pelo titular após o seu óbito, esta deverá devolver integralmente os valores pagos ou creditados após o falecimento, independente do período a que se referem, atualizados monetariamente conforme disposto no art. 175 do Regulamento da Previdência Social, aprovado pelo Decreto nº 3.048, de 6 de maio de 1999.

A **Portaria 1.062/PRES/INSS, de 15/10/2020,** passou a reger os procedimentos para comprovação de vida pelos beneficiários que residem no exterior.

Os beneficiários do INSS que residem no exterior deverão realizar, anualmente, a comprovação de vida, independentemente da forma de recebimento do benefício.

A comprovação de vida deverá ser emitida pelas representações consulares ou diplomáticas brasileiras no exterior.

Para residentes em países signatários da Convenção sobre a Eliminação da Exigência de Legalização de Documentos Públicos Estrangeiros a comprovação de vida pode ser realizada com a utilização do Formulário Específico de "Atestado de Vida para comprovação perante o INSS", constante da página no INSS na internet (www.inss.gov.br), assinado na presença de um notário público local e devidamente apostilado pelos órgãos designados em cada país.

A documentação de comprovação de vida deverá ser encaminhada ao INSS, diretamente pelo beneficiário, nas formas que se seguem:

I - à Agência de Acordos Internacionais responsável pelo acordo com o país de residência do beneficiário, nos temos do Anexo da Resolução nº 295/PRES/INSS, de 8 de maio de 2013;

II - à Coordenação-Geral de Pagamentos e Gestão de Serviços Previdenciários – CGPGSP da Diretoria de Benefícios para os residentes em países com os quais o Brasil não mantém Acordo Internacional de Previdência; ou

III - por meio de juntada de documentos no MEU INSS.

O procedimento de prova de vida foi alterado pela PORTARIA PRES/INSS Nº 1.408, DE 2 DE FEVEREIRO DE 2022, **que passou a ser será realizada apenas quando não for possível o INSS confirmar que o titular do benefício realizou algum ato registrado em bases de dados dos órgãos, entidades ou instituições, mantidos ou administrados pelos órgãos públicos federais, estaduais, municipais e privados**, na forma prevista nos Acordos de Cooperação, quando for o caso.

De efeito, passaram a ser considerados válidos como prova de vida realizada, dentre outros, os seguintes atos, meios, informações ou base de dados:

I - acesso ao aplicativo Meu INSS com o selo ouro ou outros aplicativos e sistemas dos órgãos e entidades públicas que possuam certificação e controle de acesso, no Brasil ou no exterior;

II - realização de empréstimo consignado, efetuado por reconhecimento biométrico;

III - atendimento:

a) presencial nas Agências do INSS ou por reconhecimento biométrico nas entidades ou instituições parceiras;

b) de perícia médica, por telemedicina ou presencial; e

c) no sistema público de saúde ou na rede conveniada;

IV - vacinação;

V - cadastro ou recadastramento nos órgãos de trânsito ou segurança pública;

VI - atualizações no CADÚNICO, somente quando for efetuada pelo responsável pelo Grupo;

VII - votação nas eleições;

VIII - emissão/renovação de:

a) Passaporte;

b) Carteira de Motorista;

c) Carteira de Trabalho;

d) Alistamento Militar;

e) Carteira de Identidade; ou

f) outros documentos oficiais que necessitem da presença física do usuário ou reconhecimento biométrico;

IX - recebimento do pagamento de benefício com reconhecimento biométrico; e

X - declaração de Imposto de Renda, como titular ou dependente.

Quando não for possível a comprovação de vida pelos cruzamentos de dados, O INSS notificará o beneficiário comunicando que deverá realizá-la, preferencialmente, por atendimento eletrônico com uso de biometria ou utilizando-se dos meios acima referidos.

Outrossim, **PORTARIA PRES/INSS Nº 1.408, DE 2 DE FEVEREIRO DE 2022 suspendeu, durante o ano de 2022, o bloqueio ou suspensão de pagamento por falta da comprovação de vida.**

Com o advento da **Portaria DIRBEN/INSS Nº 1103, de 25/01/2023**, que disciplinou os atos complementares para operacionalização das rotinas para comprovação de vida dos beneficiários do INSS, conforme Portaria PRES/INSS nº 1.408, de 2 de fevereiro de 2022, **foi restabelecida para o ano de 2023 a possibilidade de suspensão e cancelamento dos benefícios por ausência de realização da prova de vida.**

Com efeito, podem ser considerados válidos como comprovação de vida realizada os atos, meios, informações ou base de dados elencados no artigo 2º da Portaria PRES/INSS nº 1.408, de 2 de fevereiro de 2022, desde que realizados ou atualizados **no prazo de até 10 (dez) meses posteriores ao último aniversário do beneficiário.**

Serão migradas dos bancos de dados integrados à base do INSS as seguintes informações para efeito de comprovação de vida:

I - base de dados originária;

II - data e hora da ocorrência;

III - CPF;

IV - nome completo; e

V - UF (Unidade da Federação) da ocorrência.

Uma vez identificado que o beneficiário realizou alguma das ações elencadas no artigo 2º da Portaria PRES/INSS nº 1.408, de 2022, o benefício receberá a informação da prova de vida realizada e a data do processamento, na competência em que ocorreu a atualização

Para fins de avaliação e monitoramento, as informações migradas dos bancos de dados integradas com o sistema do INSS serão classificadas conforme seu **nível de integridade (alto, médio e baixo)** . Os benefícios cuja classificação do nível de integridade for definida como **baixo,** poderão ser encaminhados para análise administrativa conforme as regras estabelecidas nesta Portaria.

Quando não for possível confirmar a realização da prova de vida por um dos atos elencados no artigo 2º da Portaria PRES/INSS nº 1.408, de 2022, por meio das bases de dados já integradas com os sistemas do INSS ou quando as informações obtidas não se mostrarem suficientes, o beneficiário será **automaticamente notificado**, via canais remotos (Meu INSS e Central 135) e/ou notificação bancária, a realizar algum ato de forma que seja identificado em alguma base de dados constantes na Portaria acima citada.

**Após a notificação, o segurado terá o prazo de 60 (sessenta) dias para realizar uma das ações elencadas no artigo 2º da Portaria PRES/INSS nº 1.408, de 2022.** Transcorrido o prazo referido sem a realização da prova de vida, será criada automaticamente a tarefa "Comprovação de Vida" no sistema de Portal de Atendimento - PAT ou sistema que o substitua nos seguintes casos, podendo ser emitida Pesquisa Externa - PE para localização do beneficiário, a ser realizada por servidor do INSS ou parceiro constituído:

I - quando não identificada ação ou atualização nas bases de dados integradas com os sistemas do INSS; ou

II - quando não atingida a pontuação mínima para comprovação de vida.

**O pagamento do benefício será <u>bloqueado</u> e o beneficiário novamente notificado**, pelas mesmas vias referidas, para realizar, no prazo de 30 (trinta) dias, uma das ações elencadas no artigo 2º da Portaria PRES/INSS nº 1.408, de 2022, quando:

I - realizada pesquisa externa e esta não for considerada efetiva para a comprovação de vida;

II - o endereço cadastrado nas bases de dados do INSS for insuficiente para realizar a localização do beneficiário.

**Transcorrido o período de 6 (seis) meses de suspensão, o benefício será cessado**, se não realizada a prova de vida. Quando a comprovação de vida for realizada por intermédio de **procurador constituído**, deverá ser observado os procedimentos previstos no caput do artigo 539 da Instrução Normativa PRES/INSS nº 128, de 28 de março de 2022, e nos artigos 24 e 26 da Portaria nº 992 DIRBEN/INSS de 28 de março de 2022, sendo o prazo da **procuração** para fins de comprovação de vida é de até **12 (doze) meses**, conforme definido no artigo 535 da Instrução Normativa PRES/INSS nº 128, de 2022.

Nos casos em que o beneficiário **residir no exterior** e não for identificado no processamento automático de que trata esta Portaria, a comprovação de vida poderá ser realizada:

I - nas representações consulares ou diplomáticas brasileiras no exterior; ou

II - por meio do Formulário Específico de "Atestado de Vida para comprovação perante o INSS", constante no sítio www.gov.br/inss/pt-br, assinado na presença de um notário público local e devidamente apostilado pelos órgãos designados em cada país, para os residentes em países signatários da Convenção sobre a Eliminação da Exigência de Legalização de Documentos Públicos Estrangeiros.

Ainda foi previsto pela Lei 13.846/2019 um **Programa Especial para Análise de Benefícios com Indícios de Irregularidade**, com o objetivo de analisar processos que apresentem indícios de irregularidade e potencial risco de realização de gastos indevidos na concessão de benefícios administrados pelo INSS, com duração até 31 de dezembro de 2020 e podendo ser prorrogado até 31 de dezembro de 2022 por ato fundamentado do Presidente do INSS.

O objeto é revisar os benefícios por incapacidade mantidos sem perícia pelo INSS, por período superior a seis meses, e que não possuam data de cessação estipulada ou indicação de reabilitação profissional, assim como outros benefícios de natureza previdenciária e assistencial.

São considerados **processos com indícios de irregularidade integrantes do Programa Especial** aqueles com potencial risco de gastos indevidos e que se enquadrem nas seguintes hipóteses, sem prejuízo das disposições previstas no ato de que trata o art. 9º:

I – potencial acúmulo indevido de benefícios indicado pelo Tribunal de Contas da União ou pela Controladoria-Geral da União;

II – potencial pagamento indevido de benefícios previdenciários indicados pelo Tribunal de Contas da União e pela Controladoria-Geral da União;

III – processos identificados na Força-Tarefa Previdenciária, composta pelo Ministério Público Federal, pela Polícia Federal e pela Secretaria Especial de Previdência e Trabalho do Ministério da Economia;

IV – suspeita de óbito do beneficiário;

V – benefício de prestação continuada previsto na Lei nº 8.742, de 7 de dezembro de 1993, com indícios de irregularidade identificados em auditorias do Tribunal de Contas da União, da Controladoria-Geral da União e em outras avaliações realizadas pela administração pública federal; e

VI – processos identificados como irregulares pelo INSS.

Eis a posição do CRPS:

**JR/CRPS – ENUNCIADO Nº 16 – Alterado: Publicado no DOU de 12.11.2019**

A suspeita de fraude na concessão de benefício previdenciário ou assistencial não enseja, de plano, a sua suspensão ou cancelamento, mas dependerá de apuração em procedimento administrativo, observados os princípios do contraditório e da ampla defesa e as disposições do art. 69 da Lei nº 8.212/91.

Coube à **Portaria DIRBEN/INSS Nº 1037, de 26/07/2022,** instituir e disciplinar as ações referentes à verificação do Cadastro de Pessoa Física - CPF e as novas tipologias incluídas no Sistema de Verificação de Conformidade da Folha de Pagamento de Benefícios - SVCBEN e no Painel de Qualidade de Dados do Pagamento de Benefícios - QDBEN.

O batimento do CPF do titular do benefício, a partir da confrontação com a base de dados da RFB, tem por finalidade identificar, corrigir e prevenir possíveis irregularidades ou disfunções identificadas que possam interferir no direito à manutenção dos benefícios mantidos pelo INSS, no contexto de conformidade da folha de pagamento de benefícios e no combate à fraudes.

O monitoramento do CPF do titular do benefício abrange a verificação das seguintes situações, conforme Instrução Normativa RFB nº 1548, de 13 de fevereiro de 2015:

I - Suspenso: o cadastro está incorreto ou incompleto;

II - Cancelado: o cadastro foi cancelado por multiplicidade ou em virtude de decisão administrativa ou judicial;

III - Cancelado por óbito sem espólio/titular falecido: consta informação de óbito no CPF; e

IV - Nulo: foi constatada fraude na inscrição e o CPF foi anulado.

Os benefícios identificados com a situação de óbito junto à base da RFB serão suspensos automaticamente pelo motivo 88 - "SUSPENSO OBITO INF. BASE CPF" e, se constarem valores disponíveis, os créditos serão bloqueados.

Serão encaminhados automaticamente para instauração de processo de apuração de irregularidade os benefícios em que a situação cadastral do CPF na RFB for identificada como nulo e cancelado ex-ofício, tendo em vista possível indicativo de fraude na inscrição do CPF.

Os beneficiários serão notificados através da rede bancária sobre a necessidade de regularização da situação cadastral junto à RFB, quando o CPF constar como cancelado por multiplicidade ou suspenso.

Regularizada a situação do CPF do beneficiário junto à RFB, caberá ao servidor verificar a necessidade de atualizar os dados cadastrais junto ao INSS, inclusive no(s) benefício(s) em que o beneficiário for titular, instituidor, procurador ou representante legal.

Caso o beneficiário não regularize a situação do seu CPF, não apresente defesa ou se a defesa for considerada insuficiente, o benefício poderá ser suspenso pelo motivo "89 - SUSPENSO PENDENCIA BASE CPF", com exceção dos benefícios com Data do Despacho do Benefício (DDB) maior ou igual a 10 (dez) anos, a contar da data de criação da tarefa do QDBEN.

Após a suspensão do benefício em razão de qualquer das situações descritas, caso o beneficiário solicite a reativação deverá ser verificado:

I - se houve a regularização da situação do CPF junto à RFB e em caso negativo, o beneficiário deverá ser orientado quanto à necessidade de sua regularização, para que possa ser promovida a reativação do benefício; e

II - se há informação de óbito através de consulta realizada ao sistema SIRC, na funcionalidade Consulta Nacional. Constando registro de óbito, deverá ser observado o disposto na Portaria DIRBEN/INSS nº 992, de 28.03.2022 e adotados os seguintes procedimentos:

a) se a informação do óbito coincidir com os dados do titular do benefício, o mesmo deverá ser orientado a solicitar a regularização da Certidão de Óbito junto ao cartório ou através de ação judicial própria, devendo o benefício permanecer suspenso enquanto não houver decisão modificativa;

b) quando constatado que o óbito informado na certidão se refere a homônimo do titular do benefício, o INSS deverá apenas proceder à análise referente a reativação do benefício, após a regularização pelo beneficiário da situação do CPF junto à RFB, atentando-se sempre para a necessidade de atualização dos dados cadastrais nos sistemas de benefícios.

Outrossim, a Portaria DIRBEN/INSS Nº 1.056, de 20/09/2022 definiu o processo de **Supervisão Técnica em Benefício** como atividade de controle permanente da qualidade dos atos praticados no âmbito do Reconhecimento do Direito dos benefícios administrados pelo Instituto Nacional do Seguro Social e os fluxos operacionais para correção de erros formais nas tarefas concluídas pelos Serviços de Centralização da Análise de Reconhecimento de Direitos, Manutenção de Benefícios e de Atendimento de Demandas Judiciais de Benefícios - Ceabs.

As supervisões técnicas de Benefícios têm como objetivo monitorar a qualidade dos processos administrativos de Reconhecimento de Direitos no âmbito da Diretoria de Benefícios e Relacionamento com o Cidadão por meio de seleção baseada em critérios estatísticos predefinidos.

Compõe o programa de Supervisão Técnica em Benefícios, os procedimentos de:

I – supervisões técnicas em benefícios;

II – revisões administrativas deferidas com identificação de inconsistências do processo de análise de benefícios, relativas a aspectos procedimentais ou de direito; e

III – revisões de ofício decorrentes de inconsistências procedimentais ou de direito identificadas por meio do exercício do princípio da autotutela administrativa.

Poderão ser objeto da supervisão técnica do reconhecimento de direitos os requerimentos de benefícios das espécies de:

I – aposentadorias;

II – pensões por morte;

III – auxílio-reclusão;

IV – salário maternidade;

V – benefícios assistenciais;

VI – certidão de tempo de contribuição; e

VII – seguro desemprego do pescador artesanal – SDPA.

A amostra da Supervisão Técnica será composta pelos requerimentos concluídos por Superintendência Regional, dos últimos dois meses, selecionados de forma aleatória simples pela Diretoria de Benefícios e Relacionamento com o Cidadão – Dirben.

Ficaram definidos como indicadores de desempenho da qualidade:

I – índice de conformidade – IC;

II – índice de decisões ratificadas – IDR;

III – índice de processos a serem reanalisados – IPR; e

IV – índice de reversão da decisão – IRD.

Os procedimentos quanto ao processamento da revisão administrativa, inclusive quando de ofício, deverão seguir o disposto na PORTARIA Dirben/INSS Nº 997, DE 28 DE MARÇO DE 2022, e será processada através dos requerimentos dos seguintes serviços:

**I – Revisão – Código 2071**, para as solicitações de interessados, procuradores ou representantes legais para que haja reconsideração da decisão administrativa.

**II – Revisão Administrativa de Benefício por Incapacidade – Código 6268**, para as solicitações de interessados, procuradores ou representantes legais para que haja reconsideração da decisão administrativa de Benefícios por Incapacidade.

**III – Revisão de Certidão de Tempo de Contribuição – Código 8934**, para as solicitações de interessados, procuradores ou representantes legais para que haja reconsideração da decisão administrativa da emissão de Certidão por Tempo de Contribuição.

**IV – Revisão Legado – Código 3912**, serviço de uso interno, para as solicitações de Revisão realizadas anteriores à publicação do Memorando-Circular Conjunto nº 3/DIRAT/Dirben/INSS, de 3 de maio de 2018, e cadastradas conforme Ofício-Circular Conjunto nº 14/Dirben/DIRAT/INSS de 20 de março de 2019 e Ofício-Circular nº 17 /Dirben/INSS de Em 5 de abril de 2019.

**V – Revisão Extraordinária – Código 9154**, serviço de uso interno, para as revisões a serem realizadas por ordem judicial.

**VI – Revisão Administrativa em Fase Recursal – Código 4073**, serviço de uso interno, para realização do procedimento da revisão da decisão administrativa quando na análise inicial do requerimento de recurso quando verificado necessidade de reversão da decisão inicial objeto do recurso administrativo, conforme procedimentos definidos na PORTARIA Dirben/INSS Nº 996, DE 28 DE MARÇO DE 2022.

**VII – Revisão para COMPREV – Código 6012**, serviço de uso interno, para realização do procedimento da revisão da decisão administrativa quando identificado erro na análise inicial do Benefício ou da emissão da Certidão por Tempo de Contribuição durante os procedimentos da Compensação Previdenciária.

**VIII – Revisão de Ofício – Código 5172**, serviço de uso interno, para realização do procedimento de revisão da decisão administrativa quando identificado erro na análise inicial dos requerimentos de benefícios ou de emissão de Certidão de Tempo de Contribuição.

**IX – Revisão de Ofício Identificada – Código 16395**, serviço de uso interno e exclusivo do programa de Supervisão Técnica, para realização do procedimento de revisão da decisão administrativa quando identificado erro na análise inicial dos requerimentos de benefícios ou de emissão de Certidão de Tempo de Contribuição, devendo a correção ser realizada pelo servidor responsável pela análise inicial.

As revisões de ofício terão como origem:

I – supervisões técnicas;

II – determinação judicial;

III – identificação de erros sistêmicos; ou

IV – correção de falha operacional não vinculada à análise de mérito por iniciativa da:

a) próprio servidor que concluiu a tarefa;

b) serviço de Gerenciamento em Benefícios – SGBEN; ou

c) pelo supervisor técnico.

## 2. AUTOTUTELA DA ADMINISTRAÇÃO PÚBLICA PREVIDENCIÁRIA

É certo que a Administração Pública tem o dever de anular os seus próprios atos quando eivados de vícios legais não passíveis de convalidação, em atenção ao interesse público primário, independentemente de provocação, aplicando de ofício o Princípio da Legalidade, na forma da Súmula 473, do STF[6].

Entrementes, caso a retirada do ato administrativo do mundo jurídico interfira na esfera patrimonial de terceiros, é curial o exercício prévio do contraditório antes da autotutela pelo Poder Público, conforme já se pronunciou a Suprema Corte[7].

Em termos gerais na Administração Pública federal, salvo comprovada má-fé, nas hipóteses em que o ato administrativo ilegal gere efeitos patrimoniais aos administrados, há prazo decadencial para que seja procedida a sua anulação de ofício, que é de 05 anos, a contar da percepção do primeiro pagamento, na forma do artigo 54, da Lei 9.784/99.

De acordo com o entendimento administrativo do INSS, para os benefícios concedidos antes do advento da Lei nº 9.784, de 29 de janeiro de 1999, ou seja, com data do despacho do benefício – DDB até 31 de janeiro de 1999, o início do prazo decadencial começa a correr a partir de 1º de fevereiro de 1999[8].

Entretanto, por mais de uma década vigorou o artigo 7º, da Lei 6.309/1975, que dispunha que "os processos de interesse de beneficiários e demais contribuintes não poderão ser revistos após 5 (cinco) anos, contados de sua decisão final, ficando dispensada a conservação da documentação respectiva além desse prazo".

Sucede que a Lei 6.309/75 foi expressamente revogada pela Medida Provisória 302, de 13.04.1992, convertida na Lei 8.422/92, mas surtiu efeitos nesse interstício.

Nesse sentido, a melhor jurisprudência:

"PREVIDENCIÁRIO. ADMINISTRATIVO. APOSENTADORIA ESPECIAL DE AERONAUTA. REDUÇÃO DO VALOR DA RMI. DECURSO DE MAIS DE TRINTA ANOS ENTRE A DATA DA CONCESSÃO DO BENEFÍCIO E O INÍCIO DO PROCESSO ADMINISTRATIVO QUE CULMINOU COM A DIMINUIÇÃO DOS PROVENTOS. INVIABILIDADE DE REAPRECIAÇÃO DA QUESTÃO. AUSÊNCIA DE FRAUDE. **A revisão de ato de concessão de benefício pelo INSS, no regime anterior ao advento do art. 103-A da Lei 8.213/91, somente pode ocorrer, em regra, dentro do prazo decadencial de 5 (cinco) anos, haja vista o disposto no artigo 7º da Lei 6.309/75 (revogado pela Lei 8.422, de 23-05-1992) e no artigo 54 da Lei 9.784/99, e também em homenagem ao princípio da segurança jurídica**. Somente no caso

---

6. A administração pode anular seus próprios atos, quando eivados de vícios que os tornam ilegais, porque deles não se originam direitos; ou revogá-los, por motivo de conveniência ou oportunidade, respeitados os direitos adquiridos, e ressalvada, em todos os casos, a apreciação judicial.

7. MS 26.628, de 17.12.2007.

8. Artigo 122, da Portaria INSS/DIRBEN 993/2022.

de prova de fraude (má fé), a revisão pode ser operada a qualquer tempo, observado o devido processo legal. Em se tratando de benefício deferido sob a égide do art. 7º da Lei 6.309/75 (revogado pela Lei 8.422, de 23.05.92), deve, de qualquer sorte, ser aplicada referida norma restritiva ao poder de desfazimento, até porque ostenta conteúdo material. Apelação e remessa oficial improvidas" (TRF da 4ª Região, AMS 200772050018049, de 02.04.2008).

Atualmente há regra especial de prazo para o exercício da autotutela pela Previdência Social, esculpida no artigo 103-A, da Lei 8.213/91, inserido pela Lei 10.839/2004, fruto da conversão da Medida Provisória 138/2003:

"Art. 103-A. O direito da Previdência Social de anular os atos administrativos de que decorram efeitos favoráveis para os seus beneficiários decai em 10 (dez) anos, contados da data em que foram praticados, salvo comprovada má-fé.

§1º No caso de efeitos patrimoniais contínuos, o prazo decadencial **contar-se-á da percepção do primeiro pagamento.**

§2º Considera-se exercício do direito de anular qualquer medida de autoridade administrativa que importe impugnação à validade do ato".

Destarte, o INSS terá o prazo decadencial de 10 anos, **a partir do primeiro pagamento**, para anular atos administrativos ilegais (a exemplo da concessão de benefícios previdenciários indevidos ou com renda a maior) com efeitos continuados com eficácia favorável aos administrados, salvo comprovada má-fé dos beneficiários, hipótese em que a ilegalidade poderá ser pronunciada a qualquer tempo.

O erro administrativo do INSS, gerador de efeitos financeiros favoráveis ao beneficiário da previdência social de boa-fé, que se presume, uma vez consolidado após o decêndio legal, gerará a estabilidade do ato administrativo para todos os fins previdenciários.

Isso decorre do Princípio da Segurança Jurídica e da amplitude da regra do artigo 103-A da Lei 8.213/91, que não restringe os efeitos jurídicos do ato preservado pela consumação da decadência do exercício da autotutela do INSS.

Assim, por exemplo, a aposentadoria estabilizada pelo artigo 103-A da Lei 8.213/91 gerará todos os efeitos previdenciários de uma aposentadoria concedida de modo legítimo, inclusive a manutenção da qualidade de segurado para fins de pensão por morte.

Frise-se que a própria normatização do INSS não traz nenhuma regra em sentido contrário, e nem poderia fazê-lo, sob pena de afronta ao texto legal citado.

Afronta de morte o Princípio da Segurança Jurídica negar uma pensão por morte de um segurado de boa-fé que estava aposentado percebendo normalmente as parcelas mensais do benefício.

O segurado estava convicto que a aposentadoria percebida teve o condão de manter a qualidade de segurado da previdência social, não podendo o dependente ser surpreendido pela autarquia em clara afronta normativa sem mesmo ter oportunidade e cientificado em vida dessa interpretação restritiva para promover recolhimentos para a conservação da qualidade de segurado.

Aliás, o INSS precisa ter uma linha única de tese jurídica. O artigo 103 e o artigo 103-A são faces da mesma moeda, com decadência para o Poder Público e o beneficiário do RGPS em 10 anos.

Vale frisar que dentro do prazo decadencial decenal para a autotutela, não poderá o beneficiário alegar a ocorrência da "coisa julgada" administrativa para impedir a autarquia de anular a prática de atos ilegais, respeitado o contraditório, pois é imposição de proteção ao Erário em decorrência do dever-poder de autotutela.

De efeito, **a autotutela é via de mão dupla**, impondo-se à Administração Pública a revisão de atos ilegais quer favoráveis ou desfavoráveis ao beneficiário da política previdenciária e assistencial.

Nesse sentido, o **tema 283 da TNU:**

| Tema | 283 | Situação do tema | Julgado | Ramo do direito | DIREITO PREVIDENCIÁRIO |
|---|---|---|---|---|---|
| **Questão submetida a julgamento** | | **Saber se a coisa julgada administrativa é oponível na hipótese de revisão de ato administrativo versando sobre matéria previdenciária, considerando que os requisitos para concessão de benefício previdenciário são previstos em lei.** | | | |
| **Tese firmada** | | **A coisa julgada administrativa não exclui a apreciação da matéria controvertida pelo poder judiciário e não é oponível à revisão de ato administrativo para adequação aos requisitos previstos na lei previdenciária, enquanto não transcorrido o prazo decadencial.** | | | |

| Processo | Decisão de afetação | Relator (a) | Julgado em | Acórdão publicado em | Trânsito em julgado |
|---|---|---|---|---|---|
| PEDILEF 5002117-85.2019.4.04.7202/SC | 25/2/2021 | Juíza Federal Susana Sbrogio Galia | 26/08/2021 | 31/08/2021 | - |

Eis passagem no voto do relator para se conhecer a situação fática ensejadora do citado tema representativo de controvérsia:

*"A Turma Recursal de origem determinou ao INSS o restabelecimento da aposentadoria por tempo de contribuição em favor de NADIR DELMINO FAVETTI (NB 42/143.928.080-8 - DIB 27.7.2007), desde a data do cancelamento administrativo (DCB 1.11.2018 - CNIS6, ev. 12), concluindo haver "coisa julgada administrativa" por ter a autarquia previdenciária, em requerimento administrativo processado anteriormente, reconhecido o referido benefício e, depois, em processo administrativo subsequente, ter promovido a sua revisão.*

*Nas razões de recurso, a parte recorrente alega que, ao processar o pedido de revisão administrativa do benefício efetuado pelo autor, constatou flagrantes ilegalidades/irregularidades na concessão do mesmo benefício, em especial no que toca à documentação apresentada pela parte autora. Assim, utilizando-se do seu poder-dever de autotutela, o qual lhe impõe a revisão de ofício dos atos eivados de ilegalidade, tomou providências para a apuração das irregularidades, antes de expirado o prazo de dez anos".*

Recentemente o INSS venceu tese no STJ (Tema 544) de que a pensão por morte precedida de aposentadoria não terá novo prazo decadencial para a revisão de renda mensal após a concessão da pensão por morte, pois "ninguém transmite mais do que tem", regra basilar de sucessão civil por morte compatível com a relação previdenciária:

Desse modo, admitir que a autotutela se limite à aposentadoria e não se estenda aos demais efeitos previdenciários, a exemplo da manutenção da qualidade de segurado para a concessão de pensão por morte, é equivalente a reabrir o prazo decadencial de que trata o artigo 103-A da Lei 8.213/91 após o óbito do aposentado para fins de pensão por morte.

O artigo 103-A da Lei 8.213/91 permite que o INSS exerça a autotutela após dez anos, nas situações em que for comprovada a má-fé do beneficiário, a exemplo do cometimento de crime de estelionato que culminou com a concessão indevida do benefício.

Entretanto, infelizmente, inexiste regra na Lei 8.213/91 que reze que a má-fé afaste a prescrição, de modo que a cobrança pela autarquia dos valores indevidos deve respeitar o lustro prescricional.

Apesar disso, nestas situações mais graves **(crimes previdenciários e atos de improbidade administrativa)** é possível levantar o **manto da imprescritibilidade** da reparação do dano ao Erário previdenciário com lastro no julgamento pelo STF do RE 669.069/MG, de 3/2/2016, Relatado pelo saudoso Ministro Teori Zavascki (Tema 666 em Repercussão Geral):

*"O que se mostra mais consentâneo com o sistema de direito, inclusive o constitucional, que consagra a prescritibilidade como princípio, é atribuir um sentido estrito aos ilícitos de que trata o § 5º do art. 37 da Constituição Federal, afirmando como tese de repercussão geral a de que **a imprescritibilidade a que se refere o mencionado dispositivo diz respeito apenas a ações de ressarcimento de danos decorrentes de ilícitos tipificados como de improbidade administrativa e como ilícitos penais"**.*

Nesse sentido, o correto posicionamento da 10ª Turma Recursal de São Paulo:

**Tipo**

Acórdão

**Número**

5000611-65.2017.4.03.6105 ..PROCESSO_ANTIGO: ..PROCESSO_ANTIGO_FORMATADO: 50006116520174036105

**Classe**

APELAÇÃO CÍVEL ..SIGLA_CLASSE: ApCiv

**Relator(a)**

Desembargador Federal NELSON DE FREITAS PORFIRIO JUNIOR

**Relator para Acórdão**

..RELATOR:

**Origem**

TRF - TERCEIRA REGIÃO

**Órgão julgador**

10ª Turma

**Data**

23/09/2020

**Data da publicação**

25/09/2020

**Fonte da publicação**

Intimação via sistema DATA: 25/09/2020 ..FONTE_PUBLICACAO1: ..FONTE_PUBLICACAO2: ..FONTE_PUBLICACAO3:

**Ementa**

**EMENTA PREVIDENCIÁRIO. PROCESSUAL CIVIL. RESSARCIMENTO AO ERÁRIO. ILÍCITO PENAL. IMPRESCRITIBILIDADE. CAUSA MADURA. JULGAMENTO DO MÉRITO. APOSENTADORIA POR TEMPO DE CONTRIBUIÇÃO. BENEFÍCIO CONCEDIDO INDEVIDAMENTE. EXISTÊNCIA DE**

**FRAUDE. DEVOLUÇÃO DOS VALORES. POSSIBILIDADE. APELAÇÃO PROVIDA.** 1. Conforme tese de repercussão geral firmada pelo E. Supremo Tribunal Federal no julgamento do RE 669.069/MG, "é prescritível a ação de reparação de danos à Fazenda Pública decorrente de ilícito civil", sendo a imprescritibilidade a que se refere o artigo 37, §5º, da Constituição Federal com relação às ações de ressarcimento decorrentes de atos configurados como de improbidade administrativa ou ilícitos penais. 2. A parte ré obteve o benefício de aposentadoria por tempo de contribuição irregularmente, por meio da inserção de dados falsos relativos a contratos de trabalho, obtendo vantagem ilícita em prejuízo do INSS através da manutenção da autarquia em erro. 3. Assim sendo, verifica-se que a conduta imputada à parte ré amolda-se ao delito de inserção de dados falsos em sistema de informações, previsto no art. 313-A do Código Penal, não sendo possível cogitar a prescrição da pretensão de ressarcimento ao erário. 4. Afastada a ocorrência da prescrição, de rigor o reconhecimento da nulidade da r. sentença. 5. Todavia, tendo em vista os princípios da celeridade e da economia processual, estando a causa madura, o Tribunal pode apreciar diretamente o pedido, aplicando-se o disposto no art. 1.013, § 3º, I, do Código de Processo Civil. 6. Nos termos da Súmula 473 do Supremo Tribunal Federal, "A administração pode anular seus próprios atos, quando eivados de vícios que os tornam ilegais, porque dêles não se originam direitos; ou revogá-los, por motivo de conveniência ou oportunidade, respeitados os direitos adquiridos, e ressalvada, em todos os casos, a apreciação judicial.". 7. Tendo sido comprovadas diversas irregularidades no deferimento do benefício, caracterizando a existência de fraude, possível a anulação da concessão pela autarquia, bem como a cobrança dos valores indevidamente pagos. 8. Não tratando o presente caso de interpretação equivocada, má aplicação da lei ou erro da Administração, e não havendo que se falar em boa-fé da parte ré ou não participação no esquema fraudulento, mostra-se devida a restituição das quantias indevidamente recebidas, nos termos dos artigos 115, inciso II, da Lei nº 8.213/91, e 154, § 3º, do Decreto 3.048/99, sendo de rigor a reforma da r. sentença. 9. Honorários advocatícios pela parte ré, arbitrados em 10% sobre o valor da causa, nos termos do art. 85 do Código de Processo Civil, cuja execução observará o disposto no art. 98, § 3º, do citado diploma legal. 10. Apelação do INSS provida.

A revisão iniciada com a comunicação do início de procedimento revisional instaurado por meio de despacho decisório dentro do prazo decadencial impedirá a consumação da decadência, ainda que a decisão definitiva do procedimento revisional ocorra após a extinção de tal lapso.

A instituição de um prazo legal decorre do Princípio da Segurança Jurídica, haja vista que o administrado não poderá ficar sujeito indefinidamente à anulação do ato ilegítimo, desde que não concorra maliciosamente para a sua prática.

Nos termos do artigo 129, §1º, da Portaria INSS/DIRBEN 993/2022 , na revisão administrativa o termo inicial do período prescricional será fixado para a Previdência Social, a partir da data da expedição de comunicação ao interessado acerca do despacho decisório de procedimento revisional e/ou apuratório, sendo a prescrição é interrompida pela expedição de comunicação ao interessado acerca do despacho decisório de procedimento revisional e/ou apuratório.

De efeito, no procedimento de revisão por autotutela, a contagem do período prescricional será feita:

I - para o segurado ou beneficiário, em se tratando de revisão a pedido, a partir do agendamento/requerimento da revisão ou na data da expedição de comunicação ao interessado acerca do despacho decisório de procedimento revisional;

II - para a Previdência Social, em se tratando de revisão de ofício, a partir da data da expedição do ofício de defesa, observada a data de prolação do parecer técnico que determinou a revisão.

De acordo com a antiga **Súmula 19**, do **Conselho de Recursos da Previdência Social**, "transcorrido mais de dez anos da data da concessão do benefício, não poderá haver sua suspensão ou cancelamento na hipótese de o interessado não mais possuir a documentação que instruiu o pedido, exceto em caso de fraude ou má-fé."

Atualmente o CRPS regula o tema pelo Enunciado 10:

**ENUNCIADO 10**

O prazo decadencial previsto no art. 103-A da Lei 8.213/91, para revisão dos atos praticados pela Previdência Social antes da Lei nº 9.784/99, só começa a correr a partir de 1º/02/99.

I - Não se aplicam às revisões de reajustamento e às estabelecidas em dispositivo legal, os prazos de decadência de que tratam os arts. 103 e 103-A da Lei 8.213/91.

II - A decadência prevista no art. 103-A da Lei nº 8.213/91 incide na revisão de acúmulo de auxílio-suplementar com aposentadoria de qualquer natureza e na manutenção de benefícios, ainda que irregular, salvo se comprovada a má-fé do beneficiário, a contar da percepção do primeiro pagamento indevido.

III - A má-fé afasta a decadência, mas não a prescrição, e deve ser comprovada em procedimento próprio, no caso concreto, assegurado o contraditório e a ampla defesa.

IV - Não se aplica a decadência prevista no art. 103-A da Lei nº 8.213/91 nos benefícios por incapacidade permanente (aposentadoria por invalidez) e assistenciais sujeitos a revisão periódica prevista na legislação.

V - O pecúlio previsto no inciso II do artigo 81 da Lei nº 8.213/91, em sua redação original que não foi pago em vida ao segurado aposentado que retornou à atividade quando dela se afastou, é devido aos seus dependentes ou sucessores, relativamente às contribuições vertidas até 14/04/94, salvo se prescrito.

O Item 1 deste Enunciado 10 aduz que a não se aplicam às revisões de reajustamento e às estabelecidas em dispositivo legal, os prazos de decadência de que tratam os arts. 103 e 103-A da Lei 8.213/91.

Tanto a decadência para rever ato de concessão por solicitação do benefício (art. 103, Lei 8213/91) quanto a decadência decenal para a autotutela (artigo 103-A, Lei 8.213/91) foram afastadas na visão do CRPS.

Trata-se de Enunciado sem base legal e que afronta a jurisprudência do STF e do STJ, que não vem excepcionando a decadência legal na hipótese, mesmo porque toda revisão precisa estar amparada em lei à luz do Princípio da Legalidade Administrativa.

Desse modo, *contra legem* e ao arrepio dos Tribunais Superiores, o Item 1 deste Enunciado 10 acaba esvaziando as decadências e deve ser revisado pelo CRPS ou mesmo pelo Ministério da Economia em sede de parecer vinculante.

A TNU aduz não incidir prazo decadencial para a cessação de auxílio-acidente, quando o segurado passou a receber aposentadoria, cuja acumulação é vedada após a vigência da Lei 9.528/97, ressalvado o direito adquirido.

**Informativo 29/2018 – PUIL n. 5051825-36.2016.4.04.7000/PR – Reafirmada a tese de que não incide o prazo decadencial do art. 103-A da Lei n. 8.213/91 para a cessação do auxílio-acidente na hipótese de acumulação indevida deste benefício com qualquer aposentadoria no âmbito do RGPS.**

Eis passagem da fundamentação da decisão:

"16. Na espécie, o ato de concessão do auxílio-acidente não constituiu ato inválido. Não fora apontado qualquer vício no ato administrativo de concessão do aludido benefício. Assim, de anulação não se trata. Portanto, não há que se falar em decadência do direito de anular o ato administrativo em comento. 17. Em verdade, o que ocorre, na espécie, é que o ato de concessão do benefício de aposentadoria por idade em favor da parte autora teve o condão de retirar os efeitos do ato concessivo do auxílio-acidente, em virtude da incidência da regra do § 2º do art. 86 da Lei n. 8.213/91, que veda o recebimento acumulado dos dois benefícios. Tem-se, na hipótese, a denominada contraposição, que se traduz na retirada dos efeitos de um ato administrativo em virtude da edição de outro ato com efeitos contrapostos. Enfim, com a concessão da aposentadoria por idade veda-se a produção de efeitos do ato concessivo do auxílio-acidente. Em outras palavras, o ato de concessão de aposentadoria cessa os efeitos do ato administrativo de concessão do auxílio-acidente. 18. Destarte, não incide na espécie a regra de decadência contida no art. 103-A uma vez que não se trata de anulação de ato administrativo de concessão de benefício previdenciário".

Registre-se que na situação citada a aposentadoria deverá ser revista em sua renda mensal, considerando a regra do artigo 31 da Lei 8.213/91, pois o valor do auxílio-acidente será considerado como salário de contribuição para fins de cálculo do salário de benefício.

*Permissa venia*, devo discordar da posição da TNU. Não é razoável que o segurado de boa-fé (que se presume, salvo prova em contrário do INSS) que recebeu por erro administrativo por mais de 10 anos os citados benefícios possa ter o cancelamento do auxílio-acidente a qualquer tempo.

É certo que tanto a concessão do auxílio-acidente quanto da aposentadoria foram atos legais. A ilegalidade não foi por ação, e sim por omissão. Após a Lei 9.528/97, para fato gerador após a sua vigência, deve o INSS cessar o auxílio-acidente na véspera da data de início da aposentadoria, pois passaram a ser inacumuláveis.

Dessa forma, a ilegalidade da Administração seu deu por ato omissivo, consistente na não cessação do auxílio-acidente na véspera da data de início da aposentadoria, sendo inválido o *non facere* do INSS.

Destarte, a manutenção do auxílio-acidente a partir da DIB da aposentadoria é sim um ato ilícito da Autarquia de Previdência, estando sujeito ao regramento de segurança jurídica do artigo 103-A da Lei 8.213/91, exceto comprovada má-fé do segurado.

Os artigos 103 e o 103-A são lados da mesma moeda. "O pau que dá em Chico deve dar em Francisco". Se o INSS se beneficia da decadência decenal revisional em 10 anos, o segurado deve se beneficiar dos 10 anos de decadência para a autotutela.

Teses da Previdência Social para flexibilizar o artigo 103-A podem ter o efeito reverso, vez que o segurado poderá manejar os mesmos argumentos para criar brechas no artigo 103 da Lei 8.213/91, sendo que ambas as condutas atentam contra o Princípio da Segurança Jurídica.

Ademais, veja-se que no artigo 103-A há a ressalva da má-fé, o que já beneficia o Poder Público, porquanto esta exceção não consta do artigo 103 da Lei 8.213/91 para afastar a decadência decenal protetiva da Previdência Social, considerando que um ente público jamais poderá agir de má-fé, embora esse vício possa existir no ato administrativo do agente público em desvio de finalidade.

Inclusive, de acordo com o **ANTIGO** artigo 570 da revogada Instrução Normativa INSS 77/2015, "**aplica-se a decadência na hipótese de manutenção indevida de benefícios decorrentes de divergência cadastral ou**

**inacumulação legal**, não desdobramento de cotas **ou outras situações decorrentes de manutenção de benefícios**, exceto nos casos de ocorrência de dolo, fraude ou má-fé", revertendo posição contrária do artigo 444[9] da revogada IN 45/2010.

**Mas a autarquia restaurou o seu antigo posicionamento através da revogada IN 88/2017, repelindo à hipótese a aplicação da decadência decenal para o exercício da autotutela e alinhando-se à TNU:**

> "*Art. 570. Nos casos em que a manutenção do benefício encontra-se irregular por falta de cessação do benefício ou cota parte, não se aplica o disposto ao art. 569*". (alterado pela Instrução Normativa nº 88 /PRES/INSS, de 12/6/2017)

No mesmo sentido a atual Instrução Normativa INSS 128/2022:

> "Art. 594. Não se aplica o prazo decadencial disposto no art. 592:
> I - quando se tratar de revisão de reajustamento;
> II - nos casos em que a manutenção do benefício encontra-se irregular por falta de cessação do benefício ou cota parte; e
> III - comprovada má-fé".

No entanto, **existe precedente do STJ pela incidência de decadência decenal para a autotutela na situação de acumulação indevida de benefícios previdenciários:**

> **PROCESSO**
> AgInt no REsp 1957990 / AC
> AGRAVO INTERNO NO RECURSO ESPECIAL 2021/0282521-2
> **RELATORA**
> Ministra REGINA HELENA COSTA (1157)
> **ÓRGÃO JULGADOR**
> T1 - PRIMEIRA TURMA
> **DATA DO JULGAMENTO**
> 16/05/2022
> **DATA DA PUBLICAÇÃO/FONTE**
> DJe 19/05/2022
> EMENTA
> PREVIDENCIÁRIO. PROCESSUAL CIVIL. AGRAVO INTERNO NO RECURSO ESPECIAL. CÓDIGO DE PROCESSO CIVIL DE 2015. APLICABILIDADE. PENSÃO VITALÍCIA. SERINGUEIROS (SOLDADOS DA BORRACHA). **CUMULAÇÃO COM OUTRO BENEFÍCIO PREVIDENCIÁRIO. IMPOSSIBILIDADE.** ARGUMENTOS INSUFICIENTES PARA DESCONSTITUIR A DECISÃO ATACADA. APLICAÇÃO DE MULTA. ART. 1.021, § 4º, DO CÓDIGO DE PROCESSO CIVIL DE 2015. DESCABIMENTO. I - Consoante o decidido pelo Plenário desta Corte na sessão realizada em 09.03.2016, o regime recursal será determinado pela data da publicação do provimento jurisdicional impugnado. In casu, aplica-se o Código de Processo Civil de 2015. II - A Corte de origem apreciou todas as questões relevantes apresentadas com fundamentos suficientes, mediante apreciação da disciplina normativa e cotejo ao posicionamento jurisprudencial aplicável à hipótese. Inexistência de omissão, contradição ou obscuridade. III - O acórdão recorrido está em confronto com orientação desta Corte, afirmando a incompatibilidade na concessão simultânea de benefícios previdenciários de natureza contributiva e a concessão ou manutenção de benefício assistencial em que a situação de vulnerabilidade social é pressuposto para a concessão da prestação. IV - Partindo-se da premissa de que a concessão da pensão especial pressupõe o estado de necessidade do requerente, impende concluir-se, igualmente, pela impossibilidade de cumulação da pensão vitalícia devida ao soldado da borracha, ante o evidente caráter assistencial da prestação, com o recebimento de qualquer outro benefício de natureza previdenciária mantido pelo Regime Geral de Previdência Social. **V - A suspensão do benefício, contudo, deve atender ao disposto no art. 103-A da Lei n. 8.213/1991, o qual fixa em 10 (dez) anos o prazo decadencial para o INSS rever os seus atos de que decorram efeitos favoráveis a seus beneficiários.** VI - A Agravante não apresenta, no agravo, argumentos suficientes para desconstituir a decisão recorrida. VII - Em regra, descabe a imposição da multa prevista no art. 1.021, § 4º, do Código de Processo Civil de 2015 em razão do mero desprovimento do Agravo Interno em votação unânime, sendo necessária a configuração da manifesta inadmissibilidade ou improcedência do recurso a autorizar sua aplicação, o que não ocorreu no caso. VIII - Agravo Interno improvido.

Por outro lado, a **regra de decadência decenal para a autotutela não é compatível com os benefícios por incapacidade laboral no que concerne à avaliação médica**, pois se sujeitam à cláusula *rebus sic stantibus*. A mesma sistemática se aplica ao BPC/LOAS do deficiente.

Isso porque, modificado o estado clínico, estará alterada a situação fática ensejadora do benefício, havendo uma fungibilidade de mão dupla entre recuperação plena/auxílio-doença/auxílio-acidente/aposentadoria por incapacidade permanente.

Tanto que na aposentadoria por incapacidade permanente há a previsão legal da perícia bienal e a estabilização do benefício somente se dá quanto o segurado completar 60 anos de idade, salvo retorno ao labor remunerado e avaliação de auxílio acompanhante.

---

9. Art. 444. Não se aplica a decadência aos casos em que o ato concessório está correto mas a manutenção do benefício está irregular por falta de cessação do benefício ou cota parte, cuja causa esteja expressamente prevista em lei, podendo, neste caso, o benefício ou a cota parte, ser cessado a qualquer tempo.

Dessa forma, plenamente cabível a revisão administrativa de aposentadoria por incapacidade permanente após completados dez anos de concessão, desde que o segurado conte com menos de 60 anos de idade.

De efeito, o artigo 103-A da Lei 8.213/91 prevê que "o direito da Previdência Social de anular os atos administrativos de que decorram efeitos favoráveis para os seus beneficiários decai em 10 (dez) anos, contados da data em que foram praticados, salvo comprovada má-fé".

Sucede que a revisão administrativa de aposentadoria por invalidez não visa a anular ato ilegal da nossa Previdência Social, e sim reavaliar modificações no estado clínico no segurado que podem gerar as seguintes decisões, em tese:

a) manutenção da aposentadoria por incapacidade permanente;

b) manutenção temporária da aposentadoria por incapacidade permanente na forma de mensalidades de recuperação;

c) conversão de aposentadoria por incapacidade permanente em auxílio-acidente;

d) conversão de aposentadoria por incapacidade permanente em auxílio-doença;

e) cessação do benefício.

Nesse sentido, a correta posição do STJ:

**Processo**

AgInt no AREsp 1865781 / SP

AGRAVO INTERNO NO AGRAVO EM RECURSO ESPECIAL

2021/0093114-7

**Relator(a)**

Ministro FRANCISCO FALCÃO (1116)

**Órgão Julgador**

T2 - SEGUNDA TURMA

**Data do Julgamento**

13/12/2021

**Data da Publicação/Fonte**

DJe 15/12/2021

**Ementa**

AGRAVO INTERNO NO AGRAVO EM RECURSO ESPECIAL. PREVIDENCIÁRIO. BENEFICIÁRIO DO REGIME GERAL DE PREVIDÊNCIA. **APOSENTADORIA POR INVALIDEZ. CESSAÇÃO DAS CONDIÇÕES GERADORAS DA INCAPACIDADE LABORAL. POSSIBILIDADE. DECADÊNCIA. NÃO OCORRÊNCIA. BENEFÍCIO DE NATUREZA PRECÁRIA. ART. 103-A DA LEI N. 8.213/1991 SE REFERE À REVISÃO DO ATO DE CONCESSÃO E NÃO À CESSAÇÃO DOS MOTIVOS ENSEJADORES DA INCAPACIDADE LABORAL.** AGRAVO INTERNO IMPROVIDO. I - Na origem, trata-se de ação declaratória de nulidade de ato administrativo cumulado com dano moral, em desfavor do INSS que reviu ato de concessão de aposentadoria por invalidez acidentária do autor, uma vez que o ato administrativo estaria acobertado pela decadência do direito de rever o ato. Na sentença, o Juízo de piso julgou o processo extinto, sem resolução do mérito, tendo em vista que o autor não atendeu o pedido de emenda da inicial, nos termos do art. 321, parágrafo único, e 485, I, do CPC/2015. No Tribunal, a sentença foi anulada, para no mérito julgar improcedente a demanda, ante a não configuração da decadência, em face do que prescreve o art. 43, § 4º, da Lei n. 8.213/1991, em se tratando, portanto, de benefício precário, podendo ser revisto a qualquer tempo, em face das alterações nas condições que ensejaram a invalidez do segurado, nos termos do art. 42 da Lei n. 8.213/1991. Segundo o Tribunal de origem, é certo que o autor não está isento da avaliação médica revisional, nos termos do art. 101, § 1º, I, da Lei n. 8.213/1991, não sendo o caso de aplicação da decadência prevista no art. 103-A da Lei n. 8.213/1991. II - Com efeito, prevê o art. 103-A da Lei n. 8.213/1991 que o direito de o INSS anular os atos administrativos de que decorram efeitos favoráveis para os seus beneficiários decai em 10 anos, contados da data da prática do ato, ressalvados os casos de má-fé. Como se verifica da dicção do texto legal expresso, haveria decadência contra a Previdência Social em relação à eventual possibilidade de revogação ou anulação de ato administrativo de que decorram efeitos favoráveis aos seus administrados/beneficiários, no prazo de 10 anos. **Entretanto, o caso dos autos é diverso, não se trata de anulação/revogação do ato de aposentadoria por invalidez e, sim, cessação da causa que ensejou o benefício, a incapacidade laboral. Ou seja, não se revogou o ato de concessão ocorrido em 2002, que se efetivou na concessão da aposentadoria por invalidez, mas, tão somente, após exame médico revisional, constatou-se que o estado de saúde do beneficiário evoluiu, não persistindo os sintomas que acarretaram na concessão do benefício por invalidez.** III - A jurisprudência desta Corte Superior já faz a distinção entre os atos de revisão de aposentadoria e concessão de aposentadoria, sendo que cada um produz efeitos jurídicos distintos para fins de decadência (AREsp n. 1.537.660/PR, relator Ministro Herman Benjamin, Segunda Turma, julgado em 17/9/2019, DJe 11/10/2019; REsp n. 1.499.281/PR, relator Ministro Herman Benjamin, Segunda Turma, julgado em 7/2/2017, DJe 6/3/2017; (AgRg no REsp n. 1.502.460/PR, relator Ministro Humberto Martins, Segunda Turma, **julgado em 5/3/2015, DJe 11/3/2015). IV - Desse modo, como bem assentado no acórdão recorrido, o beneficiário de aposentadoria por invalidez, como qualquer outro benefício concedido por motivo de invalidez, está sujeito, a qualquer tempo até o implemento da idade (momento pelo qual não será mais possível reverter a aposentadoria), a se submeter a exame para reavaliação das condições que ensejaram a aposentadoria, nos termos do art. 43, § 4º, da Lei n. 8.213/1991.** V - Esta Corte Superior de Justiça já perfilhou o entendimento aqui defendido sobre a precariedade da concessão da aposentadoria por invalidez, só que para o regime próprio de previdência social dos servidores públicos, em que se aplica mutatis mutandis, o raciocínio que aqui em quase tudo é semelhante (EDcl no REsp n. 1.443.365/SC, relator

Ministro Mauro Campbell Marques, Segunda Turma, julgado em 10/5/2016, DJe 16/5/2016; RMS n. 47.553/SC, relator Ministro Mauro Campbell Marques, Segunda Turma, julgado em 2/2/2016, DJe 11/2/2016). VI - Agravo interno improvido.

No mesmo sentido o artigo 124 da Portaria INSS/DIRBEN 993/2022:

"Art. 124. A revisão administrativa nos benefícios por incapacidade ou benefícios assistenciais concedidos a pessoas com deficiência consiste na reavaliação periódica do estado clínico no segurado ou beneficiário e, como tal, não se sujeita à decadência decenal, pois poderá detectar fato novo, situação na qual o instituto decadencial não se aplica.

Parágrafo único. A revisão administrativa disposta no caput não visa a anular ato ilegal praticado pelo INSS, mas avaliar a permanência das condições que ensejaram a concessão do benefício".

Outrossim, de artigo 126 da Portaria INSS/DIRBEN 993/2022, não se aplica a regra da decadência decenal à revisão de ato irregular do INSS que ainda não tenha gerado efeitos favoráveis ao beneficiário:

I - averbação de tempo de contribuição; e

II - revisão de CTC para inclusão de novos períodos ou para fracionamento de períodos de trabalho não utilizados no órgão de destino.

Caso a CTC tenha sido utilizada, aplica-se o prazo decadencial, nos termos do artigo 203 da Portaria MTP 1.467, DE 2 DE JUNHO DE 2022:

"Art. 203. Para revisão da CTC que tenha sido utilizada no RGPS, em outro RPPS ou em SPSM, aplica-se o prazo decadencial estabelecido para esse fim na forma da legislação do ente federativo, salvo comprovada má-fé.

Parágrafo único. No caso de ausência de lei do ente federativo que estabeleça prazo decadencial para revisão da CTC, aplica-se o prazo decadencial de 10 (dez) anos, contados da data de emissão da certidão, salvo comprovada má-fé, conforme estabelece no âmbito do RGPS a Lei nº 8.213, de 24 de julho de 1991".

De acordo com o atual posicionamento do STJ este prazo decadencial será aplicado aos benefícios concedidos antes da vigência da Lei 9.784/99 (Lei do Processo Administrativo Federal), que no seu artigo 54 instituiu um prazo de 05 anos para o exercício do poder-dever de autotutela.

No entanto, o prazo de decadência de 10 anos de que dispõe a Administração Pública Previdenciária somente começará a correr no dia 01/02/1999, data em que começou a vigorar o prazo decadencial na Lei do Processo Administrativo Federal.

"PREVIDENCIÁRIO. BENEFÍCIO. REVISÃO. DECADÊNCIA. ART. 103-A DA LEI 8.213/91.

1. O Superior Tribunal de Justiça, sob o regime do art. 543-C do CPC (recursos repetitivos), reiterou o entendimento segundo o qual o prazo para a Administração Pública rever os atos que gerem vantagem aos segurados será decenal e disciplinado pelo art. 103-A da Lei 8.213/1991, descontado o prazo já transcorrido antes do advento da MP 138/2003.

**2. Relativamente aos atos concessivos de benefício anteriores à Lei 9.784/1999, o prazo decadencial decenal estabelecido no art. 103-A da Lei 8.213/1991 tem como termo inicial 1º.2.1999, data da entrada em vigor da Lei 9.784/1999.**

3. Embargos de Declaração providos para, reconhecendo o prazo decadencial decenal, determinar o retorno dos autos à origem para que verifique a configuração ou não da decadência, no caso" (EDcl no REsp 1262743, de 05/03/2013).

No mesmo sentido a TNU:

"PREVIDENCIÁRIO. DECADÊNCIA. ANULAÇÃO DE ATOS ADMINISTRATIVOS DE QUE DECORRAM EFEITOS FAVORÁVEIS PARA OS BENEFICIÁRIOS. DIREITO INTERTEMPORAL. CONFLITO DE LEIS NO TEMPO. LEI NOVA QUE AUMENTOU PRAZO. 1.O prazo de decadência do direito de revisar o ato de concessão dos benefícios concedidos antes da Lei nº 9.784/99 passou a correr a partir de 1º/2/1999. A decadência deveria, pois, se consumar em 1º/2/2004. Antes disso, porém, sobreveio a Medida Provisória nº 138, de 19/11/2003, que, inserindo na Lei nº 8.213/91 o art. 103-A, ampliou para dez anos o prazo de decadência para anulação dos atos administrativos no âmbito da previdência social. A ampliação do prazo de decadência aplica-se às situações jurídicas em curso. 2.A Terceira Seção do STJ entendeu que, em se tratando de benefício previdenciário concedido em data anterior à Lei n. 9.784/99, o INSS tem até dez anos para rever a renda mensal inicial do benefício, a contar da data da publicação da lei. E para os benefícios concedidos após a vigência da referida lei, a contagem do prazo decenal será a partir da data da concessão do benefício (REsp 1.114.938). Em qualquer caso, prevalece o entendimento de que a elevação do prazo de caducidade prevista na Medida Provisória nº 138 aplica-se aos benefícios concedidos anteriormente a ela. 3. Uniformizado o entendimento de que o direito da Previdência Social de anular os atos administrativos de que decorram efeitos favoráveis para os seus beneficiários decai em dez anos, mesmo quando o ato de concessão do benefício tenha antecedido o início da vigência da norma jurídica que aumentou o prazo de cinco para dez anos. 4. Incidente provido. 5. O Presidente da TNU poderá determinar que todos os processos que versarem sobre esta mesma questão de direito material sejam automaticamente devolvidos para as respectivas Turmas Recursais de origem, antes mesmo da distribuição do incidente de uniformização, para que confirmem ou adequem o acórdão recorrido. Aplicação do art. 7º, VII, "a", do regimento interno da TNU, com a alteração aprovada pelo

Conselho da Justiça Federal em 24/10/2011" (PEDIDO 200971570065200, de 20/02/2013).

Veja-se o artigo 122 da Portaria INSS/DIRBEN 993/2022:

> "Art. 122. É de 10 (dez) anos, contados a partir do primeiro pagamento, o prazo decadencial para o INSS anular atos administrativos ilegais, que possuam efeitos continuados e eficácia favorável aos administrados, salvo comprovada má-fé.
>
> § 1º Para os benefícios concedidos antes do advento da Lei nº 9.784, de 1999, ou seja, com DDB até 31 de janeiro de 1999, o início do prazo decadencial começa a correr a partir de 1º de fevereiro de 1999.
>
> § 2º Para os benefícios com efeitos patrimoniais contínuos, concedidos a partir de 1º de fevereiro de 1999, o prazo decadencial contar-se-á da data do primeiro pagamento".

A Agência do INSS, ao detectar indícios de irregularidades em benefícios, serviços previdenciários, Certidão de Tempo de Contribuição – CTC, e alteração de dados do CNIS, deverá proceder à comunicação do início de procedimento revisional instaurado por meio de despacho decisório, formalizando o processo de apuração e efetuando a análise dos procedimentos adotados.

Em se tratando de erro, o levantamento dos valores recebidos indevidamente será efetuado retroagindo cinco anos, a contar da data da expedição da comunicação do início de procedimento revisional instaurado por meio de despacho decisório, incluindo-se os valores recebidos a partir dessa data até a cessação ou revisão do benefício, atualizados os valores correspondentes a esse período até a data da constituição do crédito.

De sua vez, a **antiga posição** adotada pela Procuradoria-Geral do INSS em 2017 através da NOTA n. 00028/2017/DPIM/PFE-INSS-SEDE/PGF/AGU era pela IMPOSSIBILIDADE da reafirmação da DER em processos administrativos de revisão de benefício.

*Permissa venia*, penso em sentido diametralmente oposto, especificamente nos casos de erro da autarquia e de boa-fé presumida do segurado.

Isso porque o processo administrativo de revisão - que decorre do poder de autotutela do INSS em rever atos ilegais, observado o decêndio legal, salvo a má-fé do segurado e que afasta o prazo decadencial, respeitado o contraditório – não deixar de ser uma reapreciação do requerimento administrativo, em que se apura a existência de erro na concessão original.

Desta forma, a reafirmação da DER acaba se inserindo no processo de revisão administrativa, que acaba veiculando uma reanálise do pedido administrativo.

Veja-se que em nenhum momento a Normativa da Autarquia limita o instituto da reafirmação da DER, que é admitido pela nova Súmula 1 do CRPS, publicada em 12/11/2019, até na fase de cumprimento da decisão do órgão recursal. Aliás, até mesmo judicialmente a reafirmação já é aplicada, conforme o tema 995 do STJ.

Por outro lado, por ser direito do segurado, creio que a reafirmação administrativa da DER somente não deve ser aplicada na situação de atos ilícitos de má-fé do segurado, a exemplo da prática de crime contra a previdência social, tais como a falsificação de documento público e o estelionato previdenciário.

Nestas situações, como há ilicitude, não nasce um direito de reafirmação da DER sobre um ato ilícito, cabendo ao INSS a prova da conduta ilegítima, posto que é princípio geral do direito que a boa-fé se presume.

**A autarquia passou a admitir a reafirmação da DER em sede revisão administrativa** com a edição da **NOTA n. 00010/2020/CGMB/PFE-INSS-SEDE/PGF/AGU de minha lavra, homologada pelas instâncias superiores da Procuradoria Geral do INSS em Brasília (DF) e acatada pelas autoridades da autarquia.**

## 3. PRESCRIÇÃO QUINQUENAL DA PRETENSÃO E DECADÊNCIA DECENAL PARA A REVISÃO DE BENEFÍCIO OU IMPUGNAÇÃO DO ATO DE INDEFERIMENTO

É bastante conhecido o vetusto brocardo latino que diz que "o direito não socorre a quem dorme" (*dormientibus non succurrit jus*). É que não basta ser titular de um direito, sendo necessário exercê-lo no prazo máximo previsto na legislação, pois muitas vezes ele não poderá ser efetivado a qualquer tempo, a depender da sua natureza.

A prescrição e a decadência são institutos jurídicos que se concretizam com a inércia de um titular de direito que não o exercita no prazo máximo fixado em lei, existindo secular divergência doutrinária na sua diferenciação.

No Brasil, coube ao professor Agnelo Amorim Filho nos apontar um critério seguro para diferenciar os citados institutos[10], que inclusive foi adotado pelo legislador na edição do Código Civil de 2002.

De efeito, conquanto haja considerável divergência doutrinária, é possível classificar os direitos em subjetivos e potestativos. Os direitos subjetivos, também conhecidos como prestacionais, precisam de uma atuação do devedor em favor do credor para serem adimplidos, através de uma prestação de dar, fazer ou não fazer.

10. Através da publicação do artigo intitulado "Critério Científico para Distinguir a Prescrição da Decadência e para Identificar as Ações Imprescritíveis".

O direito de crédito é um exemplo típico de direito subjetivo, pois o credor só terá o seu direito realizado mediante o pagamento a ser feito pelo devedor.

Por outro lado, os direitos potestativos serão realizados independentemente de uma atuação da outra parte da relação jurídica, pois é facultada a sua efetivação independentemente da vontade do outro, que nada precisa fazer ou deixar de fazer para o seu adimplemento, pois basta uma mera declaração de vontade do titular.

Nesse sentido, os direitos potestativos não poderão ser infringidos, pois a eles não corresponde uma prestação positiva ou negativa. São exemplos de direitos potestativos o direito de se divorciar e o de anular um contrato por violação de cláusula, pois há uma potestade da pessoa de intervir na esfera jurídica do outro, independentemente de uma atuação deste.

Na anulação de um contrato ou em um divórcio nada há de se fazer para o aperfeiçoamento do ato jurídico, tanto que inexiste típica execução nesses processos judiciais.

Com base nessa diferenciação, o professor Amorim identificou a prescrição com os direitos subjetivos, de modo que a prescrição fulmina a pretensão que exsurge de um direito subjetivo violado pelo devedor.

Nesse sentido, dispõe o artigo 189, do novo Código Civil, que violado o direito, nasce para o titular a pretensão, a qual se extingue, pela prescrição.

Assim, uma ação condenatória veicula a pretensão de realizar um direito prestacional positivo ou negativo (direito subjetivo), que se não for exercido no prazo legal conduzirá à prescrição da pretensão.

Já a decadência foi vinculada aos direitos potestativos, fulminando o próprio direito não exercido no prazo legal, se fixado, através de uma ação constitutiva. Contudo, se a lei não fixar um prazo para o exercício do direito potestativo, este poderá ser exercido a qualquer tempo, sendo classificada como perpétua a ação.

Em síntese, esse é o critério adotado no novo Código Civil para diferenciar a prescrição (direito subjetivo) da decadência (direito potestativo). Contudo, em outros ramos jurídicos não houve a clara adoção dessa linha científica, a exemplo do Direito Tributário, conquanto possa ser aplicada.

Com propriedade, na esfera tributária, a decadência fulmina o direito de o Fisco de constituir o crédito tributário mediante o processo administrativo de lançamento, ao passo que a prescrição traga a pretensão do direito de cobrança do crédito tributário já constituído, ambos os institutos operando-se em cinco anos.

É possível identificar o lançamento como um direito potestativo do Fisco, pois neste momento ainda não há uma pretensão a ser realizada pelo devedor, sendo uma potestade que independe de uma atuação do administrado devedor do tributo.

Já a prescrição tributária fulmina a pretensão que decorre do direito subjetivo creditício do Poder Público não exercido no prazo legal. É que após o lançamento é declarado e constituído o crédito tributário, passando a ser reconhecido um direito subjetivo.

Em termos de benefícios previdenciários, será promovida uma análise dos dispositivos da Lei 8.213/91 que tratam da prescrição quinquenal e da decadência decenal referentes a essas prestações previdenciárias.

### 3.1. Prescrição quinquenal

A prescrição alcança a pretensão que nasce do direito subjetivo não realizado, após transcorrido *in albis* o lapso temporal legal. Em termos de Regime Geral de Previdência Social, o INSS tem o dever de deferir os benefícios previdenciários requeridos por seus segurados e dependentes, desde que tenha se realizado a hipótese legal de concessão.

Tradicionalmente, no Brasil, a prescrição das parcelas devidas pelo Poder Público ocorre em cinco anos. O lustro prescricional já era previsto desde o vetusto e vigente Decreto 20.910/1932, sendo esse prazo mantido para a Previdência Social, nos termos do artigo 103, parágrafo único, da Lei 8.213/91:

> "Parágrafo único. Prescreve em cinco anos, a contar da data em que deveriam ter sido pagas, toda e qualquer ação para haver prestações vencidas ou quaisquer restituições ou diferenças devidas pela Previdência Social, salvo o direito dos menores, incapazes e ausentes, na forma do Código Civil".

Veja-se que esse dispositivo precisa ser interpretado à luz do novo Código Civil, pois superada a tese de que a prescrição fulmina a ação, pois alcança a pretensão que nasce do direito subjetivo violado.

Entretanto, para uma melhor explicação do tema, convém diferenciar a prescrição do fundo do direito da prescrição progressiva.

A prescrição do fundo do direito ocorre depois de transcorridos cinco anos contados do direito subjetivo violado, pois há uma única prestação devida pelo sujeito passivo da obrigação.

Suponha-se que um segurado julgue-se vilipendiado em sua honra por uma suposta agressão de um servidor do INSS ocorrida no dia 01.02.2004. Neste caso, se devida, a indenização por danos morais a ser paga pela autarquia previdenciária é obrigação instantânea, não se prorrogando no tempo.

Logo, se a reparação não for requerida administrativa ou judicialmente até o dia 01.02.2009, terá se operado a prescrição do fundo do direito da pretensão reparatória.

Já a prescrição progressiva, também conhecida como de trato sucessivo, é prevista no artigo 3º, do

Decreto 20.910/32, ao dispor que "quando o pagamento se dividir por dias, meses ou anos, a prescrição atingirá progressivamente as prestações à medida que completarem os prazos estabelecidos pelo presente decreto".

A prescrição de trato sucessivo normalmente é aplicável aos benefícios previdenciários, e não a de fundo de direito, pois a relação jurídica previdenciária geralmente é continuada, renovando-se mês a mês a obrigação da Previdência Social de pagar a parcela do benefício.

Nesse sentido, vale colacionar precedente do Tribunal Regional Federal da 5ª Região:

"PREVIDENCIÁRIO E PROCESSUAL CIVIL. EMBARGOS DE DECLARAÇÃO. APOSENTADORIA RURAL POR IDADE. REGIME ECONOMIA FAMILIAR. CONCESSÃO. PRESCRIÇÃO DO FUNDO DE DIREITO. OMISSÃO. EXISTÊNCIA. PRESCRIÇÃO QUINQUENAL. OMISSÃO. INEXISTÊNCIA. PREQUESTIONAMENTO. **1. O benefício previdenciário, por representar direito de trato sucessivo (de regra), e repercutir diretamente na esfera da dignidade da pessoa humana, não admite a prescrição do fundo do direito. É que as prestações previdenciárias têm finalidades que lhes emprestam características de direito indisponíveis, atendendo a uma necessidade de índole eminentemente alimentar. Daí que o direito ao benefício previdenciário em si não prescreve, mas tão-somente as prestações não reclamadas dentro de certo tempo, que vão prescrevendo, uma a uma, em virtude da inércia do beneficiário. 2. A jurisprudência desta Turma consolidou entendimento no sentido de que os direitos previdenciários obedecem à prescrição progressiva, posto que, nas prestações de natureza alimentar, o direito se adquire e se extingue progressivamente, sendo, portanto, imprescritível quanto ao fundo do direito, alcançando, portanto, apenas as parcelas abrangidas pelo prazo de 05 (cinco) anos**. Omissão suprida apenas neste ponto. 3. Ao contrário do que sustenta o INSS, **o acórdão vergastado reconheceu a ocorrência da prescrição das parcelas anteriores ao quinquênio que antecedeu o ajuizamento da presente demanda. Inexistência de omissão sobre a presente matéria**. 4. Acerca do prequestionamento, a matéria suscitada pelo embargante se encontra analisada nas próprias razões do presente recurso e do acórdão embargado, o que atende a seu objetivo para fins de interposição de recurso para as instâncias superiores. 5. Precedentes desta egrégia Corte. 6. Embargos de declaração providos em parte, sem, contudo, imprimir-lhes efeitos infringentes" (EDAC – Embargos de Declaração na Apelação Civel – 513991/01, de 22.03.2011).

No mesmo sentido, para o TRF da 3ª Região, "o fundo de direito, em matéria de direito previdenciário não prescreve, prescrevendo-se apenas, as parcelas qüinqüenais anteriores à propositura da ação, quando inexistir qualquer causa interruptiva ou suspensiva do curso da prescrição"[11].

Logo, em termos de benefícios previdenciários, incidirá o entendimento da Súmula 85, do STJ, que dispõe que "nas relações jurídicas de trato sucessivo em que a Fazenda Pública figure como devedora, quando não tiver sido negado o próprio direito reclamado, a prescrição atinge apenas as prestações vencidas antes do qüinqüênio anterior à propositura da ação".

Tradicionalmente, o STJ reconhece que as demandas previdenciárias no RGPS se submetem ao regime da prescrição quinquenal de trato sucessivo, não prescrevendo o fundo do direito, não havendo de se falar em prescrição do direito ao benefício:

**"Processo**

REsp 1483177 CE

RECURSO ESPECIAL

2014/0242998-7

Relator(a)

Ministro HERMAN BENJAMIN (1132)

Órgão Julgador

T2 - SEGUNDA TURMA

Data do Julgamento

17/03/2015

Data da Publicação/Fonte

DJe 06/04/2015

Ementa

PROCESSUAL CIVIL E PREVIDENCIÁRIO. PRESCRIÇÃO. ART. 103, PARÁGRAFO ÚNICO, DA LEI 8.213/1991. INDEFERIMENTO DE BENEFÍCIO. NEGATIVA EXPRESSA DO INSS. INTERPRETAÇÃO DO ART. 103 DA LEI 8.213/1991.

**1. A interpretação contextual do caput e do parágrafo único do art. 103 da Lei 8.213/1991 conduz à conclusão de que o prazo que fulmina o direito de revisão do ato de concessão ou indeferimento de benefício previdenciário é o decadencial de dez anos (caput), e não o lapso prescricional quinquenal (parágrafo único) que incide apenas sobre as parcelas sucessivas anteriores ao ajuizamento da ação.**

**2. Não fosse assim, a aplicação do entendimento de que a prescrição quinquenal prevista no parágrafo único do art. 103 da Lei 8.213/1991 pode atingir o fundo de direito tornaria inócuo o instituto da decadência previsto no caput do mesmo artigo, que prevê prazo de dez anos para o exercício do direito de revisão de ato de indeferimento ou de concessão de benefício previdenciário".**

No entanto, no caso de **benefícios por incapacidade laboral**, existe uma corrente forte no STJ aplicando a **prescrição quinquenal de "fundo de direito"**:

11. Passagem da APELAÇÃO CIVEL 827323, de 24.11.2003.

**REsp 1764665 / SC, de 21/2/2019**: PREVIDENCIÁRIO. **AUXÍLIO-DOENÇA**. DIREITO NEGADO PELA ADMINISTRAÇÃO. **INTERPOSIÇÃO DE AÇÃO APÓS CINCO ANOS. PRESCRIÇÃO DO FUNDO DE DIREITO**. SÚMULA N. 85/STJ. I - Na origem, cuida-se de ação ajuizada em desfavor do Instituto Nacional do Seguro Social - INSS objetivando a concessão de auxílio-doença e aposentadoria por invalidez. II - A parte recorrente objetiva, no recurso especial, que o benefício retroaja aos requerimentos administrativos anteriores cessados pela autarquia previdenciária em 38.2.2002, 11.7.2005, 15.11.2006 e em 30.4.2007, o que não é possível. **III - Isso porque, conforme entendimento jurisprudencial desta Corte, entende-se que a revisão do ato administrativo que indeferiu o auxílio-doença está sujeita à prescrição quinquenal prevista no art. 1º do Decreto n. 20.910/32.** No caso dos autos, a presente ação foi ajuizada, em 14.5.2013, após o decurso do prazo prescricional de cinco anos a contar do quarto requerimento administrativo, formulado em 30.4.2007, o que torna inviável a retroação do benefício a essa data e aos requerimentos anteriores. Precedentes: REsp n. 1.756.827/PB, Rel. Ministro Francisco Falcão, Segunda Turma, julgado em 11/12/2018, DJe 17/12/2018; e AgInt no REsp n. 1.744.640/PB, Rel. Ministro Herman Benjamin, Segunda Turma, julgado em 6/12/2018, DJe 19/12/2018.

Eis o artigo 1º do Decreto 20.910/32:

"Art. 1º As dívidas passivas da União, dos Estados e dos Municípios, bem assim todo e qualquer direito ou ação contra a Fazenda federal, estadual ou municipal, seja qual for a sua natureza, prescrevem em cinco anos contados da data do ato ou fato do qual se originarem".

Os precedentes pela prescrição de fundo de direito no caso de benefício por incapacidade laboral são da lavra da 2ª Turma do STJ, sendo incabível o questionamento judicial do indeferimento após cinco anos, devendo ser feito um novo requerimento administrativo, o que irá prejudicar a data de início do benefício.

Não se trata de uma prescrição de fundo de direito propriamente dita. Cuida-se na verdade de pronunciar a prescrição de 5 anos quando a ação judicial é aforada após o lustro prescricional, a contar da notificação do interessado:

**Processo**

REsp 1829798 / PB

RECURSO ESPECIAL
2019/0227317-0

**Relator(a)**

Ministro HERMAN BENJAMIN (1132)

**Órgão Julgador**

T2 - **SEGUNDA TURMA**

**Data do Julgamento**

03/09/2019

**Data da Publicação/Fonte**

DJe 11/10/2019

**Ementa**

PROCESSUAL CIVIL E ADMINISTRATIVO. CONCESSÃO DE BENEFÍCIO DE AMPARO SOCIAL. PESCRIÇÃO DO FUNDO DE DIREITO. NÃO INCIDÊNCIA DA SÚMULA 85/STJ. O TERMO INICIAL DO PRAZO PRESCRICIONAL É A DATA DA NEGATIVA DO REQUERIMENTO ADMINISTRATIVO.

1. Os benefícios previdenciários envolvem relações de trato sucessivo e atendem necessidades de caráter alimentar, razão pela qual a pretensão à obtenção de um benefício é imprescritível.

2. As prestações previdenciárias têm características de direitos indisponíveis, daí por que o benefício previdenciário, em si, não prescreve. Somente as prestações não reclamadas no lapso de cinco anos é que prescreverão, uma a uma, em razão da inércia do beneficiário, nos exatos termos do art. 3º do Decreto 20.910/1932.

3. É firme a orientação do STJ de que não ocorre a prescrição do fundo de direito enquanto não existir manifestação expressa da Administração negando o direito reclamado, estando prescritas apenas as prestações vencidas no quinquênio que precedeu à propositura da ação, nos termos da Súmula 85/STJ.

4. Uma vez negado formalmente pela Administração o direito pleiteado, flui o prazo prescricional cujo termo inicial é a data do conhecimento pelo administrado do indeferimento do pedido. Precedente: AgRg no AREsp. 749.479/RJ, Rel. Min. HUMBERTO MARTINS, DJe 30.9.2015.

**5. No caso dos autos, há falar em prescrição, pois a data do requerimento administrativo foi 6.11.2003 (fl. 21); e a presente ação, ajuizada apenas em 3.7.2018, ou seja, quase 15 anos depois. Portanto, decorridos mais de cinco anos da data da negativa e do ajuizamento da ação, deve ser mantida a solução dada pela Corte de origem.**

6. Recurso Especial não provido".

No âmbito da 1ª Turma, embora haja referência a prescrição de trato sucessivo e a conservação do direito que pode ser exercitado em novo requerimento administrativo, este Colegiado também não admite pedido de restabelecimento de benefício após 5 anos da sua cessação:

**Processo**

AgInt nos EDcl no AREsp 1431428 / RN

AGRAVO INTERNO NOS EMBARGOS DE DECLARAÇÃO NO AGRAVO EM RECURSO ESPECIAL
2016/0171355-2

**Relator(a)**

Ministro GURGEL DE FARIA (1160)

**Órgão Julgador**

T1 - PRIMEIRA TURMA

**Data do Julgamento**

09/03/2020

**Data da Publicação/Fonte**

DJe 12/03/2020

**Ementa**

PROCESSUAL CIVIL E PREVIDENCIÁRIO. APOSENTADORIA POR INVALIDEZ. CASSAÇÃO. ATO DE EFEITO CONCRETO. PLEITO DE RESTABELECIMENTO. TRANSCURSO DE MAIS DE CINCO ANOS. PRESCRIÇÃO. AÇÃO JUDICIAL. NOVA POSTULAÇÃO. NON REFORMATIO IN PEJUS. OBSERVÂNCIA.

**1. O direito ao benefício, seja de natureza assistencial ou previdenciária, não se submete à prescrição de fundo por estar inserido nos direitos fundamentais, havendo, assim, uma relação de trato sucessivo, de modo que prescrevem apenas as parcelas anteriores ao quinquênio que antecede o ajuizamento da demanda.**

**2. Caso em que a recorrente não mais tinha uma relação de trato sucessivo com a autarquia desde a cassação de sua aposentadoria por invalidez, em 31/04/2009, pois a interrupção no pagamento dos proventos consistiu em ato de efeito concreto, momento em que nasceu o interesse de agir da parte autora que, no entanto, quedou-se inerte por mais de cinco anos.**

3. Merece ser mantido o acórdão proferido na origem, ao consignar que o pleito seja conhecido como um novo pedido de concessão de aposentadoria, cujo termo a quo deve ser a contar do ajuizamento da ação e não da citação, visto que não houve recurso da autarquia neste ponto, em observância ao primado de non reformatio in pejus.

4. Agravo interno desprovido.

*STJ: Prescrição no RGPS: fundo de direito ou progressiva?*

Desse modo, identificou-se uma mudança de interpretação do STJ, que anteriormente admitia o questionamento judicial de indeferimentos após cinco anos, o que agora não mais vem se aceitando.

No mesmo sentido, precedente de 2021 da 1ª Turma do STJ:

**Processo**

AgInt no REsp 1878667 / AL

AGRAVO INTERNO NO RECURSO ESPECIAL

2020/0139059-9

**Relator(a)**

Ministro GURGEL DE FARIA (1160)

**Órgão Julgador**

T1 - PRIMEIRA TURMA

**Data do Julgamento**

27/09/2021

**Data da Publicação/Fonte**

DJe 07/10/2021

**Ementa**

PROCESSUAL CIVIL E PREVIDENCIÁRIO. RESTABELECIMENTO DE APOSENTADORIA POR IDADE RURAL. INDEFERIMENTO. PRESCRIÇÃO. REGRAS. ALTERAÇÃO NO DIREITO DA PARTE AUTORA. OCORRÊNCIA. TERMO INICIAL. CITAÇÃO. 1. Apesar de o direito ao benefício previdenciário ou assistencial não se submeter à prescrição de fundo, por estar inserido nos direitos fundamentais, a ocorrência de indeferimento do pedido administrativo faz nascer o interesse de agir, por se tratar de ato específico, o qual não se renova mês a mês. Inteligência da Súmula 85 do STJ. **2. O reconhecimento da prescrição do fundo de direito, por si só, não afasta a possibilidade de nova postulação de benefício por incapacidade, ou assistencial, tendo em vista a natureza dos direitos sociais e eventuais alterações no estado de fato ou de direito do segurado, de seu beneficiário ou do requerente de que trata a LOAS (Lei Orgânica da Assistência Social), ex vi do art. 505, I, do CPC/2015 (art. 471, CPC/1973). 3. Caso em que a parte autora pode postular a concessão de benefício a qualquer tempo, sendo certo que, decorridos mais de cinco anos desde o indeferimento administrativo e havendo alteração no estado de fato ou de direito do segurado, este fará jus ao benefício, atendidos os requisitos legais, mas a contar do novo requerimento administrativo, se houver, ou da citação na ação judicial, na esteira do entendimento firmado pela Primeira Seção no REsp n. 1.369.165/SP.** 4. Reconhecido, pela instância ordinária, o direito à percepção cumulativa da pensão por morte e da aposentadoria rural, não há como afastar o termo inicial desta última a contar da citação, dado o transcurso de mais de cinco anos entre a cessação administrativa e a propositura desta demanda. 5. Agravo interno desprovido.

**PROCESSO**

AgInt no REsp 1959451 / PE

AGRAVO INTERNO NO RECURSO ESPECIAL

2021/0290203-1

**RELATOR(A)**

Ministro FRANCISCO FALCÃO (1116)

**ÓRGÃO JULGADOR**

T2 - SEGUNDA TURMA

**DATA DO JULGAMENTO**

11/04/2022

**DATA DA PUBLICAÇÃO/FONTE**

DJe 18/04/2022

**EMENTA**

PROCESSUAL CIVIL. PREVIDENCIÁRIO. APOSENTADORIA POR TEMPO DE CONTRIBUIÇÃO. INDEFERIMENTO ADMINISTRATIVO. PRESCRIÇÃO QUINQUENAL. ACÓRDÃO ALINHADO COM A JURISPRUDÊNCIA DO STJ. I - Na origem, trata-se de ação ajuizada contra o INSS objetivando a concessão de aposentadoria por tempo de contribuição. Na sentença, julgou-se procedente o pedido. No Tribunal a quo, a sentença foi mantida. Esta Corte não conheceu do recurso especial. II - A jurisprudência do Superior Tribunal de Justiça é firme no sentido de que esta Corte somente pode conhecer da matéria objeto de julgamento no Tribunal de origem. Ausente o prequestionamento da matéria alegadamente violada, não é possível o conhecimento do recurso especial. Nesse sentido, o enunciado n. 211 da Súmula do STJ: "Inadmissível recurso especial quanto à questão que, a despeito da oposição de embargos declaratórios, não foi apreciada pelo Tribunal a quo"; e, por analogia, os enunciados n. 282 e 356 da Súmula do STF. **III - Verifica-se que o entendimento do Tribunal a quo se encontra na mesma linha da Jurisprudência do Superior Tribunal de Justiça, pela ocorrência da prescrição quinquenal ultrapassado o prazo de cinco anos contados do indeferimento do pedido administrativo. Sobre o assunto, confiram-se: (AgInt no REsp 1.910.776/CE, relator Ministro Herman Benjamin, Segunda Turma, julgado em 28/6/2021, DJe 1°/7/2021 e EDcl nos EREsp 1.269.726/MG, relator Ministro Manoel Erhardt (Desembargador convocado do TRF5), Primeira Seção, julgado em 25/8/2021, DJe 1°/10/2021.)** IV - Agravo interno improvido.

Todavia, no julgamento pelo STF da **Reclamação 48.979, de 20/08/2021,** a Ministra Carmen Lúcia **cassou decisão do STJ (por ofensa ao julgamento da ADI 6.096) que aplicou prescrição de fundo de direito a uma ação que buscava restabelecimento de auxílio por incapacidade temporária:**

> "Na decisão reclamada, ao se estabelecer que "deve ser reconhecida a prescrição da pretensão" quando "ajuizada a ação de restabelecimento de auxílio-doença há mais de cinco anos da data do ato que indeferiu o benefício", não foi observado o que assentado no julgamento da Ação Direta de Inconstitucionalidade n. 6.096/DF, ao se declarar a inconstitucionalidade da instituição de prazos para as hipóteses de revisão do ato de indeferimento, cancelamento ou cessação do benefício previdenciário.
>
> 8. Pelo exposto, julgo procedente a presente reclamação, para cassar a decisão proferida pela Segunda Turma do Superior Tribunal de Justiça no Agravo em Recurso Especial n. 1.910.776/CE e determinar outra seja proferida como de direito, em observância ao que decidido por este Supremo Tribunal no julgamento da Ação Direta de Inconstitucionalidade n. 6.096/DF".

**Em 17 de maio de 2022, houve um *overuling* no STJ que, em razão dos fundamentos adotados pelo STF no julgamento da ADI 6.096, passou a adotar a prescrição quinquenal de trato sucessivo no RGPS:**

**PROCESSO**

AgInt no REsp 1805428 / PB

AGRAVO INTERNO NO RECURSO ESPECIAL 2019/0083564-4

**RELATOR**

Ministro MANOEL ERHARDT (DESEMBARGADOR CONVOCADO DO TRF5) (8410)

**ÓRGÃO JULGADOR**

T1 - PRIMEIRA TURMA

**DATA DO JULGAMENTO**

17/05/2022

**DATA DA PUBLICAÇÃO/FONTE**

DJe 25/05/2022

**EMENTA**

PREVIDENCIÁRIO. AGRAVO INTERNO NO RECURSO ESPECIAL. PENSÃO POR MORTE. RECONSIDERAÇÃO DA DECISÃO AGRAVADA. MUDANÇA DE PARADIGMA. ADI 6.096/DF - STF. PRAZO DECADENCIAL PARA A REVISÃO DO ATO DE INDEFERIMENTO, CANCELAMENTO OU CESSAÇÃO DE BENEFÍCIO PREVIDENCIÁRIO. INCONSTITUCIONALIDADE DO ART. 24 DA LEI 13.846/2019, QUE DEU NOVA REDAÇÃO AO ART. 103 DA LEI 8.213/1991. NÃO É POSSÍVEL INVIABILIZAR O PRÓPRIO PEDIDO DE CONCESSÃO DO BENEFÍCIO PREVIDENCIÁRIO (OU DE RESTABELECIMENTO), EM RAZÃO DO TRANSCURSO DE QUAISQUER LAPSOS TEMPORAIS (DECADENCIAL OU PRESCRICIONAL). **APLICAÇÃO DA SÚMULA 85/STJ. PARCELAS VENCIDAS NÃO ABRANGIDAS PELO PRAZO PRESCRICIONAL QUINQUENAL.** NÃO FLUÊNCIA DO PRAZO EM DESFAVOR DO PENSIONISTA MENOR. PRECEDENTE. AGRAVO INTERNO A QUE SE DÁ PROVIMENTO. 1. Na origem, cuida-se de ação ajuizada em desfavor do INSS em que se busca o pagamento de prestações vencidas do benefício de pensão por morte instituído pela genitora do autor, retroativamente à data do óbito, ocorrido em 30.05.2000; o benefício foi requerido administrativamente em 22.09.2003. 2. O Supremo Tribunal Federal, ao julgar o RE 626.489/SE, da relatoria do Ministro ROBERTO BARROSO, em 16.10.2013, com repercussão geral, Tema 313/STF, firmou entendimento segundo o qual inexiste prazo decadencial para a concessão inicial do benefício previdenciário e, ainda, aplica-se o prazo decadencial de dez anos para a revisão de benefícios concedidos, inclusive os anteriores ao advento da Medida Provisória 1.523/1997, hipótese em que a contagem do prazo deve iniciar-se em 1º de agosto de 1997. 3. A Corte Suprema consignou que não viola a CF/1988 a criação de um prazo máximo para que o interessado possa pedir a revisão do benefício previdenciário, ou seja, a MP 1.523-9/1997, ao criar o prazo decadencial, não incidiu em inconstitucionalidade. O direito à previdência social constitui direito fundamental, portanto não poderia haver prazo decadencial para a concessão inicial do benefício. Noutro vértice, concluiu a Corte Maior que é legítima a instituição de prazo decadencial de 10 anos para a revisão de benefício previdenciário já concedido. Esse prazo decadencial tem como fundamento o princípio da segurança jurídica e objetiva evitar a eternização dos litígios, além de buscar o equilíbrio financeiro e atuarial para o sistema previdenciário. 4. Posteriormente, a MP 871/2019, de 18.01.2019 (convertida na Lei 13.846/2019), alterou a redação do art. 103 da Lei 8.213/1991 para ampliar as hipóteses sujeitas ao prazo decadencial, quais sejam: revisão do ato de concessão; indeferimento, cancelamento ou cessação do benefício previdenciário; e do ato de deferimento, indeferimento ou não concessão de revisão de benefício previdenciário. 5. O Supremo Tribunal Federal, por apertada maioria, na ADI 6.096/DF, da relatoria do Ministro EDISON FACHIN, na assentada de 13.10.2020, julgou parcialmente procedente o pedido declarando a inconstitucionalidade do art. 24 da Lei 13.846/2019 na parte que dera nova redação ao art. 103 da Lei 8.213/1991, isso porque a decisão administrativa que indefere o pedido de concessão ou que cancela ou cessa o benefício antes concedido nega o benefício em si considerado, de forma que, inviabilizada a rediscussão da negativa pela parte beneficiária ou segurada, repercute também sobre o direito material à concessão do benefício a decadência ampliada pelo dispositivo. 6. Concluiu-se desse modo que a Lei 13.846/2019 havia imposto prazo decadencial para a revisão dos atos de indeferimento, cancelamento, cessação do benefício e deferimento, indeferimento e não concessão de revisão de benefício. Ocorre que, ao fazer isso, a Corte Maior entendeu que a Lei Previdenciária incide em inconstitucionalidade, porquanto não preserva o fundo de direito considerando que, na hipótese em que negado o benefício, caso inviabilizada pelo decurso do tempo a rediscussão da negativa, é comprometido o exercício do direito material à sua obtenção. **7. Diante da decisão do STF na ADI 6.096/DF, não é possível inviabilizar o próprio pedido de concessão do benefício (ou de restabelecimento) em razão do transcurso de quaisquer lapsos temporais - seja decadencial ou prescricional -, de modo que a prescrição se limita apenas às parcelas pretéritas vencidas no quinquênio que precedeu à propositura da ação, nos termos da Súmula 85/STJ. 8. Fica superado o entendimento firmado por esta Corte Superior nos EDcl nos EREsp 1.269.726/MG, tendo em vista que o art. 102, §2º, da CF/1988 confere efeito vinculante às decisões definitivas em ADI em relação aos demais órgãos do Poder Judiciário e à administração pública direta e indireta nos âmbitos federal, estadual e municipal.** 9. No presente caso, conforme reconhecido pelo Tribunal de origem, o INSS indeferiu administrativamente o benefício de pensão por morte em 20.9.2003. A Corte local entendeu que o autor possuía 10 anos de idade quando o INSS indeferira administrativamente o benefício, motivo pelo qual não corria a prescrição, nos termos do art. 198, inciso I, do CC/2002. Consignou, também, que em janeiro de 2009 o ora agravante havia completado 16 anos de idade, quando o prazo prescricional começou a correr. Ao final, declarou a prescrição, tendo em vista o fato de a ação ter sido proposta em agosto de 2014. 10. Divergiu o Tribunal de origem do entendimento firmado pelo Superior Tribunal de Justiça segundo o qual a expressão pensionista menor, de que trata o art. 79 da Lei 8.213/1991, identifica uma situação que só desaparece aos dezoito anos de idade, nos termos do art. 5º do CC/2002, marco a partir do qual passa a fluir o prazo prescricional (REsp 1.405.909/AL, Rel. Ministro SÉRGIO KUKINA, Rel. p/ Acórdão Ministro ARI PARGENDLER, PRIMEIRA TURMA, julgado em 22/05/2014, DJe 09/09/2014). 11. Embora tenha havido revogação do art. 79 da Lei 8.213/1991 pela Lei 13.846/2019, tal dispositivo estava em pleno vigor à época dos fatos, sendo o precedente aplicável à espécie, repita-se, uma vez que a suspensão ou impedimento da fluência do prazo prescricional cessaria apenas a partir da maioridade civil. 12. Respeitada a maioridade previdenciária, conforme o precedente citado, o prazo prescricional começou a fluir em janeiro do ano de 2011, quando o autor completou 18 anos de idade. Como a ação foi proposta em agosto de 2015, não se verifica o transcurso do lustro prescricional. Logo, faz jus o agravante às prestações vencidas, desde a data do requerimento até a data em que completou dezoito anos de idade, diante da não fluência do prazo prescricional à época. 13. Agravo interno do particular a que se dá provimento.

**PROCESSO**

AgInt no REsp 1957794 / CE

AGRAVO INTERNO NO RECURSO ESPECIAL
2021/0280038-0

**RELATOR**

Ministro SÉRGIO KUKINA (1155)

**ÓRGÃO JULGADOR**

T1 - PRIMEIRA TURMA

**DATA DO JULGAMENTO**

26/09/2022

**DATA DA PUBLICAÇÃO/FONTE**

DJe 29/09/2022

**EMENTA**

**PREVIDENCIÁRIO.** BENEFÍCIO NEGADO NA VIA ADMINISTRATIVA. PRESCRIÇÃO DO FUNDO DE DIREITO. INOCORRÊNCIA. ENTENDIMENTO SEDIMENTADO NESTA CORTE E NO SUPREMO TRIBUNAL FEDERAL.

1. A jurisprudência desta Corte é firme no sentido de que, mesmo na hipótese de negativa, pelo INSS, de concessão de benefício previdenciário de aposentadoria por invalidez, não há falar em prescrição do próprio fundo de direito, porquanto o direito fundamental a esta prerrogativa previdenciária não pode ser fulminado sob tal perspectiva.

2. Da mesma forma, o Supremo Tribunal Federal, no julgamento da ADI 6.096/DF, relator Ministro EDSON FACHIN, declarando a inconstitucionalidade do art. 24 da Lei 13.846/2019, na parte que dera nova redação ao art. 103 da Lei 8.213/1991, manifestou-se no sentido que, mesmo nas hipóteses em que há o indeferimento administrativo do pedido, não há falar em prescrição do fundo de direito, sendo de rigor o reconhecimento de que apenas as parcelas pretéritas vencidas no quinquênio que precedeu a propositura da ação são alcançadas pela prescrição.

3. Em outras palavras, nos feitos relativos a concessão ou restabelecimento de benefício previdenciário, não há prescrição do fundo de direito, mas apenas das verbas pleiteadas anteriores aos cinco anos do ajuizamento da ação.

4. Agravo interno a que se nega provimento.

**PROCESSO**

AgInt no REsp 1525902 / PE

AGRAVO INTERNO NO RECURSO ESPECIAL

2015/0091357-0

**RELATOR**

Ministro MAURO CAMPBELL MARQUES (1141)

ÓRGÃO JULGADOR

T2 - SEGUNDA TURMA

DATA DO JULGAMENTO

21/03/2023

DATA DA PUBLICAÇÃO/FONTE

DJe 27/03/2023

**EMENTA**

PROCESSUAL CIVIL E ADMINISTRATIVO. AGRAVO INTERNO NO RECURSO ESPECIAL. SERVIDOR PÚBLICO. NOVO JULGAMENTO DETERMINADO PELO SUPREMO TRIBUNAL FEDERAL. ARE Nº 1.339.439/PE. APLICAÇÃO DA TESE FIRMADA NA ADI Nº 6096/DF. BENEFÍCIO PREVIDENCIÁRIO. IMPRESCRITIBILIDADE. PENSÃO POR MORTE. REGIME ESTATUTÁRIO. VIOLAÇÃO AO ART. 1º DO DECRETO Nº 20.910/32. INDEFERIMENTO ADMINISTRATIVO. PRESCRIÇÃO. INOCORRÊNCIA. MANUTENÇÃO DO ACÓRDÃO RECORRIDO. AGRAVO INTERNO PROVIDO PARA, EM JUÍZO DE RETRATAÇÃO, NEGAR PROVIMENTO AO RECURSO ESPECIAL DO INSS.

1. A decisão monocrática agravada, proferida às e-STJ fls. 1278/1284, conheceu do agravo e deu provimento ao recurso especial do INSS para reconhecer a prescrição do fundo de direito, pois transcorridos mais de 5 (cinco) anos entre o indeferimento administrativo da pensão por morte e o ajuizamento da ação, nos termos da jurisprudência pacífica deste Tribunal.

**2. Entretanto, o Supremo Tribunal Federal, ao julgar a ADI nº 6096/DF, precedente fixado em sede de controle concentrado de constitucionalidade, firmou a tese de que configura violação ao direito fundamental ao benefício previdenciário fazer incidir os institutos da prescrição e da decadência nas hipóteses de indeferimento, cancelamento ou cessação de benefício previdenciário.**

3. Agravo interno provido para, em juízo de retratação, negar provimento ao recurso especial interposto pelo INSS, mantendo-se o acórdão proferido pelo Tribunal de origem.

Mas o tema segue polêmico. Nestas decisões de 2023 adotou-se a prescrição de fundo de direito:

**PROCESSO**

AREsp 2013655 / PR

AGRAVO EM RECURSO ESPECIAL

2021/0350265-0

**RELATOR**

Ministro FRANCISCO FALCÃO (1116)

**ÓRGÃO JULGADOR**

T2 - SEGUNDA TURMA

**DATA DO JULGAMENTO**

28/02/2023

**DATA DA PUBLICAÇÃO/FONTE**

DJe 02/03/2023

**EMENTA**

PREVIDENCIÁRIO. AUXÍLIO-DOENÇA ACIDENTÁRIO. **TERMO INICIAL DO BENEFÍCIO. DIA SEGUINTE À CESSAÇÃO DO ÚLTIMO BENEFÍCIO CONCEDIDO. RETROAÇÃO À DATA DE CESSAÇÃO DO PRIMEIRO AUXÍLIO-DOENÇA CONCEDIDO NA ESFERA ADMINISTRATIVA. IMPOSSIBILIDADE. TRANSCORRIDOS MAIS DE 5 ANOS ENTRE AQUELA DATA E O AJUIZAMENTO DA AÇÃO.** PRECEDENTES.

I - Hipótese que a parte recorrente objetiva a retroação do benefício desde o dia seguinte à cessação do primeiro auxílio-doença concedido na esfera administrativa, o que não é possível, visto que, conforme entendimento jurisprudencial desta Corte, entende-se que a revisão do ato administrativo que indeferiu ou cessou o benefício previdenciário está sujeita à prescrição quinquenal. Precedentes: AgInt no REsp n. 1.864.367/CE, relator Ministro Gurgel de Faria, Primeira Turma, julgado em 31/8/2020, DJe 8/9/2020; e REsp n. 1.746.544/RJ, relator Ministro Francisco Falcão, Segunda Turma, julgado em 7/2/2019, DJe 14/2/2019.

II - No caso dos autos, a presente ação foi ajuizada em 11/12/2018, após o decurso do prazo prescricional de 5 anos a contar da data de cessação do primeiro benefício, ocorrido em 5/2/2013, o que torna inviável a retroação do benefício a essa data.

III - No tocante à divergência, verifica-se que o recorrente não efetivou o necessário cotejo analítico entre os acórdãos em confronto, o que impede o conhecimento do recurso, com base nessa alínea do permissivo constitucional, não bastando a simples transcrição de ementas e fragmentos de votos.

IV - Agravo conhecido para conhecer parcialmente do recurso especial e, nessa parte, negar-lhe provimento.

**PROCESSO**

REsp 1965066 / AL

RECURSO ESPECIAL

2021/0315339-4

**RELATOR**

Ministro FRANCISCO FALCÃO (1116)

**ÓRGÃO JULGADOR**

T2 - SEGUNDA TURMA

**DATA DO JULGAMENTO**

14/02/2023

**DATA DA PUBLICAÇÃO/FONTE**

DJe 16/02/2023

**EMENTA**

PREVIDENCIÁRIO. BENEFÍCIO ASSISTENCIAL À PESSOA COM DEFICIÊNCIA. TERMO INICIAL DO BENEFÍCIO. DATA DO REQUERIMENTO ADMINISTRATIVO. RETROAÇÃO AO PRIMEIRO REQUERIMENTO ADMINISTRATIVO. **IMPOSSIBILIDADE. TRANSCORRIDOS MAIS DE 5 ANOS ENTRE O INDEFERIMENTO ADMINISTRATIVO E O AJUIZAMENTO DA AÇÃO.** PRECEDENTES.

I - Acórdão regional, em conformidade com o entendimento jurisprudencial desta Corte no sentido de que o termo inicial do benefício assistencial de prestação continuada, previsto no art. 20 da Lei n. 8.742/1993, é a data do requerimento administrativo, e, na ausência deste, é a data da citação.

II - Hipótese que a parte recorrente objetiva a retroação do benefício desde o primeiro requerimento administrativo, o que não é possível, visto que, conforme entendimento jurisprudencial desta Corte, entende-se que a revisão do ato administrativo que indeferiu o benefício assistencial está sujeita à prescrição quinquenal.

Precedentes: AgInt no REsp n. 1.864.367/CE, relator Ministro Gurgel de Faria, Primeira Turma, julgado em 31/8/2020, DJe 8/9/2020; e REsp n. 1.746.544/RJ, relator Ministro Francisco Falcão, Segunda Turma, julgado em 7/2/2019, DJe 14/2/2019.

**III - No caso dos autos, a presente ação foi ajuizada, em 30/8/2018, após o decurso do prazo prescricional de 5 anos a contar do primeiro requerimento administrativo, formulado em 11/2/2012, o que torna inviável a retroação do benefício a essa data.**

IV - No tocante a divergência, verifica-se que o recorrente não efetivou o necessário cotejo analítico entre os acórdãos em confronto, o que impede o conhecimento do recurso, com base nessa alínea do permissivo constitucional, não bastando a simples transcrição de ementas e fragmentos de votos.

V - Recurso especial parcialmente conhecido e, nessa parte, improvido.

A TNU entende que se trata de prescrição progressiva quinquenal da pretensão ao benefício por incapacidade laboral **(tema 57)**:

| **Tema** | 57 | Situação do tema | Julgado | Ramo do direito | DIREITO PREVIDENCIÁRIO |
|---|---|---|---|---|---|
| Questão submetida a julgamento | Saber se há incidência da prescrição do fundo de direito para os casos em que transcorrido o prazo de 5 anos no período compreendido entre o cancelamento administrativo do auxílio-doença e o ajuizamento da ação. | | | | |
| **Tese firmada** | Não ocorre prescrição do fundo de direito quando, entre o cancelamento administrativo do auxílio--doença e o ajuizamento da ação, decorrem mais de 5 anos. | | | | |
| Processo | | Relator (a) | Julgado em | Acórdão publicado em | Trânsito em julgado |
| PEDILEF 0508032-49.2007.4.05.8201/ PB | | Juiz Federal Adel Américo Dias de Oliveira | 25/04/2012 | 06/07/2012 | 24/07/2012 |

Vale registrar mais uma vez que o **pedido inaugural administrativo** de um benefício previdenciário **poderá ser feito a qualquer tempo** nas situações de pagamento por prazo indeterminado, a exemplo de uma aposentadoria programada ou de uma pensão por morte:

**Processo**

AgInt no REsp 1433721 / MGAGRAVO INTERNO NO RECURSO ESPECIAL2014/0029489-4

**Relator(a)**

Ministro BENEDITO GONÇALVES (1142)

**Órgão Julgador**

T1 - PRIMEIRA TURMA

**Data do Julgamento**

23/03/2020

**Data da Publicação/Fonte**

DJe 25/03/2020

**Ementa**

ADMINISTRATIVO. AGRAVO INTERNO NO RECURSO ESPECIAL. SERVIDOR PÚBLICO ESTADUAL. PENSÃO POR MORTE. BENEFÍCIO PREVIDENCIÁRIO. EXERCÍCIO. IMPRESCRITIBILIDADE. DIREITO FUNDAMENTAL. PRESCRIÇÃO. TERMO INICIAL. INDEFERIMENTO ADMINISTRATIVO. RELAÇÃO DE TRATO SUCESSIVO. SÚMULA 85/STJ. NOVO ENTENDIMENTO DA PRIMEIRA SEÇÃO. ERESP 1.269.726/MG.

1. A Primeira Seção deste Tribunal Superior, nos autos do EREsp 1.269.726/MG, julgado em 13/3/2019, alinhando-se ao entendimento do Supremo Tribunal Federal no RE 626.489/SE, decidiu que não ocorre a prescrição do fundo de direito na hipótese de pretensão de concessão inicial de benefício previdenciário, por se tratar de direito fundamental do requerente, que pode ser exercido a qualquer tempo, razão pela qual o termo inicial do prazo prescricional deve ser a data do indeferimento administrativo da pensão por morte, e não a data do óbito do instituidor do benefício, restando prescritas apenas as parcelas

anteriores ao quinquênio que precedeu à propositura da ação, nos termos da Súmula 85/STJ.

2. Agravo interno não provido.

Dessa forma, preserva-se o direito ao benefício, se houver, cabendo nova postulação administrativa (nova DER, sem atrasados) mesmo que o Poder Judiciário aplique a prescrição de cinco anos, se prazo maior decorreu entre a notificação do indeferimento administrativo e a data do ajuizamento da ação judicial.

De acordo com o saudoso Câmara Leal, são elementos da prescrição: "1º – existência de uma ação exercitável (*actio nata*); 2º – inércia do titular da ação pelo seu não exercício; 3º – continuidade dessa inércia durante um certo lapso de tempo; 4º – ausência de algum fato ou ato a que a lei atribua eficácia impeditiva, suspensiva ou interruptiva do curso prescricional."[12]

De efeito, caso o beneficiário da Previdência Social não permaneça inerte na realização da pretensão do suposto direito subjetivo violado, é possível que ocorra algum fato suspenda ou interrompa o curso do lapso prescricional.

**Entende-se que o requerimento administrativo de benefício previdenciário tem o condão de suspender o curso prescricional, caso já iniciado, pois sinaliza a perseguição do direito prestacional violado, afastando a suposta contumácia do segurado ou do seu dependente.**

Nesse sentido, dispõe o artigo 4º, do Decreto 20.910/32, que "não corre a prescrição durante a demora que, no estudo, ao reconhecimento ou no pagamento da dívida, considerada líquida, tiverem as repartições ou funcionários encarregados de estudar e apurá-la".

De seu turno, os artigos 8º e 9º, do referido Decreto, ainda dispõem que a prescrição **somente poderá ser interrompida uma vez** e, após a interrupção, **recomeçará a correr pela metade** do prazo da data do ato que a interrompeu ou do último ato ou termo do respectivo processo.

De acordo com o STJ, na execução individual de sentença coletiva a mera notícia publicada para os segurados não terá o condão de interromper o curso da prescrição quinquenal, que para a sua interrupção exige ato inequívoco:

**PROCESSO**

AgInt no AREsp 1856372 / RS

AGRAVO INTERNO NO AGRAVO EM RECURSO ESPECIAL

2021/0074406-9

**RELATOR(A)**

Ministro MANOEL ERHARDT (DESEMBARGADOR CONVOCADO DO TRF5) (8410)

**ÓRGÃO JULGADOR**

T1 - PRIMEIRA TURMA

**DATA DO JULGAMENTO**

21/02/2022

**DATA DA PUBLICAÇÃO/FONTE**

DJe 24/02/2022

**EMENTA**

**PREVIDENCIÁRIO.** AGRAVO INTERNO NO AGRAVO EM RECURSO ESPECIAL. EXECUÇÃO INDIVIDUAL DE SENTENÇA COLETIVA. PRESCRIÇÃO DA PRETENSÃO EXECUTÓRIA RECONHECIDA. INEXISTÊNCIA DE CAUSA INTERRUPTIVA DA PRESCRIÇÃO. ATO INEQUÍVOCO QUE IMPORTE RECONHECIMENTO DO DIREITO PELO DEVEDOR. INOCORRÊNCIA. INVERSÃO DO JULGADO. REEXAME FÁTICO-PROBATÓRIO. SÚMULA 7/STJ. AGRAVO INTERNO DO PARTICULAR A QUE SE NEGA PROVIMENTO. 1. Trata-se de **execução individual de sentença coletiva**. As instâncias ordinárias reconheceram a prescrição da pretensão executória. **No mais, quanto à existência de causa interruptiva da prescrição, o Tribunal de origem consignou que a notícia publicada em 2017, com o objetivo de orientar os segurados quanto aos seus interesses, não tem o efeito de interromper o prazo prescricional para a execução de sentença (fls. 253).** 2. Por certo, para o reconhecimento da causa interruptiva da prescrição prevista no art. 202, VI, do CC/2002, **deve existir ato inequívoco**, ainda que extrajudicial, que importe reconhecimento do direito pelo devedor. 3. No caso em exame, a adoção de entendimento diverso quanto à ocorrência da prescrição, conforme pretendido, demandaria analisar o conteúdo da citada notícia, exigindo o reexame do contexto fático-probatório dos autos, circunstância que redundaria na formação de novo juízo acerca dos fatos e provas, e não de valoração dos critérios jurídicos concernentes à utilização da prova e à formação da convicção, o que impede o seguimento do recurso especial. Sendo assim, incide a Súmula 7 do STJ, segundo a qual a pretensão de simples reexame de prova não enseja recurso especial. 4. Agravo interno do particular a que se nega provimento.

Assim sendo, o requerimento administrativo para a concessão de benefício previdenciário irá suspender o curso da prescrição, **que voltará a correr pelo período remanescente após a comunicação final do indeferimento do benefício.**

Este é o posicionamento que passou a ser adotado pela TNU, através da Súmula 74:

Súmula 74- O prazo de prescrição fica suspenso pela formulação de requerimento administrativo e volta a correr pelo saldo remanescente após a ciência da decisão administrativa final.

---

12. Da Prescrição e da Decadência, 3ª ed., RJ, Forense, 1978, p. 11.

Ao julgar o **Tema 200** representativo de controvérsia, que versa sobre a revisão de renda mensal com lastro em decisão da Justiça do Trabalho, a TNU decidiu que **a prescrição ficará suspensa durante o tramite da reclamação trabalhista**, somente voltando a fluir quando reconhecido o direito (coisa julgada) e após a homologação dos cálculos de liquidação:

| Tema | 200 | Situação do tema | Julgado | | Ramo do direito | DIREITO PREVIDENCIÁRIO |
|---|---|---|---|---|---|---|
| Questão submetida a julgamento | | Definir os critérios de contagem do prazo prescricional da pretensão ao recebimento de diferenças decorrentes de revisão de renda mensal inicial em virtude de reclamação trabalhista. | | | | |
| Tese firmada | | **Na pretensão ao recebimento de diferenças decorrentes de revisão de renda mensal inicial em virtude de verbas salariais reconhecidas em reclamação trabalhista, a prescrição quinquenal deve ser contada retroativamente da data do ajuizamento da ação previdenciária, <u>não fluindo no período de tramitação da ação trabalhista</u>, enquanto não definitivamente reconhecido o direito e não homologados os cálculos de liquidação.** | | | | |
| Processo | | Decisão de afetação | Relator (a) | Julgado em | Acórdão publicado em | Trânsito em julgado |
| PEDILEF 5002165-21.2017.4.04.7103/RS | | 12/12/2018- afetado pelo Pleno | Juiz Federal Atanair Nasser Ribeiro Lopes- para acórdão: Juíza Federal Susana Sbrogio Galia | 9/12/2020 | - | - |

**Contra essa decisão o INSS interpôs o PUIL 2269/DF, a ser julgada pelo STJ. Isso porque existem precedentes do STJ em sentido contrário:**

**PROCESSO**

AgInt no REsp 1569351 / SP

AGRAVO INTERNO NO RECURSO ESPECIAL

2015/0284339-8

**RELATOR**

Ministro GURGEL DE FARIA (1160)

**ÓRGÃO JULGADOR**

T1 - PRIMEIRA TURMA

**DATA DO JULGAMENTO**

30/08/2021

**DATA DA PUBLICAÇÃO/FONTE**

DJe 08/09/2021

RSTP vol. 389 p. 150

**EMENTA**

PREVIDENCIÁRIO. APOSENTADORIA POR TEMPO DE CONTRIBUIÇÃO. REVISÃO. VERBAS RECONHECIDAS NA JUSTIÇA DO TRABALHO. EFEITOS FINANCEIROS. PRESCRIÇÃO. INCIDÊNCIA.

1. A jurisprudência de ambas as Turmas desta Corte possui a compreensão de que, em regra, o termo inicial dos efeitos financeiros decorrentes de verbas salariais reconhecidas em reclamatória trabalhista deve retroagir à data da concessão do benefício.

2. O regramento legal da prescrição para o segurado da Previdência Social, previsto no parágrafo único do art. 103 da Lei n. 8.213/1991, estabelece que, em cinco anos prescreve toda e qualquer ação para haver prestações vencidas ou quaisquer restituições ou diferenças devidas, a contar da data em que deveriam ter sido pagas, salvo o direito dos menores, incapazes e ausentes, na forma do Código Civil.

3. Caso em que a parte autora, aposentada desde 21/02/1997, embora tenha obtido, em seu favor, o direito à inclusão de parcelas reconhecidas na Reclamatória Trabalhista movida pelo Sindicato de sua categoria, com trânsito em julgado em 16/08/2000, somente formulou o seu pedido administrativo de revisão de aposentadoria em 27/12/2005, mais de cinco anos depois, motivo pelo qual o termo inicial dos efeitos financeiros deve permanecer nesta última data, tal como fixado pelo Tribunal de origem.

4. A Lei de Benefícios, em situação assemelhada, ao tratar da Renda Mensal do Benefício, dispõe que o segurado que não puder comprovar o valor dos seus salários de contribuição no Período Básico de Cálculo - PBC terá sua renda recalculada por ocasião da apresentação de prova dos salários de contribuição e que a nova renda mensal, recalculada e atualizada, substituirá a anterior a partir da data do requerimento de revisão, na dicção de seus arts. 36 e 37.

**5. A interpretação dos arts. 36 e 37, combinados com o parágrafo único do art. 103 da Lei n. 8.213/1991, leva à compreensão de serem indevidas as parcelas anteriores ao requerimento administrativo de revisão se transcorrido o prazo prescricional para postulação do alegado direito perante a Previdência Social, como na espécie.**

6. Agravo interno desprovido.

Nos termos do artigo 596 da Instrução Normativa INSS 128/2022, em caso de solicitação de **resíduo de benefício em decorrência de óbito**, o prazo prescricional deverá ser **suspenso** na data do **protocolo do procedimento de alvará, inventário judicial ou inventário extrajudicial**, sendo reiniciado após o encerramento da ação judicial.

Se a ação tiver tempo de duração superior a 12 (doze) meses, caberá ao INSS verificar se o atraso na tramitação deveu-se à inércia do (s) herdeiro (s), ocasião na qual deverá a Administração solicitar ao interessado a apresentação da cópia do processo/procedimento ou outro documento que esclareça a sua responsabilidade no atraso.

Neste caso, quando restar comprovado que o atraso na tramitação deveu-se à inércia do (s) herdeiro (s), o prazo prescricional não estará sujeito à suspensão, conforme disposto no art. 5º do Decreto nº 20.910, de 6 de janeiro de 1932.

Já a Portaria INSS/DIRBEN 992/2022 contraria a Normativa, prevendo a interrupção da prescrição nesta hipótese:

> "Art. 180. Para análise da ocorrência da prescrição nos casos de pagamento de resíduo de benefícios em razão da apresentação de documento judicial ou de Escritura Pública, devem ser observadas as seguintes regras:
>
> I - o prazo prescricional inicia-se a partir da data do início da validade do crédito ao qual o de cujus faria jus;
>
> **II - o prazo prescricional será interrompido** quando do protocolo do procedimento (alvará judicial, inventário judicial ou extrajudicial), devendo voltar a correr pela metade, ou seja, por mais 2,5 (dois e meio) anos, após a data de expedição do respectivo documento";

Por hierarquia, por ser a IN ato do Presidente do INSS e a Portaria da lavra do Diretor de Benefícios, deve prevalecer a Instrução Normativa.

Na forma do artigo 595 da Instrução Normativa INSS 128/2022, sempre que houver **emissão de crédito**, sua **primeira data de início de validade** será considerada como a data em que a prestação deveria ter sido paga e, consequentemente, como **termo para início da contagem do prazo prescricional**, mesmo que tenha sido emitido por mais de uma vez.

Por outro lado, em **não havendo emissão do crédito**, o termo inicial da prescrição corresponderá à data em que a prestação deveria ter sido paga se o benefício estivesse ativo, observado o cronograma anual de pagamento de benefícios.

Outrossim, dispõe o artigo 202, inciso I, do Código Civil, que a interrupção da prescrição, que somente poderá ocorrer uma vez, dar-se-á por despacho do juiz, mesmo incompetente, que ordenar a citação, se o interessado a promover no prazo e na forma da lei processual.

Contudo, é curial que ambos os prazos prescricionais (antes e depois da interrupção), somados, atinjam ao menos cinco anos, pois não é admissível um prazo inferior. Este, inclusive, é o entendimento do STF, cristalizado na Súmula 383, que preceitua que "a prescrição em favor da Fazenda Pública recomeça a correr, por dois anos e meio, a partir do ato interruptivo, mas não fica reduzida aquém de cinco anos, embora o titular do direito a interrompa durante a primeira metade do prazo".

Assim, o despacho de citação prolatado pelo juiz, mesmo que incompetente, terá a eficácia jurídica de interromper a marcha do lapso prescricional, retroagindo à data da propositura da ação, nos moldes do artigo 240, §1º, do CPC/2015.

Sobre o tema, eis a TNU:

> **PUIL n. 0501509-54.2017.4.05.8109/CE** – apreciando situação na qual se discutia a prescrição da pretensão ao recebimento de parcelas vencidas de benefício previdenciário, a TNU fixou as seguintes teses: (a) ato da Administração que reconhece o direito do interessado interrompe o prazo prescricional quinquenal; (b) o reconhecimento administrativo do direito, suspende o prazo prescricional, na forma do artigo 4.º do Decreto n.º 20.910/32; (c) a prática de algum ato da Administração em que reste inequívoco o seu desinteresse no pagamento da dívida deflagra a contagem do novo prazo prescricional.

Sobre o tema, vale transcrever julgado do TRF da 4ª Região (REOAC 2008.72.01.002614-3, de 21.10.2009):

> "PREVIDENCIÁRIO. PAGAMENTO DE PARCELAS A TÍTULO DE BENEFÍCIO PREVIDENCIÁRIO COMPREENDIDAS ENTRE A DATA DO REQUERIMENTO ADMINISTRATIVO E A DATA DO INÍCIO DO PAGAMENTO. PRESCRIÇÃO. 1. Havendo requerimento administrativo, a aposentadoria por tempo de serviço é devida a contar daquela data, nos termos do art. 54 c/c art. 49, II, da Lei n. 8.213/91, ainda que o reconhecimento, pelo INSS, da implementação dos requisitos à concessão tenha ocorrido em momento posterior. 2. São devidas à parte autora as diferenças a título de benefício previdenciário compreendidas entre a data do requerimento administrativo e a data do início do pagamento, acrescidas de juros de mora e de correção monetária a contar da data em que cada uma delas passou a ser devida face à natureza alimentar dos proventos. Súmula nº 9 desta Corte. **3. *O requerimento administrativo é causa suspensiva da prescrição.* A suspensão mantém-se durante o período de tramitação do processo administrativo, *até a comunicação da decisão ao interessado.* 4. Consoante as disposições do art. 219 do CPC, a citação válida interrompe a prescrição, e a interrupção, segundo o §1º, retroagirá à data da propositura da ação. *Interrompida a prescrição em favor da Fazenda Pública, tem-se que o prazo prescricional volta a fluir, pela metade,***

***apenas após o último ato ou termo daquela demanda* (Decreto nº 20.910/32, art. 9º; Decreto-Lei nº 4.597/42, art. 3º)"** [...]

Contudo, há jurisprudência no sentido de que o requerimento administrativo de benefício não suspende o curso da prescrição, e sim o interrompe, voltando a correr pela metade após a comunicação do indeferimento. Esse é o posicionamento do TRF da 5ª Região:

> "PREVIDENCIÁRIO E PROCESSO CIVIL. EMBARGOS DE DECLARAÇÃO. SALÁRIO-MATERNIDADE. PRESCRIÇÃO DE PARTE DAS PARCELAS. OMISSÃO. EXISTÊNCIA. SÚMULA Nº. 383/STF. EMBARGOS ACOLHIDOS. 1. A prescrição em favor da Fazenda Pública recomeça a correr, por dois anos e meio, a partir do ato interruptivo, mas não fica reduzida aquém de 05 (cinco) anos, embora o titular o direito a interrompa durante a primeira metade do prazo. (Súmula nº.383/ STF). 2. Quando o titular do direito a interrompa durante a primeira metade do prazo, a prescrição recomeça a corre pelo prazo restante, de forma que se totalizem 05 (cinco) anos. Caso, entretanto, a interrupção tenha ocorrido quando já ultrapassados mais de dois anos e meio, aí recomeça a correr pelo prazo de dois anos e meio. 3. Para o salário-maternidade, aplica-se o prazo de prescrição de 05 (cinco) anos a partir do nascimento do menor. Tal benefício é de trato sucessivo, vez que seu recebimento não se esgota numa única prestação, mas renova-se mês a mês, enquanto se der a continuidade do pagamento das parcelas que, in casu, é o período de 120 (cento e vinte) dias a contar do nascimento do rebento. Precedente: TRF--5ªR, AC nº. 406.864, Rel. Des. Fed. Francisco Wildo, 1ª Turma, DJ. 30.03.2007, pág. 1.128, nº. 62 4. No caso, sendo o nascimento do filho em 23.03.97, a última parcela do salário-maternidade seria paga em 23.07.97 (120 dias). Deste modo, no momento do requerimento administrativo (28.06.2002), já estavam prescritas as 03 (três) primeiras parcelas do benefício. **Todavia, quanto à última parcela que prescreveria em 23.07.2002, *houve a interrupção da prescrição pelo requerimento* (28.06.2002) que foi indeferido pelo INSS em 15.07.2002**. Destarte, a autora, ora apelada, teria até 15.01.2005 para interpor a presente demanda. Ora, como a ação foi ajuizada em 12.12.2002, não ocorreu a prescrição do fundo de direito, restando devido apenas o pagamento da última parcela do salário-maternidade. Omissão suprida. 5. Embargos de declaração acolhidos, sem, contudo, imprimir-lhes efeitos infringentes, tendo em vista a manutenção do acórdão embargado que deu provimento à apelação do particular" (Embargos de Declaração na Apelação Civel - 512554/01, de 15.03.2011).

De acordo com o STJ, "a citação válida no processo coletivo interrompe o prazo prescricional para propositura da Ação individual. Ademais, a presente Ação Individual é autônoma e independente da Ação Coletiva, sobretudo porque, in casu, não se tem notícia de que houve o pedido de suspensão no prazo de trinta dias, a contar da ciência nos autos do ajuizamento da Ação Coletiva, conforme dispõe o artigo 104 do CDC. Assim, a prescrição atinge as prestações vencidas antes do quinquênio anterior à propositura da presente Ação Individual, nos termos da Súmula 85/STJ. Nesse sentido: AgRg no REsp 1.559.883/RJ, Rel. Ministro Herman Benjamin, Segunda Turma, DJe 23/5/2016. 12. Recurso Especial parcialmente provido." **(REsp 1656512/RJ, Rel. Ministro HERMAN BENJAMIN, SEGUNDA TURMA, julgado em 18/04/2017, DJe 02/05/2017).**

> "No que se refere à interrupção da prescrição por força de Ação Civil Pública, o STJ tem entendido que a propositura de ação coletiva interrompe a prescrição apenas para a propositura da ação individual. Em relação ao pagamento de parcelas vencidas, a prescrição quinquenal tem como marco inicial o ajuizamento da ação individual. A propósito: REsp 1.740.410/RS, Rel. Ministra Assusete Magalhães, Segunda Turma, julgado em 5/6/2018; EDcl no REsp 1.669.542/ES, Rel. Ministro Herman Benjamin, Segunda Turma, julgado em 3/10/2017; AgInt no REsp 1.645.952/RJ, Rel. Ministro Sérgio Kukina, Primeira Turma, julgado em 8/5/2018".

Dessa forma, para que a citação na ação coletiva interrompa o curso do lapso prescricional na ação individual, é necessário que haja pedido de suspensão da ação individual, no prazo de trinta dias, a contar da ciência nos autos do ajuizamento da Ação Coletiva.

A TNU segue a mesma linha do STJ (Informativo 30/2018):

> REPRESENTATIVO DE CONTROVÉRSIA - DEFINIÇÃO DE TESE - TEMA N. 166 - PUIL n. 5010000-21.2012.4.04.7205/SC - Apreciando o pedido sob o regime dos representativos de controvérsia, a TNU fixou a seguinte tese: "**A propositura da ação coletiva não interrompe a prescrição da pretensão condenatória na ação individual, salvo se parte autora tiver requerido a suspensão do processo, nos termos do art. 104, da Lei n. 8.078/90, ou esteja se valendo do título judicial formado na ação coletiva para execução individual**".
>
> REPRESENTATIVO DE CONTROVÉRSIA - DEFINIÇÃO DE TESE - TEMA N. 184 - PUIL n. 5003633-94.2016.4.04.7122/RS - Apreciando o pedido sob o regime dos representativos de controvérsia, a TNU fixou a seguinte tese: "**A propositura de Ação Coletiva interrompe a prescrição apenas para o ajuizamento da ação individual, não interrompendo os efeitos da prescrição das parcelas pretéritas cujo marco inicial deve ser o da propositura da ação individual respectiva, ressalvando-se as hipóteses do art. 104 do CDC**".

Vale registrar que a Lei 8.213/91 não disciplina a interrupção da prescrição para efeitos previdenciário, devendo, dessarte, ser aplicado o regramento geral do Decreto 20.910/32:

*"Art. 8º A prescrição somente poderá ser interrompida uma vez.*

*Art. 9º A **prescrição interrompida** recomeça a correr, **pela metade do prazo**, da data do ato que a interrompeu ou do último ato ou termo do respectivo processo".*

Desta forma, uma vez interrompida a prescrição quinquenal, esta voltará a correr por dois anos e seis meses, observado o prazo total mínimo de cinco anos.

No mesmo sentido, o posicionamento do STJ:

"PREVIDENCIÁRIO E PROCESSUAL CIVIL. REVISÃO DO BENEFÍCIO PREVIDENCIÁRIO. MEMORANDO-CIRCULAR 21/DIRBEN/PFE-INSS DE 15/4/2010. INTERRUPÇÃO DA PRESCRIÇÃO. ART. 9º DO DECRETO 20.910/1932.

1. No que concerne à prescrição, a Lei de Benefícios da Previdência Social, no parágrafo único do art. 103, definiu que estariam prescritas "em cinco anos, a contar da data em que deveriam ter sido pagas, toda e qualquer ação para haver prestações vencidas ou quaisquer restituições ou diferenças devidas pela Previdência Social, salvo o direito dos menores, incapazes e ausentes, na forma do Código Civil" (Incluído pela Lei n. 9.528, de 1997).

**2. No entanto, a referida norma legal não disciplinou a questão da interrupção do prazo prescricional. Segundo entendimento do STJ, nas dívidas devidas pela Fazenda Pública, uma vez interrompida a prescrição, esta retoma o seu curso pela metade, conforme dispõe o art. 9º do Decreto 20.910/1932, respeitado o prazo mínimo de cinco anos, nos termos da Súmula 383 do STF.**

3. Dentro desse contexto, como a presente ação foi proposta em 15.4.2015, ou seja, após 16.10.2012 (dois anos e meio contados do ato que reconheceu o direito do segurado), tem-se que, efetivamente, a prescrição atingiu as parcelas vencidas no período que antecedeu o quinquênio anterior ao ajuizamento da ação, isto é, estão prescritas as parcelas anteriores a 15.4.2010.

4. Recurso Especial provido. (REsp 1796299/PR, Rel. Ministro HERMAN BENJAMIN, SEGUNDA TURMA, julgado em 28/03/2019, DJe 28/05/2019)

"AGRAVO REGIMENTAL NO RECURSO ESPECIAL. PREVIDENCIÁRIO. PRAZO PRESCRICIONAL. INTERRUPÇÃO. REINÍCIO. PRAZO PELA METADE. ART. 103, PARÁGRAFO ÚNICO, DA LEI N. 8.213/91. ART. 9º DO DECRETO N. 20.910/32. ANTINOMIA. AUSÊNCIA.

1. A lei geral convive com a lei especial na parte em que não há antinomia, consoante regra basilar de hermenêutica. Precedentes.

**2. No caso, o art. 103, parágrafo único, da Lei n. 8.213/91, ao tratar da prescrição quinquenal, não aborda a questão da interrupção do prazo, devendo-se aplicar, então, o art. 9º do Decreto n. 20.910/32, que regula a matéria de forma geral.**

3. Agravo regimental a que se nega provimento". (AgRg no REsp 1221425/RS, Rel. Ministro OG FERNANDES, SEXTA TURMA, julgado em 07/05/2013, DJe 20/05/2013)

De acordo com o Código Civil brasileiro, eis as causas de interrupção do curso prescricional:

"Art. 202. A **interrupção da prescrição**, que somente poderá ocorrer uma vez, dar-se-á:

I - por despacho do juiz, mesmo incompetente, que ordenar a citação, se o interessado a promover no prazo e na forma da lei processual;

II - por protesto, nas condições do inciso antecedente;

III - por protesto cambial;

IV - pela apresentação do título de crédito em juízo de inventário ou em concurso de credores;

V - por qualquer ato judicial que constitua em mora o devedor;

VI - por qualquer ato inequívoco, ainda que extrajudicial, que importe reconhecimento do direito pelo devedor".

Para o RGPS chama a atenção o inciso VI do artigo 202 do Código Civil, na medida em que um ato da autarquia de previdência (a exemplo de um memorando-circular) que reconhecer um direito do segurado, mas não efetue o adimplemento das parcelas devidas, terá o condão de interromper o curso prescricional, que voltará a correr pela metade, observado o lapso mínimo de cinco anos na soma dos períodos anterior e posterior à edição do ato interruptivo.

Entende-se que **o requerimento administrativo suspende o prazo prescricional**, e não o interrompe, na esteira do previsto no artigo 4º do Decreto 20.910/32.

Nos termos do artigo 487, II, do CPC/2015, haverá resolução de mérito quando o juiz decidir, de ofício ou a requerimento, sobre a ocorrência de decadência ou prescrição.

Em termos de prescrição quinquenal durante o trâmite de processo judicial, há ainda a prescrição intercorrente da pretensão executória, que se opera pela inércia do credor do título judicial em promover a sua execução, cujo termo inicial é a coisa julgada.

Ou seja, após a *res judicata*, o credor terá cinco anos para promover a execução da sentença, sob pena de concretização da prescrição executória intercorrente.

Por outro lado, para o STJ, "a pendência ou o ajuizamento de obrigação de fazer não interrompe ou suspende o prazo prescricional da obrigação de dar. A propósito: (AgInt no REsp n. 1.601.586/SP, relator Ministro Sérgio Kukina, Primeira Turma, julgado em 18/5/2020, DJe 21/5/2020 e AgInt nos EDcl no REsp n. 1.342.659/RS, relator Ministro Mauro Campbell Marques, Segunda Turma, julgado em 5/12/2019, DJe 12/12/2019)", nos termos do AgInt no REsp 1932395/RJ, de 16/08/2021.

Caso haja o pagamento apenas parcial por precatório ou requisição de pequeno valor, dar-se-á a interrupção do curso prescricional, restando ao beneficiário da Previdência Social o prazo remanescente de dois anos e meio para vindicar a quantia residual, conforme já se pronunciou o Tribunal Regional Federal da 5ª Região:

"EMBARGOS À EXECUÇÃO COMPLEMENTAR. PRESCRIÇÃO INTERCORRENTE. – Apelação de sentença que julgou procedentes os embargos à execução manejados pelo INSS – INSTITUTO NACIONAL DO SEGURO SOCIAL, contra a execução complementar que lhe moveram segurados da Previdência que tiveram os seus benefícios revisados. O MM. Juiz Federal sentenciante acolheu a alegação de que a obrigação decorrente da sentença condenatória que determinou a revisão do benefício já fora satisfeita, e que a pretensão executória complementar se encontra atingida pela prescrição intercorrente, na forma prevista pela Súmula nº 383 do STF. – **O trânsito em julgado da sentença exeqüenda ocorreu em 17/02/1994, e o depósito dos valores estabelecidos na condenação se deu em 19/04/1996, 02 (dois anos), 02 (dois) meses e 02 (dois) dias depois, devendo ser contado a partir de então o prazo prescricional remanescente pela metade, desde que o mesmo no total não fique inferior a 5 (cinco) anos. Assim, a parte apelante poderia ter manejado a execução complementar até 21/06/1999, quando decorridos 03 (três) anos, 02 (dois) meses e 02 (dois) dias da realização do pagamento. Assim, havendo a execução sido manejada em 2001, encontra-se prescrita a pretensão executória**. – Precedente da Turma: AC nº 325833/RN, Rel. Des. Federal ÉLIO WANDERLEY DE SIQUEIRA, julg. 07/04/2005, publ. DJ 05/05/2005, pág. 470. – Apelação improvida" (Apelação Cível 305.315, de 28.09.2006).

No entanto, existe precedente do STJ que adotou a prescrição quinquenal da pretensão executória:

"PREVIDENCIÁRIO E PROCESSUAL CIVIL. REVISÃO DA RENDA MENSAL INICIAL. IRSM DE FEVEREIRO/1994. PRESCRIÇÃO DA PRETENSÃO EXECUTIVA. OCORRÊNCIA. ART. 103, PARÁGRAFO ÚNICO, DA LEI 8.213/1991. INTELIGÊNCIA DA SÚMULA 150/STF.

1. A questão principal posta nos autos diz respeito à prescrição da pretensão executiva da sentença que condenou a Previdência Social a proceder a revisões no benefício do ora recorrido.

2. O magistrado de piso consignou que "o trânsito em julgado da sentença exequenda deu-se na data de 08/03/2006, (...) Sendo esta data o termo a quo para a fluência do prazo prescricional da ação de execução de 05 (cinco) anos, este se consumou em 07/03/2011, (...), não sendo causa de sua interrupção o mero pedido de desarquivamento dos autos. Assim, quando ajuizada a execução em data de 28/09/2011, já havia escoado o prazo prescricional de cinco anos para executar o título judicial" (fl. 115, e-STJ).

3. O teor da Súmula 150 do Supremo Tribunal Federal, assim afirma: "prescreve a execução no mesmo prazo de prescrição da ação".

4. A interpretação contextual do *caput* e do parágrafo único do art. 103 da Lei 8.213/1991 conduz à conclusão de que o prazo que fulmina o direito de revisão do ato de concessão ou indeferimento de benefício previdenciário é o decadencial de dez anos (*caput*), e não o lapso prescricional quinquenal (parágrafo único), que incide apenas sobre as parcelas sucessivas anteriores ao ajuizamento da ação.

5. Sendo assim, da leitura do parágrafo único do art. 103 da Lei 8.213/91, considerando a inteligência da Súmula 150 do STF, **entendo que o prazo prescricional da pretensão executiva, oriunda de ação em que se discutiu a revisão do benefício previdenciário, é de cinco anos.**
6. Recurso Especial provido". (REsp 1522523/ES, Rel. Ministro HERMAN BENJAMIN, SEGUNDA TURMA, julgado em 18/06/2015, DJe 05/08/2015).

Sobre a **prescrição da pretensão executória**, eis a posição do STJ:

**A) Entende que tanto a obrigação de pagar atrasados quanto a obrigação de fazer estão sujeitas à prescrição quinquenal;**

**B) Que são pretensões distintas com marcos prescricionais diferentes, não havendo interferência (a pendência da obrigação de fazer não interrompe nem suspende o prazo prescricional da obrigação de pagar).**
Veja-se:

**PROCESSO**

AgInt no REsp 1608714 / PE

AGRAVO INTERNO NO RECURSO ESPECIAL 2016/0163131-5

RELATOR

Ministro FRANCISCO FALCÃO (1116)

ÓRGÃO JULGADOR

T2 - SEGUNDA TURMA

DATA DO JULGAMENTO

15/08/2022

DATA DA PUBLICAÇÃO/FONTE

DJe 19/08/2022

**EMENTA**

PROCESSUAL CIVIL. PREVIDENCIÁRIO. INSS. **COMPLEMENTAÇÃO DE APOSENTADORIA. OBRIGAÇÃO DE FAZER E DE PAGAR QUANTIA CERTA. PRESCRIÇÃO DA PRETENSÃO EXECUTÓRIA. PRETENSÕES AUTÔNOMAS. INDEPENDÊNCIA DOS PRAZOS PRESCRICIONAIS.** RECURSO ESPECIAL INADMITIDO. AGRAVO INTERNO PROVIDO. ENTENDIMENTO FIRMADO NO RESP. N. 1.340.444/RS. INDEPENDÊNCIA DO CURSO PRESCRICIONAL.

I - Na origem, trata-se de embargos opostos nos autos de execução de título em que o INSS foi condenado ao pagamento de aposentadoria por invalidez com proventos integrais ao autor, bem como ao pagamento de diferenças pretéritas decorrentes da complementação do benefício. Nos embargos à execução, alegou-se que a obrigação de pagar estaria prescrita, porquanto teria sido ultrapassado o prazo de 5 anos para pleitear o início de tal execução, que seria diversa da obrigação de fazer decorrente do mesmo título. No Tribunal de origem, foi rejeitada a alegação de ocorrência de prescrição aduzida pela pessoa jurídica de direito público, ao fundamento de que a execução da obrigação de pagar estaria vinculada ao cumprimento da obrigação de fazer. Decisão monocrática no Superior Tribunal de Justiça inadmitiu o recurso especial interposto.

II - De fato, a controvérsia jurídica posta nestes autos, semelhante à afetada à apreciação da Corte Especial no REsp n. 1.340.444/RS, não encontra óbices de admissibilidade, razão por que reconsidero a decisão monocrática de fls. 257-262 e conheço do recurso especial interposto pela União.

III - Em relação à indicada violação do art. 535 do CPC/1973 (1.022 do CPC 2015) pelo Tribunal a quo, não se vislumbra a alegada omissão da questão jurídica apresentada pelo recorrente, tendo o julgador abordado a controvérsia de maneira suficiente e fundamentada. Nesse panorama, a oposição dos embargos declaratórios caracterizou, tão somente, a irresignação do embargante diante de decisão contrária a seus interesses, o que não viabiliza o referido recurso. Descaracterizada a alegada omissão, tem-se de rigor o afastamento da suposta violação do referido dispositivo legal, conforme pacífica jurisprudência do Superior Tribunal de Justiça: AgInt no AREsp n. 1.526.177/SP, relator Ministro Og Fernandes, Segunda Turma, julgado em 25/5/2020, DJe 29/5/2020; AgInt no AREsp n. 1.535.574/SP, relator Ministro Francisco Falcão, Segunda Turma, julgado em 18/5/2020, DJe 20/5/2020.

IV - No mérito, a controvérsia essencial posta em debate diz respeito à independência - ou vinculação - das pretensões executórias relativas à obrigação de fazer - consistente na implementação de parcela de reajuste na folha de pagamento dos servidores - e à obrigação de pagar quantia certa - consistente na quitação de parcelas vencidas relativas às diferenças pretéritas decorrentes do reconhecimento do mesmo reajuste.

V - A questão, debatida de modo semelhante em inúmeros processos, foi afetada para julgamento na Corte Especial do Superior Tribunal de Justiça no REsp n. 1.340.444/RS, do que decorreu o sobrestamento dos demais feitos relativos ao tema.

VI - No acórdão que julgou de maneira definitiva o mérito do citado recurso especial - os embargos de declaração posteriormente opostos foram rejeitados -, a Corte Especial, após detida análise a respeito das diversas nuances debatidas no contexto amplo da controvérsia, objeto de inúmeros processos semelhantes, reafirmou a jurisprudência desta Corte no sentido de que, do título executivo judicial relativo à decisão condenatória que verse sobre obrigação de fazer e obrigação de pagar, nascem duas pretensões distintas e autônomas.

VII - Nesse panorama, o exercício da pretensão executória em relação a qualquer uma delas - no caso, a obrigação de fazer - não influi ou produz qualquer efeito em relação à outra pretensão - no caso, relativa à obrigação de pagar. Desse modo, permanecendo a parte inerte em relação a tal pretensão por lapso superior a 5 anos - prazo prescricional previsto para as pretensões contra a Fazenda Pública nos termos do Decreto n. 20.910/1932 - deve-se ter por prescrita a pretensão dos exequentes.

VIII - Merece destaque o entendimento de que "com o trânsito em julgado da condenação genérica, já existe a possibilidade de os beneficiários pleitearem a liquidação da obrigação de pagar referente ao passivo devido, independentemente do adimplemento da obrigação de fazer". Bem como que "a necessidade de liquidação para o adimplemento do reajuste (obrigação de fazer) não interfere no curso do prazo prescricional da Ação de Cumprimento da obrigação de pagar, notadamente porque as pretensões são autônomas".

**IX - Assim, deve ser afastada a tese do acórdão de que o termo inicial do prazo prescricional para execução da obrigação de pagar é a data do cumprimento da obrigação de fazer, de modo que ultrapassado o prazo quinquenal a partir do trânsito em julgado da condenação, sem causas interruptivas ou suspensivas durante seu transcurso, deve-se reconhecer a ocorrência de prescrição da pretensão executória em relação à obrigação de pagar.**

X - Agravo interno provido para dar provimento ao recurso especial, nos termos da fundamentação acima. Reconhecida a prescrição em favor da recorrente, ficam invertidos os ônus sucumbenciais.

Note-se que a situação julgada pelo C. STJ envolve apenas uma revisão de benefício, incidindo ambas as prescrições, pois não está em risco o direito ao benefício. A meu ver, **no caso de implantação de benefício**, não deve haver prescrição da pretensão executória, pois o direito ao benefício previdenciário em si não prescreve nem decai, conforme firmado pelo STF no julgamento da ADI 6.096, de 13.10.2020:

Ementa: AÇÃO DIRETA DE INCONSTITUCIONALIDADE. ADI. DIREITO CONSTITUCIONAL E PREVIDENCIÁRIO. MEDIDA PROVISÓRIA 871/2019. CONVERSÃO NA LEI 13.846/2019. EXAURIMENTO DA EFICÁCIA DE PARTE DAS NORMAS IMPUGNADAS. PERDA PARCIAL DO OBJETO. CONHECIMENTO DOS DISPOSITIVOS ESPECIFICAMENTE CONTESTADOS. ALEGAÇÃO DE PRELIMINARES DE ILEGITIMIDADE ATIVA, IRREGULARIDADE DE REPRESENTAÇÃO PROCESSUAL E PREJUDICIALIDADE SUPERVENIENTE. INEXISTÊNCIA. PRECEDENTES. MÉRITO. ALEGAÇÃO DE INOBSERVÂNCIA DOS REQUISITOS CONSTITUCIONAIS DE RELEVÂNCIA E URGÊNCIA. INEXISTÊNCIA. CONTROLE JUDICIAL DE NATUREZA EXCEPCIONAL QUE PRESSUPÕE DEMONSTRAÇÃO DA INEQUÍVOCA AUSÊNCIA DOS REQUISITOS NORMATIVOS.

PRECEDENTES. INCONSTITUCIONALIDADE MATERIAL DO ART. 24 DA LEI 13.846/2019 NO QUE DEU NOVA REDAÇÃO AO ART. 103 DA LEI 8.213/1991. PRAZO DECADENCIAL PARA A REVISÃO DO ATO DE INDEFERIMENTO, CANCELAMENTO OU CESSAÇÃO DE BENEFÍCIO PREVIDENCIÁRIO. OFENSA AO ART. 6º DA CONSTITUIÇÃO DA REPÚBLICA E À JURISPRUDÊNCIA DO SUPREMO TRIBUNAL FEDERAL AO COMPROMETER O NÚCLEO ESSENCIAL DO DIREITO FUNDAMENTAL AO BENEFÍCIO PREVIDENCIÁRIO E À PREVIDÊNCIA SOCIAL. 1. A ação direta está, em parte, prejudicada, pois não incluído o art. 22 da MP 871/2019 pela Lei 13.846/2019. Conhecida a demanda apenas quanto aos demais dispositivos na ação direta impugnados. Precedente. 2. Ante a ausência de impugnação específica dos arts. 23, 24 e 26 da MP 871/2019 no decorrer das razões jurídicas expendidas na exordial, deve o conhecimento da demanda recair sobre os arts. 1º a 21 e 27 a 30 (alegada natureza administrativa) e 25, na parte em que altera os arts. 16, § 5º; 55, § 3º; e 115, todos da Lei 8.213/1991 (dito formalmente inconstitucional), assim como na parte em que altera o art. 103, caput, da Lei 8.213/1991 (alegada inconstitucionalidade material). Precedente. 3. A requerente juntou posteriormente aos autos o extrato de seu registro sindical junto ao Ministério do Trabalho e a procuração com outorga de poderes específicos para a impugnação do diploma objeto da presente ação direta. Por se tratarem, pois, de vícios processuais sanáveis, não subsiste, na medida em que reparados, a apreciação das preliminares de ilegitimidade ativa e de irregularidade de representação. Precedente. 4. Em relação à preliminar alusiva ao dever da requerente de aditar a petição inicial em decorrência da conversão legislativa da medida provisória, inexistente modificação substancial do conteúdo legal objetado, não há falar em situação de prejudicialidade superveniente da ação. Precedente. 5. O controle judicial do mérito dos pressupostos constitucionais de urgência e de relevância para a edição de medida provisória reveste-se de natureza excepcional, legitimado somente caso demonstrada a inequívoca ausência de observância destes requisitos normativos. Ainda que a requerente não concorde com os motivos explicitados pelo Chefe do Poder Executivo para justificar a urgência da medida provisória impugnada, não se pode dizer que tais motivos não foram apresentados e defendidos pelo órgão competente, de modo que, inexistindo comprovação da ausência de urgência, não há espaço para atuação do Poder Judiciário no controle dos requisitos de edição da MP 871/2019. Precedente. **6. O núcleo essencial do direito fundamental à previdência social é imprescritível, irrenunciável e indisponível, motivo pelo qual não deve ser afetada pelos efeitos do tempo e da inércia de seu titular a pretensão relativa ao direito ao recebimento de benefício previdenciário. Este Supremo Tribunal Federal, no RE 626.489, de relatoria do i. Min. Roberto Barroso, admitiu a instituição de prazo decadencial para a revisão do ato concessório porque atingida tão somente a pretensão de rediscutir a graduação pecuniária do benefício, isto é, a forma de cálculo ou o valor final da prestação, já que, concedida a pretensão que visa ao recebimento do benefício, encontra-se preservado o próprio fundo do direito.** 7. No caso dos autos, ao contrário, admitir a incidência do instituto para o caso de indeferimento, cancelamento ou cessação importa ofensa à Constituição da República e ao que assentou esta Corte em momento anterior, porquanto, não preservado o fundo de direito na hipótese em que negado o benefício, caso inviabilizada pelo decurso do tempo a rediscussão da negativa, é comprometido o exercício do direito material à sua obtenção. 8. Ação direta conhecida em parte e, na parte remanescente, julgada parcialmente procedente, declarando a inconstitucionalidade do art. 24 da Lei 13.846/2019 no que deu nova redação ao art. 103 da Lei 8.213/1991.

Ademais, vale frisar que a prescrição não correrá contra os absolutamente incapazes, conforme previsto no artigo 103, parágrafo único, da Lei 8.213/91, combinado com o artigo 198, do Código Civil, bem como contra os ausentes do País em serviço público da União, dos Estados ou dos Municípios e os que se acharem servindo nas Forças Armadas, em tempo de guerra.

De efeito, enquadravam-se como absolutamente incapazes os menores de dezesseis anos; os que, por enfermidade ou deficiência mental, não tiverem o necessário discernimento para a prática desses atos e os que, mesmo por causa transitória, não puderem exprimir sua vontade, a teor do artigo 3º, do Código Civil.

No entanto, com a Lei 13.146/2015, que alterou o artigo 3º do Código Civil, somente os menores de 16 anos de idade se enquadram como absolutamente incapazes:

> "Art. 3º São absolutamente incapazes de exercer pessoalmente os atos da vida civil os menores de 16 (dezesseis) anos". (Redação dada pela Lei nº 13.146, de 2015)
>
> Por outro lado, aqueles que, por causa transitória ou permanente, não puderem exprimir sua vontade, passaram a ser enquadrados no artigo 4º do Código Civil como relativamente incapazes, mesmo que não possuam exprimir a sua vontade em nenhum grau de modo definitivo.

Não houve regra de transição na Lei 13.146/2015 na mudança das pessoas que não podem exprimir a sua vontade de absoluta para relativamente incapazes, tendo agora como efeitos jurídicos previdenciários (assim como no Direito Civil) o início do curso do prazo prescricional.

A questão intertemporal de transição inexiste legalmente, mas precisa ser construída pela doutrina e jurisprudência para decidir os inúmeros casos reais do dia a dia.

**Propõe-se nesta obra que o termo inicial da prescrição se dê apenas em 3/1/2016, data da vigência da Lei 13.146/2016, não sendo constitucional que o prazo prescricional corra em período em que a pessoa sem capacidade de exprimir a sua vontade era absolutamente incapaz.**

Suponha-se que José é interditado desde o ano de 2005 e não possui nenhum discernimento para manifestar a sua vontade, possuindo um representante legal judicialmente nomeado (curador). Com a advento da Lei 13.146/2015, a partir de 3/1/2016 (data da sua vigência) ele passou de absoluta para relativamente incapaz, devendo o curso do prazo prescricional ser iniciado somente nesta data.

Até o momento, desconhece-se ato da Previdência Social que tenha sido editado para regular a questão intertemporal de transição posta acima.

Especificamente falando do benefício de pensão por morte ou auxílio-reclusão, em que deve ser aplicada a legislação em vigor no dia do óbito ou prisão do segurado, acaso o fato gerador dos benefícios se dê até 2/1/2016 deve ser afastada a prescrição, pois o beneficiário era absolutamente incapaz na época.

Uma questão que vem gerando polêmica há alguns anos, desde o advento do Código Civil de 2002, é qual o prazo prescricional a ser adotado contra o Poder Público nas ações de indenização.

É que o artigo 206, §3º, inciso V, do novo Código Civil, prevê que a pretensão de reparação civil prescreve em três anos, lapso temporal anteriormente fixado em vinte anos pelo Código Civil de 1916.

Entende-se que esse menor prazo deverá ser aplicado também para o Poder Público, em razão do disposto no artigo 10, do Decreto 20.910/32:

"Art. 10. O disposto nos artigos anteriores não altera as prescrições de menor prazo, constantes das leis e regulamentos, as quais ficam subordinadas às mesmas regras".

Assim, não poderia o Poder Público ter um prazo prescricional superior aos administrados, justamente em razão da ressalva do referido artigo, que aduziu que a prescrição quinquenal não altera os lapsos prescricionais inferiores.

Essa tese passou a ser acolhida pela 1ª Seção (formada pelas 1ª e 2ª Turmas) do Superior Tribunal de Justiça:

"PROCESSUAL CIVIL E ADMINISTRATIVO. RECURSO ESPECIAL. RESPONSABILIDADE CIVIL DO ESTADO. ANÁLISE DO CONJUNTO FÁTICO-PROBATÓRIO DOS AUTOS. IMPOSSIBILIDADE. SÚMULA N. 7/STJ. PRETENSÃO INDENIZATÓRIA. PRESCRIÇÃO. INCIDÊNCIA, NA ESPÉCIE, DO ART. 206, § 3º, INC. V, DO NOVO CÓDIGO CIVIL. PRAZO TRIENAL. PRECEDENTES DO STJ. 1. Na hipótese dos autos, o recorrente defende que a Comarca de Ibiá é o juízo competente para análise dessa ação com base no documento de fls. 90/92, que demonstra que o objeto dos autos está relacionado ao contrato administrativo firmado entre as partes. 2. Ocorre que não é possível, em sede de recurso especial, aferir qual é o juízo competente para essa ação com base no exame de provas, face ao óbice preconizado na Súmula 7/STJ. **3. O entendimento jurisprudencial da 1ª Seção do STJ é no sentido de que se aplica o art. 206, § 3º, inc. V, do CC/02, nos casos em que se requer a condenação de entes públicos ao pagamento de indenização por danos materiais/morais.** Nesse sentido: EREsp 1.066.063/RS, 1ª Seção, Rel. Min. Herman Benjamin, DJe 22.10.2009; REsp 1.137.354/RJ, 2ª Turma, Rel. Min. Castro Meira, DJe 18.9.2009. 4. Considerando que o evento danoso ocorreu em 5.8.2002 e a demanda foi ajuizada em 29.9.2006, é possível verificar que já transcorreram mais de três anos, ocorrendo a prescrição no que se refere ao pedido de indenização por danos morais promovido pelo ora recorrido. 5. Recurso especial parcialmente conhecido e, nessa parte, provido (REsp 1.215.385, de 15.12.2010).

Destarte, por esta linha, o segurado ou o seu dependente terão três anos para exercer qualquer pretensão de indenização por danos materiais ou morais contra o INSS, a contar do fato, e não cinco anos.

Entretanto, o tema ainda não havia sido pacificado no âmbito da Corte Superior, existindo decisões pela aplicação do lustro prescricional contra o Poder Público nas ações de reparação civil mesmo após o novo Código Civil:

"ADMINISTRATIVO E PROCESSUAL CIVIL. ART. 535, INCISO II, DO CÓDIGO DE PROCESSO CIVIL. AUSÊNCIA DE CONTRARIEDADE. SERVIDOR PÚBLICO ESTADUAL. ADICIONAL NOTURNO. **PRESCRIÇÃO TRIENAL. INAPLICABILIDADE. DÍVIDAS DA FAZENDA PÚBLICA. INCIDÊNCIA DO DECRETO 20.910/32.** PRECEDENTES. APRECIAÇÃO DE MATÉRIA CONSTITUCIONAL. IMPOSSIBILIDADE. 1. A alegada ofensa ao art. 535, inciso II, do Código de Processo Civil não subsiste, tendo em vista que o acórdão hostilizado solucionou a quaestio juris de maneira clara e coerente, apresentando todas as razões que firmaram o seu convencimento. **2. É pacífica jurisprudência desta Corte no sentido de que deve ser aplicada a prescrição qüinqüenal, prevista no Decreto 20.910/32, a todo qualquer direito ou ação contra a Fazenda federal, estadual ou municipal, seja qual for a natureza.** 3. A via do apelo nobre, destinada à uniformização da interpretação do direito federal, não se presta à análise de matéria constitucional, ainda que para fins de prequestionamento. 4. Agravo regimental desprovido" (AGREsp 1.027.259, de 15.04.2008).

Posteriormente, a 1ª Seção do STJ reverteu o seu posicionamento, passando a adotar a tese da prescrição quinquenal:

"RESPONSABILIDADE CIVIL DO ESTADO. PRAZO DE PRESCRIÇÃO. **As ações propostas contra a Fazenda Pública estão sujeitas ao prazo prescricional de cinco anos. Agravo regimental não provido**" (AgRg nos EREsp 1241640, de 10/04/2013).

### 3.2. Decadência decenal para a revisão de benefícios previdenciários

A legislação previdenciária instituiu um prazo supostamente decadencial para a revisão de ato de concessão de benefício previdenciário, a teor do artigo 103, primeira parte, da Lei 8.213/91 (texto anterior à vigência da MP 871/2019, convertida na Lei 13.846/2019):

> "Art. 103. **É de dez anos o prazo de decadência de todo e qualquer direito ou ação do segurado ou beneficiário para a revisão do ato de concessão de benefício, a contar do dia primeiro do mês seguinte ao do recebimento da primeira prestação** ou, quando for o caso, do dia em que tomar conhecimento da decisão indeferitória definitiva no âmbito administrativo".

Logo, foi instituída a **decadência decenal para a revisão de benefício concedido**, *a contar do dia primeiro do mês seguinte ao do recebimento da primeira parcela*, aplicável tanto na esfera administrativa quanto na judicial.

De acordo com o Decreto 10.410/2020, nas hipóteses de requerimento de revisão de benefício em manutenção ou de recurso de decisão do INSS com apresentação de novos elementos extemporaneamente ao ato concessório, os efeitos financeiros serão fixados na data do pedido de revisão ou do recurso.

Esta hipótese foi inserida no artigo 103, da Lei 8.213/91, através da Medida Provisória 1.523-9, de 27.06.1997, convertida na Lei 9.528/97. Posteriormente, a Lei 9.711/98 reduziu o prazo para 05 anos, que novamente foi fixado em 10 anos, através da Lei 10.839/2004.

Entretanto, conquanto a lei tenha designado esse prazo de decadencial, nota-se que o direito de revisão do segurado não é potestativo, e sim subjetivo, pois exige uma obrigação de fazer (rever a renda mensal) e de pagar as parcelas vencidas a ser cumprida pela Previdência Social.

Logo, entende-se que teria sido mais adequado ter se chamado de prescrição do fundo do direito, e não de decadência, à luz do critério científico proposto pelo professor Agnelo Amorim, positivado no Código Civil de 2002.

Uma questão de difícil enfrentamento é definir o que é "revisão do ato de concessão do benefício", pois apenas os pedidos administrativos e judiciais de revisão de benefício previdenciário estarão sujeitos a este prazo decadencial.

A despeito da omissão legal e do raro tratamento doutrinário deste tema, entende-se que uma **ação revisional de benefício previdenciário** é aquela que objetiva o recálculo da renda do benefício, normalmente a renda mensal inicial.

Destarte, são ações revisionais as que buscam majorar o salário de benefício, através da inserção ou alteração dos índices de atualização monetária dos salários de contribuição, da inclusão de novos salários de contribuição no período básico de cálculo ou da majoração dos já existentes.

Outrossim, uma ação que vindica a elevação do percentual do salário de benefício também se enquadra como revisional, quer majorando a renda mensal inicial, quer elevando a renda mensal posteriormente.

Por essa razão, uma ação judicial que tem o propósito de apenas obter o pagamento de parcelas de correção monetária de benefício previdenciário pago em atraso não possui a natureza revisional, haja vista não se pedir o recálculo da renda mensal inicial ou atual do benefício.

Da mesma forma, uma ação que busque o reajustamento da renda de um benefício por um índice de correção monetária também não se trata de ação revisional, pois não haverá recálculo do salário de benefício e consequentemente da renda mensal, mas apenas elevação posterior da renda pelo índice inflacionário vindicado.

Inicialmente, o STJ (2ª Turma) estava interpretando de maneira ampliativa o artigo 103, da Lei 8.213/91, aplicando-o não apenas às ações revisionais propriamente ditas, como também à renúncia da aposentadoria (desaposentação).

No entanto, este entendimento não foi sufragado pela 1ª Seção do STJ em sede de recurso repetitivo em 28 de novembro de 2013, conforme notícia publicada no sítio da Corte Superior:

> RECURSO REPETITIVO
>
> **Primeira Seção define em repetitivo que desaposentação não tem prazo de decadência**
>
> O prazo decadencial previsto no artigo 103 da Lei de Benefícios da Previdência Social (**Lei 8.213/91**) não se aplica aos casos de desaposentação. A decisão é da Primeira Seção do Superior Tribunal de Justiça (STJ), em julgamento de recurso repetitivo interposto pelo Instituto Nacional do Seguro Social (INSS) contra acórdão do Tribunal Regional Federal da 4ª Região (TRF4).
>
> O referido artigo dispõe que "é de dez anos o prazo de decadência de todo e qualquer direito ou ação do segurado ou beneficiário para a revisão do ato de concessão de benefício, a contar do dia primeiro do mês seguinte ao do recebimento da primeira prestação ou, quando for o caso, do dia em que tomar conhecimento da decisão indeferitória definitiva no âmbito administrativo".
>
> No caso julgado, o segurado postulou a declaração do direito de renúncia e o consequente desfazimento de sua aposentadoria por tempo de contribuição, com a averbação do tempo de serviço prestado após a inativação, para aferir aposentadoria mais vantajosa no mesmo regime de previdência.

**Doze anos**

O INSS suscitou preliminar de decadência do direito de agir, argumentando que a ação fora ajuizada 12 anos depois da concessão da aposentadoria, ocorrida em 13 de agosto de 1997, e após o advento da Medida Provisória 1.523-9, de 28 de junho de 1997, que fixou o prazo decadencial de dez anos para revisão de ato de aposentação.

O TRF4 rejeitou o argumento do INSS, afirmando que o prazo decadencial é apenas para revisão de ato de concessão ou de indeferimento do benefício, o que não inclui a pretensão do autor da ação, que desejava a desaposentação.

O relator do recurso do INSS no STJ, ministro Arnaldo Esteves Lima, confirmou o entendimento do TRF4. "Com efeito, o artigo 103, *caput*, da Lei de Benefícios, tido por ofendido pela autarquia e cerne da controvérsia repetitiva, dispõe ser de dez anos o prazo para a revisão de ato de concessão ou indeferimento de benefício", reconheceu o ministro.

No entanto, ressaltou, o pedido formulado pelo segurado em juízo não consiste em rever a aposentadoria, pura e simplesmente, para rediscutir os critérios adotados no ato que a constituiu, já que não há nenhuma menção a erro na apuração da renda mensal inicial do benefício ou pedido de incorporação de reajuste não observado pelo INSS.

**Mais vantajoso**

Segundo o ministro, a pretensão do autor é o desfazimento de sua aposentadoria, a fim de acrescentar o novo período de contribuição ao tempo de serviço computado antes, o que possibilitará um benefício mais vantajoso, "no que a doutrina e a jurisprudência têm denominado de desaposentação".

Para Arnaldo Esteves Lima, a desaposentação indica o exercício do direito de renúncia ao benefício a fim de desconstituir o ato original e, por conseguinte, obter uma nova aposentadoria, incrementada com as recentes contribuições vertidas pelo segurado.

"A partir dessa premissa, a meu ver, a norma extraída do *caput* do artigo 103 da Lei 8.213 não se aplica às causas que buscam o reconhecimento do direito de renúncia à aposentadoria, mas estabelece prazo decadencial para o segurado postular a revisão do ato de concessão do benefício, o qual, se modificado, importará em pagamento retroativo, diferentemente do que se dá na desaposentação", enfatizou o ministro em seu voto.

**Interpretação restritiva**

Para o relator, a interpretação a ser dada ao instituto da decadência previsto no artigo 103 da Lei 8.213 deve ser restritiva, pois as hipóteses de decadência decorrem de lei ou de ato convencional – o que não é o caso do processo julgado.

"Ademais, a possibilidade de cabimento da desaposentação foi albergada pela jurisprudência desta Corte com base no entendimento de que os benefícios previdenciários são direitos patrimoniais disponíveis e, por isso, suscetíveis de desistência por seus titulares", disse o relator.

Assim, concluiu o ministro, sendo certo que o segurado pode dispor de seu benefício e, ao fazê-lo, encerra a aposentadoria que percebia, não há na decisão do TRF4 nenhuma afronta aos artigos 18, parágrafo 2º, e 103, *caput*, da Lei 8.213. Seu voto foi acompanhado por maioria, vencido o ministro Herman Benjamin.

O entendimento na 1ª Seção do STJ foi correto, pois a renúncia da aposentadoria não é pedido de revisão de benefício previdenciário, porquanto não questionado o ato de sua concessão, não devendo se dar interpretação ampliativa contrária aos segurados e seus dependentes do artigo 103, da Lei 8.213/91.

Vale frisar também que o artigo 103, da Lei 8.213/91, não trata da suspensão ou interrupção do prazo decadencial para o exercício do direito de postular a revisão dos benefícios previdenciários.

Neste ponto, conquanto entenda-se não se tratar morfologicamente de decadência, pois o direito é subjetivo, e não potestativo, vale chamar o artigo 207, do Código Civil, que reza que "salvo disposição legal em contrário, não se aplicam à decadência as normas que impedem, suspendem ou interrompem a prescrição".

Mais adiante, o artigo 208, do Estatuto Civil, manda aplicar à decadência o disposto no artigo 198, inciso I, que pontifica que a prescrição não corre contra os absolutamente incapazes.

Dessarte, conquanto o artigo 103, da Lei 8.213/91, seja omisso, entende-se que a decadência decenal revisional não correrá contra os absolutamente incapazes. A despeito da omissão legal, entende-se também que o requerimento administrativo de revisão de benefício previdenciário irá suspender o curso do prazo decadencial, que voltará a correr com a notificação de indeferimento recebida pelo beneficiário.

O entendimento adotado nesta obra já foi seguido corretamente pelo STJ:

> "PREVIDENCIÁRIO. PENSÃO POR MORTE DE PAI. FILHO MAIOR **ABSOLUTAMENTE INCAPAZ. REVISÃO DA RENDA MENSAL INICIAL. AUSÊNCIA DE DECADÊNCIA OU PRESCRIÇÃO**. 1. Na hipótese em exame, extrai-se da decisão objurgada que a questão envolve pedido de revisão de benefício previdenciário para assegurar o direito de pessoa **absolutamente incapaz, não havendo falar, por conseguinte, em aplicação do prazo decadencial**. 2. Agravo Regimental não provido" (STJ, AGRESP 1437248, de 15/05/2014).

Outrossim, a propositura de ação judicial que objetive revisar o benefício previdenciário deverá, por óbvio, interromper o transcurso da decadência, tal qual ocorre com a prescrição, retroagindo os seus efeitos à data da propositura da ação.

Por se tratar de decadência legal, e não convencional, uma vez consumada, deverá o juiz pronunciá-la de ofício, na esteira do quanto estipulado no artigo 210, do Código Civil, aplicável ao caso.

Vale registrar que o STJ não acata que o INSS renuncie à decadência decenal expressa ou tacitamente por se tratar de decadência legal:

> "**DA INTERRUPÇÃO DO PRAZO DA DECADÊNCIA LEGAL**
>
> 18. Ainda que os referidos atos fossem interpretados como reconhecimento de direito, não haveria aí renovação do prazo decadencial, que não se suspende nem se interrompe nas hipóteses previstas para o prescricional, conforme os arts. 207 e 209 do Código Civil: Art. 207. "Salvo disposição legal em contrário, não se aplicam à decadência as normas que impedem, suspendem ou interrompem a prescrição." Art. 209. "É nula a renúncia à decadência fixada em lei."
>
> 19. Ao contrário da decadência convencional, a decadência legal é considerada matéria de ordem pública, pois o interesse público demanda a extinção do direito não utilizado em determinado lapso temporal. Mesmo que assim quisesse a União ou o INSS, seria nula eventual tentativa de renúncia à decadência legal.
>
> 20 Embora fosse possível a renovação do prazo decadencial por ato normativo da mesma hierarquia do Código Civil, não teria sido esse o intuito da MP 201/2004 nem da Lei 10.999/2004, que não abordaram a decadência e, muito menos, a renúncia à decadência. Persiste, assim, a orientação firmada no Código Civil" (passagem do REsp 1670907/RS, de 13/08/2019, 2ª Turma).

Existe precedente da lavra do STJ considerando como termo inicial da decadência decenal a coisa julgada trabalhista, quando a ação revisional se fundar em decisão da Justiça do Trabalho:

> "DECADÊNCIA PARA O SEGURADO REVISAR BENEFÍCIO PREVIDENCIÁRIO. VIOLAÇÃO DO ART. 535 DO CPC. FALTA DE INTERESSE EM RECORRER. PARCELAS REMUNERATÓRIAS RECONHECIDAS PERANTE A JUSTIÇA DO TRABALHO. TERMO INICIAL PARA CONTAGEM DO PRAZO DECADENCIAL PREVISTO NO ART. 103 *CAPUT* DA LEI 8.213/1991. TRÂNSITO EM JULGADO DA SENTENÇA TRABALHISTA. ENTENDIMENTO QUE VEM SE FIRMANDO NO SUPERIOR TRIBUNAL DE JUSTIÇA. RECURSO ESPECIAL DO INSS CONHECIDO EM PARTE E NESSA PARTE NÃO PROVIDO. 1. Acerca da aplicação do prazo decadencial para o segurado revisar seu benefício, a tese foi analisada pela Primeira Seção do Superior Tribunal Justiça, no julgamento dos Recursos Especiais 1.309.529/PR, DJe de 4/6/2013 e 1.326.114/SC, DJe de 13/5/2013, ambos submetidos ao rito do recurso especial repetitivo, de Relatoria do Ministro Herman Benjamin. 2. No julgamento dos representativos da controvérsia, o STJ assentou que incide o prazo decadencial do art. 103 *caput* da Lei 8.213/1991, instituído pela Medida Provisória 1.523-9/1997, convertida na Lei 9.528/1997, também aos benefícios concedidos anteriormente a esse preceito normativo. 3. Há dois termos iniciais para contagem do prazo decadencial previsto no *caput* do art. 103 da Lei 8.213/1991: o primeiro a contar do dia primeiro do mês seguinte ao do recebimento da primeira prestação, o segundo, quando for o caso de requerimento administrativo, do dia em que tomar conhecimento da decisão indeferitória definitiva no âmbito administrativo. **4. Na hipótese de existir reclamação trabalhista em que se reconhece parcelas remuneratórias, como a do presente caso, o STJ vem sedimentando entendimento no sentido de que o prazo de decadência do direito à revisão do ato de concessão do benefício flui a partir do trânsito da sentença trabalhista.** 5. Recurso especial do INSS conhecido em parte e nessa parte não provido". (STJ, REsp 1440868, de 24/04/2014).

*Permissa venia*, a decisão do STJ é juridicamente equivocada. Isso porque a Justiça do Trabalho não possui competência para determinar a revisão de benefício previdenciário, razão pela qual a formação da coisa julgada trabalhista não pode ser considerada como o marco inaugural da decadência.

De efeito, independentemente da propositura de ação trabalhista, cabe ao segurado postular a revisão do benefício na Agência do INSS, demonstrando, por exemplo, que as parcelas salariais registradas no CNIS pelo empregador são inferiores às realmente devidas.

A mesma apreciação feita pela Justiça do Trabalho, para fins trabalhistas e de arrecadação das contribuições previdenciárias, é feita pelo INSS para fins de revisão do benefício previdenciário.

Esse posicionamento foi confirmado pelo E. STJ no julgamento do Tema 1.117:

> **Tema Repetitivo 1117**
>
> **Situação**
>
> **Acórdão Publicado**
>
> **Órgão julgador**
>
> PRIMEIRA SEÇÃO
>
> **Ramo do direito**
>
> DIREITO PREVIDENCIÁRIO
>
> **Questão submetida a julgamento**
>
> Definir se o prazo decadencial do direito à revisão da concessão de benefício previdenciário começa a fluir a partir do trânsito em julgado da sentença trabalhista que reconhece a inclusão de verbas remuneratórias nos salários de contribuição do segurado.
>
> **Tese Firmada**
>
> O marco inicial da fluência do prazo decadencial, previsto no caput do art. 103 da Lei n. 8.213/1991, quando houver pedido de revisão da renda mensal inicial (RMI) para incluir verbas remuneratórias recebidas em ação trabalhista nos salários de contribuição que integraram o período básico de cálculo (PBC) do benefício, deve ser o trânsito em julgado da sentença na respectiva reclamatória.
>
> **Anotações NUGEPNAC**
>
> Dados parcialmente recuperados via sistema *Athos* e Projeto *Accordes*. Afetação na sessão eletrônica iniciada

em 13/10/2021 e finalizada em 19/10/2021 (Primeira Seção). **Vide Controvérsia n. 317/STJ.**

**Informações Complementares**

Há determinação de suspensão da tramitação de todos os processos pendentes, individuais ou coletivos, que versem sobre a questão, nos quais tenha havido a interposição de recurso especial ou de agravo em recurso especial (art. 1.037, II, CPC).

REsp 1947419/RS

**Tribunal de Origem**

TRF4

**RRC**

Sim

**Relator**

GURGEL DE FARIA

**Embargos de Declaração**

-

**Afetação**

17/11/2021

**Julgado em**

24/08/2022

**Trânsito em Julgado**

-

**Acórdão publicado em**

30/08/2022

REsp 1947534/RS

**Tribunal de Origem**

TRF4

**RRC**

Sim

**Relator**

GURGEL DE FARIA

**Embargos de Declaração**

-

**Afetação**

17/11/2021

**Julgado em**

24/08/2022

**Trânsito em Julgado**

-

**Acórdão publicado em**

30/08/2022

Registre-se dois pontos da tese repetitiva:

A) Somente se aplica se houver sentença trabalhista condenatória de verbas remuneratórias, ou seja, a tese não se aplica à sentença com carga meramente declaratória do vínculo de emprego;

B) O termo inicial da decadência decenal é a coisa julgada da sentença de conhecimento, e não a coisa julgada da sentença de liquidação.

Nesse sentido, passagem do voto condutor:

*"Assim, em casos como o da presente controvérsia, na qual houve a integralização do direito material a partir da coisa julgada trabalhista, a exegese mais consentânea com o princípio da segurança jurídica e o respeito às decisões judiciais é manter a jurisprudência segundo a qual o marco inicial do prazo decadencial deve ser o trânsito em julgado da sentença da Justiça do Trabalho.*

*De ressaltar que, para efeito de fixação do marco temporal inicial na data do trânsito em julgado, esta Corte não tem feito distinção quanto ao objeto da ação judicial: se a reclamatória reconhece direito com ou sem repercussão sobre os salários de contribuição integrantes do PBC (período básico de cálculo), como propôs o amicus curiae em sua manifestação.*

*Tal posicionamento se justifica porque, em geral, o título judicial da Justiça Laboral mostra-se suficiente para a averbação de vantagens e de tempo de contribuição perante a autarquia, **sendo desnecessário aguardar a liquidação da sentença trabalhista para requerer a revisão do benefício**, visto que a referida apuração é procedimento destinado à satisfação do crédito do trabalhador perante seu empregador".*

Veja-se o Acórdão publicado:

**PROCESSO**

REsp **1947419** / RS

RECURSO ESPECIAL

2021/0057650-8

RECURSO REPETITIVO

Pesquisa de tema: Tema Repetitivo 1117

Situação do tema: Acórdão Publicado

Pesquisa de Repetitivos e IACs Anotados

**RELATOR**

Ministro GURGEL DE FARIA (1160)

**ÓRGÃO JULGADOR**

S1 - PRIMEIRA SEÇÃO

**DATA DO JULGAMENTO**

24/08/2022

**DATA DA PUBLICAÇÃO/FONTE**

DJe 30/08/2022

**EMENTA**

PROCESSUAL CIVIL E PREVIDENCIÁRIO. RECURSO ESPECIAL REPETITIVO. VERBAS REMUNERATÓRIAS. INCLUSÃO. RECLAMAÇÃO TRABALHISTA.

REVISÃO DE BENEFÍCIO. DECADÊNCIA. TERMO INICIAL. TRÂNSITO EM JULGADO.

1. A questão submetida ao Superior Tribunal de Justiça diz respeito à definição do termo inicial da fluência do prazo decadencial quando houver pedido de revisão da renda mensal inicial (RMI) para incluir verbas remuneratórias recebidas em ação trabalhista nos salários de contribuição que integraram o Período Básico de Cálculo (PBC) do benefício.

2. A controvérsia dos autos refere-se à imposição do instituto da decadência sobre o pedido de revisão de benefício previdenciário, matéria que se enquadra na competência do Superior Tribunal de Justiça, e não sobre o ato de concessão, tema que foge à alçada desta Corte de Justiça, conforme decisão do Supremo Tribunal Federal no RE 626.489/SE, com repercussão geral, e na ADI n. 6.096/DF.

3. A jurisprudência do Superior Tribunal de Justiça tem reconhecido que o termo inicial da decadência, nos pedidos de revisão de benefício com base em sentença trabalhista, é o trânsito em julgado do decisum.

4. O reconhecimento judicial na seara trabalhista deve ser considerado o nascedouro do direito potestativo, ante a incorporação de verbas ou de tempo de contribuição ao patrimônio jurídico do trabalhador.

5. O ajuizamento da ação reclamatória justifica-se pelas seguintes razões: primeiro, de acordo com o art. 29 da Lei n. 8.213/1991, o salário de benefício consiste na média aritmética dos maiores salários de contribuição no período contributivo, que incluem os ganhos habituais do segurado empregado (§ 3º) e os aumentos homologados pela Justiça do Trabalho (§ 4º); segundo, a lei previdenciária garante o recálculo da renda do segurado empregado que, ao tempo da concessão do benefício, não podia provar os salários de contribuição, como dispõe o art. 35 da Lei n. 8.213/1991; e terceiro, a atuação judicial do trabalhador em busca de seus direitos, desde que reconhecidos, traz reflexo positivo também sobre a esfera de competência da autarquia, que poderá cobrar as contribuições referentes ao vínculo trabalhista reconhecido judicialmente, nos termos do art. 22, I, da Lei n. 8.212/1991.

6. A partir da integralização do direito material pleiteado na ação trabalhista transitada em julgado, o segurado poderá apresentar requerimento para revisão de benefício, na via administrativa, no prazo previsto legalmente no caput do art. 103 da Lei n. 8.213/1991.

7. Em casos como o da presente controvérsia, na qual houve a integralização do direito material a partir da coisa julgada trabalhista, a exegese mais consentânea com o princípio da segurança jurídica e o respeito às decisões judiciais é manter a jurisprudência segundo a qual o marco inicial do prazo decadencial deve ser o trânsito em julgado da sentença da Justiça do Trabalho.

8. Tese fixada: O marco inicial da fluência do prazo decadencial, previsto no caput do art. 103 da Lei n. 8.213/1991, quando houver pedido de revisão da renda mensal inicial (RMI) para incluir verbas remuneratórias recebidas em ação trabalhista nos salários de contribuição que integraram o período básico de cálculo (PBC) do benefício, deve ser o trânsito em julgado da sentença na respectiva reclamatória.

9. Recurso especial provido.

**ACÓRDÃO**

Vistos, relatados e discutidos os autos em que são partes as acima indicadas, acordam os Ministros da Primeira Seção do Superior Tribunal de Justiça, por unanimidade, aprovar a seguinte tese fixada: "O marco inicial da fluência do prazo decadencial, previsto no caput do art. 103 da Lei n. 8.213/1991, quando houver pedido de revisão da renda mensal inicial (RMI) para incluir verbas remuneratórias recebidas em ação trabalhista nos salários de contribuição que integraram o período básico de cálculo (PBC) do benefício, deve ser o trânsito em julgado da sentença na respectiva reclamatória"; e, no caso concreto, dar provimento ao recurso especial nos termos do voto do Sr. Ministro Relator. Os Srs. Ministros Manoel Erhardt (Desembargador convocado do TRF-5ª Região), Francisco Falcão, Herman Benjamin, Og Fernandes, Mauro Campbell Marques, Benedito Gonçalves, Assusete Magalhães e Regina Helena Costa votaram com o Sr. Ministro Relator.

NOTAS

Julgado conforme procedimento previsto para os Recursos Repetitivos no âmbito do STJ.

**INFORMAÇÕES COMPLEMENTARES À EMENTA**

"[...] para efeito de fixação do marco temporal inicial na data do trânsito em julgado, esta Corte não tem feito distinção quanto ao objeto da ação judicial: se a reclamatória reconhece direito com ou sem repercussão sobre os salários de contribuição integrantes do PBC (período básico de cálculo), [...]. Tal posicionamento se justifica porque, em geral, o título judicial da Justiça Laboral mostra-se suficiente para a averbação de vantagens e de tempo de contribuição perante a autarquia, sendo desnecessário aguardar a liquidação da sentença trabalhista para requerer a revisão do benefício, visto que a referida apuração é procedimento destinado à satisfação do crédito do trabalhador perante seu empregador".

"[...] o Tribunal de origem solveu a controvérsia de acordo com a orientação jurisprudencial desta Corte, segundo a qual o termo 'a quo' do prazo decadencial nos pedidos de revisão com base em reclamatória proposta na Justiça Laboral é o trânsito em julgado da sentença na ação de conhecimento trabalhista".

**TESE JURÍDICA**

"O marco inicial da fluência do prazo decadencial, previsto no caput do art. 103 da Lei n. 8.213/1991, quando houver pedido de revisão da renda mensal inicial (RMI) para incluir verbas remuneratórias recebidas em ação trabalhista nos salários de contribuição que integraram o período básico de cálculo (PBC) do benefício, deve ser o trânsito em julgado da sentença na respectiva reclamatória."

Considerando que somente a partir de 27.06.97 foi instituído o prazo decadencial de 10 anos para que os segurados e seus dependentes postulem a revisão dos benefícios já deferidos, a contar o primeiro dia do mês subsequente ao do primeiro pagamento, a controvérsia atual é saber se o prazo também será aplicado aos benefícios concedidos anteriormente.

**A posição prevalente era a do STJ, que entendia que apenas os benefícios concedidos a partir de 27.06.97 terão o prazo de 10 anos para a postulação de sua revisão, pois a norma não deverá retroagir, conforme entendimento da 5ª Turma (EDREsp 527.331, de 24.04.2008) e da 6ª Turma (AGA 847.451, de 23.10.2007).**

Contudo, no dia 14 de março de 2012, o tema tomou uma reviravolta no STJ no julgamento do Recurso Especial 1.303.988. Tendo em vista que no ano de 2012 a competência para julgar processos previdenciários passou da 3ª para a 1ª Seção, esta acolheu a tese do INSS por unanimidade no sentido de que a decadência decenal revisional se aplica aos benefícios concedidos antes do dia 27.06.97, a contar desta data:

"PREVIDÊNCIA SOCIAL. REVISÃO DO ATO DE CONCESSÃO DE BENEFÍCIO PREVIDENCIÁRIO. DECADÊNCIA. PRAZO. ART. 103 DA LEI 8.213/91. BENEFÍCIOS ANTERIORES. DIREITO INTERTEMPORAL.

1. Até o advento da MP 1.523-9/1997 (convertida na Lei 9.528/97), não havia previsão normativa de prazo de decadência do direito ou da ação de revisão do ato concessivo de benefício previdenciário. Todavia, com a nova redação, dada pela referida Medida Provisória, ao art. 103 da Lei 8.213/91 (Lei de Benefícios da Previdência Social), ficou estabelecido que "É de dez anos o prazo de decadência de todo e qualquer direito ou ação do segurado ou beneficiário para a revisão do ato de concessão de benefício, a contar do dia primeiro do mês seguinte ao do recebimento da primeira prestação ou, quando for o caso, do dia em que tomar conhecimento da decisão indeferitória definitiva no âmbito administrativo".

2. **Essa disposição normativa não pode ter eficácia retroativa para incidir sobre o tempo transcorrido antes de sua vigência. Assim, relativamente aos benefícios anteriormente concedidos, o termo inicial do prazo de decadência do direito ou da ação visando à sua revisão tem como termo inicial a data em que entrou em vigor a norma fixando o referido prazo decenal** (28/06/1997). Precedentes da Corte Especial em situação análoga (v.g.: MS 9.112/DF Min. Eliana Calmon, DJ 14/11/2005; MS 9.115, Min. César Rocha (DJ de 07/08/06, MS 11123, Min. Gilson Dipp, DJ de 05/02/07, MS 9092, Min. Paulo Gallotti, DJ de 06/09/06, MS (AgRg) 9034, Min. Félix Ficher, DL 28/08/06).

3. Recurso especial provido".

No final do ano de 2012, a 1ª Seção do STJ confirmou o referido entendimento da 2ª Turma, consolidando a mudança da jurisprudência da Corte Superior:

"29/11/2012- 15h16

RECURSO REPETITIVO

**Seção aplica decadência de dez anos para revisão de benefícios concedidos antes de 1997**

Por maioria de cinco votos a três, a Primeira Seção do Superior Tribunal de Justiça (STJ) decidiu que o prazo de dez anos para decadência do direito à revisão de benefícios previdenciários, criado pela Medida Provisória 1.523-9/97, que entrou em vigor em 28 de junho de 1997, também se aplica aos benefícios concedidos antes dessa data.

Seguindo o voto do relator, ministro Herman Benjamin, a Seção definiu ainda que, nesses casos, o prazo decadencial deve ser contado a partir da edição da MP, e não a partir da concessão do benefício.

Para a maioria dos ministros da Primeira Seção, a aplicação do prazo previsto na MP (que alterou o artigo 103 da Lei 8.213/91) sobre os atos de concessão de benefício praticados antes de 28 de junho 1997 não viola o direito adquirido e o ato jurídico perfeito.

A decisão é favorável à tese do INSS, que ingressou no STJ com o Recurso Especial 1.309.529 para aplicar o prazo decadencial ao direito de um segurado do Paraná que pedia a revisão de benefícios concedidos em agosto de 1996 (antes, portanto, da MP), mas só ajuizou a ação revisional em agosto de 2009, mais de dez anos depois da alteração legislativa.

O INSS, cujo recurso foi provido, alegava a decadência do direito à revisão, em razão do transcurso de mais de dez anos entre a entrada em vigor da MP e o ajuizamento da ação. O segurado, por sua vez, sustentava que os benefícios concedidos antes da MP não se submeteriam ao prazo decadencial, sendo possível a revisão a qualquer tempo"[13].

Este posicionamento da 1ª Seção do STJ foi adotado pelo STF no julgamento do RE 626.489, julgado em 16 de outubro de 2013, consoante notícia publicada no site da Suprema Corte:

"Quarta-feira, 16 de outubro de 2013

**STF reconhece prazo de dez anos para revisão de benefícios do INSS anteriores a MP de 1997**

O Supremo Tribunal Federal (STF) decidiu nesta quarta-feira (16) que o prazo de dez anos para a revisão de

**13.** http://www.stj.gov.br/portal_stj/publicacao/engine.wsp?tmp.area=398&tmp.texto=107890.

benefícios previdenciários é aplicável aos benefícios concedidos antes da Medida Provisória (MP) 1.523-9/1997, que o instituiu. Por unanimidade, o Plenário deu provimento ao Recurso Extraordinário (RE) 626489, interposto pelo Instituto Nacional do Seguro Social (INSS), para reformar acórdão de Turma Recursal dos Juizados Especiais Federais da Seção Judiciária do Estado de Sergipe que entendeu inaplicável o prazo decadencial para benefícios anteriores à vigência da MP. A decisão estabeleceu também que, no caso, o prazo de dez anos para pedidos de revisão passa a contar a partir da vigência da MP, e não da data da concessão do benefício.

A matéria discutida no RE 626489 teve repercussão geral reconhecida, e a decisão tomada pelo STF servirá como parâmetro para os processos semelhantes em todo o país, que estavam com a tramitação suspensa (sobrestados) à espera da conclusão do julgamento.

O acórdão recorrido assentou como fundamento o entendimento "de que o prazo decadencial previsto artigo 103 (*caput*) da Lei de Benefícios, introduzido pela Medida Provisória 1.523-9/1997, convertida na Lei 9.528/1997, por se tratar de instituto de direito material, surte efeitos apenas sobre as relações jurídicas constituídas a partir de sua entrada em vigor". Como, naquele caso, o benefício previdenciário foi concedido à segurada antes da vigência da Medida Provisória 1.523-9/1997, a conclusão foi a de que estaria "imune à incidência do prazo decadencial".

O INSS argumentava que, ao vedar a incidência do prazo instituído pela lei nova aos benefícios concedidos antes de sua publicação, o acórdão violava frontalmente a garantia do artigo 5º, inciso XXXVI, da Constituição Federal, que trata do direito adquirido. Dessa forma, pedia que fosse restabelecida a sentença de primeiro grau que reconhecia a decadência. A segurada, por sua vez, alegava que, como o benefício foi concedido antes da vigência da lei, havia direito adquirido de ingressar com o pedido de revisão de seu benefício a qualquer tempo.

O relator do processo, ministro Luiz Roberto Barroso, destacou que o direito a benefício previdenciário deve ser considerado como uma das garantias fundamentais previstas na Constituição Federal, pois "se assenta nos princípios da dignidade da pessoa humana e da solidariedade e nos valores sociais do trabalho". Segundo ele, a competência para estabelecer as regras infraconstitucionais que regem este direito fundamental é do Congresso, e apenas se a legislação desrespeitar o núcleo essencial desse direito é que haverá invalidade da norma. "O fato de que, ao tempo da concessão, não havia limite temporal para futuro pedido de revisão não quer dizer que o segurado tenha direito adquirido a que tal prazo nunca venha a ser estabelecido."

O ministro explicou que, em relação ao requerimento inicial de benefício previdenciário, que constitui o direito fundamental do cidadão, a legislação não introduziu nenhum prazo. E frisou que a concessão do benefício não prescreve ou decai, podendo ser postulada a qualquer tempo.

Segundo o voto do relator, o prazo decadencial introduzido pela Lei 9.528/1997 atinge somente a pretensão de rever o benefício, ou seja, de discutir a graduação econômica do benefício já concedido. "A instituição de um limite temporal máximo destina-se a resguardar a segurança jurídica, facilitando a previsão do custo global das prestações sociais", afirmou. Em rigor, esta é uma exigência relacionada à manutenção do equilíbrio atuarial do sistema previdenciário, propósito que tem motivado sucessivas emendas constitucionais e medidas legislativas. Em última análise, é desse equilíbrio que depende a própria continuidade da previdência, para esta geração e outras que virão", sustentou.

De acordo com o ministro, não há inconstitucionalidade na criação de prazo decadencial razoável para a revisão dos benefícios já reconhecidos. Ele lembrou que a lei passou a prever o mesmo prazo para eventuais pretensões revisionais da administração pública que, depois de dez anos, também fica impedida de anular atos administrativos que gerem efeitos favoráveis para seus beneficiários. "Considero que o prazo de dez anos é inequivocamente razoável. É tempo mais do que suficiente para a resolução de eventuais controvérsias interpretativas e para que o segurado busque as informações relevantes" afirmou em seu voto".

Assim, com o posicionamento do STF, o tema foi pacificado no ordenamento jurídico brasileiro, sendo válido artigo 103, da Lei 8.213/91, que atende ao Princípio da Segurança Jurídica ao fixar prazo razoável de 10 anos para a propositura das ações revisionais, a fim de se prevenir a eternização dos litígios, sendo aplicável aos benefícios anteriores ao advento da MP 1.523/97, cujo decêndio apenas começou a correr com a publicação do citado ato normativo.

Demais disso, o referido prazo é necessário para facilitar a previsão do custo global das prestações devidas pela Previdência Social, bem como não existir prazo decadencial para a postulação de um benefício previdenciário pela primeira vez.

Conforme passagem do Informativo STF 724, acresceu-se que o regime geral de previdência social seria sistema de seguro na modalidade de repartição simples, a significar que todas as despesas seriam diluídas entre os segurados. Não se cuidaria de um conjunto de contas puramente individuais, mas de sistema baseado na solidariedade, a aumentar a interdependência entre os envolvidos. Diante disso, haveria maior razão para se estipular prazo para a revisão de atos de concessão, a conciliar os interesses individuais com o imperativo de manutenção do equilíbrio financeiro e atuarial do sistema. Nesse sentido, asseverou-se que o lapso de dez anos seria razoável, inclusive porque também adotado quanto a eventuais previsões revisionais por parte da Administração (Lei 8.213/91, art. 103-A)".

Mencionou-se que a Corte teria precedentes no sentido de que a lei aplicável para a concessão e benefício, bem como para fixar os critérios de seu cálculo, seria aquela em vigor no momento em que os pressupostos da prestação previdenciária teriam se aperfeiçoado, de acordo com a regra *tempus regit actum*. Assim, não haveria direito subjetivo à prevalência de norma posterior mais favorável, tampouco poderia ser utilizada para esse fim eventual lei superveniente mais gravosa. No caso, sublinhou-se não se incorporar ao patrimônio jurídico de beneficiário suposto direito à aplicação de regra sobre decadência para eventuais pedidos revisionais. Frisou-se que a decadência não integraria o espectro de pressupostos e condições para a concessão do benefício, de maneira a não se poder exigir a manutenção de seu regime jurídico. Portanto, a ausência de prazo decadencial para a revisão no momento em que deferido o benefício não garantiria ao beneficiário a manutenção do regime jurídico pretérito, no qual existente a prerrogativa de pleitear a revisão da decisão administrativa a qualquer tempo. Pontuou-se que a lei poderia criar novos prazos de decadência e prescrição, ou alterar os já existentes, de modo que, ressalvada a hipótese de prazos antigos já aperfeiçoados, não haveria direito adquirido a regime jurídico prévio.

Para o INSS, a decadência decenal também será aplicada aos benefícios concedidos antes de 27.06.97, mas o prazo começará a correr na referida data, a teor do artigo 568, da revogada Instrução Normativa INSS 77/2015.

Mas há um detalhe. O STF firmou correta tese que a decadência restou iniciada em 1º de agosto de 1997 (primeiro dia do mês seguinte ao primeiro pagamento), e não em 27/6/1997:

"EMENTA: RECURSO EXTRAORDINÁRIO. DIREITO PREVIDENCIÁRIO. REGIME GERAL DE PREVIDÊNCIA SOCIAL (RGPS). REVISÃO DO ATO DE CONCESSÃO DE BENEFÍCIO. DECADÊNCIA. 1. O direito à previdência social constitui direito fundamental e, uma vez implementados os pressupostos de sua aquisição, não deve ser afetado pelo decurso do tempo. Como consequência, inexiste prazo decadencial para a concessão inicial do benefício previdenciário. 2. É legítima, todavia, a instituição de prazo decadencial de dez anos para a revisão de benefício já concedido, com fundamento no princípio da segurança jurídica, no interesse em evitar a eternização dos litígios e na busca de equilíbrio financeiro e atuarial para o sistema previdenciário. 3. **O prazo decadencial de dez anos, instituído pela Medida Provisória 1.523, de 28.06.1997, tem como termo inicial o dia 1º de agosto de 1997**, por força de disposição nela expressamente prevista. Tal regra incide, inclusive, sobre benefícios concedidos anteriormente, sem que isso importe em retroatividade vedada pela Constituição. 4. Inexiste direito adquirido a regime jurídico não sujeito a decadência. 5. Recurso extraordinário conhecido e provido" **(RE 626489, Relator(a): Min. ROBERTO BARROSO, Tribunal Pleno, julgado em 16/10/2013, ACÓRDÃO ELETRÔNICO REPERCUSSÃO GERAL - MÉRITO DJe-184 DIVULG 22-09-2014 PUBLIC 23-09-2014).**

Em seguida, o artigo 121 da Portaria INSS/DIRBEN 993/2022 se alinhou ao STF:

"Art. 121. É de 10 (dez) anos o prazo de decadência de todo e qualquer direito ou ação do segurado ou beneficiário para a revisão do ato de concessão de benefício, a contar do dia primeiro do mês seguinte ao do recebimento da primeira prestação ou, quando for o caso, do dia em que tomar conhecimento da decisão indeferitória definitiva, no âmbito administrativo, levando-se em consideração:

**I - para os requerimentos protocolados antes 28 de junho de 1997, data da publicação da MP nº 1523-9, de 1997, o prazo decadencial começa a ser contado a partir de 1º de agosto de 1997, não importando a data de sua decisão;**

II - para os requerimentos protocolados a partir de 28 de junho de 1997, o prazo decadencial começa a ser contado a partir do dia primeiro do mês seguinte ao do recebimento da primeira prestação ou, em se tratando de pedido de revisão de benefício requerido a partir de 28 de junho de 1997 com decisão indeferitória definitiva, no âmbito administrativo, em que não houver a interposição de recurso, o prazo decadencial terá início no dia em que o requerente tomar conhecimento da referida decisão.

III - no período de 18 de janeiro de 2019, data da publicação da Medida Provisória n.º 871, até 26 de outubro de 2020, data da publicação da decisão do Supremo Tribunal Federal na Ação Direta de Inconstitucionalidade n.º 6096, o prazo decadencial de dez anos também se aplicava para a revisão do ato de cancelamento ou cessação de benefício e para a revisão do ato de deferimento, indeferimento ou não concessão de revisão de benefício.

Parágrafo único. As alterações realizadas no art. 103 da Lei nº 8.213, de 1991, pela Medida Provisória nº 871, de 2019, convertida na Lei 13.846, de 2019, não são aplicáveis a nenhum benefício previdenciário em razão da pronúncia de inconstitucionalidade com efeitos retroativos em decisão proferida na Ação Direta de Inconstitucionalidade 6.096 pelo Supremo Tribunal Federal, observado o inciso III".

No caso de revisão de pensão por morte oriunda de aposentadoria, a TNU possuía entendimento de que o prazo revisional contava-se partir da concessão da pensão por morte, e não da aposentadoria[14].

Reputava-se correto o posicionamento da TNU. Considerava-se que, muito embora a pensão por morte seja do mesmo valor da aposentadoria do instituidor, tratava-se de outro benefício previdenciário, não podendo o dependente se prejudicar da inércia do aposentado que deixou transcorrer o prazo de 10 anos sem postular a revisão do seu benefício:

"EMENTA/VOTO PROCESSUAL CIVIL. PREVIDENCIÁRIO. AGRAVO REGIMENTAL. PRESENÇA DE SIMILITUDE FÁTICO-JURÍDICA E DE DIVERGÊNCIA ENTRE OS JULGADOS CONFRONTADOS.

14. Pedido de Uniformização nº 2008.50.51.001325-4/ ES, publicado em 27.07.2012.

PROVIMENTO. ENFRENTAMENTO DO MÉRITO DO INCIDENTE DE UNIFORMIZAÇÃO. REVISÃO DE BENEFÍCIO. PENSÃO POR MORTE DERIVADA DE APOSENTADORIA. DECADÊNCIA. CÔMPUTO DO PRAZO APLICÁVEL. INCIDENTE IMPROVIDO. 1. Trata-se de Agravo Regimental contra decisão proferida pelo em. Presidente desta Turma Nacional, que inadmitiu o Incidente de Uniformização de Jurisprudência formulado por Zuleide da Silva Guizzo em face de acórdão prolatado pela 2ª Turma Recursal dos Juizados Especiais Federais de Santa Catarina. O julgado da Turma Recursal deu provimento ao recurso inominado interposto pelo INSS, reconhecendo a decadência do direito à revisão pretendida. O incidente foi inadmitido na origem, decisão mantida pela Presidência desta Turma Nacional, ao fundamento de inexistência de similitude fático-jurídica entre os acórdãos em cotejo e de ausência de prequestionamento. Inconformada, a Agravante insiste na presença dos requisitos necessários ao conhecimento de seu Pedido de Uniformização. 2. Considero que a decisão guerreada merece, data maxima venia, reparos. Isto porque a despeito de uma certa impropriedade técnica constante no voto condutor do acórdão paradigma, que torna relativamente confusa a compreensão do objeto daquele julgamento, verifico, com um certo esforço, que afasta a decadência do direito à revisão de pensão por morte derivada de aposentadoria por considerar que os benefícios são atrelados. Adentro, pois, o conhecimento e julgamento do Pedido de Uniformização manejado pela agravante. 3. O objeto deste recurso é peculiar. Adianto que caso lhe seja negado provimento, nenhum sentido tem a suspensão do feito por força da repercussão geral reconhecida sobre o tema "decadência do direito à revisão de benefício previdenciário", uma vez que se trata de pensão por morte concedida após a alteração do art. 103 da Lei n.º 8.213/91, que instituiu prazo decenal para que o segurado a promova. 4. Lembro que até junho de 1997, inexistia, no ordenamento jurídico pátrio, disposição legal que fixasse prazo decadencial para revisão de concessão de benefício previdenciário. Apenas após a publicação da Medida Provisória n.º 1.523-9/97, hoje convertida na Lei n.º 9.528/97, é que essa pretensão passou a sujeitar-se a prazo decadencial decenal, nos termos da modificada redação do art. 103 da Lei n.º 8.213/91. 5. **Considero que a pensão por morte e a aposentadoria da qual deriva são, de fato, benefícios atrelados por força do critério de cálculo de ambos, tão-somente. Mas são benefícios autônomos, titularizados por pessoas diversas que, de forma independente, possuem o direito de requerer a revisão de cada um deles, ainda que através de sucessores (pois a pensão por morte pressupõe, logicamente, o falecimento de seu instituidor). Certo que os sucessores de segurado já falecido podem requerer, judicialmente, o reconhecimento de parcelas que seriam devidas àquele por força de incorreto cálculo de seu benefício. Mas não é este o tema discutido nestes autos, já que a autora não postulou diferenças sobre a aposentadoria de seu falecido marido, mas tão-somente diferenças sobre a pensão por morte que percebe. 6. Considero que existe a decadência do direito de revisão da aposentadoria propriamente dita, concedida ao falecido esposo da autora em 1983, tema, como já dito, suspenso por repercussão geral (benefício concedido antes de 1997); e considero que existe prazo autônomo, diferenciado, relativo ao direito de revisão da pensão por morte percebida pela autora, que lhe foi concedida em 14/09/1998, quando já vigente, no ordenamento jurídico, a regra da decadência do direito à revisão de benefício previdenciário.** 7. O fato é que a autora começou a perceber benefício em 1998, quando já existente, no ordenamento jurídico, a clara regra prevista na atual redação do art. 103 da Lei n.º 8.213/91, que não exige grande esforço interpretativo para a sua aplicação, pois o prazo decadencial, regularmente instituído por lei, começa a correr a partir do primeiro dia do mês subsequente ao do recebimento da primeira prestação. Como somente ajuizou esta ação em 2009, o fez quando caduco o direito de revisão. 8. Anoto que o prazo decadencial não atinge o direito em si, senão de forma reflexa, fulminando apenas o direito da revisão de um ato de concessão. Em outras palavras – o direito potestativo de obter revisão do ato de concessão não se confunde com o direito subjetivo às diferenças eventualmente postuladas. 9. Assim, caso a autora tivesse ajuizado a competente ação em prazo inferior ao consignado no mencionado art. 103, poderia alcançar a revisão de seu benefício, ainda que com recálculo do benefício anterior, já que atrelados, repito, apenas na forma de cálculo. Mas como ajuizou esta ação mais de 10 anos após o início da percepção de pensão por morte, não possui mais o direito de revisá-la (independentemente de a aposentadoria de seu ex-cônjuge poder sê-lo, caso decida o eg. Supremo Tribunal Federal pela inaplicabilidade de prazo decadencial a benefícios concedidos antes de 1997). Registro, apenas por cautela, que esta segunda pretensão já estaria, de toda forma, atingida pela prescrição quinquenal, por força da data do óbito. 10. Assim entendo por bem dar provimento a este Agravo Regimental e, prosseguindo no conhecimento e julgamento do Incidente de Uniformização, nego-lhe provimento. É como voto". **TNU, PEDIDO 200972540039637, de 29.03.2012.**

No entanto, após refletir melhor sobre o tema, passou-se a adotar outro posicionamento nesta obra. Isso porque, admitir a revisão de pensão por morte derivada de aposentadoria com revisão fulminada pela decadência decenal, seria, de maneira injustificada, atribuir tratamento diferenciado ao dependente em detrimento do segurado.

Ademais, a relação de proteção previdenciária do dependente é acessória ao segurado, de modo que o dependente faz jus à pensão por morte oriunda de conversão de aposentadoria no mesmo valor desta, e não em valor superior.

Ora, se o segurado, titular da relação previdenciária e pagador da contribuição, quedou-se inerte por mais de dez anos no pedido de revisão da sua aposentadoria, não é direito do dependente fazê-lo na pensão por morte, vez que, para revisar este benefício, necessariamente se faz necessário rever o ato de concessão da aposentadoria.

Imagine-se que um segurado aposentado há mais de dez anos consulta um advogado sobre a possibilidade da revisão da sua aposentadoria. O causídico, por sua vez, identifica erro na concessão e o suposto direito à revisão, mas comunica ao aposentado que o direito foi tragado pela decadência decenal. Mas, com base em julgado da TNU, o advogado faz um alerta ao aposentado para que a viúva, após o seu falecimento, o procure imediatamente após o óbito.

Isso porque, como a pensão por morte é novo benefício, o prazo decadência voltaria a correr do marco zero. Após tomar conhecimento de um caso desta natureza é que se refletiu melhor e mudou-se de posição a respeito deste complexo tema.

Ademais, o objetivo do legislador ao instituir um prazo de dez anos para a postulação da revisão dos benefícios previdenciários foi atender ao Princípio da Segurança Jurídica, pois a Previdência Social não poderá ficar a mercê de revisão de renda a qualquer tempo, sob pena de instabilidade na relação previdenciária.

Até a operacionalização é deveras difícil, pois, não raro, os processos administrativos antigos não são localizados, pois já descartados, vez que a Administração Pública não é obrigada a guardá-los *ad eternum*.

Desta forma, aplicar um novo prazo de decadência para as pensões por morte oriundas de aposentadorias irá atentar contra a intenção do legislador, que foi justamente estabilizar as relações jurídicas e impedir discussões sobre concessões que já ultrapassaram os dez anos, a contar do primeiro dia do mês seguinte ao primeiro pagamento.

Nesse sentido, colaciona-se julgado acertado do TRF da 3ª Região que aplicou a decadência à revisão de pensão por morte oriunda de aposentadoria, a contar deste benefício:

> "PROCESSUAL CIVIL. AGRAVO LEGAL. ART. 557, § 1º, CPC. PREVIDENCIÁRIO. REVISÃO. DECADÊNCIA. OCORRÊNCIA. DECISÃO SUPEDANEADA NA JURISPRUDÊNCIA DO C. STJ E DESTA CORTE. AGRAVO DESPROVIDO.- A decisão agravada está em consonância com o disposto no artigo 557 do Código de Processo Civil, visto que supedaneada em jurisprudência consolidada do Colendo Superior Tribunal de Justiça e desta Corte.- O C. Superior Tribunal de Justiça no julgamento do REsp 1326114/SC, submetido ao regime do art. 543-C do CPC, firmou entendimento de que incide o prazo de decadência do art. 103 da Lei 8.213/1991, instituído pela Medida Provisória 1.523-9/1997, convertida na Lei 9.528/1997, no direito de revisão dos benefícios concedidos ou indeferidos anteriormente a esse preceito normativo, com termo a quo a contar da sua vigência (28.6.1997).- Para os benefícios deferidos antes de 27 de junho de 1997 o prazo decadencial de dez anos será contado da data em que entrou em vigor a norma fixando o prazo decadencial decenal, qual seja, 28.06.1997, de modo que o direito do segurado de pleitear a sua revisão expirou em 28.06.2007.- Para os benefícios deferidos a partir de 28.06.1997 o prazo decadencial de dez anos será contado do dia primeiro do mês seguinte ao do recebimento da primeira prestação ou, quando for o caso, do dia em que tomar conhecimento da decisão indeferitória definitiva no âmbito administrativo.- **No caso dos autos, visto que a demandante percebe pensão por morte derivada de aposentadoria especial - benefício cuja renda mensal inicial seria alterada em caso de procedência do pedido, com a inclusão das gratificações natalinas no salário-de-benefício, concedido em 09.01.1993, e a presente ação foi ajuizada em 27/09/2010, não tendo havido pedido de revisão na seara administrativa, efetivamente operou-se a decadência de seu direito de pleitear o recálculo da renda mensal do benefício de que é titular.**- As razões recursais não contrapõem tais fundamentos a ponto de demonstrar o desacerto do decisum, limitando-se a reproduzir argumento visando a rediscussão da matéria nele contida.- Agravo desprovido" (AC - APELAÇÃO CÍVEL – 1693203, de 11/11/2013).

**Em 22 de agosto de 2016, o STF adotou precedente favorável ao INSS em julgado monocrático da lavra do Ministro Roberto Barroso, iniciando o cômputo da decadência a contar da aposentadoria que ensejou a pensão por morte, e não a contar da concessão desta:**

> **RE 963728/ SC - SANTA CATARINA**
>
> RECURSO EXTRAORDINÁRIO
>
> Relator(a): Min. ROBERTO BARROSO
>
> Julgamento: 22/08/2016
>
> **Decisão**
>
> DECISÃO:
>
> Trata-se de recurso extraordinário interposto contra acórdão do Tribunal Regional Federal da 4ª Região, assim ementado:
>
> "PROCESSUAL CIVIL. AUSÊNCIA DE PEDIDO DE RECONHECIMENTO DE TEMPO ESPECIAL NA VIA ADMINISTRATIVA. CARÊNCIA DE AÇÃO. INOCORRÊNCIA. PREVIDENCIÁRIO. ATIVIDADE ESPECIAL. CONVERSÃO DO TEMPO ESPECIAL EM COMUM. FATOR DE CONVERSÃO. CLPS. MAJORAÇÃO DE RMI DE APOSENTADORIA POR TEMPO DE SERVIÇO.
>
> [...]."
>
> O Tribunal de origem deu parcial provimento a embargos de declaração para, sem alterar o resultado do julgamento, agregar o seguinte fundamento: "assim, tendo em vista que o benefício originário foi concedido antes da publicação da Lei n. 9.528/97, inexiste prazo decadencial para que a parte autora pleiteie a revisão da renda mensal inicial do benefício".
>
> O recurso extraordinário busca fundamento no art. 102, III, a, da Constituição Federal. A parte recorrente alega violação ao art. 5º, XXXV, XXXVI, LIV e LV, da Constituição.

O recurso deve ser provido. O Plenário do Supremo Tribunal Federal, ao apreciar o mérito do RE 626.489, com repercussão geral reconhecida, (Tema 313 - Aplicação do prazo decadencial previsto na Medida Provisória nº 1.523/97 a benefícios concedidos antes da sua edição), decidiu que o prazo decadencial de dez anos, instituído pela Medida Provisória nº 1.523, de 28.06.1997, tem como termo inicial o dia 1º de agosto de 1997, por força de disposição nela expressamente prevista. Tal regra incide, inclusive, sobre benefícios concedidos anteriormente, sem que isso importe em retroatividade vedada pela Constituição.

**No caso, o ato de concessão do benefício originário (aposentadoria por tempo de contribuição) ocorreu em 21.03.1981, antes, portanto, do advento da mencionada MP 1.523. Desse modo, conta-se o prazo de 10 (dez) anos a partir de 1º.08.1997. No entanto, a ação revisional da qual decorre o presente recurso foi ajuizada em 17.10.2007, quando o direito pleiteado já se encontrava extinto.**

Diante do exposto, com base no art. 21, § 2º, do RI/STF, dou provimento ao recurso extraordinário. Ficam invertidos os ônus de sucumbência, ressalvado eventual concessão do benefício da justiça gratuita.

Publique-se.

Brasília, 22 de agosto de 2016.

Ministro Luís Roberto Barroso

Relator

De seu turno, caso adotada a tese da TNU, o INSS poderia fazer o mesmo para fins de incidência do artigo 103-A, que criou um prazo idêntico de dez anos para o exercício do poder-dever de autotutela, abrindo-se novo prazo decadencial para as pensões por morte oriundas de aposentadoria.

Vale frisar que o STJ também já adotou o atual posicionamento atualmente sustentado nesta obra. Após verticalizada pesquisa, identificou o julgamento do AgRg no REsp 1222079 de 09/09/2013 pela 6ª Turma do STJ, em que se buscou uma revisão de pensão por morte oriunda de aposentadoria especial. A Corte Superior aplicou a decadência decenal revisional a contar da aposentadoria, e não da pensão por morte:

> "PREVIDENCIÁRIO, CIVIL E PROCESSUAL CIVIL. RECONHECIMENTO DE REPERCUSSÃO GERAL, PELO STF. SOBRESTAMENTO DO JULGAMENTO DO RECURSO ESPECIAL. INAPLICABILIDADE. PRETENSÃO DE APRECIAÇÃO DE DISPOSITIVOS CONSTITUCIONAIS. INVIABILIDADE, NA VIA DE RECURSO ESPECIAL. DECADÊNCIA. MEDIDA PROVISÓRIA 1.523-9, DE 27/06/1997. INCIDÊNCIA. POSSIBILIDADE. PRECEDENTE DA 1ª SEÇÃO DO STJ, EM SEDE DE RECURSO REPRESENTATIVO DA CONTROVÉRSIA. AGRAVO REGIMENTAL IMPROVIDO.
>
> I. Consoante a jurisprudência do Superior Tribunal de Justiça (STJ, AgRg no REsp 1.140.018/SP, Rel. Ministro Paulo de Tarso Sanseverino, TERCEIRA TURMA, DJe de 04/02/2013; STJ, AgRg no REsp 1.239.474/PR, Rel. Ministra MARIA THEREZA DE ASSIS MOURA, SEXTA TURMA, DJe de 19/12/2012), o reconhecimento da repercussão geral, no Supremo Tribunal Federal, da matéria ora em apreciação não acarreta o sobrestamento do exame do presente Recurso Especial, sobrestamento que se aplica somente aos Recursos Extraordinários interpostos contra acórdãos do Superior Tribunal de Justiça, em consonância com o disposto no art. 543-B do Código de Processo Civil.
>
> II. A análise de suposta ofensa a dispositivos constitucionais compete exclusivamente ao Supremo Tribunal Federal, nos termos do art. 102, inciso III, da Constituição da República, sendo defeso o seu exame, no âmbito do Recurso Especial, sob pena de usurpação da competência da Suprema Corte. Precedentes do STJ.
>
> III. Conforme ficou decidido pela 1ª Seção desta Corte, em 28/11/2012, no julgamento do Recurso Especial 1.326.114/SC, admitido como representativo da controvérsia (art. 543-C do CPC), o prazo decadencial de que trata a Medida Provisória 1.523-9, de 27/06/1997, de 10 (dez) anos, tem incidência nos pedidos de revisão de benefícios concedidos antes da entrada em vigor da Medida Provisória 1.523-9, de 27/06/1997, adotando-se, nesses casos, como marco inicial, a data da vigência da referida Medida Provisória, no dia 28/06/1997 (STJ, REsp 1.326.114/SC, Rel. Ministro HERMAM BENJAMIN, PRIMEIRA SEÇÃO, julgado em 28/11/2012, DJe de 13/05/2013).
>
> IV. Na espécie, cuida-se de pensão por morte decorrente de aposentadoria por tempo de serviço, aposentadoria com data de início em 14/03/1994, estando sujeita ao prazo decadencial, cujo termo inicial é o dia 28/06/1997. A presente ação, porém, somente foi protocolada no dia 10/11/2008, quando já havia decaído o direito à revisão".

Por tudo isto, não obstante reconhecer se tratar de tema com argumentos razoáveis em ambos os lados, optou-se em seguir por convicção pessoal um novo posicionamento a partir da edição 2015 desta obra.

**Posteriormente, a própria TNU reviu a sua posição, alinhando-se ao posicionamento aqui sustentado, decidindo que a decadência será contada da aposentadoria, e não da pensão por morte derivada (processo 504235-69.2015.4.05.8400, julgado em 16/6/2016). Curioso que até 18/2/2016 a TNU tinha precedente que contava a decadência a partir da concessão da pensão por morte (PEDILEF 50142612820134047000).**

Mas em 19 de dezembro de 2016, como em uma gangorra alucinante que muda de lado o tempo todo e deixa o passageiro tonto, a TNU fixou tese em incidente representativo de controvérsia aplicando a decadência a contar da concessão da pensão por morte, conforme noticiado no sítio do CJF:

Data: 19/12/2016

**TNU fixa tese sobre prazo decadencial de pensão por morte**

**A Turma Nacional de Uniformização dos Juizados Especiais Federais (TNU) firmou a tese, na sessão de 15 de dezembro, de que o marco inicial para a contagem do prazo decadencial do benefício de pensão por morte transcorre independentemente do benefício do segurado instituidor.** Dessa forma, a partir da Data do Início do Benefício (DIB), caso o direito de revisão não seja atingido pela decadência, o beneficiário não poderá receber a diferença vinda do recálculo do benefício do instituidor, em relação ao qual houve o transcurso do prazo decadencial, mas fará jus ao reflexo financeiro correspondente na pensão concedida.

A decisão aconteceu após a apresentação do voto-vista do juiz federal Rui Costa Gonçalves, que acompanhou o voto do relator – sem a ressalva pontual de entendimento registrada pelo juiz federal Boaventura João Andrade – no julgamento do Incidente de Uniformização Nacional interposto pelo Instituto Nacional do Seguro Social (INSS), em razão de julgado da Turma Recursal do Paraná.

Segundo os autos, a turma paranaense ao anular a sentença de primeiro grau deu provimento ao recurso de uma dona de casa, por entender que não incide decadência quanto à pleiteada revisão das parcelas relativas a benefício derivado (no caso concreto, pensão por morte), oriundo de benefício diverso recebido pelo marido falecido, esse último concedido antes da Medida Provisória n. 1.523-9/97.

À TNU, o INSS sustentou que há decadência para as ações que visem a revisão de ato concessório de benefício instituído anteriormente a 28/06/1997, data de edição da referida Medida Provisória que deu nova redação ao art. 103 da Lei 8.213/1991. Para demonstrar o dissenso jurisprudencial, a autarquia apresentou como paradigmas acórdãos das Seções Judiciárias do Espírito Santo e do Rio de Janeiro, segundo os quais os benefícios originários tiveram início em data anterior à vigência da aludida MP e o decurso do tempo a partir de 26/06/1997 apresenta-se superior a dez anos.

De acordo com Boaventura João Andrade, a TNU tem efetivamente jurisprudência dominante quanto ao termo inicial para a contagem do prazo decadencial, baseado no princípio da *actio nata* (quando o prazo prescricional/decadência somente tem início com a violação do correspondente direito já adquirido). "Contudo, isso não se verifica quando se trata de pensionista, cuja relação jurídica somente tem início com a instauração do regime jurídico inaugurado com o óbito do segurado instituidor, circunstância configuradora de direito autônomo a partir da DIB da pensão por morte", explicou o magistrado.

Em seu voto, Andrade apontou a jurisprudência da Segunda Turma do Superior Tribunal de Justiça (STJ), que reafirma a legitimidade autônoma e submetida à contagem de prazo decadencial a partir do ato concessório da pensão por morte isoladamente. "A Turma do STJ decidiu que embora a decadência incida sobre o direito não exercitado pelo segurado instituidor em vida e impeça a pensionista em nome próprio de superar os efeitos da decadência para a percepção de diferenças não pagas ao instituidor – na hipótese de o direito específico não ter sido alcançado pelo prazo decadencial – fará jus à revisão da pensão de modo a se beneficiar da repercussão financeira revisional não efetivada em proveito direto do segurado instituidor da pensão, limitada portanto ao direito próprio da pensionista", elucidou o juiz federal.

Além disso, para o magistrado, o entendimento adotado no acórdão de origem é o mesmo do STJ. "Embora o teor da Questão de Ordem nº 24 da TNU oriente no sentido do não conhecimento do incidente de uniformização ante a sintonia com o entendimento majoritário da Corte Superior, tenho como recomendável relativizar essa diretiva, *in casu*, na perspectiva da uniformização do tema no âmbito representativo", concluiu.

Nessas condições, a TNU conheceu e negou provimento ao incidente de uniformização movido pelo INSS nos termos do voto do relator. **O processo foi analisado como representativo da controvérsia, para que o mesmo entendimento seja aplicado a casos semelhantes.**

Processo 5049328-54.2013.4.04.7000

Fonte: CJF

Da mesma forma, existe precedente mais recente do STJ afastando o cômputo da decadência a partir do benefício originário e considerando o termo inicial a partir da pensão por morte:

> "O prazo decadencial do direito de revisar o valor do salário de benefício da pensão previdenciária por morte mediante o recálculo da renda mensal inicial do benefício originário de aposentadoria conta-se após o deferimento do ato de pensionamento. Isso porque, em decorrência do princípio da actio nata, a legitimidade do pensionista para propositura de ação de revisão advém apenas com o óbito do segurado, já que, por óbvio, aquele não era titular do benefício originário, direito personalíssimo. REsp 1.529.562-CE, Rel. Min. Herman Benjamin, julgado em 20/8/2015, DJe 11/9/2015, 2ª Turma" (Informativo 568).

Mas existe precedente mais novo em que o STJ computou a decadência a contar do benefício derivado, e não do originário:

> **Processo**
>
> AgInt no REsp 1546751 / RS
>
> AGRAVO INTERNO NO RECURSO ESPECIAL
>
> 2015/0190370-7
>
> **Relator(a)**
>
> Ministra REGINA HELENA COSTA (1157)
>
> **Órgão Julgador**
>
> T1 – PRIMEIRA TURMA
>
> **Data do Julgamento**
>
> 03/05/2018
>
> **II – A Autora, somente com o falecimento do titular da aposentadoria, e, consequentemente, com a concessão da pensão por morte, adquiriu legitimidade para**

**questionar o ato de concessão do benefício originário recebido pelo falecido marido, cujos reflexos financeiros afetam diretamente o cálculo da renda mensal inicial do benefício derivado – pensão por morte.**

**III – De acordo com o princípio da actio nata, não há falar em decadência em relação à pretensão da parte autora de revisão da pensão por morte por intermédio da revisão da renda mensal inicial da aposentadoria, se proposta a ação antes de decorridos 10 anos contados do ato de concessão do benefício derivado.**

IV – O prazo extintivo do direito só pode ser imputado àquele que se manteve silente e inerte no decorrer do tempo quando poderia ter atuado. Logo, **a inércia do titular da aposentadoria não pode prejudicar o titular do benefício derivado em buscar a revisão da renda mensal inicial da pensão morte por intermédio da revisão do benefício originário de aposentadoria**, porque, antes do óbito do segurado, a pensionista, por óbvio, não possuía legitimidade para discutir o ato de concessão da aposentadoria e seus efeitos patrimoniais no benefício derivado.

V – No caso em tela, entre a data de concessão da pensão por morte que a Autora pretende ver recalculada (DIB em abril/2000) e o ajuizamento da presente ação (em fevereiro/2010) não transcorreu o prazo decadencial previsto no art. 103, *caput*, da Lei n. 8.213/91.

Mas a 1ª Turma do STJ possui precedente que computa o prazo decadência a partir da aposentadoria, e não da pensão derivada:

AgRg no RECURSO ESPECIAL Nº 1.425.316 - RS (2013/0409369-0). RELATOR: MINISTRO SÉRGIO KUKINA. AGRAVANTE: OTTÍLIA LEONI SCHNEIDER KIEKOW. ADVOGADO: ÂNGELO ASSMANN - RS043332. AGRAVADO: INSTITUTO NACIONAL DO SEGURO SOCIAL. ADVOGADO: PROCURADORIA-GERAL FEDERAL - PGF - "PREVIDENCIÁRIO. PENSÃO DERIVADA DE APOSENTADORIA OBTIDA JUNTO AO INSS. DECADÊNCIA DECENAL. VIÚVA TITULAR DE PENSÃO POR MORTE DE MARIDO APOSENTADO. MAJORAÇÃO DA PENSÃO MEDIANTE A REVISÃO DA RENDA MENSAL INICIAL (RMI) DA PRETÉRITA APOSENTAÇÃO. INVIABILIDADE NO CASO CONCRETO. CONSUMAÇÃO DA DECADÊNCIA DECENAL RELATIVAMENTE AO PEDIDO DE REVISÃO DA RMI DA APOSENTADORIA. EXEGESE DO ART. 103, *CAPUT*, DA LEI Nº 8.213/91, COM A REDAÇÃO DADA PELA MP 1.523-9/1997. 1. No caso concreto, a viúva autora tornou-se pensionista do INSS em 08/11/1994, tendo, quase quinze anos depois (23/10/2009), ajuizado ação revisional em busca da majoração dos valores de seu benefício, solicitando, para tanto, a prévia revisão da renda mensal inicial (RMI) da aposentadoria de seu falecido esposo, concedida cerca de dezessete anos antes (20/07/1992). 2. Em tal contexto cronológico, o pedido de revisão da RMI da mencionada aposentadoria, com a consequente majoração da pensão da viúva, acha-se inviabilizado, eis que, a teor do decidido em repetitivo no REsp 1.309.529/PR, Rel. Ministro Herman Benjamin, DJe 04/06/2013, "Incide o prazo de decadência do art. 103 da Lei 8.213/1991, instituído pela Medida Provisória 1.523-9/1997, convertida na Lei 9.528/1997, no direito de revisão dos benefícios concedidos ou indeferidos anteriormente a esse preceito normativo, com termo a quo a contar da sua vigência (28.6.1997)". **3. Logo, na hipótese em exame, a possibilidade de revisão da RMI da aposentadoria do finado marido da pensionista quedou fulminada pela decadência de dez anos ainda em 2007, enquanto que a presente ação foi ajuizada somente em 2009**. 4. Agravo regimental improvido".

**Em 27/2/2019, no julgamento do EREsp 1605554, a 1ª Seção do STJ pacificou o tema, definindo que a decadência deverá ser computada a partir da aposentadoria, e não da pensão por morte precedida de aposentadoria:**

**Processo**

**EREsp 1605554 / PR**

EMBARGOS DE DIVERGÊNCIA EM RECURSO ESPECIAL

2016/0146617-4

**Relator(a)**

Ministro MAURO CAMPBELL MARQUES (1141)

**Relator(a) p/ Acórdão**

Ministra ASSUSETE MAGALHÃES (1151)

**Órgão Julgador**

S1 - PRIMEIRA SEÇÃO

**Data do Julgamento**

27/02/2019

**Data da Publicação/Fonte**

DJe 02/08/2019

RSTJ vol. 255 p. 229

**Ementa**

PREVIDENCIÁRIO, CIVIL E PROCESSUAL CIVIL. EMBARGOS DE DIVERGÊNCIA EM RECURSO ESPECIAL. PENSÃO POR MORTE DERIVADA DE APOSENTADORIA POR TEMPO DE CONTRIBUIÇÃO. PEDIDO DE REVISÃO DA PENSÃO POR MORTE, MEDIANTE REVISÃO DA RENDA MENSAL INICIAL DA APOSENTADORIA ORIGINÁRIA. IMPOSSIBILIDADE, EM RAZÃO DA DECADÊNCIA DE REVISÃO DO BENEFÍCIO ORIGINÁRIO. EXEGESE DO ART. 103, *CAPUT*, DA LEI 8.213/91, NA REDAÇÃO DADA PELA MEDIDA PROVISÓRIA 1.523-9, DE 27/06/97. INCIDÊNCIA DA TESE FIRMADA NO JULGAMENTO DOS RECURSOS ESPECIAIS REPETITIVOS 1.326.114/SC E 1.309.529/PR (TEMA 544), RATIFICADA PELOS RECURSOS ESPECIAIS REPETITIVOS 1.612.818/PR E 1.631.021/PR (TEMA 966), EM CONFORMIDADE COM O ENTENDIMENTO DO STF, NOS RECURSOS EXTRAORDINÁRIOS 630.501/RS (TEMA 334) E 626.489/SE (TEMA 313). PRINCÍPIO DA ACTIO NATA. INAPLICABILIDADE. EMBARGOS DE DIVERGÊNCIA DESPROVIDOS.

I. Trata-se, na origem, de ação ajuizada pela parte embargante, beneficiária de pensão por morte do pai, em face do INSS, objetivando a revisão de seu benefício de pensão, mediante prévia revisão da renda mensal inicial do benefício originário, sustentando que seu genitor, aposentado em 02/07/91, tinha direito adquirido a melhor benefício, por ter ele implementado as condições para a aposentadoria na vigência da Lei 6.950/81 - que previa o limite máximo do salário-de-contribuição em valor correspondente a 20 (vinte) vezes o maior salário-mínimo vigente no país -, de modo que a renda mensal inicial do aludido benefício deveria ser maior, por concedido ele antes da Lei 7.787/89.

II. O acórdão ora embargado concluiu pela impossibilidade de revisão da pensão por morte, mediante revisão da renda mensal inicial da pretérita aposentadoria que a originou, por já haver decaído, para o titular do benefício originário, o direito à revisão.

III. O acórdão paradigma, em caso análogo, afastou a decadência, sob o fundamento de que, por força do princípio da actio nata, o termo inicial do prazo decadencial para a revisão da renda mensal inicial da aposentadoria do instituidor da pensão por morte é a data de concessão da pensão.

IV. A Primeira Seção do STJ, em 28/11/2012, no julgamento dos Recurso Especiais repetitivos 1.326.114/SC e 1.309.529/PR (Tema 544), sob o rito do art. 543-C do CPC/73, firmou entendimento no sentido de que "incide o prazo de decadência do art. 103 da Lei 8. 213/1991, instituído pela Medida Provisória 1.523-9/1997, convertida na Lei 9.528/1997, no direito de revisão dos benefícios concedidos ou indeferidos anteriormente a esse preceito normativo, com termo a quo a contar da sua vigência (28.6.1997)" (STJ, REsp 1.326.114/SC e REsp 1.309.529/PR, Rel. Ministro HERMAN BENJAMIN, PRIMEIRA SEÇÃO, DJe de 13/05/2013).

V. Referido entendimento foi ratificado, pela Primeira Seção do STJ, no julgamento, em 13/02/2019, igualmente sob o rito do art. 543-C do CPC/73, dos Recursos Especiais 1.631.021/PR e 1.612.818/PR (Tema 966), firmando-se a tese de que "incide o prazo decadencial previsto no *caput* do artigo 103 da Lei 8.213/1991 para reconhecimento do direito adquirido ao benefício previdenciário mais vantajoso", entendimento em consonância com o do STF, firmado nos Recursos Extraordinários 626.489/SE (Tema 313) e 630.501/RS (Tema 334), julgados sob o regime da repercussão geral.

VI. O STF, em 21/02/2013, ao examinar o caso específico do direito adquirido ao melhor benefício, no RE 630.501/RS, julgado sob o regime da repercussão geral (Tema 334 - "Direito a cálculo de benefício de aposentadoria de acordo com legislação vigente à época do preenchimento dos requisitos exigidos para sua concessão"), firmou o entendimento no sentido de que, também nessa hipótese, devem ser respeitadas a decadência do direito à revisão e a prescrição das parcelas já vencidas, tendo consignado que, "para o cálculo da renda mensal inicial, cumpre observar o quadro mais favorável ao beneficiário, pouco importando o decesso remuneratório ocorrido em data posterior ao implemento das condições legais para a aposentadoria, respeitadas a decadência do direito à revisão e a prescrição quanto às prestações vencidas" (STF, RE 630.501/RS, Rel. Ministra ELLEN GRACIE, PLENO, DJe de 26/08/2013).

VII. Posteriormente, em 16/10/2013, no julgamento do RE 626.489/SE, também sob o regime da repercussão geral (Tema 313 - "Aplicação do prazo decadencial previsto na Medida Provisória nº 1.523/97 a benefícios concedidos antes da sua edição"), o STF entendeu pela inexistência de prazo decadencial, mas apenas para a concessão inicial do benefício previdenciário, que é direito fundamental, e, assim, não sujeito aos efeitos do prazo decadencial, concluindo ser "legítima, todavia, a instituição de prazo decadencial de dez anos para a revisão de benefício já concedido, com fundamento no princípio da segurança jurídica, no interesse em evitar a eternização dos litígios e na busca de equilíbrio financeiro e atuarial para o sistema previdenciário" (STF, RE 626.489/SE, Rel. Ministro ROBERTO BARROSO, PLENO, DJe de 23/09/2014).

VIII. Distinção, pois, deve ser feita entre o direito de ação - vinculado ao prazo prescricional para exercê-lo - e o direito material em si, que pode, se não exercido em certo prazo, ser atingido pela decadência, que, na forma do art. 207 do Código Civil, salvo expressa disposição legal em contrário - que, para o caso dos autos, inexiste -, não está sujeita às normas que impedem, suspendem ou interrompem a prescrição.

IX. O acórdão ora embargado deve prevalecer, pois o direito ao melhor benefício está sujeito à decadência, ao passo que o princípio da actio nata não incide, no caso dos autos, porquanto diz respeito ao direito de ação, e, nessa medida, está interligado ao prazo prescricional. O prazo decadencial, por sua vez, refere-se ao direito material, que, como dispõe a lei, não se suspende, nem se interrompe.

**X. Na espécie, a ação foi ajuizada em 12/09/2011, objetivando rever a pensão por morte, deferida em 01/11/2008, mediante revisão da renda mensal inicial da aposentadoria que a originou, concedida ao de cujus, pelo INSS, em 02/07/91. Concedido o benefício da aposentadoria ao instituidor da pensão em 02/07/91, anteriormente à vigência da Medida Provisória 1.523-9, de 27/06/97, adota-se, como termo a quo do prazo decadencial, o dia 28/06/97. Ajuizada a presente ação em 12/09/2011, incide, por força do art. 103, caput, da Lei 8.213/91, a decadência decenal do direito à revisão da renda mensal inicial da pretérita aposentadoria, ainda que haja repercussão financeira na pensão por morte dela derivada.**

XI. Embargos de Divergência em Recurso Especial desprovidos.

A TNU entendia que não incidia a decadência decenal no que concerne aos temas não apreciados pelo INSS no ato de concessão:

**Súmula 81 - "Não incide o prazo decadencial previsto no art. 103, caput, da Lei nº 8.213/91, nos casos de indeferimento e cessação de benefícios, bem como em relação às questões não apreciadas pela Administração no ato da concessão".**

Entende-se que posicionamento da TNU é equivocado, pois não existe ressalva no artigo 103, *caput*, da Lei 8.213/91.

Mas vale frisar que a 1ª Turma do STF possui precedente favorável ao INSS, em que foi rechaçada a tese encampada pela TNU e STJ, mantendo a incidência da decadência decenal mesmo quando a ação revisional veicula tema não apreciado administrativamente pela Previdência Social:

> 09/12/2014 - PRIMEIRA TURMA
>
> AG. REG. NO RECURSO EXTRAORDINÁRIO COM AGRAVO 845.209 PARANÁ
> RELATOR : MIN. MARCO AURÉLIO
> AGTE.(S): MARIA DO ROCIO GUSSO FERNANDES ADV.( A / S ) : WILLYAN ROWER SOARES AGDO. (A/S): INSTITUTO NACIONAL DO SEGURO SOCIAL - INSS PROC.(A/S)(ES): PROCURADOR-GERAL FEDERAL
>
> "DECADÊNCIA – PRAZO – BENEFÍCIO PREVIDENCIÁRIO – REVISÃO. É constitucional a fixação de prazo decadencial por meio de medida provisória. Precedente: Recurso Extraordinário nº 626.489/SE, Pleno, relator ministro Luís Roberto Barroso".

Na fundamentação, aduziu o Ministro Marco Aurélio que "o agravante, na minuta do regimental, sustenta a inaplicabilidade da decadência ao caso. **Afirma que o prazo decadencial não impede o reconhecimento do novo tempo de serviço ou de contribuição ainda não analisado na via administrativa. Evoca precedente do Superior Tribunal de Justiça**".

No entanto, a tese do STJ foi rechaçada pelo STF

> "Não prosperam as alegações do embargante. Passados mais de dez anos entre a vigência de Lei nº 9.528/97, decorrente da conversão da Medida Provisória nº 1.523/97, e o pedido de revisão, impõe-se a aplicação da decadência... Nesse sentido, uma vez assentado pelo Colegiado local tratar-se de revisão de aposentadoria, descabe a diferenciação pleiteada pelo embargante, visto que o precedente evocado não excepcionou qualquer situação de revisão da regra da decadência".

Eis mais um precedente do STF no mesmo sentido:

> *"RECURSO EXTRAORDINÁRIO COM AGRAVO. PREVIDENCIÁRIO. REVISÃO DA RENDA MENSAL INICIAL.* ***PRETENSÃO NÃO ANALISADA PELA ADMINISTRAÇÃO POR OCASIÃO DA CONCESSÃO DO BENEFÍCIO. DECADÊNCIA. RE 626.489****. TEMA 313 DA REPERCUSSÃO GERAL. AGRAVO PROVIDO PARA, DESDE LOGO, PROVER O RECURSO EXTRAORDINÁRIO.*
>
> *É o relatório. DECIDO.*
>
> *O recurso merece prosperar.*
>
> *O prazo decadencial de dez anos, instituído pela Medida Provisória 1.523/1997, incide, inclusive, sobre os benefícios concedidos anteriormente à sua vigência, nos termos da jurisprudência fixada pelo Plenário desta Corte no julgamento do RE 626.489, Rel. Min. Roberto Barroso, Sessão Plenária realizada em 16/10/2013. A decisão restou assim ementada:*
>
> *(...)*
>
> *Assevere-se que, naquela oportunidade, firmou-se entendimento no sentido de que a decadência atinge a pretensão de rever benefícios previdenciários, ou seja, alcança a discussão da graduação econômica quando este já foi concedido.* ***Dito de outra forma, uma vez concedido o benefício, a partir do dia primeiro do mês seguinte ao do recebimento da primeira prestação, dá-se início ao prazo decadencial, que alcança toda e qualquer pretensão, tenha sido discutida ou não no processo administrativo. A pretensão de revisão com fundamento em questões não aventadas quando do deferimento do benefício também está sujeita ao prazo previsto no artigo 103 da Lei 8.213/1991, pois a análise de questões não apreciadas na via administrativa, por ocasião da concessão do benefício, não se caracterizará como benefício novo, mas importará, em última análise, em revisão da renda mensal inicial.***
>
> *Nesse sentido, destaco o ARE 845.209-AgR, de relatoria do Min. Marco Aurélio, no qual a Primeira Turma desta Corte, interpretando o julgado do Pleno no RE 626.489, negou provimento a recurso em que a parte autora afirmava que "o prazo decadencial não impede o reconhecimento do novo tempo de serviço ou de contribuição ainda não analisado na via administrativa", tendo assentado o acórdão, in verbis:*
>
> *'Nesse sentido, uma vez assentado pelo Colegiado local tratar-se de revisão de aposentadoria, descabe a diferenciação pleiteada pelo embargante, visto que o precedente evocado não excepcionou qualquer situação de revisão da regra da decadência.'*
>
> *Ex positis, PROVEJO o agravo e, com fundamento no disposto no artigo 932, V, do CPC/2015, DOU PROVIMENTO ao recurso extraordinário para reconhecer a decadência do direito de revisar o ato de concessão do benefício previdenciário"* ***Brasília, 26 de junho de 2017. Ministro Luiz Fux Relator Documento assinado digitalmente (ARE 1045210, Relator(a): Min. LUIZ FUX, julgado em 26/06/2017, publicado em PROCESSO ELETRÔNICO DJe-142 DIVULG 28/06/2017 PUBLIC 29/06/2017).***

Por sua vez, a 2ª Turma do Superior Tribunal de Justiça passou a promover uma interpretação restritiva do artigo 103, da Lei 8.213/91, afastando a decadência decenal revisional em razão de pontos não analisados na concessão administrativa.

Assim, por exemplo, se o INSS concedeu um benefício de aposentadoria sem analisar a existência de tempo de contribuição especial, a revisão poderá se dar a qualquer tempo.

Veja-se a posição do STJ que é da mesma natureza que o entendimento da TNU:

"Processo

REsp 1429312 / SC

RECURSO ESPECIAL

2014/0005659-6

Relator(a)

Ministro MAURO CAMPBELL MARQUES (1141)

Órgão Julgador

T2 - SEGUNDA TURMA

Data do Julgamento

21/05/2015

Data da Publicação/Fonte

DJe 28/05/2015

Ementa

PREVIDENCIÁRIO. RECURSO ESPECIAL. APOSENTADORIA POR TEMPO DE SERVIÇO/CONTRIBUIÇÃO. REVISÃO DA RENDA MENSAL INICIAL. CÔMPUTO DE TEMPO RURAL. DECADÊNCIA. NÃO OCORRÊNCIA. TEMA NÃO APRECIADO PELA ADMINISTRAÇÃO PREVIDENCIÁRIA QUANDO CONCEDIDO O BENEFÍCIO. RECURSO ESPECIAL CONHECIDO E NÃO PROVIDO.

1. De acordo com os Recursos Especiais Repetitivos 1.309.529/PR e 1.326.114/SC, incide o prazo de decadência do artigo 103 *caput* da Lei 8.213/1991, instituído pela Medida Provisória 1.523-9/1997, convertida na Lei 9.528/1997, ao benefício concedido anteriormente a esse preceito normativo, com termo a quo a contar da sua vigência, isto é, 28/6/1997.

**2. É possível afirmar que por ato de concessão deve ser entendida toda matéria relativa aos requisitos e critérios de cálculo do benefício submetida ao INSS no requerimento do benefício, do que pode resultar o deferimento ou indeferimento do pleito.**

**3. No presente caso, a pretensão veiculada consiste na revisão da renda mensal inicial do benefício em razão de tempo rural não computado, tema não apreciado pela Administração. Por isso não há falar em decadência.**

4. Recurso especial conhecido e não provido.

Processo

EDcl no REsp 1491868 / RS

EMBARGOS DE DECLARAÇÃO NO RECURSO ESPECIAL

2014/0282620-7

Relator(a)

Ministro HERMAN BENJAMIN (1132)

Órgão Julgador

T2 - SEGUNDA TURMA

Data do Julgamento

24/02/2015

Data da Publicação/Fonte

DJe 23/03/2015

Ementa

PROCESSUAL CIVIL E PREVIDENCIÁRIO. EMBARGOS DE DECLARAÇÃO NO AGRAVO REGIMENTAL NO RECURSO ESPECIAL. BENEFÍCIO PREVIDENCIÁRIO. REVISÃO DA RMI. DECADÊNCIA. RECURSOS ESPECIAIS REPETITIVOS 1.309.529/PR E 1.326.114/SC. DECADÊNCIA AFASTADA NO CASO. TEMA NÃO SUBMETIDO À ADMINISTRAÇÃO PREVIDENCIÁRIA. EMBARGOS DE DECLARAÇÃO ACOLHIDOS PARA SANAR OMISSÃO COM EFEITO MODIFICATIVO AO JULGADO.

1. Há decadência do direito de o segurado do INSS revisar seu benefício previdenciário concedido anteriormente ao prazo previsto no *caput* do art. 103 da Lei 8.213/1991, instituído pela Medida Provisória 1.523-9/1997 (D.O.U 28.6.1997), posteriormente convertida na Lei 9.528/1997, se transcorrido o decênio entre a publicação da citada norma e o ajuizamento da ação, conforme orientação reafirmada nos Recursos Especiais Repetitivos 1.309.529/PR e 1.326.114/SC.

**2. No caso, não tendo sido discutida certa questão jurídica quando da concessão do benefício (reconhecimento do tempo de serviço especial), não ocorre decadência para essa questão. Efetivamente, o prazo decadencial não pode alcançar questões que não se aventaram por ocasião do deferimento do benefício e que não foram objeto de apreciação pela Administração".**

Entende-se pelo desacerto do posicionamento do STJ, pois permite a revisão do benefício a qualquer tempo, atentando contra a segurança jurídica e esvaziando indevidamente o artigo 103, da Lei 8.213/91, que não fez a ressalva dos pontos não apreciados pela Administração Pública.

A questão foi afetada como repetitivo do STJ (Tema 975) com decisão favorável ao INSS:

| Tema/Repetitivo | 975 | Situação do Tema | Mérito Julgado | Órgão Julgador | PRIMEIRA SEÇÃO | Assuntos | |
|---|---|---|---|---|---|---|---|
| Questão submetida a julgamento | | Questão atinente à incidência do prazo decadencial sobre o direito de revisão do ato de concessão de benefício previdenciário do regime geral (art. 103 da Lei 8.213/1991) nas hipóteses em que o ato administrativo da autarquia previdenciária não apreciou o mérito do objeto da revisão. | | | | | |

| | |
|---|---|
| **Anotações Nugep** | Afetado na sessão do dia 10/05/2017 (Primeira Seção).<br>Vide Tema 966/STJ, relator Ministro Mauro Campbell Marques.<br>O Tema 966/STJ diferencia-se deste, pois, de acordo com o Ministro Relator: "Naqueles casos de relatoria do Ministro Mauro Campbell Marques, a decadência é sobre o direito de conceder benefício sob regime jurídico anterior ao deferido administrativamente, de forma a retroagir à data em que se iniciou o benefício. Já no presente caso, não se discute a concessão diferenciada, mas simplesmente se aquilo que não foi submetido ou apreciado pelo INSS no ato de concessão do benefício pode ser alcançado pela decadência". (Decisão publicada no DJe de 30/05/2017). |
| **Informações Complementares** | Há determinação de suspensão nacional de todos os processos pendentes, individuais ou coletivos (Art. 1.037, II, CPC). |
| **Repercussão Geral** | Tema 1023/STF- Situações abrangidas pelo prazo decadencial previsto no art. 103 da Lei nº 8.213/91, tendo em vista a interpretação do termo revisão contido no referido dispositivo legal. |
| **Ramo do Direito** | DIREITO PREVIDENCIÁRIO |

Eis passagem do voto vencedor do Ministro Herman de Benjamin:

"Esclareço que, apesar de ter ponderado sobre as importantes reflexões trazidas pelos eminentes Ministro Napoleão Nunes Maia Filho e Ministra Regina Helena Costa, convenci-me de que minha proposta original, sufragada inicialmente pela Ministra Assusete Magalhães, é a melhor resposta jurisdicional para a resolução do tema repetitivo.

É primordial, para uma ampla discussão sobre a aplicabilidade do art. 103 da Lei 8.213/1991, partir da básica diferenciação entre prescrição e decadência. Embora a questão seja por vezes tormentosa na doutrina e na jurisprudência, há características inerentes aos institutos, das quais não se pode afastar, entre elas a base de incidência de cada um deles, fundamental para o estudo da decadência do direito de revisão dos benefícios previdenciários.

A prescrição tem como alvo um direito violado, ou seja, para que ela incida deve haver controvérsia sobre o objeto de direito consubstanciada na resistência manifestada pelo sujeito passivo, sendo essa a essência do princípio da actio nata (o direito de ação nasce com a violação ao direito).

Essa disciplina é consubstanciada pelo art. 189 do CC: "art. 189. Violado o direito, nasce para o titular a pretensão, a qual se extingue, pela prescrição, nos prazos a que aludem os arts. 205 e 206." Por subtender a violação do direito, o regime prescricional admite causas que impedem, suspendem ou interrompem o prazo prescricional, e, assim como já frisado, a ação só nasce ao titular do direito violado.

Já a decadência incide sobre os direitos exercidos independentemente da manifestação de vontade do sujeito passivo do direito, os quais são conhecidos na doutrina como potestativos. Assim, para o exercício do direito potestativo e a consequente incidência da decadência, desnecessário haver afronta a esse direito ou expressa manifestação do sujeito passivo para configurar resistência, pois o titular pode exercer o direito independentemente da manifestação de vontade de terceiros.

Não há falar, portanto, em impedimento, suspensão ou interrupção de prazos decadenciais, salvo por expressa determinação legal (art. 207 do CC). O direito de revisar o benefício previdenciário foi qualificado pelo legislador, conforme art. 103 da Lei 8.213/1991, como potestativo, o que significa que o exercício do direito revisional na seara administrativa ou judicial pelo segurado prescinde da manifestação de vontade do INSS, bastando que haja concessão ou indeferimento de um benefício previdenciário.

Por tal motivo, merece revisão a corrente que busca aplicar as bases jurídicas da prescrição (como o princípio da actio nata) sobre a decadência, quando se afirma, por exemplo, que é necessário que tenha ocorrido a afronta ao direito (expressa negativa da autarquia previdenciária) para ter início o prazo decadencial.

Como direito potestativo que é, o direito de pedir a revisão de benefício previdenciário independe de violação específica do fundo de direito (manifestação expressa da autarquia sobre determinado ponto), tanto assim que a revisão ampla do ato de concessão pode ser realizada independentemente de haver expressa análise do INSS.

Caso contrário, dever-se-ia impor a extinção do processo sem resolução do mérito por falta de prévio requerimento administrativo do ponto não apreciado pelo INSS. I

sso é reforçado pelo art. 103 da Lei 8.213/1991, que estabelece de forma específica o termo inicial para o exercício do direito potestativo de revisão quando o benefício é concedido ("a contar do dia primeiro do mês seguinte ao do recebimento da primeira prestação") ou indeferido ("do dia em que tomar conhecimento da decisão indeferitória definitiva no âmbito administrativo").

Fosse a intenção do legislador exigir expressa negativa do direito vindicado, teria adotado o regime prescricional para fulminar o direito violado. Nesse caso, o prazo iniciar-se-ia com a violação expressa do direito e aplicar-se-ia o princípio da actio nata.

Sob a perspectiva aqui proposta, o regime decadencial impingido ao direito de revisão é muito mais benéfico ao segurado do que é o regime prescricional, pois, além de ter prazo de 10 anos – elástico se comparado aos demais prazos do ordenamento jurídico –, pode ser exercido independentemente de a autarquia ter-se oposto expressamente ao ponto objeto de inconformidade.

Isso está alinhado com o entendimento doutrinário e jurisprudencial de que é obrigação do INSS conceder o melhor benefício previdenciário possível ao segurado, nisso incluída a adoção do melhor regime jurídico adquirido aplicável.

Vale também a reflexão acerca de que, se não houver reposicionamento jurisprudencial, conforme acima explanado, teremos que rever as regras para a decadência da autotutela administrativa (art. 54 da Lei 9.784/1999) e para o próprio direito do INSS de revisar os benefícios previdenciários (art. 103-A da Lei 8.213/1991).

Transpondo o entendimento jurisprudencial aplicado até então aos segurados, o direito à autotutela administrativa iniciar-se-ia somente se o objeto da revisão fosse expressamente analisado no ato administrativo que resultou em efeitos favoráveis aos administrados. Se fosse fato novo, não analisado no ato administrativo que se busca anular, não se aplicaria a decadência pela incidência do princípio da *actio nata*.

Não é essa a compreensão que deve prevalecer, todavia, já que, como frisado, o direito sujeito a prazo decadencial, tanto o de revisão pelo segurado quanto o de autotutela administrativa, para ter início, independe de ter sido violado ou de manifestação prévia sobre o ponto controvertido.

O Supremo Tribunal Federal tem sinalizado no mesmo sentido, de forma a aplicar o prazo decadencial do art. 103 da Lei 8.213/1991 independentemente de o objeto da revisão judicial ter sido apreciado administrativamente. A propósito: ARE 845.209 AgR, Relator: Min. MARCO AURÉLIO, Primeira Turma, julgado em 9/12/2014, PROCESSO ELETRÔNICO DJe-021 DIVULG 30-01-2015 PUBLIC 02-02-2015); ARE 1.045.210, Relator: Min. LUIZ FUX, julgado em 26/06/2017, publicado em PROCESSO ELETRÔNICO DJe-142 DIVULG 28/06/2017 PUBLIC 29/06/2017; ARE 921.149/SC, Rel. Min. Cármen Lúcia (decisão monocrática), Segunda Turma, DJe 27.11.2015; RE 983.372/SC, Rel. Min. Rosa Weber (decisão monocrática), Primeira Turma, DJe 18.8.2016; e ARE 999.206 ED, Relator: Min. MARCO AURÉLIO, julgado em 18/11/2016, publicado em PROCESSO ELETRÔNICO DJe-251 DIVULG 24/11/2016 PUBLIC 25/11/2016".

Ao final restou fixada a seguinte tese repetitiva:

**"Haja vista a reflexão acima exposta, proponho, para fins dos arts. 1.036 e seguintes do CPC/2015, que a controvérsia fique assim resolvida (Tema 975/STJ): *"Aplica-se o prazo decadencial de dez anos estabelecido no art. 103, caput, da Lei 8.213/1991 às hipóteses em que a questão controvertida não foi apreciada no ato administrativo de análise de concessão de benefício previdenciário."***

*STJ: Tema 975 – decadência e questões não apreciadas pelo INSS*

Posteriormente, **a TNU alterou o conteúdo da sua Súmula 81 em 09/12/2020**, afastando prazos extintivos contra o indeferimento, cessação e cancelamento de benefício previdenciário (prescrição e decadência), ao tempo em que se alinhou ao STJ para não mais afastar a decadência decenal em temas não apreciados pela Administração Pública:

| **Tema** | **265** | Situação do tema | Julgado | Ramo do direito | DIREITO PREVIDENCIÁRIO |
|---|---|---|---|---|---|
| Questão submetida a julgamento | O prazo decadencial do art. 103 da Lei 8.213/91 se aplica aos casos de indeferimento do benefício? | | | | |
| Tese firmada | **A impugnação de ato de indeferimento, cessação ou cancelamento de benefício previdenciário não se submete a qualquer prazo extintivo, seja em relação à revisão desses atos, seja em relação ao fundo de direito. (Tese que altera a Súmula 81/TNU)** | | | | |
| Processo | Decisão de afetação | Relator (a) | Julgado em | Acórdão publicado em | Trânsito em julgado |
| PEDILEF 0510396-02.2018.4.05.8300/PE | 19/06/2020 | Juiz Federal Fábio de Souza Silva | 9/12/2020 | - | - |

Vale registrar que o artigo 209 do Código Civil aduz que "é nula a renúncia à decadência fixada em lei", razão pela qual o INSS não poderá renunciar ao prazo decadência de que trata o artigo 103, da Lei 8.213/91, sob pena de ofensa ao Princípio da Legalidade Administrativa.

No entanto, a TNU firmou entendimento em sentido contrário no julgamento do processo 5004459-91.2013.4.04.7101, em 12 de maio de 2016, fixando tese no sentido de que o reconhecimento administrativo de direito importa em renúncia à decadência decenal.

Ainda de acordo com a TNU (Informativo 14/2017, Processo n. 0007217-77.2011.4.03.6309), "o prazo previsto no *caput* do art. 103 da Lei n. 8.213/91 é decadencial, **não se suspendendo ou interrompendo** no caso de ajuizamento de **ação coletiva**, pois inexistente disposição legal expressa neste sentido".

Vale registrar a curiosa posição do CRPS:

**JR/CRPS - ENUNCIADO Nº 10 - Alterado: Publicado no DOU de 12.11.2019**

O prazo decadencial previsto no art. 103-A da Lei 8.213/91, para revisão dos atos praticados pela Previdência Social antes da Lei nº 9.784/99, só começa a correr a partir de 1º/02/99.

**I - Não se aplicam às revisões de reajustamento e às estabelecidas em dispositivo legal, os prazos de decadência de que tratam os arts. 103 e 103-A da Lei 8.213/91.**

II - A decadência prevista no art. 103-A da Lei nº 8.213/91 incide na revisão de acúmulo de auxílio-suplementar com aposentadoria de qualquer natureza e na manutenção de benefícios, ainda que irregular, salvo se comprovada a má-fé do beneficiário, a contar da percepção do primeiro pagamento indevido.

III - A má-fé afasta a decadência, mas não a prescrição, e deve ser comprovada em procedimento próprio, no caso concreto, assegurado o contraditório e a ampla defesa.

IV - Não se aplica a decadência prevista no art. 103-A da Lei nº 8.213/91 nos benefícios por incapacidade permanente (aposentadoria por invalidez) e assistenciais sujeitos a revisão periódica prevista na legislação.

V - O pecúlio previsto no inciso II do artigo 81 da Lei nº 8.213/91, em sua redação original que não foi pago em vida ao segurado aposentado que retornou à atividade quando dela se afastou, é devido aos seus dependentes ou sucessores, relativamente às contribuições vertidas até 14/04/94, salvo se prescrito.

O Conselho de Recursos está indo além do STF e STJ, afastando decadência de revisões previstas em lei, tanto no caso do artigo 103 (a favor do segurado) quanto no caso do artigo 103-A (contra o segurado).

Considerando que a Administração Pública somente faz revisão prevista em lei, nunca haveria decadência nestes casos, sendo absurdo e descabido o item I do novo Enunciado 10 do CRPS, que precisa ser suspenso pelo Ministério da Economia.

De acordo com o Boletim 42, "a TNU reafirmou a tese de que, em havendo requerimento administrativo de revisão do benefício previdenciário, o prazo decadencial do direito à revisão desse benefício somente se inicia no dia em que o interessado tomar conhecimento da decisão administrativa que indeferiu seu pleito" (PUIL n. 0011499-51.2012.4.03.6301/SP).

Implicitamente, a TNU entende que o requerimento de revisão acaba interrompendo o curso do prazo decadencial, que somente se iniciará novamente após a notificação do indeferimento da revisão.

## 3.3. Decadência decenal para a impugnação de ato administrativo que indeferiu benefício previdenciário

Além do prazo decadencial de 10 anos para postular a revisão de benefício previdenciário, o artigo 103, parte final, da Lei 8.213/91, ainda previu a **decadência decenal para impugnar ato administrativo que indeferiu requerimento de benefício**, *a contar do dia da cientificação.*

Esta hipótese também foi inserida no artigo 103, da Lei 8.213/91, através da Medida Provisória 1.523-9, de 27.06.1997, convertida na Lei 9.528/97. Posteriormente, a Lei 9.711/98 reduziu o prazo para 05 anos, que novamente foi fixado em 10 anos, através da Lei 10.839/2004.

Logo, se o INSS indeferiu um benefício previdenciário, terá o requerente o prazo de dez anos para solicitar a revisão judicial desse ato, a contar do dia da notificação do indeferimento, **caso permaneça a mesma situação fática original.**

Isso porque se o segurado ou o seu dependente postularem o mesmo benefício, mas com novos fundamentos, não se realizará a decadência decenal, pois serão demandas diversas.

Suponha-se que um trabalhador rural requereu a aposentadoria por idade na condição de segurado especial em 2000, indeferida administrativamente pelo INSS. Caso ele tenha continuado exercendo a atividade campesina após o ano de 2000, haverá uma nova situação fática em 2011, razão pela qual nada impede o requerimento de novo benefício, pois houve alteração da situação fática.

A TNU entendia que a decadência de 10 anos também se aplicava ao caso de ato de indeferimento de benefício previdenciário, a teor do revogada Súmula 64[15]. No entanto, em 2015, foi alterado o entendimento, tendo se afastado a decadência para ato de indeferimento de benefício:

**Súmula 81 - "Não incide o prazo decadencial previsto no art. 103, caput, da Lei nº 8.213/91, nos casos de indeferimento e cessação de benefícios, bem como em relação às questões não apreciadas pela Administração no ato da concessão".**

Esta Súmula 81 da TNU também afastou a decadência na revisão de benefícios nos casos em que as questões de fato ou de direito objeto de revisão não foram enfrentadas pelo INSS na concessão do benefício na via administrativa, existindo posicionamento do STJ no mesmo sentido.

15. Súmula 64 - O direito à revisão do ato de indeferimento de benefício previdenciário ou assistencial sujeita-se ao prazo decadencial de dez anos.

Entende-se que o novo posicionamento da TNU é equivocado, pois é nítida a existência de decadência para a impugnação de indeferimento de benefício previdenciário na parte final do artigo 103, *caput*, da Lei 8.213/91.

Inclusive, a 2ª Turma do STJ adota este posicionamento:

"Processo

AgRg no REsp 1371313 / PR

AGRAVO REGIMENTAL NO RECURSO ESPECIAL 2013/0057740-0

Relator(a)

Ministro HERMAN BENJAMIN (1132)

Órgão Julgador

T2 - SEGUNDA TURMA

Data do Julgamento

16/06/2015

Data da Publicação/Fonte

DJe 05/08/2015

Ementa

PROCESSUAL CIVIL E PREVIDENCIÁRIO. **ART.** 103, **PARÁGRAFO ÚNICO, DA LEI 8.213/1991.** INDEFERIMENTO **DE** BENEFÍCIO. **NEGATIVA EXPRESSA DO INSS.** DECADÊNCIA.

1. Hipótese em que o autor apresentou o primeiro requerimento administrativo em 15.5.1996. A 16ª Junta de Recursos da Previdência Social, por meio da Resolução 7472/96, de 8.8.1996, negou provimento ao recurso contra decisão do INSS que **indeferiu o pedido de aposentadoria especial** protocolizado pelo recorrido. Assim, **transformou-se em definitiva a decisão indeferitória do** benefício **previdenciário em âmbito administrativo,** uma vez que não se conheceu do recurso interposto para a Turma do Conselho de Recursos da Previdência Social protocolizado em 15.4.1997, por ter sido intempestivo (fls. 41-43, e-STJ).

2. Cinge-se a controvérsia à decadência do direito de revisão do ato de concessão pelo segurado. Segundo dispõe o art. 103, *caput*, da Lei 8.213/1991: "É de dez anos o prazo de decadência de todo e qualquer direito ou ação do segurado ou beneficiário para a revisão do ato de concessão de benefício, a contar do dia primeiro do mês seguinte ao do recebimento da primeira prestação ou, quando for o caso, do dia em que tomar conhecimento da decisão indeferitória definitiva no âmbito administrativo".

3. Aplica-se o prazo de decadência instituído pela Medida Provisória 1.523-9/1997, convertida na Lei 9.528/1997, ao direito de revisão dos benefícios a contar do dia em que a parte tomar conhecimento da decisão indeferitória definitiva no âmbito administrativo, com termo a quo a contar da sua vigência (28.6.1997). Precedente: REsp 1.309.529/PR, Rel. Ministro Herman Benjamin, Primeira Seção, DJe 4.6.2013, submetido ao rito dos recursos repetitivos.

4. **O** benefício **previdenciário objeto de revisão foi indeferido em definitivo administrativamente antes de 28.6.1997, o que torna esta a data inicial da contagem do prazo. Já a presente ação, visando à sua revisão, somente veio a ser ajuizada em 5.11.2007, quando, portanto, já configurada a** decadência".

Posteriormente, **a TNU alterou o conteúdo da sua Súmula 81 em 09/12/2020,** afastando prazos extintivos contra o indeferimento, cessação e cancelamento de benefício previdenciário (prescrição e decadência), ao tempo em que se alinhou ao STJ para não mais afastar a decadência decenal em temas não apreciados pela Administração Pública:

<table>
<tr><td>**Tema**</td><td>265</td><td>Situação do tema</td><td colspan="2">Julgado</td><td>Ramo do direito</td><td>DIREITO PREVIDENCIÁRIO</td></tr>
<tr><td colspan="2">Questão submetida a julgamento</td><td colspan="5">O prazo decadencial do art. 103 da Lei 8.213/91 se aplica aos casos de indeferimento do benefício?</td></tr>
<tr><td colspan="2">Tese firmada</td><td colspan="5">**A impugnação de ato de indeferimento, cessação ou cancelamento de benefício previdenciário não se submete a qualquer prazo extintivo, seja em relação à revisão desses atos, seja em relação ao fundo de direito. (Tese que altera a Súmula 81/TNU)**</td></tr>
<tr><td colspan="2">Processo</td><td>Decisão de afetação</td><td>Relator (a)</td><td>Julgado em</td><td>Acórdão publicado em</td><td>Trânsito em julgado</td></tr>
<tr><td colspan="2">PEDILEF 0510396-02.2018.4.05.8300/PE</td><td>19/06/2020</td><td>Juiz Federal Fábio de Souza Silva</td><td>9/12/2020</td><td>-</td><td>-</td></tr>
</table>

Conforme será visto no próximo item, essa questão foi INICIALMENTE superada com o advento da Lei 13.846/2019, sendo nítido que agora consta mais claramente do artigo do artigo 103 da Lei 8.213/91 a existência de decadência de 10 anos para questionar o ato de indeferimento de benefício previdenciário, ficando a discussão apenas para questões intertemporais.

**No entanto, com a decisão tomada pelo STF na ADI 6.096, foi pronunciada a inconstitucionalidade material da decadência contra ato de indeferimento**

**ou cessação de benefício previdenciário.** Vamos detalhar toda essa história a seguir.

## 3.4. Ampliação das situações de decadência pela Lei 13.846/2019

Desde 18 de janeiro de 2019, o texto do artigo 103 da Lei 8.213/91 foi alterado pela MP 871/2019 (neste ponto convertido na Lei 13.846/2019) para ampliar as situações de decadência decenal:

> "Art. 103. O prazo de decadência do direito ou da ação do segurado ou beneficiário para a revisão do ato de concessão, indeferimento, cancelamento ou cessação de benefício, do ato de deferimento, indeferimento ou não concessão de revisão de benefício é de dez anos, contado:
>
> I – do dia primeiro do mês subsequente ao do recebimento da primeira prestação ou da data em que a prestação deveria ter sido paga com o valor revisto; ou
>
> II – do dia em que o segurado tomar conhecimento da decisão de indeferimento, cancelamento ou cessação do seu pedido de benefício ou da decisão de deferimento ou indeferimento de revisão de benefício, no âmbito administrativo".

O texto possui um excesso de núcleos no novo *caput* e péssima técnica legislativa, com sete situações reguladas para a incidência da decadência decenal:

**a)** revisão do ato de concessão;

**b)** (revisão do ato de) indeferimento;

**c)** (revisão do ato de) cancelamento;

**d)** (revisão do ato de) cessação de benefício;

**e)** ato de deferimento;

**f)** (ato de) indeferimento;

**g)** (ato de) não concessão de revisão de benefício.

A **primeira dúvida** na interpretação da nova redação é saber se a expressão "revisão" se aplica apenas ao ato de concessão ou se estende aos demais núcleos do dispositivo (e quais seriam), que também parece ser repetitivo. Acaso a expressão "revisão" somente se conecte ao ato de concessão, a extensão do artigo é plena e acaba com qualquer pretensão contra o INSS após consumado o prazo decenal de decadência.

A **segunda dúvida** é identificar os pontos de inovação do dispositivo em comparação ao regramento anterior para fins intertemporais, pois as novidades farão com que o prazo de dez anos de decadência somente se inicie em 18/1/2019, data de vigência da MP 871, embora se apliquem aos benefícios anteriores, na linha do quando definido pelo STF anteriormente (RE 626.489, julgado em 16 de outubro de 2013).

Já os pontos que não constituam inovação não estarão sujeitos ao regramento intertemporal, seguindo normalmente o seu curso com termo inicial anterior à vigência da MP 871/2019, convertida na Lei 13.846/2019.

É certo que a situação da incidência da decadência sobre o ato de concessão de benefício previdenciário objetivando a revisão da renda mensal já estava disciplinada na redação anterior. Contudo, conforme item anterior, é controverso se incidia decadência decenal nos casos de indeferimento de benefício pelo INSS, sendo este ponto de necessário enfrentamento para a identificação do critério intertemporal.

Isso porque, se for uma inovação (posição da TNU, Súmula 81, que restringia), o termo inicial do prazo decadencial para questionar o ato do INSS que indeferiu benefício para as concessões anteriores ao advento da MP 871/2019 será a sua vigência, operada em 18/1/2019. E isso se estende aos benefícios cancelados ou cessados.

A decadência decenal para questionar ato de deferimento de benefício nitidamente é uma novidade **nas situações de teses não revisionais**, a exemplo da tese da readequação do salário de benefício pelos novos tetos inaugurados pelas Emendas 20/1998 e 41/2003.

Isso porque, pelo texto anterior, somente incidia decadência para questionar ato de concessão visando a aplicação de tese para a revisão de renda mensal, não englobando pedidos que não importassem em reforma do ato de concessão, a exemplo da tese (atualmente rejeitada pelo STF) da desaposentação, que é um ato de renúncia da aposentadoria, e não uma revisional de renda mensal.

Um ponto de **inovação legal**, sem dúvida, é a fixação do termo inicial da decadência de dez anos na **"data em que a prestação deveria ter sido paga com o valor revisto"**, que busca alcançar situações de revisões de renda e afins decorrentes de fato superveniente à época da concessão, a exemplo de elevação de renda de benefício decorrente de lei posterior que preveja efeitos retroativos.

Um **ponto que permanece controvertido**, pois não tratado nem antes e nem depois da MP 871/2019 convertida na Lei 13.846/2019, é a extensão ou não da decadência de dez anos aos benefícios da assistência social. Tanto a redação anterior quanto a atual se referem a "segurado ou beneficiário" e a "benefício".

A expressão benefício é ampla, podendo ser previdenciários ou assistenciais. Já segurado é termo previdenciário pela contributividade. Já a palavra "beneficiário", por sua amplitude, também pode abarcar a assistência social.

Diante do silêncio normativo que persiste e considerando que a Lei 8.213/91 dispõe sobre "os Planos de Benefícios da Previdência Social", e não da Assistência Social, entende-se que a extensão da decadência decenal aos benefícios assistenciais precisaria de expressão previsão legal, pois é regra restritiva de direitos, o que ainda não existe.

Aliás, a própria Lei 13.846/2019, quando quis estender regra previdenciária ao benefício assistencial, o fez de modo expresso, através da modificação no texto do artigo 115, inciso II, da Lei 8.213/91, que passou a permitir descontos nos benefícios para "pagamento administrativo ou judicial de **benefício previdenciário ou assistencial** indevido, ou além do devido, inclusive na hipótese de cessação do benefício pela revogação de decisão judicial, nos termos do disposto no Regulamento".

Enfim, peço desculpas aos leitores por ter levantado neste tópico mais dúvidas do que certezas, mas estou certo de que muitas vezes a grande função da doutrina construtiva é apresentar um senso crítico para induzir o profissional previdenciarista a uma reflexão plena.

**IMPORTANTE:**

No entanto, o STF rejeitou as alterações feitas no artigo 103 da Lei 8.213/91 pelo artigo 24 da Lei 13.846/2019 em sede de controle abstrato de constitucionalidade, ao argumento de que não há base constitucional para a incidência de decadência sobre o ato de indeferimento, cancelamento e cessação do benefício previdenciário. Cuida-se de ADI 6.096 com votação concluída em 05/10/2020 em que prevaleceu por 6 x 5 o voto do Ministro Fachin com a seguinte conclusão:

*"**Do exposto, voto no sentido de conhecer parcialmente a ação direta e, na parte remanescente, pela procedência em parte do pedido,** declarando a inconstitucionalidade do art. 24 da Lei 13.846/2019 no que deu nova redação ao art. 103 da Lei 8.213/1991".*

Eis os principais fundamentos do voto vencedor:

*"Entendo que este Supremo Tribunal Federal admitiu a instituição de prazo decadencial para a revisão do ato concessório porque atingida tão somente a pretensão de rediscutir a graduação pecuniária do benefício, isto é, a forma de cálculo ou o valor final da prestação, já que, concedida a pretensão que visa ao recebimento do benefício, encontra-se preservado o próprio fundo do direito.*

*No caso dos autos, ao contrário, admitir a incidência do instituto para o caso de indeferimento, cancelamento ou cessação importa ofensa à Constituição da República e ao que assentou esta Corte em momento anterior, porquanto, não preservado o fundo de direito na hipótese em que negado o benefício, caso inviabilizada pelo decurso do tempo a rediscussão da negativa, é comprometido o exercício do direito material à sua obtenção.*

*Em outras palavras: na medida em que modificadas as condições fáticas que constituem requisito legal quando da entrada de um novo requerimento administrativo para a concessão do benefício negado ou de novo benefício que possa depender da reconsideração fática da negativa, a revisão do ato administrativo que indeferiu, cancelou ou cessou o benefício é mecanismo de acesso ao direito à sua obtenção, motivo pelo qual o prazo decadencial, ao fulminar a pretensão de revisar a negativa, compromete o núcleo essencial do próprio fundo do direito".*

Desta forma, resta repristinada a anterior redação do artigo 103 da Lei 8.213/91, prevendo a decadência decenal somente para a revisão do ato de concessão de benefício previdenciário.

*STF: ADI 6.096 – inconstitucionalidade da decadência contra ato de indeferimento de benefício;*

Ao julgar o **tema representativo de controvérsia 256**, a TNU definiu que haverá um novo prazo decadencial para a impugnação do indeferimento do pedido de revisão de renda mensal a contar da ciência de indeferimento do pedido e que se limitará ao tema suscitado no pedido revisional indeferido:

| **Tema** | **256** | Situação do tema | Julgado | Ramo do direito | DIREITO PREVIDENCIÁRIO |
|---|---|---|---|---|---|
| **Questão submetida a julgamento** | **Saber qual a natureza jurídica do prazo do artigo 103 da Lei 8.213/91, bem como se é possível sua interrupção no caso de prévio requerimento administrativo de revisão.** | | | | |
| Tese firmada | I- O prazo decadencial decenal previsto no caput, do art. 103, da Lei 8.213/91 alcança o direito potestativo de impugnação (i.) Do ato original de concessão; e (ii.) Do ato de indeferimento da revisão administrativa. II- A contagem do prazo decenal para a impugnação do ato original de concessão tem início no dia primeiro do mês seguinte ao do recebimento da primeira prestação. III- O prazo decenal para a impugnação do ato de indeferimento definitivo da revisão administrativa tem sua contagem iniciada na data da ciência do beneficiário e apenas aproveita às matérias suscitadas no requerimento administrativo revisional. | | | | |

| Processo | Decisão de afetação | Relator (a) | Julgado em | Acórdão publicado em | Trânsito em julgado |
|---|---|---|---|---|---|
| PEDILEF 5003556-15.2011.4.04.7008/PR | 12/03/2020 | Juiz Federal Jairo da Silva Pinto- para acórdão: Juiz Federal Fábio de Souza Silva | 27/05/2021 | 28/05/2021 | - |

Dessa forma, a fim de demonstrar o posicionamento da TNU, suponha-se que um segurado seja titular de uma aposentadoria por tempo de contribuição com DIB em 05/01/2015 e que tenha efetuado ao INSS em 05/05/2020 o pedido de revisão de renda mensal com lastro em suposto tempo especial prestado nos anos de 2010 e 2011, pedido que foi rejeitado pelo INSS em 01/10/2020, com notificação do segurado em 01/11/2020.

Neste caso, será reaberto um novo prazo decadencial de 10 anos sobre esse pedido revisional específico a contar de 01/11/2020, que irá se consumar em 01/11/2030, podendo ser intitulada de **"tese dos 10 + 10"**.

Essa interpretação extensiva feita pela TNU ampliou excessivamente o prazo decadencial para postular a revisão da renda mensal do benefícios concedidos, podendo chegar a 20 anos, o que afronta os Princípios da Segurança Jurídica e do Equilíbrio Financeiro e Atuarial da Previdência Pública, encampado no *caput* do artigo 201 da Constituição.

O Colegiado extraiu esta posição hermenêutica com base na parte final do *caput* do artigo 103, da Lei 8.213/91, na redação anterior à Lei 13.846/2019:

> *"Art. 103. É de dez anos o prazo de decadência de todo e qualquer direito ou ação do segurado ou beneficiário para a revisão do ato de concessão de benefício, a contar do dia primeiro do mês seguinte ao do recebimento da primeira prestação ou, quando for o caso, do dia em que tomar conhecimento da decisão indeferitória definitiva no âmbito administrativo". (Redação dada pela Lei nº 10.839, de 2004)*

O texto do artigo 103, *caput*, da Lei 8.213/91, na redação dada pela Lei 10.839/2004, ao aduzir que o prazo de decadência decenal incidirá "*quando for o caso, do dia em que tomar conhecimento da decisão indeferitória definitiva no âmbito administrativo*" se referiu à decadência contra a impugnação do ato de indeferimento de benefício previdenciário, e não ao indeferimento do pedido de revisão da renda mensal de benefício já concedido.

No entanto, considerando a decisão tomada na ADI 6.096, o STF entendeu que ofende o núcleo intangível do direito ao benefício previdenciário (sendo inconstitucional) a instituição ou interpretação legal que constitua decadência contra o ato de indeferimento de benefício.

Dessa forma, ao invés de promover a interpretação do *caput* do artigo 103 da Lei 8.213/91 na redação dada pela Lei 10.839/2004 à luz da ADI 6.096, restringindo o texto da parte final do citado dispositivo, a TNU resolveu aplicar esta parte final no que tange ao indeferimento do pedido de revisão de benefício previdenciário, criando a esdrúxula "tese dos 10 + 10" dobrando o prazo decadencial.

Assim, o beneficiário tem 10 anos para pedir a revisão de renda do benefício previdenciário ao INSS e, se o fizer e for indeferida, abre-se mais 10 anos para um novo questionamento, quer administrativo ou judicial.

Essa posição da Turma Nacional fica ainda mais clara nos seguintes pontos do voto-vista vencedor:

> *"25. Há, porém, **um segundo prazo**, referente ao exercício do **direito potestativo de impugnar o ato administrativo que indefere requerimento de revisão**. Esse prazo conta-se do dia em que o beneficiário toma conhecimento da decisão indeferitória definitiva no âmbito administrativo.*
>
> ...
>
> *34. O ato administrativo que indefere a revisão do benefício pode ser impugnado no prazo de 10 anos, contado do dia em que o beneficiário tomar conhecimento da decisão indeferitória definitiva.*
>
> ***35. O legislador optou por fixar um prazo específico para a impugnação de indeferimento, com termo inicial independente do prazo de impugnação do ato original**. Diversos motivos podem ser identificados para essa opção legislativa.*
>
> *36. A dinâmica adotada permite e estimula o esgotamento da via administrativa, pois se existisse um único prazo contado da concessão original, o segurado seria obrigado a judicializar a questão, mesmo sem percorrer todas as esferas administrativas recursais, toda vez que estivesse próximo ao decurso do prazo. Iniciar a contagem de um novo prazo a partir da ciência do indeferimento viabiliza, portanto, uma taxa maior de solução de conflitos na seara administrativa".*

Vale registrar ainda que a constitucionalidade da decadência decenal para a revisão da renda mensal de benefício concedido foi firmada pelo STF em sede de **Repercussão Geral**, ao julgar o **RE 626.489**, em 16/10/2013.

Naquela oportunidade, pronunciou a Suprema Corte que a decadência decenal apenas atinge a pretensão de revisão da renda de benefício e considerou razoável o prazo de 10 anos, citando inclusive o Equilíbrio Atuarial do RGPS e fazendo um paralelo com a decadência de 10 anos para a autotutela do artigo 103-A, da Lei 8.213/91.

Nesse sentido, os itens 10, 14 e 15 do voto do Relator, Ministro Roberto Barroso:

> *10. **A decadência** instituída pela MP nº 1.523-9/1997 atinge apenas a pretensão de rever benefício previdenciário. Em outras palavras: a pretensão de discutir a graduação econômica do benefício já concedido. Como é natural, a instituição de um limite temporal máximo destina-se a resguardar a segurança jurídica, facilitando a previsão do custo global das prestações devidas. Em rigor, essa é uma exigência relacionada à **manutenção do equilíbrio atuarial do sistema previdenciário**, propósito que tem motivado sucessivas emendas constitucionais e medidas legislativas. Em última análise, é desse equilíbrio que depende a continuidade da própria Previdência, não apenas para a geração atual, mas também para as que se seguirão.*
>
> ...
>
> *14. Assentada a validade da previsão de prazo, **considero que o lapso de 10 (dez) anos é inequivocamente razoável. É tempo mais do que suficiente para a resolução de eventuais controvérsias interpretativas e para que o segurado busque as informações relevantes**. É importante notar, nesse cenário, que a Lei nº 8.213/1991 passou a prever o mesmo prazo para eventuais pretensões revisionais da Administração, nos termos do seu art. 103-A: "Art. 103-A. O direito da Previdência Social de anular os atos administrativos de que decorram efeitos favoráveis para os seus beneficiários decai em dez anos, contados da data em que foram praticados, salvo comprovada má-fé.*
>
> *15. No encerramento deste tópico, é possível sintetizar os dois parâmetros gerais que devem reger a matéria:*
>
> *a) não há prazo decadencial para a formulação do requerimento inicial de concessão de benefício previdenciário, que corresponde ao exercício de um direito fundamental relacionado à mínima segurança social do indivíduo;*
>
> *b) a instituição de **um prazo decadencial de dez anos para a revisão dos benefícios já concedidos** é compatível com a Constituição Federal. Trata-se de uma conciliação razoável entre os interesses individuais envolvidos e os princípios da segurança jurídica e da solidariedade social, dos quais decorre a necessidade de se preservar o equilíbrio atuarial do sistema em benefício do conjunto de segurados atuais e futuros".*

Note-se que o próprio STF somente reconheceu um prazo decadencial de 10 anos, e não dois prazos decadenciais de 10 anos cada (20 anos no total), pronunciando ainda que 10 anos "*é tempo mais do que suficiente para a resolução de eventuais controvérsias interpretativas e para que o segurado busque as informações relevantes*".

Não obstante isto, a TNU no Tema 256 achou por bem conceder o prazo total de 20 anos de decadência ao beneficiário para rever o ato de concessão de benefício previdenciário: 10 anos a contar do primeiro dia do mês seguinte ao primeiro pagamento e mais 10 anos a partir do notificação do indeferimento administrativo do pedido de revisão.

**Contra a decisão da TNU, o INSS interpôs PUIL ao STJ e Recurso Extraordinário, estando pendentes de julgamento, de modo que não há ainda o trânsito em julgada da citada tese representativa de controvérsia. Vamos aguardar a posição final!**

## 4. REAJUSTAMENTO DA RENDA MENSAL INICIAL

De acordo com o regramento atual, contido no artigo 41-A, da Lei 8.213/91, **o valor dos benefícios em manutenção será reajustado, anualmente, na mesma data do reajuste do salário mínimo, *pro rata*, de acordo com suas respectivas datas de início ou do último reajustamento, com base no Índice Nacional de Preços ao Consumidor – INPC**, apurado pela Fundação Instituto Brasileiro de Geografia e Estatística – IBGE, que toma por base o rendimento de famílias com renda de um a oito salários mínimos, nas regiões metropolitanas do país, sendo o índice legal utilizado desde 2003.

Outrossim, as concessões de benefícios lastreadas no artigo 26 da EC 103/2019 também observam o reajuste pelo INPC:

> ***"§ 7º Os benefícios calculados nos termos do disposto neste artigo serão reajustados nos termos estabelecidos para o Regime Geral de Previdência Social".***

Assim, se uma pessoa se aposentou no meio do ano, apenas terá direito ao primeiro reajuste subsequente proporcionalmente ao INPC acumulado a partir da sua aposentação, e não integralmente.

Vale ressaltar que antes do atual ordenamento constitucional, prevalecia o entendimento da **Súmula 260, do TFR**, prevendo que no primeiro reajuste do benefício previdenciário deve-se aplicar o **índice integral do aumento verificado**, independentemente do mês da concessão, considerado, nos reajustes subsequentes, o salário mínimo então atualizado.

Logo, na atualidade, este é o reajuste mínimo garantido por lei aos aposentados, pensionistas e demais segurados do RGPS, consistente na variação do INPC. Todavia, considerando que nenhum benefício que objetive substituir a remuneração do trabalhador ou o salário de contribuição poderá ser inferior a um salário mínimo, muitos segurados vêm se beneficiando de reajustes acima do INPC.

É que o salário mínimo ao longo destas duas últimas décadas vem tendo majoração real, bem acima da inflação. Por conseguinte, os beneficiários de aposentadorias, pensões, auxílios-doença, salários-maternidade e auxílios-reclusão no valor de um salário mínimo vêm recebendo reajustes anuais idênticos ao do salário mínimo, gerando uma situação diferenciada dentro do RGPS.

> Insta salientar que desde a promulgação da Lei 8.213/91 a renda mensal inicial dos benefícios previdenciários foi desvinculada do salário mínimo, à exceção dos benefícios substitutivos da remuneração do segurado no valor mínimo.

Logo, os segurados apenas farão jus ao índice legal de reajuste, que atualmente é o INPC, mas já foi, por exemplo, o IRSM, o IPC-r e o IGPDI.

Após a promulgação da Constituição Federal de 1988, os benefícios concedidos até o seu advento foram revistos pelo INSS por determinação do **artigo 58, do ADCT**, que previu que os **benefícios de prestação continuada, mantidos pela previdência social na data da promulgação da Constituição, terão seus valores revistos, a fim de que seja restabelecido o poder aquisitivo, expresso em número de salários mínimos, que tinham na data de sua concessão, obedecendo-se a esse critério de atualização até a implantação do plano de custeio e benefícios referidos no artigo seguinte, sendo as prestações devidas a partir do sétimo mês após a promulgação da Lei Maior.**

Posteriormente, os benefícios concedidos entre 05.10.88 e 05.04.91 foram revistos por determinação do artigo 144, da Lei 8.213/91, sendo conhecida no foro como "período do buraco negro".

É que a determinação constitucional de que todos os salários de contribuição fossem corrigidos monetariamente não era norma dotada de autoaplicabilidade, apenas sendo executada com o advento da Lei 8.213/91, razão pela qual esses benefícios foram todos revistos, mas as parcelas vencidas não foram pagas aos beneficiários (entre 10/1988 e 05/1991) por falta de previsão legal.

**Em síntese, a partir de janeiro de 1992, após a vigência do Decreto 357/91, que aprovou o então regulamento da Previdência Social, em decorrência da publicação da Lei 8.213/91, os benefícios previdenciários passaram a ser desvinculados do número de salários mínimos da data da concessão, sendo reajustados pelo índice legal, que atualmente é o INPC.**

Nesse sentido, o STJ[16]:

"PREVIDENCIÁRIO. AGRAVO REGIMENTAL NO AGRAVO DE INSTRUMENTO. REAJUSTE DE BENEFÍCIO. EQUIVALÊNCIA COM A VARIAÇÃO DO SALÁRIO-DE-CONTRIBUIÇÃO. AUSÊNCIA DE PREVISÃO LEGAL. APLICAÇÃO DOS CRITÉRIOS DE CORREÇÃO PREVISTOS NO ART. 41, II, DA LEI 8.213/91. REVISÃO DE BENEFÍCIO. ART. 202 DA CONSTITUIÇÃO FEDERAL. INCIDÊNCIA DO ART. 144, PARÁGRAFO ÚNICO, DA LEI 8.213/91. PRECEDENTES. AGRAVO IMPROVIDO. **1. A Terceira Seção do Superior Tribunal de Justiça tem entendimento dominante no sentido de que, a partir de janeiro de 1992, os reajustamentos dos benefícios previdenciários devem ser feitos de acordo com os critérios estabelecidos no art. 41, II, da Lei 8.213/91, e suas alterações posteriores, não sendo mais aplicável o reajuste pelo salário mínimo.** 2. Inexiste previsão legal para a pretendida equivalência entre a variação do salário-de-contribuição e o valor dos benefícios previdenciários. 3. O cálculo das rendas mensais iniciais dos benefícios previdenciários concedidos entre 5/10/88 e 5/4/91 deve ser feito nos termos do art. 144 da mencionada lei, aplicando-se o índice INPC, sendo indevidas quaisquer diferenças anteriores ao mês de junho de 1992. Precedentes. 4. Agravo regimental improvido" (g.n.).

Saliente-se que esse regramento atende à previsão constitucional que determina que o reajustamento dos benefícios observe critérios legais que mantenham o seu valor real, conforme referendado pelo STF:

"A norma inscrita no art. 20, inciso I, da Lei nº 8.880/94 – que determinou a conversão, em URV, dos benefícios mantidos pela Previdência Social, com base na média do valor nominal vigente nos meses de novembro e dezembro de 1993 e de janeiro e fevereiro de 1994 – não transgride os postulados constitucionais da irredutibilidade do valor dos benefícios previdenciários (CF, art. 194, parágrafo único, n. IV) e da intangibilidade do direito adquirido (CF, art. 5º, XXXVI). Precedente: RE 313.382/SC (Pleno). **A INTERVENÇÃO DO LEGISLADOR NA DEFINIÇÃO DO VALOR REAL DOS BENEFÍCIOS PREVIDENCIÁRIOS. – A manutenção, em bases permanentes, do valor real dos benefícios previdenciários tem, no próprio legislador – e neste, apenas –, o sujeito concretizante das cláusulas fundadas no art. 194, parágrafo único, n. IV, e no art. 201, § 4º (na redação dada pela EC 20/98), ambos da Constituição da República, pois o reajustamento de tais benefícios, para adequar-se à exigência constitucional de preservação de seu quantum, deverá conformar-se aos critérios exclusivamente definidos em lei**. – O sistema instituído pela Lei nº 8.880/94, ao dispor sobre o reajuste quadrimestral dos benefícios mantidos pela Previdência Social, não vulnerou a exigência de preservação do valor real de tais benefícios, eis que a noção de valor real – por derivar da estrita observância dos "critérios definidos em lei" (CF, art. 201, § 4º, in fine) – traduz conceito eminentemente normativo, considerada a prevalência, na matéria, do princípio da reserva de lei" (passagem do RE-AgR 322348, de 12.11.2002).

"A presunção de constitucionalidade da legislação infraconstitucional realizadora do reajuste previsto no art. 201, § 4º, CF, somente pode ser elidida mediante

16. AGA 665.167, de 28.11.2006.

demonstração da impropriedade do percentual adotado para o reajuste. Os percentuais adotados excederam os índices do INPC ou destes ficaram abaixo, num dos exercícios, em percentual desprezível e explicável, certo que o INPC é o índice mais adequado para o reajuste dos benefícios, já que o IGP-DI melhor serve para preços no atacado, porque retrata, basicamente, a variação de preços do setor empresarial brasileiro." (RE 376.846, Rel. Min. Carlos Velloso, julgamento em 24-9-2003, Plenário, *DJ* de 2-4-2004).

Vale ressaltar que ao longo destas duas últimas décadas os segurados e dependentes que recebem benefícios acima de um salário mínimo, em especial os aposentados, vêm unindo forças com o intuito de obter um índice de reajuste idêntico ao do salário mínimo, que há muito é acima da inflação.

E a pressão surtiu efeitos, ao menos parciais. É que foi editada a Medida Provisória 475, de 23.12.2009, majorando os benefícios previdenciários em 6,14%, a partir de 1º de janeiro de 2010, acima do INPC acumulado em 2009, que ficou em 4,11%, proporcionalmente ao mês da concessão.

Posteriormente, o Congresso Nacional ainda incrementou o aumento proposto pelo Presidente da República, durante a tramitação da Medida Provisória 475, convertida na **Lei 12.254, de 15.06.2010, concedendo um reajuste de 7,72%:**

| Data de início do benefício | Reajuste (%) |
|---|---|
| Até fevereiro de 2009 | 7,72% |
| Em março de 2009 | 7,39% |
| Em abril de 2009 | 7,17% |
| Em maio de 2009 | 6,58% |
| Em junho de 2009 | 5,95% |
| Em julho de 2009 | 5,51% |
| Em agosto de 2009 | 5,26% |
| Em setembro de 2009 | 5,18% |
| Em outubro de 2009 | 5,01% |
| Em novembro de 2009 | 4,77% |
| Em dezembro de 2009 | 4,38% |

Para 2011 foi apenas concedido o reajuste pela variação do INPC de 2010, pela Portaria MPS/MF 568, de 31.12.2011, equivalente a 6,41%. Já para o ano de 2012 o Governo federal concedeu apenas o reajuste pelo INPC de 2011, no total de 6,08%. Por sua vez, para 2013, o reajuste concedido aos benefícios foi de 6,20%. Já para o ano de 2014 o reajuste anual foi de 5,56%. Para o exercício de 2015 o reajuste foi de 6,23%. Para 2016, diante da grande inflação do ano anterior, o reajuste foi de 11,28%. Em 2017, foi concedido um reajuste na ordem de 6,58%. Em 2018, o reajuste foi de 2,07%. Para 2019, foi fixado em 3,43%.

Eis os reajustes dos anos seguintes:

| **2020** | 4,48% |
|---|---|
| **2021** | 5,26% |
| **2022** | 10,18% |
| **2023** | 5,93% |

**Eis a tabela histórica dos reajustes entre os anos de 1958 a 2016:**

PREVIDÊNCIA SOCIAL
INSTITUTO NACIONAL DO SEGURO SOCIAL
DIRETORIA DE BENEFÍCIOS

# TABELA DE REAJUSTAMENTO DE BENEFÍCIOS

| | |
|---|---|
| 1º REAJUSTAMENTO - 1958 | 2º REAJUSTAMENTO - 1960 |
| 3º REAJUSTAMENTO - 1962 | 4º REAJUSTAMENTO - 1964 |
| 5º REAJUSTAMENTO - 1966 | 6º REAJUSTAMENTO - 1967 |
| 7º REAJUSTAMENTO - 1968 | 8º REAJUSTAMENTO - 1969 |
| 9º REAJUSTAMENTO - 1970 | 10º REAJUSTAMENTO - 1971 |
| 11º REAJUSTAMENTO - 1972 | 12º REAJUSTAMENTO - 1973 |
| 13º REAJUSTAMENTO - 1974 | 14º REAJUSTAMENTO - 1975 |
| 15º REAJUSTAMENTO - 1976 | 16º REAJUSTAMENTO - 1977 |
| 17º REAJUSTAMENTO - 1978 | 18º REAJUSTAMENTO - 1979 |
| 19º REAJUSTAMENTO- 1979 | 20º REAJUSTAMENTO - 1980 |
| 21º REAJUSTAMENTO - 1980 | 22º REAJUSTAMENTO - 1981 |
| 23º REAJUSTAMENTO - 1981 | 24º REAJUSTAMENTO - 1982 |
| 25º REAJUSTAMENTO - 1982 | 26º REAJUSTAMENTO - 1983 |
| 27º REAJUSTAMENTO - 1983 | 28º REAJUSTAMENTO - 1984 |
| 29º REAJUSTAMENTO - 1984 | 30º REAJUSTAMENTO - 1985 |
| 32º REAJUSTAMENTO - 1986 | 31º REAJUSTAMENTO - 1985 |
| 33º REAJUSTAMENTO – JAN/1987 | 34º REAJUSTAMENTO – MAR/1987 |
| 35º REAJUSTAMENTO- MAI/1987 | 36º REAJUSTAMENTO – JUN/1987 |
| 37º REAJUSTAMENTO – SET/1987 | 38º REAJUSTAMENTO – OUT/1987 |
| 39º REAJUSTAMENTO – NOV/1987 | 40º REAJUSTAMENTO – DEZ/1987 |
| 41º REAJUSTAMENTO – JAN/1988 | 42º REAJUSTAMENTO – FEV/1988 |
| 43º REAJUSTAMENTO – MAR/1988 | 44º REAJUSTAMENTO – ABR/1988 |
| 45º REAJUSTAMENTO – MAI/1988 | 46º REAJUSTAMENTO – JUN/1988 |
| 47º REAJUSTAMENTO – JULH/1988 | 48º REAJUSTAMENTO – AGO/1988 |
| 49º REAJUSTAMENTO – SET/1988 | 50º REAJUSTAMENTO – OUT/1988 |
| 51º REAJUSTAMENTO – NOV/1988 | 52º REAJUSTAMENTO – DEZ/1988 |
| 53º REAJUSTAMENTO – JAN/1989 | 54º REAJUSTAMENTO – FEV/1989 |
| 55º REAJUSTAMENTO – MAR/1989 | 56º REAJUSTAMENTO – ABR/1989 |
| 57º-REAJUSTAMENTO – MAI/1989 | 58º REAJUSTAMENTO – JUNH/1989 |
| 59º REAJUSTAMENTO – JULH/1989 | 60º REAJUSTAMENTO – AGO/1989 |
| 61º REAJUSTAMENTO – SET/1989 | 62º REAJUSTAMENTO - OUT/1989 |
| 63º REAJUSTAMENTO – NOV/1989 | 64º REAJUSTAMENTO – DEZ/1989 |
| 65º REAJUSTAMENTO – JAN/1990 | 66º REAJUSTAMENTO – FEV/1990 |
| 67º REAJUSTAMENTO – MAR/1990 | 68º REAJUSTAMENTO – JUNH/1990 |
| 69º REAJUSTAMENTO – JULH/1990 | 70º REAJUSTAMENTO – AGO/1990 |
| 71º REAJUSTAMENTO – SET/1990 | 72º REAJUSTAMENTO – OUT/1990 |
| 73º REAJUSTAMENTO – NOV/1990 | 74º REAJUSTAMENTO – DEZ/1990 |
| 75º REAJUSTAMENTO – JAN/1991 | 76º REAJUSTAMENTO – FEV/1991 |
| 77º REAJUSTAMENTO – MAR/1991 | ABONO MAI/1991 |
| ABONO – JUNH/1991 | ABONO – JULH/1991 |
| ABONO – AGO/1991 | 78º REAJUSTAMENTO – SET/1991 |
| 79º REAJUSTAMENTO – JAN/1992 | 80º REAJUSTAMENTO - MAI/1992 |
| 81º REAJUSTAMENTO – SET/1992 | 82º REAJUSTAMENTO – JAN/1993 |
| 83º REAJUSTAMENTO – MAR/1993 | 84º REAJUSTAMENTO – MAI/1993 |
| 85º REAJUSTAMENTO – JULH/1993 | 86º REAJUSTAMENTO – AGO/1993 |
| 87º REAJUSTAMENTO – SET/1993 | 88º REAJUSTAMENTO – OUT/1993 |
| 89º REAJUSTAMENTO – NOV/1993 | 90º REAJUSTAMENTO – DEZ/1993 |
| 91º REAJUSTAMENTO – JAN/1994 | 92º REAJUSTAMENTO – FEV/1994 |
| CONVERSÃO EM URV – MAR/1994 | ATUALIZAÇÃO DO VALOR MÍNIMO DE BENEFÍCIO - SET/1994 |
| ABONO - JAN/1995 (PARCELA ÚNICA) | 93º REAJUSTAMENTO – MAI/1995 |
| 94º REAJUSTAMENTO - MAI/1996 | 95º REAJUSTAMENTO – JUNH/1997 |
| 96º REAJUSTAMENTO – JUNH/1998 | 97º REAJUSTAMENTO – JUNH/1999 |

| PREVIDÊNCIA SOCIAL<br>INSTITUTO NACIONAL DO SEGURO SOCIAL<br>DIRETORIA DE BENEFÍCIOS | TABELA DE REAJUSTAMENTO DE BENEFÍCIOS |
|---|---|

| | |
|---|---|
| 98º REAJUSTAMENTO – JUNH/2000 | 99º REAJUSTAMENTO – JUNH/2001 |
| 100º REAJUSTAMENTO – JUNH/2002 | 101º REAJUSTAMENTO – JUNH/2003 |
| 102º REAJUSTAMENTO – MAIO/2004 | 103º REAJUSTAMENTO – MAIO/2005 |
| 104º REAJUSTAMENTO – 1º ABRIL/2006 | 105º REAJUSTAMENTO – 1º AGOSTO/2006 |
| 106º REAJUSTAMENTO – 1º ABRIL/2007 | 107º REAJUSTAMENTO – 1º MARÇO/2008 |
| 108º REAJUSTAMENTO – 1º FEVEREIRO/2009 | 109º REAJUSTAMENTO – 1º JANEIRO/2010 |
| 110º REAJUSTAMENTO – 1º JANEIRO/2011 | 111º REAJUSTAMENTO – 1º MARÇO/2011 |
| 112º REAJUSTAMENTO – 1º JANEIRO/2012 | 113º REAJUSTAMENTO – 1º JANEIRO/2013 |
| 114º REAJUSTAMENTO – 1º JANEIRO/2014 | 115º REAJUSTAMENTO – 1º JANEIRO/2015 |
| 116º REAJUSTAMENTO – 1º JANEIRO/2016 | |

| Cr$ | | 1º REAJUSTAMENTO AUTOMÁTICO 13/05/1958 *(voltar)* | | LEGISLAÇÃO: DECRETO 47.149/59 | |
|---|---|---|---|---|---|
| DIB | ÍNDICE DE REAJUSTAMENTO | VALORES MÍNIMOS | | SALÁRIO MÍNIMO (*) VER (S.M REGIONAL) | |
| | | APOSENTADORIA | PENSÃO | VIGÊNCIA | VALOR |
| 1923 | 14,23 | | | | |
| 1924 | 13,88 | | | | |
| 1925 | 13,53 | | | | |
| 1926 | 13,19 | | | | |
| 1927 | 12,49 | | | | |
| 1928 | 11,80 | | | | |
| 1929/38 | 9,72 | | | | |
| 1939 | 9,37 | | | | |
| 1940 | 9,02 | | | 01/07/40 | 0,24 |

| Cr$ | | 1º REAJUSTAMENTO AUTOMÁTICO 13/05/58 *(voltar)* | | LEGISLAÇÃO: DECRETO Nº 47.149/59 | |
|---|---|---|---|---|---|
| DIB | ÍNDICE DE REAJUSTAMENTO | VALORES MÍNIMOS | | SALÁRIO MÍNIMO VER S.M REGIONAL | |
| | | APOSENTADORIA | PENSÃO | VIGÊNCIA | VALOR |
| 1941 | 8,68 | | | 01/07/40 | 0,24 |
| 1942 | 8.33 | | | 31/12/42 | 0,24 |

PREVIDÊNCIA SOCIAL
INSTITUTO NACIONAL DO SEGURO SOCIAL
DIRETORIA DE BENEFÍCIOS

# TABELA DE REAJUSTAMENTO DE BENEFÍCIOS

| 1943 | 7,98 | | | 01/01/43 | 0,30 |
|---|---|---|---|---|---|
| | | | | 09/11/43 | 0,30 |
| | | | | 10/11/43 | 0,38 |
| 1944 | 7,63 | | | | 0,38 |
| 1945 | 6,94 | 0,26 | 0,13 | | 0,38 |
| 1946 | 6,41 | 0,26 | 0,13 | | 0,38 |
| 1947 | 5,84 | 0,26 | 0,13 | | 0,38 |

| Cr$ | | 1º REAJUSTAMENTO AUTOMÁTICO 13/05/58 *(voltar)* | | LEGISLAÇÃO: DECRETO Nº 47.149/59 | |
|---|---|---|---|---|---|
| DIB | ÍNDICE DE REAJUSTAMENTO | VALORES MÍNIMOS | | SALÁRIO MÍNIMO VER S.M REGIONAL | |
| | | APOSENTADORIA | PENSÃO | VIGÊNCIA | VALOR |
| 1948 | 5,25 | 0,26 | 0,13 | | 0,38 |
| 1949 | 4,65 | 0,26 | 0,13 | | 0,38 |
| 1950 | 4,05 | 0,26 | 0,13 | | 0,38 |
| 1951 | 3,49 | 0,26 | 0,13 | 31/12/51 | 0,38 |
| 1952 | 2,96 | 0,84 | 0,42 | 01/01/52 | 1,20 |
| 1953 | 2,48 | 0,84 | 0,42 | | 1,20 |
| 1954 | 2,06 | 0,84 | 0,42 | 30/06/54 | 1,20 |
| | | 1,68 | 0,84 | 01/07/54 | 2,40 |
| 1955 | 1,69 | 1,68 | 0,84 | | 2,40 |

PREVIDÊNCIA SOCIAL
INSTITUTO NACIONAL DO SEGURO SOCIAL
DIRETORIA DE BENEFÍCIOS

# TABELA DE REAJUSTAMENTO DE BENEFÍCIOS

| Cr$ | | 1º REAJUSTAMENTO AUTOMÁTICO 13/05/58 *(voltar)* | LEGISLAÇÃO: DECRETO Nº 47.149/59 | | |
|---|---|---|---|---|---|
| DIB | ÍNDICE DE REAJUSTAMENTO | VALORES MÍNIMOS | | SALÁRIO MÍNIMO VER S.M REGIONAL | |
| | | APOSENTADORIA | PENSÃO | VIGÊNCIA | VALOR |
| 1956 | 1,38 | 1,68 | 0,84 | 30/06/56 | 2,40 |
| | | 2,66 | 1,33 | 01/08/56 | 3,80 |
| 1957 | 1,11 | 2,66 | 1,33 | | 3,80 |

| CrS | | 2º REAJUSTAMENTO AUTOMÁTICO JUN/1960 *(voltar)* | LEGISLAÇÃO: DECRETO Nº 50.326/60 | | |
|---|---|---|---|---|---|
| DIB | ÍNDICE DE REAJUSTAMENTO | VALORES MÍNIMOS | SALÁRIO MÍNIMO | MAIOR VALOR DE BENEFÍCIO | |
| | | | VER S.M REGIONAL | 48,00 | |
| | | APOSENTADORIA | PENSÃO | VIGÊNCIA | VALOR |
| 1958 | 1,68 | 2,66 | 1,33 | 1958 | 3,80 |
| 1959 | 1,26 | 4,20 | 2,10 | 01/01/59 | 6,00 |

| CrS | | 3º REAJUSTAMENTO AUTOMÁTICO JUNH/1962 *(voltar)* | | LEGISLAÇÃO: DECRETO Nº 1.282/62 | |
|---|---|---|---|---|---|
| DIB | ÍNDICE DE REAJUSTAMENTO | VALORES MÍNIMOS | | SALÁRIO MÍNIMO | MAIOR VALOR DE BENEFÍCIO |
| | | | | VER S.M REGIONAL | 48,00 |
| | | APOSENTADORIA | PENSÃO | VIGÊNCIA | VALOR |
| 1960 | 2,18 | 4,20 | 2,10 | 17/10/60 | 6,00 |
| | | 6,72 | 3,36 | 18/10/60 | 9,60 |
| 1961 | 1,34 | 6,72 | 3,36 | 15/10/61 | 9,60 |
| | | 9,40 | 4,70 | 16/10/61 | 13,44 |

| PREVIDÊNCIA SOCIAL<br>INSTITUTO NACIONAL DO SEGURO SOCIAL<br>DIRETORIA DE BENEFÍCIOS | **TABELA DE REAJUSTAMENTO DE BENEFÍCIOS** |
|---|---|

| CrS | | 4º REAJUSTAMENTO AUTOMÁTICO JUNH/1964 *(voltar)* | | LEGISLAÇÃO: DECRETO Nº 53.926/64 | |
|---|---|---|---|---|---|
| DIB | ÍNDICE DE REAJUSTAMENTO | VALORES MÍNIMOS | | SALÁRIO MÍNIMO | MAIOR VALOR DE BENEFÍCIO |
| | | | | VER S.M REGIONAL | 210,00 |
| | | APOSENTADORIA | PENSÃO | VIGÊNCIA | VALOR |
| 1962 | 2,58 | 9,40 | 4,70 | 31/12/62 | 13,44 |
| 1963 | 1,61 | 14,70 | 7,35 | 01/01/63 | 21,00 |

| CrS | | 5º REAJUSTAMENTO AUTOMÁTICO JUNH/1966 *(voltar)* | | LEGISLAÇÃO: DECRETO Nº 58.840/66 | |
|---|---|---|---|---|---|
| DIB | ÍNDICE DE REAJUSTAMENTO | VALORES MÍNIMOS | | SALÁRIO MÍNIMO | MAIOR VALOR DE BENEFÍCIO |
| | | | | VER S.M REGIONAL | |
| | | APOSENTADORIA | PENSÃO | VIGÊNCIA | VALOR |
| 1964 | 2,00 | 14,70 | 7,35 | 23/02/64 | 21,00 |
| | | 29,40 | 14,70 | 24/02/64 | 42,00 |
| 1965 | 1,27 | 29,40 | 14,70 | 28/02/65 | 42,00 |
| | | 46,20 | 23,10 | 01/03/65 | 66,00 |
| | | 58,80 | 29,40 | 01/03/66 | 84,00 |

| PREVIDÊNCIA SOCIAL<br>INSTITUTO NACIONAL DO SEGURO SOCIAL<br>DIRETORIA DE BENEFÍCIOS | **TABELA DE REAJUSTAMENTO DE BENEFÍCIOS** |
|---|---|

| CrS | | 6º REAJUSTAMENTO AUTOMÁTICO JUNH/1967 *(voltar)* | | LEGISLAÇÃO: DECRETO Nº 60.501/67 ATO ODS Nº SSS 1.208/67 DECRETO Nº 60.231/67 | |
|---|---|---|---|---|---|
| | | VALORES MÍNIMOS | | SALÁRIO MÍNIMO | MAIOR VALOR DE BENEFÍCIO |
| | | APOSENTADORIA = 74,00<br>PENSÃO = 37,00 | | VER S.M REGIONAL | 1.050,00 |
| *TODAS AS FAIXAS* | | | | | |
| DIB | ÍNDICE DE REAJUSTE | DIB | ÍNDICE DE REAJUSTE | DIB | ÍNDICE DE REAJUSTE |
| 12/65 | 1,25 | 05/66 | 1,17 | 10/66 | 1,11 |
| 01/66 | 1,23 | 06/66 | 1,15 | 11/66 | 1,10 |
| 02/66 | 1,21 | 07/66 | 1,14 | 12/66 | 1,09 |
| 03/66 | 1,19 | 08/66 | 1,13 | 01/67 | 1,08 |
| 04/66 | 1,18 | 09/66 | 1,12 | 02/67 | 1,07 |

| CrS | | 7º REAJUSTAMENTO AUTOMÁTICO JUNH/1968 *(voltar)* | | LEGISLAÇÃO: PORTARIA SAT Nº 08/68 ATO ODS Nº 501.18/68 DECRETO Nº 62.461/68 | |
|---|---|---|---|---|---|
| | | VALORES MÍNIMOS | | SALÁRIO MÍNIMO | MAIOR VALOR DE BENEFÍCIO |
| | | APOSENTADORIA = 91,00<br>PENSÃO = 46,00 | | VER S.M REGIONAL | 1.296,00 |
| *TODAS AS FAIXAS* | | | | | |
| DIB | ÍNDICE DE REAJUSTE | DIB | ÍNDICE DE REAJUSTE | DIB | ÍNDICE DE REAJUSTE |
| 03/67 | 1,23 | 07/67 | 1,16 | 11/67 | 1,08 |
| 04/67 | 1,22 | 08/67 | 1,14 | 12/67 | 1,06 |
| 05/67 | 1,20 | 09/67 | 1,12 | 01/68 | 1,04 |
| 06/67 | 1,18 | 10/67 | 1,10 | 02/68 | 1,02 |

| PREVIDÊNCIA SOCIAL<br>INSTITUTO NACIONAL DO SEGURO SOCIAL<br>DIRETORIA DE BENEFÍCIOS | **TABELA DE REAJUSTAMENTO DE BENEFÍCIOS** |
|---|---|

| Cr$ | **8º REAJUSTAMENTO AUTOMÁTICO AGO/1969**<br>*(voltar)* | **LEGISLAÇÃO:**<br>**PORTARIA SAT Nº 06/69**<br>**ODS Nº SSS 501.22/69**<br>**DECRETO Nº 64.442/69** | | |
|---|---|---|---|---|
| | **VALORES MÍNIMOS** | **SALÁRIO MÍNIMO** | **MAIOR VALOR DE BENEFÍCIO** | **UNIDADE SALARIAL** |
| | APOSENTADORIA = 110,00<br>PENSÃO = 55,00 | **VER S.M REGIONAL** | 1.560,00 | |

| *TODAS AS FAIXAS* | | | | | |
|---|---|---|---|---|---|
| DIB | **ÍNDICE DE REAJUSTE** | DIB | **ÍNDICE DE REAJUSTE** | DIB | **ÍNDICE DE REAJUSTE** |
| **03/68** | **1,21** | **07/68** | **1,14** | **11/68** | **1,07** |
| **04/68** | **1,19** | **08/68** | **1,12** | **12/68** | **1,05** |
| **05/68** | **1,17** | **09/68** | **1,10** | **01/69** | **1,03** |
| **06/68** | **1,16** | **10/68** | **1,09** | **02/69** | **1,02** |

| Cr$ | **9º REAJUSTAMENTO AUTOMÁTICO AGO/1970**<br>*(voltar)* | **LEGISLAÇÃO:**<br>**PORTARIA SAT Nº 09/70**<br>**ODS Nº SSS 501.35/70**<br>**DECRETO Nº 66.523/70** | | |
|---|---|---|---|---|
| | **VALORES MÍNIMOS** | **SALÁRIO MÍNIMO** | **MAIOR VALOR DE BENEFÍCIO** | **UNIDADE SALARIAL** |
| | APOSENTADORIA = 132,00<br>PENSÃO = 66,00 | **VER S.M REGIONAL** | 1.872,00 | |

| *TODAS AS FAIXAS* | | | | | |
|---|---|---|---|---|---|
| DIB | **ÍNDICE DE REAJUSTE** | DIB | **ÍNDICE DE REAJUSTE** | DIB | **ÍNDICE DE REAJUSTE** |
| **03/69** | **1,20** | **07/69** | **1,13** | **11/69** | **1,07** |
| **04/69** | **1,18** | **08/69** | **1,12** | **12/69** | **1,05** |
| **05/69** | **1,17** | **09/69** | **1,10** | **01/70** | **1,03** |
| **06/69** | **1,15** | **10/69** | **1,08** | **02/70** | **1,02** |

PREVIDÊNCIA SOCIAL
INSTITUTO NACIONAL DO SEGURO SOCIAL
DIRETORIA DE BENEFÍCIOS

# TABELA DE REAJUSTAMENTO DE BENEFÍCIOS

<table>
<tr><td rowspan="3">Cr$</td><td colspan="3">10º REAJUSTAMENTO AUTOMÁTICO<br>AGO/1971<br>(voltar)</td><td colspan="3">LEGISLAÇÃO:<br>PORTARIA SAT Nº 12/71<br>ATO ODS Nº 501.45/17<br>DECRETO Nº 68.576/71</td></tr>
<tr><td colspan="3">VALORES MÍNIMOS</td><td>SALÁRIO MÍNIMO</td><td>MAIOR VALOR DE BENEFÍCO</td><td>UNIDADE SALARIAL</td></tr>
<tr><td colspan="3">APOSENTADORIA = 158,00<br>PENSÃO = 79,00</td><td>VER S.M REGIONAL</td><td></td><td></td></tr>
<tr><td colspan="7">TODAS AS FAIXAS</td></tr>
<tr><td>DIB</td><td>ÍNDICE DE REAJUSTE</td><td>DIB</td><td>ÍNDICE DE REAJUSTE</td><td>DIB</td><td colspan="2">ÍNDICE DE REAJUSTE</td></tr>
<tr><td>04/70</td><td>1,20</td><td>08/70</td><td>1,13</td><td>12/70</td><td colspan="2">1,07</td></tr>
<tr><td>05/70</td><td>1,18</td><td>09/70</td><td>1,12</td><td>01/71</td><td colspan="2">1.05</td></tr>
<tr><td>06/70</td><td>1,17</td><td>10/70</td><td>1,10</td><td>02/71</td><td colspan="2">1,03</td></tr>
<tr><td>07/70</td><td>1,15</td><td>11/70</td><td>1,08</td><td>03/71</td><td colspan="2">1,02</td></tr>
</table>

<table>
<tr><td rowspan="3">Cr$</td><td colspan="3">11º REAJUSTAMENTO AUTOMÁTICO<br>AGO/1972<br>(voltar)</td><td colspan="3">LEGISLAÇÃO:<br>PORTARIA Nº 06/72<br>ODS Nº SSS 501.50/72<br>DECRETO Nº 70.465/72</td></tr>
<tr><td colspan="3">VALORES MÍNIMOS</td><td>SALÁRIO MÍNIMO</td><td>MAIOR VALOR DE BENEFÍCO</td><td>UNIDADE SALARIAL</td></tr>
<tr><td colspan="3">APOSENTADORIA = 189,00<br>PENSÃO = 95,00</td><td>VER S.M REGIONAL</td><td></td><td></td></tr>
<tr><td colspan="7">TODAS AS FAIXAS</td></tr>
<tr><td>DIB</td><td>ÍNDICE DE REAJUSTE</td><td>DIB</td><td>ÍNDICE DE REAJUSTE</td><td>DIB</td><td colspan="2">ÍNDICE DE REAJUSTE</td></tr>
<tr><td>05/71</td><td>1,19</td><td>09/71</td><td>1,13</td><td>01/72</td><td colspan="2">1,06</td></tr>
<tr><td>06/71</td><td>1,17</td><td>10/71</td><td>1,11</td><td>02/72</td><td colspan="2">1,05</td></tr>
<tr><td>07/71</td><td>1,16</td><td>11/71</td><td>1,09</td><td>03/72</td><td colspan="2">1,03</td></tr>
<tr><td>08/71</td><td>1,14</td><td>12/71</td><td>1,08</td><td>04/72</td><td colspan="2">1,01</td></tr>
</table>

PREVIDÊNCIA SOCIAL
INSTITUTO NACIONAL DO SEGURO SOCIAL
DIRETORIA DE BENEFÍCIOS

# TABELA DE REAJUSTAMENTO DE BENEFÍCIOS

<table>
<tr><td rowspan="3">Cr$</td><td colspan="2">12º REAJUSTAMENTO AUTOMÁTICO<br>AGO/1973<br>(voltar)</td><td colspan="3">LEGISLAÇÃO:<br>PORTARIA SAT Nº09/73<br>ATO ODS Nº SSS 501.57/73<br>DECRETO Nº 72.148/72</td></tr>
<tr><td colspan="2">VALORES MÍNIMOS</td><td>SALÁRIO MÍNIMO</td><td>MAIOR VALOR DE BENEFÍCIO</td><td>UNIDADE SALARIAL</td></tr>
<tr><td colspan="2">APOSENTADORIA = 219,00<br>PENSÃO = 110,00</td><td>VER S.M REGIONAL</td><td></td><td></td></tr>
</table>

*TODAS AS FAIXAS*

| DIB | ÍNDICE DE REAJUSTE | DIB | ÍNDICE DE REAJUSTE | DIB | ÍNDICE DE REAJUSTE |
|---|---|---|---|---|---|
| 05/72 | 1,16 | 09/72 | 1,11 | 01/73 | 1,05 |
| 06/72 | 1,15 | 10/72 | 1,09 | 02/73 | 1,04 |
| 07/72 | 1,13 | 11/72 | 1,08 | 03/73 | 1,03 |
| 08/72 | 1,12 | 12/72 | 1,07 | 04/73 | 1,01 |

OBS: A PARTIR DE 11/06/73 (LEI 5890) APOSENTADORIA = 281,00 E PENSÃO =188,00

| PREVIDÊNCIA SOCIAL<br>INSTITUTO NACIONAL DO SEGURO SOCIAL<br>DIRETORIA DE BENEFÍCIOS | **TABELA DE REAJUSTAMENTO DE BENEFÍCIOS** |
|---|---|

| Cr$ | **13º REAJUSTAMENTO AUTOMÁTICO MAI/1974** *(voltar)* | **LEGISLAÇÃO: PORTARIA SAT Nº 10/74 ATO ODS Nº 501.59/74 DECRETO Nº 73.995/74** | | |
|---|---|---|---|---|
| | **VALORES MÍNIMOS** | **SALÁRIO MÍNIMO** | **MAIOR VALOR DE BENEFÍCIO** | **UNIDADE SALARIAL** |
| | APOSENTADORIA = 340,00<br>PENSÃO = 227,00 | 376,80<br>(01/05/74) | | |

| ***TODAS AS FAIXAS*** | | | | | |
|---|---|---|---|---|---|
| DIB | **ÍNDICE DE REAJUSTE** | **DIB** | **ÍNDICE DE REAJUSTE** | **DIB** | **ÍNDICE DE REAJUSTE** |
| **05/73** | **1,21** | **09/73** | **1,14** | **01/74** | **1,07** |
| **06/73** | **1,19** | **10/73** | **1,12** | **02/74** | **1,05** |
| **07/73** | **1,17** | **11/73** | **1,10** | **03/74** | **1,03** |
| **08/73** | **1,16** | **12/73** | **1,09** | **04/74** | **1,02** |

| **LEGISLAÇÃO** | **VALORES MÍNIMOS** | **SALÁRIO MÍNIMO** |
|---|---|---|
| **ODS Nº SSS 501.65/74 (ABONO DE EMERGÊNCIA)** | **APOSENTADORIA=374,00 PENSÃO=250,00** | **415,20 (01/12/74)** |
| DIB INICIADOS ATÉ 30/06/74 = 10% PARA TODOS, PAGO DE 01/12/74 ATÉ 30/04/75 A TÍTULO DE ANTECIPAÇÃO | | |

| PREVIDÊNCIA SOCIAL<br>INSTITUTO NACIONAL DO SEGURO SOCIAL<br>DIRETORIA DE BENEFÍCIOS | **TABELA DE REAJUSTAMENTO DE BENEFÍCIOS** |
|---|---|

| Cr$ | 14º REAJUSTAMENTO AUTOMÁTICO MAI/1975 *(voltar)* | LEGISLAÇÃO: PORTARIA MPAS Nº04/75 ODS Nº SSS 501.70/75 DECRETO Nº 75.679/75 | | |
|---|---|---|---|---|
| | VALORES MÍNIMOS | SALÁRIO MÍNIMO | MAIOR VALOR DE BENEFÍCIO | UNIDADE SALARIAL |
| | APOSENTADORIA = 480,00<br>PENSÃO = 320,00 | VER S.M REGIONAL | 10.400,00 | |

| ***TODAS AS FAIXAS*** | | | | | |
|---|---|---|---|---|---|
| **DIB** | **ÍNDICE DE REAJUSTE** | **DIB** | **ÍNDICE DE REAJUSTE** | **DIB** | **ÍNDICE DE REAJUSTE** |
| **05/74** | **1,38** | **09/74** | **1,25** | **01/75** | **1,13** |
| **06/74** | **1,35** | **10/74** | **1,22** | **02/75** | **1,10** |
| **07/74** | **1,32** | **11/74** | **1,19** | **03/75** | **1,06** |
| **08/74** | **1,29** | **12/74** | **1,16** | **04/75** | **1,03** |

| Cr$ | 15º REAJUSTAMENTO AUTOMÁTICO MAI/1976 *(voltar)* | LEGISLAÇÃO: PORTARIA MPAS Nº 401/76 OS/INPS Nº 052.9/76 DECRETO Nº 77.510 E 77.511/76 | | |
|---|---|---|---|---|
| | VALORES MÍNIMOS | SALÁRIO MÍNIMO | MAIOR VALOR DE BENEFÍCIO | UNIDADE SALARIAL |
| | APOSENTADORIA = 692,00<br>PENSÃO = 461,00 | VER S.M REGIONAL | 13.385,00 | |

| ***TODAS AS FAIXAS*** | | | | | |
|---|---|---|---|---|---|
| **DIB** | **ÍNDICE DE REAJUSTE** | **DIB** | **ÍNDICE DE REAJUSTE** | **DIB** | **ÍNDICE DE REAJUSTE** |
| **05/75** | **1,43** | **09/75** | **1,29** | **01/76** | **1,14** |
| **06/75** | **1,39** | **10/75** | **1,25** | **02/76** | **1,11** |
| **07/75** | **1,36** | **11/75** | **1,22** | **03/76** | **1,07** |
| **08/75** | **1,32** | **12/75** | **1,18** | **04/76** | **1,04** |

| PREVIDÊNCIA SOCIAL<br>INSTITUTO NACIONAL DO SEGURO SOCIAL<br>DIRETORIA DE BENEFÍCIOS | TABELA DE REAJUSTAMENTO DE BENEFÍCIOS |
|---|---|

| Cr$ | | 16º REAJUSTAMENTO AUTOMÁTICO MAI/1977 *(voltar)* | | LEGISLAÇÃO: PORT. MPAS Nº 727/77 ATO OS/INPS Nº 05232/77 DECRETO Nº 79.610/77 | |
|---|---|---|---|---|---|
| | | VALORES MÍNIMOS | | SALÁRIO MÍNIMO | MAIOR VALOR TETO | UNIDADE SALARIAL |
| SALÁRIO-FAMÍLIA = 5% SM REGIONAL | | APOSENTADORIA = 996,00<br>PENSÃO = 664,00 | | VER S.M REGIONAL | 18.738,00 | |
| *TODAS AS FAIXAS* | | | | | |
| DIB | ÍNDICE DE REAJUSTE | DIB | ÍNDICE DE REAJUSTE | DIB | ÍNDICE DE REAJUSTE |
| 05/76 | 1,40 | 09/76 | 1,27 | 01/77 | 1,13 |
| 06/76 | 1,37 | 10/76 | 1,23 | 02/77 | 1,10 |
| 07/76 | 1,33 | 11/76 | 1,20 | 03/77 | 1,07 |
| 08/76 | 1,30 | 12/76 | 1,17 | 04/77 | 1,03 |

| Cr$ | | 17º REAJUSTAMENTO AUTOMÁTICO MAI/1978 *(voltar)* | | LEGISLAÇÃO: PORT. MPAS Nº 1072/78 OS Nº 011.004/78 DECRETO Nº 81.615 E 81.624/78 | |
|---|---|---|---|---|---|
| | | VALORES MÍNIMOS | | SALÁRIO MÍNIMO | MAIOR VALOR DE BENEFÍCIO | UNIDADE SALARIAL |
| SALÁRIO-FAMÍLIA =- 5% S.M REGIONAL | | APOSENTADORIA = 1.404,00<br>PENSÃO = 936,00 | | VER S.M REGIONAL | 26.046,00 | |
| *TODAS AS FAIXAS* | | | | | |
| DIB | ÍNDICE DE REAJUSTE | DIB | ÍNDICE DE REAJUSTE | DIB | ÍNDICE DE REAJUSTE |
| 05/77 | 1,39 | 09/77 | 1,26 | 01/78 | 1,13 |
| 06/77 | 1,36 | 10/77 | 1,23 | 02/78 | 1,10 |
| 07/77 | 1,32 | 11/77 | 1,20 | 03/78 | 1,06 |
| 08/77 | 1,29 | 12/77 | 1,16 | 04/78 | 1,03 |

| PREVIDÊNCIA SOCIAL<br>INSTITUTO NACIONAL DO SEGURO SOCIAL<br>DIRETORIA DE BENEFÍCIOS | TABELA DE REAJUSTAMENTO DE BENEFÍCIOS |
|---|---|

<table>
<tr><td rowspan="2">Cr$</td><td>18º REAJUSTAMENTO<br>AUTOMÁTICO<br>MAI/1979<br>(voltar)</td><td colspan="3">LEGISLAÇÃO:<br>PORTARIA MPAS Nº 1.540/79<br>OS Nº 053.5/79<br>DECRETO Nº 83.375/79</td></tr>
<tr><td>VALORES MÍNIMOS</td><td>SALÁRIO MÍNIMO</td><td>MAIOR VALOR DE BENEFÍCIO</td><td>UNIDADE SALARIAL</td></tr>
<tr><td>SALÁRIO-FAMÍLIA = 5% S.M REGIONAL</td><td>APOSENTADORIA = 2.042,00<br>PENSÃO = 1.361,00</td><td>VER S.M REGIONAL</td><td>37.507,00</td><td>1.447,00</td></tr>
</table>

| TODAS AS FAIXAS | | | | | |
|---|---|---|---|---|---|
| DIB | ÍNDICE DE REAJUSTE | DIB | ÍNDICE DE REAJUSTE | DIB | ÍNDICE DE REAJUSTE |
| 05/78 | 1,44 | 09/78 | 1,29 | 01/79 | 1,15 |
| 06/78 | 1,40 | 10/78 | 1,26 | 02/79 | 1,11 |
| 07/78 | 1,37 | 11/78 | 1,22 | 03/79 | 1,07 |
| 08/78 | 1,33 | 12/78 | 1,18 | 04/79 | 1,04 |

| PREVIDÊNCIA SOCIAL<br>INSTITUTO NACIONAL DO SEGURO SOCIAL<br>DIRETORIA DE BENEFÍCIOS | **TABELA DE REAJUSTAMENTO DE BENEFÍCIOS** |
|---|---|

| **Obs.: Com a Lei n º 7.604/87 houve alteração nos índices de reajustamento no período de 11/79 a 05/84, e os benefícios foram recuperados, com efeitos financeiros a partir de abril/87.** | | **19º REAJUSTAMENTO AUTOMÁTICO NOV/1979** *(voltar)* | | **LEGISLAÇÃO: LEI Nº 7.604/87 PORTARIA MPAS Nº 4.039/87 OS-INPS/SB 053.150/87 DECRETO Nº 84. 135/79** | |
|---|---|---|---|---|---|
| **Cr$** | | **VALORES MÍNIMOS** | | **SALÁRIO MÍNIMO** / **MAIOR VALOR DE BENEFÍCIO** | **UNIDADE SALARIAL** |
| SALÁRIO-FAMÍLIA = 5% S.M REGIONAL | | **APOSENTADORIA = 2.640,00 PENSÃO = 1.760,00** | | **2.932,80 (01/11/79)** / **46.737,00** | **2.596,50** |
| **DIB** | **Até 8.798,40** | **Acima de 8.798,40 Até 29.328,00** | | **Acima de 29.328,00** | |
| | **ÍNDICE DE REAJUSTE** | **ÍNDICE DE REAJUSTE** | **VALOR A ACRESCER** | **ÍNDICE DE REAJUSTE** | **VALOR A ACRESCER** |
| **05/79** | **1,2926** | **1,2660** | **234,04** | **1,2128** | **1.794,29** |
| **06/79** | **1,2438** | **1,2216** | **195,02** | **1,1773** | **1.495,18** |
| **07/79** | **1,1950** | **1,1773** | **156,03** | **1,1418** | **1.196,25** |
| **08/79** | **1,1463** | **1,1330** | **117,02** | **1,1064** | **897,14** |
| **09/79** | **1,0975** | **1,0886** | **78,00** | **1,0709** | **598,03** |
| **10/79** | **1,0487** | **1,0443** | **39,01** | **1,0354** | **299,10** |

| ÍNDICES ANTERIORES A LEI 7.604/87 | | **19º REAJUSTAMENTO AUTOMÁTICO NOV/1979** *(voltar)* | | **LEGISLAÇÃO: PORTARIA MPAS Nº 1.901/79 OS-INPS/SB 053.10/79 DECRETO Nº 84. 135/79** | |
|---|---|---|---|---|---|
| **Cr$** | | VALORES MÍNIMOS | | **SALÁRIO MÍNIMO** / **MAIOR VALOR DE BENEFÍCIO** | **UNIDADE SALARIAL** |
| **SALÁRIO-FAMÍLIA = 5% S.M.REGIONAL** | | **APOSENTADORIA = 2.640,00 PENSÃO = 1.760,00** | | **2.932,80 (01/11/79)** / **46.737,00** | **2.596,45** |
| **DIB** | **Até 6.804,00** | **Acima de 6.804,00 Até 22.680,00** | | **Acima de 22.680,00** | |
| | **ÍNDICE DE REAJUSTE** | **ÍNDICE DE REAJUSTE** | **VALOR A ACRESCER** | **ÍNDICE DE REAJUSTE** | **VALOR A ACRESCER** |
| **05/79** | **1,2926** | **1,2660** | **181,00** | **1,2128** | **1.388,00** |
| **06/79** | **1,2438** | **1,2216** | **150,82** | **1,1773** | **1.156,62** |
| **07/79** | **1,1950** | **1,1773** | **120,67** | **1,1418** | **925,37** |

| PREVIDÊNCIA SOCIAL<br>INSTITUTO NACIONAL DO SEGURO SOCIAL<br>DIRETORIA DE BENEFÍCIOS | TABELA DE REAJUSTAMENTO DE BENEFÍCIOS |
|---|---|

| | | | | | |
|---|---|---|---|---|---|
| **08/79** | **1,1463** | **1,1330** | **90,50** | **1,1064** | **694,00** |
| **09/79** | **1,0975** | **1,0886** | **60,32** | **1,0709** | **462,62** |
| **10/79** | **1,0487** | **1,0443** | **30,17** | **1,0354** | **231,37** |

| **Obs.: Com a Lei n º 7.604/87 houve alteração nos índices de reajustamento no período de 11/79 a 05/84, e os benefícios foram recuperados, com efeitos financeiros a partir de abril/87.** | 20º REAJUSTAMENTO AUTOMÁTICO MAI/1980 *(voltar)* | LEGISLAÇÃO: LEI Nº 7.604/87 PORTARIA MPAS Nº 4.039/87 OS-INPS/SB 053.150/87 DECRETO Nº 84.674/80 | | |
|---|---|---|---|---|
| Cr$ | VALORES MÍNIMOS | SALÁRIO MÍNIMO | MAIOR VALOR TETO | UNIDADE SALARIAL |
| SALÁRIO-FAMÍLIA = 5% S.M REGIONAL | APOSENTADORIA = 3.735,00<br>PENSÃO = 2.490,00 | 4.149,60 | 63.122,40 | 3.506,80 |

| DIB | Até 12.448,80 | Acima de 12.448,80 Até 41.496,00 | | Acima de 41.496,00 | |
|---|---|---|---|---|---|
| | ÍNDICE DE REAJUSTE | ÍNDICE DE REAJUSTE | VALOR A ACRESCER | ÍNDICE DE REAJUSTE | VALOR A ACRESCER |
| 11/79 | 1,4147 | 1,3770 | 469,32 | 1,3016 | 3.598,12 |
| 12/79 | 1,3455 | 1,3141 | 391,08 | 1,2513 | 2.998,31 |
| 01/80 | 1,2764 | 1,2513 | 312,89 | 1,2010 | 2.393,86 |
| 02/80 | 1,2073 | 1,1885 | 234,66 | 1,1508 | 1.799,06 |
| 03/80 | 1,1382 | 1,1256 | 156,42 | 1,1005 | 1.199,25 |
| 04/80 | 1,0691 | 1,0628 | 78,23 | 1,0502 | 599,80 |

| PREVIDÊNCIA SOCIAL<br>INSTITUTO NACIONAL DO SEGURO SOCIAL<br>DIRETORIA DE BENEFÍCIOS | **TABELA DE REAJUSTAMENTO DE BENEFÍCIOS** |
|---|---|

| **ÍNDICES ANTERIORES A LEI 7.604/87** | **20º REAJUSTAMENTO AUTOMÁTICO MAI/1980** *(voltar)* | | **LEGISLAÇÃO: PORTARIA MPAS Nº 2.133/80 OS-INPS/SB 053.16/80 DECRETO Nº 84.674/80** | |
|---|---|---|---|---|
| **Cr$** | **VALORES MÍNIMOS** | **SALÁRIO MÍNIMO** | **MAIOR VALOR DE BENEFÍCIO** | **UNIDADE SALARIAL** |
| SALÁRIO-FAMÍLIA = 5% S.M.REGIONAL | APOSENTADORIA = 3.735,00<br>PENSÃO = 2.490,00 | 4.149,60 | 63.122,40 | 3.506,80 |

| **DIB** | **Até 8.798,40** | **Acima de 8.798,40 Até 29.328,00** | | **Acima de 29.328,00** | |
|---|---|---|---|---|---|
| | **ÍNDICE DE REAJUSTE** | **ÍNDICE DE REAJUSTE** | **VALOR A ACRESCER** | **ÍNDICE DE REAJUSTE** | **VALOR A ACRESCER** |
| **11/79** | **1,4147** | **1,3770** | **332,00** | **1,3016** | **2.543,00** |
| **12/79** | **1,3455** | **1,3141** | **276,65** | **1,2513** | **2.119,08** |
| **01/80** | **1,2764** | **1,2513** | **221,34** | **1,2010** | **1.695,41** |
| **02/80** | **1,2073** | **1,1885** | **166,00** | **1,1508** | **1.271,50** |
| **03/80** | **1,1382** | **1,1256** | **110,65** | **1,1005** | **847,58** |
| **04/80** | **1,0691** | **1,0628** | **55,34** | **1,0502** | **423,91** |

| PREVIDÊNCIA SOCIAL<br>INSTITUTO NACIONAL DO SEGURO SOCIAL<br>DIRETORIA DE BENEFÍCIOS | TABELA DE REAJUSTAMENTO DE BENEFÍCIOS |
|---|---|

| Obs.: Com a Lei n º 7.604/87 houve alteração nos índices de reajustamento no período de 11/79 a 05/84, e os benefícios foram recuperados, com efeitos financeiros a partir de abril/87. | 21º REAJUSTAMENTO AUTOMÁTICO NOV/1980 *(voltar)* | LEGISLAÇÃO:<br>LEI Nº 7.604/87<br>PORTARIA MPAS Nº 4.039/87<br>OS-INPS/SB 053.150/87<br>DECRETO Nº 85.310/80 | | |
|---|---|---|---|---|
| Cr$ | VALORES MÍNIMOS | SALÁRIO MÍNIMO | MAIOR VALOR DE BENEFÍCIO | UNIDADE SALARIAL |
| SALÁRIO-FAMÍLIA = 5% S.M REGIONAL | APOSENTADORIA = 5.210,00<br>PENSÃO = 3.474,00 | 5.788,80<br>(01/11/80) | 84.335,40 | 4.685,30 |

| DIB | Até 17.366,40 | Acima de 17.366,40 Até 57.888,00 | | Acima de 57.888,00 | |
|---|---|---|---|---|---|
| | ÍNDICE DE REAJUSTE | ÍNDICE DE REAJUSTE | VALOR A ACRESCER | ÍNDICE DE REAJUSTE | VALOR A ACRESCER |
| 05/80 | 1,3949 | 1,3590 | 623,45 | 1,2872 | 4.779,81 |
| 06/80 | 1,3290 | 1,2991 | 519,52 | 1,2393 | 3.983,01 |
| 07/80 | 1,2632 | 1,2393 | 415,65 | 1,1914 | 3.186,69 |
| 08/80 | 1,1974 | 1,1795 | 311,72 | 1,1436 | 2.389,90 |
| 09/80 | 1,1316 | 1,1196 | 207,79 | 1,0957 | 1.593,11 |
| 10/80 | 1,0658 | 1,0598 | 103,92 | 1,0478 | 796,79 |

| PREVIDÊNCIA SOCIAL<br>INSTITUTO NACIONAL DO SEGURO SOCIAL<br>DIRETORIA DE BENEFÍCIOS | **TABELA DE REAJUSTAMENTO DE BENEFÍCIOS** |
|---|---|

| **ÍNDICES ANTERIORES A LEI 7.604/87** | **21º REAJUSTAMENTO AUTOMÁTICO NOV/1980** *(voltar)* | **LEGISLAÇÃO: PORTARIA MPAS Nº 2.316/80 OS-INPS/SB 053.24/80 DECRETO Nº 85.310/80** | | |
|---|---|---|---|---|
| **Cr$** | **VALORES MÍNIMOS** | **SALÁRIO MÍNIMO** | **MAIOR VALOR DE BENEFÍCIO** | **UNIDADE SALARIAL** |
| SALÁRIO-FAMÍLIA = 5% SM.REGIONAL | APOSENTADORIA = 5.210,00<br>PENSÃO = 3.474,00 | **VER S.M REGIONAL** | 84.335,40 | 4.685,30 |

| **DIB** | **Até 12.448,80** | **Acima de 12.448,80 Até 41.496,00** | | **Acima de 41.496,00** | |
|---|---|---|---|---|---|
| | **ÍNDICE DE REAJUSTE** | **ÍNDICE DE REAJUSTE** | **VALOR A ACRESCER** | **ÍNDICE DE REAJUSTE** | **VALOR A ACRESCER** |
| **05/80** | **1,3949** | **1,3590** | **446,90** | **1,2872** | **3.426,30** |
| **06/80** | **1,3290** | **1,2991** | **372,40** | **1,2393** | **2.855,13** |
| **07/80** | **1,2632** | **1,2393** | **297,94** | **1,1914** | **2.284,31** |
| **08/80** | **1,1974** | **1,1795** | **223,45** | **1,1436** | **1.713,15** |
| **09/80** | **1,1316** | **1,1196** | **148,95** | **1,0957** | **1.141,98** |
| **10/80** | **1,0658** | **1,0598** | **74,49** | **1,0478** | **571,16** |

| PREVIDÊNCIA SOCIAL<br>INSTITUTO NACIONAL DO SEGURO SOCIAL<br>DIRETORIA DE BENEFÍCIOS | TABELA DE REAJUSTAMENTO DE BENEFÍCIOS |
|---|---|

| **Obs.: Com a Lei n º 7.604/87 houve alteração nos índices de reajustamento no período de 11/79 a 05/84, e os benefícios foram recuperados , com efeitos financeiros a partir de abril/87.** | **22º REAJUSTAMENTO AUTOMÁTICO MAI/1981** *(voltar)* | **LEGISLAÇÃO: LEI Nº 7.604/87 PORTARIA MPAS Nº 4.039/87 OS-INPS/SB 053.150/87 DECRETO Nº 85.950/81** | | |
|---|---|---|---|---|
| **Cr$** | **VALORES MÍNIMOS** | **SALÁRIO MÍNIMO** | **MAIOR VALOR DE BENEFÍCIO** | **UNIDADE SALARIAL** |
| SALÁRIO-FAMÍLIA = 5% S.M.REGIONAL | APOSENTADORIA = 7.619,00<br>PENSÃO = 5.079,00 | 8.464,80 | 120.186,00 | 6.677,00 |

| **Até 25.394,40** | | **Acima de 25.394,40 Ate 84.648,00** | | **Acima de 84.648,00 Até 126.972,00** | | **Acima de 126.972,00 Até 169.296,00** | | **Acima de 169.296,00** | |
|---|---|---|---|---|---|---|---|---|---|
| **DIB** | **ÍNDICE** | **ÍNDICE** | **VALOR A ACRESCER** | **ÍNDICE** | **VALOR A ACRESCER** | **ÍNDICE** | **VALOR A ACRESCER** | **ÍNDICE** | **VALOR A ACRESCER** |
| **11/80** | **1,5082** | **1,4620** | **1.173,22** | **1,3696** | **8.994,69** | **1,2310** | **26.593,02** | **1,0000** | **65.700,39** |
| **12/80** | **1,4234** | **1,3849** | **977,64** | **1,3079** | **7.495,27** | **1,1924** | **22.159,96** | **1,0000** | **54.748,13** |
| **01/81** | **1,3388** | **1,3080** | **782,18** | **1,2464** | **5.996,75** | **1,1540** | **17.729,56** | **1,0000** | **43.802,45** |
| **02/81** | **1,2541** | **1,2310** | **586,61** | **1,1848** | **4.497,34** | **1,1155** | **13.296,51** | **1,0000** | **32.850,19** |
| **03/81** | **1,1693** | **1,1539** | **391,03** | **1,1231** | **2.997,93** | **1,0769** | **8.863,45** | **1,0000** | **21.897,93** |
| **04/81** | **1,0847** | **1,0770** | **195,57** | **1,0616** | **1.499,41** | **1,0385** | **4.433,05** | **1,0000** | **10.952,25** |

| PREVIDÊNCIA SOCIAL<br>INSTITUTO NACIONAL DO SEGURO SOCIAL<br>DIRETORIA DE BENEFÍCIOS | **TABELA DE REAJUSTAMENTO DE BENEFÍCIOS** |
|---|---|

| **ÍNDICES ANTERIORES A LEI 7.604/87** | **22º REAJUSTAMENTO AUTOMÁTICO MAI/81** *(voltar)* | **LEGISLAÇÃO: PORTARIA MPAS Nº 2.491/81 OS-INPS/SB 053.32/81 DECRETO Nº 85.950/81** | | |
|---|---|---|---|---|
| **Cr$** | **VALORES MÍNIMOS** | **SALÁRIO MÍNIMO** | **MAIOR VALOR DE BENEFÍCIO** | **UNIDADE SALARIAL** |
| SALÁRIO-FAMÍLIA = 5% S.M REGIONAL | APOSENTADORIA = 7.619,00<br>PENSÃO = 5.079,00 | **VER S.M REGIONAL** | 120.186,00 | 6.677,00 |

| **Até 17.366,40** | | **Acima de 17.366,40 Ate 57.888,00** | | **Acima de 57.888,00 Até 86.832,00** | | **Acima de 86.832,00 Até 115.776,00** | | **Acima de 115.776,00** | |
|---|---|---|---|---|---|---|---|---|---|
| **DIB** | **ÍNDICE** | **ÍNDICE** | **VALOR A ACRESCER** | **ÍNDICE** | **VALOR A ACRESCER** | **ÍNDICE** | **VALOR A ACRESCER** | **ÍNDICE** | **VALOR A ACRESCER** |
| **11/80** | **1,5082** | **1,4620** | **802,00** | **1,3696** | **6.151,00** | **1,2310** | **18.186,00** | **1,0000** | **44.930,00** |
| **12/80** | **1,4234** | **1,3849** | **668,30** | **1,3079** | **5.125,62** | **1,1924** | **15.154,39** | **1,0000** | **37.440,16** |
| **01/81** | **1,3388** | **1,3080** | **534,69** | **1,2464** | **4.100,87** | **1,1540** | **12.124,60** | **1,0000** | **29.954,83** |
| **02/81** | **1,2541** | **1,2310** | **401,00** | **1,1848** | **3.075,50** | **1,1155** | **9.093,00** | **1,0000** | **22.465,00** |
| **03/81** | **1,1693** | **1,1539** | **267,30** | **1,1231** | **2.050,12** | **1,0769** | **6.061,39** | **1,0000** | **14.975,16** |
| **04/81** | **1,0847** | **1,0770** | **133,69** | **1,0616** | **1.025,37** | **1,0385** | **3.031,60** | **1,0000** | **7.489,83** |

| PREVIDÊNCIA SOCIAL<br>INSTITUTO NACIONAL DO SEGURO SOCIAL<br>DIRETORIA DE BENEFÍCIOS | TABELA DE REAJUSTAMENTO DE BENEFÍCIOS |
|---|---|

| Obs.: Com a Lei n º 7.604/87 houve alteração nos índices de reajustamento no período de 11/79 a 05/84, e os benefícios foram recuperados, com efeitos financeiros a partir de abril/87. | 23º REAJUSTAMENTO AUTOMÁTICO NOV/1981 *(voltar)* | LEGISLAÇÃO: LEI Nº 7.604/87 PORTARIA MPAS Nº 4.039/87 OS-INPS/SB 053.150/87 DECRETO Nº 86.514/81 |
|---|---|---|

| Cr$ | VALORES MÍNIMOS | SALÁRIO MÍNIMO | MAIOR VALOR DE BENEFÍCIO | UNIDADE SALARIAL |
|---|---|---|---|---|
| SALÁRIO-FAMÍLIA = 5% S.M REGIONAL | APOSENTADORIA = 10.736,00<br>PENSÃO = 7.157,00 | 11.928,00 | 165.951,00 | 9.219,50 |

| Até 35.784,00 | | Acima de 35.784,00 Até 119.280,00 | | Acima de 119.280,00 Até 178.920,00 | | Acima de 178.920,00 Até 238.560,00 | | Acima de 238.560,00 | |
|---|---|---|---|---|---|---|---|---|---|
| DIB | ÍNDICE | ÍNDICE | VALOR A ACRESCER | ÍNDICE | VALOR A ACRESCER | ÍNDICE | VALOR A ACRESCER | ÍNDICE | VALOR A ACRESCER |
| 05/81 | 1,4499 | 1,4090 | 1.463,57 | 1,3272 | 11.220,67 | 1,2045 | 33.174,15 | 1,0000 | 81.959,67 |
| 06/81 | 1,3749 | 1,3408 | 1.219,59 | 1,2727 | 9.350,18 | 1,1704 | 27.644,01 | 1,0000 | 68.296,99 |
| 07/81 | 1,2999 | 1,2727 | 975,76 | 1,2181 | 7.480,82 | 1,1363 | 22.117,20 | 1,0000 | 54.642,51 |
| 08/81 | 1,2250 | 1,2045 | 731,78 | 1,1636 | 5.610,33 | 1,1023 | 16.587,07 | 1,0000 | 40.979,83 |
| 09/81 | 1,1500 | 1,1363 | 487,80 | 1,1091 | 3.739,84 | 1,0682 | 11.056,94 | 1,0000 | 27.317,15 |
| 10/81 | 1,0750 | 1,0682 | 243,97 | 1,0545 | 1.870,48 | 1,0341 | 5.530,13 | 1,0000 | 13.662,67 |

| PREVIDÊNCIA SOCIAL<br>INSTITUTO NACIONAL DO SEGURO SOCIAL<br>DIRETORIA DE BENEFÍCIOS | **TABELA DE REAJUSTAMENTO DE BENEFÍCIOS** |
|---|---|

| **ÍNDICES ANTERIORES A LEI 7.604/87** | **23º REAJUSTAMENTO AUTOMÁTICO NOV/1981** *(voltar)* | **LEGISLAÇÃO: PORTARIA MPAS Nº 2.689/81 OS-INPS/SB 053.39/81 DECRETO Nº 85.514/81** | | |
|---|---|---|---|---|
| **Cr$** | **VALORES MÍNIMOS** | **SALÁRIO MÍNIMO** | **MAIOR VALOR DE BENEFÍCIO** | **UNIDADE SALARIAL** |
| SALÁRIO-FAMÍLIA = 5% SM.REGIONAL | APOSENTADORIA = 10.736,00<br>PENSÃO = 7.157,00 | 11.928,00 | 165.951,00 | 9.219,50 |

| **Até 25.394,40** | | **Acima de 25.394,40 Até 84.648,00** | | **Acima de 84.648,00 Até 126.972,00** | | **Acima de 126.972,00 Até 169.296,00** | | **Acima de 169.296,00** | |
|---|---|---|---|---|---|---|---|---|---|
| **DIB** | **ÍNDICE** | **ÍNDICE** | **VALOR A ACRESCER** | **ÍNDICE** | **VALOR A ACRESCER** | **ÍNDICE** | **VALOR A ACRESCER** | **ÍNDICE** | **VALOR A ACRESCER** |
| **05/81** | **1,4499** | **1,4090** | **1.039,00** | **1,3272** | **7.963,00** | **1,2045** | **23.542,00** | **1,0000** | **58.163,00** |
| **06/81** | **1,3749** | **1,3408** | **865,79** | **1,2727** | **6.635,56** | **1,1704** | **19.617,54** | **1,0000** | **48.467,22** |
| **07/81** | **1,2999** | **1,2727** | **692,70** | **1,2181** | **5.308,93** | **1,1363** | **15.695,45** | **1,0000** | **38.777,27** |
| **08/81** | **1,2250** | **1,2045** | **519,50** | **1,1636** | **3.981,50** | **1,1023** | **11.771,00** | **1,0000** | **29.081,50** |
| **09/81** | **1,1500** | **1,1363** | **346,29** | **1,1091** | **2.654,06** | **1,0682** | **7.846,54** | **1,0000** | **19.385,72** |
| **10/81** | **1,0750** | **1,0682** | **173,20** | **1,0545** | **1.327,43** | **1,0341** | **3.924,45** | **1,0000** | **9.695,77** |

| PREVIDÊNCIA SOCIAL<br>INSTITUTO NACIONAL DO SEGURO SOCIAL<br>DIRETORIA DE BENEFÍCIOS | **TABELA DE REAJUSTAMENTO DE BENEFÍCIOS** |
|---|---|

| **Obs.: Com a Lei n º 7.604/87 houve alteração nos índices de reajustamento no período de 11/79 a 05/84, e os benefícios foram recuperados, com efeitos financeiros a partir de abril/87.** | **24º REAJUSTAMENTO AUTOMÁTICO MAI/1982** *(voltar)* | | | **LEGISLAÇÃO: LEI Nº 7.604/87 PORTARIA MPAS Nº 4.039/87 OS -INPS/SB 053.150/87 DECRETO Nº 87.139/82** |
|---|---|---|---|---|
| **Cr$** | **VALORES MÍNIMOS** | **SALÁRIO MÍNIMO** | **MAIOR VALOR DE BENEFÍCIO** | **UNIDADE SALARIAL** |
| SALÁRIO-FAMÍLIA = 5% S.M.REGIONAL | APOSENTADORIA = 14.948,00<br>PENSÃO = 9.965,00 | 16.808,00 | 254.610,00 | 14.145,00 |

| | **Até 49.824,00** | **Acima de 49.824,00 Até 166.080,00** | | **Acima de 166.080,00 Até 249.120,00** | | **Acima de 249.120,00 Até 332.160,00** | | **Acima de 332.160,00** | |
|---|---|---|---|---|---|---|---|---|---|
| **DIB** | **ÍNDICE** | **ÍNDICE** | **VALOR A ACRESCER** | **ÍNDICE** | **VALOR A ACRESCER** | **ÍNDICE** | **VALOR A ACRESCER** | **ÍNDICE** | **VALOR A ACRESCER** |
| **11/81** | **1,4301** | **1,3910** | **1.948,12** | **1,3128** | **14.935,57** | **1,1955** | **44.157,35** | **1,0000** | **109.094,63** |
| **12/81** | **1,3584** | **1,3258** | **1.623,36** | **1,2606** | **12.445,81** | **1,1629** | **36.796,31** | **1,0000** | **90.908,55** |
| **01/82** | **1,2867** | **1,2606** | **1.298,81** | **1,2085** | **9.957,54** | **1,1303** | **29.439,70** | **1,0000** | **72.733,38** |
| **02/82** | **1,2150** | **1,1955** | **974,06** | **1,1564** | **7.467,78** | **1,0977** | **22.078,67** | **1,0000** | **54.547,31** |
| **03/82** | **1,1433** | **1,1303** | **649,30** | **1,1042** | **4.978,02** | **1,0651** | **14.717,64** | **1,0000** | **36.361,24** |
| **04/82** | **1,0716** | **1,0651** | **324,75** | **1,0521** | **2.489,75** | **1,0325** | **7.361,03** | **1,0000** | **18.186,07** |

| PREVIDÊNCIA SOCIAL<br>INSTITUTO NACIONAL DO SEGURO SOCIAL<br>DIRETORIA DE BENEFÍCIOS | **TABELA DE REAJUSTAMENTO DE BENEFÍCIOS** |
|---|---|

| ÍNDICES ANTERIORES A LEI 7.604/87 | 24º REAJUSTAMENTO AUTOMÁTICO MAI/1982 *(voltar)* | LEGISLAÇÃO: PORTARIA MPAS Nº 2.840/82 OS-INPS/SB 053.48/82 DECRETO Nº 87.139/82 | | |
|---|---|---|---|---|
| **Cr$** | **VALORES MÍNIMOS** | **SALÁRIO MÍNIMO** | **MAIOR VALOR DE BENEFÍCIO** | **UNIDADE SALARIAL** |
| SALÁRIO-FAMÍLIA = 5% S.M.REGIONAL | APOSENTADORIA = 14.948,00<br>PENSÃO = 9.965,00 | **VER S.M REGIONAL** | 254.610,00 | 14.145,00 |

| Até 35.784,00 | | Acima de 35.784,00 Até 119.280,00 | | Acima de 119.280,00 Até 178.920,00 | | Acima de 178.920,00 Até 238.560,00 | | Acima de 238.560,00 | |
|---|---|---|---|---|---|---|---|---|---|
| **DIB** | **ÍNDICE** | **ÍNDICE** | **VALOR A ACRESCER** | **ÍNDICE** | **VALOR A ACRESCER** | **ÍNDICE** | **VALOR A ACRESCER** | **ÍNDICE** | **VALOR A ACRESCER** |
| **11/81** | **1,4301** | **1,3910** | **1.399,15** | **1,3128** | **10.726,85** | **1,1955** | **31.714,17** | **1,0000** | **78.352,65** |
| **12/81** | **1,3584** | **1,3258** | **1.165,91** | **1,2606** | **8.938,68** | **1,1629** | **26.427,41** | **1,0000** | **65.291,26** |
| **01/82** | **1,2867** | **1,2606** | **932,81** | **1,2085** | **7.151,59** | **1,1303** | **21.143,83** | **1,0000** | **52.237,71** |
| **02/82** | **1,2150** | **1,1955** | **699,57** | **1,1564** | **5.363,42** | **1,0977** | **15.857,08** | **1,0000** | **39.176,32** |
| **03/82** | **1,1433** | **1,1303** | **466,33** | **1,1042** | **3.575,25** | **1,0651** | **10.570,33** | **1,0000** | **26.114,93** |
| **04/82** | **1,0716** | **1,0651** | **233,23** | **1,0521** | **1.788,16** | **1,0325** | **5.286,75** | **1,0000** | **13.061,38** |

PREVIDÊNCIA SOCIAL
INSTITUTO NACIONAL DO SEGURO SOCIAL
DIRETORIA DE BENEFÍCIOS

# TABELA DE REAJUSTAMENTO DE BENEFÍCIOS

| **Obs.: Com a Lei n º 7.604/87 houve alteração nos índices de reajustamento no período de 11/79 a 05/84, e os benefícios foram recuperados, com efeitos financeiros a partir de abril/87.** | **25º REAJUSTAMENTO AUTOMÁTICO NOV/1982** *(voltar)* | | **LEGISLAÇÃO: LEI Nº 7.604/87 PORTARIA MPAS Nº 4.039/87 OS-INPS/SB 053.150/87 DECRETO Nº 87.743/82** | |
|---|---|---|---|---|
| **Cr$** | **VALORES MÍNIMOS** | **SALÁRIO MÍNIMO** | **MAIOR VALOR DE BENEFÍCIO** | **UNIDADE SALARIAL** |
| SALÁRIO-FAMÍLIA = 5% S.M.REGIONAL | APOSENTADORIA = 21.212,00, PENSÃO = 14.141,00 | 23.568,00 | 361.037,00 | 20.057,60 |

| | **Até 70.704,00** | **Acima de 70.704,00 Até 235.680,00** | | **Acima de 235.680,00 Até 353.520,00** | | **Acima de 353.520,00 Até 471.360,00** | | **Acima de 471.360,00** | |
|---|---|---|---|---|---|---|---|---|---|
| **DIB** | **ÍNDICE** | **ÍNDICE** | **VALOR A ACRESCER** | **ÍNDICE** | **VALOR A ACRESCER** | **ÍNDICE** | **VALOR A ACRESCER** | **ÍNDICE** | **VALOR A ACRESCER** |
| **05/82** | **1.4598** | **1.4180** | **2.955,43** | **1.3344** | **22.658,27** | **1.2090** | **66.989,68** | **1,0000** | **165.503,92** |
| **06/82** | **1.3831** | **1.3483** | **2.462,75** | **1.2786** | **18.881,13** | **1.1741** | **55.822,50** | **1,0000** | **137.914,41** |
| **07/82** | **1.3065** | **1.2786** | **1.970,38** | **1.2229** | **15.106,26** | **1.1393** | **44.662,01** | **1,0000** | **110.341,46** |
| **08/82** | **1.2299** | **1.2090** | **1.477,71** | **1.1672** | **11.329,13** | **1.1045** | **33.494,84** | **1,0000** | **82.751,96** |
| **09/82** | **1.1532** | **1.1393** | **985,04** | **1.1114** | **7.552,00** | **1.0696** | **22.327,66** | **1,0000** | **55.162,45** |
| **10/82** | **1.0766** | **1.0696** | **492,67** | **1.0557** | **3.777,13** | **1.0348** | **11.167,17** | **1,0000** | **27.589,50** |

PREVIDÊNCIA SOCIAL
INSTITUTO NACIONAL DO SEGURO SOCIAL
DIRETORIA DE BENEFÍCIOS

# TABELA DE REAJUSTAMENTO DE BENEFÍCIOS

| ÍNDICES ANTERIORES A LEI 7.604/87 | 25º REAJUSTAMENTO AUTOMÁTICO NOV/1982 *(voltar)* | LEGISLAÇÃO: PORTARIA MPAS Nº 3.087/82 OS-INPS/SB 053.57/82 DECRETO Nº 87.743/82 | | |
|---|---|---|---|---|
| Cr$ | VALORES MÍNIMOS | SALÁRIO MÍNIMO | MAIOR VALOR DE BENEFÍCIO | UNIDADE SALARIAL |
| SALÁRIO-FAMÍLIA = 5% S.M.REGIONAL | APOSENTADORIA = 21.212,00, PENSÃO = 14.141,00 | 23.568,00 (01/11/82) | 361.037,00 | 20.057,60 |

| Até 49.824,00 | | Acima de 49.824,00 Até 166.080,00 | | Acima de 166.080,00 Até 249.120,00 | | Acima de 249.120,00 Até 332.160,00 | | Acima de 332.160,00 | |
|---|---|---|---|---|---|---|---|---|---|
| DIB | ÍNDICE | ÍNDICE | VALOR A ACRESCER | ÍNDICE | VALOR A ACRESCER | ÍNDICE | VALOR A ACRESCER | ÍNDICE | VALOR A ACRESCER |
| 05/82 | 1.4598 | 1.4180 | 2.082,64 | 1.3344 | 15.966,93 | 1.2090 | 47.206,58 | 1,0000 | 116.628,02 |
| 06/82 | 1.3831 | 1.3483 | 1.735,46 | 1.2786 | 13.305,24 | 1.1741 | 39.337,24 | 1,0000 | 97.186,12 |
| 07/82 | 1.3065 | 1.2786 | 1.388,49 | 1.2229 | 10.645,15 | 1.1393 | 31.472,62 | 1,0000 | 77.755,90 |
| 08/82 | 1.2299 | 1.2090 | 1.041,32 | 1.1672 | 7.983,46 | 1.1045 | 23.603,29 | 1,0000 | 58.314,01 |
| 09/82 | 1.1532 | 1.1393 | 694,14 | 1.1114 | 5.321,77 | 1.0696 | 15.733,95 | 1,0000 | 38.872,11 |
| 10/82 | 1.0766 | 1.0696 | 347,17 | 1.0557 | 2.661,68 | 1.0348 | 7.869,33 | 1,0000 | 19.441,89 |

| PREVIDÊNCIA SOCIAL<br>INSTITUTO NACIONAL DO SEGURO SOCIAL<br>DIRETORIA DE BENEFÍCIOS | TABELA DE REAJUSTAMENTO DE BENEFÍCIOS |
|---|---|

| **Obs.: Com a Lei n º 7.604/87 houve alteração nos índices de reajustamento no período de 11/79 a 05/84, e os benefícios foram recuperados, com efeitos financeiros a partir de abril/87.** | 26º REAJUSTAMENTO AUTOMÁTICO MAI/1983 *(voltar)* | LEGISLAÇÃO: LEI Nº 7.604/87 PORTARIA MPAS Nº 4.039/87 OS-INPS/SB 053.150/87 DECRETO Nº 88.267/83 | | |
|---|---|---|---|---|
| Cr$ | VALORES MÍNIMOS | SALÁRIO MÍNIMO | MAIOR VALOR DE BENEFÍCIO | UNIDADE SALARIAL |
| SALÁRIO-FAMÍLIA = 5% S.M.REGIONAL | APOSENTADORIA = 31.298,00<br>PENSÃO = 20.865,00 | 34.776,00 | 532.529,28 | 29.584,96 |

| | Até 104.328,00 | Acima de 104.328,00 Até 243.432,00 | | Acima de 243.432,00 Até 521.640,00 | | Acima de 521.640,00 Até 695.520,00 | | Acima de 695.520,00 | |
|---|---|---|---|---|---|---|---|---|---|
| DIB | ÍNDICE | ÍNDICE | VALOR A ACRESCER | ÍNDICE | VALOR A ACRESCER | ÍNDICE | VALOR A ACRESCER | ÍNDICE | VALOR A ACRESCER |
| 11/82 | 1.4750 | 1.4513 | 2.472,57 | 1.3800 | 19.829,27 | 1.2375 | 94.162,97 | 1,0000 | 259.348,97 |
| 12/82 | 1.3958 | 1.3760 | 2.060,39 | 1.3166 | 16.523,73 | 1.1979 | 78.466,00 | 1,0000 | 216.115,49 |
| 01/83 | 1.3166 | 1.3008 | 1.648,46 | 1.2533 | 13.220,17 | 1.1583 | 62.778,45 | 1,0000 | 172.907,95 |
| 02/83 | 1.2375 | 1.2256 | 1.236,28 | 1.1900 | 9.914,63 | 1.1187 | 47.081,48 | 1,0000 | 129.674,48 |
| 03/83 | 1.1583 | 1.1504 | 824,10 | 1.1266 | 6.609,09 | 1.0791 | 31.384,51 | 1,0000 | 86.441,01 |
| 04/83 | 1.0791 | 1.0752 | 412,17 | 1.0633 | 3.305,53 | 1.0395 | 15.696,96 | 1,0000 | 43.233,47 |

| PREVIDÊNCIA SOCIAL<br>INSTITUTO NACIONAL DO SEGURO SOCIAL<br>DIRETORIA DE BENEFÍCIOS | **TABELA DE REAJUSTAMENTO DE BENEFÍCIOS** |
|---|---|

| ÍNDICES ANTERIORES A LEI 7.604/87 | 26º REAJUSTAMENTO AUTOMÁTICO MAI/1983 *(voltar)* | LEGISLAÇÃO: PORTARIA MPAS Nº 3.155/83 OS-INPS/SB 053.66/83 DECRETO Nº 88.267/83 | | |
|---|---|---|---|---|
| **Cr$** | **VALORES MÍNIMOS** | **SALÁRIO MÍNIMO** | **MAIOR VALOR DE BENEFÍCIO** | **UNIDADE SALARIAL** |
| SALÁRIO-FAMÍLIA: 5% do Salário Mínimo Regional | APOSENTADORIA = 31.298,00<br>PENSÃO = 20.865,00 | 34.776,00 | 532.529,28 | 29.584,96 |

| Até 70.704,00 | | Acima de 70.704,00 Até 164.976,00 | | Acima de 164.976,00 Até 353.520,00 | | Acima de 353.520,00 Até 471.360,00 | | Acima de 471.360,00 | |
|---|---|---|---|---|---|---|---|---|---|
| **DIB** | **ÍNDICE** | **ÍNDICE** | **VALOR A ACRESCER** | **ÍNDICE** | **VALOR A ACRESCER** | **ÍNDICE** | **VALOR A ACRESCER** | **ÍNDICE** | **VALOR A ACRESCER** |
| **11/82** | **1.4750** | **1.4513** | **1.675,68** | **1.3800** | **13.438,47** | **1.2375** | **63.815,07** | **1,0000** | **175.763,07** |
| **12/82** | **1.3958** | **1.3760** | **1.396,34** | **1.3166** | **11.198,27** | **1.1979** | **53.177,09** | **1,0000** | **146.463,36** |
| **01/83** | **1.3166** | **1.3008** | **1.117,17** | **1.2533** | **8.959,42** | **1.1583** | **42.545,50** | **1,0000** | **117.181,23** |
| **02/83** | **1.2375** | **1.2256** | **837,84** | **1.1900** | **6.719,23** | **1.1187** | **31.907,53** | **1,0000** | **87.881,53** |
| **03/83** | **1.1583** | **1.1504** | **558,50** | **1.1266** | **4.479,04** | **1.0791** | **21.269,56** | **1,0000** | **58581,83** |
| **04/83** | **1.0791** | **1.0752** | **279,33** | **1.0633** | **2.240,19** | **1.0395** | **10.637,97** | **1,0000** | **29.299,70** |

| PREVIDÊNCIA SOCIAL<br>INSTITUTO NACIONAL DO SEGURO SOCIAL<br>DIRETORIA DE BENEFÍCIOS | **TABELA DE REAJUSTAMENTO DE BENEFÍCIOS** |
|---|---|

| **Obs.: Com a Lei n º 7.604/87 houve alteração nos índices de reajustamento no período de 11/79 a 05/84, e os benefícios foram recuperados, com efeitos financeiros a partir de abril/87.** | **27º REAJUSTAMENTO AUTOMÁTICO NOV/1983** *(voltar)* | **LEGISLAÇÃO:<br>LEI Nº 7.604/87<br>PORTARIA MPAS Nº 4.039/87<br>OS-INPS/SB 053.150/87<br>DECRETO Nº 88.930/83** | | |
|---|---|---|---|---|
| **Cr$** | **VALORES MÍNIMOS** | **SALÁRIO MÍNIMO** | **MAIOR VALOR DE BENEFÍCIO** | **UNIDADE SALARIAL** |
| SALÁRIO-FAMÍLIA= 5% S.M.REGIONAL | APOSENTADORIA = 51.408,00<br>PENSÃO = 34.272,00 | 57.120,00 | 874.413 | 48.578,50 |

| **Até 171.360,00** | | **Acima de 171.360,00 Até 399.840,00** | | **Acima de 399.840,00 Até 856.800,00** | | **Acima de 856.800,00** | |
|---|---|---|---|---|---|---|---|
| **DIB** | **ÍNDICE** | **ÍNDICE** | **VALOR A ACRESCER** | **ÍNDICE** | **VALOR A ACRESCER** | **ÍNDICE** | **VALOR A ACRESCER** |
| **05/83** | **1.6420** | **1.5136** | **22.002,62** | **1.3852** | **73.342,08** | **1.3210** | **128.348,64** |
| **06/83** | **1.5349** | **1.4279** | **18.334,78** | **1.3209** | **61.115,95** | **1.2674** | **106.952,92** |
| **07/83** | **1.4280** | **1.3424** | **14.669,14** | **1.2568** | **48.897,16** | **1.2140** | **85.570,03** |
| **08/83** | **1.3210** | **1.2568** | **11.001,31** | **1.1926** | **36.671,04** | **1.1605** | **64.174,32** |
| **09/83** | **1.2139** | **1.1711** | **7.333,47** | **1.1283** | **24.444,91** | **1.1069** | **42.778,60** |
| **10/83** | **1.1070** | **1.0856** | **3.667,83** | **1.0642** | **12.226,12** | **1.0535** | **21.395,71** |

PREVIDÊNCIA SOCIAL
INSTITUTO NACIONAL DO SEGURO SOCIAL
DIRETORIA DE BENEFÍCIOS

# TABELA DE REAJUSTAMENTO DE BENEFÍCIOS

| ÍNDICES ANTERIORES A LEI 7.604/87 | 27º REAJUSTAMENTO AUTOMÁTICO NOV/1983 *(voltar)* | LEGISLAÇÃO: PORTARIA MPAS Nº 1.542/83 OS-INPS/SB 053.72/83 DECRETO Nº 88.930/83 | | |
|---|---|---|---|---|
| Cr$ | VALORES MÍNIMOS | SALÁRIO MÍNIMO | MAIOR VALOR DE BENEFÍCIO | UNIDADE SALARIAL |
| SALÁRIO-FAMÍLIA = 5% S.M.REGIONAL | APOSENTADORIA = 51.408,00 PENSÃO = 34.272,00 | VER S.M REGIONAL | 874.413,00 | 48.578,50 |

| Até 104.328,00 | | Acima de 104.328,00 Até 243.432,00 | | Acima de 243.432,00 Até 521.640,00 | | Acima de 521.640,00 | |
|---|---|---|---|---|---|---|---|
| DIB | ÍNDICE | ÍNDICE | VALOR A ACRESCER | ÍNDICE | VALOR A ACRESCER | ÍNDICE | VALOR A ACRESCER |
| 05/83 | 1.6420 | 1.5136 | 13.395,72 | 1.3852 | 44.652,38 | 1.3210 | 78.141,67 |
| 06/83 | 1.5349 | 1.4279 | 11.162,65 | 1.3209 | 37.208,82 | 1.2674 | 65.115,45 |
| 07/83 | 1.4280 | 1.3424 | 8.930,92 | 1.2568 | 29.769,74 | 1.2140 | 52.097,05 |
| 08/83 | 1.3210 | 1.2568 | 6.697,86 | 1.1926 | 22.326,19 | 1.1605 | 39.070,83 |
| 09/83 | 1.2139 | 1.1711 | 4.464,79 | 1.1283 | 14.882,63 | 1.1069 | 26.044,61 |
| 10/83 | 1.1070 | 1.0856 | 2.233,06 | 1.0642 | 7.443,55 | 1.0535 | 13.026,21 |

PREVIDÊNCIA SOCIAL
INSTITUTO NACIONAL DO SEGURO SOCIAL
DIRETORIA DE BENEFÍCIOS

# TABELA DE REAJUSTAMENTO DE BENEFÍCIOS

<table>
<tr><td colspan="2">Obs.: Com a Lei n º 7.604/87 houve alteração nos índices de reajustamento no período de 11/79 a 05/84, e os benefícios foram recuperados, com efeitos financeiros a partir de abril/87.</td><td colspan="2">28º REAJUSTAMENTO AUTOMÁTICO MAI/1984<br>(voltar)</td><td colspan="4">LEGISLAÇÃO:<br>LEI Nº 7.604/87<br>PORTARIA MPAS Nº 4.039/87<br>OS-INPS/SB 053.150/87<br>DECRETO Nº 89.589/84 E 2.171/84</td></tr>
<tr><td colspan="2">Cr$</td><td colspan="2">VALORES MÍNIMOS</td><td colspan="2">SALÁRIO MÍNIMO</td><td>MAIOR VALOR DE BENEFÍCIO</td><td>UNIDADE SALARIAL</td></tr>
<tr><td colspan="2">SALÁRIO-FAMÍLIA = 5% S.M.REGIONAL</td><td colspan="2">APOSENTADORIA = 87.458,00<br>PENSÃO = 58.305,00</td><td colspan="2">97.176,00<br>(01/05/84)</td><td>1.487.376,50</td><td>82.632,03</td></tr>
<tr><td colspan="2">Até 291.528,00</td><td colspan="2">Acima de 291.528,00 Até 680.232,00</td><td colspan="2">Acima de 680.232,00 Até 1.457.640,00</td><td colspan="2">Acima de 1.457.640,00</td></tr>
<tr><td>DIB</td><td>ÍNDICE</td><td>ÍNDICE</td><td>VALOR A ACRESCER</td><td>ÍNDICE</td><td>VALOR A ACRESCER</td><td>ÍNDICE</td><td>VALOR A ACRESCER</td></tr>
<tr><td>11/83</td><td>1.7010</td><td>1.5608</td><td>40.872,23</td><td>1.4206</td><td>136.240,75</td><td>1.3505</td><td>238.421,31</td></tr>
<tr><td>12/83</td><td>1.5841</td><td>1.4673</td><td>34.058,82</td><td>1.3504</td><td>113.529,41</td><td>1.2920</td><td>198.676,47</td></tr>
<tr><td>01/84</td><td>1.4673</td><td>1.3738</td><td>27.249,51</td><td>1.2804</td><td>90.831,70</td><td>1.2336</td><td>158.955,48</td></tr>
<tr><td>02/84</td><td>1.3505</td><td>1.2804</td><td>20.436,11</td><td>1.2103</td><td>68.120,37</td><td>1.1752</td><td>119.210,65</td></tr>
<tr><td>03/84</td><td>1.2336</td><td>1.1869</td><td>13.622,71</td><td>1.1401</td><td>45.409,04</td><td>1.1168</td><td>79.465,82</td></tr>
<tr><td>04/84</td><td>1.1168</td><td>1.0934</td><td>6.813,40</td><td>1.0701</td><td>22.711,33</td><td>1.0584</td><td>39.744,83</td></tr>
</table>

PREVIDÊNCIA SOCIAL
INSTITUTO NACIONAL DO SEGURO SOCIAL
DIRETORIA DE BENEFÍCIOS

# TABELA DE REAJUSTAMENTO DE BENEFÍCIOS

| ÍNDICES ANTERIORES A LEI 7.604/87 | 28º REAJUSTAMENTO AUTOMÁTICO MAI/1984 *(voltar)* | LEGISLAÇÃO PORTARIA MPAS/SC 1.706/84 OS-INPS/SB 053.78/84 DECRETO Nº 89.589/84 | | |
|---|---|---|---|---|
| Cr$ | VALORES MÍNIMOS | SALÁRIO MÍNIMO | MAIOR VALOR DE BENEFÍCIO | UNIDADE SALARIAL |
| SALÁRIO-FAMÍLIA = 5% S.M.REGIONAL | APOSENTADORIA = 87.458,40<br>PENSÃO = 58.305,60 | 97.176,00<br>(01/05/84) | 1.487.376,50 | 82.632,03 |

| | Até 171.360,00 | Acima de 171.360,01 Até 399.840,00 | | Acima de 399.840,01 Até 856.800,00 | | Acima de 856.800,01 | |
|---|---|---|---|---|---|---|---|
| DIB | ÍNDICE | ÍNDICE | VALOR A ACRESCER | ÍNDICE | VALOR A ACRESCER | ÍNDICE | VALOR A ACRESCER |
| 11/83 | 1.7010 | 1.5608 | 24.024,67 | 1.4206 | 80.082,24 | 1.3505 | 140.143,92 |
| 12/83 | 1.5841 | 1.4673 | 20.019,75 | 1.3504 | 66.732,53 | 1.2920 | 116.781,92 |
| 01/84 | 1.4673 | 1.3738 | 16.017,24 | 1.2804 | 53.390,82 | 1.2336 | 93.433,95 |
| 02/84 | 1.3505 | 1.2804 | 12.012,33 | 1.2103 | 40.041,12 | 1.1752 | 70.071,96 |
| 03/84 | 1.2336 | 1.1869 | 8.007,42 | 1.1401 | 26.691,41 | 1.1168 | 46.709,96 |
| 04/84 | 1.1168 | 1.0934 | 4.004,91 | 1.0701 | 13.349,70 | 1.0584 | 23.361,99 |

| PREVIDÊNCIA SOCIAL<br>INSTITUTO NACIONAL DO SEGURO SOCIAL<br>DIRETORIA DE BENEFÍCIOS | TABELA DE REAJUSTAMENTO DE BENEFÍCIOS |
|---|---|

| Cr$ | 29º REAJUSTAMENTO AUTOMÁTICO NOV/1984 *(voltar)* | | LEGISLAÇÃO: PORTARIA MPAS Nº 1.897/84 OS-INPS/SB 053.84/84 DECRETO Nº 90.381/84 | | |
|---|---|---|---|---|---|
| | VALORES MÍNIMOS | | SALÁRIO MÍNIMO | MAIOR VALOR DE BENEFÍCIO | UNIDADE SALARIAL |
| SALÁRIO-FAMÍLIA = 8.328,00 | APOSENTADORIA = 149.904,00<br>PENSÃO = 99.936,00 | | 166.560,00 (01/11/84) | 2.547.882,00 | 141.549,00 |
| DIB | ATE 499.680,00 | | ACIMA DE 499.680,00 | | |
| | ÍNDICE | VALOR A ACRESCER | ÍNDICE | VALOR A ACRESCER | |
| 05/84 | 1.7130 | --- | 1.60605 | 53.441,00 | |
| 06/84 | 1.5941 | --- | 1.50502 | 44.532,00 | |
| 07/84 | 1.4753 | --- | 1.40405 | 35.629,00 | |
| 08/84 | 1.3565 | --- | 1.30302 | 26.720,00 | |
| 09/84 | 1.2376 | --- | 1.20199 | 17.811,00 | |
| 10/84 | 1.1188 | --- | 1.10102 | 8.908,00 | |

| PREVIDÊNCIA SOCIAL<br>INSTITUTO NACIONAL DO SEGURO SOCIAL<br>DIRETORIA DE BENEFÍCIOS | TABELA DE REAJUSTAMENTO DE BENEFÍCIOS |
|---|---|

| Cr$ | | 30º REAJUSTAMENTO AUTOMÁTICO MAI/1985 *(voltar)* | | LEGISLAÇÃO: PORTARIA MPAS Nº 3.504/85 OS-INPS/SB 053.92/85 DECRETO Nº 91.213/85 | | |
|---|---|---|---|---|---|---|
| | | VALORES MÍNIMOS | | SALÁRIO MÍNIMO | MAIOR VALOR DE BENEFÍCIO | UNIDADE SALARIAL |
| SALÁRIO-FAMÍLIA = 16.656,00 | | APOSENTADORIA = 299.808,<br>PENSÃO = 199.872, | | 333.120, (01/05/85) | 4.815.504,00 | 267.528,00 |
| **DIB** | **ÍNDICE DE REAJUSTE** | **DIB** | **ÍNDICE DE REAJUSTE** | **DIB** | **ÍNDICE DE REAJUSTE** | |
| **11/84** | **1.8900** | **01/85** | **1.5933** | **03/85** | **1.2966** | |
| **12/84** | **1.7416** | **02/85** | **1.4450** | **04/85** | **1.1483** | |

| Cr$ | | 31º REAJUSTAMENTO AUTOMÁTICO NOV/1985 *(voltar)* | | LEGISLAÇÃO: DECRETO-LEI 2.171/84 PORTARIA MPAS Nº 3.599/85 OS-INPS/SB 053.102/85 DECRETO Nº 91861/85 E 91.862/85 | | |
|---|---|---|---|---|---|---|
| | | VALORES MÍNIMOS | | SALÁRIO MÍNIMO | MAIOR VALOR DE BENEFÍCIO | UNIDADE SALARIAL |
| SALÁRIO-FAMÍLIA = 30.000,00 | | APOSENTADORIA = 540.000,00<br>PENSÃO = 360.000,00<br>AUX.DOENÇA = 450.000,00 | | 600.000,00 (01/11/83) | 8.200.800,00 | 455.600,00 |
| **DIB** | **ÍNDICE DE REAJUSTE** | **DIB** | **ÍNDICE DE REAJUSTE** | **DIB** | **ÍNDICE DE REAJUSTE** | |
| **05/85** | **1.7030** | **07/85** | **1.4686** | **09/85** | **1.2343** | |
| **06/85** | **1.5858** | **08/85** | **1.3515** | **10/85** | **1.1171** | |

| PREVIDÊNCIA SOCIAL<br>INSTITUTO NACIONAL DO SEGURO SOCIAL<br>DIRETORIA DE BENEFÍCIOS | TABELA DE REAJUSTAMENTO DE BENEFÍCIOS |
|---|---|

| Cz$ | | 32º REAJUSTAMENTO AUTOMÁTICO MAR/1986 (voltar) | | LEGISLAÇÃO: PORTARIA MPAS Nº 3.720/86 OS-INPS/SB 053.113./86 DECRETO-LEI Nº 2.284/86 | |
|---|---|---|---|---|---|
| | | VALORES MÍNIMOS | | SALÁRIO MÍNIMO | MAIOR VALOR DE BENFÍCIO | UNIDADE SALARIAL |
| SALÁRIO-FAMÍLIA = 40,20 | | APOSENTADORIA = 723,60<br>PENSÃO = 482,40<br>AUX.DOENÇA = 603,00 | | 804,00 (01/01/86) | 10.998,00 | 611,00 |
| **DIB** | **ÍNDICE DE REAJUSTE** | **DIB** | **ÍNDICE DE REAJUSTE** | **DIB** | **ÍNDICE DE REAJUSTE** |
| **05/85** | **1.2673** | **08/85** | **1.3637** | **11/85 ATE 02/86** | **1.2673** |
| **06/85** | **1.2947** | **09/85** | **1.4081** | | |
| **07/85** | **1.3265** | **10/85** | **1.4617** | | |

**OBS: VALORES EXPRESSOS EM CRUZADOS**

| Cz$ | 33º REAJUSTAMENTO AUTOMÁTICO JAN/1987 (voltar) | LEGISLAÇÃO: PORTARIA MPAS NºS 2.718/87, 3.919/87 E 3.929/87 OS-INPS/SB 053.128/87 DECRETO-LEI Nº 2.302/86 | | |
|---|---|---|---|---|
| SALÁRIO-FAMÍLIA = 48,24 | VALORES MÍNIMOS | **SALÁRIO MÍNIMO** | **MAIOR VALOR DE BENEFÍCIO** | **UNIDADE SALARIAL** |
| | APOSENTADORIA = 868,32<br>PENSÃO = 578,88<br>AUX. DOENÇA = 723,60 | 964,80 (01/01/87) | 13.197,60 | 733,20 |
| DIB ATÉ 12/86 - ÍNDICE DE REAJUSTE DE 1,20 (GATILHO) | | | | |

| PREVIDÊNCIA SOCIAL<br>INSTITUTO NACIONAL DO SEGURO SOCIAL<br>DIRETORIA DE BENEFÍCIOS | **TABELA DE REAJUSTAMENTO DE BENEFÍCIOS** |
|---|---|

| **Cz$** | **34º REAJUSTAMENTO AUTOMÁTICO MAR/1987** *(voltar)* | **LEGISLAÇÃO: PORTARIA MPAS Nº 3.960/87 OS-INPS/SB 053.131/87 DECRETO Nº 94.089/87** | | |
|---|---|---|---|---|
| | **VALORES MÍNIMOS** | **SALÁRIO MÍNIMO** | **MAIOR VALOR DE BENEFÍCIO** | **UNIDADE SALARIAL** |
| SALÁRIO-FAMÍLIA = 68,40 | APOSENTADORIA = 1.231,20<br>PENSÃO = 820,80<br>AUX.DOENÇA = 1.026,00 | 1.368,00<br>(01/03/87) | 18.720,00 | 1.040,00 |

| **DIB** | **ÍNDICE DE REAJUSTE** | **DIB** | **ÍNDICE DE REAJUSTE** | **DIB** | **ÍNDICE DE REAJUSTE** |
|---|---|---|---|---|---|
| **03/86** | **1.4179** | **07/86** | **1.2790** | **11/86** | **1.1390** |
| **04/86** | **1.3830** | **08/86** | **1.2440** | **12/86** | **1.1040** |
| **05/86** | **1.3480** | **09/86** | **1.2090** | **01/87** | **1.1170** |
| **06/86** | **1.3130** | **10/86** | **1.1740** | **02/87** | **1.0580** |

A PARTIR DE 01/04/87 - SM=1.368,00 - APOSENTADORIA E PENSÃO= 1.300,00 (LEI 7604/87)

| **Cz$** | **35º REAJUSTAMENTO AUTOMÁTICO MAI/1987** *(voltar)* | **LEGISLAÇÃO: PORTARIA MPAS Nº 4.008/87 OS-INPS/SB 053.137 E 150/87 DECRETO-LEI Nº 2.302/86** | | |
|---|---|---|---|---|
| | **VALORES MÍNIMOS** | **SALÁRIO MÍNIMO** | **MAIOR VALOR DE BENEFÍCIO** | **UNIDADE SALARIAL** |
| SALÁRIO-FAMÍLIA = 82,08 | APOSENTADORIA = 1.477,44<br>PENSÃO = 984,96<br>AUX.DOENÇA = 1.231,20 | 1.641,60<br>(01/05/87) | 22.464,00 | 1.248,00 |

DIB ATÉ 04/87 - INDICE REAJUSTE DE 1,20 (GATILHO)

PREVIDÊNCIA SOCIAL
INSTITUTO NACIONAL DO SEGURO SOCIAL
DIRETORIA DE BENEFÍCIOS

# TABELA DE REAJUSTAMENTO DE BENEFÍCIOS

| Cz$ | 36º REAJUSTAMENTO AUTOMÁTICO JUNHO/1987 *(voltar)* | LEGISLAÇÃO: PORTARIA MPAS Nº 4.035/87 OS-INPS/SB 053.148/87 LEI Nº 7.604/87 DECRETO-LEI Nº 2.302/86 | | |
|---|---|---|---|---|
| | VALORES MÍNIMOS | SALÁRIO MÍNIMO | MAIOR VALOR DE BENEFÍCIO | UNIDADE SALARIAL |
| SALÁRIO-FAMÍLIA = 98,49 | APOSENTADORIA = 1.872,00<br>PENSÃO = 1.872,00<br>AUX.DOENÇA = 1.872,00 | 1.969,92<br>(01/06/87) | 26.964,00 | 1.498,00 |
| DIB ATÉ 05/87 - INDICE REAJUSTE DE 1,20 (GATILHO) | | | | |

| Cz$ | 37º REAJUSTAMENTO AUTOMÁTICO SET/1987 *(voltar)* | LEGISLAÇÃO: PORTARIA MPAS Nº 2.863/87 OS-INPS/SB 053.160/87 DECRETO Nº 94.815 E 94.816/87 | | |
|---|---|---|---|---|
| SALÁRIO MÍNIMO DE REFERÊNCIA<br>2.062,31 | VALORES MÍNIMOS | PISO NACIONAL DE SALÁRIO | MAIOR VALOR DE BENEFÍCIO | UNIDADE SALARIAL |
| SALÁRIO-FAMÍLIA = 103,11 | APOSENTADORIA = 2.200,00<br>PENSÃO = 2.200,00 | 2.400,00<br>(01/09/87) | 28.233,00 | 1.568,50 |

| DIB | INDICE REAJUSTE | DIB | INDICE REAJUSTE | DIB | INDICE REAJUSTE | DIB | INDICE REAJUSTE |
|---|---|---|---|---|---|---|---|
| 05/87 | 1.0768 | 06/87 | 1.0469 | 07/87 | 1.0469 | 08/87 | 1.0469 |

| Cz$ | 38º REAJUSTAMENTO AUTOMÁTICO OUT/1987 *(voltar)* | LEGISLAÇÃO: PORTARIA MPAS Nº 2.891/87 E 4.107/87 OS-INPS/SB 053.162/87 DECRETO Nº 94.989/87 E 94.990/87 | | |
|---|---|---|---|---|
| SALÁRIO MÍNIMO DE REFERÊNCIA<br>2.159,03 | VALORES MÍNIMOS | PISO NACIONAL DE SALÁRIO | MAIOR VALOR DE BENEFÍCIO | UNIDADE SALARIAL |
| SALÁRIO-FAMÍLIA = 107,95 | APOSENTADORIA = 2.420,00<br>PENSÃO = 2.420,00 | 2.640,00<br>(01/10/87) | 29.565,00 | 1.642,50 |

| DIB | INDICE DE REAJUSTE | DIB | INDICE DE REAJUSTE | DIB | INDICE DE REAJUSTE |
|---|---|---|---|---|---|
| 05/87 | 1.0768 | 07/87 | 1.0469 | 09/87 | 1.0469 |
| 06/87 | 1.0469 | 08/87 | 1.0469 | | |

PREVIDÊNCIA SOCIAL
INSTITUTO NACIONAL DO SEGURO SOCIAL
DIRETORIA DE BENEFÍCIOS

# TABELA DE REAJUSTAMENTO DE BENEFÍCIOS

| **Cz$** | | **39º REAJUSTAMENTO AUTOMÁTICO NOV/1987** *(voltar)* | | **LEGISLAÇÃO: PORTARIA MPAS Nº 2.904/87 E 4.133 /87 OS-INPS/SB 053.164/87 DECRETOS Nº 95.092/87 E 95.093/87** | | |
|---|---|---|---|---|---|---|
| **SALÁRIO-MÍNIMO DE REFERÊNCIA** 2.260,29 | | **VALORES MÍNIMOS** | | **PISO NACIONAL DE SALÁRIO** | **MAIOR VALOR DE BENEFÍCIO** | **UNIDADE SALARIAL** |
| SALÁRIO-FAMÍLIA = 113,01 | | APOSENTADORIA = 2.750.00<br>PENSÃO = 2.750,00 | | 3.000,00<br>(01/11/87) | 30.960,00 | 1.720,00 |
| **DIB** | **INDICE DE REAJUSTE** | **DIB** | **INDICE DE REAJUSTE** | **DIB** | **INDICE DE REAJUSTE** | |
| **05/87** | **1.0768** | **07/87** | **1.0469** | **09/87** | **1.0469** | |
| **06/87** | **1.0469** | **08/87** | **1.0469** | **10/87** | **1.0469** | |

| **Cz$** | | **40º REAJUSTAMENTO AUTOMÁTICO DEZ/1987** *(voltar)* | | **LEGISLAÇÃO: PORTARIA MPAS Nº 2.921/87 E 4.155/87 OS 053.172/87 DECRETOS Nº 95.307/87 E 95.308/87** | | |
|---|---|---|---|---|---|---|
| **SALÁRIO MINIMO DE REFERÊNCIA** 2.550,00 | | **VALORES MÍNIMOS** | | **PISO NACIONAL DE SALÁRIO** | **MAIOR VALOR DE BENEFÍCIO** | **UNIDADE SALARIAL** |
| SALÁRIO-FAMÍLIA = 127,50 | | APOSENTADORIA = 3.300,00<br>PENSÃO = 3.300,00 | | 3.600,00<br>(01/12/87) | 38.820,00 | 1.941,00 |
| **DIB** | **INDICE DE REAJUSTE** | **DIB** | **INDICE DE REAJUSTE** | **DIB** | **INDICE DE REAJUSTE** | |
| **05/87** | **1.1231** | **07/87** | **1.0919** | **09/87** | **1.0919** | |
| **06/87** | **1.0919** | **08/87** | **1.0919** | **10/87** | **1.0919** | |
| **11/87** | **1.0919** | | | | | |

PREVIDÊNCIA SOCIAL
INSTITUTO NACIONAL DO SEGURO SOCIAL
DIRETORIA DE BENEFÍCIOS

# TABELA DE REAJUSTAMENTO DE BENEFÍCIOS

| Cz$ | | 41º REAJUSTAMENTO AUTOMÁTICO JAN/1988 *(voltar)* | | LEGISLAÇÃO: PORTARIA MPAS Nº 4.164/88, SG/2.935/88 OS - 053.174/87 DECRETO Nº 83.080/79, 95.579, 95.580/87 | | |
|---|---|---|---|---|---|---|
| **SALÁRIO MINÍMO DE REFERÊNCIA** 3.060,00 | | **VALORES MÍNIMOS** | | **PISO NACIONAL DE SALÁRIO** | **MAIOR VALOR DE BENEFÍCIO** | **UNIDADE SALARIAL** |
| SALÁRIO-FAMÍLIA =153,00 | | APOSENTADORIA =4.125,00 PENSÃO = 4.125,00 | | 4.500,00 (01/01/88) | 41.940,00 | 2.330,00 |
| **DIB** | **INDICE DE REAJUSTE** | **DIB** | **INDICE DE REAJUSTE** | **DIB** | **INDICE DE REAJUSTE** | |
| **05/87** | **1.1231** | **07/87** | **1.0919** | **09/87** | **1.0919** | |
| **06/87** | **1.0919** | **08/87** | **1.0919** | **10/87** | **1.0919** | |
| **11/87** | **1.0919** | **12/87** | **1.0919** | | | |

| Cz$ | | 42º REAJUSTAMENTO AUTOMÁTICO FEV/1988 *(voltar)* | | LEGISLAÇÃO: PORTARIA MPAS Nº 4.171/88, 4.034/87 OS - 053.178/88 DECRETO Nº 95.686/88 e 95.687/88 | | |
|---|---|---|---|---|---|---|
| **SALÁRIO MINÍMO DE REFERÊNCIA** 3.600,00 | | **VALORES MÍNIMOS** | | **PISO NACIONAL DE SALÁRIO** | **MAIOR VALOR DE BENEFÍCIO** | **UNIDADE SALARIAL** |
| SALÁRIO-FAMÍLIA =180,00 | | APOSENTADORIA = 4.840,00 PENSÃO = 4.840,00 | | 5.280,00 (01/02/88) | 49.320,00 | 2.740,00 |
| **DIB** | **INDICE DE REAJUSTE** | **DIB** | **INDICE DE REAJUSTE** | **DIB** | **INDICE DE REAJUSTE** | |
| **05/87** | **1.1231** | **07/87** | **1.0919** | **09/87** | **1.0919** | |
| **06/87** | **1.0919** | **08/87** | **1.0919** | **10/87** | **1.0919** | |
| **11/87** | **1.0919** | **12/87** | **1.0919** | **01/88** | **1.0919** | |

| PREVIDÊNCIA SOCIAL<br>INSTITUTO NACIONAL DO SEGURO SOCIAL<br>DIRETORIA DE BENEFÍCIOS | **TABELA DE REAJUSTAMENTO DE BENEFÍCIOS** |
|---|---|

| **ESTA TABELA SOMENTE É APLICADA AOS BENEFÍCIOS COM VALOR SUPERIOR AO MÍNIMO E COM APLICAÇÃO DAS TABELAS 35 ATÉ A 43**<br>**Cz$** | | **43º REAJUSTAMENTO AUTOMÁTICO MAR/1988**<br>*(voltar)* | | **LEGISLAÇÃO: PORTARIA MPAS Nº 4.192/88 OS-INPS/SB Nº 053.189/88 DECRETO Nº 95.758/88 E 95.759/88** | |
|---|---|---|---|---|---|
| **SALÁRIO MINIMO DE REFERÊNCIA**<br>4.248,00 | | **VALORES MÍNIMOS** | | **PISO NACIONAL DE SALÁRIO** | **MAIOR VALOR DE BENEFÍCIO** / **UNIDADE SALARIAL** |
| SALÁRIO-FAMÍLIA = 212,40 | | APOSENTADORIA =5.710,00<br>PENSÃO = 5.710,00 | | 6.240,00<br>(01/03/88) | 58.194,00 / 3.233,00 |
| **DIB** | **INDICE DE REAJUSTE** | **DIB** | **INDICE DE REAJUSTE** | **DIB** | **INDICE DE REAJUSTE** |
| **03/87** | **1.8890** | **07/87** | **1.4983** | **11/87** | **1.3596** |
| **04/87** | **1.6514** | **08/87** | **1.4541** | **12/87** | **1.3160** |
| **05/87** | **1.6382** | **09/87** | **1.4312** | **01/88** | **1.2584** |
| **06/87** | **1.8893** | **10/87** | **1.4183** | **02/88** | **1.1800** |

| **INDICE ACUMULADO APLICAVEL SOBRE A RM NA DIB DO BENEFÍCIO. COM A PLICAÇÃO DESTA TABELA NÃO SE UTILIZAM OS REAJUSTES DA 35 ATÉ A 43**<br>**Cz$** | | **43º REAJUSTAMENTO AUTOMÁTICO MAR/88**<br>*(voltar)* | | **LEGISLAÇÃO: PORTARIA MPAS Nº 4.192/88 OS-INPS/SB Nº 053.189/88 DECRETO Nº 95.758/88 E 95.759/88** | |
|---|---|---|---|---|---|
| **SALÁRIO MINÍMO DE REFERÊNCIA**<br>**4.248,00** | | **VALORES MÍNIMOS** | | **PISO NACIONAL DE SALÁRIO** | **MAIOR VALOR TETO** / **UNIDADE SALARIAL** |
| SALÁRIO-FAMÍLIA =212,40 | | APOSENTADORIA =5.710,00<br>PENSÃO = 5.710,00 | | 6.240,00<br>(01/03/88) | 58.194,00 / 3.233,00 |
| **DIB** | **INDICE DE REAJUSTE** | **DIB** | **INDICE DE REAJUSTE** | **DIB** | **INDICE DE REAJUSTE** |
| **03/87** | **4.8112** | **07/87** | **2.2380** | **11/87** | **1.7700** |
| **04/87** | **4.2060** | **08/87** | **2.1720** | **12/87** | **1.5690** |
| **05/87** | **3.4770** | **09/87** | **2.0420** | **01/88** | **1.3740** |
| **06/87** | **2.8220** | **10/87** | **1.9330** | **02/88** | **1.1800** |

PREVIDÊNCIA SOCIAL
INSTITUTO NACIONAL DO SEGURO SOCIAL
DIRETORIA DE BENEFÍCIOS

# TABELA DE REAJUSTAMENTO DE BENEFÍCIOS

<table>
<tr><td>Cz$</td><td>44º REAJUSTAMENTO AUTOMÁTICO ABR/1988<br>(voltar)</td><td colspan="3">LEGISLAÇÃO: PORTARIA /GM 4204/88 OS/INPS/SB 053.193/88 DECRETO Nº 95884/88 95885/88</td></tr>
<tr><td>SALÁRIO MÍNIMO DE REFERÊNCIA<br>4.932,00</td><td>VALORES MÍNIMOS</td><td>PISO NACIONAL DE SALÁRIO</td><td>MAIOR VALOR DE BENEFÍCIO</td><td>UNIDADE SALARIAL</td></tr>
<tr><td>SALÁRIO-FAMÍLIA =246,60</td><td>APOSENTADORIA = 6.645,00<br>PENSÃO = 6.645,00</td><td>7.260,00<br>(01/04/88)</td><td>67.572,00</td><td>3.754,00</td></tr>
<tr><td colspan="2">DIB ATÉ 03/88</td><td colspan="3">INDICE DE REAJUSTE DE 1,1619</td></tr>
</table>

<table>
<tr><td>Cz$</td><td>45º REAJUSTAMENTO AUTOMÁTICO MAI/1988<br>(voltar)</td><td colspan="3">LEGISLAÇÃO: PORTARIA /GM 4.230/88 OS/INPS/SB 053.194/88 DECRETO Nº 95.987 95.988/88</td></tr>
<tr><td>SALÁRIO MÍNIMO DE REFERÊNCIA<br>5.918,00</td><td>VALORES MÍNIMOS</td><td>PISO NACIONAL DE SALÁRIO</td><td>MAIOR VALOR DE BENEFÍCIO</td><td>UNIDADE SALARIAL</td></tr>
<tr><td>SALÁRIO-FAMÍLIA = 295,50</td><td>APOSENTADORIA = 7.972,00<br>PENSÃO = 7.972,00</td><td>8.712,00<br>(01/05/88)</td><td>81.090,00</td><td>4.505,00</td></tr>
<tr><td colspan="2">DIB ATÉ 04/88</td><td colspan="3">INDICE DE REAJUSTE DE 1,1619</td></tr>
</table>

<table>
<tr><td>Cz$</td><td>46º REAJUSTAMENTO AUTOMÁTICO JUNH/1988<br>(voltar)</td><td colspan="3">LEGISLAÇÃO: PORTARIA /GM 4.246/88 OS/INPS/SB 053.205/88 DECRETO Nº 96.107 E 96.108/88</td></tr>
<tr><td>SALÁRIO MÍNIMO DE REFERÊNCIA<br>6.984,00</td><td>VALORES MÍNIMOS</td><td>PISO NACIONAL DE SALÁRIO</td><td>MAIOR VALOR DE BENEFÍCIO</td><td>UNIDADE SALARIAL</td></tr>
<tr><td>SALÁRIO-FAMÍLIA = 349,20</td><td>APOSENTADORIA =9.487,00<br>PENSÃO = 9.487,00</td><td>10.368,00<br>(01/06/88)</td><td>95.706,00</td><td>5.317,00</td></tr>
<tr><td colspan="2">DIB ATÉ 05/88</td><td colspan="3">INDICE DE REAJUSTE DE 1,1768</td></tr>
</table>

| PREVIDÊNCIA SOCIAL<br>INSTITUTO NACIONAL DO SEGURO SOCIAL<br>DIRETORIA DE BENEFÍCIOS | **TABELA DE REAJUSTAMENTO DE BENEFÍCIOS** |
|---|---|

| **Cz$** | **47º REAJUSTAMENTO AUTOMÁTICO JULH/1988** *(voltar)* | **LEGISLAÇÃO: PORTARIA /GM 4256 E 4263/88 OS/INPS/SB 053.206/88 DECRETO Nº 96235 E 96236/88** | | |
|---|---|---|---|---|
| **SALÁRIO MÍNIMO DE REFERÊNCIA** 8.376,00 | **VALORES MÍNIMOS** | **PISO NACIONAL DE SALÁRIO** | **MAIOR VALOR DE BENEFÍCIO** | **UNIDADE SALARIAL** |
| SALÁRIO-FAMÍLIA = 418,80 | APOSENTADORIA = 11.387,00<br>PENSÃO = 11.387,00 | 12.444,00<br>(01/07/88) | 114.786,00 | 6.377,00 |
| DIB ATÉ 06/88 | INDICE DE REAJUSTE DE 1,1768 | | | |

| **Cz$** | **48º REAJUSTAMENTO AUTOMÁTICO AGO/1988** *(voltar)* | **LEGISLAÇÃO: PORTARIA /GM 4.306/88 OS/INPS/SB 053.212/88 DECRETO Nº 96.442 E 96.443/88** | | |
|---|---|---|---|---|
| **SALÁRIO MÍNIMO DE REFERÊNCIA** 10.464,00 | **VALORES MÍNIMOS** | **PISO NACIONAL DE SALÁRIO** | **MAIOR VALOR DE BENEFÍCIO** | **UNIDADE SALARIAL** |
| SALÁRIO-FAMÍLIA = 523,20 | APOSENTADORIA =14.230,00<br>PENSÃO = 14.230,00 | 15.552,00<br>(01/08/88) | 143.406,00 | 7.967,00 |
| DIB ATÉ 07/88 | INDICE DE REAJUSTE DE 1,1768 | | | |

| **Cz$** | **49º REAJUSTAMENTO AUTOMÁTICO SET/1988** *(voltar)* | **LEGISLAÇÃO: PORTARIA/GM/MPAS 4.320 /88 OS/INPS/SB 053.220/88 DECRETO Nº 96.625 E 96.626/88** | | |
|---|---|---|---|---|
| **SALÁRIO MÍNIMO DE REFERÊNCIA** 12.702,00 | **VALORES MÍNIMOS** | **PISO NACIONAL DE SALÁRIO** | **MAIOR VALOR DE BENEFÍCIO** | **UNIDADE SALARIAL** |
| SALÁRIO-FAMÍLIA = 635,10 | APOSENTADORIA = 17.348,00<br>PENSÃO = 17.348,00 | 18.960,00<br>(01/09/88) | 174.078,00 | 9.671,00 |
| DIB ATÉ 08/88 | INDICE DE REAJUSTE DE 1,2139 | | | |

| PREVIDÊNCIA SOCIAL<br>INSTITUTO NACIONAL DO SEGURO SOCIAL<br>DIRETORIA DE BENEFÍCIOS | **TABELA DE REAJUSTAMENTO DE BENEFÍCIOS** |
|---|---|

| **Cz$** | **50º REAJUSTAMENTO AUTOMÁTICO OUT/1988** *(voltar)* | **LEGISLAÇÃO: PORTARIA/GM/MPAS 4.342 /88 OS/INPS/SB 053.227/88 DECRETOS Nº 96.857 E 96.858/88** | | |
|---|---|---|---|---|
| **SALÁRIO MÍNIMO DE REFERÊNCIA** 15.756,00 | **VALORES MÍNIMOS** | **PISO NACIONAL DE SALÁRIO** | **MAIOR VALOR DE BENEFÍCIO** | **UNIDADE SALARIAL** |
| SALÁRIO-FAMÍLIA = 787,80 | APOSENTADORIA =21.685,00<br>PENSÃO = 21.685,00 | 23.700,00<br>(01/10/88) | 215.928,00 | 11.996,00 |
| DIB ATÉ 09/88 | INDICE DE REAJUSTE DE 1,2139 | | | |

| **Cz$** | **51º REAJUSTAMENTO AUTOMÁTICO NOV/1988** *(voltar)* | **LEGISLAÇÃO: PORTARIA/GM/MPAS 4.359 /88 OS/INPS/SB 053.228/88 DECRETOS Nº 97.024 E 97.025/88** | | |
|---|---|---|---|---|
| **SALÁRIO MÍNIMO DE REFERÊNCIA** 20.476,00 | **VALORES MÍNIMOS** | **PISO NACIONAL DE SALÁRIO** | **MAIOR VALOR DE BENEFÍCIO** | **UNIDADE SALARIAL** |
| SALÁRIO-FAMÍLIA = 1.023,80 | APOSENTADORIA = 28.182,00<br>PENSÃO =28.182,00 | 30.800,00<br>(01/11/88) | 280.620,00 | 15.590,00 |
| DIB ATÉ 10/88 | INDICE DE REAJUSTE DE 1,2139 | | | |

| **Cz$** | **52º REAJUSTAMENTO AUTOMÁTICO DEZ/1988** *(voltar)* | **LEGISLAÇÃO: PORTARIA/GM/MPAS 4.372 /88 OS/INPS/SB 053.235/88 DECRETOS Nº 97.151 E 97.152/88** | | |
|---|---|---|---|---|
| **SALÁRIO MÍNIMO DE REFERÊNCIA** 25.595,00 | **VALORES MÍNIMOS** | **PISO NACIONAL DE SALÁRIO** | **MAIOR VALOR DE BENEFÍCIO** | **UNIDADE SALARIAL** |
| SALÁRIO-FAMÍLIA = 1.279,75 | APOSENTADORIA = 36.989,00<br>PENSÃO = 36.989,00 | 40.425,00<br>(01/12/88) | 350.784,00 | 19.488,00 |
| DIB ATÉ 11/88 | INDICE DE REAJUSTE DE 1,2605 | | | |

| PREVIDÊNCIA SOCIAL<br>INSTITUTO NACIONAL DO SEGURO SOCIAL<br>DIRETORIA DE BENEFÍCIOS | TABELA DE REAJUSTAMENTO DE BENEFÍCIOS |
|---|---|

| Cz$ | 53º REAJUSTAMENTO AUTOMÁTICO<br>JAN/1989<br>*(voltar)* | LEGISLAÇÃO:<br>PORTARIA/GM/MPAS 4.390 /88<br>OS/INPS/SB 053.236/89<br>DECRETOS Nº 97.385 97.386/88 | | |
|---|---|---|---|---|
| SALÁRIO MÍNIMO DE REFERÊNCIA<br>31.866,00 | VALORES MÍNIMOS | PISO NACIONAL DE SALÁRIO | MAIOR VALOR DE BENEFÍCIO | UNIDADE SALARIAL |
| SALÁRIO-FAMÍLIA = 1.593,30 | APOSENTADORIA = 49.752,00<br>PENSÃO = 49.752,00 | 54.374,00<br>(01/01/89) | 436.734,00 | 24.263,00 |
| DIB ATÉ 12/88 | INDICE DE REAJUSTE DE 1,2605 | | | |

| NCz$ | 54º REAJUSTAMENTO AUTOMÁTICO<br>FEV/1989<br>*(voltar)* | LEGISLAÇÃO:<br>PORTARIA/GM/MPAS 4.405 /89<br>OS/INPS/SB 053.245/89<br>DECRETOS Nº 97.453 97.454/89 | | |
|---|---|---|---|---|
| SALÁRIO MÍNIMO DE REFERÊNCIA<br>36,74 | VALORES MÍNIMOS | PISO NACIONAL DE SALÁRIO | MAIOR VALOR DE BENEFÍCIO | UNIDADE SALARIAL |
| SALÁRIO-FAMÍLIA = 1,84 | APOSENTADORIA = 58,47<br>PENSÃO = 58,47 | 63,90<br>(01/02/79) | 503,46 | 27,97 |

| DIB | INDICE REAJUSTE | DIB | INDICE REAJUSTE | DIB | INDICE REAJUSTE |
|---|---|---|---|---|---|
| 03/87 | 1.1037 | 11/87 | 1.1599 | 07/88 | 1.0878 |
| 04/87 | 1.1235 | 12/87 | 1.1663 | 08/88 | 1.0708 |
| 05/87 | 1.1247 | 01/88 | 1.1754 | 09/88 | 1.0525 |
| 06/87 | 1.1057 | 02/88 | 1.1713 | 10/88 | 1.0300 |
| 07/87 | 1.1420 | 03/88 | 1.1599 | 11/88 | 1.0109 |
| 08/87 | 1.1473 | 04/88 | 1.1436 | 12/88 | 1.0000 |
| 09/87 | 1.1502 | 05/88 | 1.1274 | 01/89 | 1.0000 |
| 10/87 | 1.1519 | 06/88 | 1.1090 | | |

OBS: VALORES EXPRESSOS EM CRUZADOS NOVOS.

PREVIDÊNCIA SOCIAL
INSTITUTO NACIONAL DO SEGURO SOCIAL
DIRETORIA DE BENEFÍCIOS

# TABELA DE REAJUSTAMENTO DE BENEFÍCIOS

| NCr$ | 55º REAJUSTAMENTO AUTOMÁTICO MAR/1989 *(voltar)* | LEGISLAÇÃO: PORTARIA/GM/MPAS 4.418 /89 OS/INPS/SB 053.255/89 DECRETOS Nº 97.453 97.454/89 | | |
|---|---|---|---|---|
| **SALÁRIO MÍNIMO DE REFERÊNCIA** 36,74 | **VALORES MÍNIMOS** | **PISO NACIONAL DE SALÁRIO** | **MAIOR VALOR DE BENEFÍCIO** | **UNIDADE SALARIAL** |
| SALÁRIO-FAMÍLIA = 1,84 | APOSENTADORIA = 58,47 PENSÃO =58,47 | 63,90 (01/03//89 | 503,46 | 27,97 |
| DIB ATÉ 12/88 | INDICE DE REAJUSTE DE 1,0243 | | | |

| NCr$ | 56º REAJUSTAMENTO AUTOMÁTICO ABR/1989 *(voltar)* | LEGISLAÇÃO: PORTARIA/GM/MPAS 4.438 /89 OS/INPS/SB 053.257 E 262/89 DECRETOS Nº 97.453 97.454/89 | | |
|---|---|---|---|---|
| **SALÁRIO MÍNIMO DE REFERÊNCIA** 36,74 | **VALORES MÍNIMOS** | **PISO NACIONAL DE SALÁRIO** | **MAIOR VALOR DE BENEFÍCIO** | **UNIDADE SALARIAL** |
| SALÁRIO-FAMÍLIA = 1,84 | APOSENTADORIA = 58,47 PENSÃO =58,47 | 63,90 (01/04/89) | 503,46 | 27,97 |
| **DIB** | **ÍNDICE DE REAJUSTE** | | | |
| **ATÉ 05/10/88** | **CONVERSÃO EM S.M. (ARTIGO 58)** | | | |
| **DE 06/10/88 A 31/12/88** | **1,1870** | | | |

| NCz$ | 57º - REAJUSTAMENTO AUTOMÁTICO MAI/1989 *(voltar)* | LEGISLAÇÃO: PORTARIA/GM/MPAS 4448 /89 OS/INPS/SB 053.262/89 DECRETOS Nº 97.453 97.454/89 | | |
|---|---|---|---|---|
| **SALÁRIO MÍNIMO DE REFERÊNCIA** 46,80 | **VALORES MÍNIMOS** | **PISO NACIONAL DE SALÁRIO** | **MAIOR VALOR DE BENEFÍCIO** | **UNIDADE SALARIAL** |
| SALÁRIO-FAMÍLIA = 4,07 | APOSENTADORIA = 74,48 PENSÃO =74,48 | 81,40 (01/05/89) | 648,00 | 36,00 |
| DIB ATÉ 05/10/88 | CONVERSÃO EM S.M. (ARTIGO 58) | | | |

| PREVIDÊNCIA SOCIAL<br>INSTITUTO NACIONAL DO SEGURO SOCIAL<br>DIRETORIA DE BENEFÍCIOS | TABELA DE REAJUSTAMENTO DE BENEFÍCIOS |
|---|---|

| NCz$ | 58º REAJUSTAMENTO AUTOMÁTICO JUNH/1989 *(voltar)* | LEGISLAÇÃO: PORTARIA/GM/MPAS 4.490 /89 OS/INPS/SB 053.270/89 LEI Nº 7.604/87 E 7.787/89 | | |
|---|---|---|---|---|
| SALÁRIO MÍNIMO DE REFERÊNCIA 46,80 | VALORES MÍNIMOS | PISO NACIONAL DE SALÁRIO | MAIOR VALOR DE BENEFÍCIO | UNIDADE SALARIAL |
| SALÁRIO-FAMÍLIA 4,07 | APOSENTADORIA = 74,48<br>PENSÃO =74,48 | 120,00<br>INSS usou 81,40<br>(01/06/89) | 648,00 | 36,00 |

| DIB | ÍNDICE DE REAJUSTE |
|---|---|
| ATÉ 05/10/88 | CONVERSÃO EM S.M. (ARTIGO 58) |
| DE 06/10/88 A 28/02/89 | 1,2967 |
| 03/89 | 1,2516 |
| 04/89 | 1,1798 |
| 05/89 | 1,0994 |

| NCz$ | 59º REAJUSTAMENTO AUTOMÁTICO JULH/1989 *(voltar)* | LEGISLAÇÃO: PORTARIA/GM/MPAS 4.489 /89 OS/INPS/SB 053.271/89 DECRETO Nº 97.915/89 | | |
|---|---|---|---|---|
| SALÁRIO MÍNIMO DE REFERÊNCIA | VALORES MÍNIMOS | SALÁRIO MÍNIMO | MAIOR VALOR DE BENEFÍCIO | UN IDADE SALARIAL |
| SALÁRIO-FAMÍLIA = 7,49 | APOSENTADORIA = 137,07<br>PENSÃO =137,07 | 149,80<br>(01/07/89) | 1.350,00 | 75,00 |

| DIB | ÍNDICE DE REAJUSTE |
|---|---|

| NCz$ | 60º REAJUSTAMENTO AUTOMÁTICO AGO/1989 *(voltar)* | LEGISLAÇÃO: PORTARIA/GM/MPAS 4.498 /89 OS/INPS/SB 053.277/89 DECRETOS Nº 97.968 E 98.003/89 | | |
|---|---|---|---|---|
| SALÁRIO MÍNIMO DE REFERÊNCIA | VALORES MÍNIMOS | SALÁRIO MÍNIMO | MAIOR VALOR DE BENEFÍCIO | UNIDADE SALARIAL |
| SALÁRIO-FAMÍLIA = 7,49 | APOSENTADORIA = 183,24<br>PENSÃO =183,24 | 192,88<br>(01/08/89) | 1.738,26 | 96,57 |

| DIB | ÍNDICE DE REAJUSTE |
|---|---|
| ATÉ 05/10/88 | CONVERSÃO EM S.M. (ARTIGO 58) |
| DE 06/10/88 A 31/07/89 | 1,2876 |

PREVIDÊNCIA SOCIAL
INSTITUTO NACIONAL DO SEGURO SOCIAL
DIRETORIA DE BENEFÍCIOS

# TABELA DE REAJUSTAMENTO DE BENEFÍCIOS

<table>
<tr><td rowspan="2">NCz$</td><td>61º REAJUSTAMENTO AUTOMÁTICO<br>SET/1989<br>(voltar)</td><td colspan="3">LEGISLAÇÃO:<br>PORTARIA/GM/MPAS 4.511 /89<br>OS/INPS/SB 053.282/89<br>DECRETOS Nº 97.968 E 98.003/89</td></tr>
<tr><td>VALORES MÍNIMOS</td><td>SALÁRIO MÍNIMO</td><td>MAIOR VALOR DE BENEFÍCIO</td><td>UNIDADE SALARIAL</td></tr>
<tr><td>SALÁRIO-FAMÍLIA= 7,49</td><td>APOSENTADORIA = 237,01<br>PENSÃO =237,01</td><td>249,48<br>(01/09/89)</td><td>2.248,20</td><td>124,90</td></tr>
<tr><td colspan="2">DIB</td><td colspan="3">INDICE DE REAJUSTE</td></tr>
<tr><td colspan="2">DIB ATÉ 05/10/88</td><td colspan="3">CONVERSÃO EM S.M. (ARTIGO 58)</td></tr>
<tr><td colspan="2">DIB DE 06/10/88 A 31/08/89</td><td colspan="3">ÍNDICE DE REAJUSTE DE 1,2934</td></tr>
</table>

<table>
<tr><td rowspan="2">NCz$</td><td>62º REAJUSTAMENTO AUTOMÁTICO<br>OUT/1989<br>(voltar)</td><td colspan="3">LEGISLAÇÃO:<br>PORTARIA/GM/MPAS 4535 /89<br>OS/INPS/SB 053.286/89<br>DECRETOS Nº 98211/89</td></tr>
<tr><td>VALORES MÍNIMOS</td><td>SALÁRIO MÍNIMO</td><td>MAIOR VALOR DE BENEFÍCIO</td><td>UNIDADE SALARIAL</td></tr>
<tr><td>SALÁRIO-FAMÍLIA = 7,49</td><td>APOSENTADORIA = 362,64<br>PENSÃO −362,64</td><td>381,73<br>(01/10/89)</td><td>3.056,40</td><td>169,80</td></tr>
<tr><td colspan="2">DIB</td><td colspan="3">ÍNDICE DE REAJUSTE</td></tr>
<tr><td colspan="2">ATÉ 05/10/88</td><td colspan="3">CONVERSÃO EM S.M. (ARTIGO 58)</td></tr>
<tr><td colspan="2">DE 06/10/88 A 30/09/89</td><td colspan="3">1.3595</td></tr>
</table>

<table>
<tr><td rowspan="2">NCz$</td><td>63º REAJUSTAMENTO AUTOMÁTICO<br>NOV/1989<br>(voltar)</td><td colspan="3">LEGISLAÇÃO:<br>LEIS 7604/87, 7.787/89E 7.789/89<br>PORT./GM/MPAS 4.547/89<br>OS/INPS/SB 053.290/89 IAPAS/236/89<br>DECRETOS Nº 98.211/89, ART.58 ADCT</td></tr>
<tr><td>VALORES MÍNIMOS</td><td>SALÁRIO MÍNIMO</td><td>MAIOR VALOR DE BENEFÍCIO</td><td>UNIDADE SALARIAL</td></tr>
<tr><td>SALÁRIO-FAMÍLIA = 8,89</td><td>APOSENTADORIA =529,46<br>PENSÃO =529,46</td><td>557,33<br>(01/11/89)</td><td>4.206,42</td><td>233,69</td></tr>
<tr><td colspan="2">DIB</td><td colspan="3">ÍNDICE DE REAJUSTE</td></tr>
<tr><td colspan="2">ATÉ 05/10/88</td><td colspan="3">CONVERSÃO EM S.M. (ARTIGO 58)</td></tr>
<tr><td colspan="2">DE 06/10/88 A 31/10/89</td><td colspan="3">1,3762</td></tr>
</table>

| PREVIDÊNCIA SOCIAL<br>INSTITUTO NACIONAL DO SEGURO SOCIAL<br>DIRETORIA DE BENEFÍCIOS | TABELA DE REAJUSTAMENTO DE BENEFÍCIOS |
|---|---|

| NCz$ | 64º REAJUSTAMENTO AUTOMÁTICO DEZ/1989 *(voltar)* | LEGISLAÇÃO: LEIS 7604/87, 7.787/89E 7.789/89 PORT./GM/MPAS 4.561/89 OS/INPS/SB 053.296/89 IAPAS/245/89 DECRETOS Nº 98.211/89, ART.58 ADCT | | |
|---|---|---|---|---|
| | VALORES MÍNIMOS | SALÁRIO MÍNIMO | MAIOR VALOR DE BENEFÍCIO | UNIDAE SALARIAL |
| SALÁRIO-FAMÍLIA= 12,57 | APOSENTADORIA = 748,77<br>PENSÃO =748,77 | 788,18<br>(01/12/89) | 5.948,64 | 330,48 |

| DIB | ÍNDICE DE REAJUSTE |
|---|---|
| ATÉ 05/10/88 | CONVERSÃO EM S.M. (ARTIGO 58) |
| DE 06/10/88 A 30/11/89 | 1,4142 |

| NCz$ | 65º REAJUSTAMENTO AUTOMÁTICO JAN/1990 *(voltar)* | LEGISLAÇÃO: LEIS 7604/87, 7.787/89E 7.789/89 PORT./GM/MPAS 4.561/89 OS/INPS/SB 053.296/89 IAPAS/245/89 DECRETOS Nº 98.211/89, ART.58 ADCT | | |
|---|---|---|---|---|
| | VALORES MÍNIMOS | SALÁRIO MÍNIMO | MAIOR VALOR DE BENEFÍCIO | UNIDADE SALARIAL |
| SALÁRIO-FAMÍLIA = 19,30 | APOSENTADORIA = 1.219,75<br>PENSÃO =1.219,75 | 1.283,95<br>(01/01/90) | 9.134,00 | 507,45 |

| DIB | ÍNDICE DE REAJUSTE |
|---|---|
| ATÉ 05/10/88 | CONVERSÃO EM S.M. (ARTIGO 58) |
| DE 06/10/88 A 31/12/89 | 1,5355 |

| PREVIDÊNCIA SOCIAL<br>INSTITUTO NACIONAL DO SEGURO SOCIAL<br>DIRETORIA DE BENEFÍCIOS | TABELA DE REAJUSTAMENTO DE BENEFÍCIOS |
|---|---|

| NCz$ | 66º REAJUSTAMENTO AUTOMÁTICO FEV/1990 *(voltar)* | LEGISLAÇÃO: LEIS 7604/87, 7.787/89E 7.789/89 PORT./GM/MPAS 4.594/90 OS/INPS/SB 053.308/90 IAPAS/250/90 DECRETOS Nº 98.900/89, ART.58 ADCT | | |
|---|---|---|---|---|
| | VALORES MÍNIMOS | SALÁRIO MÍNIMO | MAIOR VALOR DE BENEFÍCIO | UNIDADE SALARIAL |
| SALÁRIO-FAMÍLIA= 30,13 | APOSENTADORIA = 1.904,15<br>PENSÃO =1.904,15 | 2.004,37<br>(01/02/90) | 14.059,24 | 792,18 |

| DIB | ÍNDICE DE REAJUSTE |
|---|---|
| ATÉ 05/10/88 | CONVERSÃO EM S.M. (ARTIGO 58) |
| DE 06/10/88 A 31/01/90 | 1,5611 |

| Cr$ | 67º REAJUSTAMENTO AUTOMÁTICO MAR/1990 *(voltar)* | LEGISLAÇÃO: LEIS 7604/87, 7.787/89E 7.789/89 PORT./GM/MPAS 4.611/90 OS/INPS/SB 053.314/90 IAPAS/255/90 DECRETOS Nº 98.900/89, ART.58 ADCT | | |
|---|---|---|---|---|
| | VALORES MÍNIMOS | SALÁRIO MÍNIMO | MAIOR VALOR DE BENEFÍCIO | UNIDADE SALARIAL |
| SALÁRIO-FAMÍLIA = 52,06 | APOSENTADORIA = 3.490,36<br>PENSÃO =3.490,36 | 3.674,06<br>(01/03/90) | 24.637,32 | 1.368,74 |

| DIB | ÍNDICE DE REAJUSTE |
|---|---|
| ATÉ 05/10/88 | CONVERSÃO EM S.M. (ARTIGO 58) |
| DE 06/10/88 A 28/02/90 | 1,7278 |

| PREVIDÊNCIA SOCIAL<br>INSTITUTO NACIONAL DO SEGURO SOCIAL<br>DIRETORIA DE BENEFÍCIOS | **TABELA DE REAJUSTAMENTO DE BENEFÍCIOS** |
|---|---|

<table>
<tr><td rowspan="2">Cr$</td><td>68º REAJUSTAMENTO AUTOMÁTICO JUNH/1990<br>(voltar)</td><td colspan="3">LEGISLAÇÃO:<br>LEIS 7.604/87, 8.030/90<br>PORT./GM/MPAS 3.387,3.407 E 3.408/90<br>OS/INPS/SB 053.328/90<br>PT-MF/MPL 289/90, ART 58 DCT</td></tr>
<tr><td>VALORES MÍNIMOS</td><td>SALÁRIO MÍNIMO</td><td>MAIOR VALOR DE BENEFÍCIO</td><td>UNIDADE SALARIAL</td></tr>
<tr><td>SALÁRIO-FAMÍLIA = 54,86</td><td>APOSENTADORIA = 3.664,87<br>PENSÃO =3.664,87</td><td>3.857,76<br>(01/06/90)</td><td>25.962,84</td><td>1.442,38</td></tr>
<tr><td colspan="2">DIB</td><td colspan="3">ÍNDICE DE REAJUSTE</td></tr>
<tr><td colspan="2">ATÉ 05/10/88</td><td colspan="3">CONVERSÃO EM S.M. (ARTIGO 58)</td></tr>
<tr><td colspan="2">DE 06/10/88 A 31/05/90</td><td colspan="3">1,0538</td></tr>
</table>

<table>
<tr><td rowspan="2">Cr$</td><td>69º REAJUSTAMENTO AUTOMÁTICO JULH/1990<br>(voltar)</td><td colspan="3">LEGISLAÇÃO:<br>LEIS 7.604/87, 8.030/90<br>PORT./GM/MTPS 3.501,3.513 E 3.514/90<br>OS/INPS/SB 053.331/90<br>PT-MF/MPL 415/90, ART.58 ADCT</td></tr>
<tr><td>VALORES MÍNIMOS</td><td>SALÁRIO MÍNIMO</td><td>MAIOR VALOR DE BENEFÍCIO</td><td>UNIDADE SALARIAL</td></tr>
<tr><td>SALÁRIO-FAMÍLIA = 69,75</td><td>APOSENTADORIA = 4.659,52<br>PENSÃO = 4.659,52</td><td>4.904,76<br>(01/07/90)</td><td>33.008,94</td><td>1.833,83</td></tr>
<tr><td colspan="2">DIB</td><td colspan="3">ÍNDICE DE REAJUSTE</td></tr>
<tr><td colspan="2">ATÉ 05/10/88</td><td colspan="3">CONVERSÃO EM S.M. (ARTIGO 58)</td></tr>
<tr><td colspan="2">DE 06/10/88 A 30/06/90</td><td colspan="3">1,2714</td></tr>
</table>

PREVIDÊNCIA SOCIAL

INSTITUTO NACIONAL DO SEGURO SOCIAL
DIRETORIA DE BENEFÍCIOS

# TABELA DE REAJUSTAMENTO DE BENEFÍCIOS

| Cr$ | 70º REAJUSTAMENTO AUTOMÁTICO AGO/1990 *(voltar)* | LEGISLAÇÃO: LEIS 7.604/87, 8.030/90 PORT./GM/MTPS 3.557,3.559 E 3.561/90 OS/INPS/SB 053.332/90 PT-MF/MPL 429/90, ART.58 ADCT | | |
|---|---|---|---|---|
| | VALORES MÍNIMOS | SALÁRIO MÍNIMO | MAIOR VALOR DE BENEFÍCIO | UNIDADE SALARIAL |
| SALÁRIO-FAMÍLIA= 74,00 | APOSENTADORIA = 4.943,29<br>PENSÃO = 4.943,29 | 5.203,46<br>(01/08/90) | 35.019,36 | 1.945,52 |

| DIB | ÍNDICE DE REAJUSTE |
|---|---|
| ATÉ 05/10/88 | CONVERSÃO EM S.M. (ARTIGO 58) |
| DE 06/10/88 A 31/07/90 | 1,0609 |

| Cr$ | 71º REAJUSTAMENTO AUTOMÁTICO SET/1990 *(voltar)* | LEGISLAÇÃO: LEIS 7.604/87, 8.030/90 PORT./GM/MTPS 3.588,3.590 E 3.592/90 OS/INSS/DB-02/90 PT-MF/MPL 512/90, ART.58 ADCT | | |
|---|---|---|---|---|
| | VALORES MÍNIMOS | SALÁRIO MÍNIMO | MAIOR VALOR DE BENEFÍCIO | UNIDADE SALARIAL |
| SALÁRIO-FAMÍLIA= 86,13 | APOSENTADORIA =5.753,49<br>PENSÃO =5.753,49 | 6.056,31<br>(01/09/90) | 40.759,02 | 2.264,39 |

| DIB | ÍNDICE DE REAJUSTE |
|---|---|
| ATÉ 05/10/88 | CONVERSÃO EM S.M. (ARTIGO 58) |
| DE 06/10/88 A 31/08/90 | 1,1639 |

<table>
<tr><td>PREVIDÊNCIA SOCIAL<br>INSTITUTO NACIONAL DO SEGURO SOCIAL<br>DIRETORIA DE BENEFÍCIOS</td><td>TABELA DE REAJUSTAMENTO DE BENEFÍCIOS</td></tr>
</table>

<table>
<tr><td rowspan="2">Cr$</td><td>72º REAJUSTAMENTO AUTOMÁTICO OUT/1990<br>(voltar)</td><td colspan="3">LEGISLAÇÃO:<br>LEIS 7604/87, 8.030/90<br>PORT./GM/MTPS 3.628,3.639 E 3.641/90<br>OS/INSS/DB-03/90<br>PT-MF/MPL 561/90, ART.58 ADCT</td></tr>
<tr><td>VALORES MÍNIMOS</td><td>SALÁRIO MÍNIMO</td><td>MAIOR VALOR DE BENEFÍCIO</td><td>UNIDADE SALARIAL</td></tr>
<tr><td>SALÁRIO-FAMÍLIA= 91,38</td><td>APOSENTADORIA =6.103,88<br>PENSÃO =6.103,88</td><td>6.425,14<br>(01/10/90)</td><td>43.241,22</td><td>2.402,29</td></tr>
<tr><td colspan="2">DIB</td><td colspan="3">ÍNDICE DE REAJUSTE</td></tr>
<tr><td colspan="2">ATÉ 05/10/88</td><td colspan="3">CONVERSÃO EM S.M. (ARTIGO 58)</td></tr>
<tr><td colspan="2">DE 06/10/88 A 30/09/90</td><td colspan="3">1,0609</td></tr>
</table>

<table>
<tr><td rowspan="2">Cr$</td><td>73º REAJUSTAMENTO AUTOMÁTICO NOV/1990<br>(voltar)</td><td colspan="3">LEGISLAÇÃO:<br>LEIS 7.604/87 E 8.030/90<br>PORT./GM/MTPS 3.719,3.725,3.726/90<br>OS/INSS/DB-07/90<br>PT-MF/MPL 631/90, ART.58 ADCT</td></tr>
<tr><td>VALORES MÍNIMOS</td><td>SALÁRIO MÍNIMO</td><td>MAIOR VALOR TETO</td><td>UNIDADE SALARIAL</td></tr>
<tr><td>SALÁRIO-FAMÍLIA= 118,47</td><td>APOSENTADORIA =7.913,07<br>PENSÃO =7.913,07</td><td>8.329,55<br>(01/11/90)</td><td>56.057,94</td><td>3.461,00</td></tr>
<tr><td colspan="2">DIB</td><td colspan="3">ÍNDICE DE REAJUSTE</td></tr>
<tr><td colspan="2">ATÉ 05/10/88</td><td colspan="3">CONVERSÃO EM S.M. (ARTIGO 58)</td></tr>
<tr><td colspan="2">DE 06/10/88 A 31/10/90</td><td colspan="3">1,2964</td></tr>
</table>

PREVIDÊNCIA SOCIAL
INSTITUTO NACIONAL DO SEGURO SOCIAL
DIRETORIA DE BENEFÍCIOS

# TABELA DE REAJUSTAMENTO DE BENEFÍCIOS

<table>
<tr><td rowspan="2">Cr$</td><td>74º REAJUSTAMENTO<br>AUTOMÁTICO<br>DEZ/1990<br>(voltar)</td><td colspan="3">LEGISLAÇÃO:<br>LEIS 7.604/87 E 8.030/90<br>DECRETO 83.080/79<br>PORT./GM/MTPS 3.787,3.789 E 3.790/90<br>OS/INSS/DB-13/90<br>PT-MF/MPL 729/90, ART.58 ADCT</td></tr>
<tr><td>VALORES MÍNIMOS</td><td>SALÁRIO MÍNIMO</td><td>MAIOR VALOR DE BENEFÍCIO</td><td>UNIDADE SALARIAL</td></tr>
<tr><td>SALÁRIO-FAMÍLIA= 125,68</td><td>APOSENTADORIA =8.394,98<br>PENSÃO =8.394,98</td><td>8.836,82<br>(01/12/90)</td><td>59.471,82</td><td>3.303,99</td></tr>
</table>

| DIB | ÍNDICE DE REAJUSTE |
|---|---|
| ATÉ 05/10/88 | CONVERSÃO EM S.M. (ARTIGO 58) |
| DE 06/10/88 A 30/11/90 | 1,0609 |

<table>
<tr><td rowspan="2">Cr$</td><td>75º REAJUSTAMENTO<br>AUTOMÁTICO<br>JAN/1991<br>(voltar)</td><td colspan="3">LEGISLAÇÃO:<br>LEIS 7.604/87 E 8.030/90<br>DECRETO 83.080/79<br>PORT./GM/MPAS 3.828,3.014 E 3.015/91<br>OS/INSS/DB-01/91<br>PT-MF/MPL 854/90, ART.58 ADCT</td></tr>
<tr><td>VALORES MÍNIMOS</td><td>SALÁRIO MÍNIMO</td><td>MAIOR VALOR DE BENEFÍCIO</td><td>UNIDADE SALARIAL</td></tr>
<tr><td>SALÁRIO-FAMÍLIA= 175,30</td><td>APOSENTADORIA =11.709,32<br>PENSÃO =11.709,32</td><td>12.325,60<br>(01/01/91)</td><td>82.951,38</td><td>4.608,41</td></tr>
</table>

| DIB | ÍNDICE DE REAJUSTE |
|---|---|
| ATÉ 05/10/88 | CONVERSÃO EM S.M. (ARTIGO 58) |
| DE 06/10/88 A 31/12/90 | 1,3948 |

| PREVIDÊNCIA SOCIAL<br>INSTITUTO NACIONAL DO SEGURO SOCIAL<br>DIRETORIA DE BENEFÍCIOS | **TABELA DE REAJUSTAMENTO DE BENEFÍCIOS** |
|---|---|

| Cr$ | **76º REAJUSTAMENTO AUTOMÁTICO FEV/1991** *(voltar)* | **LEGISLAÇÃO: LEIS 7.604/87, 8.030/90 PORT./GM/MPAS 3.076/90,3.075/91 OS/INSS/DB-03/91-ART58 DCT PT-MF/MPL 294 E 295/91,** | | |
|---|---|---|---|---|
| | **VALORES MÍNIMOS** | **SALÁRIO MÍNIMO** | **MAIOR VALOR DE BENEFÍCIO** | **UNIDADE SALARIAL** |
| SALÁRIO-FAMÍLIA= 226,07 | APOSENTADORIA =15.100,69<br>PENSÃO =15.100,69 | 15.895,46<br>(01/02/91) | 106.974,00 | 5.943,00 |

| **DIB** | **ÍNDICE DE REAJUSTE** |
|---|---|
| **ATÉ 05/10/88** | **CONVERSÃO EM S.M. (ARTIGO 58)** |
| **DE 06/10/88 A 31/01/91** | **1,2896** |

| Cr$ | **77º REAJUSTAMENTO AUTOMÁTICO MAR/1991** *(voltar)* | **LEGISLAÇÃO: PORT./GM/MTPS 3.111/91 E 3.112/91 OS/INSS/DB-07/91-ART58 DCT LEIS 7.604/87, 8.177/91 E 8.178/91 OS 07/91** | | |
|---|---|---|---|---|
| | **VALORES MÍNIMOS** | **SALÁRIO MÍNIMO** | **MAIOR VALOR DE BENEFÍCIO** | **UNIDADE SALARIAL** |
| SALÁRIO-FAMÍLIA= 241,78 | APOSENTADORIA =16.150,00<br>PENSÃO =16.150,00 | 17.000,00<br>(01/03/91) | 114.408,72 | 6.356,04 |

| **DIB** | **ÍNDICE DE REAJUSTE** |
|---|---|
| **ATÉ 05/10/88** | **CONVERSÃO EM S.M. (ARTIGO 58)** |
| **DE 06/10/88 A 28/02/91** | **1,0695** |

**OBS: A partir de 05/04/91, o valor mínimo de benefício não poderá ser inferior a 1 (um) Salário Mínimo - apenas para Aposentadorias e Pensões, conforme Portaria 3.401 de 08/09/91.**

| PREVIDÊNCIA SOCIAL<br>INSTITUTO NACIONAL DO SEGURO SOCIAL<br>DIRETORIA DE BENEFÍCIOS | TABELA DE REAJUSTAMENTO DE BENEFÍCIOS |
|---|---|

| Cr$ | ABONO<br>MAI/1991<br>*(voltar)* | LEGISLAÇÃO:<br>LEI Nº8.178/91<br>PT/GM Nº 3.218/91<br>PT/MTPS Nº 4.426/89 |
|---|---|---|
| | VALORES MÍNIMOS | SALÁRIO MÍNIMO |
| DIB ATÉ 04/91 | APOSENT. E PENSÃO = 16.150,00<br>ALTERADO EM 08/91 PARA<br>17.000,00 A PARTIR 05/04/91 | 17.000,00<br>(01/03/91) |
| RM EM 03/91 ABONO = 3.131,68 P/RM MENOR QUE 17.000,00 E NOVA RM COM LIMITE DE 18.798,60 | | |
| P/ RM EM 03/91 IGUAL OU SUPERIOR A 17.000,00 ABONO DE 10,58% | | |

| Cr$ | ABONO<br>JUNH/1991<br>*(voltar)* | LEGISLAÇÃO:<br>LEI Nº 8.178/91<br>PT/GM N 3.304/91<br>PT/MTPS 4.426/89 |
|---|---|---|
| | VALORES MÍNIMOS | SALÁRIO MÍNIMO |
| DIB ATÉ 05/91 | APOS. E PENS. = 16.150,00<br>ALTERADO EM 08/91 PARA<br>17.000,00 A PARTIR 05/04/91 | 17.000,00<br>(01/03/91) |
| RM EM 03/91 ABONO = 3.131,68 P/RM MENOR QUE 17.000,00 E NOVA RM COM LIMITE DE 18.798,60 | | |
| P/ RM EM 03/91 IGUAL OU SUPERIOR A 17.000,00 ABONO DE 10,58% | | |

| Cr$ | ABONO<br>JULH/1991<br>*(voltar)* | LEGISLAÇÃO:<br>LEI Nº 8.178/91<br>PT/GM N 3.331/91<br>OS-INSS 19/91 |
|---|---|---|
| | VALORES MÍNIMOS | SALÁRIO MÍNIMO |
| DIB ATÉ 06/91 | APOS. E PENS. = 16.150,00<br>ALTERADO EM 08/91 PARA<br>17.000,00 A PARTIR 05/04/91 | 17.000,00<br>(01/03/91) |
| RM EM 03/91 ABONO = 3.131,68 P/RM MENOR QUE 17.000,00 E NOVA RM COM LIMITE DE 18.798,60 | | |
| P/ RM EM 03/91 IGUAL OU SUPERIOR A 17.000,00 ABONO DE 10,58% | | |

| PREVIDÊNCIA SOCIAL<br>INSTITUTO NACIONAL DO SEGURO SOCIAL<br>DIRETORIA DE BENEFÍCIOS | **TABELA DE REAJUSTAMENTO DE BENEFÍCIOS** |
|---|---|

| **Cr$** | **ABONO<br>AGO/1991**<br>*(voltar)* | **LEGISLAÇÃO:<br>LEI Nº** 8.178/91<br>**PT/GM N 3.483/91**<br>PT?MPS nº 3401/91<br>**OS-DSS - 024/91** | | |
|---|---|---|---|---|
| | **VALORES MÍNIMOS** | **SALÁRIO MÍNIMO** | **MAIOR VALOR DE BENEFÍCIO** | **UNIDADE SALARIAL** |
| **DIB ATÉ 07/91** | **APOSENTADORIA = 17.000,00<br>PENSÃO = 17.000,00** | **17.000,00<br>(01/08/91)** | **170.000,00** | |
| **RM EM 03/91 ABONO = 16.161,60 P/RM MENOR QUE 17.000,00 E NOVA RM COM LIMITE DE 26.282,00** | | | | |
| **P/ RM EM 03/91 IGUAL OU SUPERIOR A 17.000,00 ABONO DE 54,60%** | | | | |

| **Cr$** | **78º REAJUSTAMENTO AUTOMÁTICO<br>SET/1991<br>(147%)**<br>*(voltar)* | **LEGISLAÇÃO:<br>LEI Nº** 8.212 **E** 8.213/91<br>**PT/MPS/GM Nº 302/91<br>DECRETO Nº** 357/91 | | |
|---|---|---|---|---|
| | **VALORES MÍNIMOS** | **SALÁRIO MÍNIMO** | **MAIOR VALOR DE BENEFÍCIO** | **UNIDADE SALARIAL** |
| SALÁRIO-FAMÍLIA = ATÉ 126.000,00 = 3.360,02<br>SUPERIOR 126.000,00 = 420,00 | **APOSENTADORIA = 42.000,00<br>PENSÃO = 42.000,00** | 42.000,00<br>(01/01/91) | 420.002,00 | |
| **O ABONO CONCEDIDO EM AGOSTO/92, FOI INCORPORADO NA RENDA MENSAL DO BENEFÍCIO A PARTIR DE 01/09/92** | | | | |

| O REAJUSTE DOS 147,06% ESCALONADO FOI EFETUADO NA COMPETÊNCIA AGOSTO/92 | | TABELA USADA APENAS PARA OS SEGURADOS QUE TIVERAM SUAS RENDAS MENSAIS RECALCULADAS DE ACORDO COM O ART. 5º DA PORTARIA MTPS 3.003 DE 02/01/92 | |
|---|---|---|---|
| **TODAS AS FAIXAS** | | **TODAS AS FAIXAS** | |
| **DIB** | **ÍNDICE DE REAJUSTE** | **DIB** | **ÍNDICE DE REAJUSTE** |
| **03/91** | **2.4706** | | |
| **04/91** | **2.1249** | **04/91** | **1.6009772** |
| **05/91** | **1.8275** | **05/91** | **1.5329707** |
| **06/91** | **1.5718** | **06/91** | **1.4369804** |
| **07/91** | **1.3519** | **07/91** | **1.2965627** |
| **08/91** | **1.1627** | **08/91** | **1.1562000** |

PREVIDÊNCIA SOCIAL
INSTITUTO NACIONAL DO SEGURO SOCIAL
DIRETORIA DE BENEFÍCIOS

# TABELA DE REAJUSTAMENTO DE BENEFÍCIOS

| Cr$ | 79º REAJUSTAMENTO AUTOMÁTICO JAN/1992 *(voltar)* | LEGISLAÇÃO: LEI Nº 8.212 E 8.213/91 E 8.222/91 PT/MTPS/GM NºS 42/92, 3.037/92. 3.038/92 DECRETO 357/91 OS 058/92 | | |
|---|---|---|---|---|
| | VALORES MÍNIMOS | SALÁRIO MÍNIMO | MAIOR VALOR DE BENEFÍCIO | UNIDADE SALARIAL |
| SALARIO-FAMÍLIA - ATÉ 276.978,83 = 7.386,11 SUPERIOR 276.978,83 = 923,26 | APOSENTADORIA = 96.037,33 PENSÃO = 96.037,33 | 96.037,33 (01/09/91 | 923.262,76 | |

| DIB | ÍNDICE DE REAJUSTAMENTO |
|---|---|
| DIB ATÉ 09/91 | 2.1982342 |
| 10/91 | 1.9012577 |
| 11/91 | 1.5702429 |
| 12/91 | 1.2415000 |

| | DIFERENÇA DE ÍNDICE ABR/1992 *(voltar)* | |
|---|---|---|
| DIFERENÇA DO ÍNDICE DE 79,96 %(INPC) E 54,60% (ICB) CONCEDIDO EM 09/91 | | |
| OBS: TERÃO DIREITO AO REAJUSTE OS BENEFÍCIOS ANTERIORES A 05/04/91 E COM RENDA MENSAL SUPERIOR AO SALÁRIO MÍNIMO EM 03/91. | | |
| ÍNDICE DE REAJUSTE DE 16.40% | | |

| Cr$ | 80º REAJUSTAMENTO AUTOMÁTICO MAI/1992 *(voltar)* | LEGISLAÇÃO: LEI Nº 8.212 E 8.213/91 8.419/92 PT/GM Nº 55 E 57/92 DECRETO 357/91 OS-DISES - 108/92 | | |
|---|---|---|---|---|
| | VALORES MÍNIMOS | SALÁRIO MÍNIMO | MAIOR VALOR DE BENEFÍCIO | UNIDADE SALARIAL |
| SALÁRIO-FAMÍLIA - ATÉ - 638.052,75 = 17.014,76 SUPERIOR - 638.052,75 = 2.126,84 | APOSENTADORIA = 230.000,00 PENSÃO = 230.000,00 | 230.000,00 01/05/95 | 2.126.842,4 9 | |

| DIB | ÍNDICE DE REAJUSTE |
|---|---|
| ATÉ 01/92 | 2,303616 |
| 02/92 | 1.829428 |
| 03/92 | 1.469656 |
| 04/92 | 1.208400 |

| PREVIDÊNCIA SOCIAL<br>INSTITUTO NACIONAL DO SEGURO SOCIAL<br>DIRETORIA DE BENEFÍCIOS | TABELA DE REAJUSTAMENTO DE BENEFÍCIOS |
|---|---|

| Cr$ | 81º REAJUSTAMENTO AUTOMÁTICO SET/]1992 *(voltar)* | LEGISLAÇÃO: LEI Nº 8.212 E 8.213/91 8.419/92 PT/GM Nº 601/92, 447/92 E 449/92 DECRETO 357/91E 611/92 0S - 157/92 | | |
|---|---|---|---|---|
| | VALORES MÍNIMOS | SALÁRIO MÍNIMO | MAIOR VALOR DE BENEFÍCIO | UNIDADE SALARIAL |
| SALÁRIO-FAMÍLIA - ATÉ - 1.434.259,00 = 38.246,95 SUPERIOR - 1.434.259,00 = 4.780,86 | APOSENTADORIA = 522.186,94 PENSÃO = 522.186,94 | 522.186,94 (01/09/92) | 4.780.863,30 | |

| DIB | ÍNDICE DE REAJUSTE |
|---|---|
| ATÉ 05/92 | 2.247869 |
| 06/92 | 1.805517 |
| 07/92 | 1.494015 |
| 08/92 | 1.223800 |

| Cr$ | 82º REAJUSTAMENTO AUTOMÁTICO JAN/1993 *(voltar)* | LEGISLAÇÃO: LEI Nº 8.212 E 8.213/91 8.542/92 PT/GM Nº 601/92, 08/93 E 09/93 DECRETO 357/91E 611/92 OS - 195/93 | | |
|---|---|---|---|---|
| | VALORES MÍNIMOS | SALÁRIO MÍNIMO | MAIOR VALOR DE BENEFÍCIO | UNIDADE SALARIAL |
| SALÁRIO-FAMÍLIA - ATÉ - 3.459.616,29 = 92.256,54 SUPERIOR - 3.459.616,29 = 11.532,05 | APOSENTADORIA = 1.250.700,00 PENSÃO = 1.250.700,00 | 1.250.700,00 (01/01/93) | 11.532.054,23 | |

| DIB | ÍNDICE DE REAJUSTE |
|---|---|
| ATÉ 09/92 | 2.412128 |
| 10/92 | 1.945579 |
| 11/92 | 1.543253 |
| 12/92 | 1.255800 |

PREVIDÊNCIA SOCIAL
INSTITUTO NACIONAL DO SEGURO SOCIAL
DIRETORIA DE BENEFÍCIOS

**TABELA DE REAJUSTAMENTO DE BENEFÍCIOS**

| Cr$ | 83º REAJUSTAMENTO AUTOMÁTICO MAR/1993 *(voltar)* | LEGISLAÇÃO: LEI Nº 8.212 E 8.213/91 8.542/92 PT/GM Nº 04/93 DECRETO 357/91E 611/92 OS - 223/93 | | |
|---|---|---|---|---|
| | VALORES MÍNIMOS | SALÁRIO MÍNIMO | MAIOR VALOR DE BENEFÍCIO | UNIDADE SALARIAL |
| SALÁRIO-FAMÍLIA - ATÉ - 4.728.257,59 = 126.087,01 SUPERIOR -4.728.257,59 = 15.760,85 | APOSENTADORIA = 1.709.400,00 PENSÃO = 1.709.400,00 | 1.709.400,00 (01/03/93) | 15.760.858,5 2 | |
| DIB ATÉ 02/92 | ÍNDICE DE REAJUSTE DE 36,67% | | | |

| Cr$ | 84º REAJUSTAMENTO AUTOMÁTICO MAI/1993 *(voltar)* | LEGISLAÇÃO: LEI Nº 8.212 E 8.213/91 8.542/92 PT/GM Nº 209/93 E 210/93 DECRETO 357/91E 611/92 OS - 244/93 | | |
|---|---|---|---|---|
| | VALORES MÍNIMOS | SALÁRIO MÍNIMO | MAIOR VALOR DE BENEFÍCIO | UNIDADE SALARIAL |
| SALÁRIO-FAMÍLIA - ATÉ -9.064.419,69 = 241.718,13 SUPERIOR - 9.064.419,69 = 30.214,71 | APOSENTADORIA = 3.303.300,00 PENSÃ0 = 3.303. 300,00 | 3.303.300,00 (01/05/93) | 30.214.732,09 | |

| DIB | ÍNDICE DE REAJUSTE |
|---|---|
| ATÉ 01/93 | 1.9170 |
| 02/93 | 1.4987 |
| 03/93 | 1.6271 |
| 04/93 | 1.2825 |

| Cr$ | 85º REAJUSTAMENTO AUTOMÁTICO JULH/1993 *(voltar)* | LEGISLAÇÃO: LEI Nº 8.212 E 8.213/91 8.542/92 PT/GM Nº 341/93 E 342/93 DECRETO 357/91E 611/92 OS - 270/93 | | |
|---|---|---|---|---|
| | VALORES MÍNIMOS | SALÁRIO MÍNIMO | MAIOR VALOR DE BENEFÍCIO | UNIDADE SALARIAL |
| SALÁRIO-FAMÍLIA - ATÉ -12.731.793,25 = 339,514,87 SUPERIOR - 12.731.793,25 = 42.439,28 | APOSENTADORIA = 4.639.800,00 PENSÃO = 4.639.800,00 | 4.639.800,00 (01/07/93 | 42.439.310,55 | |
| DIB ATÉ 06/93 | IND. REAJUSTE DE 1.4046 | | | |

| PREVIDÊNCIA SOCIAL<br>INSTITUTO NACIONAL DO SEGURO SOCIAL<br>DIRETORIA DE BENEFÍCIOS | TABELA DE REAJUSTAMENTO DE BENEFÍCIOS |
|---|---|

| CR$ | 86º REAJUSTAMENTO AUTOMÁTICO AGO/1993 *(voltar)* | LEGISLAÇÃO: LEI Nº 8.212 E 8.213/91 8.542/92 8.686/93 DECRETO 357/91E 611/92 LEI COMPLEMENTAR 77/93 MP - 336/93, 340/93 PORTARIA 422/93, 421/93 OS 286/93 | | |
|---|---|---|---|---|
| | VALORES MÍNIMOS | SALÁRIO MÍNIMO | MAIOR VALOR DE BENEFÍCIO | UNIDADE SALARIAL |
| SALÁRIO-FAMÍLIA - ATÉ - 15.183,93 = 404,90 SUPERIOR - 15.183,93 = 50,60 | APOSENTADORIA = 5.534,00 PENSÃO = 5.534,00 | 5.534,00 (01/08/93) | 50.613,12 | |
| DIB ATÉ 07/93 | IND. REAJUSTE DE 1.1926 | | | |

| CR$ | 87º REAJUSTAMENTO AUTOMÁTICO SET/1993 *(voltar)* | LEGISLAÇÃO: LEI Nº 8.212 E 8.213/91 8.542/92 8.686/93 DECRETO 357/91E 611/92 LEI COMPLEMENTAR 77/93 MP - 336/93, 340/93 PORTARIA 471/93, 472/93 E 495/93 OS 299/93 | | |
|---|---|---|---|---|
| | VALORES MÍNIMOS | SALÁRIO MÍNIMO | MAIOR VALOR DE BENEFÍCIO | UNIDADE SALARIAL |
| SALÁRIO-FAMÍLIA - ATÉ -25.924,48 = 691,31 SUPERIOR - 25.924,48 = 86,40 | APOSENTADORIA = 9.606,00 PENSÃ0 = 9.606,00 | 9.606,00 (01/09/93) | 86.414,97 | |

| DIB | ÍNDICE D E REAJUSTE |
|---|---|
| ATÉ 05/93 | 1.7073 |
| 06/93 | 1.3298 |
| 07/93 | 1.4330 |
| 08/93 | 1.3222 |

| PREVIDÊNCIA SOCIAL<br>INSTITUTO NACIONAL DO SEGURO SOCIAL<br>DIRETORIA DE BENEFÍCIOS | TABELA DE REAJUSTAMENTO DE BENEFÍCIOS |
|---|---|

| CR$ | 88º REAJUSTAMENTO AUTOMÁTICO OUT/1993 *(voltar)* | LEGISLAÇÃO: LEI Nº 8.212 E 8.213/91 8.542/92 8.686/93 DECRETO 357/91E 611/92 LEI COMPLEMENTAR 77/93 PORTARIA 522 e 523/93 OS 311/93 | | |
|---|---|---|---|---|
| | VALORES MÍNIMOS | SALÁRIO MÍNIMO | MAIOR VALOR DE BENEFÍCIO | UNIDADE SALARIAL |
| SALÁRIO-FAMÍLIA - ATÉ 32.449,67 = 865,31 SUPERIOR - 32.449,67 = 108,15 | APOSENTADORIA = 12.024,00 PENSÃO = 12.024,00 | 12.024,00 (01/10/93) | 108.165,62 | |
| DIB ATÉ 09/93 | | IND. REAJUSTE DE 1.2517 | | |

| CR$ | 89º REAJUSTAMENTO AUTOMÁTICO NOV/1993 *(voltar)* | LEGISLAÇÃO: LEI Nº 8.212 E 8.213/91 8.542/92 8.686/93 8.700/93 DECRETO 357/91E 611/92 LEI COMPLEMENTAR 77/93 PORTARIA 600 e 602/93 OS 332/93 | | |
|---|---|---|---|---|
| | VALORES MÍNIMOS | SALÁRIO MÍNIMO | MAIOR VALOR DE BENEFÍCIO | UNIDADE SALARIAL |
| SALÁRIO-FAMÍLIA - ATÉ 40.536,13 = 1.080,95 SUPEIROR 40.536,13 = 135,10 | APOSENTADORIA = 15.021,00 PENSÃO = 15.021,00 | 15.021,00 (01/11/93) | 135.120,49 | |
| DIB ATÉ 10/93 | | IND. REAJUSTE DE 1.2492 | | |

| CR$ | 90º REAJUSTAMENTO AUTOMÁTICO DEZ/1993 *(voltar)* | LEGISLAÇÃO: LEI Nº 8.212 E 8.213/91 8.542/92 8.686/93 8.700/93 DECRETO 357/91E 611/92 PORTARIAS 685/93, 691/93 OS 352/93 | | |
|---|---|---|---|---|
| | VALORES MÍNIMOS | SALÁRIO MÍNIMO | MAIOR VALOR DE BENEFÍCIO | UNIDADE SALARIAL |
| SALÁRIO-FAMÍLIA - ATÉ 50.625,57 = 1.350,00 SUPERIOR 50.625,57 = 168,72 | APOSENTADORIA = 18.760,00 PENSÃO = 18.760,00 | 18.760,00 (01/12/93) | 168.751,08 | 18.760,00 |
| DIB ATÉ 11/93 | | IND. REAJUSTE DE 1.2489 | | |

| PREVIDÊNCIA SOCIAL<br>INSTITUTO NACIONAL DO SEGURO SOCIAL<br>DIRETORIA DE BENEFÍCIOS | **TABELA DE REAJUSTAMENTO DE BENEFÍCIOS** |
|---|---|

| **CR$** | **91º REAJUSTAMENTO AUTOMÁTICO JAN/1994** *(voltar)* | **LEGISLAÇÃO:**<br>**LEI Nº** 8.212 **E** 8.213/91 8.542/92 8.686/93 8.700/93<br>**DECRETO** 357/91E 611/92<br>**PORTARIA 782/93, 783/94**<br>**OS 369/94** | | |
|---|---|---|---|---|
| | **VALORES MÍNIMOS** | **SALÁRIO MÍNIMO** | **MAIOR VALOR DE BENEFÍCIO** | **UNIDADE SALARIAL** |
| SALÁRIO-FAMÍLIA - ATÉ 88.738,58 = 2.366,33<br>SUPERIOR - 88.738,58 = 295,74 | **APOSENTADORIA = 32.882,00**<br>**PENSÃ0 = 32.882,00** | 32.882,00<br>(01/01/94) | 295.795,39 | 32.882,00 |

| DIB | ÍNDICE DE REAJUSTE |
|---|---|
| **ATÉ 09/93** | **1.7528** |
| **10/93** | **1.6022** |
| **11/93** | **1.4834** |
| **12/93** | **1.3735** |

| **CR$** | **92º REAJUSTAMENTO AUTOMÁTICO FEV/1994** *(voltar)* | **LEGISLAÇÃO:**<br>**LEI Nº** 8.212 **E** 8.213/91 8.542/92 8.686/93 8.700/93<br>**DECRETO** 357/91E 611/92<br>**PORTARIA 845/94, 846/94**<br>**OS 387/94/93** | | |
|---|---|---|---|---|
| | **VALORES MÍNIMOS** | **SALÁRIO MÍNIMO** | **MAIOR VALOR DE BENEFÍCIO** | **UNIDADE SALARIAL** |
| SALÁRIO-FAMÍLIA - ATÉ 115.582,02 = 3.082,15<br>SUPERIOR - 115.582,02 = 385,19 | **APOSENTADORIA = 42.829,00**<br>**PENSÃO = 42.829,00** | 42.829,00<br>(01/02/94) | **385.273,50** | **42.829,00** |
| **DIB ATÉ 01/94** | **IND. REAJUSTE DE 1.3025** | | | |

| PREVIDÊNCIA SOCIAL<br>INSTITUTO NACIONAL DO SEGURO SOCIAL<br>DIRETORIA DE BENEFÍCIOS | TABELA DE REAJUSTAMENTO DE BENEFÍCIOS |
|---|---|

| URV | CONVERSÃO EM URV-<br>(UNIDADE REAL DE VALOR)<br>MAR/1994<br>*(voltar)* | LEGISLAÇÃO:<br>LEI Nº 8.212 E 8.213/91 8.542/92 8.686/93 8.700/93<br>DECRETO 357/91E 611/92<br>MED. PROV. 434/94<br>PORTARIAS/MPS 928 E 929 /94<br>OS/DSS 398/94 | |
|---|---|---|---|
| | VALORES MÍNIMOS | SALÁRIO MÍNIMO | MAIOR VALOR DE BENEFÍCIO |
| SALÁRIO-FAMÍLIA - ATÉ 174,86 = 4,66<br>SUPERIOR 174,86 = 0,58 | APOSENTADORIA = 64,79 URV<br>PENSÃO = 64,79 URV | 64,79<br>(01/03/94 | 582,86 |

NOTA:

1- Para fins de conversão do valor dos benefícios em URV, deverá ser dividido o valor mensal de fevereiro de 1994 por:

I - 634,6471 - Para benefícios vinculados aos índices de reajuste dos Servidores Públicos da União;

II - 633,3818 - Para benefícios com data de início no mês de outubro de 1993;

III - 609,6611 - Para benefícios com data de início no mês de novembro/93;

IV - 661,0052 - Para os demais benefícios.

2- Para fins de pagamento, os benefícios serão transformados em cruzeiros reais, multiplicando-se a quantidade de URV pelo valor diário da mesma, na data estipulada para o pagamento (do 1º ao 12º dia útil do mês).

**Obs.: A partir de julho/94 os valores passaram a ser expressos em real**

| R$ | ATUALIZAÇÃO DO VALOR MÍNIMO DE BENEFÍCIO<br>SET/1994<br>VALOR EM REAIS<br>*(voltar)* | LEGISLAÇÃO:<br>LEI Nº 8.212 E 8.213/91 8.542/92 8.686/93 8.700/93 E 8880/94<br>DECRETOS 357/91 e 611/92<br>MED. PROV. 598/94<br>PORTARIA 1.436/94<br>OS/DSS -442/94 |
|---|---|---|
| | VALORES MÍNIMOS | SALÁRIO MÍNIMO |
| | APOSENTADORIA = 70,00<br>PENSÃO = 70,00 | 70,00<br>(01/09/94) |

| PREVIDÊNCIA SOCIAL<br>INSTITUTO NACIONAL DO SEGURO SOCIAL<br>DIRETORIA DE BENEFÍCIOS | TABELA DE REAJUSTAMENTO DE BENEFÍCIOS |
|---|---|

| R$ | ABONO<br>JAN/1995 (PARCELA ÚNICA)<br>*(voltar)* | LEGISLAÇÃO:<br>MED.PROV. 809/94<br>OS/DSS 466/95 |
|---|---|---|
| | VALORES MÍNIMOS | SALÁRIO MÍNIMO |
| | APOSENTADORIA = 70,00<br>PENSÃO = 70,00 | 70,00 |
| DIB ATÉ 31/01/95 | VALOR DO ABONO = 15,00 | |
| **NOTA: Não farão jus ao abono os seguintes benefícios -**<br>a) Estatutários, esp. 20, 22, 37, 38, 73, 76 e os de tratamento 16<br>b) Ex-combatentes (Lei 1.756/52 e 4.297/63), esp. 23 e 43 (trat. 11, 12, 24, 25), 29, 34, 72, 78 e 79<br>c) Anistiados, esp. 58 e 59<br>d) Seringueiros esp. 85 e 86<br>e) Vítimas da Talidomida esp. 56 | | |

| RS | 93º<br>REAJUSTAMENTO<br>AUTOMÁTICO<br>MAI/1995<br>*(voltar)* | LEGISLAÇÃO:<br>LEIS º 8.212 E 8.213/91 8.686/93 E 8880/94<br>9.032/95, 8.870/94 E 8.861/94.<br>DECRETO 357/91E 611/92<br>MED. PROV. 978/95<br>PORT. 2005 e 2006/95<br>OS 489/95 | | |
|---|---|---|---|---|
| | VALORES MÍNIMOS | MAIOR VALOR DE BENEFÍCIO | SALÁRIO-DE-BENEFÍCIO | SALÁRIO MÍNIMO |
| SALÁRIO-FAMÍLIA: ATÉ 249,80 = 6,66<br>SUPEIROR = 249,80 = 0,83 | APOSENTADORIA: 100,00<br>PENSÃ0: 100,00 | 832,66 | 582,86 | 100,00 |

| DIB | REAJUSTE PELO (%) ( 3º e 4º do Art. 2º da nº 8.880/94, | AUMENTO REAL (%) .2º do Art. 1º da nº 9.032/95), | REAJUSTE TOTAL (%) |
|---|---|---|---|
| 07/94 | 29.5471 | 10.2743 | 42,8572 |
| 08/94 | 22.1221 | 10.2743 | 34,6693 |
| 09/94 | 15.7994 | 10.2743 | 27,6970. |
| 10/94 | 14.0769 | 10.2743 | 25,7975 |
| 11/94 | 11.9938 | 10.2743 | 23,5004 |
| 12/94 | 8.4476 | 10.2743 | 19,5899 |
| 01/95 | 6.1235 | 10.2743 | 17,0270 |

| PREVIDÊNCIA SOCIAL<br>INSTITUTO NACIONAL DO SEGURO SOCIAL<br>DIRETORIA DE BENEFÍCIOS | TABELA DE REAJUSTAMENTO DE BENEFÍCIOS |
|---|---|

| R$ | 94º REAJUSTAMENTO AUTOMÁTICO MAIO/1996 *(voltar)* | LEGISLAÇÃO:<br>LEIS 8742/93, º 8.212 E 8.213/91 8.686/93 E 8880/94 9.032/95, 8.870/94 E 8.861/94.<br>DECRETO 357/91E 611/92 E 1.744/95<br>MED. PROV. 1.415/96<br>PORT. 5.242/96, 3.251/96, 3.253/96<br>OS 535/96 | | |
|---|---|---|---|---|
| | VALORES MÍNIMOS | MAIOR VALOR DE BENEFÍCIO | SALÁRIO-DE-BENEFÍCIO | SALÁRIO MÍNIMO |
| SALÁRIO-FAMÍLIA<br>ATÉ 287,27 = 7,66<br>SUPERIOR 287,27 = 0,95 | APOSENTADORIA: 112,00<br>PENSÃ0: 112,00 | 957,56 | 832,66 | 112,00<br>01/05/96 |

| DIB | REAJUSTE PELO IGP-DI ( ART. 2º DA M.P 1.415/96) | AUMENTO REAL (%) ART. 5º DA M.P 1.415/96) | REAJUSTE TOTAL (%) PERFAZENDO 15% |
|---|---|---|---|
| 05/95 | 11,2508 | 3.3700 | 15,000 |
| 06/95 | 10.8061 | 3.3700 | 14,5403 |
| 07/95 | 7,9761 | 3.3700 | 11,6149 |
| 08/95 | 5,6124 | 3.3700 | 9,1715 |
| 09/95 | 4,2686 | 3.3700 | 7,7824 |
| 10/95 | 5,4081 | 3.3700 | 8,9603 |

| PREVIDÊNCIA SOCIAL<br>INSTITUTO NACIONAL DO SEGURO SOCIAL<br>DIRETORIA DE BENEFÍCIOS | TABELA DE REAJUSTAMENTO DE BENEFÍCIOS |
|---|---|

| R$ | 95º REAJUSTAMENTO AUTOMÁTICO JUNHO/1997 *(voltar)* | LEGISLAÇÃO: LEIS 8742/93, º 8.212 E 8.213/91 8.686/93 E 8880/94 9.032/95, 8.870/94 E 8.861/94. DECRETO 357/91E 611/92 E 1.744/95, 2.172/97 MEDIDAS PROVISÓRIAS. 1.572, 1572.1/97 PORTARIAS: 3.964/97, 3.971/97 ORDEM DE SERVIÇO: 573/97 | | |
|---|---|---|---|---|
| | VALORES MÍNIMOS | MAIOR VALOR DE BENEFÍCIO | SALÁRIO-DE-BENEFÍCIO | SALÁRIO MÍNIMO |
| SALÁRIO-FAMÍLIA ATÉ 309,56 = 8,25 SUPERIOR 309,56 = 1.02 | APOSENTADORIA: 120,00 PENSÃ0: 120,00 | 1.031,87 | 1.031,87 | 120,00 (01/05/97) |

| DATA DE INICIO DO BENEFICIO | REAJUSTE (%) |
|---|---|
| 05/96 | 7,7600 |
| 06/96 | 7,1400 |
| 07/96 | 6,5300 |
| 08/96 | 5,9200 |
| 09/96 | 5,3100 |
| 10/96 | 4,7100 |
| 11/96 | 4,1100 |
| 12/96 | 3,5100 |
| 01/97 | 2,9200 |
| 02/97 | 2,3300 |
| 03/97 | 1,7400 |
| 04/97 | 1,1600 |
| 05/97 | 0,5800 |

PREVIDÊNCIA SOCIAL
INSTITUTO NACIONAL DO SEGURO SOCIAL
DIRETORIA DE BENEFÍCIOS

# TABELA DE REAJUSTAMENTO DE BENEFÍCIOS

| R$ | 96º REAJUSTAMENTO AUTOMÁTICO JUNHO/1998 *(voltar)* | LEGISLAÇÃO: LEIS 8742/93, º 8.212 E 8.213/91 8.686/93 E 8880/94 9.032/95, 8.870/94 E 8.861/94. E 9.311/96 DECRETO 357/91E 611/92 E 1.744/95, 2.172/97 MEDIDAS PROVISÓRIAS. 1.656.1/98, 1.663.10/98 PORTARIAS: MPAS 4.478/98, 4.479/98 ORDEM DE SERVIÇO: 601/98 | | |
|---|---|---|---|---|
| | VALORES MÍNIMOS | MAIOR VALOR DE BENEFÍCIO | SALÁRIO-DE-BENEFÍCIO | SALÁRIO MÍNIMO |
| SALÁRIO-FAMÍLIA ATÉ 324,45 = 8,65 SUPERIOR 324,45 = 1,07 | APOSENTADORIA: 130,00 PENSÃ0: 130,00 | 1.081,50 | 1.081,50 | 130,00 (01/05/98 |

| DATA DE INICIO DO BENEFICIO | REAJUSTE (%) |
|---|---|
| 06/97 | 4,81 |
| 07/97 | 4,40 |
| 08/97 | 3,99 |
| 09/97 | 3,59 |
| 10/97 | 3,18 |
| 11/97 | 2,78 |
| 12/97 | 2,38 |
| 01/98 | 1,98 |
| 02/98 | 1,58 |
| 03/98 | 1,18 |
| 04/98 | 0,79 |
| 05/98 | 0,39 |

<table>
<tr><td>PREVIDÊNCIA SOCIAL<br>INSTITUTO NACIONAL DO SEGURO SOCIAL<br>DIRETORIA DE BENEFÍCIOS</td><td>TABELA DE REAJUSTAMENTO DE BENEFÍCIOS</td></tr>
</table>

<table>
<tr><td rowspan="2">R$</td><td>97º<br>REAJUSTAMENTO<br>AUTOMÁTICO<br>JUNHO/1999<br>(voltar)</td><td colspan="3">LEGISLAÇÃO:<br>LEIS 8742/93, º 8.212 E 8.213/91 8.686/93 E 8880/94<br>9.032/95, 8.870/94 E 8.861/94. E 9.311/96<br>DECRETO 357/91E 611/92 E 1.744/95, 2.172/97<br>MEDIDAS PROVISÓRIAS. 1.824/99<br>PORTARIAS: MPAS 5.188/99<br>ORDEM DE SERVIÇO: 624/99 e 625/99</td></tr>
<tr><td>VALORES MÍNIMOS</td><td>MAIOR VALOR DE BENEFÍCIO</td><td>SALÁRIO-DE-BENEFÍCIO</td><td>SALÁRIO MÍNIMO</td></tr>
<tr><td>SALÁRIO-FAMÍLIA<br>ATÉ 376.60 = 9.05</td><td>APOSENTADORIA:<br>136,00<br>PENSÃ0: 136,00</td><td>1.255,32</td><td>1.255,32</td><td>136,00<br>(01/05/99).</td></tr>
</table>

| DATA DE INICIO DO BENEFICIO | REAJUSTE (%) |
|---|---|
| 06/98 | 4,61 |
| 07/98 | 4,22 |
| 08/98 | 3,83 |
| 09/98 | 3,44 |
| 10/98 | 3,05 |
| 11/98 | 2,66 |
| 12/98 | 2,28 |
| 01/99 | 1,90 |
| 02/99 | 1,51 |
| 03/99 | 1,13 |
| 04/99 | 0,75 |
| 05/99 | 0,38 |

| PREVIDÊNCIA SOCIAL<br>INSTITUTO NACIONAL DO SEGURO SOCIAL<br>DIRETORIA DE BENEFÍCIOS | TABELA DE REAJUSTAMENTO DE BENEFÍCIOS |
|---|---|

| R$ | 98º REAJUSTAMENTO AUTOMÁTICO JUNHO/2000 *(voltar)* | LEGISLAÇÃO: LEI Nº 9.971/00 MEDIDAS PROVISÓRIAS. 1.933-12, 1.945-50, 1.946-38, 1.947-25, E 2.022-17/00 PORTARIAS: MPAS – 6211/00 | | | |
|---|---|---|---|---|---|
| | VALORES MÍNIMOS | MAIOR VALOR DE BENEFÍCIO | SALÁRIO-DE-BENEFÍCIO | SALÁRIO MÍNIMO | VALOR DA DIÁRIA P/ SEGURADO |
| SALÁRIO-FAMÍLIA ATÉ 398,48 = 9,58 | APOSENTADORIA:151,00 PENSÃ0: 151,00 | 1.328,25 | 1.328,25 | 151,00 | 28,51 |

| DATA DE INICIO DO BENEFICIO | REAJUSTE (%) |
|---|---|
| ATÉ 06/99 | 5,81 |
| 07/99 | 5,31 |
| 08/99 | 4,82 |
| 09/99 | 4,33 |
| 10/99 | 3,84 |
| 11/99 | 3,35 |
| 12/99 | 2,86 |
| 01/00 | 2,38 |
| 02/00 | 1,90 |
| 03/00 | 1,42 |
| 04/99 | 0,95 |
| 05/99 | 0,47 |

| PREVIDÊNCIA SOCIAL<br>INSTITUTO NACIONAL DO SEGURO SOCIAL<br>DIRETORIA DE BENEFÍCIOS | **TABELA DE REAJUSTAMENTO DE BENEFÍCIOS** |
|---|---|

| R$ | 99º REAJUSTAMENTO AUTOMÁTICO JUNHO/2001 *(voltar)* | LEGISLAÇÃO:<br>LEISns 8.212 , 8.213/91e /9.31196, 9.539/97<br>DECRETOS. 3.048/99 e 3.826/01<br>PORTARIAS: MPAS 1.987/01<br>EMENDA CONSTITUCIONAL 20 e 21/98<br>MEDIDA PROVISÓRIA 2.129-9/01 | | | |
|---|---|---|---|---|---|
| | VALORES MÍNIMOS | MAIOR VALOR DE BENEFÍCIO | SALÁRIO-DE-BENEFÍCIO | SALÁRIO MÍNIMO | VALOR DA DIÁRIA P/ SEGURADO |
| SALÁRIO-FAMÍLIA ATÉ 429,00 = 10,31 | APOSENTADORIA: 180,00<br>PENSÃ0: 180,00 | 1.430,00 | 1.430,00 | 180,00 | 30,69 |

| DATA DE INICIO DO BENEFICIO | REAJUSTE (%) |
|---|---|
| Até 06/00 | 7,66 |
| 07//00 | 7,34 |
| 08/00 | 5,87 |
| 09/00 | 4,60 |
| 10/00 | 4,15 |
| 11/00 | 3,99 |
| 12/00 | 3,68 |
| 01/01 | 3,12 |
| 02/01 | 2,33 |
| 03/01 | 1,83 |
| 04/01 | 1.34 |
| 05/01 | 0,50 |

| PREVIDÊNCIA SOCIAL<br>INSTITUTO NACIONAL DO SEGURO SOCIAL<br>DIRETORIA DE BENEFÍCIOS | TABELA DE REAJUSTAMENTO DE BENEFÍCIOS |
|---|---|

<table>
<tr><td>R$</td><td>100º<br>REAJUSTAMENTO<br>AUTOMÁTICO<br>JUNHO/2002<br>(voltar)</td><td colspan="4">LEGISLAÇÃO:<br>LEIS 8.212 e 8.213/91 e 9.311/96, 9.539/97<br>DECRETOS. . 3.048/99 e 4.249/02<br>PORTARIA 288/02 e 525/02<br>EMENDAS CONSTITUCIONAL 20/98 21/99e 31/00<br>MEDIDA PROVISÓRIA 2.187-13 e 35/02</td></tr>
<tr><td>LIMITE MÁXIMO DO SALÁRIO DE CONTRIBUIÇÃO<br>1.561,56</td><td>VALORES MÍNIMOS</td><td>MAIOR VALOR DE BENEFÍCIO</td><td>SALÁRIO-DE-BENEFÍCIO</td><td>SALÁRIO MÍNIMO</td><td>VALOR DA DIÁRIA P/ SEGURADO</td></tr>
<tr><td>SALÁRIO-FAMÍLIA 11,26<br>✓ REMUNERAÇÃO<br>ATÉ 468,47</td><td>APOSENTADORIA: 200,00<br>PENSÃO: 200,00<br>AUXÍLIO-RECLUSÃO<br>REMUNERAÇÃO<br>(= OU <) 468,47</td><td>1.561,,56</td><td>NÃO INFERIOR<br>200,00<br>NÃOSUPERIOR<br>1.561,56</td><td>200,00</td><td>33,51</td></tr>
</table>

| DATA DE INÍCIO DO BENEFÍCIO | REAJUSTE (%) |
|---|---|
| 06/2001 | 9,20 |
| 07/2001 | 8,55 |
| 08/2001 | 7,36 |
| 09/2001 | 6,52 |
| 10/2001 | 6,05 |
| 11/2001 | 5,06 |
| 12/2001 | 3,72 |
| 01/2002 | 2,96 |
| 02/2002 | 1,87 |
| 03/2002 | 1,56 |
| 04/2002 | 0,93 |
| 05/2002 | 0,25 |

PREVIDÊNCIA SOCIAL
INSTITUTO NACIONAL DO SEGURO SOCIAL
DIRETORIA DE BENEFÍCIOS

# TABELA DE REAJUSTAMENTO DE BENEFÍCIOS

| R$ | 101º REAJUSTAMENTO AUTOMÁTICO JUNHO/2003 *(voltar)* | LEGISLAÇÃO: LEIS nºs 8.212 , 8.213/91, 9.311/96, 9.539/97, e 10.699/03 DECRETOS nºs. 3.048/99, 4.249/02 e 4.709/03 PORTARIA nºs 348/03 e 727/03 EMENDAS CONSTITUCIONAL nºs 20/98, 21/99 e 31/00 MEDIDA PROVISÓRIA nºs 2.187-13/01, 083/02 e 116//03 | | | |
|---|---|---|---|---|---|
| LIMITE MÁXIMO DO SALÁRIO DE CONTRIBUIÇÃO 1.869,34 | VALORES MÍNIMOS | MAIOR VALOR DE BENEFÍCIO | SALÁRIO-DE-BENEFÍCIO | SALÁRIO MÍNIMO | VALOR DA DIÁRIA P/ SEGURADO |
| SALÁRIO-FAMÍLIA 13,48 ✓ REMUNERAÇÃ ATÉ 560,81 | APOSENTADORIA: 240,00 PENSÃO: 240,00 AUXÍLIO RECLUSÃO REMUNERAÇÃO (= OU <) 560, 81 | 1.869,34 | NÃO INFERIOR 240,00 NÃOSUPERIOR 1.869,34 | 240,00 | 40,11 |

| DATA DE INÍCIO DO BENEFÍCIO | REAJUSTE (%) |
|---|---|
| 06/2002 | 19,71 |
| 07/2002 | 18,98 |
| 08/2002 | 17,63 |
| 09/2002 | 16,63 |
| 10/2002 | 15,67 |
| 11/2002 | 13,88 |
| 12/2002 | 10,15 |
| 01/2003 | 7,25 |
| 02/2003 | 4.67 |
| 03/2003 | 3,16 |
| 04/2003 | 1,77 |
| 05/2003 | 0,38 |

| PREVIDÊNCIA SOCIAL<br>INSTITUTO NACIONAL DO SEGURO SOCIAL<br>DIRETORIA DE BENEFÍCIOS | **TABELA DE REAJUSTAMENTO DE BENEFÍCIOS** |
|---|---|

| **R$** | **102º REAJUSTAMENTO AUTOMÁTICO MAIO/2004** *(voltar)* | **LEGISLAÇÃO: LEIS nºs 8.212 e 8.213/91, DECRETOS nºs. 3.048/99 e,5.061/04 PORTARIA nº 479/04 EMENDAS CONSTITUCIONAL nºs 20/98 e 41/03 MEDIDA PROVISÓRIA nºs 2.187-13/01, e 182/04** | | | |
|---|---|---|---|---|---|
| **LIMITE MÁXIMO DO SALÁRIO DE CONTRIBUIÇÃO** 2.508,72 | **VALORES MÍNIMOS** | **MAIOR VALOR DE BENEFÍCIO** | **SALÁRIO-DE-BENEFÍCIO** | **SALÁRIO MÍNIMO** | **VALOR DA DIÁRIA P/ SEGURADO** |
| **SALÁRIO-FAMÍLIA NÃO SUPERIOR A 390,00** 20,00 **SUPERIOR A 390,00 E IGUAL OU INFERIOR A R$ 586,19:** 14,09 | **APOSENTADORIA: 260,00 PENSÃ0: 260,00 AUXÍLIO RECLUSÃO REMUNERAÇÃO (= OU <) 586,19** | **2.508,72** | **NÃO INFERIOR 260,00 NÃO SUPERIOR 2.508,72** | **260,00** | **41,93** |

| **DATA DE INÍCIO DO BENEFÍCIO** | **REAJUSTE (%)** |
|---|---|
| **Até 06/2003** | **4,53** |
| **07/2003** | **4,59** |
| **08/2003** | **4,55** |
| **09/2003** | **4,36** |
| **10/2003** | **3,51** |
| **11/2003** | **3,11** |
| **12/2003** | **2,73** |
| **01/2004** | **2,18** |
| **02/2003** | **1,34** |
| **03/2004** | **0,94** |
| **04/2004** | **0,37** |

| PREVIDÊNCIA SOCIAL<br>INSTITUTO NACIONAL DO SEGURO SOCIAL<br>DIRETORIA DE BENEFÍCIOS | TABELA DE REAJUSTAMENTO DE BENEFÍCIOS |
|---|---|

| R$ | 103º<br>REAJUSTAMENTO AUTOMÁTICO<br>MAIO/2005<br>*(voltar)* | LEGISLAÇÃO:<br>LEIS nºs 8.212/91, 8.213/91 e 11.164/05<br>DECRETOS nºs. 3.048/99 e, 5443/05<br>PORTARIA nº 822/05<br>EMENDAS CONSTITUCIONAL nºs 20/98 e 41/03<br>MEDIDA PROVISÓRIA nºs 2.187-13/01, e 248/05 | | | |
|---|---|---|---|---|---|
| LIMITE MÁXIMO DO SALÁRIO DE CONTRIBUIÇÃO<br>2.668,15 | VALORES MÍNIMOS | MAIOR VALOR DE BENEFÍCIO | SALÁRIO-DE-BENEFÍCIO | SALÁRIO MÍNIMO | VALOR DA DIÁRIA P/ SEGURADO |
| SALÁRIO-FAMÍLIA NÃO SUPERIOR A 414,78<br>21,27<br>SUPERIOR A 414,78 E IGUAL OU INFERIOR A R$ 623,44<br>14,99 | APOSENTADORIA: 300,00<br>PENSÃO: 300,00<br>AUXÍLIO RECLUSÃO<br>REMUNERAÇÃO (= OU <) 623,44 | 2.668,15 | NÃO INFERIOR 300,00<br>NÃO SUPERIOR 2.668,15 | 300,00 | 44,59 |

| DATA DE INÍCIO DO BENEFÍCIO | REAJUSTE (%) |
|---|---|
| Até 05/04 | 6,355 |
| 06/2004 | 5,932 |
| 07/2004 | 5,405 |
| 08/2004 | 4,641 |
| 09/2004 | 4,120 |
| 10/2004 | 3,944 |
| 11/2004 | 3,767 |
| 12/2004 | 3,313 |
| 01/2005 | 2,432 |
| 02/2005 | 1,851 |
| 03/2005 | 1.405 |
| 04/2005 | 0,670 |

| PREVIDÊNCIA SOCIAL<br>INSTITUTO NACIONAL DO SEGURO SOCIAL<br>DIRETORIA DE BENEFÍCIOS | **TABELA DE REAJUSTAMENTO DE BENEFÍCIOS** |
|---|---|

| **R$** | **104º<br>REAJUSTAMENTO AUTOMÁTICO<br>ABRIL/2006**<br>*(voltar)* | **LEGISLAÇÃO:<br>LEIS nºs** 8.212/91 **e** 8.213/91 **e** 11.321/06<br>**DECRETOS nºs.** 5.756/06, 3.048/99 **e** 5.756/06<br>**PORTARIA nº** MPS 119/06<br>**EMENDAS CONSTITUCIONAL nºs** 20/98 **e** 41/03<br>**MEDIDA PROVISÓRIA nºs** 2.187-13/01, 288/06 **e** 291/06 | | | |
|---|---|---|---|---|---|
| **LIMITE MÁXIMO DO SALÁRIO DE CONTRIBUIÇÃO: 2.801,56** | **VALORES MÍNIMOS** | **MAIOR VALOR DE BENEFÍCIO** | **SALÁRIO-DE-BENEFÍCIO** | **SALÁRIO MÍNIMO** | **VALOR DA DIÁRIA P/ SEGURADO** |
| **SALÁRIO-FAMÍLIA NÃO SUPERIOR A R$ 435,52 = 22,33 SUPERIOR A E IGUAL OU INFERIOR A R$ 654,61 = 15,74** | **APOSENTADORIA: 350,00 PENSÃ0: 350,00 AUXÍLIO RECLUSÃO 350,00 SERINGUEIROS: 700,00** | **2.801,56** | **NÃO INFERIOR: 350,00 NÃO SUPERIOR: 2.801,56** | **350,00** | **46,82** |

| DATA DE INÍCIO DO BENEFÍCIO | REAJUSTE (%) |
|---|---|
| Até 05/05 | 5,000 |
| 06/2005 | 4,270 |
| 07/2005 | 4,385 |
| 08/2005 | 4,354 |
| 09/2005 | 4,354 |
| 10/2005 | 4,198 |
| 11/2005 | 3,597 |
| 12/2005 | 3,040 |
| 01/2006 | 2,630 |
| 02/2006 | 2,241 |
| 03/2006 | 2,007 |

PREVIDÊNCIA SOCIAL
INSTITUTO NACIONAL DO SEGURO SOCIAL
DIRETORIA DE BENEFÍCIOS

# TABELA DE REAJUSTAMENTO DE BENEFÍCIOS

| R$ | 105º REAJUSTAMENTO AUTOMÁTICO AGOSTO/2006 *(voltar)* | LEGISLAÇÃO:<br>LEIS nºs 8.212/91 e 8.213/91, 8.444/92 11.321/06, 10.699/03<br>DECRETOS nºs. 5.756/06, 3.048/99 e 5.872/06<br>PORTARIA nº MPS 119/06 – 342/06<br>EMENDAS CONSTITUCIONAL nºs 20/98 e 41/03<br>MEDIDA PROVISÓRIA nºs 2.187-13/01, 291/06 e 316/06 | | | |
|---|---|---|---|---|---|
| LIMITE MÁXIMO DO SALÁRIO DE CONTRIBUIÇÃO: 2.801,82 | VALORES MÍNIMOS | MAIOR VALOR DE BENEFÍCIO | SALÁRIO-DE-BENEFÍCIO | SALÁRIO MÍNIMO | VALOR DA DIÁRIA P/ SEGURADO |
| SALÁRIO-FAMÍLIA NÃO SUPERIOR A R$ 435,52 = 22,33<br>SUPERIOR A E IGUAL OU INFERIOR A R$ 654,61 = 15,74 | APOSENTADORIA: 350,00<br>PENSÃ0: 350,00<br>AUXÍLIO RECLUSÃO 350,00<br>SERINGUEIROS: 700,00 | 2.801,82 | NÃO INFERIOR: 350,00<br>NÃO SUPERIOR: 2.801,82 | 350,00 | 46,82 |

| DATA DE INÍCIO DO BENEFÍCIO | REAJUSTE (%) |
|---|---|
| Até 05/05 | 5,010% |
| 06/2005 | 4,280% |
| 07/2005 | 4,395% |
| 08/2005 | 4,364% |
| 09/2005 | 4,364% |
| 10/2005 | 4,208% |
| 11/2005 | 3,607% |
| 12/2005 | 3,050% |
| 01/2006 | 2,640% |
| 02/2006 | 2,251% |
| 03/2006 | 2,017% |

| PREVIDÊNCIA SOCIAL<br>INSTITUTO NACIONAL DO SEGURO SOCIAL<br>DIRETORIA DE BENEFÍCIOS | TABELA DE REAJUSTAMENTO DE BENEFÍCIOS |
|---|---|

| R$ | 106º REAJUSTAMENTO AUTOMÁTICO ABRIL/2007 *(voltar)* | LEGISLAÇÃO: LEIS nºs 8.212/91 e 8.213/91, 8.444/92 11.321/06, 10.699/03 DECRETOS nºs. 3.048/99, 5.756/06, e 6.042/07 PORTARIA nº MPS nº 142/07 EMENDAS CONSTITUCIONAL nºs 20/98 e 41/03 MEDIDA PROVISÓRIA nºs 362/07 | | | |
|---|---|---|---|---|---|
| LIMITE MÁXIMO DO SALÁRIO DE CONTRIBUIÇÃO: 2.894,28 | VALORES MÍNIMOS | MAIOR VALOR DE BENEFÍCIO | SALÁRIO-DE-BENEFÍCIO | SALÁRIO MÍNIMO | VALOR DA DIÁRIA P/ SEGURADO |
| SALÁRIO-FAMÍLIA NÃO SUPERIOR A R$ 449,93 = 23,08 SUPERIOR A E IGUAL OU INFERIOR A R$ 676,27 = 16.26 | APOSENTADORIA: 380,00<br>PENSÃ0: 380 ,00<br>AUXÍLIO RECLUSÃO 380,00<br>SERINGUEIROS: 760,00 | 2.894,28 | NÃO INFERIOR: 380,00 NÃO SUPERIOR: : 2.894,28 | 380,00 | 48,37 |

| DATA DE INÍCIO DO BENEFÍCIO | REAJUSTE (%) |
|---|---|
| Até 04/06 | 3,30 |
| 05/2006 | 3,17 |
| 06/2006 | 3,04 |
| 07/2006 | 3,11 |
| 08/2006 | 3,00 |
| 09/2006 | 3,02 |
| 10/2006 | 2,85 |
| 11/2006 | 2,41 |
| 12/2006 | 1,98 |
| 01/2007 | 1,36 |
| 02/2007 | 0,86 |
| 03/2007 | 0,44 |

| PREVIDÊNCIA SOCIAL<br>INSTITUTO NACIONAL DO SEGURO SOCIAL<br>DIRETORIA DE BENEFÍCIOS | **TABELA DE REAJUSTAMENTO DE BENEFÍCIOS** |
|---|---|

| SALÁRIO-DE-CONTRIBUÇÃO R$ | ALÍQUOTA P/ FINS DE RECOLHIMNETO AO INSS (%) |
|---|---|
| Até 868,29 | 7,65* |
| 868,30 até 1.140,00 (3SM) | 8,65* |
| 1.140,01 até 1.447,14 | 9,00 |
| 1.447,15 até 2894,26 | 11,00 |

- Alíquota reduzidas para salários e remuneração até três salários mínimos, em razão do disposto no inciso II do art. 17 da Lei nº 9.311, de 24/10/96, que institui a Contribuição Provisória sobre Movimentação ou Transmissão de Valores e de Créditos e de Direitos de Natureza Financeira – CPMF.

| PREVIDÊNCIA SOCIAL<br>INSTITUTO NACIONAL DO SEGURO SOCIAL<br>DIRETORIA DE BENEFÍCIOS | TABELA DE REAJUSTAMENTO DE BENEFÍCIOS |
|---|---|

| R$ | 107º REAJUSTAMENTO AUTOMÁTICO MARÇO/2008<br>*(voltar)* | LEGISLAÇÃO:<br>LEIS nºs 8.212/91 e 8.213/91, 8.444/92 11.321/06, 10.699/03<br>DECRETOS nºs. 3.048/99, 5.756/06, e 6.042/07<br>PORTARIA nº MPS nº 77/08<br>EMENDAS CONSTITUCIONAL nºs 20/98 e 41/03<br>MEDIDA PROVISÓRIA nºs 421/08 |
|---|---|---|

| LIMITE MÁXIMO DO SALÁRIO DE CONTRIBUIÇÃO: 3.038,99 | VALORES MÍNIMOS | MAIOR VALOR DE BENEFÍCIO | SALÁRIO-DE-BENEFÍCIO | SALÁRIO MÍNIMO | VALOR DA DIÁRIA P/ SEGURADO |
|---|---|---|---|---|---|
| SALÁRIO-FAMÍLIA NÃO SUPERIOR A R$ 472,43 = 24.23 SUPERIOR A E IGUAL OU INFERIOR A R$ 710,08 = 17,07 | APOSENTADORIA: 415,00<br>PENSÃ0: 415,00<br>AUXÍLIO RECLUSÃO: 415,00<br>SERINGUEIROS: 830,00 | 3.038,99 | NÃO INFERIOR: 415,00<br>NÃO SUPERIOR: : 3.038,99 | 415,00 | 50,79 |

| DATA DE INÍCIO DO BENEFÍCIO | REAJUSTE (%) |
|---|---|
| Até 04/07 | 5,00 |
| 05/2007 | 4,73 |
| 06/2007 | 4,45 |
| 07/2007 | 4,13 |
| 08/2007 | 3,80 |
| 09/2007 | 3,19 |
| 10/2007 | 2,93 |
| 11/2007 | 2,62 |
| 12/2007 | 2,19 |
| 01/2008 | 1,20 |
| 02/2008 | 0,51 |

**TABELA DE CONTRIBUIÇÃO DOS SEGURADOS EMPREGADO, EMPREGADO DOMÉSTICO E TRABALHADOR AVULSO, PARA PAGAMENTO DE REMUNERAÇÃO A PARTIR DE 1º DE MARÇO DE 2008**

| SALÁRIO-DE-CONTRIBUÇÃO R$ | ALÍQUOTA P/ FINS DE RECOLHIMNETO AO INSS (%) |
|---|---|
| Até 868,29 | 7,65* |
| 868,30 até 1.140,00 (3SM) | 8,65* |

| PREVIDÊNCIA SOCIAL<br>INSTITUTO NACIONAL DO SEGURO SOCIAL<br>DIRETORIA DE BENEFÍCIOS | **TABELA DE REAJUSTAMENTO DE BENEFÍCIOS** |
|---|---|

| | |
|---|---|
| 1.140,01 até 1.447,14 | 9,00 |
| 1.447,15 até 2894,26 | 11,00 |

- Alíquota reduzidas para salários e remuneração até três salários mínimos, em razão do disposto no inciso II do art. 17 da Lei nº 9.311, de 24/10/96, que institui a Contribuição Provisória sobre Movimentação ou Transmissão de Valores e de Créditos e de Direitos de Natureza Financeira – CPMF.

| PREVIDÊNCIA SOCIAL<br>INSTITUTO NACIONAL DO SEGURO SOCIAL<br>DIRETORIA DE BENEFÍCIOS | TABELA DE REAJUSTAMENTO DE BENEFÍCIOS |
|---|---|

| R$ | 108º REAJUSTAMENTO AUTOMÁTICO FEVEREIRO/2009 *(voltar)* | LEGISLAÇÃO:<br>LEIS nºs 8.212/91 e 8.213/91, 8.444/92 11.321/06, 10.699/03, 11.944/09<br>DECRETOS nºs. 3.048/99, 5.756/06, e 6.042/07, 6765/09<br>PORTARIA MPS/MF nº 48/09<br>EMENDAS CONSTITUCIONAL nºs 20/98 e 41/03<br>MEDIDA PROVISÓRIA nºs 456/09 | | | |
|---|---|---|---|---|---|
| LIMITE MÁXIMO DO SALÁRIO DE CONTRIBUIÇÃO: 3.218,90 | VALORES MÍNIMOS | MAIOR VALOR DE BENEFÍCIO | SALÁRIO-DE-BENEFÍCIO | SALÁRIO MÍNIMO | VALOR DA DIÁRIA P/ SEGURADO |
| SALÁRIO-FAMÍLIA NÃO SUPERIOR A R$ 500,40 = 25,66<br>SUPERIOR A E IGUAL OU INFERIOR A R$ 752,12 = 18,08 | APOSENTADORIA: 465,00<br>PENSÃO: 465,00<br>AUXÍLIO RECLUSÃO: 752,12<br>SERINGUEIROS: 930,00 | 3.218,90 | NÃO INFERIOR: 465,00<br>NÃO SUPERIOR: 3.218,90: | 465,00 | 53,80 |

| DATA DE INÍCIO DO BENEFÍCIO | REAJUSTE (%) |
|---|---|
| Até 03/2008 | 5,92 |
| 04/2008 | 5,38 |
| 05/2008 | 4,71 |
| 06/2008 | 3,72 |
| 07/2008 | 2,78 |
| 08/2008 | 2,19 |
| 09/2008 | 1,97 |
| 10/2008 | 1,82 |
| 11/2008 | 1,32 |
| 12/2008 | 0.93 |
| 01/2009 | 0,64 |

**TABELA DE CONTRIBUIÇÃO DOS SEGURADOS EMPREGADO, EMPREGADO DOMÉSTICO E TRABALHADOR AVULSO, PARA PAGAMENTO DE REMUNERAÇÃO A PARTIR DE 1º DE FEVEREIRO DE 2009**

| SALÁRIO-DE-CONTRIBUÇÃO R$ | ALÍQUOTA P/ FINS DE RECOLHIMNETO AO INSS (%) |
|---|---|
| Até 965,67 | 8,00 |
| de 965,68 até 1.609,45 | 9.00 |
| de 1.609,46 até 3.218,90 | 11,00 |

| PREVIDÊNCIA SOCIAL<br>INSTITUTO NACIONAL DO SEGURO SOCIAL<br>DIRETORIA DE BENEFÍCIOS | **TABELA DE REAJUSTAMENTO DE BENEFÍCIOS** |
|---|---|

<table>
<tr><th>R$</th><th>109º REAJUSTAMENTO AUTOMÁTICO JANEIRO/2010<br>(voltar)</th><th colspan="4">LEGISLAÇÃO:<br>LEIS nºs 8.212/91 e 8.213/91.<br>DECRETOS nºs. 3.048/99<br>PORTARIA MPS/MF nº 350/09<br>EMENDAS CONSTITUCIONAL nºs 20/98 e 41/03<br>MEDIDA PROVISÓRIA nºs 474/09, 475/09</th></tr>
<tr><td>LIMITE MÁXIMO DO SALÁRIO DE CONTRIBUIÇÃO: 3.416,54</td><td>VALORES MÍNIMOS</td><td>MAIOR VALOR DE BENEFÍCIO</td><td>SALÁRIO-DE-BENEFÍCIO</td><td>SALÁRIO MÍNIMO</td><td>VALOR DA DIÁRIA P/ SEGURADO</td></tr>
<tr><td>SALÁRIO-FAMÍLIA NÃO SUPERIOR A R$ 531,12 27,24 SUPERIOR A E IGUAL OU INFERIOR A R$ 798,30 = 19,19</td><td>APOSENTADORIA:510,00<br>PENSÃO: 510,00<br>AUXÍLIO RECLUSÃO: 510,00<br>SERINGUEIROS: 1.020,00</td><td>3.416,54</td><td>NÃO INFERIOR: 510,00 NÃO SUPERIOR: 3.416,54:</td><td>510,00</td><td>57,10</td></tr>
<tr><td colspan="2">DATA DE INÍCIO DO BENEFÍCIO</td><td colspan="4">REAJUSTE (%)</td></tr>
<tr><td colspan="2">Até 2/2009</td><td colspan="4">6,14</td></tr>
<tr><td colspan="2">3/2009</td><td colspan="4">5,81</td></tr>
<tr><td colspan="2">4/2009</td><td colspan="4">5,60</td></tr>
<tr><td colspan="2">5/2009</td><td colspan="4">5,02</td></tr>
<tr><td colspan="2">6/2009</td><td colspan="4">4,40</td></tr>
<tr><td colspan="2">7/2009</td><td colspan="4">3,96</td></tr>
<tr><td colspan="2">8/2009</td><td colspan="4">3,72</td></tr>
<tr><td colspan="2">9/2009</td><td colspan="4">3,64</td></tr>
<tr><td colspan="2">10/2009</td><td colspan="4">3,47</td></tr>
<tr><td colspan="2">11/2009</td><td colspan="4">3,23</td></tr>
<tr><td colspan="2">12/2009</td><td colspan="4">2,85</td></tr>
</table>

**TABELA DE CONTRIBUIÇÃO DOS SEGURADOS EMPREGADO, EMPREGADO DOMÉSTICO E TRABALHADOR AVULSO, PARA PAGAMENTO DE REMUNERAÇÃO A PARTIR DE 1º DE JANEIRO DE 2010**

| SALÁRIO-DE-CONTRIBUÇÃO R$ | ALÍQUOTA P/ FINS DE RECOLHIMNETO AO INSS (%) |
|---|---|
| Até 1.024,97 | 8,00 |
| de 1.024,988 até 1.708,27 | 9.00 |
| de 1.708,28 até 3.416,54 | 11,00 |

PREVIDÊNCIA SOCIAL
INSTITUTO NACIONAL DO SEGURO SOCIAL
DIRETORIA DE BENEFÍCIOS

# TABELA DE REAJUSTAMENTO DE BENEFÍCIOS

| R$ | 109º REAJUSTAMENTO AUTOMÁTICO JANEIRO/2010 *(voltar)* Revoga a Portaria nº 350/09 | LEGISLAÇÃO: LEIS nºs 8.212/91, 8.213/91, 12.255/10 e 12.254/10 DECRETOS nºs. 3.048/99 PORTARIA MPS/MF nº 333/10 EMENDAS CONSTITUCIONAL nºs 20/98 e 41/03 MEDIDA PROVISÓRIA nºs 474/09, 475/09 | | | |
|---|---|---|---|---|---|
| LIMITE MÁXIMO DO SALÁRIO DE CONTRIBUIÇÃO: 3.416,54 | VALORES MÍNIMOS | MAIOR VALOR DE BENEFÍCIO | SALÁRIO-DE-BENEFÍCIO | SALÁRIO MÍNIMO | VALOR DA DIÁRIA P/ SEGURADO |
| SALÁRIO-FAMÍLIA NÃO SUPERIOR A R$ 539,03, 27,64 SUPERIOR A E IGUAL OU INFERIOR A R$ 810,18 = 19,48 | APOSENTADORIA:510,00<br>PENSÃ0: 510,00<br>AUXÍLIO RECLUSÃO: 510,00<br>SERINGUEIROS: 1.020,00 | 3.467,40 | NÃO INFERIOR: 510,00 NÃO SUPERIOR: 3.467,40 | 510,00 | 57,95 |
| DATA DE INÍCIO DO BENEFÍCIO | | REAJUSTE (%) | | | |
| Até 2/2009 | | 7,72 | | | |
| 3/2009 | | 7,39 | | | |
| 4/2009 | | 7,17 | | | |
| 5/2009 | | 6,58 | | | |
| 6/2009 | | 5,95 | | | |
| 7/2009 | | 5,51 | | | |
| 8/2009 | | 5,26 | | | |
| 9/2009 | | 5,18 | | | |
| 10/2009 | | 5,01 | | | |
| 11/2009 | | 4,77 | | | |
| 12/2009 | | 4,38 | | | |

| PREVIDÊNCIA SOCIAL<br>INSTITUTO NACIONAL DO SEGURO SOCIAL<br>DIRETORIA DE BENEFÍCIOS | **TABELA DE REAJUSTAMENTO DE BENEFÍCIOS** |
|---|---|

<table>
<tr><th>R$</th><th>110º REAJUSTAMENTO AUTOMÁTICO JANEIRO/2011<br>(voltar)<br><br>Revoga a Portaria nº 333/10</th><th colspan="4">LEGISLAÇÃO:<br>LEIS nºs 8.212/91, 8.213/91, 11.520/07, 12.255/10 e 12.254/10<br>DECRETOS nºs. 3.048/99<br>PORTARIA MPS/MF nº 407/11<br>EMENDAS CONSTITUCIONAL nºs 20/98 e 41/03<br>MEDIDA PROVISÓRIA nºs 516/10</th></tr>
<tr><td>LIMITE MÁXIMO DO SALÁRIO DE CONTRIBUIÇÃO: 3.689,66</td><td>VALORES MÍNIMOS</td><td>MAIOR VALOR DE BENEFÍCIO</td><td>SALÁRIO-DE-BENEFÍCIO</td><td>SALÁRIO MÍNIMO</td><td>VALOR DA DIÁRIA P/ SEGURADO</td></tr>
<tr><td>SALÁRIO-FAMÍLIA NÃO SUPERIOR A R$ 573,91<br>29,43<br>SUPERIOR A E IGUAL OU INFERIOR A R$ 862,11 = 20,74</td><td>APOSENTADORIA:540,00<br>PENSÃ0: 545,00<br>AUXÍLIO RECLUSÃO: 545,00<br>SERINGUEIROS: 1.090,00</td><td>3.691,74</td><td>NÃO INFERIOR: 545,00<br>NÃO SUPERIOR: 3.691,74</td><td>545,00</td><td>61,70</td></tr>
<tr><td colspan="2">DATA DE INÍCIO DO BENEFÍCIO</td><td colspan="4">REAJUSTE (%)</td></tr>
<tr><td colspan="2">em janeiro de 2010</td><td colspan="4">6,47</td></tr>
<tr><td colspan="2">Em fevereiro de 2010</td><td colspan="4">5,54</td></tr>
<tr><td colspan="2">em março de 2010</td><td colspan="4">4,80</td></tr>
<tr><td colspan="2">Em abril de 2010</td><td colspan="4">4,06</td></tr>
<tr><td colspan="2">em maio de 2010</td><td colspan="4">3,31</td></tr>
<tr><td colspan="2">em junho de 2010</td><td colspan="4">2,87</td></tr>
<tr><td colspan="2">em julho de 2010</td><td colspan="4">2,98</td></tr>
<tr><td colspan="2">em agosto de 2010</td><td colspan="4">3,05</td></tr>
<tr><td colspan="2">em setembro de 2010</td><td colspan="4">3,13</td></tr>
<tr><td colspan="2">em outubro de 2010</td><td colspan="4">2,57</td></tr>
<tr><td colspan="2">em novembro de 2010</td><td colspan="4">1,64</td></tr>
<tr><td colspan="2">wm dezembro de 2010</td><td colspan="4">0,60</td></tr>
</table>

**TABELA DE CONTRIBUIÇÃO DOS SEGURADOS EMPREGADO, EMPREGADO DOMÉSTICO E TRABALHADOR AVULSO, PARA PAGAMENTO DE REMUNERAÇÃO A PARTIR DE 1º DE JANEIRO DE 2011.**

| SALÁRIO-DE-CONTRIBUIÇÃO (R$) | ALÍQUOTA PARA FINS DE RECOLHIMENTO AO INSS |
|---|---|
| até 1.107,52 | 8,00% |
| de 1.107,53 até 1.845,87 | 9,00% |
| de 1.845,88 até 3.691,74 | 11,00 % |

| PREVIDÊNCIA SOCIAL<br>INSTITUTO NACIONAL DO SEGURO SOCIAL<br>DIRETORIA DE BENEFÍCIOS | TABELA DE REAJUSTAMENTO DE BENEFÍCIOS |
|---|---|

| R$ | 111° REAJUSTAMENTO AUTOMÁTICO MARÇO/2011 *(voltar)*<br>Revoga a Portaria n° 333/10 | LEGISLAÇÃO: LEIS n°s 8.212/91, 8.213/91, 11.520/07, 12.382/11 DECRETOS n°s. 3.048/99 PORTARIA MPS/MF n° 115/11 EMENDAS CONSTITUCIONAL n°s 20/98 e 41/03 | | | |
|---|---|---|---|---|---|
| LIMITE MÁXIMO DO SALÁRIO DE CONTRIBUIÇÃO: 3.689,66 | VALORES MÍNIMOS | MAIOR VALOR DE BENEFÍCIO | SALÁRIO-DE-BENEFÍCIO | SALÁRIO MÍNIMO | VALOR DA DIÁRIA P/ SEGURADO |
| SALÁRIO-FAMÍLIA NÃO SUPERIOR A R$ 573,58 29,41 SUPERIOR A E IGUAL OU INFERIOR A R$ 862,11 = 20,73 | APOSENTADORIA:545,00<br>PENSÃ0: 545,00<br>AUXÍLIO RECLUSÃO: 545,00<br>SERINGUEIROS: 1.090,00 | | | 545,00 | |

| R$ | 112° REAJUSTAMENTO AUTOMÁTICO JANEIRO/2012 *(voltar)*<br>Revoga a Portaria n° 407/11 | LEGISLAÇÃO: LEIS n°s 8.212/91, 8.213/91, 11.520/07, 12.382/11 DECRETOS n°s. 3.048/99, 7.655/11 PORTARIA MPS/MF n° 2/12 EMENDAS CONSTITUCIONAL n°s 20/98 e 41/03 | | | |
|---|---|---|---|---|---|
| LIMITE MÁXIMO DO SALÁRIO DE CONTRIBUIÇÃO: 3.916,20 | VALORES MÍNIMOS | MAIOR VALOR DE BENEFÍCIO | SALÁRIO-DE-BENEFÍCIO | SALÁRIO MÍNIMO | VALOR DA DIÁRIA P/ SEGURADO |
| SALÁRIO-FAMÍLIA NÃO SUPERIOR A R$ 608,80 31,22 SUPERIOR A E IGUAL OU INFERIOR A R$ 915,05 = 22,00 | APOSENTADORIA :622,00<br>PENSÃ0: 622,00<br>AUXÍLIO RECLUSÃO: 622,00<br>SERINGUEIROS: 1.244,00<br>SÍNDROME DA TALIDOMIDA: 301,99 | 3.916,20 | NÃO INFERIOR: 622,00 Jan NÃO SUPERIOR: 3.916,20 | 622,00 | 65,45 |

| DATA DE INÍCIO DO BENEFÍCIO | REAJUSTE (%) |
|---|---|
| Até janeiro de 2011 | 6,08 |
| em fevereiro de 2011 | 5,09 |
| em março de 2011 | 4,53 |
| em abril de 2011 | 3,84 |
| em maio de 2011 | 3,10 |
| em junho de 2011 | 2,52 |
| em julho de 2011 | 2,29 |
| em agosto de 2011 | 2,29 |
| em setembro de 2011 | 1,86 |
| em outubro de 2011 | 1,41 |
| em novembro de 2011 | 1,08 |
| em dezembro de 2011 | 0,51 |

| PREVIDÊNCIA SOCIAL<br>INSTITUTO NACIONAL DO SEGURO SOCIAL<br>DIRETORIA DE BENEFÍCIOS | **TABELA DE REAJUSTAMENTO DE BENEFÍCIOS** |
|---|---|

**TABELA DE CONTRIBUIÇÃO DOS SEGURADOS EMPREGADO, EMPREGADO DOMÉSTICO E TRABALHADOR AVULSO, PARA PAGAMENTO DE REMUNERAÇÃO A PARTIR DE 1º DE JANEIRO DE 2012.**

| SALÁRIO-DE-CONTRIBUIÇÃO (R$) | ALÍQUOTA PARA FINS DE RECOLHIMENTO AO INSS |
|---|---|
| até 1.174,86 | 8,00% |
| de 1.174,87 até 1.958,10 | 9,00% |
| de 1.958,11 até 3.916,20 | 11,00 % |

| R$ | 113º REAJUSTAMENTO AUTOMÁTICO JANEIRO/2013 *(voltar)*<br>revogada a Portaria MPS/MF nº 2/2012. | LEGISLAÇÃO:<br>LEIS nºs 8.212/91, 8.213/91, 11.520/07, 12.382/11<br>DECRETOS nºs. 3.048/99, 7.872/12<br>PORTARIA MPS/MF nº 15/13<br>EMENDAS CONSTITUCIONAL nºs 20/98 e 41/03 | | | |
|---|---|---|---|---|---|
| **LIMITE MÁXIMO DO SALÁRIO DE CONTRIBUIÇÃO: 4.159,00** | **VALORES MÍNIMOS** | **MAIOR VALOR DE BENEFÍCIO** | **SALÁRIO-DE-BENEFÍCIO** | **SALÁRIO MÍNIMO** | **VALOR DA DIÁRIA P/ SEGURADO** |
| **SALÁRIO-FAMÍLIA NÃO SUPERIOR A R$ 646,55 33,16 SUPERIOR A E IGUAL OU INFERIOR A R$ 971,78 = 23,36** | **APOSENTADORIA :678,00 PENSÃO: 678,00 AUXÍLIO RECLUSÃO: 971,78 SERINGUEIROS: 1.356,00 SÍNDROME DA TALIDOMIDA: 320,71** | **4.159,00** | **NÃO INFERIOR: 678,00 Jan NÃO SUPERIOR: 4.159,00** | **678,00** | **69,51** |

| DATA DE INÍCIO DO BENEFÍCIO | REAJUSTE (%) |
|---|---|
| Até janeiro de 2012 | 6,20 |
| em fevereiro de 2012 | 5,66 |
| em março de 2012 | 5,25 |
| em abril de 2012 | 5,06 |
| em maio de 2012 | 4,39 |
| em junho de 2012 | 3,82 |
| em julho de 2012 | 3,55 |
| em agosto de 2012 | 3,11 |
| em setembro de 2012 | 2,65 |
| em outubro de 2012 | 2,00 |
| em novembro de 2012 | 1,28 |
| em dezembro de 2012 | 0,74 |

**TABELA DE CONTRIBUIÇÃO DOS SEGURADOS EMPREGADO, EMPREGADO DOMÉSTICO E TRABALHADOR AVULSO, PARA PAGAMENTO DE REMUNERAÇÃO A PARTIR DE 1º DE JANEIRO DE 2013.**

| SALÁRIO-DE-CONTRIBUIÇÃO (R$) | ALÍQUOTA PARA FINS DE RECOLHIMENTO AO INSS |
|---|---|
| até 1.247,70 | 8,00% |
| de 1.247,71 até 2.079,50 | 9,00% |
| de 2.079,51 até 4.159,00 | 11,00 % |

PREVIDÊNCIA SOCIAL
INSTITUTO NACIONAL DO SEGURO SOCIAL
DIRETORIA DE BENEFÍCIOS

# TABELA DE REAJUSTAMENTO DE BENEFÍCIOS

<table>
<tr><td>R$</td><td>114º REAJUSTAMENTO AUTOMÁTICO JANEIRO/2014<br>(voltar)<br>revogada a Portaria MPS/MF nº 15/2013.</td><td colspan="4">LEGISLAÇÃO:<br>LEIS nºs 8.212/91, 8.213/91, 11.520/07, 12.382/11<br>DECRETOS nºs. 3.048/99, 8.166/13<br>PORTARIA CJ MPS/MF nº 19/14<br>EMENDAS CONSTITUCIONAL nºs 20/98 e 41/03</td></tr>
<tr><td>LIMITE MÁXIMO DO SALÁRIO DE CONTRIBUIÇÃO: 4.390,24</td><td>VALORES MÍNIMOS</td><td>MAIOR VALOR DE BENEFÍCIO</td><td>SALÁRIO-DE-BENEFÍCIO</td><td>SALÁRIO MÍNIMO</td><td>VALOR DA DIÁRIA P/ SEGURADO</td></tr>
<tr><td>SALÁRIO-FAMÍLIA<br>R$ 35,00 p/ o segurado c/ remuneração mensal não superior a R$ 682,50;<br>R$ 24,66 p/ segurado c/ remuneração mensal superior a R$ 682,50 e igual ou inferior a R$ 1.025,81</td><td>APOSENTADORIA :724,00<br>PENSÃO: 724,00<br>AUXÍLIO RECLUSÃO: 1.025,81<br>SERINGUEIROS: 1.448,00<br>SÍNDROME DA TALIDOMIDA: 338,54</td><td>4.390,24</td><td>NÃO INFERIOR: 724,00<br>SUPERIOR: 4.390,24</td><td>724,00</td><td>73,37</td></tr>
<tr><td colspan="2">DATA DE INÍCIO DO BENEFÍCIO</td><td colspan="4">REAJUSTE (%)</td></tr>
<tr><td colspan="2">Até janeiro de 2013</td><td colspan="4">5,56</td></tr>
<tr><td colspan="2">em fevereiro de 2013</td><td colspan="4">4,60</td></tr>
<tr><td colspan="2">em março de 2013</td><td colspan="4">4,06</td></tr>
<tr><td colspan="2">em abril de 2013</td><td colspan="4">3,44</td></tr>
<tr><td colspan="2">em maio de 2013</td><td colspan="4">2,83</td></tr>
<tr><td colspan="2">em junho de 2013</td><td colspan="4">2,47</td></tr>
<tr><td colspan="2">em julho de 2013</td><td colspan="4">2,19</td></tr>
<tr><td colspan="2">em agosto de 2013</td><td colspan="4">2,32</td></tr>
<tr><td colspan="2">em setembro de 2013</td><td colspan="4">2,16</td></tr>
<tr><td colspan="2">em outubro de 2013</td><td colspan="4">1,88</td></tr>
<tr><td colspan="2">em novembro de 2013</td><td colspan="4">1,26</td></tr>
<tr><td colspan="2">em dezembro de 2013</td><td colspan="4">0,72</td></tr>
</table>

**TABELA DE CONTRIBUIÇÃO DOS SEGURADOS EMPREGADO, EMPREGADO DOMÉSTICO E TRABALHADOR AVULSO, PARA PAGAMENTO DE REMUNERAÇÃO A PARTIR DE 1º DE JANEIRO DE 2014.**

| SALÁRIO-DE-CONTRIBUIÇÃO (R$) | ALÍQUOTA PARA FINS DE RECOLHIMENTO AO INSS |
|---|---|
| até 1.317,07 | 8,00% |
| de 1.317,08 até 2.195,12 | 9,00% |
| de 2.195,13 até 4.390,24 | 11,00 % |

PREVIDÊNCIA SOCIAL
INSTITUTO NACIONAL DO SEGURO SOCIAL
DIRETORIA DE BENEFÍCIOS

# TABELA DE REAJUSTAMENTO DE BENEFÍCIOS

<table>
<tr><td>R$</td><td>115º REAJUSTAMENTO AUTOMÁTICO JANEIRO/2015<br>(voltar)<br>revogada a Portaria MPS/MF nº 19/2014.</td><td colspan="4">LEGISLAÇÃO:<br>LEIS nºs 8.212/91, 8.213/91,, 12.382/11<br>DECRETOS nºs. 3.048/99, 8.381/14<br>PORTARIA CJ MPS/MF nº 13/14<br>EMENDAS CONSTITUCIONAL nºs 20/98 e 41/03</td></tr>
<tr><td>LIMITE MÁXIMO DO SALÁRIO DE CONTRIBUIÇÃO: 4.663,75</td><td>VALORES MÍNIMOS</td><td>MAIOR VALOR DE BENEFÍCIO</td><td>SALÁRIO-DE-BENEFÍCIO</td><td>SALÁRIO MÍNIMO</td><td>VALOR DA DIÁRIA P/ SEGURADO</td></tr>
<tr><td>SALÁRIO-FAMÍLIA<br>R$ 37,18 p/ o segurado c/ remuneração mensal não superior a R$ 725,02;<br>R$ 26,20 p/ segurado c/ remuneração mensal superior a R$ 725,02 e igual ou inferior a R$ 1.089,72</td><td>APOSENTADORIA :788,00<br>PENSÃ0: 788,00<br>AUXÍLIO RECLUSÃO: 1.089,72<br>SERINGUEIROS: 1.576,00<br>SÍNDROME DA TALIDOMIDA: (Lei n° 12.663/12)</td><td>4.663,75</td><td>NÃO INFERIOR: 788,00<br>SUPERIOR: 4.663,75</td><td>788,00</td><td>77,94</td></tr>
<tr><td colspan="2">DATA DE INÍCIO DO BENEFÍCIO</td><td colspan="4">REAJUSTE (%)</td></tr>
<tr><td colspan="2">Até janeiro de 2014</td><td colspan="4">6,23</td></tr>
<tr><td colspan="2">em fevereiro de 2014</td><td colspan="4">5,56</td></tr>
<tr><td colspan="2">em março de 2014</td><td colspan="4">4,89</td></tr>
<tr><td colspan="2">em abril de 2014</td><td colspan="4">4,04</td></tr>
<tr><td colspan="2">em maio de 2014</td><td colspan="4">3,23</td></tr>
<tr><td colspan="2">em junho de 2014</td><td colspan="4">2,62</td></tr>
<tr><td colspan="2">em julho de 2014</td><td colspan="4">2,35</td></tr>
<tr><td colspan="2">em agosto de 2014</td><td colspan="4">2,22</td></tr>
<tr><td colspan="2">em setembro de 2014</td><td colspan="4">2,04</td></tr>
<tr><td colspan="2">em outubro de 2014</td><td colspan="4">1,54</td></tr>
<tr><td colspan="2">em novembro de 2014</td><td colspan="4">1,15</td></tr>
<tr><td colspan="2">em dezembro de 2014</td><td colspan="4">0,62</td></tr>
</table>

**TABELA DE CONTRIBUIÇÃO DOS SEGURADOS EMPREGADO, EMPREGADO DOMÉSTICO E TRABALHADOR AVULSO, PARA PAGAMENTO DE REMUNERAÇÃO A PARTIR DE 1º DE JANEIRO DE 2015**

| SALÁRIO-DE-CONTRIBUIÇÃO (R$) | ALÍQUOTA PARA FINS DE RECOLHIMENTO AO INSS |
|---|---|
| até 1.399,12 | 8,00% |
| de 1.399,13 até 2.331,88 | 9,00% |
| de 2.331,89 até 4.663,75 | 11,00 % |

| PREVIDÊNCIA SOCIAL<br>INSTITUTO NACIONAL DO SEGURO SOCIAL<br>DIRETORIA DE BENEFÍCIOS | **TABELA DE REAJUSTAMENTO DE BENEFÍCIOS** |
|---|---|

| **R$** | **116º REAJUSTAMENTO AUTOMÁTICO JANEIRO/2016**<br>*(voltar)*<br>revogada a Portaria MPS/MF nº 13/2015. | **LEGISLAÇÃO:**<br>**LEIS nºs** 8.212/91, 8.213/91, 13.152/15<br>**DECRETOS nºs.** 3.048/99, 8.618/15<br>**PORTARIA CJ MPS/MF nº** 1/16<br>**EMENDAS CONSTITUCIONAL nºs** 20/98 **e** 41/03 | | | |
|---|---|---|---|---|---|
| **LIMITE MÁXIMO DO SALÁRIO DE CONTRIBUIÇÃO: 5.189,82** | **VALORES MÍNIMOS** | **MAIOR VALOR DE BENEFÍCIO** | **SALÁRIO-DE-BENEFÍCIO** | **SALÁRIO MÍNIMO** | **VALOR DA DIÁRIA P/ SEGURADO** |
| **SALÁRIO-FAMÍLIA**<br>R$ 41,37 p/ o segurado c/ remuneração mensal não superior a R$ 806,80;<br>R$ 29,16 p/ segurado c/ remuneração mensal superior a R$ 806,80 e igual ou inferior a R$ 1.212,64 | **APOSENTADORIA :880,00**<br>**PENSÃ0: 880,00**<br>**AUXÍLIO RECLUSÃO: 1.212,64**<br>**SERINGUEIROS: 1.760,00**<br>**SÍNDROME DA TALIDOMIDA: (Lei nº 12.663/12)** | **5.189,82** | **NÃO INFERIOR: 880,00**<br>**SUPERIOR: 5.189,82** | **880,00** | **86,73** |

| **DATA DE INÍCIO DO BENEFÍCIO** | **REAJUSTE (%)** |
|---|---|
| Até janeiro de 2015 | 11,28 |
| em fevereiro de 2015 | 9,65 |
| em março de 2015 | 8,40 |
| em abril de 2015 | 6,78 |
| em maio de 2015 | 6,03 |
| em junho de 2015 | 4,99 |
| em julho de 2015 | 4,19 |
| em agosto de 2015 | 3,59 |
| em setembro de 2015 | 3,33 |
| em outubro de 2015 | 2,81 |
| em novembro de 2015 | 2,02 |
| em dezembro de 2015 | 0,90 |

**TABELA DE CONTRIBUIÇÃO DOS SEGURADOS EMPREGADO, EMPREGADO DOMÉSTICO E TRABALHADOR AVULSO, PARA PAGAMENTO DE REMUNERAÇÃO A PARTIR DE 1º DE JANEIRO DE 2016**

| **SALÁRIO-DE-CONTRIBUIÇÃO (R$)** | **ALÍQUOTA PARA FINS DE RECOLHIMENTO AO INSS** |
|---|---|
| até 1.556,94 | 8,00% |
| de 1.556,95 até 2.594,92 | 9,00% |
| de 2.594,93 até 5.189,82 | 11,00 % |

## 4.1. Cálculos

O estudo de caso a seguir trata-se de uma aposentadoria por tempo de contribuição proporcional, com início em 01/01/1995, ativo até a presente data, tempo de contribuição de 33 anos. O salário de benefício fixado no valor de **R$ 575,00**; renda mensal inicial equivalente a 88%, no valor de **R$ 506,00** e mensalidade reajustada para 01/2022 no valor de **R$ 3.537,75**. Seguem as informações de reajustes do benefício.

**REAJUSTES PREVIDENCIÁRIOS**

ANTÔNIO DOS SANTOS MENESES

BENEFÍCIO: 42/028.550.759-1

ESPÉCIE: Aposentadoria por tempo de contribuição

TEMPO DE CONTRIBUIÇÃO: 33 anos 03 meses e 18 dias

DATA DE INÍCIO: 01/01/1995

| | |
|---|---|
| TETO PREVIDENCIÁRIO: | **582,86** |
| SALÁRIO DE BENEFÍCIO: | **575,00** |
| COEFICIENTE: | **88%** |
| RENDA MENSAL INICIAL: | **506,00** |

| Data | Renda Mensal | Índices de reajustes | Renda Mensal Reajustada |
|---|---|---|---|
| mai/95 | 506,00 | 1,170270 | 592,16 |
| mai/96 | 592,16 | 1,150000 | 680,98 |
| jun/97 | 680,98 | 1,077600 | 733,82 |
| jun/98 | 733,82 | 1,048100 | 769,12 |
| jun/99 | 769,12 | 1,046100 | 804,58 |
| jun/00 | 804,58 | 1,058100 | 851,32 |
| jun/01 | 851,32 | 1,076600 | 916,53 |
| jun/02 | 916,53 | 1,092000 | 1.000,86 |
| jun/03 | 1.000,86 | 1,197100 | 1.198,12 |
| mai/04 | 1.198,12 | 1,045300 | 1.252,40 |
| mai/05 | 1.252,40 | 1,063550 | 1.331,99 |
| abr/06 | 1.331,99 | 1,050000 | 1.398,59 |
| abr/07 | 1.398,59 | 1,033000 | 1.444,74 |
| mar/08 | 1.444,74 | 1,050000 | 1.516,98 |
| fev/09 | 1.516,98 | 1,059200 | 1.606,79 |
| jan/10 | 1.606,79 | 1,077200 | 1.730,83 |
| jan/11 | 1.730,83 | 1,064700 | 1.842,81 |
| jan/12 | 1.842,81 | 1,060800 | 1.954,86 |
| jan/13 | 1.954,86 | 1,062000 | 2.076,06 |
| jan/14 | 2.076,06 | 1,055600 | 2.191,49 |
| jan/15 | 2.191,49 | 1,062300 | 2.328,02 |
| jan/16 | 2.328,02 | 1,112800 | 2.590,62 |
| jan/17 | 2.590,62 | 1,065800 | 2.761,08 |
| jan/18 | 2.761,08 | 1,020700 | 2.818,23 |
| jan/19 | 2.818,23 | 1,034300 | 2.914,90 |
| jan/20 | 2.914,90 | 1,044800 | 3.045,49 |
| jan/21 | 3.045,49 | 1,054500 | 3.211,47 |
| **jan/22** | **3.211,47** | **1,101600** | **3.537,75** |

Seguem as tabelas de reajustes previdenciários a partir da Constituição Federal de 1988 até a presente data. É possível notar que os reajustes previdenciários já foram mensais, trimestrais, quadrimestrais e anuais.

# REAJUSTES PREVIDENCIÁRIOS DE 1988 a 2022

| MÊS DE REAJUSTE | DIB | PERCENTUAL | DECIMAL |
|---|---|---|---|
| nov/88 | até 31/10/1988 | 26,6899 | 1,266899 |
| dez/88 | até 30/11/1988 | 28,1500 | 1,281500 |
| jan/89 | até 31/12/1988 | 28,4301 | 1,284301 |
| fev/89 | até 31/01/1989 | 35,4799 | 1,354799 |
| mai/89 | até 28/02/1989 | 33,1458 | 1,331458 |
| | mar/89 | 14,4355 | 1,144355 |
| | abr/89 | 8,0000 | 1,080000 |
| jun/89 | até 31/05/1989 | 16,6700 | 1,166700 |
| jul/89 | até 30/06/1989 | 29,4000 | 1,294000 |
| ago/89 | até 31/07/1989 | 27,4000 | 1,274000 |
| set/89 | até 31/08/1989 | 33,1800 | 1,331800 |
| out/89 | até 30/09/1989 | 36,3500 | 1,363500 |
| nov/89 | até 31/10/1989 | 38,7600 | 1,387600 |
| dez/89 | até 30/11/1989 | 48,4700 | 1,484700 |
| jan/90 | até 31/12/1989 | 51,2800 | 1,512800 |
| fev/90 | até 31/01/1990 | 68,1900 | 1,681900 |
| mar/90 | até 28/02/1990 | 73,9900 | 1,739900 |
| jun/90 | até 31/03/1990 | 124,1768 | 2,241768 |
| | abr/90 | 23,0724 | 1,230724 |
| | mai/90 | 7,3100 | 1,073100 |
| jul/90 | até 30/06/1990 | 11,6400 | 1,116400 |
| ago/90 | até 31/07/1990 | 12,6200 | 1,126200 |
| set/90 | até 31/08/1990 | 12,1801 | 1,121801 |
| out/90 | até 30/09/1990 | 14,2600 | 1,142600 |
| nov/90 | até 31/10/1990 | 14,4300 | 1,144300 |
| dez/90 | até 30/11/1990 | 16,9200 | 1,169200 |
| jan/91 | até 31/12/1990 | 19,1400 | 1,191400 |
| fev/91 | até 31/01/1991 | 20,9500 | 1,209500 |
| mar/91 | até 28/02/1991 | 20,1984 | 1,201984 |
| set/91 | até 31/03/1991 | 147,0600 | 2,470600 |
| | abr/91 | 112,4900 | 2,124900 |
| | mai/91 | 82,7500 | 1,827500 |
| | jun/91 | 57,1800 | 1,571800 |
| | jul/91 | 35,1900 | 1,351900 |
| | ago/91 | 16,2700 | 1,162700 |
| jan/92 | até 30/09/1991 | 119,8234 | 2,198234 |
| | out/91 | 90,1258 | 1,901258 |
| | nov/91 | 57,0249 | 1,570249 |
| | dez/91 | 24,1500 | 1,241500 |

| MÊS DE REAJUSTE | DIB | PERCENTUAL | DECIMAL |
|---|---|---|---|
| mai/92 | até 31/01/1992 | 130,3616 | 2,303616 |
| | fev/92 | 82,9428 | 1,829428 |
| | mar/92 | 46,9656 | 1,469656 |
| | abr/92 | 20,8400 | 1,208400 |
| set/92 | até 05/1992 | 124,7869 | 2,247869 |
| | jun/92 | 80,5517 | 1,805517 |
| | jul/92 | 49,4015 | 1,494015 |
| | ago/92 | 22,3800 | 1,223800 |
| jan/93 | até 09/1992 | 141,2128 | 2,412128 |
| | out/92 | 94,5579 | 1,945579 |
| | nov/92 | 54,3253 | 1,543253 |
| | dez/92 | 25,5800 | 1,255800 |
| mar/93 | | 36,6700 | 1,366700 |
| mai/93 | até 01/1993 | 91,7000 | 1,917000 |
| | fev/93 | 49,8700 | 1,498700 |
| | mar/93 | 62,7100 | 1,627100 |
| | abr/93 | 28,2500 | 1,282500 |
| jul/93 | | 40,4600 | 1,404600 |
| ago/93 | | 19,2600 | 1,192600 |
| set/93 | até 05/1993 | 70,7300 | 1,707300 |
| | jun/93 | 32,9800 | 1,329800 |
| | jul/93 | 43,3000 | 1,433000 |
| | ago/93 | 32,2200 | 1,322200 |
| out/93 | | 25,1700 | 1,251700 |
| nov/93 | | 24,9200 | 1,249200 |
| dez/93 | | 24,8900 | 1,248900 |
| jan/94 | até 09/1993 | 75,2800 | 1,752800 |
| | out/93 | 60,2200 | 1,602200 |
| | nov/93 | 48,3400 | 1,483400 |
| | dez/93 | 37,3500 | 1,373500 |
| fev/94 | | 30,2500 | 1,302500 |
| 03/1994 - conversão de moeda - dividir pelos fatores ao lado | I | Servidores da União | 634,6471 |
| | II | Início em 10/1993 | 633,3818 |
| | III | Início em 11/1993 | 609,6611 |
| | IV | Demais benefícios | 661,0052 |
| mai/95 | jul/94 | 42,8572 | 1,428572 |
| | ago/94 | 34,6693 | 1,346693 |
| | set/94 | 27,6970 | 1,276970 |
| | out/94 | 25,7975 | 1,257975 |
| | nov/94 | 23,5004 | 1,235004 |
| | dez/94 | 19,5899 | 1,195899 |
| | jan/95 | 17,0270 | 1,170270 |
| | fev/95 | 15,1047 | 1,151047 |
| | mar/95 | 13,9764 | 1,139764 |
| | abr/95 | 12,3916 | 1,123916 |

| MÊS DE REAJUSTE | DIB | PERCENTUAL | DECIMAL |
|---|---|---|---|
| mai/96 | mai/95 | 15,0000 | 1,150000 |
| | jun/95 | 14,5403 | 1,145403 |
| | jul/95 | 11,6149 | 1,116149 |
| | ago/95 | 9,1715 | 1,091715 |
| | set/95 | 7,7824 | 1,077824 |
| | out/95 | 8,9603 | 1,089603 |
| | nov/95 | 8,7141 | 1,087141 |
| | dez/95 | 7,2902 | 1,072902 |
| | jan/96 | 6,9967 | 1,069967 |
| | fev/96 | 5,1110 | 1,051110 |
| | mar/96 | 4,3157 | 1,043157 |
| | abr/96 | 4,0900 | 1,040900 |
| jun/97 | mai/96 | 7,7600 | 1,077600 |
| | jun/96 | 7,1400 | 1,071400 |
| | jul/96 | 6,5300 | 1,065300 |
| | ago/96 | 5,9200 | 1,059200 |
| | set/96 | 5,3100 | 1,053100 |
| | out/96 | 4,7100 | 1,047100 |
| | nov/96 | 4,1100 | 1,041100 |
| | dez/96 | 3,5100 | 1,035100 |
| | jan/97 | 2,9200 | 1,029200 |
| | fev/97 | 2,3300 | 1,023300 |
| | mar/97 | 1,7400 | 1,017400 |
| | abr/97 | 1,1600 | 1,011600 |
| | mai/97 | 0,5800 | 1,005800 |
| jun/98 | jun/97 | 4,8100 | 1,048100 |
| | jul/97 | 4,4000 | 1,044000 |
| | ago/97 | 3,9900 | 1,039900 |
| | set/97 | 3,5900 | 1,035900 |
| | out/97 | 3,1800 | 1,031800 |
| | nov/97 | 2,7800 | 1,027800 |
| | dez/97 | 2,3800 | 1,023800 |
| | jan/98 | 1,9800 | 1,019800 |
| jun/98 | fev/98 | 1,5800 | 1,015800 |
| | mar/98 | 1,1800 | 1,011800 |
| | abr/98 | 0,7900 | 1,007900 |
| | mai/98 | 0,3900 | 1,003900 |
| jun/99 | jun/98 | 4,6100 | 1,046100 |
| | jul/98 | 4,2200 | 1,042200 |
| | ago/98 | 3,8300 | 1,038300 |
| | set/98 | 3,4400 | 1,034400 |
| | out/98 | 3,0500 | 1,030500 |
| | nov/98 | 2,6600 | 1,026600 |

| MÊS DE REAJUSTE | DIB | PERCENTUAL | DECIMAL |
|---|---|---|---|
| jun/99 | dez/98 | 2,2800 | 1,022800 |
| | jan/99 | 1,9000 | 1,019000 |
| | fev/99 | 1,5100 | 1,015100 |
| | mar/99 | 1,1300 | 1,011300 |
| | abr/99 | 0,7500 | 1,007500 |
| | mai/99 | 0,3800 | 1,003800 |
| jun/00 | jun/99 | 5,8100 | 1,058100 |
| | jul/99 | 5,3100 | 1,053100 |
| | ago/99 | 4,8200 | 1,048200 |
| | set/99 | 4,3300 | 1,043300 |
| | out/99 | 3,8400 | 1,038400 |
| | nov/99 | 3,3500 | 1,033500 |
| | dez/99 | 2,8600 | 1,028600 |
| | jan/00 | 2,3800 | 1,023800 |
| | fev/00 | 1,9000 | 1,019000 |
| | mar/00 | 1,4200 | 1,014200 |
| | abr/00 | 0,9500 | 1,009500 |
| | mai/00 | 0,4700 | 1,004700 |
| jun/01 | jun/00 | 7,6600 | 1,076600 |
| | jul/00 | 7,3400 | 1,073400 |
| | ago/00 | 5,8700 | 1,058700 |
| | set/00 | 4,6000 | 1,046000 |
| | out/00 | 4,1500 | 1,041500 |
| | nov/00 | 3,9900 | 1,039900 |
| | dez/00 | 3,6800 | 1,036800 |
| | jan/01 | 3,1200 | 1,031200 |
| | fev/01 | 2,3300 | 1,023300 |
| | mar/01 | 1,8300 | 1,018300 |
| | abr/01 | 1,3400 | 1,013400 |
| | mai/01 | 0,5000 | 1,005000 |
| jun/02 | jun/01 | 9,2000 | 1,092000 |
| | jul/01 | 8,5500 | 1,085500 |
| | ago/01 | 7,3600 | 1,073600 |
| | set/01 | 6,5200 | 1,065200 |
| | out/01 | 6,0500 | 1,060500 |
| | nov/01 | 5,0600 | 1,050600 |
| | dez/01 | 3,7200 | 1,037200 |
| | jan/02 | 2,9600 | 1,029600 |
| | fev/02 | 1,8700 | 1,018700 |
| | mar/02 | 1,5600 | 1,015600 |
| | abr/02 | 0,9300 | 1,009300 |
| | mai/02 | 0,2500 | 1,002500 |

| MÊS DE REAJUSTE | DIB | PERCENTUAL | DECIMAL |
|---|---|---|---|
| jun/03 | jun/02 | 19,7100 | 1,197100 |
| | jul/02 | 18,9800 | 1,189800 |
| | ago/02 | 17,6300 | 1,176300 |
| | set/02 | 16,6300 | 1,166300 |
| | out/02 | 15,6700 | 1,156700 |
| | nov/02 | 13,8800 | 1,138800 |
| | dez/02 | 10,1500 | 1,101500 |
| | jan/03 | 7,2500 | 1,072500 |
| | fev/03 | 4,6700 | 1,046700 |
| | mar/03 | 3,1600 | 1,031600 |
| | abr/03 | 1,7700 | 1,017700 |
| | mai/03 | 0,3800 | 1,003800 |
| mai/04 | jun/03 | 4,5300 | 1,045300 |
| | jul/03 | 4,5900 | 1,045900 |
| | ago/03 | 4,5500 | 1,045500 |
| | set/03 | 4,3600 | 1,043600 |
| | out/03 | 3,5100 | 1,035100 |
| | nov/03 | 3,1100 | 1,031100 |
| | dez/03 | 2,7300 | 1,027300 |
| | jan/04 | 2,1800 | 1,021800 |
| | fev/04 | 1,3400 | 1,013400 |
| | mar/04 | 0,9400 | 1,009400 |
| | abr/04 | 0,3700 | 1,003700 |
| mai/05 | mai/04 | 6,3550 | 1,063550 |
| | jun/04 | 5,9320 | 1,059320 |
| | jul/04 | 5,4050 | 1,054050 |
| | ago/04 | 4,6410 | 1,046410 |
| | set/04 | 4,1200 | 1,041200 |
| | out/04 | 3,9440 | 1,039440 |
| | nov/04 | 3,7670 | 1,037670 |
| | dez/04 | 3,3130 | 1,033130 |
| | jan/05 | 2,4320 | 1,024320 |
| | fev/05 | 1,8510 | 1,018510 |
| | mar/05 | 1,4050 | 1,014050 |
| | abr/05 | 0,6700 | 1,006700 |
| abr/06 | mai/05 | 5,0000 | 1,050000 |
| | jun/05 | 4,2700 | 1,042700 |
| | jul/05 | 4,3850 | 1,043850 |
| | ago/05 | 4,3540 | 1,043540 |
| | set/05 | 4,3540 | 1,043540 |
| | out/05 | 4,1980 | 1,041980 |

| MÊS DE REAJUSTE | DIB | PERCENTUAL | DECIMAL |
|---|---|---|---|
| abr/06 | nov/05 | 3,5970 | 1,035970 |
| | dez/05 | 3,0400 | 1,030400 |
| | jan/06 | 2,6300 | 1,026300 |
| | fev/06 | 2,2410 | 1,022410 |
| | mar/06 | 2,0070 | 1,020070 |
| abr/07 | abr/06 | 3,3000 | 1,033000 |
| | mai/06 | 3,1700 | 1,031700 |
| | jun/06 | 3,0400 | 1,030400 |
| | jul/06 | 3,1100 | 1,031100 |
| | ago/06 | 3,0000 | 1,030000 |
| | set/06 | 3,0200 | 1,030200 |
| | out/06 | 2,8500 | 1,028500 |
| | nov/06 | 2,4100 | 1,024100 |
| | dez/06 | 1,9800 | 1,019800 |
| | jan/07 | 1,3600 | 1,013600 |
| | fev/07 | 0,8600 | 1,008600 |
| | mar/07 | 0,4400 | 1,004400 |
| mar/08 | abr/07 | 5,0000 | 1,050000 |
| | mai/07 | 4,7300 | 1,047300 |
| | jun/07 | 4,4500 | 1,044500 |
| | jul/07 | 4,1300 | 1,041300 |
| | ago/07 | 3,8000 | 1,038000 |
| | set/07 | 3,1900 | 1,031900 |
| | out/07 | 2,9300 | 1,029300 |
| | nov/07 | 2,6200 | 1,026200 |
| | dez/07 | 2,1900 | 1,021900 |
| | jan/08 | 1,2000 | 1,012000 |
| | fev/08 | 0,5100 | 1,005100 |
| fev/09 | mar/08 | 5,9200 | 1,059200 |
| | abr/08 | 5,3800 | 1,053800 |
| | mai/08 | 4,7100 | 1,047100 |
| | jun/08 | 3,7200 | 1,037200 |
| | jul/08 | 2,7800 | 1,027800 |
| | ago/08 | 2,1900 | 1,021900 |
| | set/08 | 1,9700 | 1,019700 |
| | out/08 | 1,8200 | 1,018200 |
| | nov/08 | 1,3200 | 1,013200 |
| | dez/08 | 0,9300 | 1,009300 |
| | jan/09 | 0,6400 | 1,006400 |
| jan/10 | fev/09 | 7,7200 | 1,077200 |
| | mar/09 | 7,3900 | 1,073900 |
| | abr/09 | 7,1700 | 1,071700 |
| | mai/09 | 6,5800 | 1,065800 |

| MÊS DE REAJUSTE | DIB | PERCENTUAL | DECIMAL |
|---|---|---|---|
| jan/10 | jun/09 | 5,9500 | 1,059500 |
| | jul/09 | 5,5100 | 1,055100 |
| | ago/09 | 5,2600 | 1,052600 |
| | set/09 | 5,1800 | 1,051800 |
| | out/09 | 5,0100 | 1,050100 |
| | nov/09 | 4,7700 | 1,047700 |
| | dez/09 | 4,3800 | 1,043800 |
| jan/11 | jan/10 | 6,4700 | 1,064700 |
| | fev/10 | 5,5400 | 1,055400 |
| | mar/10 | 4,8000 | 1,048000 |
| | abr/10 | 4,0600 | 1,040600 |
| | mai/10 | 3,3100 | 1,033100 |
| | jun/10 | 2,8700 | 1,028700 |
| | jul/10 | 2,9800 | 1,029800 |
| | ago/10 | 3,0500 | 1,030500 |
| | set/10 | 3,1300 | 1,031300 |
| | out/10 | 2,5700 | 1,025700 |
| | nov/10 | 1,6400 | 1,016400 |
| | dez/10 | 0,6000 | 1,006000 |
| jan/12 | jan/11 | 6,0800 | 1,060800 |
| | fev/11 | 5,0900 | 1,050900 |
| | mar/11 | 4,5300 | 1,045300 |
| | abr/11 | 3,8400 | 1,038400 |
| | mai/11 | 3,1000 | 1,031000 |
| | jun/11 | 2,5200 | 1,025200 |
| | jul/11 | 2,2900 | 1,022900 |
| jan/12 | ago/11 | 2,2900 | 1,022900 |
| | set/11 | 1,8600 | 1,018600 |
| | out/11 | 1,4100 | 1,014100 |
| | nov/11 | 1,0800 | 1,010800 |
| | dez/11 | 0,5100 | 1,005100 |
| jan/13 | jan/12 | 6,2000 | 1,062000 |
| | fev/12 | 5,6600 | 1,056600 |
| | mar/12 | 5,2500 | 1,052500 |
| | abr/12 | 5,0600 | 1,050600 |
| | mai/12 | 4,3900 | 1,043900 |
| | jun/12 | 3,8200 | 1,038200 |
| | jul/12 | 3,5500 | 1,035500 |
| | ago/12 | 3,1100 | 1,031100 |
| | set/12 | 2,6500 | 1,026500 |
| | out/12 | 2,0000 | 1,020000 |
| | nov/12 | 1,2800 | 1,012800 |
| | dez/12 | 0,7400 | 1,007400 |

| MÊS DE REAJUSTE | DIB | PERCENTUAL | DECIMAL |
|---|---|---|---|
| jan/14 | jan/13 | 5,5600 | 1,055600 |
| | fev/13 | 4,6000 | 1,046000 |
| | mar/13 | 4,0600 | 1,040600 |
| | abr/13 | 3,4400 | 1,034400 |
| | mai/13 | 2,8300 | 1,028300 |
| | jun/13 | 2,4700 | 1,024700 |
| | jul/13 | 2,1900 | 1,021900 |
| | ago/13 | 2,3200 | 1,023200 |
| | set/13 | 2,1600 | 1,021600 |
| | out/13 | 1,8800 | 1,018800 |
| | nov/13 | 1,2600 | 1,012600 |
| | dez/13 | 0,7200 | 1,007200 |
| jan/15 | jan/14 | 6,2300 | 1,062300 |
| | fev/14 | 5,5600 | 1,055600 |
| | mar/14 | 4,8900 | 1,048900 |
| | abr/14 | 4,0400 | 1,040400 |
| | mai/14 | 3,2300 | 1,032300 |
| | jun/14 | 2,6200 | 1,026200 |
| | jul/14 | 2,3500 | 1,023500 |
| | ago/14 | 2,2200 | 1,022200 |
| | set/14 | 2,0400 | 1,020400 |
| | out/14 | 1,5400 | 1,015400 |
| | nov/14 | 1,1500 | 1,011500 |
| | dez/14 | 0,6200 | 1,006200 |
| jan/16 | jan/15 | 11,2800 | 1,112800 |
| | fev/15 | 9,6500 | 1,096500 |
| | mar/15 | 8,4000 | 1,084000 |
| | abr/15 | 6,7800 | 1,067800 |
| | mai/15 | 6,0300 | 1,060300 |
| | jun/15 | 4,9900 | 1,049900 |
| | jul/15 | 4,1900 | 1,041900 |
| | ago/15 | 3,5900 | 1,035900 |
| | set/15 | 3,3300 | 1,033300 |
| | out/15 | 2,8100 | 1,028100 |
| | nov/15 | 2,0200 | 1,020200 |
| | dez/15 | 0,9000 | 1,009000 |
| jan/17 | jan/16 | 6,5800 | 1,065800 |
| | fev/16 | 4,9900 | 1,049900 |
| | mar/16 | 4,0100 | 1,040100 |
| | abr/16 | 3,5500 | 1,035500 |
| | mai/16 | 2,8900 | 1,028900 |
| | jun/16 | 1,8900 | 1,018900 |
| | jul/16 | 1,4200 | 1,014200 |

| MÊS DE REAJUSTE | DIB | PERCENTUAL | DECIMAL |
|---|---|---|---|
| jan/17 | ago/16 | 0,7700 | 1,007700 |
| | set/16 | 0,4600 | 1,004600 |
| | out/16 | 0,3800 | 1,003800 |
| | nov/16 | 0,2100 | 1,002100 |
| | dez/16 | 0,1400 | 1,001400 |
| jan/18 | jan/17 | 2,0700 | 1,020700 |
| | fev/17 | 1,6400 | 1,016400 |
| | mar/17 | 1,4000 | 1,014000 |
| | abr/17 | 1,0700 | 1,010700 |
| | mai/17 | 0,9900 | 1,009900 |
| | jun/17 | 0,6300 | 1,006300 |
| | jul/17 | 0,9300 | 1,009300 |
| | ago/17 | 0,7600 | 1,007600 |
| | set/17 | 0,7900 | 1,007900 |
| | out/17 | 0,8100 | 1,008100 |
| | nov/17 | 0,4400 | 1,004400 |
| | dez/17 | 0,2600 | 1,002600 |
| jan/19 | jan/18 | 3,4300 | 1,034300 |
| | fev/18 | 3,2000 | 1,032000 |
| | mar/18 | 3,0100 | 1,030100 |
| | abr/18 | 2,9400 | 1,029400 |
| | mai/18 | 2,7200 | 1,027200 |
| | jun/18 | 2,2800 | 1,022800 |
| jan/19 | jul/18 | 0,8400 | 1,008400 |
| | ago/18 | 0,5900 | 1,005900 |
| | set/18 | 0,5900 | 1,005900 |
| | out/18 | 0,2900 | 1,002900 |
| | nov/18 | 0,0000 | 1,000000 |
| | dez/18 | 0,1400 | 1,001400 |
| jan/20 | jan/19 | 4,4800 | 1,044800 |
| | fev/19 | 4,1100 | 1,041100 |
| | mar/19 | 3,5500 | 1,035500 |
| | abr/19 | 2,7600 | 1,027600 |
| | mai/19 | 2,1400 | 1,021400 |
| | jun/19 | 1,9900 | 1,019900 |
| | jul/19 | 1,9800 | 1,019800 |
| | ago/19 | 1,8800 | 1,018800 |
| | set/19 | 1,7600 | 1,017600 |
| | out/19 | 1,8100 | 1,018100 |
| | nov/19 | 1,7700 | 1,017700 |
| | dez/19 | 1,2200 | 1,012200 |
| jan/21 | jan/20 | 5,4500 | 1,054500 |
| | fev/20 | 5,2500 | 1,052500 |
| | mar/20 | 5,0700 | 1,050700 |

| MÊS DE REAJUSTE | DIB | PERCENTUAL | DECIMAL |
|---|---|---|---|
| jan/21 | abr/20 | 4,8800 | 1,048800 |
| | mai/20 | 5,1200 | 1,051200 |
| | jun/20 | 5,3900 | 1,053900 |
| | jul/20 | 5,0700 | 1,050700 |
| | ago/20 | 4,6100 | 1,046100 |
| | set/20 | 4,2300 | 1,042300 |
| | out/20 | 3,3400 | 1,033400 |
| | nov/20 | 2,4200 | 1,024200 |
| | dez/20 | 1,4600 | 1,014600 |
| jan/22 | jan/21 | 10,1600 | 1,101600 |
| | fev/21 | 9,8600 | 1,098600 |
| | mar/21 | 8,9700 | 1,089700 |
| | abr/21 | 8,0400 | 1,080400 |
| | mai/21 | 7,6300 | 1,076300 |
| | jun/21 | 6,6100 | 1,066100 |
| | jul/21 | 5,9700 | 1,059700 |
| | ago/21 | 4,9000 | 1,049000 |
| | set/21 | 3,9900 | 1,039900 |
| | out/21 | 2,7500 | 1,027500 |
| | nov/21 | 1,5800 | 1,015800 |
| | dez/21 | 0,7300 | 1,007300 |

## 5. ACUMULAÇÃO

A Emenda 103/2019 inseriu o § 15 no artigo 201 da Constituição, rezando que "**lei complementar** estabelecerá vedações, regras e condições para a acumulação de benefícios previdenciários".

A meu ver, os dispositivos da Lei 8.213/91 que tratam sobre acumulação de benefícios foram recebidos pela **Emenda 103/2019** com o ***status* de lei complementar.**

O tema é tratado de maneira não exauriente pelo artigo 124, da Lei 8.213/91. **Em regra, é possível a acumulação de benefícios previdenciários pelo mesmo segurado ou dependente, salvo nas hipóteses proibidas pela legislação previdenciária de maneira expressa ou implícita.**

Todavia, **deverá ser respeitado o direito adquirido à acumulação**, na hipótese de o segurado ou dependente ter acumulado benefícios que, posteriormente, passaram a não mais poder ser acumulados.

Logo, a possibilidade ou não de acumulação de benefícios deverá ser aferida à luz da lei em vigor no momento da sua ocorrência, em respeito ao Princípio do *Tempus Regit Actum.*

Conforme expressa proibição do referido dispositivo, não poderão ser acumulados no âmbito do RGPS[17]:

a) **aposentadoria e auxílio-doença**;.
b) **mais de uma aposentadoria** (exceto com data de início anterior a janeiro de 1967, de acordo com o Decreto-Lei nº 72, de 21 de novembro de 1966, pois respeitado o direito adquirido);
c) **salário-maternidade e auxílio-doença;**
d) **mais de um auxílio-acidente;**
e) **mais de uma pensão deixada por cônjuge ou companheiro**, ressalvado o direito de opção pela mais vantajosa (exceto se o óbito tenha ocorrido até 28 de abril de 1995, véspera da publicação da Lei nº 9.032, de 1995, período em que era permitida a acumulação), proibição reforçada pelo *caput* do artigo 24 da Emenda 103/2019;
f) **o recebimento conjunto do seguro-desemprego com qualquer benefício de prestação**

17. Há casos de benefícios extintos que ainda são pagos em razão do direito adquirido.

**continuada da Previdência Social**, exceto pensão por morte ou auxílio-acidente;

g) **Aposentadoria com abono de permanência em serviço.**

Vale ressaltar a inovação do artigo 167, § 2º, do RPS, que permite a acumulação do seguro-desemprego com o auxílio-reclusão.

Veja-se o TCU:

**Acórdão 1058/2017 Plenário** (Acompanhamento, Relator Ministro Vital do Rêgo)

Pessoal. Auxílio-reclusão. Acumulação. Seguro-desemprego.

Não constitui irregularidade a percepção simultânea do auxílio-reclusão (art. 80 da Lei 8.213/1991) e do seguro-desemprego (Lei 7.998/1990), em face da interpretação sistemática das disposições constantes dos arts. 80 e 124, parágrafo único, da Lei 8.213/1991 e do art. 2º da Lei 7.998/1990.

De acordo com o **Tema 232 da TNU**, "o auxílio-doença é inacumulável com o seguro-desemprego, mesmo na hipótese de reconhecimento retroativo da incapacidade em momento posterior ao gozo do benefício da lei 7.998/90, hipótese na qual as parcelas do seguro-desemprego devem ser abatidas do valor devido a título de auxílio-doença".

Apenas é proibida a acumulação de mais de uma pensão deixada por cônjuge ou companheiro. Logo, nada impede a acumulação de mais de uma pensão em outros casos, a exemplo da instituída por cônjuge e por filho do segurado.

Caso a segurada esteja em gozo de auxílio-doença, este deverá ser suspenso durante a percepção do salário-maternidade, pois os benefícios são inacumuláveis, devendo ser reativado ulteriormente, caso a segurada ainda se encontre incapaz para o trabalho por causas alheias à gravidez.[18-19]

Outrossim, ainda não poderão ser acumulados[20]:

a) **Auxílio-acidente com aposentadoria** (após a Lei 9.528/97);

b) **Amparo assistencial do idoso ou deficiente com benefício previdenciário** (artigo 20, § 4º, da Lei 8.742/93), exceto com as pensões especiais indenizatórias (artigo 5º, do Decreto 6.214/2007);

**IMPORTANTE!**

Com o advento da **Lei 14.601, de 19 de junho de 2023**, que alterou o §4º do artigo 20 da Lei 8.742/93, **passou a ser possível a acumulação do BPC/LOAS com os benefícios do Programa Bolsa Família e da renda básica da cidadania:**

*<u>§ 4º</u> O benefício de que trata este artigo não pode ser acumulado pelo beneficiário com qualquer outro no âmbito da seguridade social ou de outro regime, salvo os da assistência médica e da pensão especial de natureza indenizatória, **bem como as transferências de renda de que tratam o parágrafo único do art. 6º e o inciso VI do caput do art. 203 da Constituição Federal e o caput e o <u>§ 1º do art. 1º da Lei nº 10.835, de 8 de janeiro de 2004</u>".***

Esta regra vigora desde a sua publicação e modificou o §4º do artigo 20 da LOAS, de modo que <u>existe a possibilidade interpretativa de permitir</u>, desde 20 de junho de 2023, a acumulação do BPC/LOAS com as transferências de renda do Programa Bolsa Família e Renda Básica da Cidadania (Art. 1º da Lei 10.835/2004).

Embora a redação seja truncada e de deficitária técnica legiferante, como as situações de percepção dos citados benefícios assistenciais em acumulação foram inseridas após a expressão "SALVO", <u>a meu ver desde 20 de junho de 2023 a referida acumulação passou a ser legalmente permitida ao menos no que tange</u> à Renda Básica da Cidadania (Art. 1º da Lei 10.835/2004), vedada a acumulação até 19 de junho de 2023 pelo *Tempus Regit Actum*.

Registre-se que o art. 6º da Lei 14.601/2023 não possui um parágrafo único (nem o texto da MP 1.144/2023 possuía), o que dificulta a exegese da regra em comento, de modo que me parece que a remissão feita ao artigo 6º, parágrafo único, é para a Constituição Federal de 1988 junto com o artigo 203, VI:

*"Art. 6º São direitos sociais a educação, a saúde, a alimentação, o trabalho, a moradia, o transporte, o lazer, a segurança, a previdência social, a proteção à maternidade e à infância, a assistência aos desamparados, na forma desta Constituição. <u>(Redação dada pela Emenda Constitucional nº 90, de 2015)</u>*

18. Tratando-se de segurada gestante em gozo de auxílio-doença, inclusive o decorrente de acidente de trabalho, deverá ser observado: I – concedido o auxílio-doença por causas associadas à gravidez, a perícia médica poderá, se for o caso, fixar a DCB de vinte e oito dias a um dia antes da data provável do parto, sendo que em caso de parto antecipado, será necessária a realização de revisão médica para a fixação da cessação do auxílio-doença na véspera da data do parto mediante apresentação da certidão de nascimento da criança; e II – no caso de a gravidez não ser a geradora da incapacidade laborativa da segurada: a) o benefício por incapacidade deverá ser suspenso administrativamente enquanto perdurar o salário-maternidade, devendo ser restabelecido a contar do primeiro dia seguinte ao término do período de cento e vinte dias, caso a DCB por incapacidade tenha sido fixada em data posterior a este período, sem necessidade de nova habilitação; b) se fixada a DCB por incapacidade durante a vigência do salário-maternidade e ficar constatado, mediante avaliação da perícia médica do INSS, a pedido da segurada, que esta permanece incapacitada para o trabalho pela mesma doença que originou o auxílio-doença cessado, este será restabelecido, fixando-se novo limite; ou c) se na avaliação da perícia médica do INSS, conforme alínea anterior, ficar constatada a incapacidade da segurada para o trabalho em razão de moléstia diversa do benefício de auxílio-doença cessado, deverá ser concedido novo benefício.

19. Há casos de benefícios extintos que ainda são pagos em razão do direito adquirido.

*Parágrafo único. Todo brasileiro em situação de vulnerabilidade social terá direito a uma **renda básica familiar**, garantida pelo poder público em **programa permanente de transferência de renda**, cujas normas e requisitos de acesso serão determinados em lei, observada a legislação fiscal e orçamentária (Incluído pela Emenda Constitucional nº 114, de 2021)*

*...*

*Art. 203. A assistência social será prestada a quem dela necessitar, independentemente de contribuição à seguridade social, e tem por objetivos:*

*...*

*VI - a redução da vulnerabilidade socioeconômica de famílias em situação de pobreza ou de extrema pobreza. (Incluído pela Emenda Constitucional nº 114, de 2021)"*

Desta forma, como os benefícios do Programa Bolsa-Família se amoldam à renda básica assistencial familiar inserta em programa permanente de transferência de renda de que trata o parágrafo único do artigo 6º da Constituição, possível interpretar o dispositivo a fim de permitir a acumulação do BPC/LOAS com o Bolsa-Família ou mesmo com qualquer benefício assistencial pago em programa assistencial dos demais entes federativos.

c) **Auxílio-doença com auxílio-acidente, se a causa for a mesma**, vez que a percepção do auxílio-acidente pressupõe a cessação do auxílio-doença (artigo 86, § 2º, da Lei 8.213/91);

d) **Aposentadoria, pensão por morte, salário-maternidade, abono de permanência, ou auxílio doença do segurado baixa renda recluso com o auxílio-reclusão dos seus dependentes**[20] (artigo 80, da Lei 8.213/91);

e) **Mais de um auxílio-doença**, mesmo que o segurado mantenha vínculos concomitantes (art. 528, da Instrução Normativa INSS 77/2015), devendo haver a soma dos salários de contribuição para o cálculo da renda mensal inicial;

f) **Renda mensal vitalícia com qualquer outra espécie de benefício da Previdência Social** (art. 528, da Instrução Normativa INSS 77/2015);

g) **Mais de um auxílio-reclusão de instituidor cônjuge ou companheiro**, para evento ocorrido a partir de 29 de abril de 1995, data da publicação da Lei nº 9.032, de 1995, facultado o direito de opção pelo mais vantajoso (art. 528, da Instrução Normativa INSS 77/2015), tendo em vista que as regras da pensão por morte se comunicam ao auxílio-reclusão;

h) **Benefício assistencial (BPC/LOAS) com benefício da Previdência Social ou de qualquer outro regime previdenciário, exceto**: a) espécie 54 – Pensão Indenizatória a Cargo da União; b) espécie 56 – Pensão Especial aos Deficientes Físicos Portadores da Síndrome da Talidomida – Lei nº 7.070, de 1982; c) espécie 60 – Benefício Indenizatório a Cargo da União; d) espécie 89 – Pensão Especial aos Dependentes das Vítimas da Hemodiálise – Caruaru – PE – Lei nº 9.422, de 1996; e e) espécie 96 – Pensão Especial (Hanseníase) – Lei nº 11.520, de 2007 (art. 528, da Instrução Normativa INSS 77/2015);

i) **Auxílio-suplementar com aposentadoria ou auxílio-doença** (art. 528, da Instrução Normativa INSS 77/2015);

j) **Seguro-desemprego com qualquer Benefício de Prestação Continuada da Previdência Social**, exceto pensão por morte, auxílio-reclusão, auxílio-acidente, auxílio-suplementar e abono de permanência em serviço (art. 528, da Instrução Normativa INSS 77/2015).

Conforme visto anteriormente, apesar de o INSS não admitir a acumulação da pensão mensal do seringueiro, prevista no artigo 54 do ADCT da Constituição Federal de 1988, com qualquer benefício previdenciário, o tema é polêmico na jurisprudência.

O INSS também não admite a acumulação de auxílio-reclusão pago aos dependentes com salário maternidade do segurado recluso, regra que afronta o artigo 80, da Lei 8.213/91, que não traz essa vedação, também não presente no artigo 124, da Lei 8.213/91.

Preceitua o artigo 529, da IN INSS 77/2015, que é admitida a acumulação de auxílio-doença, de auxílio-acidente ou de auxílio suplementar, desde que originário de outro acidente ou de outra doença, com pensão por morte e/ou com abono de permanência em serviço.

Pelo entendimento exarado no Parecer nº 175/CONJUR-2003, de 18 de setembro de 2003, do Ministério da Defesa, ratificado pela Nota CJ/MPS nº 483, de 18 de abril de 2007, os benefícios de ex-combatente podem ser acumulados com a pensão especial instituída pela Lei nº 8.059, de 04 de julho de 1990 (devida aos ex-combatentes da Segunda Guerra Mundial).

Na hipótese de acumulação proibida, o titular de benefício de prestação continuada e de renda mensal vitalícia que vier a requerer benefício previdenciário, deverá optar expressamente por um dos dois benefícios, cabendo ao servidor do INSS esclarecer qual o benefício mais favorável para o beneficiário.

A disciplina é dada pelo artigo 532, da Instrução Normativa INSS 77/2015:

"**Art. 532.** O titular de Benefício de Prestação Continuada e de renda mensal vitalícia que requerer benefício previdenciário deverá optar expressamente por um dos

**20.** A partir de 13 de dezembro de 2002, data da publicação da MP nº 83, de 2002, convalidada pela Lei nº 10.666, de 2003, o segurado recluso, que contribuir na forma do § 6º do art. 116 do RPS, não faz jus aos benefícios de auxílio-doença e de aposentadoria durante a percepção, pelos dependentes, do auxílio-reclusão, sendo permitida a opção, desde que manifestada, também, pelos dependentes, pelo benefício mais vantajoso.

dois benefícios, cabendo ao servidor do INSS prestar as informações necessárias para subsidiar a decisão do beneficiário sobre qual o benefício mais vantajoso.

§ 1º A DIP do benefício previdenciário será fixada na DER estabelecida de acordo com as regras vigentes para fixação da DER do INSS e o benefício incompatível deverá ser cessado no dia imediatamente anterior.

§ 2º Tratando-se de opção pelo recebimento de pensão por morte, em razão do disposto nos arts. 74, 79 e 103, todos da Lei nº 8.213, de 1991, deverá ser observado:

I – ocorrendo a manifestação dentro do prazo de trinta dias da data do óbito, a pensão será devida desde a data do óbito, devendo ocorrer a devolução dos valores recebidos no benefício assistencial;

II – para o menor antes de completar dezesseis anos e trinta dias, o pagamento da pensão será devido desde a data do óbito, devendo ocorrer a devolução dos valores recebidos no benefício assistencial, observado o disposto no art. 365; e

III – para o absolutamente incapaz submetido à curatela será devida a pensão por morte desde a data do óbito, devendo ocorrer a devolução dos valores recebidos no benefício assistencial".

Ademais, o titular de benefício previdenciário que se enquadrar no direito ao recebimento de benefício assistencial será facultado o direito de renúncia e de opção pelo mais vantajoso, somente exercendo tal direito uma vez, exceto nos casos de aposentadoria por idade, tempo de contribuição e especial, que são irrenunciáveis de acordo com o entendimento administrativo do INSS.

Vale ressaltar que **não há mais proibição de acumulação de aposentadoria rural e pensão por morte de trabalhador rural**, como ocorria quando vigorava o artigo 6º, § 2º, da Lei Complementar 16/1973, que proibia a acumulação de benefícios do FUNRURAL, devendo se aplicar o Princípio do *Tempus Regit Actum*, conforme correta compreensão do TRF da 1ª Região:

"**3 – Tendo o óbito ocorrido em 10/06/1986, são aplicáveis as disposições do Decreto 83.080/79 e das Leis Complementares 11/71 e 16/73, atos normativos que regulamentavam os benefícios devidos ao trabalhador rural. 4 – De acordo com o princípio "tempus regit actum", a acumulação de pensão por morte com aposentadoria era vedada quando ambas fossem concedidas sob o regime do PRORURAL (Leis Complementares 11/71 e 16/73), haja vista a proibição expressa prevista no Decreto 83.080/79, em seu art. 333.**" (passagem da AR 5.525, de 11.02.2010).

Nesse sentido, a Súmula 36, da TNU:

**Súmula 36 – "Não há vedação legal à cumulação da pensão por morte de trabalhador rural com o benefício da aposentadoria por invalidez, por apresentarem pressupostos fáticos e fatos geradores distintos".**

Aliás, no âmbito do RGPS, não há nenhum impedimento legal de acumulação de qualquer espécie de aposentadoria com a pensão por morte.

O auxílio emergencial temporário é um benefício assistencial criado pela União, no valor de R$ 600,00 por mês, em razão da pandemia da COVID-19, sendo pago por até 3 meses, nos termos do artigo 2º, da Lei 13.982/2020.

A sua gestão não foi atribuída ao INSS, sendo operacionalizado pela Caixa Econômica Federal, tendo os seguintes requisitos cumulativos para a sua legítima concessão ao trabalhador:

I – seja maior de 18 (dezoito) anos de idade, salvo no caso de mães adolescentes;

II – não tenha emprego formal ativo;

**III – não seja titular de benefício previdenciário ou assistencial ou beneficiário do seguro-desemprego ou de programa de transferência de renda federal, ressalvado o Bolsa Família** (nas situações em que for mais vantajoso, o auxílio emergencial substituirá, temporariamente e de ofício, o benefício do Programa Bolsa Família, ainda que haja um único beneficiário no grupo familiar);

IV – cuja renda familiar mensal *per capita* seja de até 1/2 (meio) salário-mínimo ou a renda familiar mensal total seja de até 3 (três) salários mínimos;

V – que, no ano de 2018, não tenha recebido rendimentos tributáveis acima de R$ 28.559,70 (vinte e oito mil, quinhentos e cinquenta e nove reais e setenta centavos); e

VI – que exerça atividade na condição de:

a) microempreendedor individual (MEI);

b) contribuinte individual do Regime Geral de Previdência Social que contribua na forma do caput ou do inciso I do § 2º do art. 21 da Lei nº 8.212, de 24 de julho de 1991; ou

c) trabalhador informal, seja empregado, autônomo ou desempregado, de qualquer natureza, inclusive o intermitente inativo, inscrito no Cadastro Único para Programas Sociais do Governo Federal (CadÚnico) até 20 de março de 2020, ou que, nos termos de autodeclaração, cumpra o requisito do inciso IV.

Ademais, o recebimento do auxílio emergencial está limitado a 2 (dois) membros da mesma família, **cabendo aos órgãos federais disponibilizar as informações necessárias à verificação dos requisitos para concessão do auxílio emergencial, constantes das bases de dados de que sejam detentores**, nos termos do § 11 do artigo 2º da Lei 13.982/2020.

Dessa forma, é requisito para a concessão legal do auxílio emergencial que o requerente **não seja titular de benefício previdenciário ou assistencial ou beneficiário do seguro-desemprego ou de programa de transferência de renda federal.**

Por seu turno, nos termos da Lei 14.020/2020, que aprovou o Programa Emergencial de Manutenção do Emprego e da Renda durante a pandemia da COVID-19, o **Benefício Emergencial de Preservação do Emprego e da Renda** é inacumulável com benefício de prestação continuada do Regime Geral de Previdência

Social ou dos regimes próprios de previdência social, exceto pensão por morte e auxílio-acidente, sendo também vedada a sua percepção conjunta com o seguro-desemprego em qualquer de suas modalidades.

Vale frisar que mesmo na vigência da LC 11/1971, violando o *Tempus Regit Actum*, a TNU passou a admitir a acumulação de aposentadoria com pensão por morte rural:

> Informativo 13/2017
>
> Processo 0007627-59.2011.4.03.6302
>
> É possível a cumulação de aposentadoria rurícola com pensão por morte – ainda que concedidos sob a égide da revogada LC 16/73 –, pois eles possuem fatos geradores e pressupostos fáticos distintos.

O titular de Benefício de Prestação Continuada e de renda mensal vitalícia que requerer benefício previdenciário deverá optar expressamente por um dos dois benefícios, cabendo ao servidor do INSS prestar as informações necessárias para subsidiar a decisão do beneficiário sobre qual o benefício mais vantajoso[21].

O recebimento da pensão especial hanseníase não impede o recebimento de qualquer benefício previdenciário, podendo ser acumulada inclusive com a complementação paga nas aposentadorias concedidas e mantidas aos ferroviários admitidos até 31 de outubro de 1969, na Rede Ferroviária Federal S/A, bem como com os seguintes benefícios:

> I – Amparo previdenciário por invalidez – trabalhador rural (espécie 11), amparo previdenciário por idade – trabalhador rural (espécie 12), renda mensal vitalícia por incapacidade (espécie 30) e renda mensal vitalícia por idade (espécie 40), instituídas pela Lei nº 6.179, de 1974, dada a natureza mista, assistencial e previdenciária desses benefícios;
>
> II – Pensão especial devida aos portadores da síndrome de talidomida (espécie 56); e
>
> III – Amparo social a pessoa portadora de deficiência (espécie 87) e amparo social ao idoso (espécie 88) – benefícios assistenciais previstos na Lei Orgânica da Assistência Social[22].

Também é plenamente possível a acumulação de salários-maternidade, no caso de empregos concomitantes, fazendo jus a segurada ao salário-maternidade relativo a cada emprego, a teor do artigo 98, do RPS.

É permitida a acumulação dos benefícios previstos no RGPS com o benefício de que trata a Lei nº 7.070, de 20 de dezembro de 1982, concedido aos portadores da deficiência física conhecida como "Síndrome da Talidomida", não sendo possível a acumulação com o amparo assistencial do idoso ou deficiente físico e com a renda mensal vitalícia, pois pagos com recursos da União[23].

Por fim, vale frisar que a jurisprudência do STJ admite a acumulação de benefício previdenciário com a pensão civil *ex delicto*. Isso porque possuem naturezas distintas, sendo o benefício previdenciário contributivo e substitutivo da remuneração do segurado, ao passo que a aludida pensão civil é reparatória:

> **Informativo 542 – DIREITO CIVIL E PREVIDENCIÁRIO. ACUMULAÇÃO DE PENSÃO DECORRENTE DE ATO ILÍCITO COM O BENEFÍCIO PREVIDENCIÁRIO DE PENSÃO POR MORTE.**
>
> **É possível a cumulação do benefício previdenciário de pensão por morte com pensão civil *ex delicto*.** A jurisprudência do STJ é pacífica no sentido de que "o benefício previdenciário é diverso e independente da indenização por danos materiais ou morais, porquanto, ambos têm origens distintas. Este, pelo direito comum; aquele, assegurado pela Previdência. A indenização por ato ilícito é autônoma em relação a qualquer benefício previdenciário que a vítima receba" (AgRg no AgRg no REsp 1.292.983-AL, Segunda Turma, DJe 7/3/2012). Precedentes citados: AgRg no REsp 1.295.001-SC, Terceira Turma, DJe 1º/7/2013; e AgRg no AREsp 104.823-SP, Quarta Turma, DJe 17/9/2012. **REsp 776.338-SC, Rel. Min. Raul Araújo, julgado em 6/5/2014.**

Ademais, o **artigo 24 da Emenda 103/2019** traz regras de vedação ou com restrição de acumulação entre pensões e aposentadoria com pensão, se aplicando de imediato a todos os regimes público de previdência, inclusive dos **estados, Distrito Federal e municípios, determinado a redução em faixas do menor benefício**.

Restou **vedada a acumulação de mais de uma pensão por morte deixada por cônjuge ou companheiro**, no âmbito do mesmo regime de previdência social, ressalvadas as pensões do mesmo instituidor decorrentes do exercício de cargos acumuláveis na forma do art. 37 da Constituição Federal, o que já existia no RGPS e RPPS federal, mas não existia em alguns estados e municípios por falta de previsão da lei local.

Admitiu-se a acumulação com a redução em faixas do menor benefício nos seguintes casos:

a) **pensão por morte** deixada por cônjuge ou companheiro de um regime de previdência social com **pensão por morte** concedida por outro regime de previdência social ou com pensões decorrentes das atividades militares;
b) **pensão por morte** deixada por cônjuge ou companheiro de um regime de previdência social com **aposentadoria** concedida no âmbito do Regime Geral de Previdência Social ou de regime próprio de previdência social ou com

---

21. Artigo 532, da Instrução Normativa INSS 77/2015.
22. Artigo 530, da Instrução Normativa INSS 77/2015.
23. Artigo 528, § 7º, da Instrução Normativa INSS 77/2015.

proventos de inatividade decorrentes das atividades militares;

c) de **aposentadoria** concedida no âmbito do Regime Geral de Previdência Social ou de regime próprio de previdência social com **pensões decorrentes das atividades militares.**

Neste caso, é assegurada a percepção do valor integral do benefício mais vantajoso e de uma parte de cada um dos demais benefícios, apurada cumulativamente de acordo com as **seguintes faixas:**

| PERCENTUAL PAGO | FAIXA DO BENEFÍCIO | REDUTOR |
|---|---|---|
| 100% | Até 1 salário mínimo | - |
| 60% | Acima de 1 até 2 salários mínimos | 40% |
| 40% | Acima de 2 até 3 salários mínimos | 60% |
| 20% | Acima de 3 até 4 salários mínimos | 80% |
| 10% | Acima de 4 salários mínimos | 90% |

Cabe pedido de revisão a qualquer tempo, caso o melhor benefício se torne o pior benefício, a exemplo do fracionamento ulterior de pensão por morte.

Vamos simular uma situação considerando o salário mínimo de **R$ 998,00** em 2019 e uma pensão por morte no valor de **R$ 5.000,00** que será reduzida por ser o menor benefício.

| PERCENTUAL PAGO | FAIXA DO BENEFÍCIO | VALOR DEVIDO |
|---|---|---|
| 100% | Até R$ 998,00 | R$ 998,00 |
| 60% | Acima de R$ 998,00 até R$ 1.996,00 | R$ 598,80 |
| 40% | R$ 1.996,00 até R$ 2.994,00 | R$ 399,20 |
| 20% | Acima de R$ 2.994,00 até R$ 3.992,00 | R$ 199,60 |
| 10% | Acima de R$ 3.992,00 até R$ 5.000,00 | R$ 100,80 |
| - | - | **Total de R$ 2.296,40** |

Destarte, no caso simulado, a pensão por morte será reduzida de **R$ 5.000,00** para **R$ 2.296,40.**

Eis a tabela para o ano de 2022:

| PERCENTUAL PAGO | FAIXA DO BENEFÍCIO | REDUTOR |
|---|---|---|
| 100% | Até 1 salário mínimo (R$ 1.212,00) | - |
| 60% | Acima de 1 até 2 salários mínimos (R$ 2.424,00) | 40% |
| 40% | Acima de 2 até 3 salários mínimos (R$ 3.636,00) | 60% |
| 20% | Acima de 3 até 4 salários mínimos (R$ 4.848,00) | 80% |
| 10% | Acima de 4 salários mínimos (acima de R$ 6.060,00) | 90% |

Um ponto que não é tratado é se essas faixas deverão ou não ser modificadas anualmente, pois o salário mínimo sofre atualização monetária todo ano e, se a correção monetária do salário mínimo for acima da variação do INPC (índice dos benefícios previdenciários), o recálculo irá majorar a renda do benefício.

**Não há restrição para a acumulação de aposentadorias** em mais de um regime público de previdência, de modo que é possível **acumular sem redução**, por exemplo, duas aposentadorias do RPPS (cargos legitimamente permitidos na Constituição) e uma aposentadoria no RGPS.

Vale registrar que o novo regramento preserva o **direito adquirido**, quando o fato gerador da aposentadoria ou pensão por morte ocorreu **até a data da publicação da Emenda 103/2019** (morte e requisitos para aposentar), mesmo que o requerimento seja ofertado ulteriormente.

Como o artigo 24 da EC 103/2019 é regra restritiva de direito, o seu **rol é taxativo**. Dessa forma, é necessário destacar alguns pontos.

O primeiro é que a restrição na acumulação de pensão por morte é apenas para pensionista cônjuge, companheiro ou companheira do segurado falecido, não se aplicando a pensão por morte instituída em favor de filhos e irmãos.

Nesse sentido o posicionamento do INSS firmado pela Portaria 450/2020:

> "Art. 59. A acumulação da pensão por morte com outro benefício do mesmo titular ensejará a redução do valor do benefício menos vantajoso nas seguintes hipóteses:
>
> I – pensão por morte mantida no RGPS, instituída por cônjuge ou companheiro, acumulada com pensão por morte mantida por outro regime de previdência social, também instituída por cônjuge ou companheiro, inclusive as decorrentes das atividades militares; e

II – pensão por morte instituída por cônjuge ou companheiro, de qualquer regime de previdência social, inclusive as decorrentes das atividades militares, acumuladas com aposentadorias concedidas por qualquer regime de previdência social ou com proventos de inatividade decorrentes das atividades militares.

**Parágrafo único. As regras de acumulação previstas neste artigo são aplicáveis apenas:**

I – às pensões instituídas por cônjuge ou companheiro, ex-cônjuge e ex-companheiro; e

II – às hipóteses em que o fato gerador ou preenchimento dos requisitos de qualquer dos benefícios seja posterior a 14 de novembro de 2019, independentemente do início dos demais".

O segundo ponto a frisar é que pelo texto do artigo 24, § 2º, da EC 103/2019, na hipótese de acumulação de mais de dois benefícios citados no § 1º, a exemplo de aposentadoria e duas pensões por morte (uma de RPPS e outra de RGPS, pode exemplo), somente o benefício maior terá renda preservada, devendo ser reduzidos os outros dois menores de possuírem renda acima de um salário mínimo.

Isso porque consta do texto constitucional que "nas hipóteses das acumulações previstas no § 1º, é assegurada a percepção do valor integral do benefício mais **vantajoso e de uma parte de cada um dos demais benefícios**".

Nesse sentido o posicionamento do INSS firmado pela Portaria 450/2020:

"Art. 60. Verificada uma das hipóteses do art. 59, conforme o § 2º do art. 24 da EC nº 103, de 2019, **será mantido o valor integral do benefício mais vantajoso** e, **para os demais benefícios**, é garantido o valor de um salário mínimo e, **caso supere esse valor, será acrescido de**:

I – 60% (sessenta por cento) do valor que exceder 1 (um) salário mínimo, até o limite de 2 (dois) salários mínimos;

II – 40% (quarenta por cento) do valor que exceder 2 (dois) salários mínimos, até o limite de 3 (três) salários mínimos;

III – 20% (vinte por cento) do valor que exceder 3 (três) salários mínimos, até o limite de 4 (quatro) salários mínimos; e

IV – 10% (dez por cento) do valor que exceder 4 (quatro) salários mínimos".

**Ainda de acordo com a autarquia,** quando houver **mais de um dependente no mesmo benefício**, o valor da pensão por morte a ser considerado em caso de acumulação é o referente **somente à cota parte** a que o cônjuge ou companheiro, ex-cônjuge ou ex-companheiro, faz jus.

**Um terceiro ponto é a extensão das regras do artigo 24 da Emenda 103/2019 ao auxílio-reclusão. É certo que em termos infraconstitucionais, o artigo 80 da Lei 8.213/91 prevê que as regras da pensão por morte serão aplicáveis ao auxílio-reclusão, no que couber (o auxílio-reclusão é concedido nas mesmas condições da pensão por morte).**

**A questão jurídica a ser enfrentada é que estamos analisando regras constitucionais, que não se subordinam ao regramento da Lei 8.213/91, e sim o contrário. Desse modo, é duvidosa a extensão do artigo 24 da Emenda 103/2019 ao auxílio-reclusão, máxime porque se trata de norma constitucional restritiva de direitos.**

**No momento essa controvérsia não tem efeitos práticos no RGPS, pois para as prisões em regime fechado a contar de 14/11/2019 o auxílio-reclusão foi fixado em um salário mínimo pelo artigo 27 da EC 103/2019, inexistindo redução no benefício de renda mínima.**

## 5.1. Cálculos

Para exemplificar o procedimento de acumulação de benefícios, o estudo de caso a seguir trata de uma segurada aposentada pelo regime Geral de Previdência Social que teve direito à pensão por morte, pelo mesmo Regime Previdenciário, como única dependente, na condição de cônjuge do instituidor. Seguem os dados.

SEGURADA: **MARIA DA SILVA E SILVA**

DATA DE NASCIMENTO: **01/10/1957**

| ESPÉCIE | DATA DE INÍCIO | RENDA MENSAL - 02/2022 |
|---|---|---|
| Aposentadoria por tempo de contribuição | 02/10/2017 | 5.657,00 |
| Pensão por morte | 01/08/2020 | 4.320,00 |
| | **Valor total** | **9.977,00** |

| Faixas | Percentual pago | Faixa do benefício | Redutor |
|---|---|---|---|
| Faixa 1 | 100% | 1.212,00 | - |
| Faixa 2 | 60% | 1.212,01 a 2.424,00 | 40% |
| Faixa 3 | 40% | 2.424,01 a 3.636,00 | 60% |
| Faixa 4 | 20% | 3.636,01 a 4.848,00 | 80% |

| Faixas | Percentual pago | Faixa do benefício | Redutor |
|---|---|---|---|
| Faixa 5 | 10% | 4.848,01 a 6.060,00 | 90% |

Caso não houvesse limitação para o recebimento dos benefícios, o valor total seria de **R$ 9.977,00.** Aplicando a limitação disciplinada no Art. 24 da EC 103/2019, o valor do benefício menos vantajoso teria a seguinte redução:

| Redução do benefício mais vantajoso | | Percentual a pagar | Valor devido |
|---|---|---|---|
| Faixa 1 | 1.212,00 | 100% | 1.212,00 |
| Faixa 2 | 1.212,00 | 60% | 727,20 |
| Faixa 3 | 1.212,00 | 40% | 484,80 |
| Faixa 4 | 684,00 | 20% | 136,80 |
| **TOTAL** | **4.320,00** | | **2.560,80** |

| ESPÉCIE | DATA DE INÍCIO | RENDA MENSAL - 02/2022 |
|---|---|---|
| Aposentadoria por tempo de contribuição | 02/10/2017 | 5.657,00 |
| Pensão por morte | 01/08/2020 | 2.560,80 |
| | **Valor total** | **8.217,80** |

Com a aplicação dos redutores, o benefício de pensão por morte é reduzido de **R$ 4.320,00** para **R$ 2.560,80.**

## 6. DESCONTOS LEGALMENTE AUTORIZADOS

Apenas poderão ser abatidos dos benefícios previdenciários os débitos do segurado ou dependentes autorizados pela legislação previdenciária.

De acordo com o artigo 115, da Lei 8.213/91, poderão ser descontados:

> I – **contribuições devidas pelo segurado à Previdência Social**;
>
> **II – pagamento administrativo ou judicial de benefício previdenciário ou assistencial indevido**, ou além do devido, inclusive na hipótese de cessação do benefício pela revogação de decisão judicial, em valor que não exceda 30% da sua importância, nos termos do regulamento; *(redação dada pela* ***Lei 13.846/2019****)*;
>
> III – **Imposto de Renda** retido na fonte;
>
> IV – **pensão de alimentos** decretada em sentença judicial;
>
> V – **mensalidades de associações** e demais entidades de aposentados legalmente reconhecidas, desde que autorizadas por seus filiados (a autorização do desconto deverá ser revalidada a cada 3 (três) anos, a partir de 31 de dezembro de 2021);
>
> VI – **pagamento de empréstimos, financiamentos, cartões de crédito e operações de arrendamento mercantil** concedidos por instituições financeiras e sociedades de arrendamento mercantil, públicas e privadas, quando expressamente autorizado pelo beneficiário, até o limite de 35% (trinta e cinco por cento) do valor do benefício, sendo 5% (cinco por cento) destinados exclusivamente para: a) a amortização de despesas contraídas por meio de cartão de crédito; ou b) a utilização com a finalidade de saque por meio do cartão de crédito (Lei 13.172/2015).

**Por força da MP 1.006/2020,** até 31 de dezembro de 2020, o percentual máximo de consignação nas hipóteses previstas no inciso VI do *caput* do art. 115 da Lei nº 8.213, de 24 de julho de 1991, e no § 5º do art. 6º da Lei nº 10.820, de 17 de dezembro de 2003, será de **quarenta por cento**, dos quais cinco por cento serão destinados exclusivamente para:

> I - amortização de despesas contraídas por meio de cartão de crédito; ou
>
> II - utilização com finalidade de saque por meio do cartão de crédito.

**IMPORTANTE!**

Com o advento da **MP 1.106/2022**, passou a ser possível a concessão do crédito consignado sobre o **BPC/LOAS**, assim como a margem de desconto foi elevada de 35% para **40%**. Ademais, os beneficiários de programas federais de transferência de renda, a exemplo do **Auxílio-Brasil**, poderão autorizar a União a proceder aos descontos em seu benefício, de forma irrevogável e irretratável, em favor de instituições financeiras autorizadas a funcionar pelo Banco Central do Brasil, para fins de amortização de valores referentes ao pagamento mensal de empréstimos e financiamentos, até o limite de quarenta por cento do valor do benefício, na forma estabelecida em regulamento. **Ao ser convertida na Lei 14.431/2022, a margem subiu para o total de 45%.**

**IMPORTANTE!**

No entanto, ao menos provisoriamente, desde 06 de março de 2023, data de publicação da **Medida Provisória 1.164**, regulamentada pela Portaria INSS/DIRBEN 1.114/2023, **o empréstimo consignado sobre o BPC/LOAS e demais benefícios assistenciais da União foi vedado pelo Governo federal.**

**IMPORTANTE!**

Mas com o advento da **Lei 14.601, de 19 de junho de 2023**, que alterou artigo 6º da Lei 10.820/2003, **foi restabelecido o empréstimo consignado sobre o BPC/LOAS, mas como limite global de desconto de 35%:**

*§ 5º Para os titulares de benefícios de aposentadoria e pensão do Regime Geral de Previdência Social, os descontos e as retenções referidos no **caput** deste artigo não poderão ultrapassar o limite de 45% (quarenta e cinco por cento) do valor dos benefícios, dos quais 35% (trinta e cinco por cento) destinados exclusivamente a empréstimos, a financiamentos e a arrendamentos mercantis, 5% (cinco por cento) destinados exclusivamente à amortização de despesas contraídas por meio de cartão de crédito consignado ou à utilização com a finalidade de saque por meio de cartão de crédito consignado e 5% (cinco por cento) destinados exclusivamente à amortização de despesas contraídas por meio de cartão consignado de benefício ou à utilização com a finalidade de saque por meio de cartão consignado de benefício.*

***§ 5º-A Para os titulares do benefício de prestação continuada de que trata o art. 20 da Lei nº 8.742, de 7 de dezembro de 1993 (Lei Orgânica da Assistência Social), os descontos e as retenções referidos no caput deste artigo não poderão ultrapassar o limite de 35% (trinta e cinco por cento) do valor dos benefícios, dos quais 30% (trinta por cento) destinados exclusivamente a empréstimos, a financiamentos e a arrendamentos mercantis e 5% (cinco por cento) destinados exclusivamente à amortização de despesas contraídas por meio de cartão de crédito consignado ou cartão consignado de benefício ou à utilização com a finalidade de saque por meio de cartão de crédito consignado ou cartão consignado de benefício.***

*§ 6º A instituição financeira que proceder à retenção de valor superior ao limite estabelecido nos §§ 5º e 5º-A deste artigo perderá todas as garantias que lhe são conferidas nesta Lei.*

***§ 7º Aplica-se o previsto no caput e no § 5º deste artigo aos titulares da renda mensal vitalícia prevista na Lei nº 6.179, de 11 de dezembro de 1974.***

***§ 8º Para os benefícios que tenham como requisito para sua concessão a preexistência do benefício de prestação continuada de que trata o art. 20 da Lei nº 8.742, de 7 de dezembro de 1993 (Lei Orgânica da Assistência Social), aplica-se o previsto no caput e no § 5º-A deste artigo.***

*§ 9º As operações de empréstimos, de financiamentos e de arrendamentos mercantis de que trata o § 5º-A deste artigo deverão ser realizadas em 2 (dois) momentos, separados entre si pelo intervalo mínimo de 5 (cinco) dias úteis entre a proposta da instituição financeira e a celebração do contrato." (NR)*

Note-se que o empréstimo consignado foi estendido à **renda mensal vitalícia**, bem como aos benefícios assistenciais que tenham o BPC/LOAS como pressuposto, a exemplo do **auxílio-inclusão e da pensão especial da Zika.**

Veja-se a atual redação do artigo 115, VI, da Lei 8.213/91:

> *"Art. 115. Podem ser descontados dos benefícios:*
>
> *VI - pagamento de empréstimos, financiamentos e operações de arrendamento mercantil concedidos por instituições financeiras e sociedades de arrendamento mercantil, ou por entidades fechadas ou abertas de previdência complementar, públicas e privadas, quando expressamente autorizado pelo beneficiário, **até o limite de 45% (quarenta e cinco por cento) do valor do benefício, sendo 35% (trinta e cinco por cento) destinados exclusivamente a empréstimos, financiamentos e arrendamentos mercantis, 5% (cinco por cento) destinados exclusivamente à amortização de despesas contraídas por meio de cartão de crédito consignado ou à utilização com a finalidade de saque por meio de cartão de crédito consignado e 5% (cinco por cento) destinados exclusivamente à amortização de despesas contraídas por meio de cartão consignado de benefício ou à utilização com a finalidade de saque por meio de cartão consignado de benefício. (Redação dada pela Lei nº 14.431, de 2022)".***

Outrossim, os titulares de benefícios de aposentadoria e pensão do Regime Geral de Previdência Social e do benefício de prestação continuada de que trata o art. 20 da Lei nº 8.742, de 7 de dezembro de 1993, poderão autorizar que o Instituto Nacional do Seguro Social (INSS) proceda aos descontos referidos no art. 1º desta Lei e, de forma irrevogável e irretratável, que a instituição financeira na qual recebam os seus benefícios retenha, para fins de amortização, valores referentes ao pagamento mensal de empréstimos, financiamentos, cartões de crédito e operações de arrendamento mercantil por ela concedidos, quando previstos em contrato, na forma estabelecida em regulamento, observadas as normas editadas pelo INSS e ouvido o Conselho Nacional de Previdência Social.

Esta regra é aplicável aos titulares da **renda mensal vitalícia (RMV)** prevista na Lei nº 6.179, de 11 de dezembro de 1974, e de **benefícios que tenham como requisito para sua concessão a preexistência do**

**benefício de prestação continuada** de que trata o art. 20 da Lei nº 8.742, de 7 de dezembro de 1993., a exemplo da pensão da Zika Vírus, que tem como pressuposto o deferimento de BPC/LOAS da pessoa com deficiência.

O tema é disciplinado pelo artigo 626 e seguintes da Instrução Normativa INSS 128/2022, que prevê que a **consignação** é uma forma especial ou indireta de pagamento, meio pelo qual o devedor, titular de benefício, possui para extinguir uma obrigação de pagamento junto ao INSS e/ou a terceiros, comandada por meio de desconto em seu benefício, podendo ser **descontos obrigatórios, eletivos e por determinação judicial**.

São considerados **descontos obrigatórios** aqueles determinados por lei:

> I – as contribuições à Previdência Social;
>
> I - o pagamento administrativo ou judicial de benefício previdenciário ou assistencial indevido ou além do devido, inclusive na hipótese de cessação do benefício pela revogação de decisão judicial;
>
> III – o Imposto de Renda Retido na Fonte – IRRF; e
>
> IV – pensão de alimentos.

Por outro lado, são considerados **descontos eletivos** aqueles que dependem de expressa vontade do titular do benefício, entre outros:

> I - consignação em aposentadoria ou pensão por morte, para pagamento de operações financeiras contratadas pelo titular do benefício em favor de instituição financeira, conforme estipulado em normativos específicos; e
>
> II - mensalidades de associações e de demais entidades de aposentados legalmente reconhecidas, desde que autorizadas por seus filiados, que deve ser revalidada a cada 3 (três) anos, a partir de 31 de dezembro de 2022, podendo esse prazo ser prorrogado por mais 1 (um) ano, por meio de ato do Presidente do INSS.

Eis mais algumas regras da Autarquia:

a) O limite para consignação de débitos junto ao benefício, obrigatórios, eletivos ou por determinação judicial, quando acumulados, é de 100% (cem por cento) do valor da renda mensal do benefício, devendo ser observados, para os casos de consignações decorrentes de empréstimos bancários e de valores recebidos indevidamente, os limites estabelecidos pelos normativos vigentes.

b) Os pagamentos retroativos, por não versarem obrigações mensais de valor fixo insuscetíveis de cobrança confiscatória, não se sujeitam a qualquer limite percentual no tocante à quitação de débitos do beneficiário para com o INSS, podendo ser, para tanto, retidos em sua integralidade.

c) As consignações de caráter obrigatório prevalecem sobre as de caráter eletivo, sendo que, entre as obrigatórias, observar-se-á a cronologia da implantação, salvo disposição em contrário.

A pensão alimentícia é uma consignação obrigatória, implantada no benefício do instituidor, conforme parâmetros predeterminados, nas seguintes situações:

> I - em cumprimento de decisão judicial em ação de alimentos;
>
> II - nos termos constantes da escritura, mediante ofício ou apresentação da escritura pública; ou
>
> III - nos termos dos acordos extrajudiciais referendados pelas Defensorias Públicas e Ministério Público, através de ofício do órgão, acompanhado do instrumento de acordo.

A pensão alimentícia cessa:

> I - na data do óbito do titular da pensão alimentícia;
>
> II - na data de cessação do benefício de origem;
>
> III - na data expressa na determinação judicial ou escritura pública ou acordo extrajudicial; ou
>
> IV - na ausência da data citada no inciso III, na data de recebimento do ofício pelo INSS ou da apresentação da escritura pública ou do acordo extrajudicial, que determinem a cessação.

A pensão alimentícia não se caracteriza como benefício, tratando-se tão somente de repasse de valores e, portanto, os descontos são devidos se e enquanto perdurar o pagamento do benefício e serão mantidos até o limite do crédito objeto da transação.

O titular do benefício de aposentadoria ou pensão por morte poderá autorizar a consignação em benefício para pagamento de operações financeiras, conforme o estipulado em normativos específicos e obedecendo aos seguintes critérios:

> I - a consignação poderá ser efetivada, desde que:
>
> a) o desconto, seu valor e o respectivo número de prestações a consignar e reter sejam expressamente autorizados pelo titular do benefício ou por seu representante legal, na qualidade de tutor ou curador, desde que autorizado judicialmente para tal;
>
> b) a operação financeira tenha sido realizada por instituição financeira ou pela sociedade de arrendamento mercantil a ela vinculada;
>
> c) a instituição financeira tenha celebrado acordo de cooperação técnica com o INSS para esse fim; e
>
> d) o valor do desconto não exceda, no momento da contratação, o limite percentual estabelecido em ato específico em relação ao valor disponível do benefício, excluindo Complemento Positivo - CP, PAB, e 13º (décimo terceiro) salário, correspondente à última competência emitida, constante do histórico de créditos;
>
> II - entende-se por valor disponível do benefício, aquele apurado após as deduções das seguintes consignações:
>
> a) pagamento de benefício além do devido;
>
> b) IRRF;

c) pensão alimentícia;

d) mensalidades de associações e demais entidades de aposentados legalmente reconhecidas; e

e) oriundas de decisão judicial;

III - as consignações de que tratam o caput não se aplicam aos benefícios:

a) concedidos nas regras de Acordos de Previdência Social, para os segurados residentes no exterior;

b) pagos a título de pensão alimentícia;

c) assistenciais, inclusive os decorrentes de leis específicas;

d) recebidos por meio de representante legal, na qualidade de guardião, tutor nato, administrador provisório ou representante de entidade de que trata o art. 92 do Estatuto da Criança e do Adolescente;

e) com procurador ativo;

f) pagos por intermédio da empresa acordante; e

g) pagos por intermédio de cooperativas de créditos que não possuam contratos para pagamento e arrecadação de benefícios.

A consignação de crédito também é permitida aos titulares da renda mensal vitalícia (RMV) prevista na Lei nº 6.179, de 11 de dezembro de 1974, e de benefícios que tenham como requisito para sua concessão a preexistência do benefício de prestação continuada de que trata o art. 20 da Lei nº 8.742, de 7 de dezembro de 1993

Outrossim, os beneficiários de programas federais de transferência de renda poderão autorizar a União a proceder aos descontos em seu benefício, de forma irrevogável e irretratável, em favor de instituições financeiras autorizadas a funcionar pelo Banco Central do Brasil, para fins de amortização de valores referentes ao pagamento mensal de empréstimos e financiamentos, até o limite de 40% (quarenta por cento) do valor do benefício, na forma estabelecida em regulamento.

Os valores recebidos indevidamente por segurado não podem ser consignados na pensão por morte do seu dependente por falta de previsão legal, pois se trata de dívida do segurado cujo patrimônio sucedido deve responder, se houver, quer através dos sucessores ou do espólio.

Em caso de concorrência, vale ressaltar que os débitos do beneficiário em decorrência do pagamento de benefício além do devido terão preferência sobre os créditos consignados em favor de instituições financeiras em razão de empréstimos contratados pelo aposentado ou pensionista.

A TNU afetou o **tema representativo de controvérsia 326** e irá decidir se o INSS é civilmente responsável nas hipóteses em que se realizam descontos de contribuições associativas em benefício previdenciário sem autorização do segurado:

| Tema | 326 | Situação do tema | Em Julgamento | | Ramo do direito | DIREITO ADMINISTRATIVO |
|---|---|---|---|---|---|---|
| **Questão submetida a julgamento** | | Definir se o INSS é civilmente responsável nas hipóteses em que se realizam descontos de contribuições associativas em benefício previdenciário sem autorização do segurado, bem como se, em caso positivo, quais os limites e as condições para caracterização dessa responsabilidade. | | | | |
| **Tese firmada** | | | | | | |
| **Processo** | | **Decisão de afetação** | **Relator (a)** | **Julgado em** | **Acórdão publicado em** | **Trânsito em julgado** |

De efeito, o rol do artigo 115 da Lei 8.213/91 é taxativo, só podendo a Autarquia descontar do benefício o que a lei autoriza. Considerando que a dívida é do segurado, e não do seu dependente, não há lastro legal para consignar na pensão por morte dívida decorrente do pagamento indevido ao segurado em vida.

**Coube à PORTARIA INSS/PRES Nº 138, DE 10 DE NOVEMBRO DE 2022** estabelecer critérios e procedimentos operacionais relativos à consignação de descontos para pagamento de crédito consignado contraído nos benefícios pagos pelo INSS.

**Equiparou-se à aposentadoria previdenciária**, para fins da citada Instrução Normativa, **as pensões especiais vitalícias pagas pelo INSS como Encargos Previdenciários da União – EPU**, ampliando o texto da Lei 14.431/2022 a meu ver indevidamente, pois a regra é não ter nenhum desconto no benefício, exceto se a lei expressamente autorizar, sendo incabível extensão por analogia.

**De acordo com a Autarquia não poderá ter descontos sobre os seguintes benefícios:**

| Espécie | Descrição da Espécie |
|---|---|
| 009 | COMPL. ACIDENTE TRABALHO P/TRAB. (RURAL) |
| 010 | AUXÍLIO-DOENÇA ACIDENTÁRIO - TRAB. RURAL |
| 013 | AUXÍLIO-DOENÇA - TRABALHADOR RURAL |
| 015 | AUXÍLIO-RECLUSÃO - TRABALHADOR RURAL |
| 025 | AUXÍLIO-RECLUSÃO |
| 031 | AUXÍLIO POR INCAPACIDADE TEMPORÁRIA |
| 035 | AUXÍLIO-DOENÇA DO EX-COMBATENTE |
| 036 | AUXÍLIO-ACIDENTE PREVIDENCIÁRIO |
| 039 | AUXÍLIO INVALIDEZ ESTUDANTE |
| 047 | ABONO PERMANÊNCIA EM SERVICO - 35 ANOS |

| | |
|---|---|
| 048 | ABONO PERMANÊNCIA EM SERVICO- 30 ANOS |
| 050 | AUXÍLIO-DOENÇA EXTINTO PLANO BÁSICO |
| 053 | AUXÍLIO-RECLUSÃO EXTINTO PLANO BÁSICO |
| 061 | AUXÍLIO-NATALIDADE |
| 062 | AUXÍLIO-FUNERAL |
| 063 | AUXÍLIO-FUNERAL TRABALHADOR RURAL |
| 064 | AUXÍLIO-FUNERAL EMPREGADOR RURAL |
| 065 | PECÚLIO ESPECIAL SERVIDOR AUTARQUICO |
| 66 | PEC. ESP. SERVIDOR AUTARQUICO |
| 067 | PECÚLIO OBRIGATÓRIO EX-IPASE |
| 068 | PECÚLIO ESPECIAL DE APOSENTADOS |
| 069 | PECÚLIO DE ESTUDANTE |
| 070 | RESTITUIÇÃO CONTRIB. P/SEG. S/CARÊNCIA |
| 071 | SALÁRIO-FAMÍLIA PREVIDENCIÁRIO |
| 073 | SALÁRIO-FAMÍLIA ESTATUTÁRIO |
| 074 | COMPLEMENTO DE PENSÃO À CONTA DA UNIÃO |
| 075 | COMPLEMENTO DE APOSENT. À CONTA DA UNIÃO |
| 076 | SALÁRIO FAMÍLIA ESTATUTÁRIO |
| 077 | SALARIO FAM. ESTATUTÁRIO SERVIDOR SINPAS |
| 079 | VANTAGENS DE SERVIDOR APOSENTADO |
| 080 | SALÁRIO MATERNIDADE |
| 085 | PENSÃO VITALÍCIA SERINGUEIROS |
| 086 | PENSÃO VITALÍCIA DEPENDENTES SERINGUEIRO |
| 090 | SIMPLES ASSIST. MÉDICA P/ ACIDENTE TRAB. |
| 091 | AUXÍLIO DOENÇA POR ACIDENTE DO TRABALHO |
| 094 | AUXÍLIO-ACIDENTE |
| 095 | AUXÍLIO SUPLEMENTAR ACIDENTE TRABALHO |
| 097 | PECÚLIO POR MORTE ACIDENTE DO TRABALHO |
| 098 | ABONO ANUAL DE ACIDENTE DE TRABALHO |
| 099 | AFASTAMENTO ATÉ 15 DIAS ACIDENTE TRAB. |

O crédito consignado, cujas parcelas contratadas são deduzidas diretamente do pagamento mensal do benefício, compreende as seguintes modalidades:

I - empréstimo pessoal;

II - cartão de crédito; e

III - cartão consignado de benefício.

A averbação da contratação de crédito consignado pelo titular do benefício ocorrerá desde que:

I - a operação seja realizada com a própria instituição consignatária acordante ou por meio do correspondente bancário a ela vinculado, na forma da Resolução nº 3.954, de 2011, do BCB, sendo, a primeira, responsável pelos atos praticados em seu nome;

II - o desconto seja formalizado por meio de contrato firmado e assinado, com uso de reconhecimento biométrico, apresentação do documento de identificação oficial, válido e com foto, e Cadastro de Pessoa Física - CPF, junto com a autorização da consignação tratada no inciso III;

III - a autorização da consignação seja dada de forma expressa, assinada com uso de reconhecimento biométrico, não sendo aceita autorização dada por ligação telefônica e nem a gravação de voz reconhecida como meio de prova da ocorrência;

IV - o benefício não esteja bloqueado para empréstimos;

V - o somatório dos descontos de crédito consignado, no momento da averbação, não excedam o limite de 45% (quarenta e cinco por cento) do valor da margem consignável do benefício, conforme previsto no § 5º do art. 6º da Lei nº 10.820, de 2003 , sendo de até:

a) 35% (trinta e cinco por cento) para as operações exclusivamente de empréstimo pessoal;

b) 5% (cinco por cento) para as operações exclusivamente de cartão de crédito; e

c) 5% (cinco por cento) para as operações exclusivamente de cartão consignado de benefício;

VI - não exceda 84 (oitenta e quatro) parcelas mensais e sucessivas;

VII - o valor do empréstimo pessoal contratado seja depositado:

a) na conta bancária que corresponda àquela na qual o benefício é pago; ou

b) em conta corrente ou poupança, designada expressamente pelo contratante, da qual ele seja o titular, ou, ainda, por meio de ordem de pagamento, preferencialmente na agência/banco onde é pago mensalmente o benefício, para os beneficiários que recebem na modalidade de cartão magnético;

VIII - seja efetivada no Estado (Unidade da Federação - UF) em que o benefício é mantido.

A autorização valerá enquanto subscrita pelo titular do benefício, não persistindo, por sucessão, em relação aos respectivos pensionistas e dependentes do beneficiário. O procurador não poderá autorizar os descontos de crédito consignado.

A quantidade de parcelas do contrato firmado com a instituição consignatária acordante não poderá ser superior à Data de Cessação do Benefício - DCB determinada para os benefícios de pensão por morte por prazo estipulado, em conformidade com a alínea "c" do inciso V do § 2º do art. 77 da Lei nº 8.213, de 24 de julho de 1991

A averbação da contratação do crédito consignado não será permitida nos benefícios quando:

I - pagos:

a) em países com os quais o Brasil mantém Acordo Internacional de Previdência Social para beneficiários residentes no exterior;

b) por intermédio de empresa acordante, nos termos do art. 117-A da Lei nº 8.213, de 1991 ; e

c) a título de pensão alimentícia;

II - estiverem bloqueados para empréstimos;

III - tenha sido atingida a margem consignável.

A identificação do limite de 45% (quarenta e cinco por cento) dar-se-á no momento da averbação, após a dedução das seguintes consignações, observada a última competência paga, excluída a que contenha o 13º (décimo terceiro) salário:

I - pagamento de benefícios além do devido;

II - imposto de renda retido na fonte;

III - pensão alimentícia;

IV - contribuições devidas pelo segurado à previdência social;

V - mensalidades de associações e de demais entidades de aposentados ou pensionistas legalmente reconhecidas, constituídas e em funcionamento, desde que autorizadas por seus filiados; e

VI - consignações para pagamento de crédito consignado autorizadas pelo titular do benefício.

O bloqueio dos benefícios elegíveis para averbação do crédito consignado é realizado:

I - automaticamente, quando da concessão do benefício;

II - pela alteração do local de pagamento que implique Transferência do Benefício em Manutenção - TBM para outra Agência da Previdência Social - APS, por comando do INSS ou da rede bancária;

III - por solicitação do titular, representante legal ou procurador; e

IV - quando comandada reativação do benefício.

**Os benefícios concedidos a partir de 1º de abril de 2019, permanecerão bloqueados para a realização de crédito consignado por 90 (noventa) dias, contados da Data de Despacho do Benefício - DDB, ou seja, da data de concessão do benefício.**

O beneficiário poderá desistir das operações de crédito consignado que tiver contratado fora do estabelecimento comercial no prazo de até 7 (sete) dias a contar do recebimento do crédito, devendo restituir o valor total recebido, monetariamente atualizado, conforme previsto no parágrafo único do art. 49 da Lei nº 8.078, de 11 de setembro de 1990.

Nas operações de empréstimo pessoal ficam definidos os seguintes critérios:

I - a quantidade de parcelas não poderá exceder o limite de 84 (oitenta e quatro) parcelas mensais;

**II - a taxa de juros não poderá ser superior a 2,14% (dois inteiros e quatorze centésimos por cento) ao mês, devendo expressar o Custo Efetivo Total - CET do empréstimo (regra antiga);**

III - é vedada a cobrança da Taxa de Abertura de Crédito - TAC e quaisquer outras taxas administrativas;

IV - é vedado o estabelecimento de prazo de carência para o início do pagamento das parcelas; e

V - é vedada a inclusão de prêmio de seguros destinados à proteção da operação de empréstimo pessoal nos descontos relativos a empréstimos consignados (seguro prestamista).

Com o advento da Instrução Normativa INSS 144 DE 15/03/2023, a taxa de juros não poderá ser superior a 1,70% (um inteiro e setenta centésimos por cento) ao mês para as operações de empréstimo consignado em benefício previdenciário, devendo expressar o Custo Efetivo Total - CET do empréstimo, assim como a taxa de juros não poderá ser superior a 2,62% (dois inteiros e sessenta e dois centésimos por cento) ao mês para as operações realizadas por meio de cartão de crédito e cartão consignado de benefício, e deverá expressar o custo efetivo total (CET).

**Em seguida foi publicada a Instrução Normativa INSS 146/2023, aduzindo que a taxa de juros não poderá ser superior a 1,97% (um inteiro e noventa e sete centésimos por cento) ao mês para as operações de empréstimo consignado em benefício previdenciário, devendo expressar o Custo Efetivo Total - CET do empréstimo, bem como a taxa de juros não poderá ser superior a 2,89% (dois inteiros e oitenta e nove centésimos por cento) ao mês para as operações realizadas por meio de cartão de crédito e cartão consignado de benefício, e deverá expressar o custo efetivo total (CET).**

A portabilidade entre instituições financeiras poderá ser realizada, desde que atenda às normas editadas pelo BCB e CMN.

Exclusivamente, na contratação do cartão consignado de benefício é obrigatória:

I - a oferta mínima de: auxílio funeral e seguro de vida, sem limite de idade, no valor de, no mínimo, R$ 2.000,00 (dois mil reais) cada, atualizado anualmente pelo Índice Nacional de Preços ao Consumidor - INPC, independente da causa mortis, bem como descontos em redes de farmácias conveniadas;

II - a entrega do cartão consignado de benefício, exclusivamente em meio físico, para o beneficiário; e

III - a entrega das apólices, em meio físico ou eletrônico, de seguro de vida e do auxílio-funeral.

Atendidos os requisitos da legislação vigente e havendo margem consignável disponível no benefício, a averbação do desconto relativo ao crédito consignado é efetivada por arquivo magnético encaminhado diretamente pela instituição consignatária acordante à Dataprev.

As operações de crédito consignado, processadas mensalmente pela Dataprev, serão identificadas no extrato de pagamento do benefício por meio das seguintes rubricas:

I - 216: consignação - empréstimo bancário (código 98: empréstimo pessoal);

II - 217: consignação sobre a RMC (código 77: cartão de crédito);

III - 322: Reserva de Margem Consignável (RMC), trata-se de informação da margem reservada para uso do cartão de crédito (código 76: RMC);

IV - 268: consignação sobre a RCC (código 99: cartão consignado de benefício); e

V - 383: Reserva Cartão Consignado (RCC), trata-se de informação de margem reservada para cartão consignado de benefício (código 44: RCC).

Neste caso, deve a Autarquia adotar os procedimentos de cobrança do espólio ou, inexistindo este, dos sucessores da lei civil, acaso o falecido tenha deixado herança, no limite desta.

Nesta situação, deve a Autarquia seguir o procedimento da Instrução Normativa INSS 74/2014:

> ***"Art. 24. Em caso de óbito do devedor ou do responsável, o servidor ou a equipe designada para a cobrança administrativa deverá juntar a cópia reprográfica da Certidão de Óbito ou documento equivalente ou extrato de consulta aos sistemas de registro de informações de óbito, e promover a busca junto aos órgãos oficiais das informações relativas ao espólio, fazendo constar os elementos do processo de inventário ou partilha, se houver.***
>
> *§ 1º Constatada a existência de bens:*
>
> *I - antes da partilha, a cobrança prosseguirá em face do espólio; e*
>
> *II - depois da partilha, a cobrança prosseguirá em face dos sucessores até o limite do valor do patrimônio transferido a cada um deles.*
>
> *§ 2º Não havendo patrimônio em nome do devedor ou responsável, deverá ser informada a Setorial Contábil para registro, de acordo com o Manual do Sistema Integrado de Administração Financeira do Governo Federal - SIAFI.*
>
> *§ 3º Após o registro a que se refere o § 2º deste artigo, a Setorial Contábil encaminhará a Nota de Lançamento ao órgão de origem para juntada ao processo de cobrança e posterior arquivamento.*
>
> *§ 4º As informações relativas à abertura de inventário ou existência de espólio do devedor deverão ser obtidas pelo servidor ou equipe responsável pela cobrança.*
>
> *§ 5º Caso o servidor ou a equipe responsável pela cobrança constate a existência de bens em nome do devedor e não tenha sido constatada a abertura de inventário, deverá ser encaminhado expediente à unidade da Procuradoria-Geral Federal para as providências cabíveis".*

No caso do BPC/LOAS, até o advento da MP 871/2019, convertida na Lei 13.846/2019, o INSS não cobrava as parcelas recebidas de boa-fé pelo beneficiário fruto de erro administrativo de concessão com lastro no Decreto 6.214/2007:

> *"Art. 49. Cabe ao INSS, sem prejuízo da aplicação de outras medidas legais, adotar as providências necessárias à restituição do valor do benefício pago indevidamente,* ***ressalvados os casos de recebimento de boa-fé.*** *(Redação dada pelo Decreto nº 9.462, de 2018)'.*

No entanto, com a nova redação do artigo 115, II, da Lei 8.213/91, esse dispositivo regulamentar não foi recepcionado, tendo a **Portaria INSS/DIRBEN 633, de 27/08/2020** modificado a posição da autarquia em razão da posição do consultivo do Ministério da Cidadania (PARECER n. 00579/2020/CONJUR-MC/CGU/AGU), passando a Autarquia a fazer a cobrança das parcelas indevidamente pagas de BPC/LOAS ao beneficiário mesmo nas situações de boa-fé subjetiva.

Vale ressaltar que o STJ vinha divergindo sobre a possibilidade de devolução das parcelas pagas a título de benefícios previdenciários em consequência de decisões judiciais precárias posteriormente revertidas.

> A 3ª Seção do STJ entendia que as parcelas recebidas em processo judicial, a título de benefício previdenciário, em decorrência de antecipação de tutela posteriormente revogada, eram irrepetíveis, em nome do Princípio da Segurança Jurídica e da Boa-fé:

PREVIDENCIÁRIO. PROCESSUAL CIVIL. EMBARGOS DE DECLARAÇÃO NO RECURSO ESPECIAL. POSTULAÇÃO DE EFEITOS INFRINGENTES. PENSÃO POR MORTE. VALORES RECEBIDOS POR FORÇA DE TUTELA ANTECIPADA POSTERIORMENTE REVOGADA. DEVOLUÇÃO. IMPOSSIBILIDADE. ENTENDIMENTO DA TERCEIRA SEÇÃO. DISPOSITIVOS DA LEI DE BENEFÍCIOS QUE REGEM HIPÓTESES DIVERSAS. PRECEDENTES DA QUINTA E SEXTA TURMAS. ALEGADA OFENSA À CLÁUSULA DE RESERVA DE PLENÁRIO (CF, ART. 97). NÃO-OCORRÊNCIA. PRECEDENTES DO STF E STJ. EMBARGOS ACOLHIDOS. **1. A Terceira Seção do Superior Tribunal de Justiça, à unanimidade, sedimentou o entendimento sobre o tema para assentar que, em se tratando de verba alimentar percebida por força de tutela antecipada, posteriormente revogada, aplicável a jurisprudência consagrada por este Tribunal, pautado pelo princípio da irrepetibilidade dos alimentos**. 2. O "art. 115 da Lei nº 8.213/91 regulamenta a hipótese de desconto administrativo, sem necessária autorização judicial, nos casos em que a concessão a maior se deu por ato administrativo do Instituto agravante, não agraciando os casos majorados por força de decisão judicial" (AgRg no REsp 1.054.163/RS, Sexta Turma, Rel. Min. MARIA

THEREZA DE ASSIS MOURA, DJe 30/6/08). 3. Não caracteriza ofensa à reserva de plenário a interpretação dispensada por órgão fracionário de Tribunal a dispositivo de lei que, mediante legítimo processo hermenêutico, tem sua incidência limitada a determinadas hipóteses. 4. Embargos de declaração acolhidos, com excepcionais efeitos infringentes, para negar provimento ao recurso especial (EDREsp 996.850, de 04.11.2008)".

Nesse sentido, a antiga posição da TNU, quando vigorava a Súmula 51:

**"Súmula 51- Os valores recebidos por força de antecipação dos efeitos de tutela, posteriormente revogada em demanda previdenciária, são irrepetíveis em razão da natureza alimentar e da boa-fé no seu recebimento". (SÚMULA CANCELADA EM 2017)**

Em julgados monocráticos, o Ministro Teori Albino Zavascki já vinha se manifestando pela necessidade da restituição das parcelas pagas pelo INSS, como na decisão tomada no AREsp 176.900, de 01/06/2012:

"PROCESSUAL CIVIL. **PREVIDENCIÁRIO. APOSENTADORIA POR IDADE RURAL. ANTECIPAÇÃO DE TUTELA. LIMINAR REVOGADA. RESTITUIÇÃO DE VALORES INDEVIDAMENTE RECEBIDOS. POSSIBILIDADE.** PRECEDENTES. AGRAVO CONHECIDO PARA, DESDE LOGO, DAR PROVIMENTO AO RECURSO ESPECIAL. DECISÃO

1. Trata-se de agravo de decisão que deixou de admitir recurso especial interposto contra acórdão do Tribunal Regional Federal da 1ª Região, que deu provimento à apelação do recorrente para "reformar a sentença recorrida e julgar improcedente o pedido formulado na inicial, revogada, de imediato, a tutela antecipada concedida, dispensando a autora da repetição das parcelas recebidas até a cessação dos seus efeitos." (fl. 128). No recurso especial, o recorrente aponta, além do dissídio jurisprudencial, violação aos arts. 273, § 3º e 811, I e II, do CPC, sustentando que (a) "no caso das tutelas antecipadas, a lei processual impõe, com toda a clareza, a reversibilidade do provimento antecipado como pré-requisito à sua concessão" (fl. 136) e (b) "é impossível falar-se em boa-fé quando a parte autora tinha pleno conhecimento de que estava recebendo em razão de provimento jurisdicional precário." (fl. 138) 2. **Tem razão o recurso. As medidas antecipatórias, quando concedidas, o são com a sua natureza própria de precariedade, provisoriedade e revogabilidade, se for o caso, sendo que, em caso de revogação, devem as partes retornar ao status quo ante, cabendo ao requerente repor os danos causados pela execução da medida revogada. É o que se extrai dos arts. 273, § 4º e 811, I e II, do CPC, invocados nas razões recursais.** Por isso mesmo, em caso análogo, assim decidiu a 1ª Turma do STJ: PROCESSUAL CIVIL. SERVIDOR PÚBLICO. ANTECIPAÇÃO DE TUTELA. LIMINAR REVOGADA. RESTITUIÇÃO DE VALORES INDEVIDAMENTE RECEBIDOS. POSSIBILIDADE.

1. É firme a jurisprudência do STJ no sentido de que os valores indevidamente pagos por força de decisão judicial liminar posteriormente revogada são passíveis de devolução. 2. Agravo regimental a que se nega provimento. (AgReg no AREsp 40.007/SC, Min. Teori Albino Zavascki, DJ de 16/04/2012) No voto, foram invocados vários precedentes do STJ no mesmo sentido, que reproduzo: ADMINISTRATIVO. PROCESSUAL CIVIL. EMBARGOS DE DECLARAÇÃO NO RECURSO ORDINÁRIO EM MANDADO DE SEGURANÇA. SERVIDORES PÚBLICOS. RESTITUIÇÃO DE VALORES PAGOS EM VIRTUDE DE LIMINAR. POSSIBILIDADE. PAGAMENTO INDEVIDO POR ERRO DA ADMINISTRAÇÃO. RECEBIMENTO DE BOA-FÉ. VERBA DE CARÁTER ALIMENTAR. DEVOLUÇÃO. NÃO CABIMENTO. AMBOS OS EMBARGOS REJEITADOS. 1. Nos termos do art. 535 do CPC, os embargos de declaração são cabíveis para modificar o julgado que se apresentar omisso, contraditório ou obscuro, bem como para sanar possível erro material existente na decisão, o que não ocorre no presente caso. 2. "Valores pagos pela Administração Pública em virtude de decisão judicial provisória, posteriormente cassada, devem ser restituídos, sob pena de enriquecimento ilícito por parte dos servidores beneficiados (REsp 725.118/RJ, Rel. Min. PAULO GALLOTTI, Sexta Turma, DJ 24/4/06). 3. Descabe restituição de valores recebidos de boa-fé pelo servidor em decorrência de errônea interpretação ou má aplicação da lei pela Administração Pública. Precedentes. 4. Ambos os embargos de declaração rejeitados. (EDcl no RMS 32.706/SP, Min, Arnaldo Esteves Lima, 1ª T., DJe de 09/11/2011)

ADMINISTRATIVO – SERVIDOR PÚBLICO – VALORES RECEBIDOS EM VIRTUDE DE LIMINAR POSTERIORMENTE CASSADA – RESTITUIÇÃO – DEVIDA. 1. Este Tribunal tem entendido que é devida a restituição à Administração Pública de valores recebidos em virtude de decisão judicial provisória, posteriormente cassada, sob pena de enriquecimento ilícito dos beneficiados. 2. A agravante não trouxe argumento novo capaz de infirmar os fundamentos que alicerçaram a decisão agravada, razão que enseja a negativa do provimento ao agravo regimental. Agravo regimental improvido. (AgRg no REsp 1191879/RJ, Min. Humberto Martins, 2ª T., DJe de 08/09/2010) Por estar em dissonância com esta jurisprudência, o acórdão recorrido merece reforma no ponto. 3. Diante do exposto, conheço do agravo para, desde logo, dar provimento ao recurso especial. Intime-se".

**Este entendimento foi confirmado pela 1ª Seção do STJ em 12 de junho de 2013, tendo sido determinada a devolução de parcelas ao INSS de benefício previdenciário cuja antecipação de tutela foi posteriormente revogada.**

Isso porque a antecipação de tutela é precária, correndo à custa e risco do autor, assim como com arrimo no Princípio da Boa-fé Objetiva:

**"INFORMATIVO 524 - DIREITO PROCESSUAL CIVIL E PREVIDENCIÁRIO. DEVOLUÇÃO DE BENEFÍCIO PREVIDENCIÁRIO RECEBIDO EM**

RAZÃO DE ANTECIPAÇÃO DOS EFEITOS DA TUTELA POSTERIORMENTE REVOGADA.

**O segurado da Previdência Social tem o dever de devolver o valor de benefício previdenciário recebido em antecipação dos efeitos da tutela (art. 273 do CPC) a qual tenha sido posteriormente revogada.** Historicamente, a jurisprudência do STJ, com fundamento no princípio da irrepetibilidade dos alimentos, tem isentado os segurados do RGPS da obrigação de restituir valores obtidos por antecipação de tutela que posteriormente tenha sido revogada. Já os julgados que cuidam da devolução de valores percebidos indevidamente por servidores públicos evoluíram para considerar não apenas o caráter alimentar da verba, mas também a boa-fé objetiva envolvida na situação. Nestes casos, o elemento que evidencia a boa-fé objetiva consiste na legítima confiança ou justificada expectativa de que os valores recebidos sejam legais e de que passem a integrar definitivamente o seu patrimônio. **Nas hipóteses de benefícios previdenciários oriundos de antecipação de tutela, não há dúvida de que existe boa-fé subjetiva, pois, enquanto o segurado recebe os benefícios, há legitimidade jurídica, apesar de precária. Do ponto de vista objetivo, todavia, não há expectativa de definitividade do pagamento recebido via tutela antecipatória, não podendo o titular do direito precário pressupor a incorporação irreversível da verba ao seu patrimônio. Efetivamente, não há legitimidade jurídica para o segurado presumir que não terá de devolver os valores recebidos, até porque, invariavelmente, está o jurisdicionado assistido por advogado e, conforme o disposto no art. 3º da LINDB – segundo o qual ninguém se escusa de cumprir a lei, alegando que não a conhece –, deve estar ciente da precariedade do provimento judicial que lhe é favorável e da contraposição da autarquia previdenciária quanto ao mérito. Ademais, em uma escala axiológica, evidencia-se a desproporcionalidade da hipótese analisada em relação aos casos em que o próprio segurado pode tomar empréstimos de instituição financeira e consignar descontos em folha, isto é, o erário "empresta" – via antecipação de tutela posteriormente cassada – ao segurado e não pode cobrar sequer o principal. Já as instituições financeiras emprestam e recebem, mediante desconto em folha, não somente o principal como também os juros remuneratórios.** REsp 1.384.418-SC, Rel. Min. Herman Benjamin, julgado em 12/6/2013".

No que concerne ao *modus operandi* da devolução, a 1ª Seção do STJ estabeleceu como regras a declaração judicial da dívida e o desconto do débito mensalmente sobre o benefício previdenciário em até 10% do seu valor:

**"INFORMATIVO 524 - DIREITO PROCESSUAL CIVIL E PREVIDENCIÁRIO. FORMA DE DEVOLUÇÃO DE BENEFÍCIO PREVIDENCIÁRIO RECEBIDO EM ANTECIPAÇÃO DOS EFEITOS DE TUTELA POSTERIORMENTE REVOGADA.**

Na devolução de benefício previdenciário recebido em antecipação dos efeitos da tutela (art. 273 do CPC) a qual tenha sido posteriormente revogada, devem ser observados os seguintes parâmetros: a) a execução de sentença declaratória do direito deverá ser promovida; e b) liquidado e incontroverso o crédito executado, o INSS poderá fazer o desconto em folha de até 10% da remuneração dos benefícios previdenciários em manutenção até a satisfação do crédito. Isso porque o caráter alimentar dos benefícios previdenciários está ligado ao princípio constitucional da dignidade da pessoa humana, de forma que as imposições obrigacionais sobre os respectivos proventos não podem comprometer o sustento do segurado". REsp 1.384.418-SC, Rel. Min. Herman Benjamin, julgado em 12/6/2013.

Contudo, nota-se que na grande maioria dos casos em que a antecipação de tutela é cassada, inexiste benefício previdenciário ativo para a efetivação dos descontos, o que vai tornar necessária a execução judicial da dívida.

Por tudo isto, nota-se que existia uma **divergência interna não superada no STJ**, vez que a 1ª Seção entende pela devolução, ao passo que a 3ª Seção pela não devolução das parcelas percebidas de benefício previdenciário com antecipação de tutela revogada.

**O tema foi apreciado pela Corte Especial do STJ em 20 de novembro de 2013, tendo se adotado uma posição intermediária entre os entendimentos da 1ª e da 3ª Seção do Superior Tribunal de Justiça.**

Nesse diapasão, se a reversão da antecipação de tutela se der nas instâncias ordinárias (em sede sentença ou acórdão proferido em sede de julgamento de recurso de apelação ou recurso inominado do JEF pelo Tribunal ou Turma Recursal), dever-se-á devolver à Previdência Social as parcelas já percebidas.

Por outro lado, se a revogação da tutela antecipada se operar nas instâncias extraordinárias (STF e STJ, em sede de recurso extraordinário ou especial) não haverá a restituição ao INSS, ao argumento de que já havia se criado a legítima expectativa de vitória ao segurado ou dependente, em razão de se tratar de recurso julgado em via não ordinária.

Veja-se o decisivo julgado:

PROCESSO CIVIL. EMBARGOS DE DIVERGÊNCIA EM RECURSO ESPECIAL. SENTENÇA QUE DETERMINA O RESTABELECIMENTO DE PENSÃO POR MORTE. CONFIRMAÇÃO PELO TRIBUNAL DE ORIGEM. DECISÃO REFORMADA NO JULGAMENTO DO RECURSO ESPECIAL. DEVOLUÇÃO DOS VALORES RECEBIDOS DE BOA-FÉ. IMPOSSIBILIDADE. PRECEDENTES DO STJ.

1. A dupla conformidade entre a sentença e o acórdão gera a estabilização da decisão de primeira instância, de sorte que, de um lado, limita a possibilidade de recurso do vencido, tornando estável a relação jurídica submetida a julgamento; e, de outro, cria no vencedor a legítima expectativa de que é titular do direito reconhecido na

sentença e confirmado pelo Tribunal de segunda instância.

2. Essa expectativa legítima de titularidade do direito, advinda de ordem judicial com força definitiva, é suficiente para caracterizar a boa-fé exigida de quem recebe a verba de natureza alimentar posteriormente cassada, porque, no mínimo, confia - e, de fato, deve confiar - no acerto do duplo julgamento.

3. Por meio da edição da súm. 34/AGU, a própria União reconhece a irrepetibilidade da verba recebida de boa-fé, por servidor público, em virtude de interpretação errônea ou inadequada da Lei pela Administração. Desse modo, e com maior razão, assim também deve ser entendido na hipótese em que o restabelecimento do benefício previdenciário dá-se por ordem judicial posteriormente reformada.

4. Na hipótese, impor ao embargado a obrigação de devolver a verba que por anos recebeu de boa-fé, em virtude de ordem judicial com força definitiva, não se mostra razoável, na medida em que, justamente pela natureza alimentar do benefício então restabelecido, pressupõe-se que os valores correspondentes foram por ele utilizados para a manutenção da própria subsistência e de sua família. Assim, a ordem de restituição de tudo o que foi recebido, seguida à perda do respectivo benefício, fere a dignidade da pessoa humana e abala a confiança que se espera haver dos jurisdicionados nas decisões judiciais.

5. Embargos de divergência no recurso especial conhecidos e desprovidos" (EREsp 1086154, Corte Especial, de 20/11/2013).

A 1ª Seção do STJ reafirmou o seu posicionamento em sede de Recurso Especial Repetitivo:

"INFORMATIVO 570- DIREITO PREVIDENCIÁRIO E PROCESSUAL CIVIL. REPETIÇÃO DE BENEFÍCIOS PREVIDENCIÁRIOS INDEVIDAMENTE RECEBIDOS POR FORÇA DE TUTELA ANTECIPADA. RECURSO REPETITIVO (ART. 543-C DO CPC E RES. 8/2008-STJ). TEMA 692.

**A reforma da decisão que antecipa a tutela obriga o autor da ação a devolver os benefícios previdenciários indevidamente recebidos.** O grande número de ações, e a demora que disso resultou para a prestação jurisdicional, levou o legislador a prever a antecipação da tutela judicial naqueles casos em que, desde logo, houvesse, a partir dos fatos conhecidos, uma grande verossimilhança no direito alegado pelo autor. Nesse contexto, o pressuposto básico do instituto é a reversibilidade da decisão judicial. Havendo perigo de irreversibilidade, não há tutela antecipada (art. 273, § 2º, do CPC). Por isso, quando o juiz antecipa a tutela, está anunciando que seu decisum não é irreversível. Sendo assim, se acabou por ser mal sucedida a demanda na qual houvera antecipação da tutela judicial, o autor da ação responde pelo que recebeu indevidamente. Além do mais, não prospera o argumento de que o autor não seria obrigado a devolver benefícios advindos da antecipação por ter confiado no juiz, porquanto esta fundamentação ignora o fato de que a parte, no processo, está representada por advogado, o qual sabe que a antecipação de tutela tem natureza precária. Há, ainda, o reforço do direito material. Um dos princípios gerais do direito é o de que não pode haver enriquecimento sem causa. Sendo um princípio geral, ele se aplica ao direito público, e com maior razão neste caso porque o lesado é o patrimônio público. Ademais, o art. 115, II, da Lei 8.213/1991 é expresso no sentido de que os benefícios previdenciários pagos indevidamente estão sujeitos à repetição. Uma decisão do STJ que viesse a desconsiderá-lo estaria, por via transversa, deixando de aplicar norma legal que, a contrario sensu, o STF declarou constitucional, uma vez que o art. 115, II, da Lei 8.213/1991 exige o que dispensava o art. 130, parágrafo único na redação originária, declarado inconstitucional na ADI 675 (Tribunal Pleno, DJ 20/6/1997).**REsp 1.401.560-MT, Rel. Min. Sérgio Kukina, Rel. para acórdão Min. Ari Pargendler, Primeira Seção, julgado em 12/2/2014, DJe 13/10/2015".**

Nesse sentido, a edição 67 da Jurisprudência em Teses publicada pelo próprio STJ em 5 de outubro de 2016 traz a mesma conclusão proposta nesta obra:

**"15) Os valores de benefícios previdenciários recebidos por força de tutela antecipada posteriormente revogada devem ser devolvidos, haja vista a reversibilidade da medida antecipatória, a ausência de boa-fé objetiva do beneficiário e a vedação do enriquecimento sem causa.**

**Acórdãos**

AgInt nos EDcl no AREsp 444197/PR, Rel. Ministro GURGEL DE FARIA, PRIMEIRA TURMA,Julgado em 14/06/2016,DJE 09/08/2016

AgInt no REsp 1566724/PR, Rel. Ministro SÉRGIO KUKINA, PRIMEIRA TURMA,Julgado em 23/06/2016,DJE 30/06/2016

AgRg no REsp 1574367/MG, Rel. Ministro HERMAN BENJAMIN, SEGUNDA TURMA,Julgado em 19/04/2016,DJE 27/05/2016

EDcl no REsp 1401560/MT, Rel. Ministro MAURO CAMPBELL MARQUES, PRIMEIRA SEÇÃO,Julgado em 27/04/2016,DJE 02/05/2016

EDcl no AgRg no AgRg no REsp 1199904/RJ, Rel. Ministro NAPOLEÃO NUNES MAIA FILHO, PRIMEIRA TURMA,Julgado em 24/11/2015,DJE 09/12/2015

REsp 1057817/RS,Rel. Ministro NEFI CORDEIRO, Julgado em 03/11/2015,DJE 10/12/2015

REsp 1401560/MT, Rel. Ministro SÉRGIO KUKINA, Rel. p/ Acórdão Ministro ARI PARGENDLER,PRIMEIRA SEÇÃO,Julgado em 12/02/2014,DJE 13/10/2015

**16) Não é necessária a devolução de valores concedidos ao segurado por sentença confirmada em 2ª instância (dupla conformidade), que, posteriormente, é reformada em sede de Recurso Especial.**

**Acórdãos**

AgRg no REsp 1584052/RS, Rel. Ministro MARCO AURÉLIO BELLIZZE, TERCEIRA TURMA, Julgado em 10/05/2016, DJE 19/05/2016

EREsp 1086154/RS, Rel. Ministra NANCY ANDRIGHI, CORTE ESPECIAL, Julgado em 20/11/2013, DJE 19/03/2014

**Decisões Monocráticas**

REsp 1592456/RS, Rel. Ministra REGINA HELENA COSTA, PRIMEIRA TURMA, Julgado em 03/06/2016,Publicado em 08/06/2016

AREsp 549596/RS, Rel. Ministro NAPOLEÃO NUNES MAIA FILHO, PRIMEIRA TURMA, Julgado em 07/08/2015,Publicado em 27/08/2015".

Vale registrar que o posicionamento aqui consolidado já foi utilizado em julgado da TNU com a seguinte transcrição desta obra:

"**9. Especificamente no âmbito do Superior Tribunal de Justiça e desta Turma Nacional de Uniformização a matéria apresenta o perfil e evolução jurisprudencial pesquisada por Frederico Amado, a seguir retratada:** O PODER JUDICIÁRIO CONCEDEU UM BENEFÍCIO PREVIDENCIÁRIO ATRAVÉS DE ANTECIPAÇÃO DE TUTELA. DEPOIS, OPEROU-SE A SUA REVOGAÇÃO. É NECESSÁRIO DEVOLVER AO INSS O QUE FOI RECEBIDO - CONHEÇA A POSIÇÃO DA CORTE ESPECIAL DO STJ: Vale ressaltar que o STJ vinha divergindo sobre a possibilidade de devolução das parcelas pagas a título de benefícios previdenciários em consequência de decisões judiciais precárias posteriormente revertidas. A 3ª Seção do STJ Atualmente, o STJ (3ª Seção) entende que as parcelas recebidas em processo judicial, a título de benefício previdenciário, em decorrência de antecipação de tutela posteriormente revogada, são irrepetíveis, em nome do Princípio da Segurança Jurídica e da Boa-fé... Este entendimento foi confirmado pela 1ª Seção do STJ em 12 de junho de 2013, tendo sido determinada a devolução de parcelas ao INSS de benefício previdenciário cuja antecipação de tutela foi posteriormente revogada. Isso porque a antecipação de tutela é precária, correndo à custa e risco do autor, assim como com arrimo no Princípio da Boa-fé Objetiva... O tema foi apreciado pela Corte Especial do STJ em 20 de novembro de 2013, tendo se adotado uma posição intermediária entre os entendimentos da 1ª e da 3ª Seção do Superior Tribunal de Justiça. Nesse diapasão, se a reversão da antecipação de tutela se der nas instâncias ordinárias (em se de sentença ou acórdão proferido em sede de julgamento de recurso de apelação ou recurso inominado do JEF pelo Tribunal ou Turma Recursal), dever-se-á devolver à Previdência Social as parcelas já percebidas. Por outro lado, se a revogação da tutela antecipada se operar nas instâncias extraordinárias (STF e STJ, em sede de recurso extraordinário ou especial) não haverá a restituição ao INSS, ao argumento de que já havia se criado a legítima expectativa de vitória ao segurado ou dependente, em razão de se tratar de recurso julgado em via não ordinária. Veja-se o decisivo julgado: "PROCESSO CIVIL. EMBARGOS DE DIVERGÊNCIA EM RECURSO ESPECIAL. SENTENÇA QUE DETERMINA O RESTABELECIMENTO DE PENSÃO POR MORTE. CONFIRMAÇÃO PELO TRIBUNAL DE ORIGEM. DECISÃO REFORMADA NO JULGAMENTO DO RECURSO ESPECIAL. DEVOLUÇÃO DOS VALORES RECEBIDOS DE BOA-FÉ. IMPOSSIBILIDADE. PRECEDENTES DO STJ.1. A dupla conformidade entre a sentença e o acórdão gera a estabilização da decisão de primeira instância, de sorte que, de um lado, limita a possibilidade de recurso do vencido, tornando estável a relação jurídica submetida a julgamento; e, de outro, cria no vencedor a legítima expectativa de que é titular do direito reconhecido na sentença e confirmado pelo Tribunal de segunda instância.2. Essa expectativa legítima de titularidade do direito, advinda de ordem judicial com força definitiva, é suficiente para caracterizar a boa-fé exigida de quem recebe a verba de natureza alimentar posteriormente cassada, porque, no mínimo, confia - e, de fato, deve confiar - no acerto do duplo julgamento.3. Por meio da edição da súm. 34/AGU, a própria União reconhece a irrepetibilidade da verba recebida de boa-fé, por servidor público, em virtude de interpretação errônea ou inadequada da Lei pela Administração. Desse modo, e com maior razão, assim também deve ser entendido na hipótese em que o restabelecimento do benefício previdenciário dá-se por ordem judicial posteriormente reformada.4. Na hipótese, impor ao embargado a obrigação de devolver a verba que por anos recebeu de boa-fé, em virtude de ordem judicial com força definitiva, não se mostra razoável, na medida em que, justamente pela natureza alimentar do benefício então restabelecido pressupõe-se que os valores correspondentes foram por ele utilizados para a manutenção da própria subsistência e de sua família. Assim, a ordem de restituição de tudo o que foi recebido, seguida à perda do respectivo benefício, fere a dignidade da pessoa humana e abala a confiança que se espera haver dos jurisdicionados nas decisões judiciais.5. Embargos de divergência no recurso especial conhecidos e desprovidos" (EREsp 1086154, Corte Especial, de 20/11/2013). [grifei]". (PEDILEF 50190790520134047200, de 11/12/2014).

Logo, **a tese repetitiva firmada pelo STJ é pela devolução dos valores à Previdência Social quando da revogação da tutela provisória, salvo no caso de dupla conformidade** (sentença e acórdão favoráveis ao segurado ou dependente), quando o INSS somente reverteu à tese nas instâncias extraordinárias.

Nesse sentido, o julgamento do AgInt no REsp 1540492, em 20 de junho de 2017:

"PROCESSUAL CIVIL E ADMINISTRATIVO. AGRAVO INTERNO NO RECURSO ESPECIAL. EXIGIBILIDADE DA DEVOLUÇÃO DE VALORES RECEBIDOS POR FORÇA DE DECISÃO JUDICIAL POSTERIORMENTE MODIFICADA. ENTENDIMENTO FIRMADO PELA PRIMEIRA SEÇÃO NO JULGAMENTO DO RECURSO ESPECIAL REPRESENTATIVO DA CONTROVÉRSIA 1.401.560/MT. INAPLICABILIDADE AO CASO CONCRETO, TENDO EM VISTA A DUPLA CONFORMIDADE ENTRE SENTENÇA E ACÓRDÃO, ESTE MODIFICADO SOMENTE EM SEDE DE RECURSO ESPECIAL. BOA-FÉ DE QUEM RECEBE A VERBA DE NATUREZA ALIMENTAR, PORQUE CONFIA NO ACERTO DO

DUPLO JULGAMENTO. AGRAVO INTERNO DA UNIÃO A QUE SE NEGA PROVIMENTO.

1. Cinge-se a questão em examinar a possibilidade de restituição de valores recebidos em decorrência de acórdão do Tribunal que reconheceu o direito a determinado benefício a Servidor Público, com posterior modificação e exclusão desse direito em sede de Recurso Especial.

2. A Primeira Seção desta Corte no julgamento do Recurso Especial Representativo da Controvérsia 1.401.560/MT, julgado em 12.2.2014, consolidou o entendimento de que é necessária a devolução dos valores recebidos a título de tutela antecipada posteriormente revogada, apesar da natureza alimentar dos benefícios previdenciários e da boa-fé dos segurados.

**3. Entretanto, referido precedente se distingue daquela situação em que o demandante obtém um pronunciamento jurisdicional que lhe reconhece o direito em sentença e acórdão, gerando uma estabilização da questão discutida nos autos, tendo em vista a dupla conformidade do julgamento.**

**4. Em virtude dessa dupla conformidade, o demandante tem a legítima expectativa de titularidade do direito e, por isso, pode executar a sentença após a confirmação do acórdão, passando a receber de boa-fé os valores declarados em pronunciamento judicial com força definitiva. Precedentes: AgRg no AgRg no REsp. 1.473.789/PE, Rel. Min. ASSUSETE MAGALHÃES, DJe 24.6.2016; AgInt no REsp. 1.592.456/RS, Rel. Min. REGINA HELENA COSTA, DJe 18.10.2016.**

5. A hipótese dos autos se amolda perfeitamente ao citado precedente do Órgão Especial desta Corte Superior, uma vez que o ora recorrido teve seu pedido liminar concedido em março de 2001, tendo a demanda sido julgada procedente e confirmada pelo Tribunal Regional Federal da 5ª. Região. Posteriormente, no ano de 2010, em sede de Recurso Especial, houve provimento à insurgência para excluir a condenação do erário, sendo certo que, até então, havia dupla conformidade da sentença e acórdão que reconhecia direitos ao Servidor Público.

6. Desse modo, tendo o Tribunal de origem assentado ser descabida a restituição ao erário de valores indevidamente pagos ao servidor, se ele os percebeu de boa-fé, entendida esta como a ausência de conduta dolosa que tenha contribuído para a ocorrência do fato antijurídico, presunção esta não desqualificada por provas em contrário (fls. 531), a conclusão se mostra convergente ao entendimento desta Corte Superior, não merecendo, portanto, reparos".

Vale registrar que no julgamento do PEDILEF 0004955-39.2011.4.03.6315, em 30/08/2017, a TNU promoveu o cancelamento da Súmula 51 a fim de se adequar ao posicionamento do STJ:

"A Turma Nacional de Uniformização dos Juizados Especiais Federais (TNU), por maioria, nos termos do voto do juiz federal Frederico Augusto Leopoldino Koehler, cancelou o enunciado da Súmula nº 51, que dispõe que "Os valores recebidos por força de antecipação dos efeitos de tutela, posteriormente revogada em demanda previdenciária, são irrepetíveis em razão da natureza alimentar e da boa-fé no seu recebimento". A decisão foi tomada na sessão do dia 30 de agosto, realizada na sede do Tribunal Regional Federal da 4ª Região (TRF4), em Porto Alegre.

De acordo com os autos, ao realizar a superação de seu entendimento anterior, a TNU entendeu que o tema objeto do incidente foi uniformizado no âmbito do Superior Tribunal de Justiça (STJ) - Tema 692 - por ocasião do julgamento do REsp nº 1.401.560 (Relator p/ Acórdão Ministro ARI PARGENDLER, PRIMEIRA SEÇÃO, julgado em 12/02/2014, DJe 13/10/2015).

Nesse contexto, o Colegiado considerou que o Supremo Tribunal Federal (STF), no julgamento do ARE-RG 722421, de relatoria do ministro Ricardo Lewandowski, já se pronunciou no sentido de que não existe repercussão geral quando a matéria versar sobre a possibilidade de devolução de valores recebidos em virtude de tutela antecipada posteriormente revogada (Tema n. 799), considerando-se que a solução da controvérsia envolve o exame de legislação infraconstitucional, a configurar apenas ofensa indireta ou reflexa ao texto constitucional.

Koehler destacou que, "cumpre registrar que, no âmbito do STJ, em recente decisão (Pet nº 10.996, DJe 26/06/2017), da lavra do eminente ministro Mauro Campbell Marques, presidente desta Turma Nacional de Uniformização, acolheu-se incidente de uniformização da jurisprudência interposto pelo INSS, concluindo que o entendimento deste Colegiado Nacional, assentado no enunciado de sua Súmula 51 contraria frontalmente o entendimento firmado por aquela Corte Superior no julgamento do TEMA 692 dos recursos repetitivos".

Processo nº 0004955-39.2011.4.03.6315. *Fonte: Imprensa CJF*"

A TNU se alinhou ao STJ. Postergou o que pôde, mas cedeu. O que a Turma Nacional não decidiu expressamente foi sobre a aplicação da dupla conformidade ao rito do JEF, haja vista que o STJ firmou tese no sentido de que a revogação de tutela provisória em instância superior em recursos tarifados não enseja a devolução.

Eis julgados recentes do STJ:

**AgInt no REsp 1540492, 1ª Turma, de 20/6/2017**

"PROCESSUAL CIVIL E ADMINISTRATIVO. AGRAVO INTERNO NO RECURSO ESPECIAL. EXIGIBILIDADE DA DEVOLUÇÃO DE VALORES RECEBIDOS POR FORÇA DE DECISÃO JUDICIAL POSTERIORMENTE MODIFICADA. ENTENDIMENTO FIRMADO PELA PRIMEIRA SEÇÃO NO JULGAMENTO DO RECURSO ESPECIAL REPRESENTATIVO DA CONTROVÉRSIA 1.401.560/MT. INAPLICABILIDADE AO CASO CONCRETO, TENDO EM VISTA A DUPLA CONFORMIDADE ENTRE SENTENÇA E ACÓRDÃO, ESTE MODIFICADO SOMENTE EM SEDE DE RECURSO ESPECIAL. BOA-FÉ DE QUEM RECEBE A VERBA DE NATUREZA ALIMENTAR, PORQUE CONFIA NO ACERTO DO DUPLO JULGAMENTO. AGRAVO

INTERNO DA UNIÃO A QUE SE NEGA PROVIMENTO.

1. Cinge-se a questão em examinar a possibilidade de restituição de valores recebidos em decorrência de acórdão do Tribunal que reconheceu o direito a determinado benefício a Servidor Público, com posterior modificação e exclusão desse direito em sede de Recurso Especial.

2. A Primeira Seção desta Corte no julgamento do Recurso Especial Representativo da Controvérsia 1.401.560/MT, julgado em 12.2.2014, consolidou o entendimento de que é necessária a devolução dos valores recebidos a título de tutela antecipada posteriormente revogada, apesar da natureza alimentar dos benefícios previdenciários e da boa-fé dos segurados.

3. Entretanto, referido precedente se distingue daquela situação em que o demandante obtém um pronunciamento jurisdicional que lhe reconhece o direito em sentença e acórdão, gerando uma estabilização da questão discutida nos autos, tendo em vista a dupla conformidade do julgamento.

**4. Em virtude dessa dupla conformidade, o demandante tem a legítima expectativa de titularidade do direito e, por isso, pode executar a sentença após a confirmação do acórdão, passando a receber de boa-fé os valores declarados em pronunciamento judicial com força definitiva. Precedentes: AgRg no AgRg no REsp. 1.473.789/PE, Rel. Min. ASSUSETE MAGALHÃES, DJe 24.6.2016; AgInt no REsp. 1.592.456/RS, Rel. Min. REGINA HELENA COSTA, DJe 18.10.2016.**

5. A hipótese dos autos se amolda perfeitamente ao citado precedente do Órgão Especial desta Corte Superior, uma vez que o ora recorrido teve seu pedido liminar concedido em março de 2001, tendo a demanda sido julgada procedente e confirmada pelo Tribunal Regional Federal da 5a. Região. Posteriormente, no ano de 2010, em sede de Recurso Especial, houve provimento à insurgência para excluir a condenação do erário, sendo certo que, até então, havia dupla conformidade da sentença e acórdão que reconhecia direitos ao Servidor Público.

6. Desse modo, tendo o Tribunal de origem assentado ser descabida a restituição ao erário de valores indevidamente pagos ao servidor, se ele os percebeu de boa-fé, entendida esta como a ausência de conduta dolosa que tenha contribuído para a ocorrência do fato antijurídico, presunção esta não desqualificada por provas em contrário (fls. 531), a conclusão se mostra convergente ao entendimento desta Corte Superior, não merecendo, portanto, reparo".

**REsp 1669438, 2ª Turma, de 20/6/2017**

"PROCESSUAL CIVIL. PREVIDENCIÁRIO. VALORES DE ÍNDOLE ALIMENTAR RECEBIDOS EM RAZÃO DE SENTENÇA JUDICIAL DE MÉRITO, CONFIRMADA PELO TRIBUNAL DE ORIGEM. VALORES RECEBIDOS DE BOA-FÉ. DESCONTOS. IMPOSSIBILIDADE.

1. Na hipótese dos autos, extrai-se do acórdão vergastado que o entendimento do Sodalício a quo está em consonância com a orientação do Superior Tribunal de Justiça.

**2. A Corte Especial do STJ, em hipótese análoga à dos autos, entendeu descabida a restituição de valores de índole alimentar, recebidos de boa-fé, por força de sentença de mérito, confirmada em 2º Grau ainda que posteriormente alterada em Recurso Especial. Isso porque "a dupla conformidade entre a sentença e o acórdão gera a estabilização da decisão de primeira instância, de sorte que, de um lado, limita a possibilidade de recurso do vencido, tornando estável a relação jurídica submetida a julgamento; e, de outro, cria no vencedor a legítima expectativa de que é titular do direito reconhecido na sentença e confirmado pelo Tribunal de segunda instância. Essa expectativa legítima de titularidade do direito, advinda de ordem judicial com força definitiva, é suficiente para caracterizar a boa-fé exigida de quem recebe a verba de natureza alimentar posteriormente cassada, porque, no mínimo, confia - e, de fato, deve confiar - no acerto do duplo julgamento. E essa confiança, porque não se confunde com o mero estado psicológico de ignorância sobre os fatos ou sobre o direito, é o que caracteriza a boa-fé objetiva"** (STJ, EREsp 1.086.154/RS, Rel. Ministra Nancy Andrighi, Corte Especial, DJe de 19/03/2014). No mesmo sentido: STJ, AgRg no AREsp 405.924/CE, Rel. Ministra Regina Helena Costa, Primeira Turma, DJe de 14/12/2015. Com igual compreensão, em decisão monocrática: STJ, REsp 1.421.530/CE, Rel. Ministro Mauro Campbell Marques, DJe de 28/4/2014".

Entende-se que, ao adaptar a posição do STJ ao rito do JEF, que a revogação da tutela provisória em incidentes de uniformização de jurisprudência (TRU, TNU e STJ) não enseja a devolução dos valores, pois são recursos tarifados excepcionais (são tarifados apenas para uniformizar questões de direito material em divergência de Turmas do JEF ou contra decisão dominante do STJ e não devolvem o reexame direto da matéria de fato).

Também não cabe devolução das parcelas percebidas a título de benefício previdenciário quando o INSS consegue êxito em ação rescisória, pois neste caso já havia se formado a coisa julgada com a expectativa consolidada do beneficiário da Previdência Social.

Nesse sentido, a edição 67 da Jurisprudência em Teses publicada pelo próprio STJ em 5 de outubro de 2016:

**17) Os valores relativos a benefícios previdenciários pagos a maior ao segurado por força de decisão judicial transitada em julgado, que venha a ser rescindida, não são passíveis de devolução.**

**Acórdãos**

AgRg no AREsp 820594/SP, Rel. Ministro MAURO CAMPBELL MARQUES, SEGUNDA TURMA, Julgado em 23/02/2016,DJE 01/03/2016

AR 004160/SP, Rel. Ministro REYNALDO SOARES DA FONSECA, TERCEIRA SEÇÃO, Julgado em 23/09/2015,DJE 29/09/2015

AR 004186/SP, Rel. Ministro GURGEL DE FARIA, TERCEIRA SEÇÃO, Julgado em 24/06/2015, DJE 04/08/2015

AR 004194/MG, Rel. Ministro NEFI CORDEIRO, TERCEIRA SEÇÃO, Julgado em 25/02/2015, DJE 05/03/2015

AR 003926/RS, Rel. Ministro MARCO AURÉLIO BELLIZZE, TERCEIRA SEÇÃO, Julgado em 11/09/2013, DJE 18/09/2013

AR 003816/MG, Rel. Ministro OG FERNANDES, TERCEIRA SEÇÃO, Julgado em 11/09/2013, DJE 26/09/2013

Vale registrar que o STF entendeu o tema não possui repercussão geral (tema 799):

**ARE 722421 RG**

Repercussão Geral – Admissibilidade

**Órgão julgador:**

Tribunal Pleno

**Relator(a):**

MINISTRO PRESIDENTE

**Julgamento:**

19/03/2015

**Publicação:**

30/03/2015

**Ementa**

Ementa: RECURSO EXTRAORDINÁRIO COM AGRAVO. PREVIDENCIÁRIO E PROCESSUAL CIVIL. **VALORES RECEBIDOS EM VIRTUDE DE CONCESSÃO DE ANTECIPAÇÃO DE TUTELA POSTERIORMENTE REVOGADA. DEVOLUÇÃO. MATÉRIA DE ÍNDOLE INFRACONSTITUCIONAL. OFENSA INDIRETA À CONSTITUIÇÃO. REPERCUSSÃO GERAL. INEXISTÊNCIA.** I – O exame da questão constitucional não prescinde da prévia análise de normas infraconstitucionais, o que afasta a possibilidade de reconhecimento do requisito constitucional da repercussão geral. II – Repercussão geral inexistente.

Por outro lado, ao julgar os Embargos de Declaração da decisão que rejeitou a desaposentação, o STF afastou a restituição das parcelas já percebidas pelo segurado em sede de tutela provisória (Informativo 965):

**REPERCUSSÃO GERAL**

DIREITO PREVIDENCIÁRIO – BENEFÍCIOS PREVIDENCIÁRIOS

**Art. 18, § 2º, da Lei 8.213/1991: "desaposentação" e "reaposentação" -**

O Plenário, em conclusão e por maioria, deu parcial provimento a embargos declaratórios em recursos extraordinários para assentar a irrepetibilidade dos valores alimentares recebidos de boa-fé, até a proclamação do resultado deste julgamento. Garantiu, também, o direito daqueles que usufruem de "desaposentação" ou de "reaposentação" em decorrência de decisão transitada em julgado, até a proclamação do resultado deste julgamento. **Ademais, alterou a tese de repercussão geral (Tema 503), que ficou assim redigida: "No âmbito do Regime Geral de Previdência Social - RGPS, somente lei pode criar benefícios e vantagens previdenciárias, não havendo, por ora, previsão legal do direito à 'desaposentação' ou à 'reaposentação', sendo constitucional a regra do art. 18, § 2º, da Lei 8.213/1991".**

O tema de fundo diz respeito à possibilidade de reconhecimento da "desaposentação", consistente na renúncia a benefício de aposentadoria, com a utilização do tempo de serviço ou contribuição que fundamentou a prestação previdenciária originária, para a obtenção de benefício mais vantajoso em nova aposentadoria. Na ocasião, o Plenário decidiu pela inexistência do direito à "desaposentação" (Informativo 845).

Os embargantes alegaram omissão quanto ao fenômeno da "reaposentação". Além disso, o acórdão embargado também não contemplaria a modulação dos efeitos da decisão proferida.

Prevaleceu o voto do ministro Alexandre de Moraes. De início, salientou que, por ocasião do julgamento de mérito, o Plenário fez a distinção entre os institutos da "desaposentação" e da "reaposentação", tema amplamente debatido. **Ademais, salientou a desnecessidade de repetição dos valores recebidos de boa-fé. Ressalvou, entretanto, que houve casos de segurados que tiveram o direito à "desaposentação" e à "reaposentação" reconhecidos por decisões judiciais transitadas em julgado. Nessas hipóteses, a decisão proferida em recurso extraordinário com repercussão geral reconhecida deve preservar o que foi firmado em caráter definitivo pelo Poder Judiciário, em respeito aos princípios da segurança jurídica e da boa-fé."** RE 381367 ED/RS, rel. orig. Min. Dias Toffoli, red. p/ o ac. Min. Alexandre de Moraes, julgamento em 6.2.2020. (RE-381367) RE 827833 ED/SC, rel. orig. Min. Dias Toffoli, red. p/ o ac. Min. Alexandre de Moraes, julgamento em 6.2.2020. (RE-827833).

O STF decidiu da mesma forma na Ação Rescisória 1.622:

**AR 1622 / RJ - RIO DE JANEIRO**

**AÇÃO RESCISÓRIA**

**Relator(a): Min. GILMAR MENDES**

**Revisor(a): MIN. RICARDO LEWANDOWSKI**

**Julgamento: 17/08/2021**

**Publicação: 24/08/2021**

**Órgão julgador: Tribunal Pleno**

**Publicação**

PROCESSO ELETRÔNICO DJe-168 DIVULG 23-08-2021 PUBLIC 24-08-2021

**Partes**

AUTOR(A/S)(ES): INSTITUTO NACIONAL DO SEGURO SOCIAL - INSS PROC.(A/S)(ES): PROCURADOR-GERAL FEDERAL RÉU(É)(S): ABDIAS MESQUITA DE QUEIROZ ADV.(A/S): SEM REPRESENTAÇÃO NOS AUTOS

**Decisão**

O Tribunal, por unanimidade, julgou procedente, em parte, a ação rescisória para desconstituir a coisa julgada no RE 236.736, por violação a literal dispositivo de lei (art. 485, V, do CPC/73 c/c arts. 201, § 2º, da CF e 58 do ADCT), sendo caso de reanalisá-lo para dar provimento ao recurso extraordinário, de forma a aplicar o critério do art. 58 do ADCT (de acordo com a Lei 7.787/89) somente até a implantação do plano de custeio e benefícios com as Leis 8.212/1991 e 8.213/1991, invertendo-se os ônus sucumbenciais e observado o benefício da gratuidade judiciária concedida na origem. **Considerou, ainda, incabível o efeito jurídico-processual de restituição dos valores recebidos indevidamente até a presente data, em decorrência da boa-fé amparada em decisão transitada em julgado, de sorte que deve ficar registrado que, a partir da finalização deste julgamento, torna-se indevida a percepção de benefício previdenciário em descompasso com os reajustes proferidos pelas Leis 8.212/1991 e 8.213/1991, a qualquer título, devendo haver restituição em caso de percepção indevida acima do teto, somente em caso de recebimento indevido após tal marco (finalização do julgamento).** Por fim, condenou a parte ré ao pagamento de honorários advocatícios no importe de R$ 5.000,00 (cinco mil reais). Custas pela lei. Tudo nos termos do voto do Relator. Plenário, Sessão Virtual de 6.8.2021 a 16.8.2021.

Vale frisar que o texto original do artigo 130, parágrafo único, da Lei 8.213/91, anterior à Lei 9.528/97, previa que os recursos interpostos pela Previdência Social em processos que envolvam prestações desta lei, serão recebidos exclusivamente no efeito devolutivo, cumprindo-se, desde logo, a decisão ou sentença, através de processo suplementar ou carta de sentença, sendo que ocorrendo a reforma da decisão, será suspenso o benefício e exonerado o beneficiário de restituir os valores recebidos por força da liquidação condicionada.

Veja-se que existia regra expressa que desonerava a restituição de parcelas recebidas de benefício previdenciário por força de decisão posteriormente reformada. Mas este artigo foi suspenso pelo STF na ADI/MC 675, julgada em 6/10/1994:

"Previdência Social: L. 8.213/91 (Plano de Benefícios): suspensão cautelar, em ação direta, por despacho do Presidente do STF, no curso das férias forenses, da parte final do *caput* do art. 130 (que determina o cumprimento imediato de decisões relativas a prestações previdenciárias, ainda que na pendência de recursos) e do seu parágrafo único que, na hipótese da reforma da decisão, exonera o beneficiário de "restituir os valores recebidos por força da liquidação condicional": referendum, por voto de desempate, do despacho presidencial".

Na visão da maioria dos ministros do STF, o *caput* violou o regime de precatório, pois permitia a execução provisória de obrigação de pagar com recurso pendente de julgamento, vez que o regime de precatórios do artigo 100 da CF exige a coisa julgada.

Demais disso, o parágrafo único ofendia o duplo grau de jurisdição, pois tornava inócuo o recurso ao dispensar a restituição das parcelas percebidas de benefício previdenciário.

Note-se que com este estudo histórico da Lei 8.213/91 e da jurisprudência do STF pode se concluir que a atual jurisprudência do STJ apenas se coadunou com a posição do STF tomada no ano de 1994.

Vale registrar que as decisões mais recentes da **1ª Turma do STJ** não têm permitido que a reversão de tutela provisória revogada em instância ordinária se dê através de desconto administrativo pelo INSS, embora haja precedente anterior da 1ª Seção que expressamente autorizou o desconto em folha limitado a 10% do valor do benefício:

"PREVIDENCIÁRIO. RECURSO ESPECIAL. OFENSA AO ART. 115, II, DA LEI N. 8.213/1991. ATO DO GERENTE EXECUTIVO DE BENEFÍCIOS DO INSS QUE DETERMINOU O DEVOLUÇÃO DE VALORES RECEBIDOS POR PENSIONISTA, A TÍTULO DE TUTELA ANTECIPADA, POSTERIORMENTE REVOGADA. IMPOSSIBILIDADE. NORMATIVO QUE NÃO AUTORIZA, NA VIA ADMINISTRATIVO-PREVIDENCIÁRIA, A COBRANÇA DE VALORES ANTECIPADOS EM PROCESSO JUDICIAL. 1. Os recursos interpostos com fulcro no CPC/1973 sujeitam-se aos requisitos de admissibilidade nele previstos, conforme diretriz contida no Enunciado Administrativo n. 2 do Plenário do STJ. 2. Na origem, cuida-se de mandado de segurança impetrado por beneficiária de pensão por morte contra ato de Gerente Executivo de Benefícios do INSS que determinou o desconto, no benefício, de valores recebidos a título de tutela antecipada posteriormente cassada. **3. O normativo contido no inciso II do artigo 115 da Lei n. 8.213/1991 não autoriza o INSS a descontar, na via administrativa, valores concedidos a título de tutela antecipada, posteriormente cassada com a improcedência do pedido. Nas demandas judicializadas, tem o INSS os meios inerentes ao controle dos atos judiciais que por ele devem ser manejados a tempo e modo. 4. Recurso especial não provido"** (REsp 1338912, 1ª Turma, de 23/5/2017).

Logo, essa linha entende que deve a execução ser invertida no próprio processo judicial, pois o retorno do *status quo ante* é competência funcional do juiz natural do processo em que a tutela provisória foi concedida e revogada, descabendo o ajuizamento de ação autônoma.

Por outro lado, a 2ª Turma do STJ permite o desconto administrativo limitado a 10% do valor do benefício, se existir prestação ativa:

"PREVIDENCIÁRIO E PROCESSUAL CIVIL. ANTECIPAÇÃO DA TUTELA. REVOGAÇÃO. RESTITUIÇÃO

DOS VALORES. VERBA DE NATUREZA ALIMENTAR RECEBIDA DE BOA-FÉ PELA PARTE SEGURADA. REPETIBILIDADE. APOSENTADORIA POR IDADE. TRABALHADOR RURAL. AUSÊNCIA DE INÍCIO DE PROVA MATERIAL. IMPOSSIBILIDADE DE DEFERIMENTO DO BENEFÍCIO. PREVIDENCIÁRIO. RECURSO ESPECIAL DO INSS 1. A controvérsia gira em torno da possibilidade de ressarcimento do valor pago indevidamente à segurada em razão de tutela antecipada. Todavia, a Primeira Seção, no julgamento do REsp 1.384.418/SC, realinhou o entendimento jurisprudencial, assentando que é dever do titular de benefício previdenciário, isto é, de direito patrimonial, devolver valores recebidos por força de tutela antecipada posteriormente revogada. **Neste caso, o INSS poderá fazer o desconto em folha de até dez por cento do salário de benefício percebido pelo segurado, até a satisfação do crédito.** Cumpre asseverar, que a Primeira Seção, ao julgar o REsp 1.401.560/MT, reafirmou o cabimento da restituição de parcelas previdenciárias recebidas em razão de tutela antecipada posteriormente revogada. AGRAVO EM RECURSO ESPECIAL DE JOÃO MIRANDA DA SILVA 2. Hipótese em que o Tribunal local consignou: "os documentos que em regra são admitidos como início de prova material do labor rural alegado, passam a ter afastada essa serventia, quando confrontados com outros documentos que lidem a condição campesina outrora demandada. (...) Impossível o deferimento do benefício almejado com base em prova exclusivamente testemunhal. (fl. 126, e-STJ)". 3. Dessa feita, à margem do alegado pelo agravante, rever o entendimento da Corte regional somente seria possível por meio do reexame do acervo fático-probatório existente nos autos, o que não se permite em Recurso Especial, ante o óbice da Súmula 7/STJ. 4. Com relação ao dissídio jurisprudencial, a divergência deve ser comprovada, cabendo a quem recorre demonstrar as circunstâncias que identificam ou assemelham os casos confrontados, com indicação da similitude fática e jurídica entre eles. CONCLUSÃO 5. Recurso Especial do INSS provido e Agravo em Recurso Especial de João Miranda da Silva não provido" (REsp 1612805, de 13/12/2016).

De acordo com a 2ª Turma, "o STJ entende que o direito da Administração Pública de efetuar o desconto dos servidores e dos titulares de benefícios previdenciários de valores indevidamente pagos por força de decisão judicial precária, posteriormente revogada, deve ser exercido no prazo de 5 (cinco) anos, nos termos do art. 54 da Lei 9.784/99, contados da data do trânsito em julgado da decisão que julgou improcedente o pedido"[24].

Mas tudo indica que a 1ª Seção do STJ irá rever esta tese, pois admitiu questão de ordem para a sua revisão e determinou a suspensão de todos os processos sem coisa julgada que versem sobre o tema 692:

24. REsp 1658946, de 18/5/2017.

| Tema/Repetitivo | 692 | Situação do Tema | Afetado – Possível Revisão de Tese | Órgão Julgador | PRIMEIRA SEÇÃO | Assuntos |
|---|---|---|---|---|---|---|
| Questão submetida a julgamento | Proposta de Revisão de Entendimento firmado em tese repetitiva firmada pela Primeira Seção relativa ao Tema 692/STJ, quanto à devolução dos valores recebidos pelo litigante beneficiário do Regime Geral da Previdência Social – RGPS em virtude de decisão judicial precária, que venha a ser posteriormente revogada. | | | | | |
| Tese Firmada | Tese firmada pela Primeira Seção no julgamento do REsp 1.401.560/MT, acórdão publicado no DJe de 13/10/2015, que se propõe a revisar:<br>A reforma da decisão que antecipa a tutela obriga o autor da ação a devolver os benefícios previdenciários indevidamente recebidos. | | | | | |
| Anotações Nugep | **Importante**<br>No voto condutor do acórdão de afetação da matéria ao rito dos repetitivos, o Ministro relator ressalta a necessidade de ampliação do debate das variações a respeito da questão. No ponto, lista as seguintes situações que, dentre outras, poderão ser analisadas pelo Superior Tribunal de Justiça na presente afetação:<br>**a)** tutela de urgência concedida de ofício e não recorrida; **b)** tutela de urgência concedida a pedido e não recorrida; **c)** tutela de urgência concedida na sentença e não recorrida, seja por agravo de instrumento, na sistemática processual anterior do CPC/1973, seja por pedido de suspensão, conforme o CPC/2015; **d)** tutela de urgência concedida *initio litis* e não recorrida; **e)** tutela de urgência concedida *initio litis*, cujo recurso não foi provido pela segunda instância; **f)** tutela de urgência concedida em agravo de instrumento pela segunda instância; **g)** tutela de urgência concedida em primeiro e segundo graus, cuja revogação se dá em razão de mudança superveniente da jurisprudência então existente; **h)** tutela de urgência concedida e cassada, a seguir, seja em juízo de reconsideração pelo próprio juízo de primeiro grau, ou pela segunda instância em agravo de instrumento ou mediante pedido de suspensão; **i)** tutela de urgência cassada, mesmo nas situações retratadas anteriormente, mas com fundamento expresso na decisão de que houve má-fé da parte ou afronta clara a texto de lei, como no caso das vedações expressas de concessão de medida liminar ou tutela antecipada.<br>Vide **Controvérsia 51/STJ** – Aplicação, revisão ou distinção do Tema n. 692/STJ. | | | | | |
| Tema/Repetitivo | 692 | Situação do Tema | Afetado – Possível Revisão de Tese | Órgão Julgador | PRIMEIRA SEÇÃO | Assuntos |

<table>
<tr><td>Informações Complementares</td><td colspan="8">Há determinação de suspensão do processamento de todos os processos ainda sem trânsito em julgado, individuais ou coletivos, que versem acerca da questão submetida à revisão pertinente ao Tema n. 692/STJ e tramitem no território nacional, com a ressalva de incidentes, questões e tutelas, que sejam interpostas a título geral de provimentos de urgência nos processos objeto do sobrestamento (acórdão publicado no DJe de 3/12/2018, questão de ordem nos REsps n. 1.734.627/SP, 1.734.641/SP, 1.734.647/SP, 1.734.656/SP, 1.734.685/SP e 1.734.698/SP).</td></tr>
<tr><td>Repercussão Geral</td><td colspan="8">Tema 799/STF – Possibilidade da devolução de valores recebidos em virtude de tutela antecipada posteriormente revogada.</td></tr>
<tr><td>Ramo do Direito</td><td colspan="8">DIREITO PREVIDENCIÁRIO</td></tr>
<tr><td>Processo</td><td>Tribunal de Origem</td><td>RRC</td><td>Relator</td><td>Data de Afetação</td><td>Julgado em</td><td>Acórdão Publicado em</td><td>Embargos de Declaração</td><td>Trânsito em Julgado</td></tr>
<tr><td>Pet 12482/DF</td><td>STJ</td><td>Não</td><td>OG FERNANDES</td><td>03/12/2018</td><td>–</td><td>–</td><td>–</td><td>–</td></tr>
<tr><td>REsp 1401560/MT</td><td>TRF1</td><td>Não</td><td>SÉRGIO KUKINA</td><td>03/09/2013</td><td>12/02/2014</td><td>13/10/2015</td><td>02/05/2016</td><td>03/03/2017</td></tr>
</table>

Em 11 de maio de 2022, foi julgada a **revisão de tese no Tema 692** pela 1ª Seção do STJ. Podemos assim sintetizar o seu teor:

**A)** Foi mantido o posicionamento de que a revogação da tutela provisória gera a obrigação de restituição pelo beneficiário da previdência social;

**B)** Foi estendido o posicionamento para benefícios assistenciais;

**C)** Com base na alteração legal da Lei 13.846/2019, o limite de desconto se o benefício estiver ativo será de 30%;

**D)** Foi superado o posicionamento da não devolução da situação de dupla conformidade entre sentença e acórdão de 2º grau, na situação de vitória do INSS apenas nas instâncias extraordinárias (itens 17 e 18);

E) A não devolução dar-se-á apenas na situação de *overruling* (item 19).

Veja-se o Acórdão:

PETIÇÃO Nº 12482 - DF (2018/0326281-2)

PROCESSUAL CIVIL. **PROPOSTA DE REVISÃO DO ENTENDIMENTO FIRMADO NO TEMA REPETITIVO 692/STJ (RESP N. 1.401.560/MT). ART. 927, § 4º, DO CPC/2015. ARTS. 256-S, 256- T, 256-U E 256-V DO RISTJ. DEVOLUÇÃO DE VALORES DE BENEFÍCIOS PREVIDENCIÁRIOS RECEBIDOS POR FORÇA DE DECISÃO LIMINAR POSTERIORMENTE REVOGADA. ADVENTO DE NOVA LEGISLAÇÃO. ART. 115, INC. II, DA LEI N. 8.213/1991, COM A REDAÇÃO DADA PELA LEI N. 13.846/2019. TEMA N. 799/STF (ARE 722.421/MG): POSSIBILIDADE DA DEVOLUÇÃO DE VALORES RECEBIDOS EM VIRTUDE DE TUTELA ANTECIPADA POSTERIORMENTE REVOGADA. NATUREZA INFRACONSTITUCIONAL. QUESTÃO DE ORDEM JULGADA NO SENTIDO DA REAFIRMAÇÃO, COM AJUSTES REDACIONAIS, DO PRECEDENTE FIRMADO NO TEMA REPETITIVO N. 692/STJ.**

1. A presente questão de ordem foi proposta com a finalidade de definir se o entendimento firmado no Tema Repetitivo 692/STJ (REsp n. 1.401.560/MT) deve ser reafirmado, alterado ou cancelado, diante da variedade de situações que ensejam dúvidas quanto à persistência da orientação firmada pela tese repetitiva referida, bem como à jurisprudência do STF, estabelecida em sentido contrário, mesmo que não tendo sido com repercussão geral ou em controle concentrado de constitucionalidade.

2. O CPC/1973 regulamentava a matéria de forma clara, prevendo, em resumo, que a efetivação da tutela provisória corre por conta do exequente, e a sua eventual reforma restituiria as partes ao estado anterior à concessão, o que obrigaria o exequente a ressarcir eventuais prejuízos sofridos pelo executado. A mesma lógica foi mantida pelo legislador do CPC/2015. Por conta disso que sempre se erigiu como pressuposto básico do instituto da tutela de urgência a reversibilidade dos efeitos da decisão judicial.

3. O debate surgiu especificamente no que tange à aplicação de tal regulamentação no âmbito previdenciário. Ou seja, discutia-se se as normas específicas de tal área do direito trariam solução diversa da previsão de caráter geral elencada na legislação processual.

4. A razão histórica para o surgimento dessa controvérsia na área previdenciária consiste na redação original do art. 130 da Lei n. 8.213/1991, o qual dispunha que: "Ocorrendo a reforma da decisão, será suspenso o benefício e exonerado o beneficiário de restituir os valores recebidos". Nos idos de 1997, a Lei n. 9.528 alterou completamente a redação anterior, passando a valer a regra geral do CPC, na ausência de norma especial em sentido contrário no âmbito previdenciário.

5. A partir de então, começou a amadurecer a posição no sentido da necessidade de devolução dos valores recebidos em caso de revogação da tutela antecipada, o que redundou, em 2014, no entendimento vinculante firmado pelo STJ no Tema Repetitivo 692 (REsp n. 1.401.560/MT): "A reforma da decisão que antecipa a tutela obriga o autor da ação a devolver os benefícios previdenciários indevidamente recebidos.".

6. Em 2018, esta Relatoria propôs a questão de ordem sob exame, diante da variedade de situações que ensejam dúvidas quanto à persistência da orientação firmada pela tese repetitiva referida, bem como à existência de alguns precedentes em sentido contrário no STF, mesmo não tendo sido com repercussão geral ou em controle concentrado de constitucionalidade.

7. À época, o art. 115, inc. II, da Lei n. 8.213/1991 – que regulamenta a matéria no direito previdenciário – trazia redação que não era clara e direta como a da legislação processual, uma vez que não referia expressamente a devolução de valores recebidos a título de antecipação dos efeitos da tutela posteriormente revogada. Tal fato, aliás, não passou despercebido pela Primeira Seção ao rejeitar os EDcl no REsp n. 1.401.560/MT fazendo menção a tal fato.

8. Foi essa redação pouco clara que gerou dúvidas e terminou ocasionando, em 2018, a propositura da questão de ordem ora sob julgamento.

9. A Medida Provisória n. 871/2019 e a Lei n. 13.846/2019, entretanto, trouxeram uma reformulação da legislação previdenciária, e o art. 115, inc. II, passou a não deixar mais qualquer dúvida: Na hipótese de cessação do benefício previdenciário ou assistencial pela revogação da decisão judicial que determinou a sua implantação, os valores recebidos devem ser devolvidos à parte adversa.

10. Se o STJ – quando a legislação era pouco clara e deixava margem a dúvidas – já tinha firmado o entendimento vinculante no Tema Repetitivo 692/STJ, não é agora que deve alterar sua jurisprudência, justamente quando a posição da Corte foi sufragada expressamente pelo legislador reformador ao regulamentar a matéria.

11. Trata-se, pois, de observância de norma editada regularmente pelo Congresso Nacional, no estrito uso da competência constitucional a ele atribuída, não cabendo ao Poder Judiciário, a meu sentir, reduzir a aplicabilidade do dispositivo legal em comento, decorrente de escolha legislativa explicitada com bastante clareza.

12. Ademais, a postura de afastar, a pretexto de interpretar, sem a devida declaração de inconstitucionalidade, a aplicação do art. 115, inc. II, da Lei n. 8.213/1991 pode ensejar questionamentos acerca de eventual inobservância do art. 97 da CF/1988 e, ainda, de afronta ao verbete vinculante n. 10 da Súmula do STF.

13. O STF adota o posicionamento referido em algumas ações originárias propostas (na maioria, mandados de segurança) em seu âmbito. Porém, não o faz com caráter de guardião da Constituição Federal, mas sim na análise concreta das ações originárias. A maioria dos precedentes do STF não diz respeito a lides previdenciárias e, além disso, são todos anteriores às alterações inseridas no art. 115, inc. II, da Lei n. 8.213/1991. Na verdade, atualmente o STF vem entendendo pela inexistência de repercussão geral nessa questão, por se tratar de matéria infraconstitucional, como se verá adiante.

14. O que se discute no caso em tela é a interpretação de artigo de lei federal, mais especificamente, o art. 115, inc. II, da Lei n. 8.213/1991 e vários dispositivos do CPC/2015. Assim, vale o entendimento do STJ sobre a matéria, pois, segundo o art. 105 da Carta Magna, é esta Corte a responsável pela uniformização da interpretação da legislação infraconstitucional no país.

15. A propósito, o STF, ao julgar o Tema 799 da Repercussão Geral ( ARE 722.421/MG, j. em 19/3/2015), já firmou expressamente que a questão não é constitucional e deve, portanto, ser deslindada nos limites da legislação infraconstitucional, o que foi feito com bastante clareza pelo legislador ao trazer a nova redação do art. 115, inc. II, da Lei n. 8.213/1991. No mesmo sentido, vide o RE 1.202.649 AgR (relator Ministro Celso de Mello, Segunda Turma, j. em 20/12/2019), e o RE 1.152.302 AgR (relator Ministro Marco Aurélio, Primeira Turma, j. em 28/5/2019).

16. Ao propor a questão de ordem, esta Relatoria citou as seguintes particularidades processuais que supostamente seriam aptas a ensejar uma consideração específica quanto à possibilidade de revisão do entendimento firmado no Tema 692/STJ: a) tutela de urgência concedida de ofício e não recorrida; b) tutela de urgência concedida a pedido e não recorrida; c) tutela de urgência concedida na sentença e não recorrida, seja por agravo de instrumento, na sistemática processual anterior do CPC/1973, seja por pedido de suspensão, conforme o CPC/2015; d) tutela de urgência concedida initio litis e não recorrida; e) tutela de urgência concedida initio litis, cujo recurso não foi provido pela segunda instância; f) tutela de urgência concedida em agravo de instrumento pela segunda instância; g) tutela de urgência concedida em primeiro e segundo graus, cuja revogação se dá em razão de mudança superveniente da jurisprudência então existente.

17. Quanto a elas, note-se que se trata basicamente do momento em que foi concedida e/ou revogada a tutela de urgência, se logo no início do feito, se na sentença, se na segunda instância, ou se apenas no STF ou no STJ. A ideia subjacente é que, em algumas hipóteses, a tutela de urgência já estaria, de certa forma, incorporada ao patrimônio jurídico da parte autora, e sua revogação poderia resultar em injustiça no caso concreto.

18. Tais situações, entretanto, são tratadas pela lei da mesma forma, não merecendo distinção do ponto de vista normativo. Ou seja, em qualquer desses casos, a tutela de urgência não deixa de ser precária e passível de modificação ou revogação a qualquer tempo, o que implicará o retorno ao estado anterior à sua concessão.

**19. Situação diversa é a da tutela de urgência cuja revogação se dá em razão de mudança superveniente da jurisprudência então dominante. Nesses casos, a superação do precedente deverá ser acompanhada da indispensável modulação dos efeitos, a juízo do Tribunal que está promovendo a alteração jurisprudencial, como determina o art. 927, § 3º, do CPC. Assim, como diz a norma, o próprio juízo de superação "de jurisprudência dominante do Supremo Tribunal Federal e dos tribunais superiores ou daquela oriunda de julgamento de casos repetitivos" deve ser acompanhado da modulação dos efeitos da alteração no interesse social e no da segurança jurídica. Dessa forma, uma eventual guinada jurisprudencial não resultará, em princípio, na devolução de valores recebidos por longo prazo devido à cassação de tutela de urgência concedida com base em jurisprudência dominante à época em**

**que deferida, bastando que o tribunal, ao realizar a superação, determine a modulação dos efeitos.**

20. Por fim, não há que se falar em modulação dos efeitos do julgado no caso em tela, uma vez que não se encontra presente o requisito do art. 927, § 3º, do CPC. Isso porque, no caso sob exame, não houve alteração, mas sim reafirmação da jurisprudência dominante do STJ.

**21. Questão de ordem julgada no sentido da reafirmação da tese jurídica, com acréscimo redacional para ajuste à nova legislação de regência, nos termos a seguir: "A reforma da decisão que antecipa os efeitos da tutela final obriga o autor da ação a devolver os valores dos benefícios previdenciários ou assistenciais recebidos, o que pode ser feito por meio de desconto em valor que não exceda 30% (trinta por cento) da importância de eventual benefício que ainda lhe estiver sendo pago.".**

Um ponto não tratado é o *modus operandi* do ressarcimento ao INSS na situação de benefício cessado, pois neste caso não há possibilidade de desconto. Especificamente falando, se será possível a reversão da tutela provisória com a inversão da execução nos próprios autos judiciais ou se requer inscrição em Dívida Ativa com cobrança em novo processo judicial.

Existe precedente recente que afastou a aplicação do Tema 692 na situação de reversão de decisão judicial passado em julgado via **ação rescisória**:

**PROCESSO**

AgInt no AREsp 1935200 / SP

AGRAVO INTERNO NO AGRAVO EM RECURSO ESPECIAL

2021/0231668-8

**RELATOR**

Ministro GURGEL DE FARIA (1160)

**ÓRGÃO JULGADOR**

T1 - PRIMEIRA TURMA

**DATA DO JULGAMENTO**

13/02/2023

**DATA DA PUBLICAÇÃO/FONTE**

DJe 17/02/2023

**EMENTA**

PROCESSUAL CIVIL E PREVIDENCIÁRIO. RECURSO ESPECIAL. SUSPENSÃO. DESCABIMENTO. DECISÃO TRANSITADA EM JULGADO. MODIFICAÇÃO POR RESCISÓRIA. DEVOLUÇÃO DE VALORES PAGOS. IMPOSSIBILIDADE.

1. Descabe falar em sobrestamento do feito se não coincide com o caso concreto o tema objeto da PET 12.482/DF - devolução de valores recebidos em razão de tutela antecipada, posteriormente revogada.

**2. Hipótese em que o segurado recebeu, em pagamento, valores referentes a benefício previdenciário por força de decisão judicial definitiva, situação que se ajusta à orientação firmada por esta Corte, no sentido de que, se o título judicial transitado em julgado for, posteriormente, rescindido, as parcelas pagas não são passíveis de devolução, ante o caráter alimentar dessa verba.**

3. Agravo interno desprovido.

Coube à **Portaria Conjunta PGF/INSS 2, de 16.1.2018**, dispor sobre a cobrança de valores pagos a título de benefício previdenciário concedido por decisão provisória que é posteriormente revogada ou reformada, decisão transitada em julgado que venha a ser rescindida, conforme será detalhado.

A cobrança dos valores pagos a título de benefício previdenciário concedido por decisão judicial provisória que é posteriormente revogada ou reformada, ou por decisão transitada em julgado que venha a ser rescindida, deverá ser processada, preferencialmente:

I - nos próprios autos do processo judicial em que proferida a decisão provisória que é posteriormente revogada ou reformada;

II - nos autos do processo da ação rescisória, quando se tratar de desconstituição de decisão com trânsito em julgado.

Nos casos em que restar obstaculizado ou infrutífero o procedimento previsto acima, o INSS deverá promover a cobrança dos valores de forma administrativa, salvo se houver decisão judicial que a proíba.

A cobrança administrativa consistirá na notificação do segurado para promover a devolução dos valores recebidos indevidamente, instruída com a respectiva Guia de Recolhimento da União – GRU, preenchida com o valor apurado/a ser parcelado.

Transcorrido o prazo para pagamento ou parcelamento da GRU remetida juntamente com a notificação de cobrança, sem que tenha havido êxito no pagamento ou parcelamento espontâneo do valor cobrado, deverá o INSS promover a operacionalização de desconto em benefício ativo do segurado.

Não haverá instrução, nem a necessidade de oportunizar prazo para defesa no âmbito do processo administrativo de cobrança, resguardando-se a eficácia preclusiva da coisa julgada formada pelo processo judicial já transitado em julgado, no bojo do qual o segurado já pôde exercer o seu direito à ampla defesa e ao contraditório, em feito conduzido pelo Poder Judiciário de acordo com a legislação processual civil, que culminou na formação de um título executivo judicial apto a ser exigido, na forma do art. 515, I, do Código de Processo Civil/2015.

Não sendo possível ou restando infrutífera a cobrança nas duas formas previstas acima, será promovida a inscrição do débito em Dívida Ativa por meio da Equipe Nacional de Cobrança - ENAC, da Coordenação Geral de Cobrança da Procuradoria Geral Federal - CGCOB/PGF, com a consequente adoção das demais medidas previstas na legislação para a cobrança do débito, **salvo se houver decisão judicial que impeça o ressarcimento.**

O cálculo do débito, para restituição dos valores pagos nas hipóteses previstas na citada Portaria, observará os seguintes parâmetros de atualização:

I - nos casos em que a cobrança for realizada no processo judicial, o valor devido será corrigido desde a data do recebimento indevido até a data do vencimento do crédito, pelo mesmo índice utilizado para os reajustes dos benefícios do Regime Geral de Previdência Social - RGPS, de acordo com o art. 31 da Lei nº 10.741/2003 - Estatuto do Idoso, c/c o art. 41-A da Lei nº 8.213/1991, e o art. 175 do Decreto nº 3.048/1999;

II - nos casos em que restar infrutífera a cobrança judicial, para determinação do montante a ser cobrado via GRU, os valores apurados na forma do inciso I serão acrescidos dos encargos decorrentes da mora, conforme o previsto no art. 37-A, da Lei nº 10.522/2002, a partir do dia seguinte ao vencimento, na forma abaixo:

a) juros de mora: para créditos com vencimento após 4 de dezembro de 2008, aplica-se a Taxa SELIC - taxa referencial atualmente aplicada a todos os créditos públicos federais, de acordo com o disposto na Lei nº 11.941/2009;

b) multa de mora: para todos os créditos vencidos a partir de 4 de dezembro de 2008, incidirá multa de mora calculada à taxa de 0,33% (trinta e três centésimos por cento) por dia de atraso, aplicada a partir do primeiro dia subsequente ao dia do vencimento até o dia em que ocorrer o seu pagamento, limitada a 20% (vinte por cento);

c) para créditos com vencimentos anteriores à data de 4 de dezembro de 2008, será aplicável correção e juros estabelecidos nas normas anteriores. Nesse período, os juros de mora e a correção monetária eram calculados de forma "independente". Os juros de mora eram calculados em 1% (um por cento) ao mês (art. 16 do DL nº 2.323, de 1987, c/c art. 54, § 2º da Lei nº 8.383/1994). Já a correção monetária seguia a aplicação da UFIR (art. 54 da Lei nº 8.383/1991) e, a partir de 27 de outubro de 2000, era aplicado o IPCA (de acordo com a decisão nº 1122/2000 - TCU). Somente em 4 de dezembro de 2008 é que se passou a aplicar a Taxa referencial SELIC; e

d) no caso de inscrição em dívida ativa, acresce-se a cobrança de encargo legal, conforme previsto no art. 37-A, § 1º, da Lei nº 10.522/2002;

Nas hipóteses previstas nesta Portaria está **dispensada a cobrança de valores** que, após a atualização monetária dos créditos consolidados de um mesmo devedor, não alcancem o montante previsto no art. 3º-A da Portaria AGU nº 377, de 25 de agosto de 2011, incluído pela Portaria AGU nº 193, de 10 de junho de 2014, observadas eventuais atualizações futuras **(for igual ou inferior a R$ 10.000,00).**

Questão controvertida é quando a sentença revoga tutela provisória, **mas é omissa quanto à necessidade ou não de devolução das verbas pagas pelo INSS ao beneficiário da previdência social**, transitando em julgado com essa omissão.

Por força de **decisão proferida na Ação Civil Pública 0005906-07.2012.403.6183 de âmbito nacional**, ficou o INSS **obrigado a abster-se de cobrar, administrativamente**, valores atinentes aos benefícios previdenciários e assistenciais concedidos por meio de decisão liminar, tutela antecipada e sentença, reformadas por outra e ulterior decisão judicial, **excetuadas as hipóteses** de execução judicial quanto à possibilidade de pedido de liquidação **e cobrança expresso nos próprios autos do processo judicial**[25].

**ATENÇÃO**

**A novidade sobre o tema foi a alteração normativa promovida pela Lei 13.846/2019, pois agora a Lei 8.213/91 prevê expressamente que é devido o desconto administrativo no benefício** previdenciário **ou assistencial** decorrente de recebimento de parcela indevida**, inclusive na hipótese de cessação do benefício pela revogação de decisão judicial.**

**Agora existe um elemento novo para a jurisprudência avaliar este tema: existe previsão legal expressa para descontar do benefício na via administrativa parcelas decorrentes de tutela provisória revogada.**

**A inserção de benefícios assistenciais no texto também constitui uma novidade, pois anteriormente os descontos administrativos existiam apenas para os previdenciários.**

Na esfera administrativa, caso o pagamento do benefício além do devido tenha decorrido de erro da Previdência Social, será feito o parcelamento em favor do beneficiário, não podendo cada parcela ultrapassar 30% do valor do benefício, no número de meses necessário ao pagamento do débito.

Outrossim, antes de efetuar o referido desconto, deverá o INSS instaurar processo administrativo em que seja assegurada ampla defesa do titular do benefício, sob pena de ilegalidade dos descontos.

Na hipótese de desconto de contribuições previdenciárias devidas pelo titular do benefício à União, será preciso que tenham sido regularmente constituídas através do lançamento, bem como ainda não prescritas.

Todavia, há jurisprudência firme no sentido de que o INSS não poderá descontar do benefício as parcelas pagas a maior ao segurado ou dependente por erro administrativo, se recebidas de boa-fé:

25. Memorando-Circular Conjunto nº 48 /DIRBEN/PFE/INSS.

"PREVIDENCIÁRIO – **REVISÃO ADMINISTRATIVA DE PENSÃO POR MORTE QUE RESULTOU NO DESDOBRAMENTO DO BENEFÍCIO – OCORRÊNCIA DE ERRO ADMINISTRATIVO – BOA-FÉ DAS SEGURADAS – IMPOSSIBILIDADE DE DESCONTO DOS VALORES PAGOS A MAIOR. CARÁTER ALIMENTAR DAS PRESTAÇÕES PREVIDENCIÁRIAS** – HONORÁRIOS. – De acordo com a Lei 8.213/91, o benefício previdenciário de pensão por morte é devido ao conjunto dos dependentes do segurado que falecer, no valor total da aposentadoria que o mesmo recebia ou daquele a que teria direito se estivesse aposentado por invalidez na data do seu falecimento, sendo certo que, em havendo mais de um pensionista, o valor da pensão deverá ser rateada entre todos eles em partes iguais. – In casu, o segurado falecido deixou duas dependentes, quais sejam: cônjuge e filha inválida (art. 16, I, da Lei 8.213/91). No entanto, durante o processo administrativo de concessão do benefício de pensão por morte às Autoras, o INSS apesar de ter informado a hipótese de desdobramento da pensão entre as duas dependentes, deixou de cadastrar tal informação no INFBEN – Informações do Benefício. Assim, ambas as autoras passaram a receber o benefício de forma integral e não rateada, gerando os valores que o INSS pretende repetir. – Indevido o desconto dos valores pagos a maior. **Embora o art. 115, inciso II, da Lei 8.213/91, preveja a possibilidade de desconto de pagamento de benefício além do devido, tal interpretação deve ser restritiva, em virtude da natureza alimentar do benefício previdenciário. – Ademais, não restou comprovado nos presentes autos qualquer comportamento doloso, fraudulento ou de má-fé por parte das seguradas. A percepção indevida, no caso, resultou única e exclusivamente de equívoco administrativo na apuração do benefício, para o qual as beneficiárias não concorreram.** – Mantida a fixação dos honorários advocatícios no percentual de 10% (dez por cento) sobre o valor da causa. – Apelação a que se nega provimento" **(TRF da 2ª Região, AC 412.799, de 25.05.2010).**

"PREVIDENCIÁRIO. MANDADO DE SEGURANÇA. PENSÃO POR MORTE. BOA-FÉ DA IMPETRANTE. DECADÊNCIA DO DIREITO DO INSS DE REVISAR O BENEFÍCIO. NÃO OCORRÊNCIA. **PAGAMENTOS FEITOS INDEVIDAMENTE. DESCONTO DO BENEFÍCIO EM MANUTENÇÃO. IMPOSSIBILIDADE. RECEBIMENTO DE BOA-FÉ.** 1. A Administração, em atenção ao princípio da legalidade, tem o poder-dever de anular seus próprios atos quando eivados de vícios que os tornem ilegais (Súmulas 346 e 473 do STF). 2. Embora concedida a pensão por morte à impetrante em 1988, o erro administrativo que culminou com a majoração do benefício não ocorreu naquela data, mas em julho de 2004, quando já se encontrava em vigor a Lei n. 10.839, de 05-02-2004, que estabelecia o prazo decadencial de dez anos para a revisão dos atos administrativos. 3. Considerando que a revisão administrativa que constatou o erro ocorreu em 2007, não se há de falar em decadência. 4. Correta a redução do percentual da pensão por morte da demandante procedida pelo INSS, tendo em vista que não havia amparo legal para a majoração realizada, a qual decorreu de erro administrativo. **5. Dada a manifesta natureza alimentar do benefício previdenciário, a norma do inciso II do art. 115 da Lei nº 8.213/91 deve se restringir às hipóteses em que, para o pagamento a maior feito pela Administração, tenha concorrido o beneficiário.** Precedentes do STJ pela aplicação do princípio da irrepetibilidade ou não devolução dos alimentos" **(TRF da 4ª Região, APELREEX 2008.71.09.000557-3, de 16.12.2009).**

"PROCESSUAL CIVIL E PREVIDENCIÁRIO. BENEFÍCIO PREVIDENCIÁRIO. PAGAMENTO INDEVIDO. BOA-FÉ. DEVOLUÇÃO. IMPOSSIBILIDADE. PRECEDENTES. SÚMULA 83/STJ. 1. Cumpre asseverar que não há nos autos informação da existência de tutela antecipada para recebimento do benefício previdenciário, conforme alegado pelo agravante. **2. A jurisprudência desta Corte é no sentido da impossibilidade dos descontos, em razão do caráter alimentar dos proventos percebidos a título de benefício previdenciário, aplicando ao caso o princípio da irrepetibilidade dos alimentos.** Precedentes. Súmula 83/STJ. 3. A decisão agravada, ao julgar a questão que decidiu de acordo com a interpretação sistemática da legislação, especialmente nos termos do art. 115 da Lei n. 8.112/91, apenas interpretou as normas, ou seja, de forma sistemática, não se subsumindo o caso à hipótese de declaração de inconstitucionalidade sem que a questão tenha sido decidida pelo Plenário. Agravo regimental improvido" (STJ, AgRg no AREsp 432511, de 17/12/2013).

No mesmo sentido, entende a TNU que são irrepetíveis os valores recebidos a maior pelo segurado decorrente de erro da própria Administração, em face do caráter alimentar da prestação e da boa-fé no recebimento (processo 0001590-32.2010.4.03.6308, de 14/4/2016).

O tema foi apreciado em tese repetitiva pelo STJ sob o número 979, tendo havido na admissão determinação de suspensão dos processos em curso:

**RECURSO REPETITIVO**

21/08/2017 10:12

**Primeira Seção decidirá se valores recebidos por causa de erro da Previdência devem ser devolvidos**

A Primeira Seção do Superior Tribunal de Justiça (STJ) determinou que seja suspensa em todo o território nacional a tramitação de processos individuais ou coletivos que discutem a devolução de valores recebidos por beneficiários do INSS – mesmo que tenham sido recebidos de boa-fé – por força de erro da Previdência Social.

A decisão foi tomada pelo colegiado ao determinar a afetação do Recurso Especial 1.381.734 para julgamento pelo rito dos recursos repetitivos (artigo 1.036 e seguintes do Código de Processo Civil). O relator do processo é o ministro Benedito Gonçalves.

O tema está cadastrado sob o número 979 no sistema de recursos repetitivos, com a seguinte redação: "Devolução ou não de valores recebidos de boa-fé, a título de benefício previdenciário, por força de interpretação errônea, má aplicação da lei ou erro da administração da Previdência Social."

A suspensão do trâmite dos processos não impede a propositura de novas ações ou a celebração de acordos.

Recursos repetitivos

O novo Código de Processo Civil regula nos artigos 1.036 a 1.041 o julgamento por amostragem, mediante a seleção de recursos especiais que tenham controvérsias idênticas. Conforme previsto nos artigos 121-A do RISTJ e 927 do CPC, a definição da tese pelo STJ vai servir de orientação às instâncias ordinárias da Justiça, inclusive aos juizados especiais, para a solução de casos fundados na mesma controvérsia.

A tese estabelecida em repetitivo também terá importante reflexo na admissibilidade de recursos para o STJ e em outras situações processuais, como a tutela da evidência (artigo 311, II, do CPC) e a improcedência liminar do pedido (artigo 332 do CPC).

Na página de repetitivos do STJ, é possível acessar todos os temas afetados, bem como saber a abrangência das decisões de sobrestamento e as teses jurídicas firmadas nos julgamentos, entre outras informações.

O tema foi apreciado pelo **STJ** no **Repetitivo nº 979**, tendo sido firmada a seguinte tese:

> ***Tema 979*** - *"Com relação aos pagamentos indevidos aos segurados, decorrentes de erro administrativo (material ou operacional) não embasado em interpretação errônea ou equivocada da lei pela administração, são repetíveis, sendo legítimo o desconto no percentual de até 30% do valor do benefício pago ao segurado/beneficiário, ressalvada a hipótese em que o segurado, diante do caso concreto, comprove sua boa-fé objetiva, sobretudo com demonstração de que não lhe era possível constatar o pagamento indevido."*

Definiu o STJ que o INSS **não poderá cobrar** as parcelas pagas aos beneficiários da previdência social na situação de interpretação equivocada da legislação (Princípio da Segurança Jurídica), haja vista que a Lei 9.784/99 pontifica que no processo administrativo deve ser observado o preceito da *"interpretação da norma administrativa da forma que melhor garanta o atendimento do fim público a que se dirige,* ***vedada aplicação retroativa de nova interpretação****"* (art. 2º, parágrafo único, inciso XIII).

Por outro lado, o INSS **poderá cobrar** parcelas indevidas pagas aos beneficiários da previdência social na hipótese de erro administrativo que não importe em revisão de interpretação, e sim de natureza material ou operacional, a exemplo da acumulação indevida de benefícios previdenciários por erro do sistema operacional.

Excepcionalmente, mesmo na situação de erro administrativo que não importe em revisão de interpretação, **não caberá a restituição** se o segurado provar a sua boa-fé objetiva demonstrando que não tinha elementos no caso concreto para ter conhecimento do pagamento indevido.

Ainda foi promovida uma **modulação** pela 1ª Seção do STJ, de modo que o **novo posicionamento** somente deve ser aplicado aos processos que tenham sido distribuídos, na primeira instância, **a partir da publicação do acórdão em 23/04/2021**.

Desse modo, **para os ajuizamentos até 22/04/2021**, deve ser aplicado o antigo posicionamento do STJ pela irrepetibilidade dos valores pagos indevidamente ao segurado ou dependente, salvo prova de má-fé a cargo do INSS.

Eis o Acórdão integral publicado em 23/04/2021:

**RECURSO REPETITIVO**

**Pesquisa de tema: Tema Repetitivo 979**

**Situação do tema: Acórdão Publicado**

**Pesquisa de Repetitivos e IACs Organizados por Assunto**

**Processo**

REsp **1381734** / RN
RECURSO ESPECIAL
2013/0151218-2

**Relator(a)**

Ministro BENEDITO GONÇALVES (1142)

**Órgão Julgador**

S1 - PRIMEIRA SEÇÃO

**Data do Julgamento**

10/03/2021

**Data da Publicação/Fonte**

DJe 23/04/2021

**Ementa**

PROCESSUAL CIVIL E PREVIDENCIÁRIO. RECURSO ESPECIAL REPRESENTATIVO DE CONTROVÉRSIA. TEMA 979. ARTIGO 1.036 DO CPC/2015. BENEFÍCIO PREVIDENCIÁRIO. PENSÃO POR MORTE. ARTIGOS 884 E 885 DO CÓDIGO CIVIL/2002. AUSÊNCIA DE PREQUESTIONAMENTO. SÚMULA 211 DO STJ. ART. 115, II, DA LEI N. 8.213/1991. DEVOLUÇÃO DE VALORES RECEBIDOS POR FORÇA DE INTERPRETAÇÃO ERRÔNEA E MÁ APLICAÇÃO DA LEI. NÃO DEVOLUÇÃO. ERRO MATERIAL DA ADMINISTRAÇÃO. POSSIBILIDADE DE DEVOLUÇÃO SOMENTE NA HIPÓTESE DE ERRO EM QUE OS ELEMENTOS DO CASO CONCRETO NÃO PERMITAM CONCLUIR PELA INEQUÍVOCA PRESENÇA DA BOA-FÉ OBJETIVA. 1. Da admissão do recurso especial: Não se conhece do recurso especial quanto à alegada ofensa aos artigos 884 e 885 do Código Civil, pois não foram prequestionados. Aplica-se à hipótese o disposto no enunciado da Súmula 211 do STJ. O apelo especial que trata do dissídio também não comporta conhecimento, pois não indicou as circunstâncias que identifiquem ou assemelhem os precedentes colacionados e também por ausência de cotejo analítico e similitude entre as hipóteses apresentadas. Contudo, merece conhecimento o recurso quanto à suposta ofensa ao art. 115, II, da lei n. 8.213/1991. 2. Da limitação da tese proposta: A afetação do recurso em abstrato diz respeito à seguinte tese: Devolução ou não de valores recebidos de boa-fé, a título de benefício previdenciário, por força de interpretação errônea, má aplicação da lei ou erro da Administração da Previdência Social. 3. **Irrepetibilidade de valores pagos pelo INSS em razão da errônea interpretação e/ou má aplicação da lei:** O beneficiário não pode ser penalizado pela interpretação errônea ou má aplicação da lei previdenciária ao receber valor além do devido. Diz-se desse modo porque também é dever-poder da Administração bem interpretar a legislação que deve por ela ser aplicada no pagamento dos benefícios. Dentro dessa perspectiva, esta Corte Superior evoluiu a sua jurisprudência passando a adotar o entendimento no sentido de que, para a não devolução dos valores recebidos indevidamente pelo beneficiário da Previdência Social, é imprescindível que, além do caráter alimentar da verba e do princípio da irrepetibilidade do benefício, a presença da boa-fé objetiva daquele que recebe parcelas tidas por indevidas pela administração. Essas situações não refletem qualquer condição para que o cidadão comum compreenda de forma inequívoca que recebeu a maior o que não lhe era devido. **4. Repetição de valores pagos pelo INSS em razão de erro material da Administração previdenciária:** No erro material, é necessário que se averigue em cada caso se os elementos objetivos levam à conclusão de que houve boa-fé do segurado no recebimento da verba. Vale dizer que em situações em que o homem médio consegue constatar a existência de erro, necessário se faz a devolução dos valores ao erário. 5. Do limite mensal para desconto a ser efetuado no benefício: O artigo 154, § 3º, do Decreto n. 3.048/1999 autoriza a Administração Previdenciária a proceder o desconto daquilo que pagou indevidamente; todavia, a dedução no benefício só deverá ocorrer quando se estiver diante de erro da administração. Nesse caso, caberá à Administração Previdenciária, ao instaurar o devido processo administrativo, observar as peculiaridades de cada caso concreto, com desconto no benefício no percentual de até 30% (trinta por cento). **6. Tese a ser submetida ao Colegiado:** Com relação aos pagamentos indevidos aos segurados decorrentes de erro administrativo (material ou operacional), não embasado em interpretação errônea ou equivocada da lei pela Administração, são repetíveis os valores, sendo legítimo o seu desconto no percentual de até 30% (trinta por cento) do valor do benefício mensal, ressalvada a hipótese em que o segurado, diante do caso concreto, comprova sua boa-fé objetiva, sobretudo com demonstração de que não lhe era possível constatar o pagamento indevido. **7. Modulação dos efeitos:** Tem-se de rigor a modulação dos efeitos definidos neste representativo da controvérsia, em respeito à segurança jurídica e considerando o inafastável interesse social que permeia a questão sub examine, e a repercussão do tema que se amolda a centenas de processos sobrestados no Judiciário. Desse modo somente deve atingir os processos que tenham sido distribuídos, na primeira instância, a partir da publicação deste acórdão. **8. No caso concreto:** Há previsão expressa quanto ao momento em que deverá ocorrer a cessação do benefício, não havendo margem para ilações quanto à impossibilidade de se estender o benefício para além da maioridade da beneficiária. Tratou-se, em verdade, de simples erro da administração na continuidade do pagamento da pensão, o que resulta na exigibilidade de tais valores, sob forma de ressarcimento ao erário, com descontos nos benefícios, tendo em vista o princípio da indisponibilidade do patrimônio público e em razão da vedação ao princípio do enriquecimento sem causa. Entretanto, em razão da modulação dos efeitos aqui definidos, deixa-se de efetuar o descontos dos valores recebidos indevidamente pelo segurado. 9. Dispositivo: Recurso especial parcialmente conhecido e, nessa extensão, não provido. Acórdão sujeito ao regime previsto no artigo 1.036 e seguintes do CPC/2015.

Note-se que no caso concreto julgado somente não houve restituição em razão da modulação, pois recaiu na regra geral da restituição por se tratar de erro de sistema, não envolvendo alteração de interpretação administrativa, que manteve a pensão por morte ativa após o beneficiário (equiparado a filho que não era inválido ou deficiente) completar 21 anos de idade.

Definiu o STJ que o INSS não poderá cobrar as parcelas pagas aos beneficiários da previdência social na situação de interpretação equivocada da legislação (Princípio da Segurança Jurídica), haja vista que a Lei 9.784/99 pontifica que no processo administrativo deve ser observado o preceito da *"interpretação da norma administrativa da forma que melhor garanta o atendimento do fim público a que se dirige, vedada aplicação retroativa de nova interpretação"* (art. 2º, parágrafo único, inciso XIII).

Por outro lado, o INSS poderá cobrar parcelas indevidas pagas aos beneficiários da previdência social na hipótese de erro administrativo que não importe em revisão de interpretação, e sim de natureza material ou operacional, a exemplo da acumulação indevida de benefícios previdenciários por erro do sistema operacional nas situações em que a legislação prevê expressamente a sua cessação, a exemplo da pensão por morte de filho não inválido e não deficiente aos 21 anos de idade.

Excepcionalmente, mesmo na situação de erro administrativo que não importe em revisão de interpretação, não caberá a restituição se o segurado provar a sua boa-fé objetiva demonstrando que não tinha elementos no caso concreto para ter conhecimento do pagamento indevido.

Note-se que o STJ trouxe o campo de discussão para a **boa-fé objetiva**, conforme critérios de conhecimento do erro pelo homem mediano, certamente diante da dificuldade probatória de aferição da boa-fé subjetiva. Logo, **a instrução processual terá que avaliar o caso concreto em termos objetivos, e não subjetivos.**

Ainda foi promovida uma modulação pela 1ª Seção do STJ, de modo que o novo posicionamento somente deve ser aplicado aos processos que tenham sido distribuídos, na primeira instância, a partir da publicação do acórdão em 23/04/2021.

Desse modo, para os ajuizamentos até 22/04/2021, deve ser aplicado o antigo posicionamento do STJ pela irrepetibilidade dos valores pagos indevidamente ao segurado ou dependente, a exemplo do REsp 1657394, de 28/03/2017, salvo prova de má-fé subjetiva do beneficiário a cargo do INSS.

Note-se que no caso concreto julgado no Tema 979 somente não houve restituição em razão da modulação, pois recaiu na regra geral da restituição por se tratar de erro de sistema, não envolvendo alteração de interpretação administrativa, que manteve a pensão por morte ativa após o beneficiário (equiparado a filho que não era inválido ou deficiente) completar 21 anos de idade.

Conforme deduziu o STJ, "*tratou-se, em verdade, de simples erro da administração na continuidade do pagamento da pensão, o que resulta na exigibilidade de tais valores, sob forma de ressarcimento ao erário, com descontos nos benefícios, tendo em vista o princípio da indisponibilidade do patrimônio público e em razão da vedação ao princípio do enriquecimento sem causa*".

Sobre o tema foi editado o PARECER REFERENCIAL n. 00014/2022/DEPPREV/PGF/AGU:

I. CONTENCIOSO. PROCESSUAL CIVIL. PREVIDENCIÁRIO.

II. PORTARIA AGU 488/16, ARTIGO 3º, I.

III. **TEMA 979 STJ**. ENTENDIMENTO FIRMADO PELO STJ NO JULGAMENTO DO RECURSO ESPECIAL Nº 1.381.7374 - RN. RECURSO REPETITIVO.

IV. INEXISTÊNCIA DE REPERCUSSÃO GERAL. MATÉRIA CONSIDERADA INFRACONSTITUCIONAL.

V. IRREPETIBILIDADE DE VALORES PAGOS PELO INSS EM RAZÃO DA ERRÔNEA INTERPRETAÇÃO E/OU MÁ APLICAÇÃO DA LEI.

VI. REPETIBILIDADE DE VALORES PAGOS PELO INSS EM RAZÃO DE ERRO MATERIAL E/OU OPERACIONAL DA ADMINISTRAÇÃO PREVIDENCIÁRIA, DESDE QUE NÃO COMPROVADA BOA-FÉ OBJETIVA PELO SEGURADO. LEGITIMIDADE DE DESCONTO NO PERCENTUAL DE ATÉ 30% (TRINTA POR CENTO) DO VALOR DO BENEFÍCIO MENSAL.

VII. MODULAÇÃO DOS EFEITOS DE FORMA A ABARCAR APENAS OS PROCESSOS QUE TENHAM SIDO DISTRIBUÍDOS, NA PRIMEIRA INSTÂNCIA, A PARTIR DA PUBLICAÇÃO DO ACÓRDÃO, OCORRIDA AOS 23/04/2021.

No âmbito do Conselho de Recursos da Previdência Social privilegiou-se o Princípio da Boa-fé Objetiva ao se publicar em 21 de novembro de 2013 o Enunciado 38:

**Enunciado 38** – "A revisão dos parâmetros médicos efetuada em sede de benefício por incapacidade não rende ensejo à devolução dos valores recebidos, se presente a boa-fé objetiva".

A pedido da Procuradoria Especializada do INSS, o Presidente do CRPS chegou a suspender a aplicação do Enunciado 38. No entanto, em sessão realizada em 27 de fevereiro de 2014, o Plenário o manteve:

"RESOLUÇÃO CRPS Nº 18 DE 27/02/2014 - DOU 05/03/2014 (Ministério da Previdência Social)

O Conselho Pleno do Conselho de Recursos da Previdência Social, no uso da competência que lhe é atribuída pelo artigo 303, Parágrafo 1º, Inciso IV, do Decreto nº 3.048/99, na redação do Decreto nº 6.857/2009, tendo em vista o disposto no artigo 15, inciso II, da Portaria MPS nº 548/2011 - Regimento Interno do CRPS - em sessão realizada no dia 27 de fevereiro de 2014, resolve: Revogar a decisão do Presidente do Conselho de Recursos da Previdência Social - CRPS, que suspendeu, "ad referendum" deste Conselho Pleno, os efeitos do Enunciado nº 38 do CRPS e negar provimento ao pedido da Procuradoria Federal Especializada junto ao Instituto Nacional do Seguro Social de nulidade do mesmo Enunciado, que fica mantido nos seguintes termos: Enunciado nº 38 "A revisão dos parâmetros médicos efetuada em sede de benefício por incapacidade não rende ensejo à devolução dos valores recebidos, se presente a boa-fé objetiva."

MANUEL DE MEDEIROS DANTAS

Presidente do Conselho"

Desta forma, no âmbito do CRPS, se presente a boa-fé objetiva, o provimento de recurso do INSS em benefício por incapacidade não gera a devolução das parcelas recebidas pelo segurado em razão de revisão médica.

O problema aqui é que o Enunciado 38 não apresentou elementos para enquadramento da boa-fé objetiva, como o fez o STJ, conforme os critérios anteriormente enumerados, deixando em aberto quando deverá ser feita a restituição ou não, o que deve ser mensurado pelos Conselheiros em cada julgamento.

A TNU somente permite o desconto por erro administrativo se comprovada a má-fé do beneficiário: PEDILEF n. 0508732-04.2016.4.05.8300 – "A TNU fixou a tese de que, comprovada a má-fé do beneficiário, é devida a repetição da integralidade dos valores de benefício previdenciário pagos indevidamente" (Informativo 26/2018 – PEDILEF n. 0508732-04.2016.4.05.8300).

Na **Ação Civil Pública nº 0033840-05.2015.4.01.3300**, em âmbito nacional, **o INSS foi condenado a "se abster de, nos moldes do art. 365 do Decreto nº 3.048/99, requisitar dos empregadores a realização dos descontos oriundos de dívidas que decorram do erro da administração, para qual**

**o beneficiário não tenha concorrido nem agido de má-fé".** O escopo da Ação Civil Pública versa sobre "garantir aos segurados da previdência social a intangibilidade da verba salarial em face de determinação do INSS para que o empregador efetue descontos na folha de pagamento de seus funcionários em razão de valores devidos constatados em revisão administrativa". A decisão tem abrangência nacional com vigência a partir de 16 de julho de 2016[26].

Aliás, o STJ já decidiu que a restituição de benefícios previdenciários não constitui dívida ativa não tributária, não podendo ser inscrita em Dívida Ativa, sendo necessária uma ação específica para constituir o título executivo:

> "PROCESSUAL CIVIL. EXECUÇÃO FISCAL. BENEFÍCIO PREVIDENCIÁRIO CONCEDIDO MEDIANTE SUPOSTA FRAUDE. NÃO INCLUSÃO NO CONCEITO DE DÍVIDA ATIVA NÃO TRIBUTÁRIA. RESPONSABILIDADE CIVIL. NECESSIDADE DE AJUIZAMENTO DE AÇÃO PRÓPRIA.
>
> 1. Insurge-se o INSS contra acórdão que manteve extinta a execução fiscal fundada em Certidão de Dívida Ativa para restituição de valores referentes a benefícios previdenciários concedidos mediante suposta fraude, por não se incluir no conceito de dívida ativa não tributária.
>
> 2. Conforme dispõem os arts. 2º e 3º da Lei n. 6.830/80, e 39, § 2º, da Lei n. 4.320/64, o conceito de dívida ativa envolve apenas os créditos certos e líquidos. Assim, tanto a dívida ativa tributária como a não tributária requer o preenchimento desses requisitos.
>
> 3. No caso dos autos, cuida-se de um suposto crédito decorrente de ato ilícito (fraude). Trata-se de um nítido caso de responsabilidade civil, não se enquadrando no conceito de dívida ativa não tributária por falta do requisito da certeza.
>
> 4. Necessidade de uma ação própria para formação de um título executivo.
>
> Recurso especial improvido" (REsp 1.172.126, de 21.09.2010).

Por força da Lei 13.494/2017, que inseriu o parágrafo terceiro no artigo 115, da Lei 8.213/91, a legislação previdenciária passou a prever expressamente que serão inscritos em dívida ativa pela Procuradoria-Geral Federal os créditos constituídos pelo INSS em razão de benefício previdenciário ou assistencial pago indevidamente ou além do devido, hipótese em que se aplica o disposto na Lei nº 6.830, de 22 de setembro de 1980, para a execução judicial.

Logo, o fundamento da transcrita decisão do STJ encontra-se superado, pois agora há base legal para a aludida inscrição em Dívida Ativa.

Nesse sentido, o Tema Repetitivo 1.064 do STJ, julgado em 23 de junho de 2021:

> **Processo**
>
> REsp 1860018 / RJ RECURSO ESPECIAL 2019/0271443-2
>
> **Relator(a)**
>
> Ministro MAURO CAMPBELL MARQUES (1141)
>
> **Órgão Julgador**
>
> S1 - PRIMEIRA SEÇÃO
>
> **Data do Julgamento**
>
> 23/06/2021
>
> **Data da Publicação/Fonte**
>
> DJe 28/06/2021
>
> **Ementa**
>
> RECURSO INTERPOSTO NA VIGÊNCIA DO CPC/2015. ENUNCIADO ADMINISTRATIVO Nº 3. RECURSO REPETITIVO. TEMA CORRELATO AO TEMA N. 598 CONSTANTE DO REPETITIVO RESP. N. 1.350.804-PR. PROCESSUAL CIVIL. DIREITO FINANCEIRO E PREVIDENCIÁRIO. DISCUSSÃO ACERCA DA POSSIBILIDADE DE INSCRIÇÃO EM DÍVIDA ATIVA DE BENEFÍCIO PREVIDENCIÁRIO INDEVIDAMENTE RECEBIDO, QUALIFICADO COMO ENRIQUECIMENTO ILÍCITO. APLICABILIDADE DOS §§3º E 4º, DO ART. 115, DA LEI N. 8.213/91, COM A REDAÇÃO DADA PELA MEDIDA PROVISÓRIA N. 780/2017 (LEI N. 13.494/2017) E MEDIDA PROVISÓRIA N. 871/2019 (LEI N. 13.846/2019) AOS PROCESSOS EM CURSO DONDE CONSTAM CRÉDITOS CONSTITUÍDOS ANTERIORMENTE À VIGÊNCIA DAS REFERIDAS LEIS. IMPOSSIBILIDADE. 1. O presente repetitivo **Tema/Repetitivo n. 1064** é um desdobramento do Tema/Repetitivo n. 598, onde foi submetida a julgamento no âmbito do REsp. n. 1.350.804-PR (Primeira Seção, Rel. Min. Mauro Campbell Marques, julgado em 12.06.2013) a "Questão referente à possibilidade de inscrição em dívida ativa de benefício previdenciário indevidamente recebido, qualificado como enriquecimento ilícito". Naquela ocasião foi definido que a inscrição em dívida ativa de valor decorrente de ilícito extracontratual deve ser fundamentada em dispositivo legal específico que a autorize expressamente, o que impossibilitava a inscrição em dívida ativa de valor indevidamente recebido, a título de benefício previdenciário do INSS, pois não havia lei específica que assim o dispusesse. Essa lacuna de lei tornava ilegal o art. 154, §4º, II, do Decreto n. 3.048/99 que determinava a inscrição em dívida ativa de benefício previdenciário pago indevidamente, já que não dispunha de amparo legal. 2. Pode-se colher da ratio decidendi do repetitivo REsp. n. 1.350.804-PR três requisitos prévios à inscrição em dívida ativa: 1º) a presença de lei autorizativa para a apuração administrativa (constituição); 2º) a oportunização de contraditório prévio nessa apuração; e 3º) a presença de lei autorizativa para a inscrição do débito em dívida ativa. 3. Após o advento da Medida Provisória n. 780/2017 (convertida na Lei n. 13.494/2017) a que se sucedeu a Medida Provisória n. 871/2019 (convertida na Lei n. 13.846/2019), que alteraram e adicionaram os §§ 3º, 4º e 5º ao art. 115, da Lei

26. Memorando-Circular Conjunto nº 9-2018/DIRBEN/PFE/INSS.

n. 8.213/91, foi determinada a inscrição em dívida ativa pela Procuradoria-Geral Federal - PGF dos créditos constituídos pelo Instituto Nacional do Seguro Social - INSS em decorrência de benefício previdenciário ou assistencial pago indevidamente ou além do devido, inclusive para terceiro beneficiado que sabia ou deveria saber da origem do benefício pago indevidamente em razão de fraude, dolo ou coação. 4. Considerando-se as razões de decidir do repetitivo REsp. n. 1.350.804-PR, as alterações legais não podem retroagir para alcançar créditos constituídos (lançados) antes de sua vigência, indiferente, portanto, que a inscrição em dívida ativa tenha sido feita depois da vigência das respectivas alterações legislativas. O processo administrativo que enseja a constituição do crédito (lançamento) há que ter início (notificação para defesa) e término (lançamento) dentro da vigência das leis novas para que a inscrição em dívida ativa seja válida. Precedentes: REsp. n. 1.793.584/SP, Segunda Turma, Rel. Min. Francisco Falcão, julgado em 02.04.2019; AREsp n. 1.669.577/SP, Segunda Turma, Rel. Min. Herman Benjamin, julgado em 04.08.2020; AREsp. n. 1.570.630 / SP, Segunda Turma, Rel. Min. Herman Benjamin, julgado em 12.11.2019; REsp. n. 1.826.472 / PE, Segunda Turma, Rel. Min. Francisco Falcão, julgado em 15.10.2019; AREsp. n. 1.521.461 / RJ, Segunda Turma, Rel. Min. Herman Benjamin, julgado em 03.10.2019; REsp. n. 1.776.760 / SP, Segunda Turma, Rel. Min. Herman Benjamin, julgado em 23.04.2019; AREsp n. 1.432.591/RJ, decisão monocrática, Rel. Ministro Mauro Campbell Marques, DJe 21.2.2019; REsp. n. 1.772.921/SC, Decisão monocrática, Rel. Min. Assusete Magalhães, DJe 18.2.2019. 5. Desta forma, propõe-se as seguintes teses: **5.1. "As inscrições em dívida ativa dos créditos referentes a benefícios previdenciários ou assistenciais pagos indevidamente ou além do devido constituídos por processos administrativos que tenham sido iniciados antes da vigência da Medida Provisória nº 780, de 2017, convertida na Lei n. 13.494/2017 (antes de 22.05.2017) são nulas, devendo a constituição desses créditos ser reiniciada através de notificações/intimações administrativas a fim de permitir-se o contraditório administrativo e a ampla defesa aos devedores e, ao final, a inscrição em dívida ativa, obedecendo-se os prazos prescricionais aplicáveis"; e 5.2. "As inscrições em dívida ativa dos créditos referentes a benefícios previdenciários ou assistenciais pagos indevidamente ou além do devido contra os terceiros beneficiados que sabiam ou deveriam saber da origem dos benefícios pagos indevidamente em razão de fraude, dolo ou coação, constituídos por processos administrativos que tenham sido iniciados antes da vigência da Medida Provisória nº 871, de 2019, convertida na Lei nº 13.846/2019 (antes de 18.01.2019) são nulas, devendo a constituição desses créditos ser reiniciada através de notificações/intimações administrativas a fim de permitir-se o contraditório administrativo e a ampla defesa aos devedores e, ao final, a inscrição em dívida ativa, obedecendo-se os prazos prescricionais aplicáveis".** 6. Recurso especial não provido.

**Por outro lado,** o Superior Tribunal decretou a **nulidade das inscrições em Dívida Ativa do INSS** inerentes aos créditos referentes a benefícios previdenciários ou assistenciais pagos indevidamente ou além do devido constituídos por **processos administrativos que tenham sido iniciados antes da vigência da MP 780/2017**, considerando que antes do citado diploma inexistia expressa previsão legal para a citada inscrição, ou antes da **MP 871/2019** na situação de terceiros beneficiados que sabiam ou deveriam saber da origem dos benefícios pagos indevidamente em razão de fraude, dolo ou coação.

**Por certo, muitas pretensões de ressarcimento estarão prescritas com a aludida pronúncia de invalidade de casos antigos.** Apesar disso, nestas situações mais graves (crimes e atos de improbidade administrativa) é possível levantar o manto da imprescritibilidade da reparação do dano ao Erário previdenciário com lastro no Tema 666 em Repercussão Geral em ***obiter dictum***:

> *"O que se mostra mais consentâneo com o sistema de direito, inclusive o constitucional, que consagra a prescritibilidade como princípio, é atribuir um sentido estrito aos ilícitos de que trata o § 5º do art. 37 da Constituição Federal, afirmando como tese de repercussão geral a de que a imprescritibilidade a que se refere o mencionado dispositivo diz respeito apenas a ações de ressarcimento de danos decorrentes de ilícitos tipificados como de improbidade administrativa e como ilícitos penais"* **(STF do RE 669.069/MG, de 3/2/2016, Relatado pelo saudoso Ministro Teori Zavascki/TRECHO DO VOTO).**

Posteriormente, estas duas exceções de imprescritibilidade foram confirmadas pelo Plenário do STF em 08/08/2018 no julgamento do RE 852.475/SP:

> *RE 852475 / SP - SÃO PAULO*
>
> *RECURSO EXTRAORDINÁRIO*
>
> *Relator(a): Min. ALEXANDRE DE MORAES*
>
> *Redator(a) do acórdão: Min. EDSON FACHIN*
>
> *Julgamento: 08/08/2018*
>
> *Publicação: 25/03/2019*
>
> *Órgão julgador: Tribunal Pleno*
>
> Repercussão Geral – Mérito
>
> *Publicação*
>
> PROCESSO ELETRÔNICO REPERCUSSÃO GERAL - MÉRITO DJe-058 DIVULG 22-03-2019 PUBLIC 25-03-2019
>
> *Partes*
>
> RECTE.(S) : MINISTÉRIO PÚBLICO DO ESTADO DE SÃO PAULO PROC.(A/S)(ES) : PROCURADOR-GERAL DE JUSTIÇA DO ESTADO DE SÃO PAULO RECDO.(A/S) : ANTÔNIO CARLOS COLTRI E OUTRO(A/S) ADV.(A/S) : RUY MALDONADO AM.

CURIAE. : UNIÃO PROC.(A/S)(ES) : ADVOGADO--GERAL DA UNIÃO

*Ementa*

DIREITO CONSTITUCIONAL. DIREITO ADMINISTRATIVO. RESSARCIMENTO AO ERÁRIO. *IMPRESCRITIBILIDADE.* SENTIDO E ALCANCE DO ART. 37, § 5 º, DA CONSTITUIÇÃO. 1. A prescrição é instituto que milita em favor da estabilização das relações sociais. 2. Há, no entanto, uma série de exceções explícitas no texto constitucional, como a prática dos *crimes* de racismo (art. 5º, XLII, CRFB) e da ação de grupos armados, civis ou militares, contra a ordem constitucional e o Estado Democrático (art. 5º, XLIV, CRFB). 3. O texto constitucional é expresso (art. 37, § 5º, CRFB) ao prever que a lei estabelecerá os prazos de prescrição para ilícitos na esfera cível ou penal, aqui entendidas em sentido amplo, que gerem prejuízo ao erário e sejam praticados por qualquer agente. 4. A Constituição, no mesmo dispositivo (art. 37, § 5º, CRFB) decota de tal comando para o Legislador as ações cíveis de ressarcimento ao erário, tornando-as, assim, imprescritíveis. **5. São, portanto, imprescritíveis as ações de ressarcimento ao erário fundadas na prática de ato doloso tipificado na Lei de *Improbidade* Administrativa. 6. Parcial provimento do recurso extraordinário para (i) afastar a prescrição da sanção de ressarcimento e (ii) determinar que o tribunal recorrido, superada a preliminar de mérito pela *imprescritibilidade* das ações de ressarcimento por *improbidade* administrativa, aprecie o mérito apenas quanto à pretensão de ressarcimento.**

Dessa forma, considerando que a citada inscrição em Dívida Ativa decorre da necessidade de ressarcimento civil da Autarquia em decorrência do pagamento indevido de benefícios previdenciários e assistenciais, deveria o STJ ter feito a ressalva da **imprescritibilidade** da pretensão nas situações excepcionais ressalvadas pelo STF no julgamento do **tema 666: condutas tipificadas como crimes ou atos de improbidade administrativa.**

Isso porque parte das inscrições em Dívida Ativa decorreram da prática de crimes contra a seguridade social (estelionato, sonegação de contribuição, apropriação indébita de contribuição, peculato eletrônico contra sistemas previdenciários, formação de quadrilha, falsificação de documento público contra a Previdência Social etc.) e/ou atos de improbidade administrativa praticados por servidores da Autarquia.

**Em seguida, a Lei 13.846/2019 estendeu esse regramento à hipótese de revogação de tutela judicial**: "§ 3º Serão inscritos em dívida ativa pela Procuradoria-Geral Federal os créditos constituídos pelo INSS em decorrência de benefício previdenciário ou assistencial pago indevidamente ou além do devido, **inclusive na hipótese de cessação do benefício pela revogação de decisão judicial**, nos termos do disposto na Lei nº 6.830, de 22 de setembro de 1980, para a execução judicial".

**Outrossim**, será objeto de inscrição em dívida ativa, em conjunto ou separadamente, o terceiro beneficiado que sabia ou deveria saber da origem do benefício pago indevidamente em razão de fraude, dolo ou coação, desde que devidamente identificado em procedimento administrativo de responsabilização.

A Previdência Social entende que deverá haverá a devolução dos valores percebidos indevidamente mesmo de boa-fé, para preservar o Erário. Nesse sentido, colaciona-se passagem do Parecer/CONJUR/MPS 616/2010, aprovado pelo Ministro da Previdência Social em 23.12.2010:

> Questão 15. A boa-fé do segurado é fator impeditivo de restituição de valores de benefícios equivocadamente concedidos ou majorados administrativamente, por força de errônea interpretação da norma?
>
> 88. No âmbito do RGPS, para que fique delineada a situação de pagamento de benefício indevido, no todo ou em parte, é necessário que o fato fique comprovado em sede de processo administrativo no qual deve ser assegurada ampla defesa e contraditório ao beneficiário, por força da garantia constitucional ao devido processo legal (art. 5º, inciso LIV, da Constituição).
>
> 89. Por outro lado, a legislação em vigor não permite o perdão da dívida ao segurado recebedor do benefício indevido, mesmo se ficar caracterizada sua boa-fé. Permite-se apenas o parcelamento do débito ou a sua consignação, quando o beneficiário for recebedor de outro benefício do INSS. É o que se extrai da leitura do art. 115, inciso II e § 1º, da LBPS.
>
> 90. O Regulamento da Previdência Social, no seu art. 154, contém alguns parâmetros mais detalhados sobre como proceder o ressarcimento do erário.

Também é possível descontar do benefício previdenciário a **pensão de alimentos**, que será implantada:

a) em cumprimento de **decisão judicial** em ação de alimentos;

b) nos termos constantes da **escritura**, mediante **ofício** ou apresentação da escritura pública;

c) nos termos dos acordos extrajudiciais referendados pelas Defensorias Públicas e Ministério Público, através de ofício do órgão, acompanhado do instrumento de acordo.

Nos termos do artigo 631 da Instrução Normativa INSS 128/2022, a pensão alimentícia cessa:

> I - na data do óbito do titular da pensão alimentícia;
>
> II - na data de cessação do benefício de origem;
>
> III - na data expressa na determinação judicial ou escritura pública ou acordo extrajudicial; ou
>
> IV - na ausência da data citada no inciso III, na data de recebimento do ofício pelo INSS ou da apresentação da

escritura pública ou do acordo extrajudicial, que determinem a cessação.

Registre-se que a pensão alimentícia **não se caracteriza como benefício**, tratando-se tão somente de repasse de valores e, portanto, os descontos são devidos se e enquanto perdurar o pagamento do benefício e serão mantidos até o limite do crédito objeto da transação.

O pagamento de pensão alimentícia será realizado, preferencialmente, através de conta de depósito indicada pelo juízo ou requerente, utilizando-se, para repasse financeiro, do Protocolo de Pagamento de Benefícios em Meio Magnético.

No que concerne aos empréstimos que os beneficiários (aposentados e pensionistas) do RGPS poderão contratar e cujo desconto será promovido pela própria autarquia previdenciária, o tema é regulado pela Instrução Normativa INSS 28, de 16 de maio de 2008.

O empréstimo será realizado com instituição financeira que tenha celebrado convênio com o INSS/ Empresa de Tecnologia e Informações da Previdência Social – DATAPREV, para esse fim.

Nos termos da Resolução INSS 640/2018, ficam estabelecidos os parâmetros para realização de consignação em benefício e o preceito de fixar a consignação em um percentual de até 30% do valor da renda do benefício. Excepcionalmente poderá ser consignado percentual menor que 30%, desde que observadas as seguintes situações:

I – para benefícios com renda mensal de até dois salários mínimos e idade do titular a contar de 70 (setenta) anos, o percentual de desconto será de 10% (dez por cento);

II – para benefícios com renda mensal de até seis salários mínimos e idade do titular menor do que 21 (vinte e um) anos e a contar de 53 (cinquenta e três) anos, o percentual de desconto será de 20% (vinte por cento);

III – para benefícios com renda mensal de até seis salários mínimos e idade do titular igual ou maior que 21 (vinte e um) anos e inferior a 53 (cinquenta e três) anos, o percentual de desconto será de 25% (vinte e cinco por cento); e

IV – para benefícios cuja renda mensal seja acima de seis salários mínimos, o percentual de desconto será de 30% (trinta por cento), independente da idade do titular do benefício.

Desde o início de 2019, o início criou uma trava para os empréstimos consignados, que só poderão ser contratados após decorridos o prazo de seis meses da concessão da aposentadoria e da pensão por morte.

Com o advento da **Medida Provisória 680, de 10 de julho de 2015**, este limite de 30% foi elevado para **35%**, sendo **5%** destinados exclusivamente para a amortização de despesas contraídas por meio de **cartão de crédito.**

Com a conversão da MP 680 da Lei 13.172/2015, a citada margem de 5% também poderá ser utilizada para a finalidade de quitar despesas de saque por meio do cartão de crédito.

Atualmente, por força da **Lei 14.431/2022**, podem ser descontados dos benefícios o pagamento de empréstimos, financiamentos e operações de arrendamento mercantil concedidos por instituições financeiras e sociedades de arrendamento mercantil, ou por entidades fechadas ou abertas de previdência complementar, públicas e privadas, quando expressamente autorizado pelo beneficiário, até o limite de **45%** (quarenta e cinco por cento) do valor do benefício, sendo 35% (trinta e cinco por cento) destinados exclusivamente a empréstimos, financiamentos e arrendamentos mercantis, 5% (cinco por cento) destinados exclusivamente à amortização de despesas contraídas por meio de cartão de crédito consignado ou à utilização com a finalidade de saque por meio de cartão de crédito consignado e 5% (cinco por cento) destinados exclusivamente à amortização de despesas contraídas por meio de cartão consignado de benefício ou à utilização com a finalidade de saque por meio de cartão consignado de benefício.

**Foi publicada a Instrução Normativa INSS 146/2023, aduzindo que a taxa de juros não poderá ser superior a 1,97% (um inteiro e noventa e sete centésimos por cento) ao mês para as operações de empréstimo consignado em benefício previdenciário, devendo expressar o Custo Efetivo Total - CET do empréstimo, bem como a taxa de juros não poderá ser superior a 2,89% (dois inteiros e oitenta e nove centésimos por cento) ao mês para as operações realizadas por meio de cartão de crédito e cartão consignado de benefício, e deverá expressar o custo efetivo total (CET).**

Existem muitos problemas nessas operações decorrentes de fraudes. Não raro os aposentados ou pensionistas são vítimas de estelionato, especialmente quando a contratação é feita por terceiros em seu nome de maneira irregular, sendo o suposto beneficiário surpreendido com o desconto em folha sem ter recebido o empréstimo que realmente não contratou.

O INSS, por sua vez, também acaba sendo vítima das fraudes juntamente com a instituição financeira, pois normalmente recebe o contrato do banco sem nenhum vício aparente e procede aos descontos no benefício previdenciário.

O estelionatário ardilosamente consegue sacar o empréstimo da conta do segurado ou dependente. Este, por sua vez, acaba ingressando com ação judicial contra a instituição financeira e o INSS para ser ressarcido materialmente e moralmente, pois verdadeiramente nada contratou.

A jurisprudência vem reconhecendo a legitimidade passiva do INSS nestas demandas juntamente com a instituição financeira credora:

"INCIDENTE DE UNIFORMIZAÇÃO. EMPRÉSTIMO CONSIGNADO NÃO CONTRATADO. DESCONTO INDEVIDO EM PROVENTOS DE BENEFÍCIO PREVIDENCIÁRIO. INDENIZAÇÃO. LEGITIMIDADE PASSIVA DO INSS. INCIDENTE CONHECIDO E IMPROVIDO. 1. Pedido de reparação de danos patrimoniais decorrentes de descontos realizados no benefício previdenciário de que é titular a parte autora a título de empréstimo consignado que alega o demandante não ter contratado. 2. Sentença de procedência do pedido, ao argumento de que, "não tendo o INSS se desincumbido satisfatoriamente de comprovar existência do mencionado contrato de empréstimo válido, sendo certo que não existe nos autos sequer um início de prova material neste sentido, há que se aplicar o disposto no art. 359 do CPC no que pertine a veracidade das alegações da parte autora, acolhendo-se a pretensão do autor da mesma de ser restituída das quantias indevidamente descontadas de seu benefício, cancelando-se definitivamente as consignações pendentes".3. Manutenção da sentença pela Turma Recursal de Alagoas, nos termos do art. 46 da Lei nº 9.099/95. 4. Incidente de uniformização de jurisprudência, interposto pelo INSS, com fundamento no art. 14, § 2º, da Lei nº 10.259/2001. 5. Alegação de que o acórdão é divergente de julgado da 1ª Turma Recursal do Rio de Janeiro, sustentando a legitimidade tão somente da instituição financeira para responder pela condenação. 6. Incidente admitido pela Presidência da Turma Recursal de origem. 7. Muito embora essa TNU já tenha decidido, em caso idêntico (PEDILEF 05352050820084058300, JUÍZA FEDERAL VANESSA VIEIRA DE MELLO, DOU 06/07/2012.), que a questão versaria sobre matéria processual, no presente caso este Colegiado optou por conhecer, por maioria, o incidente, cabendo a este Relator acolher tal entendimento. 8. No mérito, tenho que não deve prosperar a irresignação do recorrente. Não obstante o disposto no art. 6º da Lei nº 10.820/2003, entendo que há sim legitimidade do INSS, pois a autarquia previdenciária é que opera o desconto nos valores do benefício do segurado. Outrossim, o pedido de indenização se deve ao fato de que o INSS não procedeu com a diligência esperada e necessária para evitar que um contrato de empréstimo não firmado pelo segurado fosse consignado aos seus proventos de aposentadoria, em que pese a notoriedade da grande possibilidade de fraude em contratos dessa natureza. 9. Diante dessas considerações, voto por uniformizar o entendimento que o INSS é parte legítima para figurar nas ações em que o segurado busca indenização por descontos havidos em decorrência de contrato de empréstimo consignado que alega não ter firmado com instituição financeira. Manutenção do acórdão da Turma Recursal de origem. 10. Incidente de uniformização de jurisprudência conhecido e improvido" (TNU, PEDILEF 05126334620084058013, de 14/11/2012). Neste caso, para que a autarquia previdenciária seja condenada em indenização por danos morais, é necessária a comprovação de sua negligência, por se tratar de ato omissivo da Administração Pública.

Nesse sentido, o STJ manteve uma condenação ao INSS de R$ 5.000,00 por danos extrapatrimoniais, por julgar que no caso concreto o ente previdenciário agiu com culpa:

"PROCESSUAL CIVIL E ADMINISTRATIVO. **RESPONSABILIDADE CIVIL DO ESTADO. ATO OMISSIVO DA ADMINISTRAÇÃO. INSS. CONDENAÇÃO EM DANOS MORAIS. CABIMENTO.** QUANTUM DEBEATUR. REDUÇÃO. REEXAME DO CONJUNTO FÁTICO-PROBATÓRIO. INVIABILIDADE. SÚMULA 7/STJ.

1. Hipótese em que o Tribunal a quo, soberano no exame da prova, julgou que **são ilegais os descontos nos proventos de aposentadoria da autora, porquanto inexistente o acordo de empréstimo consignado, e que a autarquia previdenciária agiu com desídia ao averbar** contrato falso.

2. A jurisprudência do STJ é pacífica no sentido de que, caracterizada a **responsabilidade subjetiva do Estado,** mediante a conjugação concomitante de três elementos – dano, **negligência administrativa** e nexo de causalidade entre o evento danoso e o comportamento ilícito do Poder Público –, é inafastável o direito do autor à indenização ou reparação civil dos prejuízos suportados.

3. O valor dos danos morais, fixado em R$ 5.000,00 (cinco mil reais), não se mostra exorbitante ou irrisório. Portanto, modificar o quantum debeatur implicaria, in casu, reexame da matéria fático-probatória, obstado pela Súmula 7/STJ.

4. Recurso Especial não provido" (REsp 1.228.224, de 03.05.2011).

## 7. DÉBITO DE CONTRIBUIÇÕES PREVIDENCIÁRIAS E A CONCESSÃO DE BENEFÍCIOS

Questão deveras interessante é saber se a existência de débitos perante a União em decorrência do inadimplemento de contribuições previdenciárias constitui motivo lícito para o indeferimento de requerimento de benefício.

De efeito, conquanto eventualmente exista a dívida, se o segurado ou dependente já preencheu todos os requisitos para a concessão do benefício, deverá o INSS deferi-lo, conforme pontificava o artigo 463, da IN INSS PRES 20/2007:

> Art. 463. A existência de débito relativo a contribuições devidas pelo segurado à Previdência Social não é óbice, por si só, para a concessão de benefícios quando, excluído o período de débito, estiverem preenchidos todos os requisitos legais para a concessão do benefício requerido, inclusive nas situações em que o período em débito compuser o PBC.

Esse dispositivo foi mantido integralmente na revogada Instrução Normativa INSS PRES 45/2010, conforme a redação do artigo 447. Outrossim, foi conservado na revogada Instrução Normativa INSS 77/2015 no artigo 167.

Nesse sentido, dispõe o artigo 378, da revogada Instrução Normativa INSS 77/2015, que caberá a concessão nas solicitações de pensão por morte em que haja débito decorrente do exercício de atividade do segurado contribuinte individual, desde que comprovada a manutenção da qualidade de segurado perante o RGPS na data do óbito.

É que a legislação previdenciária não prevê a inexistência de débitos previdenciários como condição para a concessão de benefícios.

Assim, deverá o INSS pagar o benefício e, se regularmente constituído e não prescrito o débito, descontar mensalmente da sua renda os valores devidos a guisa de contribuições previdenciárias inadimplidas.

Nesse sentido, suponha-se que um segurado com 65 anos de idade compareça a uma agência do INSS postulando o benefício da aposentadoria por idade. Após a análise do caso, o INSS constata que o segurado realizou a carência de 180 contribuições pagas em dia, entre 1990 e o ano de 2005.

Todavia, o segurado confessou que entre 2006 e 2009 exerceu atividade laborativa remunerada na condição de contribuinte individual, mas não efetuou o recolhimento das respectivas contribuições previdenciárias.

Neste caso, o benefício será deferido, pois atendidos os seus pressupostos legais (idade mínima e carência), cabendo ao INSS notificar à União, através da Secretaria da Receita Federal do Brasil, sobre a existência de contribuições previdenciárias devidas e não pagas, ainda não fulminadas pelo lustro decadencial.

Posteriormente, uma vez constituído o crédito tributário previdenciário, poderá ser descontado do benefício parceladamente as contribuições previdenciárias devidas pelo aposentado, com espeque no artigo 115, I, da Lei 8.213/91.

Vale salientar que se tratando de débito objeto de parcelamento, o período de trabalho correspondente a este somente será utilizado para fins de benefício e emissão de certidão por tempo de contribuição no RGPS, após a comprovação da quitação de todos os valores devidos[27].

**Curiosamente, este dispositivo não consta da Instrução Normativa INSS 128/2022 ou da Portaria INSS/DIRBEN 991/2022, possivelmente por esquecimento da Autarquia, pois não há base legal para alteração de posicionamento.**

## 8. DIREITO ADQUIRIDO

O direito adquirido é um dos temas mais relevantes em termos de legislação previdenciária, tendo em conta as inúmeras alterações feitas nas normas ao longo das últimas décadas.

Considera-se como direito adquirido o que se incorpora de maneira lícita ao patrimônio do seu titular, uma vez preenchidos todos os pressupostos legais para a sua concessão, sendo no Brasil uma garantia constitucional, pois adotamos neste ponto a Teoria Subjetiva defendida por Carlo Francesco Gabba, que considerava os efeitos jurídicos de uma lei em favor das pessoas.

Com efeito, **em termos de benefícios previdenciários, caso preenchidos todos os requisitos para a sua concessão, restará assegurado ao beneficiário a aplicação do regime jurídico do dia do nascimento do direito, mesmo que o segurado ou dependente não tenha requerido a prestação, não sendo aplicável o novo regramento**, salvo por expressa possibilidade legal e por opção do beneficiário.

Destarte, cuida-se de instituto que tem nexo direto com o Princípio do *Tempus Regit Actum*. É dessa forma que tem sido traçado o contorno do direito adquirido no Brasil em termos de Regime Geral de Previdência Social, em especial à luz da Emenda 20/1998, que o previu no seu artigo 3º:

> "Art. 3º – É assegurada a concessão de aposentadoria e pensão, a qualquer tempo, aos servidores públicos e aos segurados do regime geral de previdência social, bem como aos seus dependentes, que, até a data da publicação desta Emenda, tenham cumprido os requisitos para a obtenção destes benefícios, com base nos critérios da legislação então vigente".

Logo, em que pese as importantes alterações perpetradas pela primeira reforma da previdência social, todos os segurados e dependentes do RGPS que tenham preenchido todos os requisitos legais para a concessão dos benefícios até 16.12.1998, terão direito adquirido à sua concessão, inclusive a fórmula de cálculo, ficando imunes à aplicação das novas regras.

Como exemplo, se em 16.12.1998 um segurado homem contasse com 30 anos de serviço, terá direito adquirido à concessão da aposentadoria por tempo de contribuição com proventos proporcionais, na forma do artigo 53, inciso II, da Lei 8.213/91, não estando sujeito às regras de transição.

**Vale ressaltar que enquanto não completados os requisitos legais não há de se falar em direito adquirido, mas apenas em mera expectativa de direito**. Apesar disso, as reformas costumam aprovar regras de transição para atenuar o novo regramento, em decorrência do Princípio da Segurança Jurídica, para aqueles já filiados ao RGPS na data da vigência das alterações.

27. Artigo 104, da Instrução Normativa INSS 128/2022.

Outra hipótese importante no direito brasileiro em que foi garantido expressamente o direito adquirido ocorreu com o advento da Lei 9.876/99, que criou o fator previdenciário e alterou a fórmula de cálculo do salário de benefício, que não mais passou a ser calculado com base nos 36 últimos salários de contribuição, e sim nos 80% maiores de todo o período contributivo, após a competência de julho de 1994.

Nesse sentido, prevê o artigo 6º, da Lei 9.876/99:

"Art. 6º É garantido ao segurado que até o dia anterior à data de publicação desta Lei tenha cumprido os requisitos para a concessão de benefício o cálculo segundo as regras até então vigentes".

Em termos de benefícios previdenciários, é comum que os segurados queiram adotar as regras que lhe são mais benéficas em mais de um regime jurídico, o que não é devido, pois importaria em cisão de normas. Não é outra a posição da Suprema Corte[28]:

EMENTA: INSS. APOSENTADORIA. CONTAGEM DE TEMPO. DIREITO ADQUIRIDO. ART. 3º DA EC 20/98. CONTAGEM DE TEMPO DE SERVIÇO POSTERIOR A 16.12.1998. POSSIBILIDADE. BENEFÍCIO CALCULADO EM CONFORMIDADE COM NORMAS VIGENTES ANTES DO ADVENTO DA REFERIDA EMENDA. INADMISSIBILIDADE. RE IMPROVIDO. I – Embora tenha o recorrente direito adquirido à aposentadoria, nos termos do art. 3º da EC 20/98, não pode computar tempo de serviço posterior a ela, valendo-se das regras vigentes antes de sua edição. **II – Inexiste direito adquirido a determinado regime jurídico, razão pela qual não é lícito ao segurado conjugar as vantagens do novo sistema com aquelas aplicáveis ao anterior. III – A superposição de vantagens caracteriza sistema híbrido, incompatível com a sistemática de cálculo dos benefícios previdenciários.** IV – Recurso extraordinário improvido.

Deveras, na concessão de benefício previdenciário, deverão ser aplicadas as normas jurídicas em vigor na data do implemento de todos os requisitos exigidos em lei para a sua concessão, conforme referendado pelo STJ[29]:

"AGRAVO REGIMENTAL. PREVIDENCIÁRIO. BENEFÍCIO DEVIDO NOS MOLDES DA LEGISLAÇÃO EM VIGOR NA DATA DO PREENCHIMENTO DOS REQUISITOS. 1. **Prevalece nesta Corte o entendimento de que inexiste "direito adquirido à preservação de regime jurídico previdenciário já revogado, devendo ser aplicada a lei vigente à época em que foram implementados os requisitos para a obtenção do benefício"** (AgRg no Agravo de Instrumento n. 1.137.665/RJ). 2. Agravo regimental a que se nega provimento".

Na mesma linha seguiu a **Emenda 103/2019**, que assegurou no artigo 3º a concessão de aposentadoria ao segurado do Regime Geral de Previdência Social e de **pensão por morte** aos respectivos dependentes, **a qualquer tempo, desde que tenham sido cumpridos os requisitos para obtenção destes benefícios até a data de entrada em vigor da Emenda Constitucional**, observados os critérios da legislação vigente na data em que foram atendidos os requisitos para a concessão da aposentadoria ou da pensão por morte.

Ademais, o valor da aposentadoria e da pensão concedida desta forma para o segurado do Regime Geral de Previdência Social ou para seus dependentes será apurado de acordo com a legislação em vigor à época em que foram atendidos os requisitos nela estabelecidos para a concessão do benefício.

Desta forma, mesmo quem não requereu benefício antes do advento da reforma implementada pela EC 103/2019 tem assegurado o direito adquirido, se cumpridos integralmente os requisitos para aposentar ou o óbito do segurado tenha ocorrido até o dia da sua publicação (13/11/2019).

Desde as Emendas 20/98[30] e 41/2003[31], assegurou-se o regime jurídico anterior com a formação do direito adquirido, ou seja, o implemento de todos os requisitos para a concessão do benefício em RGPS antes da reforma constitucional.

Daí que os segurados que implementarem todos os requisitos para se aposentar **até o dia da entrada em vigor da Emenda 103/2019** terão direito adquirido ao regime anterior, mesmo que prossigam em atividade.

O mesmo ocorre com os óbitos de segurados ocorridos até o dia da promulgação da Emenda, cujo regime jurídico será o anterior, independentemente da data de entrada do requerimento administrativo, pois é pacífico que a norma em vigor no dia da morte forma o estatuto do benefício, em respeito ao Princípio do *Tempus Regit Actum*.

Nesse sentido, o STJ:

**28.** RE 575.089, de 10.09.2008.

**29.** AGREsp 1.107.647, de 20.10.2009.

**30.** Art. 3º - É assegurada a concessão de aposentadoria e pensão, a qualquer tempo, aos servidores públicos e aos segurados do regime geral de previdência social, bem como aos seus dependentes, que, até a data da **publicação desta Emenda**, tenham cumprido os requisitos para a obtenção destes benefícios, com base nos critérios da legislação então vigente.

**31.** Art. 3º É assegurada a concessão, a qualquer tempo, de aposentadoria aos servidores públicos, bem como pensão aos seus dependentes, que, até a data de **publicação desta Emenda**, tenham cumprido todos os requisitos para obtenção desses benefícios, com base nos critérios da legislação então vigente.

Súmula 340. *"A lei aplicável à concessão de pensão previdenciária por morte é aquela vigente na data do óbito do segurado".*

Nesse sentido, o **direito adquirido do segurado e de seu dependente do RGPS** restou assegurado no artigo 3º da Emenda.

A ninguém é dado ter o melhor de dois mundos jurídicos, criando um terceiro regime jurídico com a escolha do melhor dos dois mundos. Daí que o segurado que prosseguir em atividade e optar pela concessão com base no direito adquirido, não poderá computar novas contribuições previdenciárias vertidas após a vigência da reforma constitucional.

Veja-se a posição da 1ª Seção do STJ (Informativo 676) no que tange ao direito adquirido a benefício formado antes da Emenda 20/1998:

Processo

PUIL 810-SP, Rel. Min. Herman Benjamin, Primeira Seção, por unanimidade, julgado em 10/06/2020, DJe 05/08/2020

Ramo do Direito

DIREITO ADMINISTRATIVO, DIREITO PREVIDENCIÁRIO

Tema

**Regime Geral de Previdência Social. Critério de cálculo de aposentadoria. Direito adquirido ao regime anterior à EC n. 20/1998. Aplicação do art. 187 do Decreto n. 3.048/1999. Salários de contribuição. Correção até a data da reunião dos requisitos, sob pena de hibridismo de regime**

Destaque

É aplicável o art. 187 do Decreto n. 3.048/1999, quando a aposentadoria foi deferida com base no direito adquirido anterior à vigência da Emenda Constitucional n. 20/1998, devendo a atualização dos salários de contribuição integrantes do período básico de cálculo observar como marco final a data ficta de dezembro de 1998 e, a partir de então, a renda mensal inicial deverá ser reajustada até a data da entrada do requerimento administrativo pelos índices de reajustamento dos benefícios.

Informações do Inteiro Teor

O Regulamento da Previdência Social, Decreto 3.048/1999, prevê duas possibilidades de cálculo do salário de benefício pelo direito adquirido, ambas amparadas nos artigos 187 e 188-B: (1) em razão do advento da Emenda Constitucional n. 20/1998, tendo em conta as alterações dos requisitos para concessão de aposentadoria; (2) pelo advento da Lei n. 9.876/1999.

**Assim, quando a aposentadoria for deferida com suporte tão somente no tempo de serviço prestado até 16.12.1998, vale dizer, com base no direito adquirido anterior à vigência da Emenda Constitucional n. 20/1998, a atualização dos salários de contribuição integrantes do período básico de cálculo deverá observar como marco final a data ficta de dezembro de 1998 e não a data efetiva da implantação em folha de pagamento. Apurando-se a renda mensal inicial na época do implemento das condições preestabelecidas e reajustando-a posteriormente pelos mesmos índices aplicados aos benefícios previdenciários em manutenção, conforme parâmetros trazidos no artigo 187, parágrafo único, do Decreto n. 3.048/1999. Com efeito, a data de entrada do requerimento norteará unicamente o início do pagamento do benefício.**

Por outro lado, se o segurado optar pela aposentadoria pelas regras vigentes até a edição da Lei n. 9.876/1999, deve ser observada a redação do artigo 188-B do referido Decreto. Em qualquer dos casos deve ser calculada a renda mensal inicial do benefício na data em que reunidos os requisitos necessários para sua concessão, a partir daí, a renda mensal inicial deverá ser reajustada pelos índices de correção monetária dos benefícios previdenciários até a efetiva implantação em folha de pagamento.

Vale ressaltar que o critério entabulado pelo art. 187 do Decreto n. 3.048/1999, ampara o segurado com correção monetária até o início do benefício.

Em sentido contrário, a adoção do critério da correção dos salários de contribuição até o início do benefício, o requerimento administrativo no caso, resultaria na adoção de hibridismo de regimes, incompatível com o Regime Geral de Previdência Social. Isso porque o segurado reúne as condições para aposentadoria de regime extinto, e sob a regência dele é que deve ser calculada a renda mensal inicial do benefício. Essa interpretação decorre de julgamento do STF sob a sistemática da Repercussão Geral: RE 575.089, Relator Ministro Ricardo Lewandowski, Tribunal Pleno, julgado em 10.9.2008, DJe 23/10/2008.

Muitos segurados do RGPS vêm buscando o pagamento de **indenização previdenciária** à luz do artigo 45-A[32] da Lei 8.212/91 de períodos de labor autônomo sem o devido recolhimento de contribuição previdenciária na época da prestação.

---

**32.** Art. 45-A. O contribuinte individual que pretenda contar como tempo de contribuição, para fins de obtenção de benefício no Regime Geral de Previdência Social ou de contagem recíproca do tempo de contribuição, período de atividade remunerada alcançada pela decadência deverá indenizar o INSS. (Incluído pela Lei Complementar nº 128, de 2008)

§ 1º O valor da indenização a que se refere o *caput* deste artigo e o § 1º do art. 55 da Lei nº 8.213, de 24 de julho de 1991, corresponderá a 20% (vinte por cento): (Incluído pela Lei Complementar nº 128, de 2008)

I – da média aritmética simples dos maiores salários-de-contribuição, reajustados, correspondentes a 80% (oitenta por cento) de todo o período contributivo decorrido desde a competência julho de 1994; ou (Incluído pela Lei Complementar nº 128, de 2008)

II – da remuneração sobre a qual incidem as contribuições para o regime próprio de previdência social a que estiver filiado o interessado, no caso de indenização para fins da contagem recíproca de que tratam os arts. 94 a 99 da Lei nº 8.213, de 24 de julho de 1991, observados o limite máximo previsto no art. 28 e o disposto em regulamento. (Incluído pela Lei Complementar nº 128, de 2008)

Isso é plenamente possível para o cômputo de tempo de contribuição em que o tributo já decaiu em razão do decurso de prazo superior a 5 anos do fato gerador, desde que demonstrada a atividade remunerada autônoma na época por início de prova material contemporâneo aos fatos ou inscrição ativa no INSS no período.

No entanto, para a formação do direito adquirido, conquanto o artigo 3º da Emenda 103/2019não trate do tema de modo expresso, entende-se que **o pagamento da indenização previdenciária deve ocorrer até o dia da publicação da Emenda 103 (13.11.2019)**, sob pena de não consideração para fins de aquisição de direito pré-reforma, pois o direito ao tempo de contribuição respectivo só é adquirido com o efetivo pagamento, conquanto se refira a período remoto.

Isso porque o direito adquirido é assegurado somente para os casos do direito formado no dia da publicação da Emenda103/2019*("desde que tenham sido cumpridos os requisitos para obtenção destes benefícios até a data de entrada em vigor desta Emenda Constitucional")*, o que não ocorre se o pagamento da indenização se der a *posteriori*, pois nesta hipótese não havia o direito de aposentadoria na data de mudança de regime jurídico.

**Por exceção**, acaso o segurado tenha requerido ao INSS o pagamento de indenização em prazo razoável para a duração do processo administrativo previdenciário, com requerimento em data anterior ao advento da alteração constitucional em comento, entende-se que o pagamento deve ser admitido para a formação do direito adquirido, mesmo que efetuado posteriormente à reforma constitucional, pois o segurado não poderá se prejudicar pela mora da Autarquia Federal.

Desde as Emendas 20/98[33] e 41/2003[34], assegurou-se o regime jurídico anterior com a formação do direito adquirido, ou seja, o implemento de todos os requisitos para a concessão do benefício em RGPS antes da reforma constitucional.

Daí que os segurados do RGPS que implementarem todos os requisitos para se aposentar até o dia da entrada em vigor da Emenda 103/2019 (data da publicação - 13/11/2019) terão direito adquirido ao regime anterior, mesmo que prossigam em atividade, desde que lhes seja mais favorável, pois o instituto do direito adquirido se refere ao melhor benefício.

Veja-se o artigo 3º da Emenda 103/2019:

> "Art. 3º A concessão de aposentadoria ao servidor público federal vinculado a regime próprio de previdência social e ao segurado do Regime Geral de Previdência Social e de pensão por morte aos respectivos dependentes será **assegurada, a qualquer tempo, desde que tenham sido cumpridos os requisitos para obtenção desses benefícios até a data de entrada em vigor desta Emenda Constitucional**, observados os critérios da legislação vigente na data em que foram atendidos os requisitos para a concessão da aposentadoria ou da pensão por morte.
>
> § 1º Os proventos de aposentadoria devidos ao servidor público a que se refere o **caput** e as pensões por morte devidas aos seus dependentes serão calculados e reajustados de acordo com a legislação em vigor à época em que foram atendidos os requisitos nela estabelecidos para a concessão desses benefícios.
>
> § 2º Os proventos de aposentadoria devidos ao segurado a que se refere o **caput** e as pensões por morte devidas aos seus dependentes serão apurados de acordo com a legislação em vigor à época em que foram atendidos os requisitos nela estabelecidos para a concessão desses benefícios".

Nesse sentido, o STF ao acolher a tese da antecipação da DIB/direito ao melhor benefício, consectário do direito constitucional ao direito adquirido:

**RE 630501 / RS - RIO GRANDE DO SUL**

**RECURSO EXTRAORDINÁRIO**

**Relator(a): Min. ELLEN GRACIE**

**Redator(a) do acórdão: Min. MARCO AURÉLIO**

**Julgamento: 21/02/2013**

**Publicação: 26/08/2013**

**Órgão julgador: Tribunal Pleno**

view_listpicture_as_pdflibrary_booksfile_copyprint

Repercussão Geral – Mérito

**Publicação**

REPERCUSSÃO GERAL - MÉRITO DJe-166 DIVULG 23-08-2013 PUBLIC 26-08-2013 EMENT VOL-02700-01 PP-00057

**Partes**

RECTE.(S) : ALOYSIO KALIL ADV.(A/S) : DAISSON SILVA PORTANOVA E OUTRO(A/S) RECDO.(A/S) :

---

§ 2º Sobre os valores apurados na forma do § 1º deste artigo incidirão juros moratórios de 0,5% (cinco décimos por cento) ao mês, capitalizados anualmente, limitados ao percentual máximo de 50% (cinqüenta por cento), e multa de 10% (dez por cento). (Incluído pela Lei Complementar nº 128, de 2008)

§ 3º O disposto no § 1º deste artigo não se aplica aos casos de contribuições em atraso não alcançadas pela decadência do direito de a Previdência constituir o respectivo crédito, obedecendo-se, em relação a elas, as disposições aplicadas às empresas em geral. (Incluído pela Lei Complementar nº 128, de 2008)

**33.** Art. 3º- É assegurada a concessão de aposentadoria e pensão, a qualquer tempo, aos servidores públicos e aos segurados do regime geral de previdência social, bem como aos seus dependentes, que, até a data da **publicação desta Emenda**, tenham cumprido os requisitos para a obtenção destes benefícios, com base nos critérios da legislação então vigente.

**34.** Art. 3º É assegurada a concessão, a qualquer tempo, de aposentadoria aos servidores públicos, bem como pensão aos seus dependentes, que, até a data de **publicação desta Emenda**, tenham cumprido todos os requisitos para obtenção desses benefícios, com base nos critérios da legislação então vigente.

INSTITUTO NACIONAL DE SEGURO SOCIAL - INSS PROC.(A/S)(ES) : PROCURADOR-GERAL FEDERAL

**Ementa**

APOSENTADORIA - PROVENTOS - CÁLCULO. **Cumpre observar o quadro mais favorável ao beneficiário, pouco importando o decesso remuneratório ocorrido em data posterior ao implemento das condições legais. Considerações sobre o instituto do direito adquirido, na voz abalizada da relatora – ministra Ellen Gracie –, subscritas pela maioria.**

Na mesma linha, o novo Regulamento da Previdência Social publicado em 01/07/2020:

"Art. 176-E. Caberá ao INSS conceder o benefício mais vantajoso ao requerente **ou benefício diverso do requerido, desde que os elementos constantes do processo administrativo assegurem o reconhecimento desse direito.**

Parágrafo único. Na hipótese de direito à concessão de benefício diverso do requerido, **caberá ao INSS notificar o segurado para que este manifeste expressamente a sua opção pelo benefício**, observado o disposto no art. 176-D".

Por outro lado, a ninguém é dado ter o melhor de dois mundos jurídicos, criando um terceiro regime jurídico com a escolha do melhor dos dois mundos. Daí que o segurado que prosseguir em atividade e optar pela concessão com base no direito adquirido, não poderá computar novas contribuições previdenciárias vertidas após a vigência da reforma constitucional.

Nesse sentido, o STF:

**RE 575089/RS - RIO GRANDE DO SUL**

**RECURSO EXTRAORDINÁRIO**

**Relator(a): Min. RICARDO LEWANDOWSKI**

**Julgamento: 10/09/2008**

**Publicação: 24/10/2008**

**Órgão julgador: Tribunal Pleno**

Repercussão Geral – Mérito

**Publicação**

REPERCUSSÃO GERAL - MÉRITO DJe-202 DIVULG 23-10-2008 PUBLIC 24-10-2008 EMENT VOL-02338-09 PP-01773 RB v. 20, n. 541, 2008, p. 23-26 RT v. 98, n. 880, 2009, p. 122-129

**Partes**

RECTE.(S): RENI NUNES MACHADO ADV.(A/S): AYRTON JORGE MACHADO DE SOUZA E OUTRO(A/S) RECDO.(A/S): INSTITUTO NACIONAL DO SEGURO SOCIAL - INSS ADV.(A/S): MILTON DRUMOND CARVALHO

**Ementa**

EMENTA: INSS. APOSENTADORIA. CONTAGEM DE TEMPO. *DIREITO ADQUIRIDO*. ART. 3º DA EC 20/98. CONTAGEM DE TEMPO DE SERVIÇO POSTERIOR A 16.12.1998. POSSIBILIDADE. *BENEFÍCIO* CALCULADO EM CONFORMIDADE COM NORMAS VIGENTES ANTES DO ADVENTO DA REFERIDA EMENDA. INADMISSIBILIDADE. RE IMPROVIDO. **I - Embora tenha o recorrente *direito adquirido* à aposentadoria, nos termos do art. 3º da EC 20/98, não pode computar tempo de serviço posterior a ela, valendo-se das regras vigentes antes de sua edição. II - Inexiste *direito adquirido* a determinado regime jurídico, razão pela qual não é lícito ao segurado conjugar as vantagens do novo sistema com aquelas aplicáveis ao anterior. III - A superposição de vantagens caracteriza sistema híbrido, incompatível com a sistemática de cálculo dos *benefícios previdenciários*.** IV - Recurso extraordinário improvido.

**Não vejo como possível a aplicação da Teoria do Adimplemento Substancial ao Direito Previdenciário** em razão da Legalidade e da Regra de Contrapartida, sob pena de o Poder Judiciário sempre poder flexibilizar requisitos por falta de cumprimento por mínimo período de contribuição ou idade, ou mesmo pelo salário de contribuição não atingir o salário mínimo por poucos Reais.

Demais disso, **se trata de relação de Direito Público**, e não de Direito Privado, que gera despesas à União indevidas na situação de concessão de benefício sem o adimplemento de todos os requisitos constitucionais e legais.

Dessa forma, **é imprescindível que o segurado conte com todos os requisitos até 13.11.2019** para ter direito adquirido a um benefício à luz do regime jurídico anterior frente à Emenda Constitucional 103/2019.

Nesse sentido, vaja-se precedente da TNU de maio de 2023:

Acórdão

Precedente Relevante

**Número**

**5002105-46.2020.4.04.7005**

50021054620204047005

**Classe**

Pedido de Uniformização de Interpretação de Lei (Turma)

**Relator(a)**

FRANCISCO DE ASSIS BASILIO DE MORAES

**Relator para Acórdão**

FRANCISCO GLAUBER PESSOA ALVES

**Origem**

TNU

**Orgão julgador**

TURMA NACIONAL DE UNIFORMIZAÇÃO

**Data**

17/05/2023

**Data da publicação**

22/05/2023

**Fonte da publicação**

22/05/2023

**Ementa**

EMENTA: PEDIDO DE UNIFORMIZAÇÃO DE LEI FEDERAL. CONSTITUCIONAL E PREVIDENCIÁRIO. **APOSENTADORIA POR TEMPO DE CONTRIBUIÇÃO. NÃO PREENCHIMENTO DOS REQUISITOS À LUZ DO DIREITO ANTERIOR À EC N. 103/2019. INAPLICABILIDADE DA TEORIA DO ADIMPLEMENTO SUBSTANCIAL AO DIREITO PREVIDENCIÁRIO.** NÃO É LÍCITO AO SEGURADO CONJUGAR AS VANTAGENS DO NOVO SISTEMA COM AQUELAS APLICÁVEIS AO ANTERIOR, PORQUANTO INEXISTE DIREITO ADQUIRIDO A DETERMINADO REGIME JURÍDICO. IMPOSSIBILIDADE DE MESCLA DE REGIMES JURÍDICOS PARA GARANTIR BENEFÍCIO NOS MOLDES DO DIREITO ANTERIOR. NÃO HÁ DIREITO A REGIME JURÍDICO PARA O QUAL NÃO SE TENHAM IMPLEMENTADO AS CONDIÇÕES BASTANTES A TEMPO E MODO. RESTABELECIMENTO DA SENTENÇA QO N. 38 DESTA TNU. INCIDENTE PROVIDO.

**Decisão**

A Turma Nacional de Uniformização decidiu, por maioria, vencidos o relator e as Juízas Federais SUSANA SBROGIO GALIA e LUCIANA ORTIZ TAVARES COSTA ZANONI, DAR PROVIMENTO ao pedido, nos termos do voto do Juiz Federal FRANCISCO GLAUBER PESSOA ALVES que lavrará o acórdão.

No caso, o INSS conseguiu a reforma de decisão da 3ª Turma Recursal do Paraná que condenou o INSS, com base em juízo de equidade, a conceder aposentadoria por tempo de contribuição a um segurado que, em 01/10/2019, contava com 34 anos, 11 meses e 28 dias de tempo de contribuição, **faltando, portando, dois dias de tempo de contribuição**.

Eis os fundamentos técnicos do voto divergente vencedor, da lavra do Juiz Federal Francisco Glauber:

***"II.1. Inaplicabilidade da teoria do adimplemento substancial em sede de direito público.***

O eminente relator ponderou:

*21. Em resumo, é possível sintetizar as peculiaridades do caso nos seguintes pontos:*

*I. O autor acreditava ter preenchido os requisitos para a concessão do benefício;*

*II. Os requisitos estavam quase integralmente preenchidos, restando apenas poucos dias para a implementação;*

*III. Não é possível preencher os requisitos em momento futuro sem um prejuízo desproporcional ao segurado, em razão das alterações normativas decorrentes da Reforma da Previdência.*

*(...)*

*26. O desenvolvimento pretoriano da **Teoria do Adimplemento Substancial**, nas relações privadas, permitiu a construção de critérios para sua aplicação de modo seguro e previsível. De acordo com o STJ, já se debruçou sobre a fixação de balizas e critérios que autorizam essa bem elaborada forma de aplicar a equidade:*

*6. Assim, a Teoria do Adimplemento Substancial exige, para a hipótese, o preenchimento dos seguintes requisitos: i) o grau de satisfação do interesse do credor, ou seja, a prestação imperfeita deve satisfazer seu interesse; ii) comparação entre o valor da parcela descumprida com o valor do bem ou do contrato; iii) o esforço e diligência do devedor em adimplir integralmente; iv) a manutenção do equilíbrio entre as prestações correspectivas; v) a existência de outros remédios capazes de atender ao interesse do credor com efeitos menos gravosos ao devedor; e vi) ponderação entre a utilidade da extinção da relação jurídica obrigacional e o prejuízo que adviria para o devedor e para terceiros a partir da resolução. (...)*

*(REsp n. 1.236.960/RN, relator Ministro Antonio Carlos Ferreira, Quarta Turma, julgado em 19/11/2019, DJe de 5/12/2019.)*

*27. Estando reconhecida, pelo Superior Tribunal de Justiça, a validade jurídica da **Teoria do Adimplemento Substancial**, nas relações privadas, deve ser questionada a sua aplicação na seara previdenciária, como forma de balizamento da equidade.*

*28. Tudo aponta para uma resposta afirmativa.*

*Dentro dessa linha, o relator propôs o improvimento e o firmamento da tese já referida no relatório.*

*Pese embora o denodo do voto, há dificuldades na aplicação da teoria do adimplemento substancial ao direito previdenciário, público que é, como cediço.*

*A **primeira é a ausência de disponibilidade do direito por ambas as partes**, já que o INSS não pode abrir mão das exigências constitucionais ou legais, vinculado que é ao princípio da legalidade presente no art. 37, caput da Constituição Federal.*

*Relações de direito privado, nas quais imperam a disponibilidade de direitos, são inconfundíveis com as relações regidas pelo direito público, onde só há disponibilidade quando a lei assim o diga, o que não é o caso presente.*

*A **segunda é que a relação previdenciária não é um negócio jurídico privado**. Trata-se de uma relação informada por um regime jurídico complexo, de longa duração, e que muda ao longo do tempo, observando reformas previdenciárias nos planos constitucional e infraconstitucional.*

*De fato, o processo de reforma previdenciário é perene, com ajustes que vão sendo feitos ao longo do tempo, a fim de viabilizar o equilíbrio atuarial-econômico. O Estado, a partir das escolhas legislativas válidas, possui grande poder de conformação, por ser delicado o processo de garantia de proteção previdenciária ao imenso universo de segurados.*

Tal imbróglio já fora adiantado pela divergência de fundamentos da Juíza Federal Susana Sbrogio Galia:

*É que o instituto adotado para justificar a aplicação da regra equitativa - reconhecido aqui o empenho do E. Relator em conferir solução justa à controvérsia – cuida-se de instituto de direito privado, dirigido à estabilização de negócios jurídicos, que se pretende aplicar ao direito previdenciário, pertencente ao âmbito do direito público e à seara dos direitos fundamentais sociais.*

*A distinção destas categorias de direitos não se pauta por injustificado formalismo, mas tem suas origens na doutrina germânica justamente para sistematizar e desenvolver técnicas eficazes de proteção dos direitos fundamentais.*

*A teoria dos quatro status de Jellinek, após desdobrados por Häberle, notadamente quanto aos direitos prestacionais (prestações materiais do Estado) situa a posição do indivíduo – destinatário dos direitos – frente ao Estado, classificando os direitos de que este é detentor.*

*A tese aqui discutida "Adimplemento Substancial" situa-se no âmbito dos direitos de defesa – status negativus ou libertatis – que quer significar considerar as faculdades ou liberdades do indivíduo perante o Estado. Isto quer dizer que, neste ponto, o Estado estabelece as liberdades a serem respeitadas e usufruídas pelos indivíduos, e não pode deliberadamente desrespeitá-las. Daí que emerge a categoria dos direitos subjetivos, faculdades de agir perante a sociedade, demais indivíduos e em face do Estado. Este é o âmbito da livre iniciativa, em que a regra é a liberdade de conformação da autonomia da vontade, desde que respeitada a dimensão objetiva dos direitos fundamentais e os princípios estruturantes do Estado de Direito. Neste segmento, se a regra é a liberdade/faculdade de agir, as exceções à regra devem ser interpretadas restritivamente, de maneira que o controle de gradação de intensidade de restrição aos direitos fundamentais deste status estende-se até a aferição da proporcionalidade propriamente dita ou exame do grau de restrição a direitos fundamentais ao nível máximo de intensidade, qual seja, ponderação de direitos fundamentais em aparente conflito.*

***Tudo isso para mostrar que a exegese aplicada a tais direitos difere muito daquela dirigida ao direito público e mais especificamente ao direito previdenciário. Isso porque a relação jurídica previdenciária situa o indivíduo na posição de exigir do Estado prestação material. Falamos aqui do status positivo ou civitatis. Por isso, surge daí o que denominamos de direito potestativo (direito do indivíduo de exigir do Estado uma prestação) que caracteriza e rege toda a relação previdenciária. Aqui a regra não é a da liberdade ou faculdade de agir do indivíduo, senão que envolve política pública, de ordem programática, em que o Estado fixa em lei as prestações que serão devidas e que lhe obrigam para concretização das diretrizes de igualdade e solidariedade, leia-se isonomia, justiça social e dignidade humana.***

***Sob o enfoque exegético, a liberdade de conformação do legislador é maior, e a obrigação do Estado vincula-se à lei, sistematicamente aplicada em consonância com a Constituição, o que importa em observância dos critérios de razoabilidade e proporcionalidade entre as medidas empregadas pelo legislador para consecução das políticas públicas e efetividade dos direitos fundamentais protegidos, aferidos segundo as diretrizes da isonomia, justiça social e dignidade humana.***

Na mesma alinha, secundou a Juíza Federal Luciana Ortiz Tavares Costa Zanoni:

***Entretanto, peço vênia para divergir na importação da Teoria do Adimplemento Substancial do regime jurídico privado para alicerçar a tese, por não guardar compatibilidade com o regime jurídico público, fundamentalmente alicerçado no princípio da legalidade, cuja flexibilidade deve ser construída em bases próprias da razoabilidade, proporcionalidade e confiança legítima.***

*De forma que compartilho do entendimento externado no voto de autoria da Juíza Federal Susana Sbrogio Galia, que com a profundidade doutrinária que caracteriza seus votos, afastou a Teoria do Adimplemento Substancial em situações jurídicas de natureza pública.*

*Deixo de aprofundar ainda mais o tema, porque a abordagem formulada acima já me pareceu suficiente para afastar a analógica aplicação da teoria do adimplemento substancial.*

***II.2. Equidade e mesclagem de regimes jurídicos previdenciários passado e atual. Descabimento.***

*Como solução para o caso, repelindo a teoria do adimplemento substancial, apontou a Juíza Federal Susana Sbrogio Galia*

A equidade, neste ponto, envolverá a razoabilidade e proporcionalidade *das medidas prestacionais e o risco que pretendem contingenciar no limite da vedação à proteção insuficiente por parte do Estado, quando perquirimos de estabelecer a isonomia, a justiça social e defender a dignidade humana. Este é o ponto em que a diferença entre as categorias de direitos mostra-se mais evidente.*

*Por isso, respeitosamente, pensa-se ser possível o emprego da equidade para solução da controvérsia, sem a necessidade de utilização de institutos de direito privado, que se pautam pela autonomia da vontade e por direitos subjetivos. Para tanto, a via empregada segue os parâmetros de conformação do legislador, razoavelmente aplicados, em consonância com a Constituição Federal.*

*Tem-se que, com o advento da EC 103 de 2019, além de regras mais gravosas para aposentação, sucedeu a possibilidade de complementação das contribuições vertidas abaixo do mínimo* do salário de contribuição, e, assim, novas regras para cômputo de tempo de contribuição advieram.

*Cito o art. 19-C, § 2º., do Decreto 3.048/99 (com redação do D. 20.410/2020):*

*Art. 19-C. Considera-se tempo de contribuição o tempo correspondente aos períodos para os quais tenha havido contribuição obrigatória ou facultativa ao RGPS, dentre outros, o período:* **(Incluído pelo Decreto nº 10.410, de 2020)**

*§ 2º As competências em que o salário de contribuição mensal tenha sido igual ou superior ao limite mínimo serão computadas integralmente como tempo de contribuição, independentemente da quantidade de dias trabalhados.* **(Incluído pelo Decreto nº 10.410, de 2020)**.

**Por conseguinte, poderia ser mantido o cômputo integral do mês respectivo, com base no art. 19-C, §2º, Decreto 3.048/99, independentemente do número de dias trabalhados.**

**Isso em homenagem à preservação da equidade e do tratamento isonômico no custeio da previdência social (art. 194-V, da CF/88), uma vez que o normativo procedimental da administração passa a alterar a forma de contabilização das contribuições previdenciárias - que**

**antes eram contabilizadas em dias exatos de trabalho - para agora considerar o mês inteiro como efetivamente laborado, independentemente da quantidade de dias trabalhados pelo segurado. A desconsideração do "mês cheio" poderia gerar tratamento anti-isonômico com relação a trabalhadores que, de qualquer forma, verteram contribuições no mês respectivo, para fins de cômputo de tempo de contribuição. Logo, para segurados que não completaram os 30 (trinta) dias faltantes – ou a competência faltante - para perfectibilizar os 35 anos anteriores à promulgação da EC 103/2029, não haveria necessidade de complementação do salário de contribuição até o limite mínimo. Posteriormente ao advento da EC 103/2019, há necessidade de complementação para que a competência seja considerada.**

**Não se cuida aqui de inobservância da máxima tempus regit actum, mas de juízo de equidade, porquanto não se trata de alteração de regime jurídico previdenciário. Apenas, considera-se procedimento previsto pela administração em norma infralegal de caráter explicativo (ou interpretativo) da forma de cômputo do tempo de contribuição, no que tange à contabilização da competência independentemente do número de dias trabalhados.**

*Ocorre que tal solução esbarra em dois óbices hermenêuticos, a meu ver.*

**Um**, *respeitante à impossibilidade de aplicação da equidade como fonte de direito, quando efetivamente não há um conflito normativo.*

*De fato, não se cuida aqui de dúvida jurídica séria quanto ao direito aplicável,* **mas entendimento de que o regime novo, menos gravoso no particular (desnecessidade de trabalhar o mês inteiro para se considerar o período de um mês para fins de contribuição), poderia seria aplicável para obter aposentadoria por tempo de contribuição nos moldes do regime antigo**.

*Sabe-se que os Juizados Especiais admitem decisões baseadas na equidade e justiça, atendidos os fins sociais e as exigências do bem comum (art. 6°. da Lei n. 9.099/95 aplicável subsidiariamente à Lei n. 10.259/2001, que trata dos Juizados Especiais Federais). É certo que se trata de mera reiteração do que já dispõe o art. 5°., da Lei de Introdução às Normas do Direito Brasileiro.*

*O nosso sistema jurídico é baseado no positivismo jurídico (civil law). De fato, contrariamente aos países do direito costumeiro (a Inglaterra é o maior exemplo) a fonte maior do direito brasileiro é a lei escrita. Bem ou mal, é nela que o Estado democrático de direito brasileiro assenta suas raízes.*

*Pode ocorrer, entretanto, que a lei não abarque todas as situações do cotidiano, donde surgem as lacunas do ordenamento. De fato, as multifárias relações sociais não são acompanhadas tão rapidamente das leis. Por isso que, como diz Maria Helena Diniz:*

*"É lacunoso o direito porque, como salientamos, a vida social apresenta nuanças infinitas nas condutas compartidas, problemas surgem constantemente, mudam-se as necessidades com os progressos, de maneira que impossível seria que as normas jurídicas regulassem toda sorte de comportamento, mas é, concomitantemente, sem lacunas porque o próprio dinamismo do direito mobiliza soluções que serviriam de base para qualquer decisão, seja ela do órgão jurisdicional, sela ela do Poder Legislativo. Assim sendo, sempre haverá um direito para quaisquer relações que se instaurarem no convívio social, por mais intrincadas, heterogêneas ou excêntricas que sejam, fechando-se o sistema, porém, tal não significa que nada se tenha a ver com fatos e valores, porque esses elementos são intercalares de norma a norma; observância, criação e aplicação de preceitos normativos são fatos sociais qualificados deonticamente.*

*Dinamicamente considerado, o direito auto-integra-se, suprindo seus espaços vazios, mediante o processo de aplicação e criação de normas pelo legislativo e pelo órgão judicial; logo, o sistema jurídico, poder-se-ia dizer, não é completo, mas completável. Poder-se-á até falar, ainda, que as lacunas no direito são 'provisórias', porque podem ser supridas pela própria força interna do direito, porém não eliminadas pelo judiciário".*

*(DINIZ, Maria Helena. As Lacunas do Direito. 4ª. ed., São Paulo: Saraiva, 1997, p. 115-116).*

*Tem-se, pois, que verificada a existência da lacuna, há que haver a integração da norma jurídica, utilizados os meios em direito previstos, quais sejam a analogia, o costume, os princípios gerais do direito e a equidade (DINIZ, Maria Helena. As Lacunas do Direito. 4ª. ed., São Paulo: Saraiva, 1997, p. 138-139). A aplicação da eqüidade pressupõe, antes, o reconhecimento de uma situação jurídica não regrada pelo ordenamento jurídico.*

*Pensamos que a aplicação e a interpretação da norma jurídica atendem a um padrão universal (DINIZ, Maria Helena. As Lacunas do Direito. 4ª. ed., São Paulo: Saraiva, 1997, p. 135-137), fundamente ligados à filosofia do direito, e que não podem ser simplesmente esquecidos pelo julgador.*

*Porém, nos Juizados Especiais houve a permissão expressa para que o juiz, diante do caso concreto, aplique a regra que entenda mais justa. Excepcionou-se a impossibilidade geral de se recorrer diretamente à eqüidade sem que verificada a existência da lacuna.*

*E é por isso que o controle de tais decisões sempre recairá no campo das concepções de justiça de cada um, quando nesse permissivo se baseiem. O que não pode ser é a utilização desregrada deste valioso instrumento de distribuição de justiça, de molde a resolver os casos cotidianos que são levados aos Juizados Especiais.*

*Qual o limite, então, para a equidade dentro dos Juizados?*

*É que a equidade, como fonte do direito, não pode incidir quando não haja uma lacuna normativa. E não se pode "construir" uma lacuna inexistente, porque não se concorda com a forma como o direito positivo tratou a situação jurídica posta ao Judiciário.*

*Bem ou mal, o judiciário deve observar o princípio da autocontenção, para que não vá além daquilo que o legislador, detalhadamente, já assentou. Do contrário, estará atuando de forma kamikaze, fomentando ao invés de pacificando conflitos.*

***Dois**, é que a hermenêutica previdenciária bastante cimentada junto ao STF é sobre a impossibilidade de mescla de regimes jurídicos. Isso é muito forte e claro.*

*O Supremo, no julgamento do recurso extraordinário nº 630.501,* ***reconheceu o direito do segurado ao recebimento de prestação previdenciária mais vantajosa*** ***entre aquelas cujos requisitos cumpre****:*

APOSENTADORIA – PROVENTOS – CÁLCULO. Cumpre observar o quadro mais favorável ao beneficiário, pouco importando o decesso remuneratório ocorrido em data posterior ao implemento das condições legais. Considerações sobre o instituto do direito adquirido, na voz abalizada da relatora – ministra Ellen Gracie –, subscritas pela maioria.

*É dizer:* ***reconhece-se o direito ao quadro mais favorável, desde que tenham se perfectibilizadas as condições para o implemento do benefício****. A contingência (implemento do tempo de contribuição, idade ou outro requisito exigido) que surja em momento para o qual não mais prevista a condição benéfica, por revogada, não pode ser aquinhoada com ela, por falta de previsão legal e por vedação à retroatividade das leis.*

*Implemento das condições para aposentadoria (ou qualquer benefício previdenciário) havido na vigência do direito anterior à EC n. 103/2019 enseja concessão nos moldes do direito anterior. Não se traz algo do direito novo para perfectibilizar implemento à luz do direito anterior.*

*Nessa linha posições antigas e claras do próprio STF, rejeitando direito adquirido a regime jurídico previdenciário quanto à sistemática de cálculo dos benefícios previdenciários:*

*"Na sistemática de cálculo dos benefícios previdenciários,* ***não é lícito ao segurado conjugar as vantagens do novo sistema com aquelas aplicáveis ao anterior, porquanto inexiste direito adquirido a determinado regime jurídico****" (Tema 70 da Repercussão Geral).*

*"A revisão de pensão por morte e demais benefícios, constituídos antes da entrada em vigor da Lei 9.032/1995,* ***não pode ser realizada com base em novo coeficiente de cálculo estabelecido no referido diploma legal****" (Tema 165 da Repercussão Geral).*

Nessa toda, mais uma vez secundou a Juíza Federal Luciana Ortiz Tavares Costa Zanoni:

*Em que pese perfilhar desse entendimento de se adotar a equidade para agasalhar o direito do segurado que sob a regência de norma mais gravosa, teria seu direito abraçado por norma posterior mais favorável, a orientação da Corte Constitucional é em sentido contrário. Clássico exemplo foi a alteração do benefício de pensão por morte promovida pela Lei n. 9.032/95 que ampliou o valor da renda mensal para 100% do salário de benefício. O Egrégio Supremo Tribunal Federal se pronunciou sobre a aplicação da lei vigente à época do fato gerador (morte), em situação na qual se buscava a majoração do valor da pensão por morte: PENSÃO – MAJORAÇÃO – LEIS Nº 8.213/91 E 9.032/95. Consoante a jurisprudência pacífica no Plenário, descabe aplicar às pensões lei nova que haja implicado majoração. Precedentes: Recursos Extraordinários nº 415.454/SC e 416.827/SC, julgados na sessão de 08 de fevereiro de 2007. (STF, Ag. Reg. no Rext 587.991-DF, Relator: Min. Marco Aurélio, Primeira Turma, julgamento 02/10/2012). Entendo, assim, que a retroatividade de normatização mais favorável ao segurado é fundamento frágil para sustentar a tese, ainda que se considere que não se trate de aplicação de regime jurídico mais benéfico a situações pretéritas.*

*Sob tais luzes, não creio que a solução calcada na equidade tenha razão de ser aqui".*

**O direito adquirido não é um fardo ao segurado, pois o seu gozo é facultativo**. É evidente que nas situações em que o regramento da Emenda 103/2019, quer regramento de transição ou permanente, se tornar no caso concreto mais favorável ao segurado, deverá o INSS conceder o melhor benefício, inclusive no que concerne à renda mensal.

**Ressalve-se apenas que na situação de ato jurídico perfeito consistente na concessão do benefício até 12/11/2019, é descabida a incidência do novel regramento inaugurado pela Emenda 103/2019, diante da situação consolidada, exceto no caso de desistência do segurado nas situações autorizadas no artigo 181-B do Decreto 3.048/99.**

Ao revés, na situação de requerimento administrativo oferecido antes da Emenda 103/2019 em que a renda mensal fruto da aplicação da regra de direito adquirido formado em 13/11/2019 for inferior à renda do artigo 26 da Emenda 103/2019 em aplicação de regra permanente ou transitória da EC 103/2019, deve o INSS conceder o melhor benefício.

Nessa situação deve a autarquia notificar o interessado para a escolha do melhor benefício, pois por certo poderá haver a reafirmação da DER com perda de atrasados, embora haja elevação da mensal inicial, sendo a escolha do segurado.

Essa situação tem se tornado muito comum, pois a despeito da redução de coeficiente das aposentadorias programadas em diversas situações, a renda mensal pelas regras da EC 103/2019 pode se apresentar maior especialmente em razão da inexistência de divisor mínimo no salário de benefício, regra de descarte do tempo de contribuição excedente e inexistência de fator previdenciário.

Decerto, **o direito adquirido se refere ao melhor benefício, inexistindo direito adquirido ao pior benefício (menor renda mensal)**, quando a novel legislação é mais benéfica ao segurado e inexistia ato jurídico perfeito na data de mudança do regime jurídico (13/11/2019).

Nesta situação é curial que o segurado seja instado a se manifestar sobre o interesse na reafirmação administrativa da DER para 13/11/2019.

Isso porque não é possível a concessão de atrasados para a DER anterior à 13/11/2019 com a aplicação das regras da Emenda 103/2019, sob pena de criação de um terceiro regime jurídico, o que não se admite de acordo com a jurisprudência firmada pelo STF.

No entanto, a despeito do meu posicionamento, o INSS não admite a reafirmação da DER nesta hipótese. Mas a nossa tese já foi acolhida pela TNU:

> "**PUIL n. 5003210-40.2020.4.04.7205/SC** Relator(a): JUIZ FEDERAL FABIO DE SOUZA SILVA Assunto: REAFIRMAÇÃO DA DER. DATA POSTERIOR À EC 103/2019. REGRA DE TRANSIÇÃO. Ementa: PEDIDO DE UNIFORMIZAÇÃO DE INTERPRETAÇÃO DE LEGISLAÇÃO FEDERAL. REAFIRMAÇÃO DA DER. DATA POSTERIOR À EC 103/2019. REGRA DE TRANSIÇÃO. POSSIBILIDADE. CONHECIDO E PROVIDO. 1. O tema 995 do STJ é aplicado às aposentadorias voluntárias, com a possibilidade de aproveitamento dos eventos ocorridos o curso do processo, nos casos em que o fato gerador ocorrer após o requerimento original. 2. A discussão é meramente sobre o aproveitamento dos atos processuais. 3. Nos casos de requerimentos administrativos anteriores à EC 103/19, não há óbice ao aproveitamento do tempo de contribuição decorrido até o julgamento na Turma Recursal, mesmo que posterior à vigência das novas regras constitucionais. 4. Tese: É possível a reafirmação da DER para a concessão de benefícios previstos nas regras de transição da EC 103/19, mesmo que o requerimento original preceda à vigência da emenda constitucional. 5. PUIL conhecido e provido. **Tese firmada: É possível a reafirmação da DER para a concessão de benefícios previstos nas regras de transição da EC 103/19, mesmo que o requerimento original preceda à vigência da emenda constitucional. Julgado em 27/05/2021".**

Sobre a tese do melhor benefício e a reafirmação da DER como seu instrumento de concretização no processo administrativo previdenciário, eis a Instrução Normativa INSS 128/2022:

> "Art. 577. Por ocasião da decisão, em se tratando de requerimento de benefício, deverá o INSS:
>
> I - reconhecer o benefício mais vantajoso, se houver provas no processo administrativo da aquisição de direito a mais de um benefício, mediante a apresentação dos demonstrativos financeiros de cada um deles; e
>
> II - verificar se, não satisfeito os requisitos para o reconhecimento do direito na data de entrada do requerimento do benefício, se estes foram implementados em momento posterior, antes da decisão do INSS, caso em que o requerimento poderá ser reafirmado para a data em que satisfizer os requisitos, exigindo-se, para tanto, a concordância formal do interessado, admitida a sua manifestação de vontade por meio eletrônico".

O detalhamento consta da Portaria INSS/DIRBEN 993/2022:

> "Art. 107. O INSS deve conceder o melhor benefício a que o segurado fizer jus, cabendo ao servidor orientar nesse sentido.
>
> Art. 108. Quando, por ocasião da decisão, for identificado que estão satisfeitos os requisitos para mais de um tipo de benefício, cabe ao INSS oferecer ao segurado o direito de opção, mediante a apresentação dos demonstrativos financeiros de cada um deles.
>
> § 1º A opção deverá ser expressa e constar nos autos.
>
> § 2º Nos casos previstos no caput, deverá ser observada a seguinte disposição:
>
> I - se os benefícios forem do mesmo grupo, a DER será mantida; e
>
> II - se os benefícios forem de grupos distintos, e o segurado optar por aquele que não requereu inicialmente, a DER será fixada na data da habilitação do benefício, observado o disposto no art. 31 a 34.
>
> ...
>
> Art. 32. Em se tratando de requerimento de benefício, a DER será mantida sempre que o benefício requerido e o benefício devido ou o mais vantajoso fizerem parte do mesmo grupo, estabelecido em cada inciso a seguir na forma da Carta de Serviços ao Cidadão:
>
> I - aposentadorias;
>
> II - benefícios por incapacidade;
>
> III - benefícios aos dependentes do segurado;
>
> IV - salário-maternidade; e
>
> V - benefícios assistenciais.
>
> Art. 33. Em se tratando de análise inicial de requerimento de benefício de aposentadoria, na hipótese de reconhecimento do direito a mais de uma aposentadoria na DER, deverá ser oferecida ao segurado a opção pelo benefício que seja mais vantajoso.
>
> § 1º O disposto no caput se aplica às situações em que for implementado o direito a mais de uma aposentadoria em momento posterior à DER até a data do despacho do benefício - DDB, devendo ser oferecido ao segurado a possibilidade de reafirmação da DER para esta data, observado que ela deve ser anterior a DDB.
>
> § 2º Se durante a análise do requerimento inicial for verificado que na DER o segurado não satisfazia os requisitos para o reconhecimento do direito, mas que os implementou em momento posterior até a DDB, deverá o servidor informar ao interessado sobre a possibilidade de reafirmação da DER para esta data, observado que ela deverá ser anterior a DDB, exigindo-se, para sua efetivação, a expressa concordância por escrito ou por meio digital com validação de acesso por senha, como no Portal "Meu INSS".
>
> Art. 34. Na hipótese de o segurado ter implementado todas as condições para uma ou mais de uma espécie de aposentadoria na DER ou até a data do despacho do benefício, na forma do disposto no art. 33, e em não lhe tendo sido oferecido o direito de opção pelo melhor benefício, deverá ser garantido esta opção no requerimento de revisão.
>
> § 1º Com exceção da hipótese prevista no caput, não cabe reafirmação da DER nos pedidos de revisão ou em decorrência de procedimento de apuração de indício de irregularidade, considerando tratar-se de procedimento exclusivo da concessão.
>
> § 2º A alteração da DER prevista no caput está limitada à data do despacho do benefício na concessão".

Note-se que a **Autarquia somente preserva a DER originária se se tratar de benefícios previdenciários**

**pertencentes ao mesmo grupo**, mas, no caso de grupos distintos, será reafirmada a DER para a data de habilitação do benefício.

Por outro lado, o Enunciado 1 do CRPS não traz essa restrição, **preservando a DER originária mesmo em se tratando de benefícios de grupos diversos.**

Veja-se que a TNU não adota a regra dos grupos de benefícios para fins de retroação da DIB:

*"PUIL n. 0003109-53.2018.4.03.6343 / SP*

*Relator(a): JUIZ FEDERAL FRANCISCO GLAUBER PESSOA ALVES Assunto: APOSENTADORIA POR TEMPO DE CONTRIBUIÇÃO. RETROAÇÃO DA DIB. MELHOR BENEFÍCIO. Ementa: PEDIDO DE UNIFORMIZAÇÃO DE LEI FEDERAL. PREVIDENCIÁRIO. RETROAÇÃO DA DIB À DER NA QUAL POSTULADO BENEFÍCIO DIVERSO. DIREITO AO MELHOR BENEFÍCIO. PRECEDENTES. DOUTRINA. TESE: "DADO O PRINCÍPIO DO MELHOR BENEFÍCIO, AINDA QUE O SEGURADO TENHA APRESENTADO ADMINISTRATIVAMENTE PEDIDO ESPECÍFICO DE OUTRO BENEFÍCIO, FARÁ JUS À RETROAÇÃO DAQUELE QUE LHE SEJA MAIS VANTAJOSO, PARA O QUAL JÁ PREENCHIA AS CONDIÇÕES ÀQUELE MOMENTO". INCIDENTE PROVIDO.*

***Tese firmada: "Dado o princípio do melhor benefício, ainda que o segurado tenha apresentado administrativamente pedido específico de outro benefício, fará jus à retroação daquele que lhe seja mais vantajoso, para o qual já preenchia as condições àquele momento".***

*Julgado em 17/05/2023".*

Veja-se também o Novo Regulamento da Previdência Social publicado em 01/07/2020:

"Art. 176-D. Se, na data de entrada do requerimento do benefício, o segurado não satisfizer os requisitos para o reconhecimento do direito, mas implementá-los em momento posterior, antes da decisão do INSS, **o requerimento poderá ser reafirmado para a data em que satisfizer os requisitos**, que será fixada como início do benefício, exigindo-se, para tanto, a concordância formal do interessado, admitida a sua manifestação de vontade por meio eletrônico.

Nota-se que o Novo Regulamento se alinhou ao STJ, que por expresso previu que a reafirmação judicial da DER dar-se-á para a data do implemento dos requisitos no curso do processo (tema 995):

| **Tema/Repetitivo** | **995** | **Situação do Tema** | **Acórdão Publicado** | **Órgão Julgador** | **PRIMEIRA SEÇÃO** | **Assuntos** | |
|---|---|---|---|---|---|---|---|
| **Questão submetida a julgamento** | Possibilidade de se considerar o tempo de contribuição posterior ao ajuizamento da ação, reafirmando-se a data de entrada do requerimento-DER- para o momento de implementação dos requisitos necessários à concessão de benefício previdenciário: (i) aplicação do artigo 493 do CPC/2015 (artigo 462 do CPC/1973); (ii) delimitação do momento processual oportuno para se requerer a reafirmação da DER, bem assim para apresentar provas ou requerer a sua produção. | | | | | | |
| **Tese Firmada** | **É possível a reafirmação da DER (Data de Entrada do Requerimento) para o momento em que implementados os requisitos para a concessão do benefício, mesmo que isso se dê no interstício entre o ajuizamento da ação e a entrega da prestação jurisdicional nas instâncias ordinárias, nos termos dos arts. 493 e 933 do CPC/2015, observada a causa de pedir.** | | | | | | |

Deste modo, constata-se que o INSS admite a reafirmação administrativa da DER somente em duas situações:

A) Se não satisfeitos os requisitos para o reconhecimento do direito na data de entrada do requerimento do benefício, se estes foram implementados em momento posterior, antes da decisão do INSS, caso em que o requerimento poderá ser reafirmado para a data em que satisfizer os requisitos, exigindo-se, para tanto, a concordância formal do interessado, admitida a sua manifestação de vontade por meio eletrônico (reafirmação do mesmo benefício requerido);

B) Quando, por ocasião da decisão, for identificado que estão satisfeitos os requisitos para mais de um tipo de benefício, se os benefícios forem de grupos distintos, e o segurado optar por aquele que não requereu inicialmente, a DER será fixada na data da habilitação do benefício (reafirmação para benefício distinto do requerido, se pertencente a outro grupo).

A meu ver deveria existir mais uma hipótese de reafirmação administrativa da DER. Neste diapasão, suponha-se que um segurado requereu uma aposentadoria por idade em 06/06/2019 e com direito adquirido formado a esse benefício já na DER, com renda mensal de R$ 1.500,00.

Neste interregno, adveio a Emenda 103, publicada em 13/11/2019 e o processo ainda não havia sido decidido nessa data.

Sucede que, em razão da regra de descarte e da inexistência de divisor mínimo para o salário de benefício, regra de transição da Emenda 103 com aplicação do seu artigo 26 gerou uma renda mensal R$ 2.200,00, R$ 700,00 a mais do direito a renda fruto do direito adquirido.

Nessa situação, ao decidir o processo supostamente em julho de 2020, deve o servidor da autarquia abrir exigência para o segurado dando as seguintes opções:

1. Concessão do benefício na DER originária de 06/06/2019 e com renda mensal de R$ 1.500,00 ou;

2. Concessão do benefício na DER de 13/11/2019 mediante reafirmação da DER para a data da vigência da Emenda 103/2019, com renda mensal de R$ 2.200,00, mas sem pagamento de atrasados do período anterior à vigência da EC 103/2019.

Já na hipótese de requerimento oferecido a partir de 13/11/2019, não será necessária a reafirmação da DER, acaso a regra da Emenda 103 gere um benefício com maior renda mensal, pois a Reforma Constitucional já vigorava na DER.

De acordo com a Portaria PRES/INSS 1.382, de 19.11.2021, "para fins de análise a direito adquirido, somente poderão ser considerados os recolhimentos em atraso efetuados até a data da verificação do direito. Os recolhimentos com data de pagamento posterior à data da análise do direito não integrarão o cálculo de tempo de contribuição nessa regra, mesmo que se refiram a competências anteriores".

Isso porque o direito adquirido, para fins do artigo 3º da Emenda 103/2019, é um "retrato" tirado em 13/11/2019, data da sua publicação. Pagamentos posteriores não são válidos para fins de direito adquirido, pois os pagamentos são constitutivos do direito a partir da sua realização, não tendo efeitos retroativos na situação de segurados que não possuem presunção de recolhimento de contribuição previdenciária (exemplo principal é o contribuinte individual autônomo).

Veja-se a TNU no mesmo sentido:

> "PUIL n. 5001844-45.2020.4.04.7114/RS Relator(a): JUIZ FEDERAL GUSTAVO MELO BARBOSA Assunto: APOSENTADORIA POR TEMPO DE CONTRIBUIÇÃO. INDENIZAÇÃO DE CONTRIBUIÇÕES PREVIDENCIÁRIAS. TERMO INICIAL DO BENEFÍCIO. Ementa: PEDIDO DE UNIFORMIZAÇÃO DE INTERPRETAÇÃO DE LEI FEDERAL. PREVIDENCIÁRIO. INDENIZAÇÃO DE CONTRIBUIÇÕES PREVIDENCIÁRIAS. NATUREZA CONSTITUTIVA DO DIREITO À CONTAGEM DO TEMPO DE CONTRIBUIÇÃO. FIXAÇÃO DO TERMO INICIAL DO BENEFÍCIO APENAS APÓS O SEU PAGAMENTO. INCIDENTE CONHECIDO E DESPROVIDO. 1. **A indenização de contribuições previdenciárias não tem caráter declaratório, mas constitutivo do direito, motivo pelo qual é inviável a fixação do termo inicial do benefício pretendido em momento anterior ao pagamento.** 2. É bem verdade que o(a) autora traz uma particularidade muito relevante do caso concreto, qual seja, de que solicitou a emissão das guias necessárias ao pagamento da indenização ainda no curso do processo administrativo, pedido este solenemente ignorado pela autarquia previdenciária. 3. Não obstante a extrema relevância do argumento, o que me parece incontornável é que o(a) promovente, antes do pagamento da indenização, simplesmente não tinha direito adquirido ao benefício, pois não reunia tempo de contribuição suficiente. 4. Ademais, a indenização só se fez necessária porque o(a) segurado(a), em primeiríssimo lugar, não cumpriu com sua obrigação a tempo e modo, de maneira que o INSS não errou sozinho. 5. Tese fixada: "Havendo necessidade de indenização de contribuições previdenciárias para fins de contagem de tempo de contribuição, o termo inicial do benefício está condicionado ao seu pagamento". 6. Incidente conhecido e desprovido. **Tese firmada: Havendo necessidade de indenização de contribuições previdenciárias para fins de contagem de tempo de contribuição, o termo inicial do benefício está condicionado ao seu pagamento**. Julgado em 23/06/2022".

De acordo com a Portaria PRES/INSS 1.382, de 19.11.2021, "para fins de verificação do tempo de contribuição apurado até 13 de novembro de 2019, utilizado para verificação das regras de transição da aposentadoria por tempo de contribuição com pedágio de 50% (cinquenta por cento) e de 100% (cem por cento), previstos nos arts. 17 e 20 da Emenda Constitucional nº 103, de 12 de novembro de 2019, os recolhimentos realizados em atraso em data posterior não serão considerados".

Cite-se, como exemplo, o artigo 17 da EC 103/2019, que exige que em 13/11/2019 o segurado tenha mais de 33 anos de tempo de contribuição e a mulher mais de 28 anos de tempo de contribuição. Para este fim, recolhimentos e tempo de contribuição a partir de 14/11/2019 serão desconsiderados.

Por outro lado, "todos os recolhimentos em atraso realizados até a data de entrada do requerimento serão considerados, inclusive para cômputo no tempo total calculado para a verificação do direito às regras de transição aplicadas nas aposentadorias por idade, tempo de contribuição, do professor e especial, ressalvada a hipótese anterior".

Destarte, para fins das regras de transição, em regra, serão considerados recolhimentos feitos após a vigência da Emenda 103/2019, salvo nas situações em que a regra exija um tempo de contribuição cumprido até 13.11.2019.

De com a Portaria INSS/DIRBEN 991/2022 (art. 150, §4º), **para fins de análise a direito adquirido, somente poderão ser considerados os recolhimentos em atraso efetuados até a data da verificação do direito**. Os recolhimentos com data de pagamento posterior à data da análise do direito não integrarão o cálculo de tempo de contribuição nessa regra, mesmo que se refiram a competências anteriores, inclusive na situação de pagamento de indenização previdenciária.

## 8.1. Cálculos

No estudo de caso a seguir serão abordados dois temas: o direito adquirido e a regra de descarte, implementada pelo § 6º do Art. 26 da EC 103/2019. Ressaltamos que o referido estudo foi extraído de um caso real, sendo alterado o nome do segurado por questões de sigilo. Trata-se de uma aposentadoria por idade, requerida em 30/03/2020, em que o segurado já havia implementado as condições para o benefício antes da vigência do Novo Regime Jurídico a partir de 14/11/2019. O segurado estava desempregado desde 24/11/2016 e não havia retornado às contribuições desde então, aguardando implementar o requisito da idade, o que ocorreu em 09/11/2019, mas o benefício somente foi requerido em 30/03/2020, para a sorte do segurado. Vejamos a situação.

| | |
|---|---|
| Espécie do benefício: | **Aposentadoria por idade** |
| Nome: | **CARLOS ANTÔNIO MACIEL MENESES** |
| Data de nascimento: | **09/11/1954** |
| Data do requerimento: | **30/03/2020** |
| Data do direito adquirido: | **13/11/2019** |

| IDADE | | IDADE | | |
|---|---|---|---|---|
| **INÍCIO** | **FIM** | **ANOS** | **MESES** | **DIAS** |
| **09/11/1954** | **13/11/2019** | **65** | **0** | **5** |
| | | **65,01** | | |

| | CONTRATOS DE TRABALHO | | TEMPO MÍNIMO | TEMPO DE CONTRIBUIÇÃO | | |
|---|---|---|---|---|---|---|
| | **INÍCIO** | **FIM** | | **ANOS** | **MESES** | **DIAS** |
| 1 | **01/01/1973** | **03/12/1975** | 35 | 2 | 11 | 3 |
| 2 | **21/01/1976** | **05/05/1976** | 35 | 0 | 3 | 15 |
| 3 | **01/07/1976** | **30/06/1978** | 35 | 2 | 0 | 0 |
| 4 | **06/12/1978** | **17/03/1980** | 35 | 1 | 3 | 12 |
| 5 | **01/04/1980** | **31/08/1982** | 35 | 2 | 5 | 1 |
| 6 | **01/10/1982** | **15/02/1984** | 35 | 1 | 4 | 15 |
| 7 | **01/06/1984** | **10/08/1990** | 35 | 6 | 2 | 10 |
| 8 | **01/11/1990** | **30/11/1990** | 35 | 0 | 1 | 0 |
| 9 | **01/02/1991** | **28/02/1991** | 35 | 0 | 0 | 28 |
| 10 | **01/09/1992** | **01/11/1995** | 35 | 3 | 2 | 1 |
| 11 | **01/06/1996** | **09/11/1998** | 35 | 2 | 5 | 9 |
| 12 | **01/01/1999** | **30/11/1999** | 35 | 0 | 11 | 0 |
| 13 | **01/12/1999** | **31/01/2000** | 35 | 0 | 2 | 1 |
| 14 | **01/02/2000** | **21/03/2000** | 35 | 0 | 1 | 21 |
| 15 | **01/05/2000** | **30/05/2000** | 35 | 0 | 1 | 0 |
| 16 | **01/09/2007** | **23/03/2011** | 35 | 3 | 6 | 23 |
| 17 | **01/12/2012** | **28/02/2013** | 35 | 0 | 2 | 28 |
| 18 | **15/07/2014** | **24/11/2016** | 35 | 2 | 4 | 10 |

| TEMPO TOTAL APURADO | | |
|---|---|---|
| **Anos** | **Meses** | **Dias** |
| **29** | **8** | **27** |
| **29,74** | | |

Nota-se que, em 13/11/2019, véspera do Novo Regime Jurídico, o segurado já possuía a idade mínima de 65 anos e a carência mínima para requerer a aposentadoria por idade, porém a mesma só foi requerida em

30/03/2020. Apesar da última contribuição ter sido em 11/2016 esse fato não é óbice para ter direito ao benefício. Como o benefício foi requerido após a vigência da EC 103/2019, o segurado terá direito a três cálculos:

a) O primeiro com base nas regras vigentes até 13/11/2019, com aplicação do divisor mínimo;

b) O segundo com base nas regras vigentes a partir de 14/11/2019, sem aplicação de divisor mínimo;

c) O terceiro também com base nas regras vigentes a partir de 14/11/2019, com a aplicação de uma regra específica: a regra do descarte.

Vejamos o primeiro cálculo.

**CÁLCULO DA RENDA MENSAL**

**APOSENTADORIA POR IDADE - HOMEM - DIREITO ADQUIRIDO**

**CARLOS ANTÔNIO MACIEL MENESES**
DATA DE NASCIMENTO: **09/11/1954**
ESPÉCIE: **41** (APOSENTADORIA POR POR IDADE)
DATA DO DIREITO ADQUIRIDO: **13/11/2019**

TEMPO DE CONTRIBUIÇÃO

| Anos | Meses | Dias |
|---|---|---|
| 29 | 8 | 27 |

IDADE

| Anos | Meses | Dias |
|---|---|---|
| 65 | 0 | 5 |

BASE LEGAL: LEI 8.213/91

PERÍODO BÁSICO DE CÁLCULO: **07/1994 a 10/2019**

| Sequência | Mês/ano | Valor teto | Salário | Índice | Salário atualizado | Desconsiderados |
|---|---|---|---|---|---|---|
| 1 | jul/94 | 582,86 | 548,51 | 8,183670 | 4.488,82 | |
| 2 | ago/94 | 582,86 | 582,86 | 7,714618 | 4.496,54 | |
| 3 | set/94 | 582,86 | 571,33 | 7,315208 | 4.179,40 | |
| 4 | out/94 | 582,86 | 582,86 | 7,206392 | 4.200,32 | |
| 5 | nov/94 | 582,86 | 467,70 | 7,074803 | 3.308,89 | |
| 6 | dez/94 | 582,86 | 269,46 | 6,850782 | 1.846,01 | |
| 7 | jan/95 | 582,86 | 582,86 | 6,703966 | 3.907,47 | |
| 8 | fev/95 | 582,86 | 582,86 | 6,593843 | 3.843,29 | |
| 9 | mar/95 | 582,86 | 582,86 | 6,529208 | 3.805,61 | |
| 10 | abr/95 | 582,86 | 120,00 | 6,438423 | 772,61 | |
| 11 | mai/95 | 832,66 | 832,66 | 6,317137 | 5.260,03 | |
| 12 | jun/95 | 832,66 | 778,87 | 6,158854 | 4.796,95 | |
| 13 | jul/95 | 832,66 | 832,66 | 6,048768 | 5.036,57 | |
| 14 | ago/95 | 832,66 | 832,66 | 5,903537 | 4.915,64 | |
| 15 | set/95 | 832,66 | 360,00 | 5,843931 | 2.103,82 | |
| 16 | out/95 | 832,66 | 665,95 | 5,776348 | 3.846,76 | |
| 17 | nov/95 | 832,66 | 4,33 | 5,696592 | 24,67 | |
| 18 | jun/96 | 957,56 | 159,99 | 5,261494 | 841,79 | |
| 19 | jul/96 | 957,56 | 957,56 | 5,198080 | 4.977,47 | |
| 20 | ago/96 | 957,56 | 232,49 | 5,142030 | 1.195,47 | |
| 21 | set/96 | 957,56 | 260,00 | 5,141822 | 1.336,87 | |
| 22 | out/96 | 957,56 | 504,11 | 5,135147 | 2.588,68 | |
| 23 | nov/96 | 957,56 | 710,61 | 5,123874 | 3.641,08 | |
| 24 | dez/96 | 957,56 | 929,11 | 5,109570 | 4.747,35 | |
| 25 | jan/97 | 957,56 | 545,50 | 5,064994 | 2.762,95 | |
| 26 | fev/97 | 957,56 | 770,87 | 4,986214 | 3.843,72 | |
| 27 | mar/97 | 957,56 | 586,99 | 4,965358 | 2.914,62 | |
| 28 | abr/97 | 957,56 | 341,99 | 4,908422 | 1.678,63 | |
| 29 | mai/97 | 957,56 | 957,56 | 4,879633 | 4.672,54 | |
| 30 | jun/97 | 1.031,87 | 200,00 | 4,865036 | 973,01 | |
| 31 | jul/97 | 1.031,87 | 885,12 | 4,831219 | 4.276,21 | |
| 32 | ago/97 | 1.031,87 | 200,00 | 4,826875 | 965,38 | |
| 33 | set/97 | 1.031,87 | 346,11 | 4,826875 | 1.670,63 | |

| Sequência | Mês/ano | Valor teto | Salário | Índice | Salário atualizado | Desconsiderados |
|---|---|---|---|---|---|---|
| 34 | out/97 | 1.031,87 | 200,00 | 4,798562 | 959,71 | |
| 35 | nov/97 | 1.031,87 | 1.031,87 | 4,782303 | 4.934,71 | |
| 36 | dez/97 | 1.031,87 | 677,87 | 4,742935 | 3.215,09 | |
| 37 | jan/98 | 1.031,87 | 255,36 | 4,710434 | 1.202,86 | |
| 38 | fev/98 | 1.031,87 | 924,62 | 4,669346 | 4.317,37 | |
| 39 | mar/98 | 1.031,87 | 536,00 | 4,668412 | 2.502,27 | |
| 40 | abr/98 | 1.031,87 | 226,25 | 4,657696 | 1.053,80 | |
| 41 | mai/98 | 1.031,87 | 749,69 | 4,657696 | 3.491,83 | |
| 42 | jun/98 | 1.081,50 | 215,00 | 4,647011 | 999,11 | |
| 43 | jul/98 | 1.081,50 | 292,74 | 4,634032 | 1.356,57 | |
| 44 | ago/98 | 1.081,50 | 427,74 | 4,634032 | 1.982,16 | |
| 45 | set/98 | 1.081,50 | 606,99 | 4,634032 | 2.812,81 | |
| 46 | out/98 | 1.081,50 | 460,24 | 4,634032 | 2.132,77 | |
| 47 | nov/98 | 1.081,50 | 601,52 | 4,634032 | 2.787,46 | |
| 48 | jan/99 | 1.200,00 | 130,00 | 4,589061 | 596,58 | |
| 49 | fev/99 | 1.200,00 | 490,00 | 4,536885 | 2.223,07 | |
| 50 | abr/99 | 1.200,00 | 360,00 | 4,259672 | 1.533,48 | |
| 51 | mai/99 | 1.200,00 | 360,00 | 4,258394 | 1.533,02 | |
| 52 | jun/99 | 1.255,32 | 376,60 | 4,258394 | 1.603,71 | |
| 53 | jul/99 | 1.255,32 | 376,60 | 4,215397 | 1.587,52 | |
| 54 | ago/99 | 1.255,32 | 376,60 | 4,149424 | 1.562,67 | |
| 55 | set/99 | 1.255,32 | 376,60 | 4,090114 | 1.540,34 | |
| 56 | out/99 | 1.255,32 | 376,60 | 4,030859 | 1.518,02 | |
| 57 | nov/99 | 1.255,32 | 376,60 | 3,956092 | 1.489,86 | |
| 58 | dez/99 | 1.255,32 | 376,60 | 3,858471 | 1.453,10 | |
| 59 | jan/00 | 1.255,32 | 376,60 | 3,811588 | 1.435,44 | |
| 60 | fev/00 | 1.255,32 | 270,50 | 3,773102 | 1.020,62 | |
| 61 | mar/00 | 1.255,32 | 580,04 | 3,765950 | 2.184,40 | |
| 62 | mai/00 | 1.255,32 | 376,60 | 3,754302 | 1.413,87 | |
| 63 | set/07 | 2.894,28 | 480,00 | 1,954878 | 938,34 | |
| 64 | out/07 | 2.894,28 | 480,00 | 1,950006 | 936,00 | |
| 65 | nov/07 | 2.894,28 | 515,00 | 1,944175 | 1.001,25 | |
| 66 | dez/07 | 2.894,28 | 515,00 | 1,935848 | 996,96 | |
| 67 | jan/08 | 2.894,28 | 515,00 | 1,917250 | 987,38 | |
| 68 | fev/08 | 2.894,28 | 515,00 | 1,904111 | 980,62 | |
| 69 | mar/08 | 3.038,99 | 515,00 | 1,894451 | 975,64 | |
| 70 | abr/08 | 3.038,99 | 515,00 | 1,884838 | 970,69 | |
| 71 | mai/08 | 3.038,99 | 515,00 | 1,872852 | 964,52 | |
| 72 | jun/08 | 3.038,99 | 515,00 | 1,855045 | 955,35 | |
| 73 | jul/08 | 3.038,99 | 515,00 | 1,838316 | 946,73 | |
| 74 | ago/08 | 3.038,99 | 515,00 | 1,827714 | 941,27 | |
| 75 | set/08 | 3.038,99 | 515,00 | 1,823883 | 939,30 | |
| 76 | out/08 | 3.038,99 | 515,00 | 1,821152 | 937,89 | |
| 77 | nov/08 | 3.038,99 | 560,00 | 1,812093 | 1.014,77 | |
| 78 | dez/08 | 3.038,99 | 560,00 | 1,805230 | 1.010,93 | |
| 79 | jan/09 | 3.038,99 | 560,00 | 1,800016 | 1.008,01 | |
| 80 | fev/09 | 3.218,90 | 560,00 | 1,788567 | 1.001,60 | |
| 81 | mar/09 | 3.218,90 | 560,00 | 1,783037 | 998,50 | |
| 82 | abr/09 | 3.218,90 | 746,67 | 1,779479 | 1.328,68 | |
| 83 | mai/09 | 3.218,90 | 560,00 | 1,769747 | 991,06 | |
| 84 | jun/09 | 3.218,90 | 560,00 | 1,759192 | 985,15 | |
| 85 | jul/09 | 3.218,90 | 560,00 | 1,751832 | 981,03 | |
| 86 | ago/09 | 3.218,90 | 560,00 | 1,747812 | 978,77 | |
| 87 | set/09 | 3.218,90 | 560,00 | 1,746416 | 977,99 | |
| 88 | out/09 | 3.218,90 | 560,00 | 1,743626 | 976,43 | |

| Sequência | Mês/ano | Valor teto | Salário | Índice | Salário atualizado | Desconsiderados |
|---|---|---|---|---|---|---|
| 89 | nov/09 | 3.218,90 | 600,00 | 1,739450 | 1.043,67 | |
| 90 | dez/09 | 3.218,90 | 600,00 | 1,733039 | 1.039,82 | |
| 91 | jan/10 | 3.467,40 | 600,00 | 1,728886 | 1.037,33 | |
| 92 | fev/10 | 3.467,40 | 600,00 | 1,713806 | 1.028,28 | |
| 93 | mar/10 | 3.467,40 | 600,00 | 1,701893 | 1.021,14 | |
| 94 | abr/10 | 3.467,40 | 600,00 | 1,689897 | 1.013,94 | |
| 95 | mai/10 | 3.467,40 | 600,00 | 1,677648 | 1.006,59 | |
| 96 | jun/10 | 3.467,40 | 600,00 | 1,670466 | 1.002,28 | |
| 97 | jul/10 | 3.467,40 | 800,00 | 1,672306 | 1.337,84 | |
| 98 | ago/10 | 3.467,40 | 600,00 | 1,673477 | 1.004,09 | |
| 99 | set/10 | 3.467,40 | 600,00 | 1,674650 | 1.004,79 | |
| 100 | out/10 | 3.467,40 | 600,00 | 1,665657 | 999,39 | |
| 101 | nov/10 | 3.467,40 | 647,00 | 1,650469 | 1.067,85 | |
| 102 | dez/10 | 3.467,40 | 647,00 | 1,633642 | 1.056,97 | |
| 103 | jan/11 | 3.691,74 | 647,00 | 1,623900 | 1.050,66 | |
| 104 | fev/11 | 3.691,74 | 647,00 | 1,608778 | 1.040,88 | |
| 105 | mar/11 | 3.691,74 | 496,03 | 1,600139 | 793,72 | |
| 106 | dez/12 | 3.916,20 | 800,00 | 1,452154 | 1.161,72 | |
| 107 | jan/13 | 4.159,00 | 800,00 | 1,441487 | 1.153,19 | |
| 108 | fev/13 | 4.159,00 | 800,00 | 1,428347 | 1.142,68 | |
| 109 | jul/14 | 4.390,24 | 469,77 | 1,315695 | 618,07 | |
| 110 | ago/14 | 4.390,24 | 829,00 | 1,313987 | 1.089,30 | |
| 111 | set/14 | 4.390,24 | 829,00 | 1,311626 | 1.087,34 | |
| 112 | out/14 | 4.390,24 | 829,00 | 1,305233 | 1.082,04 | |
| 113 | nov/14 | 4.390,24 | 900,00 | 1,300292 | 1.170,26 | |
| 114 | dez/14 | 4.390,24 | 900,00 | 1,293434 | 1.164,09 | |
| 115 | jan/15 | 4.663,75 | 900,00 | 1,285463 | 1.156,92 | |
| 116 | fev/15 | 4.663,75 | 900,00 | 1,266718 | 1.140,05 | |
| 117 | mar/15 | 4.663,75 | 900,00 | 1,252193 | 1.126,97 | |
| 118 | abr/15 | 4.663,75 | 900,00 | 1,233566 | 1.110,21 | |
| 119 | mai/15 | 4.663,75 | 900,00 | 1,224870 | 1.102,38 | |
| 120 | jun/15 | 4.663,75 | 900,00 | 1,212864 | 1.091,58 | |
| 121 | jul/15 | 4.663,75 | 900,00 | 1,203594 | 1.083,23 | |
| 122 | ago/15 | 4.663,75 | 900,00 | 1,196654 | 1.076,99 | |
| 123 | set/15 | 4.663,75 | 900,00 | 1,193668 | 1.074,30 | |
| 124 | out/15 | 4.663,75 | 900,00 | 1,187613 | 1.068,85 | |
| 125 | nov/15 | 4.663,75 | 1.005,00 | 1,178539 | 1.184,43 | |
| 126 | dez/15 | 4.663,75 | 1.005,00 | 1,165598 | 1.171,43 | |
| 127 | jan/16 | 5.189,82 | 1.005,00 | 1,155203 | 1.160,98 | |
| 128 | fev/16 | 5.189,82 | 1.005,00 | 1,138020 | 1.143,71 | |
| 129 | mar/16 | 5.189,82 | 1.005,00 | 1,127309 | 1.132,95 | |
| 130 | abr/16 | 5.189,82 | 1.005,00 | 1,122371 | 1.127,98 | |
| 131 | mai/16 | 5.189,82 | 1.005,00 | 1,115234 | 1.120,81 | |
| 132 | jun/16 | 5.189,82 | 1.005,00 | 1,104412 | 1.109,93 | |
| 133 | jul/16 | 5.189,82 | 1.005,00 | 1,099244 | 1.104,74 | |
| 134 | ago/16 | 5.189,82 | 1.005,00 | 1,092252 | 1.097,71 | |
| 135 | set/16 | 5.189,82 | 1.005,00 | 1,088880 | 1.094,32 | |
| 136 | out/16 | 5.189,82 | 1.005,00 | 1,088008 | 1.093,45 | |

| **SOMA GERAL DE SALÁRIOS** | **237.880,77** |
|---|---|

| **MÉDIA GERAL DE SALÁRIOS =** 237.880,77 / 136 | **1.749,12** |
|---|---|

| Período Básico de Cálculos- 07/1994 a 10/2019 | **304** |
|---|---|
| Quantidade de salários no período básico de cálculo | **136** |
| Divisor Mínimo de 60%- Art. 188-A, § 1º do Decreto 3.048/99 | **182** |
| Salários desprezados | **Não se aplica** |

| **SALÁRIO DE BENEFÍCIO COM DIVISOR MÍNIMO** = 237.880,77 / 182 | **1.307,04** |
|---|---|

| **TETO PREVIDENCIÁRIO EM 11/2019** | **5.839,45** |
|---|---|

**CARLOS ANTÔNIO MACIEL MENESES**

DATA DE INÍCIO DO BENEFÍCIO: **13/11/2019**

| **IDADE** | | |
|---|---|---|
| **anos** | **meses** | **dias** |
| **65** | **0** | **5** |
| **65,0139** | | |

| **TEMPO DE CONTRIBUIÇÃO** | | |
|---|---|---|
| **anos** | **meses** | **dias** |
| **29** | **8** | **27** |
| **29,7417** | | |

| **Idade** | 65,0139 |
|---|---|
| **TC** | 29,7417 |
| **ES** | 18,7 |
| **Alíquota** | 0,31 |

$$\text{Fator Previdenciário} = \frac{TC \times A}{ES} \times \left(1 + \frac{(Id + TC \times A)}{100}\right)$$

| Idade | Expectativa de Sobrevida |
|---|---|
| 63 | 20,1 |
| 64 | 19,4 |
| 65 | 18,7 |
| 66 | 18,0 |

$$\frac{29{,}7417 \times 0{,}31}{18{,}7} \left(1 + \frac{(65{,}0139 + 29{,}7417 \times 0{,}31)}{100}\right)$$

| **Fator Previdenciário** | **0,86035** | Favorável | Desfavorável | Aplicável |
|---|---|---|---|---|
| | | | X | Não |

| **SALÁRIO DE BENEFÍCIO COM DIVISOR MÍNIMO** | **1.307,04** |
|---|---|
| Coeficiente | **99%** |
| **Renda Mensal Inicial** = SB x Coeficiente | **1.293,97** |

**REAJUSTES DO BENEFÍCIO**

**CARLOS ANTÔNIO MACIEL MENESES**

ESPÉCIE: **Aposentadoria por idade**

TEMPO DE CONTRIBUIÇÃO: **29 anos 08 meses e 27 dias**

DATA DO DIREITO ADQUIRIDO: **13/11/2019**

DATA DO REQUERIMENTO: **30/03/2020**

| SALÁRIO DE BENEFÍCIO | **1.307,04** |
|---|---|
| COEFICIENTE | **99%** |
| RENDA MENSAL INICIAL | **1.293,97** |

| Data | Renda Mensal | Índices de reajustes | Renda Mensal Reajustada |
|---|---|---|---|
| jan/20 | 1.293,97 | 1,017700 | 1.316,87 |
| jan/21 | 1.316,87 | 1,054500 | 1.388,64 |
| **jan/22** | **1.388,64** | **1,101600** | **1.529,73** |

De acordo com os cálculos com base no direito adquirido até 13/11/2019, a média geral de salários foi fixada no valor de **R$ 1.749,12**. Não foi possível desconsiderar 20% dos menores salários em conformidade com o Art. 29, I da Lei 8.213/91 porque foi aplicada a regra do divisor mínimo descrita no § 1º do Art. 188-A do Decreto 3.048/99, tendo em vista que, do total de 304 meses do período básico de cálculo, o segurado possuía apenas 136 contribuições.

De acordo com a regra do § 1º do Art. 188-A do Decreto 3.048/99, o divisor mínimo da média de salários não poderá ser inferior a 60% de todo o período de 07/1994 a 10/2019 e esse divisor foi fixado em 182 (60% de 304).

Aplicando a regra do divisor mínimo, a média de salários é reduzida para **R$ 1.307,04**. O coeficiente da RMI foi fixado em 99% aos 29 anos de contribuição (70% mais 1% para cada grupo de 12 contribuições), sendo fixada no valor de **R$ 1.293,97** que, reajustada para o 30/03/2020, data do requerimento, é de **R$ 1.316,87**. O valor reajustado para o ano de 2022 é de **R$ 1.529,73**.

Passemos a analisar o segundo cálculo, com base nas regras vigentes a partir de 14/11/2019, cujo requerimento do benefício se deu em 30/03/2020.

Espécie do benefício: **Aposentadoria por idade**
Nome: **CARLOS ANTÔNIO MACIEL MENESES**
Data de nascimento: **09/11/1954**
Data do requerimento: **30/03/2020**

| IDADE | |
|---|---|
| **INÍCIO** | **FIM** |
| **09/11/1954** | **30/03/2020** |

| IDADE | | |
|---|---|---|
| **ANOS** | **MESES** | **DIAS** |
| **65** | **4** | **22** |
| **65,39** | | |

De acordo com a contagem acima, o autor possuía **65 anos, 4 meses e 22 dias** de idade na data do requerimento e os mesmos **29 anos, 08 meses e 27 dias**, tendo em vista que estava desempregado desde 24/11/2016.

## CÁLCULO DA RENDA MENSAL
## APOSENTADORIA POR IDADE - HOMEM - NOVO REGIME JURÍDICO

CARLOS ANTÔNIO MACIEL MENESES
DATA DE NASCIMENTO: **09/11/1954**
ESPÉCIE: **41** (APOSENTADORIA POR POR IDADE)
DATA DO REQUERIMENTO: **30/03/2020**

TEMPO DE CONTRIBUIÇÃO

| Anos | Meses | Dias |
|---|---|---|
| 29 | 8 | 27 |

IDADE

| Anos | Meses | Dias |
|---|---|---|
| 65 | 4 | 22 |

BASE LEGAL: EMENDA CONSTITUCIONAL 103/2019
PERÍODO BÁSICO DE CÁLCULO: **07/1994 a 02/2020**

| Sequência | Mês/ano | Valor teto | Salário | Índice | Salário atualizado | Desconsiderados |
|---|---|---|---|---|---|---|
| 1 | jul/94 | 582,86 | 548,51 | 8,358251 | 4.584,58 | |
| 2 | ago/94 | 582,86 | 582,86 | 7,879193 | 4.592,47 | |
| 3 | set/94 | 582,86 | 571,33 | 7,471261 | 4.268,56 | |
| 4 | out/94 | 582,86 | 582,86 | 7,360125 | 4.289,92 | |
| 5 | nov/94 | 582,86 | 467,70 | 7,225729 | 3.379,47 | |
| 6 | dez/94 | 582,86 | 269,46 | 6,996928 | 1.885,39 | |
| 7 | jan/95 | 582,86 | 582,86 | 6,846980 | 3.990,83 | |
| 8 | fev/95 | 582,86 | 582,86 | 6,734508 | 3.925,28 | |
| 9 | mar/95 | 582,86 | 582,86 | 6,668494 | 3.886,80 | |
| 10 | abr/95 | 582,86 | 120,00 | 6,575772 | 789,09 | |
| 11 | mai/95 | 832,66 | 832,66 | 6,451900 | 5.372,24 | |
| 12 | jun/95 | 832,66 | 778,87 | 6,290240 | 4.899,28 | |
| 13 | jul/95 | 832,66 | 832,66 | 6,177804 | 5.144,01 | |
| 14 | ago/95 | 832,66 | 832,66 | 6,029476 | 5.020,50 | |
| 15 | set/95 | 832,66 | 360,00 | 5,968598 | 2.148,70 | |
| 16 | out/95 | 832,66 | 665,95 | 5,899573 | 3.928,82 | |
| 17 | nov/95 | 832,66 | 4,33 | 5,818117 | 25,19 | |
| 18 | jun/96 | 957,56 | 159,99 | 5,373736 | 859,74 | |
| 19 | jul/96 | 957,56 | 957,56 | 5,308970 | 5.083,66 | |
| 20 | ago/96 | 957,56 | 232,49 | 5,251724 | 1.220,97 | |
| 21 | set/96 | 957,56 | 260,00 | 5,251511 | 1.365,39 | |
| 22 | out/96 | 957,56 | 504,11 | 5,244694 | 2.643,90 | |
| 23 | nov/96 | 957,56 | 710,61 | 5,233180 | 3.718,75 | |
| 24 | dez/96 | 957,56 | 929,11 | 5,218572 | 4.848,63 | |
| 25 | jan/97 | 957,56 | 545,50 | 5,173044 | 2.821,90 | |
| 26 | fev/97 | 957,56 | 770,87 | 5,092584 | 3.925,72 | |
| 27 | mar/97 | 957,56 | 586,99 | 5,071283 | 2.976,79 | |
| 28 | abr/97 | 957,56 | 341,99 | 5,013132 | 1.714,44 | |
| 29 | mai/97 | 957,56 | 957,56 | 4,983729 | 4.772,22 | |
| 30 | jun/97 | 1.031,87 | 200,00 | 4,968821 | 993,76 | |
| 31 | jul/97 | 1.031,87 | 885,12 | 4,934282 | 4.367,43 | |
| 32 | ago/97 | 1.031,87 | 200,00 | 4,929846 | 985,97 | |
| 33 | set/97 | 1.031,87 | 346,11 | 4,929846 | 1.706,27 | |
| 34 | out/97 | 1.031,87 | 200,00 | 4,900928 | 980,19 | |
| 35 | nov/97 | 1.031,87 | 1.031,87 | 4,884322 | 5.039,99 | |
| 36 | dez/97 | 1.031,87 | 677,87 | 4,844115 | 3.283,68 | |
| 37 | jan/98 | 1.081,50 | 255,36 | 4,810921 | 1.228,52 | |
| 38 | fev/98 | 1.081,50 | 924,62 | 4,768955 | 4.409,47 | |
| 39 | mar/98 | 1.081,50 | 536,00 | 4,768002 | 2.555,65 | |
| 40 | abr/98 | 1.081,50 | 226,25 | 4,757058 | 1.076,28 | |
| 41 | mai/98 | 1.081,50 | 749,69 | 4,757058 | 3.566,32 | |
| 42 | jun/98 | 1.081,50 | 215,00 | 4,746145 | 1.020,42 | |
| 43 | jul/98 | 1.200,00 | 292,74 | 4,732888 | 1.385,51 | |
| 44 | ago/98 | 1.200,00 | 427,74 | 4,732888 | 2.024,45 | |
| 45 | set/98 | 1.200,00 | 606,99 | 4,732888 | 2.872,82 | |
| 46 | out/98 | 1.200,00 | 460,24 | 4,732888 | 2.178,26 | |
| 47 | nov/98 | 1.200,00 | 601,52 | 4,732888 | 2.846,93 | |
| 48 | jan/99 | 1.255,32 | 130,00 | 4,686958 | 609,30 | |

| Sequência | Mês/ano | Valor teto | Salário | Índice | Salário atualizado | Desconsiderados |
|---|---|---|---|---|---|---|
| 49 | fev/99 | 1.255,32 | 490,00 | 4,633669 | 2.270,50 | |
| 50 | abr/99 | 1.255,32 | 360,00 | 4,350542 | 1.566,20 | |
| 51 | mai/99 | 1.255,32 | 360,00 | 4,349237 | 1.565,73 | |
| 52 | jun/99 | 1.255,32 | 376,60 | 4,349237 | 1.637,92 | |
| 53 | jul/99 | 1.255,32 | 376,60 | 4,305324 | 1.621,39 | |
| 54 | ago/99 | 1.255,32 | 376,60 | 4,237942 | 1.596,01 | |
| 55 | set/99 | 1.255,32 | 376,60 | 4,177368 | 1.573,20 | |
| 56 | out/99 | 1.255,32 | 376,60 | 4,116849 | 1.550,41 | |
| 57 | nov/99 | 1.255,32 | 376,60 | 4,040486 | 1.521,65 | |
| 58 | dez/99 | 1.255,32 | 376,60 | 3,940784 | 1.484,10 | |
| 59 | jan/00 | 1.328,25 | 376,60 | 3,892900 | 1.466,07 | |
| 60 | fev/00 | 1.328,25 | 270,50 | 3,853593 | 1.042,40 | |
| 61 | mar/00 | 1.328,25 | 580,04 | 3,846289 | 2.231,00 | |
| 62 | mai/00 | 1.328,25 | 376,60 | 3,834391 | 1.444,03 | |
| 63 | set/07 | 2.894,28 | 480,00 | 1,996580 | 958,36 | |
| 64 | out/07 | 3.038,99 | 480,00 | 1,991605 | 955,97 | |
| 65 | nov/07 | 3.038,99 | 515,00 | 1,985650 | 1.022,61 | |
| 66 | dez/07 | 3.038,99 | 515,00 | 1,977145 | 1.018,23 | |
| 67 | jan/08 | 3.038,99 | 515,00 | 1,958150 | 1.008,45 | |
| 68 | fev/08 | 3.038,99 | 515,00 | 1,944731 | 1.001,54 | |
| 69 | mar/08 | 3.038,99 | 515,00 | 1,934865 | 996,46 | |
| 70 | abr/08 | 3.038,99 | 515,00 | 1,925046 | 991,40 | |
| 71 | mai/08 | 3.038,99 | 515,00 | 1,912804 | 985,09 | |
| 72 | jun/08 | 3.038,99 | 515,00 | 1,894618 | 975,73 | |
| 73 | jul/08 | 3.038,99 | 515,00 | 1,877533 | 966,93 | |
| 74 | ago/08 | 3.038,99 | 515,00 | 1,866705 | 961,35 | |
| 75 | set/08 | 3.218,90 | 515,00 | 1,862792 | 959,34 | |
| 76 | out/08 | 3.218,90 | 515,00 | 1,860002 | 957,90 | |
| 77 | nov/08 | 3.218,90 | 560,00 | 1,850750 | 1.036,42 | |
| 78 | dez/08 | 3.218,90 | 560,00 | 1,843741 | 1.032,49 | |
| 79 | jan/09 | 3.218,90 | 560,00 | 1,838415 | 1.029,51 | |
| 80 | fev/09 | 3.218,90 | 560,00 | 1,826721 | 1.022,96 | |
| 81 | mar/09 | 3.218,90 | 560,00 | 1,821075 | 1.019,80 | |
| 82 | abr/09 | 3.218,90 | 746,67 | 1,817440 | 1.357,03 | |
| 83 | mai/09 | 3.218,90 | 560,00 | 1,807502 | 1.012,20 | |
| 84 | jun/09 | 3.218,90 | 560,00 | 1,796721 | 1.006,16 | |
| 85 | jul/09 | 3.218,90 | 560,00 | 1,789203 | 1.001,95 | |
| 86 | ago/09 | 3.467,40 | 560,00 | 1,785098 | 999,65 | |
| 87 | set/09 | 3.467,40 | 560,00 | 1,783672 | 998,86 | |
| 88 | out/09 | 3.467,40 | 560,00 | 1,780822 | 997,26 | |
| 89 | nov/09 | 3.467,40 | 600,00 | 1,776557 | 1.065,93 | |
| 90 | dez/09 | 3.467,40 | 600,00 | 1,770009 | 1.062,01 | |
| 91 | jan/10 | 3.467,40 | 600,00 | 1,765768 | 1.059,46 | |
| 92 | fev/10 | 3.467,40 | 600,00 | 1,750367 | 1.050,22 | |
| 93 | mar/10 | 3.467,40 | 600,00 | 1,738199 | 1.042,92 | |
| 94 | abr/10 | 3.467,40 | 600,00 | 1,725947 | 1.035,57 | |
| 95 | mai/10 | 3.467,40 | 600,00 | 1,713437 | 1.028,06 | |
| 96 | jun/10 | 3.691,74 | 600,00 | 1,706102 | 1.023,66 | |

| Sequência | Mês/ano | Valor teto | Salário | Índice | Salário atualizado | Desconsiderados |
|---|---|---|---|---|---|---|
| 97 | jul/10 | 3.691,74 | 800,00 | 1,707981 | 1.366,38 | |
| 98 | ago/10 | 3.691,74 | 600,00 | 1,709178 | 1.025,51 | |
| 99 | set/10 | 3.691,74 | 600,00 | 1,710375 | 1.026,23 | |
| 100 | out/10 | 3.691,74 | 600,00 | 1,701191 | 1.020,71 | |
| 101 | nov/10 | 3.691,74 | 647,00 | 1,685678 | 1.090,63 | |
| 102 | dez/10 | 3.691,74 | 647,00 | 1,668493 | 1.079,51 | |
| 103 | jan/11 | 3.691,74 | 647,00 | 1,658543 | 1.073,08 | |
| 104 | fev/11 | 3.916,20 | 647,00 | 1,643098 | 1.063,08 | |
| 105 | mar/11 | 3.916,20 | 496,03 | 1,634275 | 810,65 | |
| 106 | dez/12 | 4.159,00 | 800,00 | 1,483133 | 1.186,51 | |
| 107 | jan/13 | 4.159,00 | 800,00 | 1,472238 | 1.177,79 | |
| 108 | fev/13 | 4.390,24 | 800,00 | 1,458818 | 1.167,05 | |
| 109 | jul/14 | 4.663,75 | 469,77 | 1,343763 | 631,26 | |
| 110 | ago/14 | 4.663,75 | 829,00 | 1,342019 | 1.112,53 | |
| 111 | set/14 | 4.663,75 | 829,00 | 1,339606 | 1.110,53 | |
| 112 | out/14 | 4.663,75 | 829,00 | 1,333077 | 1.105,12 | |
| 113 | nov/14 | 4.663,75 | 900,00 | 1,328031 | 1.195,23 | |
| 114 | dez/14 | 4.663,75 | 900,00 | 1,321027 | 1.188,92 | |
| 115 | jan/15 | 4.663,75 | 900,00 | 1,312886 | 1.181,60 | |
| 116 | fev/15 | 5.189,82 | 900,00 | 1,293740 | 1.164,37 | |
| 117 | mar/15 | 5.189,82 | 900,00 | 1,278905 | 1.151,01 | |
| 118 | abr/15 | 5.189,82 | 900,00 | 1,259881 | 1.133,89 | |
| 119 | mai/15 | 5.189,82 | 900,00 | 1,250999 | 1.125,90 | |
| 120 | jun/15 | 5.189,82 | 900,00 | 1,238737 | 1.114,86 | |
| 121 | jul/15 | 5.189,82 | 900,00 | 1,229269 | 1.106,34 | |
| 122 | ago/15 | 5.189,82 | 900,00 | 1,222182 | 1.099,96 | |
| 123 | set/15 | 5.189,82 | 900,00 | 1,219132 | 1.097,22 | |
| 124 | out/15 | 5.189,82 | 900,00 | 1,212948 | 1.091,65 | |
| 125 | nov/15 | 5.189,82 | 1.005,00 | 1,203681 | 1.209,70 | |
| 126 | dez/15 | 5.189,82 | 1.005,00 | 1,190463 | 1.196,42 | |
| 127 | jan/16 | 5.189,82 | 1.005,00 | 1,179847 | 1.185,75 | |
| 128 | fev/16 | 5.531,31 | 1.005,00 | 1,162297 | 1.168,11 | |
| 129 | mar/16 | 5.531,31 | 1.005,00 | 1,151357 | 1.157,11 | |
| 130 | abr/16 | 5.531,31 | 1.005,00 | 1,146314 | 1.152,05 | |
| 131 | mai/16 | 5.531,31 | 1.005,00 | 1,139024 | 1.144,72 | |
| 132 | jun/16 | 5.531,31 | 1.005,00 | 1,127972 | 1.133,61 | |
| 133 | jul/16 | 5.531,31 | 1.005,00 | 1,122693 | 1.128,31 | |
| 134 | ago/16 | 5.531,31 | 1.005,00 | 1,115552 | 1.121,13 | |
| 135 | set/16 | 5.531,31 | 1.005,00 | 1,112108 | 1.117,67 | |
| 136 | out/16 | 5.531,31 | 1.005,00 | 1,111218 | 1.116,77 | |

| SOMA GERAL DE SALÁRIOS | 242.955,42 |
|---|---|

| MÉDIA GERAL DE SALÁRIOS = 242.955,42 / 136 | 1.786,44 |
|---|---|

| Período Básico de Cálculos- 07/1994 a 02/2020 | 308 |
|---|---|
| Quantidade de salários no período básico de cálculo | 136 |

| TETO PREVIDENCIÁRIO EM 03/2020 | 6.101,06 |
|---|---|

CARLOS ANTÔNIO MACIEL MENESES
DATA DE INÍCIO DO BENEFÍCIO: **30/03/2020**

| **IDADE** | | |
|---|---|---|
| **anos** | **meses** | **dias** |
| **65** | **4** | **22** |
| **65,3944** | | |

| **TEMPO DE CONTRIBUIÇÃO** | | |
|---|---|---|
| **anos** | **meses** | **dias** |
| **29** | **8** | **27** |
| **29,7417** | | |

| **MÉDIA DE 100% DOS SALÁRIOS DE CONTRIBUIÇÃO** | **1.786,44** |
|---|---|
| COEFICIENTE | **78%** |
| **RENDA MENSAL INICIAL** = SB x Coeficiente | **1.393,42** |

| Tempo de contribuição | Coeficiente de cálculo da Renda Mensal Inicial |
|---|---|
| 20 | 60,00% |
| 21 | 62,00% |
| 22 | 64,00% |
| 23 | 66,00% |
| 24 | 68,00% |
| 25 | 70,00% |
| 26 | 72,00% |
| 27 | 74,00% |
| 28 | 76,00% |
| 29 | 78,00% |

De acordo com os cálculos elaborados com base no regramento vigente na data do requerimento, em 30/03/2020, o salário de benefício foi obtido através da média de 100% de todos os salários de contribuição do período básico de cálculo, sendo fixada no valor de **R$ 1.786,44**. A renda mensal inicial corresponde a 78% do salário de benefício, no valor de **R$ 1.393,42**, superior a renda obtida com base no direito adquirido (**R$ 1.316,87**).

Passemos a analisar o terceiro cálculo, com base nas regras vigentes a partir de 14/11/2019, cujo requerimento do benefício se deu em 30/03/2020, dessa vez aplicando a regra de descarte dos salários que resultem em redução do valor do benefício.

**CÁLCULO DA RENDA MENSAL - MELHOR BENEFÍCIO**

**APOSENTADORIA POR IDADE - HOMEM - NOVO REGIME JURÍDICO**

CARLOS ANTÔNIO MACIEL MENESES
DATA DE NASCIMENTO: **09/11/1954**
ESPÉCIE: **41** (APOSENTADORIA POR POR IDADE)
DATA DO REQUERIMENTO: **30/03/2020**

TEMPO DE CONTRIBUIÇÃO:

| **Anos** | **Meses** | **Dias** | |
|---|---|---|---|
| **29** | **8** | **27** | |
| **11** | **3** | **0** | Período desconsiderado |
| **18** | **5** | **27** | Tempo considerado |

BASE LEGAL: EMENDA CONSTITUCIONAL 103/2019
PERÍODO BÁSICO DE CÁLCULO: **07/1994 a 02/2020**

| **Sequência** | **Mês/ano** | **Valor teto** | **Salário** | **Índice** | **Salário corrigido** |
|---|---|---|---|---|---|
| 1 | mai/95 | 832,66 | 832,66 | 6,451900 | 5.372,24 |

| **SOMA GERAL DE SALÁRIOS** | **5.372,24** |
|---|---|
| **MÉDIA GERAL DE SALÁRIOS =** 5.372,24/ 1 | **5.372,24** |

| Período Básico de Cálculos- 07/1994 a 02/2020 | **308** |
|---|---|
| Quantidade de salários no período básico de cálculo | **1** |

| **TETO PREVIDENCIÁRIO** | **6.101,06** |
|---|---|

CARLOS ANTÔNIO MACIEL MENESES
DATA DE INÍCIO DO BENEFÍCIO: **30/03/2020**

| **IDADE** | | |
|---|---|---|
| **anos** | **meses** | **dias** |
| **65** | **4** | **22** |
| **65,3944** | | |

| **TEMPO DE CONTRIBUIÇÃO** | | |
|---|---|---|
| **anos** | **meses** | **dias** |
| **18** | **5** | **27** |
| **18,4917** | | |

**RENDA MENSAL COM BASE NA REGRA DE DESCARTE**

| **MÉDIA DE 100% DOS SALÁRIOS DE CONTRIBUIÇÃO** | **5.372,24** |
|---|---|
| COEFICIENTE | **60%** |
| **RENDA MENSAL INICIAL** = SB x Coeficiente | **3.223,34** |

**RENDA MENSAL COM BASE NO NOVO REGIME JURÍDICO**

| **MÉDIA DE 100% DOS SALÁRIOS DE CONTRIBUIÇÃO** | **1.786,44** |
|---|---|
| COEFICIENTE | **78%** |
| **RENDA MENSAL INICIAL** = SB x Coeficiente | **1.393,42** |

| **Diferença Percentual** | **131,33%** |
|---|---|

| **Tempo de contribuição** | **Coeficiente de cálculo da Renda Mensal Inicial** |
|---|---|
| 20 | 60,00% |
| 21 | 62,00% |
| 22 | 64,00% |

De acordo com os cálculos elaborados com base no regramento vigente na data do requerimento, em 30/03/2020, aplicando a regra de descarte, o salário de benefício foi fixado no valor de **R$ 5.372,24**, correspondente ao maior salário de contribuição atualizado monetariamente (salário de 05/1995). Dos 136 salários de contribuição do período básico de cálculo, foram descartados 135 (11 anos e 03 meses). Esse descarte só foi possível porque, mesmo excluindo os 135 salários de contribuição do período básico de cálculo, o segurado ainda perfaz o total de **18 anos, 05 meses e 27 dias**, suficientes para atender à carência mínima para fazer jus ao benefício. A renda mensal inicial corresponde ao coeficiente mínimo de 60% do salário de benefício, no valor de **R$ 3.223,34**, superior a renda obtida com base no Novo Regime Jurídico (**R$ 1.393,42**). Houve um incremento de 131,33% na RMI do benefício, comparativamente ao valor obtido com base no Novo regime

Jurídico. Essa situação só foi possível diante da ausência de um divisor mínimo no regramento atual.

## 9. COMPLEMENTAÇÃO DAS APOSENTADORIAS DOS FERROVIÁRIOS PAGA PELA UNIÃO

De acordo com o artigo 1º, da Lei 8.186/91, é garantida a complementação da aposentadoria paga na forma da Lei Orgânica da Previdência Social (LOPS) aos ferroviários admitidos até 31 de outubro de 1969, na extinta Rede Ferroviária Federal S.A. (RFFSA)[35], constituída *ex vi* da Lei nº 3.115, de 16 de março de 1957, suas estradas de ferro, unidades operacionais e subsidiárias.

Com efeito, a complementação da aposentadoria devida pela União é constituída pela diferença entre o valor da aposentadoria paga pelo Instituto Nacional do Seguro Social (INSS) e o da remuneração do cargo correspondente ao do pessoal em atividade na RFFSA e suas subsidiárias, com a respectiva gratificação adicional por tempo de serviço.

No entanto, a aludida complementação não abarca verbas transitórias, a exemplo do adicional de periculosidade. Veja-se o STJ (Informativo 599):

| PROCESSO | **REsp 1.643.409-RJ, Rel. Min. Herman Benjamin, por unanimidade, julgado em 16/2/2017, DJe 7/3/2017.** |
|---|---|
| RAMO DO DIREITO | DIREITO PREVIDENCIÁRIO |
| TEMA | Impossibilidade de ferroviário aposentado (RFFSA) receber como complementação de aposentadoria adicional de periculosidade. Vantagem pecuniária de caráter transitório. |

**DESTAQUE**

O adicional de periculosidade não deve integrar a complementação dos proventos de aposentadoria percebida por ex-ferroviário.

**INFORMAÇÕES DO INTEIRO TEOR**

O ponto nodal da controvérsia cinge-se a definir se a complementação de aposentadoria deve ser paga conforme a remuneração do trabalhador ocupante de atividade do mesmo cargo ou, mais especificamente, se o adicional de periculosidade deve integrar a complementação dos proventos de aposentadoria percebida por ex-ferroviário. Como se depreende da interpretação literal do art. 2º da Lei n. 8.186/1991, "a complementação de aposentadoria devida pela União é constituída pela diferença entre o valor da aposentadoria paga pelo Instituto Nacional do Seguro Nacional (INSS) e o da remuneração do cargo correspondente ao do pessoal em atividade na RFFSA e suas subsidiárias, com a respectiva gratificação adicional por tempo de serviço". Contudo, no caso ***sub judice***, a interpretação literal não deve ser levada em consideração isoladamente, sob o grave risco de provocar a criação de norma jurídica que contrarie o ordenamento jurídico. Portanto, outras modalidades interpretativas devem ser observadas, como a teleológica e a sistemática. Nesse caminho, como exposto em antigo precedente deste STJ, REsp 576.446-PB: "O adicional de periculosidade possui pressuposto vinculado ao tipo de função e seu exercício, constituindo vantagem de caráter transitório, que cessa com a eliminação das condições ou dos riscos que deram causa à sua concessão. **E por ser vantagem pecuniária de caráter transitório, não deve integrar os proventos de aposentadoria."**

De acordo com a TNU, "a complementação da aposentadoria ou pensão devida pela União por força da Lei n. 8.186/91 aos ferroviários vinculados à extinta Rede Ferroviária Federal S.A. - RFFSA à época da inatividade terá como referência os valores previstos no plano de cargos e salários daquela sociedade de economia mista aplicados aos empregados cujos contratos de trabalho foram transferidos para quadro de pessoal especial da VALEC - Engenharia, Construções e Ferrovias S.A., nos termos do art. 118 da Lei n. 10.233/01" (Informativo 22/2017 - Processo n. 0521440-57.2014.4.05.8300).

Posteriormente, com base na Lei 10.478/02, ficou estendido, a partir do 1º de abril de 2002, aos ferroviários admitidos até 21 de maio de 1991 pela Rede Ferroviária Federal S.A. - RFFSA, em liquidação, constituída *ex vi* da Lei nº 3.115, de 16 de março de 1957, suas estradas de ferro, unidades operacionais e subsidiárias, o direito à complementação de aposentadoria na forma do disposto na Lei nº 8.186, de 21 de maio de 1991.

Por seu turno, os segurados que ao desvincularem da Rede Ferroviária Federal S.A - RFFSA, e reingressarem no RGPS como empregados de outra empresa, contribuinte individual ou facultativo, entre outros, tem direito à complementação da Lei nº 8.186, de 21 de maio de 1991 ou da Lei nº 10.478 de 28 de junho de 2002, desde que tenham implementado todas as condições exigidas à concessão do benefício na data do desligamento da RFFSA, conforme o disposto na Súmula do STF nº 359, de 13 de dezembro de 1963[36].

A TNU firmou a tese de que, para fins de complementação de aposentadoria, o conceito de "ferroviário" previsto no art. 4º da Lei n. 8.186/91 somente contempla o funcionário que, na data imediatamente anterior ao início da aposentadoria, compunha os quadros da RFFSA, suas estradas de ferro, unidades operacionais e subsidiárias. O funcionário da RFFSA

---

**35.** A REDE FERROVIÁRIA FEDERAL SOCIEDADE ANÔNIMA – RFFSA – era uma sociedade de economia mista integrante da Administração Indireta do Governo Federal, vinculada funcionalmente ao Ministério dos Transportes.

A RFFSA foi extinta, mediante a Medida Provisória nº 353, de 22 de janeiro de 2007, estabelecida pelo Decreto Nº 6.018 de 22/01/2007, sancionado pela Lei Nº 11.483.

**36.** Artigo 746, da Instrução Normativa INSS 77/2015.

ou de suas subsidiárias que no momento da aposentadoria havia sido transferido, em regime de sucessão trabalhista, para outras empresas privadas prestadoras do serviço de transporte ferroviário, não se enquadra no aludido conceito de "ferroviário", não fazendo jus, assim, ao benefício (Informativo 26/2018 – PEDILEF n. 5000213-47.2016.4.04.7101).

Outrossim, "a TNU firmou a tese de que a complementação da aposentadoria ou pensão devida pela União por força da Lei n. 8.186/91 aos ferroviários vinculados à extinta Rede Ferroviária Federal S.A. – RFFSA à época da inatividade terá como referência os valores previstos no plano de cargos e salários daquela sociedade de economia mista aplicados aos empregados cujos contratos de trabalho foram transferidos para quadro de pessoal especial da VALEC – Engenharia, Construções e Ferrovias S.A., nos termos do art. 118 da Lei n. 10.233/01". (Boletim em 13.12.2017 – Processo n. 0521440-57.2014.4.05.8300)

Suponha-se que um ferroviário da Rede Ferroviária Nacional, que foi admitido até 21 de maio de 1991, receba uma remuneração mensal de R$ 5.000,00 na data da sua aposentadoria, optando em não mais permanecer em atividade.

Neste caso, se a aposentadoria a ser paga pelo INSS for supostamente de R$ 3.000,00, após os cálculos de praxe, a União deverá pagar um complemento de R$ 2.000,00.

Assim, considere-se que posteriormente o aposentado descobriu que tem direito a uma revisão do benefício pago pelo INSS, logrando êxito no seu pedido na via administrativa ou judicial, sendo elevado para R$ 3.400,00.

Neste caso, o complemento da União será reduzido de R$ 2.000,00 para R$ 1.600,00, razão pela qual o aposentado não terá nenhum ganho econômico, mas apenas a União, que reduziu a sua complementação.

Logo, conquanto existam bons argumentos contrários, entende-se que o ferroviário aposentado não tem interesse-utilidade de agir, pois não haverá majoração da renda mensal inicial do seu benefício.

Nesse sentido, o posicionamento do TRF da 2ª Região:

> "PREVIDENCIÁRIO. PENSÃO DE EX-SERVIDOR DA RFFSA. PARIDADE DE PROVENTOS. ART. 75 DA LEI Nº 8.213/91. MAJORAÇÃO DA COTA DE PENSÃO. **FALTA DE INTERESSE PROCESSUAL.** 1 – Referida complementação foi instituída através do Decreto-Lei nº 956/69, objetivando a manutenção de todos os direitos e vantagens dos servidores das ferrovias de propriedade da União que passaram a integrar a RFFSA, quando da constituição desta (art. 15, Lei nº 3.115/57), igualando-se, para tanto, o valor do benefício destes funcionários aos proventos a que teriam direito os ferroviários, se aposentados estatutariamente. 2 – **Dessa forma, conquanto tenham parte de seus proventos calculada conforme o Regime Geral da Previdência Social, recebem os ex-ferroviários, e os titulares de suas pensões, complemento que lhes assegura montante remuneratório equivalente aos paradigmas em atividade, de sorte que eventual equívoco na cota-parte da autarquia não lhes acarreta qualquer prejuízo, na medida em que o ente federativo terá de arcar com parcela maior para alcançar a paridade legal.** 3 – Inobstante, releva consignar a ausência de proveito quanto ao provimento jurisdicional invocado, eis que eventual incorreção no cálculo da parcela previdenciária somente aproveitaria à União Federal, sucessora da Sociedade de Economia Mista, em decorrência da diminuição de sua cota-parte, podendo-se inferir, destarte, que o segurado que recebe complementação da RFFSA somente tem interesse jurídico para contestar o valor global de seus proventos, o que não é o caso posto nestes autos. 4 – Apelação desprovida" (AC 336.190, 16.06.2005).

Vale também colacionar precedente da TNU que indeferiu a revisão:

> "PREVIDENCIÁRIO – FERROVIÁRIO – COMPLEMENTAÇÃO DA APOSENTADORIA PAGA PELA UNIÃO – REVISIONAL – IMPROVIMENTO FACE À INOCUIDADE DE EVENTUAL REAJUSTE DO BENEFÍCIO.
>
> I – Acórdão que indeferiu o pedido de reajuste da aposentadoria percebida do INSS pelo autor, ex-ferroviário, uma vez que o mesmo recebe complementação do benefício paga pela União.
>
> **II – A complementação de aposentadoria paga pela União tem por fim tornar seu valor igual ao percebido pelo pessoal da ativa, razão pela qual seria inócuo o deferimento dos reajustes pleiteados no benefício do autor.**
>
> II – Pedido de uniformização conhecido e improvido" (PEDILEF 200472950065997, de 27.01.2006).

Outrossim, por respeito ao Princípio da Contraditório e da Ampla Defesa, além do claro interesse na causa, devem ser citadas a União e a Rede Ferroviária Federal S.A, conforme entendimento do TRF da 1ª Região[37], ressaltando que a União sucederá a extinta RFFSA nos direitos, obrigações e ações judiciais em que esta seja autora, ré, assistente, opoente ou terceira interessada[38].

Na verdade, quem tem interesse de agir é a União, que com o aumento do benefício pago pelo INSS irá reduzir a sua complementação.

Vale ressaltar que também há o complemento da pensão por morte decorrente da aposentadoria do ferroviário.

---

**37.** AC 2000.38.01.003782-3, de 26.08.2008.

**38.** Artigo 2º, inciso I, da Lei 11.483/07.

De acordo com o artigo 5º da Lei 8.186/91, a complementação da pensão de beneficiário do ferroviário é igualmente devida pela União e continuará a ser paga pelo INSS, observadas as normas de concessão de benefícios da Lei Previdenciária o reajuste paritário com os ativos.

Entretanto, em nenhuma hipótese, a pensão previdenciária complementada poderá ser paga cumulativamente com as pensões especiais previstas nas Leis 3.738, de 3 de abril de 1960, e 6.782, de 20 de maio de 1980, ou quaisquer outros benefícios pagos pelo Tesouro Nacional.

Nesse sentido, a TNU (tema 110):

| **Tema** | **110** | Situação do tema | Julgado | Ramo do direito | DIREITO PREVIDENCIÁRIO |
|---|---|---|---|---|---|
| Questão submetida a julgamento | | Saber se o valor da pensão por morte de dependentes de ex-ferroviária da RFFSA deve ser complementado, de forma a se equiparar aos valores pagos aos servidores da ativa, independentemente do valor da renda mensal fixada pelo INSS. | | | |
| **Tese firmada** | | **É possível a revisão de pensão por morte, para equiparação no mesmo valor dos servidores ativos, nos termos da Lei n. 8.186/91, que trata do regime de complementação de aposentadorias e pensões aos ex-ferroviários da RFFSA.** | | | |
| Processo | Decisão de afetação | Relator (a) | Julgado em | Acórdão publicado em | Trânsito em julgado |
| PEDILEF 2008.70.59.001393-3/ PR | 09/10/2013 | Juiz Federal Paulo Ernane Moreira Barros | 09/10/2013 | 18/10/2013 | 17/03/2014 |

## 10. COMPLEMENTAÇÃO DE APOSENTADORIAS PAGAS POR ENTIDADES FECHADAS DE PREVIDÊNCIA PRIVADA

O mesmo regime previdenciário dos ferroviários aposentados poderá ser aplicado a determinados benefícios pagos por entes fechados de previdência privada, desde que se destinem a complementar a aposentadoria paga no âmbito do RGPS, a fim de atingir a remuneração percebida pelo segurado no momento da cessação do vínculo empregatício.

**Entretanto, é preciso que seja analisado cada plano de benefícios do ente fechado para verificar a forma de cálculo do benefício privado.**

Um bom exemplo pode ser colhido nos funcionários do Banco do Brasil, que, se quiserem, podem se filiar a PREVI – Caixa de Previdência dos Funcionários do Banco do Brasil há várias décadas, a exemplo do plano dos antigos funcionários (PREVI 1 – empregados admitidos até dezembro de 1997), que objetiva assegurar complemento de aposentadoria e pensão para seus participantes e respectivos dependentes.

Suponha-se que um funcionário do Banco do Brasil que receba a remuneração de R$ 6.000,00 opte em se aposentar pelo RGPS e passe a receber R$ 3.000,00 de aposentadoria paga pelo INSS.

Neste caso, suponha-se também que ele rompa o vínculo empregatício com o Banco do Brasil e passe a receber complemento de aposentadoria pago pela PREVI, no valor da diferença entre a sua remuneração e o valor pago pelo INSS, ou seja, de R$ 3.000,00, com base no seu Plano PREVI 1 da época.

Logo, caso esse segurado ajuíze uma ação contra o INSS e consiga revisão a renda mensal da sua aposentadoria para R$ 3.300,00, consequentemente o complemento pago pela PREVI será reduzido para R$ 2.700,00, razão pela qual inexistirá interesse de agir do aposentado na demanda, vez que inexistirá acréscimo patrimonial.

Na verdade, apenas quem tem interesse-utilidade de agir é o ente fechado que está pagando um complemento maior que o devido, pois com a revisão reduzirá a parcela de complementação de aposentadoria, **tendo direito à restituição**, conforme decidiu o TRF da 1ª Região em favor da PETROS (ente fechado dos funcionários da Petrobrás):

> "PREVIDENCIÁRIO. CONSTITUCIONAL. REVISÃO DE BENEFÍCIO CONCEDIDO ANTES DA CF/88. **APOSENTADORIA POR TEMPO DE SERVIÇO.** ATUALIZAÇÃO DOS SALÁRIOS-DE-CONTRIBUIÇÃO. ORTN/OTN. POSSIBILIDADE. LEI 6.423/77. **COMPLEMENTAÇÃO DE APOSENTADORIA POR ENTIDADE DE PREVIDÊNCIA PRIVADA (PETROS). LEGITIMIDADE AD CAUSAM. 1. Como na presente ação o autor busca a revisão de sua aposentadoria previdenciária e eventual majoração no valor do benefício repercutirá sobre a parcela da complementação de aposentadoria paga pela entidade de previdência privada, a PETROS tem legitimidade para integrar a relação processual, na condição de assistente litisconsorcial, consoante precedentes desta Corte.** 2. Para os benefícios

de aposentadoria por tempo de serviço concedidos antes da Constituição de 1988, os 24 salários-de-contribuição, anteriores aos 12 últimos, utilizados para o cálculo da RMI, devem ser atualizados com base na ORTN, na forma da Lei 6.423/77. **3. Os "valores pagos a maior pela PETROS a título de complementação de aposentadoria, em virtude da inobservância pelo INSS da norma em comento, devem ser a ela restituídos na forma determinada no comando sentencial recorrido."** (AC **2003.33.00.027191-8/BA)"** (AC 2004.33.00.007626-1, de 13.09.2010).

Assim, o ente fechado de previdência privada deve participar do processo, por manifesto interesse de agir, pois poderá a decisão judicial determinar o pagamento de parcelas em favor do segurado, mas que realmente são devidas ao ente privado.

Caso o julgador entenda que existe interesse do segurado na revisão, **pois se cuida de tema altamente polêmico**, deverá determinar o cumprimento da obrigação de fazer (revisão da renda mensal do benefício), mas em hipótese alguma deverão ser pagas parcelas vencidas, sob pena de enriquecimento sem causa do segurado.

Nesse caminho, o TRF da 4ª Região:

"PROCESSO CIVIL. EMBARGOS DECLARATÓRIOS. OMISSÃO. BENEFÍCIOS DE APOSENTADORIA COMPLEMENTADOS PELO FUNDO DE PENSÃO PETROS. DIFERENÇAS INDEVIDAS. – Em havendo complementação da aposentadoria pelo fundo de pensão PETROS, não são devidas diferenças pelo INSS, decorrentes da revisão da RMI, limitando-se o efeito do aumento da renda mensal do benefício à diminuição do valor da complementação a ser paga pelo fundo, a partir da efetiva implantação da nova RM" (EDAC 2003.70.00.052679-7, de 19.01.2005).

## 11. JUROS DE MORA E CORREÇÃO MONETÁRIA NOS PROCESSOS PREVIDENCIÁRIOS

De início, nas concessões administrativas espontâneas o INSS corrige o valor pago pela variação do INPC (art. 41-A, da Lei 8.213/91), com lastro no Regulamento da Previdência Social, mesmo que a mora tenha sido dado causa pelo requerente:

"Art. 175. O pagamento de parcelas relativas a benefícios efetuado com atraso, independentemente de ocorrência de mora e de quem lhe deu causa, deve ser corrigido monetariamente desde o momento em que restou devido, pelo mesmo índice utilizado para os reajustamentos dos benefícios do RGPS, apurado no período compreendido entre o mês que deveria ter sido pago e o mês do efetivo pagamento". (Redação dada pelo Decreto nº 6.722, de 2008).

De outro vértice, inexiste previsão normativa para o pagamento de juros moratórios nas concessões administrativas perpetradas pela Autarquia de Previdência.

A condenação judicial **do INSS para pagar as parcelas vencidas do benefício previdenciário alvo do processo judicial deve ser acompanhada da correção monetária e dos juros de mora, estes a contar da citação da autarquia previdenciária.**

**Vale frisar que os juros de mora nas ações relativas a benefícios previdenciários incidem a partir da citação válida, nos termos da Súmula 204 do STJ.**

**Trata-se de súmula aprovada pela Corte Especial do STJ na sessão de 11/3/1998. Isso porque é a citação válida o ato que demonstra a mora do INSS.**

**Mesmo após o CPC/2015, a súmula continua válida, pois prevê o seu artigo 240 que a citação válida, ainda quando ordenada por juízo incompetente, induz litispendência, torna litigiosa a coisa e constitui em mora o devedor.**

**Até o advento da Lei 11.960/2009, o INSS era condenado nos juros de mora à razão de 1% ao mês. Sucede que a referida norma jurídica alterou o artigo 1º-F, da Lei 9.494/97, que passou a contar com a seguinte redação:**

"Art. 1º-F. Nas condenações impostas à Fazenda Pública, independentemente de sua natureza e para fins de atualização monetária, remuneração do capital e compensação da mora, haverá a incidência uma única vez, até o efetivo pagamento, dos índices oficiais de remuneração básica e juros aplicados à caderneta de poupança."

Logo, a contar de 30.06.2009, data da publicação da Lei 11.960, passaram a ser utilizados os índices oficiais de remuneração básica e juros aplicados à caderneta de poupança a título de juros e correção monetária nas condenações contra a autarquia previdenciária.

De sua vez, surgiu uma controvérsia acerca do caráter intertemporal de aplicação da Lei 11.960/2009 aos processos que já tramitavam antes da sua vigência e especialmente nos casos em que já havia se operado a coisa julgada antes no dia 30.06.2009.

Após superar divergência interna, a Corte Especial do STJ decidiu pela aplicação imediata da Lei 11.960/2009, a exemplo do julgamento do recurso especial 1.205.946, de 19.10.2011, mesmo para os processos em curso no início da sua vigência, recepcionado o entendimento da aplicabilidade imediata do novo regramento, por se tratar de regra processual:

"PROCESSUAL CIVIL E ADMINISTRATIVO. RECURSO ESPECIAL. SERVIDOR PÚBLICO. VERBAS REMUNERATÓRIAS. CORREÇÃO MONETÁRIA E JUROS DE MORA DEVIDOS PELA FAZENDA PÚBLICA. LEI 11.960/09, QUE ALTEROU O ARTIGO 1º-F DA LEI 9.494/97. NATUREZA PROCESSUAL. APLICAÇÃO IMEDIATA AOS PROCESSOS EM

CURSO QUANDO DA SUA VIGÊNCIA. EFEITO RETROATIVO. IMPOSSIBILIDADE.

1. Cinge-se a controvérsia acerca da possibilidade de aplicação imediata às ações em curso da Lei 11.960/09, que veio alterar a redação do artigo 1º-F da Lei 9.494/97, para disciplinar os critérios de correção monetária e de juros de mora a serem observados nas "condenações impostas à Fazenda Pública, independentemente de sua natureza", quais sejam, "os índices oficiais de remuneração básica e juros aplicados à caderneta de poupança".

2. A Corte Especial, em sessão de 18.06.2011, por ocasião do julgamento dos EREsp n. 1.207.197/RS, entendeu por bem alterar entendimento até então adotado, firmando posição no sentido de que a

Lei 11.960/2009, a qual traz novo regramento concernente à atualização monetária e aos juros de mora devidos pela Fazenda Pública, deve ser aplicada, de imediato, aos processos em andamento, sem, contudo, retroagir a período anterior à sua vigência.

3. Nesse mesmo sentido já se manifestou o Supremo Tribunal Federal, ao decidir que a Lei 9.494/97, alterada pela Medida Provisória n. 2.180-35/2001, que também tratava de consectário da condenação (juros de mora), devia ser aplicada imediatamente aos feitos em curso.

4. Assim, os valores resultantes de condenações proferidas contra a Fazenda Pública após a entrada em vigor da Lei 11.960/09 devem observar os critérios de atualização (correção monetária e juros) nela disciplinados, enquanto vigorarem. Por outro lado, no período anterior, tais acessórios deverão seguir os parâmetros definidos pela legislação então vigente.

5. No caso concreto, merece prosperar a insurgência da recorrente no que se refere à incidência do art. 5º da Lei n. 11.960/09 no período subsequente a 29/06/2009, data da edição da referida lei, ante o princípio do tempus regit actum.

6. Recurso afetado à Seção, por ser representativo de controvérsia, submetido ao regime do artigo 543-C do CPC e da Resolução 8/STJ.

7 Cessam os efeitos previstos no artigo 543-C do CPC em relação ao Recurso Especial Repetitivo n. 1.086.944/ SP, que se referia tão somente às modificações legislativas impostas pela MP 2.180-35/01, que acrescentou o art. 1º-F à Lei 9.494/97, alterada pela Lei 11.960/09, aqui tratada.

8. Recurso especial parcialmente provido para determinar, ao presente feito, a imediata aplicação do art. 5º da Lei 11.960/09, a partir de sua vigência, sem efeitos retroativos".

**PROCESSO**

AgInt nos EDcl no REsp 1929010 / SP

AGRAVO INTERNO NOS EMBARGOS DE DECLARAÇÃO NO RECURSO ESPECIAL

2021/0086147-0

**RELATOR(A)**

Ministra REGINA HELENA COSTA (1157)

**ÓRGÃO JULGADOR**

T1 - PRIMEIRA TURMA

**DATA DO JULGAMENTO**

14/02/2022

**DATA DA PUBLICAÇÃO/FONTE**

DJe 17/02/2022

**EMENTA**

PREVIDENCIÁRIO. EXECUÇÃO. PROCESSUAL CIVIL. AGRAVO INTERNO NOS EMBARGOS DE DECLARAÇÃO NO RECURSO ESPECIAL. CÓDIGO DE PROCESSO CIVIL DE 2015. APLICABILIDADE. VERBAS REMUNERATÓRIAS. **CORREÇÃO MONETÁRIA E JUROS DE MORA. NATUREZA PROCESSUAL. APLICAÇÃO IMEDIATA. CASO CONCRETO EM QUE O TÍTULO SE FORMOU APÓS À VIGÊNCIA DA LEI N. 11.960/2009.** FIXAÇÃO DA TR COMO ÍNDICE DE CORREÇÃO MONETÁRIA. ALTERAÇÃO. IMPOSSIBILIDADE. OFENSA À COISA JULGADA. ARGUMENTOS INSUFICIENTES PARA DESCONSTITUIR A DECISÃO ATACADA. APLICAÇÃO DE MULTA. ART. 1.021, § 4º, DO CÓDIGO DE PROCESSO CIVIL DE 2015. DESCABIMENTO. I ? Consoante o decidido pelo Plenário desta Corte na sessão realizada em 09.03.2016, o regime recursal será determinado pela data da publicação do provimento jurisdicional impugnado. In casu, aplica-se o Código de Processo Civil de 2015. **II - Ao julgar o Recurso Especial Repetitivo n. 1.205.946/ SP, a Corte Especial deste Superior Tribunal de Justiça firmou orientação no sentido de que a correção monetária e os juros moratórios constituem parcelas de natureza processual, razão pela qual a alteração introduzida pela Lei n. 11.960/2009 se aplica de imediato aos processos em curso, no que concerne ao período posterior à sua vigência, à luz do princípio tempus regit actum.** III - A partir de tal compreensão, conclui-se que, na fase de execução, a coisa julgada não impede a aplicação da Lei n. 11.960/2009 no tocante aos títulos formados anteriormente à sua vigência ou quando o processo de conhecimento, embora transitado em julgado a posteriori, nele não se debateu sobre a incidência de tal norma por motivo não imputável à parte interessada. IV - Contudo, solução distinta deve ser adotada quando a questão dos juros moratórios e da correção monetária foi esgotada na fase cognitiva, examinando-se a controvérsia à luz da Lei n. 11.960/2009, independentemente do acerto da solução adotada no caso concreto em relação às teses definidas no julgamento dos Temas n. 810/STF e n. 905/STJ. V - Nessa hipótese, devem prevalecer os parâmetros fixados na sentença transitada em julgado, sendo incabível ao juízo da execução redefinir o título executivo nesse aspecto, sob pena de violação à coisa julgada. VI - Na espécie, o título exequendo se formou posteriormente à vigência da Lei n. 11.960/2009, tendo havido o exame de tal norma no âmbito do processo de conhecimento, ocasião em que se fixou a TR como índice de correção monetária (fl. 71e), razão pela qual a alteração de tal critério importa em afronta à coisa julgada. VII - O Agravante não apresenta, no agravo, argumentos suficientes para desconstituir a decisão recorrida. VIII - Em regra, descabe a imposição da multa prevista no art.

1.021, § 4º, do Código de Processo Civil de 2015 em razão do mero desprovimento do Agravo Interno em votação unânime, sendo necessária a configuração da manifesta inadmissibilidade ou improcedência do recurso a autorizar sua aplicação, o que não ocorreu no caso. IX ? Agravo Interno improvido.

Com o mesmo entendimento, a TNU publicou a Súmula 61:

"**Súmula 61** – As alterações promovidas pela Lei n. 11.960/2009 têm aplicação imediata na regulação dos juros de mora em condenações contra a Fazenda Pública, inclusive em matéria previdenciária, independentemente da data do ajuizamento da ação ou do trânsito em julgado".

No entanto, a Súmula 61 foi cancelada na sessão de 09 de outubro de 2013, no julgamento do processo 0003060-22.2006.4.03.6314, voltando a incidir 1% de juros de mora por mês acrescida de correção monetária pelo INPC.

Isso porque, no julgamento do julgamento da ADI 4.425, de 14/03/2013, o STF supostamente pronunciou a invalidade do artigo 1º-F, da Lei 9.494/97, com redação dada pela Lei 11.960/2009.

De acordo com o STF, "a atualização monetária dos débitos fazendários inscritos em precatórios segundo o índice oficial de remuneração da caderneta de poupança viola o direito fundamental de propriedade (CF, art. 5º, XXII) na medida em que é manifestamente incapaz de preservar o valor real do crédito de que é titular o cidadão. A inflação, fenômeno tipicamente econômico-monetário, mostra-se insuscetível de captação apriorística (ex ante), de modo que o meio escolhido pelo legislador constituinte (remuneração da caderneta de poupança) é inidôneo a promover o fim a que se destina (traduzir a inflação do período)".

Assim, considerando que a Lei 11.960/2009 também previu a remuneração de juros e correção pelos índices da caderneta de poupança, o artigo 1º-F supostamente também foi invalidado. Isso porque "o art. 1º-F da Lei nº 9.494/97, com redação dada pela Lei nº 11.960/09, ao reproduzir as regras da EC nº 62/09 quanto à atualização monetária e à fixação de juros moratórios de créditos inscritos em precatórios incorre nos mesmos vícios de juridicidade que inquinam o art. 100, §12, da CF, razão pela qual se revela inconstitucional por arrastamento, na mesma extensão dos itens 5 e 6 supra".

Vale registrar que pendia de julgamento no STF pedido de modulação da pronúncia de inconstitucionalidade dos índices de poupança, razão pela qual o STF vinha determinando a aplicação da sistemática invalidada (Rcl 16.705/MC, Min. Luiz Fux, de 12/12/2013).

**Finalmente o tema foi apreciado em caráter conclusivo pelo STF.** E a Suprema Corte pronunciou a inconstitucionalidade da TR como índice de correção monetária por não refletir a inflação (Informativo 878):

**REPERCUSSÃO GERAL**

**Condenação contra a Fazenda Pública e índices de correção monetária - 4**

O art. 1º-F da Lei 9.494/1997 (1), com a redação dada pela Lei 11.960/2009, na parte em que disciplina os juros moratórios aplicáveis a condenações da Fazenda Pública, é inconstitucional ao incidir sobre débitos oriundos de relação jurídico-tributária, aos quais devem ser aplicados os mesmos juros de mora pelos quais a Fazenda Pública remunera seu crédito tributário, em respeito ao princípio constitucional da isonomia [CF, art. 5º, "caput" (2)]; quanto às condenações oriundas de relação jurídica não-tributária, a fixação dos juros moratórios segundo o índice de remuneração da caderneta de poupança é constitucional, permanecendo hígido, nesta extensão, o disposto no art. 1º-F da Lei nº 9.494/1997 com a redação dada pela Lei nº 11.960/2009.

**O art. 1º-F da Lei nº 9.494/1997, com a redação dada pela Lei nº 11.960/2009, na parte em que disciplina a atualização monetária das condenações impostas à Fazenda Pública segundo a remuneração oficial da caderneta de poupança, revela-se inconstitucional ao impor restrição desproporcional ao direito de propriedade [CF, art. 5º, XXII (3)], uma vez que não se qualifica como medida adequada a capturar a variação de preços da economia, sendo inidônea a promover os fins a que se destina.**

Com base nessas orientações, o Plenário, em conclusão de julgamento e por maioria, deu parcial provimento a recurso extraordinário em que discutida a validade da utilização dos índices oficiais de remuneração básica da caderneta de poupança para a correção monetária e a fixação de juros moratórios incidentes sobre condenações impostas à Fazenda Pública, conforme determina o art. 1º-F da Lei 9.494/1997, com a redação dada pela Lei 11.960/2009.

Na espécie, o ora recorrido ajuizou ação ordinária em face do INSS com pedido de concessão do benefício assistencial previsto no art. 203, V, da CF (4). O juízo de primeiro grau, então, julgou procedente o pedido e determinou que o INSS instituísse, em favor do autor, benefício de prestação continuada, na forma do art. 20 da Lei 8.742/1993 - LOAS (5). O pagamento das prestações vencidas deveria ser acrescido de correção monetária pelo IPCA, a partir de cada parcela, e juros de mora de acordo com o índice oficial de remuneração básica da caderneta de poupança. Interposta apelação pela autarquia previdenciária, a sentença foi mantida. (Informativos 811 e 833).

**O Colegiado assentou a natureza assistencial da relação jurídica em exame (caráter não-tributário); manteve a concessão de benefício de prestação continuada (LOAS, art. 20) ao ora recorrido, atualizado monetariamente segundo o IPCA-E desde a data fixada na sentença; e fixou os juros moratórios segundo a remuneração da caderneta de poupança, na forma do art. 1º-F da Lei 9.494/1997 com a redação dada pela Lei 11.960/2009.**

O Tribunal destacou, inicialmente, que as decisões proferidas pelo STF na ADI 4.357/DF (DJe de 26.9.2014) e na ADI 4.425/DF (DJe de 19.12.2013) não fulminaram por completo o art. 1º-F da Lei 9.494/1997, na redação dada pela Lei 11.960/2009. Nesses julgados foi declarada a inconstitucionalidade da correção monetária pela TR apenas quanto ao intervalo de tempo compreendido entre a inscrição do crédito em precatório e o efetivo pagamento. Isso porque a norma constitucional impugnada nas ADIs [CF, art. 100, § 12, incluído pela EC 62/2009 (6)] referia-se apenas à atualização do precatório e não à atualização da condenação após a conclusão da fase de conhecimento.

A redação do art. 1º-F da Lei 9.494/1997, como fixada pela Lei 11.960/2009, é, porém, mais ampla, englobando tanto a atualização de precatórios quanto a atualização da própria condenação. Não há, contudo, qualquer motivo para aplicar critérios distintos de correção monetária de precatórios e de condenações judiciais da Fazenda Pública.

A finalidade básica da correção monetária é preservar o poder aquisitivo da moeda diante da sua desvalorização nominal provocada pela inflação. Esse estreito nexo entre correção monetária e inflação exige, por imperativo de adequação lógica, que os instrumentos destinados a realizar a primeira sejam capazes de capturar a segunda. Índices de correção monetária devem ser, ao menos em tese, aptos a refletir a variação de preços que caracteriza o fenômeno inflacionário, o que somente é possível se consubstanciarem autênticos índices de preços. Os índices criados especialmente para captar o fenômeno inflacionário são sempre obtidos em momentos posteriores ao período de referência e guardam, por definição, estreito vínculo com a variação de preços na economia.

Assim, no caso, está em discussão o direito fundamental de propriedade do cidadão (CF, art. 5º, XXII) e a restrição que lhe foi imposta pelo legislador ordinário ao fixar critério específico para a correção judicial das condenações da Fazenda Pública (Lei 9.494/1997, art. 1º-F). Essa restrição é real na medida em que a remuneração da caderneta de poupança não guarda pertinência com a variação de preços na economia, sendo manifesta e abstratamente incapaz de mensurar a variação do poder aquisitivo da moeda. Nenhum dos componentes da remuneração da caderneta de poupança guarda relação com a variação de preços de determinado período de tempo, como disciplinado pelo art. 12 da Lei 8.177/1991

**Desse modo, a remuneração da caderneta de poupança prevista no art. 1º-F da Lei 9.494/1997, na redação dada pela Lei 11.960/2009, não consubstancia índice constitucionalmente válido de correção monetária das condenações impostas à Fazenda Pública.**

Vencidos, em parte, os ministros Teori Zavascki, Dias Toffoli, Cármen Lúcia (Presidente) e Gilmar Mendes, que deram provimento total ao recurso. Vencido, também, o ministro Marco Aurélio, que negou provimento ao recurso. **RE 870947/SE, rel. Min. Luiz Fux, julgamento em 20.9.2017. (RE-870947).**

Dessa forma, atualmente, nas demandas previdenciárias e assistenciais o cálculo dos atrasados deve considerar:

A) Correção monetária pelo IPCA-E;

B) Juros de mora pelos índices da Caderneta de Poupança.

Os juros de mora nos índices da Caderneta de Poupança são os seguintes:

a) 0,5% ao mês, enquanto a meta da taxa Selic ao ano for superior a 8,5%; ou

b) 70% da meta da taxa Selic ao ano, mensalizada, vigente na data de início do período de rendimento, enquanto a meta da taxa Selic ao ano for igual ou inferior a 8,5%.

**Assim, a invalidade da Lei 11.960/2009 se limita à correção monetária, tendo sido mantido incólume o regramento dos juros de mora de acordo com os índices da Caderneta de Poupança. Também nesse sentido, de acordo com o tese repetitiva do STJ (tema 905), "o art. 1º-F da Lei n. 9.494/1997 (com redação dada pela Lei 11.960/2009), na parte em que estabelece a incidência de** juros de mora **nos débitos da Fazenda Pública com base no índice oficial de remuneração da caderneta de poupança,** aplica-se às condenações impostas à Fazenda Pública, **excepcionadas as condenações oriundas de relação jurídico-tributária (REsp 1.495.146-MG, Rel. Min. Mauro Campbell Marques, Primeira Seção, por unanimidade, julgado em 22/02/2018, DJe 02/03/2018).**

**Vale registrar que nos autos do RE 870.947 ainda pendiam de julgamento embargos de declaração da Fazenda Pública buscando a modulação da pronúncia de inconstitucionalidade do STF. Existe já voto do Ministro Fux para aceitar a aplicação da TR** até 24/3/2015, **véspera dos efeitos da pronúncia de invalidade perpetrada no julgamento das ADI's 4.425 e 4.357:**

**Informativo 926 - Condenações judiciais da Fazenda Pública: correção monetária e modulação de efeitos -** O Plenário iniciou julgamento conjunto de quatro embargos de declaração opostos de acórdão que deu parcial provimento a recurso extraordinário, com repercussão geral reconhecida (Tema 810), e declarou a inconstitucionalidade do índice previsto no art. 1º-F, da Lei 9.494/1997, com redação dada pela Lei 11.960/2009 (1).

No julgamento do recurso extraordinário, o Colegiado fixou as seguintes teses: (i) o art. 1º-F da Lei 9.494/1997, com a redação dada pela Lei 11.960/2009, na parte em que disciplina os juros moratórios aplicáveis a condenações da Fazenda Pública, é inconstitucional ao incidir sobre débitos oriundos de relação jurídico-tributária, aos quais devem ser aplicados os mesmos juros de mora pelos quais a Fazenda Pública remunera seu crédito tributário, em respeito ao princípio constitucional da isonomia (CF, art. 5º, caput); quanto às condenações oriundas de relação jurídica não tributária, a fixação dos juros moratórios segundo o índice de remuneração da caderneta de poupança é constitucional, permanecendo hígido, nesta extensão, o disposto no art. 1º-F da Lei 9.494/1997 com a redação dada pela Lei 11.960/2009; (ii) o art. 1º-F da Lei 9.494/1997, com a redação dada pela Lei 11.960/2009, na parte em que disciplina a atualização monetária das condenações impostas à Fazenda Pública segundo a remuneração oficial da caderneta de poupança, revela-se inconstitucional ao impor restrição desproporcional ao direito de propriedade (CF, art. 5º, XXII), uma vez que não se qualifica como medida adequada a capturar a variação de preços da economia, sendo inidônea a promover os fins a que se destina.

Os embargantes alegam omissão e contradição do citado acórdão por ausência de modulação de seus efeitos. Sustentam que a imediata aplicação dessa decisão criaria um cenário de insegurança jurídica, com risco de dano grave ao erário, diante da possibilidade do pagamento de valores a maior pela Fazenda Pública.

**O ministro Luiz Fux (relator) acolheu parcialmente os embargos de declaração interpostos por Estados-membros e pelo Instituto Nacional do Seguro Social (INSS), para conferir eficácia prospectiva à declaração de inconstitucionalidade do índice previsto no art. 1º-F da Lei 9.494/1997, com a redação dada pela Lei 11.960/2009, proferida no leading case.**

**Em relação aos provimentos judiciais que não transitaram em julgado, o relator estabeleceu, como marco temporal inicial dos efeitos do acórdão embargado, o dia 25 de março de 2015, consoante o que decidido na questão de ordem formulada na ADI 4.425 e na ADI 4.357.**

O ministro Luiz Fux afastou a modulação de efeitos quanto aos débitos fazendários que, mesmo antes de 2015, já foram atualizados pelo Índice de Preços ao Consumidor Amplo Especial (IPCA-E). Asseverou que o acórdão embargado não alcança os provimentos judiciais condenatórios transitados em julgado, cujos critérios de pagamentos serão mantidos.

Para o relator, trata-se de uma questão não só de segurança jurídica, mas também de repercussão econômica e social.

**Em seguida, o ministro Alexandre de Moraes pediu vista dos autos. RE 870947 ED/SE, RE 870947 Segundos-ED/SE, RE 870947 Terceiros-ED/SE, RE 870947 Quartos-ED/SE, rel. Min. Luiz Fux, julgamento em 6.12.2018. (RE-870947).**

**Nessa decisão, o Ministro Fux concedeu** efeito suspensivo aos embargos de declaração, **conforme noticiado no próprio sítio do STF:**

Quarta-feira, 26 de setembro de 2018

**Ministro suspende efeitos de acórdão sobre índices de correção de dívidas da Fazenda Pública**

O ministro Luiz Fux, do Supremo Tribunal Federal (STF), **suspendeu a aplicação da decisão da Corte tomada no Recurso Extraordinário (RE) 870947**, acerca da correção monetária de débitos da fazenda pública, **aos processos sobrestados nas demais instâncias, até que Plenário aprecie pedido de modulação de efeitos do acórdão daquele julgado**. O ministro, relator do RE, acolheu requerimento de diversos estados que alegaram danos financeiros decorrentes da decisão que alterou o índice de correção monetária aplicada aos débitos fazendários no período anterior à expedição dos precatórios. O Plenário adotou o Índice de Preços ao Consumidor Amplo Especial (IPCA-E) em substituição à Taxa de Referência (TR).

Na decisão, o relator atribuiu efeito suspensivo a embargos de declaração apresentados por vários estados e levou em conta haver fundamentação relevante e demonstração de risco de dano financeiro ao Poder Público. Segundo explicou Fux, a modulação se volta exatamente à acomodação entre a nulidade das leis inconstitucionais e outros valores relevantes, como a segurança jurídica e a proteção da confiança legítima.

O ministro entendeu que ficou demonstrada, no caso, a efetiva existência de risco de dano grave ao erário em caso de não concessão do efeito suspensivo. Isso porque, segundo o relator, a jurisprudência do STF entende que, para a aplicação da sistemática da repercussão geral, não é necessário aguardar o trânsito em julgado do acórdão paradigma. Logo, o impacto da decisão proferida em plenário, em julgamento encerrado em 2017, pode ser imediato.

Ainda segundo o relator, a aplicação imediata da decisão pelas demais instâncias do Judiciário, antes da apreciação, pelo STF, do pedido de modulação dos efeitos da orientação estabelecida "pode realmente dar ensejo à realização de pagamentos de consideráveis valores, em tese, a maior pela Fazenda Pública, ocasionando grave prejuízo às já combalidas finanças públicas".

**Por outro lado, considerando que o caso julgado pelo STF envolveu benefício assistencial e não previdenciário, o STJ em tese repetitiva afastou a correção monetária pelo IPCA-E, adotando o INPC:**

| | |
|---|---|
| **PROCESSO** | REsp 1.495.146-MG, Rel. Min. Mauro Campbell Marques, Primeira Seção, por unanimidade, julgado em 22/02/2018, DJe 02/03/2018 (Tema 905) |
| **RAMO DO DIREITO** | DIREITO PROCESSUAL CIVIL |
| **TEMA** | Aplicação do art. 1º-F da Lei n. 9.494/1997 (com redação dada pela Lei n. 11.960/2009). Condenações impostas à Fazenda Pública. Índices aplicáveis a depender da natureza da condenação. Condenações judiciais de natureza previdenciária. |
| **DESTAQUE** | |
| As condenações impostas à Fazenda Pública de natureza previdenciária sujeitam-se à incidência do INPC, para fins de correção monetária, no que se refere ao período posterior à vigência da Lei n. 11.430/2006, que incluiu o art. 41-A na Lei n. 8.213/1991. Quanto aos juros de mora, no período posterior à vigência da Lei n. 11.960/2009, incidem segundo a remuneração oficial da caderneta de poupança. | |

**INFORMAÇÕES DO INTEIRO TEOR**

No tocante às condenações judiciais de natureza previdenciária, para fins de correção monetária, no período anterior à vigência da Lei 11.430/2006, devem ser aplicados os índices previstos no Manual de Cálculos da Justiça Federal. Nesse sentido: REsp 1.103.122-PR, Rel. Min. Jorge Mussi, DJe 03/08/2009. Ressalte-se que no período posterior à vigência da Lei n. 11.430/2006, que incluiu o art. 41-A na Lei n. 8.213/91, a correção monetária de condenações judiciais impostas à Fazenda Pública de natureza previdenciária deve ser calculada segundo a variação do INPC, apurado pela Fundação Instituto Brasileiro de Geografia e Estatística - IBGE. Cumpre registrar que a adoção do INPC não configura afronta ao que foi decidido pelo Supremo Tribunal Federal, em sede de repercussão geral (RE 870.947-SE). Isso porque, naquela ocasião, determinou-se a aplicação do IPCA-E para fins de correção monetária de benefício de prestação continuada (BPC), o qual se trata de benefício de natureza assistencial, previsto na Lei n. 8.742/1993. Assim, é imperioso concluir que o INPC, previsto no art. 41-A da Lei n. 8.213/1991, abrange apenas a correção monetária dos benefícios de natureza previdenciária. Por outro lado, é legítima a fixação dos juros de mora segundo o índice de remuneração da caderneta de poupança, na forma prevista no art. 1º-F, da Lei n. 9.494/1997, com a redação dada pela Lei n. 11.960/2009. Em relação ao tema, destacam-se: REsp 1.272.239-PR, Rel. Min. Ari Pargendler, DJe 01/10/2013 e AgRg no REsp 1.455.195-TO, Rel. Min. Mauro Campbell Marques, DJe 19/08/2014. Já no período anterior à vigência da Lei n. 11.960/2009, os juros de mora equivalem a 1% (um por cento) ao mês, sujeitos à capitalização simples (art. 3º do Decreto-Lei n. 2.322/87). Nesse sentido: AgRg no AgRg no REsp 929.339-SP, Rel. Min. Maria Thereza de Assis Moura, DJe 22/11/2010 e EREsp 230.222/CE, Rel. Min. Felix Fischer, DJ 16/10/2000.

A TNU segue a linha do STJ e vem utilizando o INPC como índice de correção monetária (Informativo 25/2018): PUIL n. 0002462-54.2009.4.03.6317/SP – "A TNU firmou o entendimento de que, a partir da data de vigência da Lei n. 11.960/2009, o INPC é o índice de atualização das parcelas vencidas de benefícios previdenciários".

**Mas o STF rejeitou o pedido de modulação da União, confirmado a inconstitucionalidade da TR:**

Quinta-feira, 03 de outubro de 2019

**Concluído julgamento de recursos sobre correção monetária nas condenações contra a Fazenda Pública**

O Plenário do Supremo Tribunal Federal (STF), em sessão nesta quinta-feira (3), concluiu que o Índice de Preços ao Consumidor Amplo Especial (IPCA-E) para a atualização de débitos judiciais das Fazendas Públicas (precatórios) aplica-se de junho de 2009 em diante. A decisão foi tomada no julgamento de embargos de declaração no Recurso Extraordinário (RE) 870947, com repercussão geral reconhecida.

Nos embargos, o Instituto Nacional do Seguro Social (INSS) e diversos estados defendiam a possibilidade de a decisão valer a partir de data diversa do julgamento de mérito do RE, ocorrido em 2017, para que a decisão, que considerou inconstitucional a utilização da Taxa Referencial (TR) na correção dessas dívidas, tivesse eficácia apenas a partir da conclusão do julgamento.

Prevaleceu, por maioria, o entendimento de que não cabe a modulação, ressaltando-se que, caso a eficácia da decisão fosse adiada, haveria prejuízo para um grande número de pessoas. Segundo dados do Conselho Nacional de Justiça (CNJ), há pelo menos 174 mil processos no país sobre o tema aguardando a aplicação da repercussão geral.

**Voto-vista**

O julgamento dos embargos começou em dezembro de 2018. Na ocasião, o relator do RE, ministro Luiz Fux, acolheu os embargos e votou no sentido de que a decisão no RE passasse a ter eficácia apenas a partir de março de 2015, quando o Plenário julgou questões de ordem nas Ações Diretas de Inconstitucionalidade (ADIs) 4425 e 4357, conhecidas como ADIs dos precatórios.

Após pedido de vista do ministro Alexandre de Moraes, o julgamento foi retomado na sessão de 20 de março. Em seu voto, o ministro Alexandre se manifestou contra a modulação. Segundo ele, seria configurada uma afronta ao direito de propriedade dos jurisdicionados, pois teriam seus débitos corrigidos por uma regra que o próprio Supremo considerou inconstitucional. À época, o ministro destacou que a modulação dos efeitos de uma decisão do STF, para que continue a produzir efeitos mesmo após ser declarada inconstitucional, é medida técnica excepcional, já que a regra é que a inconstitucionalidade não se prolongue no tempo. Esse entendimento foi seguido pelos ministros Edson Fachin, Rosa Weber, Ricardo Lewandowski, Marco Aurélio e Celso de Mello, formando a maioria.

Hoje, a análise foi retomada com o voto-vista do ministro Gilmar Mendes, que acompanhou o relator pela modulação dos efeitos da decisão. Segundo ele, sem que se adote essa técnica, haveria quebra de isonomia entre credores da mesma demanda, pois poderiam ser aplicados índices diferenciados, dependendo da demora na fase de cumprimento de sentença. O ministro Dias Toffoli, presidente do STF, também votou pela modulação da decisão. PR/CR

**Em seguida,** a PGF editou o Parecer Referencial n. 00013/2019/DEPCONT/PGF/AGU em 8/11/2019:

"EMENTA: **I.** CONSTITUCIONAL E PROCESSUAL CIVIL. RE Nº 870.947/SE. TEMA Nº 810/STF. ARTIGO 1º-F DA LEI Nº 9.494/97 COM A REDAÇÃO DADA PELA LEI Nº 11.960, PUBLICADA EM 30/06/2009. **II.** JUROS DE MORA E CORREÇÃO MONETÁRIA NAS CONDENAÇÕES JUDICIAIS DA FAZENDA PÚBLICA SEGUNDO OS ÍNDICES APLICADOS À CADERNETA DE POUPANÇA. **III.** JUROS DE MORA: CONSTITUCIONALIDADE DA NORMA QUANTO À INCIDÊNCIA AOS DÉBITOS ORIUNDOS DE RELAÇÃO NÃO TRIBUTÁRIA. DECLARAÇÃO DE INCONSTITUCIONALIDADE NO QUE SE REFERE ÀQUELES

DERIVADOS DE RELAÇÃO JURÍDICA TRIBUTÁRIA, POR OFENSA AO PRINCÍPIO DA ISONOMIA. IV. CORREÇÃO MONETÁRIA: DECLARAÇÃO DE INCONSTITUCIONALIDADE DO CRITÉRIO DE REMUNERAÇÃO BÁSICA DA CADERNETA DE POUPANÇA PELA TAXA REFERENCIAL - TR, POR VIOLAÇÃO AO DIREITO DE PROPRIEDADE, DESDE A EDIÇÃO DA LEI Nº 11.960/2009. MODULAÇÃO TEMPORAL DOS EFEITOS. INVIABILIDADE. V. DIVULGAÇÃO DE OFÍCIO-CIRCULAR ORIENTANDO A ATUAÇÃO DOS ÓRGÃOS DE EXECUÇÃO DA PGF, NOS TERMOS DOS ARTIGOS 2º, INCISOS IV E VII, E 8º, DA PORTARIA AGU Nº 488/2016.

Enfim a novela parece ter acabado, tendo sido fixada a inconstitucionalidade da TR com índice de correção monetária sem modulação de efeitos.

Os casos que transitaram em julgado com a aplicação da TR são as situações polêmicas na atualidade, considerando o conflito entre a prevalência da intangibilidade da coisa julgada e a declaração de inconstitucionalidade da regra.

Na visão do STJ, deve prevalecer na fase de execução a coisa julgada material de determinou a aplicação da TR (Informativo 676):

**SEGUNDA TURMA**

*Processo*

REsp 1.861.550-DF, Rel. Min. Og Fernandes, Segunda Turma, por unanimidade, julgado em 16/06/2020, DJe 04/08/2020

Ramo do Direito

DIREITO PROCESSUAL CIVIL

**Tema**

**Índices de correção monetária e juros de mora. Declaração de inconstitucionalidade no RE 870.947. Adequação em cumprimento de sentença. Não cabimento. Coisa julgada. Prevalência.**

Destaque

**Na fase de cumprimento de sentença não se pode alterar os critérios de atualização dos cálculos estabelecidos na decisão transitada em julgado, ainda que para adequá-los ao entendimento do STF firmado em repercussão geral.**

Informações do Inteiro Teor

Inicialmente, registre-se que, no caso, o tribunal de origem fez prevalecer os parâmetros estabelecidos pelo Supremo Tribunal Federal, que julgou o RE 870.947, pela sistemática da repercussão geral (Tema 810), adotando o entendimento de que "o art. 1º-F da Lei n. 9.494/1997, com a redação dada pela Lei n. 11.960/2009, na parte em que disciplina a atualização monetária das condenações impostas à Fazenda Pública segundo a remuneração oficial da caderneta de poupança, revela-se inconstitucional ao impor restrição desproporcional ao direito de propriedade (CRFB, art. 5º, XXII), uma vez que não se qualifica como medida adequada a capturar a variação de preços da economia, sendo inidônea a promover os fins a que se destina".

No entanto, conforme entendimento firmado pelo Pretório Excelso, "[...] a decisão do Supremo Tribunal Federal declarando a constitucionalidade ou a inconstitucionalidade de preceito normativo não produz a automática reforma ou rescisão das sentenças anteriores que tenham adotado entendimento diferente; para que tal ocorra, será indispensável a interposição do recurso próprio ou, se for o caso, a propositura da ação rescisória própria, nos termos do art. 485, V, do CPC, observado o respectivo prazo decadencial (CPC, art. 495)" (RE 730.462, Rel. Min. Teori Zavascki, Tribunal Pleno, julgado em 28/5/2015).

Ademais, definiu a Suprema Corte que a eficácia executiva da declaração de inconstitucionalidade tem como termo inicial a data da publicação do acórdão do Supremo no Diário Oficial (art. 28 da Lei n. 9.868/1999), atingindo apenas os atos administrativos e judiciais supervenientes.

Assim, sem que a decisão acobertada pela coisa julgada tenha sido desconstituída, não é cabível ao juízo da fase de cumprimento de sentença alterar os parâmetros estabelecidos no título judicial, ainda que no intuito de adequá-los à decisão vinculante do STF.

**PROCESSO**

AgInt no AgInt no AREsp 1957521 / SP

AGRAVO INTERNO NO AGRAVO INTERNO NO AGRAVO EM RECURSO ESPECIAL

2021/0275359-9

**RELATOR**

Ministro GURGEL DE FARIA (1160)

**ÓRGÃO JULGADOR**

T1 - PRIMEIRA TURMA

**DATA DO JULGAMENTO**

17/10/2022

**DATA DA PUBLICAÇÃO/FONTE**

DJe 21/11/2022

**EMENTA**

PROCESSUAL CIVIL E **PREVIDENCIÁRIO.** CUMPRIMENTO DE SENTENÇA. CONDENAÇÃO DA FAZENDA PÚBLICA. CORREÇÃO MONETÁRIA. MODIFICAÇÃO DO ÍNDICE. DESCABIMENTO.

1. O Colegiado da Primeira Seção do Superior Tribunal de Justiça, no julgamento do Tema 905 do STJ, ao decidir acerca dos índices de correção monetária e de juros moratórios nas condenações impostas à Fazenda Pública, ressalvou o exame de eventual coisa julgada.

2. Caso em que a parte exequente postulou a aplicação do INPC na atualização monetária do quantum debeatur, enquanto o Tribunal Regional consignou que o título executivo, transitado em julgado em 31/08/2015 - antes da decisão do Supremo Tribunal Federal no RE 870.947 (Tema 810) -, estabeleceu a observância do Manual de Cálculos quando vigorava redação conforme Resolução n. 134/2010, que estipulava os índices de correção monetária e percentual de juro mensal segundo a Lei n. 11.960/2009.

3. Uma vez afirmado pela instância ordinária que o título judicial foi proferido quando já em vigor a Lei n. 11.960/2009, determinando-lhe a incidência, deve haver observância da coisa julgada, ainda que inconstitucional até que a referida sentença seja desconstituída.

4. A decisão da Corte Suprema, ao declarar a constitucionalidade ou a inconstitucionalidade de preceito normativo, não produz a automática reforma ou rescisão das decisões anteriores que tenham adotado entendimento diferente, sendo "indispensável a interposição de recurso próprio ou, se for o caso, a propositura de ação rescisória própria, nos termos do art. 485 do CPC, observado o respectivo prazo decadencial (art. 495, CPC)".

5. Agravo interno desprovido.

Tivemos uma mudança radical no tema com o advento da Emenda 113/2021:

*"Art. 3º Nas discussões e nas condenações que envolvam a Fazenda Pública, independentemente de sua natureza e para fins de atualização monetária, de remuneração do capital e de compensação da mora, inclusive do precatório, haverá a incidência, uma única vez, até o efetivo pagamento, do índice da* ***taxa referencial do Sistema Especial de Liquidação e de Custódia (Selic)****, acumulado mensalmente".*

**Desta forma, a contar de** 09/12/2021**, a taxa SELIC para a ser o índice oficial para correção monetária e juros de mora nas condenações judiciais contra o Poder Público, o que inclui as condenações do INSS no pagamento de benefícios previdenciários e assistenciais.**

**Trata-se de uma** simetria com os créditos tributários, **inclusive as** contribuições previdenciárias, **pois a União cobra dos devedores com lastro na taxa SELIC, nos termos do artigo 89 da Lei 8.212/91:**

*"Art. 89. As contribuições sociais previstas nas alíneas a, b e c do parágrafo único do art. 11 desta Lei, as contribuições instituídas a título de substituição e as contribuições devidas a terceiros somente poderão ser restituídas ou compensadas nas hipóteses de pagamento ou recolhimento indevido ou maior que o devido, nos termos e condições estabelecidos pela Secretaria da Receita Federal do Brasil.* (Redação dada pela Lei nº 11.941, de 2009).

*§ 4º O valor a ser restituído ou compensado será acrescido de juros obtidos pela aplicação da taxa referencial do Sistema Especial de Liquidação e de Custódia – SELIC para títulos federais, acumulada mensalmente, a partir do mês subsequente ao do pagamento indevido ou a maior que o devido até o mês anterior ao da compensação ou restituição e de 1% (um por cento) relativamente ao mês em que estiver sendo efetuada".* (Redação dada pela Lei nº 11.941, de 2009).

**Por sua vez, a matéria que era legal, passa a ser** constitucional, **engessando futuras alterações do índice, que agora exige quórum qualificado de 3/5 do Congresso Nacional inerente ao procedimento de emenda para ser modificado, dentre outros rigores de praxes.**

**O atual índice pode ser mais favorável ao INSS ou ao segurado/dependente, a depender do período. Em tempos de inflação, a tendência da taxa SELIC é subir, estando em 9,25% em dezembro de 2021, após nova elevação pelo COPOM. Em junho de 2022 atingiu a 13,25%, com tendência de subida.**

**A sistemática anterior (INPC + juros de poupança) para benefícios previdenciários e para benefícios assistenciais (IPCA-E + juros de poupança) era superior, considerando que apenas o ano de 2021 ficou levemente acima dos 10% (INPC e IPCA-E), sem contar com os juros de mora da Caderneta de Poupança (70% da SELIC, se esta estiver até 8,5% ao ano ou 0,5% ao mês, quando a SELIC ultrapassa 8,5% ao ano).**

**Desse modo, no momento da sua promulgação, a Emenda 113/2021 beneficiou o Poder Público,** mas em breve o jogo pode virar, **pois se espera para 2022 uma elevação na taxa SELIC para conter a inflação.**

**É pacífico no Plenário do STF que nova regra de juros de mora e correção monetária tem aplicação imediata a contar da sua vigência, inclusive para as ações anteriormente ajuizadas:**

**ARE 1278476 ED-AgR / PR - PARANÁ**

**AG.REG. NOS EMB.DECL. NO RECURSO EXTRAORDINÁRIO COM AGRAVO**

**Relator(a): Min. LUIZ FUX (Presidente)**

**Julgamento: 15/12/2020**

**Publicação: 04/02/2021**

**Órgão julgador: Tribunal Pleno**

**Ementa**

EMENTA: AGRAVO REGIMENTAL NO RECURSO EXTRAORDINÁRIO COM AGRAVO. ADMINISTRATIVO. EXECUÇÃO DE SENTENÇA. AÇÃO COLETIVA. SERVIDORES PÚBLICOS. PRESCRIÇÃO. LEGISLAÇÃO INFRACONSTITUCIONAL. APLICAÇÃO DE TEMAS 660 E 435 DO QUADRO DA REPERCUSSÃO GERAL. DEVOLUÇÃO DOS AUTOS À ORIGEM OFENSA. QUESTÕES REMANESCENTES. REFLEXA. FATOS E PROVAS. REEXAME. IMPOSSIBILIDADE. PRECEDENTES. 1. A alegação de afronta aos princípios da legalidade, do devido processo legal, da ampla defesa, do contraditório, dos limites da coisa julgada ou da prestação jurisdicional que dependa, para ser reconhecida como tal, da análise de normas infraconstitucionais configura apenas ofensa indireta ou reflexa à Constituição Federal. Orientação reafirmada pelo Plenário, no ARE nº 748.371/MT, Relator o Ministro Gilmar Mendes (Tema 660). 2. **"É compatível com a Constituição a aplicabilidade imediata do art. 1º-F da Lei 9.494/97, com alteração pela Medida Provisória nº 2.180-35/2001,**

**ainda que em relação às ações ajuizadas antes de sua entrada em vigor."** Orientação reafirmada pelo STF, no Agravo de Instrumento nº 842063, DJE de 01/09/2011 (Tema nº 435). 3. Não se presta o recurso extraordinário para a análise da legislação infraconstitucional, tampouco para o reexame dos fatos e das provas constantes dos autos (Súmula nº 279/STF). 4. Agravo interno desprovido, mantida a devolução dos autos à Corte de origem, para que adote, conforme a situação dos Temas 660 e 435, do Quadro de Repercussão Geral, os procedimentos previstos nos incisos I a III do artigo 1.030 do Código de Processo Civil, com imposição de multa de 5% (cinco por cento) do valor atualizado da causa (artigo 1.021, § 4º, do CPC), caso seja unânime a votação. 3. Honorários advocatícios majorados ao máximo legal em desfavor da parte recorrente, caso as instâncias de origem os tenham fixado, nos termos do artigo 85, § 11, do Código de Processo Civil, observados os limites dos §§ 2º e 3º e a eventual concessão de justiça gratuita.

**Dessa forma,** o artigo 3º da Emenda 113/2021 se aplica de modo imediato para as condenações judiciais anteriores, **para atualização monetária e juros de mora a partir de 09/12/2021, considerando que** não possui efeitos retroativos, **devendo ser preservados os índices em vigor em cada época de atualização.**

**De sua vez, a previsão constitucional de aplicação da taxa SELIC com** incidência, uma única vez, até o efetivo pagamento, **não constitui inovação, pois essa regra já contava do artigo 1º-F, da Lei 9.494/97, com redação dada pela Lei 11.960/2009.**

**Demais disso, o artigo 3º da Emenda 113/2021 envolve apenas as** condenações, **de modo que se mantém vivo o INPC como índice de correção monetária para as concessões administrativas do INSS, nos termos do artigo 41-A da Lei 8.213/91.**

**De seu turno, haverá a incidência de Imposto de Renda sobre os juros de mora decorrentes de parcelas atrasadas de benefícios previdenciários, haja vista a previsão expressa da Lei 4.506/64. Nesse sentido, transcreve-se passagem do Informativo 514 do STJ:**

"DIREITO TRIBUTÁRIO. INCIDÊNCIA DE IMPOSTO DE RENDA DA PESSOA FÍSICA SOBRE JUROS DE MORA DECORRENTES DE BENEFÍCIOS PREVIDENCIÁRIOS PAGOS EM ATRASO.

**Incide imposto de renda da pessoa física sobre os juros moratórios decorrentes de benefícios previdenciários pagos em atraso.** Conforme o art. 16, parágrafo único, da Lei n. 4.506/1964, "serão também classificados como rendimentos de trabalho assalariado os juros de mora e quaisquer outras indenizações pelo atraso no pagamento das remunerações previstas neste artigo". Assim, os juros moratórios, apesar de terem a natureza jurídica de lucros cessantes, amoldam-se à hipótese de incidência do imposto de renda prevista no inciso II do art. 43 do CTN (proventos de qualquer natureza). Nesse contexto, há duas exceções à regra da incidência do imposto de renda sobre os juros de mora. Nos termos do art. 6º, V, da Lei n. 7.713/1988, na situação excepcional em que o trabalhador perde o emprego, os juros de mora incidentes sobre as verbas remuneratórias ou indenizatórias que lhe são pagas são isentos de imposto de renda. Além disso, não incide o referido tributo sobre os juros de mora decorrentes de verba principal isenta ou fora do seu campo de incidência (tese do acessório que segue o principal). Por outro lado, não há regra isentiva para os juros de mora incidentes sobre verbas previdenciárias remuneratórias pagas a destempo, o que acarreta a aplicação da regra geral do art. 16, parágrafo único, da Lei n. 4.506/1964. Precedentes citados: REsp 1.089.720-RS, DJe 28/11/2012, e REsp 1.227.133-RS, DJe 19/10/2011. AgRg no **AREsp 248.264-RS**, Rel. Min. Mauro Campbell Marques, julgado em 27/11/2012".

**No entanto,** "no caso de benefício previdenciário pago em atraso e acumuladamente, não é legítima a cobrança de imposto de renda com parâmetro no montante global pago extemporaneamente. **Isso porque a incidência do imposto de renda deve observar as tabelas e alíquotas vigentes na época em que os valores deveriam ter sido adimplidos, devendo ser observada a renda auferida mês a mês pelo segurado" (AgRg no AREsp 300.240-RS, Rel. Min. Humberto Martins, julgado em 9/4/2013. – Informativo 519 do STJ).**

> Vale registrar que a Lei 12.919, de 24 de dezembro de 2013, que dispõe sobre as diretrizes para a elaboração e execução da Lei Orçamentária de 2014, já previu no seu artigo 27 que a atualização monetária dos precatórios, determinada no § 12 do art. 100 da Constituição Federal, inclusive em relação às causas trabalhistas, previdenciárias e de acidente do trabalho, observará, no exercício de 2014, a variação do Índice Nacional de Preços ao Consumidor Amplo - Especial - IPCA-E do IBGE.

**De acordo com o STF, é devida a** incidência de juros da mora no período compreendido entre a data da realização dos cálculos e a da requisição ou do precatório:

**RE 579431** / RS - RIO GRANDE DO SUL

RECURSO EXTRAORDINÁRIO

Relator(a): Min. MARCO AURÉLIO

Julgamento: 19/04/2017 Órgão Julgador: Tribunal Pleno

**JUROS DA MORA – FAZENDA PÚBLICA – DÍVIDA – REQUISIÇÃO OU PRECATÓRIO. Incidem juros da mora entre a data da realização dos cálculos e a da requisição ou do precatório.**

**Com base no** PARECER n. 00087/2018/NOEJ/DEPCONT/PGF/AGU, os órgãos da AGU estão acatando a decisão do STF, pois o **Departamento de Contencioso, com fundamento no art. 2º, inciso IV, da Portaria 488/2016 da Advocacia-Geral da União, orientou as unidades de contencioso da PGF a reconhecer a procedência do pedido, a abster-se de contestar e de recorrer e a desistir dos recursos já interpostos, nos casos em que se discuta a** incidência de juros da mora no período compreendido entre a data da realização dos cálculos e a da requisição ou do precatório, **consoante o que restou decidido pelo Supremo Tribunal Federal no RE/RG nº 579.431/RS - TEMA 96, ressalvadas as hipóteses elencadas no art. 12 da referida Portaria 488/2016.**

**Por sua vez, a Corte Especial adequou o entendimento do STJ ao posicionamento do STF:**

| Informativo 617- CORTE ESPECIAL | |
|---|---|
| **PROCESSO** | EREsp 1.150.549-RS, Rel. Min. Og Fernandes, por unanimidade, julgado em 29/11/2017, DJe 12/12/2017 |
| **RAMO DO DIREITO** | DIREITO PROCESSUAL CIVIL |
| **TEMA** | Execução contra a Fazenda Pública. RPV. Juros de mora. Período compreendido entre a data da elaboração da conta de liquidação e a expedição do requisitório. Incidência. Julgamento proferido pelo STF no RE n. 579.431/RS, em regime de repercussão geral. Art. 1.030, II, do CPC/2015. Juízo de retratação. |
| **DESTAQUE** | |
| Em adequação ao entendimento do Supremo Tribunal Federal, a Corte Especial do STJ adota orientação jurisprudencial no sentido de que incidem juros da mora no período compreendido entre a data da realização dos cálculos e a da requisição ou do precatório. | |

| INFORMAÇÕES DO INTEIRO TEOR |
|---|
| A Corte Especial do Superior Tribunal de Justiça vislumbrou a necessidade de readequar a jurisprudência por ela firmada no julgamento do recurso especial repetitivo n. 1.143.677-RS, tendo em vista entendimento oposto consolidado pelo Supremo Tribunal Federal, no momento em que apreciado o RE 579.431-RS, por meio do qual fixou-se a incidência de juros de mora para o período compreendido entre a data da realização dos cálculos e a da requisição ou do precatório. Dessa forma – e com fundamento no art. 1.030, II, do CPC/2015 – conclui-se pela inteira aplicação da norma legal ao caso em exame. |

### 11.1. Cálculos

Como exemplo de aplicação de juros e atualização monetária nos cálculos de execução nas ações previdenciárias, vamos admitir a hipótese de um segurado ingressou com uma ação judicial para restabelecimento do benefício de auxílio-doença previdenciário, com início em 01/01/2016 e cessado em 30/09/2018. A ação foi ajuizada em 01/11/2018, o INSS foi citado em 25/11/2018. A sentença prolatada em **junho de 2019** JULGOU PROCEDENTE O PEDIDO, antecipando os efeitos da tutela no sentido de condenar a autarquia a restabelecer o benefício de auxílio-doença a partir da data de cessação, pagando-se as parcelas vencidas e não atingidas pela prescrição quinquenal, corrigidas monetariamente, acrescidas de juros de acordo com o Manual de Cálculos da Justiça Federal.

Em Cumprimento à decisão judicial, o benefício foi restabelecido a partir de 01/07/2019, data da intimação da decisão. Portanto a execução vai abranger o período de 01/10/2018 (data imediatamente posterior à cessação) a 30/06/2019 (data imediatamente anterior ao restabelecimento do benefício). Devem ser aplicados juros variáveis, de acordo com a Lei 12.703/2012 a partir da citação e a atualização monetária pelo INPC. Abaixo encontram-se as informações de reajustes do benefício e os cálculos de execução.

AUTOR: **RUI JOSÉ DA SILVA**
BENEFÍCIO: **31/500.501.502-0**
ESPÉCIE: **Auxílio por incapacidade temporária**
TEMPO DE CONTRIUIÇÃO: **15 anos, 08 meses e 12 dias**
DATA DE INÍCIO: **01/01/2016**
DATA DE CESSAÇÃO: **30/09/2018**

| | |
|---|---|
| SALÁRIO DE BENEFÍCIO: | **1.588,00** |
| COEFICIENTE: | **91%** |
| RENDA MENSAL INICIAL | **1.445,08** |

| REAJUSTES DO BENEFÍCIO | | | |
|---|---|---|---|
| **Data** | **Renda Mensal** | **Índices de reajustes** | **Renda Mensal Reajustada** |
| jan/17 | 1.445,08 | 1,065800 | 1.540,17 |
| jan/18 | 1.540,17 | 1,020700 | 1.572,05 |
| jan/19 | 1.572,05 | 1,034300 | 1.625,97 |
| jan/20 | 1.625,97 | 1,044800 | 1.698,81 |
| jan/21 | 1.698,81 | 1,054500 | 1.791,40 |
| **jan/22** | **1.791,40** | **1,101600** | **1.973,40** |

| CÁLCULOS DE EXECUÇÃO |
|---|
| AUTOR: **RUI JOSÉ DA SILVA** Ajuizamento: **01/11/2018** |
| BENEFÍCIO: **500.501.502-0** Citação: **25/11/2018** |
| ESPÉCIE: **31** (Auxílio por incapacaidade temporária) |
| Data da Sentença: **06/2019** |
| DATA DE INÍCIO: **01/01/2016** Atualização Monetária: **INPC** |
| DATA DE CESSAÇÃO: **30/09/2018** |
| Juros: **Variáveis - Lei 12.703/2012** |
| RESTABELECIMENTO: **01/07/2019** Data da atualização: **02/2022** |
| RENDA MENSAL INICIAL: **1.445,08** Índice: **INPC** |
| PERÍODO DE CÁLCULO: **01/10/2018 a 30/06/2019** |
| Juros variáveis – Lei 12.703/2012 |

| Mês/ano | RMI devida | RMI recebida | Diferença | Atualização | Principal atualizado | Percentual de Juros | Valor dos Juros | Total |
|---|---|---|---|---|---|---|---|---|
| out/18 | 1.572,05 | 0,00 | 1.572,05 | 1,22533100 | 1.926,28 | 10,6509% | 205,17 | 2.131,44 |
| nov/18 | 1.572,05 | 0,00 | 1.572,05 | 1,22045200 | 1.918,61 | 10,6509% | 204,35 | 2.122,96 |
| dez/18 | 1.572,05 | 0,00 | 1.572,05 | 1,22351000 | 1.923,42 | 10,2794% | 197,72 | 2.121,13 |
| 13º/2018 | 393,01 | 0,00 | 393,01 | 1,22351000 | 480,85 | 10,2794% | 49,43 | 530,28 |
| jan/19 | 1.625,97 | 0,00 | 1.625,97 | 1,22180300 | 1.986,61 | 9,9079% | 196,83 | 2.183,45 |
| fev/19 | 1.625,97 | 0,00 | 1.625,97 | 1,21741700 | 1.979,48 | 9,5364% | 188,77 | 2.168,25 |
| mar/19 | 1.625,97 | 0,00 | 1.625,97 | 1,21088000 | 1.968,85 | 9,1649% | 180,44 | 2.149,30 |
| abr/19 | 1.625,97 | 0,00 | 1.625,97 | 1,20162600 | 1.953,81 | 8,7934% | 171,81 | 2.125,61 |
| mai/19 | 1.625,97 | 0,00 | 1.625,97 | 1,19446000 | 1.942,15 | 8,4219% | 163,57 | 2.105,72 |
| jun/19 | 1.625,97 | 0,00 | 1.625,97 | 1,19267200 | 1.939,25 | 8,0504% | 156,12 | 2.095,36 |
| **TOTAL** | **14.864,97** | **0,00** | **14.864,97** | | **18.019,32** | | **1.714,20** | **19.733,51** |

## 12. VALOR DA CAUSA EM AÇÕES PREVIDENCIÁRIAS

**O principal critério de competência no rito dos Juizados Especiais Federais é o valor da causa, fixado em até 60 salários mínimos, *que tem natureza absoluta***, assim considerado o valor do salário-mínimo em vigor na data da propositura da ação, nos termos do enunciado 15, do FONAJEF – Fórum Nacional dos Juizados Federais.

Veja-se o texto da Lei 10.259/2001:

"Art. 3º Compete ao Juizado Especial Federal Cível processar, conciliar e julgar causas de competência da Justiça Federal até o valor de sessenta salários mínimos, bem como executar as suas sentenças.

(...)

**§ 3º No foro onde estiver instalada Vara do Juizado Especial, a sua competência é absoluta".**

Quando o valor da causa for superior a 60 salários mínimos, os Juizados Federais serão absolutamente incompetentes para o julgamento do feito. Se pretender ver o seu processo tramitando nesse rito, deverá o autor renunciar expressamente ao excedente ao valor da alçada, sob pena de extinção do processo, sem o julgamento do mérito, a teor do artigo 51, III, da Lei 9.099/95[39].

Com propriedade, de acordo com a **Súmula 17, da TNU**, "não há renúncia tácita no Juizado Especial Federal, para fins de competência", bem como "não cabe renúncia sobre parcelas vincendas para fins de fixação de competência nos Juizados Especiais Federais", nos moldes do enunciado 17, do FONAJEF.

Isso porque a renúncia é ato de disposição patrimonial, não podendo ser presumida, exigindo, ainda, poderes especiais do advogado para ser validamente realizada.

**Por outro lado, por unanimidade no rito dos recursos repetitivos (Tema 1.030, de 28/10/2020), os ministros da 1ª Seção do STJ firmaram a seguinte tese: "Ao autor que deseje litigar no âmbito de juizado especial federal cível,** é lícito renunciar, **de modo expresso e para fins de atribuição de valor à causa, ao montante que exceda os 60 salários mínimos previstos no artigo 3º, *caput*, da Lei 10.259/2001,** aí incluídas, sendo o caso, as prestações vincendas". **A novidade, a meu ver, foi a admissão da renúncia das parcelas vincendas, até então não admitida no rito do JEF.**

Na hipótese de benefícios previdenciários, em que normalmente são postuladas parcelas vencidas e vincendas por tempo indeterminado, o valor da causa deverá ser calculado de acordo com o artigo 260, do antigo CPC, sendo somadas as parcelas vencidas com doze vincendas.

A mesma sistemática foi conservada no novo CPC (Lei 13.105/2015), ao aduzir no artigo 292 que quando se pedirem prestações vencidas e vincendas, considerar-se-á o valor de umas e outras, sendo que o valor das prestações vincendas será igual a uma prestação anual, se a obrigação for por tempo indeterminado ou por tempo superior a 1 (um) ano, e, se por tempo inferior, será igual à soma das prestações.

Eis o posicionamento da TNU e do FONAJEF:

"PEDIDO DE UNIFORMIZAÇÃO DE INTERPRETAÇÃO DE LEI FEDERAL. PREVIDENCIÁRIO. JUIZADO ESPECIAL FEDERAL. VALOR DA CAUSA ABRANGE AS PARCELAS VENCIDAS SOMADAS A DOZE PARCELAS VINCENDAS NA DATA DO AJUIZAMENTO DA AÇÃO. ACÓRDÃO RECORRIDO EM CONFORMIDADE COM A JURISPRUDÊNCIA DA TNU. QUESTÃO DE ORDEM 13. INCIDENTE NÃO CONHECIDO" (TNU, processo 0018864-70.2013.4.01.3200, de 24/11/2016).

**Enunciado 123 FONAJEF** – "O critério de fixação do valor da causa necessariamente deve ser aquele especificado no artigo 292, §§ 1º e 2º, do CPC/2015, pois este é o elemento que delimita as competências dos JEFs e das Varas (a exemplo do que foi feito pelo art. 2º, § 2º, da Lei 12.153/09)"

De acordo com o Enunciado 20 do FONAJEF, "não se admite, para firmar competência dos juizados especiais federais, o fracionamento de parcelas vencidas, ou de vencidas e vincendas, decorrentes da mesma relação jurídica material" (Revisado no XIII FONAJEF).

Nos termos da TNU, "a renúncia apresentada para definição de competência dos Juizados Especiais Federais, ressalvada manifestação expressa da parte autora, somente abrange o valor excedente a 60 salários mínimos, considerando-se as parcelas vencidas somadas a doze parcelas vincendas na data do ajuizamento da ação – e não na data da sentença" (processo 0007984-43.2005.4.03.6304, de 14/4/2016).

De acordo com o Superior Tribunal de Justiça, no julgamento do AgRg no REsp 1.209.914, de 03/02/2011, "nos casos de litisconsórcio ativo, o valor da causa para fixação da competência é calculado dividindo-se o valor total pelo número de litisconsorte".

## 12.1. Cálculos

O estudo de caso a seguir trata-se de ação judicial de concessão de aposentadoria por tempo de contribuição no âmbito dos juizados Especiais Federais. O autor protocolou o pedido de aposentadoria na via adminisstrava em 24/05/2012, tendo o seu pleito indeferido. Foi protocolado recurso administrativo que também foi indeferido em dezembro de 2015, tendo em vista o não reconhecimento de atividades exercidas com exposição a agentes nocivos. Foi ajuizada ação em 01/10/2016. O INSS foi citado em 15/10/2016. A sentença de 15 de dezembro de 2017 JULGOU PROCEDENTE O PEDIDO, condenando o INSS a implantar o benefício de aposentadoria por tempo de contribuição integral, a partir do requerimento, considerando como especiais os períodos descritos. Foi deferida tutela antecipada. O INSS implantou o benefício com data de início em **24/05/2012**; início do pagamento em **01/01/2018** e renda mensal inicial no valor de **R$ 1.630,00**, conforme informações abaixo.

39. Enunciado FONAJEF 24 – Reconhecida a incompetência do JEF é cabível a extinção do processo, sem julgamento de mérito, nos termos do art. 1º da Lei n. 10.259/2001 e do art. 51, III, da Lei n. 9.099/95.

| DADOS DO BENEFÍCIO | |
|---|---|
| Ação de concessão de aposentadoria por tempo de contribuição | |
| Juizado Especial Federal | |
| AUTOR: **UBIRATÃ BATISTA PEREIRA** | |
| ESPÉCIE: **Aposentadoria por tempo de contribuição** | |
| BENEFÍCIO: **42/111.222.333-4** | |
| TEMPO DE CONTRIUIÇÃO: **36 anos, 05 meses e 23 dias** | |
| DATA DE INÍCIO DO BENEFÍCIO: **24/05/2012** | |
| DATA DE INÍCIO DO PAGAMENTO: **01/01/2018** | |
| SALÁRIO DE BENEFÍCIO: | **1.630,00** |
| COEFICIENTE: | **100%** |
| RENDA MENSAL INICIAL | **1.630,00** |

**REAJUSTES DO BENEFÍCIO**

| Data | Renda Mensal | Índices de reajustes | Renda Mensal Reajustada |
|---|---|---|---|
| jan/13 | 1.630,00 | 1,043900 | 1.701,56 |
| jan/14 | 1.701,56 | 1,055600 | 1.796,16 |
| jan/15 | 1.796,16 | 1,062300 | 1.908,06 |
| jan/16 | 1.908,06 | 1,112800 | 2.123,29 |
| jan/17 | 2.123,29 | 1,065800 | 2.263,01 |
| jan/18 | 2.263,01 | 1,020700 | 2.309,85 |
| jan/19 | 2.309,85 | 1,034300 | 2.389,08 |
| jan/20 | 2.389,08 | 1,044800 | 2.496,11 |
| jan/21 | 2.496,11 | 1,054500 | 2.632,15 |
| **jan/22** | **2.632,15** | **1,101600** | **2.899,57** |

Após a implantação da obrigação de fazer, o próximo passo é a execução, que deve seguir o rito dos Juizados Especiais Federais. Torna-se necessário elaborar os cálculos dos valores das parcelas vencidas até o ajuizamento da ação, atualizadas monetariamente, sem juros, acrescidas de doze parcelas vincendas, para saber se extrapola o limite de alçada do JEF. Caso esse limite seja ultrapassado, a parte terá que renunciar o excedente. Seguem os cálculos.

| CÁLCULO DO LIMITE DE ALÇADA DO JEF | |
|---|---|
| PROCESSO: **0011111-11.2012.4.01.3300** | AJUIZAMENTO: **01/10/2016** |
| AUTOR: **UBIRATÁ BATISTA PEREIRA** | CITAÇÃO: **15/10/2016** |
| RÉU: **INSTITUTO NACIONAL DO SEGURO SOCIAL** | PERÍODO: **24/05/2012 a 30/09/2016** |
| TIPO DE AÇÃO: **Concessão de aposentadoria** | ATUALIZAÇÃO MONETÁRIA: **INPC** |
| INÍCIO DO BENEFÍCIO: **24/05/2012** | |
| DATA DA ATUALIZAÇÃO: **10/2016** | |
| INÍCIO DO PAGAMENTO: **01/01/2018** | |
| SALÁRIO MÍNIMO: **880,00** | |
| RENDA MENSAL INICIAL: **1.630,00** | |
| TETO DO JEF: **52.800,00** | |

| Mês/ano | RMI devida | RMI recebida | Diferença | Atualização | Principal atualizado |
|---|---|---|---|---|---|
| mai/12 | 380,33 | 0,00 | 380,33 | 1,38306656 | 526,03 |
| jun/12 | 1.630,00 | 0,00 | 1.630,00 | 1,37550131 | 2.242,07 |
| jul/12 | 1.630,00 | 0,00 | 1.630,00 | 1,37193428 | 2.236,25 |
| ago/12 | 1.630,00 | 0,00 | 1.630,00 | 1,36606022 | 2.226,68 |
| set/12 | 1.630,00 | 0,00 | 1.630,00 | 1,35994049 | 2.216,70 |
| out/12 | 1.630,00 | 0,00 | 1.630,00 | 1,35142650 | 2.202,83 |
| nov/12 | 1.630,00 | 0,00 | 1.630,00 | 1,34189902 | 2.187,30 |
| dez/12 | 1.630,00 | 0,00 | 1.630,00 | 1,33469168 | 2.175,55 |
| 13º/2012 | 950,83 | 0,00 | 950,83 | 1,33469168 | 1.269,07 |
| jan/13 | 1.701,56 | 0,00 | 1.701,56 | 1,32488751 | 2.254,37 |
| fev/13 | 1.701,56 | 0,00 | 1.701,56 | 1,31280967 | 2.233,82 |
| mar/13 | 1.701,56 | 0,00 | 1.701,56 | 1,30601837 | 2.222,26 |
| abr/13 | 1.701,56 | 0,00 | 1.701,56 | 1,29822900 | 2.209,01 |
| mai/13 | 1.701,56 | 0,00 | 1.701,56 | 1,29061437 | 2.196,05 |
| jun/13 | 1.701,56 | 0,00 | 1.701,56 | 1,28611298 | 2.188,39 |
| jul/13 | 1.701,56 | 0,00 | 1.701,56 | 1,28252191 | 2.182,28 |
| ago/13 | 1.701,56 | 0,00 | 1.701,56 | 1,28419136 | 2.185,12 |
| set/13 | 1.701,56 | 0,00 | 1.701,56 | 1,28213994 | 2.181,63 |
| out/13 | 1.701,56 | 0,00 | 1.701,56 | 1,27868748 | 2.175,76 |
| nov/13 | 1.701,56 | 0,00 | 1.701,56 | 1,27093478 | 2.162,57 |
| dez/13 | 1.701,56 | 0,00 | 1.701,56 | 1,26410859 | 2.150,95 |
| 13º/2013 | 1.701,56 | 0,00 | 1.701,56 | 1,26410859 | 2.150,95 |
| jan/14 | 1.796,16 | 0,00 | 1.796,16 | 1,25507208 | 2.254,31 |
| fev/14 | 1.796,16 | 0,00 | 1.796,16 | 1,24721462 | 2.240,20 |
| mar/14 | 1.796,16 | 0,00 | 1.796,16 | 1,23928321 | 2.225,96 |
| abr/14 | 1.796,16 | 0,00 | 1.796,16 | 1,22920374 | 2.207,85 |
| mai/14 | 1.796,16 | 0,00 | 1.796,16 | 1,21969016 | 2.190,76 |
| jun/14 | 1.796,16 | 0,00 | 1.796,16 | 1,21241566 | 2.177,70 |
| jul/14 | 1.796,16 | 0,00 | 1.796,16 | 1,20927156 | 2.172,05 |
| ago/14 | 1.796,16 | 0,00 | 1.796,16 | 1,20770155 | 2.169,23 |
| set/14 | 1.796,16 | 0,00 | 1.796,16 | 1,20553159 | 2.165,33 |
| out/14 | 1.796,16 | 0,00 | 1.796,16 | 1,19965329 | 2.154,77 |
| nov/14 | 1.796,16 | 0,00 | 1.796,16 | 1,19511186 | 2.146,62 |
| dez/14 | 1.796,16 | 0,00 | 1.796,16 | 1,18881116 | 2.135,30 |
| 13º/2014 | 1.796,16 | 0,00 | 1.796,16 | 1,18881116 | 2.135,30 |
| jan/15 | 1.908,06 | 0,00 | 1.908,06 | 1,18148595 | 2.254,35 |
| fev/15 | 1.908,06 | 0,00 | 1.908,06 | 1,16425498 | 2.221,47 |
| mar/15 | 1.908,06 | 0,00 | 1.908,06 | 1,15090448 | 2.196,00 |
| abr/15 | 1.908,06 | 0,00 | 1.908,06 | 1,13378434 | 2.163,33 |
| mai/15 | 1.908,06 | 0,00 | 1.908,06 | 1,12579122 | 2.148,08 |
| jun/15 | 1.908,06 | 0,00 | 1.908,06 | 1,11475515 | 2.127,02 |
| jul/15 | 1.908,06 | 0,00 | 1.908,06 | 1,10623712 | 2.110,77 |
| ago/15 | 1.908,06 | 0,00 | 1.908,06 | 1,09985795 | 2.098,60 |
| set/15 | 1.908,06 | 0,00 | 1.908,06 | 1,09711516 | 2.093,37 |
| out/15 | 1.908,06 | 0,00 | 1.908,06 | 1,09154826 | 2.082,74 |
| nov/15 | 1.908,06 | 0,00 | 1.908,06 | 1,08320756 | 2.066,83 |
| dez/15 | 1.908,06 | 0,00 | 1.908,06 | 1,07131596 | 2.044,14 |
| 13º/2015 | 1.908,06 | 0,00 | 1.908,06 | 1,07131596 | 2.044,14 |

| Mês/ano | RMI devida | RMI recebida | Diferença | Atualização | Principal atualizado |
|---|---|---|---|---|---|
| jan/16 | 2.123,29 | 0,00 | 2.123,29 | 1,06176011 | 2.254,43 |
| fev/16 | 2.123,29 | 0,00 | 2.123,29 | 1,04596603 | 2.220,89 |
| mar/16 | 2.123,29 | 0,00 | 2.123,29 | 1,03612286 | 2.199,99 |
| abr/16 | 2.123,29 | 0,00 | 2.123,29 | 1,03158389 | 2.190,36 |
| mai/16 | 2.123,29 | 0,00 | 2.123,29 | 1,02502374 | 2.176,43 |
| jun/16 | 2.123,29 | 0,00 | 2.123,29 | 1,01507599 | 2.155,31 |
| jul/16 | 2.123,29 | 0,00 | 2.123,29 | 1,01032746 | 2.145,22 |
| ago/16 | 2.123,29 | 0,00 | 2.123,29 | 1,00390248 | 2.131,58 |
| set/16 | 2.123,29 | 0,00 | 2.123,29 | 1,00080000 | 2.124,99 |
| **TOTAL** | **102.126,02** | **0,00** | **102.126,02** | | **121.401,10** |

| | |
|---|---|
| Valor das 12 parcelas vincendas | **25.499,91** |
| Valor da causa | **146.901,01** |
| Valor de 60 salários mínimos em 10/2016 | **52.800,00** |
| Valor da renúncia | **94.101,01** |

No somatório das **parcelas vencidas**, chega-se ao valor de **R$ 121.401,10** considerando os valores devidos entre a data de início do benefício e a data do ajuizamento. Considerando **12 parcelas vincendas** após a data do ajuizamento da demanda, chegamos ao importe de **R$ 25.499,91**. Dessa forma, somando as prestações vencidas com as 12 vincendas, apuramos o **valor da causa em R$ 146.901,01** em 1/10/2016, data do ajuizamento da ação.

Assim, a princípio, cuida-se de demanda que irá tramitar sob o rito comum, salvo se parte autora renunciar por expresso ao excedente do valor de alçada do rito JEF (60 salários mínimos). Considerando que a demanda foi ajuizada no ano de **2016**, quando o salário mínimo era no valor de R$ 880,00, o **teto do JEF** naquele ano era de **R$ 52.800,00.**

Assim, considerando que o valor da causa foi de **R$ 146.901,01**, o valor alvo de **renúncia** foi fixado em **R$ 94.101,01**, sendo muito prejudicial ao segurado tramitar esse processo no rito do JEF. Após a limitação ao teto do JEF na data do ajuizamento, o valor da execução atinge o montante de **R$ 92.810,74**, atualizado para 02/2022, conforme cálculos abaixo.

| **CÁLCULOS DE LIQUIDAÇÃO** | |
|---|---|
| PROCESSO: **0011111-11.2012.4.01.3300** | AJUIZAMENTO: **01/10/2016** |
| AUTOR: **UBIRATÁ BATISTA PEREIRA** CITAÇÃO: | **15/10/2016** |
| RÉU: **INSTITUTO NACIONAL DO SEGURO SOCIAL** ATUALIZAÇÃO MONETÁRIA: **INPC** | |
| TIPO DE AÇÃO: **Concessão de aposentadoria** | DATA DA ATUALIZAÇÃO: **02/2022** |
| INÍCIO DO BENEFÍCIO: **24/05/2012** | JUROS: variáveis - Lei 12.703/2012 |
| INÍCIO DO PAGAMENTO: **01/01/2018** | |
| PERÍODO DE CÁLCULO: **24/05/2012 a 31/12/2017** | |
| RENDA MENSAL INICIAL: **1.630,00** | |

| Mês/ano | Valores devidos | Valores recebidos | Diferença | Atualização | Principal atualizado | Percentual de Juros | Valor dos Juros | Total |
|---|---|---|---|---|---|---|---|---|
| out/16 | 52.800,00 | 0,00 | 52.800,00 | 1,29478600 | 68.364,70 | 21,2773% | 14.546,16 | 82.910,86 |
| nov/17 | 2.263,01 | 0,00 | 2.263,01 | 1,26932100 | 2.872,48 | 15,3043% | 439,61 | 3.312,10 |
| dez/17 | 2.263,01 | 0,00 | 2.263,01 | 1,26704000 | 2.867,32 | 14,8770% | 426,57 | 3.293,89 |
| 13º/2017 | 2.263,01 | 0,00 | 2.263,01 | 1,26704000 | 2.867,32 | 14,8770% | 426,57 | 3.293,89 |
| **TOTAL** | **59.589,02** | **0,00** | **59.589,02** | | **76.971,82** | | **15.838,92** | **92.810,74** |

## 13. HONORÁRIOS ADVOCATÍCIOS NAS AÇÕES PREVIDENCIÁRIAS

De acordo com a Súmula 111, do STJ, "os honorários advocatícios, nas ações previdenciárias, não incidem sobre prestações vincendas após a sentença".

Assim, a base de cálculo sobre a qual incidirá o percentual fixado pelo julgador a título de honorários advocatícios, deverá se limitar às parcelas devidas até a data de prolação da decisão, com exclusão das posteriores.

Impende salientar que a Súmula 111, do STJ, não tem fundamento expresso na legislação processual previdenciária, pois inexiste norma que determine a exclusão da base de cálculo dos honorários de sucumbência das parcelas de benefício previdenciário devidas após a prolação da sentença, especialmente nos casos em que a sentença é alvo de recurso pelo INSS.

A sua razão de ser e a sua premissa é ter havido a concessão de tutela provisória na sentença que concede o benefício previdenciário, pois a partir desse momento haverá a implantação e cessará a obrigação de pagar atrasados no processo judicial a partir da DIP (data do início do pagamento).

Mesmo após o CPC/2015, o STJ continua aplicando a sua Súmula 111:

**Processo**

REsp 1831207 / SP

RECURSO ESPECIAL 2019/0235266-7

**Relator(a)**

Ministro HERMAN BENJAMIN (1132)

**Órgão Julgador**

T2 - SEGUNDA TURMA

**Data do Julgamento**

12/11/2019

**Data da Publicação/Fonte**

DJe 19/12/2019

**Ementa**

PROCESSUAL CIVIL. HONORÁRIOS ADVOCATÍCIOS. TERMO FINAL PARA APURAÇÃO DA BASE DE CÁLCULO. OBSERVÂNCIA DA SÚMULA 111/STJ.

1. Conforme teor da Súmula 111 do Superior Tribunal de Justiça, o marco final da verba honorária deve ser a decisão em que o direito do segurado foi reconhecido: "Os honorários advocatícios, nas ações previdenciárias, não incidem sobre as prestações vencidas após a sentença".

2. Na hipótese, o acórdão recorrido, que concedeu o direito à aposentadoria especial, deve ser considerado como termo final. Nesse sentido: AgRg no AREsp 271.963/AL, Rel. p/a. Acórdão, Min. Sérgio Kukina, Primeira Turma, DJe de 19/5/2014; EDcl no AgRg no REsp 1.271.734/RS, Rel. Min. Alderita Ramos de Oliveira (Desembargadora Convocada do TJ/PE), DJe de 18/4/2013; AgRg nos EDcl no AREsp 155.028/SP, Rel. Ministro Mauro Campbell Marques, Segunda Turma, DJe 24/10/2012.

3. Recurso Especial provido.

**Processo**

AgInt no REsp 1888117 / SP

AGRAVO INTERNO NO RECURSO ESPECIAL 2020/0197498-7

**Relator(a)**

Ministro GURGEL DE FARIA (1160)

**Órgão Julgador**

T1 - PRIMEIRA TURMA

**Data do Julgamento**

08/02/2021

**Data da Publicação/Fonte**

DJe 17/02/2021

**Ementa**

PROCESSUAL CIVIL. DEMANDA PREVIDENCIÁRIA. **HONORÁRIOS** ADVOCATÍCIOS. TERMO FINAL. DECISÃO CONCESSIVA DO BENEFÍCIO. PRINCÍPIOS DA EFETIVIDADE E DA DURAÇÃO RAZOÁVEL DO PROCESSO. APLICAÇÃO.

**1. A respeito do termo final dos honorários advocatícios em matéria previdenciária, a orientação jurisprudencial do Superior Tribunal de Justiça é a de que deve ser fixado na data do julgamento favorável à concessão do benefício pleiteado, excluindo-se as parcelas vincendas, conforme determina a Súmula 111 desta Corte.**
**2. O Código de Processo Civil de 2015 não inovou em relação aos critérios para a fixação da verba honorária sucumbencial estabelecidos no § 2º do art. 85, pois a referida norma consubstancia-se repetição da legislação anterior (art. 20, § 3º, do CPC/1973).**
**3. A própria natureza da tutela previdenciária (dirigida a suprir os segurados, ou seus dependentes, em caso de idade avançada, doença, e morte ou os assistidos da Previdência Social, em situação de vulnerabilidade), aliada ao princípio da efetividade, evidencia a necessidade de adoção de instrumentos que assegurem a duração razoável do processo, motivo pelo qual permanece inalterado o escopo da Súmula 111 do STJ, de modo a evitar possível conflito de interesses entre o patrono e seu representado.**
**4. Agravo interno desprovido.**

Não obstante isso, a validade da Súmula 111 após o CPC/2015 foi alvo de julgamento repetitivo pela 1ª Seção do STJ:

DECISÃO DE AFETAÇÃO

Pesquisa de tema: Tema Repetitivo 1105

Processo

ProAfR no REsp 1883722 / SP

PROPOSTA DE AFETAÇÃO NO RECURSO ESPECIAL

2020/0171496-7

Relator(a)

Ministro SÉRGIO KUKINA (1155)

Órgão Julgador

S1 - PRIMEIRA SEÇÃO

Data do Julgamento

24/08/2021

Data da Publicação/Fonte

DJe 13/09/2021

Ementa

DIREITO PREVIDENCIÁRIO E PROCESSUAL CIVIL. PROPOSTA DE AFETAÇÃO DE TEMA REPETITIVO. HONORÁRIOS ADVOCATÍCIOS EM AÇÃO PREVIDENCIÁRIA. SÚMULA 111/STJ. INCIDÊNCIA APÓS A VIGÊNCIA DO CPC/2015. FIXAÇÃO DA VERBA NA FASE DE CUMPRIMENTO DE SENTENÇA. RELEVÂNCIA DA CONTROVÉRSIA. MULTIPLICIDADE DE RECURSOS SOBRE O ASSUNTO.

1. A questão versada no presente recurso especial diz com a validade da Súmula 111/STJ ("Os honorários advocatícios, nas ações previdenciárias, não incidem sobre as prestações vencidas após a sentença") frente ao art. 85, § 4º, II, do CPC/2015, segundo o qual, não sendo líquida a sentença, a definição do percentual da verba honorária somente ocorrerá quando liquidado o julgado, em contexto que está a revelar a existência de controvérsia jurídica multitudinária e contemporânea, ainda não submetida ao rito dos recursos repetitivos.

2. TESE CONTROVERTIDA: "Definição acerca da incidência, ou não, da Súmula 111/STJ após a vigência do CPC/2015 (art. 85), no que tange à fixação de honorários advocatícios na fase de cumprimento de sentença".

3. Proposta de afetação acolhida.

**No julgamento do** Tema Repetitivo 1.105, **em 08.03.2023, a Primeira Seção, por maioria, vencido o Sr. Ministro Humberto Martins, deu provimento ao recurso especial do INSS, nos termos do voto do Sr. Ministro Relator, aprovando a seguinte tese no tema 1105:** *"Continua eficaz e aplicável o conteúdo da Súmula 111/STJ (com a redação modificada em 2006), mesmo após a vigência do CPC/2015, no que tange à fixação de honorários advocatícios".*

Eis o Acórdão publicado:

**PROCESSO**

REsp 1883722 / SP

RECURSO ESPECIAL

2020/0171496-7

RECURSO REPETITIVO

Pesquisa de tema: Tema Repetitivo 1105

Situação do tema: Acórdão Publicado

Pesquisa de Repetitivos e IACs Anotados

RELATOR

Ministro SÉRGIO KUKINA (1155)

ÓRGÃO JULGADOR

S1 - PRIMEIRA SEÇÃO

DATA DO JULGAMENTO

08/03/2023

DATA DA PUBLICAÇÃO/FONTE

DJe 27/03/2023

EMENTA

PREVIDENCIÁRIO. REPETITIVO. TEMA 1.105. RECURSO ESPECIAL REPRESENTATIVO DA CONTROVÉRSIA. HONORÁRIOS ADVOCATÍCIOS EM AÇÃO PREVIDENCIÁRIA. SÚMULA 111/STJ. VERBETE QUE CONTINUA APLICÁVEL APÓS A VIGÊNCIA DO CPC/2015. CORTE LOCAL QUE DEIXA DE OBSERVAR SÚMULA EMANADA DO STJ. CARACTERIZAÇÃO DE OFENSA AO ART. 927, IV, DO CPC.

1. O Superior Tribunal de Justiça, por suas duas Turmas de Direito Público, mantém consolidado entendimento de que, mesmo após a vigência do Código de Processo Civil de 2015, a verba honorária, nas lides previdenciárias, deve ser fixada sobre as parcelas vencidas até a data da decisão concessiva do benefício, ou seja, em consonância com a diretriz expressa na Súmula 111/STJ (conforme redação modificada em 2006). Nesse sentido: AgInt no AREsp n. 1.780.291/SP, relator Ministro Manoel Erhardt (Desembargador Convocado do TRF-5), Primeira Turma, julgado em 23/8/2021, DJe de 27/8/2021; AgInt no AREsp n. 1.939.304/RS, relator Ministro Francisco Falcão, Segunda Turma, julgado em 22/8/2022, DJe de 24/8/2022; AgInt nos EDcl no REsp n. 1.913.756/SP, relator Ministro Gurgel de Faria, Primeira Turma, julgado em 16/8/2021, DJe de 20/8/2021; AgInt no AREsp n. 1.744.398/RS, relator Ministro Og Fernandes, Segunda Turma, julgado em 14/6/2021, DJe de 17/6/2021; e AgInt no REsp 1.888.117/SP, Rel. Ministro Gurgel de Faria, Primeira Turma, julgado em 8/2/2021, DJe 17/2/2021.

2. Na espécie, ao recusar a aplicação do verbete em análise, sob o fundamento de sua revogação tácita pelo CPC/2015, a Corte de origem incorreu em frontal ofensa ao art. 927, IV, desse mesmo diploma processual, no que tal regramento impõe a juízes e tribunais a observância de enunciados sumulares do STJ e do STF.

3. Acórdão submetido ao regime dos arts. 1.036 e seguintes do CPC/2015 e 256-I do RISTJ, com a fixação da seguinte TESE: "Continua eficaz e aplicável o conteúdo da Súmula 111/STJ (modificado em 2006), mesmo após a vigência do CPC/2015, no que tange à fixação de honorários advocatícios".

4. Resolução do caso concreto: hipótese em que a pretensão recursal do INSS converge com a tese acima, por isso que seu recurso especial resulta provido.

É bom lembrar que as condenações perpetradas em 1º grau nos Juizados Federais não abarcarão os honorários advocatícios, mas apenas as de 2º grau, por força do artigo 55, da Lei 9.099/05.

De acordo com o Enunciado 99 do FONAJEF, "o provimento, ainda que parcial, de recurso inominado afasta a possibilidade de condenação do recorrente ao pagamento de honorários de sucumbência".

**Nos termos da** Questão de Ordem 41 da TNU, **considerando que inexiste condenação em honorários advocatícios no rito do JEF em 1º grau, *"o §11*[40]*, do art. 85 do Código de Processo Civil, que determina a majoração de honorários no julgamento de recursos, não se aplica no sistema recursal dos Juizados Especiais Federais"*. (Aprovada na Sessão Ordinária de Julgamento da Turma Nacional de Uniformização do dia 21.08.2020. Precedente n. 0511642-85.2017.4.05.8100).**

**Ademais, de acordo com a PREJUDICADA** Súmula 421, **do STJ**, "os honorários advocatícios não são devidos à Defensoria Pública quando ela atua contra a pessoa jurídica de direito público à qual pertença".

**A súmula 421 do STJ ficou prejudicada. Isso porque, ao julgar o tema 1.002 em repercussão geral, em 26.06.2023, o STF fixou a seguinte tese:**

> *"O Tribunal, por unanimidade, apreciando o tema 1.002 da repercussão geral, deu provimento ao recurso extraordinário para condenar a União ao pagamento de honorários em favor da Defensoria Pública da União, no valor de 10% sobre o valor da causa, nos termos do art. 85 do CPC, e fixou as seguintes teses: "**1. É devido o pagamento de honorários sucumbenciais à Defensoria Pública, quando representa parte vencedora em demanda ajuizada contra qualquer ente público, inclusive aquele que integra**; 2. O valor recebido a título de honorários sucumbenciais deve ser destinado, exclusivamente, ao aparelhamento das Defensorias Públicas, vedado o seu rateio entre os membros da instituição". Tudo nos termos do voto do Relator. Plenário, Sessão Virtual de 16.6.2023 a 23.6.2023".*

Já no caso da Defensoria Pública atuando contra outro ente federativo, é plenamente cabível a condenação em sucumbência conforme o posicionamento do STJ: "são devidos honorários advocatícios à Defensoria Pública quando a atuação se dá contra ente federativo diverso do qual é parte integrante (REsp 1.108.013/RJ, submetido à sistemática prevista no art. 543-C do CPC/1973). Cabível, portanto, a condenação do Estado de Pernambuco ao pagamento da verba honorária à Defensoria Pública da União (REsp 1833594 / PE, de 3/12/2019).

Ainda de acordo com o STJ, "os valores pagos administrativamente devem ser compensados na fase de liquidação do julgado, entretanto, tal compensação não deve interferir na base de cálculo dos honorários sucumbenciais, que deverá ser composta pela totalidade dos valores devidos"[41].

Logo, no caso de compensação de pagamento administrativo de benefício feito pelo INSS com a condenação judicial da autarquia, não haverá abatimento da base de cálculo dos honorários advocatícios.

**Nesse sentido,** a Súmula AGU 66, **de 03.12.2012:**

> "Súmula 66- Nas ações judiciais movidas por servidor público federal contra a União, as autarquias e as fundações públicas federais, o cálculo dos honorários de sucumbência deve levar em consideração o valor total da condenação, conforme fixado no título executado, sem exclusão dos valores pagos na via administrativa."

É comum que os segurados e os seus dependentes celebrem contratos de honorários com os advogados fixando-os em um percentual dos atrasados, acaso vencida a demanda. Neste caso, julgando avença que envolvia ação previdenciária contra o INSS, o STJ pronunciou a invalidade de ajuste que os fixou em 50% das parcelas vencidas, admitindo como válidos, no máximo, o patamar de 30% a título de honorários advocatícios:

> "DIREITO CIVIL. CONTRATO DE HONORÁRIOS QUOTA LITIS. REMUNERAÇÃO AD EXITUM FIXADA EM 50% SOBRE O BENEFÍCIO ECONÔMICO. LESÃO. 1. A abertura da instância especial alegada não enseja ofensa a Circulares, Resoluções, Portarias, Súmulas ou dispositivos inseridos em Regimentos Internos, por não se enquadrarem no conceito de lei federal previsto no art. 105, III, "a", da Constituição Federal. Assim, não se pode apreciar recurso especial fundamentado na violação do Código de Ética e Disciplina da OAB. 2. O CDC não se aplica à regulação de contratos de serviços advocatícios. Precedentes. 3. Consubstancia lesão a desproporção existente entre as prestações de um contrato no momento da realização do negócio, havendo para uma das partes um aproveitamento indevido decorrente da situação de inferioridade da outra parte. 4. O instituto da lesão é passível de reconhecimento também em contratos aleatórios, na hipótese em que, ao se valorarem os riscos, estes forem inexpressivos para uma das partes, em contraposição àqueles suportados pela outra, havendo exploração da situação de inferioridade de um contratante. **5. Ocorre lesão na hipótese em que um advogado, valendo-se de situação de desespero da parte, firma contrato quota litis no qual fixa sua remuneração ad exitum em 50% do benefício econômico gerado pela causa. 6. Recurso especial conhecido e provido, revisando-se a cláusula contratual que fixou os honorários advocatícios para**

40. § 11. O tribunal, ao julgar recurso, majorará os honorários fixados anteriormente levando em conta o trabalho adicional realizado em grau recursal, observando, conforme o caso, o disposto nos §§ 2º a 6º, sendo vedado ao tribunal, no cômputo geral da fixação de honorários devidos ao advogado do vencedor, ultrapassar os respectivos limites estabelecidos nos §§ 2º e 3º para a fase de conhecimento.

41. AgRg no REsp 1250945, de 28.06.2011.

**o fim de reduzi-los ao patamar de 30% da condenação obtida**" (3ª Turma, RECURSO ESPECIAL 1.155.200, de 22/02/2011).

**De acordo com o artigo 85 do novo CPC, os honorários serão fixados entre o mínimo de dez e o máximo de vinte por cento sobre o valor da condenação, do proveito econômico obtido ou, não sendo possível mensurá-lo, sobre o valor atualizado da causa, atendidos o grau de zelo do profissional; o lugar de prestação do serviço; a natureza e a importância da causa e o trabalho realizado pelo advogado e o tempo exigido para o seu serviço.**

No entanto, nas causas em que a Fazenda Pública for parte, a fixação dos honorários observará os aludidos critérios e os seguintes percentuais:

I – mínimo de dez e máximo de vinte por cento sobre o valor da condenação ou do proveito econômico obtido até 200 (duzentos) salários-mínimos;

II – mínimo de oito e máximo de dez por cento sobre o valor da condenação ou do proveito econômico obtido acima de 200 (duzentos) salários-mínimos até 2.000 (dois mil) salários-mínimos;

III – mínimo de cinco e máximo de oito por cento sobre o valor da condenação ou do proveito econômico obtido acima de 2.000 (dois mil) salários-mínimos até 20.000 (vinte mil) salários-mínimos;

IV – mínimo de três e máximo de cinco por cento sobre o valor da condenação ou do proveito econômico obtido acima de 20.000 (vinte mil) salários-mínimos até 100.000 (cem mil) salários-mínimos;

V – mínimo de um e máximo de três por cento sobre o valor da condenação ou do proveito econômico obtido acima de 100.000 (cem mil) salários-mínimos.

**Registre-se que "a jurisprudência do Superior Tribunal de Justiça é firme no sentido de que** cabem honorários advocatícios no cumprimento de sentença proferida contra a Fazenda Pública em ação coletiva, **independentemente de ter sido ou não apresentada impugnação. A propósito: (REsp n. 1.648.238/RS, relator Ministro Gurgel de Faria, Corte Especial, julgado em 20/6/2018, DJe 27/6/2018)", nos termos do AgInt no AREsp 1751020 / SP, de 23/08/2021.**

**Por outro lado, ainda de acordo com o STJ, "no cumprimento de sentenças proferidas em** ações plúrimas ou individuais, **a apresentação da impugnação é relevante para hipótese da aplicação da norma contida no art. 85, § 7º, do CPC/2015" (AgInt no AREsp 1751020 / SP, de 23/08/2021".**

**No mais, vem sendo admitida a apresentação judicial do contrato de honorários para destaque quando da expedição da requisição de pequeno valor ou do precatório, desde que fixado em percentual não abusivo.**

**Isso porque se trata de direito do advogado previsto no artigo 22 do Estatuto da OAB:**

> "§ 4º Se o advogado fizer juntar aos autos o seu contrato de honorários antes de expedir-se o mandado de levantamento ou precatório, **o juiz deve determinar que lhe sejam pagos diretamente**, por dedução da quantia a ser recebida pelo constituinte, salvo se este provar que já os pagou".

Caso seja em percentual acima de 30%, deve o juiz limitar o destaque. Nesse sentido, o enunciado 125 do FONAJEF:

> **Enunciado FONAJEF 125 – "É possível realizar a limitação do destaque dos honorários em RPV ou precatório".**

**De acordo com o** Tema Repetitivo STJ 1050, ***"o eventual pagamento de benefício previdenciário na via administrativa, seja ele total ou parcial,*** <u>*após a citação válida*</u>***, não tem o condão de alterar a base de cálculo para os honorários advocatícios fixados na ação de conhecimento, que será composta pela totalidade dos valores devidos".***

**Dessa forma, suponha-se que o INSS tenha negado uma aposentadoria por idade de segurado especial na via administrativa e que tenha havido judicialização. Acaso haja concessão administrativa posterior, a exemplo de novo requerimento administrativo acolhido ou mesmo de provimento de recurso pelo CRPS, o abatimento não irá prejudicar a base de cálculo dos honorários advocatícios.**

**Por outro lado, se o deferimento pela autarquia ocorrer antes da citação válida da ação judicial, dar-se-á o abatimento na base de cálculo dos honorários advocatícios.**

**Veja-se o Acórdão integral publicado em** 28/04/2021:

**RECURSO REPETITIVO**

**Pesquisa de tema: Tema Repetitivo 1050**

**Situação do tema: Acórdão Publicado**

**Pesquisa de Repetitivos e IACs Organizados por Assunto**

**Processo**

REsp **1847860**/RS

RECURSO ESPECIAL

2019/0335274-0

**Relator(a)**

Ministro MANOEL ERHARDT (DESEMBARGADOR CONVOCADO DO TRF-5ª REGIÃO) (8410)

**Órgão Julgador**

S1 - PRIMEIRA SEÇÃO

**Data do Julgamento**

28/04/2021

**Data da Publicação/Fonte**

DJe 05/05/2021

**Ementa**

PROCESSUAL CIVIL E PREVIDENCIÁRIO. RECURSO ESPECIAL. VIOLAÇÃO DO ART. 1.022 DO CPC/2015. INOCORRÊNCIA. CUMPRIMENTO DE SENTENÇA. HONORÁRIOS ADVOCATÍCIOS. BASE DE CÁLCULO. DESCONTO DOS VALORES DO BENEFÍCIO PREVIDENCIÁRIO RECEBIDO ADMINISTRATIVAMENTE. IMPOSSIBILIDADE. RECURSO ESPECIAL JULGADO SOB O RITO DOS RECURSOS REPETITIVOS (ART. 1.036 DO CPC/2015). RECURSO ESPECIAL DA AUTARQUIA FEDERAL A QUE SE NEGA PROVIMENTO.

1. No recurso especial da autarquia federal discute-se a possibilidade de desconto da base de cálculos dos honorários advocatícios dos valores recebidos administrativamente pela parte autora.

2. Não houve violação do art. 1.022 do CPC/2015, pois a prestação jurisdicional foi dada na medida da pretensão deduzida, conforme se depreende da análise do acórdão recorrido. O Tribunal de origem apreciou fundamentadamente a controvérsia, não padecendo o acórdão recorrido de qualquer omissão, contradição ou obscuridade.

3. A prescrição do art. 85, §2º do CPC/2015 sobre os critérios para o arbitramento dos honorários de sucumbência prevê o conceito de proveito econômico. Com efeito, o proveito econômico ou valor da condenação da causa não é sinônimo de valor executado a ser recebido em requisição de pagamento, mas sim equivale ao proveito jurídico, materializado no valor total do benefício que foi concedido ao segurado por força de decisão judicial conseguido por meio da atividade laboral exercida pelo advogado.

4. O valor da condenação não se limita ao pagamento que será feito do montante considerado controvertido ou mesmo pendente de pagamento por meio de requisição de pagamento, ao contrário, abarca a totalidade do proveito econômico a ser auferido pela parte beneficiária em decorrência da ação judicial.

5. Consoante entendimento firmado por este Superior Tribunal de Justiça os valores pagos administrativamente devem ser compensados na fase de liquidação do julgado; entretanto, tal compensação não deve interferir na base de cálculo dos honorários sucumbenciais, que deverá ser composta pela totalidade dos valores devidos (REsp. 956.263/SP, Rel. Min. NAPOLEÃO NUNES MAIA FILHO, QUINTA TURMA, DJ 3.9.2007, p. 219).

6. Os honorários advocatícios, nos termos do art. 85, § 2º, do CPC/2015, são fixados na fase de conhecimento com base no princípio da sucumbência, ou seja, em razão da derrota da parte vencida. No caso concreto, conforme constatado nos autos, a pretensão resistida se iniciou na esfera administrativa com o indeferimento do pedido de concessão do benefício previdenciário.

7. A resistência à pretensão da parte recorrida, por parte do INSS, ensejou a propositura da ação, o que impõe a fixação dos honorários sucumbenciais, a fim de que a parte que deu causa à demanda assuma as despesas inerentes ao processo, em atenção ao princípio da causalidade, inclusive no que se refere à remuneração do advogado que patrocinou a causa em favor da parte vencedora.

**8. Tese fixada pela Primeira Seção do STJ, com observância do rito do julgamento dos recursos repetitivos previsto no art. 1.036 e seguintes do CPC/2015: o eventual pagamento de benefício previdenciário na via administrativa, seja ele total ou parcial, após a citação válida, não tem o condão de alterar a base de cálculo para os honorários advocatícios fixados na ação de conhecimento, que será composta pela totalidade dos valores devidos.**

9. Recurso especial da autarquia federal a que se nega provimento.

Mas a decisão foi omissa em um ponto: qual data deve ser considerada como a data do pagamento do benefício previdenciário na via administrativa? Nem mesmo analisando o voto do Ministro Relator esse ponto foi abordado, considerando que o pagamento retroage à DIB, que, em regra, é a data de entrada do requerimento (DER).

Creio que três são as possibilidades:

A) DIB – data de início do benefício;

B) DDB – data de despacho do benefício;

C) Data do creditamento do pagamento na rede bancária.

**Essa definição será fundamental para confrontar com a data da citação válida, pois somente a data do pagamento administrativo após a data da citação válida gerará a aplicação da tese firmada pelo STJ no Tema 1.050, sendo mais favorável ao INSS a letra A e ao segurado a letra C.**

### 13.1. Cálculos

Para exemplificar os cálculos de honorários de sucumbência vamos admitir duas hipóteses: a primeira com cálculo de honorários de sucumbência tendo como base o valor das parcelas vencidas até a prolação da sentença (aplicação da Súmula 111 do STJ) e a outra com honorários calculados sobre o valor da causa.

Para exemplificara primeira hipótese, vamos admitir que o segurado ingressou com uma ação revisional em 01/06/2013, o INSS foi citado em 03/08/2013 e a sentença prolatada em outubro de 2013 JULGOU PROCEDENTE O PEDIDO, condenando a autarquia a revisar o benefício de aposentadoria por tempo de contribuição, fixando a nova RMI em **R$ 2.642,75**, além de condenar ao pagamento das parcelas vencidas e não atingidas pela prescrição quinquenal, corrigidas monetariamente, acrescidas de juros de acordo com o Manual de Cálculos da Justiça Federal. A obrigação de fazer foi cumprida a partir de 03/2015.

Os honorários foram fixados em 10% sobre as parcelas vencidas até a prolação da sentença (Súmula 111 do STJ). Abaixo encontram-se as informações de reajustes do benefício com a renda mensal inicial fixada na concessão, no valor de **R$ 2.318,00**, e a nova renda mensal inicial fixada na sentença. Os cálculos de execução estão demonstrados a seguir.

**DADOS DA CONCESSÃO**

AUTOR: **CARLOS EDUARDO DE ALMEIDA MENESES**

BENEFÍCIO: **42/111.222.333-4**

ESPÉCIE: APOSENTADORIA POR TEMPO DE CONTRIBUIÇÃO

TEMPO DE CONTRIBUIÇÃO: **35 anos 08 meses e 12 dias**

DATA DE INÍCIO DO BENEFÍCIO: **02/01/2010**

SALÁRIO DE BENEFÍCIO: **2.318,00**

COEFICIENTE: **100%**

RENDA MENSAL INICIAL **2.318,00**

**REAJUSTES DO BENEFÍCIO**

| Data | Renda Mensal | Índices de reajustes | Renda Mensal Reajustada |
|---|---|---|---|
| jan/11 | 2.318,00 | 1,064700 | 2.467,97 |
| jan/12 | 2.467,97 | 1,060800 | 2.618,03 |
| jan/13 | 2.618,03 | 1,062000 | 2.780,35 |
| jan/14 | 2.780,35 | 1,055600 | 2.934,93 |
| jan/15 | 2.934,93 | 1,062300 | 3.117,78 |
| jan/16 | 3.117,78 | 1,112800 | 3.469,46 |
| jan/17 | 3.469,46 | 1,065800 | 3.697,75 |
| jan/18 | 3.697,75 | 1,020700 | 3.774,30 |
| jan/19 | 3.774,30 | 1,034300 | 3.903,76 |
| jan/20 | 3.903,76 | 1,044800 | 4.078,65 |
| jan/21 | 4.078,65 | 1,054500 | 4.300,93 |
| **jan/22** | **4.300,93** | **1,101600** | **4.737,91** |

**DADOS DA REVISÃO**

AUTOR: **CARLOS EDUARDO DE ALMEIDA MENESES**

BENEFÍCIO: **42/111.222.333-4**

ESPÉCIE: APOSENTADORIA POR TEMPO DE CONTRIBUIÇÃO

TEMPO DE CONTRIBUIÇÃO: **35 anos 08 meses e 12 dias**

DATA DE INÍCIO DO BENEFÍCIO: **02/01/2010**

SALÁRIO DE BENEFÍCIO: **2.642,75**

COEFICIENTE: **100%**

RENDA MENSAL INICIAL **2.642,75**

**REAJUSTES DO BENEFÍCIO**

| Data | Renda Mensal | Índices de reajustes | Renda Mensal Reajustada |
|---|---|---|---|
| jan/11 | 2.642,75 | 1,064700 | 2.813,74 |
| jan/12 | 2.813,74 | 1,060800 | 2.984,81 |
| jan/13 | 2.984,81 | 1,062000 | 3.169,87 |
| jan/14 | 3.169,87 | 1,055600 | 3.346,11 |
| jan/15 | 3.346,11 | 1,062300 | 3.554,58 |
| jan/16 | 3.554,58 | 1,112800 | 3.955,53 |
| jan/17 | 3.955,53 | 1,065800 | 4.215,81 |
| jan/18 | 4.215,81 | 1,020700 | 4.303,07 |
| jan/19 | 4.303,07 | 1,034300 | 4.450,67 |
| jan/20 | 4.450,67 | 1,044800 | 4.650,06 |
| jan/21 | 4.650,06 | 1,054500 | 4.903,49 |
| **jan/22** | **4.903,49** | **1,101600** | **5.401,68** |

**CÁLCULOS DE EXECUÇÃO**

AUTOR: **CARLOS EDUARDO DE ALMEIDA MENESES** Ajuizamento: **01/06/2013**

BENEFÍCIO: **111.222.333-4** Citação: **03/08/2013**

ESPÉCIE: **42** (Aposentadoria por tempo de contribuição) Data da Sentença: **10/2013**

INÍCIO DO BENEFÍCIO: **02/01/2010** Competência de revisão: **03/2015**

RENDA MENSAL INICIAL: **2.318,00** Data da atualização: **02/2022**

RENDA MENSAL REVISTA: **2.642,75** Atualização Monetária: **INPC**

PERÍODO DE CÁLCULO: **02/01/2010 a 28/02/2015** Juros: **Variáveis - Lei 12.703/2012** Honorários: **10%**

| Mês/ano | RMI devida | RMI recebida | Diferença | Atualização | Principal atualizado | Percentual de Juros | Valor dos Juros | Total |
|---|---|---|---|---|---|---|---|---|
| jan/10 | 2.554,66 | 2.240,73 | 313,93 | 2,05746000 | 645,89 | 40,2601% | 260,04 | 905,92 |
| fev/10 | 2.642,75 | 2.318,00 | 324,75 | 2,03951800 | 662,33 | 40,2601% | 266,66 | 928,99 |
| mar/10 | 2.642,75 | 2.318,00 | 324,75 | 2,02533700 | 657,73 | 40,2601% | 264,80 | 922,53 |
| abr/10 | 2.642,75 | 2.318,00 | 324,75 | 2,01106200 | 653,09 | 40,2601% | 262,94 | 916,03 |
| mai/10 | 2.642,75 | 2.318,00 | 324,75 | 1,99648600 | 648,36 | 40,2601% | 261,03 | 909,39 |
| jun/10 | 2.642,75 | 2.318,00 | 324,75 | 1,98794200 | 645,58 | 40,2601% | 259,91 | 905,50 |
| jul/10 | 2.642,75 | 2.318,00 | 324,75 | 1,99012900 | 646,29 | 40,2601% | 260,20 | 906,49 |
| ago/10 | 2.642,75 | 2.318,00 | 324,75 | 1,99152500 | 646,75 | 40,2601% | 260,38 | 907,13 |
| set/10 | 2.642,75 | 2.318,00 | 324,75 | 1,99292000 | 647,20 | 40,2601% | 260,56 | 907,76 |
| out/10 | 2.642,75 | 2.318,00 | 324,75 | 1,98221600 | 643,72 | 40,2601% | 259,16 | 902,89 |
| nov/10 | 2.642,75 | 2.318,00 | 324,75 | 1,96414100 | 637,85 | 40,2601% | 256,80 | 894,66 |
| dez/10 | 2.642,75 | 2.318,00 | 324,75 | 1,94411700 | 631,35 | 40,2601% | 254,18 | 885,53 |
| 13º/2010 | 2.642,75 | 2.318,00 | 324,75 | 1,94411700 | 631,35 | 40,2601% | 254,18 | 885,53 |
| jan/11 | 2.813,74 | 2.467,97 | 345,76 | 1,93252600 | 668,19 | 40,2601% | 269,02 | 937,21 |
| fev/11 | 2.813,74 | 2.467,97 | 345,76 | 1,91452700 | 661,97 | 40,2601% | 266,51 | 928,48 |
| mar/11 | 2.813,74 | 2.467,97 | 345,76 | 1,90424600 | 658,41 | 40,2601% | 265,08 | 923,49 |
| abr/11 | 2.813,74 | 2.467,97 | 345,76 | 1,89175900 | 654,10 | 40,2601% | 263,34 | 917,44 |
| mai/11 | 2.813,74 | 2.467,97 | 345,76 | 1,87823200 | 649,42 | 40,2601% | 261,46 | 910,88 |
| jun/11 | 2.813,74 | 2.467,97 | 345,76 | 1,86758800 | 645,74 | 40,2601% | 259,98 | 905,72 |
| jul/11 | 2.813,74 | 2.467,97 | 345,76 | 1,86348900 | 644,32 | 40,2601% | 259,40 | 903,73 |
| ago/11 | 2.813,74 | 2.467,97 | 345,76 | 1,86348900 | 644,32 | 40,2601% | 259,40 | 903,73 |
| set/11 | 2.813,74 | 2.467,97 | 345,76 | 1,85569200 | 641,63 | 40,2601% | 258,32 | 899,95 |
| out/11 | 2.813,74 | 2.467,97 | 345,76 | 1,84738400 | 638,75 | 40,2601% | 257,16 | 895,92 |
| nov/11 | 2.813,74 | 2.467,97 | 345,76 | 1,84149100 | 636,72 | 40,2601% | 256,34 | 893,06 |
| dez/11 | 2.813,74 | 2.467,97 | 345,76 | 1,83105000 | 633,11 | 40,2601% | 254,89 | 888,00 |
| 13º/2011 | 2.813,74 | 2.467,97 | 345,76 | 1,83105000 | 633,11 | 40,2601% | 254,89 | 888,00 |
| jan/12 | 2.984,81 | 2.618,03 | 366,78 | 1,82176700 | 668,19 | 40,2601% | 269,02 | 937,21 |
| fev/12 | 2.984,81 | 2.618,03 | 366,78 | 1,81252100 | 664,80 | 40,2601% | 267,65 | 932,45 |
| mar/12 | 2.984,81 | 2.618,03 | 366,78 | 1,80547700 | 662,22 | 40,2601% | 266,61 | 928,83 |
| abr/12 | 2.984,81 | 2.618,03 | 366,78 | 1,80223200 | 661,03 | 40,2601% | 266,13 | 927,16 |
| mai/12 | 2.984,81 | 2.618,03 | 366,78 | 1,79077700 | 656,83 | 40,2601% | 264,44 | 921,27 |
| jun/12 | 2.984,81 | 2.618,03 | 366,78 | 1,78098000 | 653,23 | 40,2601% | 262,99 | 916,23 |
| jul/12 | 2.984,81 | 2.618,03 | 366,78 | 1,77635800 | 651,54 | 40,2601% | 262,31 | 913,85 |
| ago/12 | 2.984,81 | 2.618,03 | 366,78 | 1,76875500 | 648,75 | 40,2601% | 261,19 | 909,94 |
| set/12 | 2.984,81 | 2.618,03 | 366,78 | 1,76083000 | 645,84 | 40,2601% | 260,02 | 905,86 |
| out/12 | 2.984,81 | 2.618,03 | 366,78 | 1,74980800 | 641,80 | 40,2601% | 258,39 | 900,19 |
| nov/12 | 2.984,81 | 2.618,03 | 366,78 | 1,73747200 | 637,28 | 40,2601% | 256,57 | 893,84 |
| dez/12 | 2.984,81 | 2.618,03 | 366,78 | 1,72813900 | 633,85 | 40,2601% | 255,19 | 889,04 |
| 13º/2012 | 2.984,81 | 2.618,03 | 366,78 | 1,72813900 | 633,85 | 40,2601% | 255,19 | 889,04 |
| jan/13 | 3.169,87 | 2.780,35 | 389,52 | 1,71544200 | 668,21 | 40,2601% | 269,02 | 937,23 |
| fev/13 | 3.169,87 | 2.780,35 | 389,52 | 1,69980600 | 662,12 | 40,2601% | 266,57 | 928,68 |
| mar/13 | 3.169,87 | 2.780,35 | 389,52 | 1,69101300 | 658,69 | 40,2601% | 265,19 | 923,88 |
| abr/13 | 3.169,87 | 2.780,35 | 389,52 | 1,68092600 | 654,76 | 40,2601% | 263,61 | 918,37 |
| mai/13 | 3.169,87 | 2.780,35 | 389,52 | 1,67106400 | 650,92 | 40,2601% | 262,06 | 912,98 |
| jun/13 | 3.169,87 | 2.780,35 | 389,52 | 1,66523700 | 648,65 | 40,2601% | 261,15 | 909,80 |
| jul/13 | 3.169,87 | 2.780,35 | 389,52 | 1,66059100 | 646,84 | 40,2601% | 260,42 | 907,26 |
| ago/13 | 3.169,87 | 2.780,35 | 389,52 | 1,66275100 | 647,68 | 40,2601% | 260,76 | 908,44 |
| set/13 | 3.169,87 | 2.780,35 | 389,52 | 1,66009400 | 646,65 | 39,7773% | 257,22 | 903,87 |

Base para honorários

| Mês/ano | RMI devida | RMI recebida | Diferença | Atualização | Principal atualizado | Percentual de Juros | Valor dos Juros | Total | |
|---|---|---|---|---|---|---|---|---|---|
| out/13 | 3.169,87 | 2.780,35 | 389,52 | 1,65562500 | 644,91 | 39,2773% | 253,30 | 898,21 | **44.587,56** |
| nov/13 | 3.169,87 | 2.780,35 | 389,52 | 1,64559000 | 641,00 | 38,7773% | 248,56 | 889,56 | |
| dez/13 | 3.169,87 | 2.780,35 | 389,52 | 1,63674500 | 637,55 | 38,2773% | 244,04 | 881,59 | |
| 13º/2013 | 3.169,87 | 2.780,35 | 389,52 | 1,63674500 | 637,55 | 38,2773% | 244,04 | 881,59 | |
| jan/14 | 3.346,11 | 2.934,93 | 411,18 | 1,62504500 | 668,19 | 37,7773% | 252,42 | 920,61 | |
| fev/14 | 3.346,11 | 2.934,93 | 411,18 | 1,61487600 | 664,01 | 37,2773% | 247,52 | 911,53 | |
| mar/14 | 3.346,11 | 2.934,93 | 411,18 | 1,60460500 | 659,78 | 36,7773% | 242,65 | 902,44 | |
| abr/14 | 3.346,11 | 2.934,93 | 411,18 | 1,59155500 | 654,42 | 36,2773% | 237,41 | 891,82 | |
| mai/14 | 3.346,11 | 2.934,93 | 411,18 | 1,57923300 | 649,35 | 35,7773% | 232,32 | 881,67 | |
| jun/14 | 3.346,11 | 2.934,93 | 411,18 | 1,56981300 | 645,48 | 35,2773% | 227,71 | 873,19 | |
| jul/14 | 3.346,11 | 2.934,93 | 411,18 | 1,56574300 | 643,80 | 34,7773% | 223,90 | 867,70 | |
| ago/14 | 3.346,11 | 2.934,93 | 411,18 | 1,56371100 | 642,97 | 34,2773% | 220,39 | 863,36 | |
| set/14 | 3.346,11 | 2.934,93 | 411,18 | 1,56090000 | 641,81 | 33,7773% | 216,79 | 858,60 | |
| out/14 | 3.346,11 | 2.934,93 | 411,18 | 1,55329100 | 638,68 | 33,2773% | 212,54 | 851,22 | |
| nov/14 | 3.346,11 | 2.934,93 | 411,18 | 1,54741300 | 636,27 | 32,7773% | 208,55 | 844,82 | |
| dez/14 | 3.346,11 | 2.934,93 | 411,18 | 1,53925200 | 632,91 | 32,2773% | 204,29 | 837,20 | |
| 13º/2014 | 3.346,11 | 2.934,93 | 411,18 | 1,53925200 | 632,91 | 32,2773% | 204,29 | 837,20 | |
| jan/15 | 3.554,58 | 3.117,78 | 436,80 | 1,52976700 | 668,20 | 31,7773% | 212,34 | 880,54 | |
| fev/15 | 3.554,58 | 3.117,78 | 436,80 | 1,50745900 | 658,46 | 31,2773% | 205,95 | 864,40 | |

| TOTAL | 201.465,71 | 176.708,92 | 24.756,78 | | 43.449,29 | | 16.877,31 | 60.326,60 |
|---|---|---|---|---|---|---|---|---|
| | | | | | | Subtotal para honorários | | 44.587,56 |
| | | | | | | Honorários – 10% | | **4.458,76** |
| | | | | | | TOTAL GERAL | | **64.785,36** |

Conforme planilha demonstrativa, os cálculos de execução atingiram o montante de **R$ 60.326,60** (parte autora) mais **R$ 4.458,76** (honorários), totalizando **R$ 64.785,36**, atualizado para 02/2022, referente ao período de **02/01/2010 a 28/02/2015**. Os honorários foram calculados à base de 10% sobre o valor das parcelas vencidas até a prolação da sentença, acrescidas de juros e de correção monetária conforme disciplinado no Manual de Cálculos da Justiça Federal. A base dos honorários foi **R$ 44.587,56** (parcelas vencidas até a prolação da sentença).

CAPÍTULO

VI

# RENÚNCIA DA APOSENTADORIA (DESAPOSENTAÇÃO DIRETA E INDIRETA) E DE OUTROS BENEFÍCIOS

**Sumário • 1.** Considerações sobre a tese da renúncia de benefícios – **2.** Cálculos.

## 1. CONSIDERAÇÕES SOBRE A TESE DA RENÚNCIA DE BENEFÍCIOS

**A desaposentação é a renúncia da aposentadoria por requerimento do segurado, com o intuito de obter alguma vantagem previdenciária.**

Com efeito, de acordo com o artigo 11, §3º, da Lei 8.213/91, o aposentado que desenvolver atividade remunerada será filiado obrigatório no que concerne a essa atividade, devendo pagar as respectivas contribuições previdenciárias.

Essa disposição foi incluída pela Lei 9.032/95, em decorrência do Princípio da Solidariedade, em que pese ser proibida a acumulação de duas aposentadorias dentro do Regime Geral de Previdência Social.

Há uma série de hipóteses em que a desaposentação será útil ao segurado. É possível que o pagamento de novas contribuições previdenciárias após a aposentadoria eleve a renda mensal inicial do benefício, a depender do seu valor, com a incidência mais tênue do fator previdenciário, havendo interesse em renunciar a aposentadoria e requerer uma nova.

Outrossim, poderá o segurado pedir a renúncia de uma aposentadoria por tempo de contribuição proporcional para, posteriormente, requerer uma integral, utilizando novos salários de contribuição após a primeira aposentadoria.

É também possível que um aposentado do RGPS queira aproveitar esse tempo de contribuição para ter direito a uma aposentadoria no RPPS, caso tenha sido aprovado em concurso público de provimento de cargo efetivo, pois sem esse período não preencheria os requisitos para se aposentar no regime dos servidores públicos.

Embora não seja comum, o servidor público de RPPS poderá renunciar ao seu benefício de aposentadoria para computar o tempo de contribuição no RGPS, através da contagem recíproca.

No Regime Próprio dos servidores efetivos do Poder Executivo da União há um instituto similar chamado de **reversão**, que permite que o aposentado retorne à ativa, no caso de cessação de invalidez ou se houver interesse da Administração Pública, preenchidos os requisitos previstos no artigo 25, da Lei 8.112/90.

**Todavia, é preciso salientar que a desaposentação carece de previsão legal expressa, sendo indeferida administrativamente pelo INSS, vez que a Administração Pública apenas poderá agir quando exista autorização legal, à luz do Princípio da Legalidade Administrativa.**

Apesar disso, ao menos antes da decisão do STF lavrada em 26 de outubro de 2016, conforme será visto, o STJ vinha admitindo a desaposentação com eficácia prospectiva, ou seja, sem determinar que o segurado devolva as parcelas já percebidas a título de aposentadoria:

"AGRAVO REGIMENTAL NO RECURSO ESPECIAL. PREVIDENCIÁRIO. ANÁLISE DE DISPOSITIVOS CONSTITUCIONAIS. INVIABILIDADE. COMPETÊNCIA DO EXCELSO PRETÓRIO. APOSENTADORIA. DIREITO PATRIMONIAL DISPONÍVEL. RENÚNCIA. POSSIBILIDADE. PRECEDENTES. 1. A via especial, destinada à uniformização do Direito federal, não se presta à análise de dispositivos da Constituição da República, ainda que para fins de prequestionamento, sob pena, inclusive, de usurpação de competência da Suprema Corte. **2. A jurisprudência do Superior Tribunal de Justiça tem reiteradamente se firmado no sentido de que é plenamente possível a renúncia à aposentadoria, por constituir direito patrimonial disponível.** 3. Agravo regimental a que se nega provimento" (AGREsp 1.055.431, 6ª Turma, de 15.10.2009).

"PROCESSUAL CIVIL E PREVIDENCIÁRIO. AGRAVO REGIMENTAL NO RECURSO ESPECIAL. DECISÃO

MONOCRÁTICA DO RELATOR COM ARRIMO NO ART. 557 DO CPC. MATÉRIA NOVA. DISCUSSÃO. NÃO-CABIMENTO. PRECLUSÃO. RENÚNCIA À APOSENTADORIA. DEVOLUÇÃO DOS VALORES RECEBIDOS. NÃO-OBRIGATORIEDADE. 1. É permitido ao relator do recurso especial valer-se do art. 557 do Código de Processo Civil, quando o entendimento adotado na decisão monocrática encontra-se em consonância com a jurisprudência dominante desta Corte Superior de Justiça. 2. Fica superada eventual ofensa ao art. 557 do Código de Processo Civil pelo julgamento colegiado do agravo regimental interposto contra a decisão singular do Relator. Precedentes. 3. Em sede de regimental, não é possível inovar na argumentação, no sentido de trazer à tona questões que sequer foram objeto das razões do recurso especial, em face da ocorrência da preclusão. **4. A renúncia à aposentadoria, para fins de concessão de novo benefício, seja no mesmo regime ou em regime diverso, não implica em devolução dos valores percebidos, pois, enquanto esteve aposentado, o segurado fez jus aos seus proventos.** Precedentes. 5. Agravo regimental desprovido" (AGREsp 1.107.638, 5ª Turma, de 29.04.2009).

**O mesmo entendimento da 3ª Seção do STJ foi confirmado pela 1ª Seção no julgamento do REsp1334488, em 08/05/2013, sob o rito dos recursos repetitivos:**

"RECURSO ESPECIAL. MATÉRIA REPETITIVA. ART. 543-C DO CPC E RESOLUÇÃO STJ 8/2008. RECURSO REPRESENTATIVO DE CONTROVÉRSIA. DESAPOSENTAÇÃO E REAPOSENTAÇÃO. RENÚNCIA A APOSENTADORIA. CONCESSÃO DE NOVO E POSTERIOR JUBILAMENTO. DEVOLUÇÃO DE VALORES. DESNECESSIDADE.

1. Trata-se de Recursos Especiais com intuito, por parte do INSS, de declarar impossibilidade de renúncia a aposentadoria e, por parte do segurado, de dispensa de devolução de valores recebidos de aposentadoria a que pretende abdicar.

2. A pretensão do segurado consiste em renunciar à aposentadoria concedida para computar período contributivo utilizado, conjuntamente com os salários de contribuição da atividade em que permaneceu trabalhando, para a concessão de posterior e nova aposentação.

**3. Os benefícios previdenciários são direitos patrimoniais disponíveis e, portanto, suscetíveis de desistência pelos seus titulares, prescindindo-se da devolução dos valores recebidos da aposentadoria a que o segurado deseja preterir para a concessão de novo e posterior jubilamento. Precedentes do STJ.**

4. Ressalva do entendimento pessoal do Relator quanto à necessidade de devolução dos valores para a reaposentação, conforme votos vencidos proferidos no REsp 1.298.391/RS; nos Agravos Regimentais nos REsps 1.321.667/PR, 1.305.351/RS, 1.321.667/PR, 1.323.464/RS,1.324.193/PR, 1.324.603/RS, 1.325.300/SC, 1.305.738/RS; e no AgRg no AREsp 103.509/PE.

5. No caso concreto, o Tribunal de origem reconheceu o direito à desaposentação, mas condicionou posterior aposentadoria ao ressarcimento dos valores recebidos do benefício anterior, razão por que deve ser afastada a imposição de devolução.

6. Recurso Especial do INSS não provido, e Recurso Especial do segurado provido. Acórdão submetido ao regime do art. 543-C do CPC e da Resolução 8/2008 do STJ".

Na lei de conversão à Medida Provisória 676/2015, a Lei 13.183/2015, o Congresso Nacional chegou a inserir a possibilidade de desaposentação, observados certos condicionantes. No entanto, esta passagem na Lei 13.183/2015 foi vetada[1] pela Presidente da República, tendo o veto sido mantido pelo Congresso Nacional na sessão de 15 de dezembro de 2015.

Eis as razões do veto preservado pelo Congresso Nacional:

> "As alterações introduziriam no ordenamento jurídico a chamada 'desaposentação', que contraria os pilares do sistema previdenciário brasileiro, cujo financiamento é intergeracional e adota o regime de repartição simples. A alteração resultaria, ainda, na possibilidade de cumulação de aposentadoria com outros benefícios de forma injustificada, além de conflitar com o disposto no § 1o, do art. 86 da própria Lei no 8.213, de 24 de julho de 1991."

Crê-se que, ao indeferir os pedidos de desaposentação, não há ilicitude na postura do INSS, ante a carência de autorização legal, por se cuidar a aposentadoria de um ato jurídico perfeito.

Simplesmente não poderá a autarquia previdenciária deferir pleitos sem expressa previsão na legislação previdenciária, pois apenas os particulares poderão pautar a sua conduta quando não há proibição legal, não ocorrendo o mesmo com a Administração Pública, que deverá aplicar a lei de ofício.

De efeito, **a única hipótese em que o INSS defere a desaposentação é na situação do artigo 181-B do**

1. O aposentado pelo Regime Geral de Previdência Social que permanecer em atividade sujeita a esse Regime, ou a ele retornar, não fará jus a outra aposentadoria desse Regime em consequência do exercício dessa atividade, sendo-lhe assegurado, no entanto, o recálculo de sua aposentadoria tomando-se por base todo o período contributivo e o valor dos seus salários de contribuição, respeitando-se o teto máximo pago aos beneficiários do RGPS, de forma a assegurar-lhe a opção pelo valor da renda mensal que for mais vantajosa. Para requerer o recálculo da renda mensal da aposentadoria, o beneficiário deverá comprovar um período de carência correspondente a, no mínimo, sessenta novas contribuições mensais. Não será admitido recálculo do valor da renda mensal do benefício para segurado aposentado por invalidez. Para o segurado que tenha obtido aposentadoria especial, não será admitido o recálculo com base em tempo e salário de contribuição decorrente do exercício de atividade prejudicial à saúde ou à integridade física. O recálculo do valor da renda mensal do benefício limitar-se-á ao cômputo de tempo de contribuição e salários adicionais, não sendo admitida mudança na categoria do benefício previamente solicitado.

**Decreto 3.048/99**, que pontifica que o segurado poderá desistir do seu pedido de aposentadoria desde que manifeste esta intenção e requeira o arquivamento definitivo do pedido antes da ocorrência do primeiro de um dos seguintes atos:

> I – recebimento do primeiro pagamento do benefício; ou
>
> II – saque do respectivo Fundo de Garantia do Tempo de Serviço ou do Programa de Integração Social.

O dispositivo regulamentar foi atualizado pelo Decreto 10.410/2020:

> "Art. 181-B. As aposentadorias concedidas pela previdência social são irreversíveis e irrenunciáveis. (Redação dada pelo Decreto nº 10.410, de 2020)
>
> § 1º O disposto neste artigo não se aplica à concessão de aposentadoria por incapacidade permanente. (Redação dada pelo Decreto nº 10.410, de 2020)
>
> § 2º O segurado poderá desistir do seu pedido de aposentadoria desde que manifeste essa intenção e requeira o arquivamento definitivo do pedido antes da ocorrência de um dos seguintes atos: (Incluído pelo Decreto nº 10.410, de 2020)
>
> I - recebimento do primeiro pagamento do benefício; ou (Incluído pelo Decreto nº 10.410, de 2020)
>
> II - efetivação do saque do FGTS ou do PIS. (Incluído pelo Decreto nº 10.410, de 2020)
>
> **§ 3º O disposto no caput não impede a cessação dos benefícios não acumuláveis por força de disposição legal ou constitucional.** (Incluído pelo Decreto nº 10.410, de 2020)".

**A grande novidade foi a inserção do §3º no artigo 181-B do RPS.** O primeiro ponto que deve ser enfrentado é distinguir a **renúncia de um benefício** da hipótese de sua **cessação (suspensão) por inacumulabilidade legal** com outro benefício previdenciário ou remuneração.

A renúncia de benefício é o ato voluntário pelo qual o segurado busca o cancelamento de um benefício, a exemplo de uma aposentadoria programada.

Por outro lado, quando se consuma uma vedação legal de acumulação, há determinação normativa para que um dos benefícios seja suspenso, não havendo saída para o segurado ou dependente do segurado de um regime de previdência pública (há imposição normativa, e não ato voluntário).

Apenas a opção de escolha reside em indicar qual benefício previdenciário ou remuneração decorrente de cofre público será cessado (suspenso), o que por certo recairá naquele com menor renda mensal, a critério do beneficiário da previdência pública.

Essa distinção, inclusive, foi perpetrada pelo §3º do artigo 181-B do RPS, inserido pelo Decreto 10.410/2020, ao aduz que "o *disposto no caput*" (irrenunciabilidade da aposentadoria programada) "*não impede a cessação dos benefícios não acumuláveis por força de disposição legal ou constitucional*", reforçando a tese de que não se confunde a renúncia do benefício com a cessação de benefício por inacumulabilidade legal.

De efeito, mesmo com o direito adquirido a um benefício previdenciário formado, é possível que a lei impeça a sua acumulação com outro benefício previdenciário ou remuneração, situação na qual deve ser cessado um deles, salvo quando o direito à acumulação precede à vigência da norma proibitiva, pois é vedada a retroação do novel impedimento para desfazer o direito adquirido à acumulação.

Isso ocorre, v.g., com mais de uma pensão por morte instituída por cônjuge ou companheiro dentro do RGPS desde a Lei 9.032/95 ou mesmo com o auxílio-acidente com qualquer aposentadoria desde o advento da Lei 9.528/97 **(exemplo interno no RGPS).**

Por outro lado, considerando que a cessação legal por inacumulabilidade não desconstitui o direito adquirido ao benefício, uma vez extinto ou suspenso o benefício previdenciário paralelo, é plenamente cabível a **reativação do benefício previdenciário** inicialmente suspenso mediante solicitação do beneficiário.

Suponha-se que um segurado teve cessado o seu auxílio-acidente por inacumulabilidade com a sua aposentadoria voluntária e que, posteriormente, em decorrência da autotutela que constatou erro administrativo, restou cancelada a aposentadoria. Nesta hipótese deve ser reativado o auxílio-acidente, se mantidos os pressupostos legais, acaso seja pedido pelo segurado.

Suponha-se ainda que uma viúva que recebia pensão por morte de cônjuge do RGPS de um salário mínimo tenha optado por uma segunda pensão de companheiro no RGPS no valor de R$ 1.500,00.

Sucede que, após demanda judicial, a pensão por morte foi fracionada com outros dois dependentes, sendo a cota da viúva reduzida de R$ 1.500,00 para R$ 500,00. Neste caso, ela tem o direito de buscar a reativação da pensão anterior, com efeitos financeiros a partir do pedido administrativo.

Dessa forma, a regra inserida no §3º do artigo 181-B do RPS, introduzida pelo Decreto 10.410/2020, apenas tem o condão de regulamentar as situações de inacumulabilidade de benefícios previdenciários ou remunerações especialmente de cofres públicos que envolvam benefício do RGPS, tendo **natureza declaratória.**

Com propriedade, **não poderia um decreto inovar em tema tão relevante sujeito ao domínio legal**, de modo que não veicula nenhuma inovação, devendo ser aplicado inclusive a benefícios concedidos anteriormente.

Se o RPPS e o RGPS entenderem que os seus benefícios não podem ser cessados diante da inacumulabilidade legal, todos ficariam ativos em descumprimento à ordem legal que proíbe a acumulação, perpetuando a acumulação ilegal.

Justamente por isso a posição da Autarquia precisava ser revista, pois não se tratava de renúncia de aposentadoria, e sim de cessação (suspensão) por inacumulabilidade legal, máxime quando foi inserida regra tão clara no RPS para esse fim em 1/7/2020 (Decreto 10.410).

Em muitos cruzamentos de dados do TCU e de outros órgãos de controle há a constatação de acumulação ilegal, o que somente terá segurança jurídica quando for implementado o sistema integrado de dados relativos às remunerações, proventos e pensões dos segurados dos regimes de previdência de que tratam os arts. 40, 201 e 202 da Constituição Federal, aos benefícios dos programas de assistência social de que trata o art. 203 da Constituição Federal e às remunerações, proventos de inatividade e pensão por morte decorrentes das atividades militares de que tratam os arts. 42 e 142 da Constituição Federal de que trata o artigo 12 da Emenda 103/2019.

Os casos que vêm aparecendo em sua maioria para o INSS decorrem de vedações de acumulação da legislação de previdência militar. Veja-se, por exemplo, o *artigo 29 da Lei 3.765/1960*, que rege as pensões militares **(exemplo externo entre regimes de previdência pública):**

> "Art. 29. É permitida a acumulação: (Redação dada peça Medida provisória nº 2.215-10, de 31.8.2001)
>
> I - de uma pensão militar com proventos de disponibilidade, reforma, vencimentos ou aposentadoria; (Redação dada peça Medida provisória nº 2.215-10, de 31.8.2001)
>
> *II - de uma pensão militar com a de outro regime, observado o disposto no art. 37, inciso XI, da Constituição Federal. (Redação dada peça Medida provisória nº 2.215-10, de 31.8.2001)".*

Dessa forma, para cumprir o artigo 29 da Lei 3.765/1960, na situação de acumulação de três rendas citadas decorrentes de cofres públicos, pode ser necessário solicitar a cessação (suspensão) da aposentadoria programada do RGPS a critério do beneficiário, especialmente se for a menor renda.

Nesta situação, como se trata de **regra externa ao Regime Geral**, o pagamento da aposentadoria voluntária ao segurado não violou regra da Lei 8.213/91, sendo legítima para este regime de previdência, que nada será ressarcido porquanto não se operou um pagamento indevido dentro das regras regentes do RGPS.

Assim, caberá ao regime de previdência militar ou ao RPPS a cobrança das parcelas pagas indevidamente em razão da inacumulabilidade que violou a sua própria legislação.

Por outro lado, no caso de violação de regra que vede internamente a acumulação de benefícios no RGPS, a exemplo de infringência ao artigo 124 da Lei 8.213/91, cabe ao INSS a cobrança dos valores pagos indevidamente ao beneficiário.

Isto posto, podemos extrair as seguintes conclusões da novel regra regulamentar que veio em boa hora:

A. A regra inserida no §3º do artigo 181-B do RPS pelo Decreto 10.410/2020 não trata de uma hipótese de renúncia de aposentadoria voluntária, e sim de cessação (suspensão) de aposentadoria por inacumulabilidade legal;

B. Considerando o direito adquirido à aposentadoria voluntária no RGPS, uma vez extinto o benefício ou renda de cofre público inacumulável com a aposentadoria voluntária do RGPS, o segurado pode solicitar a reativação do benefício, com efeitos financeiros a contar da data do pedido administrativo de reativação;

C. A regra inserida no §3º do artigo 181-B do RPS pelo Decreto 10.410/2020 possui natureza declaratória, devendo ser aplicada a fatos geradores anteriores à 1/7/2020;

D. A acumulação indevida entre aposentadoria do RGPS com benefício de RPPS ou da previdência militar por força de aplicação da lei que rege o RPPS não decorre da Lei 8.213/91, sendo descabida a cobrança do período de percepção cumulativa de benefícios previdenciário pelo INSS, devendo ser avaliada pelo RPPS ou regime de previdência militar eventual cobrança de pagamento indevido durante o período que não deveria ter havido cumulação.

Com base na **Nota nº 00070/2020/CGMB/PFE-INSS-SEDE/PGF/AGU de minha autoria no exercício do cargo de Procurador Federal**, o INSS felizmente reviu o seu posicionamento administrativo ao editar as seguintes portarias:

A) **PORTARIA DIRBEN/INSS Nº 891, DE 07 DE ABRIL DE 2021:** Dispõe sobre os procedimentos a serem realizados quando houver solicitação de cessação de benefício inacumuláveis por força de disposição legal ou constitucional, conforme disposto no §3º do artigo 181-B do Regulamento da Previdência Social, aprovado pelo Decreto nº 3.048/1999;

B) **PORTARIA DIRBEN/INSS Nº 981, DE 07 DE ABRIL DE 2021:** Dispõe sobre os procedimentos a serem realizados quando houver solicitação de cessação de benefício inacumuláveis por força de disposição legal ou constitucional, conforme disposto no §3º do artigo 181-B do Regulamento da Previdência Social, aprovado pelo Decreto nº 3.048/1999.

De efeito, nos termos do artigo 2º da *PORTARIA DIRBEN/INSS Nº 891, DE 07 DE ABRIL DE 2021 "deve-se proceder à cessação da aposentadoria voluntária, com Data de Cessação do Benefício - DCB fixada na data do pedido de cessação, quando houver solicitaçao de cessação apresentada pelo beneficiário em decorrência exclusivamente de inacumulabilidade com outro benefício no âmbito do RGPS, RPPS, RPM ou renda pública, tendo em vista que a regra constante no § 3º do artigo 181-B do RPS, incluída pelo Decreto nº 10.410, de 30 de junho de 2020, não se trata de uma hipótese de renúncia de aposentadoria, mas sim de cessação de aposentadoria por inacumulabilidade legal, conforme disposto na Nota nº 00070/2020/CGMB/PFE-INSS-SEDE/PGF/AGU, aprovada pelo Despacho nº 00201/2020/CCBEN/PFE-INSS-SEDE/PGF/AGU e pelo Despacho nº 01218/2020CGMB/PFE-INSS-SEDE/PGF/AGU".*

Regras da Autarquia:

- A situação de inacumulabilidade legal é declaratória, devendo ser aplicada também a fatos geradores anteriores a 1/7/2020 e prevalece o pedido do beneficiário de cessação do benefício que para ele é menos vantajoso;
- Caso a acumulação indevida ocorra entre a aposentadoria do RGPS com benefício do RPPS, RPM ou renda pública, por força da aplicação de lei própria do RPPS, RPM ou específica da renda pública correspondente, não decorrente da Lei nº 8.213/1991, não cabe a cobrança administrativa no âmbito do INSS do período recebido indevidamente, devendo ser avaliada pelo RPPS ou regime de previdência militar eventual cobrança de pagamento indevido durante o período que não deveria ter havido cumulação;
- No caso de violação de regra que vede internamente a acumulação de benefícios no RGPS, após as providências referentes ao devido processo legal, decorrentes da instauração do processo de indícios de irregularidade, caberá o encaminhamento com vistas à cobrança dos valores pagos indevidamente ao beneficiário;
- Considerando o direito adquirido à aposentadoria voluntária no RGPS, ou outro benefício do RGPS cessado por inacumulabilidade legal, uma vez extinto o benefício ou renda de cofre público inacumulável do RPPS, regime de previdência militar ou renda pública, o segurado pode solicitar a reativação do benefício do RGPS, com efeitos financeiros a contar da data do pedido administrativo de reativação, caso mantidos os pressupostos legais;
- Cabe ao requerente cujo benefício do RGPS foi suspenso por inacumulabilidade legal apresentar ao INSS documento atualizado emitido pela fonte pagadora do benefício mantido por outro regime de previdência ou renda pública atestando a cessação definitiva do pagamento e a respectiva data de cessação.

Mas é curioso que o STF vem dando **interpretação restritiva** ao artigo 29 da Lei 3.765/1960, cassando inclusive decisões do TCU *que pronunciaram a vedação de acumulação de três rendas públicas:*

**MS 37477 AgR / DF - DISTRITO FEDERAL**

AG.REG. EM MANDADO DE SEGURANÇA

Relator(a): Min. GILMAR MENDES

**Julgamento: 10/10/2022**

Publicação: 17/10/2022

Órgão julgador: Segunda Turma

Publicação

PROCESSO ELETRÔNICO DJe-208 DIVULG 14-10-2022 PUBLIC 17-10-2022

**Partes**

AGTE.(S) : UNIÃO PROC.(A/S)(ES) : ADVOGADO-GERAL DA UNIÃO AGDO.(A/S) : FLAVIA SUZANA REIS E SOUZA ADV.(A/S) : MARIO DE FREITAS MACEDO FILHO E OUTRO(A/S) INTDO.(A/S) : TRIBUNAL DE CONTAS DA UNIÃO PROC.(A/S)(ES) : ADVOGADO-GERAL DA UNIÃO

**Ementa**

Agravo regimental no mandado de segurança. 2. Direito Constitucional e Administrativo. **3. Cumulação de benefícios previdenciários. Pensão militar, aposentadoria pelo RPPS e aposentadoria pelo RGPS. Possibilidade. Regimes distintos**. Ausência de vedação constitucional. Precedentes. 4. Inaplicabilidade do tema 921 da repercussão geral ao caso dos autos. Hipótese distinta. 5. Ausência de argumentos capazes de infirmar a decisão agravada. 6. Negado provimento ao agravo regimental.

**Decisão**

A Turma, por unanimidade, negou provimento ao agravo regimental, nos termos do voto do Relator. Falou, pela agravada, o Dr. Klaus Cohen Koplin. Segunda Turma, Sessão Virtual de 30.9.2022 a 7.10.2022.

Veja-se passagem do voto condutor:

*"Registre-se, inicialmente, que o dispositivo em que amparada a conclusão da Corte de Contas (art. 29, I, da Lei 3.765/1960) não limita expressamente a quantidade de proventos com que a pensão seria cumulável, mas apenas a quantidade de pensões devidas, qual seja, uma pensão militar cumulada com proventos de aposentadoria ou duas pensões militares.*

*Tal dispositivo restringe-se, pois, a dispor que a pensão é acumulável com proventos de disponibilidade, reforma, vencimentos ou aposentadoria:*

*"Art. 29. É permitida a acumulação:*

*I - de uma pensão militar com proventos de disponibilidade, reforma, vencimentos ou aposentadoria;*

*II - de uma pensão militar com a de outro regime, observado o disposto no art. 37, inciso XI, da Constituição Federal."*

***Ademais, um segundo ponto que merece ser anotado é que a pensão por morte pleiteada consiste em benefício devido à dependente filha de militar já falecido, o que evidencia a ausência de correlação com uma eventual cumulação de múltiplas aposentadorias pela impetrante, dado que o benefício em questão decorre da qualidade de dependente do verdadeiro segurado daquele regime.***

***Além disso, como já demonstrado, tem-se que as atividades profissionais que deram ensejo à cumulação de aposentadorias decorrem de regimes diversos, sendo um decorrente de regime próprio, e o outro do regime geral de previdência social.***

***Por todo o exposto, não se verifica a presença da premissa básica para a vedação de cumulação, qual seja, a identidade de regimes previdenciários e a possibilidade de quebra do equilíbrio financeiro atuarial do sistema previdenciário, visto que cada benefício recebido pela impetrante decorre de um regime diferente".***

Veja-se outros precedentes do STF:

"AGRAVO REGIMENTAL NO RECURSO EXTRAORDINÁRIO COM AGRAVO. ADMINISTRATIVO E PREVIDENCIÁRIO. PROFESSORA. CARGOS ACUMULÁVEIS. ACUMULAÇÃO DE DUAS APOSENTADORIAS COM PENSÃO MILITAR: POSSIBILIDADE: PRECEDENTES. CRITÉRIOS LEGAIS: IMPOSSIBILIDADE DE ANÁLISE DA LEGISLAÇÃO INFRACONSTITUCIONAL. AUSÊNCIA DE OFENSA CONSTITUCIONAL DIRETA. INAPLICABILIDADE DO TEMA 921 DA REPERCUSSÃO GERAL. VERBA HONORÁRIA MAJORADA EM 1% (§§ 2º, 3º E 11 DO ART. 85 DO CÓDIGO DE PROCESSO CIVIL/2015). AGRAVO REGIMENTAL DESPROVIDO, COM APLICAÇÃO DE MULTA DE 1% SOBRE O VALOR ATUALIZADO DA CAUSA, SE UNÂNIME A VOTAÇÃO" (ARE 1.382.988 AgR, Rel. Min. Cármen Lúcia, Primeira Turma, DJe 8.9.2022) "Agravo regimental no recurso extraordinário com agravo. 2. Acumulação de proventos de duas aposentadorias com pensão militar. Possibilidade. 3. Não há impedimento para a tríplice acumulação, quando esta decorre do recebimento de duas aposentadorias de cargos acumuláveis na forma autorizada pelo texto constitucional, associado ao recebimento de pensão militar por morte. Precedentes. 4. Ausência de argumentos capazes de infirmar a decisão agravada. 5. Agravo regimental a que se nega provimento. Honorários majorados em 10%." (ARE 1.194.860 AgR-segundo, de minha relatoria, Segunda Turma, DJe 30.11.2020).

**<u>ARE 1382988 AgR</u>**

Órgão julgador: **Primeira Turma**

**Relator(a):** Min. CÁRMEN LÚCIA

**Julgamento:** 05/09/2022

**Publicação:** 08/09/2022

**Ementa**

EMENTA: AGRAVO REGIMENTAL NO RECURSO EXTRAORDINÁRIO COM AGRAVO. AMINISTRATIVO E *PREVIDENCIÁRIO*. **PROFESSORA. CARGOS ACUMULÁVEIS. ACUMULAÇÃO DE DUAS APOSENTADORIAS COM PENSÃO MILITAR: POSSIBILIDADE:** PRECEDENTES. CRITÉRIOS LEGAIS: IMPOSSIBILIDADE DE ANÁLISE DA LEGISLAÇÃO INFRACONSTITUCIONAL. AUSÊNCIA DE OFENSA CONSTITUCIONAL DIRETA. INAPLICABILIDADE DO TEMA 921 DA REPERCUSSÃO GERAL. VERBA HONORÁRIA MAJORADA EM 1% (§§ 2º, 3º E 11 DO ART. 85 DO CÓDIGO DE PROCESSO CIVIL/2015). AGRAVO REGIMENTAL DESPROVIDO, COM APLICAÇÃO DE MULTA DE 1% SOBRE O VALOR ATUALIZADO DA CAUSA, SE UNÂNIME A VOTAÇÃO.

Registre-se que **a aplicação do artigo 181-B é restrita à desistência administrativa da aposentadoria voluntária**, não se aplicando na hipótese de concessão judicial.

É muito comum que após a implantação de uma aposentadoria por determinação judicial o segurado não fique satisfeito com a renda mensal inicial e queira desistir da açao judicial. Esse pedido deve ser direcionado ao juiz, não ao INSS, por se tratar de cumprimento de sentença pela autarquia.

Por simetria e para preservar a determinação judicial, somente na hipótese de o juiz revogar o mandado de implantação do benefício é que o INSS irá fazê-lo, a exemplo da situação de desistência da ação homologada judicialmente, observada a devolução dos valores recebidos.

De outro vértice, não vejo viabilidade de o segurado desistir do benefício implantado após a determinação judicial transitada em julgado. De todo modo, cabe ao juiz determinar o cancelamento, se entender pertinente, aplicando o artigo 181-B do Decreto 3.048/99 por analogia.

Assim, descabe ao INSS aplicar o artigo 181-B do RPS à concessão de aposentadoria voluntária por ordem judicial, devendo o jurisdicionado peticionar ao juiz o seu pleito de desistência do benefício, que por certo não terá a simpatia do julgador, diante do custo da tramitação de um processo judicial que vai se tornar inócuo.

**Veja-se precedente da 3ª Turma Recursal de Pernambuco que admitiu a aplicação do artigo 181-B do RPS ao processo judicial:**

**Tipo**

Acórdãos

**Número**

0501847-44.2016.4.05.8309

05018474420164058309

**Classe**

Recursos

**Relator(a)**

Joaquim Lustosa Filho

**Origem**

TERCEIRA TURMA RECURSAL

**Órgão julgador**

TERCEIRA TURMA RECURSAL

**Data**

16/05/2017

**Data da publicação**

17/05/2017

**Fonte da publicação**

Creta - Data::17/05/2017 - Página N/I

**Ementa**

PROCESSUAL CIVIL. **PREVIDENCIÁRIO. APOSENTADORIA CONCEDIDA EM PROCESSO JUDICIAL. RENÚNCIA. ART. 181-B DO DECRETO 3.048/99. DESISTÊNCIA.** POSSIBILIDADE. EMBARGOS DE DECLARAÇÃO PROVIDOS, SEM EFEITOS INFRINGENTES.

**Decisão**

UNÂNIME

**Referência legislativa**

DEL-3048-1999 ART-181-B PAR-00000 INC-00000

**Inteiro teor**

EMENTA PROCESSUAL CIVIL. PREVIDENCIÁRIO. APOSENTADORIA CONCEDIDA EM PROCESSO JUDICIAL. RENÚNCIA. ART. 181-B DO DECRETO 3.048/99. DESISTÊNCIA. POSSIBILIDADE. EMBARGOS DE DECLARAÇÃO PROVIDOS, SEM EFEITOS INFRINGENTES. Trata-se de embargos de declaração opostos pela parte autora, sob alegação de erro material no acórdão proferido por este colegiado (anexo 24). Alega que "nos pedidos há expressamente o pedido de estorno dos valores em favor do INSS". Afirma que "não chegou a receber nenhuma parcela do benefício, estando os valores intocáveis, ou seja não é desaposentação propriamente dita, mas sim renúncia ao benefício". A finalidade dos embargos de declaração é o aperfeiçoamento da decisão, sanando seus vícios (contradição, omissão, obscuridade e dúvida). Assim, trata-se de um meio formal de integração do ato decisório, pelo qual se exige do seu prolator um posicionamento complementar que opere a dita integralização. Assiste razão ao embargante. Deve o julgado ser integrado. O acórdão não se pronunciou quanto ao pedido de estorno dos valores depositados, em virtude da aposentadoria por tempo de contribuição deferida no processo nº. 0501390-46.2015.4.05.8309, em favor do INSS. **O autor pode querer executar ou não o provimento judicial que lhe foi favorável. Ocorre que o juiz executou, de ofício, a obrigação de fazer, apesar do desinteresse do autor. No entanto, o caso requer a incidência do art. 181-B do Decreto 3.048/99, verbis:** "Art. 181-B. As aposentadorias por idade, tempo de contribuição e especial concedidas pela previdência social, na forma deste Regulamento, são irreversíveis e irrenunciáveis.(Incluído pelo Decreto nº 3.265, de 1999) Parágrafo único. O segurado pode desistir do seu pedido de aposentadoria desde que manifeste esta intenção e requeira o arquivamento definitivo do pedido antes da ocorrência do primeiro de um dos seguintes atos: (Redação dada pelo Decreto nº 6.208, de 2007) I - recebimento do primeiro pagamento do benefício; ou II - saque do respectivo Fundo de Garantia do Tempo de Serviço ou do Programa de Integração Social". A concessão aposentadoria só se tornaria ato jurídico perfeito no momento do saque do primeiro pagamento do benefício. Destarte o demandante manifestou sua intenção de desistir do benefício. Ademais, conforme o anexo 35, os valores depositados a título de RPV não foram sacados pelo autor. Ante o exposto, dou provimento aos embargos de declaração, com efeitos infringentes para suprir a omissão apontada e dar provimento ao recurso inominado a fim de conceder nova aposentadoria, considerando as contribuições após o processo nº. 0501390-46.2015.4.05.8309. Comunique-se o inteiro teor desta decisão ao juízo do processo n. 0501390-46.2015.4.05.8309. É como voto. ACÓRDÃO Recife, data da movimentação. Decide a 3ª Turma Recursal dos Juizados Especiais Federais de Pernambuco, à unanimidade, DAR PROVIMENTO AOS EMBARGOS DE DECLARAÇÃO, com efeitos infringentes, PARA DAR PROVIMENTO AO RECURSO INOMINADO, nos termos da ementa supra. Recife, data da movimentação. Joaquim Lustosa Filho Juiz Federal Relator

No entanto, **o pagamento do PIS/PASEP por crédito automático pelo banco, sem requerimento do interessado[2], não impede a desistência das aposentadorias por idade**, tempo de contribuição e especial, na forma do artigo 181 – B do Regulamento da Previdência Social, aprovado pelo Decreto nº 3.048/1999 e art. 800 da Instrução Normativa nº 77/PRES/INSS, de 21/01/2015, visto que a finalidade da Medida Provisória foi beneficiar os participantes do PIS/PASEP e não restringir direitos previdenciários, conforme o **Memorando-Circular nº 32 /DIRBEN/INSS de 29/8/2018.**

Ainda de acordo com o INSS, nos casos de requerimento de desistência de aposentadorias quando já houve recebimento do PIS/PASEP por crédito automático pelo banco, não existe necessidade de exigir a devolução de valores recebidos, visto que tal exigência seria de competência do Conselho Diretor do PIS/PASEP, cabendo apenas emitir ofício à Caixa Econômica Federal ou Banco do Brasil informando o cancelamento da aposentadoria, caso o segurado conte com menos de sessenta anos de idade.

É curial que seja previamente estudado o impacto no Fundo do RGPS das desaposentações, a fim de se atender ao Princípio do Equilíbrio Financeiro e Atuarial, sob pena de se colocar em risco todo o sistema.

De acordo com os memoriais apresentados pelo INSS ao Ministro Dias Toffoli em 20.10.2010, "estudo realizado visando mensurar os impactos da desaposentação no RGPS (Nota Técnica anexada ao memorial

**2.** Medida Provisória nº 813/2017, convertida na Lei nº 13.677/2018, que alterou a Lei Complementar nº 26/1975.

analítico), apenas no benefício de Aposentadoria por Tempo de Contribuição, considerando um subconjunto de 481.120 benefícios (com real potencialidade de pedir a desaposentação), aponta para um aumento no volume de recursos para custeio do regime previdenciário em longo prazo da ordem de R$ 49.172.318.900,00 (quarenta e nove bilhões, cento e setenta e dois milhões, trezentos e dezoito mil e novecentos reais)".

De efeito, a desaposentação poderia trazer alguns efeitos nefastos na Previdência Social, a saber:

- Não é justo que segurados já beneficiados com a aposentadoria por tempo de contribuição proporcional, muitos aposentados com menos de 50 anos de idade, tenham direito à desaposentação, pois já foram agraciados com uma aposentadoria precoce;
- É possível que haja uma série de desaposentações em relação a um mesmo segurado, na medida em que ele persista trabalhando e tenha novas contribuições, pois seguidamente poderá requerer a renúncia à aposentadoria e a concessão de outras;
- Um segurado que se aposentou precocemente por tempo de contribuição e que teve a renda mensal reduzida pelo fator previdenciário, poderá trabalhar por um curto período, para, após anos, pedir desaposentação e posteriormente nova aposentadoria, com melhor incidência do fator previdenciário, vez que sua idade estará bem mais elevada e certamente o fator será superior a 1,0;
- Um segurado que se aposentou por idade aos 65 anos (homem) ou 60 anos (mulher), poderá continuar trabalhando por curto prazo (ou verter apenas uma contribuição previdenciária) e anos após pedir a renúncia da aposentadoria por idade e a concessão de uma nova, a fim de majorar a renda mensal inicial com base no melhor fator previdenciário, que será elevado em razão da sua idade avançada;
- É possível que os aposentados passem a contribuir na condição de segurados facultativos, apenas com o propósito de pedir desaposentação e posteriormente requerer uma nova aposentadoria com maior valor.

Por tudo isso, se o legislador resolver admitir futuramente a desaposentação, deverá cercar o instituto de uma série de condicionantes para impedir o seu uso abusivo pelos segurados do RGPS.

**E foi nesta linha de raciocínio que decidiu o STF. No dia 26 de outubro de 2016, ao julgar os Recursos Extraordinários 381.367, 661.256 e 827.833, o Supremo Tribunal Federal rejeitou a tese da desaposentação. Para a maioria dos ministros (7 votos), a desaposentação não possui previsão legal, cabendo ao Poder Legislativo a tarefa de instituí-la, se for o caso.**

Ademais, a concessão judicial da desaposentação sem previsão normativa viola a regra constitucional da contrapartida, pois aumenta as despesas previdenciárias sem a correspondente fonte de custeio. A tese foi firmada em repercussão geral no dia 27/10/2016.

Veja-se a informação publicada no sítio do STF:

> Quarta-feira, 26 de outubro de 2016
>
> **STF considera inviável recálculo de aposentadoria por desaposentação sem previsão em lei**
>
> O Plenário do Supremo Tribunal Federal (STF), em sessão nesta quarta-feira (26), considerou inviável o recálculo do valor da aposentadoria por meio da chamada desaposentação. Por maioria de votos, os ministros entenderam que apenas por meio de lei é possível fixar critérios para que os benefícios sejam recalculados com base em novas contribuições decorrentes da permanência ou volta do trabalhador ao mercado de trabalho após concessão da aposentadoria. A tese a ser fixada para efeito da repercussão geral deverá ser votada no início da sessão plenária desta quinta-feira (27).
>
> Foram julgados sobre o tema os Recursos Extraordinários (RE) 381367, de relatoria do ministro Marco Aurélio, 661256, com repercussão geral, e 827833, ambos de relatoria do ministro Luís Roberto Barroso.
>
> Prevaleceu o entendimento do ministro Dias Toffoli, apresentado na sessão de 29 de outubro de 2014. Ele afirmou que, embora não exista vedação constitucional expressa à desaposentação, também não há previsão desse direito. O ministro Toffoli salientou que a Constituição Federal dispõe de forma clara e específica que compete à legislação ordinária estabelecer as hipóteses em que as contribuições previdenciárias repercutem diretamente no valor dos benefícios, como é o caso da desaposentação, que possibilitaria a obtenção de benefício de maior valor a partir de contribuições recolhidas após a concessão da aposentadoria. Na ocasião, foi acompanhado pelo ministro Teori Zavascki.
>
> **Ministra Rosa Weber**
>
> O julgamento foi retomado na sessão desta quarta-feira com o voto-vista da ministra Rosa Weber, que seguiu o entendimento do relator do Recurso Extraordinário (RE) 661256, ministro Luís Roberto Barroso, de que a legislação é omissa no que diz respeito à desaposentação. Na visão da ministra, não existe proibição legal expressa a que um aposentado do Regime Geral de Previdência Social (RGPS) que tenha continuado a trabalhar obtenha novo benefício, com base nas novas contribuições.
>
> A ministra observou que a filiação à previdência social é um vínculo jurídico que gera direitos e obrigações recíprocas e as novas contribuições vertidas pelo aposentado, por sua continuidade ou retorno ao mercado de trabalho, devem ser consideradas para cálculo de novo benefício. "Não identifico no artigo 18, parágrafo 2º, da Lei 8.213/1991, vedação expressa à desaposentação,

considerada a finalidade de, a partir do cômputo de novo período aquisitivo, obter mensalidade de aposentadoria de valor maior" afirmou.

**Ministro Edson Fachin**

O ministro Edson Fachin acompanhou a divergência aberta pelo ministro Dias Toffoli, dando provimento ao RE 661256 por entender que o STF não pode suplantar a atuação legislativa na proteção aos riscos previdenciários. Em seu entendimento, cabe ao legislador, ponderando sobre o equilíbrio financeiro e atuarial do RGPS, dispor sobre a possibilidade de revisão de cálculo de benefício de aposentadoria já concedido em razão de contribuições posteriores.

O ministro Fachin destacou que a Constituição Federal consagra o princípio da solidariedade e estabelece que a Seguridade Social será financiada por toda sociedade, de forma direta e indireta. Ressaltou que o legislador constitucional, ao tratar da previdência social, dispôs que especificamente sobre os riscos que devem estar cobertos pelo RGPS, mas atribuiu ao legislador infraconstitucional a responsabilidade de fixar regras e critérios a serem observados para a concessão dos benefícios previdenciários.

**Ministro Luís Roberto Barroso**

Relator do RE 661256, o ministro Luís Roberto Barroso reafirmou o voto proferido por ele em outubro de 2014 quando deu provimento parcial ao recurso no sentido de considerar válido o instituto da desaposentação. Na sessão de hoje, ele aplicou a mesma conclusão ao RE 381367, de relatoria do ministro Marco Aurélio. Quanto ao Recurso Extraordinário 827833, o ministro Barroso reajustou o voto para negar provimento, ao entender que não há possibilidade de acumulação de duas aposentadorias pelo RGPS.

**Ministro Luiz Fux**

Para o ministro Luiz Fux, o instituto da desaposentação desvirtua a aposentadoria proporcional. "No meu modo de ver, trata-se de expediente absolutamente incompatível com o desiderato do constituinte reformador que, com a edição da Emenda Constitucional 20/1998, deixou claro seu intento de incentivar a postergação das aposentadorias", disse o ministro ao ressaltar que a contribuição de uma pessoa serve para ajudar toda a sociedade. Segundo ele, a obrigatoriedade visa preservar o atual sistema da seguridade e busca reforçar a ideia de solidariedade e moralidade pública, entre outras concepções. Dessa forma, o ministro Luiz Fux deu provimento aos Recursos Extraordinários (REs) 661256 e 827833 e negou provimento ao RE 381367.

**Ministro Ricardo Lewandowski**

O ministro Ricardo Lewandowski acompanhou a corrente vencida que reconheceu o direito do segurado à desaposentação. Segundo ele, diante da crise econômica pela qual passa o país, não é raro que o segurado da previdência se veja obrigado a retornar ao mercado de trabalho para complementar sua renda para sustentar a família. Para o ministro é legalmente possível ao segurado que retorna ao mercado de trabalho renunciar à sua primeira aposentadoria para obter uma nova aposentadoria mais vantajosa. "A aposentadoria, a meu ver, constitui um direito patrimonial, de caráter disponível, pelo que se mostra legítimo, segundo penso, o ato de renúncia unilateral ao benefício, que não depende de anuência do estado, no caso o INSS", concluiu.

**Ministro Gilmar Mendes**

O ministro Gilmar Mendes votou no sentido de negar o direito à desaposentação por entender que, se o segurado se aposenta precocemente e retorna ao mercado de trabalho por ato voluntário, não pode pretender a revisão do benefício, impondo um ônus ao sistema previdenciário, custeado pela coletividade. Para o ministro o artigo 18, parágrafo 2º, da Lei 8.213/1991, não deixa dúvida quanto à vedação da desaposentação no âmbito do ordenamento previdenciário brasileiro. "O dispositivo é explícito ao restringir as prestações da Previdência Social, na hipótese dos autos, ao salário-família e à reabilitação profissional", afirmou. Da mesma forma, segundo ele, o Decreto 3.048 é "cristalino" quanto à irreversibilidade e à irrenunciabilidade da aposentadoria por tempo de contribuição.

"Não se verifica, portanto, uma omissão normativa em relação ao tema em apreço. As normas existem e são expressas na vedação à renúncia da aposentadoria de modo a viabilizar a concessão de outro benefício com o cálculo majorado", disse o ministro, acrescentando que o conteúdo das normas está em consonância com preceitos adotados no sistema constitucional de Previdência Social, especificamente os princípios da solidariedade e do equilíbrio financeiro e atuarial da seguridade social. O ministro citou dados da Advocacia Geral da União de que um eventual reconhecimento do direito à desaposentação pelo STF teria impacto de R$ 1 bilhão por mês aos cofres da Previdência Social. Para ele, se a matéria deve ser revista, isso cabe ao Congresso Nacional, com base nos parâmetros que a Constituição Federal determina, e não ao Poder Judiciário.

**Ministro Marco Aurélio**

Em seu voto, o ministro Marco Aurélio manteve sua posição já proferida como relator do RE 381367, favorável à possibilidade de desaposentação, assegurado ainda ao contribuinte o direito ao recálculo dos proventos da aposentadoria após o período de retorno à atividade, adotando a mesma posição nos demais recursos.

**Ministro Celso de Mello**

O ministro Celso de Mello relembrou no início de seu voto a histórica afirmação pelo STF, em seus julgados sobre o Regime Geral da Previdência Social, dos postulados da solidariedade, universalidade, equidade e do equilíbrio financeiro e orçamentário. O parágrafo 5º do artigo 195 da Constituição estabelece a necessidade de existência de fonte de custeio para a criação ou ampliação de benefício, explicitando o princípio do equilíbrio atuarial.

A alteração introduzida em 1997 na Lei 8.213/1991 previu explicitamente que o aposentado que permanecer em atividade não faz jus a prestação da previdência, exceto salário família e reabilitação profissional. Isso revelou a intenção do legislador, que deixou de autorizar um direito que poderia ser entendido pelo beneficiário como estabelecido. A lacuna antes existente na legislação quanto ao tema não implicaria, nesse caso, a existência do direito. "Esse tema se submete ao âmbito da própria reserva de parlamento, que deve estar subordinada ao domínio normativo da lei", afirmou.

**Ministra Cármen Lúcia**

Em seu voto, a presidente do STF, ministra Cármen Lúcia adotou a posição segundo a qual não há fundamento na legislação que justifique o direito à desaposentação. "Me parece que não há ausência de lei, embora essa seja matéria que possa ser alterada e tratada devidamente pelo legislador". A Lei 8.213/1991 trata da matéria, e o tema já foi projeto de lei, portanto, para a ministra, não houve ausência de tratamento da lei, apenas o tratamento não ocorreu na forma pretendida pelos beneficiários. Os preceitos legais adotados, por sua vez, são condizentes com os princípios da solidariedade e com a regra do equilíbrio atuarial.

**Resultados**

Ao final, o Plenário, por maioria, negou provimento ao RE 381367, vencidos o ministro Marco Aurélio (relator), que o provia, e, em menor extensão, os ministros Rosa Weber, Luís Roberto Barroso e Ricardo Lewandowski, que o proviam parcialmente.

No RE 661256, com repercussão geral, o Plenário deu provimento ao recurso, por maioria, vencidos, em parte, os ministros Luís Roberto Barroso (relator), Rosa Weber, Ricardo Lewandowski e Marco Aurélio.

Por fim, o RE 827833 foi provido, por maioria, vencidos a ministra Rosa Weber, o ministro Luís Roberto Barroso, que reajustou o voto, e os ministros Ricardo Lewandowski e Marco Aurélio, que negavam provimento ao recurso.

Posteriormente, em setembro de 2017, o Acórdão e os votos dos Ministros do STF com 348 páginas do julgamento da desaposentação foram publicados:

27/10/2016 PLENÁRIO

**RECURSO EXTRAORDINÁRIO 661.256 SANTA CATARINA**

**EMENTA: Constitucional. Previdenciário. Parágrafo 2º do art. 18 da Lei 8.213/91. Desaposentação. Renúncia a anterior benefício de aposentadoria. Utilização do tempo de serviço/contribuição que fundamentou a prestação previdenciária originária. Obtenção de benefício mais vantajoso. Julgamento em conjunto dos RE nºs 661.256/SC (em que reconhecida a repercussão geral) e 827.833/sc. Recursos extraordinários providos.**

1. Nos RE nºs 661.256 e 827.833, de relatoria do Ministro Luís Roberto Barroso, interpostos pelo INSS e pela União, pugna-se pela reforma dos julgados dos Tribunais de origem, que reconheceram o direito de segurados à renúncia à aposentadoria, para, aproveitando-se das contribuições vertidas após a concessão desse benefício pelo RGPS, obter junto ao INSS regime de benefício posterior, mais vantajoso.

2. A Constituição de 1988 desenhou um sistema previdenciário de teor solidário e distributivo. Inexistindo inconstitucionalidade na aludida norma do art. 18, § 2º, da Lei nº 8.213/91, a qual veda aos aposentados que permaneçam em atividade, ou a essa retornem, o recebimento de qualquer prestação adicional em razão disso, exceto salário-família e reabilitação profissional. 3. Fixada a seguinte tese de repercussão geral no RE nº 661.256/SC: "[n]o âmbito do Regime Geral de Previdência Social (RGPS), somente lei pode criar benefícios e vantagens previdenciárias, não havendo, por ora, previsão legal do direito à 'desaposentação', sendo constitucional a regra do art. 18, § 2º, da Lei nº 8213/91". 4. Providos ambos os recursos extraordinários (RE nºs 661.256/SC e 827.833/SC). ACÓRDÃO

Vistos, relatados e discutidos estes autos, acordam os Ministros do Supremo Tribunal Federal, em sessão plenária, sob a presidência da Senhora Ministra Cármen Lúcia, na conformidade da ata do julgamento e das notas taquigráficas, apreciando o **tema 503** da repercussão geral, por maioria de votos, em dar provimento ao recurso extraordinário. O Tribunal fixou **tese** nos seguintes termos: **"[n]o âmbito do Regime Geral de Previdência Social (RGPS), somente lei pode criar benefícios e vantagens previdenciárias, não havendo, por ora, previsão legal do direito à 'desaposentação', sendo constitucional a regra do art. 18, § 2º, da Lei nº 8.213/91".**

Brasília, 27 de outubro de 2016.

MINISTRO DIAS TOFFOLI Relator p/o acórdão.

Acredita-se que o Acórdão poderia ter sido mais descritivo. Deveriam ter sido detalhadas as hipóteses que foram rejeitadas pelo STF por questões de segurança jurídica, inclusive situações não tratadas nos casos concretos.

O **RE 661.256** tinha o seguinte objeto: "o autor pretende a cessação de aposentadoria especial, obtida em 08.10.1992, para que lhe seja reconhecido o direito à aposentadoria por tempo de contribuição. Afirma que, após a obtenção da aposentadoria especial, permaneceu em atividade remunerada, promovendo as respectivas contribuições previdenciárias, já havendo completado "mais de 35 anos de tempo de contribuição". Diante disso, requer o autor "a condenação do INSS em cessar o atual benefício (...) e, imediatamente, conceder-lhe o benefício da aposentadoria por tempo de contribuição com DIB (data de início do benefício) em 21.09.2006" **(passagem do voto do Ministro Barroso).**

Tratava-se de renúncia de aposentadoria especial para a concessão de aposentadoria por tempo de contribuição, aproveitando-se as contribuições vertidas após a concessão da aposentadoria especial juntamente com as anteriores.

Já o **RE 827.833** "diz, na verdade, do meu ponto de vista, com hipótese distinta, chamada de reaposentação, embora exista na doutrina e na jurisprudência muita divergência com relação a esses conceitos. Nele há, de qualquer sorte, uma situação peculiar, que procuro esclarecer no meu voto para efeito de definir a quem acompanharei, nos três processos, considerada a posição dos Relatores, Ministro Marco Aurélio e Ministro Luís Roberto, e a divergência aberta pelo Ministro Teori Zavascki, na mesma linha da divergência já aberta pelo Ministro Dias Toffoli no processo sob a relatoria do Ministro Marco Aurélio". **(passagem do voto da Ministra Rosa Weber).**

> "No **RE 828.833**, por exemplo, a segurada aposentou-se por tempo de serviço/contribuição (mais de 30 anos). Posteriormente, há o retorno ao trabalho e o preenchimento nesta atividade seguinte, em que recolhida contribuição previdenciária, dos requisitos de um novo benefício, mais vantajoso. No exemplo anterior, aposentadoria por idade, porque a segurada contava com mais do que os necessários 15 anos de contribuição - a rigor 17 anos e pouco -, e 70 anos de idade. Considerando que, pela aposentadoria por tempo de serviço/contribuição, ela recebia uma prestação mensal de R$ 1.200,00 aproximadamente, no momento do ingresso da ação, e que, se aposentada fosse por idade, ela receberia uma mensalidade de R$ 3.200,00 entrou em juízo buscando o cancelamento da aposentadoria por tempo de serviço/contribuição e o deferimento desta nova aposentadoria por idade. Configura-se, consoante a doutrina citada, hipótese de reaposentação, porque não se pretende o cômputo conjunto do tempo de serviço/contribuição anterior e posterior ao primeiro benefício" **(passagem do voto da Ministra Rosa Weber).**

Tratava-se de renúncia de aposentadoria por tempo de contribuição para a concessão de aposentadoria por idade, mas a parte autora, após a concessão da primeira aposentadoria, já possuía cerca de 17 anos de carência, não necessitando utilizar da carência do primeiro benefício para atingir a carência da novel aposentadoria por idade.

**Ambas as teses foram apreciadas e rejeitadas por maioria pelo Plenário do STF**, embora a hipótese versada no RE 828.833 ainda continue a ensejar ações contra o INSS mesmo após o julgamento do tema pelo STF ao argumento equivocado que a tese não foi apreciada pelo STF.

Já o **RE 381.367**, "de relatoria do Ministro Marco Aurélio, interposto pelo segurado da previdência social, pugna-se pela declaração de inconstitucionalidade do § 2º do artigo 18 da Lei 8.213/91, o qual limita ao salário-família e à reabilitação profissional os benefícios a serem usufruídos pelos aposentados que continuam a exercer atividade profissional depois da jubilação" **(passagem do voto do Ministro Marco Aurélio).**

Considerando que a decisão do Plenário do STF foi firmada em repercussão geral, deverão os demais órgãos do Poder Judiciário adotá-la em seus julgamentos, cabendo ao INSS buscar a reversão das antecipações de tutela e o desfazimento de eventuais decisões transitadas em julgado, especialmente com o manejo da ação rescisória.

Mas um ponto ainda não havia sido tratado pelo STF nos dias 26 e 27 de outubro de 2016. Tratava-se da eficácia da revogação das antecipações de tutela, se retroativas (o segurado precisará devolver as parcelas percebidas) ou prospectivas (sem restituição), o que poderá ser deduzido pelas partes em sede de embargos de declaração.

Os Embargos de declaração foram julgados pelo STF em 6 de fevereiro de 2020:

> **REPERCUSSÃO GERAL**
>
> DIREITO PREVIDENCIÁRIO – BENEFÍCIOS PREVIDENCIÁRIOS
>
> **Art. 18, § 2º, da Lei 8.213/1991: "desaposentação" e "reaposentação" -**
>
> O Plenário, em conclusão e por maioria, deu parcial provimento a embargos declaratórios em recursos extraordinários para assentar a irrepetibilidade dos valores alimentares recebidos de boa-fé, até a proclamação do resultado deste julgamento. Garantiu, também, o direito daqueles que usufruem de "desaposentação" ou de "reaposentação" em decorrência de decisão transitada em julgado, até a proclamação do resultado deste julgamento. **Ademais, alterou a tese de repercussão geral (<u>Tema 503</u>), que ficou assim redigida: "No âmbito do Regime Geral de Previdência Social - RGPS, somente lei pode criar benefícios e vantagens previdenciárias, não havendo, por ora, previsão legal do direito à 'desaposentação' ou à 'reaposentação', sendo constitucional a regra do art. 18, § 2º, da Lei 8.213/1991".** O tema de fundo diz respeito à possibilidade de reconhecimento da "desaposentação", consistente na renúncia a benefício de aposentadoria, com a utilização do tempo de serviço ou contribuição que fundamentou a prestação previdenciária originária, para a obtenção de benefício mais vantajoso em nova aposentadoria. Na ocasião, o Plenário decidiu pela inexistência do direito à "desaposentação" (Informativo 845).
>
> Os embargantes alegaram omissão quanto ao fenômeno da "reaposentação". Além disso, o acórdão embargado também não contemplaria a modulação dos efeitos da decisão proferida.
>
> Prevaleceu o voto do ministro Alexandre de Moraes. De início, salientou que, por ocasião do julgamento de mérito, o Plenário fez a distinção entre os institutos

da "desaposentação" e da "reaposentação", tema amplamente debatido. **Ademais, salientou a desnecessidade de repetição dos valores recebidos de boa-fé. Ressalvou, entretanto, que houve casos de segurados que tiveram o direito à "desaposentação" e à "reaposentação" reconhecidos por decisões judiciais transitadas em julgado. Nessas hipóteses, a decisão proferida em recurso extraordinário com repercussão geral reconhecida deve preservar o que foi firmado em caráter definitivo pelo Poder Judiciário, em respeito aos princípios da segurança jurídica e da boa-fé.** Vencidos os ministros Edson Fachin, que acolheu os embargos em maior extensão, para reconhecer omissão quanto ao fenômeno da "reaposentação" e admitir a possibilidade, desde que cumpridos seus requisitos; e Marco Aurélio, que acolheu os embargos para prestar esclarecimentos sem eficácia modificativa, no sentido da devolução dos valores anteriormente percebidos, mesmo que de boa-fé.

No tocante à necessidade de preservação das decisões transitadas em julgado, ficaram vencidos os ministros Dias Toffoli (relator), Gilmar Mendes e Luiz Fux, para os quais cabe a impugnação posterior da coisa julgada inconstitucional. Nesse sentido, se a sentença se firmou com base em entendimento reputado inconstitucional pelo STF, ela não poderá ser efetivada. Vencido, também, o ministro Marco Aurélio, que acolheu os embargos apenas para prestar esclarecimentos. Quanto à fixação do marco temporal do trânsito em julgado, ficaram vencidos os ministros Alexandre de Moraes, Roberto Barroso e Cármen Lúcia, que consideraram como paradigma a data de julgamento de mérito dos recursos extraordinários. Vencido, também, o ministro Marco Aurélio, que acolheu os embargos apenas para prestar esclarecimentos. Esse mesmo entendimento foi aplicado no julgamento do RE 661256 ED-segundos (Informativo 765)

(1) Lei 8.231/1991: "Art. 18. O Regime Geral de Previdência Social compreende as seguintes prestações, devidas inclusive em razão de eventos decorrentes de acidente do trabalho, expressas em benefícios e serviços: (...) § 2º O aposentado pelo Regime Geral de Previdência Social–RGPS que permanecer em atividade sujeita a este Regime, ou a ele retornar, não fará jus a prestação alguma da Previdência Social em decorrência do exercício dessa atividade, exceto ao salário-família e à reabilitação profissional, quando empregado." **RE 381367 ED/RS, rel. orig. Min. Dias Toffoli, red. p/ o ac. Min. Alexandre de Moraes, julgamento em 6.2.2020. (RE-381367) RE 827833 ED/SC, rel. orig. Min. Dias Toffoli, red. p/ o ac. Min. Alexandre de Moraes, julgamento em 6.2.2020. (RE-827833).**

Eis os esclarecimentos do STF:

A) Conforme já constava do julgamento original, não há direito à reaposentação, tendo ajustado a tese em repercussão geral no tema 503: "**No âmbito do Regime Geral de Previdência Social - RGPS, somente lei pode criar benefícios e vantagens previdenciárias, não havendo, por ora, previsão legal do direito à 'desaposentação' ou à 'reaposentação', sendo constitucional a regra do art. 18, § 2º, da Lei 8.213/1991".**

B) Desonerou os segurados da restituição das parcelas já percebidas em sede de tutela provisória em razão da boa-fé na percepção;

C) As desaposentações deferidas transitadas em julgado devem ser preservadas.

Em março de 2019, o STJ reviu o tema 563 para se alinhar ao STF:

| RECURSOS REPETITIVOS | |
|---|---|
| **PROCESSO** | REsp 1.334.488-SC, Rel. Min. Herman Benjamin, Primeira Seção, por unanimidade, julgado em 27/03/2019, DJe 29/05/2019 (Tema 563) |
| **RAMO DO DIREITO** | DIREITO PREVIDENCIÁRIO |
| **TEMA** | Revisão do Tema 563/STJ. Regime Geral de Previdência Social. Desaposentação. Impossibilidade. Ausência de previsão legal. Art. 18, § 2º, da Lei n. 8.213/1991. Constitucionalidade. |

| DESTAQUE |
|---|
| No âmbito do Regime Geral de Previdência Social - RGPS, somente lei pode criar benefícios e vantagens previdenciárias, não havendo, por ora, previsão legal do direito à desaposentação, sendo constitucional a regra do art. 18, § 2º, da Lei n. 8.213/1991. |

| INFORMAÇÕES DO INTEIRO TEOR |
|---|
| A Primeira Seção do STJ havia consolidado o entendimento de que os benefícios previdenciários são direitos patrimoniais disponíveis, razão pela qual admitem desistência por seus titulares, destacando-se a desnecessidade de devolução dos valores recebidos para a concessão de nova aposentadoria. Ocorre que o Supremo Tribunal Federal, no julgamento do RE 661.256/SC, fixou a tese de repercussão geral de que, "no âmbito do Regime Geral de Previdência Social - RGPS, somente lei pode criar benefícios e vantagens previdenciárias, não havendo, por ora, previsão legal do direito à desaposentação, sendo constitucional a regra do art. 18, § 2º, da Lei n. 8.213/1991". **Assim, a tese firmada pelo STJ no Tema 563/STJ deve ser alterada para os exatos termos do que estipulado pela Corte Suprema sob o regime vinculativo da Repercussão Geral.** |

A posição do STF foi alvo do PARECER REFERENCIAL n. 00002/2020/DEPCONT/PGF/AGU:

INTERESSADOS: INSTITUTO NACIONAL DO SEGURO SOCIAL - INSS E OUTROS ASSUNTOS:

I. CONTENCIOSO. CONSTITUCIONAL E PREVIDENCIÁRIO.

II. TEMA 503 STF. RECURSOS EXTRAORDINÁRIOS Nº 661.256/SC, Nº 827.833/SC E Nº 381.367/RS COM REPERCUSSÃO GERAL RECONHECIDA. JULGAMENTO DOS EMBARGOS DE DECLARAÇÃO OPOSTOS PELAS PARTES ADVERSAS. PARCIAL PROVIMENTO. ALTERAÇÃO DA TESE.

III. REGIME GERAL DE PREVIDÊNCIA SOCIAL (RGPS). SOMENTE LEI PODE CRIAR BENEFÍCIOS E VANTAGENS PREVIDENCIÁRIAS. AUSÊNCIA DE PREVISÃO LEGAL DE DIREITO À 'DESAPOSENTAÇÃO' OU À 'REAPOSENTAÇÃO'. CONSTITUCIONALIDADE DO ART. 18, § 2º, DA LEI Nº 8.213/91.

**IV. IRREPETIBILIDADE DOS VALORES ALIMENTARES RECEBIDOS DE BOA-FÉ, POR FORÇA DE DECISÃO JUDICIAL, ATÉ A DATA DE JULGAMENTO DOS EMBARGOS DE DECLARAÇÃO. MANUTENÇÃO DAS DECISÕES TRANSITADAS EM JULGADO ATÉ A DATA DE JULGAMENTO DOS EMBARGOS DE DECLARAÇÃO.**

**V. NECESSIDADE DE ORIENTAÇÃO QUANTO À ATUAÇÃO PROCESSUAL DOS ÓRGÃOS DE EXECUÇÃO DA PGF.**

Vale registrar que o INSS admite administrativamente a **renúncia aos benefícios de pensão por morte, auxílio-doença, aposentadoria por incapacidade permanente, auxílio-acidente e auxílio-suplementar**, nos termos do Memorando-Circular Conjunto nº 42 DIRBEN/DIRSAT/PFE/INSS, de 26/7/2016.

O pedido de renúncia deve ser formalizado pelo interessado e protocolado no Sistema Informatizado de Protocolo da Previdência Social-SIPPS. Quando se tratar de espécie de benefício renunciável, a cessação deverá ocorrer pelo motivo "20-Desistência escrita do titular".

Considerando que **a aposentadoria por incapacidade permanente é um benefício renunciável** por não se tratar de aposentadoria programada e que o período de sua percepção é considerado como tempo de contribuição se intercalado por contribuições (art. 55, II, Lei 8.213/91), é possível a sua renúncia com ulterior pagamento de uma contribuição previdenciária na hipótese de o segurado já possuir idade mínima, tempo de contribuição e período de carência da **aposentadoria programada.**

Inclusive, em determinadas situações haverá elevação de renda mensal em decorrência da elevação do coeficiente do benefício, a exemplo de um homem que se aposentou por incapacidade permanente após a Emenda 103/2019 com vinte anos de tempo de contribuição e renda mensal de 60% do salário de benefício por não se tratar de acidente de trabalho.

Suponha-se que dez anos depois ele integralize os requisitos da aposentadoria programada e renuncie à aposentadoria por incapacidade permanente, tendo um ganho de coeficiente na renda da aposentadoria voluntária de 20%, considerando que 10 anos de tempo de contribuição geram o cômputo de 2% no coeficiente a cada ano.

Dessa forma, a aposentadoria por incapacidade permanente correspondia a 60% do salário de benefício, ao passo que a aposentadoria programada corresponderá a 80% do salário de benefício. Se o mesmo for feito após 20 anos, a renda passará para 100% do salário de benefício. Após 25 anos, para 110% do salário de benefício e assim sucessivamente.

Nos termos do **Memorando-Circular Conjunto nº 47/DIRBEN/DIRSAT/PFE/INSS, de 11/12/2017,** quando se tratar de auxílio-doença com Data de Cessação do Benefício – DCB decorrente de análise médico-pericial ou aposentadoria por incapacidade permanente, o segurado deverá formalizar o requerimento, sendo encaminhado, necessariamente, para avaliação médico-pericial a fim de verificar a permanência, ou não, da incapacidade/invalidez. Esta situação deverá ser enquadrada como renúncia à percepção de auxílio-doença ou aposentadoria por incapacidade permanente.

Mesmo que o resultado da perícia seja pela continuidade do benefício, haja vista o direito de renúncia, ressalta-se que o benefício deverá ser cessado pelo motivo "20", caso o segurado assim requeira.

Nos casos em que o segurado, no momento do pedido, esteja em gozo de auxílio-doença em período de manutenção não decorrente de decisão médico-pericial, seja por Data de Cessação Administrativa – DCA ou DCB com registro no HISMED de fase 23. Esta situação se enquadra como cessação administrativa, sendo dispensada a realização do exame médico-pericial. Para tanto, basta formalizar o pedido na Agência da Previdência Social de manutenção do benefício, sendo que o benefício deverá ser cessado pelo motivo "20".

No caso de pensão por morte ou auxílio-reclusão, deverá ser cessada a cota renunciada e, não havendo outros dependentes no benefício, o mesmo será cessado automaticamente pelo motivo "35 - Sem dependente válido".

Por outro lado, o INSS não admite pedido de renúncia à percepção de benefício de salário-maternidade já concedido, visto tratar-se de norma de proteção à maternidade, atentando que o exercício de atividade de filiação obrigatória durante o período de percepção do benefício, excluída a hipótese de recolhimento de contribuições como segurado facultativo, acarretará a suspensão do benefício, com fundamento no disposto no art. 71-C da Lei nº 8.213, de 1991.

Para o Superior Tribunal de Justiça (1ª Turma), caso haja a concessão de benefício previdenciário decorrente de ação judicial pendente de julgamento de recurso, mas, neste interregno, se o INSS conceder administrativamente benefício com melhor renda, será possível optar pelo melhor benefício (administrativo), assegurado o recebimento judicial das parcelas atrasados de menor benefício (judicial):

**"PROCESSUAL CIVIL E PREVIDENCIÁRIO. RECURSO ESPECIAL. EXECUÇÃO DE VALORES DECORRENTES DE BENEFÍCIO RECONHECIDO EM JUÍZO, NA EXISTÊNCIA DE DEFERIMENTO DE BENEFÍCIO MAIS VANTAJOSO RECONHECIDO PELO INSS. POSSIBILIDADE. INTERPRETAÇÃO DOS ARTIGOS 794 E 795 DO CPC. JURISPRUDÊNCIA FIRME DO SUPERIOR TRIBUNAL DE JUSTIÇA. RECURSO CONHECIDO E NÃO PROVIDO.** 1. Ao segurado é dado optar pelo benefício previdenciário mais vantajoso. 2. O direito previdenciário é direito patrimonial disponível. 3. O segurado pode renunciar ao benefício previdenciário, para obter um mais vantajoso. 4. Não há necessidade de o segurado devolver valores do benefício renunciado. **5. Reconhecido o direito de opção pelo benefício mais vantajoso concedido administrativamente, no curso da ação judicial em que se reconheceu benefício menos vantajoso, sendo desnecessária a devolução de valores decorrentes do benefício renunciado, afigura-se legítimo o direito de execução dos valores compreendidos entre o termo inicial fixado em juízo para concessão do benefício e a data de entrada do requerimento administrativo. Precedentes.** 6. Recurso conhecido e não provido" (STJ, RECURSO ESPECIAL Nº 1.397.815 – RS, de 18/09/2014).

Mas a 2ª Turma está rejeitando a tese:

**(REsp 1782863, de 7/3/2019):** "O pagamento dos atrasados decorre justamente da concessão retroativa do benefício previdenciário, e o pagamento desses atrasados ocorre porque o autor passou a ser juridicamente titular do benefício já na data inicial da concessão do benefício (DIB) fixado no título judicial com marco inicial do pagamento das parcelas devidas. **Sendo assim, uma vez tornado titular de um benefício previdenciário retroativamente à DIB fixada em juízo tido por irreversível e irrenunciável pela legislação previdenciária, a pretensão de manutenção de outro benefício concedido na via administrativa com DIB posterior representaria renúncia ao benefício judicial posteriormente à sua concessão: ou seja, desaposentação, ainda que intentada por via oblíqua ou indireta no caso concreto.**

O tema será julgado em breve pela 1ª Seção do STJ em repetitivo:

| | |
|---|---|
| **PROCESSO** | ProAfR no REsp 1.767.789-PR, Rel. Min. Herman Benjamin, Primeira Seção, por unanimidade, julgado em 04/06/2019, DJe 21/06/2019 |
| **RAMO DO DIREITO** | DIREITO PREVIDENCIÁRIO |
| **TEMA** | A Primeira Seção acolheu a proposta de afetação do recurso especial ao rito dos recursos repetitivos, conjuntamente com o REsp 1803154/RS, a fim de uniformizar o entendimento acerca da seguinte controvérsia: possibilidade de, em fase de cumprimento de sentença, o segurado do Regime Geral de Previdência Social receber parcelas pretéritas de aposentadoria concedida judicialmente até a data inicial de aposentadoria concedida administrativamente pelo INSS enquanto pendente a mesma ação judicial, com implantação administrativa definitiva dessa última por ser mais vantajosa, sob o enfoque do artigo 18, § 2º, da Lei 8.213/1991. |

Na sessão ocorrida em 8 de junho de 2022 a tese foi julgada em favor do segurado no Tema 1018:

Proclamação Final de Julgamento: Prosseguindo o julgamento, a Primeira Seção, por unanimidade, negou provimento ao recurso especial e delimitou a seguinte tese jurídica: "O Segurado tem direito de opção pelo benefício mais vantajoso concedido administrativamente, no curso de ação judicial em que se reconheceu benefício menos vantajoso. Em cumprimento de sentença, o segurado possui o direito à manutenção do benefício previdenciário concedido administrativamente no curso da ação judicial e, concomitantemente, à execução das parcelas do benefício reconhecido na via judicial, limitadas à data de implantação daquele conferido na via administrativa", nos termos da reformulação de voto do Sr. Ministro Relator.

**PROCESSO**
REsp 1803154 / RS
RECURSO ESPECIAL
2019/0037483-3
**RECURSO REPETITIVO**
Pesquisa de tema: Tema Repetitivo 1018
Situação do tema: Acórdão Publicado
Pesquisa de Repetitivos e IACs Anotados
**RELATOR**
Ministro HERMAN BENJAMIN (1132)
**ÓRGÃO JULGADOR**
S1 - PRIMEIRA SEÇÃO
**DATA DO JULGAMENTO**
08/06/2022
**DATA DA PUBLICAÇÃO/FONTE**
DJe 01/07/2022
**EMENTA**

PROCESSUAL CIVIL E **PREVIDENCIÁRIO.** RECURSOS ESPECIAIS REPRESENTATIVOS DA CONTROVÉRSIA. TEMA 1.018/STJ. RESP 1.767.789/PR E RESP 1.803.154/RS. REGIME GERAL DE PREVIDÊNCIA SOCIAL. APOSENTADORIA CONCEDIDA JUDICIALMENTE. CONCESSÃO ADMINISTRATIVA DE APOSENTADORIA NO CURSO DA AÇÃO. DIREITO DE OPÇÃO. BENEFÍCIO MAIS VANTAJOSO. POSSIBILIDADE DE EXECUÇÃO DAS PARCELAS DO BENEFÍCIO CONCEDIDO JUDICIALMENTE. IDENTIFICAÇÃO E DELIMITAÇÃO DA CONTROVÉRSIA 1. O tema ora em discussão (1.018/STJ) consiste em estabelecer a possibilidade de, em fase de cumprimento de sentença, "o segurado do Regime Geral de Previdência Social receber parcelas pretéritas de aposentadoria concedida judicialmente até a data inicial de aposentadoria concedida administrativamente pelo INSS enquanto pendente a mesma ação judicial, com implantação administrativa definitiva dessa última por ser mais vantajosa, sob o enfoque do artigo 18, § 2º, da Lei 8.213/1991". PANORAMA JURISPRUDENCIAL 2. A matéria não é pacífica no STJ: a Primeira Turma entende possível o recebimento das duas aposentadorias, enquanto a Segunda Turma, majoritariamente, considera inviável a percepção de ambas, mas atribui ao segurado a opção de escolher uma delas.

3. Considerando a definição do tema no STJ com o presente julgamento, propõe-se reflexão aprofundada sobre essa questão, à luz dos precedentes do STF e sua frequente reiteração da demanda no Poder Judiciário.

4. A estabilidade, integralidade e coerência da jurisprudência das Cortes Superiores, para além de vetor de orientação para os tribunais e magistrados, propicia a indispensável segurança jurídica a todos os jurisdicionados. Uma jurisprudência previsível é fator de estabilidade social, devendo ser escopo a ser perseguido por todo o sistema jurisdicional. POSICIONAMENTO DO STJ 5. O segurado que tenha acionado o Poder Judiciário em busca do reconhecimento do seu direito à concessão de benefício **previdenciário** faz jus a executar os valores decorrentes da respectiva condenação, ainda que, no curso da ação, o INSS tenha lhe concedido benefício mais vantajoso.

6. Com efeito, remanesce o interesse em receber as parcelas relativas ao período compreendido entre o termo inicial fixado em juízo e a data em que o INSS procedeu à efetiva implantação do benefício deferido administrativamente, o que não configura hipótese de desaposentação. DEFINIÇÃO DA TESE REPETITIVA 7. Proponho a fixação da seguinte tese repetitiva para o Tema 1.018/STJ: "O Segurado tem direito de opção pelo benefício mais vantajoso concedido administrativamente, no curso de ação judicial em que se reconheceu benefício menos vantajoso. Em cumprimento de sentença, o segurado possui o direito à manutenção do benefício **previdenciário** concedido administrativamente no curso da ação judicial e, concomitantemente, à execução das parcelas do benefício reconhecido na via judicial, limitadas à data de implantação daquele conferido na via administrativa". CONCLUSÃO 8. Recurso Especial não conhecido, sob o rito dos arts. 1.036 e seguintes do CPC/2015.

**ACÓRDÃO**

Vistos, relatados e discutidos os autos em que são partes as acima indicadas, acordam os Ministros da Primeira Seção do Superior Tribunal de Justiça: "Prosseguindo o julgamento, a Primeira Seção, por unanimidade, não conheceu do recurso especial por perda superveniente do interesse recursal e delimitou a seguinte tese jurídica: "O Segurado tem direito de opção pelo benefício mais vantajoso concedido administrativamente, no curso de ação judicial em que se reconheceu benefício menos vantajoso. Em cumprimento de sentença, o segurado possui o direito à manutenção do benefício **previdenciário** concedido administrativamente no curso da ação judicial e, concomitantemente, à execução das parcelas do benefício reconhecido na via judicial, limitadas à data de implantação daquele conferido na via administrativa", nos termos da reformulação de voto do Sr. Ministro Relator. Os Srs. Ministros Og Fernandes, Mauro Campbell Marques (voto-vista), Benedito Gonçalves, Regina Helena Costa, Gurgel de Faria, Manoel Erhardt (Desembargador convocado do TRF-5ª Região) e Francisco Falcão votaram com o Sr. Ministro Relator.

Ausente, ocasionalmente, a Sra. Ministra Assusete Magalhães."

**NOTAS**

Técnica de Distinção (distinguishing) aplicada em relação à Repercussão Geral.

Implicitamente, dentre outros aspectos, trata-se de tese que acolhe a renúncia da aposentadoria **(desaposentação indireta)**, pois se acaba abrindo mão de menor benefício conservando o direito às parcelas vencidas.

Do ponto de vista do direito material, considero que o Tema 1.018/STJ admitiu uma espécie de desaposentação decorrente do erro administrativo, o que poderia violar o Tema 503 em Repercussão Geral, em que pese esta situação específica já tenha sido alvo de negativa de Repercussão Geral no Tema 1.025, podendo mesmo assim ensejar a interposição e admissão de Recurso Extraordinário, que não foi interposto pela Autarquia.

No mesmo sentido, a TNU (Informativo 25/2018):

> PUIL n. 5049371-20.2015.4.04.7000/PR – "A TNU, na esteira de precedentes do c. Superior Tribunal de Justiça, reconheceu o direito de o segurado optar pela manutenção de benefício mais vantajoso, concedido administrativamente no curso da demanda, afigurando-se legítima a execução dos valores compreendidos entre a data de entrada do pedido de aposentadoria, cujo direito foi reconhecido judicialmente, e a data de início daquele segundo benefício, concedido na via administrativa".

No entanto, mais recentemente, a TNU admitiu incidente representativo de controvérsia para reavaliar a tese à luz da decisão de desaposentação do STF (Informativo 31/2018):

REPRESENTATIVO DE CONTROVÉRSIA – AFETAÇÃO – TEMA N. 197 – PUIL n. 0001327-11.2012.4.03.6314/SP A Turma Nacional de Uniformização decidiu afetar o tema como representativo da controvérsia, com a seguinte questão controvertida: Tendo em vista o julgamento do tema 503 pelo STF (desaposentação), definir se é possível receber valores atrasados, alusivos a benefício concedido judicialmente, nos casos em que, durante o trâmite do processo, a parte obtém, administrativamente, benefício mais vantajoso.

O tema foi desafetado, pois já julgado pelo STJ:

<table>
<tr><td>Tema</td><td>197</td><td>Situação do tema</td><td colspan="2">Desafetado</td><td>Ramo do direito</td><td>DIREITO PREVIDENCIÁRIO</td></tr>
<tr><td colspan="2">Questão submetida a julgamento</td><td colspan="5">Tendo em vista o julgamento do Tema 503 pelo STF (desaposentação), definir se é possível receber valores atrasados, alusivos a benefício concedido judicialmente, nos casos em que, durante o trâmite do processo, a parte obtém, administrativamente, benefício mais vantajoso.</td></tr>
<tr><td colspan="2">Tese firmada</td><td colspan="5">DESAFETAÇÃO DO TEMA 197, TENDO EM VISTA QUE A QUESTÃO DE DIREITO FOI DIRIMIDA PELO TEMA 1018/STJ.</td></tr>
<tr><td colspan="2">Processo</td><td>Decisão de afetação</td><td>Relator (a)</td><td>Julgado em</td><td>Acórdão publicado em</td><td>Trânsito em julgado</td></tr>
<tr><td colspan="2">PEDILEF 5009835-98.2017.4.04.7204/SC</td><td>24/03/2019</td><td>Juíza Federal Lilian Oliveira da Costa Tourinho</td><td>12/12/2019</td><td>12/12/2019<br>15/09/2022</td><td>19/10/2022</td></tr>
</table>

Eis o nosso detalhamento do Tema Repetitivo 1.018:

**A)** A situação envolve dois requerimentos administrativos: o primeiro indeferido pelo INSS e alvo de ação judicial; o segundo deferido pelo INSS administrativamente posteriormente;

**B)** A segunda DER (benefício) tem renda mensal superior à primeira DER;

**C)** A primeira DER foi concedida judicialmente, sendo que anteriormente à decisão judicial já havia a concessão administrativa da segunda DER;

**D)** A situação julgada <u>não abarca</u> o caso de mais de duas DER's, pois poderemos ter ações judiciais envolvendo mais de um indeferimento;

**E)** A situação julgada <u>não abarca</u> uma situação que vem ocorrendo na Região Sul: na ação judicial o segurado pede tutela provisória apenas para a averbação de tempo de contribuição para revisar o benefício concedido na via administrativa.

## 2. CÁLCULOS

Antes de explorar a parte prática dos cálculos da desaposentação, é importante salientar que a Lei nº 8.213/91, que disciplina o Plano de Benefícios da Previdência Social, não prevê que a aposentadoria é irreversível e irrenunciável, somente existindo essa previsão no Regulamento da Previdência Social, aprovado pelo Decreto nº 3.048/99, Art. 181-B, acrescentado pelo Decreto nº 3.265/99. Por ser uma fonte secundária do direito, em tese, o Regulamento da Previdência Social não poderia trazer essa inovação não prevista na Lei. Essa anomalia legislativa, associada à obrigatoriedade do aposentado de contribuir compulsoriamente para o RGPS e a extinção do pecúlio, foram os principais fatores que contribuíram para a geração dessa demanda judicial, atualmente já superada e não acatada pelo STF.

Para exemplificar o instituto da desaposentação, vamos admitir que o segurado Cláudio Maciel Meneses se aposentou de forma integral em 27/12/2007, aos 35 anos de contribuição. Apesar de aposentado, continuou trabalhando na mesma empresa, sendo afastado definitivamente em 31/10/2015. Nesse período de continuidade de sua atividade laboral, foi compelido a verter as contribuições para o Regime Geral de Previdência Social. As informações de renda mensal inicial e reajustes do benefício de aposentadoria concedido administrativamente encontram-se abaixo descritas.

**APOSENTADORIA RECEBIDA**

SEGURADO: **CLÁUDIO MACIEL MENESES**
BENEFÍCIO: **42/111.222.333-4**
ESPÉCIE: **Aposentadoria por tempo de contribuição**
TEMPO DE CONTRIBUIÇÃO: **35 anos 00 meses 13 dias**
DATA DE INÍCIO: **27/12/2007**

| | |
|---|---|
| DATA DE NASCIMENTO: | **17/04/1953** |
| MÉDIA DE SALÁRIOS: | **2.635,55** |

| TEMPO DE CONTRIBUIÇÃO | | |
|---|---|---|
| **27/12/2007** | | |
| **anos** | **meses** | **dias** |
| **35** | **0** | **13** |
| **35,0361** | | |

| IDADE- Nascimento: | | 17/04/1953 |
|---|---|---|
| **27/12/2007** | | |
| **anos** | **meses** | **dias** |
| **54** | **8** | **11** |
| **54,6972** | | |

| Idade | Expectativa de Sobrevida |
|---|---|
| 52 | 27 |
| 53 | 26,2 |
| 54 | 25,4 |
| 55 | 24,7 |

| | |
|---|---|
| **Idade** | 54,6972 |
| **TC** | 35,0361 |
| **ES** | 25,4 |
| **Alíquota** | 0,31 |

**Fator Previdenciário** $\frac{TC \times A}{ES} \times \left(1 + \frac{(Id + TC \times A)}{100}\right)$

**Fator Previdenciário** **0,7079**

| | |
|---|---|
| **Teto Previdenciário** | **2.894,28** |
| **Média de Salários** | **2.635,55** |
| **Fator Previdenciário** | **0,7079** |
| **Salário de Benefício** | **1.865,81** |
| Coeficiente | **100%** |
| **Renda Mensal Inicial** = SB x Coeficiente | **1.865,81** |

SEGURADO: **CLÁUDIO MACIEL MENESES**
BENEFÍCIO: **42/111.222.333-4**
ESPÉCIE: **Aposentadoria por tempo de contribuição**
TEMPO DE CONTRIBUIÇÃO: **35 anos 00 meses 13 dias**
DATA DE INÍCIO: **27/12/2007**
DATA DE CESSAÇÃO: **28/02/2016**
SALÁRIO DE BENEFÍCIO: **1.865,81**
COEFICIENTE: **100%**
RENDA MENSAL INICIAL: **1.865,81**

**Reajustes previdenciários**

| Data | Renda Mensal | Índices de Reajustes | Renda Reajustada |
|---|---|---|---|
| mar/08 | 1.865,81 | 1,021900 | 1.906,67 |
| fev/09 | 1.906,67 | 1,059200 | 2.019,54 |
| jan/10 | 2.019,54 | 1,077200 | 2.175,45 |
| jan/11 | 2.175,45 | 1,064700 | 2.316,20 |
| jan/12 | 2.316,20 | 1,060800 | 2.457,03 |
| jan/13 | 2.457,03 | 1,062000 | 2.609,36 |
| jan/14 | 2.609,36 | 1,055600 | 2.754,44 |

| jan/15 | 2.754,44 | 1,062300 | 2.926,04 |
|---|---|---|---|
| **jan/16** | **2.926,04** | **1,112800** | **3.256,10** |

De acordo com as informações descritas acima, a Renda Mensal Inicial do benefício foi fixada no valor de R$ 1.865,81, equivalente a 100% do salário de benefício. O fator previdenciário, no valor de 0,7079, foi amplamente desfavorável para o segurado, representando uma perda em torno de 29,2% na renda mensal do benefício. A renda mensal atualizada para 01/2016 é de R$ 3.256,10. O benefício foi cessado em 28/02/2016 para fins de concessão da nova aposentadoria a partir de 01/03/2016.

Considerando que o segurado continuou em atividade, o período posterior à aposentadoria deve ser considerado, ou seja, deve ser computado o período de 28/12/2007 (data imediatamente posterior ao início da aposentadoria) a 31/10/2015 (data do desligamento do vínculo). Conforme contagem de tempo de contribuição a seguir, o tempo trabalhado depois de aposentado totalizou 7 anos, 10 meses e 04 dias, que, somado ao tempo de contribuição da aposentadoria, atinge a soma total de 42 anos, 10 meses e 17 dias, conforme informações abaixo.

**SEGURADO: CLÁUDIO MACIEL MENESES**

DATA DE NASCIMENTO: **17/04/1953**

**CÁLCULO DA IDADE**

| **IDADE** | | **IDADE** | | | **IDADE EM DIAS** | **FATOR** | **IDADE EM DIAS** |
|---|---|---|---|---|---|---|---|
| **INÍCIO** | **FIM** | **ANOS** | **MESES** | **DIAS** | | | |
| **17/04/1953** | **01/03/2016** | 62 | 10 | 15 | 22635 | 1 | 22635 |
| | | | | | **TOTAL DE DIAS** | | **22635** |

| **IDADE** | | |
|---|---|---|
| **Anos** | **Meses** | **Dias** |
| **62** | **10** | **15** |

**CÁLCULO DO TEMPO DE CONTRIBUIÇÃO**

| **PERÍODO** | | **PERÍODO** | | | **TEMPO EM DIAS** | **FATOR** | **TEMPO CONVERTIDO** |
|---|---|---|---|---|---|---|---|
| **INÍCIO** | **FIM** | **ANOS** | **MESES** | **DIAS** | | | |
| **28/12/2007** | **31/10/2015** | 7 | 10 | 4 | 2824 | 1 | 2824 |
| | | | | | **TOTAL DE DIAS** | | **2824** |

| **TEMPO PÓS- APOSENTADORIA** | | |
|---|---|---|
| **Anos** | **Meses** | **Dias** |
| **7** | **10** | **4** |

| **TEMPO UTILIZADO NA APOSENTADORIA** | | |
|---|---|---|
| **Anos** | **Meses** | **Dias** |
| **35** | **0** | **13** |

| **TEMPO TOTAL** | | |
|---|---|---|
| **Anos** | **Meses** | **Dias** |
| **42** | **10** | **17** |

Admitindo que o segurado protocolou a ação judicial de desaposentação em 01/03/2016, a nova aposentadoria terá início na data do ajuizamento da demanda.

Para fins de simplificação, não será demonstrado o cálculo da média de salários, pois já foi exaustivamente explorado em vários capítulos da obra. Ressaltamos que o exemplo explorado se trata de um caso real, sendo adotado nome fictício do segurado para preservar as informações confidenciais do mesmo. O período básico de cálculo abrangeu o período de 07/1994 a 10/2015 (mês anterior ao afastamento do trabalho). A média de salários foi fixada no valor de R$ 4.560,25. Os cálculos de renda mensal e mensalidade reajustada estão abaixo demonstrados.

**NOVA APOSENTADORIA**

SEGURADO: **CLÁUDIO MACIEL MENESES**

BENEFÍCIO: **42/111.222.333-4**

ESPÉCIE: **Aposentadoria por tempo de contribuição**

TEMPO DE CONTRIBUIÇÃO: **42 anos 10 meses 17 dias**

DATA DE INÍCIO: **01/03/2016**

DATA DE NASCIMENTO: **17/04/1953**

MÉDIA DE SALÁRIOS: **4.560,25**

| TEMPO DE CONTRIBUIÇÃO | | |
|---|---|---|
| **01/03/2016** | | |
| **anos** | **meses** | **dias** |
| **42** | **10** | **17** |
| **42,8806** | | |

| IDADE- Nascimento: | | **17/04/1953** |
|---|---|---|
| **01/03/2016** | | |
| **anos** | **meses** | **dias** |
| **62** | **10** | **15** |
| **62,8750** | | |

| Idade | Expectativa de Sobrevida |
|---|---|
| 56 | 25,1 |
| 57 | 24,3 |
| 58 | 23,5 |
| 59 | 22,7 |
| 60 | 22,0 |
| 61 | 21,2 |
| 62 | 20,4 |

| **Idade** | 62,8750 |
|---|---|
| **TC** | 42,8806 |
| **ES** | 20,4 |
| **Alíquota** | 0,31 |

Fator Previdenciário $\frac{TC \times A}{ES} \times \left(1 + \frac{(Id + TC \times A)}{100}\right)$

Fator Previdenciário **1,1479**

| **Média de Salários** | **4.560,25** |
|---|---|
| **Fator Previdenciário** | **1,1479** |
| **Salário de Benefício (Média X Fator)** | **5.234,89** |
| **Salário de Benefício (limitado ao teto)** | **5.189,82** |
| Coeficiente | **100%** |
| **Renda Mensal Inicial** = SB x Coeficiente | **5.189,82** |
| **Índice teto** | **1,0087** |

SEGURADO: **CLÁUDIO MACIEL MENESES**

BENEFÍCIO: **42/111.222.333-4**

ESPÉCIE: **Aposentadoria por tempo de contribuição**

TEMPO DE CONTRIBUIÇÃO: **42 anos 10 meses 17 dias**

DATA DE INÍCIO: **01/03/2016**

DATA DE CESSAÇÃO: **30/09/2019**

| | |
|---|---|
| SALÁRIO DE BENEFÍCIO: | **5.189,82** |
| COEFICIENTE: | **100%** |
| RENDA MENSAL INICIAL: | **5.189,82** |
| ÍNDICE TETO: | **1,0087** |

| **Reajustes previdenciários** | | | |
|---|---|---|---|
| **Data** | **Renda Mensal** | **Índices de Reajustes** | **Renda Reajustada** |
| jan/17 | 5.189,82 | 1,040100 | 5.397,93 |
| jan/17 | 5.397,93 | 1,008700 | 5.444,89 |
| jan/18 | 5.444,89 | 1,020700 | 5.557,60 |
| **jan/19** | **5.557,60** | **1,034300** | **5.748,23** |

Da análise do caso concreto, percebe-se que a desaposentação, para o segurado em referência, foi amplamente favorável, tendo em vista que o valor da mensalidade reajustada a partir de 2016 foi alterada de R$ 3.256,10 (última mensalidade reajustada recebida pelo benefício concedido administrativamente) para R$ 5.189,82 (valor da Renda Mensal Inicial do benefício concedido judicialmente), conforme demonstrado, representando um acréscimo de 59,39%. O principal elemento que contribuiu para esse aumento foi o acréscimo do fator previdenciário de 0,7079 para 1,1479, decorrente do aumento do tempo de contribuição e da idade do segurado. Em função do posicionamento do STF sobre a matéria, o benefício foi cessado em 30/09/2019 e restabelecida a aposentadoria anterior.

CAPÍTULO

VII

# READEQUAÇÃO DO SALÁRIO DE BENEFÍCIO PELOS NOVOS TETOS DAS EMENDAS 20/1998 (R$ 1.200,00) E 41/2003 (R$ 2.400,00)

**Sumário** • **1**. Considerações sobre a tese – **2**. Cálculos.

## 1. CONSIDERAÇÕES SOBRE A TESE

Com o advento do artigo 29, §2º, da Lei 8.213/91, o salário de benefício passou a ter o mesmo limite máximo do salário de contribuição, fixado naquele ano em Cr$ 170.000,00 (cento e setenta mil cruzeiros). Este, por sua vez, passou a ser reajustado a partir da data da entrada em vigor da Lei 8.213/91, na mesma época e com os mesmos índices que os do reajustamento dos benefícios de prestação continuada da Previdência Social.

A lógica do legislador foi a seguinte: se há um valor máximo que forma a base de cálculo da contribuição previdenciária dos segurados (salário de contribuição), esse mesmo valor deve ser considerado como limite máximo no cálculo da renda mensal inicial dos benefícios (salário de benefício).

Assim, se em 1991, um segurado recebia uma remuneração de Cr$ 200.000,00, ele só iria contribuir sobre Cr$ 170.000,00, pois este era o teto do salário de contribuição na época. Por outro lado, os benefícios a serem pagos pela Previdência Social não ultrapassavam a Cr$ 170.000,00, pois 100% do salário de benefício é a renda máxima a ser fixada, salvo raras exceções.

Nesse período o Brasil vivia um período de inflação assustador, razão pela qual o teto do salário de benefício era reajustado mais de uma vez por ano. Por exemplo, no ano de 1992, esse valor foi reajustado três vezes, ao passo que em 1993 foram nove oportunidades, tudo isso com o objetivo de manter o seu valor real e não prejudicar os beneficiários.

Contudo, mesmo assim, muitos benefícios tinham a renda mensal reduzida pelo teto, pois a média dos 36 últimos salários de contribuição comumente era superior ao limite máximo do salário de benefício.

A justificativa principal é que todos os salários de contribuição eram corrigidos monetariamente, mas o teto do salário de benefício não sofria reajuste mensal, ocorrendo em uma ou algumas oportunidades por ano, a depender, mas nunca em todos os meses.

Colaciona-se abaixo uma tabela que demonstra a evolução do valor máximo do salário de contribuição/salário de benefício desde o ano de 1992:

| Mês | Salário do salário de contribuição e de benefício |
|---|---|
| Janeiro a Abril/1992 | 923.262,76 |
| Maio a Agosto/1992 | 2.126.842,49 |
| Setembro a Dezembro/1992 | 4.780.863,30 |
| Janeiro a Fevereiro/1993 | 11.532.054,23 |
| Março a Abril/1993 | 15.760.858,52 |
| Maio a Junho/1993 | 30.214.732,09 |
| Julho/1993 | 42.439.310,55 |
| Agosto/1993 | 50.613,12 |
| Setembro/1993 | 86.414,97 |
| Outubro/1993 | 108.165,62 |
| Novembro/1993 | 135.120,49 |
| Dezembro/1993 | 168.751,98 |
| Janeiro/1994 | 295.795,39 |
| Fevereiro/1994 | 385.273,50 |
| Março a Dezembro/1994 | 582,86 |
| Janeiro a Abril/1995 | 582,86 |
| Maio a Julho/ 1995 | 832,66 |
| Agosto/95 a Abril/1996 | 832,66 |

| Mês | Salário do salário de contribuição e de benefício |
|---|---|
| Maio a Dezembro/1996 | 957,56 |
| Pagamentos efetuados até 22/01/97 inclusive | 957,56 |
| Pagamentos efetuados a contar de 23/01/97 até Abril/1997 | 957,56 |
| Maio/1997 | 957,56 |
| Junho/97 a Maio/1998 | 1.031,87 |
| Junho a Novembro/1998 | 1.081,50 |
| Dezembro/1998 | 1.200,00 |
| Janeiro a maio/1999 | 1.200,00 |
| Pagamentos efetuados até 16/06/99 inclusive | 1.255,32 |
| Pagamentos efetuados a contar de 17/06/99 | 1.255,32 |
| Junho/99 a Março/2000 | 1.255,32 |
| Abril/2000 | 1.255,32 |
| Maio/2000 | 1.255,32 |
| Pagamentos efetuados no período de 1 a 16 de Junho/2000 | 1.328,25 |
| Pagamentos a partir de 17/06/2000 | 1.328,25 |
| Julho/2000 a Fevereiro/2001 | 1.328,25 |
| Pagamentos efetuados no período de 1 a 17/03/2001 | 1.328,25 |
| Pagamentos efetuados a partir de 18/03/2001 | 1.328,25 |
| Abril e Maio/2001 | 1.328,25 |
| Junho/2001 a Março/2002 | 1.430,00 |
| Abril e Maio/2002 | 1.430,00 |
| Junho/2002 a Março/2003 | 1.561,56 |
| Junho a Dezembro/2003 | 1.869,34 |
| Janeiro a Abril/2004 | 2.400,00 |
| Maio/2004 a Abril/2005 | 2.508,72 |
| Maio/2005 a Março/2006 | 2.668,15 |
| Abril/2006 a 15/08/2006 | 2.801,56 |
| 16/08/2006 a Março/2007, houve um arredondamento. | 2.801,82 |
| Abril/2007 a Dezembro/2007 | 2.894,28 |
| Janeiro/2008 a Fevereiro/2008 | 2.894,28 |
| Março/2008 a Janeiro/2009 | 3.038,99 |
| Fevereiro/2009 a Dezembro/2009 | 3.218,90 |
| Junho/2010 a Dezembro/2010 | 3.467,40 |
| Janeiro/2011 | 3.691,74 |
| Janeiro/2012 | 3 .916,20 |
| Janeiro/2013 | 4.159,00 |
| Janeiro/2014 | 4.390,24 |
| Janeiro/2015 | 4.663,75 |
| Janeiro/2016 | 5.189,82 |
| Janeiro/2017 | 5.531,31 |
| Janeiro/2018 | 5.645,80 |
| Janeiro/2019 | 5.839,45 |
| Janeiro/2020 | 6.101,06 |
| Janeiro/2021 | 6.433,57 |
| Janeiro/2022 | 7.087,22 |
| Janeiro/2023 | 7.507,49 |

A alteração do valor do salário de benefício já ocorreu pelos mais diversos diplomas normativos. Caso não haja uma elevação do valor real, mas apenas a incidência do índice legal de correção monetária, é possível que um mero ato regulamentar fixe o novo valor.

Isso ocorreu, por exemplo, em 31 de dezembro de 2010, quando a Portaria Conjunta MPS/MF 568/2010 fixou os novos valores da previdência social para o exercício de 2011, apenas com a correção pelo INPC do ano anterior.

Contudo, em alguns anos o valor do teto foi reajustado por lei, especialmente quando foi concedido um percentual acima da inflação, o que não poderia ser promovido por uma simples portaria, que não pode inovar no mundo jurídico.

Foi o que efetivamente ocorreu para o exercício de 2010, quando a Lei 12.254/2010 concedeu um reajuste aos benefícios, e, consequentemente, ao salário de contribuição e de benefício, acima da inflação medida pelo INPC de 2009.

Com efeito, enquanto o INPC de 2009 foi calculado em 4,11%, os benefícios foram reajustados em 7,72%, elevando o salário de benefício 3,61% acima da inflação.

De seu turno, conquanto não fosse juridicamente necessário, pois é um tema afeto ao campo da lei ordinária federal, as Emendas Constitucionais 20/1998 e 41/2003 também reajustaram o teto do salário de benefício e da renda mensal inicial.

Previu o artigo 14, da Emenda 20, que o "limite máximo para o valor dos benefícios do regime geral de previdência social de que trata o art. 201 da Constituição Federal é fixado em R$ 1.200,00 (um mil e duzentos reais), devendo, a partir da data da publicação desta Emenda, ser reajustado de forma a preservar, em caráter permanente, seu valor real, atualizado pelos mesmos índices aplicados aos benefícios do regime geral de previdência social".

Antes da Emenda 20/98, o teto do salário de benefício era de R$ 1.081,50, sendo reajustado para R$ 1.200,00, o que na época equivalia a dez salários mínimos, pois este era na ordem de R$ 120,00.

O novo teto de R$ 1.200,00 não teve aplicação retroativa, só vigorando para os benefícios concedidos a partir de 16.12.1998, data da vigência da reforma constitucional, conforme o entendimento da Previdência Social.

Já o artigo 5º, da Emenda 41/2003, determinou que "o limite máximo para o valor dos benefícios do regime geral de previdência social de que trata o art. 201 da Constituição Federal é fixado em R$ 2.400,00 (dois mil e quatrocentos reais), devendo, a partir da data de publicação desta Emenda, ser reajustado de forma a preservar, em caráter permanente, seu valor real, atualizado pelos mesmos índices aplicados aos benefícios do regime geral de previdência social".

Anteriormente, o teto era fixado em R$ 1.869,34, sendo reajustado para R$ 2.400,00, o que na época equivalia a dez salários mínimos, sendo este no valor de R$ 240,00. Vale frisar que o novo teto de R$ 2.400,00 só passou a vigorar para os benefícios concedidos a partir de 01.01.2004, tendo apenas eficácia prospectiva.

Saliente-se que entre a vigência da Lei 8.213/91 e a Lei 9.876/99 o salário de benefício correspondia à média aritmética simples dos 36 últimos salários de contribuição, apurado em período não superior a 48 meses.

Já após a Lei 9.876/99, o período básico de cálculo do salário de benefício foi deveras estendido, refletindo melhor a vida contributiva do segurado, pois passou a corresponder aos 80% maiores salários de contribuição a partir da competência 07/1994 (Plano Real), multiplicado pelo fator previdenciário para as aposentadorias por idade (facultativo) e por tempo de contribuição (obrigatório).

Apesar de o teto do salário de contribuição **(base de cálculo da contribuição previdenciária do segurado)** e do salário de benefício **(instituto utilizado para a definição da renda mensal inicial da maioria dos benefícios previdenciários)** ser o mesmo, é possível que a média aritmética dos salários de contribuição supere o maior valor do salário de benefício, vez que todos os salários de contribuição são corrigidos monetariamente por todos os meses, ao passo que o salário de benefício não sofre correção todos os meses.

Para que se tenha uma ideia da discrepância, de dezembro de 1998 a novembro de 2003, a correção dos salários de contribuição foi de 98,43%, ao passo que o teto sofreu uma atualização de apenas 55,77%. Isso ocorreu também porque houve uma época em que os índices de atualização dos salários de contribuição não eram os mesmos índices de reajuste dos benefícios.

**Suponha-se que um segurado chamado *Landulfo* tenha requerido uma aposentadoria por tempo de serviço integral (nomenclatura da época) no dia 1º de dezembro de 1998, deferida pelo INSS com a citada data de início, com renda mensal de 100% do salário de benefício. Nesse marco temporal ainda vigorava o teto do salário de benefício de R$ 1.081,50, apenas elevado para R$ 1.200,00 quinze dias depois.**

A autarquia previdenciária promoveu a média aritmética simples dos 36 últimos salários de contribuição corrigidos monetariamente, chegando a um valor de R$ 1.198,00. Entretanto, a renda mensal inicial (RMI) da aposentadoria foi limitada ao teto ("tetada"), pois na data de início do benefício o valor máximo do salário de benefício era de R$ 1.081,50.

**Assim, os segurados nessa situação (salário de benefício limitado ao teto) começaram a postular a readequação da renda do benefício ao novo teto da Emenda 20/1998, como no caso hipotético de *Landulfo*.**

**Como a média aritmética corrigida dos 36 últimos salários de contribuição de *Landulfo* foi de R$ 1.198,00, tendo o salário de benefício sido limitado a R$ 1.081,50, *Landulfo* postulou a readequação da renda do seu benefício para R$ 1.198,00, a partir de 16.12.1998, data em que passou a vigorar o novo teto.**

O mesmo também ocorreu com a Emenda 41/2003, pois em dezembro de 2003 o teto era de R$ 1.869,34, sendo reajustado para R$ 2.400,00, a partir de 1º de janeiro de 2004.

Note-se que essa pretensão não objetiva elevar a renda dos benefícios automaticamente, toda a vez que o teto for elevado. Não é isso. A intenção é readequar o salário de benefício do segurado a partir da vigência do novo teto, não havendo um novo cálculo do salário de benefício nem da renda mensal do benefício previdenciário, mas apenas uma readequação não retroativa.

Essa tese é válida não apenas para os segurados que tiveram o seu benefício concedido nos anos de 1998 e 2003, antes dos reajustes das mencionadas Emendas. Todos aqueles que "bateram teto" em anos anteriores diversos, a partir de 05.10.1988, podem teoricamente buscar uma readequação.

Entretanto, não há qualquer direito em favor dos segurados cujo salário de benefício não foi limitado ao teto no momento da concessão, vez que a elevação futura do teto em nada os beneficiará, porquanto não "tetados".

Para tanto, é necessário evoluir o salário de benefício da concessão sem a limitação perpetrada pelo teto, comparando o seu valor com os novos valores de R$ 1.200,00 (dezembro de 1998) e de R$ 2.400,00 (janeiro de 2004).

Suponha-se que um segurado tenha se aposentado em agosto de 1995, tendo o seu salário de benefício sido limitado ao teto vigente na época de R$ 832,66. Neste caso, a média aritmética simples dos 36 últimos salários de contribuição corrigidos foi de R$ 1.000,00, razão pela qual o salário de benefício foi "tetado".

Neste caso, deve-se evoluir o salário de benefício de R$ 1.000,00 pelos índices de reajuste dos benefícios previdenciários até dezembro de 1998, para considerar como teto (em 16.12.98) a quantia de R$ 1.200,00.

Esta postulação revisional ganhou grande publicidade quando a Suprema Corte julgou o recurso extraordinário 564.354, em 08.09.2010, garantindo o direito dos segurados de readequação da renda mensal pelos novos tetos de R$ 1.200,00 e R$ 2.400,00, inaugurados pelas Emendas 20/98 e 41/03:

> "EMENTA: DIREITOS CONSTITUCIONAL E PREVIDENCIÁRIO. REVISÃO DE BENEFÍCIO. ALTERAÇÃO NO TETO DOS BENEFÍCIOS DO REGIME GERAL DE PREVIDÊNCIA. REFLEXOS NOS BENEFÍCIOS CONCEDIDOS ANTES DA ALTERAÇÃO. EMENDAS CONSTITUCIONAIS N. 20/1998 E 41/2003. DIREITO INTERTEMPORAL: ATO JURÍDICO PERFEITO. NECESSIDADE DE INTERPRETAÇÃO DA LEI INFRACONSTITUCIONAL. AUSÊNCIA DE OFENSA AO PRINCÍPIO DA IRRETROATIVIDADE DAS LEIS. RECURSO EXTRAORDINÁRIO A QUE SE NEGA PROVIMENTO. 1. Há pelo menos duas situações jurídicas em que a atuação do Supremo Tribunal Federal como guardião da Constituição da República demanda interpretação da legislação infraconstitucional: a primeira respeita ao exercício do controle de constitucionalidade das normas, pois não se declara a constitucionalidade ou inconstitucionalidade de uma lei sem antes entendê-la; a segunda, que se dá na espécie, decorre da garantia constitucional da proteção ao ato jurídico perfeito contra lei superveniente, pois a solução de controvérsia sob essa perspectiva pressupõe sejam interpretadas as leis postas em conflito e determinados os seus alcances para se dizer da existência ou ausência da retroatividade constitucionalmente vedada. **2. Não ofende o ato jurídico perfeito a aplicação imediata do art. 14 da Emenda Constitucional n. 20/1998 e do art. 5º da Emenda Constitucional n. 41/2003 aos benefícios previdenciários limitados a teto do regime geral de previdência estabelecido antes da vigência dessas normas, de modo a que passem a observar o novo teto constitucional.** 3. Negado provimento ao recurso extraordinário".

**A divulgação desse julgamento pela imprensa gerou um alvoroço entre os aposentados e pensionistas do Regime Geral de Previdência Social e uma enxurrada de ações ajuizadas contra o INSS.** Em minha opinião, com base em vários casos analisados judicialmente, há muita fumaça para pouco fogo.

Só nestes meses de abril e maio de 2011 fui intimado de uma série de sentenças que julgaram improcedente o pedido, prolatadas por uma das Varas da Seção Judiciária da Bahia, onde atuo em defesa do INSS, conquanto os salários de benefício tenham sido limitados ao teto do ano da concessão da prestação previdenciária.

Nesses processos, ao evoluir a renda mensal inicial sem o teto do ano da concessão e comparando com a renda atual paga pelo INSS chegou-se ao mesmo valor. Em um desses casos, um segurado obteve uma aposentadoria por tempo de serviço integral com data de início em 01/05/1995, tendo o salário de benefício e a renda mensal sido limitados ao teto daquele mês/ano, no valor de R$ 832,66, sendo a média dos 36 últimos salários de contribuição superior a esse valor.

A contadoria do juízo evoluiu a renda mensal inicial do benefício desconsiderando o teto de R$ 832,66, chegando a um valor de R$ 2.589,94 em fevereiro de 2011. Entretanto, administrativamente, em fevereiro de 2011, o INSS estava pagando o valor de R$ 2.589,93 para esse aposentado, o que gerou a diferença insignificante de 1 centavo de real.

Diante desse caso, pergunta-se: por que não houve readequação a ser feita se o salário de benefício foi "tetado"? Certamente a resposta está na revisão administrativa permanente promovida pelo INSS pela aplicação do índice de reajuste do teto no primeiro reajustamento seguinte, com arrimo no artigo 21, §3º, da Lei 8.880/94:

> "§ 3º Na hipótese da média apurada nos termos deste artigo resultar superior ao limite máximo do salário-de-contribuição vigente no mês de início do benefício, **a diferença percentual entre esta média e o referido limite será incorporada ao valor do benefício juntamente com o primeiro reajuste do mesmo após a concessão**, observado que nenhum benefício assim

reajustado poderá superar o limite máximo do salário--de-contribuição vigente na competência em que ocorrer o reajuste".

Logo, os benefícios concedidos pelo INSS a partir de março de 1994[1], conforme previsto na cabeça do artigo 21, da Lei 8.880/94, e que tiveram o salário de benefício limitado ao teto, sofreram readequação de renda pelo índice-teto juntamente com o primeiro reajuste, observado o novo teto do ano do reajuste.

Anualmente o índice-teto é previsto pela Previdência Social, a exemplo da Portaria Interministerial MPS/MF 568, de 31.12.2010, que reajustou os benefícios para o ano de 2011:

> "Art. 6º A partir de 1º de janeiro de 2011, será incorporada à renda mensal dos benefícios de prestação continuada pagos pelo INSS, com data de início no período de 1º fevereiro de 2010 a 31 de dezembro de 2010, a diferença percentual entre a média dos salários-de-contribuição considerados no cálculo do salário-de-benefício e o limite máximo em vigor no período, exclusivamente nos casos em que a referida diferença resultar positiva, observado o disposto no § 1º do art. 1º e o limite de R$ 3.689,66 (três mil seiscentos e oitenta e nove reais e sessenta e seis centavos)".

Suponha-se que um segurado tenha se aposentado em novembro de 1998. Neste mês o teto do salário de benefício era de R$ 1.081,50. No cálculo dos seus 36 últimos salários de contribuição corrigidos monetariamente, chegou-se ao montante de R$ 1.195,00. Neste caso, o salário de benefício foi limitado ao teto (R$ 1.081,50).

Apurando-se a diferença percentual entre R$ 1.195,00 e R$ 1.081,50, chega-se ao índice-teto de aproximadamente 1,10. Logo, no primeiro reajuste do ano de 1998, o segurado também terá direito a uma readequação da renda do seu benefício em 10% (1,10), observado o teto de 1998, que foi de R$ 1.200,00 (até o mês de maio), além do reajuste anual.

Já para os benefícios "tetados" com data de início entre 05 de abril de 1991 e 31 de dezembro de 1993, vale a revisão da mesma natureza prevista no artigo 26, da Lei 8.870/94:

> "**Art. 26.** Os benefícios concedidos nos termos da Lei nº 8.213, de julho de 1991, **com data de início entre 5 de abril de 1991 e 31 de dezembro de 1993, cuja renda mensal inicial tenha sido calculada sobre salário-de--benefício inferior à média dos 36 últimos salários--de-contribuição em decorrência do disposto no § 2º do art. 29 da referida lei**, serão **revistos a partir da competência abril de 1994**, mediante a aplicação do percentual correspondente à diferença entre a média mencionada neste artigo e o salário-de-benefício considerado para a concessão.
>
> Parágrafo único. Os benefícios revistos nos termos do "caput" deste artigo não poderão resultar superiores ao teto do salário-de-contribuição vigente na competência de abril de 1994".

Impende destacar que o índice reajuste teto foi criado justamente para corrigir distorções de atualização monetária entre os salários de contribuição e o teto do salário de benefício, a fim de não prejudicar os segurados.

**Assim, a sua aplicação é restrita à renda mensal inicial limitada ao teto do salário benefício, não sendo possível o cálculo com a evolução da renda mensal inicial sem o teto com a posterior incidência do índice-teto, sob pena de *bis in idem*.**

Assim sendo, acredita-se que na maioria dos casos em que o benefício foi "tetado" o reajuste administrativo promovido pelo INSS pelo índice-teto já readequou integralmente o salário de benefício dos segurados, o que deve ser aferido casuisticamente.

Contudo, podem existir casos em que a aplicação do índice-teto não tenha promovido a readequação total, caso no primeiro reajustamento seguinte o novo teto tenha sido novamente atingido. Assim, o benefício foi "tetado" no ano da concessão e também no primeiro reajuste após a concessão, existindo ainda margem para a sua readequação.

Certamente os casos em que existe um teto a ser readequado são dos benefícios concedidos no período do "buraco negro", entre 05 de outubro de 1988 e 05 de abril de 1991, pois nesse interstício não havia a revisão administrativa pelo índice-teto, se promovendo apenas a revisão administrativa determinada pelo artigo 144, da Lei 8.213/91.

**Nesse sentido, a PGF editou o Parecer Referencial 0022/2018/DEPCONT/PGF/AGU:**

> "EMENTA: **PARECER REFERENCIAL. PORTARIA AGU Nº 488/2016. JURISPRUDÊNCIA ITERATIVA DO STF. RECURSO EXTRAORDINÁRIO COM REPERCUSSÃO GERAL Nº 937.595/SP. READEQUAÇÃO DE BENEFÍCIO CONCEDIDO ENTRE 05.10.1988 E 05.04.1991 (BURACO NEGRO). APLICAÇÃO IMEDIATA DOS TETOS INSTITUÍDOS PELAS EC'S Nº 20/1998 E 41/2003. REAFIRMAÇÃO DE JURISPRUDÊNCIA. POSSIBILIDADE.** A Procuradoria-Geral Federal, com fundamento no artigo 2º, inciso IV, da Portaria AGU nº 488, de 27 de julho de 2016, autoriza os Procuradores Federais a, ressalvadas as hipóteses previstas no artigo 12 da mencionada Portaria e outras questões de ordem fática e jurídica não abrangidas pelo acórdão proferido no RE com Repercussão Geral nº 937.595/SP, reconhecer a procedência do pedido,

1. Os benefícios concedidos em janeiro e fevereiro de 1994 não se beneficiaram das revisões da Lei 8.870/94 nem desta revisão da Lei 8.870/94.

abster-se de contestar e de recorrer, e desistir dos recursos já interpostos, quando a pretensão deduzida contra o INSS ou a decisão judicial estiver em conformidade com a jurisprudência do STF fixada no aludido recurso representativo de controvérsia (Tema 930), no sentido de que: **"os benefícios concedidos entre 05.10.1988 e 05.04.1991 (período do buraco negro) não estão, em tese, excluídos da possibilidade de readequação segundo os tetos instituídos pelas EC's nº 20/1998 e 41/2003, a ser aferida caso a caso, conforme os parâmetros definidos no julgamento do RE 564.354, em regime de repercussão geral"**.

O tema (alteração do teto do salário de benefício) pode ser tranquilamente regulado por lei, tendo sido alvo de Emendas por questões meramente políticas, tendo em conta que foram aprovadas duas reformas previdenciárias nesses dois anos.

Logo, em tese, é possível também a readequação do salário de benefício aos novos tetos majorados por lei nos outros anos, como ocorreu em 2010, quando a Lei 12.254/2010 elevou o teto de R$ 3.218,90 para R$ 3.467,40, inclusive com um índice acima do INPC apurado em 2009.

De acordo com o Despacho Decisório nº 1/DIRBEN/DIRAT/PFE/INSS, de 20 de dezembro de 2018, que inverteu completamente a diretriz anterior (Despacho Decisório nº 1/DIRBEN/DIRAT/PFE/INSS, de 30 de maio de 2016), passou a determinar a incidência da recomposição na competência 06/1992 da OS 121, aplicando em junho de 1992 o índice de reajuste de 147,06% para a competência setembro de 1991.

Por tudo isso, afirmei que há muita fumaça e pouco fogo acerca deste tema, valendo frisar que no julgamento do recurso extraordinário 564.354, em 08.09.2010, nenhum Ministro do STF abordou a revisão administrativa promovida pelo índice-teto, conquanto fosse relevante fazê-lo, conforme se depreende da análise dos votos[2].

**Vale registrar que** os benefícios concedidos antes do atual ordenamento constitucional não possuem direito à readequação em comento, **tendo em vista a inexistência de um valor máximo único do salário de benefício como limitador, que era repartido em menor e maior valor teto, sendo nesta última hipótese aplicado um redutor no que excedesse ao menor valor teto[3].**

**Nesse sentido, decidiu corretamente a Turma Recursal de Santa Catarina, no julgamento do processo 2006.72.51.001937-4, em 16.11.2011, ao afirmar que "a tese de aplicação da majoração dos tetos estabelecidos pelas Emendas Constitucionais 20/98 e 41/2003 não se aplica a DIB's anteriores a 1988, pois, estas não estavam submetidas a um único limitador. É que, ainda que matematicamente se possa fazer a evolução da média dos SCs e assim enquadrá-la aos novos tetos (cálculo que inclusive solicitei à Contadoria Judicial na instrução de alguns processos nessa situação), isso "burlaria" o sistema vigente na CLPS de cálculo da prestação, que, diferentemente da LBPS, previa dois limitadores, o menor e o maior valor teto".** Aliás, outra questão não apreciada pelo Supremo Tribunal Federal foi à readequação salário de benefício "tetado" por um novo teto reajustado por lei, fora dos anos de 1998 e 2003, nos quais a majoração se deu por Emenda Constitucional.

No mesmo sentido o TRF da 3ª Região:

> **TRF-3 - APELAÇÃO CÍVEL AC 00054995920164036183 SP (TRF-3)**
>
> **Jurisprudência • Data de publicação: 04/09/2017** - Ementa: PREVIDENCIÁRIO. REVISÃO DE BENEFÍCIO. ALTERAÇÃO DO TETO PELA EC Nº 41 /03. BENEFÍCIO COM DIB ANTERIOR À DATA DA PROMULGAÇÃO DA CF/88. - O benefício previdenciário teve DIB em 01/09/1988, antes da promulgação da atual CF, não fazendo jus à revisão pretendida. **A Revisão preceituada pelo RE nº 564.354/SE, não se aplica aos benefícios concedidos antes da edição da CF/88, pois apenas a partir da Lei nº 8.213 /91, se verificou a defasagem histórica entre os fatores de correção do teto e dos salários-de-contribuição, pois antes disso ambos estavam vinculados à política salarial do Governo**. - Os recentes julgados do E. STF (RE nº 898.958/PE, ARE nº 885.608/RJ e ARE 758.317/SP), nos quais os Eminentes Relatores esclarecem que a Suprema Corte não impôs limites temporais ao alcance do acórdão RE nº 564.354/SE, dizem respeito notadamente aos benefícios concedidos no Buraco Negro (concedidos posteriormente à promulgação da CF/88, porém, antes da edição da Lei nº 8.213 /91), que posteriormente foram revistos nos termos do artigo 144 e 145 da Lei nº 8.213 /91. - Recurso improvido

Embora a sistemática fosse distinta com outra legislação que não previa um valor fixo para o teto do salário de benefício, o STF vem aplicando esta tese para benefícios com DIB anterior à Constituição de 1988:

> **RE 1105261 AgR / SC** - SANTA CATARINA
> AG.REG. NO RECURSO EXTRAORDINÁRIO
> Relator(a): Min. RICARDO LEWANDOWSKI
>
> **Julgamento: 11/05/2018** Órgão Julgador: Segunda Turma
>
> "Ementa: AGRAVO REGIMENTAL NO RECURSO EXTRAORDINÁRIO. PREVIDENCIÁRIO. REVISÃO DE BENEFÍCIO. APLICAÇÃO DOS TETOS

2. Apenas o Ministro Dias Toffoli votou contrariamente à pretensão dos segurados, mas por outros fundamentos, ausente justificadamente a Ministra Ellen Gracie.

3. 1/30 (um trinta avos) quantos forem os grupos de 12 (doze) contribuições acima do menor valor-teto, respeitado o limite máximo de 80% (oitenta por cento) do valor dessa parcela.

ALTERADOS PELAS EMENDAS CONSTITUCIONAIS 20/1998 E 41/2003 AOS BENEFÍCIOS CONCEDIDOS ANTES DA ALTERAÇÃO. **TEMA 76 DA REPERCUSSÃO GERAL. ENTENDIMENTO APLICÁVEL AOS BENEFÍCIOS CONCEDIDOS ANTES DA CONSTITUIÇÃO FEDERAL DE 1988.** MAJORAÇÃO DE HONORÁRIOS. AGRAVO REGIMENTAL A QUE SE NEGA PROVIMENTO, COM APLICAÇÃO DE MULTA. I – O Supremo Tribunal Federal, ao julgar o RE 564.3541-RG (Tema 76 da repercussão geral), de relatoria da Ministra Cármen Lúcia, concluiu que não ofende o ato jurídico perfeito a aplicação imediata do art. 14 da Emenda Constitucional 20/1998 e do art. 5º da Emenda Constitucional 41/2003 aos benefícios previdenciários limitados a teto do regime geral de previdência estabelecido antes da vigência dessas normas, de modo a que passem a observar o novo teto constitucional. II – **Conforme a jurisprudência do Supremo Tribunal Federal, o único requisito para a aplicação dos novos tetos aos benefícios concedidos anteriormente à sua vigência é que o salário de benefício tenha sofrido, à época de sua concessão, diminuição em razão da incidência do limitador previdenciário, o que alcança inclusive os benefícios concedidos antes da Constituição Federal de 1988.** III – Majorada a verba honorária fixada anteriormente, nos termos do art. 85, § 11, do CPC. IV – Agravo regimental a que se nega provimento, com aplicação de multa".

A decisão do STF é equivocada porque a sistemática pré-constitucional era distinta para a limitação do salário de benefício, inexistindo um valor fixado:

| Norma | Fórmula de cálculo | Valor máximo |
|---|---|---|
| **Decreto 35.448/54 (Regulamento dos Institutos de Previdência) – Artigo 21** | Média dos salários de contribuição sobre os quais o segurado haja realizado as últimas 36 (trinta e seis) contribuições mensais. Quando de valor igual até a 5 vezes o maior salário mínimo vigente no país, o "salário de benefício" será tomado integralmente para efeito do cálculo. Da parte que exceder a 5 salários mínimos, até valor igual a 10 vezes o maior salário mínimo vigente no país, tomar-se-ão 2/3 (dois terços), que serão adicionados à primeira parte, para efeito de cálculo. Da parte que ultrapassar o limite estabelecido de 10 salários mínimos, tomar-se-á 1/3 que será igualmente adicionado às duas primeiras parcelas, para os efeitos do cálculo do benefício. | Deve ser elaborado concretamente, em razão dos redutores de 2/3 e de 1/3 e da variação do maior salário mínimo. Não havia um teto genérico. |
| **Lei 3.807/60 (Lei Orgânica da Previdência Social) – Artigo 23** | Média dos salários sobre os quais o segurado haja realizado as últimas 12 contribuições mensais, no período básico de cálculo de 24 meses. | 10 vezes o maior salário mínimo vigente no país. |
| **Lei 5.890/73 – Artigos 3º e 5º** | I – Para o auxílio-doença, a aposentadoria por invalidez, a pensão e o auxílio-reclusão, 1/12 da soma dos salários-de-contribuição imediatamente anteriores ao mês do afastamento da atividade, até o máximo de 12, apurados em período não superior a 18 meses;<br>II – Para as demais espécies de aposentadoria, 1/48 da soma dos salários-de-contribuição imediatamente anteriores ao mês do afastamento da atividade, até o máximo de 48 apurados em período não superior a 60 meses;<br>III – Para o abono de permanência em serviço, 1/48 a soma dos salários-de-contribuição imediatamente anteriores ao mês da entrada do requerimento, até o máximo de 48, apurados em período não superior a 60 meses. | 20 vezes o maior salário mínimo vigente no país (maior valor teto).<br>10 vezes o maior salário mínimo vigente no país (menor valor teto). |

| Norma | Fórmula de cálculo | Valor máximo |
|---|---|---|
| **Lei 5.890/73 – Artigos 3º e 5º** | Quando o salário de benefício for igual ou inferior a 10 vezes o maior salário mínimo vigente no País aplicar-se-lhe-ão os coeficientes previstos nesta e na Lei nº 3.807, de 26 de agosto de 1960. Quando o salário de benefício for superior a 10 salários mínimos, será ele dividido em duas parcelas: a primeira igual a 10 vezes o maior salário mínimo vigente no País; a segunda, será o valor excedentes ao da primeira.<br>A) sobre a primeira parcela aplicar-se-ão os coeficientes previstos no item anterior; B) sobre a segunda, aplicar-se-á um coeficiente igual a tantos 1/30 (um trinta avos) quantos forem os grupos de 12 (doze) contribuições acima de 10 (dez) salários mínimos, respeitado, em cada caso, o limite máximo de 80% (oitenta por cento) do valor da parcela. | |
| **Lei 6.210/75 – Artigo 4º** | Foram alteradas as regras da Lei 5.890/73, com as seguintes inovações:<br>II – para as demais espécies de aposentadoria, 1/36 da soma dos salários-de-contribuição imediatamente anteriores ao mês do afastamento da atividade, até o máximo de 36, apurados em período não superior a 48 meses;<br>III – para o abono de permanência em serviço, 1/36 da soma dos salários-de-contribuição imediatamente anteriores ao mês da entrada do requerimento, até o máximo de 36, apurados em período não superior a 48 meses. | 20 vezes o maior salário mínimo vigente no país (maior valor teto).<br>10 vezes o maior salário mínimo vigente no país (menor valor teto).<br>OBS – Com o advento da Lei 6.205/75, o maior e menor valor teto foram desvinculados do salário mínimo, pois passaram a ser reajustados pelos índices da política salarial da época. |

**De efeito, com base na Lei 5.890/73, "quando o salário de benefício for igual ou inferior a 10 vezes o maior salário mínimo vigente no País aplicar-se-lhe-ão os coeficientes previstos nesta e na Lei nº 3.807, de 26 de agosto de 1960. Quando o salário de benefício for superior a 10 salários mínimos, será ele dividido em duas parcelas: a primeira igual a 10 vezes o maior salário mínimo vigente no País; a segunda, será o valor excedentes ao da primeira. A) sobre a primeira parcela aplicar-se-ão os coeficientes previstos no item anterior; B) sobre a segunda, aplicar-se-á um coeficiente igual a tantos 1/30 (um trinta avos) quantos forem os grupos de 12 (doze) contribuições acima de 10 (dez) salários mínimos, respeitado, em cada caso, o limite máximo de 80% (oitenta por cento) do valor da parcela".**

**Daí que a decisão tomada pelo STF no RE 564.3541-**RG (Tema 76 da repercussão geral) não é compatível com os benefícios com DIB pré-constitucional.

Nesse sentido, acertado o posicionamento da TNU:

**PUIL n. 0504607-40.2018.4.05.8100/CE**

A TNU decidiu que a aplicação dos novos tetos decorrentes das Emendas Constitucionais n.s 20/98 e 41/03 não implica modificação da técnica originária de apuração do salário de benefício ou da renda mensal inicial, cujas regras permanecem aquelas vigentes ao tempo da concessão. Assim, apenas teria direito à readequação questionada aqueles que tiveram limitação no cálculo ao maior valor-teto, firmando a seguinte tese: *"segundo as regras anteriores à Constituição Federal de 1988, o fato do benefício previdenciário ter sido limitado ao menor valor-teto por si só não se amolda à readequação do benefício, com base nos aumentos de teto promovidos pelas Emendas Constitucionais n.s 20/98 e 41/03"*. (Boletim em 06.11.2019).

**Por ocasião do julgamento do** Incidente de Resolução de Demandas Repetitivas (IRDR) 5022820-39.2019.4.03.0000 decidido pelo TRF da 3ª Região, **cujo objeto é a análise da tese da readequação do valor do salário de benefício pelos novos tetos das Emendas 20/1998 e 41/2003 aos benefícios com DIB anterior à 05/10/1988 (regime constitucional anterior), a Autarquia sustentou a possibilidade de aplicação da tese firmada pelo STF, mas com a adoção de medologia favorável ao INSS que minimizou o impacto financeiro da tese.**

**Em 11/02/2021, a Terceira Seção do TRF da 3ª Região, por maioria, acompanhou o voto da Relatora,** Desembargadora Federal INÊS VIRGÍNIA, **fixando a seguinte tese jurídica:** *"o mVT - menor valor teto funciona como um fator intrínseco do cálculo do valor do benefício e não pode ser afastado para fins de readequação; ao mesmo tempo, os benefícios concedidos antes da promulgação da CF/88 podem ser objeto da readequação nos termos delineados no RE 564.354, DESDE que, no momento da concessão, o benefício tenha sofrido limitação pelo MVT – maior valor teto, devendo tal limitação e eventual proveito econômico daí decorrente serem demonstrados na fase de conhecimento, observando-se em tal apuração a incidência de todos os fatores da fórmula de cálculo vigente no momento da concessão do benefício [mVT, coeficiente de benefício e coeficiente legal (1/30 para cada grupo de 12 contribuições superiores ao mVT)]."*

Por sua vez, o INSS, autor do IRDR, pediu a aprovação da seguinte tese: "Seja integralmente provido o presente Incidente de Resolução de Demandas Repetitivas, firmando-se as seguintes teses: a) para os benefícios concedidos antes da promulgação da Constituição Federal de 1988 é vedada a utilização do RE 546.354-SE para fins de alteração do "menor valor teto" ou, mais amplamente, de qualquer alteração da metodologia de cálculo do valor do benefício; b) Considerando a ausência de limites temporais em relação ao decidido no RE 546.354-SE, tal readequação aos novos tetos estabelecidos pelas Emendas Constitucionais n. 20/98 e 41/03 depende da demonstração, na fase de conhecimento, que ocorreu limitação do benefício à 90% do "maior valor teto", sob pena de improcedência da demanda".

A tese proposta pelo INSS admitiu a aplicação da tese da readequação dos tetos, nos termos do RE 546.354/SE, para os benefícios com DIB anterior à vigência da CF/1998, desde que se demonstre na fase de conhecimento que ocorreu a limitação do benefício à 90% do MVT.

A autarquia se baseou na regra do artigo 5º, III, da Lei 5.890/1973, que previa que a renda mensal do benefício não podia ultrapassar o valor correspondente a 90% (noventa por cento) de 20 (vinte) vezes o maior salário-mínimo vigente no País (MVT).

Inclusive, de acordo com o voto vencedor da lavra da Desembargadora Federal INÊS VIRGÍNIA restou consignado que *"o INSS, na petição em que requereu a instauração deste incidente, admitiu a possibilidade de limitação do benefício a 90% do "maior valor teto". Posteriormente, nas razões finais de id. 147755344, a autarquia, reconheceu a possibilidade de "limitação do benefício ao 'maior valor teto'"*.

Embora a tese vencedora firmada no IRDR em questão não tenha a mesma redação da tese proposta pelo INSS, creio que adotou a tese jurídica proposta pela autarquia indo ainda um pouco além, conforme será demonstrado.

Primeiro porque afastou a tese da readequação dos tetos inaugurados pela Emenda 20/1998 e 41/2003 na situação do mVT (menor valor teto), considerando-o como um fator intrínseco no cálculo do salário de benefício.

Segundo porque somente admitiu a aplicação da tese firmada no RE 546.354-SE na situação de *"o benefício tenha sofrido limitação pelo MVT – maior valor teto, devendo tal limitação e eventual proveito econômico daí decorrente serem demonstrados na fase de conhecimento, observando-se em tal apuração a incidência de todos os fatores da fórmula de cálculo vigente no momento da concessão do benefício [mVT, coeficiente de benefício e coeficiente legal (1/30 para cada grupo de 12 contribuições superiores ao mVT)"*.

Em que pese o voto vencido da lavra da Desembargadora Federal LÚCIA URSAIA, aduzir que *"para os benefícios concedidos antes da promulgação da Constituição Federal de 1988 não há autorização legal, quer no Direito Positivo, quer na jurisprudência em regime de Repercussão Geral do RE 564.354-SE, para a alteração da metodologia de cálculo do benefício como prevista na C.L.P.S/Decreto 89.312/84, sob pena de ofensa ao princípio da legalidade estrita, que rege o Direito Previdenciário como ramo do Direito Público"*, inamitindo a tese em qualquer situação para os benefícios com DIB anterior ao atual ordenamento constitucional, <u>o próprio INSS admitiu a tese na situação de comprovação na fase de conhecimento que ocorreu a limitação do benefício à 90% do MVT.</u>

Nesse mesmo sentido, veja-se precedente do TRF da 5ª Região, com decisão mantida pelo STF, que rejeitou recurso do segurado:

> **ARE 1308043 / RN - RIO GRANDE DO NORTE**
> **RECURSO EXTRAORDINÁRIO COM AGRAVO**
> **Relator(a): Min. ALEXANDRE DE MORAES**
>
> **Julgamento: 23/02/2021**
>
> **Publicação: 24/02/2021**
>
> **Publicação**
>
> PROCESSO ELETRÔNICO DJe-034 DIVULG 23/02/2021 PUBLIC 24/02/2021
>
> **Partes**
>
> RECTE.(S) : PERCY BEZERRA DE QUEIROZ ADV.(A/S) : MARION SILVEIRA REGO RECDO.(A/S) : INSTITUTO NACIONAL DO SEGURO SOCIAL - INSS PROC.(A/S)(ES) : PROCURADOR-GERAL FEDERAL
>
> **Decisão**
>
> Decisão Trata-se de Agravo em Recurso Extraordinário interposto em face de acórdão proferido pelo **Tribunal Regional Federal da 5ª Região, assim ementado (fl. 4, Vol. 13): "CONSTITUCIONAL. PREVIDENCIÁRIO.**

**PROCESSUAL CIVIL. REVISÃO DE *BENEFÍCIO*. RMI INFERIOR AO MAIOR VALOR *TETO*. VINCULAÇÃO AO MENOR VALOR *TETO*. IMPOSSIBILIDADE DE** *READEQUAÇÃO*. APELAÇÃO IMPROVIDA. 1. Pretende o autor, via ação ordinária promovida contra o INSS, a *readequação* da RMI do seu *benefício* de aposentadoria, concedido em 08/1978, para incidência dos novos *tetos* estipulados pelas Emendas Constitucionais nº 20/98 (art. 14) e 41/2003 (art. 5). Pleito indeferido pelo Juízo de origem. 2. O STF ao julgar o RE 564.354/RE, com repercussão geral, entendeu que a aplicação do art. 14 da EC 20/98, aos *benefícios* previdenciários antes da vigência de referida norma não se refere a aumento ou reajuste do *benefício*, mas, sim, de *readequação* de valores. 3. Os *benefícios* que foram concedidos antes da edição da EC nº 20/98 e da EC 41/03 e que tiveram o *salário* de *benefício* limitado ao maior valor *teto* devem sofrer a *readequação* dos valores fixados pelas referidas Emendas. **4. À época da concessão do *benefício* originário (08/1978), a norma determinava que a apuração da RMI se daria da seguinte forma, conforme disposto no art. 5° da Lei 5.890/1973: I - quando o *salário* de *benefício* fosse igual ou inferior ao menor valor *teto*, incidiria sobre ele apenas o coeficiente da aposentadoria sobre o menor valor *teto*, resultando, assim, na RMI; II - Quando o *salário* de *benefício* fosse superior ao menor valor-*teto*, então ele seria dividido em duas parcelas, a primeira igual ao menor valor *teto* multiplicado pelo coeficiente referido, e a segunda correspondente ao que excedesse o valor da primeira, multiplicada por um coeficiente igual a tantos 1/30 quantos forem os grupos de 12 contribuições acima do menor valor *teto*, respeitado o limite máximo de 80% do valor dessa parcela, de forma que a RMI resultaria da soma dessas duas parcelas, obedecido, contudo, o limite máximo de 90% do maior valor-*teto*.** 5. Apesar da nomenclatura adotada, o "menor valor *teto*" não representava um limitador à remuneração a ser recebida, mas apenas um parâmetro para fixar a forma de realização do cálculo do valor devido. Precedente desta 3ª Turma: "Só teria direito à *readequação* dos *tetos* implementados pelas EC 20/98 e41/03 o *benefício* que tiver sido limitado ao maior valor *teto*". (Processo: 08126618720164058100, AC - Apelação Civel - , Des. Federal Fernando Braga, 3ª Turma, Julg: 19/12/2018). 6. Não ficou demonstrado nos autos que o *benefício* foi limitado ao maior valor *teto* vigente à época da concessão, razão pela qual não merece reforma a sentença. Sendo o pedido do autor pelo reconhecimento da limitação do *benefício* ao menor valor *teto*, conforme formulado no recurso da apelação, a demanda não merece prosperar, nos termos dos fundamentos expendidos acima. 7. Apelação da parte autora improvida. Condenação do recorrente ao pagamento de honorários recursais, nos termos do art. 85, §11, CPC/2015, ficando os honorários sucumbenciais majorados em dois pontos percentuais, restando suspensa sua exigibilidade em razão do *benefício* da gratuidade da justiça deferido." No apelo extremo (Vol. 15), interposto com amparo no art. 102, III, "a", da *Constituição Federal*, a parte recorrente sustenta violação ao art. 5º, caput, da *Carta Magna*, bem como às EC's 20/1988 e 41/2003. Em suma, alega que o acórdão recorrido divergiu do entendimento firmado por esta CORTE no RE 564.354 (Tema 76). Aduz que, ao limitar a aplicabilidade das EC's 20/1998 e 41/2003 apenas aos *benefícios* limitados pelo maior valor *teto*, o acórdão recorrido cria uma nova categoria de limitação temporal para alguns *benefícios*. Em juízo de admissibilidade, o Tribunal de origem negou seguimento ao Recurso Extraordinário, aplicando a Súmula 279/STF (Vol. 19). No Agravo, a parte agravante defendeu a inaplicabilidade do óbice sumular acima citado (Vol. 22). É o relatório. Decido. O Pleno desta CORTE, no RE 564.3541-RG (Tema 76), decidiu que não ofende o ato jurídico perfeito a aplicação imediata do art. 14 da EC 20/1998 e do art. 5° da EC 41/2003 aos *benefícios* previdenciários limitados a *teto* do regime geral de previdência estabelecido antes da vigência dessas normas, de modo que passem a observar o novo *teto* constitucional. Nesse julgamento, não se fixaram limites temporais relacionados à data de início do *benefício*, razão pela qual se aplicam aos *benefícios* concedidos antes da *Constituição Federal* de 1988, desde que hajam sofrido limitação na data da concessão. No caso dos autos, o Tribunal de origem manteve a sentença que julgou improcedente o pedido ao fundamento de que o *benefício* previdenciário não sofreu limitação na data de sua concessão (fls. 2-3, Vol. 8): "De fato, o *teto* dos *benefícios* regidos pelo Regime Geral da Previdência Social sofreu alteração após a vigência das Emendas Constitucionais 20/98 e 41/03, ensejando uma situação extraordinária, pois que criou limites diversos para o valor dos *benefícios*. O colendo Supremo Tribunal Federal, ao apreciar o Recurso Extraordinário n.º 564.354/SE, em 08.09.2010, firmou entendimento no sentido de que os novos *tetos* dos *benefícios* regidos pela Previdência Social, modificados pelas Emendas Constitucionais n.º 20/98 e 41/03, deveriam ser aplicados igualmente aos *benefícios* concedidos anteriormente à sua vigência, desde que restasse demonstrado que o *benefício*, no momento da sua concessão, tenha sido limitado pelo *teto* vigente à época. Esse entendimento não ensejou o aumento automático de todos os *benefícios*, mas apenas daqueles limitados pelo *teto* à época da sua concessão, visando uma garantia da preservação dos seus valores, bem como respeitando o caráter contributivo da prestação, o que não viola aos princípios do ato jurídico perfeito e da irretroatividade das leis. Nos termos do art. 29, § 2.º, da Lei n.º 8.213/91, "o valor do *salário*-de-*benefício* não será inferior ao *salário*-mínimo, nem superior ao do limite máximo do *salário*-de-contribuição na data do início do *benefício*". Conforme se extrai dos documentos juntados pelo INSS, o *benefício* da demandante não foi limitado ao *teto* da época da concessão (id. N.° 4058400.3893453): "(...) **De acordo com os dados insertos no REVSIT aduzido abaixo, a aludida aposentadoria foi revisada nos termos do art. 58 da ADCT, na base de 7,630 *salários*-mínimos, que, no presente caso, à época correspondia a Cr$ 1.111,20 (um mil e cento e onze cruzeiros e vinte centavos), com RMI fixada em Cr$ 8.478,46 (oito mil e quatrocentos e setenta e oito cruzeiros e quarenta e seis centavos, cujo Menor e Maior Valor *Teto*, à época, eram respectivamente, de Cr$ 14.470,00 e Cr$ 28.940,00". Assim, sem razão a parta autora quando pleiteia a presunção de veracidade de suas alegações diante da não localização do processo**

**concessório da aposentadoria por invalidez. Isso porque os documentos carreados pelo INSS se mostraram suficientes para demonstrar que o *benefício* da autora não sofreu limitação nem do Menor Valor *Teto* da época.**" A reversão do acórdão recorrido passa necessariamente pela revisão das provas. Incide, portanto, o óbice da Súmula 279 desta CORTE: Para simples reexame de prova não cabe recurso extraordinário. Nesse sentido: "EMBARGOS DE DECLARAÇÃO RECEBIDOS COMO AGRAVO INTERNO. RECURSO EXTRAORDINÁRIO. PREVIDENCIÁRIO. EMENDAS CONSTITUCIONAIS 20/1998 E 41/2003. *READEQUAÇÃO* AO *TETO*. *BENEFÍCIOS* NÃO LIMITADOS À ÉPOCA DA CONCESSÃO. REVISÃO. REEXAME DE FATOS E PROVAS. SÚMULA 279/STF. OFENSA CONSTITUCIONAL REFLEXA. RECURSO DESPROVIDO. 1. O órgão julgador pode receber, como agravo interno, os embargos de declaração que notoriamente visam a reformar a decisão monocrática do Relator, sendo desnecessária a intimação do embargante para complementar suas razões quando o recurso, desde logo, exibir impugnação específica a todos os pontos da decisão embargada. Inteligência do art. 1.024, § 3º, do Código de Processo Civil de 2015. 2. O SUPREMO TRIBUNAL FEDERAL, no julgamento do RE 564.354-RG (Rel. Min. CÁRMEN LÚCIA, Tema 76, DJe de 15/2/2011), assentou que o artigo 14 da EC 20/1998 e o artigo 5º da EC 41/2003 se aplicam aos *benefícios* que foram limitados ao *teto* do Regime Geral de Previdência estabelecido antes da vigência dessas normas. 3. No caso concreto, o Tribunal de origem afirmou que não ocorreu limitação do *benefício* ao *teto* do Regime Geral de Previdência. Para divergir desse entendimento seria necessário o reexame do conjunto fático-probatório dos autos, o que encontra óbice na Súmula 279/STF, e a análise das legislações infraconstitucionais aplicáveis à época da concessão do *benefício* previdenciário, a revelar que eventual ofensa à *Constituição Federal* teria natureza meramente reflexa e, por conseguinte, insuscetível de descerrar a estreita via do apelo extremo. 4. Embargos de Declaração recebidos como agravo interno, ao qual se nega provimento. Não se aplica o art. 85, § 11, do Código de Processo Civil de 2015, tendo em vista que não houve fixação de honorários advocatícios nas instâncias de origem." (RE 1.100.188-ED, de minha relatoria, Primeira Turma, DJe de 10/5/2018) Confiram-se, ainda, as seguintes decisões proferidas em casos semelhantes ao presente: ARE 1.153.224, Rel. Min. DIAS TOFFOLI, DJe de 5/9/2018; RE 1.149.462, Rel. Min. ROBERTO BARROSO, DJe de 24/8/2018; e RE 1.118.906, Rel. Min. EDSON FACHIN, DJe de 20/9/2018. Diante do exposto, com base no art. 21, § 1º, do Regimento Interno do Supremo Tribunal Federal, **NEGO SEGUIMENTO AO AGRAVO EM RECURSO EXTRAORDINÁRIO**. Fixam-se honorários advocatícios adicionais equivalentes a 10% (dez por cento) do valor a esse título arbitrado nas instâncias ordinárias (Código de Processo Civil de 2015, art. 85, § 11). Ficam AMBAS AS PARTES advertidas de que: - a interposição de recursos manifestamente inadmissíveis ou improcedentes, ou meramente protelatórios, acarretará a imposição das sanções cabíveis; - decorridos 15 (quinze) dias úteis da intimação de cada parte sem a apresentação de recursos, será certificado o trânsito em julgado e dada baixa dos autos ao Juízo de origem. Publique-se. Brasília, 23 de fevereiro de 2021. Ministro Alexandre de Moraes Relator

Registre-se, ainda, que em nenhuma situação o STF afastou a metodologia do mVT e do MVT utilizada para benefícios com DIB anterior à 05/10/1988:

**RE 1271835/SP - SÃO PAULO**
**RECURSO EXTRAORDINÁRIO**

**Relator(a): Min. ALEXANDRE DE MORAES**
**Julgamento: 18/06/2020**
**Publicação: 24/06/2020**
**Publicação**
**PROCESSO ELETRÔNICO DJe-157 DIVULG 23/06/2020 PUBLIC 24/06/2020**
**Partes**
**RECTE.(S): LUCILLA SOUZA MORAES DE GRANDIS ADV.(A/S) :** CARINA CONFORTI SLEIMAN ADV.(A/S): ANIS SLEIMAN RECDO.(A/S): INSTITUTO NACIONAL DO SEGURO SOCIAL - INSS ADV.(A/S): PROCURADOR-GERAL FEDERAL
**Decisão**
Decisão Trata-se de Recurso Extraordinário interposto em face de acórdão proferido pelo Tribunal Regional Federal da 3ª Região, assim ementado (fl. 129, Doc. 1): "PREVIDENCIÁRIO. REVISÃO DE *BENEFÍCIO*. EMENDAS 20/1998 E 41/2003. *READEQUAÇÃO* DA RENDA MENSAL. PRELIMINARES REJEITADAS. 1. Por se tratar de matéria exclusivamente de direito, é possível o julgamento de forma antecipada, nos termos do artigo 355, inciso I, do Código de Processo Civil/2015, ainda que o juízo a quo tenha decidido a lide valendo-se da sistemática prevista no artigo 285-A do CPC/73, vigente à época da prolatação da sentença. Preliminares de nulidade, em face da inaplicabilidade dos artigos 285-A e 330, ambos do CPC/73, e de necessidade de citação do INSS rejeitadas. 2. Preliminar de carência de nulidade por falta de pronunciamento sobre os documentos relativos ao cálculo da renda mensal inicial que se confunde com o mérito rejeitada. 3. O artigo 14 da Emenda Constitucional n. 20/1998 e o artigo 5° da Emenda Constitucional n. 41/2003 têm aplicação imediata inclusive para que seus comandos alcancem os *benefícios* previdenciários limitados a *teto* do regime geral de previdência estabelecido antes da vigência dessas normas, de modo a que passem a observar o novo *teto* constitucional. 4. Os *benefícios* concedidos antes da *Constituição Federal* de 1988 não se enquadram na revisão deferida pela Suprema Corte, pois se submeteram à observância de outros limitadores, como o Menor *Valor Teto* e o *Maior Valor Teto*. 5. Preliminares rejeitadas. Apelação da parte autora não provida." Opostos Embargos de Declaração, foram rejeitados (fl. 145, Doc. 1). No apelo extremo (fls. 166-183, Doc. 1), interposto com amparo no art. 102, III, "a", da *Constituição Federal*, a parte recorrente alega ter o acórdão recorrido contrariado o art. 5º, caput, da *Carta Magna*; o art. 14 da EC 20/1998; e o 5º da EC 41/2003, bem como o estabelecido por esta SUPREMA CORTE no julgamento dos RE 564.354-RG, Tema 76, da Repercussão Geral. Em suma, alega que o

*benefício*-base que ensejou a sua pensão por morte foi limitado ao *teto* do regime geral de previdência, razão pela qual tem direito a adequação aos novos *tetos* fixados nas Emendas Constitucionais 20/1998 e 41/2003 . A Vice-presidência do Tribunal de origem determinou a devolução dos autos à Turma julgadora, para que fosse observado o entendimento firmado pelo SUPREMO no RE 564.354-RG (Tema 76) (fl. 188-191, Doc. 1). Em juízo negativo de retratação, todavia, o Tribunal de origem manteve o acórdão anteriormente prolatado. Eis a ementa do julgado (fls. 201-202, Doc. 1): "PREVIDENCIÁRIO. JUÍZO DE RETRATAÇÃO NEGATIVO. RESP 564.354/SE. REPRESENTATIVO DE CONTROVÉRSIA. *READEQUAÇÃO* DA RENDA MENSAL. EMENDAS CONSTITUCIONAIS N. 20/1998 E 41/2003. NÃO LIMITAÇÃO *SALÁRIO* DE *BENEFÍCIO*. MANUTENÇÃO DO V. ACÓRDÃO. 1. O julgado representativo de controvérsia RE nº 564.354/SE firmou que é possível a *readequação* da renda mensal aos limites fixados pelos *tetos* estabelecidos pelas Emendas Constitucionais nos 20/98 e 41/2003. 2. Espancada a questão, a E. Corte Suprema, sempre por meio de decisões monocráticas, tem afirmado que o precedente firmado não estabeleceu limitação temporal à aplicação da tese, razão pela qual os *benefícios* previdenciários implantados anteriormente à promulgação da CF/88 não estariam excluídos, ocorre que em momento algum o C. STF afirmou ser inconstitucional, à luz da CF anterior, a sistemática de apuração do *salário*-de-*benefício* à época vigente. 3. No regime constitucional anterior, o *salário*-de-*benefício* era apurado segundo a somatória de duas parcelas, conforme o disposto no Art. 23 do Decreto nº 89.312/84. Aplicar o precedente do STF sobre o "*teto*" à sistemática anterior significaria declarar a inconstitucionalidade do artigo 23 do decreto nº 89.312/84, sem que o STF o tenha feito no precedente e sem que a parte o tenha sequer pedido. 4. A almejada desconsideração "dos *tetos*", portanto, implicaria no absoluto desrespeito da sistemática prevista à época, com a criação judicial de regras próprias, situação que, nem de longe, foi abordada por julgado algum do C. STF. 5. Considerando que o *benefício* foi concedido anteriormente a CF/88, a parte autora não faz jus à *readequação* da renda mensal aos limites fixados pelos *tetos* estabelecidos pelas Emendas Constitucionais nºs 20/98 e 41/2003. 6. Juízo de retratação negativo para manter o v. acórdão. **É o relatório. Decido.** Os recursos extraordinários somente serão conhecidos e julgados, quando essenciais e relevantes as questões constitucionais a serem analisadas, sendo imprescindível ao recorrente, em sua petição de interposição de recurso, a apresentação formal e motivada da repercussão geral que demonstre, perante o SUPREMO TRIBUNAL FEDERAL, a existência de acentuado interesse geral na solução das questões constitucionais discutidas no processo, que transcenda a defesa puramente de interesses subjetivos e particulares. A obrigação do recorrente de apresentar, formal e motivadamente, a repercussão geral que demonstre, sob o ponto de vista econômico, político, social ou jurídico, a relevância da questão constitucional debatida que ultrapasse os interesses subjetivos da causa, conforme exigência constitucional, legal e regimental (art. 102, § 3º, da CF/88, c/c art. 1.035, § 2º, do Código de Processo Civil de 2015 e art. 327, § 1º, do Regimento Interno do Supremo Tribunal Federal), não se confunde com meras invocações, desacompanhadas de sólidos fundamentos e de demonstração dos requisitos no caso concreto, de que (a) o tema controvertido é portador de ampla repercussão e de suma importância para o cenário econômico, político, social ou jurídico; (b) a matéria não interessa única e simplesmente às partes envolvidas na lide; ou, ainda, de que (c) a jurisprudência do SUPREMO TRIBUNAL FEDERAL é incontroversa no tocante à causa debatida, entre outras alegações de igual patamar argumentativo (ARE 691.595-AgR, Rel. Min. RICARDO LEWANDOWSKI, Segunda Turma, DJe de 25/2/2013; ARE 696.347-AgR-segundo, Rel. Min. CÁRMEN LÚCIA, Segunda Turma, DJe de 14/2/2013; ARE 696.263-AgR, Rel. Min. LUIZ FUX, Primeira Turma, DJe de 19/2/2013; AI 717.821-AgR, Rel. Min. JOAQUIM BARBOSA, Segunda Turma, DJe de 13/8/2012). Não havendo demonstração fundamentada da presença de repercussão geral, incabível o seguimento do Recurso Extraordinário. Além disso, a propósito da presente controvérsia, o Pleno desta CORTE, no RE 564.3541-RG (Tema 76), decidiu que não ofende o ato jurídico perfeito a aplicação imediata do art. 14 da EC 20/1998 e do art. 5º da EC 41/2003 aos *benefícios* previdenciários limitados a *teto* do regime geral de previdência estabelecido antes da vigência dessas normas, de modo que passem a observar o novo *teto* constitucional. Nesse julgamento, não se fixaram limites temporais relacionados à data de início do *benefício*, razão pela qual se aplicam aos *benefícios* concedidos antes da *Constituição Federal* de 1988, desde que hajam sofrido limitação na data da concessão. No caso concreto, o Juízo de origem, considerando o entendimento firmado por esta CORTE no Tema 76, bem como as peculiaridades do caso concreto, concluiu que a recorrente não faz jus à *readequação* da renda mensal aos limites fixados pelos *tetos* estabelecidos pelas Emendas Constitucionais 20/1998 e 41/2003. Vejam-se os seguintes trechos do voto condutor do acórdão recorrido (fls. 197-200, Doc. 1): "O presente tema, antes controvertido, restou pacificado no E. STF por seu Tribunal Pleno, em Repercussão Geral conferida ao RE nº 564.354/SE, em que foi relatora a Ministra Carmen Lúcia, in verbis: (...) Assim, todos aqueles, que, mesmo antes das Emendas, tiveram o seu *benefício* limitado a algum *teto* quando da sua concessão, podem, mediante o afastamento do *teto* da época, fazer a evolução do *valor* originário de forma a avaliarem se esses *valores* estariam, no momento das Emendas Constitucionais de 1998 e 2003, sofrendo corte pelo *valor* antes das suas respectivas majorações. Essa foi a tese sufragada pelo E. STF no julgamento, na sistemática prevista para os recursos repetitivos, do RE nº 564.354/SE. Espancada a questão, a E. Corte Suprema, sempre por meio de decisões monocráticas, tem afirmado que o precedente firmado não estabeleceu limitação temporal à aplicação da tese, razão pela qual os *benefícios* previdenciários implantados anteriormente à promulgação da CF/88 não estariam excluídos. **Ocorre, porém, que em momento algum o C. STF afirmou ser inconstitucional, à luz da CF anterior, a sistemática de apuração do *salário* -de - *benefício* à época vigente. Explico. O *valor* da renda mensal inicial do segurado antes da CF/88 se dava mediante a média aritmética dos 36 últimos *salários*-de-contribuição que, se superados os 10 *salários* mínimos vigentes (menor *valor teto*), era composta da somatória de duas parcelas.**

**A primeira, resultante da aplicação do coeficiente de 95% da operação antes mencionada e, a segunda, mediante a aplicação do coeficiente resultante de equação que levava em conta os meses e os *valores* de contribuição que, por sua vez, poderia atingir o percentual máximo de 80% do *valor* que ultrapassasse o menor *valor teto*. Isto porque, a elevação do número de *salários* mínimos sobre os quais se permitiu contribuir foi alterada de 10 para 20 no ano de 1973, razão pela qual, a depender do número de contribuições vertidas e da base de cálculo apurada, o *salário*-de-*benefício* sofria proporcional influência do percentual apurado, de forma a manter o equilíbrio atuarial do sistema. Repiso, a sistemática de apuração do *valor* inicial do *benefício* à época resultava não só da média aritmética dos 36 últimos *salários*-de-contribuição, mas também da aplicação dos coeficientes antes mencionados no cálculo de uma ou duas parcelas. Os denominados "menor" e "*maior valor teto*", a bem da verdade, sequer funcionavam como *tetos*, razão pela qual não exibem a mesma natureza jurídica e nem são geradores dos mesmos efeitos do instituto hoje denominado "*teto* da Previdência".** Insisto, no regime constitucional anterior, o *salário*-de-*benefício* era apurado segundo a somatória de duas parcelas, conforme o disposto no Art. 23 do Decreto nº 89.312/84, abaixo reproduzido: [...] Além disso, com a CF/88, esses *benefícios*, por força do art. 58 do ADCT, tiveram seus *valores* recompostos ao número de *salários* mínimos apurado na data da sua concessão e, desde então, sofreram sua atualização pelos critérios legais aplicáveis. Consequentemente, não há sentido algum no afastamento do *teto* (seja o "menor" ou o "*maior*" *valor teto*). Quanto ao "menor", não há sentido porque quando a média aritmética dos *salários* de contribuição superasse os 10 *salários* mínimos, automaticamente o *salário* de *benefício* recebia o acréscimo de uma segunda parcela, razão pela qual o conceito de "menor *valor teto*" não se prestava a limitar o *valor* do *salário*-de-*benefício*, mas tão somente a justificar a sua apuração mediante a somatória de duas parcelas. Por outro lado, suposto corte devido em razão do "*maior valor teto*", não sofre qualquer tipo de influência das Emendas Constitucionais ora tratadas, eis que já superavam os atuais 10 *salários* mínimos previstos como *teto* máximo do RGPS e por elas corrigidos. E, por fim, porque o cálculo do *salário*-de-*benefício*, diferentemente da atual sistemática, previa a apuração da média dos 36 últimos *salários*-de-contribuição e a aplicação dos coeficientes legais na apuração da primeira e, se houver, da segunda parcelas, com a consequente somatória destas. Aplicar o precedente do STF sobre o "*teto*" à sistemática anterior significaria declarar a inconstitucionalidade do artigo 23 do decreto nº 89.312/84, sem que o STF o tenha feito no precedente e sem que a parte o tenha sequer pedido. A almejada desconsideração "dos *tetos*", portanto, implicaria no absoluto desrespeito da sistemática prevista à época, com a criação judicial de regras próprias, situação que, nem de longe, foi abordada por julgado algum do C. STF. Dessa forma, considerando que o *benefício* originário foi concedido em 01.06.88 a parte autora não faz jus à *readequação* da renda mensal aos limites fixados pelos *tetos* estabelecidos pelas Emendas Constitucionais TN 20/98 e 41/2003." Por sua vez, a parte recorrente insiste em afirmar que o *benefício* que ensejou a sua pensão por morte sofreu limitação ao *teto* do regime geral de previdência. Assim, a reversão do acórdão recorrido passa necessariamente pela revisão das provas. Incide, portanto, o óbice da Súmula 279 desta CORTE: Para simples reexame de prova não cabe recurso extraordinário. De outro lado, para verificar se a aplicação das normas vigentes ao tempo da concessão do *benefício* implicava diminuição do *valor* concedido em razão de limitador previdenciário, seria necessária a análise das legislações aplicáveis ao caso concreto à época da concessão do *benefício* previdenciário. Trata-se, portanto, de matéria situada no contexto normativo infraconstitucional, de forma que as alegadas ofensas à Constituição seriam meramente indiretas (ou mediatas), o que inviabiliza o conhecimento do referido apelo. Diante do exposto, com base no art. 21, § 1º, do Regimento Interno do Supremo Tribunal Federal, **NEGO SEGUIMENTO AO RECURSO EXTRAORDINÁRIO.** Ficam AMBAS AS PARTES advertidas de que: - a interposição de recursos manifestamente inadmissíveis ou improcedentes, ou meramente protelatórios, acarretará a imposição das sanções cabíveis; - decorridos 15 (quinze) dias úteis da intimação de cada parte sem a apresentação de recursos, será certificado o trânsito em julgado e dada baixa dos autos ao Juízo de origem. Publique-se. Brasília, 18 de junho de 2020. Ministro Alexandre de Moraes Relator

No entanto, a metodologia de cálculos da readequação para benefícios com DIB anterior à Constituição de 1988 será apreciada pelo STJ no Tema Repetitivo 1140:

**PROCESSO**

ProAfR no REsp **1957733** / RS

PROPOSTA DE AFETAÇÃO NO RECURSO ESPECIAL 2021/0282117-0

**DECISÃO DE AFETAÇÃO**

Pesquisa de tema: Tema Repetitivo 1140

**RELATOR(A)**

Ministro GURGEL DE FARIA (1160)

**ÓRGÃO JULGADOR**

S1 - PRIMEIRA SEÇÃO

**DATA DO JULGAMENTO**

22/03/2022

**DATA DA PUBLICAÇÃO/FONTE**

DJe 19/04/2022

**EMENTA**

PREVIDENCIÁRIO. CUMPRIMENTO DE SENTENÇA. READEQUAÇÃO AOS TETOS DAS EMENDAS CONSTITUCIONAIS N. 20/1998 E 41/2003. BENEFÍCIO CONCEDIDO ANTES DA CONSTITUIÇÃO FEDERAL DE 1988. FORMA DE CÁLCULO. MENOR E MAIOR VALOR TETO. RECURSO ESPECIAL REPETITIVO. AFETAÇÃO.

1. A questão submetida ao Superior Tribunal de Justiça diz respeito à definição quanto à forma de cálculo da renda mensal do benefício em face da aplicação, ou não, dos limitadores vigentes à época de sua concessão (menor e maior valor teto), já que a sistemática (de cálculo) era diversa daquela disposta na Lei n. 8.213/1991, antes da vigência da

Constituição Federal de 1988. 2. Hipótese em que o apelo excepcional interposto é admissível e contém abrangente argumentação e discussão sobre o tema, há multiplicidade de recursos sobre o mesmo assunto e foram atendidos os demais requisitos para a afetação. 3. Tese controvertida: Definir, para efeito de adequação dos benefícios previdenciários concedidos antes da Constituição Federal aos tetos das Emendas Constitucionais n. 20/1998 e 41/2003, a forma de cálculo da renda mensal daqueles em face da aplicação, ou não, dos limitadores vigentes à época de sua concessão (menor e maior valor teto). 4. Afetação do recurso especial como representativo de controvérsia repetitiva para julgamento pela Primeira Seção do Superior Tribunal de Justiça.

**ACÓRDÃO**

Vistos, relatados e discutidos os autos em que são partes as acima indicadas, acordam os Ministros da Primeira Seção do Superior Tribunal de Justiça, por unanimidade, afetar o processo ao rito dos recursos repetitivos (RISTJ, art. 257-C) para delimitar a seguinte tese controvertida: "Definir, para efeito de adequação dos benefícios concedidos antes da Constituição Federal aos tetos das Emendas Constitucionais ns. 20/1998 e 41/2003, a forma de cálculo da renda mensal do benefício em face da aplicação, ou não, dos limitadores vigentes à época de sua concessão (menor e maior valor-teto)." e, igualmente por unanimidade, determinou a suspensão dos recursos especiais ou agravos em recursos especiais em segunda instância e/ou no STJ fundados em idêntica questão de direito (observada a orientação do art. 256-L do RISTJ), conforme proposta do Sr. Ministro Relator. Os Srs. Ministros Manoel Erhardt (Desembargador convocado do TRF-5ª Região), Francisco Falcão, Herman Benjamin, Og Fernandes, Mauro Campbell Marques, Benedito Gonçalves, Assusete Magalhães e Regina Helena Costa votaram com o Sr. Ministro Relator.

**NOTAS**

Decisão de Afetação - Tema 1140

**REFERÊNCIA LEGISLATIVA**

LEG:FED LEI:013105 ANO:2015

***** CPC-15 CÓDIGO DE PROCESSO CIVIL DE 2015

ART:01036 PAR:00005 PAR:00006

LEG:FED RGI:****** ANO:1989

***** RISTJ-89 REGIMENTO INTERNO DO SUPERIOR TRIBUNAL DE JUSTIÇA

ART:0256E INC:00002 ART:0256L

O Superior Tribunal de Justiça vem afastando a decadência nesta ação de readequação de tetos por não se tratar de revisão do ato de concessão:

"Processo

EDcl no AgRg no REsp 1444992 / RS

EMBARGOS DE DECLARAÇÃO NO

AGRAVO REGIMENTAL NO RECURSO ESPECIAL

2014/0070553-5

Relator(a)

Ministro HERMAN BENJAMIN (1132)

Órgão Julgador

T2 - SEGUNDA TURMA

Data do Julgamento

28/04/2015

Data da Publicação/Fonte

DJe 04/08/2015

Ementa

PROCESSUAL CIVIL. EMBARGOS DE DECLARAÇÃO. BENEFÍCIO PREVIDENCIÁRIO. REVISÃO DO PEDIDO DE IRSM/1994. DECADÊNCIA. APLICAÇÃO DO ART. 103 DA LEI 8.213/1991. ESCLARECIMENTO QUANTO À NÃO INCIDÊNCIA DO REFERIDO DISPOSITIVO NAS PRETENSÕES DE APLICAÇÃO DOS TETOS DAS EMENDAS CONSTITUCIONAIS 20/1998 E 41/2003.

1. **O prazo decadencial previsto no art.** 103 da Lei **8.213/1991 aplica-se somente aos casos em que o segurado busca** a revisão **do ato de concessão do** benefício **previdenciário.**

2. **Por conseguinte, não incide** a decadência **prevista no art.** 103, **caput, da Lei 8.213/1991 nas pretensões de aplicação dos tetos das Emendas Constitucionais 20/1998 e 41/2003** a benefícios **previdenciários concedidos antes dos citados marcos legais, pois consubstanciam mera** revisão **das prestações supervenientes ao ato de concessão.**

3. A Instrução Normativa INSS/PRES 45, de 6 de agosto de 2010, corrobora tal entendimento: "art. 436. Não se aplicam às revisões de reajustamento e às estabelecidas em dispositivo legal, os prazos de decadência de que tratam os arts. 103 e 103-A da Lei 8.213, de 1991".

4. Ressalte-se que o Supremo Tribunal Federal, no julgamento do RE 564.354/SE, submetido à sistemática da repercussão geral, nos termos art. 543-B, § 3º, do CPC, afirmou que "não ofende o ato jurídico perfeito a aplicação imediata do art. 14 da Emenda Constitucional n. 20/1998 e do art. 5º da Emenda Constitucional n. 41/2003 aos benefícios previdenciários limitados a teto do regime geral de previdência estabelecido antes da vigência dessas normas, de modo a que passem a observar o novo teto constitucional".

No entanto, existe precedente da 2ª Turma do STF de março de 2020 aplicando a decadência decenal, mantendo a decisão do Relator em agravo:

"**27/03/2020 SEGUNDA TURMA A G .REG. NO RECURSO EXTRAORDINÁRIO COM AGRAVO 1.156.745** RIO DE JANEIRO RELATOR : MIN. EDSON FACHIN AGTE.( S ) : VARDILEI PESSANHA SANTOS ADV.( A / S ) : RODOLFO NASCIMENTO FIOREZI AGDO.( A / S ) : INSTITUTO NACIONAL DO SEGURO SOCIAL - INSS PROC.( A / S)(ES ) : PROCURADOR -GERAL FEDERAL EMENTA : AGRAVO REGIMENTAL EM RECURSO EXTRAORDINÁRIO COM AGRAVO. PREVIDENCIÁRIO E CONSTITUCIONAL. BENEFÍCIO. REVISÃO. DECADÊNCIA. RE 626.489-RG (TEMA 313).

**1. Nos termos da orientação do Supremo Tribunal Federal firmada no julgamento do RE 626.489, Rel. Min. Roberto Barroso, Tribunal Pleno, DJe 23.9.2014, é legítima a instituição de prazo decadencial de dez anos para a revisão de benefício já concedido, com fundamento no princípio da segurança jurídica no interesse em evitar a eternização dos litígios e na busca de equilíbrio financeiro e atuarial para o sistema previdenciário.**

2. Agravo regimental a que se nega provimento, com previsão de aplicação da multa prevista no art. 1.021, § 4º, do CPC. Verba honorária majorada em ¼ (um quarto), nos termos do art. 85, § 11, devendo ser observados os §§ 2º e 3º CPC.

**ARE 1156745 / RJ - RIO DE JANEIRO**

**RECURSO EXTRAORDINÁRIO COM AGRAVO**

**Relator(a): Min. EDSON FACHIN**

**Julgamento: 02/05/2019**

**Publicação**

**PROCESSO ELETRÔNICO**

DJe-093 DIVULG 06/05/2019 PUBLIC 07/05/2019

**Partes**

RECTE.(S) : INSTITUTO NACIONAL DO SEGURO SOCIAL - INSS

PROC.(A/S)(ES) : PROCURADOR-GERAL FEDERAL

RECDO.(A/S) : VARDILEI PESSANHA SANTOS

ADV.(A/S) : RODOLFO NASCIMENTO FIOREZI

**Decisão**

Decisão: Trata-se de agravo cujo objeto é a decisão de inadmissibilidade do recurso extraordinário interposto em face de acórdão da Segunda Turma Especializada do Tribunal Regional Federal da 2ª Região, cuja ementa transcrevo (eDOC2, p. 26):

"PREVIDENCIÁRIO. **REVISÃO DE BENEFÍCIO. ALTERAÇÃO DO TETO DOS BENEFÍCIOS PELAS EMENDAS CONSTITUCIONAIS 20/98 E 41/03.** APLICABILIDADE. BENEFÍCIO LIMITADO AO TETO VIGENTE À ÉPOCA DA CONCESSÃO. JUROS DE MORA E CORREÇÃO MONETÁRIA. PRESCRIÇÃO. ACP.

HONORÁRIOS ADVOCATÍCIOS. NOVO CÓDIGO DE PROCESSO CIVIL. RECURSO DO INSS IMPROVIDO. REMESSA PARCIALMENTE PROVIDA. APELAÇÃO DA PARTE PARCIALMENTE PROVIDA."

No recurso extraordinário interposto com fundamento no artigo 102, III, "a", do permissivo constitucional, apontou-se ofensa aos artigos 14 da Emenda Constitucional 20/1998 e 5º da Emenda Constitucional 41/2003 e ao artigo 5º, caput, da Constituição Federal.

Nas razões recursais, sustenta que houve má aplicação do direito intertemporal, porquanto o Tribunal de origem não poderia ter afastado a decadência em relação ao pedido de revisão do benefício outrora concedido.

É o relatório. Decido.

A irresignação merece prosperar.

**Observa-se que o Tribunal de origem divergiu da jurisprudência desta Corte que, ao julgar o RE 626.489-RG, Tema 313 da repercussão geral, concluiu que a decadência atinge o ato administrativo de concessão do benefício cuja revisão é buscada. Logo, afastar a decadência é autorizar a eternização dos litígios, desprestigiando a segurança jurídica.** Nesse sentido:

"PROCESSUAL CIVIL. AGRAVO REGIMENTAL NO RECURSO EXTRAORDINÁRIO COM AGRAVO. REVISÃO DE BENEFÍCIOS PREVIDENCIÁRIOS CONCEDIDOS ANTES DA ENTRADA EM VIGOR DA MEDIDA PROVISÓRIA 1.523-9/1997. DECADÊNCIA. ACÓRDÃO EM CONSONÂNCIA COM O DECIDIDO PELO PLENÁRIO DESTA CORTE NO RE 626.489 RG. AGRAVO REGIMENTAL A QUE SE NEGA PROVIMENTO." (ARE 887.722-AgR, Rel. Min. Teori Zavascki, Segunda Turma, DJe 12.08.2015).

"Agravo regimental no recurso extraordinário com agravo. Direito previdenciário. Revisão de benefício. Decadência. Medida provisória nº 1.523/1997. Aplicação aos benefícios concedidos anteriormente a sua vigência. Repercussão geral reconhecida.

Precedentes. 1. O Plenário da Corte, no exame do RE nº 626.489/SE-RG, Relator o Ministro Roberto Barroso, concluiu que 'o prazo decadencial de dez anos, instituído pela Medida Provisória 1.523, de 28.06.1997, tem como termo inicial o dia 1º de agosto de 1997, por força de disposição nela expressamente prevista[;] tal regra incide, inclusive, sobre benefícios concedidos anteriormente, sem que isso importe em retroatividade vedada pela Constituição'. 2. Agravo regimental não provido". (ARE 843.597-AgR, Rel. Min. Dias Toffoli, Primeira Turma, DJe 08.04.2015).

Ainda monocraticamente, RE 988.436, Rel. Min. Gilmar Mendes, DJe 28.09.2016; RE 984.875, Rel. Min. Roberto Barroso, DJe 05.09.2016.

**Ante o exposto, dou provimento ao recurso extraordinário, nos termos do artigo 21, § 2º, RISTF, para reconhecer a incidência da decadência e julgar extinto o processo, com resolução de mérito, nos termos do art. 487, II, CPC.**

Publique-se.

Brasília, 2 de maio de 2019.

Ministro Edson Fachin

Relator

Ao que parece, se trata de precedente isolado, que deve ter decorrido de um erro de análise da assessoria.

Em 30 de setembro de 2011, a Diretoria de Benefícios do INSS expediu o Memorando Circular 03/2011, que noticiou que o INSS revisou, automaticamente, 132.230 (cento e trinta e dois mil, duzentos e trinta) benefícios, em cumprimento à decisão do Tribunal Regional Federal da 3ª Região, nos autos da Ação Civil Pública nº 0004911-28.2011.4.03, que condenou o INSS em alguns capítulos de sentença e homologou acordo em outros, que condenou o INSS em alguns capítulos de sentença e homologou acordo em outros.

Neste caso, as diferenças de até R$ 6.000,00 foram pagas em outubro de 2011, enquanto os valores mais elevados foram alvo de pagamentos parcelados.

Foi adotado o seguinte cronograma de pagamento, nos termos da Resolução INSS/PRES 151, de 30 de agosto de 2011:

"Art. 5º Observada a prescrição quinquenal, os pagamentos das diferenças serão efetivados em parcela única, obedecendo aos seguintes critérios:

a) **até 31 de outubro de 2011**, para quem tem direito a receber até R$ 6.000,00;

b) **até 31 de maio de 2012**, para credor cujos valores variam entre R$ 6.000,01 até R$ 15.000,00;

c) **até 30 de novembro de 2012**, para valores entre R$15.000,01 e R$ 19.000,00; e

d) **até 31 de janeiro de 2013**, para créditos superiores a R$19.000,00.

§ 1º Para efeito de aplicação da prescrição, será considerada a data de 5 de maio de 2011, quando foi ajuizada a ACP em questão.

§ 2º Se houver pedido de revisão em data anterior à da propositura da ACP, o pagamento das diferenças será devido desde a Data do Pedido da Revisão – DPR".

Frise-se que os benefícios com data de início no "buraco negro" (de 05.10.1988 até 04 de abril de 1991) não foram alcançados pela mencionada revisão administrativa fruto da Ação Civil Pública nº 0004911-28.2011.4.03, vez que o INSS não acordou na sua readequação administrativa por ausência de dados na concessão dos benefícios, pois mais antigos.

Assim sendo, é necessário analisar cada nova ação judicial individualmente proposta contra o INSS para aferir o interesse de agir, no que concerne à obrigação de fazer (readequar a renda do benefício) e de pagar (condenação em parcelas vencidas).

Isso porque, em muitos casos, por força da decisão na Ação Civil Pública nº 0004911-28.2011.4.03, milhares de benefícios já tiveram a renda mensal readequada, com as parcelas vencidas já pagas ou na iminência de o ser, devendo o Procurador Federal representante do INSS tomar as devidas cautelas para evitar o pagamento em duplicidade.

O STF, de modo acertado, reconheceu o direito à readequação aos benefícios com DIB no "buraco negro":

**RE 937568/ SP - SÃO PAULO**

**RECURSO EXTRAORDINÁRIO**

**Relator(a): Min. ROBERTO BARROSO**

**Julgamento: 05/02/2016**

...

O recurso extraordinário busca fundamento no art. 102, III, a, da Constituição Federal. A parte recorrente alega violação aos arts. 5º, XXXV; 7º, IV; 195, § 5º; art. 14, todos da EC 20/98; e 5º da EC 41/2003.

O recurso extraordinário não pode ser provido. Inicialmente, observo que o Supremo Tribunal Federal, ao apreciar o RE 564.354, Rel.ª Min.ª Cármen Lúcia, com repercussão geral reconhecida, entendeu ser possível a aplicação imediata do art. 14 da Emenda Constitucional nº 20/1998 e do art. 5º da Emenda Constitucional nº 41/2003 àqueles que percebem seus benefícios com base em limitador anterior, levando-se em conta os salários de contribuição que foram utilizados para os cálculos iniciais.

Veja-se, nesse sentido, a ementa do referido recurso:

"DIREITOS CONSTITUCIONAL E PREVIDENCIÁRIO. REVISÃO DE BENEFÍCIO. ALTERAÇÃO NO TETO DOS BENEFÍCIOS DO REGIME GERAL DE PREVIDÊNCIA. REFLEXOS NOS BENEFÍCIOS CONCEDIDOS ANTES DA ALTERAÇÃO. EMENDAS CONSTITUCIONAIS N. 20/1998 E 41/2003. DIREITO INTERTEMPORAL: ATO JURÍDICO PERFEITO. NECESSIDADE DE INTERPRETAÇÃO DA LEI INFRACONSTITUCIONAL. AUSÊNCIA DE OFENSA AO PRINCÍPIO DA IRRETROATIVIDADE DAS LEIS. RECURSO EXTRAORDINÁRIO A QUE SE NEGA PROVIMENTO.

1. Há pelo menos duas situações jurídicas em que a atuação do Supremo Tribunal Federal como guardião da Constituição da República demanda interpretação da legislação infraconstitucional: a primeira respeita ao exercício do controle de constitucionalidade das normas, pois não se declara a constitucionalidade ou inconstitucionalidade de uma lei sem antes entendê-la; a segunda, que se dá na espécie, decorre da garantia constitucional da proteção ao ato jurídico perfeito contra lei superveniente, pois a solução de controvérsia sob essa perspectiva pressupõe sejam interpretadas as leis postas em conflito e determinados os seus alcances para se dizer da existência ou ausência da retroatividade constitucionalmente vedada.

**2. Não ofende o ato jurídico perfeito a aplicação imediata do art. 14 da Emenda Constitucional n. 20/1998 e do art. 5º da Emenda Constitucional n. 41/2003 aos benefícios previdenciários limitados a teto do regime geral de previdência estabelecido antes da vigência dessas normas, de modo a que passem a observar o novo teto constitucional.**

3. Negado provimento ao recurso extraordinário."

Vale ressaltar que no referido julgamento não foi imposto limite temporal qualquer. No caso dos autos, o acórdão recorrido assentou que:

**"No presente caso, verifica-se que a parte autora teve o seu benefício concedido no período denominado "buraco negro", o que resultou na revisão da RMI nos termos preceituados no artigo 144 da Lei nº 8.213/91. Constatou-se, ainda, que o salário-de-benefício da parte autora foi limitado ao teto legal, sendo, portanto, atingido pelos efeitos do julgamento do Recurso Extraordinário 564.354/SE.**

**Assim sendo, a parte autora faz jus à revisão de seu benefício através da aplicação da readequação dos tetos constitucionais previstos nas Emendas nº 20/1998 e 41/2003."**

**Esse entendimento está alinhado com os precedentes desta Corte: ARE 915.305, Rel. Min. Teori Zavascki; RE 937.626, Rel. Min. Edson Fachin; e RE 937.566, Rel. Min. Dias Toffoli.**

Diante do exposto, com base no art. 557, caput, do CPC e no art. 21, § 1º, do RI/STF, nego seguimento ao recurso.

Publique-se.

Brasília, 05 de fevereiro de 2016.

Ministro Luís Roberto Barroso

Relator".

**Ao julgar** o Tema Repetitivo 1.005, **decidiu o STJ que a ação judicial de readequação do salário de benefício pelos novos tetos das Emendas 20 e 41 considerará para fins de** prescrição **a data** da propositura da ação individual, **exceto se o segurado pediu a sua suspensão e aderiu à ação coletiva:**

Processo

REsp 1766553/SC

RECURSO ESPECIAL

2018/0240222-2

Relator(a)

Ministra ASSUSETE MAGALHÃES (1151)

Órgão Julgador

S1 - PRIMEIRA SEÇÃO

Data do Julgamento

23/06/2021

Data da Publicação/Fonte

DJe 01/07/2021

Ementa

PREVIDENCIÁRIO E PROCESSUAL CIVIL. RECURSO ESPECIAL REPRESENTATIVO DE CONTROVÉRSIA DE NATUREZA REPETITIVA. BENEFÍCIO PREVIDENCIÁRIO. ADEQUAÇÃO DA RENDA MENSAL AOS TETOS DAS EMENDAS CONSTITUCIONAIS 20/98 E 41/2003. VALORES RECONHECIDOS JUDICIALMENTE, EM AÇÃO DE CONHECIMENTO INDIVIDUAL, CUJO PEDIDO COINCIDE COM AQUELE ANTERIORMENTE FORMULADO EM AÇÃO CIVIL PÚBLICA. INTERRUPÇÃO DA PRESCRIÇÃO QUINQUENAL PARA RECEBIMENTO DE PARCELAS DO BENEFÍCIO NA DATA DO AJUIZAMENTO DA AÇÃO INDIVIDUAL. PRECEDENTES DO STJ. TESE FIRMADA SOB O RITO DOS RECURSOS ESPECIAIS REPETITIVOS. ART. 1.036 E SEGUINTES DO CPC/2015. RECURSO ESPECIAL PARCIALMENTE CONHECIDO, E, NESSA EXTENSÃO, PROVIDO.

I. Trata-se, na origem, de ação de conhecimento individual, ajuizada pela parte ora recorrida em face do INSS, objetivando a revisão da renda mensal da aposentadoria por tempo de contribuição de que é titular, para aplicação dos tetos fixados pelas Emendas Constitucionais 20/98 e 41/2003, com o pagamento das diferenças dela decorrentes, respeitada a prescrição quinquenal contada do ajuizamento da anterior Ação Civil Pública 0004911-28.2011.4.03.6183, pelo Ministério Público Federal e outro, em 05/05/2011, com o mesmo pedido, ou seja, retroagindo o pagamento a 05/05/2006.

II. O Juízo de 1º Grau julgou improcedente o pedido. O Tribunal de origem deu provimento à Apelação da parte autora, destacando que "a citação do INSS na Ação Civil Pública nº 0004911-28.2011.4.03.6183, cujo pedido coincide com o formulado individualmente nesta ação, interrompe a prescrição quinquenal, com efeitos desde o ajuizamento da ação coletiva, em 05/05/2011".

III. O INSS interpôs o presente Recurso Especial, sustentando, além de violação ao art. 535 do CPC/73, a impossibilidade de se fixar, na presente ação individual, a interrupção da prescrição na data do ajuizamento da referida Ação Civil Pública, para pagamento das parcelas vencidas.

IV. A controvérsia em apreciação cinge-se em estabelecer a data da interrupção da prescrição quinquenal para o recebimento de parcelas vencidas de benefício previdenciário, reconhecidas em ação de conhecimento individual, ajuizada para adequação da renda mensal aos tetos das Emendas Constitucionais 20/98 e 41/2003, cujo pedido coincide com o formulado em anterior Ação Civil Pública, ajuizada, em 05/05/2011, pelo Ministério Público Federal e outro contra o INSS, na 1ª Vara Federal da Seção Judiciária de São Paulo.

V. Apesar de apontar como violado o art. 1.022 do CPC/2015, o INSS não evidencia qualquer vício, no acórdão recorrido, deixando de demonstrar no que consistiria a alegada ofensa ao citado dispositivo, atraindo, por analogia, a incidência da Súmula 284 do Supremo Tribunal Federal ("É inadmissível o recurso extraordinário, quando a deficiência na sua fundamentação não permitir a exata compreensão da controvérsia").

VI. Consoante pacífica e atual jurisprudência do STJ, interrompe-se a prescrição quinquenal para o recebimento de parcelas vencidas - reconhecidas em ação de conhecimento individual, ajuizada para adequação da renda mensal do benefício aos tetos das Emendas Constitucionais 20/98 e 41/2003 - na data do ajuizamento da lide individual, ainda que precedida de anterior Ação Civil Pública com pedido coincidente, salvo se o autor da demanda individual requerer sua suspensão, no prazo de 30 (trinta) dias a contar da ciência, nos autos, do ajuizamento da ação coletiva, na forma prevista no art. 104 da Lei 8.078/90.

VII. No tocante ao processo coletivo, o ordenamento jurídico pátrio - arts. 103 e 104 da Lei 8.078/90, aplicáveis à ação civil pública (art. 21 da Lei 7.347/85) - induz o titular do direito individual a permanecer inerte, até o desfecho da demanda coletiva, quando avaliará a necessidade de ajuizamento da ação individual - para a qual a propositura da ação coletiva, na forma dos arts. 219, e § 1º, do CPC/73 e 240, e § 1º, do CPC/2015, interrompe a prescrição -, ou, em sendo o caso, promoverá o ajuizamento de execução individual do título coletivo.

VIII. Na lição do saudoso Ministro TEORI ZAVASCKI, "o estímulo, claramente decorrente do sistema, é no sentido de que o titular do direito individual aguarde o desenlace da ação coletiva, para só depois, se for o caso, promover a sua demanda. Nessa linha, a não-propositura imediata da demanda individual não pode ser tida como inércia ou desinteresse em demandar, passível de sofrer os efeitos da prescrição, mas sim como uma atitude consentânea e compatível com o sistema do processo coletivo" (ZAVASCKI, Teori Albino. Processo coletivo: tutela de direitos coletivos e tutela coletiva de direitos. São Paulo: Editora Revista dos Tribunais, 2006, p. 203).

IX. A existência de ação coletiva não impede o ajuizamento de ação individual, por aquela não induzir litispendência, mas interrompe ela o prazo prescricional para a propositura da demanda individual. Entretanto, ajuizada ação individual com o mesmo pedido da ação coletiva, o autor da demanda individual não será beneficiado pelos efeitos da coisa julgada da lide coletiva, se não for requerida sua suspensão, como previsto no art. 104 da Lei 8.078/90.

X. Segundo a jurisprudência do STJ, "o ajuizamento de ação coletiva somente tem o condão de interromper a prescrição para o recebimento de valores ou parcelas em atraso de benefícios cujos titulares optaram pela execução individual da sentença coletiva (art. 103, § 3º, do Código de Defesa do Consumidor) ou daqueles que, tendo ajuizado ação individual autônoma, requereram a suspensão na forma do art. 104 do mesmo diploma legal. No caso em tela, o ajuizamento da Ação Civil Pública n. 0004911-28.2011.4.03.6183 não implica a interrupção da prescrição para o Autor, porquanto este optou por ajuizar 'Ação de revisão de benefício previdenciário com aplicação das Emendas Constitucionais 20/1998 e 41/2003' (fl. 2e), e não pela execução individual da sentença coletiva" (STJ, AgInt no REsp 1.747.895/RS, Rel. Ministra REGINA HELENA COSTA, PRIMEIRA TURMA, DJe de 16/11/2018).

XI. No caso em julgamento, a parte autora, ciente da referida lide coletiva - tanto que a invoca, como marco interruptivo da prescrição para o pagamento, na ação ordinária individual, das parcelas vencidas -, não requereu a suspensão da lide individual, no prazo de trinta dias, a contar da ciência, nos autos, do ajuizamento da ação coletiva, tal como dispõe o art. 104 do Código de Defesa do Consumidor (Lei 8.078/90), não sendo, assim, beneficiada pelos efeitos da referida demanda coletiva.

XII. Essa conclusão ratifica a pacífica jurisprudência do STJ a respeito da matéria: REsp 1.785.412/SP, Rel. Ministro HERMAN BENJAMIN, SEGUNDA TURMA, DJe de 19/12/2019; REsp 1.748.485/PR, Rel. Ministro OG FERNANDES, SEGUNDA TURMA, DJe de 10/12/2018; AgInt no REsp 1.749.281/RS, Rel. Ministro FRANCISCO FALCÃO, SEGUNDA TURMA, DJe de 08/10/2018; AgInt no REsp 1.646.669/SP, Rel. Ministro BENEDITO GONÇALVES, PRIMEIRA TURMA, DJe de 28/06/2018; REsp 1.740.410/RS, Rel. Ministra ASSUSETE MAGALHÃES, SEGUNDA TURMA, DJe de 08/06/2018; AgInt no AREsp 1.165.196/RJ, Rel. Ministro NAPOLEÃO NUNES MAIA FILHO, PRIMEIRA TURMA, DJe de 09/05/2018; REsp 1.723.595/SC, Rel. Ministro SÉRGIO KUKINA, PRIMEIRA TURMA, DJe de 13/04/2018; AgInt no AREsp 1.175.602/ES, Rel. Ministro MAURO CAMPBELL MARQUES, SEGUNDA TURMA, DJe de 20/03/2018; AgInt no REsp 1.668.595/RJ, Rel. Ministro GURGEL DE FARIA, PRIMEIRA TURMA, DJe de 27/02/2018.

**XIII. Tese jurídica firmada: "Na ação de conhecimento individual, proposta com o objetivo de adequar a renda mensal do benefício previdenciário aos tetos fixados pelas Emendas Constitucionais 20/98 e 41/2003 e cujo pedido coincide com aquele anteriormente formulado em ação civil pública, a interrupção da prescrição quinquenal, para recebimento das parcelas vencidas, ocorre na data de ajuizamento da lide individual, salvo se requerida a sua suspensão, na forma do art. 104 da Lei 8.078/90."**

XIV. Recurso Especial do INSS parcialmente conhecido, e, nessa extensão, provido, para reconhecer que a prescrição quinquenal de parcelas vencidas do benefício interrompe-se na data de ajuizamento da presente ação individual.

XV. Recurso julgado sob a sistemática dos recursos especiais representativos de controvérsia (art. 1.036 e seguintes do CPC/2005 e art. 256-N e seguintes do RISTJ).

Existe um estudo que vem sendo utilizado por inúmeras Varas Federais brasileiras para identificar em processos individuais se o benefício possui direito à readequação ou não pelos tetos, sem a necessidade de se promover um cálculo no caso concreto[4].

Cuida-se do Parecer do Núcleo de Cálculos Judiciais da Seção Judiciária do Estado do Rio Grande do Sul que compara a renda mensal inicial do benefício do segurado com os valores dispostos na Tabela Prática elaborada por aquele Núcleo de Cálculos:

| Tabela Prática (para Renda Mensal em julho/2011) | | |
|---|---|---|
| **Condição** | **É possível haver diferenças matemáticas relativas à majoração do teto trazida pela EC 20/98?** | **É possível haver diferenças matemáticas relativas à majoração do teto trazida pela EC 41/03?** |
| **Benefícios com Renda Mensal em 07/2011* igual a R$ 2.589,95**** | Sim | Sim |

4. http://www.jfrs.jus.br/pagina.php?no=416.

<table>
<tr><th colspan="3">Tabela Prática (para Renda Mensal em julho/2011)</th></tr>
<tr><td>Benefícios com Renda Mensal em 07/2011* igual a R$ 2.873,79**</td><td>Não</td><td>Sim</td></tr>
<tr><td>Benefícios com Renda Mensal em 07/2011* DIFERENTE de R$ 2.589,95** ou R$ 2.873,79**</td><td>Não</td><td>Não</td></tr>
</table>

(*) Renda Mensal é o valor do benefício pago pelo INSS em **julho de 2011**.

(**) As rendas mensais apontadas nesta TABELA PRÁTICA podem sofrer uma pequena variação nos centavos devido a critérios de arredondamento (cerca de R$ 0,20 para mais ou para menos).

Contudo, de acordo com Núcleo de Cálculos Judiciais da Seção Judiciária do Estado do Rio Grande do Sul, para os benefícios concedidos de 05/10/1988 a 04/04/1991 ("buraco negro"), de 01/01/1994 a 28/02/1994 e, também, a partir da vigência da Lei Nº 9.876/99 (fator previdenciário), o presente parecer poderá não ter aplicação, dependendo da interpretação do Magistrado quanto à decisão do STF na questão dos "tetos" (Recurso Extraordinário Nº 564.354).

Ao meu ver, trata-se de tese busca readequar o limite máximo do salário de benefício, elevado acima da inflação para corresponder a dez salários mínimos pelas Emendas 20/1998 (10 x R$ 120,00) e 41/2003 (10 x R$ 240,00).

Desse modo, creio que a metodologia que atende ao julgamento do RE 564.354 para os benefícios com DIB entre 05.10.88 e 04.04.1991 consiste na evolução do salário de benefício desprezando o limitador do ano de concessão (sem a limitação ao teto do SB de 06/1992) e o readequando com R$ 1.200,00 em 16/12/1998 e, se houver valor a readequar residual, com R$ 2.400,00 em 31/12/2003.

Registre-se que deve haver respeito à proporcionalidade, acaso se trate de benefício com proventos não integrais, pois a readequação é de salário de benefício, e não de renda mensal, de modo que se o benefício é de 70% do salário de benefício essa proporção precisa ser respeitada após a readequação.

**Coube à** Portaria Conjunta 17 DIRSAT/INSS de 02.12.2020 **definir os procedimentos de implantação de decisão judicial que determinar a readequação do salário de benefício pelos tetos das Emendas 20/1998 e 41/2003 nos benefícios com DIB no "Buraco Negro":**

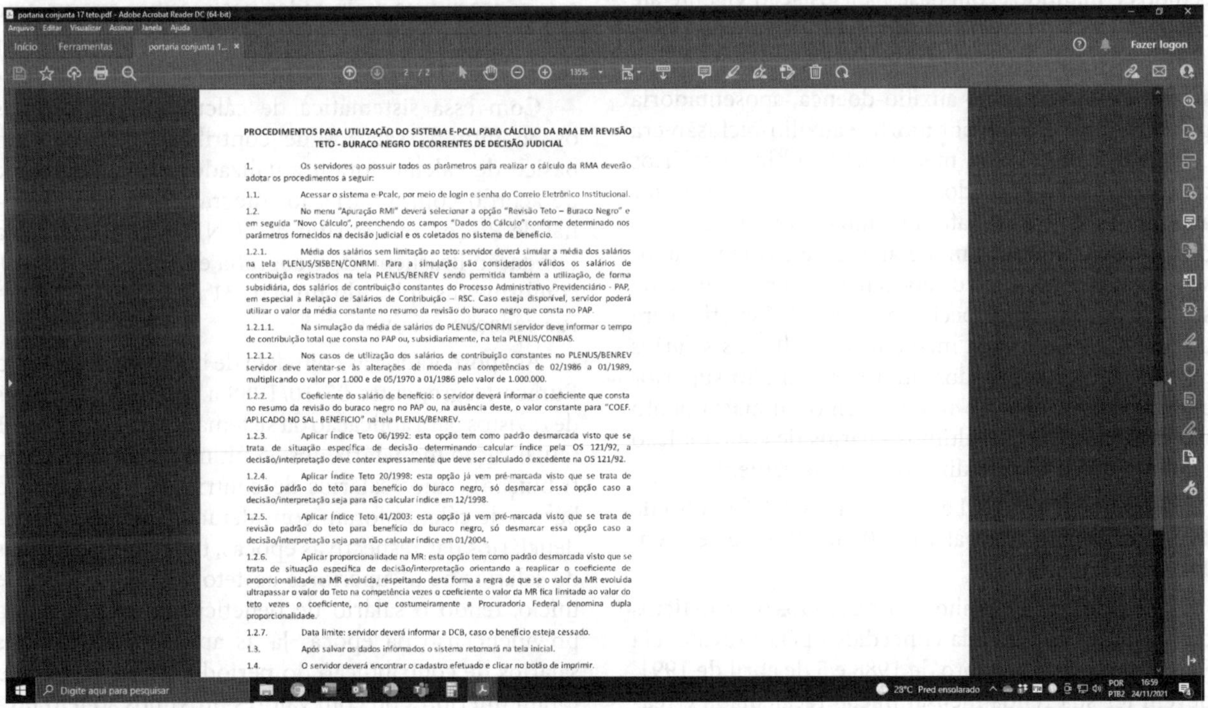

**PROCEDIMENTOS PARA UTILIZAÇÃO DO SISTEMA E-PCAL PARA CÁLCULO DA RMA EM REVISÃO TETO - BURACO NEGRO DECORRENTES DE DECISÃO JUDICIAL**

1. Os servidores ao possuir todos os parâmetros para realizar o cálculo da RMA deverão adotar os procedimentos a seguir:

1.1. Acessar o sistema e-Pcalc, por meio de login e senha do Correio Eletrônico Institucional.

1.2. No menu "Apuração RMI" deverá selecionar a opção "Revisão Teto – Buraco Negro" e em seguida "Novo Cálculo", preenchendo os campos "Dados do Cálculo" conforme determinado nos parâmetros fornecidos na decisão judicial e os coletados no sistema de benefício.

1.2.1. Média dos salários sem limitação ao teto: servidor deverá simular a média dos salários na tela PLENUS/SISBEN/CONRMI. Para a simulação são considerados válidos os salários de contribuição registrados na tela PLENUS/BENREV sendo permitida também a utilização, de forma subsidiária, dos salários de contribuição constantes do Processo Administrativo Previdenciário - PAP, em especial a Relação de Salários de Contribuição – RSC. Caso esteja disponível, servidor poderá utilizar o valor da média constante no resumo da revisão do buraco negro que consta no PAP.

1.2.1.1. Na simulação da média de salários do PLENUS/CONRMI servidor deve informar o tempo de contribuição total que consta no PAP ou, subsidiariamente, na tela PLENUS/CONBAS.

1.2.1.2. Nos casos de utilização dos salários de contribuição constantes no PLENUS/BENREV servidor deve atentar-se às alterações de moeda nas competências de 02/1986 a 01/1989, multiplicando o valor por 1.000 e de 05/1970 a 01/1986 pelo valor de 1.000.000.

1.2.2. Coeficiente do salário de benefício: o servidor deverá informar o coeficiente que consta no resumo da revisão do buraco negro no PAP ou, na ausência deste, o valor constante para "COEF. APLICADO NO SAL. BENEFICIO" na tela PLENUS/BENREV.

1.2.3. Aplicar Índice Teto 06/1992: esta opção tem como padrão desmarcada visto que se trata de situação específica de decisão determinando calcular índice pela OS 121/92, a decisão/interpretação deve conter expressamente que deve ser calculado o excedente na OS 121/92.

1.2.4. Aplicar Índice Teto 20/1998: esta opção já vem pré-marcada visto que se trata de revisão padrão do teto para benefício do buraco negro, só desmarcar essa opção caso a decisão/interpretação seja para não calcular índice em 12/1998.

1.2.5. Aplicar Índice Teto 41/2003: esta opção já vem pré-marcada visto que se trata de revisão padrão do teto para benefício do buraco negro, só desmarcar essa opção caso a decisão/interpretação seja para não calcular índice em 01/2004.

1.2.6. Aplicar proporcionalidade na MR: esta opção tem como padrão desmarcada visto que se trata de situação específica de decisão/interpretação orientando a reaplicar o coeficiente de proporcionalidade na MR evoluída, respeitando desta forma a regra de que se o valor da MR evoluída ultrapassar o valor do Teto na competência vezes o coeficiente o valor da MR fica limitado ao valor do teto vezes o coeficiente, no que costumeiramente a Procuradoria Federal denomina dupla proporcionalidade.

1.2.7. Data limite: servidor deverá informar a DCB, caso o benefício esteja cessado.

1.3. Após salvar os dados informados o sistema retornará na tela inicial.

1.4. O servidor deverá encontrar o cadastro efetuado e clicar no botão de imprimir.

## 2. CÁLCULOS

Para exemplificar a readequação mensalidades reajustadas dos benefícios previdenciários, em função das mudanças promovidas pelas Emendas Constitucionais 20/98 e 41/03, vamos explorar o tema em cinco grupos:

a) O grupo 1, de benefícios com data de início entre 05/10/1988 a 04/04/1991, conhecido como período do buraco negro;

b) O grupo 2, de benefícios com data de início entre 05/04/1991 a 31/12/1993, conhecido como período do buraco verde;

c) O grupo 3, de benefícios com data de início entre 01/03/1994 a 28/11/1999, sem a aplicação do fator previdenciário;

d) O grupo 4, de benefícios com data de início entre 29/11/1999 a 31/12/2003, com aplicação do fator previdenciário, a partir da vigência da Lei nº 9.876/99; e

e) O grupo 5, de benefícios com data de início antes da vigência da Constituição Federal, em função da crescente demanda observada no âmbito do Tribunal Regional Federal da 4ª região, com possibilidades de se espalhar por todo o país. Nesse interim, iremos apresentar uma metodologia desenvolvida para atender essa demanda, considerando as particularidades do cálculo da renda mensal inicial da época.

**Grupo 1**

O primeiro grupo trata dos benefícios com data de início no período que ficou conhecido como Buraco Negro, diante do grande lapso de tempo em que não havia legislação específica regulamentando a Constituição Federal de 1988, entre 05/10/1988 a 04/04/1991. Nesse período os benefícios continuaram sendo concedidos e mantidos com base na legislação vigente até então: o Decreto 89.312/84, de 23 de janeiro de 1984.

De acordo com o Art. 21 do Decreto 89.312/84, o salário de benefício do auxílio-doença, aposentadoria por invalidez, pensão por morte e auxílio-reclusão era calculado com base na média dos 12 últimos salários de contribuição apurados num período não superior a 18 meses da data do afastamento da atividade ou do óbito, sem atualização monetária. Para as demais aposentadorias, a exemplo da aposentadoria por tempo de serviço, por idade e especial, o salário de benefício era calculado com base na média dos 36 últimos salários de contribuição apurados num período não superior a 48 meses da data do requerimento ou afastamento das atividades. Os 12 últimos salários de contribuição também não eram atualizados monetariamente.

Com a vigência da Lei 8.213/91, de 24 de julho de 1991, com efeitos retroativos a 05/04/1991, o seu Art. 144 determinava:

"Até primeiro de junho de 1992, todos os benefícios de prestação continuada concedidos pela Previdência Social, entre 5 de outubro de 1988 e 5 de abril de 1991, devem ter sua renda mensal inicial recalculada e reajustada de acordo com as regras estabelecidas nesta lei.

Parágrafo único – a renda mensal recalculada de acordo com o disposto no "caput" deste artigo, substituirá para todos os efeitos a que prevalecia até então, não sendo devido, entretanto, o pagamento de quaisquer diferenças decorrentes da aplicação deste artigo referentes às competências de outubro de 1988 a maio de 1992".

Todos os benefícios ativos à época, com data de início entre 05/10/1988 a 04/04/1991, foram revistos de ofício na via administrativa, para recálculo da renda mensal inicial com base no regramento da Lei 8.213/91, particularmente o Art. 29, em sua redação original:

"Art. 29. O salário de benefício consiste na média aritmética simples de todos os últimos salários de contribuição dos meses imediatamente anteriores ao do afastamento da atividade ou da data da entrada do requerimento, até o máximo de 36 (trinta e seis), apurados em período não superior a 48 (quarenta e oito) meses".

Os efeitos da Lei 8.213/91, retroativos a 05/04/1991, estavam disciplinados no art. 145 abaixo transcrito:

"Art. 145. Os efeitos desta lei retroagirão a 5 de abril de 1991, devendo os benefícios de prestação continuada concedidos pela Previdência Social a partir de então, terem no prazo máximo de 30 (trinta) dias, suas rendas mensais iniciais recalculadas e atualizadas de acordo com as regras estabelecidas nesta lei.

Parágrafo único – as rendas mensais resultantes da aplicação do disposto neste artigo substituirão, para todos os efeitos as que prevaleciam até então, devendo as diferenças de valor apuradas serem pagas a partir do dia seguinte ao término do prazo estipulado no caput deste artigo, em até 24 (vinte e quatro) parcelas mensais consecutivas reajustadas nas mesmas épocas e na mesma proporção em que forem reajustados os benefícios de prestação continuada da Previdência Social".

Com essa sistemática de cálculo adotada, todos os 36 últimos salários de contribuiçao do período básico de cálculo foram atualizados monetariamente de acordo com a variação integral do Índice Nacional de Preços ao Consumidor (INPC), calculado pela Fundação Brasileira de Geografia e Estatística (IBGE), conforme disciplinado no Art. 31 da Lei 8.213/91 em sua redação original.

As aposentadorias com data de início no período do Buraco Negro, entre 05/10/1988 a 04/04/1991, depois de revistos para aplicação da sistemática da Lei 8.213/91 (atualização monetária dos 36 últimos salários de contribuição), cujos salários de contribuição do período básico de cálculo foram considerados nos tetos previdenciários das respectivas épocas, tiveram suas médias de salários bem superiores ao teto vigente na data de início, tendo o salário de benefício limitado ao teto previdenciário da época. Já as aposentadorias cujos salários de contribuição do período básico de cálculo foram inferiores ou com valores próximos ao teto previdenciário das respectivas épocas, também tiveram a média de salários superiores ao teto vigente na data de início, mas em patamares não tão relevantes.

Como não existia a figura do índice teto (aplicação da diferença percentual entre a média e o teto junto com o primeiro reajuste ou na competência 04/1994), esses benefícios são os que mais geram diferenças a receber quando é aplicada a readequação da mensalidade reajustada, em função das alterações dos tetos previdenciários pelas Emendas Constitucionais 20/98 e 41/03 – "Revisão do Teto".

Analisemos o caso concreto a seguir, que trata de um benefício com início no período do buraco negro que vai de 05/10/1988 a 04/04/1991. Trata-se de uma aposentadoria por tempo de contribuição, já revista pelo Art. 144 da Lei nº 8.213/91, com início em 01/10/1990; tempo de contribuição de 35 anos; média de salários fixada no valor de **Cr$ 83.375,52**; salário de benefício limitado ao teto previdenciário vigente, no valor de **Cr$ 48.045,78**, coeficiente de 100% e Renda Mensal Inicial no valor de **Cr$ 48.045,78**. As informações de reajustes e renda mensal atualizada para janeiro de 2022 seguem abaixo.

| **PLANILHA 1 - DADOS DA REVISÃO - ART. 144** | | |
|---|---|---|
| TITULAR: **FREDERICO DA SILVA SAURO** | | |
| BENEFÍCIO: **111.222.333-4** | | |
| ESPÉCIE: **APOSENTADORIA POR TEMPO DE CONTRIBUIÇÃO** | | |
| TEMPO DE CONTRIBUIÇÃO: **35** | | |
| DATA DE INÍCIO: **01/10/1990** | | |
| MÉDIA DE SALÁRIOS: | | **83.375,52** |
| SALÁRIO DE BENEFÍCIO: | Limitado ao teto | **48.045,78** |
| COEFICIENTE: | | **100%** |
| RENDA MENSAL INICIAL: | | **48.045,78** |

**REAJUSTES PREVIDENCIÁRIOS**

| Data | Renda Mensal | Índices de reajustes | Renda Mensal Reajustada | |
|---|---|---|---|---|
| nov/90 | 48.045,78 | 1,144300 | 54.978,79 | |
| dez/90 | 54.978,79 | 1,169200 | 64.281,20 | |
| jan/91 | 64.281,20 | 1,191400 | 76.584,62 | |
| fev/91 | 76.584,62 | 1,209500 | 92.629,10 | |
| mar/91 | 92.629,10 | 1,201984 | 111.338,69 | |
| set/91 | 111.338,69 | 2,470600 | 275.073,37 | |
| jan/92 | 275.073,37 | 2,198234 | 604.675,69 | |
| mai/92 | 604.675,69 | 2,303616 | 1.392.940,58 | |
| jun/92 | 1.392.940,58 | 1,000000 | 1.392.940,58 | |
| set/92 | 1.392.940,58 | 2,247869 | 3.131.147,96 | |
| jan/93 | 3.131.147,96 | 2,412128 | 7.552.729,66 | |
| mar/93 | 7.552.729,66 | 1,366700 | 10.322.315,62 | |
| mai/93 | 10.322.315,62 | 1,917000 | 19.787.879,05 | |
| jul/93 | 19.787.879,05 | 1,404600 | 27.794.054,91 | |
| ago/93 | 27.794.054,91 | 1,192600 | 33.147,19 | |
| set/93 | 33.147,19 | 1,707363 | 56.594,29 | |
| out/93 | 56.594,29 | 1,251700 | 70.839,07 | |
| nov/93 | 70.839,07 | 1,249200 | 88.492,16 | |
| dez/93 | 88.492,16 | 1,248900 | 110.517,86 | |
| jan/94 | 110.517,86 | 1,752840 | 193.720,13 | |
| fev/94 | 193.720,13 | 1,302500 | 252.320,47 | |
| mar/94 | 252.320,47 | 661,005200 | 381,72 | |
| mai/95 | 381,72 | 1,428572 | 545,32 | |
| mai/96 | 545,32 | 1,150000 | 627,12 | |
| jun/97 | 627,12 | 1,077600 | 675,78 | |
| jun/98 | 675,78 | 1,048100 | 708,29 | |
| dez/98 | 708,29 | 1,000000 | 708,29 | EC 20/98 |

| Data | Renda Mensal | Índices de reajustes | Renda Mensal Reajustada | |
|---|---|---|---|---|
| jun/99 | 708,29 | 1,046100 | 740,94 | |
| jun/00 | 740,94 | 1,058100 | 783,99 | |
| jun/01 | 783,99 | 1,076600 | 844,04 | |
| jun/02 | 844,04 | 1,092000 | 921,69 | |
| jun/03 | 921,69 | 1,197100 | 1.103,36 | |
| jan/04 | 1.103,36 | 1,000000 | 1.103,36 | EC 41/03 |
| mai/04 | 1.103,36 | 1,045300 | 1.153,34 | |
| mai/05 | 1.153,34 | 1,063550 | 1.226,63 | |
| abr/06 | 1.226,63 | 1,050000 | 1.287,96 | |
| abr/07 | 1.287,96 | 1,033000 | 1.330,46 | |
| mar/08 | 1.330,46 | 1,050000 | 1.396,98 | |
| fev/09 | 1.396,98 | 1,059200 | 1.479,68 | |
| jan/10 | 1.479,68 | 1,077200 | 1.593,91 | |
| jan/11 | 1.593,91 | 1,064700 | 1.697,04 | |
| jan/12 | 1.697,04 | 1,060800 | 1.800,22 | |
| jan/13 | 1.800,22 | 1,062000 | 1.911,83 | |
| jan/14 | 1.911,83 | 1,055600 | 2.018,13 | |
| jan/15 | 2.018,13 | 1,062300 | 2.143,86 | |
| jan/16 | 2.143,86 | 1,112800 | 2.385,69 | |
| jan/17 | 2.385,69 | 1,065800 | 2.542,67 | |
| jan/18 | 2.542,67 | 1,020700 | 2.595,30 | |
| jan/19 | 2.595,30 | 1,034300 | 2.684,32 | |
| jan/20 | 2.684,32 | 1,044800 | 2.804,58 | |
| jan/21 | 2.804,58 | 1,054500 | 2.957,43 | |
| **jan/22** | **2.957,43** | **1,101600** | **3.257,90** | |

Aplicando as regras de recomposição da mensalidade reajustada do benefício, observando-se os novos tetos estabelecidos pelas Emendas Constitucionais 20/98 e 41/03, o benefício passa a ter a seguinte composição:

| **PLANILHA 2 - READEQUAÇÃO DO BENEFÍCIO** | |
|---|---|
| TITULAR: **FREDERICO DA SILVA SAURO** | |
| BENEFÍCIO: **111.222.333-4** | |
| ESPÉCIE: **APOSENTADORIA POR TEMPO DE CONTRIBUIÇÃO** | |
| TEMPO DE CONTRIBUIÇÃO: **35** | |
| DATA DE INÍCIO: **01/10/1990** | |
| MÉDIA DE SALÁRIOS: | **83.375,52** |
| SALÁRIO DE BENEFÍCIO: | **83.375,52** |
| COEFICIENTE: | **100%** |
| RENDA MENSAL INICIAL: | **83.375,52** |

**Reajustes com base na decisão do STF no RE 564.354/SE - EC 41/03**

| Data | Renda Mensal | Índices de reajustes | Renda Mensal Reajustada |
|---|---|---|---|
| nov/90 | 83.375,52 | 1,144300 | 95.406,61 |
| dez/90 | 95.406,61 | 1,169200 | 111.549,41 |
| jan/91 | 111.549,41 | 1,191400 | 132.899,96 |

| Data | Renda Mensal | Índices de reajustes | Renda Mensal Reajustada | | |
|---|---|---|---|---|---|
| fev/91 | 132.899,96 | 1,209500 | 160.742,50 | | |
| mar/91 | 160.742,50 | 1,201984 | 193.209,92 | | |
| set/91 | 193.209,92 | 2,470600 | 477.344,42 | | |
| jan/92 | 477.344,42 | 2,198234 | 1.049.314,83 | | |
| mai/92 | 1.049.314,83 | 2,303616 | 2.417.218,44 | | |
| jun/92 | 2.417.218,44 | 1,000000 | 2.417.218,44 | | |
| set/92 | 2.417.218,44 | 2,247869 | 5.433.590,40 | | |
| jan/93 | 5.433.590,40 | 2,412128 | 13.106.515,55 | | |
| mar/93 | 13.106.515,55 | 1,366700 | 17.912.674,80 | | |
| mai/93 | 17.912.674,80 | 1,917000 | 34.338.597,59 | | |
| jul/93 | 34.338.597,59 | 1,404600 | 48.231.994,18 | | |
| ago/93 | 48.231.994,18 | 1,192600 | 57.521,48 | | |
| set/93 | 57.521,48 | 1,707363 | 98.210,04 | | |
| out/93 | 98.210,04 | 1,251700 | 122.929,51 | | |
| nov/93 | 122.929,51 | 1,249200 | 153.563,54 | | |
| dez/93 | 153.563,54 | 1,248900 | 191.785,51 | | |
| jan/94 | 191.785,51 | 1,752840 | 336.169,31 | | |
| fev/94 | 336.169,31 | 1,302500 | 437.860,52 | | |
| mar/94 | 437.860,52 | 661,005200 | 662,42 | | |
| mai/95 | 662,42 | 1,428572 | 946,31 | | |
| mai/96 | 946,31 | 1,150000 | 1.088,26 | | |
| jun/97 | 1.088,26 | 1,077600 | 1.172,71 | | |
| jun/98 | 1.172,71 | 1,048100 | 1.229,12 | EC 20/98 | |
| dez/98 | 1.229,12 | 1,000000 | 1.229,12 | Novo teto | 1.200,00 |
| jun/99 | 1.200,00 | 1,046100 | 1.255,32 | Limitado ao novo teto | |
| jun/00 | 1.255,32 | 1,058100 | 1.328,25 | Índice teto | 1,0243 |
| jun/01 | 1.328,25 | 1,076600 | 1.429,99 | Incorporado em 01/2004 | |
| jun/02 | 1.429,99 | 1,092000 | 1.561,55 | | |
| jun/03 | 1.561,55 | 1,197100 | 1.869,33 | EC 41/03 | |
| jan/04 | 1.869,33 | 1,0243 | 1.914,69 | Novo teto | 2.400,00 |
| mai/04 | 1.914,69 | 1,045300 | 2.001,43 | | |
| mai/05 | 2.001,43 | 1,063550 | 2.128,62 | | |
| abr/06 | 2.128,62 | 1,050000 | 2.235,05 | | |
| abr/07 | 2.235,05 | 1,033000 | 2.308,81 | | |
| mar/08 | 2.308,81 | 1,050000 | 2.424,25 | | |
| fev/09 | 2.424,25 | 1,059200 | 2.567,77 | | |
| jan/10 | 2.567,77 | 1,077200 | 2.766,00 | | |
| jan/11 | 2.766,00 | 1,064700 | 2.944,96 | | |
| jan/12 | 2.944,96 | 1,060800 | 3.124,01 | | |
| jan/13 | 3.124,01 | 1,062000 | 3.317,70 | | |
| jan/14 | 3.317,70 | 1,055600 | 3.502,16 | | |
| jan/15 | 3.502,16 | 1,062300 | 3.720,34 | | |
| jan/16 | 3.720,34 | 1,112800 | 4.139,99 | | |
| jan/17 | 4.139,99 | 1,065800 | 4.412,40 | | |
| jan/18 | 4.412,40 | 1,020700 | 4.503,74 | | |
| jan/19 | 4.503,74 | 1,034300 | 4.658,22 | | |
| jan/20 | 4.658,22 | 1,044800 | 4.866,91 | | |

| Data | Renda Mensal | Índices de reajustes | Renda Mensal Reajustada |
|---|---|---|---|
| jan/21 | 4.866,91 | 1,054500 | 5.132,16 |
| **jan/22** | **5.132,16** | **1,101600** | **5.653,59** |

| Mensalidade Reajustada anterior | **3.257,90** |
|---|---|

| Proveito Econômico | **2.395,69** |
|---|---|

Com base na decisão do STF no RE 564.354/SE, nota-se que foi considerada a média de salários, no valor de **Cr$ 83.375,52** sem limitação ao teto vigente à época. Aplicando-se o coeficiente de 100% diretamente sobre essa média, encontra-se uma RMI também no valor de **Cr$ 83.375,52**. A RMI não deve ser alterada diante da decadência e foi fixada aplicando-se o coeficiente de cálculo sobre a média de salários sem limitação ao teto da época, meramente para fins de recomposição da mensalidade reajustada do benefício.

A média permaneceu a mesma e a alteração da RMI se deu em função da aplicação do coeficiente sobre a média de salários e não sobre o salário de benefício limitado ao teto da época. Nota-se também que não foi feita a limitação ao teto vigente em 05/1992, sendo observada apenas a limitação aos novos tetos fixados pelas Emendas Constitucionais 20/98 e 41/03.

A mensalidade reajustada para 12/1998, após a aplicação dos reajustes devidos desde a data de início do benefício, foi fixada no valor de **R$** 1.229,12, sendo limitada ao teto fixado pela Emenda Constitucional nº 20/98, no valor de **R$ 1.200,00**. A diferença percentual entre essa mensalidade reajustada (**R$** 1.229,12) e o novo teto de 12/1998 (**R$ 1.200,00**), equivale a 2,43% ou 1,0243 (índice teto) que foi aplicada em 01/2004, data da vigência da Emenda Constitucional nº 41/03, visando recompor a limitação ocorrida em 12/1998.

Após a aplicação do índice teto mencionado, na competência 01/2004, a mensalidade reajustada dessa data é fixada no valor de **R$** 1.914,69, inferior ao teto fixado pela Emenda Constitucional nº 41/03, no valor de **R$ 2.400,00.** O benefício assim reajustado atinge uma mensalidade reajustada, em 01/2022, no valor de **R$** 5.653,59. Portanto, no caso concreto, a aplicação da decisão do STF no RE 564.354 no referido benefício causa uma alteração da mensalidade reajustada em 01/2022 de R$ 3.257,90 para R$ 5.653,59, gerando um proveito econômico no valor de R$ 2.395,69 em 2022.

## Grupo 2

O segundo grupo trata dos benefícios com data de início no período que ficou conhecido como Buraco Verde, entre 05/04/1991 a 31/12/1993. Os benefícios com data de início nesse período, que tiveram o salário de benefício limitado ao teto previdenciário da data de início, tiveram uma compensação: a diferença percentual entre a média de salários e o teto previdenciário foi incorporada na competência de 04/1994, de acordo com o Art. 26 da Lei 8.870/94. Esses benefícios foram revistos de ofício e tiveram a mensalidade reajustada de 04/1994 majoradas em função da incorporação do índice teto. Vejamos a legislação que trata do tema:

> "Art. 26. Os benefícios concedidos nos termos da Lei nº 8.213, de julho de 1991, com data de início entre 5 de abril de 1991 e 31 de dezembro de 1993, cuja renda mensal inicial tenha sido calculada sobre salário-de-benefício inferior à média dos 36 últimos salários-de-contribuição em decorrência do disposto no § 2º do art. 29 da referida lei, serão revistos a partir da competência abril de 1994, mediante a aplicação do percentual correspondente à diferença entre a média mencionada neste artigo e o salário-de-benefício considerado para a concessão.
>
> Parágrafo único. Os benefícios revistos nos termos do "caput" deste artigo não poderão resultar superiores ao teto do salário-de-contribuição vigente na competência de abril de 1994".

O próximo estudo de caso a seguir trata-se de uma aposentadoria especial, com data de início em **29/04/1991**, a partir da vigência da Lei nº 8.213/91, no período que ficou conhecido como "buraco verde", entre 05/04/1991 a 31/12/19993; tempo de contribuição de **26 anos**; média de salários fixada no valor de **Cr$ 250.602,14**; salário de benefício limitado ao teto previdenciário vigente à época, no valor de **Cr$ 127.120,76**; coeficiente de 100% e Renda Mensal Inicial no valor de **Cr$ 127.120,76**; índice teto de 1,9714.

As informações de reajustes e renda mensal atualizada para janeiro de 2022 seguem abaixo.

| **PLANILHA 1 - DADOS DA REVISÃO - ART. 26 - LEI 8.870/94** | | |
|---|---|---|
| TITULAR: **ROBERTA VIEIRA DE CARVALHO** | | |
| BENEFÍCIO: **111.222.333-4** | | |
| ESPÉCIE: **APOSENTADORIA ESPECIAL** | | |
| TEMPO DE CONTRIBUIÇÃO: **26** | | |
| DATA DE INÍCIO: **29/04/1991** | | |
| MÉDIA DE SALÁRIOS: | | **250.602,14** |
| SALÁRIO DE BENEFÍCIO: | Limitado ao teto | **127.120,76** |
| COEFICIENTE: | | **100%** |
| RENDA MENSAL INICIAL: | | **127.120,76** |
| ÍNDICE TETO: | | **1,9714** |

**REAJUSTES PREVIDENCIÁRIOS**

| **Data** | **Renda Mensal** | **Índices de reajustes** | **Renda Mensal Reajustada** | |
|---|---|---|---|---|
| set/91 | 127.120,76 | 2,124900 | 270.118,90 | |
| jan/92 | 270.118,90 | 2,198234 | 593.784,61 | |
| mai/92 | 593.784,61 | 2,303616 | 1.367.851,73 | |
| jun/92 | 1.367.851,73 | 1,000000 | 1.367.851,73 | |
| set/92 | 1.367.851,73 | 2,247869 | 3.074.751,50 | |
| jan/93 | 3.074.751,50 | 2,412128 | 7.416.694,18 | |
| mar/93 | 7.416.694,18 | 1,366700 | 10.136.395,94 | |
| mai/93 | 10.136.395,94 | 1,917000 | 19.431.471,02 | |
| jul/93 | 19.431.471,02 | 1,404600 | 27.293.444,19 | |
| ago/93 | 27.293.444,19 | 1,192600 | 32.550,16 | |
| set/93 | 32.550,16 | 1,707363 | 55.574,94 | |
| out/93 | 55.574,94 | 1,251700 | 69.563,15 | |
| nov/93 | 69.563,15 | 1,249200 | 86.898,29 | |
| dez/93 | 86.898,29 | 1,248900 | 108.527,28 | |
| jan/94 | 108.527,28 | 1,752840 | 190.230,95 | |
| fev/94 | 190.230,95 | 1,302500 | 247.775,82 | |
| mar/94 | 247.775,82 | 661,005200 | 374,85 | |
| abr/94 | 374,85 | 1,9714 | 738,96 | Limitado ao teto |
| mai/95 | 582,86 | 1,428572 | 832,66 | 1,2678 |
| mai/96 | 832,66 | 1,150000 | 957,56 | |
| jun/97 | 957,56 | 1,077600 | 1.031,87 | |
| jun/98 | 1.031,87 | 1,048100 | 1.081,50 | |
| dez/98 | 1.081,50 | 1,000000 | 1.081,50 | EC 20/98 |
| jun/99 | 1.081,50 | 1,046100 | 1.131,36 | |
| jun/00 | 1.131,36 | 1,058100 | 1.197,09 | |
| jun/01 | 1.197,09 | 1,076600 | 1.288,79 | |
| jun/02 | 1.288,79 | 1,092000 | 1.407,36 | |
| jun/03 | 1.407,36 | 1,197100 | 1.684,75 | |
| jan/04 | 1.684,75 | 1,000000 | 1.684,75 | EC 41/03 |
| mai/04 | 1.684,75 | 1,045300 | 1.761,07 | |

| Data | Renda Mensal | Índices de reajustes | Renda Mensal Reajustada |
|---|---|---|---|
| mai/05 | 1.761,07 | 1,063550 | 1.872,99 |
| abr/06 | 1.872,99 | 1,050000 | 1.966,64 |
| abr/07 | 1.966,64 | 1,033000 | 2.031,54 |
| mar/08 | 2.031,54 | 1,050100 | 2.133,32 |
| fev/09 | 2.133,32 | 1,059200 | 2.259,61 |
| jan/10 | 2.259,61 | 1,077200 | 2.434,05 |
| jan/11 | 2.434,05 | 1,064700 | 2.591,53 |
| jan/12 | 2.591,53 | 1,060800 | 2.749,10 |
| jan/13 | 2.749,10 | 1,062000 | 2.919,54 |
| jan/14 | 2.919,54 | 1,055600 | 3.081,87 |
| jan/15 | 3.081,87 | 1,062300 | 3.273,87 |
| jan/16 | 3.273,87 | 1,112800 | 3.643,16 |
| jan/17 | 3.643,16 | 1,065800 | 3.882,88 |
| jan/18 | 3.882,88 | 1,020700 | 3.963,26 |
| jan/19 | 3.963,26 | 1,034300 | 4.099,20 |
| jan/20 | 4.099,20 | 1,044800 | 4.282,84 |
| jan/21 | 4.282,84 | 1,054500 | 4.516,25 |
| **jan/22** | **4.516,25** | **1,101600** | **4.975,10** |

A limitação ao teto previdenciário representou uma redução de 97,14% na renda mensal que, em atendimento ao disposto no Art. 26 da Lei 8.870/94, foi incorporada na competência 04/1994, sendo que o benefício assim reajustado não poderá superar o teto previdenciário vigente em 04/1994, que era de R$ 582,86.

A mensalidade reajustada em 04/1994, após a incorporação do índice teto, foi fixada no valor de R$ 738,96, sendo limitado ao teto vigente, no valor de R$ 582,86, em atendimento ao disposto no Art. 26 da Lei 8.870/94, restando um resíduo de 26,78% que foi aproveitado na readequação do benefício, feita em 08/2011, em atendimento à Ação Civil Pública n.º 0004911-28.2011.4.03.6183/SP.

A mensalidade reajustada em 01/2022, foi fixada no valor de **R$ 4.975,10**. Aplicando as regras de recomposição da mensalidade reajustada do benefício, observando-se os novos tetos estabelecidos pelas Emendas Constitucionais 20/98 e 41/03, o benefício passa a ter a seguinte composição:

Aplicando as regras de recomposição da mensalidade reajustada do benefício, observando-se os novos tetos estabelecidos pelas Emendas Constitucionais 20/98 e 41/03, o benefício passa a ter a seguinte composição:

| **PLANILHA 2 - DADOS DA REVISÃO - EC 41/03** | |
|---|---|
| | |
| TITULAR: **ROBERTA VIEIRA DE CARVALHO** | |
| BENEFÍCIO: **111.222.333-4** | |
| ESPÉCIE: **APOSENTADORIA ESPECIAL** | |
| TEMPO DE CONTRIBUIÇÃO: **26** | |
| DATA DE INÍCIO: **29/04/1991** | |
| MÉDIA DE SALÁRIOS: | **250.602,14** |
| SALÁRIO DE BENEFÍCIO: | **250.602,14** |
| COEFICIENTE: | **100%** |
| RENDA MENSAL INICIAL: | **250.602,14** |
| | |
| **Reajustes com base na decisão do STF no RE 564.354/SE - EC 41/03** | |

| Data | Renda Mensal | Índices de reajustes | Renda Mensal Reajustada |
|---|---|---|---|
| set/91 | 250.602,14 | 2,124900 | 532.504,49 |
| jan/92 | 532.504,49 | 2,198234 | 1.170.569,58 |
| mai/92 | 1.170.569,58 | 2,303616 | 2.696.542,80 |
| jun/92 | 2.696.542,80 | 1,000000 | 2.696.542,80 |
| set/92 | 2.696.542,80 | 2,247869 | 6.061.474,98 |
| jan/93 | 6.061.474,98 | 2,412128 | 14.621.053,51 |
| mar/93 | 14.621.053,51 | 1,366700 | 19.982.593,83 |
| mai/93 | 19.982.593,83 | 1,917000 | 38.306.632,37 |
| jul/93 | 38.306.632,37 | 1,404600 | 53.805.495,83 |
| ago/93 | 53.805.495,83 | 1,192600 | 64.168,43 |
| set/93 | 64.168,43 | 1,707363 | 109.558,81 |
| out/93 | 109.558,81 | 1,251700 | 137.134,76 |
| nov/93 | 137.134,76 | 1,249200 | 171.308,75 |
| dez/93 | 171.308,75 | 1,248900 | 213.947,49 |
| jan/94 | 213.947,49 | 1,752840 | 375.015,72 |
| fev/94 | 375.015,72 | 1,302500 | 488.457,98 |
| mar/94 | 488.457,98 | 661,005200 | 738,96 |
| mai/95 | 738,96 | 1,428572 | 1.055,66 |
| mai/96 | 1.055,66 | 1,150000 | 1.214,01 |
| jun/97 | 1.214,01 | 1,077600 | 1.308,22 |
| jun/98 | 1.308,22 | 1,048100 | 1.371,15 |
| dez/98 | 1.371,15 | 1,000000 | 1.371,15 |
| jun/99 | 1.200,00 | 1,046100 | 1.255,32 |
| jun/00 | 1.255,32 | 1,058100 | 1.328,25 |
| jun/01 | 1.328,25 | 1,076600 | 1.429,99 |
| jun/02 | 1.429,99 | 1,092000 | 1.561,55 |
| jun/03 | 1.561,55 | 1,197100 | 1.869,33 |
| jan/04 | 1.869,33 | 1,1426 | 2.135,90 |
| mai/04 | 2.135,90 | 1,045300 | 2.232,66 |
| mai/05 | 2.232,66 | 1,063550 | 2.374,55 |
| abr/06 | 2.374,55 | 1,050000 | 2.493,28 |
| abr/07 | 2.493,28 | 1,033000 | 2.575,56 |
| mar/08 | 2.575,56 | 1,050000 | 2.704,34 |
| fev/09 | 2.704,34 | 1,059200 | 2.864,44 |
| jan/10 | 2.864,44 | 1,077200 | 3.085,57 |
| jan/11 | 3.085,57 | 1,064700 | 3.285,21 |
| jan/12 | 3.285,21 | 1,060800 | 3.484,95 |
| jan/13 | 3.484,95 | 1,062000 | 3.701,02 |
| jan/14 | 3.701,02 | 1,055600 | 3.906,80 |
| jan/15 | 3.906,80 | 1,062300 | 4.150,19 |
| jan/16 | 4.150,19 | 1,112800 | 4.618,33 |
| jan/17 | 4.618,33 | 1,065800 | 4.922,22 |
| jan/18 | 4.922,22 | 1,020700 | 5.024,11 |
| jan/19 | 5.024,11 | 1,034300 | 5.196,44 |
| jan/20 | 5.196,44 | 1,044800 | 5.429,24 |
| jan/21 | 5.429,24 | 1,054500 | 5.725,13 |
| **jan/22** | **5.725,13** | **1,101600** | **6.306,80** |

| EC 20/98 | |
|---|---|
| Novo teto | 1.200,00 |
| Limitado ao novo teto | |
| Índice teto | 1,1426 |
| Incorporado em 01/2004 | |

| EC 41/03 | |
|---|---|
| Novo teto | 2.400,00 |

| Mensalidade Reajustada anterior | **4.975,10** |
|---|---|

| Proveito Econômico | **1.331,70** |
|---|---|

Com base na decisão do STF no RE 564.354/SE, nota-se que foi considerada a média de salários, no valor de **Cr$ 250.602,14** sem limitação ao teto vigente à época. O coeficiente da RMI foi de 100%. A RMI não deve ser alterada diante da decadência e foi fixada aplicando-se o coeficiente de cálculo sobre a média de salários sem limitação ao teto da época, meramente para fins de recomposição da mensalidade reajustada do benefício.

Nota-se também que não foi feita a limitação ao teto vigente em 03/1994, sendo observada apenas a limitação aos novos tetos fixados pelas Emendas Constitucionais 20/98 e 41/03.

A mensalidade reajustada para 12/1998, após a aplicação dos reajustes devidos desde a data de início do benefício, foi fixada no valor de **R$ 1.371,15**, sendo limitada ao teto fixado pela Emenda Constitucional nº 20/98, no valor de R$ 1.200,00. A diferença percentual entre essa mensalidade reajustada (R$ 1.371,15) e o novo teto de 12/1998 (R$ 1.200,00), equivale a **14,26%** ou 1,1426 (índice teto) que foi aplicada em 01/2004, data da vigência da Emenda Constitucional nº 41/03, visando recompor a limitação ocorrida em 12/1998.

Após a aplicação do índice teto mencionado, na competência 01/2004, a mensalidade reajustada dessa data é fixada no valor de **R$ 2.135,90**, abaixo do valor do teto fixado pela Emenda Constitucional nº 41/03, no valor de R$ 2.400,00. O benefício assim reajustado atinge uma mensalidade reajustada, em 01/2022, no valor de **R$ 6.306,80**. Portanto, no caso concreto, a aplicação da decisão do STF no RE 564.354 no referido benefício causa uma alteração da mensalidade reajustada em 01/2022 de R$ 4.975,10 para R$ 6.306,80, gerando um proveito econômico no valor de **R$ 1.331,70**.

### Grupo 3

O terceiro grupo trata dos benefícios com data de início no período em que não existia a incidência do fator previdenciário no cálculo do salário de benefício, entre 01/03/1994 a 28/11/1999 (véspera da vigência da Lei 9.876/99). Os benefícios com data de início nesse período, que tiveram o salário de benefício limitado ao teto previdenciário na data de início, tiveram uma compensação: a diferença percentual entre a média de salários e o teto previdenciário foi incorporada junto com o primeiro reajuste do benefício após a concessão, de acordo com o Art. 21 da Lei 8.880/94. Essa incorporação foi feita de forma automática. Vejamos a legislação que trata do tema:

> "Art. 21. Os benefícios concedidos com base na Lei nº 8.213/91, com data de início a partir de 1º de março de 1994, o salário de benefício será calculado nos termos do art. 29 da referida lei, tomando-se os salários de contribuição expressos em URV.
>
> [...]
>
> § 3º Na hipótese de a média apurada nos termos deste artigo resultar superior ao limite máximo do salário de contribuição vigente no mês de início do benefício, a diferença percentual entre esta média a o referido limite será incorporada ao valor do benefício juntamente com o primeiro reajuste do mesmo após a concessão, observado que nenhum benefício assim reajustado poderá superar o limite máximo do salário de contribuição vigente na competência em que ocorrer o reajuste.

Dentro do grupo de benefícios concedidos sem a incidência do fator previdenciário, existe um subgrupo cujo salário de benefício foi revisto pelo IRSM de fevereiro de 1994, com data de início entre 01/03/1994 a 28/02/1998. A revisão do IRSM – Índice de Reajuste do Salário Mínimo, consiste na incorporação do IRSM de fevereiro de 1994 nos índices de atualização dos salários de contribuição de fevereiro de 1994 e anteriores. Por falha da Previdência Social, os benefícios concedidos com data de início entre 01/03/1994 a 28/02/1998, não tiveram os salários de contribuição atualizados monetariamente com a inclusão do IRSM de fevereiro de 1994. Consequentemente, os salários de benefícios foram subavaliados. Tal situação foi resolvida na via administrativa, com proposta de acordo feito pela própria Autarquia Previdenciária, reconhecendo o erro cometido na fixação do salário de benefício das aposentadorias; como também na via judicial.

Os benefícios com direito à readequação da mensalidade reajustada (Revisão do Teto) são justamente os que foram revistos pelo IRSM de fevereiro de 1994, tendo em vista que tal revisão majora a média de salários, conforme demonstrado no exemplo prático a seguir.

O próximo estudo de caso a seguir trata-se de uma aposentadoria por tempo de contribuição integral, com data de início em **02/02/1995,** a partir da vigência da Lei nº 8.213/91, no período entre 01/03/1994 a 28/11/1999; sem fator previdenciário. O tempo de contribuição foi de **35 anos**; média de salários fixada no valor de **R$ 829,11**; salário de benefício limitado ao teto previdenciário vigente à época, no valor de **R$ 582,86**; coeficiente de 100% e Renda Mensal Inicial no valor de **R$ 582,86**; índice teto de 1,4225.

As informações de reajustes e renda mensal atualizada para janeiro de 2022 seguem abaixo.

| PLANILHA 1 - DADOS DA REVISÃO - IRSM | | | |
|---|---|---|---|
| | | | |
| **CARLOS EDUARDO DE ALMEIDA MENESES** | | | |
| BENEFÍCIO: **42/111.222.333-4** | | | |

| ESPÉCIE: **Aposentadoria por tempo de contribuição** | | |
|---|---|---|
| TEMPO DE CONTRIBUIÇÃO: **35 anos 05 meses 00 dias** | | |
| DATA DE INÍCIO: **02/02/1995** | | |
| MÉDIA DE SALÁRIOS: | **829,11** | |
| SALÁRIO DE BENEFÍCIO: | **582,86** | Limitado ao teto |
| COEFICIENTE: | **100%** | |
| RENDA MENSAL INICIAL: | **582,86** | |
| ÍNDICE TETO: | **1,5336** | |

**Reajustes com base na decisão do STF no RE 564.354/SE - EC 41/03**

| Data | Renda Mensal | Índices de Reajustes | Renda Reajustada | |
|---|---|---|---|---|
| mai/95 | 582,86 | 1,151047 | 670,90 | |
| mai/95 | 670,90 | 1,4225 | 954,34 | Limitado ao teto |
| mai/96 | 832,66 | 1,150000 | 957,56 | |
| jun/97 | 957,56 | 1,077600 | 1.031,87 | |
| jun/98 | 1.031,87 | 1,048100 | 1.081,50 | |
| dez/98 | 1.081,50 | 1,000000 | 1.081,50 | EC 20/98 |
| jun/99 | 1.081,50 | 1,046100 | 1.131,36 | |
| jun/00 | 1.131,36 | 1,058100 | 1.197,09 | |
| jun/01 | 1.197,09 | 1,076600 | 1.288,78 | |
| jun/02 | 1.288,78 | 1,092000 | 1.407,35 | |
| jun/03 | 1.407,35 | 1,197100 | 1.684,74 | |
| jan/04 | 1.684,74 | 1,000000 | 1.684,74 | EC 41/03 |
| mai/04 | 1.684,74 | 1,045300 | 1.761,06 | |
| mai/05 | 1.761,06 | 1,063550 | 1.872,98 | |
| abr/06 | 1.872,98 | 1,050000 | 1.966,62 | |
| abr/07 | 1.966,62 | 1,033000 | 2.031,52 | |
| mar/08 | 2.031,52 | 1,050000 | 2.133,10 | |
| fev/09 | 2.133,10 | 1,059200 | 2.259,38 | |
| jan/10 | 2.259,38 | 1,077200 | 2.433,80 | |
| jan/11 | 2.433,80 | 1,064700 | 2.591,27 | |
| jan/12 | 2.591,27 | 1,060800 | 2.748,82 | |
| jan/13 | 2.748,82 | 1,062000 | 2.919,25 | |
| jan/14 | 2.919,25 | 1,055600 | 3.081,56 | |
| jan/15 | 3.081,56 | 1,062300 | 3.273,54 | |
| jan/16 | 3.273,54 | 1,112800 | 3.642,79 | |
| jan/17 | 3.642,79 | 1,065800 | 3.882,49 | |
| jan/18 | 3.882,49 | 1,020700 | 3.962,85 | |
| jan/19 | 3.962,85 | 1,034300 | 4.098,78 | |
| jan/20 | 4.098,78 | 1,044800 | 4.282,41 | |
| jan/21 | 4.282,41 | 1,054500 | 4.515,80 | |
| **jan/22** | **4.515,80** | **1,101600** | **4.974,60** | |

No primeiro momento, abordaremos as nuances da revisão do IRSM, pois a mesma terá impacto significativo e direto na "revisão do teto". Poderíamos afirmar com convicção que os benefícios com data de início entre 01/03/1994 a 28/02/1998 (limite máximo) só terão direito à "revisão do teto" se foram revistos pelo IRSM e se o índice teto não foi integralmente absorvido junto com o primeiro reajuste do benefício.

Salientamos que o estudo de caso em comento trata-se de um caso real, com alteração apenas do número do benefício e o nome do segurado, assim como todos os demais casos abordados. Trata-se de uma aposentadoria por tempo de contribuição na modalidade integral, com data de início em 02/02/1995. Observa-se que o salário de benefício foi fixado no valor de R$ 829,11, limitado ao teto de R$ 582,86. O índice teto foi de 1,4225, que consiste na divisão entre a média de salários e o teto previdenciário vigente. Significa que a média de salários foi superior ao teto em 42,25%. É possível visualizar a incorporação desse índice junto com o primeiro reajuste do benefício, ocorrido em 05/1995.

Após a incorporação do índice teto junto com o primeiro reajuste, a mensalidade reajustada é fixada no valor de R$ 954,34, valor esse superior ao teto vigente na data do primeiro reajuste que era de R$ 832,66. Isso significa que o índice teto não foi integralmente absorvido junto com o primeiro reajuste. A mensalidade reajustada a partir de 01/2022 foi fixada no valor de **R$ 4.974,60**, confirmando a tese já explorada de que caso o benefício tenha sofrido limitação ao teto da concessão e de reajustamento posterior, o valor para 01/2022 será sempre de R$ 4.974,60, variando apenas os centavos. Os valores para os anos anteriores estão discriminados na mesma planilha. A seguir será demonstrada a "revisão do teto" ocorrida no benefício.

| DADOS DA REVISÃO DA EMENDA CONSTITUCIONAL 41/03 | |
|---|---|
| **CARLOS EDUARDO DE ALMEIDA MENESES** | |
| BENEFÍCIO: **42/111.222.333-4** | |
| ESPÉCIE: **Aposentadoria por tempo de contribuição** | |
| TEMPO DE CONTRIBUIÇÃO: **35 anos 05 meses 00 dias** | |
| DATA DE INÍCIO: **02/02/1995** | |
| MÉDIA DE SALÁRIOS: | **829,11** |
| SALÁRIO DE BENEFÍCIO: | **829,11** |
| COEFICIENTE: | **100%** |
| RENDA MENSAL INICIAL: | **829,11** |
| ÍNDICE TETO: | **1,0000** |

**Reajustes com base na decisão do STF no RE 564.354/SE - EC 41/03**

| Data | Renda Mensal | Índices de Reajustes | Renda Reajustada | | |
|---|---|---|---|---|---|
| mai/95 | 829,11 | 1,151047 | 954,34 | | |
| mai/95 | 954,34 | 1,0000 | 954,34 | | |
| mai/96 | 954,34 | 1,150000 | 1.097,50 | | |
| jun/97 | 1.097,50 | 1,077600 | 1.182,66 | | |
| jun/98 | 1.182,66 | 1,048100 | 1.239,55 | EC 20/98 | |
| dez/98 | 1.239,55 | 1,000000 | 1.239,55 | Novo teto | 1.200,00 |
| jun/99 | 1.200,00 | 1,046100 | 1.255,32 | Limitado ao novo teto | |
| jun/00 | 1.255,32 | 1,058100 | 1.328,25 | Índice teto | 1,0330 |
| jun/01 | 1.328,25 | 1,076600 | 1.430,00 | Incorporado em 01/2004 | |
| jun/02 | 1.430,00 | 1,092000 | 1.561,56 | | |
| jun/03 | 1.561,56 | 1,197100 | 1.869,34 | EC 41/03 | |
| jan/04 | 1.869,34 | 1,0330 | 1.931,03 | Novo teto | 2.400,00 |
| mai/04 | 1.931,03 | 1,045300 | 2.018,51 | | |
| mai/05 | 2.018,51 | 1,063550 | 2.146,78 | | |
| abr/06 | 2.146,78 | 1,050100 | 2.254,33 | | |
| abr/07 | 2.254,33 | 1,033000 | 2.328,73 | | |
| mar/08 | 2.328,73 | 1,050000 | 2.445,16 | | |

| | | | |
|---|---|---|---|
| fev/09 | 2.445,16 | 1,059200 | 2.589,92 |
| jan/10 | 2.589,92 | 1,077200 | 2.789,86 |
| jan/11 | 2.789,86 | 1,064700 | 2.970,36 |
| jan/12 | 2.970,36 | 1,060800 | 3.150,96 |
| jan/13 | 3.150,96 | 1,062000 | 3.346,32 |
| jan/14 | 3.346,32 | 1,055600 | 3.532,38 |
| jan/15 | 3.532,38 | 1,062300 | 3.752,44 |
| jan/16 | 3.752,44 | 1,112800 | 4.175,72 |
| jan/17 | 4.175,72 | 1,065800 | 4.450,48 |
| jan/18 | 4.450,48 | 1,020700 | 4.542,61 |
| jan/19 | 4.542,61 | 1,034300 | 4.698,42 |
| jan/20 | 4.698,42 | 1,044800 | 4.908,91 |
| jan/21 | 4.908,91 | 1,054500 | 5.176,44 |
| **jan/22** | **5.176,44** | **1,101600** | **5.702,37** |

| | |
|---|---|
| Mensalidade Reajustada anterior | **4.974,60** |

| | |
|---|---|
| Proveito econômico | **727,77** |

Após a readequação do benefício, considerando-se a média de salários sem qualquer limitação ao teto previdenciário vigente na data de início, observa-se que, após a aplicação dos reajustes devidos, a mensalidade reajustada em 12/1998 foi fixada em R$ 1.239,55, sendo limitada ao novo teto de R$ 1.200,00, estabelecido pela Emenda Constitucional 20/98. Essa limitação representou uma redução de 3,30% na mensalidade reajustada, sendo incorporada em 01/2004, data da alteração do teto previdenciário pela Emenda Constitucional 41/03. A Mensalidade Reajustada em 01/2004, após a readequação, foi fixada em R$ 1.931,03, valor inferior ao novo teto de R$ 2.400,00. Isso significa que o índice teto gerado em 12/98 foi totalmente absorvido em 01/2004, não sobrando nenhum resíduo. A Mensalidade Reajustada a partir de janeiro de 2022 foi fixada em **R$ 5.702,37**, inferior ao teto vigente de R$ 7.087,22 por não ter gerado resíduo de índices. O proveito econômico foi de **R$ 727,77** no ano de 2022, valor não tão significativo quanto o gerado nas revisões dos benefícios do buraco negro.

## Grupo 4

O quarto grupo trata dos benefícios com data de início entre 29/11/1999, data de vigência da Lei 9.876/99, e 31/12/2003, marco final antes da vigência da Emenda Constitucional 41/03. A partir da vigência da Lei 9.876/99 duas mudanças relevantes ocorreram no cálculo do salário de benefício:

a) Aumento considerável do período básico de cálculo. O salário de benefício antes da vigência da Lei 9.876/99, era calculado com base na média aritmética simples dos 36 últimos salários de contribuição apurados num período não superior a 48 meses da data de início do benefício ou afastamento das atividades. A partir da vigência da Lei 9.876/99, em 29/11/1999, o salário de benefício passou a ser calculado com base na média aritmética simples de 80% dos maiores salários de contribuição a partir de julho de 1994 até o mês anterior ao início do benefício ou afastamento das atividades laborais.

b) Incidência do fator previdenciário no cálculo do salário de benefício das aposentadorias por tempo de contribuição, de forma obrigatória, e nas aposentadorias por idade, de forma facultativa. Essas duas inovações contribuíram para aumentar a complexidade no cálculo do salário de benefício.

Vejamos a legislação que trata do tema:

Lei 8.213 – atualizada pela Lei 9.876/99:

Art. 29. O salário-de-benefício consiste:

I – para os benefícios de que tratam as alíneas b e c do inciso I do art. 18, na média aritmética simples dos maiores salários-de-contribuição correspondentes a oitenta por cento de todo o período contributivo, multiplicada pelo fator previdenciário.

(...)

§ 8º Para efeito do disposto no § 7º, a expectativa de sobrevida do segurado na idade da aposentadoria será obtida a partir da tábua completa de mortalidade construída pela Fundação Instituto Brasileiro de Geografia e Estatística – IBGE, considerando-se a média nacional única para ambos os sexos.

§ 9º Para efeito da aplicação do fator previdenciário, ao tempo de contribuição do segurado serão adicionados:

I – cinco anos, quando se tratar de mulher;

II – cinco anos, quando se tratar de professor que comprove exclusivamente tempo de efetivo exercício das funções de magistério na educação infantil e no ensino fundamental e médio;

III – dez anos, quando se tratar de professora que comprove exclusivamente tempo de efetivo exercício das funções de magistério na educação infantil e no ensino fundamental e médio.

Decreto 3.048/99 – atualizado pelo Decreto 3.265/99

Art. 32. O salário-de-benefício consiste:

I – para as aposentadorias por idade e por tempo de contribuição, na média aritmética simples dos maiores salários-de-contribuição correspondentes a oitenta por cento de todo o período contributivo, multiplicada pelo fator previdenciário;

(...)

§ 11. O fator previdenciário será calculado considerando-se a idade, a expectativa de sobrevida e o tempo de contribuição do segurado ao se aposentar, mediante a fórmula:

$$FP = \frac{TC \times A}{ES} \times \left(1 + \frac{Id + TC \times A}{100}\right)$$

F: Fator Previdenciário

TC: Tempo de contribuição

A: Alíquota

ES: Expectativa de sobrevida

ID: Idade

Art. 188-A. Para o segurado filiado à previdência social até 28 de novembro de 1999, inclusive o oriundo de regime próprio de previdência social, que vier a cumprir as condições exigidas para a concessão dos benefícios do Regime Geral de Previdência Social, no cálculo do salário-de-benefício será considerada a média aritmética simples dos maiores salários-de-contribuição, correspondentes a, no mínimo, oitenta por cento de todo o período contributivo decorrido desde a competência julho de 1994, observado o disposto nos incisos I e II do caput e § 14 do art. 32.

§ 1º No caso das aposentadorias por idade, tempo de contribuição e especial, o divisor considerado no cálculo da média a que se refere o caput não poderá ser inferior a sessenta por cento do período decorrido da competência julho de 1994 até a data de início do benefício, limitado a cem por cento de todo o período contributivo.

§ 2º Para a obtenção do salário-de-benefício, o fator previdenciário de que trata o art. 32 será aplicado de forma progressiva, incidindo sobre um sessenta avos da média aritmética de que trata o caput, por competência que se seguir a 28 de novembro de 1999, cumulativa e sucessivamente, até completar sessenta sessenta avos da referida média, na competência novembro de 2004.

A seguir será explorado um estudo de caso evidenciando a "revisão do teto" de aposentadoria com incidência do fator previdenciário.

| PLANILHA 1 - DADOS DA CONCESSÃO | |
|---|---|
| **ROBSON MOREIRA PIRES** | |
| BENEFÍCIO: **42/111.222.333-4** | |
| ESPÉCIE: **Aposentadoria por tempo de contribuição** | |
| TEMPO DE CONTRIBUIÇÃO: **37 anos 08 meses 20 dias** | |
| DATA DE INÍCIO: | **13/03/2001** |
| DATA DE NASCIMENTO: | **24/11/1944** |

| TEMPO DE CONTRIBUIÇÃO | | |
|---|---|---|
| **13/03/2001** | | |
| **anos** | **meses** | **dias** |
| **37** | **8** | **20** |
| **37,7222** | | |

| IDADE- Nascimento: | | **24/11/1944** |
|---|---|---|
| **13/03/2001** | | |
| **anos** | **meses** | **dias** |
| **56** | **3** | **20** |
| **56,3056** | | |

| Idade | Expectativa de Sobrevida |
|---|---|
| 56 | 20,6 |
| 57 | 19,9 |
| 58 | 19,2 |
| 59 | 18,4 |

| **Idade** | 56,3056 |
|---|---|
| **TC** | 37,7222 |
| **ES** | 20,6 |
| **Alíquota** | 0,31 |

MÉDIA DE SALÁRIOS: **1.487,50**

**Fator Previdenciário** $\frac{TC \times A}{ES} \times \left(1 + \frac{(Id + TC \times A)}{100}\right)$

| **Fator Previdenciário** | **0,9537** |
|---|---|

**Legenda:**

**FP** - Fator Previdenciário

| **Y** - Número de meses de vigência da Lei n.º 9.876/99, de 28/11/1999 = | **16** |
|---|---|

**M** - Média de salários

$$SB = \frac{FP \times Y \times M}{60} + \frac{M \times (60 - Y)}{60}$$

$$SB = \frac{0{,}9537 \times 16 \times 1.487{,}50}{60} + \frac{1.487{,}50 \times (60 - 16)}{60}$$

| | A | | B |
|---|---|---|---|
| **SB =** | **378,30** | **+** | **1.090,83** |

| **Média de Salários** | **1.487,50** |
|---|---|
| **Salário de Benefício** = A + B | **1.469,13** |
| **Teto Previdenciário** | **1.328,25** |
| **Salário de Benefício - limitado ao teto** | **1.328,25** |
| Coeficiente | **100%** |
| **Renda Mensal Inicial** = SB x Coeficiente | **1.328,25** |
| **Índice Teto - Art. 35 Decreto 3.048/99** | **1,1061** |

O presente estudo de caso trata-se de uma aposentadoria por tempo de contribuição na modalidade integral, com data de início em 13/03/2001. Observa-se que a média de 80% dos maiores salários de contribuição de 07/1994 até o mês anterior ao início do benefício foi fixada no valor de R$ 1.487,50. O fator previdenciário foi fixado em 0,9537, aplicado de forma proporcional (16/60 avos), tendo em vista que a Lei 9.876/99 estava em vigor há 16 meses na data de início do benefício.

Após a aplicação proporcional do fator previdenciário, o salário de benefício é fixado no valor de R$ 1.469,13 e foi limitado ao teto previdenciário em vigor à época, no valor de R$ 1.328,25. O índice teto foi de 1,1061, que consiste na divisão entre salário de benefício após a aplicação do fator previdenciário proporcional e o teto previdenciário vigente; significa que o salário de benefício, após a aplicação do fator previdenciário proporcional, foi superior ao teto previdenciário em 10,61%. A seguir visualiza-se as planilhas de reajustes do benefício até a presente data e a aplicação da readequação para fins de análises e considerações.

| **ROBSON MOREIRA PIRES** | |
|---|---|
| BENEFÍCIO: **42/111.222.333-4** | |
| ESPÉCIE: **Aposentadoria por tempo de contribuição** | |
| TEMPO DE CONTRIBUIÇÃO: **37 anos 08 meses 20 dias** | |
| DATA DE INÍCIO: | **13/03/2001** |
| DATA DE NASCIMENTO: | **24/11/1944** |
| MÉDIA DE SALÁRIOS: | **1.487,50** |
| TETO PREVIDENCIÁRIO | **1.328,25** |
| SALÁRIO DE BENEFÍCIO (Após a aplicação do Fator): | **1.469,13** |
| SALÁRIO DE BENEFÍCIO (Limitado ao teto): | **1.328,25** |
| COEFICIENTE: | **100%** |
| RENDA MENSAL INICIAL: | **1.328,25** |
| ÍNDICE TETO: | **1,1061** |

**Reajustes Previdenciários**

| Data | Renda Mensal | Índices de Reajustes | Renda Reajustada | | |
|---|---|---|---|---|---|
| jun/01 | 1.328,25 | 1,018300 | 1.352,56 | limitado ao teto | |
| jun/01 | 1.352,56 | 1,1061 | 1.496,02 | índice teto | 1,0462 |
| jun/02 | 1.430,00 | 1,092000 | 1.561,56 | Não aproveitado | |
| jun/03 | 1.561,56 | 1,197100 | 1.869,34 | | |
| jan/04 | 1.869,34 | 1,000000 | 1.869,34 | EC 41/03 | |
| mai/04 | 1.869,34 | 1,045300 | 1.954,02 | | |
| mai/05 | 1.954,02 | 1,063550 | 2.078,20 | | |
| abr/06 | 2.078,20 | 1,050100 | 2.182,32 | | |
| abr/07 | 2.182,32 | 1,033000 | 2.254,34 | | |
| mar/08 | 2.254,34 | 1,050000 | 2.367,05 | | |
| fev/09 | 2.367,05 | 1,059200 | 2.507,18 | | |
| jan/10 | 2.507,18 | 1,077200 | 2.700,74 | | |
| jan/11 | 2.700,74 | 1,064700 | 2.875,48 | | |
| jan/12 | 2.875,48 | 1,060800 | 3.050,31 | | |
| jan/13 | 3.050,31 | 1,062000 | 3.239,42 | | |
| jan/14 | 3.239,42 | 1,055600 | 3.419,54 | | |
| jan/15 | 3.419,54 | 1,062300 | 3.632,57 | | |
| jan/16 | 3.632,57 | 1,112800 | 4.042,33 | | |
| jan/17 | 4.042,33 | 1,065800 | 4.308,31 | | |
| jan/18 | 4.308,31 | 1,020700 | 4.397,50 | | |
| jan/19 | 4.397,50 | 1,034300 | 4.548,33 | | |
| jan/20 | 4.548,33 | 1,044800 | 4.752,09 | | |
| jan/21 | 4.752,09 | 1,054500 | 5.011,08 | | |
| **jan/22** | **5.011,08** | **1,101600** | **5.520,21** | | |

É possível visualizar a incorporação do índice junto com o primeiro reajuste do benefício, ocorrido em 06/2001. Após a incorporação do índice teto junto com o primeiro reajuste, a mensalidade reajustada é fixada no valor de R$ 1.496,02, valor esse superior ao teto vigente na data do primeiro reajuste que era de R$ 1.430,00. Isso significa que o índice teto não foi totalmente absorvido junto com o primeiro reajuste do benefício. Portanto, o benefício tem direito à "revisão do teto". O benefício foi revisto em 08/2011 em função da Ação Civil Pública n.º 0004911-28.2011.4.03.6183/SP. Após a readequação do benefício, a mensalidade reajustada de 01/2022 é alterada de **R$ 5.520,21** para **R$ 5.775,06**. O proveito econômico foi de **R$ 254,85** em 2022, conforme planilha abaixo detalhada.

**PLANILHA 2 - DADOS DA REVISÃO - EC 41/03**

**ROBSON MOREIRA PIRES**
BENEFÍCIO: **42/111.222.333-4**
ESPÉCIE: **Aposentadoria por tempo de contribuição**
TEMPO DE CONTRIBUIÇÃO: **37 anos 08 meses 20 dias**
DATA DE INÍCIO: **13/03/2001**
DATA DE NACIMENTO: **24/11/1944**

| | |
|---|---|
| MÉDIA DE SALÁRIOS: | **1.487,50** |
| TETO PREVIDENCIÁRIO | **1.328,25** |
| SALÁRIO DE BENEFÍCIO (Após a aplicação do Fator): | **1.469,13** |
| SALÁRIO DE BENEFÍCIO: | **1.469,13** |
| COEFICIENTE: | **100%** |
| RENDA MENSAL INICIAL: | **1.469,13** |
| ÍNDICE TETO: | **1,0000** |

**Reajustes Previdenciários**

| Data | Renda Mensal | Índices de Reajustes | Renda Reajustada | |
|---|---|---|---|---|
| jun/01 | 1.469,13 | 1,018300 | 1.496,02 | |
| jun/01 | 1.496,02 | 1,0000 | 1.496,02 | |
| jun/02 | 1.496,02 | 1,092000 | 1.633,65 | |
| jun/03 | 1.633,65 | 1,197100 | 1.955,65 | |
| jan/04 | 1.955,65 | 1,000000 | 1.955,65 | EC 41/03 |
| mai/04 | 1.955,65 | 1,045300 | 2.044,24 | |
| mai/05 | 2.044,24 | 1,063550 | 2.174,15 | |
| abr/06 | 2.174,15 | 1,050100 | 2.283,07 | |
| abr/07 | 2.283,07 | 1,033000 | 2.358,41 | |
| mar/08 | 2.358,41 | 1,050000 | 2.476,34 | |
| fev/09 | 2.476,34 | 1,059200 | 2.622,93 | |
| jan/10 | 2.622,93 | 1,077200 | 2.825,42 | |
| jan/11 | 2.825,42 | 1,064700 | 3.008,23 | |
| jan/12 | 3.008,23 | 1,060800 | 3.191,13 | |
| jan/13 | 3.191,13 | 1,062000 | 3.388,98 | |
| jan/14 | 3.388,98 | 1,055600 | 3.577,41 | |
| jan/15 | 3.577,41 | 1,062300 | 3.800,28 | |
| jan/16 | 3.800,28 | 1,112800 | 4.228,95 | |
| jan/17 | 4.228,95 | 1,065800 | 4.507,22 | |
| jan/18 | 4.507,22 | 1,020700 | 4.600,52 | |
| jan/19 | 4.600,52 | 1,034300 | 4.758,31 | |
| jan/20 | 4.758,31 | 1,044800 | 4.971,49 | |
| jan/21 | 4.971,49 | 1,054500 | 5.242,43 | |
| **jan/22** | **5.242,43** | **1,101600** | **5.775,06** | |

| Mensalidade Reajustada anterior | **5.520,21** |
|---|---|
| Proveito econômico | **254,85** |

Diante do exposto, é possível concluir que os benefícios com data de início no período entre 29/11/1999 a 31/12/2003 geram pouco ou nenhum proveito econômico com a readequação do benefício em função das alterações promovidas pelas EC 20/98 e 41/03. Para que haja proveito econômico, a média de salários tem que ser superior ao teto previdenciário da época e o fator tem que ser próximo ou superior a 1.

**Grupo 5**

Para finalizar a abordagem do tema readequação da mensalidade reajustada em função das alterações dos tetos previdenciários pelas Emendas Constitucionais 20/98 e 41/03, analisaremos um estudo de caso de um benefício com data de início antes da vigência da Constituição Federal, em função da crescente demanda observada no âmbito dos Tribunais Regionais Federais em todo o país.

Apresentaremos a seguir a metodologia desenvolvida pelo Setor de Cálculos e Pagamentos Judiciais da Procuradoria Federal Especializada do INSS em Salvador/Bahia, em parceria com a Divisão de Orientação de Cálculos e Pagamentos Judiciais em Brasília, para atender a essa demanda, considerando as particularidades do cálculo da renda mensal inicial da época. Abordaremos a contextualização do tema, a legislação que disciplinava o cálculo da RMI vigente à época, os procedimentos de cálculos adotados pela Seção Judiciária do Estado da Bahia, a metodologia sugerida pelo Setor de Cálculos e Pagamentos Judiciais da Procuradoria Federal Especializada do INSS em Salvador/Bahia em parceria com a Divisão de Cálculos e Pagamentos Judiciais em Brasília e as conclusões.

**Contextualização**

Os segurados da Previdência Social, beneficiários de aposentadorias por tempo de contribuição, especial e por idade, com data de início anterior a 05/10/1988, tiveram suas rendas mensais calculadas com base na legislação vigente à época, que atualizava monetariamente os 24 salários de contribuição anteriores aos 12 últimos utilizando os índices estabelecidos pela Coordenação dos Serviços Atuariais do Ministério do Trabalho e Previdência Social, de acordo com o § 1º do Art. 3º da Lei n.º 5.890/73.

Os benefícios de aposentadoria por tempo de contribuição, especial e por idade, com datas de início entre 17/06/1977 a 04/10/1988, que tiveram proveito econômico, foram revistos para a aplicação da ORTN/OTN como indexador de atualizacão monetária dos 24 salári

substituição aos índices de atualização monetária aplicados à época da concessão. Nem todos os benefícios tiveram proveito econômico, tendo em vista que, em alguns períodos, os índices administrativos aplicados à época, para atualização dos salários de contribuição, foram superiores aos da ORTN/OTN, conforme tabela abaixo discriminada, elaborada pela contadoria da Justiça Federal de Santa Catarina.

| Ano/Mês | Janeiro | Fevereiro | Março | Abril | Maio | Junho | Julho | Agosto | Setembro | Outubro | Novembro | Dezembro |
|---|---|---|---|---|---|---|---|---|---|---|---|---|
| 1977 | | | | | | 8,1295% | | | | | | |
| 1978 | | | | | | | | | | | | |
| 1979 | | | | | | 1,6593% | | | | | | 1,2206% |
| 1980 | 1,2462% | 4,1107% | 6,6357% | 6,3986% | 8,9365% | 11,1685% | | | | | | 1,4568% |
| 1981 | | | | | | | | | | | 3,4588% | 7,3678% |
| 1982 | | | | | 3,6439% | 7,5185% | 2,0125% | 6,2638% | 11,2509% | 14,5100% | 19,6980% | 24,3372% |
| 1983 | | 3,1341% | 7,9453% | 10,7623% | 17,7064% | 23,8776% | 2,8771% | 9,1516% | 15,2772% | 0,8025% | 7,2980% | 12,4946% |
| 1984 | | | 3,9750% | | | 3,9643% | 3,6305% | 10,1933% | 17,2878% | 4,5916% | 13,0975% | 18,5495% |
| 1985 | 5,4048% | 14,6554% | 22,3302% | 7,1358% | 15,6885% | 22,0343% | 5,8250% | 9,9337% | 14,4996% | 5,2646% | 10,4627% | 15,9728% |
| 1986 | 2,6411% | 13,7077% | 24,0712% | 3,1622% | 1,6048% | | 0,2552% | | | | | |
| 1987 | | | 20,2569% | 1,5548% | 16,2894% | 35,0330% | | | 1,2569% | | 3,0583% | 12,9989% |
| 1988 | 12,3314% | 25,8318% | 42,4885% | 31,2835% | 47,9340% | 62,5540% | 15,2526% | 18,1971% | 15,1137% | 17,0607% | | |

Sem proveito econômico

Diante do surgimento de ações judiciais para os benefícios com datas de início antes da Constituição Federal de 05/10/1988, visando a recomposição desses benefícios, em função das alterações dos tetos previdenciários pelas Emendas Constitucionais 20/98 e 41/03, torna-se necessário o desenvolvimento de uma metodologia de cálculo para identificar possível proveito econômico, levando em consideração as peculiaridades de cálculo vigentes à época da concessão desses benefícios, em contraposição à metodologia utilizada pelas Contadorias da Justiça Federal.

**Procedimentos**

Para fins de entendimento da metodologia sugerida para recomposição dos benefícios com data de início antes de 05/10/1988, analisemos o caso concreto abaixo descrito, referente a um benefício de aposentadoria por tempo de contribuição com data de início em 02/06/1983, revisto pela ação da ORTN. Com base na tabela anterior, verifica-se que houve proveito econômico, tendo em vista que o índice de 06/1983 foi de 23,8776%. Ressaltamos que o caso concreto abaixo explorado contém dados reais, sendo informados dados fictícios apenas no nome do segurado e no número do benefício para fins de preservação de dados.

| CÁLCULO DA RENDA MENSAL |
|---|
| **AILTON BARRETO DOS SANTOS** |
| DATA DE NASCIMENTO: **17/06/1927** |
| ESPÉCIE: **42** (APOSENTADORIA POR TEMPO DE CONTRIBUIÇÃO) **111.222.333-4** |
| DATA DE INÍCIO DO BENEFÍCIO: **02/06/1983** |
| TEMPO DE CONTRIBUIÇÃO: **35 anos 03 meses e 16 dias** |
| BASE LEGAL: DECRETO 83.080/79 |
| PERÍODO BÁSICO DE CÁLCULO: **06/1980 a 05/1983** |

| | | | Índices Administrativos | | Índices da ORTN/OTN | |
|---|---|---|---|---|---|---|
| **Sequência** | **Mês/ano** | **Salário** | **Índice** | **Salário corrigido** | **Índice** | **Salário corrigido** |
| 1 | jun/80 | 70.136,00 | 5,100000 | 357.693,60 | 7,207514 | 505.506,20 |
| 2 | jul/80 | 70.136,00 | 5,100000 | 357.693,60 | 6,983980 | 489.828,42 |
| 3 | ago/80 | 70.136,00 | 5,100000 | 357.693,60 | 6,767385 | 474.637,31 |
| 4 | set/80 | 70.136,00 | 5,100000 | 357.693,60 | 6,557503 | 459.917,03 |
| 5 | out/80 | 70.136,00 | 5,100000 | 357.693,60 | 6,366478 | 446.519,30 |
| 6 | nov/80 | 73.980,70 | 5,100000 | 377.301,57 | 6,169103 | 456.394,56 |
| 7 | dez/80 | 93.706,00 | 5,100000 | 477.900,60 | 5,977840 | 560.159,48 |
| 8 | jan/81 | 93.706,00 | 3,020000 | 282.992,12 | 5,720433 | 536.038,89 |
| 9 | fev/81 | 93.706,00 | 3,020000 | 282.992,12 | 5,447997 | 510.510,01 |
| 10 | mar/81 | 93.706,00 | 3,020000 | 282.992,12 | 5,115508 | 479.353,79 |
| 11 | abr/81 | 93.706,00 | 3,020000 | 282.992,12 | 4,812316 | 450.942,88 |
| 12 | mai/81 | 110.004,00 | 3,020000 | 332.212,08 | 4,539929 | 499.410,35 |
| 13 | jun/81 | 133.540,00 | 3,020000 | 403.290,80 | 4,282959 | 571.946,34 |
| 14 | jul/81 | 133.540,00 | 3,020000 | 403.290,80 | 4,040534 | 539.572,91 |
| 15 | ago/81 | 133.540,00 | 3,020000 | 403.290,80 | 3,811833 | 509.032,18 |
| 16 | set/81 | 133.540,00 | 3,020000 | 403.290,80 | 3,602865 | 481.126,59 |
| 17 | out/81 | 133.540,00 | 3,020000 | 403.290,80 | 3,408564 | 455.179,64 |
| 18 | nov/81 | 184.390,00 | 3,020000 | 556.857,80 | 3,224741 | 594.609,99 |
| 19 | dez/81 | 238.560,00 | 3,020000 | 720.451,20 | 3,056632 | 729.190,13 |
| 20 | jan/82 | 238.560,00 | 1,820000 | 434.179,20 | 2,905541 | 693.145,86 |
| 21 | fev/82 | 238.560,00 | 1,820000 | 434.179,20 | 2,767178 | 660.137,98 |
| 22 | mar/82 | 236.459,00 | 1,820000 | 430.355,38 | 2,635413 | 623.167,12 |
| 23 | abr/82 | 238.560,00 | 1,820000 | 434.179,20 | 2,509916 | 598.765,56 |
| 24 | mai/82 | 260.266,00 | 1,820000 | 473.684,12 | 2,379071 | 619.191,29 |
| 25 | jun/82 | 332.160,00 | 1,000000 | 332.160,00 | 1,000000 | 332.160,00 |
| 26 | jul/82 | 332.160,00 | 1,000000 | 332.160,00 | 1,000000 | 332.160,00 |
| 27 | ago/82 | 332.160,00 | 1,000000 | 332.160,00 | 1,000000 | 332.160,00 |
| 28 | set/82 | 332.160,00 | 1,000000 | 332.160,00 | 1,000000 | 332.160,00 |
| 29 | out/82 | 332.160,00 | 1,000000 | 332.160,00 | 1,000000 | 332.160,00 |
| 30 | nov/82 | 335.267,00 | 1,000000 | 335.267,00 | 1,000000 | 335.267,00 |
| 31 | dez/82 | 471.360,00 | 1,000000 | 471.360,00 | 1,000000 | 471.360,00 |
| 32 | jan/83 | 471.360,00 | 1,000000 | 471.360,00 | 1,000000 | 471.360,00 |
| 33 | fev/83 | 471.360,00 | 1,000000 | 471.360,00 | 1,000000 | 471.360,00 |
| 34 | mar/83 | 471.360,00 | 1,000000 | 471.360,00 | 1,000000 | 471.360,00 |
| 35 | abr/83 | 471.360,00 | 1,000000 | 471.360,00 | 1,000000 | 471.360,00 |
| 36 | mai/83 | 480.973,00 | 1,000000 | 480.973,00 | 1,000000 | 480.973,00 |

| | Índices Administrativos | Índices da ORTN/OTN |
|---|---|---|
| **SOMA DE SALÁRIOS** | **14.442.030,83** | **17.778.123,84** |
| **Média de Salários** | **401.167,52** | **493.836,77** |

| | Índices Administrativos | Índices da ORTN/OTN |
|---|---|---|
| TETO MENOR: | 295.849,50 | 295.849,50 |
| COEFICIENTE: | 95% | 95% |
| PARCELA BÁSICA: | **281.057,03** | **281.057,03** |
| MÉDIA DE SALÁRIOS: | **401.167,52** | **493.836,77** |
| TETO MAIOR: | 591.699,00 | 591.699,00 |
| Grupo de contribuições acima do menor valor teto | 9 | 9 |

| | | |
|---|---|---|
| PARCELA ADICIONAL **(401.167,52 - 295.849,50) X 9/30** | **31.595,41** | **59.396,18** |
| RENDA MENSAL INICIAL (281.057,03 + 31.595,41) | **312.652,43** | **340.453,21** |
| SALÁRIO MÍNIMO EM 06/1983 | **30.600,00** | **30.600,00** |
| EQUIVALÊNCIA SALARIAL | **10,22** | **11,13** |

Da análise da concessão do benefício, constata-se que, após a atualização monetária dos 24 salários de contribuição anteriores aos 12 últimos, com base na legislação aplicável à época, foi obtida uma soma de salários no valor total de **Cr$ 14.442.030,83** que divido pelos 36 salários constantes do Período Básico de Cálculo, encontra-se uma média de salários no valor de **Cr$ 401.167,52**. O menor valor teto vigente era de **Cr$ 295.849,50** e o maior valor teto era de **Cr$ 591.699,00**.

Para a definição do Salário de Benefício e da Renda Mensal Inicial, é necessário analisar a metodologia de cálculo vigente à época, particularmente o disposto nos Arts. 37, 40 e 41 do Decreto 83.080/79, com a redação dada pelo Decreto 87.374/82, abaixo reproduzidos:

*Art. 37. O salário de benefício corresponde:*

*I para o auxílio-doença, a aposentadoria por invalidez, a pensão e o auxílio-reclusão, a 1/12 (um doze avos) da soma dos salários de contribuição imediatamente anteriores ao mês do afastamento da atividade, até o máximo de 12 (doze), apurados em período não superior a 18 (dezoito) meses;*

*II – para as demais espécies de aposentadoria, 1/36 (um trinta e seis avos) da soma dos salários de contribuição imediatamente anteriores ao mês da entrada do requerimento ou do afastamento da atividade, até o máximo de 36 (trinta e seis), apurados em período não superior a 48 (quarenta e oito) meses.*

*III – para o abandono de permanência em serviço a 1/36 (um trinta e seis avos) da soma dos salários de contribuição Imediatamente anteriores ao mês da entrada do requerimento até o máximo de 36 (trinta e seis), apurados em período não superior a 48 (quarenta e oito) meses.*

*§ 1º Nos casos dos itens II e III, os salários de contribuição anteriores aos 12 (doze) últimos meses são previamente corrigidos, de acordo com coeficientes de reajustamento periodicamente indicados pelo órgão próprio do MPAS.*

Aplicando-se o disposto no referido ato normativo, encontra-se um Salário de Benefício no valor de **Cr$ 401.167,52**, conforme demonstrado no estudo de caso.

*Art. 40. O cálculo da renda mensal do benefício de prestação continuada obedece as normas seguintes:*

*I – se o salário de benefício apurado na forma da Seção I, é igual ou inferior a 10 (dez), vezes a maior unidade-salarial (artigo 430) do País, o cálculo da renda mensal é feito na forma do artigo 41 e seus parágrafos;*

*II – se é superior a 10 (dez) vezes a maior unidade-salarial do País, o salário de benefício deve ser dividido em duas partes, a primeira igual àquele valor e a segunda igual ao valor excedente procedendo-se da forma seguinte:*

*a) a primeira parte é utilizada para o cálculo da parcela básica da renda mensal, na forma do artigo 41 e seus parágrafos;*

*b) a segunda parte é utilizada, até o máximo de 80% (oitenta por cento) do seu valor, para o cálculo da parcela adicional de renda mensal, multiplicando-se o valor dessa parte por tantos 1/30 (um trinta avos) quantos sejam os grupos de 12 (doze) contribuições, consecutivas ou não, acima de 10 (dez) vezes a maior unidade-salarial (artigo 430) do país;*

*c) a renda mensal do benefício é a soma da parcela básica (letra "a") com a parcela adicional (letra "b").*

*Art. 41. O valor da renda mensal do benefício de prestação continuada, ou o da sua parcela básica mencionada na letra "a" do item II do artigo 40, é calculado mediante a aplicação dos coeficientes seguintes;*

*(...)*

*IV – aposentadoria por tempo de serviço:*

*a) 80% (oitenta por cento) ou 95% (noventa e cinco por cento) do salário de benefício, conforme, respectivamente sexo masculino ou feminino do segurado que comprova 30 (trinta) anos de serviço;*

*b) para o segurado do sexo masculino que em atividade após 30 (trinta) anos de serviço, 80% (oitenta por cento) do salário de benefício, mais 3% (três por cento) de cada novo ano completo de atividade abrangida pela previdência social urbana até o máximo de 95% (noventa e cinco por cento) aos 35 (trinta e cinco) anos de serviço.*

Como o salário de benefício do estudo de caso ultrapassou o menor valor teto da época, a Renda Mensal Inicial do benefício foi calculada com base no disposto no Art. 40, II do Decreto 83.080/79. A parcela básica foi definida com a aplicação do coeficiente de 95% (35 anos de contribuição) definido no Art. 41, IV, b do mesmo ato normativo, sobre o menor valor teto, enquanto que a parcela adicional foi calculada na base de 9/30 sobre o que exceder do menor valor teto.

Dessa forma, a parcela básica foi obtida pela aplicação do coeficiente de 95% sobre o menor valor teto, ou seja: 95% x 295.849,50 = 281.057,03. Já a parcela adicional foi calculada sobre a diferença entre a média de salários e o menor valor teto (valor excedente), multiplicado por quantos 1/30 avos relativos ao número de anos em que o segurado contribuiu acima do menor valor teto, que no estudo de caso foram 9 anos, ou seja: (401.167,52 – 295.849,50) x 9/30 = 31.595,41. Abaixo encontra-se o resumo do cálculo.

| | | |
|---|---|---|
| Parcela Básica: 295.849,50 x 95% | = | 281.057,03 |
| Parcela Adicional: (401.167,52 – 295.849,50) x 9/30 | = | 31.595,41 |
| Renda Mensal Inicial | = | **312.652,44** |

Considerando o salário mínimo vigente na Bahia em 06/1983, no valor de **Cr$ 30.600,00**, a renda mensal inicial, indexada em quantidades de salários mínimos (Art. 58 do ADCT), equivale a **10,22**.

Após a revisão do benefício, para aplicação da ORTN como indexador de atualização monetária dos 24 salários de contribuição anteriores aos 12 últimos, o salário de benefício foi alterado de **Cr$ 401.167,52** para **Cr$ 493.836,77**. A nova Renda Mensal Inicial também foi alterada e passou a ter a seguinte composição:

| | | |
|---|---|---|
| Parcela Básica: 295.849,50 x 95% | = | 281.057,03 |
| Parcela Adicional: (493.836,77 – 295.849,50) x 9/30 | = | 59.396,18 |
| Renda Mensal Inicial | = | **340.453,21** |

Considerando o salário mínimo vigente na Bahia em 06/1983, no valor de **Cr$ 30.600,00**, a renda mensal inicial, indexada em quantidades de salários mínimos (Art. 58 do ADCT), passou a ser de **11,13**.

Após a revisão do benefício para aplicação da ORTN, visualiza-se a seguir os reajustes, a partir da equivalência salarial (Art. 58 do ADCT) até a presente data, sendo evidenciado o proveito econômico a partir da competência 01/2022, no valor de **R$ 451,99**.

**EVOLUÇÃO DA RENDA MENSAL DO BENEFÍCIO**

**AILTON BARRETO DOS SANTOS**
BENEFÍCIO: **42/111.222.333-4**
ESPÉCIE: **Aposentadoria por tempo de contribuição**
TEMPO DE CONTRIBUIÇÃO: **35 anos 03 meses e 16 dias**
DATA DE INÍCIO: **02/06/1983**

| | |
|---|---|
| RENDA MENSAL INICIAL- CONCESSÃO: | **312.652,43** |
| SALÁRIO MÍNIMO DA ÉPOCA: | **30.600,00** |
| EQUIVALÊNCIA SALARIAL: | **10,22** |

**REAJUSTES DO BENEFÍCIO**

| Data | Renda Mensal Inicial | Índices de reajustes | Renda Mensal Reajustada |
|---|---|---|---|
| **Início da Equivalência Salarial** | | | **10,22** |
| abr/89 | 63,90 | 10,22 | 652,89 |
| mai/89 | 81,40 | 10,22 | 831,70 |
| jun/89 | 81,40 | 10,22 | 831,70 |
| jul/89 | 149,80 | 10,22 | 1.530,57 |
| ago/89 | 192,88 | 10,22 | 1.970,73 |
| set/89 | 249,48 | 10,22 | 2.549,04 |
| out/89 | 381,73 | 10,22 | 3.900,29 |
| nov/89 | 557,33 | 10,22 | 5.694,46 |
| dez/89 | 788,18 | 10,22 | 8.053,15 |
| jan/90 | 1.283,95 | 10,22 | 13.118,63 |
| fev/90 | 2.004,37 | 10,22 | 20.479,45 |
| mar/90 | 3.674,06 | 10,22 | 37.539,34 |
| abr/90 | 3.674,06 | 10,22 | 37.539,34 |
| mai/90 | 3.674,06 | 10,22 | 37.539,34 |
| jun/90 | 3.857,76 | 10,22 | 39.416,28 |
| jul/90 | 4.904,76 | 10,22 | 50.113,89 |
| ago/90 | 5.203,46 | 10,22 | 53.165,83 |
| set/90 | 6.056,31 | 10,22 | 61.879,74 |
| out/90 | 6.425,14 | 10,22 | 65.648,22 |
| nov/90 | 8.329,55 | 10,22 | 85.106,34 |
| dez/90 | 8.836,82 | 10,22 | 90.289,32 |
| jan/91 | 12.325,60 | 10,22 | 125.935,58 |
| fev/91 | 15.895,46 | 10,22 | 162.410,27 |

**AILTON BARRETO DOS SANTOS**
BENEFÍCIO: **42/111.222.333-4**
ESPÉCIE: **Aposentadoria por tempo de contribuição**
TEMPO DE CONTRIBUIÇÃO: **35 anos 03 meses e 16 dias**
DATA DE INÍCIO: **02/06/1983**

| | |
|---|---|
| RENDA MENSAL INICIAL- CONCESSÃO: | **340.453,21** |
| SALÁRIO MÍNIMO DA ÉPOCA: | **30.600,00** |
| EQUIVALÊNCIA SALARIAL: | **11,13** |

**REAJUSTES DO BENEFÍCIO**

| Data | Renda Mensal Inicial | Índices de reajustes | Renda Mensal Reajustada |
|---|---|---|---|
| **Início da Equivalência Salarial** | | | **11,13** |
| abr/89 | 63,90 | 11,13 | 710,95 |
| mai/89 | 81,40 | 11,13 | 905,65 |
| jun/89 | 81,40 | 11,13 | 905,65 |
| jul/89 | 149,80 | 11,13 | 1.666,66 |
| ago/89 | 192,88 | 11,13 | 2.145,97 |
| set/89 | 249,48 | 11,13 | 2.775,69 |
| out/89 | 381,73 | 11,13 | 4.247,10 |
| nov/89 | 557,33 | 11,13 | 6.200,81 |
| dez/89 | 788,18 | 11,13 | 8.769,23 |
| jan/90 | 1.283,95 | 11,13 | 14.285,13 |
| fev/90 | 2.004,37 | 11,13 | 22.300,46 |
| mar/90 | 3.674,06 | 11,13 | 40.877,30 |
| abr/90 | 3.674,06 | 11,13 | 40.877,30 |
| mai/90 | 3.674,06 | 11,13 | 40.877,30 |
| jun/90 | 3.857,76 | 11,13 | 42.921,14 |
| jul/90 | 4.904,76 | 11,13 | 54.569,98 |
| ago/90 | 5.203,46 | 11,13 | 57.893,29 |
| set/90 | 6.056,31 | 11,13 | 67.382,03 |
| out/90 | 6.425,14 | 11,13 | 71.485,61 |
| nov/90 | 8.329,55 | 11,13 | 92.673,92 |
| dez/90 | 8.836,82 | 11,13 | 98.317,77 |
| jan/91 | 12.325,60 | 11,13 | 137.133,66 |
| fev/91 | 15.895,46 | 11,13 | 176.851,65 |

| | | | |
|---|---|---|---|
| mar/91 | 17.000,00 | 10,22 | 173.695,80 |
| abr/91 | 17.000,00 | 10,22 | 173.695,80 |
| mai/91 | 17.000,00 | 10,22 | 173.695,80 |
| jun/91 | 17.000,00 | 10,22 | 173.695,80 |
| jul/91 | 17.000,00 | 10,22 | 173.695,80 |
| ago/91 | 17.000,00 | 10,22 | 173.695,80 |
| set/91 | 42.000,00 | 10,22 | 429.130,79 |
| out/91 | 42.000,00 | 10,22 | 429.130,79 |
| nov/91 | 42.000,00 | 10,22 | 429.130,79 |
| dez/91 | 42.000,00 | 10,22 | 429.130,79 |
| **Fim da Equivalência Salarial** | | | **10,22** |

| | | | |
|---|---|---|---|
| mar/91 | 17.000,00 | 11,13 | 189.140,67 |
| abr/91 | 17.000,00 | 11,13 | 189.140,67 |
| mai/91 | 17.000,00 | 11,13 | 189.140,67 |
| jun/91 | 17.000,00 | 11,13 | 189.140,67 |
| jul/91 | 17.000,00 | 11,13 | 189.140,67 |
| ago/91 | 17.000,00 | 11,13 | 189.140,67 |
| set/91 | 42.000,00 | 11,13 | 467.288,72 |
| out/91 | 42.000,00 | 11,13 | 467.288,72 |
| nov/91 | 42.000,00 | 11,13 | 467.288,72 |
| dez/91 | 42.000,00 | 11,13 | 467.288,72 |
| **Fim da Equivalência Salarial** | | | **11,13** |

| Data | Renda Mensal Inicial | Índices de reajustes | Renda Mensal Reajustada |
|---|---|---|---|
| jan/92 | 429.130,79 | 2,198234 | 943.329,98 |
| mai/92 | 943.329,98 | 2,303616 | 2.173.070,03 |
| set/92 | 2.173.070,03 | 2,247870 | 4.884.778,92 |
| jan/93 | 4.884.778,92 | 2,412130 | 11.782.721,78 |
| mar/93 | 11.782.721,78 | 1,366700 | 16.103.445,86 |
| mai/93 | 16.103.445,86 | 1,917070 | 30.871.432,95 |
| jul/93 | 30.871.432,95 | 1,404590 | 43.361,71 |
| ago/93 | 43.361,71 | 1,192600 | 51.713,17 |
| set/93 | 51.713,17 | 1,707360 | 88.293,00 |
| out/93 | 88.293,00 | 1,251700 | 110.516,35 |
| nov/93 | 110.516,35 | 1,249200 | 138.057,02 |
| dez/93 | 138.057,02 | 1,248900 | 172.419,41 |
| jan/94 | 172.419,41 | 1,752840 | 302.223,64 |
| fev/94 | 302.223,64 | 1,302500 | 393.646,30 |
| mar/94 | 393.646,30 | 661,005200 | 595,53 |
| mai/95 | 595,53 | 1,428572 | 850,75 |
| mai/96 | 850,75 | 1,150000 | 978,37 |
| jun/97 | 978,37 | 1,077600 | 1.054,29 |
| jun/98 | 1.054,29 | 1,048100 | 1.105,00 |
| jun/99 | 1.105,00 | 1,046100 | 1.155,94 |
| jun/00 | 1.155,94 | 1,058100 | 1.223,10 |
| jun/01 | 1.223,10 | 1,076600 | 1.316,79 |
| jun/02 | 1.316,79 | 1,092000 | 1.437,93 |
| jun/03 | 1.437,93 | 1,197100 | 1.721,35 |
| mai/04 | 1.721,35 | 1,045300 | 1.799,33 |
| mai/05 | 1.799,33 | 1,063550 | 1.913,67 |
| abr/06 | 1.913,67 | 1,050100 | 2.009,55 |
| abr/07 | 2.009,55 | 1,033000 | 2.075,86 |
| mar/08 | 2.075,86 | 1,050000 | 2.179,66 |
| fev/09 | 2.179,66 | 1,059200 | 2.308,69 |

| Data | Renda Mensal Inicial | Índices de reajustes | Renda Mensal Reajustada |
|---|---|---|---|
| jan/92 | 467.288,72 | 2,198234 | 1.027.210,04 |
| mai/92 | 1.027.210,04 | 2,303616 | 2.366.297,49 |
| set/92 | 2.366.297,49 | 2,247870 | 5.319.129,15 |
| jan/93 | 5.319.129,15 | 2,412130 | 12.830.430,99 |
| mar/93 | 12.830.430,99 | 1,366700 | 17.535.350,04 |
| mai/93 | 17.535.350,04 | 1,917070 | 33.616.493,50 |
| jul/93 | 33.616.493,50 | 1,404590 | 47.217,39 |
| ago/93 | 47.217,39 | 1,192600 | 56.311,46 |
| set/93 | 56.311,46 | 1,707360 | 96.143,93 |
| out/93 | 96.143,93 | 1,251700 | 120.343,36 |
| nov/93 | 120.343,36 | 1,249200 | 150.332,93 |
| dez/93 | 150.332,93 | 1,248900 | 187.750,79 |
| jan/94 | 187.750,79 | 1,752840 | 329.097,10 |
| fev/94 | 329.097,10 | 1,302500 | 428.648,98 |
| mar/94 | 428.648,98 | 661,005200 | 648,48 |
| mai/95 | 648,48 | 1,428572 | 926,40 |
| mai/96 | 926,40 | 1,150000 | 1.065,36 |
| jun/97 | 1.065,36 | 1,077600 | 1.148,03 |
| jun/98 | 1.148,03 | 1,048100 | 1.203,25 |
| jun/99 | 1.203,25 | 1,046100 | 1.258,72 |
| jun/00 | 1.258,72 | 1,058100 | 1.331,86 |
| jun/01 | 1.331,86 | 1,076600 | 1.433,88 |
| jun/02 | 1.433,88 | 1,092000 | 1.565,79 |
| jun/03 | 1.565,79 | 1,197100 | 1.874,41 |
| mai/04 | 1.874,41 | 1,045300 | 1.959,32 |
| mai/05 | 1.959,32 | 1,063550 | 2.083,84 |
| abr/06 | 2.083,84 | 1,050100 | 2.188,24 |
| abr/07 | 2.188,24 | 1,033000 | 2.260,45 |
| mar/08 | 2.260,45 | 1,050000 | 2.373,47 |
| fev/09 | 2.373,47 | 1,059200 | 2.513,98 |

| jan/10 | 2.308,69 | 1,077200 | 2.486,92 |
|---|---|---|---|
| jan/11 | 2.486,92 | 1,064700 | 2.647,83 |
| jan/12 | 2.647,83 | 1,060800 | 2.808,82 |
| jan/13 | 2.808,82 | 1,062000 | 2.982,96 |
| jan/14 | 2.982,96 | 1,055600 | 3.148,81 |
| jan/15 | 3.148,81 | 1,062300 | 3.344,99 |
| jan/16 | 3.344,99 | 1,112800 | 3.722,30 |
| jan/17 | 3.722,30 | 1,065800 | 3.967,23 |
| jan/18 | 3.967,23 | 1,020700 | 4.049,35 |
| jan/19 | 4.049,35 | 1,034300 | 4.188,24 |
| jan/20 | 4.188,24 | 1,044800 | 4.375,87 |
| jan/21 | 4.375,87 | 1,054500 | 4.614,36 |
| **jan/22** | **4.614,36** | **1,101600** | **5.083,18** |

| jan/10 | 2.513,98 | 1,077200 | 2.708,06 |
|---|---|---|---|
| jan/11 | 2.708,06 | 1,064700 | 2.883,27 |
| jan/12 | 2.883,27 | 1,060800 | 3.058,57 |
| jan/13 | 3.058,57 | 1,062000 | 3.248,20 |
| jan/14 | 3.248,20 | 1,055600 | 3.428,80 |
| jan/15 | 3.428,80 | 1,062300 | 3.642,42 |
| jan/16 | 3.642,42 | 1,112800 | 4.053,28 |
| jan/17 | 4.053,28 | 1,065800 | 4.319,99 |
| jan/18 | 4.319,99 | 1,020700 | 4.409,41 |
| jan/19 | 4.409,41 | 1,034300 | 4.560,66 |
| jan/20 | 4.560,66 | 1,044800 | 4.764,97 |
| jan/21 | 4.764,97 | 1,054500 | 5.024,66 |
| **jan/22** | **5.024,66** | **1,101600** | **5.535,17** |
| **Proveito econômico - Revisão ORTN \|** | | | **451,99** |

**Metodologia de cálculos utilizada pela contadoria da Justiça**

Algumas decisões judiciais têm adotado como metodologia de readequação dos benefícios com data de início anterior a 05/10/1988, a utilização da média de salários como referência, aplicando-se o coeficiente de cálculo para encontrar uma "nova RMI" e, a partir daí, promover os reajustes do benefício e apurar as diferenças devidas. Abaixo encontra-se discriminada a aplicação dessa metodologia sobre o estudo de caso em comento.

READEQUAÇÃO DO BENEFÍCIO- METODOLOGIA JUDICIAL

**AILTON BARRETO DOS SANTOS**

| | |
|---|---|
| BENEFÍCIO: **42/111.222.333-4** | |
| ESPÉCIE: **Aposentadoria por tempo de contribuição** | |
| TEMPO DE CONTRIBUIÇÃO: **35 anos 03 meses e 16 dias** | |
| DATA DE INÍCIO: **02/06/1983** | |
| MÉDIA DE SALÁRIOS | **493.836,77** |
| COEFICIENTE: | **95%** |
| RENDA MENSAL INICIAL: | **469.144,93** |
| SALÁRIO MÍNIMO EM 06/1983: | **30.600,00** |
| EQUIVALÊNCIA SALARIAL: | **15,33** |

**Reajustes com base na decisão do STF no RE 564.354/SE - EC 41/03**

| Data | Renda Mensal Inicial | Índices de reajustes | Renda Mensal Reajustada |
|---|---|---|---|
| **Início da Equivalência Salarial** | | | **15,33** |
| abr/89 | 63,90 | 15,33 | 979,69 |
| mai/89 | 81,40 | 15,33 | 1.247,99 |
| jun/89 | 81,40 | 15,33 | 1.247,99 |
| jul/89 | 149,80 | 15,33 | 2.296,66 |
| ago/89 | 192,88 | 15,33 | 2.957,15 |
| set/89 | 249,48 | 15,33 | 3.824,91 |
| out/89 | 381,73 | 15,33 | 5.852,51 |
| nov/89 | 557,33 | 15,33 | 8.544,72 |
| dez/89 | 788,18 | 15,33 | 12.084,01 |
| jan/90 | 1.283,95 | 15,33 | 19.684,92 |
| fev/90 | 2.004,37 | 15,33 | 30.730,07 |

| Data | Renda Mensal Inicial | Índices de reajustes | Renda Mensal Reajustada |
|---|---|---|---|
| mar/90 | 3.674,06 | 15,33 | 56.328,98 |
| abr/90 | 3.674,06 | 15,33 | 56.328,98 |
| mai/90 | 3.674,06 | 15,33 | 56.328,98 |
| jun/90 | 3.857,76 | 15,33 | 59.145,38 |
| jul/90 | 4.904,76 | 15,33 | 75.197,49 |
| ago/90 | 5.203,46 | 15,33 | 79.777,02 |
| set/90 | 6.056,31 | 15,33 | 92.852,52 |
| out/90 | 6.425,14 | 15,33 | 98.507,25 |
| nov/90 | 8.329,55 | 15,33 | 127.704,78 |
| dez/90 | 8.836,82 | 15,33 | 135.482,00 |
| jan/91 | 12.325,60 | 15,33 | 188.970,35 |
| fev/91 | 15.895,46 | 15,33 | 243.701,78 |
| mar/91 | 17.000,00 | 15,33 | 260.636,07 |
| abr/91 | 17.000,00 | 15,33 | 260.636,07 |
| mai/91 | 17.000,00 | 15,33 | 260.636,07 |
| jun/91 | 17.000,00 | 15,33 | 260.636,07 |
| jul/91 | 17.000,00 | 15,33 | 260.636,07 |
| ago/91 | 17.000,00 | 15,33 | 260.636,07 |
| set/91 | 42.000,00 | 15,33 | 643.924,42 |
| out/91 | 42.000,00 | 15,33 | 643.924,42 |
| nov/91 | 42.000,00 | 15,33 | 643.924,42 |
| dez/91 | 42.000,00 | 15,33 | 643.924,42 |
| **Fim da Equivalência Salarial** | | | **15,33** |
| jan/92 | 643.924,42 | 2,198234 | 1.415.496,68 |
| mai/92 | 1.415.496,68 | 2,303616 | 3.260.760,81 |
| set/92 | 3.260.760,81 | 2,247870 | 7.329.766,39 |
| jan/93 | 7.329.766,39 | 2,412130 | 17.680.349,40 |
| mar/93 | 17.680.349,40 | 1,366700 | 24.163.733,53 |
| mai/93 | 24.163.733,53 | 1,917070 | 46.323.568,64 |
| jul/93 | 46.323.568,64 | 1,404590 | 65.065,62 |
| ago/93 | 65.065,62 | 1,192600 | 77.597,26 |
| set/93 | 77.597,26 | 1,707360 | 132.486,46 |
| out/93 | 132.486,46 | 1,251700 | 165.833,30 |
| nov/93 | 165.833,30 | 1,249200 | 207.158,96 |
| dez/93 | 207.158,96 | 1,248900 | 258.720,82 |
| jan/94 | 258.720,82 | 1,752840 | 453.496,21 |
| fev/94 | 453.496,21 | 1,302500 | 590.678,81 |
| mar/94 | 590.678,81 | 661,005200 | 893,61 |
| mai/95 | 893,61 | 1,428572 | 1.276,58 |
| mai/96 | 1.276,58 | 1,150000 | 1.468,07 |
| jun/97 | 1.468,07 | 1,077600 | 1.581,99 |
| jun/98 | 1.581,99 | 1,048100 | 1.658,09 |
| dez/98 | 1.658,09 | 1,000000 | 1.658,09 |
| jun/99 | 1.200,00 | 1,046100 | 1.255,32 |
| jun/00 | 1.255,32 | 1,058100 | 1.328,25 |
| jun/01 | 1.328,25 | 1,076600 | 1.430,00 |
| jun/02 | 1.430,00 | 1,092000 | 1.561,56 |

| EC 20/98 | |
|---|---|
| Novo teto | 1.200,00 |
| Limitado ao novo teto | |
| Índice teto | 1,3817 |
| Incorporado em 01/2004 | |

| Data | Renda Mensal Inicial | Índices de reajustes | Renda Mensal Reajustada |
|---|---|---|---|
| jun/03 | 1.561,56 | 1,197100 | 1.869,34 |
| jan/04 | 1.869,34 | 1,3817 | 2.582,94 |
| mai/04 | 2.400,00 | 1,045300 | 2.508,72 |
| mai/05 | 2.508,72 | 1,063550 | 2.668,15 |
| abr/06 | 2.668,15 | 1,050100 | 2.801,82 |
| abr/07 | 2.801,82 | 1,033000 | 2.894,28 |
| mar/08 | 2.894,28 | 1,050000 | 3.038,99 |
| fev/09 | 3.038,99 | 1,059200 | 3.218,90 |
| jan/10 | 3.218,90 | 1,077200 | 3.467,40 |
| jan/11 | 3.467,40 | 1,064700 | 3.691,74 |
| jan/12 | 3.691,74 | 1,060800 | 3.916,20 |
| jan/13 | 3.916,20 | 1,062000 | 4.159,00 |
| jan/14 | 4.159,00 | 1,055600 | 4.390,24 |
| jan/15 | 4.390,24 | 1,062300 | 4.663,75 |
| jan/16 | 4.663,75 | 1,112800 | 5.189,82 |
| jan/17 | 5.189,82 | 1,065800 | 5.531,31 |
| jan/18 | 5.531,31 | 1,020700 | 5.645,81 |
| jan/19 | 5.645,81 | 1,034300 | 5.839,46 |
| jan/20 | 5.839,46 | 1,044800 | 6.101,07 |
| jan/21 | 6.101,07 | 1,054500 | 6.433,58 |
| **jan/22** | **6.433,58** | **1,101600** | **7.087,23** |

| EC 41/03 | |
|---|---|
| Novo teto | 2.400,00 |
| Índice teto | 1,0762 |
| não aproveitado | |

| | |
|---|---|
| MR anterior | **5.535,17** |
| Proveito Econômico | **1.552,06** |

Utilizando a metodologia da Contadoria da Justiça Federal, nota-se um proveito econômico significativo, no valor de R$ 1.552,06 a partir de janeiro de 2022, obtido pela diferença entre a Mensalidade Devida e a Recebida no ano de 2022, após os devidos reajustes do benefício. Ao reajustar a RMI equivalente a 95% da média de salários, desconsiderando-se o menor e o maior valor teto vigente à época da concessão, nota-se um aumento significativo da equivalência salarial, que é alterada de 11,13 para 15,33 salários mínimos, um aumento de mais de 4 salários mínimos!

Reajustando a renda mensal com base nessa metodologia, nota-se que a Mensalidade Reajustada em 12/1998, data da EC 20/98, é fixada no valor de R$ 1.658,09, limitada ao valor do teto de R$ 1.200,00, cuja recomposição dessa limitação foi feita em 01/2004, data da EC 41/03. Após a recomposição na data da EC 41/03, a Mensalidade Reajustada é fixada em R$ 2.582,94, limitada novamente ao teto de R$ 2.400,00. Após essa última limitação o benefício é fixado no valor teto do ano de 2022.

O princípio da prévia fonte de custeio estabelece a necessidade de que, para a criação ou majoração de benefícios ou serviços da Seguridade Social, tenham a indicação da forma como serão financiados, visando garantir a sustentabilidade do Regime Geral de Previdência Social. Essa metodologia fere esse princípio ao não considerar as particularidades existentes na época da concessão, particularmente o disposto nos Arts. 37, 40 e 41 do Decreto 83.080/79.

### Metodologia de cálculos proposta pelo Setor de Cálculos e Pagamentos Judiciais da Procuradoria Federal Especializada do INSS em Salvador e Divisão de Orientação de Cálculos e Pagamentos Judiciais

Com a finalidade de evitar distorções e afronta ao Princípio Constitucional da prévia fonte de custeio, com majoração indevida na recomposição dos benefícios com data de início antes de 05/10/1988, comparativamente à metodologia utilizada pela Contadoria da Justiça Federal, passemos a detalhar a metodologia sugerida pela Divisão de Orientação de Cálculos e Pagamentos Judiciais, que aplica a metodologia de cálculo do benefício vigente à época da concessão, na data das Emendas Constitucionais 20/98 e 41/03. Abaixo segue a aplicação da metodologia ao estudo de caso analisado.

**READEQUAÇÃO DO BENEFÍCIO - METODOLOGIA PFE/INSS**

**AILTON BARRETO DOS SANTOS**
BENEFÍCIO: **42/111.222.333-4**
ESPÉCIE: **Aposentadoria por tempo de contribuição**
TEMPO DE CONTRIBUIÇÃO: **35 anos 03 meses e 16 dias**
DATA DE INÍCIO: **02/06/1983**

| | |
|---|---|
| MÉDIA DE SALÁRIOS | **493.836,77** |
| SALÁRIO MÍNIMO EM 06/1983: | **30.600,00** |
| EQUIVALÊNCIA SALARIAL: | **16,14** |

**Reajustes com base na decisão do STF no RE 564.354/SE - EC 41/03**

| Data | Renda Mensal Inicial | Índices de reajustes | Renda Mensal Reajustada |
|---|---|---|---|
| **Início da Equivalência Salarial** | | | **16,14** |
| abr/89 | 63,90 | 16,14 | 1.031,25 |
| mai/89 | 81,40 | 16,14 | 1.313,67 |
| jun/89 | 81,40 | 16,14 | 1.313,67 |
| jul/89 | 149,80 | 16,14 | 2.417,54 |
| ago/89 | 192,88 | 16,14 | 3.112,79 |
| set/89 | 249,48 | 16,14 | 4.026,22 |
| out/89 | 381,73 | 16,14 | 6.160,53 |
| nov/89 | 557,33 | 16,14 | 8.994,45 |
| dez/89 | 788,18 | 16,14 | 12.720,01 |
| jan/90 | 1.283,95 | 16,14 | 20.720,97 |
| fev/90 | 2.004,37 | 16,14 | 32.347,44 |
| mar/90 | 3.674,06 | 16,14 | 59.293,66 |
| abr/90 | 3.674,06 | 16,14 | 59.293,66 |
| mai/90 | 3.674,06 | 16,14 | 59.293,66 |
| jun/90 | 3.857,76 | 16,14 | 62.258,29 |
| jul/90 | 4.904,76 | 16,14 | 79.155,26 |
| ago/90 | 5.203,46 | 16,14 | 83.975,81 |
| set/90 | 6.056,31 | 16,14 | 97.739,50 |
| **Data** | **Renda Mensal Inicial** | **Índices de reajustes** | **Renda Mensal Reajustada** |
| out/90 | 6.425,14 | 16,14 | 103.691,84 |
| nov/90 | 8.329,55 | 16,14 | 134.426,08 |
| dez/90 | 8.836,82 | 16,14 | 142.612,64 |
| jan/91 | 12.325,60 | 16,14 | 198.916,16 |
| fev/91 | 15.895,46 | 16,14 | 256.528,19 |
| mar/91 | 17.000,00 | 16,14 | 274.353,76 |
| abr/91 | 17.000,00 | 16,14 | 274.353,76 |
| mai/91 | 17.000,00 | 16,14 | 274.353,76 |
| jun/91 | 17.000,00 | 16,14 | 274.353,76 |
| jul/91 | 17.000,00 | 16,14 | 274.353,76 |
| ago/91 | 17.000,00 | 16,14 | 274.353,76 |
| set/91 | 42.000,00 | 16,14 | 677.815,18 |
| out/91 | 42.000,00 | 16,14 | 677.815,18 |
| nov/91 | 42.000,00 | 16,14 | 677.815,18 |
| dez/91 | 42.000,00 | 16,14 | 677.815,18 |

| **Fim da Equivalência Salarial** | | | **16,14** |
|---|---|---|---|
| jan/92 | 677.815,18 | 2,198234 | 1.489.996,51 |
| mai/92 | 1.489.996,51 | 2,303616 | 3.432.379,79 |
| set/92 | 3.432.379,79 | 2,247870 | 7.715.543,57 |
| jan/93 | 7.715.543,57 | 2,412130 | 18.610.894,11 |
| mar/93 | 18.610.894,11 | 1,366700 | 25.435.508,98 |
| mai/93 | 25.435.508,98 | 1,917070 | 48.761.651,20 |
| jul/93 | 48.761.651,20 | 1,404590 | 68.490,13 |
| ago/93 | 68.490,13 | 1,192600 | 81.681,33 |
| set/93 | 81.681,33 | 1,707360 | 139.459,43 |
| out/93 | 139.459,43 | 1,251700 | 174.561,37 |
| nov/93 | 174.561,37 | 1,249200 | 218.062,06 |
| dez/93 | 218.062,06 | 1,248900 | 272.337,71 |
| jan/94 | 272.337,71 | 1,752840 | 477.364,43 |
| fev/94 | 477.364,43 | 1,302500 | 621.767,17 |
| mar/94 | 621.767,17 | 661,005200 | 940,64 |
| mai/95 | 940,64 | 1,428572 | 1.343,77 |
| mai/96 | 1.343,77 | 1,150000 | 1.545,34 |
| jun/97 | 1.545,34 | 1,077600 | 1.665,25 |
| jun/98 | 1.665,25 | 1,048100 | 1.745,35 |
| dez/98 | 1.745,35 | 1,000000 | 1.745,35 |
| jun/99 | 1.200,00 | 1,046100 | 1.255,32 |
| jun/00 | 1.255,32 | 1,058100 | 1.328,25 |
| jun/01 | 1.328,25 | 1,076600 | 1.430,00 |
| jun/02 | 1.430,00 | 1,092000 | 1.561,56 |
| jun/03 | 1.561,56 | 1,197100 | 1.869,34 |
| jan/04 | 1.869,34 | 1,0863 | 2.030,74 |
| mai/04 | 2.030,74 | 1,045300 | 2.122,73 |
| mai/05 | 2.122,73 | 1,063550 | 2.257,63 |
| abr/06 | 2.257,63 | 1,050100 | 2.370,74 |
| abr/07 | 2.370,74 | 1,033000 | 2.448,97 |
| mar/08 | 2.448,97 | 1,050000 | 2.571,42 |
| fev/09 | 2.571,42 | 1,059200 | 2.723,65 |
| **Data** | **Renda Mensal Inicial** | **Índices de reajustes** | **Renda Mensal Reajustada** |
| jan/10 | 2.723,65 | 1,077200 | 2.933,91 |
| jan/11 | 2.933,91 | 1,064700 | 3.123,74 |
| jan/12 | 3.123,74 | 1,060800 | 3.313,66 |
| jan/13 | 3.313,66 | 1,062000 | 3.519,11 |
| jan/14 | 3.519,11 | 1,055600 | 3.714,77 |
| jan/15 | 3.714,77 | 1,062300 | 3.946,20 |
| jan/16 | 3.946,20 | 1,112800 | 4.391,33 |
| jan/17 | 4.391,33 | 1,065800 | 4.680,28 |
| jan/18 | 4.680,28 | 1,020700 | 4.777,16 |
| jan/19 | 4.777,16 | 1,034300 | 4.941,02 |
| jan/20 | 4.941,02 | 1,044800 | 5.162,38 |
| jan/21 | 5.162,38 | 1,054500 | 5.443,73 |
| **jan/22** | **5.443,73** | **1,101600** | **5.996,81** |

| **RECOMPOSIÇÃO DO BENEFÍCIO** | |
|---|---|
| Valor de referência | 1.200,00 |
| MR em 12/1998 | 1.745,35 |
| Valor Excedente | 545,35 |
| Parcela Básica | 1.200,00 |
| Coeficiente | 95% |
| Valor da Parcela Básica | 1.140,00 |
| Parcela Adicional- 9/30 | 163,61 |
| MR em 12/1998 | 1.303,61 |
| Índice teto | 1,0863 |
| Incorporado em 01/2004 | |

| | |
|---|---|
| MR anterior | **5.535,17** |
| Proveito Econômico- Metodologia INSS | **461,64** |
| Proveito Econômico- Metodologia JF | **1.552,06** |

De acordo com a metodologia sugerida, reajusta-se a média de salários sem qualquer limitação ao teto previdenciário, a partir do período do Art. 58 do ADCT (vinculação à quantidade de salários) até 12/98, data da EC 20/98. Verifica-se o valor da Mensalidade Reajustada naquela data. Caso ultrapasse o valor do teto vigente, limita-se ao teto e sobre o excedente, aplica-se a metodologia vigente à época da concessão do benefício, descrita no Art. 40 do Decreto 83.080/79, ou seja, aplica-se 9/30 avos sobre o excedente do teto para calcular a parcela adicional. A parcela básica será fixada com a aplicação do coeficiente de 95% sobre o teto de 12/1998. No estudo de caso, utilizado para compreensão da metodologia sugerida, verifica-se que a Mensalidade Reajustada em 12/98 foi de R$ 1.745,35, cujo excedente em relação ao novo teto de R$ 1.200,00 foi de R$ 545,35.

A parcela básica deve ser calculada com a aplicação do coeficiente de 95% sobre o teto de R$ 1.200,00. A parcela adicional deve ser calculada aplicando-se a quantidade de anos em que o segurado contribuiu acima do menor valor teto da época da concessão, que no caso foi 9. Portanto, a parcela adicional deve ser fixada na base de 9/30 avos de R$ 545,35 (valor excedente), conforme discriminado no quando anterior. Abaixo encontra-se o resumo do cálculo.

| | | |
|---|---|---|
| Parcela Básica: 1.200,00 x 95% | = | 1.140,00 |
| Parcela Adicional: (1.745,35 – 1.200,00) x 9/30 | = | 163,61 |
| Renda Mensal Inicial | = | 1.303,61 |

Percebe-se que o benefício readequado utilizando a metodologia ora apresentada, apresenta uma Renda Mensal Atualizada para 12/1998 no valor de R$ 1.303,61, limitado ao teto vigente de R$ 1.200,00, cuja recomposição dessa limitação foi feita em 01/2004, data da EC 41/03. Após a recomposição na data da EC 41/03, a Mensalidade Reajustada para 01/2022 é fixada em R$ 5.996,81, representando um proveito econômico de R$ 461,64. O proveito econômico utilizando a metodologia da Contadoria da Justiça Federal foi muito superior, no valor de R$ 1.552,06.

**Conclusões e recomendações**

A metodologia ora apresentada e sugerida para o recálculo e recomposição da mensalidade reajustada dos benefícios com data de início antes de 05/10/1988, em função das alterações dos tetos previdenciários pelas Emendas Constitucionais 20/98 e 41/03, foi baseada em critérios técnicos e possui, como objetivo, trazer para a data das referidas Emendas, a metodologia da concessão original do benefício, conservando os critérios atuariais utilizados à época, evitando, dessa forma, a utilização de critérios híbridos que impliquem em majoração indevida dos benefícios, tendo como norteador o Princípio Constitucional da prévia fonte de custeio que estabelece a necessidade de que, para a criação ou majoração de benefícios ou serviços da Seguridade Social, tenham a indicação da forma como serão financiados, visando garantir a sustentabilidade do Regime Geral de Previdência Social.

A metodologia utilizada pela Contadoria da Justiça Federal não levou em consideração as particularidades do cálculo da RMI do benefício quando de sua concessão, utilizando um modelo simplificador que poderá implicar em majoração da renda mensal além do devido.

CAPÍTULO

VIII

# DIREITO AO MELHOR BENEFÍCIO (ANTECIPAÇÃO DE DATA DE INÍCIO DO BENEFÍCIO)

**Sumário** • **1**. Considerações sobre a tese – **2**. Cálculos.

## 1. CONSIDERAÇÕES SOBRE A TESE

Com o advento da Lei 9.876/99, que alterou a redação do artigo 29, da Lei 8.213/91, o salário de benefício passou a refletir melhor a vida contributiva do segurado. Antes, apenas os 36 últimos salários de contribuição eram considerados.

Atualmente, a média aritmética simples dos 80% maiores salários de contribuição corrigidos a partir da competência de julho de 1994 é que serão considerados para a composição do salário de benefício, sendo necessário ainda multiplicar essa média pelo fator previdenciário nas aposentadorias por tempo de contribuição, procedimento facultativo nas aposentadorias por idade (só se beneficiar o segurado, ou seja, se o fator previdenciário for superior a 1,0).

De acordo com o artigo 29, incisos I e II, da Lei 8.213/91, em sua atual redação, o salário de benefício será apurado com a "média aritmética simples dos maiores salários-de-contribuição correspondentes a oitenta por cento **de todo o período contributivo**".

Logo, a partir da competência julho/1994, no cálculo, o INSS considera os 80% maiores salários de contribuição, inclusive aqueles posteriores ao direito adquirido ao benefício não requerido.

Desse modo, se uma pessoa obteve o direito de se aposentar em janeiro de 2005, mas optou em não requerer o benefício (porque não sabia do direito, por negligência, por esperar requerer no futuro para ter uma renda maior etc.), vertendo contribuições nos anos seguintes, todos esses salários de contribuição serão utilizados no período básico de cálculo, exceto os 20% menores.

**O problema é que, em determinadas hipóteses, a renda mensal inicial do benefício, no momento em que o direito foi adquirido, era maior do que a renda mensal no momento em ele foi efetivamente requerido.**

Isso normalmente ocorre quando os salários de contribuição gerados após o preenchimento de todos os pressupostos para a concessão de um benefício não requerido são de menor valor, o que acaba reduzindo o salário de benefício e, por conseguinte, a renda mensal inicial do benefício.

Suponha-se que *Israel*, segurado empregado, adquiriu o direito de se aposentar por idade no dia 20 de janeiro de 2005. Nesse dia, Israel completou 65 anos de idade e já possuía a carência de 180 contribuições mensais. No total, *Israel* computava 31 anos de contribuição, tendo direito à aposentadoria por idade à razão de 100% do salário de benefício.

Considere-se que *Israel* promoveu uma simulação do benefício na Previdência Social, encontrando um salário de benefício no valor de R$ 2.000,00. Entretanto, Israel ainda achou que era cedo para se aposentar, bem como sonhava com um benefício com renda maior, não tendo protocolizado o pedido de aposentadoria.

Ao prosseguir trabalhando e pagando contribuições previdenciárias sem requerer a sua aposentadoria por idade, Israel teve uma perda de remuneração na empresa, que vivia dificuldades financeiras. Nos anos de 2005 e 2006, Israel teve o salário de contribuição de apenas R$ 1.200,00 quando, em janeiro de 2007, resolveu pedir a sua aposentadoria.

Ao promover nova simulação em uma Agência do INSS, Israel levou um susto e até sentiu-se mal. O documento apresentado pela autarquia previdenciária informou um salário de benefício de R$ 1.900,00.

O analista do INSS justificou a redução em razão dos novos salários de contribuição de Israel (após o direito adquirido, ocorrido em 20 de janeiro de 2005) terem sido mais baixos, o que acabou reduzindo a renda mensal inicial do benefício de R$ 2.000,00 para R$ 1.900,00, mesmo com a correção monetária de dois anos e o fator previdenciário mais favorável a Israel, que estava dois anos mais velho.

**A questão que surge é a seguinte: o segurado tem direito de escolher o melhor benefício, ou seja, de ter o salário de benefício e consequentemente a renda mensal inicial calculada no maior valor, seja no momento do direito adquirido, na data da entrada do requerimento administrativo ou de um marco intermediário?**

Para a Previdência Social, que segue à risca o disposto no artigo 29, incisos I e II, da Lei 8.213/91, não há esse direito de opção. O INSS irá calcular o salário de benefício manejando os 80% maiores salários de contribuição a partir de julho de 1994, mesmo aqueles gerados após o direito adquirido ao benefício não requerido.

Esse posicionamento, apesar de estar de acordo com a Lei 8.213/91, poderá em determinados casos violar o Princípio da Isonomia ou ser injusto, conforme a situação hipotética vivida por *Israel*, tão comum na prática previdenciária.

Entende-se que o artigo 29, da Lei 8.213/91, deve ser alterado para permitir que o segurado obtenha a melhor renda mensal, em decorrência da garantia constitucional do direito adquirido.

Para o Tribunal Regional Federal da 4ª Região, o segurado terá direito de escolher o melhor benefício, conforme passagem do julgamento da AC 77657420094047108, relatada pelo Des. João Batista Pinto Silveira, de 02.06.2010:

"2. Dado que o direito à aposentadoria surge quando preenchidos os requisitos estabelecidos em lei para o gozo do benefício, e tendo o segurado preenchido todas as exigências legais para inativar-se em um determinado momento, não pode servir de óbice ao reconhecimento do direito ao cálculo do benefício como previsto naquela data o fato de ter permanecido em atividade, sob pena de restar penalizado pela postura que redundou em proveito para a Previdência. **Ou seja, ainda que tenha optado por exercer o direito à aposentação em momento posterior, possui o direito adquirido de ter sua renda mensal inicial calculada como se o benefício tivesse sido requerido e concedido em qualquer data anterior, desde que implementados todos os requisitos para a aposentadoria.**

3. **O segurado tem direito adquirido ao cálculo do benefício de conformidade com as regras vigentes quando da reunião dos requisitos da aposentação independentemente de prévio requerimento administrativo para tanto.** Precedentes do STF e do STJ. 4. É devida a retroação do período básico de cálculo (PBC) ainda que não tenha havido alteração da legislação de regência, pois a proteção ao direito adquirido também se faz presente para preservar situação fática já consolidada mesmo ausente modificação no ordenamento jurídico, devendo a Autarquia Previdenciária avaliar a forma de cálculo que seja mais rentável aos segurados, dado o caráter social da prestação previdenciária, consoante previsão contida no art. 6.º da Constituição Federal".

Esse também é o posicionamento do Tribunal Regional Federal da 3ª Região, no julgamento da AC 1.243.891, Rel. juíza Gissele França, de 24.08.2010:

"PROCESSUAL CIVIL. PREVIDENCIÁRIO. EMBARGOS DE DECLARAÇÃO. REDISCUSSÃO DA LIDE. COMPETÊNCIA DA TURMA SUPLEMENTAR DA 3ª SEÇÃO DO TRIBUNAL REGIONAL FEDERAL DA 3ª REGIÃO. REVISÃO DO BENEFÍCIO. DIREITO ADQUIRIDO. LEGISLAÇÃO APLICÁVEL.

1. Os embargos de declaração só podem ser opostos em casos de obscuridade, contradição ou omissão do julgado, nos termos do artigo 535 do Código de Processo Civil, não podendo ser utilizados para rediscussão da causa.

2. De acordo com a fundamentação adotada no voto condutor, já foram expostos os alicerces normativos que deram amparo ao julgamento dos feitos em tramitação neste Egrégio Tribunal Regional Federal da 3ª Região pelas Turmas Suplementares, nada mais havendo a acrescentar.

3. **Com relação à revisão pretendida pelo Autor, restou claro da fundamentação da decisão que é direito do segurado ter o seu benefício calculado de acordo com as regras vigentes quando do implemento das condições exigidas, independentemente das alterações legislativas ocorridas posteriormente e independentemente da data do requerimento, em respeito ao direito adquirido.** Nada obsta que o segurado continue trabalhando, mesmo já tendo completado os requisitos para se aposentar. Quando entender por bem, pode formular o pedido, sendo-lhe assegurada a aplicação da legislação vigente na data do implemento dos requisitos, se mais favorável.

4. De acordo com a Carta de Concessão juntada às fls. 14, o Autor passou a receber aposentadoria especial em 09 de maio de 1991, contando com o tempo de serviço de 28 anos, 4 meses e 2 dias. A renda mensal inicial do benefício foi apurada e revisada de acordo com a Lei nº 8.213/91.

5. No entanto, a legislação anterior (Decreto nº 89.312/84) já possibilitava a concessão do benefício ao segurado que implementasse a carência e o tempo de serviço especial de 25 anos (artigo 35). Desta forma, em janeiro de 1988 o Autor já podia requerer o seu benefício.

6. Ao formular o seu pedido na vigência da Lei 8.213/91, duas hipóteses se configuraram: ou o benefício deveria ser calculado de acordo com a legislação vigente em janeiro de 1988 (Decreto nº 89.312/84, corrigindo-se os vinte e quatro salários-de-contribuição anteriores aos doze últimos pela variação da OTN/BTN/ORTN e considerando como período básico de cálculo as contribuições anteriores a janeiro de 1988) ou de acordo com a legislação vigente na data do requerimento (Lei nº 8.213/91, corrigindo-se os últimos trinta e seis salários-de-contribuição e considerando como período básico de cálculo as contribuições anteriores a maio de 1991).

7. O instituto do direito adquirido protege o titular do direito das alterações legislativas posteriores e que ferem sua integridade original. Tal lógica tem sido reconhecida pelo legislador brasileiro, como demonstram,

exemplificativamente, os artigos 3º, 4º e 9º da Emenda Constitucional nº 20/98. Se é certo que ao segurado é possível optar pelo melhor momento de requerer o benefício, também é certo que nem sempre (aliás, em quase todas as situações) ele tem condições de saber se lhe é mais favorável a forma de cálculo prevista pela legislação anterior ou pela nova.

8. Apresentados os valores das rendas mensais iniciais, cabe ao segurado optar pela que for mais favorável, o que não significa qualquer bula ao sistema pois não se está fatiando a legislação previdenciária e aplicando apenas as regras que aproveitam ao segurado. Cumpre acrescentar que qualquer que seja a forma de cálculo escolhida, o termo inicial do benefício será sempre a data do requerimento administrativo, quando configurada a mora da autarquia.

9. Por fim, esclareça-se que é direito do Autor optar em continuar recebendo o benefício concedido administrativamente se restar demonstrado na fase de execução que a revisão ora concedida não lhe trará qualquer vantagem".

O tema foi definido pelo Supremo Tribunal Federal, através do julgamento do recurso extraordinário 630.501. No dia 23.02.2011, a Ministra Ellen Gracie, relatora, exarou voto favorável aos segurados, tendo o julgamento sido suspenso por pedido de vista do Ministro Dias Toffoli.

Colaciona-se, abaixo, a principal passagem do Informativo 617:

"Aposentadoria: preenchimento de requisitos e direito adquirido ao melhor benefício – 1

O Plenário iniciou julgamento de recurso extraordinário em que se discute, à luz do art. 5º, XXXVI, da CF, se segurado da previdência social tem, ou não, direito ao melhor benefício de aposentadoria, ou seja, se, sob a vigência de uma mesma lei, ele tem, ou não, direito a eleger, com fundamento no direito adquirido, o benefício calculado do modo mais vantajoso, consideradas todas as datas em que o direito poderia ter sido exercido, desde quando preenchidos os requisitos para a jubilação. A **Min. Ellen Gracie, relatora, deu parcial provimento ao recurso, para, atribuindo os efeitos de repercussão geral ao acolhimento da tese do direito adquirido ao melhor benefício, garantir a possibilidade de os segurados verem seus benefícios deferidos ou revisados de modo que correspondam à maior renda mensal inicial (RMI) possível no cotejo entre aquela obtida e as rendas mensais que estariam percebendo na mesma data caso tivessem requerido o benefício em algum momento anterior, desde quando possível a aposentadoria proporcional, com efeitos financeiros a contar do desligamento do emprego ou da data de entrada do requerimento, respeitadas a decadência do direito à revisão e a prescrição quanto às prestações vencidas.**

Aposentadoria: preenchimento de requisitos e direito adquirido ao melhor benefício – 2

A relatora observou, inicialmente, não se estar, no caso, diante de uma questão de direito intertemporal, mas da **preservação do direito adquirido em face de novas circunstâncias de fato**, devendo-se, com base no Enunciado 359 da Súmula do STF, distinguir a aquisição do direito do seu exercício. Asseverou que, cumpridos os requisitos mínimos (tempo de serviço e carência ou tempo de contribuição e idade, conforme o regime jurídico vigente à época), o segurado adquiriria o direito ao benefício. Relembrou ser esta razão de o § 1º do art. 102 da Lei 8.213/91, incluído pela Lei 9.528/97, reconhecer que a perda da qualidade de segurado não prejudica o direito à aposentadoria para cuja concessão tenham sido preenchidos todos os requisitos, segundo a legislação em vigor à época em que atendidos esses requisitos. **Explicou, no ponto, que a modificação posterior nas circunstâncias de fato não suprimiria o direito já incorporado ao patrimônio do seu titular. Dessa forma, o segurado poderia exercer o seu direito assim que preenchidos os requisitos para tanto ou fazê-lo mais adiante, normalmente por optar em prosseguir na ativa, inclusive com vistas a obter aposentadoria integral ou, ainda, para melhorar o fator previdenciário aplicável. Reputou que, uma vez incorporado o direito à aposentação ao patrimônio do segurado, sua permanência na ativa não poderia prejudicá-lo.** Esclareceu que, ao não exercer seu direito assim que cumpridos os requisitos mínimos para tanto, o segurado deixaria de perceber o benefício mensal desde já e ainda prosseguiria contribuindo para o sistema, não fazendo sentido que, ao requerer o mesmo benefício posteriormente (aposentadoria), o valor da sua RMI fosse inferior àquela que já poderia ter obtido. Aduziu que admitir que circunstâncias posteriores pudessem ensejar renda mensal inferior à garantida no momento do cumprimento dos requisitos mínimos seria permitir que o direito adquirido não pudesse ser exercido tal como adquirido. RE 630501/RS, rel. Min. Ellen Gracie, 23.2.2011".

Posteriormente, no dia 21 de fevereiro de 2013, o julgamento foi retomado e a tese revisional foi acatada com seis votos favoráveis e quatro contra, conforme passagem do Informativo 695:

**"Aposentadoria: preenchimento de requisitos e direito adquirido ao melhor benefício – 7**

**O segurado do regime geral de previdência social tem direito adquirido a benefício calculado de modo mais vantajoso, sob a vigência da mesma lei, consideradas todas as datas em que o direito poderia ter sido exercido, desde quando preenchidos os requisitos para a jubilação.** Com base nesse entendimento, o Plenário, por maioria, proveu, em parte, recurso extraordinário para garantir a possibilidade de os segurados verem seus benefícios deferidos ou revisados de modo que correspondam à maior renda mensal inicial (RMI) possível no cotejo entre aquela obtida e as rendas mensais que estariam percebendo na mesma data caso tivessem requerido o benefício em algum momento anterior, desde quando possível a aposentadoria proporcional, com efeitos financeiros a contar do desligamento do emprego ou da data de entrada do requerimento, respeitadas a decadência do direito à revisão e a prescrição quanto às prestações vencidas. Prevaleceu o voto da Min. Ellen Gracie – v. Informativo

617. Observou, inicialmente, não se estar, no caso, diante de questão de direito intertemporal, mas da preservação do direito adquirido em face de novas circunstâncias de fato, devendo-se, com base no Enunciado 359 da Súmula do STF, distinguir a aquisição do direito do seu exercício. Asseverou que, cumpridos os requisitos mínimos (tempo de serviço e carência ou tempo de contribuição e idade, conforme o regime jurídico vigente à época), o segurado adquiriria o direito ao benefício. Explicitou, no ponto, que a modificação posterior nas circunstâncias de fato não suprimiria o direito já incorporado ao patrimônio do seu titular. Dessa forma, o segurado poderia exercer o seu direito assim que preenchidos os requisitos para tanto ou fazê-lo mais adiante, normalmente por optar em prosseguir na ativa, inclusive com vistas a obter aposentadoria integral ou, ainda, para melhorar o fator previdenciário aplicável.

**Aposentadoria: preenchimento de requisitos e direito adquirido ao melhor benefício – 8**

Reputou que, uma vez incorporado o direito à aposentação ao patrimônio do segurado, sua permanência na ativa não poderia prejudicá-lo. Esclareceu que, ao não exercer seu direito assim que cumpridos os requisitos mínimos para tanto, o segurado deixaria de perceber o benefício mensal desde já e ainda prosseguiria contribuindo para o sistema. Não faria sentido que, ao requerer o mesmo benefício posteriormente (aposentadoria), o valor da sua RMI fosse inferior àquele que já poderia ter obtido. Aduziu que admitir que circunstâncias posteriores pudessem ensejar renda mensal inferior à garantida no momento do cumprimento dos requisitos mínimos seria permitir que o direito adquirido não pudesse ser exercido tal como adquirido. Vencidos os Ministros Dias Toffoli, Cármen Lúcia, Ricardo Lewandowski e Gilmar Mendes, que consideravam o requerimento de aposentadoria ato jurídico perfeito, por não se tratar, na hipótese, de inovação legislativa".

Por hora, a Previdência Social ainda não vem efetivando esta revisão na esfera administrativa, sendo necessário o manejo de ação judicial para a satisfação da pretensão resistida.

Entende-se que foi correto o julgamento da Suprema Corte, pois prestigiou a garantia fundamental do direito adquirido e o Princípio da Isonomia, não sendo válida a redução da renda mensal do benefício previdenciário do segurado que após o direito adquirido continuou recolhendo por determinado período.

Inclusive, entende-se que no caso da aposentadoria por tempo de contribuição esta tese encontra-se lastreada no artigo 122, da Lei 8.213/91:

"Art. 122. Se mais vantajoso, fica assegurado o direito à aposentadoria, nas condições legalmente previstas na data do cumprimento de todos os requisitos necessários à obtenção do benefício, ao segurado que, tendo completado 35 anos de serviço, se homem, ou trinta anos, se mulher, optou por permanecer em atividade".

A grande dificuldade prática desta ação revisional é identificar as situações concretas que ensejariam a revisão pela aplicação da tese do melhor benefício, pois é necessário simular repetidos cálculos mensais da renda mensal inicial entre a data da formação do direito adquirido e a data de entrada do requerimento administrativo, adotando-se a melhor renda.

A respeito do tema, colaciona-se Enunciado aprovado no XI FONAJEF:

**Tema – Direito adquirido ao melhor benefício**

**Enunciado 1 (ATUAL ENUNCIADO 148 FONAJEF)**

Nas ações revisionais em que se se postula aplicação da tese de direito adquirido ao melhor benefício, é requisito da petição inicial que seja apontada a data em que verificada tal situação (melhor renda). **(Aprovado por contraste)**

A tese do STF foi parcialmente inserida no texto do Decreto 10.410/2020:

"Art. 181-D. Se mais vantajoso, fica assegurado o direito à aposentadoria, nas condições legalmente previstas **na data do cumprimento de todos os requisitos** ao segurado que tiver optado por permanecer em atividade. (Incluído pelo Decreto nº 10.410, de 2020)

§ 1º Para fins do disposto no caput, o valor inicial da aposentadoria, apurado conforme as **regras vigentes na data em que todos os requisitos tiverem sido cumpridos, será comparado com o valor da aposentadoria calculada na data de entrada do requerimento**, hipótese em que será mantido o benefício mais vantajoso e será considerada como data de início do benefício a data de entrada do requerimento, observado o disposto no art. 52. (Incluído pelo Decreto nº 10.410, de 2020)

§ 2º A renda mensal inicial, apurada na forma prevista no § 1º, será reajustada pelos índices de reajustamento aplicados aos benefícios até a data de entrada do requerimento e não será devido qualquer pagamento relativamente a período anterior a essa data. (Incluído pelo Decreto nº 10.410, de 2020)".

Note-se que essa regra regulamentar somente acolheu em parte a tese do STF (RE 630.501), pois serão comparadas as rendas da competência da formação do direito e da data de entrada do requerimento administrativo, **deixando de fora as competências intermediárias**, se houver (e normalmente há).

Vale frisar que **o STF reconheceu expressamente a aplicabilidade da decadência decenal revisional nas ações de antecipação da data de início do benefício**, vez que a pretensão busca a reforma do ato administrativo de concessão da aposentadoria.

Isso porque o voto-vencedor da lavra da Ministra Ellen Gracie, acolhido pela maioria dos Ministros do STF, expressamente acolheu a decadência decenal[1]:

"Atribuo os efeitos de repercussão geral ao acolhimento da tese do direito adquirido ao melhor benefício, assegurando-se a possibilidade de os segurados verem seus benefícios deferidos ou revisados de modo que correspondam à maior renda mensal inicial possível no cotejo entre aquela obtida e as rendas mensais que estariam percebendo na mesma data caso tivessem requerido o benefício em algum momento anterior, desde quando possível a aposentadoria proporcional, com efeitos financeiros a contar do desligamento do emprego ou da data de entrada do requerimento, **respeitadas a decadência do direito à revisão** e a prescrição quanto às prestações vencidas. Aplica-se aos recursos sobrestados o regime do art. 543-B do CPC" **(PÁGINA 17 DO INTEIRO TEOR DO JULGAMENTO DO RE 630.501).**

Nesse sentido, o TRF da 5ª Região e a TNU:

"PREVIDENCIÁRIO. PROCESSUAL CIVIL. APOSENTADORIA. RETROAÇÃO DA DIB. DECADÊNCIA PARA O SEGURADO PLEITEAR INSTITUÍDA PELA MP 1.523-9/1997. APLICAÇÃO PARA OS BENEFÍCIOS CONCEDIDOS ANTES DA REFERIDA NORMA. POSSIBILIDADE. TERMO INICIAL, 1.8.1997. ENTENDIMENTO FIRMADO PELO STJ NO RESP Nº 1.309.529/PR, E PELO STF NO RE Nº 626.489/SE.

1. A parte autora pretende a retroação da data do início do seu benefício para 06/1989, utilizando-se os salários de contribuição com valores de até 20(vinte) salários mínimos, além do pagamento das diferenças em atraso, com acréscimo de correção monetária e juros de mora.

2. O Superior Tribunal de Justiça, no julgamento do REsp 1.309.529/PR, sob o regime representativo de controvérsia, consolidou o entendimento de que incide o prazo de decadência do art. 103 da Lei 8.213/1991, instituído pela Medida Provisória 1.523-9/1997, convertida na Lei 9.528/1997, no direito de revisão dos benefícios concedidos ou indeferidos anteriormente a esse preceito normativo. (REsp 1309529/PR, Rel. Ministro HERMAN BENJAMIN, PRIMEIRA SEÇÃO, julgado em 28/11/2012, DJe 04/06/2013).

3. Ressalte-se que em recente julgamento, 16.10.2013, também o STF, nos autos do RE 626.489/SE, firmou entendimento no sentido de que o prazo decadencial instituído pela MP 1.523-9/1997 incide, em razão do princípio da isonomia, no direito de revisão dos benefícios concedidos antes da referida norma.

4. Conforme a redação dada pela referida MP ao art. 103 da Lei nº 8.213/1991, o prazo decadencial decenal começa a fluir "a contar do dia primeiro do mês seguinte ao do recebimento da primeira prestação". Assim, tendo em vista que a Medida Provisória foi publicada e entrou em vigor em 28.6.1997, bem ainda que a primeira prestação posterior ao ato normativo foi paga em julho de 1997, o termo inicial do prazo decadencial é o dia 1º de agosto de 1997.

5. O STF no julgamento do RE 630.501/RS, firmado sob o regime de repercussão geral, assentou entendimento de garantir ao segurado o direito ao melhor benefício, com a maior renda mensal inicial possível. **Contudo, no referido julgado também restou determinado que o exercício desse direito estaria sujeito à decadência e à prescrição quanto às prestações vencidas** (RE 630.501, Rel. Min. ELLEN GRACIE, Relator p/ Acórdão: Min. MARCO AURÉLIO, Tribunal Pleno, julgado em 21/02/2013, DJe-166 DIVULG 23-08-2013 PUBLIC 26-08-2013 EMENT VOL-02700-01 PP-00057).

6. No caso dos autos, a ação foi ajuizada em 17.04.2012 com a finalidade de revisar benefício concedido em 05.09.1994. 7. Iniciado o computo do prazo decadencial em 1.8.1997, forçoso concluir que quando ajuizada a ação, em 17.04.2012, já havia escoado o prazo decadencial decenal para a revisão pretendida.

8. Autora não condenada em honorários advocatícios, por ser beneficiário da Justiça Gratuita.

9. Apelação do INSS provida; Recurso Adesivo prejudicado".

(PROCESSO: 00030030520124058200, AC566061/PB, RELATOR: DESEMBARGADOR FEDERAL MANOEL ERHARDT, Primeira Turma, JULGAMENTO: 13/03/2014, PUBLICAÇÃO: DJE 20/03/2014 - Página 23)

TNU - PROCESSO:0516851-74.2013.4.05.8100 (16/3/2016)

"Incide o prazo decadencial do art. 103 da Lei 8.213/91 sobre as ações em que se busca o reconhecimento do direito ao melhor benefício".

No mesmo sentido o STJ no julgamento do Recurso Especial 1590327, de 27/5/2016:

"O entendimento da Corte de origem não destoa da jurisprudência deste Tribunal, porquanto o que se busca com a presente ação é a revisão da renda mensal (direito a melhor benefício), situação em que, transcorridos mais de 10 anos do ato de concessão da aposentadoria, mister reconhecer a decadência do direito de revisão do ato de concessão do benefício previdenciário".

O tema foi julgado pelo STJ em tese repetitiva:

| PROCESSO | REsp 1.631.021-PR, Rel. Min. Mauro Campbell Marques, DJe 2/12/2016. |
|---|---|
| RAMO DO DIREITO | DIREITO PREVIDENCIÁRIO |

1. http://redir.stf.jus.br/paginadorpub/paginador.jsp?docTP=AC&docID=630025

| TEMA | Recurso especial submetido à Primeira Seção como representativo da seguinte controvérsia: **"Incidência ou não do prazo decadencial previsto no *caput* do artigo 103 da Lei n. 8.213/1991 para reconhecimento de direito adquirido ao benefício previdenciário mais vantajoso."** |
|---|---|

O STF vem confirmando a incidência da decadência decenal em julgamentos monocráticos de recursos extraordinários:

- ARE 1057983 / PR – PARANÁ, Relator(a): Min. DIAS TOFFOLI, Julgamento: 02/08/2017;
- ARE 1047669 / SP – SÃO PAULO, Relator(a): Min. RICARDO LEWANDOWSKI, Julgamento: 01/08/2017;
- ARE 1053334 / RS –, Relator(a): Min. ALEXANDRE DE MORAES, Julgamento: 01/08/2017;
- RE 1049422 / RS – Relator(a): Min. ROSA WEBER, Julgamento: 24/07/2017;
- ARE 1045210 / CE – Relator(a): Min. LUIZ FUX, Julgamento: 26/06/2017.

A 1ª Seção do STJ, ao julgar em fevereiro de 2019 o tema 966, definiu que incide a decadência para esta tese revisional.

## 2. CÁLCULOS

Para exemplificar a tese do melhor benefício, vamos admitir que o segurado Luiz Eduardo Lopes Gomes se aposentou em 18/02/2004, com tempo de contribuição total de 31 anos 07 meses e 20 dias; pedágio de 09 meses e 08 dias; média de salários no valor de R$ 1.739,50; salário de benefício, após a aplicação progressiva do fator previdenciário, no valor de R$ 1.184,02; coeficiente de 70% e RMI no valor de R$ 828,81. A mensalidade reajustada para 01/2022 é de **R$ 2.372,80**, conforme demonstrado abaixo.

**APOSENTADORIA RECEBIDA**

SEGURADO: **LUIZ EDUARDO LOPES GOMES**
BENEFÍCIO: **42/111.222.333-4**
ESPÉCIE: **Aposentadoria por tempo de contribuição**
TEMPO DE CONTRIBUIÇÃO: **31 anos 07 meses 20 dias**
PEDÁGIO: **09 meses e 08 dias**

| | |
|---|---|
| DATA DE INÍCIO: | **18/02/2004** |
| DATA DE NASCIMENTO: | **08/05/1950** |
| MÉDIA DE SALÁRIOS: | **1.739,50** |

| TEMPO DE CONTRIBUIÇÃO | | |
|---|---|---|
| | **18/02/2004** | |
| **anos** | **meses** | **dias** |
| **31** | **7** | **20** |
| **31,6389** | | |

| IDADE- Nascimento: | | **08/05/1950** |
|---|---|---|
| | **18/02/2004** | |
| **anos** | **meses** | **dias** |
| **53** | **9** | **11** |
| **53,7806** | | |

| | |
|---|---|
| **Idade** | 53,7806 |
| **TC** | 31,6389 |
| **ES** | 25,7 |
| **Alíquota** | 0,31 |

| Idade | Expectativa de Sobrevida |
|---|---|
| 50 | 28,1 |
| 51 | 27,3 |
| 52 | 26,5 |
| 53 | 25,7 |
| 54 | 24,9 |

**Fator Previdenciário** $\frac{TC \times A}{ES} \times \left(1 + \frac{(Id + TC \times A)}{100}\right)$

**Fator Previdenciário** **0,6243**

**Legenda:**

**FP** - Fator Previdenciário

Y- Número de meses de vigência da Lei n.º 9.876/99, de 28/11/1999 = **51**

**M** - Média de salários

$$SB = \frac{FP \times Y \times M}{60} + \frac{M \times (60 - Y)}{60}$$

$$SB = \frac{0,6243 \times 51 \times 1.739,50}{60} + \frac{1.739,50 \times (60 - 51)}{60}$$

| | A | | B | Soma |
|---|---|---|---|---|
| **SB =** | 923,09 | + | 260,93 | 1.184,02 |

| | |
|---|---|
| **Teto Previdenciário** | **2.400,00** |
| **Média de Salários** | **1.739,50** |
| **Salário de Benefício** = A + B | **1.184,02** |
| Coeficiente | **70%** |
| **Renda Mensal Inicial** = SB x Coeficiente | **828,81** |

**Reajustes previdenciários**

SEGURADO: **LUIZ EDUARDO LOPES GOMES**

DATA DE NASCIMENTO: **08/05/1950**

ESPÉCIE: **42** (APOSENTADORIA POR TEMPO DE CONTRIBUIÇÃO)

DATA DE INÍCIO DO BENEFÍCIO: **18/02/2004**

TEMPO DE CONTRIBUIÇÃO: **31 anos 07 meses 20 dias**

PEDÁGIO: **09 meses e 08 dias**

MÉDIA DE SALÁRIOS **1.739,50**

SALÁRIO DE BENEFÍCIO: **1.184,02**

COEFICIENTE: **70%**

RENDA MENSAL INICIAL: **828,81**

| Data | Renda Mensal | Índices de Reajustes | Renda Reajustada |
|---|---|---|---|
| mai/04 | 828,81 | 1,013400 | 839,92 |
| mai/05 | 839,92 | 1,063550 | 893,29 |
| abr/06 | 893,29 | 1,050100 | 938,05 |
| abr/07 | 938,05 | 1,033000 | 969,00 |
| mar/08 | 969,00 | 1,050000 | 1.017,45 |
| fev/09 | 1.017,45 | 1,059200 | 1.077,69 |
| jan/10 | 1.077,69 | 1,077200 | 1.160,88 |
| jan/11 | 1.160,88 | 1,064700 | 1.235,99 |
| jan/12 | 1.235,99 | 1,060800 | 1.311,14 |
| jan/13 | 1.311,14 | 1,062000 | 1.392,43 |
| jan/14 | 1.392,43 | 1,055600 | 1.469,85 |
| jan/15 | 1.469,85 | 1,062300 | 1.561,42 |
| jan/16 | 1.561,42 | 1,112800 | 1.737,55 |
| jan/17 | 1.737,55 | 1,065800 | 1.851,88 |
| jan/18 | 1.851,88 | 1,020700 | 1.890,21 |
| jan/19 | 1.890,21 | 1,034300 | 1.955,05 |
| jan/20 | 1.955,05 | 1,044800 | 2.042,64 |
| jan/21 | 2.042,64 | 1,054500 | 2.153,96 |
| **jan/22** | **2.153,96** | **1,101600** | **2.372,80** |

Verifica-se que o fator previdenciário foi aplicado de forma progressiva, na base de 51/60 avos, tendo em vista que a Lei nº 9.876/99 já estava em vigência há 51 meses na data de início do benefício. O fator previdenciário de 0,6243 foi amplamente desfavorável ao segurado. O segurado requereu judicialmente a revisão do benefício, visando retroagir a data de início para 30/11/2003 sob o argumento de ter um benefício mais vantajoso, particularmente o impacto menor do fator previdenciário. A sentença JULGOU PROCEDENTE O PEDIDO, condenando o INSS a revisar a data de início do benefício e consequentemente a renda mensal inicial. Os cálculos a seguir demonstram a tese do melhor benefício.

**NOVA APOSENTADORIA**

SEGURADO: **LUIZ EDUARDO LOPES GOMES**
BENEFÍCIO: **42/111.222.333-4**
ESPÉCIE: **Aposentadoria por tempo de contribuição**
TEMPO DE CONTRIBUIÇÃO: **31 anos 05 meses 01 dia**
PEDÁGIO: **09 meses e 08 dias**

| | |
|---|---|
| DATA DE INÍCIO: | **30/11/2003** |
| DATA DE NASCIMENTO: | **08/05/1950** |
| MÉDIA DE SALÁRIOS: | **1.701,59** |

| TEMPO DE CONTRIBUIÇÃO | | |
|---|---|---|
| **30/11/2003** | | |
| **anos** | **meses** | **dias** |
| **31** | **5** | **1** |
| **31,4194** | | |

| IDADE- Nascimento: | | **08/05/1950** |
|---|---|---|
| **30/11/2003** | | |
| **anos** | **meses** | **dias** |
| **53** | **6** | **23** |
| **53,5639** | | |

| | |
|---|---|
| **Idade** | 53,5639 |
| **TC** | 31,4194 |
| **ES** | 23,2 |
| **Alíquota** | 0,31 |

| Idade | Expectativa de Sobrevida |
|---|---|
| 50 | 25,6 |
| 51 | 24,8 |
| 52 | 24 |
| 53 | 23,2 |
| 54 | 22,4 |

**Fator Previdenciário** $\frac{TC \times A}{ES} \times \left(1 + \frac{Id + TC \times A}{100}\right)$

**Fator Previdenciário** **0,6856**

**Legenda:**

**FP** - Fator Previdenciário

**Y** - Número de meses de vigência da Lei n.º 9.876/99, de 28/11/1999 = **48**

**M** - Média de salários

$$SB = \frac{FP \times Y \times M}{60} + \frac{M \times (60 - Y)}{60}$$

$$SB = \frac{0{,}6856 \times 48 \times 1.701{,}59}{60} + \frac{1.701{,}59 \times (60 - 48)}{60}$$

| | A | | B | Soma |
|---|---|---|---|---|
| **SB =** | **933,28** | + | **340,32** | **1.273,60** |

| | |
|---|---|
| **Teto Previdenciário** | **1.869,34** |
| **Média de Salários** | **1.701,59** |
| **Salário de Benefício** = A + B | **1.273,60** |
| Coeficiente | **70%** |
| **Renda Mensal Inicial** = SB x Coeficiente | **891,52** |

Conforme demonstrado anteriormente, ao retroagir a data de início do benefício para 30/11/2003, obtém-se uma média de salários no valor de R$ 1.701,59, com tempo de contribuição total de 31 anos 05 meses e 01 dia; pedágio de 09 meses e 08 dias; salário de benefício, após a aplicação progressiva do fator previdenciário, no valor de R$ 1.273,60; coeficiente de 70% e RMI no valor de R$ 891,52. A mensalidade reajustada para 01/2022 passa a ser de **R$ 2.596,91**, conforme demonstrado abaixo:

**Reajustes previdenciários**

SEGURADO: **LUIZ EDUARDO LOPES GOMES**

DATA DE NASCIMENTO: **08/05/1950**

| | |
|---|---|
| ESPÉCIE: **42** (APOSENTADORIA POR TEMPO DE CONTRIBUIÇÃO) | |
| DATA DE INÍCIO DO BENEFÍCIO: | **30/11/2003** |
| TEMPO DE CONTRIBUIÇÃO: **31 anos 05 meses e 01 dia** | |
| PEDÁGIO: **09 meses e 08 dias** | |
| MÉDIA DE SALÁRIOS | **1.701,59** |
| SALÁRIO DE BENEFÍCIO: | **1.273,60** |
| COEFICIENTE: | **70%** |
| RENDA MENSAL INICIAL: | **891,52** |

| Data | Renda Mensal | Índices de Reajustes | Renda Reajustada |
|---|---|---|---|
| mai/04 | 891,52 | 1,031100 | 919,25 |
| mai/05 | 919,25 | 1,063550 | 977,66 |
| abr/06 | 977,66 | 1,050100 | 1.026,65 |
| abr/07 | 1.026,65 | 1,033000 | 1.060,52 |
| mar/08 | 1.060,52 | 1,050000 | 1.113,55 |
| fev/09 | 1.113,55 | 1,059200 | 1.179,47 |
| jan/10 | 1.179,47 | 1,077200 | 1.270,53 |
| jan/11 | 1.270,53 | 1,064700 | 1.352,73 |
| jan/12 | 1.352,73 | 1,060800 | 1.434,98 |
| jan/13 | 1.434,98 | 1,062000 | 1.523,95 |
| jan/14 | 1.523,95 | 1,055600 | 1.608,68 |
| jan/15 | 1.608,68 | 1,062300 | 1.708,90 |
| jan/16 | 1.708,90 | 1,112800 | 1.901,66 |
| jan/17 | 1.901,66 | 1,065800 | 2.026,79 |
| jan/18 | 2.026,79 | 1,020700 | 2.068,75 |
| jan/19 | 2.068,75 | 1,034300 | 2.139,70 |
| jan/20 | 2.139,70 | 1,044800 | 2.235,56 |
| jan/21 | 2.235,56 | 1,054500 | 2.357,40 |
| **jan/22** | **2.357,40** | **1,101600** | **2.596,91** |

| | |
|---|---|
| MR anterior | **2.372,80** |
| Proveito econômico | **224,11** |

Portanto, a tese do melhor benefício foi comprovada através desse exemplo em que houve a retroação da data de início do benefício de 18/02/2004 para 30/11/2003 para amenizar o impacto do fator previdenciário e consequentemente aumentar a mensalidade reajustada. Houve aumento do fator previdenciário de 0,6243 para 0,6856 e redução da progressividade de 51 para 48 meses. A mensalidade reajustada foi alterada de R$ 2.372,80 para R$ 2.596,91. O proveito econômico no ano de 2022 foi de R$ 224,11.

O aumento do fator previdenciário se deu em função da expectativa de sobrevida que foi alterada de 25,7 para 23,2 em função de ter utilizado a tabela de expectativa de sobrevida vigente até 30/11/2003. O segurado possuía 53 anos na data de início do benefício, conforme cálculos anteriores.

CAPÍTULO

IX

# REAJUSTAMENTO E REVISÃO DOS BENEFÍCIOS PREVIDENCIÁRIOS

**Sumário • 1.** Revisional com base na atualização monetária dos salários de contribuição pela ORTN/OTN (Lei 6.423/77) – **2.** Revisional fundamentada na atualização do menor valor teto pelo INPC (Lei 6.708/79) – **3.** Revisão de benefício pelo índice integral no primeiro reajustamento (súmula 260, do tribunal federal de recursos) – **4.** Revisão administrativa de benefícios pela equivalência de salários mínimos do mês da concessão (artigo 58, do ADCT, da Constituição de 1988) – **5.** Revisão dos benefícios rurais para um salário mínimo (artigo 201, § 5º, da Constituição Federal) – **6.** Revisão administrativa de benefício para a incidência de correção monetária dos 36 últimos salários de contribuição (artigo 144, da Lei 8.213/91 – "Buraco negro") – **7.** Reajuste da renda do benefício pela variação do salário mínimo de 147,06% do último quadrimestre de 1991 – **8.** Revisão de benefício pelo número de salários mínimos da data da concessão – **9.** Revisão de benefício na conversão da URV (Lei 8.700/93) – **10.** Revisão administrativa de benefício limitado ao teto do salário e benefício (Lei 8.870/94 – Revisão do "buraco verde") – **11.** Revisão administrativa de benefício limitado ao teto do salário de benefício – regra permanente de incidência do índice teto no primeiro reajuste (Lei 8.880/94) – **12.** Revisão de benefício com a inserção do irsm de fevereiro de 1994 na atualização dos salários de contribuição (Lei 8.880/94) – **13.** Reajuste de benefícios pelo IPG-DI de 1997 a 2001 – **14.** Revisão da pensão por morte para 100% do salário de benefício (Lei 9.032/95) – **15.** Revisão do auxílio-acidente para 50% do salário de benefício (Lei 9.032/95) – **16.** Revisão de aposentadoria por invalidez precedida de auxílio-doença (artigo 29, § 5º, da Lei 8.213/91) – **17.** Revisão de aposentadoria por invalidez, auxílio-doença, pensão por morte ou auxílio-reclusão com base no artigo 29, II, da Lei 8.213/91, Com redação dada pela Lei 9.876/99 (80% Dos maiores salários de contribuição) – **18.** Pagamento da correção monetária dos benefícios pagos com atraso por responsabilidade do beneficiário – **19.** Revisão com base em decisão da justiça do trabalho – **20.** Exclusão do fator previdenciário na aposentadoria por tempo de contribuição proporcional concedida com base nas regras de transição da EC 20/98 – **21.** Revisão de aposentadoria por tempo de contribuição masculina para considerar no fator previdenciário apenas a expectativa de vida dos homens – **22.** Revisão de aposentadoria por tempo de contribuição feminina para acrescer no cálculo fator previdenciário cinco anos na idade – **23.** Revisão da aposentadoria "especial" do professor para excluir o fator previdenciário – **24.** Revisão de aposentadoria para excluir o fator previdenciário do tempo especial convertido ao tempo comum – **25.** Revisão do salário de benefício para inserção de salários de contribuição anteriores ao plano real (julho/1994) (revisão da vida toda) – **26.** Revisão do salário de benefício nas atividades laborais concomitantes – **27.** Revisão do salário de benefício para a inclusão no período básico de cálculo da competência (mês) da concretização do risco social.

## 1. REVISIONAL COM BASE NA ATUALIZAÇÃO MONETÁRIA DOS SALÁRIOS DE CONTRIBUIÇÃO PELA ORTN/OTN (LEI 6.423/77)

### 1.1. Considerações gerais

Cuida-se de ação de revisão dos benefícios previdenciários de aposentadoria por idade, aposentadoria por tempo de contribuição, aposentadoria especial e abono de permanência em serviço concedidos após a vigência da Lei 6.423/77 e antes do advento da Constituição Federal de 1988 (período entre 21 de junho de 1977 e 04 de outubro de 1988).

O salário de benefício dessas prestações previdenciárias era calculado com base nos 36 últimos salários de contribuição dos segurados, em período não superior a 48 meses, na forma do artigo 4º, da Lei 6.210/75.

Nessa época apenas havia previsão legal para a correção monetária dos 24 primeiros salários de contribuição, ficando os 12 últimos sem atualização monetária. Sucede que a Previdência Social, ao atualizar os 24 primeiros salários de contribuição do período básico de cálculo, não cumpriu os ditames do artigo 1º, da Lei 6.423/77, a fim de incidir a variação das Obrigações Reajustáveis do Tesouro Nacional (ORTN), posteriormente designadas de Obrigações do Tesouro Nacional (OTN).

Logo, o antigo Instituto Nacional de Previdência Social – INPS valeu-se de outros índices de correção monetária dos 24 primeiros salários de contribuição, que não a variação da ORTN/OTN.

A depender do mês (entre 21 de junho de 1977 e 04 de outubro de 1988), os índices aplicados pela Previdência Social foram superiores às variações da ORTN/OTN. Isso fez que com que, em determinados casos concretos, o INPS fixasse uma renda mensal inicial superior à devida, caso os 24 primeiros salários de contribuição fossem atualizados pela ORTN/OTN.

Logo, não foram todos os abonos de permanência em serviço e aposentadorias por idade, tempo de serviço (nomenclatura da época), e especial deferidas nesse período que tiveram a sua renda mensal inicial defasada, sendo necessária a análise de cada caso concreto. Ao revés, muitos segurados obtiveram um ganho pecuniário.

A jurisprudência se firmou há anos pelo direito de revisão dos segurados:

"EMBARGOS DE DIVERGÊNCIA. PREVIDENCIÁRIO. REAJUSTE DE BENEFÍCIO NO REGIME ANTERIOR À CONSTITUIÇÃO DE 1.988. **1. Esta Corte já tem pacificado o entendimento de que a aposentadoria por idade ou por tempo de serviço, concedida no sistema anterior, deve ser calculada pela variação da ORTN/OTN, ao largo dos índices fixados pelo MPAS**. Precedentes. 2. Embargos rejeitados" (STJ, EREsp 46.106, de 22.09.1999).

Em razão da uniformização da jurisprudência do Superior Tribunal de Justiça em favor da revisão, foi editada a Portaria Interministerial 28, de 25.01.2006, da lavra conjunta do Ministro da Previdência Social e do Advogado-Geral da União, autorizando a não interposição de recursos e a desistência dos já interpostos pelo INSS contra as decisões que determinaram a revisão pela ORTN/OTN.

Posteriormente, a Portaria AGU/MPS 16, de 08 de maio de 2006, autorizou os representantes judiciais do INSS a celebrar acordos judiciais nos processos de revisão pela ORTN/OTN, observada a prescrição quinquenal.

As sentenças que reconheceram o direito são de árdua liquidação, haja vista a dificuldade de juntada da documentação de concessão desses benefícios antigos, assim como o valor dos salários de contribuição considerados.

Ademais, há casos em que a execução é vazia, a depender dos salários de contribuição considerados, pois a correção monetária dada administrativamente foi maior do que a variação da ORTN/OTN, o que gerou a concessão de um benefício com renda mensal inicial maior do que a devida.

Nestes casos, em decorrência do Princípio da Segurança Jurídica e da Boa-fé, não houve redução do valor do benefício nem restituição das parcelas recebidas, conforme manifestação administrativa da Previdência Social.

Na prática judicial previdenciária brasileira é bastante utilizada a tabela elaborada pela Justiça Federal de Santa Catarina, na qual são indicados os meses em que os índices de correção monetária utilizados pelo INPS foram inferiores à variação da ORTN/OTN e os meses que foram superiores, tendo em vista a natural impossibilidade de juntada do processo administrativo de concessão:

| Estudo da Contadoria de JF-Santa Catarina Ref. Ações previdenciárias ORTN/OTN (Súmula nº 02/TRF da 4ª Região) Válido para DIBs entre 17/06/1977 e 04/10/1988 (Lei nº6.423/1977 e CF de 1988) | | | | | | | | | | | | |
|---|---|---|---|---|---|---|---|---|---|---|---|---|
| Mês/ Ano | Jan. | Fev. | Mar. | Abr. | Mai | Jun. | Jul | Ago. | Set. | Out. | Nov. | Dez |
| 1977 | | | | | | 8,1295% | Não benéfico | Não benéfico | Não benéfico | Não benéfico | Não benéfico | Não benéfico |

| Estudo da Contadoria de JF-Santa Catarina Ref. Ações previdenciárias ORTN/OTN (Súmula nº 02/TRF da 4ª Região)<br>Válido para DIBs entre 17/06/1977 e 04/10/1988 (Lei nº6.423/1977 e CF de 1988) | | | | | | | | | | | | |
|---|---|---|---|---|---|---|---|---|---|---|---|---|
| **Mês/ Ano** | **Jan.** | **Fev.** | **Mar.** | **Abr.** | **Mai** | **Jun.** | **Jul** | **Ago.** | **Set.** | **Out.** | **Nov.** | **Dez** |
| **1978** | Não benéfico | Não benéfico | Não benéfico | Não benéfico | Não benéfico | Não benéfico | Não benéfico | Não benéfico | Não benéfico | Não benéfico | Não benéfico | Não benéfico |
| **1978** | Não benéfico | Não benéfico | Não benéfico | Não benéfico | Não benéfico | 1,6593% | Não benéfico | Não benéfico | Não benéfico | Não benéfico | Não benéfico | 1,2206% |
| **1980** | 1,2462% | 4,1107% | 6,6357% | 6,3986% | 8,9365% | 11,1685% | Não benéfico | Não benéfico | Não benéfico | Não benéfico | Não benéfico | 1,4568% |
| **1981** | Não benéfico | Não benéfico | Não benéfico | Não benéfico | Não benéfico | Não benéfico | Não benéfico | Não benéfico | Não benéfico | Não benéfico | 3,4588% | 7,3678% |
| **1982** | Não benéfico | Não benéfico | Não benéfico | Não benéfico | 3,6439% | 7,5185% | 2,0125% | 6,1638% | 11,2509% | 14,5100% | 19,6980% | 24,3372% |
| **1983** | Não benéfico | 3,1341% | 7,9453% | 10,7623% | 17,7064% | 23,8776% | 2,8771% | 9,1516% | 15,2772% | 0,8025% | 7,2980% | 12,4946% |
| **1984** | Não benéfico | Não benéfico | 3,9750% | Não benéfico | Não benéfico | 3,9643% | 3,6305% | 10,1933% | 17,2878% | 4,5916% | 13,0975% | 18,5495% |
| **1985** | 5,4048% | 14,6554% | 22,3302% | 7,1358% | 15,6885% | 22,0343% | 5,8250% | 9,9337% | 14,4996% | 5,2646% | 10,4627% | 15,9728% |
| **1986** | 2,6411% | 13,7077% | 24,0712% | 3,1622% | 1,6048% | Não benéfico | 0,2552% | Não benéfico | Não benéfico | Não benéfico | Não benéfico | Não benéfico |
| **1987** | Não benéfico | Não benéfico | 20,2569% | 1,5548% | 16,2894 | 35,0330% | Não benéfico | Não benéfico | 1,2569% | Não benéfico | 3,0583% | 12,9989% |
| **1988** | 12,3314% | 25,8318% | 42,4885% | 31,2835% | 47,9340% | 62,5540% | 15,2526% | 18,1971% | 15,1137% | 17,0607% | | |

Estudo realizado por Terushi Kawano (Supervisor) e Evandro Ávila (diretor) da Contadoria da Justiça Federal/SC.

Observações:

a) Somente utilizados nos processos em que efetivamente o INSS certifica o desaparecimento dos autos do processo administrativo de concessão de benefício.

b) Nas competências não informadas, a variação da ORTN/OTN foi menor que a aplicação dos índices administrativos.

c) utilizado para os benefícios "Aposentadoria por Tempo de Serviço" e "Aposentadoria por Idade/ Velhice".

Note-se que em vários meses os índices concedidos pela Previdência Social foram superiores à variação da ORTN/OTN (taxados de não benéficos na tabela acima), a exemplo de todas as competências do ano de 1978. Já em todos os meses do ano de 1985, os índices utilizados pelo INPS ficaram abaixo da ORTN/OTN.

Dos 137 meses, em 74 meses o índice da OTN/ ORTN foi superior aos índices administrativos. Já estes foram superiores à OTN/ORTN em 63 meses.

De acordo com a Súmula 38, da TNU, "aplica-se subsidiariamente a Tabela de Cálculos de Santa Catarina aos pedidos de revisão de RMI – OTN/ORTN, na atualização dos salários de contribuição".

Isso porque o ideal é que se analise o processo administrativo concessório a fim de se verificar os reais índices aplicados aos salários de contribuição. A tabela referida é uma espécie de liquidação por arbitramento supletiva, obtida com a evolução do salário mínimo com base nos índices administrativos e os da variação da ORTN/OTN, podendo não coincidir exatamente com a realidade do caso concreto.

É importante ressaltar que a utilização da tabela da Justiça Federal de Santa Catarina se restringe aos benefícios cujo salário de benefício é inferior ao menor valor teto da época.

Por outro lado, os benefícios previdenciários decorrentes de acidente de trabalho e os calculados apenas com base nos últimos 12 salários de contribuição (aposentadoria por invalidez, auxílio-doença, pensão por morte e auxílio-reclusão) não terão direito a esta revisão, vez que não eram utilizados mais do que os 12 últimos salários de contribuição, que não sofriam correção monetária por ausência de previsão legal de época.

Nesse sentido, pontifica a **Súmula 456, do STJ**, que "é incabível a correção monetária dos salários de contribuição considerados no cálculo do salário de benefício de auxílio-doença, aposentadoria por invalidez, pensão ou auxílio-reclusão concedidos antes da vigência da CF/1988".

No que concerne ao benefício de pensão por morte, se decorrente de aposentadoria (salvo por invalidez), é possível que deva ser revisada, se a aposentadoria do instituidor da pensão se enquadre nos casos de revisão pela ORTN/OTN.

## 1.2. Cálculos

O estudo de caso a seguir, trata-se de uma aposentadoria por tempo de serviço com início em 02/06/1983, ativo até a presente data, cuja RMI foi calculada com base na Legislação vigente à época, particularmente o Art. 40 e 41 do Decreto nº 83.080/79. A Previdência Social utilizou índice diverso da ORTN/OTN para atualização dos 24 salários de contribuição anteriores aos 12 últimos.

**CÁLCULO DA RENDA MENSAL**

**AILTON BARRETO DOS SANTOS**

DATA DE NASCIMENTO: **17/06/1927**

ESPÉCIE: **42** (APOSENTADORIA POR TEMPO DE CONTRIBUIÇÃO) **111.222.333-4**

DATA DE INÍCIO DO BENEFÍCIO: **02/06/1983**

TEMPO DE CONTRIBUIÇÃO: **35 anos 03 meses e 16 dias**

BASE LEGAL: DECRETO 83.080/79

PERÍODO BÁSICO DE CÁLCULO: **06/1980 a 05/1983**

| | | | Índices Administrativos | | Índices da ORTN/OTN | |
|---|---|---|---|---|---|---|
| **Sequência** | **Mês/ano** | **Salário** | **Índice** | **Salário corrigido** | **Índice** | **Salário corrigido** |
| 1 | jun/80 | 70.136,00 | 5,100000 | 357.693,60 | 7,207514 | 505.506,20 |
| 2 | jul/80 | 70.136,00 | 5,100000 | 357.693,60 | 6,983980 | 489.828,42 |
| 3 | ago/80 | 70.136,00 | 5,100000 | 357.693,60 | 6,767385 | 474.637,31 |
| 4 | set/80 | 70.136,00 | 5,100000 | 357.693,60 | 6,557503 | 459.917,03 |
| 5 | out/80 | 70.136,00 | 5,100000 | 357.693,60 | 6,366478 | 446.519,30 |
| 6 | nov/80 | 73.980,70 | 5,100000 | 377.301,57 | 6,169103 | 456.394,56 |
| 7 | dez/80 | 93.706,00 | 5,100000 | 477.900,60 | 5,977840 | 560.159,48 |
| 8 | jan/81 | 93.706,00 | 3,020000 | 282.992,12 | 5,720433 | 536.038,89 |
| 9 | fev/81 | 93.706,00 | 3,020000 | 282.992,12 | 5,447997 | 510.510,01 |
| 10 | mar/81 | 93.706,00 | 3,020000 | 282.992,12 | 5,115508 | 479.353,79 |
| 11 | abr/81 | 93.706,00 | 3,020000 | 282.992,12 | 4,812316 | 450.942,88 |
| 12 | mai/81 | 110.004,00 | 3,020000 | 332.212,08 | 4,539929 | 499.410,35 |
| 13 | jun/81 | 133.540,00 | 3,020000 | 403.290,80 | 4,282959 | 571.946,34 |
| 14 | jul/81 | 133.540,00 | 3,020000 | 403.290,80 | 4,040534 | 539.572,91 |
| 15 | ago/81 | 133.540,00 | 3,020000 | 403.290,80 | 3,811833 | 509.032,18 |
| 16 | set/81 | 133.540,00 | 3,020000 | 403.290,80 | 3,602865 | 481.126,59 |
| 17 | out/81 | 133.540,00 | 3,020000 | 403.290,80 | 3,408564 | 455.179,64 |
| 18 | nov/81 | 184.390,00 | 3,020000 | 556.857,80 | 3,224741 | 594.609,99 |
| 19 | dez/81 | 238.560,00 | 3,020000 | 720.451,20 | 3,056632 | 729.190,13 |
| 20 | jan/82 | 238.560,00 | 1,820000 | 434.179,20 | 2,905541 | 693.145,86 |
| 21 | fev/82 | 238.560,00 | 1,820000 | 434.179,20 | 2,767178 | 660.137,98 |
| 22 | mar/82 | 236.459,00 | 1,820000 | 430.355,38 | 2,635413 | 623.167,12 |
| 23 | abr/82 | 238.560,00 | 1,820000 | 434.179,20 | 2,509916 | 598.765,56 |
| 24 | mai/82 | 260.266,00 | 1,820000 | 473.684,12 | 2,379071 | 619.191,29 |
| 25 | jun/82 | 332.160,00 | 1,000000 | 332.160,00 | 1,000000 | 332.160,00 |
| 26 | jul/82 | 332.160,00 | 1,000000 | 332.160,00 | 1,000000 | 332.160,00 |
| 27 | ago/82 | 332.160,00 | 1,000000 | 332.160,00 | 1,000000 | 332.160,00 |
| 28 | set/82 | 332.160,00 | 1,000000 | 332.160,00 | 1,000000 | 332.160,00 |

| Sequência | Mês/ano | Salário | Índices Administrativos | | Índices da ORTN/OTN | |
|---|---|---|---|---|---|---|
| | | | Índice | Salário corrigido | Índice | Salário corrigido |
| 29 | out/82 | 332.160,00 | 1,000000 | 332.160,00 | 1,000000 | 332.160,00 |
| 30 | nov/82 | 335.267,00 | 1,000000 | 335.267,00 | 1,000000 | 335.267,00 |
| 31 | dez/82 | 471.360,00 | 1,000000 | 471.360,00 | 1,000000 | 471.360,00 |
| 32 | jan/83 | 471.360,00 | 1,000000 | 471.360,00 | 1,000000 | 471.360,00 |
| 33 | fev/83 | 471.360,00 | 1,000000 | 471.360,00 | 1,000000 | 471.360,00 |
| 34 | mar/83 | 471.360,00 | 1,000000 | 471.360,00 | 1,000000 | 471.360,00 |
| 35 | abr/83 | 471.360,00 | 1,000000 | 471.360,00 | 1,000000 | 471.360,00 |
| 36 | mai/83 | 480.973,00 | 1,000000 | 480.973,00 | 1,000000 | 480.973,00 |

| | Índices Administrativos | Índices da ORTN/OTN |
|---|---|---|
| **SOMA DE SALÁRIOS** | **14.442.030,83** | **17.778.123,84** |
| **Média de Salários** | **401.167,52** | **493.836,77** |
| TETO MENOR: | 295.849,50 | 295.849,50 |
| COEFICIENTE: | 95% | 95% |
| PARCELA BÁSICA: | **281.057,03** | **281.057,03** |
| MÉDIA DE SALÁRIOS: | **401.167,52** | **493.836,77** |
| TETO MAIOR: | 591.699,00 | 591.699,00 |
| Grupo de contribuições acima do menor valor teto | 9 | 9 |
| PARCELA ADICIONAL **(401.167,52 - 295.849,50) X 9/30** | **31.595,41** | **59.396,18** |
| RENDA MENSAL INICIAL (281.057,03 + 31.595,41) | **312.652,43** | **340.453,21** |
| SALÁRIO MÍNIMO EM 06/1983 | **30.600,00** | **30.600,00** |
| EQUIVALÊNCIA SALARIAL | **10,22** | **11,13** |

Da análise do cálculo da RMI constante da planilha anterior, percebe-se que ao utilizar outro índice de atualização, diverso da ORTN/OTN, a média de salários foi fixada no valor de Cr$ 401.167,52. Conforme o disposto nos Arts. 40 e 41 do Decreto nº 83.080/79, o salário de benefício é dividido em duas parcelas: a parcela básica e a parcela adicional. A parcela básica é obtida através da multiplicação do coeficiente de cálculo, que no caso em tela é de 95% (percentual máximo para aposentadoria por tempo de serviço), sobre o menor valor teto vigente à época, sendo obtido o valor de Cr$ 281.057,03. A parcela adicional é obtida através da diferença entre a média de salários e o menor valor teto (excedente do menor valor teto), multiplicado por 1/30 avos quantos forem o número de anos em que o segurado contribuiu acima do menor valor teto, que no caso foram de 9 anos, sendo obtido o valor de Cr$ 31.595,41. A soma da parcela básica com a parcela adicional é a RMI do benefício, fixada em R$ 312.652,44. A equivalência salarial, aplicada no período de 04/1989 a 12/1991, foi de 10,22 salários mínimos e a mensalidade reajustada para 01/2022, no valor de **R$ 5.083,18** conforme planilha de reajustes abaixo.

Aplicando a variação da ORTN/OTN como indexador de atualização dos 24 salários de contribuição anteriores aos 12 últimos, a média de salários passa a ser de Cr$ 493.836,77, significando dizer que esses índices eram superiores aos aplicados pela Previdência Social à época. Basta comparar os índices administrativos com os da ORTN/OTN na planilha anterior. Como exemplo, o índice administrativo do mês de 06/1980 foi de 5,100 já o índice da ORTN/OTN foi de 7,207. A parcela básica, no valor de Cr$ 281.057,03, não sofreu alteração, pois é fixada aplicando-se o coeficiente de cálculo de 95% sobre o menor valor teto. A parcela adicional sofre alteração em função do aumento da média de salários, pois é calculada sobre o valor que exceder o menor valor teto. No caso em tela, a parcela adicional é alterada para Cr$ 59.396,18. A soma da parcela básica com a nova parcela adicional passa a ser a nova a RMI do benefício, fixada em R$ 340.453,21. A equivalência salarial, aplicada no período de 04/1989 a 12/1991 passa a ser de 11,13 salários mínimos e a mensalidade reajustada para 01/2022, no valor de **R$ 5.535,17**. Abaixo encontram-se as simulações de reajustes, tanto da renda mensal inicial fixada na concessão, quanto da renda mensal inicial revista.

## EVOLUÇÃO DA RENDA MENSAL DO BENEFÍCIO

**AILTON BARRETO DOS SANTOS**

BENEFÍCIO: **42/111.222.333-4**

ESPÉCIE: **Aposentadoria por tempo de contribuição**

TEMPO DE CONTRIBUIÇÃO: **35 anos 03 meses e 16 dias**

DATA DE INÍCIO: **02/06/1983**

| | |
|---|---|
| RENDA MENSAL INICIAL- CONCESSÃO: | **312.652,43** |
| SALÁRIO MÍNIMO DA ÉPOCA: | **30.600,00** |
| EQUIVALÊNCIA SALARIAL: | **10,22** |

### REAJUSTES DO BENEFÍCIO

| Data | Renda Mensal | Índices de reajustes | Renda Mensal Reajustada |
|---|---|---|---|
| Início da Equivalência Salarial | | | 10,22 |
| abr/89 | 63,90 | 10,22 | 652,89 |
| mai/89 | 81,40 | 10,22 | 831,70 |
| jun/89 | 81,40 | 10,22 | 831,70 |
| jul/89 | 149,80 | 10,22 | 1.530,57 |
| ago/89 | 192,88 | 10,22 | 1.970,73 |
| set/89 | 249,48 | 10,22 | 2.549,04 |
| out/89 | 381,73 | 10,22 | 3.900,29 |
| nov/89 | 557,33 | 10,22 | 5.694,46 |
| dez/89 | 788,18 | 10,22 | 8.053,15 |
| jan/90 | 1.283,95 | 10,22 | 13.118,63 |
| fev/90 | 2.004,37 | 10,22 | 20.479,45 |
| mar/90 | 3.674,06 | 10,22 | 37.539,34 |
| abr/90 | 3.674,06 | 10,22 | 37.539,34 |
| mai/90 | 3.674,06 | 10,22 | 37.539,34 |
| jun/90 | 3.857,76 | 10,22 | 39.416,28 |
| jul/90 | 4.904,76 | 10,22 | 50.113,89 |
| ago/90 | 5.203,46 | 10,22 | 53.165,83 |
| set/90 | 6.056,31 | 10,22 | 61.879,74 |
| out/90 | 6.425,14 | 10,22 | 65.648,22 |
| nov/90 | 8.329,55 | 10,22 | 85.106,34 |
| dez/90 | 8.836,82 | 10,22 | 90.289,32 |
| jan/91 | 12.325,60 | 10,22 | 125.935,58 |
| fev/91 | 15.895,46 | 10,22 | 162.410,27 |
| mar/91 | 17.000,00 | 10,22 | 173.695,80 |
| abr/91 | 17.000,00 | 10,22 | 173.695,80 |
| mai/91 | 17.000,00 | 10,22 | 173.695,80 |
| jun/91 | 17.000,00 | 10,22 | 173.695,80 |
| jul/91 | 17.000,00 | 10,22 | 173.695,80 |
| ago/91 | 17.000,00 | 10,22 | 173.695,80 |
| set/91 | 42.000,00 | 10,22 | 429.130,79 |
| out/91 | 42.000,00 | 10,22 | 429.130,79 |
| nov/91 | 42.000,00 | 10,22 | 429.130,79 |
| dez/91 | 42.000,00 | 10,22 | 429.130,79 |

**AILTON BARRETO DOS SANTOS**

BENEFÍCIO: **42/111.222.333-4**

ESPÉCIE: **Aposentadoria por tempo de contribuição**

TEMPO DE CONTRIBUIÇÃO: **35 anos 03 meses e 16 dias**

DATA DE INÍCIO: **02/06/1983**

| | |
|---|---|
| RENDA MENSAL INICIAL- CONCESSÃO: | **340.453,21** |
| SALÁRIO MÍNIMO DA ÉPOCA: | **30.600,00** |
| EQUIVALÊNCIA SALARIAL: | **11,13** |

### REAJUSTES DO BENEFÍCIO

| Data | Renda Mensal | Índices de reajustes | Renda Mensal Reajustada |
|---|---|---|---|
| Início da Equivalência Salarial | | | 11,13 |
| abr/89 | 63,90 | 11,13 | 710,95 |
| mai/89 | 81,40 | 11,13 | 905,65 |
| jun/89 | 81,40 | 11,13 | 905,65 |
| jul/89 | 149,80 | 11,13 | 1.666,66 |
| ago/89 | 192,88 | 11,13 | 2.145,97 |
| set/89 | 249,48 | 11,13 | 2.775,69 |
| out/89 | 381,73 | 11,13 | 4.247,10 |
| nov/89 | 557,33 | 11,13 | 6.200,81 |
| dez/89 | 788,18 | 11,13 | 8.769,23 |
| jan/90 | 1.283,95 | 11,13 | 14.285,13 |
| fev/90 | 2.004,37 | 11,13 | 22.300,46 |
| mar/90 | 3.674,06 | 11,13 | 40.877,30 |
| abr/90 | 3.674,06 | 11,13 | 40.877,30 |
| mai/90 | 3.674,06 | 11,13 | 40.877,30 |
| jun/90 | 3.857,76 | 11,13 | 42.921,14 |
| jul/90 | 4.904,76 | 11,13 | 54.569,98 |
| ago/90 | 5.203,46 | 11,13 | 57.893,29 |
| set/90 | 6.056,31 | 11,13 | 67.382,03 |
| out/90 | 6.425,14 | 11,13 | 71.485,61 |
| nov/90 | 8.329,55 | 11,13 | 92.673,92 |
| dez/90 | 8.836,82 | 11,13 | 98.317,77 |
| jan/91 | 12.325,60 | 11,13 | 137.133,66 |
| fev/91 | 15.895,46 | 11,13 | 176.851,65 |
| mar/91 | 17.000,00 | 11,13 | 189.140,67 |
| abr/91 | 17.000,00 | 11,13 | 189.140,67 |
| mai/91 | 17.000,00 | 11,13 | 189.140,67 |
| jun/91 | 17.000,00 | 11,13 | 189.140,67 |
| jul/91 | 17.000,00 | 11,13 | 189.140,67 |
| ago/91 | 17.000,00 | 11,13 | 189.140,67 |
| set/91 | 42.000,00 | 11,13 | 467.288,72 |
| out/91 | 42.000,00 | 11,13 | 467.288,72 |
| nov/91 | 42.000,00 | 11,13 | 467.288,72 |
| dez/91 | 42.000,00 | 11,13 | 467.288,72 |

| Data | Renda Mensal | Índices de reajustes | Renda Mensal Reajustada |
|---|---|---|---|
| Fim da Equivalência Salarial | | | 10,22 |
| jan/92 | 429.130,79 | 2,198234 | 943.329,98 |
| mai/92 | 943.329,98 | 2,303616 | 2.173.070,03 |
| set/92 | 2.173.070,03 | 2,247870 | 4.884.778,92 |
| jan/93 | 4.884.778,92 | 2,412130 | 11.782.721,78 |
| mar/93 | 11.782.721,78 | 1,366700 | 16.103.445,86 |
| mai/93 | 16.103.445,86 | 1,917070 | 30.871.432,95 |
| jul/93 | 30.871.432,95 | 1,404590 | 43.361,71 |
| ago/93 | 43.361,71 | 1,192600 | 51.713,17 |
| set/93 | 51.713,17 | 1,707360 | 88.293,00 |
| out/93 | 88.293,00 | 1,251700 | 110.516,35 |
| nov/93 | 110.516,35 | 1,249200 | 138.057,02 |
| dez/93 | 138.057,02 | 1,248900 | 172.419,41 |
| jan/94 | 172.419,41 | 1,752840 | 302.223,64 |
| fev/94 | 302.223,64 | 1,302500 | 393.646,30 |
| mar/94 | 393.646,30 | 661,005200 | 595,53 |
| mai/95 | 595,53 | 1,428572 | 850,75 |
| mai/96 | 850,75 | 1,150000 | 978,37 |
| jun/97 | 978,37 | 1,077600 | 1.054,29 |
| jun/98 | 1.054,29 | 1,048100 | 1.105,00 |
| jun/99 | 1.105,00 | 1,046100 | 1.155,94 |
| jun/00 | 1.155,94 | 1,058100 | 1.223,10 |
| jun/01 | 1.223,10 | 1,076600 | 1.316,79 |
| jun/02 | 1.316,79 | 1,092000 | 1.437,93 |
| jun/03 | 1.437,93 | 1,197100 | 1.721,35 |
| mai/04 | 1.721,35 | 1,045300 | 1.799,33 |
| mai/05 | 1.799,33 | 1,063550 | 1.913,67 |
| abr/06 | 1.913,67 | 1,050100 | 2.009,55 |
| abr/07 | 2.009,55 | 1,033000 | 2.075,86 |
| mar/08 | 2.075,86 | 1,050000 | 2.179,66 |
| fev/09 | 2.179,66 | 1,059200 | 2.308,69 |
| jan/10 | 2.308,69 | 1,077200 | 2.486,92 |
| jan/11 | 2.486,92 | 1,064700 | 2.647,83 |
| jan/12 | 2.647,83 | 1,060800 | 2.808,82 |
| jan/13 | 2.808,82 | 1,062000 | 2.982,96 |
| jan/14 | 2.982,96 | 1,055600 | 3.148,81 |
| jan/15 | 3.148,81 | 1,062300 | 3.344,99 |
| jan/16 | 3.344,99 | 1,112800 | 3.722,30 |
| jan/17 | 3.722,30 | 1,065800 | 3.967,23 |
| jan/18 | 3.967,23 | 1,020700 | 4.049,35 |
| jan/19 | 4.049,35 | 1,034300 | 4.188,24 |
| jan/20 | 4.188,24 | 1,044800 | 4.375,87 |
| jan/21 | 4.375,87 | 1,054500 | 4.614,36 |
| **jan/22** | **4.614,36** | **1,101600** | **5.083,18** |

| Data | Renda Mensal | Índices de reajustes | Renda Mensal Reajustada |
|---|---|---|---|
| Fim da Equivalência Salarial | | | 11,13 |
| jan/92 | 467.288,72 | 2,198234 | 1.027.210,04 |
| mai/92 | 1.027.210,04 | 2,303616 | 2.366.297,49 |
| set/92 | 2.366.297,49 | 2,247870 | 5.319.129,15 |
| jan/93 | 5.319.129,15 | 2,412130 | 12.830.430,99 |
| mar/93 | 12.830.430,99 | 1,366700 | 17.535.350,04 |
| mai/93 | 17.535.350,04 | 1,917070 | 33.616.493,50 |
| jul/93 | 33.616.493,50 | 1,404590 | 47.217,39 |
| ago/93 | 47.217,39 | 1,192600 | 56.311,46 |
| set/93 | 56.311,46 | 1,707360 | 96.143,93 |
| out/93 | 96.143,93 | 1,251700 | 120.343,36 |
| nov/93 | 120.343,36 | 1,249200 | 150.332,93 |
| dez/93 | 150.332,93 | 1,248900 | 187.750,79 |
| jan/94 | 187.750,79 | 1,752840 | 329.097,10 |
| fev/94 | 329.097,10 | 1,302500 | 428.648,98 |
| mar/94 | 428.648,98 | 661,005200 | 648,48 |
| mai/95 | 648,48 | 1,428572 | 926,40 |
| mai/96 | 926,40 | 1,150000 | 1.065,36 |
| jun/97 | 1.065,36 | 1,077600 | 1.148,03 |
| jun/98 | 1.148,03 | 1,048100 | 1.203,25 |
| jun/99 | 1.203,25 | 1,046100 | 1.258,72 |
| jun/00 | 1.258,72 | 1,058100 | 1.331,86 |
| jun/01 | 1.331,86 | 1,076600 | 1.433,88 |
| jun/02 | 1.433,88 | 1,092000 | 1.565,79 |
| jun/03 | 1.565,79 | 1,197100 | 1.874,41 |
| mai/04 | 1.874,41 | 1,045300 | 1.959,32 |
| mai/05 | 1.959,32 | 1,063550 | 2.083,84 |
| abr/06 | 2.083,84 | 1,050100 | 2.188,24 |
| abr/07 | 2.188,24 | 1,033000 | 2.260,45 |
| mar/08 | 2.260,45 | 1,050000 | 2.373,47 |
| fev/09 | 2.373,47 | 1,059200 | 2.513,98 |
| jan/10 | 2.513,98 | 1,077200 | 2.708,06 |
| jan/11 | 2.708,06 | 1,064700 | 2.883,27 |
| jan/12 | 2.883,27 | 1,060800 | 3.058,57 |
| jan/13 | 3.058,57 | 1,062000 | 3.248,20 |
| jan/14 | 3.248,20 | 1,055600 | 3.428,80 |
| jan/15 | 3.428,80 | 1,062300 | 3.642,42 |
| jan/16 | 3.642,42 | 1,112800 | 4.053,28 |
| jan/17 | 4.053,28 | 1,065800 | 4.319,99 |
| jan/18 | 4.319,99 | 1,020700 | 4.409,41 |
| jan/19 | 4.409,41 | 1,034300 | 4.560,66 |
| jan/20 | 4.560,66 | 1,044800 | 4.764,97 |
| jan/21 | 4.764,97 | 1,054500 | 5.024,66 |
| **jan/22** | **5.024,66** | **1,101600** | **5.535,17** |

| Proveito Econômico – Revisão ORTN | **451,99** |
|---|---|

Os cálculos explorados anteriormente são aplicados na hipótese de se ter o processo administrativo com as informações de salários de contribuição e quantidade de salários superiores ao menor valor teto. Nos casos da falta de localização do processo administrativo, a alternativa é a utilização da técnica do arbitramento, disciplinada na tabela elaborada pela Justiça Federal de Santa Catarina, na qual são indicados os meses em que os índices de correção monetária utilizados pelo INPS foram inferiores à variação da ORTN/OTN e os meses em que foram superiores.

Caso o processo administrativo não fosse localizado, a alternativa seria a utilização da tabela de arbitramento ao caso concreto. De acordo com essa tabela, já demonstrada anteriormente, o índice a ser aplicado seria de 23,8776%. O resultado o seguinte:

| ARBITRAMENTO | | ÍNDICE | Valor Revisto |
|---|---|---|---|
| 1ª PARTE | 295.849,50 | 1,000000 | 295.849,50 |
| 2ª PARTE | 16.802,93 | 1,238776 | 20.815,07 |
| RENDA MENSAL INICIAL | 312.652,43 | 1,000000 | 316.664,57 |

Nota-se que a RMI seria alterada de **Cr$ 312.652,43** para **Cr$ 316.664,57**. O impacto é bem menor do que com a utilização dos salários de contribuição, em que se obteve uma nova RMI no valor de **Cr$ 340.453,21**. É importante salientar que o referido índice de arbitramento, só incide sobre a parcela que excede ao menor valor teto da época, que no caso era de **Cr$ 295.849,50**, portanto, para os benefícios com renda mensal inicial superior ao menor valor teto, os mesmos só serão majorados com relação à parte que superar o menor valor teto. No nosso estudo de caso, o índice de arbitramento só foi aplicado sobre a parcela que excedeu ao menor valor teto, que no caso foi de **Cr$ 16.802,93**. Para os benefícios que foram concedidos com RMIs inferiores ao menor valor teto da época de início, o impacto da revisão da ORT/OTN, pelo critério do arbitramento, será maior do que para aqueles que sofreram tal limitação.

## 2. REVISIONAL FUNDAMENTADA NA ATUALIZAÇÃO DO MENOR VALOR TETO PELO INPC (LEI 6.708/79)

### 2.1. Considerações gerais

Trata-se de ação de revisão de benefícios previdenciários concedidos a partir de maio de 1980, com fulcro no artigo 14, na Lei 6.708/79[1], que determinou a correção monetária dos salários de contribuição com base no INPC, tendo em vista que a referida norma apenas vigorou a partir de 01.01.1979, tendo o primeiro reajuste ocorrido em maio de 1980.

Vale lembrar que desde o advento da Lei 6.205/75 o menor valor teto foi desvinculado do salário mínimo (até abril de 1975 correspondia a 10 salários mínimos), passando a ser atualizado pelos índices da política salarial da época.

Posteriormente, a própria Previdência Social promoveu a revisão administrativa dos salários de contribuição pelo INPC para os benefícios deferidos a partir de maio de 1982, com base na Portaria 2.840, do extinto Ministério da Previdência Social.

Contudo, **os benefícios concedidos entre maio de 1980 e abril de 1982 não foram revistos administrativamente**, existindo o direito à revisão. Sobre esta revisão, convém colacionar alguns julgados do Superior Tribunal de Justiça:

> "PREVIDENCIÁRIO. AGRAVO REGIMENTAL NO RECURSO ESPECIAL. REVISÃO DE BENEFÍCIOS. MAIOR E MENOR VALOR-TETO. INCIDÊNCIA DA VARIAÇÃO DOINPC. LEI 6.708/79. PORTARIA MPAS 2.840/82. AGRAVO IMPROVIDO. 1. De uma análise sistemática da Lei 6.708/79, verifica-se que **o INPC é o índice a ser utilizado na atualização do menor e maior valor-teto dos salários-de-contribuição, nos termos do art. 14, que deu nova redação ao § 3º do art. 1º da Lei 6.205/75**. 2. A **Portaria MPAS 2.840/82, de 30/4/82**, que corrigiu, **a partir de maio de 1982**, a atualização monetária do menor valor-teto, fez incidir a variação integral do INPC desde novembro de 1979. **3. A aposentadoria concedida anteriormente à edição da Portaria MPAS 2.840/82 enquadra-se na hipótese dos benefícios que não tiveram a correção prevista pela Portaria MPAS 2.840/82**. 4. Agravo regimental improvido" (AGREsp 512.422, de 04.02.2010).

> "AGRAVO INTERNO. RECURSO ESPECIAL. PREVIDENCIÁRIO. REVISÃO DE BENEFÍCIO. REAJUSTE SEMESTRAL. MENOR E MAIOR VALOR-TETO. LEI Nº 6.708/1979. INPC. APLICAÇÃO A PARTIR DE MAIO DE 1980. BENEFÍCIO CONCEDIDO APÓS ABRIL DE 1982. PREJUÍZO. INEXISTÊNCIA. REEXAME DE PROVAS. SÚMULA Nº 7/STJ. VIOLAÇÃO DO ARTIGO 535 DO CÓDIGO DE PROCESSO CIVIL. INEXISTÊNCIA. 1. A edição da Lei n.º 6.708, inaugurou uma nova sistemática de reajuste semestral pela variação do Índice Nacional de Preços ao Consumidor nos seis

1. **Art. 14.** O § 3º, do artigo 1º, da Lei nº 6.205, de 29 de abril de 1975, passa a vigorar com a seguinte redação: "§ 3º Para os efeitos do disposto no artigo 5º da Lei nº 5.890, de 8 de junho de 1973, os montantes atualmente correspondentes a 10 (dez) e 20 (vinte) vezes o maior salário mínimo vigente serão corrigidos de acordo com o Índice Nacional de Preços ao Consumidor."

meses anteriores (art. 2º, § 1º). **Assim, o primeiro reajustamento do menor e maior valor-teto com a adoção do INPC somente é devido a partir de maio de 1980.** 2. A irresignação que busca desconstituir os pressupostos fáticos adotados pelo acórdão recorrido encontra óbice no enunciado nº 7 da Súmula desta Corte. 3. O Tribunal a quo apreciou fundamentadamente a controvérsia, não padecendo o acórdão recorrido de qualquer omissão, contradição ou obscuridade. Observe-se, ademais, que julgamento diverso do pretendido, como na espécie, não implica ofensa à norma ora invocada. 4. Agravo interno a que se nega provimento" (AGREsp 1.010.096, de 30.10.2008).

"AGRAVO REGIMENTAL EM RECURSO ESPECIAL. PREVIDENCIÁRIO. CÁLCULO DOMENOR VALOR-TETO DO SALÁRIO-DE-BENEFÍCIO. UTILIZAÇÃO DO VALOR DE 10 VEZES O MAIOR SALÁRIO MÍNIMO VIGENTE NO PAÍS COMO BASE DE CÁLCULO. IMPOSSIBILIDADE. PRECEDENTES. 1. **Inexiste amparo legal para que o limite do menor valor-teto do salário-de-benefício seja corrigido pelo INPC, tendo-se como base de cálculo, a partir de novembro de 1989, o valor de 10 vezes o maior salário mínimo vigente no país, eis que, desde a edição da Lei nº6.205/75, os valores monetários fixados com base no salário mínimo não deveriam ser considerados para quaisquer fins de direito.** 2. Com a edição da **Lei 6.205/75**, posteriormente modificada pela Lei 6.708/79, para o cálculo do menor valor-teto do salário-de-benefício, **não mais se adotou o salário mínimo como indexador, mas, sim, o fator de reajustamento salarial previsto nos artigos 1º e 2º da Lei nº 6.147/74** (parágrafo 3º do artigo 1º da Lei nº 6.205/75) e, após, o INPC (parágrafo 3º do artigo 1º da Lei nº6.708/79). Precedentes. 3. Agravo regimental improvido" (AGREsp 998.358, de 29.04.2008).

Por fim, saliente-se que apenas os benefícios concedidos entre maio de 1980 e abril de 1982 que atingiram o menor valor teto merecem ser revisados, pois aqueles em que o salário de benefício não atingiu o menor valor teto não há a incidência do artigo 14, na Lei 6.708/79. Eis os valores do menor teto desse período:

| PERÍODO | VALOR – índices da política salarial | VALOR – INPC |
|---|---|---|
| **De maio de 1980 até outubro de 1980** | 35.068,00 | 35.217,66 |
| **De novembro de 1980 até abril de 1981** | 46.853,00 | 49.830,03 |
| **De maio de 1981 até outubro de 1981** | 66.770,00 | 72.682,54 |
| **De novembro de 1981 a abril de 1982** | 92.195,00 | 100.019,53 |

Conforme tabela acima, percebe-se que utilizando o INPC como indexador de atualização, o menor valor teto dos referidos períodos são maiores que os obtidos utilizando os índices da política salarial. As referidas informações foram retiradas no site do IBGE, conforme tabela a seguir.

## TABELA DO MENOR VALOR TETO CORRIGIDO PELO INPC A PARTIR DE 11/1979, COM BASE NA SÉRIE HISTÓRICA DO INPC APURADA PELO IBGE*

| Mês/ano | INPC (%) | Índice acumulado INPC | Índice variação MENOR VALOR TETO INSS | MENOR VALOR TETO INSS | MENOR VALOR TETO (INPC A PARTIR 11/79) |
|---|---|---|---|---|---|
| **nov/79** | 6.1000% | | | **25.964,50** | |
| dez/79 | 4,5100% | | | 25.964,50 | |
| jan/80 | 6,5600% | | | 25.965,00 | |
| fev/80 | 4,1500% | | | 25.965,00 | |
| mar/80 | 5,1200% | | | 25.965,00 | |
| abr/80 | 4,8500% | | | 25.965,00 | |
| **mai/80** | 5,5300% | **1,35638** | 1,300587 | **35.068,00** | **35.217,66** |
| jun/80 | 5,5200% | | | 35.068,00 | |
| jul/80 | 5,5100% | | | 35.068,00 | |
| ago/80 | 5,1500% | | | 35.068,00 | |
| set/80 | 4,4500% | | | 35.068,00 | |

| Mês/ano | INPC (%) | Índice acumulado INPC | Índice variação MENOR VALOR TETO INSS | MENOR VALOR TETO INSS | MENOR VALOR TETO (INPC A PARTIR 11/79) |
|---|---|---|---|---|---|
| out/80 | 9,6500% | | | 35.068,00 | |
| **nov/80** | 8,0300% | **1,41492** | 1,336061 | **46.853,00** | **49.830,03** |
| dez/80 | 6,8000% | | | 46.853,00 | |
| jan/81 | 6,2100% | | | 46.853,00 | |
| fev/81 | 6,0500% | | | 46.853,00 | |
| mar/81 | 5,3500% | | | 46.853,00 | |
| abr/81 | 6,5400% | | | 46.853,00 | |
| **mai/81** | 5,5100% | **1,45861** | 1,425096 | **66.770,00** | **72.682,54** |
| jun/81 | 5,0700% | | | 66.770,00 | |
| jul/81 | 6,2000% | | | 66.770,00 | |
| ago/81 | 6,1200% | | | 66.770,00 | |
| set/81 | 5,2800% | | | 66.770,00 | |
| out/81 | 4,6200% | | | 66.770,00 | |
| **nov/81** | 5,2300% | **1,37611** | 1,380785 | **92.195,00** | **100.019,53** |
| dez/81 | 5,6900% | | | 92.195,00 | |
| jan/82 | 6,7100% | | | 92.195,00 | |
| fev/82 | 6,5800% | | | 92.195,00 | |
| mar/82 | 5,2400% | | | 92.195,00 | |
| abr/82 | 5,6500% | | | 92.195,00 | |
| **mai/82** | 6,6600% | **1,40639** | 1,534248 | 141.450,00 | **140.666,11** |

Diante desse contexto, a revisão que trata do tema consiste apenas numa readequação da RMI, tendo em vista a alteração do menor valor teto pela aplicação do INPC como indexador. Nesse caso, partindo-se da mesma média de salários, haverá alteração da RMI, conforme demonstrado a seguir.

## 2.2. Cálculos

O caso concreto a seguir, trata-se de uma aposentadoria por tempo de serviço, com início em **01/03/1982**, com média de salários fixada no valor de **Cr$ 145.700,00**, tempo de contribuição de **35 anos** e coeficiente da parcela básica da RMI de 95%, conforme legislação vigente à época do início do benefício. A seguir será demonstrado o impacto da adoção do INPC como indexador de atualização do menor e maior valor teto, no período de 05/1980 a 04/1982.

**MARCOS ROSENO DE JESUS**
DATA DE NASCIMENTO: **17/06/1931**
ESPÉCIE: **42** (APOSENTADORIA POR TEMPO DE SERVIÇO)
DATA DE INÍCIO DO BENEFÍCIO: **01/03/1982**
TEMPO DE CONTRIBUIÇÃO: **35 anos 03 meses e 16 dias**
BASE LEGAL: LEI 8.213 DE 24 DE JULHO DE 1991
PERÍODO BÁSICO DE CÁLCULO: **03/1979 a 02/1982**
MÉDIA DE SALÁRIOS: **145.700,00**

**MARCOS ROSENO DE JESUS**
DATA DE NASCIMENTO: **17/06/1931**
ESPÉCIE: **42** (APOSENTADORIA POR TEMPO DE SERVIÇO)
DATA DE INÍCIO DO BENEFÍCIO: **01/03/1982**
TEMPO DE CONTRIBUIÇÃO: **35 anos 03 meses e 16 dias**
BASE LEGAL: LEI 8.213 DE 24 DE JULHO DE 1991
PERÍODO BÁSICO DE CÁLCULO: **03/1979 a 02/1982**
MÉDIA DE SALÁRIOS: **145.700,00**

| VALOR TETO COM BASE NOS ÍNDICES DA POLÍTICA SALARIAL | |
|---|---|
| TETO MENOR: | 92.195,00 |
| COEFICIENTE: | 95% |
| PARCELA BÁSICA: | **87.585,25** |
| MÉDIA DE SALÁRIOS: | **145.700,00** |
| TETO MAIOR: | 184.390,00 |
| Grupo de contribuições acima do menor valor teto | 12 |
| PARCELA ADICIONAL: (145.700,00- 92.195,00) X 12/30 | **21.402,00** |
| RENDA MENSAL INICIAL | **108.987,25** |
| SALÁRIO MÍNIMO EM 03/1982 | **10.200,00** |
| EQUIVALÊNCIA SALARIAL | **10,69** |

| VALOR TETO COM BASE NO INPC | |
|---|---|
| TETO MENOR: | 100.019,53 |
| COEFICIENTE: | 95% |
| PARCELA BÁSICA: | **95.018,55** |
| MÉDIA DE SALÁRIOS: | **145.700,00** |
| TETO MAIOR: | 200.039,06 |
| Grupo de contribuições acima do menor valor teto | 12 |
| PARCELA ADICIONAL (145.700,00- 100.019,53) X 12/30 | **18.272,19** |
| RENDA MENSAL INICIAL | **113.290,74** |
| SALÁRIO MÍNIMO EM 03/1982 | **10.200,00** |
| EQUIVALÊNCIA SALARIAL | **11,11** |

Da análise do caso concreto, percebe-se que houve uma readequação da RMI, com aumento da parcela básica e redução da parcela adicional, com um pequeno impacto positivo na RMI do benefício, que passou de Cr$ 108.987,25 para Cr$ 113.290,74. A equivalência salarial foi alterada de 10,69 para 11,11 salários mínimos. O aumento da parcela básica se deu em função do aumento do menor valor teto que passou de Cr$ 92.195,00 para Cr$ 100.019,53, com a adoção do INPC como indexador de atualização.

A redução da parcela adicional foi justamente devido ao aumento do menor valor teto, tendo em vista que a mesma é calculada sobre o excedente da média de salários sobre o referido valor teto. Com o aumento do menor valor teto, reduz-se o excedente em relação à média de salários e consequentemente o valor da parcela adicional. Trata-se de um tipo de revisão que causa um pequeno impacto na renda mensal dos benefícios. Por esse motivo a demanda no poder judiciário foi muito pequena.

Para visualizar melhor o impacto da referida revisão na mensalidade reajustada para 01/2022, segue a planilha comparativa de reajustes do benefício, relativa à renda mensal inicial fixada na concessão e à renda mensal inicial revista.

**MARCOS ROSENO DE JESUS**

BENEFÍCIO: **42/111.222.333-4**

ESPÉCIE: **Aposentadoria por tempo de serviço**

TEMPO DE CONTRIBUIÇÃO: **35 anos 03 meses e 16 dias**

DATA DE INÍCIO: **01/03/1982**

RENDA MENSAL INICIAL- CONCESSÃO: **108.987,25**

SALÁRIO MÍNIMO DA ÉPOCA: **10.200,00**

EQUIVALÊNCIA SALARIAL: **10,69**

**MARCOS ROSENO DE JESUS**

BENEFÍCIO: **42/111.222.333-4**

ESPÉCIE: **Aposentadoria por tempo de serviço**

TEMPO DE CONTRIBUIÇÃO: **35 anos 03 meses e 16 dias**

DATA DE INÍCIO: **01/03/1982**

RENDA MENSAL INICIAL- REVISÃO: **113.290,74**

SALÁRIO MÍNIMO DA ÉPOCA: **10.200,00**

EQUIVALÊNCIA SALARIAL: **11,11**

**REAJUSTES DO BENEFÍCIO**

| Data | Renda Mensal | Índices de reajustes | Renda Mensal Reajustada |
|---|---|---|---|
| **Início da Equivalência Salarial** | | | **10,69** |
| abr/89 | 63,90 | 10,69 | 682,77 |
| mai/89 | 81,40 | 10,69 | 869,76 |
| jun/89 | 81,40 | 10,69 | 869,76 |
| jul/89 | 149,80 | 10,69 | 1.600,62 |
| ago/89 | 192,88 | 10,69 | 2.060,93 |
| set/89 | 249,48 | 10,69 | 2.665,70 |
| out/89 | 381,73 | 10,69 | 4.078,79 |
| nov/89 | 557,33 | 10,69 | 5.955,08 |
| dez/89 | 788,18 | 10,69 | 8.421,72 |

**REAJUSTES DO BENEFÍCIO**

| Data | Renda Mensal | Índices de reajustes | Renda Mensal Reajustada |
|---|---|---|---|
| **Início da Equivalência Salarial** | | | **11,11** |
| abr/89 | 63,90 | 11,11 | 709,73 |
| mai/89 | 81,40 | 11,11 | 904,10 |
| jun/89 | 81,40 | 11,11 | 904,10 |
| jul/89 | 149,80 | 11,11 | 1.663,82 |
| ago/89 | 192,88 | 11,11 | 2.142,31 |
| set/89 | 249,48 | 11,11 | 2.770,96 |
| out/89 | 381,73 | 11,11 | 4.239,85 |
| nov/89 | 557,33 | 11,11 | 6.190,23 |
| dez/89 | 788,18 | 11,11 | 8.754,26 |

| Data | Renda Mensal | Índices de reajustes | Renda Mensal Reajustada |
|---|---|---|---|
| jan/90 | 1.283,95 | 10,69 | 13.719,04 |
| fev/90 | 2.004,37 | 10,69 | 21.416,74 |
| mar/90 | 3.674,06 | 10,69 | 39.257,42 |
| abr/90 | 3.674,06 | 10,69 | 39.257,42 |
| mai/90 | 3.674,06 | 10,69 | 39.257,42 |
| jun/90 | 3.857,76 | 10,69 | 41.220,26 |
| jul/90 | 4.904,76 | 10,69 | 52.407,48 |
| ago/90 | 5.203,46 | 10,69 | 55.599,10 |
| set/90 | 6.056,31 | 10,69 | 64.711,82 |
| out/90 | 6.425,14 | 10,69 | 68.652,78 |
| nov/90 | 8.329,55 | 10,69 | 89.001,45 |
| dez/90 | 8.836,82 | 10,69 | 94.421,64 |
| jan/91 | 12.325,60 | 10,69 | 131.699,34 |
| fev/91 | 15.895,46 | 10,69 | 169.843,38 |
| mar/91 | 17.000,00 | 10,69 | 181.645,42 |
| abr/91 | 17.000,00 | 10,69 | 181.645,42 |
| mai/91 | 17.000,00 | 10,69 | 181.645,42 |
| jun/91 | 17.000,00 | 10,69 | 181.645,42 |
| jul/91 | 17.000,00 | 10,69 | 181.645,42 |
| ago/91 | 17.000,00 | 10,69 | 181.645,42 |
| set/91 | 42.000,00 | 10,69 | 448.771,03 |
| out/91 | 42.000,00 | 10,69 | 448.771,03 |
| nov/91 | 42.000,00 | 10,69 | 448.771,03 |
| dez/91 | 42.000,00 | 10,69 | 448.771,03 |
| Fim da Equivalência Salarial | | 10,69 | |
| jan/92 | 448.771,03 | 2,198234 | 986.503,82 |
| mai/92 | 986.503,82 | 2,303616 | 2.272.525,99 |
| set/92 | 2.272.525,99 | 2,247870 | 5.108.343,01 |
| jan/93 | 5.108.343,01 | 2,412130 | 12.321.987,42 |
| mar/93 | 12.321.987,42 | 1,366700 | 16.840.460,21 |
| mai/93 | 16.840.460,21 | 1,917070 | 32.284.341,05 |
| jul/93 | 32.284.341,05 | 1,404590 | 45.346,26 |
| ago/93 | 45.346,26 | 1,192600 | 54.079,95 |
| set/93 | 54.079,95 | 1,707360 | 92.333,95 |
| out/93 | 92.333,95 | 1,251700 | 115.574,40 |
| nov/93 | 115.574,40 | 1,249200 | 144.375,54 |
| dez/93 | 144.375,54 | 1,248900 | 180.310,62 |
| jan/94 | 180.310,62 | 1,752840 | 316.055,66 |
| fev/94 | 316.055,66 | 1,302500 | 411.662,50 |
| mar/94 | 411.662,50 | 661,005200 | 622,78 |
| mai/95 | 622,78 | 1,428572 | 889,69 |
| mai/96 | 889,69 | 1,150000 | 1.023,14 |
| jun/97 | 1.023,14 | 1,077600 | 1.102,54 |
| jun/98 | 1.102,54 | 1,048100 | 1.155,57 |
| jun/99 | 1.155,57 | 1,046100 | 1.208,84 |

| Data | Renda Mensal | Índices de reajustes | Renda Mensal Reajustada |
|---|---|---|---|
| jan/90 | 1.283,95 | 11,11 | 14.260,75 |
| fev/90 | 2.004,37 | 11,11 | 22.262,41 |
| mar/90 | 3.674,06 | 11,11 | 40.807,55 |
| abr/90 | 3.674,06 | 11,11 | 40.807,55 |
| mai/90 | 3.674,06 | 11,11 | 40.807,55 |
| jun/90 | 3.857,76 | 11,11 | 42.847,89 |
| jul/90 | 4.904,76 | 11,11 | 54.476,85 |
| ago/90 | 5.203,46 | 11,11 | 57.794,49 |
| set/90 | 6.056,31 | 11,11 | 67.267,04 |
| out/90 | 6.425,14 | 11,11 | 71.363,62 |
| nov/90 | 8.329,55 | 11,11 | 92.515,77 |
| dez/90 | 8.836,82 | 11,11 | 98.149,99 |
| jan/91 | 12.325,60 | 11,11 | 136.899,64 |
| fev/91 | 15.895,46 | 11,11 | 176.549,85 |
| mar/91 | 17.000,00 | 11,11 | 188.817,90 |
| abr/91 | 17.000,00 | 11,11 | 188.817,90 |
| mai/91 | 17.000,00 | 11,11 | 188.817,90 |
| jun/91 | 17.000,00 | 11,11 | 188.817,90 |
| jul/91 | 17.000,00 | 11,11 | 188.817,90 |
| ago/91 | 17.000,00 | 11,11 | 188.817,90 |
| set/91 | 42.000,00 | 11,11 | 466.491,29 |
| out/91 | 42.000,00 | 11,11 | 466.491,29 |
| nov/91 | 42.000,00 | 11,11 | 466.491,29 |
| dez/91 | 42.000,00 | 11,11 | 466.491,29 |
| Fim da Equivalência Salarial | | 11,11 | |
| jan/92 | 466.491,29 | 2,198234 | 1.025.457,10 |
| mai/92 | 1.025.457,10 | 2,303616 | 2.362.259,39 |
| set/92 | 2.362.259,39 | 2,247870 | 5.310.052,02 |
| jan/93 | 5.310.052,02 | 2,412130 | 12.808.535,78 |
| mar/93 | 12.808.535,78 | 1,366700 | 17.505.425,86 |
| mai/93 | 17.505.425,86 | 1,917070 | 33.559.126,75 |
| jul/93 | 33.559.126,75 | 1,404590 | 47.136,81 |
| ago/93 | 47.136,81 | 1,192600 | 56.215,36 |
| set/93 | 56.215,36 | 1,707360 | 95.979,86 |
| out/93 | 95.979,86 | 1,251700 | 120.138,00 |
| nov/93 | 120.138,00 | 1,249200 | 150.076,38 |
| dez/93 | 150.076,38 | 1,248900 | 187.430,40 |
| jan/94 | 187.430,40 | 1,752840 | 328.535,50 |
| fev/94 | 328.535,50 | 1,302500 | 427.917,48 |
| mar/94 | 427.917,48 | 661,005200 | 647,37 |
| mai/95 | 647,37 | 1,428572 | 924,82 |
| mai/96 | 924,82 | 1,150000 | 1.063,54 |
| jun/97 | 1.063,54 | 1,077600 | 1.146,07 |
| jun/98 | 1.146,07 | 1,048100 | 1.201,20 |
| jun/99 | 1.201,20 | 1,046100 | 1.256,58 |

| Data | Renda Mensal | Índices de reajustes | Renda Mensal Reajustada |
|---|---|---|---|
| jun/00 | 1.208,84 | 1,058100 | 1.279,08 |
| jun/01 | 1.279,08 | 1,076600 | 1.377,05 |
| jun/02 | 1.377,05 | 1,092000 | 1.503,74 |
| jun/03 | 1.503,74 | 1,197100 | 1.800,13 |
| mai/04 | 1.800,13 | 1,045300 | 1.881,68 |
| mai/05 | 1.881,68 | 1,063550 | 2.001,26 |
| abr/06 | 2.001,26 | 1,050000 | 2.101,32 |
| ago/06 | 2.101,32 | 1,000096 | 2.101,52 |
| abr/07 | 2.101,52 | 1,033000 | 2.170,87 |
| mar/08 | 2.170,87 | 1,050000 | 2.279,42 |
| fev/09 | 2.279,42 | 1,059200 | 2.414,36 |
| jan/10 | 2.414,36 | 1,077200 | 2.600,75 |
| jan/11 | 2.600,75 | 1,064700 | 2.769,01 |
| jan/12 | 2.769,01 | 1,060800 | 2.937,37 |
| jan/13 | 2.937,37 | 1,062000 | 3.119,49 |
| jan/14 | 3.119,49 | 1,055600 | 3.292,93 |
| jan/15 | 3.292,93 | 1,062300 | 3.498,08 |
| jan/16 | 3.498,08 | 1,112800 | 3.892,66 |
| jan/17 | 3.892,66 | 1,065800 | 4.148,80 |
| jan/18 | 4.148,80 | 1,020700 | 4.234,68 |
| jan/19 | 4.234,68 | 1,034300 | 4.379,93 |
| jan/20 | 4.379,93 | 1,044800 | 4.576,15 |
| jan/21 | 4.576,15 | 1,054500 | 4.825,55 |
| **jan/22** | **4.825,55** | **1,101600** | **5.315,83** |

| Data | Renda Mensal | Índices de reajustes | Renda Mensal Reajustada |
|---|---|---|---|
| jun/00 | 1.256,58 | 1,058100 | 1.329,58 |
| jun/01 | 1.329,58 | 1,076600 | 1.431,43 |
| jun/02 | 1.431,43 | 1,092000 | 1.563,12 |
| jun/03 | 1.563,12 | 1,197100 | 1.871,21 |
| mai/04 | 1.871,21 | 1,045300 | 1.955,98 |
| mai/05 | 1.955,98 | 1,063550 | 2.080,28 |
| abr/06 | 2.080,28 | 1,050000 | 2.184,29 |
| ago/06 | 2.184,29 | 1,000096 | 2.184,50 |
| abr/07 | 2.184,50 | 1,033000 | 2.256,59 |
| mar/08 | 2.256,59 | 1,050000 | 2.369,42 |
| fev/09 | 2.369,42 | 1,059200 | 2.509,69 |
| jan/10 | 2.509,69 | 1,077200 | 2.703,44 |
| jan/11 | 2.703,44 | 1,064700 | 2.878,35 |
| jan/12 | 2.878,35 | 1,060800 | 3.053,36 |
| jan/13 | 3.053,36 | 1,062000 | 3.242,66 |
| jan/14 | 3.242,66 | 1,055600 | 3.422,96 |
| jan/15 | 3.422,96 | 1,062300 | 3.636,21 |
| jan/16 | 3.636,21 | 1,112800 | 4.046,37 |
| jan/17 | 4.046,37 | 1,065800 | 4.312,62 |
| jan/18 | 4.312,62 | 1,020700 | 4.401,89 |
| jan/19 | 4.401,89 | 1,034300 | 4.552,88 |
| jan/20 | 4.552,88 | 1,044800 | 4.756,85 |
| jan/21 | 4.756,85 | 1,054500 | 5.016,09 |
| **jan/22** | **5.016,09** | **1,101600** | **5.525,73** |

| Proveito econômico | **209,90** |
|---|---|

Nota-se que a mensalidade reajustada para 01/2022 é alterada de R$ 5.315,83 para R$ 5.525,73, um aumento de R$ 209,90, representando um ganho, em termos percentuais, de 3,95%.

## 3. REVISÃO DE BENEFÍCIO PELO ÍNDICE INTEGRAL NO PRIMEIRO REAJUSTAMENTO (SÚMULA 260, DO TRIBUNAL FEDERAL DE RECURSOS)

### 3.1. Considerações gerais

De acordo com a primeira parte da Súmula 260, do TFR, "no primeiro reajuste do benefício previdenciário, deve-se aplicar o índice integral do aumento verificado, independentemente do mês da concessão, considerado, nos reajustes subseqüentes, o salário mínimo então atualizado".

Essa foi à interpretação dada pela vetusta Corte do artigo 5º, da Lei 6.708/79, ao contrário da Previdência Social. É que o INPS concedia o primeiro reajuste do benefício proporcionalmente ao mês da concessão.

Entretanto, independentemente do mês da concessão, entendeu o TFR que o primeiro reajuste deveria se dar pelo índice integral, independentemente do mês do início do benefício.

Esta revisão foi devida apenas aos benefícios concedidos antes do advento da Constituição Federal (com data de início até o dia 04 de outubro de 1988), pois os benefícios concedidos a partir de 05 de outubro de 1988 tiveram todos os salários de contribuição corrigidos, conforme revisão prevista no artigo 144, da Lei 8.213/91, que em breve será estudada.

Da mesma forma, **esta revisão apenas teve eficácia financeira até o dia 05 de abril de 1989**, pois a partir desta data incide a revisão prevista do artigo 58, do ADCT[2], da Constituição, estudada logo a seguir. Nesse sentido, o STJ:

2. Art. 58. Os benefícios de prestação continuada, mantidos pela previdência social na data da promulgação da Constituição, terão seus valores revistos, a fim de que seja restabelecido o poder aquisitivo,

PREVIDENCIÁRIO. AGRAVO REGIMENTAL NO RECURSO ESPECIAL. REVISIONAL. BENEFÍCIOS CONCEDIDOS APÓS A CONSTITUIÇÃO DE 1988. VERBETE SUMULAR 260/TFR. NÃO-APLICAÇÃO. PRECEDENTES DO STF E DO STJ. AGRAVO IMPROVIDO. 1. **"Para os benefícios deferidos antes do advento da Constituição da República de 1988, é aplicável o critério de reajuste inserto na Súmula nº 260 do TFR até 5 de abril de 1989, quando passa a ter aplicabilidade a equivalência salarial expressa no artigo 58 do ADCT**, também de eficácia limitada até 9 de dezembro de 1991, tempo da regulamentação da Lei nº 8.213/91, que passou a determinar o INPC como critério de reajuste dos benefícios" (AgRg no Ag 753.446/MG, Sexta Turma, Rel. Min. HAMILTON CARVALHIDO, DJ 5/2/07). 2. Agravo regimental improvido" (AGREsp 913.588, de 02.04.2009).

Assim, há muitos anos as parcelas já foram fulminadas pela prescrição quinquenal, pois a contar de 06 de abril de 1989 houve a correção da renda do benefício pela regra do artigo 58, do ADCT, da Lei Maior, conforme posicionamento firmado pela Corte Superior:

"PREVIDENCIÁRIO. AGRAVO REGIMENTAL NO AGRAVO DE INSTRUMENTO. SÚMULA N.º 260 DO TFR. NÃO-APLICAÇÃO. MARÇO/1989. ÚLTIMA PARCELA. TERMO INICIAL. PRESCRIÇÃO QÜINQÜENAL. OCORRÊNCIA. 1. A edição do art. 58 do ADCT representou uma ruptura na forma de reajuste dos benefícios previdenciários então vigente, uma vez que afastou o sistema de faixas salariais, cuja correta exegese era estampada na Súmula n.º 260 do TFR, e elegeu como forma de restauração do poder aquisitivo o restabelecimento do número de salários-mínimos a que equivaliam quando da sua concessão. **2. Se a última parcela paga a menor, por desobediência ao comando da Súmula n.º 260 do TFR, refere-se a março de 1989, e não havendo reflexos desse erro na renda futura do benefício previdenciário, tem-se que, passados mais de cinco anos dessa data, ou seja, em março de 1994, prescreve o direito de pleitear as diferenças decorrentes da não-aplicação do referido verbete, por força do art. 1º do Decreto n.º 20.910/32 e do art. 103 da Lei n.º 8.213/91**. 3. Como a presente ação foi proposta após esta data, é imperioso o reconhecimento da prescrição para a totalidade das parcelas decorrentes da aplicação da referida súmula. 4. Agravo desprovido" (STJ, AGA 932.051, de 29.11.2007).

Entretanto, há uma hipótese específica de aplicação da Súmula 260, do TFR, que aparentemente surte efeitos até a atualidade, não cessando em 05 de abril de 1989. Trata-se da concessão de aposentadoria por invalidez precedida de auxílio-doença, em que a Previdência Social concedeu o primeiro reajuste proporcional ao auxílio-doença, repercutindo no cálculo da aposentadoria por invalidez.

É que neste caso pontual, em aplicação ao artigo 58, do ADCT, que determinou a revisão dos benefícios concedidos até 05 de outubro de 1988 pelo número de salários mínimos que tinham na data de sua concessão, foi feita a revisão administrativa pelo número equivalente de salários mínimos do mês da concessão da aposentadoria por invalidez.

Contudo, houve uma defasagem na renda mensal inicial da aposentadoria por invalidez, pois em muitos casos o auxílio-doença que o precedeu não recebeu o primeiro reajuste integral, e sim proporcional.

Esse é o posicionamento firmado pela TNU:

"PREVIDENCIÁRIO – APOSENTADORIA POR INVALIDEZ – AUXÍLIO-DOENÇA REAJUSTE PROPORCIONAL – SÚMULA 260 DO TFR – OBSERVÊNCIA DA INTEGRALIDADE DO ÍNDICE DO PRIMEIRO REAJUSTE – NECESSIDADE DE REVISÃO DA RENDA MENSAL INICIAL DA APOSENTADORIA POR INVALIDEZ – RECURSO PROVIDO. 1) O benefício do auxílio-doença do autor, concedido em 01/07/1987, sofreu o primeiro reajuste de modo proporcional, sem observância da interpretação da Súmula 260 do TFR, que determinava que qualquer que tivesse sido o mês de concessão do primeiro benefício, o índice do primeiro reajuste deveria ser integral. 2) A não observância do reajuste integral do auxílio-doença repercutiu na RMI da aposentadoria por invalidez, determinando defasagem que somente é passível de correção mediante a aplicação da Súmula 260 do TRF no primeiro reajuste do benefício de auxílio-doença. 3) Pedido de Uniformização de Jurisprudência conhecido e provido" (PEDIDO 200563020120361, de 03.08.2009).

"EMENTA DIFERENÇAS DECORRENTES DA APLICAÇÃO DA SÚMULA 260, DO EXTINTO TFR, EM SE TRATANDO DE APOSENTADORIA POR INVALIDEZ, DERIVADA DE AUXÍLIO-DOENÇA ANTERIOR À CF/88. **No caso das aposentadorias por invalidez derivadas de auxílio-doença a equivalência prevista no art. 58 do ADCT baseou-se no número de salários mínimos do benefício em rigor quando de sua aplicação e não o do auxílio-doença percebido inicialmente. Se o benefício originário não teve o reajuste integral, isso refletirá no cômputo do benefício derivado, o qual, por conseguinte, servirá futuramente para a aplicação da súmula 58 ADCT, podendo refletir número de salários mínimos inferior àquele efetivamente devido. Assim, em tese é possível que ainda hoje existam diferenças resultantes da aplicação da súmula 260, demandando para tal constatação, contudo, a análise do caso concreto**. Incidente conhecido e provido. Documento assinado por 10167-CLAUDIO ROBERTO CANATA Autenticado e registrado sob o n.º 0036.09GF.0ABB.02EC-SRDDJEF3ºR (Sistema de Registro de Sentenças e Documentos Digitais – TRF da 3ª

expresso em número de salários mínimos, que tinham na data de sua concessão, obedecendo-se a esse critério de atualização até a implantação do plano de custeio e benefícios referidos no artigo seguinte.

Parágrafo único. As prestações mensais dos benefícios atualizadas de acordo com este artigo serão devidas e pagas a partir do sétimo mês a contar da promulgação da Constituição.

Região) CLAUDIO ROBERTO CANATA Juiz Federal" (PEDILEF 200583005295322, de 23.06.2008).

Mas a TNU vem pronunciando a decadência decenal revisional:

"Incide a decadência sobre a pretensão de revisar a renda mensal inicial da aposentadoria por invalidez mediante a revisão do índice aplicado no primeiro reajustamento do benefício de auxílio-doença que a originou (Súmula n. 260 do extinto TFR)". (Informativo TNU 11, processo n. 0043631-42.2008.4.01.3300, de 24/11/2016).

Assim, em alguns casos concretos a serem analisados, é possível que haja o direito à incidência da Súmula 260 do TFR na atualidade, se ficar comprovado que o auxílio-doença que precedeu a aposentadoria por invalidez sofreu o primeiro reajuste proporcional.

Essa também é a linha decisória do TRF da 4ª Região:

PREVIDENCIÁRIO. REVISÃO DE BENEFÍCIO. SÚMULA 260 DO EXTINTO TFR. AUXÍLIO-DOENÇA. APOSENTADORIA POR INVALIDEZ. CONVERSÃO. PROCEDÊNCIA. Em se tratando de aposentadoria por invalidez derivada de auxílio-doença, é possível que a aplicação da Súmula nº 260 do extinto TFR gere diferenças até os dias atuais, devido à utilização da RMI da aposentadoria por invalidez para apuração da equivalência em número de salários mínimos que pautou a manutenção do benefício após 04-1989. **Se o auxílio doença foi reajustado incorretamente (de forma proporcional), a RMI da aposentadoria por invalidez também foi fixada com erro, o que resultaria numa equivalência inferior àquela efetivamente devida. Reajustando-se integralmente o auxílio-doença, acerta-se a RMI da aposentadoria por invalidez, com conseqüente majoração do número de salários mínimos a que se refere o art. 58 do ADCT** (AC 200972050006032, de 16.12.2009).

Entrementes, a dificuldade será levantar os dados da concessão da aposentadoria por invalidez (concedida antes da Constituição de 1988) precedida de auxílio-doença, para saber se o primeiro reajuste do auxílio-doença foi integral ou proporcional.

Vale salientar que a Suprema Corte negou esta revisão, quando julgou o recurso extraordinário 239.950, de 09.05.2002:

"EMENTA: EMBARGOS DE DIVERGÊNCIA NO RECURSO EXTRAORDINÁRIO. BENEFÍCIO PREVIDENCIÁRIO. ADCT-CF/88, ARTIGO 58. APLICAÇÃO DO CRITÉRIO DA EQUIVALÊNCIA SALARIAL. **Auxílio-doença convertido em aposentadoria por invalidez antes da promulgação da Constituição Federal. Critério de revisão previsto no artigo 58 do ADCT-CF/88. Incidência, a partir do sétimo mês da vigência da Constituição, sobre o valor percebido em razão da aposentadoria e não daquele recebido em virtude do auxílio-doença.** Embargos de Divergência conhecidos, mas desprovidos".

O posicionamento foi mantido no julgamento do agravo de instrumento AI 432.222 AgR, de 23.08.2005:

"EMENTA: Agravo regimental em agravo de instrumento. 2. Benefício Previdenciário. Art. 58 ADCT. 3. A data do cálculo do RMI é o da implantação da aposentadoria e não da concessão do auxílio-doença. Precedentes. 4. Agravo regimental a que se nega provimento".

Vale salientar que nesses julgados o STF não analisou a possibilidade de defasagem da renda da aposentadoria por invalidez, fruto de conversão do auxílio-doença, limitando-se a negar a revisão.

Esta revisional se sujeitou à decadência decenal revisional. Veja-se a TNU:

**Processo n. 0043631-42.2008.4.01.3300/BA**

"Incide a decadência sobre a pretensão de revisar a renda mensal inicial da aposentadoria por invalidez mediante a revisão do índice aplicado no primeiro reajustamento do benefício de auxílio-doença que a originou (Súmula n. 260 do extinto TFR)". **(Boletim em 24.11.2016).**

## 3.2. Cálculos

O caso concreto a seguir trata-se de um auxílio-doença com início em **08/12/1984**, salário de benefício no valor de **Cr$ 783.178,17**, obtido através da divisão da soma de salários por 12 meses. O coeficiente da Renda Mensal Inicial foi de **77%**, fixada no valor de **Cr$ 603.047,19**. O primeiro reajuste do benefício ocorreu em 05/1985, sendo que o reajuste integral era de **1,8900** e o reajuste proporcional era de **1,7416**. O benefício foi convertido em aposentadoria por invalidez a partir de **01/08/1986**. A Previdência Social aplicou o primeiro reajuste proporcional. Abaixo seguem as planilhas de evolução do salário de benefício do auxílio doença, utilizando o primeiro reajuste proporcional e integral para fins de comparação.

**CACILDA RODRIGUES LOPES**

BENEFÍCIO: **31/011.222.333.-4**

ESPÉCIE: **Auxílio-doença**

TEMPO DE CONTRIBUIÇÃO: **07 anos 05 meses e 06 dias**

**CACILDA RODRIGUES LOPES**

BENEFÍCIO: **31/011.222.333.-4**

ESPÉCIE: **Auxílio-doença**

TEMPO DE CONTRIBUIÇÃO: **07 anos 05 meses e 06 dias**

DATA DE INÍCIO: **08/12/1984**

DATA DE CESSAÇÃO: **31/07/1986**

TEMPO EM BENEFÍCIO: **01 ano 07 meses e 24 dias**

| | |
|---|---|
| SOMA DE SALÁRIOS | **9.398.138,00** |
| SALÁRIO DE BENEFÍCIO | **783.178,17** |
| COEFICIENTE: | **77%** |
| RENDA MENSAL INICIAL: | **603.047,19** |
| SALÁRIO MÍNIMO: | **166.560,00** |
| EQUIVALÊNCIA SALARIAL DO SB: | **4,70** |
| EQUIVALÊNCIA SALARIAL DA RMI: | **3,62** |
| ÍNDICE DE REAJUSTE INTEGRAL (05/1985): | **1,8900** |
| ÍNDICE DE REAJUSTE PROPORCIONAL: | **1,7416** |

**REAJUSTES PREVIDENCIÁRIOS - reajuste proporcional**

| Data | Salário de Benefício | Índices de reajustes | SB Reajustado |
|---|---|---|---|
| mai/85 | 783.178,17 | 1,741600 | 1.363.983,10 |
| nov/85 | 1.363.983,10 | 1,703000 | 2.322.863,21 |
| **mar/86** | **2.322.863,21** | **1,267300** | **2.943,76** |

Nota-se que ao utilizar o primeiro reajuste proporcional, obtém-se um salário de benefício reajustado para 08/1986, data de início da aposentadoria por invalidez, no valor de **Cz$ 2.943,76**, ao passo que se

**CACILDA RODRIGUES LOPES**

BENEFÍCIO: **32/011.222.333.-4**

**ESPÉCIE: Aposentadoria por invalidez**

DATA DE INÍCIO: **01/08/1986**

TEMPO DE CONTRIBUIÇÃO TOTAL: **09 anos 01 mês e 00 dias**

| | |
|---|---|
| SALÁRIO DE BENEFÍCIO REAJUSTADO: | **2.943,76** |
| COEFICIENTE: | **79%** |
| RENDA MENSAL INICIAL: | **2.325,57** |
| SALÁRIO MÍNIMO: | **804,00** |
| EQUIVALÊNCIA SALARIAL DA RMI | **2,89** |

Ao se adotar o primeiro reajuste integral sobre o salário de benefício do auxílio-doença, para fins de determinação do salário de benefício da aposentadoria por invalidez, notam-se os seguintes impactos:

I – O salário de benefício da aposentadoria por invalidez é alterado de **Cz$ 2.943,76** para **Cz$ 3.194,60**;

II – A renda mensal inicial da aposentadoria por invalidez é alterada de **Cz$ 2.325,57** para **Cz$ 2.523,73**; e

DATA DE INÍCIO: **08/12/1984**

DATA DE CESSAÇÃO: **31/07/1986**

TEMPO EM BENEFÍCIO: **01 ano 07 meses e 24 dias**

| | |
|---|---|
| SOMA DE SALÁRIOS | **9.398.138,00** |
| SALÁRIO DE BENEFÍCIO | **783.178,17** |
| COEFICIENTE: | **77%** |
| RENDA MENSAL INICIAL: | **603.047,19** |
| SALÁRIO MÍNIMO: | **166.560,00** |
| EQUIVALÊNCIA SALARIAL DO SB: | **4,70** |
| EQUIVALÊNCIA SALARIAL DA RMI: | **3,62** |
| ÍNDICE DE REAJUSTE INTEGRAL (05/1985): | **1,8900** |
| ÍNDICE DE REAJUSTE PROPORCIONAL: | **1,7416** |

**REAJUSTES PREVIDENCIÁRIOS - Súmula 260 - reajuste integral**

| Data | Salário de Benefício | Índices de reajustes | SB Reajustado |
|---|---|---|---|
| mai/85 | 783.178,17 | 1,890000 | 1.480.206,74 |
| nov/85 | 1.480.206,74 | 1,703000 | 2.520.792,07 |
| **mar/86** | **2.520.792,07** | **1,267300** | **3.194,60** |

fosse utilizado o primeiro reajuste integral, esse mesmo salário de benefício reajustado seria de **Cz$ 3.194,60.** Abaixo encontra-se o cálculo da Renda Mensal inicial comparativa da aposentadoria por invalidez.

**CACILDA RODRIGUES LOPES**

BENEFÍCIO: **32/011.222.333.-4**

**ESPÉCIE: Aposentadoria por invalidez**

DATA DE INÍCIO: **01/08/1986**

TEMPO DE CONTRIBUIÇÃO TOTAL: **09 anos 01 mês e 00 dias**

| | |
|---|---|
| SALÁRIO DE BENEFÍCIO REAJUSTADO: | **3.194,60** |
| COEFICIENTE: | **79%** |
| RENDA MENSAL INICIAL: | **2.523,73** |
| SALÁRIO MÍNIMO: | **804,00** |
| EQUIVALÊNCIA SALARIAL DA RMI | **3,14** |

III – a equivalência salarial é alterada de **2,89** para **3,14.**

Abaixo encontram-se as planilhas de reajustes da aposentadoria por invalidez até a presente data para fins de verificação do impacto dessa revisão na mensalidade reajustada para 01/2022.

REAJUSTES PREVIDENCIÁRIOS- reajuste proporcional

| Data | Renda Mensal | Índices de reajustes | Renda Mensal Reajustada |
|---|---|---|---|
| **Início da Equivalência Salarial** | | | **2,89** |
| abr/89 | 63,90 | 2,89 | 184,83 |
| mai/89 | 81,40 | 2,89 | 235,45 |
| jun/89 | 81,40 | 2,89 | 235,45 |
| jul/89 | 149,80 | 2,89 | 433,30 |
| ago/89 | 192,88 | 2,89 | 557,91 |
| set/89 | 249,48 | 2,89 | 721,62 |
| out/89 | 381,73 | 2,89 | 1.104,16 |
| nov/89 | 557,33 | 2,89 | 1.612,08 |
| dez/89 | 788,18 | 2,89 | 2.279,81 |
| jan/90 | 1.283,95 | 2,89 | 3.713,83 |
| fev/90 | 2.004,37 | 2,89 | 5.797,65 |
| mar/90 | 3.674,06 | 2,89 | 10.627,24 |
| abr/90 | 3.674,06 | 2,89 | 10.627,24 |
| mai/90 | 3.674,06 | 2,89 | 10.627,24 |
| jun/90 | 3.857,76 | 2,89 | 11.158,59 |
| jul/90 | 4.904,76 | 2,89 | 14.187,04 |
| ago/90 | 5.203,46 | 2,89 | 15.051,03 |
| set/90 | 6.056,31 | 2,89 | 17.517,91 |
| out/90 | 6.425,14 | 2,89 | 18.584,75 |
| nov/90 | 8.329,55 | 2,89 | 24.093,26 |
| dez/90 | 8.836,82 | 2,89 | 25.560,55 |
| jan/91 | 12.325,60 | 2,89 | 35.651,86 |
| fev/91 | 15.895,46 | 2,89 | 45.977,70 |
| mar/91 | 17.000,00 | 2,89 | 49.172,58 |
| abr/91 | 17.000,00 | 2,89 | 49.172,58 |
| mai/91 | 17.000,00 | 2,89 | 49.172,58 |
| jun/91 | 17.000,00 | 2,89 | 49.172,58 |
| jul/91 | 17.000,00 | 2,89 | 49.172,58 |
| ago/91 | 17.000,00 | 2,89 | 49.172,58 |
| set/91 | 42.000,00 | 2,89 | 121.485,21 |
| out/91 | 42.000,00 | 2,89 | 121.485,21 |
| nov/91 | 42.000,00 | 2,89 | 121.485,21 |
| dez/91 | 42.000,00 | 2,89 | 121.485,21 |
| **Fim da Equivalência Salarial** | | | **2,89** |
| jan/92 | 121.485,21 | 2,198234 | 267.052,94 |
| mai/92 | 267.052,94 | 2,303616 | 615.187,43 |
| set/92 | 615.187,43 | 2,247870 | 1.382.861,36 |
| jan/93 | 1.382.861,36 | 2,412130 | 3.335.641,37 |
| mar/93 | 3.335.641,37 | 1,366700 | 4.558.821,06 |
| mai/93 | 4.558.821,06 | 1,917070 | 8.739.579,09 |
| jul/93 | 8.739.579,09 | 1,404590 | 12.275.525,40 |
| ago/93 | 12.275.525,40 | 1,192600 | 14.639,79 |
| set/93 | 14.639,79 | 1,707360 | 24.995,39 |
| out/93 | 24.995,39 | 1,251700 | 31.286,74 |

REAJUSTES PREVIDENCIÁRIOS- Súmula 260- reajuste integral

| Data | Renda Mensal | Índices de reajustes | Renda Mensal Reajustada |
|---|---|---|---|
| **Início da Equivalência Salarial** | | | **3,14** |
| abr/89 | 63,90 | 3,14 | 200,58 |
| mai/89 | 81,40 | 3,14 | 255,51 |
| jun/89 | 81,40 | 3,14 | 255,51 |
| jul/89 | 149,80 | 3,14 | 470,22 |
| ago/89 | 192,88 | 3,14 | 605,45 |
| set/89 | 249,48 | 3,14 | 783,11 |
| out/89 | 381,73 | 3,14 | 1.198,24 |
| nov/89 | 557,33 | 3,14 | 1.749,44 |
| dez/89 | 788,18 | 3,14 | 2.474,08 |
| jan/90 | 1.283,95 | 3,14 | 4.030,28 |
| fev/90 | 2.004,37 | 3,14 | 6.291,66 |
| mar/90 | 3.674,06 | 3,14 | 11.532,77 |
| abr/90 | 3.674,06 | 3,14 | 11.532,77 |
| mai/90 | 3.674,06 | 3,14 | 11.532,77 |
| jun/90 | 3.857,76 | 3,14 | 12.109,40 |
| jul/90 | 4.904,76 | 3,14 | 15.395,91 |
| ago/90 | 5.203,46 | 3,14 | 16.333,52 |
| set/90 | 6.056,31 | 3,14 | 19.010,59 |
| out/90 | 6.425,14 | 3,14 | 20.168,34 |
| nov/90 | 8.329,55 | 3,14 | 26.146,23 |
| dez/90 | 8.836,82 | 3,14 | 27.738,53 |
| jan/91 | 12.325,60 | 3,14 | 38.689,72 |
| fev/91 | 15.895,46 | 3,14 | 49.895,41 |
| mar/91 | 17.000,00 | 3,14 | 53.362,53 |
| abr/91 | 17.000,00 | 3,14 | 53.362,53 |
| mai/91 | 17.000,00 | 3,14 | 53.362,53 |
| jun/91 | 17.000,00 | 3,14 | 53.362,53 |
| jul/91 | 17.000,00 | 3,14 | 53.362,53 |
| ago/91 | 17.000,00 | 3,14 | 53.362,53 |
| set/91 | 42.000,00 | 3,14 | 131.836,84 |
| out/91 | 42.000,00 | 3,14 | 131.836,84 |
| nov/91 | 42.000,00 | 3,14 | 131.836,84 |
| dez/91 | 42.000,00 | 3,14 | 131.836,84 |
| **Fim da Equivalência Salarial** | | | **3,14** |
| jan/92 | 131.836,84 | 2,198234 | 289.808,26 |
| mai/92 | 289.808,26 | 2,303616 | 667.606,93 |
| set/92 | 667.606,93 | 2,247870 | 1.500.693,60 |
| jan/93 | 1.500.693,60 | 2,412130 | 3.619.868,05 |
| mar/93 | 3.619.868,05 | 1,366700 | 4.947.273,66 |
| mai/93 | 4.947.273,66 | 1,917070 | 9.484.269,91 |
| jul/93 | 9.484.269,91 | 1,404590 | 13.321.510,68 |
| ago/93 | 13.321.510,68 | 1,192600 | 15.887,23 |
| set/93 | 15.887,23 | 1,707360 | 27.125,23 |
| out/93 | 27.125,23 | 1,251700 | 33.952,65 |

| Data | Renda Mensal | Índices de reajustes | Renda Mensal Reajustada |
|---|---|---|---|
| nov/93 | 31.286,74 | 1,249200 | 39.083,39 |
| dez/93 | 39.083,39 | 1,248900 | 48.811,25 |
| jan/94 | 48.811,25 | 1,752840 | 85.558,30 |
| fev/94 | 85.558,30 | 1,302500 | 111.439,69 |
| mar/94 | 111.439,69 | 661,005200 | 168,59 |
| mai/95 | 168,59 | 1,428572 | 240,84 |
| mai/96 | 240,84 | 1,150000 | 276,97 |
| jun/97 | 276,97 | 1,077600 | 298,46 |
| jun/98 | 298,46 | 1,048100 | 312,82 |
| jun/99 | 312,82 | 1,046100 | 327,24 |
| jun/00 | 327,24 | 1,058100 | 346,25 |
| jun/01 | 346,25 | 1,076600 | 372,78 |
| jun/02 | 372,78 | 1,092000 | 407,07 |
| jun/03 | 407,07 | 1,197100 | 487,31 |
| mai/04 | 487,31 | 1,045300 | 509,38 |
| mai/05 | 509,38 | 1,063550 | 541,75 |
| abr/06 | 541,75 | 1,050100 | 568,90 |
| abr/07 | 568,90 | 1,033000 | 587,67 |
| mar/08 | 587,67 | 1,050000 | 617,05 |
| fev/09 | 617,05 | 1,059200 | 653,58 |
| jan/10 | 653,58 | 1,077200 | 704,04 |
| jan/11 | 704,04 | 1,064700 | 749,59 |
| jan/12 | 749,59 | 1,060800 | 795,16 |
| jan/13 | 795,16 | 1,062000 | 844,46 |
| jan/14 | 844,46 | 1,055600 | 891,42 |
| jan/15 | 891,42 | 1,062300 | 946,95 |
| jan/16 | 946,95 | 1,112800 | 1.053,77 |
| jan/17 | 1.053,77 | 1,065800 | 1.123,11 |
| jan/18 | 1.123,11 | 1,020700 | 1.146,35 |
| jan/19 | 1.146,35 | 1,034300 | 1.185,67 |
| jan/20 | 1.185,67 | 1,044800 | 1.238,79 |
| jan/21 | 1.238,79 | 1,054500 | 1.306,31 |
| **jan/22** | **1.306,31** | **1,101600** | **1.439,03** |

| Data | Renda Mensal | Índices de reajustes | Renda Mensal Reajustada |
|---|---|---|---|
| nov/93 | 33.952,65 | 1,249200 | 42.413,65 |
| dez/93 | 42.413,65 | 1,248900 | 52.970,40 |
| jan/94 | 52.970,40 | 1,752840 | 92.848,64 |
| fev/94 | 92.848,64 | 1,302500 | 120.935,36 |
| mar/94 | 120.935,36 | 661,005200 | 182,96 |
| mai/95 | 182,96 | 1,428572 | 261,37 |
| mai/96 | 261,37 | 1,150000 | 300,57 |
| jun/97 | 300,57 | 1,077600 | 323,90 |
| jun/98 | 323,90 | 1,048100 | 339,48 |
| jun/99 | 339,48 | 1,046100 | 355,13 |
| jun/00 | 355,13 | 1,058100 | 375,76 |
| jun/01 | 375,76 | 1,076600 | 404,54 |
| jun/02 | 404,54 | 1,092000 | 441,76 |
| jun/03 | 441,76 | 1,197100 | 528,83 |
| mai/04 | 528,83 | 1,045300 | 552,79 |
| mai/05 | 552,79 | 1,063550 | 587,92 |
| abr/06 | 587,92 | 1,050100 | 617,37 |
| abr/07 | 617,37 | 1,033000 | 637,74 |
| mar/08 | 637,74 | 1,050000 | 669,63 |
| fev/09 | 669,63 | 1,059200 | 709,27 |
| jan/10 | 709,27 | 1,077200 | 764,03 |
| jan/11 | 764,03 | 1,064700 | 813,46 |
| jan/12 | 813,46 | 1,060800 | 862,92 |
| jan/13 | 862,92 | 1,062000 | 916,42 |
| jan/14 | 916,42 | 1,055600 | 967,37 |
| jan/15 | 967,37 | 1,062300 | 1.027,64 |
| jan/16 | 1.027,64 | 1,112800 | 1.143,56 |
| jan/17 | 1.143,56 | 1,065800 | 1.218,80 |
| jan/18 | 1.218,80 | 1,020700 | 1.244,03 |
| jan/19 | 1.244,03 | 1,034300 | 1.286,70 |
| jan/20 | 1.286,70 | 1,044800 | 1.344,35 |
| jan/21 | 1.344,35 | 1,054500 | 1.417,62 |
| **jan/22** | **1.417,62** | **1,101600** | **1.561,65** |

| Proveito Econômico | **122,62** |
|---|---|

## 4. REVISÃO ADMINISTRATIVA DE BENEFÍCIOS PELA EQUIVALÊNCIA DE SALÁRIOS MÍNIMOS DO MÊS DA CONCESSÃO (ARTIGO 58, DO ADCT, DA CONSTITUIÇÃO DE 1988)

### 4.1. Considerações gerais

Tendo em conta que os benefícios concedidos antes do advento da Constituição Federal não possuíam correção monetária em todos os salários de contribuição (os 12 últimos não eram corrigidos), para restabelecer o poder aquisitivo dos benefícios em manutenção, foi prevista uma grande revisão no artigo 58, do ADCT, da Constituição de 1988:

"Art. 58. Os benefícios de prestação continuada, mantidos pela previdência social na data da promulgação da Constituição, terão seus valores revistos, a fim de que seja restabelecido o poder aquisitivo, expresso em número de salários mínimos, que tinham na data de sua concessão, obedecendo-se a esse critério de atualização até a implantação do plano de custeio e benefícios referidos no artigo seguinte.

Parágrafo único. As prestações mensais dos benefícios atualizadas de acordo com este artigo serão devidas e pagas a partir do **sétimo mês** a contar da promulgação da Constituição".

Consequentemente, os benefícios concedidos até o dia 05 de outubro de 1988 foram revistos a fim de que a sua renda mensal equivalesse ao número de salários mínimos na data da sua concessão.

De acordo com a Súmula 25, da TNU, "a revisão dos valores dos benefícios previdenciários, prevista no art. 58 do ADCT, deve ser feita com base no número de salários mínimos apurado na data da concessão, e não no mês de recolhimento da última contribuição".

Ademais, pontifica a Súmula 687, do STF, que "a revisão de que trata o art. 58 do ADCT não se aplica aos benefícios previdenciários concedidos após a promulgação da Constituição de 1988".

Essa revisão gerou efeitos a partir de abril de 1989 (sétimo mês após outubro de 1988), inaugurando o período da equivalência pelo salário mínimo, que durou até o novo regramento ofertado pela Lei 8.213/91 (até 09.12.1991, quando foi publicado o Decreto 357/91), quando os benefícios passaram a ser reajustados anualmente pelo índice legal, sem vinculação ao número de salários mínimos da concessão.

De efeito, de acordo com o STJ, "o critério elencado no artigo 58 do ADCT se aplica aos benefícios em manutenção em outubro de 1988, mas apenas entre abril de 1989 (04/89 – sétimo mês a contar da promulgação) e dezembro de 1991 (regulamentação dos planos de custeio e benefícios)"[3].

### 4.2. Cálculos

A seguir encontra-se um caso concreto de benefício que foi revisto pelo Art. 58 do ADCT, sendo demonstrados os reajustes a partir de 04/1989 até a presente data.

3. Ação rescisória 459, de 24.09.2008.

**ROSANA CRUZ MARQUES DA SILVA**

BENEFÍCIO: **42/011.222.333-4**

**ESPÉCIE: Aposentadoria por tempo de serviço**

DATA DE INÍCIO: **01/09/1982**

| | |
|---|---|
| RENDA MENSAL INICIAL: | **124.634,00** |
| SALÁRIO MÍNIMO: | **14.400,00** |
| EQUIVALÊNCIA SALARIAL DA RMI | **8,66** |

**REAJUSTES PREVIDENCIÁRIOS**

| Data | Renda Mensal | Índices de reajustes | Renda Mensal Reajustada |
|---|---|---|---|
| Início da Equivalência Salarial | | | 8,66 |
| abr/89 | 63,90 | 8,66 | 553,06 |
| mai/89 | 81,40 | 8,66 | 704,53 |
| jun/89 | 81,40 | 8,66 | 704,53 |
| jul/89 | 149,80 | 8,66 | 1.296,54 |
| ago/89 | 192,88 | 8,66 | 1.669,40 |
| set/89 | 249,48 | 8,66 | 2.159,28 |
| out/89 | 381,73 | 8,66 | 3.303,93 |
| nov/89 | 557,33 | 8,66 | 4.823,77 |
| dez/89 | 788,18 | 8,66 | 6.821,81 |
| jan/90 | 1.283,95 | 8,66 | 11.112,77 |
| fev/90 | 2.004,37 | 8,66 | 17.348,10 |
| mar/90 | 3.674,06 | 8,66 | 31.799,50 |
| abr/90 | 3.674,06 | 8,66 | 31.799,50 |
| mai/90 | 3.674,06 | 8,66 | 31.799,50 |
| jun/90 | 3.857,76 | 8,66 | 33.389,45 |
| jul/90 | 4.904,76 | 8,66 | 42.451,38 |
| ago/90 | 5.203,46 | 8,66 | 45.036,67 |
| set/90 | 6.056,31 | 8,66 | 52.418,20 |
| out/90 | 6.425,14 | 8,66 | 55.610,48 |

| Data | Renda Mensal | Índices de reajustes | Renda Mensal Reajustada |
|---|---|---|---|
| nov/90 | 8.329,55 | 8,66 | 72.093,41 |
| dez/90 | 8.836,82 | 8,66 | 76.483,90 |
| jan/91 | 12.325,60 | 8,66 | 106.679,78 |
| fev/91 | 15.895,46 | 8,66 | 137.577,41 |
| mar/91 | 17.000,00 | 8,66 | 147.137,36 |
| abr/91 | 17.000,00 | 8,66 | 147.137,36 |
| mai/91 | 17.000,00 | 8,66 | 147.137,36 |
| jun/91 | 17.000,00 | 8,66 | 147.137,36 |
| jul/91 | 17.000,00 | 8,66 | 147.137,36 |
| ago/91 | 17.000,00 | 8,66 | 147.137,36 |
| set/91 | 42.000,00 | 8,66 | 363.515,83 |
| out/91 | 42.000,00 | 8,66 | 363.515,83 |
| nov/91 | 42.000,00 | 8,66 | 363.515,83 |
| dez/91 | 42.000,00 | 8,66 | 363.515,83 |
| **Fim da Equivalência Salarial** | | | **8,66** |
| jan/92 | 363.515,83 | 2,198234 | 799.092,94 |
| mai/92 | 799.092,94 | 2,303616 | 1.840.803,28 |
| set/92 | 1.840.803,28 | 2,247870 | 4.137.886,46 |
| jan/93 | 4.137.886,46 | 2,412130 | 9.981.120,06 |
| mar/93 | 9.981.120,06 | 1,366700 | 13.641.196,79 |
| mai/93 | 13.641.196,79 | 1,917070 | 26.151.129,13 |
| jul/93 | 26.151.129,13 | 1,404590 | 36.731.614,47 |
| ago/93 | 36.731.614,47 | 1,192600 | 43.806,12 |
| set/93 | 43.806,12 | 1,707360 | 74.792,82 |
| out/93 | 74.792,82 | 1,251700 | 93.618,18 |
| nov/93 | 93.618,18 | 1,249200 | 116.947,83 |
| dez/93 | 116.947,83 | 1,248900 | 146.056,14 |
| jan/94 | 146.056,14 | 1,752840 | 256.013,04 |
| fev/94 | 256.013,04 | 1,302500 | 333.456,99 |
| mar/94 | 333.456,99 | 661,005200 | 504,47 |
| mai/95 | 504,47 | 1,428572 | 720,67 |
| mai/96 | 720,67 | 1,150000 | 828,77 |
| jun/97 | 828,77 | 1,077600 | 893,08 |
| jun/98 | 893,08 | 1,048100 | 936,04 |
| jun/99 | 936,04 | 1,046100 | 979,19 |
| jun/00 | 979,19 | 1,058100 | 1.036,08 |
| jun/01 | 1.036,08 | 1,076600 | 1.115,45 |
| jun/02 | 1.115,45 | 1,092000 | 1.218,07 |
| jun/03 | 1.218,07 | 1,197100 | 1.458,15 |
| mai/04 | 1.458,15 | 1,045300 | 1.524,21 |
| mai/05 | 1.524,21 | 1,063550 | 1.621,07 |
| abr/06 | 1.621,07 | 1,050000 | 1.702,12 |
| ago/06 | 1.702,12 | 1,000096 | 1.702,29 |
| abr/07 | 1.702,29 | 1,033000 | 1.758,46 |
| mar/08 | 1.758,46 | 1,050000 | 1.846,38 |
| fev/09 | 1.846,38 | 1,059200 | 1.955,69 |
| jan/10 | 1.955,69 | 1,077200 | 2.106,67 |
| jan/11 | 2.106,67 | 1,064700 | 2.242,97 |

| Data | Renda Mensal | Índices de reajustes | Renda Mensal Reajustada |
|---|---|---|---|
| jan/12 | 2.242,97 | 1,060800 | 2.379,34 |
| jan/13 | 2.379,34 | 1,062000 | 2.526,86 |
| jan/14 | 2.526,86 | 1,055600 | 2.667,36 |
| jan/15 | 2.667,36 | 1,062300 | 2.833,53 |
| jan/16 | 2.833,53 | 1,112800 | 3.153,16 |
| jan/17 | 3.153,16 | 1,065800 | 3.360,63 |
| jan/18 | 3.360,63 | 1,020700 | 3.430,20 |
| jan/19 | 3.430,20 | 1,034300 | 3.547,85 |
| jan/20 | 3.547,85 | 1,044800 | 3.706,80 |
| jan/21 | 3.706,80 | 1,054500 | 3.908,82 |
| **jan/22** | **3.908,82** | **1,101600** | **4.305,95** |

O estudo de caso demonstrado trata-se de uma aposentadoria por tempo de serviço, com início em **01/09/1982**, cuja Renda Mensal Inicial, no valor de **Cr$ 124.634,00**, aplicando a equivalência salarial, é fixada em 8,66 salários mínimos. Essa revisão teve apenas o objetivo de aplicar, como critério de reajustes do benefício, a quantidade de salários mínimos na data de início, no período de 04/1989 a 12/1991.

## 5. REVISÃO DOS BENEFÍCIOS RURAIS PARA UM SALÁRIO MÍNIMO (ARTIGO 201, § 5º, DA CONSTITUIÇÃO FEDERAL)

De acordo com o artigo 201, § 5º, da Constituição Federal, em sua redação original, "nenhum benefício que substitua o salário de contribuição ou o rendimento do trabalho do segurado terá valor mensal inferior ao salário mínimo".

Entretanto, na extinta Previdência Rural, existiam vários benefícios com renda mensal inferior a um salário mínimo, mesmo tendo a função de substituir a remuneração do trabalhador rural.

Conforme previsto na Lei Complementar 11/1973, a aposentadoria por velhice e a aposentadoria por invalidez correspondiam a meio salário mínimo, ao passo que a pensão por morte rural a 30% do valor do salário mínimo.

Assim, de um dia para o outro (de 04 de outubro para 05 de outubro de 1988), o legislador constituinte elevou esses benefícios ao valor de um salário mínimo, em uma ousada medida de ampliação da proteção previdenciária em prol dos trabalhadores rurais.

A dúvida da época era saber se o artigo 201, § 5º, da Constituição Federal, era autoaplicável ou dependeria de regulamentação, ou seja, se uma norma constitucional de eficácia plena ou limitada.

A Previdência Social entendeu que a norma constitucional dependia de regulamentação para surtir plenos efeitos. Contudo, o STF determinou a sua aplicação imediata:

"EMENTA: CONSTITUCIONAL – PREVIDENCIÁRIO – APOSENTADORIA – CF, ART. 202, I – NORMA DESPROVIDA DE AUTO-APLICABILIDADE – APLICABILIDADE IMEDIATA DA NORMA INSCRITA NO ART. 201, § 5º DA CARTA POLÍTICA – PRECEDENTES – RECURSO EXTRAORDINÁRIO CONHECIDO E PROVIDO EM PARTE. – A jurisprudência firmada no âmbito da Primeira Turma do Supremo Tribunal Federal já deixou positivado que a cláusula normativa veiculada no art. 202, I, da Constituição não se reveste de auto-aplicabilidade, dependendo, para efeito de sua plena eficácia, da necessária *interpositio legislatoris* (MI 344-PR, Rel. Min. CELSO DE MELLO – RE 163.478-RS, Rel. Min. MOREIRA ALVES – RE 169.442-RS, Rel. Min. ILMAR GALVÃO – RE 172.242-RS, Rel. Min. CELSO DE MELLO). Com a edição da Lei nº 8.212 e da Lei nº 8.213, ambas de 24/07/91, viabilizou-se, integralmente, o exercício do direito proclamado pela norma constante do art. 202, I, da Constituição, que dispõe sobre regras concernentes à aposentadoria previdenciária, por velhice, em favor dos trabalhadores urbanos e dos trabalhadores rurais. – **A jurisprudência do Supremo Tribunal Federal reconhece que as normas inscritas no art. 201, § 5º da Constituição da República revestem-se de auto-aplicabilidade. A garantia jurídico-previdenciária outorgada por esses preceitos constitucionais tornou-se efetiva, em face da sua imediata aplicabilidade, a partir do dia 05 de outubro de 1988, data em que entrou em vigor a nova Constituição do Brasil**" (RE 192647, de 04.02.1997).

Destarte, desde 05 de outubro de 1988, os benefícios rurais substitutivos da remuneração dos trabalhadores foram pagos com o valor de um salário mínimo ao menos, conforme entendimento da Suprema Corte.

## 6. REVISÃO ADMINISTRATIVA DE BENEFÍCIO PARA A INCIDÊNCIA DE CORREÇÃO MONETÁRIA DOS 36 ÚLTIMOS SALÁRIOS DE CONTRIBUIÇÃO (ARTIGO 144, DA LEI 8.213/91 – "BURACO NEGRO")

### 6.1. Considerações gerais

Com o advento da Constituição Federal de 1988, finalmente passou a existir previsão normativa para a correção monetária de todos os salários de contribuição considerados para o cálculo do salário de benefício.

Em sua redação originária, dispunha o artigo 201, § 3º, da Lei Maior, que "todos os salários de contribuição considerados no cálculo de benefício serão corrigidos monetariamente".

Entretanto, o Supremo Tribunal Federal entendeu que este dispositivo não era autoaplicável (norma constitucional de eficácia limitada), dependendo de intermediação legislativa para ser efetivamente aplicado[4].

Logo, somente com o advento da Lei 8.213/91, os benefícios previdenciários passaram a ter a sua renda mensal inicial calculada com base na correção monetária de todos os salários de contribuição.

De efeito, os benefícios com data de início **entre 05.10.1988 e 04.04.1991** foram concedidos sem a correção monetária dos salários de contribuição em pleno período de inflação elevada, o que gerou enorme desvalorização da sua renda mensal, razão pela qual esse interstício ficou conhecido no foro como "**buraco negro**".

A revisão foi promovida administrativamente pelo INSS, com fundamento no artigo 144, da Lei 8.213/91:

"Art. 144. Até 1º de junho de 1992, todos os benefícios de prestação continuada concedidos pela Previdência Social, **entre 5 de outubro de 1988 e 5 de abril de 1991**, devem ter sua renda mensal inicial recalculada e reajustada, de acordo com as regras estabelecidas nesta Lei.

Parágrafo único. A renda mensal recalculada de acordo com o disposto no *caput* deste artigo, substituirá para todos os efeitos a que prevalecia até então, **não sendo devido, entretanto, o pagamento de quaisquer diferenças decorrentes da aplicação deste artigo referentes às competências de outubro de 1988 a maio de 1992**".

Conforme se denota da análise do transcrito dispositivo legal, conquanto a revisão tenha se processado administrativamente, **não foram pagas as diferenças devidas entre outubro de 1988 e maio de 1992**, o que gerou um prejuízo efetivo aos segurados, referendado pela jurisprudência do STJ:

"PREVIDENCIÁRIO. BENEFÍCIOS CONCEDIDOS APÓS A CF/88 E ANTES DA LEI 8.213/91. CÁLCULO DA RENDA MESAL INICIAL. CF, ART. 202. NÃO AUTO-APLICABILIDADE. LEI 8.213/91, ART. 144, PARÁGRAFO ÚNICO. 1. Por decisão plenária, o STF concluiu pela não auto-aplicabilidade da CF, Art. 202, cuja eficácia foi adquirida apenas com a edição da Lei 8.213/91; perfeitamente aplicável o Art. 144, da referida lei. 2. Todos os benefícios de prestação continuada concedidos pela Previdência Social, entre 05 de outubro de 1988 e 05 de abril de 1991, devem ter sua renda mensal inicial calculada com a atualização dos 36 últimos salários-de-contribuição pelos critérios do INPC, **condicionada a incidência de seus efeitos a partir de junho de 1992**. 4. Recurso conhecido e não provido" (REsp 212700, de 07.10.1999).

Por ter havido uma revisão administrativa geral, independentemente de requerimento do segurado, regra geral a pretensão dos segurados foi satisfeita na esfera administrativa, não sendo comum a propositura dessas ações judiciais revisionais na atualidade.

Entretanto, é possível que em alguns casos pontuais a revisão não tenha sido feita ou tenha sido promovida incorretamente, o que deve ser aferido concretamente. Um desses casos foi julgado pelo TRF da 1ª Região:

"PREVIDENCIÁRIO – REVISIONAL DE BENEFÍCIO CONCEDIDO NO CHAMADO "BURACO NEGRO". REVISÃO DETERMINADA PELO ART. 144 DA LEI Nº 8.213/91 – REVISÃO DA LEI 8.870/94, ART. 26. VINCULAÇÃO AO NÚMERO DE SALÁRIOS MÍNIMOS A PARTIR DA CONCESSÃO E COMO CRITÉRIO DE REAJUSTE PERMANENTE. IMPOSSIBILIDADE. **1. Não obstante direito seu, o autor não teve o benefício revisto, conforme se vê no documento de fls. 61/62, nos termos do art. 144 da Lei 8.213/91.** 2. Devida a revisão requerida, ressaltando que as diferenças deverão ser calculadas a partir de junho/92, nos termos do dispositivo legal em comento, observada a prescrição qüinqüenal de parcelas conforme sentença. 3. O reajuste dos benefícios concedidos após a CF/88 segue a sistemática estabelecida pela Lei nº 8.213/91 e alterações posteriores, que não autorizaram a adoção dos índices de aumento do salário mínimo. 4. "O critério de revisão previsto no art. 58, do Ato das Disposições Constitucionais Transitórias, da Constituição Federal de 1988, é diverso do estatuído na Súmula nº 260, do Tribunal Federal de Recursos, e aplica-se somente aos benefícios previdenciários concedidos até 04/10/1988." Súmula nº 20 do TRF da 1ª Região. 5. O princípio da irredutibilidade está condicionado a critérios definidos em lei, sendo certo que o art. 7º, IV da CF/88 veda a vinculação do salário mínimo para qualquer fim. 6. A renda mensal inicial da aposentadoria do autor não foi calculada sobre salário-de-benefício de valor inferior as suas contribuições, razão pela qual indevida a revisão do art. 26 da Lei 8.870/94. 7. Indevida a revisão de que cuida o art. 26 da Lei 8.870/94, uma vez que o benefício foi concedido em 23/02/1989, portanto, fora do período estipulado em lei. 8. Apelações e remessa oficial improvidas" (**AC 2006.38.11.011593-0, de 23.07.2008**).

Por tudo isso, ainda é possível que exista algum segurado com direito a esta revisão não promovida administrativamente pela Previdência Social por equívoco.

Vale registrar que a Primeira Seção do STJ acolheu a proposta de afetação do recurso especial ao rito dos recursos repetitivos, conjuntamente com os REsp 1.589.069-SP e REsp 1.595.745-SP de sorte a definir

4. Precedentes: Mandado de Injunção 306; RE 163.478; RE 164.931; RE 193.456; RE 198.314; RE 198.983.

tese sobre a seguinte controvérsia: (a) análise da sistemática de cálculo da renda mensal inicial no período de vigência da Consolidação das Leis da Previdência Social de 1984; e (b) a incidência dos critérios elencados no art. 144 da Lei 8.213/91 e, consequentemente, a possibilidade de se mesclar as regras de cálculos ínsitas na legislação revogada com a nova aos benefícios concedidos no denominado período Buraco Negro (ProAfR no REsp 1.589.069-SP, Rel. Min. Napoleão Nunes Maia Filho, Primeira Seção, por unanimidade, julgado em 15/05/2018, DJe 29/06/2018 -Tema 951).

Anteriormente, a tese foi acolhida pela TNU (tema 119) citando inclusive precedentes do STJ:

| Tema | 119 | Situação do tema | | Julgado | Ramo do direito | DIREITO PREVIDENCIÁRIO |
|---|---|---|---|---|---|---|
| **Questão submetida a julgamento** | Saber se fazem jus ao benefício de aposentadoria os segurados do INSS que preencheram os requisitos para tanto na vigência da Lei n. 6.950/81. | | | | | |
| **Tese firmada** | **Segurados do INSS que preencheram os requisitos para aposentadoria à época da vigência da Lei n. 6.950/81, mesmo que tenham se aposentado após o advento da Lei n. 8.213/91, têm direito à revisão do benefício, ainda que, para isso, a data de concessão tenha de ser alterada para o período denominado "buraco negro", ou seja, entre 5 de outubro de 1988 e 5 de abril de 1991.** | | | | | |
| Processo | Decisão de afetação | Relator (a) | | Julgado em | Acórdão publicado em | Trânsito em julgado |
| PEDILEF 0002528-67.2009.4.03.6306/SP | 12/03/2014 | Juiz Federal João Batista Lazzari | | 12/03/2014 | 23/05/2014 | 10/06/2014 |

**Tipo**

**Acórdão**

**Número**

**00025286720094036306000252867200940363O6**

**Relator(a)**

JUIZ FEDERAL JOÃO BATISTA LAZZARI

**Data**

12/03/2014

**Data da publicação**

23/05/2014

**Fonte da publicação**

DOU 23/05/2014 PÁGINAS 126/194

**Ementa**

PEDIDO DE UNIFORMIZAÇÃO. PREVIDENCIÁRIO. APOSENTADORIA. REVISÃO. CONCESSÃO APÓS VIGÊNCIA DA LEI Nº 8.213/91. RETROAÇÃO. LEI 6.950/81. DIREITO ADQUIRIDO. NOVO CÁLCULO DA RENDA MENSAL INICIAL. PERÍODO COMPREENDIDO NO "BURACO NEGRO". RECÁLCULO E REAJUSTE COM APLICAÇÃO DO ART. 144 DA LEI N. 8.213/91. PRECEDENTES DO STJ. INCIDENTE CONHECIDO E PROVIDO. 1. Trata-se de Pedido de Uniformização contra acórdão proferido pela 5ª Turma Recursal dos Juizados Especiais Federais da Seção Judiciária de São Paulo que negou provimento ao recurso da parte autora, rejeitando o pedido de revisão de seu benefício previdenciário mediante o reconhecimento do direito adquirido ao cálculo da renda mensal inicial de acordo com as regras previstas na Lei n. 6.950/81, sem prejuízo da aplicação do art. 144 da Lei n. 8.213/91. 2. Em seu pedido de uniformização, sustenta a parte autora que o acórdão recorrido diverge da jurisprudência dominante no âmbito do Superior Tribunal de Justiça, firmada no sentido de que se o segurado preencheu os requisitos para aposentadoria em momento anterior à entrada em vigor das Leis n. 7.787/91 e 7.789/91, possui direito adquirido ao cálculo conforme o período básico de cálculo correspondente, com aplicação do art. 144 da Lei n. 8.213/91 no recálculo do benefício. Cita, como paradigmas da divergência, o REsp n. 601.266/RJ e o EDcl no REsp n. 1.106.893/SC. 3. Pedido de uniformização conhecido na origem. 4. O acórdão recorrido negou provimento ao recurso por considerar que "[...] seria um contra-senso afirmar-se o direito adquirido ao benefício com as regras vigentes antes da redução do teto de contribuição – no caso a Lei n.º 6.950/1981 –, aplicando-se, todavia, as regras da Lei n.º 8.213/1991, que são posteriores, de modo a gerar um regime dúplice, com incidência de regras da legislação anterior e da legislação posterior no que toca a critérios de atualização de salários-de-contribuição, limites de salário-de-contribuição e de salário-de-benefício e coeficientes de cálculo [...]". Os paradigmas apresentados, oriundos da Corte Superior, selam entendimento diverso, permitindo o recálculo quando preenchidos os requisitos para a aposentadoria antes do advento da Lei n. 7.787/89, ainda que o benefício tenha sido concedido na vigência da Lei n. 8.213/91. 5. No caso dos autos, o benefício objeto do pedido de revisão foi concedido, em 15/08/1991 (DER/DIB), e a parte autora pretende retroagir a data de início do benefício para 02/07/1989, quando já reunia os requisitos necessários à aposentadoria. Segundo se infere dos autos, contava, à época do requerimento do benefício, 33 anos, 11 meses e 07 dias de tempo de serviço, com coeficiente de cálculo fixado em 88% do salário de benefício, posteriormente majorado para 95%, por força de decisão judicial (processo n. 2004.63.06.005680-0, JEF de Osasco/SP – vide documento 014). 6. Conforme já decidido por esta Turma Nacional, existe direito adquirido à aposentadoria, sob a égide da Lei n. 6.950/81, aos segurados que preencheram os requisitos durante sua vigência, ainda que a aposentadoria em revisão tenha sido concedida após o advento da Lei n. 8.213/91. Confira-se: "PEDIDO DE UNIFORMIZAÇÃO DA INTERPRETAÇÃO DE LEI FEDERAL. CONTRARIEDADE À JURISPRUDÊNCIA DOMINANTE DO SUPERIOR TRIBUNAL DE JUSTIÇA CARACTERIZADA. PEDIDO DE UNIFORMIZAÇÃO ADMITIDO. NECESSIDADE DE OBSERVÂNCIA DO DIREITO ADQUIRIDO DO SEGURADO AO CÁLCULO DA RENDA MENSAL INICIAL DE SUA APOSENTADORIA POR TEMPO DE SERVIÇO CONSOANTE AS NORMAS VIGENTES À ÉPOCA EM QUE ELE REUNIU TODOS OS REQUISITOS NECESSÁRIOS PARA OBTÊ-LA. 1. Demonstrado que o acórdão da Turma Recursal de origem contraria a jurisprudência dominante do Superior Tribunal de Justiça, e preenchidos os demais requisitos legais, admite-se o pedido de uniformização. 2. O cálculo da renda mensal inicial da aposentadoria por tempo de serviço, se mais vantajoso que aquele efetuado à época do requerimento administrativo do benefício, deve observar os parâmetros vigorantes à época em que o segurado reuniu todos os requisitos necessários para obtê-la. 3. Pedido de uniformização conhecido e parcialmente provido para determinar o retorno dos autos à Turma de origem, para análise da questão fática vinculada a partir da interpretação jurídica firmada." (PEDILEF 2007.72.55.00.7422-4, DJ 01/03/2010). Registro que essa orientação foi reafirmada por este Colegiado recentemente (PEDILEF 2008.72.55.002638-6, j. 12/12/2013). 7. No que tange ao recálculo do benefício com base na legislação anterior (Lei n. 6.950/81) e aplicação do art. 144 da Lei de Benefícios, a orientação atual do STJ é a de que se a nova data de início estiver no período compreendido entre 05/10/1988 e 05/04/1991 – buraco negro – é possível o recálculo e reajuste com aplicação do art. 144. Cito, a esse respeito, os seguintes julgados: "PREVIDENCIÁRIO. AGRAVO REGIMENTAL NO RECURSO ESPECIAL. APOSENTADORIA. REVISÃO. CONCESSÃO APÓS VIGÊNCIA DA LEI Nº 8.213/91. RETROAÇÃO PARA NOVO CÁLCULO DA RENDA MENSAL INICIAL – RMI. POSSIBILIDADE. PERÍODO COMPREENDIDO ENTRE 05/10/88 E 05/04/91. "BURACO NEGRO". RECÁLCULO E REAJUSTE COM APLICAÇÃO DO ART. 144 DA LEI Nº. 8.213/91. 1. É firme o entendimento deste Superior Tribunal de Justiça de que, preenchidos os requisitos para a aposentadoria antes do advento da Lei nº 8.213/91, deve prevalecer no seu cálculo o teto de 20 (vinte) salários-mínimos previsto na Lei nº 6.950/81, ainda que tenha sido concedida na vigência da Lei nº 8.213/91. 2. A apuração da nova renda mensal inicial dar-se-á sem prejuízo da aplicação do art. 144 da Lei nº 8.213/91, visto que a data considerada para o recálculo da referida renda se insere no período compreendido entre 05/10/88 e 05/04/91, o denominado "buraco negro", com a ressalva do parágrafo único, segundo o qual a nova renda substituirá, para todos os efeitos, a que prevalecia até então. In casu, a aplicação do art. 144 da Lei nº 8.213/91 não configura sistema híbrido, pois não há falar em conjugação das regras relativas aos critérios de atualização, limites de salário de contribuição, salário de benefício e coeficientes de cálculo da legislação anterior (Lei nº 6.950/81) com as da Lei nº 8.213/91, porquanto foi por ela determinado o alcance dos benefícios concedidos no período "buraco negro", imediatamente anterior à sua vigência. 3. Agravo regimental provido para negar provimento ao recurso especial." (QUINTA TURMA, AgRg no REsp 1.210.743/PR, Rel. Des. convocado Adilson Vieira Macabu, DJe 10/05/2011). "PREVIDENCIÁRIO. PROCESSO CIVIL. OFENSA AO ART. 535 DO CPC. INEXISTÊNCIA. DECADÊNCIA. ART. 103 DA LEI Nº 8.213/91. INAPLICABILIDADE. APOSENTADORIA. REVISÃO. LEI VIGENTE QUANDO DA IMPLEMENTAÇÃO DOS REQUISITOS. POSSIBILIDADE. CONSOLIDAÇÃO DAS LEIS DA PREVIDÊNCIA SOCIAL – CLPS (DECRETO Nº 89.312/84). RECÁLCULO DA RENDA MENSAL INICIAL. ART. 144 DA LEI Nº 8.213/91. REGIME MISTO. NÃO CONFIGURAÇÃO. RECURSO ESPECIAL A QUE SE NEGA PROVIMENTO. [...] É pacífico o entendimento nesta Corte e também do Excelso Pretório no sentido de que os proventos da aposentadoria devem ser calculados em conformidade com a legislação vigente ao tempo em que preenchidos todos os requisitos para a aposentação. 3. No caso, o segurado implementou os requisitos para a concessão do benefício na vigência do Decreto nº 89.312/84 (CLPS), quando o teto para o salário-de-contribuição correspondia a 20 (vinte) vezes o maior salário mínimo vigente no país, nos termos da Lei nº 6.950/81, fazendo jus, portanto, ao cálculo da aposentadoria com observância total dessa regra. 4. Ocorre, todavia, que a revisão do benefício à luz da legislação vigente quando adquirido o direito o colocará no período denominado como "buraco negro", isto é, interregno compreendido entre 5 de outubro de 1988 e 5 de abril de 1991 em que os benefícios continuaram a ser concedidos pelas regras anteriores, desvantajosas por não contemplarem a correção monetária de todos os salários-de-contribuição. 5. Para corrigir essa falha, dispôs a Lei de Benefícios, em seu art. 144, que a renda mensal do benefício concedido com base na legislação anterior fosse recalculada de modo a corrigir a defasagem substituindo-se, assim, o valor da renda mensal, que passaria a valer a partir de junho de 1992, não havendo, portanto, pagamento de diferenças relativas aos meses anteriores. 6. Possibilitando ao segurado rever seu benefício nos moldes da legislação vigente ao tempo em que preenchidos todos os requisitos para a jubilação, o que, na hipótese, implica em ter o benefício como concedido no período chamado "buraco negro", impõe-se reconhecer seu direito ao recálculo previsto no art. 144 da Lei de Benefícios, tal como teria ocorrido se deferido na época própria, daí porque essa situação não configura regime híbrido, sendo certo, outrossim, que a nova renda mensal inicial passa a observar os critérios da Lei nº 8.213/91. 7. Recurso especial a que se nega provimento. (SEXTA TURMA, REsp 1210744/PR, Rel. Ministra Maria Thereza de Assis Moura, DJe 09/04/2012). 8. Incidente conhecido e provido para: a) reafirmar a tese de que existe direito adquirido à aposentadoria, sob a égide da Lei n. 6.950/81, aos segurados que preencheram os requisitos durante sua vigência; e b) uniformizar o entendimento de que não configura regime híbrido a aplicação do art. 144 da Lei n. 8.213/91 à prestação previdenciária quando a revisão implicar nova data de início do benefício compreendida no período denominado "buraco negro", nos termos dos precedentes do Superior Tribunal de Justiça acima transcritos. 9. Pedido de

Uniformização conhecido e provido com determinação de retorno dos autos à Turma Recursal de origem para adequação do acórdão às premissas de direito ora fixadas. 10. Julgamento realizado de acordo com o art. 7º, VII, a, do RITNU, servindo como representativo de controvérsia.

**Decisão**

Vistos, relatados e discutidos estes autos, em que são partes as acima indicadas, decide a Turma Nacional de Uniformização de Jurisprudência dos Juizados Especiais Federais conhecer e dar provimento do incidente de uniformização, nos termos do voto-ementa do Relator.

Desta forma, de acordo com o **tema 119 da TNU**, mesmo que a DIB da aposentadoria seja posterior ao período do "buraco negro" (após 4/4/1991), deverá ser aplicável a revisão do artigo 144 da Lei 8.213/91 na hipótese de direito adquirido no período do "buraco negro".

O precedente trouxe a DIB em 15 de agosto de 1991 (após o "buraco negro"), mas o direito adquirido foi formado em 2 de julho de 1989, dentro portanto do período da revisão do artigo 144 da Lei 8.213/91.

## 6.2. Cálculos

O caso concreto a seguir trata-se de uma aposentadoria por tempo de serviço de segurado do sexo feminino que se aposentou em **01/07/1989**, aos 31 anos de serviço, cuja renda mensal inicial foi calculada com base no Art. 33 do Decreto nº 89.312/84.

**ANA CRISTINA SOUZA COSTA**

DATA DE NASCIMENTO: **09/01/1941**

ESPÉCIE: **42** (APOSENTADORIA POR TEMPO DE SERVIÇO)

DATA DE INÍCIO DO BENEFÍCIO: **01/07/1989**

TEMPO DE CONTRIBUIÇÃO: **31 anos 07 meses e 23 dias**

PERÍODO BÁSICO DE CÁLCULO: **07/1986 a 06/1989**

**Atualização dos 24 salários anteriores aos 12 últimos**

| Sequência | Mês/ano | Salário | Índice | Salário atualizado |
|---|---|---|---|---|
| 1 | jul/86 | 16.080,00 | 96,000000 | 1.543,68 |
| 2 | ago/86 | 16.080,00 | 96,000000 | 1.543,68 |
| 3 | set/86 | 16.080,00 | 96,000000 | 1.543,68 |
| 4 | out/86 | 16.080,00 | 96,000000 | 1.543,68 |
| 5 | nov/86 | 16.080,00 | 96,000000 | 1.543,68 |
| 6 | dez/86 | 16.080,00 | 96,000000 | 1.543,68 |
| 7 | jan/87 | 19.296,00 | 42,860000 | 827,03 |
| 8 | fev/87 | 19.296,00 | 42,860000 | 827,03 |
| 9 | mar/87 | 27.360,00 | 42,860000 | 1.172,65 |
| 10 | abr/87 | 27.360,00 | 42,860000 | 1.172,65 |
| 11 | mai/87 | 32.832,00 | 42,860000 | 1.407,18 |
| 12 | jun/87 | 39.398,40 | 42,860000 | 1.688,62 |
| 13 | jul/87 | 39.398,40 | 42,860000 | 1.688,62 |
| 14 | ago/87 | 39.398,40 | 42,860000 | 1.688,62 |
| 15 | set/87 | 41.246,20 | 42,860000 | 1.767,81 |
| 16 | out/87 | 43.180,60 | 42,860000 | 1.850,72 |
| 17 | nov/87 | 45.205,80 | 42,860000 | 1.937,52 |
| 18 | dez/87 | 51.000,00 | 42,860000 | 2.185,86 |
| 19 | jan/88 | 61.200,00 | 12,670000 | 775,40 |
| 20 | fev/88 | 72.000,00 | 12,670000 | 912,24 |
| 21 | mar/88 | 84.960,00 | 12,670000 | 1.076,44 |
| 22 | abr/88 | 98.640,00 | 12,670000 | 1.249,77 |
| 23 | mai/88 | 118.360,00 | 12,670000 | 1.499,62 |

| Sequência | Mês/ano | Salário | Índice | Salário atualizado |
|---|---|---|---|---|
| 24 | jun/88 | 139.680,00 | 12,670000 | 1.769,75 |
| 25 | jul/88 | 167.520,00 | 1,000000 | 167,52 |
| 26 | ago/88 | 209.280,00 | 1,000000 | 209,28 |
| 27 | set/88 | 254.040,00 | 1,000000 | 254,04 |
| 28 | out/88 | 315.120,00 | 1,000000 | 315,12 |
| 29 | nov/88 | 409.520,00 | 1,000000 | 409,52 |
| 30 | dez/88 | 511.900,00 | 1,000000 | 511,90 |
| 31 | jan/89 | 637,32 | 1,000000 | 637,32 |
| 32 | fev/89 | 734,80 | 1,000000 | 734,80 |
| 33 | mar/89 | 734,80 | 1,000000 | 734,80 |
| 34 | abr/89 | 734,80 | 1,000000 | 734,80 |
| 35 | mai/89 | 936,00 | 1,000000 | 936,00 |
| 36 | jun/89 | 936,00 | 1,000000 | 936,00 |

| | |
|---|---|
| **SOMA DE SALÁRIOS** | **41.340,69** |

| | |
|---|---|
| **MÉDIA DE SALÁRIOS** | **1.148,35** |

| | |
|---|---|
| TETO MENOR: | 750,00 |
| COEFICIENTE: | 95% |
| PARCELA BÁSICA: | **712,50** |
| MÉDIA DE SALÁRIOS: | **1.148,35** |
| TETO MAIOR: | 1.500,00 |
| Grupo de contribuições acima do menor valor teto | 12 |
| PARCELA ADICIONAL **(1.148,35 - 750,00) X 12/30** | **159,34** |
| RENDA MENSAL INICIAL | **871,84** |

Conforme o disposto no Art. 33 do Decreto nº 89.312/84, o salário de benefício é dividido em duas parcelas: a parcela básica e a parcela adicional. A parcela básica é obtida através da multiplicação do coeficiente de cálculo, que no caso em tela é de 95% (percentual máximo para aposentadoria por tempo de serviço), sobre o menor valor teto vigente à época, sendo obtido o valor de **NCz$ 712,50**. A parcela adicional é obtida através da diferença entre a média de salários e o menor valor teto (excedente do menor valor teto), multiplicado por 1/30 avos quantos forem o número de anos em que o segurado contribuiu acima do menor valor teto, que no caso foi de 12 anos, sendo obtido o valor de **NCz$ 159,34**. A soma da parcela básica com a parcela adicional é a RMI do benefício, fixada em **NCz$ 871,84**.

Coma a aplicação do Art. 144 da Lei nº 8.213/91, particularmente no que se refere à atualização monetária dos 36 últimos salários de contribuição constantes do período básico de cálculos, a RMI é alterada de **NCz$ 871,84** para **NCz$ 1.500,00**, teto máximo da época, representando um acréscimo de 72,05%. É importante salientar que a média de salários, no valor de **NCz$ 2.042,05**, ultrapassou o valor teto da época, sendo o salário de benefício limitado ao valor do referido teto. Isso ocorre com a maioria, senão todos os benefícios com data de início no período do buraco negro, entre 05.10.1988 a 04.04.1991. Abaixo encontra-se o cálculo da renda mensal inicial com a atualização de todos os salários de contribuição constantes do período básico de cálculo.

**ANA CRISTINA SOUZA COSTA**

DATA DE NASCIMENTO: **09/01/1941**

ESPÉCIE: **42** (APOSENTADORIA POR TEMPO DE SERVIÇO)

DATA DE INÍCIO DO BENEFÍCIO: **01/07/1989**

TEMPO DE CONTRIBUIÇÃO: **31 anos 07 meses e 23 dias**

PERÍODO BÁSICO DE CÁLCULO: **07/1986 a 06/1989**

**Atualização dos 36 salários de contribuição**

| Sequência | Mês/ano | Salário | Índice | Salário atualizado |
|---|---|---|---|---|
| 1 | jul/86 | 16.080,00 | 0,1713954351 | 2.756,04 |
| 2 | ago/86 | 16.080,00 | 0,1698498019 | 2.731,18 |
| 3 | set/86 | 16.080,00 | 0,1674551926 | 2.692,68 |
| 4 | out/86 | 16.080,00 | 0,1654859103 | 2.661,01 |
| 5 | nov/86 | 16.080,00 | 0,1631528249 | 2.623,50 |
| 6 | dez/86 | 16.080,00 | 0,1579560702 | 2.539,93 |
| 7 | jan/87 | 19.296,00 | 0,1472509277 | 2.841,35 |
| 8 | fev/87 | 19.296,00 | 0,1260494160 | 2.432,25 |
| 9 | mar/87 | 27.360,00 | 0,1106278883 | 3.026,78 |
| 10 | abr/87 | 27.360,00 | 0,0967026996 | 2.645,79 |
| 11 | mai/87 | 32.832,00 | 0,0799460149 | 2.624,79 |
| 12 | jun/87 | 39.398,40 | 0,0649228641 | 2.557,86 |
| 13 | jul/87 | 39.398,40 | 0,0535225590 | 2.108,70 |
| 14 | ago/87 | 39.398,40 | 0,0486878550 | 1.918,22 |
| 15 | set/87 | 41.246,20 | 0,0463296746 | 1.910,92 |
| 16 | out/87 | 43.180,60 | 0,0432381471 | 1.867,05 |
| 17 | nov/87 | 45.205,80 | 0,0389954429 | 1.762,82 |
| 18 | dez/87 | 51.000,00 | 0,0339297337 | 1.730,42 |
| 19 | jan/88 | 61.200,00 | 0,0297707587 | 1.821,97 |
| 20 | fev/88 | 72.000,00 | 0,0250237528 | 1.801,71 |
| 21 | mar/88 | 84.960,00 | 0,0216075924 | 1.835,78 |
| 22 | abr/88 | 98.640,00 | 0,0182975632 | 1.804,87 |
| 23 | mai/88 | 118.360,00 | 0,0154631651 | 1.830,22 |
| 24 | jun/88 | 139.680,00 | 0,0130777783 | 1.826,70 |
| 25 | jul/88 | 167.520,00 | 0,0106949446 | 1.791,62 |
| 26 | ago/88 | 209.280,00 | 0,0086936633 | 1.819,41 |
| 27 | set/88 | 254.040,00 | 0,0072068833 | 1.830,84 |
| 28 | out/88 | 315.120,00 | 0,0056778408 | 1.789,20 |
| 29 | nov/88 | 409.520,00 | 0,0044816803 | 1.835,34 |
| 30 | dez/88 | 511.900,00 | 0,0034972144 | 1.790,22 |
| 31 | jan/89 | 637,32 | 2,7230510364 | 1.735,45 |
| 32 | fev/89 | 734,80 | 2,0099284296 | 1.476,90 |
| 33 | mar/89 | 734,80 | 1,7274846838 | 1.269,36 |
| 34 | abr/89 | 734,80 | 1,6312414389 | 1.198,64 |
| 35 | mai/89 | 936,00 | 1,5097098000 | 1.413,09 |
| 36 | jun/89 | 936,00 | 1,2940000000 | 1.211,18 |

| | |
|---|---|
| **SOMA DE SALÁRIOS** | **73.513,79** |
| **MÉDIA DE SALÁRIOS** | **2.042,05** |
| **TETO MÁXIMO** | **1.500,00** |

| | |
|---|---|
| **SALÁRIO DE BENEFÍCIO - limitado ao teto** | **1.500,00** |
| **COEFICIENTE** | **100%** |
| **RENDA MENSAL INICIAL** | **1.500,00** |

Após a demonstração da revisão do Art. 144 da Lei nº 8.213/91, o próximo passo é a demonstração dos reajustes do benefício a partir da citada revisão. Conforme o Manual de Cálculos Judiciais Previdenciários da PGF/PFE-INSS (2013; 91), os índices de reajustes aplicáveis aos benefícios revistos pelo Art. 144 da Lei nº 8.213/91 são os constantes da Ordem de Serviço INSS/DISES nº 121/92, cujo índice de reajuste passou a ser o INPC. Os benefícios assim reajustados tiveram suas mensalidades reajustadas em 06/1992 limitadas ao teto vigente à época, no valor de **Cr$ 2.126.842,49.** A seguir estão discriminados os reajustes do benefício antes e depois da revisão do Art. 144 da Lei nº 8.213/91.

**REAJUSTES ANTES DA REVISÃO DO ART. 144 - LEI 8.213/91**

**ANA CRISTINA SOUZA COSTA**

BENEFÍCIO: **42/011.222.333-4**

ESPÉCIE: **Aposentadoria por tempo de serviço**

TEMPO DE CONTRIBUIÇÃO: **31 anos 07 meses e 23 dias**

DATA DE INÍCIO: **01/07/1989**

| | |
|---|---|
| TETO MENOR | **750,00** |
| COEFICIENTE: | **95%** |
| PARCELA BÁSICA: | **712,50** |
| PARCELA ADICIONAL: | **159,34** |
| RENDA MENSAL INICIAL: | **871,84** |

**REAJUSTES PREVIDENCIÁRIOS - ÍNDICES DA POLÍTICA SALARIAL**

| Data | Renda Mensal | Índices de reajustes | Renda Reajustada |
|---|---|---|---|
| ago/89 | 871,84 | 1,287600 | 1.122,58 |
| set/89 | 1.122,58 | 1,293400 | 1.451,95 |
| out/89 | 1.451,95 | 1,359500 | 1.973,92 |
| nov/89 | 1.973,92 | 1,376200 | 2.716,51 |
| dez/89 | 2.716,51 | 1,414200 | 3.841,69 |
| jan/90 | 3.841,69 | 1,535500 | 5.898,92 |
| fev/90 | 5.898,92 | 1,561100 | 9.208,81 |
| mar/90 | 9.208,81 | 1,727800 | 15.910,97 |
| jun/90 | 15.910,97 | 1,053800 | 16.766,98 |
| jul/90 | 16.766,98 | 1,271400 | 21.317,54 |
| ago/90 | 21.317,54 | 1,060900 | 22.615,78 |
| set/90 | 22.615,78 | 1,163900 | 26.322,51 |
| out/90 | 26.322,51 | 1,060900 | 27.925,55 |
| nov/90 | 27.925,55 | 1,296400 | 36.202,68 |
| dez/90 | 36.202,68 | 1,060900 | 38.407,42 |
| jan/91 | 38.407,42 | 1,394800 | 53.570,68 |
| fev/91 | 53.570,68 | 1,289600 | 69.084,74 |
| mar/91 | 69.084,74 | 1,069500 | 73.886,13 |
| set/91 | 73.886,13 | 2,470600 | 182.543,08 |
| jan/92 | 182.543,08 | 2,198234 | 401.272,45 |
| mai/92 | 401.272,45 | 2,303616 | 924.377,63 |
| set/92 | 924.377,63 | 2,247870 | 2.077.880,73 |
| jan/93 | 2.077.880,73 | 2,412130 | 5.012.118,45 |
| mar/93 | 5.012.118,45 | 1,366700 | 6.850.062,29 |
| mai/93 | 6.850.062,29 | 1,917070 | 13.132.048,91 |
| jul/93 | 13.132.048,91 | 1,404590 | 18.445.144,57 |
| ago/93 | 18.445.144,57 | 1,192600 | 21.997,68 |
| set/93 | 21.997,68 | 1,707360 | 37.557,96 |

| Data | Renda Mensal | Índices de reajustes | Renda Reajustada |
|---|---|---|---|
| out/93 | 37.557,96 | 1,251700 | 47.011,30 |
| nov/93 | 47.011,30 | 1,249200 | 58.726,51 |
| dez/93 | 58.726,51 | 1,248900 | 73.343,54 |
| jan/94 | 73.343,54 | 1,752840 | 128.559,49 |
| fev/94 | 128.559,49 | 1,302500 | 167.448,74 |
| mar/94 | 167.448,74 | 661,005200 | 253,32 |
| mai/95 | 253,32 | 1,428572 | 361,89 |
| mai/96 | 361,89 | 1,150000 | 416,18 |
| jun/97 | 416,18 | 1,077600 | 448,47 |
| jun/98 | 448,47 | 1,048100 | 470,04 |
| jun/99 | 470,04 | 1,046100 | 491,71 |
| jun/00 | 491,71 | 1,058100 | 520,28 |
| jun/01 | 520,28 | 1,076600 | 560,13 |
| jun/02 | 560,13 | 1,092000 | 611,67 |
| jun/03 | 611,67 | 1,197100 | 732,23 |
| mai/04 | 732,23 | 1,045300 | 765,39 |
| mai/05 | 765,39 | 1,063550 | 814,04 |
| abr/06 | 814,04 | 1,050100 | 854,82 |
| abr/07 | 854,82 | 1,033000 | 883,03 |
| mar/08 | 883,03 | 1,050000 | 927,18 |
| fev/09 | 927,18 | 1,059200 | 982,07 |
| jan/10 | 982,07 | 1,077200 | 1.057,88 |
| jan/11 | 1.057,88 | 1,064700 | 1.126,33 |
| jan/12 | 1.126,33 | 1,060800 | 1.194,81 |
| jan/13 | 1.194,81 | 1,062000 | 1.268,89 |
| jan/14 | 1.268,89 | 1,055600 | 1.339,44 |
| jan/15 | 1.339,44 | 1,062300 | 1.422,89 |
| jan/16 | 1.422,89 | 1,112800 | 1.583,39 |
| jan/17 | 1.583,39 | 1,065800 | 1.687,57 |
| jan/18 | 1.687,57 | 1,020700 | 1.722,51 |
| jan/19 | 1.722,51 | 1,034300 | 1.781,59 |
| jan/20 | 1.781,59 | 1,044800 | 1.861,40 |
| jan/21 | 1.861,40 | 1,054500 | 1.962,85 |
| **jan/22** | **1.962,85** | **1,101600** | **2.162,28** |

**REAJUSTES DEPOIS DA REVISÃO DO ART. 144 - LEI 8.213/91**

**ANA CRISTINA SOUZA COSTA**

BENEFÍCIO: **42/011.222.333-4**

ESPÉCIE: **Aposentadoria por tempo de serviço**

TEMPO DE CONTRIBUIÇÃO: **31 anos 07 meses e 23 dias**

DATA DE INÍCIO: **01/07/1989**

| | |
|---|---|
| MÉDIA DE SALÁRIOS- após a revisão do Art. 144: | **2.042,05** |
| SALÁRIO DE BENEFÍCIO (limitado ao teto): | **1.500,00** |
| COEFICIENTE: | **100%** |
| RENDA MENSAL INICIAL: | **1.500,00** |

**REAJUSTES PREVIDENCIÁRIOS - ÍNDICES DA OS 121/92**

| Data | Renda Mensal | Índices de reajustes | Renda Reajustada | |
|---|---|---|---|---|
| ago/89 | 1.500,00 | 1,274000 | 1.911,00 | |
| set/89 | 1.911,00 | 1,331800 | 2.545,07 | |
| out/89 | 2.545,07 | 1,363500 | 3.470,20 | |
| nov/89 | 3.470,20 | 1,387600 | 4.815,25 | |
| dez/89 | 4.815,25 | 1,484700 | 7.149,21 | |
| jan/90 | 7.149,21 | 1,512800 | 10.815,32 | |
| fev/90 | 10.815,32 | 1,681900 | 18.190,29 | |
| mar/90 | 18.190,29 | 1,739900 | 31.649,28 | |
| jun/90 | 31.649,28 | 2,241768 | 70.950,34 | |
| jul/90 | 70.950,34 | 1,116400 | 79.208,96 | |
| ago/90 | 79.208,96 | 1,126200 | 89.205,13 | |
| set/90 | 89.205,13 | 1,121801 | 100.070,40 | |
| out/90 | 100.070,40 | 1,142600 | 114.340,44 | |
| nov/90 | 114.340,44 | 1,144300 | 130.839,77 | |
| dez/90 | 130.839,77 | 1,169200 | 152.977,86 | |
| jan/91 | 152.977,86 | 1,191400 | 182.257,82 | |
| fev/91 | 182.257,82 | 1,209500 | 220.440,83 | |
| mar/91 | 220.440,83 | 1,201984 | 264.966,36 | |
| set/91 | 264.966,36 | 2,470600 | 654.625,88 | |
| jan/92 | 654.625,88 | 2,198234 | 1.439.020,99 | |
| mai/92 | 1.439.020,99 | 2,303616 | 3.314.951,79 | Limitado ao teto |
| jun/92 | 2.126.842,49 | 1,000000 | 2.126.842,49 | |
| set/92 | 2.126.842,49 | 2,247870 | 4.780.865,43 | |
| jan/93 | 4.780.865,43 | 2,412130 | 11.532.068,92 | |
| mar/93 | 11.532.068,92 | 1,366700 | 15.760.878,60 | |
| mai/93 | 15.760.878,60 | 1,917070 | 30.214.707,54 | |
| jul/93 | 30.214.707,54 | 1,404590 | 42.439.276,06 | |
| ago/93 | 42.439.276,06 | 1,192600 | 50.613,08 | |
| set/93 | 50.613,08 | 1,707360 | 86.414,75 | |
| out/93 | 86.414,75 | 1,251700 | 108.165,34 | |
| nov/93 | 108.165,34 | 1,249200 | 135.120,14 | |
| dez/93 | 135.120,14 | 1,248900 | 168.751,55 | |
| jan/94 | 168.751,55 | 1,752840 | 295.794,47 | |
| fev/94 | 295.794,47 | 1,302500 | 385.272,29 | |
| mar/94 | 385.272,29 | 661,005200 | 582,86 | |
| mai/95 | 582,86 | 1,428572 | 832,65 | |
| mai/96 | 832,65 | 1,150000 | 957,55 | |
| jun/97 | 957,55 | 1,077600 | 1.031,86 | |
| jun/98 | 1.031,86 | 1,048100 | 1.081,49 | |
| jun/99 | 1.081,49 | 1,046100 | 1.131,35 | |
| jun/00 | 1.131,35 | 1,058100 | 1.197,08 | |
| jun/01 | 1.197,08 | 1,076600 | 1.288,78 | |
| jun/02 | 1.288,78 | 1,092000 | 1.407,34 | |
| jun/03 | 1.407,34 | 1,197100 | 1.684,73 | |

| Data | Renda Mensal | Índices de reajustes | Renda Reajustada |
|---|---|---|---|
| mai/04 | 1.684,73 | 1,045300 | 1.761,05 |
| mai/05 | 1.761,05 | 1,063550 | 1.872,96 |
| abr/06 | 1.872,96 | 1,050000 | 1.966,61 |
| ago/06 | 1.966,61 | 1,000096 | 1.966,80 |
| abr/07 | 1.966,80 | 1,033000 | 2.031,71 |
| mar/08 | 2.031,71 | 1,050000 | 2.133,29 |
| fev/09 | 2.133,29 | 1,059200 | 2.259,58 |
| jan/10 | 2.259,58 | 1,077200 | 2.434,02 |
| jan/11 | 2.434,02 | 1,064700 | 2.591,50 |
| jan/12 | 2.591,50 | 1,060800 | 2.749,07 |
| jan/13 | 2.749,07 | 1,062000 | 2.919,51 |
| jan/14 | 2.919,51 | 1,055600 | 3.081,83 |
| jan/15 | 3.081,83 | 1,062300 | 3.273,83 |
| jan/16 | 3.273,83 | 1,112800 | 3.643,12 |
| jan/17 | 3.643,12 | 1,065800 | 3.882,84 |
| jan/18 | 3.882,84 | 1,020700 | 3.963,21 |
| jan/19 | 3.963,21 | 1,034300 | 4.099,15 |
| jan/20 | 4.099,15 | 1,044800 | 4.282,79 |
| jan/21 | 4.282,79 | 1,054500 | 4.516,20 |
| **jan/22** | **4.516,20** | **1,101600** | **4.975,05** |

Comparando os reajustes do benefício antes e depois da revisão do Art. 144 da Lei nº 8.213/91 percebe-se que a mensalidade reajustada de 01/2022 é alterada de **R$ 2.162,28** para **R$ 4.975,05**, representado um acréscimo de **130,08%**!

| Renda Mensal Atualizada para 2022 | |
|---|---|
| Antes da revisão | 2.162,28 |
| Depois da revisão | 4.975,05 |
| Acréscimo | **130,08%** |

## 7. REAJUSTE DA RENDA DO BENEFÍCIO PELA VARIAÇÃO DO SALÁRIO MÍNIMO DE 147,06% DO ÚLTIMO QUADRIMESTRE DE 1991

Cuida-se de reajuste na renda dos benefícios previdenciários em manutenção no mês de agosto de 1991 pela variação do salário mínimo do último quadrimestre, em 147,06% (de Cr$ 17.000,00 para Cr$ 42.000,00).

É que os benefícios já concedidos até o mês de agosto de 1991 ainda estavam vinculados à variação do salário mínimo por forçado artigo 58, do ADCT, da Constituição Federal de 1988.

Logo, a jurisprudência do Superior Tribunal de Justiça se firmou em favor dos segurados:

"PREVIDENCIÁRIO. RECURSO ESPECIAL. REAJUSTE DE BENEFÍCIO. INCORPORAÇÃO DO ABONO PREVISTO NO ARTIGO 146 DA LEI NUM. 8.213/1991, ÍNDICE DE 147,06%. 1. A JURISPRUDÊNCIA DO STJ ORIENTA-SE NO SENTIDO DE QUE O ABONO INSTITUÍDO PELA LEI NUM. 8.178/1991, NO ÍNDICE DE 147,06%, DEVE SER INCORPORADO AOS BENEFÍCIOS PREVIDENCIÁRIOS A PARTIR DE SETEMBRO DE 1991. 2. RECURSO NÃO CONHECIDO" (REsp 82035, de 20.08.1996).

Ademais, a Lei 8.213/91 ainda não havia sido regulamentada para a previsão dos reajustes pelo índice legal, o que só ocorreu com o advento do Decreto 357, de 07.12. 1991.

Por conseguinte, a Previdência Social promoveu administrativamente o reajuste da renda mensal em 147,06%, conforme autorizado pela Portaria do MPS 302[5], publicada em 21.07.1992, pagando o passivo em 12 parcelas mensais.

5. **Art. 1º** Fixar com efeito retroativo, a partir de 1º de setembro de 1991, o percentual de 147,06% para reajuste dos benefícios de valor igual ou superior Cr$ 17.000,00, em março de 1991, que corresponde ao índice de reajuste do salário mínimo no período de março a agosto de 1991, deduzido o percentual de 79,96%, objeto da Portaria nº 10, de 27 de abril de 1992.
**Art. 2º** O reajustamento de que trata esta Portaria incidirá sobre a renda mensal dos benefícios, a partir da competência agosto de 1992, efetuando-se os pagamentos relativos ao período anterior segundo normas a serem estabelecidas oportunamente.
Parágrafo único. Aos beneficiários que já receberam valores reajustados em percentual igual ou superior ao fixado nesta Portaria não será paga a diferença referida no caput.

## 8. REVISÃO DE BENEFÍCIO PELO NÚMERO DE SALÁRIOS MÍNIMOS DA DATA DA CONCESSÃO

Com o advento do Decreto 357, de 07.12.1991, o artigo 41, da Lei 8.213/91, foi regulamentado. Este dispositivo, em sua redação original, previa que é assegurado o reajustamento dos benefícios para preservar-lhes, em caráter permanente, o valor real da data de sua concessão.

Por sua vez, o artigo 38, inciso II, do Decreto 357/91, previu que "os valores dos benefícios em manutenção serão reajustados, de acordo com suas respectivas datas de início, com base na variação integral do INPC, calculado pelo IBGE, nas mesmas épocas em que o salário mínimo for alterado pelo índice da cesta básica ou substituto eventual".

Assim sendo, em regulamentação ao artigo 201, § 2º, da Constituição Federal, que previa que é assegurado o reajustamento dos benefícios para preservar-lhes, em caráter permanente, o valor real, conforme critérios definidos em lei, passou a se adotar o INPC como índice legal.

Entre janeiro e dezembro de 1992 o reajuste dos benefícios se deu pelo INPC, tendo sido adotados outros índices posteriormente, pois o artigo 41, da Lei 8.213/91, originalmente, não previa expressamente o índice, o que era fixado em ato regulamentar ou lei específica.

O índice usado para fazer a correção dessas remunerações variou ao longo dos anos 90, tendo sido aplicados o INPC, IPC-r, IGP-DI dentre outros. No período compreendido entre janeiro de 1993 a julho de 1994, vigorou o Índice de Reajuste do Salário Mínimo (IRSM), de acordo com a Lei 8.542 de 1992. No caso dos benefícios concedidos no período compreendido entre fevereiro de 1994 e março de 1997, o INSS utilizou a variação do IRSM para atualização dos salários de contribuição apenas até janeiro de 1994 e converteu, em seguida, os valores então atualizados, para a Unidade de Referência de Valor (URV), instituída em 28 de fevereiro daquele ano[6].

Assim sendo, a partir de janeiro de 1992, o reajuste dos benefícios do RGPS desvinculou-se do número de salários mínimos da data da concessão, tendo expirado a regra de transição do artigo 58, do ADCT, da Constituição Federal.

Ademais, a Constituição Federal proíbe que o salário mínimo seja utilizado como indexador, pois o seu artigo 7º, inciso IV, veda a sua vinculação para qualquer fim.

Portanto, desde janeiro de 1992, o reajuste dos benefícios previdenciários foi o previsto no índice legal de correção monetária, desvinculando-se do índice de reajuste do salário mínimo. Essa sistemática é chancelada pelo STF e pelo STJ:

"EMENTA: PREVIDÊNCIA SOCIAL. RECÁLCULO DA RENDA MENSAL INICIAL DE ACORDO COM A VARIAÇÃO DO SALÁRIO MÍNIMO. ART. 58 DO ADCT E ART. 7º, IV, DA CF. Ao determinar a recomposição do valor do benefício, respeitada a variação do salário mínimo assegurada pelo art. 58 do ADCT, o acórdão divergiu da orientação firmada pelo Supremo Tribunal Federal a partir do julgamento do RE 199.994 (Pleno, 23.10.97), posto que aplicou a disposição transitória a situação que se formou na vigência da atual Constituição. **Afastando-se do critério de correção recomendado pela Lei nº 8.213/91, com as modificações estabelecidas pela Lei nº 8.542/92, e adotando o salário mínimo como critério permanente de reajustamento de benefício previdenciário, o julgado ainda violou o art. 201, § 2º, da Constituição Federal, que atribui ao legislador a escolha do critério pelo qual há de ser preservado o valor real dos benefícios previdenciários e estabeleceu vinculação expressamente vedada pelo art. 7º, IV, da Carta Federal.** Recurso conhecido e provido" (STF, RE 243.346, de 13.04.1999).

"AGRAVO REGIMENTAL. PREVIDENCIÁRIO. REVISÃO DE BENEFÍCIO. ARTIGO 535 DO CÓDIGO DE PROCESSO CIVIL. VIOLAÇÃO. NÃO OCORRÊNCIA. SÚMULA Nº 260/TFR. SALÁRIO MÍNIMO. NÃO VINCULAÇÃO. ARTIGO 58 DO ADCT. PRESERVAÇÃO DO VALOR REAL. LEI Nº 8.213/1991. 1. Não ocorre omissão quando o Tribunal de origem decide fundamentadamente todas as questões postas ao seu crivo. 2. Não há confundir entre decisão contrária ao interesse da parte e falta de prestação jurisdicional. 3. Esta Corte firmou compreensão de que o magistrado não está obrigado a se pronunciar sobre todos os pontos abordados pelas partes, máxime quando já tiver decidido a questão sob outros fundamentos. 4. O entendimento jurisprudencial desta Corte é de que a aplicação dos critérios da Súmula nº 260/TFR não implica em equivalência salarial, que somente ocorreu no período determinado no artigo 58 do ADCT, isto é, entre abril de 1989 e dezembro de 1991. **5. A partir da Lei nº 8.213/1991, procurando preservar seu real valor, os benefícios previdenciários devem ser reajustados com base na variação do INPC e demais índices subseqüentes.** 6. Agravo regimental a que se nega provimento" (STJ, AGREsp 841340, de 03.03.2009).

O curioso é que este tema está pacificado há mais de uma década, mas ainda hoje aparecem ações judiciais contra o INSS buscando a revisão pelo número de salários mínimos da data da concessão do benefício, pois os aposentados ligam o valor do seu benefício ao número equivalente de salários mínimos da data da concessão, irresignando-se por uma proporção menor na atualidade.

## 9. REVISÃO DE BENEFÍCIO NA CONVERSÃO DA URV (LEI 8.700/93)

### 9.1. Considerações gerais

Antes da implantação do Plano Real, a URV – Unidade de Valor Real serviu como instrumento de

6. www.previdenciasocial.gov.br

transição do Cruzeiro Real para o Real. Nesse sentido, com base no artigo 19, da Medida Provisória 434, de 27 de fevereiro de 1994, convertida na Lei 8.880/94 (artigo 20), os benefícios da previdência Social foram convertidos em URV no dia 01.03.1994[7].

Entretanto, os segurados começaram a arguir a perda do valor real do benefício nessa conversão, com arrimo no artigo 9º, da Lei 8.700/93[8]. É que na conversão do benefício em URV foram considerados os valores médios dos benefícios recebidos nos quatro meses anteriores em seu **valor nominal** (novembro/93, dezembro/93, janeiro/94 e fevereiro/94).

Para os segurados, os benefícios pagos em novembro, dezembro e fevereiro não obtiveram a correção plena pelo IRSM (o de janeiro obteve plena correção, pois janeiro, maio e setembro eram datas-base dos reajustes), conforme determinava o artigo 9º, da Lei 8.700/93, o que para eles gerou uma perda de valor na conversão pela URV operada em 01.03.1994.

Na época milhares de ações foram ajuizadas, conseguindo lograr êxito nos Tribunais Regionais Federais. Entretanto, a Suprema Corte rejeitou a pretensão dos segurados, pois validou a sistemática adotada na Lei 8.880/94, entendimento que se mantém até a atualidade:

> "EMENTA: AGRAVO REGIMENTAL EM AGRAVO DE INSTRUMENTO. PREVIDENCIÁRIO. BENEFÍCIO. CONSTITUCIONALIDADE DA PALAVRA "NOMINAL" CONTIDA NO INCISO I DO ART. 20 DA LEI 8.880/1994. AUSÊNCIA DE PREQUESTIONAMENTO. **1. O Plenário do Supremo Tribunal Federal, no julgamento do RE 313.382, da relatoria do ministro Maurício Corrêa, reconheceu a constitucionalidade da palavra "nominal" contida no inciso I do art. 20 da Lei 8.880/1994. O que fez por entender que o referido vocábulo apenas traduz a vontade do legislador no sentido de que, no cálculo da média aritmética do valor a ser convertido para a nova moeda, fossem considerados os reajustes e antecipações efetivamente concedidos nos meses de novembro e dezembro de 1993 e janeiro e fevereiro de 1994**. 2. Incidem, de mais a mais, no caso as Súmulas 282 e 356 do STF. 3. Agravo regimental desprovido" (AI-AgR 587.822, de 14.09.2010).

Nesse sentido, a TNU editou a Súmula 01, que dispõe que "a conversão dos benefícios previdenciários em URV, em março/94, obedece às disposições do art. 20, incisos I e II da Lei 8.880/94 (MP nº 434/94)".

---

**7.** Art. 20 – Os benefícios mantidos pela Previdência Social são convertidos em URV em 1º de março de 1994, observado o seguinte:

I – dividindo-se o valor nominal, vigente nos meses de novembro e dezembro de 1993 e janeiro e fevereiro de 1994, pelo valor em cruzeiros reais do equivalente em URV do último dia desses meses, respectivamente, de acordo com o Anexo I desta Lei; e

II – extraindo-se a média aritmética dos valores resultantes do inciso anterior.

§ 1º – Os valores expressos em cruzeiros nas Leis nºs 8.212 e 8.213, ambas de 24 de julho de 1991, com os reajustes posteriores, são convertidos em URV, a partir de 1º de março de 1994, nos termos dos incisos I e II do caput deste artigo.

§ 2º – Os benefícios de que trata o caput deste artigo, com data de início posterior a 30 de novembro de 1993, são convertidos em URV em 1º de março de 1994, mantendo-se constante a relação verificada entre o seu valor no mês de competência de fevereiro de 1994 e o teto do salário de contribuição, de que trata o art. 20 da Lei nº 8.212, de 1991, no mesmo mês.

§ 3º – Da aplicação do disposto neste artigo não poderá resultar pagamento de benefício inferior ao efetivamente pago, em cruzeiros reais, na competência de fevereiro de 1994.

§ 4º – As contribuições para a Seguridade Social, de que tratam os arts. 20, 21, 22 e 24 da Lei nº 8.212 de 1991, serão calculadas em URV e convertidas em Unidade Fiscal de Referência – UFIR, nos termos do art. 53 da Lei nº 8.383, de 30 de dezembro de 1991, ou em cruzeiros reais na data do recolhimento, caso este ocorra antes do primeiro dia útil do mês subseqüente ao de competência.

§ 5º – Os valores das parcelas referentes a benefícios pagos com atraso pela Previdência Social, por sua responsabilidade, serão corrigidos monetariamente pelos índices previstos no art. 41, § 7º da Lei nº 8.213, de 1991, com as alterações da Lei nº 8.542, de 23 de dezembro de 1992, até o mês de fevereiro de 1994, e convertidos em URV, pelo valor em cruzeiros reais do equivalente em URV no dia 28 de fevereiro de 1994.

§ 6º – A partir da primeira emissão do Real, os valores mencionados no parágrafo anterior serão corrigidos monetariamente pela variação acumulada do IPC-r entre o mês da competência a que se refiram e o mês imediatamente anterior à competência em que for incluído o pagamento.

**8. Art. 9º** Os benefícios de prestação continuada da Previdência Social serão reajustados nos seguintes termos:

I – no mês de setembro de 1993, pela variação acumulada do IRSM do quadrimestre anterior, deduzidas as antecipações concedidas nos termos desta Lei;

II – nos meses de janeiro, maio e setembro, pela aplicação do FAS, a partir de janeiro de 1994, deduzidas as antecipações concedidas nos termos desta Lei.

§ 1º São asseguradas ainda aos benefícios de prestação continuada da Previdência Social, a partir de agosto de 1993, inclusive, antecipações em percentual correspondente à parte da variação do IRSM que exceder a 10% (dez por cento) no mês anterior ao de sua concessão, nos meses de fevereiro, março, abril, junho, julho, agosto, outubro, novembro e dezembro.

§ 2º Para os benefícios com data de início nos meses de fevereiro, março, abril, junho, julho, agosto, outubro, novembro e dezembro, o primeiro reajuste subsequente à data de início corresponderá à variação acumulada do IRSM entre o mês de início e o mês anterior ao do reajuste, deduzidas as antecipações de que trata o parágrafo anterior.

§ 3º A partir da referência de janeiro de 1993, o IRSM substitui o INPC para todos os fins previstos nas Leis nºs 8.212 e 8.213, ambas de 24 de julho de 1991.

## 9.2. Cálculos

**ROBERTA VIEIRA DE CARVALHO**

BENEFÍCIO: **42/011.222.333-4**

ESPÉCIE: **Aposentadoria por tempo de serviço**

TEMPO DE CONTRIBUIÇÃO: **30 anos 00 meses e 11 dias**

DATA DE INÍCIO: **01/02/1993**

| | |
|---|---|
| SALÁRIO DE BENEFÍCIO: | **10.975.450,00** |
| COEFICIENTE: | **100%** |
| RENDA MENSAL INICIAL: | **10.975.450,00** |

**REAJUSTES PREVIDENCIÁRIOS**

| Data | Renda Mensal | Índices de reajustes | Renda Mensal Reajustada |
|---|---|---|---|
| mar/93 | 10.975.450,00 | 1,366700 | 15.000.147,52 |
| mai/93 | 15.000.147,52 | 1,498700 | 22.480.721,08 |
| jul/93 | 22.480.721,08 | 1,404590 | 31.576.196,02 |
| ago/93 | 31.576.196,02 | 1,192600 | 37.657,77 |
| set/93 | 37.657,77 | 1,707360 | 64.295,37 |
| out/93 | 64.295,37 | 1,251700 | 80.478,52 |
| nov/93 | 80.478,52 | 1,249200 | 100.533,76 |
| dez/93 | 100.533,76 | 1,248900 | 125.556,62 |
| jan/94 | 125.556,62 | 1,752840 | 220.080,66 |
| fev/94 | 220.080,66 | 1,302500 | 286.655,06 |
| mar/94 | 286.655,06 | 661,005200 | 433,67 |
| mai/95 | 433,67 | 1,428572 | 619,52 |
| mai/96 | 619,52 | 1,150000 | 712,45 |
| jun/97 | 712,45 | 1,077600 | 767,74 |
| jun/98 | 767,74 | 1,048100 | 804,66 |
| jun/99 | 804,66 | 1,046100 | 841,76 |
| jun/00 | 841,76 | 1,058100 | 890,67 |
| jun/01 | 890,67 | 1,076600 | 958,89 |
| jun/02 | 958,89 | 1,092000 | 1.047,11 |
| jun/03 | 1.047,11 | 1,197100 | 1.253,49 |
| mai/04 | 1.253,49 | 1,045300 | 1.310,28 |
| mai/05 | 1.310,28 | 1,063550 | 1.393,55 |
| abr/06 | 1.393,55 | 1,050100 | 1.463,36 |
| abr/07 | 1.463,36 | 1,033000 | 1.511,65 |
| mar/08 | 1.511,65 | 1,050000 | 1.587,24 |
| fev/09 | 1.587,24 | 1,059200 | 1.681,20 |
| jan/10 | 1.681,20 | 1,077200 | 1.810,99 |
| jan/11 | 1.810,99 | 1,064700 | 1.928,16 |
| jan/12 | 1.928,16 | 1,060800 | 2.045,39 |
| jan/13 | 2.045,39 | 1,062000 | 2.172,21 |
| jan/14 | 2.172,21 | 1,055600 | 2.292,98 |
| jan/15 | 2.292,98 | 1,062300 | 2.435,83 |
| jan/16 | 2.435,83 | 1,112800 | 2.710,60 |
| jan/17 | 2.710,60 | 1,065800 | 2.888,95 |

| Data | Renda Mensal | Índices de reajustes | Renda Mensal Reajustada |
|---|---|---|---|
| jan/18 | 2.888,95 | 1,020700 | 2.948,75 |
| jan/19 | 2.948,75 | 1,034300 | 3.049,90 |
| jan/20 | 3.049,90 | 1,044800 | 3.186,53 |
| jan/21 | 3.186,53 | 1,054500 | 3.360,20 |
| **jan/22** | **3.360,20** | **1,101600** | **3.701,59** |

## 10. REVISÃO ADMINISTRATIVA DE BENEFÍCIO LIMITADO AO TETO DO SALÁRIO E BENEFÍCIO (LEI 8.870/94 – REVISÃO DO "BURACO VERDE")

### 10.1. Considerações gerais

Com o advento da Lei 8.213/91 (artigo 29, § 2º), o salário de benefício passou a ter o mesmo limite máximo do salário de contribuição, naquela época fixado em Cr$ 170.000,00 (cento e setenta mil cruzeiros), sendo calculado com base nos 36 últimos salários de contribuição, todos corrigidos monetariamente, em período não superior a 48 meses.

Entretanto, eram tempos duros de inflação galopante. Lembro-me que na minha adolescência (em 1991 possuía apenas 12 anos de idade) os meus pais recebiam o salário e no mesmo dia iam fazer compras no supermercado à noite, pois todos os dias os preços sofriam elevação.

Felizmente, com o advento da Lei 8.213/91, todos os salários de contribuição considerados para o cálculo do salário de benefício passaram a sofrer atualização monetária. Contudo, passou a existir um teto para o salário de benefício, que não sofria atualização mensal (apenas era corrigido, no ano de 1992, em janeiro, maio e setembro), o que fez com que muitos salários de benefícios fossem limitados ao teto ("tetados"), quando a data de início ocorria nos meses de fevereiro, março, abril, junho, julho, agosto, outubro, novembro e dezembro.

Para corrigir essa distorção que tanto prejudicava aos segurados foi prevista uma grande revisão administrativa no artigo 26, da Lei 8.870/94:

> "**Art. 26.** Os benefícios concedidos nos termos da Lei nº 8.213, de julho de 1991, **com data de início entre 5 de abril de 1991 e 31 de dezembro de 1993, cuja renda mensal inicial tenha sido calculada sobre salário-de-benefício inferior à média dos 36 últimos salários-de-contribuição em decorrência do disposto no § 2º do art. 29 da referida lei**, serão **revistos a partir da competência abril de 1994**, mediante a aplicação do percentual correspondente à diferença entre a média mencionada neste artigo e o salário-de-benefício considerado para a concessão.
>
> Parágrafo único. Os benefícios revistos nos termos do "caput" deste artigo não poderão resultar superiores ao teto do salário-de-contribuição vigente na competência de abril de 1994".

Assim, esta revisão é específica para os benefícios "tetados", com data de início entre 05 de abril de 1991 e 31 de dezembro de 1993, em razão da média aritmética simples dos 36 últimos salários de contribuição corrigidos ter ultrapassado o salário de benefício do mês da concessão.

Colacionam-se abaixo os tetos do salário de benefício dos anos de 1991, 1992 e 1993 expressos nas moedas da época (de 03.1990 até 07.1993 a moeda era o cruzeiro – de 08.1993 até 06.1994 passou a ser o cruzeiro real):

| Mês | Teto do salário de benefício |
|---|---|
| Abril a Julho/1991 | 127.120,76 |
| Agosto/1991 | 170.000,00 |
| Setembro a Dezembro/1992 | 420.002,00 |
| Janeiro a Abril/1992 | 923.262,76 |
| Maio a Agosto/1992 | 2.126.842,49 |
| Setembro a Dezembro/1992 | 4.780.863,30 |
| Janeiro a Fevereiro/1993 | 11.532.054,23 |
| Março a Abril/1993 | 15.760.858,52 |
| Maio a Junho/1993 | 30.214.732,09 |
| Julho/1993 | 42.439.310,55 |
| Agosto/1993 | 50.613,12 |
| Setembro/1993 | 86.414,97 |
| Outubro/1993 | 108.165,62 |
| Novembro/1993 | 135.120,49 |
| Dezembro/1993 | 168.751,98 |

A revisão consistia na aplicação de um percentual a esses benefícios "tetados", revistos administrativamente a partir de abril de 1994, correspondente à diferença entre a média mencionada dos 36 últimos salários de contribuição e o salário de benefício considerado para a concessão.

Suponha-se hipoteticamente que um segurado tivesse se aposentado em fevereiro de 1992. O teto do salário de benefício da época era de Cr$ 923.262,76. Entretanto, esse segurado obteve a quantia de Cr$ 995.000,00 após a média aritmética simples dos 36 últimos salários de contribuição corrigidos monetariamente.

Assim, em razão do teto, o seu salário de benefício foi de Cr$ 923.262,76. Com a revisão do artigo 26, da Lei 8.870/94, ele terá direito ao índice-teto a partir de abril de 1994, correspondente à diferença entre Cr$ 995.000,00 e Cr$ 923.262,76, equivalente a aproximadamente 1,077, observado o teto do ano de 1994.

Logo, no exemplo dado, foi devido o reajuste de 7,7% pelo índice-teto em abril de 1994, limitado ao teto do salário de contribuição deste ano.

## 10.2. Cálculos

**CATIANE MACIEL MENESES**

BENEFÍCIO: **57/011.222.333-4**

ESPÉCIE: **Aposentadoria por tempo de serviço de professor**

TEMPO DE CONTRIBUIÇÃO: **26 anos 00 meses e 00 dias**

DATA DE INÍCIO: **01/02/1992**

| | |
|---|---|
| MÉDIA DE SALÁRIOS: | **995.000,00** |
| SALÁRIO DE BENEFÍCIO (limitado ao teto): | **923.262,76** |
| COEFICIENTE: | **100%** |
| RENDA MENSAL INICIAL: | **923.262,76** |
| ÍNDICE-TETO - ART. 26 DA LEI 8.870/94 | **1,0777** |

**REAJUSTES PREVIDENCIÁRIOS**

| Data | Renda Mensal | Índices de reajustes | Renda Mensal Reajustada |
|---|---|---|---|
| mai/92 | 923.262,76 | 1,829428 | 1.689.042,74 |
| set/92 | 1.689.042,74 | 2,247869 | 3.796.746,83 |
| jan/93 | 3.796.746,83 | 2,412128 | 9.158.239,33 |
| mar/93 | 9.158.239,33 | 1,366700 | 12.516.565,69 |
| mai/93 | 12.516.565,69 | 1,917070 | 23.995.132,58 |
| jul/93 | 23.995.132,58 | 1,404590 | 33.703.323,27 |
| ago/93 | 33.703.323,27 | 1,192600 | 40.194,58 |
| set/93 | 40.194,58 | 1,707360 | 68.626,62 |
| out/93 | 68.626,62 | 1,251700 | 85.899,95 |
| nov/93 | 85.899,95 | 1,249200 | 107.306,21 |
| dez/93 | 107.306,21 | 1,248900 | 134.014,73 |
| jan/94 | 134.014,73 | 1,752840 | 234.906,37 |
| fev/94 | 234.906,37 | 1,302500 | 305.965,55 |
| mar/94 | 305.965,55 | 661,005200 | 462,88 |
| abr/94 | 462,88 | 1,0777 | 498,84 |
| mai/95 | 498,84 | 1,428572 | 712,64 |
| mai/96 | 712,64 | 1,150000 | 819,53 |
| jun/97 | 819,53 | 1,077600 | 883,13 |
| jun/98 | 883,13 | 1,048100 | 925,61 |
| dez/98 | 925,61 | 1,000000 | 925,61 |
| jun/99 | 925,61 | 1,046100 | 968,28 |
| jun/00 | 968,28 | 1,058100 | 1.024,53 |
| jun/01 | 1.024,53 | 1,076600 | 1.103,01 |
| jun/02 | 1.103,01 | 1,092000 | 1.204,49 |
| jun/03 | 1.204,49 | 1,197100 | 1.441,89 |
| jan/04 | 1.441,89 | 1,000000 | 1.441,89 |

| Data | Renda Mensal | Índices de reajustes | Renda Mensal Reajustada |
|---|---|---|---|
| mai/04 | 1.441,89 | 1,045300 | 1.507,21 |
| mai/05 | 1.507,21 | 1,063550 | 1.602,99 |
| abr/06 | 1.602,99 | 1,050100 | 1.683,30 |
| abr/07 | 1.683,30 | 1,033000 | 1.738,85 |
| mar/08 | 1.738,85 | 1,050000 | 1.825,80 |
| fev/09 | 1.825,80 | 1,059200 | 1.933,88 |
| jan/10 | 1.933,88 | 1,077200 | 2.083,18 |
| jan/11 | 2.083,18 | 1,064700 | 2.217,96 |
| jan/12 | 2.217,96 | 1,060800 | 2.352,81 |
| jan/13 | 2.352,81 | 1,062000 | 2.498,69 |
| jan/14 | 2.498,69 | 1,055600 | 2.637,61 |
| jan/15 | 2.637,61 | 1,062300 | 2.801,94 |
| jan/16 | 2.801,94 | 1,112800 | 3.118,00 |
| jan/17 | 3.118,00 | 1,065800 | 3.323,16 |
| jan/18 | 3.323,16 | 1,020700 | 3.391,95 |
| jan/19 | 3.391,95 | 1,034300 | 3.508,29 |
| jan/20 | 3.508,29 | 1,044800 | 3.665,46 |
| jan/21 | 3.665,46 | 1,054500 | 3.865,23 |
| **jan/22** | **3.865,23** | **1,101600** | **4.257,94** |

Observa-se que, após a incorporação do índice teto na competência 04/1994, o benefício assim reajustado não superou o teto vigente naquela competência, que era de **R$ 582,86**.

## 11. REVISÃO ADMINISTRATIVA DE BENEFÍCIO LIMITADO AO TETO DO SALÁRIO DE BENEFÍCIO – REGRA PERMANENTE DE INCIDÊNCIA DO ÍNDICE TETO NO PRIMEIRO REAJUSTE (LEI 8.880/94)

### 11.1. Considerações gerais

Vale frisar que o índice-teto passou a ser fundamento para uma revisão administrativa permanente dos benefícios pagos pela Previdência Social cujos salários de benefício tenham sido limitados ao teto do ano da concessão, conforme previsão do artigo 21, § 3º, da Lei 8.880/94:

> "§ 3º Na hipótese da média apurada nos termos deste artigo resultar superior ao limite máximo do salário-de--contribuição vigente no mês de início do benefício, a diferença percentual entre esta média e o referido limite será incorporada ao valor do benefício juntamente com o primeiro reajuste do mesmo após a concessão, observado que nenhum benefício assim reajustado poderá superar o limite máximo do salário-de-contribuição vigente na competência em que ocorrer o reajuste".

Logo, os benefícios concedidos pelo INSS a partir de março de 1994[9], conforme previsto na cabeça do artigo 21 da Lei 8.880/94 e que tiveram o salário de benefício limitado ao teto, sofreram readequação de renda pelo índice-teto juntamente com o primeiro reajuste, observado o novo teto do ano do reajuste.

Suponha-se que um segurado tenha se aposentado em novembro de 1998. Neste mês o teto do salário de benefício era de R$ 1.081,50. No cálculo dos seus 36 últimos salários de contribuição corrigidos monetariamente, chegou-se ao montante de R$ 1.195,00. Neste caso, o salário de benefício foi limitado ao teto (R$ 1.081,50).

Apurando-se a diferença percentual entre R$ 1.195,00 e R$ 1.081,50, chega-se ao índice-teto de aproximadamente 1,10. Logo, no primeiro reajuste do ano de 1998, o segurado também terá direito a uma readequação da renda do seu benefício em 10% (1,10), observado o teto de 1998, que foi de R$ 1.200,00 (até o mês de maio).

Dessa forma, acaso o salário de benefício não tenho atingido ao teto na concessão (a exemplo da incidência de fator previdenciário negativo) ou na revisão de renda mensal, descabe a aplicação da regra do artigo 21, §3º, da Lei 8.880/94.

Nesse sentido, o correto posicionamento firmado pelo TNU em 14 de setembro de 2016 em incidente de uniformização representativo de controvérsia:

> PROCESSO: 5001628-31.2013.4.04.7211 ORIGEM: SC - SEÇÃO JUDICIÁRIA DE SANTA CATARINA REQUERENTE: ADEMAR BECKER COELHO PROC./ADV.: RODRIGO FIGUEIREDO OAB: SC-24692 REQUERIDO(A): INSS PROC./ADV.:

9. Os benefícios concedidos em janeiro e fevereiro de 1994 não se beneficiaram das revisões da Lei 8.870/94 nem desta revisão da Lei 8.870/94.

PROCURADORIA-GERAL FEDERAL RELATOR(A): JUIZ(A) FEDERAL WILSON JOSÉ WITZEL

PEDIDO DE UNIFORMIZAÇÃO REPRESENTATIVO DE CONTROVÉRSIA. PREVIDENCIÁRIO. REGIME GERAL DA PREVIDÊNCIA SOCIAL. O PEDIDO REVISIONAL COM FULCRO NO ART. 21, §3º, DA LEI 8.880/94, PRESSUPÕE QUE HAJA (I) A REDUÇÃO DA MÉDIA DOS SALÁRIOS-DE-CONTRIBUIÇÃO UTILIZADOS NO CÁLCULO DO BENEFÍCIO E QUE (II) ESSA REDUÇÃO SEJA DECORRENTE DO LIMITE MÁXIMO PARA O TETO CONTRIBUTIVO, DE MODO QUE, SE A REDUÇÃO FOI DERIVADA DE OUTROS ELEMENTOS UTILIZADOS NO CÁLCULO DO SALÁRIO-DE-BENEFÍCIO (A EXEMPLO DA APLICAÇÃO DO FATOR PREVIDENCIÁRIO), E NÃO PROPRIAMENTE EM RAZÃO DA INCIDÊNCIA DO LIMITE MÁXIMO PARA O SALÁRIO-DE-CONTRIBUIÇÃO VIGENTE NO MOMENTO DA CONCESSÃO, NÃO HÁ QUE SE COGITAR DE DIFERENÇA PERCENTUAL A SER INCORPORADA. PEDIDO CONHECIDO E DESPROVIDO.

Considerando que a Lei 8.880/94 é anterior à Lei 9.876/99, bem como que o fator previdenciário é elemento intrínseco ao salário de benefício, para fins de aplicação do IRT (índice reajuste teto) deve ser considerado o valor final do salário de benefício, e não apenas a média dos salários de contribuição.

Logo, mesmo que a média atinja ao teto do salário de benefício, acaso o valor final do salário de benefício seja inferior ao teto do ano da concessão em razão da aplicação do fator previdenciário negativo, não deve ser aplicado o IRT no primeiro reajustamento.

Ao revés, se a média não atingir ao teto do salário de benefício, acaso o valor final do salário de benefício seja limitado ao teto do ano da concessão em razão do fator previdenciário positivo, deve ser aplicado o IRT no primeiro reajustamento.

**Desse modo, para fins de IRT,** o critério após a Lei 9.876/99 deve ser sempre o valor final do salário de benefício na situação de incidência do fator previdenciário, e não a média dos salários **de contribuição, pois a *ratio legis* do IRT é readequar o salário de benefício que é o lastro da renda mensal inicial.**

Anualmente o índice-teto é previsto permanentemente pela Previdência Social, a exemplo da Portaria Interministerial MPS/MF 568, de 31.12.2010, que reajustou os benefícios para o ano de 2011:

> "Art. 6º A partir de 1º de janeiro de 2011, será incorporada à renda mensal dos benefícios de prestação continuada pagos pelo INSS, com data de início no período de 1º fevereiro de 2010 a 31 de dezembro de 2010, a diferença percentual entre a média dos salários-de-contribuição considerados no cálculo do salário-de-benefício e o limite máximo em vigor no período, exclusivamente nos casos em que a referida diferença resultar positiva, observado o disposto no § 1º do art. 1º e o limite de R$ 3.689,66 (três mil seiscentos e oitenta e nove reais e sessenta e seis centavos)".

Note-se que o texto do artigo 21, §3º, da Lei 8.880/94 é expresso ao aplicar o ÍNDICE TETO ao primeiro reajuste na renda mensal do benefício previdenciário, não aplicando o INSS aos demais reajustes por falta de previsão legal:

> "§ 3º Na hipótese da média apurada nos termos deste artigo resultar superior ao limite máximo do salário-de--contribuição vigente no mês de início do benefício, a diferença percentual entre esta média e o referido limite será incorporada ao valor do benefício juntamente com o primeiro reajuste do mesmo após a concessão, observado que nenhum benefício assim reajustado poderá superar o limite máximo do salário-de-contribuição vigente na competência em que ocorrer o reajuste".

Carece de base legal a aplicação do ÍNDICE TETO ao reajustamento dos anos seguintes ou em mais de uma oportunidade, mesmo porque em muitas situações dar-se-á a readequação total, pois não limitado ao teto do salário de benefício no momento do reajuste.

**Ademais, casa haja novo batimento de teto após a aplicação do ÍNDICE TETO no primeiro reajustamento da renda do benefício, a readequação terá sido alcançada pela TESE DA READEQUAÇÃO DOS TETOS de R$ 1.200,00 e de R$ 2.400,00 das Emendas 20/1998 e 41/2003, respectivamente, fruto de acordo judicial em ação coletiva** e que abarcou todos os benefícios com salário de benefício limitado ao teto desde março/1994, termo inicial do ÍNDICE TETO como critério de reajuste permanente.

**Frise-se que os benefícios com data de início no "buraco negro" (de 05.10.1988 até 04 de abril de 1991) não foram alcançados pela mencionada revisão administrativa fruto da Ação Civil Pública nº 0004911-28.2011.4.03, vez que o INSS não acordou na sua readequação administrativa por ausência de dados na concessão dos benefícios, pois mais antigos.**

**Desta forma, os benefícios elegíveis ao ÍNDICE TETO com lastro na Lei 8.880/94 (concedidos a partir de março de 1994), acaso tenha sido novamente limitados ao teto do salário de benefício no primeiro reajuste pelo citado Índice, obtiveram a readequação do salário de benefício pela tese das Emendas 20/1998 e 41/2003 administrativamente, fruto do citado acordo em ação coletiva e com todos os atrasados já pagos.**

## 11.2. Cálculos

Colocando em prática o exemplo citado, observa-se que se trata de um benefício de aposentadoria por tempo de serviço com data de início em novembro de 1998, com salário de benefício limitado ao teto vigente, no valor de **R$ 1.081,50**, inferior à média de salários, no valor de **R$ 1.195,00**. O índice teto é de **1,1049**, obtido pela divisão entre a média de salários e o respectivo teto previdenciário vigente na data de início do benefício. Isso significa dizer que a média de salários superou o teto vigente na data de início do benefício em **10,49%**.

Diferentemente do disposto na Lei nº 8.870/94, que previa a incorporação desse índice teto na competência de 04/1994, a Lei nº 8.880/94 aduz que essa diferença deve ser incorporada junto com o primeiro reajuste do benefício, de forma que o benefício assim reajustado não poderá superar o teto vigente na data do reajuste. No caso concreto, o primeiro reajuste do benefício se deu em 06/1999, sendo aplicado o primeiro reajuste proporcional de **2,66%**. Junto com esse reajuste deve ser aplicado o índice teto de **1,1049**, abaixo demonstrado no caso concreto.

**ANNY CRISTINA NASCIMENTO DOS ANJOS**

| | |
|---|---|
| BENEFÍCIO: **42/011.222.333-4** | |
| ESPÉCIE: **Aposentadoria por tempo de serviço** | |
| TEMPO DE CONTRIBUIÇÃO: **30 anos 03 meses e 00 dias** | |
| DATA DE INÍCIO: **01/11/1998** | |
| MÉDIA DE SALÁRIOS: | **1.195,00** |
| SALÁRIO DE BENEFÍCIO (limitado ao teto): | **1.081,50** |
| COEFICIENTE: | **100%** |
| RENDA MENSAL INICIAL: | **1.081,50** |
| ÍNDICE-TETO- ART. 21 DA LEI 8.880/94 | **1,1049** |

**REAJUSTES PREVIDENCIÁRIOS**

| Data | Renda Mensal | Índices de reajustes | Renda Mensal Reajustada | |
|---|---|---|---|---|
| jun/99 | 1.081,50 | 1,026600 | 1.110,27 | Teto |
| jun/99 | 1.110,27 | 1,1049 | 1.226,79 | 1.255,32 |
| jun/00 | 1.226,79 | 1,058100 | 1.298,06 | |
| jun/01 | 1.298,06 | 1,076600 | 1.397,49 | |
| jun/02 | 1.397,49 | 1,092000 | 1.526,06 | |
| jun/03 | 1.526,06 | 1,197100 | 1.826,85 | |
| mai/04 | 1.826,85 | 1,045300 | 1.909,61 | |
| mai/05 | 1.909,61 | 1,063550 | 2.030,96 | |
| abr/06 | 2.030,96 | 1,050100 | 2.132,72 | |
| abr/07 | 2.132,72 | 1,033000 | 2.203,09 | |
| mar/08 | 2.203,09 | 1,050000 | 2.313,25 | |
| fev/09 | 2.313,25 | 1,059200 | 2.450,19 | |
| jan/10 | 2.450,19 | 1,077200 | 2.639,35 | |
| jan/11 | 2.639,35 | 1,064700 | 2.810,11 | |
| jan/12 | 2.810,11 | 1,060800 | 2.980,97 | |
| jan/13 | 2.980,97 | 1,062000 | 3.165,79 | |
| jan/14 | 3.165,79 | 1,055600 | 3.341,81 | |
| jan/15 | 3.341,81 | 1,062300 | 3.550,00 | |
| jan/16 | 3.550,00 | 1,112800 | 3.950,44 | |
| jan/17 | 3.950,44 | 1,065800 | 4.210,38 | |
| jan/18 | 4.210,38 | 1,020700 | 4.297,54 | |
| jan/19 | 4.297,54 | 1,034300 | 4.444,94 | |
| jan/20 | 4.444,94 | 1,044800 | 4.644,08 | |
| jan/21 | 4.644,08 | 1,054500 | 4.897,18 | |

| Data | Renda Mensal | Índices de reajustes | Renda Mensal Reajustada |
|---|---|---|---|
| jan/22 | 4.897,18 | 1,101600 | 5.394,73 |

Nota-se que no mesmo mês de 06/1999 foi incorporado integralmente o índice teto de **1,1049**. Digo integralmente porque o benefício assim reajustado não ultrapassou o teto vigente no primeiro reajuste, no valor de **R$ 1.255,32**.

## 12. REVISÃO DE BENEFÍCIO COM A INSERÇÃO DO IRSM DE FEVEREIRO DE 1994 NA ATUALIZAÇÃO DOS SALÁRIOS DE CONTRIBUIÇÃO (LEI 8.880/94)

### 12.1. Considerações gerais

Cuida-se de revisão da renda mensal inicial de benefício previdenciário mediante a incidência do Índice de Reajuste do Salário Mínimo - IRSM de fevereiro de 1994, no patamar de 39,67%, com fundamento no artigo 21, da Lei 8.880/94:

> "**Art. 21.** Os benefícios concedidos com base na Lei nº 8.213/91, **com data de início a partir de 1º de março de 1994**, o salário-de-benefício será calculado nos termos do artigo 29 da referida lei, tomando-se os salários-de-contribuição expressos em URV.
>
> § 1º Para os fins do disposto neste artigo, os salários-de-contribuição referentes às **competências anteriores a março de 1994 serão corrigidos monetariamente até o mês de fevereiro de 1994 pelos índices previstos no artigo 31 da Lei nº 8.218/91, com as alterações da Lei nº 8.542/92 o convertidos em URV, pelo valor em Cruzeiros Reais do equivalente em URV no dia 28 de fevereiro de 1994**".

É que no cálculo administrativo o INSS não atualizou os salários de contribuição pelo IRSM de fevereiro de 1994, calculado em 39,67%, antes da conversão em URV operada em 28.02.1994, conquanto o artigo 21, § 1º, Lei 8.880/94, tivesse previsto a correção monetária "até o mês de fevereiro de 1994".

De efeito, apenas há o direito a esta revisão para os benefícios que tiveram o mês de fevereiro de 1994 no período básico de cálculo, mesmo que inexista efetiva contribuição previdenciária recolhida para esta competência.

Logo, é preciso apurar o período básico de cálculo do benefício, que na época era formado pelos 36 últimos salários de contribuição, todos corrigidos monetariamente, em período não superior a 48 meses.

Assim, os benefícios com data de início anterior a fevereiro de 1994 não entram nesta revisão, pois obviamente apenas serão utilizados salários de contribuição de período anterior a fevereiro de 1994.

A revisão abarca com certeza os benefícios com data de início nos meses de março de 1994 e de fevereiro de 1997, pois nestes casos é certo que o mês de fevereiro de 1994 entrou no período básico de cálculo.

A depender do caso concreto, é possível que os benefícios concedidos entre março de 1997 a fevereiro de 1998 também tenham direito a esta revisão, vez que as 36 últimas contribuições eram apuradas em período não superior a 48 meses, devendo ser verificado concretamente se o mês de fevereiro de 1994 entrou no cálculo do salário de benefício.

A jurisprudência do STJ firmou-se há muitos anos no sentido de ser devida esta revisão, desde que o mês de fevereiro de 1994 tenha sido considerado no cálculo:

> PREVIDENCIÁRIO - RECURSO ESPECIAL - SALÁRIO-DE-CONTRIBUIÇÃO - ATUALIZAÇÃO MONETÁRIA - IRSM DE FEVEREIRO/94 (39,67) - HONORÁRIOS ADVOCATÍCIOS - REVISÃO PERCENTUAL - SÚMULA 07/STJ. - Divergência jurisprudencial não comprovada. Entendimento do art. 255 e parágrafos, do Regimento Interno desta Corte. - **Na atualização monetária dos salários-de-contribuição de benefício concedido após março de 1994, deve-se computar os índices, mês a mês, com inclusão do IRSM de fevereiro/94 (39,67%).** Precedentes. - O recurso especial não é a via adequada para se proceder à revisão do percentual fixado a título de honorários advocatícios nas instâncias ordinárias, em razão do óbice da Súmula 07/STJ. Precedentes. - Recurso parcialmente conhecido e, nessa parte, desprovido" (**REsp 279338, de 06.05.2001**).
>
> "AGRAVO REGIMENTAL. PREVIDENCIÁRIO. REVISÃO DE BENEFÍCIO. APOSENTARIA POR INVALIDEZ PRECEDIDA DE AUXÍLIO-DOENÇA. ART. 36, § 7º, DO DECRETO Nº 3.048/1999. IRSM DE FEVEREIRO DE 1994. APLICAÇÃO. IMPOSSIBILIDADE. 1. Não há como abrigar agravo regimental que não logra desconstituir os fundamentos da decisão atacada. 2. A renda mensal inicial da aposentadoria por invalidez será calculada com base nos salários-de-benefícios anteriores ao auxílio-doença, a teor do art. 36, § 7º, do Decreto nº 3.048/1999. 3. **A competência de fevereiro de 1994 não foi abrangida no período básico de cálculo da renda mensal inicial, razão pela qual não faz jus a segurada ao índice de 39,67% relativo ao IRSM daquele mês.** 4. Agravo regimental a que se nega provimento" (**AGREsp 1.062.981, de 11.11.2008**).
>
> "AGRAVO REGIMENTAL NO AGRAVO DE INSTRUMENTO. PREVIDENCIÁRIO E PROCESSO CIVIL. AÇÃO RESCISÓRIA. VERBETE 343/ STF. INCABÍVEL. REVISÃO DE BENEFÍCIO. SALÁRIOS-DE-CONTRIBUIÇÃO. INCLUSÃO DO IRSM DE FEVEREIRO DE 1994. PERCENTUAL DE 39,67%. APLICÁVEL. AGRAVO IMPROVIDO. 1. Não incide o óbice do verbete sumular 343/STF por cuidar-se de matéria de índole constitucional. **2. Este Superior Tribunal de**

**Justiça tem asseverado que, na atualização dos salários-de-contribuição de benefício concedido após março de 1994, deve ser incluído o IRSM de fevereiro do mesmo ano, no percentual de 39,67%, antes da conversão em URV, sob pena de violação ao artigo 21, § 1º, da Lei 8.880/94.** 3. Agravo regimental improvido" (**AGA 936.576, de 24.08.2010**).

A própria União reconheceu o direito dos segurados ao editar a Medida Provisória 201, de 23.07.2004, convertida na Lei 10.999/04, autorizando a "revisão dos benefícios previdenciários concedidos com data de início posterior a fevereiro de 1994, recalculando-se o salário-de-benefício original, mediante a inclusão, no fator de correção dos salários-de-contribuição anteriores a março de 1994, do percentual de 39,67% (trinta e nove inteiros e sessenta e sete centésimos por cento), referente ao Índice de Reajuste do Salário Mínimo – IRSM do mês de fevereiro de 1994" (artigo 1º).

Entretanto, a revisão administrativa foi condicionada à celebração de Termo de Acordo até o dia 31 de outubro de 2005 ou Termo de Transação Judicial, para aqueles segurados que ajuizaram ação até 26 de julho de 2004.

Outrossim, os Procuradores Federais do INSS ficaram autorizados a propor transação, a ser homologada judicialmente, nos processos em tramitação nos Juizados Especiais Federais ou na Justiça Comum, Federal ou Estadual, em qualquer instância, que versassem sobre esta revisão, apenas podendo abarcar as parcelas vencidas, nos últimos 5 (cinco) anos anteriores a agosto de 2004, sem possibilidade de inclusão de honorários advocatícios e juros de mora.

O pagamento não foi instantâneo e sim parcelado, com revisão administrativa a partir da competência de agosto de 2004, variando de 12 a 96 parcelas mensais, a depender do valor e da idade do segurado, consoante discriminado no artigo 6º, da Lei 10.999/04.

Com propriedade, a subscrição do acordo administrativo ou judicial importou expressa concordância do segurado ou do dependente com a forma, prazos, montantes e limites de valores avençados, a desistência ou a extinção do processo judicial sem o julgamento do mérito.

Até hoje aparecem ações revisionais desta natureza propostas por segurados que não firmaram acordo administrativo, apesar de terem recebido um aviso do INSS em suas residências.

De acordo com o discutível posicionamento do STJ, vez que se cuida de pleito revisional de RMI, é possível a incidência do IRSM de fevereiro de 1994 no cálculo da renda mensal do benefício, mesmo que não haja determinação judicial expressa nesse sentido, ao argumento de que se cuida de reflexão de mera correção monetária:

**Informativo STJ 534– DIREITO PREVIDENCIÁRIO E PROCESSUAL CIVIL. INCLUSÃO DE EXPURGOS INFLACIONÁRIOS EM FASE DE LIQUIDAÇÃO DE SENTENÇA.**

**O Índice de Reajuste do Salário Mínimo (IRSM) do mês de fevereiro de 1994 pode ser incluído no cálculo da Renda Mensal Inicial (RMI) de benefício previdenciário na fase de liquidação de sentença, ainda que sua inclusão não tenha sido discutida na fase de conhecimento.** A jurisprudência desta Corte é firme no sentido de que a inclusão de expurgos inflacionários na fase de liquidação de sentença, embora não discutidos na fase de conhecimento, não implica violação da coisa julgada, por refletir correção monetária a recomposição do valor da moeda aviltada pelo processo inflacionário. Precedente citado: AgRg no AREsp 188.862-PR, Segunda Turma, DJe 14/9/2012. **REsp 1.423.027-PR, Rel. Min. Humberto Martins, julgado em 6/2/2014.**

Já em outro precedente o STJ decidiu que incide a decadência decenal revisional, mas apenas a contar da publicação da Medida Provisória 201, de 23/7/2004, convertida na Lei 10.999/2004, que reconheceu a revisão administrativa:

"Processo

REsp 1501798 / RS

RECURSO ESPECIAL

2014/0323585-8

Relator(a)

Ministro MAURO CAMPBELL MARQUES (1141)

Órgão Julgador

T2 – SEGUNDA TURMA

Data do Julgamento

21/05/2015

Data da Publicação/Fonte

DJe 28/05/2015

Ementa

**PREVIDENCIÁRIO. RECURSO ESPECIAL. APOSENTADORIA POR TEMPO DE SERVIÇO. REVISÃO DA RENDA MENSAL INICIAL. IRSM DE FEVEREIRO/94. DECADÊNCIA. NÃO OCORRÊNCIA. TERMO INICIAL. DATA DA MEDIDA PROVISÓRIA 201, DE 23/7/2004, CONVERTIDA NA LEI 10.999/2004. RECURSO ESPECIAL CONHECIDO E NÃO PROVIDO.**

1. De acordo com os Recursos Especiais Repetitivos 1.309.529/PR e 1.326.114/SC, incide o prazo de decadência do artigo 103 caput da Lei 8.213/1991, instituído pela Medida Provisória 1.523-9/1997, convertida na Lei 9.528/1997, ao benefício concedido anteriormente a esse preceito normativo, com termo a quo a contar da sua vigência, isto é, 28/6/1997.

2. É possível afirmar que por ato de concessão deve ser entendida toda matéria relativa aos requisitos e critérios de cálculo do benefício submetida ao INSS no

requerimento do benefício, do que pode resultar o deferimento ou indeferimento do pleito.

3. No presente caso, a pretensão veiculada consiste na revisão da renda mensal inicial do benefício pela aplicação integral do IRSM de fevereiro/1994 porque a Medida Provisória 201, de 23/7/2004, convertida na Lei 10.999/2004, expressamente garantiu a revisão dos benefícios previdenciários pela inclusão de tal índice no fator de correção dos salários de contribuição anteriores a março de 1994. O presente caso não envolve revisão do ato administrativo que analisou o pedido de deferimento da prestação previdenciária.

**4. O termo inicial para a contagem do prazo decadencial deve ser a edição da Medida Provisória 201, de 23/7/2004, convertida na Lei 10.999/2004. A ação neste caso foi ajuizada em 11/10/2011, portanto, não se passaram mais de dez anos entre o termo inicial e o ajuizamento da ação".**

No mesmo sentido decidiu a TNU em incidente representativo de controvérsia:

"O início do prazo de decadência para revisar, com base no irsm do mês de fevereiro de 1994 (39,67%), a rmi dos benefícios cujos segurados não fizeram acordo nos termos da lei 10.999/2004, é data de entrada em vigor da medida provisória 201, publicada em 26/7/2004" (processo 5003519-62.2014.4.04.7208, De 12/5/2016 – informativo 5).

Nesse sentido, a PGF editou o Parecer Referencial **0020/2018/DEPCONT/PGF/AGU:**

**"EMENTA: PARECER REFERENCIAL. DISPENSA/ DESISTÊNCIA DE RECURSO. PORTARIA 488/16, ARTIGOS 3º, IX; 5º, VIII, §§ 1º E 2º E 7º. JURISPRUDÊNCIA UNIFORMIZADA, ESTÁVEL, ÍNTEGRA E COERENTE DA TNU E DO STJ. REVISÃO DA RMI. IRSM DE FEVEREIRO DE 1994. DECADÊNCIA. TERMO INICIAL. EDIÇÃO DA MP N. 201/2004, CONVERTIDA NA LEI N. 10.999/2004".**

Já a 1ª Turma do STJ vem rejeitando a incidência da decadência:

**Processo**

REsp 1612127 / RS RECURSO ESPECIAL 2016/0176458-2

**Relator(a)**

Ministro NAPOLEÃO NUNES MAIA FILHO (1133)

**Órgão Julgador**

T1 – PRIMEIRA TURMA

**Data do Julgamento**

06/04/2017

**Data da Publicação/Fonte**

DJe 03/05/2017

**Ementa**

"PREVIDENCIÁRIO. RECURSO ESPECIAL. REVISÃO DE RENDA MENSAL INICIAL. INCLUSÃO DO IRMS DE FEVEREIRO DE 1994. DIREITO À REVISÃO RECONHECIDO NA LEI 10.999/2004. **NÃO CONFIGURAÇÃO DA DECADÊNCIA NA HIPÓTESE DE REVISÃO PREVISTA EM LEI. ATO OMISSIVO DA ADMINISTRAÇÃO.** RECURSO ESPECIAL DO INSS A QUE SE NEGA PROVIMENTO.

1. No período compreendido em janeiro/1993 e fevereiro/1994, os salários de contribuição foram corrigidos pela variação do IRSM para fins de apuração do valor do salário de benefício.

2. Em março de 1994, com a entrada do Plano Real, o índice de atualização passou a ser a URV, a teor do que dispôs a Lei 8.880/1994. Ocorre que no momento de conversão dos salários de benefício em URV não se aplicou a inflação verificada no mês de fevereiro de 1994, que alcançou o índice de 39,67%.

3. Reconhecendo tal situação, em 2004, foi editada MP 201/2004, posteriormente convertida na Lei 10.999/2004, garantindo a inclusão do percentual de 39,67% (correspondente à variação do IRSM de fevereiro de 1994) na atualização monetária dos salários de contribuição anteriores a março de 1994 que integrem o PBC.

4. A revisão dos benefícios previdenciários concedidos com data de início posterior a fevereiro de 1994, nos termos acima expostos, deve ser realizada, como se verifica, por força de expressa disposição legal, impondo um comportamento positivo à Administração Pública, quanto à revisão do ato administrativo com vistas a atender esse direito fundamental.

5. Nesse contexto, a ação revisional em tela não busca propriamente o reconhecimento da ilegalidade do ato de concessão do benefício, mas, antes, fazer atuar a lei reconhecedora da violação do direito previdenciário e da necessária revisão do ato administrativo.

6. Não se cuida de típica ação revisional que teria como condição a iniciativa do interessado, e, sim, de revisão reconhecida em expressa determinação legal, não sendo admissível atribuir a inércia ao particular, quando a omissão é da Administração.

7. Forçoso destacar que a Autarquia Previdenciária em sua IN 45/2010, reconhecia expressamente que as revisões determinadas em dispositivos legais, ainda que decorridos mais de 10 anos da data em que deveriam ter sido pagas, deveriam ser processadas, observando-se somente a prescrição quinquenal.

8. Recurso Especial do INSS a que se nega provimento".

No entanto, a 2ª Turma mudou o seu posicionamento não mais adotando a MP 201/2004 como marco de interrupção da decadência:

"DO ATO DE CONCESSÃO E DOS PRECEDENTES DO STJ

21. O STJ tem precedentes que aplicam a decadência sem considerar a MP 201/2004 (AgRg 1.444.992/RS, Rel. Min. Herman Benjamin, Segunda Turma, DJe 28/11/2014). Possui, contudo, precedentes que consideram que a referida MP seria o marco inicial do prazo decadencial:

REsp 1.501.798, Rel. Min. Mauro Campbell Marques, Segunda Turma, DJe 28/5/2015, e REsp 1.612.127/RS, Rel. Min. Napoleão Nunes Maia Filho, Primeira Turma, DJe 3/5/2017.

22. Em ambos os precedentes que consideraram a MP 201/2004 como marco inicial, afirmou-se que o dispositivo legal "expressamente garantiu a revisão dos benefícios previdenciários" e que a revisão "deve ser realizada (...) por força de expressa disposição legal, impondo um comportamento positivo à Administração Pública".

23. Em verdade, uma análise mais cuidadosa sugere a evolução do entendimento do Tribunal. É certo que por ato de concessão deve ser entendida toda a matéria relativa aos requisitos e aos critérios de cálculo examinada pelo INSS quando o segurado submete seu pedido de benefício à Autarquia, do que pode resultar o deferimento ou indeferimento do pedido. Entretanto, os atos normativos em exame não dispuseram sobre requisitos e critérios do cálculo nem determinaram a revisão de todos os benefícios. Regulamentaram a realização de acordos para, em querendo o beneficiário, e sob certas condições, haver aplicação de um índice de correção específico, consoante termos pautados pela jurisprudência. Os requisitos e critérios genericamente previstos do cálculo dos benefícios potencialmente atingidos não foram alterados. Em suma, não foram os atos normativos em comento editados para dispor acerca de cálculos para a concessão de benefícios.

CONCLUSÃO

24. Incide, pois, neste caso, o prazo de decadência disposto no art. 103 da Lei 8.213/1991, instituído pela Medida Provisória 1.523-9/1997, convertida na Lei 9.528/1997, do direito de revisão dos benefícios concedidos ou indeferidos anteriormente a esta lei, cujo termo *a quo* é a data da sua entrada em vigor (28.6.1997).

25. Concedido o benefício antes da Medida Provisória 1.523-9/1997 e havendo decorrido o prazo decadencial decenal entre a publicação dessa norma e o ajuizamento da ação com o intuito de revisão de ato concessório ou indeferitório, deve ser extinto o processo, com resolução de mérito". **(RECURSO ESPECIAL Nº 1.670.907 - RS (2017/0108056-0), de 13/8/2019).**

## 12.2. Cálculos

O caso concreto a seguir, trata-se de uma aposentadoria por tempo de serviço integral com início em **01/03/1996.** O benefício foi concedido sem a aplicação do IRSM de fevereiro de 1994 sobre os índices de atualização de 02/1994 e anteriores. A média de salários, antes da revisão do IRSM, foi fixada em **R$ 841,48,** sendo o salário de benefício limitado ao teto máximo vigente à época, no valor de **R$ 832,66.** O índice teto de que trata o Art. 21 da Lei nº 8.880/94 foi fixado em **1,0106.**

Após a revisão do IRSM, a média de salários foi alterada para **R$ 953,40,** sendo o salário de benefício limitado ao teto previdenciário vigente de **R$ 832,66.** O índice teto foi alterado para **1,1450.** A seguir é apresentada a simulação comparativa do benefício antes e depois da revisão do IRSM.

**CÁLCULO DA RENDA MENSAL INICIAL - CONCESSÃO**

**ANNY CRISTINA NASCIMENTO DOS ANJOS**

ESPÉCIE: **42** (APOSENTADORIA POR TEMPO DE SERVIÇO)

DATA DE INÍCIO DO BENEFÍCIO: **01/03/1996**

TEMPO DE CONTRIBUIÇÃO: **31 anos 07 meses e 23 dias**

PERÍODO BÁSICO DE CÁLCULO: **03/1993 a 02/1996**

| Sequência | Mês/ano | Salário | Índices | Salário atualizado |
|---|---|---|---|---|
| 1 | mar/93 | 15.760.858,52 | 0,00005238 | 825,55 |
| 2 | abr/93 | 15.760.858,52 | 0,00004129 | 650,77 |
| 3 | mai/93 | 30.214.732,09 | 0,00003219 | 972,61 |
| 4 | jun/93 | 30.214.732,09 | 0,00002508 | 757,79 |
| 5 | jul/93 | 42.439.310,55 | 0,00001924 | 816,53 |
| 6 | ago/93 | 50.613,12 | 0,01488353 | 753,30 |
| 7 | set/93 | 86.414,97 | 0,01125664 | 972,74 |
| 8 | out/93 | 108.165,62 | 0,00832776 | 900,78 |
| 9 | nov/93 | 135.120,49 | 0,00617237 | 834,01 |
| 10 | dez/93 | 168.751,08 | 0,00457586 | 772,18 |
| 11 | jan/94 | 295.795,39 | 0,00333153 | 985,45 |
| 12 | fev/94 | 385.273,50 | 0,00237542 | 915,19 |

**RECÁLCULO DA RENDA MENSAL INICIAL IRSM DE FEVEREIRO/94**

**ANNY CRISTINA NASCIMENTO DOS ANJOS**

ESPÉCIE: **42** (APOSENTADORIA POR TEMPO DE SERVIÇO)

DATA DE INÍCIO DO BENEFÍCIO: **01/03/1996**

TEMPO DE CONTRIBUIÇÃO: **31 anos 07 meses e 23 dias**

PERÍODO BÁSICO DE CÁLCULO: **03/1993 a 02/1996**

| Sequência | Mês/ano | Salário | Índice | Salário atualizado |
|---|---|---|---|---|
| 1 | mar/93 | 15.760.858,52 | 0,00007316 | 1.153,05 |
| 2 | abr/93 | 15.760.858,52 | 0,00005767 | 908,92 |
| 3 | mai/93 | 30.214.732,09 | 0,00004496 | 1.358,45 |
| 4 | jun/93 | 30.214.732,09 | 0,00003503 | 1.058,40 |
| 5 | jul/93 | 42.439.310,55 | 0,00002687 | 1.140,45 |
| 6 | ago/93 | 50.613,12 | 0,02078783 | 1.052,14 |
| 7 | set/93 | 86.414,97 | 0,01572215 | 1.358,63 |
| 8 | out/93 | 108.165,62 | 0,01163138 | 1.258,12 |
| 9 | nov/93 | 135.120,49 | 0,00862095 | 1.164,87 |
| 10 | dez/93 | 168.751,08 | 0,00639110 | 1.078,51 |
| 11 | jan/94 | 295.795,39 | 0,00465315 | 1.376,38 |
| 12 | fev/94 | 385.273,50 | 0,00331775 | 1.278,24 |

| Sequência | Mês/ano | Salário | Índices | Salário atualizado |
|---|---|---|---|---|
| 13 | mar/94 | 582,86 | 1,51466392 | 882,84 |
| 14 | abr/94 | 582,86 | 1,51466392 | 882,84 |
| 15 | mai/94 | 582,86 | 1,51466392 | 882,84 |
| 16 | jun/94 | 582,86 | 1,51466392 | 882,84 |
| 17 | jul/94 | 582,86 | 1,51466392 | 882,84 |
| 18 | ago/94 | 582,86 | 1,42785060 | 832,24 |
| 19 | set/94 | 582,86 | 1,35392623 | 789,15 |
| 20 | out/94 | 582,86 | 1,33378606 | 777,41 |
| 21 | nov/94 | 582,86 | 1,30943065 | 763,21 |
| 22 | dez/94 | 582,86 | 1,26796810 | 739,05 |
| 23 | jan/95 | 582,86 | 1,24079469 | 723,21 |
| 24 | fev/95 | 582,86 | 1,22041378 | 711,33 |
| 25 | mar/95 | 582,86 | 1,20845013 | 704,36 |
| 26 | abr/95 | 582,86 | 1,19164789 | 694,56 |
| 27 | mai/95 | 832,66 | 1,16919926 | 973,55 |
| 28 | jun/95 | 832,66 | 1,13990374 | 949,15 |
| 29 | jul/95 | 832,66 | 1,11952832 | 932,19 |
| 30 | ago/95 | 832,66 | 1,09264915 | 909,81 |
| 31 | set/95 | 832,66 | 1,08161666 | 900,62 |
| 32 | out/95 | 832,66 | 1,06910810 | 890,20 |
| 33 | nov/95 | 832,66 | 1,05434724 | 877,91 |
| 34 | dez/95 | 832,66 | 1,03866342 | 864,85 |
| 35 | jan/96 | 832,66 | 1,02180366 | 850,82 |
| 36 | fev/96 | 832,66 | 1,00710000 | 838,57 |

| SOMA DE SALÁRIOS | 30.293,27 |
|---|---|

| MÉDIA DE SALÁRIOS | 841,48 |
|---|---|

| TETO MÁXIMO | 832,66 |
|---|---|

| SALÁRIO DE BENEFÍCIO - limitado ao teto | 832,66 |
|---|---|
| COEFICIENTE | 100% |
| RENDA MENSAL INICIAL | 832,66 |
| ÍNDICE TETO - Art. 21 da Lei 8.880/94 | 1,0106 |

| Sequência | Mês/ano | Salário | Índice | Salário atualizado |
|---|---|---|---|---|
| 13 | mar/94 | 582,86 | 1,51466392 | 882,84 |
| 14 | abr/94 | 582,86 | 1,51466392 | 882,84 |
| 15 | mai/94 | 582,86 | 1,51466392 | 882,84 |
| 16 | jun/94 | 582,86 | 1,51466392 | 882,84 |
| 17 | jul/94 | 582,86 | 1,51466392 | 882,84 |
| 18 | ago/94 | 582,86 | 1,42785060 | 832,24 |
| 19 | set/94 | 582,86 | 1,35392623 | 789,15 |
| 20 | out/94 | 582,86 | 1,33378606 | 777,41 |
| 21 | nov/94 | 582,86 | 1,30943065 | 763,21 |
| 22 | dez/94 | 582,86 | 1,26796810 | 739,05 |
| 23 | jan/95 | 582,86 | 1,24079469 | 723,21 |
| 24 | fev/95 | 582,86 | 1,22041378 | 711,33 |
| 25 | mar/95 | 582,86 | 1,20845013 | 704,36 |
| 26 | abr/95 | 582,86 | 1,19164789 | 694,56 |
| 27 | mai/95 | 832,66 | 1,16919926 | 973,55 |
| 28 | jun/95 | 832,66 | 1,13990374 | 949,15 |
| 29 | jul/95 | 832,66 | 1,11952832 | 932,19 |
| 30 | ago/95 | 832,66 | 1,09264915 | 909,81 |
| 31 | set/95 | 832,66 | 1,08161666 | 900,62 |
| 32 | out/95 | 832,66 | 1,06910810 | 890,20 |
| 33 | nov/95 | 832,66 | 1,05434724 | 877,91 |
| 34 | dez/95 | 832,66 | 1,03866342 | 864,85 |
| 35 | jan/96 | 832,66 | 1,02180366 | 850,82 |
| 36 | fev/96 | 832,66 | 1,00710000 | 838,57 |

| SOMA DE SALÁRIOS | 34.322,52 |
|---|---|

| MÉDIA DE SALÁRIOS | 953,40 |
|---|---|

| TETO MÁXIMO | 832,66 |
|---|---|

| SALÁRIO DE BENEFÍCIO - limitado ao teto | 832,66 |
|---|---|
| COEFICIENTE | 100% |
| RENDA MENSAL INICIAL | 832,66 |
| ÍNDICE TETO - Art. 21 da Lei 8.880/94 | 1,1450 |

Os índices **destacados** são os que sofreram a incidência de **39,67%**, que deixou de ser aplicada quando da concessão do benefício. Para fins comparativos, seguem abaixo a evolução das rendas mensais. Observe-se que após a revisão do IRSM de fevereiro de 1994, o índice teto foi alterado para 1,1450. Conforme planilha de reajustes a seguir, quando se aplica o novo índice teto junto com o primeiro reajuste, a renda mensal reajustada para 05/1996 ultrapassa o novo teto previdenciário do primeiro reajuste, no valor de **R$ 957,56**, sendo limitado a esse valor. A Mensalidade Reajustada para 01/2022 é alterada de **R$ 4.560,66** para **R$ 4.975,08**. O proveito econômico para o ano de 2022 foi de **R$ 414,42**.

**ANNY CRISTINA NASCIMENTO DOS ANJOS**

ESPÉCIE: **42** (APOSENTADORIA POR TEMPO DE SERVIÇO)

DATA DE INÍCIO DO BENEFÍCIO: **01/03/1996**

TEMPO DE CONTRIBUIÇÃO: **31 anos 07 meses e 23 dias**

PERÍODO BÁSICO DE CÁLCULO: **03/1993 a 02/1996**

**ANNY CRISTINA NASCIMENTO DOS ANJOS**

ESPÉCIE: **42** (APOSENTADORIA POR TEMPO DE SERVIÇO)

DATA DE INÍCIO DO BENEFÍCIO: **01/03/1996**

TEMPO DE CONTRIBUIÇÃO: **31 anos 07 meses e 23 dias**

PERÍODO BÁSICO DE CÁLCULO: **03/1993 a 02/1996**

| | |
|---|---|
| MÉDIA DE SALÁRIOS: | **841,48** |
| SALÁRIO DE BENEFÍCIO (Limitado ao teto): | **832,66** |
| COEFICIENTE: | **100%** |
| RENDA MENSAL INICIAL: | **832,66** |
| ÍNDICE TETO- Art. 21 Lei 8.880/94 | **1,0106** |

**REAJUSTES PREVIDENCIÁRIOS**

| Data | Renda Mensal | Índices de reajustes | Renda Mensal Reajustada |
|---|---|---|---|
| mai/96 | 832,66 | 1,043157 | 868,60 |
| mai/96 | 868,60 | 1,0106 | 877,80 |
| jun/97 | 877,80 | 1,077600 | 945,91 |
| jun/98 | 945,91 | 1,048100 | 991,41 |
| jun/99 | 991,41 | 1,046100 | 1.037,11 |
| jun/00 | 1.037,11 | 1,058100 | 1.097,37 |
| jun/01 | 1.097,37 | 1,076600 | 1.181,43 |
| jun/02 | 1.181,43 | 1,092000 | 1.290,12 |
| jun/03 | 1.290,12 | 1,197100 | 1.544,40 |
| mai/04 | 1.544,40 | 1,045300 | 1.614,37 |
| mai/05 | 1.614,37 | 1,063550 | 1.716,96 |
| abr/06 | 1.716,96 | 1,050100 | 1.802,98 |
| abr/07 | 1.802,98 | 1,033000 | 1.862,48 |
| mar/08 | 1.862,48 | 1,050000 | 1.955,60 |
| fev/09 | 1.955,60 | 1,059200 | 2.071,37 |
| jan/10 | 2.071,37 | 1,077200 | 2.231,28 |
| jan/11 | 2.231,28 | 1,064700 | 2.375,65 |
| jan/12 | 2.375,65 | 1,060800 | 2.520,09 |
| jan/13 | 2.520,09 | 1,062000 | 2.676,33 |
| jan/14 | 2.676,33 | 1,055600 | 2.825,13 |
| jan/15 | 2.825,13 | 1,062300 | 3.001,14 |
| jan/16 | 3.001,14 | 1,112800 | 3.339,67 |
| jan/17 | 3.339,67 | 1,065800 | 3.559,42 |
| jan/18 | 3.559,42 | 1,020700 | 3.633,10 |
| jan/19 | 3.633,10 | 1,034300 | 3.757,71 |
| jan/20 | 3.757,71 | 1,044800 | 3.926,06 |
| jan/21 | 3.926,06 | 1,054500 | 4.140,03 |
| **jan/22** | **4.140,03** | **1,101600** | **4.560,66** |

| | |
|---|---|
| MÉDIA DE SALÁRIOS: | **953,40** |
| SALÁRIO DE BENEFÍCIO (Limitado ao teto): | **832,66** |
| COEFICIENTE: | **100%** |
| RENDA MENSAL INICIAL: | **832,66** |
| ÍNDICE TETO- Art. 21 Lei 8.880/94 | **1,1450** |

**REAJUSTES PREVIDENCIÁRIOS**

| Data | Renda Mensal | Índices de reajustes | Renda Mensal Reajustada |
|---|---|---|---|
| mai/96 | 832,66 | 1,043157 | 868,60 |
| mai/96 | 868,60 | 1,1450 | 994,55 |
| jun/97 | 957,56 | 1,077600 | 1.031,87 |
| jun/98 | 1.031,87 | 1,048100 | 1.081,50 |
| jun/99 | 1.081,50 | 1,046100 | 1.131,36 |
| jun/00 | 1.131,36 | 1,058100 | 1.197,09 |
| jun/01 | 1.197,09 | 1,076600 | 1.288,79 |
| jun/02 | 1.288,79 | 1,092000 | 1.407,35 |
| jun/03 | 1.407,35 | 1,197100 | 1.684,74 |
| mai/04 | 1.684,74 | 1,045300 | 1.761,06 |
| mai/05 | 1.761,06 | 1,063550 | 1.872,98 |
| abr/06 | 1.872,98 | 1,050100 | 1.966,81 |
| abr/07 | 1.966,81 | 1,033000 | 2.031,72 |
| mar/08 | 2.031,72 | 1,050000 | 2.133,30 |
| fev/09 | 2.133,30 | 1,059200 | 2.259,60 |
| jan/10 | 2.259,60 | 1,077200 | 2.434,04 |
| jan/11 | 2.434,04 | 1,064700 | 2.591,52 |
| jan/12 | 2.591,52 | 1,060800 | 2.749,08 |
| jan/13 | 2.749,08 | 1,062000 | 2.919,53 |
| jan/14 | 2.919,53 | 1,055600 | 3.081,85 |
| jan/15 | 3.081,85 | 1,062300 | 3.273,85 |
| jan/16 | 3.273,85 | 1,112800 | 3.643,14 |
| jan/17 | 3.643,14 | 1,065800 | 3.882,86 |
| jan/18 | 3.882,86 | 1,020700 | 3.963,24 |
| jan/19 | 3.963,24 | 1,034300 | 4.099,17 |
| jan/20 | 4.099,17 | 1,044800 | 4.282,82 |
| jan/21 | 4.282,82 | 1,054500 | 4.516,23 |
| **jan/22** | **4.516,23** | **1,101600** | **4.975,08** |

| | |
|---|---|
| Proveito econômico | **414,42** |

## 13. REAJUSTE DE BENEFÍCIOS PELO IPG-DI DE 1997 A 2001

Conforme visto, a partir de janeiro de 1992, os benefícios previdenciários passaram a sofrer o reajuste pelos índices de correção monetária definidos em norma específica, pois a redação originária do artigo 41, da Lei 8.213/91, não previa expressamente a forma de reajuste dos benefícios para a preservação do valor real, o que só veio a acontecer com o advento da Medida Provisória 316/2006, que passou a prever a correção anual pelo INPC.

No reajuste ocorrido em maio de 1996 foi adotado o IGP-DI, por força da Medida Provisória 1.415, de 29.04.1996[10], convertida na Lei 9.711/98. Contudo, a

10. Art.2º – Os benefícios mantidos pela Previdência Social serão reajustados, em 1º de maio de 1996, pela variação acumulada do Índice Geral de Preços – Disponibilidade Interna – IGP-DI, apurado pela

partir do ano de 1997, não foi adotado mais nenhum índice tradicional para o reajuste dos benefícios, e sim um índice legal calculado apenas para o reajuste dos benefícios.

Nesse sentido, os artigos 12[11], 13[12], 14[13], 15[14] e 16[15] já previram percentuais específicos para o reajuste dos benefícios da previdência social, que se aproximavam bastante da variação do INPC, mas não exatamente iguais.

Sucede que os segurados buscaram a aplicação do IGP-DI nos reajustes dos benefícios de 1997 a 2001, pois este índice superou no total o aplicado pelo INSS ao longo desses cinco anos, exceto com relação ao ano de 1998, quando o índice legal superou o IGP-DI.

Entretanto, o Supremo Tribunal Federal chancelou o índice de reajuste aplicado administrativamente pela Previdência Social, pois previsto em lei, posicionamento mantido até hoje:

"EMENTA: AGRAVO REGIMENTAL EM AGRAVO DE INSTRUMENTO. CONSTITUCIONAL. REAJUSTE DE BENEFÍCIO PREVIDENCIÁRIO A PARTIR DE 1999. NÃO-OCORRÊNCIA DE OFENSA AO § 4º DO ART. 201 E AO ART. 246 DA CONSTITUIÇÃO DA REPÚBLICA. 1. A redação do § 2º do art. 201 do Texto Constitucional não foi alterada pela EC 20/1998. Na verdade, a referida emenda apenas promoveu o deslocamento da norma dentro do próprio art. 201, reposicionando-a no § 4º. Pelo que sua regulamentação por medida provisória não afronta o art. 246 da Carta Magna. **2. O Plenário do Supremo Tribunal Federal, ao apreciar o RE 376.846, da relatoria do ministro Carlos Velloso, decidiu que as normas que promoveram reajustes nos benefícios previdenciários nos períodos de 1997, 1999, 2000 e 2001 não ofendem o § 4º do art. 201 da Constituição Federal**. 3. Agravo regimental desprovido" (AI-AgR 570849, de 15.02.2011).

Nesse sentido, dispõe a Súmula 08, da TNU, que "os benefícios de prestação continuada, no regime geral da Previdência Social, não serão reajustados com base no IGP-DI nos anos de 1997, 1999, 2000 e 2001".

Confirme dito, desde a Medida Provisória 316/2006, que alterou a redação do artigo 41, da Lei 8.213/91, o índice legal de reajuste anual dos benefícios é o INPC, o que só pode ser alterado anualmente por lei específica, como ocorreu com o advento da Lei 12.254/2010, pois para o exercício de 2010 foi concedido um reajuste acima do INPC.

## 14. REVISÃO DA PENSÃO POR MORTE PARA 100% DO SALÁRIO DE BENEFÍCIO (LEI 9.032/95)

A pensão por morte teve valor diverso ao longo da evolução histórica da legislação previdenciária no Brasil, crescendo progressivamente no decorrer dos anos até chegar ao valor integral desde 1995.

Ainda na época dos Institutos de Previdência de diversas categorias profissionais, a renda da pensão por morte correspondia a 30% da aposentadoria do segurado falecido ou do valor da aposentadoria que ele teria direito, se aposentado (parcela familiar), acrescida de uma cota individual de 10% por dependente, não podendo ser inferior a 50% da aposentadoria ou superior ao valor desta, na forma do artigo 32[16], do Decreto 35.448/54 (Regulamento Geral dos Institutos de Aposentadoria e Pensões), sendo exigíveis 12 contribuições mensais prévias para o seu pagamento (carência).

Posteriormente, com o advento da Lei 3.807/60 (Lei Orgânica da Previdência Social), a pensão por morte teve o valor base fixado em 50% (cinquenta por cento) do valor da aposentadoria que o segurado percebia ou daquela a que teria direito se na data do seu falecimento fosse aposentado, e mais tantas parcelas iguais, cada uma, a 10% (dez por cento) do valor da mesma aposentadoria quantos forem os dependentes do segurado, até o máximo de 5 (cinco).

A pensão por morte por acidente de trabalhou passou a receber tratamento especial ditado pelo artigo 6º, inciso III, da Lei 5.316/67, podendo ser fixada no valor do salário de contribuição do segurado do dia do acidente, se mais favorável aos dependentes do falecido.

Com o advento da Lei 8.213/91, a redação original do artigo 75 previa que o valor mensal da pensão por

---

Fundação Getúlio Vargas, nos doze meses imediatamente anteriores.

**11.** Art. 12. Os benefícios mantidos pela Previdência Social serão reajustados, em 1º de junho de 1997, em sete vírgula setenta e seis por cento.

**12.** Art. 13. Para os benefícios concedidos pela Previdência Social em data posterior a 31 de maio de 1996, o reajuste, nos termos do artigo anterior, dar-se-á de acordo com os percentuais indicados no Anexo I desta Lei.

**13.** Art. 14. Para os benefícios que tenham sofrido majoração em 1º de maio de 1997, devido à elevação do salário mínimo para R$ 120,00 (cento e vinte reais), o referido aumento deverá ser descontado quando da aplicação do disposto no art. 12, de acordo com normas a serem baixadas pelo Ministério da Previdência e Assistência Social.

**14.** Art. 15. Os benefícios mantidos pela Previdência Social serão reajustados, em 1º de junho de 1998, em quatro vírgula oitenta e um por cento.

**15.** Art. 16. Para os benefícios concedidos pela Previdência Social a partir de 1º de julho de 1997, o reajuste, nos termos do artigo anterior, dar-se-á de acordo com os percentuais indicados no Anexo II desta Lei.

**16.** Art. 32. A importância da pensão devida ao conjunto dos dependentes do segurado será constituída de uma parcela familiar, igual a 30% (trinta por cento) do valor da aposentadoria que o segurado estava percebendo, ou daquela a que teria direito se na data de seu falecimento fosse aposentado, e mais tantas parcelas iguais, cada uma, a 10% (dez por cento) do valor da mesma aposentadoria quantos forem os dependentes do segurado.

Parágrafo único. A importância total assim obtida e que em nenhuma hipótese deverá ser inferior a 50% (cinqüenta por cento) do valor da aposentadoria, ou superior ao valor desta, será rateada em quotas iguais entre todos os dependentes com direito à pensão, existente ao tempo da morte do segurado.

morte era constituído de uma parcela, relativa à família, de 80% (oitenta por cento) do valor da aposentadoria que o segurado recebia ou a que teria direito, se estivesse aposentado na data do seu falecimento, mais tantas parcelas de 10% (dez por cento) do valor da mesma aposentadoria quantos forem os seus dependentes, até o máximo de 2 (duas); ou de 100% (cem por cento) do salário de benefício ou do salário de contribuição vigente no dia do acidente, o que for mais vantajoso, caso o falecimento seja consequência de acidente do trabalho.

Apenas com o advento da Lei 9.032/95 a pensão por morte passou a ser paga à razão de 100% do salário de benefício. Em seguida, surgiu a Lei 9.528/97 que mais uma vez alterou o valor da renda mensal da pensão por morte, que passou a ser de 100% do valor da aposentadoria que o segurado recebia ou daquela a que teria direito se estivesse aposentado por invalidez na data de seu falecimento.

Logo, se o segurado estivesse aposentado, a pensão correspondia ao valor da sua aposentadoria. Se estivesse na ativa, correspondia a 100% do salário de benefício, que é o valor da aposentadoria por incapacidade permanente que teria direito.

Assim, nem todas as pensões são de 100% do salário de benefício, caso o segurado estivesse aposentado no momento do óbito. É possível que a aposentadoria do instituidor da pensão não fosse integral (100% do salário de benefício), a exemplo da antiga aposentadoria por tempo de serviço proporcional ou mesmo da aposentadoria por idade (esta à razão de 70% do salário de benefício, acrescido de 1% a cada grupo de doze contribuições mensais).

Diante desse novo quadro normativo, com elevação da renda mensal inicial da pensão por morte, vários pensionistas começaram a ingressar com ações de revisão para elevar a renda mensal para 100% do salário de benefício (pensões concedidas antes da vigência da Lei 9.032/95).

Era preciso verificar caso a caso o interesse-utilidade de agir para a propositura desta ação revisional, pois existiam casos de concessão com 100% do salário de benefício mesmo antes da Lei 9.032/95 (dois ou mais dependentes) e casos de pensão por morte acidentária, onde foi considerado o salário de contribuição do dia do acidente laboral.

Na via administrativa o INSS se recusou a revisar as pensões para 100% do salário de benefício, alegando que a lei nova não terá aplicação retroativa, pois a Lei 9.032/95 silenciou acerca da sua retroação.

Outrossim, aduziu a autarquia previdenciária que a concessão de um benefício é um ato jurídico perfeito, sujeito ao Princípio do *Tempus Regit Actum*, apenas incidindo a nova legislação se houver expressa previsão nesse sentido.

De arremate, ainda foi invocado o Princípio da Precedência da Fonte de Custeio, pois a criação, majoração ou extensão de benefício da seguridade social reclama prévia fonte de custeio total (dotação orçamentária), consoante exigência constitucional.

Até o começo de 2007 toda a jurisprudência foi favorável aos dependentes dos segurados, inclusive no Superior Tribunal de Justiça. Todavia, no dia 08 de fevereiro de 2007, a Suprema Corte acatou os argumentos do INSS e rejeitou a pretensão dos segurados, no julgamento do RE 415.454[17]:

"EMENTA: RECURSO EXTRAORDINÁRIO. INTERPOSTO PELO INSTITUTO NACIONAL DO SEGURO SOCIAL (INSS), COM FUNDAMENTO NO ART. 102, III, "A", DA CONSTITUIÇÃO FEDERAL, EM FACE DE ACÓRDÃO DE TURMA RECURSAL DOS JUIZADOS ESPECIAIS FEDERAIS. BENEFÍCIO PREVIDENCIÁRIO: PENSÃO POR MORTE (LEI Nº 9.032, DE 28 DE ABRIL DE 1995). 1. No caso concreto, a recorrida é pensionista do INSS desde 04/10/1994, recebendo através do benefício nº 055.419.615-8, aproximadamente o valor de R$ 948,68. Acórdão recorrido que determinou a revisão do benefício de pensão por morte, com efeitos financeiros correspondentes à integralidade do salário de benefícios da previdência geral, a partir da vigência da Lei nº 9.032/1995. 2. Concessão do referido benefício ocorrida em momento anterior à edição da Lei nº 9.032/1995. No caso concreto, ao momento da concessão, incidia a Lei nº 8.213, de 24 de julho de 1991. 3. Pedido de intervenção anômala formulado pela União Federal nos termos do art. 5º, caput e parágrafo único da Lei nº 9.469/1997. Pleito deferido monocraticamente por ocorrência, na espécie, de potencial efeito econômico para a peticionária (DJ 2.9.2005). 4. O recorrente (INSS) alegou: i) suposta violação ao art. 5º, XXXVI, da CF (ofensa ao ato jurídico perfeito e ao direito adquirido); e ii) desrespeito ao disposto no art. 195, § 5º, da CF (impossibilidade de majoração de benefício da seguridade social sem a correspondente indicação legislativa da fonte de custeio total). 5. Análise do prequestionamento do recurso: os dispositivos tidos por violados foram objeto de adequado prequestionamento. Recurso Extraordinário conhecido. 6. Referência a acórdãos e decisões monocráticas proferidos quanto ao tema perante o STF: RE (AgR) no 414.735/SC, 1ª Turma, unânime, Rel. Min. Eros Grau, DJ 29.4.2005; RE no 418.634/SC, Rel. Min. Cezar Peluso, decisão monocrática, DJ 15.4.2005; e RE no 451.244/SC, Rel. Min. Marco Aurélio, decisão monocrática, DJ 8.4.2005. 7. Evolução do tratamento legislativo do benefício da pensão por morte desde a promulgação da CF/1988: arts. 201 e 202 na redação original da Constituição, edição da Lei nº 8.213/1991 (art. 75), alteração da redação do art. 75 pela Lei nº 9.032/1995, alteração redacional realizada pela Emenda Constitucional no 20, de 15 de dezembro de 1998. 8. Levantamento da jurisprudência do STF quanto à aplicação da lei previdenciária no tempo. Consagração da aplicação do princípio tempus regit actum quanto ao momento de referência para a concessão de benefícios nas relações previdenciárias. Precedentes citados: RE no 258.570/RS, 1ª Turma, unânime, Rel. Min. Moreira Alves, DJ 19.4.2002; RE (AgR) no 269.407/RS, 2ª Turma, unânime, Rel. Min. Carlos Velloso, DJ 2.8.2002; RE (AgR) no 310.159/RS, 2ª

17. O mesmo posicionamento foi tomado conjuntamente no RE 416.827.

Turma, unânime, Rel. Min. Gilmar Mendes, DJ 6.8.2004; e MS no 24.958/DF, Pleno, unânime, Rel. Min. Marco Aurélio, DJ 1º.4.2005. 9. **Na espécie, ao reconhecer a configuração de direito adquirido, o acórdão recorrido violou frontalmente a Constituição, fazendo má aplicação dessa garantia (CF, art. 5º, XXXVI), conforme consolidado por esta Corte em diversos julgados**: RE no 226.855/RS, Plenário, maioria, Rel. Min. Moreira Alves, DJ 13.10.2000; RE no 206.048/RS, Plenário, maioria, Rel. Min. Marco Aurélio, Red. p/ acórdão Min. Nelson Jobim, DJ 19.10.2001; RE no 298.695/SP, Plenário, maioria, Rel. Min. Sepúlveda Pertence, DJ 24.10.2003; AI (AgR) no 450.268/MG, 1ª Turma, unânime, Rel. Min. Sepúlveda Pertence, DJ 27.5.2005; RE (AgR) no 287.261/MG, 2ª Turma, unânime, Rel. Min. Ellen Gracie, DJ 26.8.2005; e RE no 141.190/SP, Plenário, unânime, Rel. Ilmar Galvão, DJ 26.5.2006. 10. **De igual modo, ao estender a aplicação dos novos critérios de cálculo a todos os beneficiários sob o regime das leis anteriores, o acórdão recorrido negligenciou a imposição constitucional de que lei que majora benefício previdenciário deve, necessariamente e de modo expresso, indicar a fonte de custeio total (CF, art. 195, § 5º)**. Precedente citado: RE no 92.312/SP, 2ª Turma, unânime, Rel. Min. Moreira Alves, julgado em 11.4.1980. 11. Na espécie, o benefício da pensão por morte configura-se como direito previdenciário de perfil institucional cuja garantia corresponde à manutenção do valor real do benefício, conforme os critérios definidos em lei (CF, art. 201, § 4º). 12. **Ausência de violação ao princípio da isonomia (CF, art. 5º, caput) porque, na espécie, a exigência constitucional de prévia estipulação da fonte de custeio total consiste em exigência operacional do sistema previdenciário que, dada a realidade atuarial disponível, não pode ser simplesmente ignorada**. 13. **O cumprimento das políticas públicas previdenciárias, exatamente por estar calcado no princípio da solidariedade (CF, art. 3º, I), deve ter como fundamento o fato de que não é possível dissociar as bases contributivas de arrecadação da prévia indicação legislativa da dotação orçamentária exigida (CF, art. 195, § 5º)**. Precedente citado: julgamento conjunto das ADI´s no 3.105/DF e 3.128/DF, Rel. Min. Ellen Gracie, Red. p/ o acórdão, Min. Cezar Peluso, Plenário, maioria, DJ 18.2.2005. 14. Considerada a atuação da autarquia recorrente, aplica-se também o princípio da preservação do equilíbrio financeiro e atuarial (CF, art. 201, caput), o qual se demonstra em consonância com os princípios norteadores da Administração Pública (CF, art. 37). 15. **Salvo disposição legislativa expressa e que atenda à prévia indicação da fonte de custeio total, o benefício previdenciário deve ser calculado na forma prevista na legislação vigente à data da sua concessão**. A Lei nº 9.032/1995 somente pode ser aplicada às concessões ocorridas a partir de sua entrada em vigor. 16. No caso em apreço, aplica-se o teor do art. 75 da Lei 8.213/1991 em sua redação ao momento da concessão do benefício à recorrida. 17. Recurso conhecido e provido para reformar o acórdão recorrido".

Assim, a posição firmada pelo STF é pela ausência de direito dos dependentes dos segurados de revisar as pensões por morte concedidas antes da Lei 9.032/95 para 100% do salário de benefício.

O problema foi às decisões que eventualmente transitaram em julgado, cabendo aos Procuradores Federais do INSS agitar a tese da coisa julgada inconstitucional para desconstituí-las.

**A respeito, veja-se o tema 90 e 28 da TNU:**

| Tema | 90 | Situação do tema | Julgado | Ramo do direito | DIREITO PROCESSUAL CIVIL |
|---|---|---|---|---|---|
| Questão submetida a julgamento | Saber se é possível aplicar orientação firmada pelo STF, no RE 597389/SP, aos casos onde já há coisa julgada. | | | | |
| Tese firmada | Não se aplica orientação firmada no RE 597389/SP no cálculo **dos benefícios concedidos antes da n. Lei 9.032/95, cujas sentenças transitaram em julgado quando pronunciamento do STF, ressalvado os casos previstos no art. 475, "I", parágrafo 1º, do CPC revogado. Vide Tema 28.** | | | | |
| Processo | Relator (a) | | Julgado em | Acórdão publicado em | Trânsito em julgado |
| PEDILEF 2008.32.00.702790-2/AM | Juíza Federal Vanessa Vieira de Mello | | 24/11/2011 | 19/12/2012 | 26/11/2013 |

| Tema | 28 | Situação do tema | Julgado | Ramo do direito | DIREITO PREVIDENCIÁRIO |
|---|---|---|---|---|---|
| Questão submetida a julgamento | Saber se é possível aplicar orientação firmada pelo STF, no RE 597389/ SP, aos casos onde já há coisa julgada. | | | | |
| Tese firmada | Não se aplica orientação firmada no RE 597389/ SP, no cálculo dos benefícios concedidos antes da Lei n. 9.032/95, cujas sentenças transitaram em julgado quando do pronunciamento do STF. Vide Tema 90. | | | | |
| Processo | Relator (a) | Julgado em | Acórdão publicado em | Trânsito em julgado | |
| PEDILEF 2007.72.95.008821-4/SC | Juíza Federal Vanessa Vieira de Mello | 24/11/2011 | 19/12/2011 | 05/06/2012 | |

Por fim, vale frisar que após a MP 664/2014 a pensão por morte passou a ser provisoriamente de 50% do salário de benefício ou de 50% da aposentadoria do segurado falecido, acrescida de 10% por dependente, até o máximo de 100%. No entanto, a Lei 13.135/2015 restabeleceu o artigo 75, da Lei 8.213/91 com eficácia retroativa, voltando a prever que o valor da pensão por morte será cem por cento do valor da aposentadoria que o segurado recebia ou daquela a que teria direito se estivesse aposentado por invalidez na data de seu falecimento.

## 15. REVISÃO DO AUXÍLIO-ACIDENTE PARA 50% DO SALÁRIO DE BENEFÍCIO (LEI 9.032/95)

O auxílio-acidente foi inicialmente previsto com o percentual mínimo de 25% do salário de contribuição, nos termos do artigo 7º, da Lei 5.316/67[18]. Posteriormente, foi fixado em 40% da média dos doze últimos salários de contribuição anteriores ao acidente, a teor do artigo 6º, da Lei 6.367/76[19].

Na redação originária do artigo 86, da Lei 8.213/91, o auxílio-acidente só era cabível por acidente de trabalho, à razão de 30%[20], 40%[21] ou 60%[22] do salário de contribuição do segurado vigente no dia do acidente, não podendo ser inferior a esse percentual do seu salário de benefício.

Destarte, o percentual do auxílio-acidente variava de acordo com a gravidade da sequela do segurado, tendo por base de cálculo o salário de contribuição do dia do acidente.

Contudo, o auxílio-acidente foi outro benefício que teve o valor alterado com o advento da Lei 9.032/95, tendo o seu percentual e base de cálculo modificados, pois passou a corresponder a 50% (e não mais 30%, 40% ou 60%) do salário de benefício (e não mais do salário de contribuição do dia do acidente).

Em razão da nova sistemática, os segurados começaram a ingressar com ações revisionais do auxílio-acidente, exceto aqueles que possuem o benefício à razão de 60% do salário de contribuição do dia do acidente.

Vale frisar que é preciso que se calcule caso a caso se a revisão de 30 ou 40% do salário de contribuição para 50% do salário de benefício é útil ao segurado, pois não houve alteração apenas de alíquota, mas também de base de cálculo.

O INSS vem negando esta revisão de benefício em aplicação do Princípio do *Tempus Regit Actum* e da Precedência da Fonte de Custeio.

A Suprema Corte acolheu a tese da Advocacia-Geral da União, em representação ao INSS, quando reconheceu repercussão geral no RE 597.389, em 22.04.2009, e praticamente já definiu o seu julgamento:

> "EMENTA: Questão de ordem. Recurso extraordinário. 2. Previdência Social. Revisão de benefício previdenciário. Pensão por morte. 3. Lei nº 9.032, de 1995. Benefícios concedidos antes de sua vigência. Inaplicabilidade. 4. Aplicação retroativa. Ausência de autorização legal. 5. Cláusula indicativa de fonte de custeio correspondente à majoração do benefício previdenciário. Ausência. 6. Jurisprudência pacificada na Corte. Regime da repercussão geral. Aplicabilidade. 7. Questão de ordem acolhida para reafirmar a jurisprudência do Tribunal e determinar a devolução aos tribunais de origem dos recursos extraordinários e agravos de instrumento que versem sobre o mesmo tema, para adoção do procedimento legal. 8. Recurso extraordinário a que se dá provimento.
>
> Decisão: O Tribunal, por unanimidade, resolveu a questão de ordem proposta pelo Relator, Ministro Gilmar Mendes (Presidente), no sentido de: a) que se reconheça a repercussão geral da questão constitucional aqui analisada, pela inegável relevância jurídica e econômica do tema, com reflexos sobre uma multiplicidade de processos que ainda tramitam nas instâncias ordinárias e especial; b) que seja reafirmada a jurisprudência da Corte no sentido de que a revisão de pensão por morte e demais benefícios, constituídos antes da entrada em vigor da Lei nº 9.032, de 1995, não pode ser realizada com base em novo coeficiente de cálculo estabelecido no referido diploma legal; c) que seja provido o presente recurso extraordinário; [...]" (g.n.).

Entretanto, apesar da manifestação expressa do STF, a 3ª Seção do STJ reiterou a sua jurisprudência

---

**18.** Art. 7º A redução permanente da capacidade para o trabalho em percentagem superior a 25% (vinte e cinco por cento) garantirá ao acidentado, quando não houver, direito a benefício por incapacidade ou após sua cessação, e independentemente de qualquer remuneração ou outro entendimento, um "auxílio-acidente, reajustável na forma da legislação previdenciária, calculado sobre o valor estabelecido no item II do artigo 6º e correspondente à redução verificada.

**19.** Art. 6º O acidentado do trabalho que, após a consolidação das lesões resultantes do acidente, permanecer incapacitado para o exercício da atividade que exercia habitualmente, na época do acidente, mas não para o exercício de outra, fará jus, a partir da cessação do auxílio-doença, a auxílio-acidente.

§ 1º O auxílio-acidente, mensal, vitalício e independente de qualquer remuneração ou outro benefício não relacionado ao mesmo acidente, será concedido, mantido e reajustado na forma do regime de Previdência Social do INPS e corresponderá a 40% (quarenta por cento) do valor de que trata o inciso II do artigo 5º desta Lei, observado o disposto no § 4º do mesmo artigo.

§ 2º A metade do valor do auxílio-acidente será incorporada ao valor da pensão quando a morte do seu titular não resultar de acidente do trabalho.

3º O titular do auxílio-acidente terá direito ao abono anual.

**20.** Redução da capacidade laborativa que exija maior esforço ou necessidade de adaptação para exercer a mesma atividade, independentemente de reabilitação profissional.

**21.** Redução da capacidade laborativa que impeça, por si só, o desempenho da atividade que exercia à época do acidente, porém, não o de outra, do mesmo nível de complexidade, após reabilitação profissional.

**22.** Redução da capacidade laborativa que impeça, por si só, o desempenho da atividade que exercia à época do acidente, porém não o de outra, de nível inferior de complexidade, após reabilitação profissional.

contrária, no sentido de ser cabível a revisão do auxílio--acidente de 30% ou 40% do salário de contribuição do dia do acidente para o percentual de 50% do salário de benefício, no julgamento do REsp 1.096.244, em 10.02.2010:

"QUESTÃO DE ORDEM SUSCITADA EM RECURSO ESPECIAL REPRESENTATIVO DA CONTROVÉRSIA. **MAJORAÇÃO DO BENEFÍCIO DE AUXÍLIO-ACIDENTE.** SUPREMO TRIBUNAL FEDERAL. REPERCUSSÃO GERAL. INTERPRETAÇÃO DIVERGENTE DA ADOTADA POR ESTA EGRÉGIA CORTE DE JUSTIÇA. AUTOS DEVOLVIDOS PARA OS EFEITOS DO ART. 543 – B, § 3º, DO CÓDIGO DE PROCESSO CIVIL. MANUTENÇÃO DO ENTENDIMENTO DA SEÇÃO ACERCA DO TEMA. 1. Esta Seção assentou o entendimento de que a majoração do auxílio-acidente, estabelecida pela Lei n.º 9.032/95 (lei nova mais benéfica), que alterou o § 1º, do art. 86, da Lei n.º 8.213/91, deve ser aplicada imediatamente, atingindo todos os segurados que estiverem na mesma situação, seja referente aos casos pendentes de concessão ou aos benefícios já concedidos. **2. O Supremo Tribunal Federal, em repercussão geral, ao apreciar questão de ordem no Recurso Extraordinário nº 597.389/SP, de relatoria do Min. Gilmar Mendes, decidiu que a revisão da pensão por morte e demais benefícios previdenciários, constituídos antes da entrada em vigor da Lei nº 9.032/95, não poderá ser realizada com base em novo coeficiente de cálculo estabelecido no referido diploma legal, divergindo, pois, da orientação deste Sodalício.** 3. O tema central objeto do Recurso Extraordinário foi a análise da majoração do benefício de pensão por morte, tendo sido proposta pelo Relator, para efeitos de repercussão geral, a aplicabilidade desse posicionamento aos demais benefícios previdenciários que tiveram modificação no coeficiente de cálculo, por efeito de entrada em vigor da Lei nº 9.032/95. **4. Ocorre, porém, que a análise da majoração do auxílio-acidente tem certas particularidades que demandam uma análise mais específica da questão. Enquanto na pensão por morte o segurado deixa de contribuir para a previdência a partir do seu recebimento, no auxílio-acidente o segurado permanece contribuindo, razão pela qual o princípio da preexistência de custeio não fica violado.** 5. A Lei nº 9.032/95 exerceu o papel de majorar o benefício, sendo certo que o fez para aqueles já em vigor na data da sua promulgação, e não para os que porventura venham a ser concedidos. Resta, pois, atendido o princípio da reserva legal. **6. De acordo com a interpretação do § 3º do art. 543-B do CPC, nada impede que esta Corte adote orientação interpretativa que entender mais correta à norma infraconstitucional, uma vez que as decisões proferidas em sede de repercussão geral não têm efeito vinculante.** 7. Manutenção do entendimento adotado por esta Corte por ocasião do julgado do mérito do presente Recurso Especial representativo da controvérsia". (g.n.)

Esse posicionamento vem sendo mantido pela Corte Superior:

"PREVIDENCIÁRIO. AUXÍLIO-ACIDENTE. MAJORAÇÃO. LEI N. 9.032/1995. INCIDÊNCIA IMEDIATA. EMBARGOS DE DECLARAÇÃO. VÍCIOS. NÃO OCORRÊNCIA. PRETENSÃO INFRINGENTE. INADEQUAÇÃO. OFENSA A DISPOSITIVOS CONSTITUCIONAIS. APRECIAÇÃO. IMPOSSIBILIDADE. **1. O acórdão embargado foi proferido em sintonia com a orientação preconizada pela Terceira Seção deste Tribunal Superior no sentido de que o aumento do percentual do auxílio--acidente, estabelecido pela Lei n. 9.032/1995, que alterou o § 1º do artigo 86 da Lei n. 8.213/1991, deve ser aplicado aos benefícios "que estiverem na mesma situação, sem exceção, com incidência nos casos pendentes de concessão ou já concedidos, em virtude de ser uma norma de ordem pública"** (EREsp n. 928.374/SP, Min. Laurita Vaz, DJU de 10/4/2008). 2. Entendimento que não importa em retroatividade da novel legislação, tampouco em ofensa ao ato jurídico perfeito, mas tão-somente em revisão, para o futuro, de relação jurídica continuativa (471, I, CPC). 3. Descabe a concessão de excepcional efeito infringente em recurso integrativo, se a decisão embargada não ostentar qualquer vício de omissão, obscuridade ou contradição. 4. A ofensa a dispositivos constitucionais deve ser arguida em recurso extraordinário, em obediência ao artigo 102, III, da Constituição Federal, e não em especial, mesmo que o objetivo seja o prequestionamento da matéria. 5. Embargos de declaração rejeitados" (EDAGA 201000575778, de 04.11.2010).

Por tudo isso, a pretensão dos segurados é recepcionada pelo Superior Tribunal de Justiça, mas rejeitada pelo Supremo Tribunal Federal.

## 16. REVISÃO DE APOSENTADORIA POR INVALIDEZ PRECEDIDA DE AUXÍLIO-DOENÇA (ARTIGO 29, § 5º, DA LEI 8.213/91)

Este pedido de revisão é feito para as aposentadorias por invalidez que foram imediatamente precedidas de auxílio-doença, pois o INSS utiliza o mesmo salário de benefício do auxílio-doença para a concessão da aposentadoria por invalidez, apenas alterando o coeficiente do salário de benefício de 91% para 100%.

Suponha-se que João recebeu auxílio-doença no valor de R$ 1.820,00 (91% do salário de benefício), tendo o salário de benefício sido fixado obviamente em R$ 2.000,00. Se esse benefício for convertido em aposentadoria por invalidez, a Previdência Social utilizará o mesmo salário de benefício, sendo paga a aposentadoria por invalidez em R$ 2.000,00 (100% do salário de benefício), com a incidência do reajuste anual, se ocorreu.

O INSS vem seguindo a determinação do artigo 36, § 7º, do Decreto 3.048/99, que prevê que "a renda mensal inicial da aposentadoria por invalidez concedida por transformação de auxílio-doença será de cem por cento do salário-de-benefício que serviu de base para o cálculo da renda mensal inicial do auxílio doença, reajustado pelos mesmos índices de correção dos benefícios em geral".

Sucede que os segurados buscam outra sistemática de cálculo, tomando por fundamento o § 5º, do artigo 29, da Lei 8.213/91:

"§ 5º – Se, no período básico de cálculo, o segurado tiver recebido benefícios por incapacidade, sua duração será contada, considerando-se como salário-de-contribuição, no período, o salário-de-benefício que serviu de base para o cálculo da renda mensal, reajustado nas mesmas épocas e bases dos benefícios em geral, não podendo ser inferior ao valor de 1 (um) salário mínimo".

Logo, muitos segurados ingressam com esta revisional com o objetivo de recalcular o salário de benefício da concessão da aposentadoria por invalidez, a fim de considerar o período em que receberam o auxílio-doença.

Para eles, durante a percepção do auxílio-doença, deverá ser considerado como salário de contribuição o salário de benefício do auxílio-doença. Tomando como exemplo o mesmo caso dado, se João recebeu o auxílio-doença por 06 meses, esse período entraria no período básico de cálculo, sendo considerado como salário de contribuição o salário de benefício do auxílio-doença, o que certamente elevaria o salário de benefício da aposentadoria por invalidez, conquanto existam casos em que não haverá diferença.

A Turma Nacional de Uniformização de Jurisprudência vem acolhendo o pedido dos segurados, conforme decidido no julgamento do pedido 2006.51.68.004451-6, de 27.03.2009, o qual se colaciona a principal passagem:

"3. A norma contida no artigo 29, em seu § 5º, é de clara exegese, e não deixa margem à interpretação divergente, bastando para o enquadramento da situação em seus termos a análise sobre ter sido ou não recebido o benefício por incapacidade em período integrante daquele denominado período básico de cálculo, este, por sua vez, descrito no inciso II do referido artigo. 4. **O art. 36, § 7º, do Decreto n.º 3.048/99, é "dispositivo que se afasta da intenção do legislador quanto à forma de cálculo da renda mensal da aposentadoria por invalidez, prestigiada no § 5º do art. 29 da Lei nº 8.213/91, constituindo afronta ao princípio da hierarquia das leis"**. (PU n.º 2007.51.51.002296-4. Relator: Juiz Federal Derivaldo de Figueiredo Bezerra Filho. J: 21/11/2009). 5. **Diante do confronto da lei e do decreto, que dispõem de maneira diversa sobre o mesmo assunto, cabe ao intérprete afastar a aplicação deste em benefício daquela. Nesse contexto, o cálculo da renda mensal inicial da aposentadoria por invalidez, em sendo precedida de auxílio-doença, deve ter como parâmetro a regra insculpida no artigo 29, § 5º da Lei n.º 8.213/1991, e não o que prevê o artigo 36, § 7º, do Decreto n.º 3.048/1999"**.

Uma interpretação promovida apenas pelo método gramatical do § 5º, do artigo 29, da Lei 8.213/91, poderá levar à falsa conclusão que há direito à revisão. Contudo, é curial a exegese sistemática de todo o ordenamento previdenciário, especialmente com arrimo no Princípio da Contributividade.

Ora, se no período em que o segurado esteve em gozo do auxílio-doença não houve o pagamento de contribuição previdenciária, pois os benefícios não compõem o salário de contribuição (salvo o salário-maternidade), obviamente não entrará no período básico de cálculo.

Por sua vez, o Superior Tribunal de Justiça firmou entendimento favorável à sistemática adotada pelo INSS:

"AGRAVO REGIMENTAL. PREVIDENCIÁRIO. REVISÃO DE BENEFÍCIO. APOSENTARIA POR INVALIDEZ PRECEDIDA DE AUXÍLIO-DOENÇA. ART. 36, § 7º, DO DECRETO Nº 3.048/1999. 1. A renda mensal inicial da aposentadoria por invalidez será calculada com base nos salários-de-benefícios anteriores ao auxílio-doença, a teor do art. 36, § 7º, do Decreto nº 3.048/1999. 2. Agravo regimental a que se nega provimento" (AGREsp 1.162.440, de 01.12.2009, 6ª Turma).

"PREVIDENCIÁRIO. AGRAVO REGIMENTAL NO RECURSO ESPECIAL. APOSENTADORIA POR INVALIDEZ PRECEDIDA DE AUXÍLIO-DOENÇA. RENDA MENSAL INICIAL. APLICAÇÃO DO ART. 36, § 7º, DO DECRETO N.º 3.048/99. PRECEDENTES. 1. Consoante entendimento firmado por este Tribunal Superior, no caso do benefício da aposentadoria por invalidez ser precedido de auxílio-doença, a renda mensal será calculada a teor do art. 36, § 7.º, do Decreto n.º 3.048/99, ou seja, o salário-de-benefício da aposentadoria por invalidez será de 100% (cem por cento) do valor do salário-de-benefício do auxílio-doença anteriormente recebido, reajustado pelos índices de correção dos benefícios previdenciários. Precedentes. 2. A via especial, destinada à uniformização do direito federal infraconstitucional, não se presta à análise de dispositivos da Constituição da República. 3. Agravo regimental desprovido" (AGREsp 1.114.918, de 22.09.2009, 5ª Turma).

Isto posto, a Previdência Social conseguiu validar a sua sistemática de cálculo na Corte Superior, pois as decisões da TNU vêm sendo reformadas pelo STJ, mediante o julgamento de incidente de uniformização de jurisprudência.

Finalmente, no dia 21 de setembro de 2011, por unanimidade, no julgamento do recurso extraordinário 583.834, o Plenário do STF acolheu a tese do INSS, conforme noticiado no sítio do STF[23]:

"Quarta-feira, 21 de setembro de 2011

**Afastamento contínuo da atividade sem contribuição não pode ser considerado para calcular aposentadoria por invalidez precedida de auxílio-doença**

23. www.stf.jus.br

Por unanimidade dos votos, o Plenário do Supremo Tribunal Federal (STF) deu provimento ao Recurso Extraordinário (RE) 583834, com repercussão geral reconhecida. O recurso, de autoria do Instituto Nacional do Seguro Social (INSS), questionava acórdão da Primeira Turma Recursal dos Juizados Especiais de Santa Catarina que determinou que o valor do auxílio-doença fosse considerado como salário de contribuição – e, por isso, usado para calcular a renda mensal inicial do benefício da aposentadoria por invalidez.

O INSS, no entanto, argumentou que, quando a aposentadoria por invalidez for precedida de recebimento de auxílio-doença durante período não intercalado com atividade laborativa, o valor dos proventos deveria ser obtido mediante a transformação do auxílio-doença, correspondente a 91% do salário de benefício, em aposentadoria por invalidez, equivalente a 100% do salário de benefício. De outro lado, o segurado que é parte no RE defende que o auxílio-doença deve ser utilizado como salário de contribuição durante o tempo em que foi pago, repercutindo no valor de sua aposentadoria.

Conforme os autos, o recorrido se aposentou por invalidez após se afastar da atividade durante período contínuo em que recebeu auxílio-doença e não contribuiu para a previdência. Por esse motivo, o instituto alega que não se pode contabilizar fictamente o valor do auxílio como salário de contribuição.

**Provimento**

O relator da matéria, ministro Ayres Britto, votou pelo provimento do recurso extraordinário do INSS e foi seguido pela unanimidade dos ministros. Segundo o relator, a decisão contestada mandou recalcular os proventos de acordo com os parâmetros utilizados para aposentadoria por invalidez precedida de afastamento intercalado com períodos trabalhados [quando se volta a contribuir], "o que não foi o caso dos autos".

Em seu voto, o relator afirmou que o regime geral da previdência social tem caráter contributivo [*caput* do artigo 201 da Constituição Federal], "donde se conclui, pelo menos a princípio, pelo desacerto de interpretações que resultem em tempo ficto de contribuição".

Para ele, não deve ser aplicado ao caso o § 5º do art. 29 da Lei 8.213/91 [Lei de Benefícios da Previdência Social], que é "uma exceção razoável à regra proibitiva de tempo de contribuição ficta ou tempo ficto de contribuição". Isso porque tal dispositivo, segundo ele, "equaciona a situação em que o afastamento que precede a aposentadoria por invalidez não é contínuo, mas intercalado com períodos de labor". Períodos em que, conforme ressalta o relator, é recolhida a contribuição previdenciária porque houve uma intercalação entre afastamento e trabalho, o que não é o caso autos.

O ministro Ayres Britto avaliou que a situação não se modificou com alteração do artigo 29 da Lei 8.213 pela Lei 9.876/99 porque a referência "salários de contribuição" continua presente no inciso II do *caput* do artigo 29, que também passou a se referir a período contributivo. "Também não há norma expressa que, à semelhança do inciso II do artigo 55 da Lei de Benefícios, mande aplicar ao caso a sistemática do § 5º de seu artigo 29", afirmou.

"O § 7º do artigo 36 do Decreto 3.048/99 não me parece ilegal porque apenas explicita a correta interpretação do *caput*, do inciso II e do § 5º do artigo 29 em combinação com o inciso II do artigo 55 e com os artigos 44 e 61, todos da Lei de Benefícios da Previdência Social", ressaltou o ministro.

Em seguida, o relator considerou que, mesmo se o caso fosse de modificação da situação jurídica pela Lei 9.876/99, o fato é que esta não seria aplicável porque a aposentadoria em causa foi concedida antes da sua vigência. Conforme o ministro, "a extensão de efeitos financeiros de lei nova a benefício previdenciário anterior a respectiva vigência viola tanto o inciso XXXVI do artigo 5º quanto o § 5º do artigo 195 da CF", conforme precedentes do Supremo (REs 416827 e 415454, que tiveram por objeto a Lei 9.032/95)".

Na mesma linha de pensamento do relator, o ministro Luiz Fux verificou que é uma contradição a Corte considerar tempo ficto de contribuição com a regra do *caput* do artigo 201 da Constituição Federal. "Fazer contagem de tempo ficto é totalmente incompatível com o equilíbrio financeiro e atuarial", afirmou, salientando que se não houver salário de contribuição este não pode gerar nenhum parâmetro para cálculo de benefício.

A aposentadoria do recorrido se deu antes da Lei 9.876, então a questão era exatamente uma questão de direito intertemporal. Nesse sentido, o ministro Luiz Fux lembrou a Súmula 359, do STF. "Anoto que vale para a Previdência Social a lógica do *tempus regit actum* de modo que a fixação dos proventos de inatividade deve dar-se de acordo com a legislação vigente ao tempo do preenchimento dos requisitos", disse".

Posteriormente, o STJ aprovou a Súmula 557:

**Súmula 557** – A renda mensal inicial (RMI) alusiva ao benefício de aposentadoria por invalidez precedido de auxílio-doença será apurada na forma do art. 36, § 7º, do Decreto n. 3.048/1999, observando-se, porém, os critérios previstos no art. 29, § 5º, da Lei n. 8.213/1991, quando intercalados períodos de afastamento e de atividade laboral.

## 17. REVISÃO DE APOSENTADORIA POR INVALIDEZ, AUXÍLIO-DOENÇA, PENSÃO POR MORTE OU AUXÍLIO-RECLUSÃO COM BASE NO ARTIGO 29, II, DA LEI 8.213/91, COM REDAÇÃO DADA PELA LEI 9.876/99 (80% DOS MAIORES SALÁRIOS DE CONTRIBUIÇÃO)

### 17.1. Considerações gerais

Com o advento da Lei 9.876/99, conforme vastamente explicado, o salário de benefício alargou o seu período básico de cálculo, passando dos 36 últimos para os 80% maiores salários de contribuição do segurado a partir da competência 07/1994.

Contudo, o Regulamento da Previdência Social (Decreto 3.048/99) previa uma disposição ilegal, pois inovou no ordenamento jurídico em prejuízo dos segurados e dependentes. Com redação dada Decreto 5.545/2005, previa o artigo 188-A, § 4º, do RPS[24]:

"§ 4º - Nos casos de auxílio-doença e de aposentadoria por invalidez, contando o segurado com salários-de-contribuição em número inferior a sessenta por cento do número de meses decorridos desde a competência julho de 1994 até a data do início do benefício, o salário-de-benefício corresponderá à soma dos salários-de-contribuição dividido pelo número de contribuições mensais apurado".

Ou seja, no cálculo do salário de benefício do auxílio-doença e da aposentadoria por invalidez, se entre a competência de julho de 1994 e a data de início do benefício o segurado não contasse com contribuições equivalentes a, no mínimo, 60% desse período, o salário de benefício era calculado com base em todos os salários de contribuição, e não com espeque nos 80% maiores.

Obviamente esse regramento era ilegal, pois não amparado na Lei 8.213/91 e em qualquer outra lei previdenciária. Só existe uma regra de transição similar para as aposentadorias por idade, tempo de contribuição e especial, nos termos do artigo 3º, § 2º, da Lei 9.876/99, pois, para o segurado filiado à Previdência Social até o dia anterior à data de publicação da referida norma, o divisor considerado no cálculo do salário de benefício não poderá ser inferior a sessenta por cento do período decorrido da competência julho de 1994 até a data de início do benefício, limitado a cem por cento de todo o período contributivo.

Certamente esta disposição foi estendida indevidamente à aposentadoria por invalidez e ao auxílio-doença pelo Regulamento da Previdência Social, conquanto inexista previsão legal nesse sentido.

Outrossim, ainda existia um outro dispositivo regulamentar desprovido de fundamento de validade. De acordo com o artigo 32, § 20, do Regulamento, inserido pelo Decreto 5.545/05, se "nos casos de auxílio-doença e de aposentadoria por invalidez, contando o segurado com menos de cento e quarenta e quatro contribuições mensais no período contributivo, o salário-de-benefício corresponderá à soma dos salários-de-contribuição dividido pelo número de contribuições apurado".

Ora, por este dispositivo, bastava que o segurado contasse com menos de 144 contribuições previdenciárias no período básico de cálculo para que o salário de benefício fosse calculado com base em todos os salários de contribuição, e não apenas nos 80% maiores.

**Felizmente, essas disposições regulamentares ilegais foram expressamente revogadas pelo Decreto 6.939, publicado em 19.08.2009. A partir desta data a concessão das aposentadorias por invalidez e dos auxílios-doença passou a observar apenas os 80% maiores salários de contribuição do segurado.**

Nesse sentido, dispõe o artigo 188-A, § 4º, do Regulamento da Previdência Social, com redação dada pelo Decreto 6.939/2009, que "nos casos de auxílio-doença e de aposentadoria por invalidez, o salário-de-benefício consiste na média aritmética simples dos maiores salários-de-contribuição correspondentes a oitenta por cento do período contributivo decorrido desde a competência julho de 1994 até a data do início do benefício".

Vale salientar ainda que é possível que as pensões por morte tenham direito a esta revisão. É que a renda mensal inicial da pensão por morte corresponderá ao valor da aposentadoria do segurado. Se este não estivesse aposentado, corresponderá ao valor da aposentadoria por invalidez que o segurado teria direito.

Logo, se o falecido não estava aposentado, o salário de benefício da pensão por morte foi calculado da mesma forma da aposentadoria por invalidez. Se o falecido estava aposentado por invalidez ou recebendo auxílio-doença, também poderá existir o direito de revisão, se utilizados todos os salários de contribuição.

Ademais, como a renda mensal do auxílio-reclusão é a mesma da pensão por morte, sendo necessariamente de 100% do salário de benefício, pois se o recluso estivesse aposentado o auxílio-reclusão não teria sido instituído, nota-se que é possível que haja o direito a esta revisão, se utilizados todos os salários de contribuição do segurado para o cálculo do salário de benefício.

**Por tudo isso, é possível delimitar o período em que o cálculo foi elaborado pelo INSS considerando todos os salários de contribuição: benefícios concedidos entre 29.11.1999** (data da publicação da Lei 9.876/99, que alterou a fórmula de cálculo do salário de contribuição, que passou dos 36 últimos salários de contribuição para os 80% maiores) **e 18.08.2009** (véspera da publicação do Decreto 6.939, que alterou o Regulamento da Previdência Social).

Destarte, para os benefícios concedidos antes da vigência da Lei 9.876/99, não haverá direito a esta revisão, pois naquela época eram utilizados apenas os 36 últimos salários de contribuição.

Nesse sentido, a Súmula 57, da TNU:

**"Súmula 57- O auxílio-doença e a aposentadoria por invalidez não precedida de auxílio-doença, quando concedidos na vigência da Lei n. 9.876/1999, devem ter o salário de benefício apurado com base na média aritmética simples dos maiores salários de contribuição correspondentes a 80% do período contributivo, independentemente da data de filiação do segurado ou do número de contribuições mensais no período contributivo".**

24. O § 3º deste artigo, inserido pelo Decreto 3.265/99, continha esta mesma redação, tendo sido revogado Decreto 5.399/2005.

Entretanto, há casos de concessão de benefícios com data de início entre 29.11.1999 e 18.08.2009 que inexiste direito a revisão. É que em alguns casos excepcionais o INSS calculou o salário de benefício adequadamente, utilizando apenas os 80% maiores salários de contribuição, quando o segurado contava com salários de contribuição em número igual ou superior a sessenta por cento do número de meses decorridos desde a competência julho de 1994 até a data do início do benefício. Contudo, estes casos são esmagadoramente minoritários.

Outrossim, há casos de benefícios deferidos após a Lei 9.876/99 que tomaram por base apenas os 36 últimos salários de contribuição do segurado, em razão do direito adquirido, que obviamente não serão revisados. É que, de acordo com o artigo 6º, da Lei 9.876/99, "é garantido ao segurado que até o dia anterior à data de publicação desta Lei tenha cumprido os requisitos para a concessão de benefício o cálculo segundo as regras até então vigentes".

Há ainda hipóteses esdrúxulas em que a Previdência Social não utilizou todos os salários de contribuição nem os 80% maiores para o cálculo do salário de benefício, ficando em um meio termo. Por exemplo, suponha-se que o segurado possua 100 contribuições previdenciárias. Nesses casos constatados na prática, o sistema calculou o benefício fazendo a média dos 85, 90 ou 95 maiores salários de contribuição, por exemplo.

De qualquer sorte, felizmente a situação foi regularizada para os benefícios concedidos a partir de 19.08.2009. Para os anteriores, o INSS passou a fazer a revisão administrativamente, observada a prescrição quinquenal e a decadência decenal para pedir a revisão, desde que o segurado compareça ao órgão e apresente requerimento administrativo.

**Em 15 de abril de 2010 foi editado o Memorando Circular Conjunto 21 DIRBEN/PFE INSS, que noticiou a expedição da Nota Técnica nº 70/2009/PFE--INSS/CGMBEN/DIVCONT, está fundamentada no Parecer CONJUR/MPS nº 248/2009, autorizando o INSS a promover a revisão administrativa dos benefícios anteriores (auxílio-doença, aposentadoria por invalidez e pensão por morte).**

Contudo, talvez por esquecimento diante da escassez de ações judiciais, não há autorização administrativa para a revisão dos auxílios-reclusão cujo salário de benefício considerou todos os salários de contribuição.

Por questões internas, a revisão administrativa chegou a ser suspensa por alguns meses, mas foi **reativada no dia 17.09.2010**, através do Memorando-Circular nº 28/INSS/DIRBEN. Eis o regramento:

"**4. Quanto à revisão, deverão ser observados os seguintes critérios:**

4.1 deve-se observar, inicialmente, se o benefício já não está atingido pela decadência, hipótese em que, com esse fundamento, não deve ser revisado;

4.2 são passíveis de revisão os benefícios por incapacidade e pensões derivadas destes, assim como as não precedidas, com DIB a partir de 29/11/1999, em que, no Período Básico de Cálculo-PBC, foram considerados 100% (cem por cento) dos salários-de-contribuição, cabendo revisá-los para que sejam considerados somente os 80% (oitenta por cento) maiores salários-de-contribuição;

4.3 as revisões para o recálculo dos benefícios serão realizadas **mediante requerimento do interessado ou automaticamente, quando processada revisão por qualquer motivo;**

4.4 para as revisões requeridas a partir da publicação deste Memorando-Circular Conjunto, o segurado ou seu representante legal, deverá assinar a Declaração constante no Anexo.

4.5 se, após o processamento da revisão, não for alterado o valor da renda mensal atual do benefício, deve-se verificar se a revisão já não foi realizada por Atualização Especial-AE, em cumprimento de ordem judicial, caso em que não caberá o pagamento dos atrasados, devendo o complemento positivo a ser cancelado;

4.6 o pagamento das diferenças decorrentes da revisão deverá observar a prescrição quinquenal, contada da Data do Pedido de Revisão-DPR;

4.7 podem ser objeto de revisão os benefícios em que o segurado postula judicialmente a revisão, cabendo, no entanto, prévia comunicação com a unidade da Procuradoria, para os procedimentos cabíveis e para evitar o pagamento em duplicidade; existindo ação judicial, a prescrição quinquenal será contada a partir da data do ajuizamento;

**4.8 as unidades da Procuradoria Federal Especializada poderão arguir judicialmente a carência de ação, pela falta de requerimento administrativo, nos benefícios em que o segurado não tenha solicitado a revisão, como forma de dar fim ao processo judicial".**

**De efeito, a defesa do INSS vem alegando falta de interesse-necessidade de agir do segurado na propositura da ação judicial, pois basta protocolizar o requerimento administrativo em uma das agências do INSS para obter a revisão administrativa e o pagamento das parcelas vencidas não fulminadas pela prescrição. Vale frisar que o passivo será pago diretamente em conta por complemento positivo, inexistindo parcelamento.**

**Embora seja um tema polêmico, a tese do INSS vem sendo recepcionada por várias Turmas Recursais no Brasil, a exemplo da 2ª Turma Recursal da Bahia:**

"EMENTA: PREVIDENCIÁRIO. REVISÃO DE BENEFÍCIO. RENDA MENSAL INICIAL. ART. 29, II, DA LEI 8.213/91. PRELIMINAR DE FALTA DE INTERESSE DE AGIR ACOLHIDA. PROCEDIMENTO JÁ ADOTADO PELO INSS NA VIA ADMINISTRATIVA. PORTARIA MINISTERIAL Nº. 302/92 E 452/93, ANTERIOR AO AJUIZAMENTO DA AÇÃO. RECURSO PROVIDO. SENTENÇA REFORMADA.

**1.** Trata-se de processo no qual o demandante pleiteia a revisão do seu benefício previdenciário de auxílio-doença, requerendo seja sua RMI calculada de acordo com o artigo 29, II, da Lei n. 8.213/91 (média aritmética dos maiores salários de contribuição correspondentes a 80% – oitenta por cento – de todo o período contributivo).

**2.** Verifica-se, entretanto, que, o INSS, juntamente com a Procuradoria Geral Federal Especializada, editou o **Memorando Circular Conjunto n. 21DIRBEN/PFEINSS, em 15/04/2010**, o qual determina seja atendido, administrativamente, o pedido de revisão de benefício com fulcro no artigo 29, II da Lei 8.213/91.

3. Encontrando-se a controvérsia superada com a publicação do Memorando aludido supra e tendo a presente demanda sido ajuizada em 29/09/2010, data posterior à edição do referido normativo, resta caracterizada a falta de interesse de agir do demandante, ante a ausência de pretensão resistida face à satisfação integral do direito sem necessidade de intervenção do Poder Judiciário.

**4.** Recurso provido. **Sentença reformada para julgar extinto o processo, sem resolução do mérito**, com base no art. 267, VI, do CPC.

**5.** Sem condenação em honorários advocatícios por não haver recorrente vencido" (RECURSO CONTRA SENTENÇA 0038128-69.2010.4.01.3300, julgado em 25.11.2011).

Esse também é o entendimento da 2ª Turma Recursal de Santa Catarina, julgando o processo 2010.72.52.005499-4:

"VOTO

Trata-se de recurso interposto pela parte-autora, insurgindo-se contra a sentença de extinção do feito sem resolução de mérito (revisão de benefício mediante o art. 29, II, da Lei nº 8.213/91).

O recurso não merece provimento.

A respeito do tema, adoto como razões de decidir o voto proferido pela Juíza Federal Luísa Hickel Gamba quando do julgamento do processo eletrônico nº 2010.72.57.004151-0, na sessão realizada por esta Turma Recursal no dia 1º-12-2010, *in verbis*:

O artigo 3º do Decreto nº 6.939, de 18 de agosto de 2009, revogou expressamente o parágrafo 20 do art. 32 do Decreto nº 3048/99:

*Art. 3º Ficam revogados:*

*I – o § 20 do art. 32 do Regulamento da Previdência Social, aprovado pelo Decreto no 3.048, de 6 de maio de 1999;*

(...)

**Com base na referida alteração, o INSS editou em 15 de abril de 2010, o Memorando-Circular Conjunto Nº 21/DIRBEN/PFEINSS, passando a conceder administrativamente os benefícios de auxílio-doença e aposentadoria por invalidez já com a correta observância do art. 29, inciso II, da Lei 8.213/91, bem como, quando requerida pelo segurado, a deferir a revisão administrativamente.**

**Entretanto, em 2 de julho de 2010, o INSS editou o Memorando-Circular Nº 19 INSS/DIRBEN, comunicando o sobrestamento da revisão prevista no Memorando – Circular Conjunto Nº 21/DIRBEN/PFEINSS.**

**Por fim, em 17 de setembro de 2010, foi publicado o Memorando-Circular nº 28/INSS/DIRBEN, que revogou o Memorando-Circular Nº 19 INSS/DIRBEN, restabelecendo as orientações contidas no Memorando-Circular nº 21/DIRBEN/PFEINSS.**

**Ao meu sentir, em que pese o restabelecimento da revisão do benefício no âmbito administrativo, penso que, em face da insegurança jurídica criada com a subseqüente edição dos citados memorandos pelo INSS, não há como não reconhecer presente o interesse processual do segurado, mormente quando a ação foi ajuizada anteriormente a edição do Memorando-Circular nº 28/INSS/DIRBEN.**

Destaco, por oportuno, que o ajuizamento da ação antes da edição do referido memorando-circular favorece o segurado no pagamento das parcelas em atraso, em virtude da aplicação da prescrição.

Por outro lado, as ações ajuizadas posteriormente ao Memorando-Circular nº 28/INSS/DIRBEN, como no caso dos autos, se não comprovado pela parte autora que tenha requerido na via administrativa a revisão do benefício, configurada está a ausência de interesse de agir, tendo em vista que o INSS passou a conceder administrativamente os pedidos de revisão pleiteados.

Portanto, tendo em vista que a presente ação foi ajuizada posteriormente ao Memorando-Circular nº 28/INSS/DIRBEN, o recurso não merece provimento.

Ante o exposto, VOTO POR NEGAR PROVIMENTO AO RECURSO.

Voto ainda por condenar a parte-autora, recorrente, ao pagamento de honorários advocatícios fixados em 10% (dez por cento) sobre o valor da causa, ressalvado o valor mínimo de R$ 510,00 para evitar o estabelecimento de honorários em patamar irrisório, suspensa a execução caso tenha sido deferido no curso do processo de conhecimento o benefício da gratuidade da justiça, ou requerido por ocasião da interposição do recurso, hipótese em que fica deferido.

Tenho por prequestionados os dispositivos legais e constitucionais aventados.

Ana Cristina Monteiro de Andrade Silva

*Juíza Federal Relatora*"

No mesmo sentido a 2ª Turma Recursal do Paraná:

"PRÉVIO REQUERIMENTO ADMINISTRATIVO. ART. 29, II, L. 8.213/91. EXTINÇÃO SEM RESOLUÇÃO DO MÉRITO. MEMORANDO CIRCULAR CONJUNTO PGFE 21.

**1. Em vista do Memorando-Circular Conjunto nº 21, editado pelo INSS, juntamente com a Procuradoria Geral Federal Especializada, o pedido de revisão de benefício com fulcro no artigo 29, II da Lei 8.213/91, é atendido administrativamente.**

**2. Falta de interesse de agir superveniente. Ausência de pretensão resistida face à satisfação integral do direito sem necessidade de intervenção do Poder Judiciário.**

3. Recurso improvido" (Processo: 2009.70.51.005001-8, de 25.05.2010).

Atualmente esta ação revisional é bastante ajuizada contra o INSS especialmente nos Juizados Especiais Federais, conquanto já seja feita administrativamente, mas está com os seus dias contados, pois a irregularidade foi corrigida nas concessões a partir de 19.08.2009.

Assim, em se tratando de pleitos individuais, todas as parcelas estarão prescritas a partir de 19.08.2014, se até lá não for feito o pedido administrativo ou proposta uma ação judicial que interrompa o curso do lustro prescricional progressivo.

**No entanto, a TNU passou a decidir que o Memorando 21/DIRBEN/PFE/INSS, de 15-4- 2010, interrompeu o curso da prescrição, importando em RENÚNCIA. Nesse sentido, a TNU entende que não há de se falar em incidência de prescrição para as ações ajuizadas até 15 de abril de 2015, ou seja, em até cinco anos após a publicação do referido ato:**

"PROCESSUAL CIVIL. REVISÃO DE BENEFÍCIO PREVIDENCIÁRIO. ART. 29, II, DA LEI 8.213/91. CONTAGEM DO PRAZO PRESCRICIONAL. MEMORANDO DE 2010, EXPEDIDO PELO INSS, DECLARANDO O DIREITO. **CAUSA INTERRUPTIVA DA PRESCRIÇÃO EM CURSO. RENÚNCIA AO PRAZO JÁ CONSUMADO**. ENTENDIMENTO DO STJ EM PROCESSO REPRESENTATIVO DE CONTROVÉRSIA (RESP N. 1.270.439/MG). APLICAÇÃO DO DIREITO À ESPÉCIE. ART. 257 DO REGIMENTO INTERNO DO STJ. SÚMULA 456 DO STF. INEXISTÊNCIA DE SUPRESSÃO DE INSTÂNCIA. PEDIDO DE UNIFORMIZAÇÃO CONHECIDO E DESPROVIDO.

1. O INSS, ora recorrente, pretende a modificação de acórdão que, reformando os termos da sentença, julgou procedente a demanda e o condenou a revisar o benefício de auxílio-doença percebido pelo autor, nos termos do art. 29, II, da Lei 8.213/91. Sustenta o recorrente, em suma, a incidência da prescrição qüinqüenal, conforme Súmula 85 do Superior Tribunal de Justiça. O incidente foi admitido na origem.

2. Sem razão a autarquia previdenciária. **O Memorando 21/DIRBEN/PFE/INSS, de 15-4- 2010, enquanto ato administrativo de reconhecimento do direito** à revisão do ato de concessão do benefício, pela aplicação da regra do art. 29, II, da Lei 8.213/91, **interrompeu o prazo prescricional eventualmente em curso (art. 202, VI, do Código Civil), importando sua renúncia quando já consumado (art. 191 do Código Civil).** Ele somente voltaria a fluir, pela metade do prazo (art. 9º do Decreto 20.910/32), quando a Administração viesse a praticar algum ato incompatível com o interesse de saldar a dívida, o que definitivamente não ocorreu no caso em comento. A propósito do assunto, embora referente a servidor público, o julgamento da 1ª Seção do Superior Tribunal de Justiça proferido no REsp 1.270.439/PR (recurso especial repetitivo), de que foi relator o Sr. Ministro Castro Meira, com acórdão publicado no DJ de 2-8-2013.

3. Assim, **não há que se falar em prescrição, devendo retroagir os efeitos financeiros da revisão à data de concessão do benefício revisando, para os pedidos administrativos ou judiciais que tenham sido formulados dentro do período de 5 (cinco) anos contados da publicação do ato normativo referenciado.**

4. Aplicação ao presente caso, do disposto no art. 257 do Regimento Interno do Superior Tribunal de Justiça, por analogia, e da Súmula 456 do Supremo Tribunal Federal, que prescrevem a possibilidade de aplicação do direito à espécie pelo Colegiado, quando superado o juízo de admissibilidade recursal. Assim, o incidente deve ser conhecido para, no mérito, aplicando o direito, negar-lhe provimento.

5. Julgamento de acordo com o art. 46 da Lei 9.099/95

6. Incidente conhecido e desprovido, devendo ser fixada a tese de que: (i) **a publicação do Memorando 21/DIRBEN/PFEINSS, de 15-4-2010, ato administrativo que reconheceu o direito dos segurados à revisão pelo art. 29, II, da Lei 8.213/91, importou a renúncia tácita por parte do INSS aos prazos prescricionais em curso, que voltaram a correr integralmente a partir de sua publicação;** e (ii) **para pedidos administrativos ou judiciais formulados dentro do período de 5 (cinco) anos da publicação do ato normativo referenciado não incide a prescrição, retroagindo os efeitos financeiros da revisão à data de concessão do benefício revisando"** (Pedilef n. 0012958-85.2008.4.03.6315 (rel. Juiz Federal Glauco Maciel, data julgamento 14.02.2014).

"PEDIDO DE UNIFORMIZAÇÃO. PREVIDENCIÁRIO. REVISÃO DA RMI. ART. 29, II, DA LEI Nº 8.213/91. MARCO INICIAL DA PRESCRIÇÃO NA DATA DA EDIÇÃO DO MEMORANDO-CIRCULAR CONJUNTO Nº 21 DIRBEN/PFE/INSS, EM 15.04.2010. RENÚNCIA TÁCITA AO PRAZO PRESCRICIONAL, QUE VOLTA A CORRER POR INTEIRO A CONTAR DA PUBLICAÇÃO DO MEMORANDO. PU CONHECIDO E IMPROVIDO.

(...)

9. Em recente sessão de julgamento realizada em 14 de fevereiro de 2014, esta Turma Nacional de Uniformização, no PEDILEF nº 0012958- 85.2008.4.03.6315, de relatoria do ilustre Juiz Federal Gláucio Ferreira Maciel Gonçalves, entendeu que, em relação à revisão postulada, a prescrição deve ter o marco inicial na data da publicação do Memorando-Circular Conjunto nº 21 DIRBEN/PFE/INSS, de 15/04/2010. Assim, uniformizou-se a tese de que tal ato administrativo, o qual reconheceu o direito dos segurados à revisão pelo art. 29, II, da Lei n. 8.213/91, importou a renúncia tácita por parte do INSS aos prazos prescricionais em curso, que voltaram a correr integralmente a partir de sua publicação, e não pela metade, como pretende o recorrente. Por conseguinte, para pedidos administrativos ou judiciais formulados dentro do período de 5 (cinco) anos da publicação do referido Memorando-Circular, como é o caso dos autos, firmou-se entendimento de que não incide prescrição, retroagindo os efeitos financeiros da revisão à data de concessão do benefício revisando.

10. Incidente de Uniformização de Jurisprudência conhecido e desprovido, afirmando esta TNU a tese no sentido de que: a) a publicação do Memorando- Circular Conjunto nº 21 /DIRBEN/PFEINSS, de 15/04/2010 é o marco inicial da prescrição do direito à revisão pelo art. 29, II, da Lei nº 8.213/91, importando a renúncia tácita por parte do INSS aos prazos prescricionais em curso, que deverão voltar a correr integralmente a partir de sua publicação, e não pela metade, e b) **para pedidos administrativos ou judiciais formulados dentro do período de 5 (cinco) anos da publicação do referido Memorando-Circular, não incide prescrição, retroagindo os efeitos financeiros da revisão à data de concessão do benefício"** (Pedilef n. 5001752-48.2012.4.04.7211 (Rel. Juíza Federal Kyu Soon Lee, data julgamento 12.03.2014).

Posteriormente, a TNU expandiu o seu posicionamento, fixando a tese de que o INSS renunciou à decadência decenal (e também a prescrição quinquenal) ao editar memorando administrativo de reconhecimento do direito, conforme publicado no sítio da Justiça Federal:

> **"Turma Nacional julga processo sobre decadência revisional de benefício do INSS como representativo de controvérsia**: 19/05/2016 16h07 última modificação: 19/05/2016 16h10
>
> **O julgamento ocorreu na sessão de 12 de maio, na sede do CJF, em Brasília**
>
> A Turma Nacional de Uniformização dos Juizados Especiais Federais (TNU) negou por unanimidade, na sessão de 12 de maio, o pedido de incidente de uniformização requerido pelo Instituto Nacional do Seguro Social (INSS), que pleiteava a reforma da decisão da Turma Recursal do Rio Grande do Sul, que adotou a não incidência de decadência e de prescrição em matéria envolvendo revisão de benefício previdenciário derivado de outro, em razão da publicação do Memorando-Circular-Conjunto n. 21/DIRBEN/PFEINN da autarquia previdenciária. O processo foi julgado na TNU como representativo da controvérsia, o que significa que o mesmo entendimento será aplicado aos demais casos com a mesma questão de direito.
>
> De acordo com os autos, a decisão recorrida entendeu que "não incide a decadência, na espécie, sob o fundamento de que, em 15 de abril de 2.010, com a edição do mencionado memorando passou-se a se conceder administrativamente os benefícios de auxílio-doença e aposentadoria por invalidez, já com a correta observância do artigo 29-II, da lei 8.213/91, reconhecendo-se o direito do segurado à revisão administrativa dos benefícios em manutenção".
>
> Quanto à prescrição, a turma recursal gaúcha citou lastro em precedente da própria TNU (PEDILEF 001.2958.85.2008.4.03.6315), que aceitou que o advento do memorando importou a renúncia tácita por parte do INSS aos prazos prescricionais, "os quais voltaram a correr integralmente a partir de sua publicação; afirmou, ainda, que para os pedidos administrativos ou judiciais formulados dentro do período de cinco anos da publicação do referido memorando não incide a prescrição, retroagindo os efeitos financeiros da revisão à data da concessão do benefício revisando".
>
> O INSS, por sua vez, sustentou que o memorando não tinha condão de gerar a interrupção decadencial e prescricional, razão pela qual a parte do caso em análise não fazia jus à revisão da Renda Mensal Inicial (RMI), tal como foi concedida.
>
> Na Turma Nacional de Uniformização, o processo foi relatado pelo juiz federal José Henrique Guaracy Rebêlo. O magistrado entendeu que o provimento ao pedido de uniformização do INSS deveria ser negado para que a decisão da turma recursal fosse mantida. O magistrado se amparou em precedentes julgados pela própria Corte: PEDILEF 50155594420124047112 e PEDILEF nº 0012958-85.2008.4.03.6315, sendo o entendimento do último reafirmado no julgamento do PEDILEF 50142612820134040000.
>
> **Em conclusão, Guaracy Rebêlo propôs, sendo seguido pelo Colegiado, que a TNU, na sistemática dos representativos de controvérsia, fixasse as seguintes teses:**
>
> **(1) a revisão do benefício de aposentadoria por invalidez decorrente da conversão do auxílio-doença nos termos do art. 29, II, da Lei n. 8.213/91, sujeita-se ao prazo decadencial previsto no art. 103 da Lei nº 8.213/91, cujo marco inicial é a data da concessão do benefício originário;**
>
> **(2) afasta-se a decadência pelo reconhecimento administrativo do direito, perpetrada pelo Memorando-Circular Conjunto 21/DIRBENS/PFEINSS de sorte que somente decaiu o direito à revisão dos benefícios iniciais concedidos há mais de dez anos, a contar de 15 de abril de 2.010;**
>
> **(3) a publicação do Memorando 21/DIRBEN/PFEINSS, de 15-4-2010, ato administrativo que reconheceu o direito dos segurados à revisão pelo art. 29, II, da Lei 8.213/91, importou a renúncia tácita por parte do INSS aos prazos prescricionais em curso, que voltaram a correr integralmente a partir de sua publicação;**
>
> **(4) para pedidos administrativos ou judiciais formulados dentro do período de 5 (cinco) anos da publicação do ato normativo referenciado não incide a prescrição, retroagindo os efeitos financeiros da revisão à data de concessão do benefício revisando.**
>
> **Processo 5004459-91.2013.4.04.7101".**
>
> Curioso notar que o Memorando-Circular Conjunto 21/DIRBENS/PFEINSS, 15 de abril de 2010, expressamente ressalvou o respeito à decadência decenal no item 4.1:
>
> **"4.1 deve-se observar, inicialmente, se o benefício já não está atingido pela decadência, hipótese em que, com esse fundamento, não deve ser revisado".**

Ademais, o artigo 209 do Código Civil aduz que "é nula a renúncia à decadência fixada em lei", razão pela qual o INSS não poderá renunciar ao prazo decadência de que trata o artigo 103, da Lei 8.213/91, sob pena de ofensa ao Princípio da Legalidade Administrativa, razão pela qual se entende nesta obra ser equivocada a decisão da TNU.

Nesse sentido, o STJ:

**"DA INTERRUPÇÃO DO PRAZO DA DECADÊNCIA LEGAL**

18. Ainda que os referidos atos fossem interpretados como reconhecimento de direito, não haveria aí renovação do prazo decadencial, que não se suspende nem se interrompe nas hipóteses previstas para o prescricional, conforme os arts. 207 e 209 do Código Civil: Art. 207. "Salvo disposição legal em contrário, não se aplicam à decadência as normas que impedem, suspendem ou interrompem a prescrição." Art. 209. "É nula a renúncia à decadência fixada em lei."

**19. Ao contrário da decadência convencional, a decadência legal é considerada matéria de ordem pública, pois o interesse público demanda a extinção do direito não utilizado em determinado lapso temporal. Mesmo que assim quisesse a União ou o INSS, seria nula eventual tentativa de renúncia à decadência legal.**

20 Embora fosse possível a renovação do prazo decadencial por ato normativo da mesma hierarquia do Código Civil, não teria sido esse o intuito da MP 201/2004 nem da Lei 10.999/2004, que não abordaram a decadência e, muito menos, a renúncia à decadência. Persiste, assim, a orientação firmada no Código Civil" (passagem do REsp 1670907/RS, de 13/08/2019, 2ª Turma).

Vale registrar que a Lei 8.213/91 não disciplina a interrupção da prescrição para efeitos previdenciário, devendo, dessarte, ser aplicado o regramento geral do Decreto 20.910/32:

*"Art. 8º A prescrição somente poderá ser interrompida uma vez.*

*Art. 9º A **prescrição interrompida** recomeça a correr, **pela metade do prazo**, da data do ato que a interrompeu ou do último ato ou termo do respectivo processo".*

Desta forma, uma vez interrompida a prescrição quinquenal, esta voltará a correr por dois anos e seis meses, observado o prazo total mínimo de cinco anos.

No mesmo sentido o posicionamento do STJ, que se opõe à TNU:

"PREVIDENCIÁRIO E PROCESSUAL CIVIL. REVISÃO DO BENEFÍCIO PREVIDENCIÁRIO. MEMORANDO-CIRCULAR 21/DIRBEN/PFE-INSS DE 15/4/2010. INTERRUPÇÃO DA PRESCRIÇÃO. ART. 9º DO DECRETO 20.910/1932.

1. No que concerne à prescrição, a Lei de Benefícios da Previdência Social, no parágrafo único do art. 103, definiu que estariam prescritas "em cinco anos, a contar da data em que deveriam ter sido pagas, toda e qualquer ação para haver prestações vencidas ou quaisquer restituições ou diferenças devidas pela Previdência Social, salvo o direito dos menores, incapazes e ausentes, na forma do Código Civil" (Incluído pela Lei n. 9.528, de 1997).

**2. No entanto, a referida norma legal não disciplinou a questão da interrupção do prazo prescricional. Segundo entendimento do STJ, nas dívidas devidas pela Fazenda Pública, uma vez interrompida a prescrição, esta retoma o seu curso pela metade, conforme dispõe o art. 9º do Decreto 20.910/1932, respeitado o prazo mínimo de cinco anos, nos termos da Súmula 383 do STF.**

3. Dentro desse contexto, como a presente ação foi proposta em 15.4.2015, ou seja, após 16.10.2012 (dois anos e meio contados do ato que reconheceu o direito do segurado), tem-se que, efetivamente, a prescrição atingiu as parcelas vencidas no período que antecedeu o quinquênio anterior ao ajuizamento da ação, isto é, estão prescritas as parcelas anteriores a 15.4.2010.

4. Recurso Especial provido. (REsp 1796299/PR, Rel. Ministro HERMAN BENJAMIN, SEGUNDA TURMA, julgado em 28/03/2019, DJe 28/05/2019)

"AGRAVO REGIMENTAL NO RECURSO ESPECIAL. PREVIDENCIÁRIO. PRAZO PRESCRICIONAL. INTERRUPÇÃO. REINÍCIO. PRAZO PELA METADE. ART. 103, PARÁGRAFO ÚNICO, DA LEI N. 8.213/91. ART. 9º DO DECRETO N. 20.910/32. ANTINOMIA. AUSÊNCIA.

1. A lei geral convive com a lei especial na parte em que não há antinomia, consoante regra basilar de hermenêutica. Precedentes.

**2. No caso, o art. 103, parágrafo único, da Lei n. 8.213/91, ao tratar da prescrição quinquenal, não aborda a questão da interrupção do prazo, devendo-se aplicar, então, o art. 9º do Decreto n. 20.910/32, que regula a matéria de forma geral.**

3. Agravo regimental a que se nega provimento". (AgRg no REsp 1221425/RS, Rel. Ministro OG FERNANDES, SEXTA TURMA, julgado em 07/05/2013, DJe 20/05/2013)

De acordo com o Código Civil brasileiro, eis as causas de interrupção do curso prescricional:

"Art. 202. A **interrupção da prescrição**, que somente poderá ocorrer uma vez, dar-se-á:

I – por despacho do juiz, mesmo incompetente, que ordenar a citação, se o interessado a promover no prazo e na forma da lei processual;

II – por protesto, nas condições do inciso antecedente;

III – por protesto cambial;

IV – pela apresentação do título de crédito em juízo de inventário ou em concurso de credores;

V – por qualquer ato judicial que constitua em mora o devedor;

**VI – por qualquer ato inequívoco, ainda que extrajudicial, que importe reconhecimento do direito pelo devedor".**

Para o RGPS chama a atenção o inciso VI do artigo 202 do Código Civil, na medida em que um ato da autarquia de previdência (a exemplo de um memorando-circular) que reconhecer um direito do segurado, mas não efetue o adimplemento das parcelas devidas, terá o condão de interromper o curso prescricional, que voltará a correr pela metade, observado o lapso mínimo de cinco anos na soma dos períodos anterior e posterior à edição do ato interruptivo.

Vale registrar que esta revisional foi objeto de ação coletiva (processo nº 0002320-59.2012.4.03.6183 – Seção Judiciária de São Paulo) proposta pelo Ministério Público Federal e pelo Sindicato Nacional dos Aposentados para beneficiar todos os segurados e dependentes que façam jus, tendo o INSS celebrado acordo judicial para a revisão e pagamento das parcelas vencidas, observada a prescrição quinquenal, consoante detalhado em notícia publicada no sítio do Ministério da Previdência Social em 02 de agosto de 2012:

> **BENEFÍCIOS: INSS fecha acordo para pagamento de revisão de benefícios por incapacidade**
>
> **Segundo o presidente do INSS, Mauro Luciano Hauschild, a revisão dos benefícios será realizada automaticamente**
>
> Da Redação (Brasília) – O Instituto Nacional do Seguro Social (INSS) apresentou nesta quinta-feira (2), em São Paulo, proposta de acordo ao Ministério Público de São Paulo e ao Sindicato Nacional dos Aposentados para a revisão do cálculo de 2.797 milhões de benefícios por incapacidade pagos pelo Instituto e originados entre os anos de 1999 e 2009. A revisão é resultado de uma mudança no decreto 3.048 de 1999 que alterou o regulamento da Previdência Social.
>
> A revisão proposta hoje garantirá aumento, a partir de janeiro de 2013, para 491 mil segurados que possuem benefícios ativos da Previdência Social. Além disso, 2.300 milhões segurados que já tiveram seus benefícios cessados também receberão os atrasados referentes aos últimos cinco anos.
>
> A estimativa é que a revisão tenha um impacto mensal nos cofres do Instituto de R$56 milhões. Por ano serão gastos R$ 728 milhões, levando em conta o pagamento do 13º salário. Já o pagamento dos atrasados será realizado até 2022. Para os próximos dez anos, a previsão é de um custo R$ 7,7 bilhões referente ao pagamento dos atrasados.
>
> Segundo o presidente do INSS, Mauro Luciano Hauschild, a revisão dos benefícios será realizada automaticamente, e não é necessário que os aposentados e pensionistas do Instituto procurem uma Agência da Previdência Social. Além disso, os segurados que tenham direito ao reajuste ou aos atrasados receberão correspondência informando a data e o valor do pagamento. De acordo com o presidente, todos os casos serão identificados pelo INSS.
>
> **Calendário de pagamento.** Os segurados com benefícios ativos passam a receber o aumento na folha de pagamento de janeiro de 2013, paga no início do mês de fevereiro do próximo ano. Para os segurados com mais de 60 anos, os atrasados já serão pagos na folha de fevereiro, que tem início no mês de março de 2013.
>
> De 2014 a 2016, recebem os atrasados os segurados com benefício ativo e que têm de 46 a 59 anos. Na sequência, de 2016 a 2019, recebem aqueles com até 45 anos.
>
> Já os segurados que já tiveram o benefício cancelado, mas cujo valor do benefício era inferior ao que é devido, receberão os atrasados entre 2019 a 2022. A Procuradoria Federal Especializada junto ao INSS (PFE/INSS), que representa o Instituto judicialmente, e o Ministério Público de São Paulo assinam o acordo na próxima sexta-feira (10). A previsão é que ele seja protocolado na segunda-feira (13).

Logo, foram revisados 491 mil benefícios ativos, bem como 2.300.000 já cessados, observada à prescrição quinquenal de acordo com a data da propositura da ação civil pública, **nos termos do seguinte calendário para o pagamento das parcelas vencidas:**

| | |
|---|---|
| **Março de 2013** | Segurados com mais de 60 anos de idade |
| **De 2014 até 2016** | Segurados entre 46 e 59 anos de idade |
| **De 2016 até 2019** | Segurados com até 45 anos de idade |
| **De 2019 até 2020** | Segurados com benefícios já cessados |

Portanto, a partir de janeiro de 2013, todos os benefícios que se enquadram nesta revisional tiveram a sua renda mensal corrigida. Contudo, as parcelas vencidas serão pagas de acordo com o cronograma acima colacionado, razão pela qual é direito dos segurados prosseguir e deflagrar ações judiciais individuais para receber os seus créditos de maneira instantânea, haja vista que ninguém é obrigado a aguardar alguns anos pelo pagamento.

Ademais, será observada a data da propositura da ação civil pública 0002320-59.2012.4.03.6183 para efeito de cômputo do lustro prescricional, ocorrida em 22/03/2012, existindo ações individuais propostas anteriormente e posteriormente, o que deve ser aferido casuisticamente para efeito de opção pelo recebimento acordado pela autarquia previdenciária

Por fim, vale frisar também que já existem casos em que o direito a revisão foi fulminado pela decadência decenal revisional, prevista no artigo 103, da Lei 8.213/91.

Veja-se o procedimento administrativo:

**Anexo do Memorando-Circular nº 9 /DIRBEN/INSS, de 5 de março de 2018**

# Orientações da Revisão do Art. 29 – Perguntas e Respostas

## Sumário

### 1. O que é a revisão do artigo 29?

Trata-se de revisão, em atendimento à ACP nº 0002320-59.2012.4.03.6183/SP, que consiste no recálculo da Renda Mensal Inicial (RMI), para desprezar os 20% menores salários de contribuição integrantes do Período Básico de Cálculo (PBC) nos benefícios concedidos com cálculo utilizando todos os salários de contribuição, na forma do Decreto nº 5.399, de 24/03/2005, posteriormente alterado pelo Decreto nº 6.939, de 18/08/2009.

### 2. Quais os benefícios estão contemplados?

São passíveis de revisão os benefícios por incapacidade, seus derivados e pensões por morte, concedidos (DDB) no período entre 17/04/2002 (marco decadencial para esta revisão) e 29/10/2009 (data em que foram implementadas as alterações sistêmicas com base na nova forma de cálculo).

### 3. Como essa revisão é feita?

A revisão foi processada de forma automática pela Dataprev, com os dados constantes do SUB não havendo, portanto, nova comunicação com o CNIS.

### 4. Quais são os critérios de exclusão para a revisão automática?

Dos benefícios selecionados para revisão, não serão objeto de revisão automática, aqueles com quaisquer das seguintes situações:

- Benefícios com DIB a partir de 28/03/2005 e com DDB até 03/07/2005, vigência da Medida Provisória nº 242, de 2005[1];
- Atingidos pela decadência, conforme Art. 103, Lei 8.213, de 24 de julho de 1991, ou seja, com DDB anterior a 17/04/2002;
- Benefícios derivados de NB alcançado pela decadência;
- Benefício revisto administrativamente a partir de 29/10/2009, (data da disponibilização das Versões PRISMA e SABI)[2];
- Benefício revisto judicialmente sem PBC, inclusive por AE, concedidos com RMI informada;
- Benefício cessado pelos seguintes motivos de cessação:
    - 10 - Cessação por Suspeita Óbito;
    - 14 - Ação Revisional Compartilhada;
    - 21 - Transformação p/ B 87 em B 88;
    - 22 - Prorrogação do Benef. Anterior;
    - 30 - Constatação de Fraude;
    - 31 - Irregularidade/Erro Administr.;
    - 32 - Decisão de Cessação p/ Recurso;
    - 36 - Acumulação Indevida de Benef.;

1 Conforme Memorando-Circular nº 55 INSS/DIRBEN, de 22/12/2005.

2 Conforme Memorando-Circular Conjunto nº 26 DIRBEN/DIRAT, de 29/10/2009.

- 37 - BI Susp. SISOBI mais de 06 Meses;
- 39 - Não Atendimento Convocação Inspetoria;
- 46 - Cess. de Benef. Estatutário por Transferência para Órgão de Origem;
- 49 - Óbito Informado pela Auditoria;
- 52 - Erro Administrativo Informado pela Auditoria;
- 53 - Fraude Informada pela Auditoria;
- 55 - Irregular./Erro Médico Pericial;
- 71 - Erro técnico;
- 72 - Não Comparecimento;
- 74 - Cancelamento por Fraude / Auditoria;
- 75 - Cancelamento Erro Administrativo / Auditoria;
- 76 - Cancelamento Erro Médico/ Auditoria;
- 77 - Manutenção Irregular PM / Auditorias;
- 85 - Benefício Concedido com NIT Errado;
- 87 - Acumulação Indevida – Rev./03;
- 91 - Revisão de Acórdão;
- 93 - Cessação Batimento FUNASA;
- 97 - Comprovada Má Fé do Beneficiário;
- 98 - Cessação por Lei;

- Benefício suspenso pelos seguintes motivos de suspensão:
  - 23 - Benef. Irregular com Ocorrência de Pagamento;
  - 24- Não Movim de CC por Mais de 60 Dias;
  - 27 - Constação de Fraude;
  - 28 - Erro Administrativo;
  - 37 - Falta de Saque por Cartão Magnético por Mais de 60 Dias;
  - 39 - Susp. de PA por Suspensão do Benefício do Instituidor;
  - 44 - Não Comparecimento em Auditoria;
  - 45 - Susp. pela Revisão Rural/Urbana;
  - 46 - Não Existe Dependente com Nome Cadastrado para Troca de Titularidade Automática;
  - 47- Não Comparec. do Titular p/ Revisão Médica Bienal;
  - 48 - Não Atendimento à Convocação ao Posto de Benefícios;
  - 49 - Suspenso pela Inspetoria do MPAS;
  - 50 - Suspenso pelo CONPAG;
  - 51 - Suspenso pelo Posto no Sistema Antigo;
  - 53 - Suspensão por Marca de Erro;
  - 54- Fraude Detectada p/ Auditoria;
  - 55- Erro Adm. Detectado p/ Auditoria;
  - 56 - Suspensão por Duplicidade;
  - 57 - Susp. pela Revisão Rural (96);
  - 58 - Susp. pelo SISOBI;
  - 65 - Não Apresentação de Fé de Vida;
  - 66 - Óbito Informado pelo SAI;
  - 67 - Indício Irregularidade Auditoria;
  - 72 - Concessão de Novo Benefício para Mesmo NIT do Titular;
  - 74 - Determinação Judicial;

- 75 - Acumulação Indevida de Benefício;
- 76 - Suspenso pelo Batimento com o TRE;
- 79 - Suspenso por Óbito Devido Batimento SUB;
- 80- Suspenso por Não Comparecimento ao Censo;
- 81- Defesa Insuficiente- Censo;
- 82 - Suspenso por Suspeita de Óbito;
- 85 - Ação Revisional Compartilhada;

- Benefícios com filiação de segurado especial (tratamento 80 e 81);
- Benefícios com inconsistência no SUB;

5. **Como será realizada a revisão dos benefícios excluídos da revisão automática?**

Os benefícios excluídos do processamento automático da revisão somente serão revistos em caso de requerimento de revisão pelo beneficiário, ou por indicação da DIRBEN através de Memorando Circular.

6. **Como verificar se o benefício foi revisto?**

Consultando o aplicativo ART29NB e verificando as informações adicionais nas telas, CONREV, REVDIF e HISCAL.

7. **Caso haja pedido de revisão administrativa, da revisão do artigo 29, com Data do Pedido da Revisão (DPR) anterior a 17/04/2012, ele será considerado?**

Sim, desde que tenha sido devidamente cadastrado no aplicativo ART29ADM até 14/12/2012, nestes casos será utilizada a DPR administrativa para cálculo prescrição quinquenal. Havendo diferenças a pagar os benefícios serão enquadrados no calendário de pagamento.

8. **Quando é feito o pagamento das diferenças da revisão?**

O pagamento é liberado conforme cronograma abaixo:

<table>
<tr><th colspan="4">Cronograma de Pagamento – Revisão Artigo 29</th></tr>
<tr><th>Competência de Pagamento</th><th>Situação do benefício em 17/04/2012</th><th>Faixa Etária</th><th>Faixa Atrasados</th></tr>
<tr><td>03/2013</td><td rowspan="7">Ativo</td><td>A partir de 60 anos</td><td>Todas as faixas</td></tr>
<tr><td>05/2014</td><td rowspan="3">De 46 a 59 anos</td><td>Até R$ 6.000,00</td></tr>
<tr><td>05/2015</td><td>De R$ 6.000,01 a R$ 19.000,00</td></tr>
<tr><td rowspan="2">05/2016</td><td>A partir de R$ 19.000,01</td></tr>
<tr><td rowspan="3">Até 45 anos</td><td>Até R$ 6.000,00</td></tr>
<tr><td>05/2017</td><td>De R$ 6.000,01 a R$ 15.000,00</td></tr>
<tr><td>05/2018</td><td>A partir de R$ 15.000,01</td></tr>
<tr><td>05/2019</td><td rowspan="4">Cessado ou Suspenso</td><td>A partir de 60 anos</td><td>Todas as faixas</td></tr>
<tr><td>05/2020</td><td>De 46 a 59 anos</td><td>Todas as faixas</td></tr>
<tr><td>05/2021</td><td rowspan="2">Até 45 anos</td><td>Até R$ 6.000,00</td></tr>
<tr><td>05/2022</td><td>A partir de R$ 6.000,01</td></tr>
</table>

Além disso, mensalmente é feito o pagamento dos benefícios com antecipação cadastrada, herdeiros, valores abaixo de R$ 67,00, benefícios desbloqueados e inconsistências corrigidas.

**9. Segurado apresentou carta com calendário vencido para pagamentos, no entanto, no sistema foi verificado calendário futuro. Por quê?**

Este fato poderá ocorrer em duas situações: a) quando o benefício foi revisto de acordo com Memorando Circular N° 61, nos quais houve recálculo dos benefícios de Pensão por Morte com menores e/ou incapazes no rol de dependentes; b) quando algum benefício estava com inconsistência no processamento da revisão e, portanto, teve a revisão reprocessada gerando novos valores atrasados a serem pagos. Em ambos os casos, pode ter ocorrido o reenquadramento no calendário de pagamentos de acordo com o novo valor de atrasados.

**10. Os dependentes de pensão por morte reclamam o não recebimento da revisão do artigo 29 do benefício de segurado falecido. Como será feito o pagamento aos dependentes/herdeiros?**

Nestes casos a APS deverá cadastrar o(s) dependentes(s)/herdeiro(s) no aplicativo ART29HER para que seja gerado o pagamento. Aos dependentes de pensão derivada, cabe cadastrar todos os dependentes que foram habilitados, verificando também os casos de desdobrados, garantindo o direito ao rateio das cotas. O cadastramento será possível quando o último benefício da cadeia de prorrogação estiver na situação 10. A previsão de pagamento continuará obedecendo ao cronograma estipulado, mas caso já tenha sido ultrapassado o calendário previsto, após o cadastro, o crédito será gerado automaticamente no mês subsequente. Deverão ser observadas as regras de habilitação de herdeiros para o cadastramento.

**11. Por que o pagamento não foi liberado?**

O pagamento do montante apurado é liberado somente quando todos os benefícios da cadeia estiverem enquadrados nas situações "4 - REVISTO SEM DIFERENÇAS", "9 - REVISTO ADMINISTRATIVAMENTE APS" ou "10 - REVISTO ACP COM DIF. NAO PAGAS", caso haja alguma inconsistência na tentativa de processamento de revisão o pagamento ficará pendente de liberação até a regularização da revisão de todos os benefícios da cadeia.

**12. O que significa a situação da revisão do artigo 29?**

É o resultado do processamento da revisão automática ou a situação de inconsistência no processamento:

**0 - Não revisto** - Por alguma inconsistência detectada ainda não foi concluído o processo revisional. Aguardar o processamento ou a reclassificação.

**1 - Pendente de Revisão SABI** - Estes deverão ser revistos pela APS de manutenção.

**2 - Revisto por AE** - Em consulta ao HISAE já houve fixação de MR Judicial.

**3 - Revisto Judicial/Recursal** - Ação Judicial mesmo objeto cadastrado pelas APSADJ, ou revistos por motivo judicial/recursal, processados e visualizadas no CONREV e MOVCON.

**4 - Revisto sem Diferenças** - Benefícios revistos e sem apuração de diferenças, sendo a DCB anterior ao período não atingido pela prescrição quinquenal (antes de 17/04/2007) ou já concedido corretamente.

**5 - Revisto Judicial com Diferença** - Ação Judicial mesmo objeto cadastrado pelas APSADJ, com diferenças.

**6 - Benefício Origem Decadente** - DDB anterior a 17/04/2002 (decadência em relação a data da ACP 17/04/2012).

**7 - Revisão Autorizada** - Situação temporária.

**8 - Revisão Suspensa por Redução de Renda** - O resultado da revisão foi renda inferior à paga atualmente não confirmando, portanto, a revisão. (Estes casos podem ser revistos pelas APS, quando houver requerimento pelo beneficiário)

**9 - Revistos Administrativamente APS** - Benefícios que tem informação no CONREV/MOVCON de revisão administrativa confirmada após 30/10/2009. Revisões processadas pelas APS, devendo os efeitos financeiros serem acertados pela APS, quer seja CP ou CN.

**10 - Revisto ACP com Dif Não Pagas** - Já revistos e sem geração de pagamento. Em geral benefícios que estão aguardando calendário de pagamento. *Ver item 9 deste guia.

**11 - Revisto ACP com Dif. Pagas** - Benefícios revistos que tiveram a geração de pagamento. (Visualizar HISCREWEB, HISCRE, PESCRE, HISCP).

**12 - Sem Direito a Revisão** - Benefícios concedidos no período MP 242 ou com motivo de cessação ou suspensão incompatíveis.

**13 - Sem Direito a Revisão Automática** - Benefícios que apresentaram inconsistências ou possuem motivos de cessação ou suspensão incompatíveis, devendo ser analisados pela APS. (Estes casos podem ser revistos pelas APS, quando houver requerimento pelo beneficiário)

**15 - Revisto ACP com Dif. Bloqueada** - Diferenças bloqueadas devido a possíveis inconsistências na validação da revisão. Consta registro de ocorrência no HISOCR, devendo ser analisados pela APS.

**21 - Duplicidade SC/PBC na Revisão Automática** - Inconsistência na tentativa de revisão automática nos valores dos salários de contribuição do PBC. Não foram revistos. Situação temporária.

**22 - Erro Duplicidade SC/PBC c/ Revisão** - Inconsistência no processamento da revisão automática nos valores dos salários de contribuição do PBC. Foram revistos, e estão com a RMI/MR inconsistentes. Situação temporária.

**24 - Revisto/Cessação Incompatível** - Caberá reanálise pela APS da regularidade concessão/manutenção do benefício com direito a diferenças do ART29.

**30 - Inconsistências Diversas** - Inconsistência na tentativa de revisão automática na quantidade dos salários de contribuição do PBC. Não foram revistos. Situação temporária.

**31 - Inconsistências Diversas** - Inconsistência na tentativa de revisão automática na quantidade dos salários de contribuição do PBC. Foram revistos, e estão com a RMI/MR inconsistentes. Situação temporária.

**33 - Pensões sem Benefício não Processadas** - Situação temporária.

**35 - Inconsistências no Formato de Cálculo** - Inconsistência na tentativa de revisão automática que alterou forma cálculo anterior. Não foram revistos. Situação temporária.

**36 - Benefícios Após Revisão DCB Data Retro.** - Situação temporária para os benefícios que tiveram cessação retroativa e necessitam de recálculo dos valores de diferenças.

**37 - Pensões Decadentes sem Direito a Revisão** - Benefícios selecionados indevidamente para revisão. Não possuem direito a revisão pois a DDB é anterior a 17/04/2002.

**39 - Alteração Forma Cálculo c/ Revisão** - Inconsistência na tentativa de revisão automática que alterou forma cálculo anterior. Foram revistos, e estão com a RMI/MR inconsistentes. Situação temporária.

**40 - Incons Rev Auto (Revisão pela APS)** - Inconsistências diversas na tentativa de revisão automática. Não foram revistos. Situação temporária.

## 13. É possível antecipar os pagamentos? Quais os procedimentos?

Sim. Administrativamente, apenas para o segurado ou parentes nas categorias descritas nos incisos I a III, art. 16, Lei nº 8.213, de 1991, por meio de perícia médica que indique enquadramento em neoplasia maligna, doença terminal, ou como portador do vírus HIV. O requerimento deverá ser realizado nas Agências da Previdência Social, e o procedimento encontra-se descrito no Memorando-Circular Conjunto nº 7 DIRBEN/DIRAT/DIRSAT/INSS, de 04/03/2013. Após o cadastro no aplicativo ART29ANT, o valor dos atrasados será gerado no lote mensal seguinte de pagamentos.

## 14. Como cumprir as decisões judiciais?

As decisões judiciais com o mesmo objeto da revisão do Artigo 29, deverão cadastradas no aplicativos ART29JUD para que seja feito o bloqueio do pagamento da revisão pela via administrativa. Para os benefícios com situação "11 - REVISTO ACP COM DIF. PAGAS" não é permitido o cadastramento, por considerar que a revisão já foi processada e o pagamento já foi gerado. Ao ser cadastrado a situação do benefício é alterada para "3 - REVISTO JUDICIAL/RECURSAL", e desta forma as diferenças ficam bloqueadas para pagamento pela via administrativa. Constatada a necessidade de reversão do bloqueio, esta poderá ser feita através do aplicativo ART29BLOQ.

## 15. Como bloquear o pagamento da revisão que se tornou indevido após a realização de revisão administrativa com redução de renda ou verificação de erro administrativo?

O bloqueio do pagamento administrativo dos valores apurados na revisão automática é possível pelo aplicativo ART29BLOQ. Após o cadastro, a situação de revisão do benefício assumirá o status "15 - REVISTO ACP COM DIF. BLOQUEADA", e será gerado um histórico de ocorrência à ser gravado no HISOCR.

## 16. Por que o pagamento foi bloqueado e o benefício está na situação 15?

O benefício encontra-se bloqueado pois em alguma rotina de verificação foi detectada a necessidade de bloqueio para regularização do benefício. O motivo do bloqueio estará descrito no HISOCR.

## 17. Quais são os aplicativos da revisão do artigo 29 e suas funcionalidades?

Acesso: SISBEN/REVISAO/ART29

**ART29NB** – Aplicativo para consulta das informações da revisão do artigo 29 (Situação da revisão, valores da RMI/MR, montante das diferenças a pagar, previsão de pagamento, etc.)

**ART29APS** - Aplicativo para consulta/extração de informações da revisão para os benefícios mantidos por APS. A seleção da relação é dinâmica e deverá combinar critérios de tipo de cálculo, situação do benefício e situação da revisão.

**ART29ADM** – *Este aplicativo foi desativado em 14/12/2012.* Foi utilizado para cadastramento das revisões administrativas requeridas antes de 17/04/2012. O objetivo foi garantir a contagem da prescrição da DPR e registro de exceção do prazo decadencial.

**ART29JUD** – Aplicativo para cadastramento de informação de pagamento em ação judicial de mesmo objeto da revisão do artigo 29, visando inibir pagamentos administrativos e judiciais concomitantes.

**ART29HER** – Aplicativo para cadastramento de herdeiros e sucessores de titulares de benefícios cessados por óbito, com diferenças devidas não pagas.

**ART29ANT** – Aplicativo para cadastramento de antecipação do cronograma de pagamento, decorrente de confirmação de perícia médica ou por determinação judicial.

**ART29BLOQ** – Aplicativo para realizar o bloqueio ou desbloqueio de valores apurados pela revisão do artigo 29.

**ART29EPUB** – Aplicativo para registrar a data de publicação de edital de convocação para dos titulares de benefícios passíveis de estorno da revisão do artigo 29.

**ART29ECON** – Aplicativo utilizado para a confirmação do estorno da revisão do artigo 29.

**ART29EAPS** – Aplicativo para consulta/extração dos benefícios passíveis de estorno de revisão do artigo 29 por APS.

## 18. Qual a diferença entre valor acumulado e valor atrasado?

Valor atrasado refere-se à diferença de crédito do benefício que está sendo consultado, enquanto valor acumulado é o total das diferenças, calculado a partir da soma de todos os créditos das revisões dos benefícios anteriores, caso haja. O valor informado na carta enviada ao beneficiário se refere ao total das diferenças a receber apurados em todos os benefícios que tenham sido contemplados na revisão.

## 19. Beneficiários que possuem mais de um benefício receberão os valores separadamente?

Sim. A soma dos valores atrasados e acumulados relativos aos benefícios anteriores foi utilizada para o enquadramento do cronograma de pagamento. Uma vez apurado tais valores, e em respeito as regras de pagamento de benefícios, o pagamento é gerado para cada benefício. Portanto, cada benefício tem seu valor calculado, gerado e pago separadamente.

**20. Benefícios precedidos, com DDB após 17/04/2012, cujo NB origem foi abrangido pela Revisão do Art. 29 foram revistos?**

Sim. Os benefícios derivados, concedidos antes do processamento da revisão do Art. 29, foram selecionados para revisão.

**21. O valor apurado da revisão ficou abaixo de R$ 67,00, esse valor vai ser pago de forma automática?**

A regra para pagamento benefícios foi iniciada em 01/11/2013, em razão de termo aditivo ao acordo. Independentemente do calendário previsto inicialmente, o pagamento será efetivado: caso o benefício se encontre ativo; por ocasião da concessão de novo benefício ao mesmo beneficiário; sob a forma de resíduo aos dependentes cadastrados no aplicativo ART29HER; e aos benefícios derivados daqueles revistos pelo processamento da revisão do ART29.

**22. Há benefícios ainda pendentes ou com inconsistências de processamento?**

Sim, foram detectados alguns benefícios com inconsistências na tentativa de processamento ou no processamento da revisão. São casos de pensões desdobradas, divergência no PBC, e inconsistências de formato de cálculo. Para estes casos estão sendo realizadas novas tentativas de revisão para resolver tais inconsistências. Sendo assim, após a correção da inconsistência o benefício é selecionado para pagamento na rotina mensal, havendo a disponibilização do pagamento no mês subsequente. Ou ainda, em alguns casos o reenquadramento em calendário de pagamento futuro.

**23. Quais as normas referentes à Revisão do Art. 29?**

Existem até a data de publicação deste guia os seguintes atos normativos publicados referentes à revisão do Art. 29:

Memorando-Circular Conjunto nº 21 DIRBEN/PFEINSS, publicado em 15/04/2010: revisão de benefícios pela revogação do § 20 do art. 32 e da alteração do § 4º do art. 188-A, ambos do Regulamento da Previdência Social-RPS, aprovado pelo Decreto nº 3.048/1999, promovidas pelo Decreto nº 6.939/2009; ações judiciais comumente chamadas de "Revisão do art. 29, inciso II".

Memorando-Circular nº 19 INSS/DIRBEN, publicado em 02/07/2010: sobrestamento da revisão prevista no Memorando-Circular Conjunto nº 21/DIRBEN/PFEINSS, de 15 de abril de 2010.

Memorando-Circular nº 36 DIRBEN/CGRDPB, publicado em 16/08/2010: alteração do Memorando-Circular nº 19 INSS/DIRBEN, de 2 de julho de 2010.

Memorando-Circular nº 28 INSS/DIRBEN, publicado em 12/09/2010: revogação do Memorando-Circular nº 19 INSS/DIRBEN, de 2 julho de 2010 e do Memorando-Circular nº 36 DIRBEN/CGRDPB, de 16 de agosto de 2010.

Memorando-Circular nº 10 CGRD/DIRBEN/INSS, publicado em 24/11/2011: revisão de benefícios pela revogação do § 20 do art. 32 e da alteração do § 4º do art. 188-A, ambos do Regulamento da Previdência Social-RPS, aprovado pelo Decreto nº 3.048/1999, promovidas pelo Decreto nº 6.939/2009; ações judiciais comumente chamadas de "Revisão do art. 29, inciso II".

Memorando Circular nº 31 DIRBEN/INSS, publicado em 05/11/2012: disponibilização do aplicativo ART29ADM para cadastramento de requerimentos de revisão para inclusão no processamento automático.

Memorando-Circular n° 35 DIRBEN/INSS, publicado em 09/11/2012: informações complementares sobre o cadastramento de requerimentos de revisão para inclusão no processamento automático da revisão do Art. 29, inciso II da Lei 8.213/91.

Memorando-Circular n° 39 DIRBEN/INSS, publicado em 26/11/2012: disponibilização do aplicativo ART29JUD para bloqueio de pagamento administrativo de valores atrasados decorrentes da revisão automática.

Resolução nº 268 PRES/INSS, publicada em 25/01/2013: dispõe sobre revisão do art. 29, inciso II da Lei nº 8.213, de 24 de julho de 1991.

Memorando-Circular Conjunto nº 1 DIRBEN/DIRAT/DIRSAT/PFE/INSS, publicado em 25/01/2013: revisão do inciso II, Art. 29, da Lei nº 8.213/91 - ACP 0002320-59.2012.4.03.6183/SP.

Memorando-Circular nº 15 INSS/DIRBEN, publicado em 25/06/2013: procedimentos para concessão que envolvam benefícios pendentes de revisão e identificados com marca de Crítica 2 no SUB.

Memorando-Circular nº 38 DIRBEN/INSS, publicado em 04/11/2013: alteração da Resolução nº 268/PRES/INSS, de 24 de janeiro de 2013 - Revisão do inciso II, Art. 29, da Lei nº 8.213/91 - ACP 0002320-59.2012.4.03.6183/SP.

Memorando-Circular Conjunto nº 7 DIRBEN/DIRAT/DIRSAT/INSS, publicado em 04/03/2013: orientações acerca dos procedimentos referentes à antecipação de pagamento da revisão do inciso II, Art. 29, da Lei nº 8.213/91 - ACP 0002320-59.2012.4.03.6183/SP.

Memorando-Circular nº 14/DIRBEN/INSS, de 04/04/2016: Recálculo de Atrasados – Revisão do inciso II, Art. 29, da Lei nº 8.213/91.

Memorando-Circular nº 28 DIRBEN/INSS, publicado em 09/06/2016: disponibilização do aplicativo ART29BLOQ para bloqueio e desbloqueio das diferenças referentes à revisão do inciso II, Art. 29, da Lei nº 8.213/91.

Memorando-Circular nº 41 DIRBEN/INSS, publicado em 06/09/2016: estorno das revisões dos benefícios decadentes selecionados indevidamente, referentes à revisão do inciso II, Art. 29, da Lei nº 8.213/91.

Memorando-Circular nº 61 DIRBEN/INSS, publicado em 29/12/2016: reprocessamento da revisão do inciso II, Art. 29, da Lei nº 8.213/91 para os benefícios de Pensão por Morte com menores e/ou incapazes no rol de dependentes.

Memorando-Circular nº 60 DIRBEN/INSS, publicado em 29/12/2016: benefícios classificados na Situação "24 Revisto/Cessação Incompatível" referentes à revisão do inciso II, Art. 29, da Lei nº 8.213/91.

Memorando-Circular nº 29 /DIRBEN/INSS, de 28/08/2017: Decisão proferida pela 3ª Vara Previdenciária Federal de São Paulo/SP na ACP 5001136-07.2017.4.03.6183 – Alteração de Percentual de Desconto referentes ao estorno da revisão do inciso II, Art. 29, da Lei nº 8.213/91

## 24. Como tirar dúvidas sobre a revisão do Art. 29?

Para os beneficiários, as informações deverão ser repassadas através dos canais de atendimento: Meu INSS, 135 ou APS.

Para os servidores as consultas deverão ser cadastras no sistema Consultar.

## 17.2. Cálculos

O estudo de caso a seguir trata-se de um auxílio--doença, com início em 30/01/2001, salário de benefício no valor de R$ 1.179,25 e renda mensal inicial equivalente a 91% do salário de benefício, no valor de R$ 1.073,12. O benefício foi concedido sem a observância do disposto no Art. 29, II da Lei 8.213/91, sem o descarte de 20% dos menores salários de contribuição no período básico de cálculo. O benefício foi convertido em aposentadoria por invalidez a partir de 14/04/2004, cuja renda mensal inicial foi fixada no valor de R$ 1.589,66. Diante do erro técnico verificado no cálculo do salário de benefício do auxílio-doença, a renda mensal inicial da aposentadoria por invalidez derivada está fixada a menor.

Seguem as informações da concessão dos benefícios.

**PLANILHA 1 - CÁLCULO DA RENDA MENSAL - Sem aplicação do Art. 29, II - Lei 8.213/91**

**MARIA CAIPORA DOS SANTOS**
DATA DE NASCIMENTO: **16/04/1953**
ESPÉCIE: **31** (AUXÍLIO-DOENÇA)
DATA DE INÍCIO DO BENEFÍCIO: **30/01/2001**
DATA DE CESSAÇÃO: **13/04/2004**
TEMPO DE CONTRIBUIÇÃO: **19 anos**
BASE LEGAL: LEI 9.876 DE 29 DE NOVEMBRO DE 1999
PERÍODO BÁSICO DE CÁLCULO: **03/1997 a 11/2000**

| Sequência | Mês/ano | Salário | Índice | Salário corrigido | Desconsiderados |
|---|---|---|---|---|---|
| 1 | mar/97 | 224,00 | 1,430374 | 320,40 | |
| 2 | abr/97 | 224,00 | 1,413972 | 316,73 | |
| 3 | mai/97 | 240,00 | 1,405679 | 337,36 | |
| 4 | jun/97 | 240,00 | 1,401474 | 336,35 | |
| 5 | jul/97 | 240,00 | 1,391732 | 334,02 | |
| 6 | ago/97 | 240,00 | 1,390481 | 333,72 | |
| 7 | set/97 | 240,00 | 1,390481 | 333,72 | |
| 8 | out/97 | 240,00 | 1,382325 | 331,76 | |
| 9 | nov/97 | 240,00 | 1,377641 | 330,63 | |
| 10 | dez/97 | 1.031,87 | 1,366301 | 1.409,85 | |
| 11 | jan/98 | 1.031,87 | 1,356938 | 1.400,18 | |
| 12 | fev/98 | 1.031,87 | 1,345101 | 1.387,97 | |
| 13 | mar/98 | 1.031,87 | 1,344832 | 1.387,69 | |
| 14 | abr/98 | 1.031,87 | 1,341746 | 1.384,51 | |
| 15 | mai/98 | 1.031,87 | 1,341746 | 1.384,51 | |
| 16 | jun/98 | 1.081,50 | 1,338667 | 1.447,77 | |
| 17 | jul/98 | 1.081,50 | 1,334929 | 1.443,73 | |
| 18 | ago/98 | 1.081,50 | 1,334929 | 1.443,73 | |
| 19 | set/98 | 1.081,50 | 1,334929 | 1.443,73 | |
| 20 | out/98 | 1.081,50 | 1,334929 | 1.443,73 | |
| 21 | nov/98 | 1.081,50 | 1,334929 | 1.443,73 | |
| 22 | dez/98 | 1.200,00 | 1,334929 | 1.601,91 | |
| 23 | jan/99 | 1.200,00 | 1,321974 | 1.586,37 | |
| 24 | fev/99 | 1.200,00 | 1,306944 | 1.568,33 | |
| 25 | mar/99 | 1.200,00 | 1,251383 | 1.501,66 | |
| 26 | abr/99 | 1.200,00 | 1,227086 | 1.472,50 | |
| 27 | mai/99 | 1.200,00 | 1,226718 | 1.472,06 | |
| 28 | jun/99 | 1.200,00 | 1,226718 | 1.472,06 | |
| 29 | jul/99 | 1.200,00 | 1,214332 | 1.457,20 | |

| Sequência | Mês/ano | Salário | Índice | Salário corrigido | Desconsiderados |
|---|---|---|---|---|---|
| 30 | ago/99 | 1.200,00 | 1,195327 | 1.434,39 | |
| 31 | set/99 | 1.200,00 | 1,178242 | 1.413,89 | |
| 32 | out/99 | 1.200,00 | 1,161173 | 1.393,41 | |
| 33 | nov/99 | 1.200,00 | 1,139634 | 1.367,56 | |
| 34 | dez/99 | 1.200,00 | 1,111512 | 1.333,81 | |
| 35 | jan/00 | 1.200,00 | 1,098007 | 1.317,61 | |
| 36 | fev/00 | 1.200,00 | 1,086920 | 1.304,30 | |
| 37 | mar/00 | 1.200,00 | 1,084859 | 1.301,83 | |
| 38 | abr/00 | 1.200,00 | 1,082910 | 1.299,49 | |
| 39 | mai/00 | 1.200,00 | 1,081504 | 1.297,80 | |
| 40 | jun/00 | 1.200,00 | 1,074306 | 1.289,17 | |
| 41 | jul/00 | 1.200,00 | 1,064407 | 1.277,29 | |
| 42 | ago/00 | 1.200,00 | 1,040883 | 1.249,06 | |
| 43 | set/00 | 1.200,00 | 1,022278 | 1.226,73 | |
| 44 | out/00 | 1.200,00 | 1,015272 | 1.218,33 | |
| 45 | nov/00 | 1.200,00 | 1,011530 | 1.213,84 | |

| **SOMA DE SALÁRIOS** | **53.066,41** |
|---|---|

| Período Básico de Cálculos - 03/1997 a 11/2000 | **45** |
|---|---|

| **Média de Salários = 53.066,41 / 45** | **1.179,25** |
|---|---|

| **Média Geral de Salários** | **1.179,25** |
|---|---|
| **Coeficiente** | **91%** |
| **RENDA MENSAL INICIAL** | **1.073,12** |

**EVOLUÇÃO DA RENDA MENSAL - AUXÍLIO-DOENÇA**

**MARIA CAIPORA DOS SANTOS**

DATA DE NASCIMENTO: **16/04/1953**

ESPÉCIE: **31** (AUXÍLIO-DOENÇA)

DATA DE INÍCIO DO BENEFÍCIO: **30/01/2001**

DATA DE CESSAÇÃO: **13/04/2004**

TEMPO DE CONTRIBUIÇÃO: **19 anos**

SALÁRIO DE BENEFÍCIO: **1.179,25**

COEFICIENTE: **91%**

RENDA MENSAL INICIAL: **1.073,12**

| Data | Salário de Benefício | Índices de Reajuste | SB Rejustado | Renda Mensal Reajus-tada |
|---|---|---|---|---|
| 06/01 | 1.179,25 | 1,031200 | 1.216,05 | 1.106,60 |
| 06/02 | 1.216,05 | 1,092000 | 1.327,92 | 1.208,41 |
| **06/03** | **1.327,92** | **1,197100** | **1.589,66** | **1.446,59** |

**EVOLUÇÃO DA RENDA MENSAL - APOSENTADORIA POR INVALIDEZ**

**MARIA CAIPORA DOS SANTOS**

DATA DE NASCIMENTO: **16/04/1953**

ESPÉCIE: **32** (APOSENTADORIA POR INVALIDEZ)

DATA DE INÍCIO DO BENEFÍCIO: **14/04/2004**

TEMPO DE CONTRIBUIÇÃO: **19 anos**

SALÁRIO DE BENEFÍCIO REAJUSTADO: **1.589,66**

COEFICIENTE: **100%**

RENDA MENSAL INICIAL: **1.589,66**

| Data | Renda Mensal | Índices de Reajuste | Renda Mensal Reajustada |
|---|---|---|---|
| mai/04 | 1.589,66 | 1,045300 | 1.661,67 |
| mai/05 | 1.661,67 | 1,063550 | 1.767,27 |
| abr/06 | 1.767,27 | 1,050100 | 1.855,81 |
| abr/07 | 1.855,81 | 1,033000 | 1.917,05 |
| mar/08 | 1.917,05 | 1,050000 | 2.012,90 |
| fev/09 | 2.012,90 | 1,059200 | 2.132,06 |
| jan/10 | 2.132,06 | 1,077200 | 2.296,66 |
| jan/11 | 2.296,66 | 1,064700 | 2.445,25 |
| jan/12 | 2.445,25 | 1,060800 | 2.593,92 |
| jan/13 | 2.593,92 | 1,062000 | 2.754,75 |
| jan/14 | 2.754,75 | 1,055600 | 2.907,91 |
| jan/15 | 2.907,91 | 1,062300 | 3.089,08 |
| jan/16 | 3.089,08 | 1,112800 | 3.437,52 |
| jan/17 | 3.437,52 | 1,065800 | 3.663,71 |
| jan/18 | 3.663,71 | 1,020700 | 3.739,55 |
| jan/19 | 3.739,55 | 1,034300 | 3.867,82 |
| jan/20 | 3.867,82 | 1,044800 | 4.041,10 |
| jan/21 | 4.041,10 | 1,054500 | 4.261,33 |
| **jan/22** | **4.261,33** | **1,101600** | **4.694,29** |

Observa-se que o benefício de auxílio-doença foi convertido em aposentadoria por invalidez a partir de 14/04/2004, reajustando-se o salário de benefício do auxílio-doença entre a data de início deste e a data de conversão em aposentadoria por invalidez, em conformidade com o § 7º do Art. 36 do Decreto 3.048/99.

Com a aplicação do disposto no Art. 29, II da lei 8.213/91 no recálculo do salário de benefício do auxílio-doença, haverá reflexos no benefício de aposentadoria por invalidez, conforme demonstrado a seguir.

**PLANILHA 2 - CÁLCULO DA RENDA MENSAL - Com aplicação do Art. 29, II - Lei 8.213/91**

**MARIA CAIPORA DOS SANTOS**

DATA DE NASCIMENTO: **16/04/1953**

ESPÉCIE: **31** (AUXÍLIO-DOENÇA)

DATA DE INÍCIO DO BENEFÍCIO: **30/01/2001**

DATA DE CESSAÇÃO: **13/04/2004**

TEMPO DE CONTRIBUIÇÃO: **19 anos**

BASE LEGAL: LEI 9.876 DE 29 DE NOVEMBRO DE 1999

PERÍODO BÁSICO DE CÁLCULO: **03/1997 a 11/2000**

| Sequência | Mês/ano | Salário | Índice | Salário corrigido | Desconsiderados |
|---|---|---|---|---|---|
| 1 | mar/97 | 224,00 | 1,430374 | 320,40 | desconsiderado |
| 2 | abr/97 | 224,00 | 1,413972 | 316,73 | desconsiderado |
| 3 | mai/97 | 240,00 | 1,405679 | 337,36 | desconsiderado |
| 4 | jun/97 | 240,00 | 1,401474 | 336,35 | desconsiderado |
| 5 | jul/97 | 240,00 | 1,391732 | 334,02 | desconsiderado |
| 6 | ago/97 | 240,00 | 1,390481 | 333,72 | desconsiderado |
| 7 | set/97 | 240,00 | 1,390481 | 333,72 | desconsiderado |
| 8 | out/97 | 240,00 | 1,382325 | 331,76 | desconsiderado |
| 9 | nov/97 | 240,00 | 1,377641 | 330,63 | desconsiderado |
| 10 | dez/97 | 1.031,87 | 1,366301 | 1.409,85 | |
| 11 | jan/98 | 1.031,87 | 1,356938 | 1.400,18 | |
| 12 | fev/98 | 1.031,87 | 1,345101 | 1.387,97 | |
| 13 | mar/98 | 1.031,87 | 1,344832 | 1.387,69 | |
| 14 | abr/98 | 1.031,87 | 1,341746 | 1.384,51 | |
| 15 | mai/98 | 1.031,87 | 1,341746 | 1.384,51 | |
| 16 | jun/98 | 1.081,50 | 1,338667 | 1.447,77 | |
| 17 | jul/98 | 1.081,50 | 1,334929 | 1.443,73 | |
| 18 | ago/98 | 1.081,50 | 1,334929 | 1.443,73 | |
| 19 | set/98 | 1.081,50 | 1,334929 | 1.443,73 | |
| 20 | out/98 | 1.081,50 | 1,334929 | 1.443,73 | |
| 21 | nov/98 | 1.081,50 | 1,334929 | 1.443,73 | |
| 22 | dez/98 | 1.200,00 | 1,334929 | 1.601,91 | |
| 23 | jan/99 | 1.200,00 | 1,321974 | 1.586,37 | |
| 24 | fev/99 | 1.200,00 | 1,306944 | 1.568,33 | |
| 25 | mar/99 | 1.200,00 | 1,251383 | 1.501,66 | |
| 26 | abr/99 | 1.200,00 | 1,227086 | 1.472,50 | |
| 27 | mai/99 | 1.200,00 | 1,226718 | 1.472,06 | |
| 28 | jun/99 | 1.200,00 | 1,226718 | 1.472,06 | |
| 29 | jul/99 | 1.200,00 | 1,214332 | 1.457,20 | |
| 30 | ago/99 | 1.200,00 | 1,195327 | 1.434,39 | |
| 31 | set/99 | 1.200,00 | 1,178242 | 1.413,89 | |
| 32 | out/99 | 1.200,00 | 1,161173 | 1.393,41 | |
| 33 | nov/99 | 1.200,00 | 1,139634 | 1.367,56 | |
| 34 | dez/99 | 1.200,00 | 1,111512 | 1.333,81 | |
| 35 | jan/00 | 1.200,00 | 1,098007 | 1.317,61 | |
| 36 | fev/00 | 1.200,00 | 1,086920 | 1.304,30 | |
| 37 | mar/00 | 1.200,00 | 1,084859 | 1.301,83 | |
| 38 | abr/00 | 1.200,00 | 1,082910 | 1.299,49 | |
| 39 | mai/00 | 1.200,00 | 1,081504 | 1.297,80 | |
| 40 | jun/00 | 1.200,00 | 1,074306 | 1.289,17 | |
| 41 | jul/00 | 1.200,00 | 1,064407 | 1.277,29 | |
| 42 | ago/00 | 1.200,00 | 1,040883 | 1.249,06 | |
| 43 | set/00 | 1.200,00 | 1,022278 | 1.226,73 | |
| 44 | out/00 | 1.200,00 | 1,015272 | 1.218,33 | |
| 45 | nov/00 | 1.200,00 | 1,011530 | 1.213,84 | |

| **SOMA DE SALÁRIOS** | **50.091,72** |
|---|---|

| | |
|---|---|
| Período Básico de Cálculos- 03/1997 a 11/2000 | **45** |
| Art. 29, Inciso II (80% dos maiores salários) | **36** |
| Salários desprezados | **9** |

| | |
|---|---|
| **Média de Salários (80% dos maiores) = 50.091,72 / 36** | **1.391,44** |
| **Salário de Benefício - limitado ao teto** | **1.328,25** |
| **Coeficiente** | **91%** |
| **RENDA MENSAL INICIAL** | **1.266,21** |
| **ÍNDICE TETO** | **1,0476** |

**EVOLUÇÃO DA RENDA MENSAL - AUXÍLIO-DOENÇA**

**MARIA CAIPORA DOS SANTOS**

DATA DE NASCIMENTO: **16/04/1953**

ESPÉCIE: **31** (AUXÍLIO-DOENÇA)

DATA DE INÍCIO DO BENEFÍCIO: **30/01/2001**

DATA DE CESSAÇÃO: **13/04/2004**

TEMPO DE CONTRIBUIÇÃO: **19 anos**

MÉDIA DE SALÁRIOS: **1.391,44**

SALÁRIO DE BENEFÍCIO: **1.328,25**

COEFICIENTE: **91%**

RENDA MENSAL INICIAL: **1.208,71**

ÍNDICE TETO **1,0476**

| Data | Salário de Benefício | Índices de Reajustes | SB Rejustado | Renda Mensal Reajustada |
|---|---|---|---|---|
| 06/01 | 1.328,25 | 1,031200 | 1.369,69 | 1.246,42 |
| 06/01 | 1.369,69 | 1,0476 | 1.434,85 | 1.305,71 |
| 06/02 | 1.430,00 | 1,092000 | 1.561,56 | 1.421,02 |
| **06/03** | **1.561,56** | **1,197100** | **1.869,34** | **1.701,10** |

**EVOLUÇÃO DA RENDA MENSAL - APOSENTADORIA POR INVALIDEZ**

**MARIA CAIPORA DOS SANTOS**

DATA DE NASCIMENTO: **16/04/1953**

ESPÉCIE: **32** (APOSENTADORIA POR INVALIDEZ)

DATA DE INÍCIO DO BENEFÍCIO: **14/04/2004**

TEMPO DE CONTRIBUIÇÃO: **19 anos**

SALÁRIO DE BENEFÍCIO REAJUSTADO: **1.869,34**

COEFICIENTE: **100%**

RENDA MENSAL INICIAL: **1.869,34**

| Data | Renda Mensal | Índices de Reajustes | Renda Mensal Reajustada |
|---|---|---|---|
| mai/04 | 1.869,34 | 1,045300 | 1.954,02 |

| Data | Renda Mensal | Índices de Reajustes | Renda Mensal Reajustada |
|---|---|---|---|
| mai/05 | 1.954,02 | 1,063550 | 2.078,20 |
| abr/06 | 2.078,20 | 1,050100 | 2.182,32 |
| abr/07 | 2.182,32 | 1,033000 | 2.254,34 |
| mar/08 | 2.254,34 | 1,050000 | 2.367,05 |
| fev/09 | 2.367,05 | 1,059200 | 2.507,18 |
| jan/10 | 2.507,18 | 1,077200 | 2.700,74 |
| jan/11 | 2.700,74 | 1,064700 | 2.875,48 |
| jan/12 | 2.875,48 | 1,060800 | 3.050,31 |
| jan/13 | 3.050,31 | 1,062000 | 3.239,42 |
| jan/14 | 3.239,42 | 1,055600 | 3.419,54 |
| jan/15 | 3.419,54 | 1,062300 | 3.632,57 |
| jan/16 | 3.632,57 | 1,112800 | 4.042,33 |
| jan/17 | 4.042,33 | 1,065800 | 4.308,31 |
| jan/18 | 4.308,31 | 1,020700 | 4.397,50 |
| jan/19 | 4.397,50 | 1,034300 | 4.548,33 |
| jan/20 | 4.548,33 | 1,044800 | 4.752,09 |
| jan/21 | 4.752,09 | 1,054500 | 5.011,08 |
| **jan/22** | **5.011,08** | **1,101600** | **5.520,21** |

| Mensalidade Reajustada anterior | **4.694,29** |
|---|---|

| Proveito Econômico | **825,92** |
|---|---|

Com a aplicação do disposto no Art. 29, II da Lei 8.213/91 no recálculo do salário de benefício do auxílio-doença, o mesmo é alterado de R$ 1.179,25 para R$ 1.328,25 (teto máximo) gerando um índice teto de 1,0476 devido ao fato da média de salários ter ultrapassado o valor do teto máximo da época. Consequentemente, a RMI da aposentadoria por invalidez é majorada de R$ 1.589,66 para R$ 1.869,34 (teto máximo). A Mensalidade reajustada da aposentadoria, a partir do ano de 2022, é alterada de R$ 4.694,29 para R$ 5.520,21, gerando um proveito econômico de R$ 825,92.

## 18. PAGAMENTO DA CORREÇÃO MONETÁRIA DOS BENEFÍCIOS PAGOS COM ATRASO POR RESPONSABILIDADE DO BENEFICIÁRIO

### 18.1. Considerações gerais

Não se trata de um pedido de revisão ou reajustamento de benefício previdenciário. A discussão é se a Previdência Social deve ou não pagar as parcelas vencidas de benefício previdenciário com a incidência de correção monetária, caso o atraso seja de responsabilidade do segurado ou do seu dependente.

O caso mais comum na prática previdenciária é o salário-maternidade da segurada especial, pago diretamente pelo INSS. Suponha-se que uma trabalhadora rural tenha tido bebê no mês de janeiro de 2005, mas apenas requereu o benefício em meados de 2008.

Nesse caso, a discussão é se as quatro parcelas no valor de um salário mínimo devem sofrer a incidência da correção monetária, pois a Previdência Social não foi responsável pelo atraso.

A jurisprudência firmou-se pelo dever de fazer incidir a correção monetária, pois é preciso manter o poder de compra das parcelas previdenciárias, mesmo que o INSS não tenha concorrido para a mora:

> "PREVIDENCIÁRIO – SALÁRIO MATERNIDADE – CORREÇÃO MONETÁRIA A PARTIR DO FATO GERADOR – PARTO – INCIDENTE DE UNIFORMIZAÇÃO – NEGA PROVIMENTO. 1) **A correção monetária incidente sobre os valores pagos a título de salário-maternidade cujo requerimento administrativo se deu meses após o nascimento do filho do segurado não implica acréscimo patrimonial a este, mas apenas protege os valores devidos da corrosão inflacionária**. Deve, portanto, incidir a referida correção, a partir da data do início de vigência do benefício, o qual coincidirá com o fato gerador do mesmo (nascimento do filho). **2) Mesmo ausente a mora por parte do Órgão Previdenciário, não é lícito submeter o segurado a receber seu benefício com base em valor histórico do salário mínimo vigente à época**

**do fato gerador (nascimento do filho), mesmo que requerido tempos depois.** 3) Pedido de Uniformização conhecido e negado provimento" (TNU, PEDIDO 200783005370377, de 18.12.2008).

Somente com o advento do Decreto 6.722, de 30.12.2008, que alterou a redação do artigo 175[25], do Regulamento da Previdência Social, é que a Previdência Social passou a pagar os benefícios em atraso com a incidência da correção monetária pala variação do INPC.

Por tudo isso, não mais são ajuizadas essas ações, salvo com relação às parcelas antigas não prescritas, vez que o INSS passou a pagar administrativamente a correção monetária.

## 18.2. Cálculos

Com base no exemplo de um salário-maternidade, vamos admitir que uma segurada especial deu à luz a uma criança em 12 janeiro de 2019 e só requereu o benefício em fevereiro de 2022. Os cálculos das parcelas devidas estão demonstrados abaixo, com a atualização pelo INPC.

25. Art. 175. O pagamento de parcelas relativas a benefícios efetuado com atraso, independentemente de ocorrência de mora e de quem lhe deu causa, deve ser corrigido monetariamente desde o momento em que restou devido, pelo mesmo índice utilizado para os reajustamentos dos benefícios do RGPS, apurado no período compreendido entre o mês que deveria ter sido pago e o mês do efetivo pagamento.

**MARILURDES RODRIGUES LOPES**

BENEFÍCIO: **111.222.333-4**

ESPÉCIE: **80** (SALÁRIO-MATERNIDADE)

INÍCIO: **12/01/2019**

CESSAÇÃO: **12/05/2019**

RENDA MENSAL INICIAL: **998,00**

| CÁLCULO DAS PARCELAS EM ATRASO | | | |
|---|---|---|---|
| **Mês/ano** | **Renda Mensal** | **Índice** | **Valor atualizado** |
| jan/19 | 632,07 | 1,22180300 | 772,26 |
| fev/19 | 998,00 | 1,21741700 | 1.214,98 |
| mar/19 | 998,00 | 1,21088000 | 1.208,46 |
| abr/19 | 998,00 | 1,20162600 | 1.199,22 |
| mai/19 | 399,20 | 1,19446000 | 476,83 |
| 13º salário | 332,67 | 1,19446000 | 397,36 |
| **TOTAL** | **4.357,93** | | **5.269,11** |

Data da atualização: 02/2022

Índice de atualização: INPC

# 19. REVISÃO COM BASE EM DECISÃO DA JUSTIÇA DO TRABALHO

## 19.1. Considerações gerais

É muito comum na prática processual previdenciária que os segurados apresentem ao INSS uma sentença ou acordo homologado pela Justiça do Trabalho para o reconhecimento de filiação ao Regime Geral de Previdência Social, objetivando a concessão de um benefício, ou então para inserir ou majorar os salários de contribuição, elevando a renda mensal da prestação paga pela Previdência Social.

Entretanto, também é comum que o INSS se recuse em conferir eficácia previdenciária à decisão trabalhista, por diversos fundamentos jurídicos. Inicialmente, a autarquia previdenciária não foi parte no processo trabalhista, sendo-lhe ineficaz a coisa julgada, em aplicação ao Princípio do Contraditório e da Ampla Defesa.

Outrossim, inexiste previsão constitucional no artigo 114 para que a Justiça do Trabalho profira qualquer comando contra o INSS para a averbação de tempo de contribuição, concessão ou revisão de benefício.

Nesse sentido, o TST:

"RECURSO DE REVISTA. INCOMPETÊNCIA DA JUSTIÇA DO TRABALHO. AVERBAÇÃO DE TEMPO DE SERVIÇO DE PERÍODO DE TRABALHO RECONHECIDO EM JUÍZO PARA EFEITOS PREVIDENCIÁRIOS.

**É da competência da Justiça Federal, nos termos do artigo 109, I e § 3º, da CF, a averbação do tempo de serviço relativo a vínculo empregatício reconhecido em juízo, para fins previdenciários, visto que tal competência não se encontra taxativamente prevista no artigo 114 da CF, tampouco existe legislação em vigor que fixe a competência desta Justiça Especializada para determinar tal averbação.** Recurso de revista conhecido e provido. (Processo: RR – 138700-43.2007.5.15.0009 Data de Julgamento: 24/11/2010, Relatora Ministra: Dora Maria da Costa, 8ª Turma, Data de Publicação: **DEJT 26/11/2010**)."

Em termos previdenciários, a única competência deferida ao magistrado trabalhista se insere no campo do custeio da Previdência Social. É que, por força do artigo 114, inciso VIII, da Constituição Federal, compete à Justiça do Trabalho processar e julgar a execução, de ofício, das contribuições previdenciárias das empresas e dos trabalhadores e seus acréscimos legais, decorrentes das sentenças que proferir.

**Mas o grande argumento que é manejado pelo INSS para rejeitar uma sentença trabalhista decorre da tarifação da prova exigível para a comprovação do tempo de contribuição. De acordo com o artigo 55, §3º, da Lei 8.213/91,** "a comprovação do tempo de serviço para os efeitos desta Lei**, inclusive mediante justificação administrativa ou judicial, conforme o disposto no art. 108,** só produzirá efeito quando baseada em início de prova material, não sendo admitida prova exclusivamente testemunhal, **salvo na ocorrência de motivo de força maior ou caso fortuito, conforme disposto no Regulamento".**

Nos termos do artigo 143, §2º, do Regulamento, caracteriza ***motivo de força maior ou caso fortuito*** a verificação de ocorrência notória, tais como incêndio, inundação ou desmoronamento, que tenha atingido a empresa na qual o segurado alegue ter trabalhado, devendo ser comprovada mediante registro da ocorrência policial feito em época própria ou apresentação de documentos contemporâneos dos fatos, e verificada a correlação entre a atividade da empresa e a profissão do segurado.

Logo, enquanto para o juiz trabalhista vigora o Princípio do Livre Convencimento Motivado, seguindo o regramento geral do nosso ordenamento jurídico, a Previdência Social, em regra, não pode admitir exclusivamente o meio de prova testemunhal para a comprovação do tempo de serviço (até a Emenda 20/98) ou de contribuição (após a Emenda 20/98), sendo necessária a apresentação de documentos contemporâneos ao período probando (prova material).

Portanto, para que o INSS reconheça efeitos previdenciários na sentença ou acordo trabalhista homologado, é indispensável que haja o início de prova material no processo judicial laboral, sob pena de violação ao artigo 55, §3º, da Lei 8.213/91.

Nesse sentido, o STJ:

"AGRAVO REGIMENTAL. PREVIDENCIÁRIO. RECONHECIMENTO DE TEMPO DE SERVIÇO. SENTENÇA TRABALHISTA DESACOMPANHADA DE DOCUMENTAÇÃO A EVIDENCIAR A ATIVIDADE LABORATIVA. INÍCIO DE PROVA MATERIAL NÃO CARACTERIZADA. MATÉRIA PACÍFICA.

1. A jurisprudência desta Corte é pacífica no sentido de que a sentença trabalhista pode ser considerada como início de prova material, mostrando-se hábil para a determinação do tempo de serviço previsto no artigo 55, § 3º, da Lei nº 8.213/1991, desde que fundada em elementos que evidenciem o exercício da atividade laborativa na função e períodos alegados na ação previdenciária, ainda que o INSS não tenha integrado a respectiva lide.

**2. In casu, a decisão da Justiça do Trabalho não serve como prova apta a autorizar o reconhecimento do alegado tempo de serviço, pois inexistentes quaisquer documentos a evidenciar o exercício da atividade laborativa (AgRg no REsp 1.053.909, de 19.08.2008)."**

Logo, a Súmula 31 da TNU, ao dispor que "a anotação na CTPS decorrente de sentença trabalhista homologatória constitui início de prova material para fins previdenciários", deverá ser interpretada de acordo com a legislação previdenciária, pois deverá estar lastreada em início de prova material.

**De acordo com a atual posição da TNU, "em suma a reclamatória trabalhista será válida como início de prova material em duas situações: (1) fundada em documentos que sinalizem o exercício da atividade laborativa na função e períodos alegados, ou (2) ajuizada imediatamente após o término do labor, antes da ocorrência da prescrição que impede ao reclamante obter direitos trabalhistas perante o empregador, consoante o art. 7º, inciso XXIX da CF/88" (processo 2012.50.50.002501-9, de 17/8/2016).**

**Verificou-se, a partir do ano de 2016, que o STJ vem promovendo uma distinção nas decisões trabalhistas, passando a acatar como prova material para subsidiar as revisionais previdenciárias as sentenças fruto de instrução probatória.**

"1. É firme a orientação desta Corte de que a sentença trabalhista será admitida como início de prova material, caso ela tenha sido fundada em outros elementos de prova que evidenciem o labor exercido na função e período alegado pelo segurado. Precedentes: AgRg no AREsp. 789.620/PE, Rel. Min. DIVA MALERBI, DJe 26.2.2016; AgRg no AREsp. 359.425/PE, Rel. Min. REGINA HELENA COSTA, DJe 5.8.2015; AgRg no REsp. 1.427.277/PR, Rel. Min. HERMAN BENJAMIN, DJe 15.4.2014; REsp. 1.427.988/PR, Rel. Min. SÉRGIO KUKINA, DJe 9.4.2014.
**2. Como visto, no caso dos autos, o tempo de trabalho reconhecido na Justiça do Trabalho, foi confirmado pela prova testemunhal colhida em juízo, o direito ao benefício na maneira como requerido; neste caso, impende frisar que, na instância Trabalhista o tempo de trabalho averbado ao Trabalhador foi apoiado em**

**prova judicial** (AgRg no AREsp 833569, 1ª Turma, de 22/9/2016).

Por outro lado, meras sentenças trabalhistas homologatórias de acordo em que inexiste prova material contemporânea no processo trabalhista não vêm sendo aceitas:

"1. 'A jurisprudência desta Corte é firme no sentido de que a sentença trabalhista homologatória de acordo só pode ser considerada como início de prova material se fundada em elementos que demonstrem o labor exercido na função e os períodos alegados pelo trabalhador, sendo, dessa forma, apta a comprovar o tempo de serviço enunciado no art. 55, § 3º, da Lei n. 8.213/91. **Na hipótese dos autos, contudo, segundo consta no acórdão recorrido, não houve instrução probatória, nem exame de mérito da demanda trabalhista que demonstre o efetivo exercício da atividade laboral**". (STJ, AgRg no REsp 1.402.671/PE, Rel. Ministro Humberto Martins, Segunda Turma, DJe de 25.10.2013). 2. O Tribunal a quo decidiu de acordo com jurisprudência do STJ, de modo que se aplica à espécie o enunciado da Súmula 83/STJ. 3. Agravo Regimental não provido (AgRg no AREsp 817763, 2ª Turma, de 1/3/2016).

**No julgamento do** PUIL 293, em 14/12/2022, **a 1ª Seção do STJ consolidou posição no sentido de que a sentença trabalhista meramente homologatória de acordo, por si só, não configura prova material contemporânea para fins do artigo 55, §3º, da Lei 8.213/91 com o objetivo de reconhecimento de vínculo de emprego, quando desacompanhada de documento produzindo durante a relação de emprego: *"A sentença trabalhista homologatória de acordo somente será considerada início válido de prova material, para os fins do art. 55, § 3º, da Lei 8.213/91, quando fundada em elementos probatórios contemporâneos dos fatos alegados, aptos a evidenciar o exercício da atividade laboral, o trabalho desempenhado e o respectivo período que se pretende ter reconhecido, em ação previdenciária."***

**Veja-se o acórdão integral:**

**PROCESSO**

**PUIL 293** / PR

**PEDIDO DE UNIFORMIZAÇÃO DE INTERPRETAÇÃO DE LEI**

2014/0052438-6

**RELATOR**

Ministro OG FERNANDES (1139)

**RELATORA PARA ACÓRDÃO**

Ministra ASSUSETE MAGALHÃES (1151)

**ÓRGÃO JULGADOR**

S1 - PRIMEIRA SEÇÃO

**DATA DO JULGAMENTO**

14/12/2022

**DATA DA PUBLICAÇÃO/FONTE**

DJe 20/12/2022

**EMENTA**

PREVIDENCIÁRIO. PEDIDO DE UNIFORMIZAÇÃO DE INTERPRETAÇÃO DE LEI FEDERAL, DIRIGIDO AO STJ. JUIZADO ESPECIAL FEDERAL. ART. 14, § 4º, DA LEI 10.259/2001. PENSÃO POR MORTE. SENTENÇA TRABALHISTA MERAMENTE HOMOLOGATÓRIA DE ACORDO. ART. 55, § 3º, DA LEI 8.213/91. INÍCIO DE PROVA MATERIAL CONTEMPORÂNEA DOS FATOS ALEGADOS. NECESSIDADE. PRECEDENTES DO STJ. TESE JURÍDICA FIRMADA. PEDIDO DE UNIFORMIZAÇÃO DE INTERPRETAÇÃO DE LEI ACOLHIDO.

I. Trata-se de Pedido de Uniformização de Interpretação de Lei, fundamentado no art. 14, § 4º, da Lei 10.259/2001, apresentado pelo Instituto Nacional do Seguro Social - INSS, em face de acórdão da Turma Nacional de Uniformização dos Juizados Especiais Federais, no qual se discute a validade da sentença trabalhista, meramente homologatória de acordo, como início de prova material, na forma do art. 55, § 3º, da Lei 8.213/91.

II. A jurisprudência do Superior Tribunal de Justiça, no âmbito da Primeira e da Segunda Turmas, é firme no sentido de que "a sentença trabalhista somente será admitida como início de prova material caso ela tenha sido fundada em outros elementos de prova que evidenciem o labor exercido na função e no período alegado pelo Segurado. (...) Nos termos do art. 55, § 3º, da Lei 8.213/1991, a comprovação do tempo de serviço, para os efeitos dessa lei, inclusive mediante justificação administrativa ou judicial, só produzirá efeito quando baseada em indício de prova material, não sendo admitida prova exclusivamente testemunhal, salvo na ocorrência de motivo de força maior ou caso fortuito" (STJ, AgInt no AREsp 1.078.726/PE, Rel. Ministro NAPOLEÃO NUNES MAIA FILHO, PRIMEIRA TURMA, DJe de 01/10/2020). Em igual sentido: "A jurisprudência desta Corte está firmada no sentido de que a sentença trabalhista pode ser considerada como início de prova material, desde que prolatada com base em elementos probatórios capazes de demonstrar o exercício da atividade laborativa, durante o período que se pretende ter reconhecido na ação previdenciária. Na espécie, ao que se tem dos autos, a sentença trabalhista está fundada apenas nos depoimentos das partes, motivo pelo qual não se revela possível a sua consideração como início de prova material para fins de reconhecimento da qualidade de segurado do instituidor do benefício e, por conseguinte, como direito da parte autora à pensão por morte" (STJ, AgInt no AREsp 1.405.520/SP, Rel. Ministro SÉRGIO KUKINA, PRIMEIRA TURMA, DJe de 12/11/2019). Adotando igual orientação: "Ação Trabalhista. Homologação de acordo. Necessidade de início de prova material. (...) O uso de sentença trabalhista homologatória de acordo como início de prova material somente é aceito por este Superior Tribunal quando referida decisão estiver fundamentada em elementos de prova" (STJ, AgInt no REsp 1.411.870/PR, Rel. Ministro OG FERNANDES, SEGUNDA TURMA, DJe de 11/09/2017); "Pensão por morte. Art. 55, § 3º, da Lei n. 8.213/1991. Sentença homologatória de acordo trabalhista. Inexistência, no caso, de elementos que evidenciem o período trabalhado e a função exercida.

Ausência de outra prova material. A sentença homologatória de acordo trabalhista é admitida como início de prova material para fins previdenciários, mesmo que o INSS não tenha participado da lide laboral, desde que contenha elementos que evidenciem o período trabalhado e a função exercida pelo trabalhador, o que não ocorreu no caso dos autos" (STJ, AgInt no AREsp 529.963/RS, Rel. Ministro BENEDITO GONÇALVES, PRIMEIRA TURMA, DJe de 28/02/2019). Outros precedentes, inter plures: STJ, AgInt nos EDcl no AREsp 1.917.056/SP, Rel. Ministro MANOEL ERHARDT (Desembargador Federal convocado do TRF/5ª Região), PRIMEIRA TURMA, DJe de 25/05/2022; RCD no AREsp 886.650/SP, Rel. Ministro HUMBERTO MARTINS, SEGUNDA TURMA, DJe de 25/05/2016; EREsp 616.242/RN, Rel. Ministra LAURITA VAZ, TERCEIRA SEÇÃO, DJU de 24/10/2005.

III. O entendimento firmado no STJ está fundamentado na circunstância de que, não havendo instrução probatória, com início de prova material, tampouco exame de mérito da demanda trabalhista - a demonstrar, efetivamente, o exercício da atividade laboral, apontando o trabalho desempenhado, no período correspondente -, não haverá início válido de prova material, apto à comprovação de tempo de serviço, na forma do art. 55, § 3º, da Lei 8.213/91.

IV. A Súmula 149/STJ dispõe que "a prova exclusivamente testemunhal não basta a comprovação da atividade rurícola, para efeito da obtenção de benefício previdenciário".

V. O art. 55, § 3º, da Lei 8.213/91 - que estabelece norma especial, com regramento específico para a prova do tempo de serviço no RGPS - teve a sua constitucionalidade reconhecida pelo STF: "A teor do disposto no § 3º do artigo 55 da Lei nº 8.213/91, o tempo de serviço há de ser relevado mediante início de prova documental, não sendo admitida, exceto ante motivo de força maior ou caso fortuito, a exclusivamente testemunhal. Decisão em tal sentido não vulnera os preceitos do artigo 5º, incisos LV e LVI, 6º e 7º, inciso XXIV, da Constituição Federal" (STF, RE 226.772-4/SP, Rel. Ministro MARCO AURÉLIO, SEGUNDA TURMA, DJU de 06/10/2000).

VI. O § 3º do art. 55 da Lei 8.213/91 - que exige início de prova material para comprovação do tempo de serviço, não admitindo, para tal fim, a prova exclusivamente testemunhal, "exceto na ocorrência de motivo de força maior ou caso fortuito, na forma prevista no regulamento" - teve a sua redação alterada pela Lei 13.846/2019, que acrescentou a exigência de início de prova material contemporânea dos fatos.

VII. A jurisprudência desta Corte, embora não exija que o documento apresentado como início de prova material abranja todo o lapso controvertido, considera indispensável a sua contemporaneidade com os fatos alegados, devendo, assim, corresponder, pelo menos, a uma fração do período alegado, corroborado por idônea e robusta prova testemunhal, que amplie sua eficácia probatória. Nesse sentido: STJ, AgInt no AREsp 1.562.302/AM, Rel. Ministro NAPOLEÃO NUNES MAIA FILHO, PRIMEIRA TURMA, DJe de 04/06/2020; AREsp 1.550.603/PR, Rel. Ministro HERMAN BENJAMIN, SEGUNDA TURMA, DJe de 11/10/2019; REsp 1.768.801/PR, Rel. Ministro HERMAN BENJAMIN, SEGUNDA TURMA, DJe de 16/11/2018.

VIII. Em regra, a sentença trabalhista homologatória de acordo não é, por si só, contemporânea dos fatos que provariam o tempo de serviço, referindo-se ela a fatos pretéritos, anteriores à sua prolação, e, nessa medida, não atende ao art. 55, § 3º, da Lei 8.213/91, que exige início de prova material contemporânea dos fatos, e não posterior a eles.

IX. Tese jurídica firmada: "A sentença trabalhista homologatória de acordo somente será considerada início válido de prova material, para os fins do art. 55, § 3º, da Lei 8.213/91, quando fundada em elementos probatórios contemporâneos dos fatos alegados, aptos a evidenciar o exercício da atividade laboral, o trabalho desempenhado e o respectivo período que se pretende ter reconhecido, em ação previdenciária."

X. Caso concreto em que a Turma Nacional de Uniformização, ao manter o reconhecimento do direito à pensão por morte, com fundamento, ao que se infere dos autos, em sentença trabalhista meramente homologatória de acordo, divergiu da tese e do entendimento ora firmados. Nesse contexto, devem os autos retornar à origem, para que se prossiga na análise do pedido da parte autora, à luz da tese ora firmada, mesmo porque não consta do processo a sentença trabalhista homologatória de acordo, não se podendo afirmar, com certeza, que nela não se produziu "início de prova material contemporânea dos fatos" alegados, na forma do art. 55, § 3º, da Lei 8.213/91.

XI. Pedido de Uniformização de Interpretação de Lei acolhido, devendo os autos retornar à origem, para que se prossiga na análise do pedido da parte autora, à luz da tese ora firmada.

Apesar de o PUIL 293 ter sido julgado pela 1ª Seção do STJ, o tema foi alvo de afetação como repetitivo nº **1188** com determinação de suspensão nacional dos processos:

**PROCESSO**

ProAfR no REsp 2056866 / SP

PROPOSTA DE AFETAÇÃO NO RECURSO ESPECIAL

2021/0302832-4

**RELATOR**

Ministro BENEDITO GONÇALVES (1142)

ÓRGÃO JULGADOR

S1 - PRIMEIRA SEÇÃO

DATA DO JULGAMENTO

18/04/2023

DATA DA PUBLICAÇÃO/FONTE

DJe 26/04/2023

**EMENTA**

PROCESSUAL CIVIL E PREVIDENCIÁRIO. RECURSO ESPECIAL. PROPOSTA DE AFETAÇÃO PELO RITO DOS RECURSOS ESPECIAIS REPETITIVOS. SENTENÇA TRABALHISTA. INÍCIO DE PROVA MATERIAL. (IM)POSSIBILIDADE.

1. Delimitação da controvérsia: "**Definir se a sentença trabalhista homologatória de acordo, assim como a anotação na CTPS e demais documentos dela decorrentes constituem início de prova material para fins de reconhecimento de tempo de serviço**".

2. Recurso especial afetado ao rito do art. 1.036 e seguintes do CPC/2015 (art. 256-I do RISTJ, na redação da Emenda Regimental 24, de 28/09/2016), em conjunto com o REsp n. 1.938.265/MG.

3. Determinada a suspensão da tramitação de todos os processos que versem sobre a mesma matéria e tramitem no território nacional, nos termos do art. 1.037, II, do CPC/2015.

**ACÓRDÃO**

Vistos, relatados e discutidos os autos em que são partes as acima indicadas, acordam os Ministros da Primeira Seção do Superior Tribunal de Justiça, por unanimidade, afetar o processo ao rito dos recursos repetitivos (RISTJ, art. 257-C) para delimitar a seguinte tese controvertida: "Definir se a sentença trabalhista homologatória de acordo, assim como a anotação na CTPS e demais documentos dela decorrentes constituem início de prova material para fins de reconhecimento de tempo de serviço." e, igualmente por unanimidade, suspender a tramitação de todos os processos pendentes, individuais ou coletivos, que versem sobre a mesma matéria e tramitem em todo o território nacional (art. 1.037, II, do CPC/15), conforme proposta do Sr. Ministro Relator. Os Srs. Ministros Assusete Magalhães, Regina Helena Costa, Gurgel de Faria, Humberto Martins, Herman Benjamin e Mauro Campbell Marques votaram com o Sr. Ministro Relator.

Não participou do julgamento o Sr. Ministro Francisco Falcão.

Impedido o Sr. Ministro Paulo Sérgio Domingues.

Suponha-se que um segurado tenha se aposentado proporcionalmente aos 30 anos de serviço (regras anteriores à Emenda 20/98) em meados de 1998. Ele tentou se aposentar integralmente aos 35 anos de serviço, mas não conseguiu reunir documentos de um suposto vínculo de emprego de cinco anos.

Posteriormente, ajuizou uma reclamação trabalhista contra a empresa que supostamente trabalhou, obtendo sentença judicial transitada em julgado que reconheceu o vínculo empregatício por cinco anos.

Em seguida, apresentou essa decisão à agência do INSS mantenedora da sua aposentadoria, requerendo o reconhecimento dos cinco anos de contribuição e, por conseguinte, a conversão da aposentadoria proporcional em integral.

A questão é a seguinte: O INSS irá acatar a sentença trabalhista? Depende. Se após a análise do processo trabalhista existir início de prova material contemporâneo ao tempo de contribuição probando, a autarquia previdenciária deverá revisar o benefício. Caso contrário, o pedido deverá ser denegado, a exemplo de decisão trabalhista apenas norteada pelo meio de prova testemunhal.

Lamentavelmente, não é incomum a existência de lides simuladas no âmbito da Justiça do Trabalho, algumas delas objetivando a concessão ou revisão de benefício da Previdência Social.

Assim, por ser uma relação de trato sucessivo que poderá durar décadas, ainda podendo gerar o benefício de pensão por morte, a relação previdenciária deve se cercar de maiores cautelas para o reconhecimento do tempo de contribuição, mesmo porque são recursos públicos que são utilizados para o pagamento dos benefícios.

Todavia, na hipótese de ação trabalhista que busque apenas a complementação de remuneração do empregado, o INSS vem dispensando administrativamente que a sentença trabalhista seja fundamentada em início de prova material.

De efeito, tratando-se de ação trabalhista transitada em julgado envolvendo apenas a complementação de salários de contribuição de vínculo empregatício devidamente comprovado, não será exigido início de prova material, independente de existência de recolhimentos correspondentes[26].

Da mesma forma, tratando-se de reclamatória trabalhista que determine a reintegração do empregado, para a contagem do tempo de contribuição e o reconhecimento de direitos para os fins previstos no RGPS, não será exigido início de prova material, caso comprovada a existência do vínculo anteriormente[27].

**Veja-se o CRPS:**

**JR/CRPS – ENUNCIADO Nº 3 – Alterado: Publicado no DOU de 12.11.2019**

A comprovação do tempo de contribuição, mediante ação trabalhista transitada em julgado, somente produzirá efeitos para fins previdenciários quando baseada em início de prova material contemporânea aos fatos, constantes nos autos do processo judicial ou administrativo.

I - Não será admitida, para os fins previstos na legislação previdenciária, prova exclusivamente testemunhal, exceto na ocorrência de motivo de força maior ou caso fortuito.

**II - Não será exigido início de prova material se o objeto da ação trabalhista for a reintegração ou a complementação de remuneração, desde que devidamente comprovado o vínculo anterior em ambos os casos.**

Vale salientar que inexiste competência para a Justiça do Trabalho determinar que o INSS averbe tempo de serviço ou de contribuição, conforme decidido pelo TST:

"RECURSO DE REVISTA. INCOMPETÊNCIA DA JUSTIÇA DO TRABALHO. AVERBAÇÃO DE TEMPO DE

26. Artigo 172, inciso IV, da Instrução Normativa INSS 128/2022.
27. Artigo 173 da Instrução Normativa INSS 128/2022.

SERVIÇO DE PERÍODO DE TRABALHO RECONHECIDO EM JUÍZO PARA EFEITOS PREVIDENCIÁRIOS. **É da competência da Justiça Federal, nos termos do artigo 109, I e § 3º, da CF, a averbação do tempo de serviço relativo a vínculo empregatício reconhecido em juízo, para fins previdenciários, visto que tal competência não se encontra taxativamente prevista no artigo 114 da CF, tampouco existe legislação em vigor que fixe a competência desta Justiça Especializada para determinar tal averbação.** Recurso de revista conhecido e provido. (Processo: RR - 138700-43.2007.5.15.0009 Data de Julgamento: 24/11/2010, Relatora Ministra: Dora Maria da Costa, 8ª Turma, Data de Publicação: **DEJT 26/11/2010**)."

De efeito, quando se tratar de ofício da Justiça do Trabalho determinando a inclusão, exclusão, alteração ou ratificação de vínculos e remunerações e a averbação de tempo de contribuição ou outra determinação decorrente de reclamatória trabalhista, o documento deverá ser encaminhado à Procuradoria do INSS local para conhecimento e adoção das medidas cabíveis[28], ante a manifesta incompetência da Justiça Laboral para fazê-lo.

Existe precedente da lavra do STJ considerando como termo inicial da decadência decenal a coisa julgada trabalhista, quando a ação revisional se fundar em decisão da Justiça do Trabalho:

"DECADÊNCIA PARA O SEGURADO REVISAR BENEFÍCIO PREVIDENCIÁRIO. VIOLAÇÃO DO ART. 535 DO CPC. FALTA DE INTERESSE EM RECORRER. PARCELAS REMUNERATÓRIAS RECONHECIDAS PERANTE A JUSTIÇA DO TRABALHO. TERMO INICIAL PARA CONTAGEM DO PRAZO DECADENCIAL PREVISTO NO ART. 103 CAPUT DA LEI 8.213/1991. TRÂNSITO EM JULGADO DA SENTENÇA TRABALHISTA. ENTENDIMENTO QUE VEM SE FIRMANDO NO SUPERIOR TRIBUNAL DE JUSTIÇA. RECURSO ESPECIAL DO INSS CONHECIDO EM PARTE E NESSA PARTE NÃO PROVIDO. 1. Acerca da aplicação do prazo decadencial para o segurado revisar seu benefício, a tese foi analisada pela Primeira Seção do Superior Tribunal Justiça, no julgamento dos Recursos Especiais 1.309.529/PR, DJe de 4/6/2013 e 1.326.114/SC, DJe de 13/5/2013, ambos submetidos ao rito do recurso especial repetitivo, de Relatoria do Ministro Herman Benjamin. 2. No julgamento dos representativos da controvérsia, o STJ assentou que incide o prazo decadencial do art. 103 caput da Lei 8.213/1991, instituído pela Medida Provisória 1.523-9/1997, convertida na Lei 9.528/1997, também aos benefícios concedidos anteriormente a esse preceito normativo. 3. Há dois termos iniciais para contagem do prazo decadencial previsto no caput do art. 103 da Lei 8.213/1991: o primeiro a contar do dia primeiro do mês seguinte ao do recebimento da primeira prestação, o segundo, quando for o caso de requerimento administrativo, do dia em que tomar conhecimento da decisão indeferitória definitiva no âmbito administrativo. **4. Na hipótese de existir reclamação trabalhista em que se reconhece parcelas remuneratórias, como a do presente caso, o STJ vem sedimentando entendimento no sentido de que o prazo de decadência do direito à revisão do ato de concessão do benefício flui a partir do trânsito da sentença trabalhista.** 5. Recurso especial do INSS conhecido em parte e nessa parte não provido". (STJ, REsp 1440868, de 24/04/2014).

***Permissa venia***, a decisão do STJ é juridicamente equivocada. Isso porque a Justiça do Trabalho não possui competência para determinar a revisão de benefício previdenciário, razão pela qual a formação da coisa julgada trabalhista não pode ser considerada como o marco inaugural da decadência.

De efeito, independentemente da propositura de ação trabalhista, cabe ao segurado postular a revisão do benefício na Agência do INSS, demonstrando, por exemplo, que as parcelas salariais registradas no CNIS pelo empregador são inferiores às realmente devidas.

**A mesma apreciação feita pela Justiça do Trabalho, para fins trabalhistas e de arrecadação das contribuições previdenciárias, é feita pelo INSS para fins de revisão do benefício previdenciário.**

Ao julgar o Tema 200 representativo de controvérsia, que versa sobre a revisão de renda mensal com lastro em decisão da Justiça do Trabalho, a TNU decidiu que a prescrição ficará suspensa durante o tramite da reclamação trabalhista, somente voltando a fluir quando reconhecido o direito (coisa julgada) e após a homologação dos cálculos de liquidação:

28. Artigo 175, da Instrução Normativa INSS 128/2022.

<table>
<tr><td>Tema</td><td>200</td><td>Situação do tema</td><td>Julgado</td><td>Ramo do direito</td><td>DIREITO PREVIDENCIÁRIO</td></tr>
<tr><td colspan="2">Questão submetida a julgamento</td><td colspan="4">Definir os critérios de contagem do prazo prescricional da pretensão ao recebimento de diferenças decorrentes de revisão de renda mensal inicial em virtude de reclamação trabalhista.</td></tr>
<tr><td colspan="2">Tese firmada</td><td colspan="4">Na pretensão ao recebimento de diferenças decorrentes de revisão de renda mensal inicial em virtude de verbas salariais reconhecidas em reclamação trabalhista, a prescrição quinquenal deve ser contada retroativamente da data do ajuizamento da ação previdenciária, <u>não fluindo no período de tramitação da ação trabalhista</u>, enquanto não definitivamente reconhecido o direito e não homologados os cálculos de liquidação.</td></tr>
</table>

| Processo | Decisão de afetação | Relator (a) | Julgado em | Acórdão publicado em | Trânsito em julgado |
|---|---|---|---|---|---|
| PEDILEF 5002165-21.2017.4.04.7103/RS | 12/12/2018 - afetado pelo Pleno | Juiz Federal Atanair Nasser Ribeiro Lopes - para acórdão: Juíza Federal Susana Sbrogio Galia | 9/12/2020 | - | - |

No entanto, existe precedente do STJ aplicando a prescrição quinquenal:

Processo

AgInt no REsp 1569351 / SP

AGRAVO INTERNO NO RECURSO ESPECIAL 2015/0284339-8

Relator(a)

Ministro GURGEL DE FARIA (1160)

Órgão Julgador

T1 - PRIMEIRA TURMA

Data do Julgamento

30/08/2021

Data da Publicação/Fonte

DJe 08/09/2021

Ementa

PREVIDENCIÁRIO. APOSENTADORIA POR TEMPO DE CONTRIBUIÇÃO. **REVISÃO. VERBAS RECONHECIDAS NA JUSTIÇA DO TRABALHO. EFEITOS FINANCEIROS. PRESCRIÇÃO. INCIDÊNCIA.**

1. A jurisprudência de ambas as Turmas desta Corte possui a compreensão de que, em regra, o termo inicial dos efeitos financeiros decorrentes de verbas salariais reconhecidas em reclamatória trabalhista deve retroagir à data da concessão do benefício.

**2. O regramento legal da prescrição para o segurado da Previdência Social, previsto no parágrafo único do art. 103 da Lei n. 8.213/1991, estabelece que, em cinco anos prescreve toda e qualquer ação para haver prestações vencidas ou quaisquer restituições ou diferenças devidas, a contar da data em que deveriam ter sido pagas, salvo o direito dos menores, incapazes e ausentes, na forma do Código Civil.**

3. Caso em que a parte autora, aposentada desde 21/02/1997, embora tenha obtido, em seu favor, o direito à inclusão de parcelas reconhecidas na Reclamatória Trabalhista movida pelo Sindicato de sua categoria, com trânsito em julgado em 16/08/2000, somente formulou o seu pedido administrativo de revisão de aposentadoria em 27/12/2005, mais de cinco anos depois, motivo pelo qual o termo inicial dos efeitos financeiros deve permanecer nesta última data, tal como fixado pelo Tribunal de origem.

**4. A Lei de Benefícios, em situação assemelhada, ao tratar da Renda Mensal do Benefício, dispõe que o segurado que não puder comprovar o valor dos seus salários de contribuição no Período Básico de Cálculo - PBC terá sua renda recalculada por ocasião da apresentação de prova dos salários de contribuição e que a nova renda mensal, recalculada e atualizada, substituirá a anterior a partir da data do requerimento de revisão, na dicção de seus arts. 36 e 37.**

**5. A interpretação dos arts. 36 e 37, combinados com o parágrafo único do art. 103 da Lei n. 8.213/1991, leva à compreensão de serem indevidas as parcelas anteriores ao requerimento administrativo de revisão se transcorrido o prazo prescricional para postulação do alegado direito perante a Previdência Social, como na espécie.**

6. Agravo interno desprovido.

**Nesta revisional, o STJ decidiu que "o termo inicial dos efeitos financeiros da revisão deve** retroagir à data da concessão do benefício, **uma vez que o deferimento da ação revisional representa o reconhecimento tardio de direito já incorporado ao patrimônio jurídico do segurado, não obstante a comprovação posterior do salário de contribuição" (REsp 1555710, 2ª Turma, 24/5/2016):**

**STJ, Tema 966 - Incide o prazo decadencial previsto no caput do artigo 103 da Lei n. 8.213/1991 para reconhecimento do direito adquirido ao benefício previdenciário mais vantajoso.** REsp 1.612.818-PR, Rel. Min. Mauro Campbell Marques, por maioria, julgado em 13/02/2019, DJe 13/03/2019:

| INFORMAÇÕES DO INTEIRO TEOR |
|---|
| Cinge-se a controvérsia a saber se o prazo decadencial do *caput* do artigo 103 da Lei n. 8.213/1991 é aplicável aos casos de requerimento de um benefício previdenciário mais vantajoso, cujo direito fora adquirido em data anterior à implementação do benefício previdenciário ora em manutenção. O Supremo Tribunal Federal – STF ao analisar o tema da decadência do direito de o segurado revisar seu benefício, assentou que o direito à previdência social constitui direito fundamental e, uma vez implementados os pressupostos de sua aquisição, não há de ser afetado pelo decurso do tempo, apenas no tocante ao crédito dele decorrente. O prazo decadencial incide, portanto, sobre o conteúdo do ato administrativo: período básico de cálculo; salários de contribuição; salário de benefício; a incidência ou não do fator previdenciário sobre o cálculo; e a renda |

mensal inicial desse cálculo. Esses são os aspectos econômicos do cálculo do benefício. O STF protege o núcleo do direito fundamental. Permite possa o direito fundamental ao benefício previdenciário ser exercido a qualquer tempo, sem que se atribua qualquer consequência negativa à inércia do beneficiário. A decadência instituída pela MP n. 1.523-9/1997 atinge apenas a pretensão de rever benefício previdenciário, em outras palavras, a pretensão de discutir os componentes que formaram a graduação econômica do benefício já concedido. Todavia, STF estipulou a decadência prevista no *caput* do artigo 103, para reconhecimento de direito adquirido ao melhor benefício. A decadência justifica-se como respeito ao erário, ao dinheiro público, como ele é gasto, evitando descompasso nas contas da previdência social. Se há, realmente, um direito ao melhor benefício de aposentadoria, esse direito deve ser exercido em dez anos, porquanto o reconhecimento do direito adquirido ao melhor benefício equipara-se à revisão, quando já em manutenção na vida do trabalhador segurado uma aposentadoria. O segurado tem, portanto, dez anos, para aferir a viabilidade de alteração do seu ato de concessão de aposentadoria, após o qual caducará o direito adquirido ao melhor benefício.

No mesmo sentido a TNU:

Informativo 17/2017
Processo n. 0001530-06.2008.4.03.6316

Os efeitos financeiros da revisão do benefício previdenciário mediante a consideração de novos salários de contribuição reconhecidos em sede de reclamatória trabalhista retroagem à data da concessão do benefício, observada a prescrição quinquenal a contar do pedido administrativo de revisão.

Por fim, vale informar que a cada dia aumenta o número de demandas judiciais intentadas contra o INSS postulando a revisão ou concessão de benefício previdenciário com base em decisão ou acordo homologado na Justiça do Trabalho.

## 19.2. Cálculos

Inicialmente vamos tratar da hipótese de inclusão de tempo de serviço para fins de conversão de aposentadoria proporcional em integral, conforme comentado anteriormente. Vamos admitir que um segurado se aposentou em **01/11/1998** aos 30 anos de serviço e que a sentença trabalhista transitada em julgado, baseada em indícios de provas materiais da época, reconheceu o vínculo empregatício de 5 anos e 2 meses, relativo ao período de **01/02/1970 a 31/03/1975**. A seguir encontra a simulação comparativa da aposentadoria proporcional e integral, após o cômputo do período constante da sentença trabalhista.

**MARCOS ROSENO DE JESUS**

ESPÉCIE: **42** (APOSENTADORIA POR TEMPO DE SERVIÇO)

| | |
|---|---|
| DATA DE INÍCIO DO BENEFÍCIO: | **01/11/1998** |
| TEMPO DE CONTRIBUIÇÃO: **30 anos 02 meses e 23 dias** | |
| PERÍODO BÁSICO DE CÁLCULO: **11/1995 a 10/1998** | |
| MÉDIA DE SALÁRIOS | **1.120,00** |
| SALÁRIO DE BENEFÍCIO- limitado ao teto: | **1.081,50** |
| COEFICIENTE: | **70%** |
| RENDA MENSAL INICIAL: | **757,05** |
| ÍNDICE TETO- Art. 21 Lei 8.880/94 | **1,0356** |

**REAJUSTES PREVIDENCIÁRIOS**

| Data | Renda Mensal Inicial | Índices de reajustes | Renda Mensal Reajustada |
|---|---|---|---|
| jun/99 | 757,05 | 1,026600 | 777,19 |
| jun/99 | 777,19 | 1,0356 | 804,85 |
| jun/00 | 804,85 | 1,058100 | 851,62 |
| jun/01 | 851,62 | 1,076600 | 916,85 |
| jun/02 | 916,85 | 1,092000 | 1.001,20 |
| jun/03 | 1.001,20 | 1,197100 | 1.198,54 |
| mai/04 | 1.198,54 | 1,045300 | 1.252,83 |
| mai/05 | 1.252,83 | 1,063550 | 1.332,45 |
| abr/06 | 1.332,45 | 1,050100 | 1.399,20 |

**MARCOS ROSENO DE JESUS**

ESPÉCIE: **42** (APOSENTADORIA POR TEMPO DE SERVIÇO)

| | |
|---|---|
| DATA DE INÍCIO DO BENEFÍCIO: | **01/11/1998** |
| TEMPO DE CONTRIBUIÇÃO: **35 anos 04 meses e 23 dias** | |
| PERÍODO BÁSICO DE CÁLCULO: **11/1995 a 10/1998** | |
| MÉDIA DE SALÁRIOS | **1.120,00** |
| SALÁRIO DE BENEFÍCIO- limitado ao teto: | **1.081,50** |
| COEFICIENTE: | **100%** |
| RENDA MENSAL INICIAL: | **1.081,50** |
| ÍNDICE TETO- Art. 21 Lei 8.880/94 | **1,0356** |

**REAJUSTES PREVIDENCIÁRIOS**

| Data | Renda Mensal Inicial | Índices de reajustes | Renda Mensal Reajustada |
|---|---|---|---|
| jun/99 | 1.081,50 | 1,026600 | 1.110,27 |
| jun/99 | 1.110,27 | 1,0356 | 1.149,79 |
| jun/00 | 1.149,79 | 1,058100 | 1.216,59 |
| jun/01 | 1.216,59 | 1,076600 | 1.309,79 |
| jun/02 | 1.309,79 | 1,092000 | 1.430,29 |
| jun/03 | 1.430,29 | 1,197100 | 1.712,20 |
| mai/04 | 1.712,20 | 1,045300 | 1.789,76 |
| mai/05 | 1.789,76 | 1,063550 | 1.903,50 |
| abr/06 | 1.903,50 | 1,050100 | 1.998,86 |

| | | | |
|---|---|---|---|
| abr/07 | 1.399,20 | 1,033000 | 1.445,38 |
| mar/08 | 1.445,38 | 1,050000 | 1.517,65 |
| fev/09 | 1.517,65 | 1,059200 | 1.607,49 |
| jan/10 | 1.607,49 | 1,077200 | 1.731,59 |
| jan/11 | 1.731,59 | 1,064700 | 1.843,62 |
| jan/12 | 1.843,62 | 1,060800 | 1.955,72 |
| jan/13 | 1.955,72 | 1,062000 | 2.076,97 |
| jan/14 | 2.076,97 | 1,055600 | 2.192,45 |
| jan/15 | 2.192,45 | 1,062300 | 2.329,04 |
| jan/16 | 2.329,04 | 1,112800 | 2.591,75 |
| jan/17 | 2.591,75 | 1,065800 | 2.762,29 |
| jan/18 | 2.762,29 | 1,020700 | 2.819,47 |
| jan/19 | 2.819,47 | 1,034300 | 2.916,18 |
| jan/20 | 2.916,18 | 1,044800 | 3.046,82 |
| jan/21 | 3.046,82 | 1,054500 | 3.212,88 |
| **jan/22** | **3.212,88** | **1,101600** | **3.539,30** |

| | | | |
|---|---|---|---|
| abr/07 | 1.998,86 | 1,033000 | 2.064,83 |
| mar/08 | 2.064,83 | 1,050000 | 2.168,07 |
| fev/09 | 2.168,07 | 1,059200 | 2.296,42 |
| jan/10 | 2.296,42 | 1,077200 | 2.473,70 |
| jan/11 | 2.473,70 | 1,064700 | 2.633,75 |
| jan/12 | 2.633,75 | 1,060800 | 2.793,88 |
| jan/13 | 2.793,88 | 1,062000 | 2.967,10 |
| jan/14 | 2.967,10 | 1,055600 | 3.132,07 |
| jan/15 | 3.132,07 | 1,062300 | 3.327,20 |
| jan/16 | 3.327,20 | 1,112800 | 3.702,51 |
| jan/17 | 3.702,51 | 1,065800 | 3.946,13 |
| jan/18 | 3.946,13 | 1,020700 | 4.027,82 |
| jan/19 | 4.027,82 | 1,034300 | 4.165,97 |
| jan/20 | 4.165,97 | 1,044800 | 4.352,61 |
| jan/21 | 4.352,61 | 1,054500 | 4.589,82 |
| **jan/22** | **4.589,82** | **1,101600** | **5.056,15** |
| | | Proveito econômico | **1.516,85** |

Com a integralização da aposentadoria, a mensalidade reajustada para 01/2022 é alterada de **R$ 3.539,30** para **R$ 5.056,15**, representando um aumento de 42,86%.

## 20. EXCLUSÃO DO FATOR PREVIDENCIÁRIO NA APOSENTADORIA POR TEMPO DE CONTRIBUIÇÃO PROPORCIONAL CONCEDIDA COM BASE NAS REGRAS DE TRANSIÇÃO DA EC 20/98

### 20.1. Considerações gerais

Em especial a partir do ano de 2013, esta ação de revisão de aposentadoria por tempo de contribuição vem se proliferando nas varas da Justiça Federal Brasil afora, conquanto quase sempre a sentença seja de improcedência do pedido.

A tese é a seguinte: é incabível a incidência do fator previdenciário nas aposentadorias proporcionais por tempo de contribuição concedidas aos antigos segurados com base nas regras transitórias da Emenda Constitucional 20/1998, por já se tratar de uma aposentadoria que não possui proventos integrais, havendo uma suposta incompatibilidade na incidência do fator previdenciário com as regras transitórias.

No entanto, a tese vem sendo repelida de maneira prevalente no Poder Judiciário até o momento. Isso porque o fator previdenciário não foi instituído pela Constituição ou por suas Emendas, e sim pela Lei 9.876/99, sendo posterior à regra de transição da aposentadoria proporcional inaugurada pela EC 20/1998.

Logo, o INSS faz incidir o fator previdenciário compulsoriamente a todas as aposentadorias concedidas após a vigência da Lei 9.876/99, salvo direito adquirido formado anteriormente, que é previsto expressamente respeitado no seu artigo 6º:

> "Art. 6º É garantido ao segurado que até o dia anterior à data de publicação desta Lei tenha cumprido os requisitos para a concessão de benefício o cálculo segundo as regras até então vigentes".

Assim sendo, em havendo o uso de tempo de contribuição prestado após a vigência da Lei 9.876/99, é compulsória a aplicação do fator previdenciário na aposentadoria por tempo de contribuição, mesmo que seja a proporcional prevista na EC 20/1998.

Nesse sentido, a sistemática adotada pelo INSS vem sendo acatada pela jurisprudência amplamente dominante, a exemplo do TRF da 3ª Região, do TRF da 5ª Região e da TNU:

> "**PREVIDENCIÁRIO. AÇÃO REVISIONAL. FATOR PREVIDENCIÁRIO. TÁBUA DE MORTALIDADE. COEFICIENTE DE APOSENTADORIA PROPORCIONAL.**– Com a Emenda Constitucional nº 20/98, publicada em 16.12.98, o artigo 201 da Constituição Federal passou a ter nova redação, prevendo, em seu parágrafo 3º, que a atualização dos salários de contribuição deveria ser feita na forma da lei. Destarte, foi editada a Lei nº 9.876/99 que, instituindo o fator previdenciário e sua forma de apuração, deu nova redação ao artigo 29 da Lei nº 8.213/91.– A apuração da expectativa de sobrevida foi atribuída pelo Legislativo ao Instituto Brasileiro de Geografia e Estatística – IBGE, cuja competência exclusiva para tal tarefa não pode ser discutida pelo Poder Judiciário, sob pena de desacato aos princípios da independência e harmonia entre os Poderes da União, previstos no artigo 2º da Constituição Federal de 1988. Ao INSS, por sua vez, cabe apenas observar, em obediência à Lei, a tabela vigente, quando do

requerimento do benefício.- Se o autor insurge-se contra o fato de o IBGE, de posse de dados mais precisos, haver constatado aumento da expectativa de sobrevida, a partir da tabela publicada em dezembro/2003 (não apontando, em verdade, inconsistência ou ilegalidade da metodologia adotada), contra o IBGE deve voltar-se, não sendo, o INSS, órgão competente para figurar como parte na discussão de tal questão.- **O Supremo Tribunal Federal decidiu, no julgamento da Medida Cautelar na Ação Direta de Inconstitucionalidade nº 2.110, que não existe inconstitucionalidade na introdução do fator previdenciário no cálculo de benefício, porquanto os respectivos critérios não estão traçados na Constituição, cabendo à lei sua definição, dentro das balizas impostas pelo artigo 201, a saber, preservação do equilíbrio financeiro e atuarial, reconhecendo nas normas legais os elementos necessários ao atingimento de tal finalidade.- A sistemática introduzida se coaduna com o sistema de repartição simples, em que se funda o regime previdenciário, baseado na solidariedade entre indivíduos e gerações e que autoriza o tratamento diferenciado entre aqueles que contribuíram ou usufruirão por tempo maior ou menor.- Conquanto se alegue que não há definitividade nos julgamentos ocorridos nas ADIs 2.111 e 2.110, ao argumento de que a matéria foi apreciada apenas em sede de medida cautelar, tal posicionamento vem sendo mantido nos julgados recentes do Supremo Tribunal Federal.- Legítima, portanto, a conduta do INSS ao aplicar a fórmula do fator previdenciário no cálculo dos benefícios de aposentadoria por tempo de contribuição ou por idade concedidos a partir de 29.11.1999 (data de sua publicação).-** Considerando-se que o benefício da autora foi deferido a partir de 26.01.2004, a tabela a ser utilizada é a publicada no primeiro dia útil de dezembro/2003, que apura a tábua de mortalidade de 2002, em consonância com o disposto no artigo 2º do Decreto nº 3.266, de 29.11.1999 c.c. artigo 32, § 13, do Decreto nº 3.048/1999.- O pedido de majoração do coeficiente da aposentadoria proporcional, mediante a observância do artigo 53 da Lei nº 8.213/91, também não merece provimento, porquanto a autora não laborou por tempo equivalente a 25 (vinte e cinco) anos, em data anterior ao advento da EC nº 20/98, não contando com o tempo mínimo para a obtenção da aposentadoria proporcional, devendo submeter-se à regra de transição trazida pela EC nº 20/98.- Para aquele que não completou o tempo até 15.12.1998 é assegurado o cômputo de tempo posterior, pelo artigo 9º, parágrafo 1º, inciso II, da Emenda Constitucional nº 20/98.- A majoração do coeficiente, contudo, não se faz à base do disposto no artigo 53, I, da Lei nº 8.213/91, que prevê o acréscimo de 6% ao ano de atividade, porque o período suplementar refere-se a trabalho desempenhado após a vigência da EC 20, regendo-se pelas novas disposições constitucionais, segundo a máxima tempus regit actum.- A renda mensal inicial da autora deve ser calculada conforme preceituado pelo inciso II, do parágrafo 1º, do artigo 9º, da Emenda Constitucional nº 20/98, acrescendo-se de 5% (cinco por cento) por ano de contribuição o valor proporcional do benefício - equivalente a 70% da aposentadoria. O tempo total, apurado até 26.01.2004, é de 29 anos, 04 meses e 20 dias, e o coeficiente, portanto, 90%.- Honorários advocatícios a cargo da sucumbente, dos quais fica dispensada por ser beneficiária da justiça gratuita.- Remessa oficial e apelação do INSS às quais se dá provimento para reformar a sentença e julgar improcedente a ação" **(TRF 3ª Região, APELREEX 00098589620094036183, de 01/07/2013).**

"PREVIDENCIÁRIO E PROCESSUAL CIVIL. **REVISÃO DE RMI DE APOSENTADORIA PROPORCIONAL. CÁLCULO SEM A APLICAÇÃO DO FATOR PREVIDECIÁRIO. IMPOSSIBILIDADE. NÃO CUMPRIMENTO DOS REQUISITOS PARA APOSENTAÇÃO ANTES DA EC 20/98. APOSENTADORIA POSTERIOR À LEI Nº9.876/1999**. 1. A matéria trazida para deslinde diz autora consiste na possibilidade de revisão do cálculo da RMI da aposentadoria por tempo de contribuição proporcional, concedida à parte autora em 09/12/2009, com a exclusão do fator previdenciário, uma vez que a sentença considerou que antes da edição da Lei nº 9.876/1999, já reunia as condições para tanto. 2. A aposentadoria por tempo de serviço era concedida ao segurado que à época comprovasse a carência de 25 anos de tempo de serviço, se do sexo feminino ou 30 anos, se do masculino, proporcionando-lhe uma renda mensal no valor de 70% do salário de benefício, mais 6% deste para cada ano novo completo de atividade, até o máximo de 100% do salário de benefício aos 30 anos, no caso da mulher e 35 anos, no caso do homem, conforme arts. 52 e 53, da Lei nº 8213/91). 3. Com o advento da Emenda Constitucional nº 20/98, que instituiu a aposentadoria por tempo de contribuição, foi assegurado o direito a aposentadoria àqueles que atendessem os seguintes requisitos: Contar com cinqüenta e três anos de idade, se homem, e quarenta e oitos anos de idade, se mulher; e contar tempo de contribuição igual, no mínimo, à soma de: a) trinta e cinco anos, se homem, e trinta anos, se mulher e; b) um período adicional de contribuição equivalente a vinte por cento do tempo que, na data da publicação desta Emenda, faltaria para atingir o limite de tempo, podendo aposentar-se com valores proporcionais desde que atenda as seguintes condições. Contar tempo de contribuição igual, no mínimo, à soma de: trinta anos, se homem, e vinte e cinco anos, se mulher, nos termos do art. 9º da mencionada Emenda Constitucional. 4. Aos segurados do Regime Geral da Previdência Social, que tenham cumprido todos os requisitos para a concessão de aposentadoria por tempo de serviço, na forma da legislação vigente até a data da publicação da EC 20/98, seus direitos ficaram ressalvados pelo preceito constante do caput do art. 3º desta Emenda. 5. Conforme se verifica da carta de concessão (fls. 22/25), o benefício de aposentadoria do autor foi concedido em 09/12/2009, cujo cálculo da sua RMI teve por base a Lei nº 9.876/99, já que não havia preenchido os requisitos necessários à concessão do benefício antes da EC/98, devendo ser mantido no cálculo da RMI a aplicação do fator previdenciário. Outrossim, ressalte-se que os cálculos dos benefícios são efetuados de acordo com a legislação vigente à época. 6. Deixa-se de inverter o ônus da sucumbência em face da condição de beneficiária da justiça gratuita ostentada pela parte autora. Apelação e remessa oficial providas" **(TRF 5ª Região, Apelação / Reexame Necessário - 25948, de 07/03/2013).**

"PREVIDENCIÁRIO. DIREITO ADQUIRIDO A APOSENTADORIA POR TEMPO DE SERVIÇO NA MODALIDADE PROPORCIONAL EM DATA ANTERIOR À EMENDA CONSTITUCIONAL 20/1998, NÃO DÁ AO SEGURADO O DIREITO DE COMPUTAR TEMPO DE CONTRIBUIÇÃO POSTERIOR A 15/12/1998 PARA APOSENTAR-SE NA MODALIDADE INTEGRAL. **A CONSIDERAÇÃO DE TEMPO DE CONTRIBUIÇÃO POSTERIOR A 05/12/1999 IMPEDE A DESCONSIDERAÇÃO DO FATOR PREVIDENCIÁRIO, INTRODUZIDO PELA LEI 9.876, PUBLICADA EM RETIFICAÇÃO EM 06/12/1999.** TEMPO DE CONTRIBUIÇÃO E FORMA DE CÁLCULO DEVEM SER COMPATÍVEIS COM AS EXIGÊNCIAS EM VIGOR AO TEMPO DA SATISFAÇÃO DE TODOS OS REQUISITOS PARA A APOSENTADORIA NA MODALIDADE REQUERIDA. IMPOSSIBILIDADE DE APLICAÇÃO DE SISTEMA HÍBRIDO DE ELEIÇÃO PELO SEGURADO. ALTERAÇÃO DE POSICIONAMENTO DA TNU. PEDILEF CONHECIDO E NÃO PROVIDO. O requerente pretende a reforma do Acórdão da Turma Recursal gaúcha, para que lhe seja assegurado o que denomina "direito adquirido" a aposentar-se com tempo de contribuição considerado até 28/11/2003, mesma data da entrada de seu requerimento administrativo (DER), com cálculo da renda mensal inicial (RMI) pela média das 36 últimas contribuições entre as 48 últimas competências, afastando-se a incidência do fator previdenciário e também da utilização dos 80% maiores salários-de-contribuição a contar de julho de 1994. O requerente entende que, por ter ao menos 30 anos de tempo de serviço e contribuição computados até 16/12/1998, data da entrada em vigor da Emenda Constitucional 20, adquiriu o direito à aposentadoria naquela sistemática anterior, o que não afasta seu direito a computar as novas contribuições que se sucederam. A Sentença, digna de elogios por sua clareza, concisão e percuciência, foi confirmada pelos próprios fundamentos pelo Acórdão do colegiado gaúcho. Firma a divergência jurisprudencial com aquele Acórdão apresentando o Acórdão do Pedilef 200538007379111, em que por maioria a TNU, sendo relatora para aquele a Juíza Federal Maria Divina Vitória, entendeu da mesma forma que apresenta sua pretensão. Entendo presentes a similitude fática e jurídica da hipótese destes autos com aquela tratada no Pedilef supracitado. Em minhas pesquisas de jurisprudência nos acervos da TNU, STJ e STF nada mais encontrei com tamanha similitude fática e jurídica. Contudo, penso que seja o caso de revermos aquele posicionamento. O requerente não pretendeu a percepção de aposentadoria proporcional por tempo de serviço, a que tinha direito segundo as regras vigentes até a entrada em vigor da Emenda Constitucional 20/1998, considerando o tempo total naquela data e forma de cálculo da RMI segundo as normas vigentes ao tempo da aquisição de seu direito. O requerente tampouco pretendeu a percepção de aposentadoria proporcional ou integral, considerando as regras de transição da Emenda Constitucional 20, de 15/12/1998, publicada e vigendo desde 16/12/1998, que lhe exigiam 53 anos de idade mínima e tempo de contribuição de 35 anos ou um período adicional (pedágio) de 20% sobre o tempo que lhe faltava para completar os 35 anos em 16/12/1998. O requerente deseja que lhe seja reconhecido o direito adquirido a um sistema híbrido. Em afronta ao entendimento clássico do que seja o direito adquirido e da Jurisprudência consagrada do STF sobre o tema, que é a Corte a quem cabe a última palavra sobre os direitos adquiridos, já que se trata de assunto inserido em nosso texto constitucional, o requerente pretende o reconhecimento de um direito mesmo sem ter satisfeito todas as condições de exercício desse direito ao tempo da modificação constitucional do sistema de previdência pública e geral dado pela supracitada Emenda Constitucional. O autor pretende congelar as exigências para a sua aposentadoria por tempo de serviço em 15/12/1998, quando possuía condição de se aposentar proporcionalmente por tempo de serviço, logo, tendo direito adquirido a este específico benefício previdenciário, para que em 28/11/2003, quase cinco anos depois, possa se aposentar, não mais proporcionalmente, mas integralmente, não mais considerando o tempo de contribuição em 15/12/1998, inclusive, mas sim até a DER, em 28/11/2003, não pelas novas regras de cálculo da RMI de seu benefício, mas pelas anteriores, afastando-se o fator previdenciário e o cômputo de todas as contribuições desde julho de 1994. Logo, o que o autor pretende é mais que o direito adquirido a um regime jurídico, mais que um direito adquirido, pretende a criação de um sistema híbrido de previdência social que se amolde ao melhor dos mundos para cada beneficiário individualmente considerando, pouco se importando com um sistema geral ou com os benefícios de toda a sociedade e do universo de segurados e beneficiários da previdência social. O que o artigo 3º da Emenda Constitucional 20/1998 assegurou, inclusive ao autor, ele não quer, em verdade, porque seria apenas o direito adquirido à aposentadoria por tempo de serviço com tempo mínimo de 30 anos, inexigibilidade de idade mínima e cálculo da RMI pela média aritmética dos últimos 36 salários-de-contribuição, entre os 48 últimos meses anteriores à DIB, atualizados monetariamente até a data da concessão. Em 28/11/2003, para que pudesse considerar as regras vigentes antes de 16/12/1998, teria que se enquadrar nas exigências do artigo 9º da Emenda Constitucional 20/1998, que inconvenientemente omite, e que lhe exigiriam 53 anos de idade, que só completaria mais tarde, em 16/02/2010, e, caso seu tempo de contribuição fosse inferior a 35 anos, deveria pagar um adicional de tempo de atividade de 20% sobre o tempo restante naquela data de 16/12/1998. A existência de único precedente da TNU, por maioria, nos idos de 2007, não parecem firmar o entendimento definitivo deste colegiado, a ser prestigiado em detrimento de todos os demais precedentes que tratam de sistemas análogos de direito adquirido e de alterações de regime jurídico e possibilidade de estabelecimento de regras de transição, ante a inexistência de garantia em nosso sistema legal das expectativas de direito. Ou bem o requerente se aposentava, ainda com 41 anos de idade, por tempo de serviço na modalidade proporcional, já que tinha mais de 30 anos de tempo em 15/12/1998, inclusive, ou lhe cabe simplesmente ser tratado como todos os demais que se encontravam na mesma situação em 16/12/1998, passando a ter de contar com 53 anos de idade para poder se aposentar proporcionalmente com cômputo de tempo posterior àquela data, ou sem a exigência de idade, na modalidade integral, com 35 anos, mas ao tempo em que completou o período exigido e não em data pretérita ao próprio tempo de serviço que pretende ver computado. O mesmo cabe para a questão da modificação do período básico de cálculo da renda mensal inicial do benefício, que passou a considerar os 80% maiores salários-de-contribuição desde julho de 1994, atualizados monetariamente até a concessão, e a aplicar o fator previdenciário a quem não tinha completado as exigências para a sua aposentadoria em data de 06/12/1999, data da publicação da retificação da Lei 9.876, anteriormente publicada em 29/11/1999. Veja-se que tampouco o requerente tinha condições de se aposentar pela modalidade integral em 29/11/1999, pois não possuía 35 anos de tempo de contribuição, logo, não lhe cabe o direito de exigir a não incidência do fator previdenciário, que prestigia as pessoas de maior tempo de contribuição e idade em detrimento daqueles que possuem menor idade e tempo de contribuição, criado justamente para desestimular as aposentadorias precoces como a do autor da demanda. Ante o exposto, voto por conhecer do Pedido de Uniformização da Interpretação de Lei Federal e negar-lhe provimento, firmando a tese de que àqueles que possuíam direito adquirido a aposentadoria por tempo de serviço na modalidade proporcional em 15/12/1998, inclusive, não é permitido que computem tempo de contribuição a partir de 16/12/1998, data da publicação da Emenda Constitucional 20 e nem que se utilizem da forma de cálculo da renda mensal inicial anteriormente vigente, sem que satisfaça os requisitos exigidos na norma de transição do seu artigo 9º. Julgamento realizado de acordo com o art. 7º, VII, a), do RITNU, servindo como representativo de controvérsia" **(TNU, PEDILEF 50052947020134047104, de 07/05/2014)**

Elucidativo foi o voto proferido pelo Des. Federal Celso Kipper, na Apelação Cível n. 00041826920094047112 (D.E de 31/10/2012), da 6ª Turma do Tribunal Regional Federal da 4ª Região:

"... O coeficiente de cálculo é elemento externo à natureza jurídica do salário de benefício, não integra o seu cálculo, e, portanto, não tem caráter atuarial algum. Incide na apuração da renda mensal inicial somente após calculado o salário de benefício, e isto apenas para que a fruição do benefício se dê na proporção do tempo de contribuição do segurado. Ou seja, se o segurado tem tempo de contribuição que lhe garanta a aposentadoria na modalidade integral, fará jus a 100% do salário de benefício (limitado, para fins de pagamento, ao teto – limite máximo do salário de contribuição). Se, por outro lado, tem direito a aposentadoria na modalidade proporcional, então fará jus ao salário de benefício na proporção estabelecida pela EC 20/98 (setenta por cento, acrescido de cinco por cento por ano de contribuição que supere a soma do tempo mínimo necessário para aposentadoria e o 'pedágio' – inciso II do § 1º do art. 9º). Não se trata, pois, de critério de restrição atuarial, como denomina a parte autora, mas de critério de fruição do benefício, de acordo com o tempo de contribuição de que dispõe o segurado e na proporção estabelecida pelo constituinte derivado.

Já o fator previdenciário é elemento intrínseco do cálculo do salário de benefício e tem natureza atuarial, pois leva em consideração a idade do segurado, seu tempo de contribuição e expectativa de vida, de forma a modular o valor da renda mensal a que o beneficiário fará jus a partir da concessão e assim preservar, nos termos da lei, o equilíbrio atuarial e financeiro do sistema previdenciário. Aliás, o fator previdenciário pode tanto reduzir como aumentar o valor final do salário de benefício, a depender da situação individual de cada segurado com relação aos elementos que integram sua fórmula de cálculo.

Dessa forma, não há falar em dupla penalização do segurado, pois não há conflito entre o coeficiente de cálculo da aposentadoria proporcional e o fator previdenciário, haja vista que este último compõe o conjunto de critérios destinado, por lei, a dar cumprimento à preservação do equilíbrio financeiro e atuarial da Previdência Social, nos termos do caput do art. 201 da Constituição Federal, com a redação que lhe foi dada pela EC 20/98, enquanto que o coeficiente de cálculo apenas estabelece qual a proporção do valor do salário de benefício a que o segurado faz jus, tendo em vista não ter alcançado tempo de contribuição suficiente para a aposentadoria integral".

Sinceramente, entende-se que esta ação revisional é impertinente, mas caberá ao STF se posicionar a respeito, pois o tema já obteve repercussão geral reconhecida:

**"RE 639856 RG / RS – RIO GRANDE DO SUL**

**REPERCUSSÃO GERAL NO RECURSO EXTRAORDINÁRIO**

**Relator(a): Min. GILMAR MENDES**

**Julgamento: 15/11/2012**

Constitucional. 2. Previdenciário. Aposentadoria proporcional por tempo de contribuição. Fórmula de cálculo do salário de benefício. 3. Benefícios concedidos a segurados filiados ao Regime Geral até 12.12.1998. 4. Controvérsia. Incidência do fator previdenciário (Lei 9.876/99) ou das regras de transição trazidas pela EC 20/98. 5. Cômputo de tempo posterior à Lei 9.876, de 26.11.99. 6. Relevância da questão constitucional. Repercussão geral reconhecida".

## 20.2. Cálculos

Para exemplificar o tema, vamos admitir a seguinte hipótese: um segurado que possuía direito adquirido em 16/12/1998, com tempo de contribuição total de **30 anos 02 meses e 18 dias**; requereu o benefício de aposentadoria em **04/12/2001**, com tempo de contribuição total de **33 anos 02 meses e 06 dias**; e 51 anos de idade na data do requerimento do benefício. As informações de tempo de contribuição seguem abaixo:

**FREDERICO AUGUSTO DI TRINDADE AMADO**
DATA DE NASCIMENTO: **19/01/1950**
DATA DE INÍCIO DO BENEFÍCIO: **04/12/2001**

**IDADE**

| IDADE | | IDADE | | |
|---|---|---|---|---|
| INÍCIO | FIM | ANOS | MESES | DIAS |
| 19/01/1950 | 04/12/2001 | 51 | 10 | 16 |

| IDADE EM DIAS | FATOR | IDADE EM DIAS |
|---|---|---|
| 18676 | 1 | 18676 |
| TOTAL DE DIAS | | 18676 |

| IDADE | | |
|---|---|---|
| Anos | Meses | Dias |
| 51 | 10 | 16 |

**TEMPO DE CONTRIBUIÇÃO EM 16/12/1998**

| CONTRATOS DE TRABALHO | | TEMPO MÍNIMO | TEMPO DE SERVIÇO | | | TEMPO EM DIAS | FATOR | TEMPO EM DIAS |
|---|---|---|---|---|---|---|---|---|
| INÍCIO | FIM | | ANOS | MESES | DIAS | | | |
| 01/03/1967 | 31/12/1975 | 35 | 8 | 10 | 1 | 3181 | 1 | 3181 |
| 01/03/1977 | 30/06/1985 | 35 | 8 | 4 | 0 | 3000 | 1 | 3000 |
| 01/09/1985 | 31/01/1993 | 35 | 7 | 5 | 1 | 2671 | 1 | 2671 |
| 01/05/1993 | 16/12/1998 | 35 | 5 | 7 | 16 | 2026 | 1 | 2026 |
| | | | | | | TOTAL DE DIAS | | 10878 |

| TEMPO APURADO | | |
|---|---|---|
| Anos | Meses | Dias |
| 30 | 2 | 18 |

**TEMPO DE CONTRIBUIÇÃO EM 04/12/2001**

| CONTRATOS DE TRABALHO | | TEMPO MÍNIMO | TEMPO DE SERVIÇO | | | TEMPO EM DIAS | FATOR | TEMPO EM DIAS |
|---|---|---|---|---|---|---|---|---|
| INÍCIO | FIM | | ANOS | MESES | DIAS | | | |
| 01/03/1967 | 31/12/1975 | 35 | 8 | 10 | 1 | 3181 | 1 | 3181 |
| 01/03/1977 | 30/06/1985 | 35 | 8 | 4 | 0 | 3000 | 1 | 3000 |
| 01/09/1985 | 31/01/1993 | 35 | 7 | 5 | 1 | 2671 | 1 | 2671 |
| 01/05/1993 | 04/12/2001 | 35 | 8 | 7 | 4 | 3094 | 1 | 3094 |
| | | | | | | TOTAL DE DIAS | | 11946 |

| TEMPO APURADO | | |
|---|---|---|
| Anos | Meses | Dias |
| 33 | 2 | 6 |

Da análise da situação do segurado em referência, constata-se que o mesmo possui direito ao cálculo da aposentadoria com base nas regras vigentes em **16/12/1998**, antes da vigência da Emenda Constitucional nº 20/98. O cálculo do salário de benefício será com base na média aritmética simples dos 36 últimos salários de contribuição apurados num período não superior a 48 meses, em conformidade com a redação original do Art. 29 da Lei nº 8.213/91. A renda mensal apurada em 16/12/1998 será reajustada até 04/12/2001, entre a data do direito adquirido e a data do requerimento. O segurado não terá direito ao benefício com o cômputo do tempo de contribuição até 04/12/2001, tendo em vista que o mesmo não possui a idade mínima de 53 anos exigida a partir da Emenda Constitucional nº 20/98. Abaixo encontram-se os cálculos do caso concreto abordado. O segurado recebia salários de contribuição equivalente ao teto máximo.

**CÁLCULO DA RENDA MENSAL - DIREITO ADQUIRIDO EM 16/12/1998**

**FREDERICO AUGUSTO DI TRINDADE AMADO**

DATA DE NASCIMENTO: **19/01/1950**

ESPÉCIE: **42** (APOSENTADORIA POR TEMPO DE CONTRIBUIÇÃO)

DATA DO DIREITO ADQUIRIDO: **16/12/1998**

DATA DE INÍCIO DO BENEFÍCIO: **04/12/2001**

TEMPO DE CONTRIBUIÇÃO: **30 anos 02 meses e 18 dias**

BASE LEGAL: LEI 8.213 DE 24 DE JULHO DE 1991

PERÍODO BÁSICO DE CÁLCULO: **12/1995 a 11/1998**

| Sequência | Mês/ano | Salário | Índice | Salário atualizado |
|---|---|---|---|---|
| 1 | dez/95 | 832,66 | 1,211009 | 1.008,36 |
| 2 | jan/96 | 832,66 | 1,191351 | 991,99 |
| 3 | fev/96 | 832,66 | 1,174208 | 977,72 |
| 4 | mar/96 | 832,66 | 1,165930 | 970,82 |
| 5 | abr/96 | 832,66 | 1,162558 | 968,02 |
| 6 | mai/96 | 957,56 | 1,154477 | 1.105,48 |
| 7 | jun/96 | 957,56 | 1,135402 | 1.087,22 |
| 8 | jul/96 | 957,56 | 1,121717 | 1.074,11 |
| 9 | ago/96 | 957,56 | 1,109623 | 1.062,53 |
| 10 | set/96 | 957,56 | 1,109578 | 1.062,49 |
| 11 | out/96 | 957,56 | 1,108138 | 1.061,11 |
| 12 | nov/96 | 957,56 | 1,105705 | 1.058,78 |
| 13 | dez/96 | 957,56 | 1,102618 | 1.055,82 |
| 14 | jan/97 | 957,56 | 1,092999 | 1.046,61 |
| 15 | fev/97 | 957,56 | 1,075998 | 1.030,33 |
| 16 | mar/97 | 957,56 | 1,071498 | 1.026,02 |
| 17 | abr/97 | 957,56 | 1,059211 | 1.014,26 |
| 18 | mai/97 | 957,56 | 1,052999 | 1.008,31 |
| 19 | jun/97 | 1.031,87 | 1,049849 | 1.083,31 |
| 20 | jul/97 | 1.031,87 | 1,042551 | 1.075,78 |
| 21 | ago/97 | 1.031,87 | 1,041614 | 1.074,81 |
| 22 | set/97 | 1.031,87 | 1,041614 | 1.074,81 |
| 23 | out/97 | 1.031,87 | 1,035504 | 1.068,51 |
| 24 | nov/97 | 1.031,87 | 1,031996 | 1.064,89 |
| 25 | dez/97 | 1.031,87 | 1,023500 | 1.056,12 |
| 26 | jan/98 | 1.031,87 | 1,016487 | 1.048,88 |
| 27 | fev/98 | 1.031,87 | 1,007620 | 1.039,73 |
| 28 | mar/98 | 1.031,87 | 1,007418 | 1.039,52 |
| 29 | abr/98 | 1.031,87 | 1,005106 | 1.037,14 |
| 30 | mai/98 | 1.031,87 | 1,005106 | 1.037,14 |
| 31 | jun/98 | 1.081,50 | 1,002800 | 1.084,53 |
| 32 | jul/98 | 1.081,50 | 1,000000 | 1.081,50 |
| 33 | ago/98 | 1.081,50 | 1,000000 | 1.081,50 |
| 34 | set/98 | 1.081,50 | 1,000000 | 1.081,50 |
| 35 | out/98 | 1.081,50 | 1,000000 | 1.081,50 |
| 36 | nov/98 | 1.081,50 | 1,000000 | 1.081,50 |

| **SOMA DE SALÁRIOS** | **37.802,64** |
|---|---|

| Sequência | Mês/ano | Salário | Índice | Salário atualizado |
|---|---|---|---|---|

| **Média de Salários = 37.802,64 / 36** | **1.050,07** |
|---|---|

| | |
|---|---|
| **Teto Previdenciário** | **1.200,00** |
| **Salário de Benefício** | **1.050,07** |
| Coeficiente | **70%** |
| **Renda Mensal Inicial** = SB x Coeficiente | **735,05** |

**FREDERICO AUGUSTO DI TRINDADE AMADO**

DATA DE NASCIMENTO: **19/01/1950**

ESPÉCIE: **42** (APOSENTADORIA POR TEMPO DE CONTRIBUIÇÃO)

DATA DO DIREITO ADQUIRIDO: **16/12/1998**

DATA DE INÍCIO DO BENEFÍCIO: **04/12/2001**

TEMPO DE CONTRIBUIÇÃO: **30 anos 02 meses e 18 dias**

SALÁRIO DE BENEFÍCIO: **1.050,07**

COEFICIENTE: **70%**

RENDA MENSAL INICIAL: **735,05**

**Reajustes previdenciários**

| Data | Renda Mensal | Índices de Reajustes | Renda Reajustada |
|---|---|---|---|
| jun/99 | 735,05 | 1,022800 | 751,81 |
| jun/00 | 751,81 | 1,058100 | 795,49 |
| **jun/01** | **795,49** | **1,076600** | **856,43** |

**FREDERICO AUGUSTO DI TRINDADE AMADO**

DATA DE NASCIMENTO: **19/01/1950**

ESPÉCIE: **42** (APOSENTADORIA POR TEMPO DE CONTRIBUIÇÃO)

DATA DO DIREITO ADQUIRIDO: **16/12/1998**

DATA DE INÍCIO DO BENEFÍCIO: **04/12/2001**

TEMPO DE CONTRIBUIÇÃO: **30 anos 02 meses e 18 dias**

SALÁRIO DE BENEFÍCIO: **1.050,07**

COEFICIENTE: **70%**

RENDA MENSAL INICIAL em **16/12/1998**: **735,05**

RENDA MENSAL INICIAL em **04/12/2001**: **856,43**

**Reajustes previdenciários**

| Data | Renda Mensal | Índices de Reajustes | Renda Reajustada |
|---|---|---|---|
| jun/02 | 856,43 | 1,092000 | 935,22 |
| jun/03 | 935,22 | 1,197100 | 1.119,55 |
| mai/04 | 1.119,55 | 1,045300 | 1.170,26 |
| mai/05 | 1.170,26 | 1,063550 | 1.244,63 |
| abr/06 | 1.244,63 | 1,050100 | 1.306,99 |
| abr/07 | 1.306,99 | 1,033000 | 1.350,12 |
| mar/08 | 1.350,12 | 1,050000 | 1.417,63 |

| | | | |
|---|---|---|---|
| fev/09 | 1.417,63 | 1,059200 | 1.501,55 |
| jan/10 | 1.501,55 | 1,077200 | 1.617,47 |
| jan/11 | 1.617,47 | 1,064700 | 1.722,12 |
| jan/12 | 1.722,12 | 1,060800 | 1.826,82 |
| jan/13 | 1.826,82 | 1,062000 | 1.940,09 |
| jan/14 | 1.940,09 | 1,055600 | 2.047,96 |
| jan/15 | 2.047,96 | 1,062300 | 2.175,54 |
| jan/16 | 2.175,54 | 1,112800 | 2.420,95 |
| jan/17 | 2.420,95 | 1,065800 | 2.580,24 |
| jan/18 | 2.580,24 | 1,020700 | 2.633,65 |
| jan/19 | 2.633,65 | 1,034300 | 2.723,99 |
| jan/20 | 2.723,99 | 1,044800 | 2.846,02 |
| jan/21 | 2.846,02 | 1,054500 | 3.001,13 |
| **jan/22** | **3.001,13** | **1,101600** | **3.306,05** |

Conforme mencionado anteriormente, o tempo de contribuição do segurado não poderá ser computado até a data do requerimento, em **04/12/2001**, tendo em vista que o mesmo não possui a idade mínima de 53 anos exigida a partir da vigência da Emenda Constitucional nº 20/98. Como já possuía 30 anos de contribuição em 16/12/1998, teve a concessão do benefício com base no direito adquirido em conformidade com a legislação vigente naquela data, que apurava o salário de benefício com base na média aritmética simples dos 36 últimos salários de contribuição.

A renda mensal inicial em 16/12/1998 foi fixada em 70% do salário de benefício, no valor de **R$ 735,05**; renda mensal inicial reajustada para 04/12/2001 (data do requerimento do benefício) no valor de **R$ 856,43** e mensalidade reajustada para 01/2022 no valor de **R$ 3.306,05**.

Vamos admitir a outra hipótese: o mesmo segurado que possuía direito adquirido em 16/12/1998, com tempo de contribuição total de 30 anos 02 meses e 18 dias; requereu o benefício de aposentadoria em 01/10/2003, com tempo de contribuição total de 35 anos 00 meses e 03 dias; e 53 anos de idade na data do requerimento do benefício. As informações de tempo de contribuição seguem abaixo:

**FREDERICO AUGUSTO DI TRINDADE AMADO**

DATA DE NASCIMENTO: **19/01/1950**

DATA DE INÍCIO DO BENEFÍCIO: **01/10/2003**

**IDADE**

| IDADE | |
|---|---|
| **INÍCIO** | **FIM** |
| **19/01/1950** | **01/10/2003** |

| IDADE | | | IDADE EM DIAS | FATOR | IDADE EM DIAS |
|---|---|---|---|---|---|
| ANOS | MESES | DIAS | | | |
| 53 | 8 | 13 | 19333 | 1 | 19333 |
| | | | | **TOTAL DE DIAS** | **19333** |

| IDADE | | |
|---|---|---|
| **Anos** | **Meses** | **Dias** |
| **53** | **8** | **13** |

**TEMPO DE CONTRIBUIÇÃO EM 16/12/1998**

| CONTRATOS DE TRABALHO | | TEMPO MÍNIMO | TEMPO DE SERVIÇO | | | TEMPO EM DIAS | FATOR | TEMPO EM DIAS |
|---|---|---|---|---|---|---|---|---|
| **INÍCIO** | **FIM** | | **ANOS** | **MESES** | **DIAS** | | | |
| **01/03/1967** | **31/12/1975** | 35 | 8 | 10 | 1 | 3181 | 1 | 3181 |
| **01/03/1977** | **30/06/1985** | 35 | 8 | 4 | 0 | 3000 | 1 | 3000 |
| **01/09/1985** | **31/01/1993** | 35 | 7 | 5 | 1 | 2671 | 1 | 2671 |

| 01/05/1993 | 16/12/1998 | 35 | 5 | 7 | 16 | 2026 | 1 | 2026 |
|---|---|---|---|---|---|---|---|---|
| | | | | | | TOTAL DE DIAS | | 10878 |

| TEMPO APURADO | | |
|---|---|---|
| Anos | Meses | Dias |
| 30 | 2 | 18 |

**TEMPO DE CONTRIBUIÇÃO EM 28/11/1999**

| CONTRATOS DE TRABALHO | | TEMPO MÍNIMO | TEMPO DE SERVIÇO | | | TEMPO EM DIAS | FATOR | TEMPO EM DIAS |
|---|---|---|---|---|---|---|---|---|
| INÍCIO | FIM | | ANOS | MESES | DIAS | | | |
| 01/03/1967 | 31/12/1975 | 35 | 8 | 10 | 1 | 3181 | 1 | 3181 |
| 01/03/1977 | 30/06/1985 | 35 | 8 | 4 | 0 | 3000 | 1 | 3000 |
| 01/09/1985 | 31/01/1993 | 35 | 7 | 5 | 1 | 2671 | 1 | 2671 |
| 01/05/1993 | 28/11/1999 | 35 | 6 | 6 | 28 | 2368 | 1 | 2368 |
| | | | | | | TOTAL DE DIAS | | 11220 |

| TEMPO APURADO | | |
|---|---|---|
| Anos | Meses | Dias |
| 31 | 2 | 0 |

**TEMPO DE CONTRIBUIÇÃO EM 01/10/2003**

| CONTRATOS DE TRABALHO | | TEMPO MÍNIMO | TEMPO DE SERVIÇO | | | TEMPO EM DIAS | FATOR | TEMPO EM DIAS |
|---|---|---|---|---|---|---|---|---|
| INÍCIO | FIM | | ANOS | MESES | DIAS | | | |
| 01/03/1967 | 31/12/1975 | 35 | 8 | 10 | 1 | 3181 | 1 | 3181 |
| 01/03/1977 | 30/06/1985 | 35 | 8 | 4 | 0 | 3000 | 1 | 3000 |
| 01/09/1985 | 31/01/1993 | 35 | 7 | 5 | 1 | 2671 | 1 | 2671 |
| 01/05/1993 | 01/10/2003 | 35 | 10 | 5 | 1 | 3751 | 1 | 3751 |
| | | | | | | TOTAL DE DIAS | | 12603 |

| TEMPO APURADO | | |
|---|---|---|
| Anos | Meses | Dias |
| 35 | 0 | 3 |

Da análise da situação do segurado em referência, constata-se o seguinte:

- Possui direito ao cálculo da aposentadoria com base nas regras vigentes em 16/12/1998, aos 30 anos de contribuição, antes da vigência da emenda constitucional nº 20/98, cujo cálculo do salário de benefício será com base na média aritmética simples dos 36 últimos salários de contribuição apurados num período não superior a 48 meses, em conformidade com a redação original do art. 29 da Lei nº 8.213/91. A renda mensal apurada em 16/12/1998 será reajustada até 01/10/2003, entre a data do direito adquirido e a data do requerimento.

- Não possui direito ao cálculo da aposentadoria com base nas regras vigentes em 28/11/1999, aos 31 anos de contribuição, antes da vigência da Lei nº 9.876/99, que criou o fator previdenciário e modificou o período básico de cálculo, tendo em vista que o mesmo não possui a idade mínima de 53 anos exigida a partir da emenda constitucional nº 20/98.

- Possui direito ao cálculo da aposentadoria com base nas regras vigentes em 01/10/2003, aos 35 anos de contribuição, cujo cálculo do salário de benefício será com base em 80% dos maiores salários de contribuição apurados no período de 07/1994 a 09/2003, mês anterior ao requerimento do benefício, multiplicado pelo fator previdenciário, em conformidade com o Art. 29, I da Lei nº 8.213/91, com a nova redação dada pela Lei nº 9.876/99; Art. 32, I do Decreto nº 3.048/99; Art. 188-A do Decreto nº 3.048/99.

Diante do exposto, o segurado em referência terá direito a dois cálculos: um com base no direito adquirido em 16/12/1998, com os devidos reajustes até a data do requerimento; e o outro com base na data do requerimento em 01/10/2003, prevalecendo o que obtiver maior valor para a mensalidade reajustada em 01/10/2003. Abaixo encontram-se os cálculos do caso concreto abordado. O segurado recebia salários de contribuição equivalente ao teto máximo em todo o período básico de cálculo.

**CÁLCULO DA RENDA MENSAL - DIREITO ADQUIRIDO EM 16/12/1998**

**FREDERICO AUGUSTO DI TRINDADE AMADO**

DATA DE NASCIMENTO: **19/01/1950**

ESPÉCIE: **42** (APOSENTADORIA POR TEMPO DE CONTRIBUIÇÃO)

DATA DO DIREITO ADQUIRIDO: **16/12/1998**

DATA DE INÍCIO DO BENEFÍCIO: **01/10/2003**

TEMPO DE CONTRIBUIÇÃO: **30 anos 02 meses e 18 dias**

BASE LEGAL: LEI 8.213 DE 24 DE JULHO DE 1991

PERÍODO BÁSICO DE CÁLCULO: **12/1995 a 11/1998**

| Sequência | Mês/ano | Salário | Índice | Salário atualizado |
|---|---|---|---|---|
| 1 | dez/95 | 832,66 | 1,211009 | 1.008,36 |
| 2 | jan/96 | 832,66 | 1,191351 | 991,99 |
| 3 | fev/96 | 832,66 | 1,174208 | 977,72 |
| 4 | mar/96 | 832,66 | 1,165930 | 970,82 |
| 5 | abr/96 | 832,66 | 1,162558 | 968,02 |
| 6 | mai/96 | 957,56 | 1,154477 | 1.105,48 |
| 7 | jun/96 | 957,56 | 1,135402 | 1.087,22 |
| 8 | jul/96 | 957,56 | 1,121717 | 1.074,11 |
| 9 | ago/96 | 957,56 | 1,109623 | 1.062,53 |
| 10 | set/96 | 957,56 | 1,109578 | 1.062,49 |
| 11 | out/96 | 957,56 | 1,108138 | 1.061,11 |
| 12 | nov/96 | 957,56 | 1,105705 | 1.058,78 |
| 13 | dez/96 | 957,56 | 1,102618 | 1.055,82 |
| 14 | jan/97 | 957,56 | 1,092999 | 1.046,61 |
| 15 | fev/97 | 957,56 | 1,075998 | 1.030,33 |
| 16 | mar/97 | 957,56 | 1,071498 | 1.026,02 |
| 17 | abr/97 | 957,56 | 1,059211 | 1.014,26 |
| 18 | mai/97 | 957,56 | 1,052999 | 1.008,31 |
| 19 | jun/97 | 1.031,87 | 1,049849 | 1.083,31 |
| 20 | jul/97 | 1.031,87 | 1,042551 | 1.075,78 |
| 21 | ago/97 | 1.031,87 | 1,041614 | 1.074,81 |
| 22 | set/97 | 1.031,87 | 1,041614 | 1.074,81 |
| 23 | out/97 | 1.031,87 | 1,035504 | 1.068,51 |
| 24 | nov/97 | 1.031,87 | 1,031996 | 1.064,89 |
| 25 | dez/97 | 1.031,87 | 1,023500 | 1.056,12 |
| 26 | jan/98 | 1.031,87 | 1,016487 | 1.048,88 |
| 27 | fev/98 | 1.031,87 | 1,007620 | 1.039,73 |
| 28 | mar/98 | 1.031,87 | 1,007418 | 1.039,52 |
| 29 | abr/98 | 1.031,87 | 1,005106 | 1.037,14 |
| 30 | mai/98 | 1.031,87 | 1,005106 | 1.037,14 |
| 31 | jun/98 | 1.081,50 | 1,002800 | 1.084,53 |
| 32 | jul/98 | 1.081,50 | 1,000000 | 1.081,50 |

| Sequência | Mês/ano | Salário | Índice | Salário atualizado |
|---|---|---|---|---|
| 33 | ago/98 | 1.081,50 | 1,000000 | 1.081,50 |
| 34 | set/98 | 1.081,50 | 1,000000 | 1.081,50 |
| 35 | out/98 | 1.081,50 | 1,000000 | 1.081,50 |
| 36 | nov/98 | 1.081,50 | 1,000000 | 1.081,50 |

| **SOMA DE SALÁRIOS** | **37.802,64** |
|---|---|

| **Média de Salários = 37.802,64 / 36** | **1.050,07** |
|---|---|

| **Teto Previdenciário** | **1.200,00** |
|---|---|
| **Salário de Benefício** | **1.050,07** |
| Coeficiente | **70%** |
| **Renda Mensal Inicial** = SB x Coeficiente | **735,05** |

**FREDERICO AUGUSTO DI TRINDADE AMADO**

DATA DE NASCIMENTO: **19/01/1950**

ESPÉCIE: **42** (APOSENTADORIA POR TEMPO DE CONTRIBUIÇÃO)

DATA DO DIREITO ADQUIRIDO: **16/12/1998**

DATA DE INÍCIO DO BENEFÍCIO: **01/10/2003**

TEMPO DE CONTRIBUIÇÃO: **35 anos 00 meses e 03 dias**

SALÁRIO DE BENEFÍCIO: **1.050,07**

COEFICIENTE: **70%**

RENDA MENSAL INICIAL: **735,05**

**Reajustes previdenciários**

| Data | Renda Mensal | Índices de Reajustes | Renda Reajustada |
|---|---|---|---|
| jun/99 | 735,05 | 1,022800 | 751,81 |
| jun/00 | 751,81 | 1,058100 | 795,49 |
| jun/01 | 795,49 | 1,076600 | 856,43 |
| jun/02 | 856,43 | 1,092000 | 935,22 |
| **jun/03** | **935,22** | **1,197100** | **1.119,55** |

**FREDERICO AUGUSTO DI TRINDADE AMADO**

DATA DE NASCIMENTO: **19/01/1950**

ESPÉCIE: **42** (APOSENTADORIA POR TEMPO DE CONTRIBUIÇÃO)

DATA DO DIREITO ADQUIRIDO: **16/12/1998**

DATA DE INÍCIO DO BENEFÍCIO: **01/10/2003**

TEMPO DE CONTRIBUIÇÃO: **35 anos 00 meses e 03 dias**

SALÁRIO DE BENEFÍCIO: **1.050,07**

COEFICIENTE: **70%**

RENDA MENSAL INICIAL em **16/12/1998**: **735,05**

RENDA MENSAL INICIAL em **01/10/2003**: **1.119,55**

| Reajustes previdenciários | | | |
|---|---|---|---|
| **Data** | **Renda Mensal** | **Índices de Reajustes** | **Renda Reajustada** |
| mai/04 | 1.119,55 | 1,045300 | 1.170,26 |
| mai/05 | 1.170,26 | 1,063550 | 1.244,63 |
| abr/06 | 1.244,63 | 1,050100 | 1.306,99 |
| abr/07 | 1.306,99 | 1,033000 | 1.350,12 |
| mar/08 | 1.350,12 | 1,050000 | 1.417,63 |
| fev/09 | 1.417,63 | 1,059200 | 1.501,55 |
| jan/10 | 1.501,55 | 1,077200 | 1.617,47 |
| jan/11 | 1.617,47 | 1,064700 | 1.722,12 |
| jan/12 | 1.722,12 | 1,060800 | 1.826,82 |
| jan/13 | 1.826,82 | 1,062000 | 1.940,09 |
| jan/14 | 1.940,09 | 1,055600 | 2.047,96 |
| jan/15 | 2.047,96 | 1,062300 | 2.175,54 |
| jan/16 | 2.175,54 | 1,112800 | 2.420,95 |
| jan/17 | 2.420,95 | 1,065800 | 2.580,24 |
| jan/18 | 2.580,24 | 1,020700 | 2.633,65 |
| jan/19 | 2.633,65 | 1,034300 | 2.723,99 |
| jan/20 | 2.723,99 | 1,044800 | 2.846,02 |
| jan/21 | 2.846,02 | 1,054500 | 3.001,13 |
| **jan/22** | **3.001,13** | **1,101600** | **3.306,05** |

## CÁLCULO DA RENDA MENSAL

**FREDERICO AUGUSTO DI TRINDADE AMADO**

DATA DE NASCIMENTO: **19/01/1950**

ESPÉCIE: **42** (APOSENTADORIA POR TEMPO DE CONTRIBUIÇÃO)

DATA DE INÍCIO DO BENEFÍCIO: **01/10/2003**

TEMPO DE CONTRIBUIÇÃO: **35 anos 00 meses e 03 dias**

BASE LEGAL: LEI 9.876 DE 29 DE NOVEMBRO DE 1999

PERÍODO BÁSICO DE CÁLCULO: **07/1994 a 09/2003**

| Sequência | Mês/ano | Salário | Índice | Salário atualizado | Desconsiderados |
|---|---|---|---|---|---|
| 1 | jul/94 | 582,86 | 3,488951 | 2.033,57 | |
| 2 | ago/94 | 582,86 | 3,288981 | 1.917,02 | |
| 3 | set/94 | 582,86 | 3,118700 | 1.817,77 | desconsiderado |
| 4 | out/94 | 582,86 | 3,072308 | 1.790,73 | desconsiderado |
| 5 | nov/94 | 582,86 | 3,016207 | 1.758,03 | desconsiderado |
| 6 | dez/94 | 582,86 | 2,920700 | 1.702,36 | desconsiderado |
| 7 | jan/95 | 582,86 | 2,858107 | 1.665,88 | desconsiderado |
| 8 | fev/95 | 582,86 | 2,811161 | 1.638,51 | desconsiderado |
| 9 | mar/95 | 582,86 | 2,783603 | 1.622,45 | desconsiderado |
| 10 | abr/95 | 582,86 | 2,744900 | 1.599,89 | desconsiderado |
| 11 | mai/95 | 832,66 | 2,693191 | 2.242,51 | |
| 12 | jun/95 | 832,66 | 2,625710 | 2.186,32 | |
| 13 | jul/95 | 832,66 | 2,578776 | 2.147,24 | |

| Sequência | Mês/ano | Salário | Índice | Salário atualizado | Desconsiderados |
|---|---|---|---|---|---|
| 14 | ago/95 | 832,66 | 2,516862 | 2.095,69 | |
| 15 | set/95 | 832,66 | 2,491449 | 2.074,53 | |
| 16 | out/95 | 832,66 | 2,462636 | 2.050,54 | |
| 17 | nov/95 | 832,66 | 2,428635 | 2.022,23 | |
| 18 | dez/95 | 832,66 | 2,392508 | 1.992,15 | |
| 19 | jan/96 | 832,66 | 2,353673 | 1.959,81 | |
| 20 | fev/96 | 832,66 | 2,319803 | 1.931,61 | |
| 21 | mar/96 | 832,66 | 2,303449 | 1.917,99 | |
| 22 | abr/96 | 832,66 | 2,296788 | 1.912,44 | |
| 23 | mai/96 | 957,56 | 2,280822 | 2.184,02 | |
| 24 | jun/96 | 957,56 | 2,243138 | 2.147,94 | |
| 25 | jul/96 | 957,56 | 2,216101 | 2.122,05 | |
| 26 | ago/96 | 957,56 | 2,192206 | 2.099,17 | |
| 27 | set/96 | 957,56 | 2,192119 | 2.099,09 | |
| 28 | out/96 | 957,56 | 2,189273 | 2.096,36 | |
| 29 | nov/96 | 957,56 | 2,184467 | 2.091,76 | |
| 30 | dez/96 | 957,56 | 2,178367 | 2.085,92 | |
| 31 | jan/97 | 957,56 | 2,159365 | 2.067,72 | |
| 32 | fev/97 | 957,56 | 2,125778 | 2.035,56 | |
| 33 | mar/97 | 957,56 | 2,116887 | 2.027,05 | |
| 34 | abr/97 | 957,56 | 2,092612 | 2.003,80 | |
| 35 | mai/97 | 957,56 | 2,080338 | 1.992,05 | |
| 36 | jun/97 | 1.031,87 | 2,074116 | 2.140,22 | |
| 37 | jul/97 | 1.031,87 | 2,059698 | 2.125,34 | |
| 38 | ago/97 | 1.031,87 | 2,057846 | 2.123,43 | |
| 39 | set/97 | 1.031,87 | 2,057846 | 2.123,43 | |
| 40 | out/97 | 1.031,87 | 2,045776 | 2.110,97 | |
| 41 | nov/97 | 1.031,87 | 2,038844 | 2.103,82 | |
| 42 | dez/97 | 1.031,87 | 2,022061 | 2.086,50 | |
| 43 | jan/98 | 1.031,87 | 2,008204 | 2.072,21 | |
| 44 | fev/98 | 1.031,87 | 1,990686 | 2.054,13 | |
| 45 | mar/98 | 1.031,87 | 1,990288 | 2.053,72 | |
| 46 | abr/98 | 1.031,87 | 1,985721 | 2.049,01 | |
| 47 | mai/98 | 1.031,87 | 1,985721 | 2.049,01 | |
| 48 | jun/98 | 1.081,50 | 1,981164 | 2.142,63 | |
| 49 | jul/98 | 1.081,50 | 1,975633 | 2.136,65 | |
| 50 | ago/98 | 1.081,50 | 1,975633 | 2.136,65 | |
| 51 | set/98 | 1.081,50 | 1,975633 | 2.136,65 | |
| 52 | out/98 | 1.081,50 | 1,975633 | 2.136,65 | |
| 53 | nov/98 | 1.081,50 | 1,975633 | 2.136,65 | |
| 54 | dez/98 | 1.200,00 | 1,975633 | 2.370,76 | |
| 55 | jan/99 | 1.200,00 | 1,956459 | 2.347,75 | |
| 56 | fev/99 | 1.200,00 | 1,934216 | 2.321,06 | |
| 57 | mar/99 | 1.200,00 | 1,851987 | 2.222,38 | |
| 58 | abr/99 | 1.200,00 | 1,816030 | 2.179,24 | |
| 59 | mai/99 | 1.200,00 | 1,815485 | 2.178,58 | |
| 60 | jun/99 | 1.255,32 | 1,815485 | 2.279,01 | |
| 61 | jul/99 | 1.255,32 | 1,797154 | 2.256,00 | |

| Sequência | Mês/ano | Salário | Índice | Salário atualizado | Desconsiderados |
|---|---|---|---|---|---|
| 62 | ago/99 | 1.255,32 | 1,769027 | 2.220,69 | |
| 63 | set/99 | 1.255,32 | 1,743743 | 2.188,96 | |
| 64 | out/99 | 1.255,32 | 1,718481 | 2.157,24 | |
| 65 | nov/99 | 1.255,32 | 1,686604 | 2.117,23 | |
| 66 | dez/99 | 1.255,32 | 1,644986 | 2.064,98 | |
| 67 | jan/00 | 1.255,32 | 1,624999 | 2.039,89 | |
| 68 | fev/00 | 1.255,32 | 1,608591 | 2.019,30 | |
| 69 | mar/00 | 1.255,32 | 1,605540 | 2.015,47 | |
| 70 | abr/00 | 1.255,32 | 1,602656 | 2.011,85 | |
| 71 | mai/00 | 1.255,32 | 1,600575 | 2.009,23 | |
| 72 | jun/00 | 1.328,25 | 1,589922 | 2.111,81 | |
| 73 | jul/00 | 1.328,25 | 1,575272 | 2.092,36 | |
| 74 | ago/00 | 1.328,25 | 1,540458 | 2.046,11 | |
| 75 | set/00 | 1.328,25 | 1,512923 | 2.009,54 | |
| 76 | out/00 | 1.328,25 | 1,502555 | 1.995,77 | |
| 77 | nov/00 | 1.328,25 | 1,497016 | 1.988,41 | |
| 78 | dez/00 | 1.328,25 | 1,491201 | 1.980,69 | |
| 79 | jan/01 | 1.328,25 | 1,479953 | 1.965,75 | |
| 80 | fev/01 | 1.328,25 | 1,472736 | 1.956,16 | |
| 81 | mar/01 | 1.328,25 | 1,467746 | 1.949,53 | |
| 82 | abr/01 | 1.328,25 | 1,456097 | 1.934,06 | |
| 83 | mai/01 | 1.328,25 | 1,439827 | 1.912,45 | |
| 84 | jun/01 | 1.430,00 | 1,433520 | 2.049,93 | |
| 85 | jul/01 | 1.430,00 | 1,412892 | 2.020,44 | |
| 86 | ago/01 | 1.430,00 | 1,390368 | 1.988,23 | |
| 87 | set/01 | 1.430,00 | 1,377966 | 1.970,49 | |
| 88 | out/01 | 1.430,00 | 1,372750 | 1.963,03 | |
| 89 | nov/01 | 1.430,00 | 1,353129 | 1.934,97 | |
| 90 | dez/01 | 1.430,00 | 1,342923 | 1.920,38 | |
| 91 | jan/02 | 1.430,00 | 1,340510 | 1.916,93 | |
| 92 | fev/02 | 1.430,00 | 1,337968 | 1.913,29 | |
| 93 | mar/02 | 1.430,00 | 1,335564 | 1.909,86 | |
| 94 | abr/02 | 1.430,00 | 1,334096 | 1.907,76 | desconsiderado |
| 95 | mai/02 | 1.430,00 | 1,324823 | 1.894,50 | desconsiderado |
| 96 | jun/02 | 1.561,56 | 1,310279 | 2.046,08 | |
| 97 | jul/02 | 1.561,56 | 1,287870 | 2.011,09 | |
| 98 | ago/02 | 1.561,56 | 1,261999 | 1.970,69 | |
| 99 | set/02 | 1.561,56 | 1,232902 | 1.925,25 | |
| 100 | out/02 | 1.561,56 | 1,201191 | 1.875,73 | desconsiderado |
| 101 | nov/02 | 1.561,56 | 1,152664 | 1.799,95 | desconsiderado |
| 102 | dez/02 | 1.561,56 | 1,089062 | 1.700,64 | desconsiderado |
| 103 | jan/03 | 1.561,56 | 1,060431 | 1.655,93 | desconsiderado |
| 104 | fev/03 | 1.561,56 | 1,037908 | 1.620,76 | desconsiderado |
| 105 | mar/03 | 1.561,56 | 1,021664 | 1.595,39 | desconsiderado |
| 106 | abr/03 | 1.561,56 | 1,004981 | 1.569,34 | desconsiderado |
| 107 | mai/03 | 1.561,56 | 1,000877 | 1.562,93 | desconsiderado |
| 108 | jun/03 | 1.869,34 | 1,007628 | 1.883,60 | desconsiderado |
| 109 | jul/03 | 1.869,34 | 1,014732 | 1.896,88 | desconsiderado |

| Sequência | Mês/ano | Salário | Índice | Salário atualizado | Desconsiderados |
|---|---|---|---|---|---|
| 110 | ago/03 | 1.869,34 | 1,016765 | 1.900,68 | desconsiderado |
| 111 | set/03 | 1.869,34 | 1,010500 | 1.888,97 | desconsiderado |

| | |
|---|---|
| **SOMA DE SALÁRIOS** - 80% dos maiores salários | **183.936,71** |

| | |
|---|---|
| Período Básico de Cálculos- 07/1994 a 09/2003 | **111** |
| Quantidade de salários no PBC | **111** |
| Salários desprezados | **22** |
| Art. 29, Inciso I (80% dos maiores salários) | **89** |

| | |
|---|---|
| **Média de Salários = 183.936,71 / 89** | **2.066,70** |

| **TEMPO DE CONTRIBUIÇÃO** | | |
|---|---|---|
| **01/10/2003** | | |
| **anos** | **meses** | **dias** |
| **35** | **0** | **3** |
| **5,0083** | | |

| **IDADE - Nascimento:** | | **19/01/1950** |
|---|---|---|
| **01/10/2003** | | |
| **anos** | **meses** | **dias** |
| **53** | **8** | **13** |
| **53,7028** | | |

| Idade | Expectativa de Sobrevida |
|---|---|
| 50 | 25,6 |
| 51 | 24,8 |
| 52 | 24 |
| 53 | 23,2 |
| 54 | 22,4 |

| | |
|---|---|
| **Idade** | 53,7028 |
| **TC** | 35,0083 |
| **ES** | 23,2 |
| **Alíquota** | 0,31 |

$$FP = \frac{TC \times A}{ES} \times \left( 1 + \frac{(Id + TC \times A)}{100} \right)$$

**Fator Previdenciário** **0,7698**

**Legenda:**

**FP** - Fator Previdenciário

**Y** - Número de meses de vigência da Lei n.º 9.876/99, de 28/11/1999 = **47**

**M** - Média de salários

$$SB = \frac{FP \times Y \times M}{60} + \frac{M \times (60 - Y)}{60}$$

$$SB = \frac{0,7698 \times 47 \times 2.066,70}{60} + \frac{2.066,70 \times (60 - 47)}{60}$$

| | A | | B |
|---|---|---|---|
| SB = | 1.246,18 | + | 447,79 |

| | |
|---|---|
| **Teto Previdenciário** | **1.869,34** |
| **Média de Salários** | **2.066,70** |
| **Salário de Benefício** = A + B | **1.693,97** |
| Coeficiente | **100%** |
| **Renda Mensal Inicial** = SB x Coeficiente | **1.693,97** |

**FREDERICO AUGUSTO DI TRINDADE AMADO**

DATA DE NASCIMENTO: **19/01/1950**

ESPÉCIE: **42** (APOSENTADORIA POR TEMPO DE CONTRIBUIÇÃO)

DATA DE INÍCIO DO BENEFÍCIO: **01/10/2003**

TEMPO DE CONTRIBUIÇÃO: **35 anos 00 meses e 03 dias**

| | |
|---|---|
| MÉDIA DE SALÁRIOS | **2.066,70** |
| SALÁRIO DE BENEFÍCIO: | **1.693,97** |
| COEFICIENTE: | **100%** |
| RENDA MENSAL INICIAL: | **1.693,97** |

**Reajustes previdenciários**

| Data | Renda Mensal | Índices de Reajustes | Renda Reajustada |
|---|---|---|---|
| mai/04 | 1.693,97 | 1,035100 | 1.753,43 |
| mai/05 | 1.753,43 | 1,063550 | 1.864,86 |
| abr/06 | 1.864,86 | 1,050100 | 1.958,29 |
| abr/07 | 1.958,29 | 1,033000 | 2.022,91 |
| mar/08 | 2.022,91 | 1,050000 | 2.124,06 |
| fev/09 | 2.124,06 | 1,059200 | 2.249,80 |
| jan/10 | 2.249,80 | 1,077200 | 2.423,49 |
| jan/11 | 2.423,49 | 1,064700 | 2.580,29 |
| jan/12 | 2.580,29 | 1,060800 | 2.737,17 |
| jan/13 | 2.737,17 | 1,062000 | 2.906,87 |
| jan/14 | 2.906,87 | 1,055600 | 3.068,49 |
| jan/15 | 3.068,49 | 1,062300 | 3.259,66 |
| jan/16 | 3.259,66 | 1,112800 | 3.627,35 |
| jan/17 | 3.627,35 | 1,065800 | 3.866,03 |
| jan/18 | 3.866,03 | 1,020700 | 3.946,06 |
| jan/19 | 3.946,06 | 1,034300 | 4.081,41 |
| jan/20 | 4.081,41 | 1,044800 | 4.264,25 |
| jan/21 | 4.264,25 | 1,054500 | 4.496,66 |
| **jan/22** | **4.496,66** | **1,101600** | **4.953,52** |

| | |
|---|---|
| MR- Direito Adquirido | **3.306,05** |
| Proveito econômico | **1.647,47** |

Diante do exposto, a opção mais vantajosa para o segurado é o cálculo com base na data da entrada do requerimento, em 01/10/2003, tendo em vista que foi obtida uma renda mensal inicial no valor de **R$ 1.693,97**, enquanto que com base no direito adquirido em 16/12/1998, obtém-se uma renda mensal reajustada para 01/10/2003 no valor de **R$ 1.119,55**. Foi obrigatória a aplicação do fator previdenciário na data da entrada do requerimento, que foi aplicado com base na regra de transição, sendo aplicado na base de 47/60 avos, tendo em vista que a Lei nº 9.876/99 já estava em vigor há 47 meses. Foi criada uma regra de transição de 60 meses. Com base no direito adquirido em 16/12/1998 obtém-se uma mensalidade reajustada para 01/2022 no valor de **R$ 3.306,05**, ao passo que o cálculo com base na data do requerimento obtém-se uma mensalidade reajustada para 01/2022 no valor de **R$ 4.953,52**, representando um proveito econômico no valor de **R$ 1.647,47**.

## 21. REVISÃO DE APOSENTADORIA POR TEMPO DE CONTRIBUIÇÃO MASCULINA PARA CONSIDERAR NO FATOR PREVIDENCIÁRIO APENAS A EXPECTATIVA DE VIDA DOS HOMENS

### 21.1. Considerações

Dentre outros elementos, na sua fórmula de cálculo o fator previdenciário considera a média nacional de expectativa de vida entre homens e mulheres de acordo com a tábua do IBGE em vigor na data de requerimento administrativo do benefício.

Nesse sentido, colaciona-se passagem do artigo 29 da Lei 8.213/91:

> "§ 7º O fator previdenciário será calculado considerando-se a idade, a expectativa de sobrevida e o tempo de contribuição do segurado ao se aposentar, segundo a fórmula constante do Anexo desta Lei". (Incluído pela Lei nº 9.876, de 26.11.99)
>
> "§ 8º Para efeito do disposto no § 7º, a expectativa de sobrevida do segurado na idade da aposentadoria será obtida a partir da tábua completa de mortalidade construída pela Fundação Instituto Brasileiro de Geografia e Estatística – IBGE, **considerando-se a média nacional única para ambos os sexos**". (Incluído pela Lei nº 9.876, de 26.11.99)

Considerando que a expectativa de vida das mulheres (cerca de 78 anos de idade) no Brasil é bem superior à dos homens (cerca de 71 anos de idade), a adoção legal da média nacional entre homens e mulheres no cálculo do fator previdenciário acaba prejudicando os homens, pois quanto maior a expectativa de vida menor será o fator previdenciário, e, via de consequência, reduzirá o valor do salário de benefício.

Logo, a adoção em separado da média de expectativa de vida iria beneficiar os homens e prejudicar as mulheres, aumentando o fator previdenciário daqueles e reduzindo o fator destas.

Tendo em conta a expressa determinação do artigo 29, § 8º, da Lei 8.213/91, com redação dada pela Lei 9.876/99, adota-se administrativamente no fator previdenciário a média nacional de expectativa de vida entre homens e mulheres.

Sucede que os segurados do sexo masculino estão ingressando Brasil afora com ações judiciais de revisão da sua aposentadoria por tempo de contribuição buscando a pronúncia incidental de inconstitucionalidade do § 8º do artigo 29 da Lei 8.213/91, para afastar a adoção da expectativa de vida pela média nacional entre homens e mulheres, vindicando a adoção apenas da média masculina a fim de elevar o fator previdenciário e consequentemente o salário de benefício e a renda mensal da sua aposentadoria.

Argumentam violação ao Princípio da Isonomia, pois na sua linha de raciocínio descabe a adoção da média nacional entre homens e mulheres, que lhes é prejudicial, devendo ser usada apenas à média nacional masculina.

Esta tese ainda não foi apreciada pelos Tribunais Superiores, mas vem sendo de maneira dominante **rejeitada** pelas instâncias ordinárias. Isso porque a adoção em separado da média nacional masculina e feminina em todas as situações iria prejudicar as mulheres:

> "PODER JUDICIÁRIO JUIZADO ESPECIAL FEDERAL DA 3ª REGIÃO Turmas Recursais dos Juizados Especiais Federais de São Paulo Avenida Paulista, 1912 – Bela Vista – CEP 01310-924 São Paulo/SP Fone: (11) 3012-2046 TERMO Nr: 9301028924/2013 SENTENÇA TIPO: M PROCESSO Nr: 0034891-54.2011.4.03.6301 AUTUADO EM 14/7/2011 ASSUNTO: 040201 – RENDA MENSAL INICIAL – REVISÃO DE BENEFÍCIOS CLASSE: 1 – PROCEDIMENTO DO JUIZADO ESPECIAL CÍVEL AUTOR (Segurado): ANA MARIA GORETTE DE ARAUJO ADVOGADO(A)/DEFENSOR(A) PÚBLICO(A): SP304786 – GERALDO SAMPAIO GALVÃO RÉU: INSTITUTO NACIONAL DO SEGURO SOCIAL – I.N.S.S. (PREVID) ADVOGADO(A): SP999999 – SEM ADVOGADO DISTRIBUIÇÃO POR SORTEIO EM 22/7/2011 16:38:34 JUIZ(A) FEDERAL: LUCIANA ORTIZ TAVARES COSTA ZANONI I – RELATÓRIO Trata-se de embargos de declaração opostos ao acórdão que negou provimento ao recurso do autor e manteve a sentença que julgou improcedente o pedido de revisão de benefício previdenciário com o afastamento do fator previdenciário. O embargante fundamenta que o acórdão é omisso quanto a questão da adoção da expectativa de vida masculina para ambos os sexos. É o relatório. II – VOTO Conheço dos embargos declaratórios, dado que cumpridos seus requisitos de admissibilidade. **A tabela do IBGE considera a média da população, em obediência ao § 8º do art. 29 da Lei de Benefícios determina a utilização da média nacional única para**

**ambos os sexos, assim não havendo distinção da tábua de mortalidade entre homens e mulheres conforme a legislação, não há que se discutir se houve favorecimento de um dos sexos.** Ante todo o exposto, acolho os embargos de declaração para aclarar a fundamentação, mantendo o aresto embargado. É o voto. III – EMENTA EMBARGOS DE DECLARAÇÃO. OMISSÃO OU CONTRADIÇÃO. PREVIDENCIÁRIO. FATOR PREVIDENCIÁRIO. TÁBUA DE MORTALIDADE. NÃO HÁ DISTINÇÃO ENTRE OS SEXOS. EMBARGOS ACOLHIDOS APENAS PARA ACLARAR O ACÓRDÃO IV – ACÓRDÃO Vistos, relatados e discutidos estes autos eletrônicos, em que são partes as acima indicadas, decide a Quinta Turma Recursal do Juizado Especial Federal da 3ª Região– Seção Judiciária do Estado de São Paulo, por unanimidade, acolher os embargos de declaração, nos termos do voto do Juiz Federal Relator. Participaram do julgamento o(a)s Meritíssimo(a)s Juíze(a)s Federais Luciana Ortiz Tavares Costa Zanoni, Kyu Soon Lee e Omar Chamon. São Paulo, 10 de maio de 2013. (data do julgamento)". **5ª Turma Recursal de São Paulo, Processo 00348915420114036301,**

"PODER JUDICIÁRIO JUIZADO ESPECIAL FEDERAL DA 3ª REGIÃO 1ª Subseção Judiciária do Estado de São Paulo Av. Paulista, 1345 – Bela Vista – CEP 01311-200 São Paulo/SP Fone: (11) 2927-0150 TERMO Nr: 6301357821/2012 PROCESSO Nr: 0056628-16.2011.4.03.6301 AUTUADO EM 14/12/2011 ASSUNTO: 040201 – RENDA MENSAL INICIAL – REVISÃO DE BENEFÍCIOS CLASSE: 1 – PROCEDIMENTO DO JUIZADO ESPECIAL CÍVEL AUTOR (Segurado): ELISA MENDES DOS SANTOS ADVOGADO(A)/ DEFENSOR(A) PÚBLICO(A): SP304985 – RONALDO GÓIS ALMEIDA RÉU: INSTITUTO NACIONAL DO SEGURO SOCIAL – I.N.S.S. (PREVID) ADVOGADO(A): SP999999 – SEM ADVOGADO |JEF_PROCESSO_JUDICIAL_CADASTRO#DAT_DISTRI| JUIZ(A) FEDERAL: CARLA CRISTINA DE OLIVEIRA MEIRA I – RELATÓRIO Trata-se de recurso interposto pela parte autora, ora Recorrente, contra a r. sentença que julgou improcedente pedido de revisão da RMI de seu benefício previdenciário, pretendendo que o cálculo do fator previdenciário levasse em conta expectativa de sobrevida masculina. Em sede de juízo de primeiro grau, o pedido foi julgado improcedente. Recorre tempestivamente a parte autora. Reitera o pedido formulado na exordial, requerendo a reforma da r. decisão monocrática, a fim de que seja decretada a total procedência da ação. Sustenta, em síntese, que a legislação gera uma discriminação negativa em relação aos homens ao adotar uma média nacional para ambos os sexos na formulação da expectativa de sobrevida. É o relatório. II – VOTO Entendo que não assiste razão ao Recorrente. O Fator Previdenciário, inserido em nosso ordenamento jurídico pela Lei n. 9.876/99, consiste em um coeficiente calculado pelos gestores da Previdência Social no intuito de dar cumprimento ao comando constitucional veiculado no artigo 201, caput, da CF/1988 que prevê a preservação do equilíbrio financeiro e atuarial do Sistema Previdenciário. Neste passo, considerando o aumento significativo da expectativa de vida da população bem como as regras previdenciárias permissivas, anteriores à Emenda Constitucional nº. 20/98, reputou-se necessária a alteração dos métodos de concessão de certos benefícios de aposentadoria, adequando a equação composta pelo tempo em que o segurado verte recolhimentos, o valor dessas contribuições e a idade de início da percepção do benefício. Assim sendo, foi incorporado ao sistema vigente um dispositivo escalonar que considerasse o tempo de filiação ao sistema e o prognóstico da dependência do segurado ao regime: o fator previdenciário, calculado com base em critérios matemáticos e estatísticos, divulgados pelo Instituto Brasileiro de Geografia e Estatística – IBGE, nas Tábuas de Mortalidade, previstas no art. 2º, do Decreto 3.266/99. Note-se, também, que deve ser considerada a expectativa de sobrevida do segurado no momento da concessão da aposentadoria pretendida utilizando-se, deste modo, a tábua completa de mortalidade construída pela Fundação Instituto Brasileiro de Geografia e Estatística – IBGE, vigente na época da concessão do benefício. Saliente-se que a Tábua Completa de Mortalidade é divulgada anualmente pelo IBGE, com prazo até o primeiro dia útil do mês de dezembro do ano subseqüente ao avaliado, consistindo em modelo que descreve a incidência da mortalidade de acordo com as idades da população em determinado momento ou período no tempo, com base no registro, a cada ano, do número de sobreviventes às idades exatas. Ainda, a Expectativa de Sobrevida é apenas um dos componentes do fator previdenciário aplicado às aposentadorias por tempo de contribuição e por idade, consistindo, como já mencionado, em índice cujo cálculo incumbe ao IBGE que altera as Tábuas de Mortalidade em conformidade com os dados colhidos a cada ano, adaptados às novas condições de sobrevida da população brasileira. Dispõem os §§ 7º e 8º, do artigo 29, da Lei 8.213/91: Art. 29. O salário-de-benefício consiste: (Redação dada pela Lei nº. 9.876, de 26.11.99) (...). § 7º O fator previdenciário será calculado considerando-se a idade, a expectativa de sobrevida e o tempo de contribuição do segurado ao se aposentar, segundo a fórmula constante do Anexo desta Lei. (Incluído pela Lei nº. 9.876, de 26.11.99). § 8º Para efeito do disposto no § 7º, a expectativa de sobrevida do segurado na idade da aposentadoria será obtida a partir da tábua completa de mortalidade construída pela Fundação Instituto Brasileiro de Geografia e Estatística – IBGE, considerando-se a média nacional única para ambos os sexos. (Incluído pela Lei nº. 9.876, de 26.11.99) (...). **Alega a parte autora que o 29, § 8º, supratranscrito, seria inconstitucional na parte em que determina a consideração da expectativa de sobrevida média nacional única para ambos os sexos. Daí porque pugna pela revisão da sua aposentadoria, a fim de que venha a ser elevada a renda mensal inicial desta, mediante a consideração da expectativa média de vida masculina no cálculo do fator previdenciário e, por tabela, do próprio benefício. Deflui da nova redação do art. 29 da Lei nº 8.213/1991 que o legislador ordinário procurou evitar qualquer discriminação de gênero. Não há como se vislumbrar com a utilização do fator previdenciário tentativa de gerar discriminação positiva em favor das seguradas mulheres, sendo possível concluir que a mens legis foi a de manter o equilíbrio financeiro e atuarial do Sistema Previdenciário. Observo, por fim, que os critérios de apuração da renda mensal inicial dos benefícios**

**previdenciários consistem em matéria sujeita ao princípio da estrita reserva legal, não cabendo ao Poder Judiciário principalmente em demandas em que se almeja a majoração de tais benefícios, a qual depende da correspondente fonte de custeio, ex vi do art. 195, § 5º, da CF/1988 atuar como legislador positivo, sob pena de afronta ao princípio da separação de poderes.** Neste sentido se manifestou o Supremo Tribunal Federal: RECURSO EXTRAORDINÁRIO - EMBARGOS DE DECLARAÇÃO RECEBIDOS COMO RECURSO DE AGRAVO – REVISÃO DE BENEFÍCIOS PREVIDENCIÁRIOS -INAPLICABILIDADE DA LEI Nº 9.032/95 A BENEFÍCIOS CONCEDIDOS ANTES DE SUA VIGÊNCIA - AUSÊNCIA DE AUTORIZAÇÃO, NESSE DIPLOMA LEGISLATIVO, DE SUA APLICAÇÃO RETROATIVA – INEXISTÊNCIA, AINDA, NA LEI, DE CLÁUSULA INDICATIVA DA FONTE DE CUSTEIO TOTAL CORRESPONDENTE À MAJORAÇÃO DO BENEFÍCIO PREVIDENCIÁRIO -ATUAÇÃO DO PODER JUDICIÁRIO COMO LEGISLADOR POSITIVO – VEDAÇÃO -RECURSO DE AGRAVO IMPROVIDO. – Os benefícios previdenciários devem regular-se pela lei vigente ao tempo em que preenchidos os requisitos necessários à sua concessão. Incidência, nesse domínio, da regra 'tempus regit actum', que indica o estatuto de regência ordinariamente aplicável em matéria de instituição e/ou de majoração de benefícios de caráter previdenciário. Precedentes. – A majoração de benefícios previdenciários, além de submetida ao postulado da contrapartida (CF, art. 195, § 5º), também depende, para efeito de sua legítima adequação ao texto da Constituição da República, da observância do princípio da reserva de lei formal, cuja incidência traduz limitação ao exercício da atividade jurisdicional do Estado. Precedentes. -Não se revela constitucionalmente possível, ao Poder Judiciário, sob fundamento de isonomia, estender, em sede jurisdicional, majoração de benefício previdenciário, quando inexistente, na lei, a indicação da correspondente fonte de custeio total, sob pena de o Tribunal, se assim proceder, atuar na anômala condição de legislador positivo, transgredindo, desse modo, o princípio da separação de poderes. Precedentes. – A Lei nº 9.032/95, por não veicular qualquer cláusula autorizadora de sua aplicação retroativa, torna impertinente a invocação da Súmula 654/STF (RE nº 567.360/MG-ED, Segunda Turma, Relator o Ministro Celso de Mello, DJe de 7/8/09). Pelo exposto, nos termos do artigo 46 da Lei n.º 9.099/95, c/c artigo 1.º da Lei n.º 10.259/01, nego provimento ao recurso do autor para rejeitar os argumentos do recorrente e confirmar no mérito a sentença de 1.º grau por seus próprios e jurídicos fundamentos. Condeno a parte recorrente ao pagamento de honorários advocatícios, que fixo em 10% do valor da causa, até a data da sentença, limitados a 06 (seis) salários mínimos, condicionando a cobrança à comprovação da perda da qualidade de beneficiária da Justiça Gratuita, nos termos dos arts. 11, § 2º, e 12 da Lei nº 1.060/50. É o voto. III – ACÓRDÃO Vistos, relatados e discutidos estes autos eletrônicos, em que são partes as acima indicadas, decide a Primeira Turma Recursal do Juizado Especial Federal Cível de São Paulo – Seção Judiciária de São Paulo, por unanimidade, negar provimento ao recurso da parte autora, nos termos do voto da Juíza Federal Relatora. Participaram do julgamento os Srs. Juízes Federais Dr. Márcio Rached Millani, Dra. Carla Cristina de Oliveira Meira e Dra. Márcia Souza e Silva de Oliveira. São Paulo, 22 de outubro de 2012 (data do julgamento). JUÍZA FEDERAL RELATORA". **1ª Turma Recursal de São Paulo, Processo 00566281620114036301.**

"PREVIDENCIÁRIO. REVISÃO DE BENEFÍCIO. RECÁLCULO DA RMI. LEI N.º 9.876/99. FATOR PREVIDENCIÁRIO. INCIDÊNCIA NO CÁLCULO DA RMI. TÁBUA DE MORTALIDADE. MÉDIA NACIONAL ÚNICA PARA AMBOS OS SEXOS. PREVISÃO LEGAL. IMPROCEDÊNCIA DA AÇÃO. I – A edição da Lei nº. 9.876/99 modificou a forma de cálculo dos benefícios, alterando a redação do inciso I do artigo 29 da Lei nº. 8.213/91, de modo que o salário-de-benefício passou a ser obtido através da utilização da média aritmética simples dos maiores salários-de-contribuição correspondentes a 80% (oitenta por cento) de todo o período contributivo, multiplicada pelo fator previdenciário. **II – Com relação à aplicabilidade do fator previdenciário no cálculo do benefício, observo que o Supremo Tribunal Federal ao julgar a Medida Cautelar na Ação Direta de Inconstitucionalidade nº. 2.111-DF, cuja relatoria coube ao Ministro Sydney Sanches, por maioria, indeferiu a liminar, por não ter sido vislumbrada a alegada violação ao artigo 201, § 7º, da Constituição Federal. Dessa forma, a Excelsa Corte sinalizou pela constitucionalidade do artigo 2º da Lei nº. 9.876/99, que alterou o artigo 29 e seus parágrafos. III. Ademais, verifica-se que no cálculo do fator previdenciário deverá ser observada a expectativa de sobrevida considerando-se a média única nacional para ambos os sexos, nos termos do § 8º do artigo 29 da Lei nº 8.213/91.** IV – **Portanto, não deve prosperar o pedido de incidência do fator previdenciário, considerando-se a expectativa de sobrevida masculina, em face da ausência de qualquer ilegalidade ou inconstitucionalidade nos critérios adotados pelo INSS, o qual deve dar cumprimento ao estabelecido na legislação vigente ao tempo da concessão da aposentadoria pleiteada.** V – Apelação improvida". **(TRF 3ª Região, AC 00000900220134036121, de 04/12/2013).**

Ademais, é certo que historicamente a legislação previdenciária brasileira vem concedendo em alguns benefícios regras mais favoráveis para as mulheres que, apesar de terem uma maior expectativa de sobrevida, possuem regras mais precoces na aposentadoria por idade e na aposentadoria por tempo de contribuição (redução em 05 anos).

O tradicional argumento para isto é a famosa "dupla jornada", consectário do próprio Princípio da Isonomia, em que muitas mulheres ingressaram no mercado de trabalho, mas ainda concentram a maioria das tarefas domésticas, muito embora cada vez mais os homens vêm assumindo tarefas domésticas e este argumento esteja se tornando ultrapassado.

## 21.2. Cálculos

Para exemplificar o impacto do fator previdenciário nas aposentadorias de homens e mulheres, consideremos uma média de salários no valor de **R$ 5.000,00,** utilizando a tabela de expectativa de sobrevida obtida com base na tábua de mortalidade para ambos os sexos, publicada pelo IBGE, em vigor a partir de dezembro de 2021, abaixo reproduzida.

**Tabela utilizada nos benefícios concedidos a partir de 01 de dezembro de 2021.**

**TABELA DE EXPECTATIVA DE SOBREVIDA - Ambos os Sexos - 2020***

| Idade | Expectativa de sobrevida | Idade | Expectativa de sobrevida | Idade | Expectativa de sobrevida | Idade | Expectativa de sobrevida | Idade | Expectativa de sobrevida | Idade | Expectativa de sobrevida |
|---|---|---|---|---|---|---|---|---|---|---|---|
| 0 | 76,8 | 14 | 64,0 | 28 | 50,9 | 42 | 38,0 | 56 | 26,0 | 70 | 15,6 |
| 1 | 76,7 | 15 | 63,0 | 29 | 50,0 | 43 | 37,1 | 57 | 25,2 | 71 | 14,9 |
| 2 | 75,7 | 16 | 62,1 | 30 | 49,1 | 44 | 36,2 | 58 | 24,4 | 72 | 14,3 |
| 3 | 74,8 | 17 | 61,1 | 31 | 48,1 | 45 | 35,4 | 59 | 23,6 | 73 | 13,7 |
| 4 | 73,8 | 18 | 60,2 | 32 | 47,2 | 46 | 34,5 | 60 | 22,8 | 74 | 13,0 |
| 5 | 72,8 | 19 | 59,2 | 33 | 46,3 | 47 | 33,6 | 61 | 22,0 | 75 | 12,5 |
| 6 | 71,9 | 20 | 58,3 | 34 | 45,4 | 48 | 32,7 | 62 | 21,3 | 76 | 11,9 |
| 7 | 70,9 | 21 | 57,4 | 35 | 44,4 | 49 | 31,9 | 63 | 20,5 | 77 | 11,3 |
| 8 | 69,9 | 22 | 56,4 | 36 | 43,5 | 50 | 31,0 | 64 | 19,8 | 78 | 10,8 |
| 9 | 68,9 | 23 | 55,5 | 37 | 42,6 | 51 | 30,1 | 65 | 19,0 | 79 | 10,3 |
| 10 | 67,9 | 24 | 54,6 | 38 | 41,7 | 52 | 29,3 | 66 | 18,3 | 80+ | 9,8 |
| 11 | 66,9 | 25 | 53,7 | 39 | 40,8 | 53 | 28,5 | 67 | 17,6 | | |
| 12 | 66,0 | 26 | 52,8 | 40 | 39,9 | 54 | 27,6 | 68 | 16,9 | | |
| 13 | 65,0 | 27 | 51,8 | 41 | 38,9 | 55 | 26,8 | 69 | 16,2 | | |

*** Fonte: IBGE - Diretoria de Pesquisas (DPE), Coordenação de População e Indicadores Sociais (COPIS).**

**SIMULAÇÕES DE RENDA MENSAL**

JOÃO DOS SANTOS

ESPÉCIE: **42** (APOSENTADORIA POR TEMPO DE CONTRIBUIÇÃO)

DATA DE NASCIMENTO: **15/06/1967**

DATA DE INÍCIO DO BENEFÍCIO: **15/12/2021**

| IDADE | | |
|---|---|---|
| anos | meses | dias |
| 54 | 6 | 1 |
| 54,5028 | | |

| TEMPO DE CONTRIBUIÇÃO | | |
|---|---|---|
| anos | meses | dias |
| 36 | 6 | 0 |
| 36,5000 | | |

| | |
|---|---|
| Idade | 54,5028 |
| TC | 36,5000 |
| ES | 27,6 |
| Alíquota | 0,31 |

$$FP = \frac{TC \times A}{ES} \times \left( 1 + \frac{(Id + TC \times A)}{100} \right)$$

$$\frac{36{,}50 \times 0{,}31}{27{,}6} \times \left( 1 + \frac{(54{,}5028 + 36{,}50 \times 0{,}31)}{100} \right)$$

| **Fator Previdenciário** | **0,67979** | Favorável | Desfavorável |
|---|---|---|---|
| | | | X |

| **REGRA 88/98** | **91,00** | Aplicável | Não aplicável |
|---|---|---|---|
| | | | X |

| | |
|---|---|
| **TETO PREVIDENCIÁRIO** | **6.433,57** |
| **MÉDIA de 80% DOS MAIORES SALÁRIOS** | **5.000,00** |
| **FATOR PREVIDENCIÁRIO** | **0,67979** |
| **SALÁRIO DE BENEFÍCIO** | **3.398,96** |
| Coeficiente | **100%** |
| **Renda Mensal Inicial** = SB x Coeficiente | **3.398,96** |

| | |
|---|---|
| **Perda mensal com a aplicação do fator previdenciário** | **1.601,04** |
| **Perda anual com a aplicação do fator previdenciário** | **20.813,52** |

MARIA DOS SANTOS

ESPÉCIE: **42** (APOSENTADORIA POR TEMPO DE CONTRIBUIÇÃO)

DATA DE NASCIMENTO: **15/06/1972**

DATA DE INÍCIO DO BENEFÍCIO: **15/12/2021**

| **IDADE** | | |
|---|---|---|
| **anos** | **meses** | **dias** |
| **49** | **6** | **1** |
| **49,5028** | | |

| **TEMPO DE CONTRIBUIÇÃO** | | |
|---|---|---|
| **anos** | **meses** | **dias** |
| **31** | **6** | **0** |
| **31,5000** | | |

| | |
|---|---|
| **Idade** | 49,5028 |
| **TC + 5 anos** | 36,5000 |
| **ES** | 31,9 |
| **Alíquota** | 0,31 |

$$FP = \frac{TC \times A}{ES} \times \left(1 + \frac{(Id + TC \times A)}{100}\right)$$

$$\frac{36{,}50 \times 0{,}31}{31{,}9} \times \left(1 + \frac{(49{,}5028 + 36{,}50 \times 0{,}31)}{100}\right)$$

| **Fator Previdenciário** | **0,57042** | Favorável | Desfavorável |
|---|---|---|---|
| | | | X |

| **REGRA 88/98** | **81,00** | Aplicável | Não aplicável |
|---|---|---|---|
| | | | X |

| | |
|---|---|
| **TETO PREVIDENCIÁRIO** | **6.433,57** |
| **MÉDIA de 80% DOS MAIORES SALÁRIOS** | **5.000,00** |
| **FATOR PREVIDENCIÁRIO** | **0,57042** |
| **SALÁRIO DE BENEFÍCIO** | **2.852,12** |
| Coeficiente | **100%** |
| **Renda Mensal Inicial** = SB x Coeficiente | **2.852,12** |

| | |
|---|---|
| **Perda mensal com a aplicação do fator previdenciário** | **2.147,88** |
| **Perda anual com a aplicação do fator previdenciário** | **27.922,44** |

Admitindo a hipótese de uma mulher e um homem que começaram a trabalhar aos 18 anos de idade ininterruptamente, sendo que a mulher se aposentou aos 31 anos de contribuição e, consequentemente, aos 49 anos de idade; e o homem se aposentou com 36 anos de contribuição e, consequentemente, aos 54 anos de idade, nota-se uma perda com a aplicação do fator previdenciário de 42,96% para as mulheres e de 32,02% para os homens. A perda é maior para as mulheres por ser acrescentado 5 anos ao tempo de contribuição, mas não é adicionado 5 anos na idade, em conformidade com o disposto no Art. 29, § 9º, I da Lei nº 8.213/91.

De acordo com o Art. 29, I da Lei nº 8.213/91 e Art. 32, I do Decreto nº 3.048/99 a aplicação do fator previdenciário nas aposentadorias por tempo de contribuição é obrigatória. Já o fator previdenciário é calculado com base na expetativa de sobrevida obtida com base na tábua de mortalidade para ambos os sexos publicada pelo IBGE, em conformidade com o disposto nos parágrafos 7º e 8º do Art. 29 da referida Lei nº 8.213/91.

Portanto, não merece prosperar a aplicação do fator previdenciário no cálculo das aposentadorias de homens com a aplicação da expectativa de sobrevida específica para os homens por não haver previsão legal.

## 22. REVISÃO DE APOSENTADORIA POR TEMPO DE CONTRIBUIÇÃO FEMININA PARA ACRESCER NO CÁLCULO FATOR PREVIDENCIÁRIO CINCO ANOS NA IDADE

### 22.1. Considerações gerais

Esta ação revisional busca o recálculo da aposentadoria por tempo de contribuição das mulheres, através da revisão do fator previdenciário para a inserção de mais 05 anos da idade da segurada.

É certo que, por força do artigo 29, § 9º, inciso I, da Lei 8.213/91, no cálculo do fator previdenciário das mulheres serão acrescidos 05 anos no tempo de contribuição, vez que a aposentadoria por tempo de contribuição das mulheres dar-se-á com redução em 05 anos em comparação aos homens.

Por outro lado, as mulheres ficam prejudicadas com a aplicação do fator previdenciário, tendo em vista que se aposentam com 5 anos de contribuição a menos que os homens. Apesar de acrescentar 5 anos ao tempo de contribuição na fórmula do fator previdenciário, o mesmo não acontece com a idade, resultando em prejuízo. Tomemos o exemplo do capítulo anterior, em que um homem e uma mulher. Ambos começaram a trabalhar a partir dos 18 anos de idade. A mulher se aposentou aos 31 anos de contribuição ininterruptos e o homem aos 36 anos de contribuição, em dezembro de 2021. Consequentemente o homem se aposentou aos 54 anos de idade e a mulher aos 49 anos. De acordo com os cálculos, o fator previdenciário para o homem foi de **0,67979** e para a mulher é de **0,57042**, representando uma perda em torno de **32,02%** para o homem e de **42,96%** para a mulher, apesar de acrescentar 5 anos no tempo de contribuição na fórmula do fator previdenciário.

Diante desse exemplo ilustrativo, fica comprovada a perda maior por parte das mulheres, com base no argumento de que a fórmula do fator previdenciário prevê apenas o acréscimo de 5 anos ao tempo de contribuição para as mulheres, desconsiderando que elas se aposentam também com 5 anos de antecedência em relação à idade[29].

Entende-se que esta ação revisional não possui base jurídica, vez que inexiste previsão legal para acrescer em cinco anos na idade o cálculo do fator previdenciário em favor das mulheres.

## 23. REVISÃO DA APOSENTADORIA "ESPECIAL" DO PROFESSOR PARA EXCLUIR O FATOR PREVIDENCIÁRIO

### 23.1. Considerações gerais

Conforme já estudado no Capítulo 08, de acordo com o entendimento do INSS, a aposentadoria do professor é uma espécie de aposentadoria por tempo de contribuição com redução em 05 anos no tempo de contribuição, não sendo uma espécie de aposentadoria especial, pois não se trata de exposição a agentes nocivos à saúde e nem de segurado deficiente (artigo 201, § 1º, da Constituição Federal).

Logo, por força do artigo 29, inciso I, da Lei 8.213/91, com redação dada pela Lei 9.876/99, a Previdência Social faz incidir obrigatoriamente o fator previdenciário no cálculo do salário de benefício da aposentadoria do professor.

Isso porque, desde a Emenda Constituição 18/1981, a aposentadoria do professor deixou de ser especial.

Este entendimento do INSS vinha sendo acolhido pela jurisprudência majoritária:

> "PREVIDENCIÁRIO. APOSENTADORIA ESPECIAL DE PROFESSOR. REGRA EXCEPCIONAL. APURAÇÃO DO SALÁRIO-DE-BENEFÍCIO. INCIDÊNCIA DO FATOR PREVIDENCIÁRIO. IMPOSSIBILIDADE. CONVERSÃO PARA TEMPO COMUM. ATÉ A EC 18/81. REVISÃO. IMPOSSIBILIDADE. **1. É inviável proceder-se ao afastamento do fator previdenciário para o cálculo da renda mensal inicial da aposentadoria por tempo de serviço de professor, tendo em conta que a segurada não possui tempo suficiente para a concessão do amparo anteriormente à edição da Lei 9.876/99.** 2. Consoante o disposto no artigo 56

29. AMADO, Frederico. MACIEL, Carlos. *In* Cálculos Previdenciários. Teoria Jurídica e Análise Contábil na Concessão e Revisão de Benefícios do RGPS. 2014, Ed. Juspodivm.

da Lei 8.213/91 e no § 8º do artigo 201 da Constituição Federal, a atividade de professor deixou de ser considerada especial para ser contemplada com regra excepcional, em que se exige um tempo de serviço menor em relação a outras atividades, desde que se comprove o trabalho efetivo nessa condição. 3. Quando se trata da conversão de tempo de serviço especial em tempo de serviço comum, para o professor, aceita-se essa conversão até o advento da Emenda Constitucional n.º 18/81. Até ali, na realidade, considera-se especial o tempo de serviço do professor; dali em diante, considera-se que a Emenda derrogou as normas do Decreto n.º 53.831/64, relativas ao professor". **(TRF 4ª Região, AC 200771000072277, de 07/10/2009).**

"PREVIDENCIÁRIO. PROCESSUAL CIVIL. AGRAVO (ART. 557, § 1º, DO CPC). REVISÃO DE BENEFÍCIO. APOSENTADORIA DE PROFESSOR. MODALIDADE DE APOSENTADORIA POR TEMPO DE SERVIÇO EXCEPCIONAL. FATOR PREVIDENCIÁRIO. SUSTENTAÇÃO ORAL. DESCABIMENTO. PUBLICAÇÃO DE PAUTA. DESNECESSIDADE. **I – Conforme o disposto no artigo 201, § 7º, I e § 8º, da Constituição da República, e artigo 56 da Lei n.º 8.213/91, a atividade de professor deixou de ser considerada especial para ser contemplada com regra excepcional, em que se exige um tempo de serviço menor em relação a outras atividades, desde que se comprove o trabalho efetivo nessa condição. II – O benefício da autora foi adequadamente apurado, porque de acordo com as regras da Lei 9.876/99, que prevê a incidência do fator previdenciário no cálculo do salário-de-benefício.** III – O agravo previsto no artigo 557, § 1º, do Código de Processo Civil, por não ter natureza de recurso ordinário, não comporta sustentação oral (artigo 143 do Regimento Interno desta Corte), prescindindo também da inclusão em pauta para julgamento. IV – Agravo da parte autora improvido (art. 557, § 1º, do CPC)". **(TRF 3ª Região APELAÇÃO CÍVEL - 1886211, de 05/11/2013).**

No entanto, a questão tornou-se controversa no STJ. Inicialmente, várias decisões monocráticas da Corte Superior condenaram o INSS em revisar aposentadorias de professores para afastar o fator previdenciário. Veja-se um exemplo:

**Processo REsp 1251165**
**Relator(a) Ministro JORGE MUSSI**
**Data da Publicação 06/08/2014**
**Decisão**

RECURSO ESPECIAL Nº 1.251.165 - RS (2011/0095303-2) RELATOR: MINISTRO JORGE MUSSI
RECORRENTE: MARCIA RODRIGUES JULIANO
ADVOGADO: ANTONIO ARI DE BORBA E OUTRO(S)

RECORRIDO: INSS INSTITUTO NACIONAL DO SEGURO SOCIAL

ADVOGADO: PROCURADORIA-GERAL FEDERAL - PGF

DECISÃO
Cuida-se de recurso especial interposto por MARCIA RODRIGUES JULIANO, fundamentado nas alíneas "a" e "c" do permissivo constitucional, contra acórdão proferido pelo Tribunal Regional Federal da 4ª Região, assim ementado:
PREVIDENCIÁRIO. APOSENTADORIA POR TEMPO DE CONTRIBUIÇÃO PELO REGIME GERAL DEFERIDA, APÓS O ADVENTO DA LEI 9.876/1999. PROFESSOR QUE SEMPRE DESEMPENHOU ATIVIDADE DE MAGISTÉRIO NA EDUCAÇÃO INFANTIL E NO ENSINO FUNDAMENTAL E MÉDIO. INCIDÊNCIA DO FATOR PREVIDENCIÁRIO.

1. Não sendo a aposentadoria dos professores que tenham desempenhado exclusivamente funções de magistério na educação infantil e no ensino fundamental e médio uma aposentadoria especial nos termos do artigo 57 da Lei 8.213/91, não incide a regra do inciso II do artigo 29 do mesmo diploma, a qual afasta a utilização do fator previdenciário no cálculo do salário-de-benefício.

2. Tanto é aplicável o fator previdenciário no cálculo do salário-de-benefício do professor ou professora que se aposentar com cômputo de tempo posterior a 28/11/99, que a Lei 8.213/91 expressamente trata da matéria no § 9º de seu artigo 29.

3. O professor ou professora que tenham desempenhado exclusivamente funções de magistério na educação infantil e no ensino fundamental e médio, portanto, fazem jus à aposentadoria por tempo de contribuição com redução quanto ao número de anos exigido (art. 201, § 7º, da CF – art. 56 da Lei 8.213/91), e bem assim tratamento diferenciado na aplicação do fator previdenciário, mediante majoração do tempo de contribuição (§ 9º do art. 29 da Lei 8.213/91). Não se cogita, contudo, de não-incidência do fator previdenciário na apuração do salário-de-benefício.

4. O fator previdenciário não constitui multiplicador a será aplicado após a apuração do salário-de-benefício. Representa, para os benefícios referidos no inciso I do artigo 29 da Lei 8.213/91, uma variável a ser utilizada para a própria definição do salário-de-benefício (fl. 117). Opostos embargos de declaração, foram rejeitados (fls. 131/138). Sustenta a recorrente, em síntese, ter exercido o magistério por 28 (vinte e oito) anos, na educação infantil e no ensino fundamental, razão pela qual a sua aposentadoria deve corresponder a 100% do salário--de-benefício, sem a incidência do fator previdenciário.
**É o relatório.**
**Os elementos existentes nos autos dão conta que MARCIA RODRIGUES JULIANO propôs ação revisional em desfavor do INSS postulando que a renda mensal do seu benefício correspondesse a 100% do salário-de-benefício, ou seja, sem a incidência do fator previdenciário, por ser a sua aposentadoria especial.**

**O pedido foi julgado improcedente sob o fundamentado de que a aposentadoria no magistério não seria especial, mas sim por tempo de contribuição de**

**natureza excepcional, por exigir período de tempo de serviço menor em relação a outras atividades, razão pela qual deve incidir o fator previdenciário no cálculo do salário de benefício (fls. 86/96). Mantida a sentença em sede de apelação, foi interposto o presente recurso especial.**

**Contudo, o Superior Tribunal de Justiça possui entendimento no sentido de não incidir o fator previdenciário no cálculo do salário-de-benefício da aposentadoria do professor.**

Nesse sentido, confira-se o seguinte precedente:

PREVIDENCIÁRIO. AGRAVO REGIMENTAL. RECURSO ESPECIAL. CONVERSÃO DE TEMPO DE SERVIÇO ESPECIAL EM COMUM. ATIVIDADE DE MAGISTÉRIO. CABIMENTO (PRECEDENTES).

1. Nos termos do art. 29, II, da Lei n. 8.213/1991, o salário de benefício da aposentadoria especial deve ser calculado pela média aritmética simples dos maiores salários de contribuição correspondentes a 80% de todo o período contributivo, sem a incidência do fator previdenciário.

2. Conforme precedentes do Superior Tribunal de Justiça, é possível a conversão ponderada do tempo de serviço de magistério, atividade considerada penosa, por ter o Decreto n. 611/1992 determinado a observância do Decreto n. 53.831/1964.

3. Agravo regimental improvido. (AgRg no REsp 1163028/RS, Rel. Min. SEBASTIÃO REIS JÚNIOR, SEXTA TURMA, DJe 16/08/2013)

**No voto condutor do precedente supracitado, Sua Excelência, se reportando a julgado do Ministro Og Fernandes, reconhece estar o magistério no rol das atividades cuja a aposentadoria é classificada como especial.**

Veja-se:

A matéria tratada nos autos foi analisada pelo Ministro Og Fernandes no julgamento do REsp n. 1.104.334/PR, DJe 19/9/2012, em decisão monocrática cujos fundamentos seguem transcritos, no que interessa (grifo nosso):

Trata-se de recurso especial à iniciativa de ELCI MORAES KURPEL, com base na alínea "a" do permissivo constitucional, contra acórdão proferido pelo Tribunal Regional Federal - 4ª Região, assim ementado (e-fl. 67): [...]

Nessa esteira, aduz ter direito à aposentadoria especial, por ser professora, e que não poderia ser aplicado o fator previdenciário no cálculo da renda mensal. Ressalta, ainda, que o art. 56 da Lei n.º 8.213/91 assegura, como renda mensal, a integralidade do salário de benefício.

[...]

**A jurisprudência desta Corte Superior, por meio das duas Turmas que integram a Col. Terceira Seção, firmou posicionamento no sentido de que o professor faz jus à contagem do tempo de serviço prestado em condições perigosas e insalubres na forma da legislação vigente, à época da prestação de serviço, isto é, com o acréscimo previsto na legislação previdenciária de regência, considerando ter direito à conversão do tempo de serviço exercido no magistério como atividade especial.**

**A recorrente, em março de 2009, após 28 (vinte e oito anos) de magistério postulou sua aposentadoria, cujo pedido foi concedido. Porém, não deve incidir sobre o seu salário de benefício o fator previdenciário.**

**Dá-se, portanto, provimento ao recurso especial, julgando procedente o pedido inicial, para que seja excluído o fator previdenciário do cálculo do salário-de-benefício da autora da ação, com incidência de juros de mora, desde a citação, em 0,5%, até o advento da Lei n. 11.960, de 30/06/2009, que deu nova redação ao art. 1º -F da Lei n. 9.494/97, na qual se estabeleceu o percentual da caderneta de poupança para o reajuste.**

Condena-se o INSS ao pagamento dos ônus sucumbenciais, arbitrados em R$2.000,00 (dois mil) reais, a teor do § 4º do artigo 20 do Código de Processo Civil.

Publique-se. Intimem-se.

Brasília (DF), 1º de agosto de 2014.

MINISTRO JORGE MUSSI

Relator

No mesmo sentido do afastamento do fator previdenciário da aposentadoria do professor os seguintes julgamentos monocráticos do STJ: REsp 1163028, Ministro SEBASTIÃO REIS JÚNIOR, de 27/02/2013; REsp 1423286, Ministro HUMBERTO MARTINS, de 19/12/2013.

Na mesma linha o TRF da 5ª Região, seguindo o STJ:

"AGRAVO DE INSTRUMENTO. PREVIDENCIÁRIO. OBRIGAÇÃO DE FAZER. CÁLCULO DA RMI. **PROFESSOR. APOSENTADORIA ESPECIAL. ENTENDIMENTO DO STJ. FATOR PREVIDENCIÁRIO. AFASTAMENTO**. RECURSO IMPROVIDO. 1. Agravo de instrumento interposto pelo INSS contra decisão proferida pelo Juízo da 3ª Vara Federal de Sergipe que, no bojo de execução de obrigação de fazer, determinou que o agravante procedesse ao recálculo da RMI da professora agravada sem a aplicação do fator previdenciário e nos termos da sentença exequenda. 2. Sobre o tema, reformando decisões do E. Tribunal Regional Federal da 4ª Região, invocadas como fundamento pelo agravante, o C. STJ decidiu nos mesmos moldes da decisão ora agravada, no sentido de que o professor faz jus à contagem do tempo de serviço prestado em condições perigosas e insalubres na forma da legislação vigente, à época da prestação de serviço, isto é, com o acréscimo previsto na legislação previdenciária de regência, considerando ter direito à conversão do tempo de serviço exercido no magistério como atividade especial (REsp nº 1.163.028-RS, em 16/8/13). 3. Assim, em casos como o presente, sendo a aposentadoria do professor que cumpre tempo de efetivo exercício das funções de magistério na educação infantil e no ensino fundamental e médio, nos termos do art. 201, parágrafo 8º, da Constituição da República, equiparada à aposentadoria especial, não deve sobre ela incidir a aplicação do fator previdenciário no cálculo do benefício. 4. Não bastasse, estando incluído no pedido inicial o afastamento do fator previdenciário e havendo o pleito sido julgado totalmente procedente, caberia ao INSS, pelas vias recursais próprias, insurgir-se contra o seu deferimento, o que não aconteceu na hipótese dos autos, já que a sentença transitou em julgado após a confirmação por este TRF da 5ª Região, sendo descabida a reapreciação do assunto em sede de execução. 5. Não provimento do agravo de instrumento" (**TRF 5ª Região, Agravo de Instrumento – 135083, de 05/12/2013**).

No entanto, existe precedente da 2ª Turma do STJ determinando a aplicação do fator previdenciário à aposentadoria do professor:

"PROCESSUAL CIVIL E PREVIDENCIÁRIO. EMBARGOS DE DECLARAÇÃO NO AGRAVO REGIMENTAL NO AGRAVO REGIMENTAL NO RECURSO ESPECIAL. APOSENTADORIA POR TEMPO DE CONTRIBUIÇÃO. FATOR PREVIDENCIÁRIO. ATIVIDADE DE PROFESSOR. OMISSÃO SANADA. EMBARGOS DE DECLARAÇÃO ACOLHIDOS PARA SANAR OMISSÃO SEM EFEITO MODIFICATIVO.

1. A parte autora, ora embargante, neste momento em sede de embargos de declaração, aduz que a aposentadoria do professor é equiparada à aposentadoria especial, a qual afasta a incidência do fator previdenciário.

2. No caso específico, a segurada exerceu atividades de magistério no período de setembro de 1994 a novembro de 2010.

3. A contagem ponderada do tempo de magistério, para fins de obtenção de aposentadoria por tempo de serviço comum, não encontra óbice, uma vez que a atividade era considerada penosa pelo Decreto 53.831/1964, cuja observância foi determinada pelo Decreto 611/1992. Precedentes.

**4. Incide o fator previdenciário no cálculo do salário de benefício da aposentadoria por tempo de serviço de professor quando a segurada não tiver tempo suficiente para a concessão do benefício anteriormente à edição da Lei 9.876, de 1999, como no presente caso, conforme asseverado pelo Tribunal a quo.**

5. Embargos de declaração acolhidos para sanar omissão sem efeito modificativo" (EDcl no AgRg no AgRg no REsp 1490380, de 9/6/2015).

No mesmo sentido a 6ª Turma do STJ vem determinando a aplicação do fator previdenciário à aposentadoria do professor:

"PROCESSUAL CIVIL E PREVIDENCIÁRIO. **APOSENTADORIA DE PROFESSOR. SALÁRIO-DE-BENEFÍCIO. FATOR PREVIDENCIÁRIO. INCIDÊNCIA.**

1. À luz do Decreto 53.831/64 (Quadro Anexo, Item 2.1.4), a atividade de professor era considerada penosa, situação modificada com a entrada em vigor da Emenda Constitucional 18/81 e, consequentemente, das alterações constitucionais posteriores, porquanto o desempenho da atividade deixou de ser considerada especial para ser uma regra "excepcional", diferenciada, na qual demanda um tempo de serviço menor em relação a outras atividades, desde que se comprove o exclusivo trabalho nessa condição.

2. A atividade de professor não é especial em si, para fins de seu enquadramento na espécie "aposentadoria especial" a que alude o art. 57 da Lei n. 8.213/91, mas regra diferenciada para a aposentadoria que exige o seu cumprimento integral, o que afasta seu enquadramento às disposições do inciso II do art. 29 do mesmo diploma, que não prevê a utilização do fator previdenciário no cálculo do salário-de-benefício.

3. Amoldando-se a aposentadoria do professor naquelas descritas no inciso I, "c", inafastável o fator previdenciário, incidência corroborada ainda pelas disposições do § 9º do art. 29 da Lei de Benefícios, em que foram estabelecidos acréscimos temporais para minorar o impacto da fórmula de cálculo sobre o regime diferenciado dos professores" (REsp 1146092, de 22/9/2015).

Por outro lado, a 5ª Turma do STJ determina o afastamento do fator previdenciário:

"AGRAVO REGIMENTAL. RECURSO ESPECIAL. **PREVIDENCIÁRIO. APOSENTADORIA. PROFESSOR. FATOR PREVIDENCIÁRIO**. INAPLICABILIDADE. RECURSO IMPROVIDO.

1. Não incide o fator previdenciário no cálculo do salário-de-benefício da aposentadoria do professor. Precedentes. 2. Agravo regimental a que se nega provimento" (AgRg no REsp 1251165, de 7/10/2014).

**Posteriormente, o STJ pacificou o tema ao firmar tese pela aplicação do fator previdenciário à aposentadoria do professor do ensino básico:**

**Processo**

AgInt no REsp 1733172 / RS

AGRAVO INTERNO NO RECURSO ESPECIAL

2018/0075051-1

**Relator(a)**

Ministro GURGEL DE FARIA (1160)

**Órgão Julgador**

T1 – PRIMEIRA TURMA

**Data do Julgamento**

13/11/2018

**Data da Publicação/Fonte**

DJe 18/12/2018

**Ementa**

PROCESSUAL CIVIL E **PREVIDENCIÁRIO. APOSENTADORIA DE PROFESSOR. MATÉRIA INFRACONSTITUCIONAL. FATOR PREVIDENCIÁRIO. INCIDÊNCIA.**

1. Conforme estabelecido pelo Plenário do STJ, "aos recursos interpostos com fundamento no CPC de 2015 (relativos a decisões publicadas a partir de 18 de março de 2016) serão exigidos os requisitos de admissibilidade recursal na forma do novo CPC" (Enunciado Administrativo n. 3).

2. Hipótese em que o Supremo Tribunal Federal, nos Recursos Extraordinários ns. 1.072.733/SC, Rel. Ministro Dias Toffoli e 1.107.124/PR, Rel. Ministro Gilmar Mendes, determinou o retorno de feitos a esta Corte para análise da controvérsia acerca do fator previdenciário em aposentadorias de professor, não obstante a declaração de inconstitucionalidade do art. 29, I, e § 9º, II e III, da Lei 8.213/1991 pelo Tribunal Regional Federal da 4ª Região, ensejando, assim, o exame do tema na via especial.

**3. A jurisprudência desta Corte firmou-se no sentido da incidência do fator previdenciário no cálculo do salário de benefício da aposentadoria por tempo de contribuição de professor nas situações em que o docente não completar o tempo suficiente para a concessão do benefício anteriormente à edição da Lei n. 9.876/1999.**

A TNU afastava a aplicação do fator previdenciário da aposentadoria do professor. No entanto, em 20 de outubro de 2016, em incidente de uniformização representativo de controvérsia, a Turma Nacional reverteu a sua posição, firmando tese pela incidência do fator previdenciário na aposentadoria do professor:

PROCESSO: 0501512-65.2015.4.05.8307 ORIGEM: 1ª Turma Recursal Seção Judiciária de Pernambuco REQUERENTE: INSS PROC./ADV.: PROCURADORIA-GERAL FEDERAL REQUERIDO(A): EDILSON PAULO FERREIRA PROC./ADV.: CARLOS DIONÍZIO J. DE OLIVEIRA OAB: PE-34480 RELATOR(A): JUIZ(A) FEDERAL FREDERICO AUGUSTO LEOPOLDINO KOEHLER

EMENTA: PEDIDO DE UNIFORMIZAÇÃO REPRESENTATIVO DE CONTROVÉRSIA. PREVIDENCIÁRIO. APOSENTADORIA POR TEMPO DE CONTRIBUIÇÃO DO PROFESSOR. FATOR PREVIDENCIÁRIO. INCIDÊNCIA, SALVO QUANDO O SEGURADO CUMPRIU OS REQUISITOS PARA APOSENTAÇÃO ANTERIORMENTE À EDIÇÃO DA LEI N. 9.876/99. PRECEDENTES DO STJ. INCIDENTE CONHECIDO E PARCIALMENTE PROVIDO.

É certo que o STF já possui precedentes no sentido de que a aposentadoria do professor deixou de ser especial com o advento da Emenda 18/1981, tanto que apenas admite a conversão de especial em comum até a citada Emenda (vide, por exemplo, **ARE 789638/RS – RIO GRANDE DO SUL RECURSO EXTRAORDINÁRIO COM AGRAVO Relator(a): Min. ROSA WEBER Julgamento: 07/03/2014).**

Mas, por questões de equívoco terminológico, o STF ainda utilizada a expressão "aposentadoria especial do professor", muito embora não se enquadre no artigo 201, § 1º, da Constituição Federal, sendo apenas uma aposentadoria por tempo de contribuição com redução em 05 anos no tempo de contribuição.

Ao que tudo indicava este tema não seria apreciado pelo STF, vez que não se cuida diretamente de matéria constitucional definir o cálculo da renda do benefício do professor, sendo assunto infraconstitucional. Veja-se um julgado da Suprema Corte nesse sentido:

"AGRAVO REGIMENTAL EM RECURSO EXTRAORDINÁRIO COM AGRAVO. DIREITO PREVIDENCIÁRIO. FATOR PREVIDENCIÁRIO. LEI 9.876/1999. CONSTITUCIONALIDADE. ADI 2.1 11-MC/DF. APOSENTADORIA ESPECIAL DOS PROFESSORES. CÁLCULO DO MONTANTE DEVIDO. APLICAÇÃO DOFATOR PREVIDENCIÁRIO. MATÉRIA INFRACONSTITUCIONAL. AGRAVO IMPROVIDO. I – O Plenário desta Corte, no julgamento da ADI 2.111-MC/DF, Rel. Min. Sydney Sanches, entendeu constitucional o fator previdenciário previsto no art. 29, caput, incisos e parágrafos, da Lei 8.213/1991, com redação dada pelo art. 2º da Lei 9.876/1999. **II – Naquela oportunidade, o Tribunal afirmou, ainda, que a matéria atinente ao cálculo do montante do benefício previdenciário já não possui disciplina constitucional. Por essa razão, a utilização do fator previdenciário, previsto n a Lei 9.876/1999, no cálculo do valor devido à rccorrente a título dc aposentadoria não implica qualquer ofensa à Carta Magna.** De fato, por ser matéria remetida à disciplina exclusivamente infraconstitucional, a suposta violação do Texto Maio r se daria de forma meramente reflexa, circunstância que torna inviável o recurso extraordinário. III – Agravo regimental improvido" **(STF, ARE-AgR 702764, de 13/11/2012).**

Em 4 de junho de 2020, ao julgar o tema 1.091 (RE 1221630), o Plenário do STF reafirmou a constitucionalidade do fator previdenciário, inclusive no salário de benefício da aposentadoria do professor de ensino básico:

Tema:

**1091 – Constitucionalidade do fator previdenciário, previsto no art. 29, caput, incisos e parágrafos, da Lei nº 8.213/91, com a redação dada pelo art. 2º da Lei nº 9.876/99.**

Relator: MINISTRO PRESIDENTE

Leading Case: RE 1221630

Há Repercussão?

Sim

Ver descrição [+]

Recurso extraordinário em que se discute, à luz dos arts. 5º, caput; 6º; 102, § 2º; 195, § 5º; e 201, §§ 1º, 7º e 8º, da Constituição Federal, a constitucionalidade do fator previdenciário, previsto no art. 29, caput, incisos e parágrafos, da Lei nº 8.213/91, com a redação dada pelo art. 2º da Lei nº 9.876/99, bem como se é devida sua incidência no cálculo dos proventos de aposentadoria de professor. [-]

Ver tese [+]

**É constitucional o fator previdenciário previsto no art. 29, caput, incisos e parágrafos, da Lei nº 8.213/91, com a redação dada pelo art. 2º da Lei nº 9.876/99.[-]**

O STF teve que julgar o tema em razão de o TRF da 4ª Região estar pronunciando a inconstitucionalidade do fator previdenciário na aposentadoria do professor.

## 23.2. Cálculos

O exemplo a seguir trata-se de aposentadoria de um professor com 50 anos de idade e 31 anos de contribuição, reunindo os requisitos para fazer jus a aposentadoria dos professores, requerida em 15/03/2017.

**CÁLCULO DA RENDA MENSAL - APOSENTADORIA DE PROFESSOR**

BENEFICIÁRIO (A): **LUCIANO ANTÔNIO NÓBREGA CERQUEIRA**

DATA DE NASCIMENTO: **09/01/1967**

ESPÉCIE: **57** (APOSENTADORIA POR TEMPO DE CONTRIBUIÇÃO - PROFESSOR)

DATA DE INÍCIO DO BENEFÍCIO: **15/03/2017**

TEMPO DE CONTRIBUIÇÃO: **31 anos 07 meses e 23 dias**

BASE LEGAL: LEI 9.876 DE 29 DE NOVEMBRO DE 1999

PERÍODO BÁSICO DE CÁLCULO: **07/1994 a 02/2017**

| Sequência | Mês/ano | Salário | Índice | Salário corrigido | Desconsiderados |
|---|---|---|---|---|---|
| 1 | jul/94 | 580,00 | 7,600226 | 4.408,13 | |
| 2 | ago/94 | 580,00 | 7,164618 | 4.155,48 | desconsiderado |
| 3 | set/94 | 580,00 | 6,793683 | 3.940,34 | desconsiderado |
| 4 | out/94 | 580,00 | 6,692624 | 3.881,72 | desconsiderado |
| 5 | nov/94 | 580,00 | 6,570414 | 3.810,84 | desconsiderado |
| 6 | dez/94 | 580,00 | 6,362365 | 3.690,17 | desconsiderado |
| 7 | jan/95 | 580,00 | 6,226015 | 3.611,09 | desconsiderado |
| 8 | fev/95 | 580,00 | 6,123749 | 3.551,77 | desconsiderado |
| 9 | mar/95 | 580,00 | 6,063718 | 3.516,96 | desconsiderado |
| 10 | abr/95 | 580,00 | 5,979408 | 3.468,06 | desconsiderado |
| 11 | mai/95 | 580,00 | 5,866766 | 3.402,72 | desconsiderado |
| 12 | jun/95 | 820,00 | 5,719768 | 4.690,21 | |
| 13 | jul/95 | 820,00 | 5,617529 | 4.606,37 | |
| 14 | ago/95 | 820,00 | 5,482656 | 4.495,78 | |
| 15 | set/95 | 820,00 | 5,427297 | 4.450,38 | |
| 16 | out/95 | 820,00 | 5,364532 | 4.398,92 | |
| 17 | nov/95 | 820,00 | 5,290466 | 4.338,18 | |
| 18 | dez/95 | 820,00 | 5,211768 | 4.273,65 | |
| 19 | jan/96 | 820,00 | 5,127170 | 4.204,28 | desconsiderado |
| 20 | fev/96 | 820,00 | 5,053390 | 4.143,78 | desconsiderado |
| 21 | mar/96 | 820,00 | 5,017764 | 4.114,57 | desconsiderado |
| 22 | abr/96 | 820,00 | 5,003255 | 4.102,67 | desconsiderado |
| 23 | mai/96 | 820,00 | 4,968475 | 4.074,15 | desconsiderado |
| 24 | jun/96 | 930,00 | 4,886384 | 4.544,34 | |
| 25 | jul/96 | 930,00 | 4,827489 | 4.489,56 | |

| Sequência | Mês/ano | Salário | Índice | Salário corrigido | Desconsiderados |
|---|---|---|---|---|---|
| 26 | ago/96 | 930,00 | 4,775437 | 4.441,16 | |
| 27 | set/96 | 930,00 | 4,775246 | 4.440,98 | |
| 28 | out/96 | 930,00 | 4,769046 | 4.435,21 | |
| 29 | nov/96 | 930,00 | 4,758577 | 4.425,48 | |
| 30 | dez/96 | 930,00 | 4,745290 | 4.413,12 | |
| 31 | jan/97 | 930,00 | 4,703896 | 4.374,62 | |
| 32 | fev/97 | 930,00 | 4,630730 | 4.306,58 | |
| 33 | mar/97 | 930,00 | 4,611363 | 4.288,57 | |
| 34 | abr/97 | 930,00 | 4,558484 | 4.239,39 | |
| 35 | mai/97 | 930,00 | 4,531747 | 4.214,52 | desconsiderado |
| 36 | jun/97 | 1.010,00 | 4,518192 | 4.563,37 | |
| 37 | jul/97 | 1.010,00 | 4,486785 | 4.531,65 | |
| 38 | ago/97 | 1.010,00 | 4,482750 | 4.527,58 | |
| 39 | set/97 | 1.010,00 | 4,482750 | 4.527,58 | |
| 40 | out/97 | 1.010,00 | 4,456457 | 4.501,02 | |
| 41 | nov/97 | 1.010,00 | 4,441357 | 4.485,77 | |
| 42 | dez/97 | 1.010,00 | 4,404797 | 4.448,84 | |
| 43 | jan/98 | 1.010,00 | 4,374612 | 4.418,36 | |
| 44 | fev/98 | 1.010,00 | 4,336451 | 4.379,82 | |
| 45 | mar/98 | 1.010,00 | 4,335584 | 4.378,94 | |
| 46 | abr/98 | 1.010,00 | 4,325635 | 4.368,89 | |
| 47 | mai/98 | 1.010,00 | 4,325635 | 4.368,89 | |
| 48 | jun/98 | 1.060,00 | 4,315709 | 4.574,65 | |
| 49 | jul/98 | 1.060,00 | 4,303659 | 4.561,88 | |
| 50 | ago/98 | 1.060,00 | 4,303659 | 4.561,88 | |
| 51 | set/98 | 1.060,00 | 4,303659 | 4.561,88 | |
| 52 | out/98 | 1.060,00 | 4,303659 | 4.561,88 | |
| 53 | nov/98 | 1.060,00 | 4,303659 | 4.561,88 | |
| 54 | dez/98 | 1.060,00 | 4,303659 | 4.561,88 | |
| 55 | jan/99 | 1.060,00 | 4,261892 | 4.517,61 | |
| 56 | fev/99 | 1.060,00 | 4,213438 | 4.466,24 | |
| 57 | mar/99 | 1.060,00 | 4,034314 | 4.276,37 | |
| 58 | abr/99 | 1.060,00 | 3,955986 | 4.193,34 | desconsiderado |
| 59 | mai/99 | 1.060,00 | 3,954799 | 4.192,09 | desconsiderado |
| 60 | jun/99 | 1.230,00 | 3,954799 | 4.864,40 | |
| 61 | jul/99 | 1.230,00 | 3,914868 | 4.815,29 | |
| 62 | ago/99 | 1.230,00 | 3,853595 | 4.739,92 | |
| 63 | set/99 | 1.230,00 | 3,798517 | 4.672,18 | |
| 64 | out/99 | 1.230,00 | 3,743488 | 4.604,49 | |
| 65 | nov/99 | 1.230,00 | 3,674048 | 4.519,08 | |
| 66 | dez/99 | 1.230,00 | 3,583388 | 4.407,57 | |
| 67 | jan/00 | 1.230,00 | 3,539848 | 4.354,01 | |
| 68 | fev/00 | 1.230,00 | 3,504106 | 4.310,05 | |
| 69 | mar/00 | 1.230,00 | 3,497461 | 4.301,88 | |
| 70 | abr/00 | 1.230,00 | 3,491177 | 4.294,15 | |
| 71 | mai/00 | 1.230,00 | 3,486644 | 4.288,57 | |
| 72 | jun/00 | 1.300,00 | 3,463439 | 4.502,47 | |
| 73 | jul/00 | 1.300,00 | 3,431526 | 4.460,98 | |
| 74 | ago/00 | 1.300,00 | 3,355688 | 4.362,39 | |

| Sequência | Mês/ano | Salário | Índice | Salário corrigido | Desconsiderados |
|---|---|---|---|---|---|
| 75 | set/00 | 1.300,00 | 3,295706 | 4.284,42 | |
| 76 | out/00 | 1.300,00 | 3,273121 | 4.255,06 | |
| 77 | nov/00 | 1.300,00 | 3,261055 | 4.239,37 | |
| 78 | dez/00 | 1.300,00 | 3,248387 | 4.222,90 | |
| 79 | jan/01 | 1.300,00 | 3,223885 | 4.191,05 | desconsiderado |
| 80 | fev/01 | 1.300,00 | 3,208165 | 4.170,61 | desconsiderado |
| 81 | mar/01 | 1.300,00 | 3,197294 | 4.156,48 | desconsiderado |
| 82 | abr/01 | 1.300,00 | 3,171919 | 4.123,49 | desconsiderado |
| 83 | mai/01 | 1.300,00 | 3,136477 | 4.077,42 | desconsiderado |
| 84 | jun/01 | 1.400,00 | 3,122737 | 4.371,83 | |
| 85 | jul/01 | 1.400,00 | 3,077801 | 4.308,92 | |
| 86 | ago/01 | 1.400,00 | 3,028735 | 4.240,23 | |
| 87 | set/01 | 1.400,00 | 3,001720 | 4.202,41 | desconsiderado |
| 88 | out/01 | 1.400,00 | 2,990356 | 4.186,50 | desconsiderado |
| 89 | nov/01 | 1.400,00 | 2,947616 | 4.126,66 | desconsiderado |
| 90 | dez/01 | 1.400,00 | 2,925383 | 4.095,54 | desconsiderado |
| 91 | jan/02 | 1.400,00 | 2,920127 | 4.088,18 | desconsiderado |
| 92 | fev/02 | 1.400,00 | 2,914589 | 4.080,42 | desconsiderado |
| 93 | mar/02 | 1.400,00 | 2,909352 | 4.073,09 | desconsiderado |
| 94 | abr/02 | 1.400,00 | 2,906156 | 4.068,62 | desconsiderado |
| 95 | mai/02 | 1.400,00 | 2,885954 | 4.040,34 | desconsiderado |
| 96 | jun/02 | 1.530,00 | 2,854271 | 4.367,04 | |
| 97 | jul/02 | 1.530,00 | 2,805457 | 4.292,35 | |
| 98 | ago/02 | 1.530,00 | 2,749100 | 4.206,12 | desconsiderado |
| 99 | set/02 | 1.530,00 | 2,685717 | 4.109,15 | desconsiderado |
| 100 | out/02 | 1.530,00 | 2,616638 | 4.003,46 | desconsiderado |
| 101 | nov/02 | 1.530,00 | 2,510928 | 3.841,72 | desconsiderado |
| 102 | dez/02 | 1.530,00 | 2,372381 | 3.629,74 | desconsiderado |
| 103 | jan/03 | 1.530,00 | 2,310010 | 3.534,32 | desconsiderado |
| 104 | fev/03 | 1.530,00 | 2,260948 | 3.459,25 | desconsiderado |
| 105 | mar/03 | 1.530,00 | 2,225561 | 3.405,11 | desconsiderado |
| 106 | abr/03 | 1.530,00 | 2,189220 | 3.349,51 | desconsiderado |
| 107 | mai/03 | 1.530,00 | 2,180281 | 3.335,83 | desconsiderado |
| 108 | jun/03 | 1.820,00 | 2,194988 | 3.994,88 | desconsiderado |
| 109 | jul/03 | 1.820,00 | 2,210461 | 4.023,04 | desconsiderado |
| 110 | ago/03 | 1.820,00 | 2,214891 | 4.031,10 | desconsiderado |
| 111 | set/03 | 1.820,00 | 2,201243 | 4.006,26 | desconsiderado |
| 112 | out/03 | 1.820,00 | 2,178370 | 3.964,63 | desconsiderado |
| 113 | nov/03 | 1.820,00 | 2,168827 | 3.947,27 | desconsiderado |
| 114 | dez/03 | 1.820,00 | 2,158467 | 3.928,41 | desconsiderado |
| 115 | jan/04 | 1.820,00 | 2,145593 | 3.904,98 | desconsiderado |
| 116 | fev/04 | 1.820,00 | 2,128565 | 3.873,99 | desconsiderado |
| 117 | mar/04 | 1.820,00 | 2,120295 | 3.858,94 | desconsiderado |
| 118 | abr/04 | 1.820,00 | 2,108278 | 3.837,07 | desconsiderado |
| 119 | mai/04 | 1.820,00 | 2,099670 | 3.821,40 | desconsiderado |
| 120 | jun/04 | 2.500,00 | 2,091304 | 5.228,26 | |
| 121 | jul/04 | 2.500,00 | 2,080900 | 5.202,25 | |
| 122 | ago/04 | 2.500,00 | 2,065819 | 5.164,55 | |
| 123 | set/04 | 2.500,00 | 2,055542 | 5.138,85 | |

| Sequência | Mês/ano | Salário | Índice | Salário corrigido | Desconsiderados |
|---|---|---|---|---|---|
| 124 | out/04 | 2.500,00 | 2,052053 | 5.130,13 | |
| 125 | nov/04 | 2.500,00 | 2,048571 | 5.121,43 | |
| 126 | dez/04 | 2.500,00 | 2,039596 | 5.098,99 | |
| 127 | jan/05 | 2.500,00 | 2,022205 | 5.055,51 | |
| 128 | fev/05 | 2.500,00 | 2,010744 | 5.026,86 | |
| 129 | mar/05 | 2.500,00 | 2,001936 | 5.004,84 | |
| 130 | abr/05 | 2.500,00 | 1,987427 | 4.968,57 | |
| 131 | mai/05 | 2.500,00 | 1,969505 | 4.923,76 | |
| 132 | jun/05 | 2.650,00 | 1,955814 | 5.182,91 | |
| 133 | jul/05 | 2.650,00 | 1,957968 | 5.188,62 | |
| 134 | ago/05 | 2.650,00 | 1,957381 | 5.187,06 | |
| 135 | set/05 | 2.650,00 | 1,957381 | 5.187,06 | |
| 136 | out/05 | 2.650,00 | 1,954449 | 5.179,29 | |
| 137 | nov/05 | 2.650,00 | 1,943179 | 5.149,42 | |
| 138 | dez/05 | 2.650,00 | 1,932742 | 5.121,77 | |
| 139 | jan/06 | 2.650,00 | 1,925042 | 5.101,36 | |
| 140 | fev/06 | 2.650,00 | 1,917754 | 5.082,05 | |
| 141 | mar/06 | 2.650,00 | 1,913353 | 5.070,39 | |
| 142 | abr/06 | 2.650,00 | 1,908201 | 5.056,73 | |
| 143 | mai/06 | 2.650,00 | 1,905914 | 5.050,67 | |
| 144 | jun/06 | 2.800,00 | 1,903440 | 5.329,63 | |
| 145 | jul/06 | 2.800,00 | 1,904773 | 5.333,36 | |
| 146 | ago/06 | 2.800,00 | 1,902680 | 5.327,50 | |
| 147 | set/06 | 2.800,00 | 1,903061 | 5.328,57 | |
| 148 | out/06 | 2.800,00 | 1,900021 | 5.320,06 | |
| 149 | nov/06 | 2.800,00 | 1,891886 | 5.297,28 | |
| 150 | dez/06 | 2.800,00 | 1,883973 | 5.275,12 | |
| 151 | jan/07 | 2.800,00 | 1,872364 | 5.242,62 | |
| 152 | fev/07 | 2.800,00 | 1,863234 | 5.217,06 | |
| 153 | mar/07 | 2.800,00 | 1,855442 | 5.195,24 | |
| 154 | abr/07 | 2.800,00 | 1,847313 | 5.172,48 | |
| 155 | mai/07 | 2.800,00 | 1,842523 | 5.159,06 | |
| 156 | jun/07 | 2.870,00 | 1,837745 | 5.274,33 | |
| 157 | jul/07 | 2.870,00 | 1,832065 | 5.258,03 | |
| 158 | ago/07 | 2.870,00 | 1,826221 | 5.241,26 | |
| 159 | set/07 | 2.870,00 | 1,815510 | 5.210,51 | |
| 160 | out/07 | 2.870,00 | 1,810982 | 5.197,52 | |
| 161 | nov/07 | 2.870,00 | 1,805566 | 5.181,97 | |
| 162 | dez/07 | 2.870,00 | 1,797835 | 5.159,79 | |
| 163 | jan/08 | 2.870,00 | 1,780564 | 5.110,22 | |
| 164 | fev/08 | 2.870,00 | 1,768362 | 5.075,20 | |
| 165 | mar/08 | 2.870,00 | 1,759389 | 5.049,45 | |
| 166 | abr/08 | 2.870,00 | 1,750462 | 5.023,82 | |
| 167 | mai/08 | 2.870,00 | 1,739330 | 4.991,88 | |
| 168 | jun/08 | 3.000,00 | 1,722791 | 5.168,37 | |
| 169 | jul/08 | 3.000,00 | 1,707255 | 5.121,77 | |
| 170 | ago/08 | 3.000,00 | 1,697410 | 5.092,23 | |
| 171 | set/08 | 3.000,00 | 1,693853 | 5.081,56 | |
| 172 | out/08 | 3.000,00 | 1,691316 | 5.073,95 | |

| Sequência | Mês/ano | Salário | Índice | Salário corrigido | Desconsiderados |
|---|---|---|---|---|---|
| 173 | nov/08 | 3.000,00 | 1,682902 | 5.048,70 | |
| 174 | dez/08 | 3.000,00 | 1,676531 | 5.029,59 | |
| 175 | jan/09 | 3.000,00 | 1,671683 | 5.015,05 | |
| 176 | fev/09 | 3.000,00 | 1,661052 | 4.983,16 | |
| 177 | mar/09 | 3.000,00 | 1,655919 | 4.967,76 | |
| 178 | abr/09 | 3.000,00 | 1,652614 | 4.957,84 | |
| 179 | mai/09 | 3.000,00 | 1,643574 | 4.930,72 | |
| 180 | jun/09 | 3.200,00 | 1,633771 | 5.228,07 | |
| 181 | jul/09 | 3.200,00 | 1,626938 | 5.206,20 | |
| 182 | ago/09 | 3.200,00 | 1,623205 | 5.194,26 | |
| 183 | set/09 | 3.200,00 | 1,621907 | 5.190,10 | |
| 184 | out/09 | 3.200,00 | 1,619316 | 5.181,81 | |
| 185 | nov/09 | 3.200,00 | 1,615439 | 5.169,41 | |
| 186 | dez/09 | 3.200,00 | 1,609484 | 5.150,35 | |
| 187 | jan/10 | 3.200,00 | 1,605631 | 5.138,02 | |
| 188 | fev/10 | 3.200,00 | 1,591624 | 5.093,20 | |
| 189 | mar/10 | 3.200,00 | 1,580560 | 5.057,79 | |
| 190 | abr/10 | 3.200,00 | 1,569418 | 5.022,14 | |
| 191 | mai/10 | 3.200,00 | 1,558044 | 4.985,74 | |
| 192 | jun/10 | 3.450,00 | 1,551373 | 5.352,24 | |
| 193 | jul/10 | 3.450,00 | 1,553081 | 5.358,13 | |
| 194 | ago/10 | 3.450,00 | 1,554169 | 5.361,88 | |
| 195 | set/10 | 3.450,00 | 1,555258 | 5.365,64 | |
| 196 | out/10 | 3.450,00 | 1,546905 | 5.336,82 | |
| 197 | nov/10 | 3.450,00 | 1,532803 | 5.288,17 | |
| 198 | dez/10 | 3.450,00 | 1,517176 | 5.234,26 | |
| 199 | jan/11 | 3.450,00 | 1,508127 | 5.203,04 | |
| 200 | fev/11 | 3.450,00 | 1,494083 | 5.154,59 | |
| 201 | mar/11 | 3.450,00 | 1,486058 | 5.126,90 | |
| 202 | abr/11 | 3.450,00 | 1,476314 | 5.093,28 | |
| 203 | mai/11 | 3.450,00 | 1,465761 | 5.056,88 | |
| 204 | jun/11 | 3.650,00 | 1,457453 | 5.319,71 | |
| 205 | jul/11 | 3.650,00 | 1,454254 | 5.308,03 | |
| 206 | ago/11 | 3.650,00 | 1,454254 | 5.308,03 | |
| 207 | set/11 | 3.650,00 | 1,448172 | 5.285,83 | |
| 208 | out/11 | 3.650,00 | 1,441684 | 5.262,15 | |
| 209 | nov/11 | 3.650,00 | 1,437086 | 5.245,36 | |
| 210 | dez/11 | 3.650,00 | 1,428941 | 5.215,63 | |
| 211 | jan/12 | 3.650,00 | 1,421690 | 5.189,17 | |
| 212 | fev/12 | 3.650,00 | 1,414476 | 5.162,84 | |
| 213 | mar/12 | 3.650,00 | 1,408981 | 5.142,78 | |
| 214 | abr/12 | 3.650,00 | 1,406450 | 5.133,54 | |
| 215 | mai/12 | 3.650,00 | 1,397505 | 5.100,89 | |
| 216 | jun/12 | 3.900,00 | 1,389861 | 5.420,46 | |
| 217 | jul/12 | 3.900,00 | 1,386257 | 5.406,40 | |
| 218 | ago/12 | 3.900,00 | 1,380322 | 5.383,25 | |
| 219 | set/12 | 3.900,00 | 1,374138 | 5.359,14 | |
| 220 | out/12 | 3.900,00 | 1,365535 | 5.325,59 | |
| 221 | nov/12 | 3.900,00 | 1,355908 | 5.288,04 | |

| Sequência | Mês/ano | Salário | Índice | Salário corrigido | Desconsiderados |
|---|---|---|---|---|---|
| 222 | dez/12 | 3.900,00 | 1,348626 | 5.259,64 | |
| 223 | jan/13 | 3.900,00 | 1,338719 | 5.221,00 | |
| 224 | fev/13 | 3.900,00 | 1,326515 | 5.173,41 | |
| 225 | mar/13 | 3.900,00 | 1,319653 | 5.146,65 | |
| 226 | abr/13 | 3.900,00 | 1,311782 | 5.115,95 | |
| 227 | mai/13 | 3.900,00 | 1,304088 | 5.085,94 | |
| 228 | jun/13 | 4.100,00 | 1,299540 | 5.328,11 | |
| 229 | jul/13 | 4.100,00 | 1,295911 | 5.313,24 | |
| 230 | ago/13 | 4.100,00 | 1,297598 | 5.320,15 | |
| 231 | set/13 | 4.100,00 | 1,295525 | 5.311,65 | |
| 232 | out/13 | 4.100,00 | 1,292037 | 5.297,35 | |
| 233 | nov/13 | 4.100,00 | 1,284203 | 5.265,23 | |
| 234 | dez/13 | 4.100,00 | 1,277306 | 5.236,95 | |
| 235 | jan/14 | 4.100,00 | 1,268175 | 5.199,52 | |
| 236 | fev/14 | 4.100,00 | 1,260235 | 5.166,96 | |
| 237 | mar/14 | 4.100,00 | 1,252221 | 5.134,11 | |
| 238 | abr/14 | 4.100,00 | 1,242036 | 5.092,35 | |
| 239 | mai/14 | 4.100,00 | 1,232423 | 5.052,94 | |
| 240 | jun/14 | 4.300,00 | 1,225073 | 5.267,81 | |
| 241 | jul/14 | 4.300,00 | 1,221896 | 5.254,15 | |
| 242 | ago/14 | 4.300,00 | 1,220310 | 5.247,33 | |
| 243 | set/14 | 4.300,00 | 1,218117 | 5.237,90 | |
| 244 | out/14 | 4.300,00 | 1,212177 | 5.212,36 | |
| 245 | nov/14 | 4.300,00 | 1,207589 | 5.192,63 | |
| 246 | dez/14 | 4.300,00 | 1,201222 | 5.165,25 | |
| 247 | jan/15 | 4.300,00 | 1,193820 | 5.133,43 | |
| 248 | fev/15 | 4.300,00 | 1,176410 | 5.058,56 | |
| 249 | mar/15 | 4.300,00 | 1,162920 | 5.000,55 | |
| 250 | abr/15 | 4.300,00 | 1,145621 | 4.926,17 | |
| 251 | mai/15 | 4.300,00 | 1,137544 | 4.891,44 | |
| 252 | jun/15 | 4.500,00 | 1,126393 | 5.068,77 | |
| 253 | jul/15 | 4.500,00 | 1,117786 | 5.030,04 | |
| 254 | ago/15 | 4.500,00 | 1,111340 | 5.001,03 | |
| 255 | set/15 | 4.500,00 | 1,108569 | 4.988,56 | |
| 256 | out/15 | 4.500,00 | 1,102944 | 4.963,25 | |
| 257 | nov/15 | 4.500,00 | 1,094516 | 4.925,32 | |
| 258 | dez/15 | 4.500,00 | 1,082500 | 4.871,25 | |
| 259 | jan/16 | 4.500,00 | 1,072845 | 4.827,80 | |
| 260 | fev/16 | 4.500,00 | 1,056886 | 4.755,99 | |
| 261 | mar/16 | 4.500,00 | 1,046940 | 4.711,23 | |
| 262 | abr/16 | 4.500,00 | 1,042353 | 4.690,59 | |
| 263 | mai/16 | 4.500,00 | 1,035725 | 4.660,76 | |
| 264 | jun/16 | 5.000,00 | 1,025673 | 5.128,37 | |
| 265 | jul/16 | 5.000,00 | 1,020875 | 5.104,38 | |
| 266 | ago/16 | 5.000,00 | 1,014383 | 5.071,92 | |
| 267 | set/16 | 5.000,00 | 1,011248 | 5.056,24 | |
| 268 | out/16 | 5.000,00 | 1,010440 | 5.052,20 | |
| 269 | nov/16 | 5.000,00 | 1,008725 | 5.043,62 | |
| 270 | dez/16 | 5.000,00 | 1,008019 | 5.040,10 | |

| Sequência | Mês/ano | Salário | Índice | Salário corrigido | Desconsiderados |
|---|---|---|---|---|---|
| 271 | jan/17 | 5.000,00 | 1,006610 | 5.033,05 | |
| 272 | fev/17 | 5.000,00 | 1,002400 | 5.012,00 | |

| | |
|---|---|
| **SOMA GERAL DE SALÁRIOS** | **1.287.677,50** |

| | |
|---|---|
| **MÉDIA GERAL DE SALÁRIOS =** 1.287.677,50 / 272 | **4.734,11** |

| | |
|---|---|
| Período Básico de Cálculos- 07/1994 a 02/2017 | **272** |
| Salários considerados (80% dos maiores salários) | **218** |
| Salários desprezados | **54** |

| | |
|---|---|
| **SOMA DE SALÁRIOS -** 80% dos maiores | **1.075.661,98** |

| | |
|---|---|
| **MÉDIA DE SALÁRIOS =** 1.075.661,98 / 218 | **4.934,23** |

BENEFICIÁRIO (A): **LUCIANO ANTÔNIO NÓBREGA CERQUEIRA**

DATA DE INÍCIO DO BENEFÍCIO: **15/03/2017**

DATA DE NASCIMENTO: **09/01/1967**

| IDADE | | |
|---|---|---|
| **anos** | **meses** | **dias** |
| **50** | **2** | **7** |
| **50,1861** | | |

| TEMPO DE CONTRIBUIÇÃO | | |
|---|---|---|
| **anos** | **meses** | **dias** |
| **31** | **7** | **23** |
| **31,6472** | | |

| | |
|---|---|
| **Idade** | 50,1861 |
| **TC + 5 anos** | 36,6472 |
| **ES** | 30,2 |
| **Alíquota** | 0,31 |

$$\text{Fator Previdenciário} = \frac{TC \times A}{ES} \times \left(1 + \frac{(Id + TC \times A)}{100}\right)$$

$$\frac{36{,}647 \times 0{,}31}{30{,}2} \times \left(1 + \frac{(50{,}186 + 36{,}647 \times 0{,}31)}{100}\right)$$

| | | Favorável | Desfavorável |
|---|---|---|---|
| **Fator Previdenciário** | **0,60771** | | X |

| | | Aplicável | Não aplicável |
|---|---|---|---|
| **REGRA 80/90** | **81,83** | | X |

| | |
|---|---|
| **MÉDIA DE SALÁRIOS** | **4.934,23** |
| **Fator Previdenciário** | **0,60771** |
| **SALÁRIO DE BENEFÍCIO** = Média de salários x Fator | **2.998,56** |
| Coeficiente | **100%** |

| **Renda Mensal Inicial** = SB x Coeficiente | **2.998,56** |
|---|---|

| **Perda mensal com a aplicação do fator previdenciário** | **1.935,67** |
|---|---|
| **Perda anual com a aplicação do fator previdenciário** | **25.163,71** |

Percebe-se que o professor aos 50 anos de idade e 31 anos de contribuição tem uma perda de 39,23% com a aplicação do fator previdenciário sobre a média de salários. Essa aplicação só não seria obrigatória caso a soma da idade com o tempo de contribuição atingisse o total de 90 pontos, em conformidade com o § 3º do Art. 29-C da Lei nº 8.213/91, acrescido pela Lei nº 13.183/2015. Portanto, não existe previsão legal para a não aplicação do fator previdenciário nas aposentadorias de professor, a não ser que a soma da idade com o tempo de contribuição atinja 90 pontos até 30/12/2018. Atualmente, em 2022, exige-se 94 pontos para os professores e 84 para as professoras.

O exemplo a seguir trata-se de uma professora com 45 anos de idade e 26 anos de contribuição, reunindo os requisitos para fazer jus a aposentadoria dos professores. Admita-se os mesmos salários de contribuição do exemplo anterior.

BENEFICIÁRIO (A): **ROSANA CRUZ MARQUES DA SILVA**

DATA DE INÍCIO DO BENEFÍCIO: **15/03/2017**

DATA DE NASCIMENTO: **09/01/1972**

| **IDADE** | | |
|---|---|---|
| **anos** | **meses** | **dias** |
| **45** | **2** | **7** |
| **45,1861** | | |

| **TEMPO DE CONTRIBUIÇÃO** | | |
|---|---|---|
| **anos** | **meses** | **dias** |
| **26** | **7** | **23** |
| **26,6472** | | |

| **Idade** | 45,1861 |
|---|---|
| **TC + 10 anos** | 36,6472 |
| **ES** | 34,5 |
| **Alíquota** | 0,31 |

$$\text{Fator Previdenciário} = \frac{TC \times A}{ES} \times \left(1 + \frac{(Id + TC \times A)}{100}\right)$$

$$\frac{36{,}647 \times 0{,}31}{34{,}5} \times \left(1 + \frac{(45{,}186 + 36{,}647 \times 0{,}31)}{100}\right)$$

| **Fator Previdenciário** | **0,51550** | Favorável | Desfavorável |
|---|---|---|---|
| | | | X |

| **REGRA 80/90** | **71,83** | Aplicável | Não aplicável |
|---|---|---|---|
| | | | X |

| **MÉDIA DE SALÁRIOS** | **4.934,23** |
|---|---|
| **Fator Previdenciário** | **0,51550** |
| **SALÁRIO DE BENEFÍCIO** = Média de salários x Fator | **2.543,59** |

| Coeficiente | 100% |
|---|---|
| **Renda Mensal Inicial** = SB x Coeficiente | **2.543,59** |

| **Perda mensal com a aplicação do fator previdenciário** | **2.390,64** |
|---|---|
| **Perda anual com a aplicação do fator previdenciário** | **31.078,31** |

Percebe-se que a professora aos 45 anos de idade e 26 anos de contribuição tem uma perda de 48,45% com a aplicação do fator previdenciário sobre a média de salários. Essa aplicação só não seria obrigatória caso a soma da idade com o tempo de contribuição atingisse o total de 80 pontos, em conformidade com o § 3º do Art. 29-C da Lei nº 8.213/91, acrescido pela Lei nº 13.183/2015. Portanto, não existe previsão legal para a não aplicação do fator previdenciário nas aposentadorias de professora, a não ser que a soma da idade com o tempo de contribuição atinja 80 pontos até 30/12/2018. Atualmente, em 2022, exige-se 94 pontos para os professores e 84 para as professoras.

## 24. REVISÃO DE APOSENTADORIA PARA EXCLUIR O FATOR PREVIDENCIÁRIO DO TEMPO ESPECIAL CONVERTIDO AO TEMPO COMUM

### 24.1. Considerações gerais

O artigo 57, § 5º, da Lei 8.213/91 garante o direito de o segurado converter o tempo de contribuição especial em comum, nos termos da tabela do artigo 70 do Decreto 3.048/99, caso não atinja o tempo especial suficiente para a concessão da aposentadoria especial.

Neste caso, converte-se o tempo especial em comum e concede-se uma aposentadoria por tempo de contribuição com a incidência obrigatória do fator previdenciário, que não se aplica à aposentadoria especial por exposição a agentes nocivos à saúde.

Assim sendo, caso o fator previdenciário seja inferior a 1,0, a concessão da aposentadoria por tempo de contribuição terá menor renda que a aposentadoria especial ante a incidência compulsória do fator previdenciário.

De acordo com o entendimento do extinto Ministério da Previdência Social, através do Parecer 282/2011/CONJUR-MPS/CGU/AGU, aprovado pela Portaria nº 264/2013/MPS, na conversão do tempo especial em comum deverá ser aplicado o fator de conversão vigente à época em que requerido o benefício.

O principal objetivo da conversão do tempo especial em comum é a concessão da aposentadoria por tempo de contribuição, tendo em vista o segurado não completar os 15, 20 ou 25 anos para a aposentadoria especial.

Contudo, no cálculo do salário de benefício da aposentadoria especial não incide o fator previdenciário, que é obrigatório na aposentadoria por tempo de contribuição, inexistindo previsão legal para livrar o tempo convertido da aplicação do fator previdenciário, que na grande maioria dos casos acaba reduzindo a renda do benefício.

Nesse sentido, o posicionamento do TRF da 3ª Região, no julgamento da AC 1.701.820, de 28.02.2012:

> "PREVIDENCIÁRIO. AGRAVO PREVISTO NO § 1º DO ARTIGO 557 DO CPC. APOSENTADORIA POR TEMPO DE CONTRIBUIÇÃO. EXERCÍCIO DE ATIVIDADES ESPECIAIS. FATOR PREVIDENCIÁRIO. INCIDÊNCIA. **I – A Lei 8.213/91 excluiu a incidência do fator previdenciário apenas do cálculo da aposentadoria especial, e não da aposentadoria por tempo de contribuição deferida com base na conversão de períodos de atividade especial em comum.** II – O trabalhador que durante parte de sua vida desempenha atividades sob condições insalubres já é contemplado com regra excepcional, em que se exige um tempo de serviço menor em relação a outras atividades, desde que se comprove o trabalho efetivo nessa condição. III – Agravo previsto no § 1º do artigo 557 do CPC, interposto pela parte autora, improvido".

Nesse sentido, o STJ:

**Processo**

AgInt no AgInt no REsp **1826078** / RS

AGRAVO INTERNO NO AGRAVO INTERNO NO RECURSO ESPECIAL

2019/0202777-0

**Relator(a)**

Ministro MAURO CAMPBELL MARQUES (1141)

**Órgão Julgador**

T2 – SEGUNDA TURMA

**Data do Julgamento**

08/06/2020

**Data da Publicação/Fonte**

DJe 10/06/2020

**Ementa**

PROCESSUAL CIVIL E PREVIDENCIÁRIO. AGRAVO INTERNO NO AGRAVO INTERNO NO RECURSO ESPECIAL. ENUNCIADO ADMINISTRATIVO 3/STJ. APOSENTADORIA POR TEMPO DE CONTRIBUIÇÃO. AGENTE RUÍDO. OBSERVÂNCIA DO RECURSO ESPECIAL REPETITIVO 1.398.260/PR. TEMPO ESPECIAL CONVERTIDO EM TEMPO COMUM. FATOR PREVIDENCIÁRIO PROPORCIONAL. INEXISTÊNCIA DE PREVISÃO LEGAL. AGRAVO INTERNO NÃO PROVIDO.

1. Conforme delimitado na decisão agravada, o recurso especial é oriundo de ação previdenciária em que o autor, ora recorrente, pretende o reconhecimento do direito à aposentadoria especial ou à aposentadoria por tempo de contribuição, tendo o Tribunal a quo concedido aposentadoria por tempo de contribuição, fazendo incidir o fator previdenciário.

2. Quanto ao tempo especial, com a presença do agente nocivo ruído, o limite de tolerância para configuração da especialidade do tempo de serviço para o agente ruído deve ser de 90 dB no período de 6.3.1997 a 18.11.2003, conforme Anexo IV do Decreto 2.172/1997 e Anexo IV do Decreto 3.048/1999, sendo impossível aplicação retroativa do Decreto 4.882/2003, que reduziu o patamar para 85 dB. Observância do Recurso Especial Repetitivo 1.398.260/PR.

3. **Em relação à incidência do fator previdenciário, mantenho meu ponto de vista no sentido de que o benefício concedido corresponde à aposentadoria por tempo de contribuição, cujos requisitos foram reunidos após o advento da lei 9.876/1999. O tempo especial foi convertido em tempo comum, para satisfazer o tempo de contribuição. Uma vez convertido o tempo especial em comum, para fins de concessão dessa espécie de benefício, sobre o salário de benefício apurado a Lei previdenciária impõe a incidência do referido fator, declarado constitucional pelo STF, sendo certo que não pode e não deve haver a mescla de regimes, pois vedada pelo ordenamento. Na ausência de previsão legal quanto à incidência do fator previdenciário proporcional, entendo que incide sobre o tempo especial convertido em tempo comum o fator.**

4. Agravo interno não provido.

## 24.2. Cálculos

Para exemplificar a tese em comento, vamos admitir as seguintes informações relativas a um segurado que exerceu atividades sujeitas a agentes nocivos, mas que não completou os 25 anos de contribuição exigidos para ter direito à aposentadoria especial:

FREDERICO AUGUSTO DI TRINDADE AMADO
DATA DE NASCIMENTO: **12/01/1967**
DATA DE INÍCIO DO BENEFÍCIO: **15/03/2017**

**IDADE em 15/03/2017**

| IDADE | |
|---|---|
| INÍCIO | FIM |
| 12/01/1967 | 15/03/2017 |

| IDADE | | | IDADE EM DIAS | FATOR | IDADE EM DIAS |
|---|---|---|---|---|---|
| ANOS | MESES | DIAS | | | |
| 50 | 2 | 4 | 18064 | 1 | 18064 |
| | | | TOTAL DE DIAS | | 18064 |

| IDADE | | |
|---|---|---|
| Anos | Meses | Dias |
| **50** | **2** | **4** |

**TEMPO DE CONTRIBUIÇÃO em 15/03/2017**

| CONTRATOS DE TRABALHO | | TEMPO MÍNIMO | TEMPO DE SERVIÇO | | | TEMPO EM DIAS | FATOR | TEMPO EM DIAS |
|---|---|---|---|---|---|---|---|---|
| INÍCIO | FIM | | ANOS | MESES | DIAS | | | |
| 01/05/1987 | 30/03/1989 | 35 | 1 | 11 | 0 | 690 | 1 | 690 |
| 01/11/1989 | 30/04/1993 | 25 | 3 | 6 | 0 | 1260 | 1,4 | 1764 |
| 01/05/1994 | 30/07/1997 | 35 | 3 | 3 | 0 | 1170 | 1 | 1170 |
| 01/05/1998 | 15/03/2017 | 25 | 18 | 10 | 15 | 6795 | 1,4 | 9513 |
| | | | | | | TOTAL DE DIAS | | 13137 |

| TEMPO APURADO | | |
|---|---|---|
| Anos | Meses | Dias |
| **36** | **5** | **27** |

O segurado em referência possui 50 anos de idade e 36 anos de contribuição, estando apto a requerer a aposentadoria por tempo de contribuição integral com a incidência do fator previdenciário. Os períodos laborais com exposição a agentes nocivos totalizaram 22 anos, tempo inferior ao mínimo de 25 anos para ter direito à aposentadoria especial. Observa-se que os períodos considerados especiais, após as devidas conversões, foram somados aos períodos considerados comuns, totalizando **36 anos 05 meses e 27 dias.**

Não há o que confundir fator de conversão com fator previdenciário. A existência de um não exclui a aplicação do outro. Portanto, não merecem prosperar as demandas judiciais que têm como objetivo a exclusão da aplicação do fator previdenciário nos casos de aposentadoria por tempo de contribuição com conversão de tempo especial em comum, tendo em vista que a aplicação do fator previdenciário é obrigatória nas aposentadorias por tempo de contribuição, conforme previsão no Art. 29, I da Lei nº 8.213/91 e Art. 32, I do Decreto nº 3.048/99.

Admitindo a hipótese de que o segurado em referência contribuiu sobre o teto previdenciário no período básico de cálculo, abaixo encontram-se os cálculos da aposentadoria por tempo de contribuição devida.

**CÁLCULO DA RENDA MENSAL - APOSENTADORIA POR TEMPO DE CONTRIBUIÇÃO**

BENEFICIÁRIO (A): **FREDERICO AUGUSTO DI TRINDADE AMADO**

DATA DE NASCIMENTO: **12/01/1967**

ESPÉCIE: **42** (APOSENTADORIA POR TEMPO DE CONTRIBUIÇÃO)

DATA DE INÍCIO DO BENEFÍCIO: **15/03/2017**

TEMPO DE CONTRIBUIÇÃO: **36 anos 05 meses e 27 dias**

BASE LEGAL: LEI 9.876 DE 29 DE NOVEMBRO DE 1999

PERÍODO BÁSICO DE CÁLCULO: **07/1994 a 02/2017**

| Sequência | Mês/ano | Salário | Índice | Salário corrigido | Desconsiderados |
|---|---|---|---|---|---|
| 1 | jul/94 | 582,86 | 7,600226 | 4.429,87 | |
| 2 | ago/94 | 582,86 | 7,164618 | 4.175,97 | desconsiderado |
| 3 | set/94 | 582,86 | 6,793683 | 3.959,77 | desconsiderado |
| 4 | out/94 | 582,86 | 6,692624 | 3.900,86 | desconsiderado |
| 5 | nov/94 | 582,86 | 6,570414 | 3.829,63 | desconsiderado |
| 6 | dez/94 | 582,86 | 6,362365 | 3.708,37 | desconsiderado |
| 7 | jan/95 | 582,86 | 6,226015 | 3.628,90 | desconsiderado |
| 8 | fev/95 | 582,86 | 6,123749 | 3.569,29 | desconsiderado |
| 9 | mar/95 | 582,86 | 6,063718 | 3.534,30 | desconsiderado |
| 10 | abr/95 | 582,86 | 5,979408 | 3.485,16 | desconsiderado |
| 11 | mai/95 | 832,66 | 5,866766 | 4.885,02 | |
| 12 | jun/95 | 832,66 | 5,719768 | 4.762,62 | |
| 13 | jul/95 | 832,66 | 5,617529 | 4.677,49 | |
| 14 | ago/95 | 832,66 | 5,482656 | 4.565,19 | |
| 15 | set/95 | 832,66 | 5,427297 | 4.519,09 | |
| 16 | out/95 | 832,66 | 5,364532 | 4.466,83 | |
| 17 | nov/95 | 832,66 | 5,290466 | 4.405,16 | |
| 18 | dez/95 | 832,66 | 5,211768 | 4.339,63 | desconsiderado |
| 19 | jan/96 | 832,66 | 5,127170 | 4.269,19 | desconsiderado |
| 20 | fev/96 | 832,66 | 5,053390 | 4.207,76 | desconsiderado |
| 21 | mar/96 | 832,66 | 5,017764 | 4.178,09 | desconsiderado |
| 22 | abr/96 | 832,66 | 5,003255 | 4.166,01 | desconsiderado |
| 23 | mai/96 | 957,56 | 4,968475 | 4.757,61 | |
| 24 | jun/96 | 957,56 | 4,886384 | 4.679,01 | |
| 25 | jul/96 | 957,56 | 4,827489 | 4.622,61 | |
| 26 | ago/96 | 957,56 | 4,775437 | 4.572,77 | |
| 27 | set/96 | 957,56 | 4,775246 | 4.572,58 | |
| 28 | out/96 | 957,56 | 4,769046 | 4.566,65 | |
| 29 | nov/96 | 957,56 | 4,758577 | 4.556,62 | |

| Sequência | Mês/ano | Salário | Índice | Salário corrigido | Desconsiderados |
|---|---|---|---|---|---|
| 30 | dez/96 | 957,56 | 4,745290 | 4.543,90 | |
| 31 | jan/97 | 957,56 | 4,703896 | 4.504,26 | |
| 32 | fev/97 | 957,56 | 4,630730 | 4.434,20 | |
| 33 | mar/97 | 957,56 | 4,611363 | 4.415,66 | |
| 34 | abr/97 | 957,56 | 4,558484 | 4.365,02 | desconsiderado |
| 35 | mai/97 | 957,56 | 4,531747 | 4.339,42 | desconsiderado |
| 36 | jun/97 | 1.031,87 | 4,518192 | 4.662,19 | |
| 37 | jul/97 | 1.031,87 | 4,486785 | 4.629,78 | |
| 38 | mai/98 | 1.031,87 | 4,325635 | 4.463,49 | |
| 39 | jun/98 | 1.081,50 | 4,315709 | 4.667,44 | |
| 40 | jul/98 | 1.081,50 | 4,303659 | 4.654,41 | |
| 41 | ago/98 | 1.081,50 | 4,303659 | 4.654,41 | |
| 42 | set/98 | 1.081,50 | 4,303659 | 4.654,41 | |
| 43 | out/98 | 1.081,50 | 4,303659 | 4.654,41 | |
| 44 | nov/98 | 1.081,50 | 4,303659 | 4.654,41 | |
| 45 | dez/98 | 1.200,00 | 4,303659 | 5.164,39 | |
| 46 | jan/99 | 1.200,00 | 4,261892 | 5.114,27 | |
| 47 | fev/99 | 1.200,00 | 4,213438 | 5.056,13 | |
| 48 | mar/99 | 1.200,00 | 4,034314 | 4.841,18 | |
| 49 | abr/99 | 1.200,00 | 3,955986 | 4.747,18 | |
| 50 | mai/99 | 1.200,00 | 3,954799 | 4.745,76 | |
| 51 | jun/99 | 1.255,32 | 3,954799 | 4.964,54 | |
| 52 | jul/99 | 1.255,32 | 3,914868 | 4.914,41 | |
| 53 | ago/99 | 1.255,32 | 3,853595 | 4.837,50 | |
| 54 | set/99 | 1.255,32 | 3,798517 | 4.768,35 | |
| 55 | out/99 | 1.255,32 | 3,743488 | 4.699,27 | |
| 56 | nov/99 | 1.255,32 | 3,674048 | 4.612,11 | |
| 57 | dez/99 | 1.255,32 | 3,583388 | 4.498,30 | |
| 58 | jan/00 | 1.255,32 | 3,539848 | 4.443,64 | |
| 59 | fev/00 | 1.255,32 | 3,504106 | 4.398,77 | |
| 60 | mar/00 | 1.255,32 | 3,497461 | 4.390,43 | |
| 61 | abr/00 | 1.255,32 | 3,491177 | 4.382,54 | |
| 62 | mai/00 | 1.255,32 | 3,486644 | 4.376,85 | desconsiderado |
| 63 | jun/00 | 1.328,25 | 3,463439 | 4.600,31 | |
| 64 | jul/00 | 1.328,25 | 3,431526 | 4.557,92 | |
| 65 | ago/00 | 1.328,25 | 3,355688 | 4.457,19 | |
| 66 | set/00 | 1.328,25 | 3,295706 | 4.377,52 | desconsiderado |
| 67 | out/00 | 1.328,25 | 3,273121 | 4.347,52 | desconsiderado |
| 68 | nov/00 | 1.328,25 | 3,261055 | 4.331,50 | desconsiderado |
| 69 | dez/00 | 1.328,25 | 3,248387 | 4.314,67 | desconsiderado |
| 70 | jan/01 | 1.328,25 | 3,223885 | 4.282,13 | desconsiderado |
| 71 | fev/01 | 1.328,25 | 3,208165 | 4.261,25 | desconsiderado |
| 72 | mar/01 | 1.328,25 | 3,197294 | 4.246,81 | desconsiderado |
| 73 | abr/01 | 1.328,25 | 3,171919 | 4.213,10 | desconsiderado |
| 74 | mai/01 | 1.328,25 | 3,136477 | 4.166,03 | desconsiderado |
| 75 | jun/01 | 1.430,00 | 3,122737 | 4.465,51 | |
| 76 | jul/01 | 1.430,00 | 3,077801 | 4.401,26 | |
| 77 | ago/01 | 1.430,00 | 3,028735 | 4.331,09 | desconsiderado |
| 78 | set/01 | 1.430,00 | 3,001720 | 4.292,46 | desconsiderado |

| Sequência | Mês/ano | Salário | Índice | Salário corrigido | Desconsiderados |
|---|---|---|---|---|---|
| 79 | out/01 | 1.430,00 | 2,990356 | 4.276,21 | desconsiderado |
| 80 | nov/01 | 1.430,00 | 2,947616 | 4.215,09 | desconsiderado |
| 81 | dez/01 | 1.430,00 | 2,925383 | 4.183,30 | desconsiderado |
| 82 | jan/02 | 1.430,00 | 2,920127 | 4.175,78 | desconsiderado |
| 83 | fev/02 | 1.430,00 | 2,914589 | 4.167,86 | desconsiderado |
| 84 | mar/02 | 1.430,00 | 2,909352 | 4.160,37 | desconsiderado |
| 85 | abr/02 | 1.430,00 | 2,906156 | 4.155,80 | desconsiderado |
| 86 | mai/02 | 1.430,00 | 2,885954 | 4.126,91 | desconsiderado |
| 87 | jun/02 | 1.561,56 | 2,854271 | 4.457,12 | |
| 88 | jul/02 | 1.561,56 | 2,805457 | 4.380,89 | |
| 89 | ago/02 | 1.561,56 | 2,749100 | 4.292,88 | desconsiderado |
| 90 | set/02 | 1.561,56 | 2,685717 | 4.193,91 | desconsiderado |
| 91 | out/02 | 1.561,56 | 2,616638 | 4.086,04 | desconsiderado |
| 92 | nov/02 | 1.561,56 | 2,510928 | 3.920,96 | desconsiderado |
| 93 | dez/02 | 1.561,56 | 2,372381 | 3.704,61 | desconsiderado |
| 94 | jan/03 | 1.561,56 | 2,310010 | 3.607,22 | desconsiderado |
| 95 | fev/03 | 1.561,56 | 2,260948 | 3.530,61 | desconsiderado |
| 96 | mar/03 | 1.561,56 | 2,225561 | 3.475,35 | desconsiderado |
| 97 | abr/03 | 1.561,56 | 2,189220 | 3.418,60 | desconsiderado |
| 98 | mai/03 | 1.561,56 | 2,180281 | 3.404,64 | desconsiderado |
| 99 | jun/03 | 1.869,34 | 2,194988 | 4.103,18 | desconsiderado |
| 100 | jul/03 | 1.869,34 | 2,210461 | 4.132,10 | desconsiderado |
| 101 | ago/03 | 1.869,34 | 2,214891 | 4.140,38 | desconsiderado |
| 102 | set/03 | 1.869,34 | 2,201243 | 4.114,87 | desconsiderado |
| 103 | out/03 | 1.869,34 | 2,178370 | 4.072,11 | desconsiderado |
| 104 | nov/03 | 1.869,34 | 2,168827 | 4.054,28 | desconsiderado |
| 105 | dez/03 | 1.869,34 | 2,158467 | 4.034,91 | desconsiderado |
| 106 | jan/04 | 2.400,00 | 2,145593 | 5.149,42 | |
| 107 | fev/04 | 2.400,00 | 2,128565 | 5.108,55 | |
| 108 | mar/04 | 2.400,00 | 2,120295 | 5.088,71 | |
| 109 | abr/04 | 2.400,00 | 2,108278 | 5.059,87 | |
| 110 | mai/04 | 2.508,72 | 2,099670 | 5.267,48 | |
| 111 | jun/04 | 2.508,72 | 2,091304 | 5.246,50 | |
| 112 | jul/04 | 2.508,72 | 2,080900 | 5.220,40 | |
| 113 | ago/04 | 2.508,72 | 2,065819 | 5.182,56 | |
| 114 | set/04 | 2.508,72 | 2,055542 | 5.156,78 | |
| 115 | out/04 | 2.508,72 | 2,052053 | 5.148,03 | |
| 116 | nov/04 | 2.508,72 | 2,048571 | 5.139,29 | |
| 117 | dez/04 | 2.508,72 | 2,039596 | 5.116,78 | |
| 118 | jan/05 | 2.508,72 | 2,022205 | 5.073,15 | |
| 119 | fev/05 | 2.508,72 | 2,010744 | 5.044,39 | |
| 120 | mar/05 | 2.508,72 | 2,001936 | 5.022,30 | |
| 121 | abr/05 | 2.508,72 | 1,987427 | 4.985,90 | |
| 122 | mai/05 | 2.668,15 | 1,969505 | 5.254,93 | |
| 123 | jun/05 | 2.668,15 | 1,955814 | 5.218,41 | |
| 124 | jul/05 | 2.668,15 | 1,957968 | 5.224,15 | |
| 125 | ago/05 | 2.668,15 | 1,957381 | 5.222,59 | |
| 126 | set/05 | 2.668,15 | 1,957381 | 5.222,59 | |
| 127 | out/05 | 2.668,15 | 1,954449 | 5.214,76 | |

| Sequência | Mês/ano | Salário | Índice | Salário corrigido | Desconsiderados |
|---|---|---|---|---|---|
| 128 | nov/05 | 2.668,15 | 1,943179 | 5.184,69 | |
| 129 | dez/05 | 2.668,15 | 1,932742 | 5.156,85 | |
| 130 | jan/06 | 2.668,15 | 1,925042 | 5.136,30 | |
| 131 | fev/06 | 2.668,15 | 1,917754 | 5.116,86 | |
| 132 | mar/06 | 2.668,15 | 1,913353 | 5.105,11 | |
| 133 | abr/06 | 2.801,56 | 1,908201 | 5.345,94 | |
| 134 | mai/06 | 2.801,56 | 1,905914 | 5.339,53 | |
| 135 | jun/06 | 2.801,56 | 1,903440 | 5.332,60 | |
| 136 | jul/06 | 2.801,56 | 1,904773 | 5.336,34 | |
| 137 | ago/06 | 2.801,82 | 1,902680 | 5.330,97 | |
| 138 | set/06 | 2.801,82 | 1,903061 | 5.332,03 | |
| 139 | out/06 | 2.801,82 | 1,900021 | 5.323,52 | |
| 140 | nov/06 | 2.801,82 | 1,891886 | 5.300,72 | |
| 141 | dez/06 | 2.801,82 | 1,883973 | 5.278,55 | |
| 142 | jan/07 | 2.801,82 | 1,872364 | 5.246,03 | |
| 143 | fev/07 | 2.801,82 | 1,863234 | 5.220,45 | |
| 144 | mar/07 | 2.801,82 | 1,855442 | 5.198,61 | |
| 145 | abr/07 | 2.894,28 | 1,847313 | 5.346,64 | |
| 146 | mai/07 | 2.894,28 | 1,842523 | 5.332,78 | |
| 147 | jun/07 | 2.894,28 | 1,837745 | 5.318,95 | |
| 148 | jul/07 | 2.894,28 | 1,832065 | 5.302,51 | |
| 149 | ago/07 | 2.894,28 | 1,826221 | 5.285,60 | |
| 150 | set/07 | 2.894,28 | 1,815510 | 5.254,59 | |
| 151 | out/07 | 2.894,28 | 1,810982 | 5.241,49 | |
| 152 | nov/07 | 2.894,28 | 1,805566 | 5.225,81 | |
| 153 | dez/07 | 2.894,28 | 1,797835 | 5.203,44 | |
| 154 | jan/08 | 2.894,28 | 1,780564 | 5.153,45 | |
| 155 | fev/08 | 2.894,28 | 1,768362 | 5.118,13 | |
| 156 | mar/08 | 3.038,99 | 1,759389 | 5.346,77 | |
| 157 | abr/08 | 3.038,99 | 1,750462 | 5.319,64 | |
| 158 | mai/08 | 3.038,99 | 1,739330 | 5.285,81 | |
| 159 | jun/08 | 3.038,99 | 1,722791 | 5.235,55 | |
| 160 | jul/08 | 3.038,99 | 1,707255 | 5.188,33 | |
| 161 | ago/08 | 3.038,99 | 1,697410 | 5.158,41 | |
| 162 | set/08 | 3.038,99 | 1,693853 | 5.147,60 | |
| 163 | out/08 | 3.038,99 | 1,691316 | 5.139,89 | |
| 164 | nov/08 | 3.038,99 | 1,682902 | 5.114,32 | |
| 165 | dez/08 | 3.038,99 | 1,676531 | 5.094,96 | |
| 166 | jan/09 | 3.038,99 | 1,671683 | 5.080,23 | |
| 167 | fev/09 | 3.218,90 | 1,661052 | 5.346,76 | |
| 168 | mar/09 | 3.218,90 | 1,655919 | 5.330,24 | |
| 169 | abr/09 | 3.218,90 | 1,652614 | 5.319,60 | |
| 170 | mai/09 | 3.218,90 | 1,643574 | 5.290,50 | |
| 171 | jun/09 | 3.218,90 | 1,633771 | 5.258,95 | |
| 172 | jul/09 | 3.218,90 | 1,626938 | 5.236,95 | |
| 173 | ago/09 | 3.218,90 | 1,623205 | 5.224,93 | |
| 174 | set/09 | 3.218,90 | 1,621907 | 5.220,76 | |
| 175 | out/09 | 3.218,90 | 1,619316 | 5.212,42 | |
| 176 | nov/09 | 3.218,90 | 1,615439 | 5.199,94 | |

| Sequência | Mês/ano | Salário | Índice | Salário corrigido | Desconsiderados |
|---|---|---|---|---|---|
| 177 | dez/09 | 3.218,90 | 1,609484 | 5.180,77 | |
| 178 | jan/10 | 3.467,40 | 1,605631 | 5.567,36 | |
| 179 | fev/10 | 3.467,40 | 1,591624 | 5.518,80 | |
| 180 | mar/10 | 3.467,40 | 1,580560 | 5.480,44 | |
| 181 | abr/10 | 3.467,40 | 1,569418 | 5.441,80 | |
| 182 | mai/10 | 3.467,40 | 1,558044 | 5.402,36 | |
| 183 | jun/10 | 3.467,40 | 1,551373 | 5.379,23 | |
| 184 | jul/10 | 3.467,40 | 1,553081 | 5.385,15 | |
| 185 | ago/10 | 3.467,40 | 1,554169 | 5.388,93 | |
| 186 | set/10 | 3.467,40 | 1,555258 | 5.392,70 | |
| 187 | out/10 | 3.467,40 | 1,546905 | 5.363,74 | |
| 188 | nov/10 | 3.467,40 | 1,532803 | 5.314,84 | |
| 189 | dez/10 | 3.467,40 | 1,517176 | 5.260,66 | |
| 190 | jan/11 | 3.691,74 | 1,508127 | 5.567,61 | |
| 191 | fev/11 | 3.691,74 | 1,494083 | 5.515,77 | |
| 192 | mar/11 | 3.691,74 | 1,486058 | 5.486,14 | |
| 193 | abr/11 | 3.691,74 | 1,476314 | 5.450,17 | |
| 194 | mai/11 | 3.691,74 | 1,465761 | 5.411,21 | |
| 195 | jun/11 | 3.691,74 | 1,457453 | 5.380,54 | |
| 196 | jul/11 | 3.691,74 | 1,454254 | 5.368,73 | |
| 197 | ago/11 | 3.691,74 | 1,454254 | 5.368,73 | |
| 198 | set/11 | 3.691,74 | 1,448172 | 5.346,27 | |
| 199 | out/11 | 3.691,74 | 1,441684 | 5.322,32 | |
| 200 | nov/11 | 3.691,74 | 1,437086 | 5.305,35 | |
| 201 | dez/11 | 3.691,74 | 1,428941 | 5.275,28 | |
| 202 | jan/12 | 3.916,20 | 1,421690 | 5.567,62 | |
| 203 | fev/12 | 3.916,20 | 1,414476 | 5.539,37 | |
| 204 | mar/12 | 3.916,20 | 1,408981 | 5.517,85 | |
| 205 | abr/12 | 3.916,20 | 1,406450 | 5.507,94 | |
| 206 | mai/12 | 3.916,20 | 1,397505 | 5.472,91 | |
| 207 | jun/12 | 3.916,20 | 1,389861 | 5.442,97 | |
| 208 | jul/12 | 3.916,20 | 1,386257 | 5.428,86 | |
| 209 | ago/12 | 3.916,20 | 1,380322 | 5.405,62 | |
| 210 | set/12 | 3.916,20 | 1,374138 | 5.381,40 | |
| 211 | out/12 | 3.916,20 | 1,365535 | 5.347,71 | |
| 212 | nov/12 | 3.916,20 | 1,355908 | 5.310,01 | |
| 213 | dez/12 | 3.916,20 | 1,348626 | 5.281,49 | |
| 214 | jan/13 | 4.159,00 | 1,338719 | 5.567,73 | |
| 215 | fev/13 | 4.159,00 | 1,326515 | 5.516,98 | |
| 216 | mar/13 | 4.159,00 | 1,319653 | 5.488,44 | |
| 217 | abr/13 | 4.159,00 | 1,311782 | 5.455,70 | |
| 218 | mai/13 | 4.159,00 | 1,304088 | 5.423,70 | |
| 219 | jun/13 | 4.159,00 | 1,299540 | 5.404,79 | |
| 220 | jul/13 | 4.159,00 | 1,295911 | 5.389,69 | |
| 221 | ago/13 | 4.159,00 | 1,297598 | 5.396,71 | |
| 222 | set/13 | 4.159,00 | 1,295525 | 5.388,09 | |
| 223 | out/13 | 4.159,00 | 1,292037 | 5.373,58 | |
| 224 | nov/13 | 4.159,00 | 1,284203 | 5.341,00 | |
| 225 | dez/13 | 4.159,00 | 1,277306 | 5.312,31 | |

| Sequência | Mês/ano | Salário | Índice | Salário corrigido | Desconsiderados |
|---|---|---|---|---|---|
| 226 | jan/14 | 4.390,24 | 1,268175 | 5.567,59 | |
| 227 | fev/14 | 4.390,24 | 1,260235 | 5.532,74 | |
| 228 | mar/14 | 4.390,24 | 1,252221 | 5.497,55 | |
| 229 | abr/14 | 4.390,24 | 1,242036 | 5.452,84 | |
| 230 | mai/14 | 4.390,24 | 1,232423 | 5.410,63 | |
| 231 | jun/14 | 4.390,24 | 1,225073 | 5.378,36 | |
| 232 | jul/14 | 4.390,24 | 1,221896 | 5.364,42 | |
| 233 | ago/14 | 4.390,24 | 1,220310 | 5.357,45 | |
| 234 | set/14 | 4.390,24 | 1,218117 | 5.347,83 | |
| 235 | out/14 | 4.390,24 | 1,212177 | 5.321,75 | |
| 236 | nov/14 | 4.390,24 | 1,207589 | 5.301,60 | |
| 237 | dez/14 | 4.390,24 | 1,201222 | 5.273,65 | |
| 238 | jan/15 | 4.663,75 | 1,193820 | 5.567,68 | |
| 239 | fev/15 | 4.663,75 | 1,176410 | 5.486,48 | |
| 240 | mar/15 | 4.663,75 | 1,162920 | 5.423,57 | |
| 241 | abr/15 | 4.663,75 | 1,145621 | 5.342,89 | |
| 242 | mai/15 | 4.663,75 | 1,137544 | 5.305,22 | |
| 243 | jun/15 | 4.663,75 | 1,126393 | 5.253,22 | |
| 244 | jul/15 | 4.663,75 | 1,117786 | 5.213,07 | |
| 245 | ago/15 | 4.663,75 | 1,111340 | 5.183,01 | |
| 246 | set/15 | 4.663,75 | 1,108569 | 5.170,09 | |
| 247 | out/15 | 4.663,75 | 1,102944 | 5.143,85 | |
| 248 | nov/15 | 4.663,75 | 1,094516 | 5.104,55 | |
| 249 | dez/15 | 4.663,75 | 1,082500 | 5.048,51 | |
| 250 | jan/16 | 5.189,82 | 1,072845 | 5.567,87 | |
| 251 | fev/16 | 5.189,82 | 1,056886 | 5.485,05 | |
| 252 | mar/16 | 5.189,82 | 1,046940 | 5.433,43 | |
| 253 | abr/16 | 5.189,82 | 1,042353 | 5.409,63 | |
| 254 | mai/16 | 5.189,82 | 1,035725 | 5.375,23 | |
| 255 | jun/16 | 5.189,82 | 1,025673 | 5.323,06 | |
| 256 | jul/16 | 5.189,82 | 1,020875 | 5.298,16 | |
| 257 | ago/16 | 5.189,82 | 1,014383 | 5.264,47 | |
| 258 | set/16 | 5.189,82 | 1,011248 | 5.248,20 | |
| 259 | out/16 | 5.189,82 | 1,010440 | 5.244,00 | |
| 260 | nov/16 | 5.189,82 | 1,008725 | 5.235,10 | |
| 261 | dez/16 | 5.189,82 | 1,008019 | 5.231,44 | |
| 262 | jan/17 | 5.531,31 | 1,006610 | 5.567,87 | |
| 263 | fev/17 | 5.531,31 | 1,002400 | 5.544,59 | |

| | |
|---|---|
| **SOMA GERAL DE SALÁRIOS** | **1.294.079,87** |

| | |
|---|---|
| **MÉDIA GERAL DE SALÁRIOS** = 1.294.079,87 / 263 | **4.920,46** |

| | |
|---|---|
| Período Básico de Cálculos- 07/1994 a 02/2017 | **272** |
| Quantidade de salários no Período Básico de Cálculos | **263** |
| Salários considerados (80% dos maiores salários) | **210** |
| Salários desprezados | **53** |

| **SOMA DE SALÁRIOS** - 80% dos maiores | **1.079.133,61** |
|---|---|

| **MÉDIA DE SALÁRIOS** = 1.079.133,61 / 210 | **5.138,73** |
|---|---|

BENEFICIÁRIO (A): **FREDERICO AUGUSTO DI TRINDADE AMADO**

DATA DE INÍCIO DO BENEFÍCIO: **15/03/2017**

DATA DE NASCIMENTO: **12/01/1967**

| **IDADE** | | | |
|---|---|---|---|
| **anos** | **meses** | **dias** | |
| **50** | **2** | **4** | |
| **50,1778** | | | |

| **TEMPO DE CONTRIBUIÇÃO** | | |
|---|---|---|
| **anos** | **meses** | **dias** |
| **36** | **5** | **27** |
| **36,4917** | | |

| **Idade** | 50,1778 |
|---|---|
| **TC** | 36,4917 |
| **ES** | 30,2 |
| **Alíquota** | 0,31 |

$$\text{Fator Previdenciário} = \frac{TC \times A}{ES} \times \left(1 + \frac{(Id + TC \times A)}{100}\right)$$

$$\frac{36,492 \times 0,31}{30,2} \times \left(1 + \frac{(50,178 + 36,492 \times 0,31)}{100}\right)$$

| **Fator Previdenciário** | **0,60492** | Favorável | Desfavorável |
|---|---|---|---|
| | | | X |

| **REGRA DE PONTOS - 85/95** | **86,67** | Aplicável | Não aplicável |
|---|---|---|---|
| | | | X |

| **MÉDIA DE SALÁRIOS** | **5.138,73** |
|---|---|
| **Fator Previdenciário** | **0,60492** |
| **SALÁRIO DE BENEFÍCIO** = Média de salários x Fator | **3.108,50** |
| Coeficiente | **100%** |
| **Renda Mensal Inicial** = SB x Coeficiente | **3.108,50** |

| **Perda mensal com a aplicação do fator previdenciário** | **2.030,23** |
|---|---|
| **Perda anual com a aplicação do fator previdenciário** | **26.392,99** |

No exemplo em comento, a aplicação do fator previdenciário é obrigatória, representando uma perda mensal de **R$ 2.030,23** e uma perda anual de **R$ 26.392,99**, incluindo o 13º salário. A única hipótese da não aplicação do fator previdenciário é a soma da idade com o tempo de contribuição atingir 95 pontos, o que não foi o caso.

## 25. REVISÃO DO SALÁRIO DE BENEFÍCIO PARA INSERÇÃO DE SALÁRIOS DE CONTRIBUIÇÃO ANTERIORES AO PLANO REAL (JULHO/1994) (REVISÃO DA VIDA TODA)

### 25.1. Considerações gerais

Até o advento da Lei 9.876/99, o artigo 29 da Lei 8.213/91 ainda previa que o salário de benefício seria calculado pela média das 36 últimas contribuições, em período não superior a 48 meses.

Com a publicação da Lei 9.876/99, operou-se o alargamento do período básico de cálculo e o salário de benefício passou a corresponder aos 80% maiores salários de contribuição do segurado.

No entanto, foi constituída regra de transição aos antigos segurados decorrente de mera inconveniência de conversão da moeda antes do Plano Real, constituída a partir da competência do mês de Julho de 1994, determinando a Lei 9.876/99 a sua desconsideração no cálculo do salário de benefício:

> "Art. 3º Para o segurado filiado à Previdência Social até o dia anterior à data de publicação desta Lei, que vier a cumprir as condições exigidas para a concessão dos benefícios do Regime Geral de Previdência Social, no cálculo do salário-de-benefício será considerada a média aritmética simples dos maiores salários-de-contribuição, correspondentes a, no mínimo, **oitenta por cento de todo o período contributivo decorrido desde a competência julho de 1994**, observado o disposto nos incisos I e II do *caput* do art. 29 da Lei no 8.213, de 1991, com a redação dada por esta Lei".

Esta regra de transição beneficia os segurados que possuem os maiores salários de contribuição vertidos após o Plano Real, pois somente os 80% maiores destes serão considerados no cálculo do salário de benefício.

No entanto, a regra transitória é prejudicial aos segurados que possuam os maiores salários de contribuição anteriores ao Plano Real, podendo gerar um salário de benefício de apenas um salário mínimo, acaso não exista salário de contribuição vertido a partir de Julho de 1994 ou existam salários de contribuição mínimos a partir do Plano Real.

Suponha-se que um segurado durante grande parte de sua vida contributiva ao RGPS sempre verteu contribuições no teto previdenciário, mas que a partir do Plano Real possua apenas salários de contribuição no valor mínimo. Neste caso, o salário de benefício será certamente calculado em um salário mínimo, o que se afigura injusto.

**Em razão disto, surgiu a tese revisional de alargar o período básico de cálculo e considerar os salários de contribuição anteriores à competência Julho/1994 por questão de justiça e à luz do Princípio da Contributividade para os antigos segurados prejudicados pela regra transitória em comento. É conhecida como "revisão da vida toda".**

No entanto, a tese vinha sendo rechaçada de modo extremamente dominante no Poder Judiciário, conforme decisões abaixo colacionadas dos Tribunais Regionais Federais da 3ª, 4ª e 5ª Regiões:

> "DIREITO PREVIDENCIÁRIO E PROCESSUAL CIVIL. AGRAVO LEGAL. APOSENTADORIA POR IDADE. REVISÃO DA RENDA MENSAL INICIAL. FILIAÇÃO ANTERIOR À LEI 9.876/99. INCLUSÃO DE SALÁRIOS-DE-CONTRIBUIÇÃO ANTERIORES A JULHO DE 1994 NO PERÍODO BÁSICO DE CÁLCULO. DESCABIMENTO. PRINCÍPIO TEMPUS REGIT ACTUM. AGRAVO DESPROVIDO. 1. A jurisprudência pátria tem entendimento pacífico no sentido de que os benefícios previdenciários submetem-se ao princípio tempus regit actum e, por tal razão, devem ser regidos pelas leis vigentes ao tempo de sua concessão. 2. **Uma vez que a filiação do autor à Previdência Social ocorreu antes da data de publicação da Lei 9.876/99, o cálculo de seu benefício deve obedecer aos ditames dos Arts. 29, I, da Lei 8.213/91 e 3º da Lei 9.876/99; não havendo amparo legal para a pretensão de incluir os salários-de-contribuição anteriores a julho de 1994 no período básico de cálculo. Precedente desta Corte. 3. Recurso desprovido".** (TRF 3ª Região, AC - APELAÇÃO CÍVEL – 1963643, de 9/6/2015).
>
> **"PREVIDENCIÁRIO. CÁLCULO DA RENDA MENSAL INICIAL DO BENEFÍCIO PREVIDENCIÁRIO. ART. 3º LEI 9.876/99. SEGURADOS QUE JÁ ERAM FILIADOS AO RGPS NA DATA DA PUBLICAÇÃO DA LEI 9.876/99. LIMITAÇÃO DOS SALÁRIOS-DE-CONTRIBUIÇÃO A SEREM UTILIZADOS NA APURAÇÃO DO SALÁRIO-DE-BENEFÍCIO A JULHO DE 1994.**
>
> *1. A Lei 9.876/99 criou o denominado fator previdenciário e alterou a forma de cálculo da renda mensal inicial dos benefícios previdenciários, prestando-se seu artigo 3º a disciplinar a passagem do regime anterior, em que o salário-de-benefício era apurado com base na média aritmética dos últimos 36 salários-de-contribuição, apurados em um período de até 48 meses, para o regime advindo da nova redação dada pelo referido diploma ao artigo 29 da Lei 8.213/91.*
>
> *2. A redação conferida pela Lei 9.876/99 ao artigo 29 da Lei 8.213/91, prevendo a obtenção de salário-de-benefício a partir de "média aritmética simples dos maiores salários-de-contribuição correspondentes a oitenta por cento de todo o período contributivo" não implicou necessariamente agravamento da situação em relação à sistemática anterior. Tudo dependerá do histórico contributivo do segurado, pois anteriormente também havia limitação temporal para a apuração do período básico de cálculo (isso sem considerar, no caso das aposentadorias por idade e por tempo de contribuição, a incidência do fator previdenciário, que poderá ser negativo ou positivo).*
>
> *3. Desta forma, o "caput" do artigo 3º da Lei 9.876/99 em rigor não representou a transição de um regime mais benéfico para um regime mais restritivo. Apenas estabeleceu que para os segurados filiados à previdência social até o dia anterior à sua publicação o período básico de cálculo*

*a ser utilizado para a obtenção do salário-de-benefício deve ter como termo mais distante a competência julho de 1994. Ora, na sistemática anterior, os últimos salários-de--contribuição eram apurados, até o máximo de 36 (trinta e seis), em período não-superior a 48 (quarenta e oito) meses. Um benefício deferido em novembro de 1999, um dia antes da publicação da Lei 9.876/99, assim, teria PBC com termo mais distante em novembro de 1995. A Lei nova, quanto aos que já eram filiados, em última análise ampliou o período básico de cálculo. E não se pode olvidar que limitou os salários-de-contribuição aos 80% maiores verificados no lapso a considerar, de modo a mitigar eventual impacto de contribuições mais baixa*

*4. Quanto aos segurados que não eram filiados à previdência na data da publicação da Lei 9.876/99, simplesmente será aplicada a nova redação do artigo 29 da Lei 8.213/91. E isso não acarreta tratamento mais favorável ou detrimentoso em relação àqueles que já eram filiados. Isso pelo simples fato de que para aqueles que não eram filiados à previdência na data da publicação da Lei 9.876/99 nunca haverá, obviamente, salários-de-contribuição anteriores a julho de 1994 e, mais do que isso, anteriores a novembro de 1999, a considerar.*

*5. Sendo este o quadro, o que se percebe é que: (i) a Lei 9.876/99 simplesmente estabeleceu um limite para a apuração do salário-de-benefício em relação àqueles que já eram filiados na data de sua publicação, sem agravar a situação em relação à legislação antecedente, até porque limite já havia anteriormente (máximo de 48 meses contados do afastamento da atividade ou da data da entrada do requerimento); (ii) quanto aos que não eram filiados na data da sua publicação, a Lei 9.876/99 não estabeleceu limite porque isso seria absolutamente inócuo, visto nesta hipótese constituir pressuposto fático e lógico a inexistência de contribuições anteriores à data de sua vigência, e, ademais, não teria sentido estabelecer a limitação em uma norma permanente (no caso o art. 29 da LB).*

...

7. Não procede, assim, a pretensão de afastamento da limitação temporal a julho/94 em relação aos segurados que já eram filiados ao RGPS na data da publicação da Lei 9.876/99. *Precedentes do STJ (AgRg/REsp 1065080/PR, Rel. Ministro NEFI CORDEIRO; REsp 929.032/RS, Rel. Ministro JORGE MUSSI; REsp 1114345/RS, Rel. Ministra MARIA THEREZA DE ASSIS MOURA; AREsp 178416, Relator Ministro HERMAN BENJAMIN; REsp 1455850, Relator Ministro MAURO CAMPBELL MARQUES; REsp 1226895, Relator Ministro OG FERNANDES; REsp 1166957, Relatora Ministra LAURITA VAZ; REsp 1019745, Relator Ministro FELIX FISCHER; REsp 1138923, Relator: Ministro MARCO AURÉLIO BELLIZZE; REsp 1142560, Relatora Ministra ALDERITA RAMOS DE OLIVEIRA (DESEMBARGADORA CONVOCADA DO TJ/PE)." (TRF4, APELREEX 5019499-10.2013.404.7200, Quinta Turma, Relator p/ Acórdão Ricardo Teixeira do Valle Pereira, juntado aos autos em 10/11/2014)".*

"PREVIDENCIÁRIO. APOSENTADORIA POR TEMPO DE CONTRIBUIÇÃO. REVISÃO DE BENEFÍCIO. DESCABIMENTO. 1. O salário de benefício, para a aposentadoria por tempo de contribuição, consiste na média aritmética simples dos maiores salários de contribuição correspondentes a oitenta por cento de todo o período contributivo, multiplicada pelo fator previdenciário. Inteligência do art. 29, I, da Lei nº 8.213/91 (redação dada pela Lei nº 9.876/99). **2. Para o segurado filiado à Previdência Social até 28/11/99, conforme regra de transição estabelecida no art. 3º da Lei nº 9.876/99, só se considerará para o cálculo do salário de benefício, entretanto, os salários de contribuição referentes às competências posteriores a julho de 1994.** 3. Hipótese em que, como a autora era filiado à Previdência Social antes da Lei nº 9.876/99, a sua RMI foi calculada pela autarquia previdenciária dentro dos parâmetros da legalidade, utilizando os salários de contribuição posteriores ao mês de jul/94. 4. Apelação desprovida" (TRF 5ª Região, AC 556375, de 30/4/2013).

O tema foi inicialmente apreciado pelo Superior Tribunal de Justiça, que também rejeitou inicialmente a tese revisional:

**"PREVIDENCIÁRIO. APOSENTADORIA POR IDADE. REVISÃO. PERÍODO BÁSICO DE CÁLCULO. AMPLIAÇÃO. EC N. 20/1998 E LEI N. 9.876/1999. LIMITE DO DIVISOR PARA O CÁLCULO DA MÉDIA. PERÍODO CONTRIBUTIVO.** [...] 3. Em seguida, veio à lume a Lei n. 9.876, cuja entrada em vigor se deu em 29.11.1999. Instituiu-se o fator previdenciário no cálculo das aposentadorias e ampliou-se o período de apuração dos salários-de-contribuição. 4. Conforme a nova Lei, para aqueles que se filiassem à Previdência a partir da Lei n. 9.876/1999, o período de apuração envolveria os salários-de-contribuição desde a data da filiação até a Data de Entrada do Requerimento - DER, isto é, todo o período contributivo do segurado. **5. De outra parte, para os já filiados antes da edição da aludida Lei, o período de apuração passou a ser o interregno entre julho de 1994 e a DER. 6. O período básico de cálculo dos segurados foi ampliado pelo disposto no artigo 3º, caput, da Lei n. 9.876/1999. Essa alteração legislativa veio em benefício dos segurados. Porém, só lhes beneficia se houver contribuições. 7. Na espécie, a recorrente realizou apenas uma contribuição desde a competência de julho de 1994 até a data de entrada do requerimento - DER, em janeiro de 2004. 8. O caput do artigo 3º da Lei n. 9.876/1999 determina que, na média considerar-se-á os maiores salários-de-contribuição, na forma do artigo 29, inciso I, da Lei n. 8.213/1991, correspondentes a, no mínimo, oitenta por cento de todo o período contributivo desde julho de 1994. E o §2º do referido artigo 3º da Lei n. 9.876/1999 limita o divisor a 100% do período contributivo. 9. Não há qualquer referência a que o divisor mínimo para apuração da média seja limitado ao número de contribuições. 10. Recurso especial a que se nega provimento.** (REsp 929032/RS, Rel. Ministro JORGE MUSSI, QUINTA TURMA, julgado em 24/03/2009, DJe 27/04/2009).

PREVIDENCIÁRIO. APOSENTADORIA POR TEMPO DE CONTRIBUIÇÃO. CÁLCULO DA RENDA MENSAL INICIAL. OBSERVÂNCIA DA REGRA DE TRANSIÇÃO DO ARTIGO 3º DA LEI 9.876/1999. 1. "Para o segurado filiado à previdência social antes da Lei 9.876/1999, que vier a cumprir os requisitos legais para a concessão dos benefícios do regime geral será considerado no cálculo do salário de benefício a média aritmética simples dos maiores salários de contribuição, correspondentes a, no mínimo, oitenta por cento de todo o período contributivo decorrido desde a competência de julho de 1994. **A data-base correspondente a julho de 1994 se deu em razão do plano econômico de estabilização da moeda nacional denominado Plano Real. A regra do artigo 29, I, da Lei 8.213/1991 somente será aplicada integralmente ao segurado filiado à previdência social após a data da publicação da Lei 9.876/1999.**" (EDcl no AgRg no AREsp 609.297/SC, Rel. Ministro Mauro Campbell Marques, Segunda Turma, DJe 2.10.2015). No mesmo sentido: AgRg no REsp 1.065.080/PR, Rel. Ministro Nefi Cordeiro, Sexta Turma, DJe 21.10.2014; REsp 929.032/RS, Rel. Ministro Jorge Mussi, Quinta Turma, DJe 27.4.2009. 2. Recurso Especial provido **(REsp 1644505, de 4/5/2017).**

**Processo**

AgInt no REsp 1679728 / PR

AGRAVO INTERNO NO RECURSO ESPECIAL

2017/0145243-3

**Relator(a)**

Ministro FRANCISCO FALCÃO (1116)

**Órgão Julgador**

T2 - SEGUNDA TURMA

**Data do Julgamento**

20/03/2018

**Data da Publicação/Fonte**

DJe 26/03/2018

**Ementa**

PREVIDENCIÁRIO. REVISÃO DE RENDA MENSAL INICIAL. PERÍODO BÁSICO DE CÁLCULO. ACÓRDÃO EM CONFRONTO COM A JURISPRUDÊNCIA DESTA CORTE.

**I - Trata-se de questão de revisão de renda mensal inicial já apelidada no mundo jurídico de "revisão de vida toda".** A decisão ora agravada deu provimento ao recurso especial do INSTITUTO NACIONAL DO SEGURO SOCIAL - INSS para reformar o acórdão recorrido, para entender válida a regra constante do § 2º do art. 3º da Lei 9.876/94, não sendo possível a inclusão no PBC de salários de contribuição anteriores a julho de 1994.

II - Anteriormente à Emenda Constitucional n. 20/98, o período básico de cálculo, que é o intervalo de tempo dentro do qual são considerados os salários de contribuição para fins de estabelecimento do salário de benefício, tinha como regra geral a média dos 36 últimos salários de contribuição, conforme previa o caput do artigo 202 da CF/88, na sua redação original.

III - Com a Emenda Constitucional n. 20/98, tal previsão desapareceu, sendo a Lei n. 8.213/91, que replicava o entendimento do art. 202 da CF/88, alterada pela Lei n. 9.876/98, que passou a prever, no art. 29, que o PBC (Período Básico de Cálculo) seria composto pela média aritmética simples correspondente a 80% dos maiores salários de todo o período contributivo, multiplicado pelo fator previdenciário, respeitado, é lógico, o direito adquirido de quem atingiu o direito à obtenção do benefício pelas regras anteriores.

IV - E para quem havia entrado no regime antes da vigência da Lei n. 9.876/98, o art. 3º da referida Lei trouxe uma regra de transição. Tem-se, portanto, que para os que se filiaram anteriormente à Lei n. 9.876/98, o período de apuração será composto pelo período compreendido entre julho de 94 ou a data de filiação do segurado, se essa for posterior, e o mês imediatamente anterior à data do requerimento de aposentadoria.

V - O parágrafo 2º do referido artigo traz outra regra, que na prática indica que, caso o segurado tenha contribuído após julho de 1994 por meses que, se contados, sejam inferiores a 60% dos meses decorridos de julho de 1994 até a data do pedido de aposentadoria, então o cálculo do benefício levará em consideração os meses contribuídos divididos por 60% dos meses decorridos de julho de 1994 até a data da aposentadoria.

VI - E é essa regra do parágrafo segundo, na verdade, que vem sendo questionada, porquanto a sua aplicação literal ocasiona, eventualmente, prejuízo ao segurado, já que pode haver um descompasso entre as contribuições vertidas após 1994 e a divisão por 60% dos meses decorridos de julho de 94 até a data da aposentadoria, porquanto se o número de contribuições após julho de 94 for pequeno, a divisão por 60% do número de meses pode levar a um valor bem abaixo do que aquele que seria obtido pela aplicação da regra nova in totum.

VII - O caso extremo ocorre quando, por exemplo, o segurado atinge os requisitos para a aposentadoria com apenas uma ou poucas contribuições a partir de julho de 1994. Nesse caso, quanto maior for o lapso de tempo entre a contribuição vertida após julho de 1994 e o requerimento de aposentadoria, maior será a redução no benefício do segurado. Pode-se dizer, que, invariavelmente receberá o mínimo. Essa hipótese já foi enfrentada nesta e. Corte: REsp 929.032/RS, Rel. Ministro JORGE MUSSI, QUINTA TURMA, julgado em 24/03/2009, DJe 27/04/2009.

**VIII - Vê-se, pois, que a questão já foi enfrentada nesta e. Corte, que entendeu ser válida a regra. Não se nega que situações desfavoráveis podem ocorrer, mas entretanto, trata-se de opção legislativa e, de fato, o entendimento adotado no Tribunal de origem, a título de corrigir regra de transição, acabou por alterar o conteúdo da Lei.**

IX - Até mesmo porque a alteração legislativa, ou seja, a regra genérica que alterou o art. 29 da Lei 8.213/91, prejudicou quem tinha maiores salários no fim do período básico de cálculo e beneficiou quem teve durante a carreira um salário decrescente. Então, ao que parece, não há essa lógica constante do acórdão recorrido de que a regra de transição não pode ser mais prejudicial ao segurado do que a regra nova, porquanto a regra nova não prejudicou todo mundo, ao revés, beneficiou alguns e prejudicou outros. A jurisprudência desta e. Corte tem outros julgados em que se reafirma a validade da referida norma. Nesse sentido: EDcl no AgRg no AREsp 609.297/SC, Rel. Ministro MAURO CAMPBELL MARQUES, SEGUNDA TURMA, julgado em 22/09/2015, DJe

02/10/2015; AgRg no REsp 1477316/PR, Rel. Ministro HERMAN BENJAMIN, SEGUNDA TURMA, julgado em 04/12/2014, DJe 16/12/2014; REsp 1655712/PR, Rel. Ministro HERMAN BENJAMIN, SEGUNDA TURMA, julgado em 20/06/2017, DJe 30/06/2017; REsp 1114345/RS, Rel. Ministra MARIA THEREZA DE ASSIS MOURA, SEXTA TURMA, julgado em 27/11/2012, DJe 06/12/2012.

Analisando por um lado, é injusto para os segurados que possuem os maiores salários de contribuição anteriores ao Plano Real iniciar o PBC somente da competência Julho de 1994.

Mas, do outro, nota-se que a regra anterior poderia ser ainda mais limitadora e injusta, pois apenas as 36 últimas contribuições eram consideradas no PBC, o que poderia, em tese, tornar pior a situação do segurado que possuía as altas contribuições no período anterior, durante a fase inicial e intermediária do seu período contributivo.

Ao julgar o tema 999, o STJ acolheu a tese em repetitivo e reverteu a sua própria jurisprudência:

**Processo**

REsp 1.596.203 - PR
RECURSO ESPECIAL
2015/0089796-6

**Relator(a)**

Ministro NAPOLEÃO NUNES MAIA FILHO (1133)

**Órgão Julgador**

S1 - PRIMEIRA SEÇÃO

**Data do Julgamento**

11/12/2019

**Data da Publicação/Fonte**

DJe 17/12/2019

**Ementa**

PREVIDENCIÁRIO. RECURSO ESPECIAL AFETADO AO RITO DOS REPETITIVOS. ENUNCIADO ADMINISTRATIVO 3/STJ. REVISÃO DE BENEFÍCIO. SOBREPOSIÇÃO DE NORMAS. APLICAÇÃO DA REGRA DEFINITIVA PREVISTA NO ART. 29, I E II DA LEI 8.213/1991, NA APURAÇÃO DO SALÁRIO DE BENEFÍCIO, QUANDO MAIS FAVORÁVEL DO QUE A REGRA DE TRANSIÇÃO CONTIDA NO ART. 3o. DA LEI 9.876/1999, AOS SEGURADOS QUE INGRESSARAM NO SISTEMA ANTES DE 26.11.1999 (DATA DE EDIÇÃO DA DA LEI 9.876/1999). CONCRETIZAÇÃO DO DIREITO AO MELHOR BENEFÍCIO. PARECER DO MPF PELO DESPROVIMENTO DO FEITO. RECURSO ESPECIAL DO SEGURADO PROVIDO.

1. A Lei 9.876/1999 implementou nova regra de cálculo, ampliando gradualmente a base de cálculo dos benefícios que passou a corresponder aos maiores salários de contribuição correspondentes a 80% de todo o período contributivo do Segurado.

2. A nova legislação trouxe, também, uma regra de transição, em seu art. 3o., estabelecendo que no cálculo do salário de benefício dos Segurados filiados à Previdência Social até o dia anterior à data de publicação desta lei, o período básico de cálculo só abarcaria as contribuições vertidas a partir de julho de 1994.

3. A norma transitória deve ser vista em seu caráter protetivo. O propósito do artigo 3o. da Lei 9.876/1999 e seus parágrafos foi estabelecer regras de transição que garantissem que os Segurados não fossem atingidos de forma abrupta por normas mais rígidas de cálculo dos benefícios.

4. Nesse passo, não se pode admitir que tendo o Segurado vertido melhores contribuições antes de julho de 1994, tais pagamentos sejam simplesmente descartados no momento da concessão de seu benefício, sem analisar as consequências da medida na apuração do valor do benefício, sob pena de infringência ao **princípio da contrapartida**.

5. É certo que o sistema de Previdência Social é regido pelo **princípio contributivo**, decorrendo de tal princípio a necessidade de haver, necessariamente, uma relação entre custeio e benefício, não se afigurando razoável que o Segurado verta contribuições e não possa se utilizar delas no cálculo de seu benefício.

6. A concessão do benefício previdenciário deve ser regida pela regra da prevalência da condição mais vantajosa ou benéfica ao Segurado, nos termos da orientação do STF e do STJ. Assim, é direito do Segurado o recebimento de prestação previdenciária mais vantajosa dentre aquelas cujos requisitos cumpre, assegurando, consequentemente, a prevalência do critério de cálculo que lhe proporcione a maior renda mensal possível, a partir do histórico de suas contribuições.

7. Desse modo, impõe-se reconhecer a possibilidade de aplicação da regra definitiva prevista no art. 29, I e II da Lei 8.213/1991, na apuração do salário de benefício, quando se revelar mais favorável do que a regra de transição contida no art. 3o. da Lei 9.876/1999, respeitados os prazos prescricionais e decadenciais. Afinal, por uma questão de racionalidade do sistema normativo, a regra de transição não pode ser mais gravosa do que a regra definitiva.

8. Com base nessas considerações, sugere-se a fixação da seguinte tese: Aplica-se a regra definitiva prevista no art. 29, I e II da Lei 8.213/1991, na apuração do salário de benefício, quando mais favorável do que a regra de transição contida no art. 3o. da Lei 9.876/1999, aos Segurado que ingressaram no Regime Geral da Previdência Social até o dia anterior à publicação da Lei 9.876/1999.

9. Recurso Especial do Segurado provido.

O INSS interpôs Recurso Extraordinário, que foi admitido pelo STJ em 28 de maio de 2020 e determinou a suspensão nacional dos processos judiciais:

"Presentes os pressupostos de admissibilidade, nos termos do artigo 1.036, § 1º, do Código de Processo Civil, admito o recurso extraordinário como representativo de controvérsia, determinando a suspensão de todos os processos pendentes, individuais ou coletivos, que versem sobre a mesma controvérsia em trâmite em todo o território nacional. Encaminhe-se o feito ao Supremo Tribunal Federal".

Trata-se do Tema 1102 em Repercussão Geral. Ele foi pautado no Plenário eletrônico e chegou a ter a maioria de 6 votos favoráveis à tese, quando o Ministro Nunes Marques pediu em 08.03.2022 destaque, com lastro na Resolução STF 642/2019, uma regra regimental de aplicação comum no STF para retirar os processos do Plenário Virtual e submetê-los ao debate.

Em 01/12/2022, por 6 x 5, o Recurso Extraordinário do INSS foi desprovido, tendo sido fixada a seguinte tese de repercussão geral no Tema 1102:

> "Decisão: O Tribunal, por maioria, apreciando o tema 1.102 da repercussão geral, negou provimento ao recurso extraordinário, vencidos os Ministros Nunes Marques, Roberto Barroso, Luiz Fux, Dias Toffoli e Gilmar Mendes. Em seguida, por unanimidade, foi fixada a seguinte tese: "O segurado que implementou as condições para o benefício previdenciário após a vigência da Lei 9.876, de 26.11.1999, e antes da vigência das novas regras constitucionais, introduzidas pela EC 103/2019, tem o direito de optar pela regra definitiva, caso esta lhe seja mais favorável", nos termos do voto do Ministro Alexandre de Moraes (Redator para o acórdão). Não votou o Ministro André Mendonça, sucessor do Ministro Marco Aurélio (Relator). Ausente, justificadamente, o Ministro Nunes Marques. Presidência da Ministra Rosa Weber. Plenário, 1º.12.2022".

O Acórdão foi publicado em 13.04.2023:

> *"Ementa: RECURSO EXTRAORDINÁRIO. TRIBUTÁRIO. TEMA 1102 DA REPERCUSSÃO GERAL. POSSIBILIDADE DE REVISÃO DE BENEFÍCIO PREVIDENCIÁRIO MEDIANTE A APLICAÇÃO DA REGRA DEFINITIVA DO ARTIGO 29, INCISOS I E II, DA LEI 8.213/1991, QUANDO MAIS FAVORÁVEL DO QUE A REGRA DE TRANSIÇÃO CONTIDA NO ARTIGO 3º DA LEI 9.876/1999, AOS SEGURADOS QUE INGRESSARAM NO REGIME GERAL DE PREVIDÊNCIA SOCIAL ANTES DA PUBLICAÇÃO DA REFERIDA LEI 9.876/1999, OCORRIDA EM 26/11/1999. DIREITO DE OPÇÃO GARANTIDO AO SEGURADO.*
>
> *1. A controvérsia colocada neste precedente com repercussão geral reconhecida consiste em definir se o segurado do INSS que ingressou no sistema previdenciário até o dia anterior à publicação da Lei 9.876, em 26 de novembro de 1999, pode optar, para o cálculo do seu salário de benefício, pela regra definitiva prevista no art. 29, I e II, da Lei 8.213/1991 quando essa lhe for mais favorável do que a previsão da lei, no art. 3º, de uma regra transitória, por lhe assegurar um benefício mais elevado.*
>
> *2. O INSS argumenta que a única regra legal aplicável ao cálculo de todos os segurados, sejam eles filiados ao RGPS antes ou após a vigência da Lei 9.876/1999, é aquela que limita o cômputo para aposentadoria apenas às contribuições vertidas a partir de julho de 1994, "os primeiros, por expresso imperativo legal; os últimos, por consequência lógica da filiação ocorrida após 1999". Desse modo, não haveria que se falar em inclusão do período contributivo anterior a tal marco temporal.*
>
> *3. A partir da leitura da exposição de motivos do Projeto de Lei que originou a Lei 9.876/1999 e os argumentos aduzidos no acórdão recorrido, depreende-se que a regra definitiva veio para privilegiar no cálculo da renda inicial do benefício a integralidade do histórico contributivo. A limitação imposta pela regra transitória a julho de 1994 teve escopo de minimizar eventuais distorções causadas pelo processo inflacionário nos rendimentos dos trabalhadores.*
>
> *4. A regra transitória, portanto, era favorecer os trabalhadores com menor escolaridade, inserção menos favorável no mercado de trabalho, que tenham uma trajetória salarial mais ou menos linear, só que, em alguns casos, isso se mostrou pior para o segurado, e não favorável como pretendia o legislador na aplicação específica de alguns casos concretos.*
>
> *5. A regra transitória acabou aumentando o fosso entre aqueles que ganham mais e vão progredindo e, ao longo do tempo, ganhando mais, daqueles que têm mais dificuldades em virtude da menor escolaridade e a sua média salarial vai diminuindo. Acabou-se ampliando a desigualdade social e a distribuição de renda, que não era essa hipótese prevista, inclusive, pelo legislador.*
>
> *6. Admitir-se que norma transitória importe em tratamento mais gravoso ao segurado mais antigo em comparação ao novo segurado contraria o princípio da isonomia, que enuncia dever-se tratar desigualmente os desiguais, na medida de sua desigualdade, a fim de conferir-lhes igualdade material, nunca de prejudicá-los.*
>
> *7. Efetivamente, os segurados que reuniram os requisitos para obtenção do benefício na vigência do art. 29 da Lei 8.213/1991, com a redação da Lei 9.876/1999, podem ter a sua aposentadoria calculada tomando em consideração todo o período contributivo, ou seja, abarcando as contribuições desde o seu início, as quais podem ter sido muito maiores do que aquelas vertidas após 1994, em decorrência da redução salarial com a consequente diminuição do valor recolhido à Previdência.*
>
> *8. Recurso Extraordinário a que se nega provimento. Tese de julgamento: "O segurado que implementou as condições para o benefício previdenciário após a vigência da Lei 9.876, de 26 de novembro de 1999, e antes da vigência das novas regras constitucionais introduzidas pela EC em 103/2019, que tornou a regra transitória definitiva, tem o direito de optar pela regra definitiva, acaso esta lhe seja mais favorável".*

É possível sintetizar os parâmetros judiciais para a implementação da revisão da "vida toda", considerando que a tese não é adotada na via administrativa:

- Incidência da tese apenas nas concessões com lastro na Lei 9.876/99, afastando-se a tese nas concessões baseadas no artigo 26 da EC 103/2019, pois na Reforma Constitucional existe um único regramento limitando o PBC à Julho/1994;
- Recálculo do salário de benefício utilizando todos os salários de contribuição da vida contributiva do segurado;

- Quando o salário não estiver registrado no CNIS e não houver prova documental contemporânea, será considerado um salário mínimo com lastro no artigo 35 da Lei 8.213/91;
- A tese tem como consectário afastar o divisor mínimo de 60% do PBC, pois não há mais limitação temporal a Julho/1994;
- Incidência da prescrição quinquenal de trato sucessivo;
- Incidência da decadência decenal revisional nos termos do artigo 103, *caput*, da Lei 8.213/91, computada do benefício originário no caso de benefício derivado que utilizou o mesmo salário de benefício, a exemplo de pensão por morte derivada de aposentadoria e aposentadoria por incapacidade permanente fruto de conversão de auxílio por incapacidade temporária;
- Incidência da tese sobre todos os benefícios cuja renda seja calculada sobre o salário de benefício (ficam de fora salário-família e salário-maternidade);
- Necessidade de cálculo para aferir o interesse utilidade de agir, pois na maioria dos casos o salário de benefício será reduzido;
- Dispensa de prévio requerimento administrativo, por ser pedido de revisão e pela tese ser notoriamente rejeitada pela Autarquia;
- Não há suspensão nacional das ações individuais;
- Competência da Justiça Estadual se for benefício decorrente do acidente de trabalho

De efeito, em muitas situações a tese da "vida toda" tem a média de salários de contribuição inferior ao cálculo a partir de Julho/1994, mas pode haver mesmo assim aumento do salário de benefício, posto que a adoção da tese acaba afastamento por derivação do divisor mínimo de 60% do BPC de que trata o artigo 3º, §2º, da Lei 9.876/99, na situação em que o segurado não possua um número mínimo de salários equivalente a 60% do período básico de cálculo entre Julho/1994 e o mês anterior à data do requerimento administrativo.

Um ponto não julgado pelo E. STF são os índices de correção dos salários de contribuição, pois é sabido que em alguns meses/ano existem divergências entre a posição do INSS e do Poder Judiciário, conforme apresentado neste Capítulo, cabendo ao juiz defini-los.

Considerando que a regra do *caput* do artigo 26 da Emenda 103/2019 é única para todos os segurados, mesmo havendo a limitação do PBC ao Plano Real, **houve a sua preservação expressamente declarada pelo STF**, que limitou a tese ao segurado que implementou as condições para o benefício previdenciário após a vigência da Lei 9.876, de 26 de novembro de 1999, e antes da vigência das novas regras constitucionais introduzidas pela EC em 103/2019.

Dessa forma, **é seguro afirmar que as concessões lastreadas no artigo 26 da EC 103/2019 estão expressamente excluídas do âmbito de aplicação do Tema 1102**, o que é favorável à Autarquia de Previdência.

Ademais, nenhum dos 8 itens do Acordão em comento abordou a incidência da decadência decenal e da prescrição quinquenal, embora no Tema Repetitivo 999/STJ tenha havido expressa consignação no item 7:

> "*7. Desse modo, impõe-se reconhecer a possibilidade de aplicação da regra definitiva prevista no art. 29, I e II da Lei 8.213/1991, na apuração do salário de benefício, quando se revelar mais favorável do que a regra de transição contida no art. 3º da Lei 9.876/1999,* ***respeitados os prazos prescricionais e decadenciais****. Afinal, por uma questão de racionalidade do sistema normativo, a regra de transição não pode ser mais gravosa do que a regra definitiva*".

Considerando que somente o INSS interpôs recurso extraordinário, sendo vedada a *reformatio in pejus*, não há base legal para o afastamento da decadência e prescrição previstos no artigo 103, da Lei 8.213/91 , considerando que se trata de revisão do ato de concessão do benefício.

Ademais, em nenhum momento do julgamento, ao qual assisti na integra, os Ministros afastaram os citados institutos. Ao revés, a sua incidência foi reafirmada. Veja-se:

> MINISTRO GILMAR MENDES (página 124): "*Li também com atenção os documentos trazidos pela Previdência Social, que faz cálculos sobre a repercussão financeira de uma eventual decisão do Supremo Tribunal Federal, que talvez não leve em conta a própria jurisprudência firmada pelo Supremo quanto à possibilidade de revisão do ato de concessão de benefício ou decadência, quando nós assentamos - relatoria do Ministro Barroso - que é legítima a instituição de prazo decadencial de 10 anos para revisão de benefício já concedido, com fundamento no princípio da segurança jurídica, no interesse de evitar a eternização dos litígios e na busca de equilíbrio financeiro e atuarial para o sistema previdenciário. Isso significa que aqueles segurados que tenham obtido benefício previdenciário antes de 2012, contado da presente data, caso ainda não tenham ingressado judicialmente, não poderão mais fazê-lo diante do decurso do lapso decadencial. Isso precisa ser levado em conta*".
>
> MINISTRO GILMAR MENDES (página 165): "*Segunda: a avaliação da referida nota técnica acerca do impacto "considerou as concessões a partir de 2009" ate 2029 (termo ad quem travado em dez anos do prazo decadencial para os benefícios previdenciários, cujos requisitos tenham sido implementados até 2019, por forca da alteração da Emenda Constitucional 103/2019, acima visto)*".
>
> MINISTRO GILMAR MENDES (página 166): "Ademais, e importante registrar alguns pontos para centralização do debate: para rediscutir a renda mensal inicial, esta Corte já decidiu pela constitucionalidade do prazo decadencial decenal, introduzido no art. 103 da Lei 8.213/1991, no tema 313 da sistemática da repercussão geral, a saber:"
>
> MINISTRO GILMAR MENDES (página 167): "*Portanto, estamos tratando de quem percebeu qualquer benefício previdenciário depois de 2012 ate 2019 (7 anos, com*

*observância da prescrição de 5 anos) ou que tenha ingressado judicialmente em data anterior ao presente julgamento, desde que respeitado o citado prazo decadencial".*

MINISTRA ROSA WEBER (página 184): Essa e a compreensão que, aliás, já foi sufragada por esta Casa, ao julgamento do RE no 630.501, paradigma do tema no 334 da repercussão geral, em que se assentou a seguinte tese: *"Para o cálculo da renda mensal inicial, cumpre observar o quadro mais favorável ao beneficiário, pouco importando o decesso remuneratório ocorrido em data posterior ao implemento das condições legais para a aposentadoria, respeitadas a decadência do direito à revisão e a prescrição quanto às prestações vencidas."*

Vale registrar que o INSS interpôs embargos de declaração em 05.05.2023, conforme petição aberta da público na consulta processual do site do STF, apresentando os seguintes pontos para esclarecimento e integração:

- - Da necessidade de atribuição de efeito suspensivo ao recurso (art. 1.026, § 1º, CPC);
- - Falta de decisão quanto à nulidade do acórdão recorrido por inobservância ao art. 97 da CF/88 (reserva de plenário) ;
- - Omissão a respeito da decadência e da prescrição;
- - Omissão sobre o divisor mínimo de 60% do Período Básico de Cálculo (PBC);
- - Omissão sobre a modulação dos efeitos da decisão;
- - Modular os efeitos do acórdão embargado, de forma que ele se aplique apenas para o futuro, excluindo-se expressamente a possibilidade de: a) revisão de benefícios previdenciários já extintos; b) rescisão das decisões transitadas em julgado que, à luz da jurisprudência dominante, negaram o direito à revisão; e c) revisão e pagamento de parcelas de benefícios quitadas à luz e ao tempo do entendimento então vigente, vedando-se por consequência o pagamento de diferenças anteriores a 13.04.2023 (data de publicação do acórdão do Tema 1.102/STF).

Desta forma, é necessário aguardar o trânsito em julgado do Tema 1.102 para uma definição exata dos termos técnicos da decisão da lavra do STF.

## 25.2. Cálculos

A utilização de salários de contribuição antigos (antes do Plano Real - Julho/1994) pode ser benéfico ou prejudicial ao segurado, a depender do caso concreto, pois poderemos ter a elevação ou redução do salário de benefício, em função dos valores dos salários de contribuição anteriores ao Plano Real.

Daí a utilidade desta tese ao segurado depender da elaboração de cálculo do caso concreto. No cálculo apresentado abaixo, foi utilizada a sistemática da Lei 9.876/99 e do INSS, somente com o manejo de salários de contribuição a partir do Plano Real:

**APOSENTADORIA POR TEMPO DE CONTRIBUIÇAO**

**CÁLCULO DA RENDA MENSAL - REGRA DE TRANSIÇÃO DA LEI N.º 9.876/99**

PEDRO DE ALCÂNTARA SOUZA LACERDA

DATA DE NASCIMENTO: **09/01/1960**

ESPÉCIE: **42** (APOSENTADORIA POR TEMPO DE CONTRIBUIÇÃO)

DATA DE INÍCIO DO BENEFÍCIO: **01/02/2018**

TEMPO DE CONTRIBUIÇÃO: **38 anos 00 meses e 01 dia**

BASE LEGAL: LEI 9.876 DE 29 DE NOVEMBRO DE 1999

PERÍODO BÁSICO DE CÁLCULO: **07/1994 a 01/2018**

| Sequência | Mês/ano | Salário | Índice | Salário corrigido | Desconsiderados |
|---|---|---|---|---|---|
| 1 | jul/94 | 580,00 | 7,724104 | 4.479,98 | |
| 2 | ago/94 | 580,00 | 7,281394 | 4.223,21 | desconsiderado |
| 3 | set/94 | 580,00 | 6,904413 | 4.004,56 | desconsiderado |
| 4 | out/94 | 580,00 | 6,801707 | 3.944,99 | desconsiderado |
| 5 | nov/94 | 580,00 | 6,677506 | 3.872,95 | desconsiderado |
| 6 | dez/94 | 580,00 | 6,466066 | 3.750,32 | desconsiderado |
| 7 | jan/95 | 580,00 | 6,327494 | 3.669,95 | desconsiderado |
| 8 | fev/95 | 580,00 | 6,223559 | 3.609,66 | desconsiderado |
| 9 | mar/95 | 580,00 | 6,162550 | 3.574,28 | desconsiderado |
| 10 | abr/95 | 580,00 | 6,076867 | 3.524,58 | desconsiderado |
| 11 | mai/95 | 580,00 | 5,962390 | 3.458,19 | desconsiderado |

| Sequência | Mês/ano | Salário | Índice | Salário corrigido | Desconsiderados |
|---|---|---|---|---|---|
| 12 | jun/95 | 832,66 | 5,812995 | 4.840,25 | |
| 13 | jul/95 | 832,66 | 5,709090 | 4.753,73 | |
| 14 | ago/95 | 832,66 | 5,572018 | 4.639,60 | |
| 15 | set/95 | 832,66 | 5,515757 | 4.592,75 | |
| 16 | out/95 | 832,66 | 5,451969 | 4.539,64 | |
| 17 | nov/95 | 832,66 | 5,376695 | 4.476,96 | |
| 18 | dez/95 | 832,66 | 5,296714 | 4.410,36 | desconsiderado |
| 19 | jan/96 | 832,66 | 5,210738 | 4.338,77 | desconsiderado |
| 20 | fev/96 | 832,66 | 5,135756 | 4.276,34 | desconsiderado |
| 21 | mar/96 | 832,66 | 5,099549 | 4.246,19 | desconsiderado |
| 22 | abr/96 | 832,66 | 5,084803 | 4.233,91 | desconsiderado |
| 23 | mai/96 | 850,00 | 5,049456 | 4.292,04 | desconsiderado |
| 24 | jun/96 | 957,56 | 4,966028 | 4.755,27 | |
| 25 | jul/96 | 957,56 | 4,906172 | 4.697,95 | |
| 26 | ago/96 | 957,56 | 4,853272 | 4.647,30 | |
| 27 | set/96 | 957,56 | 4,853076 | 4.647,11 | |
| 28 | out/96 | 957,56 | 4,846777 | 4.641,08 | |
| 29 | nov/96 | 957,56 | 4,836138 | 4.630,89 | |
| 30 | dez/96 | 957,56 | 4,822635 | 4.617,96 | |
| 31 | jan/97 | 957,56 | 4,780565 | 4.577,68 | |
| 32 | fev/97 | 957,56 | 4,706206 | 4.506,47 | |
| 33 | mar/97 | 957,56 | 4,686522 | 4.487,63 | |
| 34 | abr/97 | 957,56 | 4,632782 | 4.436,17 | |
| 35 | mai/97 | 957,56 | 4,605610 | 4.410,15 | desconsiderado |
| 36 | jun/97 | 1.031,87 | 4,591834 | 4.738,18 | |
| 37 | jul/97 | 1.031,87 | 4,559915 | 4.705,24 | |
| 38 | ago/97 | 1.031,87 | 4,555814 | 4.701,01 | |
| 39 | set/97 | 1.031,87 | 4,555814 | 4.701,01 | |
| 40 | out/97 | 1.031,87 | 4,529093 | 4.673,44 | |
| 41 | nov/97 | 1.031,87 | 4,513747 | 4.657,60 | |
| 42 | dez/97 | 1.031,87 | 4,476591 | 4.619,26 | |
| 43 | jan/98 | 1.031,87 | 4,445914 | 4.587,61 | |
| 44 | fev/98 | 1.031,87 | 4,407131 | 4.547,59 | |
| 45 | mar/98 | 1.031,87 | 4,406249 | 4.546,68 | |
| 46 | abr/98 | 1.031,87 | 4,396138 | 4.536,24 | |
| 47 | mai/98 | 1.031,87 | 4,396138 | 4.536,24 | |
| 48 | jun/98 | 1.081,50 | 4,386051 | 4.743,51 | |
| 49 | jul/98 | 1.081,50 | 4,373804 | 4.730,27 | |
| 50 | ago/98 | 1.081,50 | 4,373804 | 4.730,27 | |
| 51 | set/98 | 1.081,50 | 4,373804 | 4.730,27 | |
| 52 | out/98 | 1.081,50 | 4,373804 | 4.730,27 | |
| 53 | nov/98 | 1.081,50 | 4,373804 | 4.730,27 | |
| 54 | dez/98 | 1.200,00 | 4,373804 | 5.248,56 | |
| 55 | jan/99 | 1.200,00 | 4,331357 | 5.197,63 | |
| 56 | fev/99 | 1.200,00 | 4,282112 | 5.138,53 | |
| 57 | mar/99 | 1.200,00 | 4,100070 | 4.920,08 | |
| 58 | abr/99 | 1.200,00 | 4,020465 | 4.824,56 | |
| 59 | mai/99 | 1.200,00 | 4,019258 | 4.823,11 | |
| 60 | jun/99 | 1.255,32 | 4,019258 | 5.045,45 | |

| Sequência | Mês/ano | Salário | Índice | Salário corrigido | Desconsiderados |
|---|---|---|---|---|---|
| 61 | jul/99 | 1.255,32 | 3,978676 | 4.994,51 | |
| 62 | ago/99 | 1.255,32 | 3,916406 | 4.916,34 | |
| 63 | set/99 | 1.255,32 | 3,860429 | 4.846,07 | |
| 64 | out/99 | 1.255,32 | 3,804502 | 4.775,87 | |
| 65 | nov/99 | 1.255,32 | 3,733931 | 4.687,28 | |
| 66 | dez/99 | 1.255,32 | 3,641794 | 4.571,62 | |
| 67 | jan/00 | 1.255,32 | 3,597544 | 4.516,07 | |
| 68 | fev/00 | 1.255,32 | 3,561219 | 4.470,47 | |
| 69 | mar/00 | 1.255,32 | 3,554466 | 4.461,99 | |
| 70 | abr/00 | 1.255,32 | 3,548080 | 4.453,98 | |
| 71 | mai/00 | 1.255,32 | 3,543473 | 4.448,19 | |
| 72 | jun/00 | 1.328,25 | 3,519890 | 4.675,29 | |
| 73 | jul/00 | 1.328,25 | 3,487457 | 4.632,21 | |
| 74 | ago/00 | 1.328,25 | 3,410383 | 4.529,84 | |
| 75 | set/00 | 1.328,25 | 3,349423 | 4.448,87 | |
| 76 | out/00 | 1.328,25 | 3,326470 | 4.418,38 | desconsiderado |
| 77 | nov/00 | 1.328,25 | 3,314208 | 4.402,10 | desconsiderado |
| 78 | dez/00 | 1.328,25 | 3,301333 | 4.385,00 | desconsiderado |
| 79 | jan/01 | 1.328,25 | 3,276430 | 4.351,92 | desconsiderado |
| 80 | fev/01 | 1.328,25 | 3,260456 | 4.330,70 | desconsiderado |
| 81 | mar/01 | 1.328,25 | 3,249406 | 4.316,02 | desconsiderado |
| 82 | abr/01 | 1.328,25 | 3,223618 | 4.281,77 | desconsiderado |
| 83 | mai/01 | 1.328,25 | 3,187598 | 4.233,93 | desconsiderado |
| 84 | jun/01 | 1.430,00 | 3,173634 | 4.538,30 | |
| 85 | jul/01 | 1.430,00 | 3,127966 | 4.472,99 | |
| 86 | ago/01 | 1.430,00 | 3,078101 | 4.401,68 | desconsiderado |
| 87 | set/01 | 1.430,00 | 3,050645 | 4.362,42 | desconsiderado |
| 88 | out/01 | 1.430,00 | 3,039097 | 4.345,91 | desconsiderado |
| 89 | nov/01 | 1.430,00 | 2,995659 | 4.283,79 | desconsiderado |
| 90 | dez/01 | 1.430,00 | 2,973064 | 4.251,48 | desconsiderado |
| 91 | jan/02 | 1.430,00 | 2,967721 | 4.243,84 | desconsiderado |
| 92 | fev/02 | 1.430,00 | 2,962094 | 4.235,79 | desconsiderado |
| 93 | mar/02 | 1.430,00 | 2,956772 | 4.228,18 | desconsiderado |
| 94 | abr/02 | 1.430,00 | 2,953524 | 4.223,54 | desconsiderado |
| 95 | mai/02 | 1.430,00 | 2,932992 | 4.194,18 | desconsiderado |
| 96 | jun/02 | 1.561,56 | 2,900794 | 4.529,76 | |
| 97 | jul/02 | 1.561,56 | 2,851183 | 4.452,29 | |
| 98 | ago/02 | 1.561,56 | 2,793907 | 4.362,85 | desconsiderado |
| 99 | set/02 | 1.561,56 | 2,729491 | 4.262,26 | desconsiderado |
| 100 | out/02 | 1.561,56 | 2,659286 | 4.152,63 | desconsiderado |
| 101 | nov/02 | 1.561,56 | 2,551854 | 3.984,87 | desconsiderado |
| 102 | dez/02 | 1.561,56 | 2,411048 | 3.765,00 | desconsiderado |
| 103 | jan/03 | 1.561,56 | 2,347661 | 3.666,01 | desconsiderado |
| 104 | fev/03 | 1.561,56 | 2,297799 | 3.588,15 | desconsiderado |
| 105 | mar/03 | 1.561,56 | 2,261835 | 3.531,99 | desconsiderado |
| 106 | abr/03 | 1.561,56 | 2,224903 | 3.474,32 | desconsiderado |
| 107 | mai/03 | 1.561,56 | 2,215818 | 3.460,13 | desconsiderado |
| 108 | jun/03 | 1.869,34 | 2,230765 | 4.170,06 | desconsiderado |
| 109 | jul/03 | 1.869,34 | 2,246489 | 4.199,45 | desconsiderado |

| Sequência | Mês/ano | Salário | Índice | Salário corrigido | Desconsiderados |
|---|---|---|---|---|---|
| 110 | ago/03 | 1.869,34 | 2,250991 | 4.207,87 | desconsiderado |
| 111 | set/03 | 1.869,34 | 2,237121 | 4.181,94 | desconsiderado |
| 112 | out/03 | 1.869,34 | 2,213875 | 4.138,49 | desconsiderado |
| 113 | nov/03 | 1.869,34 | 2,204177 | 4.120,36 | desconsiderado |
| 114 | dez/03 | 1.869,34 | 2,193648 | 4.100,67 | desconsiderado |
| 115 | jan/04 | 2.000,00 | 2,180565 | 4.361,13 | desconsiderado |
| 116 | fev/04 | 2.000,00 | 2,163258 | 4.326,52 | desconsiderado |
| 117 | mar/04 | 2.000,00 | 2,154854 | 4.309,71 | desconsiderado |
| 118 | abr/04 | 2.000,00 | 2,142642 | 4.285,28 | desconsiderado |
| 119 | mai/04 | 2.000,00 | 2,133892 | 4.267,78 | desconsiderado |
| 120 | jun/04 | 2.508,72 | 2,125390 | 5.332,01 | |
| 121 | jul/04 | 2.508,72 | 2,114817 | 5.305,48 | |
| 122 | ago/04 | 2.508,72 | 2,099491 | 5.267,04 | |
| 123 | set/04 | 2.508,72 | 2,089045 | 5.240,83 | |
| 124 | out/04 | 2.508,72 | 2,085500 | 5.231,94 | |
| 125 | nov/04 | 2.508,72 | 2,081962 | 5.223,06 | |
| 126 | dez/04 | 2.508,72 | 2,072840 | 5.200,18 | |
| 127 | jan/05 | 2.508,72 | 2,055165 | 5.155,83 | |
| 128 | fev/05 | 2.508,72 | 2,043517 | 5.126,61 | |
| 129 | mar/05 | 2.508,72 | 2,034566 | 5.104,16 | |
| 130 | abr/05 | 2.508,72 | 2,019820 | 5.067,16 | |
| 131 | mai/05 | 2.600,00 | 2,001606 | 5.204,18 | |
| 132 | jun/05 | 2.668,15 | 1,987692 | 5.303,46 | |
| 133 | jul/05 | 2.668,15 | 1,989880 | 5.309,30 | |
| 134 | ago/05 | 2.668,15 | 1,989285 | 5.307,71 | |
| 135 | set/05 | 2.668,15 | 1,989285 | 5.307,71 | |
| 136 | out/05 | 2.668,15 | 1,986305 | 5.299,76 | |
| 137 | nov/05 | 2.668,15 | 1,974851 | 5.269,20 | |
| 138 | dez/05 | 2.668,15 | 1,964243 | 5.240,89 | |
| 139 | jan/06 | 2.668,15 | 1,956418 | 5.220,02 | |
| 140 | fev/06 | 2.668,15 | 1,949012 | 5.200,26 | |
| 141 | mar/06 | 2.668,15 | 1,944539 | 5.188,32 | |
| 142 | abr/06 | 2.800,00 | 1,939303 | 5.430,05 | |
| 143 | mai/06 | 2.800,00 | 1,936979 | 5.423,54 | |
| 144 | jun/06 | 2.801,56 | 1,934464 | 5.419,52 | |
| 145 | jul/06 | 2.801,56 | 1,935819 | 5.423,31 | |
| 146 | ago/06 | 2.801,56 | 1,933691 | 5.417,35 | |
| 147 | set/06 | 2.801,56 | 1,934078 | 5.418,44 | |
| 148 | out/06 | 2.801,56 | 1,930990 | 5.409,78 | |
| 149 | nov/06 | 2.801,56 | 1,922722 | 5.386,62 | |
| 150 | dez/06 | 2.801,56 | 1,914680 | 5.364,09 | |
| 151 | jan/07 | 2.801,56 | 1,902882 | 5.331,04 | |
| 152 | fev/07 | 2.801,56 | 1,893603 | 5.305,04 | |
| 153 | mar/07 | 2.801,56 | 1,885684 | 5.282,86 | |
| 154 | abr/07 | 2.894,28 | 1,877422 | 5.433,78 | |
| 155 | mai/07 | 2.894,28 | 1,872554 | 5.419,70 | |
| 156 | jun/07 | 2.894,28 | 1,867698 | 5.405,64 | |
| 157 | jul/07 | 2.894,28 | 1,861926 | 5.388,94 | |
| 158 | ago/07 | 2.894,28 | 1,855987 | 5.371,75 | |

| Sequência | Mês/ano | Salário | Índice | Salário corrigido | Desconsiderados |
|---|---|---|---|---|---|
| 159 | set/07 | 2.894,28 | 1,845101 | 5.340,24 | |
| 160 | out/07 | 2.894,28 | 1,840500 | 5.326,92 | |
| 161 | nov/07 | 2.894,28 | 1,834995 | 5.310,99 | |
| 162 | dez/07 | 2.894,28 | 1,827138 | 5.288,25 | |
| 163 | jan/08 | 2.894,28 | 1,809585 | 5.237,45 | |
| 164 | fev/08 | 2.894,28 | 1,797184 | 5.201,55 | |
| 165 | mar/08 | 3.038,99 | 1,788065 | 5.433,91 | |
| 166 | abr/08 | 3.038,99 | 1,778993 | 5.406,34 | |
| 167 | mai/08 | 3.038,99 | 1,767680 | 5.371,96 | |
| 168 | jun/08 | 3.038,99 | 1,750872 | 5.320,88 | |
| 169 | jul/08 | 3.038,99 | 1,735082 | 5.272,90 | |
| 170 | ago/08 | 3.038,99 | 1,725076 | 5.242,49 | |
| 171 | set/08 | 3.038,99 | 1,721461 | 5.231,50 | |
| 172 | out/08 | 3.038,99 | 1,718882 | 5.223,67 | |
| 173 | nov/08 | 3.038,99 | 1,710331 | 5.197,68 | |
| 174 | dez/08 | 3.038,99 | 1,703856 | 5.178,00 | |
| 175 | jan/09 | 3.038,99 | 1,698931 | 5.163,03 | |
| 176 | fev/09 | 3.218,90 | 1,688126 | 5.433,91 | |
| 177 | mar/09 | 3.218,90 | 1,682909 | 5.417,12 | |
| 178 | abr/09 | 3.218,90 | 1,679550 | 5.406,30 | |
| 179 | mai/09 | 3.218,90 | 1,670363 | 5.376,73 | |
| 180 | jun/09 | 3.218,90 | 1,660400 | 5.344,66 | |
| 181 | jul/09 | 3.218,90 | 1,653455 | 5.322,31 | |
| 182 | ago/09 | 3.218,90 | 1,649662 | 5.310,10 | |
| 183 | set/09 | 3.218,90 | 1,648342 | 5.305,85 | |
| 184 | out/09 | 3.218,90 | 1,645710 | 5.297,38 | |
| 185 | nov/09 | 3.218,90 | 1,641769 | 5.284,69 | |
| 186 | dez/09 | 3.218,90 | 1,635718 | 5.265,21 | |
| 187 | jan/10 | 3.467,40 | 1,631802 | 5.658,11 | |
| 188 | fev/10 | 3.467,40 | 1,617566 | 5.608,75 | |
| 189 | mar/10 | 3.467,40 | 1,606322 | 5.569,76 | |
| 190 | abr/10 | 3.467,40 | 1,594998 | 5.530,50 | |
| 191 | mai/10 | 3.467,40 | 1,583439 | 5.490,42 | |
| 192 | jun/10 | 3.467,40 | 1,576659 | 5.466,91 | |
| 193 | jul/10 | 3.467,40 | 1,578395 | 5.472,93 | |
| 194 | ago/10 | 3.467,40 | 1,579501 | 5.476,76 | |
| 195 | set/10 | 3.467,40 | 1,580607 | 5.480,60 | |
| 196 | out/10 | 3.467,40 | 1,572119 | 5.451,17 | |
| 197 | nov/10 | 3.467,40 | 1,557786 | 5.401,47 | |
| 198 | dez/10 | 3.467,40 | 1,541904 | 5.346,40 | |
| 199 | jan/11 | 3.691,74 | 1,532708 | 5.658,36 | |
| 200 | fev/11 | 3.691,74 | 1,518435 | 5.605,67 | |
| 201 | mar/11 | 3.691,74 | 1,510280 | 5.575,56 | |
| 202 | abr/11 | 3.691,74 | 1,500377 | 5.539,00 | |
| 203 | mai/11 | 3.691,74 | 1,489650 | 5.499,40 | |
| 204 | jun/11 | 3.691,74 | 1,481208 | 5.468,23 | |
| 205 | jul/11 | 3.691,74 | 1,477958 | 5.456,24 | |
| 206 | ago/11 | 3.691,74 | 1,477958 | 5.456,24 | |
| 207 | set/11 | 3.691,74 | 1,471776 | 5.433,41 | |

| Sequência | Mês/ano | Salário | Índice | Salário corrigido | Desconsiderados |
|---|---|---|---|---|---|
| 208 | out/11 | 3.691,74 | 1,465182 | 5.409,07 | |
| 209 | nov/11 | 3.691,74 | 1,460508 | 5.391,82 | |
| 210 | dez/11 | 3.691,74 | 1,452231 | 5.361,26 | |
| 211 | jan/12 | 3.900,00 | 1,444862 | 5.634,96 | |
| 212 | fev/12 | 3.900,00 | 1,437530 | 5.606,37 | |
| 213 | mar/12 | 3.900,00 | 1,431946 | 5.584,59 | |
| 214 | abr/12 | 3.900,00 | 1,429373 | 5.574,55 | |
| 215 | mai/12 | 3.900,00 | 1,420283 | 5.539,10 | |
| 216 | jun/12 | 3.916,20 | 1,412515 | 5.531,69 | |
| 217 | jul/12 | 3.916,20 | 1,408852 | 5.517,35 | |
| 218 | ago/12 | 3.916,20 | 1,402820 | 5.493,72 | |
| 219 | set/12 | 3.916,20 | 1,396535 | 5.469,11 | |
| 220 | out/12 | 3.916,20 | 1,387792 | 5.434,87 | |
| 221 | nov/12 | 3.916,20 | 1,378008 | 5.396,55 | |
| 222 | dez/12 | 3.916,20 | 1,370607 | 5.367,57 | |
| 223 | jan/13 | 4.159,00 | 1,360539 | 5.658,48 | |
| 224 | fev/13 | 4.159,00 | 1,348136 | 5.606,90 | |
| 225 | mar/13 | 4.159,00 | 1,341162 | 5.577,89 | |
| 226 | abr/13 | 4.159,00 | 1,333163 | 5.544,62 | |
| 227 | mai/13 | 4.159,00 | 1,325343 | 5.512,10 | |
| 228 | jun/13 | 4.159,00 | 1,320721 | 5.492,88 | |
| 229 | jul/13 | 4.159,00 | 1,317034 | 5.477,54 | |
| 230 | ago/13 | 4.159,00 | 1,318748 | 5.484,67 | |
| 231 | set/13 | 4.159,00 | 1,316641 | 5.475,91 | |
| 232 | out/13 | 4.159,00 | 1,313095 | 5.461,16 | |
| 233 | nov/13 | 4.159,00 | 1,305135 | 5.428,06 | |
| 234 | dez/13 | 4.159,00 | 1,298125 | 5.398,90 | |
| 235 | jan/14 | 4.390,24 | 1,288845 | 5.658,34 | |
| 236 | fev/14 | 4.390,24 | 1,280776 | 5.622,91 | |
| 237 | mar/14 | 4.390,24 | 1,272631 | 5.587,16 | |
| 238 | abr/14 | 4.390,24 | 1,262281 | 5.541,72 | |
| 239 | mai/14 | 4.390,24 | 1,252510 | 5.498,82 | |
| 240 | jun/14 | 4.390,24 | 1,245040 | 5.466,02 | |
| 241 | jul/14 | 4.390,24 | 1,241812 | 5.451,85 | |
| 242 | ago/14 | 4.390,24 | 1,240199 | 5.444,77 | |
| 243 | set/14 | 4.390,24 | 1,237971 | 5.434,99 | |
| 244 | out/14 | 4.390,24 | 1,231935 | 5.408,49 | |
| 245 | nov/14 | 4.390,24 | 1,227270 | 5.388,01 | |
| 246 | dez/14 | 4.390,24 | 1,220801 | 5.359,61 | |
| 247 | jan/15 | 4.650,00 | 1,213278 | 5.641,74 | |
| 248 | fev/15 | 4.650,00 | 1,195584 | 5.559,47 | |
| 249 | mar/15 | 4.650,00 | 1,181874 | 5.495,71 | |
| 250 | abr/15 | 4.650,00 | 1,164293 | 5.413,96 | |
| 251 | mai/15 | 4.650,00 | 1,156085 | 5.375,80 | |
| 252 | jun/15 | 4.663,75 | 1,144753 | 5.338,84 | |
| 253 | jul/15 | 4.663,75 | 1,136005 | 5.298,04 | |
| 254 | ago/15 | 4.663,75 | 1,129454 | 5.267,49 | |
| 255 | set/15 | 4.663,75 | 1,126637 | 5.254,35 | |
| 256 | out/15 | 4.663,75 | 1,120920 | 5.227,69 | |

| Sequência | Mês/ano | Salário | Índice | Salário corrigido | Desconsiderados |
|---|---|---|---|---|---|
| 257 | nov/15 | 4.663,75 | 1,112356 | 5.187,75 | |
| 258 | dez/15 | 4.663,75 | 1,100144 | 5.130,80 | |
| 259 | jan/16 | 4.800,00 | 1,090331 | 5.233,59 | |
| 260 | fev/16 | 4.800,00 | 1,074113 | 5.155,74 | |
| 261 | mar/16 | 4.800,00 | 1,064004 | 5.107,22 | |
| 262 | abr/16 | 4.800,00 | 1,059343 | 5.084,85 | |
| 263 | mai/16 | 4.800,00 | 1,052605 | 5.052,50 | |
| 264 | jun/16 | 5.189,82 | 1,042391 | 5.409,82 | |
| 265 | jul/16 | 5.189,82 | 1,037514 | 5.384,51 | |
| 266 | ago/16 | 5.189,82 | 1,030916 | 5.350,27 | |
| 267 | set/16 | 5.189,82 | 1,027731 | 5.333,74 | |
| 268 | out/16 | 5.189,82 | 1,026908 | 5.329,47 | |
| 269 | nov/16 | 5.189,82 | 1,025165 | 5.320,42 | |
| 270 | dez/16 | 5.189,82 | 1,024450 | 5.316,71 | |
| 271 | jan/17 | 5.300,00 | 1,023017 | 5.421,99 | |
| 272 | fev/17 | 5.300,00 | 1,018738 | 5.399,31 | |
| 273 | mar/17 | 5.300,00 | 1,016298 | 5.386,38 | |
| 274 | abr/17 | 5.300,00 | 1,013057 | 5.369,20 | |
| 275 | mai/17 | 5.300,00 | 1,012248 | 5.364,91 | |
| 276 | jun/17 | 5.531,31 | 1,008616 | 5.578,97 | |
| 277 | jul/17 | 5.531,31 | 1,011651 | 5.595,76 | |
| 278 | ago/17 | 5.531,31 | 1,009935 | 5.586,26 | |
| 279 | set/17 | 5.531,31 | 1,010237 | 5.587,93 | |
| 280 | out/17 | 5.531,31 | 1,010440 | 5.589,06 | |
| 281 | nov/17 | 5.531,31 | 1,006715 | 5.568,45 | |
| 282 | dez/17 | 5.531,31 | 1,004906 | 5.558,45 | |
| 283 | jan/18 | 5.645,80 | 1,002300 | 5.658,79 | |

| | |
|---|---|
| **SOMA GERAL DE SALÁRIOS** | **1.407.906,60** |

| | |
|---|---|
| **MÉDIA GERAL DE SALÁRIOS =** 1.407.906,60 / 283 | **4.974,93** |

| | |
|---|---|
| Período Básico de Cálculos- 07/1994 a 01/2018 | **283** |
| Salários considerados (80% dos maiores salários) | **226** |
| Salários desprezados | **57** |

| | |
|---|---|
| **SOMA DE SALÁRIOS -** 80% dos maiores | **1.173.658,02** |

| | |
|---|---|
| **MÉDIA DE SALÁRIOS =** 1.173.658,02 / 226 | **5.193,18** |

**PEDRO DE ALCÂNTARA SOUZA LACERDA**

DATA DE INÍCIO DO BENEFÍCIO: **01/02/2018**

DATA DE NASCIMENTO: **09/01/1960**

| **IDADE** | | |
|---|---|---|
| **anos** | **meses** | **dias** |
| **58** | **0** | **23** |
| **58,0639** | | |

| TEMPO DE CONTRIBUIÇÃO | | |
|---|---|---|
| **anos** | **meses** | **dias** |
| **38** | **0** | **1** |
| **38,0028** | | |

| | |
|---|---|
| **Idade** | 58,0639 |
| **TC** | 38,0028 |
| **ES** | 23,8 |
| **Alíquota** | 0,31 |

$$\text{Fator Previdenciário} = \frac{TC \times A}{ES} \times \left(1 + \frac{(Id + TC \times A)}{100}\right)$$

$$\frac{38{,}003 \times 0{,}31}{23{,}8} \times \left(1 + \frac{(58{,}064 + 38{,}003 \times 0{,}31)}{100}\right)$$

| **Fator Previdenciário** | **0,84072** | Favorável | Desfavorável |
|---|---|---|---|
| | | | X |

| **REGRA 85/95** | **96,067** | Aplicável | Não aplicável |
|---|---|---|---|
| | | X | |

| | |
|---|---|
| **SALÁRIO DE BENEFÍCIO** = Média de salários x Fator | **5.193,18** |
| Coeficiente | **100%** |
| **Renda Mensal Inicial** = SB x Coeficiente | **5.193,18** |

Note-se que o salário de benefício foi fixado em R$ 5.193,18 sem aplicação do fator previdenciário em função do atendimento aos requisitos da regra 85/95. Nesse caso o fator só seria aplicado se fosse positivo. O período básico de cálculo abrangeu o período de 07/1994 a 01/2018.

Já no cálculo a seguir, que trata da mesma simulação, foram incluídos os salários de contribuição anteriores ao Plano Real, entre fevereiro de 1980 e junho de 1994, aplicando, portanto, a tese da "revisão da vida toda":

**APOSENTADORIA POR TEMPO DE CONTRIBUIÇAO**

**CÁLCULO DA RENDA MENSAL - REVISÃO DO AFASTAMENTO DA REGRA DE TRANSIÇÃO**

PEDRO DE ALCÂNTARA SOUZA LACERDA

DATA DE NASCIMENTO: **09/01/1960**

ESPÉCIE: **42** (APOSENTADORIA POR TEMPO DE CONTRIBUIÇÃO)

DATA DE INÍCIO DO BENEFÍCIO: **01/02/2018**

TEMPO DE CONTRIBUIÇÃO: **38 anos 00 meses e 01 dia**

BASE LEGAL: LEI 9.876 DE 29 DE NOVEMBRO DE 1999

PERÍODO BÁSICO DE CÁLCULO: **02/1980 a 01/2018**

| Sequência | Mês/ano | Salário | Índice | Salário corrigido | Desconsiderados |
|---|---|---|---|---|---|
| 1 | fev/80 | 45.000,00 | 0,129476 | 5.826,41 | |
| 2 | mar/80 | 45.000,00 | 0,124856 | 5.618,50 | |
| 3 | abr/80 | 45.000,00 | 0,120402 | 5.418,08 | |
| 4 | mai/80 | 50.000,00 | 0,116107 | 5.805,35 | |
| 5 | jun/80 | 50.000,00 | 0,112290 | 5.614,49 | |

| Sequência | Mês/ano | Salário | Índice | Salário corrigido | Desconsiderados |
|---|---|---|---|---|---|
| 6 | jul/80 | 50.000,00 | 0,108807 | 5.440,36 | |
| 7 | ago/80 | 50.000,00 | 0,105433 | 5.271,64 | |
| 8 | set/80 | 50.000,00 | 0,102163 | 5.108,14 | |
| 9 | out/80 | 50.000,00 | 0,099187 | 4.959,34 | |
| 10 | nov/80 | 75.000,00 | 0,096112 | 7.208,39 | |
| 11 | dez/80 | 75.000,00 | 0,093132 | 6.984,90 | |
| 12 | jan/81 | 75.000,00 | 0,089122 | 6.684,13 | |
| 13 | fev/81 | 75.000,00 | 0,084877 | 6.365,80 | |
| 14 | mar/81 | 75.000,00 | 0,079697 | 5.977,30 | |
| 15 | abr/81 | 75.000,00 | 0,074974 | 5.623,03 | |
| 16 | mai/81 | 97.500,00 | 0,070730 | 6.896,18 | |
| 17 | jun/81 | 97.500,00 | 0,066727 | 6.505,84 | |
| 18 | jul/81 | 97.500,00 | 0,062950 | 6.137,59 | |
| 19 | ago/81 | 97.500,00 | 0,059387 | 5.790,19 | |
| 20 | set/81 | 97.500,00 | 0,056131 | 5.472,77 | |
| 21 | out/81 | 97.500,00 | 0,053104 | 5.177,63 | |
| 22 | nov/81 | 132.000,00 | 0,050240 | 6.631,68 | |
| 23 | dez/81 | 132.000,00 | 0,047621 | 6.285,96 | |
| 24 | jan/82 | 132.000,00 | 0,045267 | 5.975,24 | |
| 25 | fev/82 | 132.000,00 | 0,043111 | 5.690,70 | |
| 26 | mar/82 | 132.000,00 | 0,041059 | 5.419,72 | |
| 27 | abr/82 | 132.000,00 | 0,039103 | 5.161,64 | |
| 28 | mai/82 | 295.000,00 | 0,037065 | 10.934,13 | |
| 29 | jun/82 | 295.000,00 | 0,035133 | 10.364,12 | |
| 30 | jul/82 | 295.000,00 | 0,033301 | 9.823,79 | |
| 31 | ago/82 | 295.000,00 | 0,031416 | 9.267,75 | |
| 32 | set/82 | 295.000,00 | 0,029361 | 8.661,44 | |
| 33 | out/82 | 295.000,00 | 0,027440 | 8.094,82 | |
| 34 | nov/82 | 435.000,00 | 0,025645 | 11.155,54 | |
| 35 | dez/82 | 435.000,00 | 0,024080 | 10.474,68 | |
| 36 | jan/83 | 435.000,00 | 0,022610 | 9.835,39 | |
| 37 | fev/83 | 435.000,00 | 0,021330 | 9.278,66 | |
| 38 | mar/83 | 435.000,00 | 0,019991 | 8.696,04 | |
| 39 | abr/83 | 435.000,00 | 0,018340 | 7.978,01 | |
| 40 | mai/83 | 580.000,00 | 0,016826 | 9.759,03 | |
| 41 | jun/83 | 580.000,00 | 0,015580 | 9.036,13 | |
| 42 | jul/83 | 580.000,00 | 0,014452 | 8.382,32 | |
| 43 | ago/83 | 580.000,00 | 0,013259 | 7.690,21 | |
| 44 | set/83 | 580.000,00 | 0,012220 | 7.087,75 | |
| 45 | out/83 | 580.000,00 | 0,011160 | 6.472,84 | |
| 46 | nov/83 | 1.050.000,00 | 0,010173 | 10.681,92 | |
| 47 | dez/83 | 1.050.000,00 | 0,009385 | 9.854,17 | |
| 48 | jan/84 | 1.050.000,00 | 0,008722 | 9.158,15 | |
| 49 | fev/84 | 1.050.000,00 | 0,007944 | 8.340,75 | |
| 50 | mar/84 | 1.050.000,00 | 0,007074 | 7.427,20 | |
| 51 | abr/84 | 1.050.000,00 | 0,006430 | 6.752,00 | |
| 52 | mai/84 | 1.750.000,00 | 0,005905 | 10.333,64 | |
| 53 | jun/84 | 1.750.000,00 | 0,005422 | 9.489,12 | |
| 54 | jul/84 | 1.750.000,00 | 0,004966 | 8.689,67 | |

| Sequência | Mês/ano | Salário | Índice | Salário corrigido | Desconsiderados |
|---|---|---|---|---|---|
| 55 | ago/84 | 1.750.000,00 | 0,004502 | 7.878,21 | |
| 56 | set/84 | 1.750.000,00 | 0,004070 | 7.123,16 | |
| 57 | out/84 | 1.750.000,00 | 0,003684 | 6.446,30 | |
| 58 | nov/84 | 3.120.000,00 | 0,003271 | 10.206,78 | |
| 59 | dez/84 | 3.120.000,00 | 0,002977 | 9.287,33 | |
| 60 | jan/85 | 3.120.000,00 | 0,002694 | 8.404,82 | |
| 61 | fev/85 | 3.120.000,00 | 0,002392 | 7.464,32 | |
| 62 | mar/85 | 3.120.000,00 | 0,002171 | 6.773,43 | |
| 63 | abr/85 | 3.120.000,00 | 0,001926 | 6.010,14 | |
| 64 | mai/85 | 6.300.000,00 | 0,001723 | 10.852,13 | |
| 65 | jun/85 | 6.300.000,00 | 0,001566 | 9.865,05 | |
| 66 | jul/85 | 6.300.000,00 | 0,001434 | 9.033,25 | |
| 67 | ago/85 | 6.300.000,00 | 0,001332 | 8.394,12 | |
| 68 | set/85 | 6.300.000,00 | 0,001232 | 7.759,42 | |
| 69 | out/85 | 6.300.000,00 | 0,001129 | 7.112,21 | |
| 70 | nov/85 | 11.750.000,00 | 0,001036 | 12.169,58 | |
| 71 | dez/85 | 11.750.000,00 | 0,000932 | 10.951,74 | |
| 72 | jan/86 | 11.750.000,00 | 0,000822 | 9.661,03 | |
| 73 | fev/86 | 11.750.000,00 | 0,000707 | 8.311,99 | |
| 74 | mar/86 | 15.400,00 | 0,618575 | 9.526,06 | |
| 75 | abr/86 | 15.400,00 | 0,618575 | 9.526,06 | |
| 76 | mai/86 | 15.400,00 | 0,618575 | 9.526,06 | |
| 77 | jun/86 | 15.400,00 | 0,618575 | 9.526,06 | |
| 78 | jul/86 | 15.400,00 | 0,618575 | 9.526,06 | |
| 79 | ago/86 | 15.400,00 | 0,618575 | 9.526,06 | |
| 80 | set/86 | 15.400,00 | 0,618575 | 9.526,06 | |
| 81 | out/86 | 15.400,00 | 0,618575 | 9.526,06 | |
| 82 | nov/86 | 15.400,00 | 0,618575 | 9.526,06 | |
| 83 | dez/86 | 15.400,00 | 0,618575 | 9.526,06 | |
| 84 | jan/87 | 18.750,00 | 0,618575 | 11.598,28 | |
| 85 | fev/87 | 18.750,00 | 0,618575 | 11.598,28 | |
| 86 | mar/87 | 26.300,00 | 0,362405 | 9.531,26 | |
| 87 | abr/87 | 26.300,00 | 0,316471 | 8.323,18 | |
| 88 | mai/87 | 31.000,00 | 0,261633 | 8.110,62 | |
| 89 | jun/87 | 36.500,00 | 0,211949 | 7.736,12 | |
| 90 | jul/87 | 36.500,00 | 0,179586 | 6.554,88 | |
| 91 | ago/87 | 36.500,00 | 0,174270 | 6.360,84 | |
| 92 | set/87 | 40.000,00 | 0,163849 | 6.553,95 | |
| 93 | out/87 | 42.000,00 | 0,155041 | 6.511,72 | |
| 94 | nov/87 | 44.000,00 | 0,142005 | 6.248,21 | |
| 95 | dez/87 | 48.000,00 | 0,125846 | 6.040,63 | |
| 96 | jan/88 | 57.500,00 | 0,110256 | 6.339,74 | |
| 97 | fev/88 | 69.000,00 | 0,094632 | 6.529,59 | |
| 98 | mar/88 | 80.000,00 | 0,080223 | 6.417,83 | |
| 99 | abr/88 | 92.000,00 | 0,069152 | 6.361,95 | |
| 100 | mai/88 | 112.000,00 | 0,057974 | 6.493,11 | |
| 101 | jun/88 | 128.500,00 | 0,049223 | 6.325,09 | |
| 102 | jul/88 | 150.000,00 | 0,041180 | 6.177,00 | |
| 103 | ago/88 | 195.000,00 | 0,033199 | 6.473,81 | |

| Sequência | Mês/ano | Salário | Índice | Salário corrigido | Desconsiderados |
|---|---|---|---|---|---|
| 104 | set/88 | 245.000,00 | 0,027515 | 6.741,06 | |
| 105 | out/88 | 300.000,00 | 0,022187 | 6.656,21 | |
| 106 | nov/88 | 397.000,00 | 0,017436 | 6.922,11 | |
| 107 | dez/88 | 500.000,00 | 0,013738 | 6.868,91 | |
| 108 | jan/89 | 600,00 | 10,666835 | 6.400,10 | |
| 109 | fev/89 | 700,00 | 7,473956 | 5.231,77 | |
| 110 | mar/89 | 700,00 | 6,785895 | 4.750,13 | |
| 111 | abr/89 | 700,00 | 6,396276 | 4.477,39 | |
| 112 | mai/89 | 850,00 | 5,960821 | 5.066,70 | |
| 113 | jun/89 | 850,00 | 5,421986 | 4.608,69 | |
| 114 | jul/89 | 1.400,00 | 4,343629 | 6.081,08 | |
| 115 | ago/89 | 1.780,00 | 3,373072 | 6.004,07 | |
| 116 | set/89 | 2.350,00 | 2,607922 | 6.128,62 | |
| 117 | out/89 | 3.200,00 | 1,918348 | 6.138,71 | |
| 118 | nov/89 | 4.250,00 | 1,393934 | 5.924,22 | |
| 119 | dez/89 | 6.300,00 | 0,985666 | 6.209,70 | |
| 120 | jan/90 | 9.850,00 | 0,641918 | 6.322,90 | |
| 121 | fev/90 | 14.500,00 | 0,411198 | 5.962,36 | |
| 122 | mar/90 | 25.800,00 | 0,237989 | 6.140,11 | |
| 123 | abr/90 | 25.800,00 | 0,129117 | 3.331,22 | desconsiderado |
| 124 | mai/90 | 25.800,00 | 0,089169 | 2.300,57 | desconsiderado |
| 125 | jun/90 | 27.300,00 | 0,082664 | 2.256,72 | desconsiderado |
| 126 | jul/90 | 34.000,00 | 0,075416 | 2.564,15 | desconsiderado |
| 127 | ago/90 | 36.000,00 | 0,068071 | 2.450,57 | desconsiderado |
| 128 | set/90 | 43.000,00 | 0,061558 | 2.647,01 | desconsiderado |
| 129 | out/90 | 45.000,00 | 0,054549 | 2.454,70 | desconsiderado |
| 130 | nov/90 | 60.500,00 | 0,047972 | 2.902,30 | desconsiderado |
| 131 | dez/90 | 64.000,00 | 0,041128 | 2.632,21 | desconsiderado |
| 132 | jan/91 | 90.300,00 | 0,034449 | 3.110,71 | desconsiderado |
| 133 | fev/91 | 115.800,00 | 0,028657 | 3.318,48 | desconsiderado |
| 134 | mar/91 | 125.000,00 | 0,023514 | 2.939,30 | desconsiderado |
| 135 | abr/91 | 125.000,00 | 0,021034 | 2.629,31 | desconsiderado |
| 136 | mai/91 | 125.000,00 | 0,020031 | 2.503,86 | desconsiderado |
| 137 | jun/91 | 125.000,00 | 0,018777 | 2.347,08 | desconsiderado |
| 138 | jul/91 | 125.000,00 | 0,016942 | 2.117,73 | desconsiderado |
| 139 | ago/91 | 165.000,00 | 0,015108 | 2.492,78 | desconsiderado |
| 140 | set/91 | 395.000,00 | 0,013067 | 5.161,36 | |
| 141 | out/91 | 395.000,00 | 0,011301 | 4.464,07 | |
| 142 | nov/91 | 395.000,00 | 0,009334 | 3.686,88 | desconsiderado |
| 143 | dez/91 | 395.000,00 | 0,007380 | 2.914,99 | desconsiderado |
| 144 | jan/92 | 915.000,00 | 0,005944 | 5.438,94 | |
| 145 | fev/92 | 915.000,00 | 0,004721 | 4.319,36 | desconsiderado |
| 146 | mar/92 | 915.000,00 | 0,003792 | 3.469,92 | desconsiderado |
| 147 | abr/92 | 915.000,00 | 0,003118 | 2.853,08 | desconsiderado |
| 148 | mai/92 | 2.150.000,00 | 0,002580 | 5.547,81 | |
| 149 | jun/92 | 2.150.000,00 | 0,002073 | 4.456,07 | |
| 150 | jul/92 | 2.150.000,00 | 0,001715 | 3.687,27 | desconsiderado |
| 151 | ago/92 | 2.150.000,00 | 0,001405 | 3.020,37 | desconsiderado |
| 152 | set/92 | 4.615.000,00 | 0,001148 | 5.297,65 | |

| Sequência | Mês/ano | Salário | Índice | Salário corrigido | Desconsiderados |
|---|---|---|---|---|---|
| 153 | out/92 | 4.615.000,00 | 0,000926 | 4.272,99 | desconsiderado |
| 154 | nov/92 | 4.615.000,00 | 0,000734 | 3.389,38 | desconsiderado |
| 155 | dez/92 | 4.615.000,00 | 0,000598 | 2.758,06 | desconsiderado |
| 156 | jan/93 | 11.500.000,00 | 0,000476 | 5.472,80 | |
| 157 | fev/93 | 11.500.000,00 | 0,000370 | 4.250,06 | desconsiderado |
| 158 | mar/93 | 15.600.000,00 | 0,000296 | 4.620,00 | |
| 159 | abr/93 | 15.600.000,00 | 0,000232 | 3.621,25 | desconsiderado |
| 160 | mai/93 | 30.000.000,00 | 0,000181 | 5.424,90 | |
| 161 | jun/93 | 30.000.000,00 | 0,000143 | 4.278,99 | desconsiderado |
| 162 | jul/93 | 42.250.000,00 | 0,000109 | 4.622,42 | |
| 163 | ago/93 | 50.000,00 | 0,083510 | 4.175,50 | desconsiderado |
| 164 | set/93 | 85.500,00 | 0,062629 | 5.354,81 | |
| 165 | out/93 | 107.500,00 | 0,046177 | 4.963,98 | |
| 166 | nov/93 | 135.000,00 | 0,034429 | 4.647,96 | |
| 167 | dez/93 | 165.800,00 | 0,025316 | 4.197,34 | desconsiderado |
| 168 | jan/94 | 292.500,00 | 0,018381 | 5.376,34 | |
| 169 | fev/94 | 380.000,00 | 0,013006 | 4.942,43 | |
| 170 | mar/94 | 580,00 | 8,614648 | 4.996,50 | |
| 171 | abr/94 | 580,00 | 8,561450 | 4.965,64 | |
| 172 | mai/94 | 580,00 | 8,491142 | 4.924,86 | |
| 173 | jun/94 | 580,00 | 8,721524 | 5.058,48 | |
| 174 | jul/94 | 580,00 | 7,724104 | 4.479,98 | |
| 175 | ago/94 | 580,00 | 7,281394 | 4.223,21 | desconsiderado |
| 176 | set/94 | 580,00 | 6,904413 | 4.004,56 | desconsiderado |
| 177 | out/94 | 580,00 | 6,801707 | 3.944,99 | desconsiderado |
| 178 | nov/94 | 580,00 | 6,677506 | 3.872,95 | desconsiderado |
| 179 | dez/94 | 580,00 | 6,466066 | 3.750,32 | desconsiderado |
| 180 | jan/95 | 580,00 | 6,327494 | 3.669,95 | desconsiderado |
| 181 | fev/95 | 580,00 | 6,223559 | 3.609,66 | desconsiderado |
| 182 | mar/95 | 580,00 | 6,162550 | 3.574,28 | desconsiderado |
| 183 | abr/95 | 580,00 | 6,076867 | 3.524,58 | desconsiderado |
| 184 | mai/95 | 580,00 | 5,962390 | 3.458,19 | desconsiderado |
| 185 | jun/95 | 832,66 | 5,812995 | 4.840,25 | |
| 186 | jul/95 | 832,66 | 5,709090 | 4.753,73 | |
| 187 | ago/95 | 832,66 | 5,572018 | 4.639,60 | |
| 188 | set/95 | 832,66 | 5,515757 | 4.592,75 | |
| 189 | out/95 | 832,66 | 5,451969 | 4.539,64 | |
| 190 | nov/95 | 832,66 | 5,376695 | 4.476,96 | |
| 191 | dez/95 | 832,66 | 5,296714 | 4.410,36 | desconsiderado |
| 192 | jan/96 | 832,66 | 5,210738 | 4.338,77 | desconsiderado |
| 193 | fev/96 | 832,66 | 5,135756 | 4.276,34 | desconsiderado |
| 194 | mar/96 | 832,66 | 5,099549 | 4.246,19 | desconsiderado |
| 195 | abr/96 | 832,66 | 5,084803 | 4.233,91 | desconsiderado |
| 196 | mai/96 | 850,00 | 5,049456 | 4.292,04 | desconsiderado |
| 197 | jun/96 | 957,56 | 4,966028 | 4.755,27 | |
| 198 | jul/96 | 957,56 | 4,906172 | 4.697,95 | |
| 199 | ago/96 | 957,56 | 4,853272 | 4.647,30 | |
| 200 | set/96 | 957,56 | 4,853076 | 4.647,11 | |
| 201 | out/96 | 957,56 | 4,846777 | 4.641,08 | |

| Sequência | Mês/ano | Salário | Índice | Salário corrigido | Desconsiderados |
|---|---|---|---|---|---|
| 202 | nov/96 | 957,56 | 4,836138 | 4.630,89 | |
| 203 | dez/96 | 957,56 | 4,822635 | 4.617,96 | |
| 204 | jan/97 | 957,56 | 4,780565 | 4.577,68 | |
| 205 | fev/97 | 957,56 | 4,706206 | 4.506,47 | |
| 206 | mar/97 | 957,56 | 4,686522 | 4.487,63 | |
| 207 | abr/97 | 957,56 | 4,632782 | 4.436,17 | desconsiderado |
| 208 | mai/97 | 957,56 | 4,605610 | 4.410,15 | desconsiderado |
| 209 | jun/97 | 1.031,87 | 4,591834 | 4.738,18 | |
| 210 | jul/97 | 1.031,87 | 4,559915 | 4.705,24 | |
| 211 | ago/97 | 1.031,87 | 4,555814 | 4.701,01 | |
| 212 | set/97 | 1.031,87 | 4,555814 | 4.701,01 | |
| 213 | out/97 | 1.031,87 | 4,529093 | 4.673,44 | |
| 214 | nov/97 | 1.031,87 | 4,513747 | 4.657,60 | |
| 215 | dez/97 | 1.031,87 | 4,476591 | 4.619,26 | |
| 216 | jan/98 | 1.031,87 | 4,445914 | 4.587,61 | |
| 217 | fev/98 | 1.031,87 | 4,407131 | 4.547,59 | |
| 218 | mar/98 | 1.031,87 | 4,406249 | 4.546,68 | |
| 219 | abr/98 | 1.031,87 | 4,396138 | 4.536,24 | |
| 220 | mai/98 | 1.031,87 | 4,396138 | 4.536,24 | |
| 221 | jun/98 | 1.081,50 | 4,386051 | 4.743,51 | |
| 222 | jul/98 | 1.081,50 | 4,373804 | 4.730,27 | |
| 223 | ago/98 | 1.081,50 | 4,373804 | 4.730,27 | |
| 224 | set/98 | 1.081,50 | 4,373804 | 4.730,27 | |
| 225 | out/98 | 1.081,50 | 4,373804 | 4.730,27 | |
| 226 | nov/98 | 1.081,50 | 4,373804 | 4.730,27 | |
| 227 | dez/98 | 1.200,00 | 4,373804 | 5.248,56 | |
| 228 | jan/99 | 1.200,00 | 4,331357 | 5.197,63 | |
| 229 | fev/99 | 1.200,00 | 4,282112 | 5.138,53 | |
| 230 | mar/99 | 1.200,00 | 4,100070 | 4.920,08 | |
| 231 | abr/99 | 1.200,00 | 4,020465 | 4.824,56 | |
| 232 | mai/99 | 1.200,00 | 4,019258 | 4.823,11 | |
| 233 | jun/99 | 1.255,32 | 4,019258 | 5.045,45 | |
| 234 | jul/99 | 1.255,32 | 3,978676 | 4.994,51 | |
| 235 | ago/99 | 1.255,32 | 3,916406 | 4.916,34 | |
| 236 | set/99 | 1.255,32 | 3,860429 | 4.846,07 | |
| 237 | out/99 | 1.255,32 | 3,804502 | 4.775,87 | |
| 238 | nov/99 | 1.255,32 | 3,733931 | 4.687,28 | |
| 239 | dez/99 | 1.255,32 | 3,641794 | 4.571,62 | |
| 240 | jan/00 | 1.255,32 | 3,597544 | 4.516,07 | |
| 241 | fev/00 | 1.255,32 | 3,561219 | 4.470,47 | |
| 242 | mar/00 | 1.255,32 | 3,554466 | 4.461,99 | |
| 243 | abr/00 | 1.255,32 | 3,548080 | 4.453,98 | |
| 244 | mai/00 | 1.255,32 | 3,543473 | 4.448,19 | desconsiderado |
| 245 | jun/00 | 1.328,25 | 3,519890 | 4.675,29 | |
| 246 | jul/00 | 1.328,25 | 3,487457 | 4.632,21 | |
| 247 | ago/00 | 1.328,25 | 3,410383 | 4.529,84 | |
| 248 | set/00 | 1.328,25 | 3,349423 | 4.448,87 | |
| 249 | out/00 | 1.328,25 | 3,326470 | 4.418,38 | desconsiderado |
| 250 | nov/00 | 1.328,25 | 3,314208 | 4.402,10 | desconsiderado |

| Sequência | Mês/ano | Salário | Índice | Salário corrigido | Desconsiderados |
|---|---|---|---|---|---|
| 251 | dez/00 | 1.328,25 | 3,301333 | 4.385,00 | desconsiderado |
| 252 | jan/01 | 1.328,25 | 3,276430 | 4.351,92 | desconsiderado |
| 253 | fev/01 | 1.328,25 | 3,260456 | 4.330,70 | desconsiderado |
| 254 | mar/01 | 1.328,25 | 3,249406 | 4.316,02 | desconsiderado |
| 255 | abr/01 | 1.328,25 | 3,223618 | 4.281,77 | desconsiderado |
| 256 | mai/01 | 1.328,25 | 3,187598 | 4.233,93 | desconsiderado |
| 257 | jun/01 | 1.430,00 | 3,173634 | 4.538,30 | |
| 258 | jul/01 | 1.430,00 | 3,127966 | 4.472,99 | |
| 259 | ago/01 | 1.430,00 | 3,078101 | 4.401,68 | desconsiderado |
| 260 | set/01 | 1.430,00 | 3,050645 | 4.362,42 | desconsiderado |
| 261 | out/01 | 1.430,00 | 3,039097 | 4.345,91 | desconsiderado |
| 262 | nov/01 | 1.430,00 | 2,995659 | 4.283,79 | desconsiderado |
| 263 | dez/01 | 1.430,00 | 2,973064 | 4.251,48 | desconsiderado |
| 264 | jan/02 | 1.430,00 | 2,967721 | 4.243,84 | desconsiderado |
| 265 | fev/02 | 1.430,00 | 2,962094 | 4.235,79 | desconsiderado |
| 266 | mar/02 | 1.430,00 | 2,956772 | 4.228,18 | desconsiderado |
| 267 | abr/02 | 1.430,00 | 2,953524 | 4.223,54 | desconsiderado |
| 268 | mai/02 | 1.430,00 | 2,932992 | 4.194,18 | desconsiderado |
| 269 | jun/02 | 1.561,56 | 2,900794 | 4.529,76 | |
| 270 | jul/02 | 1.561,56 | 2,851183 | 4.452,29 | |
| 271 | ago/02 | 1.561,56 | 2,793907 | 4.362,85 | desconsiderado |
| 272 | set/02 | 1.561,56 | 2,729491 | 4.262,26 | desconsiderado |
| 273 | out/02 | 1.561,56 | 2,659286 | 4.152,63 | desconsiderado |
| 274 | nov/02 | 1.561,56 | 2,551854 | 3.984,87 | desconsiderado |
| 275 | dez/02 | 1.561,56 | 2,411048 | 3.765,00 | desconsiderado |
| 276 | jan/03 | 1.561,56 | 2,347661 | 3.666,01 | desconsiderado |
| 277 | fev/03 | 1.561,56 | 2,297799 | 3.588,15 | desconsiderado |
| 278 | mar/03 | 1.561,56 | 2,261835 | 3.531,99 | desconsiderado |
| 279 | abr/03 | 1.561,56 | 2,224903 | 3.474,32 | desconsiderado |
| 280 | mai/03 | 1.561,56 | 2,215818 | 3.460,13 | desconsiderado |
| 281 | jun/03 | 1.869,34 | 2,230765 | 4.170,06 | desconsiderado |
| 282 | jul/03 | 1.869,34 | 2,246489 | 4.199,45 | desconsiderado |
| 283 | ago/03 | 1.869,34 | 2,250991 | 4.207,87 | desconsiderado |
| 284 | set/03 | 1.869,34 | 2,237121 | 4.181,94 | desconsiderado |
| 285 | out/03 | 1.869,34 | 2,213875 | 4.138,49 | desconsiderado |
| 286 | nov/03 | 1.869,34 | 2,204177 | 4.120,36 | desconsiderado |
| 287 | dez/03 | 1.869,34 | 2,193648 | 4.100,67 | desconsiderado |
| 288 | jan/04 | 2.000,00 | 2,180565 | 4.361,13 | desconsiderado |
| 289 | fev/04 | 2.000,00 | 2,163258 | 4.326,52 | desconsiderado |
| 290 | mar/04 | 2.000,00 | 2,154854 | 4.309,71 | desconsiderado |
| 291 | abr/04 | 2.000,00 | 2,142642 | 4.285,28 | desconsiderado |
| 292 | mai/04 | 2.000,00 | 2,133892 | 4.267,78 | desconsiderado |
| 293 | jun/04 | 2.508,72 | 2,125390 | 5.332,01 | |
| 294 | jul/04 | 2.508,72 | 2,114817 | 5.305,48 | |
| 295 | ago/04 | 2.508,72 | 2,099491 | 5.267,04 | |
| 296 | set/04 | 2.508,72 | 2,089045 | 5.240,83 | |
| 297 | out/04 | 2.508,72 | 2,085500 | 5.231,94 | |
| 298 | nov/04 | 2.508,72 | 2,081962 | 5.223,06 | |
| 299 | dez/04 | 2.508,72 | 2,072840 | 5.200,18 | |

| Sequência | Mês/ano | Salário | Índice | Salário corrigido | Desconsiderados |
|---|---|---|---|---|---|
| 300 | jan/05 | 2.508,72 | 2,055165 | 5.155,83 | |
| 301 | fev/05 | 2.508,72 | 2,043517 | 5.126,61 | |
| 302 | mar/05 | 2.508,72 | 2,034566 | 5.104,16 | |
| 303 | abr/05 | 2.508,72 | 2,019820 | 5.067,16 | |
| 304 | mai/05 | 2.600,00 | 2,001606 | 5.204,18 | |
| 305 | jun/05 | 2.668,15 | 1,987692 | 5.303,46 | |
| 306 | jul/05 | 2.668,15 | 1,989880 | 5.309,30 | |
| 307 | ago/05 | 2.668,15 | 1,989285 | 5.307,71 | |
| 308 | set/05 | 2.668,15 | 1,989285 | 5.307,71 | |
| 309 | out/05 | 2.668,15 | 1,986305 | 5.299,76 | |
| 310 | nov/05 | 2.668,15 | 1,974851 | 5.269,20 | |
| 311 | dez/05 | 2.668,15 | 1,964243 | 5.240,89 | |
| 312 | jan/06 | 2.668,15 | 1,956418 | 5.220,02 | |
| 313 | fev/06 | 2.668,15 | 1,949012 | 5.200,26 | |
| 314 | mar/06 | 2.668,15 | 1,944539 | 5.188,32 | |
| 315 | abr/06 | 2.800,00 | 1,939303 | 5.430,05 | |
| 316 | mai/06 | 2.800,00 | 1,936979 | 5.423,54 | |
| 317 | jun/06 | 2.801,56 | 1,934464 | 5.419,52 | |
| 318 | jul/06 | 2.801,56 | 1,935819 | 5.423,31 | |
| 319 | ago/06 | 2.801,56 | 1,933691 | 5.417,35 | |
| 320 | set/06 | 2.801,56 | 1,934078 | 5.418,44 | |
| 321 | out/06 | 2.801,56 | 1,930990 | 5.409,78 | |
| 322 | nov/06 | 2.801,56 | 1,922722 | 5.386,62 | |
| 323 | dez/06 | 2.801,56 | 1,914680 | 5.364,09 | |
| 324 | jan/07 | 2.801,56 | 1,902882 | 5.331,04 | |
| 325 | fev/07 | 2.801,56 | 1,893603 | 5.305,04 | |
| 326 | mar/07 | 2.801,56 | 1,885684 | 5.282,86 | |
| 327 | abr/07 | 2.894,28 | 1,877422 | 5.433,78 | |
| 328 | mai/07 | 2.894,28 | 1,872554 | 5.419,70 | |
| 329 | jun/07 | 2.894,28 | 1,867698 | 5.405,64 | |
| 330 | jul/07 | 2.894,28 | 1,861926 | 5.388,94 | |
| 331 | ago/07 | 2.894,28 | 1,855987 | 5.371,75 | |
| 332 | set/07 | 2.894,28 | 1,845101 | 5.340,24 | |
| 333 | out/07 | 2.894,28 | 1,840500 | 5.326,92 | |
| 334 | nov/07 | 2.894,28 | 1,834995 | 5.310,99 | |
| 335 | dez/07 | 2.894,28 | 1,827138 | 5.288,25 | |
| 336 | jan/08 | 2.894,28 | 1,809585 | 5.237,45 | |
| 337 | fev/08 | 2.894,28 | 1,797184 | 5.201,55 | |
| 338 | mar/08 | 3.038,99 | 1,788065 | 5.433,91 | |
| 339 | abr/08 | 3.038,99 | 1,778993 | 5.406,34 | |
| 340 | mai/08 | 3.038,99 | 1,767680 | 5.371,96 | |
| 341 | jun/08 | 3.038,99 | 1,750872 | 5.320,88 | |
| 342 | jul/08 | 3.038,99 | 1,735082 | 5.272,90 | |
| 343 | ago/08 | 3.038,99 | 1,725076 | 5.242,49 | |
| 344 | set/08 | 3.038,99 | 1,721461 | 5.231,50 | |
| 345 | out/08 | 3.038,99 | 1,718882 | 5.223,67 | |
| 346 | nov/08 | 3.038,99 | 1,710331 | 5.197,68 | |
| 347 | dez/08 | 3.038,99 | 1,703856 | 5.178,00 | |
| 348 | jan/09 | 3.038,99 | 1,698931 | 5.163,03 | |

| Sequência | Mês/ano | Salário | Índice | Salário corrigido | Desconsiderados |
|---|---|---|---|---|---|
| 349 | fev/09 | 3.218,90 | 1,688126 | 5.433,91 | |
| 350 | mar/09 | 3.218,90 | 1,682909 | 5.417,12 | |
| 351 | abr/09 | 3.218,90 | 1,679550 | 5.406,30 | |
| 352 | mai/09 | 3.218,90 | 1,670363 | 5.376,73 | |
| 353 | jun/09 | 3.218,90 | 1,660400 | 5.344,66 | |
| 354 | jul/09 | 3.218,90 | 1,653455 | 5.322,31 | |
| 355 | ago/09 | 3.218,90 | 1,649662 | 5.310,10 | |
| 356 | set/09 | 3.218,90 | 1,648342 | 5.305,85 | |
| 357 | out/09 | 3.218,90 | 1,645710 | 5.297,38 | |
| 358 | nov/09 | 3.218,90 | 1,641769 | 5.284,69 | |
| 359 | dez/09 | 3.218,90 | 1,635718 | 5.265,21 | |
| 360 | jan/10 | 3.467,40 | 1,631802 | 5.658,11 | |
| 361 | fev/10 | 3.467,40 | 1,617566 | 5.608,75 | |
| 362 | mar/10 | 3.467,40 | 1,606322 | 5.569,76 | |
| 363 | abr/10 | 3.467,40 | 1,594998 | 5.530,50 | |
| 364 | mai/10 | 3.467,40 | 1,583439 | 5.490,42 | |
| 365 | jun/10 | 3.467,40 | 1,576659 | 5.466,91 | |
| 366 | jul/10 | 3.467,40 | 1,578395 | 5.472,93 | |
| 367 | ago/10 | 3.467,40 | 1,579501 | 5.476,76 | |
| 368 | set/10 | 3.467,40 | 1,580607 | 5.480,60 | |
| 369 | out/10 | 3.467,40 | 1,572119 | 5.451,17 | |
| 370 | nov/10 | 3.467,40 | 1,557786 | 5.401,47 | |
| 371 | dez/10 | 3.467,40 | 1,541904 | 5.346,40 | |
| 372 | jan/11 | 3.691,74 | 1,532708 | 5.658,36 | |
| 373 | fev/11 | 3.691,74 | 1,518435 | 5.605,67 | |
| 374 | mar/11 | 3.691,74 | 1,510280 | 5.575,56 | |
| 375 | abr/11 | 3.691,74 | 1,500377 | 5.539,00 | |
| 376 | mai/11 | 3.691,74 | 1,489650 | 5.499,40 | |
| 377 | jun/11 | 3.691,74 | 1,481208 | 5.468,23 | |
| 378 | jul/11 | 3.691,74 | 1,477958 | 5.456,24 | |
| 379 | ago/11 | 3.691,74 | 1,477958 | 5.456,24 | |
| 380 | set/11 | 3.691,74 | 1,471776 | 5.433,41 | |
| 381 | out/11 | 3.691,74 | 1,465182 | 5.409,07 | |
| 382 | nov/11 | 3.691,74 | 1,460508 | 5.391,82 | |
| 383 | dez/11 | 3.691,74 | 1,452231 | 5.361,26 | |
| 384 | jan/12 | 3.900,00 | 1,444862 | 5.634,96 | |
| 385 | fev/12 | 3.900,00 | 1,437530 | 5.606,37 | |
| 386 | mar/12 | 3.900,00 | 1,431946 | 5.584,59 | |
| 387 | abr/12 | 3.900,00 | 1,429373 | 5.574,55 | |
| 388 | mai/12 | 3.900,00 | 1,420283 | 5.539,10 | |
| 389 | jun/12 | 3.916,20 | 1,412515 | 5.531,69 | |
| 390 | jul/12 | 3.916,20 | 1,408852 | 5.517,35 | |
| 391 | ago/12 | 3.916,20 | 1,402820 | 5.493,72 | |
| 392 | set/12 | 3.916,20 | 1,396535 | 5.469,11 | |
| 393 | out/12 | 3.916,20 | 1,387792 | 5.434,87 | |
| 394 | nov/12 | 3.916,20 | 1,378008 | 5.396,55 | |
| 395 | dez/12 | 3.916,20 | 1,370607 | 5.367,57 | |
| 396 | jan/13 | 4.159,00 | 1,360539 | 5.658,48 | |
| 397 | fev/13 | 4.159,00 | 1,348136 | 5.606,90 | |

| Sequência | Mês/ano | Salário | Índice | Salário corrigido | Desconsiderados |
|---|---|---|---|---|---|
| 398 | mar/13 | 4.159,00 | 1,341162 | 5.577,89 | |
| 399 | abr/13 | 4.159,00 | 1,333163 | 5.544,62 | |
| 400 | mai/13 | 4.159,00 | 1,325343 | 5.512,10 | |
| 401 | jun/13 | 4.159,00 | 1,320721 | 5.492,88 | |
| 402 | jul/13 | 4.159,00 | 1,317034 | 5.477,54 | |
| 403 | ago/13 | 4.159,00 | 1,318748 | 5.484,67 | |
| 404 | set/13 | 4.159,00 | 1,316641 | 5.475,91 | |
| 405 | out/13 | 4.159,00 | 1,313095 | 5.461,16 | |
| 406 | nov/13 | 4.159,00 | 1,305135 | 5.428,06 | |
| 407 | dez/13 | 4.159,00 | 1,298125 | 5.398,90 | |
| 408 | jan/14 | 4.390,24 | 1,288845 | 5.658,34 | |
| 409 | fev/14 | 4.390,24 | 1,280776 | 5.622,91 | |
| 410 | mar/14 | 4.390,24 | 1,272631 | 5.587,16 | |
| 411 | abr/14 | 4.390,24 | 1,262281 | 5.541,72 | |
| 412 | mai/14 | 4.390,24 | 1,252510 | 5.498,82 | |
| 413 | jun/14 | 4.390,24 | 1,245040 | 5.466,02 | |
| 414 | jul/14 | 4.390,24 | 1,241812 | 5.451,85 | |
| 415 | ago/14 | 4.390,24 | 1,240199 | 5.444,77 | |
| 416 | set/14 | 4.390,24 | 1,237971 | 5.434,99 | |
| 417 | out/14 | 4.390,24 | 1,231935 | 5.408,49 | |
| 418 | nov/14 | 4.390,24 | 1,227270 | 5.388,01 | |
| 419 | dez/14 | 4.390,24 | 1,220801 | 5.359,61 | |
| 420 | jan/15 | 4.650,00 | 1,213278 | 5.641,74 | |
| 421 | fev/15 | 4.650,00 | 1,195584 | 5.559,47 | |
| 422 | mar/15 | 4.650,00 | 1,181874 | 5.495,71 | |
| 423 | abr/15 | 4.650,00 | 1,164293 | 5.413,96 | |
| 424 | mai/15 | 4.650,00 | 1,156085 | 5.375,80 | |
| 425 | jun/15 | 4.663,75 | 1,144753 | 5.338,84 | |
| 426 | jul/15 | 4.663,75 | 1,136005 | 5.298,04 | |
| 427 | ago/15 | 4.663,75 | 1,129454 | 5.267,49 | |
| 428 | set/15 | 4.663,75 | 1,126637 | 5.254,35 | |
| 429 | out/15 | 4.663,75 | 1,120920 | 5.227,69 | |
| 430 | nov/15 | 4.663,75 | 1,112356 | 5.187,75 | |
| 431 | dez/15 | 4.663,75 | 1,100144 | 5.130,80 | |
| 432 | jan/16 | 4.800,00 | 1,090331 | 5.233,59 | |
| 433 | fev/16 | 4.800,00 | 1,074113 | 5.155,74 | |
| 434 | mar/16 | 4.800,00 | 1,064004 | 5.107,22 | |
| 435 | abr/16 | 4.800,00 | 1,059343 | 5.084,85 | |
| 436 | mai/16 | 4.800,00 | 1,052605 | 5.052,50 | |
| 437 | jun/16 | 5.189,82 | 1,042391 | 5.409,82 | |
| 438 | jul/16 | 5.189,82 | 1,037514 | 5.384,51 | |
| 439 | ago/16 | 5.189,82 | 1,030916 | 5.350,27 | |
| 440 | set/16 | 5.189,82 | 1,027731 | 5.333,74 | |
| 441 | out/16 | 5.189,82 | 1,026908 | 5.329,47 | |
| 442 | nov/16 | 5.189,82 | 1,025165 | 5.320,42 | |
| 443 | dez/16 | 5.189,82 | 1,024450 | 5.316,71 | |
| 444 | jan/17 | 5.300,00 | 1,023017 | 5.421,99 | |
| 445 | fev/17 | 5.300,00 | 1,018738 | 5.399,31 | |
| 446 | mar/17 | 5.300,00 | 1,016298 | 5.386,38 | |

| Sequência | Mês/ano | Salário | Índice | Salário corrigido | Desconsiderados |
|---|---|---|---|---|---|
| 447 | abr/17 | 5.300,00 | 1,013057 | 5.369,20 | |
| 448 | mai/17 | 5.300,00 | 1,012248 | 5.364,91 | |
| 449 | jun/17 | 5.531,31 | 1,008616 | 5.578,97 | |
| 450 | jul/17 | 5.531,31 | 1,011651 | 5.595,76 | |
| 451 | ago/17 | 5.531,31 | 1,009935 | 5.586,26 | |
| 452 | set/17 | 5.531,31 | 1,010237 | 5.587,93 | |
| 453 | out/17 | 5.531,31 | 1,010440 | 5.589,06 | |
| 454 | nov/17 | 5.531,31 | 1,006715 | 5.568,45 | |
| 455 | dez/17 | 5.531,31 | 1,004906 | 5.558,45 | |
| 456 | jan/18 | 5.645,80 | 1,002300 | 5.658,79 | |

| **SOMA GERAL DE SALÁRIOS** | **2.524.194,57** |
|---|---|

| **MÉDIA GERAL DE SALÁRIOS** = 2.524.194,57 / 456 | **5.535,51** |
|---|---|

| Período Básico de Cálculos- 02/1980 a 01/2018 | **456** |
|---|---|
| Salários considerados (80% dos maiores salários) | **365** |
| Salários desprezados | **91** |

| **SOMA DE SALÁRIOS** - 80% dos maiores | **2.181.167,49** |
|---|---|

| **MÉDIA DE SALÁRIOS** = 2.181.167,49 / 365 | **5.975,80** |
|---|---|

| **TETO PREVIDENCIÁRIO** | **5.645,80** |
|---|---|

**PEDRO DE ALCÂNTARA SOUZA LACERDA**

DATA DE INÍCIO DO BENEFÍCIO: **01/02/2018**

DATA DE NASCIMENTO: **09/01/1960**

| **IDADE** | | |
|---|---|---|
| **anos** | **meses** | **dias** |
| **58** | **0** | **23** |
| **58,0639** | | |

| **TEMPO DE CONTRIBUIÇÃO** | | |
|---|---|---|
| **anos** | **meses** | **dias** |
| **38** | **0** | **1** |
| **38,0028** | | |

| **Idade** | 58,0639 |
|---|---|
| **TC** | 38,0028 |
| **ES** | 23,8 |
| **Alíquota** | 0,31 |

$$\text{Fator Previdenciário} = \frac{TC \times A}{ES} \times \left(1 + \frac{(Id + TC \times A)}{100}\right)$$

$$\frac{38{,}003 \times 0{,}31}{23{,}8} \times \left(1 + \frac{(58{,}064 + 38{,}003 \times 0{,}31)}{100}\right)$$

| Fator Previdenciário | 0,84072 | Favorável | Desfavorável |
|---|---|---|---|
| | | | X |

| REGRA 85/95 | 96,067 | Aplicável | Não aplicável |
|---|---|---|---|
| | | X | |

| | |
|---|---|
| **MÉDIA DE SALÁRIOS** | **5.975,80** |
| **SALÁRIO DE BENEFÍCIO** (Limitado ao teto) | **5.645,80** |
| Coeficiente | **100%** |
| **Renda Mensal Inicial** = SB x Coeficiente | **5.645,80** |
| **ÍNDICE TETO** | **1,0585** |

| | |
|---|---|
| **Renda Mensal Inicial** - anterior | **5.193,18** |
| **Proveito econômico** | **452,62** |

**Neste caso, a média dos salários de contribuição foi fixada no valor de R$ 5.975,80, tendo sido limitado ao teto de 2018 fixado em R$ 5.645,80, sendo útil a aplicação da "tese da revisão da vida toda".**

**Veja-se que no primeiro caso (com salários de contribuição a partir de 7/1994) o valor do salário de benefício foi de 5.193,18, ao passo que na segunda simulação atingiu o teto de R$ 5.645,80, comproveito econômico de R$ 452,62.**

De forma resumida, só terá proveito econômico com esse tipo de revisional quem contribuiu acima do menor valor-teto no período entre 05/1982 a 12/1991.

Os salários de contribuição do período básico de cálculo foram atualizados monetariamente obedecendo os seguintes índices:

| PERÍODO | ÍNDICE | BASE LEGAL |
|---|---|---|
| 16/07/64 a 28/02/86 | ORTN | Lei 4.357/64 |
| 01/03/86 a 14/01/89 | OTN | Decreto-Lei 2.283/83, 2.284/86 e 7.735/89 |
| 15/01/89 a 01/02/91 | BTN | MP 295/89 e Lei 7.777/89 |
| 02/02/91 a 31/12/91 | INPC | Jurisprudência |
| 01/01/92 a 28/02/94 | IRSM | Lei 8.542/94 – art. 9º, § 2º e Lei 8.700/93 |
| 01/03/94 a 30/06/94 | URV | Lei 8.880/94 – art. 20, § 5º e MP 434/94 |
| 01/07/94 a 30/06/95 | IPC-r | Lei 8.880/94 – art. 21, § 2º |
| 01/07/95 a 30/04/96 | INPC | MP 1.053/95. 1.106/95 e 1.398/96 |
| 01/05/96 a 31/01/2004 | IGP-DI | MP 1.415/96, 1.440/96 e 2.060-2/2000 |
| 01/02/2004 em diante | INPC | MP 167 de 19/02/2004 e Lei 10.887 de 18/06/04 |

## 26. REVISÃO DO SALÁRIO DE BENEFÍCIO NAS ATIVIDADES LABORAIS CONCOMITANTES

### 26.1. Considerações gerais

**De acordo com o** texto originário **do artigo 32, da Lei 8.213/91,** antes da Lei 13.846/2019, **na hipótese do segurado que contribui em razão de** atividades concomitantes, **o salário de benefício será calculado com base na soma dos salários de contribuição das atividades exercidas até a data do requerimento ou do óbito ou no período básico de cálculo.**

De efeito, quando o segurado satisfizer, em relação a cada atividade, as condições para obtenção do benefício requerido, o salário de benefício será calculado com base na soma dos respectivos salários de contribuição.

**Logo, suponha-se que *Alfredão* tenha tido dois vínculos empregatícios durante a sua vida de trabalho. Em ambos os vínculos, ele possui mais de 35 anos de contribuição, já tendo satisfeito simultaneamente os requisitos para a concessão da aposentadoria por tempo de contribuição, razão pela qual os salários de contribuição de ambas as atividades deverão ser somados para o cálculo do salário de benefício[30], tendo em conta que no RGPS só é possível ter uma aposentadoria.**

Ao revés, quando não se verificava a hipótese anterior, o salário de benefício correspondia à soma das seguintes parcelas:

a) o salário de benefício calculado com base nos salários de contribuição das atividades em relação às quais são atendidas as condições do benefício requerido; e

b) um percentual da média do salário de contribuição de cada uma das demais atividades, equivalente à relação entre o número de meses completos de contribuição e os do período da carência do benefício requerido; e, quando se tratar de benefício por tempo de contribuição, este percentual será o resultante da relação entre os anos completos de atividade e o número de anos de contribuição considerado para a concessão do benefício.

Neste caso anterior à vigência da Lei 13.846/2019, **o segurado possui atividades concomitantes, mas apenas em uma delas preencheu os requisitos legais para o gozo de benefício previdenciário. Aqui o cálculo do salário de benefício não será alcançado com a soma dos salários de contribuição de ambas as atividades, porque em apenas uma delas o segurado preencheu os pressupostos para o gozo do benefício.**

**Hipoteticamente, suponha-se que *César* tenha dois empregos simultâneos há muitos anos. No primeiro deles, ele alcançou 35 anos de contribuição, mas, no segundo, ele conta apenas com 17,5 anos.**

**Neste caso, na hipótese da aposentadoria por tempo de contribuição, o salário de benefício será formado com a soma integral dos salários de contribuição da primeira atividade, com metade do valor dos salários de contribuição da segunda, pois nesta *César* apenas alcançou metade do tempo de contribuição exigido pela legislação previdenciária.**

**Demais disso, não serão perpetradas as somas acima referidas quando o segurado, em obediência ao limite máximo do salário de contribuição, contribuiu apenas para uma das atividades concomitantes.**

**De acordo com o STJ, "o segurado que tenha preenchido os requisitos para aposentadoria pelo RGPS e que tiver desenvolvido concomitante atividade secundária por regime Próprio da Previdência Social (RPPS), sem, no entanto, preencher os requisitos para concessão do benefício neste regime, tem direito que seu salário de benefício seja calculado com base na soma dos salários de contribuição da atividade principal, acrescido de percentual da média do salário de contribuição da atividade concomitante, nos termos do art. 32, II, "a" e "b", e III, da Lei 8.213/1991. Nos termos do art. 32 da Lei 8.213/1991, o desempenho de atividades concomitantes por parte do segurado pode lhe garantir que o salário de benefício seja (a) o resultado da soma dos salários de contribuição efetivados em cada atividade cujas condições foram totalmente satisfeitas (inciso I), ou (b) será a soma do salário de contribuição da atividade cuja condição foi totalmente satisfeita (atividade principal) acrescido de um percentual decorrente dos valores recolhidos das demais atividades (incisos II, "a" e "b", e III).** Nesse contexto, o fato de o segurado ao RGPS ter prestado atividade concomitante secundária vinculada a regime próprio não afasta o direito à soma do percentual estipulado para efetivação do cálculo do salário de benefício de aposentadoria vinculada àquele regime, visto que a norma contida no art. 32 da Lei de Benefícios Previdenciários não se restringe às atividades concomitantes exercidas exclusivamente no RGPS. **Ressalte-se, ainda, que o art. 94 da referida lei garante a compensação financeira entre os sistemas existentes. REsp 1.428.981-PR, Rel. Min. Humberto Martins, julgado em 2/6/2015, DJe 6/8/2015".**

**Em todas as hipóteses,** deverá ser observado o teto do salário de contribuição, pois a soma não poderá ultrapassar esta quantia.

Vale frisar que o artigo 32 da Lei 8.213/91 não definia qual a atividade que deverá ser considerada como a principal, devendo ser considerada àquela em que o segurado reuniu as condições para a concessão do benefício, sendo esta a posição do STJ.

No entanto, no caso de aposentadoria proporcional por tempo de contribuição, entende a Corte Superior que a atividade principal será àquela que gerar a maior renda mensal para o benefício:

> "PREVIDENCIÁRIO. RECURSO ESPECIAL. REGIME GERAL DA PREVIDÊNCIA SOCIAL. APOSENTADORIA POR TEMPO DE SERVIÇO. PROVENTOS PROPORCIONAIS. EMBARGOS À EXECUÇÃO. CRITÉRIO DE CÁLCULO DA RENDA MENSAL INICIAL.

**30.** Parte-se da premissa que foi realizada a carência de 180 contribuições mensais.

ATIVIDADES CONCOMITANTES. ATIVIDADE PRINCIPAL. MELHOR PROVEITO ECONÔMICO. VALOR DA TRABALHO E DA LIVRE INICIATIVA. ART. 32 DA LEI 8.213/1991. INAPLICABILIDADE AO CASO. ART. 29 DA LEI 8.213/1991 EM SUA REDAÇÃO ORIGINAL. OBSERVÂNCIA NO CASO. DISSÍDIO JURISPRUDENCIAL. FALTA DE SIMILITUDE FÁTICA. RECURSO ESPECIAL CONHECIDO EM PARTE E NESSA PARTE NÃO PROVIDO.

**1. Na hipótese de desempenho pelo segurado de atividades laborais concomitantes, a jurisprudência do STJ é assente no sentido de que, nos termos do art. 32 da Lei 8.213/1991, será considerada atividade principal, para fins de cálculo do valor do salário de benefício, aquela na qual o segurado reuniu condições para concessão do benefício.**

**2. A peculiaridade do caso concreto consiste no fato de que o segurado não completou tempo de serviço suficiente para se aposentar em nenhuma das atividades concomitantes, tendo o título exequendo reconhecido o direito à aposentadoria por tempo de serviço com proventos proporcionais, apurando-se o período básico de cálculo nos termos do art. 29 da Lei 8.213/1991, em sua redação original.**

**3. Considerando que o segurado não completou tempo de serviço suficiente para se aposentar em nenhuma das atividades concomitantes, deve ser considerada como atividade principal, para fins de apuração do salário de benefício, aquela que gerar maior proveito econômico no cálculo da renda mensal inicial.**

4. Não se mostra configurada afronta ao art. 32 da Lei 8.213/1991, na espécie, porque o segurado, no desempenho de atividades concomitantes, não preencheu em nenhuma delas todos os requisitos para obtenção da aposentadoria por tempo de serviço.

5. A lacuna deixada pelo legislador no art. 32 da Lei 8.213/1991 deve ser integrada pelos princípios que envolvem a ordem econômica e social previstas na Constituição, ambas fundadas na valorização e no primado do trabalho humano e na livre iniciativa, a fim de assegurar a todos existência digna, conforme os ditames da justiça social. 6. Relativamente ao dissídio jurisprudencial, o recurso especial não pode ser conhecido pela alínea "c" em decorrência da ausência de similitude fática entre os acórdãos confrontados". (RECURSO ESPECIAL – 1311963, DJE DATA:06/03/2014).

Saliente-se que o artigo 32 da Lei 8.213/91 possuía redação originária, não tendo sido atualizado pela Lei 9.876/99, que criou o fator previdenciário e que alargou o período básico de cálculo para 80% do lapso temporal contributivo do segurado, razão pela qual o seu texto não considera a existência do citado coeficiente obrigatório no salário de benefício das aposentadorias por tempo de contribuição.

Ademais, a redação do artigo antes da Lei 13.846/19 perdeu a sua razão de ser, pois em 1991 o salário de benefício correspondia à média dos 36 últimos salários de contribuição em período não superior a 48 meses.

Já com o advento da Lei 9.876/99, com o alargamento do período básico de cálculo, passou a ser a média aritmética simples dos 80% maiores salários de contribuição do segurado.

Como o objetivo do artigo 32 da Lei 8.213/91 era evitar que o segurado recolhesse pelos últimos 36 meses na atividade concomitante secundária e aumentasse o valor do salário de benefício, este artigo estabeleceu uma regra de proporção, que, após a Lei 9.876/99, não mais se justifica.

Em razão desta defasagem legislativa, na sua interpretação administrativa o INSS faz incidir separadamente o fator previdenciário sobre as atividades principais e secundárias antes da confecção da média ponderada.

Entende-se que esta sistemática é inadequada por não estar amparada na Lei 8.213/91, pois acabam sendo apurados dois salários de benefício em separado (com dois fatores previdenciários), para, ao final, se chegar à média final, havendo uma duplicidade sem amparo normativo, gerando uma redução excessiva do salário de benefício quando o fator previdenciário da atividade principal e da secundária for inferior a 1,0.

Era necessário que o artigo 32 da Lei 8.213/91 fosse reformado para que sejam inseridas as regras do cálculo do salário de benefício e do fator previdenciário no que concerne às atividades concomitantes à luz da Lei 9.876/99.

A Lei 13.135/2015 iria alterar com acerto a redação do artigo 32 da Lei 8.213/91, mas lamentavelmente a modificação sofreu um equivocado veto presidencial:

> "Art. 32. O salário-de-benefício do segurado que contribuir em razão de atividades concomitantes será calculado com base na soma dos salários-de-contribuição das atividades exercidas no período básico de cálculo, observado o disposto no art. 29" (VETADO).
>
> **Razões do veto**
>
> "A alteração realizada pelo dispositivo poderia trazer impacto ao equilíbrio financeiro e atuarial da previdência social, tratado pelo art. 201 da Constituição. Além disso, da forma prevista, a medida poderia gerar desincentivos para os segurados que contribuem sobre atividades concomitantes."

Vale frisar que a Lei 9.876/99 não revogou expressamente o artigo 32 da Lei 8.213/91, conquanto este artigo precise ser atualizado para definir com precisão as regras de incidência do fator previdenciário.

Isso porque o alargamento do período básico das 36 últimas contribuições (em período não superior a 48 meses) para os 80% maiores salários de contribuição a partir da competência de julho de 1994 não é incompatível com o artigo 32 da Lei 8.213/91.

O TRF da 4ª Região nega vigência ao artigo 32 da Lei 8.213/91 após a vigência da Lei 10.666/2003:

**"PREVIDENCIÁRIO. REVISÃO DE BENEFÍCIO. RENDA MENSAL INICIAL. SALÁRIO-DE-BENEFÍCIO. ATIVIDADES CONCOMITANTES. DERROGAÇÃO DO ARTIGO 32 DA LEI 8.213/91 A PARTIR DE 01/04/2003. LEI 9.876/99. MP 83/02 (LEI 10.666/03). IN INSS/DC Nº 89/2003. IN RFB Nº 971/2009**

1. Segundo estabelece o artigo 32 da Lei de Benefícios (Lei 8.213/91), o salário-de-benefício do segurado que contribuir em razão de atividades concomitantes deve ser calculado com base na soma dos salários-de-contribuição das atividades exercidas, ou no período básico de cálculo, quando satisfizer, em relação a cada atividade, as condições do benefício requerido. 2. Não satisfeitas as condições em relação a cada atividade, o salário-de-benefício corresponderá à soma do salário-de-benefício da atividade principal, esta considerada aquela em relação à qual preenchidos os requisitos ou, não tendo havido preenchimento dos requisitos em relação a nenhuma delas, a mais benéfica para o segurado, e de um percentual da média do salário-de-contribuição da atividade secundária, conforme dispõe o inciso II do artigo 32 da Lei 8.213/91. 3. A Lei 9.876/99 estabeleceu a extinção gradativa da escala de salário-base (art. 4º), e modificou o artigo 29 da LB (art. 2º), determinando que o salário-de-benefício seja calculado com base na média aritmética simples dos maiores salários-de-contribuição correspondentes a oitenta por cento de todo o período contributivo, multiplicada pelo fator previdenciário(assegurada para quem já era filiado à Previdência Social antes da Lei 9.876/96 a consideração da média aritmética de oitenta por cento do período contributivo decorrido desde a competência julho/94 - art. 3º).4. A Medida Provisória 83, de 12/12/2002 extinguiu, a partir de 1º de abril de 2003, a escala de salário-base (artigos 9º e 14), determinação depois ratificada por ocasião da sua conversão na Lei 10.666, de 08/05/2003 (artigos 9º e 15). 5. Extinta a escala de salário-base a partir de abril de 2003, deixou de haver restrições ao recolhimento por parte dos contribuintes individual e facultativo. Eles passaram a poder iniciar a contribuir para a previdência com base em qualquer valor. Mais do que isso, foram autorizados a modificar os valores de seus salários-de-contribuição sem respeitar qualquer interstício. Os únicos limites passaram a ser o mínimo (salário mínimo) e o máximo (este reajustado regularmente). Nesse sentido estabeleceram a IN INSS/DC nº 89, de 11/06/2003 e a Instrução Normativa RFB nº 971, de 13/11/de 2009. 6. O que inspirou o artigo 32 da Lei 8.213/91, e bem assim as normas que disciplinavam a escala de salário-base, foi o objetivo de evitar, por exemplo, que nos últimos anos de contribuição o segurado empregado passasse a contribuir em valores significativos como autônomo/contribuinte individual, ou mesmo que o autônomo/contribuinte individual majorasse significativamente suas contribuições. Com efeito, como o salário-de-benefício era calculado com base na média aritmética simples de todos os últimos salários-de-contribuição dos meses imediatamente anteriores ao do afastamento da atividade ou da data da entrada do requerimento, até o máximo de 36 (trinta e seis), apurados em período não superior a 48 (quarenta e oito) meses, o aumento de contribuições no final da vida laboral poderia acarretar um benefício mais alto, a despeito de ter o segurado contribuído na maior parte de seu histórico contributivo com valores modestos. 7. Extinta a escala de salário-base, o segurado empregado que tem seu vínculo cessado pode passar a contribuir como contribuinte individual, ou mesmo como facultativo, pelo teto. Por outro lado, o contribuinte individual, ou mesmo o facultativo, pode majorar sua contribuição até o teto no momento que desejar. Inviável a adoção, diante da situação posta, de interpretação que acarrete tratamento detrimentoso para o segurado empregado que também é contribuinte individual, ou mesmo que tem dois vínculos como empregado, sob pena de ofensa à isonomia. 8. Não há sentido em se considerar válido possa o contribuinte individual recolher pelo teto sem qualquer restrição e, por vias transversas, vedar isso ao segurado empregado que desempenha concomitantemente atividade como contribuinte individual, ou mesmo que tem dois vínculos empregatícios. E é isso, na prática, que ocorreria se se reputasse vigente o disposto no artigo 32 da Lei 8.213/91. **9. A conclusão, portanto, é de que, na linha do que estatui a Lei de Introdução às Normas do Direito Brasileiro (antiga LICC), ocorreu, a partir de 1º de abril de 2003, a derrogação do artigo 32 das Lei 8.213/91, de modo que a todo segurado que tenha mais de um vínculo deve ser admitida, a partir da competência abril/2003, a soma dos salários-de-contribuição, respeitado o teto**". (AC 50064475820104047100, de 05/09/2012).

**De modo razoável,** a TNU entende que após o advento da Lei 10.666/2003 houve a alteração implícita do artigo 32 da Lei 8.213/91, **determinando a extinção da escala base para o salário de contribuição.**

**Daí que,** a partir de 4/2003, **o órgão de cúpula do JEF determinou a** soma dos salários de contribuição em atividades concomitantes, **posicionamento adequado:**

> **PROCESSO Nº 0000159-29.2011.4.03.6307 REQUERENTE: MARIA ELISABETE BENTIVENHA REQUERIDO(A): INSS**
>
> VOTO-EMENTA
>
> " PEDIDO DE UNIFORMIZAÇÃO. PREVIDENCIÁRIO. REVISÃO. ARTIGO 32 DA LEI 8.213/91. ATIVIDADES CONCOMITANTES. DERROGAÇÃO DO ARTIGO 32 DA LEI 8.213/91 A PARTIR DE 01/04/2003. IMPLEMENTAÇÃO DOS REQUISITOS NECESSÁRIOS À CONCESSÃO DO BENEFÍCIO APÓS 01/04/2003: SOMA DOS SALÁRIOS-DE-CONTRIBUIÇÃO CONCOMITANTES (ANTERIORES E POSTERIORES A 01/04/2003) E LIMITAÇÃO AO TETO. PRECEDENTE DESTA TNU. INCIDENTE CONHECIDO E PROVIDO. Trata-se de Incidente de Uniformização de Jurisprudência interposto pela parte Autora em face de acórdão de Turma Recursal que manteve sentença que julgou improcedente o seu pedido de revisão de aposentadoria para que, no período do exercício de atividades concomitantes, para aplicação da regra do Art.32, incisos I e II da Lei 8213/91, seja considerada como atividade principal aquele que aludir maior proveito econômico em seu favor. A parte recorrente alega divergência jurisprudencial apontando paradigmas que bem caracterizam a divergência e a similitude fático-jurídica em relação ao acórdão recorrido. Acerca da matéria em controvérsia, esta TNU possui precedentes no sentido de que: a) no caso de segurado

que contribuiu em razão de atividades concomitantes, implementados os requisitos ao benefício em data posterior a 01/04/2003, os salários-de-contribuição concomitantes (anteriores e posteriores a 04/2003) serão somados e limitados ao teto; b) no caso de segurado que tenha preenchido os requisitos e requerido o benefício até 01/04/2003, aplica-se o art. 32 da Lei n. 8.213/1991, observando-se que se o requerente não satisfizer, em relação a cada atividade, as condições do benefício requerido, a atividade principal será aquela com salários-de-contribuição economicamente mais vantajosos. Note-se o seguinte PEDILEF: PEDIDO DE UNIFORMIZAÇÃO. PREVIDENCIÁRIO. REVISÃO. ARTIGO 32 DA LEI 8.213/91. ATIVIDADES CONCOMITANTES. DERROGAÇÃO DO ARTIGO 32 DA LEI 8.213/91 A PARTIR DE 01/04/2003. LEI 9.876/99. MP 83/02 (LEI 10.666/03). 1. Trata-se de pedido de uniformização interposto contra acórdão proferido pela 3ª Turma Recursal dos Juizados Especiais Federais do Rio Grande do Sul que aplicou o entendimento de que para o cálculo da RMI do benefício, no caso de atividades concomitantes, deve ser considerada como preponderante a que for mais vantajosa economicamente ao segurado. (...) 5. Com efeito, a jurisprudência do STJ consolidou-se no sentido de que o art. 32 da Lei 8.213/91 dispõe que será considerada atividade principal, para fins de cálculo do valor do salário-de-benefício, aquela na qual o segurado reuniu todas as condições para concessão da prestação. Isso significa que apenas o cumprimento de um dos requisitos não torna a atividade principal, sendo indispensável que o segurado preencha, além da carência, o tempo de contribuição necessário à concessão do benefício em apenas uma das atividades para que, então, seja esta atribuída como principal. 6. Quando o segurado que contribui em razão de atividades concomitantes não satisfizer, em relação a cada atividade, as condições do benefício requerido, a atividade principal será aquela com salários-de-contribuição economicamente mais vantajosos. Essa é a orientação atual desta Turma Nacional, aprovada à unanimidade quando do julgamento do Pedilef 5001611-95.2013.4.04.7113, de minha relatoria (DOU 21/03/2014). Na mesma época, o STJ julgou a matéria nos seguintes termos: PROCESSUAL CIVIL E PREVIDENCIÁRIO. AGRAVO REGIMENTAL NO RECURSO ESPECIAL. REGIME GERAL DA PREVIDÊNCIA SOCIAL. APOSENTADORIA POR TEMPO DE SERVIÇO. PROVENTOS PROPORCIONAIS. EMBARGOS À EXECUÇÃO. CRITÉRIO DE CÁLCULO DA RENDA MENSAL INICIAL. ATIVIDADES CONCOMITANTES. ATIVIDADE PRINCIPAL. MELHOR PROVEITO ECONÔMICO. VALOR DA TRABALHO E DA LIVRE INICIATIVA. ART. 32 DA LEI 8.213/1991. INAPLICABILIDADE AO CASO. ART. 29 DA LEI 8.213/1991 EM SUA REDAÇÃO ORIGINAL. OBSERVÂNCIA NO CASO. DISSÍDIO JURISPRUDENCIAL. FALTA DE SIMILITUDE FÁTICA. RECURSO ESPECIAL CONHECIDO EM PARTE E NESSA PARTE NÃO PROVIDO. 1. Na hipótese de desempenho pelo segurado de atividades laborais concomitantes, a jurisprudência do STJ é assente no sentido de que, nos termos do art. 32 da Lei 8.213/1991, será considerada atividade principal, para fins de cálculo do valor do salário de benefício, aquela na qual o segurado reuniu condições para concessão do benefício. 2. A peculiaridade do caso concreto consiste no fato de que o segurado não completou tempo de serviço suficiente para se aposentar em nenhuma das atividades concomitantes. Por isso que deve ser considerada como atividade principal, para fins de apuração do salário de benefício, aquela que gerar maior proveito econômico no cálculo da renda mensal inicial. Observância do julgamento em caso análogo ao presente, proferido no Recurso Especial 1.311.963/SC. 3. Agravo regimental não provido. (AgRg no REsp 1412064/RS, Rel. Ministro MAURO CAMPBELL MARQUES, SEGUNDA TURMA, julgado em 20/03/2014, DJe 26/03/2014) (grifei) 6.1 Portanto, a jurisprudência atual desta Turma Nacional está alinhada à do Superior Tribunal de Justiça. Entendo, contudo, que a matéria uniformizada não pode ser aplicada ao caso dos autos. Explico. 7. A análise detida do processo permite concluir que os salários-de-contribuição concomitantes referem-se ao período de janeiro de 2005 a setembro de 2008, época em que já vigorava a Lei 10.666, de 08/05/2003, decorrente da conversão da Medida Provisória 83, de 12/12/2002, que determinou a extinção, a partir de abril de 2003, da escala de salário-base (artigos 9º e 14). Com essa extinção, deixou de existir restrição quanto ao valor dos recolhimentos efetuados pelos segurados contribuinte individual e segurado facultativo. Isso significa dizer que tais segurados puderam, a partir de então, contribuir para a Previdência Social com base em qualquer valor e foram autorizados a modificar os salários-de-contribuição sem observar qualquer interstício, respeitando apenas os limites mínimo e máximo. 8. À vista desse quadro, entendo que com relação a atividades exercidas concomitantemente em período posterior a março de 2003 não mais se justifica a aplicação do artigo 32 da Lei 8.213/91, que deve ser interpretado como regra de proteção, que objetiva justamente evitar que o segurado, nos últimos anos de contribuição, passe a recolher valores elevados com o intuito de obter um benefício mais alto. Registro que no regime anterior à Lei 9.876/99, o salário-de-benefício era calculado com base na média aritmética simples de todos os últimos salários-de-contribuição dos meses imediatamente anteriores ao do afastamento da atividade ou da data da entrada do requerimento, até o máximo de 36 (trinta e seis), apurados em período não superior a 48 (quarenta e oito) meses. A partir da Lei 9.876/99, que trouxe modificações quanto ao cálculo para apuração do salário-de-benefício, conferindo nova redação ao artigo 29 da Lei 8.213/91, o recolhimento de contribuições em valores superiores apenas nos últimos anos de contribuição passou a ter pouca importância para a fixação da renda mensal inicial do benefício. Foi exatamente essa mudança da sistemática de cálculo do salário-de-benefício que justificou a extinção da escala de salário-base. 9. Como bem ponderado pelo Desembargador Ricardo Teixeira do Vale Pereira (TRF4, APELREEX 0004632-08.2014.404.9999, Quinta Turma, Relator Ricardo Teixeira do Valle Pereira, D.E. 03/06/2015), que compõe o Tribunal Regional Federal da 4ª Região, "extinta a escala de salário-base, o segurado empregado que tem seu vínculo cessado pode passar a contribuir como contribuinte individual, ou mesmo como facultativo, pelo teto. Por outro lado, o contribuinte individual, ou mesmo o facultativo, pode majorar sua contribuição até o teto no momento que desejar. Não pode, diante da situação posta, ser adotada interpretação que acarrete tratamento detrimentoso para o segurado empregado que também é contribuinte individual, ou mesmo que tem dois vínculos como empregado, sob pena de ofensa à isonomia. Não há sentido em se considerar válido possa o contribuinte individual recolher pelo teto sem qualquer restrição e, por vias transversas, vedar isso ao segurado empregado que desempenha concomitantemente atividade como contribuinte individual, ou mesmo que tem dois vínculos empregatícios. E é isso, na prática, que ocorreria se se reputasse vigente o disposto no artigo 32 da Lei 8.213/91. A conclusão, portanto, é de que, na linha do que estatui a Lei de Introdução às Normas do Direito Brasileiro (antiga LICC), ocorreu, a partir de 1º de abril de 2003, a derrogação do artigo 32 das Lei 8.213/91. **Deste modo, assim como o contribuinte individual e o segurado facultativo podem simplesmente passar a recolher pelo teto a partir da competência abril/2003, a todo segurado que tenha mais de um vínculo deve ser admitida, a partir da competência abril/2003, a soma dos salários-de-contribuição, respeitado o teto.". 10. Dessa forma, o art. 32 da Lei n. 8.213/91 deixou de ter vigência a partir de 01/04/2003, pois, com a extinção da escala de salário-base (arts. 9º e 14 da MP 83/2002, convertida na Lei n. 10.666/2003), a regra deixou de produzir o efeito pretendido, tendo ocorrido sua derrogação, motivo pelo qual proponho a uniformização do entendimento de que: a) tendo o segurado que contribuiu em razão de atividades concomitantes implementados os requisitos ao benefício em data posterior a 01/04/2003, os salários-de-contribuição concomitantes (anteriores e posteriores a 04/2003) serão somados e limitados ao teto; e b) no caso de segurado que tenha preenchido os requisitos e requerido o benefício até 01/04/2003, aplica-se o art. 32 da Lei n. 8.213/1991, observando-se que se o requerente não satisfizer, em relação a cada atividade, as condições do benefício requerido, a atividade principal será aquela com salários-de-contribuição economicamente mais vantajosos, na linha do entendimento uniformizado no âmbito desta TNU (Pedilef 500161195.2013.4.04.7113).** 11. Seria o caso de reformar o acórdão para restabelecer a sentença, a qual, embora por motivos diversos, determinou a soma dos salários-de-contribuição, observado o teto. Todavia, como não houve pedido de uniformização da parte autora com relação ao ponto, nego provimento ao incidente do INSS, pois, determinar a adequação do acórdão para aplicação do entendimento acima expendido implicaria reformatio in pejus. (grifos não originais)

(PEDILEF 50077235420114047112. Relator: João Batista Lazzari. DOU: 09/10/2015).

Diante do exposto, em estando o acórdão recorrido dissonante do entendimento desta Corte Uniformizadora, deve ser DADO PROVIMENTO ao incidente de uniformização, determina-se o retorno do processo à Turma de origem para que promova a adequação do julgado à premissa jurídica fixada, porém dentro dos contornos do pedido efetuado no incidente de uniformização. Incidente de Uniformização de Jurisprudência CONHECIDO E PROVIDO. É como voto.

Acordam os membros da Turma Nacional de Uniformização por DAR PROVIMENTO ao incidente de uniformização de jurisprudência, nos termos do voto-ementa da Juíza Federal Relatora.

**Brasília, 25 de maio de 2017.**

MARIA LÚCIA GOMES DE SOUZA
Juíza Federal Relatora".

Posteriormente, este entendimento se tornou tese representativa de controvérsia na TNU: "Entendendo pela derrogação do art. 32 da Lei 8.213/91, diante de legislação superveniente (notadamente, as Leis n. 9.876/99 e n. 10.666/03), a TNU ratificou a tese, agora em representativo da controvérsia, no sentido de que, tendo o segurado que contribuiu em razão de atividades concomitantes implementado os requisitos ao benefício em data posterior a 01/04/2003, os salários-de-contribuição concomitantes (anteriores e posteriores a 04/2003) serão somados e limitados ao teto" (Informativo 23/2018 - Processo n. 5003449-95.2016.4.04.7201).

No entanto, embora nitidamente desatualizado o artigo 32 pela reforma no cálculo no salário de benefício, a posição tradicional do STJ é (ou era) pela aplicação do texto literal do artigo 32 (antes da alteração perpetrada pela Lei 13.846/2019):

**Processo**
REsp 1428981 / PR
RECURSO ESPECIAL
2014/0004321-7
**Relator(a)**
Ministro HUMBERTO MARTINS (1130)
**Órgão Julgador**
T2 - SEGUNDA TURMA
**Data do Julgamento**
02/06/2015
**Data da Publicação/Fonte**
DJe 06/08/2015
**Ementa**

PREVIDENCIÁRIO. ATIVIDADE CONCOMITANTE. FORMA DE CÁLCULO. ART. 32 DA LEI N. 8.213/91. ATIVIDADE SECUNDÁRIA PRESTADA EM SISTEMA DIVERSO. LEGITIMIDADE.

**1. Nos termos do art. 32, e seguintes, da Lei n. 8.213/91, o desempenho de atividades concomitantes por parte do segurado pode lhe garantir que o salário de benefício seja (a) o resultado da soma dos salários de contribuição efetivados em cada atividade cujas condições foram totalmente satisfeitas (inciso I), ou (b) será a soma do salário de contribuição da atividade cuja condição foi totalmente satisfeita (atividade principal) acrescido de um percentual decorrente dos valores recolhidos das demais atividades (incisos II, "a" e "b", e III).**

2. No caso dos autos, é incontroverso que a segurada preencheu os requisitos de aposentadoria pelo RGPS quando vinculada à Secretaria de Estado da Educação, tendo desenvolvido atividade concomitante entre 10/1997 e 12/2001 ao desempenhar atribuições perante a Prefeitura do Município de Francisco Alves, sob o regime

estatutário, o que legitima a efetivação do cálculo do salário de benefício com base na soma da atividade principal acrescido de percentual pelo trabalho concomitante.

3. A peculiaridade de a segurada ter prestado a atividade concomitante secundária vinculada a regime estatutário não afasta seu direito à soma do percentual estipulado para efetivação do cálculo do salário de benefício, visto que a norma contida no art. 32 da Lei de Benefícios não cria tal óbice, bem como o art. 94 da lei garante a compensação financeira entre os sistemas existentes.

Recurso especial improvido.

Mas existe precedente mais recente do STJ da 1ª Turma se alinhando ao posicionamento da TNU:

**Processo**

REsp 1670818 / PR

RECURSO ESPECIAL

2017/0107590-6

**Relator(a)**

Ministro NAPOLEÃO NUNES MAIA FILHO (1133)

**Órgão Julgador**

T1 - PRIMEIRA TURMA

**Data do Julgamento**

19/11/2019

**Data da Publicação/Fonte**

DJe 27/11/2019

**Ementa**

PREVIDENCIÁRIO. RECURSO ESPECIAL. ATIVIDADES CONCOMITANTES. CÁLCULO DO SALÁRIO DE BENEFÍCIO. INAPLICABILIDADE DA REGRA ORIGINAL DO ART. 32 DA LEI 8.213/1991 EM FACE DA AMPLIAÇÃO DO PBC PROMOVIDA PELA LEI 9.876/1999. PRINCÍPIO CONTRIBUTIVO. CONCRETIZAÇÃO DO DIREITO AO MELHOR BENEFÍCIO. POSSIBILIDADE DE SOMA DOS SALÁRIOS DE CONTRIBUIÇÃO. TEXTO ATUAL DO ART. 32 DA LEI 8.213/1991. RECURSO ESPECIAL DO INSS A QUE SE NEGA PROVIMENTO.

1. O art. 32 da Lei 8.213/1991, em sua redação original, estabelecia que o Segurado que exerce mais de uma atividade vinculada do RGPS, simultaneamente, só faria jus à soma dos salários de contribuição na hipótese de implementar todos os requisitos para aposentadoria em cada uma das atividades.

2. Caso contrário, será considerada atividade principal, para fins de cálculo do valor do salário de benefício, aquela na qual o Segurado reuniu condições para concessão do benefício; ou, tratando-se de hipótese em que o Segurado não completou tempo de serviço/contribuição suficiente para se aposentar em nenhuma das atividades, deve ser considerada como atividade principal aquela que gerará maior proveito econômico no cálculo da renda mensal inicial, porquanto o art. 32 da Lei 8.213/1991 não determina que deva ser considerada como principal a atividade mais antiga, dentre as que foram exercidas simultaneamente no PBC.

3. O regramento previsto no art. 32 da Lei 8.213/1991 foi fixado para evitar que o Segurado passasse a contribuir concomitantemente como contribuinte individual somente nos últimos 36 meses que antecediam sua aposentadoria, impossibilitando, por exemplo, que um Segurado que teve todo um histórico contributivo de baixos valores pudesse elevar suas contribuições até o teto do salário de contribuição, nos últimos 36 meses de atividade, e, com isso, aumentar indevidamente a renda mensal inicial de seu benefício.

4. É de se lembrar que o art. 29 da Lei 8.213/1991, em sua redação original, consignava que o salário de benefício seria calculado a partir da média aritmética simples de todos os últimos salários de contribuição dos meses anteriores ao do afastamento do Segurado da atividade ou da data da entrada do requerimento administrativo, até o máximo de 36 meses, apurados em período não superior a 48 meses.

5. Ocorre que tal regra de cálculo foi alterada com a edição da Lei 9.876/1999, que implementou nova regra ampliando gradualmente a base de cálculo dos benefícios, base que passou a corresponder aos maiores salários de contribuição correspondentes a 80% de todo o período contributivo do Segurado.

**6. Tendo em vista a ampliação do período básico de cálculo - o qual passou a corresponder a toda a vida contributiva do Segurado -, não se afigura mais razoável impedir a soma dos salários de contribuição em cada competência, vez que são recolhidas as contribuições previdenciárias sobre cada uma delas.**

7. É certo que o sistema de Previdência Social é regido pelo princípio contributivo, decorrendo de tal princípio a consequência de haver, necessariamente, uma relação entre custeio e benefício, não se afigurando razoável que o Segurado realize contribuições e não possa se utilizar delas no cálculo de seu benefício.

8. A concessão do benefício previdenciário deve ser regida pela regra da prevalência da condição mais vantajosa ou mais benéfica ao Segurado, nos termos da orientação do STF e do STJ. Assim, é direito do Segurado o recebimento de prestação previdenciária mais vantajosa dentre aquelas cujos requisitos cumpre, assegurando, consequentemente, a prevalência do critério de cálculo que lhe proporcione a maior renda mensal possível, a partir do histórico de suas contribuições.

**9. Admite-se, assim, que o salário de benefício do Segurado que contribuir em razão de atividades concomitantes seja calculado com base na soma dos salários de contribuição, nos termos do atual texto do art. 32 da Lei 8.213/1991, de modo a lhe conferir o direito ao melhor benefício possível com base no seu histórico contributivo.**

10. Recurso Especial do INSS a que se nega provimento.

**IMPORTANTE!**

Por tudo isso, o artigo 32 da Lei 8.213 foi modificado pela Lei 13.846/2019, que agora prevê sempre a soma dos salários de contribuição de atividades concomitantes, mesmo quando o segurado só tenha preenchido os requisitos do benefício em apenas uma atividade.

De efeito, o salário de benefício do segurado que contribuir em razão de atividades concomitantes será calculado com base na soma dos salários de contribuição das atividades exercidas na data do requerimento ou do óbito, ou no período básico de cálculo, observado o disposto no artigo 29 da Lei 8.213/91, exceto se o segurado contribuiu apenas por uma das atividades concomitantes em razão do teto do salário de contribuição.

**Desta forma, ressalvadas as disputas judiciais para concessões anteriores, os requerimentos perpetrados a partir de 18/6/2019 já contam com as somas dos salários de contribuição concomitantes, resolvendo o problema para todos os deferimentos a partir desta data.**

O tema 1.070 foi afetado em 16/10/2020 pelo STJ e será julgado pela 1ª Seção:

| **Tema/ Repetitivo** | **1070** | **Situação do Tema** | **Afetado** | **Órgão Julgador** | **PRIMEIRA SEÇÃO** | | | **Assuntos** |
|---|---|---|---|---|---|---|---|---|
| **Questão submetida a julgamento** | | Possibilidade, ou não, de sempre se somar as contribuições previdenciárias para integrar o salário-de-contribuição, nos casos de atividades concomitantes (artigo 32 da Lei n. 8.213/91), após o advento da Lei 9.876/99, que extinguiu as escalas de salário-base. | | | | | | |
| **Anotações Nugep** | | Afetação na sessão eletrônica iniciada em 30/9/2020 e finalizada em 6/10/2020 (Primeira Seção).<br>**Vide Controvérsia n. 198/STJ.** | | | | | | |
| **Informações Complementares** | | Há determinação de suspensão do processamento de todos os processos pendentes, individuais ou coletivos, que versem acerca da questão ora afetada e tramitem no território nacional (art. 1.037, II, do CPC/2015). (acórdão publicado no DJe de 16/10/2020). | | | | | | |
| **Ramo do Direito** | | DIREITO PREVIDENCIÁRIO | | | | | | |
| **Processo** | **Tribunal de Origem** | **RRC** | **Relator** | **Data de Afetação** | **Julgado em** | **Acórdão Publicado em** | **Embargos de Declaração** | **Trânsito em Julgado** |
| **REsp 1870793/RS** | TRF4 | Sim | SÉRGIO KUKINA | 16/10/2020 | - | - | - | - |
| **REsp 1870815/PR** | TRF4 | Sim | SÉRGIO KUKINA | 16/10/2020 | - | - | - | - |
| **REsp 1870891/PR** | TRF4 | Sim | SÉRGIO KUKINA | 16/10/2020 | - | - | - | - |

Ao julgar o Tema 1.070, o STJ aderiu ao posicionamento da TNU, no sentido que a alteração do artigo 32 da Lei 8.213/91 ocorreu tacitamente com o advento da Lei 9.876/99, sendo a alteração da Lei 13.846/2019 meramente declaratória:

PROCESSO

REsp 1870891 / PR

RECURSO ESPECIAL

2020/0088257-0

**RELATOR**

Ministro SÉRGIO KUKINA (1155)

**ÓRGÃO JULGADOR**

S1 - PRIMEIRA SEÇÃO

**DATA DO JULGAMENTO**

11/05/2022

**DATA DA PUBLICAÇÃO/FONTE**

DJe 24/05/2022

**EMENTA**

PREVIDENCIÁRIO. RECURSO ESPECIAL REPRESENTATIVO DA CONTROVÉRSIA. TEMA 1.070. APOSENTADORIA NO RGPS. EXERCÍCIO DE ATIVIDADES CONCOMITANTES. CÁLCULO DO SALÁRIO-DE-BENEFÍCIO. SOMA DE TODOS OS SALÁRIOS-DE-CONTRIBUIÇÃO VERTIDOS PELO SEGURADO EM SUAS SIMULTÂNEAS ATIVIDADES. POSSIBILIDADE. EXEGESE DA LEI N. 9.876/99. INAPLICABILIDADE DOS INCISOS DO ART. 32 DA LEI 8.213/91 EM SUA REDAÇÃO ORIGINAL. 1. Segundo a redação original dos incisos I, II e III do art. 32 da Lei 8.213/91, que tratavam do cálculo dos benefícios previdenciários devidos no caso de atividades concomitantes, a soma integral dos salários-de-contribuição, para fins de apuração do salário-de-benefício, somente seria possível nas hipóteses em que o segurado reunisse todas as condições para a individual concessão do benefício em cada uma das atividades por ele exercida. 2. O espírito do referido art. 32 da Lei 8.213/91, mormente no que tocava ao disposto em seus incisos II e III, era o de impedir que, às vésperas de implementar os requisitos necessários à obtenção do benefício, viesse o segurado a exercer uma segunda e simultânea atividade laborativa para fins de obter uma renda mensal inicial mais vantajosa, já que seriam considerados os últimos salários-de-contribuição no cômputo de seu salário-de-benefício. **3. No entanto, a subsequente Lei 9.876/99 alterou a metodologia do cálculo dos benefícios e passou a considerar todo o histórico contributivo do segurado, com a ampliação do período básico de cálculo; a renda mensal inicial, com isso, veio a refletir, de forma mais fiel, a contrapartida financeira por ele suportada ao longo de sua vida produtiva, além de melhor atender ao caráter retributivo do Regime Geral da Previdência Social. 4. A substancial ampliação do período básico de cálculo - PBC, como promovida pela Lei 9.876/99, possibilitou a compreensão de que, respeitado o teto previdenciário, as contribuições vertidas no exercício de atividades concomitantes podem, sim, ser somadas para se estabelecer o efetivo e correto salário-de-benefício, não mais existindo espaço para aplicação dos incisos do art. 32 da Lei 8.213/91, garantindo-se, com isso, o pagamento de benefício que melhor retrate o histórico contributivo do segurado.** 5. Acórdão submetido ao regime dos arts. 1.036 e seguintes do CPC/2015 e art. 256-I do RISTJ, com a fixação da seguinte TESE: **"Após o advento da Lei 9.876/99, e para fins de cálculo do benefício de aposentadoria, no caso do exercício de atividades concomitantes pelo segurado, o salário-de-contribuição deverá ser composto da soma de todas as contribuições previdenciárias por ele vertidas ao sistema, respeitado o teto previdenciário".** 6. SOLUÇÃO DO CASO CONCRETO: hipótese em que a pretensão do INSS vai na contramão do enunciado acima, por isso que seu recurso especial resulta desprovido.

## 26.2. Cálculos

O estudo de caso a seguir trata do cálculo do salário de benefício e da renda mensal inicial do benefício de auxílio-doença previdenciário de um segurado empregado que possui atividades concomitantes no período básico de cálculo. Houve afastamento de ambas as atividades, abaixo discriminadas.

**Vínculos e remunerações - atividade principal**

EMPRESA: **FACULDADE DUAS MARIAS**
FUNCIONÁRIA: **FLÁVIA LAIANE RODRIGUES LOPES**
DATA DE NASCIMENTO: **09/01/1989**
DATA DE ADMISSÃO: **13/08/2011** DATA-BASE DE REAJUSTE: **JUNHO**
SALÁRIO CONTRATUAL: **R$ 1.850,00**
DATA DO ÚLTIMO DIA DE TRABALHO: **01/09/2020**

| Reajustes Salariais | | Teto Previdenciário | Salário Mínimo |
|---|---|---|---|
| Mês | Valor | | |
| jun/12 | 2.000,00 | 3.916,20 | 622,00 |
| jun/13 | 2.150,00 | 4.159,00 | 678,00 |
| jun/14 | 2.275,00 | 4.390,24 | 724,00 |
| jun/15 | 2.450,00 | 4.663,75 | 788,00 |
| jun/16 | 2.500,00 | 5.189,82 | 880,00 |
| jun/17 | 2.680,00 | 5.531,31 | 937,00 |
| jun/18 | 2.780,00 | 5.645,80 | 954,00 |
| jun/19 | 3.000,00 | 5.839,45 | 998,00 |
| jun/20 | 3.150,00 | 6.101,06 | 1.045,00 |

**Vínculos e remunerações - atividade secundária**

EMPRESA: **FACULDADE ESQUINA**
FUNCIONÁRIA: **FLÁVIA LAIANE RODRIGUES LOPES**
DATA DE NASCIMENTO: **09/01/1989**
DATA DE ADMISSÃO: **01/10/2014** DATA-BASE DE REAJUSTE: **JANEIRO**
SALÁRIO CONTRATUAL: **R$ 900,00**
DATA DO ÚLTIMO DIA DE TRABALHO: **01/09/2020**

| Reajustes Salariais | | Teto Previdenciário | Salário Mínimo |
|---|---|---|---|
| Mês | Valor | | |
| jan/15 | 980,00 | 4.663,75 | 788,00 |
| jan/16 | 1.120,00 | 5.189,82 | 880,00 |
| jan/17 | 1.250,00 | 5.531,31 | 937,00 |
| jan/18 | 1.380,00 | 5.645,80 | 954,00 |
| jan/19 | 1.450,00 | 5.839,45 | 998,00 |
| jan/20 | 1.580,00 | 6.101,06 | 1.045,00 |

A segurado foi admitido no primeiro vínculo em 13/08/2011 e a partir de 01/10/2014 começa a trabalhar em outro vínculo concomitante. A seguir estão discriminados os salários de contribuição de ambos os vínculos.

**Soma das remunerações das atividades principal e secundária**

| Mês | Remuneração da atividade principal | Remuneração da atividade secundária | Remuneração total | Teto Máximo |
|---|---|---|---|---|
| out/14 | 2.275,00 | 900,00 | 3.175,00 | 4.390,24 |
| nov/14 | 2.275,00 | 900,00 | 3.175,00 | 4.390,24 |
| dez/14 | 2.275,00 | 900,00 | 3.175,00 | 4.390,24 |
| jan/15 | 2.275,00 | 980,00 | 3.255,00 | 4.663,75 |
| fev/15 | 2.275,00 | 980,00 | 3.255,00 | 4.663,75 |
| mar/15 | 2.275,00 | 980,00 | 3.255,00 | 4.663,75 |
| abr/15 | 2.275,00 | 980,00 | 3.255,00 | 4.663,75 |
| mai/15 | 2.275,00 | 980,00 | 3.255,00 | 4.663,75 |
| jun/15 | 2.450,00 | 980,00 | 3.430,00 | 4.663,75 |
| jul/15 | 2.450,00 | 980,00 | 3.430,00 | 4.663,75 |
| ago/15 | 2.450,00 | 980,00 | 3.430,00 | 4.663,75 |
| set/15 | 2.450,00 | 980,00 | 3.430,00 | 4.663,75 |
| out/15 | 2.450,00 | 980,00 | 3.430,00 | 4.663,75 |
| nov/15 | 2.450,00 | 980,00 | 3.430,00 | 4.663,75 |
| dez/15 | 2.450,00 | 980,00 | 3.430,00 | 4.663,75 |
| jan/16 | 2.450,00 | 1.120,00 | 3.570,00 | 5.189,82 |
| fev/16 | 2.450,00 | 1.120,00 | 3.570,00 | 5.189,82 |
| mar/16 | 2.450,00 | 1.120,00 | 3.570,00 | 5.189,82 |
| abr/16 | 2.450,00 | 1.120,00 | 3.570,00 | 5.189,82 |
| mai/16 | 2.450,00 | 1.120,00 | 3.570,00 | 5.189,82 |
| jun/16 | 2.500,00 | 1.120,00 | 3.620,00 | 5.189,82 |
| jul/16 | 2.500,00 | 1.120,00 | 3.620,00 | 5.189,82 |
| ago/16 | 2.500,00 | 1.120,00 | 3.620,00 | 5.189,82 |
| set/16 | 2.500,00 | 1.120,00 | 3.620,00 | 5.189,82 |
| out/16 | 2.500,00 | 1.120,00 | 3.620,00 | 5.189,82 |
| nov/16 | 2.500,00 | 1.120,00 | 3.620,00 | 5.189,82 |
| dez/16 | 2.500,00 | 1.120,00 | 3.620,00 | 5.189,82 |
| jan/17 | 2.500,00 | 1.250,00 | 3.750,00 | 5.531,31 |
| fev/17 | 2.500,00 | 1.250,00 | 3.750,00 | 5.531,31 |
| mar/17 | 2.500,00 | 1.250,00 | 3.750,00 | 5.531,31 |
| abr/17 | 2.500,00 | 1.250,00 | 3.750,00 | 5.531,31 |
| mai/17 | 2.500,00 | 1.250,00 | 3.750,00 | 5.531,31 |
| jun/17 | 2.680,00 | 1.250,00 | 3.930,00 | 5.531,31 |

| Mês | Remuneração da atividade principal | Remuneração da atividade secundária | Remuneração total | Teto Máximo |
|---|---|---|---|---|
| jul/17 | 2.680,00 | 1.250,00 | 3.930,00 | 5.531,31 |
| ago/17 | 2.680,00 | 1.250,00 | 3.930,00 | 5.531,31 |
| set/17 | 2.680,00 | 1.250,00 | 3.930,00 | 5.531,31 |
| out/17 | 2.680,00 | 1.250,00 | 3.930,00 | 5.531,31 |
| nov/17 | 2.680,00 | 1.250,00 | 3.930,00 | 5.531,31 |
| dez/17 | 2.680,00 | 1.250,00 | 3.930,00 | 5.531,31 |
| jan/18 | 2.680,00 | 1.380,00 | 4.060,00 | 5.645,80 |
| fev/18 | 2.680,00 | 1.380,00 | 4.060,00 | 5.645,80 |
| mar/18 | 2.680,00 | 1.380,00 | 4.060,00 | 5.645,80 |
| abr/18 | 2.680,00 | 1.380,00 | 4.060,00 | 5.645,80 |
| mai/18 | 2.680,00 | 1.380,00 | 4.060,00 | 5.645,80 |
| jun/18 | 2.780,00 | 1.380,00 | 4.160,00 | 5.645,80 |
| jul/18 | 2.780,00 | 1.380,00 | 4.160,00 | 5.645,80 |
| ago/18 | 2.780,00 | 1.380,00 | 4.160,00 | 5.645,80 |
| set/18 | 2.780,00 | 1.380,00 | 4.160,00 | 5.645,80 |
| out/18 | 2.780,00 | 1.380,00 | 4.160,00 | 5.645,80 |
| nov/18 | 2.780,00 | 1.380,00 | 4.160,00 | 5.645,80 |
| dez/18 | 2.780,00 | 1.380,00 | 4.160,00 | 5.645,80 |
| jan/19 | 2.780,00 | 1.450,00 | 4.230,00 | 5.839,45 |
| fev/19 | 2.780,00 | 1.450,00 | 4.230,00 | 5.839,45 |
| mar/19 | 2.780,00 | 1.450,00 | 4.230,00 | 5.839,45 |
| abr/19 | 2.780,00 | 1.450,00 | 4.230,00 | 5.839,45 |
| mai/19 | 2.780,00 | 1.450,00 | 4.230,00 | 5.839,45 |
| jun/19 | 3.000,00 | 1.450,00 | 4.450,00 | 5.839,45 |
| jul/19 | 3.000,00 | 1.450,00 | 4.450,00 | 5.839,45 |
| ago/19 | 3.000,00 | 1.450,00 | 4.450,00 | 5.839,45 |
| set/19 | 3.000,00 | 1.450,00 | 4.450,00 | 5.839,45 |
| out/19 | 3.000,00 | 1.450,00 | 4.450,00 | 5.839,45 |
| nov/19 | 3.000,00 | 1.450,00 | 4.450,00 | 5.839,45 |
| dez/19 | 3.000,00 | 1.450,00 | 4.450,00 | 5.839,45 |
| jan/20 | 3.000,00 | 1.580,00 | 4.580,00 | 6.101,06 |
| fev/20 | 3.000,00 | 1.580,00 | 4.580,00 | 6.101,06 |
| mar/20 | 3.000,00 | 1.580,00 | 4.580,00 | 6.101,06 |
| abr/20 | 3.000,00 | 1.580,00 | 4.580,00 | 6.101,06 |
| mai/20 | 3.000,00 | 1.580,00 | 4.580,00 | 6.101,06 |
| jun/20 | 3.150,00 | 1.580,00 | 4.730,00 | 6.101,06 |
| jul/20 | 3.150,00 | 1.580,00 | 4.730,00 | 6.101,06 |
| ago/20 | 3.150,00 | 1.580,00 | 4.730,00 | 6.101,06 |

Conforme quadro comparativo acima, a soma dos salários de contribuição das atividades concomitantes, a partir de 10/2014 até a data do afastamento, não superou os valores dos tetos previdenciários. A seguir, o cálculo da renda mensal do benefício, com base na legislação atualmente em vigor.

**CÁLCULO DA RENDA MENSAL - AUXÍLIO-DOENÇA - Múltiplas atividades**

**FLÁVIA LAIANE RODRIGUES LOPES**

DATA DE NASCIMENTO: **09/01/1989**

ESPÉCIE: **31** (AUXÍLIO POR INCAPACIDADE TEMPORÁRIA)

DATA DO ÚLTIMO DIA DE TRABALHO: **01/09/2020**

DATA DE INÍCIO DO BENEFÍCIO: **17/09/2020**

TEMPO DE CONTRIBUIÇÃO: **09 anos 00 meses e 19 dias**

BASE LEGAL: **EC 103/2019**; **LEI 8.213/91 - Art. 29, II**

PERÍODO BÁSICO DE CÁLCULO: **08/2011 a 08/2020**

| Sequência | Mês/ano | Salário | Índice | Salário atualizado |
|---|---|---|---|---|
| 1 | ago/11 | 1.110,00 | 1,612097 | 1.789,43 |
| 2 | set/11 | 1.850,00 | 1,605352 | 2.969,90 |
| 3 | out/11 | 1.850,00 | 1,598163 | 2.956,60 |
| 4 | nov/11 | 1.850,00 | 1,593065 | 2.947,17 |
| 5 | dez/11 | 1.850,00 | 1,584034 | 2.930,46 |
| 6 | jan/12 | 1.850,00 | 1,576001 | 2.915,60 |
| 7 | fev/12 | 1.850,00 | 1,568003 | 2.900,81 |
| 8 | mar/12 | 1.850,00 | 1,561912 | 2.889,54 |
| 9 | abr/12 | 1.850,00 | 1,559101 | 2.884,34 |
| 10 | mai/12 | 1.850,00 | 1,549191 | 2.866,00 |
| 11 | jun/12 | 2.000,00 | 1,540718 | 3.081,44 |
| 12 | jul/12 | 2.000,00 | 1,536720 | 3.073,44 |
| 13 | ago/12 | 2.000,00 | 1,530142 | 3.060,28 |
| 14 | set/12 | 2.000,00 | 1,523286 | 3.046,57 |
| 15 | out/12 | 2.000,00 | 1,513750 | 3.027,50 |
| 16 | nov/12 | 2.000,00 | 1,503077 | 3.006,15 |
| 17 | dez/12 | 2.000,00 | 1,495005 | 2.990,01 |
| 18 | jan/13 | 2.000,00 | 1,484021 | 2.968,04 |
| 19 | fev/13 | 2.000,00 | 1,470495 | 2.940,99 |
| 20 | mar/13 | 2.000,00 | 1,462889 | 2.925,78 |
| 21 | abr/13 | 2.000,00 | 1,454161 | 2.908,32 |
| 22 | mai/13 | 2.000,00 | 1,445632 | 2.891,26 |
| 23 | jun/13 | 2.150,00 | 1,440588 | 3.097,26 |
| 24 | jul/13 | 2.150,00 | 1,436569 | 3.088,62 |
| 25 | ago/13 | 2.150,00 | 1,438439 | 3.092,64 |
| 26 | set/13 | 2.150,00 | 1,436140 | 3.087,70 |
| 27 | out/13 | 2.150,00 | 1,432273 | 3.079,39 |
| 28 | nov/13 | 2.150,00 | 1,423592 | 3.060,72 |
| 29 | dez/13 | 2.150,00 | 1,415942 | 3.044,28 |
| 30 | jan/14 | 2.150,00 | 1,405820 | 3.022,51 |
| 31 | fev/14 | 2.150,00 | 1,397021 | 3.003,60 |
| 32 | mar/14 | 2.150,00 | 1,388136 | 2.984,49 |
| 33 | abr/14 | 2.150,00 | 1,376846 | 2.960,22 |
| 34 | mai/14 | 2.150,00 | 1,366187 | 2.937,30 |
| 35 | jun/14 | 2.275,00 | 1,358037 | 3.089,53 |
| 36 | jul/14 | 2.275,00 | 1,354518 | 3.081,53 |
| 37 | ago/14 | 2.275,00 | 1,352761 | 3.077,53 |
| 38 | set/14 | 2.275,00 | 1,350328 | 3.072,00 |
| 39 | out/14 | 3.175,00 | 1,343746 | 4.266,39 |

| Sequência | Mês/ano | Salário | Índice | Salário atualizado |
|---|---|---|---|---|
| 40 | nov/14 | 3.175,00 | 1,338660 | 4.250,25 |
| 41 | dez/14 | 3.175,00 | 1,331600 | 4.227,83 |
| 42 | jan/15 | 3.255,00 | 1,323394 | 4.307,65 |
| 43 | fev/15 | 3.255,00 | 1,304095 | 4.244,83 |
| 44 | mar/15 | 3.255,00 | 1,289140 | 4.196,15 |
| 45 | abr/15 | 3.255,00 | 1,269964 | 4.133,73 |
| 46 | mai/15 | 3.255,00 | 1,261012 | 4.104,59 |
| 47 | jun/15 | 3.430,00 | 1,248652 | 4.282,88 |
| 48 | jul/15 | 3.430,00 | 1,239109 | 4.250,14 |
| 49 | ago/15 | 3.430,00 | 1,231965 | 4.225,64 |
| 50 | set/15 | 3.430,00 | 1,228889 | 4.215,09 |
| 51 | out/15 | 3.430,00 | 1,222656 | 4.193,71 |
| 52 | nov/15 | 3.430,00 | 1,213315 | 4.161,67 |
| 53 | dez/15 | 3.430,00 | 1,199991 | 4.115,97 |
| 54 | jan/16 | 3.570,00 | 1,189290 | 4.245,77 |
| 55 | fev/16 | 3.570,00 | 1,171600 | 4.182,61 |
| 56 | mar/16 | 3.570,00 | 1,160572 | 4.143,24 |
| 57 | abr/16 | 3.570,00 | 1,155490 | 4.125,10 |
| 58 | mai/16 | 3.570,00 | 1,148141 | 4.098,86 |
| 59 | jun/16 | 3.620,00 | 1,137000 | 4.115,94 |
| 60 | jul/16 | 3.620,00 | 1,131679 | 4.096,68 |
| 61 | ago/16 | 3.620,00 | 1,124482 | 4.070,62 |
| 62 | set/16 | 3.620,00 | 1,121009 | 4.058,05 |
| 63 | out/16 | 3.620,00 | 1,120112 | 4.054,81 |
| 64 | nov/16 | 3.620,00 | 1,118210 | 4.047,92 |
| 65 | dez/16 | 3.620,00 | 1,117428 | 4.045,09 |
| 66 | jan/17 | 3.750,00 | 1,115868 | 4.184,51 |
| 67 | fev/17 | 3.750,00 | 1,111198 | 4.166,99 |
| 68 | mar/17 | 3.750,00 | 1,108538 | 4.157,02 |
| 69 | abr/17 | 3.750,00 | 1,105004 | 4.143,77 |
| 70 | mai/17 | 3.750,00 | 1,104122 | 4.140,46 |
| 71 | jun/17 | 3.930,00 | 1,100157 | 4.323,62 |
| 72 | jul/17 | 3.930,00 | 1,103470 | 4.336,64 |
| 73 | ago/17 | 3.930,00 | 1,101598 | 4.329,28 |
| 74 | set/17 | 3.930,00 | 1,101928 | 4.330,58 |
| 75 | out/17 | 3.930,00 | 1,102149 | 4.331,45 |
| 76 | nov/17 | 3.930,00 | 1,098085 | 4.315,47 |
| 77 | dez/17 | 3.930,00 | 1,096111 | 4.307,72 |
| 78 | jan/18 | 4.060,00 | 1,093270 | 4.438,68 |
| 79 | fev/18 | 4.060,00 | 1,090762 | 4.428,49 |
| 80 | mar/18 | 4.060,00 | 1,088801 | 4.420,53 |
| 81 | abr/18 | 4.060,00 | 1,088040 | 4.417,44 |
| 82 | mai/18 | 4.060,00 | 1,085759 | 4.408,18 |
| 83 | jun/18 | 4.160,00 | 1,081112 | 4.497,43 |
| 84 | jul/18 | 4.160,00 | 1,065869 | 4.434,02 |
| 85 | ago/18 | 4.160,00 | 1,063210 | 4.422,95 |
| 86 | set/18 | 4.160,00 | 1,063210 | 4.422,95 |
| 87 | out/18 | 4.160,00 | 1,060029 | 4.409,72 |
| 88 | nov/18 | 4.160,00 | 1,055807 | 4.392,16 |

| Sequência | Mês/ano | Salário | Índice | Salário atualizado |
|---|---|---|---|---|
| 89 | dez/18 | 4.160,00 | 1,058453 | 4.403,16 |
| 90 | jan/19 | 4.230,00 | 1,056973 | 4.471,00 |
| 91 | fev/19 | 4.230,00 | 1,053182 | 4.454,96 |
| 92 | mar/19 | 4.230,00 | 1,047527 | 4.431,04 |
| 93 | abr/19 | 4.230,00 | 1,039522 | 4.397,18 |
| 94 | mai/19 | 4.230,00 | 1,033321 | 4.370,95 |
| 95 | jun/19 | 4.450,00 | 1,031774 | 4.591,39 |
| 96 | jul/19 | 4.450,00 | 1,031671 | 4.590,94 |
| 97 | ago/19 | 4.450,00 | 1,030638 | 4.586,34 |
| 98 | set/19 | 4.450,00 | 1,029403 | 4.580,84 |
| 99 | out/19 | 4.450,00 | 1,029919 | 4.583,14 |
| 100 | nov/19 | 4.450,00 | 1,029508 | 4.581,31 |
| 101 | dez/19 | 4.450,00 | 1,023978 | 4.556,70 |
| 102 | jan/20 | 4.580,00 | 1,011636 | 4.633,29 |
| 103 | fev/20 | 4.580,00 | 1,009717 | 4.624,50 |
| 104 | mar/20 | 4.580,00 | 1,008004 | 4.616,66 |
| 105 | abr/20 | 4.580,00 | 1,006193 | 4.608,36 |
| 106 | mai/20 | 4.580,00 | 1,008513 | 4.618,99 |
| 107 | jun/20 | 4.730,00 | 1,011040 | 4.782,22 |
| 108 | jul/20 | 4.730,00 | 1,008016 | 4.767,92 |
| 109 | ago/20 | 4.730,00 | 1,003600 | 4.747,03 |

| | |
|---|---|
| **SOMA GERAL DE SALÁRIOS** | **420.968,14** |

| | |
|---|---|
| **MÉDIA GERAL DE SALÁRIOS** = 420.968,14 / 109 | **3.862,09** |

| | |
|---|---|
| Período Básico de Cálculo - 08/2011 a 08/2020 | **109** |
| Quantidade de salários no PBC | **109** |

| | |
|---|---|
| **SALÁRIO DE BENEFÍCIO** | **3.862,09** |
| **COEFICIENTE** | **91%** |
| **RENDA MENSAL INICIAL** | **3.514,50** |

**CÁLCULO DA RENDA MENSAL - MÉDIA DOS 12 ÚLTIMOS SALÁRIOS**

**FLÁVIA LAIANE RODRIGUES LOPES**

DATA DE NASCIMENTO: **09/01/1989**

ESPÉCIE: **31** (AUXÍLIO POR INCAPACIDADE TEMPORÁRIA)

DATA DO ÚLTIMO DIA DE TRABALHO: **01/09/2020**

DATA DE INÍCIO DO BENEFÍCIO: **17/09/2020**

TEMPO DE CONTRIBUIÇÃO: **09 anos 00 meses e 19 dias**

BASE LEGAL: **LEI 8.213/91 - Art. 29, II**

PERÍODO BÁSICO DE CÁLCULO: **09/2019 a 08/2020**

| Sequência | Mês/ano | Salário | Índice | Salário atualizado |
|---|---|---|---|---|
| 1 | set/19 | 4.450,00 | 1,029403 | 4.580,84 |
| 2 | out/19 | 4.450,00 | 1,029919 | 4.583,14 |
| 3 | nov/19 | 4.450,00 | 1,029508 | 4.581,31 |
| 4 | dez/19 | 4.450,00 | 1,023978 | 4.556,70 |

| Sequência | Mês/ano | Salário | Índice | Salário atualizado |
|---|---|---|---|---|
| 5 | jan/20 | 4.580,00 | 1,011636 | 4.633,29 |
| 6 | fev/20 | 4.580,00 | 1,009717 | 4.624,50 |
| 7 | mar/20 | 4.580,00 | 1,008004 | 4.616,66 |
| 8 | abr/20 | 4.580,00 | 1,006193 | 4.608,36 |
| 9 | mai/20 | 4.580,00 | 1,008513 | 4.618,99 |
| 10 | jun/20 | 4.730,00 | 1,011040 | 4.782,22 |
| 11 | jul/20 | 4.730,00 | 1,008016 | 4.767,92 |
| 12 | ago/20 | 4.730,00 | 1,003600 | 4.747,03 |

| | |
|---|---|
| **SOMA DE SALÁRIOS** | **55.700,97** |

| | |
|---|---|
| **MÉDIA DE SALÁRIOS** = 55.700,97 / 12 | **4.641,75** |

**FLÁVIA LAIANE RODRIGUES LOPES**

DATA DO ÚLTIMO DIA DE TRABALHO: **01/09/2020**

DATA DE INÍCIO DO BENEFÍCIO: **17/09/2020**

| | |
|---|---|
| **SALÁRIO DE BENEFÍCIO** | **3.862,09** |
| **COEFICIENTE** | **91%** |
| **RENDA MENSAL INICIAL** | **3.514,50** |
| **MÉDIA DOS 12 ÚLTIMOS SALÁRIOS DE CONTRIBUIÇÃO** | **4.641,75** |

A média de salários foi calculada com base em 100% dos salários de contribuição do período básico de cálculo, em conformidade com a EC 103/2019, sendo fixada no valor de **R$ 3.862,09** e a renda mensal inicial equivalente a 91%, do salário de benefício, no valor de **R$ 3.514,50**. A renda mensal não ultrapassou a média dos 12 últimos salários de contribuição e por esse motivo não teve nenhuma limitação.

## 27. REVISÃO DO SALÁRIO DE BENEFÍCIO PARA A INCLUSÃO NO PERÍODO BÁSICO DE CÁLCULO DA COMPETÊNCIA (MÊS) DA CONCRETIZAÇÃO DO RISCO SOCIAL

### 27.1. Considerações gerais

De acordo com o artigo 29, da Lei 8.213/91, com redação dada pela Lei 9.876/99, em regra, o salário de benefício corresponderá à média aritmética simples dos maiores salários de contribuição correspondentes a 80% de todo o período contributivo.

No caso da **extinta (EC 103/2019) aposentadoria por tempo de contribuição**, para o cálculo do salário de benefício, essa média aritmética dos 80% maiores salários de contribuição do PBC (período básico de cálculo) ainda era **obrigatoriamente multiplicada pelo fator previdenciário (salvo no caso da regra 85/95) ou 86/96 a contar de 31/12/2018, que era facultativo** para o cálculo do salário de benefício da **aposentadoria por idade**, pois neste caso só incidiria se benéfico ao segurado a se aposentar por idade, na forma do artigo 7º, da Lei 9.876/99. O mesmo ocorre com a aposentadoria do deficiente, por força da Lei Complementar 142/2013, sendo facultativa a incidência do fator previdenciário, sendo esta regra recepcionada pelo artigo 22 da EC 103/2019.

Logo, no cálculo da extinta aposentadoria por tempo de contribuição necessariamente era manejado o fator previdenciário salvo no caso da regra 85/95 (vide próximo Capítulo), que tinha aplicação facultativa na aposentadoria por idade e do deficiente, pois só incidiria se fosse mais vantajoso para o segurado.

Ademais, indiretamente, até a EC 103/2019, o fator previdenciário também tinha influência na renda da pensão por morte, se o segurado instituidor estivesse aposentado por tempo de contribuição ou por idade, pois o valor da pensão era de cem por cento do valor da aposentadoria que o segurado recebia ou daquela a que teria direito se estivesse aposentado por invalidez na data de seu falecimento.

Conforme regra de transição contida artigo 3º, da Lei 9.876/99, para os segurados com filiação anterior a 29.11.1999, apenas serão utilizados os salários de contribuição a partir da competência de **julho de 1994**, ou seja, após a criação da atual moeda, sistemática conservada pela EC 103/2019.

Na hipótese de segurado em gozo do auxílio-acidente, desde o advento da Lei 9.528/97, o valor do referido benefício integrará o salário de contribuição para o cálculo do salário de benefício da aposentadoria. No regime anterior, era possível a percepção conjunta da aposentadoria com o auxílio-acidente, restando apenas resguardados os direitos adquiridos.

Esta é a inteligência da Súmula 44, da Advocacia-Geral da União:

> "**Súmula 44** – Para a acumulação do auxílio-acidente com proventos de aposentadoria, a lesão incapacitante e a concessão da aposentadoria devem ser anteriores as alterações inseridas no art. 86 § 2º, da Lei 8.213/91, pela Medida Provisória nº 1.596-14, convertida na Lei nº 9.528/97."

Com o advento da regra do artigo 26 da Emenda 103/2019, o salário de benefício passou a ser calculado pela média aritmética simples de todos os salários de contribuição a contar do Plano Real, exceto direito adquirido formado até 13/11/2019:

"*Art. 26. Até que lei discipline o cálculo dos benefícios do regime próprio de previdência social da União e do Regime Geral de Previdência Social, será utilizada a média aritmética simples dos salários de contribuição e das remunerações adotados como base para contribuições a regime próprio de previdência social e ao Regime Geral de Previdência Social, ou como base para contribuições decorrentes das atividades militares de que tratam os arts. 42 e 142 da Constituição Federal, atualizados monetariamente,* ***correspondentes a 100% (cem por cento) do período contributivo desde a competência julho de 1994 ou desde o início da contribuição, se posterior àquela competência***".

Os **salários de contribuição** considerados no cálculo do valor do benefício serão **corrigidos** mês a mês de acordo com a variação integral do Índice Nacional de Preços ao Consumidor – INPC, calculado pela Fundação Instituto Brasileiro de Geografia e Estatística – IBGE, **até o mês anterior ao do início do benefício**[31].

Trata-se de conquista do atual ordenamento constitucional, na forma do previsto no artigo 201, § 3º, pois anteriormente nem todos os salários de contribuição eram atualizados, o que gerava uma defasagem na renda mensal inicial em tempos de altíssima inflação.

Desta forma, antes e depois da Lei 9.876/99, o PBC (período básico de cálculo) se inicia no Plano Real (7/1994) ou no mês da filiação, se após esse marco legal. E se estende até o mês anterior da data de início do benefício ou da concretização do fato gerador do benefício não programado.

É um conceito histórico e consolidado no Direito Previdenciário brasileiro que se mantém inclusive após a Emenda Constitucional 103/2019. Nesse sentido, o artigo 29 da Lei 8.213/91, antes da sua alteração pela Lei 9.876/99:

> "*Art. 29. O salário-de-benefício consiste na média aritmética simples de todos os últimos salários-de-contribuição* ***dos meses imediatamente anteriores ao do afastamento da atividade ou da data da entrada do requerimento****, até o máximo de 36 (trinta e seis), apurados em período não superior a 48 (quarenta e oito) meses*".

No mesmo sentido o Decreto 3.048/99:

> "*Art. 33. Todos os salários-de-contribuição utilizados no cálculo do salário-de-benefício serão corrigidos, mês a mês, de acordo com a variação integral do Índice Nacional de Preço ao Consumidor – INPC, referente ao período decorrido a partir da primeira competência do salário--de-contribuição que compõe o período básico de cálculo* ***até o mês anterior ao do início do benefício****, de modo a preservar o seu valor real*". *(Redação dada pelo Decreto nº 5.545, de 2005)*

No entanto, por casuísmo, a 1ª Turma do STJ resolver destruir esse pilar do Direito Previdenciário, inserindo no PBC o mês da ocorrência do fato gerador de uma pensão por morte, rasgando o texto expresso do artigo 29 da Lei 8.213/91 (texto anterior à Lei 9.876/99, que vigorava na época do óbito do segurado), regra aplicada de modo equivocado pela Corte Superior.

Note-se que o dispositivo era expresso ao apontar a composição do PBC "***dos meses imediatamente anteriores ao do afastamento da atividade ou da data da entrada do requerimento***", o que, obviamente, exclui o mês do fato gerador do benefício.

Veja-se a atécnica decisão:

**Processo**

REsp 1577666 / SP

RECURSO ESPECIAL

2016/0010001-5

**Relator(a)**

Ministro NAPOLEÃO NUNES MAIA FILHO (1133)

31. Artigo 33, do RPS.

**Órgão Julgador**

T1 – PRIMEIRA TURMA

**Data do Julgamento**

11/02/2020

**Data da Publicação/Fonte**

DJe 14/02/2020

**Ementa**

PREVIDENCIÁRIO E PROCESSUAL CIVIL. RECURSO ESPECIAL. EXECUÇÃO. PENSÃO POR MORTE. APURAÇÃO DO SALÁRIO DE BENEFÍCIO. LEGISLAÇÃO VIGENTE À ÉPOCA DO ÓBITO. ART. 29 DA LEI 8.213/1991, EM SUA REDAÇÃO ORIGINAL. INCLUSÃO DA CONTRIBUIÇÃO REFERENTE AO MÊS DO ÓBITO DO SEGURADO. RMI DEVE REFLETIR A CONTRIBUIÇÃO EFETIVAMENTE RECOLHIDA, NÃO HAVENDO QUE SE FALAR EM UTILIZAÇÃO DO SALÁRIO-MÍNIMO. RECURSO ESPECIAL DA PENSIONISTA PROVIDO.

1. Cinge-se a controvérsia em determinar a forma de cálculo do salário de benefício, para fins de concessão de pensão por morte, no caso de o Segurado, falecido em outubro de 1998, vitimado por acidente de trabalho, ter realizado apenas uma contribuição nos 48 meses que antecedem o óbito, ou seja, a primeira e única contribuição ao INSS, pois o Segurado faleceu no mês inicial de sua atividade laboral.

2. A pensão por morte é regulada pela legislação em vigor no momento do óbito do instituidor do benefício. No caso dos autos, a legislação vigente estabelecia que o valor da pensão por morte equivaleria ao do valor da aposentadoria a que o Segurado teria direito se estivesse aposentado por invalidez na data do seu falecimento (art. 75 da Lei 8.213/1991), correspondente a 100% do seu salário de benefício (art. 44 da Lei 8.213/1991).

3. A apuração do salário de benefício, por sua vez, estava disposta no art. 29 da Lei 8.213/1991, em sua redação original, determinando que o cálculo do benefício seria realizado a partir da média aritmética simples dos últimos salários de contribuição **dos meses imediatamente anteriores ao do afastamento da atividade**.

4. No caso dos autos, o Tribunal de origem, considerando que o Segurado não tinha qualquer contribuição nos 48 meses que antecederam o óbito, determinou o cálculo da pensão com base no salário mínimo, consignando não ser possível a utilização do salário de contribuição do mês do óbito no cálculo da RMI da pensão, ao fundamento de que só poderiam ser utilizadas as contribuições efetivamente recolhidas até o momento imediatamente anterior ao afastamento da atividade, que seu deu no óbito do Segurado.

5. O acórdão, contudo, merece reforma.

6. De início, deve-se destacar que o art. 29 da Lei 8.213/1991, em sua redação original, determinava a limitação dos cálculos aos salários de contribuição referentes ao período imediatamente anterior ao afastamento do trabalhador, **a lei não fala que a limitação deveria ocorrer até a competência anterior ao afastamento do trabalhador**. Sendo certo que o recolhimento da contribuição sempre se dará no mês posterior ao exercício da atividade.

7. Assim, se o óbito do trabalhador aconteceu em outubro, este é o mês que antecede seu afastamento, este é o período imediatamente anterior ao seu afastamento, de tal modo, o cálculo do benefício deve utilizar o salário de contribuição referente ao mês de outubro de 1998, ainda que o recolhimento a tal competência só tenha se efetivado após o óbito do Segurado.

8. Posicionamento em sentido diverso fere o princípio da contrapartida que norteia o sistema previdenciário. O óbito do Segurado não exime seu empregador do recolhimento da contribuição devida no mês subsequente. Pela mesma razão, não se revela razoável desconsiderar no cálculo do benefício a contribuição recolhida.

9. Ao contrário, se levada a cabo a tese defendida pelo Tribunal, nem mesmo se poderia admitir a qualidade de Segurado do instituidor da pensão, vez que não tinha qualquer contribuição nos 48 meses que antecederam seu óbito. É justamente o exercício da atividade, na qualidade de Segurado empregado, no mês de seu óbito que justifica a concessão da pensão, não se podendo deixar de considerar o valor da remuneração devidamente comprovado, reformando o acórdão que estabelece o cálculo do benefício com base no salário mínimo vigente à época.

10. Impõe-se, assim, reconhecer que ocorrendo o óbito do Segurado na vigência da redação original do art. 29 da Lei 8.213/1991, o cálculo do salário de benefício do Segurado deve seguir seus exatos termos, abrangendo todas as contribuições do Segurado no período limite de 48 meses, incluindo neste cálculo a última contribuição paga referente ao mês do óbito.

11. Recurso Especial da Pensionista provido".

Assim, para em apenas um caso concreto elevar a renda mensal de uma pensão por morte ao arrepio da lei, pois o segurado não possuía nenhum salário de contribuição nos meses anteriores ao acidente que infelizmente o vitimou, sendo concedida a renda mínima pelo INSS por ausência de salário de contribuição no PBC, a Corte Superior destruiu a delimitação do PBC para inserir a competência da DER ou do fato gerador do benefício.

Esse entendimento, se se consolidar, faz com que todas as concessões de benefícios previdenciários deferidas pelo INSS com renda mensal calculada sobre o salário de benefício devam ser revistas para inserir no PBC a última competência da DER ou do fato gerador do benefício não programado, o que poderá ocasionar a elevação ou redução da renda mensal, a depender do recálculo do caso concreto.

O pior é que o texto legal é nitidamente claro no sentido de que o PBC deve ser formados pelas competências anteriores ao do afastamento da atividade ou da data da entrada do requerimento, o que obviamente exclui essa última competência.

Como se trata de uma **decisão revolucionária**, embora **teratológica**, foi necessário inserir este tópico na obra porque temos a obrigação moral de deixar o leitor informado a respeito de todas as posições em todos os temas que sabemos, mesmo em caso de teses manifestamente absurdas.

Dessa forma, para todo benefício não programado (incapacidade laboral, auxílio-acidente, pensão por morte e auxílio-reclusão), quando o risco social se concretizar no mesmo mês a filiação, o INSS concederá o benefício de renda mínima, pois não há salário de contribuição no PBC, nos termos do artigo 32, § 7º, do Decreto 3.048/99.

Entrementes, pela tese acolhida pelo STJ, deve ser considerado o salário de contribuição do dia do infortúnio na formação do PBC, que se for acima de um salário mínimo irá elevar a renda mensal do benefício.

Seguindo a tese mirabolante do STJ, se um segurado empregado se filiar ao RGPS em 12 de maio de 2020, com salário de contribuição de R$ 5.000,00, e em 30 de maio de 2020 sofrer acidente de trabalho com incapacidade permanente imediata, o benefício concedido pelo INSS de um salário mínimo (sem contribuição no PBC, que não deve considerar o mês do infortúnio) será revisado para R$ 5.000,00 (100% do único salário de contribuição – renda da aposentadoria por incapacidade permanente – EC 103/2019 – art. 26, § 3º, inciso II).

A tese também se aplica aos benefícios programados, podendo elevar ou reduzir o salário de benefício, mas com impacto bem pequeno diante da existência de um grande número de salários de contribuição no PBC.

## 27.2. Cálculos

Para demonstrar a tese do STJ serão apresentados dois estudos de caso de benefícios não programados: uma pensão por morte e um auxílio por incapacidade temporária em que o fato gerador dos benefícios ocorreram no mês de filiação desses segurados ao Regime Geral de Previdência Social. Ressaltamos que essa tese, para os benefícios não programados, o efeito financeiro é ínfimo ou negativo.

Estudo de caso 1: pensão por morte

**Vínculos e remunerações do instituidor**

EMPRESA: **BORA BAHIA COMÉRCIO E INDÚSTRIA LTDA**
FUNCIONÁRIO: **RONALDO FENÔMENO DA SILVA**
DATA DE NASCIMENTO: **09/01/1999**
DATA DE ADMISSÃO: **01/09/2020** DATA DO ÓBITO: **25/09/2020**
CARGO: **TORNEIRO MECÂNICO**
SALÁRIO CONTRATUAL:

| | |
|---|---|
| Salário-Base: | 3.700,00 |
| Periculosidade: | 1.110,00 |
| Total: | **4.810,00** |

| DEPENDENTES | | |
|---|---|---|
| Nome | Parentensco | Data de nascimento |
| **Maria da Silva e Silva** | **Cônjuge** | **05/08/1997** |

Valor do benefício:

**CÁLCULO DA RENDA MENSAL**

INSTITUIDOR: **RONALDO FENÔMENO DA SILVA**
ESPÉCIE: **PENSÃO POR MORTE**
DATA DO ÓBITO: **25/09/2020**
DATA DE INÍCIO DO BENEFÍCIO: **25/09/2020**
TEMPO DE CONTRIBUIÇÃO: **00 anos 00 meses e 25 dias**
BASE LEGAL: EMENDA CONSTITUCIONAL 103/2019
PERÍODO BÁSICO DE CÁLCULO: **09/2020**

| Sequência | Mês/ano | Salário | Índice | Salário atualizado |
|---|---|---|---|---|
| 1 | set/20 | 4.810,00 | 1,00000000 | 4.810,00 |

| **SOMA GERAL DE SALÁRIOS** | **4.810,00** |
|---|---|

| **MÉDIA GERAL DE SALÁRIOS** = 4.810,00 / 1 | **4.810,00** |
|---|---|

| **PENSÃO POR MORTE PREVIDENCIÁRIA** | |
|---|---|
| **SALÁRIO DE BENEFÍCIO - TESE STJ** | **4.810,00** |
| COEFICIENTE | **60%** |
| **APOSENTADORIA-BASE** - INSTITUIDOR | **2.886,00** |
| COEFICIENTE DA PENSÃO | **60%** |
| **RENDA MENSAL INICIAL** | **1.731,60** |
| Período de recebimento: **4 meses** | |

| **PENSÃO POR MORTE ACIDENTÁRIA** | |
|---|---|
| **SALÁRIO DE BENEFÍCIO - TESE STJ** | **4.810,00** |
| COEFICIENTE | **60%** |
| **APOSENTADORIA-BASE** - INSTITUIDOR | **2.886,00** |
| COEFICIENTE DA PENSÃO | **100%** |
| **RENDA MENSAL INICIAL** | **2.886,00** |
| Período de recebimento em função da idade da pensionista: **6 anos** | |

| **PENSÃO POR MORTE PREVIDENCIÁRIA** | |
|---|---|
| **SALÁRIO DE BENEFÍCIO - INSS** | **1.045,00** |
| COEFICIENTE | **60%** |
| **APOSENTADORIA-BASE** - INSTITUIDOR | **627,00** |
| COEFICIENTE DA PENSÃO | **60%** |
| **RENDA MENSAL INICIAL** | **376,20** |
| **RENDA MENSAL INICIAL** - Limitado ao valor mínimo | **1.045,00** |
| Período de recebimento: **4 meses** | |

| **PENSÃO POR MORTE ACIDENTÁRIA** | |
|---|---|
| **SALÁRIO DE BENEFÍCIO - INSS** | **1.045,00** |
| COEFICIENTE | **60%** |
| **APOSENTADORIA-BASE** - INSTITUIDOR | **627,00** |
| COEFICIENTE DA PENSÃO | **60%** |
| **RENDA MENSAL INICIAL** | **376,20** |
| **RENDA MENSAL INICIAL** - Limitado ao valor mínimo | **1.045,00** |
| Período de recebimento em função da idade da pensionista: **6 anos** | |

Da análise do caso concreto, observa-se que o segurado teve um único emprego formal, no qual laborou por apenas 25 dias no ano de 2020, vindo a falecer. Deixou uma única dependente, a cônjuge, que comprovou mais de dois anos de união estável, mais o segundo requisito de 18 meses de contribuição do instituidor restou prejudicado, pois foi comprovado apenas 25 dias.

Pela tese do STJ, no caso de pensão por morte **previdenciária**, a dependente receberá uma renda mensal no valor de **R$ 1.731,60** por um período de 4 meses, pelo fato do instituidor não ter comprovado o mínimo de 18 meses de contribuição, conforme **quadro 1**. No caso de pensão por morte **acidentária**, a dependente receberá uma renda mensal no valor de **R$ 2.886,00** por um período de 6 anos em função de sua idade de 23 anos na data do óbito do instituidor, em conformidade com o Art. 114 do Decerto 3.048/99 com a nova redação do Decreto 10.410/2020, conforme **quadro 2**.

Pela atual legislação previdenciária vigente, no caso de pensão por morte **previdenciária**, a dependente receberá uma renda mensal no valor de **um salário mínimo** por um período de 4 meses, pelo fato do instituidor não ter comprovado o mínimo de 18 meses de contribuição, conforme **quadro 3**. No caso de pensão por morte **acidentária**, a dependente também receberá uma renda mensal no valor de **um salário mínimo** por um período de 6 anos em função de sua idade de 23 anos na data do óbito do instituidor, em conformidade com o Art. 114 do Decerto 3.048/99 com a nova redação do Decreto 10.410/2020, conforme **quadro 4**.

Estudo de caso 2: auxílio-doença acidentário

| Vínculos e remunerações do instituidor | | |
|---|---|---|
| EMPRESA: **BORA BAHIA COMÉRCIO E INDÚSTRIA LTDA** | | |
| FUNCIONÁRIO: **RONALDO FENÔMENO DA SILVA** | | |
| DATA DE NASCIMENTO: **09/01/1999** | | |
| DATA DE ADMISSÃO: **01/09/2020** | | DATA DO ACIDENTE: **25/09/2020** |
| CARGO: **TORNEIRO MECÂNICO** | | |
| SALÁRIO CONTRATUAL: | | |
| Salário-Base: | 3.700,00 | |
| Periculosidade: | 1.110,00 | |
| Total: | **4.810,00** | |

Valor do benefício:

| Sequência | Mês/ano | Salário | Índice | Salário atualizado |
|---|---|---|---|---|
| 1 | set/20 | 4.810,00 | 1,00000000 | 4.810,00 |

| **SOMA GERAL DE SALÁRIOS** | **4.810,00** |
|---|---|

| **MÉDIA GERAL DE SALÁRIOS** = 4.810,00 / 1 | **4.810,00** |
|---|---|

| **SALÁRIO DE BENEFÍCIO - TESE STJ** | **4.810,00** |
|---|---|
| COEFICIENTE | **91%** |
| **RENDA MENSAL INICIAL** | **4.377,10** |

| **SALÁRIO DE BENEFÍCIO - INSS** | **1.045,00** |
|---|---|
| **RENDA MENSAL INICIAL** | **1.045,00** |

No caso de auxílio por incapacidade temporária acidentário, a renda mensal do benefício será de **R$ 4.377,10** pela tese do STJ e pelas regras previdenciárias será de um salário mínimo.

# REFERÊNCIAS


**ALENCAR**, Hermes Arrais. ***Benefícios Previdenciários***, 4ª edição, Ed. Leud, São Paulo, 2009.

**ALEXANDRE**, Ricardo. ***Direito Tributário Esquematizado.*** 2ª edição, Ed. Método, São Paulo.

**AMADO**, Frederico. ***Curso de Direito e Processo Previdenciário***, 13 ed, Juspodivm: 2021.

________. ***Revisão e Reajustamento dos Benefícios da Previdência Social***. Salvador: Juspodivm, 2011.

________. ***Sinopse de Direito Previdenciário*** (volume 27) – Coleção Sinopses para Concursos Públicos. Salvador: Juspodivm, 2011.

**AMADO**, Frederico. MACIEL, Carlos. ***In Cálculos Previdenciários. Teoria Jurídica e Análise Contábil na Concessão e Revisão de Benefícios do RGPS***. 2014, Ed. Juspodivm.

**AMORIM FILHO**, Agnelo. ***Critério científico para distinguir a prescrição da decadência e para identificar as ações imprescritíveis.*** Revista de Direito Processual Civil. São Paulo, v. 3º, p. 95-132, jan./jun. 1961.

**BALERA**, Wagner. ***Sistema de Seguridade Social***, 5ª ed., São Paulo: LTR, 2009.

**BARROSO**, Luís Roberto. ***Fundamentos Teóricos e Filosóficos do Novo Direito Constitucional Brasileiro (Pós-modernidade, Teoria Crítica e Pós-Positivismo).*** In ***A Nova Interpretação Constitucional: Ponderação, Direitos Fundamentais e Relações Privadas.*** Luís Roberto Barroso (organizador). 2. ed. Rio de Janeiro: Renovar, 2006.

**BERNANDO**, Leandro Ferreira; FRACALOSSI, William. ***Direito Previdenciário na Visão dos Tribunais: doutrina e jurisprudência.*** 1ª edição, Ed. Método, São Paulo.

**BOSCHETTI**, Ivanete. ***Seguridade social na América Latina após o dilúvio neoliberal.*** Disponível em http://www.ibase.br/userimages/seguridade1.pdf. Acesso em 01 dez. de 2010.

**BRASIL**, Instituto de Pesquisa Econômica Aplicada – IPEA. Nota Técnica: ***Auxílio-doença: Contribuição para um diagnóstico,*** 2007.

**BRASIL**, Ministério da Previdência Social. ***Panorama da Previdência Social brasileira***, 3ª edição, Brasília: MPS, 2008.

**BRASIL**, Ministério da Previdência Social. Previdência Social: ***Reflexões e desafios. Brasília***: MPS, 2009.

**CARVALHO FILHO**, José dos Santos. ***Direito administrativo***. 17. ed. Rio de Janeiro: Lumen Iuris, 2007.

**CASTRO**, Carlos Alberto Pereira; LAZZARI, João Batista. ***Manual de Direito Previdenciário***, 11ª edição, Florianópolis.

**COSTA**, Eliane Romeiro. ***Sistemas Previdenciários Estrangeiros***. Análise das Reformas Estruturais de Previdência Complementar. Revista de Direito Previdenciário n. 299. LTR, 2005.

________. ***Fundamentos do Sistema de Assistência Social***. Estudos, Goiânia, v. 34, maio/junho de 2007. Disponível em http://seer.ucg.br/index.php/estudos/article/viewDownloadInterstitial/327/266. Acesso em 10 dez. de 2010.

**DIAS**, Eduardo Rocha; MACÊDO, José Leandro Monteiro de. ***Curso de Direito Previdenciário***, 1ª edição, Ed. Método, São Paulo.

**FERREIRA**, Aurélio Buarque de Holanda. ***Dicionário Aurélio básico da língua portuguesa.*** Rio de Janeiro: Nova Fronteira, 1988.

**FIGUEIRA**, Adriano Almeida. ***Revisão judicial do valor dos benefícios previdenciários***. Impetus, Rio de Janeiro, 2008.

**GRANEMANN**, Sara. ***Políticas Sociais e Financeirização dos Direitos do Trabalho***. Disponível em http://www.e-publicacoes.uerj.br. Acesso em 06 fev. de 2010.

**HERKENHOFF**, João Batista. ***Justiça, Direito do povo***. 2. edição. Rio de Janeiro: Thex.

**IBRAHIM**, Fábio Zambitte. ***Curso de Direito Previdenciário***, 13ª edição, Impetus, Rio de Janeiro.

________. ***Curso de Direito Previdenciário***, 15ª edição, Impetus, Rio de Janeiro.

**INSS**, Procuradoria Federal Especializada. Lei nº 8.213/91 Anotada pela PFE/INSS. Escola da AGU, Brasília, 2010.

**KERTZMAN**, Ivan. ***Curso Prático de Direito Previdenciário***, 7ª edição, Juspodivm, Salvador.

**LAZZARI**, João Batista; Kravchychyn, Jefferson Luis; Pereira de Castro, Carlos Alberto; Kravchychyn, Gisele Lemos. ***Prática Processual Previdenciária Administrativa e Judicial***, 2ª edição, Ed. Conceito, Florianópolis, 2011.

**LEAL**, Antônio Luiz da Câmara. ***Da Prescrição e da Decadência***, 3ª ed., RJ, Forense, 1978.

**LEITÃO**, André Studart; MEIRINHO, Augusto Grieco Sant'Anna (organizadores). ***Prática Previdenciária – A Defesa do INSS em Juízo***. Quartier Latin, São Paulo, 2008.

**MARTINEZ**, Wladimir Novaes. ***Curso de Direito Previdenciário***. 3ª edição, LTR, São Paulo.

**MARTINS**, Sergio Pinto. ***Direito da Seguridade Social***, 29ª edição, Atlas, São Paulo.

**MAXIMILIANO**, Carlos. ***Hermenêutica e Aplicação do Direito***. Rio de Janeiro: Forense, 2003.

**MENDES**, Gilmar Ferreira; **COELHO**, Inocêncio Mártires; BRANCO, Paulo Gustavo Gonet. ***Curso de Direito Constitucional***, 4ª edição, Saraiva, São Paulo.

**Organização Mundial da Saúde Como usar a CIF:** Um manual prático para o uso da Classificação Internacional de Funcionalidade, Incapacidade e Saúde (CIF). Versão preliminar para discussão. Outubro de 2013. Genebra: OMS.

**RIBEIRO**, Maria Helena Carreira Alvim. ***Aposentadoria Especial***, 3ª edição, Juruá, Curitiba.

**SAVARIS**, José Antonio. ***Direito Processual Previdenciário***, 3ª edição, 2011, Juruá.

**TAVARES**, Marcelo Leonardo. ***Direito Previdenciário***, 11ª edição, Impetus, Rio de Janeiro.

**TREZUB**, Cláudio; PATSIS, Keti. ***Perícia Médica Previdenciária: Benefícios por incapacidade***, 1ª edição, Juspodivm, Salvador.

EDITORA *Jus*PODIVM
www.editorajuspodivm.com.br
Impressão e acabamento: BMF Gráfica e Editora

JUS2931